东方明珠

东方之门

工 集 团

金茂夜景

南京紫峰大厦深基础

江阴长江大桥

责任编辑　李稳定
封面设计　张南海

图书在版编目(CIP)数据

长江三角洲城市年鉴. 2006/长江三角洲城市年鉴编辑部 编.
—北京:中国工商出版社,2006. 10
ISBN 7-80215-103-1
Ⅰ. 长... Ⅱ. 长... Ⅲ. 长江三角洲—城市经济—2006—年鉴
Ⅳ. F299. 275-54
中国版本图书馆 CIP 数据核字(2006)第 095154 号

书名/长江三角洲城市年鉴(2006)
编者/长江三角洲城市年鉴编辑部

出版·发行/中国工商出版社
经销/ 新华书店
印刷/南京四彩印刷有限公司
开本/889 毫米×1194 毫米　1/16　印张/48　字数/1900 千字
版本/2006 年 11 月第 1 版　2006 年 11 月第 1 次印刷
印数/01-10000 册

社址/北京市丰台区花乡育芳园东里 23 号(100070)
电话/(010)63730074,63714551　电子邮箱/zggscbs@263. net

书号:ISBN 7-80215-103-1/F·565
定价:260. 00 元

长江三角洲城市年鉴

THE DELTA AREA OF YANGTSE RIVER CITY ANNALS

2006

长江三角洲城市年鉴编辑委员会

《长江三角洲城市年鉴》
理事会名单

（排名不分先后）

长江三角洲城市年鉴编委会暨
长三角城市群新农村建设研讨会掠影

中国城市经济学会副会长杨重光在会作专题报告

浙江省政协副主席张蔚文到会讲话

江苏省城市发展研究院院长张锋作城市发展路径的报告

中国政协年鉴研究会副会长陈仁礼到会祝贺

南京市政府副秘书长胡迎春
杭州市政府研究室主任
钱荣南出席会议

中共浙江省委研究室副主任沈建明主持会议

张蔚文、杨重光、张锋、沈建明等领导同志亲切交谈

扬州市政府研究室副主任冬冰

会场全景

右起：上海市政府合作交流办陈晓云处长
浙江省协作办处长刘金良
泰州市政府副秘书长吴健
嘉兴市政府副秘书长等

上海、南京、杭州、绍兴、嘉兴、扬州、泰州、镇江、舟山、湖州、台州、马鞍山等市代表出席会议

长江三角洲区域示意图
(本图只供参考，不作划界依据)
黄
海
上海市
江
苏
省
淮安市
楚州区
泗洪
宿迁市
洪泽湖
洪泽
盱眙
金湖
宝应
建湖
盐城市
盐都
大丰市
东台市
兴化市
高邮市
高邮湖
天长市
来安
滁州市
全椒
六合区
栖霞区
浦口区
南京钟山
南京市
江宁区
马鞍山市
和县
当涂
芜湖市
芜湖
宣城市
广德
郎溪
高淳
溧水
句容市
仪征市
扬州市
邗江区
蜀岗瘦西湖
江都市
泰州市
姜堰市
海安县
如皋市
如东
高港市
扬中市
镇江市
丹徒
丹阳市
泰兴市
靖江市
江阴市
张家港市
常州市
武进区
金坛市
溧阳市
宜兴市
无锡市
锡山区
惠山区
常熟市
太仓市
昆山市
苏州市
相城区
吴中区
吴江市
太湖
湖州市
长兴
嘉兴市
南通市
通州市
海门市
启东市
崇明
宝山区
嘉定区
浦东新区
闵行区
南汇区
青浦区
松江区
奉贤区
金山区
大丰市
中心港
小洋港
斗龙港口
郑板桥故居
施耐庵陵园
水绘园
日涉园
芝山溶洞
善卷洞
灵谷洞
黄龙宫
明陵祖
周恩来故居
正北楼
舟山

浙江省
图例
省级行政中心
地级行政中心
县级行政中心
乡镇、村庄
省、直辖市界
市界
铁路
高速公路
(建筑中)
国道及编号
主要公路及里程
一般公路
括仓山▲1382
山峰、高程
国家级风景区
著名风景区
杭州市
杭州西湖
余杭区
萧山区
富阳市
临安市
桐庐
淳安
建德市
千岛湖
富春江—新安江
瑶琳洞
海宁市
海盐
南北湖
绍兴
绍兴市
上虞市
诸暨市
嵊州市
新昌
禹陵
秦望山
东白山▲1194
雪窦山
1021
大佛寺
穿岩
余姚市
慈溪市
宁波市
鄞州区
镇海区
北仑区
奉化市
宁海
象山
保国寺
天童寺
舟山市
普陀区
普陀山
岱山
嵊泗
群岛
台州市
黄岩区
路桥区
临海市
天台
天台山
国清寺
三门
仙居
温岭市
玉环
括仓山▲1382
雁荡山
1056
温州市
龙湾区
瑞安市
乐清市
永嘉
楠溪江
洞天
仙岩
青田
文成
金华市
金东区
兰溪市
义乌市
东阳市
浦江
永康市
武义
磐安
双龙
衢州市
衢江区
龙游
江山市
常山
开化
丽水市
缙云
遂昌
松阳
云和
龙泉寺
龙泉窑址
景宁畲族自治县
仙都
延福寺
东西岩
石门洞
黄山市
歙县
绩溪
旌德
浦城
龙王山
1587
西天目山
▲1505
清凉峰
1787
啸天龙
1395
九龙山
1724
▲1921
黄茅尖
杭州湾
东海
大衢山
中街山列岛
梅散列岛
韭山列岛
渔山列岛
台州湾
温州湾

《长江三角洲城市年鉴》编辑委员会

陈晓云　上海市人民政府合作交流办公室合作发展处处长
黄　强　江苏省人民政府驻上海办事处处长
张建民　上海市浦东新区史志办主编
沈拯民　上海市黄浦区地方志办公室主任
李国才　上海市杨浦区史志办公室副主任
王国滨　上海市静安区静安年鉴主编
王应华　上海市金山区档案局副局长
方惠萍　上海市长宁档案局局长　年鉴办公室主任
陈金龙　上海市宝山区地方志办公室主任
徐林森　上海市普陀区年鉴办公室主任
丁惠义　上海市奉贤区史志办公室主任
叶　佳　上海市崇明县史志办公室
葛方耀　上海市南汇区史志办公室主任
陆名有　上海市青浦区史志办公室主任
俞成伟　上海市卢湾区地方志办公室副编审
金玉琴　上海市闸北区党史地方志办公室
马忠林　马鞍山市人民政府研究室主任

《长江三角洲城市年鉴》(2006)编审人员

主　　编　张　锋
执行主编　秦光汉
副 主 编　陈仁礼
编辑部主任　杨崇湘
编　　辑　卞佳英(上海市)　杨青松(南京市)　肖　进(苏州市)　范必正(无锡市)
吴　颖(常州市)　李　劲(镇江市)　肖卫东(扬州市)　张九龙(泰州市)
崔恒国(南通市)　陈国勇(杭州市)　徐　斌(宁波市)　邵建鸣(宁波市)
沈卫东(嘉兴市)　毛毓良(湖州市)　王明根(绍兴市)　方　斌(台州市)
任爱珍(舟山市)　沈拯民(黄浦区)　李国才(杨浦区)　李善忠(虹口区)
姚荣仲(闸北区)　王佩娟(长宁区)　俞成伟(卢湾区)　汤德良(徐汇区)
顾瑞钧(静安区)　徐林森(普陀区)　沈乐平(南汇区)　何惠明(松江区)
蒋新龙(奉贤区)　陆名有(青浦区)　陈金龙(宝山区)　张建明(浦东新区)
王应华(金山区)　陈　力(嘉定区)　叶　佳(崇明县)　马忠林(马鞍山市)

编 辑 说 明

一、《长江三角洲城市年鉴》是中国城市经济学会、江苏省城市发展研究院、长江三角洲城市经济协调会主办的区域性、专业性、逐年记载长江三角洲区域各城市经济、科技、文化、社会发展的资料性工具书。

二、《长江三角洲城市年鉴》的编辑方针是:以党的基本路线为指针,如实记述贯彻党的方针政策实施情况,记述各市实施科学发展观,经济建设、社会事业取得的新成就、新变化、新经验、新问题,客观地反映社会主义两个文明建设的进展,使年鉴既能为现实服务,又能为后人提供借鉴。

三、《长江三角洲城市年鉴》(2006)刊,采用篇目、栏目、分目、条目四个结构层次。不同层次的标题,在字号、字体和版式上有明显的标识。其中条目为记述的基本形式,用黑体字加【】表示,对较长条目文中另起一行用楷体字标出。

四、为了增强《长江三角洲城市年鉴》的实用性、权威性,"城市规划"、"城市发展与展望"收编各城市规划纲要、政府的工作报告,着力加大城市统计资料部分,专门设置"城市统计资料"栏目。

五、为了扩大长江三角洲对周边地区的影响,也为了加强与周边地区的协作与交流,对积极要求加入"长三角"经济、技术交流与合作的城市的发展情况也予以记载。

六、《长江三角洲城市年鉴》(2006)刊,在保持原有篇目、栏目、分目的基础上,专门设置"长江三角洲区域概况"、"城市规划"等篇目,对长江三角洲城市经济发展、对外开放、城市化问题等,以图文并茂的形式展现长江三角洲城市对外开放、城市化、现代化建设方面所取得的巨大成就。

七、《长江二角洲城市年鉴》(2006)刊得到上海市、江苏省、浙江省领导和长江三角洲各城市领导和部门,中国城市经济学会,江苏省城市发展研究院,长江三角洲城市经济协调会领导和专家、学者及广大作者的大力支持,在此谨表示诚挚的谢忱!受水平所限,疏漏和差错之处,敬请广大读者批评指正。

编辑部

2006 年 9 月 18 日

长江三角洲

城市年鉴

2006

中国城市经济学会
江苏省城市发展研究院 主办
长江三角洲城市经济协调会
南京沪苏浙文化发展中心 承办

编辑:长江三角洲城市年鉴编辑部
地址:南京市虎踞北路10号3幢6层
邮编:210013
电话:025－83397913
传真:025－83397933

目 录

城市风采

城市规划

城市医疗卫生

城市统计资料

城市领导专文、专访

城市旅游

城市领导人名录

城镇选介

协作与交流

城乡建设·环境保护

长三角论坛

教育与人才开发

发展与展望

机关企事业选介

《长江三角洲城市年鉴》(2006)

Annals of Yangtse River Delta Cities 2006

目 录

Contents

(一)长江三角洲地理的形成

长江三角洲是我国最大的河口三角洲。长江三角洲，泛指镇江、扬州以东长江泥沙积成的冲积平原，位于江苏省东南部、上海市及浙江省杭嘉湖地区。

在地理概念上，长江三角洲顶点在仪征市真州镇附近，以扬州、江都、泰州、海安、栟茶一线为其北界，镇江、宁镇山脉、茅山东麓、天目山北麓至杭州湾北岸一线为西界和南界，东止黄海和东海，为中国最大的河口三角洲。其中江苏省境内约2.5万平方公里，地面高程2~5米。

长江三角洲基底为扬子准地台的一部分，喜马拉雅构造运动中断沉降。第四纪新构造运动中，地壳和海平面频繁升降，最后一次大海侵结束后，长江携带的泥沙不断沉积，开始在江口发育三角洲。由于科氏力的作用，主江流不断右偏，使江口沙群依次并入北岸。红桥期、黄桥期、金沙期、海门期、北沙期等形成的沙坝、沙洲群，形成今天长江北岸的邗江、泰兴、靖江、如皋、南通、海门、启东诸县(市)地。现在江口附近的崇明、长兴、横沙等沙岛，也将按此规律并入北岸。江口沙咀也同步延伸。

北岸沙咀延伸为今长江三角洲北界，地面高程6~8米。

南岸沙咀经江阴、太仓、外冈、马桥一线向东延伸，地面高程4.5~6米左右，与钱塘江北岸相连后达杭州湾。沙咀内侧的浅水海湾被淤封成为古太湖的前身。此后浅水海湾不断淤浅，逐渐演变为湖荡罗布、河道交错的低平原。南岸沙咀外侧滨海地区不断淤积成滨海平原。长江三角洲上散布着一系列海拔100~300米的残丘，大部由泥盆系砂岩和石炭、二迭系灰岩构成，少数由燕山期花岗岩和粗面岩构成。

坦荡宽广的长江三角洲究竟是怎样形成的呢？长江三角洲的演变形成过程，大体由三个方面组成：一是作为长江三角洲主体的太湖平原形成；二是长江携带的泥沙在长江口的堆积；三是人类生产活动对长江三角洲形成的影响。长江三角洲形成初期，人类就在这里从事渔猎和农耕。经公元4~6世纪东晋、南北朝和12~13世纪南宋两次大移民，以及10世纪以来的河网建设，长江三角洲逐步发展成为我国著名的“鱼米之乡”和“丝绸之乡”。

(二)长江三角洲区域范围

长江三角洲北起通扬运河，南抵杭州湾，西至镇江，东到海边，包括江苏南京、苏州、无锡、常州、镇江、扬州、泰州、南通；浙江杭州、宁波、嘉兴、湖州、绍兴、舟山、台州等市和整个上海市，面积约5万平方公里，是一片坦荡的大平原，只有少数小山丘像孤岛一样矗立在平原之上。这里岸线平直，海水黄浑，有一条宽约几公里到几十公里的潮间带浅滩。

长江三角洲地区包括上海市全部(18区，1县)、江苏省南部(8市37县)，浙江省北部(7市37县市)以及邻近海域，其陆地面积约10万多平方公里，2005年人口约7 693万人，是我国经济最发达、开放程度最高的地区之一。

长江三角洲城市群，从经济地理概念讲，是指在长江入海口两岸形成的扇形冲积平原上，以上海为龙头，由浙江的杭州、宁波、湖州、嘉兴、绍兴、舟山、台州，江苏的苏州、无锡、常州、南京、镇江、扬州、泰州、南通等16个城市所组成的城市群落。专家们从经济联系、物流流通的角度提出泛长江三角洲的概念，即指受其辐射的地区，如江苏的淮安、盐城、徐州、连云港，浙江省温州，安徽的合肥、芜湖、马鞍山、滁州、铜陵等。国家建设部、交通部现已将这些地区城市纳入城镇建设和交通基础设施建设发展规划的范畴。上海是长江三角洲经济实力最强的城市，经济扩散的中心，产业布局的重心。围绕着上海经济增长极，这一城市群的经济空间扩散为三个层次(也有人主张划为：杭州都市圈、太湖都市圈、南京都市圈)：第一扩散层是苏州、无锡、杭州和宁波。这一扩散层的第三产业所占比重较大，市场经济、乡镇企业较为发达，普遍成为当地的经济支柱和财税来源。第二扩散层是南京、嘉兴、湖州、绍兴、常州和镇江。这一扩散层产业结构处于“二、三、一”阶段，工业发展迅速，主要向机械、电子方向发展。第三扩散层是扬州、南通、湖州和舟山。这一圈层的乡镇企业发展较晚，第一产业所占比重较大，产业结构水平较低。这种划分是否科学合理，有待进一步研究。但是,从总体上来看,上海这个增长极主要是沿着铁路扩散的,沿江扩散轴和沿海扩散轴成为次一级的扩散轴。作为中国经济版图上这一道独特的风景线,长江三角洲正在吸引全球越来越多的眼光。

(三)长江三角洲城市经济发展概览

长江三角洲地区的沪、苏、浙三省市,地域相连,文化相近,经济相融,人缘相亲。以“上海为龙头,苏浙为两翼”。长江三角洲以约占全国2.2%的陆地面积、6%左右的人口,创造了全国22%以上的国内生产总值、25%左右的财政收入、近30%的进出口总额。这里已经成为中国经济、科技、文化最发达的地区之一。

据统计资料,2005年度,长三角16个城市中国内生产总值超过2 000亿元的城市有:上海、杭州、苏州、南京、无锡、宁波六个城市;超过1 000亿元的有:常州、南通、绍兴、嘉兴、台州、湖州六个城市,同期增幅均超过12%。2005年度,上海市国内生产总值已超过9 000亿元,苏州市超过4 000亿元。同比增长10%以上。这一经济增速和高于全国同期增幅3至5个百分点的状态,在长江三角洲地区已连续保持了多年。

国家统计局4月7日公布:2005年,长三角地区16个城市产业结构在逐步优化,第一产业比重低于全国8.3个百分点,第二产业比重高于全国8.0个百分点,第三产业比重高于全国0.3个百分点。

统计显示,2005年长三角地区16个城市中除上海、舟山外,其他14个城市的三次产业结构都呈现“二、三、一”分布。第三产业成为上海经济发展的“主角”,舟山也因其地理位置和自然条件关系,三次产业中服务业比重最大。

从第一产业比重来看,长三角地区16个城市中已有13个城市比重低于10%,这些城市处于工业化发展时期。从第二产业比重来看,各市第二产业均发展最快,16个城市中有9个城市第二产业增速快于第三产业,表明各市对工业经济的依赖程度均较高。

从处于产业结构上层的第三产业比重来看,上海产业结构优势明显,第三产业比重超过50%,达到50.2%,另外,南京、杭州和舟山的第三产业比重均在43%以上,超过全国水平。经济社会发展如下表所示:

2005年长江三角洲城市概况一览表

项　目	上海市	江苏省	浙江省	南京市	无锡市	常州市	苏州市	南通市
总人口(万人)	1 334.7	7 381	4 647	563.3	438.6	343.2	583.9	
从业人员(万人)	576.4	4 458	2 835	96		35.9	77	
国内生产总值(亿元)	5 408.8	10 636.3	7 670	1 295	1 601.7	760.3	2 080	890.1
第一产业增加值(亿元)	88.2	1 122.5	680	62.4		49.5		141.3
第二产业增加值(亿元)	2 564.7	5 546.6	3 925	612.6		430.8		438.7
第三产业增加值(亿元)	2 755.8	3 967.2	3 065	620		280		310.1
固定资产投资总额(亿元)	2 158.4	3 849.2	3 458	603	537.8	250	810	309.9
基本设施投资额(亿元)	784.1	1 141.3	1 181	246.5	129.5	58.6	160	70.7
房地产投资额(亿元)	720.2	544.7	724.4	137.6	77	41	107.3	36
财政总收入(亿元)	2 202.3	1 483.7	1 167	264.9	200.9	102.9	290.8	87.4
地方财政收入(亿元)	719.8	834.6	144.1	106.5	56.5	147	41.71	
银行存贷款余额(亿元)	24 585.7	21 301.7	19 855.6	5 555.2	2 673.8	1 464.6	3 623	788.2
居民人均可支配收入(元)	13 250	8 178	11 716	9 157.1	9 988	10 759	10 617	
居民储蓄存款余额(亿元)	4 915.6	6 701.2	5 233.7	1 031	812.6	499.9	1 164	
社会消费品零售总额(亿元)	2 035.2	3 215.8	2 878	525.2	444.3	249.5	451.6	297.1
港口货物吞吐量(万吨)	56 651.6	42 500	25 000	6 108	2 017	1 944.6		3 746
集装箱吞吐量(万标箱)			207.7			2		20.5
邮电业务总量(亿元)	235.8	335.8	585.1	38.9	39.3	2.7	6.3	
外贸进出口总额(亿美元)	726.6	703	420	100.9	97.4	39.2	363.9	39
利用外资合同金额(亿美元)	105.8	196.7	67.9	21.7	29	25.7	100.7	4.9
实际利用外资金额(亿美元)	50.3	108.3	47	15	17.4	9.8	48.1	2.4
星级宾馆(家)				115	87	50	90	32
国内旅游人数(万人次)	8 760.9	10 000	8 028		1 871.7	680.2	2 010	450.3

续表

项　目	上海市	江苏省	浙江省	南京市	无锡市	常州市	苏州市	南通市
入境旅游人数(万人次)	272.5	222.6	204.1		47.7	8.1	89.1	7.8
授权专利量(件)	6 693	7 595	10 478		900	816	2 300	422
各类专业人员(万人)		181	76.1		26.4	22.3		
普通高校在校学生数(万人)	35.6	70	39.3	31.7	3.6	3.5	6.7	3.4
研究生在读人数(人)		41 100	16 297	31 186				
图书出版量(亿册)	2.6	4.4						
报纸出版量(亿份)	16.5	24.7	21					
杂志出版量(亿册)	1.8	1.1	8 270					
医疗卫生机构数(个)	3 504	3 164	10 528		1 326	1 387	1 354	1 448
医院(个)			506		61	29		317

续表

项　目	扬州市	镇江市	泰州市	杭州市	宁波市	嘉兴市	湖州市	绍兴市	舟山市
总人口(万人)	452.2	267.1	504	636.8	546.2	332	256	433.6	98
从业人员(万人)		140.9	33.8	82.9		28.5	16.16	284.27	15.32
国内生产总值(亿元)	558.9	561.2	504.3	1 780	1 500.3	706.11	422.5	928.77	144.05
第一产业增加值(亿元)	70.8	34.7	71.3	113	105.6	62.87	51.45	84	32.78
第二产业增加值(亿元)	272.6	313.3	249.9	902	828.2	399.90	228.48	535	51.97
第三产业增加值(亿元)	215.5	213.2	183	765	566.5	243.34	142.54	310	59.3
固定资产投资总额(亿元)	180.2	185.6	177.3	769.4	601.3				
基本设施投资额(亿元)	63.9	64.3	38.9	242.2	290.4				
房地产投资额(亿元)	26.2	19.8	19.5	196.4	126				
财政总收入(亿元)	55.6	56.8	53.1	257.1	258.4	72.51	38.54	85	15.71
地方财政收入(亿元)	30	29.6	28.6	118.3	111.8	31.69	18.63	39.6	9.01
银行存贷款余额(亿元)	949	785.6	744.2	6 125.5	3 385.7	547.87	261.9	695	139.98
居民人均可支配收入(元)	7 833	8 202	7 788	11 778	12 970	11 500	11 388	11 747	10 985
居民储蓄存款余额(亿元)	378.1	281.3	336	1 183.4	826.4	436.42	214.65	540	110.38
社会消费品零售总额(亿元)	182.8	150.9	161.2	523.5	426.9	249.21	170.9	269	74.07
港口货物吞吐量(万吨)	1 611	3 247	841		15 000	1 130.35			4 068
集装箱吞吐量(万标箱)					185.8	1.471 9			
邮电业务总量(亿元)	25.5	9.9	61	24.1	20.71	17.02	29.92	8.48	
外贸进出口总额(亿美元)	15.1	21	5.7	131.1	122.7	36.96	8.87	38.7	4.97
利用外资合同金额(亿美元)	5.1	10.4	5.1	17	32	20.89	10.98	8	0.27
实际利用外资金额(亿美元)	2.6	5	2.1	6.5	12.5	4.81	3.85	3.8	0.11
星级宾馆(家)						52	32	63	42
国内旅游人数(万人次)	633.3	610.1	331.3	2 652.4	1 600	859	791.73	1 007	623.48
入境旅游人数(万人次)	12.1	14.7	1.2	105.6	20.5	22.43	4.14	10	8.5
授权专利量(件)		295		1 400	2 778		190	491	68
各类专业人员(万人)		11.5				17.1	3.574 9		1.736 1

续表

项　目	扬州市	镇江市	泰州市	杭州市	宁波市	嘉兴市	湖州市	绍兴市	舟山市
普通高校在校学生数(万人)		3.8		22.4	6.2	1.746 3	0.672 3	1.429 0	0.626 0
研究生在读人数(人)				15 772				66	
图书出版量(亿册)				2.8					
报纸出版量(亿份)				11					
杂志出版量(亿册)				0.8					
医疗卫生机构数(个)		792		1 456		662	385	3 400	260
医院(个)		32		386		38	20	31	92

在"长三角"这个城市群里,作为经济发展主力军的企业独领风骚。这里集中了近半数的全国经济百强县,聚集着近100个年工业产值超过100亿元的产业园区,还有包括万向集团、金山石化、扬子乙烯、大众汽车、上海贝尔、东方通信等在内的数千家巨人型企业。这些企业大多规模大、实力强、产品市场占有率在行业中名列全国前茅,并在国际市场上占有一席之地。上海是国际经济、金融、贸易和航运中心,带动着"长三角"地区和整个长江流域的发展。

2010年世博会花落上海,从各方面给上海带来了良机,上海正努力成为"世界城市"。2005年,中国完成了世博会的法定注册程序。向国际展览局递交《中国2010年上海世博会注册报告》。4月27日,中国驻法国大使馆临时代办曾宪柒,代表中国政府在巴黎国际展览局总部向国际展览局秘书长洛塞泰斯递交了由中国国务院副总理、中国2010年上海世博会组委会主任委员吴仪签署的注册申请函和《中国2010年上海世博会注册报告》。吴仪副总理在致洛塞泰斯秘书长的信函中强调,中国政府将采取各种措施,根据《国际展览公约》履行主办国的各项义务,举办好2010年世博会。

12月1日,国际展览局第138次大会全体成员大会全票通过《注册报告》,并对报告给予了高度评价,这标志着中国正式获得兴办2010年世博会的法律地位。

2005年,上海引进外资的规模稳步提高。吸收合同外资态势良好。新批外资项目409个,吸收合同外资138.33亿美元,同比增长18.32%;至年底累计批准外商投资企业40 486家,吸收合同外资999.6亿美元。全年第一产业新批项目8个,占项目总数的0.20%,合同外资0.12亿美元,占合同总数的0.09%;全年第二产业新批项目1 308个,占项目总数的31.97%,合同外资65.06亿美元,占合同外资总额的47.03%;全年第三产业新批项目2 775个,占项目总数的67.83%,合同外资73.14亿美元,占合同外资总额的52.88%。

上海强大的辐射力及其周边"近水楼台"城市的飞速发展,已经使苏、浙两省的所有城市都意识到了区域合作的重要性,其他城市无不同样在努力寻找自身的城市定位,在资金、信息、人才、商品的流动中找到城市崛起的机遇。接轨上海,实现共赢,推进长三角经济一体化,已成为长三角区域内各地政府的共识。苏州:近水楼台,四沿布局;无锡:融入一体化,谋求新发展;南京:呼应上海,辐射周边;杭州:接轨上海,错位发展。"长三角"周边城市不约而同地把与上海的联动看做是重要的战略,以路桥交通网络的规划和建设为契机,长三角正在打造一个"3小时经济圈"。

在"十五"期间,上海市:2005年上海口岸进出口总额达到3 506亿美元,外商直接投资实到金额累计超过280亿美元。江苏省:外商直接投资保持全国前列,五年累计达到570亿美元,世界500强企业已有236家落户江苏;2005年,进出口总额达到2 279.4亿美元,其中出口1 229.8亿美元;对外经济合作保持全国领先;浙江省:2005年,进出口总额1 074亿美元,比上年增长26.0%,"十五"期间年均增长31.0%。其中,出口768亿美元,进口306亿美元,分别比上年增长32.1%和13.0%,"十五"期间分别年均增长31.6%和29.5%。

大融合的态势已经发端。苏浙沪三地或16城市联手的项目已涉及交通、旅游、会展、人才、科技、信息、商标、信用、质检、环境保护等多个领域,并正在由浅入深地探讨产业规划、政策法规、金融服务等高层次的合作联动。而"接轨上海"也已超出了单纯招商平台的含义。长三角一体化是入世后中国经济全球化的一个缩影。大量外企的存在,使得"长三角"地区的经济国际化程度大幅度提升,整个长三角正在成为"世界工厂","中国制造"的产品源源不断地从这里走向世界。

(四)长江三角洲发展进程

综观长江三角洲的发展,总结长三角的城市化进程可以有历史与逻辑两个维度。从历史上看,长三角的城市发展进程有这样几个阶段:1958年上海并进了江苏10个县;20世纪80年代初,江苏、浙江地区改为市;80年代末期,县改市,兴起小城镇和县城城区建设的热潮。然而,21世纪之前,限制大城市的政策框架仍没有改变。长三角虽已无"县"无"乡",但真正的城市建成区并没有多大增长,以建成区带动腹地农村的设想并不成功,城市功能并无实质性的提高。

从逻辑进程上看,长三角经历了一个递进式的城市发展进程,城市建设由粗放式逐步转向集约式。这一转变过程大致分为四个阶段。

第一,小城镇建设阶段,即城镇化阶段。苏南的小城镇有历史基础,20世纪80~90年代的城镇建设改善了企业和农村居民的生存环境,使农村面貌大大改观。但小城镇不可避免地存在基础设施落后、规模效益和聚集效应差、土地浪费、三产不发达及企业办社会等弊端。尤其在没有制度变革的情况下,小城镇建设又一次地复制了二元体制,成为制止农民进城的权宜之策。实际上,小城镇已不再是苏南青年农民的向往,以自然经济和手工业为依托的"镇"(苏南人俗称"街")显然容不下社会化大工业和农业产业化发展了。

第二,中小城市建设阶段。以县治所在镇为基础的中小城市发展受两大趋势的推动。一个是部分农村企业的高层主管、村镇干部、务工青年农民、中小企业主及个体工商业者开始进城居住。另一个是产业集中发展的趋势加快。在苏南县级市的市区拥有一个省级开发区和一个民营开发区,这些开发区从20世纪90年代的早期开始开发建设到现在已有近10年的时间,基础设施基本上完成,优惠措施、管理制度、服务水平都比较规范,因而成为这些市的投资建设热土,外资企业和本地大型技改项目都安排在开发区。在城市整治过程中,一些市中心的企业通过与房地产公司的土地置换也纷纷搬到开发区。所以住宅建设和开发区建设的两大趋势使县级市市区形成内圈是商业区、中圈是生活办公区、外圈是工业区的城市布局,小城市日益丰满。20世纪90年代中期苏南"县县有城,城城无市"的城市空壳化问题已有所好转。

第三,大城市和特大城市阶段。如前所述,中心城市的作用不可代替,由分散化走向集中化是城市化的一般规律。

第四,建设都市圈。都市圈的实质是由集中化再走向一体化,谋求区域经济的协调和共同发展。目前,建大都市在长三角已形成共识。传统的小城镇以步行为半径,小城市(县城)一般以自行车为半径,大城市、特大城市以汽车为半径,而都市圈则以高速路、轻轨、地铁为半径,以现代通信技术为信息联络的主要手段。无疑,都市圈在逻辑上是城市化的最高形式。

(五)长江三角洲未来发展战略规划

党的十六届五中全会审议通过的《中共中央关于制定国民经济和社会发展第十一个五年规划的建议》。规划首次把以经济区域发展为主要内容的区域规划放在突出位置,并将长三角地区率先列入中央级区域规划,这对加快长三角经济一体化步伐,促进长三角经济社会协调发展具有重要的指导意义。

——"十五"时期经济社会发展取得的巨大成就:

"十五"成就的取得,是党中央、国务院正确领导的结果,是沪、苏、浙三省(市)人民团结奋斗的结果。通过牢固树立发展是硬道理的思想,聚精会神搞建设,一心一意谋发展,主动适应宏观经济环境的变化,抢抓发展机遇,破解发展难题,增创发展优势,实现了经济持续快速健康发展,社会全面进步。

上海市:2005年上海市生产总值达到9 125亿元,按常住人口计算的人均生产总值达到5万元,"十五"期间,上海市生产总值年均增长率达到11.5%,实现连续14年保持两位数增长,第二、三产业共同推动经济增长的格局进一步巩固,现代服务业和先进制造业加快发展,工业结构和产业基地能级明显提升,农业现代化建设取得初步成效。综合经济效益明显改善,2005年地方财政收入达到1 434亿元,万元生产总值综合能耗从"九五"期末的1.14吨标准煤降至0.93吨标准煤,降幅达18.4%。

2005年,上海市和农村居民家庭人均可支配收入分别达到18 640元和8 340元,收入增幅差距逐步缩小(见图1-2)。居民生活质量进一步提高,城市居民家庭服务性消费支出比重提高到32.3%,城镇居民人均住房使用面积达到21.3平方米。全面推进以"平改坡"为主要内容的旧住房综合改造,加快改善市民居住质量和环境。城镇登记失业率控制在4.5%以内,基本社会保障体系框架初步形成,人口管理和服务新体制初步确立。

江苏省:2005年,江苏省地区生产总值达到18 000亿元,年均增长12.8%,人均地区生产总值达到24 100元。财政总收入3 124亿元,地方一般预算收入1 322亿元。经济增长效率明显提高,资本产出率由2000年的22%上升到38%。

经济结构得到优化。2005年,三次产业增加值结构为7.7:56.5:35.8,三次产业从业人员结构为35.6:32.4:32.0;城市化水平达到50%;高新技术产业产值占规模以上工业总产值的比重达到24%;苏南、苏中、苏北共同发展,沿江、沿沪宁线、沿东陇海线、沿海生产力布局主体框架初步形成。(注:引自江苏省"十一五"规划纲要)

浙江省:2005年,浙江全省生产总值13 365亿元,按可比价格计算,比上年增长12.4%,"十五"时期年均增长13.0%。其中,第一产业增加值873亿元,第二产业增加值7 147亿元,第三产业增加值5 345亿元,分别比上年增长1.6%、12.3%和14.9%,"十五"时期年均分别增长3.6%、14.0%和13.7%。2005年,第一、二、三产业对生产总值增长的贡献率为1.0%、55.0%和44.0%。三次产业增加值结构由上年的7.0:53.6:39.4和2000年的10.3:53.3:36.4变化为6.5:53.5:40。全省人均生产总值27 552元,比上年增长10.8%,"十五"时期年均增长11.7%。经初步测算,在全省生产总值中,公有制经济增加值3 809亿元,占28.5%,比上年下降1.2个百分点;非公有制经济增加值9 556亿元,占71.5%,比上年上升1.2个百分点。其中个体私营经济增加值7 618亿元,占57%,上升1个百分点。

长江三角洲区域各城市在"十五"期间,经济、社会事业得到长足的发展。从长三角区域经济、社会的发展综合考察,还存在一些矛盾和问题,主要表现在:(1)经济增长方式转变步伐不够快。经济结构性矛盾没有得到根本解决,服务业发展相对滞后,经济增长主要依靠资本投入和资源、能源消耗的格局尚未根本转变,资源环境压力加大。(2)科技创新能力不够强。以企业为主体的技术创新体系还未完全建立,创新人才缺乏,创新动力不足,创新机制不活,缺少具有自主知识产权的核心技术和品牌。(3)城乡之间、区域之间、经济与社会之间发展不够协调。居民收入总体水平不高,农民收入增长的长效机制尚未建立;区域发展不平衡问题仍然存在;社会事业投入不足,结构不合理;社会保障体系尚未健全;就业压力增大,因利益调整引发的社会矛盾增多。(4)体制机制不够完善。行政管理体制改革没有到位,现代市场体系尚未完全建立,市场主体的活力还不够强。这些矛盾和问题需要在发展和改革中逐步加以解决。

——"十一五"期间的发展目标:

上海市:到2020年上海要基本建成国际经济、金融、贸易、航运中心之一和社会主义现代化国际大都市。综合考虑未来五年发展环境和基础条件,"十一五"时期经济社会发展的奋斗目标是:实现经济社会又快又好的发展,办好一届成功、精彩、难忘的世博会,形成国际经济、金融、贸易、航运中心基本框架,取得社会主义现代化国际大都市建设的阶段性进展,为上海从2011年到2020年的持续发展奠定坚实基础。在优化结构、提高效益和降低消耗的基础上,全市年均经济增长率预期为9%以上,到2010年全市生产总值达到1.5万亿元,逐步形成服务经济为主的产业结构,地方财政收入与国民经济保持同步增长。

江苏省:“十一五”期间,江苏经济和社会发展的主要目标是:经济持续快速协调健康发展,经济总量保持在全国领先行列,全省人均地区生产总值力争2010年比2000年增加2倍左右;人民群众生活水平和生活质量普遍提高,城乡之间、区域之间、社会成员之间收入分配差距扩大趋势逐步缓解,就业相对充分,社会保障体系基本完善,公共服务体系比较健全,基本实现教育现代化;经济结构趋向优化,自主创新能力明显增强,在若干领域掌握一批核心技术,拥有一批自主知识产权,造就一批具有国际竞争力的企业;经济增长方式实现较大转变,资源利用效率显著提高,单位地区生产总值能源消耗力争比“十五”期末降低20%左右,生态省建设取得阶段性重要成果,环境污染得到有效治理,生态和人居环境明显改善;社会主义市场经济体制比较完善,开放型经济水平全面提升;社会主义精神文明和民主法制建设全面加强,社会治安和安全生产居于全国先进水平,构建和谐社会走在全国前列。到2010年左右以省为单位达到全面小康四大类18项指标的目标值,总体上达到全面建设小康社会的水平,苏南等有条件的地方率先向基本实现现代化迈进。到2020年左右全省基本实现现代化,成为经济繁荣、生活富裕、科教发达、环境优美、法制健全、社会文明的省份。

经济增长。2010年,全省地区生产总值达到29 000亿元左右(2005年价,下同),年均增长10%以上,人均地区生产总值以2000年为基数增加2倍左右。一般预算收入达到2 400亿元左右,年均增长12%左右。

浙江省:到2010年全省力争基本实现全面小康社会的目标,为提前基本实现社会主义现代化打下坚实基础。在优化结构、提高效益、降低消耗的基础上,全省生产总值年均增长9%左右,到2010年达到20 000亿元左右,人均生产总值达到40 000元左右;加快发展高效生态农业、先进制造业和现代服务业,服务业在三次产业中的比重达到45%左右,投资和消费的比例更趋合理;形成一批拥有自主知识产权和知名品牌、国际竞争力较强的优势企业,研究与实验发展经费支出占生产总值比重达到15%以上,科技综合实力、区域创新能力居全国各省区前列。按照统筹人与自然和谐发展的要求,全面建设生态省,打造“绿色浙江”。大力发展循环经济,推进节能节水节材节地和资源综合利用,加大环境污染综合整治力度,逐步形成节约资源的生产方式和健康文明的消费模式,加快建设资源节约型和环境友好型社会,全面提高可持续发展能力。

长江三角洲区域各城市根据国家和省的“十一五”发展规划纲要结合各自城市的实际情况制定了各自城市的“十一五”发展规划纲要,确定各自城市的发展目标、发展重点和发展原则以及采取的实施措施。展现了一个快速、持续、和谐发展的长江三角洲,可以预言:“十一五”期间将建设一个生态长三角、都市化的长三角、现代化和国际化的长三角、社会和谐型的长三角、环境友好型的长三角。长三角区域必将以其崭新的姿态展现给中国和世界,为祖国的现代化建设事业做出新贡献!

上海市

【历史沿革】 今上海地区，吴淞江以南于公元751年(唐天宝十载)析嘉兴东境、海盐北境、昆山南境之地置华亭县。1277年(元至元十四年)升华亭县为华亭府，第二年改为松江府。至清代松江府辖有华亭、娄、上海、青浦、金山、奉贤、南汇7县和川沙抚民厅。吴淞江以北于1218年1月7月(南宋嘉定十年十二月初九日)设嘉定县，后又析出宝山县。长江口的沙洲于907年左右(五代初)置崇明镇，1277年升为崇明州。1369年(明洪武二年)改为崇明县。上海市区原是吴淞江下游的一个渔村，至唐宋逐渐成为繁荣的港口。南宋咸淳年间(1265～1274)建上海镇，镇因黄浦江西的上海浦得名。1291年(至元二十八年)经元朝廷批准，1292年正式分设上海县，辖华亭县东北、黄浦江东西两岸的高县、长人、北亭、海隅、新江等5乡，为松江府属县。1927年设为上海特别市，1930年5月改称上海市，1949年5月27日，上海解放。

【地理位置】 上海市地处东经120°51′～122°12′，北纬30°40′～31°53′，位于太平洋西岸，亚洲大陆东沿，中国南北海岸中心点，长江和钱塘江的入海汇合处。北界长江，东濒东海，南临杭州湾，西接江苏和浙江两省。是长江三角洲冲积平原的一部分。平均高度为海拔4米左右。陆地地势总趋势是由东向西低微倾斜。全市总面积为6 340.5平方公里。在上海北面的长江入海处有崇明、长沙、横沙三个岛屿。

【行政区划】 上海解放后，全市划为黄浦、老闸、新成、静安、江宁、普陀、邑庙、蓬莱等20个市区和新市、江湾、吴淞、大场10个郊区。50年代，上海的行政区划作了几次调整，至1964年5月，上海市辖有黄浦、南市、卢湾、徐汇、长宁、静安、普陀、闸北、虹口、杨浦10个市区，以及上海、嘉定、宝山、川沙、奉贤、南汇、松江、金山、青浦、崇明10郊县。1980年，设立吴淞区。1982年，恢复闵行区。1988年，撤销宝山县和吴淞区，设立宝山区。1992年，撤销上海县和原闵行区，设立闵行区。1992年9月，以川沙县全境、原上海县三林乡和黄浦、南市、杨浦三个区的浦东部分，设立浦东新区。1992年10月嘉定县撤县，设立嘉定区。1996年，上海市辖有黄浦、南市、卢湾、徐汇、长宁、静安、普陀、闸北、虹口、杨浦、宝山、闵行、嘉定和浦东新区14个区，南汇、奉贤、松江、金山、青浦、崇明6个县和石化地区。1977年4月撤销金山县，设立金山区。1998年2月撤销松江县，设立松江区。1999年9月撤销青浦县，设立青浦区。2000年6月，经国务院批准，黄浦区和南市区撤二建一，设立新的黄浦区。2001年1月9日，撤销南汇县，设立南汇区。2005年底，上海市辖有黄浦、卢湾、徐汇、长宁、静安、普陀、闸北、虹口、杨浦、宝山、闵行、嘉定、浦东新区、南汇、奉贤、松江、金山、青浦18个区和崇明县。

2005年.经国务院批准，原宝山区管辖的长兴乡、横沙乡划归崇明县管辖；撤销11个建制镇，建立5个建制镇(其中撤二建一4个，撤三建一1个)。至年底，全市共辖有103个街道、108个镇、3个乡；3 437个居委会，1 887个村委会。

【人口】 2005年底，上海户籍人口为1 360.26万人，比上年增加7.87万人。其中男性占50.2％，女性占49.8％。性别比为1∶0.992。非农业人口1 148.94万人，占总人口的84.5％，比上年增加51.34万人。上海常住人口1 778.42万人，其中外来人口438.4万人(半年及半年以上人口)。户籍户数为496.69万户，全市平均每户为2.7人。户籍人口出生数为8.25万人，出生率为6.08‰；死亡人数为10.23万人，死亡率7.54‰。人口自然增长率为－1.46‰。年内，全市迁出3.46万人，迁入

12.96万人,机械增长9.50万人,比上年减少1.69万人。全市户籍人口密度为每平方公里2 145人。全市平均期望寿命80.13岁,男性77.89岁,女性82.36岁。

【经济发展概况】 2005年是实施“十五”计划的最后一年。全年全是着力加强调控能力建设,经济保持平稳较快增长。2005年,全市生产总值9 144亿元,比上年增长11.1%,连续14年保持两位数增长。地方财政收入完成1 433.9亿元,比上年增长28.1%,增速连续5年稳定在20%以上。第二产业和第三产业实现增加值分别比上年增长12.1%、10.5%,占全市生产总值比重分别为48.9%、50.2%。消费与投资、出口增速差距进一步缩小,分别增长11.9%、14.8%和23.4%。商品住房销售价格涨幅从上年的15.4%回落到9.2%,房地产投资增幅从上年的38.1%回落到6.1%,普通商品住房销售比重达75%以上,实现预期调控目标。现代服务业集聚区加紧推进。第三产业吸收合同外资比上年增长60.2%,占全市比重达52.9%。投资额比上年增长18.6%,占全市比重由上年的67.1%提高到69.3%;税收增长22.9%,占全市税收54%。中心城区第三产业增加值占中心城区生产总值比重达75%。重点行业发展迅速,金融、信息服务、交通运输仓储和邮政等增加值分别比上年增长11.6%、26.4%和13.8%。先进制造业发展势头良好。产业基地和重大项目建设取得新的进展,赛科90万吨乙烯、宝钢宽厚板轧机建成投产,临港上海电气重工等项目开工建设,精品钢材、电子信息等6个重点行业总产值达9 993.6亿元,比上年增长16.5%,拉动全市工业增长10.1个百分点。高新技术产业完成工业总产值4 826.7亿元,比上年增长22%,占全市工业总产值比重达22%,占全市工业总产值比重达28.6%,比上年提高0.4个百分点。利用外资质量和水平不断提高。吸收合同外资138.3亿美元,比上年增长18.3%;实到外资68.5亿美元,比上年增长4.7%。其中,外商增资占全市合同外资比重达49.8%,比上年提高11个百分点。新增跨国公司地区总部38家、外商投资性公司25家、外资研发中心30家,年末累计分别达124、130、170家。外贸出口额达907.4亿美元,比上年增长23.4%。科教兴市推进工作进展顺利。首批29个重大产业科技公关项目安排专项资金14.8亿元,第二批19个项目全面启动。全社会研究与开发经费支出213.5亿元,相当于全市生产总值比例2.34%。其中企业研发经费支出占全社会研发经费支出比重达53%。新认定高新技术成果转化项目620个,其中拥有自主知识产权的项目占89.4%。新认定3个国家级企业技术中心,国家级和市级企业技术中心分别累计达29家和166家。全年取得科技成果1 701项,其中属于国际领先的有123项,达到国际先进水平的有629项。浦东综合配套改革试点获正式批准并启动。国有资产完成重大资产重组1 300亿元,募集资金150亿元;44家地方国有控股上市公司完成或启动股权分置改革。全市非公有制经济增加值达5 261.3亿元,比上年增长16.7%,占全市比重由上年的40.4%提高到42.5%。坚持软硬件建设并举,城市综合服务功能进一步提升。上海世博会注册报告经国展局138次会议审议通过,完成法律手续,完成居民动迁1.79万户。上海国际航运中心洋山港区开港。上海港货物吞吐量超过4.4亿吨,比上年增长16.9%,居世界第一;集装箱吞吐量1 808.4万标准箱,比上年增长24.3%,继续保持世界第三。上海浦东、虹桥两大机场进出港旅客4 139.19万人次,比上年增长15.3%。金融机构各项存款和贷款余额分别达2.3万亿元和1.7万亿元比上年增长16.6%、12.2%。完成城市基础设施建设投资885.7亿元,比上年增长31.7%;完成重大项目投资607亿元。信息化建设与应用不断深入。新铺设集约化信息管线361沟公里,累计达1 621沟公里;互联网和宽带接入用户累计达803万户和247.4万户;“市民信箱”注册用户87万人。加强资源节约、环境友好型社会建设。年内有4.4万名境内外人才获上海市居住证,累计达10.7万人。第二轮环保三年行动计划顺利完成。全年环保投入281亿元,比上年增长24.7%,相当于全市生产总值比例3.07%。城镇污水处理能力达70.2%,中心城区河道基本消除黑臭;环境空气质量优良率88.2%,已连续3年稳定在85%以上;新建绿地2 100公顷,城市绿化覆盖率37%。切实加大民生问题解决力度。新增就业岗位65.1万个;城镇登记失业率4.4%,连续2年下降;734.5万人参加城镇基本养老保险,466.1万人参加失业保险,110.2万人参加小城社会保险,247.7万人参加来沪从业人员综合保险。城市和农村居民家庭人均可支配收入分别达18 645元和8 342元,比上年增长11.8%和10.7%;职工月最低工资标准提高到690元,城镇低保月人均标准提高到300元,农村低保年人均标准提高到2 340元。

【工业】 2005年,上海工业继续保持稳定、持续快速的增长势头。全市工业企业实现工业增加值4 155.23亿元,比上年增长12.5%;工业企业实现工业总产值16 876.78亿元,比上年增长13.9%。工业出口交货值完成4 792.12亿元,比上年增长28.7%,工业出口交货值占工业销售产值的31.9%,比上年增加2个百分点。

上海工业进出口总额达到1 267.01亿美元,比上年增长11%。其中进口额590.70亿美元,比上年增长3.7%;出口额676.31亿美元,比上年增长18.4%,工业出口额占全市外贸出口额的74.55%。全市工业经济效益综合指数为202.27,比上年下降0.52个百分点,比全国平均水平高24.83个百分点。工业产销率98.61%,比全国平均水平高0.39个百分点。全员劳动生产率为16.1万元,比上年增加1.3万元,比全国平均水平高5.2万元。由于受国际原油、集成电路价格变化以及国内汽车市场变化的影响,全市工业利润出现6年来的首次下降。全年实现利润总额939.56亿元,比上年下降10.8%。

年内,上海工业产业结构进一步优化。六大支柱工业实现工业总产值9 993.55亿元,比上年增长16.5%,占全市规模以上工业总产值的63.2%;新增产值占全市规模以上工业新增产值的70.8%。在13个主要工业行业中,电子信息制造业工业总产值占据首位,比上年增长28.8%,但利润比上年下降43.8%;机械行业效益与生产同步增长,工业总产值比上年增长14.5%,利润比上年增长16.9%;石油化工行业生产增长平稳,利润受国际原油价格影响,比上年下降35.8%;冶金行业受国家宏观调控影响,规模较小企业赢利能力降低,亏损企业比上年增加1.3倍;由于汽车市场热销点从中高档轿车转为经济型轿车,上海大众和通用汽车公司以生产中高档轿车为主,汽车行业受到一定影响。工业总产值比上年下降7.2%,利润比上年下降47.2%。

2005年,上海工业投资完成1 074.80亿元,比上年增长

7.3%。工业投资占全市投资的30.3%。六大支柱产业共投资628.3亿元,占全市工业投资总量的58.5%。

都市型工业平稳发展,为扩大社会就业发挥重要作用。截至年底,上海7个都市型工业行业(服装服饰业、食品加工制造业、包装印刷业、市内装饰用品制造业、化妆品及清洁洗涤业、工艺美术品旅游用品制造业、小型电子产品制造业)规模以上企业有3 866家,全年实现工业总产值2 110亿元,主营销售收入2 183亿元,利润112亿元,税金总额72.3亿元,出口交货值717.7亿元。人均劳动生产率为29.31万元。

【农业现代化建设】 2005年,上海新增具有一定规模的农业产业化龙头企业420家,累计达703家(含专业市场);其中市级以上农业产业化龙头企业36家,有11家被评为国家级农业产业化重点龙业企业;年销售额(含交易额)390亿元;带动农户45万户。上海建成国家级农业标准化生产示范区34个,建设设施良田1.33万公顷,设施菜田500公顷。大(中)棚西瓜设施栽培面积11 066.7公顷,占西瓜种植面积的66%;大(中)棚草莓栽培栽培面积2 333.3公顷,占草莓种植面积的70%;管棚栽培食用菌产量1.6万吨左右,约占食用菌总产量的40%。认定无公害农产品种植业产地10.67万公顷。经工商局注册的种植业农产品品牌139个,涵盖生产面积2.4万公顷,比上年增长3%。郊区大型规模化养殖场约900家,较大规模畜禽产业化龙头企业62家。

农民专业合作社发展迅速,农民组织化程度进一步提高。年内,新组建120家农民专业合作社,带动10多万户农民,6.67万公顷农田。市农业专项资金政策扶持力度加大,对241个农民专业合作社给予开办扶持经费,对45个建设项目给予重点扶持,重点支持12个粮食生产专业合作社。

上海农业科技设立科研项目95项,其中新增科研项目43项。获得全国农牧渔业丰收奖三等奖3项,上海市科技进步奖23项。申请国家发明专利12件,申请品种权3件,授权品种权3件。

【对外开放】 2005年,全市新设外商投资企业4 043家,其中中外合资企业541家,中外合作企业44家,独资企业3 458家。新设外商投资企业投资总额143.59亿美元,注册资本77.61亿美元,外方到位资金67.4亿美元。外国(地区)投资企业常驻代表机构1 817家,承包和开发商43家。截至年底,全市累计有外商投资企业28 978家,比上年增长8.71%。其中中外合资企业6 838家,比上年减少1.27%;中外合作企业2 340家,比上年减少8.88%;独资企业19 708家,比上年增长15.4%;股份公司92家,比上年增长8.24%。外商投资企业累计投资总额2 006.78亿美元,比上年增长16.55%;注册资本1 086.11亿美元,比上年增长17.64%;外方到位资金854.4亿美元,比上年增长18.99%。外国(地区)投资企业常驻代表机构累计10 091家,外国(地区)承包和开发企业611家。

外商投资规模继续扩大。全年涉及增资的外商投资企业有2 247家,注册资本64.62亿美元。全市新增投资总额1 000万美元~3 000万美元的外商投资企业216家,累计2 153家,比上年增长11.15%;新增投资总额3 000万美元以上的外商投资企业81家,累计1 102家,比上年增长17.99%。全年上海批准外商投资1 000万美元以上大项目307个,合同外资101.07亿美元,占全市合同外资的73.06%。

2005年,上海吸引外商投资的产业基本形成"三、二、一"格局。第二产业外商投资项目1 308个,合同外资65.06亿美元,占全市合同外资的47.03%;第三产业外商投资项目2 775个,合同外资73.14亿美元,吸引外资首次超过第二产业,占全市合同外资的52.88%。年内,上海在12个领域吸引外资实现零的突破。

年内,在沪投资的国家新增5个:孟加拉国、蒙古、白俄罗斯、斯洛文尼亚、牙买加。在沪投资的国家(地区)累计达120个。

外商投资企业成为上海出口额持续增长的重要力量。全市外商投资企业出口额为615.83亿美元,比上年增长24.44%,占全市外贸出口额的67.88%。在全市出口额前100位企业中,外商投资企业占55家,前10位企业中有8家是外商投资企业。外商投资企业出口主要集中在电子信息、集成电路、计算机等高新技术产业。

2005年,浦东新区直接引进外商投资合同项目1 734个,比上年增长2.7%;合同外资金额56.54亿美元,比上年增长75.4%。浦东新区各类金融机构达360家,中外合资基金公司占全国总数的50%。全年金融增加值达249.69亿元,比上年增长14.47%,占浦东新区生产总值的11.84%。

至2005年底,全市共有80个开发区,其中国家级开发区7个:外高桥保税区、陆家嘴金融贸易区、金桥出口加工区、张江高科技园区、漕河泾新兴技术开发区、闵行经济技术开发区、虹桥经济技术开发区;市级开发区14个:宝山城市工业园区、保山工业园区、工业综合开发区、嘉定工业区、金山工业区、康桥工业区、星火开发区、青浦工业园区、上海化学工业区、松江工业区、莘庄工业区、资竹科学园区和国际汽车城零部件工业区;此外还有区级工业开发区和重点配套园区。

按全市60个工业开发区统计(陆家嘴金融贸易区和虹桥经济技术开发区、3个现代工业园区、2个旅游度假区、4个出口加工区、9个区级开发区为统计在内),工业开发区规划面积553.24平方公里,至年底实际开发404.42平方公里,土地开发率73.10%;已出让土地面积231.65平方公里;建成投产企业土地面积150.58平方公里。完成国定资产投资776.65亿元;吸引外资项目1 944个,累计14 416个;合同外资金额65.17亿美元,累计475.11亿美元;外资到位金额46.96亿美元,累计275.28亿美元。落户内资企业4 777个,累计25 316个;内资注册资金169.09亿元,累计1 229.39亿元;内资到位金额300.41亿元,累计1 670.71亿元。全年工业总产值7 444.19亿元,工业销售收入7 554.98亿元,工业企业上缴税金240.43亿元。年末从业人员1 228 224人。

【科技进步与高新技术成果转化】 2004年启动的首批29个科教兴市重大产业科技攻关项目,2005年取得阶段性成果。2005年,全市获得国家自然科学奖7项、国家技术发明奖3项、国家科技进步奖34项;获得上海市科技进步奖一等奖44项,二等奖109项,三等奖165项。专利申请和授权量分别为32 741件和12 603件。2005年,经上海高新技术成果转化服务中心认定的成果转化项目602个,比上年增长5.6%。所认定项目拥有自主知识产权(包括已申请专利)的538个,占89.4%,其中已获专利授权项目占13%。1998年至2005年底,全市经认定的转化项目3 555个。

【城市建设】 2005年,上海城市建设与管理取得积极进展。城市基础设施建设总投资885.74亿元,比上年增长31.7%,占全社会固定资产投资总额25%。全年围绕重大基础设施、重大产业、重大社会事业三大类,共安排重大建设工程56项。以洋山深水港为代表的一批枢纽型、功能性、网络化基础设施项目建设取得进展。国际航运中心建设实现重大突破;浦东机场第二跑道、浦东铁路一期、上海铁路南站及配套工程等12个项目及翔殷路隧道、苏州河治理二期等项目建成或基本建成。轨道交通初步形成"十字加环"运营框架,运营里程123公里。规划建设的高速公路网基本建成,高速公路开通里程达560公里(规划总里程889公里)。长江隧桥工程全面展开,中环线(浦西段)工程21公里主线建成通车。

作为现代化基础设施重点投资建设的洋山深水港一期工程,完成投资62.70亿元,港区工程1 600米码头、3万平方米高楼、5条隧道相继建成,陆域吹填面积150万平方米。5月25日,东海大桥建成通车;芦潮港辅助作业区的集装箱堆场、口岸查验区及市政等配套工程全部完成。9月7日,南汇水厂的自来水通过东海大桥正式向小洋山港区供水。12月10日,洋山深水港一期工程全面建成。

12月9日,浦东铁路一期工程(阮巷——平安段)全线贯通。该铁路为国家Ⅰ级铁路,工程全长42.87公里,设4个中间站。工程总投资19.51亿元。

8月12日,上海长途汽车客运总站启用。该站与铁路上海站隔街相望,3个候车大厅总面积6 000多平方米,可同时容纳3 000名旅客候车;站内有地下、地面和二层平台共3个停车场,总面积3.4万平方米,可同时停放300辆大巴。

11月中旬,上海长途客运南站全面竣工,并于12月10日正式投入使用。工程总投资2亿元,总建筑面积2万平方米,设计日发车规模800班次。

【社会事业与保险体系】 2005年,新增就业岗位65.1万个。至年底,全市城镇登记失业人数为27.5万人,城镇失业登记率为4.4%,比上年下降0.1个百分点,连续2年下降。市劳动保障部门组织全市5 000多名就业援助员,深入社区、家庭,集中对就业困难和生活困难的"双困"人员进行调查摸底,对4.8万名"双困"人员全部得到有效安置。

年内,全市实施个人养老保险账户"虚账实记"基础工作,为下一步城镇养老保险制度改革做好准备。在对离退休人员普遍增加养老金基础上,对100万高龄低收入离退休老人采取特殊办法增加养老金。

小城镇社会保险参保人数达110万人,其中被征地离土农民79.2万人。农村养老保险参保人数101万人。外来从业人员综合保险参保人数247.7万人。全年各项社会保险费征缴总额达718.9亿元,比上年增长15%,社会保险基金征缴率为99.9%。

2005年,对上海市职工月最低工资标准进行调整,从原来的635元提高到690元,小时最低工资标准从原来的5.5提高到6元。

【城市交通】 2005年,上海铁路分局撤销,由上海铁路局直接管理。上海完成货运量14 771万吨,比上年增长3.3%;旅客发送4 313万人,比上年增长5.8%。完成公路货运量3.27亿吨,比上年增长3.58%;长途汽车旅客发送量2 468万人次,比上年增长0.12%;国际集装箱道路货运量884万标准箱,比上年增长7.93%。上海港完成货物吞吐量4.43亿吨,首次超过新加坡,成为世界第一大货运港;集装箱吞吐量1 808.4万标准箱,居世界第二。浦东国际机场和虹桥国际机场共完成货邮吞吐量221.67万吨,比上年增长14.49%;旅客吞吐量4 133.90万人次,比上年增长15.12%。

至2005年底,上海港拥有各类码头泊位1 181个,其中万吨级以上泊位124个。年内上海港与荷兰鹿特丹港、美国洛杉矶港结为友好港,至此,与上海港缔结友好港协议的外国港口有15个。

浦东新区

【地理环境】 浦东新区(以下简称浦东)位于上海市东部,是长江三角洲东缘的一方扇形土地。东濒长江口,南与南汇、闵行区接壤,西和北分别与徐汇、卢湾、浦、虹口、杨浦、宝山6区隔江相望。全区面积569平方公里。

【人口】 2005年,浦东新区户籍68.95万户,比上年增加2.22万户,增长3.3%。户籍人口184.81万人,比上年净增3.91万人,增长2.2%。户籍人口平均每户2.68人,比上年下降0.03人。总人口中男性93.12万人,女性91.69万人,男女性别比102∶100。按户口性质分,农业人口14.64万人,比上年减少6.14万人;非农业人口170.17万人,比上年增加10.05万人。农业人口占总人口的比重,由上年的11.5%,下降至7.9%,减少3.6个百分点;非农业人口占总人口的比重则由上年的86.5%,上升至92.1%,上升3.6个百分点。全年出生人口12 363人,出生率6.76‰,比上年下降0.16个千分点;死亡人口13 423人,死亡率7.34‰,比上年上升0.36个千分点;人口自然增长率-0.58‰,比上年下降0.52个千分点。全年迁入人口12.85万人,其中本市迁入10.94万人,市外或港、澳、台、国外迁入1.83万人,迁入人口比上年增加1.25万人,上升10.8%。迁出人口8.83万人,其中迁往本市8.57万人,迁往市外或港、澳、台、国外0.26万人,迁出人口比上年增加0.01万人,上升4%。全年净迁入人口4.02万人,比上年下降4.5%。全区户籍人口平均密度为每平方公里3 245人,比上年增加69人,增长2.2%。

【行政区划】 浦东新区下辖11个街道和12个镇。2005年完成川沙新镇筹建报批的前期论证工作。川沙镇和机构镇建署撤销,合并成立川沙新镇。审批新建居委会19个,更名居委会4个,撤销村委会14个。完成行政区划陆域界线年度检查工作,撰写浦东新区海域勘界前期准备的调研报告。编制资料片《浦东行政区划历史沿革》和2005年版《浦东新区行政区划图》,并向新区职能部门和街道发放300多张新版地图。

(浦东民政局)

【国民经济】 2005年,浦东新区经济建设继续保持发展势头,各项主要经济指标比上年提高。全区完成生产总值2 100亿元,比上年增长12.1%。第一产业增加值6.09亿元,第二产业增加值1 070.96亿元,第三产业增加值1 031.74亿元。第一、二、三产业比重分别为0.29%、50.78%、48.92%。

农业产业结构继续调整。全年实现农业总产值11.62亿元,比上年下降10.1%。农业用地面积继续减少,为1.42万公顷,比上年减少7.3%。其中耕地面积8 848.9公顷,比上年减少6.7%;村地(包括苗圃与果园)面积4 245公顷,比上年下降13.6%;渔业养殖面积1 040.5公顷,比上年增长22.7%。牧业总产值1.95亿元。出栏生猪8.8万头,上市家禽24.28万羽、鲜蛋0.17万吨,上市牛奶1.27万吨、水产品0.23万吨。年内全区有蔬菜园艺场13个,生猪饲养场29个,家禽饲养场22个。

全区国有及年销售额500万元以上工业企业2 450家。全区工业总产值4 241.04亿元,比上年增长11.8%,占全市工业总产值的25.1%。其中中央工业产值1 321.04亿元,市属工业产值1 135.29亿元,非中央和市属工业产值1 784.71亿元。外商及港澳台投资企业工业总产值2 632.32亿元。工业出口交货值1 219.01亿元,比上年增长16.7%。工业产品销售率99%,比上年下降0.5%。重点发展行业生产大多继续增长。电子信息产品制造业产值1 155.08亿元、汽车制造业产值494.24亿元、石油化工及精细化工业制造业产值578.82亿元、精品钢材制造业产值138.05亿元、成套设备制造业产值424.56亿元、生物医药制造业产值95.78亿元,分别比上年增长12.8%、0、8.8%、-9.9%、30.4%和20.8%。

【市场物价】 浦东商业有各类市场142个,其中综合市场45个,专业市场65个。著名大型商店有新世纪商厦(上海第一八佰伴有限公司)时代广场、正大广场、中融国际、汇金百货、现代广场,大型家电商场有国美、永乐、苏宁等连锁店。全区商品零售总额3 894.67亿元,社会消费品零售总额414.99亿元,分别比上年增长32.8%和13.2%。其中商业零售额371.19亿元,餐饮业零售额43.80亿元,分别比上年增长11.1%和35.3%。全区三星级以上宾馆、酒店27家,其中三星级11家,四星级9家,五星级7家。全年宾馆酒店客房出租率70%,营业收入37.09亿元,比上年增长10.49%。

【利用外资】 全年外商直接投资合同项目1 734个,其中合资149个,合作8个,独资1 574个。直接引进外商投资合同金额56.54亿美元,比上年增长75.4%。外商直接投资到位资金31.11亿美元,比上年增长30.8%。批准内联企业738个,注册资金84.11亿元。全年出口额372.12亿美元,比上年增长14.9%,占全市出口总额的41%。进口额522.63亿美元,比上年增长7.9%,占全市进口总额的54.7%.

【财政收入】 财政收入完成494.94亿元,比上年增长10.5%,其中中央级财政收入完成247.95亿元,市级财政收入完成89.48亿元,区级财政收入完成157.51亿元,地方财政收入完成155.31亿元。地方财政支出198.79亿元,比上年增长2.7%。其中基本建设、企业挖潜改造、城市维护、教育、医疗卫生分别支出65.83亿元、38.83亿元、10.23亿元、18.85亿元、4.85亿元。

【金融】 年末,中资银行人民币存款余额3 705.44亿元,比年初增加754.18亿元;各项贷款余额2 366.61亿元,比年初增加300.95亿元,其中个人贷款563.47亿元,比年初增加47.96亿元。中资银行外汇存款余额36.25亿元,外汇贷款余额33.43亿元。外资银行外汇存贷款余额197.16亿美元。人民币存贷款余额1 203.68亿元。年末,外资银行52家,经营人民币业务外资银行41家,比年初增加2家。

【保险·证券】 中资保险公司保费收入140.63亿元,比上年下降0.1%。支付各类赔款及给付23.16亿元,比上年增长53.7%。外资保险公司保费收入31.67亿元,各类赔款及给付3.09亿元。证券市场全年发展股票5 023.05亿元。各类有价证券成交额4.97万亿元,比上年下降35.2%,其中股票成交额1.92亿元,国债现货成交额2 772.79亿元,国债回购成交额2.36亿元,基金成交额576.78亿元。产权交易成交企业3 395家,成交金额4 002.8亿元。期货市场成交铜、铝、天然橡胶燃料油6 757.95万手,金额6.54亿元。钻石交易会会员单位161家,全年钻石交易总额4.1亿美元。商品房销售52 936套,金额490.2亿元,成交金额比上年增长35.3%。预售商品房81 183套,金额499.94亿元,预售金额较上年增长-4.9%。存量房成交36 874套,金额315.70亿元,成交金额比上年增长9.6%倍。

【固定资产投资】 全社会固定资产投入693.61亿元,比上年增长6.4%,其中第二产业投资144.97亿元,第三产业投资548.58亿元。固定资产投资中,房地产投资334.55亿元,比上年增长9.4%。商品住宅投资193.25亿元,比上年下降8.6%。年内房屋施工面积2 114.25万平方米,房屋竣工面积487.09万平方米。城市基础设施投资125.95亿元。完成动拆迁单位及居民户23 294户,面积474.63万平方米。

【社会事业】 2005年,浦东新区社会事业健康发展,公共卫生环境进一步改善,获得"全国精神文明城区"与"环境保护模范城区"称号。

全区影剧院、文化馆9家,图书馆1家,藏书126万册。博物馆、纪念馆9家,藏品7.79万件。医院57家,床位6 520张,医疗卫生技术人员0.98万人。其中区属综合医院5家,专科医院5家,镇卫生院15家,地段医院14家。大型体育场所有川沙体育场、源深体育中心、浦东游泳馆、浦东棒垒球场、汤臣高尔夫球场。

【科技教育】 2005年,浦东新区有认定的各级企业技术中心

161家,其中国家级企业研发中心15家,市级企业技术中心34家,浦东新区企业技术中心112家,认定的上海市高新技术企业479家,国家级重点新产品16个、市级新产品20个,国家级火炬项目3个,市级科技产业化计划项目16个,签订技术合同2 362个。

科技专项资助资金立项568项,拨款总额2.28亿元。高新技术工业产值1 677.66亿元,比上年增长10.2%,占新区工业总产值的39.56%。

全日制高等教育有上海海事大学、杉达学院、上海海关高等专科学校、上海金融学院、上海第二工业大学、上海中医大学等9所。中等学校7所,学生1.78万人。区属职业学校5所,学生1.39万人。中学103所,学生11.43万人。小学107所,学生9.21万人。幼儿园166所,入园儿童4.46万人。

【重大工程和实事项目】 2005年,浦东新区重大工程27个大项,81个单项,总投资533.64亿元,年度计划投资174.42亿元。全年累计完成当年投资176亿元,超额完成年度计划。其中政府财力投资、融资类项目提前一个月完成年度计划。由市组织实施、浦东新区协助推进及承担前期工作的市重大工程5项,累计完成当年投资30亿元。参照重大工程推进的其他重点工程项目3项,累计完成当年投资3亿元。重大工程项目建设基本按原定节点计划稳步推进。其中世博动迁已基本完成,创造上海城市动迁史上的新速度。市民关注的轨道交通6号线全线28座车站、27段区间已全面开工,提前1个多月完成全年建设节点目标。为翔殷路隧道工程配套的五洲大道浦东北路以西段、区级动迁商品房基地中的北蔡基地(莲杨苑)项目、唐镇2号基地(金盛家苑)、浦三路1号基地四期工程等项目均已建成。建设局、重大办还全力配合轨道交通7号线、8号线、9号线、A14、A30郊环(浦东段),浦东国际机场二期、上中路、翔殷路越江隧道工程等项目建设,作大量前期及协调工作,为工程顺利实施创造有利条件。各社会产业类项目按计划节点抓紧推进,其中上汽汽车模具技术应用项目及汽车温度控制系统厂房项目已基本完成。3.5万伏电站建设中的兰园站、杨东站等已竣工启用,罗山开关站输变电工程主体已完成并入线送电。2005年市政基础设施建设克服资金不到位、动迁难度大、协调任务重等困难,全力推进市政项目66项,基本竣工14项,其余抓紧推进,完成固定资产投资约26亿元。为配合翔殷路隧道越江工程,五洲大道浦东北路以西段实现提前与翔殷路隧道同步通车。为"世博家园"配套的市政道路浦三路、三鲁路和浦星公路,正按计划节点抓紧实施,确保按时完成配套任务。

全年,浦东新区实事项目35项,其中市政府下达项目9项,区政府自定项目26项(10大类),责任单位是区政府办、文广局、发展计划局、经贸局、劳保局、社发局、建设局、环境保护局、公安分局、妇联、科协、质监局、陆家嘴功能区、外高桥功能区、张江功能区、金桥功能区等16个单位。所有实事项目至年底全部完成,其中提前完成或超计划完成的21个。新增5.9万个就业岗位项目已完成11.57万个,超过目标96%;新增500张养老床位项目已完成新增703张;组织1 000名智障人士参与培训、康复、简易劳动项目完成1 391名;为1.7万名老人提供服务,4 200名老人开展居家养老项目完成;新建改建30个标准化老年活动室项目32个;28所学校部分资源对外开放项目完成;6个社区公共绿地小型运动场完成;5个社区体质检测站完成;3 000名农村劳动力职业技能教育和培训项目已累计完成3 488名,超计划16%;9个街道医保事务服务点功能扩大项目完成;100辆公交车尾气排放改造项目目标数完成;10个公交港湾站完成;10条公交线路调整项目完成;50万平方米动迁商品房项目完成;建设公共绿地80公顷项目已累计完成98公顷;"互联浦东人"信息化培训项目已完成4.77万名,超过目标59%;外高桥功能区公交2号线23个候车亭项目完成;外高桥功能区区域内3条马路路灯安装完成;学校周边道路交通设施整治项目完成;150个小区报警灯箱安装完成;4 000台居民电梯告示牌项目全部张贴到位。14个如期完成:分别是水网改造和供水切换项目;住房建筑整治项目;350座垃圾箱上下水改造项目已完成下水改造;10家生鲜超市、生鲜菜店改造项目;2万户旧电视改宽带项目;路名普查、更名项目;152处3类信号灯新装改装项目;陆家嘴功能区潍坊社区科普中心装修项目;20家标准化菜场建设项目;4个卫生院建设项目;新区政务办理中心工程项目结构封顶;张江功能区郭守敬路碧波路灯光改建工程;5个社区信息苑项目;3个社区文化中心项目。

(张建民等)

黄浦区

【概况】 位于上海市市中心,地处黄浦江与苏州河合流处南端,以黄浦江名命名,总面积12.49平方公里,其中陆地面积11.15平方公里,水域面积1.34平方公里。区境内立体交通网络连通市内外,南北高架与延安路高架、内环高架相交;设有轨道交通1号线、2号线的5个车站;延安东路隧道、复兴东路隧道和外滩观光隧道及东金、东东等7条轮渡线越黄浦江抵浦东;公共交通线路138条,其中设起讫站点的101条,公共交通枢纽2个(南浦大桥、武胜路),公共交通集散点2个(普安路、老西门)。境内有外滩"万国建筑博览"之称的近代建筑群、明代园林豫园和明代寺庙沉香阁3处全国重点文物保护单位,有南京路步行街和仿明清建筑的豫园商业旅游区,还有上海博物馆、上海大剧院和上海城市规划展示馆等现代文化设施。

【经济建设】 2005年,实现增加值110.47亿元,比上年增长10.1%,第二、三产业增加值比重为8.3%和91.7%。财政收入83.29亿元,其中区级财政收入38.68亿元(新口径)。引进外商投资企业121家,其中世界500强企业3家、地区总部11家,吸收外商直接投资合同金额3.03亿美元。完成外贸进出口额8.06亿美元,比上年增长12.6%。引进内资70.08亿元。完成固定资产投资111.38亿元。商业、房地产业、旅游业、现代服务业、文化娱乐业等区五大重点产业实现增加值95.49亿元,比上年增长11.74%,占区增加值总量的86.4%;完成区级税收25.57亿元(新口径),比上年增长16.6%,占区级财政收入的66.1%。继续实施结构调整,功能开发取得新进展。外滩18号等老大楼改造后投入运营,外滩6号、12号等老大楼改造加快,外滩地区累计引进国际顶级和一线品牌9个、国际著名品牌9个。新世界综合消费圈基本建成,购物、餐饮、休闲、娱乐等功能得到提升;东方商厦南京东路店开张,标志着以东方商厦为品牌的都市时尚百货店的连锁发展正式启动;上海华联商厦翻牌永安百货有限公司,定位经典品牌经营;雅戈尔旗舰店开业,主营高档衬衫和西服。豫园地区悦宾楼、华宝楼、天裕楼结构布局调整,完善商场功能;豫园大酒店、庙前广场等项目在建。北京路国际装备制造业服务贸易区、福州路文化街区详细规划已经市批准。以实施世博园区居民动迁为重点,推进旧区改造。世博园区居民动迁签约率91%,实现预期工作目标。全面拆除旧房37.3万平方米,7 200户居民告别旧居。完成"平改坡"综合改造8.9万平方米,旧小区房屋综合整治29万平方米。全年竣工商办楼40.97万平方米,竣工住宅31.7万平方米。重点工程建设有序推进。外滩一体化开发逐步实施,外滩源一期洛克菲勒开发项目正式签约,半岛酒店项目进行开工前准备,光明大厦、东方饭店按外滩风貌延伸段要求实施建筑立面整治;南京路世纪广场改建工程竣工;现代聚居区建设和老城厢成片旧里改造稳步推进;基础设施建设加快,轨道交通站点等项目继续实施。重点地区、重要时段、重大节庆期间的市容环境状况得到改善,建成金陵东路市容环境示范区域。建成区垃圾压缩中转站、新概念环境保护公厕及全市第一个公厕应急系统。完成黄河路综合整治。拆除中央商场和部分地区存在数十年的违法违章占路搭建,专项整治取得成效。全面完成第二轮"环境保护三年行动计划"各项任务。新增绿地5.4公顷。建成空气质量自动监测站,餐饮服务业油烟气整治任务完成,大气状况进一步改善。继续开展"安静居住小区"创建活动,建成瞿溪新村安静居住小区。落实13类交通顽症治理措施,重点路段、重点路口交通治理见成效。道路"瓶颈"改造工程继续实施,交通通行能力有所提高。停车诱导系统进一步完善,新增停车场4个共525个停车泊位。发挥人民群众在精神文明建设中的主体作用,城区文明程度有新的提高。被国务院授予"全国民族团结进步模范集体"称号。"全国双拥模范城"创建成果得到巩固。实施科教兴区战略,全年共获国家和市科技项目支持达530万元,上海市高新技术成果转化项目12项,专利申请799件。实施区教育事业发展"十大行动计划",格致中学改扩建工程按期完工。推进公共卫生、医疗服务、社区卫生服务三大体系建设,区公共卫生中心、区医保事务中心、金陵东路社区卫生服务中心竣工投入使用。在第十届全国运动会上,黄浦籍运动员夺得金牌5.5枚。区体育健身中心工程结构封顶。继续实施"万人就业项目",发展非正规就业劳动组织,全年新增就业岗位5.54万个,为年度目标的191%;失业登记1.29万人,控制在1.3万人的年度目标内;2 669人退出"低保"实现再就业。外来务工人员参加综合保险数为4.45万人。全年发放各类救助帮困基金6 432万元。创建为独居老人服务的"温馨家庭"1 137户,"无障碍设施进家庭"活动惠及居民1 166户,廉租住房配租2 928户。被命名为"全国社会治安综合治理优秀地市"。区人民政府地址:延安东路300号。

【外滩源项目一期工程正式启动】 11月30日,上海新黄浦集团与美国洛克菲勒国际集团合作组建的"上海洛克菲勒集团外滩合作项目综合开发有限公司"揭牌成立,标志着双方自2004年签署合作协议后,正式启动外滩源一期项目的开发工作。副市长胡延照,市政府副秘书长徐建国,黄浦区领导钱景林、姜亚新等为一期工程启动揭幕。外滩源项目为上海市重大工程项目,黄浦江两岸综合开发先行工程,由新黄浦江集团负责项目的总体实施。该项目位于苏州河与黄浦江交汇处,东起黄浦江,西至四川中路,北抵苏州河,南面滇池路,是外滩历史文化风貌区的核心区域。一期项目是整个项目的关键,范围为"圆明园路—北京东路—虎丘路—南苏州路"的围合地块,占地面积1.68万平方米,拥有光陆、真光、兰心、女青年会、安培洋行、亚洲文会等7幢优秀历史建筑。一期项目拟建商业金融、文化、酒店式公寓、办公及公共广场等公共设施,规划建筑总面积9.4万平方米。外滩源项目一期工程是洛克菲勒国际集团投资中国的第一个项目。

【南京路世纪广场改建竣工并启用】 5月2日,南京路步行街世纪广场改建工程竣工重新开放,5月15日正式使用。南京路世纪广场位于步行街中段,福建中路与浙江中路之间。改建工程为市、区两级财政出资并共同立项的区重点工程,2004年1月18日举行改建工程奠基仪式,当年完成土建结构封顶,2005年5月2日改建工程竣工,广场开放迎客。改建项目由地上舞台、广场及地下车库三部分组成。广场用地面积约8 370平方米,中间铺设2 686平方米椭圆形的彩色地坪,27条地面光带将地坪分割成一瓣瓣花瓣,形成粉红色、绿色和咖啡色饿花型观演广场,可同时容纳3 000人观看各类演出。广场中央八瓣白兰花图案构成旱喷造景,音乐喷泉设计能展现出礼花腾空、莲花绽放、众星捧月等多组水型,还增加了水处理设备。广场四周有灯光媒体柱。东西两侧分别辟有面积为1 093平方米和1 080平方米的两块休闲区域,设活动露天吧等休闲设施。广场绿化面积达3 074.45平方米,比原来增加千余平方米,绿化率36.7%。广场南侧设一长24米、宽14米的固定式舞台,波浪型顶盖取意海边的贝壳,同时象一把中国传统的扇面,成为整个广场的景观标志。舞台的音响灯光和机械系统能满足中型演出的需要,同时预留了满足大型演出需要的接口。舞台两侧各设置1块面积为62.62平方米的大型LED全色彩显示屏,可全天播放各种视频节目。安装在步行街及广场中央的多个摄像头能将在场游客全部"实时播放"在大屏幕上。广场地下为近8 000平方米的停车库,拥有150个车位。车库还预留了将来建造双层停车位的空间。整个世纪广场体现休闲、娱乐功能。5月15日上午9时30分,举行南京路世纪广场改建竣工仪式暨"上海之春"国际音乐节千人二胡演奏会,世纪广场正式启用。来自上海、江苏、浙江、宁夏等地的2 010名乐手人手1把二胡齐奏《良宵》、《光明行》《小花鼓》和《赛马》等乐曲。2 005只广场鸽,5 150只彩球,2 010位二胡演奏员,象征着2005年5月15日改建竣工的世纪广场,期盼着2010年上海世博会的到来。

【南京路下沉式广场启用】 8月1日晚,新建的南京路下沉式广场正式投入使用。南京路下沉式广场东接西藏中路、北临南京西路、南通九江路、西连五州纪念广场,整个广场呈三角形,占地面积7 700平方米,下沉面积约3 000平方米,深度为3米,呈不规则的斜坡式,西高东低,坡度为2%,(低于残疾人通道的3%的坡度)。广场内植有香樟、雪松等树木,还在多处安置了供游人休息的石椅。广场内所有灯光全部采用节能灯具,所有地砖全部采用防滑材料,沿广场周边特设一圈宽约40厘米的可排水地砖。下沉式广场集交通枢纽、绿化和休闲为一体,有4个出入口分别连接轨道交通1号、2号线和规划建设中的8号线。2007年8号线贯通后,1号、2号、8号线在该处形成一个三角形的换乘大厅,市民可在50米范围内实现换乘。走出地铁后,通过下沉式广场以及周边地下通道,可直接到达西藏路、九江路等公交站点。广场同时还有2个出口,可通向南京路步行街、第一百货商店与新世界城。

【文庙举行纪念孔子诞辰2 556周年活动】　9月28日是中国古代思想家、教育家孔子诞辰2 556周年。是日,上海文庙举行孔子诞辰2 556周年——上海文庙《走进孔子》诗词演唱暨楹联新作展开幕式。该活动由上海文庙管理处、上海炎黄文化研究会、上海诗词学会、上海楹联学会主办。纪念活动的诗词演唱会请诗人桂兴华创作情景诗《走进孔子》,由市儿童艺术剧院张承明任导演,上海人民广播电台一级播音员陆澄扮演孔子,东方广播电台洁慧扮演青年知识分子,东广音乐师毕之光配乐,上海敬业初级中学32名学生扮演孔子弟子。情景诗通过时空交流与孔子对话,折射儒家思想和中华传统文化魅力。演唱会上,70多岁的诗词作家姚昆田创作并吟诵古体诗词,上海敬业初级中学48名学生身着古袍,踩着古乐,表演《孔子乐舞》,上海昆剧院演员演出《牡丹亭》中"惊梦"一折等,缅怀先师孔子。同时举行楹联新作展览。从数百件创作作品中遴选出的47副以孔子和上海文庙为主题的楹联作品,经书法家再度创作后展出于文庙书画殿中。与会者在参观展览过程中感悟儒家思想和儒家文化精神。当天全球30个地区同时举行"世界文庙同祭孔"活动,国内有18个地区参加,中央电视台对山东曲阜孔庙、浙江衢州孔庙、云南建水孔庙、甘肃武威孔庙、上海文庙及台北、香港等地孔庙的祭孔活动进行4个多小时的现场直播。

【南京路步行街年销售额增长8.53%】　南京路步行街东起河南中路,西至西藏中路,全长1 033米。年末,沿街有商业企业65家,营业面积逾35万平方米。2005年,全街实现商业销售额79.1亿元,比上年增长8.53%,其中拥有步行街40%商业网点的百联集团下属五大百货商厦全年增长10.4%。百货业经营面积与销售额均占全区商业总量的60%以上。年内,步行街继续调整结构,功能开发取得新进展。新世界综合消费圈基本建成。该消费圈由新世界购物广场、新世界游艺广场、新世界丽笙大酒店、新世界美食休闲广场、新世界立体停车库五部分构成,总建筑面积20多万平方米。5月1日,新世界购物广场、美食休闲广场开幕。购物广场新增欧米茄、雅格斯丹、BOSS等国际一、二线品牌120个,初步形成10%国际著名品牌,20%国际二、三线品牌,30%中外合资著名品牌和40%国内著名品牌的多层次商品结构;美食休闲广场引进台湾的一茶一座、西堤牛排、日本味千拉面等东南亚美食;文化游艺广场引进国际著名的杜莎夫人蜡像馆和SEGA游艺中心;10月1日,新世界丽笙大酒店开张,聘请美国卡尔森环球酒店集团亚太公司管理,酒店楼高47层,拥有客房520间以及餐厅、酒吧、会议室、多功能大宴会厅、健身房、室内游泳池、水疗中心、迷你高尔夫和壁球馆等设施,开业后客房入住率保持在八成左右。4月28日,上海华联商厦翻牌永安百货有限公司。永安百货定位经典品牌永安百货有限公司。永安百货定位经典品牌经营,引入中高端品牌,形成服饰、黄金珠宝、化妆品三大商品经营特色,年底前引进夏奈尔和兰蔻两大国际顶级化妆品牌。2005年永安实现销售额51 975万元,比上年增长41%。1月17日,东方商厦南东店揭牌。该店走时尚百货发展之路,突出女装和化妆品,两项销售额占总量40%以上。各楼层经营结构不断调整,商品档次不断提升,并相继引进许留山甜品、真锅咖啡等休闲品牌。置地广场坚持常年品牌调整和营销活动不断,年销售增幅达13%,单位面积销售位居步行街单体百货第二位。12月22日,雅戈尔旗舰店正式开业,总营业面积约1 300平方米,主营高档衬衫和西服。另外,5月,南京路世纪广场改建工程竣工并投入使用;12月,一百商城改建破土动工,世贸国际广场结构封顶,时装公司、上海卧室用品公司相继完成立面改造。9月20日,步行街举行开街6周年街庆活动。

【豫园商城品牌建设成效显著】　2005年,豫园商城坚持发展创新,推进经营调整、商旅促销、品牌建设和市场开拓。2月9日至26日,商城举办豫园新春民俗艺术灯会,观灯客流日均20多万人次,期间商城销售额同比增长12.4%。以"豫园中国日(节)"为品牌,扩大与外省市的合作,于3月、4月、7月、9月分别举行"豫园·江南古镇美食节"、"唐宋古韵展演"春季庙会、云南彝族"花脸节"、上海旅游节"丝绸之路"风情展演等大型民俗文化系列活动,形成豫园商旅文化活动的风格,确立了"豫园中国日(节)"的品牌效应。2005年,豫园商城品牌建设成效显著,再次被商务部评为"中国商业诚信企业",老庙黄金、童涵春堂药业公司、南翔馒头店被评为"中国商业名牌企业","老庙"金饰珠宝、绿波廊酒楼和老城隍庙五香豆、湖心亭茶馆分别入选"最具活力的上海老商标"与"最具影响力的上海老商标","亚一"金饰被认定为"中国驰名商标",南翔小笼、"豫园"止咳药梨膏上榜"上海市著名商标"。豫园商城已拥有"驰名商标"2个和"著名商标"11个。8月6日,国际品牌价值研究专门机构世界品牌实验室发布2005年《中国500最具价值品牌》及分析报告,豫园商城以45.26亿元的品牌价值首次上榜,位居第130位,列上海45个上榜品牌第12位。3月15日,豫园商城被授予"百城万店无假货示范街",铭牌。年内,商城金饰行业以品牌加快市场拓展,"老庙黄金"在江苏、浙江、福建、安徽、河南、陕西、山西、山东、吉林等9省市新开加盟店(柜)50余家,增加批发销售1亿余元;亚一金店开市内连锁3家,新增品牌店8家和经销网点230个。商城全年实现主营业务收入38.06亿元、利润总额1.6亿元、净利润1.069亿元,分别比上年增长11.22%、51.88%和48.06%。10月21日,国民党名誉主席连战、夫人连方瑀及亲友一行到豫园商城参观,在湖心亭茶楼品茗,在绿波廊酒楼宴请亲友,并为商城挥毫题词。

【福州路文化街加快结构调整】　福州路文化街东起河南中

路，西至西藏中路，全长1.3公里。沿街企业为经营各类图书、文化用品、现代办公用品等商户，以及图书馆、剧场、画廊、餐饮业等企事业单位。2005年，福州路文化街按照"文化购物消费、文化休闲娱乐、文化商务办公"的功能定位，加快结构调整，实施网点置换，开发新项目。至年末，文化街上有各类文化经营单位105家（含周边路段29家），其中具文化购物消费功能的单位14家，占13.7%；文化商务办公功能的单位9家，占8.8%。6月21日，因市政动迁于2005年迁离原址的上海音乐书店入驻福州路河南中路口的科图大楼，试营业17天后于7月8日正式开业。9月29日至10月20日，福州路文化街举办第三届文化节暨社区反盗版宣传月。文化节开幕式上，新华发行集团等企业的代表和读者代表分别发出"卖正版书"和"读正版书"的倡议，并举行赠书活动。文化节期间，上海图书公司、上海音乐图书公司、上海市收藏协会、上海书城、区图书馆等27家单位联手推出社区反盗版宣传月及特色正版书展、世纪出版集团精品图书大联展、世界经典名著数码产品展示会等34项专业特色书展和文化活动。10月25日至29日，上海市首届古旧书会在福州路文化街举行。

北京路生产资料街经营区域扩展到周边20余条支马路，形成专业商圈。经营范围涵盖机电设备、机械配件、各类工具等20余个行业60余个大类，集聚数万种机电、机械产品和专业零部件。拥有新一五金、大东海、人民、亚龙、赛格和ABB、LG、欧姆龙、日立、富士、三菱、西门子、雅马哈、博世、威汉、TE等上百个海内外著名企业和品牌，与国内30余个省市的10万余户企业，以及美、英、日、德等10余个国家180余个公司有商贸往来和合作关系。全街区800余家商贸企业，其中52%为民营企业，民营企业中约50%的客商来自温州。年内，组织名特企业参加全国五金展；按照高端开发、业态融合、资源整合及项目带动等开发原则，市区联手，加大地块开发，推进北京路"国际装备制造业服务贸易区"的调整改造建设进程；与高新科技挂钩的电子产品专业市场，成为生产资料街上新的特色行业。2005年，沿街批发企业的销售总额达110亿元，创历史新高。3月29日，"网上北京路"电子商务平台开通。9月2日，北京路和成都市西门街结成生产资料姐妹街。

2005年黄浦区国民经济主要指标表

项　目	单位	完成数	比上年增减（%）	项　目	单位	完成数	比上年增减（%）
增加值	亿元	110.47	10.1	外贸出口总额	亿美元	2.59	4.0
第一产业	亿元	—	—	直接利用外资签订合同项目数	个	121	—
第二产业	亿元	9.12	7.8				
工业	亿元	4.49	13.6	直接利用外资签订合同金额	亿美元	3.04	
第三产业	亿元	101.35	10.3				
固定资产投资额	亿元	120.53	－10.9	工业总产值	亿元	60.15	22
财政收入	亿元	83.29	10.1	房屋竣工面积	万平方米	72.67	－22.8
地方财政收入	亿元	38.68	15.0	社会消费品零售总额	亿元	282.70	6.2
地方财政支出	亿元	54.28	22.9				

卢湾区

【地理位置】 卢湾区是上海市中心城区之一，位于市中心南部。东以西藏南路、肇周路、制造局路、高雄路及江边路抵黄浦江与黄浦区为邻；南临黄浦江，以新建成的卢浦大桥与浦东新区相交；西沿日晖港、瑞金南路、肇嘉浜路、陕西南路与徐汇区、静安区毗连；北顺延安中路、金陵西路、金陵中路与静安区、黄浦区接壤。全境东西约2公里，南北约4公里，区域面积8.03平方公里，其中水域面积0.50平方公里。

【历史沿革】 华亭设县前，境域或隶海盐县，或隶昆山县。唐天宝10年（751年），境域属华亭县。元至元28年（1291年），改属上海县。清咸丰10年（1860年），上海县设团练局，境域分属江境局、法华局、城厢总局，为划区之肇端。清光绪25年12月27日（1900年1月27日）区境东北部被法国殖民者强辟为法租界。清光绪32年（1906年），依团练局划设学区，境域分属江境区、新闸区、城厢区。清宣统2年（1910年），合城厢、老闸、新闸、江境四学区为上海城，境域除法租界，悉属上海城。民国元年（1912年），上海城改名为上海市。民国3年（1914年），境域北部续强辟为法租界。民国17年（1928年），"上海市"更名为沪南区，境域南部属之。民国34年（1945年）11月，国民政府正式收回法租界，并建行政区，境域西部为第六区，即卢家湾区；东部为第五区，即泰山区，民国36年（1947年）更名为嵩山区。1949年5月，上海解放，初沿旧建置。次年，卢家湾区更名为卢湾区。1956年3月，嵩山区撤销，其境域大部并入卢湾区，少部划归邑庙区。1959年12月，邑庙区撤,其境东北并入卢湾区,遂成卢湾今境。

【区划与人口】 卢湾区辖有淮海中路街道、瑞金二路街道、打浦桥街道、五里桥街道4个街道,下设74个居委会,3 346个居民小组。全区总人口为31.66万人,比上年减少7 387人,比上年下降1.03%。其中男性人口157 190人,女性人口159 436人,居民户11.11万户,平均每户人口2.85人。全区共有中共党员21 364人,民主党派成员1 981人,工会会员55 059人,共青团员9 317人。居民绝大多数为汉族,占全区总人口的98.96%;有回、满、蒙、藏等少数民族26个,共有居民3 426人。全年出生人口为1 481人,比上年增加72人;出生率为4.62‰,比上年上升0.30‰,人口自然增长率为-4.39‰,比上年上升0.40‰。全区计划生育率为99.39%。全区人口密度为每平方公里39483人,比上年减少870人。

【从业人员和劳动报酬】 年末,区属从业人员人数为4.40万人。其中,全民所有制单位从业人员数为1.85万人,集体所有制单位从业人员数为0.39万人,其他所有制单位从业人员数为2.16万人。区属职工工资总额为9.97亿元,职工年人均工资为24 270元。全区有各类专业技术人员7 588余人,其中高级职务(称)490余人,中级职务(称)2 602余人。

【人文景观】 卢湾区境内有中共"一大"会址、上海孙中山故居、中国社会主义青年团中央机关旧址3处全国重点文物保护单位,有中共"一大"代表宿舍旧址、《新青年》编辑部旧址、中共代表团驻沪办事处(周公馆)旧址、韬奋故居、第一次国共合作时期国民党上海执行部旧址、中华职业教育社旧址等12处市级文物保护单位(建筑),有江南制造总局(具有140年历史的今江南造船厂)、法租界公董局(今淮海中路375号)、国泰大戏院(今国泰电影院)等31处上海优秀历史建筑,有上海孙中山行馆、大韩民国临时政府旧址2处区级文物保护单位,有中国科学社暨明复图书馆旧址、何香凝旧居、许广平旧居、柳亚子旧居、史良旧居、梅兰芳旧居、刘海粟旧居等15处区登记保护单位(建筑)。百年淮海路上的经典建筑、名人故居、革命遗迹、老宅旧弄、花园公寓与新建的现代化楼宇相映争辉,成为展现上海繁华、高雅、时尚的窗口之一,成为上海凸现海派文化特色的地区之一。上海新天地成为上海旅游休闲新景观,与淮海中路现代化商业商务中心、打浦桥地区现代化商住区、锦江饭店宾馆群形成都市商业旅游格局。

【经济发展】 2005年,以现代服务业为主导的区域经济增长结构格局凸显。全区实现区增加值63.49亿元,比上年增长17.5%,增幅位于上海市中心城区前列。其中,第二产业实现增加值6.08亿元,比上年增长1.4%,约占全部增加值的9.6%;第三产业实现增加值57.41亿元,比上年增长19.5%,占全部增加值的90.4%。

财政收入与支出情况。全区完成地方级财政收入(新口径)23.58亿元,比上年增长18.2%,净增3.6亿元。年内,实际执行支出31.30亿元,其中经常经费支出23.90亿元、专项经费支出7.40亿元;在取得中央和市返回税收基数及各类补助收入、扣除体制上解款及其他结算项目后,区实际财力约为31.54亿元,增设预算周转金1 000万元,收支相抵,结余约为1 439万元。主体税种收入保持较快增长。增值税完成1.57亿元,比上年增长84.2%;营业税完成7.87亿元,比上年增长7.7%;企业所得税完成2.14亿元,比上年增长27.6%;个人所得税完成3.55亿元,比上年增长7.5%;房产税完成3.53亿元,比上年增长113.8%。商贸物流业集聚效应日益显现,集聚富士、东芝、佳能、索尼等一批国际著名的办公、电子产品公司。全年实现区级税收2.1亿元,比上年增长31.4%。在全区前10位纳税大户中,商贸物流业占据一半,其中,索尼(中国)有限公司上海分公司税收超亿元。专业服务业快速发展,集聚600多户咨询公司,其中有埃森哲咨询、IBM咨询、麦肯锡咨询等世界著名公司。全年实现区级税收7亿元,比上年增长27.1%。休闲服务业加快发展,全年实现区级税收2.9亿元,比上年增长19.9%。大力发展节庆活动,成功策划和组织实施上海旅游节开幕式暨花车大巡游、2005上海国际服装文化节暨新锐设计师作品发布、玫瑰婚典、上海法国周、2005上海国际赛车文化巡展、德国周等时尚旅游节庆活动。广告传媒业进一步发展,集聚286户广告传媒企业,其中有李岱艾广告公司、达彼思广告公司、盛世长城广告公司等8家4A级广告公司(全上海有20户4A级广告公司)。全年实现区级税收4 652万元,比上年增长19.7%。现代服务业中的骨干企业发展势头强劲,成为拉动区经济增长的重要力量。普华永道公司、神华煤炭、索尼(中国)上海分公司、新宇钟表、埃森哲咨询公司等现代服务业骨干企业,实现区级财政收入超千万元。全年地方级涉外税收突破10亿元大关,达到10.9亿元,占区级税收比重达51.2%。街道经济发展迅速。4个街道完成地方级税收均突破亿元,比上年增长97%。

主要产业完成指标情况。社会消费品零售总额达124.40亿元,比上年增长11.3%。现代服务业发展呈现出高增长、高比重、高效益的发展态势,全年实现营业收入238.8亿元,比上年增长14.4%,实现区增加值37.2亿元,比上年增长25.5%,占区增加值比重达58.6%,比上年增长3.7%,对全区经济增长贡献率达79.8%;实现区级税收12.4亿元,比上年增长25.9%,占全区区级税收的51.3%。房地产业稳步发展,完成区级税收5.5亿元,比上年增长10.6%。工业销售平稳增长,完成销售产值18.1亿元,比上年增长2.6%。外贸出口快速发展,完成外贸出口1.14亿美元,比上年增长39.8%。

卢湾区经济社会发展主要指标

项目	2005年	比上年度增或减%
国内生产总值(亿元)	63.49	17.5
第一产业增加值(亿元)	—	—
第二产业增加值(亿元)	6.08	1.4

续表

项　目	2005 年	比上年度增或减%
其中工业增加值(亿元)	4.86	1.2
第三产业增加值(亿元)	57.41	20.6
人均国内生产总值(元)	20 053.69	
粮食总产量(万吨)	—	—
棉花总产量(吨)	—	—
油料总产量(万吨)	—	—
全社会固定资产投资总额(亿元)	47.06	33.9
外贸自营出口(亿美元)	1.14	73
实际利用外资(亿美元)	2.38	22.7
社会消费品零售总额(亿元)	124.40	11.3
零售物价总指数(%)	—	—
地方财政收入(亿元)	23.58	18.2
地方财政支出(亿元)	31.30	24.7
职工年平均工资(元)	24 270	(区属在岗职工)
农民年纯收入(元)	—	—
邮电业务总量(亿元)	—	—
电话普及率(部/百人)	—	—
年末存款余额(亿元)	558	43.1
年末贷款余额(亿元)	278.4	32.3
大学(所)	1	
中小学(所)	38	
失业人数(人)	7 346	
企业产权转让、兼并数(个)		

【产业结构调整】 建立5 000万元资源盘整资金。以贴息、贴租、补贴、补偿、收购等多种方式,挖掘潜力,激活资源潜力,将资源的潜在优势变为现实的强势,提高区域资源的有效利用率。全区重点商务楼宇平均纳税率已经从2003 年的35%左右提高到55% ~60%。特别是区级财政贡献相对较弱的打浦桥地区商务楼宇,通过调整有明显提高,16 幢商务楼宇区级税收同比增长33.4%。打浦桥地区有16家企业实施结构调整,完成餐饮、娱乐、休闲服务业调整面积3万平方米。

以增加淮海中路沿线商铺的"高度、厚度"为突破口,通过优化业态组合,加快形态开发,努力构筑品牌高地,提高著名品牌的入驻率。淮海中路全年完成商业结构调整面积5.4万平方米,妇女用品商店B馆、雪豹商城完成调整,思南路小花园项目完成招商。15家国际品牌店入驻企业天地,其中包括引进意大利境外设立的第一家法拉利公司旗舰专卖店,引进全球顶级女士衬衫安妮芳婷品牌,开设中国首家专卖店。淮海中路有国际品牌1 159个,占总入驻品牌的63%。

推进13幢都市型工业楼宇的结构调整,大力发展生产性服务业。至年底,13幢工业楼宇中,设计、研发等类型的头脑型企业占到入驻企业总数的41%。8号桥、泰康路田子坊、卓维700创意园被命名为上海首批创意产业集聚园区。

【招商引资】 2005年,全区引进外资项目113个,合同利用外资4.6亿美元,位居中心城区第一,创造历年来利用外资的新纪录,比上年增长66.2%,完成年度目标的230.4%。呈现三个增加:现代服务业外资增加。引进现代服务业外资项目99个,合同利用外资4.2亿美元,占全区合同利用外资的91.1%,比上年提高15.5%。外资企业增资扩股增加。44户外资企业增资扩股,增资额达2.8亿美元,比上年增长400%,占全区利用外资的比重达到60.5%,其中,日本(大冢)投资有限公司、富国太平洋(中国)投资有限公司、普利斯通(中国)投资有限公司等7家外资企业增资额超千万美元。新型业态增加。外商投资领域不断拓宽,增加了货运、广告、仓储、租赁、医疗等新型业态,引进合同利用外资1 000万美元的德国法兴(上海)融资租赁有限公司、合同利用外资150万美元的日本英萃广告公司、合同利用外资100万美元的香港泰昌祥轮船船务有限公司等。优势企业集聚加快。一批实力强、成长性好的世界500强企业、跨国公司地区总部和销售中心等相继落户卢湾区。其中有富士施乐租赁地区总部、柯尼卡美能达办公系统地区总部、奥德费尔车展船运(上海)有限公司、麦肯锡公司、伊顿公司亚太总部、佳能公司华东地区销售中心、法国保乐利加公司等,入驻卢湾的世界500强企业地区总部或者办事机构已经达到88家。

引进内资取得进展。全年引进外省市企业132户,新增注册资金7.7亿元,其中有江苏凯达投资有限公司、绿谷集团、西安绅泰医疗投资管理公司、安徽摩派信息科技有限公司等大型外省市企业。引进私营企业329户,其中有上海方辰投资管理有限公司、海华铁弘兴计算机工程有限公司、上海福利达生物技术有限公司等;引进科技企业72户,新增注册资金2.5亿元,比上年增长5.1%。

街道招商成绩突出,成为招商引资的主力军之一。全年,全区4个街道引进非区属各类企业453户,其中有上海雅恒数码、清华同仁、中国展览集团上海分公司、东方表行等一批强势优质企业,新增注册资金1.3亿美元和6.7亿元人民币,比上年增长20.2%。

二次招商质量明显提高。全年完成115户。世界500强企业精工电子(上海)有限公司(办事处转性)、均和金属材料公司、上海流通教育投资发展有限公司、上海地铁东方置业发展有限公司等一批企业的税收关系相继落户卢湾区。

【国资国企改革】 企业产权多元化改革进一步深化。完成建设发展公司的多元化投资改制工作。通过公开挂牌交易,积极引进社会资本参与投资,收回国资1.9亿元,是卢湾区历年来国资国企改革中收回国资最多的一次。完成复兴集团改制。区国资形成了中城、永业两大房地产集团和淮海、益民两大商业集团的新格局,区属企业结构更加合理,有利于企业做大做强主业,提高企业市场竞争力。老字号企业改制取得新突破。红星眼镜公司与国际著名的眼镜批发零售企业荷兰HAL集团正式签订股权转让和合资合同,将公司78%的股权以2.1亿元大幅溢价转让。

推进集体企业改革。对全区86户集体企业进行梳理,以产权结构单一的工业生产类和商业经营类企业为重点,采用关闭歇业、归并整合、资产重组、产权多元等多种方式推进,全年完成21户集体企业改革。推动非公经济发展。"新宇钟表"是注册在卢湾区的一户发起式股份公司,随着这几年的发展,其总股本从1 000万元扩大至18 000万元。2004年,新宇钟表谋划在境外上市;2005年,经国家有关部门批准,香港证监会审核同意,以"新宇亨得利"在香港作为"红筹股"上市,成为卢湾区第一家在境外的上市公司,也是卢湾区第二家上市公司。

加强国有资产监督管理。建立区董监事管理中心,对外派专职监事会主席和专职董事、监事集中统一管理;完善经营者激励约束机制,对区属企业董事长试行契约化管理;制定区属企业投资管理办法,进一步规范企业投资行为;开展不实资产核销工作,妥善处理历史遗留问题,国有企业股权转让5.4亿元。

【城市建设】 加强城市建设和管理。完善城区布局,细化城区规划,重视历史文化风貌保护,实现区域控制性详细规划全覆盖。依法规范动迁工作,强化社会监督,切实维护居民利益。全年拆除各类旧房15万余平方米,动迁居民2 110户。年底,完成2010年上海世界博览会世博园区动迁工作。完成3条道路的拓宽、辟通工程和5条道路的大修养护工程;完成40条街坊道路的整治。新增公共绿地3.2万平方米,改造居住地绿地1.5万平方米,人均公共绿地为1.60平方米。构建城市管理网格化信息平台,建立及时发现、快速处置、责任落实的工作机制,提高城市管理水平。2005年,全区住宅新开工面积32万平方米,完成年计划107%,竣工面积22万平方米,完成年计划110%;完成房产交易登记面积66.58万平方米,成交金额93.71亿元,其中二手房交易面积27.7万平方米,成交金额39.6亿元,实现房产交易契税2.22亿元。

【卢湾区被授予数字化城市管理试点城区称号】 卢湾区是国家建设部10个试点城区和上海市2个试点区之一,试点工作于2005年4月启动,10月1日试运行。期间,完成万米网格化单元的划分和监督员责任区域的划分,全区共划分为439块万米网格,并形成30个工作责任网格,每个监督员负责15块左右的万米网格单元;梳理确定5大类84种178 976万个城市部件、5大类32种事件;完成一个平台、两个轴心的建设(即建成区城市网格化管理信息平台,组建城市管理监督受理中心和城市管理指挥处置中心),在26个单位设置网格化管理终端;确立管理与监督职能分离的新型体制,制定《上海市卢湾区城市网格化管理指挥手册》和《卢湾区城市部件实物照片与图例对照手册》。新模式的运转后,通过市区联动、整合资源、行业联手、条块结合和再造流程,实现城区管理5个转向,即从粗放转向精细、从开环转向闭环、从静态转向动态、从被动转向主动、从分散转向综合转变,逐步使城市管理达到数字化、系统化、法治化、经常化、精细化。初步建立起职责分明、操作有序、管理到位、执法有力、监督及时的城区管理长效机制,提升城区综合管理的效率,实现城区管理的精确、敏捷、高效、全时段和全覆盖。至年底,经审核立案的案件为2 373件(上海市12319城建服务中心转发1件,社会公众举报8件),其中事件1 804件,部件569件。经处置,结案2 317件,结案率达到97.6%。12月,试点工作经国家建设部专家组验收,并被授予数字化城市管理试点城区称号。

【社区建设和社会保障】 推进社区建设扩大试点工作,改建扩建3个街道社区事务受理中心,提高社区服务水平。社区建设进一步加强。拓展居民参与社区事务的渠道,居民自治水平不断提高。改革街道事业编制人员人事制度,优化社工队伍结构。以服务群众为重点,积极探索社区管理网格化的方法和途径。加强社区设施建设,新建社区文化活动中心2个和5个示范型老年活动室,新增社区活动场所44个,面积1万余平方米。新增养老床位200张,人均养老床位数列全市第一。重视社区设施的功能开发与综合利用,探索引进社会组织参与社区设施管理,提高专业化、社会化管理水平。

改善老式居民区群众居住条件。2002年实施"四保合一"(即非商品房小区由物业公司统一承担保修、保安、保洁、保绿)物业综合管理,在小区出入口安装铁门,设置门卫岗亭,对路面、绿化、外墙进行修补、粉刷,集中整治自行车停放点,至2005年共投入资金1 600万元,153个小区实施综合管理,涉及房屋建筑面积196万平方米,受益居民46 000余户。2003年,实施环卫"五小设施"(即倒粪站、小便池、垃圾箱、公共厕所和废物箱)改造,至2005年共投入经费800多万元,改造倒粪站97座、垃圾箱房403个、小便池86个,新建环境保护公厕4座,大修公厕16座，基本完成全区环卫"五小"设施的改造；对老式砖木结构房屋的公用楼梯、走道、厨房等部位，安装简易喷淋装置，提高居民楼耐火等级，增强抗御火灾的能力，至2005年投入资金700万元，完成2 333幢老式居民楼的整治，受益居民16 000余户。2004年，整治老式居民楼电线老化的问题，至2005年投入资金980万元，完成3 873幢老式居民楼的整治，受益居民16 000余户。继连续几年实施"小包围"工程后，2005年对小区内坑洼不平的街坊道路进行整修，翻排下水道，解决小区内的积水问题，共整治道路40条。2005年，投入资金400万元，实施合用厨房整治工程。对合用厨房统一制作灶台、吊厨、铺贴瓷砖和地砖以及内墙粉刷、电线更换等，年内开工621幢，竣工344幢，受益居民989户。

年内，全区新增就业岗位38 624个，完成市政府考核目标的203.3%，完成率居中心城区第一。地区登记失业人数控制在7 346人，比上年下降7%，低于7 500人的市政府考核目标，是"十五"以来最低点。开展就业援助，在全市率先实现"双困"人员就业100%安置。积极促进青年就业，35岁以下青年登记失业人数占全部失业人数比重明显下降。

加强帮困救助工作。按政策规定对困难群众进行帮助，实现应保尽保。全年发放最低生活保障资金3 494万元，救助16.6万人次，发放医疗救助资金145.3万元，救助1 871人次。制定实施新的帮困助学政策，对义务教育阶段的经济困难家庭学生实行免除杂费、书本费、医疗互助基金、学校组织的课外活动费、校服费和补助生活费的"五免一补"制度。扩大廉租住房受益面，全年配租475户。

维护社会稳定。坚持"分级负责，归口办理"，拓展街道司法、信访综合服务窗口功能，建立疑难纠纷会诊制度，努力化解矛盾。落实措施，加强疏导，使部分信访矛盾得到解决。探索静态管理和动态监控相结合的社区矫正管理模式，积极构建预防和减少犯罪工作体系。扎实开展基层安全创建工作，全区74个居委会建成市级或区级安全小区，实现安全小区全覆盖。加强严打整治，破获一批大案要案。成立常设的安全生产检查队伍，加强安全生产监督检查。

【社会事业发展和精神文明建设】 优化教育资源配置，注重培养学生的创新意识和实践能力，促进初中教育均衡化发展。卢湾高级中学通过上海市实验性示范性学校评审。加快教育信息化进程，教育质量进一步提高。深化学校人事制度改革，推行校级干部任期制和教师聘用合同制，多管齐下，加强教师队伍建设。全区共有学校59所，其中大学1所，高级中学4所，完全中学1所，初级中学13所（含一贯制学校2所），职校3所，特殊学校3所（含工读学校1所），小学14所，幼儿园17所，独立托儿所3所。区属学校的校舍总建筑面积44.56万平方米，在校学生3.3万人；教职员工共有3 635人，其中专任教师2 403人。社会办有各类业余学校116所。

建立500万元文化发展专项资金，推进文化事业发展。全区有区属文化单位9家，市属剧场1家，社会办娱乐场所（文化单位）116家，专业影院4家，社会办影院3家，街道图书馆4家，文化中心（站）4家。全区共举办各类群文活动1 744场，参与26万人次。挖掘"民间竹刻"和"何家灯彩"两个非物质文化保护项目，并进行展出。放映露天电影32场。全区有470支社区文艺团队。区、街道图书馆全年新购藏量14 584册（件），其中新购图书14 199册；流通人数326 644人次，书刊文献外借733 395册次。中共"一大"会址纪念馆、上海孙中山故居纪念馆、中国社会主义青年团中央旧址纪念馆、中共代表团驻沪办事处纪念馆（周公馆）、中国社会主义青年团中央机关旧址纪念馆、韬奋纪念馆和江南造船博物馆共接待约50万人次参观。以上海新天地、泰康路文化意识街、广告湾、上海时尚创作中心等为载体，推进文化产业发展。举办第十一届上海国际时装文化节开幕式、上海旅游节开幕式花车大巡游、玫瑰婚典、新年倒计时等大型活动。

深入开展科普工作。营造科技发展优良环境、扶持和发展科技型中小企业、促进科技进步和成果转化、开展城区科普工作，发挥科学技术在推进区内经济和社会发展中的作用。全年引进和发展民营科技企业62家，其中从事高新技术的企业50家，新增注册资金25 390万元，完成全年指标的126.95%；30家高新技术企业通过复审，总收入达到22.51亿元，其中高新技术性收入18.43亿元，占总收入的92.4%；上缴税金1.24亿元；投入科研开发费用1.61亿元，占销售收入的7.3%；认定技术合同332份（不含小额技术合同），合同金额1.47亿元；组织申报国家、上海市科技型中小企业技术创新基金项目，有6个项目被受理，其中2个项目列入上海市科技型中小企业技术创新资金项目，并被推荐申报国家科技型中小企业技术创新基金项目，共获得220万元的资助款；组织申报上海市重点新产品计划项目，2个项目列入上海市重点新产品计划，其中一个项目获得10万元资助款；组织申报上海市科技兴贸计划项目，中韩合作研发生产POS（信用卡交易终端）项目列入上海市国际合作科技兴贸计划项目，获得20万元资助款；组织开展优秀科技企业、优秀科技企业家、优秀科技产品和科研成果评选活动，评出各类奖项28个；全年专利申请量736件，其中发明专利223件，实用新型263件，外观设计250件；成功举办以"科技领先，创意无限"为主题的2005年卢湾科技节和以"树立科学发展观，共建和谐社会——科学普及，你我共参与"为主题的全国科普宣传日等活动。

推进健康城区建设，人均期望寿命为82岁。发展医疗卫生事业，完成新建、改建12个标准化社区卫生服务点。加强公共卫生体系建设。继续加强人禽流感等呼吸道传染性疾病的防治工作。年内，全区未发生甲类传染病；乙类传染病共发生12个病种，发病率比上年下降11.80%，肠道传染病发病率继续处于历史最低水平。加强医疗保险基金监管，提高窗口服务质量。医疗保险政策不断完善。全面完成预防、医疗、保健、医保、爱国卫生、血液管理等工作。全区共有区属各级各类公立医疗卫生机构14所，其中二级医院4所，一级医院4所，各类防治站（所）5所，区卫生人才培训中心（卫生事务中心）1所；区内共有民营医院4所、民营门诊部15所。区属各级医院实际开放床位总数1 258张；全年诊疗总次数为167.84万人次，出院数为16 385人次；手术数为3 379人次。

加强社区体育服务，新建2个社区公共运动场和2个市民体质监测站，全区健身苑点达到120个，面积27 500平方米，覆盖全区各街道（社区）居委，人均体育用地达到0.895平方米。全年培养输送了78名优秀体育后备人才，卢湾区少年体校被国家体育总局命名为国家高水平体育后备人才基地。竞技体育取得新成绩，15名运动员参加洲际和世界大赛获奖牌28枚，其中金牌14枚，银牌6枚，铜牌8枚。参加全国比赛的有

100余名运动员,获奖牌109枚,其中金牌46枚,银牌32枚,铜牌31枚。在第十届全运会上,代表上海参赛的卢湾籍运动员共获得奖牌19枚。在第十届全国运动会卢湾籍运动员为上海代表团夺得19枚奖牌。社会体育发展健康,有序。全区新增健身场馆2家,有经营性体育场馆131个,面积达5 300平方米。成功举办IDSF世界拉丁舞大奖赛,全国男篮甲A联赛等重大赛事。

开展全国文明城区创建工作,被评为全国创建文明城市工作先进城区。组织实施公民道德建设综合工程,实现文明社区全覆盖。"'文文''明明'进校园"系列活动获全国未成年人思想道德建设工作创新一等奖。积极开展精神文明建设活动。建成上海新天地、打浦桥地区文明示范标志区域。组织"共建美好家园"主题活动,深入推进公民道德建设。以开展文明进校园、进家庭等活动入手,加强未成年人思想道德教育。评选"感动卢湾"先进人物,弘扬先进典型,大力倡导传统美德,切实提高市民文明素质。 (俞成伟)

徐汇区

【地理位置】 徐汇区位于上海市中心西南部,东侧瑞金南路、陕西南路,与卢湾区毗邻,徐浦大桥与浦东新区连接;西南至虹梅路(虹梅南路)、老沪闵路和华泾镇关港村,与闵行区分界;北达长乐路、华山路、兴国路、淮海西路,与静安区、长宁区接壤。全境面积54.76平方公里,其中陆地面积50.94平方公里,水域面积3.82平方公里。境内铁路、立交、高架道路纵横交错,轨道交通一号线、三号线和四号线贯通全境。徐汇区为中心城区出入闵行、奉贤、金山、松江、青浦等区和江、浙、闽、赣、皖诸省的交通要道。据史料记载,明末文渊大学士、著名科学家徐光启曾在境内肇嘉浜和李纵泾两水汇合处建有农庄别业,从事农业实验和著书立说。徐光启逝世后归葬于此,其部分后裔在此定居并繁衍成族,因而习称"徐家汇",区名由此而得。

【历史沿革】 区境在唐、五代、宋时属华亭县高昌乡。元、明、清三代时属上海县高昌乡。清宣统二年(1910年),分属上海县上海城、法华乡、漕河泾乡。民国3年(1914年)法国殖民主义者第三次扩张租界,区境今肇嘉浜路以北、华山路以东地区划入法租界,其余地区仍属上海县。民国16年,国民政府设上海特别市。民国19年改称上海市。区境除部分区为法租界外,分属沪南区、法华区、漕泾区。民国26年至32年,区境隶属上海市大道政府南市区、沪西区和法租界,伪上海特别市第四区、第七区、第八区。1945年8月,抗日战争胜利后,属上海市第七区(常熟区)、第八区(徐家汇区)、第二十六区(龙华区)。1947年,取消区的序号,直称常熟区、徐汇区、龙华区。1949年5月24日,区境解放,实行军事接管。1950年6月,成立常熟区人民政府和徐汇区人民政府。1956年3月,常熟区、徐汇区合并称为徐汇区。1964年5月,闵行区并入徐汇区。1981年2月,国务院批复上海市政府,同意恢复闵行区(实际恢复闵行区为1982年4月,闵行、吴泾地区才从徐汇区划出)。1984年9月,上海县龙华镇和漕河泾镇划归徐汇区。1992年7月,上海县龙华乡划归徐汇区。1998年5月,龙华乡撤乡建镇,易名华泾镇。2001年2月,龙华镇和漕河泾镇撤镇建街道办事处。

【区划与人口】 2005年末,徐汇区辖有湖南、天平、斜土、枫林、徐家汇、田林、虹梅、康健、长桥、凌云、漕河泾、龙华12个街道和华泾镇。共有居民委员会314个,村民委员会12个、全区有户籍居民320 577户,887 448人,比上年减少1 968人。人口密度为16 206人/平方公里。全年出生人口4 630人,人口出生率为5.12‰。死亡6 250人,死亡率为7.03‰,自然增长率为-1.82‰。年末,有少数民族43个,共9 852人。

【经济发展】 经济总量较快增长。全年完成增加值96.54亿元,比上年增长11.13%。其中第二产业完成增加值16.86亿元,比上年增长6.45%;第三产业完成增加值79.69亿元,比上年增长12.17%。商业、工业、房地产业支柱作用明显。全年商业增加值完成26.23亿元,工业增加值完成15.31亿元,房地产业增加值完成13.80亿元,分别占全区增加值的27.17%、15.86%、14.30%。利用外资结构调整成效明显。全年引进外商投资企业169家,合同利用外资3.50亿美元,比上年增长49.09%。引进的外商投资企业中,现代服务业企业123家,合同利用外资2.90亿美元。全年完成外贸出口3.34亿美元,比上年增长64.21%。国内合作成效明显。全年引进内资企业1 874户,注册资金35.90亿元,财政收入持续增长,全年完成财政总收入100.30亿元,其中区级财政收入43.90亿元,比上年增长19.16%。

【城区建设】 旧住房改造,全年新开拆迁建基地21块,历年遗留拆迁基地20块,年内完成8块。完成拆(搬)迁居民3 124户。全年完成平改坡综合改造竣工面积50.9万平方米,改造房屋169幢,受益居民8 878户。全面完成15条黑臭河道整治工程,总长6.7公里。全年新辟公共绿地20.17万平方米,新种行道树1 084株。新辟大型公共绿地2幅。全区绿化覆盖率24.35%。人均公共绿地面积达到4.47平方米,比上年提高0.23平方米。继续改善区域环境质量,创建成天平、湖南2个"无燃煤街道"。创建成四季苑、永嘉新村2个"安静居住小区"。新建3个噪声自动监测站。积极推进铁路上海南站周边土地开发和建设、中环线徐汇段动迁等工作。

【科技发展】 2005年,新认定高新技术企业16家,市高新技术成果转化中心认定的成果转化项目43项,实现技术合同交易28.4亿元。年内,新增国家级产业化计划项目4项,新增市科技产业化项目27项。区域内有10家科技型企业进入全市科技企业百强行列。全年共申请专利2 173项。开放科普教育基地17个,参观10 500人次。为奖励在徐汇区科技进步活动中做出突出贡献的科技工作者,区人民政府于12月授予上海高智科技发展有限公司技术总监张岑等10人为"第四届徐光启科技奖章"金奖;上海网驭通讯技术有限公司高级工程师郑晟等20人为"第四届徐光启科技奖章"银奖。

【教育·卫生事业】 全年用于教育事业费为6.49亿元,比上年增长15.56%。基础教育持续发展。九年制义务教育普及率继续保持100%。积极合理调整教育资源。年内,撤并学校5所,改扩建学校1所。至年末,全区共有小学44所,普通中学47所,职校2所,中等专业学校19所,共有中小学生112 800人。高中阶段教育招收新生1.06万人,初中毕业升学率98%,3~6岁儿童入园(班)率100%。卫生事业不断发展。全年用于卫生事业费为8 368.87万元,比上年增长17.62%。至年末,区域内共有卫生机构259所,其中有医院21所,社区卫生服务中心13所;实有床位1.07万张,卫生技术人员1.2万人。年内新审批民办医疗机构1所,个体诊所3所,门诊部(所)11家。依法开展食品卫生监督,全年食品采样2 071件,合格率88.2%,食品监督8 435户次。全年查处违法经营行为520起,涉案金额199万元。

【文化·体育事业】 全年用于文化事业费为1 583.30万元,比上年增长43.84%。年末,全区共有区属文化单位12座;区级图书馆1座,全年接待读者52万人次。区域内有电影院、影剧场12座,全年观众200万人次。徐汇有线台平均每周播出时间3.5小时;《徐汇报》平均印数4.1万份/期。社区文化设施持续改善。群众文化队伍不断加强。全区有集邮、摄影、书画等各类文化团队1 550支。全年区组织具有一定规模的群众文化活动124场次,达30.4万人次。出动文化市场行政执法人员2 833人次,检查各类经营场所2 741家,取缔无证摊点592个,收缴违法音像制品42万余张。体育事业继续发展。全年用于体育事业费为1 596万元。年内,区输送优秀运动员54人。输送的运动员在国际比赛中共获得冠军5个;在全国级比赛中共获得冠军7个。在第十届全国运动会上,区有51人代表上海市参赛并获得5金、10银、3.5铜牌的好成绩。《全民健身计划纲要》得到广泛贯彻实施。全区经常参加体育锻炼的有55万人次;中小学生体质监测合格率为98%。年内建成社区公共运动场3个,市民体质监测站1个,居委会健身点11个。

【高51层沪第一幢双塔商务楼建成使用】 位于虹桥路1号(徐家汇港汇广场)高达225米、51层,总建筑面积13.40万平方米的两幢双塔形的高档商务楼,于2003年1月复建,2005年7月交付使用。这是由香港恒隆集团主要投资及管理的大型综合性项目,也是上海第一幢采用双塔结构的高档商务楼。该项目按照国际甲级办公楼装修标准,通过银灰色玻璃幕墙,拥有先进的设施和优越的办公条件。至2005年末,已入驻中外企业110家,德国的阿迪达斯,美国的宏盟集团、纽威公司、威伯科—美标,荷兰银行,香港的东方海外集团和中国银行、中国工商银行等世界500强和国内外知名企业相继入驻。

【精神文明建设】 2002~2003年度,全区12个街道、1个镇全部被市委、市政府命名为上海市文明社区(镇),实现了文明社区(镇)全覆盖。2004~2005年度,市文明社区(镇)实施新标准。徐汇区有徐家汇、田林、凌云路、康健新村、湖南路5个街道被命名为上海市文明社区、华泾镇被命名为上海市文明镇;有区建设交通委员会党工委书记黄兰芳等8人,被授予上海市精神文明建设优秀组织者。徐汇区已建成全国文明单位1个(向阳小学),全国精神文明建设工作先进单位2个(上海徐房房屋维修中心、徐家汇环境卫生管理所)。1991年以来,已累计建成市级文明小区253个,区级文明小区161个,市区级文明小区达到96%。2003~2004年度上海市文明单位59个,2004年度市级文明示范标志区域7个,区级文明单位291个,区级文明示范标志区3个,区级文明行业6个。

【徐光启纪念馆开馆】 1月15日,位于南丹路17号光启公园内的徐光启纪念馆举行开馆揭牌仪式。徐光启是中国古代著名的科学家,在农业、数学、天文历算等方面有着杰出的贡献。纪念馆分照壁、碑廊、厢房、厅堂等部分,展出了徐光启的祖容像、徐光启家书手稿、农业试验"手札"、明代上海"平露堂"刻本的《农政全书》、清刻本的《几何原书》、最早传入中国的世界地图—《坤舆万国全图》等一批珍贵资料。通过塑像、文字、图片、模型、实物资料等,展现了徐光启的伟大科学精神。至年末,有1.5万余人次前去参观。留言签名者,除汉语外,还有法、韩和日等多种语言。观众周国强写到:"纪念馆为我们民族弘扬科学精神,为我们的后代提供一个场所,希望政府多做些文物保护利用的好事。"85岁老翁魏守政留笔:"徐光启明朝伟人,对中国贡献实实在在者。期待这个纪念馆越办越好,启发我辈人们爱国爱民……"

【第二届徐汇区区长国际咨询会议召开】 12月4日,举行第二届徐汇区区长国际咨询会议。会议围绕如何发展徐汇区现代服务业为主题,就"承接服务业国际转移的机会何在"、"先进制造业和现代服务业如何融合发展"、"企业发展中如何塑造投资环境提供服务"3个专题进行讨论和交流。1998年诺贝尔医学奖获得者布朗基金人类疾病预防分子医学研究院院长穆拉德教授、上海美国商会主席彭士杰等11位国际专家应邀出席,并分别作专题演讲。会议通过了2006区长国际咨询会议主席人选,并确定2006年区长国际咨询会议于11月底前后举行,会议主题为"如何提升徐汇城区竞争力。"区长孙潮等领导出席会议。

(汤德良)

徐汇区经济社会发展主要指标

项　目	2005年	比2004年增或减%
地区增加值(亿元)	96.54	11.13
其中第二产业完成增加值(亿元)	16.86	6.45

续表

项 目	2005 年	比 2004 年增或减%
第三产业完成增加值(亿元)	79.69	12.17
其中工业增加值(亿元)	15.31	5.45
全社会固定资产投资总额(亿元)	54.60	2.12
外贸自营出口(亿元)	3.34	64.21
实际利用外资(万美元)	11 512	117.78
社会消费品零售总额(亿元)	160.18	11.89
地方财政收入(亿元)	100.30	62.48
地方财政支出(亿元)	50.17	20.48
职工年平均工资(元)	40 527	7.42
年末存款余额(亿元)	1 578.69	-14.2
年末贷款余额(亿元)	668.59	8
大学(所)	12	—
中小学(所)	93	-5
下岗(失业)人数(人)	20 617	-1.49

长宁区

【地理位置】 长宁区区境边界线全长39.61公里,区域面积37.19平方公里。境内有大小河汊55条,集中于区境西部,长度在1.50公里以上者仅5条,最短的直挺浜仅120米。吴淞江为区境干流,一级支流有新泾港、许浦港、中渔浦,二级支流主要有周家浜、野奴泾、新渔浦等。

【历史沿革】 区境在唐天宝十年(751年)隶属华亭县高昌乡。北宋时,称高昌乡法华巷。元至元二十八年(1291年),置上海县后改隶上海县。明嘉靖年间(1522~1566年),法华称镇。清宣统二年(1910年),法华建置为乡。民国17年(1928年),划归上海特别市,改为法华区。民国36年(1947年),因长宁路横贯境内,改称长宁区。民国37年(1948年),改称法曹区。解放后,沿用长宁区名,区境几经调整。1950年,区境扩入吴淞江以南、古北路以东,折延安西路以北的新泾区周家桥地区。1956年,区境向东扩到静安区静安寺地区,向西扩入新泾区及吴淞江以南,沪杭铁路徐虹支线以北地区。1959年,区境东界西移镇宁路。1982年区境向西扩到上海县新泾人民公社9个自然村。1983年,向西南扩到上海县地域内的万国公墓及其周边地区。1984年,向西扩到上海县北新泾镇及新泾乡35个自然村、虹桥乡2个村及虹桥机场等地区和单位;8月,北新泾镇从上海县划入长宁区。1991年,扩到虹桥机场兴建的机场新村地区。1992年,向西扩到新泾乡42个自然村和虹桥乡2个村;7月,新泾乡划入长宁区。

【区划与人口】 全区辖有新华路、江苏路、华阳路、周家桥、天山路、虹桥、程家桥、仙霞新村、北新泾9个街道和新泾镇,下设174个居民委员会和6个村民委员会。区政府地址:愚园路1320号。

2005年末,全区户籍人口总户数215 072户,618 365人,平均每户2.88人。全年出生人口2 916人,人口出生率4.70‰;死亡人口4 251人,死亡率6.86‰;自然增加人口-1 335人,自然增长率-2.16‰;计划生育率99.5%;人口密度16 627人/平方公里。全区60岁以上老人122 775人。

【经济建设】 按新口径计算,2005年区增加值完成183亿元;全区财政收入完成76.4亿元,其中区级财政收入完成36.1亿元。按原口径计算,2005年区增加值完成75.6亿元,比上年增长13.2%;区级财政收入完成42.8亿元,比上年增长17.3%。全年完成固定资产投资47.85亿元,比上年增长0.8%,其中第二产业投资1.58亿元,比上年增长8.2%;第三产业投资46.26亿元,比上年增长0.6%。现代服务业发展迅速,产业结构继续优化。全年现代服务业完成税收22.46亿元,比上年增长29.1%。现代服务业占全区税收比重达33.6%。房地产及其延伸产业完成税收21.4亿元,比上年增长13.5%。现代业态商业完成税收10.5亿元,比上年增长21%。都市型工业和高新技术产业继续发展。产业开发重点项目进展顺利。37个经济载体建设项目中,已有10个项目年内竣工,竣工面积45.5万平方米;17个在建项目有序推进,总建筑面积89.9万平方米;10个计划项目全部开工,总建筑面积20.5万平方米。三大经济组团建设有力推进。虹桥涉外贸易中心加快土地资源整合,推进原天山中学等地块挂牌出让工作;嘉麒大厦、同达创业大厦等项目竣工;7个在建项目进展顺利。中山公园商业中心加快土地开发和经济楼宇建设,完成原东华大学长宁路分校地块挂牌出让,实施定西路特色商业街一期工程,多媒体生活广场和龙之梦购物中心相继开业,新时空国际商务广场企业全面入驻。虹桥临空经济园区产业楼宇稳步推进,完成联强国际一期、东华纺织科技园等项目建设,卡帝乐鳄鱼、携程网络中心等一批产业楼宇项目相继开工。全年完成农业总产值1 690.8万元,比上年增长35.2%。全年实现工业销售产值86亿元,原口径工业销售产值51.3亿元,产销率97.3%。商业全年完成社会消费品零售额111.5亿元,比上年增长11.3%。全区共有各类市场50个。全年核发商品房预售许可证40份,房地产二、三级市场累计成交面积183.6万平方米,成交套数1.67万套,成交金额250亿元,完成房地产租赁税收3.2亿元。全区国内旅行社56家,国际旅行社5家,全年组团人数104.6万人次,比上年增长3.6%;接待人数74.6万人次,比上年增长7.6%。旅行社全年营业收入22.6亿元,比上年增长14.7%。全区宾馆(饭店)43家,全年营业收入25.6亿元,比上年增长14.1%。区域内工商银行等7家主要商业银行在长宁区的分支机构,年末存款余额比上年增长12.3%,贷款余额比上年下降3.5%。全年外贸进出口总额12亿美元,比上年增长34.1%。全年引进各地投资企业271户,比上年增长13.9%;注册资金20亿元,比上年增长1.4%。全年引进外商投资企业(项目)236个,比上年增长43%;吸收合同外资4亿美元,比上年增长92.5%。远翔、恩梯恩、康奈可和光洋精工等一批跨国投资性公司入驻长宁。全年引进"引大引强引实"项目103个,完成目标的172%。有序和稳步推进政府机构改革,进一步理顺政府管理体制机制,开展对区级议事协调机构和临时机构的清理。稳妥有序实施政企分开改革,组建万宏工业投资(集团)有限公司。2005年末,注册登记的私营企业7 326户,比上年增长11.7%,全年营业收入14.12亿元。个体工商登记户8 911户,比上年增长5.2%,营业收入23.28亿元。

【科技发展】 2005年,科技园区建设继续推进。"数字长宁"建设取得新成效。推进重大科技项目实施,国家2个"863"项目——"高性能宽带信息网"和"第四代移动通信"落户长宁。上海多媒体产业园吸引100余家国内外多媒体企业入驻,被认定为"国家数字媒体技术产业化基地(上海)园区"。长宁信息园完成信息服务基础平台二期项目建设,慧谷白猫、思创、兆丰3个培训基地的信息化功能进一步增强。

信息化应用工作加强。进一步深化电子政务建设,新增网上办事项目10件。加强信息化基础建设,建成城市网格化管理信息系统,并进入试运行。社区管理信息化试点成果继续扩大,建成天山、程家桥、周家桥、北新泾4个街道社区建设与管理信息平台。创建15个信息化特色小区。"百万家庭网上行"累计完成近6万人次的培训任务。知识产权保护继续加强。科学普及工作深入开展,建成"全国科技进步先进区"。人才新高地建设有力推进。制定《2005年〈长宁区人才新高地建设三年行动纲要〉实施意见》,落实责任,实施"单位要人,市场配置"的用人模式,支持街道(镇)、部分事业单位引进所需人才。加强区校合作,促进人才高地建设,多媒体产业园博士后创新实践基地已有11个博士后项目进人。全年新增市认定的软件企业15家,新增市认定的高新技术企业15家。通过市认定的高新技术成果转化项目28个,通过市认定的技术开发、技术转让合同228份,成交金额6亿元。申请专利数1 854件,比上年增长25.3%。全区有国家级科普教育基地5个,市级11个;市级科普示范社区2个;市级科普示范工业企业2个;市级科技教育特色示范学校1所;上海市科普旅游点1个。

【城区建设】 2005年,城区建设和管理工作进一步加强。市政基础设施建设稳步推进。轨道二号线西延伸段4座车站主体结构全部封顶,区间隧道全线贯通。青溪路、通协路等4条道路(段)已竣工。建成新泾港临时翻水泵站和北虹南块、北块2个雨水泵站。继续实施河道综合治理,完成联泾港景观河道工程及朱家浜等9条(段)河道疏浚整治主体工程。新建公共绿地15万平方米。绿化覆盖率30%,人均公共绿地6平方米。稳步推进动拆迁工作,拆清动迁基地22幅,完成动迁户数1 452户。城区管理工作取得新突破。开展7项市容环境专项治理,城区市容环境进一步改善,被评为"上海市环境保护模范城区"和"上海市扬尘污染治理示范区"。运用信息化、网格化手段加强城区管理。建成一批排堵保畅工程和无障碍设施工程,整修一批居住小区的道路、路灯、车棚、垃圾箱等设施。建成1个无燃煤街道、12个安静居住小区、41个环境保护绿色小区、28个环境保护绿色单位、5所绿色学校;建成上海市绿色家园2个。

【社会事业】 2005年,各项社会事业取得新进展。全区有幼儿园34所、小学26所、中学29所、职校1所、成人教育学院1所。学龄儿童入学率100%,高中阶段升学率98.1%,应届高中毕业生高考上线率91.7%,中小学体育锻炼达标率95%。基础教育体系不断完善,义务教育均衡发展,名校长、名教师、教育基础人才建设工程取得进展。建青实验学校新校建成启用。中小学校体育场所等设施进一步向社区居民开放。全区共有各级各类医疗卫生机构173所,其中,市属单位6所,区属单位18所,其他类医疗机构149所。共有病床5 105张。设卫生服务点40个、家庭病床1 457张。医疗保险参保单位11 154户。公共卫生体系得到加强,各项防控高致病性禽流感工作得到落实,食品、药品监管力度进一步增强。社区卫生综合改革试点启动并取得成效。建成全国社区卫生服务示范区。群众文化活动广泛开展,文化市场秩序进一步规范,完成区文化局行政职能与执法职能分离工作,成立区文化执法大队。荣获"全国文化先进区"称号。举办"凝聚力之歌"歌咏会和2005年长宁区运动会。区公共卫生中心、长宁图书馆新馆、区工人俱乐部建设进展顺利。国际体操中心游泳馆正式对外开放。建成2座社区公共运动场。更新15个社区健身苑(点)体育设施。全年向上级输送体育后备人才57人次。社区建设工作稳步推进。根据社区管理网格化、社区建设实体化的总体要求,加强社区服务和保障,社区事务服务、市民生活服务、公共服务设施建设等方面取得实效,完成"五个一工程"。社区公共财政保障机制进一步健全。社区综合管理得到加强,资源整合和共享利用有力推进,为社区群众营造了良好的生活环境。社会保障体系进一步完善。全区有1.29万户企业、机关事业单位参加城镇基本养老保险、医疗保险、失业保险、生育保险和工伤保险,参保人数31万人,其中个体工商户和自由职业者0.86万人。全年共征集各项社会保险基金32.7亿元,比上年增长14.1%。完成残疾人保障基金0.49亿元,比上年增长14.1%。全区14.9万离退休(职)人员养老金全部实行社会化发放。2005年,长宁区被评为全国老龄工作先进区、全国残疾人工作示范区。

【精神文明建设】 2005年,精神文明建设深入开展。以创建全国文明城区为抓手,加强文明社区、文明小区建设,市民素质和城区文明程度进一步提高。扎实推进学习型城区建设。建立健全学校、家庭、社区"三位一体"工作格局,全面推进未成年人思想道德教育工作。不断完善《长宁区文明和谐社区测评体系》。在全区10个街道(镇)全部建成上海市文明社区的基础上,进一步巩固社区创建成果,建成市文明示范标志区域8个。人口计生和妇女儿童工作有力开展,民族、宗教、侨务和对台工作得到加强。国防动员和"双拥"工作取得成效。

【人民生活】 2005年,实施施工面积420万平方米。其中:住宅面积321.6万平方米,住宅竣工面积96万平方米。完成123幢、33万平方米的"平改坡"改造;完成年度"十路十景"沿线房屋"平改坡"改造;完成"平改坡"综合改造4个整街坊小区,建筑面积26万平方米。全年全区拆迁居民数1 736户。人均住房建筑面积29.56平方米。廉租住房制度受益面进一步扩大,累计租金配租1 636户,实物配租14户。社会福利与救助体系基本形成。年末全区养老机构20家、床位总数1 887张,收养人数1 220人。全区各街道(镇)均已建立居家养老服务机构。全年为3 079位老人提供居家养老服务,其中2 473位老人享受政府补贴和服务。全年发放低保对象生活救助金3 895.4万元,发放协保对象救助金576.4万元,发放医疗救助金282.3万元,发放教育救助金358.5万元。社会救助款通过邮局全部实现社会化发放。全年为支援灾区建设,直接接受社会捐赠71.4万元,捐赠衣被总数66万件,其中棉衣被29.4万件。全年办理结婚登记5 394对,办理离婚登记1 346对,收养登记23人(均属社会弃婴)。全年新增就业岗位45 655个,年末城镇登记失业人员1.47万人。实施"百人就业项目",开发就业岗位421个。批准50家就业援助基地,安置就业人员0.18万人,其中区失业、协保等就业困难人员0.05万人。建立3家创业援助园区,安置就业人员0.11万人。办理外来从业人员综合保险5.6万人次。居民储蓄继续增加。2005年末,区域内主要专业银行储蓄存款余额比上年增长19.3%,储蓄户数比上年增长29.3%。

【2005年实事】 第一件实事:巩固2004年"十路十景"建设成果,加强对建成道路动态跟踪监管。完成春秋旅行社、三联商厦建筑物外立面的改造;新建剑河路新渔路桥两侧的"新渔浦亲水平台"和剑河路可乐路的"青春之光"2个景点;改建剑河路泉口路虹康绿地休闲广场;铺设仙霞路(北虹路—林泉路)两侧道板;更新定西路(愚园路—延安西路)两侧道板,新增绿化面积500平方米。法华镇路(淮海西路—延安西路)等10条(12段)道路综合整治和景观建设取得成效,完成店面形态整治904家,围墙美化3 435米,建筑物外立面清洗粉刷73 813平方米,弄口建设103处,绿化增补17 101平方米,人行道板更换、修补35 877平方米,灯光建设59处,城市家具增设6处,景点建设18处。巩固安顺路等10条(段)中小道路的市容环境综合整治成果,对沿线商店市容环境卫生责任区履约情况进行巡查和督查,落实责任,加强道路保洁,"三乱"现象得到有效遏制,跨门营业和占道设摊现象明显减少。对安化路(江苏路—安西路)等10条(段)中小道路进行市容环境综合整治,建筑物外立面清洗粉刷10 219平方米,拆除违法建筑240平方米,搬迁、调整摊亭棚10个,整修人行道板4 375平方米,拆除卷帘门237处,更新遮阳棚63只,整治店招店牌359处,破墙透绿3处151米,绿化建设15处1 285平方米,弄口建设15处,围墙建设678米。

第二件实事:整修21条小市政道路及9个居住小区街坊道路;整修9个居住小区自行车棚;改造、新建120座垃圾箱房;新增、更换9个居住小区街坊路灯;调整、优化居住小区树木绿化2.6万平方米,移植扰民大树98棵;调整、补齐门(弄)牌2 218块;完成检测、维护居民家庭燃气器具85 626户,更换燃气器具1 946户。

第三件实事:拆除违法建筑2.18万平方米;42条主要道路和70条中小道路基本达到无跨门营业;取缔乱设摊集聚点29处。

第四件实事:完成住宅"平改坡"改造123幢,总建筑面积33万平方米;完成纺大小区、虹仙小区、新光小区、西镇小区等4个小区26万平方米的"平改坡"综合改造;完成金菊小区等9个小区32万平方米的房屋综合整治;业委会换届并组建业主大会有105家,新建业委会并召开业主成立大会有29家。

第五件实事:完成机场新村、康嘉、复卿、北新泾、程家桥、太阳、玉屏、西法华、新华、诸安浜、长支11家标准化菜市场建设。

第六件实事:建设公交港湾式车站和设置公交专用车道、路中隔离拦、路口行人二次过街等交通排堵保畅工程性项目41个,有效缓解区交通拥堵的现象。

第七件实事:建成50家社区就业援助基地,安置从业人员1 837人,其中安置区失业、协保等就业困难人员473人;新增就业岗位45 655个,完成市政府下达目标的175.6%;组建成立5个"百人就业项目",开发就业岗位421个,吸纳就业困难人员195人;建立3家创业园区,安置从业人员1 104人。

第八件实事:基本建成华阳社区文化活动中心;虹桥社区卫生服务中心项目已确定选址,正在筹建中。完成江苏、新华、华阳3个社区卫生服务中心服务点的建设;规范建设10个街道(镇)医保事务服务点,11项医保事务服务项目可在社区办理。建成华山绿地篮球场、虹康绿地休闲广场网球场2座社区公共运动场所。通过新建、改建、购买、置换、租赁等方式,新增华山等50个社区居民活动中心。

第九件实事:培育广善敬老院、慧璟敬老院、华松敬老院、法华颐养院、睦霖苑敬老院、仙霞逸仙第二敬老院、上海南山敬老院、新泾自家人服务区、颐养敬老院虹南服务区、积孝敬老院江苏服务区10个社会化养老机构,新增养老床位517张。

第十件实事:开发完成人才交流、居家养老审批、养老机构床位查询、夜间建筑施工公众监督、安全生产隐患公众监督、支内(支疆)知青回沪人员生活补贴、信息化项目管理、文化市场管理、体育场馆预定、体育竞赛登记10个网上办事项目,并投入使用。完成区城市网格化管理信息系统的建设,于10月1日开通运行,区呼叫中心纳入了该系统。

静安区

【经济总量】 2005年,静安区经济总量快速增长。全年实现增加值82.34亿元,按可比价格计算,比上年增长14%。产业结构调整不断优化,综合服务功能继续提升。全年第二产业实现增加值13.11亿元,比上年增长4.8%,占全区增加值的比重达15.9%;第三产业实现增加值69.23亿元,增长16%,比重达84.1%。商业、现代服务业和房地产开发经营业等支柱产业作用明显。全年商业增加值、现代服务业增加值、房地产开发经营业增加值占全区增加值的比重分别为33.2%、28%和10.3%。

【财政收支】 财政收入快速增长。全年完成财政总收入64.7亿元,比上年增长25.2%。其中区级财政收入30.85亿元,增长31.8%,增幅在全市名列前茅。在全区税收总收入中,增值税13.1亿元,比上年增长25%;营业税18.2亿元,比上年增长13%;企业所得税7.52亿元,增长21.3%;涉外企业所得税5.07亿元,增长44.7%;个人所得税14.44亿元,增长21.5%;房产税2.72亿元,增长32.4%。全年区级财政支出39.12亿元,比上年增长26.4%。其中,用于基本建设支出7.66亿元,增长8.98%;企业更新改造支出5.73亿元,增长17.9%;城市维护支出3.3亿元,增长28.2%;科教文卫体事业支出7.42亿元,增长14.5%;行政管理支出1.46亿元,增长27.7%;公检法支出2.37亿元,增长11.6%;抚恤和社会福利救济支出4 735万元,增长13.1%。其他支出9.57亿元,增长84.9%。

【现代商业】 区内商业企业以提升功能、打造品牌形象为重点,市场销售进一步扩大。全年实现商业增加值27.38亿元,比上年增长11%。市场流通规模继续扩大。全年实现商品销售总额560.92亿元,比上年增长14.2%。消费品市场销售稳步增长,全年实现社会消费品零售总额138.7亿元,比上年增长9.4%。其中,吃的商品零售额46.4亿元,增长34.9%;穿的商品零售额38.5亿元,比上年下降5.3%;用的商品零售额53.8亿元,比上年增长4.1%。至年末,全区商业面积达到240万平方米。

【静安南京西路地区商业】 静安南京西路地区商业布局与结构调整进一步加快,国际品牌高度集聚。作为上海商业国际化制高点的梅龙镇、中信泰富、恒隆、久百城市广场四大广场的规模效应进一步显现。年末沿线入驻的国际品牌达800多个,全年实现社会消费品零售总额32.47亿元,占全区社会消费品零售总额的比重达到23.4%。年内,完成静安南京西路沿街门店商业功能升级换代,日本的无印良品、美国的锐步、欧米茄全球最大的旗舰店、可口可乐中国首家旗舰店等彰显个性、文化、时尚特征的品牌相继落户静安南京西路。

【现代服务业】 2005年,静安区现代服务业发展迅速。全年现代服务业实现增加值23.09亿元,比上年增长16.2%,实现地方财政收入8.79亿元,增长16.7%,占全区地方税收收入的比重达到28.5%;实现营业收入147.9亿元,增长45.8%。全年新增现代服务业企业386个,引进企业注册资金8.53亿元。以专业服务业、房地产服务业、计算机开发与应用业、投资咨询业和文化娱乐业五个行业为主的现代服务业营业收入达到98.58亿元,比上年增长11.7%。其中,阿克苏诺贝尔公司中国总部和辉瑞制药研发中心、摩根斯坦利中国投资公司等3家世界500强企业年内入驻区内。

【房地产开发经营业】 全年实现房地产开发经营业增加值8.47亿元,比上年增长8.9%。

房地产市场平稳发展。全年完成房地产开发投资额52.2亿元,比上年增长8.2%;房地产开发经营业区级财政收入达到9.97亿元,占区级财政收入的比重达到40.1%。房地产开发品质不断提高,特别是住宅用房的开发在规划和设计理念上逐步形成了静安特色的高端物业。全年商品房预售1 909套,比上年下降63.5%;预售面积26.42万平方米,比上年下降56.2%;预售金额54.08亿元,比上年下降24.2%。商品房销售688套,下降52.6%;销售面积8.51万平方米,下降51.7%;销售金额9.92亿元,下降50.8%。全年存量房成交4 590套,下降20.5%;成交面积60.85万平方米,比上年增长0.6%;成交金额79.26亿元,增长21.6%。楼宇经济增势强劲,成为吸引总部经济发展的磁场。至年末,全区11幢楼宇税收收入超亿元,其中,排名前3位的恒隆广场、中华企业大厦、中信泰富广场税收分别达到5.6亿元、4.3亿元和3.5亿元,50幢重点楼宇的税收收入占全区总税收的52.6%。"走出去"战略取得新突破。区属房地产公司在区外开发房地产项目成效显著,年内完成对区地产集团、锦迪公司、城建配套公司、兴海公司四个"走出去"项目的审批,占地面积49.64万平方米,建筑面积91.34万平方米。

【工业与都市型园区】 全年实现工业增加值10.59亿元,比上年增长3.9%。全年完成工业总产值52.18亿元,比上年增长18.6%。工业生产产销衔接良好,全年工业企业产品销售率达到99.2%。工业"小巨人"企业不断壮大,全年完成工业总产值3.04亿元,比上年增长6.8%。创意产业蓬勃兴起,都市园区注入新内涵。各类商务楼宇特别是利用老厂房所兴建的一批都市产业园区,汇集大量生产型服务业和创意产业企业,促进了区域经济结构的调整优化,激活了现代服务业创新活力。全年都市工业园区销售(营业)收入比上年增长86%,企业上缴税收增长1.04倍。年末,全区有12个都市工业园区,建筑面积达8.28万平方米。现代产业大厦、明圭与窗钩园区、同乐坊分别被市经委授牌并命名为"上海创意产业集聚区——现代产业园"、"上海创意产业集聚区——传媒文化园"、"上海创意产业集聚区——同乐坊"。

【旅游业】 旅游基础设施不断完善。至年末,全区旅游星级饭店已达21家。其中五星级饭店4家,四星级饭店4家,三星级饭店6家,二星级饭店7家。建筑总面积60.73万平方米,客房5 714间,床位8 612张;旅行社达66家。其中国际旅行社14家,国内旅行社52家;社会旅馆成为旅游企业队伍的新成员,年内全区有社会旅馆73家,客房2 964间,床位5 625张。年内完成云峰大饭店、上海锦康酒店评星工作和上海宾馆升星工作。旅游事业发展迅速。全年全区旅游星级饭店及国际、国内旅行社营业收入总额达48.05亿元,比上年增长31.6%;接待中外游客145.2万人次,增长17.9%;旅游星级饭店客房平均出租率达69.2%,继续保持全市领先水平。旅游星级饭店平均房价达918.71元,比上年增长7.1%,为各区之最;上缴国家税收1.62亿元,增长30.5%。年内波特曼、希尔顿、锦沧文华、四季、贵都5家旅游饭店成为2005年度静安区纳税50强企业。旅游节庆活动丰富多彩,年内成功举办"2005年上海市新春大联展"、"2005上海国际珠宝首饰博览会"、"上海汽车销售节"、"上海航空旅行服务展"、"缤纷世界轻松畅赏——大型国际旅游咨询展"、"第二届上海香港工展会"、"南非旅游活动推介展示活动"、"中国国际潜水展"等特色会务和会展活动。会务会展业发展不断加快。年内全区共举办各类会展291场次,参展人次达到830万余人次;承办各类会议5 057场次,参会人次达到21万余人次。会展会议营业收入累计达到1.71亿元。年内,著名会展企业上海锦江国际JTB会展有限公司落户静安。

【国企改革和国有资产管理】 国资国企改革进一步深化。年内,完成静安新城置业公司和梅龙镇集团公司的产权制度改革,盘活国有资产2.65亿元;完成市容环卫系统"政事分开、管养分开"改革,组建了区卫生事业投资管理中心和静安环境建设有限公司;完善粮油公司改革方案;推进九百集团所属新风玻璃五金有限公司、鼎日有食品有限公司的改革。加强国资监管,维护国资权益。全年审理各类股权转让7笔,金额5 298万元;审批各项对外担保11笔,金额7.61亿元;审理资产评估项目17项,总资产62.36亿元。年内,区委组织部与国资委完成了对新监事会主席的专业培训,国资监管水平进一步提高。

【工商登记】 服务与投资环境不断完善。至年末,全区现有企业注册总数8 192户。其中,国有企业608户,集体企业599户,股份合作制企业459户,有限责任公司1 281户,私营企业4 071户,港澳台商投资企业213户,外商投资企业333户,在本地区注册的港澳台和外商投资企业分支机构和办事机构648家。

【国内合作与招商引资】 国内合作取得新进展。年内全区新增国内各地来沪投资企业738户,注册资本总额11.28亿元。其中,批发零售贸易业企业203户,注册资本1.43亿元;房地产开发经营企业3户,注册资本0.15亿元;现代服务业企业386户,占新增国内各地来沪投资企业总数的52.3%,注册资本总额8.53亿元。

【吸引外资】 外商投资领域不断拓展。全年引进外商直接投资合同项目133个,比上年增长26.7%;合同利用外资总额4.33亿美元,增长近1倍;实到外资总额2.01亿美元,增长21.3%;全年现代服务业吸收外商投资企业达73家,比上年下降14.1%,占全区吸收外商投资企业总数的54.9%,合同外资总额7 429万美元,占全区引进合同外资总额的17.2%,创历年新高。总部型经济磁场效应显现。年内,区内新落户跨国地区总部2个,研发中心1个,在全市九个中心城区中位列前茅。年内成功审批了克丽丝汀迪奥商业销售、阿尔弗雷德登喜路商业销售、万宝龙商业销售、普瑞达时装商业公司、芬迪商业销售、JTB会展、日报广告、凸版广告等世界知名项目,实现商业、会展业、广告业吸收外资在全市各区的领先。

【外贸出口】 外贸出口保持持续增长。全年完成外贸出口总额2.95亿美元,比上年增长3.4%。全年外商及港澳台投资企业完成出口总额3 506万美元,比上年下降43.9%,占全年出口总额的比重达到11.9%。全年加工贸易完成出口8 114万美元,比上年下降20.5%;一般贸易完成出口2.38亿美元,增长30.1%。出口市场呈现多元化。至年末,全区对外出口的国家和地区已达100多个,主要出口商品为纺织品、服装、机电产品、箱包鞋帽等。

【固定资产投资】 固定资产投资保持适度增长。全年完成全社会固定资产投资额57.03亿元,比上年增长8.8%,增幅比上年提高0.7个百分点。其中,商品房投资52.2亿元,增长8.2%;基本建设和更新改造投资4.84亿元,增长14.7%。固定资产投资规模有效控制,重大重点建设项目继续推进,与国家宏观调控政策较好地保持一致。

【重大工程与市政建设】 重大工程建设取得新进展。年内相继完成各项重大项目和实事工程。至年末,静安南京西路地区建设以恒隆广场二期为代表的重点项目,总建筑面积达101万平方米。静安寺核心圈开发初显成效,九百城市广场等重点项目相继建成;市重大工程苏州河二期静安区段新昌平泵站及调蓄池建设项目年内完成动迁;越洋海德广场等六个重点项目也全部正在加快施工。市政道路和基础设施建设速度加快。全区现有属城市路网的道路64条,其中横向道路34条,纵向道路30条。城市道路总长度62.9公里,道路面积121.8万平方米。区域道路环境品质全面提升。年内相继完成淮安路、陕西北路道路下水道改造和康定路道路改造工程以及常德路等十多个路段重点养护工程和延安中、西路的车行道专项整治。年内人行道板三年更新计划全面完成,更新人行道板面积7万平方米。地铁M7号线静安寺站建设如期开工,年内曹家渡110KV余姚变电站建成投入运行,500KV世博地下变电站建设实现开工,昌平路排水系统管网改造三年行动计划启动,南京西路、华山路架空线入地实施规划推进,区市政综合管线地理信息系统GIS完成建设。

【住宅建设与旧区改造】 住宅建设总量得到有效控制。全区现有居住房屋面积807.69万平方米,比上年增长5.8%。人均住房居住面积达到16.76平方米,比上年增加1.38平方米。全年住宅施工面积140.25万平方米,比上年下降42.4%;住宅竣工面积47.85万平方米,下降50.4%;新开工面积20.24万平方米,下降14.8%。旧区改造突出重点,动拆迁保持合理规模。至年末,全区共拆除房屋建筑面积4.94万平方米,比上年下降10.1%。动迁居民858户,比上年增长5.8%;动迁单位49家,比上年下降19.7%。

整治与保护并举,居民居住条件不断改善。全年完成"平改坡"工程31.17万平方米,在全市率先完成"平改坡"任务;完成23个旧式里弄住宅小区房屋与环境综合整治和改造;四和花园、江宁大楼等11幢大楼18万平方米大楼外立面、大堂和22台电梯实施了综合整治;沿街空调室外机整治12 685台;一街多点综合整治面积16.9万平方米,受益居民3 881户;整治老式住宅楼公用部位和厨房1.1万户。优秀历史建筑保护力度加大。至年末,全区拥有优秀历史保护建筑82处,历史文化风貌区3处,保护保留建筑总量154.99万平方米。

【环境整治和保护】 生态环境得到显著改善。年内第二轮环境保护"三年行动计划"全面完成。全年空气质量指数达到二级和优于二级的天数占全年天数的85%以上;区域降尘平均值达到7.83吨/平方公里,比上年下降24.5%;道路降尘平均值为13.55吨/平方公里,下降38.2%。区域环境噪声昼间平均值为58.1分贝,噪声控制达标覆盖率100%。工业废水排放达标率100%,城市环境综合整治定量考核处于全市领先水平。全年完成区内威海路、茂名北路、陕西路(北京西路—长乐路)、铜仁路、大沽路为重点的6条道路以店招店牌和户外广告管理为重点的沿街市容环境综合整治,使其成为景观道路整治"样板路";南京西路街道整区域环境综合整治全面完成;年内,改建垃圾箱(房)170只、倒粪站46座;完成中凯和鲜乐两家标准化菜场建设,使主要路段和重点地区的市容环境明显改善。年内建成区空气质量连续自动监测站,区环境监察支队通过国家一级标准化建设验收,区环境监测站通过国家实验室认可的监督评审。

【城市绿化】 大力推进城区景观建设,城区生态环境进一步改善。全年完成各类绿化建设4.33万平方米,其中,建成公共绿地1.04万平方米,建成专用绿地2.09万平方米,建成屋顶绿化1.2万平方米。调整公园绿地1.54万平方米,种植各类乔灌木7.98万株。年内完成7个新建项目绿化街面化建设和36个旧式居住小区绿化环境整治。全区绿化覆盖率由上年的15.2%提高到15.9%;人均公共绿地面积由上年的0.85平方米提高到0.92平方米。"绿色单位"创建成效显著。年内,全区共创建绿色单位34家。其中,市级绿色小区1家,市级绿色学校2所。

【科技与人才】 实施科教兴区战略,科技实力继续增强。全年区级财政用于科学事业费的支出达333.07万元,比上年增长22.2%。年内引进科技型企业200家,全区民营科技企业技工贸总收入114.5亿元,其中10户科技型企业进入全市科技企业百强行列。上海文广科技发展有限公司等6家企业被授予"上海市静安区科技进步型企业"称号。全年完成技术合同登记701份,实现技术合同交易2.45亿元。科技成果产业化进程加快。全年新认定高新技术企业7家,各类科技项目38项。知识产权保护进一步加强。全年受理专利申请量605件,比上年增长12.7%。其中发明专利180件,比上年增长73%。年内新建1个科普教育基地、5个市级科普示范单位、2个市级科技特色学校。17台电子科普宣传屏安放在社区不同地点,使科学知识在全区得到更好普及。引进优秀人才,促进区域经济发展。全年全区引进各类人才741人,其中,高级职称8人、中级职称56人、硕士34人。

【教育】 教育事业加快发展。全年区级财政用于教育事业费的支出达6.21亿元,比上年增长15%,占区级财政支出的比重达到15.9%。调整教育布局,基础教育整体质量不断提高。九年制义务教育普及率和3~6岁儿童入园(班)率均达到100%。至年末,全区共有幼儿园15所,小学13所,普通中学16所,职业学校1所,业大1所,特殊教育学校1所。在校学生总数41 046人,其中,幼儿园学生4 245人,小学生9 153人,中学生19 363人,职校学生2 124人,业余大学学生6 094人,特殊教育学生67人。初中毕业生升学率达到97.8%,普通高校录取率87.7%。"四名工程"建设取得成效。年内,4位教师被命名为区教育系统名师,3位教师获得上海市特级教师称号,24位教师被命名为区青年教育名星。年内市西中学和华模中学分别被命名为全国精神文明建设工作先进单位和上海市实验性示范性高中。市西中学"数学学科"、育才中学"语文学科"等9个中小幼教研组被命名为区内首批名学科。构筑终身教育体系,学习型城区建设不断推进。南西和曹家渡社区学院正式启用。区教育局获得"全国十城市全民终身学习周上海开幕式专场活动"突出贡献奖。至年末,全区社会力量办学90所,就读人数8.98万人,比上年增长50%。

【文化】 文化事业取得长足发展。全年区级财政用于文化事业费的支出达987.1万元,比上年增长15.9%。至年末,全区共有区属文化单位13个;区级图书馆1个,接待读者49.7万人次、参与公益讲座6 200人次;区内共有电影院、影剧场11个,接待观众143万人次,放映(演出数)达1.57万场次。区内有线台平均每周播出时间达3.5小时。《静安时报》全年出版77期,平均印数3.5万份/期。社区文化设施进一步改善。年末,全区文化设施总面积5.77万平方米。全区有4个社区文化中心、5个街道文化站,78个社区活动达标室。群众文化队伍建设继续加强,全区拥有集邮、摄影、书画、舞蹈、合唱、戏剧等各类群文团队400余支。全年开展各类群众文化活动188场次,参加人数11.7万人次,年内成功举办第三届PARAMOUNT静安文化艺术周——社区国际文化艺术交流等大型文化活动。挖掘文化资源、打造名人文化。年内,"四明邨——文化名人邨"、张爱玲故居、阮玲玉、来楚生故居揭牌,以"百乐门"文化品牌为龙头,组建了百乐门文化投资发展有限公司、百乐门文化传播有限公司以及人力资源管理中心。文化市场的监管力度加大。全年检查各类经营场所1.32万个,立案处罚257件,没收各类非法光盘(图书出版物)10.18万张(本)。

【卫生】 全面推进"健康城区"和公共卫生体系建设,促进卫生事业不断发展。全年区级财政用于卫生事业费的支出达6 754.76万元,比上年增长5.6%。至年末,区内共有卫生机构120个,其中:公立医疗机构18家,民营医疗机构21家,个体18家;医疗机构实有床位4 508张,医生2 514人。社会力量办医取得新进展,年内,新审批民办医疗机构4家,个体诊所2家。依法开展食品卫生监督,疾病预防控制体系不断完善。全年共出动卫生监督员4 848人次,监督检查2 866户次。全年食品采样519件,合格率81.5%,食品监督4 335户次。全区常住人口无甲类传染病发生,乙类传染病发病率为110.19/10万,传染病发病率处于全市较低水平。加强对药品市场的管理,全年受理违法案件202起,立案105件,涉案金额124.37万元,没收货值11.21万元。健康城市建设全面开展,"健康社区示范点"、"健康单位"、"健康小区"与"健康家庭"创建率均为各区之首。年内,完成14个社区卫生服务站用房面积配置和10个标准化社区卫生服务站建设;静安区被国家卫生部首批命名为"全国社区卫生服务示范区"。

【体育】 体育事业蓬勃发展。全年区财政用于体育事业的支出达1 200万元,比上年增长26%。全年区内共向市运动队输送各类运动员58.5名。年内,击剑、排球、游泳、射击四个项目正式被定为国家高水平体育后备人才基地。在世界业余围棋锦标赛、亚洲水球锦标赛和亚洲击剑锦标赛女子花剑上,区内输送的运动员分别获得集体和个人4项冠军;第十届全运会上,区培养的40名运动员出征上海代表团取得三枚金牌、五枚银牌、七枚铜牌。年内,确定育才中学、华模中学等5所学校为静安特色体育学校。广泛开展全民健身运动。年内成功举办第二届商务楼宇运动会和首届星级宾馆运动会、全区乒乓球单打排名赛、上海市第十七届木兰拳比赛、2005上海静安世界杯攀岩比赛、"东丽杯"国际马拉松赛健身跑等大型群众性体育活动。年内各街道身体素质测试站对全区范围内的2 512名市民和900多名公务员进行了身体素质测试。引进社会资源促进体育产业发展。年内,已与六家体育服务业企业签约,其中两家已在年内开业;体育馆改建工程正在加紧施工。

【信息化建设】 信息化应用建设继续推进。全年新建信息化项目24个。其中基础数据库2个,MIS系统11个,GIS系统3个,部门专业网站8个。信息资源的共享整合和集约化建设成效显著。年内全区基本建成实有人口基础数据库和基本单位基础数据库。静安门户网站运行良好。全年网站首页访问量为900次/天,网站点击数达到平均每天9.11万次,已有栏目806个,实行网上办事事项667项,公布各类信息达1.5万条。全年门户网站收到网上咨询1 070件,网上信访1 049件,按时办理率均为90%以上。网上办事取得实质性进展,年内6个部门105项行政许可事项实现了在线受理、状态查询和结果反馈,全年共办结事项346件。政府信息公开不断深化。全年全区公开政府信息645条,其中主动公开信息616条,依申请公开信息29条。全年受理依申请公开信息184件,主要涉及房屋动拆迁、城市规划和劳动保障方面。政府信息公开专栏页面访问总量达23.39万人次,接受市民各类咨询7 269人次。信息公开逐步向社区延伸。年内在全区5个街道办事处的社区事务受理中心开设政府信息公开社区查阅点。社区信息化综合服务稳步推进。全年完成社保卡发放7 294份,完成补、换卡6 851份,发放高中学生学籍卡1 772份,完成70岁以上老人发放社保卡(附卡)9 375份。办理"市民信箱"1 100个。居住证制度全面推广,全年向来沪人员发放居住证1.41万张,其中临时居住证1.33万张,居住证830张。

【精神文明建设】 城区文明程度明显提高。年内,区内有5个街道建成市文明社区,实现了文明社区全覆盖。至年末,全区共建成市级文明小区61个,区级文明小区15个,市级文明单位53个,市级文明示范标志区域2个,区级文明单位233个,区级文明行业8个,规范服务达标行业1个。

【人口与计划生育】 至年末,全区常住人口34.49(按原口径)万人,其中,户籍人口31万人,流动人口3.66万人。全年出生人数1 382人,出生率为4.41‰,死亡人口2 734人,死亡率为8.73‰,人口自然增长率为-4.32‰。区域人口密度为4.53万人/平方公里。户籍人口计划生育率99.96%,流动人口计划生育率89.3%。

【劳动就业】 全年新增劳动就业岗位3.68万个,城镇登记失业人数为7 293人。全年受理开业贷款申请63笔,实际放贷41笔计286万元,新开发石二、曹家渡两个创业园区分区,新增面积1 970平方米。至年末,非正规就业劳动组织1 010家,从业人员9 535人;公益性劳动组织11家,从业人员1 882人。加强培训管理,开发中高层次职业培训项目,全年参加职业技能培训1.22万人次,其中,中高层次培训占71%。加强万人就业项目长效管理,开发静安就业项目。至年末,全区万人就业项目从业人员达1 171人,其中就业项目14个,从业人员946人。职业介绍模式不断转变,具有区域特色的就业援助工作机制加快形成。初步形成总服务台、个人自助求职区、查询区、预约式职业指导区等一系列职业介绍新模式。全年举办小型代理招聘71场,职业介绍成功2 822人次。开展"双困"人员就业援助,年内全区533名经认定的"双困"人员得到提前安置,年末实际安置人数达747人。

【社会福利与救助】 社会福利和救助体系进一步完善。年末,区内各类社会福利院共有床位373张,共收养老人293人。年内,为1 069户家庭安装无障碍设施,其中残疾人567户,老年人502户。福利彩票销售稳步上升。全年福利彩票销售2 855万元,比上年增长11%。全年市慈善基金会静安分会共接受社会各界捐款132.71万元,捐衣被18.5万件。年末,全区有14.4万人次享受最低生活保障,发放金额2 072.9万元,其中有2.32万人次的协保人员享受到生活困难补助,发放金额326.8万元;有0.43万人次享受政府临时补助和医疗救助,发放金额237.73万元;有2.7万人次享受春节、元旦社会化帮困,发放金额631万元。年内,建成4个残疾人日托机构,1个社区康复训练站,成立静安区残疾人康复中心暨静安区社区康复培训基地,共培训残疾康复人员216人。扩大廉租住房受益面,全年配租721户,补贴资金744.39万元。其中,实物配租8户,租金配租713户,配租率达到100%。

【社会保障】 社会保障体系进一步完善,覆盖面进一步扩大。至年末,全区有21.15万职工参加城镇职工养老保险、医疗保险和失业保险。有16.31万退休职工享受养老保险、医疗保险。全年支付养老保险金21.1亿元,比上年增长9.4%。年末,全区参加外来综合保险单位3 978户,参保人员2.6万人。全年受理申领失业保险金6.1万人次,发放金额2 190万元。

(顾瑞钧)

普陀区

【概况】 普陀区是上海市的中心城区之一。位于市中心区西北城郊结合部，东与闸北区交界，西与嘉定区接壤，南与长宁区、静安区毗邻，北与宝山区相连。区域面积54.99平方公里。区机关大院(大渡河路1668号)南北紧靠沪宁高速公路和铁路上海西站，东距铁路上海站4.7公里，西南距虹桥机场8.4公里，东南距市中心人民广场7.5公里。

1949年6月，普陀区接管委员会设立区接管专员办事处。1950年6月，区人民政府成立后，曾先后改称区人民政府派出人员办事处和区人民政府办事处。1955年1月，根据全国人大通过的城市街道办事处条例，正式定名为街道办事处，作为区政府的派出机关。随着普陀区区域的扩大和工作需要，全区街道办事处几经新建或调整、撤并，现街道办事处为6个(最多曾为13个)。1984年11月，真如镇由嘉定县划归普陀区；1992年7月，长征乡、桃浦乡由嘉定县划归普陀区。1993年12月，长征、桃浦两个乡撤乡建镇。普陀区现设6个街道3个镇，分别是长风新村、长寿路、甘泉路、石泉路、宜川路、曹杨新村街道及长征、桃浦、真如镇。

全区共有户籍居民31.15万户，户籍人口85.21万人，平均每平方公里住1.55万人。全年出生4 331人，死亡6 361人，户籍人口自然增长率-2.39‰，计划生育率99.12%。

【长风生态商务区建设】 2005年，普陀区长风生态区建设全面启动。主要能力特色：一是细化细化规划特色，使生态环境、地下空间和信息系统等从概念变成实施方案；二是发展文化特色；三是明确核心区域。

招商引资取得成效。长风生态商务区累计出让土地38.65万平方米，规划建筑面积99万平方米。年内，通过公开挂牌方式，完成1号、2号和7A商务交通枢纽地块出让。这3幅地块面积28.6万平方米，规划建筑面积73.9万平方米，分别被北京天鸿集团、新加坡国浩集团以及上海元昭投资公司和普陀区国资公司购得。

完成30幅地块收购储备。年内完成了19家企事业单位、30幅共65.67公顷的土地收购储备。至年末，已正式签约和签订框架协议的土地累计约153.33公顷，超过应收购土地的2/3。

首批建设项目相继启动。2004年末至2005年3月出让的4A、4B和2号3等幅地块规划建筑面积54万平方米，涉及办公、酒店、商业娱乐等多种业态。年末，3个项目首批工程正式启动。

完成规划编制，组织课题调研。一是完成各专业配套设施及公用管线系统的规划与项目同步进行。二是结合交通组织、商业布局和项目开发对下空间利用进行整体规划，为项目规划提供依据。三是超前规划建设信息网络系统。四是完成沿河城市景观和大型公共绿地两项设计方案公开征集。五是组织开展了《长风生态商务区文化创意》、《长风生态商务现代服务业集聚扶持政策》和《苏州河与民族工业》3项课题研究。

市政配套建设启动。在启动长风地区周边的赵北路中环线和金沙江路、大渡河路拓宽工程的同时，对地区内中江路、泸定路等6条道路改造和大渡河路桥、泸定路桥、中江路桥等新建工程及相关配套工程。

真如城市副中心规划方案国际征集工作完成。2005年，普陀区政府和市政管理局共同成立了“真如城市副中心工作推进领导小组”，并制定了规划推进工作计划。上半年，领导小组组织开展了“真如城市副中心启动区城市设计方案征集”工作，邀请了德国RKW建筑设计公司、同济大学建筑设计院、上海现代建筑设计集团公司、浙江建筑设计研究院、凯达柏涛设计有限公司(香港)5家设计单位对杨路以东、规划真华路以西、铜川路以北、潮州路以南的启动区进行了城市设计。通过专家评审，德国RKW建筑设计公司的方案被评为优胜方案。在此基础上，由市城市规划研究院完成了“真如城市副中心区控制详细规划”编制工作。下半年，领导小组组织开展了“上海真如城市副中心规划国际方案征集”工作，邀请了法国R+R、德国RKW、美国易道西班牙拉等5家城市规划设计公司参加规划设计。9月，设计公司完成了方案中间成果，区政府、市城市管理局、市城市规划设计研究院、区城市规划管理局的领导和专家5家公司方案成果进行了审核；11月，各家设计公司完成了规划方案并递交了成果；11月15日，经过“上海真如城市副中心城市规划国际方案征集”专家评审会的评审，法国R+R设计公司的方案被评为优胜方案。

闸北区

【地理位置】 闸北区全境南北长约10公里，总面积29.18平方公里。河道10条段(不含苏州河)，长24.40公里，湖泊1个，水面积56万平方米。境内有宋教仁墓、吴昌硕故居、上海总工会旧址、“四一二”惨案群众流血牺牲地、中国同盟会中部总会等遗址、纪念地。

【区域沿革】 境域原为吴淞江流域(今苏州河)处的沼泽地,1863年始,境地东南隅被划为美租界,后并为公共租界,自此城市化进程开始。1900年,地方绅商为抵制租界扩张,自辟华界商埠,设闸北工程总局。1911年,设闸北自治公所。1912年,建闸北市,设闸北市政厅。1928年,始建行政区,称闸北区,属上海特别市(后改名上海市)。上海沦陷期间,日伪改闸北区为沪北区。1945年,抗战胜利后改为第十四、十五行政区。1947年两区分别改称闸北区和北站区。1956年,两区合并称闸北区。1958年11月,撤销北郊区,中山北路至场中路地区划入区境。1962年,虹口区罗浮路至宝山路之间地区划入区境。1982年,宝山县场中路至汾西路之间地区划入区境。1984年,从宝山县划入部分地区,区境北界扩至北长浜。1992年9月,宝山区彭浦乡塘南村、龙潭村划入区境。1997年9月,从宝山区划入部分地区,区境北界扩至共和新路以西,共康路南侧高压走廊线、共康路。1999年5月,恒丰路立交桥西沿部分地区划入普陀区,遂成现状。年末,区辖天目西路、北站、宝山路、芷江西路、共和新路、大宁路、彭浦新村、临汾路8个街道和彭浦镇。有居民委员会204个。

【人口民族】 年末,全区户籍总人口705 111人,全年出生人口3 332人,人口出生率4.72‰。全年死亡人口5 740人,人口死亡率8.13‰。人口自然增长率-3.41‰。外来流动人口107 612人,出生人口1 042人,出生率9.55‰。户籍人口计划生育率99.61%,流动人口计划生育率90.12%。全区有34个民族,以汉族为主。少数民族33个、6 500人,其中回族、维吾尔族等饮食清真食品少数民族近5 000人,人口占少数民族总人数的77%以上。

【经济建设】 2005年,区实现增加值63.84亿元,比上年增长13.50%;完成区级财政收入30.52亿元,比上年增长33.30%;完成固定资产投资额50.80亿元,继续保持适度的投资规模。重点产业的支撑作用明显增强。至12月31日,交通商务服务业实现区级税收4.98亿元,占区级财政收入的17.10%;商贸流通服务业实现区级税收4.92亿元,占区级财政收入的16.90%;房产建筑业实现区级税收11.23亿元,占区级财政收入的38.60%;生产性服务业实现区级税收2.45亿元,占区级财政收入的8.40%。

【现代商务】 上海长途汽车客运总站正式启用;上海现代商务大厦、上海交运大厦完成竣工验收并交付使用;时代欧洲公寓一期等项目进入内外装饰和配套工程建设阶段;中祥宾馆结构工程整体施工结束;旭汇(地铁)大厦等项目进展顺利。全年,现代交通商务区核心区实现区级税收6.18亿元,比上年增长44.5%。上海多媒体谷建设与清华科技园签订全面合作协议,组建成立上海多媒体投资有限公司与上海电气资产经营公司形成先期开发地块的初步方案。编制《上海多媒体谷产业发展规划》以及多媒体谷核心区域功能和形态规划,有20家企业入驻多媒体大厦。

【招商引资】 借助"上海国际茶文化节"这一平台,成功举办多媒体招商推介会,清华科技园、美国达科电子、亚商在线等14家国内外知名高新技术企业和多媒体专业机构与闸北区签约。有7家外商投资企业获得市先进技术企业确认证书。服务贸易结构趋向多元,涵盖投资、娱乐、文化、计算机服务、物流贷代等行业。开展零资源招商。利用现有资源,鼓励企业通过增资扩股、吸收合并、外资并购等方式做大做强,增资扩股项目31个,合同外资0.79亿美元。年内,引进国内企业1 737家,引进内资51.30亿元,比上年增长17.51%,其中注册资金1 000万元以上有91家;引进外资企业108家,合同引进外资2.57亿美元,其中100万美元以上项目34个。

【社会事业】 加强科普硬件设施建设,建成电子科普触摸屏20台,成功举办2005年上海科技节闸北区活动。教育事业拓展提升。基础教育水平得到不断提升。深化二期课改,抓住重点,体现特色,不断提高教学水平;成立全市第一个双语教学研发中心,全区教育教学质量继续保持全市领先地位。深入推进社区教育和职业教育培训。文化事业加快发展。召开区文化工作会议,明确2010年期间全区文化工作总体目标和任务;成功举办2005年上海国际茶文化节和上海旅游节闸北区活动,进一步做强闸北"茶文化"品牌。公共卫生体系建设有效推进。完成区公共卫生大楼建设并开始试运行;艾滋病、结核病"四免一关怀"得到有效落实;加强对非典、禽流感等疫情的监测和预警;创建成全国社区卫生服务示范区和中医药特色社区卫生服务示范区。体育事业健康发展。大力开展全民健身活动,承办市百万家庭健康行活动的启动仪式;新建健身苑1个、健身点2个、社区公共运动场2个。

大力推进就业保障。按照"指标要实、资金要活、机制要灵、培训要特"的基本思路,不断强化政府在促进就业工作中的主导地位,加大政府对促进就业工作的投入力度,落实3 000万元促进就业专项资金,有效推动促进就业工作的开展。拓展外区工作岗位,组织黄浦、闸北就业招聘专场,鼓励本区劳动力到外区就业和灵活就业。积极推进"万人就业项目"和区"百十就业项目",重点安置就业困难人员;高度重视青年就业,建立创业实训基地,帮助青年实现就业。年内,全区新增就业岗位21 930个,占全年指标数104.4%,控制登记失业人员19 145人,占全年目标数98.20%。

继续深化救助帮困。至年底,为3 424名老人提供居家养老服务,逐步完善独居老人看护网络;受理新廉租对象336户,完成配租330户,继续探索廉租住房制度;发放低保救助金额4 259.38万元,协保补助金额1 294.81万元,大、重病医疗救助金额387.80万元。继续做好来沪从业人员综合保险征缴工作,年内,综合保险的参保人数达42 798人。　(姚荣仲)

虹口区

【地理位置】 虹口区位于上海市中心城区东北部黄浦江与苏州河交汇处。东与杨浦区接壤,西与闸北区为邻,北与宝山区相连,南与黄浦区以苏州河为界,与浦东新区、黄浦区隔水相望。区境面积23.40平方公里。地理位置优越,是集中央商务区、中央商业区、中心城区为一体的城区。区内交通便捷,内环线横贯区内中部,轨道交通3、4号线穿越区境,中环线虹口段已建成通车,公交线路四通八达。区境内的北外滩地区是上海市浦江两岸重点开发地区之一,沿江17个重大项目已全面启动,航运服务业已形成规模。商业繁荣,四川北路是繁华的市级商业大街,正加紧新一轮综合改造;大柏树地区已成为万商云集的新兴商贸区。文化积淀丰厚,有鲁迅故居、鲁迅墓、"中国左翼作家联盟"成立大会会址等一批现代文化名人的遗址、遗迹,多伦路文化名人街已形成新的文化旅游亮点,二期改造工程已经启动。提篮桥地区是一个有着丰富而独特历史文化积淀的地区,拥有下海庙、摩西会堂等历史建筑;江湾镇是在海内外有一定影响的历史名镇。

【历史沿革】 虹口,因虹口港(昔称沙洪,与黄浦江交汇处称洪口)而得名。虹口地域约在公元6至8世纪成陆。上海开埠前,虹口地区除江湾镇、虹安镇、虹口镇等集镇外,多系农田渔村。境内以虬(旧)江为界,南属上海县,北属保山县。清道光二十五年(1845年),美国传教士在境内租地造屋。道光二十八年,辟美侨居留地。同治二年(1863年)五月划定美租界地域。同年八月,英美租界合并,改称英美公共租界。光绪二十五年(1899年)三月,又改称上海国际公共租界。境内南部为公共租界北区和东区的主体部分。境内租界以北地区仍属上海、保山两县。"八一三"事变后,虹口沦为日本海军警备地区,由日本海军直接管辖。抗战胜利后,租界归还中国,上海市政府建区,境内主要地域划为第十六区、十七区、十八区。民国36年(1947年),分别改称虹口区、北四川路区、提篮桥区。上海解放后,市军事管制委员会派员接管3个区公所,建立区人民政府。1956年3月,北四川路区与虹口区合并成为虹口区。1959年12月,提篮桥区与虹口区合并为虹口区。1984年9月,保山县的江湾镇和大柏树一带划入虹口区,形成现境。

【行政区划】 虹口区人民政府建立于1950年6月,办公地现设在飞虹路518号。下辖乍浦路、嘉兴路、欧阳路、四川北路、新港路、广中路、提篮桥、曲阳路、凉城新村9个街道及江湾镇。街道、镇下有244个居民委员会,28.48个居民户,全区户籍人口78.50万人。

【2005年经济和社会发展情况】 2005年完成区级增加值73.5亿元,比上年增长12.7%,区级财政收入30.0亿元,比上年增长22.5%(可比口径),固定资产投资总额74.4亿元,比上年增长0.8%,海关口岸出口4.8亿美元,比上年增长33%,外商直接投资合同金额1.5亿美元,比上年增长26.1%,社会消费品零售总额122.0亿元,比上年增长9.9%。2005年区四大主导产业区级税收19亿元,比上年增长18.7%,占区级税收总量的66%。航运服务业发展加快:全年新增航运服务企业400多家,各类航运服务企业已达2 000多家,北外滩航运服务集聚区被列入上海首批9个现代服务业集聚区之一。全年航运服务业区级税收达到2.6亿元,比上年增长57.5%,占区级税收的9%。知识服务业发展取得新突破:成立知识服务业发展办公室,确定信息服务业、咨询调查业、广告设计业、科技服务业、文化创意产业等8个重点发展行业,积极推进材料所科技园区和技物所科技园区建设,智慧桥等4个项目被认定为市级创意产业园区,知识服务业区级税收达1.6亿元,比上年增长13.9%,占区级税收总量的6%。商贸旅游文化休闲服务业取得新进展:区级税收达到4.1亿元,比上年增长14.5%,占区级税收的14%。房地产业结构趋向合理:全年预售商品房37.6万平方米,其中商办楼宇占销售总面积的39.1%,二手房交易73.1万平方米,房地产业区级税收10.6亿元,比上年增长14%,占区级税收的37%。四大主导产业外资合同金额占外商投资合同总额的97.5%。商贸流通领域新批外商直接投资项目108个,比上年增长7%。街道经济成为区域经济发展的重要力量,全年实现区级税收13.8亿元,引进企业数占全区当年引进企业总数的85%。两翼开发有序推进。完成北外滩地区城市设计、综合交通规划、地下交通规划、基础设施建设规划、滨江绿地和公共开放空间设计规划,国际客运中心北侧地块已确定开发主体,上海国际客运中心、世茂北外滩酒店、瑞丰国际大厦等项目已在建,完成滨江绿地和公共开放空间3万平方米样板段主体工程建设。四川北路改造项目中,已基本建成华航、凯润2个项目,完成沿线架空线入地和综合整治改造工程。基础设施建设力度加大。轨道交通4号线区内站点建设全面完成,8号线区内站点全面开工建设,10号线、河南北路(虹口段)道路拓宽动拆迁等前期工作基本完成。建成中环线(虹口段)高架道路及地面工程。完成东大名路、飞虹路、三河路等道路拓宽工程。建成生活垃圾压缩中转站,新建小型生活垃圾压缩收集站40座。继续推进百路优化工程,年内又完成总长15公里24条道路(路段)的优化改造。全面完成第二轮环境保护三年行动计划,完成苏州河合流二期、虹口港水系综合治理二期工程,区域河道水质明显改善。拆除违章建筑8 703平方米,欧阳、凉城、江湾等街道分别建成市容环境示范区域、规范区域、达标区域。新建绿地12.1万平方米,城区绿化覆盖率达到18.1%。全面启动虹镇老街地区改造,全年共拆迁居民和单位2 973户,拆除各类房屋15万平方米。完成"平改坡"10万平方米、旧小区"平改坡"综合整治10万平方米、旧小区综合整治120万平方米、旧住宅成套率改造3.2万平方米。社会事业发展有新提高。完成教育园区一期工程和二中心小学、华师大一附中实验小学等24所学校的新建、改扩建工程。继续推进素质教育,华师大一附中在第二十六届头脑奥林匹克竞赛中获特技车项目高中组冠军。与上海外国语大

学合作组建上外附小。通过“全国科技进步城区”考核。创建“全国社区卫生服务示范区”工作通过国家复核评估。全面完成“公共卫生体系建设三年行动计划”和“健康城区建设三年行动计划”各项任务，完成区公共卫生大楼改造，启动建设区公共卫生应急指挥中心和公共卫生信息系统平台。建成上海邮政博物馆，完成李白烈士故居、朱屺瞻艺术馆等文化场馆的修缮、改建。完成江湾社区文化活动中心改建，广中等3个社区文化活动中心已在建。区培养输送的运动员在全国十运会上取得4金9银的好成绩。新港等2个社区行政办公中心、嘉兴等3个社区事务受理服务中心均已开工建设。坚持抓创业促就业，新建曲阳创业园区、实训基地和四川北路、凉城创业园区，全年推介创业项目650个，帮助1 240人成功创业。年内新增就业岗位35 435个，完成目标任务的136.3%，城镇登记失业人数14 902人，控制在市政府下达的目标以内。全年投入各类社会帮困救助资金4 391万元，帮助困难群众30万人次。累计受理廉租住房申请1 154户，配租1 009户，发放配租补贴1 046万元。建成6个标准化老年活动室和2家养老机构，新增养老床位130张。完成20个标准化菜市场改造。曲阳路街道被评为全国文明单位，全区市级文明社区达到8个，市级文明小区201个。

【四川北路商业街】 四川北路是上海市著名的市级商业大街，在虹口区境内，南起四川路桥北堍北苏州路，中经横浜桥，北至鲁迅公园，全长3.7公里。该路历史悠久，于清光绪三十年(1904年)已形成，因与苏州河南岸的四川路相连，当时起名北四川路，1946年更名为四川北路。20世纪二三十年代，该路已有百货、餐饮、娱乐、影戏等各类店铺数百家，还成为日本侨民居住相对集中的区域，车水马龙、行人拥挤，成为当时上海主要商业大街之一。建国后，特别是改革开放以后，随着第三产业的蓬勃兴起，四川北路商业街迅猛发展，1979年正式列为市级商业街。20世纪90年代，随着市政设施改造工程的进行，沿街商业网点加快开发改造。1993年至2000年，先后建成虹口商厦、福德商厦、国际商厦、新凯福商厦、福海商厦、上海时装商厦、金海岸商厦等20座商厦。这些标志性商业大楼的开业迎客，显著改变了四川北路商业网点长期以来规模小、进深浅、设施差的状况，商业经营面积猛增了5万平方米。2001年后，南端的弘基假日广场和北端的东泰休闲广场相继建成迎客。四川北路商业网点的分布已形成各具特色的三段格局。南段(武进路南)以“繁”为特色，有百货、家电、服饰、鞋帽、饮食、黄金珠宝等企业，商店密、规模大，是最繁华的路段。中段(武进路至横浜桥)以“专”著称，有40多家专业店，并引进16家外贸公司的专卖店、专卖厅、专卖柜，东宝兴路口有东宝百货公司，2003年又引进巴黎春天百货公司。北段以“雅”享誉，有一大批文化企业和多伦路文化名人街，北端的鲁迅公园为游人提供优雅的休憩环境。近年来，四川北路又开始新一轮开发改造，2005年已进入建设与功能招商并举阶段，沿线10个重点项目已经全面开工，凯润金城项目基本竣工并开展商业裙房功能招商，海泰项目结构封顶，嘉杰国际广场部分楼宇开始预售。7月21日，虹口区在日本东京召开“上海四川北路投资环境说明会”，全面推介四川北路开发项目，并举行了合作项目签约仪式。2005年虹口区政府还投入2 800万元人民币，对四川北路实施道路改造，使之面貌大为改观，由原来反光严重的“白色”水泥路改建成适合现代商业街需求的“黑色”沥青路。在道路“变脸”期间，对四川北路沿线的市政和景观设施进行改造：马路两边的168根架空电线杆和空中密如蛛网的电线全部拆除、埋入地下，沿线原有的48个电话亭减少到26个，书报亭、彩票亭、自行车停车棚等全部移出四川北路，沿线增设新颖的景观灯，还对沿线的绿化布局进行调整，新增绿化面积13 000余平方米。新一轮综合开发改造完成后，以四川北路为中轴东西两侧各纵深250米左右，整个商业街面积约2平方公里，分为3个区域，南段为时尚休闲区，中段为欢乐年华体验空间，北段为生态和历史凝结的人性空间。各个区域凸现个性，网点布局形成错位，突出商贸功能，同时注重餐饮、文化体育、旅游、娱乐等综合消费功能及休闲空间。

【中共“四大”史料展在虹口区文史馆开展】 1月11日上午，纪念中国共产党第四次全国代表大会召开80周年暨中共“四大”史料展开展仪式，在多伦路201弄2号虹口区文史馆举行。市委副书记王安顺、中央党史研究室刘益涛、市委党史研究室主任冯小敏、虹口区委书记孙卫国出席仪式。虹口区四套班子领导，市、区有关单位负责人以及研究“四大”的专家学者，武警部队官兵、老党员、青年党员、学生代表等150余人参加。王安顺代表市委对史料展的举办表示祝贺，指出中共“四大”是党的历史上一次十分重要的会议，并要求本市各级党委和党史工作部门认清肩负的责任。冯小敏、孙卫国分别致辞，王安顺、刘益涛、孙卫国、老党员代表、武警部队官兵、学生代表为开展仪式剪彩。下午，在虹口区政府会议室举行纪念中共“四大”召开80周年理论研讨会，来自各地的专家学者和党史工作者对中共“四大”研究论文进行大会交流发言。1925年1月，中国共产党第四次代表大会在虹口境内东宝兴路的一幢石库门民居内召开，会议提出了无产阶级在民主革命中的领导权和农民同盟军问题，初步形成中共关于民主革命总路线的基本思想，完成了新的革命高潮到来前的理论、思想、组织准备。

【加快开发北外滩地区】 北外滩沿江17个重大项目全面启动，其中16个项目明确了开发主体。上海国际客运中心项目已完成880米岸线码头结构施工，24万米地下空间全面开工建设。世茂北外滩酒店结构封顶、瑞丰国际大厦等5个项目已在建。完成滨江绿地和公共开放空间2万平方米样板段主体工程建设。上海国际航运中心服务大厦和达华大厦项目建设全面启动。全年新增航运服务企业400多家，世界排名前20强的物流企业又有5家投资虹口，包括现代商船、万邦、布林克、罗宾逊等世界知名船公司和物流公司；航运专业保险经纪公司“招商海达”和功能性机构“上海市船东协会”已入驻北外滩。邮轮经济稳步推进，参加国家发改委的邮轮经济调研工作，加强与嘉年华、皇家加勒比、丽星等邮轮公司的联系，积极推进嘉年华公司拟在虹口发展的项目。区政府已与中海集团、中远集运、上海港务集团、上海航交所签订了战略合作协议。

【虹口区与韩国釜山东莱区深化友好交流】 5月27日，韩国釜山东莱区议会议长赵弘济率领东莱区议员代表团访问虹口区，区人大常委会主任应蓓仪和副区长池洪分别会见代表团。应虹口区区长俞北华邀请，东莱区副区厅长李相基率东莱区代表团于8月29日~9月2日访问虹口区。应东莱区区厅长李珍福的邀请,10月7~11日,区长俞北华率虹口区代表团访问了韩国。期间,俞北华与李珍福签署了两区2006年度友好交流协议书,出席东莱区东莱邑城历史节开幕式并致词。俞北华还专程考察了釜山港。

【虹口区与美国宾夕法尼亚州兰卡斯特市友好交流】 应美国兰卡斯特市市长的邀请,虹口区副区长陈静薇率代表团一行5人于2005年9月下旬赴兰卡斯特市进行交流和访问,考察了兰卡斯特市的社区建设与发展,并同兰卡斯特市就教育、行政等领域的合作与交流事宜进行商谈。 (李善忠)

杨浦区

【地理位置】 杨浦区位于上海市中心城区的东北部,地处黄浦江下游西北岸,与浦东新区隔江相望,西临虹口区,北与宝山区接壤,区域面积60.61平方公里。黄浦江支流的杨树浦港纵贯区境南北,杨浦即以此演变而得名。黄浦江岸线(包括复兴岛)15.5公里,有杨浦大桥、2条越江隧道和6条过江轮渡线与浦东新区相通。

【历史沿革】 成陆于唐末宋初,区境属华亭县高昌乡。元至正二十九年(1292年)属上海县高昌乡。清雍正二年(1724年)后,虬江以北属宝山县。同治二年(1863年)和光绪二十五年(1899年)南部沿黄浦江地带曾被划入公共租界。民国元年(1912年)虬江以北属宝山县殷行乡,虬江以南、租界以北属上海县引翔乡。1927年,上海特别市政府成立,租界以北分属引翔、殷行和江湾区。1945年12月,区境分属杨树浦、榆林和新市区。1950年6月,杨树浦区改称杨浦区。以后,区境不断向北扩大。1960年1月,榆林区并入。1984年9月,宝山县五角场镇和殷行地区划入。1993年3月,浦东歇浦路街道划归浦东新区。1997年6月,宝山县所属江湾机场划入,始成现状。

【行政区划】 区政府设于江浦路549号。下辖定海路街道、大桥街道、平凉路街道、江浦路街道、控江路街道、延吉新村街道、长白新村街道、四平路街道、殷行街道、五角场街道和新江湾城街道共11个办事处,以及五角场镇人民政府。下设居民委员会305个。

【人口状况】 2005年末,全区实有人口124.51万人,出生5 704人,出生率4.64‰;其中男孩2 952人、女孩2 752人。户籍人口总数1 081 611人,男性556 483人,占总人口51.45%,女性525 128人,占总人口48.55%;出生4 652人,出生率4.30‰,其中男孩2 370人、女孩2 282人;自然增长-3 215人,自然增长率-2.97‰。全区常住人口密度为每平方公里19 812人。

【区域经济】 全年完成区级财政收入35.54亿元,比上年增长22.52%;社会消费品零售总额122.5亿元,比上年增长10.08%;推进的39个重大项目中,产业设施类项目共23个,占总数近60%;科技产业用房面积超过100万平方米,实现三年翻两番目标;"海上海"创意街区被列入市现代服务业集聚区首批9大新建项目,昂立设计创意产业园被列入本市首批18家授牌创意产业园区,市第二批授牌的18家创意产业园区杨浦占4家。

【科技企业】 全区实有科技企业2 216家,同济大学现代设计产业带已集聚设计产业链企业近800家,集聚以新东方等为代表的社会培训机构近500家;全区都市型产业园区面积78.7万平方米,上海纺织科技工业园一期工程竣工,举办欧美纺织专业采购团2005年中国采购之旅首站活动和2005年中国国际家用纺织品设计大奖赛;美国甲骨文公司在中国设立的首家研发中心落户中央社区创智天地,国家科技部上海技术创新战略与管理研究中心上海分中心落户杨浦;上海杨浦科技创业中心荣获"上海10家最具活力科技创业园"称号,"企业孵化器推动地区经济发展国际培训研讨会"在此召开;杨浦区被市委宣传部、市经委授予"推进创意产业发展示范区"。

【城市建设】 翔殷路越江隧道和中环线大柏树立交至周家嘴路段竣工通车,轨道交通4号线杨浦段建设完工,8号线杨浦段土建施工接近尾声,轨道交通四平路车站动迁完成,10号线前期工作进展顺利,军工路越江隧道、军工路北段拓宽、闸殷路辟通改建等工程办理有关手续;市区联手启动平凉西块旧区改造这一市政府确定的全市最大集中成片旧区改造项目的一期动迁工作正式展开;旧住房成套改造开工16个基地26万平方米,竣工面积3 178平方米,旧住宅小区综合整治开工46个小区123.9万平方米,多层住宅"平改坡"完成182幢,旧小区"平改坡"综合改造完成3个小区;多方筹措动迁配套房源22.2万平方米,开工建设动迁配套房源24.7万平方米;新建公共绿地25.06公顷,大连路绿地建设前期动迁工作全面启动,杨浦公园和江浦公园向市民免费开放;合流污水三期工程B块地区工作井完成近80%,污水总管埋设工作完成近70%;创建基本无燃煤街道3个;建成区生活垃圾中转站一期工程和6座小型压缩式生活垃圾站;拆除违法建筑55 250平方米,完成25条(段)道路环境整治。

【招商引资】 重新组建区招商服务中心,举办杨浦知识创新区香港推介会、商业商务资源推介会;世界500强企业德国西门子华东地区总部和研发中心、法国欧尚(中国)投资公司落户杨浦;新引进各类企业2 474户,吸引注册资本62.7亿元,其中注册资本在500万元以上企业232户,注册资本50.2亿元;合同引进外资2.6亿美元,比上年增长70.5%;进出口总额7.22亿美元,比上年增长15.2%。

【精神文明】 杨浦区被正式命名为上海市文明城区,五角场街道被命名为全国文明单位,殷行街道、区绿化局被命名为全国精神文明创建活动先进集体;杨浦区荣获“2001～2005年全国婚育新风进万家活动先进区”称号,区史志办被评为全国方志先进集体。

【社会事业】　成功组建“打一”教育集团,完成1所中学产权关系改革,新建4所民办幼儿园,上海外国语大学附属双语学校开工建设;新增24个社区卫生服务点,完成区医保事务中心、分中心工程和11个街道镇医保事务服务点建设;公益电影展映受益面突破29万人次;成功举办首次落户亚洲的国际极限运动挑战赛、中欧元老乒乓球世界冠军对抗赛,荣获全国“游泳之乡”七连冠,新江湾城文化、体育中心和一批社区文化体育设施建成;黄兴公园内黄兴先生塑像、上海院士风采馆和区城市规划展示馆落成,上海水产大学水生生物馆开放。

【社会保障】　对全区40个功能性项目建立配套就业服务体系,向社会公开征集创业项目234个,培育在职创业带头人103名,创办6个非正规就业劳动组织开业园区,累计吸纳各类组织314个,吸纳各类从业人员1 597人;全区新增就业岗位33 460个,完成市政府年度考核指标的129%;外来从业人员参加综合保险60 925万人,完成市年度指标的115%;共开展各类社会救助61万人次,救助金额1.23亿元,为1 765户困难家庭提供了慈善援助,新增养老床位500张,为近1万名老人开展结对关爱活动,为5 500名老人提供居家养老服务;荣获“全国社区残疾人工作示范区”称号,在各街道镇建立智障人士“阳光之家”,为708名智障人士开展了技能培训,为1 579户残疾人家庭安装了无障碍设施;全年累计受理廉租房3 478户,落实配租3 090户。

【安全工作】　4月份在全市率先开通覆盖消防、安全生产、食品安全、医疗卫生等八个领域的举报热线,受理市民各类举报383起,查实率达72%,发放举报奖励金1.6万元;全部完成(3 000户)三层和三层以上保留的老式居民住宅简易消防喷淋系统的安装工作,为1万户居民发放消防逃生缓降器;开通区房屋维修应急服务热线,收到1 025个报修电话,均得到及时有效处置;推广物业管理综合责任保险,共受理了14起报案,理赔金额近14万元;创建“达标市容”,拆除违法建筑5.5万平方米,完成25条(段)的道路环境整治。

【复旦校庆】　复旦大学新江湾城校区以及邯郸路校区光华楼、百年庆典主场馆正大体育馆等项目建成,以江湾—五角场地区为重点创造优美的庆典环境;与复旦大学一起举办“共同拥抱”大型晚会、上海高校长跑邀请赛、“走进复旦、走进杨浦”大型画展、“光耀复旦、辉煌杨浦”—“智慧之光”大型交响焰火晚会、“百年复旦、知识杨浦”花车巡游等系列文体活动;9月23日～25日复旦大学百年庆典期间,中央、市领导和海内外嘉宾、学子2万多人齐聚复旦,中央电视台、解放日报等全国60多家新闻媒体数百篇报道对复旦百年校庆和杨浦知识创新区建设进行集中宣传。

【三区建设】　进一步推进“三区”(大学校区、科技园区、公共社区)建设:推进涉及同济大学、上海财经大学校区拓展的巴士一汽公司搬迁协调工作,复旦科技园二期、上海杨浦科技创业中心二期等建成并投入使用,“海上海”创意街区的商业街和三幢LOFT办公楼建成并在此举办国内首次大型创意产业系列活动——上海国际创意产业活动周,全市首创、连通5所高校5个科技园区若干条交通干线的960路大学公交专线在复旦百年校庆前夕开通,复旦—同济非机动车专用车道建成启用。加强区校间合作交流:与复旦大学、同济大学等共同举办全国国家大学科技园工作交流会,与同济大学、美国夏威夷大学合作举办“亚太建筑论坛”并举办“亚太大型工程—上海杨浦”展;复旦大学、同济大学和远程教育集团等高校参与社区体育、文化、教育活动,13名区内干部赴高校挂职锻炼,16名高校干部分赴区各部门挂职锻炼,区各部门为2 567人次大学生提供勤工助学岗位。　(李国才)

闵行区

【着力打造“航天闵行”】　2005年,闵行区坚持集聚两种资源,三大基地,创新四大机制,全力打造“航天闵行”。

充分利用国际、国内两种资源。在加快国内航天资源向闵行集聚的同时,努力引进国际先进的技术研发项目和航天制造企业;积极扩大国际合作与交流,开拓国际市场。

重点建设研发、产业、科普旅游三大基地。在9月已启动建设位于莘庄工业区占地75.67公顷上海航天新区,该区将迁入上海航天局总部(含研发中心)、总体设计部、技术基础部,聚集全市主要的航天研究单位和6 000多名航天高科技人才。计划用5年时间,开发建设5平方公里,产值在500亿元以上、力争1 000亿元的航天科技产业园,首期1平方公里建设已启动。计划投资22亿元,建设占地100公顷,世界一流的大型航天科普教育基地——航天科普公园,前期筹备工作正抓紧进行。

创新合作,开发、投融资、政策四大机制。形成国家有关部委、中国航天科技集团公司与上海市长期战略合作新机制;形成多方参与、实体化运作的园区开发新机制;形成综合性的投融资新机制;形成国家、上海和闵行共同聚焦的政策扶持机制。

【推进非公有经济发展】　2005年,闵行区加快发展非公有经济、扩大利用国内资本作为全区经济工作的重点。主要措施是:加强政策配套。加大对贸易型、总部类、楼宇经济、现代服务业等企业的扶持,鼓励发展资源需求少、与区域城市发展相适应的新型产业;加强协调服务。简化办证手续、缩短暂住证时间;成立了区投资发展局,负责全区非公有经济招商指导、协调服务和投资管理等工作。继续扩大中小企业担保面,帮助解决非农企业资金紧缺问题;加强载体建设。通过在市中心区开设招商窗口、与中介机构(外省商会)挂钩招商等措施,拓宽招商渠道;加强宣传发动。加强引导管理,充分发挥工商联、个私协会的作用定期召开企业经营座谈会,帮助解决困难。

【水环境质量明显提高】 2005年,闵行区围绕3年基本消除全区河道黑臭的目标,全力推进河道整治工作,水环境质量明显提高。

嘉定区

【概况】 嘉定区总面积463.9平方公里。2004年末,全区辖南翔、马陆、江桥、黄渡、安亭、外冈、徐行、华亭等8个镇和嘉定镇、新成路、真新新村等3个街道,以及嘉定工业区和菊园新区。下设89个居委会,169个村委会。区人民政府设在博乐南路111号。年末总户数17.64万户,户籍总人口51.96万人,其中非农业人口33.96万人。人口密度为每平方公里1 120人,自然增长率0.67‰。全区年内有暂住人口46.23万人。

【经济建设】 2005年,嘉定区按照"两个优先"发展方针,通过出台政策,创新体制、机制,促进产业升级,提高了经济运行质量。

提高引资质量,加快发展先进制造业。发挥国际汽车城零部件园区和市级工业园区的平台作用,强化汽车产业链招商,汽车零部件产业和新高技术项目引进力度不断加大。严格执行工业项目准入机制,调整完善项目评估指标体系,项目质量不断提高;同时,加大了劣势项目淘汰力度,强化产业升级,企业科技含量和自主创新能力进一步加强,"小巨人"计划和品牌战略成效显著,上海太太乐调味品有限公司的"太太乐"牌鸡精和上海凯泉泵业(集团)有限公司的"凯泉"牌商标分别被国家质量监督检验检疫总局和国家工商行政管理总局商标局认定为中国名牌和中国驰名商标。全区工业总产值突破千亿元,形成了以汽车零部件为特强产业、以电子信息等高科技产业为支柱的工业经济发展新格局。

2005年嘉定经济发展一览表

项目	单位	数值
引进千万美元 以上项目	个	39
投资总额占全区引进资金	%	86.5
完成工业总产值	亿元	1 322.3
第三产业实现增加值	亿元	1 207.3
同比增长	%	22.2
完成消费品零售总额	亿元	142
同比增长	%	20
实现地方财政收入	亿元	30.7
占比重	%	53.1
全年播种面积	公顷	8 916
粮食产量	万吨	5.3

加快发展现代服务业。突出国际汽车城。南部综合区等重点区域,着力引进金融、物流、信息等现代服务业,增强城市综合服务功能,积极推进南翔都市型工业园区和上海西郊性服务业集聚区规划建设,为发展生产性服务,增强产业服务功能搭建良好平台。

发展现代都市型农业。农业综合功能稳步提高,粮食产量超额完成。现代农业园区等重点建设有序推进,农业的经济、社会生态功能进一步。

【加快建设"四大板块"建设】 2005年,嘉定区坚持发挥上海国际汽车城建设的辐射和引领作用,加快推进"四大板块"建设,取得阶段性成果。

新城主城区规划建设步伐加快。编制了《新城主城区总体规划》,进一步明确新城"政府主导、市场运作"的开发建设体制,成立了新城建设管理委员会。轨道交通11号线新城站相城北路站、司法中心、上海服务业汽车公共实训基地,"双控"房等项目正式启动;嘉定别墅、察院弄地块、吴蕴初故居改造、塔城路架空线下埋等一批项目建设启动;菊园地区加快建设地区级公共服务中心,为嘉定北部地区提供配套服务。

上海国际汽车城各功能区建设进展顺利。汽车城核心贸易区建设加快,汽车城大厦、博览公园环境建设基本完成,汽车博物馆、汽车会展中心按时节点目标顺利推进。汽车贸易一条街初步建成,部分4S让正式开业。汽车城旅游功能进一步拓展,建成盈奕高尔夫球场;研发功能初步显现,建成国家汽车检测中心工程;运动功能日渐突显,成功举办了FI、V8房车、摩托JP等重大国际赛事。

嘉定工业园区北区建设加快推进。招商引资成效显著,全年合同引进外资3.5亿美元。嘉定出口加工区获得国务院批准并将启动建设。园区基础设施不断完善,完成海伦3期建设,小区景观基础工程基本完成。工业区业务大楼、22万伏变电站、市政道路以及配套性项目建设加快推进。

【私营经济发展迅速】 2005年,全区私营继续保持快速发展,私营企业注册户数和经济效益均创历史新高。新增注册户数:43 831户,同比增长23.1,累计:108 521户,同比增长51.9%;新增注册资本294.8亿元,同增长3.7%,累计:1 013.7亿元,同比增长39.1%。

宝山区

【历史沿革】　明永乐十年(公元1412年)境域海滨曾人工堆积一座土山,作为航海标志,永乐皇帝定其名为“宝山”,宝山因此而得名。该土山于明万历十年(公元1582年)坍没于海,“宝山”一名沿用至今。清雍正二年(公元1724年)建宝山县。其后的二百六十余年间,宝山县的归属及辖区范围数次变化。解放后,初属苏南行政区松江专区,后隶属江苏省,1958年全境划归上海市。1988年经国务院批准,撤销宝山县和于1960年建立的吴淞区建制,建立城乡一体的宝山区。

【地理位置】　宝山区位于上海市东北部,地处万里长江的入海口,全区面积293.71平方公里。陆地东濒长江,与全国第三大岛——崇明岛隔海相望;区域东南临黄浦江,南与杨浦、虹口、闸北、普陀4区毗邻,西与嘉定区接壤,西北与江苏太仓市交界。

【行政区划】　2005年5月,经国务院批准,长兴、横沙两乡划归崇明县管辖。区划调整后全区辖5个街道、9个镇、1个农场,有251个居民委员会、116个村民委员会,总人口(户籍人口)80.79万,其中农业人口8.84万,非农业人口71.95万。有耕地7 480.7公顷。

【经济发展概况】　全年实现增加值321.9亿元,可比增长20.1%;完成区地方财政收入63.6亿元,同比增长40.6%;实现工业销售产值636.8亿元,同比增长22.5%;实现社会消费品零售总额152.3亿元,同比增长16.6%;完成全社会固定资产投资197.1亿元,其中工业项目完成投资48.7亿元。第二、三产业推动经济增长的格局进一步巩固,第三产业对经济增长的贡献进一步增强。(1)深入实施工业园区化战略,基本实现工业项目增量全部进园区,工业向园区集中度进一步提高。全年工业园区、物流园区内完成投资48.3亿元。工业园区实现销售产值198.8亿元,占全区工业销售产值的31.2%。建成共康、海江等都市工业园。通过淘汰劣势企业、调整盘活土地资源和土地二次开发等管理方法,全年腾出、盘活土地资源约1 000亩。(2)通过商业业态调整升级,商业布局日趋合理。北上海商业广场、祁连好又多、霓虹儿童广场、美颂巴黎建材卖场等一批大中型商业项目建成开业,安信商业广场、景瑞天际城和长江国际商贸中心等重点项目加快建设,大型购物中心、大卖场、连锁超市进一步形成新的经济增长点。(3)全年房地产开发投资额100.6亿元,商品房新开工面积347万平方米,商品房竣工面积286万平方米,商品房销售面积168万平方米,销售金额103.6亿元。(4)上海国际钢铁物流总部基地开工建设,一批物流项目启动建设。(5)全年实现农业总产值7.3亿元。种植业实行规模经营面积约8.6万亩,养殖业全部实行规模经营,创建了宝山蔬菜、粮食、农机、果树、花卉和苗木等7个农业合作经济组织。建成占地551亩的宝山区现代化农业示范基地。食用农产品安全生产得到进一步加强。(6)全年实现外贸出口22.8亿美元(海关口径),合同利用外资3.4亿美元。全区内资企业注册户数和引进外省市投资企业分别为3 371户、1 020户。

【城市建设】　年内,城市建设和管理取得新进展。(1)城市发展规划进一步完善。宝山区新一轮功能定位得到市委批准。依据功能定位,基本编制完成《宝山区国民经济和社会发展第十一个五年规划纲要(草案)》和各类专项规划。结合区划调整、结合功能定位,进一步修改和完善了《宝山区域总体规划》。(2)重点地区、重大基础设施建设稳步推进。罗店新镇、杨行等重点地区的形象塑造和功能开发取得阶段性成果,顾村组团建设和大场老镇、罗店老镇改造按计划稳步推进。(3)以“三线五纵七横”为骨架的交通道路网络基本形成。轨道交通三号线实现结构贯通,轨道交通七号线等重大工程前期工作启动,蕰川路、宝杨路、江杨路四期等工程全面竣工并通车。(4)全区现有危桥改建任务完成,翻建、拆除和维修区、镇村级农桥565座。(5)“一环五园”等一批重大绿化项目建设实现预定目标。全年新增公共绿地154公顷,建成区绿地覆盖率达到39.5%,人均公共绿地达17平方米。

【城市环境质量】　年内,第二轮环境保护三年行动计划如期完成。吴淞工业区环境综合整治任务基本完成,关停和整治上钢一厂三转炉车间等一批重点污染源。对化工企业进行全面综合整治,关闭了一批污染化工企业。编制完成第三轮环境保护三年行动计划。对区域内的杨盛河等骨干河道、外环线内20条中小黑臭河道和94条村沟宅浜黑臭河道以及81条(段)镇级河道两岸环境进行专项整治。

【社会事业】　年内各项社会事业协调发展。(1)科技事业。全年专利申请量达1 931件,完成35个市高新技术成果转化项目,各类国家、市级科技计划专项项目26项。2户企业技术中心被认定为市级技术中心,3户企业技术中心被认定为区级技术中心。(2)教育事业。加快教育先进区创建,完成“加强初中建设工程”各项任务,全国首家“科学教育实验区”、“全国以校为本教研制度建设实验基地”建设工作有效推进。建成启用上大附中新疆班,启动社区远程教育网络建设。(3)卫生事业。实施并完成《公共卫生体系建设三年行动计划》,基本医疗三级服务网络主体框架进一步完善,农村合作医疗的参入率稳定在99%以上。建成启用36家社区卫生服务站,开工建设区公共卫生中心、庙行和大场社区卫生服务中心等工程。庙行镇、月浦镇成功创建“国家卫生镇”。(4)文化事业。开展“温馨宝山”、“书香宝山”、“魅力宝山”三大文化工程。成功举办纪念中国人民抗日战争胜利暨世界反法西斯战争胜利60周年等重大文化活动,“宝山国际民间艺术节”和“百字系列群众文化活动”被命名为首批“上海市群众文化活动特色项目”。“百家文化小区”创建活动基本实现全覆盖。(5)体育事业。承办了2005上海宝山国际女篮挑战赛、2005年全国少年击剑锦标赛等国内外体育赛事活动。建成通河全民健身活动中心和宝山少体校综合训练馆。新建25个居民健身苑点,新建6个社区公共运动场。

【社会保障体系】 积极开发就业岗位,继续推进"万人就业项目"等项目,拓展非正规就业,全年新增就业岗位3.5万个,完成市政府下达目标任务的116.8%,城镇登记失业人数控制在3万人以内。强化"双困"人员的就业援助,"双困"人员就业托底安置率达100%。居民收入水平不断提高,城镇居民家庭人均可支配收入达到16 198元,同比增长12.5%,农村居民家庭人均纯收入达到10 817元,同比增长10.5%。住房条件继续改善,城镇居民人均住房使用面积超过24平方米。新建5所、改扩建6所养老院,新增养老床位861张。

【吴淞工业区环境综合整治按期完成】 至2005年末,为期6年的上海市吴淞工业区环境综合整治任务全面、超额完成。(1)关停污染严重的企业16家(计划7家)和生产线40条(计划27条),完成污染治理项目43项(计划23项),分别完成计划的229%、148%和187%。(2)原长期生活在严重污染区域的1 162户"征地未动迁"居民,全部动迁至工业区外环境良好的居住区生活。(3)工业区内150台燃煤锅炉全部得到整治。其中产业结构调整关停51台,实施集中供热拔除47台,完成脱硫15台,清洁能源替代37台。(4)蕰藻浜以北172家企、事业单位,全部实现雨污水纳管排放。(5)建成吴淞工业区环境综合整治信息集成系统,建成大气自动监测站4座,建成锅炉烟气和污水排放在线监测等一批设施,布设有112个降尘监测点组成的监测网。(6)建成绿地439.8公顷。其中公共防护绿地172.7公顷,企业、新村等内部绿地267.1公顷。工业区绿地率从整治前(1998年)的2.8%增加到21.7%,绿化覆盖率达到26.7%。(7)完成工业区内的外环线泰和路段、郊环线同济路段和江杨北路、水产路、铁力路、宝杨路、铁山路等一批主干道及37条支路的建设任务,工业区内及其周边有高等级道路8条,机动车道由整治前的14根,增至48根,道路总面积由整治前占工业区总面积的2.7%增加到7.5%。(8)完成工业区内的5条总长度为9.5公里河道整治,新建涵闸2座。(9)宝山区政府组织实施的烟粉尘无组织排放整治,共完成37条无名道路、26个码头、31处堆场的整治任务。上海市环境保护局对吴淞工业区环境综合整治效果的监测评估报告显示:经过6年整治,对吴淞工业区环境质量影响最大的烟粉尘和二氧化硫排放量,分别消减78.1%和39.5%。吴淞工业区及周边地区的平均降尘量,从整治前(1999年)的22吨/月·平方公里,降至2005年的13.5吨/月·平方公里;二氧化硫日平均值由整治前的0.084毫克/立方米,降至2005年的0.068毫克/立方米。大气环境质量达到国内同类工业区先进水平。经公众调查测评,92%以上的参评者对整治效果满意。

【长江口民营经济发展论坛】 2004年以来,上海市工商业联合会(商会)和宝山区政府连续两年联合举办"长江口民营经济发展论坛"。首届论坛于2004年10月21日举行,论坛主题为"长江口区域优势和民营经济发展机遇",议题包括区域分工与定位、产业投资机会、社会协调发展等。全国人大常委会委员、全国工商联副主席王以铭,中共上海市委常委、市委统战部长沈红光,全国工商联副主席、市人大常委会副主任、市工商联会长任文燕,中国自然基金会会长、前北京大学校长陈佳洱,联合国民间艺术组织副主席伊廷等到会祝贺。国家、市、区领导、全国著名专家学者、民营企业家代表300余人出席,全国30多家主流媒体报道了论坛盛况。第二届长江口民营经济发展论坛于2005年6月18日举行。主题是"钢铁业发展及市展望发展"。出席者有来自国家有关部委、上海市、长江口地区城市和宝山区的领导和专家学者、钢铁业界企业家等700余人。全国工商联副主席、上海市人大副主任、市工商联会长任文燕,中共宝山区委书记薛全荣分别致辞。区长吕民元主持会议。国家发展和改革委员会经济运行局副局长贾银松等人从国家宏观角度,分析了宏观调控政策取向对钢铁贸易市场的影响。专家学者从专业角度分析市场。民营企业家进行了广泛交流。会议认为,世界钢铁看中国,中国钢铁看上海,上海钢铁业又集中在宝山。在宝山这个中国钢铁生产贸易集聚地分析中国钢铁业发展和市场,具有现实意义。上海市长江流域发展研究院河口段理论专家认为,长江口区域从广义上来说包括镇江、扬州、南京、常州、无锡、苏州、南通、泰州及上海的宝山、崇明、浦东、南汇等地区,是长江三角洲经济带中最重要的组成部分。

(吴　敏)

经济社会发展主要指标

项　　目	2005年	比2004年增减%
国内生产总值(亿元)	321.86	20.1
第一产业增加值(亿元)	2.05	-17.5
第二产业增加值(亿元)	153.53	20.3
其中工业增加值(亿元)	127.71	18.9
第三产业增加值(亿元)	166.26	20.6
粮食总产量(万吨)	1.52	
全社会固定资产投资总额(亿元)	197.12	29.7
外贸出口(亿美元)	16.42	4.6
实际利用外资(亿美元)	3.35	1.5

续表

项　　目	2005年	比2004年增减%
社会消费品零售总额(亿元)	152.27	16.6
地方财政收入(亿元)	63.6	40.6
地方财政支出(亿元)	69.96	36.6
职工年平均工资(元)	34 764	27.2
农民年纯收入(元)	10 817	23.3
邮电业务总量(亿元)	31 728	20.7
电话普及率(部/百人)	91.4	
年末存款余额(亿元)	874.42	14
年末贷款(亿元)	475.58	7.7
大学(所)	1	
中小学(所)	108	

金山区

【地理位置】 金山区地处东经121°~121°25′,北纬30°40′~30°58′,位于长江三角洲南翼,上海西南部。东邻上海市奉贤区,西与浙江省平湖市、嘉善县交界,南濒杭州湾,北与上海市松江区、青浦区接壤。　(王应华　顾逸萍)

【历史沿革】 金山6 400年前已成陆,今金山地区,秦置海盐县。南北朝时置前京、胥浦两县,县治均设于今金山境内。隋曾一度并入盐官县。后几经搬迁,自清嘉庆元年(1796年)起,县治定驻朱泾镇。1949年5月13日,金山解放,同月15日,金山县人民政府成立,隶属江苏省苏南行政区松江专区。1958年3月,金山县改隶属江苏省苏州专区,同年11月划归上海市。1997年4月29日,经国务院批准,撤销金山县,设立金山区,5月12日正式成立金山区。

金山区域东西长44公里,南北宽26公里,总面积586.05平方公里。2003年,调整合并部分镇居民委员会。至年底,全区辖朱泾、枫泾、张堰、兴塔、亭林、新农、松隐、朱行、干巷、吕巷、廊下、漕泾、山阳、金山卫14个镇和石化街道,59个居民委员会,156个村民委员会。　(王应华　顾逸萍)

【全面实现"三年翻一番"目标】 2005年,金山区高质量完成了国内生产总值、工业总产值、财政总收入等主要经济指标"三年翻一番"的目标任务。全区国内生产总值201.3亿元,年均递增29.6%;财政收入57.32亿元,年均递增36.7%;工业总产值,616.9亿元,年均递增43.1%;社会消费品零售总额115.8亿元,年均增长22.6%;农民人均收入7 108元,年均增长13.7%;城市化率55.7%,3年来内资立项项目投资总额累计增值347亿元,到位资金229亿元,新批外资项目投资总额12.4亿美元,合同利用外资7.3亿美元。

【人民生活水平稳步提高】 "千名党员干部帮万名困难群众"专项活动,便民服务项目深入开展,农民医疗健康保险体验体检工作持续推进,城乡居民最低生活保障基本实现了"应保尽保"。65周岁以上城乡老年人享受每月不低于75元的养老补助金。累计帮助低保家庭8 137户,帮扶困难群众21 304名,建成和改建社区卫生服务中心15个,标准化卫生室116个,新建改建老年活动室156个,村民健身点122个,综合便民服务点35个,标准化菜市场3个。

松江区

【概况】 松江区境南北长约24公里,东西宽约25公里。总面积604.62平方公里,其中水面积约占10%。全区户籍人口52万人,外来人口约60万人。

【历史沿革】 据对松江九峰一带考古中先后发现汤村庙、广富林、姚家圈、小机山、佘山等7处新石器时代文化遗址。从出土大量陶器、石器、骨器、玉器遗物和古墓葬证明,距今六千年前,先民们已在这块土地上繁衍、生息,从事耕耨、渔猎、饲养家畜、制作用具等劳动,创造了马家浜、崧泽、良渚型等古文化。在这些古遗址中,还发现许多夏、商、周时代的遗物。春秋时,地属吴。秦时属会稽郡长水县(秦始皇三十七年,改长水县为由拳县)东境、海盐县北境和娄县南境地。东汉时属吴郡,三国时为嘉兴,后又改吴郡。唐天宝十年(751年)吴郡太守赵居贞奏划昆山南境、嘉兴东境、海盐北境,置华亭县(华亭名称由来,是三国时陆逊因功受封华亭侯而得。元至元十四年(1277年)升华亭县为华亭府,次年改名松江府,下辖华亭县。后几经变革,至清嘉庆十年(1805年),松江府下辖7县(华亭、上海、青浦、娄、奉贤、金山、南汇)和1厅(川沙)。民国元年(1912年)废府,华亭县和娄县合并为华亭县,1914年改称松江县。1949年5月13日,松江解放。在松江设松江专区。1958年撤销松江专区,松江县划归苏州专区。同年11月,松江县划归上海市。1998年经国务院批准撤县设松江区。

【行政区划】 2005年,松江全区设岳阳、中山、永丰、方松4个街道,设泗泾、佘山、车墩、新桥、洞泾、九亭、石湖荡、新浜、泖港、叶榭10个镇,还有松江工业区、松江科技园区、五厍农业示范区、佘山旅游度假区等。全区有村委会115个,居委会130个。

【经济发展总量】 2005年,实现生产总值456.38亿元,按可比价格计算,比上年增长29.1%,占全市的比重为5%,比上年提高0.7个百分点。其中:第一产业实现增加值7.3亿元,下降10.8%;第二产业实现增加值324.7亿元,增长30.3%,对全区生产总值增长的贡献率为73.9%;第三产业实现增加值124.38亿元,增长29.2%,对全区生产总值增长的贡献率为26.5%,形成了第二、第三产业共同推动经济增长的格局。三大产业增加值的结构比重为1.6:71.1:27.3,第二产业的比重比上年上升了0.9个百分点,第二产业的核心作用进一步凸现。

财政收入快速增长。全年实现财政总收入123.95亿元,比上年增长49.6%,占全区生产总值的比例为27.2%,比上年提高3.1个百分点。地方财政收入59.19亿元,比上年增长55.3%,占上海全市的比重为4.1%,比上年提高0.7个百分点,其中,增值税11.08亿元,增长81.2%;营业税23.5亿元,增长48.3%;企业所得税和个人所得税14.32亿元,增长52.7%。地方财政支出66.46亿元,比上年增长42.2%。私营企业实现税收53.33亿元,比上年增长49.3%,对全区税收增长的贡献率达49.9%。房地产业实现税收27.39亿元,比上年增长93.1%,对全区税收增长的贡献率达37.4%。

【固定资产投资】 落实宏观调控政策措施取得成效,固定资产投资增速逐步放缓,投资结构得到优化。全年完成固定资产投资236.51亿元,比上年增长12.2%,增速比上年回落27.8个百分点。其中,城镇投资62.84亿元,农村投资48.32亿元,房地产业投资125.35亿元。按产业投向看,第三产业投资增长较快。第一产业投资0.22亿元,比上年减少24%;第二产业投资88.02亿元,减少12.6%,其中工业投资87.91亿元,减少11.7%;第三产业投资148.27亿元,增长35.1%。三次产业的投资比例为0.1:37.2:62.7。按投资主体看,私营经济投资和外商经济投资占主导地位。国有和集体投资31.25亿元,外商及港澳台投资67.58亿元,私营投资85.24亿元,其他投资52.44亿元。随着松江新城建设大力推进,城市基础设施建设进一步加快,全年完成基础设施投资19.61亿元,占全区投资总额的8.3%。重大项目支撑作用明显,全年完成重大项目投资共33.92亿元,占全区投资总额的14.3%,其中"台积电"项目完成投资14.91亿元,轨道交通9号线完成投资2.42亿元。

【农业发展】 农业着力建设"粮食高产优质示范、有机蔬菜研发示范、浦南盆花生产流通"三个基地,构筑"食用农产品安全监管、现代农业服务、农业生产—生态循环"三个体系。全年完成农业总产值18.68亿元,比上年下降8.7%,其中:种植业产值8.94亿元,增长0.6%;畜牧业产值3.73亿元,下降37.9%;林业产值3.19亿元,下降3.2%;渔业产值1.95亿元,增长17%;农业服务业产值0.87亿元,增长44.8%。

种植业结构不断调整。各类经济作物播种面积34.5万亩(不包括油菜),其中花卉种植面积6 329亩,蔬菜播种面积14.2万亩次,各类管棚、连栋大棚等设施农业的栽培面积达2.5万亩。花卉平均亩产值28 542元,蔬菜平均亩产值7 679元。位于泖港、叶榭镇的浦南1 500亩标准化设施蔬菜基地已竣工投产。加快发展花卉产业,华东花卉流通中心正式投入运营,叶榭、五厍两地已建有玻璃温室、塑料连栋温室1 200余亩,有50多家国内外花卉企业入驻。

粮食生产稳步增长。着力推进1.1万亩设施粮田和500亩超高产水稻示范基地建设。全年粮食播种面积21.3万亩,比上年增长9.2%,比上年增加1.8万亩,其中,水稻17.1万亩,二麦4.1万亩。粮食总产量达10.5万吨,比上年增长4.6%,比上年增加0.5万吨。全年粮食直补1 379万元,加大了对规模经营的补贴力度。

农业生态环境建设有效推进。建成了沿黄浦江两侧40多公里近2万亩的水源涵养林。

探索农业组织化建设,建立25个农民专业合作社。加强食用农产品的安全监管。强化为农服务,建立农机服务中心、农资超市等便民网点。

【工业发展】 工业生产持续快速增长,产业能级进一步提高,电子信息制造业迅猛发展,经济效益不断提高。

2005年,全区共有工业企业5 214户,其中区属工业453户,镇办与村办工业1 202户,私营企业3 559户,共有从业人员390 632人。完成工业增加值307.26亿元,比上年增长35%,工业增加值占全区生产总值比重为67.3%,比上年提高1个百分点,工业在全社会经济增长中的贡献率达70.5%。完成工业总产值(现价)2 130.27亿元,比上年增长38.2%。实现出口产品总额157.83亿美元,比上年增长37.5%。工业产品销售率96.4%,工业经济综合效益指数198.1,比上年上升7.1。实现工业利润62.1亿元,比上年增长23.5%。完成各项工业税收51.5亿元,比上年增长35.9%。完成工业固定资产投资87.9亿元,比上年下降3%。

新批准工业外资项目239个,项目总投资19.16亿美元,比上年增长31.2%,外资项目增资8.16亿美元。吸引工业内资项目1 233个,总投资73.8亿元,比上年增长40.8%。

全区工业企业资产总额2 074亿元,比上年增长104.5%,工业企业权益资本501.7亿元,比上年增长31.4%。按工业增加值计算,全员劳动生产率8.23万元/人,比上年增长15%,工业企业职工年人均收入17 748元,比上年增长26.3%。

全区电子信息、现代装备、精细化工、生物医药、新材料制造五大主导产业凸现新的优势,实现工业产值1 445.93亿元,比上年净增430.93亿元,增长42.5%,占全区工业总产值67.9%。其中电子信息产业有规模以上企业87家,实现产值1 194.9亿元,从业人员59 864人,其中规模最大的达丰(上海)电脑有限公司实现产值343.6亿元。现代装备产业有规模以上企业341家,实现产值138亿元,从业人员42 499人,其中规模最大的龙工(上海)机械制造有限公司实现产值20.6亿元。精细化工产业有规模以上企业85家,实现产值61亿元,从业人员7 249人,其中规模最大的卜内门太古漆油(上海)有限公司实现产值6.1亿元。生物医药产业有规模以上企业21家,实现产值6.23亿元,从业人员2 093人,其中规模最大的上海交大昂立股份有限公司实现产值1.7亿元。新材料制造产业有规模以上企业62户,实现产值45.8亿元,从业人员9 896人,其中规模最大的上海建华管桩有限公司实现产值5.17亿元。

松江区内评为上海市著名商标的企业有14家:上海飞航电线电缆有限公司、上海旭洋绿色食品有限公司、上海大江(集团)股份有限公司、上海美林阁餐饮经营管理有限公司、上海紫澜门实业发展有限公司、上海雅多服饰有限公司、上海高博特生物保健品有限公司、上海泗联实业总公司、上海锐奇工具有限公司、上海天丝科技发展有限公司、上海高能高压阀门有限公司、上海新农饲料有限公司、上海韦创贸易发展有限公司。

评为中国驰名商标的企业有1家:上海交大昂立股份有限公司。

评为上海市名牌产品的企业有15家:上海海欣集团股份有限公司、上海塑胶线厂、上海市松江电子仪器厂、上海汽车地毯总厂、上海一达机械有限公司、上海雄风起重机械厂、上海红旗电缆(集团)有限公司、上海宝鸟服饰有限公司、上海交大昂立股份有限公司、上海益忠电器有限公司、上海大江(集团)股份有限公司、上海高博特生物保健品有限公司、上海雅多服饰有限公司、上海泗联实业总公司、上海天丝科技发展有限公司。评为中国免检产品的企业有1家:上海益忠电器有限公司。

【商业发展】 2005年,全区批发和零售业实现增加值33.38亿元,比上年增长20.7%,占全区增加值和第三产业增加值的比重分别为7.3%和26.8%。实现社会消费品零售总额130.08亿元,比上年增长21%。消费品市场购销两旺,各类商品销售不断增长,吃的商品零售额47.97亿元,比上年增长8.4%;穿的商品零售额11.61亿元,比上年增长23.7%;用的商品零售额58.95亿元,比上年增长24.7%;烧的商品零售额11.55亿元,比上年增长75.1%。

全区商业营业面积148万平方米。批发、零售、餐饮业实现税收15.6亿元,比上年增长19.6%。春节、"五一"、国庆黄金周3个长假销售额分别为7亿元、4.5亿元、5亿元。

新增和引进一批超大型、综合型、特色型购物中心和超市。文城路258号易初莲花文诚店、新松江路935号乐购商场相继开业,面积分别为2.4万平方米和2.3万平方米。在建项目有位于三星路的易初莲花店,面积2.5万平方米,位于新松江路的开元地中海商务广场,面积8.6万平方米,位于文诚路的区供销社销品茂,面积4.7万平方米,位于沪杭高速公路新浜出口处的世界品牌直销中心东方狐狸城,面积6.9万平方米。完成市百一店松江店、松江商城、华联超市、花之吉、牛哥火锅店5家单位的无障碍设施建设。

完成《松江区现代商贸服务业发展规划纲要(2005~2020年)》编制工作。《松江区现代商贸服务业发展规划纲要(2005~2020年)》从城市建设、产业联动、服务"长三角"等视角出发,兼顾现状和趋势,注重近期建设和远期目标相结合,立足近中期重点地区和重点项目,明确松江区现代商贸服务业发展目标、功能定位、空间布局和操作实施,力求体现全局性、前瞻性、联动性和操作性,为政府决策、地区建设、项目实施等提出指导性意见,经区政府常务会议讨论通过,成为今后松江区现代商贸服务业的总体发展目标。

全区开通旅游交通服务线4条,共有星级宾馆13家,旅行社28家。全年旅游总收入14.95亿元,增长6.7%。各旅游景点全年接待国内外游客300.04万人次,其中,港澳台游客3.82万人次,增长1.3%;国外游客4.35万人次,增长5.6%。

【民营经济发展】 2005年,松江民营经济持续健康快速发展,新注册民营企业13 189户,比上年增长7.4%;年底全区民营企业累计48 825户,比上年38 039户净增10 786户,增长28.4%。实现税收53.33亿元,比上年36.15亿元净增17.18亿元,增长47.5%,占全区税收总量46.2%,比上年上升1.7个百分点。新闵、松新2家经济小区税收突破4亿元,分别为4.16亿元、4.14亿元;久富、富民仓桥2家经济小区税收超过3亿元,分别为3.89亿元、3.55亿元;施惠特、申田、都城、泗泾、小昆山、强民6家经济小区税收超过2亿元。民营企业全年缴税60万元以上有1 087户,比上年增加457户,100万元以上有635户,比上年增加276户,500万元以上有122户,比上年增加70户,1 000万元以上有64户,比上年增加28户,2 000万元以上有33户,比上年增加20户。民营企业户均缴税10.9万元,比上年9.5万元,增长14.7%。

认真贯彻落实《国务院关于鼓励支持和引导个体私营等非公有制经济发展的若干意见》(国发[2005]3号)和《上海市人民政府关于贯彻国务院关于鼓励支持和引导个体私营等非公有制经济发展的若干意见的实施意见》(沪府发[2005]16号)两个文件精神,区委、区政府先后召开全区民营经济工作大会和个体经济管理工作会议,提出加快发展民营经济要形成"党委统一领导、政府宏观调控、部门全力支持、全社会积极参与、企业自主发展"的工作格局。5月30日,区委书记办公会议听取民营经济工作情况汇报,分析现状,把握发展方向。区政府连续3次常务会议讨论和研究民营经济发展措施,反复强调对民营企业聚焦服务、配套服务、优化服务,把政府的综合性政策落到实处。区人大、区政协组织人大代表和政协委员视察民营企业,提出20多条建议。区四套班子主要领导先后对民营经济进行调研,了解发展中的新情况和新问题,鼓励加快发展。

全区把招商引资作为重中之重,开展以商引资,定位招商,网上招商。年内新增20多个招商公司,新增160多名专职招商人员。施惠特经济小区建立健全招商责任制,新注册民营企业1 007户,比上年增长62.9%。富民仓桥、新闵、九富、泗泾、小昆山、都城等6家经济小区进一步完善招商奖励制度，新注册民营企业分别超过600户，其中，商贸型企业占90%，当年缴税企业达70%。

【改革开放】 体制改革。积极探索以股份制为主要形式的产权制度改革，以商业总公司下属药材公司为试点，依法完成了药材公司股份制改革程序中的审计、评估及选择受让者等工作。

继续深化行政审批制度改革。加强了内、外资企业网上联合年检系统建设，参加2005年度内资企业网上联合年检的有999家企业，参加2005年度外资企业网上联合年检的有1 629家企业。进一步完善了企业设立、变更、联审和告知承诺制。出版了企业服务中心指南，明确内外资企业申办流程及入驻企业服务中心各审批部门的审批职能，为企业提供便利服务。完成了试点园区工业项目审批应用系统方案的评估。建立了松江区市民服务中心。积极发挥企业服务中心"一站式"服务功能，进一步完善服务中心咨询、受理、审批、办证等一条龙服务机制。

【社会保障】 社会保障体系不断完善。全区城镇有4 159个机关企事业单位参加社会保障，13.03万名职工参加基本养老保险、医疗保险、失业保险。农村社会养老保险投保人数5.8万人，投保率为98.23%，筹集养老金保险费2 600万元。积极稳妥推进镇保工作，全区53名"农口劳模"和2 283名"历史遗留人员"落实了镇保，有序推进"渔民"、"市级水利工程"和"市级水源涵养林征用地"人员参加镇保工作。外来人口综合保险参保人数达19.3万人。

努力改善农民就医条件。农村合作医疗投保率93.65%，农民社会医疗保障率99.39%。出台了《关于改善松江区农民就医问题的十大措施》，建立了"大病互助资金"，至年底，共有8.64万名农民参加了"大病互助资金"，筹集资金共682万元，一定程度上缓解了农民"看病难、看病贵"和"因病致贫"问题。

救济、救助工作力度继续加大。发放粮油帮困卡27 107张，救济农村特困户1 499户。全年发放城镇、农村最低生活保障金2 149万元，发放失业保险金1 791万元。

【国内合作】 加强交流，促进区域友好关系。内蒙古鄂尔多斯东胜区、河南郑州市、昆明富民县、四川彭山县、江西兴国县、江苏扬州市、南京江宁区等代表团来松江学习考察，交流工作经验。对口帮扶和援助工作稳步推进。全年落实对口支援资金880万元，其中云南380万元，西藏500万元。加大了对对口地区人才资源的开发力度，为云南马关、丘北两县举办了一期乡镇领导干部培训班，组织了两县学校校长、卫生院院长等28人来松学习锻炼。

【对外贸易】 积极培育出口新增长点，外贸出口再创历史新高。全区完成出口产品总额157.83亿美元，比上年增长37.5%。其中，一般贸易出口10.2亿美元，增长25%，加工贸易出口147.63亿美元，增长38.4%。松江出口加工区龙头效应明显，实现出口创汇127.81亿美元，占全区出口总额81%。出口大户维持强势，全年出口在1 000万美元以上的有93家企业，共出口144.57亿美元，占全区出口总额的91.6%。其中，位于松江出口加工区内的"广达集团"出口114.56亿美元。机电产品出口增势迅猛，出口128.11亿美元，增长34.8%，占全区出口总额的81.2%。民营企业出口增长迅猛，出口总额为2.27亿美元，增长40.6%。出口市场多元化战略效果明显，对亚洲出口56.07亿美元，增长29.7%；对欧洲出口46.52亿美元，增长50.7%；对北美洲出口50.32亿美元，增长32.9%；对拉丁美洲出口0.98亿美元，增长12.7%；对大洋洲出口3.44亿美元，增长98.4%；对非洲出口0.5亿美元，增长111.6%。

【吸收外资】 吸引外资平稳发展，增资撑起半壁江山，外企运行质量显著提高。全年批准外商投资项目239个，总投资19.16亿美元，合同外资9.07亿美元，其中增资项目合同外资3.99亿美元，占全区合同外资总额的44%。年内批准的外资项目中，总投资在1 000万美元以上的项目有38个，总投资13.61亿美元，占全区外资项目总投资的71.1%。投资项目仍以第二产业为主，全年批准的新项目中，第二产业项目有223个，第三产业项目有16个，新批准合同外资分别为4.77亿美元和0.31亿美元，第三产业项目占全区新项目合同外资总额6.1%，第三产业项目中有新引进的凸版印刷地区总部和世界品牌直销折扣中心。年内实际到位资金7.69亿美元，比上年增长0.3%。全区已有1 200家外商投资企业投产经营，比上年增加132家，全年实现销售收入1 790亿元，比上年增长44%。实现利润总额29.5亿元，净增3.5亿元。全区外商及港澳台投资企业实现税收40.41亿元，比上年增长46.1%，净增12.74亿元。至年末在松江投资的国家和地区已达53个，项目数居前五位的有：中国香港606个、日本543个、中国台湾523个、美国329个、英属维尔京群岛143个。

【新城和园区建设】 松江新城基本建成。特色风貌区基本形成，轨道交通9号线建设顺利推进，市第一人民医院松江新院基本建成，复旦大学视觉艺术学院建成开学，大学园区的文化体育中心已建成。三新学校、龙源路幼儿园、华亭幼儿园建成投入使用，有效缓解新城区就学压力。泰晤士小镇内，住宅已具备交房条件，教堂、艺术中心、超市、健康中心、商业中心、博物馆等一批公建项目已进入收尾阶段。泰晤士小镇以其浓郁的英伦风情与特色建筑吸引了四方客人纷至踏来，具备观光、旅游功能的商业街样板段为小镇乃至新城集聚人气发挥了良好的辐射作用，以小镇风情作为平台的各种活动，如啤酒节、狂欢派对、地校互动论坛等成功举办，10月底在泰晤士湖成功举办了全国摩托艇大赛。泰晤士小镇以33 700万元的品牌价值跻身"2005年中国房地产项目品牌价值TOP10"。

松江工业区以集约化发展为目标。全年完成工业总产值1 348.77亿元，比上年增长49.5%，占全区总量的63.3%；引进合同外资3.06亿美元；出口创汇135亿美元，增长43.6%；实现税收10亿元，增长25%。工业区累计吸纳外资企业351家，合同外资27亿美元，到位资金19亿美元。

佘山国家旅游度假区建设有序推进。佘山高尔夫俱乐部球场建设全面完工，举办了HSBC(汇丰杯)国际高尔夫球冠军赛，有8万多人到现场观摩，近5亿人通过电视观看了全球实况转播；月圆园雕塑艺术园一期完工，正式对外开放运营；世茂国际会议中心建设完成，由国际酒店公司艾美集团进行管理，已开始试营业；辰山国家植物园项目完成了概念性设计招投标;华侨城佘山大型综合性旅游项目已举行奠基仪式;天马山现代服务业集聚区及农业观光区项目已完成前期的方案编制,目前进入规划审批阶段;文广影视摄制基地项目将加快建设进度,可行性报告即将完成。

现代农业园区五厍示范区加快功能性开发,增强示范、辐射、带动作用。大力推进上海农业科普展示馆的建设,完成了前期规划选址、方案设计、可行性论证、土地报批、农具收集等工作,年底土建施工完成了结构封顶。加快建设上海特种蔬菜研发中心,通过高新技术、优质品种的引进研究和推广,增强园区示范、辐射功能,完成了120亩农田基础设施及办公、库房的建设。完成了总投资1 600万元的市级水利示范方建设项目,使园区核心区的二横四纵河道全部配置了生态河坡。新建了一座大型雨水收集系统,改善了园区的农田风貌和生态环境。完善了园区设施建设,新建专用温室8 000平方米,连栋温室20 000平方米,新建道路9.5公里,沟渠6.7公里。

【城市建设与环境保护】 城市基础设施。加快基础设施建设。轨道交通9号线建设加快推进,各站点开发前期工作全面展开。乐都西路延伸一期、嘉松南路非机动车道改造、塔闵路西延伸等工程竣工,乐都西路延伸二期工程已开工。完成了沪松公路拓宽工程(洞泾—龙树庵)路灯、花辰公路东段路灯、玉树路跨沪杭高速桥路灯等工程建设。通过"市无障碍设施建设示范区"的达标验收。加快房屋综合整治,整治了46.1万平方米,完成"平改坡"面积16.8万平方米。

城市环境保护和治理。城市整体环境进一步改善。对庙前街、中心医院、乐都路汽车站、秀野桥周边环境进行综合整治并形成长效管理机制。加大拆违力度,加强了物业管理。加大河道疏浚和黑臭河道整治力度,完成沈泾塘景观河道二期工程。全年完成环境污染治理项目187个,总投资14 205万元,比上年增长45.6%。污水处理系统收集管网建设达到节点目标。污水日处理外排量13.9万吨。建成尘烟控制区41.47平方公里和噪声达标区16.96平方公里。河道垃圾污染治理1 070段,共1 589公里。

城市绿化。全面推进绿化建设,改善城市生态环境。通过了全国绿化模范城市评选的验收,成功创建了国际花园城市。新建绿地面积114.63万平方米。对中央公园二期绿地、思贤路中央隔离带、谷阳北路隔离带两侧绿地等进行了改造,努力提升松江区现有公共绿地的质量档次。至年末,城市绿化覆盖率为44.1%。全区已建成绿地面积1 279.99万平方米。

【社会事业】 实施科教兴区战略,科技创新能力进一步增强。全区有科技人员60 935人,比上年增加122人。积极组织各类科技项目的申报和受理工作。全年共推荐申报6个国家科技创新基金项目和19个市种子资金项目。获准国家创新资金立项项目4个;获准国家农业科技成果转化资金立项项目2个,获准国家火炬计划立项项目1个;获准国家重点新产品立项项目3个;推荐3家企业为上海市科教兴区重大科技攻关项目承担单位;组织申报上海市优秀学科带头人计划2项,其中1项批准立项;组织推荐中国民营科技企业创新奖4家,并全部获奖。组织申报上海市培育专利试点企业9家,确定松江区专利试点企业5家;组织企业参加全国专利技术交易会,其中1项专利获得全国金奖。全年受理专利申请1 113项,比上年增长28.8%,认定登记技术交易合同82项,累计合同金额达12 771万元。

全面实施教育综合改革试验。顺利完成"加强初中建设工程",制定并实施了义务教育阶段学校发展性督导评估制度。深入推进二期课改,进一步强化素质教育。加大职、成校实训基地建设,大江职校的"汽车维修与应用"公共实训中心列为市教委第一批重点建设项目。利用大学城资源,创建松江职业教育培训中心。完成松江二中、四中教学楼改建。松江一中实验性、示范性高中创建工作进展顺利。推进"三区联动",成功举办地校合作论坛,组织开展大学师生看松江活动,搭建校企合作平台,有效地推进了大学园区与地方的互动发展。全区有区辖中专1所,在校学生1 581人;中学33所,在校学生33 205人,其中高中生11 993人;小学13所,在校学生25 811人;幼儿园34所,在园儿童13 998人,幼儿入园率91.6%;辅读学校1所,在校学生88人;职校2所,在校学生2 495人。鼓励社会力量办学,依法批准设立民办非学历办学机构4所,民办托幼园8所,民办中小学1所。初中毕业生升学率97.8%。全区本科、大专、高职达线率87.8%。成人教育深入开展,接受本科学历教育的2 145人,大专学历教育的12 191人,专业技术教育为57 822人,计算机等级培训的8 289人,通用外语水平考试培训的5 059人。加强在职教育,完成各类成人教育培训22.4万人次。松江大学园区已有7所高校,共招收学生5.2万人。

文化事业取得新发展。在《松广新闻》栏目的基础上,开辟了《先进性教育活动》、《来自基层的报道》、《落实科学发展观》等六个专栏。深入开展"万部好书、千场电影、百场文艺下农村、进社区、到工地"活动,丰富了群众生活。为确保网络传输畅通、广播电视安全播出,对松江城区范围铺设有线电视光纤网地下管线15公里,架设连结各镇、园区的有线电视光纤主干网环网35公里。成立松江区文化市场行政执法大队,推进文化领域综合执法。至年末,全区有影剧院10座,文化馆、站17个;公共图书馆、站15个,藏书71.3万册,全年接待读者39.5万人次;全年放映电影2 776场次,观众110万人次;演出戏剧1 269场次,观众35.1万人次。松江电视台每周平均播放电视66.5小时,全年播放电视画面新闻2 955条,口播新闻545条。全区有有线电视站11个,有线电视用户17.79万户。区广播电台每日平均播放14.7小时。全年出版《松江报》102期,发行250万份。

加强社区卫生服务和农村卫生工作。贯彻落实《松江区改善农民就医十大措施》,建立了以镇、街道、园区为单位的合作医疗"大病"互助基金。制定实施《松江区社区预防保健项目经费使用管理办法》,完善社区卫生服务机构预防保健经费补偿机制。积极推进妇幼保健医院迁建工程,区疾病预防控制中心、公共卫生应急指挥中心、方塔中医医院门急诊大楼改建等项目进展顺利。完善医疗质控网络,成立17个专业质控小组,制定各专业质控标准和制度。积极推动三医联动综合改革试点工作。全年完成诊疗240万人次,比上年增长14.1%,收治住院病人5.6万人次,比上年增长6.7%。至年末,全区有各类医疗卫生机构26个,其中医院20所;卫生技术人员1 989人,其中医生907人,护师、护士699人;拥有病床3 701张。全区有农村合作医疗管理所17个,村医生和卫生员400人。全年完成医疗设备投资3 206万元,基本建设投资3 000万元。无偿献血工作再创佳绩,全年献血人数为18 083人,比上年增长45.1%。年内开办民办医疗机构6家,全区现有民办医疗机构

24家,其中医院4家,门诊部20家。

全民健身体育和竞技体育得到协调发展。实施"人人运动计划"、推进市民"六个一"活动。开展了"全民健身宣传周"、"市民体育健身日"等传统性活动,举办了"和记小莱杯"元旦迎春长跑赛、"迎世乒赛人人运动"排舞大赛、区第二届"建行杯"乒乓球邀请赛、区"方松杯"桥牌邀请赛,参加了上海市第八届社区健身大赛,举办各类体育知识培训班35次。新建1个社区公共运动场、2个社区健身苑、1个市民体质监测站和20个健身点。至年底,全区有3个公共运动场、2个体育公园、12个健身苑、180个健身点。承办了全国室内五人制甲级队足球联赛、全国汽车拉力锦标赛、全国公路摩托车锦标赛、中国足协杯联赛、"松江天然气杯"全国足球业余队联赛、POLO杯新秀场地挑战赛、"松江新城"杯全国摩托艇精英赛、汇丰银行杯高尔夫冠军赛等大型体育赛事,均获得了圆满成功,有力地提升了松江的城市形象和知名度。松江区体育总会正式成立,吸纳了80个会员单位、139名会员。全年承办了8次全国性体育比赛、10次市级体育比赛,举办了14次区级比赛。年内参加市级比赛的运动员有450人次,获金牌37枚、银牌34枚、铜牌51枚。

【人民生活】 人口。全区年末户籍人口522 138人,比上年增长1.5%,其中非农人口369 788人,增长3.9%。计划生育工作进一步加强。全年出生人口3 631人,出生率7.01‰,死亡人口3 601人,死亡率6.95‰,自然增长率0.06‰。

就业。实施积极的就业政策,鼓励自主创业和自谋职业,以创业促进就业。年内实现新增就业岗位49 030个,完成市计划数的169.1%,区计划数的148.6%;城镇登记失业人数为5 968人,完成市(区)计划控制数的99.5%;安置"南劳北上"2 811人,完成计划数的140.6%;"纯农户"和"双困户"已全部安置,率先实现"零纯农户"。通过政府购买岗位、开发"万、千、百人就业项目",安置失业、协保人员以及农村富余劳动力6 176人。对交通协管、河道保洁、林业养护、市容环境协管等项目的扩容工作基本完成,共录用2 043人。全年共发展自主型非正规劳动组织和微小型创业项目共500户,创造就业岗位4 366个。完成职业技能培训15 536人次,全年培训下岗职工和失业人员7 719人,就业率达91.3%。全年在劳动力市场进行求职登记的有6 200人次,推荐录用3 800人,推荐成功率达65%。

城乡居民收入、储蓄和居住水平、城乡居民收入水平进一步提高。城镇职工年平均工资收入24 888元,比上年增长10.3%;城镇居民家庭年人均可支配收入15 462元,增长11%;农村居民家庭年人均纯收入8 521元,增长10.9%。城乡居民储蓄余额178.65亿元,比上年增长27.3%。居民的居住环境和条件继续得到改善。城镇居民人均居住面积30.7平方米,比上年增加1平方米;农村居民人均居住面积55.9平方米,增加1.4平方米。

随着收入的不断提高,城乡居民家庭耐用消费品拥有量明显增加。据千户抽样调查显示,至年末,平均每百户农村居民家庭耐用消费品拥有量:彩电146台,轻骑摩托车112辆,洗衣机83台,热水器63台,电话机109台,移动电话122部,电冰箱88台,家用空调65台,家用电脑20台。 (何惠明)

青浦区

【概况】 青浦区总面积669.69平方公里,耕地面积2.30万公顷。青浦地区属北亚热带季风海洋性气候,温和湿润,四季分明。地势平坦,土地肥沃。境内河江交错,湖荡群集。全区1 817条河道总长2 155.07公里,水面积148.97平方公里。21个湖泊面积59.32平方公里,淀山湖跨青浦、昆山二地,境内面积为47.5平方公里。内河航运具有天然优势,可通行50~300吨货船,有太浦河、大蒸塘、淀浦河、拦路港、吴淞江、泖河、油墩港等主干河道,是苏、浙、沪重要水上通道。318国道及沪青平高速公路自东向西横贯全境,同三国道自北而南穿越区境,北有沪宁高速公路,南有沪杭高速公路,形成便捷、发达的陆路交通网络。青浦城区距上海市中心人民广场40公里,距虹桥国际机场25公里。

青浦地区历史悠久,距今6 000多年前已有先民居住。有文字记载以来,县(区)境隶属屡变。春秋战国时先后属吴、越、楚,秦时为会稽郡由拳县东境,汉时属吴郡娄县,隋代隶苏州昆山县。唐天宝十年(公元751年)置华亭县,隶苏州,县域为华亭县西北境。宋时地域属浙西路嘉兴府华亭县。元至元二十九年(公元1292年)析华亭县置上海县,县境半为上海县西境,半为华亭县北境。明嘉靖二十一年(公元1542年),析华亭县修竹、华亭二乡,上海县新江、北亭、海隅五乡置青浦县,隶属松江府,设县治于青龙镇。因县治设在青龙镇,县境东部有五浦(赵屯、大盈、盘龙、顾会、崧子),遂定名青浦县。三十二年废县建制,县域仍回归华亭、上海两县管辖。万历元年复置县,移县治于唐行镇(今青浦镇)。清雍正二年(公元1724年)析县境北亭、新江二乡,分置福泉县,至乾隆八年(公元1743年)裁撤,仍并入青浦县境。辛亥革命(公元1911年)后,青浦县属松江军政分府,属苏松太道。民国22年(公元1933年),属江苏省第四行政督察专员公署管辖,后改由第三行政督察专员公署管辖。1949年解放后先属苏南行署松江专员公署,1952年9月隶江苏省,1958年11月划归上海市。1999年9月16日,经国务院批准,撤销青浦县建制,建立青浦区。2000年1月12日,青浦区人民政府机构正式挂牌,县长巢卫林担任首任区长。

境内名胜古迹有崧泽古文化遗址、福泉山遗址,有朱家角古镇和桥乡金泽镇,有唐青龙塔、泖塔和清万寿塔等古塔,有宋普济桥、元迎祥桥和明放生桥等古桥;纪念地有陈云故居暨青浦革命历史纪念馆和小蒸农民暴动指挥所等;休闲娱乐场所有东方绿舟、太阳岛旅游度假区、大观园、上海国际高尔夫乡村俱乐部和日月岛度假村等。

【行政区划与人口】 2000年1月青浦撤县建区时有20个镇、1个市级青浦工业园区。9月,根据沪府[2000]63号文的批复,撤销青浦镇、环城镇和青浦工业园区农村工作委员会,建立新的青浦镇建制。12月底完成撤建工作,全区行政区划调整为19个镇,1个市级工业园区。11月,根据市政府沪府[2000]86号文批复,将13个建制镇撤并为6个新的建制镇。撤销练塘、小蒸、蒸淀镇的建制,合并建立新的练塘镇;撤销朱家角、沈巷镇的建制,合并建立新的朱家角镇;撤销华新、凤溪镇的建制,合并建立新的华新镇;撤销重固、香花桥镇的建制,合并建立新的重固镇;撤销赵屯、大盈镇的建制,合并建立新的赵屯镇;撤销西岑、莲盛镇的建制,合并建立新的西岑镇。2004年3月,市政府批复(沪府[2004]16号文),撤销金泽镇、商榻镇、西岑镇建制,建立新的金泽镇建制;撤销青浦镇建制,建立夏阳街道、盈浦街道建制。8月,市政府批复(沪府[2004]40号文),青浦区撤销白鹤镇、赵屯镇建制,建立新的白鹤镇;新设立香花桥街道办事处。

2005年末,青浦区下辖徐泾、赵巷、华新、白鹤、重固、朱家角、练塘、金泽8个镇和夏阳、盈浦、香花桥3个街道,有184个行政村和61个居民委员会。

2005年底,全区总人口83.16万人,常住人口73.8万人。户籍人口45.5万人,其中非农业人口26.5万人。人口自然增长率0.62‰。

【社会事业】 社会保障事业健康发展。2005年末全区5 351户城镇企事业单位、机关及个体工商户77 403人参加城镇社会保险。全年征收各类城保社会保险7.7亿元,基金征缴率达99.9%。有21 656名离退休人员实行社会化发放,社会化发放率100%。小城镇社会保险参保累计参保人员124 966人,其中征地人员94 658人;年内新增45 963人,其中征地人员19 726人;在保人员66 861人,全年征收小城镇社会保险费6.5亿元。依托社区网格化管理,依法为113 263名外来从业人员办理综合保险。年末农村社会养老保险投保人数55 364人,累计缴费总人数167 276人,投保率95%。全年缴费3 952万元,其中,个人缴费1 749万元,单位缴费2 202万元。受理审核工伤保险190例,其中已签收支付190例,金额288万元。年内受理生育保险3 293人次,支付生育保险费2 380万元。

制定《中共青浦区委、青浦区人民政府科教兴区的实施意见》。继续扶持高新技术企业发展。新增高新技术企业18家,认定高新技术成果转化项目40项。有11个项目被市科委列入首批当年上海市创新资金(市区联动)项目,有3个项目被国家科技部列入国家科技型中小企业创新基金项目,有2个项目被列入市创新资金农业科技成果转化项目。形式多样的人才交流活动成效显著。

全区教育单位有107个,其中高中6所、初中23所、小学23所、幼儿园30所、中专职校2所、特教学校2所。另有民工子女学校27所。全区幼儿入园率99.2%,义务教育入学率100%,70%以上的初中毕业生进入区、市、国家级重点高中阶段学校就读,50%以上高中毕业生进入本科大学就读。中专、职校毕业生就业率达到98%以上。教育经费投入“三个增长”,总额4.5亿元,比上年增长24.9%。

2005年,组织举办区级重大文化活动36场次,其中大型文化系列活动8次,参与人数达18多万人次。组织文艺活动711场次,观众人数达37万人次;社区团队活动1487场次,参与人数达40多万人次;送电影下乡2 040场,观众10万人次以上;创作小戏、小品、表演唱、曲艺、音乐等文艺作品60多部。全年电视播出公共节目4 955小时,平均每天13.6小时;广播播出公共节目时间4 865小时,平均每天13.3小时。华新镇等三个小型公共绿地运动场和11个健身苑(点)、2个体质监测站全面竣工并投入使用。9月,成功举办“2005上海青浦国际动力伞公开赛”。

创建国家卫生区已通过国家级暗访和国家卫生城市技术考核组的技术考核验收。年末全区拥有各级各类医疗卫生机构327所,其中区卫生局所属机构25所,民办医疗机构11所,私立诊所27所,企业单位内部医疗机构33所,村卫生室230所,其他一级综合性医院1所。农村合作医疗镇村覆盖率继续保持100%,农民参保率95.1%,农村贫困户、五保户、残疾人群参保率达100%,基本上做到应保尽保。大病每人累计报销封顶数由上年的3万元提高到4万元。3月8日起为在青浦区登记的新婚夫妇提供免费婚检服务。

【经济建设】 综合实力继续增强。2005年,全区生产总值(GDP)达306.2亿元,比上年增长18.3%。按可比价格计算,比上年增长15.5%。其中第一产业增加值9.3亿元,下降2.2%;第二产业增加值191.9亿元,增长19.3%,其中工业增加值181.2亿元,增长20.2%;第三产业增加值105亿元,增长18.5%。完成工农业总产值872.2亿元,比上年增长18.9%。三次产业比重为3:62.7:34.3。全区全口径财政收入达107.6亿元,比上年增长34.4%,其中区地方财政收入52.8亿元,增长31.5%。全年财政支出64.7亿元,比上年增长37.8%。

集中集聚效应显现。2005年,现代纺织、精密机械、信息电子和印刷传媒四大支柱产业实现规模以上工业产值360.2亿元,比上年增长24.0%,占全区规模以上工业产值比重50.7%。文体类(休闲)用品制造业规模以上工业产值68.2亿元,比上年增长21.1%。有序推进淘汰劣势企业。至年末已淘汰劣势企业127户,比上年末增加62户。青浦工业园区及其配套区完成规模以上工业产值341.5亿元,比上年增长43.6%,占全区规模以上工业产值48.1%。青浦工业园区完成工业增加值56.6亿元,比上年增长46.8%,占全区工业增加值31%。完成税收14.7亿元,比上年增长67.4%。

农业结构调整稳步推进,抗台风、灭虫害、防控禽流感以及畜禽退养取得成效。全年农业总产值为26.1亿元,比上年减少10.5%。完成粮食产量10.1万吨,比上年下降6.2%;油菜籽产量0.55万吨,与上年持平;蔬菜上市57.8万吨,下降4.5%;生猪上市37.4万头,下降22.4%;家禽产量1 438.6万羽,下降37%;鲜蛋产量1.3万吨,下降30.6%;牛奶产量0.98万吨,下降6%;水产品产量3.5万吨,下降6.7%。新增农业合作社25家,累计53家,拥有股东646人。其中3家被推荐给中央财政部作为示范性专业合作社。新注册农产品商标6只,累计52只。

实现社会消费品零售总额100.3亿元,比上年增长16.9%。其中国有和集体商业零售额21.4亿元;私营商业零售额64.7亿元;其他商业零售额14.2亿元。在社会消费品零售总额中,吃的商品35.9亿元,比上年增长16.7%;穿的商品12.3亿元,增长13.4%;用的商品49.6亿元,增长18.1%;烧的产品2.5亿元,增长14.4%。

受宏观调控影响,全区房地产业投资增幅大幅回落。年末全区有开发项目的房地产企业99家共111个项目,全年完成房地产业开发投资68.1亿元,增幅由2004年的90.5%回落到2.9%。年内各类商品房施工面积468.3万平方米,比上年增长9.2%;年内新开工面积131.4万平方米,比上年减少45.6%;房屋竣工面积179.4万平方米,比上年增长36.7%;现房销售面积45.3万平方米,比上年增长25.5%,其中,配套商品房30万平方米;期房销售面积63.2万平方米,比上年减少38.9%。

2005年,新批准外资项目139个,项目总投资14.2亿美元,合同外资6.3亿美元,比上年减少35.3%。增资项目108家,合同外资2.2亿美元。全年外方到位资金4亿美元,比上年下降11.4%。至年末,全区实际存在外商投资企业1293家,合同外资42.4亿美元,实到外资26.9亿美元。全区有从事外贸出口企业600家,全年实现进出口额50.8亿美元,比上年增长17.4%。其中,出口额30.9亿美元,增长20.5%。进口额19.8亿美元,增长14.1%。进出口贸易顺差11.1亿美元。青浦工业园区全年吸引外资企业69家,总投资8.2亿美元,到位资金2.3亿美元;引进内资企业17家。

围绕建设"绿色青浦"目标,以"休闲青浦、绿色家园"为主题,充分挖掘旅游资源,进一步拓展旅游功能,旅游经济继续保持较快增长。旅游总收入11.2亿元,比上年增长17.8%,旅游接待量320万人次,比上年增长5.3%。有二星级以上住宿业企业14家,旅行社17家。

城镇污水处理率提高到60%。建成金泽和西岑两座污水处理厂,完成朱家角古镇区和老镇区污水管网铺设。全区新增污水日处理能力9万吨,污水日收集量增加7.7万吨。污水收集管网长度181.9公里,覆盖面积117.5平方公里。5月起综合整治淀山湖水域,取消淀山湖网箱养鱼3 065亩,关闭黄浦江上游水源保护区内畜禽场16家。扬尘污染降低到每月每平方公里5.4吨,改善率为49.2%。生活垃圾密闭运输率达93%。空气环境质量优良率89.1%。

私营经济健康发展。年末全区注册私营企业59 578户,比上年末增长24.5%。全年私营企业实现销售收入1 326.6亿元,比上年增长25.4%;交纳税金58.5亿元,增长43.7%。

【社区建设】 4月,区政府发文成立区社区建设工作领导小组,由区长蒋耀担任组长,成立区社区建设办公室。年内召开区社区建设工作领导小组成员全体会议2次、区社区建设工作例会2次。在夏阳街道试点建设"一门式"社区事务受理机构,集中统合各类行政事务服务,于11月中旬建成。6月5日,市政府实事工程青浦区赵巷镇社区文化活动中心落成,中心占地面积26 990平方米,为市郊规模最大的社区文化活动中心。赵巷镇金葫芦社区1月18日成立区首家人民调解工作室,工作室3名专职调解员由镇政府出资聘请。开展社区服务中心建设。完成盈中、祥龙2家社区服务中心和22家村级社区服务中心的建设。开展全国万家社区图书室援建和社区读书活动,建设社区图书室50家。朱家角镇大新街社区居委会被评为全国万家社区读书活动先进单位。12月,市政府实事工程上海市24所乡镇卫生院转换为社区卫生服务中心标准化建设项目完成揭牌仪式在青浦区香花桥街道社区卫生服务中心举行。

10月26日,青浦区赵巷镇荣获全国文明村镇的称号,金泽镇任屯村荣获全国创建文明村镇工作先进村镇称号,青浦高级中学和青浦海关荣获全国精神文明工作先进单位称号,上海市工商行政管理局青浦分局荣获全国文明单位称号。

(赵　峰)

青浦区经济社会发展主要指标

指　标	2005年	增长%
国内生产总值(亿元)	306.23	15.7
第一产业(亿元)	8.51	-15.0
第二产业(亿元)	191.89	16.6
其中工业(亿元)	181.2	17.4
第三产业(亿元)	105.83	17.5
人均常住人口国内生产总值(元)	4 149	11.39
粮食总产量(万吨)	10.1	-6.2
棉花总产量(吨)		
油料总产量(万吨)	0.55	-0.2
全社会固定资产投资总额(亿元)	154.77	0.2
外贸出口总额(亿元)		
外贸自营出口(亿元)	2.31	3.9
实际利用外资(万美元)	40 462	-11.4
社会消费品零售总额	100.34	16.9
零售物价总指数(%)		
地方财政收入(亿)	52.81	31.5
地方财政支出(亿)	64.70	37.8
农民年人均纯收入(元)	7 940	9.5
职工年平均工资(元)	23 948	11.1
邮政业务总量(亿元)	0.63	26.7
电信业务总量(亿元)	3.21	17.2
年末贷款(亿元)	221.91	8.8
大学(所)		
中小学(所)	53	
下岗人数(人)		
企业兼并、破产数(个)		

南汇区

【历史沿革】 南汇是长江三角洲冲积平原的一部分，是上海市郊成陆较晚的地区。据《旧唐书》记载，唐开元元年(713年)，重筑经过南汇西端的下沙、周浦一带的古捍海塘，可以推断南汇下沙以西地段，当成陆于唐以前。唐天宝十年(751年)，南汇地域属华亭县。元初，下沙盐场东移，原盐场垦为农业区，设长人乡。元至元二十九年(1292年)南汇地域归属上海县。明初，盐区移至里护塘以东，塘内称漕田或有司地，属长人乡；塘外称灶田或盐司地，属下沙盐场，设团、灶建置。宋元间，惠南一带已成陆，因"大海环其东南，扬子江水出海后受海潮顶托，折旋而南，与钱塘江水在此交汇"，故称南汇嘴。明洪武十九年(1386年)，明政府在南汇嘴筑城，设守御南汇嘴中后千户所。清雍正四年(1726年)，清政府将上海县长人乡划出，与长人乡以东的下沙盐地2个团合并建南汇县。南汇建县后，隶属几经变更，1958年由江苏省划归上海市。2001年8月经国务院批准，撤县建区。

【地理位置】 南汇区位于上海市西南部，长江和钱塘江出海口之间，东临东海，南依杭州湾，西南和西与奉贤、闵行两区接壤，北则和浦东新区为邻。区域介于北纬30°53′～31°09′和东经121°35′～121°51′之间。境内地势平坦，海拔高程为2～3米。全境无山，均为冲积平原。自西北而东南，土质分别为潮泥土、黄泥土、半黄泥土、沙土、滨海盐土，其中以黄泥土为主要土壤型。惠南镇为区治所在地，位于北纬31°02′51″、东经121°45′10″，居于区域中心偏东的位置，距上海市区人民广场48公里，距浦东国际机场8公里，上海国际洋山深水港50公里。全区总面积809.5平方公里，其中河道面积58.71平方公里，河面率为8.54%。

【行政区划和人口】 南汇区有14个建制镇，下辖185个行政村，64个居民委员会。2005年，全区年末常住人口90.1万人，其中户籍人口71.89万人，外来人口18.21万人。全区户籍人口出生数为1 788人，出生率4.97‰；户籍人口死亡数为4 855人，死亡率6.75‰，户籍人口自然增长率-1.78‰；全区常住人口出生率3.97‰，常住人口死亡率5.39‰，常住人口自然增长率-1.42‰。全区人口密度每平方公里888人。

【经济发展】 2005年，全区完成地区生产总值274.9亿元，比上年增长18.1%；完成财政收入74.8亿元，比上年增长62.9%，其中地方财政收入37.9亿元，比上年增长45%；完成全社会固定资产投资318.7亿元，比上年增长53.5%；城镇从业人员年人均工资26 093元，比上年增长13.4%；农民年人均纯收入7 773元，比上年增长9.9%。

全区工业经济继续保持平稳增长的良好势头。全年完成工业增加值142.5亿元，比上年增长16.6%，完成工业总产值633.3亿元，比上年增长20.6%，其中，规模以上工业总产值506.2亿元，比上年增长22.1%。全年完成工业利润26亿元，比上年增长7.7%。完成工业固定资产投资92.1亿元，比上年增长49.5%。编制完成《南汇区2005～2006年加快发展先进制造业的行动纲要》，进一步明确了现代装备业、电子信息业、汽车及零部件业、医疗器械及医药产业作为重点发展产业。

全年完成第三产业增加值97.4亿元，比上年增长22.3%。全区社会商品销售总额达到246.8亿元，比上年增长20.4%；社会消费品零售总额124.7亿元，比上年增长27%；全区商品房销售面积达到191.7万平方米；成功举办了2005年上海桃花节和上海旅游节南汇地区的活动，形成了"港、桥、城"等一批新的人文旅游景点，全区主要旅游景点共接待游客176万人次，比上年增长11.3%，旅游直接收入9 172.8万元，比上年增长16.5%；编制完成《南汇区2005～2006年加快发展现代服务业的行动纲要》。

全区全年完成农业总产值39.2亿元，比上年增长1.6%。农业产业结构进一步优化，全区粮经比调整为27.7:72.3。全年农业产业化实现产值15.5亿元，年内新增农民专业合作社39家，农业龙头企业增加到120家。农业异地种养领域进一步拓宽，涉及全国18个省、市，面积达到1万公顷，产值达到2.8亿元。

【对外开放及园区建设】 全年批准外商直接投资合同项目82个，总投资金额10.6亿美元，合同外资9.1亿美元，比上年增长24.2%，实际到位外资2.8亿美元，比上年增长8.4%。全年引进内资企业工商注册4 648户，比上年下降23.4%，新增注册资本82.4亿元，比上年下降20.3%；引进注册型企业3 308户，注册资金67.2亿元，分别下降27.6%和23.8%。全年完成外贸出口创汇总额12.3亿美元，比上年增长36.9%。按出口企业分，"三资"企业完成7.9亿美元，比上年增长24.8%，外贸公司完成1.8亿美元，比上年增长119.2%，自营进出口完成2.6亿美元，比上年增长42.4%；按出口地区分，出口亚洲6.6亿美元，比上年增长35.6%，出口欧洲2.5亿美元，比上年增长40.0%，出口北美洲2.5亿美元，比上年增长38.4%。

全区工农业园区在发展中功能定位日益凸显，对全区经济拉动能力逐步增强。其中：康桥工业区全年完成增加值61.2亿元，比上年增长42.3%；完成工业总产值192.0亿元，比上年增长13.0%；完成固定投资56.8亿元，增长1.1倍；上缴税金总额4.4亿元；吸收合同外资4.7亿美元。南汇工业园区全年完成增加值13.8亿元，比上年增长66.3%，规模以上工业总产值30.3亿元，比上年增长18.2%；税收入库数达到1.5亿元，比上年下降16.7%；引进外资项目82个，累计完成合同外资2.3亿美元，外贸出口创汇总额6 492万元，外贸出口拨交额6.4亿元。引进注册企业195家，注册资本15.5亿元。南汇现代农业园区全年园区实现产值5 422万元；出口创汇总额1 761万美元，比上年增长35.3%；引进注册企业7家，注册资本6.4亿元；完成固定资产投资1.0亿元，其中园区建筑工程投入385万元，土地购置费投入8 729万元。

【社会事业】 科技。全年培育发展产学研联盟企业12家，市级高新技术企业14家，全区现有高新技术企业80家。组织市级高新技术成果转化项目40项，市级以上技术创新资金项目10项，市级以上重点新产品项目11项，市级科技产业化项目11项，各类区级科技项目104项。申请专利926件，比上年增长53.8%，其中发明专利129件，比上年增长163.2%。认定登记技术合同263项，合同交易额8 748万元，比上年增长80.3%。组织举办科技节和全国科普日等一系列科普活动，开展了农村适用技术培训，有2 500多人次参加培训，建设"风电科普馆"和1座电子科普画廊。

教育。全力推进南汇教育均衡优质发展。加强民工简易学校管理，形成《南汇区民工简易学校三年整治方案》。加快教育信息化建设，完成区内学校校园网建设，通过设备升级，做好网络畅通工程，初步形成满足现代教育需要的教育教学资源库，构建远程教研平台。推进"农村劳动力职业教育三年行动计划"的实施，完成培训9 060人，已有4 167人获得上岗就业。全面深化教育改革，实施学校分配制度改革，制订学校绩效奖励管理意见和分配激励机制。加大教师队伍建设力度，引进高层次的教育人才，启动教育人才储备培养工作。至年末，全区拥有幼儿园86所，在园儿童17 507人；小学24所，在校学生32 931人；中学42所，在校学生44 277人，其中：高中在校学生14 533人。教职工8 962人，其中专任教师6 646人，高考上线率91.3%，初中毕业生合格率80.52%，小学毕业生合格率100.0%。

文化。坚持正确的舆论导向，围绕区委、区政府中心工作，先后推出了"保持共产党员先进性教育活动"、"科学发展观"、"决战临港"等21档系列报道，突出全区工作重点，聚焦社会公众热点，营造团结拼搏、健康向上的舆论氛围。全年向上海电视台发稿336篇，向东方电视台发稿260篇，在上视、东视发稿量都获得上海区县台第一名。向美国斯科拉卫星有线网100多个城市播发6部专题片，向中央广播电台、电视台发稿72篇。南汇博物馆被列为首批青少年爱国主义教育基地，全年共接待参观者2.22多万人次，举办4期临时展览。全年送戏下乡进社区664场，观众74万人次，送书4.2万册。全年共创作各类文艺作品782件，成为历史之最。完成大团镇、惠南镇文化活动中心、上海市中心图书馆基层点建设。全年共服务读者49万人次，流通图书74万册次，加大文化遗产保护工作，锣鼓书被国家文化部列入国家非物质文化遗产保护名录。农村电影放映"2131"工程超额完成，共送电影下乡2 442场，全年共放映电影1 200场，观众达18万人次。

卫生。实施区域卫生规划，推进医疗卫生中心建设，推进光明医院东迁，完成惠南、六灶、周浦、康桥镇4个社区卫生服务中心标准化建设。抓紧公共卫生体系建设，落实环境保护三年行动计划，完成7家医疗单位的污水处理系统标准化建设，加快卫生信息化建设，推进HIS系统的应用，已有4家一级医院完成数据准备和模拟运行制定方案。强化传染病防制及突发事件应急处理，区疾控中心对8起阳性及疑似狂犬伤人及其他动物事件的犬伤病人进行了伤口处理及疫苗、血清接种。加大卫生监督力度，全面展开卫生镇村创建工作，完成24个新创的市级卫生村、11个复查复评村的创建任务。至年末，全区拥有分类登记的市医疗卫生机构298个，专业卫生技术人员5 052名，其中执业（助理）医师2 068名。年内各类医院诊疗病人262.7万人次，收治入院病人8.4万人次，治愈率和好转率分别达到49.4%和42.6%。全区平均每千人拥有床位6.4张，平均每千人拥有卫技人员4.7名，其中医生2.1名。

体育。成功举办撤县建区后的南汇区第一届运动会，共有59个代表团3 000多名运动员参加了田径、足球、篮球等13个项目的比赛。参加市第六届特奥运动会，共获得98枚金牌、63枚银牌和39枚铜牌。参加市青少年田径、举重、自行车等项目最高级比赛，获得第一名12人次、第二名22人次、第三名11人次。全民健身工作积极推进，全年举办围棋赛、女职工排舞比赛，以及职工足球、篮球等项目比赛14次，组织乒乓、象棋等项目报名公开赛5次。加强体育设施建设，全年投资360万元，建成航头、祝桥2个社区公共健身苑，建成健身点40个、国民体质监测站1个，并完成1 760名样本体质监测。

【社会保障】 社会保障体系不断完善。至年末，全区有4 905户城镇企事业单位、机关、个体工商户以及自由职工者共10万人参加城镇基本养老保险，有17.3万人参加小城镇社会保险。推进养老金社会化发放工作，全区有近8万离退休人员的养老金已全部实行社会化发放。城镇职工养老保险覆盖率达到99.0%，全区合作医疗投保人数38.5万人，无任何医疗保障的农民参保率99.2%。有17.3万人参加了农村养老保险，农村养老保险覆盖率99.0%。全年新增就业岗位37 203人，安置城镇双困人员1 486人，发展非正规劳动组织588个，吸纳从业人员8 054人。城镇登记失业率控制在4.5%以内。年末全区有各类敬老院32所，收养老人2 615名，年内发放农村最低保障金2 597万元，城镇最低生活保障金870万元，医疗救助金468万元。开展职业技能培训，全区有12 511人参加职业培训。

【城镇建设和环境保护】 全年实施重大实事项目53个，其中重点项目39个，实事工程14个，完成年度投资35.5亿元。港城一期市政道路绿化工程和洋山国际深水港区一期港外市政配套供水工程顺利推进。完成临港新城污水管道工程3 487万元，完成滴水湖出海闸及A港河道工程4 643万元，完成南汇嘴主题公园建设2 236万元，完成临港新城展示服务中心建设2.0亿元。完成大治河护岸应急工程490万元。全区旧居民小区平改坡工程及无人管理小区综合整治完成节点目标值的100%。顺利完成卫生村镇建设、标准化菜场和健身苑、健身点建设工程。完成惠南和周浦地区的有线电视双向网改造工程，改造用户27 800余户。

加大污染治理和环境保护力度，整体生态环境得到改善。建成1个污水处理工程，6条污水收集管道，1个空气自动监测站，17家医院污水处理设施建设，建成4个镇14平方公里的基本无燃煤区和14个镇区47平方公里的烟尘控制区，23个小区实施生活垃圾分类收集，17个医疗机构废弃物实行统一收集安全处置，建成27个规范统一的废品交投站，建成生态林656公顷，经济林2 793公顷，道路绿化284.5万平方米，小区绿化110.4万平方米，建成79个农村生态村，51个绿化小区和2个市级米其林家园，完成22家畜禽场的关闭、搬迁和123家畜禽场的综合整治。完成南六、航新污水管道工程及惠南镇污水支管的建设任务。工业废水排放达标率为96.9%，工业废气烟尘去除率为97.0%，工业粉尘去除率为99.0%，工业固体废物综合利用率和处理率分别为41.6%和99.9%。全区的环境基础设施建设不断完善，区域环境质量得到进一步改善。 （沈乐平）

奉贤区

【**地理位置**】 奉贤区境内水陆交通便捷。浦南运河横亘东西,金汇港纵贯全境,此外还有沙港、竹港、横泾港、巨潮港、航塘港、奉新港、红卫港、三团港、随塘港等干河。公路铺展成网,形成十纵六横,总长723.53公里,密度达到每平方公里1.05公里,主要有大亭公路、莘奉金高速公路、大叶公路、浦星公路、南奉公路、沿浦公路、南亭公路、航塘公路、奉柘公路、航南公路等,沪杭公路斜越区境西部。越黄浦江交通,有奉浦大桥和西渡、邬桥两个轮渡口。

【**历史沿革**】 奉贤,因传孔子弟子言偃到此讲学,里人崇奉贤人而得此名。清雍正四年(1723年)建县,清雍正九年(1731年)迁青村所城(今奉城镇),1912年迁返南桥。1933年冬,南汇县15个乡镇的2 300余公顷农田划入奉贤县,境域从此滨浦。解放后奉贤县隶属苏南行政公署松江专区。1952年撤苏南行政公署,隶于江苏省松江专区。1958年3月撤松江专区,改隶苏州专区。1958年11月24日,全县划归上海市。2001年8月24日,奉贤撤县设区。

【**旅游经济日趋活跃**】 2005年,奉贤区围绕建设杭州湾北岸体现"海"、"农"特色的休闲旅游生态聚集区目标,加快推进旅游业发展,制定了《奉贤区旅游发展总体规划(2005~2020)》;"五一"黄金周期间,举办了首届"赶梅节"活动,安排了沙雕展示,沙滩排球、海鲜美食、风筝放飞、渔船观摩等数十项海滨娱乐特色项目,吸引游客8.5万人次;7月,开通上海至奉贤海湾、申隆生态园、万佛阁"一日游"旅游专线,至年末,专线已接待市区游客1.5万人次;9月,金汇中央游艇岛城开工建设,融旅游、休闲、运动、商务于一体的奉贤旅游经济开发始预热;12月,申隆生态园被国家旅游总局命名为"全国农业旅游示范点",以"吃农家饭、住农家屋、干农家活、玩农家乐"为主要内容的农业旅游成为新亮点。期间接待国内外游客100万人次,同比增长37.5%;完成营业收入6.1亿元,增长33.14%;区内8家主要旅游饭店接待游客2.3万人次,增长10.1%;完成销售收入1.8亿元,增长14.2%;22家国内旅行社组织市民外出旅游10.2万人次,增长11.6%;完成营业收入8 700万元,增长12.7%。

【**工业综合开发区A区招商引资成效显著**】 2005年,上海市工业综合开发区A区招商引资呈现良好发展态势,产业结构进一步优化。

先进制造业主导产业地位确立。汽车配件、IT、光仪电、生物药物等优势产业定位为支柱产业,开发区先后派出10多批团组赴日、德、韩等国,通过举办产业推介会,与日本米亚机光电、韩国科丝美丝,意大利古其尼等项目相继签约,协议外资1.5亿美元。

总部经济实现零突破。投资9 000万美元的马勒技术投资(中国)有限公司总部和研发中心项目,投资516亿元的国家重点建设项目"中国无功补偿设备专业研发制造基地"、日本黑田、国誉商业等外资商贸注册型企业先后落户开发区。

出口加工区实质性项目正式启动。开发区引进了普利兴、维超置业、代尔塔羊毛制品、新生电子、创见资讯、杰土工艺饰品、北利科技、迈克珂莱富、哈拉卡玛等一批项目,总投资超过8 000万美元。

光仪电产业招商有序推进。5月,召开光仪电专题招商会和"光仪电产业发展方向"专家研讨会;9月,在日本和韩国举办了上海光仪电基地投资说明会;至年末,美国的圣诺技,日本的野村精机、迈克珂莱富、米亚基光电、法国的罗素兰特等光仪电项目已落户。

汽车配件行业逐渐形成。随着德国的马勒总部、汽车研发中心、汽车滤清器,中德伦福德汽车底盘,日本的日野汽车电动机、先锋汽车音响、爱思帝汽车摩擦片,瑞典的奥托立夫安全气囊,上海的天衣高级汽车轮胎等汽车配件企业的进驻并投产,一个实力强劲的汽车研发制造基地和辐射亚洲的汽车配件产业链已在奉贤悄然成势。

【**招商引资**】 2005年,上海综合开发区A区招商引资成效显著。批准合同利用外资1.7亿美元,同比增长80.5%;到位合同外资0.8亿美元,增长12.9%;内资到位4亿元,注册企业纳税2.5亿元,增长76.9%;工业现行价产值90亿元,增长45.5%;工业规模企业首产值75.6亿元,增长28.1%;外贸出口4.7亿美元,增长1.9%。

【**农民专业合作社示范辐射效应增强**】 2005年,奉贤区出台一系列扶持政策,以促进农民专业合作社对发展农业生产、促进农民增收的示范和带动作用不断增强。新建农民专业合作社47家,入股社员5 983户,入股资金653.6万元,带动农户21 858户,销售农产品产值4.2亿元,创利4 000万元,开办各类培训班300期,接受培训社员5 000名,累计建立农民专业合作社82家,农民人均纯收入7 950元,同比增长12.7%。

年内组建的47家农业专业合作社:粮食生产合作社25家,占地面积2 213.2公顷,年产量19.3万吨,占全区比例20%。禽类养殖合作社6家,占地面积61公顷,年产量707.6万羽,占全区比例25%;虾类养殖合作社6家,占地面积662.8公顷,年产量5 128.7吨,占全区比例45%。

崇明县

【自然地理】 崇明岛临江濒海,雄踞中国东部黄金海岸和长江黄金水道交汇处。崇明岛东西长79公里,南北宽13~18公里不等,人口有60多万,是祖国的第三大岛,也是世界上最大的河口沙岛。

崇明岛是由长江下泄的大量泥沙在河海交汇作用下,不断沉积而形成的。长江流域下泄的大量泥沙,在长江入海口处由于江面骤然开阔,流速降低,加上海潮顶托,咸淡水交汇等因素发生沉积,形成河口小滩,继而发育成沙岛。崇明岛就是在无数沙洲的形成演变过程中逐渐发育而成的。因此,在地貌类型上,它是典型的河口冲积岛屿。

【历史沿革】 崇明岛形成至今已有1 300多年历史。公元618~626年(唐武德年间),在东布洲(今吕泗一带)南面水中,涨出两个沙洲。两洲隔水约35公里,时名东沙,西沙(又名顾俊沙),这就是崇明岛之前身。后至696年(唐万岁通天元年)始有人岛上居住。约在907年后(五代初),在西沙设镇,命名为崇明镇。"崇明"即由此而得名。1911年(清朝末年),崇明县改隶江苏省,1927年崇明改为江苏省属县。1939年6月~1945年8月,崇明脱离江苏省管辖,划归上海特别市崇明特别公署。1945年9月改归江苏省管辖。至1949年,崇明仍以南坍北涨为主。解放后经过水利建设,加强人工促淤,从1960年起南坍基本停止,北部和东西两端仍继续淤涨,崇明岛在日长夜大,不断扩展。1949年6月崇明解放,县政府设在城桥镇,隶属江苏省南通专区。1958年12月,崇明县划归上海市管辖。1959年12月~1964年11月崇明岛北沿围垦,建立8个市属国营农场和2个军垦农场。1991年2月6日新围垦团结沙,围地2.7万亩。1991年底,崇明东旺沙6.6万亩滩涂围垦大堤合拢。现今崇明岛,东西长79公里,南北宽13~18公里,全岛总面积1 200平方公里,有14个乡镇。

【经济建设】 2005年是"十五"计划的最后一年。一年来,全县人民在县委、县政府的正确领导下,深入贯彻党的十六大和十六届四中、五中全会精神,牢固树立和认真落实科学发展观,以加快经济发展、建设综合性现代化生态岛为目标,着力调整经济结构,加快改革开放,促进和谐社会建设,使全县国民经济保持持续、健康的增长,各项社会事业又有新的进步,城乡人民生活水平不断提高,全面完成了年初制定的经济和社会发展的目标。

【经济发展】 2005年,全县经济保持持续稳步增长。全年完成增加值95.7亿元,比上年增长12.2%,连续三年实现了两位数增长。其中第一产业完成增加值16.1亿元,比上年增长1.9%,占全县增加值的比重为16.8%,比上年下降1.7个百分点;第二产业完成增加值43.9亿元,比上年增长19.1%,占全县增加值的比重为45.8%,比上年增加2.6个百分点;第三产业完成增加值35.7亿元,比上年增长9.4%,占全县增加值的比重为37.4%,比上年下降0.9个百分点。

【财政金融】 中央实施稳健的财政政策和货币政策,税收来源稳步增加,财政收入得到保证。全年完成财政收入26.4亿元,比上年增长31.1%。其中:县级财政收入18.2亿元,比上年增长53.2%。新城开发形态建设进展顺利,基础设施投资创历史新高,全年完成固定资产投资27.7亿元,比上年增长35.1%。其中基本建设投资11.4亿元,比上年增长75.6%;更新改造投资1.9亿元,比上年增长9.3%;房地产投资7.8亿元,比上年增长9.8%;农村集体投资6.6亿元,比上年增长27.2%。

【农业】 2005年,全县围绕生态岛建设的目标,以科技兴农为主战略,进一步优化农业产业结构,稳定粮食生产,大力发展绿色、无公害有机农业,进一步推进农业主导产品的标准化、产业化,不断提高土地的产出率和农业的经济效益。种植的"寒优湘晴"、"嘉花一号"及"金丰"等为主的优质水稻品种种植面积占水稻总面积的95%。林业生产有新发展,全县新增生态林2 400公顷,新增经济林84公顷。畜牧业方面认真抓好重大动物疫病的防控工作,实现群防群控,积极推进特色养殖业,猪禽蛋等主要农副产品上市量比上年有一定增长。渔业生产进一步调优水产养殖品种,积极发展特色养殖业。

2005年全县农业总产值完成43.8亿元,比上年增长2.1%,其中种植业21.7亿元,增长6.4%;林业0.9亿元,下降11.2%;牧业5.5亿元,增长1.1%;渔业14.8亿元,下降1.6%;农业服务业0.9亿元,下降12.1%。全年粮食种植面积为50 678公顷,粮食总产量达303 031吨。

【工业】 工业企业克服交通不便原材料能源紧张等不利影响,行业结构调整力度进一步加大,重点产品、优势行业在全县工业中所占的份额增加,工业生产产销衔接良好,生产总量达历史最高水平. 全年完成 工业总产值116.8亿元,比上年增长15.7%。完成工业销售产值114.9亿元,比上年增长14.8%. 工业企业的经济效益继续提高。2005年全县完成工业增加值30.6亿元,比上年增长18.3%;全年完成利润总额5.9亿元,比上年增长4.4%。

规模以上工业企业优势明显,全年完成工业总产值98.9亿元,占全县工业总产值的84.7%。重点行业增长幅度明显,医药、海洋设备制造业的产值增幅均超过50%。"一业特强"产业有新增长,日用不锈钢和商业设备制造业全年完成产值12.1亿元,比上年增长1.7亿元。

【建筑业】 建筑业保持较快的发展。全年完成建筑业总产值83.1亿元,比上年增长32.9%;完成建筑业增加值13.2亿元,比上年增长21.2%。列入县固定资产投资计划的房屋施工面积为77.3万平方米,比上年增长8.6%;竣工面积42.6万平方米,比上年减少4.3%。

【金融业】 金融市场体系逐步完善,金融服务水平不断提升,银行存贷总额继续增加。2005年末金融机构各项存款余额221亿元,比年初增加34.5亿元;贷款余额122亿元,比年初增加2.1亿元,其中住房贷款35.7亿元,比年初减少1.5亿元。

【内外贸易】 商业网点布局力度加大,市场销售规模扩大。2005年完成社会消费品零售总额20.1亿元,比上年增长10.8%。其中吃的商品零售额5.8亿元,增长11.4%;穿的商品零售额2.4亿元,增长9.8%;用的商品零售额9.0亿元,增长10.6%;烧的商品零售额0.7亿元,增长11.6%;集市贸易成交额2.2亿元,比上年增长10.6%。

外贸企业积极调整产品结构,大力培育新增长点,出口能力明显增强。2005年完成外贸出口拨交额25.7亿元,比上年增长20.8%。其中工业品出口拨交额25.4亿元,增长21.4%;农副产品出口拨交额0.3亿元,下降11.4%。

【招商引资】 招商引资措施有力,成效显著,两大园区形态开发进入实质性阶段。2005年全县引进各类企业1 514户,比上年减少108户;注册资金总额41.3亿元,累计完成税金19亿元,比上年增长43.9%。其中崇明工业园区和富盛开发区共引进注册企业473家,注册资金12.7亿元,完成税金9.1亿元;各乡镇经济小区引进企业1 041家,注册资金28.6亿元,完成税金9.9亿元。

2005年,新批准三资企业24家,比上年减少23家;项目总投资6 992万美元,合同外资2 741万美元,分别比上年增长360.3%和155.9%。

【邮电通信及交通运输业】 通信基础设施建设加快推进,城乡信息化服务程度明显提高。2005年全县邮电业务收入2.3亿元。年末电话交换机总容量25.3万门。年末拥有电话用户22.7万户,比上年净增2万户。每百住宅电话拥有量达87部。邮政业务平稳发展,2005年进出函件670万件,进出特快专递11.4万件,发行各类报刊杂志1 444万份。

信息化建设的推进与应用工作,取得了明显的成效。按照"务实、为民、高效"的工作要求,及时完成信息公开的各项任务,组织实施了崇明政府网站第二次改版工作,各委办局积极推行使用正版软件工作,利用现有网站资源,促进县级网上行政审批工作,便政府门户网站和公务网功能得到提升。全年共采集社会保障卡信息7 801人次,发放社会保障卡7 246张。

交通设施不断完善,客运能力逐步提高。2005年总投资3 100万元,建造了3艘高速轮和1艘车渡轮,新增客位830个,新增车位28个,沪崇之间的车客来往更加快速、便捷。年内新开通了长兴和横沙两条水上航线,使水运航线增至18条。全年水运旅客1 142万人次;渡运车辆124万辆次。2005年末,共有公交线路30条,线路长度910.7公里,全年运送旅客2 199万人次。

【旅游业】 按照崇明生态岛的功能定位,积极开发新的旅游景点,大力发展生态休闲旅游。2005年新建了崇明西沙湿地生态修复实验基地和世界河口沙洲展示馆,新辟了明珠湖等旅游景点,利用节庆活动的契机,打造崇明旅游品牌,成功举办了"环岛驾车游"、"森林嘉年华"、"明珠湖杯垂钓赛"、"前卫金秋生态文化节"、"渔家欢乐节"、"农家乐风采摄影展"等主题活动,吸引岛内外游客前来观光旅游。2005年接待游客79.2万人次,比上年增长2.6%;完成营业收入1.9亿元,比上年增长27.3%。

【科技】 围绕"科教兴县"主战略,发挥科技在生态岛建设中的引领作用,《崇明生态岛建设科技支撑实施方案》正式落地,利用高校和科研机构的优势资源,崇明生态科技创新基地在前卫村正式启动。各类、各级科技项目为生态岛建设注入新的活力,2005年确定县重点科研攻关计划项目、农业科技成果示范推广项目和科技产业化项目共36项,申报国家科技创新基金和市创新资金项目6项,申报高新技术成果转化项目3项、申报市重点新产品计划项目7项。科普工作不断扎实推进,科普活动形式多样,通过科普早市、报告会、画廊、展板巡回展示等活动,将科普知识送到千家万户。

【教育】 全面实施教育综合改革,努力构筑教育人才高地。教学质量稳步提高。2005年总投资3 700万元的55所中小学校园网已全部完成;总投资5 510万元的明珠花苑小学完成了前期准备工作;各校校舍改扩建工程有序推进。完成了崇明中学"上海市实验性、示范性高中评审"的评审工作。二期课改工作全面推广。师资队伍建设得到加强,2005年从全国10多个省市引进各类教育人才248名,全年举办了5个本科学历培训班、5个硕士研修班、20个教师职务培训班、派出38名教师赴国外进行专业培训。教学质量稳步提高,2005年小学毕业生合格率超过98%;初中毕业考试一次性合格率为94.8%;高中阶段入学率在98%以上;高考上线率为83%,其中本科上线率达46.2%,这两项指标创历史新高。

【文化事业】 群众性文化活动丰富多彩。2005年成功举办了"第八届文化艺术节"、"各届人士中秋文艺晚会"、"台湾、海南、崇明两岸三岛艺术家作品展"、"21世纪中国当代艺术家作品展"、"生态岛建设图片展"等一系列活动。同时组织实施送文化下乡活动,全年文艺演出256场次,观众达23万人次;千场电影下农村,观众超过50万人次;万册图书送乡镇,增加了人民群众的精神食粮。

广电设施进一步完善,广播、电视、报纸三大媒体做好舆论导向宣传。总投资2 400万元的广播电视设备数字化改建已投入试运行,有线电视信号将在全岛实行无线全覆盖。三大媒体围绕党员先进性教育和群众性生态岛建设教育等活动,共发布各类信息400多篇。2005年崇明人民广播电台共播出3 376小时,播出新闻5 447条,崇明电视台共播出3 285小时,播出新闻1 920条。全年新增有线电视终端用户2.5万户,年末终端用户达6.4万户。

【卫生】 卫生设施不断改善,医疗水平有新的提高。2005年总投资2.6亿元的中心医院一期改造工程基本结束,总投资6 000万元的传染病医院迁建成工程已开工建设,总投资3 950万元的城桥、堡镇、庙镇、陈家镇、建设、港西等乡镇的社区卫生服务中心建设有序推进。全民疾病预防控制工作得到加强，预防和控制了“非典”、“禽流感”等传染病的发病和流行。2005 年全县有各类卫生机构 21 个；拥有医院病床 2 950张。各医疗机构完成诊疗次数 136.7 万人次；收治入院人数 6.8 万人次。

【体育】 体育赛事有序开展，全民健身遍地开花。2005 年成功举办民“崇明岛杯”全国公路自行车冠军赛，组织开展了第 44 届“烈士杯”篮球赛、中小学生乒乓球赛、中小学田径比赛、小学生篮球赛；承办了县首届特奥会。开展了第十届全民健身节活动，对1 760名各年龄段人员进行了体质测试。66 个健身苑建设完工。

【公用事业】 公用事业服务体系进一步完善。2005 年有县属自来水厂 4 家，年供水量1 750万吨，管线长度 110 公里。全年发电量 13.8 亿千瓦时，比上年增长 1.5%，售电总量达 16.2 亿千瓦时，其中城乡居民生活用电 1.5 亿千瓦时。

【人口】 三岛合并后，人口总量增加，但自然增长率仍呈负增长。2005 年底全岛户籍人口为 70.1 万人，比上年增加 6.9 万人，外来流动人口 8.3 万人，人口出生率 5.9%，死亡率 8.8%，自然增长率 -2.9%。

【劳动就业】 城乡就业工作得到加强，就业人口总量增加。2005 年末，全县城镇职工人数为 3.3 万人。其中企业单位职工 1.5 万人；事业单位职工 1.5 万人；机关、团体 0.3 万人。通过开发“百人千人就业项目”，推进“双困”对象就业，2005 年新增就业岗位24 109个，完成年度目标的 177.0%，其中新增岛外就业10 237人；新增岛内就业13 872人。职业培训工作进一步加强，2005 年实施各类培训15 000多人，超额完成年计划 7 000人的目标任务。

【社会保障】 社会保障覆盖面进一步提高，民生基础保障工作得到落实。2005 年全县城镇职工基本养老保险和基本医疗保险参保率达 100%；农村养老保险投保率达 93%。城镇居民低保继续实现应保尽保。2005 年，实行城镇居民最低生活保障 12.7 万人次，保障金额2 432万元；补助协保对象 2.6 万人次，补助金额 336 万元；发放粮油帮困卡 3.1 万张、粮油帮困券 1 330张，折合金额 127 万元；全年新增小城镇社会参保人数 3.9 万人，外来人员综合保险参保人数 2.5 万人。农村低保也实现应保尽保，老年农民养老金补贴制度继续实行，2005 年全县有 7.5 万名 65 岁以上老年农民有了养老金。农村贫困户危房改造投入不断增加，2005 年市县两级共投资 692 万元，分两批改造农村贫困户危房共4 511间。全年投资 358 万元，对 5 个乡镇敬老院实施改造，新增养老床位 280 张，年末全县共有福利养老院 33 所，收养人员2 287人。居家养老有序开展。全年有 567 名居家养老服务员坚持为1 777名对象开展服务。

【城乡居民收入】 城乡就业工作的加强，增加了城乡居民的收入来源，人民的生活水平有了新的提高。2005 年，全县职工年平均工资为20 020元，比上年增长 15.6%；农村住户年人均纯收入6 185元，比上年增长 7.0%。居民储蓄总量不断增加，年末城乡居民储蓄余额 141.2 亿元，比年初增加 24.7 亿元，人均储蓄达21 170元，比上年增加2 810元。

【住宅建设】 受国家宏观调控的影响，房地产投资增幅比上年有所下降，住宅建设规模得到了有效控制。2005 年，住宅建设完成投资额 7.8 亿元，比上年增长 10.4%；住宅施工面积 45 万平方米，住宅竣工交付面积 13.0 万平方米，完成了金月湾、怡祥居西苑、甘霖坊、博园新村、电业新村、汇秀园等商品房建设，两个 80 万项目的启动，有力地推进商品房和中低价商品房建设，全年投资1 832万元对城桥镇、堡镇、新河共 19 个旧区、59 个街坊、355 幢住房共计 63 万平方米实施综合改造。年末城镇居民人均居住面积达 19.7 平方米；农村家庭人均居住面积 66.9 平方米。

【重点实事工程】 重点实事工程在各级领导的高度重视下，按照时间节点要求，有序推进实施。《崇明三岛联动总体规划》已经市委、市政府批准组织实施。上海至崇明长江桥隧工程前期工作进展顺利。新城和陈家镇试点城镇建设进入形态开发阶段。总投资 9.1 亿元的陈海公路中段工程建设即将竣工。总投资 1.4 亿元，改建了一江公路、育麟桥路、鼓浪屿路，新建了花鸟路和新东引路。中双港至陈家镇 220KV 双回路和陈家镇至长兴岛 110KV 双回路工程竣工。建成了 3 × 1 500KW风力发电示范一期工程。完成了城堡两镇 18 万平方米住宅平改坡改造。完成了 214 个行政村社区行政服务中心的创建任务。年内建设乡村公路 413 公里，完成了 10 座县级大河危桥改造。

【环境保护】 2005 年是全面完成第二轮环境保护三年行动计划工作目标的冲刺年，按照生态岛建设的总目标，环境保护的投入力度不断加大。总投资 2.1 亿元的城桥污水处理厂一期工程已开工建设。总投资 1 亿元的崇明生活垃圾综合处理场一期也已正式启动。总投资 3.2 亿元的北横运河水源涵养林和陈海公路通道防护林已经建成。全县 21 个生态村创建工作加快推进。依法实施对 19 户废水排放重点监管企业排污口的规范化整治。农村生活垃圾收集处置的长效管理机制进一步加强，新建了陈家镇、新河镇等 4 个小型垃圾压缩中转站。县级河道和乡镇、村级沟河得到整治，开工建设南横引河东段疏拓工程和张网港、东平河等 4 条断头河贯通工程。造林绿化又有新的发展，全年新增林地面积2 467公顷。2005 年全县岛域森林覆盖率达到 15.9%。

国民经济和社会发展中存在的主要问题是：投资力度不足；经济总量偏小；就业压力较重；农民收入增长缓慢；体制改革、拆迁安置中引发的群体性矛盾仍有发生。

南京市

【概况】 南京是江苏省省会,全省政治、经济、科教和文化中心,是国务院确定的全国重点风景旅游城市和历史文化名城,副省级城市,是中国著名的四大古都之一。南京地处长江,沿海开放地带与长江流域的交汇部,北连江淮平原,东南临长江三角洲,是中国国土规划中沪宁杭经济核心区的重要中心城市,国家重要的综合性交通枢纽和通信枢纽城市。全市总面积6582.31平方公里,市区中心地理坐标为北纬32°03′,东经118°47′。南京市现辖13个区、县,其中城区和郊区11个、县2个。到2005年底,全市户籍总人口595.80万人,其中非农业人口435.30万人,人口出生率7.69‰。

【经济发展成就】 2005年,全市以科学发展观为统领,紧紧围绕"两个率先"战略目标,坚持统筹协调发展,着力推进富民进程,加快构建和谐南京,经济社会发展继续保持良好势头,全面完成各项预期目标。

全市经济平稳健康发展。全年完成地区生产总值2 411.11亿元,按可比价格计算(下同),比上年增长15.1%。其中,第一产业增加值80.04亿元,增长2.7%;第二产业增加值1 200.28亿元,增长17.9%;第三产业增加值1 130.79亿元,增长13.4%。人均地区生产总值40 887元(按户籍人口计算),增长12.8%。第一产业、第二产业、第三产业增加值在全市地区生产总值中的比重分别为3.3%、49.8%、46.9%。全市财政总收入510.17亿元,比上年同口径增长19.5%。其中,地方财政一般预算收入210.07亿元,比上年同口径增长20.4%。金融机构存款余额达5 263.25亿元,增长19.3%。金融机构贷款余额4 659.81亿元,增长9.8%。全市完成全社会固定投资额1 402.72亿元,增长16.7%。其中,第一产业投资4.78亿元,减少18.0%;第二产业投资586.43亿元,增长21.8%,其中用于工业的投资582.04亿元,增长26.9%;第三产业投资811.51亿元,增长13.6%。社会消费品零售总额达1 005亿元,增长16.3%。居民消费价格指数为102.1(以上年同期价格为100),比上年上升2.1%。

【经济结构调整】 产业结构进一步优化。围绕产业强市,坚持工业第一方略,着力提升支柱产业发展水平。以服务业集聚区为抓手,大力发展现代服务业,加快传统服务业提档升级。更加重视"三农"问题,统筹城乡发展步伐进一步加快。

全市粮食总产量96.54万吨,比上年下降5.7%。棉花产量0.59万吨,比上年下降2.3%。油料总产量21.17万吨,比上年增长0.9%;其中,油菜籽20.07万吨,比上年增长1.6%。蔬菜总产量311.62万吨,比上年下降2.9%。全市粮食与经济作物种植面积比为36.9∶63.1。肉类总产量19.81万吨,比上年下降4.1%。禽蛋总产量8.3万吨,比上年下降1.6%。全年牛奶总产量13.8万吨,比上年增长10.4%。全年水产品产量18.04万吨,比上年增长3.7%。年末全市农田有效灌溉面积达190.54千公顷,比上年增加0.6千公顷。全市农业机械总动力174.46万千瓦,比上年末增长2.3%。

全市工业实现工业增加值1 043.18亿元,比上年增长18.0%。全市规模以上工业企业实现产品销售收入4 027.30亿元,比上年增长31.8%;工业产品产销率达到98.8%,比上年提高1.2个百分点;实现利税365.39亿元,比上年增长7.0%;实现利润196.83亿元,比上年增长0.3%;工业经济效益综合指数215.43,比上年提高15.7个百分点。全年完成新产品产值366.32亿元,比上年增长1.3%,新产品产值率为9.0%。工业产品出口交货值867.44亿元,比上年增长61.8%,占工业销售产值的比重为21.6%。在全市474家有出口交货值的工业企业中,超过亿元的有64家。工业电子、石化、钢铁、汽车和电力五大产业实现产值2 957.30亿元,比上年增长33.9%,占全市规模以上工业的比重达到72.8%。

批发和零售业完成零售额884.52亿元,比上年增长15.8%;住宿和餐饮业实现零售额108.19亿元,比上年增长21.5%。私营经济、个体经济和股份制经济实现的零售额分别达到230.62亿元、340.36亿元和132.83亿元,分别比上年增长18.5%、18.3%和19.4%。年成交额亿元以上的商品交易市场有57家,成交额692.17亿元,比上年增长12.7%。旅游总收入379亿元,比上年增长18.4%。全年接待海内外旅游者3 307.6万人次,比上年增长15.2%;其中,接待国内游客3 220万人次,比上年增长15.0%;接待入境旅游者87.6万人次,比上年增长21.8%。国际旅游创汇5.8亿美元,比上年增长13.4%。全年经批准因私出国出境人数达10.63万人次,比上年增长17.7%。年末全市拥有旅游星级宾馆饭店122家。4A级旅游景点5个。各类旅行社395家,其中从事国际旅游业务的旅行社27家。

邮电通信业务总量为71.8亿元,比上年增长30.3%。其中,电信业务总量64.6亿元,邮政业务总量7.2亿元,分别比上年增长32.9%和11.1%。全市宽带用户达43.9万户,比上年末上升77.6%,合计上网时间达1 137.5万小时。交通运输仓储业及邮政业完成增加值142亿元,比上年增长9.2%。各种运输方式共完成客运周转量243.80亿人公里,比上年增长7.1%;完成货运周转量1 543.60亿吨公里,比上年增长8.0%。商业性保险保费收入72.1亿元,比上年增长0.5%。其中,人身险保费收入56.0亿元,比上年下降4.6%;非人身险保费收入16.1亿元,比上年增长18.0%。保险赔款支出12.45亿元,比上年增长34.0%。其中,非人身险全年赔款支出8.44亿元,比上年增长33.8%。

【体制机制创新】 继续推进各项改革,全面完成工业、商贸、城建、农口等系统的国有企业和经营性事业单位产权制度改革。建立国有资产监督管理机构,进一步健全了国有资产管理体制。贯彻落实中央和省有关鼓励非公有制经济发展的意见,进一步优化发展环境,非公有制经济占全市经济的比重提高到37%。

【对外开放与交流】 全市进出口总值达270.90亿美元，比上年增长31.3%；出口总值142.45亿美元，比上年增长36.2%。其中，地方出口总值87.84亿美元，比上年增长46.9%。三资企业出口增长迅猛，全年出口额达60.30亿美元，比上年增长63.1%，占全市出口额的比重达到42.3%。全市新签外商投资合同数728个，新批项目平均单体协议外资规模为581.2万美元。全市新批协议注册外资额51.29亿美元，比上年增长10.5%；实际到帐注册外资额14.18亿美元，比上年增长68.2%。全市新签对外承包劳务合作合同金额达5.2亿美元，比上年增长11.2%；实际完成对外承包劳务营业额4.8亿美元，比上年增长5.0%。期末在外劳务人数达6 313人，比上年末增长0.3%。

【科技进步与创新】 高新技术产业发展明显提速。新培育高新技术企业77家。高新技术产业实现工业产值1 236.80亿元，占全市规模以上工业产值的30.4%。软件产业销售收入166亿元。进一步实施科技兴农，全年引进农业新品种120个。全年建成农业科技示范园核心区1个；产业园9个；其中，有6个现代农业示范园区通过省级认定。实施国际科技合作项目15个。全年专利申请量5 228件，比上年增长36.2 %。其中，发明专利申请量2 321件，占总申请量的44.4%，比上年增长42%；专利授权量2 166件，比上年增长23%。全市新建技术贸易机构188家。

【城市建设】 以"建设新南京，迎接十运会"为动力，全面提升城市建设和管理水平。全年城市建设投资完成300亿元，各重大项目顺利推进。地铁一号线完成投资18.47亿元，已投入运营；地铁二号线施工设计全面展开；城市快速内环东线一期工程完成投入18.50亿元，已正式通车；长江三桥完成投资13.85亿元，已竣工通车；新客站和站前广场完成投资2.8亿元，已投入使用；河西滨江大道（纬三路——纬九路）完成投资2.3亿元，已顺利通车。明城墙风光带综合整治完成投资3.48亿元。秦淮河整治工程完成投资7.85亿元。中山陵环境综合整治完成投资16.6亿元。静海寺——天妃宫、宝船遗址公园等共完成投资1亿元。全年栽植大树15万株。全年新增绿地面积1 000多万平方米，其中新增公共绿地面积500万平方米，建成区绿化覆盖率达到45%，市区累计人均公共绿地面积达到12平方米。城东、城北污水处理系统工程分别投资5 995万元和3 330万元；新建和改建公厕67座；新改建垃圾中转站15座，轿子山垃圾场1号库区、水阁垃圾处理场2号库区建设工程基本完成，天井洼垃圾场2号库区扩容进入前期工作。总投资9039万元的北河口新水厂扩建工程当年完成建设投资2 470万元；城市天然气工程完成投资1.60亿元，新建管线178公里。全年新、改建道路长度382公里，新增道路面积889万平方米，市区人均道路面积达14.4平方米。公交运营车辆总数达5 074辆，比上年净增278辆。商品住宅用房建设投资208.57亿元，比上年下降2.6%；商品住宅用房施工面积与竣工面积分别为2 123.57万平方米和564.51万平方米，比上年分别增长16.2%和0.9%。商品住宅用房销售面积与销售额分别为570.66万平方米和217.13亿元，比上年分别增长5.2%、29.2%。全年完成经济适用房建设投资16.78亿元。

【社会事业发展】 坚持统筹协调，各项社会事业进一步发展。各级各类教育协调发展。拥有在宁普通高等学校（不含部队院校）38所。2005年新招收本专科生14.44万人，在校学生50.37万人，分别比上年增加1.5万人和6.16万人。在宁高校招收研究生2.04万人，在校研究生5.75万人，分别比上年增加0.17万人和0.81万人。拥有普通中学234所，在校学生32.26万人，比上年减少1.67万人。职业中学在校学生1.47万人，比上年增加0.25万人。初中入学率达95.2%。拥有小学419所，在校学生30.51万人，比上年减少1.87万人。拥有幼儿园481所，在园儿童10.66万人。

文化事业进一步发展。年末全市共有文化馆16个，公共图书馆17个，博物馆14个。14个档案馆向社会开放档案26.5万卷。共有广播电台2座，中、短波广播发射台和转播台2座，电视台2座，一千瓦以上电视发射台和转播台14座，广播人口覆盖率和电视人口覆盖率均达到100%。年末拥有各类电影放映单位10个。

卫生事业快速发展。年末全市拥有医疗卫生机构1 612个。其中，医院、卫生院230个，卫生防疫和防治机构29个，妇幼卫生保健机构14个。各类卫生机构拥有病床2.6万张。其中，医院、卫生院病床2.1万张。共有卫生技术人员3.4万人。其中，执业医师（含助理医师）1.43万人，护师和护士1.19万人，卫生防疫和防治人员2 734人。全市平均每千人拥有卫生技术人员5.6人，每千人拥有医疗床位4.2张。全市未发生甲、乙传染病的爆发流行，未发生霍乱和高致病性禽流感疫情。计划免疫四苗覆盖率达99.35 %。新生儿卡介苗接种率达99.9%。全市农村已基本建立以大病统筹为主的新型农村合作医疗制度，农民参保率达到91%。全市初级卫生保健合格镇（街）占所有镇（街）的比重达100%，建成村标准卫生室596所。合作医疗行政村覆盖率达100%。

体育事业发展取得突破。"十运会"南京赛区各项工作取得了很大的成功。先后承办了6项次省级比赛，12项次全国比赛，1项次国际比赛。全市运动员共获得207.5枚金牌。其中，国际金牌2枚，全国金牌21枚，省级金牌184.5枚。在"十运会"上，全市运动员获得8枚金牌、5枚银牌、9枚铜牌和总分406.25分的优异成绩，参赛的9支运动队全部获得了体育道德风尚奖，实现了精神文明和运动成绩双丰收。全年新建了185个全民健身工程（点），总数增加到1 160个；新建社区健身房32个。

环境保护工作扎实开展。年末全市拥有各级环境监测站14个。当年投产的建设项目同时建设防治污染设施的占100%。全市建成了13个烟尘控制区，面积达494.4平方公里。建成了20个环境噪声达标区，面积达329.8平方公里。空气质量良好以上级别的天数达到304天，占全年的83.2%，比上年增加2.46个百分点。全市工业废水排放达标率、工业重复用水率、工业固体废物综合利用率分别达到93.75%、72.77%和87.86%。

【民主法制建设】 结合保持共产党员先进性教育，制定和完善市政府重大事项决策程序和议事制度。加强对南京经济社会发展重大问题的研究，完成"十一五"规划纲要编制工作，建立市级民意调查中心，不断提高决策的科学性和民主性。贯彻落实《行政许可法》，启动实施《南京市全面推进依法行政三年行动计划》。加大决策执行和督查力度,加强了对公共财政支付资金的审计监督。努力营造清正廉洁的政务环境,建立了规范权力运行的13项规章制度。各级政府认真执行同级人大及其常委会决议,支持各级政协履行政治协商、民主监督和参政议政的职能,人大代表议案和建议724件、政协委员提案585件全部办结。

【人民生活改善】　年末全市常住人口689.80万人,比上年末增加21.62万人。全市户籍总人口为595.80万人,比上年末增加12.20万人。其中,市区513.38万人,比上年末增加12.15万人。在全市户籍人口中,非农业人口435.30万人,占全市人口数的73.06%;农业人口160.50万人,占全市人口数的26.94%。按户籍人口计算,人口出生率为7.69‰,比上年下降0.04个千分点;死亡率为5.35‰,比上年下降0.09个千分点。全市计划生育率达98.5%。年末全市新增就业岗位19.74万个。为解决下岗人员就业难的问题,全年创办家庭型创业组织1.38万个,援助困难人员再就业1.35万人。年末城镇登记失业率为3.35%。

社会保障日益完善。年末全市参加失业保险人数为129.36万人,领取失业保险金人数2.86万人;参加养老保险的职工为144.05万人,离退休人员当期养老金按时足额发放;职工医疗保险参保人数为146.81万人。16.1万困难企业职工参加医疗保险,基本解决了困难企业职工的医疗保障问题。1.85万名被征地农民进入社会保障。年末全市福利类收养性单位拥有床位12 476张,收养10 039人,其中各类福利院拥有床位2 369张,收养2 047人。建立城镇各种社区服务设施1 807处,社区服务中心53个。全市城乡居民享受最低生活保障的有13.05万人;享受国家抚恤、补助各类优抚的有8 609人。

人民生活进一步改善。多渠道增加城乡居民收入,城市居民人均可支配收入达14 997元,农民人均纯收入达6 250元。继续实施"温暖工程",扎实开展对困难群体的帮扶救助工作,城镇和农村最低生活保障标准进一步提高。不断完善就业帮扶政策和服务,城镇登记失业率创6年来新低,新增转移农村劳动力6.87万人。制定并实施廉租住房管理细则,建成经济适用住房120万平方米,建设中低价商品房50万平方米。全市农村特困危房改造完成2 464户;新增自来水受益人口8.1万人;完成了1 000公里水泥路标准化改造;危桥改造和撤渡建桥完成172座。据抽样调查,年末城市居民人均住房建筑面积为24.30平方米,农村居民人均住房面积为42.80平方米。

(吴国玮　杨青松)

鼓楼区

【基本情况】　鼓楼总面积24.77平方公里,其中主城区16.82平方公里,河西新区8.62平方公里。人口68.46万人,辖7个街道办事处、95个社区居民委员会、2个行政村。

【经济发展概况】　主要经济指标再创新高。全年完成地区生产总值208亿元,增长14.5%;财政收入25.13亿元,增长17.4%;社会消费品零售总额145亿元;固定资产投资72亿元;第三产业实现增加值180亿元,增长16.5%;规模以上工业总产值60.4亿元,增长14%。出台《关于鼓励和促进软件产业发展的优惠政策》,加大培育和引进软件企业力度,继美国朗讯之后,又引进美国艾默生等世界著名科技企业,全年新增软件企业95家,软件企业总数达280多家,联创、日恒等一批拥有自主知识产权的民族软件企业迅速壮大。新增软件从业人员4 500人,新增研发建筑面积6万平方米,软件产业实现销售收入40亿元,完成出口额3 000万美元。南京大学—鼓楼国家大学科技园被批准为"科技部科技型中小企业创新基金创业项目服务机构",每年可获得300万元左右的科技扶持资金。松下南京公司、华润电力等39个内外资大项目落户鼓楼,总注册资金17.25亿元。合同利用外资1.32亿美元,增长1.7%;实际利用外资5 806万美元,增长5.4%;外贸出口1.79亿美元,增长98.9%;对外劳务输出营业额412.4万美元,增长48.4%。民营经济继续做大做强,全区注册资金在1 000万元以上的民营企业达67家,苏宁电器集团、太平洋建设集团位居中国民营企业500强前10名。现代服务业迅速发展。

【社会事业】　坚持以创业促就业、以培训助发展,推动群众自主创业致富。通过政府购买岗位等有效措施,重点解决"4045"、"双失双下"等困难人员的就业再就业问题。2005年,全区新增就业岗位2.7万多个,解决"4045"、"双失双下"等6类困难人员2 400多人就业,"双失双下"、工伤及残疾人、军烈属、低保户实现零失业;城镇登记失业率控制在2.9%。确保最低生活保障金和低保补充救助金按时足额发放,全年累计发放1 200多万元,低收入群体的基本生活得到保障。为低收入者和困难群体提供住房、医疗、子女入学、法律援助等方面救助,多元化"居家养老"服务体系初步建立,新增养老床位395张。

(朱　军)

玄武区

【基本情况】 玄武区总面积80.97平方公里,总人口47.6万人,下辖8个街道办事处、75个社区居民委员会、11个行政村。

【经济发展概况】 主要经济指标稳步增长,实现地区生产总值166.23亿元,增长17.1%;财政总收入20.56亿元,其中地方一般预算收入6.23亿元;社会消费品零售总额141.60亿元,增长15.7%;全社会固定资产投资103.14亿元,增长4.55%。实际利用外资4 501万美元。三次产业比重0.11:11.08:88.81,基本形成以科技信息、文化旅游、商贸商务三大产业为主导的现代服务业发展格局。民营经济蓬勃发展,占全区经济的比重达65%。以"一园两带三区"(以珠江路科技园区为主体的城市科技工业园,以北极阁—九华山为主体的山水城林风光带和以长江路为主体的历史文化景观带,以新街口—玄武片区为主体的现代商贸商务区、以东杨坊地区为主体的休闲居住区和以南京现代农业科技核心区为主体的生态产业区)为重点,启动30个项目,建成10个项目,新增建筑面积18万平方米。珠江路科技园区实现贸工技总额449亿元,其中软件销售收入52亿元,增长49%。全省最大的正版音像制品市场——江苏中艺文化产业园落户玄武,钟山国际体育公园(一期)建成开放,"南京1912"成为华东地区知名的时尚休闲品牌,江宁织造府完成设计即将开工建设。加强招商组织,引进美国富顿、新加坡国浩等知名企业,顾家营、忠林坊、铁匠营等地块顺利挂牌出让。全年合同利用外资1.01亿美元,实际利用外资4 501万美元。

【社会事业】 建成紫东实验学校、逸仙小学等教学楼和九中弘光分校、长江路小学分校,新增校舍4.67万平方米。中、高考成绩继续保持全市第一。在第九届全国中学生运动会上,玄武区参赛运动员获得10枚金牌,占全省金牌总数77%。拓展就业空间,为失业人员购买公益性岗位1 000个,全年新增就业岗位2.29万个,实现就业1.04万人次,城镇登记失业率控制在3.10%以内,创历史新低。落实住房、低保、就业等保障措施,帮助申购、办理经济适用住房和中低价商品房2 549套。政府出资2 474.78万元,筹集资金3 621.85万元,为7 115名特困企业职工解决医保问题。做好城乡最低生活保障工作,办理城乡低保5.88万人次,发放低保金771.05万元。完善社会化养老服务网络,社区卫生服务实现全覆盖。强化公共卫生应急处置机制,有效防控禽流感等重大传染病。获得全国社区卫生服务示范区、全国社区红十字服务示范区、全国社区残疾人工作示范区、全国老龄工作先进区、全国社区服务民间组织参与示范区等称号,双拥、计生、社区教育等创建通过省级验收。全国人大常委会委员长吴邦国视察玄武区社区工作,并给予充分肯定。

(张　军　薛惠艳)

白下区

【基本情况】 白下区总面积30平方公里,人口55万人,下辖9个街道办事处、61个社区居民委员会、4个村民委员会。

【经济发展概况】 完成地区生产总值197亿元,增长16.6%;实现财政总收入22.2亿元,增长15.5%,完成地方一般预算收入7.54亿元,增长1.3%;全区可用财力达9.77亿元。实现社会消费品零售总额183亿元,增长16%;完成全社会固定资产投资91亿元,增长21.8%。完成三产增加值164亿元,增长15.2%,占全区GDP的83%;新街口商圈核心辐射作用进一步发挥,被评为全国著名商业街第3名,商圈实现社会消费品零售总额143亿元,增长16.8%,占全市社会消费品零售总额的14%。南京理工大学科技园建设取得实质性进展,建成创新园1.1万平方米孵化大楼,开工建设创业园5.5万平方米产业用房,累计入园企业230家,总投资达8亿元,实现税收2 000多万元。全区新增都市经济园区6个。全年引进三资企业26家,合同利用外资1.2亿美元、实际利用外资5 006万美元、外贸出口4.3亿美元。企业改制稳步推进,永强总队、开发四公司、区工业公司、区房产经营公司等改制工作全面完成,区属商贸企业改制工作顺利实施。民营经济快速发展,全年新增个体工商户4 650户,私营企业2 450家,新增注册资金21亿元。

【社会事业】 全年投入教育发展资金3.8亿元,教育优质资源不断扩大。公共卫生体系建设加快,建成区突发公共卫生事件应急处置指挥中心。禽流感防治工作组织有效,开通白下健康教育网站。食品放心工程和食品安全专项整治工作扎实推进并取得阶段性成果。完成全国科技进步先进城区创建申报工作,成为省知识产权工作试点区。举办区第十二届运动会,开展迎十运系列文体活动,举办纪念郑和下西洋600周年《永远的大航海》等系列文化活动,通过全国文化先进区复查验收。区档案馆创建成为全省城区档案馆中首家四星级国家综合档案馆。全区计划生育率达99%以上,人口与计划生育工作通过省级示范区验收。就业再就业工作取得新成效。新增就业岗位2.45万个,实现再就业1.2万人,帮扶困难人群就业

2 150人。全区登记失业率控制在3.36%。落实再就业优惠政策,完成就业再就业培训1.26万人,创办家庭型创业组织1 800家,创建充分就业保障街道6家。全年新增低保人员815人,发放低保保障金1 283万元,发放各项专项救助749万元,受益群众2.7万人。惠民医院积极发挥服务困难群体的作用,全年接诊贫困对象1.59万人次,减免费用61万元。 (袁生美)

秦淮区

【基本情况】 秦淮区位于南京市区东南部,总面积22.34平方公里,人口约29.3万人,下辖5个街道、68个社区居委会、6个行政村。

【经济发展概况】 全年实现地区生产总值20.32亿元,财政收入9.73亿元,地方财政收入2.68亿元,社会消费品零售总额42.9亿元。合同利用外资9 466万美元、实际利用外资4 074万美元。新发展民营企业1 350家、个体工商户4 500户。完成固定资产投资29.2亿元。优化产业结构,加大现代服务业、高新技术企业的引进力度,宜家家居、凯迪拉克汽车4S店等大项目落户,基本建成大明路汽配城,第三产业增加值占地区生产总值比重上升到50.7%。重组区国有资产经营中心,完成街道劳务公司和商业等系统改革,完成区房产经营公司、区绿化所改制工作。

【社会事业】 在中、小学实施素质教育,教育质量得到提升,27中高考推进率全市第一,秦淮外国语学校中考成绩在全市名列前茅。投资1 800多万元增扩文枢中学,建成秦淮第二实验小学、旅游营养职教中心综合楼等教育设施,全区新增校舍面积1.3万平方米。通过"省双拥工作模范区"的检查验收。把鼓励创业和引导就业有机结合起来,全年新增就业岗位1.6万余个,成功推荐就业1.5万余人次,帮扶特困人员实现再就业1 587人次。组织开展"送温暖"、"慈善一日捐"等活动,全年发放各类救济金700多万元。文化工作稳步推进,成功举办第十九届金陵灯会,"秦淮灯彩"获中国民间艺术"山花奖"金奖,秦淮灯会被推荐申报首批国家级非物质文化遗产。采取资产出售、抵押、财政担保等形式,筹措参保资金7 000多万元,6 869名企业职工参保,解决原区属工业、商业、旅游、民政等系统企业职工"看病难"问题。健全和完善城乡居民最低生活保障制度,加强低保动态管理,切实做到应保尽保、应出即出;加大对困难群体的就业援助力度,免费为其提供订单式培训、就业信息咨询、岗位推荐等服务;完善低保人员大病救助制度。加快解决困难群体住房紧张的矛盾,规划建设经济适用住房,对低保家庭实行以租赁住房补贴为主、公房租金核减和实物配租为辅的廉租住房保障制度。

(程 婕)

建邺区

【基本情况】 建邺区位于南京市城区西南部,东依秦淮河,西临长江,面积82.01平方公里,人口19.57万人,下辖7个街道办事处、35个社区居民委员会、20个村民委员会。

【经济发展概况】 2005年,全年实现地区生产总值45.15亿元,增长15%;固定资产投资54亿元,增长27.4%;工业生产总值31亿元,增长18%;社会消费品零售总额35.3亿元,增长16%;财政总收入11.9亿元,地方财政收入4.09亿元,分别增长14.2%和18.3%。制定完善《建邺区产业发展规划》,出台加快高新技术产业和现代服务业发展的政策措施,扶持和培育新的经济形态。加强新城品牌建设,通过省"质量兴区"活动先进区验收。经济载体建设步伐加快。完成科技园前期拆迁,科技大厦、工业大厦建设进展顺利。配合中央商务区、奥体中心、滨江风光带及相关设施建设,参与营运策划和招商。新建233.3公顷省级无公害农产品基地,江心洲民俗村二期工程竣工。协助南京烟厂、云锦研究所创建成"全国工业旅游示范点"。举办江心洲葡萄节等大型节庆活动,提升区域旅游品牌,实现旅游总收入1.68亿元。招商引资工作成效明显。抓住十运会契机,精心组织赴京、港、沪招商活动,举办"CBD南京论坛"、"新城之光"金秋经贸洽谈会、"百日招商"活动,全年引进企业1 050户,注册资金29.5亿元。其中引进世界500强企业3家、上市公司3家,注册资金千万元以上的公司58家。协议利用外资1.45亿美元,实际利用外资1.16亿美元,实现外贸出口5 300万美元。

【社会事业】 制定社会事业总体规划和各类专项规划,加大对科教文卫体的财政投入,加快推进配套设施的建设,获得首批"全国社区红十字服务示范区"、"全国群众体育先进单位"称号,通过省计划生育示范区验收,实现"省双拥模范区"四连冠。科技工作迈出新步伐。全区申报省、市科技发展项目26项,争取科研经费近500万元,申请专利150件。高新技术企业销售收入1.65亿元,民营科技企业销售收入15亿元,分别为年计划的110%和150%。建成5所教育设施,陆续开工建设5所教育设施,通过省"中小学布局调整达标区"检查验收。

面向全国招聘一批名特优教师和学科带头人，创建市实验小学1所、省级职业教育示范专业1个，南湖二中被批准为“市科普教育示范基地”。完成区中医院移址搬迁，推进区级医疗服务中心和区疾控中心建设，公共卫生体系进一步完善。区体育大厦、体育场、南苑社区体育馆等体育设施建成使用，成功举办第15届全国城区体育工作研讨会、区第六届运动会暨首届社区运动会。建成兴隆、南苑街道社区中心，区社区建设指导中心、社会福利院建设进展顺利。完成南湖、滨湖、南苑3个街道的社区调整，成功组织村委会换届选举。建成3个明星社区、18个特色社区、10个市级示范社区。（祁　松）

【精心组织“迎十运”系列文体活动】 紧扣“创建文明新城，迎接十运盛会”主题，从3月份开始，有计划、有步骤地组织举办“与十运同行”——十运会倒计时200天万人太极拳吉尼斯广场展演、“盛世迎十运、龙狮跃新城”全国舞龙舞狮精英赛、第十五届全国城区体育工作研讨会、区第六届运动会暨首届社区运动会以及“10万人看河西”参观活动等系列文体活动，丰富新城群众的精神文化生活，营造浓厚的“十运”氛围。

【承办第十五届全国城区体育工作研讨会】 10月6～9日，第十五届全国城区体育工作研讨会在建邺区举办。来自全国17个省、18个市、32个地区的120余名代表围绕“促进城区体育发展”主题进行深入的研讨和交流。国家体育总局群体司副司长刘国永，全国城区体育工作研讨会会长张仁盛，省、市领导林玉英、颜争鸣、陈家宝、刘国华、许慧玲、穆西南等出席开幕式。会议评选出获奖论文35篇，其中一等奖7篇、二等奖15篇、三等奖13篇。（胡　静）

【成立十运会综合保障指挥部】 为确保完成十运会各项任务，自7月16日至十运会闭幕期间，区委、区政府和南京河西新城区开发建设指挥部联合成立十运会综合保障指挥部，指挥部下设办公室、重大活动等4个指挥部，动员和组织社会力量，以一流的建设、管理和服务保障十运会、绿博会的成功举办，起到十分重要的作用。（黄雪浩）

下关区

【基本情况】 下关区地处南京西北部，素有“金陵北大门”之称。总面积30.91平方公里，其中长江水域面积6.62平方公里，沿江岸线近10公里。人口29.71万人，下辖6个街道、62个社区居委会。（唐　宁）

【经济发展概况】 全年完成地区生产总值88.06亿元，增长17%；固定资产投资36.9亿元，增长48.6%；社会消费品零售总额59.35亿元，增长15.9%，实现财政收入10.74亿元，一般预算收入3.09亿元，分别增长24.6%和30.2%。区财政收入历史上首次突破10亿元。出台《2005年下关区楼宇经济工作意见》，建立区街楼宇（园区）建设网络。以楼宇（园区）为载体的研发、信息、咨询等现代服务业不断壮大，新建、改建楼宇（园区）12个，新增楼宇（园区）面积7.18万平方米，新增入驻企业219家，全区楼宇（园区）实现税收9 227万元。制定《下关区加快发展服务业实施纲要》，进一步明确全区服务业发展的重点和目标。推进“南京第三商圈”建设，鑫桥市场、阅江商贸广场、华创证券等5个商贸设施建成开业，大观天地MALL项目开工，全年开工建设商贸设施25.1万平方米，建成7.5万平方米。苏宁电器、苏果超市、永乐电器、万帮汽车4S店等知名连锁企业的落户，使全区传统商贸业的经营结构得到优化。旅游经济初具规模，静海寺—天妃宫历史景区建成开放，为全区旅游业发展注入新的活力，全年接待游客174.8万人次，旅游总收入1.3亿元，增长25.1%。新批三资企业30家，实际利用外资4 027万美元。新发展私营企业1 280家、个体工商户2 950户，新增注册资本12.5亿元。（唐　宁　曹　俊）

【社会事业】 投入资金1 518万元，新增社区用房4 700平方米，65%社区居委会服务和活动用房面积达150平方米以上，创建全国社区建设示范区成果得到国家民政部认可。新增就业岗位1.67万个，城镇登记失业率为3.17%。纳入“低保”9 436人，新增养老保险参保人数5 072人，发放各类救济、补助和社会保障金1 880万元。征收残疾人就业保障金270万元，被评为省社区残疾人工作示范区。申请专利115项，新培育市级以上高新技术企业2家，软件企业1家。组建民生实验小学和方兴小学，39中创建三星级高中，5所小学、幼儿园创建省、市实验（示范）学校（园）。公共卫生体系不断完善，筹资200余万元改造11个社区卫生服务中心和服务站，引入外资建立明基医院管理咨询公司，实施区中医院和三汊河卫生院资源重组。获全国社区红十字服务示范区、市精神病防治工作先进区等称号。文博场馆建设上新台阶，完成静海寺扩建、天妃宫复建工程。创建省级双拥模范区“三连冠”通过验收。区档案馆通过省一级国家档案馆等级认定。（唐　宁）

【建成静海寺—天妃宫历史景区】 静海寺—天妃宫历史景区项目是南京打造世界历史文化名城的重要项目，也是江苏省暨南京市迎接郑和航海600周年的重点建设工程。天妃宫建筑群占地面积约1.7万平方米，其中新建的一期工程建筑面积约2 688平方米，由东西两轴线院落组成，包括天妃殿、观音寺、碑亭、东西厢房等建筑5月3日完工。静海寺扩建部分占地面积1.2万平方米，包括郑和纪念堂、郑和航海文化广场、多功能展厅、戏台等建筑，6月28日建成。静海寺、天妃宫两组建筑群由东南大学著名古建筑专家杜顺宝教授主持设计，采用明代官式建筑的形制和风格。总投资1.5亿元。静海寺—天妃宫历史景区，成为南京滨江的又一标志性文化设施。（谢　蕾）

雨花台区

【基本情况】 雨花台区位于南京主城西南部,区域面积134.6平方公里,户籍人口19.94万人,辖7个街道、1个经济技术开发区、52个社区居民委员会、15个行政村。

【经济发展概况】 实现地区生产总值74.02亿元,增长18.5%;财政收入15.08亿元,增长33.9%,增幅列全市各区县第一,3个街道财政收入突破2亿元;全社会固定资产投资91.56亿元,增长26%;社会消费品零售总额42.7亿元,增长16%;城镇居民人均可支配收入13 410元,增长18.5%;农民人均纯收入7 832元,增长10.9%,总量居全市各郊区县之首。工业经济运行良好。完成工业投入47.21亿元,增长29.5%,当年投资在5 000万元以上工业项目21个。实现工业增加值39.97亿元,增长18.4%,其中规模以上工业增加值36.0亿元。高新技术产业发展势头强劲,实现销售收入45亿元,增长36.4%,占工业销售收入的22.9%,申请专利260件。区科技创业中心完成创建国家级科技创业中心的申报认定,新引进科技型企业36家,实现销售收入13亿元。服务业进一步发展。完成第三产业投入44.3亿元,增长23.1%。实现第三产业增加值25.03亿元,增长17.2%。发展现代服务业,苏宁物流基地、红太阳、明发工业原料城开工建设。宁南现代商贸区日益繁荣,宁南汽车贸易园区销售汽车2.3万辆,销售收入35亿元,石林家乐家商业广场、花神家居港等项目建成开业,总投资20亿元的宁南商贸广场项目成功挂牌出让。生态旅游更加活跃,编制韩府山景区控制性规划,建成南都花卉二期、安堂洼农业园艺园、文莱风情园二期,周家洼农业旅游专业村对外营业。举办春牛首踏青节、雨花石艺术节等一系列节庆活动,全年接待游客250万人次,实现旅游直接收入8 100万元。改革开放步伐加快。招商引资成效显著,合同利用外资1.28亿美元,实际利用外资6 007万美元,出口创汇突破1亿美元。新引进千万美元以上外资项目5个,计划总投资1.1亿美元,当年开工2个;亿元以上内资项目11个,总投资90.8亿元,当年开工7个。深化企事业单位改革,区城镇建设综合开发总公司改制工作稳步推进,在全市率先实现区属医院药房托管。民营经济加快发展,新发展私营企业716家,其中二产企业382家,个体工商户3 198户,新增注册资本13.95亿元,民营经济占地区生产总值的比重达63%。

【社会事业】 建成春江新城创业园和17个村级劳动保障站,培育家庭创业组织570个,创建充分就业保障街道3个、充分就业保障社区16个。落实再就业优惠政策,发放职业介绍、社会保险等各类补贴417.5万元,办理小额贷款120万元。全年新增就业岗位1.29万个,实现再就业5 750人次,帮扶就业570人,农村劳动力转移就业5 917人次,职业技术培训6 763人次,城镇登记失业率控制在市目标以内。扩大社会保险覆盖面,区属困难企业职工在全市率先纳入医保。实现社会保险扩面6 562人,基金征缴700万元,农村养老保险基金征缴82.3万元,538名被征地农民登记参保,1.72万名企业退休人员纳入社会化管理。完善新型合作医疗制度,将失地农民和外来民工纳入覆盖范围,全区参保人数3.4万人,参保率98%,人均筹资额105元。完善城乡最低生活保障制度,累计发放低保金736万元,实现"应保尽保、应出尽出"。推进基础教育均衡发展,完成全区中小学"六有"工程。教育信息化步伐加快,完成"校校通"工程,实现全区教育"一网通",多媒体进教室率达74%。基层文化活动丰富多彩,举办大型群众文化活动25场,组建8支社区特色文化队伍。深入开展全民健身活动,社区全民健身工程点普及率100%,区体育公园建成并对外开放,完成十运会有关项目和参观的筹备、接待工作。完成电缆改光缆23公里,新增光节点21个,新发展有线电视用户8 000户,被评为省有线电视示范区。在全省首批通过省级社区卫生服务先进区验收,新建铁心医院,建成4个社区卫生服务站,完成8个村卫生室重组升级。加强疾病预防控制和食品卫生监督工作,禽流感等重大传染病和食品安全事故得到有效预防控制。完成农村改水87公里,创建1个省级卫生街道、4个市级卫生村。全区未发生一起职工因工死亡安全生产责任事故。加强社会治安综合治理,"平安雨花"创建成果得到巩固,社会更加稳定和谐。

栖霞区

【基本情况】 栖霞区位于南京市东北郊,面积340平方公里,人口39.76万人,辖9个街道、80个社区居委会、37个村委会。

【经济发展概况】 全年实现地区生产总值42.94亿元,增长28.29%;完成财政收入16.13亿元,增长32.02%;全社会固定资产投资70亿元,增长83.50%;社会消费品零售总额32.35亿元,增长16%。工业经济整体素质进一步提升。全年实现工业总产值、增加值115.19亿元、22.74亿元,分别增长32.62%、33.08%。完成工业固定资产投资25.6亿元,增长55.78%。海陵药业液体制剂等16个项目竣工投产,华能燃气电厂等23个项目顺利推进。新增销售收入超亿元的工业企业3家,500万元以上规模工业企业50家。培育省名牌产品7

个,市名牌产品3个。第三产业快速发展。完成增加值22.61亿元、固定资产投资42.37亿元,分别增长32.02%、101.76%。城北市场群被市政府列为全市10大重点商贸集聚区。完成房地产业施工面积178.14万平方米,商品房销售面积66万平方米。龙潭保税物流中心批准设立,招商局物流等项目落户龙潭物流基地。农村工作不断加强。全年农业利用外资780万美元,新增农业龙头企业5家。完成"绿色栖霞"造林面积360公顷,清淤土方96万立方米、堤防灌浆15公里,建成大同套闸及护坡、黄龙闸泵站、东阳排涝站改造等一批防洪保安工程。农民年人均纯收入达7 400元,增长12.94%。重大动物疫病的防控工作和禽流感的免疫密度达100%。全力推进招商引资。新批外商投资企业37家,增资项目13个,合同利用外资1.3亿美元,实际利用外资7 130万美元,亚钢球团、金鹰食品添加剂等投资千万美元以上的外资项目落户该区。加快各类园区建设。投入25亿元,其中基础设施投入8.5亿元。建成标准厂房15万平方米。栖霞经济技术开发区便民河路、七乡河路等园区道路开工建设,总投资3 000万美元的润泽华针纺织项目开工,泛太克等一批外资项目落户开发区。民营经济进一步发展。新发展私营企业850户,个体工商户3 000户,新增注册资本12亿元。投入2 800万元组建中小企业贷款担保有限责任公司。

【社会事业】 新培育6家市级高新技术企业、12家市级民营科技企业和20个市级高新技术产品,专利申请187件。国家级金港科技创业中心新增注册企业148家,新增注册资本3亿元。9个街道均达到省级教育现代化乡镇标准。全区教育资源进一步整合,中考达到省重点中学投档控制线的考生比上年提高10.86个百分点,高考本科录取率增长57%。开展文化进社区、教育进社区、法律进社区、就业进社区、体育进社区等活动,创建省级绿色社区1家。举办第六届"金秋栖霞"艺术节和"社区之春"百场文艺、"社区之夏"百场电影进社区等活动。文体基础设施加快建设,占地3.5万平方米的区文化体育中心启动。建成全民健身点61个,占地总面积1.2万平方米,覆盖52个社区。深化新型农村合作医疗,人均筹资超过100元,农民参合率达95.4%,村覆盖率100%。完成28个村卫生室达标工作。计划生育率99%以上。农村劳动力转移就业5 352人,组织各类就业培训1.66万人次。拓展与新港开发区、仙林大学城的劳动力对接渠道,推荐2 143名失地农民就业。投入帮扶救助资金2 766万元,为2 793人次的困难家庭学生减免学习费用。新增低保对象653人,城乡居民最低生活保障率达100%。开展"扶贫济困送温暖"活动,发放慰问金810万元。农村劳动力就业上岗技能培训1 000人,转移农村劳动力4 000人以上。

浦口区

【基本情况】 浦口区位于南京市西北部、扬子江北岸,总面积902平方公里,人口49.65万人,辖8个镇、3个街道、73个社区居民委员会、16个村居合一的涉农居委会、104个村民委员会。

【经济发展概况】 全年实现地区生产总值127.43亿元,增长19.4%,增速全市第一,人均GDP2.57万元。第一、二、三产业增加值占GDP的比重分别为8.9%、39.5%和51.6%。财政总收入33.0亿元,增长30.5%,其中地方一般预算收入12.4亿元,占37.6%。财政总支出24.6亿元,增长25.1%。城镇在岗职工年人均工资为19 970元,增长16.5%;农村居民人均纯收入为6 228元,增长12.5%。第一产业增加值11.4亿元,增长9.7%。农林牧渔业总产值22.8亿元,增长14.9%。农业龙头企业15个,省级无公害农产品基地51个,注册农产品品牌商标56个。加强以防洪保安为重点的水利建设,完成水利工程土石方350万立方米,改造低产田9.83公顷,治理水土流失面积13.69公顷,江河堤坝累计达标22公里,改建渠道90公里。农业机械化水平继续提高,年末农业机械总动力达15.94万千瓦。第二产业增加值50.28亿元,增长25.6%。全区工业总产值200.3亿元,增长21.7%,其中规模工业总产值156.2亿元,增长25.1%,利税13.8亿元,增长23.0%。产值超亿元企业36家,比上年增加13家。初步形成生物医药、机电制造、纺织服装、交通产品制造等特色产业。有5个镇街工业经济总量超过10亿元,其中珠江镇32.6亿元。固定资产投资和建筑业继续高速增长。全年完成固定资产投资73.2亿元,增长48.1%。商品住宅施工面积330万平方米,竣工面积100万平方米,分别增长80.7%和136.4%。销售面积89万平方米,销售额22.1亿元,分别增长1.9倍和2.7倍。建筑业增加值11.3亿元,增长54.1%。中铁大桥局集团第四工程公司、江苏双楼建设集团有限公司、南京第十建筑工程公司和国电环境保护研究所4家建筑业企业,分别实现建安产值过亿元。第三产业增加值65.75亿元,增长16.3%。其中贸易业增加值37.0亿元,占服务业增加值的56.3%,仅烟草局系统就达22亿元,占贸易业增加值的59.5%。社会消费品零售总额40.4亿元,增长16.0%。南京红太阳商业大世界、泰山庙农副产品市场、浦东路农副产品市场和江浦凡星综合市场四大商品交易市场全年商品成交额33.1亿元,增长15.3%。全年景区旅游接待量80万人次,旅游业增加值1.25亿元,分别增长32.2%和25.1%。房地产业增加值9.1亿元,增长28.6%。浦口经济开发区和镇街工业园区,园区功能更加完善,出口创汇1.4亿美元,增长72.8%;合同利用外资4.0亿美元,增长26.3%;实际利用外资1.5亿美元,增长6.0%。

【社会事业】 科技工作亮点频现。全年各类科技发展计划项目39项,区级科技产业化资金投入320万元,争取省、市科技经费1 330万元。有3家企业被列入江苏省知识产权管理工作推进计划实施单位,4家企业被认定为市高新技术企业,6项产品被认定为市高新技术产品,1项产品被认定为国家级高新技术产品。"国家火炬计划浦口区生物医药产业基地"教、研、产、销“四位一体”的发展模式逐步形成,老山药业、先声东元制药、中脉科技3家企业被认定为国家火炬计划重点高新技术企业。省级文化先进区的创建工作进展顺利。农村合作医疗继续稳步推进,行政村合作医疗覆盖率100%,农村居民参加合作医疗的人数达17.45万人,参与比率95%。投入600多万元,完成56个村级卫生室的达标改造。新增自来水受益人口8.11万人,农村自来水受益率97%。强化疾病预防控制体系和卫生监督体系的建设,投资500万元,建立二级疫情信息报告网络,健全突发公共卫生事件应急机制。成功举办首届农民运动会,参赛运动员近500人。

江宁区

【基本情况】 江宁区地处长江与沿海两大经济带交汇点,从东、西、南三面环抱南京主城,是南京重要的经济增长极。全区总面积1573平方公里,人口100多万人,辖11个镇、9个街道、139个村民委员会、145个社区居委会。

【经济发展概况】 2005年,全区实现地区生产总值240亿元,增长18.6%;完成财政收入50亿元,增长25%;完成全社会固定资产投资225亿元,增长50%;城镇在岗职工人均工资18 624元,增长10%,农民人均纯收入6 300元,增长12.1%;城乡居民储蓄存款余额105亿元,比上年增加20亿元。产业结构优化提升,三次产业结构为6.8:58.2:35。

农业基础地位不断夯实。实现第一产业增加值16.4亿元,增长3.8%。农业特色基地加快建设,建成省级无公害基地74个,认定国家级无公害产品57个,新注册农产品商标6个,创市级名牌农产品7个;农业产业化经营继续推进,20家重点龙头企业实现销售收入33亿元,增长32%,初步形成奶业、优质米等5条“龙头+基地+农户”紧密型产业链;旅游农业雏形初显,全区新建旅游农业点30个。

工业主导地位更加突出。实现工业增加值118亿元,增长16.3%,规模以上工业企业实现销售收入432亿元、利税41亿元,分别增长17%、18%;工业投入力度加大,全年完成工业固定资产投资130亿元,增长44%,210个重点工业项目,竣工投产120个;高新技术企业贡献增大,市级以上高新企业达150家,实现销售收入165亿元,实现增加值47亿元,占工业增加值40%。

第三产业后发优势日益显现。实现增加值84亿元,增长23.2%;全社会消费品零售总额36.9亿元,增长17.1%;重点第三产业项目进展迅速,华意时代广场、南京义乌小商品城等一批重点项目加快推进;房地产业稳健发展,全年开发面积234.4万平方米,下降18.5%,销售面积196.5万平方米,销售额69亿元,增长11.2%;旅游业勃发生机,南京金箔集团工业旅游区、横溪—陶吴农业旅游区分别获得全国工业、农业旅游示范点称号。

外经外贸有新发展。全年协议注册外资14.8亿美元,注册外资实际到账5.5亿美元,新批外资项目180个,其中千万美元以上项目70个,全年出口创汇18.5亿美元,增长114.3%。世界500强企业落户累计23家。新批项目数、协议注册外资、实际到账注册外资分别占全市总量的24%、27.3%、27.4%。园区开发成绩显著,全年新批外资项目96个,协议注册外资11.5亿美元,注册外资实际到账4.4亿美元,分别占全区总量的53.3%、77.7%、80%。民营经济活力增强,发展环境不断优化,全年新增民营企业1 660家,新增个体工商户4 300户,新增注册资本27亿元。

【社会事业】 实施国家火炬计划项目5项、国家中小型企业创新基金项目6项、国家重点新产品项目10项、省市科技计划项目28项,全年软件产业销售收入20亿元。被列为省知识产权示范区。专利申请量420件,专利授权量200件。其中职务发明专利294件,占专利申请总数70%以上。江宁体育中心体育馆、体育场建成,并在十运会期间承办摔跤、女子足球等多项赛事,决出十运会首枚金牌,江宁获“十运会优秀赛区”称号,被评为建设新南京突出贡献单位。教育工作进入省先进区行列,计生工作获“全国计划生育优质服务先进区”称号。城镇职工养老保险覆盖面98%;医疗保险覆盖面97%,参保人数达11万人;农村最低生活保障标准提高到150元,纳入农村低保6 259户、13 234人,纳入城镇低保1 344户、2 832人,保障金兑现率100%,实现应保尽保。全区新型农村合作医疗村覆盖率达100%,群众参保率94.3%,资金到位率100%,报销兑现及时率100%,全年为参保农民报销2 700万元。完成“农村8件实事”,新“农村5件实事”开始实施。全年改造危房436户,危桥45座,拆渡建桥3座,农村道路水泥化102公里。改建17个水厂,新增自来水受益人口1.28万人。

六合区

【基本情况】 六合区位于南京市北郊,总面积1 485.5平方公里,人口85.85万人。辖5个街道办事处、14个镇、240个村民委员会。区内有扬子石化、扬子巴斯夫、南化联合公司、南钢联合公司、南京热电厂、华能电厂等大型企业,是南京市重工业区。

【经济发展概况】 全年实现地区生产总值148亿元,增长20%;财政收入24.4亿元,增长31.9%;全社会固定资产投资85亿元,增长41.9%;社会消费品零售总额65亿元,增长16.5%。品牌农业增效增收。新成立5个专业协会组织,建成13个优质农产品生产基地,建设5个国家及省市级标准化示范区,11家省市级农业龙头企业综合效益和辐射作用明显增强,带动14.4万农户参与农业产业化经营。建成竹镇万只波杂羊基地、东沟鸽业小区等重点项目。完成连片植树造林2 000多公顷。引进各类资金1.6亿元。农民人均纯收入达6 300元,增长14%。

工业经济加速发展。新型工业化进程加快,机械电子、纺织服装、精细化工等主导产业的规模速度与结构效益协调发展,工业经济的主体地位加速巩固、支撑作用明显增强。全区规模以上工业实现增加值53亿元,增长25.9%。完成工业投入45亿元,增长42.4%,占全社会固定资产投资比重达54.2%。投资1 000万元以上项目110个。建筑业实现增加值13亿元,带动劳务输出3万余人。

第三产业提档升级。现代服务业加快发展,传统服务业业态多样。房地产业稳步发展,开工面积65万平方米。国家级地质公园、金牛湖AA级景区申报成功,旅游产业加速扩张,吸引游客达41万人次。交通运输、餐饮服务、邮电通信、金融保险等服务业快速发展。改革创新成效显现。

对外开放硕果累累。引进国内招商项目686个,投资总额86亿元;合同利用外资5.6亿美元,实际利用外资1.2亿美元,出口创汇1.3亿美元,劳务输出额710万美元。美国ABCI气体、英国BP醋酸、奥地利兰精纺织、法伯耳纤维等单体规模大、投资密度强、技术含量高的重大招商项目落户六合。园区开发优化拓展。"三带六园"(三带:沿金江公路产业带、沿江北大道产业带、沿江岸线产业带,六园:南京化学工业园、六合经济开发区、红山精细化工园、中山科技园、台商工业园、金牛开发区)开发纵深推进,园区载体功能、特色优势增强。南京化工园区进入快速发展阶段,开发面积达10平方公里。六合经济开发区、红山精细化工园、中山科技园等16个工业园区完成固定资产投资40亿元,新建标准化厂房30万平方米,新增入园企业300家。全民创业有声有色。鼓励全民自主创业,出台优惠政策、搭建融资平台、推介发展项目、完善全程服务,创业环境不断优化,创业形式更加灵活,创业氛围日趋浓厚。全年新增民营企业1 700家、个体工商户4 000户,新增注册资本21.8亿元。

【社会事业】 推进"科教兴区"战略,实施市以上科技项目20项,培育高新技术企业和产品4个,申请专利101项。完成励志中学教学楼、雄州初中综合楼等教育设施建设,省级"双拥模范区"创建通过验收。社会保障逐步完善。新增就业岗位1.98万个,实现再就业9 450人,转移农村劳动力2万人。社会保险扩面征缴取得新突破,新增各类参保人员1.3万人,"两个确保"(确保国有企业下岗人员基本生活、确保离退休人员按时额领取养老金)巩固提高。广泛开展"慈善一日捐"、"捐资助学"活动,实施大病救助、社会救济、法律援助,征收残疾人就业保障金。城乡统筹取得实效。加快市"一区两县"帮促政策、项目、资金对接,落实帮扶项目134个。区级机关部门帮促薄弱村项目76个。投入资金1.36亿元,加快推进为民办实事工程。完成农村特困户危房改造1 236户,建成6所百人敬老院,城乡低保标准适度提高,建成108个村标准卫生室,新型农村合作医疗农民参保率达85.3%,新发展有线电视用户1.6万户,新增改水受益人口3万人,改造危桥29座,完成农村水泥化道路扫尾工程。全面启动低保家庭子女就学救助、小型抗旱排涝泵站改造、农村劳动力培训转移等"新5件"实事。

溧水县

【基本情况】 溧水县位于南京市东南部,面积1 067平方公里,人口40.39万人,下辖8个镇、1个省级经济开发区、2个农林场圃、92个村。

【经济发展概况】 实现地区生产总值83.03亿元,增长20%;完成财政收入8.86亿元,增长18%;完成全社会固定资产投资48亿元,增长31.3%;实际利用外资2 857万美元;实际利用内资26亿元,增长42%;社会消费品零售总额28.7亿元,增长15.6%;农民人均纯收入5 944元,增长12.8%;城镇居民可支配收入12 432元,增长21.4%;城镇登记失业率控制在4.2%以内。

农村经济稳步发展。全年完成农业增加值9.9亿元,比上年增长7.4%;农林牧渔业总产值22亿元,增长6.3%。有机蔬菜、特色林果、优质畜禽、特种水产等优势特色产业的产业化步伐加快,全年新增无公害、绿色、有机农产品基地面积5 400公顷,新增黑莓种植333公顷、有机蔬菜155公顷、特种水产146.7公顷。常力蜂业被批准为省级农业龙头企业,亚狮龙羽毛球、桂花鸭养殖基地等农业龙头企业相继竣工投产。建成傅家边农业组培中心,编制现代农业基地规划。完成水库除险加固等水利工程和1 466.7公顷中低产田改造。继续实施"生态溧水"工程,全年新增有林地面积2 960公顷,启动白马湖人居森林项目,全县森林覆盖率提高2.16个百分点,达28%。开展农村集体经济股份制改革试点,全县村干部创业项目达296个,总投资9 372万元。积极开展夏季抗旱提灌、防治稻飞虱和禽流感工作,全县投入抗灾资金1 350万元。

工业经济实现较快增长。全年实现工业总产值190.8亿元、工业增加值38.62亿元、利税12.3亿元,分别增长18%、22.1%和32.8%,汽车、食品、新型材料、精细化工等重点产业占全县工业的比重较上年提高6个百分点。全年完成工业固定资产投资32亿元,较上年增长44.5%,富朗汽配、舜天工贸服装等90个总投资在1 000万元以上工业项目相继开工建设,小洋人乳业、航天晨光掘进机等150个项目相继竣工投产。

第三产业。实现三产增加值28.51亿元,增长20.5%。启动全县商贸流通业发展规划编制工作,县城核心商贸圈进一步繁荣,农村流通网络进一步完善。宝塔路市场群开工建设,沙塘庵粮食市场跻身全国十大米市,年交易额超过5亿元。

旅游业。全县旅游发展总体规划通过市旅游规划委员会论证,启动省级农业旅游基地创建工作,傅家边景区通过国家AAA级景区评审验收。全县旅游业总收入增长40.43%。

建筑业。全年施工产值、增加值和劳务收入分别增长30%、30%和31%。

民营经济。全年新增民营企业710家,新增个体工商户2 000家,新增注册资本6.5亿元。

开放型经济。全面整合招商资源,组建招商局。完善推动全民招商的激励政策,鼓励企业开展以商引商。全年新批外商投资企业32个,合同利用外资2亿美元;新批内资项目220个,实际利用内资26亿元。引进海正化工、荷飞医疗器械等大项目。对外经贸工作取得新成绩,全年实现外贸自营出口6 800万美元,实现对外劳务营业额431万美元。累计完成基础设施投资2.4亿元。出台鼓励产业集聚政策,全年标准厂房和工业楼宇开工面积达40万平方米,竣工30万平方米。

【社会事业】 完成农村中小学"六有"工程建设,即有整洁的校园、有满足学生就餐需要的卫生食堂、有冷热饮用水、有水冲式厕所、有安全宿舍、借宿学生一人有一张床。第二初中、东屏中学等创省示范初中通过验收,全县8镇均完成省级教育现代化先进镇创建工作。

新型农村合作医疗实现村级全覆盖,农民参保率继续提高。实施农村部分计划生育家庭奖励扶助金制度,积极开展省级计划生育示范县创建工作。加大农村公共设施投入,完成400公里农村水泥道路标准化改造以及农村危桥改造、撤渡建桥工程。新增就业岗位8 914个,新增城镇就业3 563人,新增各类保险参保职工2.万人。全年清理兑现拖欠工程款和民工工资4 000万元。出台《溧水县征地拆迁补偿安置办法》及相关配套政策,保障被征地农民基本生活。 (王艳红)

高淳县

【基本情况】 高淳县位于南京市西南端,东部为丘陵山区,西部为水网圩区。总面积802平方公里,总人口42.5万。辖1个省级经济开发区、8个镇。

【经济发展概况】 全县实现地区生产总值92亿元,增长18.2%;财政收入9.11亿元,地方一般预算收入4.93亿元,增长20.1%和14.4%;全社会固定资产投资51亿元,增长40.5%;社会消费品零售总额32.93亿元,增长15.4%。首次跨入"全国综合发展百强县"行列。坚持主攻工业第一方略。编制"工业产业发展指导纲要"和"工业布局规划纲要",强化产业引导。增加投入,推进31个工业重点项目建设。实现主营业务收入150亿元、增加值36.53亿元、利润4.7亿元,分别比上年增长23.3%、22.5%和24.3%;16家骨干重点企业和100家成长型企业增加值占全县工业总量的58.7%;完成技改投入29亿元,增长44.4%;建立省级技术中心1家,创市级名牌产品3个、著名商标4个。以农业增效、农民增收为目标,发展壮大农业主导产业。建成无公害农产品基地56个3万多公顷,新认证有机食品3个、绿色食品标志10个。培育发展农民合作经济组织26家,15家县级以上农业龙头企业实现销售收入29.3亿元,增长37%。落实粮食直补政策,发放补贴700多万元。新增绿化造林面积近1 500公顷。完成水利土石方445万方,第一期固城湖清淤工程、第五期淳东灌区续建配套与节水改造等重点工程如期竣工。完成土地治理733公顷,丘陵山区开发266.7公顷,复垦土地258公顷。成为首批省级生态农业县。做大特色产业规模。建筑业,坚持"质量兴业",加快市场开拓,产业规模不断扩大。新开工面积390万平方米,竣工面积400万平方米,实现施工产值62.5亿元,增长20.5%。创省以上优质工程10个。水产业,组织实施全国渔业科技入户示范工程,以科技进步带动水产养殖水平的提高。水产品总量达3 500万公斤,实现总收入9.6亿元,其中螃蟹产量和收入分别占22%和57%。造船水运业,编制实施胜利圩造船基地规划,建成八卦洲造船基地一期工程。武家嘴船舶制造公司获造船一级资质。新发展水运企业12家,新建船舶194艘54.5万吨位,实现营运收入16.35亿元,增长38%。商贸流通业,加大商贸重点项目推进力度,天河农贸市场扩容改造、苏果、苏宁大卖场、百货大厦重建等工程进展加快,华润苏果高淳购物广场对外营业,高淳大市场三期扩建工程竣工投用,生猪屠宰中心主体建成;被列入商务部"万村千乡"市场工程试点县,新建苏果、苏农、红太阳农资农技连锁店118家。迎湖桃源成为全国农业旅游示范点,开通高淳旅游网站,推出高淳一日游联票,实现总收入3.27亿元。改革开放成效显著。引导规模企业进行股份制改造,新增股份制企业5家。启动上市公司股权分置改革,红太阳股份公司、高淳陶瓷股份公司内部改革逐步深化。健全会计委派制度,实行国有企业经营层年薪制试点。完善土地收储中心功能,公开招标拍卖经营性土地使用权。积极探索土地征用新机制,切实保障被征地农民利益。完成村集体经济股份合作制改革6家。新增私营企业3 198家,个体工商户1 778户。加强对外交流与合作,调整设立深圳、宁波、上海等驻外招商办事处,精心组织东莞、温州和意大利、澳大利亚、韩国等境内外招商活动,举办第五届中国南京固城湖螃蟹节暨经贸洽谈会。建立定期讲评、定期会办、定期交流、领导挂钩等制度,加快项目转化,全年引进企业190家,其中外资企业47家,注册利用外资1.77亿美元,实际利用外资2 518万美元。实现出口创汇8 500万美元,对外劳务营业额600万美元。

【城区环境】 制定《高淳县规划和城镇建设管理意见》及实施

办法,编制完成全县镇村布局等规划12个。建成湖滨大道景观带、双牌石生态广场等重点工程11个,新增城市绿化面积20万平方米。县城污水处理厂投入运行,建成垃圾中转站2座、市民休闲广场3个,新建改造淳兴路、学山路。旧城改造步伐加快,拆迁面积6.3万平方米,淳溪镇农民集中居住示范区开工建设。推进城市卫生和环境综合整治,创建国家级卫生县城通过省级考核。实施镇、村环境整治工程,江张康居示范村建设全面启动。开工建设小花大桥、省道104高淳连接线(双湖公路)二期、省道123(宁宣公路)高淳段,改建永砖路、荆溪路,完成农村水泥路标准化工程160公里。新建投运35千伏桠溪、定埠变电站。开展国家级生态县创建工作,编制《高淳县生态县建设规划》和《高淳县循环经济发展规划》,加强固城湖水资源保护,建设生态重点工程31个。创省级生态村7个、市首批"十佳生态村"3个,绿色学校1个,桠溪镇蓝溪村成为首批省级农村环境综合整治试点村,凤岭社区成为市级绿色社区。

【社会事业】 抢抓全市统筹城乡发展战略机遇,积极开展各类对接活动,落实帮促项目116个、帮促资金1 902万元。通过全国科技进步考核,组织实施国家级科技项目7个,新增市以上高新技术企业6家,其中国家级1家。湖滨中学开工建设,漆桥镇、淳溪镇、阳江镇成为省教育现代化先进乡镇,高考本科达线率居南京市原5郊县之首。完善公共卫生和医疗服务体系,县人民医院新门诊大楼投入使用,禽流感等重大疫情防控措施扎实有力。推行农村计划生育家庭奖励扶助制度,成为全国婚育新风进万家活动先进县。群众性体育活动蓬勃开展,漆桥镇被评为全国群众体育先进乡镇。围绕创建文明家园示范村,开展"清洁家园"、"绿色家园"、"文明新风进家园"三大主题活动,古柏镇武家嘴村被评为"全国文明村"。严格烟草专卖制度,突出食品、药品、特种设备质量监管,获"省质量兴市活动先进县"称号。建立安全生产警示谈话制度,开展平安高淳创建活动,通过省社会治安安全县考核验收。畅通民情信访诉求渠道,完善社会矛盾纠纷大调解工作机制,保持安定和谐的社会局面。新增就业岗位5 300个,实现再就业2 510人,帮扶困难人员实现就业202人。完善就业服务网络建设,强化职业技能培训,建立农村劳动力培训基地9个,培训农村劳动力1万人次,转移1万人。依法推进社会保险扩面征缴,新增参保人数4 115人。加强城乡居民最低生活保障工作,应保尽保9 287人。出台《城乡困难居民大重病医疗救助暂行办法》,适时提高五保供养标准。全面开展残疾人保障金征缴工作,推进残疾人按比例就业。推进农村8件实事和新5件实事,新增自来水受益人数2.54万人,改造危房404户、危桥23座,新型农村合作医疗行政村参保率100%,农民参保率90.3%。年末城乡居民储蓄余额29.5亿元,比年初增加2.3亿元。每百人拥有固定电话25部、移动电话30部。城镇居民人均可支配收入达12 803元;农民人均纯收入达6 226元,增长12.5%。

【新区建设步伐加快】 完成29.5平方公里高淳新区总体规划和近期建设区11.9平方公里控制性详规,明确机电、食品、服装等产业园区功能。完善新区内道路网络,其中起步区"五通一平"面积达4.7平方公里,供电、供水、排水、通讯网络设施齐全,绿化、亮化等配套设施日臻完善。区内现有企业180多家,其中外资企业50多家。

【高标准建成湖滨大道】 湖滨大道全长5 320米,宽20米,工程总投资2.5亿元。集城市交通、防洪、旅游观光功能于一体,在满足城市交通、防洪功能的前提下对沿湖、沿河的节点赋于不同的景观内容,规划建设湖滨广场、游船码头、湿地游览区、清水平台等景区,充分体现出固城湖风光效果,成为一条"亲水显绿、自然雅致、功能完备、彰显生态景观"的沿湖风光带。其中湖滨广场占地5万平方米,建有舞台、观景台、水湾、木质亲水栈道等景观。9月16日,第五届中国南京固城湖螃蟹节暨经贸洽谈会开幕式在新建成的湖滨广场举行。

(孙 彬 王玉华)

秦淮夜景

苏州市

【地理位置】　苏州市位于长江三角洲中部、江苏省东南部,东经119°55′~121°20′,北纬30°47′~32°02′之间,东傍上海,西邻无锡,南接浙江,北枕长江。有"天堂"的美誉。

苏州地处以太湖为中心的浅碟形平原的底部,地势低平,平原占总面积的54.9%,海拔4米左右。东南部地势低洼,西南部多小山丘,穹窿山主峰高351.7米,为全市最高点。丘陵占总面积的2.7%。境内河流纵横,湖泊众多,京杭运河贯通南北,吴淞江、娄江、太浦河等连接东西,阳澄湖、昆承湖、淀山湖等散布其间,太湖水面绝大部分在苏州市境内,全市水域占总面积的42.5%,是著名的江南水乡。

【行政区划与面积】　苏州市下辖张家港、常熟、太仓、昆山、吴江5个县级市和吴中、相城、平江、沧浪、金阊、高新、虎丘区7个区及苏州工业园区。2005年末,全市共有64个镇、31个街道、1 273个村委会、698个居委会。其中市区有19个镇、31个街道、304个村委会、290个居委会。总面积8 488.42平方公里,占全省面积的8.27%。市区土地面积1 649.72平方公里,其中建成区195平方公里,古城区14.2平方公里。5个县级市土地面积为:张家港市,772.40平方公里;常熟市,1 094.00平方公里;太仓市,620.00平方公里;昆山市,864.90平方公里;吴江市,1 092.90平方公里。

【区划调整】　①苏州市调整唯亭、跨塘两镇行政区划。经江苏省政府批准,苏州市政府于2005年5月30日以苏府复[2005]39号文批复:同意将唯亭镇、跨塘镇合并设立唯亭镇。②常熟市调整辛庄、练塘、王庄3镇行政区划。经江苏省政府批准,苏州市政府于2005年8月2日以苏府复[2005]66号文批复:同意撤销练塘镇,将原练塘镇所辖张家桥、张桥2个居委会和东旺、张家桥、嘉菱、旺倪桥、平墅、谢家塘、卫家塘7个村委会划归辛庄镇管辖,镇政府驻辛庄;将原练塘镇所辖练塘居委会和常兴、鸳鸯桥、吉桥、练南、罗墩、建华、颜巷、翁家庄8个村委会划归王庄镇管辖,并将王庄镇更名为尚湖镇,镇政府驻冶塘。③相城区新设黄桥街道并调整元和街道管辖区域。苏州市政府于2005年12月5日以苏府复[2005]126号文批复:同意从元和街道区域划出原黄桥镇区域设立黄桥街道。新设黄桥街道的范围为:东至元和街道、西至金阊区、南至平江区、北至黄埭镇。黄桥街道办事处驻地为原黄桥镇政府所在地。调整后的元和街道范围为:东至相城大道、西至黄桥街道和黄埭镇、南至平江区、北至渭塘镇。元和街道办事处驻地为原元和街道办事处所在地。

【历史沿革】　苏州有文字记载的历史已有4 000多年,秦代建置吴县,为会稽郡治所。汉代设吴郡。三国时属孙权吴国。两晋南北朝的大部分时间为吴郡治所。隋开皇九年(589年)始称苏州。明洪武二年(1369年)称苏州府。清代续为苏州府。民国元年撤苏州府,设吴县;1928年建苏州市,1930年撤销,复称吴县。新中国成立后,苏州分为苏州市和苏州专区两个行政区。1953年1月之前和1958年7月至1962年6月,苏州市曾两次划归苏州专区。1953年至1957年,无锡、江阴、宜兴和武进4县划归苏州专区。1956年初,宜兴划归镇江专区。1958年初,苏州专区又同松江专区合并。是年7月,武进县划归镇江专区。11月原松江专区所属各县又划归上海市。1961年,从常熟、江阴划出部分公社,成立沙洲县。1983年初,江阴、无锡两县划归无锡市,苏州市实行市管县新体制,下辖常熟、沙洲(后更名为张家港)、太仓、昆山、吴县、吴江6个县和平江、沧浪、金阊、郊区(后更名为虎丘)4个区。之后6个县先后撤县建市。1992年和1994年,先后从吴县及郊区划出部分乡镇,设立苏州新区和苏州工业园区。2001年2月,撤销吴县市,分设吴中区、相城区。2002年9月,苏州新区、虎丘区区划调整,成立苏州高新区·虎丘区。

【气候】　苏州地处温带,属亚热带湿润性季风海洋性气候,四季分明,气候温和,雨量充沛。年平均气温17℃上下,年降水量1 000毫米左右,无霜期230天左右,日照约2 000小时,农作物生长期长达9个月。土地肥沃,物产丰富,自然条件优越。气候特点:春夏之交多梅雨,夏末秋初多台风,3~8月降水量占全年雨量的63%。

2005年,全市年平均气温较历年同期正常略偏高,降水量正常略偏少,日照时数正常。6月雨日之少创历史极值;梅雨期3天,为梅雨期最短的年份;高温日数异常偏多;全年有4个台风影响全市,其中"麦莎"和"卡努"正面袭击,影响严重。

【水文】　苏州境内地势由西向东南微微倾斜,平原广阔,水源充沛,山丘点缀。烟波浩淼的太湖承接上游南溪、苕溪水系来水,通过苏州的河网入江入海。苏州是太湖洪水下泄归海的必经廊道,太湖又是苏州供水的可靠水源。城市化进程的加快、带来水污染造成的水质型缺水的矛盾渐趋突出。2005年苏州市面平均降水量987.2毫米,比多年平均值偏少9.7%。年内全市梅期短,雨量少。6月26日入梅、6月29日出梅,梅雨期仅3天,较多年平均梅雨期缩短21天,全市面平均梅雨量32.6毫米,较多年平均梅雨量偏少84.8%。

2005年全市河道水质污染状况较上年有所上升,235个水质监测断面的年均值经综合评价,超Ⅲ类水质标准(GB3838-2002)的监测断面由84.3%上升至86.9%,主要污染因子氨氮和高锰酸盐指数。

【资源】　土地资源:全市现有耕地面积247.8千公顷,人均占有耕地低于全省、全国平均水平。主要种植水稻、麦子、油菜;特产有鸭血糯、白蒜、柑桔、枇杷、板栗、梅子、桂花、茶花、碧螺春茶等。

水资源。苏州拥有各级河道2万多条,大小湖泊300多个,全市水域面积达3 609.4平方公里,淡水养殖面积达8.74

万公顷，水产资源十分丰富，共出产30多种淡水鱼类。

矿产资源。苏州矿产资料现已探明的有高岭土、硫、花岗石、石灰石、石英、煤、天然气、铜、铁、铅、锌、铟、镉、银、磁铁等15种，已开采的以非金属矿产为主，其中高岭土、花岗石以储量丰富、质量优异而名冠全国。

旅游资源。苏州是全国重点旅游城市、国家园林城市和国际花园城市，拥有苏州、常熟两座国家历史文化名城，周庄、同里、角直3个中国历史文化名镇和东山、西山、木渎、光福、震泽、沙溪6个江苏省历史文化名镇，历史遗存丰富。苏州市级以上文物保护单位有487处，其中国家级15处，省级101处，数量仅次于北京和西安。文保机构文物藏品10 915件，其中一级品59件。苏州古城坐落在水网之中，众多湖泊像晶莹的宝石镶嵌在城区四周；街道依河而建，建筑临水而造，形成独特风貌。"苏州园林甲天下"。现有园林60多个，其中拙政园、留园、网师园、环秀山庄、沧浪亭、狮子林、艺圃、耦园、退思园等9个古典园林被联合国列入《世界文化遗产名录》。虎丘山、灵岩山、天平山、洞庭东西山、邓尉山、虞山、玉山等处，都是天然的风景胜地。苏州市建有11个博物馆，成为旅游新热点。

【全市建制镇并至64个】 苏州市通过新一轮的行政区划调整，到2005年底，全市共有31个街道、64个镇，其中3个老城区共有17个街道。按照调强、调大、调优的原则，撤销人口在3万人以下的建制镇，就近并入中心镇或合并为一般建制镇；保留不宜撤并的著名古镇；逐步撤销苏州市城市规划区和县级市城市规划区内的建制镇，改设为街道。按照有利于形成区域分工明确、功能定位恰当、集聚效应良好、发展优势明显、个性特色鲜明的新型城镇体系，促进城乡共同发展的标准设置小城市即中心镇。经过调整，全市现有建制镇64个，平均规模由45.44平方公里、3.84万人扩大到82.06平方公里、6.94万人。

【人口】 2005年底，苏州市总人口607.31万人，其中市辖区225.11万人，比上年增加4.35万人，增长率为1.97%。全市总户数206.83万户，户均人数2.94人。总人口中，男性300.34万人，女性306.97万人，男女性别比为97.84∶100。人口自然增长率1.18‰。年内，苏州市共出生48 477人，出生率为8.04‰，比上年上升0.06个千分点；死亡41 385人，死亡率为6.86‰，与上年持平。人口的自然增长率由上年的1.12‰上升为1.18‰。5个县级市中除昆山、张家港市自然增长率为3.21‰、1.41‰外，其他3个县级市自然增长率均为负数，其中太仓市自然增长率-1.79‰，为全市最低。市辖区出生人口19 755人，死亡13 643人，人口的自然增长率由上年的2.08‰上升到2.75‰。全市省内外迁入113 491人，迁往省内外36 202人，人口机械增长率12.82‰，比上年下降0.19个千分点。市辖区人口机械增长37 301人，增长率为16.73‰，比上年下降了1.8个千分点。昆山市人口机械增长仍位居5个县级市榜首，为23.78‰，其余分别为张家港市10.24‰、太仓市8.61‰、吴江市7.52‰、常熟市5.62‰。

【城市性质】 苏州是国务院首批命名的历史文化名城和重要的风景游览城市，是长江三角洲重要的中心城市之一。苏州城自公元前514年建城以来，虽历经2 500多年沧桑，但古城池仍坐落在春秋时代的位置上，基本保持着古代"水陆并行、河街相邻"的双棋盘格局，"三纵三横一环"的河道水系和"小桥流水、粉墙黛瓦、史迹名园"的独特风貌。苏州古城区现有河道总长35公里，桥梁168座，是中国河、桥最多的城市，被誉为"东方威尼斯"。苏州又是沿海经济开放区。1985年1月，中央决定将长江三角洲、珠江三角洲和闽南厦漳泉三角地区开辟为沿海经济开放区。从此，苏州进入了改革开放的新时期。1993年4月，国务院批准苏州为全国"较大的市"，从而拥有了部分立法权。现列为全国一级城市。

【传统文化】 苏州是吴文化的发祥地和人文荟萃之地。姑苏文坛贤才辈出，代表人物有西晋文学家陆机，宋代政治家范仲淹、诗人范成大，明代小说家冯梦龙，"吴门画派"沈周、唐寅、文征明、仇英，清代及近代文人顾炎武、俞樾、章太炎等，都在苏州留下了传世佳作。

苏州是全国最古老剧种之一昆曲的诞生地。昆曲已有400多年的历史，人称"中国戏曲之母"。2001年5月，昆曲被联合国教科文组织列入"人类口述和非物质遗产代表作"。评弹是用苏州方言表演的说唱艺术，已在江、浙、沪一带流传了300余年，至今仍为群众喜闻乐见。常熟"虞山琴派"是中国古琴的一个重要流派。2003年11月，中国古琴被联合国教科文组织列入第2批"人类口述和非物质遗产代表作"。2005年苏州市公布了第一批12项非物质文化遗产代表作名录。

苏州工艺品闻名中外，苏绣与湘、蜀、粤绣同被誉为"四大名绣"；桃花坞木刻年画与天津杨柳青木刻齐名，世称"南桃北杨"。苏州缂丝、雕塑、宋绵、苏扇、红木雕刻等工艺品，巧夺天工。

【经济发展】 牢固树立和认真贯彻科学发展观，紧紧围绕"富民强市、两个率先"的目标，努力克服宏观环境偏紧和经济发展中的各种矛盾和困难，加快调整经济结构和生产力布局，努力转变经济增长方式，全市经济社会在高平台上又快又好地发展，为"十五"发展画上了圆满的句号。

经济保持较快增势。全市地区生产总值突破4 000亿元，达4 026.52亿元，按可比价格计算比上年增长15.3%。其中第一产业完成增加值88.66亿元，增长0.2%；第二产业完成增加值2 681.54亿元，增长15.3%；第三产业完成增加值1 256.32亿元，增长16.7%。三次产业的比重分别为2.2%、66.6%和31.2%。人均地区生产总值（按户籍人口计算）66 766元，按现行汇率折算超过8 000美元。

地方财力明显增强。全市地方一般预算收入突破300亿元，完成316.78亿元，比上年增长26.4%，其中营业税、企业所得税、个人所得税分别增长25.3%、33.6%和25.5%。

【农林牧渔业】 全市实现农林牧渔业总产值162.87亿元。农业生产结构继续调整，粮食与经济作物种植面积比例由上年的52.9∶46.5调整为54.6∶44.7，畜牧、渔业生产效益稳步提高。全市新增26只无公害农产品、236只绿色食品和36只有机食品，年末"三品"总数达1 015只。农业产业化经营加快发展，15家省级龙头企业实现销售收入增长15.6%。观光农业开始起步。农村基础设施建设力度加大，综合生产能力持续增强。全市完成农田水利总土方2 764万立方米。农村新增林地绿地7 867公顷，疏浚整治各级河道1 791公里，加高加固圩堤

191公里,增砌护岸工程179公里。农业机械化综合水平进一步提高,年末拥有农业机械总动力196.9万千瓦,农林牧渔业用电量2.96亿千瓦时。

【工业和建筑业】 全市工业总产值突破1万亿元,达到12 123亿元,其中规模以上工业企业实现总产值9 909亿元,分别比上年增长26.8%和27.5%。全市工业用电量483.56亿千瓦时,比上年增长25%。在全市规模以上工业中,国有工业产值80亿元,集体工业产值146亿元,三资工业产值6 628亿元,私营工业产值1 492亿元。重工业产值6 575亿元,轻工业产值3 334亿元,分别增长28.0%和26.5%,重工业化水平达到66.4%。百强企业完成工业产值4 361亿元,比上年增长33.5%,占规模以上工业产值的比重达44.0%。工业经济效益稳步提升,规模以上工业产品销售收入9 872亿元,比上年增长26.9%,产销率达98.3%;实现利税597.32亿元,增长25.5%,其中利润422.99亿元,增长28.2%。

建筑业稳步发展。全市建筑施工企业实现施工产值474.79亿元,比上年增长11.4%,施工面积6 224.17万平方米,比上年增长18.0%,竣工面积2 921.34万平方米。

【运输邮电业】 全社会完成客运量3.07亿人次,客运周转量191.91亿人公里,分别比上年增长21.4%和7.1%;完成货运量1.04亿吨,比上年增长17.7%,货物周转量68.42亿吨公里,增长30.9%,苏州港港口吞吐量达1.19亿吨,集装箱运量75万标箱。全市年末拥有机动车141.42万辆,其中汽车44.94万辆,分别比上年增长10.7%和26.5%。邮政电信业务量稳步增加。全市邮政业务收入7.42亿元;发送函件1.11亿件,特快专递394.24万件,报刊2.4亿份;年末邮政储蓄余额133.25亿元,比上年增长30.9%。全市电信业务总收入91.26亿元,年末市话交换机总容量351.29万门;小灵通用户迅猛增长,达202万户;移动电话用户563万户,比上年增长14.5%。每百人拥有电话机209.39部。

【国内贸易】 全市实现社会消费品零售总额950.07亿元,比上年增长16.5%。其中,批发零售业零售额786.56亿元,餐饮业零售额102.01亿元,分别比上年增长17.0%和13.5%;城市消费品零售额677.70亿元,农村消费品零售额227.37亿元,分别比上年增长16.5%和16.6%。限额以上批发零售业实现商品零售额298.39亿元,增长19.6%;其中吃的商品零售额49.19亿元,增长24.3%;穿的商品零售额35.25亿元,增长28.8%;用的商品零售额213.95亿元,增长17.3%;吃、穿、用占限额以上零售额的比重分别为16.5%、11.8%和71.7%。

【金融·证券·保险业】 金融机构继续贯彻落实稳健的货币政策,各项存贷款业务平稳增长。年末金融机构人民币存、贷款余额分别为4 730.05亿元和3 478.34亿元,比年初分别增加874.6亿元和552.71亿元。全年银行现金收入10 844.55亿元,现金支出11 122.57亿元,比上年均增长7.0%。

全市证券开户数53万户,与上年持平,全市股票成交金额达700亿元。全市证券营业部新增3家,总数达到38家。

全市新增保险机构3家,年末保险机构总数达21家,保险公司全年保费收入75.34亿元,比上年增长5.4%,财产险与人寿险的比例为27.1∶72.9,已决赔款及给付20.85亿元,比上年增长9.4%。

【房地产业】 全市房地产开发投资414.33亿元,比上年增长23.9%,占全社会固定资产投资比重达22.2%,商品房施工面积4 701.34万平方米,增长12.4%,竣工面积1 677.29万平方米,增长14.7%。全市商品房销售额303.48亿元,增长14.6%,其中住宅销售额253.31亿元,增长13.7%。房屋二级市场置换交易活跃,市区存量房交易成交面积达257.82万平方米。拍卖、招标和挂牌交易经营性用地112宗,共计465万平方米。全市完成拆迁房屋面积14万平方米,建成定销房面积22万平方米。

【体制改革】 产权制度改革深入推进,市属事业单位改革全面启动,引导改制企业建立现代企业制度。打造服务型政府成效显著,新一轮行政审批改革以《行政许可法》作为指导原则和根本依据,以“两个坚持”和“五项清理”为特点,行政审批总事项累计削减72.3%,有86%的行政审批项目进驻市行政服务中心,网上申报审批率达到92%。政风行风建设取得成效,纳税人评议政风行风调查综合满意率达到98.1%,比上年提高0.9个百分点。企业融资渠道进一步拓宽,2家公司在新加坡上市,筹集资金2.72亿元。全市有5家企业完成辅导验收,新进入上市辅导的企业1家,6家拟上市企业已提交发审会审核。市属8家上市公司中已有5家完成股权分置改革。

【民营经济】 全市新增注册私营企业1.69万家,个体工商户5.61万户。年末私营企业登记注册户数9.24万家,注册资金1 702.68亿元,比上年增长31.0%;个体工商户登记注册户数达到23.08万户,注册资金88.12亿元,分别比上年增长4.2%和3.1%。年末全市共有规模以上民营工业企业3 460家,占规模以上工业企业数的51.3%;完成工业总产值2 925.3亿元,增长24.1%,户均产值达8 455万元。年末已拥有16个中国驰名商标和29个中国名牌产品。全年私营个体经济税收占全市税收的比重达到30.5%,比上年提高3.2个百分点。私营个体经济完成投资占全社会固定资产投资的30.1%,比上年提高1.2个百分点。

【对外贸易】 2005年,进出口总额超过1 405.89亿美元,比上年增长36.2%,其中出口总额727.75亿美元,比上年增长43.3%。其中外商投资企业出口额655.13亿美元,外贸公司出口额35.14亿美元,私营企业出口额22.66亿美元,分别比上年增长45.0%、12.7%和92.1%。对亚洲、北美、欧洲三大洲的出口额占出口总额的比重达96.2%,其中对亚洲出口额316.08亿美元,增长40.7%;对北美洲出口额192.78亿美元,增长45.7%;对欧洲出口额190.98亿美元,增长46.1%。全年机电产品出口590.94亿美元,增长40.9%,机电产品出口额占全市出口总额的比重达81.2%,比上年提高1.9个百分点。高新技术产品出口431.11亿美元,比上年增长47.9%,占全市出口总额的比重为59.2%,比上年提高1.8个百分点。在出口总额中,一般贸易出口122.67亿美元,进料加工贸易出口421.78亿美元,来料加工装配贸易出口181.62亿美元,分别比上年增长35.9%、25.5%和125.4%。

【利用外资】 全市新增注册外资153.4亿美元,比上年增长4.3%,实际利用外资51.16亿美元,比上年增长22.4%。外资项目规模继续扩大,新批超千万美元以上的项目占项目总数的33.7%,注册外资金额占全市注册外资的63.5%,其中9个新批项目超亿美元。1 207家外商投资企业先后增资,一、二、三次产业注册外资之比为0.2:91.2:8.6,单项注册外资规模提高到703万美元,世界500强跨国公司中已有107家落户苏州。

【外经合作】 "走出去"步伐继续加快。全市新签对外劳务承包合同额4.14亿美元,完成营业额3.98亿美元,分别比上年增长65.9%和88.0%。当年新派出劳务人员2 595人。当年新批境外投资项目42个,其中新开业企业24家。

【开发区建设】 开发区辐射、带动作用不断增强。全市国家级开发区和省级开发区全年共新增注册外资111.77亿美元,实际利用外资47.27亿美元,完成地方一般预算收入127.83亿元,批准进区三资企业1 275个。

【引进内资】 引进内资稳步增加。全年共引进内资项目4 456个,比上年增长7.6%。引进内资项目注册资本222.29亿元,其中外地注册资本207.46亿元,比上年增长18.8%。

【固定资产投资】 全面贯彻国家宏观调控政策,注重调整投资结构,固定资产投资在高平台上呈现平稳增长态势。全社会固定资产投资1 870.14亿元,比上年增长20.3%,其中,国有经济投资407.49亿元,比上年增长24.9%;三资企业投资579.13亿元,增长29.7%;私营个体经济投资总量已接近三资企业,完成投资581.41亿元,比上年增长29.2%。第三产业完成投资817.36亿元,增长20.1%,第二产业完成投资1 050.63亿元,增长20.6%,其中工业投资1 049.15亿元,增长20.7%。全社会施工房屋面积9 492.83万平方米,比上年增长9.2%,竣工房屋面积3 971.68万平方米,增长9.2%,房屋竣工率为41.8%。新增固定资产1 761.04亿元,固定资产交付使用率为94.2%。全市新增生产能力主要有:高速公路135公里,火力发电316万千瓦,变电设备291万千伏安等。

【基础设施建设】 基础设施建设力度加大,快速路网框架基本形成。路桥建设按计划加快推进,随着沪宁高速公路改扩建、苏沪高速公路、苏昆太高速公路、绕城高速公路西北段、312国道苏州段拓宽、锡太一级公路、东环路快速干道北延和227省道分流线二期工程的建成,大交通"瓶颈"基本消除。年末全市高速公路总里程434.2公里,密度达5.1公里/百平方公里。农村公路建设进展迅速,共完成投资23.7亿元,新增通车里程525公里。苏州港建设投资力度继续加大,完成投资15.8亿元,新增万吨级码头泊位23个,太仓港区二期工程加快推进。

【建设与规划管理】 以城市总体规划修编为龙头,全面开展综合交通、环卫、消防等各项专业规划,继续开展对3个新城规划的评估、调整、完善和深化,进一步提高城市详细规划的覆盖面,完善古城保护规划。大力实施城市化战略,城市化率达65.0%。市区新增绿地480.3公顷,人均公共绿地面积9.8平方米,比上年增加1.2平方米,建成区绿化覆盖率达40.2%,比上年提高1个百分点。

【公用事业】 城乡公共服务能力不断提高。公交优先成效显著,市区新增公交营运线路20条,新增公交车301辆,全年公交运客总量3.5亿人次,市区年末营运出租汽车3 203辆。市区新建、改建、整治道路路面11.36万平方米,城市人均道路面积达19.0平方米,新建改建市区公共厕所50座,敷设污水、雨水管道117.5公里,老住宅小区内的路灯设施改造和城区照明"盲区"改造工程顺利实施。市区家庭燃气基本普及,管道天然气供气总量11 931万立方米,液化石油气供气总量24.2万吨,煤气供气总量6 200万立方米,自来水日供水量达127.25万立方米。

【信息化建设】 宽带城域网光缆总长度达到7.4万公里,宽带核心交换能力为970G,城市出口带宽达到45G,面向社会和公众的信息服务能力大大提升。互联网宽带用户达到49.6万户,互联网拨号上网用户为20.4万户;互联网专线用户为5 122户。医保联网覆盖面扩大,医保定点医院达38家,定点药店81家,定点门诊部、社区卫生院和企业卫生所共177家。刷卡消费渐成时尚,全市18家银行累计发行银行卡1 586万张,全年POS交易金额64.6亿元,增长81%。

【古城·古镇·古村落保护】 切实采取措施保障文物保护单位和控制保护建筑完好,不断提高全市历史文化遗产保护水平。加强"一城两线三片"风貌保护,加大古建筑和古镇古村落抢修保护力度。根据《苏州市古村落保护办法》,陆巷等14处古村落列入苏州市第1批控制保护古村落;新增谦和堂等60处历史建筑作为苏州市第3批控制保护建筑。

【环境保护与治理】 生态市建设全面推进,循环经济进一步拓展。企业、区域、社会3个层面循环经济试点工作取得成效。大力推进企业清洁生产和ISO14000体系认证,198家企业通过了清洁生产审核,292家企业通过了ISO14000环境管理体系认证。扎实做好太湖流域水污染防治工作,太湖水污染防治行动计划全面完成。市区燃油助力车全面禁行,淘汰高污染燃料锅炉35台。加强噪声达标区的建设,环境噪声达标区覆盖率已达到100%。环境空气质量有所改善,市区城市环境空气优良以上天数比例为87.67%,空气质量总体达到Ⅱ级标准,全市环境质量综合指数达到84.45。

【科技事业】 全面推进国际新兴科技城市十大工程建设,创新创业环境持续改善。全市组织实施省级以上科技项目338项,其中国家级项目171项,省级项目167项。143项科技成果获市级以上科技进步奖,其中国家科技进步奖3项,江苏省奖8项。全年专利申请量6 780件,比上年增长44.7%,专利授权量3 315件,比上年增长19.1%。新建、扩建了7个科技创业园,累计科技创业孵化器25个,创业孵化面积68.66万平方米,苏州科技中心正式启用。全市民营科技企业达3 000多家,比上年增长36.3%。全市高新技术产业产值达3 084.66亿元,比上年增长26.6%,占规模以上工业比重达31.1%。全市新认定省级以上高新技术产品196个,累计已达1 639个。当年新增省级以上高新技术企业63家,实有总数达到706家,新增国家认定的软件企业30家。人才环境得到优化,高层次人才队伍进一步壮大,全市引进各类人才9万人,引进留学人员301名。

【教育事业】 基本形成终身教育体系,教育国际合作迈上新台阶。全市初中毕业生升学率为97.08%,高等教育普及化程度提高,高考录取率为88.23%,高等教育毛入学率达51.53%。新增劳动力人均受教育年限达14.5年。全市小学在校学生35.99万人,初中在校学生22.07万人,普通高中在校学生11.76万人。职业教育实现优质化、规模化,职业中学在校学生2.09万人,技工学校在校学生2.72万人,毕业生0.7万人。中等专业学校在校学生9.46万人,毕业生1.42万人;普通高等学校在校学生11.3万人,毕业生2.25万人;成人高等学校在校学生3.21万人,毕业生1.15万人。全市中外合作办学项目达到20个,双语教育实验学校达到120所。独墅湖高等教育区和国际教育园入驻师生超过6万人。

【文化事业】 成功举办中国非物质文化遗产保护·苏州论坛,公布苏州市第1批12项非物质文化遗产代表作名录,文化遗产保护法制化建设稳步推进。实施文化精品工程,小品《面试》荣获第5届央视小品大赛4项大奖,《青春跑道》被列入省舞台艺术精品工程初选剧目,新编昆曲《西施》高质量创作完成。"苏州周"活动获得日本爱知世博会中国馆惟一最佳展示奖。已建成7个国家级"民间艺术之乡"、14个省级"特色文化之乡"。年末全市文化馆、图书馆、城乡文化站总面积50.37万平方米。两家出版社出版新书315种,公开出版报纸13种,期刊28种。广电事业不断发展,全市有线电视用户数超过150万户,农村有线电视净增用户7.37万户。

【卫生事业】 成功召开苏港澳健康城市论坛,苏州市被正式授牌成为健康城市联盟中国分部,母婴健康保护活动获世界卫生组织健康城市优秀实践奖。医疗服务体系更加完善,市疾病预防控制中心建成使用,并建成国家级实验室和国内首创的健康教育园。新建社区卫生服务中心45家,社区卫生服务普及率达96.1%。年末全市拥有医疗卫生机构1 945个,其中医院、卫生院197个,专业卫生技术人员3.13万人,其中医生1.26万人,卫生机构医疗床位2.56万张。积极开展慢性病、艾滋病防治示范区建设,加大城乡医疗救助力度。全市无偿献血者达12万人次,无偿献血占临床用血量的106%。

【体育事业】 全市新建市级以上全民健身工程3个、全民健身点444个。全年开展349项次各类全民健身活动,市全民健身活动中心被评为全国"十佳优秀全民健身活动中心"。成功承办世界速度轮滑锦标赛、全国速度轮滑锦标赛和十运会7项比赛三大体育赛事,苏州健儿在国际赛场上获得6个世界冠军,在十运会上获得12枚金牌。全年销售电脑体育彩票超过3亿元。

【社会保障】 全市城镇职工养老、失业、医疗、工伤和生育五大保险覆盖面继续扩大。年末全市参加城镇基本养老保险参保职工226.96万人;参加城镇职工基本医疗保险参保人数240.32万人,失业保险参保人数为149万人,工伤和生育保险参保缴费人数分别为157.63万人和161.22万人。企业基本养老保险费、城镇职工基本医疗保险费收缴率分别达到98.7%和98.6%。农村社会保障覆盖率进一步提高,新型农村合作医疗保险参保人口覆盖率达95%;农村居民参加养老保险覆盖率为84%,73.5万农民领到基本养老金或养老补贴。城乡居民最低保障覆盖面不断扩大,"应保尽保"成果进一步巩固。提高城乡低保指导标准,城镇居民由原来的月人均260元提高到300元,农村居民由原来的130元提高到180元。全市共有3.46万户7.52万人纳入低保范围,其中城镇1.33万户2.67万人,农村2.13万户4.85万人,各级发放低保资金8 983万元。城镇低保家庭人均住房保障标准提高到14平方米。年末全市养老服务机构170家,总床位1.1万张。全年福利彩票销售1.8亿元,比上年增长41.7%。

【人口与就业】 2005年全市出生48 477人,出生率为8.04‰,人口自然增长率为1.18‰。年末全市户籍总人口607.31万人,比上年增加8.46万人,其中市区总人口225.11万人,比上年增加4.36万人。

进一步调整完善和全面落实再就业优惠政策,不断加大落实各项扶持政策的力度,扩大了《再就业优惠证》的发放范围和公益性岗位范围,提高了社会保险费补贴标准和公益性岗位补贴标,全年再就业免费技能培训3.3万人,新增劳动就业岗位30万个,11.5万名失业人员实现了就业,城镇登记失业率为3.28%,比上年下降0.4个百分点。

【人民生活】 市区城市居民人均可支配收入16 276元,全市农民人均纯收入8 393元,分别比上年增长12.6%和11.9%。年末城乡居民本外币储蓄存款余额2 059.52亿元,人均储蓄存款3.39万元,比上年增长18.6%。年末家用汽车拥有量达30.14万辆,比上年增长35.2%,其中家用客车拥有量达27.59万辆,增长40.1%。住房条件继续改善,城镇居民人均住房建筑面积达31.8平方米,比上年增加2.6平方米,市区改造危旧房21.7万平方米。

【市场物价】 全年价格水平总体保持稳定。居民消费价格总指数为102.4,分类指数6升2降。食品类、烟酒及用品类、衣着类、家庭设备用品及维修服务类、娱乐教育文化用品及服务类、居住类价格分别比上年上升4.5%、1%、1.2%、0.8%、0.2%和6%;医疗保健和个人用品、交通及通信类价格分别比上年下降0.6%和1.8%。

【突出矛盾和问题】 2005年,全市取得了令人鼓舞的成绩,但同时也不能忽视发展中面临的问题,人口资源环境压力加大,自主创新能力有待增强,经济结构亟待继续优化,城市各项功能有待完善,居民收入期待进一步提高。

【实事项目】 2005年,苏州市确定18个大项42个子项的实事项目中,有40个子项完成或超额完成年度目标,另有2个子项(中心城区防洪工程和垃圾中转站建设)因规划和拆迁等原因完成期限有所延迟。

——40个子项完成或超额完成年度目标

(1)全市新增就业岗位30万个,其中面向本地城镇劳动力的就业岗位14万个,分别完成年度任务的120%和116%;帮助1.9万名就业困难人员实现了再就业,完成年度任务的158%。

(2)《关于进一步完善苏州市城乡社会救助体系的实施意见》于6月1日起正式实施。农村居民低保标准,1月1日起由原来月人均130元提高至150元,6月1日起再提高至180元;城镇居民低保标准由原来月人均260元提高到300元。

(3)全市农村劳动力累计参加基本养老保险的人数达到168万人,比上年末净增18.4万人,覆盖率达到84%;农村老年居民按月享受基本养老保险待遇和社会养老补贴的人数达到73.5万人,覆盖率达到91%。

(4)完成再就业免费技能培训3.3万人,创业培训4 000人,高技能人才培训及鉴定5 730人,培训外地来苏劳动力11.45万人,分别占全年任务的165%、133%、191%和229%;现代农民教育工程已培训农村各类人员115万人次、农村致富带头人2.4万名,分别为全年任务的115%和120%。

(5)《苏州市中小学生人身伤害事故预防与处理条例》于1月1日起施行;少年儿童住院大病医疗保险办法已出台,从2006年1月1日起施行。

(6)市区完成旧危房改造21.7万平方米,占全年任务的108.5%;完成雨污水排水管道117.5公里,其中污水支管84.5公里,雨水支管33公里,完成工程量约占计划量的107%。

(7)市区新增绿地480.3公顷,为年度任务的106.7%;全市农村新增绿地林地7 927公顷,完成任务的113%。

(8)创建全国消费放心城市各项工作有力推进。全市放心食品上市率、商品质量达标率递增22%,社会维权网络体系覆盖率递增54%,创建先行点覆盖率达52%,经营服务行业创建覆盖率达到87%。

(9)无公害农产品、绿色食品、有机食品("三品")新增认证标志达303只,累计总量达到1 009只,城区"三品"直供直销店达到121个,安全农产品供销总量占城区农产品销售总量的30%。开展了"三品"的创建、监督检查、展示展销活动。

(10)健康服务工程稳步推进。A. 健康教育"五进"计划(进社区、工厂、单位、学校、农村)。B. 至11月底,全市完成8万名流动儿童的计划免疫接种工作。C. 市区确定5家流动人员孕产妇限价分娩医院,各市确定19家。D. 全市累计完成了乙肝疫苗注射20万份。E. 制定了《2005年苏州市贯彻结核病防治工作计划》。F. 城区新建社区卫生服务中心12家,社区卫生服务普及率达100%。G. 3个古城区全面启动精神卫生工疗站建设,精神病患者监护率达到100%。

【苏州市入选"全国创建文明城市工作先进城市"】 2005年5月,市委、市政府召开全市创建全国文明城市迎检工作会议,严格对照《全国文明城市测评体系》,制订创建标准,明确创建责任,完善创建机制。各市(县)、区和职能部门按照迎检工作会议的要求,认真排查薄弱环节,在自查自纠工作的基础上,迅速制定改进措施。在全国文明城市迎检前期,省委常委、市委王荣书记亲自对市区服务窗口、公共场所和小区街巷进行检查指导。经过全市上下的共同努力,张家港市成为全省惟一当选的全国文明城市,也是全国县级市中惟一获此殊荣的城市;苏州市跻身首批58个"全国创建文明城市工作先进城市"的行列。

【全国及省文明行业、文明单位、文明村镇、文明社区评比活动】 2005年,苏州市受到中央文明委表彰的有:全国文明单位8家、全国文明村镇3个、全国创建文明村镇工作先进村镇4个、全国精神文明建设工作先进单位6家;受到省委、省政府或省文明委表彰的有:江苏省文明单位标兵14家、江苏省文明行业79个、江苏省文明单位203家、江苏省文明镇33个、江苏省文明村84个、江苏省文明社区13个、江苏省先进行业23个;市文明委还评选表彰了苏州市级文明社区20个。

【制定《苏州市提高市民文明素质行动计划》】 为落实《苏州市国民经济和社会发展第十一个五年规划纲要》中关于精神文明建设的工作任务,把广大市民培育成为与苏州巩固和完善全面小康建设成果、率先基本实现现代化相适应,具有较高思想道德素质的文明市民,由市委宣传部、市文明办牵头,起草了《苏州市提高市民文明素质行动计划》,突出未成年人、农民和外来人口等重点人群的素质提升工作。

【未成年人思想道德建设工作创新案例评选】 为进一步贯彻落实《苏州市加强和改进未成年人思想道德建设行动计划》,2005年3月起,市文明办面向全市开展了征集未成年人思想道德建设工作创新案例活动。活动得到了各地各部门的积极参与,近百份案例由专家认真评审,最终评选出"苏州少先队形象大使"等3个一等奖案例,"创建'好孩子小书房'活动"等5个二等奖案例,"五老一小"活动室等8个三等奖案例,"公民道德少年漫画比赛"等15个鼓励奖案例。

【苏州市网上家长学校】 为充分发挥家庭教育在未成年人思想道德建设中的重要作用,市教育局、市妇联建立了一个通过网络信息技术,把学校教师、教育专家与广大学生家长紧密联系起来的互动平台——"苏州市网上家长学校"。成立9个月来,网站浏览量达176万人次;参与学生家庭50万户;通过"林老师"热线电话、视频在线、手机短信、面对面等多种形式为家长提供咨询服务4.9万人次;深入学校、社区为家长作家庭教育报告86场,听众达39万人次。"网上家长学校"真正把家庭教育知识送到了千家万户。

【江苏省第9届精神文明建设新人新事评选】 在江苏省第9届精神文明建设新人新事评选活动中,本市梦兰集团有限公司总经理钱月宝、苏州市网上家长学校分别当选为省第九届精神文明建设新人和新事,联青新苏州人服务中心获提名奖。

【苏州市第14届(2005年)社会主义精神文明建设新人新事评选】 苏州市第14届(2005年)社会主义精神文明建设"十大新事"、"十佳新人"产生。十大新事分别为:费俊龙回家乡掀起"航天热"、文明创建结硕果、舞台艺术"四进工程"、"12345"便民服务中心、反扒志愿者,市民财产的守护神、"和谐苏州,爱心助学"特别行动、未成年人的"阳光地带"、青少年的"成长驿站"、生命之光艺术团、社区健康援助中心;十佳新人分别为:江祖国、顾玉琴、陈雪珍、马宝凤、张慧仙、胡难得、沈保山、张寿华、王 晶、李大国;提名奖为:万加善、龚恩甫、爱心妈妈帮困助学团、夕阳红互助组。

【飞向太空—中国载人航天(苏州)展】 为进一步弘扬载人航天精神,让苏州人民感受我国航天科技的最新成果,市委宣传部、市文明办、中华航天博物馆等单位举办了“飞向太空——中国载人航天(苏州)展”。特邀苏州籍航天员、“神六”飞船指挥长费俊龙来苏为航天展开幕式致辞并剪彩。为期一个月的展览,全市有20万干部、学生和市民群众接受了教育。

吴中区

【概况】 位于苏州城区西南部,下辖1个省级吴中经济开发区、1个国家级太湖旅游度假区、1个国家级西山现代农业示范园区、10个镇和8个街道,共有107个行政村、75个(社区)居委会。陆地面积742平方公里,太湖水域面积1 459平方公里。户籍人口55.42万人(含度假区10.41万人)。2005年,全区实现生产总值265亿元,比上年增长23.2%;地方一般预算收入21.27亿元,增长43.1%。

【经济建设】 全区实现工业总产值653亿元,销售收入621亿元,利税总额57.7亿元,分别增长26.2%、26.1%和25.5%,其中规模以上工业总产值471亿元,增长29.4%;电子资讯、新型建材、精密机械、生物医药、现代家电五大新兴主导产业总产值突破300亿元。全区省级以上无公害农产品基地发展到62个、1.57万公顷,无公害绿色农产品认定119个,具有吴中特色的农产品品牌,市场进一步扩大,档次进一步提升。实现第三产业增加值89亿元,增长26.9%。以度假区为龙头的环太湖旅游以及古镇、古村、农家乐等成为旅游服务业发展新亮点,继甪直镇前年入选之后,木渎镇被评为全国历史文化名镇,西山农业园区入选全国农业旅游示范点。全区共接待中外游客521万人次,实现旅游总收入43.1亿元,增长34.7%。

外向型经济。新增注册外资、实际利用外资分别超12亿美元和5亿美元,新增千万美元以上项目65家。完成外贸进出口总额35.5亿美元,增长21%,其中出口20亿美元,增长27%。吴中经济开发区引进注册外资7.5亿美元,到账外资2.8亿美元,分别占全区总量的62.8%和56%。木渎、甪直、胥口等引资重镇继续保持良好势头,引进注册外资都在1亿美元左右。民营经济蓬勃发展,全区新增内资、民资注册资金61.6亿元。

【社会事业】 全区基层文体教育服务中心发展到15个。积极构建环太湖体育圈,成功举办一批重大赛事和活动。围绕电子信息、新材料、生物医药等重点高新技术领域,组织申报各级各类项目125项,申请专利460件,专利授权量280件。医疗卫生服务网络进一步健全,公共卫生体系、疾病防控体系、社区卫生服务体系不断完善。做好人口与计划生育工作,全区计划生育率达到99.8%,计划生育合格村(居)达标率95.7%。

相城区

【概况】 位于苏州城区北大门,土地面积496平方公里,辖6个镇,3个街道,1个省级经济开发区,100个行政村,25个居委会,总人口34.80万人。

【经济建设】 全年实现生产总值165亿元,比上年增长28.8%;完成全口径财政收入23.95亿元,增长41.4%,地方财政一般预算收入11.33亿元,增长52.3%;全社会固定资产投资130亿元,增长16%;城镇居民人均可支配收入16 039元、农民人均纯收入8 115元,分别增长15.7%和11.1%。

农业。2005年,粮食综合生产能力得到增强,全区种植三麦面积1 593.33公顷,油菜面积1 620公顷,落实水稻播种面积5 426.67公顷,超额完成市下达指标。全年新增绿色食品9个、有机食品2个、市级无公害蔬菜基地4个。新增内外资农业项目23个,总投资9.88亿元。投入绿化资金1.75亿元,新增各类绿地840公顷,新建“生态绿带”173条(段),相城区被苏州市政府评为农村绿化工作一等奖;投入水利建设资金7 047万元,疏浚河道242条,完成疏浚长度206公里,新建改建“三闸”、排涝站、灌溉站47座。农村改革取得新进展,年内19个行政村完成社区股份合作制改革,新增黄埭禽业合作社、相绿农产品产销合作社等专业合作社4家。

工业。2005年,全区完成工业总产值380亿元,工业销售收入356亿元,利税总额34亿元,分别同比增长26.7%、27.1%和40%。完成工业性投资68亿元,同比增长20.3%。通过政策引导等形式,对规模型企业进行重点扶持。全区规模以上工业企业完成工业总产值221亿元、产品销售收入221亿元,分别同比增长31.2%和30.7%。

服务业。全年实现第三产业增加值67亿元,增长34.4%,占GDP比重达40.6%,同比上升1.7个百分点。商贸载体建设步伐加快。中国珍珠(宝石)城、中翔商贸城(一期)、苏州花木城、欧风新天地(一期)相继开业,国际服装城、相城商业步行街、采莲商业广场加快招商。物流业发展态势良好,新建华风、路得国际、迅尔达等3个重点物流项目,完成总投资

3亿元。加大了对服务业的招商引资力度，举办首届珠宝博览会、长三角园林绿化博览会等活动。新批服务业企业400个，注册资本6.03亿元，增长25.9%；新批服务业外资项目15个，注册外资7 517万美元，实际利用外资1 441万美元。年末金融机构人民币存款余额149.06亿元，其中储蓄存款88.67亿元，分别同比增长21.8%和17.5%。

外向型经济。全年新批外资项目176个，新增注册外资10.1亿美元，同比增长23.8%；实际到账外资6.47亿美元，同比增长15%。完成自营进出口总额13.06亿美元，同比增长56.3%。全区新开工外资企业90家，新批自营出口企业50家。

民营经济。全年引进各类内资项目95个，新增注册资本9.89亿元，实际到账19.09亿元，分别同比增长125.3%和49.7%。新批私营企业1 218家，个体工商户5 954户，私营个体企业新增注册资本19.43亿元。民营经济完成工业生产总值284亿元，销售收入277亿元，利税总额28亿元，分别同比增长19.2%、18%和29.9%；完成两税入库6.23亿元，地方税入库3.64亿元，分别同比增长42.5%和69.7%，分别占全区总额的51.5%和50.9%。

【社会事业】 全区文教卫生事业健康发展。黄埭中学等6所学校获得苏州市双语实验学校称号。高考本科上线人数达600名，高等教育毛入学率50.2%，本科录取率39.12%；小学毕业率、巩固率、普及率均为100%。新建并开业社区卫生（计生）服务站31家，全区三级医疗卫生服务网络基本形成。开展争创"十五"省人口与计划生育示范区活动。

全区养老、失业、医疗、工伤、生育等社会保障制度改革不断深化，年内净增城镇养老保险参保单位240家，参保职工7 570人。农村社会养老保险参保率为91.9 %，农村合作医疗参保率为91.1%。事业单位改革全面启动，对全区193家事业单位的5 304名人员实行聘用制。加大就业和再就业力度，共采集和提供就业岗位36 213个。对病残人员、特困家庭进行重点帮扶，发放慈善救助金69万元，减免贫困学生学杂费48.56万元，救助特困户重疾病家庭504万元。

沧浪区

【概况】 位于苏州城区东南部。下辖6个街道、8个行政村、63个社区居委会。面积25.62平方公里，人口32.79万人。

【经济建设】 2005年，全区实现生产总值55.6亿元，地方财政一般预算收入8.4亿元。全区引进企业1 205家，新增注册资金36.1亿元，其中服务业企业1 128家，占总数的93.6%。引进注册资金500万元以上企业151家、5 000万元以上企业19家，引进成熟型企业247家，合同利用外资1 480万美元，实际到账外资728万美元。

落实省、市发展服务业的有关政策，制定出台《关于加快沧浪区服务业发展的若干意见》，全年服务业增加值为34.51亿元，占生产总值的62.07%，对地方财政一般预算收入的贡献率达78.3%。服务业的强劲发展，直接带动了区域经济结构的优化，国、地税比例为36∶64。

制定出台《关于进一步推进民营经济发展的意见》，不断优化民营经济的发展环境，同时实行企业服务代理制，并在城区率先开通企业服务电子信息平台，为1 100家企业开通电子信箱，提供政策、法律、技术等方面的信息咨询。民营企业已发展到10 220家，占企业总数的92.3%，税收占区税收的65.7%。发展楼宇经济。制定《关于进一步推进楼宇经济发展的若干意见》，重点发展人民路、干将路、竹辉路、东大街和三香路等55幢楼宇，沧浪区商务楼宇税收突破亿元，有3幢楼宇的税收超千万元。

【社会事业】 2005年，全区树立新康百米科普画廊、社区青少年科普创新园等一批科普特色典型。成功争创省级实验小学1所、市常规管理示范学校2所，初等教育的优质资源覆盖面达85%。

沧浪区劳动保障中心建成并正式启用，区6个街道劳动保障事务所和54个社区（村）劳动保障服务站达到规范化标准。截至年底共采集企业退休人员信息55 426人，其中档案已移交社区管理的有20 539人。进一步落实市最低生活保障制度，累计发放救助资金740万元。成立区促进就业工作联谊会，创建充分就业社区，新增就业岗位9 663个，开发公益性岗位1 119个，共有11 820人次实现再就业。

平江区

【概况】 位于苏州城区东北部，下辖6个街道办事处、47个社区居委会。区域面积25.22平方公里，人口23.43万人。2005年，全区实现生产总值44.9亿元，比上年增长21.3%；全口径财政收入首次突破10亿大关，完成11.5亿元，增长29.5%。

完成地方财政一般预算收入突破5亿元,完成5.76亿元,增长29.0%。区级可用财力达3.17亿元,增长27%,财政收支实现平衡有余。

【经济工作】 2005年全区完成固定资产投资14亿元,比上年增长72%。其中,房地产完成开发投资12亿元,有效拉动经济增长。社会消费品零售总额全年实现88亿元,增长8%。商贸流通业稳中有进,批发零售贸易总额、住宿餐饮业营业额分别为10%和8%。全年引进各类企业1 078家,净增注册资本25.2亿元,注册外资1 588万美元,分别增长21%和25.5%。其中,新增注册资本500万元以上的规模企业110户,占全区新增注册资本总额的60%。服务业跨越计划和民营经济腾飞计划取得新突破。服务业全年实现增加值29.6亿元。增长43.6%,占地区生产总值比重比上年提高10个百分点。民营经济规模不断壮大,新增民营企业平均注册资本比上年增长15%,民营企业上缴税收占全区税收总量的86%,辖区内2家企业成功进入市百强民营企业行列。商务楼宇载体功能进一步增强,入驻率超过96%。继续完善科技创业园建设,成立8家中小企业创业基地,2家民营科技企业获国家级科技进步奖。

【社会事业】 全区精神文明建设深入开展,国家文明城市创建取得阶段性成果。"卡通育人"实践和"四位一体"德育网络两项成果在全国中小学思想道德建设优秀成果展评活动中分获特等奖和一等奖。累计投入2 260万元,先后完成观前街道社区服务中心、区老年活动中心、区残疾人综合服务中心和6个社区居委会办公活动用房建设项目,娄门街道社区服务中心基本完成土建,城北街道社区服务中心完成规划定点。

科教文卫体事业全面发展。平江区荣获"青少年科技教育先进城区"称号,马医科中心小学学生在世界机器人奥林匹克竞赛中为中国代表团赢得金牌。小学和初中入学率达100%,初中升学率达99.8%,2所学校进入市信息技术示范学校行列,被市政府命名为"教育工作先进区"。区文化活动中心基本建成;荣获"苏州市建设健康城市先进集体"称号。新改建4所社区卫生服务中心,筹建区疾病控制和预防保健中心,省级社区卫生服务先进区创建通过评审。获得"创建全国消费放心城市工作先进单位"称号。开展全国第一次经济普查,被评为"第一次全国经济普查国家级先进集体"。

金阊区

【概况】 位于苏州城区西北部,总面积约36.7平方公里。辖5个街道,40个社区居委会和10个村民委员会。常住人口21.36万人。

【经济建设】 2005年全区完成生产总值47.32亿元,比上年增长19.1%;财政收入12.09亿元,增长19.95%;其中,地方一般预算收入6.3亿元,增长20.3%。加大招商引资和护税、协税工作力度,强化、细化"亲商、安商、富商"的具体举措。对促进服务业加快发展进行广泛深入的宣传发动,出台《石路商圈发展指导意见》,制定实施《新办企业行政性收费补贴办法(试行)》等一系列扶持政策。以商贸、物流、旅游三大经济板块为重点,进一步增强服务业对区域经济的促进和带动作用,三产占比超过60%,较上年提高11个百分点。

在完善石路步行街主体功能的基础上,投入450多万元,对部分商业网点实施综合改造,建成石路风味美食街、时尚女性街等特色街区。全年实现社会消费品零售总额40.25亿元。苏州综合物流园加快发展,筹集物流园建设开发资金6.4亿元。赴杭州、台州市等地,举办招商推介会,签订投资协议32亿元。总投资8亿元的苏州传化货运交易中心正式签约,苏州车市管理公司等市场主体陆续成立。新增注册资本3.1亿元。全年实现工业总产值70.13亿元,规模以上工业产值45.31亿元,增长17.4%。近千亩粮田补贴全面兑现,实施农业税政府代交,20多项农产品科研和培育项目顺利完成,农民人均收入有较大增加。

扩建区科技产业园,累计建成12个街道民营创业园和6个科技人才服务站。对200家重点企业开展了定期联系和走访服务,引导成立了多家行业商会。全年民营经济新增注册资本21亿元;引进企业1 023家,其中,注册资本亿元以上的有3家,千万元以上的有34家。

【社会事业】 2005年,完成区为民服务实事工程8个项目,其中:试行市民新办企业行政性收费补贴办法,向300多家企业发放补贴25.4万元。开发公益性岗位近千个,净增就业岗位6 100多个,再就业率达98%;向5 900多户有就业能力的困难家庭提供援助,确保每户至少一人就业;截至11月底,区招聘专场提供就业岗位11 000多个,开发公益性岗位近千个,双失业和单亲失业家庭户再就业率达94%。为2 500多名失地农民提供社会保障。安排4所公办学校和近百名教师对民办小学开展帮教和支教活动。通过了省平安创建考核验收。投入200多万元,各街道工疗站得到全面改扩建,平均面积达306平方米,扩大了2.4倍;重点扶持了2所示范工疗站建设。建成4个社区卫生服务中心。投入600多万元,各街道综合活动中心全面建成,总面积达7 400平方米,成为街道开展便民服务、群众文体和党员教育活动的主阵地。

2005年,累计发放各类援助救助金900多万元,受援家庭2 000多户。荣获"省老龄工作先进区"称号。顺利通过了"全国社区教育示范区"考核验收;通过"全国文化工作先进区"复查;荣获"省社区卫生服务示范区"称号。荣获"全国社区残疾人工作示范区"称号。先后被国家和省计生委评为"婚育新风进万家"先进单位。

张家港市

【概况】 位于长江下游南岸,苏州市西北部,土地面积785.55平方公里。辖8个建制镇、一个常阴沙管理区;181个行政村、21个街道办事处、90个社区居委会。总人口87.9万人。

【经济建设】 2005年全市实现生产总值705亿元,比上年增长19%(按可比价);财政收入108.38亿元,其中地方一般预算收入48.38亿元,增长35.4%;完成全社会固定资产投资233.4亿元,增长19.4%。率先完成省全面建设小康社会的各项目标。

工业。全市工业产品销售收入1 895.7亿元、工业增加值420亿元,比上年分别增长32.5%和25%。工商入库税收88.5亿元,增长17.6%。完成工业投入181.6亿元,增长17.1%。总投资138.8亿元的十大竣工项目如期竣工,总投资113.1亿元的十大开工项目全部开工。规模集聚效应放大。十大企业集团和50家骨干企业销售收入、利税、利润总额分别占全市的69%、67%和72%。沙钢集团销售收入突破400亿元,永钢集团、华芳集团、国泰国际集团营业收入超过100亿元,一批企业营业收入在40亿元左右。质量效益稳步提升。万元GDP综合能耗、水耗分别下降到1.16吨标煤和80.5立方米,人均劳动生产率达到15万元。新办项目户均注册资本293万元,亩均投资强度205万元。引进各类科技成果520项。认定国家级高新技术企业3家,新增技术中心8个。实施国家科技计划项目、国家火炬计划项目各13个,列入国家中小企业技术创新基金项目3个,专利申请量和授权量分别增长14%和39%。新增中国名牌产品5个、累计8个,新增国家免检产品4个、累计17个。实施企业资源计划等信息化应用技术企业267家,全市高新技术产业占工业总产值的比重达到21%。外来资本持续增长。新建外地资本项目670个,注册资本19.6亿元,完成投入工作量70.5亿元。"宏宝五金"通过中国证监会发审委审核。

农业。2005年,全市农业结构调整稳步推进,33个农业重点项目如期完成,引进各类农作物新品种192个,新增绿色食品46个,建成全省首个"生态农业市";粮食总产量24.43万吨。在市外建成粮食生产基地7 333.33公顷,完成地方粮食储备2.75万吨。防控高致病性禽流感等重大动物疫病措施有力,全市未发生疫情。农业基础设施建设取得进展。疏浚市、镇、村、组4级河道764条计473公里,新建改建排涝站31座、圩口闸22座,拆坝建桥(涵)55座,加固圩堤19.6公里,经受住强台风"麦莎"、"卡努"的正面袭击考验,防汛抗台取得全面胜利。新增各类农机207台(套),完成土地整理226.67公顷,净增耕地17.52公顷。农民集中居住区建设开始启动,5个示范区全部建成,10个试点区扎实推进。农村十项实事工程第一阶段目标任务全面完成,整治农村危桥26座,新建村组道路655公里,改造农村公路188公里。农村各项改革继续深化。39个村完成社区股份合作制改革,累计建办专业合作社64家、土地股份合作社11家、专业协会31家。为农服务进一步加强。新建为农综合服务社10家,新增省级"三星社"6家。

对外开放。2005年,全市新批三资企业227家,完成注册外资15.7亿美元,到账外资3.28亿美元,分别增长13.5%、18.6%和14.1%。择商选资力度加大。新批总投资超千万美元项目80个,批办全市首家外资研发机构,又有2家世界500强企业落户张家港市,累计达到15家。外贸外经强势增长。进出口总额突破百亿美元,达到106.4亿美元,其中出口41.2亿美元,分别增长23.6%和37.4%。出口超千万美元企业达到53家,国泰国际集团出口连续5年在全省外贸企业中名列第一。新批境外投资项目7个,中方投资总额3 173万美元,继续位居全省县(市)首位。开发区建设成效明显。保税区、省级开发区、扬子江化学工业园、扬子江冶金工业园注册外资和到账外资分别占全市的53%和73.8%。保税区功能优势进一步放大,保税物流园区顺利通过封关验收并正式运作,省级开发区产业集聚步伐加快,冶金工业园成为全国首批循环经济试点产业园区之一,沿江开发办、各镇工业集中区集约开发和利用外资水平整体提升。港口辐射带动功能进一步增强。完成海关关税和代征税116.7亿元,出入境检验检疫货值81.6亿美元,到港国际航行船舶3 297艘(次)。"大通关"建设的重要载体——口岸电子平台进入论证和前期开发阶段。

服务业。2005年,全市实现服务业增加值240亿元,增长19.1%,占全市生产总值的比重较上年提高0.5个百分点,达到34%。现代物流业发展迅猛。实现物流业务总收入55亿元,增长48.6%。张家港口岸完成货物吞吐量8 357.7万吨,集装箱运量37.7万标箱,分别增长30.6%和14.9%。保税物流园区进驻物流企业44家,总投资28亿元,进出区仓储货值15.5亿美元。商贸流通日益繁荣。新建完善一批商业网点,全市106家专业市场实现成交额333亿元,增长10%。完成社会消费品零售总额92.3亿元,增长18.6%,为近10年增长最快的年份。金融保险、邮电通信业稳定增长。全市本外币存、贷款余额分别达到630.6亿元和534.5亿元,比年初增加111.2亿元和76.6亿元;实现保费收入9.8亿元,增长12.5%;完成邮政业务总量9 050万元,实现通信业务总收入9.4亿元。住房、汽车、旅游等继续成为消费热点。销售商品房89.7万平方米计23.5亿元;私家车保有量达到4.1万辆,平均每百户13辆;接待境内外旅客201.2万人,增长18%。服务业投入加大。完成服务业固定资产投资51.8亿元,增长28%。

【社会事业】 2005年,张家港市通过"全国文明城市"测评,成为全国惟一获此殊荣的县(市)。"全国生态市"创建通过省级考核调研,正式向国家环境保护总局申报。"全国环境优美镇"创建实现"满堂红"。荣获"中国优秀旅游城市"。成功跻身"国际花园城市"行列,"全国绿化模范城市"创建通过专家组考核,荣获"江苏人居环境奖","国家节水型城市"通过省级考核。教育现代化水平稳步提升。普通高校招生考试平均总分、本科万人达线率等指标名列苏州第一,高等教育毛入学率达到59.8%,创省职业学校示范专业3个、苏州市示范专业6个,一次就业率保持在98%以上。城乡教育均衡发展。村校基本现代化建设工程顺利实施,投入6 512万元新建改造村校13所。全年安排外来务工人员子女入学30 058人。新建2个省级专业人才市场,人才总量和结构层次有了较大幅度的提升。医疗卫生体制改革不断深化,制定出台《张家港市社区卫生服务发展规划(2005~2010)》,加快推进医疗卫生服务的重心进一步下移,56家社区卫生服务站建设达标。启动实施了慢性病防治和中小学生心理健康干预2个专项工程,建成苏州市健康社区示范点3个,正式加入世界卫生组织西太区健康城市联盟。"以公平扶贫原则促进健康城市建设"项目获得2005年世界卫生组织"健康城市最佳实践奖"。通过省"十五"计生示范市的考核验收。文化体育事业不断繁荣。成功举办'05(张家港)长江文化艺术展示周和首届(张家港)长江流域民族民间艺术节,集中展示长江流域非物质文化遗产,推动了沿江各省市民族民间文化艺术的交流与合作。顺利承办十运会女篮、水球比赛任务,分别荣获"最佳赛区"和"优秀赛区"。

常熟市

【概况】 常熟地处长江下游南岸,苏州市北部。土地面积1 094.00平方公里,辖10个建制镇,3个农林牧渔场,231个行政村,25个管理区和街道办事处,134个社区和居民委员会。全市总人口104.77万人,市人民政府驻虞山镇。2005年,全市完成生产总值678.8亿元,按可比价同比增长19.4%;按现行汇率计算人均GDP超过8 000美元。实现地方财政一般预算收入37.1亿元,同比增长10.8%。

【经济发展】 2005年,全市农业生产持续发展,农业和农村经济结构得到优化,全年实现农业增加值16.38亿元,粮食产量27.24万吨;顺利通过省级生态农业市创建验收。全市完成全社会固定资产投资235亿元,其中工业固定资产投资175亿元;完成技改投入100亿元。工业重点项目建设加快推进,标准厂房建设取得重大进展,全市新建成标准厂房210万平方米。实现全部工业总产值1 650亿元、产品销售收入1 450亿元、利税110亿元,同比分别增长27%、32%和22%。工业"333工程"有效实施,规模以上企业销售收入首次突破千亿元大关,占全市总额的75%,其中30强工业企业完成销售收入超过520亿元;新增5个中国名牌产品;服务业工作得到加强,全市实现服务业增加值252亿元,社会消费品零售总额150亿元,同比分别增长18.1%和16.9%。全市商品市场实现成交额365亿元,其中招商城实现260亿元;国际服装城等一批大型专业市场建成投用,国际汽配城一期工程、旧机动车交易市场竣工开业,华东食品城提升改造工程启动实施。全市接待国内外游客突破800万人次,实现旅游总收入52.6亿元,同比分别增长53%和59.9%,旅游业进入跨越式发展的新阶段。"沙家浜"入选全国百家红色旅游经典景区并跻身国家4A级景区行列;尚湖获得首批"国家城市湿地公园"称号;梦兰集团、波司登公司、蒋巷村通过全国工农业旅游示范点考核验收。

【社会事业】 全市科技创新能力不断增强,新增国家级高新技术企业3家,年申请专利突破500件,有4件申请PCT(国际专利合作条约)保护;荣获"江苏省知识产权工作示范市"称号,国家火炬计划常熟电气机械产业基地启动建设。高等教育毛入学率达55.2%。全市大中专毕业生就业率达91%。文化事业繁荣发展,承办十运会常熟赛区赛事并获"最佳赛区"称号。全市各镇建成公共卫生管理中心;新型农村合作医疗保险参入率达97.7%;被省推荐为创建全国亿万农民健康促进行动示范市,成功加入世界卫生组织西太区健康城市联盟。被确定为全国实施妇女儿童发展纲要示范单位。启动人口出生缺陷社会化干预工程;荣获"全国计划生育优质服务先进县(市、区)"称号,通过创建省"十五"期间人口与计划生育工作示范市首批省级考核验收。城镇居民人均可支配收入达到17 203元,农村居民人均纯收入9 302元,同比分别增长14.4%和11.9%;居民储蓄超过386亿元。全市新增就业岗位4.5万个,其中面向本地劳动力的就业岗位2.7万个,城镇登记失业率降至2.99%。全市新增城镇养老保险参保人员1.8万人,农村养老保险覆盖率和基金征缴率均超过87%。城乡低保标准进一步提高,政府对低保边缘困难人群实施基本生活救助;社会帮扶救助力度明显加大,成功举办"同在阳光下"慈善募捐活动,慈善捐款额超过3 600万元;全面推行按比例安排残疾人就业制度;被评为全省社区残疾人工作示范市。住房公积金制度覆盖率不断提高,新增住房公积金缴存职工1.8万人,发放住房公积金低息贷款4.2亿元。

太仓市

【概况】 位于苏州市东北部,长江口区,土地面积620.00平方公里,总人口45.76万人,辖1区7镇,126个行政村,65个社区居委会(包括新区、港区)。市政府驻城厢镇。

【经济建设】 2005年全市经济发展明显加快。完成生产产值300.1亿元,比上年(下同)增长20.9%;实现财政收入45.18亿元,增长42.25%,其中地方一般预算收入18.92亿元,增长37.63%。完成全社会固定资产投资170.92亿元,增长23.3%。城镇居民人均可支配收入16 700元,农民年人均纯收入9 308元,分别增长14.7%和18.4%。城乡居民年末储蓄存款余额277.6亿元,比年初增长21.5%。

农业。2005年,全市农业经济稳步发展。产业化经营水平持续提高,农业龙头企业实现销售收入28.2亿元。现代农业示范园区一期工程基础设施和项目建设同步推进。新增“三资”农业项目14个、绿色食品和无公害农产品15个,新增放心粮油、蔬菜供应点13个。

工业。2005年,全市工业经济增量提质。实现工业总产值680.8亿元、销售收入636.4亿元、利税62.8亿元,分别增长27.7%、28.2%和22.1%。其中规模以上工业企业实现产值499.7亿元,占比达73.4%,比上年提高9.5个百分点。工业效益综合指数提高3个百分点。50家重点骨干企业、50个新经济增长点和“品牌经济”的培育发展工作取得成效,工业产值超亿元的企业达到83家,其中超20亿元的企业达到2家、超10亿元的企业达到7家。

服务业。2005年,全市服务业加速发展。完成服务业增加值103.8亿元,增长24.3%。港口物流业迅速壮大,太仓港实现货物吞吐量1 510.7万吨,集装箱运量25.1万标箱,分别增长45.3%和172%。以历史文化为特色的旅游业得到发展,荣获中国优秀旅游城市称号。实现社会消费品零售总额47.9亿元,增长15.2%。新开工商品房46.4万平方米,销售65.1万平方米。金融机构人民币存款余额277.6亿元,贷款余额215.2亿元,比年初分别增长21.5%和9.6%。

私营个体经济。2005年,全市民营经济发展势头良好,新增民营企业785家,个体工商户3944户,注册资本22.3亿元。

开放型经济。2005年,全市开放型经济持续发展。新增注册外资9.33亿美元,与上年持平;实际到账外资3亿美元,增长51.9%。新引进服务业项目18个,投资超千万美元项目46个,开业投产企业128家。实现外贸进出口总额35.79亿美元,其中出口17.84亿美元,分别增长24.3%和21.8%。兴办境外投资企业6家。引进内资项目234个,新增注册资金19.5亿元,实际到账115亿元。

【社会事业】 2005年,举办第3届中国太仓郑和航海节,完成了张溥故居、天妃宫的维修工作,江南丝竹入选苏州市首批非物质文化遗产名录。公共卫生体系逐步完善,爱国卫生运动深入开展,加强疾病预防和卫生监督工作,医疗服务水平和突发公共卫生事件的处置能力不断提高。承办第13届亚洲女排锦标赛和十运会女篮决赛小组赛,新建全民健身点48个。建成中国生殖健康家庭保健培训中心,承办国际人口与发展高官研修班。新增有线电视用户12 300户,完成了14个村有线网络标准化改造。

2005年,全市城乡居民居住条件进一步改善,城镇和农村人均住房建筑面积分别达到42.5平方米和78平方米。新增家用汽车4 955辆。人口平均预期寿命达到78.6岁。城镇居民人均可支配收入和农民人均纯收入分别达16 700元、9 038元。

昆山市

【概况】 位于苏州市东部,是江苏的“东大门”,辖10个镇和1个国家级经济技术开发区,184个行政村,107个社区居委会。市域总面积927.7平方公里,年末全市总人口65.46万人。市政府驻玉山镇。

【经济建设】 2005年,全市完成生产总值730.03亿元,比上年增长24.1%;全口径财政收入116.82亿元,其中地方一般预算收入51.62亿元,分别增长36.1%和37.0%;全社会固定资产投资234.81亿元,增长22.9%。率先实现江苏全面建设小康社会指标,基本达到全面小康社会水平,综合实力在全国百强县(市)评比中跃居第一位。

工业。2005年,全市完成现价工业总产值2 333.24亿元,增长40.9%;工业增加值475亿元,增长24.3%;国有工业总产值14.50亿元,降低13.8%;集体工业总产值11.91亿元,降低24%;外商及港澳台工业企业总产值2 088.29亿元,增长50.5%;以私营工业为主的其他经济完成产值218.54亿元,增长2.3%。其中全市252家大中型工业企业完成产值1 556.56亿元,占全市工业总产值的比重达66.7%。实现销售产值2 297亿元,增长41%;实现利税总额121.01亿元、利润总额91亿元,分别增长24.5%、28.1%。以通信设备、计算机及其他电子设备制造业为主的规模以上IT产业完成工业总产值1 056.32亿元,增长49.2%,占全市规模以上工业总产值的比重达到49.8%。

农业。2005年,全市完成农林牧渔业总产值21.17亿元。新认证绿色食品93个。引进农业项目43个,其中外资项目31个、民资项目12个,总投资20.6亿元。土地管理、基本农田保护和复耕复种力度加大,全市复种面积1 866.67公顷。清淤河道207公里,加高加固防洪圩堤82公里,新建护岸挡墙28公里。建成粮油综合批发市场。举办农村劳动力培训班186期、培训人员1.24万人次,转移农村劳动力就业1.42万人,新增物业户1.25万户。全市农村劳动力初级技能率、就业率和家庭物业率分别达到75%、95%和65%。农民创业指导(服务)中心、农民创业担保中心、农村社区管理服务中心相继建立。初步建立起低收入家庭增收机制。新组建富民合作社18家,社区股份合作社6家。全市3.33万农户实得红利4 000万元。全面取消农业税。发放粮食直补、水稻良种补贴和购买农机具补贴资金640万元。

服务业。2005年,全市服务业实现增加值220亿元,增长24.2%。启动建设花桥国际商务城。编制完成《全市服务业发展总体规划》。新批服务业外资项目44个、合同注册外资2.8亿美元,民资项目2 080个、注册民资33亿元。锦溪、亭林园成为国家4A级景区,千灯古镇正式对外开放,捷安特公司跻身"国家工业旅游示范点"行列,周庄旅游公司名列全国百强旅行社第二。全市接待国内外游客610万人次,实现全社会旅游收入51.8亿元,分别增长15.1%和27%。物流企业超过250家,货物储运量超过2 500万吨;华东新物流中心及通关点开工建设。昆山商厦成为全国单店百强商场之一。

民营经济。2005年,全市新增私营企业3 507家、个体工商户1.2万户,新增注册资本68.21亿元。全市累计注册私营企业15 116万户,注册资本213.97亿元。私营个体经济入库税收24.48亿元,增长44.5%。外向配套企业达958家,实现配套销售额193.7亿元,增长46%。新增中国名牌产品2个,认定省级民营科技企业6家,AB集团企业技术中心被评为江苏省企业技术中心。"震雄"、"好孩子"、"三牛"3家企业销售收入超20亿元。

开放型经济。2005年,全市新批外资项目435个,合同注册外资25.02亿美元,实际到账注册外资11.2亿美元。其中新批电子信息、精密机械类项目225个,合同注册外资13.19亿美元,占总量的54.7%。新批服务贸易外资2.77亿美元。358家外资企业增资9.82亿美元。当年新增投产外资企业208家,累计达到1 900家。完成进出口总额332.19亿美元,其中出口179.46亿美元,分别增长41.1%和39.8%。新签外经合同额5 608万美元,完成营业额5 101万美元。

【社会事业】 2005年,昆山市被评为省教育工作先进市,高考总录取率和本科录取率分别为94.1%和67.8%。全年引进各类人才3.8万人,人才总量15万人。成功创建江苏省社区教育实验区、社区卫生服务示范市。新体育馆启用,完成全国十运会羽毛球比赛承办任务,被评为"最佳赛区";举办昆山市第8届体育运动会。多批外国政要团队访问昆山,与意大利维阿雷乔市缔结友好交流城市关系。

2005年,全市全社会消费品零售总额115亿元,增长34.0%。居民消费价格指数102.3%。城镇居民人均可支配收入16 809元,增长12%;农村居民人均纯收入8 519元,增长11.3%。城镇登记失业率2.22%。年末拥有私家车达到3.73万辆。年末贷款余额487.5亿元,存款余额699.2亿元,其中居民储蓄余额227.4亿元。

吴江市

【概况】 吴江位于江苏省最南端,市域总面积1 176.6平方公里,拥有耕地4.3万公顷、水面2.7万公顷、桑地3 653公顷、蔬果9 526公顷。辖10个建制镇、2个省级开发区、8个场圃、250个行政村、49个社区居委会。年末常住人口78.31万人。市政府驻松陵镇。

【经济建设】 2005年,全市完成生产总值403.2亿元,比上年增长18.6%,其中第一、二、三产业分别实现增加值15亿元、254.9亿元、133.3亿元,三次产业增加值在生产总值中的比例为3.7:63.2:33.1;实现全口径财政收入58.6亿元(不含出口退税),其中地方一般预算收入24.9亿元,分别同比增长14.5%、19.8%;"十五"计划预期目标提前实现。在第5届全国县域经济基本竞争力百强榜中列第6名,并相继入选年内"中国特色魅力城市"和首届"长三角最具投资价值县(市)",进入全省首批6个全面小康达标县级市之列。

农业。2005年,全市年产粮食15.5万吨、水产品7.6万吨,实现农林牧渔总产值29.2亿元,同比增长5.3%。农业面源污染得到控制,耕地土壤环境质量达标率为92.5%;农畜水产品质量达标率99.2%;农村环境明显改善;建起3个生态农业示范区、5个生态农业示范村等一批民营生态农业企业;成为省首批生态农业市。实施土地利用总体规划,严格保护基本农田,基本实现保障资源和保障发展双赢。农机总动力达47.6万千瓦,农机化综合水平达83.5%,成为"省级农机化综合示范县(市)"。农村水利建设投入7 000多万元,疏浚河道297条、284公里,建成水闸52座、排涝站30座;总投资9 064万元的境内太湖环湖大堤工程达国家优良等级;全面实现地下水禁采目标,5年中地下水水位回升5.7米;《吴江市水资源开发利用与保护规划》通过省级评审验收。

工业、建筑业。全市实现工业总产值1 485.4亿元,其中规模以上工业企业总产值1 154.7亿元,分别比上年增长22.7%、26.5%。三大支柱产业仍是经济增长的主项,纺织、电子和光电缆业增幅分别为24.1%、23%、7.8%。江苏康力集团开发研制的3项技术通过国家级鉴定。由江苏华佳集团和苏州大学合作的科技攻关项目"真丝筒子染色丝绸新面料"通过国家级验收。在全省重点扶持发展的20个县域集群产业中,独占6个。恒力化纤第2个40万吨熔体直接纺项目奠基。福华、华佳、祥盛3家企业分获锦纶(尼龙)产品、真丝面料与服装、功能性麂皮绒产品"国家级开发基地"称号,至此"绸都"盛泽共有5个国家级纺织品开发基地。新增中国名牌产品3个、全国驰名商标1件、国家免检产品3个和江苏名牌产品14个;"永鼎"、"亨通光电"和"茶花"荣登中国500最具价值品牌榜前列。震泽从全省惟一的亚麻绢纺名镇跃升为中国亚麻绢纺名镇。8家企业申请注册联合国指定供应商。全市实现"禁实"目标,墙体改革领先省内。

在苏州地区率先推行工程量清单计价,中标价相对标底平均下浮10%以上。建筑施工企业共完成施工产值27.6亿元,同比增加3.9%。新开工建筑工程项目950项,建筑面积673.4万平方米,工程投资额44.6亿元,其中:民资项目421项,建筑面积392.8万平方米,投资额23.8亿元;外资项目110项,建筑面积145.6万平方米,投资额9.3亿元。工程质量由政府进行宏观监控,有3项工程获省"扬子杯"优质建筑工程奖,13项工程获苏州市"姑苏杯"优质建筑工程奖。

开放型经济。全市完成进出口总额131.6亿美元,其中出口63.6亿美元,进口68亿美元,分别同比增长18.3%、29.2%、9.6%。外资企业保持出口主体地位,进出口总额122.3亿美元,同比增长17%。冻蚕蛹连续3年创汇超百万美元,出口量占全国1/3。9家企业进入全国进出口企业500强,其中6家还进入出口企业200强;7家企业跻身中国外资企业500强。新增自营生产企业205家。获国务院批准设立出口加工区。新批外资项目175项,注册外资12.1亿美元,到账外资6亿美元。吴江经济开发区列入首批国家显示器件产业园,成为全球最大的背光板生产基地,其物流中心获评"全国最佳五优企业"。盛泽镇设立第2家公共型保税仓库。全国首个日资特殊玻璃企业落户。新签外经合同4 149万美元,完成营业额3 505万美元,年末在外劳务人员507人。22家民营纺织企业在国外开公司,投资总额1 326万美元;100多家企业在境外设营销窗口。与南非莫哈林签订缔结友好城市意向,获中国国际友好城市工作贡献奖。

商业。全市社会消费品零售总额72.4亿元,其中餐饮业销售额近9亿元,分别同比增长17.9%、29.7%。中国东方丝绸市场交易额首破300亿元,名列全国纺织品服装鞋帽专业市场第2名,获评中国纺织产品开发贡献奖。民营企业投资5个亿,开建盛泽商业步行街。《吴江中心城区商业网点规划》获中国城市商业建设规划展最佳展示奖。在《福布斯》中文版公布的100座"中国大陆最佳商业城市"中,吴江从上年第99名跃到第51名,位居全国县(市)级第三。

民营经济。新登记私营企业1 992家,户均注册资本比上年增加51.2%,累计注册资本超200亿元,达208.5亿元;4家企业跻身全省民营企业百强。

旅游经济。组织或参与上级旅游促销活动16次,举办第九届"同里之春"、第3届吴江金秋美食节。新增四星级饭店3家,累计星级饭店15家。景点投入超3 000万元,静思园建成国家4A级景点;绿乐生态科技园以高分入选全国农业旅游示范点。同里古风园明清客栈揭幕。第4届水乡丽人桂冠在央视揭晓。长三角首位"洋镇长"——意大利威尼斯副市长阿曼多·佩雷斯在水乡古镇同里"上任"。接待国内外游客480万人次,旅游总收入39亿元,分别同比增长45.5%、69.6%。

【社会事业】 全市实施各类科技产业化项目111项,其中21项获国家级批准或认定,比上年翻一番。专利申请量718件,比上年增长144%. 省级高新技术企业新增6家,累计35家。亨通集团在苏州大市第一个获得人事部优秀科研项目资助。被列为省园艺科技入户示范试点市,千户示范户平均降本15.5%,增收13.3%。首届青少年科技创新大赛开赛。举办第17届科普宣传周。组织各类实用技术培训1 327期、17.2万人次。引进各类人才近6 000名;累计人才78 929名。

教育基本建设投入4.1亿元首所9年一贯制公办学校——菀坪学校揭牌。又添24所"绿色学校"。继续教育基地3年办班296期,培训学员1.3万人次。社会各界年助学资金402万元,使1.1万人次贫困生受惠续学。全面建设健康城市,核心指标基本按目标完成。推进城乡爱国卫生工作的"双百"(百里主干道公路沿线、百村卫生创建)示范工程启动。

全市完善实施城乡统筹就业制度,在省内首家成立5个镇级劳动保障监察中队,新增就业岗位8万个,转移农村劳动力1.3万人,失业人员再就业1.1万人。出台、调整10多个关于养老、医疗保险和最低生活保障的政策,新增城镇养老保险参保职工4.2万人;"土地换保障"参保率98.3%,到达享受年龄的3.2万人;农村基本养老保险参保率98.4%,到达享受年龄的7.1万人;农村合作医疗参保率97%。

建成健身场所480处、体协16个,向省输送8名优秀运动员。举办中美篮球对抗赛和多起全国性体育大赛,分获全国女排大奖赛和全运会分赛最佳、优秀赛区称号。7名吴江籍运动员在"十运会"上勇夺"二金一银一铜"、一项破世界纪录的超历史赛绩。庞晓华在全国少年自行车赛上夺冠;陆斌在全国中学生运动会上男子百米夺冠。首次跻身省内县级田径"十强"。市体育局获全国群众体育先进单位称号。

苏州定园曲桥

无锡市

【概况】 无锡市位于北纬31°2′~32°2′、东经119°33′~120°38′,属长江三角洲江湖潮间走廊部分,江苏省的东南部。东邻苏州,距上海128公里;南频太湖,与浙江省交界;西接常州,去南京183公里;北临长江,与泰州市所辖的靖江市隔江相望。无锡市为江苏省省辖市,全市总面积为4 787.61平方公里(市区1 622.64平方公里,其中建成区面积188.14平方公里),其中:山区和丘陵面积为782平方公里,占总面积的16.33%;水面面积1 502平方公里,占面积的31.4%。2005年末耕地面积151.2千公顷。

【地形地貌】 无锡市境内以平原为主,星散分布着低山、残丘。南部为水网平原;北部为高沙平原;中部为低地辟成水网圩田;西南部地势较高,为宜兴的低山和丘陵地区。距今约2 500万年前喜马拉雅运动,以差异性升降运动为主,它在老构造基础上,又加强了东西间褶皱的断裂,使江阴、宜兴一线以东形成了以现代太湖为的坳陷盆地,太湖盆地宜兴地区山体均作东西向延伸,绝对500米高度以上,最高峰黄塔顶,海拔611.5米。江阴和市区的山丘总体上呈北东、北东东走向,其高度由西往东北逐级下降。最高峰为惠山的三茅峰,海拔328.98米。

【气候】 2005年无锡天气特点是,气温偏高明显,极值出现多;年平均气温17.1℃,仅次于2004年,为历史第二高值。降水偏少,年降水量948.2毫米,比常年同期偏少146.9毫米。日照充足,年日照时数2 091.5小时。台风影响严重。年内有两次(受9号"麦莎"、第15号"卡努"正面袭击)严重影响本地的台风,造成明显灾害和损失。

【水文】 2005年,无锡市共有水位站13处(其中潮水位站1处,)雨量站22处,流量站11处13个测流断面,蒸发站1处,浅层地下水位站13处,地下水温监测断面65处。

【水质】 2005年,无锡市水资源监测中心在全市45条主要河道以及太湖、西氿、滆湖、横山水库等主要水域布设了65个地表水水质监测断面(点)。对这些监测断面(点)的监测资料表明:地区总体水环境状况与上年相近,水质污染依然严重。宜兴横山水库、长江江阴段处于Ⅱ~Ⅲ类水。其余水体均劣于Ⅲ类水。全年有6.2%的监测断面(点)符合Ⅱ~Ⅲ类水标准,4.6%的监测断面(点)为Ⅳ水,13.9%的监测断面(点)为Ⅴ类水。主要超标项目(超标指数超过《地表水环境质量标准》(GB3838-2002)Ⅲ类水标准)为溶解氧(DO)、高锰酸盐指数(CODMn)、五日生化需氧量(BOD5)、氨氮(NH3-N)、总磷(TP)、挥发酚(Fn)等。

【资源】 *水资源*。全市共有大小河道3 100多条,总长2 480公里。市区河道总长150公里,平水期水体容积800万立方米。太湖为江南水网中心,面积2 338.1平方公里,总蓄水量为44.28亿立方米,年平均吞吐量约52亿立方米。无锡地表水较丰富,外来水源补给充足。地下水资源据不完全资料测算储量约6 349万立方米,年补给量为6 453万立方米。

矿产资源。无锡市具有开采价值的矿产资源,以黏土矿、石灰石、大理石、玻璃用石英砂岩、建筑石等非金属为主,其次为煤、泥炭可燃性矿产及矿泉水。黏土矿以陶土为主,已探明工业储量5 000余万吨。石灰石估算储量17亿吨。大理石估算储量5 000万立方米。煤探明工业储量4 000余万吨。已通过省级以上技术鉴定矿泉水井(泉)共有11处,已开发的有5处。

生物资源。植物资源方面,无锡市除栽培植物外,拥有自然分布于地区内以及外来归化的野生维管束植物共141科、497属、950种、75变种。占全国的比例为:植物科数39.94%、属数15.61%、种数3.5%。植物各类中,草本植物有744种,占总数的78.32%;木本植物(包括竹类)有206种,占总数的21.68%。主要用材林有竹、松、杉,优良用材的树种有杉木、檫树、樟树、紫楠、红楠、麻栎、锥栗、榆树等。药用植物400多种。

动物资源。鸟类有170多种;鱼类有90多种,太湖中的银鱼,长江中的刀鱼、鲥鱼、河豚鱼是名贵鱼类;兽类有30多种,主要华南兔子、穿山甲、豹猫、黄鼬等。

【行政建制】 无锡市历史悠久,早在距今七千年前,无锡先民就在这里劳作、生息、繁衍,过着定居生活。周元王三年(公元前473年)越灭吴,无锡属越国。周显王三十五年(公元前334年)楚灭越,无锡属楚国。秦王政。置会稽郡,无锡属之。无锡设置县的时间始于汉高祖五年(公元前202年)称无锡县,属会稽郡。三国时,孙吴废无锡县。西晋太康元年(1295年)升无锡为州,属江浙行中书省常州路。明洪武元年(1368年)又降州为县,属中书省常州府。清雍正二年(1724年)分无锡县为无锡、金匮两县,均属常州府。民国元年(1912年)两县仍合而为一,复称无锡县,属苏州道。民国16年(1927年)无锡县直属江苏省。1949年4月23日无锡解放后,分无锡县为无锡市、无锡县,无锡市直属苏南区。1953年建江苏省,无锡市为省辖市。1983年3月1日实行县管县体制,无锡市辖江阴、无锡、宜兴3县,1987年4月、1988年3月、1995年6月江阴、宜兴、无锡先后撤县设市。2001年1月,撤锡山市(无锡县)设锡区、惠山区。

【行政区划】 2005年,无锡市辖2个县级市、7个区、59个镇、24个街道办事处。2005年,中共无锡市委发文通知,调整锡山区鸿山镇行政管理权属,将锡山区鸿山镇成建制委托新管理。鸿山镇面积58平方公里,人口5.3万人。管理权属调整后,无锡新区 硕放、梅村、坊前、鸿山4个镇和旺庄、南站、长江路3个街道办事处,区域面积196.63平方公里,人口24.93万人。

2005年11月4日,中共无锡市委发文明确,调整滨湖区华庄镇部分行政村和社区居委的行政管理权属,将无锡(太湖)国际科技园范围内(高浪路以南,华宜路以东)的沙墩港村、李东村、新虹村、中华村、华联村、静慧寺村(包括太湖渔场)和新安社区居委成建制改由新区实施行政管理。7村和1个社区居委会面积22.4平方公里,人口24 119人。管理权属调整后,新区区域总面积219.03平方公里,人口25.92万人。

【民族】 据2000年第五次人口普查统计,无锡市合计人口518万人。其中汉族:516.23万人,占全市总人口数的99.66%;少数民族有藏、回、苗、壮、侗、白、傣、满、畲、彝、瑶、黎、京、蒙古、朝鲜、维吾尔、土家、赫哲、纳西、高山布衣、哈呢、哈萨克、傈僳、佤、水、景颇、土、毛南、普米、塔吉克、怒、俄罗斯、鄂温克、裕固、塔塔尔、独龙、珞巴、布朗、拉祜、仡佬、锡伯、鄂伦春等43个,总人口数计1.77万人,占全市总人口数的0.34%。

【经济发展】 2005年,无锡市以科学发展观统揽全局,突出"富民强市"战略,围绕争创全省"两个率先"先导区、示范区奋斗目标,全市国民经济快速发展,实现地区生产总值2 805亿元,按可比价格计算,较上年增长15.7%;第三产业增长14.8%。第二、三产业增加值占全市生产总值比重为98.2%,较上年增长0.2个百分点。财政收入大幅度增加,全市完成财政总收入421.8亿元,较上年增长19%。财政收入占生产总值的比重为15.0%。其中,一般预算收入181.68亿元,较上年增长24.2。

【农业和农村经济】 农业结构继续调整。夏粮播种面积为41.05千公顷,较上年增长34.5%;水稻播种面积为80.39千公顷,较上年下降0.9%;油菜籽播种面积为19.34千公顷,较上年下降1.9%。主要农产品产量大幅下跌。全年粮食总产量79.53万吨,较上年下降2.1%。油料总产量3.44万吨,其中油菜籽3.38万吨,分别下降6.4和6.6%;蚕茧总产量444吨,下降26.4%;茶叶总产量4 802吨,下降2.6%;水果总产量82 242吨,增长5.4%。

林牧渔业生产稳步发展。主要畜产品中,肉类总产量14.64万吨,增长0.2%,其中猪羊肉9.44万吨,增长2.7%;禽蛋总产量2.68万吨,增长4.6%,全年水产品产量12.09万吨,增长6.1%。

【工业经济】 全市国有及年销售收入500万元以上工业企业(以下简称规模以上工业企业)增加值1 353.13亿元,增长22.0%。在规模以上工业企业中,国有工业企业完成增加值52.81亿元,增长12.9%;股份制企业增加值555.61亿元,增长20.3%;集体企业增加值162.11亿元,增长20.4%;股份合作制企业增加值60.02亿元,增长12.7%;三资企业增加值445.22亿元,增长28.2%。分轻重工业看:全年轻工业增加值376.51亿元,增长21.7%;重工业增加值976.62亿元,增长22.1%;列入统计的238只主要工业产品,比上年增长的有173只,占全市统计产品数的72.7%,产量增幅超过15%的有94只,占39.5%。重点工业产品增势良好,如液晶显示器增长139.3%、电热水器增长49.4%、粗钢增长28.0%、呢绒增长27.1%、洗衣机增长21.3%、成品钢材增长30.1%、合成纤维增长25.3%、服装增长19.4%。

工业经济运行质量继续提高。全市规模工业实现销售收入5 629.88亿元,增长24.2%;工业企业实现利税384.77亿元,增长21.2%,其中利润256.63亿元,增长27.5%;工业经济综合效益指数达到186.36%,创历史最好水平,比上年提高11.86个百分点。

【建筑业】 全年社会建筑业完成增加值108亿元,较上年增长19.0%。全员劳动率12.11万元/人,实现利润7.0亿元,税金总额6.5亿元。施工房屋建筑面积2 604.09万平方米,房屋竣工面积1 268.71万平方米。9个项目被评为"扬子杯"江苏省优质工程,67个项目被评为"太湖杯"无锡市优质工程。

【运输·邮电】 全市年末全社会拥有车辆97.34万辆,增长23.0%。私人汽车又有大的发展,达到15.2万辆,较上年增加4.86万辆。全年完成客运20 465万人次,增长17.1%;完成货运8 421万吨,增长13.3%。全市港口货物吞吐量5 046万吨,增长42.4%。无锡机场正式通航以来,机场已开通广州、深圳、北京等条8条航线,全年共运送客人61.91万人次,机场货邮运量达到1.41万吨。

邮电通信持续快速发展。全年发送邮政函件5 603.2万件。年末固定电话交换总容量达381.6万门,增加13.3万门。城乡本地电话用户达305万户,增加55万户,其中移动市话125万户,增加49.5万户,移动电话用户达352万户,增加50万户。计算机互联网用户达到46万户。

【国内贸易】 消费品市场持续活跃。全年实现社会消费品零售总额824.11亿元,增长16.3%。其中,城市消费品零售额659.49亿元,增长17.6%;农村消费品零售额128.63亿元,增长9.7%。批发零售贸易业零售额730.16亿元,增长15.8%;餐饮业零售额78.68亿元,增长16.7%。

市场建设稳步推进。年末拥有各类亿元以上商品交易市场64个,实现成交额1 319亿元,增长28.7%,其中年成交额超过10亿元以上市场达到25个,较上年增加7个。

【对外贸易】 对外贸易增势强劲。全年对外贸易进出口总额291.91亿美元,增长33.6%。其中,进口总额136.45亿美元,增长26.1%;出口总额155.46亿美元,增长41.0%。新增对外贸易经营者877个,全市累计2 967个。外商投资企业完成出口110.54亿美元,较上年增长47.7%;专业外贸公司出口16.56亿美元,较上年增长2.3%;自营生产企业完成出口28.36亿美元,较上年增长47.4%。

【利用外资】 全年新批外资项目811个,协议注册外资项目811个,协议注册外资25.17亿美元,较上年增长20.1%,按商务部确认口径,到位注册外资20亿美元。新批超过千万美元项目449个,协议注册外资76.45亿美元,占全市比重的97.5%。服务业利用外资快速发展,协议注册外资15.34亿美元,较上年增长46.3%,占全市的比重达到19.6%。

劳务合作。年新签对外承包劳务合作合同金额1.71亿美元,增长38.9%;实际完成营业额1.6亿美元,增长32.3%;期末劳务人数1 139,增长11.8%。年内有4个企业经外经贸部批准获得对外承包权,年末获权企业达21个。

【私营个体经济】 全市私营个体经济保持快速增长的强劲态

势,成为经济发展的重要支撑。全市私营个体企业20.74万户,从业人员110.99万人,注册资金1 150.84亿元,分别增长21.0%、28.2%和30.2%。私营个体企业实现增加值1 210.39亿元,占全市总量的43.2%,完成工业总产值3 602.18亿元,实现社会消费品零售总额351.55亿元,上缴税金108.04亿元。私营个体固定资产投入495.91亿元,增长40.8%。

【金融保险】 年末金融机构各项人民币存款余额达3 222.39亿元,增长22.1%;各项人民币存款余额2 183.41亿元,增长21.0%。存款中,企业存款余额1 140.37亿元,增长14.4%;城乡居民储蓄存款余额1 410.15亿元,增长21.5%。贷款中,短期贷款1 302.24亿元,增长12.1%;中长期贷款536.61亿元,增长23.9%。其中,个人中长期消费贷款176.50亿元,增长16.1%。全年银行现金收入7 863.17亿元,增长16.5%;现金支出7 984.22亿元,增长16.6%;全年现金净增投放121.05亿元。

保险事业趋缓。全年保费收入57.62亿元,下降3.8%,其中财产险收入14.71亿元,增长12.1%;人寿险收入42.92亿元,下降8.2%。保费赔款支出9.27亿元,增长8.2%。保险给付支出6.89亿元,下降23.1%。

【房地产业】 全年房地产业实现增加值101亿元,增长16.0%。完成房地开发投资226.79亿元,增长16.0%,商品房施工面积为1 853.09万平方米,增长19.7%,竣工面积569.53万平方米,增长17.8%。房地产业发展健康,全年商品房销售额129.03亿元,增长24.2%。

【旅游业】 全年共接待参观、访问及从事各项活动的海外游客65.87万人次,增长22.1%;接待国内外旅客2 637.5万人次,增长19.8%。旅游总收入达301.6亿元,增长31.3%,其中国际旅游外汇收入2.63亿美元。全市年接待游客10万人以上的景区26个,国家4A级景区7个,3A级景区6个,2A级景区8个。年末全市星级宾馆已达72个,其中五星级宾馆4个,四星级宾馆17个。

【固定资产投资】 全年全社会固定资产投资完成1 335.09亿元,增长19.8%。其中,规模以上固定资产投资1 310.52亿元,增长22.2%。从项目看:建筑工程投资和设备工器具购置投入较多,分别为655.81亿元和432.69亿元。分产业投向:第一产业投资2.43亿元,第二产业投资791.04亿元,第三产业投资541.62亿元。分注册类型:国有经济投资194.78亿元,三资经济投资296.68亿元,其他经济投资834.62亿元。全年基础设施投资254.12亿元,增长0.1%;固定资产投资(50万元以上)项目(不含房地产)投产3 757个,项目建成投产率为78.1%;新增固定资产985.24亿元,固定资产交付率为73.8%。

【市场物价】 全市居民消费价格总水平上扬,消费价格总指数为102.0,价格总水平比上年上涨2.0%。其中服务项目价格上升1.6%,消费品价格上涨2.1%。在消费品价格统计的八大类中,价格水平上升的有7类,分别是食品类(上涨3.3%)、烟酒及用品类(上涨0.9%),衣着类(上涨0.4%)、家庭设备用品及维修服务类(上涨0.6%)、医疗保健及个人用品类(上涨0.3%)、娱乐教育文化用品类及服务类(上涨0.9%)、居住类(上涨6.9%);下降的是交通和通信类(下降1.2%)。

【城市建设】 城市规模与管理:重点工程推进。“六纵二横”城市主骨架道路建设进展顺利新312国道、高浪东路、五爱路、凤宾路及金城公铁立交等竣工投用,100条背街小巷完成整治,农村公路建设完成139公里,面积134平方米新(改)建大小桥、涵52座。城市建成区面积进一步扩大,达193平方公里。

【城市公用事业】 公用设施更加完备。新辟公交线路5条,延伸公交线路13,新增、更新车辆181辆,新增公交站棚100个。城市管道燃气家庭用户26.7万户,其中天然气用户15.7万户。瓶装液化气用户46.4万户。居民燃气普及率为95%。自来水日供水能力145.6万吨,供水总量28 710万吨。全市全社会用电量337.05亿千瓦时,增长16.4%,其中工业用电286.55亿千瓦时,增长16.0%;城乡居民生活用电24.71亿千瓦时,增长21.7%。

【环境保护】 全年全市环境空气质量良好以上天气数占总天数的比例达到88.5%,集中试用水源水质达标率达到100%,全市工业废水排放率达标率达到96%以上。全市建成各级环境监测站6个,烟尘控制区9个,面积413.2平方公里;环境噪声达标区划9个,面积353.4平方公里。城市环境质量进一步改善。

城市绿化。城市绿化工作进一步加强,年内新增公共绿地面积达2 308平方米,建成区绿化覆盖率为40%。

【科学技术】 年末拥有专业技术人员33.63万人。全市共有国家级、省级技术研究中心14个,市级工程技术研究中心20个。国家、省级科技创业服务中心7个,市级科技创业服务服务中心10个,新增省级民营科技企业120个,累计759个,实现技术合同交易交易额39.41亿元。

高新技术产业加速提升。全市高新技术产业增加值占全市规模以上工业增加值的比重为33.35%,较上年提升3.04个百分点。全市累计省级以上高新技术企业达到697个,其中国家级高新技术企业91个。

专利申请量持续攀升。知识产权万人培训计划全面推进,受训人员达到4 600多人次;全市专利申请量达5 621件,较上年增长71.4%,首次列江苏省第二位;授权量达2 095件,较上年增长52.8%。

科技创新成绩显著。无锡跻身“国家火炬创新试验城市”行列,无锡国际科技合作园被列为江苏惟一的省级国际科技合作示范基地和江苏惟一的省级知识产权园。2005年无锡市12项科技指标列全省第一;国家、省科技计划经费1.85亿元,国家创新基金项目30项,国家创新基金经费2 035万元,国家火炬计划项目61项,新增国家级高新技术企业19个,国家863计划经费到位1亿元,省火炬计划项目89项,新增省高新技术企业108个,新增“双密”(知识密集型、技术密集型)企业11个。

【文化事业】 成功举办了“太湖国际民乐展”、“狂欢巡游”等文化活动,承办了“欢乐中国行”大型演出。年内举办“激情周末”等广场文艺演出62场,组织其他公益演出134场。成功引进法国著名钢琴家理查德·克莱高品位文艺团体71次,演出161场次。大型民族舞剧《红河谷》跻身全国10台精品剧目之一。文艺表演团体和文化设施建设平稳发展,年末共有艺术表演团体11个,艺术、文化(艺术)馆9个,文化站85个,公共图书81个,博物馆、纪念馆5个。

广电事业蓬勃发展。全市人民广播电台节目8套,平均每天播出152小时;电视台节目9套,平均每周播出1 235.7小时;无锡有线电视用户已达119.15万户。电视人口总覆盖率均达100%。

【体育事业】 群众体育活动纷呈活跃。成功组织无锡市第七届全民健身暨第十届全民健身周活动,“每天运动半小时”系列活动和“迎‘十运’健步行”等全民健身活动。“八个一工程”实施取得可喜成绩,全市70%的乡镇和902%以上的社区达到基本要求,全年新建全民健身工程5个,健身点111个,新增活动面积6平方米。全市体育人口比例达到46%。全市各级各类学校继续实施《国家体育锻炼标准》,实行面达100%,全市中小学生参与面达99%。

竞技体育再创佳绩。积极做好第十届全运会备战工作,积极培养和输送优秀体育后备人才,年内向省少体校输送16人。组织845名运动员参加了29项省级青少年比赛,共获金牌93枚,总分3 363.75分,名列全省第四。在全省的各项青少年比赛中,荣获9枚金牌6枚银牌和5枚铜牌。

体育产业稳步发展。成功举办了“第十届全国运动会六项赛事”,获得了各界盛赞;年内共举办各类比赛、活动28项、185场。其中国际赛事2次,国家级赛事5次,电脑体育彩票销售额2.49亿元。

【体制改革】 2005年是无锡改革攻坚年。市委、市政府适时全市体制创新工作会议,出台《关于全力实施改革攻坚七项重点工作会议的决定》全市上下把贯彻《决定》深化改革作为争创全省“两个率先”先导区和示范区重要保障,奋力攻坚,强力推进。改革攻坚取得实质性、突破性进展,年度改革目标顺利实现,“十一五”改革规划编制完成。

【企业改革】 国有(集体)企业改革基本完成。市属21个一级完成改制工作;47个壳体企业“销壳”工作完成;全市7个资产经营公司基本完成改革改制及下属企业“销壳”工作,并形成了整合归并为1个综合性资产经营公司的方案。41个市(县)区属国有(集体)企业完成改制任务和人员分流安置工作;基本完成锁定的自收自支经营类事业单位改革任务。

事业单位分类改革进入实施阶段。完成对502个市属事业单位的分类,出台了事业单位用人制度、分配制度改革等7个相关配套实施意见和细则,事业单位“三定”方案审核审批全面启动。

【投融资体制改革】 投融资体制改革顺利推进。按照国家体制改革要求,分别拟定了接见项目核准制、备案制等相关文件。政府投资项目代建制试点工作顺利推进,作为社会事业重大项目的“五馆两楼两中心”(博物馆、革命陈列馆、科技馆合建项目,档案馆、城建档案馆合建项目,老年大学、老干部活动中心合建,青少年活动中心项目)全部通过委托代建方式运作。

【财政体制改革】 财政体制改革有序推进。推进行政事业单位房地产管理体制改革,出台《关于推进行政事业单位房地产管理体制改革的实施细则(试行)》,开展行政事业单位房地产清理工作,完成了368个市级行政事业单位房地产情况汇总工作;推进国库集中支付改革,创新部门国库集中支付模式,完善车库支付操作流程。成立4个财政支付中心,提高了国库集中支付工作效率。探索预算内政府专项资金国库集中支付改革,出台《无锡市财政预算内专项资金集中支付办法》和《无锡市财政局预算内专项资金集中支付内部操作流程》;推进政府采购制度改革,组织起草《无锡市政府采购管理暂行办法》、《政府采购评审专家管理办法》、《无锡市政府采购信息公告管理办法》和有关实施细则,规范政府采购行为。实现“管采分离”,实施政府采购中心与市财政局的脱钩;推进政府采购服务机制改革,制定《关于政府购买公共服务的指导意见(试行)》,进行政府购买服务试点工作。

(无锡地方志办提供资料)

崇安区

【概述】 无锡市崇安区位于无锡市市区中部,面积17.82平方公里,辖广益、崇安寺、通江、广瑞路、上马墩、江海6个街道办事处,42个社区居民委员会。2005年末,全区居民68 831户,总人口184 173人,其中:男性92 575人,占总人口的50.23%;女性91 598人,占总人口的49.77%。2005年全区人口出生率3.27‰,死亡率4.67‰,自然增长率-1.40‰。

【经济建设】 2005年,全区实现地区生产总值147.2亿元,同比增长15.77%;社会消费品零售总额148.52亿元,比上年增长19.1%;固定资产投资41.64亿元,比上年增长29.80%;财政一般预算收入10.27亿元,同口径增长18.38%。

工业。2005年,全区工业产品纳税销售收入71.89亿元,同口径增长12.6%;利税2.7亿元,利润0.52亿元。工业固定资产投资3.77亿元。产品销售收入500万元以上工业企业56个,销售收入占全部工业的比重上升到84.74%,比上年提高5.45个百分点。

农业。2005 年,全区农业总产值1 300万元,同比下降28%;农业增加值680 万元,同比下降28%。

第三产业。2005 年,全区第三产业增加值128.2 亿元,比上年增长16.42%,占地区生产总值的比重为87.09%,比上年提高0.37 个百分点。

以崇安寺重点片区为重点,强势推进服务业核心区建设。崇安寺步行街区如期开街营业,一期B 块基本竣工。

民营经济。2005 年,全区新增民营企业和个体工商户3 000多个,总数达1.44 万个;新增销售超亿元企业27 个,其中超5 亿元企业5 个。全区完成民营经济增加值65 亿元,可比价增长25%,占全区总量的比重上升到44.2%,比上年提高8.4 个百分点。民营经济完成固定资产投资19.34 亿元、社会消费品零售总额64 亿元,分别比上年增长19.6%和20.3%。

招商引资。全年引进区外境内注册资金22.68 亿元,比上年增长27.69%,其中引进注册资金500 万元以上企业89 个,比上年增加50 个。完成协议注册外资5 085万美元、到位注册外资2 192万美元,分别增长43.93%和22.6%,其中新批信息、咨询等现代服务业项目6 个。

【人民生活】 全年在岗职工平均工资24 796元,农民人均纯收入8 750元,分别比上年增长16.2%和9.38%。344 个企业建立工资集体协商制度。就业保障工作取得新进展。全面建立社区劳动保障工作站,形成区、街、社区三级劳动保障管理网络;开发灵活就业岗位2 350个,安置失业人员5 500人,特困失业人员和失业党员就业安置率均达100%。完成社保扩面14 000多人,筹集3 500万元解决745 名失地农民进社保,切实做好26 000多名企业退休人员社会化管理服务工作。全面落实社会救助工作,确保全区799 户1 595名低保对象的生活保障。

南长区

【概述】 南长区位于无锡市市区东南部,面积22.43 平方公里,下辖迎龙桥、南禅寺、清名桥、金星、金匮、扬名6 个街道办事处,共有56 个社区居民委员会、4 个家属委员会。全区居民116 708户,321 140 人,其中男性162 490 人,占总人口的50.60%;女性158 650人,占总人口的49.40%。2005 年全区人口出生率4.69‰,死亡率6.34‰,自然增长率-1.65‰。

【经济建设】 2005 年,全区完成地区生产总值80.02 亿元(新口径)。财政总收入15.46 亿元,比上年增长11.33%,实现一般预算收入7.57 亿元,比上年增长18.12%;第三产业(服务业)32.64 亿元,比上年增长15.60%;社会消费品零售总额76.87 亿元,比上年增长19.12%;固定资产投资总额27.56 亿元,比上年增长10.82%。

开放型经济。2005 年,全区在引资工作中强调量的扩张、注重质的提升,突出招大、招优、招强、招外,引资总量和效能不断提高。先后引进国美电器五爱店、苏宁电器金星店、乐购超市中桥店,沃尔玛超市签约入驻阳光城市花园,生产资料交易市场南长物流配载公司开业。全区服务业增加值占全市比重为3.41%,比上年提高0.02 个百分点;服务业增加值占地区生产总值的比重为40.7%,比上年提高4.68 个百分点;服务业固定资产投资增长34.12%,比年目标提高9 个百分点。

2005 年,全区引进企业1 030个。引进区外资金24.19 亿元,同比增长3.36%,引进注册资金超千万元的企业33 个。协议注册外资5 349万美元,实际到位注册外资2 804万美元,与上年同比增长31.10%、78.26%,分别为年目标的107%和140%。

工业。无锡市证券印刷有限公司等二期扩能项目竣工投产,无锡市意昂数字技术有限公司项目部分投产,加快推进无锡市国盛精密模具有限公司、无锡市雄伟精工机械厂等改扩建项目。开发省高新技术产品5 个,新增国家高新技术企业2 个、省高新技术企业3 个、省民营科技企业5 个。

民营经济。2005 年,全区6 个街道完成地区生产总值80.02 亿元,比上年增长2.40%;完成销售收入达388.40 亿元,比上年增长7.29%,其中个私经济222.47 亿元,比上年增长20.41%;扬名街道、南禅寺街道地区生产总值超10 亿元,迎龙桥街道地区生产总值超20 亿元;迎龙桥街道、南禅寺街道销售收入突破100 亿元。制订《南长区创建民营经济最佳成长区三年行动纲要》,落实扶持民营经济发展的优惠政策,通过融资担保、银企合作等方式,授信企业35 个,授信额达26.1 亿元,全区民营经济增加值增长21.2%。

【人民生活】 居民生活水平稳步提高。千方百计增加职工收入,实施辖区企业工资集体协商制度,新增社保扩面14 000人,全区城镇集体在岗职工人均收入20 758元,比上年增长16.27%。就业和再就业力度加大。开发就业岗位3 500个,发放再就业优惠证6 066份,安置失业人员8 500人(次)、大龄失业人员3 807人(次)、特困家庭100 户。完善社会救助体系,切实保障困难群众的基本生活,发放失业救济金1 317万元、优抚对象和困难对象慰问金166 万元、慈善医疗卡12 29张,建成5 个街道和社居委慈善超市。 (华伟宇)

北塘区

【概述】 北塘区位于无锡市市区西北部,总面积31.5平方公里,下设黄巷、山北、北大街、惠山4个街道办事处,下辖56个社区居民委员会,总人口249 427人,其中,男性124 501人,占总人口的49.9%;女性124 926人,占总人口的50.1%。2005年,全区人口出生率4.10%,死亡率3.76%,自然增长率0.34%。

【经济建设】 2005年,全区地区生产总值139.25亿元,比上年增长16.02%,其中第三产业72.03亿元,占地区生产总值的51.73%,比上年提高2.24个百分点;财政收入16.77亿元,比上年增长17.27%,其中一般预算收入8.83亿元,比上年增长21.91%;全社会固定资产投资完成58.99亿元,比上年增长20.98%。

工业。全区工业总产值完成190.39亿元,比上年增长12.53%,其中规模工业总产值完成150.37亿元,比上年增长14%,占全区工业总产值的78.98%,比上年提高1.02个百分点。招商引资再上新台阶,全年新批外资项目21个,其中超千万美元项目5个,完成协议注册外资9 410万美元,到位注册外资3 692万美元,完成自营出口4.75亿美元。成功组织赴新加坡、香港专题招商活动,18个服务业签约项目总投资达4.98亿美元。利用内资创历史新高,全年引进注册资金12.94亿元,引进注册资金100万元以上企业201个,其中超千万元企业35个。

农业。蔬菜、家禽、生猪、鲜奶等各项指标均超额完成年度目标任务,黄巷天资乳品饮料厂和大江中盛饲料有限公司继续被评为省、市级农业产业化经营成长型“龙头”企业。

第三产业。全社会消费品零售总额66.62亿元,比上年增长20.17%。服务业协议注册外资6 580万美元,占全区协议注册外资总量的69.93%。服务业项目建设持续加快,顺利完成招商城4万平方米商场化改造、山北农贸市场改建和新桥农贸市场超市化改造,海兴大酒店、中威丰田和联众M6汽车4S店、金桥副食品市场、国美电器解放路店、苏宁电器山北店等相继开业。

民营经济。全区完成民营经济增加值59.88亿元,占全区GDP的比重为43%,比上年提高了6.6个百分点。4个街道共完成财政收入12.59亿元,比上年增长12.41%;完成一般预算收入5.48亿元,比上年增长10.93%。积极参与无锡市太湖博览会、民营企业高新技术洽谈会、城市服务业大会和招商月活动,18个签约项目投资总额达14.87亿元。区科技创业园发挥科技企业孵化器作用,入驻科技企业112个。技工贸收入达7.2亿元,并列入省“区域性中小企业专业技术创新服务中心”的试点。搭建企业与高校合作平台,组织开展科技企业北京、上海、南京科技行活动。强化科技队伍网络建设,在各街道设立科技助理。全年科技经费280万元,完成高新技术产业产值50亿元,高新技术产业增加值13.5亿元。有省级高新技术企业25个、省民营科技企业53个。

【人民生活】 全区在岗职工年平均工资达到25 137元,比上年增长19.97%;农民人均年收入8 642元,比上年增长10.1%;共为6 338名参加原郊区统筹的三投靠、小集体退休人员、长龄工增发补贴900.4万元,全区股份经济合作社用于股红分配的资金达1 114.3万元,股东人均分红达321.75元,比上年增长11.2%。维护职工合法权益,在488个企业中推行企业工资集体协商制度,超额完成年度目标。全面完成原郊区医保与城市医疗统筹的并轨工作,共有17 000人享受基本医疗保险。全年完成社保扩面征缴19 719人,完成农民进社保1 834人,山北街道在全市率先完成农民进社保工作。全区4个街道均已建成爱心慈善超市,全年发放爱心慈善卡945张,总面额达93.65万元。全年征收残疾人按比例就业保障金243万元,安置97名有劳动能力残疾人就业。扎实推进再就业工程。实现就业9 921人,其中大龄人员再就业3 104人。着重发展社区家政服务、编织加工等服务特色项目,全区现有上岗家政服务人员202人,工资报酬累计达56.34万元。培训从业人员150人,吸纳下岗人员110人。全年发放最低生活保障金593.57万元。为31 832人次的失业人员发放失业救济金1 485万元,共发放解困金、助学金、公益金256.28万元。 (王庆华)

锡山区

【概述】 锡山区面积396平方公里,辖东亭、安镇、羊尖、鹅湖、东北塘、锡北、东港7个镇和1个省级开发区。有92个行政村,32个居民委员会(社区)。2005年末总人口38.76万人,其中男性人口19.10万人,女性人口19.66万人;农业人口15.56万人,非农业人口23.20万人;2005年,出生人口3 216人,人口出生率8.36%,出生婴儿男女性别比为100.7:100;死亡人口2 922人,人口死亡率7.60‰;全年人口自然增加人数294人,自然增长率0.76‰。全年迁入总人口为6 505人,迁入率为1.69%;迁出总人口1 848人,迁出率为0.48%;净迁移人口4 657人,机械增长率1.21%。

【经济建设】 2005年,全区实现地区生产总值182.5亿元,同比增长16.1%；财政收入30.29亿元，其中一般预算收入13.19亿元，分别比上年增长18.9%和27.3%；全社会固定资产投资128.38亿元，比上年增长32.5%；全区完成营业收入960.62亿元，同比增长29.6%；完成工业总产值635.7亿元、工业开票销售532亿元，分别比上年增长27.9%和27.5%。

（曹红芬　吴　霞）

农业。全区农林牧渔业总产值10.13亿元，比上年减少15%。都市农业开发步伐加快，东港镇万亩(666.67公顷)优质水稻示范园区等4个首批市级都市农业项目建设进展顺利，建设面积733.33公顷，完成投资6 000万元。新申报无公害农产品生产基地10个。实施省级青鱼养殖标准化示范区建设，创建省、市级名牌农产品6个，引进推广新品种67个。新技术52项。完成农业产业化“三资”投入1.69亿元，培育市级以上农业产业化“龙头”企业5个。完成农产品市场营销1.49亿元。农业集中面积达47.3%，关闭窑厂13个，完成土地整理600公顷，新增耕地66.67公顷；全年新增发展用地733.33公顷。

工业。全年完成工业主营业务收入591.99亿元，比上年增长24.1%；全区实现工业利润19.69亿元。比上年增长31.9%。工业集中区产出占工业经济总量的68.5%；高新技术产业比重继续提高。全区工业企业投入85.5亿元，完成投资超千万元重点技改项目188个；新增研发机构11个，新增省级以上高新技术企业13个、民营科技企业18个；新列入国家重点新产品2个，省高新技术产品17个；初步形成新材料、电子通信和机械设备等一批制造业高新技术产业集群，全年规模以上高新技术产业增加值占规模工业比重达20.9%。着力打造特色产业基地，启动建设清华同方科技园，获准建设台商科技工业园。积极发展循环经济，无锡海联橡塑五金制品有限公司等7个企业被列为省、市循环经济试点单位，20余个企业加入清洁生产行列。名牌战略取得实效，江苏红豆实业股份有限公司、江苏新世纪机车科技有限公司跻身国家商务部重点培育和发展出口品牌。工业用地集约化程度明显提高，规模以上企业工业增加值能耗下降12%。民营经济加快发展。全区个体私营企业实现增加值110.32亿元，比上年增长22.6%；上交税金14.85亿元，比上年增长20.6%；实现社会消费品零售额27.5亿元，比上年增长20.1%。全年新增私营企业998个，注册资本9.23亿元；引进内资企业199个，引进项目的规模质量水平不断提高。

现代服务业。全年完成社会消费品零售总额52.2亿元，比上年增长15%。全年三产投入26亿元，完成投资超千万元重点项目11个。全年完成房地产开发投资24.19亿元，比上年增长64.8%。全区房屋销售面积62.18万平方米，商品房屋销售额为19.49亿元。

开放型经济。全年新批三资企业122个，引进项目的科技含量和单位面积投资强度明显提高。全年完成协议注册外资15.1亿美元，到位注册外资3.2亿美元(商务部新口径)。开发区招商引资规模质量水平有新的提高，引进超亿美元项目3个，单个项目平均协议注册外资达1 240万美元；开发区东区引资势头良好，有12个项目入园发展。外资企业发展势头良好，健鼎(无锡)电子有限公司等21个企业被评为全国“双优”外商投资企业。对外贸易增势强劲。全年外贸供货额为102.54亿元，比上年增长29.5%；外贸进出口总额17.14亿元，其中自营出口总额7.85亿元，比上年增长53.4%；新批境外企业15个。

【社会事业】市级以上科技计划立项数增长12%，新列入国家火炬计划12项、省火炬计划15项、省星火计划7项。全年专利申请量达917件。现代化教育强区建设成效显著，投入1亿多元新建和改扩建学校11所，建设总面积9.3万平方米。素质教育和课程改革深入推进，教育质量全面提升，被评为省“双高普九”先进区。创建成省市级示范、实验学校和幼儿园10所。全年发放助学金85万元。安镇镇被评为全国群众体育先进单位，区体校成为全国青少年棒垒球训练基地。社区卫生服务体系不断完善，启动新建安镇人民医院，12个卫生院(医院)创建成社区卫生服务中心，建成79个社区卫生服务站，社区卫生服务机构健全率达96.7%。创建成省人口和计划生育示范区。创建成省老龄工作先进区。

城镇居民人均可支配收入、农民人均纯收入分别达到16 003元和8 002元，比上年增长17.9%和13.5%。居民储蓄存款112.2亿元，比年初增加21.3亿元。社保扩面新增参保职工2.4万人。实施农民基本养老保险制度，全区4.5万老年纯农民100%参保。被征地农民基本生活保障不断巩固，全年为7.6万名被征地农民发放保障资金7 772万元。区镇两级财政出资2 000多万元。低收入户户均增收2 334元，完成50户农村特困户危旧房改造，2 708户低保户实现应保尽保。新增基本医疗参保8 280人，1.06万名大病医疗参保职工实现向基本医疗过渡并轨；新型农村合作医疗参保人数超24万人，参保率达98.2%；发放医疗救助金83万元；全年发放各类就业扶持资金250万元，培训城乡劳动力1.3万人，其中农村劳动力1.04万人，实现再就业6 758人。

惠山区

【概述】　惠山区面积327平方公里，区辖镇6个，行政村119个，居委会19个。全区总人口38.9万人，其中男性19.2万人，女性19.7万人。2005年，全区人口自然增长率低于1‰，计划生育率达99.62%。人口密度1 189人/平方公里。

【经济建设】　2005年，全区完成地区生产总值232.08亿元，增长20.9%，人均GDP达到7 500美元；实现财政收入38.93亿元，增长36.5%；一般预算收入完成17.07亿元，增长45%；全社会固定资产投资完成155.34亿元，增长16.5%。小康社会建设全面达标，在全国中小城市综合实力100强评选中名列第七名。

农业。农业共投入资金5 007万元,农田亩均产出达到5 097元。"四万一千"(即:万亩优质稻米基地、万亩精细蔬菜基地、万亩水蜜桃产业风光带、万头种猪生态养殖园、千亩富康生态园)等都市农业项目的一期工程全面完工,农业产业化成效显著,都市农业格局基本形成。完成造林绿化面积893.33公顷,全区森林覆盖率达到14.77%,绿化覆盖率达到25%。特色经济增效显著,无锡阳山水蜜桃科技园区被批准为省级现代农业示范区。

工业。工业经济持续增长,以重大工业项目为起点,投资结构进一步优化,工业技改投入同比增长20%以上,技改投入占工业总投入的比重提高了10个百分点。全年完成工业总产值701.76亿元、销售收入696.82亿元,同比增长26.6%、26.5%。实现工业增加值153.22亿元,增长24.3%。规模工业产值占全区工业总产值的76.8%。省级以上高新技术企业发展到67个,高新企业增加值占工业增加值的比重提高到23%。新增国家名牌产品1个,省级著名商标5件。省级名牌产品15个。民营经济快速发展,新增民营企业和个体工商户3 703户,注册资本12.63亿元。

服务业。服务业增势强劲,完成增加值58.07亿元,占地区生产总值的比重为25%;服务业投入占全社会投资的比重提高了6个百分点;房地产开发项目施工面积329.5万平方米,完成投入33.75亿元,增长65.5%;社会消费品零售总额40.84亿元,增长13.8%。来自服务业的地税收入达到2.17亿元,增长43.9%。

开放型经济。全区协议注册外资7.56亿美元,增长13.4%,到位注册外资(商务部口径)1.5亿美元,增长15.4%,自营出口总额4.12亿美元,增长52.1%。有7个企业成功建办境外企业,个数和投资额度位居全市前列。开发区和重点园区建设取得重大进展,园区集聚效应日益显现,利用外资占全区的比重超过70%。开发区完成投资41.3亿元,基础设施建设基本到位,完成惠山大道、南环路等一批重点项目建设;重点园区和工业集中区启动建设面积28.9平方公里。基础设施建设投资5.7亿元,建设道路39公里,建成标准厂房110万平方米,园区载体功能得到完善。

【社会事业】 各项社会事业协调推进。区科技创业中心全面建成,制造业信息化示范工程建设进一步深化,全区申请专利超1 000件。教育现代化全面推进,荣获省"基础教育先进区"称号,形成小学、初中、高中相连,普通教育、职业教育、成人教育协调发展的局面。文化事业取得新进展,区文化中心开馆启用,陆定一故居和安阳书院的二期修工程全部竣工。群众体育蓬勃发展,成功举办区首届运动会,全力推进全民健身"八个一工程"(即:建立一个健身组织网络、每年举办一次全民健身周活动、建设一个全民健身工程点、建设一批晨晚练健身点、建设一支社会体育指导员队伍、建立一个公民体质测定站、举办一系列体育健身科普讲座、形成一个特色体育项目)。建立全省第一个食品市场检测网络体系,确保人民群众吃上放心食品。人口自然增长率低于1‰,计划生育率达99.62%。加强环境保护工作,完成258条河道的综合整治任务,完成电镀行业和印染行业的专项整治,关停电镀、印染企业20个,搬迁10个,全区环境质量综合指数达到78。

人民生活。在岗职工平均工资23 554元,增长18.8%;农民人均纯收入8 552元,增长12.5%。2005年底,银行各类存款余额达到195.44亿元,比年初增加35.81亿元。加快推进社会养老保险扩面工作,提供城镇就业岗位2.1万个,新增就业人数1.9万人,城镇登记失业率控制在3.5%以下。加快基本医疗保险扩面工作,参保人数超6.5万人;基本实现第三轮新型农村合作医疗全覆盖,人均筹资水平达111.6元;按照以土地换保障的思路,建立被征地农民基本生活保障制度,投入资金1.29亿元,惠及6.3万人。建立新型农民养老保险制度,全区28 000多个老年农民将逐步享受到农村基本养老保险待遇。强化民政救助工作,安排扶贫帮困资金2 200万元,低保标准提高20%,1 033名贫困家庭学生得到资助,全区募集慈善基金4 000万元,困难群体和弱势群体的生活得到妥善安排。

滨湖区

【概述】 滨湖区总面积631.5平方公里,耕地面积7 833.33公顷,辖太湖、华庄、胡埭、马山、滨湖5个镇,河埒、荣巷、蠡湖、蠡园4个街道办事处以及无锡太湖国家旅游度假区、蠡园经济开发区、无锡太湖山水城旅游度假区、滨湖经济技术开发区4个开发区。年末,全区共有68个村民委员会和60个社区居民委员会。全区总人口48.654 9万人,其中男性24.45万人,女性24.204 9万人。2005年,全区人口出生率7.13‰,人口死亡率5.4‰。人口自然增长率1.73‰,计划生育率99.96%。人口密度为每平方公里746人。

【经济建设】 2005年,全区完成地区生产总值253亿元、财政一般预算收入17.93亿元,全社会固定资产投资128亿元,分别增长16.1%、25.26%、26.2%。

农业。全年实现农业总收入5.64亿元,粮油总产量2.5万吨,上市蔬菜6.7万吨、荤食品2.6万吨;都市农业重点项目建设取得成效,太湖葡萄沟、唯琼生态农庄等项目相继建成开放;土地集约利用、矿山宕口复绿、水利工程建设、禽流感防控等工作有效开展。

工业。坚持集中、集聚、集约发展,全方位促进工业经济转型升级,全年实现工业纳税销售560亿元,增长24%;规模以上工业总产值394亿元,增长11%;工业百强企业产出占工业总量45%。结合工业布局调整推进工业向园区集中,工业集中度达68%,提高23个百分点。

服务业。服务业保持高位运行,全年实现纳税营销421亿元,增长62.5%;服务业增加值101亿元,增长18.8%;服务业投入82.59亿元,增长40%;社会消费品零售总额54亿元,增长20%;服务业税收11.42亿元,增长45%。其中,房地产业税收4.2亿元,占服务业税收总量的33%。工业设计、动漫产业等服务业新型业态起步较好。　（顾文泽）

开放型经济。举办"相约太湖"、"金秋滨湖"项目签约大会,组织18次专题招商活动,全年新批外资项目75个。协议注册外资6.22亿美元,到位注册外资2.01亿美元,外贸自营出口4.4亿美元,分别增长23%、20%、20%,新批境外投资企业3个。　（吴剑峰）

民营经济。积极组织"招商月"、"民商会"并开展"十佳"、"十强"评选表彰活动,加强引导服务,民营经济进一步发展壮大,全年民营经济纳税营销471亿元,增长47%。民营经济发展水平进一步提升,涌现出一批"规模型"、"贡献型"民企;全年新办民企820个,新增注册资本7.96亿元。　（尹　琳）

旅游。全年实现游园人数1 259万人次,增长11%。旅游总收入46.95亿元,增长22%。　（顾文泽）

【社会事业】　顺利通过省义务教育"双高普九"督导评估;加快教育布局结构调整,太湖高中新校区一期建设基本完成。加强公共卫生体系建设,建成13个社区卫生服务中心和65个社区卫生服务站,重大疾病防治、卫生执法监督、爱国卫生等工作进一步强化完善;通过江苏省"亿万农民健康促进行动"终期督导评估。成功举办第二届特色家庭文化节和首届家庭趣味运动会等系列活动,建成一批国家、省、市级健身工程(点)。深入开展争创"省人口与计划生育示范区"活动,全面落实农村部分计划生育家庭奖励扶助制度。　（李文君）

人民生活。全区基本实现全面小康。全区城镇居民人均可支配收入16 100元,农民人均纯收入8 750元,分别增长15%、12.5%。全区落实就业扶持资金2 000多万元,建设村(社区)劳动保障工作站115个、培训基地10个,新增就业岗位28 000个,实现就业19 047人(次),其中农村富余劳动力实现就业8 641人(次),就业率有新提高。全年开设各类就业创业培训班40多(次),累计培训失业人员6 484人(次)、农村劳动力12 230人(次)。全年完成养老保险扩面23 221人,其中城保20 723人,农保2 498人;分别安置市级项目、园区征地失地农民6 251人、4 961人,安置率达100%;为2.11万老年农民足额发放养老补贴1 266万元。发放率达100%;有序推进城镇医疗保险,全区区级养老统筹人员38 494人享受城镇职工医疗保险待遇;农村大病(住院)医疗保险缴费标准提高到110元,参保率提高到99.26%;全区社会保障体系进一步完善。　（吴剑峰）

新　区

【概述】　无锡新区行政区域总面积220平方公里。辖2区(无锡国家高新区、无锡出口加工区)、1园(无锡新加坡工业园)、4个镇(硕放、坊前、梅村、鸿山)和3个街道(旺庄、南站、长江路),有55个村民委员会、42个社区居民委员会。绿化面积1 961万平方米,人均公共绿地面积9.1平方米,道路绿地面积600万平方米。年末总户数84 894户,比上年增长1.8%,户籍总人口259 154人,比上年增长3.5%;外来人口201 547人,比上年增长34.6%,境外人口3 994人,比上年增长97%。从业人数6.36万人,总人口(常住人口)364 966人,人口密度每平方公里1 850人。

【经济建设】　2005年,新区主要经济指标继续实现高平台上高增长,增幅全部超过30%。全年实现地区生产总值375亿元、技工贸总收入1 650亿元、全社会固定资产投资200亿元(其中,工业性投入150亿元)、协议注册外资28亿美元、实际到位外资10.8亿美元、进出口总额160亿美元、财政总收入62.5亿元(其中,一般预算收入26.7亿元),经济总量与10年前的无锡市基本相当。全年外商投资企业实现利税总额60亿元,同比增长20%,其中利润总额近40亿元,同比增长30%。新区对全市的贡献份额全面提升,主要经济指标占全市的比重提升了1～3个百分点,实际到位外资占全市比重超过40%,当年新增就业岗位4万个,社保基金缴纳突破9亿元。新区的开发开放和创新创业成就,对无锡市荣膺2005年中国综合竞争力前10名城市、福布斯中国大陆最佳商业城市第2名起到关键性作用。

开放型经济。全年新批外资项目188个,协议注册外资28亿美元。占全市的35.9%,比上年提高0.6个百分点。其中工商登记注册外资率达73.2%;到位外资10.8亿美元,其中经商务部确认的到位外资8.52亿美元,占全市的42.6%,比上年提高2.6个百分点。共引进以海力士为代表的超亿美元项目5个;新批项目平均规模达3 194万美元,比上年净增1 528万美元,扣除海力士项目因素,平均规模达2 082万美元,比上年净增416万美元;新引进世界500强企业及独立研发中心项目7个;以电子信息、汽车零部件项目为主的支柱产业全年协议外资占全部的80%以上;服务业协议注册外资近1亿美元,全市第一个外资金融机构日本瑞穗银行无锡分行获准成立,注册资本达10亿港元的区内最大的房地产开发项目香港恒基地产正式签约;欧美招商取得新突破,全年共引进欧美项目45个,协议注册外资5.86亿美元,占比提高10个百分点;增资协议注册外资7.62亿美元,同比增长59.2%;协议注册外资由2004年的17.6亿美元缩小到8.5亿美元。　（黄国平　孙永和）

镇、街道经济。2005年,辖区内6镇、街道完成地区生产总值166.43亿元,比上年增长31.54%;技工贸总收入787.36亿元,比上年增长37.55%;其中工业销售收入372.71亿元,比上年增长31.16%;利税总额31.09亿元,比上年增长37.26%;三产营业收入414.65亿元,比上年增长43.85%;固定资产投资74.89亿元,比上年增长30%。旺庄、南站两街道经济总量突破200亿元,新增硕放、梅村两个百亿经济强镇。与上年相比,镇、街道工业销售、利税和出口产品交货值的增长幅度分别达到31.16%、37.26%和72.81%，均列7市(县)2区前茅。镇、街道在利用外资上继续保持全市镇街领先水平，协议注册外资5.72亿美元，到位注册外资2.52亿美元。6个镇街工业集中区已初步形成47.6平方公里的发展规划框架，实际建成并使用面积达到16平方公里，年内新增标准厂房78.2万平方米，新增入园企业170个，实现销售收入270.6亿元，占镇街工业经济总量的比重达72.6%，比上年提高9个百分点。全年镇、街道新增民营企业770个，新增个体工商户1 678个，个体工商户累计达到9 719户，注册资本金达到98.3亿元，从业人员达到8.57万人，全年完成私营个体经济增加值122亿元。上交税金已8.8亿元，民营经济占镇、街道经济总量的比重为72.8%。

服务业。全年完成服务业营业收入482.23亿元，比上年增长37.04%；完成服务业增加值93.79亿元，比上年增长38.50%，占国内生产总值比重达到25%，比上年提高1.4个百分点；完成社会消费品零售总额44.5亿元，比上年增长37.7%，连续4年位居全市增幅第一。编制现代服务业"十一五"发展规划，确立"构建区域性物流中心、创意研发中心和特色商贸中心，打造社区服务示范区、涉外服务集聚区和吴地文化展示区，形成特色鲜明、功能完善的现代城市服务业体系"的发展目标。全面拉开江南商贸物流城新区片的"三大中心"建设，新世界国际纺织服装城于9月21～24日成功举办，2005中国(无锡)国际服装交易会和首届中国国际纺织服装与电子商务峰会。保税物流园区(B型)、空港物流园区、高速道口物流园区、运河新港物流园区、南站物流园区等五大物流园区已完成规划并启动建设。鸿山越墓遗址保护规划获国家文物局批复立项。动漫创意研发中心获国家级牌子，日本瑞穗实业银行无锡分行获国家银监会批准成立。商贸服务业增量提质，新地假日广场日韩特色街正式开街营业，形成住房、汽车、信息服务等消费热点，重点服务业企业发展势头良好。房地产市场平稳发展，高档楼盘不断涌现，长江绿岛、新都会花园、第一国际等高档楼盘销售形势持续看好。

【社会事业和人民生活】 无锡科技职业学院获得"中国十大特色高职院校"称号，无锡国际学校韩国语补习校开班，无锡韩国人学校正式奠基开工。全面通过"双高普九"省、市专项验收，全区新增2所省示范初中、2所省实验小学、2所省实验幼儿园和1所市实验小学。健全社会扶困救助机制，受助人数近10 000人，保障金额达到1 100万元左右，低保金兑现率达到100%。提高合作医疗人均筹资标准，建立社区卫生服务站36个，大大减少农民因病致贫、因病返贫的现象。农村居民人均收入在全市率先突破10 000元，同比增长15%以上。

（黄国平　孙永和）

江阴市

【概况】 江阴市总面积987.5平方公里，陆地面积811.7平方公里，水域面积175.8平方公里，其中长江水面56.7平方公里。沿江深水岸线长达35公里。全市辖16个镇、305个行政村、7 102个村民小组，有72个社区居民委员会，4个居民委员会。年末户籍总人口118.62万人，比上年增长0.72%，其中男性59.87万人、女性58.75万人。全市人口出生率7.26‰，比上年下降0.17个千分点；人口死亡率6.72‰，上升0.01个千分点；人口自然增长率0.54‰，下降0.18个千分点。人口密度1201人/平方公里。全市有外来人口53.89万人。

【经济发展】 江阴市地区生产总值787.97亿元，比上年增长16.66%。其中第一产业增加值16.09亿元，比上年增长5.01%；第二产业增加值501.44亿元，比上年增长17.04%；第三产业增加值270.44亿元，比上年增长19.85%。全市户籍人口人均地区生产总值66 668元，比上年增长15.71%。第一、二、三产业增加值在地区生产总值中的构成比例为2.04∶63.64∶34.32。全年财政收入108.38亿元，比上年增长13.40%，其中一般预算收入48.38亿元，比上年增长18.10%。财政收入占GDP的比重为13.75%。

农业经济。2005年，江阴市农林牧渔业总产值31.11亿元，比上年增长5.41%，其中农业产值11.14亿元，林业产值0.68亿元，畜牧业产值12.08亿元，渔业产值4.35亿元，农林牧渔服务业2.86亿元，全年粮食总产量2.49亿公斤，生猪出栏48.20万头，家禽出栏1 480万只，奶牛存栏6 905头，牛奶产量2 980万公斤，肉类总产量5 710万公斤，水产品产量2 340万公斤，其他蔬菜、禽蛋、特种养殖等农副产品均比上年有不同幅度增长。加大农业招商引资力度，全市"三资"投入农业4.95亿元。全面落实扶农政策，全市共免征农业税、农林特产税1 160多万元，发放种粮直接补贴755万元，良种补贴108万元，农机具购置补贴394万元。年内有13个企业通过省无公害农产品生产基地认证，新增生产面积3 780公顷，全市累计建成无公害农产品基地40个，无公害农产品生产总面积达8 513公顷，有12个企业的25种农产品获"中国绿色食品"证书，新增绿色食品生产面积14 573.33公顷。全市有蔬菜面积8 920公顷，比上年增长5.27%。全市农业装备拥有农业机械总动力35.72万千瓦。大中型拖拉机1 665台，联合收割机930台，综合机械化程度为90.8%。全年水利建设总投入1.5亿元，完成各类土石方613万立方米，疏浚河道96条，清洁"家河"1 157条，调引长江水21.5亿立方米，年内加高加固圩堤13公里，改建圩口防洪闸站8座，新建翻建地下渠道57公里，新(改)建灌溉泵站55座，建成农村桥梁86座。

工业经济。全市有独立核算工业企业7 540个，完成现价工业总产值2 419.71亿元，比上年增长27.55%；完成工业产品销售收入2 332.04亿元，增长27.94%；实现工业利税190.86亿元，增长19.42%；实现工业利润129.55亿元，增长20.86%。全年工业经济效益综合指数为180.47%，比上年提高9.78个百分点;工业产品销售率97.48%。比上年上升0.28个百分点。工业产品销售收入1 000万元以上规模工业企业完成现价工业总产值2 141.14亿元,增长27.31%,占全市工业总量比重的88.5%;完成工业产品销售收入2 098.86亿元,增长29%,占全市工业总量比重的90%。华西村营业收入突破300亿元,三房巷、阳光、兴澄特钢、海澜、澄星实业集团营业收入均超过100亿元,5个企业超50亿元,4个企业超30亿元,4个企业超20亿元,14个企业超10亿元。有28个工业企业利税总额超亿元,其中超10亿元1个,6亿~10亿元7个,4亿~6亿元2个,1亿~4亿元18个。全市23个企业入围全国大型工业企业,其中15个企业进入全国1 000强。市内88个重点工业企业全年完成产品销售收入1 615.5亿元,实现利税133.5亿元,分别占全市工业总量的69.3%和69.9%。乡镇工业集中区新增招商进区项目65个;全年完成基础设施投入7.94亿元,完成项目投资174.06亿元;实现销售收入1 429.11亿元,实现利税109.18亿元,分别占乡镇工业总量的73.6%和76.3%。

个体私营经济。江阴市有私营企业1.33万个,个体工商户3.32万户。全年私营个体经济实现增加值335.86亿元,比上年增长28.95%,占全市地区生产总值比重的42.62%,比上年提高4.06个百分点;年末注册资金325.25亿元,增长29.56%;其中私营企业注册资金310.53亿元,增长29.53%;全年固定资产投资138.29亿元,增长24.15%,占全社会固定资产投资比重的41.71%;实现工业总产值1 258.92亿元,增长35.52%,占全市工业总量比重的52.03%;实现社会消费品零售总额83.5亿元,增长14.61%,占全市社会消费品零售总额比重的48.23%。

建筑业。全市建筑业资质企业实现建筑业总产值49.30亿元,比上年增长24.59亿元;建筑业企业房屋建筑施工面积799万平方米,房屋建筑竣工面积446万平方米。年内创省级优质工程2项。全年完成房地产开发投资37.24亿元,增长14.04%,完成房地产开发房屋施工面积357.42万平方米,比上年增加59.5万平方米;竣工面积181.75万平方米,增加31.45万平方米;销售面积59.41万平方米,其中现房销售面积28.01万平方米,期房销售面积31.4万平方米。

交通运输业。全市全年完成客运总量7 109万人次,客运周转量263 518万人公里,分别比上年增长15.27%和30.06%;货运总量6 017万吨,货运周转量247 311万吨公里,分别增长7.33%和6.59%。年内新建7个万吨级泊位。江阴港完成吞吐量4 278万吨,比上年增长59.45%;完成外贸运量651万吨,增长24.95%;完成集装箱运量4.86万标箱,下降4.65%。到港外贸船舶1 412艘次,增长25.40%,社会运力进一步提高,全市年末拥有各类汽车6.71万辆,增长23.12%,其中私人自备车3.78万辆,增长37.96%,私人自备车占全市汽车总数比重的56.33%。

商贸物流业。全年社会消费品零售总额173.12亿元,比上年增长14.80%,其中城区103.68亿元,增长17.15%;农村69.44亿元,增长11.47%。社会消费品零售总额按行业分,批发贸易业11.92亿元,增长66.15%;零售贸易业141.96亿元,增长12.72%;全年实现物流业增加值123.68亿元,增长40.23%。全年4个重点物流园区年内完成销售收入303.88亿元,增长24.20%;上缴税金3.02亿元,增长46.47%。

开放型经济。全年完成进出口总额66.99亿美元,比上年增长34.27%,其中自营出口额31.89亿美元,增长43.12%。全市有63个企业出口超千万美元,其中超亿美元企业7个,三房巷、阳光、澄西船厂、华西和长电科技5个企进入江苏省生产出口企业10强。年内新批外资项目172个;新增协议注册外资18.48亿美元,增长23.13%;实际到账外资8.21亿美元,增长49.03%;新批超千万美元的项目95个,其中超亿美元项目5个,服务业外资项目明显增加,年内新批服务业外资项目19个,新增协议注册外资比重的10.61%。新增境外企业10个,年末在册94个;完成工程劳务营业额1.04亿美元,增长29.80%。至2005年末,市企业境外18个国家和地区投资。

【社会事业】　科技。2005年,江阴市有各类专业技术人员8.42万人,比上年增长8.07%。全年实施省级以上各类科技项目149项,其中国家"863"计划1项,国家制造业信息化示范项目1项,国家火炬计划21项,国家重点新产品项目10项,国家科技型中小企业创新基金项目10项。新批国家级高新技术企业4个,累计20个;新批省级高新技术企业17个,累计103个。新批省双密集型企业4个,累计12个;新增省民营科技企业19个,累计139个;新批省高新技术产品73种,累计505种。申请专利产品848种,获得授权产品411种。全年新技术产业总产值750亿元,高新技术产业增加值170亿元,技术贸易成交额4.8亿元,科技经费支出22.05亿元。年内,江阴市获得"全国科技进步先进市"和"江苏省知识产权示范市"称号。

教育。2005年,全市各类学校在校生209 248人,其中,小学89 090人,普通中学87 591人,职业中学12 873人。大中专19 405人,特殊教育289人。幼儿园在园幼儿32 456人,全市有各类教职员工16 048人,其中专任教师13 790人。高考录取率86.4%;本科录取率52.5%,初中毕业生升学率93.16%,小学和初中入学率、巩固率、毕业率均为100%。

文化。2005年,成功举办江阴市首届春节文艺晚会、"拥抱文明"文艺会演等大型文化活动,歌曲《莲乡小曲》被列为江苏省10首优秀歌曲之一;小戏《0级干部》等4个作品获中国戏剧文学奖。

卫生。2005年,全市拥有各类医疗卫生机构324个,其中医院、卫生院35所,开放床位4 107张。年末有卫生技术人员4 660人,其中医生2 377人。年内建成32个社区卫生服务中心和170个农村社区卫生服务站。市公共卫生大楼建成启用。

体育。2005年,江阴市承办全国十运会女子篮球和蹦床比赛,被评为十运会"最佳赛区"和"优秀赛区"。年内举办群众体育活动150余次,参与人数4万人次。全年获省以上金牌12枚,市举重运动员臧伟在亚洲青年锦标赛上夺冠,市二中女足代表中国出征在丹麦举行的世界中学生足球锦标赛,获亚军奖杯。发行体育彩票5 056万元。江阴市获"全国群众体育先进单位"称号。

【人民生活】　全市城镇职工年均工资23 955元,比上年增长18.28%;城镇居民人均可支配收入16 113元,增长17.60%;农民人均纯收入8 539元,增长11.29%;城乡居民人均储蓄存款余额24 851元,增长16.34%。城镇居民家庭恩格尔系数为33.9%。农村居民家庭恩格尔系数为38.3%,城镇居民人均住房面积32.5平方米,农村居民人均住房面积61.3平方米。低收入家庭劳动力年内免费人均技能培训达到2.03次;顺利完成1个星火学校示范点和6个星火课堂建设工作，星火培训人数达到1 800多人次。

【江阴荣获"全国县域经济百强"三连冠】 始于2000年的全国县域经济基本竞争力评价，包括总量指标、平均指标和速度指标，具体分人口、国内生产总值、地方预算财政收入、人均财政收入、人均GDP，农民人均纯收入，城镇居民人均可支配收入、GDP增长率8大指标、2005年，全国参加评比县级单位共计2 005个，其中，有县级市370个、县1 464个、自治县116个、旗49个、自治旗3个、特区2个、林区1个。12月1日，《经济日报》公布第五届全国县域经济基本竞争力评价结果，江阴市再次荣登百强县(市)榜首，实现自2003年来的三连冠。

【江阴列"'长三角'最具投资价值县市"榜首】 1月10日，"'长三角'最具投资价值县市"评选颁奖典礼暨"'长三角'最具投资价值县级市市长论坛"在上海举行，江苏省有江阴、常熟、吴江、如皋、溧水5个县级市当选"'长三角'最具投资价值县市"。

宜兴市

【概述】 宜兴市总面积2 038.7平方公里(其中太湖面积208.7平方公里)，建成区面积45.77平方公里。总人口1 057 348人(其中农村人口80.56万人)，其中男性533 556人，女性523 792人。耕地6.524万公顷。全市辖1个国家级环境保护科技工业园、21个镇，有331个行政村、94个社区居委会。全年出生7 230人，出生率6.83‰；死亡7 129人，死亡率6.74‰；自然增长率0.09‰；计划生育率99.94%。

【经济发展】 2005年，全市地区生产总值363亿元，比上年增长18.5%；人均生产总值3.43万元。第一、二、三产业增加值分别为16.2亿元、219.8亿元、127亿元，在地区生产总值中所占的比重分别为4.5%、60.5%、35%。全市应税销售收入896.4亿元。全市财政收入43.06亿元，支出26.29亿元，分别比上年增长15.9%、21.1%。财政收入占生产总值比重达11.86%。全社会固定资产投资171.77亿元，比上年增长30%，其中第一、二、三产业分别为0.33亿元、133.57亿元、37.87亿元。

在第五届全国县域经济基本竞争力评价中，宜兴市位列第九；四大类25项全面小康社会指标21项达标；国家环境保护模范城市和国家卫生城市创建分别通过国家级技术评估和暗访调研；被命名为全国文物工作先进县(市)、全国婚育新风进万家活动先进县(市)；创建成"国家园林城市"，新闻出版、农村电影工作获全国先进，入选中国特色魅力城市200强。

农业。全市有农村劳动力44.52万人。农业总产值33.98亿元(现价)，比上年增长6.1%；农业增加值16.22亿元，同比增长4%；多种经营产值27.14亿元，同比增长7.6%，占农业总产值的79.9%。其中林业产值1.63亿元，同比增长5.9%；牧业产值5.70亿元，同比增长4.7%；渔业产值8.80亿元，同比增长7.0%。粮食总产32.96万吨，油料总产2.52万吨。全市有无公害农产品生产基地4.53万公顷。绿色食品生产基地2 000公顷，有机食品生产基地400公顷；无公害农产品77个，9个单位获得绿色食品认证，10个单位获得有机食品认证。

工业。全市有工业企业9 121个，总产值903.78亿元(现行价)，比上年增长30%；产品销售收入850.13亿元，比上年增长29.8%。22个镇(园)中销售收入在200亿元以上的1个，50亿元以上的6个，10亿元以上的20个。应税销售743.5亿元，比上年增加178.2亿元，比上年增长31.5；利税总额69.87亿元，比上年增长27.9%；利润40.2亿元，比上年增长35%。增加值208亿元，比上年增长19.0%(可比价)。年末，工业企业固定资产净值平均余额221.5亿元。在建项目1 054个，投资规模215.8亿元，当年完成工作量135.2亿元。工业项目科技含量提高，列入各级各类科技计划的项目超过150项。"银鱼"牌精陶餐、茶具获"中国名牌产品"称号，新增国家免检产品4种，省名牌产品14种。

建筑业。房地产开发投资24.27元，房屋施工220.52万平方米，销售90.59万平方米，实际销售额19.99亿元。

商贸流通。全社会消费品零售总额123.53亿元、流通销售总额254.09亿元、利润6.33亿元，分别比上年增长12.8%、13%、26.2%。三产增加值127亿元，比上年增长22.64%，占国内生产总值的比重为35%。首次入选《福布斯》内地最佳商业城市。新增私营个体商贸服务企业5 885个，注册资金达6.25亿元，分别占全市总量的68.38%、27.88%。

开放型经济。新批外资项目114个。项目筹建顺利推进，84个项目领照，26个项目开工，26个项目竣工；捕捉外资信息项目76个，38个项目审批落户，其中总投资超千万美元的项目14个。成功引进世界500强企业中的法国圣戈班集团和日本普利司通公司到宜兴投资。宜兴绿田化纤有限公司在阿联酋迪拜独资创办全省第一个境外仓储物流企业——亚洲大门贸易总公司。新增协议注册外资7.56亿美元，到位注册外资2.27亿美元，分别比上年增长50%和37.1%。完成进出口贸易总额10.37亿美元，比上年增长31.6%，其中出口7.97亿美元。新批境外投资项目8个，完成外经经营额1 300万美元。宜兴市贸促会、宜兴市国际商会成立。

民营经济。新办民营经济组织(含个体工商户)8 600个，累计3.53万个；新增注册资金53.85亿元，累计199.16亿元；从业人员20.19万人。民营经济完成地区生产总值177.09亿元，同比增长27.7%；上交税金12.43亿元，同比增长30.5%；实现社会消费品零售额59.99亿元，同比增长22.9%。营业收入亿元以上民营工业企业有105个。至年底，125个民营企业成为省级以上高新技术企业，其中国家级33个。

【人民生活】 全市劳动力就业23 781人，城镇登记失业率

3.16%。参加养老保险25.16万人;医疗保险参保23.46万人(其中基本医疗保险4万人,大病住院医疗保险19.46万人),失业保险人数16.21万人,工伤、生育保险参保均为14.39万人。征缴各项社会保险基金7.64亿元,拨付6.9亿元。各项社会保险费征缴率97%以上。市财政拨付解困资金2 299万元。10月,全市16.6万老年农民领取每月31元基本养老金;6.35万失地农民被纳入历次被征地农民基本生活保障范围。12月起,1.2万符合条件的失地农民领取每月50元基本生活保障金。城镇职工平均工资18 695元,农民人均纯收入7 010元。城镇居民人均住房使用面积26.36平方米,农村居民44.5平方米。

【创建成“国家园林城市”】 在2003年创建成江苏省园林城市基础上,2004年底着手申报创建国家园林城市。加快山水园林城市建设步伐,至2005年底,建城区绿地面积1 300公顷,其中公共绿地1 160公顷,人均公共绿地16.1平方米;绿地率39.68%,绿化覆盖率44.45%。12月21日,在国家园林城市最终评审会上,宜兴节顺利通过评审。

【宜兴入选“中国特色魅力城市”】 中国特色魅力城市推选活动是由爱国华人商会世界著名企业联盟、美中经贸投资总商会、全球华人名牌网等机构联合举办,入选城市名录是从中国大陆、港、澳、台的600多个城市中通过问卷调查以及多轮筛选方式得出,主要根据城市知名度、美誉度、信用度、满意度、忠诚度、影响力、投资环境、资源节约与环境保护、人居环境、空气质量、发展潜力、综合竞争力、经济社会可持续发展等指标综合评定。10月底,宜兴市入选“2005年度中国特色魅力城市”200强。

【宜兴成为全国紫砂花盆最大的生产基地】 近几年花盆品种和制作业发展迅猛,年产值超1 000万元的企业有5个,超500万元的有20多个。花盆的造型、装饰、配套从过去的一二百种,增加到二十多个系列上万个品种。至2005年末,全市有200多个生产紫砂花盆的企业,年销售总额超过2亿元。产品除销往全国各省、市,出口美国、德国、日本、泰国,成为全国紫砂花盆最大的生产基地。 (王明康)

【创办全省第一个境外仓储物流企业】 宜兴绿田化纤有限公司自1995年创建以来,坚持走国际化道路。不断拓展国际市场。1997年,在阿联酋迪拜设立窗口,建立首个海外贸易公司,向国际市场进军,拓展外贸业务。公司通过迪拜窗口,及时收集欧美市场信息,根据客户需求不断调整产品结构,提升产品档次,相继在英国伦敦和德国多赛尔多夫设立营销点,在中东、欧洲、北美等地区设置办事公司。年生产、出口箱包70万余套,年出口总额3 000多万美元。2005年,投资108万美元,在阿联酋迪拜创办全省第一个境外仓储物流企业 亚洲大门贸易总公司,经营箱包、化纤地毯和其他化纤产品,年销售额1 500万美元,有仓储面积3 000余平方米。大型运输车10辆。 (史黎辉)

【丁俊晖获英国台球锦标赛冠军】 4月11日,在北京举行的2005年世界职业台球巡回赛中国公开赛上,宜兴籍选手丁俊晖获得冠军,成为第一位获得世界斯诺克排名赛冠军的亚洲选手。12月18日,在英国约克举行的英国台球锦标赛决赛中,丁俊晖以10:6战胜传奇老将史蒂夫·戴维斯,成为英国台球锦标赛历史上第一个夺得冠军的非英国和爱尔兰人,实现了中国台球运动历史性的突破。鉴于其突出贡献,丁俊晖被无锡市政府聘为无锡市首位城市形象代言人,任期两年,并授予“无锡市青年标兵”称号。 (潘伟民)

太湖风光

常州市

【历史沿革】 常州是一座有着2 500多年文字记载历史的文化古城(历史上有“龙城”别称),同时又是一座充满现代气息、经济较发达的新兴工业城市。史载周灵王二十五年(前547年),吴王馀祭封季札于延陵,“延陵”为常州文字记载的第一名称,史称季札为“常州第一人”,后常州又分别称毗陵、晋陵、兰陵;唐朝设常州望,列全国十望之一,常州属吴,史称“三吴重镇”;明清年间,常州府辖武进、阳湖、无锡、金匮、宜兴、荆溪、江阴、靖江8县,史称“八邑名都”。1949年城乡分设常州市和武进县,隶属苏南行政区常州专区;1953年升为省辖市;1958年镇江专区迁常州,改称常州专区,辖常州、镇江2市和武进、金坛、溧阳、丹阳、扬中、句容、溧水、高淳9县;1983年实行市管县体制,3月起辖武进、金坛、溧阳3县。

常州是“中国城市综合实力50强”和“中国城市投资环境40优”城市之一,并被确定为国家第一批可持续发展和全国环模试点城市。经过全市上下的不懈努力,2003年、2004年先后被命名为国家卫生城市、“国家环境保护模范城市”,2005年8月成为省级园林城市。生态环境进一步改善,荣获“中国人居环境范例奖”。

【地理位置】 常州地处江苏省南部、长江下游平原,北纬31°09′~32°04′,东经119°08′~120°12′。常州处于美丽富饶的长江金三角地区,与上海、南京两大都市等距相望,与苏州、无锡联袂成片,构成了苏锡常都市圈。常州有着十分优越的区位条件和便捷的水陆空交通条件,市区北临长江,南濒太湖,沪宁铁路、沪宁高速、312国道、京杭大运河穿境而过。全市水网纵横交织,连江通海。长江常州港作为国家一类开放口岸,年货物吞吐量超过百万吨。民航常州站有通达北京、广州、大连、厦门、深圳、海口、西安等国内20多个大中城市的航线。

常州地貌类型属高沙、山区平圩兼有,南为天目山余脉,西为茅山山脉,北为宁镇山山脉尾部,中部和东部为宽广的平原和圩区。境内地势西南略高,东北略低,高低相差两米左右。

【行政区划、人口】 常州现辖金坛、溧阳两个县级市和武进、新北、天宁、钟楼、戚墅堰五个行政区。全市总面积4 375平方公里,其中市区面积1 864平方公里,5区辖33个镇、70个居民委员会和447个村民委员会。年末全市户籍人口达351.63万人,其中市区人口220.76万人。年末暂住人口为130.30万人。全市人口总量低速增长,人口素质不断提高。人口出生率为7.5‰,死亡率为6.5‰,自然增长率为1‰。计划生育和优生优育服务深入推进,全市计划生育率达98.8%,节育率达91.0%,独生子女率为81.4%,比上年提高1个百分点。

【人文荟萃】 常州自古以来就人杰地灵,人文荟萃。诞生和哺育了一大批政治家、军事家、实业家和艺术家、名医。常州历史上曾出过进士1 546名(其中状元9名)。春秋时期著名的政治家、音乐鉴赏家季札封居武进,南朝齐高帝萧道成、梁武帝萧衍生于古武进县城(今孟河镇万绥村),梁朝昭明太子萧统组织编纂集秦汉两晋诗歌精华的《昭明文选》。清代有以恽敬为代表的“阳湖文派”,张惠言为代表的“常州词派”、恽南田为代表的“常州画派”等,中医孟河医派等。近代有政治家、中国共产党早期领导人瞿秋白、张太雷;军事家明抗倭将领唐荆川;实业家、现代著名爱国企业家刘国钧、吴康;还有教育家、现代著名语言文学家赵元任;文字改革家张鹤耀;晚清谴责小说家代表人物、《官场现形记》作者李宝嘉等。现代有中国科学院院士秦仁昌、吴阶平、许学彦等,著名画家刘海粟、谢稚柳、吴青霞,著名戏剧家洪深,吴祖光、阿甲和作家高晓声、诗人严辰等誉满中外。

【经济概况】 综合实力不断增强,地方财力再上台阶。2005年我市地区生产总值(GDP)1 302.2亿元,按可比价格计算增长(下同)15.1%。从三次产业看,第一产业增加值56.5亿元,增长3.5%;第二产业增加值795.3亿元,增长16.3%,其中工业增加值716.4亿元,增长16.5%;第三产业(服务业)增加值450.4亿元,增长14.7%。三次产业结构为4.3∶61.1∶34.6,二三产业比重比上年提高0.6个百分点。全市按户籍人口计算的人均GDP达37 174元,比上年增长14.2%,按现行汇率折算达4 606美元。在经济总量迅速扩大的同时,地方财政实力也显著增强,财政总收入突破200亿元,达到220.4亿元,比上年增长25.9%,其中地方一般预算收入95亿元,增长27.4%;一般预算财政支出97.0亿元,增长28.2%。财政收入占GDP的比重继续上升,由上年的15.9%提高到16.9%。

【固定资产投资】 2005年,全市完成全社会固定资产投资769.8亿元,比上年增长30.8%,分产业看,第一产业完成投资1.2亿元,增长110.9%;第二产业完成投资464.9亿元,增长34.7%,其中工业完成投资459.8亿元,增长34.2%;第三产业完成投资303.6亿元,增长25%。高新技术产业和基础设施投资保持较快增长,全年高新技术产业投资项目达375个,完成高新技术产业投资56.0亿元,比上年增长27.3%;完成基础设施投资335.1亿元,增长29.8%。投资资金来源呈现多元化趋势,财政性资金、银行贷款的比重分别为0.2%和15.1%,比上年下降0.3个和5.1个百分点;社会投资比重为17.6%,上升1.6个百分点。民间投资继续呈现迅猛增长的势头,全年亿元以上民间投资项目达103个,其中5亿元以上项目12个;共完成民间投资482.2亿元,增长36.5%;民间投资在全社会投资中所占比重达到62.6%,对全社会投资增长的贡献份额为71.1%,分别比上年提升2.6个和10.1个百分点。

【农业及农村经济】 结构调整成效显著,现代农业步伐加快。全年农林牧渔业总产值达103.8亿元,比上年增长4.4%,其中农业产值50.1亿元,增长5.2%;畜牧业产值18.8亿元,增长2.7%;渔业产值28.9亿元,增长4.3%。在稳定粮食生产的前提下,继续扩大经济作物种植面积,土地利用效益得到有效提高。全年粮食总产量达98.1万吨,粮食作物和经济作物的播种面积比例为1.5:1,优质水稻、优质油料作物种植比例分别达74.1%和94.2%,比上年提高3个和1个百分点,水稻良种覆盖率达98%以上,居全省前列。水产、花卉、茶叶等特色农业稳步发展,年底拥有特种水产养殖面积48万亩,增长3%;花卉苗木种植面积达20万亩,增长8%;茶园总面积达8.8万亩,增长8.6%。积极实施科技兴农战略,大力倡导无公害农产品和绿色食品生产。全年新建无公害农产品生产基地25个、10.5万亩,无公害农产品生产基地总面积达151.9万亩;新增无公害农产品31个、绿色食品17个、有机食品16个、名优农产品4个,共有无公害农产品212个、绿色食品70个、名优农产品135个。

机械化水平不断上升,水利建设稳步推进。年末全市拥有各类联合收割机2 461台,其中高性能自走式联合收割机1 002台,分别比上年增长1.4%和3.5%。全市三麦机收率达到98.1%,水稻机收率由上年80.4%提高到85%。全年实现水利建设投资5.8亿元,完成水利建设土方1 757.2万立方米,完成各类配套建筑物1 834座,改造中低产田6.0万亩,疏浚各类河道417条、702.9公里,加高加固圩堤110.9公里,改造水库塘坝305座,增加库容173万立方米,建设防渗渠道234.5公里,恢复治理水土流失面积20平方公里。

农村工业生机勃勃,整体实力继续增强。2005年,全市乡镇工业实现增加值591.5亿元,比上年增长26.4%;完成工业总产值2 528.8亿元,增长24.5%;工业销售产值2 462.7亿元,增长25.5%;出口交货值364.7亿元,增长11.8%。农村工业在总量规模持续扩大的同时,经济效益不断提高,运行质量明显改善。全年实现营业收入2 438.4亿元,比上年增长27%;实现利税167.4亿元,增长22.6%,其中利润97.3亿元,增长23.2%,实交税金72.4亿元,增长30.9%。

【工业经济】 全市完成现价工业总产值3 400亿元,比上年增长23.5%,其中国有及年销售收入500万元以上的非国有工业企业(以下简称规模以上工业企业)完成工业总产值2 504.2亿元,比上年增长25.6%。工业增加值占地区生产总值的比重达到55.0%,对GDP增长的贡献份额上升到65.3%,分别比上年提高2.9个、7.5个百分点。规模以上工业中,轻工业完成产值744.2亿元,重工业完成产值1 760亿元,分别增长6.9%和35.7%;外商及港澳台资企业完成产值721.2亿元,增长30.1%,股份制企业完成产值1 365.6亿元,增长28.3%。全市工业用电量达145.2亿千瓦时,比上年增长21%。工业经济运行质量进一步提高,全市工业产品销售率为98.2%,比上年提高0.4个百分点;工业经济效益综合指数达155.6%,比上年提高13.2个百分点,其中全员劳动生产率比上年增长21.7%,资本保值增值率达117.7%。电子信息设备制造及软件、生物医药及精细化工和新型材料三大新兴产业经济规模继续壮大,全年完成现价产值398.4亿元,实现销售收入391.9亿元,工业增加值95.3亿元,分别比上年增长14.8%、13.5%和17.2%;实现利税33.7亿元,比上年增长23.2%,其中利润22.7亿元,增长24.8%。规模企业数量增多,支撑作用日益明显。全市纳入统计的规模以上工业企业共3 593家,比上年增加432家。全年有458家企业产值超过亿元,比上年增加85家,其中27家企业年销售收入超过10亿元,比上年增加5家;利税超亿元企业达26家,比上年增加6家,利润超亿元企业18家,比上年增加7家。

【金融保险业】 金融运行态势良好,信贷结构优化调整。金融机构各项存贷款保持较快增长,年末本外币存款余额为1 700.3亿元,本外币贷款余额为1 141.5亿元,分别比年初增长19.8%和16.1%;人民币存款余额1 649.6亿元,人民币贷款余额1 113.3亿元,分别增长20.8%和17.2%。信贷结构不断优化,短期贷款和票据融资合计新增119.5亿元,占新增贷款总额的72.2%,企业短期资金紧张的矛盾进一步缓解;中长期贷款新增45.7亿元,同比少增10.2亿元,银行信贷资产的流动性有所增强。与此同时,金融对经济发展和个人消费的支持作用日益明显,全年新增工业类贷款111.1亿元、民营企业贷款111.7亿元、个人消费贷款22.2亿元,在新增贷款总量中所占比重分别达61.7%、62%和13.4%。金融机构现金收入4 511.5亿元,现金支出4 577.7亿元,收支相抵现金净投放66.2亿元,与上年基本持平。股票市场持续低迷,成交金额有所萎缩。全年14个证券营业部各类证券成交额达396.6亿元,比上年减少21.2%,其中股票成交额382.8亿元,下降22.4%;基金成交额为8.0亿元,增长84.6%;债券成交额5.8亿元,基本与上年持平。年底全市证券营业部的资金账户总数达30万户,共持有A股股票市值56.7亿元。保险市场平稳增长,业务领域不断拓展。年末全市拥有各类保险公司18家,比上年增加4家。全年保费收入37.9亿元,比上年增长8.0%,其中财产险保费收入8.3亿元,增长3.4%;人身险保费收入29.6亿元,增长9.4%。全年支付各类保险赔款6.2亿元,比上年增长18.5%,其中财产险5.0亿元,增长19.3%;人身险1.2亿元,增长15.8%。

【国内商业】 消费需求不断扩大,增长速度逐年提升。我市消费市场继续保持升温态势,全年完成社会消费品零售总额444.1亿元,比上年增长16.2%,增幅比上年加快0.7个百分点。分行业看,批发零售贸易业实现零售额393.8亿元,增长16.2%;餐饮业实现零售额40.1亿元,增长16.2%;其他行业实现零售额10.2亿元,增长17.1%。分地域看,城镇市场实现零售额398.5亿元,增长16.7%;农村市场实现零售额45.5亿元,增长12%。市场交易较为活跃,多种业态共同发展。年末成交额在亿元以上的市场达51个,成交总额459亿元,比上年增长15.1%。凌家塘农副产品批发市场、钢材现货交易市场、溧阳苏浙皖边界市场、新长江自由贸易中心、常州市湖塘棉纱市场、邹区灯具市场等12个市场年成交额超过10亿元,共完成交易额321.5亿元,增长22.2%。以连锁业为代表的各类新型业态获得了迅猛发展,年内又有每家玛超市、乐购超市南大街店等2家大卖场相继开张营业,全年超级市场、专业店、专卖店分别实现销售额20亿元、60亿元和20亿元,依次占零售业销售总额的11.7%、38.5%和12.5%。

【邮电通信·交通运输】 邮政业务稳步增加,电信事业加快发展。全年完成邮政业务总收入2.9亿元,比上年增长6.6%;发送各类函件3 970万件,增长4.3%,其中特快专递3 921万件,增长13.1%。全市通信业务收入30.6亿元,比上年增长6.2%,年末本地网电话用户数达202.1万户,其中住宅电话用户91.9万户,分别增长22.3%和0.2%;移动电话用户数达207.5万户,增长6.9%。邮电通信能力继续扩大,电话普及程度不断提高。年末全市本地网电话交换机容量达160.3万门,移动电话交换机容量306万门,分别增长3.2%和19.1%。平均每百人拥有固定电话36.9部,增长6.3%,拥有移动电话59.2部,增长6.5%。无线市话(小灵通)业务发展势头强劲,全年新增28.6万户,总数达72.7万户,增长64.7%。信息化社会建设速度进一步加快,年末全市宽带网用户达19.2万户,增长69.6%;全市平均每百户城镇居民家庭拥有电脑49.3台,农村居民家庭拥有电脑20台,分别比上年增长14.7%和81.8%。

交通运能不断扩展,客货运量较快增长。全年完成客运量15 220万人,比上年增长20.1%,其中公路14 505万人,增长21.2%;铁路715万人,增长5.1%。完成旅客周转量64.1亿人公里,增长10.5%。全年完成货运量6 031.8万吨,比上年增长8%,其中公路4 950万吨,增长14.2%;铁路295.8万吨,下降0.6%;水运786万吨,下降17.4%。完成货物周转量31.2亿吨公里,增长4.3%。民航常州奔牛机场全年起降航班3 176架次,增长5.7%;进出港旅客27.6万人次,其中发送旅客14.9万人次,分别增长14.2%和17.4%;航空运输货物4 660吨,增长25.8%。私人汽车拥有量快速上升,年末达8.8万辆,比上年增长38%,其中小汽车8.0万辆,增长40%。

【民营经济】 民营经济彰显活力,支撑作用持续上升。全市积极鼓励、支持和引导非公有制经济发展,着力为民营经济创造良好的社会氛围和宽松的发展环境,民营企业自主创业热情高涨,经营规模和整体实力连年跨上新的台阶,成为引领地区经济持续快速增长的重要力量。全年规模以上民营工业完成产值1 510.7亿元,增长26.8%,在全市规模以上工业产值中所占比重达60.3%,对全市工业增长的贡献份额达60.6%。民营经济实现税收104.2亿元,占全部税收的比重达59.5%。

私营企业发展迅速,整体实力明显壮大。年末个私经营户数(含分支机构)达15.5万户,比上年增长13.1%,其中私营企业4.5万户,增长18.4%;注册资金583.3亿元,比上年增长29.2%,其中私营企业558.2亿元,增长29.5%;从业人员达91.7万人,比上年增长34.3%,其中私营企业54万人,增长33.5%。规模以上私营企业全年完成工业产值1 098.6亿元,增长31.8%,在全部规模以上工业总产值中所占比重达43.9%,比上年提高8.6个百分点;个私商贸、餐饮业完成社会消费品零售额209.5亿元,增长15.1%,在全社会零售额中所占比重达47.2%。

【对外贸易】 对外贸易持续扩大,出口结构不断优化。据海关统计,全年外贸进出口总额为83.3亿美元,比上年增长20.7%,其中进口22.1亿美元,增长0.9%;出口61.2亿美元,增长29.8%。外贸依存度由上年的42.3%提高到51.8%,出口依存度由上年的35.4%提高到38.1%。全年机电产品出口额达30.8亿美元,比上年增长31.5%,占出口总额的比重达50.4%,比上年提高0.4个百分点;高新技术产品出口9.6亿美元,比上年增长38.2%,占出口总额的比重达16%,比上年提高1个百分点。出口龙头企业支撑作用日趋明显,全年出口额超1 000万美元的企业达118家,比上年增加35家,共完成出口36.2亿美元,占出口总额的59%,其中出口超5 000万美元的企业14家,增加2家,共完成出口16.6亿美元,所占比重达27%。远洋市场进一步拓展,全年有贸易往来的国家和地区达181个,比上年新增6个,远洋市场出口比重达54.6%。美国、日本、欧盟、香港等地区依然是我市出口的主要市场,全年分别实现出口14.5亿美元、10.0亿美元、11.1亿美元和3.5亿美元,比上年增长9.6%、15.5%、55.5%和19.3%。

【吸引外资】 利用外资量质并举,项目规模有所扩大。全市共新签协议外资项目509个,比上年增长16%;协议注册外资28.5亿美元,增长30%;经国家商务部确认,有验资报告的注册外资实际到账7.3亿美元,增长40.6%。外资项目规模继续扩大,新批超千万美元以上的项目150个,共吸收外资合同金额20.9亿美元,增长30.9%,占全市注册外资总额的73.4%,比重上升0.4个百分点。“以外引外”成效显著,全年有161家外商投资企业增资扩股,协议外资5.1亿美元,占全市协议外资总额的18.1%,比上年上升0.1个百分点。服务业利用外资步伐加快,新签协议外资5.6亿美元,增长90.2%,占全市协议外资总额的19.5%,比上年提高6.1个百分点。

【对外承包合同和劳务合作】 外经领域大力拓展,对外合作稳步发展。全年新签外经合同额2.6亿美元,完成外经营业额2.1亿美元,分别增长27.3%和40.9%。新签承包工程项目166个,合同额达2.2亿美元,完成营业额1.7亿美元,分别增长26.6%和51.7%;新签劳务合作项目17个,合同额达3 863万美元,增长28.5%。全年承接外经合同额超过1 000万美元的外经企业有9家,比上年增加1家。至年末,全市在外劳务人员达4 691人。

【开发区建设】 承载能力稳步上升,带动作用明显增强。年末全市共有1个国家级、9个省级开发区,当年投入基础设施建设资金77.2亿元,累计达226.8亿元;新开发面积11.8平方公里,累计达83.9平方公里。全年新批外商投资企业257个,协议外资金额17.5亿美元,增长12%,占全市比重达到61.3%;自营出口27亿美元,增长46%,占全市比重达到44%;实现业务总收入1 712.6亿元,增长38.7%;完成工业产品销售收入1 123.3亿元,增长35%。常州高新技术开发区辐射、带动作用不断增强。全年引进外资项目102个,其中总投资超1 000万美元项目30个;新批合同外资金额5.5亿美元,完成自营出口12.8亿美元,增长88.2%;实现财政收入32.9亿元,增长28.7%。

【对外交流】 外宾来访日益增多,友城往来更趋频繁。全年邀请接待外宾81批、518人次,其中副部长以上团组4批、30人次,接待来常考察访问的外国驻华使、领馆官员16批、119人次。当年接待来访外国记者8批、21人次。至年底,共有9个外国城市与我市结为友好城市,友好城市来访团组22批、149人次,组织17个团组、129人次出访友好城市。全年派遣出国研(进)修生54人次。

【科技事业】 科技创新力度加大,高新产业发展加快。全年用于研究与试验发展(R&D)经费支出20.8亿元,占全市生产总值的比例为1.6%,比上年上升0.05个百分点。当年获得省、市科技进步奖89项,比上年增加4项。各级政府科技经费投入2.4亿元,增长12.7%,争取落实国家、省各项专项资金1.5亿元,增长1.9倍。科技进步监测评价得分继续位居全省第四。年内新建1个省级、6个市级工程技术研究中心,新建企业技术中心18家,年末全市拥有部省级重点实验室4个,市级以上工程技术研究中心27个,市级以上企业技术中心78家,企业博士后科研工作站5个。高新技术产业继续快速发展,当年新增高新技术企业39家,新增高新技术产品156只,年末实有高新技术企业328家,高新技术产品1 227只。高新技术产业实现产值1 140亿元,增长38.3%,占全部工业总产值的比重达到33%,比上年提高3.1个百分点。知识产权保护力度增强,全年受理专利申请量2 696件,专利授权1 240件,分别比上年增长42.9%和5.5%。优秀人才加快引进,技术交易继续上升。年末拥有各类专业技术人员26.9万人,比上年增长5.6%。全市引进各类人才1.7万人,增长9.2%,其中博士46名,增长2.8倍;硕士443名,增长28.4%。全年完成技术贸易额6.7亿元,增长3%;组织国际科技合作与交流29次,专业人才境外培训76人次。

【文化事业】 文化生活丰富多彩,艺术活动积极开展。我市荣获国家级楹联文化城市称号,儿童舞《小鸡出壳》和《玩月亮》在全国青少年儿童文艺大赛中获得金奖,大型滑稽戏《阿拉美丽苑》被评为江苏省舞台精品工程。年内举办文化艺术活动70场次,举办各类展览109个,创作《烟村三月》等4部剧本,出版《锡剧集韵》等多部戏曲研究专著,完成彩色戏曲故事片《烟村三月》的拍摄。年末全市共有各类艺术表演团体10个,文化馆及群艺馆(站)8个,比上年增加1个;拥有公共图书馆4个,博物馆及纪念馆7个。图书馆全年接待读者86万人次,流通图书194万册次,分别增长1.7%和4.9%;博物馆全年接待参观人员25万人次,增长30%。

新闻事业蓬勃发展,广电节目更多选择。拥有自办广播节目7套,全年播出时间4. 6万小时,比上年增长14%;自办电视节目8套,全年播出时间4.8万小时,增长5%;有线电视传输节目36套,比上年增加2套,全年传输有线广播电视69.1万小时,增长74%;广播节目综合覆盖率、电视节目综合覆盖率保持着100%。全年完成16.6万户家庭有线电视网络双向改造,年底有线电视用户数达78.2万户,其中数字电视用户1.7万户。全年出版发行《常州日报》2 610万份,《常州晚报》2 756万份,《常州广播电视报》676万份,分别比上年增长1.1%、8.6%和8%。

【体育事业】 群众健身深入开展,竞技体育再创佳绩。全民健身运动蓬勃开展,第九次获得全国全民健身先进城市称号,年内新增全民健身工程(点)117个。体育人口(指每周进行体育活动3次,每次锻炼半小时以上人群)比重达42.7%,上升2.2个百分点。成功承办全国十运会常州赛区赛事等8项国家级比赛,常州籍运动员在十运会上获得6.5枚金牌。全年发行体育彩票1.9亿元,增长20%。

【社会保障】 社保体系不断完善,覆盖范围继续扩大。年内净增参保人员8.4万人,参保人员总数达69.1万人。全年养老保险基金总收入达27.0亿元,增长28.6%,养老保险征缴率达98.1%;养老保险基金总支出20.2亿元,增长13.7%,其中支付养老金19.6亿元,增长13.9%。年末参加失业保险人数为49.8万人,失业保险基金收入2.1亿元,增长15.5%,支出1.3亿元,下降16.5%。

【社会福利与救济】 社会救助积极开展,慈善事业得到发展。继续加快社会救助体系建设,全年共发放保障金4 621万元,比上年增长38.6%,保障城镇低保对象7 373户、15 240人,分别增长15.2%和13.1%,保障农村低保对象12 689户、28 378人,分别增长21%和14.6%。年末拥有各类收养性单位104个,床位数7 551张,在院人数5 156人。慈善募捐活动得到社会各界广泛支持,全市慈善金总量达到2.5亿元,跃居全省首位。全年对近4万名大病重病患者进行医疗救助,提供医疗救助金额870万元。司法部门继续为困难群体提供法律援助,年末全市拥有8个法律援助中心,全年接受法律咨询人数达1.0万人次,受理法律援助案件820件,分别增长11%和33.6%。全年发行福利彩票1.3亿元,增长1.6倍。

【就业】 就业政策得到落实,技能培训力度增大。年末全市城镇集体以上在岗职工35.1万人,城镇登记失业率3.58%。全年投入再就业资金7 555万元,完成各类再就业培训3.2万人次,安置就业人员3.3万人,援助困难群体实现再就业6 184人。

【人民生活】 居民收入持续提升,富民步伐不断加快。市区居民全年人均可支配收入达14 589元,比上年增长13.4%;人均消费支出为10 718元,增长8.5%。平均每百户城市居民家庭拥有彩电167.7台,空调机144台,移动电话130.7部,摩托车47辆,汽车3.3辆。农民全年人均纯收入7 002元,增长12.3%;人均消费支出5 712元,增长19.2%。平均每百户农村居民家庭拥有彩电142台,空调机89台,电话94部,移动电话140部,摩托车85辆,汽车1.2辆。居民储蓄继续增加,年末城乡居民储蓄存款余额为865.4亿元,增长19.5%;人均储蓄存款余额24 704元,比上年增加3 946元。

武进区

【概况】 武进位于长江三角洲太湖平原西北部,东邻江阴市、无锡市,南接宜兴市,西毗金坛市、丹阳市,北靠常州城区和新北区。全区总面积1 242.3平方公里,年末拥有耕地4.86万公顷。年末全区设23个镇、2个省级开发区、65个社区居民委员会、406个村民委员会、7 354个村民小组。全区总人口98.6万人,年内人口出生率8.7‰,人口自然增长率1.2‰。武进素有“鱼米之乡”之称。植物资源丰富,森林覆盖率14.8%,境内有滆湖、阳湖、宋剑湖等自然湖泊,河港塘荡纵横交错。武进拥有悠久执著的人文传统,儒风蔚然,历史上曾经出现过1 546位武进籍的进士。新世纪的武进在构筑独特的人才战略优势,境内的大学城成为培养高素质的制造专业技术人才的重要基地,为产业发展注入最强大的动力。武进作为著名的“苏南发展模式”的发祥地之一,在传统的机械制造、轻纺、化工等产业的基础上,新材料、电子制造、精密仪器、环境保护、生物医药等新兴产业发展迅猛,构成了较为完整的产业体系。

【建置沿革】 武进在5 000多年前就有人类定居,繁衍生息。淹城、寺墩出土的文物表明,新石器时代武进已形成原始村落。春秋战国时期武进称延陵邑,为吴国季札封地,秦置延陵县,汉改称毗陵县、毗坛县,西晋太康二年(281年)置毗陵郡、县,分丹徒、曲阿以东地区置武进县,永嘉五年(311年)改称晋陵郡、县。此后,晋陵、武进两县时分时合,数易其名。清雍正四年(1726年)分置武进、阳湖两县,辛亥革命胜利后中华民国元年(1912年)合并为武进县。1949年4月23日常武地区解放,武进县城析出建立常州市。1983年3月实行市管县体制,武进属常州市管辖。1993年7月18日,武进县政府驻地由常州市区迁至湖塘镇。1995年6月8日,国务院批准武进撤县设市。2002年4月武进撤市设区,成为规划建设中常州特大城市的南翼。

【经济发展】 全区实现地区生产总值465.11亿元,比上年增长19.6%。第一产业增加值20.42亿元,第二产业增加值318.02亿元,第三产业增加值126.67亿元。全区人均地区生产总值4.85万元(约合6 000美元),比上年增加0.75万元。完成预算内财政收入60亿元,比上年增长20.0%,其中地方一般预算收入24亿元,比上年增长24.0%。财政收入占地区生产总值的比重达12.9%。武进在2005年公布的全国百强县(区)中名列第八位。

【社会事业】 科技工作取得新成绩,被评为“全国科技进步先进区”。年内成功组织了'2005“走进武进”科技经贸活动周、国际技术交流洽谈会等4次对接活动,达成合作意向75项。年内列入国家级科技项目26项,资助金额219万元;省级项目60项,资助金额531.5万元;市级项目66项,资助金额1 153万元;区级项目117项,资助金额710万元。当年认定国家和省级高新技术企业25家,累计80家;当年新增省级高新技术产品45只,累计323只;当年申请专利750项,累计达到4 541项;当年专利授权450项,累计达到3 243项;实现技术转让的科技成果50项,技术转让成交额2 000万元。年内普通高中有7 116名毕业生被各类大专院校录取,高考录取率90.8%,其中高考本科录取率达55.1%,比全省平均录取率高20.1个百分点。全区投入教育事业资金8亿元,年内新建和翻建教学用房竣工面积10.75万平方米,易地新建学校1所。全年有17万人次接受了各类岗位和实用技术培训教育。全区文化艺术创作、演出成绩显著,全年有80多件有武进特色的文艺作品在省级以上发表、获奖或展出,其中舞蹈《小小摄影家》参加江苏省少儿艺术节获金奖;全年引进艺术表演团体70个,演出超过900场次,观众达30多万人次。全年医疗基础设施建设和设备购置资金6 611万元,医疗卫生条件进一步得到改善。年末全区有医疗卫生机构33家,其中区级医院4家;年末拥有各类卫生技术人员4 143人,其中执业医生1 287人,平均每千人拥有卫生技术人员4.31人;年末拥有医疗床位2 839张,平均每千人拥有医疗床位2.96张。进一步加强了防疫和保健工作,居民卫生保健意识增强,年内各类传染病总发病率161.9/10万;儿童计划免疫覆盖率达98.6%;孕产妇系统管理率达93.1%;3岁以下儿童系统管理率94.5%,7岁以下儿童保健管理率96.1%;爱婴医院巩固成果抽查合格率达100%。群众体育活动蓬勃开展,年内承办市级以上组织的体育比赛6次,成功举办了第十届全国运动会男女曲棍球比赛。年内各级投入资金800万元新建全民健身工程(点)24个,累计已达87个,16.69万平方米。

【人民生活】 年内4 800人次通过再就业转岗培训,支付失业人员各项再就业补贴2 300万元,新增城镇就业人员5 700人。年末城镇登记失业率2.5%。进一步扩大养老、医疗、失业、工伤、生育五大保险覆盖面。年末参加城镇职工基本养老保险14.24万人,有5.08万人参加了农村社会养老保险。年末城镇职工基本医疗保险参保单位3 349个,参保人数14.22人。新型农村医疗保险参保人数71.87万人,参保率达95%。年末参加失业保险人数5.2万人。工伤保险和生育保险年末参保人数分别为3.27万人和3.16万人。全年归集住房公积金1.85亿元,发放公积金贷款2亿元,年末参加缴存住房公积金职工达5.3万人,缴存余额6亿元,贷款余额4.32亿元。城乡居民收入较快增加,区属单位职工年人均工资20 680元,比上年增加1 474元,增长7.7%;农民人均纯收入(抽样调查)8 000元,比上年增加927元,增长13.1%。全区居民年末储蓄存款237亿元,比上年末增加44.5亿元,增长23.1%,人均储蓄2.47万元,比年初增加0.47万元。

武进区经济社会发展主要指标

项　　目	2006 年	比上年度增或减%
地区生产总值(亿元)	465.11	19.6
第一产业增加值(亿元)	20.42	
第二产业增加值(亿元)	318.02	
其中工业增加值(亿元)	299.31	
第三产业增加值(亿元)	126.67	
人均生产总值(元)	48 500	
全社会固定资产投资总额(亿元)	185.58	
外贸出口(亿美元)	18.98	
实际利用外资(万美元)	2	
社会消费品零售总额(亿元)	109.68	
零售物价总指数(%)		
地方财政收入(亿元)	60	
地方财政支出(亿元)	34.84	
职工年平均工资(元)	21 300	
农民年纯收入(元)	8 000	
年末贷款(亿元)	237	
中小学(所)	141	

天宁区

【**概况**】 常州市天宁区地处长江三角洲太湖平原,属亚热带季节性湿润气候,年平均气温约为15.6℃。秀丽的景色、肥沃的土地、宜人的气候、富饶的物产赋予了这方土地"鱼米之乡"的美誉。全区设10个街道、62个社区居民委员会、39个村民委员会,全区总人口38.06万人,年内人口出生率8.8‰,人口自然增长率2.8‰。

【**经济发展**】 经济发展保持快速健康发展,综合实力得到进一步增强。全区实现地区生产总值81.64亿元,比上年增长21.56%,高于全市6.46个百分点。从三次产业看,第一产业增加值0.33亿元;第二产业增加值45.28亿元,其中工业增加值45亿元,增长20.59%;第三产业增加值36.03亿元。第三产业占GDP的比重比上年提高了1个百分点,成为推动区域经济的重要支柱。在经济总量迅速扩大的同时,地方财政实力也显著增强,财政总收入达到27.72亿元,比上年增长17.65%,其中地方一般预算收入12.94亿元,增长13.35%,一般预算财政支出5.12亿元,增长14.8%,财政收入占GDP比重达34%,与上年持平。

【**社会事业**】 "科教兴区"战略深入实施,科技开发步伐不断加快。目前全区共有高新技术企业74家,实现高新技术产值41.3亿元,年内认定高新技术企业3家,国家火炬计划重点高新技术企业1家,高新技术产品7个,国家重点新产品1个,省火炬计划产品2个,国家级火炬计划2个,知识产权推进企业3家。人才引进取得新进展,2005年全区共引进各类人才947人,其中硕士生4人,本科学历208人。教育事业扎实推进,年末全区共拥有各类全日制学校39所,其中普通中学3所,小学35所,特殊教育1所,各类幼儿园31所。学龄儿童入学率、小学生毕业率均达到100%。文化体育活动精彩纷呈,全民健身周、天宁广场文化艺术节活动取得圆满成功,1 000多名老年健身爱好者参加了"万名老人走向十运"健身步行活动。全民健身运动蓬勃开展,评为全国群众体育先进单位,清凉小学合唱荣获江苏省第四界少儿艺术节金奖。年末全区共有卫生机构231个,其中医院1所,门诊部、医务室151个,社区卫生服务中心9个,社区卫生服务站19个,村卫生室26家,个体诊所44家。拥有卫生技术人员500人,其中高级职称20人,中级职称152人,初级职称328人。孕产妇死亡率为0,婴儿死亡率2.08‰,孕产妇系统管理率97.08%,妇女病普查率91.02%,儿童"四苗"覆盖率98%以上。天宁区被首批授予"省社区卫生服务示范区"。全区社区居委会62个,社区居委会成员人数

299人,其中女性229人;村委会39个,村委会成员人数134人,其中女性46人。社区基础设施进一步完善,专项资金594万元用于社区10个重点基础设施项目的建设,社区专职工作者队伍建设进一步规范。

【人民生活】 就业和再就业工作得到加强。全区净增城镇就业人口1.23万人,再就业培训5 367人,实现就业安置9 281人。其中帮助近2 441名援助对象实现再就业,城镇登记失业率控制在4.5%以内。居民收入稳步增长,全区城镇以上在岗职工平均工资17 071元,比上年增长11%,城镇居民人均可支配收入14 589元,比上年增长13.4%,农村居民人均收入8 107元,比上年增长10.3%。

天宁区经济社会发展主要指标

项　目	2006年	比上年度增或减%
地区生产总值(亿元)	81.64	
第一产业增加值(亿元)	0.33	
第二产业增加值(亿元)	45.28	
其中工业增加值(亿元)	45	
第三产业增加值(亿元)	36.03	
全社会固定资产投资总额(亿元)	59.24	
外贸出口(亿美元)	10.55	
社会消费品零售总额(亿元)	97.43	
地方财政收入(亿元)	27.72	
地方财政支出(亿元)	5.12	
职工年平均工资(元)	16 959	
中小学(所)	33	

钟楼区

【地理位置】 钟楼区地处长江三角洲经济区,江南名城常州市的中心,是常州市政治、经济、文化、商贸、经济、金融中心所在地。地理位置位于东经120°北纬32°,全区地势平坦,东与天宁区相邻,南和西面与武进区接壤,全区行政区域面积71.32平方公里,下辖1个镇、9个街道,总人口34.96万人,现有耕地753公顷,水产养殖面积158公顷。

【经济发展】 国民经济协调发展,地方财力明显增强。2005年,全区实现地区生产总值64.26亿元,同比增长28.0%,增幅高于全市9.9个百分点,列全市第一。其中:第一产业增加值0.3亿元,同比下降30.2%;第二产业增加值33.74亿元,同比增长29.4%;第三产业增加值30.22亿元,同比增长27.5%。三次产业结构由上年的0.8:52.0:47.2演进为0.5:52.5:47.0。二三产业比重达99.5%,比上年提升0.4个百分点。财政收入大幅增长,全年实现财政收入18.1亿元,同比增长26.5%,其中:地方一般预算收入9.47亿元,同比增长35.6%,增幅名列全市第一。财政总支出5.1亿元,同比增长64.8%,其中:一般预算支出4.9亿元,同比增长64%,财政收入占GDP的比重继续上升,由上年的23.1%提高到28.2%。

【社会事业】 科技事业稳步发展,创新能力继续增强。全区高新技术产业产值达到65亿元,占全区规模以上工业产值的38.2%。新批"江苏省高新技术产品"17只;"国家新型涂料特色产业基地"骨干企业达到20家;新增"国家轨道交通特色产业基地" 骨干企业2家;新批国家级、省级火炬计划各1项并通过验收,通过制造业信息化绩效评估企业2家;新批国家重点新产品1项。2005年,全区申请专利269件,进行各类知识产权培训达400余人次,新能源吻合器厂、赛迪电气等一批企业成为"江苏省知识产权管理工作推进计划实施单位"。产学研结合不断深入,累计引进科技成果30余项,技术贸易额达5 600万元。2005年,全区人才总量达2.85万人,其中专业技术人才1.21万人,高、中级职称人才0.37万人,大专以上学历人才0.65万人。年末拥有各类教育机构52个,其中,社区教育培训机构1个,中学3个,小学25个,学前教育机构23个,在校学生2.39万人,在园幼儿数8 677人。高质量普及九年义务教育,小学入学率、毕业率、初中毕业率均达100%。钟楼教育培训中心被省教育厅命名为"省社区教育学院"。广化小学、新闸中学通过了省实小和省示范初中的评估验收;广化小学、怀德苑小学通过了省绿色学校的验收。在省、市组织的"第十五届青少年科技创新大赛"中,获得一等奖1个,二等奖5个。在省《小数报》读报知识检测中,我区获30个一等奖。学前教育成果斐然,花园幼儿园荣获《金球杯》第14届全国青少年美术书法摄影大赛金奖,刘海粟美术幼儿园获全国少儿美术教育工程学术奖。教育重点项目建设继续加强,觅渡桥小学扩建工程方案得以批准,清潭三小、花园二小的改建和北港中心小学易地新建工程相继开工。文化建设得到加强,体育事业蓬勃开展。成功举办"第二届钟楼文化艺术节"、"激情欢乐广场"、"戏迷票友演唱会"、"新市民艺术团专场文艺汇演"等多项文化活动。卫生改革稳步推进,医疗条件不断改善。年末全区拥有各类卫生机构141个,医疗机构总人数708人。公共卫生事业不断推进,医疗机构医疗设备购置实行政府统一招标,率先在全市开展由政府出资埋单的免费婚前保健服务,新生儿建卡建证率、新生儿计免保偿率、各种疫苗接种率均达100%,孕产妇保健覆盖率100%,区妇保所通过了省甲等妇幼保健所评审。公共场所从业人员体检率100%。社保体系更加健全,覆盖范围明显扩大。2005年,全区养老保险扩面净增8 597人,医疗保险扩面净增8 656人,分别完成市年度目标的191.04%和192.36%。新增失地农民参保5 734人。机关事业单位养老保险下拨率达100%,社会保险基金征缴率达99.14%,农村合作医疗保险49 937人,参保率达98.03%。全年发放低保金760多万元。全区慈善基金总额达到156.4万元,受益人数达1 000余人。

【社区建设】 社区建设成效明显,管理水平不断提高。成功举办了江苏省"社区建设论坛"和"第三届全国学习型城区论坛"。以社区信息管理为重点的"数字社区"建设初见成效,办公自动化进程明显加快。星级社区创建工作成效明显,全区共创建五星级社区1个,四星级社区1个,三星级社区13个。社区专职工作者队伍得到加强,素质不断提高,制定出台了《钟楼区社区专职工作者规范化试点实施方案》,建立了区级社区专职工作者培训中心。村务公开和村民自治工作继续完善,农村集体资产改制工作进展顺利,27个村的改制工作全面完成,改制面达65.8%。

钟楼区经济社会发展主要指标

项　　目	2006年	比上年度增或减%
地区生产总值(亿元)	64.26	
第一产业增加值(亿元)	0.30	
第二产业增加值(亿元)	33.74	
其中工业增加值(亿元)	33.24	
第三产业增加值(亿元)	30.22	
全社会固定资产投资总额(亿元)	78.12	
外贸出口(亿美元)	4.46	
社会消费品零售总额(亿元)	58.25	
地方财政收入(亿元)	18.10	
地方财政支出(亿元)	15.10	
职工年平均工资(元)	16 940	
中小学(所)	27	

戚墅堰区

【概况】 戚墅堰区位于常州市区东部,地处北纬31°43′~31°47′,东经120°00′~120°05′。东、南、北与武进区相连,西则与天宁区接壤。东北邻近沪宁高速公路。312国道、京杭运河、沪宁铁路横贯境内。全区总面积31.58平方公里,下辖2个镇、2个街道,总人口8.02万人。

【经济发展】 国民经济快速发展,综合实力全面提升。全区国内生产总值突破19亿元,达19.07亿元,同比增长21.12%。其中第一产业增加值0.23亿元,同比下降22.53%;第二产业增加值14.89亿元,同比增长20.59%;第三产业增加值3.95亿元,同比增长27.42%。三次产业比重为1.21∶78.08∶20.71,工业经济继续成为全区发展的主导产业。财政收入平稳增长,体制调整平滑过渡。全年财政总收入完成6.13亿元,同比增长17.51%。其中:一般预算收入2.52亿元,同比增长17.47%。财政一般预算支出1.51亿元,同比增长12.39%。

【社会事业】 科教事业快速发展,整合资源初见成效。申报市级以上科技项目32项,申请专利60件,神力电机等25家企业获省、市级民营科技企业认定。办学条件明显改善,戚墅堰实验中学规划设计已经完成,戚墅堰区中心幼儿园创建省示范幼儿园通过省级验收。成功举办戚墅堰区首届运动会和第五届群众文化艺术节,组织参加常州卡通数码艺术周活动,群众性体育工作获省先进称号。扎实开展卫生防疫工作,建立了人畜共患传染病防治合作机制,防疫密度达100%,全区无重大动物疫病疫情发生。广泛开展“送温暖献爱心”和结对帮困等活动,共募集慈善基金270万元。发放失业救济金516万元,助残金12万元,城乡低保金136万元,实现应保尽保。助残工作有效开展,在全市率先设立了残疾人自主创业资金,河苑社区获全国残疾人工作先进社区称号。

【社区建设】 社区建设力度加大,社区功能不断完善。积极开展省社区建设示范区和残疾人工作示范区创建活动,对照创建目标开展各项工作,两类示范区创建目标圆满完成。社区整合加快实施,撤并社区居委会3个,社区功能日趋完善。社区工作者队伍建设得到加强,考核机制进一步规范,工作待遇得到提高。加强社区治安和安全工作,确保平安及生产安全。依法严厉打击各类刑事犯罪,完善打防结合的大防控体系,完成“四五”普法和“社区矫正”试点工作,创建“平安戚区”、“无毒城区”工作通过检查验收。强化安全生产目标管理,全面落实安全生产责任制,广泛开展安全宣传教育,加大安全检查和专项整治力度,组织执法检查11次,整改安全隐患70起,有效杜绝了重大安全责任事故的发生。

戚墅堰区经济社会发展主要指标

项　　目	2006年	比上年度增或减%
地区生产总值(亿元)	19.06	
第一产业增加值(亿元)	0.23	
第二产业增加值(亿元)	14.89	
其中工业增加值(亿元)	14.60	
第三产业增加值(亿元)	3.94	
全社会固定资产投资总额(亿元)	15.50	
外贸出口(亿美元)	0.72	
社会消费品零售总额(亿元)	5.26	
地方财政收入(亿元)	6.13	
地方财政支出(亿元)	1.57	
职工年平均工资(元)	19 493	
中小学(所)	8	

新北区

【概况】 常州高新技术产业开发区、常州市新北区位于常州市的北部,北濒长江,南至沪宁铁路,与武进区、钟楼区接壤,东与江阴市和天宁区交界,西接丹阳市和扬中市。拥有常州境内的整个长江岸线,常州港、常州机场位于区内,沪宁高速公路、京沪铁路、338省道及规划建设中的沪宁高速铁路穿区而过;新藻江河、德胜河、新孟河三条内河纵贯全区,连接长江和京杭大运河。总面积439.16平方公里。年末辖6个镇和3个街道,共149个行政村,28个居民委员会(社区居委会),总人口41.13万人。

【经济发展】 国民经济快速发展,综合实力不断增强。2005年,全区实现地区生产总值162亿元,比上年增加31.5亿元,增长24.14%,其中,第一产业增加值5.5亿元,增长5%;第二产业增加值115.5亿元,增长26.85%,工业增加值占地区生产总值的比重由上年的64.29%提升到66.4%;第三产业增加值41亿元,增长20.59%。三次产业结构由上年的4.0:69.8:26.2调整为3.4:71.3:25.3,第二、三产业增加值占GDP的比重达96.6%,比上年提高0.6个百分点,超过92%的小康目标值,全区按户籍人口计算的人均GDP达39 512元,按现行汇率折算达4 878美元,超过人均3 000美元的小康目标值。财政收入快速增长。2005年,全区实现财政总收入32.98亿元,增长29.84%,其中:地方一般预算收入16.24亿元,增长29.75%,一般预算财政支出12.61亿元,增长23.48%。财政总收入占GDP的比重继续上升,由上年的19.62%提高到20.36%。金融存贷余额全面增加,全区金融机构年末各项存款余额达143.28亿元,比上年增加25.52亿元,增长21.67%,贷款余额达116.02亿元,比上年增加16.02亿元,增长15.98%。

【外向型经济】 招商引资积极有效,对外贸易高速增长。2005年,全年完成协议注册外资额5.5亿美元,与上年持平,注册外资实际到账额3亿元美元,增长61.08%。高新区、春江镇、新桥镇、薛家镇、东京制纲(常州)有限公司、常州华润啤酒有限公司等单位列全市外资到位前十名。全区当年新批外资项目104个,其中工业项目93个,总投资超1 000万美元以上项目32个。利用外资质量明显提高,项目资金到账率由上年的40.9%提升到54.5%,提高了13.6个百分点。引进的项目主要集中于机械、电子、生物医药及精细化工、新材料等区重点发展产业领域,一批投资规模大、技术含量高、产业关联度大、带动性强的产业链龙头项目和产业板块项目,如东京制纲、V&M无缝钢管、华润啤酒、华威亚克模具、BPB石膏板、特斯玛汽车零部件等进区落户。当年新增世界500强投资企业3家,累计已达19家。引进内资成效明显,全年共引进内资企业1 259家,注册资金达21.9亿元,其中注册资金额在500万元以上企业达106家。对外贸易快速增长,2005年,实现进出口总额23.02亿美元,增长54.57%,其中进口9.45亿美元,增长9.69%;出口13.57亿美元,增长80.2%。高新技术产品出口增长迅猛,全年出口突破1亿美元,达1.57亿美元,增长81%。外贸出口企业不断壮大,有进出口业绩企业达501家,常州华源蕾迪斯有限公司成为区内首家出口超亿美元的企业,全年出口额在500万美元以上的企业57家,其中:1 000万美元以上企业27家。

【社会事业】 大力引进科技研发机构,全年共组织3次产学研活动,签订协议28项,实施国际合作项目4项,共引进科技孵化型企业50家,其中留学生企业8家,同时有28家企业从中心毕业;积极引导企业创建各级工程中心和技术中心,提升企业自主创新能力,全年创建市级工程中心和技术中心4家;积极推进动画产业基地建设,现已集聚了来自全国各地20家动画专业机构,注册资本总额达1.5亿元;全年争取上级各类科技资金4 059万元,组织实施各类科技项目101个,新增国家、省火炬计划项目14个,国家中小企业创新基金项目2个,省科技攻关项目5个,省级国际合作计划项目1个,新增国家"863"计划项目和"863"计划引导项目各1个,实现了该类项目零的突破。新增国家重点新产品6个,省级高新技术产品43只,高新技术企业(双密企业)20家,申请专利429件,授权245件,高新技术产品产值占全区工业总产值的比重达47%,全区技术创新能力列全市辖市区第一名,被省科技厅和省知识产权局联合认定为"江苏省知识产权工作试点区"。进一步巩固和提高了义务教育水平,小学适龄儿童入学率、小学毕业生升学率均达100%,初中毕业生升学率达93%,高中毕业生升学率达85%;学校食堂达标率实现了100%,中小学市级示范图书馆创建率提高到56%,省级标准化实验室创建率提高到70%,建成了圩塘、泰山、新魏、富民4家幼儿园,完成了魏村中学等5所学校危房改造12 246平方米,新桥幼儿园等4所学校通过省示范幼儿园、省实验小学、省示范初中评估验收。建立健全政府主导、学校联动、社会参与的扶贫帮困助学机制。全年发放帮困助学金75万元、1 028名学生得到帮助,实施贫困生"两免一补"889人,认真贯彻落实常政发[2004]20号《关于解决适龄流动儿童就学暂行办法》文件精神,农民工子女就近入学,享受市民待遇。

【社会保障】 2005年,全区养老保险扩面新增33 000人,征缴养老保险基金28 360万元,养老金社会化发放率100%。全年培训农村剩余劳动力8 137人,转移就业6 456人,新增就业岗位9 470个,下岗失业人员再就业1 755人,"4050"人员困难群体再就业107人,城镇登记失业率控制在4%以内。累计32.1万人参加新型农村合作医疗保险,参保率达98.52%,比上年提高4个百分点。全年发放失地农民保养金2亿元,其中老年失地农民保养金1 900万元;发放低保金627.9万元,3 489户低保家庭计8 463人从中受益。卫生事业加快发展,小河卫生院、薛家卫生院全面动工,民营华山医院建成投入使用。群众文体活动纷呈活跃,文物保护工作不断加强。以文化艺术活动中心为依托举办了摄影、书法等各类展览和"文化进社区"等大型广场文艺活动,创作节目参加省、市有关大赛获奖项21个,开展了"走向十运"健步行、老年人健身操展示、乒乓、象棋比赛等系列全民健身周活动;积极做好市级文保单位费伯雄故居修复和吴氏中丞第移址等文物规划和保护工作。人口和计划生育工作进一步加强,人口持续低速增长。全年共出生人口2 807人,人口自然增长率0.7‰,计划生育率达98%以上,期内综合避孕率达88%。城乡居民收入继续增加,在岗职工平均工资达19 769元,比上年增长11.9%,农村居民人均纯收入达7 151元,比上年增长12.3%,增幅列全市辖市区第一。

新北区经济社会发展主要指标

项　　目	2006年	比上年度增或减%
地区生产总值(亿元)	162.00	
第一产业增加值(亿元)	5.50	
第二产业增加值(亿元)	115.50	
其中工业增加值(亿元)	107.50	
第三产业增加值(亿元)	30.22	
全社会固定资产投资总额(亿元)	133.67	
外贸出口(亿美元)	10.43	
社会消费品零售总额(亿元)	57.95	
地方财政收入(亿元)	32.98	
地方财政支出(亿元)	14.10	
职工年平均工资(元)	19 733	
中小学(所)	57	

金坛市

【概况】 金坛东近上海,西偎南京。依傍沪宁铁路和沪宁高速公路,邻近南京禄口机场和常州机场,丹金漕河连接长江和太湖,较高等级的公路网遍及城乡,架起了金坛走向世界的桥梁。金坛人才辈出,其中佼佼者有戴叔伦、储光羲、王肯堂、段玉裁、冯煦等,现代数学巨匠华罗庚更是金坛人民的骄傲。今日的金坛,经济迅速发展,文化日趋活跃,生活丰富多彩,一派盎然生机,更是有识之士投资创业施展才华的江东福地。金坛总人口54.1万人,面积976平方公里,辖15个镇,共157个行政村,15个居民委员会(社区居委会)。

【经济发展】 全年实现地区生产总值149亿元,按可比价计算比上年增长18.6%,按现行价计算比上年增长22.1%,人均地区生产总值由上年的22 594元增加到27 567元。全市完成财政总收入17.15亿元,比上年增长28%,其中地方一般预算收入完成6.74亿元,比上年增长26.8%。三次产业协调发展。第一产业完成增加值13.93亿元,增长5%,占地区生产总值的比重为9.3%,比上年降低1.6个百分点;第二产业仍是全市经济增长的主要推动力量,完成增加值78.14亿元,增长25.7%,增幅比上年提高3个百分点,占地区生产总值的比重为52.5%;第三产业完成增加值56.93亿元,增长22.3%,增幅比上年提高0.6个百分点,占地区生产总值的比重为38.2%。

【工业经济】 工业生产规模不断扩大。全年完成工业总产值330.5亿元,增长25.3%,完成工业增加值71.67亿元,增长22.5%。其中国有及年销售收入500万元以上工业企业完成工业总产值193.3亿元,增长35.6%,完成工业增加值46.56亿元,增长41.2%。全年工业用电量11.4亿千瓦时,增长16.2%。工业经济运行质量和效益双提高。全年实现工业产品销售收入299.6亿元,增长27.4%,其中国有及年销售收入500万元以上工业企业实现工业产品销售收入182.8亿元,增长28.2%。产销衔接状况良好,产销率达96.2%。工业企业运行效益明显提高,企业盈利能力持续增强,亏损面下降。全市工业实现利税总额28.1亿元,其中利润16.18亿元,分别增长31.6%和35.3%,增幅分别比上年提高5.1个和5.9个百分点。国有及年销售收入500万元以上工业企业实现利税总额18.5亿元,其中利润11.26亿元,分别增长42.5%和46.4%,增幅分别比上年提高8.5个和3.7个百分点。企业亏损面由上年的1.42%下降为1.34%。全市国有及年销售收入500万元以上工业中完成轻工业产值66.97亿元,重工业产值126.3亿元,轻重工业比例由上年的42.9:57.1调整为34.7:65.3。纺织服装、机械电子、精细化工、新型材料四大支柱产业健康发展,完成工业总产值180.8亿元、产品销售收入171.1亿元、工业增加值44.4亿元和利税总额17.9亿元,分别比上年增长35%、36.7%、38.1%和45.9%,分别占规模工业比重为93.5%、93.6%、95.4%和96.7%。私营个体工业迅速增长,实现工业产品销售收入199.4亿元、工业增加值45亿元,分别比上年增长31.4%和24.7%。建筑业全年完成安装产值72亿元,比上年增长16.1%,增加值增长15%。全年实现双分包施工面积629.6万平方米,比上年增长40%。工程质量进一步提升,全年共获江苏省"扬子杯"奖7个,北京市"结构长城杯"奖1个。

【农业经济】 全年完成农业总产值27.6亿元,增长5%。其中农业产值12.3亿元,增长6.8%;林业产值0.3亿元,增长3.6%;牧业产值3.8亿元,增长5.2%;渔业产值10亿元,增长2.3%;农林牧渔服务业产值1.2亿元,增长10.2%。全市共完成多种经营产值22.68亿元,增长4.5%,占农业总产值的比重达到82.9%,比上年提高了0.1个百分点。农业标准化建设扎实推进,已建立6个国家和省级农业标准化示范区,85个无公害农产品基地,77只农产品获国家、省无公害农产品认证。观光农业呈现新亮点,长荡湖"渔家乐"餐饮休闲观光、茅山休闲农业观光带、金坛农耕园、奥金鳄鱼乐园和长荡湖生态渔业科技示范园初步形成了示范、培训、休闲、观光等功能。2005年全市农田有效灌溉面积49.4万亩。年末拥有农业机械总动力35.15万千瓦,增长2.4%。全年化肥施用量(折纯)2.65万吨,下降2.6%。全年完成水利土方370万方,改造中低产田1.5万亩,疏浚整治各级河道166公里,加固圩堤30公里,新建改造泵站15座,建设防渗渠道79公里,完成小流域治理10平方公里。

【社会事业】 科技工作取得新成就,2005年共申报常州市以上的各级各类科技项目156项,其中国家级项目27项,省级项目67项。已立国家项目13项,省级项目36项。所立项目中,获资金资助项目49项,共获无偿拨款1 937万元,其中江苏金昇实业股份有限公司承担的"棉纺成套装备—智能化清梳联合机产业化"重大专项1 140万元。全年有5家企业被确认为省级以上高新技术企业,全市累计省级以上高新技术企业数达35家。全年共申请专利353件。第三次被确认为全国科技进步先进县(市)。教育事业健康发展,年末全市共有各类学校65所,普通中学在校学生3.55万人,小学在校学生3.25万人。教职工5 110人,其中专任教师4 177人。高考录取率达83%。教育现代化水平不断提高,全年新建校园网(简易校园网)5个,新添置计算机300台,到年底全市中小学全部建成了校园网或简易校园网,累计拥有计算机6 822台。在第十届"华杯"赛上获得团体总分第二名。文化、广播、新闻事业欣欣向荣。电视电影《水乡人家》荣获江苏省第二十一届优秀电视剧"金凤凰"奖,反映金坛英雄教师大型儿童剧《永远的雪梅》搬上了舞台。金坛博物馆隆重开馆,华罗庚纪念馆迁建工程顺利开工。医疗卫生水平不断提高。年末卫生系统各类卫生机构共30个,其中医院、卫生院19个,拥有病床1 328张。全社会卫生技术人员2 077人,注册医师1 239人。开展新技术、新项目81项,2项发明获得国家专利。现有常州市重点专科3个。全年新型农村合作医疗覆盖率87.1%,截至2005年,全市共创建省级卫生镇5个,省级卫生村31个。体育事业蓬勃健康发展,2005年度被国家体育总局命名为全国体育先进集体。2005年组织承办了全国第十届运动会女排项目比赛、全国男排大奖赛和全国女篮俱乐部联赛决赛。积极开展全市全民健身周活动,组织活动7项40次,人数达1万人次。在2005年江苏省县级组田径比赛中,我市位列金牌榜第12位、团体总分第15名。环境保护力度进一步加强,全年完成主要河流水质监测28次、农村地表水105个点位水质监测、集中式饮用水源水质监测54次,对沿长荡湖区域的49个工业污染企业进行了限期整改,基本实现工业污染稳定达标排放。与此同时加大了市区烟尘控制区和噪声达标区监督力度,烟尘控制区覆盖率为100%、噪声达标区覆盖率保持在70%以上,全年市区空气质量达到国家二级标准,空气污染指数小于100的天数为343天;市区区域环境噪声年平均值53.1分贝,低于目标值。

【城镇建设】　大交通格局基本形成。全年完成交通建设投资11.3亿元。宁常、镇溧高速公路主线工程进展顺利。丹金溧漕河金坛城区段西移改道工程加快实施。金宜一级公路北延段、直茅线、水洮线、薛罗线和茅山旅游路等建成通车。港站建设步伐加快,启动了金坛北港工程建设,客货运站(场)布局日趋完善,交通整体形象得到提升。城镇化步伐加速推进。规划的龙头地位进一步突出,编制完成全市镇村布局规划、"一区三园"规划、城市绿地系统规划、市域环境卫生规划、城市人防工程和地下空间利用总体规划。积极实施"东扩南移"城市发展战略,加快城市基础设施建设,全年完成投入6.2亿元。市政道路建设进展顺利,城南新区、开发区、金城工业集中区内道路建设力度进一步加大,完成了南二环东延段、电厂路拓宽、经九路等道路建设,东一环、东三环南延段和东二环、丹阳门北路北延段等道路建设加快推进。拆迁工作取得进展,全年城区共拆迁380户,面积达4.1万平方米;继续加大清临拆违力度,共拆除临时建筑、违章建筑面积1.3万平方米。人防工程建设得到加快,市人防地面指挥所建成投用。城市管道燃气进一步发展,新增用户3 422户。常金供水工程建成供水。"西气东输"工程储气库项目顺利推进。电力建设继续加快,220千伏方麓变、110千伏武宜变和35千伏朱林变建成投运。镇村建设进一步加强,薛埠镇创建"全国小城镇建设示范镇"通过省级验收,金城镇白龙荡村等4个现代化试验示范村规划建设有序推进。城市经营迈出新步伐,招拍挂出让经营性用地20宗,面积1 183亩,出让金额6.3亿元;与上海城建集团合作总额3亿元的市政建设BT项目得到落实,有效保障了城市建设和经济社会发展。经济适用房和廉租房建设稳步推进,全年共安置577户。

【人民生活】　城乡居民生活水平继续提高。全年城镇居民人均可支配收入12 892元,比上年增长14.8%。城镇职工平均工资17 976元,比上年增长13.04%,在岗职工平均工资18 410元,比上年增长13%。全市农民人均纯收入6 409元,增长11.5%。年末全市居民人均储蓄存款达14 772元,增长16%。城乡居民居住条件继续改善,抽样调查资料显示,城镇居民人均居住面积为26.16平方米,比上年增加0.46平方米;农村居民人均住房面积为44.61平方米,比上年增加0.53平方米。社会保障事业进一步加强。年末全市参加失业保险人数达5.15万人。参加养老保险职工6.21万人(不含财政拨款单位),参加基本医疗保险职工6.7万人,享受医疗保险退休人员1.9万人。做好城乡居民低保工作,全年保障城镇居民649户,计1 423人,发放保障金196万元;保障农村居民1 358户,计2 893人,发放保障金130万元。社会福利事业继续发展,市慈善总会济助对象全年共2 163人(户),发放救济资金280万元,接转办定向捐赠15笔,金额82.1万元。

金坛市经济社会发展主要指标

项　目	2006年	比上年度增或减%
地区生产总值(亿元)	149.00	
第一产业增加值(亿元)	13.93	
第二产业增加值(亿元)	78.14	
其中工业增加值(亿元)	63.57	
第三产业增加值(亿元)	56.93	
人均生产总值(元)	27 986	
粮食总产量(万吨)	22.17	
棉花总产量(吨)	113	
油料总产量(万吨)	17 002	
全社会固定资产投资总额(亿元)	71.74	
外贸出口(亿美元)	3.96	
地方财政收入(亿元)	17.15	
地方财政支出(亿元)	12.13	
职工年平均工资(元)	17 976	
农民年纯收入(元)	6 409	
邮电业务总量(亿元)	3.04	

溧阳市

【概况】 溧阳市地处长三角中心地带,位于苏浙皖三省交界处。土地总面积1 535.87平方公里,辖18个镇、2个省级开发区。北纬31°1′~31°4′,东经119°08′~119°36′。距上海、杭州200公里,距南京、苏州、张家港百余公里,距南京禄口国际机场80公里,距常州机场60多公里。104国道穿境而过,宁杭高速公路扬溧高速纵横全境,新长铁路正在建设之中,芜太运河直达长江码头。总人口76.75万人,面积1 535平方公里,辖17个镇,共291个行政村,52个居民委员会(社区居委会)。

【经济建设】 全市实现地区生产总值178.2亿元,完成全社会固定资产投资88.3亿元,实现财政总收入21.2亿元,其中地方一般预算收入9.1亿元,分别比上年增长20.3%、31.3%、29.0%和31.1%。农业经济持续增长,基础地位不断稳固。全市实现农业总产值28.6亿元,比上年增长5.2%。吸引"三资"2.8亿元开发农业,比上年增长12%。新建、扩建农业项目58个,新办农业企业20家。市农贷担保中心累计为66家。农业企业担保贷款3 448万元。全年新增插秧机178台,农机化水平达81%。新增无公害农产品23只、绿色食品19只、有机食品5只、常州市名优农产品20只。通过省生态农业县建设验收,被评为全国无公害茶生产示范基地县(市),获"中国茶叶发展政府贡献奖"。农业基础设施建设继续加强,全市完成水利土石方563万方,塘马水库除险加固二期工程、戴埠河疏浚工程顺利实施,东风芥小流域治理全面完成。工业经济高位增长,产业结构得到优化。全市完成工业总产值365亿元,产品销售收入340亿元,利税总额30亿元,其中利润13.2亿元,分别比上年增长30.3%、31.8%、32.9%和32.7%。工业纳税销售收入同步增长,规模骨干企业支撑作用明显,天目湖啤酒公司成为首个纳税超亿元企业,输变电、精细化工、机械等行业贡献份额增加。扶优扶强成效显著,销售收入超亿元企业达50家,比上年增加10家,其中超20亿元企业2家,超10亿元企业2家。后劲投入力度加大,全市完成工业投入63.8亿元,比上年增长37.6%。民营经济快速发展,全市新增私营企业667家、个体工商户2 798户,分别新增注册资金12亿元和9 854万元。品牌战略深入推进,全市新增中国名牌产品2只、国家免检产品4只,申报江苏省名牌产品5只、省著名商标2只。建筑业发展迅速,全市完成建筑业总产值76亿元,实现劳务收入23.5亿元,分别比上年增长21.6%和16.9%。

【服务业】 第三产业快速增长,发展领域继续拓宽。全市实现第三产业增加值63.2亿元,社会消费品零售总额65.2亿元,分别比上年增长19.7%和17.7%。苏浙皖边界市场完成成交额38亿元,比上年增长10%。旅游促销力度加大,旅游经济发展迅速,全年接待国内外游客突破300万人次,实现旅游总收入30亿元,分别比上年增长24.6%和32.8%。天目湖中心大道、乡村俱乐部、南山竹海景区改造、瓦屋山道路一期工程等重点旅游建设项目全面完成,旅游农庄快速兴起,新增星级旅游饭店5家,水电科普园顺利通过国家工业旅游示范点考核验收。金融工作成绩显著,信贷支持力度加大,年末金融机构各项存款余额160.5亿元,贷款余额87.9亿元,分别比年初增长19.3%和25.5%。保险业和证券业也有了新的发展。溧阳是国家级优秀旅游城市,风景秀丽的天目湖旅游度假区,如一颗宝石镶嵌在江南大地,秀美、野趣、"三绝",形成天目湖的三大特色。旅游经济不断壮大,全年接待国内外游客285.63万人次,实现旅游服务收入24.61亿元。

【利用外资】 利用外资大幅跃升。成功举办了第九届中国溧阳茶叶节暨首届天目湖旅游节,带动招商引资取得明显成效,全市招商引资氛围空前浓厚,利用外资实现重大突破,利用外资总量、增幅均居常州市前列,各镇(区)实际利用外资均有实绩。全年协议利用外资3.66亿美元,实际利用外资1亿美元,分别比上年增长24.9%和61.2%。外贸外经不断拓展,全市完成自营出口2.36亿美元,新签外经合同额5 515万美元,实现营业收入3 508.5万美元,分别比上年增长42.4%、44.3%和15.5%。

【城镇建设】 坚持城乡统筹,基础设施建设继续加强。全市完成交通建设投入7.8亿元,扬溧高速溧阳段抓紧建设,239省道昆仑转盘至石街头建成通车,溧城至戴埠公路建设加快推进,241省道小陈庄至泓口桥改造工程前期工作全面展开。切实加强市政工程建设,湾溪河拓浚二期、燕鸣北路、屏峰路、建设桥等市政工程全部竣工,新垃圾填埋场、清溪水厂扩建工程建成投运,管道天然气建设进展顺利。实施"两区五带"绿化工程,市区新增绿地面积50万平方米,"创园"工作通过省级初检。电力设施建设步伐加快,完成了220KV旧县变、溧阳变、110KV竹箦变改扩建工程和110KV新昌变建设工程。邮政、电信和移动通信业务能力继续增强,通信服务水平不断提升。新一轮城市总体规划修编、城镇体系规划编制全面完成,"四镇五村"中心村建设试点工作正式启动。城市防洪、绿地、排水、燃气、环卫等专项规划编制全部结束。市区范围内统一使用商品混凝土,政府工程全面施行统一竞价、低价中标。城市管理相对集中处罚权工作顺利实施,城区禁放烟花爆竹工作得到完善。"清临拆违"强势推进,拆除违法违章建筑近8 000平方米。打击非法运营"黑车"、查处超限超载车辆、制止运输车辆抛洒滴漏工作取得实效,运输市场秩序不断规范。人防工程建设步伐加快,人防指挥通信体系继续完善。房地产开发有序推进,商品房市场供需平衡。加大拆迁工作力度,拆迁房屋12万平方米。实施工人新村等9个老小区综合整治,全面完成老小区三年整治任务,整治面积共计112万平方米。城区公园免费向市民开放。环境执法力度加大,资源环境保护成效明显。全市查处39家环境违法企业,关闭1家重污染企业,完成26家工业和38家餐饮企业的限期治理,退批重污染项目18个。全面实施饮用水水源地生态环境专项整治,切实加强矿产资源开采管理。循环经济试点工作进展顺利,省和常州市级生态村创建工作有序进行。土地收储扎实推进,公开挂牌出让土地921.1亩,土地出让成交额9.12亿元,净收益4.25亿元。耕地保护得到加强,土地复垦新增耕地面积7 979亩。

【社会事业】 各项社会事业再创新业绩。教育现代化建设加快推进,新增省三星级高中、省级实验小学各1所,有4名教师荣获“江苏省特级教师”称号。教育质量再上台阶,高考、中考、职高对口升学考试均取得历史最好成绩。教育投入继续加大,教育“一费制”和“两免一补”政策全面实施,“希望之星”奖励助学基金作用明显。公共卫生体系加快构建,食品药品监管体系不断完善,疾病控制和预防体系基本建立。市人民医院急救中心大楼竣工启用。“三清”工作全面展开,农村卫生面貌明显改善。初保工作水平不断提升,所有镇(区)通过常州市初保先进乡镇评估验收。计划生育优质服务工程深入推进,独生子女父母奖励金落实到位,农村部分计划生育家庭奖励扶助制度全面实施。继续保持低生育水平,顺利通过省人口与计划生育示范市考核验收。群众文化丰富多彩,成功举办第17届群众文化周活动。文艺创作硕果累累,获常州市级以上金奖51个。文化市场繁荣有序,“扫黄打非”常抓不懈,文物保护得到加强。群众体育活动蓬勃开展,竞技体育再创佳绩,我市体育健儿共获省级以上金牌26枚。广播电视数字化、网络化步伐加快,新闻质量不断提高,新增有线电视用户1.2万户。编纂出版《溧阳年鉴》创刊号。

【人民生活】 城乡居民生活继续改善。城镇在岗职工人均工资性收入19 040元,农民人均纯收入6 024元,分别比上年增长19.0%和13.0 %。城乡居民储蓄存款余额113.4亿元,比年初增长19.9%。居民生活必需品供应充足,物价保持稳定。全面落实再就业优惠政策,再就业培训3 375人,净增就业9 600人,失业人员再就业1 815人,年末城镇登记失业率为3.5%。农村劳动力转移渠道继续拓宽,全年转移农村劳动力1.05万人。社会保险覆盖面不断扩大,企业养老保险净增8 000人,城镇职工基本医疗保险净增1.1万人。城乡居民最低生活保障水平、五保户供养标准进一步提高,完成一批敬老院新建、扩建工程。新型农村合作医疗制度逐步完善,农民参保积极性明显提高,参保率达86.5%。施行被征地失地农民基本生活保障制度,现有7 838人享受政府保养。

溧阳市经济社会发展主要指标

项　　目	2006年	比上年度增或减%
地区生产总值(亿元)	178.21	
第一产业增加值(亿元)	15.60	
第二产业增加值(亿元)	99.40	
其中工业增加值(亿元)	84.20	
第三产业增加值(亿元)	63.21	
人均生产总值(元)	24 456	
粮食总产量(万吨)	36.61	
棉花总产量(吨)	185	
油料总产量(万吨)	60 469	
全社会固定资产投资总额(亿元)	88.31	
外贸出口(亿美元)	2.36	
地方财政收入(亿元)	21.17	
地方财政支出(亿元)	15.45	
职工年平均工资(元)	18 475	
农民年纯收入(元)	5 947	
邮电业务总量(亿元)	3.58	

镇江市

【历史沿革】 考古发现:“宜”为镇江最早地名,是3 000年前周康王封给宜侯的领地;春秋时镇江称朱方,后曾用谷阳、丹徒、京口、润州等名称。北宋建镇江府(1113年),始称镇江,历经宋、元、明、清。辛亥革命后称丹徒县,1928年改为镇江县。1929年至1949年2月为江苏省政府所在地(其中1937年至1945年镇江沦陷期间,省政府迁往苏北)。

1949年4月23日镇江解放后,划城区和近郊为镇江市,划四乡为丹徒县,均隶属苏南行政区镇江专署。1953年,苏南、苏北行政区合并建江苏省后,设镇江专员公署,辖镇江市和10个县;镇江为县级市和专署所在地(其中1958年9月~1959年9月,专署迁至常州,改称常州专员公署)。1983年3月,镇江市改为省辖市,辖4县2区。1987年、1994年、1995年,所辖丹阳、扬中、句容先后撤县设市。现镇江市辖丹阳市、句容市、扬中市和丹徒区、京口区、润州区和镇江新区(省级经济开发区)。

【地理位置】 镇江市地处江苏省西南部,长江下游南岸,北纬31°37′~32°19′、东经118°58′~119°58′。东西最大直线距离95.5公里,南北最大直线距离76.9公里。东南接常州市,西邻南京市,北与扬州市、泰州市隔江相望。全市土地总面积3 847平方公里,占全省3.7%。其中,市区1 082平方公里,丹阳市1 047平方公里,句容市1 387平方公里,扬中市331平方公里。

【行政区划】 至2005年底,全市共有51个镇(街道)。其中:镇41个,街道办事处10个。丹阳市辖13个镇;句容市辖10个镇;扬中市辖5个镇;丹徒区辖7个镇;京口区辖2个镇、4个街道办事处;润州区辖1个镇、4个街道办事处;镇江新区辖3个镇、2个街道办事处。

【人口】 2005年末,全市户籍总人口267.61万人,比上年增加0.40万人。全市男性人口135.10万人,女性人口132.51万人。男女性别比(女=100)为101.95,其中市区为103.73、丹阳市为99.76、句容市为103.79、扬中市为98.09。在全市总人口中:市区人口102.01万人,比上年增加0.65万人。丹阳市80.29万人,句容市58.03万人,扬中市27.28万人,丹徒区27.04万人,京口区51.02万人(其中镇江新区16.35万人),润州区23.95万人。

全市人口总户数由上年99.38万户增加到100.09万户,净增0.71万户,平均每户2.67人,其中市区37.85万户,平均每户2.70人。全市出生人口21 491人,其中男性11 046人,女性10 445人。人口出生率8.04‰,比上年上升0.4个千分点,其中:市区人口出生率7.33‰,丹阳市8.77‰,扬中市10.37‰,句容市7.18‰。全市死亡人口15 910人,人口死亡率5.95‰,比上年下降2.4个千分点,其中市区人口死亡率5.40‰,丹阳市7.29‰,扬中市8.13‰,句容市4.04‰。全市人口自然增长率由上年的-0.71‰上升为2.09‰。

【经济发展概况】 2005年,全市完成地区生产总值905亿元,增长15%,人均达到4 150美元。财政总收入118.4亿元,增长26.6%,地方财政一般预算收入47.1亿元,增长26.4%。全社会固定资产投资400.1亿元,增长25%。城镇居民人均可支配收入12 394元,农民人均纯收入6 020元,分别增长14.1%和13.5%。社会消费品零售总额220.6亿元,增长15.2%。

农业基础地位加强。粮食生产实现总产90.7万吨。实施“放心粮 油、放心肉、放心菜”工程,新增无公害农产品产地面积1.67万公顷。“三资”开发农业项目440个,总投资33亿元。全力抓好禽流感等重大动植物疫病防控。新建、改造塘坝994座,疏浚县乡河道78条,治理水土流失面积11.3平方公里。新增耕地近1 067公顷,完成中低产田改造3 833公顷,成片造林2 067公顷。

工业运行平稳。规模以上工业增加值完成358.4亿元,增长23.5%。实现销售收入1 231亿元、利税95.9亿元,分别增长25.3%和24.9%。完成工业性投入235.1亿元,增长30.3%。积极培育规模企业,索普集团、大亚科技、大全集团、中电电气、鼎胜铝业等企业增势强劲。新增销售超亿元企业40家。积极推进名牌战略,新增全国驰名商标1个、中国名牌2个、国家免检产品5个。

服务业发展迅速。完成增加值322.3亿元,增长16.6%。旅游市场持续升温,旅游业增加值占GDP的比重提高到6.5%。新型商贸业态不断涌现,天润发、沃尔玛等知名企业相继落户,长江新天地、农副产品批发市场、润扬国际工业物流中心、金太阳家居广场等一批重点项目开工建设。金融机构新增人民币贷款88.94亿元。金融资产质量明显提高,对经济的支持力度进一步加大。商品房销售面积154.8万平方米。

【对外开放及园区建设】 全年合同利用外资32.4亿美元,实际到位外资9.2亿美元(原口径),分别增长20.9%和51.8%。完成进出口总额39.1亿美元,增长12.5%,其中出口20.3亿美元,增长33.6%。外经完成营业额1.62亿美元,新批境外投资企业9家。全市开发园区基础设施投入26.8亿元,增长21%,园区产业集聚效应进一步显现。以大港三期工程为重点,加强港口建设,开工建设泊位13个,其中万吨级5个。完成外贸运量1 000万吨、港口吞吐量5 800万吨,分别增长25%和20%。外事、侨务、对台工作取得新进展,与德国曼海姆市结为国际友好城市。

【高新技术产业】 大力推进“双倍增”计划,高新技术产业增加值占规模以上工业增加值的25.8%,比上年提高1.8个百分点;新认定省级以上高新技术企业26家、省级高新技术产品68项。重大科技成果转化成效显著,7个项目被列入省专项,获拨款资助超亿元,居全省第一。专利申请量超过1 800件。

被国家知识产权局列为"全国知识产权试点城市"。

【城市建设】 城市功能提升。润扬大桥建成通车,沪宁高速、312国道镇江段拓宽改造完成。建成金桥大道、中山北路、纬六路、宗泽路、通港北路等城市干道。改造市区10个老住宅片区,总面积55万平方米;改造街巷道路80条;治理危房1万平方米。解决部分积水区内涝问题,完成市区4座山体滑坡综合治理。加快天然气工程建设,12万户居民用上天然气。新增环境保护节能公交车63辆,新辟、调整优化公交线路9条;三年投资10多亿元,全面完成农村公路工程,行政村班车通车率达96%。

生态建设加强。生态示范区创建工作扎实推进。句容、扬中创建国家卫生城市、国家环境保护模范城市取得实质性进展。市区新增绿地120万平方米,成功创建为国家园林城市。高度重视饮用水安全,颁布并实施征润洲和黄岗饮用水水源地保护方案。加快建设城东垃圾填埋场和无害化粪便处理场,完成丹徒新区污水处理厂一期主体工程。开展循环经济试点工作,30家企业通过清洁生产审核。企业环境行为信息公开化制度继续走在全国前列。关闭违法排污企业25家;对钛白粉厂实施搬迁,上铁水泥厂停产拆除;关闭非法开采矿山企业19家、采石宕口32个。全年空气质量良好以上天数达322天。

城管水平提高。新一轮城市总体规划在省内率先编制完成并开始实施。加强主次干道20小时保洁和街巷居民小区"三位一体"保洁,18条新建城市道路保洁权实行市场化运作,城市长效管理机制初步形成。坚持以人为本、有情操作,成功开展"三小车"整治。

【城市环境质量】 2005年,市环境监测中心站坚持把例行环境质量监测这个"主业"做细、做实、做强,开展对饮用水源地、长江、运河、运粮河以及地下水水质的例行监测工作,城区3个空气自动监测站和7个手工大气测点常年监测,对区内环境噪声241个测点及交通干道噪声106个测点进行昼间监测,在媒体上定期发布空气质量日报、预报,水源水质周报,编报环境质量简报。2005年共完成各类环境监测数据5.53万个,其中环境质量监测数据1.41万个,污染源监测数据4.12万个,编写各类环境监测报告(简报)近900份。3个辖市及丹徒区站完成各类环境监测数据6.04万个,其中环境质量数据2.18万个,污染源监督监测数据3.86万个。

空气环境。1. 废气排放情况。2005年,全市工业煤炭消费总量为1 182.47万吨,其中燃料煤消费量1 044.27万吨,原料煤消费量138.20万吨。燃料油消费量3.81万吨。工业废气排放总量126.09亿标立方米,其中燃烧废气排放量86.93亿标立方米,工艺废气排放量39.16亿标立方米。废气中二氧化硫排放总量91 400.31吨,烟尘排放量34 213.23吨,工业粉尘排放量13 397.74吨。2. 城镇空气。市区二氧化硫年平均浓度0.033毫克/标立方米,二氧化氮年平均浓度0.020毫克/标立方米,可吸入颗粒物年平均浓度0.090毫克/标立方米,均优于国家二级标准。硫酸盐化速率年均值0.69毫克 SO3 /100平方厘米碱片·日。市区空气自然降尘量为11.9吨/平方千米·月,优于地方标准。丹阳市云阳镇二氧化硫、二氧化氮年平均浓度分别为0.042毫克/标立方米、0.028毫克/标立方米,均优于国家二级标准,可吸入颗粒物年平均浓度为0.102毫克/标立方米。句容市华阳镇二氧化硫、二氧化氮和可吸入颗粒物年平均浓度分别为0.029毫克/标立方米、0.038毫克/标立方米和0.066毫克/标立方米,二氧化硫优于国家二级标准,二氧化氮和可吸入颗粒物优于国家一级标准。扬中市三茅镇二氧化硫、二氧化氮和可吸入颗粒物年平均浓度分别为0.041毫克/标立方米、0.034毫克/标立方米和0.087毫克/标立方米,均优于国家二级标准。3. 酸雨。市区降水中酸雨发生频率为0,降水pH范围为5.62~8.38。丹阳市云阳镇、扬中市三茅镇和句容市华阳镇降水中酸雨出现频率分别为14.1%、15.6%和10.5%,降水pH值范围分别在5.39~6.91、4.34~7.80和5.14~7.76。

水环境。1. 废水排放情况。2005年全市工业用水总量62 556.07万吨,其中重复用水量47 291.50万吨,重复用水率为75.6%。全年工业废水排放总量10 314.23万吨,达标排放量10 151.24万吨,工业废水达标率98.42%工业废水中主要污染物排放量:挥发酚16.18吨、化学需氧量16 559.21吨,石油类45.20吨,氨氮545.38吨。2. 城市饮用水源。市区金山水厂和金西水厂2座集中式供水厂共用1个取水口,是市区的主要饮用水源地。丹阳市和扬中市的城市(镇)集中式饮用水亦取自长江,句容市集中式饮用水主要取自北山水库。全市各饮用水源地水质均满足Ⅲ类水标准。市区、丹阳市、扬中市、句容市饮用水源水质达标率均为100%。3. 长江。镇江市长江外江段保持Ⅱ类水质标准,主要表现为有机污染特征。内江水质总体达到Ⅲ类水质标准,有机污染特征明显。长江扬中段水质良好,优于Ⅱ类水标准。4. 运河。京口闸至谏壁的古运河段水质总体上达到Ⅳ类水标准,表现为一定程度的有机污染,主要污染指标为氨氮、高锰酸盐指数、溶解氧、挥发酚、生化需氧量,这五项的污染负荷比达71.9%;谏壁至丹阳的大运河段水质总体上达到Ⅲ类水标准,主要污染指标为挥发酚、氨氮、溶解氧、高锰酸盐指数、石油类,这五项的污染负荷比达68.8%,表现为有机污染特征。5. 城镇主要河流。丹阳市丹金溧漕河、扬中市各内港和内河、丹徒区捆山河和通济河等水质均满足功能要求。跨行政区交界断面水质达到省控要求。句容河水质基本满足水域功能要求。丹徒区和句容市的中小型水库水质良好,基本满足所要求的Ⅱ类或Ⅲ类水域功能。

声环境。1. 市区。2005年,市区区域环境噪声平均等效声级昼间为54.6dB(A),功能区声环境质量较上年有所改善。1类区昼间平均等效声级为52.1dB(A),优于国家1类区标准;夜间为44.5dB(A),优于国家1类区标准。2类区昼间平均等效声级为56.4dB(A),优于国家2类区标准;夜间为52.2dB(A),超国家2类区标准。3类区昼间平均等效声级为59.7dB(A),优于国家3类区标准;夜间为54.2dB(A),优于国家3类区标准。4类区昼间平均等效声级为69.1dB(A),优于国家4类区标准;夜间为59.5dB(A),超国家4类区标准。交通干线噪声平均等效声级为67.6dB(A),比上年下降2.8dB(A),优于交通干线噪声标准;超标路段长度比上年继续减少。2. 城镇。丹阳市云阳镇区域环境噪声平均等效声级为52.2dB(A)(昼间),比上年下降2.8 dB(A);交通干线噪声平均等效声级为67.1dB(A),比上年下降0.9 dB(A)。句容市华阳镇区域环境噪声平均等效声级为53.3dB(A)(昼间),比上年上升0.8 dB(A);交通干线噪声平均等效声级为66.4dB(A),比上年上升1.4 dB(A)。扬中市三茅镇区域环境噪声平均等效声级为53.2dB(A)(昼间),比上年下降0.3dB(A),交通干线噪声平均等效声级为64.8dB(A),比上年下降2.6dB(A)。

工业固体废物。全市工业固体废物产生量为371.43万吨,其中粉煤灰169.94万吨、尾矿75.79万吨、炉渣50.35万吨、危险废物60 775.40吨、冶炼废渣4.23万吨和其他废物25.48万吨。工业固废综合利用量460.89万吨,其中危险废物利用量55 084.32吨,工业固废综合利用率91.16%,危险废物处置率100%。

镇江市小康社会环境质量综合指数由全年环境空气良好天数达标率、集中式饮用水水源水质达标率、城市水域功能区水质达标率、城市环境噪声达标区覆盖率四项指标构成。镇江市确定的目标为85,省目标为80。

2005年,全市平均值为84.5分,比上年上升2个百分点,镇江市区、丹阳市、句容市、扬中市、丹徒区均达到省目标。

【社会事业】 引进培养高层次人才1 574人。初中毕业生升学率连续三年保持在95%以上,高中阶段毛入学率达到85.3%,适龄青年接受高等教育比例达47%。92%的乡镇通过"实施江苏省教育现代化工程示范(先进)乡镇"评估验收。区域卫生发展规划顺利实施,城区80%以上街道、辖市所有街道和85%以上乡镇建成社区卫生服务中心。市疾控中心和卫生监督所综合业务大楼、市传染病医院一期工程按计划实施,市儿童医院落成。农村自来水普及率达98%以上。建成全民健身工程(点)226个。镇江博物馆新馆开馆,并被国家旅游局批准为4A级风景旅游区;苏南抗战胜利纪念碑二期工程竣工。成功承办十运会女排和男篮部分比赛,镇江籍运动员在十运会上获6金2银1铜的佳绩。完成第一次全国经济普查、人口抽样调查任务。落实双拥政策,完成军地互办20件实事。发放农村部分计划生育家庭奖励扶助金315万元。

【社会保障体系】 镇江市政府出台多项基本养老保险参保缴费引导、激励政策,促进社会各类人员参保缴费。全市城镇基本养老保险参保缴费人数达39万人,比2004年末净增2.9万人;征缴基金11.4亿元,当期结余8 114万元,其中市区当期结余3 232万元,丹徒区一举扭转连续6年的基金赤字局面。离退休人员养老金按时足额发放,保障待遇提高。

适度提高合作医疗保险医疗费用补偿支付标准和公务员医疗补助报销待遇,在部分定点医院开设慢性病方便门诊,实行专病特约定点医疗制度,适当提高参保人员床位费报销标准,将破产企业退休人员医疗费用全部纳入社会化管理。出台、实施《镇江市医疗救助办法》,初步形成城乡一体的医疗救助格局,医疗救助基金以财政预算资金为主,市、区两级财政分别按市本级和辖区总人口2元/人的标准,在每年财政预算中安排专项资金;医疗救助方式有参加社会医疗保险费用的资助、医疗费用减免救助、医疗费用个人负担过重的救助、定期免费体检和建立健康档案四种。2005年用救助基金为市区4 420名救助对象办理社会医疗保险,其中用医疗救助基金为1 666人办理住院医疗保险,为1 670人办理合作医疗保险(含学生),为181名"三无"人员办理了基本医疗保险。救助对象享受医疗费用政策优惠减免60万元。完成全市医疗保险信息系统升级改造。出台《全额清欠失业保险费的意见》,市直所有破产改制企业失业保险费实现100%清偿,共清欠基金719万元。出台《关于进一步完善全市事业单位失业保险参保工作的意见》,将全市所有事业单位全部纳入失业保险范围。为自谋职业的失业职工一次性发放失业保险金。2005年,全市失业保险参保39.4万人,净增1 200人,其中市直参保19.82万人;全市征缴失业保险基金1.01亿元,结余1 899.55万元,其中市直征缴6 644.39万元,结余1 590.79万元。

2005年末,全市各类社会医疗保险参保已达212万人,覆盖全市总人口的80%。其中,基本医疗保险54万人,比2004年净增3.13万人,城镇职工参保率99%以上;城乡居民新型合作医疗保险参保138.2万人,农村居民覆盖率91.6%;其他保险参保20万人。市直三区社会医疗保险参保51.82万人,其中基本医疗保险31.11万人,城乡居民合作医疗保险参保8.08万人,学生和职工子女合作医疗保险参保12.13万人,医疗救助0.5万人。

贯彻落实国务院《工伤保险条例》和《江苏省城镇企业职工工伤保险办法》,调整公布2005年工伤保险待遇,伤残津贴、供养直系亲属抚恤金、生活护理费比2004年提高10.8%。出台《镇江市劳动能力鉴定新标准》,全面规范劳动能力鉴定办法,完善"定点医院、封闭体检、专家评审、市区联动"的模式。全市工伤保险参保30万人,净增6万人。出台《镇江市定点医院生育保险费用标准》,提高女职工生育医疗费标准:三级医院顺产定额标准由1 300元提高到1 800元,剖腹产由2 500元提高到3 100元;二级医院顺产定额标准由1 200元提高到1 650元;剖腹产由2 400元提高到2 900元。实行"定点医疗,定额结算"生育保险费结算办法,施行新的《生育介绍信》制度。全市生育保险参保21.3万人,净增1万人,征缴基金1 735万元,结余516万元。

健全和完善社会保险社会化管理服务网络。建立退休人员管理费筹措管理使用长效机制,离退休人员养老金继续保持100%社会化发放。社会保障管理服务能力建设进一步加强。医保信息网络延伸覆盖全市280个定点机构和社区组织。完善劳动保障信息网和社会保险、医疗保险、劳动就业等信息网。开展劳动保障"十一五"规划调研,有4项课题列入省劳动保障"十一五"调研专题。参与国家劳动保障部组织的医疗保障体系专题研究,取得研究成果。

丹徒区

【概况】 丹徒区是历史文化名城镇江市的城郊区。东北分别与扬中、邗江、仪征隔江相望,东南邻丹阳,南连金坛,西接句容。辖地西界短,而东、南界较长,北面江中有3块洲岛,是江苏省连接苏南和苏北的重要枢纽。

丹徒是江南闻名的古县,至今已有近三千年的历史。西周称“宜”,春秋时属吴国名朱方。战国时属楚,改名谷阳。秦统一天下后,改名为丹徒。三国吴嘉禾三年(234)改名武进,西晋太康三年(281)复名丹徒。隋开皇九年(589)废丹徒入延陵,唐高祖武德三年(620)复丹徒。后历朝均以丹徒名县,直到民国17年(1928)7月,改为镇江县(其中1938年8月至1940年12月 复称丹徒县)。1949年4月解放后,划城区及近郊为镇江市,农村为丹徒县。1958年7月撤县并入镇江市,1962年5月市县分治,恢复丹徒县。建国后,丹徒隶属镇江专区(地区),1983年实行市管县后,属镇江市。2002年4月,丹徒撤县设区。

丹徒区地势西南高,东北低,南延茅山余脉,中为宁镇山脉,岗峦起伏,多级阶地;东、北沿圩区坦荡低平。地面高程最低为黄海2.5米,最高为长山主峰349.7米。总面积为748.4平方公里,其中陆地占90.2%,水域占9.8%。地貌大致分为低山丘陵、河流阶地、丘间谷地和冲击平原四大类型。丹徒属北亚热带南部季风气候区,温暖湿润,四季分明,雨量充沛,无霜期长。境内除沿江和大运河、通济河3个大水系外,还有6条主要河流,并分布着湖泊和水库。土壤分水稻土、黄棕壤土、石灰岩土、潮土4个土类,前两者占99.05%。境内海拔100米以上的丘陵有26座,较大湖泊11处,最大的荣炳三岔湖面达1 180余亩。丹徒地下矿产资源种类多、品位高、储量大,以非金属和建材矿产为主,花岩石、石灰石、白云石、岩盐、珍珠岩、沸石等储量均在1亿吨以上,开发前景十分广阔。

【行政区划】 丹徒区现辖14个镇,135个村,区政府所在地在谷阳镇。全区人口36.18万人,2005年人口自然增长率为0.2‰。全区共有6个民族,以汉族为主,此外还有回族、满族、蒙古族、高山族和布衣族。

【经济建设】 农村经济健康推进,农村“一免三补”政策及时落实到位,全年免征农业税1 175万元,粮食、良种和农机累计补贴683万元。农业结构进一步优化,2个无公害农产品基地、2个无公害农产品、1个绿色食品先后通过省级认定和验收。农村专业合作经济组织、农业龙头企业辐射带动有力,全年订单式种植面积达7万亩。农业生产条件进一步改善,全年完成水利建设740万方,清理河道18条,实施小沟以上建筑物290座,改造中低产田1.2万亩,完成塘坝改造240座。农业综合开发投资540万元,治理土地1.2万亩,复垦5 500亩。工业经济高速增长。定报工业增加值33.5亿元,比上年增长22%,实现销售收入113亿元、利税7.6亿元、利润3.1亿元,分别增长32.4%、27.5%和26.2%,完成工业投入27亿元,增长25%,占全社会固定资产投资比重达56.3%。全区轻纺、甲醛、轴承等产能扩张势头强劲。30家规模企业的销售、利税、利润和工业增加值增幅全部超过30%,四大指标均占全区定报工业的六成以上。组织实施省级以上重点科技项目20项,获市级以上科技进步成果奖4项,均比上年增加一倍。创高新技术企业6家,新认定高新技术产品10个,高新技术产品实现销售16亿元,增长27%。科技对工业、农业贡献率分别达到47%和55%。第三产业稳中有进。全年完成第三产业增加值29.49亿元,比上年增长15.4%。商贸流通业稳步发展,完成社会消费品零售总额20.6亿元,增长11.6%。太平洋商贸中心招商成效明显,铭基物流等新型业态发展有序。新区房地产市场继续走高,商品房新开工27万平方米,竣工10万平方米,新城家园、彩虹城、幸福城、驸马山庄等被命名为“镇江市十佳楼盘”。城市品位得到提升,生态新城基础功能日臻完善,新建城区道路14公里,纬六路、环东南路竣工交付,通向开发区的长香路首期工程竣工,链接星火密集区的辛三路路基贯通。新区自来水站供水主管道工程顺利建成,天然气工程、污水处理厂建成投运,公安“三项工程” 全面启动,公交夜班车正式开通。新区生态农业观光园等一批城市景观区建成启用,全年新增绿化面积28万平方米,绿化率达到40%以上。载体建设持续升温。新区生态工业区框架进一步拉开,法国、西班牙、意大利、美商和台商工业集中区等特色园区建设取得积极进展。开发区110千伏变电所建成使用,铁路专用线、便民河码头综合开发全面启动,迎江大道、化工路二期等道路建成通车。世业洲江堤工程如期完成,镇边路、南内环路建设进展迅速,自来水扩容、天然气等工程推进有力,通信管线全面到位。区域镇村布局规划通过省级验收,星火技术密集区规划评审结束。各镇工业集中区规划水平和基础设施功能进一步提升。全年完成村镇拆建总量32万平方米,基础设施投入5 400万元。生态环境更加改善。新区和各镇环境整治力度不断加大,中心村综合整治工作全面展开,村容村貌得到改善,城乡建设市场管理成果进一步巩固。共取缔搬迁污染企业5家,关闭非法采矿企业7家、采石宕口12个,自然生态得到有效保护。重点项目强势推进,全区挂牌的202个重点项目,开、竣工率达85%,实际完成投入34.94亿元,增长26.31%。维科纺织、华泰煤焦油精炼、捷诚通信车一期等重大项目顺利投产。精功汽车二期、真空制盐、万向轴承、特种碳材等重大项目加快建设。列入培育计划的70个经济增长点,80%以上达产达效。对外开放有新起色。全区新批外资项目46个,其中,1 000万美元以上大项目16个,比上年净增6个。合同外资3.73亿美元,实际利用外资8 878万美元,分别增长36%和705.2%;完成外贸出口额8 200万美元,增长12%;外经合同额968万美元,营业额1 011万美元,分别增长35%和32%,新增境外劳务输出425人。各项改革继续深化。企业改革平稳推进,区物资资产管理总公司等6家国有企业改制顺利结束。民营化步伐加快,全年吸纳利用民资26.5亿元,增长43.2%。新增民营企业367家、个体工商户1 190家、注册资本3.8亿元。住房制度、财税金融体制、事业单位改革有序推进。行政审批制度改革全面加快,区行政服务中心扩面搬迁工程顺利完成,政府部门284个审批事项集中进入中心运作。

【社会事业】 各项社会事业协调发展,教育"六有"工程和"校校通"工程通过省级验收,大港中学成功创建江苏省四星级普通高中。新区文化馆、图书馆全面建成,冷御秋纪念馆扩建修缮工程基本完成。广播电视事业健康发展。全民健身运动富有成效。卫生事业稳步推进,医疗价格改革迈出新步伐,重大传染病防治扎实有效,集预防、保健、医疗为一体的社区卫生服务全面覆盖。食品药品市场监管体系不断健全。接受省人口与计划生育示范区考核验收,计划生育率达99.9%。认真落实农村部分独生子女家庭奖励扶助政策,奖励扶助对象964人,发放奖励扶助金55.6万元。圆满完成全国首次经济普查和人口抽样调查工作。区档案馆达到国家二星级标准。国家级生态示范区创建顺利通过省级验收。

(杨益斌　张芳进)

经济社会发展主要指标

项　　目	2005年	比上年度增或减%
地区生产总值(亿元)	88.13	14.7
第一产业增加值(亿元)	6.46	2.8
第二产业增加值(亿元)	52.18	16.1
其中:工业增加值(亿元)	47.64	15.7
第三产业增加值(亿元)	29.49	15.4
人均GDP(元)	24 379	17.1
农业总产值(亿元)	11.94	3.9
粮食总量(万吨)	16.83	-8.4
全社会固定资产投资总额(亿元)	48	38
外贸自营出口总额(万美元)	8 200	12.5
实际利用外资(万美元)	8 878	705.2
社会消费品零售总额(亿元)	21.3	14.8
地方财政收入(亿元)	4.07	40.3
地方财政支出(亿元)	4.68	17.3
职工年平均工资(元)	17 138	13.0
农民人均纯收入(元)	5 437	11.5

京口区

【概况】 京口区位于长江下游南岸,古运河以东,北接扬州市邗江区,东南邻丹徒区,西连润州区。人口34万人,是镇江的政治、经济、科技和文化中心,拥有3 000多年的历史,人文荟萃,山水秀丽,是全国历史文化名城、全国优秀旅游城市。

【行政区划】 京口1984年正式建区,原为镇江市的纯城区,1992年经区划调整,由纯城区变为城乡结合型县级区。2005年,全区下辖谏壁镇、丹徒镇、象山乡一乡两镇,健康路、正东路、大市口、四牌楼四个街道,以及一个科技工业园,一个共青团农场,总面积126平方公里。

【经济建设】 全年实现国内生产总值36.17亿元,增长16.5%,其中第一产业增加值0.7亿元,增长5%,第二产业增加值18.39亿元,第三产业增加值17.08亿元,分别增长21.1%、12.3%。全社会固定资产投资19.3亿元,增长39.6%。合同利用外资2.2亿美元,实际利用外资6 731万美元,出口创汇6 850万美元,分别增长80.4%、33.4%和9.6%。引进民资18亿元。全年完成财政收入10亿元,增长36.1%。实现城镇居民人均可支配收入12 730元,农民人均纯收入6 372元,分别增长13.8%和11.7%。工业经济实现增加值18.1亿元,销售78.2亿元,分别增长32.2%和30.8%,其中定报企业增加值16.7亿元,销售66.1亿元,分别增长30%和32%。新增定报企业20家,培育超亿元企业10家,鸿泰钢铁、中盛粮油、鼎胜铝业、元鼎饰材、宝华配件进入全市工业企业50强。制定加快服务业发展的"现代紫气"计划,全面谋划服务业发展布局,宝华化工物流、中盛现代储运等一批项目正在加快推进,水木阳光、东城绿洲等一批房地产项目更是推进迅速。实现服务业增加值13.35亿元,增长15%。城郊农业特色逐步显现。古运河蔬菜基地通过省级无公害农产品生产基地认定。新绿科技、绿洲种植等一批农业公司顺利落户,总投资800万美元的“LVL复合板”开发项目成功签约,新增市级农业龙头企业2家。五龙神有机大米、康颜蜂制品、瑞京蔬菜等一批产品品牌效应进一步凸现。以大项目推进为核心,大力实施“丁香花”工程,在单体投资超亿美元的6个在手在建大项目中,卓立集团手机顺利签约,红旗重工完成注册,金海岸重油、第一楼街步行街取得重大突破,中盛食用油和紫江容器竣工投产,大陶科技成为全市第一个当年引进、当年落户的大项目。全年累计实施千万元以上项目70个,总投资75亿元。以园区建设为突破,科技工业园通过省级开发区资格认定,金阳大道二期和江河东一路顺利开工,110千伏变电所如期建成,3.7万平方米标准厂房全面竣工。新民洲生态工业园岸线利用总体规划编制基本完成,新民大道顺利开工,经济发展的承载力进一步增强。同时,加强辖区土地资源的整合和集约利用,累计盘活存量土地150多亩、有效利用闲置厂房11万平方米,克服用地“瓶颈”制约。新增省、市级高新技术企业4家,建成市级技术中心2个,引进各类专业技术人才230名,申报各类科技项目80个,申请专利143个,高新技术产品销售占全区工业销售比重提高到20%。

【社会事业】 城市化步伐不断加快。大力完善基础设施。实施改造农村公路23.6公里,辖区内农村道路通达能力明显提高。启动农民新社区建设,大力化解征地拆迁过程中的各类矛盾,新华村、新生村地块成功上市交易。全力提升城市品位。推进精品楼盘开发,7个新开发小区进入全市十佳楼盘行列。实施老小区综合整治,桃七小区、京岘山38号等社区面貌焕然一新。深入开展农村“双清双美”活动,村组保洁队伍实现全覆盖,城乡保洁一体化目标初步实现。

教文卫计生等事业协调发展。全年用于教育、公共卫生服务体系、农村水利、小区综合整治等投入累计达6 967万元。八叉巷小学成为全省惟一的“全国乒乓球重点学校”,第九中学“省三星级高中”成功挂牌,顺利通过省“高质量、高水平普及九年义务教育”检查验收。建成4个街道和2个乡镇社区卫生服务中心。首次发放农村计划生育家庭奖励扶助金。城镇家庭“双无率”(夫妻无双失业、双下岗)达95.2%,为2 710人发放低保资金318.8万元,发放被征地农民基本生活保障金1 232万元。农村五件实事提前一年全面完成。

和谐社会构建迈出新步伐。桓王亭主题公园如期竣工,启动建设古润礼拜寺,成功举办“共和之美”、“和煦清风”等大型文体活动20余场。江滨新村第一社区获得“全国文化先进社区”殊荣,京口区荣获“全国群众体育先进单位”称号。深化“平安创建”活动,成功通过省级社会治安安全区复检。物价、审计、人武以及民族宗教、侨台、妇女儿童、老龄等工作都有新进展,区级信息管理平台投入使用,全区电子政务全面实施。

【社区建设】 率先在全市推行建立社区居委会领导下的由专职社区工作者组成的社区工作站制度。率先在全市建成1个区级社区服务中心、4个街道事务受理中心。全面完成56个城区社区用房“一次达标”建设任务,酒海街、盛达等社区顺利实现二次达标。社区弹性工作制受到广泛好评,社区建设水平继续保持领先。深入挖掘社区服务潜力,“大嫂再就业可口餐点”等社区服务新项目逐步涌现。社区文化活动精彩纷呈,社区图书馆、社区文化馆、社区美术馆、折子戏剧场、邮票博物馆等项目顺利建成。通过社区基础作用的发挥,路段长责任制的实行,城市管理逐步进入长效化轨道。成功创建省级环境优美乡镇1个,省(市)级绿色社区12家、绿色学校4所。

经济社会发展主要指标

项　　目	2005年	比2004年增或减%
国内生产总值(亿元)	36.17	16.5
第一产业增加值(亿元)	0.70	5.0
第二产业增加值(亿元)	18.39	21.1
其中工业增加值(亿元)	17.62	21.6
第三产业增加值(亿元)	17.08	12.3
人均国内生产总值(元)	38 194	15.5
粮食总产量(万吨)	0.71	-7
棉花总产量(吨)	150	50.0
油料总产量(万吨)	0.09	-7.9
全社会固定资产投资总额(亿元)	19.3	39.6
外贸自营出口(亿元)	2.64	不可比
实际利用外资(万美元)	6 371	33.4
社会消费品零售总额(亿元)	41.21	15.2
零售物价总指数(%)		
地方财政收入(亿元)	4.87	35.44

续表

项　目	2005 年	比 2004 年增或减%
地方财政支出(亿元)	2.87	13.9
职工年平均工资(元)	17 708	15.6
农民年纯收入(元)	6 372	11.7
邮电业务总量(亿元)		
电话普及率(部/百户)	253.2	17.0
年末存款余额(亿元)		
年末贷款(亿元)		
大学(所)		
中小学(所)	27	
下岗人数(人)		
企业兼并、破产数(个)		

润州区

【概况】 早在1 400多年前的隋朝,润州就已作为镇江的古称闻名江南。1983 年实行市管县体制后,镇江市郊区成为县级建制的郊区,1984 年 10 月更名为润州区。1992 年 10 月,镇江市以市区古运河为界进行区划调整,运河以西隶属润州区。润州区地处镇江市西南部,长江、京杭古运河的十字交汇处,西接六朝古都南京,北与扬州隔江相望,东连苏州、无锡、常州,东西两翼分别有两小时车程的上海虹桥机场和一小时车程的南京禄口机场,沪宁铁路、312 国道、222 省道、沪宁高速公路、润扬大桥南接线贯区而过,水陆交通便捷,拥有省级润州工业园区,具有独特区位优势和巨大投资潜力,被评为 2006 浙商(省外)投资潜力城市(地区)。

【行政区划】 全区现辖 1 个镇、4 个街道、2 个直属场圃、1 个民营经济发展管委会和 1 个省级工业园区。全区土地总面积 132.68 平方公里、总人口 23.47 万人。

【经济建设】 全年实现地区生产总值 30.12 亿元,增长 15.3%。财政总收入 7.34 亿元,地方财政一般预算收入 3.68 亿元,分别增长 24.7%和 33.4%。全社会固定资产投资 14.85 亿元,增长 47.3%。三产营业收额 106 亿元,增长 34.2%。农业结构不断优化,名优蔬菜、优质果品、无性系良种茶、特种水产的推广面积分别达 80%、65%、29%和 30%以上。产业化进程加快,形成 14 家年销售 300 万元以上的规模农业企业。注册农产品商标 21 个,无公害农产品认证 12 个,有机食品认证 2 个,7 个农产品在省以上评比中获奖,无公害农产品面积达7 550亩。引进资金5 500万元,开发农业项目 27 个。工业提速增效。实现销售收入 50.1 亿元、利税 3 亿元,分别增长 39.2%、36.4%。新增定报企业 16 家,全区定报企业累计 84 家,其中销售超亿元、5 000万元、3 000万元的企业分别达 4 家、13 家和 14 家,定报工业增加值 6.5 亿元、销售收入 23.3 亿元、利税 1.7 亿元,分别增长 37%、52%、34.9%,增幅均列镇江市第一。实施工业技改项目 92 项,总投资 18 亿元,增长 39%。服务业初具规模。三产投入 8.3 亿元,同比增长 38.3%,利税 1.9 亿元,同比增长 46.2%,三产增加值占地区生产总值比重达 50%。加速推进总投资 32 亿元的金太阳、镇江国际工业品城、望京天地、镇江装饰城、农副产品批发市场、跑马山家具港等一批大市场项目以及长江新天地、长江渔港、兴润贵府大酒店等餐饮休闲项目。现代商贸得到新提升,引进沃尔玛、天润发、苏宁电器中山店等龙头项目,开发华都名城、天和星城、城南映象等 7 万平方米的精品楼盘。招商引资强势推进。合同利用外资 1.78 亿美元,增长 43%;实际利用外资6 200万美元,增长 24%;自营出口 2.2 亿美元,增长 29%。外资大项目实现历史性突破,成功引进总投资超3 000万美元的怀特驱动、金太阳二期、沃尔玛项目和近 1 亿美元的电光源项目。28 个项目先后开工。民营经济快步前进,新增私营企业 560 户、个体工商户3 400户、注册资本 6.2 亿元,合同利用民资 25.5 亿元,实际到位民资 12.5 亿元,分别增长 35%、39%。

【社会事业】 社会保障全面加强。城镇居民可支配收入达到 12 140元,增长 15%。完善最低生活保障制度,城乡低保对象达2 384户、5 888人,分别增长 33.5%和 30.1%,农村新型合作医疗参保率达 85%。全年征缴养老、失业、工伤、生育四项保险金2 464万元,参保单位达 252 家、职工9 426人。建立住房保障动态管理制度,发放住房困难补助金 240 户,占全市的 70%。开展社会救助,为 69 名学生解决就学难题,为 28 名困难群众安排慈善救济。健全就业服务体系,新增就业1 963人,下岗失业人员实现就业1 356人,农村劳动力转移3 887人。科教事业蓬勃发展。新认定省市级高新技术企业5家、省市级高新技术产品12个,申报省市级科技攻关计划8项、省级火炬计划5项、国家级火炬计划2项,获国家发明专利1项。区、镇两级投入6 382万元,全面完成乡镇教育现代化建设任务。成功举办"润州教育现代化巡礼"活动,省"双高普九"专项督导检查获较高评价。各类文体活动精彩纷呈,成功举办华东武术精英争霸赛。改扩建6个社区卫生服务中心和4个社区卫生服务站,成为镇江市第一家"省级社区卫生服务先进区"。"'十五'人口和计划生育工作省级示范区"通过验收,农村计划生育家庭奖励扶助金制度全面落实。

【社区建设】 平稳实施乡镇、街道区划调整。社区投入不断加大,完成京口闸、立新等9个社区达标建设任务。实施文明城市创建"269"精品示范工程,涌现出省级文明行业2个,省级文明镇2个,省级文明村3个,省级文明社区5个,省级文明单位9个。评选表彰"百佳文明润州人"和"百佳文明标兵户",由财政出资在全市首家组织"文明之旅"出境学习考察活动。举办"寿星、福星"推选颁证活动,尊老敬老氛围进一步浓厚。切实加强社会治安综合治理,依法打击各类犯罪,组织反恐处突演练,刑事案件发案率平稳下降,破案率持续上升,做到命案必破。"小街平安锣"等特色做法得到充分肯定,"平安润州"创建任务圆满完成。社区矫正工作全面启动,安置帮教措施进一步落实。充分发挥"大调解"网络作用,妥善化解各类社会矛盾234起。

经济社会发展主要指标

项　　目	2005年	比2004年增或减%
国内生产总值(亿元)	30.12	15.3
第一产业增加值(亿元)	1.03	6.7
第二产业增加值(亿元)	11.32	19.1
其中工业增加值(亿元)	10.03	19.3
第三产业增加值(亿元)	17.77	13.5
人均国内生产总值(元)	34 422.86	16.3
粮食总产量(万吨)	0.45	2.3
棉花总产量(吨)		
油料总产量(万吨)	0.1	2.8
全社会固定资产投资总额(亿元)	14.85	47.3
外贸自营出口(亿元)		
实际利用外资(万美元)	6 063	198.5
社会消费品零售总额(亿元)	23.78	14.3
零售物价总指数(%)		
地方一般收入(亿元)	3.68	33.4
地方一般财政支出(亿元)	2.19	16.4
职工年平均工资(元)	18 538	18.2
农民年纯收入(元)	6 147	11.6
邮电业务总量(亿元)		
电话普及率(部/百人)		
年末贷款余额(亿元)		
大学(所)		
中小学(所)	27	
下岗人数(人)		
企业兼并、破产数(个)		

镇江新区

【概况】 2005年,镇江新区以新一轮沿江开发为发展契机,狠抓大项目引进和建设,在工业经济、招商引资和城市化建设等方面取得成绩,文化、教育、卫生、劳动保障等社会事业也得到长足发展。全年引进外资大项目4个,内资大项目1个,实现大项目落户数量、利用外资总量、投资密度三个全市第一。成功举办"银山之春"投资洽谈会,完成赴北京、上海集中拜访和招商活动。镇江出口加工区、高新技术产业园发展良好,高新技术创业服务中心升格为国家级。镇江新区投资服务中心落成启用,三大城建工程竣工,一批重点城建工程相继完成,房地产开发总面积78万平方米。创成全省"社会治安安全区"。有线电视实现"村村通"。

【行政区划】 下辖1个镇、2个街道,总面积82平方公里,总人口10.4万人。

【经济建设】 2005年,镇江新区区属工业实现工业总产值136亿元,同比增长31.3%;实现销售收入136.42亿元,增长36.05%;实现利税8.02亿元,增长32.2%;实现利润5.01亿元,增长34.56%。其中:定报工业企业完成销售收入116.97亿元,实现利税6.55亿元,实现利润4.3亿元。完成固定资产投资42.52亿元,增长32.78%,其中工业性投入23.09亿元,增长92.26%。民营经济完成产值31.23亿元,实现销售收入26.83亿元,分别比上年增加72.07%和52.18%,实现利税1.6亿元。新增区属规模以上工业企业10家。

2005年,镇江新区引进外资项目82个,其中1 000万美元以上项目48个。合同注册外资7.1亿美元,比上年增长31%;实际到位外资2.16亿美元(商务部确认数),增长47.6%;合同利用内资43.86亿元,增长25.34%;自营出口4.78亿美元,增长19.68%;增资项目21个,实现合同外资7 772.6万美元,实际到位外资5 240.48万美元。实际利用内资22.09亿元,增长71.45%。在2005年中国镇江金秋经贸洽谈会上签订正式合同外资项目16个,总投资29 324万美元,合同外资1.52亿美元;签订正式合同内资项目9个,合同内资8.66亿元。在洽谈会上参加全市重大项目集中签约的项目6个,其中正式合同外资项目4个,合同外资9 584万美元;正式合同内资项目2个,合同内资4亿元。

农业产业结构调整效益进一步显现。全区茶叶种植面积超过67公顷,甘露茶园、圌山茶场等已形成品牌优势,并以此为龙头,带动80余户农户利用岗坡地种植茶叶25公顷,每公顷效益4.5万元~6万元。在总面积减少的情况下,种植业收入同比上升4%左右。农产品由数量型向质量型转变,大田农作物的良种覆盖率超过90%;围绕优势特色农业,建成茶叶、蔬菜、家禽等无公害农产品生产基地4个,创立2个农产品新品牌。养殖业从数量型向质量、规模型方向发展,已形成丁卯横山、大港街道韩桥村两个规模养殖小区,家禽存栏量6万只,占全区家禽总量的60%。农民从第一产业中人均增收36元。

【"银山之春"投资洽谈会】 2005年5月18日,镇江新区举办第二届"银山之春"投资洽谈会,来自美国、法国、芬兰、日本、韩国、中国台湾和中国香港等15个国家和地区,以及浙江、上海等地278名中外客商参会。洽谈会期间签订外资项目48个,投资总额10.06亿美元,合同利用外资4.75亿美元,其中:签订正式投资协议的外资项目19个,合同利用外资2.68亿美元。合同外资1 000万美元及以上项目14个,单体投资超亿美元的大项目4个。签订内资项目17个,合同利用内资32.43亿元,其中:签订正式投资协议的内资项目11个,合同利用内资21.91亿元。洽谈会期间,开工项目33个,项目投资总额92.15亿元。举办化工专题和光电子、机电及汽车零部件专题及镇江出口加工区专题洽谈会。

【社会事业】 2005年,镇江新区在教育上投入总额超过3 900万元。镇江新区大港中学创成省示范初中,被评为市德育先进学校和市信息化学校。大港中心小学幼儿园通过省级示范幼儿园复检。镇江新区实验小学通过了省示范实验小学验收。大港中心小学通过省级文明单位验收。4所学校安全技防设施全部安装配套到位。丁卯中心小学易地重建工程结束,实现了教育资源的优化配置、规模办学。区域教育整体水平进一步提高,义务教育为主体的各类教育事业稳步发展:小学生总人数3 882人,初中生1 546人,在职教师376人。学前三年幼儿入园率99.8%以上,残疾儿童入学率100%;初中入学率100%,巩固率100%。2005年中考,镇江新区大港中学参考人数452人,考入港中、镇中等重点高中统招的学生48人,自费67人,重点高中录取率超过25%。

镇江市第一人民医院镇江新区分院新址建设顺利,主楼工程量完成大半。对全区六条河道查螺。印制《血吸虫病防治知识》5 500本,树立警示牌、告诫牌10个。印制《艾滋病防治手册》近2万份,免费发给镇江新区居民。投入4万元建成镇江新区艾滋病宣传一条街,安装广告牌50个、8米宣传主长廊1个。组建大港片区社区服务中心。新型合作医疗保险农民参保率90%以上,做到"一站式"服务。完成大港镇祝赵村、甸上村改厕工作。投入100万元,在北角村、百里村、新竹村、张许村、渣泽村、横山村6个村实施改水工程,有10多个行政村3 600多户、1万多人受益。

镇江新区第二届"银山之春"投资洽谈会开幕式文艺演出活动成功演出。组织"大港河风光带健步走"活动。举行镇江新区首届安全文化书法比赛、廉政书画大赛和"奇美杯"外企篮球赛。举办经常性的群众体育活动,丰富群众的文体生活,有各级社会体育指导员近30人。依法查缴各类涉嫌非法音像制品、卡通画册1万余张(本)。加强文物保护点普查保护,完成伯先故居维修工程的经费落实和项目立项。全区有电视主杆线350公里,有线电视用户达1.2万户,提前实现"有线电视村村通"工程。

丹阳市

【概况】 2005年,全市实现地区生产总值255.05亿元,增长20.8%,财政总收入25.36亿元,增长26.4%,全社会固定资产投资76.4亿元,增长20.3%。社会消费品零售总额60.7亿元,增长14.5%。居民消费价格指数累计比为100.93。

全市乡镇区划平稳调整,原23个镇调减为13个。首批52家经营性事业单位转企改制如期完成。完成国企改制9家,改制面达96%。民营经济快速发展,全年新增私营企业700个,新增个体工商户3 100户,新增注册资本7亿元,吸纳市外民资17.2亿元。新增定报企业121个,大亚、天工、飞达等企业入围全省百强民营企业。

【行政区划】 全市总面积1 047.44平方公里,耕地面积5.44万公顷,辖13个镇、1个国有农场和1个开发区,有64个居民委员会和225个村民委员会。

【经济建设】 全年粮食总产量39.16万吨,新增3个国家级绿色食品、6个无公害农产品,申报3个国家级、11个省级农业项目。复垦整理土地1 333.33公顷、新增耕地206.67公顷。农业综合开发投入1 579万元,改造中低产田1 266.67公顷。农业机械综合化水平达87.2%。全力抓好重大动植物疫病防治。全面整治采石企业。重点实施城北分洪道A标段、河阳中心河、界港撤洪等一批防洪防旱整治工程。

全年规模以上企业完成增加值97.23亿元,增长24.4%;实现销售收入335.5亿元、利税20.67亿元,分别增长28.2%、28.9%。完成工业性投入56.4亿元,增长32.2%。特色产业加速集聚,丹阳市获"中国眼镜生产基地"称号,"堂皇""鱼跃"被确认为中国名牌,大亚人造板、肯帝亚木地板被评为国家级免检产品;新申请注册商标424件,其中省著名商标18件;成功举办国家级"中国汽车零部件发展论坛"和"中国林业发展论坛"。

全年服务业完成增加值98.6亿元,增长14.8%,占地区生产总值的36.8%。旅游业发展总规编制工作全面启动,九里季子庙景区被评为国家AA级风景区。房地产业运行平稳,全年入市地块58公顷。房地产开工面积102万平方米,天波城、江南人家等住宅小区开工开盘。中国眼镜城、金陵(丹阳)饭店等项目竣工或正式对外营业。年末全市金融机构各项贷款余额138.5亿元,增长21.4%。物价工作荣获"全国规范化物价检查所(分局)"称号。保险业、交通运输业、邮政通信业、电子信息业发展良好。

全年新批外商投资项目115个,合同外资5.12亿美元,实际利用外资1.02亿美元。完成外贸进出口总额6.42亿美元,增长33.1%,其中出口5.22亿美元,增长44.7%,进口1.2亿美元,增长-1.5%。完成外派劳务合作合同额800万美元,增长13%,新派出国劳务人数500人,增长20%。东方国际公司对外劳务经营权获商务部批准,大亚、天工、飞达、沃得、万新、丹化、堂皇等在境外创办企业或设立贸易窗口,投资总额超1 000万美元。

【社会事业】 完成编制城市总体规划、生态示范区总体规划和城镇体系规划,并经市人大常委会审议通过。镇村布局规划通过省建设厅验收。沪宁城际轨道丹阳段建设方案通过论证。完成城区地下管网线路普查,并制定《丹阳市城市规划公示制度》。完成迎宾路、西环路、丹延路、城河路、伊甸园路、丹凤北路改造出新工程,完成拓宽沪宁高速丹阳段及增设河阳段出入口和拓宽312国道丹阳段建设工程,启动122省道丹阳至访仙段改造及机场路等一批公路建设。正式启动国家级眼镜检测检验中心综合大楼、广电(三期)综合楼等一批标志性工程,启动市"三大中心"、区域供水(一期)工程建设。220KV金凤变投入使用,220KV长湾变主体建设基本完工。组建丹阳市城建交通投资公司,新增资产10亿元,融资4.2亿元。深入开展农村"双创双清"活动,有20%的村达到镇江"双清双美"先进村目标,导墅镇获"江苏省卫生镇"称号,完成农村公路绿化,新增6条公交运行线路,行政村客运班车通达率98.2%;城区环卫保洁实施分块管理,形成"主干道16小时保洁、门前三包、路段责任制"三位一体的管理机制。开展"双创"活动,创模规划通过技术评审,稳步推进国家级生态示范区建设,专项整治长江饮用水源地保护及乡镇集中式饮用水源地环境;展开城乡河道疏浚,总投资1 200万元;城区新铺污水管网2.3公里,污水处理率达50%以上,深入开展爱国卫生运动,通过省灭蟑先进城市复查验收。"民心"工程完成情况良好。新增城镇就业4 700余人,农村新增劳动力转移达1.5万余人;新建经济适用房1万平方米,安置市区住房特困户81户;完成农桥改造31座,市区街巷道路改造20条;皇塘区域供水工程按期竣工并供水;天然气工程建设项目全面建成;在建城北农贸市场、华南实验学校二期工程,预计2006年上半年全面完成;基本完成税费改革、新型合作医疗、道路建设,草危房改造全面完成,改水工作基本完成,市人民医院门诊大楼基本竣工。启动新型垃圾无害化处理场、市疾控中心建设工程。

全年共实施省级以上各类科技项目70个,专利申请量达600件,新增12个省级以上高新技术企业。大亚、天工、恒宝3个企业的科技项目被省列为"重大成果转化专项资金"扶持对象,共获资助5 200余万元。知识产权保护工作被省政府列为示范市。普通高考和职校对口高考本科录取人数首次突破3 000人。全面推行教育"一费制",农村教育"六有"工程通过省级验收,省丹中被评为"中国百强中学",市职教中心被确定为"省紧缺人才培养基地"。儿童剧《猜月亮》、儿童画《家乡的菜市场》获省第四届少儿艺术节大赛金奖。农村中医工作被评为省先进县(市)。成功举办"鲁能杯"全国乒超联赛,六中女足获全国中学生女子足球赛冠军。人口与计生工作获"全国优质服务先进市"称号,1 940名农村独生子女父母获计划生育家庭奖励扶助金。全面开展改造城乡有线电视网络和第三期数字化设备改造工作。《丹阳年鉴》获全国首届地方志年鉴特等奖,《丹阳年鉴(2005)》及《丹阳市教育志》分别获省一等奖、二等奖。妇女儿童工作被列为2005~2010全国实施妇女儿童发展纲要示范单位。

全年城镇居民人均可支配收入达12 249元,增长15.1%。农民人均纯收入6 258元,增长11.5%。居民储蓄余额130.95亿元,增长16.7%。开展"慈善助学"等八大救助工程,救助贫困学生3 767名、大病患者及特困群众907名;确定低保对象7 600人,共发放保障金330万元;落实"五保"供养177人,结对帮扶农村贫困户1 257户。推荐残疾职工就业300余名,"爱心超市"救助特困对象达2 000余人次。全市新增城镇职工基本养老保险1.29万人、医疗保险1.8万人,新增农村医疗合作保险6.31万人。下岗失业人员实现再就业3 511人,城镇登记失业率控制在3.2%内。

全市"四五"普法考核通过省级验收。文明城市创建通过省级复查。"平安丹阳"创建深入推进,打击违法犯罪成效在全省位居前列。"大调解"机制不断完善,社区矫正试点工作在全省处于领先。安全生产事故和死亡人数实现"双下降"。弘扬社会新风,开展"十佳孝子孝女"和十佳"新人新事"评选活动。新桥镇被评为"全国文明村镇",导墅镇被评为江苏省文明镇,埤城镇常兴村被评为"全国创建文明村镇工作先进村镇",市国税第一分局被评为"全国精神文明建设工作先进单位"。

句容市

【概况】 句容地处苏南,东临镇江,南接常州,西依南京,北濒长江,全市总面积1 385平方公里。2005年末全市总人口58.03万人,人口出生率为7.21‰。句容西汉置县,距今已有两千多年历史,为江苏省13个文明古县(市)之一。区位优势明显,处于南京都市圈核心圈层,104国道、312国道以及沪宁、宁杭、宁常等高速公路穿境而过,供水、供电、通信等基础设施完善。属于北亚热带季风气候,四季分明,日照充足,年平均气温15.1℃,年平均降水量1 018.6毫米。自然资源丰富,拥有钼、铜、金等20多种矿藏,膨润土是全国第二大储区,优质储量达1.5亿吨。农业特色突出,为"中国草莓之乡",盛产草莓、水蜜桃、葡萄、茶叶等农副产品。旅游资源得天独厚,为著名的道教圣地、佛教圣地和革命圣地,拥有茅山、宝华山两个国家AAAA级旅游区以及瓦屋山、南山农庄等旅游景区,是中国优秀旅游城市、国家级生态示范区。

【行政区划】 句容市下辖华阳、黄梅、边城、白兔、下蜀、宝华、天王、后白、茅山、郭庄10个镇和1个省级经济开发区,共158个行政村、2 743个村民小组。

【经济建设】 2005年地区生产总值突破百亿元大关,财政总收入超过10亿元,为"十五"划上圆满句号。国民经济健康发展。农业平稳增长。克服特大旱灾和病虫害影响,粮食产量实现23.62万吨,棉花产量0.14万吨,油料产量4.60万吨。农业"三区"及"十带"新开发面积2.5万亩,茅山有机农业示范区被批准为首批国家级有机食品生产示范基地。新增省级农业龙头企业2家、各类农业合作组织45个。积极吸引"三资"开发农业,签约项目73个,协议利用资金10.46亿元,实际完成投入4.5亿元。实施农业综合开发项目2个,总投资1 900万元,位列苏南第一。新扩建塘坝471座,解决10个人畜饮水特别困难村的水源问题。工业速效同增。全年工业投入34.12亿元,增长30.1%。全年100万元以上竣工项目119个、投资总额13.7亿元,在建项目102个、计划投资总额33.7亿元。新增规模企业26家、销售超亿元企业6家。新认定镇江市级以上高新技术企业11家、高新技术产品20个,高新技术产业销售收入和利税分别增长10%和18%。服务业快速发展。茅山新四军纪念馆被列入全国红色旅游经典景区,南山农庄创成国家农业旅游示范点,九龙山创成省级风景名胜区。全年接待游客291万人次,增长47.7%,旅游业占国民经济比重达6.8%。温州商贸城一期、苏南商贸城、新南门菜场一期建成营业,城西专业市场带规模初显。

招商引资强力推进。成功举办金秋经贸洽谈会、自行车产业发展论坛、南方招商周以及浙江、上海、南京民营招商等系列推介活动。全年新批外资项目120个,合同利用外资6.83亿美元,注册外资2亿美元。出台加快开发区建设的意见,开发区实际利用外资占全市的40%。新增民营企业800家、个体工商户4120户,民营个体合计新增注册资本12.5亿元,增长47%。民营经济占GDP比重达57%,比上年提高7个百分点。

各项改革继续深化。市属企业改革进入尾声,金猴集团、东华酒业、物资系统改制基本完成。农村区划调整平稳实施,严格落实"一免三补"政策,全年免除农业税2 232万元,农民人均政策性增收82元。生产经营性事业单位转企改制加快推进,事业单位新进人员全部面向社会公开招考。财政实施国库集中支付试点,部门预算试点扩大到30个单位。

城乡建设力度加大。《句容市城市总体规划纲要》通过省级论证,在全省率先完成镇村布局规划编制。宁茅公路句容段一期、汤龙公路改造工程全面竣工,完成沪宁高速、312国道句容段拓宽改造。城区累计投入2亿多元,完成10余条城市道路改造,硬化社区道路3.6万平方米。全面改造出新21个城中村和13个居民小区。嘉新京阳循环经济试点全面启动,集中关闭采石宕口20个、采石企业9家。创建国家卫生城市和国家环境保护模范城市通过省级考核。

人民生活显著改善。农村五件实事快速推进,完成110公里农村公路建设,新型农村合作医疗参保率达88.9%,农村改水实现"三年任务、两年完成"目标。社保基金发放6 480万元,连续三年实现收支硬结余。城镇职工养老、医疗、失业三大保险参保率分别达95%、98%和98%;城乡低保分别新增97人和4 596人,全年新增城镇就业2 912人,城镇登记失业率低于2%。转移农村劳动力2.64万人,其中劳务输出5 760人。居民消费品价格涨幅控制在4%以内。

【社会事业】 实施各类科技项目122个,全年专利申请量312件。实施"313"人才工程。科技对工业、农业进步贡献率分别达到48%和52%。农村中小学"六有"工程和"校校通"工程全面完成,建成开发区中心校。协办十运会公路自行车赛,举办万人登茅山、广场文艺演出等群众文体活动。实施农村部分计划生育家庭奖励扶助制度,开展万人免费健康检查活动。有线电视用户突破10万户。三创省双拥模范城通过验收。社区居委会和新一届村委会换届工作基本完成。

社会经济发展主要指标

项　目	2005年	比上年增减%
地区生产总值(亿元)	106.06	14.90
第一产业增加值(亿元)	11.24	-0.93
第二产业增加值(亿元)	61.65	19.62
其中:工业增加值(亿元)	57.35	19.80
第三产业增加值(亿元)	33.17	13.08
人均GDP(元)	17 458	17.27
粮食总产量(万吨)	23.62	-12.49
棉花总产量(吨)	1 400	0
油料总产量(万吨)	4.60	-5.80
全社会固定资产投资总额(亿元)	51.37	34.00
外贸自营出口(万美元)	14 500	71.55
实际利用外资(万美元)	11 794	
社会消费品零售总额(亿元)	31	15.2
居民消费总指数(%)	102.3	1.5
地方财政收入(亿元)	6.94	33.72
地方财政支出(亿元)	8.78	19.62
职工年平均工资(元)	15 175	18.60
农民年纯收入(元)	5 405	11.58
邮电业务总量(亿元)	2.49	9.69
年末存款余额(亿元)	78.46	18.5
年末贷款余额(亿元)	47.79	27.39
大学(所)	0	0
中小学(所)	84	6.33

扬中市

【概况】 扬中地处扬子江中,南临镇江、常州,北望扬州、泰州,区位优势明显,是联结苏南、苏北的一个中心节点城市。

扬中系江流积沙而成,成洲于东晋时期,宋代始有"小沙"之称,明代称"新洲",清代晚期统称"太平洲"。清光绪三十年(公元1904年),设太平厅,隶属镇江府。民国三年(1914年),为避免与安徽、浙江等省的太平县同名,改称扬中县,取扬子江中之意。1994年经国务院批准,扬中撤县设市。

扬中岸线优势独特,拥有深水岸线总长近54公里,占苏南未开发岸线总量的2/3左右,是发展船艇制造、石油化工、电力工业及大用水量、大吞吐量的产品加工工业的黄金宝地;扬中产业基础厚实,现有机械制造、电气产品、轻纺服装、精细化工、电子等30多个行业,并形成了成套电器、硅橡胶、钎焊材料、精细化工、电子测量测试仪器、复合肥等特色产业基地。成套电器产业经过近二十年的发展,在国内确立了明显的技术和规模优势,2002年被国家科技部批准为"国家火炬计划扬中电力电器产业基地";扬中生态环境优美,素有"鱼米之乡"、"江中明珠"、"水上花园"等美誉,1999年被命名为全国首批"国家级生态示范区";扬中科教事业发达,先后荣获"全国科技进步先进市”、“全国文化工作先进市”、“全国诗词之乡”、“江苏省文明城市”等称号。

【行政区划】 全市由长江主航道以南的雷公岛、太平洲、西沙、中心沙四个江岛组成，总面积332平方公里，其中陆地面积228平方公里。现设5个镇、1个省级经济技术开发区，总人口30万人。

【经济建设】 全年实现地区生产总值108.09亿元，增长16.0%；财政收入11.90亿元，增长21.2%。综合实力列最新排定的全国百强县（市）第37位。农业综合效益稳步提升。实施稻米深加工等农林项目50多个，成立6个农业合作组织，实现农业总产值6.46亿元，创建成为全省首批10个“生态农业市”之一。工业经济持续快速健康发展。定报企业实现产值164.1亿元，销售收入149.7亿元，利税14.4亿元，工业增加值44.4亿元。实施技改项目185个，完成工业性投入23.5亿元，同比增长30%，产值超亿元企业达到24家。民营经济快速发展。新办民营企业404家，新增个体工商户1 120户，民营企业完成产值160.7亿元，销售收入141.5亿元，利税13.5亿元。开放型经济持续发展。全年新批利用外资项目58个，合同利用外资4.8亿美元，同比增长18.2%，实际利用外资1.2亿美元，增长19.2%。沿江开发取得实质性进展，浙江盈都集团投资6亿元的2座3万吨级（兼靠5万吨）公用码头项目进展顺利。服务业贡献份额不断扩大。全市服务业实现增加值37.9亿元，实现社会消费品零售总额29.9亿元，同比分别增长15.9%和15.2%。积极促进餐饮业与旅游业的有机结合，成功举办第二届江鲜美食旅游文化节，被中国烹饪协会命名为“中国江鲜菜之乡”。

泰州过江通道（经扬中）项目有效推进，被正式列入江苏省沿江开发总体规划和省高速公路网暨过江通道规划；污水处理厂二期工程等一批城建重点工程稳步实施，管道天然气工程实现通气点火。创建“国家环境保护模范城市”工作取得阶段性成果，通过省环境保护厅的考核验收和国家环境保护总局的技术评估。城市管理水平进一步提高，连续三年在江苏省城市管理创优活动中获得优秀奖。

【社会事业】 科教兴市成效显著，成功创建为“省人才工作先进市”、“省科普示范市”，连续四届被评为“全国科技进步先进市”。各级各类教育协调健康发展，素质教育不断推进，教育现代化水平进一步提高。广泛组织开展扬中精神大讨论，确定“诚信博大、自强不息”的新时期扬中精神。“四五”普法活动扎实推进，圆满完成“平安扬中”三年创建工作，连续3年被评为全省“社会治安安全市”，连续13次被评为全省“社会治安综合治理工作先进地区”。

全市农民人均纯收入达6 880元，增长11.7%；城镇居民人均可支配收入达14 480元，增长12%。年末城乡居民储蓄存款余额67亿元，增长15.9%。居民教育、文化、旅游、健康消费稳步增长。就业再就业工作取得明显成效，全年新增就业2 960人，城镇登记失业率控制在1.6%以内。社会保障体系逐步完善，社会养老保险、基本医疗保险、新型农村合作医疗保险参保率进一步提高，农村五保户全部由市财政供养，城乡低保实现应保尽保。

社会经济发展主要指标

项　　目	2005年	比上年增或减%
地区生产总值（亿元）	108.09	16.0
第一产业增加值（亿元）	3.66	4.3
第二产业增加值（亿元）	66.57	16.8
其中：工业增加值（亿元）	58.36	17.7
第三产业增加值（亿元）	37.86	15.9
人均GDP（元）	39 649	15.9
农业总产值（亿元）	6.46	3.3
粮食总量（万吨）	8.94	-6.6
全社会固定资产投资总额（亿元）	38.5	29.8
外贸自营出口总额（万美元）	8 227	25.2
实际利用外资（万美元）	12 010	19.5
社会消费品零售总额（亿元）	29.9	15.2
地方财政收入（亿元）	11.90	21.2
地方财政支出（亿元）	7.04	26.0
职工年平均工资（元）	17 163	12.9
农民人均纯收入（元）	6 880	11.7
邮电业务总量（亿元）	2.31	14.4
年末存款余额（亿元）	105.57	19.0
年末贷款余额（亿元）	55.19	15.2

南通市

【自然地理】　南通市地处江苏省东南部,位于长江下游北岸,北纬31°41′06″~32°42′44″、东经120°11′47″~121°54′33″。全市总面积8 001平方公里,其中市区355平方公里,建成区77.63平方公里。全市耕地面积48.3万公顷,人均耕地面积0.06公顷。潮土面积占耕地总面积的86.86%,其他分别为盐土、水稻土和棕色石灰土,占耕地总面积的13.14%。全境拥有江海岸线364.91公里,其中长江岸线164.63公里、海岸线200.28公里。南通属北亚热带湿润性气候区,气候温和,四季分明。年平均气温在摄氏15度左右,年平均日照时数2 000~2 200小时,年平均降水量1 000~2 000毫米。南通生态类型多样,有野生脊椎动物600多种,其中有白鳍豚、中华鲟、丹顶鹤等国家一级保护动物11种,二级保护动物40余种。有野生植物1 000余种,其中有国家保护物种7种。有药用植物、动物和矿物1 152种,其中有药用动、植物1 098种。全市滩涂总面积11.13万公顷,有文蛤等主要经济贝类9种,总蕴藏量8万多吨。

【历史沿革】　5 000多年以前就有人类生活。清末,在张謇倡导下,南通近代经济起步。1895年,张謇在南通唐闸建大生纱厂,开创南通近代工业、农垦、交通、邮电、商业、外贸、金融等事业,形成官商合办的大生资本集团。1911年,辛亥革命的风暴席卷全国。11月初,南通辛亥"光复",一些封建陋规被陆续废除,民主共和的观念逐渐深入人心,民族资本主义继续得到发展。1912年,江苏省临时省议会决定废州改县,通州改称南通县,县治设在南通城。经过20多年的建设,南通从一个偏僻的小城发展成为举世瞩目的近代工业城市,成为中国重要的民族工业基地之一。

1926年4月,南通最早的党组织——中共南通独立支部在唐闸成立。1928年5月,如皋、泰兴数万农民在中国共产党的领导下举行"五一"暴动。1930年,经中共中央批准,中共江苏省委在南通地区组建中国工农红军第十四军,何坤任军长,李超时任政委,红十四军的武装斗争一度形成燎原之势。1933年5月,中共南通中心县委组织发动南通历史上规模空前的工人同盟大罢工。1931年"九一八"事变后,南通人民开展抗日救亡运动。1935年"一二·九"运动爆发后,南通爱国学生投入反抗日本帝国主义侵略的斗争。1938年3月17日拂晓,日军占领南通城,又相继侵占唐闸、如皋等地,并派兵进犯茅镇、掘港、汇龙、金沙等城镇,到处烧杀抢掠,犯下滔天罪行。1938年8月,中共江苏省委组建中国共产党江北特区委员会,在工人、农民、渔民、盐民和国民党地方部队中进行抗日宣传活动,重建中共组织,发动群众抗日,开展武装斗争。1940年10月,新四军苏北指挥部决定,由司令员陶勇、政委刘先胜率部进驻通如海启地区,开辟抗日根据地。1940年10月底,苏北抗敌和平会议在曲塘召开。1940年11月15日,在海安镇召开苏北临时参议会,出席者来自南通、如皋、海门等14个县共380多名代表。刘少奇、陈毅在会上作报告,阐述中国共产党的抗日主张,指出抗日民主政权的性质和任务,受到与会代表的热烈拥护。1943~1944年,南通地区抗日军民在中国共产党的领导下,开展反"清乡"斗争。解放战争中,在华中野战军司令员粟裕、政委谭震林的指挥下,苏中战役取得七战七捷的辉煌战果。南通解放区军民在中国共产党的领导下,坚持斗争。1949年2月2日,中国人民解放军进驻南通城,宣告南通全境解放。

1984年3月,南通市被国务院列为首批进一步对外开放的14个沿海港口城市之一。1985年,南通市国民生产总值比1980年翻一番,实现社会主义现代化建设的第一步战略目标。1989年,南通市跨入全国20个工业总产值超百亿元的城市行列,成为闻名遐迩的对外开放的工业、港口城市。1992年,跻身于全国"城市综合实力50强"和"投资环境40优"的行列。2003年,南通市完成国内生产总值1 006.65亿元,实现财政收入116.99亿元,在中国城市综合竞争力排名中位居第三十二位。2004年,南通市树立和落实科学发展观,坚持走统筹发展的跨越之路,经济社会呈现全面协调可持续发展的可喜局面,成为长江三角洲最具发展活力的城市。2005年全市经济发展速度、有效投入增速、工业企业产销率等速度和效益指标位列全省第一。

【行政区划】　1983年3月,实行市管县体制,撤销南通地区行政公署,原所辖6县归南通市领导。自此,南通市辖海安、如皋、如东、南通、海门、启东6县及城中、港闸、郊区3区。1983年8月,辖6县2区(城区、郊区)。1989年,撤销启东县设立启东市。1990年,建立富民港办事处,撤销如皋县设立如皋市。1991年,城区、郊区更名为崇川区、港闸区。1993年,撤销南通县设立通州市。1994年,撤销海门县设立海门市。1995年,狼山镇南部7个村设立狼山办事处,至此,南通市下辖启东市、如皋市、通州市、海门市、海安县、如东县、崇川区、港闸区、狼山办事处和富民港办事处。2001年,将原属通州市的观音山、小海、竹行3镇和南通农场、东方红农场、通州良种场、通州种畜场划入市区;撤销狼山办事处,将原属狼山办事处管辖的狼山镇划入崇川区;如东县撤并6个乡,海安县撤并7个乡,如皋市撤并3个乡,崇川区撤并3个乡,港闸区撤销2个乡,崇川、港闸两区新设街道办事处3个。全市有13个乡撤乡设镇。2003年,如东县撤并5个乡,启东市对汇龙镇和南阳镇进行微调。到2003年底,全市共有乡(镇)141个(其中乡9个)、街道办事处10个。2004年,海安县由22个乡(镇)撤并成14个,海门市将天补镇宝兴村划归三星镇。2005年,如皋市由23个镇,撤并成20个镇。港闸区撤天生港镇、闸西乡,设立天生港镇办事处;撤唐闸镇、闸东乡,设立唐闸镇街道办事处;撤秦灶镇,设立秦灶镇街道办事处。至此,全市共有乡镇125个、街道办事处13个。

【气候】　2005年,全市年平均气温偏高,盛夏炎热,高温日数多。日照充足,光照条件好。年降水量特少,春夏旱情特别严重,气象灾害多发。南通市区年平均气温16.5摄氏度,2005年,雨雪日(≥0.1毫米,以下同)99天,偏少23天。≥25.0毫米的降水日5天,比常年少6天;≥50.0毫米的降水日3天,与常年相近;≥100.0毫米的降水日1天,出现在8月7日(113.8毫米);最长连续降水时段出现在2月3~10日,雨量16.3毫米;最长连续无降水时段出现在5月15日~6月2日;2005年南通的梅雨从6月26日开始,6月29日出梅,梅期3天,(历年平均入梅日在6月20日),属于迟梅年,梅雨形势不典型,以过程性天气为主,梅雨量16.5毫米。终霜出现在4月4日,比常年晚5天;初霜出现在11月25日,比常年推迟11天;无霜期318天,常年为227天。初雪出现在1月21日,终雪出现在3月11日。年日照时数2 192.2小时,比常年多172小时。

【水情】 2005年汛期,南通市平均降水量503毫米。由于5、6月份降雨量偏少,全市出现严重旱情。受强台风影响,8、9月份雨量偏多,区内部分河流超警戒水位,开闸排涝得以控制。降雨主要集中在7~9月;8、9月份降雨受3次台风的影响。2005年,出现空梅现象,5、6月份雨量远少于多年平均值。最大月降雨量发生在8月份,为163毫米;受强台风"麦莎"及天文大潮的影响,天生港站8月7日出现全年最高潮位6.38米,为天生港设站以来第五高潮位。同日,青龙港站最高潮位为5.52米。全市受大暴雨影响,各主要内河水位在暴雨期间大幅增长,沿江沿海各闸引排水,控制内河水位,未出现内涝现象。

【人口】 2005年末,全市总人口770.86万人,比上年末减少2.93万人,其中市区85.36万人,比上年末净增0.98万人;男女性别比例相差不大,男性383.19万人,占比49.71%;女性387.66万人,占比50.29%。家庭户数278.72万户,比上年末增加1.25万户,户均人数持续下降到2.77人/户。全市人口出生数由上年的5.09万人减少到4.93万人,人口出生率由6.56‰减少到6.38‰。全市全年死亡人数由上年的5.88万人减少到5.76万人,死亡率为7.16‰,全市人口自然增长率为-1.08‰。

【民族】 2005年,全市有53个民族,汉族人口最多,占人口总数的99.8%,少数民族52个,人口1.57万人,占总人口的0.2%。其中男3 084人,女1.26万人。苗族人口最多,占少数民族人口总数的25.2%。前5位的少数民族为苗族(3 976人)、侗族(3 386人)、蒙古族(1 438人)、回族(851人)、布依族(826人)。南通市少数民族人口分布较松散,其中如东县3 646人、如皋市2 901人、通州市2 616人、海安县2 436人、海门市1 723人、崇川区1 117人、启东市910人、港闸区367人。

【国民经济】 2005年,全市实现地区生产总值(GDP)1 472.08亿元,增长15.4%,其中:第一产业完成增加值162.19亿元,增长3.0%;第二产业完成增加值823.99亿元,增长19.1%,工业经济完成增加值672.66亿元,增长19.6%;第三产业完成增加值485.90亿元,增长14.4%。从三次产业对国民经济增长的贡献看,主要拉动力来自于第二产业中的工业和第三产业,工业对国民经济增长的贡献率达到47.3%,第三产业的贡献率为41.4%。市区居民消费价格总水平比上年上涨1.2%,涨幅比2004年回落了3.3个百分点;市区商品零售价格总水平比上年下降0.4%。全市城镇净增就业人员5.50万人,培训下岗失业人员4.59万人,核发《再就业优惠证》1.69万本,有1.66万名下岗失业人员实现再就业。城镇登记失业率为3.39%。全年新增转移农村劳动力6.26万人,其中:新增农村劳务输出4.6万人。全市各级公共职业介绍服务机构累计登记招聘19.22万人次。市区街道(乡镇)劳动保障服务所和社区劳动保障服务站共提供就业岗位2.9万个。

【农林牧渔业】 全年实现农林牧渔业总产值292.69亿元,增长5.5%。其中农业产值126.69亿元,增长3.3%;牧业产值77.98亿元,增长4.1%;渔业产值74.27亿元,增长4.7%。全市拥有农机总动力288.3万千瓦,增长3.6%,每百亩耕地平均拥有农机动力39.7千瓦;全市拖拉机保有量4.43万台,其中大中型拖拉机1 370台;联合收割机4 544台;高性能机动插秧机1 955台。随着农机装备水平的不断提高,农机化作业水平明显提升。全市完成机耕面积39.73万公顷,机耕水平达83.6%;三麦的机播、机收水平分别达到98.2%和95.3%;水稻的机械化种植和收获水平分别达到27.0%和85.1%;油菜生产机械化完成机直播面积1 500公顷。全市农用化肥施用量(折纯)27.09万吨,增长1.7%;农村用电量57.28亿千瓦时,增长20.4%。

【工业】 规模以上工业总产值和销售收入分别实现2 143.39亿元和2 080.84亿元,双双突破2 000亿元;规模以上工业增加值552.22亿元,增长25.2%。其中:民营工业增加值319.73亿元,增长26.3%;轻工业增加值274.37亿元,增长23.3%;重工业增加值277.85亿元,增长27.2%。全年工业用电量105.15亿千瓦时,增长19.6%。全市规模以上工业企业产品销售率98.93%,比上年提高0.7个百分点;实现利税总额163.01亿元,增长36.4%,其中利润总额99.92亿元,增长36.4%;亏损面11.81%,比上年下降1.3个百分点;工业经济效益综合指数186.96%,比上年提高24.6个百分点。

【建筑业】 全年实现建筑业增加值151.33亿元,增长17.0%。建筑企业全年完成建筑业总产值897.96亿元,增长17.9%;施工面积13 614.1万平方米,增长12.1%;竣工面积4 168.8万平方米,增长0.5%。建筑企业经济效益继续提高,按建筑业总产值计算的全员劳动生产率达到人均14.83万元,比上年提高7.2%。2005年,全市有3家企业晋升总承包特级资质,14家企业获一级资质,8家企业跻身全省建筑业综合实力20强,5家企业进入全省建筑外经10强。全市建筑铁军获省级以上优质工程近100项,获鲁班奖(国优工程奖)2项。

【固定资产投资】 全市完成全社会固定资产投资815.26亿元,增长34.7%,其中规模以上投资完成672.08亿元,增长51.5%,规模以上投资占全社会投资的比重达82.4%,比上年提高9.1个百分点。在全社会固定资产投资中,工业完成投资617.72亿元,增长54.3%,增速比全社会投资快19.6个百分点,占全社会投资的比重达75.8%,比去年提高了9.7个百分点。在规模以上投资中,第一产业投资5.23亿元,增长10.9倍;第二产业投资493.97亿元,增长65.4%;第三产业投资172.89亿元,增长19.6%;城镇完成投资370.69亿元,增长

32.4%;农村完成投资301.39亿元,增长84.2%;房地产投资80.05亿元,增长34.8%。民间投资热情依然高涨,全年民间固定资产投资额完成586.56亿元,增长74.7%,占全社会固定资产投资的比重达71.9%。

【国内贸易】 全年实现社会消费品零售总额536.41亿元,增长16.2%。分城乡看,城市消费品零售额297.62亿元,增长16.8%;农村消费品零售额238.79亿元,增长15.5%。分行业看,批发零售业488.15亿元,增长16.1%;餐饮业39.37亿元,增长21.6%;其他行业8.89亿元,增长3.2%。从限额以上批发零售贸易企业来看,吃的商品类占13.8%;穿的商品类占12.4%;用的商品类占73.8%。2005年末拥有各类商品交易市场513家。其中,年成交额超亿元的大型骨干市场有63家,成交额361.81亿元;年成交额超50亿元的特大型市场有2家,成交额174亿元;年成交额超100亿元的有1家,成交额120.2亿元。

【对外经济】 全年进出口总额85.20亿美元,增长25.4%。其中进口27.27亿美元,增长11.6%;出口57.93亿美元,增长33.2%。在出口总额中,三资企业出口39.16亿美元,增长27.4%,占全市出口总额的67.6%;私营企业出口10.76亿美元,增长93.9%,占全市出口总额的18.6%。全市新签外资协议项目998个,下降3.4%,其中,千万美元以上的项目198个,增长32.9%;协议外资48.44亿美元,增长29.3%;实际利用外资15.32亿美元,增长55.5%。全市新签对外承包劳务合同额5.42亿美元,增长14.1%;实现承包劳务营业额6.62亿美元,增长42.7%;新派劳务14 028人次,增长3.3%;年末在外劳务人员30 924人,增长11.2%。

【南通经济技术开发区】 全年全区实现地区生产总值62.89亿元,增长21.0%;规模以上工业总产值167.54亿元,增长31.2%;全社会固定资产投资50.14亿元,增长44.3%;实际利用外资3.51亿美元,增长24.0%,为建区21年来的最好水平。2005年,全区实现进出口总额16.57亿美元,增长17.6%。其中,出口加工区完成进出口额3.23亿美元,增长5.7倍。目前正式注册出口加工区的外商投资企业有14家。全区在建工业项目231个,其中,超亿元工业项目30个,超千万美元外资工业项目14个。外资投向由原来比较集中的传统化工、纺织服装类项目,转变为以生物医药、电子机械及服务业项目为主。

【交通】 全年完成公路货运量(系统内)641万吨,增长0.2%;公路客运量(系统内)4 411万人次,增长16.7%。民航安全接送旅客8.37万人次,增长2.0%;民航完成货邮吞吐量1 640.84吨,增长21.8%。铁路完成货运量23万吨,增长12.2%,客运量87.8万人次,增长179.0%。全市共完成交通基础设施建设投资31亿元,其中,盐通高速公路优质高效建成,完成投资9.97亿元;苏通大桥北接线工程,路基、桥梁全面完成,完成投资1.42亿元;国省干线公路续建6个项目,新开工1个项目,建成通车29.5公里,完成投资1.27亿元;沿江公路新建118.3公里,全线开工建设,完成投资6.4亿元;农村公路建成通车2 248公里,“村村通”目标基本实现,完成投资9.94亿元。2005年新增“公车公营”班车103辆,新增77个行政村开通客运班车。南通港货物吞吐量8 326.9万吨,增长15.4%,其中进港4 811.2万吨,增长12.7%;出港3 515.8万吨,增长19.3%;外贸吞吐量776.1万吨,增长11.8%;集装箱吞吐量30.1万标准箱,增长4.8%。港洽会期间,8万多吨“诺登”号货轮在洋口锚地成功加载作业,创下洋口锚地首次航行实载外籍船舶、首次实施过驳作业、首次有货物吞吐量等多项新的记录。

【邮电】 2005年12月10日,南通市电话号码成功升至8位,全市电话交换机总容量达到400.8万门;本地电话用户260万户,其中市话120.6万户,农话139.4万户;小灵通用户59.1万户;全市移动电话(不含小灵通)用户238.48万户;国际互联网用户25.3万户,数字数据用户1 600户。

【财政】 2005年,全市完成财政总收入171.19亿元,增长26.3%,其中一般预算收入71.99亿元,增长26.7%。财政收入占GDP的比重达到11.6%。全市财政支出119.75亿元,增长19.3%。

【金融】 2005年末,金融系统各项存款余额1 847.98亿元,比年初增加269.99亿元,其中居民储蓄存款余额1 190.74亿元,比年初增加173.48亿元;企事业单位存款余额446.61亿元,比年初增加50.37亿元。贷款投放稳步增长,年末各项贷款余额1 024.45亿元,比年初增加160.21亿元。其中短期贷款余额669.25亿元,比年初增加47.69亿元;中长期贷款余额210.10亿元,比年初增加52.09亿元。住房、汽车、教育等消费类贷款发展迅速,年末全市个人消费贷款余额达73.16亿元,比年初增加12.20亿元,其中住房贷款55.91亿元,比年初增加10.98亿元。

【科学技术】 2005年,全市高新技术产业产值达到425.37亿元,占规模以上工业总产值的比重为19.84%。全年获省级以上科技计划项目立项308项。科技企业孵化器建设成效明显,共建成市级以上孵化器7家,新增省级孵化器1家。2005年,全市新增省级以上高新技术企业38家,新增省级以上高新技术产品116项,新建公共技术服务平台9家,新建工程技术研究中心11家。科技创新活力涌动,自主创新能力明显提升。2005年有14项科技成果荣获江苏省科技进步奖。全年申请专利量达3 120件,增长67.8%。

【文化】 全市共有艺术表演团体8个、公共图书馆8个、博物馆(文化系统内)3个。2005年成功举行南通博物苑一百年建立暨中国博物馆事业发展百年纪念大会、“博物馆与城市发展”中外博物馆馆长高层论坛。大力推进社区文化、村镇文化、企业文化、校园文化建设。全年市区组织较高水平文化活动120场,观众达91万人次;县级组织文化活动1 100场,观众达225万人次。2005年全市共有文化经营单位2 578家,从业人员1.21万人。全年电影放映3 300多场次,观众达8.3万人次。广播人口综合覆盖率和电视人口综合覆盖率均达到100%。有线电视用户新增18.7万户,总数达120.7万户,数字电视用户达1.65万户。全市共有各级各类档案局(馆)28家,全年开放档案20.95万卷、24.79万件,利用档案5.31万卷次。

【体育】 在全国十运会上,85名南通籍体育健儿参加田径、击剑、体操、乒乓球、花样游泳等19个项目的比赛,获得14项次金牌、11项次银牌、11项次铜牌。南通承办十运会击剑比赛,为各参赛代表队发挥最好水平创造了良好条件。在省委、省政府召开的十运会总结表彰大会上,南通市政府荣获"十运会组织工作贡献奖",南通赛区被十运会组委会评为"最佳赛区"。向省优秀运动队输送24人,向省少体校输送51人。在省级年度比赛中,共有862名运动员参加全部32个项目中29个项目的比赛,获得金牌100枚。全市开展群众性健身活动和体育竞赛750余次,近400万人参与健身活动。

【人民生活】 2005年市区居民人均可支配收入1.24万元,增长13.2%,人均生活消费支出8 573元,增长10.4%。其中娱乐、教育、文化消费支出1 298元,增长8.2%;医疗保健支出664元,增长38.2%;交通与通信支出861元,增长6%。市区每百户居民家庭拥有电脑40.5台,空调119.5台,汽车2.5辆,移动电话123.5部。全市农村居民人均纯收入5 501元,增长11.6%,其中生活消费支出3 858元,增长15.4%。农村居民每百户家庭拥有电视机140.98台,电冰箱45.45台,摩托车66.84辆,电话(含手机)182.94部。居住条件不断改善。市区居民人均住房建筑面积29.14平方米,增长11.9%;农村居民人均住房面积49.62平方米,增长5.2%。年末全市在岗职工人数52.52万人,增长3.1%。其中国有单位19.77万人,下降2.8%;集体单位3.41万人,下降3.9%;其他单位29.35万人,增长8.5%。全市在岗职工年平均工资为18 556元,增长16.7%。

【社会保障】 2005年,全市基本养老保险参保72.8万人,比上年增加4.44万人,为26.01万企业离退休人员按时足额发放养老保险金及丧葬抚恤费22.79亿元;全市基本医疗保险参保90.95万人,比上年增加8.9万人;全市失业保险参保67.9万人,为失业职工提供失业保险金1.66亿元。农村养老保险参保114.8万人。享受低保的城乡居民达10.03万人,其中城镇有2万人得到低保,农村有7.8万人得到低保,专业渔民有0.23万人得到低保。全市共有社会福利企业675多家,安排残疾人就业1.39万人

【南通博物苑一百年暨中国博物馆发展百年庆典】 9月24～25日,南通博物苑一百年暨中国博物馆发展百年庆典在南通举行。庆典分为:南通博物苑一百年暨中国博物馆事业发展百年庆典纪念大会,中国博物馆事业百年展开展仪式暨南通博物苑新展馆开馆仪式,博物馆与城市发展——中外博物馆馆长高层论坛三大主体活动。24日下午,由国家文化部、国家文物局、江苏省人民政府联合主办的南通博物苑一百年暨中国博物馆事业发展百年纪念大会在南通更俗剧院隆重举行。纪念大会由江苏省副省长张桃林主持。中共中央政治局常委李长春、全国政协副主席刘延东向大会发来贺信。全国政协副主席张克辉为庆典活动揭牌。文化部部长孙家正,中共江苏省委书记李源潮,江苏省省长梁保华,文化部副部长、故宫博物院院长郑欣淼,国家文物局局长单霁翔,国际博物馆协会主席亚历山德拉·库敏斯,全国政协常委、法制委员会副主任张绪武,中华全国供销合作总社副主任林乃基,全国政协外事委员会副主任周可仁,江苏省政协副主席林玉英,国家文物局副局长童明康,中国博物馆学会理事长张文彬,中共南通市委书记罗一民,南通市市长丁大卫参加会议。300多位中外博物馆馆长,海内外文博界专家、学者以及参加2005年中国南通港口经济洽谈会的全体代表出席大会。纪念大会由江苏省副省长张桃林主持。江苏省委书记李源潮首先宣读中央政治局常委李长春专门为大会发来的贺信。南通市委书记罗一民代表中共南通市委、南通市人民政府和全市780万市民,对全体来宾表示热烈欢迎,并祝庆典活动圆满成功。江苏省省长梁保华在大会上致辞。他说,加快发展博物馆事业,切实加强文物保护,是传承中华文明、繁荣社会主义先进文化的重要任务;是弘扬民族精神、凝聚民族力量的重要措施;是落实科学发展观、构建社会主义和谐社会的必然要求。我们将此次活动为契机,进一步加强博物馆建设,切实做好文物征集、保护、研究工作,为建设文化大省、实现"两个率先",为繁荣中国特色社会主义文化作出积极贡献。国际博物馆协会主席亚历山德拉·库敏斯在致辞中说,为庆祝南通博物苑和中国博物馆事业发展一百年而聚首,我深表荣幸。作为中国第一家公共博物馆,南通博物苑是生态博物馆和博物馆实验室的前身。国际博协对此倍加推崇。国家文物局局长单霁翔在讲话中说,博物馆是一个国家、一个地区历史文化和现代文明的形象代表。文化部部长孙家正说,纪念南通博物苑一百年暨中国博物馆事业发展百年,就是要大力继承和发扬张謇等前辈先贤敬业献身、敢为人先、科学探索、百折不挠的伟大精神。

【中国博物馆事业百年展开展仪式暨南通博物苑新展馆开馆仪式】 9月24日上午,由中国博物馆事业百年庆典组委会,南通市委、市政府共同举办的中国博物馆事业百年展开展仪式暨南通博物苑新展馆开馆仪式隆重举行。全国政协副主席张克辉,文化部部长孙家正,国家文物局局长单霁翔,全国政协常委、法制委员会副主任张绪武,全国政协外事委员会副主任周可仁,中华全国供销合作总社副主任林乃基,国际博物馆协会主席亚历山德拉·库敏斯,江苏省副省长张桃林,江苏省政协副主席林玉英,国家文物局副局长童明康,中国博物馆学会理事长张文彬,斯洛文尼亚驻华大使马里安·森森,联合国教科文组织高级官员驻北京办事处代表杜晓帆,中国自然科学博物馆协会理事长李象益,江苏省委副秘书长姚晓东,市领导罗一民、丁大卫、程亚民以及来自国际文博组织的代表、国内外知名博物馆馆长、国内外文博界知名专家等300余人参加仪式。张克辉、孙家正、单霁翔、张绪武、周可仁、亚历山德拉·库敏斯、姚晓东、罗一民等共同为百年展开展及新馆开馆剪彩。南通籍华人艺术家顾乐夫在仪式上向博物苑捐赠了专为百年庆典所作的国画作品。张桃林、林玉英、童明康、张文彬等为文物捐赠者代表颁发了证书。

【中外博物馆馆长高层论坛】 9月25日,由中国博物馆学会、中国自然科学博物馆协会、省文物局、南通市政府共同承办的中外博物馆馆长高层论坛在南通博物苑新展馆学术报告厅举行。来自国内外的博物馆馆长们以"博物馆与城市发展"为主题,展开交流和研讨。论坛开幕式由省文化厅副厅长、省文物局局长王慧芬主持。南通市政府副市长季金虎对各位专家学者的光临表示欢迎。南通博物苑苑长王栋云和国际博物馆协会主席亚历山德拉·库敏斯分别致辞;德意志历史博物馆副馆

长汉斯·马丁·辛次,文化部副部长、故宫博物院院长郑欣淼,国家博物馆副馆长董琦,中国自然科学博物馆协会理事长李象益,南京博物院院长徐湖平,意大利托斯卡纳大区文化遗产部部长简·布鲁诺·拉维尼等作主题演讲。

【2005年中国博物馆学会南通年会暨学术研讨会】 9月25日,中国博物馆学会南通年会暨学术研讨会在南通市行政中心报告厅举行,来自全国各地的博物馆学专家学者就新时期博物馆事业发展的模式、博物馆如何强化社会教育功能、城市与博物馆的互动发展等内容展开研讨。国家文物局副局长童明康,中国博物馆学会理事长张文彬,中共南通市委常委、宣传部部长张小平出席会议。国家博物馆学会常务副理事长马自树作工作报告,梁吉生、宋向光、郝良真、李玫、常宇等专家学者从不同角度就新时期城市博物馆事业及博物馆学研究的诸多问题作大会发言。

【2005年中国南通港口经济洽谈会】 9月25日上午,由南通市人民政府和中国港口协会联合主办、上海组合港管委会办公室和江苏省国际贸易促进委员会协办的2005年中国南通港口经济洽谈会在国际大厦国际会议中心隆重开幕。江苏省副省长张桃林,中国港口协会常务副理事长曹忠喜,全国政协常委、法制委员会副主任张绪武,中华全国供销合作总社副主任林乃基,国务院参事、中科院可持续发展战略组组长牛文元,全国政协外事委员会副主任周可仁,中国国际贸易促进委员会江苏省分会会长徐燕,省海洋渔业局局长宋家新,省发改委副主任魏然,省外经贸厅副厅长齐长余,省海事局副局长邵士林,省出入境检验检疫局副局长郭喜良,斯洛文尼亚驻华大使马里安·森森,日本名古屋银行行长加藤千麿及南通市委、市人大、市政府、市政协等领导出席开幕式。中共南通市委书记罗一民讲话。罗一民说,南通作为长江入海口北翼的第一门户,兼具"黄金海岸"与"黄金水道"的优势,是发展大工业、物流基地要素齐全的极具比较优势的地区。得益于得天独厚的区位和资源条件,得益于全省和南通新一轮沿江、沿海开发战略的实施,得益于与世界经济的深度接轨和与长江三角洲其他城市的日益融合,广大投资者通过在南通的参观、考察和洽谈,一定能体验到迈向全面腾飞期的南通的全新魅力,赢得投资兴业的良好商机。港洽会期间,形成的项目投资总额达28.03亿美元,协议注册外资19.32亿美元,是历届港洽会招商引资成效最大的一次。

【第二届世界大城市带发展高层论坛】 10月22日,由中国市长协会、南通市人民政府联合主办的第二届世界大城市带发展高层论坛在南通举行。全国政协副主席张怀西,国家建设部部长、中国市长协会执行会长汪光焘,国务院发展研究中心副主任李剑阁,江苏省副省长王湛,省政协副主席陆军,中共南通市委书记罗一民,市长丁大卫,市政协主席程亚民出席开幕式。参加开幕式的国外嘉宾来自11个国家的20个城市,有美国纽约、华盛顿、芝加哥,法国巴黎,日本东京等国外五大城市带主要城市的市长和市长代表,还有俄罗斯圣彼得堡、瑞士洛桑、匈牙利布达佩斯等世界知名城市的市长和市长代表。以上海为龙头的长江三角洲城市的市长或副市长以及合肥、徐州等10个城市的市长,同时出席开幕式。论坛的主题是"和谐发展——大城市带永恒的话题",四个分议题分别是:大城市带——规划艺术与特色塑造;大城市带——要素集聚与流动;大城市带——连绵的绿色家园;大城市带——文化底蕴与创新发展。开幕式由丁大卫主持。罗一民致欢迎辞。他说,2004年首届世界大城市带发展高层论坛通过了《南通宣言》,标志着大城市带之间交流合作机制的建立。在此基础上举办的本届论坛,将在更广领域、更深层次上更加持久地推进世界六大城市带之间的交流、合作与发展。

【长江三角洲城市经济协调会第六次会议】 10月22日,长江三角洲城市经济协调会第六次会议在南通市召开。上海、无锡、宁波、舟山、苏州、扬州、杭州、绍兴、南京、南通、泰州、常州、湖州、嘉兴、镇江、台州16个城市的代表出席会议。全国政协副主席张怀西、国务院发展研究中心副主任李剑阁、国家民航总局副局长杨国庆、江苏省副省长王湛、江苏省政协副主席陆军、国家发改委地区司副司长沈叙健、国家发改委宏观经济研究院研究员徐国弟、交通部水运司巡视员彭翠红应邀到会,江苏盐城、淮安、徐州、连云港,浙江金华、衢州,安徽合肥、马鞍山、芜湖9个城市的代表参加了会议。上海市政府副秘书长刘红薇主持第一阶段会议。王湛、李剑阁分别代表江苏省政府和国务院发展研究中心对协调会的召开表示祝贺。中共南通市委书记罗一民到会致欢迎辞。第一阶段会议审议确定了长江三角洲协调会会徽,张怀西、王湛共同为会徽揭牌。刘红薇与南通市市长丁大卫分别代表上海和南通,共同见证南通与上海港EDI物流信息系统正式互联互通。第二阶段会议由南通市副市长蓝绍敏主持。会议听取并审议通过刘红薇作的《关于长江三角洲城市经济协调会一年来的工作报告》、丁大卫作的《长江三角洲城市经济协调今后一年的建议》,并通过章程修正案等多项提案。沈叙健、彭翠红分别就长江三角洲"十一五"区域规划和区域物流建设、长江三角洲地区交通现代化建设发表讲话。丁大卫在《南北合力共推长三角物流一体化》的发言中指出,南通将全力建设长江三角洲北翼区域性物流中心,在长江和大海的交汇处打造一个物流汇通的平台,一个交流合作的平台,一个服务长江流域经济发展、向北辐射的平台,为进一步提升长江三角洲的综合竞争力作出应有贡献。会议期间,签署了《长江三角洲地区城市合作(南通)协议》。

【2005年全国航空运动会】 10月22日,由中国航空运动协会和南通市人民政府主办的2005年全国航空运动会在南通市举行。这是中国首次举办的综合性全国航空运动会,也是南通市首次承办的全国性运动会。15时30分,航运会组委会主任、南通市市长丁大卫宣布:2005年全国航空运动会开幕仪式开始。鲜艳的国旗、会旗冉冉升起,中国人民解放军军乐团演奏国歌。航运会组委会名誉主任、中共南通市委书记罗一民致辞。他说,2005年全国航空运动会是中国航空运动期盼多年的首次盛会,也是南通人民迎来的又一盛事。我们一定会倾全民之举,举全市之力,为比赛创造一流条件,为各方嘉宾提供一流服务。在大家的共同努力下,全国首届航空运动会一定能够办得精彩、圆满。航运会组委会名誉主任、国家体育总局副局长冯建中致辞。运动员代表、裁判员代表分别宣誓。15时42分,全国政协副主席张怀西宣布:2005年全国航运会开幕。随着主席台前排领导按动火箭发射按钮,16枚火箭向蓝天齐发,

火箭上悬挂的彩条标语从天而降。航空体育表演开始，三架银鹰编队，如长空利剑，直冲苍穹。跳伞队员们从1 000米的高空跃下，先后做出“空中翻腾”“天女散花”等各种空中造型。运动员随身携带的国旗在高空迎风招展，鞭炮声在高空震天响起，飞行表演队时而直插云霄、时而超低空盘旋，瞬间掠过观众席，直冲云天。翻跟斗、双机向上、三机开花、对飞、拉烟等精彩刺激的特技表演，动作整齐、利索，配合默契，观众掌声不断。在航空体育表演的同时，中国人民解放军军乐团进行列队表演。航空运动会共设7个大项35个小项比赛项目。来自全国22个省份的800多名运动员、教练员、裁判员及工作人员参加为期6天的比赛。10月28日，2005年全国航空运动会顺利结束全部赛程，在海门国际车城闭幕。闭幕式由南通市副市长袁瑞良主持，市长丁大卫致闭幕辞。中国航协与南通市政府互赠礼品。运动会期间，全国40多家媒体400多名记者到南通采访，新华社、《人民日报》、中央电视台等媒体报道盛况。

【洋口港陆岛跨海通道开工建设】 9月25日上午9时28分，洋口港陆岛跨海通道开工典礼隆重举行，文化部部长孙家正，省委书记李源潮，省人大常委会副主任张艳，中国港口协会常务副理事长曹忠喜，香港特别行政区驻北京办事处主任梁宝荣，香港保华德祥董事局主席周明权，中科院院士、南京大学地学院院长王颖等领导和专家参加开工典礼并为工程培土奠基。国家审计署审计长李金华，甘肃省委常委、省政府常务副省长徐守盛发来贺信。市委副书记、市长丁大卫主持开幕仪式。如东县委书记严长俊在开工典礼上致辞。投资方代表香港保华集团有限公司董事局主席周明权介绍工程概况。市委书记罗一民讲话。省人大常委会副主任张艳受省委委托发表重要讲话。出席开工典礼的还有省、市、县领导、专家、业主、客商、各级新闻记者。上万名群众从四面八方自发赶到现场观看开工盛典，共同见证这一历史时刻。洋口港陆岛跨海通道正式开工，标志着洋口港基础设施建设全面启动，是南通乃至江苏海港建设发展史上新的里程碑。洋口港陆岛跨海通道——黄海大桥是洋口港四大基础工程之一，大桥全长12.60公里，由3部分组成，第一段是长1.10公里、顶面内侧宽39米的接岸引堤；第二段是长10公里、桥面净宽11米的跨海大桥；第三段是长1.50公里接岛引桥。整个工程造价7亿元，建设周期30个月。交通部第一航务工程勘测设计院于2004年7月完成陆岛跨海通道工程接岸引堤段工程可行性研究报告。同年12月，完成该工程引桥段、接岛引桥段工程可行性研究报告。工程于2005年2月4日正式公告招标，3月29~30日通过招投标，确定交通部第四航务工程勘测设计院为其设计单位。7月20日，完成工程总体报告。8月10日，召开初步设计评审会，初步设计成果得到专家肯定。9月5日，陆岛跨海通道接岸引堤段监理、施工通过招投标，确定施工单位为中港第二航务工程局，监理为南华建设监理所。

崇川区

【概况】 全区总面积99.98平方公里，下辖2个镇，8个街道办事处，1个省级开发区，1个国家4A级风景名胜区，102个城市社区居委会，28个行政村，11个镇居委会。年末，总人口53.9万人，人口自然增长率为1.86‰。

【经济建设】 2005年，完成地区生产总值175.3亿元，比上年同期增长14.6%。其中，第一产业增加值1亿元，增长-0.8%；第二产业增加值89.8亿元，增长14.5%；第三产业增加值84.5亿元，增长14.8%。人均GDP达到3.21万元。完成全社会固定资产投入75.8亿元，增长22.2%。实现财政总收入29.5亿元，一般预算收入16.3亿元，分别增长29%和33%，财政收入总量列全市第一。全年完成工业增加值74.3亿元，增长14%。完成工业投入28.1亿元，增长22%。亿元以上企业39家，规模以上工业完成现价产值246.4亿元，在全区工业总产值中的占比达77%。南亚、富士通、中远、醋纤等重点企业规模不断扩大，三友集团成功上市。原市属企业整体扭亏为盈。完成千万元以上项目建设47个，其中超亿元项目6个。总投资1.2亿元的清之华园项目和总投资21.5亿元的中远川崎扩建项目建设开始启动。全年引进服务业项目128个，增长37.6%。新引进1 000万元以上项目20个，增长25%。总投资2.98亿元的山水间生态旅游项目即将竣工，其中五星级酒店国宾花园进入内装修阶段；狼山港三期工程进展顺利；投资1.2亿元的新百货大楼建成营业；钟秀路鑫乾广场、财神道、丽莱家居等企业引进知名品牌产品，形成年营业额50亿元的特大型商街。全年完成注册外资2.73亿美元，到账外资7 020万美元，分别增长73%和67%。注册外资超1 000万美元项目8个，引进苏洋电气、兴荣纳米羊绒等一批科技项目。沿江开发和原市属工业板块成为吸引外资的新平台，港口集团、海盟股份、烟滤嘴厂等利用外资取得新进展。全区完成进出口总额26.8亿美元，同比增长15.6%，其中自营出口14.7亿美元，同比增长24.3%，出口实绩跃升至全市第一位；自营进口12.1亿美元，同比增长6.5%，进口实绩列全市第一位。全年对外承包工程和劳务合同额864万美元；实现对外承包工程和劳务合作营业额771万美元；新派人数240人，期末在外人数达563人。累计发展个体工商户2.20万家、私营企业9 160家，分别增长26.4%和25.7%；私营企业注册资金105.3亿元。完成固定资产民间投资43.7亿元，增长49.4%。加快基础配套设施建设，新建和改造启秀路、朝霞路、运料河路、紫琅路、花园路等10条城市支路，建成路面3万多平方米，铺设管道3 000多米，种植绿化2万多平方米。大力实施水循环改造工程，投入3 500多万元，完成城南、虹桥、新桥3个小区雨污分流工程，受益群众超过10万人。投入3 000万元，实施了虹桥片、新桥片、南通港片和城南片引排水贯通工程，高标准整治主城区河道11条、废沟呆塘61条，城市水环境明显改善。推进城市绿化,全年完成造林73.33公顷,新增、补种草皮10万平方米,为南通创建国家园林城市通过省级考核验收做出新贡献。全年获批国家级重点高新技术企业1家、国家火炬计划重点项目2个、国家重点成果推广项目2个、省级项目2个。申报各类科技项目70个,落实科技经费1 000万元。新批国家级名牌1个、省级名牌6个和市级名牌13个。专利申请总量列全市第一。全年实现高新技术产业产值48亿元,占规模以上工业产值21%,科技对经济的贡献率上升到61%,科技与经济的结合更加紧密。科普工作扎实推进,被中国科协评为"创全国科普文明单位",朝晖社区被中央文明委、中国科协命名为"科教进社区"先进单位。

港闸区

【概况】 全区总面积134平方公里,下辖4个街道办事处、2个乡、1个开发区、47个行政村、10个居委会。年末总人口17.77万人,人口自然增长率为-2.33‰。

【经济建设】 2005年,实现地区生产总值84.38亿元,比上年增长(按可比价计算,下同)14.6%。其中,第一产业增加值1.75亿元,比上年增长3%;第二产业增加值67.35亿元,比上年增长15.4%;第三产业增加值15.28亿元,比上年增长14.2%,三次产业结构比为2.1:79.8:18.1。财政收入15.03亿元,比上年增长30.9%。城镇居民人均可支配收入12 384元,比上年增长13.2 %。农民人均纯收入6 608元,比上年增长13.8%。粮经比调整为40:60,粮食总产量4.23万吨、油料作物总产值0.5万吨,中高产田占比达34%。投资4 808万元,建设6家农产品加工企业、3家农业园区、1家农贸市场。生猪饲养量、家禽饲养量分别达到7.44万头和91.56万羽。投入2 500多万元,对城市规划区内42处废沟呆塘、7条重点河道进行清淤、立驳、绿化,疏浚农村河道40万立方米,改造农村危桥36座,新增绿地面积166.67公顷。工业总产值240亿元,同比增长15.6%,工业销售收入238亿元,同比增长14.3%。新增规模以上企业74家,全区拥有亿元以上企业20家,20亿元以上企业3家,规模工业企业完成产值202.89亿元,列全市第四位。31家市级属地管理企业实现产值101亿元,占全区全部工业的42.1%,华能、宝钢、天电、中集顺达集装箱四家超10亿元企业实现产值71.98亿元,占全部属地管理企业产值的71.3%,占全区规模工业的35.5%。机械、电子、船舶修造三大行业引进项目数占比达80%以上,轻重工业结构比例为29:71。全年实现注册外资到账1.15亿美元,同比增长25.7%,新批三资企业66家,新派劳务人员1 095人,完成营业额2 725.46万美元,完成外贸出口7.91亿美元,劳务营业额1.16亿美元。全年新增民营注册资本6.3亿元,服务业从业人员3.16万人,拥有各类专业批发市场35个,其中消费品市场24个,生产资料市场11个,超亿元市场9个,市场建筑面积68.43万平方米,年营销成交额58亿元,比上年增长18.4%。建筑业从业人员2.2万人,完成施工产值22亿元,比上年增长39.2%;完成施工面积430万平方米、竣工面积240万平方米,实现增加值5.4亿元。港闸经济开发区进区工业企业数达274家,职工2.19万人,实现地区生产总值24.79亿元,在全省同类开发区中的综合排名列第十八位。2005年,全区13处农民集中居住区规划、港闸经济开发区东区18.9平方公里控制性规划通过审定,西北片区概念性规划和区域空间战略规划正在组织编制,新编制规划面积35平方公里,全区城乡空间布局规划覆盖率达70%,城市控制性详规覆盖率达100%。投入6.5亿元,新建道路21.5公里,新铺管网40公里,新筑桥梁27座。启动隆兴小区二期、民安花园一期、天玺花园一期、幸福家苑一期4处农民集中居住区建设,建筑面积达15.4万平方米。累计建成12.5万平方米商品房、13.1万平方米低价位商品房。投入9 098万元,对区内黄海路、纬二路、经四路、河东路一期等8条道路进行了修建。投入599万元,实施了区政府排污管线、石花桥泵站等工程建设。投入136.77万元,对两镇36条道路进行维修。投入274.1万元,对两镇公园社区、新华社区、闸港桥社区、西洋桥社区、疏航桥社区、三八社区及江海社区7个社区进行了整治,两镇人居环境明显改善。投入524.86万元,确保了通宁大道、工农路北延等主要道路如期通车。

海安县

【概况】 全县总面积1 108平方公里,耕地总面积5.52万公顷。下辖1个经济开发区,14个镇,8个街道办事处,65个居委会,212个行政村。全县总人口95.32万人,比上年减少6 543人。全年出生人口5 259人,出生率5.53‰;死亡人口6 707人,死亡率7.05‰;人口自然增长率-1.52‰。

【经济建设】 2005年,实现地区生产总值148.89亿元,同比增长15.8%,增幅高于全市水平0.4个百分点,高于全省平均水平1.3个百分点。其中,第一产业实现增加值24.24亿元,同比增长3.1 %;第二产业实现增加值75.97亿元,增长21.8%;第三产业增加值48.68亿元,同比增长14.4%。全县人均地区生产总值1.56万元,同比增长16.5%。工农业总产值502.46亿元,同比增长39%。财政收入12.5亿元,同比增长27.9%;财政支出10.3亿元,同比增长24.3%。全县金融机构存款余额182亿元,比年初增加27.6亿元,其中居民储蓄存款142.2亿元,比年初增加20.5亿元。年末各项贷款余额83.46亿元,比年初净增16.26亿元。2005年,海安县首次进入县域经济基本竞争力百强县(市)的中小城市综合实力百强县(市)行列。全年实现农林牧渔业总产值47.73亿元,同比增长3.1%。实施农业项目371个,新增2家市级农业龙头企业,省级无公害产品产地3个,新增国家无公害农产品10个、有机食品6个。全年粮食总产50.59万吨,比上年下降1.8%;油料2.34万吨,比上年下降16.1%;蚕茧总产1.91万吨,比上年下降2.1%,连续4年居全国首位;海安县农业局被中国农学会评为全国第二届农业科普先进集体。工业总产值454.73亿元,同比增长44.3%,连续两年保持40%以上的增长率。全县工业销售收入442.62亿元,比上年增长45.4%,产品销售率98.84%,实现利税20.68亿元,同比增长43.7%。完成工业投入73.8亿元,同比增长61%。实现投资1 000万元以上的项目196个,其中亿元以上项目17个,同比分别增加64个和8个。规模以上工业产值207亿元,实现利税10亿元;亿元企业55家,其中新增15家,鑫缘、联发集团实现销售收入首次突破10亿元。全县亿元企业实现销售收入131亿元,占规模以上工业的66%。工业经济效益综合指数165.7%,同比提高40.7个百分点。建筑业又创佳绩,全年完成施工产值116.38亿元,同比增长13.8%;实现利税3.5亿元,增长5.1%;江苏苏中建设集团股份有限公司被评为"全国工程建设质量管理优秀企业"。第三产业投资额12.5亿元,增长38.3%;销售超亿元的专业市场10家,全县市场成交额46.6亿元,同比增长15.2%。全县社会消费品零售总额56.2亿元,同比增长17.1%,高于全市平均水平0.9个百分点。其中县城零售额21.7亿元,县城以下零售额34.5亿元。餐饮业销售收入3.4亿元,同比增长50%。商品房销售额3亿元,销售面积18万平方米,分别增长44%和9%。全年居民消费价格总水平比上年上涨1.9%。全年新批外商投资企业133家,投资总额5.63亿美元。新批注册外资3.5亿美元,同比增长7.6%;新批注册外资到账1.5亿美元,同比增长65.8%;引进县外民资17.2亿元,同比增长19.6%。全年完成外贸进出口总额2.94亿美元,其中自营出口2.41亿美元,同比分别增长75.2%、67.8%。新签外经合同额4 602万美元,实现营业额8444万美元,新增劳务输出3 132人次,同比分别增长16.1%、10.6%、16.9%。新办境外企业1家。全年新发展个体工商户2.8万户、私营企业3435家。新增公司制私营企业1 342家,注册资本18.1亿元,分别比上年增长53.4%、75.5%。

【社会事业】 在全省县城镇环境综合整治定量考核中,海安县获得第一名。海安创建国家卫生城市工作通过省级调研,海安连续3次荣获省双拥模范县称号。创新社会保障管理体制,推行以"五保合一"为主体的劳动保障"金保工程"。年末城镇集体以上单位从业人员5.8万人,全年新增就业岗位1.43万个,净增就业人员1.05万人。城镇集体以上单位在岗职工年平均工资16 468元,增长19.8%。城镇登记失业率为3.29%;扶持1 504名失业人员自主创业,1 724名失业人员再就业。全年财产险保费收入4 570万元,支付各种产险赔款3 493万元;人寿险保费收入2.27亿元。农村养老保险征收基金3 180万元。社会养老保险和医疗保险参保人数分别达到23.8万人和10.2万人,分别比上年增加9 200人和8 800人;62.34万名农村居民参加了新型合作医疗,参保率为88.24%。城镇居民人均可支配收入10 648元,增长12.1%。农民人均收入5 317元,增长11.3%。城乡居民人均储蓄14 677元。

如皋市

【概况】 全市总面积1 477平方公里,下辖20个镇,326个村(居),总人口142.02万人,比上年减少0.59万人,出生人口9 798人,人口出生率7.36‰,死亡人口9 400人,人口死亡率6.61‰,人口自然增长率0.75‰。

【经济建设】 2005年,实现地区生产总值150.64亿元,同比增长15.7%,人均GDP达1.06万元,同比增长16.4%。第一产业增加值23.29亿元,同比增长2.9%。第二产业增加值77.65亿元,同比增长21.2%。第三产业增加值49.70亿元,同比增长14.5%。财政收入13.02亿元,同比增长26.4%,地方一般预算收入5.45亿元,同比增长32.6%。全社会固定资产投资93.71亿元,同比增长45.32%。城镇居民人均可支配收入1万元,同比增长15%,农民人均纯收入4 455元,同比增长12.3%。全年实现农林牧渔业总产值42.38亿元,同比增长6.08%。其中种植业产值24.25亿元,增长6.32%;林业产值0.23亿元,增长36.87%,牧业产值13.52亿元,增长1.33%;渔业产值2.59亿元,增长23.15%;农业服务业产值1.78亿元,增长17.11%。全市花木面积达1.11万公顷。生猪饲养量180万头,家禽饲养量3 200万羽,蚕桑生产全年发种24.25万张,优质油菜种植1.89万公顷。全市粮食总面积11.12万公顷,全年粮食总产65.37万吨。全市培育规模农业龙头企业43家,其中销售超亿元企业5家。省级以上农民专业合作经济组织2家,获得国家级绿色食品认证23个,农产品注册商标248个。全市拥有农业机械化率达85%。全年实现工业总产值423.35亿元,同比增长50.4%,其中规模工业实现产值202.81亿元,同比增长41.4%,占全部工业比重47.9%。规模工业销售收入192.06亿元,同比增长41.86%,销售超亿元企业45家。工业项目投入76.42亿元,同比增长82%,高新技术产业企业78家,全年实现产值43.3亿元,同比增长56%。建筑业全年实现施工产值120亿元,同比增长48.1%,产值超亿元企业18家,其中超20亿元企业2家,超30亿元企业1家。南通六建获得房屋建筑总承包特一级资质。江中集团、大辰集团等6家企业获得一级资质。全年社会消费品零售总额72.34亿元,同比增长17%,市场成交额61亿元,同比增长24.5%。全年接待游客突破37.7万人次,旅游总收入11.96亿元。城乡居民储蓄存款余额达131.77亿元,同比增长18.5%。城乡居民人均储蓄存款9 260元,同比增长19.3%。城乡居民人均住房面积分别达到28平方米和36.4平方米。移动通信用户突破37.7万户,固定电话突破31.7万户。

全年新批协议注册外资8.21亿美元,同比增长61.2%;到账外资2.19亿美元,同比增长108.4%。全市拥有外资企业391家。新批外资项目106个,项目单体规模达706万美元。外经外贸自营出口总额达3.2亿美元。2005年先后荣获江苏省文明城市和中国优秀旅游城市称号。通过全国环境保护模范城市省级调研,跻身全国中小城市综合实力百强县(市)。

如东县

【概况】 全县总面积1 872平方公里,耕地总面积10.44万公顷。下辖15个镇、3个经济开发区、26个社区居委会、27个居民委员会、280个村民委员会。总人口107.68万人,其中男性人口53.64万人,女性人口54.04万人;出生人口6 128人,人口出生率5.67‰;死亡人口9 145人,死亡率8.46‰;人口自然增长率-2.79‰。

【经济建设】 2005年,实现地区生产总值146.38亿元,按可比价计算,同比增长14.6%,其中第一产业增加值29.59亿元,同比增长1%;第二产业增加值70.35亿元,同比增长22.8%;第三产业增加值46.44亿元,同比增长14.2%。人均地区生产总值13 545元,同比增长15.5%。三次产业的结构比例为20.2:48.1:31.7,第二、三产业占比继续提升,经济结构日趋合理。全年实现地方一般预算收入4.45亿元,同比增长24.8%;实现财政总收入11.05亿元,同比增长15%。县域经济基本竞争力连续3年跻身全国百强县(市)行列。全县实现第一产业增加值29.59亿元,同比增长1%。实现农林牧渔业现价总产值58.98亿元,同比增长3.4%,其中农业产值22.8亿元,同比增长1.8%;牧业产值15.38亿元,同比增长4.3%;渔业产值18.93亿元,同比增长4.6%。全县申报并被认定的省级无公害农产品和国家级绿色食品生产基地共24个,其中省级无公害种植业基地18个、面积1.17万公顷,畜产品基地2个,国家级绿色食品种植基地4个、面积8100公顷;申报并被国家农业部认证的无公害农产品33个,被国家绿色食品中心认证绿色食品9个。全县规模以上工业企业417家,实现工业总产值185.50亿元,同比增长45.3%;实现产品销售收入180.12亿元,同比增长49.7%;实现利税12.41亿元,同比增长65.3%,其中利润7.03亿元,同比增长65.7%;亏损额4 136万元,同比减少2 008万元;工业经济综合效益指数163.9%,同比提高34.98个百分点。新增亿元企业13家,销售超亿元企业总数达43家。销售收入在5 000万元以上的工业企业达到80家,销售收入占全县规模以上工业企业的比重达65.4%。年末拥有在册个体工商户2.74万户,从业人员3.04万人;在册私营企业8 675家,其中新发展4 401家,从业人员12.87万人。全年私营个体经济实现税金3.56亿元,同比增长23.8%。全年进出口总额4.21亿美元,其中自营出口3.68亿美元,同比增长37.5%。外经营业额4 446万美元,同比增长6.1%。年末拥有外贸出口实绩的企业145家,新增27家;铁链厂、强生、快达农化等9家企业出口均超过1 000万美元。对外劳务领域有所拓宽,年末在外劳务人员为2 824人。全县新批外商投资企业138家,同比净增19家;新增注册外资4.64亿美元,同比增长44.7%;实际利用外资1.97亿美元,同比增长90.9%。新批138个外资项目,超100万美元项目104个,同比增加47个;有117个项目领取工商营业执照,其中111个项目实现当年审批当年到账,45个项目实现当年开工。从投资领域看,工业主体地位突出,工业项目占新批项目的87.7%,注册资金占89%;从投资结构看,外商独资化趋势明显加快,外商独资占91%;从投资区域看,利用外资的扇面进一步拓展,欧美澳外资项目趋增。年末全县国家、省、市级高新技术企业累计达到23家,其中国家级5家、省级16家、市级2家;新培植民营科技企业10家,全县民营科技企业达到64家。组织申报国家重点新产品7个、获准认定5个,申报省级高新技术产品13个、获准认定8个,年末全县国家级重点新产品达到59个,省级高新技术产品达到82个。全年申请专利314件,比上年增长60.2%;授权专利80件,同比增长10%。

【社会事业】 全县5 798人参加高考,生均总分519.09分,超出省均分68.97分;600分以上655人,名列全省第一;考生本一上线率、本科上线率及7门学科均分均为全省第一。全年创作各类作品3 153件,其中获国家级奖作品29件,省级18件。年末全县城镇集体以上职工人数5.56万人,全部职工年平均工资15 354元,同比增长18%,其中国有职工平均工资20 514元,集体单位职工平均工资13 580元,其他单位职工平均工资11 437元。全县在岗职工平均工资15 548元,同比增长17.9%。据城镇与农村住户抽样调查资料,全县城镇居民人均可支配收入11 162元,同比增长12.1%;农民人均纯收入4 835元,同比增长11.6%。全年共有8名体育人才被输送到省队,开创了县级向省队输送人才之最;全国十运会如东有10名运动员参赛,共获得3块金牌,如东县人民政府被授予全国群众体育先进单位称号。全县有线电视总用户总数已达到20.80万户,全县有线电视入户率平均达到77%。如东荣获江苏省文明城市称号。

通州市

【概况】 全市总面积1 351平方公里,耕地总面积8.02万公顷,下辖2个开发区、1个港区、23个建制镇、4个街道办事处、57个社区、376个行政村和5个农场,户籍总人口126.25万人。

【经济建设】 2005年,实现地区生产总值222.08亿元,比上年增长15.5%,其中第一产业23.06亿元、第二产业132.37亿元、第三产业66.65亿元,分别增长3.1%、19.0%和13.9%。人均GDP(按户籍人口计算)1.75万元,增长16.4%。全社会消费品零售总额75.09亿元,增长16.6%。完成财政收入20.03亿元,其中地方一般预算收入8.64亿元,分别增长37.7%和28.7%,被省人民政府授予财政收入上台阶先进单位称号。全市实现农林牧渔业总产值36.93亿元,增长6.5%。全年实施50万元以上农业项目543个,投资总额12.86亿元。建设农业标准示范区16个,其中3个列入国家级标准化示范区。通州国家农业综合开发高新科技示范项目通过省级验收。大力实施劳动力培训"阳光工程",全年培训劳动力2.77万人次,新增劳务输出9 372人,就地转移9 871人。工业迅猛发展,效益稳步攀升。全市完成工业总产值1 011.11亿元、销售收入978.09亿元、利税84.52亿元,分别增长50.2%、52.8%和127.1%。全力打造"全省民营经济第一大市"。全年新增个体工商户4.43万户、私营企业7 230家,私营企业注册资本74.01亿元,全社会固定资产投资总额121.6亿元,其中工业投入104.54亿元,分别增长43.3%和65.0%。全市新批外商投资项目145个,投资总额10.39亿美元,增长22.4%;新批协议注册外资7.08亿美元,注册外资实际到账2.22亿美元,分别增长21.8%和78.3%。完成自营出口总额8亿美元,增长35.1%。对外承包劳务合同额9 077万美元、营业额7 338万美元,新派劳务1 122人,分别增长70.9%、29.5%和32.9%。全市城区居民人均可支配收入12 038元,农民人均纯收入6 045元,分别增长15.2%和11.3%;年末城乡各类存款、贷款余额分别为225.02亿元和103.56亿元,实现"双百"目标。获全国文化先进市(县)称号。人口与计划生育工作进一步加强,人口自然增长率继续保持负增长。连续5年被评为"双拥模范城"。2005年通州市第八次进入全国社会经济综合发展指数百强县(市)行列,跻身全国县域经济基本竞争力50强。

海门市

【概况】 全市总面积1 148.77平方公里,耕地总面积5.14万公顷,下辖22个镇(乡)、1个开发区、3个街道办事处、56个居民委员会、235个村民委员会(其中包括渔业村3个),户籍人口101.36万人,比上年末减少4 592人,全年出生人口7 280人,人口出生率为7.16‰,死亡人口7 353人,人口死亡率为7.23‰,人口自然增长率-0.07‰。

【经济建设】 2005年,实现地区生产总值212.61亿元(新口径),按可比价计算,比上年增长15.5%。全市完成农林牧渔业总产值38.07亿元,按可比价计算,比上年增长3.6%,其中农业产值18.01亿元,增长1.0%;林业产值0.21亿元,增长11.6%;牧业产值6.97亿元,增长5.00%;渔业产值10.22亿元,增长8.5%。项目农业快速发展,全年新增和扩建农业项目375个,实际投入资金15.7亿元,增长59.9%。全年完成工业增加值103.65亿元,比上年增长19.5%,实现工业性投入100.03亿元,比上年增长67.8%,实施工业项目1 288个,新开工500万元以上项目493个,其中超千万元项目338个,超亿元项目17个。全市工业产值超百亿元乡(镇)3个、超50亿元乡(镇)4个、超30亿元乡(镇)6个。销售超亿元企业80家。实现高新技术产业产值61.8亿元,增长38.5%。新增注册商标420件,新获得省著名商标3件,南通市知名商标8件。工业名牌产品34个,其中省级8个。加快工业集中区建设,9个乡(镇)被列为南通市重点乡(镇)工业集中区。建筑企业全年完成建筑业总产值170亿元,增长20.6%。全年完成建筑业增加值21.14亿元,比上年增长15.9%。全年社会消费品零售总额75.23亿元,比上年增长15.6%。全市完成进出口总额3.95亿美元,比上年增长22.8%。三资企业实现出口额2.8亿美元,自营生产企业出口额4 835万美元,分别比上年增长20.5%和23.7%。全年新增三资企业190家,新批增资项目89个。合同利用外资7.11亿美元,实际利用外资2.54亿美元,分别比上年增长26.7%、71.3%。全市对外劳务实现营业额1.10亿美元,分别比上年增长19.4%和12.9%。新派出国劳务2 070人。全年实现财政收入17.53亿元,比上年增长20.4%。

年末全市在岗职工5.68万人,年平均工资17 576元,比上年增长15.6%。全年城镇失业人员实现再就业3 925人,年末城镇登记失业率2.8%。社会养老保险全市净增参保1.10万人,参保率为99.7%,养老保险收入1.95亿元,同比增长36.2%;基本医疗保险参保7.96万人,参保率99.2%,医疗保险收入5 907万元,同比增长18%;失业保险参保6.75万人,参保率100%,失业保险收入2 091万人,同比增长17.6%。参加农村养老保险12.8万人,全年实缴统筹金额574万元。有

3 874人领取农村养老保险金,全年发放养老金1 046万元。当年统筹农村大病基金2 150万元,参保人数71.66万人,参保率87.7%,覆盖全市所有行政村,全年农村大病补偿金额1 915万元,得保人数1.08万人次。“十五”期间全市地区生产总值、全市财政收入、全社会固定资产投资分别年均增长14.5%、27.7%、28.7%,经济综合实力显著提升。

全市注册外资实际到账累计5.6亿美元,年均增长80.6%,利用外资规模是“九五”期间的6.6倍,2005年全市新批注册外资和注册外资实际到账比“九五”期末增长11倍和18倍。外贸自营出口和外经营业额比“九五”期末增长3倍和1倍多。“十五”期间全市各项社会事业协调发展,期间共申报国家级科技项目65项,申报专利973项,科研成果转化率95%以上。九年制义务教育覆盖率100%,医疗卫生事业发展迅速,初级卫生保健合格乡(镇)达100%,群众性文化、体育运动蓬勃兴起。城乡居民收入同步大幅增长。2005年末,城镇居民人均可支配收入和农民人均纯收入分别比“九五”期末增加4 927元和2 103元,年均增长10.9%和8.0%。“十五”期间,城市化水平达到42.5%,比“九五”期末提高7个百分点。

启东市

【概况】 全市总面积1 708平方公里,其中,耕地面积7.06万公顷;下辖24个镇(乡)、1个开发区、2个街道办事处、25个居民委员会、328个行政村。年末全市户籍人口112.87万人。男女性别比为97.5∶100。全年出生人口6 700人,出生率为5.56‰;死亡人口8 395人,死亡率为6.96‰;全年人口自然减少1 695人,自然增长率为-1.41‰。

【经济建设】 2005年,实现地区生产总值200.03亿元,按可比价格计算,比上年增长15.4%。其中,第一产业增加值33.22亿元,增长2.9%;第二产业增加值102.98亿元,增长21.3%,第二产业中工业增加值为79.9亿元,增长19.6%;第三产业增加值63.84亿元,增长13.9%。人均GDP1.77万元,增长25.5%。实现财政总收入16.01亿元,比上年增长25.4%。其中,地方一般预算收入7.33亿元,增长31.6%。实现农林牧渔业总产值(现价)61.22亿元,比上年增长6.9%;其中,农业产值21.18亿元,增长4.3%;林业产值0.14亿元,下降17.7%;牧业产值6.32亿元,增长9.4%;渔业产值32.24亿元,增长8.2%;农林牧渔服务业产值1.35亿元,增长9.8%。全市新建扩建农业龙头企业92家,新增投入资金4.2亿元,新增扩建农业园区160个,实际投入资金5.16亿元。全市新发展持证农民经纪人1 200人,累计已经拥有持证农民经纪人5 083人。实现工业产值461.33亿元,比上年增长28.0%。全市新批外商投资企业135家,增资扩股企业33家;累计新批注册外资6.3亿美元,增长13.1%;注册外资实际到账1.71亿美元,增长48.8%。全年工业企业经济效益综合指数为199.33,比上年提高33个百分点。实现建筑业产值120.60亿元,比上年增长28.19%。全市建筑企业施工面积1 794万平方米,增长27.32%;房屋建筑竣工面积758万平方米,增长24.26%。南通二建集团荣获2005年度全国工程建设管理优秀企业和江苏省建筑业综合经济实力20强第一名。全年新增个体工商户7 584户,新增私营企业1 726家,其中公司制私营企业758家,占比达43.9%,比上年提高了21个百分点,新批公司制企业平均注册规模由2004年的154.4万元增加到2005年的247.9万元。全年组织省以上科技成果鉴定20个。获省科技进步二等奖1个,三等奖2个;获南通市科技进步奖23个。启东市被国家科技部再次授予全国科技进步先进市称号,被科技部火炬中心列为国家火炬计划启东生物医药产业基地,被中国电气工业协会授予“中国电动工具产业基地”,2005年再度入选全国县域经济被省确定为江苏省知识产权示范市。连续3届荣获江苏省文明城市称号,并被评为江苏省社会治安安全县(市)、江苏省双拥模范城、江苏省农村科普宣传工作先进单位。通过省“十五”人口和计划生育工作示范县(市)验收。

南通港口

扬州市

【历史沿革】 扬州有2 490年文字可考的历史。距今约7 000~5 000年前,淮夷人就在扬州一带劳动生息,并栽种水稻。春秋时期,今扬州市区西北部一带称邗。公元前319年,楚在邗城旧址上建城,名广陵。秦统一中国后,设广陵县,属九江郡。汉代,今扬州称广陵、江都,长期是王侯的封地。北周改广陵为吴州。589年,陈灭,建立了统一的隋政权,改吴州为扬州,置总管府。至此,完成了历史上的扬州和今天的扬州在名称区划、地理位置上的基本统一。民国元年(1912年)废扬州府,设置江都县。1949年1月25日,今扬州市区解放,设置扬州市。4月21日,苏北行政公署成立,扬州为5个行政区之一。1950年1月,泰州专区与扬州专区合并。1983年3月,江苏省改革地市体制,调整行政区划,扬州地区行政公署撤销。扬州市改由省管辖,原属扬州地区的泰州市和江都、邗江、泰县、高邮、靖江、宝应、泰兴、兴化、仪征9个县划归扬州市管辖,并设广陵区和郊区。1996年8月,经国务院批准,扬州市行政区划调整,撤销县级泰州市,设立地级泰州市,原由扬州市代管的泰兴、姜堰、靖江、兴化4个县级市划归泰州市管辖。扬州市设广陵区、郊区(2002年更名为维扬区)、邗江区、辖宝应县,代管仪征、高邮、江都3个县级市。

【地理位置】 扬州地处江苏中部,长江下游北岸,江淮平原南端。现辖区域在东经119°01′(仪征市移居、青山一线)至119°54′、北纬31°56′至33°25′(宝应县西安丰、泾河一线)之间。南部濒临长江,北与淮安、盐城接壤,东和盐城、泰州毗连,西与天长(安徽省)、南京、淮安交界。扬州市城区位于长江与京杭运河交汇处,东经119°26′、北纬32°24′。

【行政区划】 全市总面积6 634平方公里,其中城市规划面积980平方公里,建成区面积67平方公里。辖邗江、广陵、维扬3个区,宝应1个县和江都、仪征、高邮3个县级市。2005年,全市建制镇调整为77个,街道办事处调整为12个,居民委员会345个,村民委员会1 200个。

【人口】 2005年末,户籍总人口为456.31万人,比上年末增加2.02万人,增长0.44%。自然增长率为3.8‰。全市登记出生人口4.64万人,出生率10.8‰;死亡人口2.91万人,死亡率6.4‰;全市人口迁移12.34万人,其中,省际迁移2.36万人。扬州城区人口128万人。

【经济发展概况】 2005年,全市实现地区生产总值922亿元,增长15%,人均地区生产总值达2 550美元;完成全社会固定资产投资410亿元,增长24.2%;财政总收入117亿元,增长26%;注册外资实际到账12.5亿美元,增长53.6%;城市居民人均可支配收入和农民人均纯收入为11 379元、5 215元,分别增长15.5%和11.5%。

【城市产业结构调整】 2005年全市实现第一产业增加值86亿元,增长6%;第二产业增加值518亿元,增长17.3%,其中,工业增加值450亿元,增长17.8%;第三产业增加值318亿元,增长14.3%。全市积极应对宏观调控,大力实施沿江沿河开发、城市化推进、工业"双创"和"三重"工程,大力发展第三产业,努力促进区域生产力的合理布局和产业结构的优化升级。全市三次产业的比重结构由去年的10.1:53.3:36.6调整为9.3:56.2:34.5,第一产业、第三产业比重分别下降0.8、2.1个百分点,第二产业比重上升2.9个百分点。2005年第二、三产业对地区生产总值的贡献率分别达到73.3%和22.1%,工业经济贡献率62.3%。

【农业现代化建设】 2005年,全市实现农业增加值86亿元,比上年增长6%;实现农民人均纯收入5 200元,比上年增加523元。种植业再创新高。全市粮食播种面积5 215万亩,比去年扩大32.2万亩,粮食总产22.6亿公斤,比上年增加2.2亿公斤。全市小麦单产360公斤,油菜单产159公斤,均创历史最高水平。水稻实现单产482公斤,比上年亩增13公斤。畜牧业平稳发展。全年生猪出栏180万头,家禽饲养8 000万只,其中水禽3 650万只,均比上年略有下降。饲养奶牛3 450头,同比增长4.5%。水产养殖持续发展。全市水产养殖面积达107万亩,扩大2万亩,其中特种水产养殖面积达88万亩。实现水产品产量34.5万吨,比上年增长6.8%,其中特种水产品8.2万吨,比上年增长11%。全年共有5个无公害水产品生产基地和10个无公害水产品通过省海洋与渔业局农业部农产品质量中心的认定;林茶花果快速发展。全年新造成片林10.7万亩,新建完善农田林网、绿色长廊34万亩、553公里。新拓花木面积、经济林桑茶果3.1万亩、2.3万亩。蔬菜面积继续扩大。全市蔬菜播种面积105万亩,总产165万吨。农产品质量体系建设进一步完善。全年新认证无公害农产品74个、绿色食品34个、有机食品11个。新增无公害农产品基地76.92万亩、家畜1.12万头、家禽19.8万只。

【对外开放及园区建设】 沿江开发和园区基础设施完成投入85亿元。润扬长江公路大桥建成通车,沿江高等级公路全线基本贯通。扬州港3号泊位对外开放,4号泊位建成投产。扬州出口加工区经国务院批准设立,相关基础设施初步建成。二电厂二期工程建设进展顺利,扬州发电厂扩建工程投入运行。化工、汽车及零部件、电子信息等产业集聚初具规模。沿河开发重点基础设施建设启动,安大公路先导段开工建设。南水北调东线一期工程建成,淮河流域灾后重建应急工程投入使用。成功举办了"烟花三月"国际经贸旅游节及各类招商推介活动。全年协议注册外资24.2亿美元,增长47.4%。注册外资实际到账老口径12.5亿美元,增长53.6%;新口径5.3亿美元。新批1 000万美元以上项目106个。新增民资注册资本165亿元、民资总投入402亿元,分别增长61.9%和57%。实现外贸出口19亿美元,外经营业额1.03亿美元,分别增长40.6%和20%。现有"五区五园"(扬州经济开发区、扬州化学工业园区、高邮经济开发区、江都经济开发区、宝应经济开发区、仪征经济开发区以及邗江工业园、江阳工业园、杭集工业园、广陵产业园),已开发35平方公里,累计投入自身基础设施105亿元,平均每平方公里投入基础设施建设资金1.8亿元,累计批准进区企业3 000多家,投产企业2 300多家,已经成为我市招商引资的重要载体和社会经济新的增长极。去年"五区五园"以不到全市1%的土地面积,创造了占全市35%的全社会固定资产投资、26%的GDP、29%的财政收入、78%的外贸出口、57%的注册外资实际到账。

【科技进步与创新】 在"双创"工程推动下,全市工业创新步伐加快,全年开发新产品1 482项,达到"九五"期末的1.6倍;新产品销售率达30.6%。完成工业技术改造投入252亿元,增长40%。全年新增省级以上高新技术企业30家,国家级、省级高新技术产品138个,比"九五"末增加1.1倍。5项产品获中国名牌称号,1件商标获中国驰名商标称号,38个产品入选江苏名牌产品,全年国家级品牌、商标创建数达到了"十五"中前4年的2倍。

【社会事业】 新建、改建了体育公园体育馆、双博馆、吴道台宅第、苏北医院医技楼、南方协和医院综合楼、扬子津科教园、扬大附中实验楼等一大批工程,完成了全市农村中小学"校校通"工程、"六有"工程建设任务,全市有90%的城市社区和一半以上的农村乡镇完成了全民健身"八个一工程"建设任务,市档案馆被评为国家一级档案馆。开展了"食品安全放心工程"和医疗服务市场专项整治等活动,查处了食品卫生违法案件923起,违法医疗机构和非法行医人员116所(人),非法行医案件162件。全市有60%以上的高中生实现了在三星级以上高中就读,本科上线人数比上年净增四分之一,有16所学校开办"宏志班"接纳了近2千名贫困家庭学生。全市社区卫生服务机构当年诊疗病人19万人次,社区门诊平均费用降至综合医院的三分之一左右,市"慈济医院"接诊病人超过2 500人次。创作出版了长篇扬州评话《一代儒将——陈毅》,雕版印刷技艺、扬州清曲等7个项目被列入国家级非物质文化遗产保护名录,市区试行开通了数字电视,有近13 000名农村计划生育群众领到了国家发给的每月50元奖励扶助金。圆满完成了全国十运会艺术体操、男子举重和男子足球比赛承办任务,举办了第四届全民健身体育节,申办2007年第十八届亚洲乒乓球锦标赛并取得了成功。举办了首届"欢乐扬州 扬州市民日"群众文娱活动,承办了4场全国"四进社区"文艺汇演活动。

【社会保障体系】 按时足额地为全市14.9万名离退休人员发放养老金12.57亿元,社会化发放率100%;全市城镇职工养老保险参保数达51.3万人,扩面续保11.65万人,净增缴费4.22万人,机关事业养老保险参保4.2万人,农村养老保险参保31万人。全市医疗保险参保数达60万人,净增参保6.02万人。加强了医保基金管理,人均住院费用下降了8%。调整了医疗保险诊疗项目库和药品目录,规范了收费标准,调整了自付比例。全市29 233名困难企业职工和退休人员、市区376名特困下岗失业人员和6 101名低保对象享受到了医疗救助。全市失业保险参保人数49.39万人,扩面2.29万人,征缴基金13 674.7万元。完善了失业保险征缴机制,将失业保险费移交地税部门征收,提高了征缴率。全市工伤保险参保32.12万人,生育保险参保28.85万人。启动了"绿色医保,健康工程",为11 730名参加医保的退休人员进行免费体检,建立了健康档案全市实行社会化管理的退休人员总数达14.77万人,社会化管理率98.97%,其中实现社区管理人数达13.33万人,社区管理率94.03%。制定了失地农民基本生活保障政策意见和工作流程,加强了对各县(市、区)的工作指导和监督,全市共为近万名失地农民办理了基本生活保障。

经济社会发展主要指标

项　　目	2005年	比2004年增或减%
国内生产总值(亿元)	922.02	15.0
第一产业增加值(亿元)	89.29	6.0
第二产业增加值(亿元)	519.17	17.2
其中:工业增加值(亿元)	451.45	17.8
第三产业增加值(亿元)	313.56	14.3
人均国内生产总值(元)	20 389	15.5
粮食总产量(万吨)	226.43	10.5
棉花总产量(吨)	6 897	-33.7
油料总产量(万吨)	12.28	-10.4
全社会固定资产投资总额(亿元)	410.07	24.2
外贸自营出口(亿元)	190 532	41.0
实际利用外资(万美元)	125 000	53.6
社会消费品零售总额(亿元)	306.89	15.7
零售物价总指数(%)	100.6	

续表

项目	2005 年	比 2004 年增或减%
地方财政收入(亿元)	74.22	34.7
地方财政支出(亿元)	87.31	31.6
职工年平均工资(元)	18 165	15.4
农民年纯收入(元)	5 215	11.5
邮电业务总量(亿元)	24.79	13.0
电话普及率(部/百人)		
年末存款余额(亿元)	952.69	13.0
年末贷款(亿元)	513.33	15.3
大学(所)	5	
中小学(所)	577	-6.3
下岗人数(人)		
企业兼并、破产数(个)		

广陵区

【综述】 广陵区辖湾头、汤汪 2 个乡镇和曲江、文峰、东关、汶河 4 个街道,面积 67 平方公里,人口 31 万人。

【经济建设】 2005 年,广陵区坚持加快发展不动摇,不断创新工作思路,积极破解发展难题,全区经济保持快速健康的发展势头。全年实现地区生产总值 33.14 亿元,增长 15.4%,其中,第二产业增加值 13.22 亿元、第三产业增加值 19 亿元,分别增长 15.8%、15.7%;财政总收入突破 11 亿元(按原口径 5.2 亿元,增长 30%),其中一般预算收入 5 亿元,分别增长 21% 和 19%;完成全社会固定资产投资 24.65 亿元,增长 42.5%。同时,城市化和城市现代化步伐进一步加快,社区建设进一步加强,各项社会事业加快发展,群众生活水平逐步提升。

工业经济。全部工业实现产值 60 亿元,增长 27.39%,规模以上工业完成产值 41.8 亿元、销售 40.1 亿元、利税 3.3 亿元,分别增长 30.4%、31.6%、27%;工业更新改造步伐加快,完成技改投入 9 亿元,增长 66.67%,实施工业技改项目 143 个,其中1 000万元以上项目 43 个;实施国家科技创新基金项目 2 项、国家火炬计划 1 项,新增省级高新技术企业 4 家、省高新技术产品 6 项,开发新产品、新技术 57 项,新产品销售率 25%;品牌建设取得新突破,兴盛牙刷荣获“中国名牌产品”称号,填补我区空白。

农业。结构调整稳步推进,大力发展观光农业、现代设施农业、绿色生态农业和优质高效农业,积极发展蔬菜、特种养殖、特种水产品等,加大农业科技创新,提高农业科技含量,突出农产品质量建设,大力实施“放心菜、放心肉”工程,确保城乡居民“菜篮子”安全。

服务业。完成社会消费品零售总额 42.77 亿元、商贸业营业额 51.2 亿元、市场集贸成交额 110 亿元,分别增长 16.65%、23.67%、22.13%,增幅创历史新高,保持全市领先位置;金鹰国际购物中心、万家福商城、五星电器大卖场、广润发超市等重点骨干企业龙头支撑作用明显。

开放型经济。全年新办外资项目 33 个、增资转股项目 8 个,新开工项目 25 个,合同利用外资 1.84 亿美元,实际利用外资9 445.73万美元,分别增长 61.4%、125.5%,实际利用外资超过前 4 年之和。外贸业务持续扩大,完成自营出口 1.2 亿美元,增长 30%。大力引进域外民资,民营经济发展活力得到增强,全年新增民资注册资本 13.1 亿元,增长 58%。

广陵产业园建设。新投入 1.57 亿元开工建设经一路、团结路等 6 条道路,完成自来水管道铺设,基本建成肖家污水泵站。食品工业园建设正式启动,引进正大集团,实施整体开发、分项建设。新进园项目 21 个,其中外资项目 7 个、民资项目 14 个。合同利用外资 1.1 亿美元,实际利用外资4 435.4万美元,分别占全区总量的 59.8%、47%;新增民资注册资本 5.41 亿元。园区全年完成工业总产值超过 10 亿元,实现税收超过 5 000万元。

【社会事业】 坚持以人为本,加强精神文明建设,加快发展社会事业,促进经济社会协调发展。深入开展群众性精神文明创建活动,城乡文明程度和居民整体素质进一步提高,全区共有 17 个社区、45 个单位、9 个村分别获得省、市级文明社区、文明单位、文明村称号,近 9 万户家庭被评为五好文明家庭。“科教兴区”战略深入实施,顺利通过全国科技进步考核,继续保持“科技工作先进城区”称号。优先发展教育事业,投入2 400 多万元,超额完成省“六有”工程目标任务,创办东关小学文昌苑校区,少年宫东部活动中心建成对外开放,新创成省实验小学1所、省示范性实验幼儿园1所,创建省级以上特色学校14所。教育教学质量明显提升,优质教育的普及率在全市领先。体育工作成绩显著,我区荣获"全国群众体育工作先进单位"称号,十届全运会上,10名广陵籍运动员在艺术体操、花样游泳、跳水等项目上夺得5金1银1铜,为江苏和扬州赢得殊荣。公共卫生事业进一步发展,依托现有医疗机构,投入250多万元,在全市率先建成乡镇、街道社区卫生服务中心6家;成功举办纪念抗日战争胜利60周年歌咏大会、第九届社区文艺节暨首届邻里节、首届少儿艺术节和首届"夕阳红"艺术周等大型文化活动,获得国家、省、市组织的各类艺术大赛奖70多项。积极争创省"十五"人口与计划生育示范区,顺利通过市级考核。计划生育率99%以上。引进应届大中专毕业生77名、在职人才66名。精心组织全国1%人口抽样调查,圆满完成全国第一次经济普查任务。

2005年,城镇居民人均可支配收入达11 350元,农民人均纯收入达7 150元,分别增长15.2%、12.6%。城乡居民创业致富的社会环境更加宽松,全年新办私营企业277家,新发展个体工商户2 679户,广菱电子、汇银家电等一批区内民资企业不断做大做强。就业再就业工作力度继续加大,率先在全市启动"零就业家庭就业援助"行动,全年开发就业岗位6 338个,新增就业人数2 569人,帮扶"4050"特困人员再就业917人次。全面小康村建设步伐加快,有4个村列入市先行村行列。

广陵区经济社会发展主要指标一览表

项　　目	2005年	比上年度增或减%
国内生产总值(亿元)	33.14	15.4
第二产业增加值(亿元)	13.22	15.8
其中:工业增加值(亿元)	11.42	15.3
第三产业增加值(亿元)	19	15.7
全社会固定资产投资总额(亿元)	24.65	42.5
自营出口(亿美元)	1.2	30
合同利用外资(亿美元)	1.84	61.4
实际利用外资(万美元)	8 635	106
社会消费品零售总额(亿元)	42.67	16.4
商贸业营业额(亿元)	51.2	23.67
市场集贸成交额(亿元)	113.15	25.6
财政收入(新口径亿元)	11	21
其中:地方财政收入(亿元)	5.05	19
城镇居民人均可支配收入(元)	10 477	12.1
农民人均纯收入(元)	7 150	12.6

维扬区

【概述】 维扬区坐落在江苏省中部偏南,位于扬州市西北部,占地64平方公里,人口19.32万人,下辖3个乡镇、2个街道、1个国营场圃和1个省级经济开发区,全区现有17个居委会和24个行政村。特殊的地理位置带来了得天独厚的优势。

【经济建设】 2005年,维扬区坚持以科学发展观为统领,以招商引资为龙头,以项目建设为载体,推动经济提速增效和产业优化升级,经济社会实现快速协调发展。工业经济发展速度和运行质态稳步提高,2005年全区规模以上工业实现产值51.2亿元,增长34.5%,产销亿元以上工业企业达12个,实现产值27.1亿元;以房地产业为龙头的服务业克服重重困难,2005年实现增加值8亿元,增长15.2%;农村经济综合实力不断增强,以观赏鱼、花卉苗木、蔬菜种植等为主要特色的农业产业化水平进一步提高。

开放型经济。2005年,全区合同利用外资20 218万美元,同比增长72.6%;实际利用外资6 550万美元。全年新批外商投资项目45个(含14个增资、减资、转股项目),新办31个外资项目(不含增资、扩股项目),平均注册资本达700.97万美元,同比增长121.8%;其中注册资本500万美元以上项目14

个，占项目总数的45.2%，尤其是今年合同利用外资3 500万美元的中信泰富（扬州）置业有限公司落户该区，并于办成当月即实现到资3 450万美元。

全区先后组织了招商引资“4.17”投资说明会、“百团千人南方行”、“7.28”投资说明会、“五湖四海知维扬”招商活动、“9.28”投资说明会以及“招商突击月”活动，通过不断“走出去、请进来”，邀请、结识了一批客商，洽谈了一批项目，掌握了一批项目信息，为全年外资指标的提前完成打下了坚实的基础。

大力推进制度创新、管理创新，以民营经济为主体的多元投资结构，多种经济成分已经形成。全区新增私营企业376家，平均每7.5户拥有1家个体私营企业或个体工商户，全民创业方兴未艾。加大民资招商力度，全年新增内民资注册13.95亿元，增长57.8%。

2005年，维扬区江阳工业园实现规模以上工业产值20.5亿元，同比增长50.9%，净增额6.9亿元，占全区净增额53%，增幅高出全区平均增幅16.4个百分点，其中园区自身实现规模以上工业产值7.6亿元，增长93.3%，增幅高于全区平均增幅58.8个百分点。实现税收6 800万元，比上年净增1倍，按老口径计算，园区税收收入占全区财政收入的比重已由2004年9%提高到14.6%。

【社会事业】 维扬区积极推进“科教兴区”战略，深入开展科学普及活动，全区定点完小以上学校全部建成网络计算机教室，办学条件进一步改善。卫生事业也取得长足发展，西湖、平山两乡镇顺利通过省级卫生乡镇的复查验收。全区采取严格措施，夺取了禽流感防控的阶段性胜利。同时，强化人口与计划生育工作的目标管理，进一步提高计生服务工作水平，计生协会作用得到充分发挥。老龄和残联工作也分别被评为省老龄工作先进区和社区残疾人工作示范区。2005年，全区民兵、预备役工作整体水平明显提高，获得省“双拥模范区”“四连冠”，并顺利完成第一次全国经济普查和全国1%人口抽样调查工作。维扬区档案馆已创建成省二级国家综合档案馆，基本实现档案检索现代化。全区顺利建成区社区服务中心、区青少年活动中心、区疾病预防和控制中心和区政务信息化平台，区老年活动中心和行政副中心的建设亦开始启动。在巩固提高“八个全覆盖”的基础上，全面落实农村部分计划生育家庭奖励扶助政策，全面推行被征地农民基本养老保障，在全市率先实现全区民生事业“十个全覆盖”。通过全方位开辟就业渠道，安置了城镇失业人员1 854人。同时，加强生态环境保护和建设，城乡人居环境质量进一步改善。全区基层民主法制建设进程进一步加快，堡城村、锦旺社区分别获得省级民主法治建设示范村和示范社区称号。全区政务公开工作在全市率先通过市级验收，并被考评组称赞为全市的示范典型，村务、企务公开也得到扎实推进，第二届社区居委会选举顺利实施，基层民主建设得到进一步强化。在2005年中，维扬区社会治安综合治理得到强化，“平安维扬”创建取得新成效。为了妥善化解各种社会矛盾，维扬区高度重视信访工作，集访量有所下降。由于扎实抓好安全生产工作，全区全年未发生重、特大安全生产事故。

维扬区经济社会发展指标一览表

项　　目	2005年	比上年度增长(%)
国内生产总值(亿元)	27.09	17
第一产业增加值(亿元)	1.13	1.9
第二产业增加值(亿元)	17.89	19.1
其中:工业增加值(亿元)	16.32	18.6
第三产业增加值(亿元)	8.07	15.2
人均国内生产总值(元)	12 934	20.3
粮食总产量(万吨)	0.99	-0.6
油料总产量(万吨)	0.06	-2.4
全社会固定资产投资总额(亿元)	30.31	37.5
外贸自营出口(万美元)	13 886	33.3
实际利用外资(万美元)	7 521	49
社会消费品零售总额(亿元)	16.3	16.4
财政总收入(万元)	7.34	33.6
职工年平均工资(元)	15 448	-4.3
农民年纯收入(元)	7 180	13.1

邗江区

【概况】 邗江距今有2 490多年的历史,是国家历史文化名城——扬州市的重要组成部分。陆地面积749.28平方公里,长江岸线26.8公里。全区辖11个镇、3个街道办事处,人口50万人。共13个民族,汉族占总人口的99.95%。

【经济建设】 2005年,全区实现地区生产总值137.4亿元,增长15.9%。财政总收入12.7亿元,一般预算收入6.3亿元,同比增长28.3%和35.3%。全社会固定资产投资额60亿元,增长31%。实现农民人均纯收入6 030元,城镇居民人均可支配收入12 321元,分别增长12.5%和13%。

农业经济。实现增加值9.2亿元,增长5.9%。粮食生产稳定在4.6亿斤左右,农业结构进一步优化,农业产业化经营稳步推进,城郊型农业特色逐步显现。获得"三品"品牌认证27个,建成无公害农产品生产基地23.5万亩,畜禽优良品种率80%以上,农业综合机械化水平达80.8%。首批6个全面小康示范村顺利通过验收。

工业经济。实现全部工业产值350.5亿元,其中规模以上工业企业总产值262.4亿元,分别增长28.6%和32.6%。完成工业投入48亿元,增长63.1%,135个千万元以上重点技改项目顺利实施。企业创新能力明显增强,新创国家级高新技术企业1家、省级高新技术企业7家。开发各类新产品160项,新上火炬、星火计划13项,申请专利362件,注册商标400件,新增中国驰名商标1件、中国名牌产品3个、国家免检产品2个。荣获"全国科技进步先进区"称号。

外经外贸。全年新批外商投资项目93个;完成协议注册外资3.7亿美元,注册外资实际到账1.8亿美元,分别增长80.9%和78.2%。自营出口2.4亿美元,增长45.7%。完成外经营业额730万美元,期末在外人数490人。

民营经济。新开工民资项目582个,完成民资投入59.5亿元,新增注册资本金25亿元,新办私营企业1 224户,分别增长16.9%、37.4%、35.1%和25.2%。民营工业实现产值、销售、利税、利润均占全区工业经济总量的90%以上。

服务业。实现增加值46.5亿元,增长15.9%。其中,房地产业完成增加值7.89亿元,增长25.2%;社会服务业完成增加值2.87亿元,增长19.5%;交通运输业完成增加值8.66亿元,增长7.0%;批发零售餐饮业完成增加值12.06亿元,增长15.7%;社会消费品零售总额23.4亿元,增长16.3%。创造地方税收2.6亿元,占全区地方税收的59.6%,增长17.3%。

建筑业。完成总产值54亿元、增加值12.8亿元,分别增长15%和14.3%。

【社会事业】 实施教育布局调整和"六有"工程建设,新创省示范初中2所、省实验小学2所,普通高考本科万人口上线率达万分之十二,建成区青少年活动中心,被评为"省教育工作先进区"。

卫生、文化、体育。新型农村合作医疗参保率达85.7%。南方协和医院主楼封顶,新增自来水受益人口5.7万人、卫生户厕9 469座,创成省级卫生镇、卫生村、爱国卫生先进单位各1个,疾病预防控制、计划免疫、妇幼保健和农村社区卫生服务等工作继续加强。食品、医药市场秩序进一步好转。举办第二届社区艺术节,新编扬剧《心碑》深受群众好评,面积达2 000平方米的省级全民健身工程顺利建成。

社会保障。2005年,全区新增养老保险参保职工4 500人、医疗保险参保职工6 600人、失业保险参保职工2 107人,累计征缴保费1.98亿元。出台并开始实施了《区征地补偿安置和被征地农民基本生活保障实施细则(试行)》。城乡1 694户、4 380人得到最低生活保障。完成扶贫建房145户435间。

邗江区经济社会发展主要指标

项　　目	2005年	比2004年增或减%
国内生产总值(亿元)	137.4	15.9
第一产业增加值(亿元)	9.2	5.9
第二产业增加值(亿元)	81.69	17.0
其中:工业增加值(亿元)	75.89	17.2
第三产业增加值(亿元)	46.51	15.9
人均国内生产总值(元)	27 024	14.7
粮食总产量(万吨)	23.14	-0.2
棉花总产量(吨)	574	49.5
油料总产量(万吨)	1.1	-7.5
全社会固定资产投资总额(亿元)	60.73	30.9

续表

项目	2005 年	比 2004 年增或减%
外贸自营出口(亿美元)	2.44	48.3
实际利用外资(万美元)	20 421	102
社会消费品零售总额(亿元)	33.31	16.4
零售物价总指数(%)		
财政收入(亿元)	6.33	30.0
财政支出(亿元)	6.67	21.0
职工年平均工资(元)	14 557	17.0
农民年纯收入(元)	6 030	12.5
邮电业务总量(亿元)		
电话普及率(部/百人)		
年末存款余额(亿元)		
年末贷款(亿元)		
大学(所)		
中小学(所)	72	-5.3
失业人数(人)	3 203	27.6
企业兼并、破产数(个)		

高邮市

【概况】 高邮市地处苏中里下河地区西缘,总面积1 962.58平方公里,其中以江苏省第三大湖为主的水域面积 788 平方公里。年末实有耕地面积 118 万亩。辖 19 个镇、1 个回族乡、1 个省级经济开发区,总人口 83 万人,人口自然增长率 -0.85‰,是国家重点扶持的粮棉大市,全国粮棉生产、水利建设、体育、农村中医工作、群众文化先进市,省级卫生保健先进市、计划生育工作示范市、双拥模范城,中国羽绒服装制造名城、国家级生态示范区。

【经济建设】 2005 年,高邮市实现了 GDP 超 100 亿元、财政收入超 10 亿元的“百十”目标。2005 年,全市实现地区生产总值 100.7 亿元,比上年增长 18.1%;财政收入 10.03 亿元,增长 38.7%;协议注册外资13 088万美元、实际到账6 535万美元(同口径),分别增长 55%、60.5%;全社会固定资产投资 46 亿元,增长 40.1%;农民人均年纯收入5 000元,增长 12.9%。

农业。发展“绿色五业”,推进农业结构调整和产业化经营,全市鸭、鹅饲养量分别超过 500 万只和 600 万只,特水养殖达 33 万亩,优质粮达 75 万亩,新增林地 5.1 万亩;一批龙头企业快速成长,双兔米业的 4 个品牌荣获全国免检产品称号,高邮鸭和红太阳牌咸鸭蛋获得有机食品称号;开展以罗氏沼虾为重点的农副产品市场推介与规范管理,虾农养殖效益大幅提高,净增收 1.6 亿元;积极推进农业服务体系改革与建设,全面组织禽流感等重大动物疫情的防控;无公害农产品产地规模达 100 万亩、绿色食品基地 12 万多亩、有机食品基地1 000亩。加强农民职业技能培训,农村劳动力内转外输新增 2.1 万多人。

工业。实现工业产值 117 亿元、销售 108 亿元、利润 2 亿元,分别增长 36.2%、36% 和 73.9%。工业在建项目 580 项,总投入 32 亿元,顺大单晶硅、宏远三期等一批亿元项目相继建成投产。积极打造工业发展新载体,园区基础设施投入 1.6 亿元,新建标准化厂房 65 万平方米。在用地形势趋紧的情况下,多着并举,确保项目用地,共办理供地手续3 100多亩。实施科技“3+1”支持工程项目 390 项,总投入 11 亿元,新增销售 21 亿元,获批省以上各类科技计划项目 60 项,华美丙纶纺线等一批项目取得自主知识产权。中国羽绒服装制造名城冠名我市。加强金融安全区创建工作,搭建政企、银企良性互动平台,开展银企对接活动,签订信贷协议 11.1 亿元。新发展私营企业 910 家、个体工商户4 000户,新增民营注册资本 20 亿元。完成建筑业总产值 57.5 亿元,同比增长 20.3%。

【社会事业】 切实开展精神文明创建活动,重视未成年人思想道德建设。优先发展教育事业,“普九”成果得到巩固,教育质量有所提高,农村中小学实现“六有”和“校校通”;重视职业技能培训,市职教中心通过国家级重点职中验收;成功举办高邮中学百年校庆。初步建立医疗救治、疾病预防控制、卫生监督和信息网络四大体系,突发公共卫生事件应急能力进一步增强;新型农村合作医疗覆盖率达90%;创建成省级卫生镇和扬州市级卫生镇各1个;改造卫生户厕12 680座,新建无害化卫生户厕7 125座;强化食品、药品安全监管,推进"放心工程"建设。完成省级历史文化名城的规划编制,成功创作和传唱高邮市歌,邮都文化广场开工建设。广播电视中心启用开播,基本实现有线电视村村通。积极实施全民健身"八个一工程"。低生育水平进一步稳定,计划生育率98.6%,人口自然增长率-0.85‰,通过省人口与计划生育示范市验收,推行农村部分计划生育家庭奖励扶助制度,3 171名农民享受奖励扶助。顺利完成全国第一次经济普查任务。

【人民生活】　城镇在岗职工年平均工资14 211元,比上年增长20.3%;农民人均纯收入达5 000元。落实就业再就业优惠政策,建立下岗失业人员小额贷款担保制度,采集就业岗位9 406个,推荐就业再就业3 773人,下岗失业人员再就业2 213人。职工养老保险新增参保8 350人,医疗保险新增参保7 120人,失业、工伤、生育等社会保险覆盖面继续扩大,社保基金收入达2.2亿元。3 070名城市居民、9 857名农民享受最低保障。建立并试行被征地农民基本生活保障机制。降低新型农村合作医疗补助金起付线,更多农民从中受益,规范特困农民大病医疗救助。新建、改建、扩建敬老院11所,改造农村草危房100户。

高邮经济社会发展主要指标

项　　目	2005年	比2004年增或减%
国内生产总值(亿元)	100.70	16.0
第一产业增加值(亿元)	23.63	5.8
第二产业增加值(亿元)	44.25	23.3
其中:工业增加值(亿元)	35.45	22.9
第三产业增加值(亿元)	32.82	14.8
人均国内生产总值(元)	12 175	16.0
粮食总产量(万吨)	67.77	15.8
棉花总产量(吨)	0.40	-40.9
油料总产量(万吨)	3.40	-9.1
全社会固定资产投资总额(亿元)	28.21	16.3
外贸自营出口(万美元)	9 660	-3.4
实际利用外资(万美元)	7 440	83.0
社会消费品零售总额(亿元)	28.21	16.3
零售物价总指数(%)	—	—
地方财政收入(亿元)	3.48	27.7
地方财政支出(亿元)	6.56	31.5
职工年平均工资(元)	14 211	20.3
农民年纯收入(元)	4 938	11.5
邮电业务总量(亿元)	—	—
电话普及率(部/百人)	—	—
年末存款余额(亿元)	92.03	18.2
年末贷款(亿元)	29.56	-2.2
大学(所)	—	—
中小学(所)	184	55.9

江都市

【概况】 江都位于江苏省中部，南濒长江，西傍历史文化名城扬州，东与泰州市接壤，是长江中下游和南京都市圈内一座生态园林中等城市。境内南北长55.75公里，东西宽42.76公里，总面积1 332.54平方公里(其中陆地面积85.8%，水域面积14.2%)，属江淮冲积平原。

2005年5月，经江苏省人民政府批准，实施新一轮乡镇行政区划调整，撤并10个镇。全市现辖仙女镇、大桥镇、吴桥镇、浦头镇、宜陵镇、丁沟镇、郭村镇、邵伯镇、丁伙镇、樊川镇、真武镇、小纪镇和武坚镇等13个镇和一个省级经济技术开发区，共有56个社区、309个行政村。

【经济建设】 江都素有“花木之乡、丝绸之乡、建筑之乡、鱼米之乡”之称。2005年，实现地区生产总值200.06亿元，财政收入18.3亿元，完成全社会固定资产投资85.1亿元，分别比上年增长15.8%、28.3%、39.6%，三次产业结构比为9.2:54.8:36。

农业。形成花卉苗木、优质蔬菜、特种水产、特畜特禽、优质稻米五大特色，花木面积突破10万亩、销售收入5亿元；建成千亩以上农业园区10个，新发展扬州市级以上农业龙头企业3家、农民专业合作经济组织13个、农民经纪人1 100人，新增农业“三品”品牌14个，实现农机跨区作业收入1.1亿元；建成省首批生态农业县(市)，12个“全面小康村”先行村基本达标。

工业。全部工业实现产值507亿元、销售465亿元、利税25.9亿元，分别比上年增长35.3%、38.3%、47%，规模工业产值比重上升到63.5%，销售过亿元企业发展到60家，其中过10亿元企业3家，诚德集团突破18亿元，汽车及零部件、机械冶金、石化医药、船舶制造及配套件四大支柱产业占全部工业比重达70%；完成工业技改投入62.4亿元，比上年增长53.7%，当年实施千万元以上项目230个，其中亿元以上项目15个。建筑业总产值达130亿元，江都建设工程有限公司独立承建的西安高新广场火炬创业园工程、参建的北京印钞厂迁建工程双获鲁班奖，拥有特级资质企业1家，一级资质企业10家。服务业发展加快。实现增加值72亿元、社会消费品零售总额58亿元，同比分别增长14.1%、15.9%；全市各类市场成交额超50亿元，同比增长16.2%，建成超亿元市场8个，营业额过亿元企业6家，其中苏中商贸城成交额超15亿元。旅游业总体规划通过扬州市评审，全年接待游客50万人次。当年新增市级文物保护单位新增18家，京江大酒店成为市内首家四星级旅游饭店。

【社会事业】 围绕建设“江河湖一水贯通、古水绿一体和谐”的滨江生态园林中等城市的总体目标，初步建立布局合理的城镇体系。实施沿江高等级公路、233省道江都段、沿运灌区续建配套与节水改造等交通、水利工程。宁启铁路江都火车站、污水处理厂一期工程投入运营，垃圾卫生填埋场开工建设。国家环境保护模范城市创建工作顺利通过省级调研。实施省级以上科技计划项目17项，培育省级以上高新技术企业5家，开发国家级重点新产品和省高新技术产品21个，建成工程技术研发中心2个，“亚威数控机床”荣获“中国名牌产品”称号，12家鞋业企业获得国家授予的“真皮标志”。开展与科研院所及高等院校产学研合作，签约项目33个。人才工作得到加强，被评为省人才工作先进市。高考本科上线率、上线人数等主要指标位居扬州市第一，高中阶段入学率80%以上。成功组建职教集团。新型农村合作医疗覆盖率86.6%，新增自来水饮用人数7.7万人。3个镇创建成国家级卫生镇和“中国特色文化乡镇”、“全国创建文明村镇工作先进镇”。竞技体育在全国十运会上获金牌2枚。有线电视实现“组组通”。发放农村计划生育家庭奖励扶助金202万元，计划生育率98.8%。顺利通过省级双拥模范城检查验收，陈巧云家庭被表彰为“全国十佳情系国防好家庭”。

江都市经济社会发展主要指标一览表

项　　目	2005年	比上年度增或减%
国内生产总值(亿元)	200.06	15.8
第一产业增加值(亿元)	18.5	5.3
第二产业增加值(亿元)	109.55	18.9
其中：工业增加值(亿元)	98.87	25.7
第三产业增加值(亿元)	72.01	14.1
人均国内生产总值(元)	19 150	16.2
粮食总产量(万吨)	44.99	7.2
棉花总产量(吨)	1 800	-16.2
油料总产量(万吨)	4.11	-17.6

续表

项　　目	2005 年	比上年度增或减%
全社会固定资产投资总额(亿元)	85.1	39.6
外贸自营出口(万美元)	13 894	48.5
实际利用外资(万美元)	18 000	80
社会消费品零售总额(亿元)	58.01	15.9
居民消费价格总指数	103.5	-0.8
地方财政收入(亿元)	11.53	37.3
地方财政支出(亿元)	12.81	35.9
职工年平均工资(元)	14 904	16.6
农民年纯收入(元)	5 511	11.3
邮电业务总量(亿元)	5.23	11.4
电话普及率(部/百人)	39.5	8.7
年末存款余额(亿元)	209.21	13.9
年末贷款(亿元)	68.42	2.8
大学(所)	1	—
中小学(所)	139	-10.9
下岗人数(人)	2 224	-25.27
企业兼并、破产数(个)	2	100

仪征市

【概况】 仪征隶属江苏省扬州市,东连扬州,西接南京,南濒长江,与镇江隔江相望,北部与安徽省天长市接壤。仪征历史悠久,唐宋时已是著名的工商业城市和园林城市,历来经济发达,人文荟萃,古有"风物淮南第一州"之称。1986 年仪征撤县设市,现辖有 1 个省级经济开发区,9 个镇,2 个乡,148 个行政村,59.3 万人口,总面积 901 平方公里,其中市区建成区面积 29.5 平方公里,市区人口 20 万人。仪征是全国重要的化纤工业基地和上汽自主品牌整车生产基础,发展中的生态型现代滨江工业城市。先后获得全国卫生城市、国家级生态示范区、全国科技先进县(市)、全国平原绿化百佳县(市)、江苏省文明城市等荣誉称号。

【经济建设】 2005 年,全市实现生产总值 106.02 亿元,比上年增长 15.5%。人均生产总值17 875元,增长 20.4%。产业结构继续优化,三次产业结构比为 7.1:65.8:27.1。完成全社会固定资产投资 65.11 亿元,增长 39.6%;其中规模以上项目投资 62.81 亿元,增长 42%。城镇居民人均可支配收入9 927元;农村居民人均纯收入4 927元,增长 11.5%。在 2005 年国家统计局公布的全国综合实力百强县(市)评价中,仪征继续位列全国百强县(市)行列。

农业经济稳步增长。实现农林牧渔业总产值 15.16 亿元,增长 9.2%。全年粮食总产量 25.15 万吨,成片造林、新拓茶果 3 万亩。25 家重点农业龙头企业实现销售收入 5.5 亿元、利税 3 700万元,分别增长 25% 和 20%。农业利用"三资"项目 86 个,实际利用"三资"3.6 亿元。全市通过了省无公害农产品产地整体认定,通过认证的"三品"农产品达到 30 个。

工业经济增势强劲。全市实现工业总产值 309.24 亿元,增长 26.9%;其中规模以上工业产值 251.65 亿元,增长 24.5%。全年净增规模工业企业 50 家,创省级名牌 4 个。工业产品结构不断调整优化,石油化工、汽车及零部件、纺织、船舶制造、照明器具和高新技术等主导产业占全市规模以上工业的比重达 82.5%。建筑业市场开拓力度加大,成立了山东办事处和重庆办事处。实现建筑业施工产值 60.10 亿元,增长 55.6%。

第三产业加快发展。全市第三产业实现增加值 28.75 亿元,增长 13.6%。社会消费品零售总额 38.3 亿元,增长 16%。旅游项目开发建设力度加大,登月湖景区一期工程建成开放。物流业增势强劲,开工建设总投资1 000万元以上物流项目 3 个。

沿江开发持续推进。沿江高等级公路仪征段二期工程路基全线贯通,真州污水处理厂和部分污水截流主干管网、联众热电、220 千伏农歌变电站建成投运。开发区引进香港闽泰集团,采用市场化方式开发建设基础设施,累计投入2亿多元。汽车工业园启动区建设稳步推进,沿山河东路、石桥河路、跨梅家沟桥等一批配套设施陆续建成。组建滨江、十二圩两个办事处,更好地服务园区建设。扬州海关仪征办事机构挂牌开展业务。

招商活动富有成效。成功举办首届"绿杨春早"茶文化节暨经贸洽谈会、"金秋招商月"等系列活动,借助扬州"烟花三月"节等平台开展务实招商。全市新批外资项目81个,新开工外资项目52个;协议注册外资2.35亿美元,增长96.1%。新开工民资项目724个;实际招引民资63.5亿元,增长76.4%。大连化工二期、美国UNIFI、日环钢质环等一批项目建成投产,上汽自主品牌轿车、环球造船、国裕船舶等重大项目加快实施。

【社会事业】 积极开展就业再就业培训,实现城镇安置就业3 887人,其中下岗失业人员再就业1 823人,年末城镇登记失业率为3.73%。抓好农村劳动力就业促进工作,培训农村劳动力10 216人次,新增劳务输出和当地就业8 211人。城镇职工养老保险、失业保险、医疗保险覆盖面均达96%以上,新型农村合作医疗覆盖面达91.1%。城乡居民5 375户、14 198人纳入最低生活保障,实现应保尽保。城市住房建设进一步加快,人均住房建筑面积达27.6平方米。新建和改造农村公路128.9公里,疏浚城乡河道66公里,新增农村自来水受益人口2万人,改造农村危房85户。全面推进婚育新风进万家活动,全市计划生育率达99.67%。

仪征市经济社会发展主要指标

项　　目	2005年	比上年增或减%
地区生产总值(亿元)	106.02	15.5
第一产业增加值(亿元)	7.53	5.0
第二产业增加值(亿元)	69.74	18.1
其中:工业增加值(亿元)	63.24	17.7
第三产业增加值(亿元)	28.75	13.6
人均地区生产总值(元)	17 875	20.4
粮食总产量(万吨)	25.15	-3.6
全社会固定资产投资总额(亿元)	65.11	39.6
外贸自营出口(万美元)	7 482	22.6
实际利用外资(新口径)(万美元)	10 600	—
社会消费品零售总额(亿元)	38.30	16.0
零售物价总指数(%)		
地方财政收入(亿元)	9.89	20.0
地方财政支出(亿元)	10.67	27.9
城镇居民人均可支配收入(元)	9 927	
农村居民人均纯收入(元)	4 927	11.5
邮电业务总量(亿元)	2.70	10.7
电话普及率(部/百人)	66	8.2
年末存款余额(亿元)	106.90	10.4
年末贷款余额(亿元)	77.21	15.3
大学(所)	1	—
中小学(所)	80	—
下岗人数(人)		
企业兼并、破产数(个)		

宝应县

【概况】 宝应地处苏中里下河地区,夹于长江、淮河之间,是扬州市"北大门"。

县域东西长55.7公里,南北宽44.7公里,总面积1 467.8平方公里。水域面积448平方公里,主要河流15条,主要支排河27条,河渠密度平均每平方公里129亩,构成稠密的水系河网,分属高宝湖区及里下河区射阳河两大水系。土壤肥沃,以水稻土、沼泽土和潮土为主。气候温和湿润,四季分明,属北亚热带湿润季风气候,适宜动物繁衍与植物生长。水域广阔,水生物资源丰富,是远近闻名的"鱼米之乡"、"中国荷藕之乡"。

现辖安宜、范水、夏集、柳堡、鲁垛、广洋湖、小官庄、望直港、射阳湖、西安丰、曹甸、泾河、黄塍、山阳等14个镇以及1个省级经济开发区。共有行政村230个,居委会53个。全县人口92.1万人。

【经济建设】 2005年,全县实现地区生产总值98.5亿元,增长15.8%,其中第一产业23.97亿元、第二产业43.33亿元、第三产业31.2亿元,分别增长4.9%、24.7%和14.2%,人均GDP超万元。财政收入8.5亿元,其中一般预算收入3.4亿元,分别增长35.6%和48.3%。全社会固定资产投资41.05亿元,增长63.3%。城镇居民人均可支配收入8 084元,农民人均纯收入4 900元,分别增长9.1%和12.6%。全部工业完成产值200.03亿元,增长31%。规模工业实现产值111.3亿元、销售收入104.9亿元、利税6.95亿元、利润3.55亿元,分别增长36.5%、35.7%、27.9%和23.4%。全年引进实施各类项目420项,完成引资额30亿元;新批外资项目46项,合同利用外资1.33亿美元,实际利用外资7 730万美元,分别增长65%和93%。新增私营企业1 019家,个体工商户4 750户,从业人员15 000人,注册资本21.5亿元,分别增长41.9%、6%、10.5%和66.2%;产销过千万元企业130家。完成外贸进出口总额1.3亿美元,其中自营出口额9 090万美元,增长20%,出口100万美元以上企业20家。建筑业发展势头良好,实成施工总产值51亿元,增加值10.3亿元,同比分别增长24%和21%。认真落实农村政策,全面免除农业税,农民种粮积极性进一步提高,粮食总产量61.76万吨,棉花总产量200吨,油料总产量2.27万吨。被国家环境保护总局首家命名为全国有机食品基地示范县,江苏宝应湖有机农业开发区启动建设,新创13个无公害农产品、10个绿色食品、6个有机食品品牌。加强农田基础设施建设,实施2个国家级土地整理项目和4个农业综合开发项目。完成水利土方836.3万方。南水北调东线启动工程潼河、宝应站建成运行。农村劳动力新增培训2万人次、转移2.1万人。实现社会消费品零售总额27.4亿元,增长16.4%。金融安全区和服务体系建设得到加强,年末各项存款余额80.6亿元,比年初增加15.8%,其中居民储蓄65.1亿元,比年初增加16.5%;贷款余额34.1亿元,比年初增加5.7亿元。

【社会事业】 全面实施科技创新奖励工程和人才引进工程,申报获批省级以上各类科技项目56项,其中国家级火炬计划3项、省级火炬计划8项,国家级星火计划8项、省级星火计划12项,推行转化先进科技成果50项,获得专利授权89件,引进本科以上学历工业、建筑业人才106名。投入1.2亿元的安宜高级中学建成并投入使用,投入2亿元的职业技术学校开工建设,农村中小学"六有"工程通过省验收。高考本科上线人数首次突破千人。翔宇高级中学创成省四星级高中。新型农村合作医疗参保率95.44%,兑付14 989人次医疗补助资金1 262.46万元。新增自来水受益人口5.1万人,改建无害化卫生设施7 156座,建成1个省级卫生镇、1个市级卫生镇和1个省级卫生村,完成农村草危房改造500户。建成县文化馆、图书馆新馆,创建2个乡镇万册图书馆。广泛开展全民健身活动,成功承办"省长杯"女子足球赛,在国际残疾人体育大赛中获1金4银好成绩。新增有线电视用户11 000户。完成生态县规划编制。企业离退休人员养老金按时足额发放,社会化发放率100%。深化医疗保险金制度改革,新增基本医疗参保缴费单位72家、征缴基金4 700万元,6 000多户农村教师纳入医保范围。扎实推进工伤、生育、失业保险,规范事业单位养老保险和农村养老保险,为城乡5 716户、14 018人实施了低保。荣获江苏省文明城市和江苏省社会治安安全县称号。

宝应经济社会发展主要指标

项目	2005年	比2004年增或减%
国内生产总值(亿元)	98.52	15.8
第一产业增加值(亿元)	23.97	4.9
第二产业增加值(亿元)	43.33	24.7
其中工业增加值(亿元)	31.22	21.9
第三产业增加值(亿元)	31.20	14.2
人均国内生产总值(元)	11 824	21.6
粮食总产量(万吨)	61.76	19.6

续表

项目	2005 年	比 2004 年增或减%
棉花总产量(吨)	200	-73.7
油料总产量(万吨)	2.27	-10.0
全社会固定资产投资总额(亿元)	41.05	63.3
外贸自营出口(万美元)	9 090	20.0
实际利用外资(万美元)	7 730	93
社会消费品零售总额(亿元)	27.4	16.4
零售物价总指数(%)	101.6	1.6
地方财政收入(亿元)	5.07	38.6
地方财政支出(亿元)	9.8	34.2
职工年平均工资(元)	8 084	9.1
农民年纯收入(元)	4 900	12.6
邮电业务总量(亿元)	3.035 6	18.8
电话普及率(部/百人)	21.9	-0.1
年末存款余额(亿元)	80.61	15.8
年末贷款(亿元)	34.8	20
大学(所)	1	—
中小学(所)	117	—

仪征开发区

泰州市

【概况】 泰州市位于长江北岸、苏中平原,东西承接上海、南京两大经济圈,南北连接江苏南北两大经济板块,是长三角地区核心城市之一。现辖靖江、泰兴、姜堰、兴化四市和海陵、高港两区,总面积5 793平方公里,总人口502万人。2005年全市上下以邓小平理论和“三个代表”重要思想为指导,以胡锦涛总书记“把泰州建设得更加美好”的要求为动力,全面落实科学发展观,大力实施沿江开发战略,保持了国民经济可持续发展的良好态势。全年完成地区生产总值822亿元,人均地区生产总值17 474元,可比分别增长15%、15.6%,增幅为十年来最高。完成财政总收入113.9亿元,地方一般预算收入46.9亿元,分别增长30.2%、34.3%。2005年泰州市再次跻身全国百强城市行列,居第74位。

【工业和建筑业】 2005年,全市继续坚持“发展优势产业、培植规模经济”的既定工作思路,进一步集中力量加快产业发育、推动产业集聚、促进产业成长,工业经济呈现出强劲的增长态势。全市工业实现增加值401.6亿元,增长18.1%。其中,规模以上工业企业完成增加值323亿元,实现销售收入1 160.2亿元,利税总额107.8亿元,利润总额54.8亿元,分别增长23.5%、29.2%、28.2%和32.3%。优势产业基本形成,医药、机电、化工、船舶四大产业当年实现销售收入674.2亿元,占全市规模以上工业总量的58.1% 。其中医药产业经济总量已连续3年、综合效益已连续8年名列江苏第一,规模占江苏全省总量的四分之一。2005年泰州被确定为国家医药产业出口基地,同时中国(泰州)医药高新技术产业园筹建工作正式启动。30强重点骨干企业进一步发挥支撑作用,全年实现销售收入458.6亿元,利税56.2亿元、利润30.3亿元,分别增长27.9%、15.2%和13.1%,占规模以上工业总量的39.5%、52.1%和55.2%。其中春兰集团销售收入170.7亿元,扬子江药业集团101亿元,陵光集团突破50亿元,兴达等4家企业突破20亿元,10家企业产销过10亿元。工业技改投入大幅增加,全市实施技改项目2 219个,计划总投资390.7亿元,累计完成投资额267.8亿元,当年完成投资额208亿元,同比增长35.4 %。当年实施投入3 000万元以上重大技改项目216个,其中实施亿元以上项目40个,总投入208亿元,当年新开工项目22个,竣工项目15个。民营经济迅速成长,全年民营经济完成增加值383.79亿元,税收收入51.04亿元,分别增长16.3%和37.0%,占全市GDP和税收的比重分别达46.8%和61.3%;规模以上民营工业企业1 452家,占规模以上工业企业数的76.2%,完成总产值766.94亿元,增长29.8%;新发展民营企业4 172家,新增民营经济注册资本114.59亿元。工贸企业“三置换一保障”改革在全省率先全面完成,得到了江苏省委、省政府的充分肯定,并在全省推广。建筑业发展平稳,实现增加值75亿元,增长11.9%;完成建筑业总产值525亿元,增长28.4%;承建规模工程1 010项,形成年产值5亿元以上的建筑企业8家。

【农业经济】 2005年,围绕农业高效化、产业化建设目标,突出结构调整和产业化经营,农业现代化进程进一步加快。全年实现农业增加值89.9亿元,粮食总产量267.2万吨,分别增长4.4%、3.5%。农业结构稳步调整,弱筋小麦播种面积110万亩,占全市小麦种植总面积的47%;建设高效农业示范基地10万亩,启动建设泰州市农业开发区;优质农产品比重提高6个百分点,淡水产品、蔬菜生产加工的规模位居全省第一。农业产业化经营持续发展,50家市级农业产业化龙头企业实现销售收入94.57亿元,增长19.0%,利税4.6亿元,增长16.3%。以“一免三补”为重点的农村税费改革全面落实,全年免征农业税及发放各类补贴为全市农民减负增收1.96亿元,人均减负增收51元。农林水利工作力度加大,全市造林面积10.40万亩,森林覆盖率达8.5%;完成水利建设投资4.4亿元。

【服务业】 2005年,服务业坚持量质并举,突出品牌带动、投资拉动和外向促动,发展速度明显加快。全市服务业实现增加值255.7亿元,增长15.4%。实现社会消费品零售总额233.8亿元,同比增长16.5%。服务业品牌建设得到加强,市区中央国际购物中心、金鹰国际商贸等6家综合性、专业性商场易初莲花、苏宁电器等4家大型超市和专卖连锁商店相继开张营业,坡子街商业核心区建设框架已经拉开;港口运输快速发展,全年港口完成货物吞吐4 231万吨,比上年增长48.6%;溱湖风景区被评为国家4A级风景区,黄桥战役纪念馆被评为全国红色经典旅游景点,全年接待国内外游客491万人次,总收入43.4亿元,同比分别增长15.9%和18.4%。服务业投资力度进一步加大,全年完成投资179.4亿元,增长27.3%,占全社会固定资产投资额的44.5%;姜堰华东五金城、兴化戴南不锈钢交易城等20个重点建设项目进展顺利,当年完成投资21.5亿元,占年度计划的110.6%,其中8个项目建成营运。服务业对外开放取得突破,当年全市服务业新批利用外资项目39个,比上年净增29个,协议利用外资1.66亿美元,增长75%。金融信贷规模继续扩大,年末各金融机构存款余额达824.9亿元,比年初增加123.7亿元,贷款余额达446.9亿元,比年初增加49.6亿元。保险市场保持平稳增长,全市新增保险机构3家,年末保险机构总数达17家,实现保费收入23.5亿元,增长12.7%。

【对外开放和园区建设】 2005年全市进一步抢抓国际产业资本向长三角转移的机遇,加快实施“沿江开发”战略,开放型经济取得新的突破。新批外商投资企业253个,同比净增39个;协议利用外资11.2亿美元,增长41.4%;实际利用外资按原统计口径完成7.22亿美元(商务部确认口径4.9亿美元),增长73 %。全市进出口总额达19.3亿美元,增长53.5%,高出全省平均增幅27个百分点,增幅列全省第一。其中自营出口额13.4亿美元,增长40.6%。新签合同额、营业额分别达1.68亿美元、1.65亿美元,分别增长25.4%和15.7%。项目规模质量明显提升,全市新批总投资超1 000万美元项目59个,比2004年增加20个。

沿江地区支撑作用明显,全年协议利用外资8亿美元,实际利用外资5.3亿美元,分别占全市总量的71.2%和73%;实施和签约超亿美元项目26个,总投资610亿元和9.8亿美元。其中沿江高等级公路泰州段建设顺利实施;沿江在建万吨级码头4座,累计建成13座;一期工程总投资88亿元的泰州电厂获批并开工建设,扬子江药业城项目基本完工;新扬子造船、德桥仓储、新浦化工等超亿美元重大产业项目进展顺利。按照开发集约、产业集聚、企业集群的要求,进一步整合园区资源,完善配套功能,优化产业布局,园区建设快速发展。7个省级开发园区新批外商投资企业116家,累计协议利用外资6.7亿美元,实际利用外资3.42亿美元,分别占全市总量的59.7%和70%;自营出口5.7亿美元,占全市总量的42%。

【城市建设和城市环境质量】 继续突出中心城市建设,进一步加强基础设施建设,增强城市功能,提升城市形象,中心城市面貌日新月异。2005年泰州中心城市建设总投资达62亿元,建成区面积扩大到50平方公里,人口增加到47.2万人,城市化率达到45.3%。重点形象工程建设力度加大,其中迎春桥主体、扬子江路综合改造一期等工程竣工,垃圾卫生填埋场建成投运,坡子街改造等工程加快实施,老城区污水管网一期工程全面完成,75条后街背巷改造、10条骨干河道清淤活水、10万平方米低价房建设和东进、海光、港城花苑等小区环境整治工程完工。至年底主城区5纵8横的道路骨架已经拉开,行政中心区、商贸区、居住区、经济开发区等功能分区基本成型,东城高教园区、海陵工业园、火车站街区等板块相继启动建设,城市空间布局得到明显优化。房地产开发稳步发展。全市商品房施工面积393.09万平方米,增长3.1%;商品房竣工面积138.84万平方米,增长13.4%;商品房销售面积144.72万平方米,增长10.6%;商品房销售额33.16亿元,增长37.8%。城乡基础设施建设加强,宁启铁路泰州站建成运营,泰高路扩建改造工程竣工,333省道兴化南绕城段建成通车;"一片九河"等城市防洪工程有序推进;220千伏双墩变、110千伏广陵变建成投运;沿江高等级公路靖江段一期和泰兴、高港段路基桥梁工程建成,泰州过江通道工程可行性报告完成。农村公路新建、改造1 302公里,全市乡镇到高速公路半小时交通圈基本形成。各辖市城区及重点中心镇建设步伐加快,全年4个辖市城区建设完成投资72亿元。

全市环境保护工作以科学发展观为统领,全面加强生态环境保护和建设,环境质量进一步提高。2005年全市环境质量综合指数达82.3分,工业废水排放达标率达91%,饮用水源水质达标率保持在99%左右,全年空气质量良好以上天数占比达83.3%,区域噪声值和道路交通噪声值均达到相关标准。开工、完工或投运城市生活污水处理厂6座、生活垃圾卫生填埋场2个、环境保护热电厂4座、危险废物处置中心2个。"国家环境保护模范城市"创建工作通过国家技术评估。生态环境建设步伐加快,建成环境优美乡镇21个、生态村44个,辖市全部建成国家生态示范区,生态环境质量评价指数达56.7,居全省第一。

【社会事业】 科技事业快速发展,2005年全市高新技术产业产值334.8亿元,增长25.0%,高新技术产业产值占全市规模以上工业产值的比重达27.5%。组织实施省级以上火炬计划29项,其中国家级火炬计划19项;省级以上星火计划15项,其中国家级星火计划9项;新增国家火炬计划特色产业基地3家,兴达钢帘线等4个项目获国家科技进步二等奖。新认定市级以上高新技术产品83项,其中省级高新技术产品53项;新认定省级以上高新技术企业16家,其中国家重点高新技术企业6家。全年专利申请量达1 645件,增长33%。至年底全市共设有博士后工作站9家、国家级技术中心2家、省级工程研究中心11家、技术中心63家。成功举办了第五届科技经贸洽谈会,共签订科技合作项目216项,形成年销售收入3 000万元以上的项目94项。大中型工业企业研发投入达9.31亿元,增长52.6%。2005年泰州市及所辖靖江、泰兴、姜堰市被国家科技部表彰为全国科技进步先进市。

教育、文化、卫生、体育事业协调发展。九年义务教育普及率达100%,初中毕业生升学率达93.1%,高中阶段教育毛入学率达71.1%,比上年提高1.4个百分点。高等教育加速发展,高教园区一期工程进展顺利,年末全市共有普通高校5所,在校学生2.01万人,增长46.8%。徐文藻的山水画《闲耕图》在徐悲鸿美术奖、全国画院百佳书画家作品选中获优秀作品奖,被评为全国"百佳书画家";举办了泰州市"纪念中国人民抗日战争胜利60周年"广场文艺演出及《相聚在泰州》大型文艺晚会;城隍庙修复工程完成,学政试院修缮工程开工。全市有线电视通村率达100%,城乡综合入户率60%,期末有线电视用户数达76.16万户,增长17.6%。全市新型农村合作医疗覆盖率达82.2%,共筹集合作医疗资金6 612.63万元,农村居民合作医疗参保人数达274.41万人;城市社区卫生服务中心8家,社区卫生服务站86个,以社区服务中心为主体,社区卫生服务站为补充的社区卫生服务网络初具规模。成功承办了"十运会"男子篮球预(决)赛和"步步高"男子排球大奖赛等国家级重要赛事;获得国际和全国性比赛奖牌60枚,其中金牌22枚;袁爱军获得十运会男子举重"三连冠",赵媛媛、于锦分获女子佩剑和武术散打银、铜牌。

【人民生活和社会保障】 把提高人民生活水平放在最重要位置,努力增加人民收入、加强社会保障、促进劳动就业、维护社会秩序,社会和谐程度进一步提高。全年城市居民人均可支配收入11 122元,增长14.7%;在岗职工平均工资15 090元,增长14.4%。农民人均纯收入5 102元,增长11.5%。城乡居民文教娱乐服务支出占家庭消费支出的比重达14.0%,恩格尔系数为43.4%。全市城乡居民居住条件进一步改善,城镇人均住房建筑面积为36.9平方米,农村居民人均钢筋、砖木结构住房面积为41.4平方米。

年末,参加失业、养老、医疗保险人数分别达35.94万人、41.99万人、60.86万人,本年新增失业、养老、医疗保险参保人数分别为2.64万人、4.5万人、8.0万人,三大保险覆盖率达95.9%,比上年提高0.9个百分点。城市低保"应保尽保",共保障19 754人,累计发放保障金额18 389万元,农村低保惠及54 172人,发放保障金1 739万元。2005年财政对社会保障、抚恤和社会救助等领域的资金保障分别增长45.5%和50.9%。劳动就业基本稳定,年末城镇登记失业率为3.4%,比上年末回落0.4个百分点。培训城镇职工和农村劳动力8.8万人,新增农村劳务输出7.5万人,新增城镇就业人员3.56万人,失业人员再就业2.28万人。继续开展"平安泰州"创建工作,强化社会治安综合治理,建立和落实领导下访制度,妥善处置各类矛盾纠纷和信访案件,人民群众对社会治安的满意率达97.3%。

海陵区

【概况】 海陵区为泰州市主城区,总面积203.5平方公里,其中建成区32平方公里,下辖5个乡镇、6个街道办事处。2005年,全区户籍人口35.53万人。全年实现地区生产总值49.65亿元,同比增长14.9%,其中,第一产业增加值1.70亿元,与上年持平;第二产业增加值25.95亿元,增长17.7%;第三产业增加值22.00亿元,增长13.2%。三次产业结构比例为3.42:52.27:44.31。全年实现财政收入7.15亿元,比上年增长25.2%。

【调整部分乡镇、街道行政区划】 为加快推进城市化进程,理顺城市管理体制,根据省、市政府批复,区政府实施乡镇、街道区划调整。将东郊乡与城东街道办事处合并,设立新的城东街道办事处;将西郊乡与城西街道办事处合并,设立新的城西街道办事处;撤销塘湾镇,在其原辖区域设立凤凰路街道办事处;撤销泰东镇,在其原辖区域设立京泰路街道办事处。调整后全区辖8个街道办事处(城东、城西、城南、城北、城中、泰山、凤凰路及京泰路街道办事处)、1个镇(九龙镇),76个居民委员会、79个村民委员会。

【经济建设】 固定资产投资稳步增长。全年完成全社会固定资产投资额28.14亿元,同比增长32.0%。其中城镇投资7.98亿元,同比增长318.4%;房地产开发投资5.88亿元,同比下降14.9%;完成农村投资13.60亿元,同比增长21.1%;完成农村私人建房投资0.68亿元,同比下降46.6%。全年第一产业完成固定资产投资0.17亿元,同比下降75.2%;第二产业完成固定资产投资8.83亿元,同比增长5.0%,其中完成工业投资额8.17亿元,同比增长3.6%;第三产业完成投资额19.14亿元,同比增长56.3%,其中,完成基础性投资5.97亿元。

财政收入持续增长。2005年,实现财政收入7.15亿元,同比增长25.2%。其中,中央财政收入3.12亿元,增长24.6%;一般预算收入(含基金)4.03亿元,增长25.6%。财政支出4.30亿元,增长23.7%。财政总收入占地区生产总值的比重逐年提高,由2004年的13.1%提高到2005年的14.4%,比上年提高1.3个百分点。

农业结构调整成效显著,农村经济发展增速加快。围绕农民增收和农村稳定的发展目标,大力推进农业和农村经济结构调整,全年完成农林牧渔业现价总产值3.06亿元,比上年增长1.21%。突出农业示范园区建设,大力发展城郊型农业,积极开发特色农产品,无公害农产品栽培面积达5万亩。农业产业化进程不断加快,完成乳品加工国家级产业化项目建设,6家市级农产品龙头企业实现销售收入2.9亿元、利税1 200万元,分别增长18.4%和15.5%。农产品检测体系初步形成,畜禽高致病性传染病、水稻病虫害等防治工作得到加强。扎实推进小城镇建设,完成镇村规划编制。疏浚整治乡村河道35公里,成片造林绿化3 050亩,森林覆盖率达9.83%。农业产业化进程不断加快,6家龙头企业实现销售收入2.9亿元、利税1 200万元,分别增长18.4%和15.5%。农村自来水受益人口普及率达99%,接引长江水行政村增加到29个;新型农村合作参保率达81.23%;提前完成农村草危房改造工作;建成农村公路20公里、桥梁17座;农村税费改革提前落实到位,全部免征农业税;农村低保实现应保尽保,农村生产生活条件进一步改善。全年农民人均纯收入5 969元,增长11.2%。

第二产业持续快速发展。着力培植优势产业,加快技术改造步伐,工业经济总量持续攀升,运行质态不断改善。全部工业完成现价总产值109.3亿元,增长20.17%;机电、纺织服装、医药、食品等支柱产业完成现价产值56.45亿元,增长29.61%,占全部工业经济总量的51.6%。规模以上工业实现销售收入72.26亿元、利税2.66亿元、利润1.18亿元,分别增长20.32%、24.83%和41.26%。全年完成技改投入11亿元,增长39%。18个市级重点技改项目当年完成投资5.3亿元,10个项目竣工投产。建筑业稳步发展,全区资质以上建筑企业自行完成施工产值23.6亿元,同比增长9.5%;全年实现结算收入15.17亿元,同比增长14.2%。

服务业发展势头不断增强。充分发挥区位优势,强化政策激励,着力引进外来投资,不断优化经营业态,多元化商贸格局逐步形成。全年引进服务业项目70个,总投资13.3亿元。中央国际购物中心、金山百商场、永乐电器、易初莲花超市等一批外来投资商贸企业相继开业;各类专业市场经营规模不断扩大,亿元市场达11个;一批物流企业加速集聚,森北物流仓储中心年物资交易额突破30亿元。全年实现社会消费品零售总额49.6亿元,市场成交额57.5亿元,分别增长17.8%和18.6%。

对外贸易增长较快。全区进出口总额9 801万美元,增长29.4%,其中进口总额1 089万美元,下降13.5%;出口总额8 712万美元,增长37.9%。利用外资规模不断壮大。全年新批利用外资项目14个,实际利用外资4 246万美元(商务部新口径);协议利用外资9 305万美元,增长65.3%。对外经济合作不断加强。全年完成外经实际营业额2 419.32万美元,新签外经合同额4 035.21美元。对外工程承包和劳务合作进一步扩大,年末境外劳务人数达1 334人。

民营经济发展加快。2005年,新增民营经济注册资本10.72亿元,年末民营经济注册资本达51.5亿元;个体工商户1.9万户,私营企业3 567户,分别增长20.8%和14.6%;民营经济税收3.54亿元,增长36.7%;实现民营经济增加值37.74亿元,占全区GDP的比重达76.0%,比上年提高0.5个百分点。

【社会事业】 科技事业不断进步。2005 年,举办科技交易会 4 次,参加单位 300 个,获得市级科技成果奖 1 项,区级科技成果奖 14 项。组织申报国家、省级科技计划项目 3 项,新增省高新技术产品 5 项,争取省级重大科技转化成果转化资金 970 万元,顺利通过国家科技进步考核县(市、区)验收。教育事业稳步发展。全区拥有普通中学 15 所,在校学生18 837人,下降 3.8%;职业中学 1 所,在校学生1 221人,下降 37.2%;教师进修学校 1 所,在校学生 586 人,增长 86.6%;小学 23 所,在校学生20 184人,下降 5.3%;幼儿园 26 所,在园幼儿7 511人,增长 8.4%。特殊教育在校生 14 人。小学学龄儿童入学率 100%,初中毕业生升学率 95.12%,高中毕业生升学率 84.2%。完成二中附属初中新校区建设,四中、二职中分别建成省三星级高中和国家级重点职业高中。医疗卫生事业不断加强。全区拥有各级各类卫生机构 34 个,区级综合医院 1 家,其中医院 2 家,卫生院 5 家,社区卫生服务中心站 26 家。全区拥有卫生技术人员 552 人,各类卫生机构拥有病床 408 张。全年完成诊疗总次数 41.84 万人次,增长 5.84%;区各级医院、卫生院住院人数7 430人次,增长 13.76%;床位使用率 38.37%。

年末全区户籍人口为 35.53 万人,人口出生率 9.57‰,人口死亡率 6.16‰,人口自然增长率为 3.41‰,计划生育率为 99.7%。人民生活水平不断提高。全区城镇集体以上单位在岗职工年平均工资14 625元,增长 14.0%。城镇居民人均可支配收入11 122元,增长 14.7%。农民人均纯收入5 976元,增长 11.4%。城市居民住房条件继续改善,人均住房面积达 31.7 平方米,比上年末增加 3.6 平方米;农村居民住房面积与去年基本持平。社会保障制度进一步完善。全区企业职工养老保险参保人数达到33 468万人,参加城镇职工基本医疗保险人数达到49 132人,分别增加3 506人和3 030人。逐步推进企业工资集体协商制度,切实维护劳动者合法权益。大力开展结队帮扶、社会救助,特困群体生活保障水平进一步提高。就业和再就业工作不断强化。年末全区城镇国有、集体企业在岗职工 2.16 万人,与上年基本持平;农村从业人员达 7.02 万人,比上年增长 0.17 万人。年末城镇登记失业人数2 114人,登记失业率为 3.5%。

城区面貌不断改善。继续推进旧城改造,拆除各类房屋 11.3 万平方米,新建房屋面积 15.96 万平方米。75 条后街背巷改造和 10 个小区环境综合整治成效明显,东大门整治建设工程加快推进。积极实施高教园区一期工程征地、拆迁和安置区建设,东风路北延、迎宾路西延以及市动物园建设工程全面竣工。

【社区建设】 为切实提高全区社区建设水平,提升城市功能、加快经济社会发展、维护社会稳定,区委、区政府成立社区建设工作领导小组,加大领导协调力度,初步形成"党委政府领导、民政部门牵头、有关部门配合、社区居委会主办、社会力量支持、群众广泛参与"的领导体制。制定了《关于加强专职社区工作者规范化管理的实施意见(试行)》,建立完善社区工作者选拔任用、考核评估机制。坚持多渠道筹措资金,建立财政投入、部门支持、有偿服务、社会资助的多元化投入机制,开展机关部门与社区结对共建活动,推进社区办公和活动用房达标工程。制定《海陵区"星级社区"创建标准》,对硬件、功能、组织、制度、成效等形成量化要求,全面提升社区软硬件建设水平,打造精品特色社区。 (葛祥龄 陈 晨)

2005 年度海陵区经济社会发展主要指标

项　目	2005 年	比上年增减%
国内生产总值(亿元)	49.65	14.9
第一产业增加值(亿元)	1.70	0.0
第二产业增加值(亿元)	25.95	17.7
其中工业增加值(亿元)	21.83	18.6
第三产业增加值(亿元)	22.00	13.2
人均国内生产总值(元)	20 059	14.8
粮食总产量(万吨)	3.64	-0.1
棉花总产量(吨)	—	—
油料总产量(万吨)	0.24	-8.8
全社会固定资产投资总额(亿元)	28.14	31.96
外贸自营出口(亿美元)	0.87	37.9
实际利用外资(万美元)	4 246	27.6
社会消费品零售总额(亿元)	49.60	17.8
零售物价总指数(%)	100.9	0.9
地方财政收入(亿元)	3.51	26.6
地方财政支出(亿元)	3.82	25.7
职工年平均工资(元)	14 625	14.0

续表

项　目	2005 年	比上年增减%
农民年纯收入(元)	5 969	11.2
邮电业务总量(亿元)	—	—
电话普及率(部/百人)	—	—
年末存款余额(亿元)	—	—
年末贷款(亿元)	—	—
大学(所)	—	—
中小学(所)	38	-7.3
下岗人数(人)	—	—
企业兼并、破产数(个)	—	—

高港区

【地理位置】　泰州市高港区地处江苏中部、长江北岸,东接泰兴,北倚主城,西连江都,南濒长江,位于江阴市与镇江市之间,因境内国家一类开放港口泰州港(原名高港港)而得名,为地级泰州市的南大门,是苏中、苏北地区出江入海的重要门户。境内拥有长江"黄金水道"24 公里(平均水深 -15 米),岸线资源开发利用有序推进;泰州港 2005 年货物吞吐量完成1 581万吨,物资聚散、繁荣兴旺;京沪、沪宁、宁通等高等级公路纵横交错、互联成网;首期投资 81 亿元的泰州电厂坐落在该区永安洲镇,两台超越临界 360 万千瓦的发电机组为江苏第一、全国第二。高港区土地肥沃,特产丰饶,是闻名遐迩的"鱼米之乡"、"银杏之乡",境内田河"大佛指"和刁铺"七星果"为全国银杏品质之最,永安洲江豚、刀鱼、鲥鱼为"长江三鲜",闻名大江南北。高港区民风淳朴,人杰地灵,科教发达,人才辈出,是中国人民解放军海军诞生地,具有悠久的人文优势。

【历史沿革】　高港区是 1997 年经国务院批准新设置的县级行政区。由原属泰兴市的口岸镇、田河镇、刁铺镇、许庄镇、永安洲镇和原属姜堰市的野徐镇、白马镇组成,2000 年区划调整为口岸镇、刁铺镇、永安洲镇、野徐镇、白马镇五个镇。所辖口岸镇、刁铺镇具有千年历史,是滔滔江水孕育起来的两座文明古镇。口岸镇在南宋时曾一度为泰兴县治所在,治名柴墟。省级文物保护单位——口岸雕花楼,电影《从奴隶到将军》、电视剧《无雪的冬天》在此拍摄外景。刁铺镇自清朝以来即为苏中、苏北地区物资集散之地。由于天然港口和南北水道要冲的作用,加之沿江东西大道从此通过,历史上这里即是兵家必争之地,南宋抗金、明代抗倭和解放战争渡战战役的故事至今传唱,被译成 10 多国外文的《渡江侦察记》描述的就是发生在该区沿江桃花洲(永安洲镇)的战斗传奇。同时,这里也是开放风气历代传承之地,自明末清初开始,长江中上游 18 个省的商贾名流和豪杰之士先后在口岸龙窝之地投资兴业、流连驻足。建区以来,全区人民同心同德,艰苦创业,经济建设和社会事业发展均取得了显著成绩,一座新兴的滨江花园式港口城市正初步展现在人们面前。

【行政区划】　高港区下辖口岸、刁铺、永安洲、白马、野徐 5 个镇及柴墟、环溪 2 个街道办事处,共有村民委员会 47 个和 18 个社区居委会,总面积 210.66 平方公里,总人口 19.49 万人。同时区内设置两个工业园区,为省级高港科技创业园和永安洲工业园,人事、财政管理视同乡镇。

【经济建设】　2005 年,全区实现 GDP36.1 亿元,同比增长 15.1%,增幅创历史最高。其中,第一产业增加值 3.02 亿元,增长 5%;第二产业增加值 21.25 亿元,增长 17.8%;服务业增加值 11.83 亿元,增长 13.9%。财政收入 7.61 亿元,同比增长 24.4%,自 2001 年以来,连续 4 年每年净增亿元左右。农业利用"四资"1.64 亿元,农业结构调整取得新成绩。工业经济为高港区的支柱。全年各类工业实现产值 105 亿元,同比增长 31.9%。其中,列统企业实现销售 54.38 亿元、利税 4.71 亿元,同比分别增长 47.3%、60.2%,销售过亿元的企业达 9 家,高新技术企业 9 家,完成技改财务发生数 14.43 亿元,组织实施3 000万元以上的重点项目 20 个,其中 10 个项目竣工投产。沿江开发强势推进,沿江产业加速集聚,落户项目投资总额达到 270 亿元,单项投资超 1 亿美元或 10 亿元的重大项目 7 个,全年引进项目 27 个,协议利用外资19 700万美元,实际利用外资6 445万美元。其中,总投资 5 亿元的泰州港永安港区、1.46 亿美元的太平洋钢管、20 亿元的梅兰化工等重大项目相继落户。市属企业扬子江药业集团总部设在口岸镇,原为高港区骨干企业,2005 年实现销售收入 100.98 亿元,比上年增长 25.35%,实现利税总额 13.76 亿元,比上年略有增长,其中上缴两税合计 7 亿元,增长 12.16%,各项主要经济技术指标均排名全国医药行业首位,创下综合效益连续十年排名全省同行首位、连续九年跻身全国医药前五强的奇迹。服务业发展速度加快,全年实现社会消费品零售总额8.36亿元,各类市场成交额16.5亿元,分别增长17%和18.5%。全年完成城建投入14.5亿元,新增道路16.25万平方米,新开工建设面积52万平方米,人均公共绿地面积达9.2万平方米。

【社会事业】 积极实施"科教兴区"战略,全年实施省级以上火炬计划4项,获批省级火炬计划1项,新批省级高新技术企业2家,专利申请139件。高港区被国家科技部命名为全国科技进步先进市(县、区)。境内设有三所高级中学,其中高港区职教中心为国家级重点职业学校,口岸中学为市属省四星级重点中学,刁铺中学为区属省三星级重点中学。2005年全区小学适龄儿童入学率100%,初中入学率99.8%,万人本科进线率19.5。人口出生率8.54‰,计划生育率达99.4%,在全市率先实现通过财政保障兑付独生子女父母奖励金。城镇在岗职工年平均工资15 710元,增长13.4%,农民年人均纯收入5 286元,增长11.2%。全年净增就业岗位3 680个,城镇登记失业率1.7%,社会保险覆盖面进一步扩大,城镇企业养老、失业保险覆盖面分别达到100%和99%。

【社区建设】 以创建星级社区为抓手,努力打造环境优美、治安良好、生活便利、人际关系和谐的文明社区。18个居民社区共建老年活动室18个,文明市民学校18个,图书阅览室18个,青少年文化活动室18个,宣传公示栏54个。所有社区都建立了社区服务站,160个便民利民网点为居民提供服务30余项,其中福利性服务项目占80%以上。倾力打造"平安高港",全年投入300多万元继续用于硬件建设,连续三年被江苏省委、省政府命名表彰为"社会治安安全市(县、区)",社会环境安定和谐。 (周法鸣 张越华 戴立新 孙鹏建)

2005年度高港区经济社会发展主要指标

项 目	2005年	比上年度增减%
国内生产总值(亿元)	36.1	15.1
第一产业增加值(亿元)	3.02	3.4
第二产业增加值(亿元)	21.25	17.8
其中工业增加值(亿元)	17.69	19.1
第三产业增加值(亿元)	11.83	13.9
人均国内生产总值(元)	18 656	14.7
粮食总产量(万吨)	7.1	1
棉花总产量(吨)	—	—
油料总产量(万吨)	0.52	-0.78
全社会固定资产投资总额(亿元)	20.74	41.9
外贸自营出口(亿美元)	0.539 7	48.4
实际利用外资(万美元)	6 445	
社会消费品零售总额(亿元)	8.36	17
零售物价总指数(%)	—	—
地方财政收入(亿元)	7.61	24.4
地方财政支出(亿元)	3.97	28.1
职工年平均工资(元)	15 710	13.4
农民年纯收入(元)	5 286	11.2
邮电业务总量(亿元)	—	—
电话普及率(部/百人)	—	—
年末存款余额(亿元)	42.5	16.7
年末贷款(亿元)	26.47	38.3
大学(所)	—	—
中小学(所)	29	0
下岗人数(人)	—	—
企业兼并、破产数(个)	—	—

靖江市

【概况】 靖江市位于长江下游,东、西、南三面临江,南与张家港、江阴、武进等地隔江相望,东与如皋相邻,西北与泰兴相连。靖江是中国东部水陆交通要冲,处于长江甲、乙级航道的交汇点,水运发达;锡澄、广靖高速公路通过江阴长江公路大桥连接南北,南连沪宁高速公路,北接宁通高速公路;新长铁路从靖江过江,向南接沪宁铁路,向北连陇海铁路。全域总面积665平方公里,人口66.19万人。近几年来,全市深入推进沿江开发、城乡建设、富民创业三大工程,取得了显著成效。2005年,全市实现地区生产总值132.82亿元,同比增长15.4%;财政收入20.47亿元,同口径增长38.9%;全社会固定资产投资53.1亿元,同比增长3.6%;完成农业增加值8.67亿元,同比增长1.3%;完成工业增加值67.2亿元,同比增长19%;完成服务业增加值47.34亿元,同比增长14%。独特的区位、完善的交通和较为发达的产业,使靖江成为长江三角洲中承南接北的新兴城市。 (夏　羽)

【行政区划】 全市下辖靖城、西来、斜桥、孤山、季市、马桥、生祠、东兴、新桥、红光10个镇,1个省级靖江经济开发区,1个江阴经济开发区靖江园区和市政府城南办事处、江阴经济开发区靖江园区办事处、滨江新城办事处3个办事处,有3个街道办事处,67个社区居民委员会;191个行政村,3 676个村民小组。市人民政府驻靖城镇。市域面积665平方公里,其中陆地面积557平方公里,水域面积108平方公里,拥有长江岸线52.3公里。全市人口66.5万人,人口结构实现了低出生、低死亡、低增长的目标。 (徐常青)

【经济建设】 加快推进沿江开发、联动开发进程,全市经济建设取得新的进展,实现地区生产总值132.82亿元,同比增长15.4%。农业经济稳步提升。完成农业增加值8.67亿元,同比增长1.3%。农业布局与品种结构得到调整,建立了10个特色种植和11个特色养殖基地,并通过省无公害农产品产地整体认定。农业产业化进程加快,10家重点龙头企业实现销售收入15.7亿元,同比增长21.4%。工业经济增速加快。完成工业增加值67.2亿元,同比增长19%。实现全部工业产值311.8亿元、销售261.9亿元、利税22.2亿元、利润10.2亿元,同比分别增长31.4%、33.5%、32%和32.4%。建筑业继续拓展,外埠市场占有率提高,实现建筑业增加值9.61亿元,同比增长11.2%。服务业持续发展。完成服务业增加值47.34亿元,同比增长14%。社会需求继续扩大,实现全社会消费品零售总额40.8亿元,同比增长16.5%。各类市场成交额35.2亿元,同比增长20%。金融保险平稳运行,年末各项存款总额157.1亿元、贷款总额71.1亿元,同比分别增长19%和6.5%。各类保费收入3.7亿元,同比增长11.7%。 (于　政)

【社会事业】 深入实施科教兴市战略,不断加强技术创新,全面推进科技进步。科技创业园正式启动,通过全国科技进步先进市考核。推进基础教育课改,强化素质教育,高考万人本科上线率达21.15,居全省前列;职业教育、社区教育继续加强,通过了省社区教育实验区验收;全面推行教育收费"一费制";积极推进"六有"工程和"校校通"工程,办学条件进一步改善。繁荣文化事业,成功举办市文艺节和少儿艺术节,编演的都市生活话剧《有话跟我说》、《弈趣》等多项文艺作品获省级以上奖励;保护民间文化,挖掘整理"讲经"艺术。广播电视建设加快,通过省有线电视先进市的验收。《靖江日报》发行量2.68万份,内容和质量进一步提高。群众体育蓬勃发展,"体育进万家、健身奔小康"主题活动深入开展,竞技体育取得新成绩,全市运动员共获省级以上奖牌34枚,有6名运动员参加了全国第十届运动会。卫生事业继续发展,人民群众医疗保障水平不断提高,新型农村合作医疗参保人数达25.51万人;农村改水、改厕工作取得新突破,年内新增自来水受益人口0.53万人,新增卫生户厕1.02万户。计划生育"双创"活动深入开展,计划生育率99.36%。史志档案工作得到加强,《靖江年鉴(2005)》荣获江苏省第四届地方志系统优秀成果特等奖。 (吴　彬)

【社区建设】 全市共有城区社区33个,农村社区24个。我市以构建和谐社区为重点,以服务社区单位和居民为宗旨,强化了社区建设的基础性工作,不断提高社区管理和社区服务的整体水平,加快建设居民自治、管理有序、服务完善、治安良好、环境优美、文明祥和的新型社区。不断加强和改进社区服务。3个街道办建立了社区服务大厅,开展了就业再就业咨询、再就业培训、就业岗位信息发布等服务,提升了社区就业服务;建立健全了就业和失业保险、最低生活保障联动机制,完善了社区老年服务设施和服务网络,大力发展社区慈善事业,提升了社区保障服务;普遍建设了社区阅览室、健身广场等公益性文化活动场所,以市民学校为依托,加强了社会公德教育、科学素质教育和普法活动,广泛开展全民健身,提升了社区文化、教育、体育服务;以社区卫生服务中心为主体,为居民提供预防保健、康复、计生技术服务和一般常见病、多发病诊疗服务,缓解了看病难、看病贵的问题,提升了社区卫生和计划生育服务;深入开展社区安全创建活动,加强社区警务室建设,完善突发事件应急反应机制,强化了流动人口的服务管理,提升了社区安全服务。认真落实社区工作经费。将社区办公活动经费、工作用房及服务设施维护管理经费、公益性事业经费和社区工作者报酬纳入财政预算,保护和调动了专职工作者的积极性,确保社区工作正常开展。 (徐常青)

2005 年度靖江市经济社会发展主要指标

项　　目	2005 年	比上年增或减%
国内生产总值(亿元)	132.82	15.4
第一产业增加值(亿元)	8.67	1.3
第二产业增加值(亿元)	76.81	18.1
其中工业增加值(亿元)	67.20	19
第三产业增加值(亿元)	47.34	14
人均国内生产总值(元)	20 023	17.5
粮食总产量(万吨)	18.36	-14.7
棉花总产量(吨)	—	—
油料总产量(万吨)	1.12	-8.01
全社会固定资产投资总额(亿元)	53.1	43.6
外贸自营出口(亿美元)	3.41	25.5
实际利用外资(万美元)	20 469	91.9
社会消费品零售总额(亿元)	40.83	16.5
零售物价总指数(%)		
地方财政收入(亿元)	13.11	60.5
地方财政支出(亿元)	12.50	36.0
职工年平均工资(元)	14 534	14.7
农民年纯收入(元)	5 522	11.7
邮电业务总量(亿元)	3.65	5.8
电话普及率(部/百人)	44.20	4.75
年末存款余额(亿元)	157.12	19
年末贷款(亿元)	71.08	6.5
大学(所)	1	0
中小学(所)	111	0
企业兼并、破产数(个)	12	0
城镇登记失业率	3.28%	-6.3%

泰兴市

【概况】 泰兴市位于泰州南部,东接如皋,南界靖江,西濒长江,北邻姜堰,东北与海安县接壤,西北与高港区毗邻。土地总面积1 253平方公里,年末总人口1 281 349人,辖 23 个镇、1 个乡、1 个省级经济开发区,设63 个居委会、341 个行政村。2005 年,全市实现地区生产总值 174.29 亿元,比上年增长 14.5%,第一、二、三产业分别增长 4.4%、17.1%和 14.5%。连续四年被评为财政收入上台阶先进县(市),连续五届进入全国县域经济基本竞争力百强县(市)行列。

【经济建设与社会发展】 2005 年,全市农业总产值 17.69 亿元(不变价),粮食总产量 58.69 万吨。100 家市级农业产业化龙头企业完成销售收入 40.37 亿元,实现利润 1.01 亿元,比上年分别增长 23.08%和 34.7%。现有国家级龙头企业 1 家,省级龙头企业 3 家。当年新增三资农业项目 295 个,完成投资 4.6 亿元。组织农民经济合作组织 50 个,吸呐成员6 500人,带动农户 5.1 万户,代销农产品 1.8 万吨。建立无公害农产品基地 8 个、国家级无公害农产品 6 个。农机化综合示范县(市)创建工作通过省级验收,新增推广高性能插秧机 120 台,跨区作业创收1.2亿元。银杏经济林套种面积扩大到12万亩。

全年实现工业销售收入338.5亿元、利税32.2亿元、利润13.2亿元,分别比上年增长27.32%、55.7%和48.1%。完成工业技改投入41个。新增产值过亿元企业4家,全市产值过亿元企业增至50家,其中产值超10亿元或利税过亿元企业5家。在泰州市30强企业、16个有突出贡献企业、利税大户前10名工业企业中,泰兴市分别占据7席、5席和3席。新增注册资本50万元以上私营企业903家,新发展个体工商户9 931户,新增注册资本26.68亿元。全市新增服务业企业501家,年营销额500万元以上的贸易企业50家。市属企业“三置换一保障”改革进程加快。至年末,全市334家市属企业中有333家完成改制任务,改制率为99.7%;改制企业置换职工人数53 440人,占应置换人数的98.1%;累计退出公有资本7亿元,出让土地面积170万平方米,吸引外来资本4.85亿元。

完成建筑企业总产值116.5亿元,建筑业增加值25.6亿元,全市建筑从业人数9.6万人。施工面积1 036.2万平方米,其中新开工面积596万平方米;在建规模项目365项,比上年净增175项,其中29层以上的29幢、60层以上的4幢;规模市场18个,北京、广东、重庆三大市场的建筑面积均在100万平方米以上。5项工程被评为年度江苏省建筑业新技术应用示范工程,1项被确定为年度国家级“建筑业新技术应用示范工程”目标项目。培训各类技工5 000人(次),组织技术、管理骨干继续教育1 785人(次)。5项QC成果被评为2005江苏省工程建设优秀QC成果,转换层应用叠合梁原理施工工法被省建管局评为省级施工工法。当年有59人取得一级建造师资质,有270人取得二级建造师资质,新增高级职称20人、中级职称150人。年末,建筑行业拥有经济技术职称人员达4 100名。新增总承包一级资质企业1家,二级资质企业2家,三级资质企业10家。有资质企业总数达73家。

全年协议利用外资2.015亿美元,同比增长17.3%;实际利用外资1.06亿美元,同比增长22.6%。11个1 000万美元以上的大项目协议利用外资10 110万美元,占全市总额的50.2%,实际利用外资7 615万美元,占全市总额的60.1%。全年完成自营进出口总额4.2亿美元,同比增长56.6%,其中出口2.59亿美元,同比增长27.7%。全年新签对外承包劳务合同额2 890万美元,完成外经营业额2 506万美元,新派境外劳务190人。

交通建设投入2.355 7亿元。省道干线重点工程、229省道(姜八线)泰兴段改建工程按一级路标准实施,当年基本完成征地、拆迁任务,实施桥涵扩建工程。沿江高等级公路(泰兴段)新建8公里任务,新线段完成路基灰土工程,进入路面石灰土底基层施工。336省道(江平线)城区段改造工程全长7公里,完成主车道路面下封层沥青砼摊铺,同步施工泰兴大桥。农村公路实施县乡公路8公里,乡乡公路28.45公里,乡村公路180公里。

泰兴邮政全年累计完成业务总量8 916万元,总收入7 099万元,获得“江苏省服务质量奖”,同时被泰州市委、市政府表彰为2003~2004年度文明行业、文明单位。泰兴电信完成业务收入2.2亿元,在全省县市公司排名列第7位。全市新增固定电话用户1.61万户;新增无线市话用户3.01万户;新增宽带用户1.19万户。企业继续保持“全国模范职工之家”、“省文明行业”、“江苏省服务质量奖”称号,并被省消协命名为“诚信单位”。泰兴移动分公司全年实现运营收入1.34亿元,同比增长17.88%;通话客户总数达15.72万户。先后被授予“江苏省用户满意服务明显企业”、泰州市“经营诚信单位”、泰兴市“AAA级质量诚信单位”等荣誉称号,中心大道营业厅被评为省“巾帼示范岗”。

当年完成供电量16.328 0亿千瓦时、售电量14.797 3亿千瓦时,全年社会用电量17.720 3亿千瓦时,同比分别增长11.81%、11.81%、16.4%。年平均电价532.86元/千千瓦时。电网建设投资近1亿元,建成投运110千伏秦楼输变电以及35千伏珊瑚、曲霞变电所扩建等工程。

全年完成财政收入20.6亿元,比上年增长32.25%,其中一般预算收入8.46亿元,增长36.93%。连续四年被省评为财政收入上台阶先进单位。城镇人均可支配收入10 268元,农村居民人均收入5 125元,年末城乡居民的储蓄余额106.52亿元,分别增长14.22%、11.61%和14.9%。

全年城镇建设总投入40.22亿元。南二环东延、东城路、羽惠河整治三期、新区公园工程和行政办公中心、新都花城续建项目顺利实施,城市购物广场、人防指挥中心等10个项目先后开工建设,洋思中学新校区建成并投入使用。旧城改造继续推进。拆除旧房6.61万平方米。内环城路(国庆路以南段)、酒厂支沟路、运河路等道路工程和镇海门大桥建设任务顺利完成。房地产开发新开工30万平方米,新上市商住房21.03万平方米。城市绿化得到加强。完成东三环、南三环道路绿化等工程建设,新增绿化面积33.5万平方米。城市管理水平不断提高,被评为省城管创优达标城市。违法建设专项整治强力推进,累计拆除和整改违法建筑6.6万平方米。

区域环境综合整治取得显著成效。建设项目审批率、环评率、“三同时”执行率100%,对973家企业开展排污申报登记,完成了全市重要生态功能区划定工作。3家电力企业和6家非电力企业完成二氧化硫削减任务,4家企业被列为省级第二批循环经济试点单位,11家省重点工业污染源企业全部通过清洁生产审核验收,4家单位通过ISO14001环境管理体系认证,创建成1个环境优美乡镇、6个生态村、1家环境友好企业、2所省级绿色学校、6所泰州市级绿色学校、1个绿色社区。

全市在校中小学生189 304人,小学适龄儿童入学率、在校学生巩固率、毕业率均为100%;初中入学率、在校学生巩固率分别为102%、99.7%。初中毕业生人数21 054人,毕业率99.8%,升入高中阶段学校的比例为92.9%。高中毕业生人数8 724人,录取本科生3 015人、专科生3 897人,本科万人进线率17.96。职业学校学生参加普通高校单招考试,本科进线34人,专科进线245人。洋思中学新校区建成投入使用。投入4 600多万元实施“六有”工程,“校校通”工程建设取得新成就。市二高、三高、黄中分校通过省三星级高中验收。泰兴职业教育中心校创建成为国家级重点职中,黄桥职业中学创建成为省重点职中。

全市新型农村合作医疗行政村覆盖率100%,参合总人数70.03万人,参合率80.11%。完成农村改厕1万户,建成改厕普及村3个,新增自来水受益人口6.1万人,总受益人口达到122.7万人,普及率达95.3%。

新增有线电视用户3.23万户,实现有线电视村村通目标。中国泰兴网正式开通。广播中心、电视中心分别在上级新闻单位用稿(片)641篇和1 146条(部)。农村电影工作受到国家广电总局表彰。朱东润故居改扩建工程竣工，黄桥战役纪念馆被列入首批全国红色旅游景区建设项目和全国爱国主义教育示范基地，中共江浙区泰兴独立支部纪念馆被评为国家AA级红色旅游景点。

成功举办市第四届运动会和全国部分沿海城市门球联谊赛。新建全民健身工程1处，为100个行政村配建乒乓球室，全民健身点实现城市社区全覆盖目标。竞技体育取得新进展，参加国家级比赛夺得银牌5枚、铜牌3枚，培养一级运动员4人，向省队（校）输送运动员2人。

全年净增城镇就业人员5 782人，下岗失业人员再就业3 640人，城镇登记失业率控制在3.6%以内。农村劳务输出新增3万人。城镇企业职工养老保险和基本医疗保险分别增加12 028人和10 910人。

泰兴经济开发区实现工业产值45.1亿元、销售收入43.7亿元、利税5.6亿元，利润3.4亿元，财政收入2.25亿元，同比分别增长45%、47%、84%、60%、52%。全年协议利用外资13 912万美元，实际利用外资7 504万美元，完成自营出口6 898万美元，同比分别增长53%、66%、50%。引进金达重油减粘项目、诺菲斯特种化学项目、阿克苏·诺贝尔硫胶项目、隆盛漂粉精项目、新安三氯化磷和三氯氧磷项目等13个内外资项目，总投资近30亿元。新引进项目平均投资达2 900万美元，同比增长16%，内、外资项目的平均投资强度分别达160万元人民币/亩和20万美元/亩，同比分别增长23%、33%。建成新浦万吨级件杂货码头，基本建成滨江大桥、新港路北段、新木路、安置区主次干道，完成安置小区的管网等相关基础配套，新增绿化面积15万平方米；共实施17个村民小组的征地拆迁工作，新征土地达3 200余亩，拆迁400多户；启动实施综合服务中心区两条主干道及北片重大项目区化工码头建设工程。香港富力亚洲集团等三方共同收购泰州过船港务有限公司，总投资2 000万美元。转让污水处理厂20年经营权，建立泰兴市联合润通水务发展有限公司。

【圆满完成农村综合配套改革工作任务】 泰兴市作为全省农村综合配套改革的四个试点县（市）之一，乡镇和有关部门，科学计划、严密组织、分步实施、整体推进，圆满完成了试点任务。全市24个乡镇党委会选举产生了新一届乡镇党委、纪委领导班子，乡镇人大依法调整了人大、政府领导班子成员，乡镇党政机关机构按职能划分，统一设置“四办一所”，并投入正常运转。乡镇领导班子职数由改革前的366个减少为245个，精减比例达33.1%；乡镇党政机关工作人员由改革前的1 042名减少为962名；乡镇事业单位分流工作人员211名。

【成功创建全国文化先进市】 全市上下认真落实科学发展观，不断提高建设社会主义先进文化的能力，在文化基础设施建设、群众文化活动、艺术生产、文化市场管理、文化事业单位改革和文化产业发展等方面取得显著成绩，于2005年10月被国家文化部评为“全国文化先进县（市）”。

【江苏中兴公司再创佳绩】 江苏中兴公司充分利用特级资质品牌，抢抓优势市场，培植规模市场。在肯尼亚注册了中国中兴建设有限公司，填补了泰兴在境外独立注册公司的空白，同时取得肯尼亚建筑业最高级别A级资质。以中兴公司品牌在深圳、广州注册，并承接40多万平方米的工程项目；经过努力，开辟的重庆市场成为泰兴市建筑业第三大主力市场。同时，以房屋土建业务为主，积极拓展发展领域。投资3亿元，参与巴彦淖尔市新城区建设和旧城区改造。该项目列入江苏省和内蒙古两省区的对口支持项目。企业全年完成总产值突破60亿元，成为全国首批50家信用能力AAA工程建设企业，并跻身由美国《工程新闻纪录》杂志和《建筑时报》社联合评定的“中国建筑业承包商60强”，被中国施工企业协会评为全国优秀施工企业，被江苏省政府命名为综合实力20强企业（列第八位）。

【全国爱国主义教育示范基地建设和红色旅游经典景区建设取得新的成绩】 新四军黄桥战役纪念馆不断加大基础设施建设力度，努力充实馆藏资料，积极开展革命传统教育，全年接待参观人员近10万人次，于2005年10月被中宣部列为“爱国主义教育示范基地”。同时，被中宣部、国家发改委、国家旅游局等部门列入“全国100个红色旅游经典景区”。

（吴小平　叶开成）

2005年度泰兴市经济社会发展主要指标

项　目	2005年	比上年增减%
地区生产总值（亿元）	174.29	14.5
第一产业增加值（亿元）	22.87	4.4
第二产业增加值（亿元）（其中工业增加值）（亿元）	97.60（77.50）	17.1（19.1）
第三产业增加值（亿元）	53.82	14.5
人均GDP	14 442	17.2
农业总产值（亿元）	17.69	5.25
粮食总量（万吨）	58.69	2.82
全社会固定资产投资总额（亿元）	87.17	33.5
外贸自营出口总额（万美元）	25 949	27.7
社会消费品零售总额（亿元）	50.58	16.4

续表

项　目	2005年	比上年增减%
地方财政收入(亿元)	20.62	32.25
地方财政支出(亿元)	15.37	22.96
城镇在岗职工年平均工资(元)	14 266	15.22
农民人均纯收入(元)	5 125	11.61
邮电业务收入亿元)	4.48	4.13
年末存款余额(亿元)	140.72	14.9
年末贷款余额(亿元)	63.49	5.6

姜堰市

【基本概况】 姜堰市位于江苏省中部,地跨长江三角洲和里下河平原。东邻南通海安、盐城东台,西连泰州海陵、高港两区和扬州江都,南北分别与泰兴、兴化接壤。全市总面积1 044平方公里,占全省面积的1.01%,其中平原面积881平方公里,水面面积163平方公里,耕地总面积6.35万公顷。境内328国道、宁启铁路横贯东西,宁靖盐高速纵贯南北,建有宁启铁路泰州段客运站和货运站,距国家一类开放口岸——泰州港25公里,距南京、上海等大城市仅2小时左右路程,交通十分便利。矿藏主要有里下河地区的石油、天然气、粘土以及丰富的地热资源。

【行政区划】 全市辖18个镇、1个省级经济开发区、1个溱湖风景区,设有55个居委会,297个行政村,总人口90.04万人。

【经济建设】 2005年,全市实现地区生产总值134.41亿元,可比增长15.3%,三次产业比例12.2:56:31.8。实现财政总收入14.52亿元,同比增长30.9%,其中地方一般预算收入5.89亿元,同比增长36.2%。生态农业优势不断提升。全年新增无公害农产品7个、AA级绿色食品和有机食品11个,新创国家级“放心粮油”品牌4个,新增省级农业龙头企业2家,发展专业合作经济组织20个,新增绿化造林4.07万亩,建成省级生态农业市。工业主导地位不断巩固。全部工业实现现价产值316亿元,新增亿元企业16家、海外上市企业1家,新开发泰州市级以上新产品45项,新创省名牌产品3个、省著名商标4个、全国免检产品2个。服务业规模不断壮大。全市实现服务业增加值42.8亿元,可比增长14%,社会消费品零售总额42.03亿元,同比增长15.5%,以步行街为核心的中心商贸区、以华东五金城为代表的专业市场板块逐步形成,城区商贸日趋繁荣;旅游资源得到有效开发利用,溱湖风景区被命名为国家AAAA级旅游景区、国家级水利风景区、国家湿地公园,溱潼镇被命名为中国历史文化名镇,沈高镇河横村通过全国首批农业旅游示范点验收,溱潼会船节、“溱湖八鲜”美食节发挥良好效应,全市全年接待国内外游客65万人次,实现旅游收入8 000万元。建筑行业实力不断增强。全年实现建筑业施工产值133.8亿元,同比增长31.1%,正太集团晋升特级资质,跻身全国大型企业集团500强行列,总承包的武汉怡景花园荣获建筑工程质量最高奖鲁班奖,3家公司晋升一级资质。邮电、金融、保险业稳步提升。业务量比上年分别增长8.5%、28.5%、17.5%。外经外贸继续扩大。自营出口、外经营业额分别达1.59亿美元、3 030万美元,同比分别增长50.8%、29.3%,新增自营出口企业29家,新派出国劳务460人。有效投入持续加大。全年实现全社会固定资产投入88.29亿元,完成技改投入财务发生数45亿元,实施计划投入3 000万元以上项目55个;实现协议外资1.7亿美元,同比增长71.8%,实际利用外资8 700万美元,同比增长64.6%,新批总投资1 000万美元以上重大项目7个;引进民资41.2亿元,同比增长35.9%,新增私营企业806家、个体工商户5 659户,新增注册资本22.9亿元,民营经济增加值占地区生产总值的比重达49.7%;经济开发区建成国家级高新技术产业基地,各镇工业集中区建成标准厂房88万平方米,新增进区企业253家,全年实现投入23亿元;城区新建道路4条、街头游园4个,10处节点工程全面开工,14个居民小区实施改造,新增绿化面积32万平方米,新开发商品房37.6万平方米;镇村布局规划全面完成,建设规划编制工作全面展开;建成通镇二级公路项目4个56.8公里、通村公路项目104个339.2公里,拆建危桥114座,疏浚、整治市镇两级河道70条,加固圩堤25公里,新改建圩口闸43座,新增排涝动力31个流量,改造中低产田2.2万亩;完成污水处理厂、粮食仓储物流中心建设,溱潼镇通过全国小城镇建设示范镇验收。

【社会事业】 科技工作取得新成果。全年实施科技计划项目54项,其中省级以上计划项目36项;实现高新技术产业产值40.6亿元,新认定省级以上高新技术企业2家、高新技术产品13个,申请专利346件,飞船公司省金属材料精密成形工程技术研究中心通过验收,罡阳公司被命名为省级技术中心,市创业中心被命名为国家高新技术创业服务中心,市被评为全国科技进步先进市、全省人才工作先进单位,并通过省科普示范市验收。教育事业再上新台阶。基础教育全面完成“六有”、“校校通”工程,市职教中心、市二职中分别通过国家级重点职业学校、省职教中心验收,张甸中学创成三星级普通高中,市被评为省教育工作先进单位。文化广电事业获得新发展。全市拥有县市级艺术表演团体1个,文化馆1个,图书馆1个,藏书总量达13万册;博物馆1个,收藏文物1 634件;举办了首届群众文化节,组织专题文艺活动26场,“溱潼会船”被列为省首批非物质文化遗产保护工程项目;新增有线广播电视用户1.5万户,入户率达72.2%,被评为省有线电视先进市。医疗卫生条件得到新改善。年末全市拥有各类卫生机构331个,其中医院17个,卫生院18个,诊所50个,村卫生机构205个,其他卫生机构41个,卫生技术人员3 577人,全市平均每万人拥有卫生技术人员40人、医生26人、床位24张;农村新型合作医疗保险全面推行,参投率达88%以上;市人民医院急诊急救中心、中医院门诊大楼施工建设;全面完成58家农村自来水厂专项整治,完成改厕1万多座,全市新增自来水受益人口2.19万人。体育事业再创新业绩。全市举办市级以上体育运动会24次,市女子足球队第六次蝉联省赛桂冠,群众体育工作蓬勃开展,被表彰为“全国群众体育先进单位”。人口资源环境工作取得新成效。人口出生率5.76‰,环境质量综合指数达到85.6,分别通过人口与计划生育工作示范市、国家环境监察试点工作省级验收。人民生活水平有了新提高。城镇在岗职工年平均工资14 416元,同比增长14%,农民年人均纯收入4 965元,同比增长11.7%,新增转移输出农村劳动力2.26万人,城镇登记失业率3.55%,净增就业6 286人,新增养老保险、医疗保险参保人员8 136人、21 402人。精神文明创建取得新突破。娄庄镇、市新华书店被表彰为全国精神文明创建工作先进单位,“四五”普法工作顺利通过验收,市行政服务中心在全省率先通过IS09001质量认证,省级文明城市、省级双拥模范城创建成功,再次荣获省社会治安安全市称号。

【社区建设】 全市现设社区居委会55个,其中城区(含经济开发区)设居委会21个,建有社区专业志愿者服务组织54个、社区中介服务组织28个、各类协会8个。城区社区设警务室21个,实现“一区一警”,8个小区建成技防小区,暂住人口登记率、房屋出租户登记率、治安责任书签订率分别达96%、98%、100%。建成城区社区卫生服务中心1个、社区卫生服务站12个、全民健身点16个、便民服务点57个。按照“资源共享、共驻共建,责权统一、管理有序,扩大民主、居民自治”的原则,逐步形成“两级政府、三级管理、四级网络”的新型社区管理体系,被表彰为“江苏省社区建设示范市”。

【纪念“兰亭论辩”40周年暨高二适书法艺术高层论坛在姜举行】 11月28日,论坛在姜堰高二适纪念馆开幕。中国书法家协会党组副书记、学术委员会主任张传凯、省政协副主席冯健亲等到会。与会人员参观了高二适遗墨展、全国书法名家作品展。高二适与郭沫若展开“兰亭论辩”,是中国文化史上的一件标志性事件,其历史价值正如著名红学家冯其庸所言:“在学术界、文化界的影响和意义是非常深远的。”

【'2005年中国五金产业发展高层论坛在姜堰举行】 5月6~7日,'2005年中国五金产业发展高层论坛在姜举行。中华全国工商业联合会五金商会会长吴石川,省委统战部部长、省工商联党组书记邵军,部分经济学家以及五金产业界知名企业家200多人参加论坛。

【姜堰市获得“江苏省文明城市”称号】 11月27日,在全省精神文明建设表彰大会上,姜堰市以全省县级市得分第一名的成绩,被省委、省政府命名为“江苏省文明城市”。

【溱湖风景区被命名为国家级AAAA级风景区】 12月28日,姜堰市省级溱湖风景区被国家旅游局批准为AAAA级风景旅游区。

【江苏双登集团有限公司在伦敦成功上市】 12月6日,江苏双登集团有限公司在英国伦敦证券交易所二板市场(中小企业“创业板”市场)正式挂牌交易。

【江苏正太建设集团晋升特级建筑企业】 经建设部确认,江苏正太建设集团晋升为特级资质建筑企业。

(周　兵　王建华)

2005年姜堰市经济社会发展主要指标

项　　目	2005年	比上年增减%
国内生产总值(亿元)	134.41	15.3
第一产业增加值(亿元)	16.39	5.6
第二产业增加值(亿元)	75.27	18.5
其中工业增加值(亿元)	61.15	19.6
第三产业增加值(亿元)	42.75	14.0
人均国内生产总值(元)	15 999	18.3
粮食总产量(万吨)	5 057	2.9
棉花总产量(吨)	2 308	-22.9
油料总产量(万吨)	4.01	2.4

续表

项　　目	2005 年	比上年增减%
全社会固定资产投资总额(亿元)	88.29	47.3
外贸自营出口(万美元)	15 935	51.3
实际利用外资(万美元)	7 333	38.8
社会消费品零售总额(亿元)	42.03	15.5
零售物价总指数(%)		
财政收入(亿元)	14.52	30.9
财政支出(亿元)	12.03	31.8
城镇在岗职工平均工资(元)	14 416	14.0
农民人均纯收入(元)	4 965	11.7
邮电业务总量(亿元)	7.81	8.5
电话普及率(部/百人)	26.41	0.88
年末存款余额(亿元)(人民币)	134.29	16.2
年末贷款(亿元)(人民币)	66.75	14.4
大学(所)		
中小学(所)	109	-10.7
下岗人数(人)城镇登记失业率	≥3.55%	-0.15
企业兼并、破产数(个)	5	2

兴化市

【概况】 兴化市位于泰州市北部,地处长江三角洲沿江经济开发带,东临大丰、东台,南接姜堰、江都,西与高邮、宝应毗邻,北与盐都隔河相望。土地总面积2 393.35平方公里,人口154.99万人,辖29个镇、5个乡、1个省级开发区,设78个居民委员会、614个村民委员会。境内生态环境十分优越,是国家级生态示范区、省级历史文化名城。辖区内地下石油资源丰富,刘陆油田开采年产量达30万吨,是长江中下游最大油田。2005年,全市国内生产总值150.67亿元,同比增长13.8%。完成财政收入12.78亿元,增长32.1%,五年翻了两番,其中一般预算收入5.23亿元,增长37.7%,增幅居泰州四市之首,再次被省政府表彰为财政收入上台阶先进单位。农业全面增产增收,第三次荣获全国"十大粮食生产标兵县"称号。

【经济建设】 全市实现地区生产总值150.67亿元,比上年增长13.8%,五年翻了一番。其中第一、二、三产分别增长5.9%、18.9%和13.4%。财政总收入达12.78亿元,增长32.1%,五年翻了两番,其中一般预算收入5.23亿元,增长37.7%,增幅居泰州四市之首,再次被省政府表彰为财政收入上台阶先进单位。戴南镇实现财政收入3.52亿元,五年翻了三番。农业和农村经济稳定发展,结构调整、品牌建设、产业化经营深入推进,第三次获得全国十大粮食生产先进县标兵称号。工业产销三年翻番,全市产销过亿元企业25家,兴达钢帘线股份有限公司产值达25亿元。全市工业技改投入28.4亿元,增长41.8%,实施亿元以上技改项目4个。全年新引进项目525个,引资总额24.65亿元,实际利用外资2 976万美元,新批外资企业26家,五年累计90家。全年新增民营企业509家、个体工商户7 475家。市属企业"三置换一保障"改革进入扫尾阶段,累计置换公有资产7亿多元,置换职工身份5.3万人。

【社会事业】 中小学布局调整稳步推进,各类教育事业协调发展。医疗卫生服务体系逐步完善,三级医疗、预防、保健网络基本形成。文化遗产得到保护,成功举办了三届郑板桥艺术节。广电事业较快发展,实现了有线电视"村村通"。全民健身深入开展,竞技体育发展活跃。积极争创省人口与计划生育工作示范市,加强耕地保护和复垦整理,全市生态环境质量得到巩固。扎实开展文明创建活动,获得省级文明城市创建工作先进市称号,张郭镇建成全国文明镇,戴南镇成为全国文明创建工作先进镇。统计、审计、物价、外事侨务、史志档案、人民武装、妇女儿童、老龄、残疾人、未成年人思想道德建设等工作得到加强。重视民族宗教工作,被省政府表彰为民族团结进步模范单位。金融、税务、工商、质监、药监等在服务地方经济发展中取得新成绩。依法向人大报告工作、向政协通报情况,自觉接受监督,高度重视并办理好建议和提案。加强社区建设和村民自治,完成了"四五"普法任务。高度重视社会稳定,妥善处理群众来信来访。扎实推进"平安兴化"创建,被省委、省政府命名为社会治安安全市。严格落实安全生产责任制和责任追究制,安全生产形势保持稳定。开通了政府门户网站,市长公开电话和市长信箱得到较好办理。认真开展保持共产党员先进性教育活动,公务员整体素质有所提高。

【社区建设】 创建省级文明社区1个、省级民主法制示范社区1个,泰州市级"星级社区"2个、泰州市级科普文明社区19个、泰州市级绿色社区2个;兴化市级平安社区23个。党建工作的覆盖面进一步扩大,接纳2 473名市属企事业退休、下岗失业人员中的党员进社区,积极推进社区自治组织建设,发展了一批社区民间组织,完善了部分社区基础设施。建立社区服务站,下设服务网点,为居民提供家政、医疗保健、家电维修、代送煤气、法律咨询等服务。建立社区劳动保障工作站,配备劳动保障专管员。实现社区就业3 240人,接纳了15 500多名退休职工进入社区管理,并建立了409个退休人员自管服务小组,正常开展活动。组织社区居民积极投身文明创建、平安创建、计生创建、双拥创建活动。制订了创建文明社区的六项标准,组织居民开展形式多样的文明创建活动。社区双拥工作从走访慰问转变为帮助排忧解难,为优抚对象提供优惠服务。计生示范市创建工作扎扎实实,计生服务水平和群众满意率得到较大提高。以创建平安社区为抓手,健全社区治安防范组织网络,聘请了66名老同志担任网吧义务监督员,对五年内回归的164名刑释解教人员做好安置帮教工作,对34名社区矫正人员落实帮教管理。开展文体活动,深化健康教育。围绕文明创建、平安创建等中心工作,社工委及相关社区举办了纳凉晚会和文艺演唱会,弘扬文明新风,倡导科学文明的生活。

(严　勇)

2005年度兴化市经济社会发展主要指标

项　　目	2005年	比上年增减%
国内生产总值(亿元)	150.67	13.8
第一产业增加值(亿元)	36.85	5.9
第二产业增加值(亿元)	67.72	18.7
其中:工业增加值(亿元)	55.87	19.3
第三产业增加值(亿元)	46.10	13.7
人均国内生产总值(元)	10 995	17.4
粮食总产量(万吨)	116.98	7.7
棉花总产量(吨)	14 548	-32.3
油料总产量(万吨)	4.28	-10.1
全社会固定资产投资总额(亿元)	58.31	25.3
外贸自营出口(万美元)	6 315	46.2
实际利用外资(万美元)	2 976	81.7
社会消费品零售总额(亿元)	34.96	16.3
零售物价总指数(%)	无	
地方财政收入(亿元)	12.78	26.7
地方财政支出(亿元)	12.38	22.9
职工年平均工资(元)	13 560	13.9
农民年纯收入(元)	4 904	11.2
邮电业务总量(亿元)	4.09	34.5
电话普及率(部/百人)	40	11.1
年末存款余额(亿元)	128.14	15.3
年末贷款(亿元)	75.21	17.2
大学(所)	无	
中小学(所)	225	-7.0
下岗人数(人)	无	
企业兼并、破产数(个)	1	-66.7

杭州市

【地理位置】 杭州是浙江省省会,全省政治、经济、科教和文化中心,全国重点风景旅游城市和历史文化名城,副省级城市。杭州地处长江三角洲南翼、杭州湾西端、钱塘江下游、京杭大运河南端,是长江三角洲南翼重要中心城市和中国东南部交通枢纽。杭州市区中心地理坐标为北纬30°16′、东经120°12′。

【历史沿革】 杭州历史悠久,自秦时设县治以来,已有2 200多年历史。杭州是华夏文明的发祥地之一。跨湖桥遗址的发掘显示,早在8 000多年前,就有人类在此繁衍生息。距今5 000多年前的良渚文化被史界称为文明的曙光。杭州曾是五代吴越国和南宋王朝两代建都地,是我国七大古都之一。被13世纪意大利旅行家马可·波罗赞叹为"世界上最美丽华贵之城"。杭州古称钱唐。隋开皇九年(589年)废钱唐郡,置杭州,杭州之名首次在历史上出现。五代时的吴越国(公元907年~978年)在杭州建都。南宋建炎三年(1129年),高宗南渡至杭州,升杭州为临安府。绍兴八年(1138年),南宋正式定都临安,历时140余年。民国元年(1912年),原钱塘、仁和县并置杭县。民国十六年(1927年),划杭县城区等地设杭州市,杭州置市始此。1949年5月3日,杭州解放,从此揭开了杭州发展的历史新篇章。

【行政区划】 杭州市辖上城、下城、江干、拱墅、西湖、高新(滨江)、萧山、余杭8个区,建德、富阳、临安3个县级市,桐庐、淳安2个县。全市总面积16 596平方公里,其中市区面积3 068平方公里。

【人口状况】 2005年末全市户籍人口660.45万人,其中市区户籍人口409.52万人;全市人口密度为每平方公里398人,其中市区人口密度为每平方公里1 335人。2005年,全市户籍人口出生率为8.72‰,死亡率为5.4‰,自然增长率为3.33‰。

据2005年全市1%人口抽样调查资料显示,2005年末全市常住人口为750.7万人。常住人口中具有大专及以上文化程度的人口为89.26万人,高中程度的人口为109.60万人,初中程度的人口为238.40万人,小学程度的人口为220.05万人。与第五次全国人口普查相比,大学程度的人口增加39.69万人,高中程度的人口增加14.96万人,初中程度的人口增加9.51万人,小学程度的人口减少3.71万人。

【经济发展】 经济总量保持较快增长。2005年,全市生产总值(GDP)达到2918.61亿元,按可比价格计算,比上年增长12.5%,连续15年保持两位数增长。其中第一产业增加值145.36亿元,增长4 %;第二产业增加值1 496.15亿元,增长11.6%;第三产业增加值1 277.10亿元,增长14.7%。三次产业增加值结构由上年的5.2:51.8:43调整为5.0:51.2:43.8。按户籍人口计算,全年人均生产总值为44 487元,增长11%;按常住人口计算,人均生产总值为39 677元,增长9.5%;按国家公布的2005年对美元平均汇率8.191 7计算,按户籍人口计算的人均GDP突破5 000美元大关,达5 431美元,按常住人口计算达到4 844美元。

财政收入稳步增长。2005年全年财政总收入520.79亿元,比上年增长17.6%,其中地方财政收入250.46亿元,比上年增长19.7%。全年地方财政支出238.33亿元,比上年增长21.8%。

【农业】 农业生产稳步发展。全年完成农林牧渔业总产值219.48亿元,比上年增长10.7%。其中种植业产值113.66亿元,比上年增长12.4%;林业产值23.3亿元,比上年增长12.7%;牧业产值49.59亿元,比上年增长8.4%;渔业产值27.08亿元,比上年增长15.7%。

都市型农业发展较快。茶叶、花卉苗木、水产品、节粮型畜禽、蔬菜和竹业等"六大优势产业"实现产值125.31亿元,比上年增长13.5%;水果、干果、蚕桑、药材和蜂业等"五大特色产业"实现产值23.59亿元,比上年增长16.6%,占农林牧渔业总产值的比重分别为57.1%和10.7%。

林、牧、渔业生产稳步发展。2005年,全市完成造林面积1 433公顷;全市森林覆盖率62.8%。全年肉类总产量为30.74万吨,比上年增长2.9%;全年水产品总产量为14.78万吨,比上年增长5.9%;水产品养殖面积61千公顷,与上年基本持平。

农业产业化建设。农业产业化经营深入推进,全市已培育市级以上农业龙头企业167家,年销售亿元以上的加工型农业龙头企业46家。农村专业合作组织不断壮大,已建各类农村专业合作组织316家。外向型农业不断发展,全市有100余家企业、6.2万农民在10多个国家、20多个省、市建基地300多万亩;全市农业招商引进内资32.5亿元、外资1亿美元。

农业科技支撑作用增强。全市引进农业新品种250余个,良种覆盖率达96%以上。强化农业信息服务,全市建成村级信息服务点2 617个,占村总数的71.2%。积极实施与推进农业标准化,基本形成水稻、无公害蔬菜、经济特产、畜产品、水产品、花卉苗木等农业标准体系。全市累计建成省级无公害农产品基地120万亩,通过认证的无公害、绿色和有机食品品牌369个。强化基地农产品监管,对全市蔬菜、畜产品、水产品等6大类生产基地的食用农产品开展的定性抽检合格率99.4%、定量抽检合格率98.2%。定点农贸市场、基地的蔬菜农残合格率和生猪瘦肉精残留合格率分别达98.1%、99.7%。

【工业】 工业生产保持平稳增长。全市实现工业增加值1 330.39亿元,比上年增长12 %,占全市GDP的比重为45.6%。规模以上工业全年实现总产值5 428.27亿元,比上年增长22.1%;实现销售产值5 332.83亿元,比上年增长22.1%。

工业完成出口交货值快速增长。全年工业完成出口产品交货值1 289.53亿元,比上年增长36.1%;占规模以上工业销售产值的比重为24.2%,比上年提高1.7个百分点。

新产品开发力度继续加大。全年规模以上工业企业实现新产品产值261.02亿元,比上年增长26.1%,占规模以上工业总产值的比重达4.8%。

非国有控股工业继续较快增长。全市规模以上非国有控股工业实现销售产值4 556.37亿元,比上年增长24.0%。其中私营工业企业实现销售产值1 651.58亿元,比上年增长26.5%。

工业经济效益总体水平有所提高。全年规模以上工业企业实现产品销售收入5 216亿元,比上年增长22%;实现利税总额442.65亿元,比上年增长9.1%;实现利润233.74亿元,比上年增长2.8%;按工业增加值计算的全员劳动生产率为10.31万元/人,比上年增加0.67万元/人。

【固定资产投资】 固定资产投资保持适度增长。全年全社会固定资产投资完成1 386.68亿元,比上年增长15.3%。其中限额以上投资1 277.24亿元,比上年增长16%。从投资结构看,第一产业投资1.40亿元,比上年增长5%;第二产业投资449.25亿元,比上年增长4.7%,其中能源工业投资65.78亿元,比上年增长11.5%;第三产业投资826.58亿元,比上年增长23.3%。限额以上投资中,交通运输仓储和邮政业、居民服务和其他服务业、卫生社会保障和社会福利业、文化体育和娱乐业投资分别增长25.5%、54.1%、75.4%和35.1%,均高于全市平均增长水平。

【建筑业】 建筑业保持稳定发展。全年实现建筑业增加值165.76亿元,比上年增长8.5%。全市建筑企业全年完成施工产值1 081.81亿元,比上年增长23.9%;施工面积12 847.67万平方米,比上年增长35.5%;竣工面积4 987.67万平方米,比上年增长38.3%。建筑企业经济效益进一步提高。按施工产值计算的全员劳动生产率达到人均18.18万元,比上年增长9.5%。

【交通运输】 交通运输能力进一步增强。全年货物运输总量达19 909.2万吨,比上年增长5.4%。其中,公路运输13 539万吨,增长3.2%;水路运输5 833万吨,增长10.3%;铁路运输525万吨,增长9.3%;民用航空运输12.2万吨,增长32.1%。全年旅客运输量达24 123.5万人次,比上年增长5.7%。其中公路运输21 431万人次,增长5.2%;水路运输304万人次,增长28.4%;铁路运输2 011万人次,增长5.4%;民用航空运输377.5万人次,增长19.6%。杭州萧山国际机场至年末已开通航线159条,其中国际航线22条,分别比上年增长26.2%、46.7%。

全市机动车辆继续大幅上升。年末全市民用汽车拥有量达49.27万辆,其中私人汽车30.39万辆,分别比上年增长19.9%和30.4%。

路网建设取得新突破。长108公里、总投资达60多亿元的杭千高速一期工程建成通车。年末全市公路里程8 340.48公里,其中高等级公路2 318.52公里,比上年分别增长11%和22.5%。

【邮电通信】 全年完成邮政业务总量6.69亿元,比上年增长3.1%。完成邮政业务收入6.26亿元,比上年增长3.5%。邮政特快专递辐射221个国家和地区,全年完成国内特快业务399.22万件,比上年增长10.4%;国际特快业务19.3万件,比上年增长16.4%。全市电信业务总收入85.08亿元,比上年增长8.3%。本地电话用户数达411.17万户,比上年增长14%,固定电话主线普及率达到63.97线/百人,比上年增长21.1%。全市移动电话用户607.25万户,比上年增长26.6%。

【金融保险】 金融业务进一步扩大。年末全市金融机构本外币各项存款余额6 748.72亿元,比上年末增长18.2%;各项贷款余额5 545.3亿元,比上年末增长15.5%。全年金融机构现金收入11 752.53亿元,现金支出11 562.05亿元,收支相抵现金净回笼190.48亿元。

资本市场平稳发展。年末,全市累计上市公司(含异地控股上市)46家,比上年末增加4家。其中境内证券市场上市38家,境外红筹上市8家。全年新募集资金11.4亿元,上市公司累计募集资金155亿元。

保险事业平稳运行。2005年全市保费收入72.53亿元,其中,财产险保费收入27.67亿元,增长14.8%;人身险保费收入44.86亿元,比上年下降7.0%。全年支付各类保险赔款及给付17.65亿元,比上年增长5.5%。

【房地产业】 房地产业保持适度增长。全年完成房地产开发投资407.96亿元,比上年增长24.2%;商品房施工面积4 184.65万平方米,比上年增长23.7%;竣工面积799.73万平方米,比上年增长17.7%;销售面积705.22万平方米,比上年增长16.5%,其中住宅销售610.05万平方米,比上年增长19.7%。

【市场物价】 价格总水平升幅有所回落。全年市区居民消费价格总水平平均上升1.7%,涨幅低于上年0.8个百分点。其中食品类价格上涨3.3%,烟酒及用品类价格上涨0.2%,家庭设备用品及维修服务类价格上涨1.9%,医疗保健及个人用品类价格上涨2.2%,居住类价格上涨5.3%;衣着类价格下降1.6%,交通和通信类价格下降2.8%,娱乐教育文化用品及服务类价格下降0.2%。

工业品出厂价格指数为103.5,涨幅比上年回落4.4个百分点;原材料、燃料及动力购进价格指数为106.9,比上年回落7.7个百分点。

【杭州位次】 2005年,杭州经济总量继续位居全国省会城市第二、副省级城市第三、全国大中城市第八。2005年3月中国社会科学院公布的《中国城市竞争力报告》,杭州城市竞争力在内地200个城市中排名第五位;被世界银行评为“中国23个城市投资环境”第一;2004年、2005年连续两年被美国《福布斯》杂志评为“中国大陆最佳商业城市排行榜”首位。

2005 年杭州在长江三角洲 16 个城市中的位次

城　市	生产总值（亿元）	规模以上工业销售产值（亿元）	全社会固定资产投资（亿元）	社会消费品零售总额（亿元）	进出口总额（亿美元）	城镇居民人均可支配收入（元）
杭州市	2 918.61	5 346.01	1 386.68	975.43	298.70	16 601
上海市	9 143.95	15 585.49	3 542.55	2 972.97	1 863.65	18 645
南京市	2 413.00	4 014.24	1 402.72	1 005.00	270.90	14 997
无锡市	2 805.00	5 604.20	1 335.09	824.11	291.91	16 005
常州市	1 302.21	2 448.36	770.00	444.08	83.38	14 589
苏州市	4 026.52	9 738.69	1 870.14	905.07	1 405.89	16 276
南通市	1 472.08	2 121.33	815.26	536.41	85.20	12 384
扬州市	922.01	1 487.50	410.00	306.89	27.90	11 379
镇江市	833.50	1 299.34	404.75	241.39	39.65	12 394
泰州市	819.60	1 189.54	403.13	233.81	19.28	11 122
宁波市	2 446.40	4 645.03	1 370.40	759.83	334.95	17 408
嘉兴市	1 155.71	2 120.64	732.89	374.44	99.22	15 555
湖州市	640.05	1 034.42	433.08	237.75	22.71	15 375
绍兴市	1 440.48	3 112.73	700.25	381.63	104.85	17 319
舟山市	272.00	265.43	163.83	100.14	15.05	15 524
台州市	1 247.43	1 692.39	558.13	439.92	63.53	18 313
杭州位次	3	4	4	3	4	5

2005 年杭州主要指标占浙江省的比重

计　　量	单　位	浙江省	杭州市	比重(%)
土地面积	平方公里	101 800	16 596	16.3
年末户籍人口	万人	4 602.11	660.45	14.4
生产总值	亿元	13 365	2 918.61	21.8
其中:第三产业	亿元	5 345.15	1 277.1	23.9
财政总收入	亿元	2 115.36	520.79	24.6
规模以上工业销售产值	亿元	22 313.81	5 346.01	24.0
社会消费品零售总额	亿元	4 631.69	975.43	21.1
全社会固定资产投资额	亿元	6 651.7	1 386.68	20.8
外贸出口总额	亿美元	768.04	198	25.8
实际利用外商直接投资	亿美元	77.23	17.13	22.2

【产业结构】 产业结构不断优化。2005 年,第一产业实现增加值145.36 亿元,按可比价格计算,比上年增长 4.9%;第二产业实现增加值1 496.15亿元,比上年增长 11.6%;第三产业加快发展,实现增加值1 277.10亿元,比上年增长 14.7%。三次产业的结构由上年的 5.2∶51.8∶43 调整为 5.0∶51.2∶43.8。

【就业结构】 2005 年,杭州市全社会从业人员 481.1 万人,其中从事第一产业 91.63 万人,从事第二产业 222.16 万人,从事第三产业 167.31 万人,三次产业从业人员的结构比例从 2004 年的 19.6∶47.2∶33.2 调整为 2005 年的 19.0∶46.2∶34.8,第三产业吸纳劳动力的承载能力不断增强。

【投资结构】 2005 年,全市完成全社会固定资产投资 1 386.68亿元,比上年增长 15.3%,其中限额以上固定资产投资额为1 277.80亿元,增长 15.3%。从产业投向看,三次产业的投资比例为 0.1∶34.8∶65.1。投资主体日趋多元化。2005 年,全市民间投资完成 768.99 亿元,占全市全社会固定资产投资的比重为 55.5%。在投资总额中,重大工程建设投资完成 395.94 亿元,占限额以上固定资产投资的 31.0%;房地产开发投资完成 410.57 亿元,占限额以上固定资产投资的 32.1%。

【所有制结构】 积极支持和鼓励非公有制经济发展,非公经济在国民经济中的比重不断提高。2005 年,非公有制经济占全市生产总值的比重达 56.5%,其中私营及个体经济占全市生产总值的比重为 48%。民营经济在商贸、工业和投资领域所占比重均超过了 50%,全年民营经济税收收入 184.96 亿元,占全市财政收入的 35.5%,民营经济对当年财政的贡献度达到 47.8%,成为财政收入的重要来源。

【实事工程】 按照统筹城乡发展的要求,实施为农民办实事工程。全市村庄整治工程新完成 47 个示范村、353 个重点整治村的建设任务;完成1 708户农村贫困家庭危房改造工作。全市通乡公路硬化率达到 100%,等级公路通村率和通村公路硬化率分别达到 89.7% 和 85.1%。农业基础设施和农村生态建设扎实推进,农田水利建设投资 15.19 亿元,治理水土流失面积 162 平方公里。完成农民素质培训 25.1 万人。"49100"帮扶工程进展顺利,全年共实施帮扶项目 321 个,总投资额达到 2.1 亿元,比上年增长 18%。农村社会保障体系不断健全,全市农村低保标准均在每月 130 元/人以上,其中市区月最高达 240 元/人。2005 年全市参加新型农村合作医疗的农村人口 350.61 万人,人口覆盖率达到 89.6%。

【招商引资】 2005 年,全市合同利用外资 40.05 亿美元,实际利用外资 17.13 亿美元,分别增长 30.1% 和增长 21.5%。至 2005 年末,在杭投资经营的境外国家和地区达到 98 个。55 家世界 500 强在杭设立企业 85 家。国内招商引资取得新成效,2005 年,全市协议利用内资 556.3 亿元,实际利用内资 268.5 亿元,分别比上年增长 17.3% 和 19.0%。

【对外贸易】 对外贸易规模不断扩大。2005 年全市外贸进出口总额达 298.7 亿美元,比上年增长 21.9%。其中外贸出口总额 198.0 亿美元,增长 30.5%。高新技术产品和机电产品出口的主导地位日益增强。2005 年,杭州高新技术产品出口 36.81 亿美元,比上年增长 54.2%,占全市外贸出口总额的比重由上年的 15.7% 提高到 18.6%;全年机电产品出口 79.92 亿美元,比上年增长 39.4%,占全市外贸出口总额的比重由上年的 37.8% 提高到 40.4%。

【国际友好城市】 至 2005 年末,杭州市已与 12 个国家的 13 个城市结成友好城市,分别是:日本岐阜市和福井市、美国波士顿市、菲律宾碧瑶市、英国利兹市、韩国丽水市、法国尼斯市、苏里南帕拉马里博市、匈牙利布达佩斯市、以色列贝特谢梅什市、摩洛哥阿加迪尔市、巴西库里蒂巴市、俄罗斯喀山市。

【国家级开发区】 杭州经济技术开发区、杭州高新技术开发区、萧山经济技术开发区和杭州之江国家旅游度假区 4 个国家级开发区继续发挥着招商引资主平台作用。全年 4 个国家级开发区签订外商投资项目 191 个,合同利用外资 15.42 亿美元,实际利用外资 7.73 亿美元,分别占全市合同利用外资和实际利用外资总额的 38.5% 和 45.1%。开发区的生产经营活动取得了良好成效,全年四个国家级开发区实现技工贸总收入 1 729.8亿元,比上年增长 34.3%;实现利税 133.08 亿元,比上年增长 2%;产品出口创汇 65.51 亿美元,比上年增长 50.0%。

【杭州经济技术开发区】 1993 年设立,已开发面积 34 平方公里,设有浙江医药工业发展基地、电子信息产业园区、大学科技园区、新加坡杭州科技园等专业园区。初步形成了电子信息、生物医药、机械制造、食品饮料四大主导产业,2005 年 5 月被国家信息产业部授予国家(杭州)计算机与网络产品产业园。2004 年经国家商务部评定,综合发展水平名列全国 49 个国家级经济技术开发区第十位。

【浙江杭州出口加工区】 浙江杭州出口加工区位于杭州经济技术开发区内,设立于 2000 年,批准规划面积 2.92 平方公里,享受一系列"境内关外"国家优惠政策,由海关实行封闭式管理。

【杭州国家高新技术产业开发区】 1990 年设立,重点发展以两强(通信设备制造业和软件产业)、两优(集成电路设计制造业和数字电视产业)、两新(动漫产业和网络游戏产业)为特色的电子信息产业以及生物医药、新材料、光机电一体化的高新技术产业。批准规划面积 85.64 平方公里,由江北、江南(滨江)和下沙三大区块组成,拥有软件产业基地、集成电路设计产业化基地、动画产业基地、电子信息产业基地、留学人员创业园五个国家级基地(园区),是目前省内最具影响力的科技成果转化基地、技术创新示范和高新技术产品出口基地。

【萧山经济技术开发区】 1993 年设立,批准规划面积 18.8 平方公里。设有日本静冈工业园地,台湾机械工业园、省级高新技术产业园区和中国女装产业园,目前已形成纺织服装、机械五金、建筑建材、电子化工等支柱产业。

【工业发展】 2005 年,杭州工业生产保持平稳增长。全市规模以上工业销售和生产双双越过5 000亿元大关,分别实现销售产值、工业总产值5 346.01亿元和5 441.13亿元,比上年增长 21.4% 和 21.3%;工业产销率达到 98.25%;实现利税 450.68 亿元,其中实现利润 234.99 亿元,分别比上年增长 5.5% 和 3.6%。工业增加值在全市生产总值中的比重达到 45.6%。纺织服装、食品饮料、医药化工、机械装备与电子通信等五大优势主导产业产值占全市工业总产值的 59.6%,比上年提高 6.1 个百分点。

【增长方式】 树立循环经济发展理念,资源、能源综合利用率不断提高。2005 年,规模以上工业企业万元产值耗电 358 度,同比下降 0.6%,万元产值综合能耗降低率(耗能千吨以上企业)为 7.3%;技术创新能力有所提高。2005 年,全市规模以上工业企业科技活动经费和购置技术成果经费分别增长 47.1% 和 17.4%。规模以上工业实现新产品产值 261.02 亿元,同比增长 26.1%,增幅比工业产值高出 4 个百分点。

【品牌战略】 近年来,我市积极实施品牌发展战略,形成了一批在全国有较高知名度和影响力的名牌产品及驰名商标,增强了企业竞争力。

【杭州市 2005 年度获得中国名牌产品及生产企业名录】 富可达牌茄克衫——富可达控股股份有限公司;迪欧达牌羽绒被——浙江柳桥羽毛有限公司;北天鹅牌羽绒被——中服浙江

北天鹅服饰股份有限公司;飞利弘牌羽绒被——浙江三弘国际羽毛有限公司;老板牌吸油烟机——杭州老板实业集团有限公司;德意牌吸油烟机——德意控股集团有限公司;凯喜雅牌桑蚕生丝——浙江凯喜雅国际控股有限公司;TMB牌轴承——浙江天马轴承股份有限公司;万向牌轴承——万向集团公司;钱潮牌110KV及以下油浸式变压器——杭州钱江电气集团股份有限公司;SUPCON牌集散控制系统——中控科技集团有限公司;传化(TRANSFER)牌合成洗衣粉——传化集团有限公司;利群牌卷烟——杭州卷烟厂;至2005年末,全市共有26个产品获得中国名牌产品称号。

【杭州市2005年获得中国驰名商标的企业名录】 "康"商标——康食品集团有限公司;"钱潮"商标——万向钱潮股份有限公司。至2005年末,全市共有13个商标获得中国驰名商标称号。

【交通运输】 杭州是中国东南部重要的铁路交通枢纽,以沪杭、浙赣两条复线和宣杭线为主干,萧甬线、金千线、杭长线与之配套。杭州公路四通八达,是沪杭甬、杭宁、杭金衢高速公路的汇结点。市域基本实现"一小时半交通圈"。杭州萧山国际机场与国内40多个主要城市通航,已进入国内第六大航空港。至年末,已开通航线159条,其中国际航线22条,起降航班7.9万架次。2005年,全市完成货物运输总量1.99亿吨,比上年增长5.4%;完成旅客运输量2.41亿人次,比上年增长5.7%。

【邮电通信】 邮电事业持续发展。2005年完成邮政业务总量6.69亿元,比上年增长3.5%。邮政特快专递辐射221个国家和地区,全年发送国内特快专递399.22万件,比上年增长10.4%,国际特快专递19.3万件,增长16.4%。电信业务快速增长。2005年全市新增电话交换机2.15万门,总容量达到460.59万门。年末电话用户411.05万户,其中住宅电话175.88万户。年末移动电话用户达到618.61万户,比上年末增加139.03万户。

【国内贸易】 消费品市场规模进一步扩大。2005年,全市完成社会消费品零售总额975.43亿元,比上年增长14%。其中餐饮业零售额达到100.86亿元,比上年增长11.5%。连锁超市、专卖店、仓储式商场等新型商业业态以及邮购、电视购物、网上购物等销售形式迅速成长。至2005年末,全市共有限额以上连锁零售业、住宿业和餐饮业84家,连锁企业门店数已达2 268个,全年连锁企业实现销售额234.06亿元,比上年增长32.7%,电子商务交易额11.61亿元。

【商业特色街】 2005年,进一步完善基础设施建设和加强规范化管理,使湖滨旅游商贸特色街区、清河坊历史文化特色街区、南山路艺术休闲特色街区、丝绸特色街区、武林路时尚女装街区、四季青服装特色街区、文三路电子信息街区、梅家坞茶文化村等商业特色街区的品牌价值和文化内涵得到进一步提升,购物和旅游休闲服务功能更趋完善,商旅互动效应逐步显现。中国步行商业街工作委员会分别授予清河坊历史文化特色街区为"中国著名商业街",丝绸特色街、四季青服装特色街区、文三路电子信息街区为"中国特色商业街",南山路和武林路为"中国最具升值前景商业街"。

【要素市场】 各类要素市场发展迅速,市场体系进一步完善。至2005年末,全市共有境内外上市公司46家,上市公司累计募集资金155亿元。2005年新增募集资金11.4亿元,证券业务交易总额1 902.1亿元;期货代理交易总额2.04万亿元,占全国总代理额的15.4%;产权交易市场成交各类产权65宗、交易金额11.78亿元;房地产交易中心成交过户面积300.07万平方米;劳动力市场为用户介绍劳动力49.3万人次(其中人才市场32.5万人次)。全市拥有商品交易市场736个,全年成交总额1 467亿元。

【金融保险】 金融保险业务水平进一步提高。2005年末全市金融机构本外币各项存款余额6 748.72亿元,比上年末增加1 041.52亿元,贷款余额5 545.3亿元,比上年末增加745.26亿元。2005年,全市保费收入72.53亿元,其中财产险27.67亿元,人身险44.86亿元。

【房地产业】 房地产开发投资继续增长。全年完成房地产投资410.57亿元,比上年增长25.0%。商品房销售面积704.19万平方米,其中商品住宅销售面积620.66万平方米。全年商品房销售额395.66亿元,其中商品住宅销售额338.5亿元。

【信息产业】 杭州是国家软件产业化基地、集成电路设计产业化基地、国家电子信息产业基地、国家动画产业基地和国家推进信息化综合试点、电子政务试点、电子商务试点、高清晰度电视试点城市及首批全国科技企业孵化器体系建设试点城市。信息服务与软件产业快速发展,2005年销售收入超过200亿元,已成为继北京、深圳、上海之后全国第四大软件产业基地。恒生、信雅达、新利、中程科技、士兰微电子等11家软件和以软件为核心技术的企业先后在境内外上市;浙大网新等8家企业跻身"2005年中国软件产业最大规模前100家企业";创业软件等14家企业列入国家规划布局内重点软件企业,总数居北京、上海之后列第三位。

【信息基础设施建设】 信息基础设施加大推进。2005年末,国际互联网宽带接入用户83.63万户、国际互联网用户110.62万户,分别比上年末增加17.19万户和17.07万户;因特网出口带宽35.634G,比上年末增长50.8%;移动电话交换机容量669万户,比上年增长35.4%;地面卫星接收设施66家,比上年增加2家。

【信息技术应用】 以信息技术应用为核心,推动城市信息化建设。发放市民卡42.3万张,公交卡销售160万张。政务信息化步伐不断推进。"中国杭州"门户网站提供政务类、新闻类、办事类、咨询类、资料类、服务类六大类信息。全年页面浏览量8 376万次,点击数6.60亿次;同时,提供网上报税、年检、统计报表、公证、咨询以及投诉等多种互动式在线服务,为政府了解民情民意、为市民排忧解难提供了畅通渠道,进一步提高了政府工作效率和管理水平。

【科技成果】 2005年,共取得科技成果鉴定171项。其中,获得国家科技成果奖2项、获省级科技进步(技术)奖15项、市级科技进步(技术)奖69项。

【科技创新】 以企业为主体的技术创新体系加快形成。至2005年末,杭州已累计建成6家国家级企业技术中心和233家省、市级企业技术中心。技术市场发展势头良好,全年签订各类技术合同成交额30.34亿元。科技企业孵化力度加大。目前,全市有各类孵化基地27个,孵化基地面积53.5万平方米,在孵企业1 231家。2005年,全市专利申请量9 486件,专利授权量4 072件,分别比上年增长59.9%和53.3%。

【高新技术】 高技术产业不断发展。2005年,全市高技术产业总产值达800.47亿元。至2005年末,经认定的国家级高新技术企业57家、省级739家,培育、认定市级以上高新技术研发中心178家。

【社会事业】 文化设施:加强文化名城建设,文化事业进一步繁荣。2005年,杭州大剧院、西湖博物馆建成并正式对外开放,至2005年末,全市共有科技馆、文化馆13个,公共图书馆12个,博物馆12个,剧场13个,群艺馆2个,音乐厅2个。韩美林艺术馆落户杭州。

文化艺术。文化艺术取得新成效。全年文艺作品创作获国家级奖27个,省级奖183个;杭州市属广播电视作品获国家级奖项8个,省级奖项50个。成功举办和承办2005西湖狂欢节、首届中国国际动漫节、第三届全球化论坛—世界文化多样性等一系列国内外大型文化交流活动。努力拓展对外文化交流领域,全年引进和输出文化交流项目102批次、1 733人次;大力发展文化产业,杭州高新数字娱乐园被国家文化部命名为国家级文化产业示范基地。年末全市拥有规范化社会办专业艺术表演团体62个。

广播电视。至2005年末,拥有市级电视节目五套,拥有市级广播节目3套,电视综合覆盖率99.2%,广播综合覆盖率99.6%。数字电视正式开播,老城区用户完成数字电视整体转换已达51.5万户。

新闻出版。新闻出版事业呈现繁荣发展的良好局面。成功举办了2005年西湖书市。全市拥有图书出版社12家,电子音像出版社4家,公开发行的报纸50种、杂志169种。全年出版报纸15.48亿份,杂志0.87亿册,图书2.71亿册。

【竞技体育】 竞技体育取得新成绩。在加拿大蒙特利尔举行的2005年世界游泳锦标赛上,杭州籍运动员获2枚铜牌;在第十届全运会上,杭州籍运动员获8枚金牌、11枚银牌和3枚铜牌。成功举办和协办杭州市第十六届运动会、2005年“商业杯”杭州国际城市围棋赛、“青春宝杯”浙江省暨杭州市国际马拉松赛、“挑战杯”2005亚洲男子排球赛、国际滑联短道速滑世界杯(杭州站)比赛等体育赛事。着力打造全国先进训练基地,杭州陈经纶体校、市射击运动学校(中心)被国家体育总局授予国家高水平体育后备人才基地称号。群众性体育运动深入开展。全市拥有全民健身服务业经营场所1 667家,全民健身活动场所占地面积159.74万平方米,全年新安置各类健身器材2 214件。参加各项体育活动人数超450万人次,体育锻炼人口达45%。

【居民生活】 据抽样调查,全年市区居民人均可支配收入16 601元,比上年增长14.0%,扣除物价因素,实际增长12.1%;全市农村居民人均纯收入7 655元,比上年增长10.1%,扣除物价因素,实际增长7.2%。居民消费同步增长,消费结构不断优化。2005年,城镇居民家庭人均消费性支出13 438元,比上年增长19.8%;农村居民人均生活费支出6 004元,比上年增长7.1%。

【居住条件】 城乡居民居住条件和环境不断改善。2005年,全市住宅新开工面积984.16万平方米,比上年增长13.4%;住宅竣工面积630.84万平方米,增长23.0%。加大经济适用住房建设力度。全年新开工经济适用住房222.6万平方米(含拆迁安置房),竣工169万平方米(含拆迁安置房),公开销售51万平方米,比上年增长61.4%。农村多层公寓开工100万平方米。年末,城镇居民人均住房使用面积达20.7平方米,农村居民人均房屋居住面积达66平方米,分别比上年末增加2.9平方米和7.1平方米。

【社会保障】 社会保障覆盖面不断扩大。至2005年末,全市共有227.58万人参加基本养老保险,有118.37万人参加失业保险,187.71万人参加基本医疗保险,分别比上年增长9.2%、12.0%和8.2%。进一步完善被征地农民基本生活保障制度,年末全市农转非人员参加基本养老保险和“双低”养老保险9.19万人。全市已全面建立新型农村合作医疗,乡镇覆盖率达到100%。

【福利与救助】 社会福利和救助事业蓬勃发展。至2005年末,全市共有各类福利院、敬老院206家,床位1.57万张。全市享受城镇最低生活保障人数1.65万人,享受农村最低生活保障人数5.90万人;福利企业542家,安置18 596名残疾人就业。2005年开展的第六次“春风行动”,社会募集捐赠资金2 499万元;救助特困、困难和低保家庭43 178户,救助总额达10 949万元;建立市、区、街道、社区四级帮扶救助圈、社区帮扶救助站和长效帮扶救助工作机制,继续实施助困、助医、助学、助房等援助措施,“春风行动”进一步走向经常化、社会化和制度化。

上城区

上城区东挽钱塘,南枕吴山,西接西湖,总面积 18 平方公里,户籍人口 31.79 万人,辖 6 个街道,有 51 个社区。以"打造杭州 RBD、构建和谐新上城"为目标,大力实施"商旅富区、工业强区、科教兴区、环境立区、依法治区"战略,经济社会各项事业取得新进步。通过调整优化经济结构,促进商旅经济与工业经济良性互动共同发展。特色街区经济初见成效,湖滨国际名品区成功开街。科技实力不断增强,科技进步水平位居浙江省各区、县(市)第四位。荣获全国社区卫生服务示范区、全国计划生育优质服务先进区、全国养老服务社会化示范活动试点区、全国游泳之乡等称号。2005 年实现财政总收入 22.87 亿元,比上年增长 12.2%。

下城区

下城区总面积 31 平方公里,辖 8 个街道,有 68 个社区,户籍人口 35.69 万人。围绕"争创全国一流城区"和"全力打造中央商务区,全面推进下城现代化"的战略目标,深化产业结构调整,扩大对外开放,优先发展以现代服务业为主体的都市型经济,三次产业构成为 1.2:28.6:70.2。金融服务业、商贸零售业、宾馆餐饮业、房地产业、会展业、中介服务业已成为重要支柱行业,在全省率先成立中介服务业发展中心,先后引进沃尔玛购物中心、东亚银行杭州分行、杭州嘉里置业有限公司等多家国际国内知名企业。社会各项事业得到全面发展,城区综合实力明显提高。2005 年实现财政总收入 35.51 亿元,比上年增长 22.4%。

江干区

江干区总面积 210 平方公里,辖 4 个镇、6 个街道,有 29 个行政村、87 个社区、1 个居民区,户籍人口 42.50 万人。认真实施"加快经济发展,加快城市化进程,统筹建设现代化大都市中心经济强区"的发展战略。杭州四季青服装市场、浙江汽配城进入中国商品市场竞争力 50 强,四季青服装特色街区荣获"中国特色商业街"称号。机械电子、纺织服装、食品医药、建筑建材四大优势产业得到新提升。省大学科技园顺利通过国家级大学科技园评审;新星光电有限公司进入省级高新技术企业行列,东华链条集团有限公司被认定为省级企业技术中心;8 家建筑公司达到国家一级资质标准;"爱大制药"在美国证券市场上市。2005 年实现财政总收入 20.01 亿元,比上年增长 32.4%。

拱墅区

拱墅区总面积 88 平方公里,辖 4 个镇、6 个街道,有 68 个社区、18 个行政村,户籍人口 30.78 万人。近年来,积极开展"三产发展年"、"环境建设年"等活动,实现了经济平稳较快增长。都市农业健康发展,农业产业结构进一步优化,形成了以花卉苗木、瓜果蔬菜、高效养殖为特色的三大主导产业。工业经济稳步提升,天马轴承被评为中国名牌和国家免检产品。汽车、物流、专业市场等商贸服务业快速增长,浙江康汽集团入选中国企业 500 强,成功引进美国联合包裹公司等物流项目,南方机电、钱江鞋城等专业市场建成开业。社会事业繁荣发展,荣获国家卫生城市先进城区、浙江省科技强区、浙江省社区卫生服务示范区等称号。2005 年实现财政总收入 24.05 亿元,比上年增长 9.6%。

西湖区

西湖区总面积263平方公里，辖5个镇、2个乡、7个街道，有125个社区、64个行政村，户籍人口56.65万人，之江国家旅游度假区、杭州国家高新技术开发区江北区块和浙江大学等近百所高等院校、科研院所坐落区内。围绕打造“富裕、活力、生态、休闲、文化、和谐”西湖的目标，经济社会实现持续快速协调发展。现代服务业发展势头强劲，西溪国家湿地公园建成开放，黄龙商务中心、城西商贸圈初具规模，文三路电子信息街区荣获“中国特色商业街”称号。科技型工业发展迅速，全区高科技产业增加值占工业增加值的29.6%，市级以上高新技术企业达到35家。都市农业特色鲜明，现有各类休闲观光农业园33家。2005年实现财政总收入31.35亿元，比上年增长16.6%。

高新(滨江)区

高新(滨江)区总规划面积86平方公里，分江南、江北、下沙3个区块。其中江南区块即为滨江行政区，总面积73平方公里，是杭州未来的城市副中心和科技城，辖3个街道，有12个社区、23个行政村，户籍人口13.22万人；江北区块11平方公里，是高新技术的创新源和中小科技企业的孵化器。高新(滨江)区是浙江省惟一的国家级高新技术产业开发区，已成为全省最有影响的科技创新基地、高新技术产业基地和最具活力的经济增长区域，先后荣获全国科技工作先进区、全国先进高新技术开发区、ISO14000国家示范区等称号。人均创利指标在全国53个国家级高新区中连续多年位居前列。软件产业基地、集成电路设计产业化基地、留学人员创业园、动画产业基地、电子信息产业基地五个国家级基地的建设，集聚、培育了一大批高科技企业，形成了以“两强(通信设备制造业和软件)、两优(集成电路设计和数字电视)、两新(动画和网络游戏)”为特色的高新技术产业集群。2005年实现财政总收入37.03亿元，增长15.5%。

萧山区

萧山区地处东海之滨、钱塘江南岸，总面积1 163平方公里，辖22个镇、4个街道，户籍人口117.66万人。萧山历史悠久，既有越王勾践卧薪尝胆复国的故事，又有大诗人贺知章“少小离家老大还，乡音无改鬓毛衰”的传世名句。“跨湖桥独木舟”的出土，更是将萧山文明史前移了8 000年。萧山交通便捷，杭州萧山国际机场、纵贯全境的铁路干线、四通八达的高速公路及临江近海的地理位置构筑了海陆空三位一体的交通网络。“十五”时期，萧山经济和社会各项事业取得了长足发展，生产总值以年均16.5%的速度增长，并荣获了全国明星县(市)、全国十大财神县(市)、国家卫生城市、浙江省首批小康县(市)、浙江省品牌强县(市)等称号。2005年实现生产总值588.05亿元，比上年增长14.3%；财政总收入64.28亿元，比上年增长20.1%。综合经济实力继续列浙江省区、县(市)第一，全国百强县(市)第七位。

余杭区

余杭区是“中华文明曙光”—良渚文化的发祥地。总面积1 222平方公里，辖14个镇、1个乡、4个街道，户籍人口81.23万人。全区大力发展绿色、安全、无公害和品牌农产品，建成了以省级余杭高新农业示范中心为龙头的30个特色园区和7个休闲观光园区。形成了纺织服装、机械电子、医药化工、建筑材料和食品饮料为主体的产业群和工业经济支柱，益利素勒、威呢斯陶瓷等企业建成投产,成功实施美国卡莱并购科特汽配、德国海因兹并购三星玻璃,意大利工业制造基地落户区内。杭州农副产品交易中心、沃尔玛购物广场等重大项目扎实推进,双溪漂流景区被评为“中国十佳漂流景区”。2005 年实现生产总值285.8 亿元,比上年增长 15.4%;财政总收入 40.03 亿元,比上年增长 33.9%。

桐庐县

桐庐县地处杭州西南部,总面积1 780平方公里,辖 7 个镇、4 个乡、2 个街道,户籍人口 39.53 万人。杭千高速公路、320 国道和 4 条省道构成对外交通主动脉,县内所有行政村均通等级公路,实现了以县城为中心的“40 分钟交通圈”。富春江、分水江穿境而过,富春江航道可通行 500 吨级船舶。境内生态环境良好,空气质量优良,是国家卫生县城、全国文化先进县、全国科技工作先进县。通过实施“工业立县、科教兴县、强镇带动、可持续发展”四大战略,打造“加工制造、特色农业、休闲旅游”三大基地,形成了针纺织、制笔、医疗器械、箱包玩具、新型建材等工业块状特色经济;培育了茶叶、蜂业、笋竹、干鲜水果、特色水产、瓜果菜等农业主导产业;拥有瑶琳仙境、大奇山国家森林公园、严子陵钓台等特色景点 20 余处,全年接待中外游客 300 万人次以上。2005 年实现生产总值 103.63 亿元,比上年增长 15.3%;财政总收入 10.28 亿元,比上年增长 13.6%。综合经济实力列全国百强县第 72 位。

淳安县

淳安县地处杭州西部,历史悠久,素有“锦山秀水、文献名邦”之称,总面积4 452平方公里,辖 12 个镇、18 个乡,户籍人口 45.25 万人。闻名遐迩的千岛湖横亘县境腹地,是首批国家级重点风景名胜区、国家首批 AAAA 级风景旅游区,也是国内最大的国家森林公园、国家级生态示范区。通过实施“环境立县、工业兴县、旅游转型、都市农业和城镇化”五大战略,以加快融入大都市和建设新农村为重点,着力打造“休闲度假胜地,养生居住天堂、中国水业基地、江南山水名城”四个品牌,形成了以水业及食品饮料业、丝绸纺织业、农副产品加工业和高新技术产业为主导的工业产业,茶叶、蚕桑、干水果、畜禽四大农业支柱产业,水产、蔬菜、中药材、竹子、花卉苗木五大农业特色产业及观光和休闲度假互动、水陆空兼容的旅游业。先后荣获第八届全球“国际花园城市(B 类)金奖”,“全国城市环境综合整治优秀县城”,“国家卫生县城”,浙江省首批“文明县城”等称号。2005 年实现生产总值 57.71 亿元,比上年增长 12.2%;财收总收入 4.78 亿元,比上年增长 22.1%;接待中外游客 600 万人次。

建德市

建德市地处杭州西部,总面积2 364平方公里,辖 12 个镇、1 个乡、3 个街道,户籍人口 50.71 万人。锦峰秀岭,人文荟萃,是中国优秀旅游城市和首批国家级风景名胜区、全国绿化模范城市。杭新高速公路(杭州至新安江)建成通车及 330 国道改造拓宽后,建德逐渐成为浙西地区连接杭金衢和江西的交通枢纽。围绕打造“特色经济强市、文化生态名城”的目标,大力实施“工业强市、商旅活市、环境立市”战略,推进特色工业基地、生态农业基地、休闲度假胜地建设,大力发展高速公路经济,经济社会取得了较好发展。已成为浙江省最大的产业化禽蛋产地和大棚草莓生产示范基地,也是全省三大水泥熟料生产基地之一。荣获中国特色魅力城市 200 强、浙江省文明城市等称号。2005 年实现生产总值 98.74 亿元,比上年增长 12.5%;财政总收入 10.87 亿元,比上年增长 23.5%。

富阳市

富阳市总面积1 808平方公里，辖15个镇、6个乡、4个街道，户籍人口63.18万人。山清水秀，景色绮丽，素有“天下佳山水，古今推富春”之盛誉，拥有龙门古镇、富春桃源、黄公望结庐处、郁达夫故居、杭州野生动物世界及中国古代造纸印刷文化村等著名景点，是中国优秀旅游城市。农业产业化不断推进，芦笋、白果、茶叶、竹笋等特色产业发展迅速，市级农业龙头企业增至50家，专业合作经济组织和行业协会达到74家。工业经济长足发展，拥有“国家（富阳）光纤光缆产业园”、“中国白板纸基地”和“中国球拍之乡”三大产业品牌。投资环境优越，被评为长三角最具投资价值的十个县（市）之一。荣获国家园林城市、国家卫生城市、国家环境保护模范城市、浙江省文明城市、浙江省双拥模范城市、浙江省文化先进县（市）等称号。2005年实现生产总值201亿元，比上年增长14.8%；财政总收入24.58亿元，增长15.7%；全年接待中外游客309万人次。综合经济实力列全国百强县（市）第29位。

临安市

临安市总面积3 124平方公里，辖22个乡镇、4个街道，有651个行政村，户籍人口52.25万人。森林覆盖率达76.5%，境内有天目山、清凉峰两个国家级自然保护区、青山湖国家森林公园及省级风景名胜区大明山，是全国首批生态建设示范区。围绕“建设生态经济强市、吴越文化名城、度假休闲胜地”的战略目标，积极打造“绿色农副产品、特色制造业、旅游休闲度假”三大基地，成功举办第四届中国天目山森林旅游资源博览会。茶叶、蚕桑、山核桃、畜牧业、竹笋等农业八大产业进一步发展壮大。杭氧、杭机等大型企业落户市内，玲珑工业功能区“国家火炬计划临安电线电缆产业基地”通过验收。在巩固壮大电线电缆、纺织服装、机械电子、化工医药、农特产品加工等传统产业的同时，积极培育发展照明电器等新兴行业。在全省率先实现连锁超市乡镇全覆盖，被国家商务部列入“万村千乡”工程试点县（市）。2005年实现生产总值133.07亿元，比上年增长15.6%；财政总收入11.87亿元，增长16.2%；接待中外游客330万人次。继续跻身全国综合实力和县域经济基本竞争力百强县（市）行列。（陈　茜）

千岛湖远眺

宁波市

【概况】 宁波简称“甬”,是历史悠久的港口名城。位于东海之滨,与杭州、绍兴、台州接壤,同舟山群岛隔海相望。大陆海岸线总长788公里,是长江三角洲南翼的中心城市之一。今宁波地,春秋时为越国地。秦时,境地设句章、鄞、鄮和余姚(一说汉时设)四县。唐武德四年(公元621年)置鄞州。唐开元二十六年(公元738年)立明州。唐长庆六年(公元821年)州治从小溪(今鄞州区鄞江镇),迁至三江口(今宁波中心区域)并建子城,为其后一千多年宁波城市发展奠定基础。明洪武十四年(公元1381年)为避国号讳,取“海定则波宁”之意,改明州府为宁波府,沿用至今。清顺治十五年(公元1658年)设宁绍台道,驻宁波。民国时,1927年至1931年在鄞县城区设宁波市。1949年5月,宁波解放。设宁波专员公署,同时设宁波市。1983年撤销专署,实行市管县体制。2005年底,全市辖6个区、3个市、2个县,共设56个街道、80个镇、11个乡。

宁波文明始于7 000年前,河姆渡文化遗址的发现昭示着长江流域和黄河流域同是中华民族文明的摇篮。历史悠久的宁波港口是海上丝绸之路起锚地之一,精美越窑青瓷从这里运往海外;中国古代四大水利工程之———它山堰,至今仍在发挥引水、泄洪的作用;镇海口海防遗址记录了从14世纪明洪武年间至20世纪中叶抗倭、抗英、抗法和抗日战争宁波人民不惧强敌、抵御外侮的精神风貌;有“南国书城”之称的天一阁是我国现存历史最早的民间藏书楼;诞生于宁波的“浙东史学”学术影响深长久远;“红帮裁缝”是我国现代服装业的开拓者;宁波帮是中国近代最大、最有代表性的商帮。

改革开放的今天,宁波重新焕发勃勃生机,经济建设突飞猛进,综合实力不断迈上新的台阶。“东方大港”宁波港全港货物吞吐量已居全国大陆沿海港口第二位。宁波已先后获得“国家历史文化名城”、“全国城市综合实力50强”、“全国园林绿化先进城市”、“全国卫生先进城市”、“国家级电子商务试点城市”、“全国双拥模范城市”、“全国环境保护模范城市”、“国家园林城市”、“国家卫生城市”、“全国首批文明城市”“中国品牌之都”、“中国优秀会展城市”等称号。

【人口】 2005年末,宁波户籍人口556.7万人,比上年增加4.01万人,年平均人口增长率为7.23‰。其中男性280.35万人,占总人口的50.36%;女性276.35万人,占总人口的49.64%。男女性别比为101.45,与往年平均水平相当。户籍总数211.17万户,平均每户2.64人。全年人口自然增加为1.16万人,自然增长率2.08‰。年内,全市迁出6.29万人,迁入9.34万人。全市有非农业人口182.61万人,占总人口32.80%。

【经济发展概况】 2005年,宁波市全面完成“十五”计划确定的主要任务,国民经济持续快速发展,城市综合实力显著提升。“十五”期间,全市生产总值从1 175.8亿元增加到2 449.3亿元,年均增长13.8%;人均生产总值从22 025元增加到44 156元,年均增长13.2%。城市综合竞争力全国排名上升至第六位。全年完成财政一般预算收入466.5亿元,同口径比上年增长16.4%;其中地方财政收入212.4亿元。三次产业比为5.4∶54.8∶39.8。其中,第一产业增加值132.3亿元,比上年增长1.9%;第二产业增加值1 341.5亿元,增长10.8%,第二产业对全市生产总值增长的贡献率为54.8%,仍是拉动经济快速增长的主要动力;第三产业增加值975.6亿元,增长16.3%,所占比重比上年提高0.9个百分点。年内,全市城乡产业联动取得成效,工业经济迅速发展,消费品市场持续走高,对外贸易再上台阶,社会事业蓬勃发展,城市化进程不断加快,居民生活水平有显著提高。城市居民人均可支配收入17 394元,比上年增长11.4%;农村居民人均纯收入7 810元,比上年增长11.3%。

【工业经济】 2005年,宁波市实现工业总产值5 936.7亿元,比上年增长18.4%;规模以上工业企业实现总产值4 891.0亿元,比上年增长28.2%。其中,私营工业完成产值1 460.4亿元,增长26.6%,高居其他工业企业经济类型之首;港澳台投资工业和外商投资工业旗鼓相当,分别完成产值916.5亿元和869.8亿元,增长43.5%、32.7%;股份制工业733.0亿元,增长28.7%;有限责任公司完成产值457.5亿元;国有企业完成产值324.3亿元。全市全年实现轻工业总产值1 805.6亿元,增长26.2%;重工业3 085.3亿元,增长29.4%,轻重工业之比为1∶1.71。规模以上工业实现产品销售收入4 808.7亿元,增长28.5%。工业经济效益增速趋缓,综合指数为208.14,同比呈下降趋势。全市36个行业大类中有16个行业利润增长在10%以上。其中,电气机械及器材制造业、交通运输设备制造业等行业效益较好,实现利润增幅分别为10.5%和22.9%。文具行业作为宁波工业的特色传统优势产业,具有龙头企业集中,产品门类齐全,市场开拓、设计开发能力强等特点,宁波市被授予“中国文具之都”特色经济区域荣誉称号。高新技术产品产值占规模以上工业总产值的比重达到32.3%,宁波市荣获“中国品牌之都”称号。全市完成建筑业总产值712.4亿元,比上年增长19.5%。

【农业现代化建设】 2005年,宁波市积极推进“三农”建设,把增加农民收入和改善农民生产生活条件作为中心任务来抓,全年实现农业总产值207.4亿元,比上年增长3.5%;农民人均纯收入7 810元,增长11.3%。继续大力实施“百村示范、千村整治”工程,并作为新农村建设的龙头工程来抓,全年完成示范村创建35个、环境整治村建设320个,全市有170多个全面小康示范或创建村完成村庄建设规划,有1 000个左右整治村完成村庄整治规划方案。启动新一轮农业产业基地建设,基本形成以蔬菜、瓜果、水产品、蔺草、贝母、竹笋、水果、花卉、畜禽9大优势农产品和创汇蔬菜、林特花卉、草食畜禽、滩海养殖四大特色产业带为主的农业区域化格局。拓展农业功能,将观光休闲、生态旅游农业作为农村经济新的增长点,全市有休闲观光农业点93个。稳步推进农业龙头企业技改贴息补助工作,市县两级共下达技改补助资金2 200万元。加快科教兴农步伐,全市农业适用技术普及率超过60%,主要农产品良种覆盖率达90%以上。加快推进百万农民素质培训工程,进一步完善以千名农技信息员、浙江百万农民信箱、手机短信、科技下乡为点,以绿色证书、农业实用技术和新型农民科技培训为面,以学历教育和农村党员干部教育为突破的科技传播网络。年内,全市千名信息员传递信息6.94万条;17 000人注册登记农民信箱;发送农技手机信息短信7 500人次;完成绿证培训8 798人次;青年骨干农民培训2 000人;举办新型农民科技培训班20期;市、县、镇三级举办农民实用技术培训班1 462期,培训农民11.22万人次;培训农村党员8 920人次;农广校的学历教育招生461人;浙大农业远程教育招生112人,位于省内前列。

【服务业发展】 "十五"期间,宁波市城市服务功能快速提升,重点服务行业优势凸现。港口、口岸功能进一步增强;金融业要素不断集聚,金融发展水平和综合竞争力均居长三角地区前列;电子口岸平台建设初见成效,基本确立国内领先地位;以现代服务业重要内容的会展业异军突起,荣获"中国优秀会展城市"称号。2005年,宁波市编制完成《宁波市商贸流通服务业"十一五"发展规划》,规划将基本确立长三角南翼商贸中心地位,基本形成与现代化国际港口城市相适应的大宗商品、物资、原材料进口基地和分销中心,基本构建起布局合理、业态先进、商品集聚度大、辐射力强、市场繁荣、内外贸联动发展的"商城新宁波"作为宁波市"十一五"期间的发展目标。全年全市实现社会消费品零售总额759.8亿元,同比增长14%,自1997年以来首次超过GDP增幅。其中限额以上批发零售贸易企业实现247.4亿元,增长15.4%,高于全市平均水平1.4个百分点。大型商品交易市场交易活跃,年成交额亿元以上商品交易市场达95个,比上年增加3个;实现成交额915亿元,增长13.7%。连锁经营高速增长,连锁经营额占社会消费品零售总额的比重达到25.9%,比上年提升2.2个百分点;规模以上零售、餐饮业连锁总店达28个,其中零售业24个,餐饮业4个。积极实施楼宇经济战略,以商务楼为载体,通过开发、出租楼宇等引进各种企业,促进区域经济发展。引进香格里拉、中信泰富、沃尔玛等一批世界知名的商贸流通企业,新建和改建商贸流通服务业设施项目894项,总投资额超过300亿元,实际完成投资额204.19亿元。全年承办、协办各类会展86个,会展成交额达185亿元,先后25次到10多个省市参加全国、省市级各类展会。其中,成功举办的中国食品博览会,创历届食博会各项记录之最,被商务部领导称为最成功的一次国家级食品展会。完成邮电业务收入71.5亿元,增长14.3%。金融存贷款适度增长,信贷结构继续调整。年末全市金融机构本外币存、贷款余额分别达到3 916亿元、3 089.4亿元,增长21.2%和18.7%;中长期贷款和个人住房贷款增速分别回落16.4个和35.6个百分点。保险业健康平稳发展,全年保费收入51.2亿元,增长9.7%。

【港口开发】 "十五"期间,宁波港累计投入资金74亿元,完成货物吞吐量9.6亿吨,均超过前50年的总和;集装箱吞吐量共完成1 505.7万标准箱,是"九五"期间231.3万标准箱的6.5倍,集装箱运输在国际排名跃升至第15位,集装箱吞吐量以年均42%的速度跨越式增长,增幅连续6年位居大陆沿海主要集装箱港口第一;相继建成北仑三期及四期国际集装箱码头、大榭25万吨级原油码头、镇海5万吨级液化码头、青峙化工码头为代表的深水泊位群。新增500吨级以上泊位38个,其中万吨级及以上深水泊位15个、集装箱泊位10个。

2005年,宁波港全港实现货物吞吐量26 881万吨,继续保持大陆港口第二位,月度货物吞吐量保持在2 000万吨以上;集装箱吞吐量突破500万标准箱,达到520.8万标准箱,同比增长30.1%,继续保持大陆港口第四位,其中集装箱月吞吐量首次突破50万标准箱。宁波港生产性泊位达191座,其中5万吨级至25万吨级的特大型深水泊位就有25座,成为中国大陆大型和特大型深水泊位最多的港口。集装箱运输相关产业继续健康发展,拥有大中型集装箱泊位的5个码头公司与60多家船公司、30余家船代公司、20多个集装箱场站和100多家一级货代企业,基本形成集装箱运输产业体系。宁波口岸进口原油4 007万吨,进口量占全国的30.52%,居全国大陆沿海港口第一,超过居第二位的青岛(2 414万吨)1 593万吨。吸引10万吨级以上超大型船舶已增加到1 300余艘次。7月,9 200万标箱的"地中海帕海拉"轮成功靠泊,标志着宁波港步入国际重要节点港。

【固定资产投资】 2005年,全社会固定资产投资完成1 336.3亿元,比上年增长21.1%;限额以上投资完成1 009.1亿元,增长29.0%。第一产业投资2亿元,继续呈下降趋势,降幅为12.7%。第二、三产业投资持续增长,第二产业投资755.8亿元,增长38.5%,其中工业投资完成752.5亿元,增长38.2%,占全部投资的比重为54.9%;第三产业投资612.6亿元,增长11.9%。投资结构逐步优化,全社会固定资产投资中设备工器具投资所占比重达26.1%,比上年提高5.6个百分点。全年房地产开发投资完成258.2亿元,比上年增长10.2%,增速回落17个百分点。土地购置面积和土地开发面积分别完成176.7万平方米、268.4万平发米,分别下降51.2%和17.6%。住宅销售面积为380.2万平方米,占商品房销售面积的81.5%,下降10.9%。

【对外开放】 全市全年进出口总额突破300亿美元,达到334.9亿美元,比上年增长28.5%。其中,出口保持快速增长,突破200亿美元,增长33.5%,进口增速明显回落。在5个计划单列市中,进出口规模居第2位,比上年提高1位,出口规模继续居第2位,进口规模居第4位,比上年提高1位。出口产品结构进一步优化,机电产品和高新技术产品出口比重分别达到53.4%和15.4%,分别高于全省平均14个和7.5个百分点。经济外向度比"九五"末提高56.5个百分点。利用外资的规模大幅扩张,质量水平不断提高。全年新批合同利用外资42.1亿美元,外资项目平均单项规模由上年的743万美元扩大到1 022万美元,增长37.6%。全市新批第三产业项目125个,合同利用外资6.9亿美元,增长61.4%。对外经济技术合作继续加强。直接有贸易往来的国家和地区达209个,其中进出口额超亿美元的有47个。对外工程承包逐步形成在石油化工、电力建设、水资源利用、公用事业建设、房地产、中小型加工工业成套生产线等领域的总包能力,在远洋渔业捕捞、农业水利、资源开发等领域的开发能力,完成对外承包劳务营业额6.54亿美元,增长35.12%。境外投资方式从设立办事处和贸易性企业向加工贸易和实业性投资拓展,全年全市共批准外商投资项目873个,其中新批(含增资)总投资1 000万美元以上外资大项目217个。

【高新技术产业】 2005年,宁波市积极加快国家高新技术产业开发区申报工作,推进区域创新体系和研发园区建设,大力实施品牌战略,企业自主创新能力逐步增强。从各领域情况看,新材料和新能源、节能与环境保护等领域增长较快,电子与信息及生物、医药技术领域发展较慢。规模以上企业高新技术产品年产值同比增长24.4%。引进高新技术项目310项,引进、共建技术开发机构21个。国家级高新技术企业和市级高新技术企业累计分别为66家和294家,其中国家级高新技术企业新增14家。企业工程技术中心新增市级18家,省级9家,国家级1家。29个项目被列入国家火炬计划项目,立项率达85.3%。宁波长城精工实业有限公司承担的"超大规模集成电路制造用铝和钽溅射靶材产业化关键技术研究"课题被列入2005年度国家863计划引导项目,获得国家经费补助100万元;宁波富达股份有限公司被科技部认定为国家级制造业信息化示范企业,获得国家经费补助50万元,成为宁波市惟一一家国家级制造业信息化示范企业。宁波市与国家科技部火炬中心、科技型中小企业创新基金管理中心、深圳证券交易所共同签署"共同推进科技型中小企业成长路线图计划合作协议",正式成为"火炬创新试验城市(区)"。全市信息产业增加值达到175.4亿元,占生产总值的7.2%,成为宁波第四大行业。以移动通信终端产品为主体的通信及配套产品业成为全市信息产业发展的主要力量。波导股份有限公司和韵升(集团)股份有限公司进入2005(第19届)全国电子信息百强企业,分别居第21和第81位。宁波保税区被授予国家(宁波)集成电路产业园,成为国家首批五家集成电路产业园之一。

【科技进步与创新】 2005年,宁波市出台《宁波市科技型中小企业技术创新资金管理暂行办法》,设立技术创新专项资金,重点支持电子信息、新材料、装备制造、汽车及零部件四大产业中自主创新性强、技术含量高、市场前景好、能够在经济结构调整中发挥重要作用的项目以及人才密集、技术关联性强、附加值高的高技术服务业项目。加大财政科技投入,全年市本级财政科技投入达到2.2亿元,比上年增长5.88%。新增国家级企业工程中心1家、教育部重点实验室1家、科技部重点实验室培育基地1家;中科院宁波材料技术与工程研究所正式奠基;获得国家科技进步二等奖1项,实现国家科技进步奖零的突破。农业共性关键技术攻关取得新成果。绿色对虾标准化安全生产等30余项攻关项目先后获得突破,"甬优6号"超级稻等8个农业新品种通过省、市级审定,对虾、甘兰等一批主要出口农产品质量安全显著提高,并成功突破国外的技术壁垒限制。加强科技公共服务平台建设,提高科技服务能力,推进网上技术市场建设。

【城市建设】 "十五"期间,宁波市城市化进程加快,城市建设取得显著成效。修编完成宁波城市总体规划,扎实推进鄞州中心区、东钱湖旅游度假区、北仑新城区等重点区域规划建设,积极展开副中心城市、城镇和新农村建设,城市化率提高到56%。累计完成基础设施投入1 292.6亿元,完成75个市级全面小康示范村建设,开工建设杭州湾跨海大桥等一批重大基础设施项目。

2005年,城市和公共设施建设完成投资66.4亿元,新建、扩建城市道路83公里,市区启动"五桥四路"项目。收购社会客运中巴线17条,开辟、调整、延伸公交线路51条,投入公交车辆499辆,改造资金约14 600万元。全年新增园林绿地约250公顷,其中市区约100公顷;完成居住区占绿毁绿专项整治工作,城区累计完成复绿面积达3.6万平方米;实施福民公园增色改造、城区河岸水体绿化等工程,完成46个居住小区绿化升级。市自来水总公司供水设计能力达到97万吨/日,中心城区供水量达到21 100万吨,日平均供水量81.1万吨,同比增长12.7%,供水普及率达到100%。江厦桥、柳汀立交桥、甬江大桥等进行整修。全市第一个水体绿化工程——北斗河水环境景观工程通过竣工验收。

【社会事业】 2005年,宁波市基础教育保持全省领先水平,九年义务教育人口覆盖率达100%;拥有各级各类全日制学校2 544所,在校学生122.7万人;初中毕业生升入高中段的比例达到94.2%,比上年提高2.4个百分点;全国高校统考报名录取率达80.7%,位于全省前列;高等教育毛入学率达42%,比上年提高6个百分点。11个县(市)区有9个被评为省级教育强县,省教育强镇达到129个。成功举办第三届中国国际声乐节、第九届中国戏剧节暨第12届BESETO(中日韩)戏剧节,纪念反法西斯和抗日战争胜利等系列文化活动;积极开展"万场电影千场戏"进农村活动,全年演出戏剧855场,放映电影8 740场;象山县石浦镇和江北区慈城镇荣膺全国历史文化名镇,上林湖越窑遗址被列为国家百大遗址之一。全市拥有综合档案馆12家,馆藏档案104.5万卷,比上年增长21.1%。全年参加世界、亚洲比赛获得4金、1银、2铜,参加全国赛获得26金、20银、34铜;共有体育社团128个,承办和参加群众性体育赛事和活动1 000余项;继续实施"市民健身工程"和"农村小康体育工程",新建健身路径660条,全市健身路径总数达1 700余条。城镇最低生活保障人数1.7万人;拥有各类收养性社会福利单位167个,床位数1.5万张,收养人员1.2万人,直接接受社会捐款978.5万元。全面实施"解难创优"系列工程,深入开展"百万农民培训工程",投入农民培训专项资金6 800万元,培训各类农村劳动力25.3万人次,基本建立城乡统一的劳动力就业市场体系。

海曙区

【地理位置与区划】 海曙区是宁波市的中心城区，是宁波的政治、经济和文化中心。位于奉化江、姚江汇合为甬江的“三江口”，商业、现代服务业繁荣。海曙区以海曙楼命名，1984年1月由原海曙、镇明两个区合并而成。至2005年底全区面积29.4平方公里，人口30.10万人，辖8个街道。

【经济建设】 2005年，海曙区实现生产总值224.12亿元，比上年增长12.0%；财政一般预算收入31.10亿元，比上年增长0.7%。居民人均可支配收入17 408元，增长9.6%；农民人均纯收入9 030元，增长6.7%。

全市商贸中心功能日趋完善。形成以天一广场为支撑的核心商圈和以大型综合超市、专业性超市和大型百货商场为主体的现代商贸业态格局。第三产业实现投资额68.78亿元，占投资总额的94.1%；民间投资日趋活跃，实现投资额54.52亿元，增长39.6%，占投资总额74.6%。全区实现社会消费品零售总额146.01亿元，比上年增长15.7%。按商品类别来看，吃穿用类产品旺销。限额以上批发零售贸易企业销售食品饮料、烟酒类产品22.55亿元，增长36.0%；服装、鞋帽、针纺织品类产品21.32亿元，增长38.6%；家电类产品13.06亿元，增长32.3%；日用品类产品5.20亿元，增长32.4%。

全年实现工业总产值87.87亿元，比上年增长13.4%；区属规模以上工业企业实现产值75.75亿元，增长18.4%，产销率为98.69%。全区科技投入3 620万元，比上年增长37.2%。积极开展省科技强区创建工作，组织“保护知识产权周”和“全民科学素质行动计划试点”大型科普宣传咨询活动。农业结构不断调整，农业结构和质量优化，农业总产值减少，其中种植业0.09亿元，减少20.1%；畜牧业0.22亿元，减少16.2%。农村实现经济总收入81.82亿元，与上年相比，增幅达51.2%。全区全年完成外贸自营进出口总额37.11亿美元，比上年增长28.9%；其中，出口30.78亿美元，增长36.8%。机电产品仍为出口主导产品，占出口总额的52.5%。出口市场不断拓展，遍布141个国家和地区，其中对欧盟、美国、非洲、拉丁美洲出口增幅高于全区平均水平。

【社会事业】 2005年，海曙区开展全国现代学校制度实验区试点工作，通过“全国社区教育示范区”创建工作省级评审，举办区首届社区教育节，加强外来人员子弟学校的规范化管理。举办第四届商贸文化艺术节、“共创和谐”社区文化博览会等25项全区性大型文化活动；组建海曙区图书馆，开展《海曙区志》编修工作。积极开展全民健身活动，举办区第八届老年人运动会。加强公共卫生体系建设，建立公共卫生应急指挥中心和食品安全监管中心；规范医疗市场秩序，组建药品监管网络；开展新型生育文化建设，丰富“计生、卫生”二合一优质服务内涵。经全国社区卫生服务示范区考核与督查小组全面考核，海曙区被命名为第一批“全国社区卫生服务示范区”。

再就业工作稳步推进，以被征地人员和就业困难人员为重点，健全就业和再就业机制，拓宽就业渠道，2005年新增就业岗位10 000个，保持公益性岗位1 150个，帮助9 500人实现再就业，净增养老保险参保人数7 729人，医疗保险参保人数9 931人。全面落实扶贫帮困各项制度及有关政策，积极做好养老、医疗等保险的扩面工作。全年募集慈善捐款319万元，救助0.38万人，发放救助金216万元；发放城乡最低生活保障3.99万人次，金额713万元。64个社区全面推广“走进来、走出去”新型养老服务模式，其中17个社区成立居家养老服务中心，辖区内600多名高龄、独居的困难老人免费获得由政府出资购买的养老服务。全区养老保险参保人数5.01万人，年净增0.77万人，征缴养老保险基金1.76亿元；医疗保险参保人数5.80万人，年净增0.99万人，征缴医疗保险基金1.12亿元；失业保险参保人数2.84万人，年净增0.37万人，征缴失业保险基金0.14亿元。

江东区

【地理位置与区划】 江东区位于宁波市中心城区东面，是宁波“老三区”之一，以服务立区、以科技强区、以生态建区、以人文兴区，区域经济发达，开发潜力大。江东区因地处奉化江和甬江东岸而得名；1951年5月，成立江东区人民政府。至2005年底全区面积37.66平方公里，常住人口29.2万人，辖7个街道。

【经济建设】 2005年，江东区实现生产总值100.36亿元，“十五”期间年均（同口径）增长14.9%。完成全社会固定资产投资95.9亿元，“十五”期间年均增长44.5%。财政一般预算收入20.16亿元，其中地方财政收入达12.25亿元。“十五”期间年均（同口径）分别增长35.2%和38.8%。

继续深入实施“服务立区”战略，强化“为先进制造业基地建设服务、为港口繁荣发展服务、为人民群众生活质量提高服务”的“三服务”理念，服务业增加值占生产总值的比重达到68%。实现社会消费品零售总额61.7亿元，增长20.4%。成功承办第三届家博会、首届中国旅冶会等重要展会,全年展出面积达45.1万平方米,老三区新注册的会展企业90%落户在江东。新引进物流服务企业24家。专业市场成交活跃,亿元以上市场的龙头带动作用日益明显。中小特色餐饮发展迅速。汽车销售逐步回暖。楼宇经济发展态势良好,全区新开工楼宇面积61万平方米,在建商务楼宇面积达105万平方米,累计有商务楼宇面积61万平方米,东海曙光、华宏国际等一批商务楼宇投入使用,波特曼、嘉汇国贸等商务楼宇即将交付使用。加快调整工业结构,实现工业总产值109.3亿元,增长18.8%。高新技术产业占工业总产值的比重达到50.1%。全年完成工业投资6.4亿元,其中10个重点技术改造项目完成投入3.6亿元,占全区工业投资的56.3%。全区全年新列入国家级科技计划项目4项,成功举办第五届科技人才周等活动,设立500万元与浙江大学的合作专项资金,与宁波大学签订全面合作协议。江东区成为省科技强区,江东科技创业中心被认定为省级科技企业孵化器。

全年合同利用外资和实际利用外资分别达到5 179万美元和5 029万美元。其中,服务业项目合同利用外资和实际利用外资分别占全区的97%和94%,引进马士基物流、UPS快递、怡和船务3家世界500强企业。首次赴香港承办的现代服务业推介会和东部新城推介会取得显著成效,签约项目总投资和协议外资分别占全市的58%和42%。继续发展加工贸易、出口代理制和进口贸易,全年完成进出口总额8亿美元,增长61%,其中自营出口6.3亿美元,增长64%。实现境外生产型企业零的突破,深入推进接轨大上海、融入长三角工作。

【社会事业】 2005年,江东区加快推进文化新区建设、大力发展社会事业,广泛开展"我与文明同行"系列活动,以全面推广"四点钟学校"为切入点,有效整合社区资源,建立起一个完整有序的社区教育网络,营造出未成年人良好的成长环境。江东区被中央文明委确定为全国公民道德建设先进典型之一。全面启动全区突发公共事件应急预案编制工作,组织开展应急预案演练,提高应对突发公共事件的能力;认真做好高致病性禽流感等重大疫情疫病防控工作;积极推行商品准入制和检测制,食品安全监督管理进一步加强;完善公共卫生服务体系,建立社区卫生服务体系并实现全覆盖。江东区被评为浙江省社区卫生服务示范区、全国计划生育优质服务先进区、"婚育新风进万家"先进集体。扎实推进"平安社区"、"平安企业"等基层平安创建工作,认真贯彻《信访条例》,全面落实信访责任制,全区信访总量有所下降。全区失业和被征地人员就业再就业率达96.1%,有非正规就业组织154家;被评为"全国就业和再就业工作先进企业"的江东爱心编织站增加编织分站4家,在全国达到81家。完善社会保障和救助体系,城镇养老、失业等社会保险覆盖面逐步扩大。全面开展社会化居家养老服务,全区建立11个居家养老服务中心,1.6万名老人接受了不同形式的服务。

江北区

【地理位置与区划】 江北区位于宁波市区西北部,与海曙区、江东区并称为"老三区",是宁波面积最大的中心城区,腹地开阔,农业发达,以推进"城乡联动"为突破口,坚持走城乡互动之路。江北区因地处甬江、姚江北岸,习称江北岸;1951年5月成立江北区人民政府。至2005年底,全区面积208平方公里,常住人口27万人,辖7个街道、1个镇。

【经济建设】 2005年,江北区实现生产总值97.85亿元,比上年增长14.1%。完成财政一般预算收入19.24亿元,增长17.0%,其中地方财政收入10.83亿元,增长19.0%。社会固定资产投资50.34亿元,增长39.49%。城镇居民人均可支配收入17 408元,农民人均年纯收入达到8 332元,分别增长9.6%和9.4%。

全年全区实现农林牧渔业总产值5.33亿元,新增市级农业龙头企业2家,市级以上无公害农产品4只。城市防洪、清水河道建设等一批市、区级重点水利工程有序实施,小山塘等一批基本农田水利设施得到逐步维修,累计完成河道整治50.4公里,河道保洁覆盖率达到100%。建立健全农产品质量标准监测体系,进一步提升都市效益农业品牌。实现工业利税总额17.34亿元,增长28.5%。金田集团产值突破百亿元大关,成为全市第三家制造业超百亿企业。出台《加快科技创新促进高新技术产业发展若干政策的意见》,实现高新技术产业产值45.0亿元,增长39.7%。全区实现社会消费品零售总额37.33亿元,增长12.0%。交通、物流、汽车、销售、特色餐饮,房地产等企业成为新的经济增长点逐步形成现代服务业特色。圆满完成全国第一次经济普查工作,并获得国家级先进集体荣誉称号。全年实现外贸自营进出口6.75亿美元,增长34.7%。

【社会事业】2005年,江北区中小学入学率、巩固率均保持100%,高中段入学率达到99.1%;新建教学用房51 246平方米,平均建筑面积达到7.9平方米;启动第一批"标准化学校"申报工作。积极开展创建全国首批文明城市活动,深化文明村、文明社区、文明单位创建,成立区新闻中心,创办区图书馆,启动《江北区志》修编工作。成功举办全区首届全民运动会,行政村健身路径普及率达到95%。加强区、街道(镇)两级疾病控制和卫生监督网络建设,发展社区卫生服务,新建、改建社区卫生服务站14家;建立健全突发公共卫生事件应急机制、疾病预防控制体系、医疗救治体系、卫生执法监督体系和公共卫生信息系统。

积极推进就业再就业,完善社会保障体系。全年举办劳动力洽谈会22期,提供就业岗位23 834个,帮扶8 667名失业人员实现就业。继续扩大社会保险覆盖面,城镇养老、医疗、失业、工伤、生育等参保人数增长迅速,超额完成全年目标;全面实施被征地农民养老保障制度,被征地农民参保27 201人;完善农村新型合作医疗制度,参保率达到95.7%。

镇海区

【地理位置与区划】 镇海区现属宁波市区，位于宁波东北部，与舟山、上海隔水相望，区域位置突出，素有“浙东门户”、“海天雄镇”之称，镇海港更是宁波港重要组成部分。镇海区还是著名的侨乡和“宁波帮”重要发源地。1985年10月，原镇海县撤县并以甬江为界，分建镇海、滨海(今北仑区)，今镇海区区境成。2005年底全区总面积236平方公里，人口22.5万人，辖4个街道、2个镇。

【经济建设】 2005年，镇海区实现生产总值192.78亿元，人均生产总值达到10 734美元。其中，区属生产总值首次突破100亿元大关，达到106.16亿元，同比增长17.6%。财政一般预算收入超20亿元，达到21.6亿元，同比增长29.0%。城镇居民人均可支配收入和农民人均纯收入分别达到17 408元和8 030元，分别比上年增长9.6%和11.7%。

全区临港工业快速发展。全年完成工业总产值930.48亿元，同比增长39.5%；产业园区建设扎实推进，经济开发区、机电工业园区、化工区建成面积达到23平方公里；一批国际国内知名的大企业、大公司相继落户园区，基本形成化工、精密机械、电子信息等特色产业集群。全区拥有国家级、省级、市级高新技术企业20家，民营科技企业135家，区级工程中心28家，区级科技(科普)示范基地22家；高新技术产品产值达到110.00亿元，同比增长67.2%。实现社会消费品零售总额28.67亿元，同比增长12.3%。交通运输、仓储业发展迅速，液化品、再生金属、煤炭、钢材等专业市场渐成规模，镇海港成为宁波液化产品主要出入港。全年实现农村经济总收入205.87亿元，同比增长33.1%；农业基础设施逐步完善，标准江塘建设基本完成。全年外贸自营进出口总额28.83亿美元，同比增长45.3%，其中，自营出口11.11亿美元，同比增长46.7%；全年引进项目58个，总投资6.57亿美元，同比增长34.0%；合同利用外资2.72亿美元，比上年减少1.0%；实际利用外资1.76亿美元，同比增长15.6%。

【社会事业】 2005年，镇海区教育事业稳步发展，初中入学率达到99.95%，小学入学率继续保持100%，幼儿入园率达到95.3%；1.2万多名进城务工人员子女就学问题得到较好解决，公办学校就读率达到62.5%；建立区、镇(街道)、村(社区)三级社区教育组织，成立镇海社区学院、镇(街道)成立社区教育中心、村(社区)成立村民(市民)学校，以社区内各类学校为依托，有效整合社区教育资源。省首批社区卫生服务示范区通过验收，老龄工作获得全国先进，新一轮区志修编开始启动。城镇困难居民住院医疗救助办法试点成功，“慈善爱心服务站”模式进一步推广，首批农村贫困家庭危房免费维修改造顺利结束。镇海九龙湖旅游区框架基本形成并正式开游。

完善社会保障体系。区属企业参加养老保险职工人数61 531人，同比增长11.3%；参加城镇基本医疗保险职工55 994人，同比增长15.2%；参加失业保险的职工34 617人，同比增长9.5%；参加工伤保险职工34 279人，同比增长48.1%；参加生育保险职工27 829人，同比增长20.2%。全区共有41 921名被征地人员参加养老保险，参保率达到90.2%。

北仑区

【地理位置与区划】 北仑区现属宁波市区，地处浙江大陆最东端，三面环海，是浙江省、宁波市对外开放的窗口和基地，港口资源丰富，北仑港被誉为“中国港口皇冠”、“洋洋东方大港”。北仑区由1984年1月析原镇海县而来(原为滨海区，1987年更名北仑区)。2005年底，全区总面积843平方公里，户籍人口32.7万人，辖5个街道、2个镇、1个乡。

【经济建设】 2005年，北仑区实现生产总值274亿元(按新口径统计)，比上年增长15.7%。完成财政一般预算收入48.1亿元，比上年增长14.3%，其中区本级完成财政一般预算收入17.9亿元，增长24.7%。城镇居民人均可支配收入和农民人均纯收入分别达到17 408元和8 000元，分别比上年增长9.6%和12%。

城区商贸集聚能力增强，凤凰山公园、丽晶五星级酒店、国际购物中心、凤凰山公园商业街等工程建设顺利。全年新批物流企业10家，其中投资千万美元以上8家，由世界顶级物流企业马士基、MSC公司投资兴办的现代物流项目落户北仑。“百镇连锁超市、千村放心店”工程扎实推进，全区连锁超市总数达31个，便利店总数达到53个，放心店总数达到121个。工业经济持续发展，企业规模不断壮大，规模以上企业实现产值625.6亿元，增长28.7%，产值超亿元的企业达到84家，产值超10亿元的企业达到13家；申洲国际、敏实集团在香港主板成功上市。全区全年新增省级以上高新技术企业8家，其中国家级高新技术企业2家；列入国家科技计划项目23个，列入省市科技经费资助项目95项，授权国家专利354项，增长58%，其中发明专利授权16项；获得首批省科技强区称号。农业产业化步伐加快，六大农业产业化基地建设进展顺利，21家农业龙头企业完成技改投入1.2亿元，实现农产品出口3 000万美元,增长168%。

全年新批外资项目97个,其中千万美元以上项目30个,合同利用外资10.5亿美元,与上年持平,实际利用外资6亿美元,增长3%;利用外资水平和质量进一步提高,共有58家现有企业增资,增加合同外资3.2亿美元,实际利用外资6 400万美元,分别占总额的30.5%和10.6%。实际利用市外国内资金12.9亿元,增长26.6%。外贸出口结构优化,全年实现外贸自营出口30.1亿美元,增长20.2%。

【社会事业】 2005年,北仑区通过省教育强区的复查验收,柴桥中学、明港中学通过省重点中学验收,全区标准化学校达35所,达标率为91%。开展建区二十周年和第五届文化艺术节系列庆祝活动,获市级以上文艺作品奖项46项。成功举办国际女排三大赛事,荣获全国体育竞赛最佳赛区称号。公共卫生服务网络体系不断完善,公共卫生中心、妇保院建设进展良好,建立区120急救中心,建成宗瑞医院门诊楼,宗瑞医院被评为二级甲等医院。

大力实施农村劳动力素质培训和转岗就业工程,全年培训被征地人员和农村剩余劳动力19 941名,净增就业岗位8 450个,促进转岗就业11 386名,城镇登记失业率控制在3.4%以内。社会保障功能进一步增强,全年净增城镇职工养老保险10 033人、医疗保险16 639人;被征地人员参保人数达73 234人,占应参保人员总数的94%;8 306人次得到合作医疗补助和大病救助,新一轮参保人数达22.7万人,占应参保人员总数的94.4%;城乡居民最低生活保障实现全覆盖,农村五保对象和城镇三无人员集中供养率达到87%。

鄞州区

【地理位置与区划】 鄞州区地处浙江东部沿海,杭州湾南岸,区境东、南、西环拱宁波城区,是"宁波帮"的发祥地,具有悠久的商业传统,工业经济发达,历史文化底蕴深厚。"鄞"系越语地名,鄞县建县历史可以追溯至秦王政二十五年(公元前222年)。解放后析鄞县县城置宁波市。2002年2月1日,鄞县撤县设区,改为鄞州区,为宁波市区。2005年底全区总面积1 380平方公里,人口77.7万人,辖4个街道、17个镇、1个乡。

【经济建设】 2005年,鄞州区实现生产总值339.8亿元,比上年增长15.3%,人均国内生产总值4.4万元,增长16.2%。财政一般预算收入60.1亿元,其中地方财政收入28.6亿元,增长25.4%。城镇居民人均可支配收入16 820元,增长5.1%;农民人均纯收入8 508元,增长7.2%。

全区全年实现第二产业增加值215.4亿元,比上年增长15.4%,其中工业增加值198.2亿元,增长15%。纺织服装行业产业链不断延伸、产品附加值有所提高,仪器仪表、机械冶金、汽车部件等行业竞争优势稳步提升,新型材料、光机电一体化等产业快速增长。年销售收入上亿元企业和上十亿元企业分别达到168家和4家。新增国家级高新技术企业5家,获得中国名牌和国家免检产品7个、市级以上名牌产品25个,新增省著名商标9件、市知名商标22件、境外注册商标137件。全面落实粮食直补政策,稳定综合生产能力,被评为省粮食生产先进县。蔬菜瓜果、花卉苗木、竹笋茶叶和名优水产等特色农业稳步发展,新增绿色无公害农产品生产基地认证面积5万亩,获得市级以上绿色无公害农产品和名牌农产品23个。

全年实现社会消费品零售总额74.1亿元,增长15.7%。积极推进宁波万达广场和一批宾馆酒店等重大服务业项目建设,商务、物流、中介、社区等新兴服务业加快发展。成功举办第三届中国梁祝爱情节等特色节庆活动,五龙潭景区、雅戈尔动物园被评为国家4A级旅游景区,天宫庄园成为国家级农业旅游示范点。房地产投资和商品房销售额分别增长36.1%和43.5%。年末金融机构存贷款余额达到574亿元和384.5亿元,增长19.5%和16.3%。

全区全年完成外贸自营出口33.9亿美元,增长32.5%,出口总量跃居全省首位。合同外资和实到外资分别达到7.9亿美元和4亿美元,利用外资连续三年保持全省首位。总投资千万美元以上大项目和科技型项目比重继续提高,"以民引外"、"以外引外"取得较大突破,外资企业对全区国税的贡献率达到40.1%。机电产品出口比重明显提高,品牌产品出口开始起步。新办境外企业16家,完成对外经济合作经营额5 050万美元。

【社会事业】 2005年,鄞州区基础教育各项指标继续保持省、市领先水平;职高毕业生就业率达到99.5%;区实验学校动工建设,正始中学成为省一级重点中学;全部残疾人学生实现免费义务教育。组织举办"城市嘉年华"等大型文化活动,《关爱女孩全国漫画作品集》获国家人口文化奖金奖。"八一"女篮冠名"就八一广博文具女篮",主场落户鄞州;鄞州区创建为省体育强区。区人民医院新大楼投入使用,新建改建社区卫生服务站240个。

积极落实就业和再就业扶持政策,新增就业岗位2.3万个,培训失业职工和被征地人员1.4万名,6 696名失业职工和1.1万名被征地人员实现再就业,城镇职工登记失业率控制到3.2%。扩大城镇职工养老、失业、生育保险覆盖面,完善被征地人员养老保险政策,新增参保人员2.1万人,按月领取保险金人员已达4.2万人。巩固新型农村合作医疗制度,3.9万人次享受了住院医疗保险政策。

余姚市

【地理位置与区划】 余姚市位于宁波市西北部,钱塘江和杭州湾南岸,四明山北麓,历史悠久,素有"文献名邦"、"东南最名邑"之誉,河姆渡文化遗址的发掘更是昭示着长江流域也是中华民族的发源地。秦王政二十五年(公元前222年)始置余姚县(一说西汉初建县);1985年7月撤县设市(县级);2005年底,全市总面积1 527平方公里,人口82.59万人,辖6个街道、14个镇、1个乡、2个开发区。

【经济建设】 2005年,余姚市实现生产总值298.12亿元;财政一般预算收入40.37亿元,其中地方级财政收入19.58亿元;全社会固定资产投资138.05亿元;城镇居民年人均可支配收入达到17 381元,农民年人均纯收入达到7 661元,分别增长17.7%和10.3%。

全区全年实现工业总产值1 009亿元,增长20%。其中,工业园区及功能区实现工业产值490亿元,占全市工业总产值的比重达到48.6%。全市规模以上工业企业达到1 047家,其中销售超亿元企业90家、超10亿元企业5家。新增专利授权852件,新引进副高以上高级人才54人。全市农产品结构不断优化,新增无公害农产品基地4个、无公害农产品和绿色食品26只。拥有农业龙头企业83家,其中销售超亿元企业8家。土地整理、造田造地、标准农田建设、优质园地改造以及海涂围垦取得新成效,新增耕地8 227亩,新建标准农田2.2万亩,新围涂7 000亩。

全市全年实现社会消费品零售总额100.38亿元,各类市场交易额288.9亿元,其中中国塑料城实现市场成交额210亿元。成功举办第七届中国塑料博览会及首届中国塑料产业发展(国际)论坛,其中塑料博览会被商务部评为中国100家最具影响力的品牌会展之一;华联商厦入围中国服务业500强,并荣获"中国商业名牌"称号;必胜客、麦当劳等一批国外著名品牌连锁企业成功落户;新增宁波市级以上工业名牌产品13只、商标21件,"帅康"商标被认定为中国驰名商标,燎原室外灯具等4只产品荣获中国名牌称号。积极推进农村"连锁超市、放心店"工程,新建大卖场和连锁超市15家、连锁便利店47家、农村生活和农资消费放心店327家。浙东(四明山)抗日根据地旧址被列入全国红色旅游经典景区,天下玉苑和丹山赤水景区顺利通过国家4A级景区验收。全年合同利用外资6.6亿美元,实到外资3.3亿美元,分别增长9.1%和15.8%。成功举办民营企业境外上市论坛,舜宇集团首次引进境外风险投资基金,捷丰家居在香港创业板成功上市。

【社会事业】 2005年,余姚市扎实推进教育均衡化,高中升学率达到92%,普高与职高招生比例为48∶52,高等教育毛入学率达到28%;教育部华东直属高校研究生创业(余姚)基地签约挂牌,名邦科技园全面启动。正式启动《姚江文化丛书》编纂,成功举办第六届"舜江之夏"艺术博览月活动,姚剧《母亲》荣获第九届中国戏剧节音乐奖;全面实施王阳明故居修缮工程。成功举办第十个全民健身月。做好人口和计划生育工作,联合国人口基金生殖健康与计划生育项目通过中期评估。

充分发挥城乡就业服务机构和职业技能培训网络作用,新增就业岗位2.2万个,培训城乡劳动力3.4万人次,7.2万名城乡劳动力实现就业再就业,城镇登记失业率下降为2.7%。切实增强社会保障功能,城镇职工基本养老保险和被征地人员养老保障累计分别达到16.5万名和7.4万名。顺利通过省经济发达县(市)养老保险基本全覆盖工作评估验收。健全新型农村合作医疗制度,共有1.9万人次得到合作医疗补助和救助,新一轮参保率达到90.2%。继续做好城乡困难群众帮扶工作,农村"五保"老人和城镇"三无"人员基本实现集中供养。

慈溪市

【地理位置与区划】 慈溪市位于西北部,处沪、杭、甬经济金三角的中心地带,是宁波大都市的北部中心,是长三角城市群中迅速崛起的新兴城市。"慈溪"之名来自于东汉董黯筑室大隐溪边,汲水奉母。1988年10月13日,慈溪撤县设市;2005年底,全市总面积1154平方公里,户籍总人口101.54万人,辖3个街道、17个镇。

【经济建设】 2005年,慈溪市实现生产总值375.23亿元,人均生产总值37 047元,分别比上年增长15.0%和14.5%。全社会固定资产投资总额161.33亿元,增长16.6%。财政一般预算收入50亿元,其中地方级收入23.56亿元,分别增长23.4%和21.9%。城镇居民人均可支配收入19 019元,农村居民人均纯收入8 445元,分别增长13.5%和15.2%,城乡居民恩格尔系数分别下降到35.7%和39.4%;全市综合实力和基本竞争力在全国百强县(市)中分别排名第17位和第7位。

全市实现工业增加值230.06亿元,比上年增长15.3%;其中规模以上工业总产值614.80亿元,增长24.9%。深入开展"经济规范在慈溪"活动,在知识产权保护、产品质量等重点领域,组织开展系列专项整治行动。全市财政用于科技投入首超亿元,高新技术产业累计创产值282.29亿元,比上年增长29.6%;全市企业共获得授权专利961件,总量突破5 000件;获批准国家级科技项目27项。积极调整农业生产结构,启动建设绿色农产品加工基地和东部农业科技园区,稳步实施"西菜东扩"战略,大力培育新型农业市场主体,不断完善为农服务新机制。东部地区累计建成绿色产业基地4.5万亩,新发展家庭农场、联户小型农场和规模型特色农庄超过100家。

第三产业实现增加值124.33亿元,比上年增长16.5%,占GDP的比重为33.1%。社会消费品零售总额135.43亿元,增长13.8%,居民消费价格涨幅控制在3%之内。全市自营出口总额31.46亿美元,比增长37.8%。实际利用外资3.01亿美元,增长7.3%;加工贸易进出口额12.3亿美元,增长61.9%,加工贸易比例达到34.5%。加大选商引资力度,引进千万美元以上投资项目达到24个。

【社会事业】 2005年,慈溪市基本普及从学前3年到高中段的15教育,"初升高"比例提高到90.3%,高等教育毛入学率提高到35.6%。扎实推进以东海明珠工程和村落文化宫为重点的农村文化设施建设,图书馆(书城)工程落成开放,有线电视网络实现"村村通",数字电视加快推广。成功举办2005国际田联竞走挑战赛、浙江天津女排对抗赛、中韩足球邀请赛、中国乒乓球俱乐部超级联赛、中乌国际篮球对抗赛等高水平体育赛事,市代表队在省第七届县级田径运动会上获得综合组团体总分第一,全年共向国家、省、宁波体育集训队输送体育人才59名。全市拥有卫生医疗机构床位数2 472张,专业卫生技术人员3 944人。

深入实施"十万农民转移就业培训"工程,有2.02万名农村富余劳动力、失土农民参加就业技能培训;全年举办各类招聘洽谈会50场,提供各类就业岗位5.04万个。被征地农民养老保险实现村级、人员全覆盖,参保人数16.28万人。参加农村新型合作医疗人数82.5万人,占全市农业人口的96.5%。有效推进"三保衔接"工作,超过万名的农保、土保参保人员转移到社会基本养老保险体系中。新建6个镇级"慈善爱心超市",发放"社会爱心救助卡"1.1万张。实施"安居工程",投放供应经济适用住房702套,建成廉租房120套,竣工安置房面积30万平方米。

奉化市

【地理位置与区划】 奉化市位于浙江省东部沿海,宁波市区南面,山川秀美,特产丰富,旅游业发展迅速,服务工业发达,是经济综合型城市。唐开元二十六年(公元738年)析鄮县地置奉化县。1988年10月13日,撤县设市;至2005年底,全市总面积1 349平方公里,总人口47.88万人,辖5个街道、6个镇。

【经济建设】 2005年,奉化市生产总值达到124.51亿元。其中,第一、二、三产业增加值分别达11.50亿元、63.96亿元和49.05亿元,增长2.2%、13.4%和16.9%,三次产业比重由上年10.1∶52.2∶37.7调整为9.2∶51.4∶39.4,人均GDP达到3 200美元。全年完成财政一般预算收入15.03亿元,比上年增长16.4%,其中地方级财政收入7.12亿元,增长19.1%;财政一般预算支出11.29亿元,增长45.2%。城镇居民人均可支配收入16 752元,农村居民人均纯收入7 188元,实际分别增长13.8%和13.9%。再次进入全国综合经济双百强县(市)行列,入围全国中小城市综合实力百强和长三角最具投资价值县市。

全年实现农林牧渔业总产值19.31亿元,比上年增长6.7%。粮食总产量达到7.50万吨。水蜜桃、草莓、竹笋、花卉苗木等6大主导农产品实现总产值14.75亿元,占农业总产值76.3%。"宠龙"牌鸡蛋被确定为国家机关特供商品。农业龙头企业实现销售收入和出口创汇分别增长12%和19.2%。全年完成各类水利工程380处,新增有效灌溉面积250公顷,改善灌溉面积793公顷。全面启动农民饮水工程,共维修水库108座,完成清水河道建设26.3公里,加固堤防18.5公里。工业生产稳步发展,规模以上工业实现增加值40.54亿元,增长12.3%。经济实力增强,新增规模企业129家,总数达到605家,实现工业总产值217.04亿元,比上年增长9.6%。产品销售收入超亿元企业达到24家,比上年净增10家。工业经济效益综合得分继续居宁波市各县(市)之首。新建企业工程技术中心6家,新增省级高新技术企业4家,计算机全过程控制等先进技术全面推广,制造业信息化应用面达到50%以上。全年列入国家级科技项目9项,专利授权150件,其中发明专利8件,专利成果产业化率75%。品牌带动战略取得新进展,获国家、省、宁波名牌19只。引进各类专业人才2 290余名,比上年增长29.4%。

全年实现社会消费品零售总额38.44亿元,增长13.5%,居民消费价格总指数比上年增加1.4%。华信国际大酒店建设进展顺利,太平洋商城建设准备就绪,方桥三江物流中心建成运营,县江两岸休闲商贸街区初具规模,以中心商业街和特色商品街为重点的商业布局,以连锁经营、物流配送为主的新型商贸业逐步形成。旅游经济综合收入15.3亿元,增长22.6%,荣获中国优秀旅游城市称号。雪窦寺露天布袋弥勒佛像建设项目得到批准,商量岗森林休闲度假区建成开业,松岙风景湾等旅游项目顺利签约。全市金融机构本外币各项存款余额115.48亿元,实现利润1.64亿元,同比分别增长7.5%和10.7%。开放型经济取得新业绩,全市完成自营进出口总额15.85亿美元,其中自营出口9.38亿美元,分别比上年增长7.1%和49.8%。加工贸易大幅增长,达到4.17亿美元,增长159.2%。选商引资工作有序推进,全年新批外商投资项目28只,项目总投资6 753万美元,合同利用外资2 943万美元,实际利用外资2 072万美元。

【社会事业】 2005年,奉化市学校布局得到有效调整,中小学校标准化建设步伐加快，奉化中学考生获高考宁波文理双“状元”；“平安校车”工程全面开展，贫困地区学生营养餐工程试点实施，教育四中心、实验幼儿园等项目前期工作有序推进；组织开展“全国知名高校看奉化”等活动。“千场电影百场戏剧进农村”和“三下乡”等文化活动继续开展；奉化布龙和奉化吹打被列为浙江省首批民族民间艺术保护和首批非物质文化遗产代表作名录，顺利通过省一级档案馆认证；全面启动地方志续修工作；奉化新闻网正式开通。成功举办全国女子拳击比赛、首届社区运动会。加强人口和计生工作，被命名为省计划生育优质服务县(市)；率先推行免费婚孕期医学检查，开设慈善惠民门诊部。

健全以市场为导向的就业机制，基本形成城乡统筹就业服务网络。全年净增就业岗位6 600个，培训各类人员5 947人。全面推进基本养老、失业、医疗、工伤等保险扩面工作，完善城乡低保制度。全市被征地人员办理参保手续达到10 752名，其中新增3 710名，累计发放养老金3 513.5万元；新增低保人员307人，累计达到9 108人，发放低保金605万元，基本做到应保尽保；农村五保对象和城镇三无人员集中供养率达92%；新型农村合作医疗运行良好，全年累计有14 974人次报销医疗费用1 880.9万元，465人次享受医疗费用救助金221.9万元。

宁海县

【地理位置与区划】 宁海县位于浙江沿海中部，东接象山县，北连奉化市，象山港、三门湾两海湾南北环抱，依山傍海，山海资源丰富，特产繁多。宁海县取“境宁海静”之意名县。西晋太康元年(公元280年)析鄞县、临海部分地置宁海县；1983年7月，实行市管县体制，改属宁波市；至2005年底，全县总面积1 931(1 880)平方公里，总人口58.3万人，辖11个镇3个乡4个街道。

【经济建设】 2005年，宁海县实现生产总值129.42亿元，比上年增长12.8%；人均生产总值22 150元，增长11.9%。财政一般预算收入达到16.6亿元，其中地方财政收入7.59亿元，分别增长21.3%和23.6%。农民人均纯收入达到6 919元，城镇居民可支配收入达到16 440元，分别比上年增长13.4%和14.3%。在全国综合实力百强县和县域经济基本竞争力百强县中分列第82位和第72位，比上年前移12位和2位。

农业产业化步伐不断加快。全年实现第一产业增加值16.1亿元，比上年增长3.0%。海水养殖业和茶叶、土鸡、西瓜等主导农产品实现产值14.6亿元，增长11.6%。三门湾百里生态型海水养殖带和万亩高山蔬菜基地建设扎实推进；浙江东海岸10万亩绿色农产品基地初具规模，被列为国家级农业综合园区。26家县级以上农业龙头企业完成销售7.2亿元，增长14.3%，其中销售超亿元农业龙头企业达到2家。农产品品牌战略深入实施，农技推广力度不断加大，农业实用技术培训达17 670人次。海域使用规范化管理得到加强，被评为全国海域使用管理示范单位。工业经济快速增长。规模以上企业达到580家，实现产值182亿元，比上年增长16.2%。模具、文具等六大特色行业产业竞争优势不断显现，实现产值113亿元，占规模以上工业总产值的62%。宁东、梅桥区块基础设施建设不断加快，模具产业研发、设计检测等六大服务平台基本建成。企业上市实现零的突破，彬彬文具成为宁波市首家赴美上市企业。全县科技创新能力明显提高，列入国家科技计划项目6项，新增国家级高新技术企业1家、省市级高新技术企业5家，获国家授权专利339件；高新技术产业快速增长，完成产值52亿元，增长30%。

深入实施产业联动战略，服务业整体发展规划编制基本完成。建成开放伍山石窟、梁皇山等旅游景区，扎实推进宁海湾旅游度假区等重点项目前期工作，成功举办第三届中国(宁海)徐霞客开游节和第四届“上海人游宁海”推介活动，开游节跻身全国节庆国际影响力百强行列。出台商贸服务业及网点发展规划和扶持政策，社会消费品零售总额达50.9亿元，增长13.1%。金融对经济支持力度加大，年末各项存款余额91亿元，各项贷款余额107亿元，分别增长20%和28%。社区服务、保险、邮电、信息等行业也得到迅速发展。新增中国驰名商标1件、中国名牌产品2个、国家免检产品3个，省市名牌产品17个、省著名商标3件、市知名商标11件。

全年全县自营进出口总额达到6.8亿美元，其中自营出口6.2亿美元，分别增长29.8%和31.6%。机电产品出口达到4.2亿美元，增长30%，占出口总额的67.7%。招商引资质量提高，全年累计新批外商投资项目50个，合同利用外资1.4亿美元，实际利用外资5 500万美元。外资项目单体投资额明显提高，外商独资比例不断扩大，新增200万美元以上外资项目20个，新批外商独资项目30个。引进投资35亿元，天安电器、泰山纸面石膏板等内资大项目落户。

【社会事业】 2005年，宁海县初中升高中入学率达到93.9%；标准化学校建设和薄弱学校改造力度加大，新建、改建校舍3.9万平方米；积极实施贫困生资助扩面工程，对1.5万名困难家庭子女实施“两免一补”，5 000余名民工子女享受义务教育。深入开展“百场戏曲、千场电影进农村”等活动，“宁海平调”被列为国家级非物质文化遗产项目，新增省级文保单位4个。完成县体育中心基础设施改造，新建全民健身路径65条；承办第二届全国大力士精英赛、全国U-15足球联赛等国家级赛事。全面推进农村卫生院(室)标准化建设，基本建成农村卫生服务网络，新增市级卫生村10个、县级卫生村136个，通过“灭蚊先进城区”省级达标考核；圆满完成农村部分计生家庭奖励扶助试点工作，1 732名农村计生对象获得奖励扶助。

完善就业服务平台，市县镇(乡)三级劳动力市场实现就业信息联网，镇乡(街道)社会保障和救助服务站全面建成，新增就业岗位9 755个，实现失业人员再就业4 720名。建立城镇职工基本医疗保险制度,净增基本养老保险参保职工2 704人,被征地人员养老保障参保人数达到2 305人;新型农村合作医疗参保人数46万人,参保率达90%以上;农村五保老人集中供养率85.6%。

象山县

【地理位置与区划】 象山县位于宁波市南端,三面环海,两港(象山港、石浦港)相拥,渔业繁荣,海洋经济发达,建筑经济更是名声在外。象山之名来于县境西北有山,状如伏象。唐置象山县。1983年7月,实行市管县体制,属宁波市;至2005年底,全县土地总面积1 175平方公里,总人口53万人,辖3个街道、10个镇、5个乡。

【经济建设】 2005年,象山县实现生产总值137亿元,比上年增长12.5%,其中第一、二、三产业分别增长6.2%、14.7%和13.4%。财政一般预算收入15亿元,增长16.8%。农渔民人均纯收入6 900元,增长6.4%;城镇居民人均可支配收入15 600元,增长9.8%。

农业产业结构继续优化,七大"龙型"产业主导作用进一步发挥,农业经济实现增加值27亿元,增长6.2%。粮食生产保持稳定,种子种苗工程有效实施,引进培育新品种65个;市级以上龙头企业产值34.8亿元,专业合作社销售1.6亿元;扎实推进标准化生产,新增无公害基地11个,创建市级以上名牌4个;海洋渔业稳步发展,水产品总量55.2万吨。完善农业基础设施建设,完成土地整理2.3万亩,清水河道建设38公里。

工业经济增势强劲,规模以上企业产值154亿元,增长23%。骨干企业支撑作用明显,超亿元企业达到28家,产值76亿元;中小企业扶持力度加大,新增规模以上企业50家;临港工业起步良好,船舶制造业蓬勃发展。开发区滨海工业园完成基础配套1.5平方公里,产业区完成基础配套1平方公里。象山县科技创新能力不断增强,开发市级以上新产品115项,实施高新技术转化项目14项,申菱公司被评为国家级高新技术企业,科技创业园启动建设,爵溪中小企业信息化服务平台投入应用。

服务业蓬勃发展。社会消费品零售总额50.5亿元,增长12.2%,居民消费价格指数101.6%。旅游设施日趋完善,渔港古城、影视城等项目相继开业,国际大酒店投入运行,中国渔村通过国家AAAA级旅游景区验收;旅游经济总收入10亿元,增长25%。海洋运输业发展迅速,总运力33万吨,增长一倍。金融存贷两旺,年末存款余额86.4亿元,贷款余额81.6亿元,分别比年初增长24.5%和19%。

全县自营出口6.35亿美元,增长17.6%,有进出口实绩企业达到251家。机电、成套设备等出口继续增长,产品结构进一步优化。新批外商投资企业36家;协议利用外资1.1亿美元,实际利用外资4 500万美元,分别增长22.5%和46.5%。外经工作继续保持全省领先,对外承包和劳务营业额2亿美元,增长20%。加工贸易出口3 500万美元,增长45.8%。

【社会事业】 2005年,象山县撤并中小学校11所,每个镇乡建成1所中心幼儿园;新改建校舍7.8万平方米,丹城二小、石浦新港幼儿园完成迁建,滨海幼儿园投入使用,县职高和技校实习实训楼主体工程建成;通过省教育强县验收。成功举办第八届中国开渔节,创办首届中国海洋论坛;顺利通过省级文化先进县验收,石浦荣膺全国历史文化名镇;《象山县志》续修工作启动。深入实施全民健身工程,成功举办县第七届运动会。启动运行120急救系统,规范化建设100个城乡社区卫生服务站,乡镇卫生监督分所划片设立。

积极推进就业和再就业工作,新增就业岗位9 500个,实现再就业5 000人次,城镇登记失业率控制在3.3%以内;培训农民3万余人,实现农民转移就业8 000余人。继续完善社会保障体系,扩大覆盖面。成功实施新型农村合作医疗制度,参保人员达38.6万人;渔业保险覆盖面97%以上;五保对象集中供养率达到86%。

嘉兴市

【地理位置】 嘉兴市位于浙江省东北部、长江三角洲杭嘉湖平原腹心地带，是长江三角洲重要城市之一，列为国家批准的沿海经济开放地区。位于东经120°18′至121°16′与北纬30°21′至31°2′之间，东临大海，南倚钱塘江，北负太湖，西接天目苕溪，大运河贯穿境内。市城处于江、湖、河交会之位，扼太湖南走廊之咽喉，东接上海，北邻苏州，西通湖州，南接杭州，相距均不到百公里，区位优势明显。全境隔杭州湾可呼应宁波、绍兴、舟山等地，铁路、公路、水路网络交织，四通八达，交通十分便利。

市境陆域东西长92公里，南北宽76公里，陆地面积3 915平方公里，其中平原3 477平方公里，水面328平方公里，丘陵山地40平方公里，市境海域4 650平方公里。

市境地势低平，平均海拔3.7米（吴淞高程），其中秀洲区和嘉善北部最为低洼，其地面高程一般在3.2～3.6米之间，部分低地2.8～3.00米。全市有山丘200余个，零散分布在钱塘江杭州湾北岸一线，海拔大多在200米以下，市境最高点是位于海盐与海宁交界处的高阳山。市境为太湖边的浅碟形洼地，地势大致呈东南向西北倾斜，由于数千年来人类的垦殖开发，平原被纵横交错的塘浦河渠所分割，田、地、水交错分布，形成“六田一水三分地”，旱地栽桑、水田种粮、湖荡养鱼的立体地形结构，人工地貌明显，水乡特色浓郁。

【历史沿革】 嘉兴是新石器时代马家浜文化的发祥地，距今7 000年前市境就有1911年11月7日，辛亥革命党人光复嘉兴，成立嘉兴军政分府。民国初废府存县，改称嘉禾县，后复称嘉兴县。1921年8月初，中国共产党第一次全国代表大会在嘉兴南湖的一艘游船上闭幕，宣告中国共产党成立。1937年11月5日，嘉兴被侵华日军占领，惨遭践踏达8年之久。1949年5月7日嘉兴解放，分设嘉兴县、嘉兴市，后撤并频繁。1983年8月，撤销嘉兴地区行政公署，分设嘉兴、湖州市，嘉兴市设城区和郊区，下辖嘉善、平湖、桐乡、海宁、海盐5县。解放以来，经过社会主义改造和社会主义建设，嘉兴的国民经济和社会发展有了翻天覆地的变化，特别是1979年改革开放以来，全境面貌发生根本性改变。1985年1月，经中共中央、国务院批准，嘉兴市区及所辖嘉善、桐乡、海宁县被列为长江三角洲经济开放区，至1988年，嘉兴市及所辖5县均被列为经济开放区。1993年11月，嘉兴城区更名为秀城区；1999年6月21日，郊区更名为秀洲区。经过20余年的改革开放，嘉兴市的经济建设和社会发展均取得了辉煌的成就，日渐成为长江三角洲的经济重镇、上海南翼的港口新市、江南水乡的文化名城。

（邱　阳）

【气候特征】 嘉兴市地处北亚热带南缘，属东亚季风区，冬夏季风交替，四季分明，气温适中，雨水丰沛，日照充足，具有春湿、夏热、秋燥、冬冷的特点，因地处中纬度，夏令湿热多雨的天气比冬季干冷的天气短得多。

年平均气温15.9℃。1月最冷，月平均气温3.6℃；极端最低气温－11.9℃，出现在1977年1月31日；7月最热，月平均气温28.1℃；极端最高气温39.4℃，出现在1953年8月26日；日平均气温稳定通过10℃的平均回暖初日在4月1日，平均结束日在11月18日；平均终霜日在3月27日，平均初霜日在11月13日，平均无霜期230天；平均初冰日在11月27日。

年平均降水量1 168.6毫米。最多年降水量1 720毫米出现在1954年；最少年降水量757毫米，出现在1978年。全年有3个明显的降水时段即4～5月的春雨；6～7月的梅雨和9月的秋雨；1月是下雪最多的月份。

年平均日照2 017.0小时。其中以7、8月最多，月平均日照分别为239、241小时；1、2月最少，月平均日照分别为134、124小时；年平均蒸发量1 313毫米；年平均相对湿度81%。

主要的灾害性天气有暴雨、连阴雨、干旱、寒潮、大雪、大雾、强雷暴、高温和台风热带气旋等。

【行政区划及人口】 嘉兴市为浙江省省辖市，下设南湖区、秀洲区，辖嘉善、海盐2县，以及平湖、海宁、桐乡3市（县级市）。至2005年底，全市有建制镇53个、乡1个、街道20个、社区285个、行政村954个；土地面积为3 915平方公里。其中，南湖区有镇5个、街道6个、社区61个、行政村83个；土地面积为426平方公里。秀洲区有镇5个、街道4个、社区34个、行政村129个；土地面积为542平方公里。嘉善县有镇11个、社区26个、行政村162个；土地面积为507平方公里。平湖市有镇7个、街道3个、社区43个、行政村137个；土地面积为537平方公里。海盐县有镇8个、社区23个、行政村104个；土地面积为508平方公里。海宁市有镇8个、街道4个、社区59个、行政村161个；土地面积668平方公里。桐乡市有镇9个、乡1个、街道3个、社区39个、行政村178个；土地面积727平方公里。2005年5月17日经国家民政部批复，嘉兴市秀城区更名为南湖区，5月20日浙江省民政厅下发了更名通知（浙江省人民政府浙政发[2005]27号），2005年5月28日秀城区正式挂牌更名为南湖区。

2005年底，全市总人口3 436 343万人，比上年增加3 162人，人口自然增长率为0.92‰；人口密度878人/平方公里。其中：南湖区459 497万人，人口密度1 079人/平方公里；秀洲区342 303万人，人口密度533人/平方公里；嘉善县380 496万人，人口密度751人/平方公里；平湖市483 121万人，人口密度900人/平方公里；海盐县364 302万人，人口密度718人/平方公里；海宁市643 857万人，人口密度964人/平方公里；桐乡市661 467万人，人口密度910人/平方公里。年内，全市出生人口23 159人，人口出生率6.8‰。

【经济发展】 2005年，全市上下认真贯彻党的十六大和十六届五中全会精神，牢固树立和落实科学发展观，深入贯彻中央宏观调控政策，继续开展“招商引资年”、“项目推进年”、“效能建设年"活动,努力化解要素制约,加快经济增长方式转变,国民经济和社会事业继续保持平稳较快增长。2005年全市实现地区生产总值1 159.7亿元,按可比价格计算,增长13.2%。其中:第一产业增加值84.5亿元,增长4.1%;第二产业增加值681.9亿元,增长13.7%;第三产业增加值393.3亿元,增长14.5%。财政一般预算总收入135.1亿元,增长18.9%,其中地方财政收入66.8亿元,增长21.7%。经济总量列全国地级以上城市第41位,五县(市)全部进入全国百强县前30位。

【个体私营经济】 2005年,全市有个体工商户120 837户,从业人员204 150人,分别同比下降1.24%、7.20%,资金数额36.45亿元,同比增长37.81%。私营企业28 903户,投资者人数62 544人,雇工人441 985人,注册资本(金)246.73万元,分别同比增长13.26%、17.85%、19.99%、34.16%。个私企业实现总产值1 574.49亿元,销售总额或营业收入708.28亿元,社会消费品零售额396.21亿元,实现出口交货值203.91亿元,分别同比增长12.61%、13.23%、10.00%和48.99%。

【旅游】 2005年,嘉兴旅游业以加快发展为主题,以湘家荡旅游度假区建设工作为重点,以新一轮产品建设为抓手,紧紧围绕年初提出的各项工作目标,强化市场治理整顿,狠抓市场宣传促销,全面推进旅游产业化进程,旅游经济发展保持良好态势,各项工作实现了新的突破。全年嘉兴共接待海内外游客1 406.7万人次,旅游总收入115.8亿元,其中国内游客1 362.5万人次,同比增长22%,国内旅游收入104.6亿元,同比增长33.8%,接待海外游客44.2万人次,同比增长30.8%,创汇13亿美元,同比增长35.94%,接待海外游客总量继续保持全省第二名。

【城市建设】 2005年,嘉兴市规划与建设部门认真贯彻落实科学发展观,按照统筹城乡建设,推进城市化和城乡一体化,加快改善人居环境的要求,突出抓规划,重点抓整治,全力抓创建,集中抓管理,建设事业呈现持续快速健康发展的良好态势。

城乡规划编制管理全面加强。2005年,市规划测绘部门积极实施城乡一体化战略,从建设现代化网络型大城市的理念出发,启动城乡一体化规划方案的编制工作,至年底牵头编制完成《嘉兴市总体规划》,对市域3 915平方公里范围规划首次实行全覆盖。依据批准实施新一轮《嘉兴市城市总体规划》,加大各层次规划编制力度,市区城乡规划体系得到进一步完善。积极推进"阳光规划"工程,建立规划审批公示制度,加强城乡规划的管理与监督。结合"数字嘉兴"建设,以建设地理空间框架为重点,建立一系列数字空间地理信息应用项目,出版嘉兴电子地图,保障基础测绘满足经济社会发展的需要。深入实施"百村示范、千村整治"工程,加强对村镇建设指导,不断完善村镇规划,加快农村新社区建设。

城市功能建设扎实推进。2005年,市建设部门主动适应国家宏观调控,积极采取应对措施,加快城市基础设施建设,不断完善城市功能。全年完成道路桥梁建设投资3.24亿元,新建、改建道路总里程16.5公里,人均道路面积增加到21平方米。危旧房改造拆迁扫尾工作全面完成,梅湾街、月河、芦席汇历史街区保护开发建设进展顺利。石臼漾水厂扩容工程竣工通水,南郊水厂一期工程开工建设,新增供水主管网42.8公里,区域供水进程加快。新铺设燃气管道31公里,市区燃气管网进一步完善,压缩式天然气供应站建成投入使用。城市道路临时占用、挖掘管理和维修保养工作不断加强,户外广告行为逐步规范。积极推进市区环卫保洁体制改革,城市道路保洁力度加大。编制完成《城乡环境卫生专业规划》,城乡垃圾收集处理一体化步伐加快。编制完成《嘉兴市区城市节约用水规划》,推动节水型城市创建活动深入开展。

城市环境得到进一步改善。2005年,市建设部门以创建国家园林城市为载体,加强城市环境建设,加速改善市区城市环境。年内,完成东片、南片楔形绿地的苗木补种和养护管理,实施人民公园、越秀公园和部分主干道路绿带改造,加快街心绿地广场和居住区、单位绿化建设,新增市城园林绿化面积602.9公顷,绿色渗透到城市每个角落、贴近每位市民,基本形成"城在林中,居在绿中"城市绿色空间。同时,积极实施"围工地、绿空地、硬踏地"专项整治工程,集中开展"公园绿地大整治、市政设施大整修、环境卫生大治理、沿街道路大美化"行动,其中,对市城144条小街小巷进行全面整修,进一步优化城市环境。

建筑业保持平稳较快发展。2005年,全市建筑业总产值达到140.59亿元,比上年增长10.7%;施工面积2 307.4万平方米,同比增长19.7%;勘察设计产业保持稳定发展。建筑市场规范有序,招投标、施工许可制度以及建筑业企业资质和人员从业资格管理得到加强,继续实现应招标工程招标率和应公开招标工程公开招标率两个100%。建设工程安全管理体系的进一步健全,"安全生产月"和专项整治活动的深入开展,安全生产基础工作的不断加强,有效地推进全市建筑安全生产稳定好转和建筑施工现场安全文明施工水平的提高,全市有13个工程项目获得浙江省建筑安全文明施工标准化工地称号。建设工程质量监督管理的不断加强,推动工程质量的进一步提高,全市共创"钱江杯"优质工程12项,"钱江杯"优秀勘察设计8项。继续加大建设领域工程款清欠力度,全市共完成清欠金额5.38亿元,清欠率为95%。制定出台《嘉兴市建筑节能管理办法》,落实各项节能措施,促进建筑节能工作全面深入开展。

住房保障工作进一步加强。2005年,房地产投资增幅趋向合理,全市完成房地产开发投资120.95亿元,比上年增长5.9%;新开工商品房面积400.8万平方米,同比下降42.8%。商品房竣工和销售面积仍然大幅度上升。全市商品房竣工面积达到473.5万平方米,同比增长76.8%;销售各类商品房282.8万平方米,同比增长76.8%。房价稳中有降,市区四季度商品房平均售价4 250元,比去年同期每平方下降126元。经济适用住房建设力度加大,年内市区建设经济适用住房16.9万平方米,其中建成交付使用4.15万平方米,发放住房租金补贴69户,全年累计发放租金补贴20.2万元,中低收入和特困家庭的住房条件得到进一步改善。加强对房地产市场的监管,房地产二、三级市场和家居装修市场逐步趋向规范;加强对物业管理企业的资质管理,开展市级物业管理优秀小区的评审,物业管理水平明显提高;依法实施拆迁管理,严格控制拆迁规模,认真履行房屋拆迁行政裁决职能,并从3月份开始,实行城市房屋申请行政强制拆迁前听证制度,以维护当事人的合法权益。

【科学技术】 2005年,嘉兴市科技工作围绕富民强市、提前基本实现现代化目标,以科技创新为重点,在科技创新体系建设、推动高新技术产业发展、引进大院名校、深化科技合作交流等方面取得新的成效,为全市经济、社会快速发展提供有力支撑。据浙江省科技统计监测报告,嘉兴市科技综合实力、科技进步水平和科技进步变化情况比上年位次前移,其中科技进步变化情况列全省第一。3月18日,市政府出台《关于加强专利工作促进技术创新的若干意见》。7月1日,市科技局提出《关于加强科技管理中知识产权工作的意见》。年内,嘉兴市加快农业园区建设,与中科院遗传所共建"中科院遗传发育所嘉兴农作物高新技术育种中心",农业科技继续保持全省领先水平。桐乡市通过国家可持续发展实验区专家论证,"平原水网地带生态系统建设"等省重点项目进展顺利。"嘉兴市社区多媒体信息服务平台建设"等2个项目被列入省服务业电子化重大科技攻关和示范项目。加强和规范对科技计划项目的监督、检查、结题管理和绩效考评工作,形成《2004年度嘉兴市科技计划项目实施报告》。组织编制嘉兴市"十一五"科技发展规划。在全国科技进步先进市(县)考核中,嘉兴市以全省综合考评第一的成绩被推荐为全国科技进步先进市,7个县(市、区)均通过全国科技进步先进县(市)考核,其中5个县(市)进入全国科技进步先进行列。深化党政领导科技进步目标责任制考核,嘉兴市再次被省委、省政府评为考核优秀单位,海宁市、南湖区获省考核优秀单位,市经贸委等6个部门评为市考核先进单位。加大科技宣传力度,在科技日报、浙江日报、浙江电视台等主流媒体上刊(播)发反映嘉兴市科技创新工作稿件60多篇(条),嘉兴日报、嘉兴电视台等媒体也多次专题报道科技工作。组织科技下乡等科普活动105次,参加技术人员1 325人次,参与群众达14.62万人次。成功举办以"科技以人为本,建设平安嘉兴"为主题的"科技(科普)活动周"活动。

【劳动和社会保障】 2005年,全市劳动保障工作抓住重点,突破难点,超额完成年度目标任务,为我市经济发展和社会稳定做出了新的贡献。全市全年新增就业岗位54 130个,帮助27 202名城镇失业人员实现再就业,全市城镇登记失业率3.8%,控制在市政府确定的目标以内。企业养老保险净增缴费人数5.39万人,全市有19.4万名企事业单位离退休人员和被征地农民,全年领取养老金和养老生活保障金等17亿多元。进一步扩大农保覆盖面,全市农保参保46.99万人,其中市本级农村籍义务兵参加农村社会养老保险镇覆盖率达100%。全市医疗保险参保人数61.6万人,失业保险参保37.9万人,工伤保险参保41万人,生育保险参保24.6万人。全力打造"嘉兴无欠薪"城市品牌,进一步做好劳动关系调整工作。全市劳动合同签订率88%。加强仲裁员队伍建设,实现规范办案,妥善处理各类劳动争议,结案率95%。认真做好来信来访和人大、政协两会材料的办复工作。办理两会建议、提案37件,办理群众来信3 060件,来访5 800批次,承办市长电话385件。开展高技能人才队伍建设调研,加快高技能人才队伍建设。完善加快高技能人才队伍建设的配套措施,全市城镇失业人员再就业培训19 055人,新技师培训886人、高技能人才培训5 296人,技能考核鉴定48 016人。

【人民生活】 2005年,全市国民经济继续保持较快增长势头,全市地区生产总值(GDP)达1 155.7亿元,按可比价计算,比上年增长13.1%,企业经济效益继续改善;全市城镇居民可支配收入继续保持较快增长势头,居民生活进一步得到改善。年内人民生活呈现的主要特点是:城镇居民收入水平继续提高;城镇居民消费增长加快,消费结构继续改善;居住条件得到改善,家庭耐用消费品拥有量继续增加。

【交通电力】 2005年,嘉兴市交通以高速网络、干线畅通、乡村康庄、水运强市、绿色通道、廉政保障"六大工程"为重点,全面推进基础设施建设。全年,完成交通建设投资84亿元,比上年增长70%。其中,高速网络、干线畅通工程68.4亿元,乡村康庄工程7.7亿元,绿色通道工程0.2亿元,水运强市工程7.5亿元,县级客运站建设0.2亿元。完成杭浦(东)、申嘉湖(杭)、杭州湾大桥北接线3条高速公路嘉兴段163.5公里路基工程的软基处理;嘉萧高速公路沪杭高速以北段已由市交通局委托省交通规划设计研究院设计线位方案;嘉绍高速公路项目建议书经国家发改委批复立项。07省道一级公路改(拓)建工程完成投资6.2亿元,累计完成9.4亿元,占总投资的58%,其中市区汽车商贸园至南溪路段2.2公里于4月底完工并交付使用;南北湖大道工程可行性报告已由省交通厅报发改委。嘉于硖线南郊河工程完成投资3.2亿元;乍嘉苏线护岸完善工程(一期)、东(迁)宗(阳庙)线航道改造工程嘉兴段基本完成,并被评为优良工程;嘉兴内河国际集装箱港区完成投资5 000万元。全年完成连村公路242公里、到组道路1 260公里,等级公路通村率和硬化率都达到100%,全市各县(市、区)在全省率先实现"双百"达标满堂红;全市开通城乡公交线路139条,建成5个公交枢纽站、458个港湾式停靠站、1 285对招呼站点。完成绿色通道工程229.46公里,完成年度计划的110.6%。

全市完成公路旅客运输量1.57亿人次,周转量47.18亿人公里,分别为上年的119.75%和118.25%。全年完成公路货物运输量2 595.76万吨,周转量16.67亿吨公里,分别为上年的109.98%和109.91%。完成水运全行业货运量6 789.77万吨,全年完成货物吞吐量6 558万吨。

嘉兴车务段全年发送旅客471.2万人、货物272万吨、集装箱6 257标箱,运输收入达3.46亿元。年内,嘉兴车务段隶属由杭州铁路分局归并到上海铁路局;沪杭线嘉兴境内实现"全封闭、全立交",嘉兴市区中环东路立交桥扩建工程开工建设,完成沪乍嘉新建铁路线预可性研究。

2005年,全市总发电量514.75亿千瓦时,比上年增加185.10亿千瓦时,年供电量达143.11亿千瓦时,增长18.27%。全市有35千伏及以上变电所198座,增加17座;主变压器总容量2 404.10万千伏安,增加851.67万千伏安。全年完成电网建设与改造工程总投资10.03亿元。全年电网投产公用110千伏以上项目22个,其中220千伏项目6个。新建、改造110千伏变电所14座,变电容量91万千伏安,线路长172公里。

2005年,秦山核电一期电站全年发电23.55亿千瓦时,负荷因子达到86.72%,能力因子达到87.02%。秦山核电二期首次成功组织实施双机组换料大修,两台机组全年发电101.32亿千瓦时,上网电量94.66亿千瓦时,两台机组负荷因子分别达到92.76%和85.19%,平均负荷因子89%,平均能力超过世界核电机组的中值水平。秦山核电三期工程顺利通过国家竣工验收,两台机组全年发电101.24亿千瓦时,完成年度计划的103.17%。年内,三期电站2号机组完成首次换料大修,1号机组完成第二次换料大修。　(付冬花)

南湖区

【概况】　南湖区为原秀城区,是嘉兴市市辖区,是市人民政府驻地和全市的政治、经济、文化中心。2005年5月20日,经国务院批准,浙江省人民政府批复,嘉兴市秀城区正式更名为南湖区,更名后的南湖区行政区域、机构、人员编制和财政体制保持不变。南湖区位于杭嘉湖平原腹心地带,周边与秀洲区、嘉善县、平湖市、海盐县接壤。区域总面积425.83平方公里,下辖5个镇、7个街道、81个行政村、69个社区居委会。2005年末户籍总人口45.96万,其中非农业人口28.13万,年人口自然增长率为-0.35‰。

【经济建设】　2005年,全区实现生产总值103.78亿元(财政口径),比上年增长14.5%,其中第一产业增加值8.59亿元,增长5.5%,第二产业增加值76.75亿元,增长13%,第三产业增加值72.27亿元,增长14.4%,三次产业结构比为5.4:48.7:45.9;人均GDP 3.43万元,增长15.1%;财政一般预算收入11.28亿元,其中区级预算收入4.03亿元,分别增长31.6%和36.1%;城镇居民人均可支配收入15 555元,同比增长8.1%,农村居民人均纯收入8 002元,增长13.1%;完成全社会固定资产投资74.12亿元,增长30.3%;完成社会消费品零售总额57.9亿元,增长16.8%;城市化水平上升到70.2%。

农业。2005年实现农业总产值20.14亿元,同比增长7.5%。全面推进国家农业科技园区建设,稳定粮食生产能力,加快农业提升步伐,全区农业龙头企业和农民专业合作组织分别发展到40家和10家。实施绿色农产品行动,6个农产品通过省及农业部无公害农产品产地认证。农业生产条件进一步改善,全年改造中低产田8 000亩,建成标准农田8 122亩,疏浚河道124公里,全省最大的农村防洪工程七星镇防洪工程主体工程竣工。

工业。2005年实现规模以上工业总产值149.1亿元,同比增长29.9%,其中纺织服装、精细化工等传统支柱产业实现产值79.16亿元;电子元器件、汽车配件等新兴产业实现产值12.02亿元。规模以上工业利税和利润总额同比分别增长32.7%和39%。完成工业生产性投入36.57亿元,同比增长17.5%。骨干企业培育取得成效,2005年产值超亿元企业达到29家,其中超10亿元企业1家、超5亿元企业2家。品牌战略深入实施,全年共创国家免检产品2个,省级名牌产品3个、著名商标3件。

第三产业。2005年累计利用楼宇面积23.1万平方米,注册第三产业企业601家,注册资金5.8亿。房地产业健康发展,全年累计开发房产面积24.3万平方米。拓展城镇第三产业和农村商贸市场,城镇连锁超市和农村放心店覆盖率达到100%,城乡消费日趋兴旺。以96345社区服务求助中心为平台的社区服务业拓展到新丰镇和余新镇。第三产业发展对财政贡献率达到40.3%。

开放型经济。2005年引进外资企业40家,合同利用外资2.25亿美元,实际到位外资0.75亿美元;引进区外内资项目402个55.8亿元。对外贸易持续快速增长,2005年进出口总额3.4亿美元。对外经济技术交流与合作成绩显著,与澳大利亚新南威尔士州卧龙岗市建立了友好交流合作关系,全年创办境外贸易机构3家。

【社会事业】　全年新列入国家创新基金项目1项、国家火炬计划项目1项、省级科技计划项目22项、省级新产品43项。嘉兴科技城建设加快,科技创新平台作用日益突出,浙江清华长三角研究院承担了18项省级以上科研项目,中科院嘉兴中心完成了7个工程中心的组建,各类科技合作和成果转化项目进展顺利。巩固省教育强区创建成果,推进新一轮中小学布局调整,实施名校集团化办学,组建了两个教育集团。2005年,财政对教育事业的投入达到1.04亿元,同比增长26%,全区九年义务教育入学率和巩固率均达到100%,全区学前三年人学率达到98.3%。公共卫生体系建设不断完善,新建改建社区卫生服务站18个,社区卫生服务覆盖率达到100%。年末,全区区域内有医疗机构170家,其中区属医疗机构11家,村、社区医疗卫生服务站达到66个,执业医师309人,注册护士163人。计划生育率达98.86%。

就业再就业工作成效明显,全年培训农村劳动力15 000人,转移就业5 000名;新增岗位9 000个,帮助城镇失业人员再就业5 000名,城镇登记失业率控制在3.8%以内。职工基本养老保险企业累计参保人数8.7万人,覆盖面达到100%。农民合作医疗参保率达到90.1%。农村"五保"对象和城镇"三无"对象集中供养率达到98.8%。

秀洲区

【概况】 嘉兴市秀洲区东临南湖区、嘉善县，南连海盐县、海宁市，西接桐乡市，北靠江苏省吴江市。全区总面积542平方公里，下辖5个镇、3个街道、128个行政村、34个居委会。2005年底总人口34.87万人，年人口自然增长率为0.42‰。

【经济建设】 2005年，全区实现地区生产总值94.38亿元，比上年增长13.5%，其中第一产业增加值8.95亿元，增长4.8%；第二产业增加值56.92亿元，增长15.0%；第三产业增加值28.51亿元，增长13.5%。人均地区生产总值39 062元，增长12.1%。财政一般预算总收入9.13亿元，增长27.6%，其中区级地方财政收入3.32亿元，增长36.1%。全社会固定资产投资80.10亿元，增长15.8%。城镇居民人均可支配收入15 555元，增长8.1%，农村居民人均纯收入7 892元，增长15.0%。

农业。全区实现农业总产值15.46亿元，增长6.9%。农业产业结构不断优化，主导产业实现区域化布局、专业化生产，农产品品牌工程扎实推进，通过绿色食品认证2个、国家无公害农产品认证2个、浙江省无公害农产品生产基地认证6个，制定无公害农产品标准12个，5个农产品获省农博会金奖。成功培育推广“嘉乐优2号”杂交粳稻，引进推广新品种55个，新技术31项，确定农业科技示范户500户。农业产业化水平稳步提高，22家区级农业龙头企业实现产值2.62亿元，新增农民专业合作社7家，全区农产品订单销售额2.31亿元。

工业。全区实现工业增加值50.03亿元，增长16.1%。完成工业生产性投入43.88亿元，增长15.0%。规模以上工业企业实现产值147.72亿元，增长28.3%，销售收入149.33亿元，增长29.7%，利税总额10.03亿元，增长26.8%，纺织、家电、机械制造、电子信息四大产业产值分别增长19.1%、93.7%、36.1%和80.8%。全年销售收入超亿元企业26家，其中超5亿元企业3家。新增国家免检产品1个，省、市级著名商标和名牌产品16个。

第三产业。全区实现第三产业增加值28.51亿元，增长13.5%，完成第三产业固定资产投入33.75亿元，好一家家居购物广场正式开业，江南摩尔等第三产业重点建设项目进展顺利，世界500强之首沃尔玛等著名企业成功入驻秀洲新区。全年新增连锁超市3家，创建农村放心示范店85家，实现全社会消费品零售总额32.6亿元，增长9.5%。全年市场成交额40.21亿元。全年房地产业完成投资22.92亿元，增长45.7%。挂牌成立浙江禾城农村合作银行，全区金融机构存款余额84.12亿元，贷款余额53.97亿元，比年初分别增长14.3%和9.9%。

利用外资。全年合同利用外资3.09亿美元，实际利用外资1.01亿美元，引进区外内资19.32亿元，其中新批总投资1 000万美元以上项目23个。秀洲工业区被命名为国家(嘉兴)电子信息产业园——秀洲微电子加工与元器件产业区。成功举办了’2005嘉兴秀洲经贸洽谈会和香港、日本、意大利等境内外招商活动。出台了鼓励电子信息产业发展的若干意见，引进了光影科技、亚盛电子等一批高新技术项目。全年实现进出口总额4.6亿美元，增长54.0%，其中出口3.7亿美元，增长72.0%，新批境外企业(办事处)4家。成立了秀洲区人民对外友好协会，对外交流渠道进一步拓宽。

【社会事业】 建立了浙江大学制造业信息技术促进应用中心、上海交通大学国家技术转移中心秀洲分中心，区科技创业中心被评为省级科技企业孵化器。全年组织申报各级各类科技项目167项，列入市级以上65项，其中国家级1项、省级29项，获市级以上科技进步奖12项，新创建市级高新技术企业研发中心2家。全区义务教育入学率达100%，初升高比例达93.3%。全区万人人才拥有量为515人。建成市级标准村(居)文化活动中心(室)91个，启动“百村文化长廊”建设，成功创建省文化先进区。

卫生。浙江省首家中外合资医院——浙江新安国际医院开工建设。城乡居民合作医疗保险参保率达90.6%。全年人口自然增长率0.4‰，计划生育率98.7%。130户农村贫困家庭危旧房改造如期实施，农村五保和城镇“三无”对象集中供养率达97.8%。

社会保障。高度重视被征地农民权益，出台土地补偿费分配指导意见，开展送岗位信息上门活动和农民素质培训工程，全年培训、转移农村劳动力24 293人和7 151人，新增就业岗位3 008个，顺利通过全省城乡统筹就业试点验收。医疗保险新增参保人员4 732人。

嘉善县

【概况】 嘉善县地处太湖流域杭嘉湖平原，位于嘉兴市东北部，东邻上海市青浦、金山两区，南连嘉兴市南湖区、平湖市，西接嘉兴市秀洲区，北靠江苏省吴江市和上海市青浦区，总面积506.6平方公里。嘉善县有建制镇11个，行政村162个，社区居委会26个。2005年，全县人口出生率6.6‰，死亡率7.3‰，人口自然增长率为-0.7‰；年末总人口(户籍)380 496人，比上年减少632人;其中非农业人口123 006人,比上年增加13 516人。

【经济建设】 2005年,嘉善县国民经济发展继续保持较高水平。全县实现国内生产总值128.27亿元,按可比价格计算,比上年增长14.2%。按户籍人口计算,人均生产总值33 683元,比上年增长21.6%。产业结构进一步优化,其中第二产业优势明显,第一产业所占比重继续下降。2005年,第一产业增加值13.28亿元,比上年增长6.3%,占生产总值的比重为10.3%,比上年下降0.8个百分点;第二产业增加值71.78亿元,比上年增长15.3%,占生产总值的比重为56.0%,比上年提高0.6个百分点;第三产业增加值43.21亿元,比上年增长15.1%,占生产总值的比重为33.7%,比上年提高0.2个百分点。2005年,全县财政一般预算收入突破15亿元,达到15.33亿元,比上年增长17.6%,其中上划中央收入8.05亿元,增长16.0%,地方财政收入7.28亿元,比上年增长19.3%。全年地方财政总支出7.86亿元,增长12.5%。其中,教育支出2.49亿元,增长9.2%;文体广播事业费支出2 440万元,增长16.8%;行政管理费支出7 730万元,下降9.7%。

农业。2005年,嘉善县通过不断深化农村各项改革,加快现代化农业建设步伐,推进城乡协调发展,全年实现农林牧渔业总产值24.30亿元,增加值13.28亿元,按可比价格计算比上年增长6.3%。粮食市场价格上涨,农民种粮积极性提高,优质高效产品种植面积增加。全年农作物种植面积5.1万公顷(76.44万亩),其中粮食播种面积2.73万公顷(41.01万亩),占种植面积的比重由上年的53.2%上升到53.6%;受褐飞虱、台风等影响,粮食总产量为17.19万吨,比上年下降2.0%。油菜籽年产8 164吨,比上年增长6.4%。花卉苗木种植面积为606.7公顷(0.91万亩);蔬菜、果用瓜种植面积分别为1.56万公顷(23.43万亩)、2 546.67公顷(3.82万亩),产量分别为48.97万吨和6.85万吨,比上年增长12.4%、9.5%;食用菌产量2.02万吨,比上年增长5.2%。农业产业化成效显著。2005年,农业生产稳步发展,高效生态农业再创新优势。全年投入资金9 387万元,完成标准化圩区建设5.1万亩,新建护岸工程60公里,改造中低产田2.1万亩,荣获省政府颁发的"大禹杯"银杯奖。其中基本建设投资527万元,群众自筹及其他投入6 138万元。农田基本建设完成土石方409.87万立方米,实用人工437.74万工,抵御自然灾害的能力得到有效提高。年末拥有农业机械总动力34.15万千瓦,其中耕作机械动力4.61万千瓦,收获机械动力10.73万千瓦,排灌机械动力4.22万千瓦。全年化肥施用量(折纯)1.14万吨,比上年增长2.7%,农业用电量2 191万千瓦时,比上年增长3.0%。

工业。2005年,全年实现工业增加值64.46亿元,按可比价格比上年增长16.8%。全年工业用电14.08亿千瓦时,比上年增长27.6%。全年完成工业生产性投资54.06亿元,比上年增长18.2%,其中设备投资占比达到55.7%。工业项目建设扎实推进,50项县重点工业项目开工率达到86%,完成投资15.2亿元,占全部工业生产性投资的28.1%。全年实现工业总产值252.10亿元,比上年增长40.5%。内、外销形势进一步趋好,规模以上工业企业完成销售产值248.64亿元,增长41.1%,其中完成出口交货值77.92亿元,增长49.0%,占销售产值的比重达31.3%,比上年提高了0.8个百分点。工业产品销售率达98.63%,高于上年同期0.44个百分点。年销售收入超亿元的企业达到40家,比上年增加14家,其中超5亿元企业5家,超10亿元企业2家。鼓励和引导企业注重科技创新,工业经济运行质量明显提高,新增省级以上新产品115项、市级以上名牌19个,实现新产品产值24.8亿元,增长140.9%。全县列入考核的746家规模以上工业企业实现利税总额20.29亿元,其中利润总额9.75亿元,比上年增长53.2%。总资产贡献率为14.33%,资本保值增值率为154.87%,成本费用利润率为5.67%。

第三产业。2005年,第三产业完成限额以上投资20.6亿元,增长10.9%。嘉善宾馆、罗星阁宾馆、华都国际大酒店、世博大酒店等一批高星级标准的酒店相继建成,时博汇商业街建成运行,浙江(嘉善)农产品批发市场首期工程建成并开业。社会需求旺盛,消费品市场稳中趋活。全年实现全社会消费品零售总额40.43亿元,增长14.3%。居民消费层次不断升级,住房和汽车类消费同比继续提高。餐饮业恢复快速增长,全年零售额4.32亿元,增长15.4%。其他行业零售额为1.13亿元,增长16.6%;其中县城消费品零售额21.67亿元,增长15.5%,县以下消费品零售额18.76亿元,增长12.6%。全县共接待中外旅客231.25万人次,增长27.2%,其中接待入境旅游人数6.41万人次,增长20.7%。旅游总收入达到16.19亿元,增长30.3%。其中旅游外汇收入1 290万元,比上年增长24.6%。

开放型经济。2005年,合同利用外资4.38亿美元,实际利用外资2.12亿美元,利用外资综合考核名列全市第二位、全省第八位,县经济开发区综合考核继续名列省级开发区前茅,4个镇利用外资跻身全市"十强"。项目质量明显提高,全年共引进总投资1 000万美元以上的外资项目26个,投资总额达到6.7亿美元,占全部外资项目总投资的80.2%。"零土地招商"成效明显,新批外资项目中有47个项目未新增用地,合同利用外资达到5 999万美元,占全部合同利用外资的13.7%。外资项目开工开业率明显提高,全年新开工项目49个,新开业项目76个,外资到位率达到48.4%,比上年提高9.1个百分点。引进县外内资11.93亿元,其中引进市外内资9.76亿元,名列全市第二位。对外贸易创历史新高,全县外贸进出口总值达10.8亿美元,比上年增长45.4%。其中出口8.07亿美元,增长58.4%;进口2.72亿美元,增长17.1%。2005年新批准获自营进出口权企业42家,至年末全县累计174家。

固定资产投资。2005年,全社会固定资产投资完成76.88亿元,比上年增长16.3%;其中工业生产性投资54.06亿元,比上年增长18.2%。城镇和农村投资分别为29.15亿元和47.73亿元,各比上年增长3.6%和25.7%。全县限额(500万元)以上企业完成固定资产投资64.96亿元,比上年增长9.6%。其中,投资项目完成投资47.38亿元,比上年增长14.3%;房地产开发完成投资10.58亿元,比上年下降9.4%,房屋竣工面积56.14万平方米,实际销售房屋面积50.18万平方米,其中住房面积39.57万平方米;实际销售额15.79亿元,其中住房销售额11.60亿元。

【社会事业】 2005年,全年科技经费投入2 281万元,其中科技三项经费1 819万元,分别比上年增长29.7%和45.5%;全年发放科技发展基金240万元。科技成果不断涌现。全年列入县级以上的各类科技项目322个,其中国家级16个,省级153。有62个科研成果、新产品通过鉴定或验收,其中省级51个。

教育。义务教育继续保持全省领先水平。2005年,小学在校学生30 651人,适龄儿童入学率100%;初中在校学生16 781人,入学率100%,小学和初中生巩固率分别达100%和99.99%。初中升高中段比例达93.7%。普通高中在校学生6 920人,职业中学在校学生4 321人。当年高中段毕业生2 677人,高考报名人数3 149人。

文化、卫生和体育。2005年,积极开展文化下乡和进社区活动。全年文化事业经费支出733万元,比上年提高5.3%。全县有县级文化馆、图书馆、博物馆、青少年宫和工人文化宫各1个,镇文化站11个,总面积为6 267平方米。公共图书馆图书藏书量17.41万册,增长4.6%。广电事业不断发展,至年末全县有线电视用户达9万户,入户率73.3%,传送模拟电视节目34套,数字电视节目68套。"文化名县"建设全面启动,文化艺术中心土建工程基本完成。卫生事业加快发展。县肿瘤防治研究所荣获国家科技进步二等奖。计划生育率达到98.9%。至年末,全县有卫生机构80个,医疗病床1 179张,社区卫生服务站17个,卫生技术人员1 632人,其中执业医师(助理医师)671人,注册护士514人。全县城乡居民合作医疗参保人数29.04万人,城镇居民参保率达68.8%,农村居民参保率达92.6%。体育事业再上新水平。2005年,全县举办各类县级体育竞赛15次,参赛人数4 775人。有250名运动员参加省、市体育竞赛,在市级以上比赛中共获金牌76枚、银牌51枚、铜牌46枚。

【人民生活】 2005年,全县城镇居民人均可支配收入保持稳步增长的态势,达到16 529元,比上年同期增长8.7%。农村居民人均纯收入8 042元,比上年增收975元,增长13.8%。2005年,嘉善县城乡居民收入之比由上年的2.15:1(以农村居民人均收入为1)变为2.06:1,城乡居民收入差距逐步缩小。居民消费结构日趋合理,城乡居民全年食品消费支出占全部生活消费支出的比重(即恩格尔系数)分别为35.8%和43.6%。年末城镇居民人均住房使用面积23平方米,农村居民人均住房面积47.2平方米。

【社会保障】 2005年,全县有职业介绍机构13家,共提供就业岗位21 589个,举办各类职业技能培训和农业实用技术培训57期,培训人数达到2.8万人次,新增城镇就业岗位5 018个,帮助5 115个农村劳动力实现了非农就业。社会保障覆盖面不断扩大,全县职工基本养老、失业、医疗保险覆盖面继续扩大。至2005年末,全县企业参加养老保险职工人数9.93万人,比上年增加0.45万人。其中离退休人员2.02万人。城镇和农村居民合作医疗参保率分别达到68.8%和92.6%,被征地农民养老安置人数增加9 094人。全年发放养老金1.61亿元。基本医疗保险参保人数4.31万人。参加失业保险4.05万人,领取失业保险金的有0.14万人,发放失业保险金378万元。社会福利和救济工作进一步加强。2005年末,全县有敬老(福利)院17所,床位1 315张,年末在院人数785人。城镇、农村居民获最低生活保障人数为1 112人和3 832人,分别比上年减少29人和184人。全县发放低保资金538万元,实施慈善救助救济11 049人次,城镇"三无"人员和农村"五保"对象集中供养率比上年提高5个百分点。

平湖市

【概况】 平湖市位于浙江东北边沿,南临杭州湾,东、北与上海市金山区交界,西与嘉兴市南湖区接壤,西北与嘉善县相连,西南与海盐相接,总面积537平方公里。2005年末,全市有7个镇、3个街道;有43个居民委员会、137个村;户籍总人口48.31万人,其中非农业人口15.50万人,占总人口的32.08%,农业人口32.82万人;人口自然增长率-0.25‰。

【经济建设】 2005年,平湖市实现生产总值164.33亿元,按可比价格计算,比上年增长16.0%。其中第一产业10.77亿元,增长3.3%;第二产业104.09亿元,增长16.6%;第三产业49.47亿元,增长15.4%。人均生产总值3.40万元,增加4 923元。生产总值三次产业结构为6.6:63.3:30.1。财政一般预算收入19.48亿元,其中地方一般预算收入9亿元,分别增长20.8%和20.9%。根据国家统计局于年内公布的全国百强县排名,平湖市综合发展指数列第28位,前移3位。名列"长三角最具价值投资县市"第6位。

农业。全年实现农业总产值17.13亿元,比上年增长5.1%;实现农业增加值10.77亿元,增长3.3%。产业化经营步伐加快,农业龙头企业、农民专业合作组织分别发展到34个、39个。"双龙"牌葡萄获浙江名牌产品称号,"金平湖"牌大米、"显显"牌鲜猪肉、"金平湖"牌西瓜获嘉兴名牌产品称号。"世季鲜"牌蒸煮白对虾等6个农产品获省农博会金奖。新建成省级无公害农产品基地10个,成为省级绿色生态农业示范县(市)。"帅丰"牌蘑菇等4个农产品获绿色食品称号,"当湖"牌南美白对虾等5个农产品获无公害农产品称号。全年完成绿化造林面积347公顷。全年粮食总产量20.27吨,下降6.8%;皮棉产量503吨,下降18.5%;油菜籽总产4.1吨,基本持平;全年水产品产总量3.25万吨,增长1.4%;其中养殖产量1.32万吨,下降0.4%。农业生产条件继续改善。全年农田水利建设共投入劳力129.1万工日,完成土石方351.5万立方注,投入资金8 650万元。疏浚河道158.7公里;新建、改造硬化排水沟和地下输水管道245公里。

工业。全年实现工业增加值97.15亿元,比上年增长17.5%。全年国有及年销售500万元以上非国有工业企业完成产品销售收入358.46亿元,增长28.1%。以经济类型分,有限责任公司总产值69.47亿元,增长90.7%;外商投资企业总产值116.51亿元,增长22.3%。以行业分,服装行业实现总产值98.08亿元,增长11.6%;光机电行业78.61亿元,增长15.4%;箱包行业21.66亿元,增长14.9%;造纸行业20.40亿元,增长19.5%;化工行业22.73亿元,增长93.2%;电力行业56.79亿元,增长112.4%。高新技术企业实现销售收入52.0亿元,增长14.5%。5个企业产值超10亿元,11个企业产值超5亿元。经济效益保持较高水平。据对611个规模以上工业企业统计,全年产品销售收入348.14亿元,增长30.0%;实现利税34.25亿元,增长52.0%。7项经济效益指标考核综合得分140.2分,提高10.1分。全年完成工业生产性投资56.13亿元,增长29.2%。

园区建设。推进平湖经济开发区扩容提升,全年完成投资4.4亿元,建成标准厂房9.7万平方米、职工公寓2.9万平方米,交付安置房11万平方米。

建筑业。年末具有建筑资质等级的独立核算建筑企业55个,全年施工面积222.73万平方米,比上年增长43.2%;竣工面积156.45万平方米,增长76.6%。建筑企业全年完成增加值6.93亿元,增长5.5%。

利用外资。全年新批、增资外商及中国港澳台商投资项目(含嘉兴港区)122个,合同利用外资4.97亿美元,比上年增长2.0%;实际利用外资2.13亿美元,增长7.5%。综合排名列全省第6位。不含嘉兴港区,合同利用外资3.1亿美元,增长2.2%;实际利用外资1.49亿美元,增长4.6%。引资质量进一步提高,呈现开发区为主、日资为主、大项目为主的特点。平湖经济开发区合同利用外资、实际利用外资占53.4%和64.3%,实际利用日资占全市的49.4%,引进1 000万美元以上合同外资项目占63.8%。加强企业招商,引导落户企业增资扩股,鼓励民营企业与外商合资合作,增资扩股分别占合同利用外资、实际利用外资的35%和61.8%。拓展招商领域,旅游、物流等项目利用外资取得新进展,非工业类合同外资3 800万美元,占12.3%。引进市外内资8.8亿元。外经工作得到拓展。全年新设境外企业(办事机构)5个,全社会外派劳务206人。

对外贸易。全年外贸进出口总额25.03亿美元,比上年增长20.6%,其中地方出口15.0亿美元,增长27.9%。外贸出口列全省县(市、区)第7位。有9个企业进入全省各类企业出口前300位,17个企业进入嘉兴市出口企业前50位。出口服装及衣着附件7.92亿美元,增长20.3%;出口机电产品3.90亿美元,增长14.1%;出口旅行用品及箱包1.06亿美元,增长62.6%。外贸结构进一步优化。产品出口日本市场的占比从上年的57.2%下降到45.5%,而出口欧盟、美国的占比分别提高4.1个和7.9个百分点;高新技术产品出口额7 223万美元,占5%。

第三产业。平湖市商业网点规划通过专家评审。新开业的各类连锁经营门店达到11家,新增营业面积2 900余平方米。全年社会消费品零售总额42.02亿元,比上年增长14.1%。其中批发和零售业贸易额32.11亿元,增长11.8%;餐饮业零售额7.46亿元,增长21.1%。年末拥有各类商品交易市场57个,全年实现商品交易额14.99亿元,增长4.6%,其中成交额超亿元的市场3个。全年第三产业投资36.03亿元,增长4.4%,其中批发和零售业投资3 732万元,增长3.3%;住宿和餐饮业投资1.01亿元,增长3.3%。全年接待境内外游客113.36万人次,旅游综合收入8.72亿元。全年完成房地产开发投资额15.53亿元,下降1.6%;房屋施工面积208.45万平方米,增长18.5%;竣工面积65.26万平方米,增长53.7%。

交通运输业。全年各种运输方式完成货物周转量11.54亿吨公里,比上年增长56.0%。其中公路运输2.69亿元吨公里,水路运输8.85亿吨公里。全年旅客周转量完成8.84亿人公里,增长19.8%。

固定资产投资。全年完成全社会固定资产投资(含嘉兴电厂二期)117.50亿元,比上年增长12.1%,剔除嘉兴发电厂二期投资额,完成固定资产投资100.45亿元,增长23.8%,其中工业生产性投资56.13亿元,增长29.9%,不含嘉兴港区完成投资36.74亿元,增长47.7%。重大项目建设进展顺利。全年完成投资额在500万元以上项目共345个,年内完成投资额75.04亿元,其中三江化工、帝人聚酸脂、白沙湾治江围涂等12个工程完成投资超亿元。列入省级重点项目6个,其中晨光超高压电缆、景兴30万吨包装纸项目开工建设。

【社会事业】 全年,科技三项经费和科学事业费支出3 890万元,占地方财政支出的4.6%,比上年增长71.5%。组织实施国家级科技项目9个、省级科技项目50、嘉兴市级科技项目15个、平湖市级科技项目66个。新增国家火炬计划重点高新技术企业1个、省级高新技术企业3个、省高新技术产品10个、省科技型中小企业8个、嘉兴市级高新技术企业5个、嘉兴市专利示范企业3个。中科院上海硅酸盐研究所在平湖建立中科院嘉兴中心平湖无机非金属材料分中心。全年专利申请655件,比上年增长330.9%;专利授权148件,增长59.1%。

教育。推进城乡基础教育均衡发展,妥善解决外来务工人员子女就学问题,省教育强县(市)通过复查。九年义务教育对象入学率100%,小学、初中在校生巩固率分别达100%和99.98%。初中升高中段的比例95.3%,高等教育毛入学率49%。向普通高校输运新生2 281人。有中等职业类学校4所,在校学生0.87万人;各类职业技术培训机构16个,注册学生9.18万人,全年结业8.92万人。

文化广电卫生体育。广播和电视人口覆盖率均达到100%。完善农村新型合作医疗制度,首次将城镇居民纳入合作医疗参保范围,农村居民参保率、受益面分别达93.2%、13%。加强公共卫生体系建设,年末,有医疗卫生机构321个、床位1 016张。有卫生技术人员1 893人,其中执业医师613人、执业助理医师194人、注册护士552人,乡村医生387人。组织开展全民健身活动180场次;完成城区公共绿地体育设施5处;在参加嘉兴市级以上体育比赛中,共获金牌54枚、银牌58枚。成功承办全国2005年"步步高杯"女子排球大奖赛、中国乒乓球俱乐部超级联赛及国际篮球邀请赛3个重要赛事。

【城乡居民生活】 全年城市居民人均可支配收入1.62万元,比上年增长11.8%;农村居民人均纯收入7 987元,增长15.2%。城市居民人均消费支出9 887元,农村居民人均生活费支出5 173元,按可比口径计算,分别增长8.3%、8.2%。城市和农村居民恩格尔系数分别为38.4%和39.7%。城乡居民居住条件继续改善,城市居民人均住房面积34.21平方米,农村居民人均住房面积64平方米。每百户城市居民拥有彩电185台,空调器171台,洗衣机103台,电脑58台。每百户农村居民拥有彩电128台,空调器55台,洗衣机61台,电脑13台,摩托车79辆。

实施城乡困难群众医疗救助办法,新增基本生活保障人员7 600人,1.25万人纳入基本生活补助范围,193人受到医疗救助。年末参加社会养老保险统筹人员24.07万人,医疗保险9.50万人,工伤保险6.18万人,生育保险1.79人,失业保险5.80万人。全年发放失业人员失业保险金612万元,发放城乡居民生活最低保障金572万元。年末城镇登记失业率4.0%。拥有社会福利院(敬老院)11个,床位727张,收养566人。

海盐县

【概况】 海盐县位于浙江省北部杭嘉湖平原,东濒杭州湾,西南与海宁市相邻,北与南湖区、秀洲区接壤,东北与平湖市相连。全县陆地总面积534.73平方公里(其中河道、湖泊等水域面积96.26平方公里),海湾面积537.90平方公里,岛礁0.48平方公里。海岸线全长53.48公里,是浙北海岸线最长的县(市)。全县辖8个镇,104个行政村,23个居民委员会。有一个省级经济开发区,一个省级风景区。至2005年底,全县常住户籍人口36.43万人,比上年减少288人,人口自然增长率为-0.90‰。

【经济建设】 2005年,全县实现生产总值153.82亿元,比上年增长10.1%,其中第一产业增长4.8%,第二产业增长9.4%,第三产业增长14.1%;人均生产总值42 223元,折合5 110美元,突破5 000美元大关,走在全省前列。实现财政总收入10.5亿元,同比增长15.4%,其中地方财政收入5.01亿元,增长17.8%。全社会固定资产投资49.98亿元,增长15.2%。

农业。2005年,海盐县完善农业扶持政策,调动农民和各类农业主体的生产积极性,产业结构更趋合理,粮食种植面积稳中有增,畜牧、蚕茧、水产和水果等种养殖业全面增收。推进农业产业化经营,全县21家农业龙头企业联结农户8.36万户次,实现产值8.55亿元;23家农业合作社带动农户4.39万户次,销售农产品4.1亿元。名优水产、蔬菜瓜果、花卉苗木3项新兴产业发展较快,全县形成16个具有地方特色的农产品生产基地,新建无公害农产品生产基地3个,引进推广各类名优特新品种68个。农业招商引资取得突破,引进新三资(外资、工商资本、民间资本)5 077万元。农业基础设施建设顺利进行,全县农业生产条件继续改善。

工业。切实增加有效投入,工业生产性投入35.3亿元,同比增长13.4%。规模以上企业完成工业增加值94.4亿元,同比增长10.1%。品牌建设取得实效,是年新增市级以上名牌6个、著名商标11个。新产品产值率10.02%。2家企业被认定为省级高新技术企业。注重发展循环经济,促进资源集约利用,工业企业万元产值综合能耗同比下降17.1%。出台民营中小企业信用担保机构建设鼓励政策,是年新组建担保机构2家,典当行1家。

第三产业。全年接待国内外旅客139.2万人次,实现旅游总收入10.2亿元。完善商业网点布局,完成镇(区)连锁超市和百村食品放心店建设。消费市场保持活跃,实现全社会消费品零售总额30.1亿元,同比增长15.4%。房地产开发投资过快增长的势头得到遏制。全年房地产开发投资6.66亿元,同比增长51.36%,其中,拆迁安置住房开发投资1.6亿元;若剔除拆迁安置住房开发投资,同比增长15%,低于全国房地产开发投资增幅6个百分点。商品住宅施工面积45万平方米,同比降低3.04%;竣工面积20.99万平方米,销售面积14.29万平方米,改变多年来住宅销售面积大于竣工面积的供求格局。商品住宅的销售价格持续平稳,多层住宅每平方米在2 900~3 700元;高层住宅在3 100~4 280元。

开放型经济。全年新批外商投资项目27个,其中总投资1 000万美元及以上的有9个。引进项目的科技含量有所提高,外资并购实现零的突破,第三产业招商有新突破。全年合同利用外资1.57亿美元,同比增长59%;实际利用外资6 018万美元,增长10.6%;实际到位内资9.9亿元,增长22.2%。全县外贸进出口总值6.38亿美元,增长22.1%,其中自营出口5.17亿美元,增长32.3%。

【社会事业】 2005年,建筑面积5.9万平方米的科技创业园竣工启用,入驻企业18家。组建海盐标准件省级区域科技创新服务中心。组织实施国家级科技项目6项,全年申请专利230件,较上年翻了一番。2005年全县高考上线人数2 282人,上线率96.25%。改善教育基础设施,实施农村文化"851"(8个镇级文化活动中心,"五个有"标准,一个特色文化镇、每镇一个特色文化村)工程,创建市级"东海文化明珠"镇1个。合作医疗运行步入规范化、制度化轨道。积极推进文体事业。全年开展群众文艺演出126场(其中广场演出65场),举办全县第二届农民文化体育节;全年安装调频广播3.9万户,通响率71%。落实人口与计划生育目标管理责任制,计划生育率98.68%。

全年新增就业岗位4 501个,帮助城镇下岗失业人员实现再就业2 444人,其中困难人员463人,年末城镇登记失业率3.7%。全年农村劳动力转移就业培训11 288人,农村劳动力转移就业4 282人。年内健全劳动保障机制,强化对重点行业工资支付的执法监管,努力构建"无欠薪"城市品牌。全县基本养老保险参保企业2 297家,参保职工73 997人,养老保险缴费人数净增2 805人;全县医疗保险参保单位1 046家,参保职工48 108人。广泛开展慈善募捐救助,县慈善总会全年募集捐款558万元,发放救助金132万元。继续开展助医、助残、助学等扶贫济困工作,全县五保集中供养率96.97%,2005年,海盐城乡居民收入稳步增长。全县城镇居民人均可支配收入18 017元,同比增长11.2%;农民人均纯收入8 542元,增长12.4%;城乡居民收入比保持在2.1:1较低的差距。是年海盐县农民人均纯收入高出全市农民纯收入平均水平535元,而且连续第六年高出全市平均水平,连续第四年名列全市第一。

海宁市

【概况】 海宁市位于嘉兴市南部,东连海盐县,西接杭州市余杭区,南濒钱塘江,北与桐乡市和秀洲区接壤。总面积699.92平方公里。辖8个镇4个街道,161个行政村,59个社区居委会,2个省级经济开发区,1个省级特色工业园。年末,户籍总人口64.39万人,比上年增加0.08万人。人口出生率7.75‰,死亡率7.06‰,自然增长率0.96‰。

【经济建设】 2005年,海宁市实现国内生产总值217.23亿元,比上年增长13.5%,其中,第一产业下降0.4%,第二产业增长14.9%,第三产业增长14.0%。第一、二、三产业增加值占生产总值的比重从上年的7.18∶60.27∶32.55调整为6.32∶61.13∶32.55。第二、三产业共同推动经济增长的格局得到巩固。全市人均生产总值为33 761元,比上年增长13.3%。全市完成财政总收入24.00亿元,增长12.6%,其中地方财政收入11.43亿元,增长16.5%。

农业。2005年,海宁市实现农业总产值20.51亿元,按可比价格计算,与上年持平。粮食种植面积基本持平,油料、蔬菜、苗木、花卉等播种面积有所增加。全年粮食播种面积为2.91万公顷,比上年增长1.0%;粮食总产量17.33万吨,下降9.9%。经济作物种植面积为2.21万公顷,占种植业面积的比重为43.2%。林业实现产值1 355万元,按可比价计算,增长6.6%。全年完成造林面积167公顷。年末幼林抚育和封山育林面积分别为650公顷和1 100公顷。农业产业化水平提高,全市35家农业龙头企业实现销售收入8.1亿元。年末拥有各类合作组织42家,其中省级示范性专业合作社1家。全市累计有21只农产品通过省级、国家级无公害农产品认证,11只农产品通过国家绿色食品认证。全年农田基本建设完成土石方1 350万立方米,其中水利建设完成土石方1 080万立方米。水利建设总投入2.64亿元,农田有效灌溉面积3.32万公顷,旱涝保收面积2.68万公顷。

工业。全年完成工业增加值117.32亿元,比上年增长14.7%,对经济增长的贡献率达到59.4%。全市规模以上工业实现产值417.82亿元,增长26.1%,其中,轻工业实现产值327.81亿元,增长25.6%;重工业实现产值90.01亿元,增长27.7%。列入效益统计的1 072家工业企业全年实现产品销售收入394.96亿元,增长25.7%;实现利税31.76亿元,增长17.4%,其中利润18.27亿元,增长10.0%。规模以上纺织工业实现销售收入147.57亿元,增长31.6%;实现利税总额10.39亿元,增长18.3%。建筑业实现增加值6.03亿元,增长20.4%。建筑业施工产值30.24亿元,增长30.3%。

第三产业。全年实现社会消费品零售总额94.47亿元,比上年增长14.4%。城市市场消费品零售额增长继续快于农村市场,市区消费品零售总额56.16亿元,增长17.5%;市以下消费品零售总额38.31亿元,增长10.1%。分行业看,批发零售贸易业零售额81.05亿元,增长14.9%;餐饮业零售9.04亿元,增长19.1%。在社会消费品零售总额中,个体经济零售额为56.25亿元,增长11.4%;私营经济零售额为13.08亿元,增长12.5%。年末,全市有各类商品交易市场51个,其中成交额超亿元的市场4个。海宁中国皮革城成交额67.80亿元,许村中国家纺城成交额38.28亿元。全年城乡集市贸易成交额118.55亿元,增长0.5%。

旅游。全年共接待国内游客296.12万人次,比上年增长13.2%;旅游总收入达到30.2亿元,增长14.1%。接待海外游客2.63万人次,增长62.7%;旅游外汇收入(包括商品创汇)4 440.88万美元,增长5.1%。

外向型经济。全年完成自营进出口总额18.54亿美元,比上年增长18.0%,其中,出口总额14.76亿美元,增长33.1%。在出口总额中,三资企业和自营出口企业出口分别达7.60亿美元和7.16亿美元,分别增长27.7%和39.4%。自营进口有所下降,进口总额为3.78亿美元,下降18.4%。全年新批"三资"企业58家。当年合同利用外资4.19亿美元,实际利用外资2.31亿美元,分别增长10.4%和43.1%。

固定资产投资。全年全社会固定资产投资完成106.62亿元,比上年增长15.8%;完成限额以上投资额92.16亿元,增长26.3%,其中民间投资47.07亿元。工业投入力度较大,全社会工业生产性投资完成67.70亿元,增长9.5%,其中限额以上工业投资58.87亿元,增长20.2%。限额以上投资产业结构不断调整,第一产业投资1.21亿元,与上年持平;第二产业投资59.17亿元,增长20.7%;第三产业投资31.77亿元,增长252.2%。全市31项重点工程,完成投资23.2亿元。房地产业完成投资15.48亿元,增长12.9%;房地产施工面积220.17万平方米,增长53.0%。商品房销售面积67.64万平方米,增长533.9%;商品房销售额20.46亿元,增长651.4%。

【社会事业】 2005年,海宁市有嘉兴市级以上高新技术企业33家,其中国家级高新技术企业13家,省级高新技术企业10家,嘉兴市级高新技术企业10家。嘉兴市级民营科技企业110家,比上年增加5家。全市科技型企业已达到155家。全市有省专利示范企业1家,嘉兴市专利示范企业7家。全市共有各类专业技术人员2.03万人,比上年增长5.2%,其中高、中级职称人员6 071人,增长3.2%。科技经费投入逐年增加,全年财政科技投入6 760万元,增长63.3%,其中科技三项经费支出6 053万元,增长70.8%。经省级以上鉴定科技成果88项,其中获省科技进步奖2项,嘉兴市级科技进步奖11项。列为国家级新产品3只,省级新产品117只。2005年申请专利近400项,授权390项。全年经认定登记技术合同23项,合同金额76.26万元。全市共有省级标准化学校9所,其中1类学校5所。义务教育学龄人口入学率为99.99%。参加普通高校升学考试报名3 839人,上线3 614人,上线率94.14%。全年农村共有8.68万人次接受文化技术培训。全市教育经费总投入6.37亿元,比上年增长11%,其中国家财政性教育经费4.09亿元,增长18%;预算内教育经费2.72亿元,增长19%;城镇教育费附加2 049万元,增长10%;农村教育费附加1.04亿元,增长10%。教育装备与信息化工程进程加快,49所学校建立学校网站,占中小学以上学校的80.3%。

文化体育卫生。2005年,全市获奖、入选、发表的国家级作品18件、省级27件。全市有7个镇、街道达到"浙江省东海文化明珠"标准,建成村级文化活动中心(室)228个,建成基层文艺团队260余支,实现村级文化阵地全覆盖的目标。博物馆、艺术馆免费接待观众12万人次,举办展览、讲座等活动40余场(次)。市公共图书馆总藏量31.31万件、册,比上年增长9.5%。体育事业发展良好,体育设施建设进程加快,2005年在省内外重大体育比赛中,海宁市运动员获得国家级金牌5枚、省级金牌33枚、嘉兴市级金牌79枚。全年举办单项体育赛事76项,承办国家级赛事6项,主要有"鲁能杯"乒超联赛二站、全国女子足球联赛第二阶段海宁赛区比赛、全国桥牌通信赛等。全年末,有医院、卫生院24所,有卫生技术人员1 915人,其中,执业医师及执业助理医师784人,注册护士550人。全市有医疗床位1 629张。年内,全市门急诊诊治病人358.4万人次,收治住院病人3.98万人次。城乡卫生服务体系逐步完善,新型农村合作医疗制度进一步完善。年末全市参保人数44.6万人,参保率90.03%。全市农村自来水普及率96.4%,卫生厕所覆盖率91.12%。

【城乡居民生活】 2005年,海宁市城市居民人均可支配收入和农村居民人均纯收入分别为16 684元和8 089元,比上年增长11.8%和9.3%。城乡居民消费的恩格尔系数分别为35.9%和36.4%,逐步迈入宽裕型生活。城市居民人均住房使用面积26.20平方米,农村居民人均生活用房64.77平方米。

【劳动就业与社会保障】 全年共举办各种劳动力交流专场47期,提供就业岗位4.13万个,开展再就业培训2 380人,农村转移劳动力培训9 850人,高技能人才培训730人,对5 030人进行了职业技能考核鉴定。年内共安置城镇失业职工6 006人。失业率得到有效控制,全市登记失业人数3 798人,城镇登记失业率3.7%。社会保障事业逐步完善,年末全市基本养老保险参保人数14.49万人,其中企业参保人数13.78万人,比上年末增加1.87万人。收缴基本养老保险基金2.73亿元,收缴失业基金1 943万元,劳动保障部门为2.12万人次发放了失业救济金。稳步推进镇职工基本医疗保险制度改革,医疗保险参保人数9.47万人,基金征缴9 782万元。社会福利事业继续推进,年末有社会福利事业单位19个,床位1 540张,收养776人。社会救济总人数12 655人。城乡居民最低生活得到有效保障,年末全市共有最低生活保障对象8 905人,其中城镇居民和农村居民最低生活保障人数分别为2 159人和6 746人。全年共发放低保金额791万元。

桐乡市

【概况】 桐乡市地处浙北杭嘉湖平原,长江三角洲东南部。东边秀洲区,南邻海宁市,西毗湖州市德清县和杭州市余杭区,西北接湖州市郊区,北界江苏省吴江市。东西宽约36公里,南北长约34公里,总面积727平方公里。桐乡市辖9个镇、1个乡、3个街道、38个社区居委会、178个村。年末,全市总人口66.32万人,比上年增加0.03万人。其中非农人口14.84万人,比上年增加0.36万人。人口出生率7.47‰,死亡率7.55‰,自然增长率-0.08‰。

【经济建设】 2005年,桐乡市实现生产总值245.66亿元,比上年增长14.0%(按可比价)。其中第一产业实现增加值15.20亿元,比上年增长5.2%;第二产业增加值148.28亿元,比上年增长13.9%;第三产业增加值82.18亿元,增长14.5%。财政一般预算收入23.01亿元,比上年增长17.7%,其中地方一般预算收入11.17亿元,比上年增长21.2%。根据国家统计局的2004年全国百强县(市)社会经济发展指数测评结果,桐乡市列23位,比上年前移11位。

农业。全年完成农业总产值23.47亿元,比上年增长9.0%。继续狠抓粮食生产不放松,粮食种植面积37.12万亩,比上年增加2.25万亩,总产量达到17.04万吨。种植业结构调优,经济作物面积47.12万亩,比上年增加0.19万亩,增长0.4%。畜牧业生产保持平稳增长,实现产值11.06亿元,增长10.7%。各类肉类产量5.1万吨,增长4.2%;禽蛋产量2.1万吨,增长23.0%;蚕茧产量1.6万吨,增长5.7%。

工业。全年完成工业增加值134.77亿元,比上年增长14.0%。规模以上工业企业实现总产值415.98亿元,比上年增长23.2%,实现销售产值411.83亿元,比上年增长24.2%。工业企业规模不断壮大。全年净增规模以上企业154家,总数达到753家。全年规模以上工业企业实现省级以上新产品产值53.64亿元,比上年增长26.9%。工业经济效益基本平稳。全市规模以上工业企业十一项经济效益综合得分为202.28分,比上年下降了1.0分;规模以上工业企业亏损面为10.0%,比上年下降了1个百分点;实现利税总额26.03亿元,比上年增长13.5%,其中利润总额15.65亿元,比上年增长8.9%。建筑业平稳发展。全市完成建筑业增加值13.50亿元,比上年增长12.9%。全市三级以上建筑企业施工面积675.3万平方米,完成房屋竣工面积243.5万平方米,实现利税和利润总额分别为1.30亿元和0.32亿元。

第三产业。全年实现全社会消费品零售总额85.18亿元,比上年增长14.4%。其中批零贸易业零售额71.90亿元,比上年增长14.7%;餐饮业零售额6.77亿元,比上年增长12.7%。在零售总额中,私营个体完成零售额61.55亿元,占全部零售额的比重为72.3%。年末,全市有各类商品交易市场66个,其中消费品市场61个、生产资料市场5个;交易额超亿元市场11个。全年市场成交额102.67亿元。

对外贸易。全年进出口总值达12.68亿美元,比上年增长

38.5%。其中,进口总值4.56亿美元,比上年增长20.9%,出口总值8.12亿美元,增长50.8%。出口总值中,外贸自营出口4.03亿美元,外商投资企业出口4.09万美元,分别增长43.0%和59.3%。出口商品结构继续优化,纺织服装出口40 919万美元,增长47%,医药化工增长113%,高新技术产品9 816万美元,同比增长36%,占比达12%,机电产品出口6 387万美元,增长39%。外资工作取得新进展,全年新批外商投资项目75个,增资项目29个,合同利用外资26 588万美元,下降15%,实际到位外资13 025万美元,增长12%。总投资1 000万美元以上项目16个,合同利用外资16 763万美元,占63%。外资到位率达到49%,同比提高12个百分点。投资结构呈现多元化趋势,传统纺织服装业合同外资占比下降到28%,投资电子领域项目3个,合同外资4 780万美元,占18%;投资鞋业皮革项目7个,合同外资505万美元;服务业项目有8个,合同外资4 239万美元,占16%。境外投资势头良好,带动出口效果明显。全年创办境外企业(机构)6家,累计带动进出口6 320万美元,其中出口2 000万美元,进口4 320万美元。

固定资产投资稳步增长。全年完成全社会固定资产投资106.48亿元,比上年增长21.7%。工业生产性投入62.05亿元,比上年增长11.0%。投资结构改善,全部限额以上项目中,第一产业完成投资额1.21亿元,比上年增长239.7%;第二产业完成投资额47.68亿元,与上年基本持平;第三产业完成投资额34.33亿元,比上年增长43.3%。限额以上制造业投资中,化纤业和建材业完成投资额12.09亿元,比上年下降31.8%,医药化工、橡胶塑料、机械电子等新兴产业完成投资额6.14亿元,比上年增长124.3%。房地产投资增速明显放缓。全市房地产开发投资额达15.13亿元,比上年增长9.6%,增幅比上年下降54.3个百分点。房地产施工面积186.9万平方米,其中住宅150.9万平方米,分别比上年增长12.3%和22.0%;竣工面积59.1万平方米,比上年增长28.1%,完成销售面积20.1万平方米,比上年下降46.9%,销售额5.21亿元,下降51.4%。

【社会事业】 全年实施国家级和省级高新技术项目10项和133项,有3个项目被确定为国家创新基金项目。新增国家级高新技术企业3家、省级高新技术企业5家、嘉兴市级高新技术企业5家、桐乡市级高新技术企业13家。科技创业服务中心(科技孵化器)快速发展态势,已批准入驻企业15家。全年申请专利302件,授权299件,分别比上年增长44.5%和464.2%。年末全市地方企事业单位有各类专业技术人员8 776人,其中具有中、高级职称人员3 466人,比上年增加282人。全年引进各类人才663人,其中,中、高级人才565人。

教育。全市现有普通中学36所,在校学生4.0万人;职业中学6所,在校学生0.8万人;小学64所,在校学生5.5人。2005年,初中毕业升入高中段比例为94.0%,比上年提高0.7个百分点,高考上线率为89.50%,列嘉兴市各县市前茅。普及九年义务教育向着高标准、高质量方向发展,全市小学入学率和巩固率分别为100%和100%,小学、初中在校生年巩固率分别达到100%和99.95%。

文化体育卫生。承办全国乒乓球超级联赛桐乡赛区比赛、中美国际篮球邀请赛和嘉兴市中小学生篮球比赛,全市有卫生医疗机构162个,比上年增加15个,卫生专业技术人员2 380人,比上年增加220人;卫生机构医疗病床数1 968张,比上年增加89张;取得执业助理医师以上资格人数1 084人,比上年增加52人。全市共有49.9万人参加合作医疗,参保率达到90.1%,比上年提高了0.5个百分点。

【城乡居民生活】 根据抽样调查,城市居民人均可支配收入15 913元,比上年增长12.1%,人均生活消费支出11 041元,增长15.6%。农村居民人均纯收入8 036元,比上年增长13.5%,人均生活消费支出6 365元,增长19.5%。城乡居民的恩格尔系数为32.9%和35.0%,分别比上年下降了7.0个和4.6个百分点。城乡居民居住条件继续改善。据抽样调查,年末城市居民人均住房使用面积28.2平方米,农村居民人均生活用房78.2平方米,分别比上年增加2.4平方米和0.7平方米。

【劳动就业基本稳定】 年末全市单位(包括国有及城镇以上单位、规模以上工业企业)从业人员17.5万人;城乡私营个体从业人员16.7万人,其中城镇个体私营从业人员7.5万人。全年购买公益性岗位安置"4050"人员167人,实现农村劳动力转移培训1.4万人。至年末,全市登记失业人数为0.3万人,登记失业率为3.7%,年内实现失业人员再就业人数为3 205人。桐乡市企业单位基本养老保险参保人数13.7万人,比上年增加1.0万人;失业保险参保人数5.5万人,比上年增加0.2万人;基本医疗保险参保人数5.9万人,比上年增加0.4万人全市最低生活保障人数7 354人,全年发放最低生活保障金达741万元,比上年增长22.1%。社会福利事业继续发展。全市已建成"星光老年之家"10个,老年活动场所221个。

西塘新农村

湖州市

【历史沿革】 湖州是一座具有2 300多年历史的江南古城。楚考烈王十五年(公元前248年),春申君黄歇徙封于此,在此筑城,始置菰城县。以泽多菰草故名。隋仁寿二年(公元602年),置州治,以滨太湖而名湖州,湖州之名从此始。解放后,先后设浙江第一专区、嘉兴专区和嘉兴地区,1983年撤嘉兴地区,建湖州、嘉兴两个省辖市。

湖州素有“丝绸之府,鱼米之乡,文化之邦”之称。宋代就有“苏湖熟,天下足”之说。被列为“文房四宝”之首的湖笔,就产于湖州。湖州历史上人才辈出,人文荟萃,既哺育了唐代诗人孟郊、元代书画家赵孟頫、明代小说家凌濛初、近现代书画大师吴昌硕、新文化运动猛将沈尹默等一批名人,也吸引了王羲之、颜真卿、陆羽、苏轼、胡瑗等不少名流。世界上第一部《茶经》就是陆羽在湖州写成的。辛亥革命时期的陈英士、被周恩来总理誉为“龙潭三杰”之一的革命烈士钱壮飞,都是湖州人。建国以来,湖州籍的“两院”院士(学部委员)共有18名。“两弹一星”的23位功臣中,钱三强、赵九章、屠守锷就是湖州人。“新时期铁人”王启民、“海空卫士”王伟、公安部一级英模沈克诚更是当代湖州人的骄傲。

【地理位置】 湖州市地处浙江省北部、太湖南岸,东邻上海,南接杭州,西连苏皖,北濒太湖,是环太湖地区唯一因湖而得名的城市。湖州东部为水乡平原,西部以山地、丘陵为主,概称“五山一水四分田”。湖州属沿海经济开放区,也是以上海浦东开放为龙头的长江三角州地区“先行规划、先行发展”的14个重点城市之一。湖州有较好的区位条件。距杭州75公里、上海160公里、南京220公里。南北走向的104国道、杭宁高速公路、宣杭铁路和东西走向的318国道、被誉为“东方小莱茵河”的长湖申航道、已开工建设的申苏浙皖高速公路贯穿湖州全境。新长铁路和即将修建的湖乍铁路使湖州分别与陇海、沪杭两大铁路干线连通。湖州还拥有全国一流的内河铁路、公路、水运中转港。

【行政区划】 湖州市现辖德清、长兴、安吉三县和吴兴、南浔二区。全市总人口257.58万人,其中男性130.36万人,女性127.22万人。全年出生人口1.91万人,出生率7.41‰;人口自然增长率为0.86‰;计划生育率为97.9%。总面积5 818平方公里。城市化水平达到48.4%,中心城市建成区面积65平方公里。

【经济发展概况】 2005年,全市上下坚持以“三个代表”重要思想和党的十六大精神为指导,全面落实科学发展观,积极贯彻国家宏观调控政策,围绕湖州“在杭湖宁发展带中间率先崛起”的战略目标,加快调整经济结构,努力转变增长方式,全市经济社会实现了快速协调健康发展。全市地区生产总值完成640.05亿元,按可比价计算,同比增长14.1%,其中第一产业增加值63亿元,增长4.1%;第二产业增加值351.7亿元,增长14.8%;第三产业增加值225.35亿元,增长16.1%。按户籍人口计算,人均生产总值达到24 866元,同比增长13.9%,首次突破3 000美元大关(折合3 036美元)。财政总收入达到74.24亿元,其中地方财政收入达到39.73亿元,分别增长19%和23.3%。财政支出44.08亿元,增长20.7%。全年居民消费价格上涨1.2%。商品零售价格上涨1.4%。工业品出厂价格上涨2.5%,原材料、燃料、动力购进价格上涨6%,房屋销售价格上涨10.8%,其中商品住宅销售价格上涨12.4%。

【农业经济】 2005年,全市农林牧渔业总产值达到106.08亿元,增长8.9%。主要农产品除蚕茧外均有不同程度的增长。农民人均纯收入达到7 288元,同比增长14.2%,农民人均生活消费支出4 821元,同比增长14.5%。其中用于食品的消费人均支出1 848元,增长6.1%,农村恩格尔系数由上年的41.4%降为38.3%。一是主导产业进一步明确。全市已拥有各类特色规模基地250余万亩,其中连片特色规模基地58个,面积97万亩,年产值30亿元,占全市农业总产值的近30%。百头、万只以上畜禽养殖基地36个,产值15亿元,占农业总产值的15%。二是龙头企业发展加速。全年农业实到外资1.37亿元,同比增长18%,实到内资22.63亿元,增长47.3%。有省级以上农业龙头企业和市场19家,新增“双五一千”企业28家,销售收入超百万元企业达到688家,其中新增48家。规范和发展各类农村专业合作组织77家,累计达到281家,带动农户22万户。农产品自营出口额2.6亿美元,增长15%。三是休闲观光农业发展势头良好。各地依托生态和人文资源优势,大力发展农家乐。2005年,全市新增“农家乐”、“渔家乐”375家,观光休闲农业景区25个,全年“农家乐”、“渔家乐”共接待游客233万人次,成为农民增收的一个新增长点。四是农产品竞争力显著提高。以大力发展品牌、绿色、有机、无公害农产品为着力点,加大了对农产品的检验检测力度,加强了对农产品的质量安全管理。当年新增省级以上名牌农产品6只,著名商标8只,国家绿色食品18只,有机食品52只。全年农产品订单成交额达到50多亿元,同比增长16%。

【工业经济】 2005年,全市工业经济克服要素供给紧张、市场波动大等多种不利因素后,全市工业经济仍然保持了快速发展。全市规模以上工业总产值跃上千亿台阶,达到1 055亿元,同比增长32.7%。销售收入1 014亿元,增长33.1%,增速列全省第一名。实现规模以上工业增加值229.54亿元,增长22%。工业性投入首次超过200亿元,达到210.17亿元,增长23%。规模以上企业实现利税88.44亿元,同比增长21.3%,实现利润50.32亿元,同比增长19.6%。先进制造业基地建设初见成效。全市上下继续扎实推进先进制造业基地建设。医药化工、新型建材、新型纺织和特色机电四大基地完成销售收入569.7亿元,增长38.3%,占到全市规模以上工业的56.16%。生物化学品、建筑材料、绿色竹木制品、优质水泥、特色纺织品、品牌童装、特色机电产品、光电器件及材料、金属管道及不锈钢、现代座具等十个全国先进制造中心销售收入达到524亿元,占全市规模以上工业的51.66%。优质水泥、金属管道及不锈钢、特色机电产品等制造中心基本建成。重点企业发展加快。工业企业培大育强工作取得实质性进展。全市销售收入超亿元并且利税超千万元的企业达到132家,比上年新增29家,其中升华集团年销售突破40亿元,久立、金洲等企业销售收入突破20亿元。销售超5亿元的企业23家,其中超10亿元以上的16家,超20亿元的3家。全市认定的13家明星企业平均规模为17.49亿元。与此同时,中小企业成长计划得到顺利实施。全市规模以上企业数由上年的1 589家提高到1 941家,新增352家,增幅达22.2%。循环经济全面启动。围绕"3911"工程,2005年已经组织实施了33个清洁生产试点企业审核和30个循环经济项目,已验收通过16家清洁生产企业,超额完成省下达的目标任务。此外,招商引资工作成效显著。2005年,全市工业利用内资46.06亿元,工业利用外资5.34亿美元,同比分别增长7%和8.53%。

【第三产业】　全年实现社会消费品零售总额237.75亿元,同比增长14.3%,扣除价格因素影响增长12.7%,高出上年3.2个百分点。全市年末共有商品交易市场197个,全年实现市场成交额419.08亿元,同比增长1.3%。年成交额超亿元的市场30个,实现市场成交额317.69亿元,其中超十亿元的市场7个,市场成交额264.15亿元。织里童装市场成交额已超百亿元。年末全市公路通车里程3 045公里。全年完成旅客运输量7 563万人,同比增长4.1%,旅客运输周转量29.42亿人公里,同比增长2%。完成货物运输量13 811万吨,同比增长15.6%。完成货物运输周转量152.49亿吨公里,增长13.6%。全年实现邮电业务收入18.81亿元,同比增长9.5%,年末拥有固定电话用户117.78万户,增长13.1%,年末移动电话用户达到150.04万户,增长12.5%,电话普及率达到104部/百人,比上年增加11.6部/人。年末国际互联网用户16.83万户,同比增长6.6%。年末全市金融机构本外币存款为608.43亿元,同比增长12.8%,本外币贷款余额为461.39亿元,增长13.5%。年末城乡居民本外币储蓄存款336.22亿元,新增40.9亿元。金融机构全年实现现金收入2 892.06亿元,现金支出2 917.34亿元,收支相抵净投放现金25.28亿元。不良贷款比例为4.5%,比年初下降3.1个百分点。全市拥有各类保险机构14家,全年保费收入15.63亿元,同比增长5.1%。

【对外开放及园区建设】　外资工作。2005年,市委、市政府在全市范围内开展了"夏秋招商引资集中推进活动",组建10个招商片组分区域开展境内外招商引资活动,专门设立了领导小组办公室和项目推进组,探索源头招商和小分队重点突击招商。全市全年新批利用外资项目475个,完成合同外资16.92亿美元,同比增长5.6%;完成实到外资6.51万美元,同比增长6.5%。新增总投资千万美元以上项目113个,总投资和合同外资分别为22.82亿美元和12.3亿美元,占全年新外资项目数的23.8%、总投资的77.7%和合同外资的71.1%。科技含量较高的有60个,占当年新批项目的23%,较上年提高5.4个百分点。外资投向仍以工业制造业项目为主,项目数、合同外资和实到外资分别占总数的87.5%、77.4%和82.2%。外资来源相对集中,香港仍是湖州市的第一大外资来源,合同外资和实到外资分别为6.81亿美元和2.7亿美元。来自欧、美地区的合同外资占全市31.4%,实到占全市32.6%。2005年来自非洲的外资增幅显著,同比分别增长80.3%和399%。以外商独资为主的投资方式中,合同外资和实到外资分别占到76.5%和68%。开发区主战场地位显著,5个省级开发区新批合同外资9.57亿美元,占全市总数的56.6%,实到外资3.98亿美元,占61.2%,增幅高于全市平均8.5个百分点。

外贸工作。2005年,全市外贸进出口总额累计达到22.71亿美元,同比增长33.8%,增幅列全省第一;其中出口达到19.96亿美元,同比增长37.8%,继2003年外贸出口突破10亿美元后,基本实现外贸出口两年翻一番。进口2.75亿美元,同比增长10.2%。在外贸出口中,一般贸易完成17.35亿美元,增长36.9%,加工贸易完成2.61亿美元,增长44.1%,私营和外商投资企业实现出口额8.06亿美元和7.13亿美元,分别增长35.7%和40.4%。对美、日、德三国出口额分别实现5.44亿、1.62亿和1.18亿美元。纺织口出口额达到8.91亿美元,增长33.4%,占到出口总额的比重达到44.7%。

【高新技术产业】　2005年,湖州高新技术产业产值达到258亿元,同比增长37.8%,比规模以上工业产值增长率高出5个百分点,总量比上年提高43.6%,占到规模以上企业工业总产值的24.5%,同比增加一个百分点。湖州高新技术产业完成销售收入251.52亿元,同比增长36.1%,实现利税24.76亿元,同比增长27.4%。全市累计省级高新技术企业总数达到110家,其中湖州东科电子等10家企业被新认定为省级高新技术企业。全市国家级高新技术企业达到24家,其中浙江久立等4家企业被认定为国家火炬计划重点高新技术企业。2005年,有60只产品被新认定为省高新技术产品,全市累计省高新技术产品达到220只。此外,湖州高新园区把发展高新技术产业、高新技术企业、高新技术产品作为科技进步的重要抓手,围绕"高科技、产业化"的方针,加强科技创新体系建设,提高企业创新能力,加快创新创业环境建设,积极推动园区高新技术产业发展,2005年,实现技工贸总收入135亿元,同比增长32%。

【科技进步与创新】　专利工作。2005年,湖州市专利申请量和授权量上了新的台阶,全年全市专利授权量达到484件,比"十五"第一年增长3.7倍;专利申请量达到1 774件,比上年增长154%,比"十五"第一年增长4.9倍。同时,还出现了一批专利申请量在50件以上的企业,全市申请最多的一家企业已超过200件。

科技进步。全市全年共申报浙江省科学技术进步奖58项,经浙江省科技厅组织评奖,湖州飞英高纯水设备有限公司研究开发的"FY平衡透析装置的研究与开发"等六个项目被授予省科学技术进步三等奖。收到推荐申报省、市级项目113项,其中工业75项。评出浙江欧美环境工程有限公司研发的"外延式PVDF超滤膜组件"等三个项目为一等奖。湖州德马物流系统工程有限公司和邮政科学上海研究所合作开发的"双向推块式分拣系统"等八个项目为二等奖;德清莫干山竹胶厂研发的"软帘纺织机"等二十个项目为三等奖。有3人获得湖州市科技进步重大贡献奖。

科技信息工作。2005年,湖州市场共录入省网上技术交易市场参展企业2 594家,发布技术需求及难题招标340项,签约项目71项,合同金额5 840万元,高新技术产品16项,成交额6 203万元,引进共建创新载体签约数4项。

【社会事业】 教育。2005年底,全市共有高等学校4所,普通中学(初、高中)141所,中等职业学校29所,小学教育单位325个,幼儿园163所,特殊教育学校2所。全市所有乡(镇)全部实现了高标准高质量普及九年制义务教育,并跨入省教育强镇行列;三县二区全部跨入教育强县(区)行列;省示范性初中、小学达到58所。全市义务教育的主要指标达到和超过省均水平,总体水准处于全省领先地位。高中段教育发展步伐不断加快,全市初中毕业生升入高中段学校的比例达到89.04%,同比提高了2.03个百分点。全市建成国家、省级重点高中段学校27所,其中省一级重点普通中学7所。优质高中招生比例达到80%。中等职业技术教育与普通高中保持协调发展,职业类学校招生人数占高中段招生总数的50.45%。高中段教育质量又跃新水平,全市普通高校招生考试前五批上线人数达到13 705人,文理科上线率达到86.91%,高出省均(77.98%)水平8.93个百分点,名列全省第二。至此已连续7年保持居省前列。高等教育发展步伐继续加快,中心城区高教园区东扩工程开工建设,湖州师范和湖州职业技术学院·湖州广播电视大学的全日制普通高校在校生达到16 406人。全市高等教育自考毕业生达到798人。全市18~22周岁人口接受高等教育比例达到32.5%,进入高等教育大众化阶段。全市农村成人教育取得新成就,培训总量达到44.39万人次,其中学历培训7 072人。

文化。以农村文体建设年活动、群众文化"十百千万"和文艺精品工程为载体,扎实推进基层文化建设。为贯彻落实中央、省、市关于加强基层文化建设的一系列指示精神,市政府下发了《关于在全市广泛开展农村文体建设年活动的实施意见》,并通过工作推进会和目标任务细化分解的办法,促进全市基层文化建设工作的开展。德清、长兴被评为"全国文化先进县",新增省级"东海文化明珠"乡镇6个,累计达到30个,占全市乡镇的50%。全年全市新建村级文化俱乐部150个,文化示范户346户,特色文艺团队39支。民间艺术资源普查工作规范有序开展。全市共普查、整理民间艺术项目178项,其中表演艺术85项、造型艺术92项,选取湖笔工艺等11个项目入选省保护名录。在民间艺术资源普查保护成果展上,湖州参展的71件造型艺术作品中,有2件获"天工奖",5件获"天工最高荣誉奖",35件获"天工优秀作品奖",湖州市博物馆、吴兴区织里镇文化中心获"收藏保护奖"。经省文化厅论证,湖笔工世、浙北清明轧蚕花和百叶龙被确定为湖州市申遗项目。

体育。全市有58名领队教练和318名运动员参加了浙江省各项青少年比赛,共获得29枚金牌,29枚银牌,45枚铜牌的好成绩。全运会上湖州夺得2金1银。成功承办了第二届全国步步高女子排球大奖赛(湖州赛区)、全国女子篮球级联赛决赛阶段比赛、国际青少年网球排名赛(湖州站)、第六届全国极限运动大赛和世界名校赛艇比赛等许多国家级和省级运动赛。

【社会保障体系】 卫生。全市175家医疗卫生单位实行疫情预警监测网络直报,建制乡镇以上医疗卫生机构网络直报报告率达100%。在充分发挥市急救中心主体急救功能的基础上,德清县、安吉县、南浔区分别建立了急救分中心。无偿献血工作逐步实现"三转变一延伸",全市无偿献血达到26 481人次,无偿献血占临床用血比例100%。全市常规免疫接种及时上报率达到100%,"五种"接种率达97%以上。全市孕产妇系统管理率达91.37%,住院分娩率和非住院分娩新法接生率分别达到99.98%和100%。全市有175.07万农民参加了新型农村合作医疗,参加率达到92.89%,列浙江省第一。吴兴区、南浔区人均筹资水平达到50元,德清、长兴、安吉三县达到30元。2005年,全市有17.84万户享受了"三条医疗保障线"报销,受益率由2004年的1.3%上升到10.9%,户受益率达36%。到2005年底,全市已建立社区卫生服务中心62个、社区卫生服务站357个,并通过以奖代补的政策加以支持。积极实施"百名城市医务人员下农村活动",有19家县级以上医院与25家乡镇卫生院签订帮扶协议,有320名医务人员下农村工作。有20多万农民改善了饮用水质,全市自来水累计受益率达到87.8%。

社会救助。全年新增就业岗位5.1万个,帮扶失业人员再就业2.3万人,城镇廉租房和经济适用房项目按步骤实施。市区新解决廉租房111户,碧浪湖20万平方米经济适用房建设动迁工作全部完成。全市累计筹集医疗建设救助资金1 454万元,共救助困难群众28 719人,发放医疗救助资金301万元,其中资助低保户参加农村合作医疗52.7万元。在实施"双千万结对帮扶"工程中,全市有14 514名共产党员与14 143户城乡低保户结对,帮扶钱物累计达到246.7万元,帮助解决困难问题3 625个,帮助技能培训744人次。实际建立慈善超市17家,接受各种捐赠86.3万元,受助人数达到6 461人。最低生活保障工作扎实推进,全市有最低生活保障对象36 397人,其中城市、农村保障对象分别为7 579人和28 818人。全年累计发放低保金2 637.05万元,低保覆盖率为1.38%。2005年完成低保户危房改造264户(计划250户),完成农村其他困难群众危房改造863户,面积7.6万平方米,资金1 187万元,惠及困难群众2 578人。全市全年接待流浪乞讨人员救助3 057人次。截至2005年底,湖州市共接收三峡移民648户、2 844人,富春江移民10 077户、20 450人,三峡移民工作被评为全国先进单位。占地0.48公顷、建筑面积4 165平方以及总投资800万元的现代化老年服务中心已经建成。全年改扩建敬老院、福利院23所,其中有20家敬老院被命名为首批星级敬老院。全市2 995名五保、"三无"对象,已集中供养2 841人,供养率达到94.9%。

社会组织管理。根据《关于认真做好2005年村级组织换届选举工作的实施意见》和《湖州市2005年村级组织换届选举试点方案》文件精神,在全市范围内开展了以"公推直选"和"无候选人直选"二种方式为主的换届选举工作。全市到届的1 057个村,已完成1 056个。和谐社区建设迈出新步伐,成立了首家以"一站式"服务为特点的社区服务中心,并在全省社区中首家通过ISO9001服务质量管理认证。社区残疾人康复服务覆盖面达到100%,全年共受理下岗再就业从事个体经营1 918人,免收各项行政性收费185万元,社区卫生、治安等服务网络建设初步构建。2005年新成立民间组织116家,累计注册登记的各级各类民间组织达到781家。新培育行业协会28家。出台了《关于明确湖州市区义务家属优待金发放有关问题的通知》和《关于市区重点优抚对象实施医疗补助的通知》,重点优抚对象优抚标准自然增长机制全面建立。

【环境建设·环境保护】 城市环境建设。以创建国家园林城市为抓手,全面加快城市环境建设,城市绿化和市容市貌都取得了较大变化。一是加大绿化建设力度。按照"年年造新园、年年添新绿"的要求,年内新增绿地面积160公顷,新建了岘山苗木公园,加快了潜山公园建设,高标准建设了苕溪东路、三环北路等道路绿化,对仁皇山新区的绿化进行整体改造。已顺利通过国家园林城市验收考评。二是加大道路整治力度。针对城市道路破损严重问题,2005年对环城西路、环城北路、劳动路、苕溪中路等道路的路面、人行道、绿化、路灯路牌、公交站台进行了综合整修,并同步实施了仁皇山新区道路和东街、人民路等道路的沥清摊铺,累计完成人行道整新2.2万平方米,道路铺摊19.6万平方米,街面白化7.5万平方米。三是建立了城市管理长效机制。制定了"一个办法、三项制度",即:《湖州市城市道路开挖管理办法》和道路保洁监督考核制度、环卫工人有奖举报制度、机关工作人员道路巡查责任制。四是市政公用事业取得较大成效。城市生活饮用水水质综合合格率达到100%,管网水水压合格率达到99.71%,城市道路完好率达到97%以上,路灯亮灯率达到98%,生活垃圾无害化处理率达到100%,粪便无害化处理率达到100%,对市区主要道路进行了全日制保洁,城市天燃气安全供气合格率达到100%。

村镇环境建设。2005年,湖州市以村镇建设"阳光规划"为目标,开展村镇建设规划的效能监察,继续抓好《村庄和集镇规划建设管理条例》、《浙江省村镇规划建设管理条例》等法律法规的贯彻实施。围绕"百千"工程确定的各项目标任务,狠抓工作落实,大力推进"百千"工程建设。全年村庄环境整治完成1 086个自然村,新增受益人口20.64万人,累计已有6 105个自然村、454个行政村的整治工作已完成,受益人口达到123.6万人,占全市农村人口的66.62%,完成31个示范村的创建工作,累计经省委、省政府命名的示范村达到66个,完成垃圾集中收集处理规划,10个垃圾集中收集处理试点乡镇已全面开始实施并已初见成效,完成了90多个村庄规划的编制工作。在工程管理上着重强调四方面工作。一是完善村庄规划。二是加强分类指导,创示范村特色。注重在地方特色上下工夫,做好一村一品文章。以发展"农家乐"为特色创建旅游村,以整治创建发挥集聚功能的乡集镇,以发展特色农业创建农业专业村,以复垦建设用地开展村庄建设,以集中居住创建农民新社区,以注重生态创建节约型村庄。三是确定重点区域,成片推进村庄整治。对撤并后原乡镇政府所在地的村庄、城郊结合部范围内的村庄、高速公路、国省道沿线村庄和风景名胜区内村庄作为重点。四是以垃圾集中收集为突破口,推进村庄整治长效管理。在每个县区开展二个乡镇的试点,逐步推行"户集、村收、镇运、县市处理的农村垃圾集中收集处理"模式,有奖解决了长效管理资金不足的状况。五是完善政策,发动群众。全年市、县区财政共投入8 500万元专项资金用于村庄整治。鼓励投工投劳投资,全年全市总投入7.26亿元,其中村民和社会资金3.84亿元,村民投工达33.35万工。

房地产业。2005年,全市房地产投资70.2亿元,同比增长23.4%,其中住宅投资完成55.35亿元,增长33.6%。完成商品房开发面积520万平方米,竣工面积203万平方米,比上年增长47.6%。商品房销售总面积167.54平方米,同比增长16.8%,其中住宅面积137.85万平方米,同比增长20.8%。按照中央宏观调控政策要求,加大了对房地产市场的整顿和规范力度。一是抓商品房预售动态管理,将商品房预售审批与商品房合同备案有机结合起来,市区共审批商品房预售项目46个,面积118.9万平方米,对30个房地产项目进行了商品房买卖合同备案,核准房地产开发资质40家。二是积极引导开发企业建设品牌小区,碧浪经济适用房小区申报全国创优示范小区。三是加强信息披露,建立商品房预售公布制度。年内建立了"湖州市中心城区在建房地产项目进度一季一报"制度,向老百姓及时提供商品房有关信息,接受社会监督。四是实行了商品房预售合同网上备案制度。五是抓好产权产籍管理,加强住宅保障体系建设。全年共办理各类房屋产权登记28 986件,建筑面积901.39平方米。六是推进物业管理的市场化进程。全市共完成7个小区的物业管理前期招投标。重视对业主大会和业主委员会的指导工作。加强对物业的监管,提高物业管理服务水平。推进中介市场规范发展。加强物业资质管理。对中介企业资质进行备案,对未达到条件的中介企业实行限期整改。加大对违法违规行为的查处力度。

吴兴区

【地理位置】 吴兴位于杭嘉湖平原北部,东临上海,南靠杭州,西近南京,北临太湖,与苏州、无锡相望。自战国"四公子"之一的楚春申君黄歇建孤城(今吴兴区道场乡境内)置县至今,历经2 300多年历史,是著名的东南望郡、历史名邑。吴兴,景色旖旎,民风淳朴,特产丰实,人文荟萃,是著名的"鱼米之乡、丝绸之府、文化之邦",被誉为镶嵌在长江三角洲的一颗璀璨明珠。吴兴,民康物阜,地杰人灵,踏上这块土地,既可以领略华夏文明绵延千载的古朴与舒缓,又能感受到现代化都市的繁华和便捷。"吴兴清绝山水国,五百年过人中龙"。

【经济建设】 2005年,全区完成生产总值148.5亿元,比上年增长15.8%。全社会固定资产投资70.35亿元,增长27.6%。完成财政总收入9.34亿元,增长18.7%,其中地方财政收入4.32亿元,增长20.1%。实现合同外资2.67亿美元,实到外资1.15亿美元。城镇居民人均可支配收入15 618元,农民人均纯收入7 327元,分别增长14.3%和13.1%。产业结构渐趋合理,三次产业占比调整到7.5:53.8:38.7。实现农业增加值11.1亿元,增长7.1%,农业五大特色主导产业对农民增收贡献率达到34.2%,食品加工园被列为国家级农产品加工示范基地,南太湖吴兴生态农业科技园全面建成,"黄泥拱"笋竹生态科技园有序推进,15万亩省级以上生态公益林建立补偿机制。全年实现全部工业总产值511.89亿元,增长24%,其中规模以上工业实现产值179.1亿元,增长34.3%,工业增加值36.53亿元,增长33.3%。全年实现第三产业增加值57.47亿元,增长15.8%,市场成交额稳中有升,达到201.5亿元,织里童装和棉布市场入围中国商品竞争力50强行例,外贸出口持续增长,完成自营出口3亿元,增长33%。

【社会事业】 巩固教育创强成果,义务教育、学前教育和成人教育加快发展,素质教育进一步深化。继续加大教育投入,全年教育事业费支出达1.19亿元,同比增长9.67%,增幅高于财政经常性收入增幅,教育支出占财政经常性支出总额的44.67%,同比提高1.02个百分点。吴兴高级中学、八里店社区小学、织里东盛幼儿园交付使用,仁皇山学校、碧浪湖小区配套学校基本竣工,实验幼儿园、湖师附小建设前期工作全面启动。外来务工人员子女就学问题得到较好解决。农村公共卫生体系进一步健全,全年投入1 800万元。全面完成"六位一体"的农村社区卫生服务体系建设,农村人口覆盖率达到100%,农民家庭健康档案建档率达90.3%,成为全市唯一的省级社区卫生服务示范区。新型农村合作医疗制度全面实行门诊报销,受益面由上年的1.42%提高到34.62%。首创"健康券"制度,启动农民免费体检试点,在解决农民看病难、看病贵、怕看病的问题上走出了新路子。计划生育符合率达到97.85%。大力开展基层群众文化"十百千万工程",举办各类文体活动近3 000场次,新增全民健身路径17条。精神文明建设成效显著,2005年被省委、省政府评为浙江省文明城区。织里镇荣获"全国文明村镇"称号,工商分局被评为"全国精神文明建设先进单位"。被征地农民基本养老保险覆盖率达100%,农村"五保"和城镇"三无"对象集中供养率均达到90%以上,城镇登记失业率控制在3.5%以内。积极探索建立"五统一"的新型社会救助机制,全年累计发放救助资金1 000多万元,有133户因病致贫家庭得到大病救助,2 000多名学生和2 800多户群众得到困难救助。

南浔区

【地理位置】 南浔区位于湖州市东北部,地处浙江北部杭嘉湖平原。东南临桐乡市,东北毗江苏吴江市,南连德清县,西北接吴兴区。总面积716平方公里。地势低平,河网密布,属典型的水网平原。南浔是省级旅游区,历史久远,自然风光秀丽,名胜古迹众多,丰富的物产与发达的交通引人入胜,具有明显的地方特色。南浔有全国文保单位小莲庄、嘉业堂藏书楼以及张石铭旧宅、张静江故居、丝业会馆、刘氏梯号(红房子)、求恕里等古建筑群。南浔镇被列入联合国教科文组织。

【经济建设】 2005年,南浔区根据建设湖州市"一城二区"、"实施三大战略"和打造"四张名片"的总体目标要求,紧紧依靠全区人民,创新破难,真抓实干,全区经济社会得到平稳快速协调发展。实现生产总值137.58亿元,同比增长14%。财政总收入9.74亿元,其中地方财政收入4.06亿元,同比分别增长14.3%和20.3%。全社会固定资产投资60.2亿元,同比增长25%。社会消费品零售总额52.5亿元,同比增长13.5%。城镇居民人均可支配收入15 387元,农民人均纯收入7 346元,同比分别增长15.9%和14.5%。

【社会事业】 着力构建全国、省、市、区四级文明创建体系,努力改善城市面貌,提升城市品位。南浔镇获得中国历史文化名镇、全国文明镇和"中国十大名镇"等称号;双林镇、菱湖镇获得省级卫生镇称号。积极开展省级科技强区和国家级可持续发展实验区创建工作,与中科院上海分院建立了全面科技合作关系。新开发省级以上新产品127项,列入上级各类科技项目130项,申请专利176项。信息化建设加速推进,覆盖城区的宽带干网初步形成。2005年,全区共投入8 800万元新建校舍51 500平方米,省级标准化学校达到30%。义务教育适龄少儿入学率和巩固率均超过99%,初升高比例达到91.17%。全区计划生育率达到98%,人口自然增长率为-2.26‰。完善新型农村合作制度,全区参保人数37.5万人,建成社区卫生服务站65个,建立家庭健康档案17.6万份。积极实施就业政策,年末城镇登记失业率低于3.8%。坚持社会稳定一票否决制,扎实推进"平安南浔"建设,七类重大恶性案件立案数比上年减少13起,破案率达100%。成立了区法律援助中心,进一步建立健全矛盾纠纷排查调处机制。

德清县

【地理位置】 德清位于杭嘉湖平原。东临桐乡,南毗杭州余杭区,西界安吉,北接湖州。东西长54.75公里,南北宽29.75公里,面积947.93平方公里,属太湖流域长江三角洲经济区。德清历史悠久,远在新石器时代已有人类繁衍生息。县境周初隶吴,春秋属越,越灭属楚。秦汉两代,为乌程、余杭县南疆北境。三国入东吴版图,吴黄武元年(222),武康立县,初名永安。晋太康元年(280)改永安为永康。永康三年改名武康。唐天授二年(691),析武康东境17乡立德清县,初名武源,景云二年(711)改名临溪,天宝元年(742)又改名德清。此后两县长期并存。1958年,武康并入德清县。

【经济建设】 2005年,全县实现生产总值118.2亿元,同比增长14.2%,第一、二、三产业比例为9.4:60.4:30.2;完成财政总收入14.3亿元,同比增长18%,其中地方财政收入7.6亿元,同比增长20.4%;全社会固定资产投资75.7亿元,同比增长10.5%;社会消费品零售总额达到35亿元,增长13.5%;完成进出口总额4.5亿美元,同比增长33.6%,其中自营出口3.89亿美元,增长49.7%,城镇居民人均可支配收入15 335元,农村居民人均纯收入7 461元,均比上年增长14%。第七次进入全国综合发展百强县(市)行列,排名前移9位,居36位。

【社会事业】 制定出台了《关于加强与高校科研院所科技合作的若干意见》,深化"德清模式",2005年获全省首批科技强县称号。全面普及十五年教育,高考总上线人数首次突破3 000人大关,报考上线率达到91.4%。出台《关于加快教育事业发展的决定》,加快发展农村教育,对长期工作在西部山区的教师实行上浮工资政策,大力发展职业教育,加快推进先进制造业技能人才示范基地建设。扎实推进人才工作,全年引进各类人才470名。努力繁荣文化事业,建成启用新博物馆,开展"欢乐德清"系列文化活动,实施文化广电体制改革,有线电视入户率达到98%,荣获全国文化先进称号。钟管镇被评为全国群众体育先进单位。加快发展卫生事业,新建和扩建农村卫生服务站43个。不断完善计划生育利益导向机制,联合国人口基金第五周期生殖健康/计划生育项目如期完成。进一步完善社会保障体系,全县企业职工基本养老保险参保人数达到8.5万人,通过省政府养老保险全覆盖验收。被征地农民基本生活保障参保人数达到2.3万人,基本做到了应保尽保。农村合作医疗大病统筹参保人数超过31万人,参保率达到99%,高出全省平均水平28个百分点。农村"五保"和城镇"三无"对象集中供养率达到98.5%。

长兴县

【地理位置】 长兴地理位置得天独厚,素有太湖明珠美称。地处长三角平原,在号称"天堂"的苏州与杭州之间,位于太湖西南岸,与苏州、无锡隔湖相望,素有"鱼米之乡"、"丝绸之府"、"文化之邦"和"东南望县"之美誉。长兴建县始于晋武帝太康三年(公元282)隋唐初年升为州,明洪武二年(1369)改州为县,距今已有1 700多年历史。

【经济建设】 2005年,长兴县全年实现生产总值135.38亿元,增长15%,第一、二、三产业比例为11.2:55:33.8,财政总收入和地方财政收入分别完成17.5亿元和9.4亿元,分别比上年增长20.4%和32.6%。全社会固定资产投入94亿元,同比增长22.4%。全社会消费品零售总额48.9亿元。全县金融机构存款余额101亿元,各项贷款余额87亿元。城镇居民人均可支配收入15 350元,农村居民人均纯收入7 307元。再次入围全国县域经济基本竞争力百强县,名列第65位,比上年提升了17位。在全国综合实力百强县(市)中,由上年的第63位跃至51位,两年上升56位,成为全国发展速度最快的县(市)之一。以浙江省第一名的身份成为全国先进文化县,并顺利通过了省级园林城市的考评验收。

【社会事业】 不断推动经济社会协调发展,提高文明度,提升软实力,精神文明创建和社会事业发展均取得了丰硕成果。文明乡镇、文明单位、文明示范社区等群众性精神文明创建活动持久深入,成功创建了浙江省文明城市,长兴中学等被命名为全国精神文明建设工作先进单位。积极推进科技兴县,优先发展教育事业,基本普及十五年基础教育,完成第一轮教育布局调整,顺利通过省级教育强县复查。积极探索涉外联合培训举措,全力打造长三角一流蓝领培养基地。不断创新人才政策体系,制定并加快实施人才开发十项计划。加快发展文化体育事业,农村文化设施建设取得长足进步,文化体制改革和文物保护工作取得重大突破,文化市场繁荣有序,群众文化活动丰富多彩。加强"百叶龙"对外交流活动,成功举办了"2005中国公共文化发展论坛",荣获"全国先进文化县"称号;长兴籍运动员在世界和全国性重大比赛中屡创佳绩,全民健身运动如火如荼。加强公共保卫生体系建设和人口与计划生育工作,新型城乡卫生服务体系初步建立。低生育水平继续保持稳定,人口自然增长率控制在3‰以内。"双拥"工作扎实推进,荣获省双拥模范城"五连冠"。

安吉县

【地理位置】 安吉县位于浙江省西北部,是长江三角洲地区迅速崛起的一个对外开放景区,北靠天目山,面向沪宁杭。距上海2.5小时车程,接壤杭州市区,邻近南京、苏州。盛产白茶、冬笋、板栗、山核等,为全国闻名的“白茶之乡”。安吉境内群峦叠嶂,山清水秀,景色宜人,秀竹连绵,是新崛起的生态旅游县。位于灵峰山麓的竹子博览园,集旅游、娱乐、休闲、科研为一体,被誉为“世界一流的种子园”。龙王山是黄浦江源头,海拔1 587.4米,保存有1 200亩的原始森林,被称为天然的物种园和基因库。世界级特大型电力企业——华东天荒坪抽水蓄能电站座于天荒坪大溪山巅,规模为亚洲最大,世界第二。

【经济建设】 2005年,全县实现生产总值89.28亿元,同比增长14.2%,全社会固定资产投资45.6亿元,增长18.1%,社会消费品零售总额32.2亿元,增长13.1%,财政总收入达到7.81亿元,其中地方财政收入4.57亿元,同比分别增长19.7%和18.5%。实现规模以上工业产值118.04亿元,增长41.2%,工业销售收入114.5亿元,增长43%,实现利税8.59亿元,工业性投资完成26.4亿元,增长23.5%。椅业、竹产业两大传统产业快速发展,行业产值分别达到62.1亿元和53.6亿元,同比分别增长82.7%和33.4%。实现农业增加值10.99亿元,同比增长5.6%,万亩竹子良种基地新发展2 000亩,15万亩毛竹科技园区新建3.2万亩,15万亩速丰林基地新建3.8万亩,成为全国唯一的竹子科技集中示范区。实现第三产业增加值34.3亿元,增长10.7%。中南百草园成为省首批生态环境教育基地。“农家乐”旅游保持旺盛发展势头,全年接待游客311.6万人次,实现旅游收入9.5亿元,同比分别增长19.6%和26.8%。

黄浦江源头

绍兴市

【历史沿革】 从新石器时代中期的河姆渡文化开始,至今已有约7 000年的历史。越国古都建于公元前490年,距今已有近2 500年建城史。

史载大禹治水告成,在境内茅山会集诸侯,计功行赏,死后葬于此山,因更名茅山曰"会稽",是为会稽名称之由来。春秋时期,於越民族以今绍兴一带为中心建立越国,成为春秋列国之一。战国初,越王勾践大败吴国,越国疆域拓展至江淮地区。秦王政二十五年(前222),定江南,降越君,以吴越地置会稽郡,辖今江苏南部和浙江大部20余县,治吴县(今苏州)。晋太康二年(281),以会稽地封于骠骑将军孙秀,以郡为国,称会稽国。隋炀帝大业元年(605),废吴州,以原吴州境置越州,治会稽县,是为越州名称之始。南宋建炎四年(1130),宋高宗驻跸越州,取"绍万世之宏林,兴百王之丕绪"之意,下诏从建炎五年正月起改元绍兴,并升越州为绍兴府,是为绍兴名称由来。府治设山阴,辖山阴、会稽、诸暨、萧山、余姚、上虞、嵊县、新昌8县。民国元年(1912)2月,废府、州、厅旧制,实行省、县两级制,原绍兴府辖县均直属浙江省军政府。1949年5月,绍兴解放。6月,设浙江省第十专区,辖绍兴、上虞、嵊县、新昌、诸暨、萧山6县。10月改为绍兴专区,辖1市7县。1952年1月,撤销绍兴专区,原所辖绍兴、诸暨、萧山3县及绍兴市改由省政府直属,上虞、嵊县、新昌则划属宁波专区。1964年9月,复设绍兴专区,驻绍兴县,辖绍兴、上虞、嵊县、新昌、诸暨5县。1968年5月,改名为绍兴地区,并成立绍兴地区革命委员会。1978年9月,改名为绍兴地区行政公署。1983年7月,撤销绍兴地区,改设省辖绍兴市,置越城区,下辖越城区、绍兴县、上虞县、嵊县、新昌县、诸暨县。1989年9月,诸暨县改设诸暨市(县级市)。1992年8月,上虞县改设上虞市(县级市)。1995年12月,嵊县改设嵊州市(县级市)。至2005年12月,绍兴市所辖1区5县(市)行政区划未变。现为全国68个省会和中心城市之一,被国家列为首批全国历史文化名城,先后被国家授予"全国科教兴市先进市"、"全国科技进步先进市"、"全国双拥模范城市"、"中国优秀旅游城市"、"国家环境保护模范城市"、"国家卫生城市"、"全国创建文明城市工作先进城市"、"国家园林城市"、"最佳中国魅力城市"和"中国内地最佳商业城市"等荣誉。2005年又荣获"国家节水型城市"、"中国品牌经济城市"、"中国生活质量较好百强城市"、"全国综合治理工作优秀市"等称号。

【地理位置】 绍兴市位于浙江省中北部、杭州湾南岸,全境介于北纬29°13′36″~30°16′17″、东经119°53′02″~121°13′38″之间。东连宁波市,南临台州市和金华市,西接杭州市,北隔钱塘江与嘉兴市相望。东西长130.03公里,南北宽116.86公里,海岸线长40公里,总面积为8 256平方公里。全境处于浙西山地丘陵、浙东丘陵山地和浙北平原三大地貌单元的交接地带,陆域面积8 031平方公里,河流海域面积225平方公里;按类型分:平原面积1 514平方公里,占18.34%;盆地面积1 604平方公里,占19.43%;丘陵面积2 644平方公里,占32.03%;台地面积461平方公里,占5.58%;山地面积2 033平方公里,占24.62%。市域内河道密布,湖泊众多,素以"水乡泽国"之称而享誉海内外。主要河流有曹娥江、浦阳江和浙东运河。主要湖泊有30多个,其中千亩以上的湖泊有14个,尤以镜湖为最,现已建成为绍兴·镜湖国家城市湿地公园;又以鉴湖最著名,为绍兴黄酒制作的唯一水源,是中国东南地区最古老的著名水利工程和旅游胜地,现已开发成国家4A级风景旅游区。

【行政区划】 绍兴市下辖绍兴县、诸暨市、上虞市、嵊州市、新昌县和越城区。2005年区划进行了适度调整,到年底,全市共有镇(乡)97个,街道20个,行政村4 075个,居委会423个。

【人口】 2005年全市总人口4 350 900人,比2004年增长0.86‰,其中市区总人口648 411人;全市迁入人口42 809人,迁出人口47 105人,机械增长-4 296人,增长率-0.99‰;全年出生39 974人,死亡31 395人,自然增长率1.97‰;全市有非农业人口1 267 126人,占总人口的29.12%,比上年增长4.60%;全市暂住人口共859 300人,比去年增加73 723人,增长率9.83%。

【经济发展概况】 2005年,全市牢固树立和全面落实科学发展观,坚决贯彻中央宏观调控政策,全面实施"13458"战略,扎实开展"七大系列"活动,攻坚克难,注重实干,实现了全市经济社会的平稳较快增长,促进了经济结构的优化,推进了增长方式的转变。全市生产总值1 440.48亿元,增长13.30%;其中第一产业增加值94.56亿元,增长4.70%;第二产业增加值878.83亿元,增长15.70%;第三产业467.09亿元,增长10.90%;人均生产总值达3.31万元。城镇居民消费价格指数101.20,同比回落3.60个百分点。全市财政总收入150.56亿元,增长18.80%;地方财政收入76.13亿元,增长19.80%;金融机构本外币存款余额1 896.91亿元,当年新增331.79亿元;贷款余额1 421.59亿元,当年新增182.65亿元。

【城市产业结构调整】 改革开放之前,绍兴一直以来维持着"鱼米之乡"的传统农业经济构架,三次产业结构呈"一二三"排序。改革开放以后,绍兴产业结构在工业化过程中经历了两次飞跃,三次产业构成从以农业为主转变到以工业为主。到1980年绍兴三次产业结构发生了重大变化,第二产业首次超过第一产业,其构成由1978年的45.6:32.8:21.6转变为39.8:40.4:19.8,呈"二一三"排序。随着工业化进程的加快,第三产业也得到了较快发展,到1991年,三次产业构成再次发生变化,第三产业增加值首次超过第一产业,三次产业构成转变为22.4:54.9:22.7,呈"二三一"排序。这个产业排序一直持续至今,2005年全市三次产业构成为6.6:61.0:32.4。

【农业现代化建设】 2005年,全面贯彻中央、省农村工作会议精神和市委推进率先发展、实现富民强市的战略部署,坚持多予、少取、放活,大力发展高效生态农业,着力提升农业产业化水平。全市农业总产值达到141.4亿元,同比实际增长9.5%;农村经济总收入达4 551.37亿元,比上年增长26.1%;农村实有劳动力216.99万人,同比增长0.92%,其中从事农业生产的劳动力64.47万人,同比减少8.23%;实有耕地167.1千公顷,水田130.1千公顷,同比减少1.18%,旱地37.0千公顷,同比增加2.8%;农民人均纯收入为7704元,同比增长10.5%;农业外拓继续保持增长态势,新增农业外拓面积56.6千公顷,累计达到286.0千公顷,外拓基地总量位居全省第一。

绍兴市现代农业发展规划(2005~2010)发布施行。根据《规划》,全市现代农业发展将以特色农业、加工农业、开放农业、城市农业和生态农业为重点,在确保粮食自给率达到45%以上的前提下,到2010年构筑若干条跨区域的特色优势农产品产业带;农产品加工率由目前的35%提高到60%以上;外拓基地农业总产值达到60亿元以上,农产品出品率达到40%以上;建成农业休闲观光产业带、种子种苗产业带、农业高新技术产业带、优质稻米产业带;规模化畜禽养殖场粪尿综合利用率达100%,农产品无公害达标率100%,农村清洁能源利用率达75%以上。

制订高效生态农业实施方案。编制了稳定粮食生产、打造绿色茶都、构建花卉强市、提升珍珠之乡、创建蔬菜大市、优化畜禽产业、培育现代物流和发展休闲观光农业的高效生态实施方案,全面提升全市的传统特色产业,促进农业增效、农民增收。

积极打造农业品牌。2005年,全市各地进一步加大农业创牌力度,积极打造农业名牌。"阮仕牌"珍珠首饰等4只农产品品牌获中国名牌产品称号,"京粒牌"小京生花生等10只农产品获浙江农业名牌称号。年末全市累计有5只中国名牌产品,30只浙江名牌产品,78只绍兴名牌产品,农业品牌数量居全省前列。

休闲观光农业初见成效。年末全市农业观光园已达127个,建设面积达11.73万亩,总投资额达16.53亿元。已建成的61个休闲观光农业园区,其中省级6个。2005年接待游客近80万人次,产值4.76亿元,经营收入1.5亿多元。

【对外开放及园区建设】 对外贸易继续增长。据统计,2005年全市进出口贸易总额达104.85亿美元,比上年增长21.1%。其中自营出口81.42亿美元,增长23.2%;进口额23.43亿美元,增长14.1%。先后与198个国家和地区开展贸易业务,其中出口超千万美元的国家和地区达到74个,同比增加5个。纺织品出口优势明显,高新技术出口增势强劲,2005年全市纺织品出口额58.34亿美元,同比增长18.8%,占全市出口总量的71.7%;高新技术出口1.38亿美元,同比增长47.4%。进出口企业队伍迅速壮大,2005年新获进出口经营权企业996家,获权企业累计达到3 436家,获权企业数量继续保持全省前列。

利用外资平稳增长。全年新批准外商投资项目416只,合同利用外资20.21亿美元,比上年增长20.9%;实际利用外资9.01亿美元,增长9.4%,实际利用外资总量继续保持全省第四位。新签外商直接投资项目平均规模为905万美元,比上年增长4.5%,总投资千万美元以上的项目132只,同比增加19只,其中引进世界500强的企业共有4家,累计达到13家。2005年香港居各国家(地区)来绍投资之首,全市港资项目的合同外资和实到外资分别达到10.49亿美元和5.14亿美元,占全市总量的51.9%和57.0%。引资结构进一步优化,新增非纺织类项目合同外资11.56亿美元,占全市总量的57.2%,比上年提高12.7个百分点。

对外经济技术合作开创新局面。全年新批境外投资企业57家,累计批准境外投资企业306家,总投资达10 613万美元,分布在40多个国家和地区。2005年新签对外承包劳务合同21 097万美元,同比增长15.9%,完成对外承包劳务营业额19 671万美元,增长20.5%。

开发区(工业区)龙头作用更加突出,全市12个重点开发区(工业区)工业总产值1 386.9亿元,同比增长35.7%;销售产值1 367.4亿元,同比增长36.6%;实现利润79.3亿元,同比增长37.7%;完成自营出口31.5亿美元,同比增长39.8%,其中加工贸易5亿美元,同比增长90.3%;新批外资项目241只,实际利用外资占全市的83.9%。

【高新技术产业】 高新技术产业快速发展。2005年全市新列入国家重点新产品计划42只,新列入国家级火炬计划项目49项,分别占全省的30%和19.6%;新认定国家重点高新技术企业22家、省级40家、市级69家。

【科技进步与创新】 科技事业再创新绩。全年专利申请量为3 068件,授权专利量为957件。全年研究开发成果获省级科学技术奖38项,地市级科学技术奖100项。科技综合实力、科技进步水平均位居全省第三位,绍兴县、诸暨市、上虞市、新昌县被省委省政府评定为浙江省科技强县(市)。区域科技创新服务体系进一步优化。新增省级高新技术研究开发中心16家,省级区域科技创新服务中心3家,市级工程技术研发中心42家。

【城市环境质量】 全市空气环境质量指标基本达到国家二级标准。污染类型主要为煤烟型和汽车尾气混合型污染,首要污染物为总悬浮颗粒物。总悬浮颗粒物(TSP)全市城镇年均值范围为0.099~0.157毫克/立方米,平均值为0.118毫克/立方米,所有城镇的年均值都达到国家二级标准。

二氧化硫(SO_2)全市城镇年均值范围为0.005~0.044毫克/立方米,平均值为0.023毫克/立方米,所有城镇的年均值都达到国家二级标准。浓度较去年总体有所下降。

二氧化氮(NO_2)全市城镇年均值范围为0.012~0.044毫克/立方米,平均值为0.030毫克/立方米,所有城镇的年均值都达到国家二级标准。与去年相比总体变化不大。

降尘全市城镇年均值范围为2.57~6.39吨/平方公里·月,平均值为5.11吨/平方公里·月,所有城镇年均值均达到省控标准8.0吨/平方公里·月。

【社会事业】 文化事业繁荣发展。成功举办第二届鲁迅文化艺术节。群文创作获得省级及以上奖项100多项,涌现了歌曲《沉醉水乡》、《江南青青竹》,双档莲花落《借大衫》、《小间头》等一批上档次上品位的佳作。绍兴籍演员陈飞获第22届中国戏剧"梅花奖"。广场文化活动异彩纷呈,全市共组织大型广场文化活动159次,约有2 430个节目、19 360名演职员参加,受益观众60余万人次。鲁迅电影城荣膺“五星级影城”和省文化产业示范基地。年末全市拥有艺术表演团体6个,公共图书馆6个,国家级文保单位9个,群艺馆、文化馆6个。广播电视事业日新月异。已有广播电视台6座,广播电台全年播出49 322小时,电视台全年播出44 259小时;有线电视用户数达111.55万户,数字电视用户达10.45万户。

教育事业健康发展。全市各类教育协调较快发展,比全省早3年基本普及从学前三年到高中段的十五年教育。2005年,全市乡镇中心幼儿园建园率达100%,幼儿学前三年入园率达97.74%;小学、初中入学率达100%和99.21%,“三残”少儿义务教育入学率达99.37%,小学升初中比例达100%;初中毕业生升入高中段比例达95.5%,连续六年保持全省第一;全市高考成绩喜人,文、理科上线率分别达87.4%和94.8%,高出全省平均11.8个和6.1个百分点,有17人和22人分别进入全省文、理科前100名。高等教育综合实力有新增强,全市普通高校新增专业12个,招收全日制本专科新生11 634人,本专科在校生突破3万人。教师队伍整体素质有新提升,全市幼儿园、小学、初中、普高、中等职校专任教师学历合格率分别提高到97.3%、99.8%、99.1%、97.4%和86.1%,小学教师大专学历、初中教师本科学历分别占67.8%和60.3%,比上年提高12个和9.5个百分点。教育投入力度加大,全市预算内教育事业费拨款15.97亿元,比上年增长10.4%;征收教育费附加5.5亿元,增长14.7%。

体育事业蓬勃发展。第十届全运会上全市共有22名运动员参赛,获得3枚金牌、3枚银牌、2枚铜牌,是我市在历届全运会中参加人数最多,参加项目面最广,所获金牌数、奖牌数最多的一次。组队参加21项全省青少年体育比赛,共获得59枚金牌、55枚银牌和56枚铜牌。举办了绍兴市首届大学生运动会。公共体育设施建设又上新台阶,全市新建健身路径87条,年末全市共有体育场馆44个,市游泳健身中心启动建设。

【社会保障体系】 社会保障体系不断完善。年末全市基本养老保险参保人数89.40万人(含机关、事业),比上年增加6.06万人;基本医疗保险参保人数49.39万人,比上年增加5.08万人;失业保险参保人数40.10万人,比上年增加1万人;企业工伤保险参保人数44.79万人,比上年增加6.15万人;女工生育保险参保人数17.44万人。农村养老保险参保人数46.12万人,被征地农民养老保障参保人数达到36.86万人,比上年增加7.02万人。

社会福利事业继续发展。年末全市共有最低生活保障对象45 487人,其中城镇7 890人,农村37 597人;全年最低生活保障资金支出4 481万元,其中城镇1 413万元,农村3 068万元。全市共有收养性社会福利单位151个,床位10 661张,在院人数5 448人。全年优待优抚对象7 885户,其中优待军属4 664户;优待总金额2 685万元。城镇社区服务设施1 512个,其中新建422个。全年接受社会捐赠款8 328万元;发行福利彩票1.3亿元,资助福利项目76个;全市270家福利企业安置残疾职工1.20万人。

【文明创建成果丰硕】 城区以“争做文明绍兴人、争创全国文明城”为主题,全民动员,全城参与,全面推进,在全国121个城市的激烈竞争中脱颖而出,在省内居杭州、宁波之后列第三位,获得“全国创建文明城市工作先进城市”称号。与此同时,各县(市)创建文明城市的力度明显加大,绍兴县和诸暨市全力创建浙江省示范文明城市,嵊州市和新昌县创建成浙江省文明城市和浙江省文明城市创建工作先进县城。全市有2个单位被中央文明委命名为首批全国文明单位;8个单位被命名为全国精神文明建设工作先进单位;19个单位被省委、省政府命名为省级文明单位;有5个镇、7个村被省委、省政府命名为省级文明村镇;2个镇、1个村被中央文明委命名为首批全国文明村镇;2个镇、4个村被命名为全国创建文明村镇工作先进村镇。

越城区

【经济建设】 地区生产总值260亿元(按行政区域统计口径),增长13.60%;实现全社会消费品零售额94.80亿元(按行政区域统计口径),增长13.40%;城镇居民人均可支配收入17 319万元,增长10.50%;农村居民人均纯收入8 715元,增长10.50%;新增城镇就业岗位7 285个;全社会固定资产投资52.50亿元,增长14.80%,全区经济社会各方面都取得了显著成绩。

第三产业。积极寻求第三产业经济发展突破口。举办了2次商贸旅游项目推介活动,共向社会推介39只存量资产项目,签约26只,计划总投资7.70亿元;12只引进项目得到市财政确认。举办了浙江第三届家私博览会,成功创建省四星级、三星级市场各1家,建成二期项目3只,进一步扩大了家私城的影响。实施了农村消费安全建设,建成96家农村“放心店”,成功探索了总供货商→分公司→放心店的完整配送模式。2005年,第三产业销售143.2亿元、利润3.4亿元、税金1.90亿元、商贸投入6.90亿元,分别同比增长53.1%、39.70%、73.50%、40%。

【新农村建设】 着力实施“改水工程”,全面完成19个村总管铺设,基本完成南部山区5个村的改水任务;科学编制村镇路网修建计划,坚持区、镇、村三级联动,逐步推进村镇道路建设;积极有序推进城中村改造工作,完成了金鸡塘、塘南、五云、蕺山、河山桥、树下王6个组团70万平方米的安置任务,涉及10个村3 480余户近10 680人,并有序推进公建设施移交。拓宽融资渠道,全年累计筹集建设资金7.75亿元,基本保证了城中村改造各项工作的顺利展开。

【社会事业】 全面深化人口与计划生育目标管理责任制,扎实开展计划生育星级村、社区创建活动;创新计生服务方式;推进计生信息化建设,86%的村实现了微机联网。完善社区卫生服务机构,新建社区卫生服务站7个。全区2 325名低保对象实现“应保尽保”,累计发放低保金535.63万元;农村五保、城镇“三无”集中供养率达99.50%;积极开展慈善救助动,筹建了一家“爱心超市”,募集慈善资金128.85万元,有2 079名“五助”对象得到救助,累计发放救助金136.79万元。

培训被征地农民7 171人,3 378人实现就业转移,新增城镇就业岗位7 285个,开发公益性岗位3 000个,就业再就业工作得到不断推进。加强诚信企业创建,全面推行企业劳动合同管理,合同签订率达到96%,创新企业清薪长效保障机制,有效开展“清薪维权”行动,职工维权工作得到不断加强。顺利实施第二轮新型农村合作医疗制度,141 987名农民参保,占应保人数的92%。

绍兴县

【经济建设】 全年完成生产总值390亿元,同比增长15%,人均GDP 6 850美元;财政总收入42.32亿元,同比增长16.10%,其中地方财政收入20.13亿元,同比增长17.70%;全社会固定资产投资175.50亿元,同比增长2.30%,其中工业投入120.10亿元,同比增长12.30%;城镇居民人均可支配收入18 128元,同比增长13.10%;农民人均纯收入9 241元,同比增长14.40%。是浙江省首批命名的小康县之一,连续四年名列全国农村综合经济实力百强县前十位。

农业。拥有各类农业企业316家。农林牧渔总产值达24.37亿元,增长10.10%,全年粮食播种面积2.43万公顷,粮经产值比达21:79。富民农业成效显著,形成了长毛兔养殖、富硒大米、山地蔬菜等特色农业。农庄经济发展迅速,建成“种养+休闲”的特色农庄20个,年接待游客16万人次,年营业收入近1亿元。加工农业扎实推进,销售超亿元的农业龙头企业达18家。

工业。拥有各类企业10 695家,其中规模以上企业899家,初步形成了“一主十强”(以纺织业为主体产业,新型建材、石油化工、汽车配件、纺织机械、金银饰品、皮塑橡胶、金属加工、化工医药、电子电器、酿酒食品等为十大支柱产业)的产业发展格局,完成工业总产值1 403.48亿元,销售收入1 363.25亿元,利润52.67亿元,分别增长24.50%、23.80%、0.60%。被评为浙江省首批科技强县,拥有6只中国名牌产品、4只全国驰名商标、10只国家免检产品。园区经济势头强劲,企业规模不断壮大,产品销售收入超亿元的企业达193家,比上年增加28家,其中超10亿元及以上的企业22家,超20亿元的企业5家,超60亿元的企业1家。拥有各类建筑业企业95家,完成施工产值341亿元,增长23.50%。

第三产业。全社会消费品零售总额达55.06亿元,增长16.40%。中国轻纺城市场成交额达276.27亿元,钱清轻纺原料市场成交额达173.14亿元,轻纺城市场改造升级一期、国际贸易区一期建成开业。旅游业蓬勃发展,共接待国内外游客287.03万人次,增长24.20%;实现旅游总收入23.50亿元,增长22.70%。农村消费安全建设成效显著,供销超市“放心店”实现村村全覆盖,建成村级“放心店”320家,学校“放心店”85家。

开放型经济。有出口实绩的企业达993家,产品出口到173个国家和地区。完成自营进出口45.35亿美元,增长6.40%,其中自营出口33.64亿美元,增长4.80%;加工贸易2.83亿美元,增长33.50%。合同外资5.09亿美元,增长12.10%,实到外资2.35亿美元。新设境外窗口16家,累计达113家,分布在37个国家和地区。完成对外承包工程营业额3 157万美元,同比增长23.30%。

【社会事业】 教育事业不断发展,九年义务教育完成率达100%,15年教育普及率达96.50%。卫生事业不断深化,实现了“六位一体”社区卫生服务全覆盖,新型农村合作医疗覆盖率达90.30%。文化事业蓬勃发展,大力推进文化大县建设,全面完成广播“村村响”工程。精神文明建设扎实推进,先后成功创建省卫生城市、省文明城市、国家卫生县城。社会保障日益完善,率先实现各种所有制企业职工养老保险(含工伤保险)、城乡居民最低生活保障、被征地农民基本生活保障、“三无”老人集中供养等四项社会保障全覆盖。致力打造“平安柯桥”,进一步健全打防控一体化体系,基层基础工作不断加强,人民群众安全感满意率达97.60%。

城乡居民储蓄存款余额达到221.22亿元,人均储蓄存款达到31 423元。城镇居民和农村居民人均居住面积分别达到36.80平方米和53.10平方米。每百户居民民用汽车拥有量达到14辆。在全省率先步入相对宽裕的小康社会。

【2005中国最发达县域经济论坛在柯桥举行】 以“创新、发展、和谐”为主题的2005中国最发达县域经济论坛,在绍兴县柯桥举行。全国百强县(市、区)领导人和知名企业家聚会一堂,共同探讨县域经济在构建和谐社会中的重要作用、壮大发展县域经济的途径,共同分享最发达县域经济的创新举措、成功经验和新颖思路。中共中央政治局委员、国务院副总理回良玉对论坛的举行作出批示,全国人大常委会副委员长蒋正华到会讲话,省委书记、省人大常委会主任习近平为论坛发来贺信。国家统计局副局长邱晓华主持开幕式并作主题报告。论坛内容主要包括开幕式、主题报告会、强县论坛、民企峰会等,并发表《柯桥宣言》。

诸暨市

【经济建设】 全年实现生产总值324.66亿元,按可比价格计算,同比增长14.60%,人均GDP达到3 753美元。三次产业增加值占生产总值的比重依次为7.60%、62.10%和30.30%。财政收入27.19亿元,同比增长20.30%,主要经济指标增幅位居绍兴市前茅。在全国百强县(市)排名中位居第27位,比上年提升5位,全国县域经济基本竞争力排名位列第14位。2005年先后荣获全省平安创建先进县(市)、全省利用外资成绩显著市、全省外贸出口成绩显著市、全省民族团结进步模范集体、全省山海协作工程先进集体、全省发展外向型农业工作先进单位、全省环境综合整治定量考核优秀城市、浙江省首批体育强市和全国计划生育优质服务先进县(市)、全国粮食生产先进市、全国科技进步工作先进县(市)、全国农村中医工作先进县(市)等荣誉称号。

工业。工业总产值突破千亿元大关,达到1 113亿元,同比增长17%。工业用电量30.54亿千瓦时,同比增长24.60%。工业性投入首次突破100亿元,同比增长24.70%。年销售收入超亿元规模企业达到106家,比上年增加20家;苗子企业达到51家,比上年增加28家,其中超5亿元企业29家,超10亿元企业11家,海亮、大东南集团超过50亿元。积极推进管理、技术、制度和品牌创新,新增中国驰名商标1只、中国名牌产品6只、国家免检产品4只,累计拥有国家级品牌16只,省级品牌112只。

农业。持续加大农业投入,财政支农投入达1.20亿元,同比增长25%。建成东和十里坪万亩有机良种茶二期等特色农业基地68个,新增农业龙头企业15家、各类农民专业经济组织19家。新增无公害农产品10只,11只农产品获浙江农业博览会金奖,数量居全省第一,建成具有一定规模的休闲、生态、观光农庄15家。累计投入水利资金2.10亿元,完成水利工程1 000余处。

第三产业。全面启动东白湖生态旅游区建设,生态旅游区品牌逐步打响。精心建设西施故里旅游区,吸引项目签约资金7.10亿元,一期工程主体建筑基本竣工。加强规范引导和分类指导,休闲旅游方兴未艾。全年国内外游客数量和旅游收入同比均增长26%以上。组建商贸办公室,编制商业网点发展规划,出台各项扶持政策,全年实现消费品零售总额76.49亿元,同比增长15.30%。雄风集团名列全省商业企业第4位,雄城商贸列入全国供销系统龙头企业。餐饮业发展迅猛,实现餐饮业零售额5.73亿元,同比增长19.20%。住房、汽车、教育、文化等新兴消费热点加速形成,全年销售商品房面积23万平方米,新增轿车8 629辆。建筑业创省级以上优质工程31项,总产值和上交地税均创历史新高,八达建设集团晋升为国家特级资质企业。

招商引资。全年实到外资1.89亿美元,同比增长25.80%;开发区实际利用外资首次超过1亿美元,历史性地进入全省十强。自营出口提质转型,全年完成13.46亿美元,同比增长52%,外资外贸再度入围全省十强。

循环经济。菲达环境保护等3家企业项目列入省循环经济重点项目,山下湖珍珠加工园区、店口镇循环经济试点区域、大唐袜业产业区列入省循环经济试点园区,2家企业获省绿色企业称号,4家企业通过省清洁生产企业审核。

【社会事业】 深入开展省示范文明城市创建活动,省首批科技强县市创建成功,科技进步和科普工作分别获得全国先进。高考成绩再创辉煌,教育现代化步伐加快推进,教育强市地位进一步巩固。"西施传说"被列入首批国家级非物质文化遗产代表作名录。成功创建省首批体育强市,顺利通过全国农村中医工作先进县(市)考核验收。再次获得省双拥模范城称号,民族团结进步工作获全省先进。

【店口等镇乡入围全国强镇行列】 店口、大唐、山下湖、枫桥、次坞、牌头、草塔、应店街、阮市、璜山镇10个镇入围全国千强镇行列。

上虞市

【经济建设】 全年实现生产总值229.45亿元,比2004年增长13%;完成固定资产投资98.94亿元,增长18.1%;社会消费品零售总额达到63.27亿元,增长13%;财政总收入完成20.18亿元,增长27.6%。综合实力位居全国百强县(市)第42位,比2004年上升了4位。

工业。全年规模以上工业实现销售450.44亿元、利税51.25亿元,分别增长22.90%和20.10%。完成工业性投入68.50亿元,增长20.60%。50只市级重点项目中有28只进入省重点,其中17只被列为当年供地项目。全年销售亿元以上工业企业增至80家,其中销售在40亿元以上企业1家、20亿元以上企业2家、10亿元以上企业3家。科技创新迈出新步,新建区域创新服务中心2个,引进大学名校共建创新载体5个,签订科技合作协议61项,新增国家级高新技术企业2家、省级6家。实施国家级科技项目17只,开发省级以上新产品

94只。新增中国驰名商标1项,省、绍兴市名牌产品和著名商标65项。

农村经济。全年纯支农资金达到1.80亿元。农业产业化水平不断提高,新增销售超5 000万元龙头企业3家、超亿元2家,龙头企业实现销售16.20亿元,新建专业合作社15家,新增农业外拓基地0.75万公顷,农产品出口3 941.50万美元。22个无公害农产品基地通过省级认定,蔬菜、水产、花卉、畜禽、茶果等特色农业加快向标准化和生态化发展。新农村建设加大力度,"十村示范、百村整治"扩大到150个村,被评为全省新农村建设优胜单位。康庄工程投入9 600万元,改造乡村公路242公里。新建标准江堤13.63公里,整治河道56.50公里,建成标准农田2 440公顷,新增改水受益人口2.40万人。基本实现调频广播村村响,80%的行政村接通宽带。实现了通村公路通达率100%和通村公路硬化100%的目标,提前两年完成乡村康庄工程建设任务。

建筑业。全年完成建筑业产值408.80亿元,增长25%。全年施工产值超50亿元企业1家、超40亿元企业1家、超30亿元企业4家,新增房屋建筑施工总承包特级企业2家,总数达到4家。五洋建设集团入选中国企业500强。上海市场登记业务量达到116亿元,继续位居全省各进沪县(市)之首。建筑业务覆盖国内21个省市,承接亿元以上工程55项,创省部级以上优质工程70项,其中鲁班奖1项、全国建筑装饰奖2项。

【成为首批浙江省科技强县市】 积极开展"产学研"合作,两次组织外出科技招商,促成27家企业与国内12所高等院校签订30项科技合作协议,并与电子科大、天津大学、天津理工大学建立市校全面合作关系。成功举办科技合作洽谈会,签署12项科技合作协议,聘请10名市政府科技顾问。新实施产学研合作项目61项,全市申请专利545项,通过省级新产品鉴定34项。企业创新实力不断加强,目前全市已有国家级高新技术企业14家,省级高新技术企业30家,省级科技型中小企业28家,绍兴市级高新技术企业36家,基本形成了高新技术企业梯度渐进、储备发展的良好格局。进入首批"浙江省科技强县市"行列。

嵊州市

【经济建设】 全年实现生产总值137.29亿元,增长13.30%;全社会固定资产投资61.88亿元,增长12.80%;财政总收入11.76亿元,其中地方财政收入5.74亿元,分别增长14.30%和7.20%。社会消费品零售总额55.85亿元,增长14%。城镇居民人均可支配收入17 150元,增长12.90%;农民人均纯收入6 535元,增长9.20%。城镇登记失业率3.70%;人口自然增长率1.19‰。

农业。实现农业总产值23.34亿元,同比增长7%,粮食生产保持稳定。加工农业实现销售收入13亿元,同比增长13.80%。外拓农业基地9 000公顷,23家企业的农产品进入国内大型超市,农产品自营出口4 518万美元,农业实际利用外资675万美元。被农业部授予全国农产品加工示范基地、全国无公害农产品出口示范基地、国家级无公害茶叶出口基地荣誉称号,市政府获得了"中国茶叶发展政府贡献奖",还被省政府授予全省外向型农业工作先进单位。

工业。组织开展千家企业"创强争优"活动,全市实现工业总产值372.25亿元,比上年增长19.60%,其中规模以上工业企业实现产值149.55亿元,增长28.30%,占全市工业产值的40.20%。开展"百家企业搞技改"活动,致力推进"装备革命",完成工业性投入35.44亿元,增长9.40%。出台了一系列扶优扶强规模企业的政策措施,全年新增规模以上企业113家、销售超亿元企业11家,累计分别达到425家和35家。成功争创3只"中国名牌",5只"国家免检产品",获得"中国厨具之都"称号,新增省级以上高新技术企业7家,实施国家科技项目12只,申请专利178件,授权110件,高新技术产业增加值占工业增加值比重达到13%,科技对经济的贡献率达到55%,被评为全国科技进步先进县市。实现建筑业总产值60.30亿元,增长20%,创"钱江杯"3项。

外向型经济。大力开展招商引资,实施"百家企业闯境外"活动。全年合同利用外资2.36亿美元,实到外资1.02亿美元,同比分别增长68.90%和102.30%,增幅列绍兴市第一位。实现进出口总额5.13亿美元,其中自营出口4.63亿美元,同比分别增长37.60%和40.04%。

【社会事业】 全面加强教育现代化建设,实施教育扶贫,有6 791名学生享受教育券。成功举办市首届农民运动会和第七届老年人运动会。以越乡文化"六百工程"为抓手,丰富群众文化生活,加快农村文化阵地"八个一"建设,实现调频广播村村响,完成300个文化特色村创建。

【人民生活】 加强社会保障和救助工作,帮助2 600多名城镇失业人员实现再就业,农民技能培训3.70万余人,转移就业1万多人。企业养老保险、城镇职工医疗保险和被征地农民养老保障参保人数分别达到8.52万、5.62万和3.50万,全年支付三项资金2.52亿元。市财政拨出1 000多万元用于新型农村合作医疗,参保农民48.30万人,全年报销医药费共计1 376万元。开展爱心捐款活动,募集资金980多万元。推出首批经济适用房。创建农村放心示范店663家,放心超市18家,校园放心店52家,实现市区生猪机械化定点屠宰。

【获"中国茶叶发展政府贡献奖"】 2005年,全市茶叶自营出口额达到3 994万美元,其中珠茶出口额已占全国的65%以上。经中国茶叶学会、农民日报社评选,嵊州市政府成为全国20个"中国茶叶发展政府贡献奖"之一。

【被授予国内惟一"中国厨具之都"称号】 全市现有厨具生产

及配套企业近300家,年产吸油烟机150万台、燃气灶200万台、消毒碗柜80万台,产品已形成15个系列、80多个品种,占全国总产量的30%左右。全行业销售收入在50亿元左右,其中销售收入亿元以上企业6家。9月,中国五金制品协会正式授予嵊州市"中国厨具之都"称号

【小黄山遗址入选"全国十大考古新发现"】 经国家文物局批准,浙江省文物考古研究所对嵊州小黄山新石器时代早期遗址进行了抢救性发掘。经过国家、省三级文物部门领导,国家文物局专家组成员,北大、复旦、南京师大的高校教授和故宫博物院、南京博物院、上海博物馆专家等国内知名权威人士研讨认定,嵊州小黄山遗址被确定为目前长江中下游发现的同一时代中规模最大的聚落遗址;其年代早于河姆渡文化、马家浜文化及跨湖桥文化,是目前发现的长江下游最早的新石器时代文化;可以命名为一种考古学文化——"小黄山文化"。成功入选2005年度"全国十大考古新发现"。

新昌县

【经济建设】 全年全县实现生产总值122亿元,增长13%,人均生产总值2.8万多元。实现财政总收入11.41亿元,地方财政收入4.92亿元,增长13.30%。综合实力列全国百强县第69位。

农业。扩大良种茶叶、名优水果、高山蔬菜等基地1 000公顷,新增无公害农产品基地7 333.30公顷,万亩无公害高山茭白基地和万亩中药材规范化种植等项目进展顺利。

工业。2005年全县工业增加值68亿元,规模以上工业企业完成产值190.70亿元,实现销售收入177.50亿元。全县自营出口超1 000万美元企业12家,其中万丰奥特超1亿美元。

围绕第三产业发展抓旅游业提升。第七届新昌旅游节成功举办,"休闲新昌"旅游规划和休闲农业发展规划通过评审,宣传促销力度继续加大,全年游客总数增长21.80%,旅游总收入14.50亿元,增长21.50%。第三产业在生产总值中的比重进一步提升。

【社会事业】 科技综合实力不断增强,全县现有技术开发中心40家,其中国家级2家,拥有国家级高新技术企业13家,省级高新技术企业21家。教育事业持续发展,学校布局日趋合理,教育资源配置得到优化,高考重点线上线率连年居全市前茅,教学质量逐年攀升。扎实推进康庄工程、农民饮用水工程,公路通村率达到92.80%,解决了3万多人饮用水问题。农村教育现代化、农村卫生和农民健康工程全面推进。加快农村富余劳动力培训转移步伐,全年培训农村富余劳动力2.44万人,转移1.17万人。文明村、卫生村、生态村和文明县城创建活动深入开展,"三下乡"和"阳光文化"系列活动扎实推进,青少年活动中心投入使用。

全市共有医疗卫生机构1 088个,其中医院34家、卫生院及分院281家;医疗床位12 158张,其中医院8 680张,卫生院2 515张;卫生技术人员16 660人,其中医生7 976人,注册护士4 898人;每万人拥有医院床位20张,每万人拥有医生18人。全市已建成社区卫生服务中心107个,社区卫生服务站576个,中心和站的创建达标面已分别达到规划数的91.5%和88.6%。

基本医疗保险参保人数49.39万人,比上年增加5.08万人。2005年新型农村合作医疗制在所有县(市)全面推行,全市参加新型农村合作医疗的人员达300.55万人,参保率为86.9%。

【跃居全国百强县第69位】 根据2005年全国百强县(市)综合发展指数最新测算结果,新昌县排名跃居全国百强县(市)第69位,与去年相比,前进了13位。 (李月娟)

绍兴新貌

舟山市

【自然概况】 “千岛之城”舟山坐落于长江口东南侧,杭州湾外缘的东海洋面上,是我国惟一以群岛设立的地级市。全市共有大小岛屿1 390个,其中常年有人居住的岛屿103个。境域东西长182公里,南北宽169公里,总面积为2.22万平方公里,其中海域面积2.08万平方公里,岛屿陆地面积1 257平方公里,潮间带183平方公里,是全国最大的岛群。本岛东西长45公里,南北宽18公里,总面积(包括潮间带)502.65平方公里,列台湾岛、海南岛和崇明岛之后,是我国第四大岛。舟山得海独厚,得景独秀,得港独优,依托海洋资源优势,大力发展海洋经济,在全省乃至全国形成了独具魅力的城市特色。

【历史沿革】 舟山群岛开发历史悠久。据历史记载和出土文物考证,属河姆渡第二文化层年代,远在新石器时代,就有人类在这里生息劳动。春秋时,舟山属越,称“甬东”(甬江之东),又喻称“海中洲”。据《史记》注释,“甬东,即句章县(今日之宁波)东海中洲也”。唐玄宗开元二十六年(公元738年)置县,以境内有翁山而命名为“翁山县”,归属明州。北宋神宗熙宁六年(公元1073年),再次设县,更名为“昌国县”。元初升为“昌国州”。清康熙二十七年(公元1688年),改名称“定海县”,道光年间升为“定海直隶厅”。辛亥革命后,恢复定海县建制。民国三十八年(公元1949年)分为定海、翁洲两县。1950年5月舟山解放后,成立定海县人民政府,1953年3月设立舟山专员公署,1958年改为舟山县,1962年恢复舟山专员公署,1967年改称舟山地区。1987年1月经国务院批准,撤地建市。

【地理位置】 舟山市地处我国东南沿海,长江口南侧,杭州湾外缘的东海洋面上。介于东经121°31′~123°25′,北纬29°32′~31°04′之间,北靠上海、杭州、宁波大中城市群和长江三角洲等辽阔腹地,面向太平洋,具有较强的地缘优势,踞我国南北沿海航线与长江水道交汇枢纽,是长江流域对外开放的海上门户和通道。

【行政区划】 舟山市下设定海、普陀2区,岱山、嵊泗2县。全市乡镇街道为44个,行政村424个。其中定海区下辖7镇、3乡,6个街道,普陀区下辖7镇、4乡、3个街道,岱山县下辖6镇、1乡,嵊泗县下辖3镇、4乡。同时对定海区金塘岛、普陀区六横岛、岱山县衢山岛3个人口在5万以上的大岛实行以岛建镇,全岛统一规划、统一开发,并下放了市、县(区)属部门14大类共95项经济和社会事务管理事权。

【人口】 2005年全市户籍总人口96.73万人,人口出生率为6.13‰,自然增长率-0.59‰,成为新世纪以来第四个负增长年。男女比例适当,按2005年户籍人口计算男性485 397人,女性481 853人。出生人口性别比为105.19,低于我国出生人口性别比107。2005年全市60岁以上人口达148 060人,占总人口的15.31%,老年人比例进一步上升。

【资源物产】 舟山拥有丰富独特的“渔”、“港”、“景”海洋资源。舟山渔场是全国最大的渔场,也是世界四大渔场之一,水产资源丰富,海域内盛产鱼、虾、贝、藻类等海水产品,据统计,共有海洋生物1 163种,按类别分:有浮游植物91种、浮游动物103种、底栖动物480种、底栖植物131种、游泳动物358种。捕捞的主要品种有带鱼、鳓鱼、马鲛鱼、海鳗、鲐鱼、马面鱼、石斑鱼、梭子蟹和虾类等40余种。素有“东海鱼仓”和“中国渔都”之美誉。沈家门渔港与挪威的卑尔根港、秘鲁的卡俄亚港齐名,为世界三大著名渔港之一。舟山港可建码头岸线有1 538公里,其中水深10米以上的深水岸线有164公里,水深15米以上、可建10~25万吨级以上泊位的岸线103公里。港域面积1 000平方公里,主航道可通行20万吨以上船舶,舟山东部海域的国际航线能够通行30万吨以上巨轮,是中国沿海建设深水大港的理想之地。舟山海洋风光秀丽,境内有中国四大佛教名山之一“海天佛国”普陀山、“列岛风光”嵊泗两个国家级风景名胜区和“蓬莱仙岛”岱山、“金庸笔下”桃花岛两个省级风景名胜区。此外,舟山还有丰富的传统名特产:海带、紫菜、蚂蚁虾皮、糯米虾、舟山白鹅、普陀水仙、金头蜈蚣、马目泥螺、花岗岩、洛泗座油、新木姜子、皋泄杨梅、黄金瓜、普陀佛茶等。

【经济发展概况】 2005年,舟山市坚持以科学发展观为指导,紧紧围绕“发展、平安、和谐”工作主线,大力发展海洋经济,坚持城乡统筹发展,全面建设“平安舟山”,努力构建和谐社会,取得了新的成绩。2005年,全市国内生产总值为280.16亿元,按可比价格计算,比上年增长18.0%,增速居全省各市首位。人均生产总值为28 936元,比上年增长18.2%。全市海洋经济总产出510亿元,比上年增长18.6%,海洋经济增加值166亿元,比上年增长16%,占全市生产总值比重达到61%,是全国海洋经济比重最高的地级市之一。全市预算内财政总收入28.52亿元,比上年增长23%,地方财政一般预算收入18.21亿元,增长34.2%。2005年,全市全社会固定资产投资161.12亿元,增长26.0%,其中限额以上投资155.08亿元,增长31.5%,增幅高于全省平均13个百分点。城镇居民人均可支配收入15 524元,增长12.9%,渔农村居民人均纯收入7 190元,增长15.4%。2005年全市工业总产值403.64亿元,增长30.0%,全市工业销售产值389.11亿元,增长29.3%,产销率达到96.4%。已形成水产加工、船舶修造、机械制造为支柱行业的海岛工业体系,临港工业大力推进,船舶制造、粮油、煤炭、木材加工等一批重大临港工业项目开工建设或即将开工。渔农业结构继续调整,特别是捕捞作业引进和推广了对资源破坏小、经济效益好的生产方式,尤其是灯围作业发展较快。2005年全市水产品总产量124.08万吨。2005年末全市共有远洋渔船290艘,全年远洋渔业产量15.52万吨。水产养殖品质全面提升,养殖示范基地和优势产业带建设稳步推进。2005年全市水产养殖面积11.79千公顷,产量12.38万吨。全市省级无公害水产品基地达到24个,累计有24个养殖水产品获得了农业部无公害产品认证。渔民转产转业工作有序推进,2005年末全市有机动渔船9 103艘,比上年末减少128艘,渔船总吨位80.42万吨,减少2.27万吨,总功率136.99万千瓦,减少4.82万千瓦。2005年全市共拆解捕捞渔船323艘,总马力2.77万千瓦,分流捕捞渔民2 708名。"暖人心、促发展"工程深入实施,"双转"渔民的技能培训成效显著。全年培训渔农村劳动力2.2万名,帮助1.41万名渔农村富余劳动力实现就业,结对帮扶渔农民4 555户。以海洋文化为载体,旅游节庆活动得到进一步拓展和创新,以旅游项目开发为重点,海洋旅游精品工程建设进一步推进,"海天佛国,渔都港城——中国舟山群岛"旅游品牌进一步打响。成功举办了第七届中国舟山国际沙雕节、第三届中国海鲜美食文化节、第三届普陀山南海观音文化节等。2005年全市共接待国内外游客1 001.71万人次,实现旅游收入61.4亿元,分别增长19.7%和20.0%。其中入境游客14万人次,外汇收入7 532万美元,分别增长20.2%和26.1%。普陀山、桃花、朱家尖等主要景点旅游人次分别增长7.5%、35.7%和5.1%。旅游集散服务中心投入运行,旅游公共服务设施不断完善。2005年末全市有旅行社84家,旅游星级饭店61家。

【城市产业结构调整】 2005年,全市进一步突出工业主导地位,加快发展第三产业,稳定第一产业,产业结构进一步优化。全市第一产业增加值39.84亿元,增长0.2%;第二产业增加值111.26亿元,增长24.1%,其中工业增加值86.08亿元,增长25.9%;第三产业增加值129.05亿元,增长19.1%。全市三次产业结构比例由上年的16.0:38.2:45.8调整为14.2:39.7:46.1。

【口岸开放】 1987年4月1日,国务院、中央军委批准舟山港对外开放。1988年4月经国务院批准,舟山市区正式列入沿海经济开放区。1992年舟山市被列为长江三角洲及沿江地区先行规划和发展城市,进一步扩大了对外开放度。1996年8月20日,国务院批准定海港岙山原油码头对外开放。1997年6月25日,省人民政府对舟山港沈家门、老塘山作业区的对外开放范围作了明确划定。2002年12月,国务院同意舟山港口岸马迹山港区正式对外开放。2004年初,经省政府批准、南京军区同意,舟山港对外开放的陆、海域面积从原来的360平方公里增加到720平方公里。历经1997年、2003年和2005年等3次大调整和十余次获准开放,舟山口岸开放面积从开放初期的不到20平方公里一直到2005年的1 040.94平方公里(陆域面积359.77平方公里,海域面积681.17平方公里),增加了50多倍,形成了定海、沈家门、老塘山、高亭、泗礁、衢山、绿华山和洋山八个港区,4个县区均有对外开放区域,拥有马迹山矿石中转码头、岙山、册子和半升洞原油中转码头、老塘山和墩头作业区等6个一类口岸监管区,16家外籍船舶修理厂,12个对外开放锚地,97个开放泊位,呈现出星罗棋布的开放格局,2005年10月30日历史性获准开通了普陀山机场至香港临时包机航线。外贸货运量从开放之初的13.6万吨增加到2005年的2 741.3万吨,增长200余倍;上交关税从初期的几十万元人民币到2005年的63亿元人民币。2005年,出入境人员达54 338人次,出入境船舶3 864艘次,外轮修理372艘次。近几年来,舟山口岸连续保持全国同类口岸活水鱼出口、水产品出口、原油进口和外籍船舶修理四个第一,并保持快速增长的势头。

【交通运输】 运输市场持续繁荣。2005年,全市水、陆货运量6 717万吨,水、陆货运周转量505.18亿吨公里,分别增长28.5%和54.5%;水、陆客运量8 832万人,水、陆旅客周转量17.87亿人公里,分别增长7.8%和2.6%。民航客运量38.41万人次,增长0.9%,民用航空货邮运量2 369吨,增长1.5%。全市机动车辆继续增加。年末全市民用汽车保有量1.81万辆,其中私人汽车0.92万辆,分别比上年增长19.3%和27.5%。

【港口物流】 舟山市依托港口资源优势,确立了以港兴市的思路,加大了港口开发力度,相继建成了兴中公司岙山石油中转基地、宝钢马迹山矿砂中转港、老塘山码头扩建工程等一批港口重点开发项目。2005年,上海国际航运中心洋山深水港项目一期工程完工,东海大桥全线贯通建;金塘大浦口集装箱港区项目已实质性启动;册子原油中转基地项目油库工程正在加紧施工。此外,在省委、省政府的决策部署下,2005年12月20日,"宁波—舟山港"一体化正式启动,将推进宁波、舟山的港、岛、桥、路等的联动开发和资源整合,建成大港口、大物流、大通道。

物流业持续发展。2005年全市拥有海运企业150家,在册营运客货船舶1 512艘。全市货运船舶运力达到193万载重吨,净增52万载重吨。海运货运量4 892万吨,货物周转量503.15亿吨公里,分别增长29.7%和55.0%。运力结构逐步优化,普通货船所占比重有所下降,油船、化工品船、集装箱船等所占比重逐步上升。万吨以上的船舶从上年的7艘增加到18艘。港口货物吞吐量再创新高。2005年港口货物吞吐量9 052万吨,增长23.0%,连续7年位居全国沿海港口第九位,其中石油及天然气吞吐量2 573万吨,增长4.6%;金属矿砂吞吐量3 290万吨,增长35.1%。全年外贸货物吞吐量2 673万吨,增长12.4%。港口集装箱吞吐量5.49万TEU,增长12.6%。2005年末全市有生产性泊位385个,其中万吨级以上深水泊位12个。

【基础设施】 近几年来,舟山加大投资力度,加快水利、电力、交通等基础设施建设步伐,积极改善投资硬环境,基础设施建设取得重大突破。舟山至宁波大陆连岛工程一期全面完成,二期工程抓紧推进,三期工程进入前期工作,金塘大桥和西堠门大桥本年完成投资9.6亿元。新城大桥建成通车,鲁家峙大桥加紧建设,完成329国道舟山段等一批等级公路建设,岛际交通高速化。建成各类生产性泊位38个,其中万吨级以上深水泊位6个;民航航班不断增加,开通至香港旅游包机航线。建成舟山发电厂2×13.5万千瓦机组、本岛电网与大陆110KV联网工程,大陆与嵊泗电力联网工程。完成舟山大陆引水应急工程和"四库两道"重点蓄供水工程,展茅平地水库等新建蓄水工程进展顺利,海水淡化和水资源循环利用试点工作取得明显成效,基本满足了经济和社会发展的用水要求。海涂围垦成为舟山市缓解用地矛盾的重要途径,已在实施的围垦工程25处,围垦施工面积4万多亩。

【科技进步与创新】 深入实施科技兴市战略,科技创新能力进一步增强。2005年共实施各类科技项目358项,其中国家级11项,有8项列入国家"863"计划项目,省级91项。全年获省市级政府奖的科技成果数23项,其中省级奖2项。申请专利175件,授权60件。技术市场成交合同105项,合同成交额1 454万元。

高技术园区和产业稳步发展。2005年,舟山海洋科技(人才)创业园建设进展顺利,园内的普陀海洋高科技创业中心累计投入3 100万元,入孵企业达到25家。高技术企业及研发中心的培育继续推进,和大专院校共建的创新载体达到5家,新增省级高技术企业2家。全市15家高技术企业,实现产值8.41亿元,销售收入7.86亿元,实现利税0.68亿元。

品牌建设稳步推进。金鹰公司的"桑蚕绢丝"产品被评为2005年度中国名牌产品,实现舟山产品中国名牌零的突破。名牌产品的培育发展机制进一步完善。年内有12只产品被评为浙江名牌,20只产品被评为舟山名牌。年末全市有省级名牌产品34只,其中水产品名牌20只,舟山名牌产品67只。

【社会事业】 按照全面创建海洋文化名城的要求,全市社会各项事业取得新进展。教育事业加快发展。年末全市有普通高等院校3所,在校学生13 481人;普通中学55所,在校学生48 081人;中等职业学校15所,在校学生16 314人;普通小学82所,在校学生50 096人。全市有10 478名外来流动人口子女在各类学校就读。2005年,全市初中升高中段比例为94.32%,高考上线率为85.96%,全市高等教育毛入学率40.83% 。全面创建海洋文化名城,文化、广播电影电视事业取得新进展。年末全市共有文化艺术表演团体3个,艺术表演场所2处,群众艺术馆1个,文化馆4个,文化站43个,公共图书馆4个,藏书52万册。海洋文化精品创作进一步发展,共有4件作品获得国家级奖项。年末全市有线电视用户数23万户,广播、电视人口综合覆盖率均达到98.4%。年末全市有线电视用户数23万户,广播、电视人口综合覆盖率均达到98.4%。卫生事业继续加强。年末全市共有医疗卫生机构395个(不包括村卫生室),医疗开放床位3 501张,卫生技术人员4 610人。基本上建立了新型渔农村合作医疗制度,合作医疗实际参加人数43.66万人,参加率78.2%,共筹集资金2 249.76万元。成立了舟山群岛渔农民流动医院,组建系列惠民医院,困难群众和偏远岛屿的渔农民得到医疗救助。体育事业不断发展。2005年全市共举办县级以上体育运动会375次,全民健身运动参加人数37.7万人次,参加省级运动会共夺得金牌7枚、银牌7枚、铜牌8枚。全年发行体育彩票2 910万元。

【社会保障体系】 社会保障体系进一步健全,年末全市参加养老保险单位数4 691家,参保人数17.95万人;参加医疗保险单位4 226家,参保人数18.48万人;失业保险参保人数11.71万人。建立了渔农村新社区182个,渔农民养老保障制度初步建立,基层组织公共服务职能得到加强,渔农民生活条件得到进一步改善。被征地农民基本养老保障进一步完善,全市被征地农民参加养老保障人数达到3.7万人,有1.39万人开始享受保障待遇。完成乡村(社区)道路建设68公里,饮用水工程覆盖人口8.45万人。年末全市共有社会福利院和敬老院41家,床位2 515张,供养1 276人。城镇社区服务设施588个。城镇"三无"对象集中供养率达到94.5%。农村"五保"老人集中供养率达到93%。城乡居民实施最低生活保障制度的保障对象达12 200人,比上年增长3.4%,其中城镇保障对象2 223人,渔农村保障对象9 977人。 (任爱珍等)

国民经济发展概况表

项　目	2005年	比2004年增或减%
国内生产总值(亿元)	280.16	18.0%
第一产业增加值(亿元)	39.84	0.2%
第二产业增加值(亿元)	111.26	24.1%
其中:工业增加值(亿元)	86.08	25.9%
第三产业增加值(亿元)	129.05	19.1%
人均国内生产总值(元)	28 936	18.2%
粮食总产量(万吨)	5.2	-12.3%
棉花总产量(吨)	78	-38.6%
油料总产量(万吨)	—	—
全社会固定资产投资总额(亿元)	161.12	26.0%
外贸自营出口(亿元)	9.95	19.2%
实际利用外资(万美元)	0.31	34.8%
社会消费品零售总额(亿元)	100.14	14.4%
零售物价总指数(%)	101.0	1.0%
地方财政收入(亿元)	18.21	34.2%
地方财政支出(亿元)	31.94	10.4%

续表

项　　目	2005 年	比 2004 年增或减%
职工年平均工资(元)	24 678	14.3%
农民年纯收入(元)	7 190	15.4%
邮电业务总量(亿元)	9.61	18.5%
电话普及率(部/百人)	50.4	3.9%
年末存款余额(亿元)	363.49	17.3%
年末贷款(亿元)	284.70	21.0%
大学(所)	5	持平
中小学(所)	137	-9.9%
下岗人数(人)	—	—
企业兼并、破产数(个)	—	—

定海区

【概况】 2005 年末总人口 37.21 万人。定海区辖金塘、岑港、小沙、双桥、白泉、干缆、马岙 7 个镇,长白、册子、北蝉 3 个乡,解放、昌国、环南、城东、盐仓、临城 6 个街道。

区内海域生长着 360 多种鱼类、60 多种虾类和 100 多种贝类,使定海有了"东海鱼仓"之美誉。区内有年销售额逾亿元的浙江正龙食品有限公司,开发生产了鱿鱼丝等 30 多种海洋系列产品。2002 年,"正龙"牌商标荣获浙江省著名商标。

【经济建设】 2005 年,全区实现地区生产总值 114.71 亿元,比上年增长 15.4%。第一产业增加值 6.06 亿元,比上年增加 0.9%;第二产业增加值 47.62 亿元,比上年增加 17.9%,其中工业增加值 39.26 亿元,比上年增加 17.9%;第三产业增加值 61.03 亿元,比上年增加 15.2%。人均生产总值29 812元,按现行汇率折算达到3 600美元左右。财政总收入 4.05 亿元,其中地方财政一般收入 2.23 亿元,比上年增长 23.2%。全社会固定资产投资 18.07 亿元,比上年增长 31.2%,限额以上投资项目比重提高,完成投资额 14.63 亿元,增长50.1%;民间投资主体地位突出,达到 14 亿元,增长 26.4%,占全部投资额的 85.4%。全年社会消费品零售总额 32.99 亿元,增长 14.4%;城镇居民人均可支配收入17 500元,农渔民人均纯收入7 194元,分别比上年增长 13%、15.9%。城镇居民人均住房面积达到 20.6 平方米,农渔村居民人均生活用房面积达到 45.6 平方米。

实现农渔业总产值 11.71 亿元,比上年增长 1.4%,其中渔业总产值 6.80 亿元,比上年增长 6.3%,粮经作物结构得到合理调整,畜牧生产稳定增长,海洋捕捞基本稳定,高精养殖进一步推广。实现渔业捕捞产值 5.2 亿元,增长 6.4%,水产养殖产值 1.5 亿元。海域使用和管理更加科学规范,获得"全国海域使用管理百强县(区)示范区"称号。

实现工业总产值 120.17 亿元,比上年增长 26.2%。机械制造、水产品加工、船舶修造和纺织服装等四大主导产业共实现产值 91.9 亿元,占工业总产值的 76.5%,比上年上升 1.4 个百分点。其中塑料机械制造业实现产值 19.8 亿元,增长 43.2%。实现临港工业产值38 亿元,增长 30.1%,其中船舶修造业产值超过 11.76 亿元,增长 105.8%。全年新投产工业项目 82 项,产出 10 亿元以上。

实现第三产业增加值61.03 亿元,比上年增长 15.2%。海洋旅游业开始起步,《定海古城要塞旅游开发总体方案》编制完成,"古城要塞"项目开发进入推介阶段,接待国内外游客 169 万人次,实现旅游收入 10.34 亿元,分别增长 25.4% 和 21.4%。海运业快速发展,总运力突破 50 万载重吨,金塘大浦口集装箱码头建设项目启动,册子原油中转项目建成,宁波—舟山港正式命名。全年开发农村房地产面积 9.57 万平方米,成交面积 2.90 万平方米,分别增长 90.1% 和 182.6%。农渔村商贸业活跃,建立 47 家连锁超市、52 家"放心店"。

全区外贸出口交货值达到 24.28 亿元,比上年增长 27.1%;地方自营出口总额达到 1.77 亿美元,比上年增长 15.3%;拥有进出口自营权企业 1 35 家。引进项目 18 个,总投资额达 25.3 亿元,其中总投资上亿的项目 5 个。

投入基础设施建设资金 2.24 亿元。完成舟山环岛公路定海段路基工程,启用长白珠子山至后岸公路、小李岙客货运码头;完成 33 公里联村联网工程、30 公里砂改油工程。除险加固 13 座病险水库,综合整治 35.9 公里河道;完成西大塘外涂围垦工程初步设计和金塘岛北部促淤围垦工程测绘勘测,通过验收紫窟围涂工程。实施农村饮用水工程4 项,新增受益人口 1.3 万人。西码头国家一级渔港工程顺利推进。

【社会事业】 完成建设性社会事业和社会保障事业方面的公共财政投入 1.72 亿元,占全年财政总支出的 32.4%,增长

33%。顺利完成第一、第二批保持共产党员先进性教育活动，308 个基层党组织5 756名党员得到教育。制定出台《关于进一步加强农村教育工作的决定》，完善了"以县为主"的农村义务教育管理体制，促进城乡教育均衡发展。建成区文化中心大楼，成立区体育总会，并成功举办了全区首届农渔民运动会和区直机关运动会。农渔村新型合作医疗制度全面实施，18.9 万人参加合作医疗，参合率达 82.7%，居舟山市首位。是年，培训农渔村劳动力6 519人，解决就业5 143人。出台《关于建立新型社会救助体系的若干意见》，制定并实施被征地农民基本养老保障办法。全区城镇"三无"人员集中供养率达到 90%，农渔村"五保"对象集中供养率达到 88%。生态区建设规划编制完成，畜禽养殖污染和一批重大污染企业治理工作得到加强。村庄布点规划和 45 个示范整治村的建设规划完成，建成示范村 2 个、整治村 7 个，完成 3 个农村垃圾中转站主体工程建设。

【金塘大浦口集装箱码头建设启动】 金塘大浦口集装箱码头项目工程投资估算约 57 亿元，将在金塘岛大浦口建设 7 万吨级泊位 3 个、10 万吨级泊位 2 个（可兼靠 15 万吨大型集装箱船），码头泊位总长1 774米，码头平台（前沿作业区）宽度为 55 米，采用 30 米跨距的岸桥装卸作业，设计年集装箱通过能力为 250 万标箱，是国家发改委《长江三角洲地区港口建设规划（2004～2010 年）》中的一项。5 月 18 日，金塘大浦口项目前期工程（围堤及陆域形成）正式开工。前期工程包括建设一条长 686 米的主堤，一条长 291 米的侧堤，吹填海砂 420 万立方米，建设期 2 年。

经济社会发展主要指标

项　　目	2005 年	比 2004 年增或减%
国内生产总值（亿元）	114.71	15.4
第一产业增加值（亿元）	6.06	0.9
第二产业增加值（亿元）	47.62	17.9
其中工业增加值（亿元）	38.26	17.9
第三产业增加值（亿元）	61.03	15.2
人均国内生产总值（元）	29 812	14.9
粮食总产量（万吨）	3.15	-14.9
棉花总产量（吨）	7	-53.3
油料总产量（万吨）	0.21	-6.1
全社会固定资产投资总额（亿元）	18.07	31.2
外贸自营出口（亿美元）	1.77	15.3
实际利用外资（万美元）	731	135.8
社会消费品零售总额（亿元）	32.99	14.4
零售物价总指数（%）		
地方财政收入（亿元）	2.23	23.2
地方财政支出（亿元）	5.33	12.9
城镇职工年平均工资（元）	25 229	9.5
农民年纯收入（元）	7 194	15.9
邮电业务总量（亿元）		
电话普及率（部/百人）		
年末存款余额（亿元）	90.13	15.1
年末贷款（亿元）	74.83	20.6
大学（所）		
中小学（所）	40	-21.6
下岗人数（人）		
企业兼并、破产数（个）		

（定海区）

普陀区

【概况】 舟山市普陀区位于浙江省东北部，舟山群岛东南部，长江、钱塘江、甬江入海交汇处南缘海域。南北长约105公里，东西宽约85公里。区域总面积6 728平方公里，其中海域面积6 269.4平方公里，陆域面积458.6平方公里（含潮间带69.77平方公里）。岛屿454.5个（不含归属有争议27个），其中住人岛31.5个，无人岛423个，自西南向东北呈带状分布。年末户籍人口31.9万人。

2005年下辖六横、朱家尖、桃花、展茅、虾峙、东极、普陀山7镇，蚂蚁岛、登步、佛渡、白沙4乡，沈家门、东港、勾山3街道，有社区（居委会）30个，行政村177个。区人民政府驻沈家门街道。年末户籍人口31.9万人，比上年减少0.3%。

区内有普陀山国家级重点风景名胜区（包括朱家尖岛东部28.8平方公里）和省级风景区桃花岛风景区，其特色是集海岛自然风光、海洋文化和佛教文化于一体。普陀山以“海天佛国”、中国四大佛教名山之一闻名于世，朱家尖以“沙雕”等内容吸引国内外游客，桃花岛以“金庸武侠文化”驰名，与渔都沈家门共同构成普陀旅游“金三角”。

【经济建设】 2005年全区实现生产总值84.07亿元，比上年增长17.8%。其中，第一产业14.2亿元，减少1.7%；第二产业32.87亿元，增长25.2%；第三产业37.0亿元，增长20.6%。人均生产总值26 322元，增长15.3%。财政总收入6.1亿元，地方财政收入3.9亿元，分别增长32.3%和28.5%。城镇居民人均可支配收入15 026元，渔农村居民人均纯收入7 110元，分别增长12.6%和14.8%。

*工业经济高速发展。*全年实现工业总产值110.9亿元，增长32.9%，其中以水产加工、船舶修造等为代表的临港工业实现产值91.3亿元，增长33.3%，占全区工业总产值的82.3%。水产加工业实现产值71.5亿元，增长21.4%。规模以上工业企业实现产值75.7亿元，占全区工业总产值的68.3%。完成工业技改投入11.1亿元，增长62.0%。六横煤电一体化、金润石油中转等重化工、能源项目进展情况良好。

*渔农产业发展平稳。*全年渔业总产量49.34万吨，总产值29.4亿元，其中全年远洋渔业产量7.6万吨、产值4.8亿元；全年水产养殖产量3.9万吨、产值5.6亿元。落实“双转”规划，报废拆解渔船142艘，分流捕捞渔民1 200人。以普陀水仙、普陀佛茶等为主的特色高效农业得到新发展。

*第三产业发展快速。*成功举办第七届中国舟山国际沙雕节和第三届沈家门国际民间民俗大会等重大节庆活动，全区旅游业接待量409万人次，增长18.1%；海运业发展势头迅猛，全区货运船舶运力达52.75万载重吨，增长21.1%；全年服务业增加值36.8亿元，同比增长17.5%，金融、保险、房地产等新兴服务业成为该区服务业新的增长点。

*体制改革继续深化。*积极做好行政审批事项清理、审核等工作，取消、废止或修改不符合行政许可项目16项、规范性文件56份。规范和完善工程建设招投标、土地使用权出让、公有资产公共资源交易、政府采购等制度，建立政府投资项目实施代建制。完善政务、厂务、社（村）务公开工作。全面推进渔农村新社区建设，共设立渔农村新社区41个。

*开放型经济成效明显。*继续加大招商引资力度，全年引进区外资金项目39个，其中境外资金项目11个，外来投资企业完成投资额11.3亿美元。完成外贸自营进出口总额3.05亿美元，其中出口总额2.86亿美元。积极推进“山海协作”工程，新签约项目13个，引进资金47.96亿元。

*城乡建设再上新台阶。*全年完成固定资产投资28.3亿元，增长35.5%，完成基础设施建设投资4.6亿元，增长31.2%。新建公路24.6公里、码头2座，完成非标准海塘建设1.35公里；小郭巨、六横凉帽潭、朱家尖福利门等一批围垦工程全面动工；相继完成一批公园、广场、海水淡化等工程项目，沈应隧道、鲁家峙大桥建设进展顺利；扎实推进村庄示范整治，建成小康示范村3个，基本完成行政村示范整治14个，整治河道8公里，完成乡村道路建设28.4公里。

【社会事业】 充分发挥普陀海洋高科技园区和博士后科研工作站作用，加快区域科技创新，完善科技创新体系，组织开展各类科技计划项目89项。基本普及从学前到高中段的15年基础教育，初中升高中比率达到95.9%，同高校录取率为77.1%。积极开展创建省级文明示范城区和国家卫生城市活动。进一步完善新型渔农村合作医疗制度，参保人数达124 762人，参保比例达77.6%。深入实施“暖人心、促发展”工程，积极开展培训就业工作，全年共培训渔农村富余劳动力7 663人，新增就业4 035人。大力推进帮扶救助工作，建设老年活动室19家，改造困难户危房165户，安排残疾人就业49人，全区共结对困难户1 500户，已享受低保困难户2 481户、4 245人。

【鲁家峙大桥工程】 计划总投资1.5亿元的市重点工程鲁家峙大桥工程于2004年4月8日正式动工建设。大桥起自沈家门东海中路西侧，跨越沈家门港，终于鲁家峙岛西侧，与规划中的鲁家峙环岛公路相连，路线全长1 700米，其中大桥长1 440米，按二级公路技术标准设计，双向四车道，行车速度为60公里/小时。大桥通行净高21米，主道航孔可通行1 000吨级以下船舶。年底大桥主拱顺利合拢，预计工程将于2006年5月竣工通车。

经济社会发展主要指标

项目	2005年	比2004年增或减%
国内生产总值(亿元)	84.07	17.8
第一产业增加值(亿元)	14.2	-1.7
第二产业增加值(亿元)	32.87	25.2
其中:工业增加值(亿元)	27.7	26.5
第三产业增加值(亿元)	37.0	20.6
人均国内生产总值(元)	26 322	15.3
粮食总产量(万吨)	1.06	-7.3
棉花总产量(吨)	59	-37.9
油料总产量(万吨)	0.22	8.6
全社会固定资产投资总额(亿元)	28.3	35.5
外贸自营出口(亿美元)	2.86	1.3
实际利用外资(万美元)	903	28.0
社会消费品零售总额(亿元)	32.89	14.8
零售物价总指数(%)		
地方财政收入(亿元)	3.9	28.5
地方财政支出(亿元)	6.6	9.8
职工年平均工资(元)	24 200	10.4
农民年纯收入(元)	7 110	14.8
邮电业务总量(亿元)	0.19	15.9
电话普及率(部/百人)	115.1	11.7
年末存款余额(亿元)	75.24	16.4
年末贷款(亿元)	68.16	32.4
大学(所)		
中小学(所)	45	0
下岗人数(人)		
企业兼并、破产数(个)		

(普陀区)

岱山县

【概况】 岱山县位于长江口南端,由404个岛屿组成,其中有人居住的岛屿16个,境内以岱山岛和衢山岛面积为大,其他岛屿有长涂、秀山、大鱼山等。全县总面积5 242平方公里,其中海域4 916平方公里,陆域326.4平方公里(其中潮间带滩涂57.4平方公里)。

全县辖6镇1乡,分别为高亭镇、衢山镇、东沙镇、岱东镇、岱西镇、长涂镇、秀山乡。2005年末,全县总人口19.5万人,比上年减少2 234人。

【经济建设】 2005年全县实现地区生产总值45.06亿元,比上年增长17.6%;完成全社会固定资产投资15.84亿元,增长48.2%;城镇居民人均可支配收入14 652元,增长11.5%,渔农村居民人均纯收入7 259元,增长16.2%;实现社会消费品零售总额15.44亿元,增长15%;完成财政总收入2.62亿元,增长21.7%(同口径增长30.2%),其中,地方财政收入1.63亿元,增长18.8%(同口径增长32.2%),是本县历史上财政增收最多的一年。

海洋经济结构调整加快。临港工业增势强劲。全年实现

工业总产值60.6亿元,比上年增长30.9%,其中船舶修造业实现产值12.8亿元,增长1.2倍,占全县工业产值的21.2%,突破了单个行业比重最高的历史记录,修造船能力明显增强。总容量4万千瓦的衢山风电场一期风电项目全面开工建设。积极发展水产品精深加工,水产品质量进一步提升;玩具、汽配等其他制造行业也取得较好发展。旅游业喜获丰收。全年共接待游客77.5万人次,增长33.1%,实现旅游收入4.41亿元,增长46.3%。全年建筑房地产业实现税收收入4 929万元,增长63.8%。初步建成了秀山岛泥主题公园海岛保健项目。航运业快速发展。全年新增运力10.6万吨,增长39.7%,总运力达37.3万吨,拥有万吨以上船舶6艘,单船平均吨位达1 282吨;完成海上货物运输量1 178万吨,增长70.2%,实现税收收入1 864万元,增长28.3%。港口开发有较大突破。浙江广厦集团衢山黄泽山原油中转项目落户,其他一些重大港口开发项目已达成合作意向。岱山本岛万吨级通用码头主体工程即将竣工投产。全县渔业总产量33.3万吨,销售收入23.1亿元,分别减少7.8%和增长6.3%。

海岛发展环境继续改善。积极做好岱山跨海大桥(舟山大陆连岛工程三期)前期准备工作,工程已通过预可评审。岱山环岛公路北线二期等道路工程动工建设,一批交通码头工程即将竣工,25车位400客座滚装船舶已进入设备安装。编制完成了《岱山县公路水路交通建设规划》等4个交通规划。水电条件继续改善。建成一期日产2 000吨海水淡化厂,城乡供水管网改造加快,城乡供水一体化格局初步形成。2006年元旦起全县居民生活用电价格享受全省同网同价标准,海岛居民用电环境进一步改善。全年合同引进资金67.29亿元人民币,实际到位资金5.39亿元人民币,分别增长1.68倍和4.5%。金融机构对经济社会发展的信贷支持力度加大,年末全县各项贷款余额22.39亿元,增长27.0%。

新渔农村建设成效明显。建立了39个渔农村新社区,全县所有乡镇都建成了敬老院,渔农村"五保"对象和城镇"三无"人员集中供养率分别达到98.6%和100%,获省政府表彰。扎实推进"生态县"建设,完成人工造林3 000亩,荣获省高标准平原绿化县称号。

【社会事业】 各项社会事业协调发展。县委决定,全面启动海洋文化名县建设。大力实施"科教兴县"战略,认真组织科技项目的申报实施,共实施科技项目71项,其中国家级4项,省级17项,国家"863"科技项目亚洲首座40千瓦潮流能实验电站顺利建成发电,并被评为浙江省2005年度十大科技新闻之一。全面推进人口与计生综合改革,荣获全国计划生育优质服务先进县称号。

【亚洲首座潮流能电站】 该电站位于岱山县城的仙洲桥下,是国家"863"科技计划潮流能发电实验电站实用化项目,功率为40千瓦,总投资180万元,于2005年底建成发电。这是世界第二座、亚洲第一座潮流能发电站。该潮流能发电技术,被评为全球可再生能源领域最具投资价值的十大领先技术之一。联合国工业发展组织对岱山潮流能发电项目十分看好,打算在岱山再建造一个功率约120~150千瓦的潮流能电站,进一步开发潮流能资源。

经济社会发展主要指标

项　　目	2005年	比2004年增或减%
国内生产总值(亿元)	45.06	17.6
第一产业增加值(亿元)	11.88	2.2
第二产业增加值(亿元)	14.83	31.2
其中:工业增加值(亿元)	12.05	29.3
第三产业增加值(亿元)	18.35	18.5
人均国内生产总值(元)	22 975	19.0
粮食总产量(万吨)	0.98	-8.6
棉花总产量(吨)		
油料总产量(万吨)		
全社会固定资产投资总额(亿元)	15.84	48.2
出口商品供货额(亿元)	14.80	70.1
实际利用外资(万美元)	1 172	-16.9
社会消费品零售总额(亿元)	15.44	15.0
零售物价总指数(%)		
地方财政收入(亿元)	1.63	18.8
地方财政支出(亿元)	1.39	11.7
职工年平均工资(元)	28 694	10.0

续表

项　　目	2005 年	比 2004 年增或减%
渔农村居民人均纯收入(元)	7 259	16.2
邮电业务总量(亿元)	1.12	6.1
电话普及率(部/百人)	53	3.9
年末存款余额(亿元)	39.65	15.7
年末贷款(亿元)	22.39	27.0
大学(所)		
中小学(所)	29	-23.7
下岗人数(人)		
企业兼并、破产数(个)		

(岱山县)

嵊泗县

【概况】 嵊泗县位于杭州湾以东、长江口东南,全县海域面积8 738平方公里,陆域面积86平方公里,堪称“一分岛礁九十九分海”。包括大洋山、小洋山、泗礁山、嵊山等404个大小岛屿,其中18个大岛有人居住,泗礁本岛最大,是县治所在地。2005年末总人口8.14万人。

嵊泗列岛历史悠久,唐朝鉴真和尚六渡扶桑;明朝郑和七下西洋;明末郑成功征发台湾岛等都途经嵊泗。素有“海上仙山”之称的嵊泗列岛,是我国惟一一处国家级列岛风景名胜区。县内花鸟灯塔建于1870年,是远东第一大灯塔。泗礁、黄龙、枸杞、嵊山等岛景观集中。基湖海滨浴场则有“南方北戴河”之美称,枸杞山有“海若波恬”、“瀚海风清”、“山海奇观”等摩崖石刻,系文物保护单位。

嵊泗盛产小黄鱼、墨鱼、带鱼、鳗鱼和鲳鱼等外销日本、智利、比利时和香港、澳门等国家和地区。县内港口资源优越,绿华港是我国少有的深水良港,水深20米左右,素有“国际锚地”之誉。境内大洋山和小洋山为上海国际深水港的港址。

辖菜园、嵊山、洋山3镇,五龙、黄龙、枸杞、花鸟4乡。2005年末总人口8.14万人。

【经济建设】 2005年,全县实现地区生产总值33.86亿元,连续六年保持了两位数的增长势头,比上年增长15.1%,人均达到4.12万元,居全市首位;财政总收入2.34亿元,比上年增长30.3%,其中地方财政收入1.81亿元,增长27.9%;全社会固定资产投资43.02亿元,增长24.2%(其中洋山深水港投资37.1亿元);城镇居民人均可支配收入14 577元,增长10.7%;渔农民人均纯收入7 056元,增长10.7%。

全年实现工业总产值24亿元,比上年增长20.5%;加快发展临港产业,外供油项目正抓紧实施,LNG项目落户该县进展顺利,围绕洋山港开发,港口加工业、港口物流、海上运输等产业取得积极进展,集装箱二程运输、集卡运输、短驳运输、港口旅游等一些具体项目已经启动;渔业生产稳步发展,实现渔业产量25.3万吨,产值12.2亿元,比上年增长4.8%;渔业结构调整取得新进展,全县海水养殖面积增加到20 130亩,产量5.1万吨,产值1.03亿元,产量、产值分别比上年增长12.1%和21.5%;旅游业发展迅速,以“渔家乐”等特色旅游项目为主,在提高品位和开拓市场方面都有了新的起色,全年共接待游客89万人次,实现旅游收入5.2亿元,分别比去年增长31.5%和30%,实现社会消费品零售总额7.9亿元,比上年增长13%。

全年共引进项目4个,协议总投资7.3亿元,并实现了水产招商项目零的突破;出口贸易增长速度较快,全年实现自营出口总额613万美元。

2005年全县共安排45项重点实事项目,建立了18个渔农村新社区,洋山撤村建居工作也顺利完成;深入开展城乡环境卫生综合整治等民心工程,渔农村生产生活环境有了明显改善;人民生活水平明显提高,县城居民可支配收入和渔农民人均纯收入分别达到14 577元和7 056元,比上年增长11.5%和10.7%。

【社会事业】 成功举办了第二届中国·嵊泗贻贝文化节、第三届社区艺术节、庆祝嵊泗解放55周年等系列活动,取得了良好的社会效果。荣获“全国双拥模范县”称号。

【上海国际航运中心洋山深水港正式开港】 2005年12月10日,上海国际航运中心洋山深水港区正式开港,连接洋山港和陆地的通道东海大桥同日开通,从此上海告别了没有深水良港的历史。该港岸线长1 600米,第一期建成5个7至10万吨级集装箱泊位,可停靠当今最新一代的巴拿马型集装箱船,年吞吐量300万标准箱以上。

经济社会发展主要指标

项　　目	2005 年	比 2004 年增或减%
国内生产总值(亿元)	33.86	15.1
第一产业增加值(亿元)	6.61	3.4
第二产业增加值(亿元)	15.33	17.2
其中:工业增加值(亿元)	7.44	17.5
第三产业增加值(亿元)	11.92	19.5
人均国内生产总值(元)	41 652	17.9
粮食总产量(万吨)	0.01	-10.8
棉花总产量(吨)		
油料总产量(万吨)		
全社会固定资产投资总额(亿元)	43.02	24.2
外贸自营出口(万美元)	613	80.8
实际利用外资(万美元)	631.8	
社会消费品零售总额(亿元)	7.90	13.0
零售物价总指数(%)	101.8	
地方财政收入(亿元)	1.81	27.9
地方财政支出(亿元)	3.81	14.4
职工年平均工资(元)	26 985	25.6
农民年纯收入(元)	7 056	10.7
邮电业务总量(亿元)	0.89	7.5
电话主线普及率(线/百人)	46.6	
年末存款余额(亿元)	30.68	24.4
年末贷款(亿元)	13.31	5.0
大学(所)		
中小学(所)	15	15
城镇登记失业人员(人)	593	
企业兼并、破产数(个)		

(嵊泗县)

台州市

【历史沿革】 台州历史悠久,五千年前就有先民在此繁衍生息,秦始皇时设回浦乡,西汉置回浦县。台州因境内天台山而得名,自唐高祖武德五年(公元622年)置台州,至今有1 380多年历史。新中国成立后,台州设行政公署,1994年8月22日经国务院批准撤销台州地区,设立台州市,市政府驻地从临海迁建椒江,为组合式环绿心滨海城市。1999年经国务院批准的《浙江省城市化总体规划》,将台州市确定为省域大城市和一级经济亚区中心。2003年8月15日,台州市正式加盟长江三角洲城市经济协调组织,成为世界第6大城市群——上海城市群的第16个成员。

【地理位置·行政区划】 台州位于浙江省沿海中部,市中心处于北纬28度,东经122度,属亚热带季风气候。台州大陆海岸线745公里,占浙江省的28%。全市陆地面积9 411平方公里,海域面积8万多平方公里,辖椒江、黄岩、路桥三区,临海、温岭两市,玉环、天台、仙居、三门四县,其中6个县市区濒临东海。台州兼得山海之利,区位优越,发展前景广阔。

【经济发展概况】 2005年,台州市国民经济稳定快速发展。按经济普查口径计算的全市生产总值(GDP)达到1 247.43亿元,按可比价格计算,比上年(普查数据)增长13.4%。其中第一产业增加值99.69亿元,增长0.1%;第二产业增加值656.52亿元,增长14.6%;第三产业增加值491.22亿元,增长14.8%。三次产业结构进一步优化,由上年的8.8∶52.0∶39.2调整为8.0∶52.6∶39.4。全市人均生产总值为22 360元,比上年增长12.7%。全市财政总收入147.45亿元,比上年增长16.4%,其中地方财政收入72.33亿元,增长15.5%。

【农业现代化建设】 2005年,台州市坚持发展高效生态农业,在连续遭受五次强台风袭击和病虫害影响的情况下,仍实现农林牧渔业总产值184.23亿元,比上年增长5.9%。其中,农业产值64.53亿元,增长5.8%,林业产值2.95亿元,增长2.9%,牧业产值18.44亿元,增长5.8%,渔业产值96.79亿元,增长6.0%。全年农作物总播种面积286.01千公顷,比上年增长0.7%。全市粮食播种面积165.86千公顷,比上年增长2.1%;粮食总产量82.48万吨,比上年下降3.1%。全市非粮作物播种面积120.15千公顷,比上年下降1.2%。其中花卉苗木种植面积2.65千公顷,比上年下降0.3%。全市肉类总产量13.23万吨,比上年增长5.5%,禽蛋产量3.79万吨,比上年增长4.6%。全年水产品总产量135.00万吨,比上年下降2.4%。农业生产条件继续改善。全年疏浚河道515公里,整治河道73公里,治理水土流失面积6 380公顷,完成海滩涂围垦面积493公顷。年末全市拥有农业机械总动力288.63万千瓦,比上年增长9.2%。

【工业经济】 2005年,全市完成工业增加值598.45亿元,比上年增长15.8%。全市国有和年销售收入500万元及以上非国有工业企业(以下简称规模以上工业企业)完成工业总产值1 742.12亿元,比上年增长27.8%,完成销售产值1 692.39亿元,比上年增长27.9%。

*制造业在工业中的主体地位继续巩固。*全市规模以上工业企业中制造业完成工业总产值1 610.05亿元,制造业工业总产值占规模以上工业总产值的比重达到92.4%。工业经济效益进一步改善。全市规模以上工业企业实现利税135.12亿元,比上年增长22.2%;其中利润74.81亿元,增长20.1%。工业经济效益考核综合得分209.5分,比上年提高1.9分。

*工业。*2005年,全市规模以上重工业完成工业总产值998.18亿元;轻工业完成工业总产值743.94亿元,分别比上年增长32.0%和22.5%。五大主导产业发展势头强劲。规模以上工业企业中,汽摩及配件行业完成工业总产值288.93亿元,增长34.7%;家用电器行业256.89亿元,增长33.5%;医化行业197.31亿元,增长20.3%;塑料模具行业125.43亿元,增长28.1%;服装机械行业103.99亿元,增长30.2%。五大主导产业规模以上企业共完成工业总产值972.55亿元,比上年增长29.9%,占全部规模以上工业总产值的55.8%。重点骨干企业发展势头良好。2005年末,全市工业总产值超亿元企业有318家,比上年末增加80家,完成工业总产值993.33亿元。

*产品开发和创新能力。*全市规模以上工业企业实现国家、省级新产品产值253.05亿元,比上年增长31.8%。新产品产值率为14.5%。工业产品出口拉动作用明显。全市规模以上工业企业实现出口交货值570.04亿元,占销售产值的比重为33.7%。

*企业上市有序推进。*2005年末全市已有上市公司7家,新进入上市辅导企业4家,已通过上市辅导1家,另有4家企业进入境外上市的实质性准备阶段。工业产品创名牌取得新进展。2005年末,我市已拥有6件中国驰名商标,8个工业产品获中国名牌产品称号,31个工业产品获国家免检产品,76个工业产品获浙江名牌产品。

【建筑业·房地产业】 *建筑。*全年实行建筑业增加值58.07亿元,比上年增长4.0%,完成房屋建筑施工面积3 183.14万平方米,比上年增长6.4%。建筑业产品质量逐步提高,全市有49个工程获"扩苍杯"、12个工程获"钱江杯"、1个工程获"鲁班"奖。

*房地产。*全年房地产开发完成投资116.13亿元,比上年增长33.0%;全年销售商品房166.84万平方米,比上年下降1.8%。

【金融保险业】 *金融。*2005年末,全市金融机构各项本外币存款余额1 384.98亿元,比上年末增长17.1%。其中储蓄存款719.66亿元,比上年增长17.73%。年末金融机构本外币贷款余额1 058.04亿元,比上年增长11.9%。年末金融机构本外币存贷比为76.4%。

保险。年末全市各类保险机构18家,全年保费总收入27.45亿元,比上年增长14.2%。其中财产险保费收入9.87亿元,人身险保费收入17.58亿元,分别比上年增长29.6%和7.1%。全年保险机构共支付各类赔款9.18亿元,比上年下降18.0%。其中财产险赔款8.23亿元,人身险赔款0.95亿元,分别比上年下降19.2%和5.8%。

【城市旅游】 全年共接待游客1 615.03万人次,比上年增长29.8%,其中入境旅游人数7.53万人次,增长19.7%;接待国内游客1 607.5万人次,增长29.9%。实现旅游总收入139.09亿元,比上年增长38.5%。其中旅游外汇收入5 304万美元,增长35.2%。

【对外开放】 全年完成进出口总额63.53亿美元,比上年增长32.7%。其中自营出口总额51.96亿美元,增长36.8%。实现贸易顺差40.38亿美元。2005年末我市有进出口实绩的企业1 902家,比上年末增加350家。主要出口产品中,机电产品和纺织品出口增长较快,分别比上年增长47.6%和34.7%。

利用外资。全年新签利用外资项目117个,项目总投资6.32亿美元,协议利用外资3.99亿美元,比上年增长45.0%,实际利用外资3.38亿美元,比上年增长11.5%。境外投资快速发展。全年新批境外企业48家,其中中方投资额1 892万美元,境外投资带动出口3.87亿美元,比上年增长22.0%。

【科技进步】 2005年全市科技投入占生产总值比例为2.4%,比上年提高0.3个百分点。年末全市有省级及以上高新技术企业164家,其中国家级高新技术企业33家;省级高新技术企业研究开发中心48家,市级高新技术企业研究开发中心139家。市级高新技术创业服务中心进一步完善孵化功能,目前在孵企业已达21家。全年申请专利4 834件,专利授权2 129件,分别增长72.5%和25.6%。

自主创新能力逐渐增强。新增省级以上高新技术研发中心和区域科技创新服务中心共13家,引进"大院名校"共建创新载体26家,新列入国家火炬计划项目33项。区域创新体系建设加快,科技、金融、人才三大服务体系不断完善。

【城市交通·邮电通信】 全年完成货物周转量457.69亿吨公里,比上年增长22.9%,旅客周转量为79.44亿人公里,比上年增长9.0%。民航完成旅客吞吐量22.59万人,比上年增长14.8%。港口完成货物吞吐量2 820.41万吨,比上年增长3.6%。年末全市通车公路总里程4 128公里,其中高速公路128公里。汽车拥有量持续扩张,年末全市民用汽车拥有量达21.17万辆,比上年净增4.1万辆,其中私人汽车16.66万辆,比上年增加3.7万辆。

2005年全市完成邮电业务总量88.93亿元,比上年增长6.3%。全年新增固定电话用户9.37万户,年末城乡固定电话用户达到207.69万户,其中住宅电话115.33万户,固定电话主线普及率提高到37线/百人;年末全市移动电话用户达360.83万户,比上年末增加77.77万户,年末全市已有国际互联网用户43.19万户,其中宽带用户28.24万户。

【社会事业】 教育水平继续提高。全市小学入学率和巩固率达到100%,初中入学率和巩固率分别达到99.20%和99.89%;全市高中段在校生19.7万人,初升高比例达到93.89%;特殊教育招生218人,在校生1 824人;全市有幼儿园1 319所,在园幼儿17.22万人。师资队伍建设不断加强,教师学历合格率稳步提高。全市小学、初中、普通高中和职业高中专任教师学历合格率分别达到98.9%、98.0%、93.0%和82.3%。高等教育体系进一步完善,全市全日制普通高校招生数达到6 957人,在校生数达到18 069人,成人高校学生总数达到16 332人。台州学院椒江校区医学院和机电学院新校园交付使用,浙江大学研究院项目进展顺利。

文化大市建设扎实推进。"百分之一文化计划"开始实施。台州乱弹和"一绣三雕"得到抢救,台州府城、天台国清寺等历史文化得到保护和开发。举办了纪念解放一江山岛50周年、首届中国(台州)网络音乐节、城市雕塑设计大赛等系列活动。年末全市有群众艺术馆1个,文化馆9个,公共图书馆8个,新建310家基层文化俱乐部。自办广播节目10套,自办电视节目10套。全市拥有有线电视用户111.80万户,数字电视用户3 125户,广播和电视人口综合覆盖率分别为98.73%和98.85%。

公共卫生体系不断完善。全市有各类医疗卫生机构1 285家,床位12 634张,各类卫生技术人员20 806人,其中执业医生和执业助理医生9 066人。年末每千人拥有卫生技术人员3.7人。全市有卫生防疫机构20家,卫生防疫技术人员689人,社区卫生服务机构510家。农村卫生条件不断改善,农村自来水普及率88.3%,卫生户厕普及率69.5%。全年有6.17万人参加无偿献血。

体育事业再创佳绩。全市共夺得全国比赛金牌28枚、银牌11枚、铜牌7枚,省级比赛金牌116枚、银牌96枚、铜牌81枚。成功举办首届台州市民营企业运动会、市级机关首届运动会和第二届县处级领导干部运动会。十三届省运会筹备工作进展加快,市游泳馆加紧施工,体操馆、射击馆已开工建设,帆船板场地、皮划艇场地已顺利承接全省比赛。

【社会保障体系】 社会保障逐步完善。年末全市有69.98万人参加城镇基本养老保险,其中参保职工61.65万人,离退休人员8.33万人。全年共支付养老金8.76亿元。全市有37.52万人参加了城镇医疗保险,其中在职职工28.29万人,离退休人员9.22万人;工伤、生育保险年末参保人数分别达到29.01万人和13.59万人。年末全市参加失业保险职工34.7万人,全年共发放失业保险金1 924万元农村社保面不断扩大,年末全市有7.32万被征地农民参加农村养老保险,比上年增加2.39万人,有388.43万人参加农村新型合作医疗。

社会福利事业持续发展。全市共有社会福利事业单位192个,床位11 271张,收养各类人员6 633人。城乡居民最低生活保障人数56 747人,全年共投入低保资金4 932万元。

【人民生活】 城乡居民生活水平稳步提高。全年城镇居民人均可支配收入17 394元,比上年增长8.0%,扣除价格上涨因素,实际增长7.4%。全市农村居民人均纯收入6 689元,比上年增长11.3%,扣除价格上涨因素,实际增长10.6%。城镇居民恩格尔系数为32.6%,农村居民恩格尔系数为36.2%。城乡居民居住条件继续改善。年末城镇居民人均住房面积为28.3平方米,农村居民人均住房面积49.6平方米。

椒江区

【概况】 椒江地处浙东南沿海台州湾入海口,因椒江贯穿全境而得名。1981 年,经国务院批准,设立椒江市,为浙江省首个县级市;1994 年,台州撤地建市,行政中心从临海移设椒江后,椒江改市设区。全区陆域面积 282 平方公里,海域面积 1 604平方公里。辖 1 个海岛镇、8 个街道。全区常住人口 52.6 万,流动人口 10 余万。

【经济建设】 2005 年,全区实现生产总值 173.96 亿元,比上年增长 12.8%,人均生产总值36 184 元。第一产业增加值 6.22 亿元,增长 1.2%;第二产业增加值 104.05 亿元,增长 13.8%,其中工业增加值 84.17 亿元,增长 16.4%;第三产业增加值 72.7 亿元,增长 14.3%,三次产业结构比例为 3.6:54.6:41.8。实现财政总收入 20.2 亿元,增长 13.8%,其中地方财政收入 11.16 亿元,增长 13.4%。

农业。实现农业总产值 12.52 亿元,增长 9.3%,粮食总产量 4.97 万吨,增长 7.9%;瓜菜果蔬等经济作物总产量 20.53 万吨,与上年持平。实现渔业总产值 7.9 亿元,增长 16%。农业产业化步伐加快,农业龙头企业增至 44 家,农民专业合作社增至 46 家,大黄鱼、蜜橘、灵芝孢子粉等 7 个农产品获省农博会金奖。

工业。规模以上工业总产值达到 265.13 亿元,增长 22.5%,全区产值超亿元企业达到 40 家,超 10 亿元企业达到 6 家。完成工业性投入 35.04 亿元,建成各类标准厂房 12.1 万平方米。技术创新步伐加快。新增 12 家省级以上高新技术企业和 6 家省级以上高新技术研发中心,有 6 个项目被列入国家级重点新产品计划,7 个项目被列入国家火炬计划,新产品产值率达 21.8%。实施品牌战略取得成效,飞跃集团居中国民营企业品牌竞争力 50 强首位,宝石商标被评为中国驰名商标。

第三产业。社会消费品零售总额 58.84 亿元,增长 18.4%,居民消费物价指数为 100%。房地产业保持平稳,全年竣工商品房 140.69 万平方米。旅游业发展步伐加快,红色旅游和工业旅游继续升温,解放一江山岛战役纪念地被列为全国红色旅游线路。金融业发展态势良好,年末全区金融机构存款余额 188.35 亿元,贷款余额 130.32 亿元,分别增长 16.1% 和 8.5%,外向型经济发展势头强劲,自营出口 6.68 亿美元,增长 27.1%;实际利用外资3 950万美元,增长 96.2%;外经创汇 1.39 亿美元,增长 19.4%。

【社会事业】 科技实力不断增强。椒江被评为全国科技进步示范区和省首批科技强区,万人人才资源数达 691.2 人。教育事业加快发展,椒江被评为全国双合格家庭教育工作示范区,被列为国家基础教育现代学校制度实验区,并通过省教育强区复查,全区拥有中小学 92 所。文体事业蓬勃发展。成功举办了解放一江山岛 50 周年和大陈岛垦荒 50 周年纪念活动,组建了台州乱弹剧团,该剧种被列为省首批非物质文化遗产;成功举办了区第三届运动会。公共卫生建设进一步加强。重点传染病得到有效控制,新建成两座医院综合大楼。就业和社会保障体系更加完善。城镇登记失业率控制在 3.9% 以内,社会继续保持和谐稳定。人民生活水平明显提高。2005 年,城镇居民人均可支配收入17 100元,农民人均纯收入7 802元,分别增长 12.3% 和 7.8%;每百户家庭拥有汽车 12.19 辆;城乡居民人均住房面积分别达到 25.32 平方米和 49.12 平方米;电话普及率达 54.74 部/百人;国际互联网用户达 5.5 万户。

经济社会发展主要指标

项　　目	2005 年	比 2004 年增或减%
国内生产总值(亿元)	173.96	12.8
第一产业增加值(亿元)	6.22	1.2
第二产业增加值(亿元)	95.04	12.4
其中:工业增加值(亿元)	84.17	16.4
第三产业增加值(亿元)	72.70	14.3
人均国内生产总值(元)	36 184	11.3
粮食总产量(万吨)	4.70	-5.4
棉花总产量(吨)	12	-28.7
油料总产量(万吨)	—	—
全社会固定资产投资总额(亿元)	96.31	1.6
外贸自营出口(亿美元)	6.68	27.1
实际利用外资(万美元)	3 950	96.2

续表

项　　目	2005年	比2004年增或减%
社会消费品零售总额(亿元)	58.84	18.4
居民消费价格总指数(%)	100.0	—
地方财政收入(亿元)	11.16	13.4
地方财政支出(亿元)	7.77	7.8
职工年平均工资(元)		
农民年纯收入(元)	7 802	8.5
邮电业务总量(亿元)	10.29	2.8
电话普及率(部/百人)(含移动)	131.3	3.8
年末存款余额(亿元)(本外币)	190.04	16.0
年末贷款(亿元)(本外币)	132.14	8.4
大学(所)		
中小学(所)		
下岗人数(人)		
企业兼并、破产数(个)		

黄岩区

【概况】 黄岩是台州市主体城区之一。1980年,海门区、海门镇、大陈镇和山东公社划出,成立海门特区。1982~1984年,三甲、洪家两区和金清农场划归椒江市。1989年撤县设市。1994年12月,撤市设区(县级),下辖10个乡镇划出设立路桥区。现辖5镇6乡8个街道,全区面积988平方公里,耕地面积1.17万公顷,山地面积占68%。

【经济建设】 2005年农林牧渔业总产值11.26亿元,比上年增长2.4%。粮食种植面积0.99万公顷,比上年增加3.9%。粮食与非粮食作物种植面积比例为48:52,新建省级无公害农产品基地5个,新增国家级无公害农产品7个、绿色食品4个,"东祖"牌东魁杨梅获国家有机转换食品认证,"白鸽"牌果肉饮料获国家免检产品称号,"九峰"牌本地早、"晨阳"牌番茄等13个农产品获省农博会金奖。素有"中国蜜橘之乡"、"中国杨梅之乡"等称号。

工业。已形成医药化工、机械模具、塑料制品、工艺美术、电气机械及器材、食品饮料、纺织服装、摩托车及电动车制造业八大产业为支柱的工业体系。素有"中国模具之乡"、"中国工艺品之都"、"中国塑料日用品之都"、"精细化工王国"、"中国节日灯之乡"之称。2005年有32家企业年产值超亿元。开发区完成投入17.08亿元,新建成企业182家、厂房151万平方,综合验收45家。完成企业改制16家。

社会消费品零售总额46.99亿元,比上年增长17.5%。建成"万村放心店"260家,引进"国美家电"、丰田、雪佛兰、上海大众、一汽马自达、现代等汽车4S店建成开业。商品市场成交额52.28亿元,比上年增长11.5%,完成房地产投资7.22亿元,竣工面积93.77万平方米,房地产市场交易额4.5亿元。共接待游客130万人次,实现旅游总收入11.5亿元,增长24.7%。成功举办第九届中国黄岩柑橘节。

【社会事业】 认定高新技术企业8家,新增省级高新技术产品11只,列入国家级科技计划项目9项,新建高新技术研发中心6家、市级区域科技创新服务中心1家;组建浙江网上技术市场黄岩模具专业市场,成交额1.4亿元。通过教育强区复查,宁溪中学新校区一期竣工。新增校舍1.8万余平方米。建成基层文化俱乐部30个。黄岩翻簧竹雕工艺被列入省第一批非物质文化遗产保护名录,并获首届省民族民间工艺美术博览会"天工"精品奖。在各类比赛中获国家级金牌6枚、省级20枚。实施农村"驻村医生"制度和农民健康工程。全区计划生育率96.9%。

经济社会发展主要指标

项　　目	2005 年	比上年度增或减%
国内生产总值(亿元)	121.84	13
第一产业增加值(亿元)	7.98	-6.9
第二产业增加值(亿元)	66.11	14
其中:工业增加值(亿元)	61.85	16.9
第三产业增加值(亿元)	47.75	现价 15.1 可比价 12.9
人均国内生产总值(元)	21 130	14
粮食总产量(万吨)	5.33	2.2
棉花总产量(吨)		
油料总产量(万吨)		
全社会固定资产投资总额(亿元)	48.3	9.4
外贸自营出口(亿美元)	6.08	71.5
实际利用外资(万美元)	3 412	11.1
社会消费品零售总额(亿元)	46.99	17.5
零售物价总指数(%)		
地方财政收入(亿元)	8.33	13.3
地方财政支出(亿元)	8.70	13.3
职工年平均工资(元)	28 690	42.2
农民年纯收入(元)	6 560	7
邮电业务总量(亿元)		
电话普及率(部/百人)		
年末存款余额(亿元)	167.12	19.7
年末贷款(亿元)	107.99	11.7
大学(所)		
中小学(所)	84	-6.7
下岗人数(人)		
企业兼并、破产数(个)		

路桥区

【概况】 全区陆地总面积274平方公里,浅海滩涂面积21.33平方公里,1994年8月22日,台州撤地建市,路桥建区,以原黄岩市东部的八镇两乡作为其行政区域,区人民政府驻地为路桥镇。现辖4个镇6个街道,共有301个行政村(居)、10个社区,总人口425 228人,人口自然增长率为5.5‰。

【经济建设】 2005年,全区实现生产总值171.49亿元,比上年增长14.6%;财政总收入18.16亿元,其中地方财政收入8.79亿元,分别增长17.9%、13.0%;全社会固定资产投资76.40亿元,增长21.6%;社会消费品零售总额79.92亿元,增长14.9%;实现第一产业增加值7.06亿元,同比下降1.6%,第二产业增加值83.49亿元,增长14.6%,第三产业增加值80.94亿元,增长16.2%;城镇居民人均可支配收入23 231元,农村居民人均纯收入8 433元,分别增长11.0%、12.2%。

农村经济。全年实现农村经济总收入485.31亿元,增长21.9%,实现农业总产值12.27亿元,增长0.9%。完成粮食播种面积15.6万亩，总产量5.46万吨，同比增长9.9%和7.5%。新增标准农田1.08万亩。全区良种覆盖面达87%。建成5 000亩省级特色优势农产品基地和万亩出口蔬菜基地。新增中国绿色食品认证7个、国家级无公害农产品5个、省级无公害农(水)产品基地3个，新建的西甜瓜和西兰花研发中心被国家科技部批准为国家级星火计划成果转化中心。完成剑门港闸等14个小型农业水利工程建设项目，整治河道11.26公里，疏浚河道21.74公里。完成绿化造林面积1 893亩。新增产值超千万元农业龙头企业5家、规范化农民专业合作社10家。

工业。实现工业增加值76.37亿元，增加16.6%，完成工业性投入51.35亿元，增长11.5%，实现工业总产值515亿元，增长22.4%，其中规模以上企业实现产值228.56亿元、利税12.95亿元，分别增长40.9%、33.9%，新增产值上亿元企业20家，总数达61家。产业基地建设大力推进。台州(吉利)汽车工业城10家配套企业全面竣工，生产整车12 560辆；中部工业区吉奥皮卡、巨科铝业等企业产销两旺；台州滨海工业新城路桥区块完成部分企业的规划选址和主干道路总体规划调整。

外向型经济。全区新增出口实绩企业52家，外贸进出口总额9.14亿美元，其中自营出口5.57亿美元，分别增46.5%、46.8%；新批境外贸易机构6家，带动外贸出口7 160万美元；实际利用外资6 880万美元，增长9.4%；成功举办了第四届"台州市路桥区外商投资洽谈会"、路桥—意大利皮埃蒙特汽车行业合作洽谈会；"接轨长三角"、"南北协作"、"山海协作"等区域经济协作取得新进展，签订经济技术协作项目39个，协议利用内资12.25亿元。

现代服务业。全区实现市场成交额247.67亿元，增长1.4%。成功举办了第五届塑料交易会、第七届日用商品交易会、第四届国际汽车展、第二届汽车工业博览会、第二届中国民营经济发展论坛等8个大型展会，其中塑料交易会被商务部列为全国重点支持展会。金融业保持迅猛发展态势。年末存、贷款余额251.25亿元、185.08亿元，分别增长23.0%、25.0%。旅游业取得新进展。台州(吉利)汽车工业城、金泉农庄被列为国家级工农业旅游示范点。

【社会事业】 科技。全区新增国家级高新技术企业2家，新增国家火炬计划项目6项，新增国家免检产品1个、国家授权专利328件，新增省级科技研发中心2家，引进大院名校共建创新载体6家，成为首批省科技强区，并再次获国家级科技进步先进区称号。

教育。全年投入学校硬件设施建设资金7 600万元，新增校舍建筑面积6.3万平方米，全面完成中小学改水改厕工程；初升高比例96.4%，高考上线率为75.7%；蓬街私立中学被评为省二级重点中学。人才引进和培育工作进一步加强。引进各类人才2 000多人，全区每万人拥有人才705人。

卫生。狂犬病、禽流感、猪链球菌等疫病得到有效防控，精神卫生服务面达100%；区疾控中心基本建成，市恩泽医疗中心、区中医院、区第二人民医院迁建等工程前期工作有序开展。

文化体育事业。"文化三下乡"等群众性文体活动日益丰富，《竹板舞》、《百娃闹春》等文艺节目获国家级大奖；五凤楼被列为省级文物保护单位；竞技体育获省级各类比赛金牌11块，成功承办全国女排联赛总决赛等重大赛事12项，金清镇被评为省体育强镇。有线电视光缆信号覆盖全区所有村(居)，入户率达81%，比上年提高一个百分点。农村部分计划生育家庭奖扶制度在全省率先实施。

和谐社会建设。开发就业岗位5 918个，实现再就业1 090人，年末城镇登记失业率降至3.6%；安置外来民工子弟在路桥就学14 706名；城镇职工基本养老参保5.80万人，医疗、工伤和失业保险等各类基金2.40亿元；失土农民养老保险制度进一步完善，第三轮农医保基金征缴额2 826万元，参保率96.3%；筹集慈善资金总额1 950万元，发放慈善救助资金175万元；社会化大巡防工作在全市推广，街面"两抢"发案率下降38.2%；安全事故考核指标实现零增长；食品安全监管体系初步建立，镇级连锁超市和农村放心店覆盖率达100%。

经济社会发展主要指标

项　目	2005年	比2004年增或减%
国内生产总值(亿元)	171.49	14.6
第一产业增加值(亿元)	7.06	-1.6
第二产业增加值(亿元)	83.49	14.6
其中:工业增加值(亿元)	76.37	16.6
第三产业增加值(亿元)	80.94	16.2
人均国内生产总值(元)	40 527	13.5
粮食总产量(万吨)	5.46	7.5
棉花总产量(吨)	78	-40.5
油料总产量(万吨)		
全社会固定资产投资总额(亿元)	76.40	21.6
外贸自营出口(亿元)	5.57	46.8
实际利用外资(万美元)	6 880	9.4
社会消费品零售总额(亿元)	79.92	14.9

续表

项目	2005 年	比 2004 年增或减%
零售物价总指数(%)	100.9	0.5
地方财政收入(亿元)	8.79	13.0
地方财政支出(亿元)	6.32	12.1
职工年平均工资(元)	39 316	45.5
农民年纯收入(元)	8 433	12.2
邮电业务总量(亿元)	13.36	12.7
电话普及率(部/百人)	55.2	6.7
年末存款余额(亿元)	251.25	23.0
年末贷款(亿元)	185.08	25.0
大学(所)		
中小学(所)	69	-1.4
下岗人数(人)		
企业兼并、破产数(个)		

临海市

【概况】 临海位于浙江沿海中部,长三角经济圈南翼,陆域面积2 203平方公里,海域面积1 819平方公里,辖 14 个镇和 5 个街道,总人口 112 万人。全市三面环山,一面靠海,具有“七山一水二分田”特征。1994 年台州撤地设市,临海一直为台州市地区行政公署驻地。1986 年 3 月,经国务院批准临海撤县设市。

【经济建设】 2005 年,全市实现生产总值 164.88 亿元,增长 14.2%。人均生产总值14 781元,增长 15.2%。财政总收入 17.66 亿元,增长 16.9%,其中地方财政收入 8.63 亿元,增长 17.7%。第一产业增加值 16.32 亿元。第二产业增加值 86.24 亿元,增长 17.2%。第三产业增加值 62.32 亿元,增长 14.7%,社会消费品零售总额 50.1 亿元,增长 16.0%。自营出口总额 6.24 亿美元,增长 27.5%,实际利用外资3 853万美元,增长 91.0%。全社会固定资产投资 66.57 亿元,增长 10.6%。城镇居民人均可支配收入15 504元,增长 3.3%,农民人均纯收入5 732元,增长 9.1%。

农业。全年粮食种植面积 54 万亩,粮食总产量 17.2 万吨。加强耕地保护,全市完成土地整理3 608亩,建设标准农田 3.58 万亩,新增耕地5 023亩,建设优质园地 1.89 万亩。积极实施农业品牌战略,临海蟠毫、羊岩勾青获国家原产地保护标记注册和第三届国际茶博会金奖,新建名优茶基地6 500亩,发展优质临海蜜橘基地3 100亩,新增农民专业合作社 28 家,总数达 97 家,被评为浙江省农民专业合作社发展先进市。

工业。实现规模上工业产值 249.7 亿元,增长 18.4%,完成工业性投资 33.8 亿元,增长 24.4%,其中工业技改投入 25.2 亿元,增长 30.4%。新增规模以上企业 58 家,其中产值超亿元企业 38 家,超 10 亿元企业 3 家,建成标准厂房 31.46 万平方米,浙江华海药业股份有限公司被评为“国家环境友好企业”,正特集团在德国科隆博览会上获休闲用品外观设计一等奖,浙江伟星新型建材有限公司被评为浙江省绿色企业,永强集团成为台州市首家出口超亿美元的工业企业。水洋化工区成为浙江省首个重点环境保护监管区“摘帽”区块。我市被命名为浙江省“建筑之乡”称号。

第三产业。加快商贸设施建设,浙江利民汽车城建成开业。成功举办了 2005 年中国江南长城节、浙江省第七届兰花博览会、括苍山旅游节等活动,全年接待游客 262 万人次,实现旅游收入 23.0 亿元。

【社会事业】 科技创新不断推进。分别有 2 家企业被认定为国家级和省级高新企业,10 个项目被列入国家级、省级计划,6 个产品填补国内空白;教育优势地位进一步巩固。全面完成浙江省中小学“四项工程”年度计划和农村中小学改水改厕工程。8 个镇通过省教育强镇评估或复查,14 所学校被评为浙江省标准化学校;文化体育事业成绩突出。黄沙狮子、临海词调分别被列入国家级、省级首批非物质文化遗产代表名录。举办了奥运冠军刘翔领跑万人健身活动、浙江省首届全民健身藤球锦标赛。台州运动员王海强在世界少年田径锦标赛和东亚运动会上获得冠军。健全社会保障体系。基本医疗保险实现了在机关事业单位的全覆盖。此外,我市在信访、社会救助、社会治安、安全生产等工作上也取得新的进展。

经济社会发展主要指标

项　　目	2005 年	比 2004 年增或减%
国内生产总值(亿元)	164.88	14.2
第一产业增加值(亿元)	16.32	-1.4
第二产业增加值(亿元)	86.24	17.2
其中:工业增加值(亿元)	76.70	16.6
第三产业增加值(亿元)	62.32	14.7
人均国内生产总值(元)	14 781	13.5
粮食总产量(万吨)	17.15	-11.9
棉花总产量(吨)	67	-14.1
油料总产量(万吨)	0.03	-24.7
全社会固定资产投资总额(亿元)	66.57	10.6
外贸自营出口(亿美元)	6.24	27.5
实际利用外资(万美元)	3 853	91.0
社会消费品零售总额(亿元)	50.14	16.0
零售物价总指数(%)	101.1	1.1
地方财政收入(亿元)	8.63	17.7
地方财政支出(亿元)	11.25	10.8
职工年平均工资(元)	28 999	23.8
农民年纯收入(元)	5 732	9.1
邮电业务总量(亿元)	12.71	20.3
电话普及率(部/百人)	76	18.9
年末存款余额(亿元)	147.13	10.9
年末贷款(亿元)	106.32	4.6
大学(所)	1	
中小学(所)	240	-3.6
下岗人数(人)		
企业兼并、破产数(个)		

温岭市

【概况】 温岭地处浙江东南沿海,三面濒海,陆域面积 920 平方公里,海岸线长 317 公里。明成化五年(1469 年)置县。1994 年,经国务院批准撤县设市。现辖 11 个镇 5 个街道,837 个村 91 个居委会,人口 116 万人,是全国人口密度最高的县市之一。

【经济建设】 2005 年,全市实现生产总值 305.36 亿元,比上年增长 12.7%;财政总收入 29.42 亿元,增长 13.1%,其中地方财政收入 13.48 亿元,增长 14.3%;城镇居民人均可支配收入18 757元,农民人均纯收入7 556元,分别增长 10.2% 和 7%。

农业。安排生产性资金3 000多万元,推进农业规模化、标准化、品牌化生产,获国家级有机食品认证 1 个,新增绿色食品 13 个。海洋经济平稳发展,创产值 123.97 亿元。水利建设卓有成效,荣获浙江省十一届“大禹杯”金奖,浙江省万里清水河道建设现场会在我市召开。

工业。2005 年,实现工业总产值 843.06 亿元,增长 16.8%,其中规模工业产值 397.29 亿元,增长 25%,产值超亿元企业增加 20 家。工业投入不断加大,完成投资额 60.4 亿元,增长25.2%。品牌兴市战略深入实施、新增国家免检产品4个、浙江名牌产品4个,浙江著名商标5件。外向型经济持续发展,实现自营出口总额10.01亿美元,增长33.8%,实际利用外资4 918万美元,签约回归项目31个、总投资额20.7亿元。新批境外企业10家,带动出口1.16亿美元。

第三产业。第三产业实现增加值115.82亿元,增长16.6%,全社会消费品零售总额106.86亿元,增长15.8%。旅游业发展态势良好,接待游客303.13万人次,旅游经济收入25.01亿元,长屿硐天—方山被评为国家级重点风景名胜区。

【社会事业】 社会事业协调发展。全市初升高比例达92.2%,高考、高职升学率均居全省前列,通过省教育强市复查验收。文体广电机构改革顺利完成,体制逐步理顺。成功举办温岭市第十五届全民运动会,顺利通过省首批体育强市验收。计生工作特色明显,全省计生宣传教育工作现场会在我市召开。社会保障体系不断健全,养老保险基本全覆盖通过省政府验收,被征地农民参加养老保险达1.16万人,新型农村合作医疗参保率达92.2%,社会医疗救助工作启动实施。

经济社会发展主要指标

项　　目	2005年	比2004年增或减%
国内生产总值(亿元)	305.36	12.7
第一产业增加值(亿元)	27.94	0.4
第二产业增加值(亿元)	161.60	12.4
其中:工业增加值(亿元)	152.61	13.1
第三产业增加值(亿元)	115.82	16.6
人均国内生产总值(元)	26 564	14.7
粮食总产量(万吨)	16.19	3.5
棉花总产量(吨)	152	-10.1
油料总产量(万吨)	419	1.5
全社会固定资产投资总额(亿元)	98.36	15.1
外贸自营出口(亿美元)	10.01	33.8
实际利用外资(万美元)	4 918	7.9
社会消费品零售总额(亿元)	106.86	15.8
零售物价总指数(%)	—	—
地方财政收入(亿元)	29.42	13.1
地方财政支出(亿元)	14.93	8.9
职工年平均工资(元)	32 093	10.8
农民年纯收入(元)	7 556	7.0
邮电业务总量(亿元)	18.75	-1.6
电话普及率(部/百人)	89	—
年末存款余额(亿元)	270.11	19.7
年末贷款(亿元)	188.46	10.7
大学(所)	—	—
中小学(所)	217	-1.8
下岗人数(人)	—	—
企业兼并、破产数(个)	—	—

玉环县

【概况】 玉环县位于台州市最南端,县域由玉环本岛、楚门半岛和135个外围岛屿构成,总面积2 300平方公里,其中陆域面积378平方公里,下辖珠港镇6镇3乡。

【经济建设】 2005年,全县实现生产总值148.53亿元,同比增长14.1%;财政总收入18.01亿元,其中地方财政收入7.5亿元,分别增长23.7%和20%。第一产业增加值12.2亿元,下降5.9%;第二产业增加值92亿元,增长16.7%;第三产业增加值44.4亿元,增长15.2%。全社会固定资产投资74.6亿元,增长39.4%;社会消费品零售总额37.16亿元,增长17.1%;城镇居民人均可支配收入22 220元,农民人均纯收入8 621元,分别增长6.2%和7.5%。

加快转变经济增长方式,着力提升经济竞争力。围绕先进特色制造业基地建设,调整产业结构,推动产业转型升级,已形成汽摩配件、阀门水暖、金属制品、家具、眼镜配件、医药包装六大特色产业群落。玉环是全国渔业重点县,海水养殖产量连续7年居全省首位,被列为全国抗风浪网箱养殖示范基地,素有"海鲜王国"的美称。玉环农业资源丰富,物产丰饶,文旦、葡萄、盘菜等名特优果蔬形成规模化产业基地,楚门文旦在全国柚类评比中荣获八连冠。第三产业发展势头良好,旅游业、物流业和社会服务业发展步伐不断加快。

【社会事业】 坚持以人为本,促进经济社会协调发展。巩固省级文明城市创建成果,启动省级示范文明城市创建工作。坚持教育优先发展战略,全面推进素质教育,促进教育均衡发展。强化公共卫生体系建设,建立健全疾病预防控制体系和医疗救治体系,提高公共卫生服务水平和突发性公共卫生事件应急能力。文化体育广电事业建设不断加快,社会保障和新型社会救助体系初步建立,社会公共安全体系逐步健全。加快资源节约型和环境友好型社会建设,积极培育循环经济,倡导全社会节约新理念,可持续发展能力不断增强。

大力实施工业立县、科教兴县、三产活县战略,力创玉环产业、空间、资源、环境和人文新优势,进一步打响"海上花园、快乐玉环"战略品牌,推动玉环全面建设小康社会又快又好发展。

经济社会发展主要指标

项　　目	2005年	比2004年增或减%
国内生产总值(亿元)	148.53	14.1
第一产业增加值(亿元)	12.2	-5.9
第二产业增加值(亿元)	92	16.7
其中:工业增加值(亿元)	85.04	16.6
第三产业增加值(亿元)	44.4	15.2
人均国内生产总值(元)	37 265	7.5
粮食总产量(万吨)	2.82	-3.5
棉花总产量(吨)	47	51.6
油料总产量(万吨)	157	12.9
全社会固定资产投资总额(亿元)	74.6	39.4
外贸自营出口(亿元)	8.86	54.1
实际利用外资(万美元)	4 223	16.3
社会消费品零售总额(亿元)	37.2	17.1
零售物价总指数(%)	—	—
地方财政收入(亿元)	7.5	20
地方财政支出(亿元)	8.9	5.5
职工年平均工资(元)	22 220	6.2
农民年纯收入(元)	8 621	7.5
邮电业务总量(亿元)	10.3	-4.4
电话主线普及率(线/百人)	58	3.6

续表

项　　目	2005 年	比 2004 年增或减%
年末存款余额(亿元)	102.7	21.1
年末贷款(亿元)	84.6	11.2
大学(所)	1	—
中小学(所)	77	—
下岗人数(人)	1067	—
企业兼并、破产数(个)	—	—

天台县

【概况】 天台县位于浙东中部,总面积1 432.09平方公里,距杭州市 226 公里(高速公路 192 公里),距东海 65 公里。天台以低山、丘陵为主,境内主要河流始丰溪。天台始建于三国时期,史称始平县,宋初改称天台,沿用至今,属浙江省台州市。共辖三个街道、7 个镇、5 个乡,613 个行政村、4 个居委会、8 个社区,总人口 55.9 万人。是全国首批 AAAA 级风景名胜区。

【经济建设】 2005 年,全县实现生产总值 61.9 亿元,同比增长 14.5%;财政总收入 7.7 亿元,同比增长 14.7%,其中地方财政收入 3.75 亿元,同比增长 14.3%;全社会固定资产投资 34 亿元,同比增长 10.7%;社会消费品零售总额 24.5 亿元,同比增长 13.1%;城镇居民人均可支配收入12 998元,农民人均纯收入4 890元,分别增长 19.5% 和 9.0%;人口自然增长率控制在 6.3‰以内。

农业。被列为全国超级稻示范推广县,全年粮食播种面积 41.2 万亩,总产量 12.2 万吨。开展无公害示范乡镇(街道)创建活动,新认定省无公害农产品产地 6 个,申报省安全产品 9 个。新增市级农业龙头企业 6 家,实现产值 7.7 亿元,增长 10%,7 个农产品在省农博会上获金奖,石梁牌高山蔬菜被评为全市十大农业品牌;启动“千吨万亩有机茶”工程。全年落实标准农田建设 1.5 万亩,造林 1.5 万亩,千里清水河道建设完成 19.4 公里;康庄工程完成路基 254 公里,路面 168 公里。

工业。“555”工程顺利实施,上 2 亿元企业 5 家,净增亿元企业 5 家,总数达 17 家,净增销售上5 000万元企业 5 家,总数达 17 家,全年新增规模上企业 27 家,总数达 176 家。完成工业性投入 20 亿元,其中技术改造 12 亿元;新增列入国家级项目 3 家,新增国家重点新产品 3 项,新增国家高新技术企业 1 家,银象公司乳酸链球菌钛项目被评为国家级科技进步二等奖。全年完成出口交货值 33 亿元,增长 31.1%,自营出口 1.7 亿美元,增长 39.5%;实际利用外资1 259万美元,引进内资 2.2 亿元,新批外商投资企业 7 家。

旅游。着力建设旅游中等城市,打响“中国第五大佛教名山”。成功举办“天台山云锦杜鹃节”、“济公佛像开光大典”和天台山道教国际学术研讨会,电视剧《济公新传》在天台开机,逐渐形成了旅游系列活动和节庆品牌。加大旅游环境的综治力度。全年接待游客 264 万人次,旅游总收入 9.8 亿元,增长 51%,门票收入1 382万元,分别增长 53% 和 23%。2006 年春节,7 天旅游门票收入 250 万元,实现了开门红。

【社会事业】 通过了省教育强县、省文明城市验收,着手申报国家级历史文化名城和国家非物质文化遗产。各类教育均衡发展,教育基础设施建设进一步加快,高考上线万人比、本科万人比继续居全市第一。体育事业蓬勃发展,顺利承办浙江省皮划艇等各类比赛,并积极参加各级各类体育比赛,取得了优异成绩。卫生体系进一步完善,县人民医院顺利通过二级甲等医院验收,农村医疗改革有序推进。人口和计划生育工作有新提高。社会保障体系进一步健全,新增就业岗位3 016个,基本养老保险参保人数达到12 367人,基金净支付能力由 10.5 个月提高到 13 个月。打造平安天台,完善1 890民间纠纷调处机制。效能建设有效推进,完善天台效能网建设。

经济社会发展主要指标

项　　目	2005 年	比 2004 年增或减%
国内生产总值(亿元)	61.9	14.4
第一产业增加值(亿元)	5.9	7.5
第二产业增加值(亿元)	28.3	15.8
其中工业增加值(亿元)	24.7	16.3

续表

项　　目	2005 年	比 2004 年增或减%
第三产业增加值(亿元)	27.6	14.9
人均国内生产总值(元)	11 092	15.7
粮食总产量(万吨)	12.2	
棉花总产量(吨)	36	
油料总产量(万吨)	0.133 6	
全社会固定资产投资总额(亿元)	34	10.7
外贸自营出口(亿元)	1.7	39.5
实际利用外资(万美元)	1 259	
社会消费品零售总额(亿元)	24.5	13.1
零售物价总指数(%)	101.3	
地方财政收入(亿元)	3.75	14.3
地方财政支出(亿元)	6.96	
职工年平均工资(元)	30 558	
农民年纯收入(元)	4 890	9
邮电业务总量(亿元)	4.6	
电话普及率(部/百人)	24.95	
年末存款余额(亿元)	56.65	12.5
年末贷款(亿元)	43.74	12.6
大学(所)	0	
中小学(所)	103	
下岗人数(人)		
企业兼并、破产数(个)		

仙居县

【概况】 仙居地处浙江省东南部,位于台州与温州、丽水、金华三市交汇处,全县总面积2 000平方公里。辖 3 个街道、7 个镇、10 个乡,722 个行政村。2005 年末总人口 47.4 万人。

【经济建设】 2005 年全县生产总值 50.8 亿元,人均生产总值10 785元,第一产业增加值 5.81 亿元,工业总产值 78.8 亿元。财政总收入 5.5 亿元,其中地方财政收入 2.5 亿元。全社会固定资产投资额 21.6 亿元。社会消费品零售总额 18.3 亿元,增长 17.1%。城镇居民人均可支配收入11 390元。三次产业结构为 11.4:47.0:41.6。同比增长 15.7 %。农民人均纯收入4 100元,增长 13.2%。

农业。建成绿色食品和有机食品基地 1 万亩,各类无公害基地 100 多个,其中省级无公害基地4 300多亩。特色农产品有杨梅、仙居三黄鸡、有机茶、山茶油、蜜梨、高山蔬菜等。素有“中国杨梅之乡”、“中国有机茶之乡”、“浙江蜜梨之乡”之称。特别是杨梅味道甜美,色泽晶莹,被誉为“仙梅”,是仙居的一张名片。全县有杨梅基地 10 万亩,2005 年投产 4 万亩,产量 3.2 万吨,产值约 2.56 亿元。

工业。主导产业有医药化工、工艺美术、机械橡塑、有色金属冶炼压延加工等。创造了三个“全国之最”:全国最大的木制工艺品生产基地,全国最大的激素类药物生产基地和全国最大的三废银回收加工基地。

旅游。境内文物古迹众多,列为省级重点保护单位的文物有 4 处,其中下汤新石器文化遗址、世界上最早的照明路灯石柱灯、国内八大奇文之一的蝌蚪文、中华第一灯“针刺无骨花灯”、“华东第一龙型古街”皤滩古镇等具有很高的历史文化价值。

仙居山川秀丽,风景优美,集奇、险、清、幽于一体,汇峰、瀑、溪、林于一地,形成了“山、水、林、古、月”五大特色景区。有国家重点风景名胜区158平方公里。2005年神仙居景区被评为4A景区。2005年国内旅游者人次174万,旅游门票收入1 650万元,旅游总收入7.6亿元。

【社会事业】 2005年投入8.4亿元进行32个重点项目技术改造,列入国家级科技计划项目7个。2005年全县有中小学112所,学前三年幼儿入园率达82.5%,初升高比率达90.7%,普通高校上线率60.7%。针刺无骨花灯被列入首批国家级非物质文化遗产名录。有各类医疗卫生机构201家,形成了较为完整的农村医疗卫生网络,建立了新型农村合作医疗制度,是“全国无偿献血先进县”。

仙居县经济社会发展主要指标

项　　目	2005年	比2004年增或减%
国内生产总值(亿元)	50.81	14.0
第一产业增加值(亿元)	5.81	6.7
第二产业增加值(亿元)	23.81	15.3
其中:工业增加值(亿元)	20.02	13.1
第三产业增加值(亿元)	21.12	14.7
人均国内生产总值(元)	10 785	12.8
粮食总产量(万吨)	11.1	-1.6
棉花总产量(吨)	1.8	38.9
油料总产量(万吨)	3 738	8.9
全社会固定资产投资总额(亿元)	21.6	17.5
外贸自营出口(亿美元)	1.65	-0.6
实际利用外资(万美元)	153	-68.2
社会消费品零售总额(亿元)	18.3	17.1
零售物价总指数(%)		
地方财政收入(亿元)	2.51	13.1
地方财政支出(亿元)	5	11.2
职工年平均工资(元)	25 587	23.8
农民年纯收入(元)	4 100	13.1
邮电业务总量(亿元)	3.36	8.9
电话普及率(部/百人)	63.7	9.5
年末存款余额(亿元)	59.25	20.7
年末贷款(亿元)	35.88	15.1
大学(所)		
中小学(所)	112	-1.7
下岗人数(人)		
企业兼并、破产数(个)		

三门县

【概况】 三门县位于中国黄金海岸线中段,浙东沿海三门湾畔,北接宁波,南连温州,是台州市接轨上海的最前沿区域。1928年,共产党在三门亭旁发动农民武装起义,成立浙江省第一个苏维埃政府。1940年三门建县,1949年2月17日解放,是浙江省最早解放的县。总面积1 510平方公里,其中陆地面积1 072平方公里,2005年末总人口40.97万人,下辖10个镇、4个乡,511个行政村。

【经济建设】 农业。实现农业总产值21亿元,增长11.5%。粮食生产稳定增长,特色优势产业进一步发展壮大。蔬菜种植面积8.9万亩,其中设施栽培1.5万亩。水产养殖面积23.9万亩,总产量16.9万吨,产值13.1亿元,其中青蟹养殖面积9.5万亩,产值5亿元。新发展经济林3 000亩。

工业。实现工业总产值106.7亿元,增长33.8%,规模以上工业企业总产值56.43亿元,增长34.9%。工业集聚区建设扎实推进,沿海工业城三门盐场区块建设强势推进,一期全面动工,二期顺利启动,引进企业109家,动工建设30家,完成工业性投资15.8亿元,增长42%。

外向型经济。全年共引进企业167家,实际到位资金3.8亿元,其中外资420.6万美元。坚持做强外贸不放松,不断优化出口商品结构,努力开拓出口市场,新发展外贸企业22家,实现自营出口1.2亿美元,增长67%。

【社会事业】 取得了5场抗台救灾斗争的重大胜利,抗台精神得到弘扬。广泛开展以城市管理、市民教育和文明共建为重点的创建活动,城乡精神文明建设整体推进,被评为“省级文明城市”。出台了《三门县基本养老保险费征缴实施办法》,养老保险扩面工作不断推进,新增5 270人,征缴基金5 142万元。认真做好失业保险工作,总参保11 150人。深化完善基本医疗保险工作,新参保职工2 557人。工伤保险工作得到加强,新参保1 625人。被征地农民社会保障工作进展顺利,新参保257人。农村居民住院医疗保障工作扎实推进,参保率85.8%。农村五保和城镇“三无”对象集中供养长效机制进一步巩固。教育质量不断提高,初升高比例、高考上线率分别达到93.4%和66.7%。积极开展千场电影下农村等活动,群众性文化生活不断丰富。广泛开展全民健身运动,承办多项大型体育赛事。公共卫生体系建设得到加强,城乡卫生服务网络逐步完善。扎实开展“计划生育执法年”活动,低生育水平得到巩固。加强企业集约用地管理,及时开展企业违法用地补办手续工作。生态县建设稳步推进,各项环境保护专项整治活动深入开展。各项社会事业工作都取得了新成绩。

【成为省级文明城市】 2003年,县委、县政府适时提出了创建省级文明城市的奋斗目标,创建工作成了凝聚群众,服务群众的民心工程,市民素质和城市文明程度有了很大提高。2005年11月,三门通过省考核组测评,成为省级文明城市。

【甬台温铁路三门段顺利开工】 甬台温铁路三门段全长23.72公里,总投资13亿元,它的建成将彻底结束我县境内无铁路的历史,对改善我县交通条件、优化投资环境、提高城市化水平以及促进山区资源开发都将发挥重要作用。

经济社会发展主要指标

项　　目	2005年	比2004年增或减%
国内生产总值(亿元)	48.47	14.5
第一产业增加值(亿元)	10.04	4.0
第二产业增加值(亿元)	18.83	22.2
其中工业增加值(亿元)	15.95	23.6
第三产业增加值(亿元)	19.60	13.4
人均国内生产总值(元)	11 890	13.5
粮食总产量(万吨)	7.49	1.2
棉花总产量(吨)	108	-49.5
油料总产量(万吨)	1 896	16.5
全社会固定资产投资总额(亿元)	28.3	27.9
外贸自营出口(万美元)	12 203	67.0
实际利用外资(万美元)	421	-30.8
社会消费品零售总额(亿元)	17.24	14.0

续表

项　　目	2005 年	比 2004 年增或减%
零售物价总指数(%)	未统计	未统计
地方财政收入(亿元)	2.75	23.9
地方财政支出(亿元)	5.69	19.1
职工年平均工资(元)	31 756	20.6
农民年纯收入(元)	4 846	12.4
邮电业务总量(亿元)	3.81	3.48
固定电话主线普及率(线/百人)	25.7	5.8
年末存款余额(亿元)	38.23	16.3
年末贷款(亿元)	36.61	15.3
大学(所)	0	0
中小学(所)	77	-10.5
下岗人数(人)	1 324	1.8
企业兼并、破产数(个)	21	31.3

台州永安广场

马鞍山市

【概况】 2005年是马鞍山市推进东向发展、加速“两个率先”、构建和谐社会取得显著成绩的一年。马鞍山市认真贯彻党的十六大和十六届四中、五中全会精神,全面落实科学发展观,积极创新工作思路,勇于破解各种难题,保持了经济社会发展的强劲势头,圆满完成了市十三届人大四次会议确定的目标任务。

【面积与人口】 全市土地面积1 686平方公里,其中市区面积715平方公里;市区建成区面积68平方公里。境内辖1县3区。人口自然增长率稳中有降。年末全市户籍人口为125.64万人。其中:农业人口66.47万人,非农业人口59.17万人。据抽样调查,人口出生率为10.2‰,死亡率为4.5‰,自然增长率5.7‰。

【经济发展概况】 2005年全市实现生产总值371.35亿元,按可比价格计算,比上年增长18.6%。人均生产总值达3667美元;完成全社会固定资产投资190亿元,增长30.6%;财政收入61.14亿元,创历史最高水平,比上年增长42.4%;实现社会消费品零售总额64.3亿元,增长12.6%;城市居民人均可支配收入1.2万元,农民人均纯收入4 400元,分别增长17.8%和10.4%;年末城镇登记失业率为3.7%;人口出生率控制在10.5‰。人均生产总值、人均财政收入、人均固定资产投资、城市居民人均可支配收入、农民人均纯收入等多项人均指标位居全省之首。

2005年,马鞍山市成功承办了第一届中国诗歌节,顺利通过创建国家环境保护模范城市考核验收,获准建设国家金属矿产资源高效循环利用工程研究中心,再次获得“全国科技进步先进市”荣誉,被授予“全国民族团结进步模范市”、“全国按比例安排残疾人就业先进城市”称号,经济普查工作、人防工作分别受到国务院和国家国防动员委员会表彰,华菱集团进入中国自主创新品牌60家最具成长力企业行列,马钢牌热轧H型钢成为“中国名牌产品”,实现马鞍山市中国名牌零的突破。

【产业结构调整】 三次产业结构为4.7:64.8:30.5。在2005年全市实现生产总值中,第一产业增加值17.36亿元,增长1.6%;第二产业增加值240.69亿元,增长23.8%;第三产业增加值113.3亿元,增长13.5%。全市工业企业改革全面完成。启动生产经营类事业单位改革,完成转企改制38户。积极推行聘用制和人事代理,教育、卫生系统人事制度改革迈出新步伐。实施新一轮市及县区政府机构改革,促进了政府职能转变。扎实开展农村综合改革试点,乡镇机构改革、县乡财政体制改革、农村义务教育管理体制改革和建立农村基层工作新机制有序推进。民营经济发展势头强劲,民营经济增加值比上年增长23.8%。成功举办第二届中国非公有制经济发展论坛马鞍山分会场活动,促进了与全国知名民营企业的交流和合作。年末,全市共有私营企业5 466家,注册资本为74亿元;个体工商户为3.56万户。全年新增私营企业1 318家,新增个体工商户6 751户。

【农业现代化建设】 *农业生产平稳发展*。全年完成农业增加值17.36亿元,按可比价计算,比上年增长1.6%。全市粮食种植面积继续扩大,为55 912公顷,增长3.7%;油料作物种植面积创历史新高,为34 137公顷。全市粮食产量为38.81万吨,受自然条件的影响比上年略有下降,仍属常年偏好水平;油料产量为7.7万吨,增长2.3%;全市粮食与经济作物种植面积比为54.9:45.1。

农业产业化进程加快。由蒙牛乳业投资2.5亿元兴建的全国最大规模占地904亩的现代奶牛牧场落户马鞍山,项目建成后总饲养量为1万头,在全国排名第一;江苏雨润集团在马鞍山兴建亚洲最大的10万吨肉制品加工基地。

养殖业稳步发展。由于防范高致病性禽流感疫情的措施得力,全市养殖业生产仍保持稳定发展的态势。全年肉类总产量为2.73万吨,增长8.2%。水产品总产量为6.5万吨,增长2%;渔业产品结构继续调优,名特优产品所占比重比上年提高2个百分点,生态养殖面积所占比重为67%。

绿色食品基地建设加快推进。在稳定粮食种植面积基础上,不断扩大水产生态养殖和蔬菜园艺产品生产,品质和效益继续提升。支持农业产业化龙头企业加快发展,全年新增省级龙头企业2户,安民农贸市场年交易额突破4亿元。积极推进农业标准化生产,17个农产品获得绿色食品认证,1户企业通过无公害农产品产地认证。

【对外开放】 *对外贸易增势强劲*。全年完成进出口总额12.3亿美元,增长43%。其中:出口3.1亿美元,增长80.2%。随着外贸经营权的放开,全市出口企业迅速增加,民营企业成为出口新的增长点。

出口商品结构优化。全市出口企业积极转变出口增长方式,高附加值商品比重提高。全年机电产品出口同比增长85.1%,占出口总额的19.5%;高新技术产品出口同比增长54%,占出口总额的5%。

招商引资成效显著。坚持以大开放为主战略,全力推进招商引资。以开发区、慈湖工业园及三区一县工业集中区等为载体,招商引资取得显著成效,聚集效应明显。全市实际利用外资1.46亿美元,同比增长33%;实际利用内资45.36亿元,同比增长21%。全年新批准设立外商投资企业31家,总投资为3.84亿美元。开发区实际利用外资9 009万美元,财政收入突破2亿元,主要经济指标居全省省级开发区首位,正式申报国家级开发区。

旅游业取得新进展。扎实推进休闲旅游基地建设。以采石风景区建设为重点,完成锁溪河环境综合整治一期工程,开工建设翠螺山休闲文化园。坚持生态优先,着手制定实施濮塘地区总体规划。全年旅游业总收入13.42亿元(不含旅游商品

创汇收入),比上年增长23.4%。其中旅游业外汇收入989.65万美元,比上年增长31.5%。全年共接待海外旅游者12 084人次,比上年增长31.5%。年末星级饭店共计15家。其中:四星级1家,三星级2家;星级饭店客房总数1 294间,床位2 329张。

【高新技术产业】 高新技术产业快速增长。全年高新技术产业产值和技工贸总收入双双突破100亿元,高新技术产业产值130.97亿元,比上年增长59.4%;利税24.86亿元,增长111.2%;出口创汇7 269万美元,增长29%。全市共有国家火炬计划重点高新技术企业4家,省级高新技术企业25家,高新技术产品33个。全市专利申请量265件,比上年增长40%。

【科技进步与创新】 科技工作全面进步。成功举办第四届"科技活动周"。县区科技工作网开通。成功举办"中国—马鞍山国际高新技术研讨会"。成为首批开通长三角大型科学研发仪器设备共享服务平台的八个城市之一。被科技部审核批准为"2003—2004年度全国科技进步先进市"。

【财政、金融和保险业】 财政收入刷新历史纪录。全年财政收入创61.14亿元的历史最好水平,比上年增长42.4%。其中:中央财政收入35.13亿元,增长43.4%;地方财政收入26.01亿元,增长42.4%。全市累计财政支出29.11亿元,比上年增长34.1%。其中:基建支出20 966万元,比上年增长18%;社会保障支出22 964万元,比上年增长1.5%。

金融存贷款业务量继续增加。年末金融机构本外币存款余额为318.33亿元,比年初增加47.81亿元,其中城乡居民储蓄余额为172.21亿元,比年初增加25.34亿元;金融机构本外币贷款余额为195.47亿元,比年初增加18.35亿元。全年货币投放609.95亿元,比上年增长9.3%;货币回笼581.14亿元,比上年增长7.6%;货币净投放28.81亿元,比上年增加10.61亿元。

保险业收入平稳增长。年末全市保险机构总数为8家。全年保险公司保费收入总额6.77亿元,比上年增长3%。

经济社会发展主要指标

项　　目	2005年	比2004年增或减%
国内生产总值(亿元)	371.35	18.6
第一产业增加值(亿元)	17.36	1.6
第二产业增加值(亿元)	240.69	23.8
其中:工业产值增加值(亿元)	222.44	38.0
第三产业增加值(亿元)	113.30	13.5
人均国内生产总值(元)	29 704	29.2
粮食总产量(万吨)	38.81	-6.9
棉花总产量(吨)	1 020	-21.0
油料总产量(万吨)	7.68	2.2
全社会固定资产投资总额(亿元)	191.38	31.6
外贸自营出口(亿元)	25.42	80.2
实际利用外资(万美元)	14 600	33.0
社会消费品零售总额(亿元)	64.29	12.6
零售物价总指数(%)	100.20	2
地方财政收入(亿元)	26.01	42.4
地方财政支出(亿元)	29.11	34.1
职工年平均工资(元)	—	9.0
农民年纯收入(元)	4 511	13.2
邮电业务总量(亿元)	13.71	—
电话普及率(部/百人)	64	11.1
年末存款余额(亿元)	318.33	21.0
年末贷款(亿元)	195.47	8.3
大学(所)	3	0
中小学(所)	300	-5.1
下岗人数(人)	—	—
企业兼并、破产数(个)	—	—

【城市交通、邮电】 交通运输仓储业平稳发展。全年交通运输仓储业完成增加值15.12亿元,按可比价计算,比上年增长16.2%。

货物运输全面增长。公路货物周转量88 367万吨公里,比上年增长19.4%;铁路货运发送量445万吨,比上年增长11.5%。全年港口货物吞吐量2 687.45万吨,比上年增长11.2%。其中:进口1 782.49万吨,出口904.96万吨。

旅客运输稳定增长。公路旅客周转量106 928万人公里,比上年增长2.9%;铁路旅客发送量104万人,比上年增长12.0%。

邮电通信业持续发展。全年完成邮电业务收入5.58亿元,比上年增长9%。年末电话交换机总容量为53.18万门,比上年增加4.56万门。年末固定电话用户为43.64万户。其中:城市电话用户20.24万户,乡村电话用户12.04万户。年末移动电话用户为37.36万户,比上年增加5.15万户。全市宽带用户为3.52万户,比上年末上升75.1%。年末国际互联网用户总数为10.51万户,比上年增加1.25万户。

【社会事业】 教育事业健康协调发展。全年财政用于教育方面的支出为3.97亿元,比上年增长23.7%。全年全日制高等教育招生5 927人,在校生20 988人,毕业生4 270人。全年中等职业教育招生5 803人,在校生12 703人,毕业生1 896人。全市普通高中招生8 179人,在校生22 955人,毕业生5 523人。全市普通初中招生21 015人,在校生63 137人,毕业生20 414人。普通小学招生11 760人,在校生91 442人,毕业生20 751人。特殊教育招生49人,在校生405人。幼儿园在园幼儿21 377人。

文化事业日益繁荣。成功举办了第一届中国诗歌节。城市语言文字工作达到国家二类城市标准。年末拥有公共图书馆2个,藏书34.04万册。艺术表演团体4个,群众艺术馆、文化馆5个。年末广播人口覆盖率为97.1%,电视人口覆盖率为96.6%。年末共有有线电视台、站7个。年末综合档案馆2个,档案资料11.04万卷册,总建筑面积4 092平方米。

卫生事业加快发展。市疾病预防控制中心和紧急救援中心投入使用,市传染病医院加紧建设,公共卫生基础设施进一步完善,重大疾病预防工作取得显著成效。食品药品放心工程全面实施,食品质量安全市场准入制度正式建立。年末共有卫生机构320个。其中:医院、卫生院53个,卫生防疫、防治机构6个,妇幼卫生保健机构4个,社区卫生服务站、医务室、诊所共有242个;共有病床3 395张;共有卫生技术人员5 988人。全年四苗全程接种率为99.61%,乙肝疫苗全程接种率为100%。

体育事业取得新成绩。成功举办了第31届"古井贡杯"元旦万人环湖长跑,安徽省首届体育彩票彩民运动会。承办了全省水上项目比赛和中朝女子手球赛。群众性体育活动蓬勃开展,成功举行第三届社区运动会。开展健身气功推广活动,获全省健身气功表演一等奖。我市运动员在全国十运会上夺得3金2银1铜。

【人民生活与保险体系】 城乡居民收入大幅提升。全年经济快速发展的成果惠及城乡居民。据居民家庭抽样调查,城市居民人均可支配收入为11 935元,比上年增长17.1%;人均消费性支出8 222元,比上年增长13.1%。农民人均纯收入为4 511元,比上年增长13.2%。

城乡居民储蓄继续增加。年末城乡居民人均储蓄存款余额为13 775元,比上年末增加2 219元。

居住条件环境不断改善。全年竣工住宅建筑面积121.59万平方米。年末城镇居民人均住房建筑面积为23.49平方米,农村居民人均住房面积为30.5平方米。

社会保障进一步完善。年末全市参加失业保险职工人数为20.52万人,领取失业保险金人数为1.69万人;有21.6万名职工和8.5万名离退休人员参加了基本养老保险;城镇职工的基本医疗保险覆盖面扩大到28.3万人;工伤、生育保险参保人数分别达到14.5万人和13.2万人。全市在册享受低保户分别为10 307户和23 555人。

就业和再就业工作继续加强。全年新增就业2.74万人,其中失业人员再就业1.83万人,"4050"人员再就业3 428人;城镇登记失业率3.7%。劳动就业服务体系进一步完善。年末经认定的职业介绍机构为46家。劳动部门实行日常推介和"一对一"职业指导服务相结合,共举办各类用工洽谈会35场次。全年共对19 875人进行职业指导和培训。

社会福利事业稳步发展。年末全市拥有福利类收养性单位32所,社区服务中心11个,社区服务设施910个。

(马忠林)

花山区

【概况】 马鞍山市花山区总面积119平方公里,辖一镇四街道,常住人口23.4万人。

【经济建设】 2005年,全区规模以上工业产值增长35%;社会消费品零售总额增长14.7%;固定资产投资增长72.6%;财政收入增长53.8%;城市居民人均可支配收入13 500元,农民人均纯收入4 820元,分别增长24.7%和12.7%。"十一五"期间,力争五年投入120亿元以上,实现贸工齐进,城乡互动,跨越发展,提升主要指标在全市的份额,跻身全省强区行列,追赶长三角城区队列的目标。

园区建设。工业集中区1平方公里起步区完成土地征迁和部分基础设施建设,已有21家企业进入,7家建成投产。江苏龙山集团投资4.5亿元开发建设的碧水蓝天、玉泉湖两个度假区启动建设。解放路、花山路、湖东路3条商业街开发改造取得新进展,解放路引进苏宁、五星、永乐、国美电器入驻;花山路康华、力华、东源3个面积超6万平方米建材广场开工建设;湖东路大华购物中心、温州商城等项目正在建设。

民营经济。全年新增民营企业415家,到当年底,全区共有民营企业逾1 600家,占市区的一半以上。民营企业注册资金达22亿元。

【社会保障】 全年新增就业岗位7 502个,其中下岗失业人员再就业5 345人,“4050”人员再就业887人,新增农村劳务输出1 585人。加强城市低保动态管理。农村低保标准由人均每年1 000元提高到1 320元。迅速落实被征地农民养老保障制度,1 725名到龄参保人员领取养老保障金。基本建成2 008套农民安置房,被征地农民得到集中安置。政府出资对农村45户困难户危房进行了改造,解决了住房安全问题。落实农村新型合作医疗制度,27 899人参加了合作医疗,参保率达91.4%。。全面落实文明城市、环境保护模范城市创建的任务,整治了一批卫生重难点问题。维修改造城市12条二级道路,治理重阳路餐饮业油烟污染、菊园路铝合金加工噪声扰民,对8家企业违法排污进行了整治。强化市容市貌的管理,继续整治占道经营、乱悬乱挂、乱涂乱画等行为。

【社会事业】 2005年科技三项经费投入增长近一倍,达150万元。组织开发社区管理信息系统,开始在湖东路街道试运行。教育投人达3 881.28万元,占全年财政总支出的28.3%。坚持教育投入向薄弱学校和农村学校倾斜的原则,大力推进教育均衡化发展。大力实施支援农村教育工程。未成年人家庭教育工作,被评为全国双合格家庭教育工作示范区。强化计划生育基础工作,出生人口性别比达107.8,出生人口政策符合率达98.8%。

(姚成颖)

雨山区

【概况】 马鞍山市雨山区总面积173平方公里,人口25.17万人。2005年3月撤并8个村。至年末,辖两镇一乡四个街道,36个社区28个村。

【经济建设】 全年实现工业总产值212 037万元,其中规模以上工业产值90 074万元,分别比上年增长47.36%和29.33%;完成固定资产投资10.26亿元,比上年增长91.42%;实现财政收入18 746万元,比上年增长38.33%;城镇居民人均可支配收入11 717元,比上年增长13.9%;农民人均纯收入5 003元,比上年增长14.3%。

工业。出台了促进中小企业加快发展的实施意见,组建中小企业服务中心。华科实业、鑫洋永磁等15家工业企业进入市“专精特新”企业行列。年末有48家企业达到规模以上工业企业标准,产值占全部工业45%以上。华科实业、沪宁金属2家企业销售收入突破亿元大关。11月,鼎泰科技的稀土多元合金镀层装备生产线改造、华科实业的冷轧精密不锈钢带及深加工两个项目,入围安徽省中小企业促进工程重点项目。全年新增民营企业352户,民营企业纳税额1.6亿元。

农业。全区实有耕地面积5.32万亩,其中,水稻种植面积4.28万亩,油菜栽培面积3.89万亩。全年粮食作物总产2.25万吨。粮油优质品普及率保持在97%以上,佳山粮油“江南雪”牌晚粳米被中国粮食行业协会授予“全国放心粮油”称号。蔬菜栽培面积0.54万亩,产量1.7万吨。全区农业总产值5 908万元,同比下降2.2%。安民市场、佳山粮油、采石矶食品、云龙林业、银福食品5家涉农企业跻身市级农业产业化龙头企业行列,安民市场同时成为省级农业产业化龙头企业。全区引进农业“三资”7 800万元。通过实施“阳光工程”,农村劳动力转移就业培训1 591人次,新增农村劳务输出2 018人。全部免征农业税及附加,发放粮食直补、种粮大户补贴等补贴138万元。

商贸流通业。被列为市重点建设项目的安徽井泉集团医药物流配送中心项目动工兴建。安民市场年销售额达6亿元,成为全国首批命名的十三个“绿色市场”之一。全区服务业发展到700多家,从业人员1.2万人。

招商引资。新签项目58个,合同金额17亿元。日东科技、百强运贸等重点项目正式签约。全年引进境外项目4个,到位外资608.36万美元;引进境内项目79个,到位内资101 022万元人民币。

工业园建设。完成交通道路建设,整治水系近公里,实施场地平整80万立方米。新增入园项目20个,协议投资5亿元,到位资金1.6亿元。博威液压、鑫洋永磁等10个项目开工,国平环境保护、双益机械等16个项目投产,固定资产投资2.01亿元,实现技工贸收入2.5亿元,完成税收750万元。11月,雨山工业园获准成为安徽省中小企业促进工程创业基地。

【社会事业】 新增4家企业进入省民营科技企业行列,全区省级民营科技企业达18家;5个项目被列入市级科技项目。双益机械、诺洋液压成为省级高新技术企业,双益机械生产的“中间灌水口快换机构”被认定为省级高新技术产品。投资400多万元完成黄山中心小学危房改造等工程,撤并5所农村小学,4所农村学校与城区学校结对办学。雨东小学被评为省级“语言文字规范化示范学校”。完成首届中国诗歌节、市第三届社区运动会等重要活动所承担的各项工作。全面开展创建全国社区卫生服务示范区工作,顺利通过省及国家复核评估。完成第一次全国经济普查和全国1%人口抽样调查工作,区经济普查办公室被评为全国经济普查先进集体。认真落实农村计生奖励扶助政策,全区人口出生政策符合率98.6%,人口出生率7.3‰。

再就业工作。建成安民街道安心家政综合服务大楼,成立“彩虹”、“成功”等109个就业组织。完成区创业园一期工程3 460平方米标准厂房建设,5家下岗失业人员合伙企业入园生产。牵头组织部分原马钢江东公司改制重组的民营企业,共同出资2 200万元购置原十七冶机修厂130亩土地资产和厂房，建设三台创业园，吸纳原江东公司改制企业13家，其中生产加工型企业8家，可安置职工1 200人。年内3家企业正式入园生产。全区新增就业岗位8 014个，下岗失业人员再就业5 956人，“4050”人员再就业1 366人。

社会保障。完成全区16周岁以上被征地农民基本养老保障的申报工作，共有1.16万名被征地农民参保，3 762人领取被征地农民基本养老保障金。实施新型农村合作医疗制度，全区参保人数达59 780人，参保率为94.93%，参保农民住院人均补偿955.09元。全年发放城市居民最低生活保障金817万元，低保覆盖面为4.48%。开展帮困助学活动；有就业能力的残疾人落实就业岗位。被中国残疾人联合会命名为“全国社区残疾人工作示范区”。

【精神文明建设和民主法制建设】 第二届文明社区，佳山乡芦场村被中央文明委授予“全国创建文明村镇工作先进村镇”称号。5月，荣获“全国社会治安综合治理先进集体”光荣称号。

【荣获“全国社会治安综合治理先进集体”称号】 5月23日，在全国社会治安综合治理先进集体、先进工作者表彰大会上，雨山区作为全国社会治安综合治理先进集体之一，受到中央政法委和国家人事部的表彰。区委书记宋金虎赴京领奖，并受到胡锦涛、温家宝、罗干等中央领导同志亲切会见。

【荣获“全国社区残疾人工作示范区”称号】 2005年4月，被中残联命名为“全国社区残疾人工作示范区”。

【创建“全国社区卫生服务示范区”】 2005年，全区各项基本卫生服务逐步得到有机融合的基层卫生服务网络体系。创建工作得到国家、省创建复核评估组专家的充分肯定，顺利通过国家、省级复核评估，在省级复核评估中，以全省总分第一的成绩被推荐为全国社区卫生服务候选示范区。 （俞能波）

金家庄区

【概况】 马鞍山市金家庄区总面积53平方公里，人口10.03万人，辖1个乡、13个行政村、4个街道和22个社区居委会。

【经济建设】 2005年完成社会产值24.9亿元，同比增长70.5%。其中第二产业完成产值23.3亿元，增长61.5%；第三产业完成产值1.03亿元，按可比口径计算增长48.5%。完成固定资产投资10.4亿元。全年实现财政收入1.5亿元，比上年增长40.2%。

工业。全年工业生产完成产值20.2亿元，同比增长54.6%。规模以上工业对全区经济发展的拉动作用继续增强，22家规模以上工业企业实现产值15.2亿元，同比增长72.7%，实现利润900余万元，产销率达99.8%；马钢（慈湖）加工配售中心、玉龙金属、方圆回转支承3家企业年产值及销售额超过亿元；宁大耐火材料、恒兴实业、金艺机电、锐生工贸等11家企业跻身全市100户“专、精、特、新”工业企业行列，玉龙金属、天柱房产、马物实业等5家企业进入全省200强。

服务业。以马物和众兴工贸为重点的钢材交易市场新吸纳30多家中小经营户入场交易，全年钢材交易额达5亿元，占全区第三产业营业额的72.7%；现代物流业、仓储业发展取得成效，全区运输企业已达10余家；宁芜路汽配一条街、温州步行街、新都商品专业批发市场建设取得实质进展。

招商引资。全年实际利用外资627.5万美元，实际利用内资7.75亿元人民币，续建、新建项目60个，其中外资项目6个，内资项目54个，一批产业链长、附加值高的项目入驻我区。

【人民生活】 城镇居民人均可支配收入达8 379元，比上年增长10.8%；农民人均纯收入5 322元，比上年增长12.6%。

【社会事业】 大力实施“科教兴区”战略，区科技项目库新增科技项目20项，4项进入市级科技计划项目行列；投资300万元进行校园基础设施改造和教学设备添置，学校办学条件进一步改善。人口和计划生育工作继续加强，投入86万元全面实施农村计划生育家庭奖励扶助制度和城市无用工单位居民独生子女奖励制度。

全年新增就业岗位3 700多个，实现下岗人员再就业2 900余人，其中“4050”人员再就业560人，新增农村劳务输出530人。被征地农民基本养老保障和新型农村合作医疗制度，已有8 943户，22 171名农民参加合作医疗，参保率达99%。农村低保在全市率先由原人均1 000元/年提高至1 320元/年。（许　泓）

当涂县

【概况】 当涂县面积1 346平方公里，辖10镇4乡，2005年末人口64.65万人。

【经济建设】 2005年全县生产总值58.17亿元，增长16.2%，人均GDP首次迈上1 000美元新台阶，三次产业比例由上年的

34∶36∶30 调整为 32∶39∶29；财政一般预算收入 5.3 亿元，增长 46.3%；固定资产投入 33 亿元，增长 38.6%；在岗职工平均工资实现15 757元，增长 13.5%；农民人均纯收入4 398元，增长 13.2%；城乡居民储蓄存款余额 32 亿元，较年初增加 4.1 亿元。

工业。总产值 90 亿元，增长 38.5%。工业拉动 GDP 增长 10.4 个百分点，工业对经济增长贡献率为 65%。规模工业增加值 10 亿元，增长 35%；新增规模企业 29 家，总数达 152 家。规模以上 7 家工业企业销售收入超亿元；长江钢铁、姑山矿业、巨星集团、桂龙药业、沪马机械 5 家工业企业纳税超1 000万元，其中长江钢铁上缴税金7 700多万元，增长 1.55 倍。规模以上工业产值占全县工业总产值的 90% 以上。全年开工建设投资规模 500 万元以上的项目 93 个，红太阳集团 25 万吨生态药肥、长江钢铁 400 立方高炉、天兴钢业 30 万吨工业棒材等建成。新发展民营企业 380 家、个体工商户2 061户，总数分别达到1 651家、1.8 万户。全省百强民营企业 7 家。

农业。总产值 23.6 亿元，增长 4.5%。粮食生产面积 74.5 万亩，产量 35.3 万吨；油料生产面积 45.1 万亩，产量 6.9 万吨，列为 2004 年度全国油料产量百强县；棉花种植面积 5.1 万亩；水产生态养殖面积 16 万亩，水产品产量 6.2 万吨，其中河蟹7 800吨。实行涉农补贴资金发放"一卡制"，兑现各类补贴资金3 200多万元。连续三次被评为全省农业产业化示范县。新发展"三资"农业项目 71 个，到位资金 2.7 亿元，投资规模 2.5 亿元的蒙牛现代牧场项目顺利推进，丹阳万头"三元"杂交猪场列入国家生畜活储项目。农村沼气国债项目通过国家财政部门验收，1 100多口沼气投入运营。农业机械化综合作业水平达 70%。全年县外劳务输出 14.3 万人，净增 1.8 万人。

利用外资。全年招商引资实际到位资金 16 亿元，外资 1 200万美元。新引进投资1 000万元以上项目 32 个，其中工业项目 28 个，来自长三角的项目达 58.2%。当涂经济开发区新完成基础设施建设投入 2 亿元，益江陶瓷、正鼎电子等 26 个项目建成投产，完成工业总产值 10 亿元，实现税收6 000万元。博望工业集中区新增入园项目 68 个，投资规模 3 亿元。全县出口创汇企业 8 家，产品出口交货值 400 万美元。

【社会事业】 全国科技试点县工作有序推进，5 个项目列入国家星火计划。当涂民歌列入全国第一批非物质文化遗产推荐项目；开工建设当涂革命烈士陵园，黄山塔维修工程竣工。改造农村中小学危房 21 项 1 万多平方米。高考本科达线率 26.3%，首次超过马鞍山市区。高中阶段入学率为 61.3%。实施计划生育家庭奖励扶助试点工作。连续第五次荣获全省双拥模范县称号。全县乡镇、村撤并为 14 个乡镇 187 个村。文明创建取得新成果，博望镇荣获全国文明村镇称号，石桥镇评为全国文明村镇创建工作先进镇。

社会保障。实现就业再就业3 900多人，养老、失业、医疗"三险"扩面人数7 000人。实施城镇居民最低生活保障3 131户6 062人，保障面为 6.3%；开展农村特困救助工作，2 612户4 963人得到救助。农村新型合作医疗参保农民达 49.97 万人，参保率为 92.5%；兑现医疗费补助 700 万元，240 多人获得 5 000元以上补助。

【在安徽省县级率先实施城区被征地农民基本养老保障办法】

2005 年 7 月 1 日，当涂县在全省县级率先实施城区被征地农民基本养老保障试行办法，将县城区域内完全失去土地且未参加城镇职工基本养老保险的被征地农民，纳入保障范围。规定自男性满 60 周岁、女性满 55 周岁的次月起，享受基本养老保障金待遇。养老保障基金由统筹基金和个人账户基金组成。统筹基金从被征土地出让金中筹集，个人账户基金由被征地农民自愿缴纳；个人缴费的，每人每月领取基础保障金 80 元，其中个人缴费3 600元，每人每月领取 115 元；个人缴费6 000元，每人每月领取 140 元。截至 2005 年底，全县城区被征地农民累计保障基金实现 136 万元，651 户2 836人纳入保障范围。领取养老保障金的农民已有 471 人。

【当涂民歌列入全国第一批非物质文化遗产推荐项目】 当涂素有"民歌之海"美誉，20 世纪五六十年代，刘少奇、周恩来、朱德等党和国家领导人曾现场欣赏过当涂民歌演唱，国家级刊物《民间文学》刊载过当涂民歌《姐在田里薅豆稞》。2005 年，当涂民歌申报列入第一批中国非物质文化遗产推荐项目。次年 2 月"当涂民歌"作为中国非物质文化遗产保护成果在北京隆重展出。

（祝 贺 杨思亮 徐 颖）

当涂县 2005 年主要经济社会指标

项　　目	绝对值	比上年增或减%
国土面积	1 346 平方公里	0.3
总人口	64.65 万人	—
其中城镇人口	9.74 万人	-0.5
国内生产总值	58.17 亿元	16.2
第一产业增加值	15.41 亿元	2.9
第二产业增加值	23.39 亿元	30.2
第三产业增加值	19.37 亿元	13.6
财政总收入	5.3 亿元	46.3
财政总支出	5.2 亿元	14.4

续表

项　目	绝对值	比上年增或减%
社会消费品零售总额	14.6 亿元	15.0
全社会固定资产投资额	33.3 亿元	39.8
金融机构年末存款余额	43.86 亿元	17.2
金融机构年末贷款余额	23.88 亿元	29.3
邮电业务总量	0.77 亿元	11.6
用电量	66 700 万千瓦时	58.8
农民人均纯收入	4 398 元	13.2
外出打工劳动力人数	14.3 万人	14.4
自来水供应量	355 万吨	19.5
学龄儿童入学率	99.8%	-0.15
每万人拥有医院卫生院病床数	10 张	—

马鞍山路

合肥市

【概况】 合肥是安徽省省会,全省政治、经济、文化、科教中心,地处江淮之间、巢湖之滨,因淝水有支流在这里汇合而得名“合肥”。隋、唐、明、清时分别为庐州路、郡、府的治所,所以别称“庐州”,素有“江南唇齿、淮右襟喉”,“江淮首郡、吴楚要冲”和“三国故地、包拯家乡”之称,历来是重要商埠和兵家必争之地。

【行政区划】 合肥现辖肥东、肥西、长丰3个县,瑶海、庐阳、蜀山、包河4个区,高新技术产业开发区、经济技术开发区、新站综合开发试验区3个开发区和政务文化新区。全市共有乡镇、街道117个,其中乡镇80个(建制镇38个、乡42个),街道37个。全市共有1 124个行政村,388个社区。截至2005年底,全市总面积7 029平方公里,总人口455.7万人;其中市区面积596平方公里,建成区面积224.7平方公里,市区人口224万人,常住人口198万人。

【自然环境】 合肥位于北纬31°31′~32°32′、东经116°41′~117°53′之间,东西横距133公里,南北纵长124公里,与淮南、滁州、巢湖、六安四市接壤,境内以岗冲地貌为主,平均海拔20~40米。合肥属亚热带季风性湿润气候,年均气温15.7℃,年均降水量在940~1 000毫米之间,年日照时间在2 000个小时左右,年均无霜期228天,平均相对湿度为77%。合肥具有鲜明的园林生态环境,城中有园,园中有城,是国家首批命名的3个全国园林城市之一。城市绿化覆盖率达37%,人均公共绿地8.7平方米,全年空气质量良好率超过300天。2004年,合肥荣膺“中国人居环境范例奖”,2005年又获中国社会治安综合治理“长安杯”,是中国最适宜人居住的城市之一。合肥区位和交通优势明显。地处中部,承东启西、纵贯南北。以合肥为圆心,半径500公里范围,基本覆盖华东地区,并达郑州、武汉。境内铁路、公路、航空、水运交通发达,已经形成立体化交通网络,是全国重要区域性综合交通枢纽。投资34亿元的合肥新桥国际机场已获国家民航总局批准,并将开工建设。

【历史沿革】 合肥是一座历史悠久的古城,早在新石器时代,就有人类在此活动,有文字记载的历史长达2 000余年。司马迁《史记》载:“合肥受南北潮,皮革、鲍、木输会也。”这是历史典籍中首次出现合肥地名。合肥古为淮夷之地。春秋战国时期,先后属楚、吴、越;秦朝置县,属九江郡;三国时属魏国淮南郡,为扬州治所;隋唐和北宋时属庐州,为庐州州治;明清时属庐州府,为府治。民国初,庐州府废,合肥县直属安徽省。抗日战争胜利后,安徽省省会由立煌县(今金寨县)迁至合肥。1949年1月21日,合肥解放,2月1日成立市政府。1952年8月17日,中央人民政府正式批准合肥市为省辖市和安徽省省会。历史上,合肥历来是兵家必争的战略要地,也是经济比较发达地区。西汉时合肥是全国除长安外十八大商贸市场之一。三国时,合肥成为“恩化大行”、“官民有畜”的江淮“巨镇”。隋唐时期,合肥社会繁荣,百姓殷富。宋元时期,合肥为江淮之间首屈一指的政治、军事重镇。南宋筑斗梁城,城中“百货骈集,千樯鳞次”,金斗河(淝河流经城区的一段)两岸“悉列货肆,商贾喧阗”。直到鸦片战争前,合肥的经济社会发展水平和全国大部分地区相比,仍毫不逊色。

【自然资源】 合肥自然资源较为丰富。地处亚热带季风气候区,降雨量丰富,地表水系较为发达,可利用水资源充裕,且成本较低,城市可用水资源总量4.07亿立方米。土地资源承载能力较强,市区596平方公里总面积中,可建设用地达40%,可支撑250~300平方公里城市建设容量。农业生产优势明显,农产品品种比较齐全,具有农业综合开发和农副产品深加工的优势和潜力。合肥是农副产品生产的重要产区,粮食作物以水稻、小麦为主,经济作物主要有油菜、棉花、瓜果蔬菜等,畜禽养殖业发达,特色农产品丰富。2005年,粮食总产量153.93万吨,占全省5.9%,居全省第9位;油料总产量33.86万吨,占全省12.5%,居全省第2位;肉类总产量31.34万吨,占全省8.2%,居全省第6位;水产品产量11.6万吨,占全省6.5%,居全省第5位。三岗苗木花卉、长丰草莓、高刘白鹅、朱巷仔猪等名牌农产品享誉大江南北。合肥已发现的矿产资源有铁、磷、石灰岩、石英岩、石膏、矿泉水等15种,矿产地283处,其中查明资源储量的12种,矿产地280处,已开发利用的矿产达10余种。

【历代名人】 合肥人杰地灵、名人辈出,从古到今孕育了无数杰出人物,在历史上产生了重要的影响。自有“合肥”地名起,一代代合肥人在这里繁衍生息、发展生产、创造文明。政治、军事方面主要有:“五代十国”时期吴国缔造者杨行密,北宋著名清官包拯,晚清重臣洋务派首领李鸿章,台湾光复后首任巡抚刘铭传,清朝直隶提督聂士成,北洋军阀皖系首领段祺瑞,民国初期总理李经羲、龚心湛、贾德耀,辛亥革命时期上将倪映典、吴旸谷、范鸿仙,抗日名将卫立煌、郭寄峤,国民党高级官员吴忠信,革命英烈柯武东、刘敏、徐百川、童宜仙等。科技方面主要有:诺贝尔奖获得者杨振宁,著名数学家郑大章、杨武之,中科院院士刘盛纲、彭一纲、周本谦、李家洋、吴新智,中国工程院院士王正国、李道增,纽约科学院院士黄德双等。文化方面主要有:晚清诗人龚心容、周光龙、江云龙,民国初期著名学者、一代国学大师刘文典,著名历史学家唐德刚,旅美女词人阙家黄,新金陵画派后期代表人物亚明,著名书法家葛介屏,以诗词曲画见长的张氏四姐妹:张元和、张允和、张兆和、张充和,朦胧诗代表人物之一梁小斌,京剧大师杨宝森等。

【名胜古迹】 2000多年的悠久历史,给合肥境内留下了众多的名胜古迹。古有镇淮角韵、梵刹钟声、藏舟草色、教弩松荫、蜀山雪霁、淮浦春融、巢湖夜月、四顶朝霞八处,统称“庐阳八景”,1995年,经市民推荐、专家甄选,包河秀色、教弩梵钟、逍遥古津、琥珀流光、花园艺苑、环城翡翠、庐州灯火、蜀山春晓、吴王遗踪和五里飞虹当选为“合肥十景”。合肥素以“三国故地,包拯家乡”著称于世,境内现拥有国家级重点文物保护单位1处,省级重点文物保护单位18处,市(县)级文物保护单位88处。著名的人文景观有:国家4A级旅游景区包公园;“融八皖文化于一体,汇安徽名景于一园”的安徽省最大主题公园徽园;三国古战场逍遥津、教弩台和建立在“三国新城”遗址上的三国遗址公园;晚清军政重臣李鸿章故居和享堂;台湾首任巡抚刘铭传故居;千年水乡三河古镇;荟萃安徽历代杰出人物的安徽名人馆和全国重点文物保护单位渡江战役总前委旧址——瑶岗等。合肥位于皖中,与黄山、九华山、太平湖以及天柱山、琅琊山等著名旅游景点连为一体,使合肥成为名副其实的皖中旅游中心。

【改革开放】 2005年,全市改革开放全面推进,取得显著成绩。国有大中型企业资产重组取得新进展。荣事达与美的集团、美菱股份与长虹电子实现强强联合,开元集团、合铝集团等破产重组进展顺利,合钢改革重组进入实质性阶段。国有企业上市工作取得新突破,东华科技、安科生物、城建发展三家公司通过辅导验收,海丰股份、商业银行、华凌电器、六方深冷、红四方股份、锦邦股份等完成上市辅导。

生产经营类事业单位改革以及党政机关与所办经济实体和直接管理企业脱钩改制工作步伐加快。政府非税收入管理改革、上市公司股权分置改革、农村信用社改革试点开始启动。大力推进国有产权进场交易,深化土地有偿使用制度改革。城市管理体制改革取得新突破,行政执法改革全面推开。农村综合改革试点顺利推进,乡镇清财工作全面完成。

坚持东向发展战略,推动合肥与长三角及沿海地区互动发展,邀请一大批国内外知名企业来肥考察,对外交流合作明显加强。广泛开展形式多样的招商活动,组建招商小分队,招商引资成效明显。全年新批外商投资企业91户,合同利用外资3.45亿美元,增长29.7%;实际利用外资4.07亿美元,增长28.7%。引进境内资金172亿元,增长40.7%。三大开发区和县区工业园区共引进项目544个,完成固定资产投资200亿元。对外贸易快速增长,完成海关进出口总额41.82亿美元,其中出口总额27.94亿美元。市属企业完成进出口总额17.85亿美元,其中出口11.79亿美元。完成国际经济技术合作营业额2.41亿美元。

【经济发展】 2005年,全年实现地区生产总值878.41亿元,增长17.0%,增幅居中部省会城市第一,全国省会城市第二;实现财政收入130.88亿元,增长24.2%,其中地方财政收入57.64亿元,增长28.3%;城镇居民可支配收入9 684元,增长12.5%;农民人均纯收入3 207元,增长11%;全社会固定资产投资495.3亿元,增长36.4%;社会消费品零售总额324.4亿元,增长15.1%;金融机构各项人民币存款余额为1 521.85亿元,增长17.3%;各项人民币贷款余额1 419.87亿元,增长18.1%。按户籍人口计算,人均生产总值为19 572元(折合2 382美元),比上年增加3 135元,同比增长14.6%。经济总量占全省的比重由2000年的13.2%提升到16.3%。

工业经济稳定增长,效益同步提高,规模以上工业企业实现总产值880亿元,工业增加值288亿元,增长23.5%;工业经济运行质量显著提高,工业经济效益综合指数达207,比上年提高近40个百分点。8大重点产业支撑带动作用进一步增强,完成工业总产值658.83亿元,实现增加值206.75亿元,占全市规模以上工业比重分别为78.2%和78.3%。

农业生产保持增长态势,结构进一步优化,养殖业规模和瓜菜果种植面积继续扩大,农副产品加工业取得新的突破。受气候等自然灾害的影响,主要农产品产量与2004年丰产年相比虽略有下降,但总体上仍为丰收年。全年粮食产量153.93万吨、油料产量33.86万吨、蔬菜产量70.84万吨、肉类总产量31.34万吨、禽蛋8.45万吨、水产品产量11.63万吨、牛奶产量2.38万吨。粮食产量为2000年以来第三个丰产年,油料产量为改革开放以来仅次于2004年的高产年,肉类、水产品产量均创历史新高。全年农林牧渔业总产值95.59亿元,同比增长0.8%。

【社会发展】 国家科技创新型试点市建设全面启动,出台并实施《试点市工作方案》,开展科技创新示范区建设,加大重点项目实施力度,推动科技成果转化和产业化。2005年末,全市共有高新技术企业312家,高新技术产品160个,完成高新技术产业技工贸收入456亿元,增长33.7%。全市共有省级以上工程技术研究中心、工程研究中心、企业技术中心78个,建有12个科技企业孵化器,其中国家级科技企业孵化器5个。2005年市本级科技三项费用拨款额为2 625万元。获得专利授权694项,其中发明专利授权322项,占全省56.8%。科技成果总数241项,获国家科技进步奖4项,安徽省科技进步奖95项,合肥市科技进步奖20项。技术合同登记交易额7.46亿元。

各类教育协调发展,义务教育成果得到巩固,全市小学、初中入学率、升学率保持较高水平。进城务工农民子女义务教育阶段入学问题初步得到解决。普通高中和职业教育协调发展,普职比趋于合理。2005年末,全市共有普通高校36所,当年招收普通本专科学生16.75万人,在校学习的本专科学生24.21万人,比上年分别增加0.77万人和3.59万人。中科院合肥分院及高等院校当年共招收博士生、硕士生6 495人,比上年增加610人;在学博士生、硕士生17 492人,增加2 927人。各类普通中等专业学校23所,在校学生5.64万人,增加0.92万人。职业中学50所,在校学生6.34万人。普通中学267所,在校生30.90万人。小学1 097所,在校学生37.61万人。初中学龄人口入学率为97.63%,小学入学率为99.6%。成人中等专业学校在校生1.13万人。

文化事业健康活跃。成功举办第16届国际美术大会。专业文艺精彩纷呈,组织创作剧本5台,组织专业剧团演出338场。群众性文化活动蓬勃开展,文化设施建设得到加强,长江剧院重建、城隍庙修建、李府东扩工程竣工,赖少奇艺术馆建成开馆,广电中心和文化艺术中心动工兴建。农村文化生活水平得到提高,开展了送戏、送图书、送电影下乡活动,全年新增102个行政村甲级广播室,行政村广播通播率为98.5%、广播电视综合覆盖率达100%。

卫生事业不断进步。到2005年末,全市共有卫生机构739个,比上年增加89个。其中医院、卫生院226个,卫生防疫防治机构10个,妇幼保健院(所、站)9个。医院、卫生院共有床位1.39万张,比上年增加16.4%。全市共有专业卫生技术人员1.87万人,增长8.1%,其中执业医师和助理医师7 833

人,注册护士6 224人,比上年分别增加618人和525人。全市每千人拥有医生数为1.74人、拥有医院床位数3.3张,比上年均有增长。市疾病控制中心等一批卫生建设项目基本建成。社区卫生服务网络建设加快推进,肥东和长丰县列入国家和省农村新型合作医疗试点县。

体育事业取得新成绩。2005年,全市运动员在国际和国内的重大比赛中,共获得3银牌和3铜牌。其中世界亚军1个。残疾人运动员在国内外重大比赛中共获得2金牌和3铜牌。全年共举办万人以上的体育健身活动2次,参加活动人数约5万人次。全市中学生体育达标率为90%。市政务文化新区内正在建设的合肥市体育中心占地面积32公顷,总建筑面积150 000平方米。

全面深入开展了平安合肥创建活动,筑牢矛盾纠纷调处"三道屏障",织密三张防控网,完善三个工作机制,大力加强社会治安综合治理,积极探索建立维护稳定的长效机制,取得显著成效。在创建同时,严厉打击各种犯罪活动,积极开展打击犯罪专项斗争和专项整治工作,开展了领导开门大接访活动,群体性事件的批数和人次同比分别下降56.05%、69.58%,有效遏制了群体性事件上升势头,基本杜绝了党政机关和市区主干道封门堵路事件。国家统计局2005年12月发布百强城市和2004年度我国投资环境50优城市信息,我市位于百强城市的31位,综合安全环境位居21位。市民对社会治安满意率达到94.2%,比2004年上升了0.5个百分点,满意度领先全国近三个百分点。连续三届十二年获得全国社会治安综合治理优秀城市,荣获首届"长安杯"。

城乡居民生活水平继续提高,全年城镇居民人均可支配收入9 684元,农村居民人均纯收入3 207元,与2000年相比,年平均分别增长9.8%和10.2%。消费结构加快升级,住房、汽车等高档消费需求迅速扩大,文化、休闲、旅游等消费成为时尚。城镇居民人均居住面积和农村人均生活用房面积分别比2000年增加3.8和4.6平方米。社会保险覆盖面不断扩大,城乡困难群体救助体系逐步建立。在全省率先建立"土地换保障"制度,维护被征地农民的合法权益。扶贫开发成效明显,农村贫困人口由7.4万人减少到3.7万人,低收入人口由16.5万人减少到4.55万人。全年城镇新增就业岗位5.80万个,安置下岗失业人员2.6万人。社会福利事业继续发展,全市拥有老年福利床位数4 000多张,农村敬老院125所,集中收养五保老人3 119人。全市共有49.47万户次、113.23万人次城市居民得到最低生活保障救济,领取最低生活保障金7 738.1万元。

【城市建设和管理】 2005年,合肥开展了新一轮城市总体规划、土地利用总体规划修编工作,组织编制了城市近期建设规划和城市战略发展规划。按照"新区开发、老城提升、组团展开、整体推进"的思路,推动合肥市城市向"141"布局拓展,即改造提升1个核心主城区、在主城的东、西南、西、北方向建设4个城市副中心(组团),依巢湖兴建1个生态型、现代化的滨湖新区,开启合肥沿江近海时代。

城市建设坚持"改造提升老城区、加快建设新城区",通过实施"打通断头路、整治小街巷、改造旧小区、开展大拆违",城市整体面貌大为改观。政务文化新区建设初具规模,合六、合淮阜高速公路建设及二环路改造按计划推进。芜湖路、飞龙路、铜陵路桥等工程竣工。城市供水、供电、供气、供热和公交等公用设施建设顺利推进。蔡田铺污水处理厂和二里河上游综合改造工程正式启动,环城水系中水回用基本实现全线贯通。城市环境综合整治继续深入,"创模"工作通过省级考核验收。全年市政公用基础设施投入资金38.18亿元。全年共续建、在建市政道桥工程5桥27路,总长70.617公里;养护道路11.3万平方米;对58座桥梁定期检查保养;完成了市区19条主次干道共6万平方米人行道硬化任务;整治修建小街巷110条,总长24公里。通信网络规模不断扩大,网络结构进一步优化,综合通信能力进一步增强。

城市管理围绕城市管理体制改革,加快推进重心下移,成立了市城市管理行政执法局,进一步明确"市、区两级政府"职责、理顺了"市、区、街三级管理"关系,建立了"市、区、街、居四级责任网络",环境卫生管理工作进一步向城郊结合部、居民小区内部延伸。全市大力开展市容环境卫生集中整治活动中,深入开展城市出入口、农贸市场等专项整治,重点区域的脏乱差现象明显改观,市容市貌焕然一新。进一步加强了"门前三包"基础工作,深入开展户外广告和店招标牌管理工作。文明创建扎实开展,在全省考评中名列第一。2005年,全市开展了声势浩大的查处违法建设工作。通过"大拆违",拓展了发展空间,改善了城市形象,锻炼了干部队伍,提升了政府的公信度。截至2005年底,全市拆违面积达1 072万平方米,赢得了全市人民的积极拥护和社会各界的普遍赞誉。

庐阳区

【行政区划及人口】 总面积139.32平方公里,人口41.47万人,辖11个街道、1乡1镇。2005年对所辖部分街道实施了区划调整,将原寿春、鼓楼街道管辖范围分别整体划入县桥、逍遥津街道管理,分别以原杏花村街道藕塘村、望城店村为主,设立海棠、杏林街道,同时相应调整杏花村、双岗街道管辖范围。在城郊接合部街道顺利完成13个村"撤村建居"和12个新设立社区的社居委组建工作。

【经济发展概况】 2005年,该区完成地区生产总值116.1亿元,同比增长17.7%;实现财政收入5.36亿元,同比增长23%;全社会固定资产投资58.8亿元,同比增长49%;城镇居民人均可支配收入10 738元,农民人均纯收入达5 400元,同比均增长14%以上。全区第三产业增加值近68亿元,占经济总量75%以上。其中,限额以上批发零售贸易业销售额在全市率先突破200亿元。全区规模以上工业完成产值24.3亿元,实现增加值8.8亿元。全区无公害瓜果菜等高效农作物种植面积达1.6万亩以上,新增水源涵养林1 989亩,标准化绿色长廊8.3公里,森林覆盖率达15.05%。同年,该区区属国有集体工业企业在全市率先完成“双退”任务,全部退出公有序列。15家商贸企业实现“双退”目标,超额完成年初提出的改制任务。启动9家生产经营类事业单位转企工作,其中两家已于当年完成改制。自2002年以来,该区累计筹集6.7亿元改制资金,完成62家区属企业改制,共有16 369名职工身份置换到位,为7 000名企业退休职工一次性办理医疗保险。同年,该区开展“民营工业十强”评选、“红盾帮扶”活动,组织银企对接会等。区域内新注册个体经营户1 623户、私营企业1 532家,全区个体经营户、私营企业总数分别达8 519户、5 091家,注册资金达30亿元以上。民营经济中拥有省、市著名商标28个,市“重合同、守信用”企业5户。该区被省委、省政府授予“全省优化民营经济发展环境先进单位”。

【招商引资】 2005年该区出台《关于进一步加强招商引资工作的若干意见》,完善考核奖励办法,编制招商引资工作指南,在全市率先组织26支小分队外出招商,在长三角、珠三角设立招商办事处,在国内外大型企业聘请35名招商顾问。全年引进境内项目248个,实际到位市外资金27.5亿元,其中省外项目152个,省外资金23亿元,居合肥市4城区之首;引进境外项目45个,实际到位资金2 375万美元。同年,该区列入省“861”和市“1346”行动计划的重点项目推进顺利,共完成投资12亿元,在全市城区中居第一。

【社会事业】 该区稳步实施教育资源整合,撤并老城区学校9所,投资6 000余万元在北部地区新建庐阳中学和杏林小学,顺利完成7所企业分离学校和原杏花村镇8所小学的接收、上划、整合工作。完成42中等一批校园改扩建项目,在全省率先成为无危房学校区。2005年,该区被列为全国以校为本教研制度建设示范基地,顺利通过“全国文化先进区”复查。2005年,该区启动创建全国社区卫生服务示范区工作,出台《庐阳区社区卫生服务实施意见》及管理考核办法,建成11个社区卫生服务中心、34个社区卫生服务站。投入4 285万元,全面完成新一轮社居委达标建设,荣获“全国社区建设示范区”。是年,该区完成第一次全国经济普查并获得全国先进。先后获得全省国防动员先进单位、实施妇女儿童发展纲要示范单位、人事编制工作先进集体等荣誉。

蜀山区

【行政区划】 2002年3月6日,经国务院同意,安徽省人民政府调整合肥市部分行政区划,在合肥市西市区的基础上成立的。蜀山区位于合肥市西南郊,四至为:东以金寨路为界,与包河区为邻;北以南淝河中心线和董铺水库为界,与庐阳区相接;西、南与肥西县交界。行政管理面积168.29平方公里,下辖井岗镇政府和南七里站、稻香村、三里庵、琥珀山庄、西园新村、五里墩6个街道办事处及新产业园区管委会,设44个社区居民委员会、3个村民委员会。

【人口】 2005年末,辖区总户数89 843户,总人口34.32万人,其中农业人口2.49万人。辖区具有本科以上学历或中级以上专业技术职称的各类人才在总人口中的占有比例达到50%以上,居全市之最,全省领先。育龄妇女82 245人,出生人口2 894人,死亡人口933人。迁入人口37 446人,迁出人口10 119人。

【经济发展概况】 2005年完成地区生产总值67亿元,人均GDP 31 218元,全社会固定资产投资49.46亿元;财政收入突破3亿元,完成3.2亿元。其中中央财政收入13 296万元,地方财政收入18 748万元,农民人均纯收入5 800元。全区规模以上工业企业完成产值77亿元,实现工业增加值36亿元,限额以上商业企业完成销售额112亿元。全年新增个体工商户1 327户,私营企业1 261家,注册资金28亿元,上缴税金1.69亿元。新增设施栽培农业5 500平方米。三次产业比例为:0.6:59.7:39.7。信旺集团市场建设工程等8个项目列入合肥市“1346”行动计划项目库,年初人代会批准的50个项目中,竣工8个、续建37个、取消5个,大部分项目进展顺利,全年完成投资5.82亿元,占市年度考核目标5.4亿元的107.8%,超额完成4 200万元。

【科教优势突出】 该区坐落着中国科技大学、安徽大学等27所高等院校,高等教育发达;有中科院合肥分院等56所科研院所,科研实力雄厚;还有合肥市第五十中学、合肥西园小学等一批一流名校,基础教育扎实。安徽名人馆、安徽科技馆、合肥科技馆、合肥图书馆等一批国内一流的科教文化设施分布其间。精心规划设计建设的合肥大学城已有17所高校陆续入驻。规划占地约47平方公里的中国(合肥)科学城首批10个重点项目,总投资逾20亿元,内容涉及纳米材料和纳米器件的研发、新型医药产品和器械,软件技术和循环经济工程研究、低温等离子技术、离子束生物工程,以及高科技创新孵化等。蜀山区人才济济,智力密集,科技人才占总人口的比例居全省之最,在全国领先。

【社会事业】 2005年荣获“全国科技进步先进区”、“全国科普示范区创建区”、“全省中小学课外问题活动示范区”、“全省林业科技示范区”、“全省‘四五’普法检查考核试点区”称号。区普及法制常识办公室、经济普查办公室分别荣获“全国法制宣传教育先进普法办”、“第一次全国经济普查先进集体”称号;井岗镇、琥珀山庄街道分别荣获“全国千强镇”、“全国文明乡镇先进单位”和“全国社区服务示范街道”、“全国绿色社区”称号。新增城镇就业岗位7 977个,安置持证下岗失业人员3 902人,分别占市下达任务数的133%、130%,企业退休人员进社区管理15 179人。区百帮基地成为全国和省市就业工作的典范。全区20家区属企业和33家镇属企业改制基本完成,全力做好汽修厂、诺菲亚厂两家企业改制工作。开展困难群体大排查工作,全年发放城市低保金2 060万元,实现应保尽保。配合大拆违行动开展就业、低保住房援助,新建东至路“百帮一条街”。在全市率先开征残疾人就业保障金,组建区级、井岗镇、琥珀源社区3家慈善超市。双拥工作扎实有效,军转干部、复员军人妥善得到安置。组织实施科技项目22项,下拨支持区级应用技术研发资金(原科技三项费用)177万元。撤并、接转中小学7所,完善以区为主的农村义务教育管理体制,全区中小学基本实现计算机信息化局域网建设“校校通”、“管理通”。成功举办90多场文艺演出和体育比赛活动,查缴非法出版物4万多册(盘)。积极完善预防、医疗、保健、康复、健康教育、计划生育技术服务“六位一体”的社区卫生服务功能,依法查处非法行医诊所82家,有效组织禽流感防控工作。加强流动人口计划生育管理,狠抓出生人口性别综合治理,全区计划生育政策符合率达99.94%。第1次全国经济普查和1%人口抽样调查取得阶段性成果。启动《蜀山区志》编撰工作。

瑶海区

【行政区划】 瑶海区是2002年3月合肥市区划调整后成立的新区,位于合肥市东部,西以淝河、板桥河为界,东与肥东县接壤,现辖13个街道、2个乡镇、1个省级开发区,总面积142.9平方公里,总人口43.1万人,其中非农业人口35.82万人。(以上数据含新站区)

【发展优势】 区位优势明显,是合肥市的交通枢纽区。坐落区内的合肥火车站、铁路编组站、长途汽车站、合肥新港,穿境而过的合徐、合宁、合芜等高速公路,仅10分钟车程即可抵达的合肥骆岗机场,以及通江达海的南淝河水运,构成了现代化的立体交通网络。工业配套齐全,是合肥市重要的工业基地。拥有机械制造、电子电器、家具建材、钢铁化工四大支柱产业,汇聚了合肥钢铁集团、合肥氯碱化工集团、合肥联合利华等大中型企业160多家。并拥有各类技术工人及熟练工人6万余人,劳动力资源丰富、成本较低,发展工业的比较优势明显。商贸发达,是合肥市新兴市场区。通过退工厂办市场,已建成8大类41家大中型市场,主要包括机电产品市场(装载机、挖掘机等),家具市场、建筑装潢材料市场、日用百货市场、糖酒食品市场、汽车及零部件市场、花鸟鱼虫市场等,其中在国内及省内较有名的市场有安徽国际汽车城、安徽大市场、长江批发市场、合肥汽配城、东方商城、合肥红旗建材批发市场等。全区市场经营总面积约61.4万平方米,年交易额约48.7亿元。

【经济发展】 “十五”期间,地区生产总值年均增长22.64%,人均生产总值翻了两番多。全社会固定资产投资年均增长51.42%。财政收入同口径年均增长25.8%;可用财力翻了一番多。工业经济快速发展,工业总产值年均增长16%,工业增加值占GDP的比重上升至39.45%,规模以上工业企业由原来的40户增加到81户。2005年,全区实现地区生产总值80.43亿元,比2002年增长75.69%,年均递增20.67%;完成工业总产值73亿元,比2002年增长59.15%,年均递增16.75%;实现财政收入2.24亿元,比2002年增长82.4%,年均递增22.43%,其中地方财政收入1.36亿元,比2002年增长94.5%,年均递增24.8%;城镇居民人均可支配收入和农民人均纯收入分别达到9 684元和5 350元,年均递增9.2%和11%。

【社会事业】 基础教育均衡发展。五年来,尤其是区划调整后接收了27所乡镇学校和12所企业学校。通过学校布局调整和教育资源整合,全区初中、小学由原东市区时的28所发展到现在的53所,教师队伍由1 313人壮大到3 023人,完成中小学义务教育阶段的毕业生达5万多人。全区用于学校基础建设及设施设备投资近亿元,推进了教育现代化。先后涌现出省、市级家教名校10所,省级体育传统项目学校5所,省、市级绿色学校11所,市级文明学校18所。社区卫生服务网络健全。“十五”期间,我区不断加强医疗基础设施的投入和建设。目前,辖区内共有各级各类医疗卫生机构167个,已形成功能齐全的社区医疗卫生服务网络体系,实现了“15分钟”卫生服务圈,满足社区居民不同层次的医疗卫生服务需求。就业再就业持续扩大。五年来全区净增就业岗位3.8万个,安置下岗失业人员2.6万人,安置公益性岗位2 233个。2001年,率先在全省成立百帮就业服务中心,充分发挥“中心”孵化器的作用,共指导成立了361家非正规就业劳动组织,安置了4 378名下岗失业人员。企业退休人员社会化管理全面落实。该区共有企业退休人员6万多人,占全市市区退休人员总量的45%。2003年初,作为合肥市企业退休人员社会化管理试点区,三年来不断探索企业退休人员社会化管理服务工作的工作方法,前后接收了退管人员24 000多人,成立企业退休人员社会化管理服务中心,为企业退管人员提供优质社区管理服务,服务率先在全市超过80%,基本上实现了退管人员“老有所养、老有所医、老有所教、老有所为、老有所学、老有所乐”。社会保障体系逐步健全。五年共保障44万户123万人,累计发放低保金6 400万元,发放失业金1.75亿元,全区实现了应保尽保。企业退休职工养老金和下岗失业人员基本生活费的发放均达到100%。近年来,瑶海区先后获得全国科普示范区、全国青年文明社区示范区、全国社区卫生服务示范区、全国科教进社区先进集体、全国征兵工作先进单位和全省社会治安综合治理模范区、全省社区残疾人工作示范区、全省家庭教育现代化示范区等荣誉称号。

包河区

【行政区划】 位于合肥市南片区域,东邻南淝河,南濒巢湖,西至金寨路,北界环城路。区划调整之初辖常青、骆岗、义兴、大圩、义城5个乡镇和宁国路、芜湖路、巢湖路3个街道,2002年8月启动建设包河工业区,共包括19个社居委、71个行政村。面积230.7平方公里,(其中巢湖水域面积31.24平方公里)。2006年6月,适应现代化滨湖新区建设要求,市政府又将原肥西县烟墩乡整建制划入该区,使该区目前总面积扩大到340.06平方公里(其中巢湖水域面积64.35平方公里),辖52个社居委、62个行政村。

【人口】 2002年,包河区成立之初,包河区总户数11.5万户,总人口33.4万人,其中城市人口21.6万人,农村人口11.8万人;男性人口18.1万人,女性人口17.3万人。2005年底,包河区总户数为12.5万户,总人口42.7万人,其中城市人口32.2万人,农村人口10.5万人;男性人口22.9万人,女性人口19.8万人。随着烟墩乡整建制划入,目前该区现有总户数约14万户,总人口47.8万人,其中城市人口32.6万人,农村人口15.2万人;男性人口25.6万人,女性人口22.2万人。

【经济发展概况】 2003~2005年连续3年获得市对城区经济运行考核第一名,各项经济指标在全市乃至全省名列前茅:地区生产总值从2002年的87.62亿元上升到2005年的137.32亿元,年均递增16.16%;规模以上工业总产值从2002年的73.45亿元上升到2005年的142.5亿元,年均递增24.7%;规模以上工业增加值从2002年的22.7亿元上升到2005年的36.88亿元,年均递增17.6%;全社会固定资产投资从2002年的18.57亿元上升到2005年的86.6亿元,年均递增67.1%(其中工业投资从2002年的3.02亿元上升到2005年的35.68亿元,年均递增155.9%);财政收入从2002年的2.45亿元上升到2005年的6.73亿元,年均递增40%;进出口总额从2002年的3 075万美元上升到2005年的43 888万美元,年均递增142.6%;农民人均纯收入从2002年的3 897元上升到2005年的5 403元,年均递增11.5%;城镇居民人均可支配收入从2002年的7 530元上升到2005年的10 550元,年均递增11.9%。

【社会事业】 教育。大力实施"名师名校"建设、薄弱学校改造和教育信息化三大工程,"两基"水平显著提高,小学、初中入学率分别达到100%和99%以上。2002年以来先后重建、撤并和整合了沿河、黄港、晓南和包河苑等15所中小学校;接收并整合扩建了江汽、安凯等8所国有企业办中小学,目前学校布局基本趋于合理,基本消除了薄弱学校。屯溪路小学、四十八中学被命名为首批"包河名校",6位优秀教师当选首批"包河名师",20位教师被评为"学科带头人"。85%学校建有多媒体网络教室,50%学校建成校园网,全区基础教育信息化三级网络体系基本建立。各级先后投入近4 000万元,建设48中东校区、包河中学综合楼、青少年素质教育基地和少儿活动中心等,改造屯溪路小学危旧房,新建韦桥、谢岗等校区。

文体。共组织300余场次文化专题演出,自主编排42个文艺节目参加各级演出得到好评,配合民政等部门参加全国社区风采电视大赛获得一等奖,共获得国家、省、市各类文化奖项24个。现有各类省体育特色学校14所,各类体育场地(馆)218块,各级社区体育指导员370余名,成立60余支社区健身活动站点和单位运动协会,先后有4家单位获"全国体育先进社区"和"全国群众体育先进单位"荣誉称号。

卫生。新建社区卫生服务中心(站)14个。先后投入200多万元对现有的6所卫生院医疗用房全部翻新或扩建,配备了常用的X光机、新生儿红外线治疗仪、B超机、半自动生化分析仪等基本医疗设备。建立健全重大突发性公共卫生事件紧急救助体系,制定一系列紧急预案,有效应对了"非典"、禽流感、流脑等重大突发性公共卫生事件,组织开展了霍乱、肺结核等传染病的综合执法检查和艾滋病的防治工作。

肥东县

【行政区划及人口】 地处江淮之间,位居皖中腹地,是安徽省省会合肥市的东大门,东望南京,南滨巢湖,地理位置优越,史称"吴楚要冲、包公故里"。现辖22个乡、14个建制镇和两个开发区。2005年全县总面积2 211平方公里、人口106.4万人。

【经济发展概况】 2005年,全县实现地区生产总值72.1亿元,比上年增长13.8%,三次产业结构为26.2∶41.1∶32.7。财政收入5.34亿元,增长20.4%;全社会固定资产投资28.6亿元,增长80%;社会消费品零售总额15.8亿元,增长12.9%;金融机构存款余额47.6亿元,增长16.2%;农民人均纯收入3 134元,增长9.7%,农村居民恩格尔系数为56%;城镇在岗职工年平均14 276元,比上年增长20.5%。

【社会事业】 教育事业长足发展。全县共有中等职业学校4

所,在校学生3 778人;普通教育学校493所,在校学生19.26万人;成人中小学校19所,在校学生1 238人;职业技术培训机构45个,在校学生13 526人。县实验幼儿园被评为省语言文字规范化示范学校,全县高考本科达线率达25.03%,超出全省平均本科录取率2.19个百分点。卫生事业有了新的发展,年末全县共有卫生机构189个,专业卫生技术人员1 829人,全县每千人拥有医生数0.71人、医院床位数1.15张。稳步推进新型农村合作医疗试点,并成功申报为全国试点县。渡江战役总前委旧址被列为全省红色旅游线路。精神文明创建活动深入开展,连续三次被授予全省创建文明县城工作先进县,石塘镇被评为首批全国文明村镇。

肥西县

【行政区划及人口】 肥西县于1949年建县,位于省会合肥西南。现辖14个乡镇(2005年11月实施农村综合试点改革,全县由29个乡镇调整为16个乡镇;因区划调整,2006年6月30日,全县由16个乡镇调整为14个乡镇)和桃花工业园、紫蓬山旅游开发区。国土面积1961平方公里(因区划调整,2006年6月30日南岗镇、烟墩乡划归合肥市,国土面积由2 168平方公里调减为1 961平方公里),人口88.9万人(因区划调整,2006年6月30日,南岗镇、烟墩乡划归合肥市,人口由97.04万人调减为88.9万人)。

【经济发展概况】 2005年,实现生产总值69.05亿元,比上年增长23.7%;人均生产总值7 122元。其中,第一产业增加值14.97亿元,增长4.9%;第二产业增加值30.58亿元,增长35.7%;第三产业增加值23.50亿元,增长20.8%。三次产业结构比为22:44:34,财政收入7.261 8亿元,增长27.6%。经济运行综合指数居全省县(市)第7位,财政收入位居全省县(市)第2位。

六大特色产业加速推进。苗木花卉生产基地发展至15万亩,年交易量3亿多株,交易额5亿元。总投资1亿元的中国中部花木城项目、占地100亩的紫蓬山苗木花卉精品园项目正在建设中。家禽出栏5 734万只,增长14.3%,位居全省第一;水产品产量3.63万吨,增长6.5%。完成人工造林8 456亩,绿色长廊106.5亩,发放林权证6 610本,发证面积148 275亩,发证率96.3%;花生种植面积8.2万亩,总产量1.8万吨;农业机械总动力44.2千瓦,增长6.0%,农用拖拉机3.28万台,增加15.5%,排灌动力机械11 111台,增长5.4%,机耕面积达87.9%;输出劳务人员16万人,实现劳务收入11亿元,增长22%;土地复垦整理入库项目13个,高刘镇国家级土地整理项目通过省级批准立项。环境污染治理投资174万元,工业废水排放量达标率为95.1%,烟尘排放量达标率为84.3%。年末,自然保护区3个,总面积157.7平方公里。

工业生产快速增长。完成工业总产值91.04亿元,增加值24.22亿元,按不变价计算(下同)增长28%,其中,规模以上工业企业总产值77.54亿元,增加值20.84亿元,增长30.2%。年末规模以上工业企业58家。全年规模以上企业实现产品销售收入72.4亿元,增长37.9%;实现利税总额7.27亿元,增长48.7%,实现利润3.83亿元,增长30%;规模以上工业企业综合经济效益指数为149%,比上年提高7个百分点,产销率98.14%。建筑企业总产值12.56亿元,增加值6.36亿元,增长82.6%。三级及以上建筑企业实现利税5 852万元,增长226.7%。全年房屋建筑施工面积153.06万平方米,比上年增加27.4万平方米。个体工商户2.6万户,其中,新增2 100户;私营企业2 736个,其中,新增私营企业429户;从业人员12万人。全年实现消费品零售总额13.07亿元,同比增长15.9%,其中批发零售业增长15.6%,餐饮业增长24.3%。

【社会事业】 全县专利授权量累计117件,居全省第六位,荣获全国科技进步先进县称号;拥有普通中学59所,专任教师2 873人,在校学生数62 948人;小学329所,比上年减少32所,专任教师3 573人,比上年减少4.8%,在校学生数71 054人。卫生机构34个,床位1 148张,卫生机构从业人员1 752人。其中专业技术人员1 552人,执业(助理)医师773人,注册护士319人。成功举办"中国环游"紫蓬山国际公路自行车大赛。荣获"全省文化先进县"称号。建成电子阅览室,购置新书1 200册,征订全国重点报刊210份,搜集地方文献资料106册,县图书馆被授予国家三级图书馆。人口出生率为9.6‰,自然增长率为6.2‰;农民人均生活消费支出为2 322元,增长3.9%;城镇在岗职工平均工资15 220元,增长20%;农民人均纯收入为3 209元,增长12.2%;农民人均生活消费支出为2 322元,同比增长3.9%;参加基本养老保险职工16 800人,参加医疗保险职工20 114人,参加失业保险16 815人。城镇居民最低生活保障5 436人,农村居民最低生活保障7 807人。参加新型农村合作医疗保险的农民达692 811人,覆盖率84.74%,增长3.36%。

长丰县

【行政区划及人口】 地处江淮分水岭地区,1965 年 10 月由寿县、定远、肥东、肥西四县边缘结合部划并而成,是全国商品粮基地县、全国油料生产百强县、全国商品瘦肉型猪生产基地县、全国十大草莓生产基地之一、全省棉花生产重点县。现辖 8 个镇、7 个乡、1 个省级开发区,304 个行政村(居),总面积 1938 平方公里,其中耕地面积 97.29 万亩。2005 年末总人口 76.99 万人,其中城镇人口 23.1 万人。

【区位交通】 长丰南与合肥市紧接,北与淮南市相依,东与蚌埠市呼应,得天独厚,占尽城间优势;G206 国道、S311 省道、淮南铁路、合九公路纵贯全境,县乡公路纵横交错,水运可进江入淮,南端与合肥机场仅 18 公里,利于承载城市资金、技术、产业辐射,便于人流、物流、信息畅通,成为县域经济跨越式发展的重要支撑。随着合淮阜、合肥北三环和合宁、合武铁路、合淮蚌高速铁路的建成以及县域"四纵十二横"交通网落的形成,长丰将全面融入全国高速路网,成为合肥北部的新兴交通中心,区位优势更加凸现。

【经济发展概况】 2005 年实现地区生产总值 38.8 亿元,增长 17.0%,三次产业比例为 32.5:33.6:33.9,初步实现了由农业主导型向工业主导型的历史性转变,经济自主增长能力增强,完成固定资产投资 21.55 亿元,增长 74.3%,创历史最快增速。财政收入 2.45 亿元,增长 19.5%。农民人均纯收入2 565元、增长 13.7%,在岗职工平均工资13 525元、增长 17.1%。全社会消费品零售总额 8.44 亿元,增长 14.8%。规模以上工业企业达到 79 户。初步形成汽车零部件、现代建材、食品加工、服装制造四大支柱产业。长丰草莓被批准为国家绿色食品,雪山草鸡等 13 个农产品被授予国家和省无公害农产品。县域经济动态指数名列全省第 2 位,进入全省"十快县";综合指数名列第 11 位,跃升全省上游水平。

【社会事业】 教育、卫生、文化事业发展迅速。年末,全县共有普通中学 46 所,在校生 6.28 万人,毕业生 2.05 万人。下塘中学、朱巷中学创建市级示范高中通过专家组评估验收,实施中小学危房改造二期工程,落实农村义务教育"两免一补",采取公开平等、竞争择优的方式选招教师 183 名,充实偏远地区教师队伍。共有卫生医疗机构 34 个,其中,医院、卫生院 30 个。医院、卫生院拥有床位 716 张,卫生技术人员 797 人。被列为省新型农村合作医疗试点县,年末参加合作医疗人数 68 404人。县传染病区和双墩、下塘卫生院病房楼建成投入使用,医疗设施进一步完善。拥有专业剧团 1 个,电影院、影剧院 4 个、图书馆 1 个,藏书 6.6 万册,文化广播电视站 21 个,全县行政村广播通播率达到 100%。罗集分米波电视转播台建成开播。县青少年老年活动中心建成使用。计划生育整体水平进入全省二类县。岗集镇被中宣部等 10 部委联合授予全国婚育新风进万家先进乡镇。社会保障体系进一步健全。建立养老、失业、医疗、工伤等社会保险"六险合一"机制,推行城镇居民最低生活保障、农村特困群众生活救助制度,新型社保框架初步形成。建成县百帮再就业园,615 名下岗失业人员实现再就业。县经济普查办公室被授予全国经济普查先进集体。

城市风采
泰州市
TAI ZHOU SHI
泰州

江南名城——绍兴市

市长　张金如

绍兴地处长江三角洲南翼，浙江省中北部，西接杭州，东临宁波，北濒杭州湾，下辖绍兴县、诸暨市、上虞市、嵊州市、新昌县和越城区，面积 8256 平方公里，人口 435 万，其中市区面积 364 平方公里，人口 64 万。绍兴素有“山青水秀之乡、历史文物之邦、名人荟萃之地”的盛誉，又有水乡、桥乡、酒乡和书法之乡、戏曲之乡、名士之乡的美称。

绍兴具有悠久的历史文化、秀丽的山水风光。7000 多年前绍兴就有人类活动，是中华民族的发祥地之一。春秋战国时期，越王勾践在绍兴建立都城，至今已有近 2500 年的建城史，是首批中国历史文化名城。绍兴以其深厚的文化底蕴哺育了王羲之、蔡元培、鲁迅、马寅初等众多的志士仁人，毛泽东同志曾赋诗称绍兴为“鉴湖越台名士乡”。作为首批中国优秀旅游城市，绍兴风景名胜秀甲江南，历史上李白、杜甫、白居易、孟浩然等 400 多位著名诗人都留下了赞美稽山鉴水的绚丽诗篇。全市有国家级重点文物保护单位 9 处，国家级和省级风景名胜区 8 个，年接待国内外游客量已超过 1500 万人次。

绍兴具有较强的经济实力、鲜明的产业特色。2005 年实现生产总值 1440 亿元，人均生产总值超过 4000 美元，分别位居全国第 28 位和 24 位，中心城市综合实力居全国第 41 位、浙江省第 3 位。下辖的 5

镜湖国家城市湿地公园

个县（市）全部进入了全国百强县行列。改革开放以来，绍兴逐步形成了以民营经济为主、轻纺产业为主的产业特色。民营经济总量占全市经济总量的98%，在全国500强民营企业中，绍兴占41家，全市拥有规范化股份制企业85家，上市公司24家。绍兴的轻纺产业十分发达，是亚洲最大的化纤面料生产基地，下辖的嵊州市是全国最大的领带生产基地，诸暨市是全国最大的袜业生产基地。近年来，绍兴坚定不移地推进经济结构战略性调整，产业层次不断提升。目前正在着力打造以化纤为特色的国际纺织中心，以分散染料为主的国际精细化工产品制造业基地和以化学原料药为主的全国新型医药制造业基地。

绍兴具有开放的经济形态、优越的投资环境。全市已有外商投资企业4000多家，外商实际投资达到40多亿美元，与全世界190多个国家和地区建立了经贸关系。在城市化进程中，绍兴已经初步拉开了越城、柯桥、袍江、江滨四大组团和镜湖新区相结合的大城市框架。全市实现了县县通高速公路，建成了市区到各县（市）城区一小时交通圈，相继荣获国家环境保护模范城市、国家园林城市称号，并成为全国三个生态城市试点之一。同时，在全省率先完成了第四轮市级行政审批制度改革，建立了统一、透明的招投标平台，形成了“亲商、安商、富商”的良好投资氛围。

作为长三角南翼先行规划、先行开发的重点城市和沿海经济开放区，绍兴人民正在全力以赴建设经济强市、文化强市，打造生态绍兴、和谐绍兴，努力推进率先发展，实现富民强市。

铜陵市

TONG LING SHI

铜陵均衡教育发展成效明显。图为国务委员陈至立（左二）在安徽省委副书记、省长王金山（左三）和铜陵市委书记、市人大常委会主任沈素琍（左五）陪同下视察调研铜陵均衡教育。

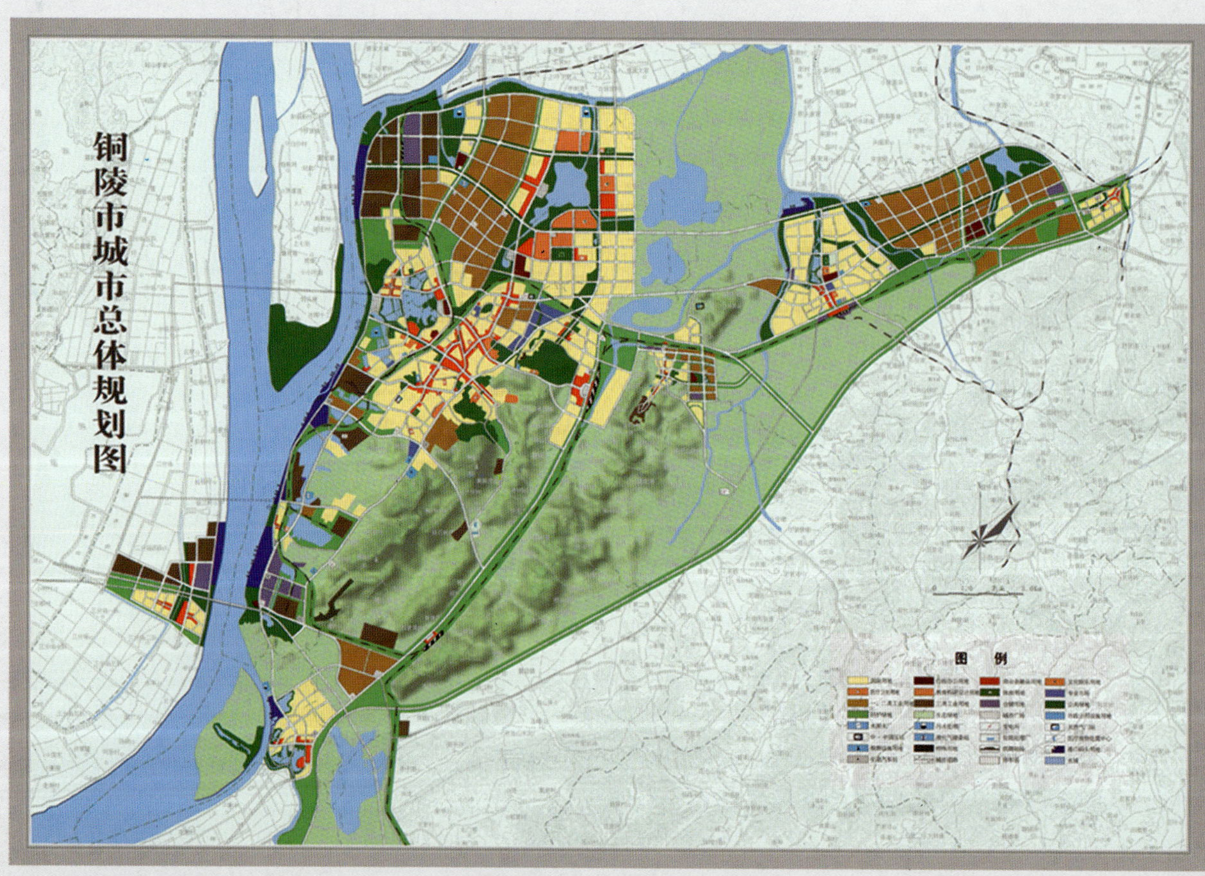

铜陵市按照“一城三区，一主两副”的城市布局，充分发挥城市建设在率先发展中的基础性作用，全力打造生态山水铜都，加快城市化进程。

① 铜陵的产业特色是以铜为主，采掘、选矿、冶炼和精深加工等配套的铜产业链较为完整，铜产量连续7年高居全国第一，有两个品牌在伦敦金属交易所注册。图为位于开发区境内的年产10万吨高精度铜板带项目——金威铜业公司。

② 铜陵坚持发展循环经济理念，积极推进资源型城市转型，严格按环保要求上新项目。图为总投资近8亿元的金昌冶炼厂主工艺改造的环保工艺改造装置。

③ 铜陵因铜得名，是华夏青铜文化的发祥地之一，采冶铜始于商周，盛于汉唐，延绵三千余年。新中国第一炉铜水、第一块铜锭出于铜陵，是中国古铜都，当代铜基地。境内有“金牛洞古采矿遗址”，并遗存了大量的古代冶炼铜的炉渣王及部分工具。

④ 铜陵城区改造力度不断加大，建成一批精品亮点小区。图为全国物业管理住宅示范小区、安徽省物业管理十佳小区——世界花园小区。

铜陵市是被国务院确定的全国首批循环经济试点市，循环经济工业试验园作为安徽省首个循环经济工业园，现已引进有色化工园、亚星焦化、方园化纤等多项列入省“861”行动计划的加工制造业投资项目，签约协议投资超过79亿元。图为铜陵市循环经济工业试验园效果图。

铜陵市

TONGLINGSHI

铜陵坚持实施外向带动战略，重点吸引跨国公司、世界500强企业及其关联配套企业。图为铜峰电子集团公司与韩国SKC公司举行合资项目签约仪式。

铜陵是长江中下游重要的工贸港口城市，铜陵港为国家一类口岸。图为铜陵海螺公司水泥专用码头生产场景。

铜陵以争创全国文明城市为龙头，全面启动“五城联创”工作，大力培育和弘扬具有地域特色的铜文化，塑造城市独特的人文魅力。图为综合整治后的铜都大道依山就势而建的铜文化浮雕和山水铜都景观。

铜陵五家上市公司在沪深股市形成了铜陵板块，促进了企业融资和现代企业制度的建立。图为上市公司之一——铜陵六国化工股份公司。

铜陵坚持统筹城乡发展，建设社会主义新农村，以建成全省城乡一体化示范区为目标，全面开展“乡村规划整治，建设美好家园”行动。图为狮子山区西湖镇朝山村。

铜陵承东启西，区位优势明显。“十一五”期间，铜陵将实施“交通先导战略”，建成“对接长三角，辐射皖中南”的综合交通体系。图为拓宽改造后的井湖路。

国家(铜陵)电子材料产业园

中华人民共和国信息产业部

2005年5月

铜陵依托国家(铜陵)电子材料产业园、国家“火炬计划”铜陵电子材料产业基地以及中科大——铜陵科技创业园等载体进行科技研发和应用，提升企业自主创新能力。

铜陵相继与中科院、清华大学、中科大、上海交大等建立了全面产学研合作关系。图为中科大——铜陵科技创业园一期工程，该园已聚集 20 多项高新技术项目入园孵化。

铜陵不断加大城市基础设施建设力度，进一步完善城市综合功能，提升城市品位。图为环天井湖地区东湖景区铜文化园夜景。

滁州市

CHUZHOUSHI

滁州市市长　缪学刚

现代农业科技园

白鹭岛

安徽康佳电子有限公司彩电车间

中国农村改革发源地——凤阳县小岗村

蚌宁高速公路

明光林东水库

滁州市下辖天长、明光两市，全椒、来安、定远、凤阳四县和琅琊、南谯两区。总面积 1.33 万平方公里。2005 年末总人口 435.6 万人。

滁州市位于安徽省东部，地处江淮要冲，具有承东启西、联络南北的独特区位优势。交通便捷，京沪铁路、淮南铁路及正在建设的宁西铁路、即将兴建的京沪高速铁路、合宁铁路穿境而过。312、205、104 国道和合徐、蚌宁高速公路四通八达。距南京禄口机场、合肥骆岗机场均只有 1 个小时路程。内河航道直通长江、淮河。基础设施日臻完善，文化、教育、卫生、服务、娱乐设施较为齐全，投资环境不断改善。

滁州市资源丰富。属北亚热带季风气候。现有耕地约 66.7 万公顷，人均耕地面积居安徽前列，为国家 20 个大型商品粮基地之一，有"安徽粮仓"之称。盛产水稻、小麦、油菜、棉花、生猪、家禽、银鱼、螃蟹、鳜鱼等农、牧、水产品。森林覆盖率达 19%。矿产资源众多，非金属矿资源尤为丰富，已探明的达 40 多种，其中凹凸棒、岩盐、石膏、石英砂储量大、品位高、易开采。滁州山水秀美，人文荟萃。北宋欧阳修任滁州太守时，留下千古美文《醉翁亭记》。明代开国皇帝朱元璋、清代名著《儒林外史》作者吴敬梓都生长于这块土地。境内琅琊山为国家 4A 级风景名胜区，有天下第一名亭醉翁亭，有气度非凡的明中都皇城、皇城等，自然、人文景观达 70 多处，旅游资源非常丰富。

滁州是中国农村改革的发源地。滁州人首创了农业"大包干"，并以"大包干"精神推动各项改革，经济建设和社会事业取得了令人瞩目的成就。2005 年，全市生产总值 328 亿元，财政收入 27.6 亿元，外贸进出口总额 3 亿美元。特别是工业经济发展迅速，建立了机电、食品、轻纺、建材四大产业为主导，拥有 40 多个门类的工业体系。博西华制冷公司、安徽康佳公司、全柴集团、中国扬子集团、滁州卷烟厂、天大集团等一批国内知名大企业发展势头看好。

现在安徽省委、省政府提出东向发展战略，滁州及时调整发展战略，充分发挥交通便捷、区位优越和土地、劳动力、矿产旅游等资源丰富的优势，深化改革，扩大开放，把招商引资作为促进新一轮发展的突破口和第一任务来抓，大力发展民营经济，加速对接长江三角洲经济圈，加快融入南京都市圈，增强经济发展的内在动力和活力，一座新兴的工贸旅游城市——滁州正在皖东大地崛起！

南湖公园

【宣城】

宣城，东临苏浙，地近沪杭。自公元前221年设郡以来，历代为郡、州、府城，相沿二千多年而不辍，范晔、谢朓、沈括、文天祥等先后出守于此，李白、韩愈、白居易、杜牧等相继来此寓居，众多的人文遗迹，优美的自然风光，使得这座古城不仅赢得“上江人文之盛首宣城”的赞辞，更因谢朓、李白、杜牧等人的大量歌咏，而享有“宣城自古诗人地”的美誉。凭皖赣、宣杭两铁路，318、205国道保持着与外界畅通的气象，从古至今以地利之便，交通畅达，商品集散，成为江南通都大邑。

宣城地处皖南山区和长江下游平原的结合部，东连天目山，南倚黄山，西靠九华山，城内襟山带水，风景绝佳。宣城市东距杭州市240公里，南距黄山市198公里，北距南京市194公里、芜湖市70公里。距安徽省会合肥市213公里。古代有“土控吴兼越，川连歙与池。山河地襟带，军镇国藩维”之誉；近代有“宁芜之屏壁，徽杭之项背”之评；当代有“皖东南大门”之称。宣城现辖五县（郎溪、广德、泾县、绩溪、旌德）、一市（宁国市）、一区（宣州区），市域总人口270余万人，国土面积12340平方公里。2005年全市完成生产总值（GDP）251.5亿元，财政收入20.94亿元，全社会固定资产投资134.54亿元，社会消费品零售总额达85.89亿元，城市居民人均可支配收入7959元，农民人均纯收入3157元。宣城作为皖东南中心城市，建成区面积达27.3平方公里左右，人口28万。规划至2020年，城市人口规模达到50万人，用地规模达到50平方公里，宣城市将建设成为以发展工贸旅游为主的现代化山水园林城市。

宣城人文胜迹遍布。临风怀古，谢朓楼与黄鹤楼、岳阳楼、滕王阁并称江南四大名楼“兹山亘百里，合沓与云齐”的敬亭山，自南齐谢朓以来，先后300多位诗人墨客登临此山赋诗作画，留下诗文600多篇，为名符其实的“江南诗山”；现存敬亭山麓的宋代广教寺双塔，以其对唐塔风格的继承与革新，成为

全国仅存，因而被列为国家重点文物保护单位。宣城地灵而人杰。“宣城梅”自宋以来，名人辈出，“宋诗开山祖”梅尧臣，宋名臣梅询，明戏剧家梅鼎祚，名宦梅守德，清黄山画派巨匠梅清，清数学大家梅文鼎，近代学贯中西的梅光迪，使之有“宣城梅花遍地开”一说。宣城物产丰饶。南湖银鱼、水阳河蟹、水东蜜枣、敬亭绿雪，皆属地方土特名产。如今“水东琥珀枣”、“敬亭绿雪茶”，在国内外均有一定名气。

2001 年，宣城撤地设市，宣城城市建设开辟新的纪元。市委、市政府高度重视城市建设，市人大、市政协十分关心城市建设，把建设现代化的山水园林城市写进宣城的发展规划。坚持以高水平规划为龙头，加快了城市道路建设。依据国家和省的规划法规，制定宣城历史上首批规划地方规范性文件，委托中国城市规划设计研究院修编了城市总体规划。新建了宣湖路、昭亭南路、昭亭北路等 13 条城市道路；新建城市道路（含路桥）总长度 13117m，道路面积 85 万 m^2；改造整治道路 9 条总长 12923m，道路面积 61 万 m^2；改造背街后巷道路总长度 1306m，道路面积 9230m^2。新建了彩螺广场和大坝塘游园（均为省优“黄山杯”工程），建设了鳌峰桥头小游园等街头广场绿地，初步改善了市民生活环境。正在建设的府山广场、敬亭山东大门改造、西大门五星级宾馆建设和梅溪路立交桥工程等，是改善城市形象、完善城市功能、提升市民生活质量的又一批重点工程。几年来，市区新增公共园林绿化面积 152100 m^2，更新改造绿地 14000 m^2，绿化覆盖率达 28.3%。

进一步规范房地产市场，制定了一系列促进房地产业健康发展的措施，开办了房地产开发信息网。2002 年至 2004 年，市区完成房地产开发投资额 8.04 亿元，施工面积 116.81 万 m^2，竣工面积 60 万 m^2。为改善城市居民的燃气、供水质量，积极开展天然气利用项目工作，并通过招商引资，引进中油上海公司与市政公司合资组建市城市燃气公司，已铺设天然气中压管网 12km 并开始供气；2005 年 12 月底与深圳水务集团正式签约合资经营水务有限公司并即将建设第三水厂。这二个项目完成后，天然气供气人口将达 15 万人，自来水日供水可达 15 万吨。

“江城如画里，山晚望晴空。两水夹明镜，双桥落彩虹”。宣城，正以其博大胸襟、广远情怀，承接南来北往过客，书写声蜚遐迩华章。

仪征市

YIZHEN

仪征东接历史文化名城扬州，西邻六朝古都南京，南濒长江，北依两淮平原，素有“风物淮南第一州”之美誉。1986 年，国务院批准建立仪征市。全市总面积 901 平方公里，辖 11 个乡镇、2 个办事处、149 个行政村，人口近 60 万。

仪征历史悠久，人文荟萃，早在西周时就有了建制，唐宋时已是著名的工商业城市；保存着秦代文化遗址、庙山汉墓、唐代天宁塔、明代鼓楼等众多古迹，涌现出阮元、刘师培、盛成等一大批历史文化名人。

仪征区位独特，交通便捷，经济上受上海经济圈和南京都市圈的叠加辐射，既是具有一定制造业基础的新兴工业城市，也是集公路、水路、铁路、输气管路、输油管路五大功能于一体的现代物流枢纽城市，是南京都市圈的核心层和扬州“一体两翼”城市化发展战略的重要组成部分。

仪征资源丰富，产业特色鲜明，境内拥有 27.6 公里的长江黄金岸线，建有码头 11 座，万吨级泊位 6 个，年吞吐能力 3000 万吨。以扬州化学工业园区、仪征经济开发区、扬州（仪征）汽车工业园为依托，形成了石油化工、汽车及零部件、高新技术、船舶制造、现代物流等五大主导产业。目前，已有德国西门子、荷兰飞利浦、美国亚新科、上汽仪征公司等 8 家世界 500 强企业和一大批国内外知名大企业在仪投资。

GSHI

仪征环境秀美，生态优良，市内有2个省级森林公园、3个旅游风景区，森林覆盖率15.4%，天蓝水碧，风光如画，是宜人居、宜投资的胜地，先后获得全国卫生城市、国家级生态示范区、全国平原绿化百佳市和江苏省文明城市等荣誉称号。

2005年，仪征共实现地区生产总值106.8亿元，比上年增长21.2%；实现财政收入17亿元，增长14.1%；城镇在岗职工平均工资17600元，农民人均纯收入4935元，分别增长8.8%和10%；实际利用外资2.35亿美元，民资63.5亿元，分别增长95.8%和76.4%。全市经济综合实力显著增强，城市形象显著提升，经济和社会各项事业协调发展，连续两届跻身全国百强县（市）行列。未来五年，仪征的主要发展目标是：三年倍增、四年小康、五年再上新台阶。早日把仪征建成“扬州的昆山”。

石油仓储

化纤纺织园

城河步行街风情

佛宗道源 制造之都

台州

“台州地阔海溟溟，云水长和岛屿青”，这是唐代大诗人杜甫对台州的描绘。

这是一座历史悠久、文化深厚的城市。她是五千多年前新石器时代下汤文化的发祥地，自唐代设台州，至今有1380多年历史。她是佛教天台宗和道教南宗的发祥地，素有“佛宗道源”之称。她的区域文化特点鲜明，曾被鲁迅先生称为“台州式的硬气”。

这是一座兼得山之神韵与海之灵气的城市。她历史上就有“海上名山”之美称，城市由三个城区组合而成，中间环抱60平方公里的“绿心”，城中有山、江穿城过、城临东海，城市景观多姿多彩，山水型生态特色鲜明，2005年被评为中国十佳宜居城市。

这是一片民营经济发展的热土。她是中国股份合作经济的发祥地之一，改革开放以来，走出了一条民营经济主导的发展路子，迅速跻身沿海发达城市行列，2005年城市综合竞争力居全国第35位。民营企业、民办事业、民主政治、民本政府是她的最大特色。她是中国微型轿车之都，是长三角重要的制造业基地，2005年度被评为中国十二大品牌经济城市。她创业氛围浓厚，创新精神充沛，正朝着中国民营经济创新示范区努力。

国家园林城市——扬州

润扬大桥（茅永宽）

扬州位于江苏省中部，长江三角洲北侧，已有近 2500 年的建城史，是国务院首批公布的二十四座历史文化名城之一。现辖 3 个区、3 个县级市和 1 个县，总面积 6634 平方公里，总人口 456 万，其中城区面积 980 平方公里，人口 128 万。

扬州历史悠久、文化昌盛。历史上，凭借独特的区位和交通优势，曾经铸就了两汉、隋唐、清康乾年间三次辉煌。扬州文化独树一帜、异彩纷呈，扬剧和扬州评话、清曲、剪纸、漆艺、玉雕、雕版印刷已被列入中国首批非物质文化遗产。扬州旅游资源丰富，园林、老宅、街巷散发出迷人的魅力，全市有各类文物保护单位 293 处，中国十大风景名胜区之一的蜀冈—瘦西湖风景区、中国四大名园之一的个园、晚清第一名园的何园等景点闻名遐迩。

中国人居环境奖

扬州区位优越、交通便利。凭借长江与京杭大运河在此交汇，历史上曾以其无可比拟的区位优势，成为中国水陆交通的重要枢纽、承南启北的重要“门户”。近年来，随着宁启铁路、润扬长江大桥、西北绕城公路、沿江高等级公路的建成，扬州立体交通网络不断完善，扬州交通格局从“T”型变成“十”字型，初步形成了“江海河沟通、水公铁联运”的交通运输体系，并成为长三角重要的区域中心城市。“十一五”期间，正在规划建设苏中机场、京沪高速公路南延及五峰山长江大桥、淮扬铁路等一批重大交通工程，将进一步与长三角其他城市融为一体。

扬州经济发达、活力较强。2005 年全市实现地区生产总值 922 亿元，增长 15%，人均地区生产总值达 2550 美元；财政总收入 117 亿元，增长 26%；城市居民人均可支配收入和农民人均纯收入分别增长 15.5% 和 11.5%。国家统计局发布的 2005 年度中国综合实力百强城市，扬州列第 46 位。对外开放不断扩大，沿江开发、园区建设发展势头良好，建有 8 个省级经济开发区和一个国家级出口加工区。2005 年沿江开发和园区基础设施完成投入 85 亿元，全市注册外资实际到账 12.5 亿美元，民资投入 400 亿元。

扬州环境优美、适宜人居。近几年来，先后投入 200 多亿元，进一步加大城市基础设施建设和环境综合整治的力度。先后实施了瘦西湖活水工程、古运河城区段整治等一批水环境工程。新建了新区中央公园、润扬森林公园、蜀冈西峰生态公园、曲江公园及 200 多个小游园，新增绿地 1000 万平方米以上，市区累计绿化覆盖面积 2319 公顷，绿化覆盖率达 36.9%，人均公共绿地面积为 9.15 平方米。先后获得“国家卫生城市”、“国家环保模范城市”、“国家园林城市”等称号；2004 年，又成为长三角地区第二个获得“中国人居环境奖”的城市。扬州正成为一座“城在林中、居在园中、路在绿中、人在景中”精致秀美的宜居城市。

亚星汽车（吴国华）

汶河北路街景（郑杰）

南京市 江宁区

南京市江宁区，位于长江与沿海两大经济带交汇点，从东、西、南三面环抱南京主城，是南京重要的经济增长极。全区区域面积1573平方公里，辖7个街道、2个镇，区域总人口100多万人。

多年来，江宁坚持科学发展、统筹发展、率先发展、协调发展，以自主创新为驱动，走集约化发展之路，区域综合实力不断提升。2005年，全区实现GDP240亿元，完成财政收入50亿元，实现全社会固定资产投资225亿元；新批外资项目180个（千万美元以上项目70个）、协议注册外资14.8亿美元、外资实际到帐5.5亿美元。2006年1-4月份，实现GDP87.5亿元，完成财政收入22.1亿元，全社会固定资产投资74.1亿元。预计全年可实现GDP272.5亿元，财政收入61亿元，全社会固定资产投资270亿元。江宁连续多年位居全国百强县（区）前列，先后被评为全国教育、科技、文化、卫生、体育、绿化等工作先进区（县），建成了全国生态示范区。

作为最具活力、最有魅力的南京新市区，江宁坚持构筑良好的要素积聚平台，最大限度地汇聚发展资源和优质要素，逐步形成了以江宁开发区为龙头，以江宁科学园、江宁滨江开发区为支撑，以镇街工业集中区为辅翼的发展载体，为各界才俊施展才华搭建舞台，为各方投资兴业开辟乐土。

江宁开发区拥有江苏软件园区、南京IT产业园、汽车零部件配套区、出口加工区和空港工业园五大平台，区内道路、水、电通信、污水处理、集中供热等基础设施完善。已成功引进瑞典爱立信、德国西门子、美国福特、日本森田、通用磨坊、日本东陶等25家世界500强企业和著名跨国公司。未来将建成一座以电子信息产业、汽车制造等高科技龙头项目和知名企业的研发中心为重点，二、三产业协调发展，社会文明进步、环境优美、基础设施和生活服务设施一流的新城区。江宁科学园是江苏省第一家扶植民营企业发展的特

色开发园区，已引进 330 多个项目和 12 所高校，初步形成了高科技产业区、教育功能区、旅游度假区三区联动、协调发展的格局。未来将建成以新型制造业、机电产业、高校科研产业和旅游业协调发展的园区。区内投资 8 亿元的江宁体育中心已建成使用，无论在体量上，还是在规格上，都堪称全国区级第一。去年成功承办、承接第十届全国运动会摔跤、女子足球、射击、射箭等比赛项目。江宁滨江开发呼应江苏沿江开发战略，高起点、大规模、快速度地拉开发展框架，该区域拥有 21.5 公里长江岸线资源，具有沿江水路、公路、铁路的多重优势，拥有十个泊位的货运码头已经开工建设。未来将建成以新型建材、生物医药、轻工机械等产业为主体，中小企业集群相配套的国内有影响的先进制造业基地和环保生态型现代新城。此外，全区各镇街都设立了工业集中区，建设了一批标准厂房，有利于各类项目快速落户、快速启动、快见成效。

在加强硬件设施建设的同时，江宁以软环境建设为突破口，提高行政服务效率，提升行政服务效能，吸纳外部优质要素，激发内在活力源泉。强化社会信誉建设，打造“诚信江宁”、“阳光政府”；狠抓职能转变和作风建设，区行政服务中心和江宁开发区服务中心从项目立项到领取营业执照，从开工建设到投产运营，为所有投资创业者提供一站式、全程性“并联”便捷服务，着力构筑“服务高地”、“政策洼地”；积极开展“平安江宁”创建活动，努力建设开放、安全、有序的市场环境。

长三角战略的深入推进、南京都市圈的延伸拓展给江宁的发展提供了广阔的空间，胡锦涛主席、温家宝总理的亲临视察给江宁的发展注入了强大的动力。“十一五”时期，江宁将紧紧依托“产业化、城市化、数字化、生态化”的发展定位，以率先全面建成小康社会、率先基本实现现代化为总目标，坚持经济多元化、城市现代化、社会和谐化为发展主线，坚持增强经济核心竞争力、生态环境竞争力为发展取向，坚持富民、惠民、安民为发展目的，努力建设成为具有国际竞争力的先进制造业基地，自主创新能力较强的教科研发基地，服务功能配套完善的南京新市区，环境优美适宜人居的生态区。

新型工业城市——新沂

新沂高速公路

新沂三仙湖夕照

新沂市地处苏鲁两省交界，是江苏的北大门，总面积1613平方公里，下辖16个镇，总人口97万，其中城区人口24万。新沂交通区位优越，物产资源丰富，工业基础扎实，发展环境优越，极具发展潜力，省委、省政府先后将新沂发展定位为“苏鲁接壤地区新兴的交通枢纽和商贸旅游中心、江苏新兴工业城市”，苏北唯一的“三级一类中心城市”，东陇海线上第三大城市、第三大工业城市。近年来，新沂经济社会发展速度进一步加快，先后被评为江苏省卫生城市、江苏省文明城市、江苏省文化先进市、江苏省双拥模范城市，全国体育先进市、全国科技进步先进市，前不久当选首届“长三角最具投资价值县（市）”。

新沂是东陇海产业带的中心节点城市，是全国2000多个县（市）中为数不多的交通枢纽，战略地位十分重要。江苏省委、省政府对新沂的发展高度重视。省委李源潮书记两年内四次视察新沂，要求新沂建设成为“东陇海线上第三大城市、第三大工业城市”。围绕这一总体要求，我们提出了“跨越发展、快速崛起”的发展目标，在发展方向上确立了“四个定位”：

一是建设东陇海线上第三大城市。到2020年，城市人口达到50万人，城市建成区规模达到50平方公里，城市化水平达到50%。到2010年，城市人口力争达到40万。

二是建设东陇海线上第三大工业城市。到2010年，工业增加值实现100亿元，第二产业占GDP的比重超过50%。

三是建设苏鲁接壤地区现代化的物流中心。到2010年，服务业占GDP的比重力争达到40%。

四是建设苏北重要的旅游城市。重点开发建设“一山一湖一古镇”，精心打造一批富有创意、体现特色、展示文化的旅游精品。加快建设4A级马陵山风景旅游区、骆马湖度假休闲旅游区、窑湾古镇和沭河景观带、大运河文化风光带，让新沂成为本地人喜爱、外地人向往的旅游度假胜地。

2005年实现地区生产总值78亿元，同比增长15%；财政收入5.6亿元，增长39%；工业用电量13亿度，增长60%，增幅连续两年在全省排名第三。

建设“东陇海线上第三大城市、第三大工业城市”必须要有良好的投资环境。近年来，新沂市牢固树立“环境立市”的发展理念，建立健全优化发展环境八项制度，建设了行政服务中心，发展环境明显改善。目前，新沂的知名度和影响力不断提升，正在成为开放的热土，投资的乐园，一个开放的新沂、发展的新沂、充满生机活力的新沂，崛起在东陇海线上，成为苏北大地上一颗耀眼的明珠。

新沂市区位交通图

新沂世纪广场

ma an shan shi hua shan qu

马鞍山市花山区

——在加快融入长三角中崛起

加快发展中的花卉苗木基地

繁华的解放路商业街

花山工业集中区建设现场

马鞍山市花山区总面积119平方公里，辖一镇四街道，常住人口23.4万。2005年，全区规模以上工业产值增长35%；社会消费品零售总额增长14.7%；固定资产投资增长72.6%；财政收入增长53.8%；城市居民人均可支配收入13500元，农民人均纯收入4820元，分别增长24.7%和12.7%。“十一五”期间，力争五年投入120亿元以上，实现贸工齐进，城乡互动，跨越发展，提升主要指标在全市的份额，努力实现跻身全省强区行列，追赶长三角城区队列的目标。

兴建中的商业中心——团结广场（在建项目为建筑面积达14万平方米的大华领域国际广场）

国家AAA级景区——濮塘风景区竹海

崛起中的现代化能源城——

淮南市位于中国华东腹地，淮河之滨，是安徽省重要的工业城市。总面积2600平方公里，其中市区面积1091平方公里，建成区面积90平方公里；总人口230万，其中城镇人口105万；辖五区一县和一个国家级综合实验区，1个省级经济技术开发区。1984年，淮南被国务院批准为“较大的市”，享有地方立法权。1985年被国务院批准为对外开放城市。

历史悠久。早在新石器时代即有人类在此生息、繁衍。夏商之际“淮夷”人在此形成部落，战国时为楚国地域，汉初设置淮南国。淮南名胜古迹众多，境内有“淝水之战”古战场；有战国“四君子”之一的春申君黄歇、赵国大将廉颇、淮南王刘安等著名历史人物古墓群；有全国重点文物保护单位的“古寿州窑”遗址；有距今2100多年我国最早的佛教殿宇之一、又是最早的道观之一的“茅仙古洞”；特别是1978年淮南地区发现古代寒武系的“淮南虫”古生物化石，测定其生命形态在8.4亿年以前，比达尔文《物种起源》中关于生命起源不足6亿年的提法向前推进了2亿多年。

文化厚重。汉淮南王刘安在八公山招贤纳士，讲经论道，著书立说，编撰了上承诸子百家，集众家学派理论而归于道学的千古名篇《淮南子》，载述了嫦娥奔月、女娲补天、伯乐相马等成语典故和神话传说，首次完整地提出了二十四节气。淮南王刘安炼丹之中发明了豆腐。为弘扬豆腐文化，从1992年开始，由中国商业联合会和安徽省人民政府在淮南成功举办了12届中国豆腐文化节，这也是我国大陆和台湾两地同时举办的唯一节会。淮南的花鼓灯艺术驰名中外，被誉为“东方芭蕾”。淮南是中国少儿艺术之乡，被称为安徽省继黄梅戏、花鼓灯之后的第三大“文化现象”，2004年，中国少儿舞蹈艺术节落户淮南。

区位优越。淮南位于东西部经济的过渡带，处在承东启西、南北对流的重要位置，是沿海通向中西部的走廊。历史上素有“中州咽喉、江南屏障”之称。淮河穿境而过，水路通江达海。铁路线东联京沪线、西接京九线。合徐高速公路连接线已经建成。206国道和已开工建设的合淮阜高速公路穿越其境。淮南在建的山南新城区距合肥仅70公里，处在合肥经济圈，不仅可以接受“长三角”的辐射和拉动，而且可以接受省会经济圈的带动和影响。

环境优美。“山水平秋色，彩带串明珠”。淮南是一个工矿城市，也是一个山水园林城市。境内八公山、舜耕山、上窑山“三山鼎立”，淮河、高塘湖、瓦埠湖“山水环绕”，形成了湖光山色相辉映，山、水、城融为一体的独特城市风貌。淮南市先后被命名为“全国平原绿化

淮南

先进城市”、“安徽省创建文明城市工作先进城市”、和“省级园林城市”。八公山风景区成为集国家地质公园、国家森林公园和国家4A级风景区为一体的风景胜地。

淮南是我国重要的能源工业基地，被列为全国13个大型煤炭生产基地和6个煤电基地之一。煤炭远景储量444亿吨，探明储量153亿吨，占华东地区的32%；煤层气储量约6000亿立方米。全市拥有大中型生产矿井13对，2005年生产原煤4000万吨。现有火力发电厂装机总量达350万千瓦，2005年发电量为230亿千瓦时。目前淮南正在兴建7对现代化矿井和510万千瓦发电机组，预计到2007年，煤炭生产能力将达到1亿吨，电力装机容量达到900万千瓦，到2010年淮南将建设成为年产原煤1.2亿吨，发电装机容量1000万千瓦的国家大型煤炭基地和华东火电基地。

近年来，淮南进入了加速发展的新阶段，发展步伐明显加快，综合实力日益增强。2005年地区生产总值261亿元，比上年增长16.5%，创十年来最高增幅；人均生产总值迈上了1370美元的新平台；财政总收入36.5亿元，增长34.1%；规模以上工业企业完成增加值116亿元，增长30%；固定资产投资128亿元，增长55.6%。对外开放取得新进展，2005年实际到位外资1.5亿美元，引进内资实际到位53.8亿元。人民生活水平明显提高，2005年城镇人均可支配收入8599元，增长15.9%，在岗职工年平均工资22659元，增长33.5%，农民人均纯收入2786元，增长8.3%。城市化进程迈出新步伐。城市建成区面积达到90多平方公里，城市化率接近50%。城市环境明显改善，城市功能日臻完善，城市品位明显提高。

“十一五”时期是淮南加速发展的“黄金机遇期”。在新的历史起点上，市委、市政府将坚持以科学发展观为指导，紧紧围绕推进跨越式发展、实现奋力崛起的主题，加快亿吨煤基地、“火电三峡”和大型煤化工基地建设，打造全国重要的重化工业基地，推进经济结构调整和增长方式转变，大力实施“东向发展”战略和“全民创业行动”计划，统筹城乡发展、市矿发展，努力构建和谐淮南，努力走出一条具有淮南特色的经济繁荣、社会和谐、生活富裕、生态良好的科学发展之路。一座现代化的能源城将在江淮大地上迅速崛起。

1 2006年6月，县委书记毛长江在县十一届党代会闭幕式上讲话，2006年9月毛长江当选 马鞍山市委常委

2 2005年12月，县长操隆山在县十四届人代会上作政府工作报告

皖江明珠——

当涂有2200多年建县史，秦代设为丹阳县，隋开皇九年（公元589年）定名当涂，为全国最早建制县之一；历史上曾为宋代太平州、元代太平路、明代太平府治所，清代长江水师提署和安徽学政驻地。当涂自然景色优美，"唐宋八大家"之一的曾巩任职当涂时赞之"江山之胜，天下之奇处"；诗仙李白七次游历当涂写就《望天门山》等千古绝唱，晚年定居当涂，终老长眠青山。

当涂为全国著名水产大县、全国河蟹生产强县，盛产水稻、油菜和鱼、虾、蟹、鳖等，所产"金脚红毛蟹"，古代为皇室贡品，是"中华三只蟹"之一。铁、钒、金、铜等矿藏资源丰富，其中铁矿储量居华东之首，达5亿吨。经过改革开放二十多年的积累发展，现已基本形成冶金压延、机械制造、医药化工、食品加工和纺织服装等五大特色鲜明的产业集群。特别是投资超百亿元的中国大唐当涂电厂项目已落户当涂，将为当涂形成新的产业、推动当涂经济跨越式发展奠定坚实基础。

当涂县近年来坚持科学发展观，积极实施省委、省政府提出的东向发展战略强力推进工业化、城镇化、农业产业化进程，在融入长三角发展中实现新跨越。自2003年以来，连续三年位居安徽经济十强县前列，2005年在全省县域经济评价考核中综合指标位居全省第一。各项社会事业实现同步发展，先后评为全国科技工作先进县、安徽首座国家卫生县城、全国村民自治模范县、全国双拥模范县。

2006年4月，国务院批准李白墓为第六批全国文物保护单位

当涂民歌专场晚会

2006年，当涂民歌入选我国首批非物质文化遗产

“十五”当涂经济发展图示

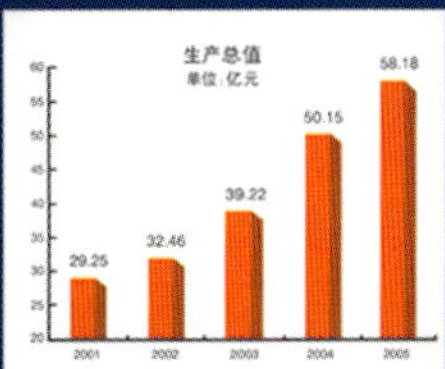

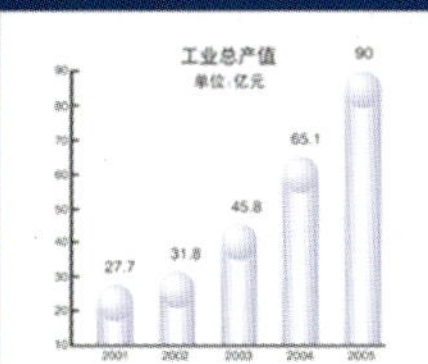

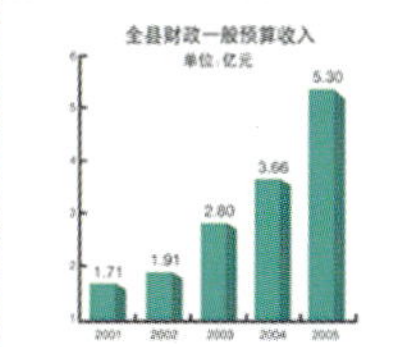

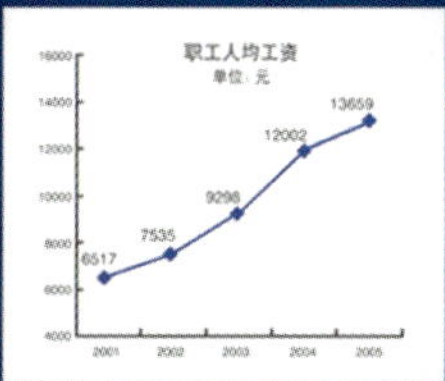

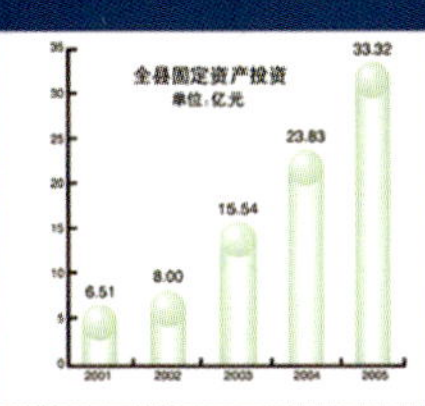

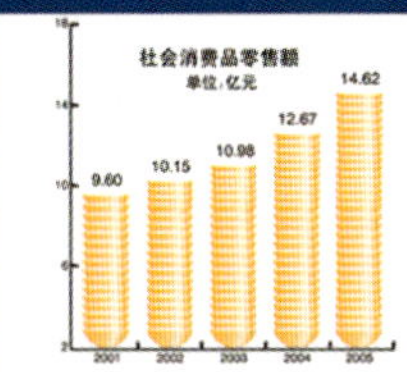

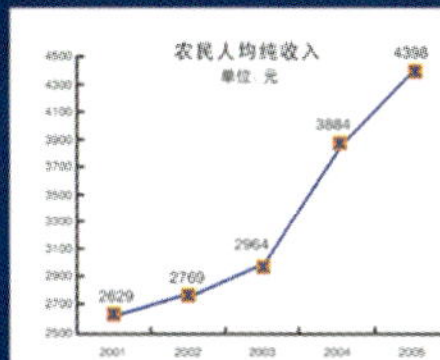

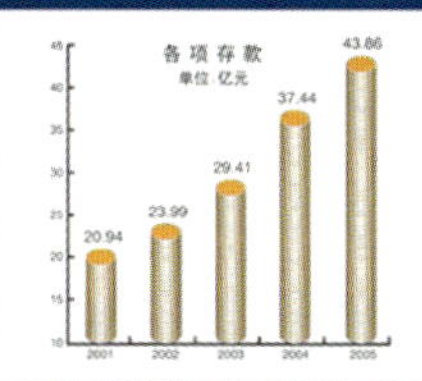

当涂

HU DANG TU

香港李嘉诚集团与江苏红太阳集团公司联营科邦生态肥公司生产基地外景

全省规模最大的民营企业之一安徽长江钢铁有限公司生产基地外景

书 记 邹 河

县 长 邵建华

安徽广德县

广德县处安徽东南部，居皖、苏、浙三省八县（市）交界处，东临杭嘉湖，北倚苏锡常，是华东沿海经济挺进安徽等中西部地区的第一站。合杭高速、宣杭铁路复线、318国道及三条省道穿境而过，素有“三省通衢”之美誉。全县总面积2165平方公里，辖5镇4乡，127个行政村，总人口50.3万。

历史悠久、人杰地灵。置县于东汉建安初，取名意在“皇恩浩荡、帝德广大”，迄今已有1800余年，历来人文郁盛，代有精英。李白、苏轼、范仲淹等众多名人大家，都曾留下壮美诗篇，明太祖朱元璋赞誉广德“灵秀甲东南”。广德是一个移民县份，历史上受中原文化、徽文化和吴越文化的多重熏陶，铸就了广德人民热情、豪爽、好客、大度、包容性强的优良传统，人文环境优良。

环境秀美、物产丰饶。国家重点风景名胜区、国家首批AAAA级旅游区太极洞，与“钱塘江潮、登州海市、雷州换鼓”齐称“天下四绝”。物产资源丰富多样，是“中国竹子之乡”、“中国板栗之乡”，素有“竹海栗乡”之美誉。

基础设施完善，投资成本低廉。道路运输四通八达，乡乡通油路、村村通公路；电力供应充沛，是安徽省唯一拥有2座220千伏、4座110千伏输变电站的县份；供水管网覆盖全县，日产10万吨水厂已动工兴建。工业用地、用水、用电等价格均低于周边地区，劳动力资源丰富。推行全程代理服务制、企业“绿卡”保护制度、项目联审联批制、限时办结制，简化程序、提高效率，投资环境日趋优化，被浙商峰会评为“2005浙商（省外）投资潜力城市”。

经济社会蓬勃发展。近4年，生产总值、固定资产投资、规模工业增加值、财政收入等主要经济指标连续保持两位数增长，形成了机电、建材、医药化工、玩具服装、竹加工和农副产品加工等六大支柱产业。

安徽省级广德经济开发区位于广德县城东郊，创办于2002年7月。坚持高起点规划、高标准建设，规划总面积43平方公里，区内供水、供电、供气、排水、排污、通讯管线均一次性铺设到位。区内设有外贸加工、特设工业、高新技术产业和商贸综合服务等多功能区，目前已初步形成了服装纺织、机械加工、生物制剂等特色产业发展格局，开发区已经成为全县工业聚集区和对外招商的重要平台。

2005’浙商（省外）投资潜力城市

开发区

省委书记郭金龙视察广德经济开发区

东向发展新变化——广德县

安徽广德县，自2002年确立“工业兴县、竹业富民”发展战略以来，一年一个抓手：“2003招商引资年”、“2004优化环境年”、“2005新城区·开发区建设年”，全方位争当安徽东向发展的排头兵。

东向发展给广德带来了显著的变化：

一是发展速度加快。“十五”期间，全县生产总值、规模工业增加值、固定资产投资、财政收入、居民储蓄连续4年保持两位数增长，2004年、2005年财政收入分别净增7000万和8100万元。

二是综合位次上升。“十五”期间，在全省县域经济考评中，综合指数有四个年份进入前十名，位次由1999年的第51位上升到2005年的第6位。

三是经济外向度提高。2005年30家自营进出口企业进出口总额3191万美元、出口创汇2719万美元，名列安徽省十强；累计利用外资3000万美元，连续两年被评为“全省利用外资先进县”。

四是与长江三角洲经济融合日益紧密。全县招商引资85%的项目、90%的资金来源于苏浙沪，70%的农产品销往苏浙沪，每年由苏浙沪代理出口商品交货值7亿元。2005年被评为十大“浙商（省外）投资潜力城市”之一。

广德县行政中心

来安县地处安徽省东部，介于长江、淮河之间，与江苏省南京市接壤，是南京的江北门户，来安县历史悠久。自西汉武帝元狩元年（公元前 122 年）置建阳县，之后几易县名，南唐升元二年定名来安县。全县总面积 1481 平方公里，耕地面积 68.3 万亩，辖 18 个乡镇，276 个村，48.8 万人口。

县城距离南京市区 60 公里、津浦铁路滁州站 18 公里、南京碌口国际机场 80 公里。沪宁洛高速公路、104 国道、312 省道横穿其中，滁河、清流河、来河穿境而过，内河航道汊河港距南京新生圩港 20 公里。

2005 年实现生产总值 33.34 亿元，比上年增长 14.4%；全社会固定资产投资 11.35 亿元，增长 129%；社会消费品零售总额 11.15 亿元，增长 11.1%；实现财政收入 1.55 亿元，增长 29.8%；出口创汇 300 万美元，增长 82.1%；城镇在岗职工平均工资 1.1 万元，增长 18.2%；农民人均纯收入 3065 元，增长 7.5%；城乡居民储蓄存款余额 17.5 亿元，净增 2.6 亿元。

2005 年全县规模以上工业企业完成产值 21.4 亿元，增长 57.4%；实现销售收入 18.78 亿元，增长 46.8%；实现利税总额 8230 万元，增长 48.7%；技改步伐加快，完成技改项目投资 4.6 亿元，一大批技改和新上项目建成投产，已建成销售收入超亿元企业 8 家，其中超 7 亿元企业 1 家，金禾、唯峰等企业的 7 个项目被列入省“861”计划，华峰、金瑞两家企业分别被列为全省 100 个重点培育的“专、精、特、新”企业之一。

全年农业增加值 9.2 亿元，建立了各类特色农产品生产基地 60 万亩，农产品优质品率达 96%，“白仔牌”大米，“半塔牌”绿茶等 6 个农产品获得“无公害、绿色食品”称号，农业龙头企业发展到 160 多家。

坚持把融入南京都市圈、接轨长三角作为来安对外开放的主攻方向，积极实施东向发展战略，实行招商引资目标管理、一岗双责制

金禾化工有限公司

华峰公司

县

I LAI AN XIAN

度，完善项目推进机制和《外商证》制度，提高了招商引资效果。全年新增引资项目 147 个，协议引进资金 18.78 亿元；实际到位资金 9.72 亿元，实现了三年连续翻番目标。

来安县工业新区规划建设面积 30 平方公里，发展规模达 3.5 平方公里，建成区面积已达 2.5 平方公里，入驻项目 46 个，协议引进资金 18.16 亿元，有 24 家已经建成投产，2005 年实现销售收入 3 亿元，吸纳 4500 人就业。来安县汉河新区位于苏皖交界处，目前正在加紧建设基础设施，新区道路、雨水管线、供电工程等配套设施正在紧张施工，已引进项目 21 个，协议引进资金 5.9 亿元，实际到位资金 1.19 亿元，有 6 个项目建成投产。

来安县旅游资源丰富，自然风景山、水、洞、泉、寺、岛兼备。白鹭岛景区万亩林海绵延起伏，数万只白鹭栖息于此；林桥苗木花卉生态旅游别具特色；大庵千年古树"怀中抱子"；舜歌山峦峰起伏，松柏茂盛，风景宜人；半塔保卫战旧址、大刘郢新四军二师师部名闻省内外，初步形成以白鹭岛为龙头，林桥生态园、舜歌山风景区、半塔保卫战旧址为骨干的"一线四区"旅游景点网络，吸引着四海宾朋、八方游客。

来安县土特产丰富，名点小吃独具风味。来安花红色泽鲜艳，皮薄肉脆，清香爽口，味甜汁多，生食消食健胃，泡茶解酒醒目，泡酒治痢止泻，为古时皇封贡品；雷官板鸭色美肉嫩，香味醇厚，肥而不腻，咸淡适宜，雷官鸭宴更是以做工精巧、去火滋补，味美可口而享誉江淮；汊河蟹黄包子，百年工艺，皮薄、卤多、嫩鲜、味美，入口鲜而不俗；刘老头烤全羊，香、辣、麻、鲜味可口，回味无穷；"碧绿春"牌系列白酒采用传统"老五甑"生产工艺，老窖双轮发酵，具有"绵甜、爽净、回味悠长"等特点，先后荣获轻工部、商业部、农牧渔业部和国家旅游局颁发的金奖、巴拿马万国博览会世界名酒品评会金奖。

白鹭岛风景区

安徽省全椒县

县委书记　汪建中

县　长　盛必龙

全椒，西汉建县，历史悠久，人杰地灵，是古典名著《儒林外史》作者吴敬梓的故乡。地处皖东，江淮分水岭南侧，东邻南京46公里，西接省会合肥98公里，北靠京沪铁路，南倚长江航线，宁西铁路、312国道贯穿县境。区位优势明显，交通便捷，与经济发达的长三角地区山水相连，属南京一小时都市圈核心层，既是安徽以及中西部地区实施“东向战略”，融入长三角的门户，也是长三角经济发达地区向中西部地区产业转移的第一阶梯。全县总面积1568平方公里，现有总人口45.06万人。

“十五”期间，全椒县委、县政府认真落实科学发展观，紧紧围绕“加快发展、富民强县、全面建设小康社会”的奋斗目标，重逼加压，奋力崛起，全力推进招商、建设和改革，经济和社会持续、快速、健康发展。2005年，地区生产总值28.83亿元，比上年增长9.6%;财政收入1.91亿元，同比增长36.4%;农民人均纯收入2852元，同比增长7.6%;全社会固定资产投资12.3亿元，同比增长69.8%;全年完成招商任务8.8亿元，同比增长75%。全县规模以上工业总产值20.7亿元，实现工业增加值5.2亿元，实现销售收入19.3亿元，出口创汇700万元美元。全县现有统计考核的规模以上工业企业52家，初步形成了以机械加工、粮油饲料、服装玩具、医药化工、新型建材为主体的工业体系和综合配套能力。全柴动力股份有限公司是皖东第一家上市公司，现已形成年产30万台各类型号的单、多缸柴油机产品系列，不仅与美国组建了合资企业，而且到东南亚等国家投资办厂。农业基础厚实，资源丰饶。曾先后被评为全国生态农业建设先进县、绿化先进县、国家大型商品粮基地县、油料生产百强县和棉花大县，国家级生态建设示范区，还是南京无公害农产品配送基地。园区建设从无到有,2002年成立的全椒县综合经济开发区，经过几年的发展，基础设施不断完善，初步形成“两纵两横”道路框架，一期3.88平方公里实现了“七通一平”。截至目前，共引进企业69家，协议内资22亿元，外资4000万美元,69家入园企业已全部开工建设，其中48家正式投产，正在建设的21家，实现工业产值7.1亿元、税收6800万元，工业积聚效应初步显现。现已被省政府批准为省级经济开发区，是中国欧盟商会向其成员推荐的唯一一家县级开发区，已成为全椒县招商引资的主要载体和经济增长新的亮点。“十五”期间，全县社会各项事业稳步推进，“和谐”全椒建设加快。

“十一五”是我县经济社会发展的黄金期。国家实现“中部崛起”、安徽实施“东向战略”，为我县经济社会加快发展提供了难得的机遇和有利的环境。全椒县委、县政府正抢抓机遇、整合资源、坚定信心、明确目标，力争把全椒打造成加工制造业基地、生态农业基地、物流中心和休闲度假胜地。

全椒一正蓄势待发，意气风发的全椒人正以大开放的情怀诚邀各方有识之士共谋发展。

盛县长发言

吴敬梓塑像

上海市国民经济和社会发展第十一个五年规划纲要

（上海市第十二届人民代表大会第四次会议批准）

序　言

在中共上海市委领导下，由上海市人民政府组织各部门、各区县共同编制的上海市国民经济和社会发展第十一个五年规划（二〇〇六至二〇一〇年），是按照党中央、国务院对上海提出的率先全面建成小康社会、率先基本实现现代化的要求，全面贯彻落实科学发展观，深入实施科教兴市主战略，加快建设国际经济、金融、贸易、航运中心之一和社会主义现代化国际大都市的重要规划。

《上海市国民经济和社会发展第十一个五年规划纲要》（以下简称《纲要》）根据《中共中央关于制定国民经济和社会发展第十一个五年规划的建议》和《中共上海市委关于制定上海市国民经济和社会发展第十一个五年规划的建议》编制。《纲要》是“十一五”期间本市国民经济和社会发展的战略性、纲领性、综合性的总体规划，是政府履行经济调节、市场监管、社会管理和公共服务职责的重要依据，也是编制和实施本市国民经济和社会发展各类专项规划、区县规划、年度计划以及制定相关政策的重要依据。

本《纲要》按照《国务院关于加强国民经济和社会发展规划编制工作的若干意见》（国发[2005]33号）编制。在规划编制过程中，组织开展了对“十五”计划实施情况的评估，进行了“十一五”规划重大课题研究和咨询，吸收了各专项规划和区县规划的研究成果，广泛听取并采纳了专家学者、社会各界的意见和建议，并与国家及有关省市的规划进行了衔接。

本《纲要》经上海市第十二届人民代表大会第四次会议批准，公布实施。

第一篇　站在新的起点，明确奋斗目标

“十五”期间是上海国际经济、金融、贸易和航运中心建设取得重要突破，城市综合竞争力显著增强，国际影响力明显提升的五年。全市人民在党中央、国务院和中共上海市委的坚强领导下，以邓小平理论和“三个代表”重要思想为指导，认真贯彻落实科学发展观和构建社会主义和谐社会的重大战略思想，牢牢抓住发展这个党执政兴国的第一要务，坚持连续性、稳定性、开拓性有机统一，坚持开创性、坚韧性、操作性有机统一，不断探索具有中国特色、时代特征、上海特点的发展新路，在20世纪90年代以来上海历史性变化的基础上，实现了改革开放和社会主义现代化建设新的推进。面向未来，上海要全面贯彻落实以胡锦涛同志为总书记的党中央对上海发展的新要求，站在新的起点，谋划发展的新蓝图。

第一章　“十五”经济社会发展取得巨大成就

“十五”以来，上海坚决贯彻国家宏观调控政策，积极应对更加开放的外部环境变化带来的风险，努力解决前进中出现的新问题新矛盾，成功战胜“非典”疫情等重大灾害的挑战，城市的国际化、市场化、信息化、法治化水平明显提高，“十五”计划确定的主要发展目标提前实现。

（一）经济保持持续较快平稳增长

“十五”期间，全市生产总值年均增长率达到11.5%，实现

连续14年保持两位数增长,2005年全市生产总值预计达到9 125亿元,按常住人口计算的人均生产总值达到5万元,第二、三产业共同推动经济增长的格局进一步巩固,现代服务业和先进制造业加快发展,工业结构和产业基地能级明显提升,农业现代化建设取得初步成效。综合经济效明显改善,2005年地方财政收入预计达到1 434亿元,万元生产总值综合能耗从"九五"期末的1.14吨标准煤降至0.93吨标准煤,降幅达18.4%。

(二)人民生活持续改善

城乡居民收入保持较快增长,2005年城市和农村居民家庭人均可支配收入预计分别达到18 640元和8 340元,收入增幅差距逐步缩小。居民生活质量进一步提高,城市居民家庭服务性消费支出比重提高到32.3%,城镇居民人均住房使用面积达到21.3平方米。全面推进以"平改坡"为主要内容的旧住房综合改造,加快改善市民居住质量和环境。城镇登记失业率控制在4.5%以内,基本社会保障体系框架初步形成,人口管理和服务新体制初步确立。

(三)城市建设管理和环境整治取得重大进展

枢纽型、功能性、网络化的基础设施建设实现重要突破,上海国际航运中心建设取得新进展,洋山深水港区一期工程建成开港,上海港连续三年保持全球第三大集装箱港地位,建成浦东国际机场第二跑道,市域高速公路网框架基本建成,轨道交通建设取得新进展。信息基础设施综合服务能力明显提升。燃气、交通、环卫、水务等行业改革不断推进,城市规划管理体制进一步完善,全市统一的灾害综合管理新模式框架初步确立。环境建设与保护取得阶段性突破,全面完成两轮环保三年行动计划,中心城区河道水质得到改善,人均公共绿地面积达到11平方米,建成国家园林城市,成为国家循环经济试点城市。

(四)科技教育等各项社会事业实现新发展

科教兴市主战略向纵深推进,科技创新动力进一步增强,科技投入和科技成果明显增多,全社会研发经费支出相当于全市生产总值的比例达到2.34%,高技术产业自主知识产权拥有率达到27%。政府财政性教育投入明显增加,实现"三个增长"的法定要求,中小学校舍建设达标工程基本完成,高校布局结构调整初步完成,新增劳动力平均受教育年限达到13.5年。公共卫生体系建设三年行动计划和建设健康城市三年行动计划全面完成,公共卫生应急处置能力进一步提高,医疗机构门急诊条件得到改善。建成上海科技馆、东方艺术中心等一批文化教育设施,成功举办F1汽车赛、第48届世乒赛、网球大师杯赛等重要赛事和文化节庆活动,在奥运会和全运会上取得良好成绩,涌现出一批世界级的优秀运动员。

(五)经济体制改革不断深化

政府、企业、市场、社会综合配套改革深入推进。国有控股公司和大企业集团改革重组取得重要进展,初步形成国有资产管理、营运、监督体系。非公经济发展环境不断改善,在国民经济中的作用不断增强。证券、期货市场稳步发展,外汇、债券、钻石、黄金、产权、土地等要素市场加快发展。政府职能进一步转变,市、区(县)政府机构改革和财税管理体制改革基本完成,认真贯彻《行政许可法》,完成行政许可和审批事项规范清理,率先在全国推出政府信息公开制度。初步构建起社会诚信体系框架。行业协会和中介机构加快发展。整顿和规范市场经济秩序取得成效。

(六)对外开放和区域合作提高到新水平

APEC会议、全球扶贫大会、世界工程师大会等重大国际性会议在上海成功举办。对外开放领域不断拓展。推进"大通关"工程,洋山保税港区投入运营,口岸服务功能进一步增强,2005年上海口岸进出口总额预计达到3 506亿美元,外商直接投资实到金额累计超过280亿美元。与长江三角洲及全国其他地区的经济合作领域不断扩大,对口支援工作取得新进展。与香港、澳门和台湾地区的经贸交流与合作进一步深化。"十五"期间,在推进全市发展、改革和稳定的各项工作过程中,主要工作体会是:着力提高经济运行的质量和效益,努力保持经济持续较快协调健康发展;坚持"三、二、一"产业发展方针,实现第二、三产业共同推动经济发展;坚持建管并举、重在管理,加强城市基础设施和环境建设;着眼于实现好、维护好、发展好最广大人民群众的根本利益,统筹经济社会协调发展;立足于为经济社会发展注入新的动力,坚持深化改革和扩大开放;坚持不断提高城市国际化、市场化、信息化和法治化水平,进一步完善城市综合发展环境;按照协调推进物质文明、政治文明、精神文明与和谐社会建设的要求,努力提高市民综合素质和城市文明程度;围绕建设服务政府、责任政府和法治政府的目标,加快转变政府职能和加强政府自身建设。过去的五年是不平凡的五年,在国内外环境发生深刻变化的情况下,在历届市委、市人大、市政府、市政协坚实工作的基础上,全市人民贯彻落实党的十六大和十六届三中、四中、五中全会精神,贯彻落实党中央、国务院对上海发展的新要求,齐心协力,迎难而上,在继承中创新,在务实中开拓,立足当前,谋划长远,在全国人民大力支持下成功获得中国2010年上海世博会承办权,把科教兴市主战略作为上海树立和落实科学发展观的核心举措,作为上海未来实现攀登、提升、超越之路。"十五"计划确定的发展目标和各项任务全面完成,成绩来之不易。思源奋进,继往开来,上海改革开放和现代化建设将迈上新的征程。

第二章 "十一五"上海发展处在关键时期

党的十六大指出,21世纪头二十年,对我国来说,是一个必须紧紧抓住并且可以大有作为的重要战略机遇期,是实现现代化建设第三步战略目标必经的承上启下的发展阶段,也是完善社会主义市场经济体制和扩大对外开放的关键阶段。

"十一五"时期是我国处于重要战略机遇期十分紧要的五年,是上海全面贯彻落实科学发展观、深入实施科教兴市主战略、加快"四个中心"建设进入关键阶段的五年,机遇与挑战并存,机遇大于挑战。

经济全球化趋势深入发展,我国与世界经济的相互联系和影响日益加深,科技进步日新月异,全球生产要素流动和国际产业转移速度加快,有利于上海在参与国际合作与竞争中实现跨越式发展。我国进入全面建设小康社会的关键时期,居民消费结构逐步升级,产业结构调整和城镇化进程加快,社会主义市场经济体制逐步完善,为上海经济社会发展创造了良好环境和有利条件。上海发展进入新时期,面临加快国际金融中心和国际航运中心建设、推进浦东综合配套改革试点、办好中国2010年上海世博会、国家规划长江三角洲区域发展等重要机遇,不仅对上海自身发展产生广泛而深远的影响,而且为上海服务长江三角洲、服务长江流域、服务全国和全面参与国际竞争提供了难得的契机。

同时也要清醒地认识到，影响世界和平与发展的不稳定不确定因素增多，围绕资源、市场、技术、人才的竞争更加激烈。上海作为沿海改革开放地区和特大型经济中心城市，直接面对外部环境波动变化的新挑战，未来发展中还面临着不少困难和问题：一是人口、资源、环境、基础设施等约束更加突出，特别是土地资源和环境容量约束趋紧，能源供求和安全问题凸显，中心城区交通拥堵等矛盾较为突出；二是自主创新能力不足，创新体系和创新环境有待完善，服务业发展仍比较滞后，制造业缺乏核心技术和自主品牌，加快产业结构升级更加迫切；三是促进经济、社会和城乡协调发展的任务艰巨，就业、社会保障压力依然较大，郊区和农村发展存在薄弱环节，维护社会稳定和城市安全的工作更加繁重；四是制约进一步发展的体制机制“瓶颈”亟待突破，政府职能转变、所有制结构调整、市场体系建设等需要进一步加快推进。

面对新的形势，我们必须进一步增强使命意识、责任意识和忧患意识，紧紧抓住发展机遇，积极应对各种挑战，开拓创新，努力开创未来发展的新局面。

第三章 以科学发展观统领经济社会发展全局

中央“十一五”规划《建议》指出，东部地区要努力提高自主创新能力，加快实现结构优化升级和增长方式转变，提高外向型经济水平，增强国际竞争力和可持续发展能力。根据国家要求，上海提出把增强城市国际竞争力作为“十一五”期间的发展主线，体现了“十五”增强城市综合竞争力发展主线在新阶段的延续，紧扣了上海加快建设“四个中心”和社会主义现代化国际大都市的奋斗目标，凝聚了全市人民抓住机遇、实现又快又好发展的共同愿望。城市国际竞争力是在全球发展的坐标系中城市综合发展实力和可持续发展能力的集中体现，反映在经济实力和产业结构、基础设施、创新能力、城市管理、教育文化和市民素质等多个方面。

“十一五”期间，上海要以邓小平理论和“三个代表”重要思想为指导，按照立足科学发展、着力自主创新、完善体制机制、促进社会和谐的要求，全面贯彻落实科学发展观，努力构建和谐社会，以增强城市国际竞争力为发展主线，深入实施科教兴市主战略，走全面协调可持续发展之路。要把握国际大都市发展规律，抓住发展机遇、激发创造活力、转变发展模式、创新发展体制，从各个方面把中央提出的增强国际竞争力的要求落到实处。要坚持发展是硬道理，正确处理改革发展稳定的关系，用发展的办法和改革的思路解决前进中的问题，不断增强发展的全面性、协调性和可持续性。

“十一五”期间要坚持以下原则：

——坚持遵循科学发展规律，保持经济平稳较快发展。坚决贯彻国家宏观调控政策，尊重科学、因势利导、积极主动，把提高经济增长质量和效益放到更加重要的战略位置，把扩大内需特别是消费需求作为促进经济增长的基点，把工作的着力点落实到加快体制改革、转变增长方式上来，努力实现又快又好的经济发展，为提高国际竞争力创造宽松环境。

——坚持以科技进步为发展动力，提高自主创新能力。转入全面协调可持续发展的轨道，必须充分依靠科学技术进步提供强大动力。增强城市国际竞争力，核心是增强城市的创新能力。要牢牢抓住增强自主创新能力和提高劳动者素质推动经济发展这个中心环节，营造激励创新的体制环境，深入推进经济社会信息化，以我为主，为我所用，在引进的基础上加大消化吸收再创新的力度，重点推进集成创新，不断提高原始创新能力，抢占科技制高点、培育经济增长点。

——坚持转变城市发展模式，提升产业竞争力。转向创新带动发展的模式，对推动产业结构优化升级十分重要，是增强城市国际竞争力的必由之路。要按照形成服务经济为主的产业结构的方向，优先发展现代服务业和先进制造业。注重发展知识经济，实现经济增长动力的转变；注重发展循环经济，实现经济增长方式的转变；注重发展集群经济，实现产业布局结构的转变。加强环境保护与生态建设，加快建设资源节约型、环境友好型城市。

——坚持惠及广大群众的发展理念，促进城市和谐安康。以人为本是科学发展观的价值导向和核心理念。国际城市的竞争归根到底是人的综合素质的竞争。要率先发展先进文化，大力发展科技、教育、医疗卫生、体育等各项社会事业。花更大力气解决就业、社会保障等问题，加强收入分配调节。抓好平安建设，推进和谐社区与和谐村镇建设，加强人口综合调控和社会治安综合治理。

——坚持发挥浦东新区先行先试的作用，创新发展体制机制。把科学发展观落到实处，必须形成更为有力的体制机制保障。增强城市国际竞争力，关键要增强制度的竞争力。坚持国际化、市场化、信息化、法治化，聚焦突破，率先推进浦东新区与国际惯例相衔接的体制创新，深入推进政府、企业、市场和社会联动配套改革。转变利用外资与外贸增长方式，坚持扩大“引进来”与主动“走出去”相结合，加快建立开放型经济体系。

——坚持以办好世博会为载体，完善城市服务功能和文明发展环境。办好上海世博会是落实国家战略、提高城市国际地位的重大举措。筹备办好世博会，必须加快完善枢纽型、功能性、网络化的基础设施体系，全面提高城市管理水平，加强城市文明建设，着力提高市民文明素质。要运用世博会的平台，提高国际交往能力，推进城区、郊区协调发展，促进上海与长江三角洲共同发展，实现与中西部互动发展。

贯彻上述指导方针和原则，要努力提高自主创新的能力，提高服务全国面向世界的能力，提高推进国际化、市场化、信息化和法治化建设的能力，提高促进人的全面发展的能力，提高可持续发展的能力，有力地促进城市国际竞争力的不断增强。

第四章 形成国际经济、金融、贸易、航运中心基本框架

根据中央对上海发展的定位，到2020年上海要基本建成国际经济、金融、贸易、航运中心之一和社会主义现代化国际大都市。综合考虑未来五年发展环境和基础条件，“十一五”时期经济社会发展的奋斗目标是：实现经济社会又快又好的发展，办好一届成功、精彩、难忘的世博会，形成国际经济、金融、贸易、航运中心基本框架，取得社会主义现代化国际大都市建设的阶段性进展，为上海从2011年到2020年的持续发展奠定坚实基础。具体是：

——经济保持持续较快健康发展。在优化结构、提高效益和降低消耗的基础上，全市年均经济增长率预期为9%以上，到2010年全市生产总值达到1.5万亿元，逐步形成服务经济为主的产业结构，地方财政收入与国民经济保持同步增长。

——经济增长方式实现重大转变。资源利用效率明显提高，单位生产总值综合能耗比“十五”期末降低20%左右，生态型城市建设取得全面进展，环保投入相当于全市生产总值的比例保持在3%。

——科教兴市主战略实施取得新突破。城市创新体系基本形成,全社会研发经费支出相当于全市生产总值的比例达到2.8%以上,科技进步贡献率达到65%左右,形成一批拥有自主知识产权和知名品牌、国际竞争力较强的优势企业。教育综合改革进一步深化,劳动力素质继续提高。

——城市综合服务功能明显增强。加快形成多元化金融市场和金融机构体系,金融发展环境进一步完善,在进一步巩固国内金融中心地位的基础上,成为具有国际影响的金融中心之一。基本建成洋山深水枢纽港和上海航空枢纽港。形成内外贸一体、货物贸易和服务贸易并举的发展格局。通过国际金融、航运、贸易中心互动融合,经济中心城市的集聚辐射功能显著增强。

——人民生活质量进一步提高。城乡居民家庭人均可支配收入持续稳定增长,城镇登记失业率控制在4.5%左右,实现各类社会保障基本全覆盖。居民普遍享有便利的基本医疗和公共卫生服务。人民群众文化生活更加丰富,市民素质和文明程度普遍提高,城市公共安全保障有力。

——率先形成更具活力、更加开放、更符合国际惯例的体制环境。浦东综合配套改革试点取得重要突破。民主法制建设和服务政府、责任政府和法治政府建设不断推进。现代企业制度、现代产权制度、社会信用制度和现代市场体系进一步完善。国有经济战略性调整取得新进展,非公有制经济增加值占全市生产总值比重达到50%左右,利用外资质量和水平进一步提高,国内外跨国公司和企业集团的地区总部及国际机构进一步集聚。开放型经济体系框架基本形成,城市国际化、市场化、信息化、法治化程度明显提高。

第二篇　加强统筹协调,落实重点任务

按照全面贯彻落实科学发展观和构建社会主义和谐社会的要求,围绕加快建设"四个中心"和社会主义现代化国际大都市的总体目标,深入实施科教兴市主战略,进一步处理好自身发展与服务全国的关系,进一步处理好提升城区功能与增强郊区实力的关系,进一步处理好经济发展与社会全面进步和人的全面发展的关系,进一步处理好人口、产业、基础设施、资源和环境的关系,进一步处理好"引进来"与"走出去"的关系,注重全面统筹协调,全力推进十二项重点任务,实现又快又好发展。

第五章　加快形成服务经济为主的产业结构

继续坚持"三、二、一"产业发展方针,按照逐步形成服务经济为主的产业结构的总体要求,优先发展现代服务业和先进制造业,把提高自主创新能力作为产业结构优化升级的中心环节,以信息化为基础提升产业能级,促进第二、三产业融合发展,努力提高产业国际竞争力。

(一)优先发展现代服务业

以信息化为基础,以金融、物流、文化等为重点,以现代服务业集聚区为突破口,以大型服务企业集团为载体,集聚高端人才,加强综合集成,积极承接国际服务外包业务,提升服务业的规模与能级。

重点发展金融业。围绕国际金融中心建设,加快完善金融机构、金融市场、金融服务和金融监管体系。按照稳步推进的原则,积极探索金融业综合经营的有效方式,优化整合地方金融机构,引进和组建新兴金融机构,进一步集聚各类金融机构和金融人才。积极促进金融衍生品、保险和再保险、离岸金融、债券等市场和业务发展,推动金融产品创新中心建设;支持和完善资本、货币、外汇、期货、黄金和产权市场建设。加强托管、交易、清算结算等金融市场基础设施建设,促进金融市场之间的连通互动。完成股权分置改革,提高上市公司质量。加强信用征信体系建设,强化金融风险防范和处置,继续建设金融安全区。积极发展金融辅助产业,加强金融生态环境建设。

重点发展物流业。围绕国际航运中心建设,依托深水港、航空港及铁路、公路网络,促进国际中转物流发展,拓展航运服务产业链。积极培育现代物流服务市场,构建口岸物流、制造业物流和城市配送物流相结合的现代物流体系。完善深水港、外高桥、浦东空港和西北综合物流园区等物流基地的服务功能。促进物流技术的标准化和物流信息化应用。

重点发展文化及相关产业。建设相对完善的文化产业和文化市场体系,大力促进科技、创意与文化融合发展,加大开放和创新力度,着力促进文化休闲娱乐业、创意和时尚、印刷包装等产业发展。以网络动漫、影视传媒等为突破口,建设一批各有特色的数字文化内容产业基地和园区,加快文化功能区域和核心产业基地建设。推进教育培训、医疗保健、体育健身、竞技表演等行业发展,文化及相关产业增加值占全市生产总值比重达到7%左右。

积极发展会展旅游、专业服务、社区服务等产业。培育国际会展品牌,发展都市特色旅游产品,建设若干大型旅游基础设施,推动会展旅游业与相关产业的融合发展。加快发展会计、审计、法律、咨询、广告、经纪等专业和中介服务业。拓宽社区服务业发展渠道,提升社区服务功能,扩大就业。

稳定发展商贸、房地产等产业。大力发展批发贸易和服务贸易。发展新型商贸业态,调整和优化商业布局结构,加快推动郊区、社区、交通枢纽型商业发展,推进内外贸一体化的现代流通体系建设。积极稳妥发展房地产业,完善房地产市场体系,优化供给结构,保持适度规模,加强交易秩序监管,保持房地产价格基本稳定,延伸发展房地产服务,推进房地产业持续健康发展。

(二)优先发展先进制造业

以提升自主创新能力为核心,依托大产业、大项目和大基地建设,运用新技术、新装备、新工艺提升制造业水平,促进产业集群化发展,实现从发展中调整向发展中提高的转变。

着力提升汽车、装备等优势产业的核心竞争力。汽车产业,以形成自主品牌汽车生产能力为突破口,推进新能源汽车开发和生产,发展以汽车电子为核心的关键零部件产业,促进汽车金融、租赁、体育和文化等相关产业发展。装备制造业,重点攻关百万千瓦级超超临界火电机组、核电成套设备、F级燃气轮机等电站设备,进一步提升数控机床、微电子装备、轨道交通设备、煤液化制油装备的国产化水平。

超大型装备。形成核电、水电等大型电力设备、超大型装备及零部件的极端加工能力,中低速磁悬浮列车和轨道交通车辆的制造能力。

大型船舶。长兴岛形成年产800万载重吨以上,拥有多品种、系列化、标准化船型,世界级现代化造船基地。

航空航天。推进支线飞机研发、制造,开展干线飞机国际合作,加快通用直升机的规模制造。在应用卫星、运载火箭等领域形成若干产业群。

汽车研发。建设嘉定汽车工程研究院。逐步形成具有国内领先水平的车身、整车和发动机自主开发能力。

集成电路与数字显示。建设集成电路设计与工艺研发中心、12英寸集成电路芯片生产线和薄膜晶体管液晶显示器生产线。

生物技术与医药。推进人源化单抗、治疗性疫苗等创新药物产业化;重点支持血液筛查系统、新型诊断试剂、组织工程等生物医学工程产品的研制。

积极培育生物医药、新能源新材料、船舶制造、航空航天等战略产业。生物技术与医药产业,重点推进基于中药先导物的创新药物、诊断试剂与基因工程疫苗的自主创新,在介入治疗器械和数字影像设备方面实现自主设计能力的突破,加快生物技术在农业、环保、能源和材料等领域的应用。新能源新材料产业,重点攻关光伏产业和风能等装备和材料,推动氢能产业发展,大力发展半导体照明材料、节能建筑材料等新材料产业。船舶制造业,重点突破LNG(液化天然气)船舶和海上浮式储油装置的技术"瓶颈",实现船舶大型曲轴等关键零部件的自主开发。航空航天产业,大力推进新支线飞机研制,积极发展航空维修业和民用飞机项目建设,加快推进航天产业发展。支持发展军民兼容产品。

优化发展钢铁、石化等基础工业。要按照完善规划、调整结构、集约发展的要求,钢铁产业重点发展汽车造船用钢、不锈钢、碳钢、特种钢等领域的精品钢材;石化产业重点发展精细化工产品,延长产业链。

(三)以信息化为基础提升产业能级

充分发挥信息化在实施科教兴市主战略中的引领带动作用,推进信息技术在经济领域的广泛应用,加快发展信息产业,促进产业结构优化升级。

全力推进信息技术的应用渗透和融合发展。以信息技术改造提升传统产业,运用新理念、新技术、新业态,全面提升产业和企业的信息化应用水平。围绕金融、物流、文化等服务业发展方向,以信息技术支撑服务手段多样化、服务产品个性化,以及服务范围拓展和服务效率提升。围绕汽车、装备、造船等制造业的能级提升要求,以提高装备智能化水平和优化工艺流程为重点,积极促进信息技术与制造技术的融合发展。推进信息技术在企业研发、生产、管理、营销等环节的创新应用,大力发展电子商务。

做大做强信息产业。根据数字化、网络化、智能化总体趋势,以研发设计、自主品牌建设为重点,加快集成电路、软件、新型元器件等关键技术研发及核心产业发展,建设和完善软件开发测试、无线通信等公共开发平台,大力推进新一代移动通信、汽车电子、数字音视频、互联网内容服务等产业发展,尽快形成产业集聚优势。

(四)加强产业政策引导

促进产业优胜劣汰。按照国家鼓励、允许、限制和淘汰的产业结构调整政策要求,结合上海实际,积极壮大优势产业、稳定发展均势产业、加快淘汰劣势产业。支持符合城市发展方向、具有竞争优势的产业发展,鼓励企业参与和发起制定行业标准。促进均势产业保持和创造就业岗位,在稳定发展中优化调整。制定和实施严格的技术、用地、能耗、排放、效益等标准,严格市场准入,主要运用法律、经济等手段,依法淘汰高耗能、高耗水、占地多、低效率、污染重和不符合安全生产条件的企业、生产工艺和产品。

大力实施自主品牌战略。优化产业组织结构,提高企业规模经济水平和产业集中度,大力发展一批拥有知名品牌、核心技术、主业突出、综合集成能力较强的大型企业集团。推动中小企业与大企业分工协作,提高专业化水平,促进中小企业技术进步和产业升级。引导产业集群化发展。鼓励有条件的企业跨地区、跨行业发展,支持符合条件的企业进入海内外资本市场上市融资。要振兴、引进、培育和保护知名品牌,努力将上海建成品牌孵化培育中心、品牌集聚辐射中心和品牌交易运作中心。增强"老字号"企业的自主创新能力、连锁经营能力和品牌营销能力。

(五)进一步优化调整产业布局

着力打造一批现代服务业集聚区。中心城区要进一步吸引国内外各类服务机构,完善高端服务功能;充分利用历史文化资源和工业建筑,规划建设一批知识密集、多元文化、充满活力的创意产业集聚区。郊区要推进建设若干各具特色的生产性服务业集聚区。

大力推进工业向园区集中。基本建成国际汽车城、精品钢铁基地;加快上海化学工业区、国家级微电子产业基地(包括浦东微电子产业带、漕河泾新兴技术开发区和松江工业园区等)和生物医药基地建设;着力推进临港新城装备产业基地和上海船舶工业基地建设。继续推进中心城区"退二进三",加快杨浦、彭浦、桃浦、吴泾等传统工业集中地区的改造、调整和转型。加快工业向国家级、市级工业园区集中。到2010年,市级以上工业区增加值占全市工业增加值比重达到75%以上。

第六章　着力构建以自主创新为核心的城市创新体系

坚持自主创新、重点跨越、支撑发展、引领未来的方针,加快建立以企业为主体、市场为导向、产学研相结合的技术创新体系,大力提高原始创新、集成创新和引进消化吸收再创新能力,逐步形成以知识创新为基础、技术创新为重点、制度创新为保障、科技中介服务为纽带的城市创新体系,知识竞争力位居全国前列,在建设创新型国家的进程中发挥上海应有的作用。

(一)聚焦自主创新关键领域

着眼国家战略,立足上海优势,围绕构建健康上海、生态上海、精品上海、数字上海等战略需求,实现有限领域重大科技创新的突破。

努力增强原始创新能力。紧密结合国家科技发展中长期规划,加强"部市合作"和"院地合作",在生物与医学、物理与信息、材料与化学、海洋与环境、航空航天等领域,攀登科技制高点。建设和建成一批重大科技基础设施。加强国家级、市级重点实验室建设,力争到2010年国家级重点实验室和工程研究中心总量达到50个,市级重点实验室达到90个。

加快提高集成创新和消化吸收再创新能力。着眼于攻克制约产业发展的重大共性关键技术,在信息技术、生物医药、现代装备、交通运输、新能源等领域启动一批重大专项。坚持开放式创新,把技术引进与消化吸收更好地结合起来。组织开展集成电路设计与制造、电子标签、平板显示、创新药物、半导体照明、氢能和太阳能光伏关键技术、民用航空航天等战略产品的研发,掌握一批关键核心技术,加速实现科技成果产业化。

优化创新基地布局。深化"聚焦张江"战略,推动紫竹科学园区、杨浦知识创新区和松江大学园区建设,实现园区、校区和社区联动发展。建设一批综合性、示范性的重大科技示范工程,推进科技世博园、智能新港城、崇明生态岛建设。探索新的研发机制,整合科技资源,建设生命健康等创新基地。

(二)构筑产学研相结合的技术创新体系

强化企业创新主体地位。按照市抓实力、区抓活力、企业抓动力的要求,形成全市创新创业的强大合力机制。落实支持自主创新的财税、金融和政府采购政策,激发各类主体的创新活力,到2010年企业研发投入占全市研发投入比例达到65%以上。完善国有企业考核机制,考核重心从资产保值增值向自主创新能力和资产长期收益能力转变,重点产业集团研发投入占销售收入比重要逐步达到5%以上。支持民营企业参与国家、地方科技攻关项目申报和实施。加强对科技型中小企业的扶持。鼓励外资研发机构技术创新成果实施本地化和产业化。

推进产学研战略联盟建设。鼓励以重大项目为纽带,建立多种形式的产学研联盟。完善科教兴市重大科技攻关项目运作机制,建立市场化的筛选、投入、评估和退出机制。以企业为主体,组织高校、科研院所联合攻关。进一步深化科研院所改革,加快建立现代科研院所制度。加强高校重点学科建设,逐步建立开放式学科发展体系。

(三)营造良好创新环境

加大知识产权保护力度。实施以专利为核心的知识产权战略,引导企业建立和完善专利、商标、技术秘密等管理制度。健全知识产权保护体系,加快发展知识产权交易、专利代理等中介服务机构,加强高校、科研院所知识产权工作。

加强公共服务平台建设。进一步优化科技资源配置,发挥好政府各类科技攻关专项资金的引导作用,重点向关键领域重大科技攻关项目倾斜。完善创新载体公开招标制度。继续做好研发、人才、知识产权等公共服务平台建设。发展多种形式技术中介服务模式,形成社会化科技中介服务网络。加快技术产权交易市场发展,促进科技成果流动扩散和转化。

切实加强科普工作。完善科普教育基地网络和功能,到2010年全市专业科普场馆达到40个,科普教育基地达到200个。

(四)大力实施人才强市战略

加强人才培养、开发和使用。着力优化人才结构,加快党政人才、企业经营管理人才和专业技术人才三支队伍建设,加强对领军人才的教育、培养和使用,加快培养一批具有战略开拓能力的优秀企业家和职业经理人,大力推进海外人才集聚工程,实施各类人才培训工程,造就一支规模大、素质高的劳动者和专门人才队伍。到2010年每万人中研发人员达到45人,全市高层次企业经营管理人才总量达到25万人左右,常驻上海的境外专家达到15万人,各类归国留学人员达到8万人。

完善激励人才发展的制度。健全人才选拔、评价、考核和奖惩制度,形成以业绩和能力为导向的社会化人才评价标准。完善人才服务体系,规范人才市场管理,建立开放灵活的人才流动机制,营造人尽其才、人才辈出的良好环境。

第七章　发展循环经济和建设资源节约型环境友好型城市

循环经济是以提高资源利用效率为核心,以"减量化、再利用、资源化"为原则,以低投入、低消耗、低排放、高效率为基本特征,符合可持续发展理念的经济增长模式。

强化资源节约和环境保护意识,按照建设国家循环经济试点城市的要求,坚持节约与开发并举、节约优先,以技术创新和制度创新为动力,加强政策引导和法制建设,明显提高资源利用效率,减少废 物排放,形成健康文明、节约资源的消费模式。围绕重治本、重机制、重实效,推进环境保护和生态建设,滚动实施环保三年行动计划。

(一)加强节地节能节水节材

节约和集约利用土地。加强土地资源需求调控和管理,实施和完善批项目、核土地制度,严格限制不符合产业导向的项目用地,稳步推进农民宅基地置换。合理规划重大基础设施,节约集约利用土地,以轨道交通站点和公共交通换乘枢纽为重点,加快地下空间综合开发和合理利用。推进节能降耗。采取强有力措施,严格限制耗能高、效益低、污染重的项目发展,分阶段强制淘汰明显高于同行业能耗标准的企业和产品,强制进行用能设备节能改造;新建建筑要严格实施国家规定的节能50%的设计标准,推进公共建筑节能改造;鼓励大型公共建筑使用分布式供能系统和太阳能利用设施;推进交通节能。加强节水管理。对高耗水行业实行计划用水管理,推广节水型设备和器具,进一步降低公共供水管网漏失率,推进中水回用和雨水收集利用,到2010年万元生产总值用水量较"十五"期末下降16%。推进节约原材料。加强重点行业的原材料消耗管理,逐年提高新建住宅全装修的比例,推进包装减量化,逐步减少或取消一次性用品。

(二)推进清洁生产和资源综合利用

市级以上工业区和六大产业基地内企业基本实现清洁生产,化工、冶金、纺织、医药等重点行业全面推行清洁生产试点。全面实行生活垃圾分类收集,提高资源化利用水平。重点推进汽车、家电、轮胎等大件废弃物的资源化利用,进一步提高高钙粉煤灰、电厂脱硫灰渣和废弃混凝土的综合利用能力。发展循环型生态农业,减少化肥、农药、地膜的使用,推进作物秸秆和畜禽粪便的综合利用,扩大商品有机肥使用面积。

(三)形成有利于发展循环经济的机制和技术支撑

严格执行国家法律法规和标准规范,制定、修订地方性法规和政府规章。加快建立反映供求和稀缺程度的资源性产品的价格形成机制。推广应用节约资源的新技术、新工艺、新设备和新材料。制定资源消耗评价标准,建立建设项目的土地占用、能耗、水耗、污染排放综合评价制度。制定和落实有利于资源节约和综合利用的财税政策。组织开展多种形式的试点,创建一批具有国内领先水平的循环经济园区和企业。各类教材要增加资源节约的教育内容,继续组织好各类宣传活动,倡导理性消费,形成节约资源的良好社会氛围。

(四)加大环境保护和污染治理力度

着力提高水环境质量。加快完善中心城区污水收集管网,升级改造竹园、白龙港污水处理厂,基本完成污水西干线改造工程,建成污水三期工程和竹园第二污水处理厂,初步建立污水处理设施与收集管网相配套的郊区污水处理体系。以截污治污为重点加快推进河道整治工作,完成苏州河环境综合整治三期工程,巩固和提高中心城河道整治的成果,加快推进郊区河道治理,进一步改善郊区河道水质。

持续改善大气环境质量。按照全市二氧化硫排放量比"十五"期末减少35%的目标,以燃煤电厂烟气脱硫为重点,有效控制煤烟型污染。建设基本无燃煤区和烟尘控制区。强化对各类扬尘污染源的规范化管理。实施更严格的机动车排放管理。

完善固体废弃物收运处置系统。建设闵行垃圾焚烧厂、市区生活垃圾集装化水运系统，建成崇明、宝山、青浦等一批生活垃圾无害化处理设施。开展老港生活垃圾填埋场生态修复、环境整治及资源化利用工作。

全面加强市容环境综合建设和管理。强化市容环境综合整治，创建市容环境示范区域、规范区域和达标区域，加强市容环境管理难点和顽症治理，继续推进中心城架空线入地工程，确保以良好的市容环境迎接世博会的召开。

继续推进吴泾等工业区环境整治。加快建设和完善工业区污染治理设施，在有条件的工业区实行集中供热。开展环保重点监管企业达标治理，实现污染物稳定达标排放。

完善环境保护和治理的体制机制。加强环保执法和监管，完善环境质量监测体系，加强环境质量监测系统和重点污染源在线监控网络。严格执行环境影响评价制度。

(五)加强生态建设和自然保护

完善城乡一体的绿化系统。加快生态绿化建设，推进绿化布局的系统性、均衡性，建设世博园区配套绿化项目，中心城以完善延安路、黄浦江、苏州河“一纵两横”生态走廊建设为重点，继续推进公共绿地建设，推进郊区试点城镇绿化建设，重点建设辰山国家植物园、东滩国家湿地公园、海湾国家森林公园等，有序推进水源涵养林、沿海防护林等林业建设。到2010年人均公共绿地面积达到13平方米。

加强自然生态和海洋生态保护。以崇明东滩鸟类国家级自然保护区和九段沙湿地自然保护区为重点，继续强化生态保护工作。进一步加强金山三岛、长江口中华鲟自然保护区和水源地等的生态保护和建设。加强郊区自然村风貌保护。加强外来物种的安全管理，保护生物多样性。加强海洋生态环境保护和监测管理，发展海洋经济。

第八章　大力推进社会主义新郊区建设

按照规划布局合理、经济实力增强、人居环境良好、人文素质提高、民主法制加强的要求，努力建设与现代化国际大都市相适应的社会主义新郊区。着眼于建设社会主义新农村，加大工业反哺农业、城市支持农村的力度，加快推进“三个集中”，加快农村城镇化、农业现代化和城乡一体化进程，初步形成城镇体系框架。到2010年郊区城市化率达到75%。

(一)加快农业现代化建设

进一步增强农业综合生产能力。以发展高产、优质、高效、生态、安全农业为目标，以发展种源农业、装备农业、数字农业为重点，运用工业化手段和规模经营方式，改善农业基础设施，大力推进科技强农。建设一批优质农产品生产基地，建设100万亩设施粮田和30万亩设施蔬菜基地。加强现代农业园区建设，重点建设崇明三岛、黄浦江上游、杭州湾北岸、城郊结合部楔形农业区。

提高农业组织化和市场化水平。完善农村合作经济组织制度，培育农业产业化、规模化经营的龙头企业，实施农业品牌化战略。拓展农业服务领域，建设多功能的农产品交易和物流平台，增强服务全国“三农”的能力。

完善支持农村和农业发展的政策。根据农业发展布局、重点和产品结构，确定不同的农业投资扶持政策，重点增加对农业基础设施、科技进步和农产品安全监管等领域的投入，创新投融资手段，吸引各类资金参与郊区建设。

建立农民增收的长效机制。坚持“多予、少取、放活”，提高农民收入水平。加强对农民的职业技能培训，提高农民非农创业与就业能力，培养有文化、懂技术、会经营的新型农民。扩大非农就业，稳步提高农民工资性收入。完善郊区社会保障体系，增加农民的转移性收入。完善农民宅基地置换试点政策，拓展农民的财产性收入。发展农村集体经济，探索征地留用地制度，增加农民经营性收入。

(二)稳步推进城镇体系建设

按照“1966”城镇体系规划目标，分步实施，整体推进，建设一批与上海国际大都市发展水平相适应的新城、新市镇，促进中心城区人口疏解，吸引农民进入城镇，逐步归并自然村，提高郊区的城镇化和集约化水平，构建和谐村镇。

加快推进以嘉定、松江和临港为重点的新城建设。按照逐步建设成为服务功能完善、人口集聚功能较强的现代化综合性城市的要求，依托产业基地、开发区和高速公路、轨道交通等重大基础设施，重点推进嘉定、松江和临港新城建设。

大力推进新市镇的开发建设。按照建设成为形态和功能各具特色的现代化新市镇的要求，依托工业园区、高速公路节点和综合交通站点，继续推进试点城镇开发建设。选择具备良好条件的新市镇，因地制宜地推广试点城镇的做法和经验。

积极推进中心村的规划建设。按照建设成为居住功能和观赏功能有机统一的新型农村集中居住社区的要求，依托郊区城镇、基础设施建设，加快中心村建设和农村人口集聚，提高基层社会管理能力。

(三)提高郊区基础设施和公共事业发展水平

加快郊区基础设施建设。加大市、区(县)两级财政对郊区基础设施的投入力度。建设重点新城与中心城区的轨道交通联系，完善郊区高速公路网，初步形成城郊停车换乘枢纽系统。与城镇建设相配套，加快郊区电力和信息基础设施建设。建成覆盖郊区城镇的集约化供水和雨污水收集处理系统框架，建设郊区生活垃圾综合处理系统。

提高郊区社会发展和公共服务水平。推进农村综合改革，进一步强化农村公共服务体系建设。增加公共教育经费投入，提高郊区义务教育水平。加强郊区镇、村基层卫生机构、公共文化和体育基础设施建设。实施农村计划生育家庭奖励扶助制度。不断完善郊区和农村社会保障体系。

(四)推进崇明三岛联动发展

有序推进综合开发和生态保护。按照崇明三岛功能定位和建成崇明生态岛群的总体目标，分步实施发展规划。

“十一五”期间重点进行基础性开发，以长江隧桥工程和长兴岛造船基地建设为契机，统筹三岛产业发展，加快建设城桥、陈家镇(东滩)试点城镇和一批重要项目。按照环境优先、生态优先的要求，根据永久保护区、开发控制区、战略储备区和适度建设区的功能区划分，保护好湿地、河湖等自然生态，合理利用岛域土地资源，重点发展循环农业和环境友好型产业。

加大政策支持力度。统筹协调崇明生态岛建设，落实生态专项支持资金，加大财政投入和转移支付力度，提高崇明三岛公共支出的保障水平，加强崇明发展的人力资源积累。

第九章　全面提升城市建设和管理的现代化水平

坚持建管并举、重在管理，加强枢纽型、功能性、网络化重大基础设施建设，构筑城郊一体、内外衔接、便捷高效的综合交通体系。强化城市资源供应保障，健全应急管理体系，提高城市安全保障能力。以城市管理现代化为目标，网格化为抓手，信息化为手段，管理资源整合为保障，运用多种手段建立城市管理的长效机制。

(一)完善对外综合交通体系

继续推进国际航运中心建设。基本确立国际航运中心地位。建成洋山深水港区二期及后续工程,完善洋山、外高桥、罗泾港区总体布局。加快调整港口结构,优化黄浦江两岸功能,推进重点地区开发,加快发展北外滩等地区航运交易服务。加强以浦东机场为主、虹桥机场为辅的上海航空枢纽港建设,初步确立亚太地区航空枢纽港地位。完成浦东国际机场二期扩建工程,基本完成虹桥机场改造扩建工程,到2010年货邮吞吐能力达到500万吨。构建枢纽航线网络,积极推进基地航空公司向枢纽运营模式战略转型。加快航空货运物流业发展,初步建成空港物流园区。

建设虹桥综合交通枢纽。初步形成磁悬浮、高速铁路、普通铁路、轨道交通、公交出租、长途客运、航空港等多种交通方式紧密衔接、便捷换乘的现代化大型综合交通枢纽。

完善高速公路网和内河航道网。建成上海长江隧桥工程、崇启高速公路(A14)、沪苏高速公路(A16)、浦东机场高速公路(A15)和沿江高速公路(二期)(A13),建成沪青平高速公路(A9)、莘奉金高速公路(A4)出境段,拓宽沪宁高速公路上海段(A11),与江、浙高速公路出口增加到10个,车道数增加到60个,市域高速公路通车总里程达到约880公里。建成赵家沟、大芦、杭申、苏申外港线等多条Ⅲ级航道,初步形成高等级内河航运框架。

进一步提升上海铁路客运枢纽功能。优化调整铁路布局,建成沪宁城际、沪乍嘉铁路上海段,建设沪杭城际快速轨道交通项目,适时开工建设沪通铁路。形成上海站、上海南站、虹桥站三个主客站布局,大力发展多式联运。

(二)提高城市交通便捷化水平基本建成轨道交通基本网络

把加快发展轨道交通作为实施公交优先战略的重点,轨道交通运营里程达到400公里,提高轨道交通运营服务水平。

提升公交服务水平。优化和完善地面公交线网,建设中心城100公里以上公交专用道,加强多种交通方式相互衔接。以轨道交通多线换乘站和中环交通枢纽等为重点,推进公交枢纽和停车换乘系统建设,公共交通出行占市民出行比重逐步提高。

完善中心城路网和越江通道布局。全面建成中环线,完善高架系统,拓宽河南路、瑞金路等骨干道路,形成包括200公里以上快速路和400公里以上主干路,以及次干路、支路等组成的中心城道路网络。建成上中路、西藏路等7处越江设施和打浦路隧道复线,中心城越江通道达到17处、94车道。完成中心城苏州河桥梁新建或改造。

着力提升城市交通综合管理水平。加强城市交通的规划和建设管理,逐步建立交通影响评价机制。综合运用交通需求管理措施,改善交通方式结构。加强城市道路交通管理,增强市民交通法规意识。加快发展城市智能交通系统。

(三)强化重要资源供应保障

加快建设安全清洁高效的能源供应体系。以LNG项目建设为重点,形成西气、东海气、LNG三气源互补供应格局,建设气源应急储备站。基本建成覆盖全市、城乡一体的天然气主干管网系统。提高电力供应能力,建成华能上海燃机电厂、外高桥电厂三期工程。加快市内外电力输电通道和市外电力基地建设,市外建成500千伏第三通道、三峡—上海直流、皖沪特高压输电线路和变电站,市内建设500千伏、220千伏电网和变电站,全市接受外电能力超过1 000万千瓦。建设崇明等三岛电力电源和联网工程。提高煤炭、石油等供应和储备能力,建设罗泾煤炭储备中转基地,扩建外高桥海滨油库、建设航空燃油码头和油库。开发利用可再生能源,大型建筑和公共性项目积极发展利用光伏发电和光热工程,在崇明、南汇、奉贤等建设风电场,建设沼气回收发电示范工程。建设世博能源中心。

提高供水保障服务水平。扩大长江水资源开发利用,建设青草沙水源地,建成长江陈行引水三期工程。建设金海等水厂,全市日供水能力提高到1 260万立方米。中心城注重提高水质,郊区推进集约化供水。

加强土地等资源保护和综合利用。科学编制土地利用总体规划。实施最严格的耕地保护制度,大力推进土地整理复垦,确保现有基本农田面积。建立城乡土地储备和保障体系。加强岸线、滩涂和海洋空间等资源的综合开发利用。

(四)推进城市信息化建设促进城市信息资源开发利用

加快人口、法人基础设施信息资源的开发和共享,提升教育、卫生、文化、旅游等领域的公共信息服务能力,完善全市统一的空间地理基础数据平台,加快推进规划、房地、环保、市政、绿化、水务、气象等城市管理信息深度开发和共享交换,着力推进防灾应急、交通管理、人口管理等重要信息系统建设。

进一步提升信息基础设施水平。加快信息基础设施集约化建设,推动新一代移动通信、软交换、智能光网络等技术的试验和应用。继续推进"三网融合",扩大宽带接入网和数字电视网的规模和服务能力。提升高性能计算平台服务能级。全面增强信息基础设施的综合服务能力,基本建成亚太地区信息枢纽之一。

保障城市信息安全。加快信息安全基础设施建设,实施信息安全关键技术创新工程,完善信息安全长效机制与管理体制,提高信息安全防护、监控与应急处理、打击网络犯罪的能力。

完善信息化应用环境。加强法制、政策、标准的建设和衔接配套,推动信息化知识普及,完善以信息化服务外包为重点的社会化服务体系。

(五)积极推进城市旧区改造

继续保持旧区改造力度。坚持政府主导,统筹规划,完善政策,创新机制,切实改善困难群众的居住环境,到2010年累计完成市区400万平方米成片二级旧里以下房屋改造。

发挥基础设施的布局引导作用。统筹人口、产业、资源、环境与基础设施,运用多种手段使基础设施达到合理水平,促进城市布局优化和结构调整,实现资源的有效利用和合理配置。

(六)提升城市管理现代化水平和安全保障能力

进一步理顺城市建设和管理体制。逐步形成市与区(县)基本衔接、行为规范、运转协调、权责对应、调控有力的城市建设和管理体制。大力推进城市管理网格化,推动管理重心下移,充分发挥区县、街道、社区在城市管理中的作用。加强和完善城市规划体系。加强城市基础测绘和管理工作。

城市管理网格化是以信息化为核心,以管理对象、管理过程和管理决策数字化为特征的城市现代化管理模式。其主要内容是以街道、社区为基础,按照1万平方米网格为单元,建立城市管理信息综合管理数据库,实现市、区、街道三级管理信息资源共享。同时,建立城市管理网格监督员队伍,由区统一指挥,街道负责日常管理,配备专用信息化工具,对各类事件处置情况进行责任到人式的监督,提高城市管理处置能力。

增强城市防灾减灾能力。继续提高地面沉降监测与防治能力,强化地下水资源开发利用管理,有效控制地面沉降。提高水安全防御能力,加强海塘江堤、城市防洪、区域除涝和城镇排水系统建设。提高地震、灾害天气等自然灾害监测、预报和应对能力,加强物资储备、减灾队伍和民防工程等建设。

第十章 促进区域协调互动发展

按照国家主体功能区划分和统筹区域协调发展的要求,立足于本市不同区域的发展基础和区位特点,发挥优势,强化功能,形成特色,逐步形成区县错位发展、城乡统筹发展、区域协调发展的格局。依托上海城市综合服务功能,进一步服务长江三角洲、服务长江流域、服务全国。

(一)明确城市区域功能定位

明确四大功能片区定位。浦东南汇地区是上海国际金融中心、国际航运中心的重要载体,要充分发挥制度创新和扩大开放先行先试的作用,建成以金融、物流为依托的现代服务业核心集聚区。中心城区是体现上海繁荣繁华内涵与历史文脉特色的地区,要着力完善国际大都市的现代服务功能,建成服务经济全面发展的重要区域。郊区是提升上海经济实力水平的重心所在,要统筹城乡发展,打造现代农业基地、先进制造业高地和新兴城镇体系。崇明三岛地区是上海未来可持续发展的重要战略空间,要建成环境和谐优美、资源集约利用、人与自然协调发展的现代化生态岛区。

加强区县分类指导。区县发展要立足提升城市整体功能和落实城市总体规划,结合区县发展特点,依托大学、大院所、大企业,逐步完善区县功能定位,实施差别化政策,加强分类考核,促进区县协调发展。

(二)促进长江三角洲城市群整体竞争力提升

加强区域交通、能源、生态环境等重点领域的合作。按照国家对长江三角洲区域发展规划的要求,积极推动公路、铁路、港口、航空、内河等多种运输方式的相互配套和协调发展,共同构筑各种运输方式布局合理、衔接顺畅、优势互补、智能化、信息化的区域综合交通体系,增强长江三角洲地区的对外辐射能力。共同构筑安全、清洁、高效的区域能源体系,进一步提高区域能源供应保障能力。加强区域生态环境保护、治理和灾害防治,建设跨区域环境保护和治理的重大项目,逐步建立区域环境保护标准体系,完善区域环境管理和协调机制,推动区域循环经济发展。

进一步促进区域经济共同发展。加强在信息、港口、产权交易、科教、文化和人才资源等方面的合作与交流,联手推进金融、物流、旅游等现代服务业发展。积极配合国家有关部门,推进长江三角洲通关一体化改革,加强区域诚信体系建设,建立知识产权联合保护机制。

完善区域合作交流机制。坚持优势互补、合作共赢、联动发展、共同繁荣,确立企业在区域合作中的主体地位,以企业合作带动区域经济合作,促进区域内资源的流动,注重发挥行业协会、中介组织和社会研究机构的积极作用,努力形成政府引导、市场运作、企业主体、社会参与的区域合作机制。

(三)加强与中西部和东北地区互动发展

服务于中西部发展和东北振兴。积极贯彻中央关于西部开发、东北等老工业基地振兴和中部崛起的战略部署,鼓励本市优势行业和企业走向全国,加强地区间能源、原材料和优质农产品基地建设等多样化合作。加强地区间沟通和协调。

推进长江黄金水道建设。按照国家统一规划,与沿江省市共同推进长江黄金水道建设。以集装箱船型标准化为核心,逐步推进长江航运设施和航运服务标准化,提高长江沿岸航运业发展水平,推动长江流域发展。

(四)进一步做好对口支援工作

落实中央要求,全力做好云南、西藏、新疆、三峡库区等重点地区的对口支援,把帮扶与资源开发、产业调整有机结合起来,形成帮扶协作的长效机制。对口支援西藏要围绕发展边疆经济,向农牧区和农牧民倾斜,援建一批安康工程、健康工程和希望工程。对口支援新疆要以促进地区发展稳定和提高贫困农牧民生产、生活水平为重点,全方位开展帮扶协作。对口帮扶云南要实施以整村推进为主要模式的开发式扶贫项目,加大教育、卫生等社会公益事业的援助力度。对口支援三峡库区要围绕帮助库区发展经济,推进移民就业基地建设,促进移民就业和增收。

第十一章 全力办好一届成功精彩难忘的世博会

中央"十一五"规划《建议》明确,要办好上海世博会。世界博览会是各国展示和交流社会、经济、文化和科技成果的盛会。经过激烈竞争,中国赢得2010年世博会主办权。中国2010年上海世博会会期从2010年5月1日到10月31日,展期184天,预计有200个国家和国际组织参展,参观人数将达到7 000万人次。本届世博会的主题是"城市,让生活更美好",五个副主题分别是城市多元文化的融合、城市经济的繁荣、城市科技的创新、城市社区的重塑、城市和乡村的互动。为办好这次世博会,国家专门成立了世博会组织委员会和执行委员会,上海市专门成立了上海世博会事务协调局。

要把举办好中国2010年上海世博会作为实施国家战略、提升城市文明程度和市民文明素质、增强城市综合服务功能的重要载体,依托全国支持,举全市之力办好世博会,全面带动上海城市发展。加强与周边地区的协调互动,共抓办博机遇,为服务长三角、服务长江流域、服务全国提供平台支撑。

(一)有序推进世博会各项建设和筹办任务

按照国家和国际展览局对上海世博会的总体部署和要求,高起点规划、高水平建设和管理世博会,确保按时间节点完成世博会筹备工作,重点推进园区内企业和居民搬迁、世博园区主体工程以及配套项目的建设任务,统筹世博动迁基地和试点城镇建设,带动全市产业布局结构调整。科学合理规划世博园区功能布局,形成"园、区、片、组、团"的规划布局。高效组织世博会交通体系,带动全市服务功能配套。坚持节约办博,充分利用或改造现有建筑及相关配套、市政公用设施,实现场馆、土地、新增城市基础设施和服务设施的综合利用。加强组织管理和统筹协调,做好安全和应急处置预案,确保世博会成功举办。

(二)创造性地演绎"城市,让生活更美好"主题

紧紧依靠全国人民的关心支持,以举办好世博会为契机,全面展示中华文明魅力和悠久历史文化。把办博与提升上海国际大都市精神面貌相结合,充分展示社会主义现代化国际大都市的深厚文化底蕴。以和谐城市为理念,充分演绎人与人的和谐、人与自然的和谐、历史与未来的和谐,充分体现以人为本、科技创新、文化多元、合作共赢、面向未来的上海世博会理

念。加强主题宣传和推介,充分展示好世博会主题和副主题,组织开展相关主题深化活动。

(三)积极营造人人参与办博的氛围

鼓励和发挥全市人民的积极性和创造性,发扬主人翁精神,以各种方式参与到世博会的各项活动中来,形成人人关心、支持和参与办博的良好氛围。加强办博的专职队伍、基本队伍和志愿者队伍建设,展现良好的文明风貌。深入实施《迎世博文明行动计划》,整体提升市民素质和城市精神文明程度。创新世博招展机制,吸引世界各国、跨国企业和各省市到上海来展现最精彩的项目、科技、文化与设计等未来城市发展理念。动员各方力量,广泛吸引全国各地的关注和参与。

(四)统筹规划好世博会后续发展

着眼于为"十二五"开局平稳较快发展奠定良好基础,加强世博会举办之后世博园区内外布局调整和建设,逐步建成具有会展旅游、商务贸易等综合功能的新的多功能城市公共活动中心,使世博园区成为特大型城市中心城区开发和再造的典范,成为上海国际文化交流的重要载体。进一步放大世博品牌效应。

第十二章 继续发挥好浦东新区的示范带动作用

中央"十一五"规划《建议》指出,要继续发挥上海浦东新区的作用,带动区域经济发展。2005 年 6 月,国务院第 96 次常务会议正式批准上海浦东新区进行综合配套改革试点,这是党中央、国务院对新一轮改革开放的重大战略部署,为上海加快发展提供了强大动力和重要机遇。浦东综合配套改革要按照着力转变政府职能、着力转变经济运行方式、着力改变城乡二元经济与社会结构的要求,推进试点总体方案提出的各项改革任务,滚动推进三年行动计划,力争经过不懈努力,率先构建符合社会主义市场经济要求、与国际惯例相衔接的经济运行规范和体制环境,为全面推进改革积累有益经验。

在党中央、国务院作出开发开放浦东重大决策十五周年、浦东发展取得举世瞩目成就的新起点上,要继续高举浦东开发开放旗帜,全面贯彻国家关于浦东综合配套改革试点的战略部署,聚焦浦东、东西联动、服务全国、面向世界,发挥示范带动作用,把浦东建设成为改革开放先行先试区、自主创新示范引领区、现代服务业核心集聚区。

(一)浦东新区改革开放再上新台阶

全面提升外向型经济层次。注重引资与引技、引智相结合,着力吸引和发展高端、高效、高辐射力的产业,带动产业结构能级提升。进一步加快在金融、物流、电信、专业服务等服务贸易领域市场开放的先行先试。改善海关监管模式,进行综合贸易通关模式改革试点。

率先建成公共服务型政府。赋予浦东新区更大的自主发展权,建立条块互补、职能整合的行政管理体制和事权与财权相统一的财政体制。探索实行决策、执行、监督相协调的体制。深化行政审批制度改革,重点探索功能区域一体化管理模式和相对集中许可权及综合执法模式。

率先形成城乡一体化发展的制度保障。推进土地处置、社会保障和户籍管理"三联动",率先试行农村人口户籍改革,统筹城乡公共服务资源,着力改变城乡二元经济与社会结构。

(二)陆家嘴金融贸易区再塑新功能

陆家嘴金融贸易区要成为建设国际金融中心的重要载体。强化以金融业为核心的现代服务业要素集散、资源配置和综合服务功能,推动陆家嘴金融贸易区成为国家金融创新试验区。

加快形成以金融业为核心的现代服务业集群。实施金融集聚战略,巩固和完善证券、期货等国家级交易市场,培育新兴市场,大力吸引国内外金融机构和金融高级人才,尤其是总部、业务中心等机构集聚。积极配合人民银行和国家金融监管部门,推动金融产品、技术、市场、机构与机制创新。以金融业为核心,加快形成以金融贸易、会展商务和专业服务等为主导功能的现代服务业集群。

进一步优化金融集聚区发展环境。支持陆家嘴金融贸易区拓展发展空间,形成"一道三区"的发展布局。加强政策支持。大力完善交通、通信、文化、生活等基础设施。

(三)实施"聚焦张江"战略再有新突破

张江高科技园区要成为实施科教兴市主战略的重要载体。大力提升研发创新、孵化创业和转化辐射功能,推动张江成为国家自主创新示范区、科技成果产业化重要基地和具有国际竞争力的高科技园区。

进一步放大张江品牌效应。按照综合平衡、分期推进的原则,加快形成以张江为核心、覆盖全市的高新技术园区布局。支持张江围绕电子信息、生物医药、软件开发和新材料等产业,加快形成具有核心技术和自主创新能力的高科技产业链,培育和发展一批具有自主知识产权的科技型企业集群。支持国家重大产业化基地、国家级或市级重点实验室、工程研究中心等落户张江。继续深化和扩大张江政策。

(四)区域联动发展再拓新空间

支持浦东新区探索区镇联动体制。通过资源整合,深化区镇联动,高起点规划和建设若干个新市镇。加快区域功能一体化发展,形成功能特色明显、布局合理、配套完善、重点突出的"一轴三带六个功能区域"的空间布局。

注重区域联动发展。依托洋山深水港、航空枢纽港等重大基础设施建设和国家级开发区,进一步增强航空、航运、物流功能,带动南汇等地区加快发展。结合世博动迁基地和长江隧桥工程建设,加强浦东与闵行、崇明等区县的联动发展。

第十三章 实现深化改革和扩大开放新突破

按照建立比较完善的社会主义市场经济体制、为全面贯彻落实科学发展观提供体制保障的要求,以浦东综合配套改革试点为重点,加快政府职能转变,深化国资国企改革,完善市场体系,推进社会领域改革,形成有利于自主创新、转变增长方式、实现可持续发展的机制。进一步扩大对外开放,坚持以开放促改革、促发展,实施互利共赢的开放战略,不断提高外向型经济层次,提升城市国际化水平。

中央"十一五"规划《建议》指出,我国正处于改革的攻坚阶段,必须以更大决心加快推进改革,使关系经济社会发展全局的重大体制改革取得突破性进展。要加强改革开放的总体指导和统筹协调,注重把行之有效的改革开放措施规范化、制度化和法制化。

(一)深化行政管理体制改革

推进政企、政资、政事、政府与市场中介组织分开。实行管办分离,理顺政府与行政执法类、社会公益类和经营服务类事业单位的关系,将一部分专业行政管理部门和事业单位转为提供公共服务的社会组织。

加快公共财政体系建设。深化财政管理体制改革,合理划分各级政府的财权和事权,促进经济社会管理重心下移。突出财政支出的公共性、合理性和均衡性,优化财政支出结构,进一步完善转移支付制度。优化财政供给方式,建立健全有利于增长方式转变、科技进步和能源资源节约的财税政策机制。加强财税行政执法的监督效能,严格会计诚信监管,不断提高会计信息的真实性和完整性,建立规范高效的财税运行秩序。

推进投资管理体制改革。完善企业投资核准和备案制度,进一步落实企业投资自主权,促进公共领域的社会投资,加快实施特许经营权制度。规范政府投资行为,建立健全政府投资管理制度,加强对政府投资项目的审计监督和社会监督。

(二)促进多种所有制经济共同发展

加快国有经济布局和结构调整。推进国有资本向战略性、基础性、先导性产业和关键领域集中,向自主创新能力强的优势企业集中,增强国有经济控制力。完善国有资本有进有退、有序流动的机制,增强国有资本的流动性。

深化国资国企改革。进一步推进国有企业股份制改革和国有控股公司改革重组,完善公司治理结构,通过多种形式全面放开搞活国有中小企业。健全国有资产出资人制度,完善国有资产授权经营和监管制度体系,建立健全国有资产产权代表授权制度,完善分类考核评价体系,维护职工合法权益。

鼓励、支持和引导非公有制经济发展。清理和废止有碍非公有制经济发展的部门政策及规章,深化垄断行业改革,放宽市场准入,鼓励支持和引导非公有资本参与国有经济战略性调整和国有企业重组改制,进入金融服务、公用事业、基础设施以及法律未限制的一切领域,进一步完善非公有制经济发展的社会服务体系。

(三)进一步完善现代市场体系

健全统一开放竞争有序的市场体系。完善产权、技术、人才、航运物流等全国性、区域性大市场。进一步打破垄断,完善商品和要素价格形成机制,促进市场竞争和要素自由流动。

进一步整顿和规范市场秩序。加强政府市场监管职能,加大执法力度,坚决打击制假贩假、商业欺诈、偷逃骗税等违法行为,加强对交易标准、规则的管理。保护消费者权益。

加强诚信体系建设。以制度建设和有效应用为重点,进一步完善社会信用信息采集、加工和信用产品使用等环节的法规规章以及失信惩戒、信用监督等制度,健全个人和企业联合征信平台。

(四)加快推进社会领域改革

探索建立政府与社会合作提供公共产品和公共服务的运作模式。完善公共服务行业管理和政府购买服务制度。通过公办民助、合作经营、股份制等多种形式,鼓励社会力量提供公共服务。积极推进社会事业单位分类改革。

培育和发展各类社会组织。加快培育能够承担事务性工作、提供公益性服务、调节民间纠纷、发展慈善事业的社区民间组织。继续推进行业协会和市场中介发展改革,支持行业企业组建行业协会并引入竞争机制,进一步开放中介服务领域。

(五)提高外向型经济水平

促进对外贸易持续健康发展。加快转变外贸增长方式,优化贸易结构,大力促进具有自主知识产权和自主品牌的产品出口,加快加工贸易转型升级,扩大高附加值产品出口的比重。大力发展服务贸易,扩大服务贸易出口。依托口岸综合优势,发挥洋山保税港功能,加快发展转口贸易。积极做好进口工作。

努力提高利用外资的质量与水平。进一步改善投资环境,拓宽利用外资渠道,优化利用外资结构,创新利用外资方式,积极承接国际产业转移,重点引进现代服务业和先进制造业项目。加大力度引进跨国公司地区总部、研发机构和专业服务机构。

加大实施"走出去"战略的力度。引导和推进有条件、有比较优势的企业到境外投资开发重要资源能源,购并拥有先进技术、品牌和营销网络的海外企业,承接海外工程和输出劳务。加快培育本土跨国企业。积极防范境外投资风险。

不断扩大与港澳台经济合作与交流。推进与香港、澳门在金融、物流、贸易、旅游等各个领域的深层次合作,加强与台湾的经济贸易技术合作,做好台商的服务工作。

(六)营造良好的对外开放环境

积极拓展各种国际大型活动载体,加强与国际友好城市往来,扩大国际交流。积极吸引国际性组织入驻上海。创造国际化的生活和服务条件,提高教育、医疗、居住、语言和出入境等服务的便利化程度。进一步完善口岸管理体制和贸易便利措施,加快电子口岸建设,提高通关效率。完善符合国际通行规则的涉外经济管理体制。完善法规保障、政策引导、统计监测、信息发布制度。建立健全应对国际贸易摩擦预警机制和跨部门综合应对机制。切实维护经济安全。

第十四章 积极推进各项社会事业健康发展

把促进人的全面发展作为经济社会发展的出发点和落脚点,按照确保公益、促进均衡、注重内涵、激发活力的要求,加强公共财政对各项社会事业均衡发展的保障作用,优先投资于人的全面发展,全面提升和优化社会事业的结构和质量,逐步实现均衡协调发展。

(一)加快建设现代教育体系

提高基础教育质量和均衡化水平。全面推进素质教育,巩固提高基础教育质量。强化政府义务教育保障责任,逐步扩大义务教育的免费范围,在对城乡困难家庭学生继续实施免杂费和课本费、提供寄宿生活费补助政策的基础上,对农村学生全部免收学杂费,进一步缩小城乡之间、地区之间公办学校的办学条件和办学水平差距,鼓励优秀教师到郊区任教。继续推进课程体系改革,减轻学生课业负担。扩展优质高中资源。进一步加强学前教育,鼓励多元办学,重点改善郊区和新建住宅区的幼儿园及托儿所条件。加强对来沪从业人员子女接受义务教育的服务和管理。

大力发展职业教育,加快人力资源开发,既是培养高素质技能人才的需要,也是促进就业、提高劳动者收入水平的需要。贯彻落实《国务院关于大力发展职业教育的决定》(国发[2005]35号),"十一五"期间,上海将进一步促进校企合作和工学结合,形成政府主导、依靠企业、充分发挥行业作用、社会力量积极参与、公办与民办共同发展的职业教育多元办学格局,力争到2010年,重点建设好100所左右示范性职业学校或学院,建成一批职业教育实训基地和若干开放式实训平台。

提高高等教育质量和水平。优化资源配置,调整层次结构,促进各级各类高校协调发展。推进高等教育内涵发展,重点建设若干所高水平大学和一批特色学科,努力提高教育质量,增强学生创新和实践能力。完善困难家庭学生教育资助政策。积极鼓励高水平的中外合作办学,促进民办高等教育健康发展。

大力发展职业教育。以扩大就业为导向,以提高技能为核心,加大投入,推动职业教育和培训资源整合,建设一批与产业发展和促进就业紧密结合、实效明显、具有品牌优势的高等和中等职业学校,以及开放式实训基地。加大职业教育资助力度,建立困难家庭职校学生助学制度。推进和规范职业资格证书制度。

深入推进教育综合改革。积极推进教育管理创新,促进政事分开、管办分离。稳步推进招生制度改革,进一步落实高校依法办学的自主权。确保教育投入"三个增长",继续保持各级政府对教育投入的持续增长,"十一五"期间,政府财政性教育投入相当于全市生产总值比例达到4%,新增部分重点向郊区倾斜。鼓励社会投资教育和捐资办教育,加快推进教育投融资体制改革,落实和完善社会力量参与非义务教育阶段办学的相关政策。强化对教育经费使用和绩效的科学评估。

(二)建立有效便利的公共卫生和医疗服务体系

加强公共卫生体系功能建设。健全包括应急处置、信息、疾病预防控制、卫生监督、医疗救治和人才建设等系统在内的公共卫生体系,提高应对突发公共卫生事件和预防控制疾病的能力。加强艾滋病预防和源头控制,加强新老传染病,以及高致病性禽流感等人畜共患疾病、慢性病、职业病和精神疾病等疾病防治。继续推进健康城市建设,进一步拓宽健康教育和健康干预的渠道,探索建立多元化的健康管理、服务和参与模式。

提高基本医疗的均衡化和可及性。完善基本医疗服务体系,把政府投入重点转向基本医疗服务、社区和郊区基层服务,大力实施区域卫生规划,优化卫生资源配置,使部分群众看病难问题得到有效缓解。推进村卫生室(社区卫生服务站)标准化建设,改善郊区基本卫生条件,促进三级医院与郊区医院的合作,提高郊区医疗卫生服务水平。完善社区卫生服务中心功能和运行机制,鼓励和引导各级医疗机构纵向整合,推进双向转诊,促进基本医疗服务重心下移。加强全科医师培养,全科医师总量比"十五"期末增加一倍。围绕建设亚洲医疗中心城市的目标,建设30个左右国内外先进水平的临床医学中心和若干所现代化综合性、特色专科医院,推进国际医学园建设。促进中医药事业和中药产业全面发展。健全医疗质量控制网络。完善医疗救助帮困和慈善助医体系。

深化"三医联动"改革。按照保障医疗、减少浪费、促进发展的总体要求,进一步明确各级政府保障公共卫生和基本医疗的责任。建立卫生全行业管理和医保契约化管理的联动机制,加强医疗费用的总量控制和医保费用的总额预算管理,继续整顿和规范药品生产流通的市场秩序,加强监督管理,制止医疗费用不合理增长,逐步缓解群众看病贵问题。深化医保管理和公立医疗机构综合改革,促进门诊医疗服务重心下沉社区,完善公立医疗机构合理补偿机制和运行机制。深化卫生投融资改革和医疗机构管办分离,促进医疗服务市场有序开放。

根据国家提出的推进医疗保险制度、医疗卫生体制和医药生产流通体制改革的要求,结合本市实际,上海提出要推进医疗、医保、医药联动改革,即"三医联动"改革,其基本目标是:充分发挥政府调控的导向作用和市场机制的促进作用,建立医疗、医保、医药互相支撑配套的运作体系,努力满足人民群众不同层次的医疗服务需求,促进卫生事业、医疗保险和医药产业协调发展,不断提高人民群众健康水平。

(三)建立基本覆盖全市的公共文化服务体系

扩大公共文化产品和服务的有效供给。加大对公共文化领域的投入力度。增强文化原创力,推进文艺创作"精品、优品、新品"工程,图书出版"专、精、特"工程和电影品牌崛起工程。按照面向基层、服务大众的要求,大力发展群众文化。深化文化体制改革,转换运行机制,加强文化市场管理,提高公共文化产品质量和服务水平。进一步扩大公共文化设施对学生、老人和低收入人群开设公益场的范围。繁荣发展哲学社会科学。进一步推动档案事业发展。

加强国内外文化交流。建设国际文化交流中心,弘扬民族优秀文化,提升各类文化节庆活动的内涵和水平,充分发挥好世博会的文化交流功能,积极打造新型文化交流品牌,注重加强与国内外的文化交流合作。加强对历史风貌保护区、历史文化名镇(街区)、优秀历史建筑以及优秀民间和民俗艺术等的保护。

(四)提高群众体育和竞技体育水平大力开展全民健身运动

加强公共体育基础设施网络建设和管理,整合社会资源,促进学校等体育场地向社区开放,基本实现每个社区和村镇都有公共体育活动场地,使经常性参加体育锻炼的人数达到全市总人口的50%。继续建设亚洲体育中心城市,实施奥运争光计划,力争2008年奥运会取得更好成绩;加强体育与教育结合;每年举办一批具有较高国际知名度的体育赛事活动。

(五)加强社会主义精神文明建设

提高城市文明程度和市民素质。弘扬以爱国主义为核心的民族精神和以改革创新为核心的时代精神,弘扬以海纳百川而服务全国、在艰苦奋斗中追求卓越的上海城市精神。进一步落实《公民道德建设实施纲要》,广泛开展社会公德、职业道德、家庭美德和诚信教育,坚持不懈实施文明工程和"七不规范",大力推进"七建"工作,提高市民道德素养。加强和改进大学生思想政治工作,加强青少年思想道德建设。充分发挥工会、共青团、妇联等人民团体的桥梁纽带作用,广泛密切地联系各方面群众,在全社会形成团结和谐的社会氛围和人际关系。切实做好民族宗教和侨务工作。

深入持久地推动创建学习型城市。整合各类资源,建设城市开放大学,积极发展社会化、多元化、国际化的继续教育。按照建设人人皆学、时时能学、处处可学的学习型城市目标,坚持政府主导与社会参与相结合,坚持终身教育体系与国民教育体系相结合,动员全社会力量,分阶段、分人群、按需求、有重点地推进学习型城市创建工作,通过多种形式,多种内容的学习,使广大市民掌握真才实学,不断提高服务社会的本领和综合素质。

第十五章　努力形成有序有效的社会管理新格局

加强政府社会管理职能,完善社会管理体系,建立健全党委领导、政府负责、社会协同、公众参与的社会管理格局,增强企业社会责任,充分发挥基层组织和民间组织、行业组织、社会中介组织、公益组织等的积极作用,形成社会管理和社会服务的合力。坚持城区社区建设与郊区村镇建设协调推进,全面加强平安建设,为人民群众安居乐业创造良好环境。

(一)着力构建和谐社区与和谐村镇

加强基层公共服务。发挥社区和村镇等基层组织服务群众、便民利民的综合功能,完善各类公共服务设施,加强促进就业、帮困救助、社会福利、人口管理等职能。整合社区行政事务受理服务机构,设立综合性社区事务受理服务中心,并逐步覆盖到全市所有镇(乡),到2010年受理项目一次办结率达到80%。完善"一门式"服务方式,推进电子社区建设。按照高起点高标准的要求,有序推进村镇体系建设。

健全基层管理机制。扩大基层民主,探索建立由社区居民、驻区单位、民间组织、群众团队和社区党政组织代表等共同参与的民主组织形式和社区利益协调机制。进一步推进居委会直选工作,到2010年实行直选的居委会占总数的85%。完善听证会、协调会、评议会和居务村务公开等制度。推进社会工作者和志愿者积极参与社会公益、公共管理和社会援助等活动,推进社区专业社工和义工制度建设,新增社工3万人、义工30万人。

(二)全面加强人口工作做好人口综合管理和服务

按照国家批准的上海城市总体规划的要求,建立适合上海特大型城市特点的人口管理新模式,保持人口规模与城市资源环境的承载能力和经济社会发展水平相适应,到2010年全市常住人口规模预计为1 900万人左右。坚持计划生育基本国策,稳定人口低生育水平。进一步优化人口布局,中心城区坚持"双增双减",积极引导人口向郊区转移,推动郊区农村人口向新城、新市镇和中心村集中。加强市级综合协调、强化区级综合管理、落实社区具体实施,加强对来沪从业人员的服务和管理,完善居住证制度和房屋租赁管理制度,逐步实现居住证制度全覆盖,健全人口信息管理系统,形成人口属地化管理格局。

加强对老年人的服务。积极应对人口老龄化的挑战,大力发展居家养老,逐步扩大政府购买居家养老社区服务对象范围。健全养老服务设施网络,养老机构床位数达到10万张。鼓励社会力量发展多层次的养老服务。整合社会资源,加强老年护理床位建设。继续完善老年人基本生活保障制度,积极做好对独居老人的结对关爱和紧急援助服务。推动老年文化、体育、教育等事业和产业发展,倡导全社会对老年人的尊敬和精神关爱。

保障妇女儿童和青少年合法权益。加强妇幼卫生保健,提高出生人口素质。贯彻男女平等基本国策,依法保护妇女、青少年和儿童的各项权益。有效治理常住人口出生性别比尤其是来沪人员出生性别比升高问题。

加强对困难人群的服务和保障。办好2007年上海世界特殊奥运会,建成特奥中心。进一步做好残疾人、精神病人的服务和基本生活保障工作。

(三)积极推进平安建设

保障市民食品药品安全。继续加强全过程的食品安全监控网建设,全面推进质量安全准入制度,强化对食品、餐饮卫生等的检测和监管,重点食品抽检平均合格率较"十五"期末进一步提高。加强对药品生产和使用的监管。

加强安全生产管理。强化综合交通安全管理,减少交通事故。进一步加强安全生产应急预防、应急指挥、应急救援三位一体架构,建立健全重大危险源监控体系,以中小企业、危险化学品、建筑、火灾、燃气等为重点,防止重特大事故发生。加强职业危害监管,保障职工健康。

健全治安防控网络。适应社会治安面临新形势的需要,完善上海现代警务机制建设,实施社会治安评估。健全防控网络和应急联动中心运作机制,整体提高治安防控的科技含量,建立健全专业部门与社会力量相结合的社会治安防控体系及预防和减少犯罪工作体系。严格依法打击各类犯罪活动,严密防范、严厉打击各种敌对势力和敌对分子的渗透破坏活动。

维护公共安全和社会稳定。建立健全社会预警机制和应急联动体系,完善各类突发事件的应急预案,提高保障公共安全和突发公共事件的预警和处置能力。建立预防和减少信访问题的长效工作机制,畅通、拓展群众诉求渠道,改进处理人民内部矛盾的方式方法,完善预防和处理各类群体性矛盾的工作机制,积极预防和有效化解各种社会矛盾。加强国防教育和双拥共建工作,加强民兵防空、民兵预备役力量建设。提高国防动员和国民经济保障能力。

第十六章 进一步完善就业社会保障与收入分配体系

从人民群众最关心的实际问题出发,落实政府责任,动员社会力量,继续实施积极的就业政策,努力增加就业岗位;加快完善社会保障体系,进一步提高市民的社会保障水平;逐步理顺收入分配关系,努力缓解部分社会成员收入分配差距扩大的趋势。

(一)千方百计扩大就业

扩大经济增长对就业的拉动作用。要把扩大就业摆在经济社会发展更加突出的位置,继续实施新增就业岗位计划。建立产业结构调整与就业结构调整以及人力资源开发有机结合的促进就业机制,大力支持就业容量大的服务业、民营企业和中小企业发展,对吸纳市民就业量大的均势产业进行必要的扶持。

鼓励以创业带动就业。加强对创业企业的服务和支持力度,优化创业环境。发挥好政府专项资金的引导作用,市、区两级促进就业专项资金主要用于扶持和资助创业,进一步营造鼓励创业的社会氛围。

完善就业援助制度。运用公共财力创造或购买的就业项目和岗位,重点用于安置生活困难和就业困难的"双困"人员就业。巩固政府补贴的公益性就业岗位,提高困难人员的就业稳定率。加大对农村富余劳动力非农就业的扶持力度。加强就业政策与保障政策联动,促进有劳动能力的低保人员积极就业。

健全就业服务体系和促进就业责任体系。完善政府扶助、社会参与的职业技能培训机制,形成城乡一体化的劳动力市场。实施第二轮"三年技能振兴计划",完成100万人次职业培训,注重加强面向郊区农民、青年失业人员的职业培训,进一步完善政府购买培训成果的机制。进一步规范劳动力市场秩序,依法强化劳动监察和执法力度,逐步推行特殊岗位就业的职业资格准入制度,保护劳动者合法权益。完善企业裁员机制,鼓励国有企业通过主辅分离、辅业改制等措施安置富余人员。加快推进就业立法。

(二)进一步完善社会保障体系

扩大基本社会保障覆盖面。按照要分类、有梯次、保基本、广覆盖的要求,合理确定保障水平和方式,完善与经济社会发展水平相适应的社会保障体系,到2010年本市市民各类基本社会保障覆盖面达到98%左右。逐步落实解决城镇职工老年遗属、70岁以上无劳动保障关系的城镇老年人员等的医疗保障和生活保障,扩大社会保障覆盖面。到2010年参加城保、镇保、农保等基本社会保险的总人数达到1 050万人。

深化社会保险制度改革。稳妥推进城镇职工基本养老保险制度改革,实行"统账分理",逐步做实个人账户。进一步完善机关事业单位养老保险制度。改革和完善城镇职工基本医疗保险制度,增强统筹调剂能力。重组少年儿童住院基金为未成年人基本医疗保险制度。强化小城镇社会保险的个人缴费机制,适度提高门急诊医疗的保障程度,以离土农民为重点进一步扩大覆盖面。完善农村养老保险制度,逐步实现农村养老保险以区县为主统筹,形成农民养老金合理增长机制。完善郊区农村新型合作医疗制度,建立逐年递增的筹资机制,逐步提高本市农民的医疗保障水平。规范企业参保,逐步提高来沪从业人员综合保险的覆盖面,到2010年,参保人数争取达到350万人。探索建立城保、镇保、农保等不同社会保险制度相互衔接的基础平台。大力发展补充保险,鼓励发展商业保险。增加财政对社会保障的投入,多渠道筹措社会保障基金,完善社会保障监管机制。

发展社会救助、社会福利和社会慈善事业。继续实施"分类施保",完善医疗、教育、住房等单项救助政策,并加强对困难群众的综合帮扶。完善最低工资、最低生活保障和养老金年度增长的调整机制。加强社会福利事业建设,鼓励和扶持社会力量举办公益性福利设施。进一步做好拥军优抚安置工作。继续发挥慈善基金会、红十字会等组织的示范作用,通过税收等政策引导和鼓励社会各方面积极参与慈善和公益事业。

改善困难家庭和中低收入家庭的居住条件。完善住房保障体系,通过扩大廉租住房、实行公有住房低租金和旧公房改造等措施,逐步解决生活和居住困难家庭的安居问题;通过适当放宽购房贴息条件、建立租售并举新机制等途径,逐步改善中低收入家庭的住房条件。

(三)合理调节收入分配

深化收入分配制度改革。进一步完善按劳分配为主体、多种分配方式并存的分配制度,坚持各种生产要素按贡献参与分配。规范和完善国有企业经营者薪酬管理制度和机关事业单位工资管理制度,加强对垄断性行业分配制度的改革和监管。完善个人收入申报制度和信息体系,加强个人收入税收征管。逐步建立收入分配差距的预警预报机制。

加强收入分配政策调节。逐步提高最低生活保障、最低工资和基本养老金标准,提高低收入者收入水平;推进企业工资集体协商制度,形成企业普通职工正常的工资增长机制;鼓励劳动者通过资本、技术、管理等要素参与分配,通过自主创业、技术创新等方式提高收入,逐步扩大中等收入者比重;积极发挥税收、捐助等制度对社会收入和财富的调节功能。

第三篇　转变政府职能,实现规划目标

全面完成"十一五"规划确定的各项目标和任务,必须加快转变政府职能,进一步发挥政府对规划实施的组织、引导和保障作用;必须动员全社会力量,形成全民参与和实施规划的合力。

第十七章　建设服务政府、责任政府和法治政府

坚持执政为民、科学决策、依法行政,切实做到权为民所用、情为民所系、利为民所谋,推进政府管理方式、管理制度和管理方法创新,提高行政效率,促进政务公开,努力建设忧民所忧、乐民所乐的服务政府,务实高效、廉洁勤政的责任政府,依法行政、公正严明的法治政府。

(一)进一步转变政府职能

依法全面履行政府职能。按照"强化、转化、弱化"的要求,在履行好经济调节和市场监管职能的同时,更加注重强化社会管理和公共服务职能。充分发挥市场配置资源的基础性作用,主要运用经济、法律等手段,通过制定规划、政策指导、发布信息以及规范市场准入,引导和调控经济运行。依法履行市场监管职能,保证市场的公正性和有效性,为市场主体服务,营造良好的市场环境。依法加强对社会组织和社会事务的管理,注重加强社会公共政策的研究设计,完善实施机制,妥善协调各种利益关系,增强维护公共安全和处置突发事件的能力,维护社会公正、社会秩序和社会稳定。加大政府对公共产品与服务、公益性事业的投入,逐步缩小区域之间、不同群体之间获得公共服务水平的差距,进一步提高政府公共服务的效率。

改进行政管理方式。深化行政审批制度改革,改革行政许可方式,充分运用间接管理、动态管理和事后监督管理等手段,对经济和社会事务实施管理。合理区分行业性质,实行分类管理。对市场竞争类行业进一步简化审批、核准程序,加强事后监管;对垄断性行业依法加强管理。

完善市区(县)两级政府管理体制。进一步完善两级政府、三级管理、四级网络的管理体制,合理划分和依法规范各级行政机关的职能、权限。加强市政府综合调控、统筹协调和分类指导职责,加强区县政府在社会管理和公共服务方面的管理职责,积极推进乡镇改革。按照精简、统一、效能的原则,依法规范政府机构设置、职能确定和人员编制核定。建立健全科学合理的行政绩效分类考核机制。

(二)努力提高行政效率

健全科学的决策和执行机制。按照建立科学民主的决策机制、规范有序的执行机制、公正透明的监督机制的要求,继续完善政府工作制度和运作机制。进一步完善重大事项集体决策制度、专家咨询制度、决策责任制度,逐步完善与群众利益密切相关的重大事项社会公示和听证制度。坚持和完善分工负责、合力推进的工作机制。

推进电子政务建设。加强政务信息资源的开发利用,完善统一、安全、可靠的电子政务网络平台和应用支撑体系,推进跨部门、集约化的政务信息系统建设,逐步形成政府业务协同办理和网上服务的工作格局。

加强公务员队伍建设。深入贯彻实施《公务员法》,加强政风建设,建立健全公务员的新陈代谢机制、竞争择优机制、权益保障机制、监督约束机制,完善干部实绩考核体系,加强法制教育,努力建设一支政治坚定、业务精通、清正廉洁、作风优良的公务员队伍。

(三)全面推进依法行政

加强依法行政制度建设。深入贯彻国务院《全面推进依法行政实施纲要》,按照合法行政、合理行政、程序正当、高效便民、诚实守信、权责统一的要求,全面提高政府依法行政水平。加强和改进政府立法工作,建立健全公众参与的立法机制,进一步完善规范性文件的制定和备案制度。深入贯彻《行政许可法》,完善行政许可配套制度建设。以继续推进综合执法体制改革为重点,建立和完善权责明确、行为规范、监督有效、保障有力的执法体制,进一步理顺执法体制,整合执法资源,完善执法程序,规范执法行为,改进执法作风。建立健全行政执法责任制、过错责任追究制度和评议考核机制。

为建立公正透明的行政管理体制,保障公民、法人和其他组织的知情权,上海率先制定并实施《上海市政府信息公开规定》,建立了市、区(县)两级政府信息公开联席会议机制,逐步形成提供集中查询、重大决定草案公开、免于公开类信息备案等一系列相关制度。同时,在关注度高、公益性强、公权力大的一批行政职能部门推行政府信息主动公开试点,通过政府公共检阅点、政府公报、政府网站、新闻发言人和档案馆等多种渠

道,依法为社会和市民及时公开信息。

深入推进政府信息公开。按照"以公开为原则、不公开为例外"的总体要求,深化政府信息公开制度建设,拓宽公开范围和渠道,完善新闻发言人制度,建立和落实政府信息公开争议解决机制和监督机制,为社会提供公开、透明、高效的公共服务。

进一步完善行政监督机制。各级政府要自觉接受同级人大及其常委会的监督和政协的民主监督,接受人民法院的司法监督,接受新闻舆论和社会公众监督,切实做到有权必有责、用权受监督、侵权要赔偿、违法须追究。加强政府内部监督,监察、审计部门要依法独立履行监督职责。坚持标本兼治、综合治理、惩防并举、注重预防的方针,建立健全教育、制度、监督并重的惩治和预防腐败体系。

第十八章　加强规划实施与保障

推进国民经济和社会发展规划编制和实施工作的规范化、制度化,提高规划的科学性、民主性,进一步建立健全规划实施机制,更好地发挥规划对经济社会发展的指导作用。

(一)完善规划体系

明确各类规划功能。要不断完善由总体规划、专项规划、区县规划共同组成的全市国民经济和社会发展规划体系。增强总体规划对各级各类规划编制的指导作用;组织编制若干专项规划,作为指导特定领域发展、审批和核准重大项目以及制定相关政策措施等的依据;组织编制区县规划,把总体规划在特定区域予以细化和落实。

完善规划编制的协调衔接机制。高度重视规划衔接工作,促进专项规划、区县规划与总体规划相互衔接以及各级各类相关规划之间的相互衔接,加强国民经济和社会发展规划与土地利用规划、城市规划等相关领域规划的相互协调。

建立规划编制的社会参与和论证制度。编制各级各类规划要充分发扬民主,广泛听取意见。要认真听取本级人大、政协的意见,自觉接受指导。要采取多种方式进一步听取公众意见。规划草案形成后,应当组织专家进行深入论证。

(二)建立健全规划落实机制

强化规划落实。各级政府部门要结合职能,在实际工作中落实好各类规划中的相关任务。要把规划与有关建设计划、各类行动计划以及年度计划紧密结合起来,远近结合,形成合力,使规划确定的目标、任务和各项措施切实得到贯彻落实。

《国务院关于加强国民经济和社会发展规划编制工作的若干意见》(国发[2005]33号)(以下简称《若干意见》)指出,国民经济和社会发展规划是国家加强和改善宏观调控的重要手段,也是政府履行经济调节、市场监管、社会管理和公共服务职责的重要依据。《若干意见》要求,要建立健全规划体系,完善规划编制的衔接协调机制,建立规划编制的社会参与和论证制度,加强规划的审批管理,建立规划的评估调整机制。

实施规划评估。规划实施一段时期后,围绕规划提出的主要目标、重点任务和政策措施,要组织开展规划实施评估,全面分析检查规划实施效果及各项政策措施落实情况,推动规划有效实施,并为动态调整和修订规划提供依据。

扩大公众参与。做好规划及相关信息的公开工作。面向社会,面向广大市民广泛宣传规划,不断提高公众规划意识,让更多的社会公众通过法定程序和渠道参与规划的实施和监督,在全社会形成共同参与规划实施和依规划办事的良好环境。

根据规划指标的不同属性,"十一五"规划的主要量化指标分为预期性和约束性两大类。预期性指标是政府希望的发展方向,主要依靠市场主体的自主行为实现,政府通过综合运用政策手段引导社会资源配置,创造良好的环境,使市场主体的行为尽可能与政府希望的发展方向相一致,努力争取实现。约束性指标是在预期性基础上强化政府意图的指标,政府要通过合理配置公共资源和有效运用行政力量,确保实现。

(三)建立和完善规划指标体系实施和评价制度

上海市国民经济和社会发展"十一五"规划主要指标共分为综合效益、人民生活、创新动力、服务功能和人口资源环境等五大类、38项,其中预期性指标26项、约束性指标12项。

根据不同指标的属性,要建立相应的规划指标评价与实施机制。本规划确定的约束性指标要纳入各部门、各区县经济社会发展综合评价和绩效考核体系,分解落实。

(注:目录、图表略)

安亭市民广场

江苏省国民经济和社会发展第十一个五年规划纲要

（江苏省第十届人民代表大会第四次会议批准）

序　言

“十一五”时期(2006～2010年),是江苏贯彻落实科学发展观、全面建设小康社会的关键时期。《江苏省国民经济和社会发展第十一个五年规划纲要》,根据《中共江苏省委关于制定江苏省国民经济和社会发展第十一个五年规划的建议》编制,主要阐明“十一五”期间江苏国民经济和社会发展的目标任务、发展重点和政策取向,是全省各级政府和部门依法履行工作职责,编制和实施各类规划、计划以及制定相关政策的重要依据,是今后五年全省人民共同奋斗的行动纲领。

第一篇　发展背景和发展阶段

第一章　“十五”发展成就

“十五”期间,全省人民以邓小平理论和“三个代表”重要思想为指导,认真落实科学发展观,围绕富民强省、“两个率先”目标,弘扬“三创”精神,实施五大战略,优化发展环境,推进协调发展,提前实现了“十五”计划确定的主要发展目标,全面小康社会建设进展顺利,经济社会和人民生活水平跃上新台阶。

经济实力快速提升。预计2005年,全省地区生产总值达到18 000亿元,年均增长12.8%,人均地区生产总值达到24 100元。财政总收入3 124亿元,地方一般预算收入1 322亿元。经济增长效率明显提高,资本产出率由2000年的22%上升到38%。

经济结构得到优化。预计2005年,三次产业增加值结构为7.7:56.5:35.8,三次产业从业人员结构为35.6:32.4:32.0;城市化水平达到50%;高新技术产业产值占规模以上工业总产值的比重达到24%;苏南、苏中、苏北共同发展,沿江、沿沪宁线、沿东陇海线、沿海生产力布局主体框架初步形成。

体制活力不断增强。各项改革有效推进,民营经济发展、农村税费改革、国有企业改革、事业单位改革、投资体制改革、政府职能转变等取得明显成效,体制机制活力进一步释放,非公有制经济占国民经济的比重逐年上升。积极推进法治江苏、平安江苏、诚信江苏建设,市场环境日趋完善。

开放水平显著提高。“十五”期间外商直接投资保持全国前列,五年累计达到570亿美元,世界500强企业已有236家落户江苏;2005年,进出口总额达到2 279.4亿美元,其中出口1 229.8亿美元;对外经济合作保持全国领先;开发区建设的规模和质量明显提高。

基础设施日趋完善。新建高速公路1 800公里,总里程达到2 886公里,新增铁路营业里程808公里,相继建成3座长江大桥,新增万吨级以上泊位79个,总数达到208个;新增电力装机2 300万千瓦,总装机容量达到4 200万千瓦;新增13条国际空运航线;水利工程建设取得积极成效,防洪排涝和供水能力明显增强;建立起技术较为先进、覆盖面广、基本适应信息化需要的现代信息基础网络。

社会发展日益进步。预计2005年,全社会研发经费占地区生产总值的比重达到1.5%左右,年均增长28.8%;义务教育进一步巩固,高中阶段教育毛入学率超过70%,高等教育毛入学率达到33%,高校在校生总数全国第一;文化大省建设步伐加快,广播影视、新闻出版、文学艺术和哲学社会科学取得新成绩;公共卫生预防体系逐步完善;成功举办第十届全国运动会,群众体育得到较快发展。

人民生活明显改善。预计2005年,城镇居民人均可支配收入和农民人均纯收入分别达到12 318元、5 150元;五年新增城镇就业岗位380万个;城镇职工基本养老、基本医疗和失业保险参保人数分别达到952万人、1 123万人、838万人,新型农村合作医疗覆盖面达到85.5%,困难群体基本生活保障水平提高;农村“五件实事”得到有效实施,改善了农村住房、饮用水、道路、医疗等条件;积极推进绿色江苏建设,环境污染和生态破坏加剧的趋势得到初步控制,局部地区环境质量有所改善,生态保护体系逐步形成。

“十五”成就的取得,是党中央、国务院正确领导的结果,是全省人民团结奋斗的结果。五年来,全省上下牢固树立发展是硬道理的思想,聚精会神搞建设,一心一意谋发展,主动适应宏观经济环境的变化,抢抓发展机遇,破解发展难题,增创发展优势,实现了经济持续快速健康发展,社会全面进步。经济社会发展中还存在一些矛盾和问题,主要表现在:(1)经济增长方式转变步伐不够快。经济结构性矛盾没有得到根本解决,服务业发展相对滞后,经济增长主要依靠资本投入和资源、能源消耗的格局尚未根本转变,资源环境压力加大。(2)科技创新能力不够强。以企业为主体的技术创新体系还未完全建立,创新人才缺乏,创新动力不足,创新机制不活,缺少具有自主知识产权的核心技术和品牌。(3)城乡之间、区域之间、经济与社会之间发展不够协调。居民收入总体水平不高,农民收入增长的长效机制尚未建立;区域发展不平衡问题仍然存在;社会事业投入不足,结构不合理;社会保障体系尚未健全;就业压力增大,因利益调整引发的社会矛盾增多。(4)体制机制不够完善。行政管理体制改革没有到位,现代市场体系尚未完全建立,市场主体的活力还不够强。这些矛盾和问题需要在发展和改革中逐步加以解决。

第二章 “十一五”发展阶段

21世纪头二十年,是我国发展的重要战略机遇期,“十一五”时期尤为关键。立足“十五”打下的良好基础,继续推进改革开放和现代化建设,江苏经济社会将迈入工业化、城市化、国际化、市场化互动并进的新阶段。

工业化转型期。我国经济发展进入新一轮快速增长期,工业化加速推进,居民消费结构持续升级,新的消费需求不断涌现,经济增长将呈现消费、投资“双轮”驱动的格局,为江苏的发展提供了广阔的市场空间。江苏总体上已进入工业化中期并向后期迈进,将呈现制造业和服务业共同发展、高新技术产业快速发展、经济增长质量和效益明显提升的新特征,促进产业结构优化升级,低消耗、低排放、集约化、高效益的新型工业化成为江苏经济发展的主流。

城市化加速期。我国正处在城市化快速推进期,人口、产业将进一步向城市集聚,“十一五”期间国家将大力推进“长三角”等大城市群发展,为城市化增添了新的动力。江苏工业化程度较高,城市化进程较快,农村人口将快速向第二、三产业转移,城市现代化步伐将明显加快,中心城市的辐射带动功能日益增强,统筹城乡发展的力度进一步加大,城市化将成为推动江苏经济社会和区域发展的主体力量之一。

国际化提升期。经济全球化向纵深推进,国际投资与贸易快速增长,生产要素流动和产业转移步伐加快,为江苏提高利用外资质量、扩大进出口贸易、提升经济国际化水平提供了新的机遇。随着我国加入WTO过渡期的结束,我国将在新起点上参与全球分工,江苏突出产业集群发展,强化产业分工和合作,推进跨国企业本土化、本土企业国际化,在更深层次和更广范围内参与国际竞争与合作,必将促进江苏经济发展迈向更高层次。

市场化完善期。我国正处于改革的攻坚阶段,各项改革加快推进,重大体制改革将取得突破性进展,促进社会主义市场经济体制逐步完善。政府职能加快转变,现代企业制度和现代产权制度逐步建立,市场在资源配置中的基础性作用进一步增强,市场化程度进一步提高,社会信用体系建设步伐加快,将为江苏加快发展创造更加有利的体制环境。

第二篇 指导思想和发展目标

第三章 指导思想

以邓小平理论和“三个代表”重要思想为指导,以科学发展观统领经济社会发展全局,紧紧围绕富民强省、“两个率先”的目标,按照“立足科学发展,着力自主创新,完善体制机制,促进社会和谐”的要求,坚持率先发展、科学发展、和谐发展,实行富民优先、科教优先、环保优先、节约优先方针,在更高的起点上实施五大发展战略,加快建设以人为本、全面协调可持续发展的新江苏。

——坚持把实现又快又好发展作为“十一五”发展的主题。坚持发展是硬道理,坚持抓好发展这个党执政兴国的第一要务,坚持以经济建设为中心,坚持用发展和改革的办法解决前进中的问题。转变发展观念、创新发展模式、提高发展质量,落实“五个统筹”,在优化结构、提高效益、降低消耗的基础上,实现经济社会全面协调可持续发展。

——坚持把调整经济结构和转变增长方式作为“十一五”发展的主线。坚持先进制造业和现代服务业并举,着力提高先进制造业的竞争力、现代服务业的贡献率。调整投资与消费的关系,着力提高消费对经济增长的拉动力。坚持节约资源、保护环境的基本国策,推进集约和节约发展,着力提高资源利用效率。

——坚持把统筹协调发展作为“十一五”发展的基本要求。采取更加有力的政策措施,坚持不懈地解决发展不平衡、不协调、不全面的问题,加快建设社会主义新农村,统筹城乡协调发展;加强分类指导,统筹区域协调发展;加大社会事业投入,统筹经济社会协调发展。

——坚持把增强自主创新能力作为“十一五”发展的战略任务。建立健全自主创新体系,大力推进自主创新,全面提高原始创新能力、集成创新能力和引进消化吸收再创新能力,加快形成具有江苏特色的创新之路。坚持优先发展教育,全面提高劳动者素质。加快建设人才强省,注重人力资源能力建设,构建江苏发展的人才优势。加快建设创新型企业、创新型城市、创新型社会。

——坚持把深化改革和扩大开放作为“十一五”发展的强大动力。加大体制改革和创新力度,破除妨碍生产力发展的观念和体制束缚,推进行政管理体制改革,切实转变政府职能,更大程度发挥市场在资源配置中的基础性作用,完善落实科学发展观的体制保障。推进经济国际化进程,建立更具活力、更加开放的经济体制,在更广领域和更高层次上参与国际合作与竞争。

——坚持把提高人民生活水平和构建和谐社会作为“十一五”发展的根本目的。坚持富民优先,加快富民步伐,努力扩大就业,千方百计增加城乡居民收入,切实扩大社会保障覆盖面,进一步提高城乡居民的生活水平和生活质量,让人民群众过上更加宽裕的小康生活。更加注重社会公平,认真解决好人民群众最关心、最直接、最现实的利益问题,更加注重民主法制建设,加强社会建设和管理,全力维护社会稳定,促进社会主义经济、政治、文化和社会建设的互动并进。

第四章 总体目标

“十一五”期间,江苏经济和社会发展的主要目标是:经济持续快速协调健康发展,经济总量保持在全国领先行列,全省人均地区生产总值力争2010年比2000年增加2倍左右;人民群众生活水平和生活质量普遍提高,城乡之间、区域之间、社会成员之间收入分配差距扩大趋势逐步缓解,就业相对充分,社会保障体系基本完善,公共服务体系比较健全,基本实现教育现代化;经济结构趋向优化,自主创新能力明显增强,在若干领域掌握一批核心技术,拥有一批自主知识产权,造就一批具有国际竞争力的企业;经济增长方式实现较大转变,资源利用效率显著提高,单位地区生产总值能源消耗力争比“十五”期末降低20%左右,生态省建设取得阶段性重要成果,环境污染得到有效治理,生态和人居环境明显改善;社会主义市场经济体制比较完善,开放型经济水平全面提升;社会主义精神文明和民主法制建设全面加强,社会治安和安全生产居于全国先进水平,构建和谐社会走在全国前列。到2010年左右以省为单位达到全面小康四大类18项指标的目标值,总体上达到全面建设小康社会的水平,苏南等有条件的地方率先向基本实现现代化迈进。到2020年左右全省基本实现现代化,成为经济繁荣、生活富裕、科教发达、环境优美、法制健全、社会文明的省份。

经济增长。2010 年,全省地区生产总值达到29 000亿元左右(2005 年价,下同),年均增长 10% 以上,人均地区生产总值以 2000 年为基数增加 2 倍左右。一般预算收入达到2 400亿元左右,年均增长 12% 左右。

结构效益。服务业增加值比重和从业人员比重在 2005 年基础上均提高 5 个百分点,三次产业从业人员结构实现"三二一"排序。总增加值率提高到 35% 左右。城市化水平达到 55% 左右。苏南、苏中、苏北三大区域共同发展,地区差距扩大的趋势趋于缓解。

改革开放。建立比较完善的社会主义市场经济体制,形成有效的行政管理体制、比较健全的现代市场体系、规范的企业法人治理结构和合理的所有制结构。对外开放进一步深化,进出口总额和外商直接投资保持全国领先。

科技创新。自主创新体系初步建立,全社会研发投入占地区生产总值的比例提高到 2% 以上,企业研发投入占全社会研发投入的比重提高到 75% 左右。专利授权量达到 3 万件以上,专利总量居全国前列。高新技术产业产值占规模以上工业产值的比例达到 30% 左右。

人口资源环境。人口自然增长率控制在 4‰以内,万元地区生产总值能源消耗下降到 0.84 吨标煤,耕地保有量控制在 470 万公顷。主要污染物排放总量在 2005 年基础上减少 5% 左右,城乡环境质量继续改善,城市建成区绿化覆盖率达到 40% 左右,森林覆盖率达到 20% 左右。

公共服务。进一步提高九年义务教育水平,基本普及高中阶段教育,职业教育在校生达到 120 万人以上,高等教育毛入学率达到 40%,人均预期受教育年限达到 13 年。卫生服务体系健全率达到 90%。城镇基本养老保险、失业保险和基本医疗保险覆盖面均达到 95% 以上,新型农村合作医疗保险参保率提高到 90%,低收入人群社会保障水平进一步提高,社会救助体系比较完备。覆盖城乡的公共文化服务体系进一步完善。社会预警应急体系健全,防灾减灾能力增强,安全生产形势进一步好转,人民群众对社会治安满意率保持在 90% 以上。

人民生活。城镇居民人均可支配收入达到19 000元,农民人均纯收入超过7 500元,力争达到我省全面建设小康社会所确定的目标值,中等收入人群比例提高到 40% 左右。居民消费价格总水平涨幅控制在 3% 以内。恩格尔系数低于 40%。城镇登记失业率控制在 4.5% 以内。五年新增城镇就业 400 万人左右。基本实现城镇每户家庭居住成套住房,农民居住向社区集中的程度明显提高。

第三篇　发展重点和政策取向

第五章　产业发展

坚持走新型工业化道路,切实转变经济增长方式,推进产业全面优化升级。调强第一产业发展能力,加快传统农业向现代农业转变;调优第二产业结构,提升制造业发展质量;调高第三产业比重,加速发展现代服务业。通过专业化和深加工,不断提高增加值率,形成以高新技术为主导、高效农业为基础、先进制造业为主体、现代服务业为支撑的产业发展新格局。

第一节　积极发展现代高效农业

以增加农民收入为中心,发展高效、外向、生态、安全农业,努力提高农业综合生产能力和综合竞争力。到 2010 年,农业生产率提高到11 000元左右,年均增长 6% 左右。

突出发展高效外向农业。稳定发展粮食生产,积极推进大型优质商品粮基地建设,实施优质粮食产业工程,保证口粮省内基本自给。加大农业结构调整力度,突出发展园艺、畜牧和水产等高效产业。扩大农业短平快项目生产,实施高效农业规模化工程,着力培育壮大优质水稻、专用小麦、双低油菜、蔬菜园艺、优质畜禽、特种水产、林业等优势产业,发展瘦肉型猪、特色家禽、波杂山羊、奶业四大特色产业,加快特色蔬菜、花卉苗木、优质水果的设施生产,扩大优质高效特种水产品种养殖规模,不断提高优质特色高效农业的规模化生产。加快发展外向农业,全面实施农产品出口振兴计划,形成沿江、沿海、沿东陇海、沿运河四大农产品出口示范区域。到 2010 年,全省高效农业种养植面积达到 30% 以上,优势农产品生产总量占农产品总量的 75% 以上,农产品出口额年增长率达到 15% 以上。

加快发展生态安全农业。大力发展无公害、绿色、有机农产品,推广使用生物有机肥料和低毒低残留高效农药,推进农业废弃物、畜禽粪便综合处理利用,控制农业面源污染,加快生态农业县建设。建立健全与农产品质量和现代农业发展要求相适应的农业标准化体系,推进农业标准化示范区建设,加强地理标志产品认证,注重对地方特色农产品的保护。到 2010 年,无公害农产品、绿色食品、有机食品种植业基地面积以及养殖业生产量比例分别达到 80%、70% 以上。

提高农业规模化和产业化水平。鼓励和引导工商资本、民间资本、外商资本投资开发农业,鼓励有知识、有资本、有技术、有能力的企业和个人投资开发农业。扶持重点龙头企业做大做强,发展农产品精深加工业和现代流通业,延伸农业产业链,提高附加值。积极发展"订单"农业,切实加强农业龙头企业与农民的利益联结,实现农民增收、龙头企业增效的"双赢"目标。提高农民组织化程度,提高农业规模效益。鼓励农村基层组织、农技人员、种养大户、农民经纪人及龙头企业等,开展产销合作,发展专业合作社、专业协会等农村专业合作经济组织。规范资产清理、股权设置、股民认定、股份量化、落实经营责任制等程序,促进集体资产保值增值,稳步推进村级集体经济股份合作。引导农民实现劳动联合、土地联合和资本联合,按照自愿、有偿的原则,依法流转土地承包经营权,发展多种形式的规模经营。

全面提高农业综合生产能力。加大农田基础设施建设,实施"沃土工程"、河道疏浚、节水灌溉、灌区改造、圩区治理、丘陵山区水源建设等工程,全面提高农田增产增收和防灾减灾能力。加快农业资源综合开发,以黄河故道、丘陵山区、高沙土地区、里下河地区和沿海滩涂等区域为重点,提高农业资源综合利用效率。加快农业机械化步伐,全面提升农业机械化水平。实施农业信息工程,加强农业"七大体系"建设,全面提高现代农业的调控能力、管理能力和服务能力。

加强农业科技创新。加强关键共性技术和高新技术的研究和开发,围绕新品种引进与选育、农副产品加工、农产品质量控制、病虫害防治、资源高效利用、生态环境建设等,整合资源,集中力量,积极组织科技攻关。发展农业高新技术产业,培育壮大 100 家星火龙头企业和农业高新技术企业。加强种质资源基因库建设,促进农业种质资源创新。大力发展降低成本与节约资源技术、生态环保技术、生物技术、信息技术和设施农业技术,以实施农业三项更新工程为重点,加大新品种新技术示范推广力度,继续推进农技服务体系改革,充分调动科研院所、农业企业、各类合作经济组织参与农技推广的积极性,逐步构建多元化科技推广服务体系,大力推进农业科技进村入户,加快现代农业科技示范区建设。

第二节 着力发展先进制造业

积极发展技术水平和附加值高的先进制造业,加快产业基地建设,培育产业集群,做大做强优势企业,着力形成有较强竞争力的先进制造业基地。到2010年全省制造业增加值预期超过13 000亿元。

重点发展优势产业。依托现有产业基础,瞄准未来产业发展方向,重点发展装备制造、电子信息、生物与新医药、基础材料与新材料、现代轻纺等产业,形成集成电路、光电显示、石化、冶金、造船、造纸等产业基地,提高优势产业在制造业中的比重。

——装备制造业。以汽车、船舶、工程机械、数控机床、仪器仪表及其他成套设备和专用设备等为重点,推广应用先进的设计与制造、机电一体化、信息技术,加快产品结构调整和技术升级。重点建设南京、扬州、盐城等汽车生产基地,徐州重型汽车生产基地,南京、常州机车车辆等轨道交通装备生产基地,南通、扬州、泰州和沿海地区船舶制造基地,徐州、常州、镇江工程机械生产基地,沿江地区数控机床及仪器仪表生产基地,在沿江地区加快建设汽车零部件产业集群,在宜兴、常州、苏州建设环境保护产业生产基地。支持其他有条件的地区布局发展装备制造业。到2010年,预计机械产业销售收入达到10 000亿元左右。

——电子信息产业。以集成电路、网络与通信设备、光电显示、信息家电、汽车电子产品、新型电子元器件等为重点,巩固提高电子信息产品制造业。重点依托苏州、南京、无锡等国家级和省级信息产业基地,加快形成电子产品制造基地和信息产业集群,鼓励其他有条件的地区发展电子信息产业。到2010年,预计电子信息产业销售收入达到12 000亿元,成为全球重要的电子信息产业基地。

——生物与新医药产业。加快生物技术应用,围绕生物医药、生物农业、生物能源等领域,重点发展新型疫苗、基因工程药物、现代中药等重大疾病防治药物,加速重要农作物和高产优质畜禽良种繁育的产业化,发展生物柴油、生物基燃料酒精等生物质能源,推进重要微生物和酶制剂的产业化生产和应用。高标准建设南京"药谷"和中国(泰州)医药城,建立和完善新药筛选、药效评价、安全评价、药物提取和合成等10个开放性新药研发平台。发展壮大徐州、南通、连云港的生物制药、抗肿瘤新药、海洋医药、中枢神经类药等产业。提高发展无锡、苏州等地区的医药产业。到2010年,预计全省生物和医药产业销售收入达到2 000亿元左右。

——基础材料与新材料产业。重点发展特种冶金、石化、新型建材等基础产业,注重发展化纤、电子信息等特色材料和工程材料、复合材料、功能性高分子材料、纳米材料、光通信等新材料。积极发展特种钢,加快发展烯烃和芳烃等石化原料产品。在沿江的临江区域建设宁扬石油化工基地,在沿江地区建设新材料产业基地。

——现代轻纺产业。围绕原料、面料、终端产品三个环节,提高原料、高档面料技术水平,突破印染后整理技术"瓶颈",重点发展品牌服装、装饰用纺织品、产业用纺织品,提高产品档次。提高发展无锡、南通等现代纺织基地,加快推进纺织产业向苏北转移,建设徐州、连云港、淮安、盐城、宿迁等新的纺织基地。推进林纸一体化,在沿海、沿江地区布局建设林纸一体化项目,加快南通、盐城、镇江、连云港等造纸基地建设。注重食品工业发展,提高食品工业的精深加工水平。

提高产业附加值。以集成创新应用为主,加快技术引进,注重消化吸收,逐步掌握关键技术和核心技术。鼓励企业实施技术创新工程,开发具有自主知识产权的技术,培育知名品牌,提高产业核心竞争力。提高集约化专业化生产水平,发展精深加工制造。加快发展高新技术产业,促进科技成果商品化、市场化、产业化,构建高新技术产业优势。推进企业管理创新,形成科学管理新机制。到2010年,全省工业增加值率接近30%。

培育产业集群。以特色产业为主体,促进产业集群发展。强化各级各类开发园区功能定位,促进工业园区整合、优化,增强产业集聚能力,提高产业集中度。积极引进关联度大、产业链长的项目,鼓励企业向产业链上下游延伸,拓展产业集聚空间。注重发展与主导产业配套的服务业和相关产业,提高产业配套能力和发展水平,形成特色优势产业集群。到2010年,全省形成一批特色鲜明的产业集群。

优化企业组织结构。以品牌为龙头、技术为核心、资本为纽带,加快企业并购重组步伐,积极吸引战略投资者,形成一批主业突出、核心竞争力强、带动作用大的大企业、大集团。按照产业供应链要求,扶持中小企业发展,建立大企业、中小企业相互协作的战略联盟。发挥大企业、大集团骨干作用,促进中小企业做专做精,提高专业化分工协作水平。到2010年,前100位工业企业产值占规模以上工业总产值的比重达到40%以上。

限制和淘汰落后生产能力。根据国家产业政策,运用经济、法律和必要的行政手段,限制不符合行业准入条件和产业政策的生产能力、工艺技术、装备和产品。淘汰不符合有关法律法规规定,严重浪费资源、污染环境,不具备安全生产条件的工艺技术、装备和产品。压缩过剩生产能力,推进技术改造。

第三节 加速发展现代服务业

抓住全省制造业快速发展和国际服务业加速转移的机遇,重点发展生产性服务业,积极发展生活消费性服务业,运用信息技术和现代经营理念,全面改造提升传统服务业,树立服务业品牌,打造现代服务业集聚区。到2010年,全省服务业增加值在2004年基础上实现倍增,进一步发挥服务业促进发展、扩大就业的重要作用。

加快重点领域服务业发展。优先发展与制造业配套、提升制造业水平的现代物流业、软件业、金融业、商务和科技服务业;加快发展产业关联度大、渗透性强的信息服务业、大文化产业、旅游业和房地产业;积极发展现代商贸业和居民服务业。

——现代物流业。加强物流资源整合,推进社会物流信息公开,构建相互衔接、配置优化的集疏运支撑体系。加快发展第三方物流,培育发展第四方物流,促进物流企业从提供仓储、运输服务转向提供完整的供应链服务,提高物流企业现代经营能力和管理水平。依托南京、徐州、连云港国家级综合运输枢纽,建设区域性现代物流基地,依托重点港站场建设一批综合性现代物流基地,依托大型企业建设一批专业化现代物流基地。

——软件业。重点发展行业应用软件、嵌入式软件和动漫等优势软件,加快发展Linux操作系统、信息安全、集成办公、数据库管理系统等具有自主知识产权的基础软件产品,积极发展面向国际市场的软件或模块定制加工、数据和技术服务等,主动承接国际软件服务外包,扩大软件服务业规模。着力推进软件标准化、商品化、国际化进程,鼓励企业通过集成能力成熟度模式(CMMI)认证,开展信息系统工程监理资质认证。重点发展南京、无锡、常州、苏州等地区的国家级软件园,努力将南京打造成为中国软件名城,鼓励有条件的地区发展软件业,建成若干个软件出口基地。

——金融业。鼓励金融创新,完善金融产业结构,提升金融服务水平。积极整合城市商业银行、农村商业(合作)银行、农村信用社、地方证券和保险等地方金融资源,提高资本配置效率,争取获准筹建江苏省地方性股份制商业银行和江苏地方保险公司,对具备条件的县级农村信用联社,加快组建成农村商业银行、农村合作银行。吸引外资银行、保险公司到江苏主要中心城市设立分支机构,开展业务。推动南京等大城市建设区域性金融中心。加强金融生态环境建设,维护金融稳定,提高金融产业的竞争力和抗风险能力。

——商务和科技服务业。大力发展会展业,积极举办大型国际会展活动。加快发展企业管理、法律、咨询、广告、租赁、代理、职业中介等商务服务业,推进会议、办公等服务外包,积极培育企业化经营、规范化管理、社会化服务的商务服务机构。重点加快南京现代商务服务中心、昆山花桥国际商务城和连云港区域性国际商务中心建设。大力发展技术开发及转移、科技信息及咨询、知识产权及认证、技术交易等科技服务业,建设公共科技平台,建立风险投资机制,健全社会化的科技服务体系,促进科技成果的转化和产业化。积极发展设计产业,在南京、无锡、苏州等地建设一批工业设计园和科技园,在全省其他有条件的地方建设一批研发设计平台;积极推进重点高校科技产业园、留学生创业园建设,成为科技企业孵化培育中心、技术交流和成果转化中心。

——信息服务业。重点发展计算机服务业、电信服务业和网络服务业。以多媒体信息服务为重点,积极拓展移动通信业务,扩大电信服务业发展空间。重视网络数字内容服务业、电子商务及应用服务提供商的发展,推广数字电视、数字广播应用,不断拓展网络增值服务。

——大文化产业。优化文化产业布局和结构,重点发展出版报刊发行业、工艺美术业、演艺业,培育发展动漫、游戏、数字电视等数字内容产业,培育和推进创意产业发展。集中力量建设一批文化服务基础工程和文化产业重点工程,加快国家文化产业示范基地建设,重点支持苏州、无锡、常州等国家动画产业基地及江苏文化产业园建设。积极发展教育培训业、医疗服务业和体育产业,形成多元化投入机制,进一步扩大产业规模。

——旅游业。加强旅游资源整合,着力构建环太湖旅游圈、沿长江旅游带、沿海旅游带、沿东陇海线旅游带、古运河旅游轴"一圈三沿一轴"的空间布局框架。加快旅游产品开发,形成一批观光旅游、休闲度假旅游、城市旅游、红色旅游、生态旅游、世界遗产旅游等系列旅游产品。积极打造旅游品牌,形成水乡品牌、湿地品牌、城市群品牌和文化经典品牌等体现江苏特色的旅游品牌体系。加快发展国际旅游,加强旅游公共设施建设,提高旅游业管理水平。

——房地产业。建立合理的房地产供给结构,形成适应不同消费需求的房地产市场。注重发展商品住宅,努力提高商品住宅品位,发展建筑特色鲜明、服务功能完善的综合社区;积极发展工业、商务及为其他行业服务的房地产业。鼓励房地产企业做大做强,形成一批在全国有较大影响的房地产企业集团。

——现代商贸业。运用信息技术和现代经营理念改造提升传统商贸业,积极发展连锁经营、仓储式超市,大力拓展新型流通业态,提高餐饮业服务和管理水平。重点推进有形市场和无形市场相结合的现代大市场建设,提高市场建设层次和水平。在南京、苏州、无锡等地加快建设石油化工、电子信息、纺织服装等国际性产品交易中心。在徐州、泰州等有条件的地方建设一批新型产品交易市场集群。积极建设农村骨干商品流通体系。加快改造提升一批业务收入已达百亿元的批发交易市场,到2010年形成百亿元级的大型批发市场20个。

——居民服务业。建立政府扶持、市场运作的现代社区服务发展机制,完善社区服务设施,形成广覆盖、多层次、社会化的社区服务体系。加快发展养老托幼、家庭医疗、家庭教育、清洁卫生、保养维护等便民利民的家政服务,围绕社区卫生保健、公共餐饮、文化教育体育、绿色回收、保洁保安等服务领域,积极推进公益性服务的市场化,培育新的社区服务增长点。发展农村社区服务,实施"千镇万村工程"和"万村为农服务社建设",推进连锁经营进入农村社区。

实施服务业品牌工程。以品牌为龙头推进服务业加快发展,在服务业重点行业推进专业化、标准化、规模化服务,促进一批国内著名的服务业品牌的发展,努力培育国际知名服务业品牌,扶持一批江苏地方特色的传统服务业老字号品牌,支持一批优势服务品牌企业做大做强,实行跨地区、跨行业、跨所有制的连锁扩张,发展成为竞争力较强的大型服务业企业集团。

打造现代服务业集聚区。按照"大城市要把发展服务业放在优先位置,有条件的要逐步形成以服务经济为主的产业结构"的要求,以南京、苏锡常、徐州三大都市圈和中心城市为载体,大力发展现代服务业。以构建功能性服务平台为重点,加快建设一批特色鲜明、主业突出、功能完善的现代服务业集聚区。在中心城区布局建设商务、商贸集聚区,在城郊结合部和交通道口布局建设产品交易市场集聚区,在重点开发园区布局建设技术服务和物流集聚区,在主要交通枢纽布局建设综合物流集聚区,在集中居住区布局建设生活服务业集聚区。

第四节　加强基础设施建设

加快综合交通运输体系建设。适应全面建设小康社会和建设先进制造业基地的要求,建设现代化的综合交通运输体系,重点建设方便快捷舒适的客运体系和快速高效低成本的货运体系。突出综合运输通道建设,集中构建沪宁、沿江、沿东陇海、沿海、沿京杭运河、徐宿淮盐和徐宁杭"三纵四横"七大运输通道,加快形成面向国际、国内其他区域的广域交通体系和省内区域之间的网络化交通体系。

——铁路建设。建成京沪高速铁路(沪宁段)。加快建设南京至合肥段等铁路,完成京沪铁路(江苏段)和东陇海铁路的电气化改造,规划建设长江铁路大桥。积极做好镇江至南翔段、南通至上海、盐城至连云港、宿(州)宿(迁)淮、扬州至淮安等铁路项目的论证工作,争取纳入国家相关规划。"十一五"期间,新建铁路约1 000公里。

——城际轨道和城市轨道交通建设。全力推进长三角大流量的城际轨道交通系统建设,重点建设沪宁城际轨道交通,争取尽早开工建设宁杭城际轨道交通，启动宁镇扬城际轨道交通规划。积极缓解特大城市交通拥堵状况，优先发展城市轨道交通，加快完成南京地铁2号线，启动建设苏州地铁1号线、无锡地铁1号线、常州地铁1号线和南京地铁3号线，积极做好其他特大城市轨道交通的前期工作，争取开工建设。"十一五"期间，新建城际轨道450公里、城市轻轨100公里左右。

——公路和过江通道建设。重点实施沪苏浙、宁常、镇溧、宁杭二期、南京绕越公路东南段、连云港至临沂江苏段、徐州至济宁江苏段、江都至海安、南京至马鞍山等高速公路建设；实施一批干线公路工程，加快农村公路建设，提高农村公路等级。续建和新建7座长江过江通道，建成苏通大桥，实施南京过江隧道、泰州—镇江—常州、启东至崇明、南京四桥、五峰山、海门至崇明等过江通道项目。"十一五"期间，建成高速公路1 200公里，新建、改扩建干线公路3 000公里，新建改造农村公路40 000公里，初步形成现代化的高速公路网、畅通的干线公路网和四通八达的农村公路网。

——港口建设。加快沿江沿海港口建设，形成集装箱、原油、铁矿石、煤炭四大专业货种港口的专业化、集约化布局，构筑长江港口海运直达、江海转运和长江中上游中转联运三大物流运输服务平台。重点建设一批沿海沿江港口，形成连云港、南京、苏州、南通、镇江5个亿吨大港，加快连云港港、南京港、太仓港区集装箱港口建设，积极开辟近远洋航线，建成沿海和沿江干线、支线和喂给相协调的集装箱运输系统。到2010年，沿江沿海港口吞吐能力翻一番，吞吐量力争达到8亿吨，集装箱达到1 200万标箱，其中连云港、南京港、太仓港区集装箱吞吐量分别达到400万、320万和300万标箱。建设一批为地方经济发展服务的大中型港口，主要是扬州、泰州、江阴、常州等沿江港口，徐州、无锡、淮安、宿迁等运河港口，滨海、大丰、射阳、南通港、洋口港区、吕四港区等沿海港口。"十一五"期间新增万吨级泊位150个。

——航道建设。集中力量建设水系沟通、干支直达、区域成网的海江河联运的水运体系。加快实施长江口深水航道三期工程、长江南京以下－12.5米航道整治、连云港15万吨级深水航道整治、苏南运河"四改三"整治、苏北运河"三改二"整治、连申线航道整治、芜申线航道整治、湖西航道整治等项目，建设内河集装箱运输通道，开展徐连运河前期工作。"十一五"期间，整治内河航道650多公里，船闸10座，形成以京杭运河和苏南干线航道网为主体的高等级航道体系。

——航空建设。重点是增强空港吞吐能力，优化航空运输网络，提高对外开放度和国际竞争力，形成以国际机场为核心、区域性枢纽机场为骨干、支线机场为补充的航空运输网络。加快推进南京禄口国际机场改扩建工程，继续增辟国际国内航线，启动建设苏南（无锡）国际机场，形成客货运空中枢纽；配套完善连云港白塔埠、盐城南洋等支线机场建设，发展提升徐州观音国际机场，做好南通兴东、常州奔牛机场改扩建论证工作，适时做好淮安、扬州、泰州区域新机场的规划论证工作。"十一五"期间，新增18条国际和地区客货运航线，到2010年，机场旅客客运量达到1 500万人，货邮吞吐量达到55万吨。

——交通枢纽建设。完善南京、徐州和连云港等国家级综合运输枢纽，建设苏州、无锡、镇江、南通、扬州、淮安等区域性综合运输枢纽。加强城市交通枢纽节点建设，注重区域公路、铁路、港口和城市公共交通的衔接，促进各种运输方式高效衔接、换乘便捷。

——统筹各类交通建设。以七大运输通道建设为主体，稳步推进高速公路建设，重点加快航道、港口、铁路、空港和城际轨道交通建设。统筹使用各类交通建设资金，适当向水运、铁路倾斜，拓宽资金筹集渠道。理顺交通建设、经营和管理体制，培育壮大综合交通投资和经营主体，建立综合交通发展的激励机制。

增强能源保障能力。加快能源建设步伐，合理调整能源布局结构和能源供给结构，充分利用国内、国外两种资源，建立安全可靠的能源供应基地。到2010年，五年新增电力装机容量2 000万千瓦，可供装机6 600万千瓦。满足原煤需求1.9亿吨，石油3 010万吨，天然气输送能力达到126亿立方米，过江输电能力超过1 000万千瓦。

——燃煤电厂建设。加快已批项目的建设步伐，重点建设泰州电厂一期、华能太仓电厂二期、沙州电厂一期、利港电厂三期、常州电厂一期、扬州第二发电厂二期、国华太仓电厂、镇江高资电厂三期、华能淮阴电厂三期等项目。积极推进盐城陈家港电厂、大唐吕四电厂、徐州阚山电厂、华能金陵燃煤电厂等一批新电源点建设。新上项目原则上布局在苏北和沿海地区。建成宜兴抽水蓄能电站，加快建设无锡马山、常州伍员山、连云港苏文顶等抽水蓄能电站。到2010年，全省煤炭在一次能源中的比重由2005年的68.8%降低到63%左右。

——发展新能源。加快LNG燃气电厂建设，重点推进如东、连云港、滨海等燃气电厂项目；积极发展核电，尽快启动实施田湾二期工程，规划江苏核电新址；利用沿海地区的风力资源，积极推进风力发电，重点在如东、东台、大丰等地建设风力发电场，在其他有条件的地区规划建设新的风力发电场。到2010年，力争建成100万千瓦装机容量，并为形成规模化风力发电打下基础。充分利用西电东送电力，扩大外省电力输入。积极开发太阳能、地热能，鼓励垃圾、秸秆发电，推广沼气利用。到2010年，全省新能源电力装机比重由2005年的5%提高到15%。

——建立能源资源基地。稳定省内煤炭生产，通过联合开发等途径，加快建立山西、安徽、陕西、内蒙古等煤炭供应基地，建立省内大型煤炭集散基地。重视能源资源储备，重点建设金坛国家级原油储备基地、南京省级成品油储备中心，做好连云港、南通、淮安等原油储备基地的前期工作。加快建立海外石油、天然气、煤炭等能源资源供应基地，加快建设如东LNG接收站，做好连云港、滨海等地区LNG接收站规划工作。

——电网建设。加快建设南京三江口过江通道，在江阴和镇江五峰山继续开发新的输电过江通道，建设苏南沿江主干网架等输变电工程，形成500千伏电网"三横（沿东陇海线、沿江两岸）四纵（板桥、江阴、五峰山、三江口）"网架布局，在有条件的地区规划新的输电过江通道。

加强水利保障能力建设。加强流域防洪、区域治理、城市防洪、区域供调水及水资源保护等工程建设，进一步完善防洪减灾体系、水资源供给体系、水环境保护体系。到2010年，我省沂沭泗水系防洪标准提高到50年一遇，淮河水系、太湖流域、长江干流防洪能力得到巩固提高，区域骨干河道排水能力基本恢复，里下河等重点区域防御洪涝能力有较大改善，大中城市中心城区防洪达到国家规定设防标准，全省绝大部分地区一般洪水不受损失，安全抵御建国以来最大洪水，淮北地区和沿海地区供水能力增加20亿立方米。

——流域防洪。淮河流域,全面完成在建治淮骨干工程,启动实施新一轮的治淮工程,开展淮河入海水道二期工程的前期研究;长江流域,进一步巩固长江堤防,整治干流河道,稳定长江河势;太湖流域,巩固环太湖大堤,启动望虞河、太浦河后续工程和新孟河、新沟河拓浚工程;继续实施重点海堤达标建设,完成侵蚀段海堤防护及穿堤涵闸加固。

——区域治理。重点实施里下河、南四湖湖西和中运河两岸等沿湖沿河平原洼地排涝工程,实施省际、市际边界河道整治,继续推进太湖湖西区、武澄锡虞区、阳澄淀泖区、秦淮河地区、沂南和沂北地区、废黄河地区、苏中沿江地区治理,完成病险水库除险加固。加强城市防洪保安,依托流域、区域骨干工程构建城市防洪屏障。

——供调水工程。完成南水北调东线一期工程,完成泰东河等重点区域水资源调配工程,完善淮北地区、里下河内部及沿海垦区的骨干输水网络,增强向淮北地区、沿海地区供水能力。

第五节 加快信息化步伐

坚持以信息化带动工业化,以工业化促进信息化。以信息技术应用为龙头,加快国民经济和社会信息化步伐,实现社会生产力的跨越式发展。

推进企业信息化。围绕降低交易成本,积极发展电子商务。加大对电子商务基础性和关键性领域研究开发的支持力度,完善数字认证、在线支付、物流配送等支撑和配套服务体系,构建全省电子商务综合平台,方便企业通过网上交易降低成本,提高参与国际市场竞争的能力。以企业为主体,逐步实现信息及网络技术在产品研发、生产、营销和管理等环节的应用。积极推进企业内部单项信息化向企业内部系统集成信息化、企业内外全程供应链信息化跨越。加快应用信息技术改造传统产业,推进生产自动化、产品智能化、经营管理网络化和商务电子化。

推进政府信息化。围绕转变政府职能、提高行政效率,发展电子政务。整合现有专业网络,建设全省标准统一、功能完善、互联互通、安全可靠的电子政务网络平台。加快建成覆盖全省的政务协同办公系统、公共信用信息系统、突发公共事件应急指挥系统,基本形成"一站式"、"一线式"、"一门式"电子政府服务格局。实施信息安全等级保护制度,构建全社会信息安全保障体系。到2010年,政府上网工程普及率、可上网行政审批事项网上办理率均达到100%。

推进社会信息化。发展城市信息化,提高全社会公众信息化运用水平。积极推进政府、企业、社区、社会公众信息资源的开发和利用,加快建设全省诚信信息系统,推进公共服务领域的信息化应用。加强基础测绘工作,全面完成地理空间信息基础框架建设,建设一批基础性、应用型数据库。以便民利民为目的,构建社区信息化服务体系,让群众真正得到"数字文明"带来的便利和实惠。认真抓好国家信息化试点城市建设工作,提高城市管理效率与水平。

推进信息资源的有效整合。开发和整合信息资源,实现信息资源共享。加快宽带通信网、数字电视网和下一代互联网建设,形成高效、安全、可靠、可信的现代信息基础设施网络。进一步加大通信基础设施整合力度,促进各类管线的集约化建设,拓展网络增值服务。以应用需求为基础,推进三网集成,促进"三网融合"。

第六章 城乡发展

按照城乡统筹发展的要求,走"以工业化致富农民、以城市化带动农村、以产业化提升农业"的新型"三农"发展道路,加快城市化和城市现代化步伐,增强城市辐射带动功能,建立以工促农、以城带乡的长效机制,促进城乡协调发展。

第一节 建设社会主义新农村

按照"生产发展、生活宽裕、乡风文明、村容整洁、管理民主"的要求,坚持多予、少取、放活,加大对农业和农村投入的力度,扩大公共财政覆盖农村的范围,努力改善农村生产生活条件,扎实推进社会主义新农村建设。

大力提高农民收入。坚持增加收入和"减少农民"并举,继续实施农村人口转移工程,促进农村人口向非农产业转移,提高农民务工收入;以规模化、产业化为重点,积极发展现代高效农业,着力提高农业生产率,增加农民经营性收入;强化和完善对农业的补贴政策,实施必要的农产品价格保护政策,促进农民直接受益,增加农民现金收入;加大财政转移支付力度,提高农村社会保障水平,提高农民转移性收入。启动实施"千村示范、千村帮扶"工程。完善扶贫开发机制,整合扶贫开发资源,实行整村推进、项目扶贫和劳动力转移培训扶贫、产业化带动扶贫的方式,提高扶贫开发效率。到2010年,有效解决低收入农民脱贫问题。

着力培育新型农民。进一步巩固农村九年义务教育,对农村学生实行免费义务教育,对贫困家庭学生提供寄宿生活费补助。大力推进农村职业教育和就业技能培训,实施百万农民大培训工程,开展创业培训、农业实用科技培训和技能培训,积极培养有文化、讲道德、懂技术、会经营的新型农民。构建农村文化服务体系,活跃农村文化生活。教育农民遵纪守法、提高修养、崇尚科学、移风易俗,大力开展"文明村镇"、"文明农户"创建活动,倡导健康向上的生活方式。

改善农村生产生活条件。加大财政对农村公共服务的投入,提高农村公共设施的供给水平。实施教育培训、道路建设、农民健康、文化建设、环境整治新五件实事工程,实行山水田林路综合治理,大力开展以"六清六建"为重点的农村人居环境建设和环境综合整治试点工作。以镇村布局规划为指导,因地制宜建设各具特色的中心村。尊重农民意愿,制订鼓励农民宅基地异地置换、农民进安置公寓等方面的政策,有序引导农民集中居住。加强道路、清洁饮用水、生活污水和垃圾处理、电信、有线电视、体育等社区生活设施配套。推广农村沼气应用,发展适合农村特点的清洁能源。实施"金农工程"和农民健康工程。到2010年,全面实现农村公路等级化,农村自来水普及率达到98%以上,改厕率、河道清淤完成率均达到80%以上。大部分农村地区基本建成公共服务设施完善、人居环境良好的新型农村社区。

推进农村综合配套改革。加快推进乡镇机构、农村义务教育、农村卫生医疗体制、县乡财政管理体制等配套改革,完善财政转移支付办法,保障农村基层组织正常运转,促进农村经济社会稳步发展。深化农村金融体制、农村流通体制和供销合作社改革。进一步完善农村土地流转、土地征用、耕地保护制度,切实保护农民利益。

第二节 统筹城乡发展

坚持"工业反哺农业、城市支持农村"的方针,以消除城乡二元结构为目标,以推进城乡一体化发展为重点,统筹考虑城乡就业、市场、社保、规划等，形成城乡协调联动发展的新机制。

有序推进农村人口向城镇转移。根据农村劳动力就业能力、城市综合承载能力和体制保障情况，分类指导、合理有序的促进农村人口向城镇转移。对临时进城务工人员，实行亦工亦农、城乡双向流动；对在城市有稳定职业和住所的人员，逐步转变为市民；对因建设而被征用或完全失地的农民，逐步转为城镇人口，提供就业培训和最低生活保障；加强对进城务工人员的职业教育和就业技能培训。

统筹城乡就业。统筹管理城乡劳动力资源和就业工作，健全城乡就业管理服务平台及网络，营造城乡劳动力就业公平竞争、同工同酬、同等待遇的良好环境，实现城乡劳动者平等就业。改善农民进城就业环境，取消农村劳动力进城和跨地区就业的限制，完善农村劳动者进城务工和跨地区就业合法权益保障的政策措施。加快建立覆盖城乡广大劳动者的就业、失业登记制度和城乡统一的劳动力市场，引导劳动力在城乡之间合理有序流动。

统筹城乡市场。按照建立统一、开放、竞争、有序的现代市场体系要求，加快发展和培育城乡一体的商品市场和要素市场，建立城乡统一的市场网络，促进生产要素在城乡之间自由流动。加大农村市场建设力度，鼓励城市工商经济组织向农村延伸和发展，提高农产品的商品化程度和农业的市场化程度。

统筹城乡社会保障。加快建设城乡统筹的社会保障体系，基本建立以制度规范为基础，以政府责任为主导，农民个人缴费、集体补助、政府补贴三方筹资，苏南、苏中、苏北分类指导的新型农村养老保险制度。建立健全相对独立的被征地农民的基本生活保障制度和养老、医疗等社会保险制度，将被征地农民纳入统一的城乡就业培训体系，使被征地农民享受城镇同等人员再就业优惠扶持政策，研究制定城镇基本养老保险、农村社会养老保险、被征地农民基本生活保障衔接办法，有条件的地区逐步实行城乡社会保障并轨。

统筹城乡规划。实现规划的城乡全覆盖，强化发展规划覆盖城乡的空间布局功能，明确城乡产业、人居、生态在空间上的合理布局。坚持城市规划和村镇规划并重，注重城市规划和村镇规划在基础设施方面的衔接、协调，明确连接城市和乡村、城乡一体的基础设施体系，促进城乡协调发展。

第三节 推进城市现代化

发挥中心城市的辐射带动作用，注重提高城市特色和品位，着力提升城市规划水平、综合功能和管理水平，推进城市现代化。

提高城市规划水平。按照发展规划、城市总体规划、城市详细规划、城市设计的体系，增强发展规划的战略指导功能，健全城市总体规划的建设功能，完善城市详细规划的控制功能，形成城市设计的美化功能。树立以人为本的规划理念，引进先进的规划技术，完善规划编制程序，着力体现城市个性特色，注重提高城市效率，提供高效便捷公共设施，创造舒适宜人的人居环境。

提升城市综合功能。提升城市公共服务功能，加快公用设施、教育、卫生、文化、体育、社会救助和公共安全等方面的建设，建立快捷的城市公共交通系统，促进完备的城市公共服务体系的形成。提升城市人居环境功能，积极创建中国人居环境奖，改善城市环境质量，整治城市河湖水系，建设城市绿地系统，推行基层生态绿地建设。提升城市商务支持功能，发展为提高企业效率、为便利居民生活的金融、会展、中介、科技、信息、法律等商务服务业。加快工业企业向开发区集中，促进产业专业化分工协作，壮大城市经济实力。提升城市就业功能，通过增强产业发展能力、扩大服务业发展领域，向社会提供更多的就业岗位。完善就业服务体系和支撑体系，提供多渠道、多类型的就业培训服务。到2010年，特大城市公交出行比例达到30%。

提高城市管理水平。创新市政公用事业的投资、管理和运营体制，积极推进市政公用事业改革，进一步提高市政公用事业服务水平。深化二级政府三级管理，推动城市管理重心下移，加强社区管理和实体角色。合理布局公共基础设施，使公共基础设施服务延伸到社区。提高城市信息化管理水平，加快建设并完善城市电子地图。加强公共交通管理，建立现代化的交通组织指挥系统，实行城市各种公共交通方式“一卡通”。加强城市社会治安防控建设，建立城市防灾减灾和公共安全应急体系。把握城市建设和城市经营规律，坚持先规划后建设，先征地后配套，先储备后开发，先做环境后出让，全面提升城市科学经营水平。

第四节 优化城镇体系布局

以城市群为主体空间形态推进城市化。抓住长江三角洲城市群快速发展的重要机遇，依托南京、苏锡常和徐州三个都市圈，加快建设沿江城市群，着力培育东陇海城市群，发展区域性中心城市，壮大县城和重点中心镇，逐步形成便捷交通网络相连接，绿色空间廊道相间隔，结构合理、功能互补、发展集约、布局协调、环境优美、生态良好的城镇体系。

建设沿江城市群。按照国家对长江三角洲城市群的总体要求，加快南京、苏锡常都市圈建设。充分发挥南京在我国长江中下游地区的重要传导枢纽作用，强化与扬州、镇江等周边城市的联系，增强核心城市的功能。加强苏锡常城市间的资源整合与共享，促进各类要素的无障碍流通，强化与南通、泰州的联系，促进跨江发展。以城际快速轨道交通和长江过江通道为纽带，促进沿江各城市的融合，共同构建沿江城市群。

培育东陇海城市群。利用沿东陇海铁路地区地处新亚欧大陆桥东段的区位优势，加强徐州、连云港、宿迁之间以及与周边地区的联系，加快建设徐州都市圈。突出徐州的交通枢纽和商贸中心的地位，加快新城区建设，打造区域物流中心，增强服务功能。充分发挥连云港的港口功能，推进城市、港口、产业互动发展，重点加快滨海新城建设，加快建成国际性海滨城市。以徐州和连云港为中心，以若干中小城市为节点，加快培育东陇海城市群。

发展沿海及苏北腹地中心城市。加快盐城、淮安、宿迁等中心城市建设，提升在区域发展中的地位和作用。盐城要着力强化中心城市和县（市）城（区）功能建设，促进产业和人口集聚，重点加快具有建设深水海港条件的县城和镇建设，推动沿海开发。淮安要强化“三淮一体”，加大中心城市建设力度，壮大中心城市实力，形成苏北地区重要的经济、文化、交通中心。宿迁要着力强化中心城市功能，加强与周边城市的联系，发展特色产业，积极打造生态型、功能型、人居环境优越的湖滨新城。

壮大县城和重点中心镇。发挥县城和重点中心镇连接城乡的纽带作用，积极承接大城市溢出功能，发展特色经济，提高综合服务能力，为产业和人口集聚提供载体和空间。加快公共服务设施建设,增强对广大农村地区的公共服务能力,成为规划科学、规模适度、功能健全、环境整洁的县域经济中心和公共服务中心。

健全城市化发展的体制机制。建立和完善与城市化健康发展相适应的财税、征地、行政管理和公共服务等制度。深化户籍管理制度、土地使用制度等改革,推动农村剩余劳动力向城镇有序转移。建立健全流动人口管理机制。进一步完善城建投融资体制,拓宽社会投资领域,开辟新的投融资渠道。加快市政公用事业改革,放开经营性市政公用设施建设和运营。适应经济社会发展需要,积极稳妥地推进行政区划调整。

第七章　区域发展

促进区域协调发展、努力缩小地区差距是江苏经济社会发展的重要战略任务。按照不同区域社会成员都享有均等化的公共服务的要求,赋予区域发展新的内涵,形成区域之间协调发展的新格局。

第一节　优化生产力布局

按照全省生产力布局的主框架,充分发挥各区域的比较优势,以沿江开发为重点,全面推进沿沪宁线、沿东陇海线、沿海等区域开发,推动生产力布局进一步优化,促进区域协调发展。

重点发展沿江产业带。发展大运输量、大进大出的装备制造、化工、冶金、物流等基础产业集群,注重发展资本、技术密集型产业,加快形成我国重要的基础产业基地和先进制造业的集聚区,规划建设好沿江城镇带和生态旅游带,全力打造沿江内湾型区域开发格局。到2010年,沿江开发区域地区生产总值达到14 500亿元,占全省的比重达到50%以上。

提升沿沪宁线产业带发展水平。重点发展资源消耗少、环境污染小、附加值高的电子信息产业、生物医药、新材料等高新技术产业集群,加快产业结构升级,提高产业竞争力,大力发展现代服务业,构筑辐射面广、影响力大的现代服务业高地,形成具有国际竞争力的高新技术产业带。到2010年,本区域高新技术产业增加值达到3 500亿元左右。

建设沿东陇海线产业带。依托连云港港口优势和徐州商贸都会的区位优势,以劳动密集型和资源加工型产业为主,重点发展资源加工、机械、化工、医药等产业集群,积极发展外向型农业,建设全省新兴的加工业生产基地和内外贸基地。连云港港口要建成上海和青岛之间最重要的集装箱干线大港。到2010年,沿东陇海地区生产总值达到2 300亿元以上,占全省的比重上升到8%左右。

加快开发沿海产业带。重点围绕连云港港、灌河口港口群、滨海港、大丰港、洋口港、吕四港等深水港口的开发建设,充分利用国际资源,重点发展新能源、化工、造船、林纸、物流等临港产业,培育临港产业群。积极发展海洋食品、海产品加工、海洋化工、海洋医药等海洋产业,鼓励、支持和引导沿江地区的产业向资源环境具有比较优势的沿海地区转移,实现沿海基础产业新突破。开展沿海围海造地建港工程的前期研究,创造条件打造大型产业、人口集聚空间,形成新的经济增长极。到2010年,沿海地区生产总值达到4 400亿元,占全省的比重为15%左右。

沿大运河长江以北区域和沿灌河区域,是江苏资源较为独特、经济发展相对滞后的区域。"十一五"期间,要发挥沿大运河、沿灌河的资源优势,推进产业合理开发,重点发展生态产业、观光旅游业及轻微污染的加工产业,切实保护运河资源,加快构建大运河水系和灌河水系现代内河航运系统,着力形成各具特色的产业集群。

第二节　加强区域分类指导

按照"提升苏南发展水平,促进苏中快速崛起,发挥苏北后发优势"的分类指导方针,进一步推进区域共同发展。

加快苏北振兴步伐。坚定新型工业化第一方略,积极承接国内外产业转移,把发达地区资本、技术、人才和管理方面的优势与苏北的资源、成本和政策方面的优势结合起来,着力发展特色经济。利用农业资源优势,进一步做大做强农业产业化龙头企业,加快发展外向型农业,着力延伸农业产业链和提高农产品附加值。发挥重要交通枢纽和港口对产业发展的支撑作用,进一步带动苏北经济发展。进一步推进产业、财政、科技、劳动力四项转移工程,加快农村劳动力就地转向第二、三产业。继续加大对苏北的支持力度,重点加大对宿迁的扶持,下更大力气帮助宿迁实现突破。改善政府服务,培育市场主体,发展要素市场,高度重视人力资本积累,加快培育经济发展的自主增长机制。

推动苏中快速崛起。抓住沿江与沿海开发的重大机遇,积极接受国际国内制造业的转移,形成江海联动发展新局面,构筑产业发展的新优势。加快长江过江通道建设,优化整合长江两岸港口资源,推进生产要素的相互融通,促进苏南与苏中联动开发。加强与苏南及上海的区域合作,提升在长三角地区中的地位。努力发挥承南启北的纽带作用,带动苏北地区发展。

提升苏南国际竞争力。以提高苏南产业竞争力、科技竞争力、环境竞争力为目标,强化苏南发展的先导和带动作用。率先转变经济增长方式,率先推进体制机制创新,率先实现经济结构优化升级,强化科技创新和自主品牌建设,推进制造业由加工制造型向自主创新型转变,大力发展现代服务业,提升服务业对制造业发展的支撑作用,推动产业向价值链高端延伸,实现产业发展新突破。积极推动苏南劳动密集型、资源加工型产业向外转移,辐射带动苏中、苏北发展,着力推进长三角一体化进程,提高区域合作水平。

壮大县域经济实力。坚持工业化、城市化和农业产业化并举,壮大县域经济的整体实力。加快发展县域工业,着力培育特色产业集群,以工业集中区为主要依托,形成簇群化发展。加快县域城市化进程,有条件的县城向中等城市发展。赋予县级政府更大更多的经济、行政管理权限,实行省直接对县的财政管理体制。在重点扶持苏北县域经济发展的同时,对苏南、苏中的经济相对薄弱县(市),给予一定的政策扶持,促进区域内部协调发展。

第三节　构建空间开发新格局

注重产业、人口、资源环境三大要素在空间上的合理分布和均衡发展,按照主体功能清晰、发展导向明确、开发秩序规范、各类要素协调的空间秩序,形成合理的空间开发格局。

明确空间功能分区。根据区域发展定位、不同区域资源环境承载能力和发展潜力,在苏南、苏中、苏北的区域划分基础上,将全省进一步划分成优化开发区域、重点开发区域、限制开发区域和禁止开发区域。

——优化开发区域。指国土开发密度已经较高、资源环境承载能力开始减弱且建设用地比重较高的区域。沿沪宁线一带为优化开发区域,本区域要以集约发展、提高发展为主,着力提高产业的技术水平,降低资源消耗,提高环境准入标准,大量减少污染物排放，优化基础设施结构，提升参与全球分工的层次，继续成为带动全省经济社会发展的龙头和我国参与全球化的主体区域。

——重点开发区域。指资源环境承载能力较强、集聚经济和人口条件较好的区域。沿江地区是江苏经济社会发展条件较好、环境承载能力较大的区域，属重点开发区域，沿东陇海、沿海、沿运河等区域的大部分地区也属重点开发区域。本区域要以加快发展、壮大规模为主，加快基础设施建设，合理布局产业，促进产业集群发展，提高资源利用效率，推进城市化，增强集聚和辐射功能。

——限制开发区域。指生态环境脆弱、灾害频发且威胁较大、水资源供给严重不足、环境容量较小的区域和重要生态功能保护区。市、县辖区内的生态环境脆弱区域为限制开发区域。本区域要实行保护优先、适度开发，加强生态环境整治，适度发展特色经济，引导人口有序外迁。

——禁止开发区域。指依法设立的各类重点自然保护区域。主要是各级自然保护区、世界自然文化遗产保护区、风景名胜区、基本农田保护区、矿产资源(开山采石)禁采区、森林公园、地质公园、矿山公园、地质遗迹保护区，以及坡度大于25度的山地、提供区域居民饮用水源和承担南水北调调水工程的重要河湖水面及缓冲区等。这类区域要依据法律法规和相关规划规定实行强制性保护，严禁不符合区域功能定位的开发建设活动。

构建科学的区域调控框架。根据空间开发功能分区，在土地、人口、财税及资源配置等方面适时实施差别化的政策，推动省内资源跨区域的合理流动和有效利用。完善城镇体系布局，有针对性地推进基础设施建设，立足全局、面向长远制定资源跨区域调动方案，逐步形成新的区域调控框架。

第四节 健全区域合作互动机制

促进省内区域合作。加强跨地区的统筹规划，促进交通等基础设施的共建共享。充分发挥市场机制作用，打破行政区划界限，实现生产要素自由流动。完善南北结对挂钩机制，鼓励和支持各地开展多种形式的经济技术协作和人才交流。抓紧研究制定鼓励发达地区产业转移的政策措施。

促进长三角区域合作。充分利用长江三角洲区域合作机制，以上海举办世界博览会为契机，加快推进区域合作。深化沪苏浙在交通、信息网络、流域水利治理、生态环境治理、旅游、人力资源、信用体系建设等方面的合作，协调区域内市场竞争规则，形成统一开放、竞争有序的区域共同市场。消除生产要素跨地区流动的障碍，加强产业竞争与合作，在更广领域和更高层次上促进区域经济的优化布局和产业的集聚发展。充分利用上海在金融、贸易、技术、人才、信息等方面的优势，加强与上海的分工、合作，积极推进江苏沿江、沿海地区与上海、浙东北地区的融合，共同构建以上海为龙头的世界级城市群。发挥我省江海联动的优势，呼应我国“中部崛起”战略，加强与长江中上游地区的区域合作，共同开发“黄金水道”，全力建设长江沿江经济带，建成全国最重要的产业和人口集聚区。

促进与西部地区合作与交流。坚持优势互补、共同发展的原则，积极参与西部大开发，加强省际间经济技术协作，重点推进资源合作，积极开拓西部市场，拓展江苏发展空间。继续做好对口支援拉萨、三峡库区移民、苏陕挂钩协作和干部援助新疆伊犁州等工作。加强与陇海兰新铁路沿线地区和资源富集省份的经济合作，推动生产要素的优势整合，实现互利共赢。

第八章 和谐社会

坚持以人为本，兼顾国家、企业、群众三者利益，兼顾发展能力强的群体和发展能力弱的群体的利益，兼顾改革中得益较多和得益较少群体的利益，兼顾社会中先富群体与后富群体的利益，兼顾不同行业群体的利益，认真解决好人民群众最关心、最直接、最现实的利益问题，妥善处理社会各方面特别是不同群体的利益关系，注重发展机会的公平，促进社会和谐进步。

第一节 坚持富民优先

积极鼓励创业。大力弘扬创业精神，营造浓厚的创业氛围，积极推动全民创业、自主创业、艰苦创业，提高经营性、资产性收入在城乡居民收入中的比重。制定和完善政策措施，进一步降低创业门槛。加大金融财政政策对民众创业的扶持力度。建立创业指导服务体系，实施创业辅导工程，开展创业培训，提高创业成功率。加强对创业者劳动成果和合法权益的保护，提高创业者的社会地位。

努力扩大就业。把扩大就业作为经济社会发展的优先目标，摆在更加突出的位置。继续实行就业再就业目标责任制，实施积极的就业政策。建立市场主导就业、政府促进就业、个人自谋职业相结合的长效机制。加快发展就业容量大的劳动密集型产业、服务业、中小企业和非公有制企业。继续实施并完善财税、信贷等优惠政策，鼓励企业吸纳更多的劳动力就业。建立困难群体再就业援助制度，通过增加培训经费、政府购买岗位、实行岗位补贴、社会保险补贴等方式帮助困难群众就业。建立失业监测预警机制，严格控制失业率，裁员超过一定比例的实行事前报告制度，企业改制、破产前应制定职工安置方案，并落实职工安置及社会保障资金，防止把富余人员集中推向社会。建立健全制度化、专业化、社会化的就业服务体系，加大对公共就业服务机构的投入。充分发挥社区在促进就业中的作用，加强街道、社区就业再就业平台建设。促进和规范就业中介组织发展，鼓励开展就业信息、技能培训、劳务租赁、劳务输出和海外劳务等业务。强化对劳动者的就业技能培训，全面推行职业资格证书制度，重点实施新技师培养倍增计划，下岗失业人员技能再就业培训计划，农村劳动力技能培训计划。建立健全劳动合同和集体合同制度，普遍实行工资集体协商制度，健全劳动关系三方协调机制，制定进城务工人员权益保护办法，保护劳动者特别是进城务工人员的合法权益。

扩大中等收入群体比重。积极提高居民收入，重点提高居民经营性收入和资产性收入，建立资本、技术和管理等生产要素按贡献参与分配的机制，引入合伙人制度，促进多元化、灵活的投资机制形成，提高资本对收入增长的贡献。稳步提高工资收入在总收入中的比重，放宽和适当调整计税工资，加快建立职工收入与企业效益同步增长、公务员收入与经济增长速度同步增长、离退休人员离退休费(养老金)按在职职工收入一定比例同步增长的长效机制。积极调整收入分配，不断提高中低收入人群的收入水平，逐年提高最低工资和城镇最低生活保障标准，提高困难人群的生活补贴。加强收入监管和税收征管力度，强化收入调节的功能。努力形成“两头小、中间大”的收入分配格局。到2010年，中等收入群体比重达到40%左右。

提高生活质量。加强城乡居民社区建设，进一步完善社区服务功能，使百姓享有环境优美、治安良好、管理有序、生活便利的社区服务，提高服务水平。强化食品、药品安全监管，实施食品、药品放心工程,保障人民群众饮食和用药安全。大力开展文化娱乐活动,普及文化设施,提高娱乐消费水平。加快城市内部和城乡之间公共交通建设,形成便捷、舒适、高效的公共交通服务体系,提高出行效率。调整工作时间,增加闲暇时间,推行带薪休假,提高精神健康水平。到2010年,力争使全省居民喝上干净水、吃上放心食品、呼吸上新鲜空气、走上快速便捷路。

第二节 健全社会保障体系

把扩大社会保障覆盖面和提高社会保障水平及能力作为重要目标,加大公共财政对社会保障的投入,加快建立统筹城乡、覆盖广大劳动者的多层次的社会保障体系。

扩大社会保障覆盖面。加快完善城镇社会保障体系,把养老、医疗、失业、工伤、生育保险覆盖到城镇各类企业职工、个体工商户和灵活就业人员等广大劳动者,重点将非公所有制企业职工、城镇个体工商户和灵活就业人员纳入城镇养老、医疗、失业、工伤和生育保险范围。加强对特殊群体和困难群体的社会保障,落实国家和省有关社会保险补贴政策,帮助就业困难群体参保缴费;认真解决进城务工人员的社会保障问题。在农村逐步建立和完善由养老保险、新型农村合作医疗和最低生活保障组成的农村社会保障体系,建立老年农民救助制度,使广大农民老有所养。完善城乡居民最低生活保障制度。鼓励城乡居民参加各种类型的商业保险。

完善社会保障制度。改革养老金计发办法,加快提高基本养老保险社会统筹层次。积极推广实施和建立企业年金制度,建立多层次保障体系。推进机关事业单位养老保险制度改革试点工作。逐步建立完善适合不同人群和满足多层次医疗需求的医疗保障体系,协同推进生育保险。合理拓展失业保险基金使用范围。完善工伤保险政策和标准体系,建立工伤储备金制度。继续完善农村计划生育家庭奖励制度。调整财政支出结构,提高财政的社会保障支出比重。多渠道筹措社会保障基金,逐步做实养老保险个人账户。加强对社会保险基金的监管,确保基金的保值增值。完善住房公积金制度,扩大覆盖面。

提高社会保障水平及公共服务能力。不断提高社会保障总体水平,使广大参保对象共享经济社会发展成果。建立基本养老金正常调整机制。建立健全省级基金预算管理和省级调剂金制度,完善困难市县基本养老保险基金补助办法。强化社会保障的公共服务及信息网络建设,将服务的网络延伸到街道、社区及乡镇,将社会保障卡发放到广大参保对象;实施"金保"工程,提高社会保障信息化水平和社会化管理服务水平。

切实关心困难群体。切实关心被征地农民、下岗失业职工、城市动迁住房居民等各类困难群体,建立针对困难群体的保障制度,保证有饭吃、有衣穿、有房住。发展经济适用住房和廉租房,解决好低收入人群的住房问题。逐步解决困难家庭看病难问题,确保每个困难家庭的子女免费接受义务教育,扶持困难家庭子女接受职业教育,确保江苏每个考上大学的学生不因贫失学。

完善社会救助体系。积极发展"红十字"、慈善和公益性基金会组织等事业,建立社会慈善、社会捐赠、群众互助等多种形式的社会救助机制。发挥江苏慈善总会的作用,多元化、多渠道、多形式筹募慈善资金,开展各类慈善活动。加强对社会面流浪乞讨人员的救助管理。积极开展法律援助和心理疏导咨询。

第三节 建设文化大省

按照建设文化大省的要求,加快公共文化服务和文化市场体系的建设,不断满足人民群众日益增长的精神文化需求。

加快文化事业建设。加大政府对文化事业的投入,逐步形成覆盖全社会的比较完备的公共文化服务体系。加大公益性文化服务设施建设力度,调整公益性文化设施布局,重点向基层和农村倾斜,推进乡镇综合性文化站建设,创新农村文化建设和运行机制。加大对重大文化项目的投入,加强省级文化重点工程建设,完善广播电视传输网络。加大对历史文化遗产的保护,重视公共博物馆建设,弘扬具有江苏特色的优秀文化。积极推进重大社会科学学科的建设,促进哲学、社会科学繁荣。加强档案资源建设,保护档案文献遗产,推进档案数字化,提高档案馆服务功能。做好地方志编纂工作。积极打造江苏文化品牌,精心组织精神文化产品生产,推出一批思想性、艺术性、观赏性俱佳的精品力作,满足人民群众的文化消费需求。

推进文化产业发展。提高广播电视、音像出版、报刊书画、演艺娱乐等文化产业的组织程度,打造强势主流媒体和知名演出团体,增强文化产业集团的竞争力。加强文化市场建设和管理,培育和规范以网络和新视听媒体为载体的新兴文化市场。创造公开、公平、公正的市场竞争环境。整顿和规范文化市场秩序,建立文化市场管理信息网络和文化市场信用制度。严厉打击盗版、非法出版、非法营销等不法活动。鼓励文化领域开展国际交流与合作。

深化文化体制改革。积极稳妥推进经营性文化事业单位转企改制步伐,深化文化集团体制改革,推进跨地区、跨行业、跨所有制发展。进一步放宽市场准入条件,鼓励非公有资本进入政策许可的文化产业领域,实行非公有制文化企业与国有文化企业同等待遇。建立健全公益性文化事业资助平台和文化产业投资机制,拓宽文化事业和文化产业的投融资渠道。落实相关财政、税收等方面的配套政策。推进文化市场行政综合执法改革和文化行政审批制度改革。

发展体育事业。全面实施全民健身计划,增强人民体质。高度关注青少年身体健康,着力提高青少年身体素质。以社区为重点加强公共体育设施建设。重视发展农村体育事业,实施农民体育健身工程。提高竞技体育水平,积极承接和举办好重大体育赛事。探索体育运动项目面向社会、面向市场良性循环的运行机制,加快体育场馆多元化经营,强化无形资产运作。

第四节 发展卫生事业

把人人享有基本医疗保障服务作为"十一五"期间的重要任务,加快公共卫生体系建设,切实推进卫生体制改革,建立健全城乡医疗卫生服务体系,完善新型农村合作医疗制度,逐步解决群众看病难看病贵问题,提高城乡居民医疗保健水平和健康水平。

加强公共卫生建设。高度关注人民健康,加大政府对公共卫生的投入力度,完善公共卫生体系。加快建设疾病预防控制体系,提高结核病、血吸虫病、艾滋病、乙肝等重大传染病的防控能力,继续降低重大传染病的危害。加强和完善卫生监督体系。建立健全突发公共卫生事件应急机制,提高应对能力。改善疾病预防控制机构条件,加强专业队伍建设。加强妇幼卫生保健工作,重点建设农村地区妇幼卫生服务机构,提高综合服务能力。

优化卫生资源配置。整合城市公共医疗资源,鼓励城市卫生资源向农村转移,扩大农村和基层公共卫生资源的比重。积极发展社区卫生服务,强化社区医疗卫生服务机构在提供基本医疗和公共卫生服务中的基础地位,将社区医疗卫生服务机构纳入城镇职工基本医疗保险定点范围。构建区域医疗卫生中心和社区卫生服务机构合理分工、相互合作、双向转诊的两级新型城市卫生服务体系。切实加强乡村卫生服务体系建设,形成以县乡两级、乡村一体、防治结合、分工合理的农村卫生服务网络,提高乡镇卫生院医疗装备水平和医务人员的技术水平,改善农村的医疗卫生状况。推进农村药品监督和供应网络建设,确保农民用药安全、有效、方便、经济。

推进医疗卫生体制改革。坚持政事分开、管办分离、医药分开、营利性和非营利性分开的原则,打破行业垄断和条块分割,加快公立医疗机构改革改组,整合医疗卫生资源。鼓励社会资金、外资进入医疗市场,建立投资主体多元化、投资方式多样化的办医体制和投入机制。改革"以药补医"机制,合理确定医疗服务价格。进一步加强卫生行业监管,纠正医疗卫生行业不正之风。推进医疗保障制度改革,完善城镇职工基本医疗保险制度,积极稳妥地扩大新型农村合作医疗覆盖面,提高财政对贫困地区农民的新型合作医疗补助标准,探索农村医疗保险新途径。力争到2010年新型合作医疗基本覆盖全体农村居民。

第五节　强化社会公共管理

建设公共突发事件应急管理体系。加强公共安全基础设施和专业应急队伍建设,建立应急联动机制,不断提高应急处置能力。实施分级管理,明确各级政府的责任,进一步完善突发公共事件专项应急预案、部门应急预案和地方应急预案。强化公共场所应急体系建设。加强宣传和培训教育工作,提高公众自救、互救和应对各类突发公共事件的综合能力。

切实加强安全生产。健全安全生产监管体系,认真落实安全生产责任制和责任追究制。严格行政执法,对不具备安全生产条件的企业限期整改,直至关闭,强化企业安全生产主体的责任。重点抓好危险化学品、矿山、烟花爆竹等高危行业的安全生产,有效遏制重特大事故发生。"十一五"期间,全省事故起数和死亡人数力争每年下降2.5%。

增强防灾减灾能力。加强防洪减灾薄弱环节建设,增强防治洪涝灾害的能力。加强气象、地震、地质和风暴潮等灾害监测预报工作,建立重大灾害监测预警和应急服务体系,加快防灾减灾系统现代化建设步伐,重点加强人口和产业密集地区防灾减灾设施建设,提高防灾减灾和灾害治理能力。健全自然灾害管理体制,完善社会动员机制,加快人防向民防的转变,落实防灾减灾措施,减少灾害损失。

第六节　加强精神文明和民主法制建设

加强理想信念教育和思想政治工作,大力弘扬以"三创"为核心的新时期江苏精神,进一步完善社会主义民主,加快平安江苏建设,着力构建诚信江苏,促进社会主义物质文明、政治文明和精神文明协调发展。

推进精神文明建设。深入学习邓小平理论、"三个代表"重要思想,全面落实科学发展观,坚持开展爱国主义、集体主义、社会主义思想道德教育,在全社会形成艰苦创业、开拓创新、争先创优的社会主义新风尚。大力倡导社会公德、家庭美德和职业道德,特别要加强青少年的思想政治、道德品质、心理健康和法制教育。弘扬科学精神、普及科学知识、传播科学思想和方法,抵制封建迷信。深入开展以城市、社区、行业、"窗口"和村镇为重点的文明创建活动,提高公民的思想道德素质。

加强社会主义民主。以民主选举、民主决策、民主管理、民主监督和村(居)务公开、财务公开为核心,进一步扩大基层民主,保障人民群众对社会事务的知情权、参与权、监督权和选择权,加强城乡基层政权和群众性自治组织建设,建立健全村(居)民民主议事的决策制度和议事规则,坚持和完善职工代表大会和其他形式的企事业民主管理制度,推进政务、厂务和村务公开。对经济薄弱的乡村给予适当行政经费补助。健全人大、政协、媒体和社会对政府工作的监督机制。"十一五"末,城镇社区居委会依法自治率达到90%,农村村委会依法自治率达到95%。

建设法治江苏。全面实施"五五"普法规划,完善普法教育的考评体系,深入开展法制宣传教育,形成崇尚宪法、法律权威,严格依法办事的社会环境和舆论氛围。加强地方立法,形成较完备的与国家法律、行政法规相配套、具有江苏特色的地方性法规和规章。推进政府依法行政,完善公共权力有效制约机制。强化行政执法责任制,建立健全科学合理的行政执法体制。加强司法队伍建设,提高司法人员素质。促进司法公正,防止和惩治司法腐败。妥善处理好人民内部矛盾。维护劳动者合法权益,使人民群众的劳动、教育、收入、健康、休息、社会保障的权益受到法律的严格保护。提高全民国防意识,加大国防与经济建设协同力度,加强民兵、预备役部队建设和国防动员工作。支持军队建设,做好双拥、优抚和安置工作。

加强廉政建设。坚持标本兼治、综合治理、惩防并举、注重预防的方针,加大从源头上预防和治理腐败的力度,推进反腐倡廉体制、机制和制度创新,建立健全教育、制度、监督并重的惩治和预防腐败体系。加强对权力运行的监督和制约,推行和完善领导干部经济责任审计制度。制止和纠正损害群众利益的不正之风。

建设平安江苏。依法严厉打击严重刑事犯罪活动,大力整治影响社会稳定的突出问题,建立健全现代社会治安防控体系,正确处理人民内部矛盾,完善劳动争议调解和社会矛盾纠纷"大调解"机制,建立社会舆论汇集和分析机制,畅通社情民意反应渠道,规范依法信访秩序,注重解决人民群众合理求诉,积极化解社会不安定因素,依法妥善处理各类群体性事件。加强流动人口服务和管理,落实社区专业防范力量,推进社区矫正工作,全面落实社会治安综合治理责任制。加强国家安全工作,严密防范和打击各种敌对势力的渗透破坏活动。加强反恐怖斗争,严密防范和严厉打击各种暴力恐怖活动。

建设诚信江苏。加快建立信用监督和信用服务两大体系。发挥政府的示范带头作用,建立信用信息归集开放、信用产品开发使用和失信行为惩戒三个机制。加强信用法规建设、信用市场培育和信用行业监督,建设企业、个人联合征信系统。加强诚信宣传教育,营造社会诚实守信氛围,促进全社会诚信意识、企业信用水平和政府公信力的显著提高。到2010年左右,基本形成诚实守信的社会经济环境。

第九章　人口资源环境

全面做好人口工作,落实计划生育、节约资源和保护环境基本国策,积极推进资源节约、生态保护和环境治理,大力发展循环经济,努力形成节约型的生产模式、消费模式和城市建设模式,实现经济社会的可持续发展。

第一节　加强人口工作

坚持计划生育基本国策。稳定人口低生育水平,重点控制农村地区的人口出生率。加强计划生育管理服务能力建设,加强县乡两级计划生育服务站建设,提高计划生育服务网络化和信息化水平。完善以现居住地管理为主的流动人口计划生育管理和服务体系。到2010年,人口自然增长率控制在4‰以内,全省总人口为7 600万人左右。

改善出生人口素质和结构。逐步实行免费婚前检查,建立出生缺陷干预体系,努力降低出生缺陷发生率,完善农村计划生育服务体系,实现优生优育。实施出生人口性别综合治理工程,严厉打击非医学需要的胎儿性别鉴定和选择性别终止妊娠的行为,有效遏制出生人口性别比升高势头。

重视人口老龄化。把握人口老龄化趋势,关心老年人口,积极发展老龄产业,增强社会的老龄服务功能,提高老年人生活质量。实施爱心护理工程,加强社区养老服务、医疗救助等面向老年人的公共服务设施建设。弘扬敬老风尚,营造老有所养、老有所乐的社会氛围。

保障妇女儿童权益。贯彻男女平等基本国策,保障妇女平等获得就学、就业、社会保障和参与社会事务管理的权利,加强妇女卫生保健、劳动保护等方面的工作。坚持儿童优先原则,依法保护儿童生存权、发展权、受保护权和参与权,改善少年儿童成长环境,促进儿童身心健康发展。

保障残疾人权益。将残疾工作纳入公共服务,推进无障碍设施建设,加强残疾人康复服务、贫困残疾人脱贫、残疾儿童及少年义务教育、残疾人就业服务和社会保障等工作,创造残疾人平等参与社会生活的条件。

第二节　建设资源节约型社会

坚持开源节流并重、节约优先的原则,以节地、节能、节水、节材为重点,制定差别化政策,大力推进全社会资源节约,提高资源利用效率,构建节约型社会。

节约用地。实行最严格的耕地保护制度,全面落实保护耕地的各项措施。建立土地节约集约利用机制,提高土地投资强度和产出效益,实行行业用地定额标准和投资强度控制标准,坚持工业向园区集中、人口向城镇集中、居住向社区集中。禁止城镇和各类开发区无序扩张,建设紧凑型城镇。大力开展土地整理复垦,合理开发宜农土地后备资源,推进煤炭塌陷地治理。

节约能源。限制高能耗产业发展,强制淘汰耗能高的技术、工艺和设备,抓好重点耗能行业和年能耗5 000吨标准煤以上企业的节能降耗工作。切实贯彻能源效率标准,对家电产品和照明产品实施强制性能效标识管理,鼓励推广使用高效节能产品。新建建筑必须严格执行建筑节能标准,推进现有建筑节能改造,推广太阳能、地热能的使用。鼓励使用节能型交通工具和太阳能产品。在工业园区推广热电联产和余热利用。积极发展太阳能电池、太阳能热水器、太阳能暖房等产品,加强节能技术改造,扶持一批节能技术项目。

节约用水。实施农业节水灌溉,加强灌区节水改造,推广节水灌溉技术和喷灌、滴灌,使灌溉利用系数达到0.55。工业用水重复利用率达到70%,推广住宅小区的雨水利用和中水回用,推进城市尾水资源化利用;缺水地区限制高耗水产业发展,做好高耗水企业节水技术改造;推广节水设备和器具使用;实施农业、工业节水示范工程,创建一批节水型企业、灌区、社区、城市。到2010年,40%的设市城市达到省级节水型城市标准,10个城市达到国家级节水型城市标准,万元地区生产总值水耗降低到250吨。

节约原材料。鼓励使用新材料、再生材料,加强金属材料、木材、水泥等材料的节约代用,减少一次性用品使用。加强重点行业原材料消耗管理,推行产品生态设计,推广节约材料的技术工艺。研究实施节约包装材料的政策措施,有效遏制产品的过度包装。积极采用新型建筑材料,推广应用高性能、低材耗、可再生循环利用的建筑材料。加强重要矿产资源的地质勘查,增加资源地质储量,健全资源有偿使用制度,提高合理开采和综合利用水平。

资源综合利用。以粉煤灰、煤矸石、尾矿和冶金、化工废渣的综合利用为重点,推进工业废弃物综合利用。积极开展废钢铁、废有色金属、建筑垃圾、包装废弃物、电子废弃物等废旧物资的回收和循环使用,加快发展废物回收利用产业。推进城市生活垃圾资源化、减量化和无害化处理,逐步实现城市生活垃圾分类回收。逐步落实废旧家电生产者延伸责任制度。推广秸秆综合利用技术,建设一批秸秆综合利用示范点。鼓励畜禽粪便的综合利用和农膜回收利用,推广节肥、节药技术,降低化肥、农药施用量。

第三节　建设环境友好型社会

坚持环保优先,推进生态省建设。实行最严格的环境保护制度,加大环境保护和生态建设投入,有效控制环境污染和生态破坏。"十一五"期间,全社会环保投资占地区生产总值的比重提高到3%左右。

重点流域水环境整治。把太湖、淮河、长江等流域作为水环境治理的重点,继续实施主要污染物排放总量控制,深入开展流域水环境综合整治,促进水质改善。在重点企业开展"有毒物排放清单"试点工程,推进清洁生产。严格保护饮用水源,加大水源地水质保护工程的建设,在集中式饮用水源地开展有机毒物监测,建立饮用水源安全预警系统,保障饮用水安全。加快重点区域尾水排放通道和生物生态治理工程建设,减少向太湖、长江等水体和南水北调输水线的尾水排放,保护流域水质。加快南水北调东线、泰州引江河、通榆河、望虞河、淮沭新河等清水通道建设。到2010年,全省重点流域COD、氨氮排放总量在2005年基础上削减5%左右,城市集中式饮用水水源地水质达标率达到95%,水功能区水质达标率达到65%。

区域大气环境治理。以控制酸雨和尘污染为重点,切实改善区域大气环境质量,削减二氧化硫和颗粒物排放总量,着力减少重点城市酸雨发生频率。重点加大电力行业二氧化硫污染控制力度,新上项目必须同时配套脱硫设施,已建项目要尽快建设脱硫设施。加快城市燃煤锅炉气化改造,逐步淘汰城市燃煤小锅炉,加强城市气化工程、集中供热、热电联产等基础设施工程建设。提高机动车尾气排放标准。到2010年,全省主要城市空气环境质量达到二级标准的天数增加10%左右。

城乡环境污染治理。以创建国家环保模范城市、生态示范区、环境优美乡镇为抓手,推进城乡环境综合整治。推进城镇生活污水处理、垃圾处理和危险废物安全处置工程建设,加快城镇生活污水管网建设,提高污水收集率和处理率,提高垃圾无害化处理和资源化利用水平。鼓励低能耗、低排放车辆使用。加强农业面源污染和畜禽养殖污染防治,开展土壤污染调查和治理的试点工作,制定化肥、农药使用的技术标准;开展农村环境综合整治,改善农村生态环境。加强核安全监管、放射性、电磁辐射污染的防治工作。到2010年,城市污水处理率超过85%,城市生活垃圾无害化处理率达80%。

建设绿色江苏。加快沿江、沿海、沿湖、沿河、沿路等生态林网、经济林网建设,按照"一区两带三网多点"的布局要求,构建区域生态安全屏障。加强城市绿化建设,在工业园区周围建设生态隔离带。加大自然保护区和重要生态功能保护区建设力度,强化湿地保护,逐步扭转全省湿地面积有所减少、生态功能逐步退化的趋势。注重生态建设与生态产业发展相结合,推进生态工业、生态农业、生态养殖、生态林业、生态旅游等生态示范园区和基地工程建设。按照"谁开发、谁保护,谁受益、谁补偿"的原则,加快建立生态补偿机制。

完善环境管理体制。强化政策引导,积极推进污染治理市场化运作,建立以政府为主导、市场推进的环保基础设施建设、运营的投融资机制,推行排污权交易制度。严格实行环境影响评价制度,依法实施规划的环境影响评价,坚持环境信息公开,加大环境执法力度。建立不同区域不同产业环境保护准入制度,引导石化、冶金、造纸等行业的合理布局。加大政府对生态环境保护的投入,切实加强环境保护能力建设,建立健全生态环境预警应急体系和环境保护监测、监察体系。

第四节　发展循环经济

以新型工业化为导向,重点从企业、园区、社会三个层次,大力推行"减量化、再利用、资源化"的循环发展模式,推进全国首批循环经济试点省份工作,建立政府推动、公众参与、市场主体作用充分发挥的循环经济发展机制。

推进企业内部小循环。依法加大企业清洁生产实施力度,支持企业通过改进设计、实施清洁生产改造方案,按照绿色产品的要求加快升级换代,实现产品生命周期全过程的资源利用和生态影响最小化,加快形成"低消耗、低排放、高效率"的生产模式。在化工、冶金、建材、造纸等行业建设一批"零排放"试点示范工程。对纳入强制清洁生产审核范围的企业加强管理,积极引导企业开展ISO14000环境管理体系、环境标志产品和其他绿色认证,增强产品的环境竞争力。

推进产业园区中循环。以企业之间、产业之间的循环链建设为主要途径,引导不同产业通过产业链的延伸和耦合,实现资源在不同企业之间和不同产业之间的充分利用,建立起以二次资源的再利用和再循环为重要组成部分的循环经济机制。加快产业园区的生态化转向,积极推进零排放工业示范区建设。到2010年,工业用水重复利用率提高到70%,工业固体废弃物综合利用率达到92%。

推进社会大循环。按照建设生态社区和生态城镇的要求,规划建设节能型城镇,减少资源消耗。推行绿色生产、绿色消费,建立起全社会共同参与的循环经济社会体制。加大环境综合治理力度,积极创建全国生态示范区。培育再生资源回收产业,建立社会化的废旧物资回收网络。

加强政策引导。综合运用财税、投资、信贷、价格等政策手段,调节和影响企业、居民和政府等主体的行为,建立自觉节约资源和保护环境的机制。在立法方面,明确企业的生产、包装、回收的义务和责任。在投资引导方面,对符合循环经济要求、促进循环经济发展的项目给予扶持。在能源资源消耗环节,制定并完善阶梯式水价、峰谷电价和差别电价等。在资源综合利用和再生资源回收利用方面,推进各种废旧资源回收和循环利用,建立再生资源回收、加工、利用体系。在社会消费环节,鼓励使用绿色产品、能效标识产品、节能节水认证产品和环境标志产品等。

第五节　加强资源管理

按照"有限开发、有序开发、有偿开发"的原则,加强对土地、水、矿产、岸线和海洋资源的管理。

土地资源管理。严格保护耕地,特别是基本农田,全面落实保护耕地各项措施。结合空间功能区划,完成省、市、县、乡四级土地利用总体规划修编,严格规划的编制、审批、实施管理。盘活利用存量建设用地,按照城镇建设用地增加与农村建设用地减少相挂钩的要求,合理规划和整治村镇建设用地。对土地利用年度计划实施情况进行动态监测和定期评估。五年累计新增建设用地占用耕地量控制在8万公顷以内。

水资源管理。加强水资源统一管理,合理调配水资源,提高水资源和水环境承载能力。建立湖泊资源保护体系。完善取水许可和水资源有偿使用制度,推进用水总量控制和定额管理,逐步理顺水价结构,建立多层次供水价格体系和合理的比价关系,制订实施水资源、城市供水和水利工程供水、再生水分类价格等政策,建立有利于节水的水价计征方式。加强深层地下水禁采、控采管理。

矿产资源管理。加强对矿产资源勘查开发的统一规划和管理,严格按照法律法规和规划进行开发。加大能源和重要矿产资源勘查力度,整顿和规范矿产资源开发秩序,按照矿山的开采规模必须与矿区的矿产资源储量规模相适应的要求,严格执行矿产资源规划确定的最低开采规模要求和准入条件,鼓励和引导矿山企业实现规模开采,禁止粗放式开采,严格限制开山采石。加强矿产资源的资产化管理,建立矿产资源的有偿使用制度和合理补偿机制。加强对矿山生态环境的保护和恢复治理,建设生态矿业。

长江岸线资源管理。按照深水深用、浅水浅用的原则,根据岸线功能属性,合理开发利用和治理保护岸线资源,提高岸线利用效率。严格按照有关法律法规,规范岸线资源的审批,禁止乱占滥用。编制《江苏省长江岸线总体布局规划》,加强对长江岸线资源的开发与保护。

海洋资源管理。按照全省海洋功能区划,科学合理地开发海岸线。加大对海洋环境和生态的保护,积极整治陆源污染,修复海洋重点功能区生态功能,促进海域环境质量改善。控制近海捕捞强度,积极保护海洋生物资源,重点保护好吕四渔场、海州湾渔场。

第十章　科教人才

坚持科学技术是第一生产力,树立人力资源是重要资源、人才资源是第一资源的思想,强化科技进步和自主创新,大力推进科教兴省和人才强省,努力把江苏科教和人才优势转化为现实竞争优势,推进创新型企业、创新型城市、创新型社会建设,努力在全国率先建设创新型省份。

第一节　强化自主创新

坚持自主创新、重点跨越、支撑发展、引领未来的方针,有所为有所不为,注重原始创新和集成创新,把引进、消化、吸收、再创新作为今后一个时期提高自主创新能力的突破口,以产业为龙头、企业为主体、市场为导向,加紧构建产学研相结合的区域创新体系,促进江苏经济结构调整和产业全面升级。

推进科技创新重点跨越。集中优势力量和资金,着力支持一批重大科技攻关和成果转化项目,努力实现重点关键技术领域的突破与跨领域的技术集成。重点在电子信息和软件、新材料、现代装备、生物技术与医药、新能源、环境保护等领域取得一批重大原始性创新成果、发明专利和自主研发的知名品牌,在现代农业、人口与健康、资源与环境、公共安全、减灾防灾等领域攻克一批重大关键技术。"十一五"期间,力争在信息技术、先进制造技术、新材料技术、生物技术、新型能源技术、资源利用和环保技术、重大疾病防治技术等方面取得新的突破,保持在全国的领先地位。

促进企业成为技术创新主体。加快建立以企业为主体的技术创新体系,完善自主创新激励机制和动力机制,支持企业创建自主品牌,增强企业技术创新能力。发挥民营科技企业在科技创新中的生力军作用。以市场为导向,促进产学研融合,加大政府科技投入力度。加强企业科技创新载体建设,鼓励企业增加研发投入,建立技术开发中心、工程技术研究中心、博士后科研工作站,促进企业成为研究开发投入的主体、技术创新活动的主体、创新成果集成与受益的主体。到2010年,企业研发经费占全社会研发投入的比重提高到75%左右。

开放式配置科技资源。按照优势互补、利益共享的原则,进一步提升科技资源配置的市场化和国际化水平。通过技术引进、设计外包、出资收购等方式,在全球范围内有效地配置和利用科技资源,引进急需的先进技术、管理经验和高技术尖端人才。加强本土企业与大型跨国公司开展产品研发、生产和销售服务配套,实现国外高新技术高端产业链、关键技术、核心技术的溢出。重点扶持大企业与跨国公司共建技术研发联合体,建立国际高新技术研发战略联盟。鼓励省内企业与国内高校、科研机构共建研发机构和科技成果转化基地。"十一五"期间,建成10个国际研发中心和若干国际科技交流合作创新平台。

全力打造科技创新高地。以南京、无锡、常州、苏州4个国家级高新技术产业开发区、10个省级高新技术产业开发区和36个国家级特色产业基地为依托,加快自主创新基地、科技成果孵化基地和高新技术产业基地建设,重点扶持特色鲜明、拥有核心技术和国际竞争力的高新技术产业集群,形成一批具有知名品牌的高新技术企业。到2010年,力争把4个国家级高新技术开发区建成国际研发基地和区域性创新高地。

完善科技创新公共服务。重点建设大型科学仪器设备、科技文献信息、生物种质资源、科学数据、科技创业、三药创制、检验检测、知识产权、人口健康等具有共享共用功能的9大科技公共服务平台。围绕建设先进制造业基地,重点建设工业设计、模具设计与制造、智能化加工及装备、系统集成技术、制造业信息化等一批国内一流的制造业共性技术服务平台。进一步完善区域创新体系,建立为中小企业技术创新服务的公共信息平台和网络系统。加快培育科技中介服务市场,扶持建设科技创业服务中心、大学科技园、留学人员创业园等多种类型的孵化器。

建立多元化科技投入机制。通过制定积极的财政、税收和政府采购政策,激励企业加大科技投入,促进企业科技投入的持续增长。大力发展风险投资,积极引进国内外风险投资机构来我省设立风险投资公司,鼓励直接投资高新技术产业项目。鼓励和支持企业、个人以股份制或有限合伙制等形式,组建风险投资公司或创业投资公司,建立健全风险投资机制。进一步加大财政对科技创新的投入,实现财政科技支出增长高于财政经常性收入的增长,优化财政科技资金支出结构,改进政府资金使用方式,提高财政科技资金的使用效益。

加大知识产权保护力度。加强政府对知识产权工作的政策引导和宏观管理,完善知识产权执法机制、体制建设,健全知识产权保护体系,建立实时高效的知识产权预警机制,依法严厉打击侵犯知识产权的行为。实施企业知识产权战略推进工程,重点加强知识产权工作的基础条件和战略运用能力建设,提高知识产权创造、管理、运用和保护能力。建设社会化的知识产权信息服务网络体系,发展专利、商标、版权转让与代理、无形资产评估等知识产权服务,为自主创新和知识产权保护提供有效的信息和法律支撑。

第二节 优先发展教育

把教育放在优先发展的战略地位,把义务教育、职业教育和高等教育作为江苏教育发展的三大重点,进一步深化教育体制改革,优化教育结构和布局,全面提高教育质量和发展水平。到2010年,基本建立起比较完善的现代国民教育体系和终身教育体系,人均预期受教育年限达到13年,基本实现教育现代化。

提高基础教育水平。强化政府对义务教育的保障责任,推进义务教育均衡发展。加快普及学前和高中阶段教育。高度重视农村义务教育,切实提高农村义务教育质量,实行农村义务教育免费制度,着力降低农村学生辍学率。完善苏南、苏中地区对苏北地区教育对口帮扶的机制。充分发挥城市教育对农村教育的带动作用,统筹城市和农村教育的规划、学校建设、教师配置,改造农村薄弱学校。坚持以流入地政府为主、以公办学校为主,采取多种形式全面解决好农村进城务工人员子女义务教育问题。建立健全政府主导、学校联动、社会参与的扶困助学机制,对义务教育阶段困难学生、特殊教育学校学生、在普通学校随班就读的残疾儿童实行"两免一补"。加强义务教育执法监督检查,保护中小学生的合法权益。

大力发展职业教育。继续扩大职业教育规模,保持中等职业教育与普通高中教育比例相近。加快发展农村职业教育,逐步建成以县(市、区)优质职业学校为龙头,乡镇成教中心、职业培训机构为基础的农村职业成人教育培训网络。实施"两后双百"工程,确保未能继续升学的初高中毕业生接受职业技能培训、适龄人员推荐就业。实施技能型紧缺人才培训工程,优先在人才紧缺的专业领域,推行职业院校与企业共同培养人才。加强实训基地建设,重点建设一批规模较大、水平较高、资源共享、起示范作用的职业教育实训基地。推进校企合作,鼓励高中等职业院校与企业组建职教集团。探索建立职业资格体系,逐步实现职业教育学历证书与职业资格证书衔接,完善技术岗位就业准入制度。

优化发展高等教育。以学科建设为重点,支持前沿性、前瞻性重点学科建设,进一步优化高等教育结构,大力推进高等学校教学改革工程,尽快形成一批高水平、有特色的学科群,提升高等学校的教育质量和办学水平。以引进优质教育资源为重点,进一步推进中外合作办学,拓展国际交流与合作,创新教学模式,提高江苏高等教育现代化水平。

进一步深化教育体制改革。改革和调整教育管理体制,合理划分省和市、县职责,充分调动各级办学积极性。加快推进办学体制改革,鼓励和支持民办教育发展,实现公办教育与民办教育的相互促进和相互补充。探索建立多元化的教育投入体制,形成义务教育由政府负全责、高中教育以政府投入为主、职业教育和高等教育以政府投入和社会投入并重的办学格局。继续深化教育教学改革,全面实施素质教育,推进教育教学模式创新,切实减轻中小学生的课业负担,以培养学生的理想情操、创新精神和实践能力为重点,加快应试教育向素质教育转变。积极推进高考制度改革,建立健全以统一考试为主、多元化考试和多次多样化选拔录取的高校招生制度。加强教师培训,提高教师专业技能和教学能力,建设高素质的教师队伍。深化各类职业学校教学改革,加快专业设置调整,推进课程改革和教材改革,建设"双师型"教师队伍,培养技能型人才。

第三节 建设人才强省

培养和壮大人才队伍,提升和增强人才素质,调整和优化人才结构,健全和完善用人机制,努力形成促进优秀人才迅速成长和充分汇聚的良好环境。

培养人才。加快党政人才、企业经营管理人才和专业技术人才三支队伍建设,重点实施一批人才培养计划和培训工程。健全党政人才选拔任用机制,提升公务员整体素质,建设一支高素质的党政领导干部队伍。加快企业家队伍建设,推进职业经理人的市场化,提高企业家素质和管理水平。实施"技能振兴行动",培养一批高素质、专业化的高技能人才。构建多元化的农村实用人才教育培训体系,培育农村实用人才。到2010年,重点建成50个高技能人才培训基地,高级工以上的技能人才占全部技工的比例提高到30%左右。

引进人才。制定和实施紧缺人才引进计划,重点引进经济社会发展急需的各类高层次人才,加大引进海外留学人员及外国专家的力度。积极推进人才柔性流动制度,鼓励国内外各类高层次人才来江苏服务、创业。充分发挥用人主体的引才作用,大力引进适用性人才。

使用人才。加快建立以能力和业绩为导向的人才评价机制和体现科学发展观与正确政绩观要求的党政领导干部综合考核评价体系。建立人才主要由群众评价、市场评价、社会评价、业内评价的人才评价机制,建立奖优惩劣的人才激励机制,建立主要由市场配置人才资源、人才自由流动的机制。建立健全公共人才资源服务系统。改革职称制度,推进社会化的专业技术人才评价工作,推行职业资格制度和水平等级认证制度。强化企业用人主体地位,鼓励企业加大人力资本投入和人力资源开发。

第十一章 体制改革

率先建立比较完善的社会主义市场经济体制是"十一五"时期的重要任务。通过深化政府、企业、市场和社会的改革,促进体制机制完善,形成有利于转变经济增长方式、促进全面协调可持续发展的机制。

第一节 推进行政管理体制改革

推进政府管理体制改革。继续推进政企分开、政资分开、政事分开以及政府与中介机构的分开,减少和规范行政审批,加强社会管理和公共服务职能。加强对政府部门的内部监督,自觉接受人大的法律监督、政协的民主监督和媒体的舆论监督。强化服务意识,降低行政成本,提高行政效率。优化政府组织结构,减少行政层级。健全科学民主决策机制,完善政府重大问题集体决策、专家咨询、社会公示和听证制度。推行政务公开并逐步实现制度化,完善政府新闻发布制度,提高政府工作的透明度,保障人民群众对政府工作的知情权、参与权和监督权。推进南京、苏州城市综合改革试点工作。推进规划体制改革,形成与社会主义市场经济体制相配套的规划体制。加快推进管理体制改革,建立以国民经济和社会发展规划为依据的绩效考核制度,形成落实科学发展观的体制机制。

推进投资体制改革。建立规划引导、市场主导、企业自主决策的新型投资体制。确立企业投资主体地位,健全和规范核准制和备案制,简化行政审批程序。规范政府投资行为,合理界定政府投资职能,积极推行"代建制",提高项目投资效率。加强投资监管,建立有效的政府投资责任追究制和社会监督机制。

推进财税金融体制改革。按照财权与事权对应的原则,推进财政体制改革。进一步完善财政转移支付制度,实行省直接对县的管理体制。合理划分各级政府的事权范围,规范财政支出行为。深化部门预算、国库集中收付、政府采购制度改革,推进财政资金使用绩效评估,加强审计监督。改革非税收入管理制度,继续推进县乡财政管理体制改革。实行有利于经济增长方式转变、科技创新、资源能源节约的财税制度,正确、充分地行使中央赋予的地方税政管理权,加强税收征管。完善城市商业银行、农村商业(合作)银行和农村信用社法人治理结构,建立科学有效的决策、执行、监督和激励机制。鼓励社会资金参与中小金融机构的重组改造,稳步发展各种所有制的中小金融机构。

推进价格体制改革。进一步扩大市场定价的范围,建立反映市场供求状况和资源稀缺程度的价格形成机制。深化垄断行业价格改革。扩大资源费的征收范围,推进水、土地和能源价格改革。通过优化资源配置等手段,解决部分医疗卫生和教育等服务领域收费不合理现象。对直接关系群众生活的商品,加强价格执法检查,努力保持价格总水平的基本稳定。

推进事业单位改革。对现有的事业单位按照不同的社会功能进行科学分类,实施分类改革。全面完成生产经营类事业单位的转企改制,使之成为企业法人实体和市场竞争主体。全面清理行政管理类和社会公益类事业单位,对于保留的行政管理类事业单位,重新明确职能、核编定岗、裁减冗员,对于社会公益类事业单位,实行政事分开、事企分开,调整布局结构。加快推进事业单位机构、财政、人事、分配、社会保障等配套改革。

第二节 健全现代市场体系

现代市场体系是建立完善的社会主义市场经济体制的重要组成部分。"十一五"期间,要以建设和发展要素市场为重点,按照"统一、开放、竞争、有序"的要求,建成较为健全的现代市场体系。

发展资本市场。努力培育和利用股票市场和债券市场,支持企业在境内外资本市场上市,推进企业股权融资和债权融资,鼓励发展创业投资市场,拓展直接融资渠道,提高直接融资份额,建立区域性产权交易市场,稳健发展期货市场,努力创建多元化、多层次的区域资本市场体系。

规范土地市场。建立统一、规范的土地市场体系,完善土地有形市场。在完善经营性用地招标拍卖挂牌出让制度的基础上,积极推进工业用地招标拍卖和挂牌出让,建立完善土地储备制度,增强政府对土地市场的调控能力。改革和完善现行征地制度,建立公正平等的征地机制,加快集体建设用地使用权流转改革,建立集体建设用地流转机制,合理分配土地收益。

发展技术市场。推动科技成果进入市场,交易价格由市场决定。建立健全技术商品交易活动规则,保障交易各方的合法权益;切实依法保护知识产权。

完善人力资源市场。加快人才市场、劳动力市场和高校毕业生就业市场的贯通步伐,坚持公益性的发展方向,建立统一互联、开放有序、信息共享的人力资源市场,加强对现有人才、劳动力市场的整合,全面建立机制健全、运行规范、服务周到、指导监督有力的人力资源市场体系。发展网上人力资源市场。充分发挥用人单位和人力资源市场的主体作用,促进各类用人单位通过市场自主择人,人才和劳动力进入市场自主择业。

发展行业组织和中介组织。坚持"政会分开",改变行业组织双重管理体制,推进行业协会改革。鼓励以企业为主体,按照"四自"原则,建立各种行业协会、商会,推动行业自我管理、自我服务,加大行业自律,促进行业有序发展。调整行业组织布局结构,初步建立与我省产业结构、市场经济体制相适应的行业组织体系。

规范市场秩序。按照"围绕民生、规范市场、打击犯罪、走向诚信"的总体要求,建立和完善市场政策法规,创造良好的法治环境。继续整顿和规范市场秩序,加强市场监管,打击经济领域违法犯罪活动,加大对注册商标专用权的保护。整顿、规范食品、药品生产和流通秩序。坚持依法行政,加强对执法活动的监督。

第三节　推进公有制经济改革

推进国有经济布局和结构的战略性调整,完善国有资本有进有退、合理流动的机制,提高国有资本在关系国家安全和国民经济命脉的重要行业、关键领域的集中度,增强国有经济在国民经济命脉行业的控制力。加快省属国有企业和大型国有企业改制,全面完成国有企业改革,进一步完善法人治理结构,健全现代产权制度和企业制度。推进垄断行业改革,引入竞争机制,实现投资主体多元化。探索企业领导人市场化产生机制,推进企业领导人职业化。继续深化集体企业改革,发展多种形式的集体经济。鼓励和支持非公有制经济参与国有企业改革,进入金融服务、公用事业、基础设施等领域。

第四节　大力发展民营经济

全面落实加快发展民营经济的政策,优化民营经济发展环境,保护私有财产。鼓励民营经济外向发展,支持民营经济与外资经济融合。鼓励和引导民营企业制度创新和机制创新,转换企业内部经营管理机制,加快建立现代企业制度,提高企业家素质。增强自主创新和技术创新能力,走科技型发展道路,提高民营经济竞争力。到2010年,民营经济创造的增加值占国民经济比重提高到40%以上。

第十二章　对外开放

顺应经济全球化潮流,全面推进经济国际化进程,提高对外开放的层次和水平,增强开放对发展和改革的促进作用。

第一节　提高对外贸易水平

建设外贸强省。加快转变对外贸易增长方式,促进江苏由外贸大省向外贸强省的转变。优化出口产品结构,推进高新技术产业和装备制造等附加值高的产品出口,扩大自主知识产权产品出口,增强自主品牌产品的国际竞争力,推进外商投资企业提升产业层次和加工深度,提高其出口商品的国内增值率。提高加工贸易产业层次,引导加工贸易企业进一步延伸产业链,提高加工贸易的附加值,注重发展一般贸易,提升中高端产品的国际竞争力。严格控制高耗能、高污染产品出口。加快发展服务贸易,提高服务贸易在国际贸易中的比重。积极开拓新兴市场,努力化解市场风险,规避贸易壁垒,解决贸易争端和纠纷。落实社会责任标准和环境保护标准,完善出口商品成本制度。充分利用CEPA带来的机遇,加强苏港、苏澳经贸合作,促进苏台经济技术交流与合作。继续发挥进口的积极作用,优化进口产品结构,重点引进国内市场紧缺的资源、先进技术设备和软件等,提升产业发展水平。

建立面向国际市场的营销体系。加快建立具有国际营销经验的人才队伍,加强政府与企业的合作,共同建设国际市场信息平台,鼓励企业通过自建、合作、并购等多种途径,建立海外营销网络,充分利用国际性商务活动,发展营销代理,拓宽销售渠道。

第二节　提升产业国际化层次

提升产业发展层次。大力引进在我国有长期发展战略、转移先进技术和高附加值制造加工环节、有运作全球化大企业丰富经验的国外企业前来投资,提高产业发展层次。以本土优势企业为龙头,发展拥有自主知识产权的产品,进入国际产业分工体系的高端。强化本土企业与跨国企业的配套,提升本土企业国际竞争力,提高全球配置资源的能力。推进本土企业国际化和外资企业本土化进程,促进产业由国际分工体系的低端向高端攀升,实现由加工制造向加工创造的转变。

加快"走出去"步伐。支持企业以周边国家和发展中国家为重点,促进电子、轻纺、机械等行业的大企业到境外投资,建立境外生产加工基地,鼓励企业以合资、合作及独资等方式开展境外资源利用,鼓励企业以并购、租赁等方式到发达国家开拓市场。积极探索建立境外工业园区和相对集中的加工区域。不断提高对外承包工程劳务合作层次,拓展对外工程承包领域,积极有序开展对外劳务合作,加快制定对外投资法律法规,健全对外承包工程促进体系和对外劳务合作管理体系。鼓励企业在海外建立资源、能源供应基地,特别是在国外生产初级产品到国内进行深度加工。鼓励企业到境外融资,开拓海外资本市场,做强做大企业。加强境外投资中介机构建设,利用多边政府磋商机制,为企业对外投资创造良好的外部环境。

第三节　优化利用外资结构

继续扩大吸收外资规模,结合江苏产业结构调整升级,有针对性地开展引资,吸引跨国公司把更高技术水平、更大附加值含量的加工制造环节转移过来,有序承接国际现代服务业转移,鼓励跨国公司设立研发机构、服务中心和地区总部,加快服务业和农业对外开放步伐,提高服务业在利用外资中的比重,到2010年,全省服务业利用外资比重超过全国平均水平。加大同国际金融组织的合作,积极稳妥地利用国外贷款,创新利用外资新方式。

第四节　加快人才国际化步伐

重点培养造就具有世界眼光和战略思维、通晓国际经济贸易规则、熟悉跨文化操作的高层次的人才队伍。以重大科研项目、国际学术交流和合作项目、重点学科、重点科研基地为载体,加大学科带头人的培养力度,集聚和培养一大批具有国际化水平的领军人才。推进本土人才素质国际化。大力发展与国际接轨的人才服务机构,加快建立国际互认的专业技术职业资格制度,积极引入适应江苏需要的国际职业资格证书标准体系。充分尊重国际化人才价值,建立能体现人才价值、灵活有效的薪酬机制，创造宽松的氛围，为国际人才来江苏创新创业提供良好的环境。

第五节　提高开发区发展水平

促进开发区集聚集约发展。充分发挥苏州工业园区等国家级、省级开发区的示范带动作用，重点引进基地型、龙头型、旗舰型的大项目和跨国公司地区总部、研发机构、营销中心。合理确定开发区的主体功能，以产业链整合生产和服务，强化企业间的专业化分工与协作，发展专业特色园区，促进开发区由集中发展转向集聚集约发展。推进出口加工区、保税物流园区等特殊功能区的建设。把开发区建设成为吸引外资的密集区、先进制造业的集聚区、科技创新的核心区、体制创新的先行区、集约节约利用土地的示范区，增强整体竞争力和辐射带动力。

加强开发区管理体制创新。鼓励开发区深化管理体制改革，防止旧体制回归。注重提高开发区规划水平，强化开发区功能创新，提高行政效率和服务能力，形成与国际接轨的管理方式和良好的投资环境，增强生产要素集聚功能。积极打造开发区公共服务平台，提供完善的招商引资、审批代理、法律咨询、信息、培训等服务，进一步完善服务功能，降低交易成本，提升管理水平。支持宿迁市与苏州市以及苏南和苏北其他各市探索开发区联动发展的新模式。

第四篇　规划保障和规划实施

第十三章　经济调节

积极贯彻国家宏观调控政策，把握全省经济发展走势，高度关注民生，加大公共产品供给。加强公共政策与规划之间的协调，合理运用财政、投资、土地和价格政策工具，保持全省经济社会平稳快速发展，人民生活水平进一步提高。

第一节　调整积累和消费比例

积极提高消费率。调整国民收入分配比例，降低积累率，提高消费率，重点向增加城乡居民收入倾斜，为经济发展提供内在动力。以增加低收入居民收入为重点，提高整体消费能力。保持物价总体水平基本稳定。努力调控价格总水平保持小幅增长，稳定投资品和消费品价格。实施积极的消费政策，加快发展与全面小康社会相适应的消费服务，培育新的消费热点和消费方式，扩大居民消费需求和消费层次，促进经济良性发展。到2010年最终消费率在2005年基础上提高5个百分点左右。

保持投资稳定增长。着力提高投资质量和效益，“十一五”期间，全省全社会固定资产投资五年累计为60 000亿元，总投资率有所下降。进一步优化投资结构，继续支持农业和农村经济发展，加大对农业投入的力度。积极发展先进制造业，注重工业产品附加价值的提高，增加对先进制造业的投入。高度重视现代服务业的发展，提高服务业投资在总投资中的比重。通过增量投入带动存量结构的调整。进一步加大资金筹措力度，激发民间投资，强化股票、企业债券在融资中的作用，扩大企业境外上市融资的比例，鼓励发展创业投资，积极探索促进民间资本向投资转化的新机制。

第二节　合理配置财政资源

遵循公共财政服从于公共政策的原则，确保公共财政资源的配置与经济社会发展规划等重大公共政策之间相互配合和协调。“十一五”期间，省级公共财政的配置方向是，优先投向农业、教育、社会保障、公共卫生、科技进步、公益文化、防灾减灾、生态环境、公共安全等领域。整合各项专项资金，优化配置，强化管理，确保投向关键领域和薄弱环节。建立健全财政资金绩效评价制度，最大限度地发挥财政资金的使用效益。加强财政收支审计。严格控制行政经费增长，厉行节约。加强对落后地区财政转移支付力度，完善财政转移支付制度。进一步加大对人力资本和研发的投入，运用税收杠杆促进产业政策落实。

第十四章　重大工程

从战略上实施一批事关江苏发展全局的重大基础设施和公共服务工程，是提高江苏综合竞争力和人民生活水平的重要保障。“十一五”期间，组织实施300项重大项目，总投资达11000亿元，占全社会固定资产总投资的比重为18%左右。

1. 现代综合运输体系工程。建设7大综合运输通道，构建以深水海港和国际空港为中心的广域交通体系，发展轨道和航道等大容量交通运输方式，进一步完善高等级公路网和乡村道路网络，建设各种交通方式无缝连接的换乘中心。

2. 能源建设和保障工程。新建、续建一批电源点，在国内、国外建设能源资源供应基地，实施能源结构调整工程，推进电网建设，实施节能工程。

3. 信息化建设工程。重点构建全省电子商务综合平台、电子政务网络平台，建设覆盖全省的政务协同办公系统、公共信用信息系统、突发公共事件应急指挥系统，建设省地理空间信息基础框架，建设一批基础性、应用型数据库，构建全社会信息安全保障体系。

4. 防洪减灾和水资源保障工程。完善防洪减灾、水资源供给、水资源保护三大体系，重点实施南水北调东线一期、流域防洪、海堤达标、水库加固、区域治理、城市防洪、区域供调水及水资源保护等工程。

5. 生态省建设工程。实施生态省建设八大工程。重点实施长江、太湖、淮河和南水北调东线等流域性的污染治理工程，在沿江、沿海等区域建设一批生态工程，实施全省森林资源倍增计划，实施城乡环境污染治理工程。

6. 科技创新工程。攻克一批重大关键技术，建设一批科技创新高地、科技创新公共服务平台，建立以企业为主体的技术创新体系。

7. 人才强省和教育现代化工程。实施一批人才强省工程，推进“江苏人才国际化工程”和“技能振兴行动”。提高基础教育水平，扩大职业教育规模，优化发展高等教育。实施教师队伍培训、教学设施完善、课程设置改革等工程，办好江苏教育科研网。

8. 医疗卫生服务和食品药品安全体系建设工程。重点实施农民健康工程、公共卫生体系工程、社区卫生促进工程、中医药振兴计划、科教兴卫工程、卫生监督体系建设工程、食品药品放心工程等，健全和完善卫生服务体系、疾病预防控制体系和食品药品安全体系。

9. 劳动和社会保障体系工程。加大财政投入力度，建设金保工程、社会保险服务设施工程、技能人才实训基地建设工程、农村劳动力技能培训工程和社区平台建设工程；健全和完善就业再就业资金专项，养老金缺口补助专项，困难地区、困难行业离退休医疗补助专项，个人账户做实启动资金专项及社会保险储备资金。

10. 文化大省建设工程。实施“艺术精品工程”、“农村文化建设工程”、“中国江苏·国际文化艺术周”、“文化遗产保护工程”和“文化产业培育工程”,发展一批具有竞争力和引领作用的文化企业和文化企业集团,推进体育文化发展。

11. 农业支持和保障工程。重点建设种养业良种、科技推广服务、动植物保护、农产品质量、农业信息、农业资源与生态环境保护、农村经营与行政执法管理七大工程,构建支持保护有力、服务快捷高效、监管规范有序的农业支持与保障新体系。

12. 突发公共事件应急体系工程。重点建设预警监测系统、应急指挥系统、信息管理系统、决策咨询系统、教育培训系统、物资和装备保障系统,加强防灾减灾能力建设,建立专业化抢险救援队伍。

第十五章　实施机制

建立健全规划实施机制是确保“十一五”规划目标顺利实现的重要条件。要从建立体系、完善机制、分类指导、组织落实、监督检查等方面,形成“十一五”规划实施的有效机制。

第一节　建立完备的规划体系

“十一五”规划包括总体规划、区域规划、专项规划和市县发展规划。总体规划是统领全省经济社会发展全局的发展规划,是编制其他各类规划的依据。区域规划是总体规划在特定区域的落实,是总体规划在区域上的延伸和细化。专项规划是总体规划在特定领域的落实,是总体规划在领域上的延伸和细化。市县发展规划是以市县行政单元为中心地域编制的发展规划,是总体规划在市县行政区域的延伸、细化和落实。省政府组织编制和实施5个区域规划和27个专项规划,编制全省空间布局总体规划。根据本规划,修编各级土地利用和城市总体规划。

第二节　完善衔接协调机制

规划衔接的主要内容。下级总体规划要在约束性目标、空间功能定位和重大基础设施建设等方面与上级总体规划进行对接;区域规划和专项规划要在发展目标、空间布局、重大项目建设等方面与总体规划进行对接;同级总体规划要在空间布局和基础设施建设等方面与周边地区的总体规划进行衔接;同级区域规划和专项规划要在发展目标、空间布局、重大项目建设等方面进行协调。

加强发展规划与其他规划的衔接。加强发展规划与城市规划和土地利用规划之间的衔接配合,城市规划和土地利用规划以发展规划为依据,要将发展规划确定的目标、任务和要求进行具体落实,突出建设性、控制性;发展规划要加强与城市总体规划和土地利用总体规划衔接协调。确保在总体要求上方向一致,在空间配置上相互协调,在时序安排上科学有序,提高规划的管理水平和行政效率,确保规划目标的顺利实现。

第三节　形成分类实施机制

按照社会主义市场经济体制的要求,充分发挥市场配置资源的基础性作用,正确履行政府职责,调动社会各界和广大人民群众的积极性,形成有效的分类实施机制。

——本规划提出的产业发展的方向和任务,以及利用外资、对外贸易等领域的发展重点,主要依靠市场配置资源,引导市场主体行为实现,政府的工作重点是强化市场监管,维护公平竞争,确保市场机制正常发挥作用。

——本规划确定的转变经济增长方式、调整优化经济结构、增强自主创新能力、建设社会主义新农村、推进信息化、促进城乡和区域发展、提高居民收入、建设人才强省、建设资源节约型社会等重点任务,主要通过完善市场调节机制和政策导向机制实现。政府的工作重点是营造良好的制度环境和政策环境,激发市场主体的活力和动力。

——本规划确定的社会事业、社会保障、促进就业、防灾减灾、公共安全等公共服务领域的目标和任务,是政府做出的承诺,政府要切实履行职责,应用公共资源和调动社会力量努力完成。

——本规划确定的空间功能区划、环境保护、生态保护、资源管理、加强社会公共管理、规范市场秩序、精神文明和民主政治建设等方面的任务,主要依靠建立健全法律法规,加大行政执法力度,并辅之以一定的经济手段予以实施。

——本规划确定的各项体制改革任务是政府的重要职责,政府要积极推进行政管理体制改革,把改革任务分解落实到有关部门,按进度安排抓紧推进,确保改革任务如期完成。

第四节　强化组织落实

省各部门要按照职责分工,将规划纲要确定的相关任务纳入本部门年度计划,明确责任人和进度要求,并及时将进展情况向省政府报告。本规划提出的约束性目标,省政府分解落实到省各有关部门和地区,特别是耕地保有量、单位地区生产总值能耗、污染物减排3项指标,要定期检查,强化落实,重要的预期性目标也要分解落实。建立重大项目责任制,对规划纲要中确定的重大项目和重大工程进行分解落实,明确进度、明确要求、明确责任,由省政府分管领导挂帅,相关部门和地方各负其责,确保重大项目和重大工程的实施。要按照科学发展观和正确政绩观的要求,进一步改进考核评价机制,着重考核规划纲要中提出的约束性指标,确保约束性指标的落实。

第五节　健全监督评估机制

健全规划实施报告制度。通过制定和实施国民经济和社会发展年度计划,每年将规划目标和主要任务的进展情况向省人大报告,并向省政协通报。推进规划实施的信息公开,健全政府与企业、公众的沟通机制,加强社会对规划实施的监督。

健全规划实施中期评估制度。2008年,省发展改革主管部门将组织力量,对“十一五”规划的实施情况进行中期评估,检查规划落实情况,分析规划实施效果,找出规划实施中的问题,提出解决问题的对策建议,形成中期评估报告,上报省政府。经中期评估,若需要对本规划进行修订,省政府提出修订方案,报请省人民代表大会常务委员会批准实施。

健全规划调整制度。“十一五”规划实施期间,如遇国内外环境发生重大变化或其他重要原因导致实际运行与规划目标发生重大偏离时,省政府将适时提出调整方案,报省人民代表大会常务委员会审议批准。（注:目录、专栏、图表略）

浙江省国民经济和社会发展第十一个五年规划纲要

（浙江省第十届人民代表大会第四次会议审查批准）

一、以科学发展观统领全局，基本实现全面小康社会目标

（一）“十五”取得巨大成就，站在新的历史起点。

“十五”时期是极不平凡的五年。面对台风洪涝、高温干旱等灾害的严峻考验，面对“非典”、禽流感等疫情的严重冲击，面对发展中资源环境制约、贸易摩擦加剧、社会矛盾增多的种种压力，全省人民大力弘扬浙江精神，坚持与时俱进，不断开拓创新，奋力克难攻坚，保持了全省经济平稳较快发展与社会和谐稳定，使“十五”时期成为浙江综合实力提高较快、改革开放取得重大进展、城乡面貌和人民生活得到较大改善的时期。全省生产总值迈上万亿元台阶，人均生产总值突破3 000美元，地方财政收入超过1 000亿元，进出口总额达到1 000亿美元；城市化加快推进，改革开放继续深化，以“五大百亿”工程为主体的重点建设成效显著，社会发展水平居全国前列，城乡居民人均收入居各省区之首。面向未来，我们站在一个新的历史起点上，放眼世界，和平、发展、合作已成为当今时代潮流。经济全球化趋势深入发展，科技进步日新月异，生产要素流动和产业转移明显加快，区域经济一体化蓬勃发展，国内外经济互动日益增强。这总体上有利于浙江利用国际资源、吸纳高端要素、承接产业转移、参与国际分工和合作。同时，国际贸易保护主义抬头，国际油价和人民币汇率等不确定性因素增多，围绕资源、技术、市场、人才的国际竞争更加激烈。这对浙江加快发展开放型经济，在更广领域、更高层次上参与国际竞争，提出了新挑战。

综观国内，经济社会将继续保持良好的发展态势。工业化、城市化、市场化、国际化加快推进，社会活力和发展动力充足；人民生活水平不断提高，消费结构加速升级，社会保持长期稳定，发展潜力巨大。这为浙江拓展发展空间、加快发展步伐创造了有利条件。全国区域发展新格局逐步形成，东部地区率先发展，长三角地区经济一体化进程加快。这对浙江全面建设小康社会，继续走在全国前列，提出了新要求。

立足浙江，实现高起点上更高水平的发展任重道远。“十五”计划目标圆满完成，中共浙江省委相继作出深入实施“八八战略”、全面建设“平安浙江”、加快建设文化大省等重大战略部署，全省形成了“干在实处、走在前列”的良好氛围，为“十一五”经济社会发展奠定了坚实基础。同时，也要清醒地认识到，粗放型增长方式没有根本转变，经济结构不尽合理，自主创新能力不强，人才科技等高端要素制约加大；经济与社会发展不够协调，城乡和地区发展不够平衡，处理好社会利益关系的难度加大。缓解发展中长期积累的素质性、结构性、体制性矛盾和问题，必须与时俱进地创新发展模式。

（二）深入实施“八八战略”，转入科学发展轨道。

“十一五”时期是全面建设小康社会的攻坚阶段，全省经济社会发展的指导思想是：高举邓小平理论和“三个代表”重要思想伟大旗帜，全面贯彻落实科学发展观，按照“干在实处、走在前列”的要求，深入实施“八八战略”，全面建设“平安浙江”，加快建设文化大省，坚持依法治省，扎实推进改革开放和统筹发展，促进经济结构调整和增长方式转变，努力构建社会主义和谐社会，加快全面建设小康社会、提前基本实现现代化步伐。

按照“立足科学发展、促进社会和谐、实现全面小康、继续走在前列”的总体要求，必须切实把握好以下四个方面：

推进又快又好的发展。坚持以科学发展观统领经济社会发展全局，强化发展意识，抓住发展机遇，努力保持经济平稳较快发展；转变发展观念，创新发展模式，提高发展质量，把经济社会发展切实转入全面协调可持续发展的轨道。

转变经济增长方式。加快自主创新步伐，强化经济增长的人才和科技支撑，坚持走新型工业化道路，推进经济结构的战略性调整；大力发展循环经济，建设资源节约型和环境友好型社会，逐步实现节约发展、清洁发展、安全发展和可持续发展。

深化改革开放。坚持推进经济市场化和国际化，切实转变政府职能，更大程度地发挥市场在资源配置中的基础性作用，完善落实科学发展观的体制保障；积极参与国内外经济合作与交流，进一步提高对内对外开放水平，增强扩大开放条件下促进发展的能力。

促进人的全面发展。坚持以人为本，注重社会公平，倡导和睦相处，健全民主法制，努力构建社会主义和谐社会；不断改善民生，认真解决人民群众最关心、最直接、最现实的利益问题，完善教育、卫生等公共服务，使全体人民共享改革发展成果。

（三）干在实处、走在前列，全面建设小康社会。

“十一五”时期，浙江经济社会发展的目标是：

力争到2010年全省基本实现全面小康社会的目标，为提前基本实现社会主义现代化打下坚实基础。

——综合实力和国际竞争力进一步增强。在优化结构、提高效益、降低消耗的基础上，全省生产总值年均增长9%左右，到2010年达到20 000亿元左右，人均生产总值达到40 000元左右；加快发展高效生态农业、先进制造业和现代服务业，服务业在三次产业中的比重达到45%左右，投资和消费的比例更趋合理；形成一批拥有自主知识产权和知名品牌、国际竞争力较强的优势企业，研究与实验发展经费支出占生产总值比重达到15%以上，科技综合实力、区域创新能力居全国各省区前列。

——体制机制和对外开放形成新优势。行政管理体制改革步伐加快,要素配置市场化改革取得突破性进展,民营经济发展继续保持全国领先地位,多种所有制经济更加繁荣,初步建立落实科学发展观的体制保障;外贸结构进一步优化,利用外资质量进一步提高,对外经济技术交流与合作进一步扩大,开放型经济达到新水平,进出口总额年均增长10%。

——构建和谐社会取得新进展。社会就业比较充分,城乡、区域发展进一步协调,新增城镇就业300万人,转移农村劳动力200万人,城镇登记失业率控制在4.5%以内,非农从业人员比重达到80%左右,城市化水平达到60%左右;社会保障体系比较健全,全省企业养老保险参保人数达到1 000万人,新型农村合作医疗覆盖率达到85%以上;城乡居民收入水平和家庭财产普遍增加,城镇居民人均可支配收入达到22 000元左右,农村居民人均纯收入达到9 000元左右,努力缓解城乡、地区和部分社会成员之间收入分配差距扩大的趋势,公共服务有较大改善;居住、交通、工作、休闲环境逐步优化,物质文化生活更加丰富,生活质量和水平进一步提高。

——可持续发展能力不断增强。生态省建设取得明显进展,全省生态环境质量有所改善,总体水平保持全国领先地位,30%的县(市、区)和40%的设区市基本达到生态县、市建设要求;资源利用效率有较大提高,万元生产总值综合能耗下降15%左右;发展循环经济取得明显成效,建设资源节约型和环境友好型社会实现阶段性目标;稳定低生育水平,人口自然增长率控制在5‰左右。

——公民的思想道德、科学文化和健康素质进一步提高。文化大省建设步伐加快,文化建设"八项工程"扎实推进,科技、教育、人才、卫生、体育强省建设取得重大进展,现代国民教育、区域科技创新、人才支撑、医疗卫生体系和全民健身体系不断完善,学习型社会、创新型省份建设有效推进。

——依法治省得到明显加强。"法治浙江"建设成效显著,政府职能全面履行,政府决策的科学化、民主化水平进一步提高,公共服务型政府建设积极推进;经济社会生活的法制环境不断改善,基层民主更加健全,人民群众的政治、经济和文化权益得到切实尊重和保障,社会秩序良好,人民安居乐业。

二、建设社会主义新农村,推进城乡协调发展

顺应全面进入以工促农、以城带乡发展新阶段的要求,积极推进城市化,促进城市化健康发展;坚持统筹规划、因地制宜、分类指导、注重实效,全面建设社会主义新农村,推动产业新发展,建设新社区,培育新农民,树立新风尚,构建新体制,形成城乡互促、共同繁荣的城乡一体化发展新格局。

(一)发展高效生态农业,切实增加农民收入。

提高农业综合生产能力。加大财政对农业的支持力度,多渠道增加农业投入。实行最严格的耕地保护制度,加强农业基础设施建设,建成1 500万亩标准农田,提高基本农田的地力和产出,确保全省300亿斤粮食综合生产能力。加强粮食流通和储备体系建设,加快省外粮源基地合作开发,确保粮食安全。增强农业的生态功能,充分发挥水土保持、气候调节、自然观光等综合效用。

优化农业结构和区域布局。着力建设浙北浙东沿海平原、浙中盆地丘陵、浙西北浙西南山区和沿海及岛屿四大农业区块。创建一批高效生态农业示范县、示范园区,重点建设400个规模化标准化的特色优势农产品基地、150万亩设施农业基地、一批环保型畜牧业养殖场和100万名亩标准养殖塘。实施百乡千村兴林富民示范工程,建成高效生态林业基地200万亩。

提高农业产业化和现代化水平。发展设施农业、精准农业、循环农业、有机农业、休闲农业,把传统农业逐步提升为具有持久市场竞争力和能持续增加农民收入的高效生态农业。大力推进适度规模经营,实施"强龙兴农"工程,重点培育1万家农业产业化经营组织和100万专业农民。提高农业组织化程度,建立行业协会、专业合作组织、农产品市场、龙头企业、专业农户有机结合的贸工农一体化经济组织体系。强化农业科技创新,实行复种轮作、立体种养等农作制度,推进种养结合、粮经结合、粮饲牧结合和水产混养、套养、轮养。实施农机化促进工程,建立100个农业优势产业农机化示范基地。实施种子种苗和肥药减量增效工程,推广测土配方施肥技术。推行从育种、生产、加工、储运到营销整个产业链的标准化生产,强化从田头到餐桌全过程的农产品质量安全管理,不断提高绿色农产品和有机农产品的比重。

(二)建设农村新社区,努力改善农村整体面貌。

深入实施"千村示范、万村整治"工程。大力治理农村"散、脏、乱、差",把传统村落建设成为现代文明的农村新社区。优化小城镇和村庄布局,积极稳妥地开展乡村撤并,加快推进中心镇、中心村建设,力争完成20 000个村庄的整治任务,建成2 000个全面小康示范村。合理制定农村居民人均建设用地定额,完善农村宅基地整理复垦机制,控制农村建设用地规模,引导农民向中心镇、中心村集聚。以生态村建设为载体,建设集中和分散相结合的生活垃圾和污水处理设施,实施百万农户生活污水净化和沼气工程,改善环境卫生和村容村貌。

加强农村公共服务。建设万村文化阵地和农村体育设施,倡导健康文明的生活方式,广泛开展农民喜闻乐见的文体活动。整合发挥"浙江农网"等信息平台的作用,加强农技推广、农产品质量安全检验检测。构建县、乡、村三级联动的农村卫生医疗服务体系,实施农民健康工程。继续开展多种形式的文化、科技、卫生"三下乡"活动。建成千镇连锁超市和万村放心店,改善农村消费环境。大力开展普法教育,鼓励司法部门和中介机构向农民提供法律援助,改善农村治安状况。

(三)积极推进城市化,强化城市的集聚辐射作用。

加快区域中心城市和城市群建设。按照循序渐进、节约土地、集约发展、合理布局的原则,加快中心城市发展,发挥城市群的网络效应,提高区域整体竞争力。杭州市要加快沿江、跨江发展进程,强化长江三角洲重要中心城市和全省政治、经济、文化中心的功能,构筑杭州都市经济圈,使之成为全省高新技术研究开发与产业化的核心区、现代服务业发展的集聚区。宁波市要逐步发展成为现代化的国际性港口城市和长江三角洲南翼经济中心,构筑宁波都市经济圈,使之成为浙江临港重化工业的核心区、上海国际航运中心的重要组成部分。温州市要加快城市东拓和港口建设步伐,加大外向发展力度,逐步发展成为东南沿海重要的工业、商贸中心和港口城市,构筑温州都市经济圈,使之继续成为民营经济的先行区,辐射浙南闽北、影响皖赣的经济枢纽。加快培育金华包括义乌等城市在内的浙中城市群,充分发挥先进制造业和大型专业市场优势,使之成为中国小商品制造基地和贸易中心、浙江中西部现代物流中心和区域发展极核。

强化大中小城市的辐射带动作用。按照"35221"的城镇体系规划,形成特大城市、大城市、中等城市、小城市和中心镇协调发展的格局。充分发挥大中小城市的比较优势,提高城市综合承载能力。鼓励大城市通过城际快速干道连接周边中小城市,形成点轴型组群式城市空间发展形态。支持有条件的地级市和经济强县政府所在地发展成为区域经济中心和中等城市,鼓励更多的县城和中心镇发展成为功能健全的中小城市。发挥县城的龙头带动作用,催生具有区域特色、竞争优势的产业集群,使之成为县域经济发展的增长极。加快培育中心镇,使之成为连接城乡的节点和繁荣农村、服务农业、集聚农民的重要载体。

增强和完善城市功能。加强城市规划管理,找准城市发展定位,强化城市发展特色,提升城市发展品位。优化城市基础设施的结构布局和运行管理,建设环境优美、适合人居的生态城市,充分发挥城市对产业、人口的吸纳集聚作用。加强对进城务工人员的培训,逐步赋予进城就业农民与市民同等的待遇,充分发挥城市对农村人口的转移转化作用。强化城市在资金、技术、人才、信息、管理等方面的优势,进一步完善服务和创新功能,充分发挥城市对区域经济的辐射带动作用。腾笼换鸟、退二进三,对主城区、近郊发展空间和功能进行战略拓展与科学整合,充分发挥城市在更大空间范围内对资源的优化配置作用。

(四)加快城乡一体的制度创新,推进农村人口城市化。

逐步消除城乡二元的体制障碍。加快实施城乡统一的户籍登记管理制度,消除附加在户籍制度上的不合理功能。探索农村土地产权制度改革,推动土地使用权依法自愿有偿流转,完善土地征用"区片综合价"制度和征用程序,切实维护和保障被征地农民的合法权益。完善城乡统筹就业制度,实现劳动力的自由流动和平等竞争。

实施农村综合改革。巩固农村税费改革成果,加强涉农收费项目监管,切实减轻农民负担。推进县乡公共财政管理体制改革,采取有效措施化解乡镇债务。加快公共财政向农村覆盖,保障农村公共支出。科学界定乡镇政府职能,合理设置乡镇机构。进一步完善村务公开和民主管理制度,健全村民代表会议、村务公开监督小组、民主理财小组"三个组织",创新民主议事协商、集体财务审计监督、民主评议村干部"三项制度"。积极推进以社区股份合作制为主要形式的农村集体资产管理体制改革,壮大村级集体经济。

改善进城务工人员的就业生活环境。进一步提高进城务工人员待遇,切实解决涉及收费、薪酬、劳动时间和工作条件等突出问题,依法办理养老、医疗、失业、工伤、生育等社会保险。研究制定政策,为进城务工人员提供同等的职业培训、子女就学、计划生育、公共卫生服务。广泛开展社会公德、职业道德和家庭美德教育,增强进城务工人员的民主法制、生态环境保护和城市公共生活意识。

三、着力自主创新,推进产业结构优化升级

顺应集群化、信息化、国际化和生态化发展趋势,抓住新一轮全球产业结构调整的机遇,把提高自主创新能力作为产业结构调整和经济增长方式转变的中心环节,推动产业结构由"二三一"向"三二一"转变,走出一条互动互补、集聚集约、创新创优、高质高效的产业发展之路,成为我国走新型工业化道路的先行区。

(一)着力整合提升,建设先进制造业基地。

推动产业集群化发展。全面实施环杭州湾、温台沿海、金衢丽高速公路沿线三大产业带发展规划。推动国家级、省级开发区和重点园区的整合提升扩容,增强研发、信息、培训、营销等服务功能,构筑全国一流的产业集聚平台。加快承接国际产业转移,实施中小企业成长计划,提高企业的管理水平和国际化经营能力,促进区域块状特色经济向国际性产业集群转型。合力打造中高档纺织、品牌服装及皮革、电子信息及电气等10大产业集群,以及20个左右国内重要的制造基地,培育100家销售收入达到50亿元以上、拥有自主知识产权和自有品牌的大企业大集团,培育1万家专业特色强的成长型中小企业。

推进关键领域的重点突破。优先发展具有重大带动作用的高技术产业。组织实施重大高技术产业化示范工程,加快第三代移动通信、下一代互联网、数字电视等具有自主知识产权成果的产业化进程,大力发展生物医药、高效低毒低残留农药和医疗器械,积极开发新材料、新能源和先进环保技术。高技术产业增加值年均增长20%以上。加快改造传统优势行业,进一步巩固和提升纺织、服装、皮革、五金、造纸、精细化工等行业在全国的优势地位。积极发展临港重化工业,建设大乙烯、对二甲苯(PX)、精对苯二甲酸(PTA)等大型石化以及板材类优质钢冶炼和深加工项目,积极发展大型船舶和特色船舶修造产业。整合提升装备制造业,依托汽车零部件生产的优势,加大国际合资合作力度,提升豪华大客车、经济型轿车、皮卡车等整车制造水平;依托现有产业基础,着力提升研发和工艺水平,在电子通信设备、输变电设备、环保专用设备等领域有新突破。

(二)提升战略地位,加快发展现代服务业。

提高服务业发展水平。把服务业作为新的经济增长点和结构调整的战略重点,建立"高增值、强辐射、广就业"的服务业体系,提高服务业对经济增长和全社会就业的贡献率。着力推进服务业市场化,健全社会化、专业化的生产生活服务网络。充分发挥服务业的比较优势,运用现代经营方式和信息技术,提升商贸物流、金融保险、旅游会展、文化和房地产等优势服务业。积极发展电子商务、连锁经营、现代物流等新技术、新业态和新的服务方式,加快培育信息、科教、中介、社区和公共服务等新兴服务业。

深化服务业体制改革。以市场化、产业化、社会化为方向,打破行业垄断,建立公开、平等、规范的行业准入制度。加快电信、金融、铁路、航空和市政公用服务等行业的市场化改革进程,进一步深化科技、教育、文化、卫生、体育等事业单位改革。对公共服务与非公共服务、营利性服务与非营利性服务实行分类管理和差别化政策,转换运营机制,提高公共服务业的效率和水平。

着力建设服务业高地。鼓励有条件的区域中心城市确立服务业优先发展的地位,推动杭州、宁波、温州等大城市逐步形成以服务经济为主的产业结构,打造现代服务业的集聚区;通过推进宁波、舟山港口一体化,杭州萧山国际机场浙港合作,形成长三角南翼现代物流和国际航运枢纽;通过发展网络增值服务和软件产业,培育国家电子信息和软件产业基地;通过义乌国际商贸城等大型专业市场的整合、转型和提升,积极融入国际采购和分销网络,构筑具有国际竞争力的现代商贸流通中心;通过优化整合全省旅游资源,打造文化、休闲、商贸、生态、海洋、红色旅游六大品牌,建设杭州国际休闲旅游等十大旅游

区,成为国际知名、国内一流的旅游目的地。

(三)加强自主创新,提升产业国际竞争力。

实现自主创新的重点突破。把提高自主创新能力作为推进产业结构调整的中心环节,加强原始创新、集成创新,提升引进消化吸收再创新的能力。重点建设国家和省级软件、信息、生物等高技术产业基地,努力在高效生态农业、先进制造业、现代服务业的重点领域和关键环节,掌握一批核心技术,形成一批具有自主知识产权的共性技术创新成果,培育一批具有自主创新能力、拥有自主知识产权的企业。加强品牌创新和管理创新,逐步实现由初级简单加工和贴牌生产为主,向自主创新和自有品牌为主转变,培育100个左右驰名商标,一批全国有较高知名度的制造业、服务业和农产品品牌,打造品牌大省。

完善自主创新的政策导向。实行支持自主创新的财税、金融和政府采购政策,健全知识产权保护体系,完善对自主创新的激励机制。实施技术改造的“双千计划”。健全技术创新机制,引导省级高新技术企业、大中型企业增加研发投入,加强产学研联合攻关和技术成果转化。大力发展创业风险投资,培育壮大一批科技型中小企业。实施重要技术标准,加快淘汰落后工艺技术和装备。

充分发挥信息化的带动作用。以信息化带动工业化,加快运用高技术和先进适用技术改造提升传统产业。广泛应用信息技术,加快机械、纺织、轻工、电子、化工、医药等重点行业的信息化改造,推进贸易、旅游、文化、教育等领域的电子化进程。依托专业网站,积极发展电子商务,引导专业市场融入国际采购分销网络。提高信息资源开发利用水平,加强市场信息对产业发展的引导,促进优势产业、知名品牌快速成长。

四、优化开发格局,统筹区域发展

按照国家区域发展总体战略和统筹全省区域协调发展的要求,积极参与长三角合作与交流,加大国内经济技术合作力度。明确主体功能区划,形成合理的区域发展格局。进一步发挥山海资源优势,推动欠发达地区跨越式发展,建设海洋经济强省,使山区经济和海洋经济成为新的经济增长点。

(一)明确主体功能区划,完善区域空间布局。

优化空间发展框架。把城市群作为推进城市化的主体形态,培育杭、甬、温三大都市经济圈,推进浙中城市群的资源整合和经济融合。根据区位条件和资源环境承载能力,建设分工合理、优势互补、特色鲜明的环杭州湾、温台沿海、金衢丽高速公路沿线三大产业带。重视保护和合理开发浙西南、浙西北丘陵山区与浙东沿海近海海域,形成以主要森林资源和重要江河源头保护区为重点的“绿色屏障”,以海洋自然保护区和海洋特别保护区为重点的“蓝色屏障”。

明确区域主体功能区划。根据资源禀赋、环境容量、生态状况、人口数量和开发程度,合理划分优化开发、重点开发、限制开发和禁止开发四类主体功能区,逐步形成功能定位清晰、发展导向明确、开发秩序规范、经济发展与人口资源环境相协调的区域开发格局。

优化开发区域主要包括环杭州湾和温台地区高速公路沿线城镇密集区,以及金衢丽地区开发强度较高的城区。主要任务是优化城镇与产业空间布局,提高整体开发效益。提升中心城市服务和创新功能,着力打造现代服务业和高新技术产业集聚区,严格限制低水平盲目开发和空间扩张;加快卫星城镇培育,吸纳中心城区产业和人口的合理转移;构建城市(镇)间生态廊道和绿色开敞空间,形成布局合理、功能互补、产业优化、设施先进、环境优美的城市群。

重点开发区域主要包括国家级和省级开发区(园区)、城市新兴工业功能区块,环杭州湾和温台沿海地区港口物流和临港工业发展区,金衢丽地区具有开发前景的低丘缓坡和河谷盆地。主要任务是实现高起点的规划与建设,推进工业化和城市化,承接国际先进制造业和现代服务业转移,发展前景广阔的新兴产业,加快人口的有效集聚,力争形成若干新的产业高地和城市新区。

(二)推进山海协作,加快欠发达地区发展。

加大对欠发达地区的扶持力度。以缩小与发达地区居民公共服务差距为目标,加大公共财政对欠发达地区的倾斜力度。强化对农村困难家庭子女的教育扶持和对农村劳动力的技能培训,支持欠发达地区培养和引进人才。加强对欠发达地区医疗卫生服务事业的扶持,提高社会保障和救助水平。加大对革命老区、少数民族地区、边远海岛和贫困山区的扶贫开发力度,做好结对帮扶工作。继续推进百亿帮扶致富工程和欠发达乡镇奔小康工程,健全社会力量对欠发达地区的帮扶机制。

形成山海协作新格局。完善政府推动、市场运作、企业主体、社会参与的机制,深入实施“山海协作工程”,逐步形成欠发达地区与发达地区优势互补、互惠互利、共同发展的区域合作新格局。鼓励欠发达地区承接产业转移,开展来料加工,建立出口货源基地;进一步拓宽山海协作领域,联合开发生态农业和旅游业,联合进行技术攻关、科技成果转化、劳务合作和人才开发。在欠发达地区培育一批龙头骨干企业、优势产业和特色产业基地,建设一批科技、教育、文化、卫生等社会发展项目。

探索欠发达地区跨越式发展新途径。因地制宜、特色开发,力争使欠发达地区城乡居民收入增长速度高于全省平均水平。坚持基础设施先行,加快欠发达地区交通、电力、水利等设施建设,实施一批教育、卫生、文化和环境保护项目。坚持教育培训先行,高标准普及欠发达地区义务教育,加强转岗转业技能培训。坚持“内聚外迁”先行,推动区内人口向县城、中心镇和部分河谷盆地集聚,实施“下山避险”工程,支持有条件的县市走“小县大城”发展之路,加快欠发达地区人口向发达地区有序迁移。坚持生态经济先行,发挥欠发达地区生态资源优势,大力发展绿色农业、生态工业和生态旅游业。

(三)推进陆海联动,加快海洋经济强省建设。

加快港口物流、战略物资储运和临港工业三大基地建设。加强沿海港口资源整合和合理开发,发挥集装箱、油品、煤炭、矿石等专用深水泊位优势,加快建设分工合理、江海相连、通达国际的现代港口物流基地。实施岙山原油战略储备库、舟山煤炭配送中心、进口液化天然气(LNG)接收中转站等项目,加快建设保障长三角、辐射全国的战略物资储运基地。引进大公司和大项目,加快建设石化、能源、船舶、钢铁等规模化、高科技临港重化工业基地。

依靠科技发展海洋产业。进一步增强海洋国土意识,深入实施“科技兴海”,整合海洋科技资源,创办一批国家和省重点涉海研发机构,建设一批海洋产业基地服务设施。加强海洋生物医药、海洋功能食品、海洋环保技术及设备、海水淡化及综合利用等新兴领域的研究开发和成果转化,培育一批具有高成长性的海洋产业。搞好转产转业渔民培训,大力推动传统渔业向产业化、生态型、高效益的现代渔业转型,建设一批设施配套、功能完善的中心渔港和渔港经济特色区块。

(四)发挥比较优势,促进区域经济合作。

积极参与长三角区域经济一体化。主动接轨上海,借助上海"四个中心"建设和科教人才高地的辐射带动效应,提升对外开放水平和产业国际竞争力。进一步推动沪苏浙三省市的交通互联、产业互补、要素共享、环境共保,逐步实现人才、信息、资金等要素的自由流动。以上海世博会为契机,以杭州、宁波为战略支点,充分发挥嘉兴、湖州近沪经济走廊、绍兴吴越文化、舟山深水港资源、台州民营经济等比较优势,加快杭湖宁发展带的形成,进一步融入以上海为龙头的长三角世界级城市群。

积极参与西部大开发、东北地区等老工业基地振兴和中部崛起。加强与中西部及东北地区资源富集省份的战略合作,建立重要资源和原材料基地,参与当地国企改革重组,利用边境口岸开拓东盟、南亚和东北亚边贸市场。发挥衢州作为浙闽赣皖四省边际中心城市和丽水作为浙西南山区中心城市的区位优势,拓展内陆经济腹地。鼓励企业在省外投资创业,积极支持浙商回归发展。加强引进内资工作,改善对在外浙商及商会的指导和服务。继续做好对口支援和对口帮扶工作,帮助受援地区增强自身积累和自我发展能力。

不断扩大与港澳台的经济合作和交流。进一步落实内地与香港关于建立更紧密经贸关系的安排(CEPA),推进与港澳在金融、物流、贸易、旅游、咨询、教育、科技等服务领域的深入合作,拓展新的合作领域。继续推进"东引台资",加强与台湾的经贸技术合作。

五、完善基础设施,增强资源要素保障能力

着眼于适度超前,着力于综合提升,以水利、能源、交通、信息等基础设施建设为重点,构建布局合理、结构优化、设施先进、城乡共享的基础设施体系。加强对重大基础设施项目的统筹规划和科学论证,防止重复建设和资源浪费。推进基础设施投资、建设和管理改革,加强需求侧管理,全面提高建设运营水平。

(一)优化配置、综合利用,强化水资源保障。

加强水环境整治和保护。全面规划和建设安全饮水、治污净水、节约用水、科学调水等"四水工程"。进一步加强八大水系流域和小流域综合治理。加快城镇截污治污工程、城市水环境整治工程、"万里清水河道工程"建设。全省地表水省控断面水质三类标准以上比例超过60%,城市集中式饮用水源地水质基本达标率达到85%以上。新增治理水土流失面积4 000平方公里,承压地下水超采区实行全面禁采。

优化水资源配置。加强跨区域引供水的综合协调,建立水源充足、水质良好、管网配套、城乡一体的供水网络,新增年供水能力30亿立方米。继续实施浙东引水等工程,深化浙北引水前期工作,加快推进金华九峰、龙游沐尘、宁波周公宅、湖州老虎潭、长兴合溪、新昌钦寸等水源工程建设。积极推进海水淡化工程建设,海水淡化日处理规模争取超过20万吨。

进一步完善江堤、海塘加固和排涝工程。实施八大水系江堤和重要海塘的加固工程,完善太湖流域治理、温州西向排洪等易涝常灾地区的排涝工程,继续抓好全省城市防洪工程,建成金华市城市防洪工程等项目,推进"千库保安"工程和300座标准水库建设,加强小流域综合治理,提高沿海防台御潮和城乡防洪抗灾能力。

(二)优化结构、积极平衡,强化电力能源保障。

加强电源建设。按照"十一五"期末全省人均电力装机1千瓦的目标,加快电力项目的建设进度。坚持水火核气并举,优化电源结构。在保护生态的基础上有序开发水电,建成滩坑水电站,有重点地新建若干抽水蓄能电站;以增加大型高效机组为重点优化燃煤火电结构,建成国华宁海电厂、华能玉环电厂、浙能兰溪电厂、大唐乌沙山电厂、浙能乐清电厂、台州电厂五期等,争取新建若干燃煤电厂;加快建设三门核电和秦山二期扩建工程,形成南北两大核电基地;积极推进天然气发电,建成镇海、萧山燃气电厂和宁波液化天然气(LNG)电厂;加快推进开发利用太阳能、风能、生物质能等可再生能源项目。加快建设宁波舟山港域的原油和煤炭储运基地,提高战略储备能力,扩大国外能源利用,保障一次能源供应。

完善电网布局。推进"西电东送"、"皖电东送"工程,增强浙江电网的受电能力。完善500千伏电网结构,加快建设临海—义乌双回500千伏线路,建设双龙—丽水—瓯海Ⅱ回线、玉环电厂和乐清电厂送出等一批输电线路,新建嘉善、温东、甬东、丽水等14座500千伏变电所。建成安徽—浙江双回路通道等项目,形成浙东浙西双通道、钱塘江南双环网的主网架格局。建成以大型电厂为支撑点,以500千伏环网为主网架,布配合理、安全可靠的电网运行体系。

(三)优化布局、衔接配套,提高综合运输效能。

构建综合运输体系。加强运输通道和枢纽建设,加快形成"两纵"(沿海和沪浙赣通道)"三横"(浙北、杭甬舟和浙南通道)、"双枢纽"(杭州以客为主、宁波以货为主)、多节点的综合运输网络。充分发挥各种运输方式的优势,提高综合运输系统的整体效能和普遍服务水平。

加快发展轨道交通。优先发展快速、安全、集约的轨道交通,新建杭州地铁和沪杭、杭宁城际快速轨道交通工程。积极推进金温铁路提速扩能改造、湖嘉乍铁路建设和金台铁路前期工作。加快贯通沿海铁路大通道,建成温福浙江段、甬台温及衢常铁路,完成浙赣、沪杭和萧甬铁路电气化改造。结合规划调整和城市发展,优化铁路场站和线路布局,完善杭州、宁波、温州、金华等铁路枢纽。

完善公路运输网络。优化路网布局,拓展省际通道,建成杭州湾跨海大桥及南北接线、台缙、杭浦、杭徽、申嘉湖(杭)、申苏浙皖等高速公路,推进绍嘉、甬台温复线等高速公路建设;加快欠发达地区高速公路建设,建成诸永、龙(游)丽(水)、丽(水)龙(泉)、黄衢南高速公路和舟山大陆连岛工程。

提升港航发展水平。推进宁波、舟山港口一体化,加快进口矿石、原油中转运输系统、煤炭卸船运输系统和集装箱专用泊位建设,充分发挥上海国际航运中心重要组成部分的优势。科学保护和合理开发深水岸线资源,形成以宁波—舟山港为中心,以温、台港口和浙北港口为两翼的海港布局体系。加快推进高等级航道改造工程,重点抓好骨干航道和内河港口建设,逐步构建水系沟通、干支直达、区域成网的航运网络。

扩大航空运输能力。推进浙港合作,加快杭州萧山机场扩建;改扩建宁波栎社、温州永强机场,做好迁建机场的前期工作,形成以杭州萧山机场为重点,宁波、温州机场为骨干,其他机场为补充的空港布局。巩固已有航线,拓展新航线,形成国内外、客货运、干支线、空中与地面有机衔接的航空运输网络。

(四)优化网络、联建共享,提高信息应用效能。

继续完善计算机互联网。推进光缆传输,发展无线传输,整合网络资源,建成大容量、高速率、安全可靠的公众骨干传输网。加快实施宽带网接入和扩容工程,重点建设宽带互联网以及兼容综合业务的接入网,全省互联网用户普及率达到15%以上。

扩容提升通信网。继续发展第二代数字移动通信系统,开展多元化业务,适时向第三代移动通信系统平稳过渡。按照"大容量、少局所、多模块、广覆盖"的原则,优化升级固定电话网络,逐步将业务汇聚到宽带、智能、开放的下一代综合业务网络。

加快建设数字广电网。全面推进广播电视从模拟向数字化过渡,进一步完善以有线电视管网为重点的网络建设,逐步建立包括节目、传输、服务、监管功能在内的统一平台。强化数字化广播电视技术的集成和应用,加快广播电视网络双向改造和有线数字电视的整体转换。

积极促进计算机、通信、广播电视三网融合。深化信息管理体制改革,加强信息技术标准的衔接和统一,健全信息安全保障,促进大型数据库和公共信息平台的联建共享。继续建设"数字浙江",构建开放、高效、便捷、安全的信息网络平台,全面推进政府、企业、社区和家庭信息化。

(五)防灾减灾、应急避险,强化公共安全保障。

加强防灾减灾设施建设。规范基础设施项目的设计、施工和管理,强化沿海防台御潮、高标准城市防洪、主要水系和流域治理、抗震及地质灾害避险等重要工程建设。合理开发气象资源,提高气象预报的准确率和时效性。普及全民防灾减灾知识,以供水、供电、供气保障和学校、医院、商场、娱乐场所安全为重点,提高综合防灾减灾能力。

加快应急网络平台建设。整合应急技术系统和设施,建立应急指挥平台。加强气象、海洋、水文、地质等多部门和多学科的协作,建立健全覆盖陆域和海洋的地理信息系统,提高对台风、洪涝、干旱、地震等自然灾害和火灾、交通事故、化学污染、核辐射等重大公共事件的监测、预测和预警能力。

六、全面推进生态省建设,加快建设资源节约型和环境友好型社会

按照统筹人与自然和谐发展的要求,全面建设生态省,打造"绿色浙江"。大力发展循环经济,推进节能、节水、节材、节地和资源综合利用,加大环境污染综合整治力度,逐步形成节约资源的生产方式和健康文明的消费模式,加快建设资源节约型和环境友好型社会,全面提高可持续发展能力。

(一)加强资源综合利用,形成节约型增长方式。

大力推进能源节约。实施"十大重点节能工程",突出抓好钢铁、有色金属、电力、建材等重点耗能行业和企业的节能工作。大力发展节能型交通运输工具和农业机械,优先发展城市公共交通系统,控制高耗油汽车的发展。推动新建住宅、公共建筑节能和现有建筑节能改造。推广节能环保型空调、冰箱等家电产品和节能照明产品。到2010年,能源综合利用效率达到40%。

深入开展节约用水。建立合理的水资源管理体制和节约用水机制。积极推广节水设备和器具,加快城市供水管网改造,推进污水处理及再生利用。实施"千万亩十亿方节水工程",做好农业节水工作。大力实施高耗水行业节水技术改造。

积极推进原材料节约。加强重点行业原材料消耗管理,严格设计、施工、生产等技术标准。使用再生材料,推广替代材料,应用新型材料,提高原材料利用率。延长材料使用寿命,加强木材节约代用。大力节约包装材料,做好玻璃、马口铁、铝、纸板和塑料等包装材料的回收工作,全省水泥散装率达到70%以上。

提高土地节约和集约利用水平。坚持十分珍惜和合理利用土地的基本国策。合理围垦滩涂,开发低丘缓坡,开展土地整理和复垦,实现耕地占补平衡,保障土地供给。优化土地资源配置,强化新增用地的前置控制和事后监督,盘活各类闲置土地。进一步优化乡镇村布局,开展农村集体建设用地整理试点,提高建设用地效率。严格限制毁田烧砖,大力推广新型墙体材料,推进标准厂房建设。

加强资源综合利用。建立废弃物循环利用产业链,重点推进冶金、电力、医药、石化、造纸、建材、轻纺等行业的"三废"循环利用。建立生产者责任制度,以再生金属、废旧轮胎、废旧家电及电子产品为重点,提高加工利用再资源化水平。推广城市垃圾分类收集管理制度,推进农业废弃物生态化处理和农业生产资料资源化利用。

(二)转变生产消费模式,推动循环经济发展。

加快构建循环经济体系。按照"减量化、再利用、资源化"原则,以企业为主体,政府推动、市场引导、公众参与相结合,实现企业、园区、社会三个层次循环经济的互动发展。以"低消耗、低排放、高效率"为导向,通过企业生态设计和清洁生产,推进企业内部小循环。以企业、产业之间的循环链建设为主要途径,以园区生态化改造为主要抓手,推进产业园区中循环。以生态社区和生态城镇创建为载体,推行绿色消费和社会化废旧物资回收,推进社会大循环。

推动循环经济示范工程建设。实施循环经济"991行动计划",突出资源节约型和环境友好型产业发展、推行清洁生产、资源综合利用、工业园区生态化改造、高效生态农业、循环技术开发和推广应用、生态城市和生态乡镇建设、绿色消费、政策法规建设等九大领域,建设"九个一批"示范工程,组织实施百个重大项目。推进工业循环经济"4121"示范工程建设,确定4个市、10个县(市、区)、20余个工业园区(块状经济)和100余家企业作为工业循环经济首批试点。

(三)强化污染防治和生态建设,不断改善环境质量。

加大生态建设力度。进一步完善生态补偿机制,多渠道多形式支持江河水系源头地区和重要生态功能区的生态保护和建设。加强陆域和海洋的自然资源和生态环境监测,加强森林资源保护和生态公益林建设,实施沿海防护林、万里生物防火林带工程,森林覆盖率稳定在60%以上,力争阔叶林与针阔混交林比例达到45%以上。进一步做好珍稀濒危物种的抢救与保护,强化对临安天目山等生物多样性自然保护区的保护,合理增建森林生态、野生动植物、湿地和海洋等自然保护区,促进自然生态恢复。

严格控制和整治环境污染。进一步强化环境准入、"三同时"和排污许可等环境管理,坚决控制发生新的污染和生态破坏,逐步实现污染防治由末端治理向全过程控制转变。继续推进"811"环境污染整治行动,抓好钱塘江等八大水系、京杭运河、平原河网、海湾河口等重点流域污染治理,完成温瑞塘河、曹娥江流域综合治理等一批重点工程。加强重点行业的污染防治,淘汰浪费资源、污染环境的落后生产工艺和设备,坚决依法关闭污染严重、危害人民健康的企业。加大城乡环境整治和管理力度,提高城乡生活污水、生活垃圾和医疗垃圾的集中处理率和无害化处理率,建成绍兴污水处理厂三期扩建、金华市金东区污水处理厂等一批工程，实现全省县县建有污水处理厂。综合整治城市内河河道污染、大气污染和噪声污染；防治农业面源污染，大力推进规模化养殖场污染治理。执行碧海行动计划，重点实施“310海洋环境工程”，严格控制近海海域污染。建立健全辐射环境监管体系，重点加强核辐射环境监管。

（四）强化引导和约束机制，增强可持续发展能力。

建立健全法规和标准。加快健全有利于建设资源节约型和环境友好型社会的地方性法规，修订和制定环境保护、资源节约综合利用、废旧物资回收利用、建筑节能等政府规章，明确政府、企业和自然人的责任与义务。加快制定资源节约的产品和产业标准，完善企业清洁生产的标准规范，研究制定循环经济的资源效率标准、能源效率标准、废弃物排放标准等。建立和推行绿色产品、绿色企业的标准体系，完善监管办法。

建立导向机制。建立再生资源回收处理收费制度，加快制定鼓励清洁生产和绿色消费的相关政策，加大公共财政对环境保护、资源节约和发展循环经济的投入力度。研究自然资源和环境生态价值评估方法，探索建立绿色国民经济核算体系和包括资源环境保护指标在内的政绩考核制度，完善生态恢复、破坏修复责任制度。充分发挥新闻媒体的舆论引导和监督作用，大力加强国情、省情教育，广泛组织开展创建资源节约型和环境友好型城市、政府、企业、社区活动。

七、科教兴省、人才强省，加快建设文化大省

发挥浙江人文优势，大力实施科教兴省和人才强省战略，增强先进文化凝聚力，解放和发展文化生产力，提高文化公共服务能力，实施文化建设“八项工程”，全面建设科技强省、教育强省、卫生强省和体育强省，促进经济社会协调发展。

（一）加强文化建设，繁荣先进文化。

加强思想道德建设。以先进文化为导向，积极开展爱国主义和形势政策教育，与时俱进地坚持和发展浙江精神。深入开展群众性精神文明创建活动和“双建设、双整治”活动。切实加强和改进未成年人思想道德建设，加强文明礼仪教育和法制信用宣传，全面提升公民思想道德素质。大力推动廉政文化“六进工程”，在全社会形成廉洁从政从业的良好风尚。加强浙江当代发展问题和历史文化研究，繁荣哲学社会科学。

积极发展文化事业。重点加强欠发达地区和农村、社区等基层文化阵地建设，进一步提升图书馆、文化馆站的服务水平，优化档案馆、博物馆建设布局，建成西湖文化广场、浙江美术馆等公益性文化设施。完善有利于优秀文化产品创作生产的政策机制，推出一批文化精品。建立覆盖城乡的文化传播网络，推进数字化在线传播。加强历史文化遗产和民族民间艺术传承，妥善保护历史文化名城、街区、村镇、重要历史建筑和文物。促进文化开放，积极推动优秀文化成果的对外交流。

（二）加快科技进步，全面提升科技综合实力。

构筑区域创新体系。贯彻“自主创新、重点跨越、支撑发展、引领未来”的指导方针，把提高自主创新能力摆在全部科技工作的首位，发展创新文化，集聚创新要素，激发创新活力，转化创新成果。在建立健全科技创新体系、知识创新体系、科技中介服务体系的同时，进一步完善企业主体、市场导向、政府推动、产学研紧密结合的区域创新体系。

建设开放型区域创新平台。积极引导扶持有条件的企业建立高层次研发机构，建设一批国家级和省级科技研发机构，推进创新团队建设。鼓励技术革新和发明创造，激活各类企业特别是中小企业的创新动力，提升高等院校和科研院所的研究开发和技术服务能力。建设并开放一批国家和省级重点实验室、试验基地，发展一批区域科技创新服务中心和科技中介组织，建设一批高新技术孵化器，促进科技成果产业化。积极发展民办和外资科研机构，鼓励国内外著名大学、科研机构和跨国公司来浙江设立分支机构和研发中心。采取理事会、股份制、会员制等形式，组建一批公共科技基础条件平台、行业和专业创新平台。加快发展技术市场，完善中国浙江网上技术市场，加速科技成果转化。

组织实施重大科技专项。围绕高技术产业、传统制造业、装备制造业、高效生态农业、环境资源、海洋开发、健康与安全、服务业信息化八个重点领域，组织实施30个重大专项，形成一批具有自主知识产权的科技成果，加快实现技术跨越。

（三）突出素质教育，推进教育均衡发展。

加快发展现代教育体系。坚持教育优先发展，高标准、高质量普及九年制义务教育，全面普及高中段教育和学前三年教育，加快扫除青壮年文盲。着力提高高等教育质量，支持浙江大学和中国美术学院创建世界一流大学，争取若干所高校进入国内一流大学行列。办好高教园区，促进与省外、国外名校联合办学。坚持以就业为导向，大力发展职业教育，高等和中等职业教育招生均占高等和高中段教育招生总规模的50%。加快发展校外教育，进一步扩大青少年宫、青少年学生校外素质教育基地的规模，建设一批国内一流的青少年校外活动场所。积极发展成人教育和继续教育，形成多层次、开放式的终身教育网络，建设学习型社会。建设一批社区学院和农村成人文化学校，城乡社区教育普及面分别达到90%和60%以上。加强科普教育，提高社会公众的科技意识和科学素养。

促进城乡、区域教育均衡发展。把农村基础教育作为重中之重，加大对农村和欠发达地区的教育经费投入。对全省城乡义务教育免收学杂费，省财政对各地免收的学杂费给予一定的转移支付，各地财政要确保教育经费足额到位。对家庭经济困难学生免收课本费、作业本费和补助住宿费，消除学生因贫辍学现象。调整和优化学校布局，安排专项资金用于欠发达地区和农村学校建设，大力发展农村中小学远程教育，重视流动人口子女的教育。

（四）实施人才强省战略，提高人才队伍整体素质。

加强人力资源能力建设。优先投资于人的全面发展，以高层次、高技能人才为重点，大力开发人才资源。围绕提升执政能力，继续开展大规模培训干部工作，实施“万名公务员公共管理培训工程”，培养造就一支能够担当重任、奋发有为的领导干部队伍和廉洁勤政、务实高效、高素质专业化的公务员队伍。围绕提升经营管理能力，轮训全省规模以上企业的高层经营管理人才，培养造就一支市场拓展能力和社会责任感强的企业家和职业经理人队伍。围绕提升自主创新能力，深入推进“新世纪151人才工程”和“钱江学者计划”，培养造就一支在全国有影响力、比较优势明显的学科带头人和专业技术领军人才队伍。围绕提升实践能力，实施高技能人才培训工程，培养造就一支掌握高超技能和前沿技术的高技能人才队伍。围绕提升致富创业能力，启动百万农村实用人才培养计划，培养造就一支技术能手、能工巧匠、经营能人和乡村科技人员队伍。

调整优化人才结构。围绕高效生态农业、先进制造业和现代服务业发展及三大产业带建设，打造特色产业人才培育基地,加快人才集聚。设立人才开发专项资金,加大对欠发达地区智力支持和人才培训力度。实施"非公经济组织人才工作推进工程",强化对民营经济的人才支撑。加快长三角人才开发一体化进程,全方位推进跨区域的人才开发交流与合作。倡导和推行人才柔性流动,继续实施"万名高层次人才引进工程",积极吸纳海内外高层次人才和紧缺急需人才。选送一批高层次人才到国外学习培训,开展科技合作与学术交流。依托留学人员创业园、博士后科研流动站和工作站等高层次人才载体,凝聚和培养创新创业人才。

(五)发展医疗卫生和体育事业,增进全民健康。

提升医疗卫生服务水平。加强农村及欠发达地区卫生基础设施建设,健全集预防、医疗、保健、康复、健康教育和计划生育指导"六位一体"的社区卫生服务网络。建立重大传染病疫情和突发公共卫生事件应急指挥、疾病预防控制、卫生监督执法、医疗救治和公共卫生信息预警监测报告体系,加强艾滋病、结核病、肝炎、人禽流感、血吸虫病等重大传染病和地方病的防控工作。强化医学科技,建设一批现代化医院。发展中医药产业,推进中医药现代化和国际化。继续大力开展爱国卫生运动,提升城乡公共卫生水平。

深化医疗卫生体制改革。加大公共卫生投入,合理配置资源,提高医疗卫生事业的公益性、公平性。完善新型农村合作医疗制度,力争参保率达到90%以上。建立健全药品和医疗服务价格形成机制,健全药品网上集中采购制度,进一步调整和规范医疗服务价格,切实解决看病难、看病贵问题。健全卫生监督执法体系,加强对农村基层卫生事业的监管和服务。完善全民健康教育与健康促进工作机制。

八、建设"平安浙江",促进社会和谐

按照构建社会主义和谐社会的要求,紧紧抓住发展民主政治、实现公平正义、维护社会安定、加强社会管理四个着力点,建设"平安浙江"。建立健全党委领导、政府负责、社会协同、公众参与的社会管理新格局。建设"法治浙江",加快形成民主完善、法制完备、公共权力运行规范、公民权利切实保障的法治社会。

(一)建设社会保障体系,不断提高人民生活水平。

健全就业服务体系。大力发展劳动密集型产业特别是服务业,鼓励发展中小企业,努力创造更多的就业岗位。把职业培训和促进就业结合起来,提高劳动者的就业、转业和创业能力。完善困难群体就业援助长效机制,健全城乡一体的劳动力市场,逐步形成连通城乡、覆盖全省的就业服务网络。

完善社会保险体系。加大公共财政对社会保障的资金支持力度,进一步扩大养老、医疗、失业、工伤、生育等基本社会保险覆盖面。建立基本养老保险、企业年金、个人储蓄性养老保险相结合的养老保障制度,全面推进城镇企业基本养老保险制度,稳步改革事业单位基本养老保险制度,全省企业养老保险参保人数达到1 000万人。加快构建多层次、全覆盖的全民健康保障体系,健全城镇居民基本医疗保障和新型农村合作医疗制度,基本医疗保险参保人数超过900万人。规范失业保险制度,促进失业人员再就业,全省失业保险参保人数达到770万人以上。建立健全工伤保险与事故预防、职业康复相结合的制度,被征地农民全部纳入基本生活保障范围。

健全新型社会救助体系。更加关注社会弱势群体,进一步规范最低生活保障、医疗、教育、住房、养老等救助制度,健全农村"五保"和城镇"三无"对象集中供养长效机制。保护残疾人合法权益,健全残疾人保障机制。加大廉租住房、经济适用房建设力度,扩大住房公积金制度覆盖面,加快解决城镇低收入家庭、外来务工人员住房困难,逐步建立农村特困家庭的住房救助制度。

探索构建新型社会福利体系。积极发展社会福利事业,科学规划、合理布局福利设施,全省综合社会福利床位数年均递增10%,有效保障老年人、残疾人、孤儿等弱势群体的福利服务要求。大力推进福利事业社会化,鼓励社会募捐,加快发展社会慈善事业。建立社会工作者职业资格认证制度,大力倡导义工、志愿者服务,健全服务网络,提高福利服务整体水平。

进一步优化收入分配。规范个人收入分配秩序,坚持各种生产要素按贡献参与分配。注重就业机会和分配过程的公平,有效调节过高收入,不断提高中等收入者比重。着力提高低收入者收入水平,在经济发展的基础上逐步提高最低生活保障和最低工资标准,认真解决低收入群众的住房、医疗和子女就学等困难问题。培育消费热点,引导消费预期,完善消费政策,扩大居民消费。切实改善购物、娱乐、餐饮等消费环境,提高生活质量。

(二)加强社会建设,不断提高社会管理水平。

加强人口和计划生育工作。重视人口战略性问题研究,以人的全面发展统筹解决人口数量、素质、结构、分布等问题。保持现有生育政策的连续性和稳定性,稳定人口低生育水平,全省总和生育率控制在1.5以内。全面实施计划生育家庭奖励扶助制度,关注性别平等,综合治理流动人口生育率和出生人口性别比偏高问题,大力推进"计划生育、生殖健康促进工程"。重视保障妇女儿童权益。积极应对人口老龄化,大力发展老龄事业和老年服务产业。加强对流动人口的服务和管理,促进人口有序流动和合理分布。

加强民主政治建设。推进基层民主自治,健全民主选举、民主决策、民主管理、民主监督等各项制度,保障城市社区居委会和村民委员会依法行使自治权利。大力培育公众的参与意识,规范参与行为,完善城乡社区的自我管理、自我教育、自我服务功能。规范社区组织建设,理顺政府部门和社区的关系。加大对少数民族和景宁畲族自治县等民族地区的扶持力度,做好城市民族工作,增进民族团结。落实宗教政策,依法管理宗教事务。贯彻侨务方针,进一步做好侨务工作。

规范发展社会组织。培育各类社会组织,发展一批行业协会、非营利性基金会和公益性社团。加强政府与社会组织间的合理分工,使各类社会组织成为政府与公众之间的重要桥梁和纽带。推进各类中介机构与政府部门彻底脱钩,加快承接政府改革中转移出来的职能。完善社会组织管理的法规规章,充分发挥社会组织提供服务、反映诉求、协调利益、自律管理等职能。

有效保障社会公共安全。坚持"安全第一、预防为主"的方针,加强突发公共危机预警体系建设,形成覆盖城乡、反应灵敏、统一指挥、功能齐全、运转高效的危机应对管理机制,提高处置突发事件的能力。推进科技强警,建设"金盾工程"。创新"枫桥经验",加强和完善社会治安综合治理工作机制,努力把各类矛盾解决在基层和萌芽状态。依法打击各种犯罪活动,保障人民生命财产安全。切实加强禁毒工作和互联网安全管理,防范和打击非法宗教活动和各类恐怖活动。落实安全生产责任制,强化对建筑、矿山、危险化学品、核设施和饮用水、药品、特种设备等重点领域、重点行业的监督管理;加强动植物检验检疫,建立食品安全监管长效机制;提高交通安全监管水平,防止重特大事故发生。加强国家安全工作,严密防范和严厉打击各种敌对势力的渗透和破坏活动。建立社会舆情汇集和分析机制,畅通社情民意反映渠道,创新信访工作机制,完善领导下访、约访制度,正确处理人民内部矛盾,妥善处置各类群体性事件。积极支持国防和军队建设,切实做好国防动员和民兵预备役工作,广泛开展"双拥"和军民共建活动。

(三)建设"法治浙江",不断提高依法治省水平。

加快法制化建设进程。以适应经济市场化、国际化进程和维护人民群众切身利益为重点,健全政府立法程序和工作机制。加强和改善行政执法,加快建立权责明确、行为规范、监督有效、保障有力的行政执法体制。积极探索相对集中行政处罚权工作,推进综合执法。规范行政执法行为,重点解决执法不严和多头执法等问题。完善行政执法责任制,加强执法队伍建设,提高行政执法水平。

切实维护司法公正。以保证司法公正为目标,逐步推进司法体制改革,形成权责明确、配合密切、相互制约、高效运行的司法体制。完善司法工作机制,规范司法行为,加强司法监督,促进司法公正,维护司法权威。加强司法队伍建设,防止和惩戒司法工作中的违法违纪行为。

九、坚持互利共赢,提升经济国际化水平

顺应经济全球化和区域经济一体化趋势,充分利用"两个市场"、"两种资源",加快推进产品、产业和市场的国际化,充分发挥外经贸对产业结构调整的促进作用,在更大范围、更广领域和更高层次上参与国际经济合作与竞争,努力实现对外开放的新突破。

(一)转变外贸增长方式,提高对外贸易效益。

增强出口综合竞争能力。深入实施外贸"四个多元化",积极培育大型外贸企业、科工贸一体化企业、专业外贸公司等优势出口主体,鼓励企业进入大型跨国公司的全球供应和采购体系,支持企业加快建立国际营销网络和售后服务体系。推行生产、销售、环境和社会责任的国际标准认证。着力提高传统产品的质量和档次,增强纺织、服装、轻工、机电等优势行业的持续出口能力。培育若干全国重要的汽车及零部件、医药和软件出口基地,扶持电子信息、新材料等高技术产品出口。努力破解农产品出口的"绿色壁垒",建设一批高效生态农业出口基地。

进一步优化外贸结构。在发挥一般贸易优势的同时,推动加工贸易转型升级,努力增加出口加工区数量,完善出口加工区功能。扩大基础性自然资源、原材料的进口,鼓励引进初级产品和中间产品,大力引进国外先进技术和关键设备。扩大服务业对外开放,加快承接国际服务业转移,全面推动国际服务贸易发展,大力支持汉语培训、民族文化、动漫产品、中医药等文化产品扩大出口。

完善国际贸易摩擦应对机制。建立健全对外贸易监测预警机制、产业损害监测预警机制和反技术壁垒工作机制,加强对大宗、重点、敏感产品进出口情况监控,积极应对国外反倾销、反补贴和贸易保障措施。加强和完善政府、企业、行业协会及中介机构的分工协作,提高快速反应的贸易摩擦应对能力。加强行业协调和自律,避免恶性竞争。

(二)积极引导外资投向,提高利用外资水平。

强化利用外资的产业导向。实施鼓励外商投资产业目录,大力引进对产业升级具有重大带动作用的大项目、大企业。着力引进跨国公司高科技含量、高附加值、高产业关联度的投资项目,引导外资投向先进制造业、现代服务业和高效生态农业。

创新招商引资方式。继续推进"以民引外"、"以外引外"、跨国并购、海外上市,推动招商引资向招商选资转变。创新招商方式,积极运用现代信息技术开展网上招商,继续办好"浙洽会"、"西博会"和"义博会"等重大经贸活动。采取多种形式,赴境外对重大规划及重点项目进行全面推介和对口招商。

(三)加快"走出去"步伐,用好国外市场和资源。

推动企业开展对外投资和跨国经营。充分发挥轻工、纺织、服装、家电等行业的竞争优势,大力推动有实力的企业采取投资办厂、控股参股等方式到境外投资。支持省内大中型专业市场到境外创办浙货展销中心,积极探索收购兼并、股权置换、境外上市等对外投融资和跨国经营方式。鼓励企业在发达国家设立研发机构或参与国外研发机构科研工作,直接获取市场信息和跟踪前沿技术。

加强境外重要资源的合作开发。以各种经贸合作机构和洽谈会为基础,以"友好省州"为载体,以"对发展中国家投资贸易专项资金"等为重要支持手段,鼓励有实力的企业到俄罗斯等国家和地区合作开发能源、森林、矿产、渔业等资源,拓展海外重要资源开发和供应渠道,提高利用国际资源的能力和水平。

大力发展对外工程承包和劳务输出。完善对外工程承包促进措施,加强与中央直属企业、外省市企业、国外著名承包商的合作,支持企业以国际流行投资方式参与国际工程招投标、境外工程分包等各项业务活动。通过对外工程承包带动劳务和设备出口,积极开展国际劳务合作。强化外派劳务人员的业务培训,加强对外派劳务工作的指导和管理。

(四)完善涉外经济体制,优化外经贸发展环境。

创新涉外经济体制机制。按照市场经济和世贸组织规则的要求,加快内外贸一体化进程。扩大口岸开放,加强外贸"大通关"和电子口岸建设。选择若干"区港联动"试点,建设国际物流园区,增强对腹地经济的带动作用。深化境外投资管理体制改革,进一步简化对民营企业"走出去"的审核和管理程序。

加强开发区建设。以国家级、省级开发区为依托,建设若干规模较大、特色明显、外资密集、国际知名度高的重点开发区。加强整合、扩建和提升,鼓励开发区向综合性多功能产业区发展,实现高水平、集约化开发。

完善外经贸发展扶持政策。逐步由一般性的直接扶持,向公共服务、贸易保障、降低贸易风险和投资风险转变。鼓励外贸企业由规模扩张向提升国际竞争力转变。鼓励外商转让先进技术,推出相对优惠的欠发达地区引资政策。制定和完善对外经济合作便利化政策和措施。加强外经贸运行监测和管理,完善外经贸公共服务。

十、深化体制改革,加快政府职能转变

把改革放在更加突出的位置,按照"五个统筹"和"五个坚持"要求,以行政管理体制改革为着力点,加快完善落实科学发展观的体制保障,以新一轮的改革促进浙江经济社会新一轮更高水平的发展。

(一)坚持和完善基本经济制度,推动民营经济新飞跃。

进一步优化民营经济发展环境。加快制度创新、技术创新和管理创新,推进民营企业向高端化、品牌化、国际化发展。遵循“非禁即入”的原则,进一步拓宽非公有资本进入基础设施、公用事业及文化产业等领域。建立市场准入、税收管理、规费标准、金融贷款、部门服务“五个平等”的新机制,加快实施企业家素质提升、企业管理信息化和品牌经营三大工程。引导有条件的民营企业以资本为纽带,打破封闭式股权结构,创新治理机制。鼓励和支持民营企业积极参与国内外经济技术合作和竞争,打响“浙商”品牌。

深化国企国资改革。以省属国有企业为重点,推进产权多元化,全面完成新一轮国有企业改革。健全国资监管体制,改进国资监管方式,加强对非经营性国有资产的监管,确保国有资产保值增值。完善国有资产授权经营等相关责任制度,优化国有企业法人治理结构,加快市场化选聘经营者步伐,深化企业经营者年薪制、期(股)权制和要素参与收益分配改革。加快垄断公用行业改革,推进基础设施市场化建设和运营。

大力发展混合所有制经济。加快建立现代产权制度,在更大范围内推动国资、民资、外资等各类资本的流动和重组,进一步激活富有生机的微观经济基础。推进现代企业制度建设,鼓励支持跨地域、跨所有制的相互参股、联合重组和嫁接外资,形成多元混合型产权结构。保障所有市场主体的平等法律地位和发展权利,增强创业资本的逐利动力和增值活力。

(二)建立现代市场体系,健全资源市场化配置机制。

加快建设“信用浙江”。切实提高监管水平,坚决打击制假售假、商业欺诈、偷逃骗税和侵犯知识产权行为,维护市场公平交易和质量安全。以完善信贷、纳税、合同履约、产品质量的信用记录为重点,充分发挥企业信用发布查询系统的作用。加强信用监督,健全失信惩戒,加快建设社会信用体系。建立和完善个人信用征信系统,切实提高社会诚信水平。

加强地方资本市场建设。扩大直接融资,推进地方金融改革,促进金融与经济发展的良性互动,建立区域金融稳定和安全长效机制。大力推动企业多渠道上市融资,打造以民营企业为主体、特色鲜明的“浙江板块”。推进地方金融体制创新,鼓励社会资金投资地方金融机构,加快引进境外金融机构,做大做强一批地方性金融机构。深化农村金融改革,继续推进农村信用社管理体制改革和产权改革。加强中小企业信用担保体系建设,建立小企业贷款风险补偿制度。扩大发行企业债券,积极发展期货、保险、租赁市场。重点培育省级产权交易平台,发展多层次、多形式的产权交易,形成全省统一互联、流转顺畅的产权交易市场体系。

推进资源要素市场化改革。建立反映资源稀缺程度的价格形成机制,健全能源、矿产、水资源使用差别化价格和阶梯式价格调节机制。全面推行城市污水和生活垃圾处理收费制度,建立完善水权、排污权等交易制度。完善环境资源的有偿使用和补偿机制,深化第二、三产业用地市场化配置改革,探索用地使用权招标、拍卖、挂牌供应方式,试行土地出让年租金制度,推进森林和林地使用权的合理流转。深化劳动力市场化改革,使劳动力价格真实反映劳动力成本。加快培育人才、技术等要素市场,强化市场化配置功能。

(三)加快行政管理体制改革,提高行政管理水平。

推进规划体制改革。充分发挥规划调控作用,建立层次分明、功能清晰的规划体系。加强国民经济和社会发展规划纲要的战略性和导向性,切实强化空间规划功能,增强区域规划在特定区域的指导性,进一步做深做实专项规划。完善规划综合协调管理机制,规范立项管理,注重衔接协调,扩大公众参与,健全专家论证,完善审批发布,强化组织实施。坚持以规划带项目,进一步发挥规划配置资源的导向作用,有效增强规划对开发建设活动的约束性。

深化投资体制改革。按照政府投资管严管好、同时尽可能引入市场化运作的要求,全面实施政府投资项目管理办法,完善政府投资项目决策机制,建立政府投资项目公示制、后评价制和责任追究制度,加快推行代建制。按照企业投资放开放活、同时相应加强引导监管的要求,全面实施企业投资项目管理办法,确立企业投资主体地位,建立企业投资项目核准制、备案制以及相关行政许可配套联动机制。逐步建立市场引导投资、企业自主决策、银行独立审贷、融资方式多样、中介服务规范、宏观调控有效的新型投资体制。

健全行政许可制度。全面实施行政许可法,严格设定行政许可项目和权限,规范行政许可行为。进一步减少行政许可项目,规范配套制度,提高办理效率,加强事后监管和责任追究。推进网上并联审批,加强行政服务中心建设,提高综合服务效能。

完善政府经济调节机制。合理设定调节目标,主要运用法规和规划、产业政策和价格政策、公共资源配置等手段管理国民经济活动。建立政府决策的公众参与和专家论证制度,提高科学决策水平。完善土地、税收和公共支出政策,促进增长方式转变和经济结构优化。完善统计体系,加强经济社会运行监测、评估和预警,促进政府部门的功能互补和信息共享,提高经济调节能力。

创新政府管理体制。按照精简、统一、效能的原则,深化政府机构改革,合理界定政府部门的责任和职能。积极探索简化行政层级和管理架构的有效形式,建立行政支出的刚性约束机制,控制和降低行政成本。完善公务员录用考核制度,实行绩效考核、公开选拔和竞争上岗。推行公务员专业化改革,探索职务消费货币化。加快电子政务建设,推进政府信息公开。建立科学有效的政绩考核制度,完善政绩考核与干部使用挂钩机制。

(四)建立健全公共财政,强化政府公共服务职能。

推进财政管理体制改革。合理划分省对市、县的事权和财权,理顺财政分配关系。继续深化“收支两条线”管理改革,进一步完善政府采购制度。全面推进部门预算改革,实行国库集中收付,推行财政支出绩效评价工作。优化财政支出结构,扩大社会保障支出,加大对“三农”和社会事业的财政投入,重点保证农业和农村基础设施、农村基础教育、城乡公共卫生、关键共性技术研发与服务、基层文化事业支出需要。

创新公共事业管理体制。在分类定位的基础上,加快全省事业单位改革步伐。加快生产经营类、社会中介服务类事业单位的转企改制;加大监督管理类、社会公益类事业单位的优化重组力度,改革运行方式,提升服务能力。改革公共服务供给模式,逐步推进公共服务市场化运作。鼓励和支持社会投资进入公共服务领域,建立和完善特许经营制度。探索采用合同外包、发放服务券等方式,推行公共服务社会化,降低公共服务成本,提高公共服务质量。

让我们在科学发展观的引领下,增强历史责任感和紧迫感,振奋精神,求真务实,开拓创新,扎实工作,为圆满完成“十一五”规划确定的各项任务,为全面建设小康社会、提前基本实现现代化而努力奋斗！

(注:目录、专栏、图表略)

南京市国民经济和社会发展第十一个五年规划纲要

（南京市第十三届人民代表大会第四次会议审议通过）

《南京市国民经济和社会发展第十一个五年规划纲要》根据《中共南京市委关于制定南京市国民经济和社会发展第十一个五年规划的建议》编制，主要阐明“十一五”期间南京国民经济和社会发展的主要目标、发展重点和政策措施，是南京经济社会未来五年发展的宏伟蓝图，是全市人民共同奋斗的行动纲领，是政府履行经济调节、市场监管、社会管理和公共服务职责的重要依据，也是编制实施我市国民经济和社会发展各类专项规划、区县规划及制定相关政策的重要依据。

第一篇　发展基础和发展环境

第一章　发展基础

“十五”期间，面对我国加入世界贸易组织后的新形势和宏观经济环境的新变化，面对日益激烈的地区间发展竞争，全市人民坚持以邓小平理论和“三个代表”重要思想为指导，认真落实科学发展观，聚精会神搞建设，一心一意谋发展，加快推进“富民强市”和“两个率先”，“十五”计划确定的主要发展目标提前实现。“十五”时期成为我市综合实力提高较快、城乡面貌变化较大、人民群众得到实惠较多的一个时期。

经济持续快速增长。“十五”期间，全市地区生产总值年均增长速度达到14.3%，分别高于全国、全省同期平均水平4.8个百分点和1.2个百分点，高于改革开放以来12%的平均增速和“十五”计划10%的增长预期。到“十五”末，全市地区生产总值达到2 413亿元，按户籍人口计算人均生产总值达到40 919元；全市财政收入达到510亿元，年均增长23.2%；社会消费品零售总额达到1 005亿元，年均增长14.5%；五年累计完成全社会固定资产投资4 626亿元，是“九五”的2.5倍，年均增幅达到27.8%。物价总水平保持基本稳定。

城市化与城市现代化水平跃上新台阶。以承办第十届全国运动会为契机，城乡规划建设和管理水平显著提升。“三个集中、一个疏散”的布局调整加快推进，“一城三区”建设取得显著成效。科学调整区县行政区划，有效整合各类资源，城市化进程明显加快，城市发展空间快速拓展。推动轨道交通、过江通道等一批重大项目建设，基础设施水平不断提高。加快绿色南京建设，实施外秦淮河整治等环境与生态建设工程，城乡面貌发生明显改观，成功创建国家环保模范城市。

改革开放取得新突破。着力深化改革，积极扩大开放，经济增长的动力和活力不断增强。市属国有企业和经营性事业单位产权制度改革基本完成，市场主体多元化竞争格局加快形成。资源配置方式发生新变化，要素市场进一步建立健全，市场机制的调节作用显著增强。坚持依法治市，全面推进依法行政。加快开放型经济规模与水平快速提升，利用外资实现了历史上最快的增长，五年累计实际利用外资是改革开放以来前20年的近两倍，对外贸易进、出口总额均突破百亿美元，合理分工、各具特色的开发区发展格局基本形成。

社会事业全面发展。深入实施科教兴市战略，荣获全国科技进步先进城市，全社会研发投入占地区生产总值比重达到2.4%。实施人才强市战略，人才队伍建设取得显著成效。教育事业蓬勃发展，高中阶段教育毛入学率达到95%以上，普通高校在校生总数达到56万人，农村办学条件明显改善。医疗卫生体系进一步健全，卫生资源配置不断优化，成功战胜了“非典”疫情。全面推进计划生育优质服务系列工程，继续保持稳定的低生育水平。深入实施文化南京战略，历史文化特色进一步彰显，人民群众文化生活日益丰富。体育事业取得长足进步，建成了一批以奥体中心为代表的高水平场馆，成功举办第十届全国运动会，并取得精神文明和竞赛成绩双丰收。

人民生活进一步改善。坚持富民优先，全力组织实施富民工程，着力解决群众生活中的突出困难，人民群众得到了更多的实惠。实施积极的就业政策，努力改善创业和就业环境，“十五”末登记失业率控制在4%以内。社会保障体系日趋完善，社会保险覆盖面继续扩大，城镇基本养老、医疗和失业保险覆盖率分别达到98.7%、95.1%和97.8%，各类保障标准稳步提高，城乡居民最低生活保障实现应保尽保。多渠道、多方式增加居民收入，城镇居民家庭人均可支配收入达到14 997元，年均增长12.6%；农民人均纯收入达到6 225元，年均增长8.9%。

第二章　发展环境

“十一五”期间是我市实现“两个率先”、构建和谐南京的关键时期，处在新的历史起点，发展既存在难得机遇，也面临严峻挑战。

今后五年，南京经济社会发展存在诸多有利因素。从国际产业与资本转移的构成与流向看，经济全球化趋势深入发展，在我国入世过渡期结束后，国际产业与资本转移将呈现规模扩张、领域拓展的总体态势，长三角地区将继续是外资转移的热点地区，服务业将成为新一轮外资转移的热点领域，为我市充分发挥区位优势与产业优势，更大规模地集聚先进生产力要素创造了条件。从国内和周边地区发展态势看，我国经济将处于较长的平稳快速增长期，国家明确提出东部地区率先发展的要求，并将长三角地区确定为全国参与国际竞争的领头区域，长三角区域一体化进程将明显加快，以中心城市带动为特征的发展格局将加速形成，我市作为长三角区域中心城市和南京都市圈的核心城市,有条件充分发挥东西双向集聚和辐射作用,不断巩固提升区域性中心城市地位。从自身发展的内在机制看,产业进入结构升级阶段,重点产业的比较优势日趋形成,各类产业集聚区迈上新的发展平台,吸纳国内外先进生产要素的能力明显增强;居民消费将加快升级,收入水平的提高必将有效带动新兴消费领域的快速成长,中心城市集聚周边地区消费的功能将进一步增强;城市发展框架将进一步拓展,基础设施体系加快完善,城市化的推动作用将有效增强;各级政府调控经济的能力和水平明显提高,全市人民促进发展的凝聚力和创新活力进一步增强;在国家注重转变经济增长方式、提高自主创新能力的背景下,我市具有的科教、人才、文化等优势条件将得到充分发挥,成为经济社会发展的持续动力。

与此同时,发展也将面对一系列挑战。一是地区间发展竞争压力不断加剧。国内城市发展势头迅猛,长三角区域发展格局发生深刻变化,都将使地区间竞争更加激烈,在新一轮发展中赢得主动,必须在巩固提升省会城市和区域性中心城市地位上有新的举措。二是统筹城乡发展的任务更加紧迫。城乡二元结构矛盾成为制约我市率先发展的突出薄弱环节,提升综合实力,促进社会和谐,必须在缩小城乡差距、解决"三农"问题上有新的突破。三是资源环境约束的矛盾日益尖锐。资源利用的宏观形势将发生重大变化,环境保护与生态建设将处在一个重要关口,缓解经济发展与资源环境承载能力的矛盾,必须在集约利用各类资源、促进生态环境改善上有新的思路。四是就业与社会保障的压力仍然突出。就业的总量矛盾和结构性矛盾将持续存在,社会保障将面临各种压力,必须在扩大就业、健全社会保障机制上有新的办法。五是维护社会公平的压力不断加大。各种社会利益关系趋于复杂,贫富差距扩大、人口流动、征地拆迁、社会管理缺位等仍将使各类矛盾不断出现,必须在保障社会公平、维护社会稳定上有新的进展。

第二篇 指导思想和发展目标

第三章　指导思想

"十一五"期间,南京国民经济和社会发展要以邓小平理论和"三个代表"重要思想为指导,以科学发展观统领经济社会发展全局,突出又快又好发展的主题,突出"富裕、和谐"的导向,坚持率先发展,紧紧抓住重要战略机遇期,加快构建长江国际航运物流中心、长三角先进制造业中心、全省现代服务业中心、全国重要科教中心和东部城市绿色中心,加速"两个率先"进程;坚持科学发展,转变发展观念,创新发展模式,提高发展质量,落实"五个统筹",在更高层次上深入实施富民强市、科教兴市、依法治市、文化南京、绿色南京五大战略;坚持和谐发展,注重以人为本,兼顾各方利益,加快人的全面发展和社会全面进步,使发展成果惠及全体人民,建设三个文明协调发展特色区域,推动南京经济社会切实转入全面协调可持续发展的轨道。

"十一五"期间,全市经济和社会发展的政策取向是:

——突出转变经济增长方式。坚定不移地走新型工业化道路,推动经济增长方式向集约型转变。积极扩大消费需求,促进投资与消费、内需与外需共同拉动经济增长;合理调整产业结构,促进制造业与服务业、支柱产业与先导产业共同推动经济增长;有效推动科技进步,促进产业整体技术水平的快速提升;大力发展循环经济,加快形成资源节约型增长模式和消费方式,促进人口、资源、环境相协调,实现可持续发展。

——突出增强自主创新能力。深入实施科教兴市战略和人才强市战略,把增强自主创新能力作为科学技术发展的战略基点和调整产业结构、转变增长方式的中心环节,建立健全自主创新的投入、激励和保障机制,推动科教人才资源优势向现实发展优势的转化,显著提高原始创新能力、集成创新能力和引进消化吸收再创新能力,建设创新型城市。

——突出推进城乡统筹发展。把建设社会主义新农村的要求落实到缩小城乡差距、统筹城乡发展的具体实践上,从思想认识、体制保障、发展政策等方面形成郊县加快发展的综合促进机制,实行工业反哺农业、城市支持农村,切实解决好"三农"问题,加快建立城乡一体的产业布局体系、基础设施体系、公共服务体系和政策支撑体系,形成城乡良性互动、共同发展的新格局。

——突出提升综合功能与塑造城市特色。把完善功能、形成特色作为提升中心城市地位和扩大国内外影响力的重要途径,加强重大功能性基础设施建设,增强产业对周边地区的辐射带动作用,提高综合服务的能力和水平,彰显历史文化名城独特魅力与山水城林自然特色,打造城市特色品牌,把城市影响力与知名度提高到新的层面。

——突出完善体制机制。坚持社会主义市场经济的改革方向,充分发挥市场机制在资源配置中的基础性作用,进一步完善现代企业制度和现代产权制度,切实转变政府职能,创新行政管理方式,加快形成有利于科学发展的体制机制,为经济社会切实转入全面协调可持续发展轨道提供有力保障。

——突出加强和谐南京建设。坚持以人为本,从解决关系人民群众切身利益的就学、就医、就业、居住、出行、环境和安全等现实问题入手,更加注重经济社会协调发展,提升社会事业水平,改善公共产品供给;更加注重社会公平,建立健全社会管理体制和机制,保障城乡群众共享发展成果;更加注重民主法制建设,营造社会安定和谐的良好局面。

第四章　发展目标

"十一五"期间,我市要努力促进国民经济持续快速协调健康发展和社会全面进步,2007 年全面建成小康社会,到 2010 年取得基本实现现代化的重要阶段性进展,为 2012 年基本实现现代化奠定坚实基础。主要目标是:

——经济持续快速增长。在优化结构、提高效益和降低消耗的基础上,全市地区生产总值可比价年均增长 13%,到 2010 年比"十五"末翻一番,人均生产总值比 2000 年增长 2 倍以上。地方财政收入与国民经济保持同步增长,五年累计完成全社会固定资产投资在"十五"基础上实现倍增,社会消费品零售总额年均增长 13%。城镇登记失业率控制在 4% 以内。

——中心城市地位与作用显著提升。长江国际航运物流中心、长三角先进制造业中心、全省现代服务业中心、全国重要科教中心和东部城市绿色中心建设取得重要进展,城市综合功能明显提升。

——自主创新能力不断增强。形成一批拥有自主知识产权和知名品牌、国际竞争力较强的优势企业,研发支出占地区生产总值比重达到 3% 左右,高新技术产业销售收入占工业比重提高到 35%。

——资源利用效率明显提高。万元地区生产总值能源消耗比"十五"期末降低20%左右,工业固体废物综合利用率达到90%。

——城乡区域发展基本协调。城乡统筹发展的长效机制基本建立,以城带乡、以工促农、城乡一体化的格局基本形成,社会主义新农村建设取得显著进展,城乡发展差距进一步缩小,城市化水平达到80%,合理分工、各具特色、有序发展的区域格局基本形成。

——公共服务能力和水平有效提高。公共服务网络逐步完善,公共产品有效供给不断增加,城乡之间、不同社会群体之间获得公共服务的差距逐步缩小。教育事业进一步发展,高中阶段毛入学率达到98%,高等教育毛入学率达到60%,人均预期受教育年限达到15年。公共卫生和医疗服务体系更加完善,卫生服务体系健全率达到90%以上。社会保障体系进一步健全,城镇基本养老、医疗和失业保险覆盖率均达到95%以上,新型农村合作医疗参保率达到95%。

——可持续发展能力增强。人口自然增长率控制在3‰以内。耕地保有量规模达到国家计划要求。主要污染物排放量在2005年基础上减少5%左右,重点行业污染物排放强度明显下降,环境质量综合指数稳定在80分以上,全市森林覆盖率达到25%,建成区绿化覆盖率达到47%,人均公共绿地面积达到15平方米,环境保护投入占地区生产总值比重稳定在3%左右。

——市场经济运行机制进一步完善。建立比较完善的社会主义市场体制,形成有效的行政管理体制、健全的现代市场体系、合理的所有制结构,非公有制经济增加值比重力争达到50%。开放型经济达到新水平,五年实际利用外资力争比"十五"翻一番。

——人民生活明显改善。城乡居民收入稳步增长,城镇居民家庭人均可支配收入和农民人均纯收入年均分别达到24 000元和10 000元以上,收入分配差距扩大的趋势得到缓解。实现较为充分的就业,五年新增就业岗位75万个。城乡居民居住条件进一步改善,城镇人均住房建筑面积达到30平方米以上,农民人均钢筋砖木结构住房面积达到40平方米以上。

——精神文明和民主法制建设全面加强。城市文明程度和市民素质进一步提高,有效推进学习型社会创建工作。坚持依法治市,巩固和发展民主团结、生动活泼、安定和谐的政治局面。社会治安和安全生产的有效保障机制进一步健全,努力建设全国最安全城市。

第三篇 发展任务

第五章 提升产业竞争力

大力推进产业结构的战略性调整和增长方式转变,突出发展先进制造业和现代服务业,建立符合新型工业化要求的产业体系,推动产业发展更紧密地融入国际产业分工,整体提升产业国际竞争力。

第一节 推动产业结构优化升级

积极促进先进制造业与现代服务业的配套、融合、互动,大力发展生产性服务业,加强与制造业链条各个环节的服务对接,整体推进先进制造业中心与现代服务业中心的建设。着力提升产业技术水平,坚持以信息化带动工业化,广泛应用高技术和先进适用技术改造提升制造业,实行自主创新与技术引进的结合,开发优势技术领域的自主创新品牌,培育具有较强自主创新能力的企业,形成一批市场竞争力强的名牌产品,推动产业发展从加工装配为主向自主研发制造延伸。到2010年,工业新产品产值率达到30%,大中型工业企业研发经费占销售收入比重达到5%以上。积极发展装备制造业,促进电力装备、数控机床、轨道交通、轻工纺织机械、消防器材等行业扩大优势、形成特色,提升装备制造业整体水平。积极促进产业集约发展,大力发展循环经济,有效降低单位产出的资源、能源消耗,"十一五"期间,万元工业增加值能耗降低20%以上。积极培育产业集群,在电子信息、石化深加工、汽车及零部件、软件、生物医药、文化等产业领域打造优势产业链,建设一批国内领先的产业集群,形成空间上集聚发展、上下游紧密链接的新型产业格局。

第二节 构筑战略性优势产业体系

着力提升电子信息、石油化工、汽车、钢铁、现代商贸、旅游会展、金融保险、现代物流、房地产、信息服务等优势产业,增强产业竞争力和城市综合服务功能。电子信息产业。加快提升电子信息产业总体规模与核心优势,推动产业发展由组装加工型向精密制造型转变,重点发展新型显示器、通信、软件及系统集成、计算机及外设、信息家电、新型电子元器件六大产业群,培育形成一批全国领先的大类产品生产集中区,使电子信息产业成为南京最具发展潜力和国际竞争优势的主导型产业。依托南京高新技术产业开发区,建设计算机及外设、集成电路、系统集成类产品制造基地;依托南京经济技术开发区,建设平板显示器类和信息家电类产品制造基地;依托南京江宁经济开发区,建设通信及网络设备、平板显示器、新型电子元器件、汽车电子等产品制造基地。

石油化工产业。推进产业基地化、大型化、集中化发展,以大企业为龙头,优化产业结构,大力发展精细加工,延伸原油加工、基础化工原料、化学中间体、精细化工与日用化工产品紧密链接的产业链。进一步推动产业集中布局,做强江北南京化学工业园,在江南金陵石化现有生产区范围内实施园区化改造。新建化工项目一律向化工园集中,原有的区外石化产业项目逐步搬迁进园。加大石化企业污染治理和环境保护力度,有效降低石化产业环境影响程度。

汽车产业。全面推进与国际国内知名企业的合资合作,着力提升产业规模和市场竞争力,推动汽车行业加快振兴,重塑全国汽车产业基地的优势地位。以轿车为主体,以汽车关键零部件为配套,发挥福特、长安、罗孚等重大项目的龙头带动作用,推进汽车产业链的建设和产业集群的形成,重点建设江宁、溧水、浦口汽车生产基地。

钢铁产业。优化产品结构,重点发展各类高附加值板材和优特钢,大力推广先进适用技术及各类环保技术,实现集约生产,打造以高技术含量和高附加值为基本特征的新型钢铁产业基地,重点提升南钢和梅山两大钢铁企业在同行业中的竞争优势。

现代商贸业。全面提升商贸流通业总体规模、集聚辐射能力和现代化水平。做大做强大型商贸流通企业,形成10家销售额超百亿元的企业集团。大力推广大型购物中心、连锁经营、电子商务、社区商业等现代流通组织形式和经营方式,构建集约便利的零售服务体系。拓展商贸流通业的区域市场空间,扩大市外网点规模,形成较为完备的区域市场营销网络。优化调整商业布局,打造新街口商贸商务中心区、河西中央商务区,促进城南、城北、中央门、江北等重点商贸集聚区提档升级,加快新城新区商业中心建设,培育一批特色化市场群,形成合理有序的商业网点布局。

旅游会展业。立足历史文化资源优势和山水城林自然禀赋,整体提升旅游业发展水平。着力打造“一城两翼三带”旅游空间格局,主城重点提升钟山旅游区、雨花旅游区、石城旅游区、滨江旅游区等主要景区水平,利用明城墙、秦淮河、文化街等线路串联形成旅游精品路线;北翼重点推进“一山三泉”、金牛湖等主要旅游区的建设,南翼重点推进溧水、高淳旅游区的建设;打造环城风貌带、长江风貌带和秦淮河风貌带,整体提升旅游景区水平。积极促进休闲旅游、农业旅游、科技旅游、产业旅游等的发展,拓展旅游业发展空间,形成多元化的旅游发展格局。加快旅游管理体制创新和经营机制改革,培育具有国际竞争力的旅游企业集团。进一步加强旅游宣传推广,加大区域旅游经济合作,打造和提升旅游品牌,提高重大活动策划、组织水平。建设国际博览中心等现代化会展基础设施,加强与国际会展机构的合作,培育专业会展企业,提高承接各类重大活动的能力和水平。着力打造会展品牌,形成一批国内外有影响力的常年性会展平台和项目。

金融保险业。提升金融保险业发展水平,建设具有较强金融综合服务功能的区域性金融中心。积极扩大金融保险业对外开放,大力吸引各类中外金融保险机构和投资机构来宁设立总部或分支机构。提高金融保险区域服务能力,加强区域化资本、资金市场建设,建立覆盖南京区域的项目贷款和银团贷款服务网络。积极推动金融产品创新,鼓励金融机构和企业增强直接、间接融资能力。规范各类非银行金融机构的发展,积极引导和搞活民间金融,强化农村金融网络建设。推进金融信息化、现代化,加快跨区域金融电子化建设,提高金融服务效率。

现代物流业。培育辐射长江流域、面向国际的综合物流体系,全面提升物流产业竞争力和区域集散能力。加快物流基地建设,积极推动龙潭、禄口、王家湾—丁家庄、幕燕金属、江北化工和南京农副产品物流配送中心、中邮华东物流集散中心等重点集聚区上规模、上水平。构筑和完善现代物流信息平台,加强信息标准化建设,提升信息化管理水平。完善港口、公路、铁路、航空等多种运输方式相衔接的综合运输网络,提高物流运输效率。推动企业物流的现代化,降低运营成本,提升物流组织管理水平。引进和培育知名物流企业,积极发展第三方物流,物流运作方式基本与国际接轨。

房地产业。完善政府调控机制,优化住房供应结构,引导房地产业合理布局,建立分层次的住房供应保障体系,保持房地产业健康持续发展。合理确定房地产开发规模,五年竣工商品房面积达到2 800万平方米以上,其中住宅竣工面积达到2 200万平方米。推进房地产业管理的规范化、信息化和法制化建设,建立健全全市统一的产权管理信息平台和房地产信息系统。进一步扩大物业管理覆盖面,提高管理水平,规范管理制度。继续实施危旧房改造和房屋整治出新工程,推广绿色、环保住宅建设,提高市民居住质量。

信息服务业。发挥信息枢纽作用,提升城市信息化水平,实现信息资源全方位、大范围的开发和共享,增强区域服务能力。鼓励和引导信息资源的产业化开发,大力发展基于数字电视平台、移动通信平台、宽带多媒体平台的增值服务。加快政府管理、企业管理、社会服务信息化步伐,完善电子政务网络,建设信息化社区,进一步实施企业上网工程。

第三节　加快先导型新兴产业发展

围绕提升产业持续竞争力,加快培育软件、生物医药、新材料、新型光电、文化五大新兴产业,增强扩张能力,力争产业规模进入全国前列,逐步成为经济发展的重要支柱。

软件产业。大力实施软件人才工程、品牌工程、基地建设工程,构建软件测试中心、投融资中心、销售交易中心和人才培训中心,加速培育软件产业自主创新能力,构建经营企业化、应用社会化、开发工程化、产品国际化的软件发展新体系,打造全国软件产业名城。巩固提升电力自动化、通信、智能交通等领域的产业竞争优势,重点培育和发展各类应用型软件,加快娱乐型软件产业发展步伐。

加快南京软件园、江苏软件园、徐庄软件产业基地、江苏工业设计园、宁南软件产业基地、江宁吉山软件产业基地等大型软件产业集聚区建设,形成“两园多基地”的发展格局。加快软件产业国际化步伐,加强与国外知名软件企业的紧密型合作,大力拓展软件外包业务,提高软件业出口份额。

第四节　培育都市型特色经济

紧密结合中心城市发展特点,积极拓展生活型服务业领域,提升生活型服务业发展水平。加快培育适应消费升级需要的新兴服务业,在文化、教育培训、医疗保健、汽车消费等领域建立健全的服务业体系,合理引导消费扩张;积极发展社区服务业,完善政府扶持、社会参与的现代社区服务发展机制,鼓励创办各种便民利民的社区服务企业,引导和培育社区服务业快速发展。紧密结合中心城市产业变动趋势,积极培育新型都市经济功能。全力吸引外资银行、国内大公司和大集团入驻,推动总部经济等新型都市经济功能加速形成;积极发展适应大城市环境要求、市场需求和就业需求的都市型工业,结合城市布局调整,建设一批轻型化、无污染、占地少的都市工业园与城市楼宇经济。大力发展商务服务业,积极培育律师、审计、会计、咨询、评估、调查、策划等中介组织,促进新兴专业化服务功能的快速提升。加快发展科技服务业,建设江苏工业设计园等一批科技服务业发展载体。

第六章　建设社会主义新农村

按照生产发展、生活宽裕、乡风文明、村容整洁、管理民主的要求,贯彻“以城带乡、以工促农、反哺农业、回报农民”的方针,着力缓解城乡二元结构,大力促进城乡区域协调发展,努力建设社会主义新农村。

第一节　建立城乡统筹发展的长效机制

着力打造城乡布局统一规划、城乡市场开放互通、基础设施相互配套、三次产业协调发展、保障体制基本接轨、社会事业互为补充的发展格局。统筹城乡发展规划,切实把统筹城乡作为各类规划的重要内容,加强和改善规划对城乡统筹发展的引导和促进作用,提高城乡建设的协同性与系统性。统筹城乡市场体系建设,打破城乡界限,全方位构建城乡统一开放、竞争有序的市场体系,促进农村的劳动力、土地等生产要素与城市的人才、资本、技术等生产要素双向流动和有效组合。统筹城乡基础设施建设,按照基础设施与公共服务设施配置水平适度超前的原则,以卫星城和重点镇为重点,进一步加大对郊县基础设施建设的投入力度,着力构建城乡一体的道路交通、给排水、能源、消防、信息网络,提高农村地区用水、用电、电信、公交、安全保障水平,形成主城区、新城区、重点镇、中心村梯度协调发展的格局。根据镇村布局规划,加快推进工业向园区集中、农民向城镇集中、土地向规模经营集中的步伐,引导区域性基础设施向规划居民点延伸,引导新建农民住宅向规划点集中。统筹城乡产业布局,科学界定城乡产业分工,明确郊县的功能定位与发展的主导方向,组织实施产业布局的有序调整,有效引导新建产业项目的合理布局,形成合理分工的城乡产业布局体系。统筹城乡社会保障制度,探索农村与城市社会保障接轨的有效途径,健全城乡教育、医疗等社会救助体系,切实提高农村社会保障综合水平。统筹城乡社会事业,全面推进农村教育、文化、科技、卫生、体育等各项事业的发展,切实缓解农村地区社会事业发展滞后的问题。统筹城乡国民收入分配,坚持"多予少取放活",在市权范围内制定出台向郊县和"三农"倾斜的财政、税收、信贷等项政策,大力支持郊县特别是"一区(六合)两县(溧水、高淳)"的发展,切实加大对农业和农村的投入力度,扩大公共财政覆盖农村的范围,加大市级财政对农村的转移支付力度,新增社会事业经费主要用于郊县,郊县基本建设投资占全市比重逐年提高。

第二节 建设都市型农业

提高农业产业化、标准化、外向化和生态化水平,构筑融经济、生态、旅游、科技等功能为一体的都市型农业体系和布局框架。加大农业产业结构调整力度,在稳定粮食生产的同时,重点发展特色蔬菜、苗木花卉、草食畜禽、特种水产和旅游农业五大特色产业,培育高淳优质螃蟹、溧水青梅黑莓、江宁奶牛养殖及乳品加工、浦口苗木及休闲农业、六合优质蔬菜、卫岗—孝陵卫农业科技六个产业群,促进特色化发展、集中化布局。加快土地向规模经营集中,培育龙头企业,延伸产业链,提高农业规模效益。努力扩大农业利用外资,积极发展创汇农业,提升外向型农业发展水平。鼓励和扶持农业科技创新,加快建设现代农业科技园区,建立农民合作经济组织和农业科研机构相结合的农业科技创新体系。完善农业基础设施,提高农业装备水平。健全农业技术推广、农产品市场、农产品质量安全和动植物病虫害防控、森林防火体系,加强农业社会化服务,提高保障能力。推动绿化基地的建设和林业科研的发展,进一步提高园艺水平,扩大苗木园艺等的辐射区域,促进绿化产业快速发展。到2010年,农业增加值达到100亿元以上,五大特色产业占全市农业总产值的比重达到70%以上。

第三节 综合推进农村各项配套改革

合理划分县区、镇街两级的事权和财权,理顺镇街政府与村民委员会的关系,建立公共财政,转变政府职能,使镇街政府更好地履行社会管理和公共服务的职责。扩大农村中小企业担保基金规模,培育贴近农民和农村需要的小额信贷组织,进一步规范民间借贷,保障农村地区金融发展和秩序稳定。鼓励和引导农民经纪人、农村基层服务组织等利用自身优势,围绕优势产业、特色产业,因地制宜地发展农民专业合作经济组织,提高农业的组织化程度和产业化经营水平。加强市场体系建设,积极完善农村流通体系,用连锁经营新型业态全面重构农村消费品和农业生产资料流通网络,培育一批标准化、规范化管理的农产品批发市场。大力发展村级为农综合服务社,为农民提供流通、文化、科技等服务。加快农村集体经济管理制度改革,积极稳妥地推进村集体资产股份合作制改革,维护和保障村集体和农民的合法权益,增强村级经济发展后劲。加强农民负担监控,巩固农村税费改革成果。加大镇村债务清理力度,加强集体经济监管,规范集体经济行为,确保农村经济健康发展。积极探索农村土地使用制度改革,鼓励农民通过土地股份合作等形式,发展高效产业,增加土地收益。积极探索农村集体建设用地进入市场有效途径,逐步建立城乡统一的土地市场,提高土地资源的利用效益和利用效率。用足用活村发展留用地政策,鼓励各郊县积极试行农村建设用地整理与新增建设用地指标挂钩政策,采取宅基地抵换建设用地、农民以成本价购房等办法,推进农民宅基地有偿置换。大力发展农村自我管理、自我教育、自我服务的群众性自治组织,通过民主选举、村务公开、民主理财,不断提高农村基层民主管理水平。

第四节 加强农村公共事业和综合环境建设

加大农村教育投入,巩固完善以政府投入为主的义务教育保障机制。加快农村中小学标准化建设,积极鼓励社会力量办学,增加农村优质教育资源。加强农村公共卫生和基本医疗服务体系建设,提高农村卫生服务综合水平,改善农民就医和用药安全条件。加强农村基层文化、体育设施建设,巩固农村广播阵地,不断丰富群众的精神文化生活。以建设村庄环境卫生长效管理机制为目标,深入实施以"清洁水源、清洁田园、清洁家园"为主要内容的村容村貌整治工程,着力解决农村安全饮水、清洁能源、卫生公厕、污水和垃圾处理等问题,不断改善农村生产生活环境,提高农民生活质量。积极引导"放心工程"向农村市场延伸,完善郊县"放心工程"网络体系。加强农村社会主义精神文明建设,深入开展科技、文化、卫生"三下乡"活动,推进文明村、文明小城镇创建工作,大力普及科学知识,移风易俗,着力在农村形成科学文明、健康向上的生活方式和社会风尚。建立健全农村矛盾调解机制,加强农村社会治安综合治理工作网络建设,有效促进和维护农村地区的社会和谐稳定。

第五节 千方百计增加农民收入

采取综合措施,广泛开辟农民增收途径。加强农村劳动力技能培训,提高农民整体素质,造就有文化、懂技术、会经营的新型农民,实施"十万农民创业"和"百万农民就业"工程,在加快富余农村劳动力转移的同时,注重提高已转移劳动力的工资待遇,有效增加农民工资性和经营性收入。组织实施"双带"工程,培育各类专业村和特色村,增强农村集体经济实力,带动农民收入增长。加快发展特色、高效农业和农副产品加工业,拓展农业产业功能,延伸农业产业链,扩大农民收益。落实各项惠农政策,巩固农村税费改革成果,进一步减少农民负担。

第七章 优化城市功能和空间布局

推动城市空间结构的战略性调整,建立起协调发展的空间功能分区和科学合理的空间开发秩序,推进城市管理综合创新,显著提高城市规划和管理水平。

第一节 有效拓展城市空间

按照"多中心、开敞式、轴向发展"的组团布局方向,推进城市发展空间由中心城向广阔都市发展区的拓展,促进城乡协调、南北联动、跨江发展新格局加快形成。"十一五"期间,重点加强绕越公路环江南片区域及江北新市区的城市化与城市现代化建设,努力构筑更加开敞的城市发展平台,整体优化老城与新城新区的功能分工、人口分布、产业布局、基础设施配套和生态环境建设。继续高标准建设"一城三区",力争现代化河西新城区基本建成,形成新城、老城空间紧密相连、功能合理分工的发展格局;仙林新市区功能进一步完善,成为带动宁镇扬板块共同发展的增长极;东山新市区总体开发建设水平进一步提升,基本实现与主城基础设施体系的一体化对接,成为拓展宁杭发展带的重要区域节点;江北新市区基础设施进一步完善,江北地区中心作用显著提升。加快构筑城乡一体化发展的城镇体系,推进雄州、淳溪、永阳3个卫星城建设,实施禄口、汤山、铜井、汤泉、桥林、八百桥、横梁、白马、桠溪等重点镇的建设,有效加快郊县城市化进程。

第二节 规范空间开发秩序

以优化生产力合理布局为目标,统筹规划区域空间结构和产业布局,形成主体功能清晰、发展导向明确、开发秩序规范、经济发展和人口、资源环境相协调的空间开发格局。

科学引导主体功能区建设。根据发展现状水平、经济开发适宜程度以及生态环境承载能力等因素,建立优化提升区域、重点开发区域、生态保护区域三类主体功能区,对空间开发实施有效调控,促进城市整体功能的全面提升和区县特色发展格局的加快形成。优化提升区域,主要是以老城为核心的建成区。按照"双控双提升"的思路,严格控制高层建筑和住宅开发总量,着力提升历史文化内涵和现代服务功能,塑造古都特色和现代文明交融的高品位城市形象。加快旧城改造,有效改善城区环境,合理调整和优化城区布局,实施大校场机场搬迁、铁路西站和下关电厂搬迁,着重培育综合带动效用明显、区域辐射力强的城市功能。重点开发区域,主要是主城以外、绕越公路以内区域和港口区、重点产业园区。加快建设东山、仙林、江北三个城市副中心;依托省级以上开发区,建设先进制造业集中区;依托重点工业集中区,建设先进制造业基地的配套区;依托枢纽型交通基础设施,建设现代物流产业聚集区。生态保护区域,主要是生态环境承载能力较弱、不适宜大规模开发的限制开发区和禁止开发区,着重强化生态涵养功能,重点对基本农田保护区、提供饮用水源的重要河湖水面及缓冲区、各类自然保护区、文物保护区、风景名胜区、森林公园、地质公园、灾害频发且威胁较大的区域等实行强制性保护,严禁不符合主体功能定位的开发活动,引导人口有序外迁,形成良好的资源生态绿色屏障和市民观光休闲空间。

合理调整产业布局。统筹城乡产业布局,加快制造业向郊县集中、服务业向新区拓展的步伐,打造"一主(中心城)三辅(三个新市区)"服务业布局主体框架和沿江与沿宁连—宁高路"十"字型制造业发展轴带,总体形成"一轴(沿江主轴)两翼(南北两翼)"产业发展基本格局。围绕中心城—新区—新城—重点镇四级架构,建立与城镇体系层级配套衔接的服务业梯度发展体系,促进服务业在整个市域空间的统筹配置与整体均衡,有效带动郊县地区服务业的发展。结合"十"字型制造业发展轴的培育,积极提升郊县地区制造业集聚发展水平,打造全市先进制造业集中发展的主体区域。进一步加快沿江地区发展建设,一体化推进沿江产业园区发展、基础设施配套与综合功能完善,重点加强南京经济技术开发区、南京化学工业园、滨江经济技术开发区、浦口经济开发区、雨花经济技术开发区等发展载体建设,形成沿江各板块合理布局、有序发展的新格局,打造横贯东西、带动南北的沿江发展带;沿宁连-宁高路重点加强南京高新技术产业开发区、南京江宁经济开发区、六合经济开发区、溧水经济开发区、高淳经济开发区等发展载体的建设,构建贯通南北的纵向产业发展带。

第三节 完善城市管理模式

坚持"建管并重、更重管理",按照社会主义市场经济要求,深化城市管理体制改革,落实以人为本的管理理念,建立科学有序、协调高效的城市管理体制和运行机制。

构建新型管理格局。增强城市管理的整体协同性,科学界定市与区县管理职能定位,加强两级管理的有机衔接。推动城市管理重心下移,强化属地管理,加强社区管理体系的建设,完善"两级政府、三级管理、四级网络"的城市管理体制,形成统一领导、分级负责、条块结合、以块为主的城市管理格局。进一步创新管理手段,综合运用市场化方法和数字化技术,实现由条线管理向网络化管理转变。

提高精细化管理水平。加强重点区域控制性详规的编制,对城市中心区、城市改造区、新城新区以及主要景观路建筑形式、建筑色调、建筑高度、绿地空间进行整体性规划调控,形成和谐有序的城市外部景观。全面整治和改造城市面貌较差的地区,实现由"突击整改、专项整治"向"综合治理、长效管理"转变;完成主城内城中村、背街小巷整治和危旧房、旧小区出新改造,加强特色街区的建设,力争到"十一五"末,城市主干道、出入口主通道和窗口地区市容达标率达到100%,其它地区达到80%以上。

建立健全规范的长效管理机制。强化城市管理立法,建立专业执法和综合执法相结合的执法体系,形成依法管理的长效机制。创新城市管理手段,大力运用数字化等先进技术,提高城市管理的效率和水平。继续推进市政公用行业市场化进程,推行管养分开、事企分开,形成统一管理、多家经营、有序竞争的运行机制。依法加强特许经营的政府监管,保障社会公共利益和公共安全。扩大市民在城市规划、建设和管理上的知情权、参与权和管理权,建立"公众参与、社会监督"的良性机制。

第四节 促进区域共同发展

坚持"呼应上海,辐射周边"的区域战略,紧密融入长三角一体化进程,改善和强化沪宁之间交通联系,加快建设宁杭经济带,不断提升区域性中心城市的地位和作用。进一步推进南京都市圈建设,强化与周边城市的联系,重点推进区域性基础设施配套、资源开发与环境保护、市场建设等领域的纵深化合作,增强南京核心城市的功能,发挥南京在长江流域的重要传导枢纽作用。进一步开展多层次的经贸往来与地区交流,做好对中西部地区的对口支援,推动区域共同发展。

第八章 建设现代化的基础设施体系

以建设功能性、枢纽型基础设施体系为重点,全面提升城市功能现代化水平与国际化水准,显著增强城市的区域集散能力、综合保障功能和建设管理水平。

第一节 构建枢纽型、网络化的综合运输集散体系

进一步完善对外公路网络,基本建成"两环两横、十二条放射通道"的高速公路网,形成"四小时长三角城市群"、"一小时南京都市圈"的对外交通体系。重点建设绕越公路东南段,建成宁淮、宁蚌、宁常、宁杭高速二期等,规划建设溧水—马鞍山高速、沪宁二通道、绕越公路东北段、溧阳—芜湖、浦仪公路、南京—宣城等项目,"十一五"期间,高速公路建设里程和通车里程均突破400公里。加快铁路项目建设,巩固提升铁路客货运枢纽地位。积极推进沪汉蓉铁路宁合段、京沪高速铁路南京段、宁沪城际铁路、宁杭城际铁路、南京—安庆城际铁路等重大项目,建成南京铁路南站,形成南京东站和永宁技术作业站"一主一辅"编组站,建设龙潭集装箱、沧波门和城南、城北、浦口"一专一主三辅"货场。

巩固南京港综合性多功能江海转运主枢纽港的地位,建设

功能完善的“区港联动型”龙潭保税物流中心,继续建设龙潭、西坝港区,新建铜井、七坝,改造仪征、新生圩港区,五年新增42个港口泊位,其中万吨级泊位19个。到2010年,南京港口吞吐量达到2.5亿吨,集装箱吞吐能力达到300万标箱以上。建设芜申运河航道整治、秦淮河复线船闸等项目,全面提高内河干线航道通航能力。积极推进现代化国际航空港建设,启动禄口机场二期扩建工程,增加国际、国内航线与航班,努力开辟国际直达航线,扩大辐射范围,提升禄口机场的地位和作用,建成六合马鞍机场。到2010年,机场年旅客吞吐量达到1 200万人次,货邮吞吐量达到40万吨。

第二节 建立运行高效的市域交通体系

构筑市域交通、城市交通与区域性交通有机衔接、高效运转、三位一体的现代化快速交通体系,着力缓解城市交通拥堵矛盾,形成环网相连、节点通畅、高效便捷的立体化城市交通网络。“十一五”期间,全面完成“经六纬九”主城主干道体系,贯通“井”字加外环快速道路系统,构建主城、新市区与卫星城、重点镇的快速通道连接体系,实现“主城15分钟上快速内环、快速内环15分钟上高速,重点城镇15分钟上高等级公路、30分钟到达县或区驻镇”的目标,到2010年,城市人均拥有道路面积达到17平方米。落实公交优先政策,加快推进城乡公共交通一体化,构筑大公交网络系统;优先发展向“一城三区”延伸的轨道交通线路,建成地铁二号线、地铁一号线南延工程,力争开工建设地铁三号线,适时推进地铁过江;加密公交线网,开辟快速公交线路(BRT)和公交优先通道,着力提高公共交通的机动性和通达性,到2010年,城镇每万人拥有公交车辆达15标台,力争公交出行比例提高到40%。加快推进过江通道建设,建成纬七路过江隧道和长江四桥,基本形成“五桥一隧”的过江通道体系。完成新一轮长途客运站点的规划建设,重点建设和改造中华门、中胜等客运站,结合铁路南站和地铁一号线南延规划建设客运南站;提高枢纽客运站规模和能力,配置完善直达客运站,合理布局过境客运站,缓解城区交通压力。建成一批布局合理的社会公共停车场(楼),基本满足静态交通需求,改善城市停车状况。推进智能交通调度系统的研发应用,加强交通需求管理和引导,提高城市交通的运行效率。

第三节 建设一流的公用设施保障体系

高标准建设完善信息化、供电、供气、供水、水利、人防等公用设施,全方位提升综合保障水平,形成适度超前、持续发展、保障有力、全国领先的城市公用服务设施体系。

提升信息基础设施水平。加快数字南京建设,建成全国重要的现代化信息港。完善通信网、数字电视网和下一代互联网等基础设施,以应用需求为导向,促进信息资源的相互共享和有效集成。形成覆盖全市的高速宽带、骨干交互网络、全市公用数据传输平台,建成第二长途通信枢纽及配套工程、数字同步网和电信管理网等一批信息基础设施。完善广电网络,适时完成模拟网向有线数字电视网的转换。构筑信息资源共享平台,实现土地利用、城建规划、档案方志等专业信息动态集成。加强社区信息基础设施建设,逐步推进社区公共设施、信息发布、安全防范等管理服务数字化。到2010年,全市形成较为完善的信息化体系,满足企业用户和家庭用户各种个性化的宽带需求,国民经济和社会信息化达到国际先进水平。

增强供电保障能力。大力发展电力产业,加强电力基础设施建设,建立充足完善、安全高效、稳定清洁的电力供应体系。到2010年,总装机容量力争比“十五”末提高一倍。重点实施龙潭地区华能金陵电厂239万千瓦燃气—蒸汽联合循环轮机组、龙潭地区华能2 100万千瓦燃煤机组发电厂、板桥地区华润260万千瓦燃煤供热机组、南京嘉宁239万千瓦燃气机组、江苏南热230万千瓦燃气—蒸汽联合循环发电机组、南京第二热电厂212.5万千瓦燃煤发电供热机组和21.2万千瓦背压机组、龙潭马渡460万千瓦电厂等电力建设项目,南京化工园预留210万千瓦燃煤供热机组。建设溧水东、江北2#两个500千伏输变电工程和50万线路西通道,形成50万伏高压环网,新建、扩建一批220千伏和110千伏输变电工程等一批电网项目。

完善供水、供气系统。满足城市发展需求,适度扩大供水规模,加强低压片区供水管网改造,适时推行分质供水。新建20万吨/日龙潭水厂、15吨/日江宁科学园水厂和25吨/日江宁滨江水厂,扩建20吨/日城南水厂、15万吨/日江宁开发区水厂等。到2010年,城市自来水普及率达到98%以上。配合西气东输,全面实施天然气利用工程,以发展民用为主,兼顾发展营业用气和工业用气,重点建设江北及江宁天然气管网项目,完成主城天然气置换,推进天然气汽车加气站和清洁能源公交体系建设,形成覆盖全市的天然气供应网络。到2010年,城市燃气普及率达到95%以上。

加强水利设施建设。继续完善长江、秦淮河、滁河、水阳江等主要河流的干堤达标、流域防洪工程,到2010年,南京城市防洪标准基本达到防百年一遇洪灾的要求,区县及重点城镇达到防20~50年一遇洪灾要求。继续加强丘陵山区治理与灌区改造,实施圩区治理与河道疏浚等农村水利工程。基本完成中小型水库除险加固、达标工程。实施河道血防治理工程。

第九章 建立新型的社会公共服务体系

按照均衡布局公共服务设施、均等提供社会公共服务的发展原则,逐步建立设施先进、布局合理、配套齐全、功能完善的公共服务体系,显著提升服务城乡居民与辐射周边区域的能力和水平,形成与经济发展水平相适应、与现代化中心城市地位相匹配、与人民群众日益增长的物质文化需求相衔接的新型社会公共事业发展格局。

第一节 全面推进教育现代化

围绕全面构建现代国民教育体系和终身教育体系,努力实现义务教育均衡化、高中阶段教育普及化、高等教育大众化、成人教育终身化,到2007年,率先基本实现教育现代化;到2010年,各类教育发展主要指标达到中等发达国家平均水平,成为全国重要的教育名城。

提高教育保障水平。强化政府对义务教育的保障责任,明确政府投入主体地位,推行免费义务教育制度。教育经费向农村和薄弱学校倾斜,实施新一轮幼儿园、中小学办学条件改善工程,逐步缩小校际办学水平差距。全面提升教育信息化水平,全市中小学“校校通”覆盖率达到100%,教育信息化建设与应用保持全国领先。完善新区与郊县教育设施体系,建设一批配套学校,促进基础教育均衡发展。采取积极有效措施,切实保障困难群体和外来务工人员子女就学。

完善教育体系。着力提升高中教育、职业教育和高等教育发展水平,到2010年,高中阶段毛入学率达到98%,高等教育毛入学率达到60%。鼓励发展职业教育,优化和整合职业教育资源,创新培养模式,重点建设50个骨干示范专业、10个紧缺人才培养基地和职业教育实训基地。提升高等教育办学规模与水平,建设市广播电视大学新校、金陵科技学院二期、晓庄学院二期等,鼓励和支持在宁高校创建一流大学。积极发展社会化、多元化、国际化的继续教育,大力发展远程教育、社区教育、成人教育和教育培训,不断满足市民更新知识、学习技术、提高文化素养的需求。

第二节 提升医疗卫生服务水平

完善公共卫生和医疗服务体系,全面提升城乡卫生综合服务保障与安全应急能力,建设全国一流的卫生服务基地。

完善卫生服务体系。加强社区卫生服务设施和内涵建设,建立社区卫生服务机构和专科医院、综合医院间的双向转诊制度,形成"小病在社区、大病进医院、康复回社区"的就医模式。优化卫生资源配置,实施一批医院综合改造工程,重点完成鼓楼医院、市第一医院、儿童医院、妇幼保健院等扩建,加快河西、江宁、仙林和江北三级综合医院建设。

保障公共卫生安全。加强卫生信息网络体系、疾病预防控制体系、应急医疗救治体系和卫生监督体系建设,提高城市公共卫生安全水平。完善全市传染病疫情报告信息管理系统,进一步健全四级疾病预防控制体系,防止和控制艾滋病等传染性疾病的流行。严厉打击非法行医和非法药品生产交易行为,提高卫生监管水平。

改善农村医疗卫生条件。鼓励城市医疗卫生资源向农村延伸,转变农村卫生服务模式,完成农村基层卫生服务机构向社区卫生服务机构转型。实施乡镇卫生院改造和村卫生室标准化建设工程,加大农村卫生人才培养力度,建立城乡医技人员交流制度,提高农村医疗卫生水平。进一步完善新型农村合作医疗制度,着力提高覆盖面和保障水平,形成以大病统筹为主、医疗救助为辅、其他医疗保障为补充的多形式、多层次农村医疗保障体系。到2010年,新型农村合作医疗覆盖率达100%,参保率达到95%以上。

第三节 大力推进文化南京建设

以彰显古都特色和展现现代文明为基点,提升文化事业发展水平,建设位居全国前列的文化强市。

全面繁荣文化事业。加大政府对文化事业的投入,完善城乡公共文化服务体系。繁荣新闻出版、广播影视、文学艺术事业,创造更多更好适应人民群众需求的优秀文化作品。加强文化事业队伍建设,加大艺术人才培养和引进力度,形成一批具有较强地方特色和影响力的优秀艺术团体。精心举办各类活动,增强城市文化氛围,打造城市文化品牌。加强文化市场管理,营造扶持健康文化、抵制腐朽文化的社会环境。

加强历史文化保护与合理开发。着力保护南京传统风貌,合理开发六朝文化、明文化、民国文化、近现代革命文化资源,保护和利用好非物质文化遗产。完成中山陵环境综合整治二期、侵华日军南京大屠杀遇难同胞纪念馆、金陵大报恩寺琉璃塔暨遗址公园复建、六朝艺术博物馆、明城垣史博物馆、堂子街太平天国壁画艺术馆、南捕厅历史街区民居保护、渡江胜利纪念馆、总统府文化服务区扩建、江宁织造府遗址开发、十竹斋艺术馆等重点项目,形成"总体古今兼容、局部形成群落"的文化布局,凸显历史文脉,展现融古都特色与现代文明于一体的城市文化特色。

完善文化设施体系。加强标志性文化设施建设,建成江苏大剧院、金陵图书馆新馆、江苏广播电视城、江苏美术馆新馆、南京群艺馆新馆、南京杂技培训基地、江苏国际图书中心、南京艺术小学(小红花艺术团)新校等设施。加强基层文化设施建设,推进区县群艺馆、文化馆、图书馆等各类设施的改造升级,形成覆盖城乡的公益性文化设施体系,丰富群众文化生活。

第四节 积极发展体育事业

深入实施全民健身计划,做实群众体育,构建较为完善的全民健身服务体系,大力开展农村体育、社区体育、职工体育活动。完善市、区县、街道和社区四级配套体育设施,建成城北及一批区县体育运动中心、市运动技术学院。做强竞技体育,做大体育产业,积极承办国内外大型体育赛事,提高部分竞技体育项目的职业化程度,进一步提升体育事业综合发展水平,有效扩大国内外影响力。探索并推动体育场馆面向社会、面向市场的多元化经营,形成良性运行机制。

第十章 建设资源节约型和环境友好型城市

深入实施绿色南京战略,全面推进生态市建设,大力发展循环经济,积极促进资源节约,到2010年,主要指标达到国家生态市要求,资源利用效率显著提高,可持续发展能力明显增强。

第一节 打造新型绿色生态系统

适应多中心、开敞式、组团布局的城市空间结构调整方向,进一步提高生态建设的系统性与协同性,构筑环楔廊一体、点线面结合的生态网架系统,显著改善生态空间结构,有效提升整体生态功能。建设脉络清晰的市域绿地系统。结合自然生态和道路框架,统一规划,分布实施,建设城市绿环,培育由外围向主城延伸的绿楔,构筑市域主要绿色廊道,优化市域绿地空间结构。实施人居森林工程,建设牛首山、云台山、青龙山等十大郊野公园及中山陵、幕府山、龙王山等十大森林公园,覆盖范围分别达到450平方公里和80平方公里。实施绿色通道建设工程,以入城通道为重点,分步建成绕城公路、宁马等16条高等级公路绿化带,启动沪宁高速、312国道等沿线矿山复绿工程。实施生产区生态隔离带建设工程,建成南京化工园、栖霞经济开发区等重点产业园区及南钢、南化、金陵石化炼油厂、金陵石化公司等重点企业的绿色隔离带,保障城市生态安全。扩大生态保护区范围,将长江南京段湿地、七里河湿地、滁河湿地和潜洲、八卦洲5洲岛以及12座中型水库、芝麻岭等区域列入生态保护区,全市受保护地区面积占国土面积比例达到18%左右。

第二节 促进环境质量持续改善

加强城乡环境综合整治,着力解决人民群众反映强烈的环境问题,促进城乡环境质量持续改善,让人民群众拥有一个天蓝水碧、清新宜人的绿色家园。

实施新一轮水域环境综合整治。严格保护饮用水源地,确保城乡饮用水源地水质稳定达标。综合整治全市重点水域,形成"水清、流畅、管通、岸绿"的城市水环境。完成"三湖两河"(玄武湖、莫愁湖、南湖和秦淮河、金川河)整治工程,提高城市水体自净能力;全面完成和完善江心洲、城北、城东三大城市污水处理和污水收集输送系统,建设铁北污水处理系统,加快仙林、江北、东山新市区污水处理系统和配套管网建设。加强郊县水环境综合整治,规划建设开发园区、重点城镇污水处理厂和农村污水处理设施。加强重点工业污染源治理,依法关、停、并、转高耗水、高污染企业,从严控制水污染物排放。到2010年,市域主要河湖水质达到功能区标准,城市生活污水集中处理率达到80%,工业污水达标排放率达到95%。

加强大气环境综合治理。严格控制大气污染物排放,实施清洁能源普及计划,扩大高污染燃料"禁燃区"范围,推动燃煤锅炉清洁能源改造;实施绿色交通计划,强制治理或淘汰尾气排放不达标车辆,推广清洁公交;实施城市尘污染控制计划,有效减少各类扬尘。加大工业企业废气监控和治理力度,积极推进燃煤发电机组全面脱硫、脱硝;开展化工恶臭企业综合治理;积极引导水泥企业完成除尘设备升级;严格控制城市上风区化工企业污染气体排放,建立城市清洁空气通道。

加强固体废弃物处置。卫生填埋、焚烧发电、综合处理相结合,继续完善扩建天井洼、水阁、轿子山三座垃圾填埋场建设,规划建设青龙山、龙潭、马集、溧水、高淳等垃圾综合处理场,及垃圾焚烧发电厂和一批粪便处理厂,提高生活垃圾无害化处理能力和固体废弃物利用率。建设危险废弃物处置中心,改造完善医疗垃圾焚烧处置中心,确保医疗、化学等有毒危险固体废弃物的专业收集、专线清运和集中处置,实现危险固体废弃物零排放。加强农村固体废弃物收集环境综合整治,全面实施城镇垃圾处理场无害化改造。到2010年,城市生活垃圾分类收集率达到30%,资源化利用率达到40%,无害化处理率达到90%。

严格控制城市环境噪声。继续扩大城镇噪声达标区范围,积极加强各类噪声源的监控与管理,重点强化对居住区、办公区、学校等各类区域周边环境的噪声控制,有效降低噪声影响。加强重点区域交通干线两侧的隔音屏障建设,主城全面实施机动车禁鸣,交通噪声达标路段比重达到70%以上。鼓励企业采用低噪设备和生产工艺,努力减少生产类噪音。到2010年,城镇噪声达标区覆盖率力争达到75%。

第三节 大力发展循环经济

按照"减量化、再利用、资源化"的原则,逐步建立政府调控、市场引导、公众参与的循环经济发展机制,加快形成企业、园区、社会三个层面的循环经济发展框架。

培育循环经济体系。积极引导和支持重点行业、重点区域、重点领域逐步建立循环经济发展模式。以石化、冶金、电力、建材等产业为重点,大力推行清洁生产,在300家以上主要污染排放企业开展清洁生产审核,实施扬子石化公司、南化公司、南钢集团公司等企业的循环经济试点,引导新建、在建工业项目按照循环经济要求布局或进行生态化改造,鼓励企业和园区开展ISO14000环境管理体系认证。到2010年,全市企业清洁生产审核通过率大于40%,通过ISO14000认证率大于30%,建设500家重点生态企业。加快推进园区循环经济体系建设,建立相关考评体系,逐步在南京化学工业园等产业园区进行生态工业园区的试点和建设。积极发展循环型农业,因地制宜推广各种生态农业发展模式,建设一批高效农业生态示范园区。积极促进社会层面循环经济体系的加快建立,推行绿色生产,倡导绿色消费,形成循环利用各类资源的良好社会氛围。

制定完善配套政策。综合运用财税、投资、信贷、价格等政策手段,建立促进循环经济发展的有效机制。制定并逐步完善循环经济的地方性法规体系,依法加强对矿产资源集约利用、节能、节水、资源回收和综合利用的监督管理工作。发挥政府投资对社会投资的引导作用,对发展循环经济的重大项目和技术开发、产业化示范项目,优先给予资金补助、贷款贴息等支持;加大排污费对企业污染防治项目的投入力度,合理调整水、热、电、天然气等资源价格及污水、垃圾等的处理费,完善资源综合利用的税收优惠政策。支持循环经济共性和关键技术的研究开发,加快节能、节水、环保新技术、新工艺、新设备的推广应用;建立循环经济技术咨询服务体系,及时发布相关技术、管理和政策等信息。

第四节 建设节约型社会

坚持开源节流并重、节约优先的原则,采取有效措施,强化节地、节能、节水、节材和资源综合利用"四节约一综合"工作的开展,切实提高资源利用效率;培养和强化全社会节约意识,形成节约资源的生产、消费氛围。

鼓励节约和集约利用土地。实行最严格的耕地保护制度,全面落实保护耕地的各项措施。加强土地集约利用,实行行业用地定额标准和投资强度控制标准,坚持企业向园区集中、人口向城镇集中、居住向社区集中,提高土地利用效率。继续推进土地市场体系建设,优化土地资源配置。

全面加强节能工作。强制淘汰耗能高、技术水平低的工艺和设备,做好电力、煤炭、钢铁、有色金属、石化、建材等重点耗能行业和年能耗5000吨标准煤以上企业的节能降耗工作。切实推行能源效率标准,对家电产品和照明产品实施强制性能效标识管理,鼓励推广使用高效节能产品。积极推进建筑节能,建设、推广节能建筑和太阳能建筑,严格实施新建建筑物节能50%的设计标准。鼓励使用节能型交通工具,积极倡导并有效推动公交系统使用清洁能源。引导新能源和可再生能源的开发利用,鼓励使用太阳能产品。

提高水资源利用效率。实施农业节水灌溉,推广使用工程灌溉技术、喷灌、滴灌等设备,使灌溉利用系数达到国内先进水平。提高工业用水重复利用率,推广住宅用水中水回用,推进尾水资源化利用。限制高耗水产业发展,做好高耗水企业节水技术改造。推广节水设备和器具使用。实施一批节水型农业、节水型工业示范工程。到2010年,工业用水重复使用率达到80%。加强原材料节约。鼓励使用新材料、再生材料,加强金属材料、木材、水泥等材料的节约代用,减少一次性用品使用。加强重点行业原材料消耗管理,推行产品生态设计,推广节约材料的技术工艺。研究实施节约包装材料的政策措施,有效遏制产品的过度包装。积极采用新型建筑材料,推广应用高性能、低材耗、可再生循环利用的建筑材料。

促进资源综合利用。以粉煤灰、煤矸石、尾矿和冶金、化工废渣及有机废液综合利用为重点,推进工业废弃物综合利用。积极开展废钢铁、废有色金属、包装废弃物、电子废弃物等废旧物资的回收和循环使用,加快发展废物回收利用产业。

第十一章 加强自主创新能力和人才高地建设

深入实施科教兴市战略,着力加强体制机制建设,有效发挥科教人才资源优势,建设具有较强自主创新能力的创新型城市。

第一节 构筑新型科技创新体系

进一步建立健全科技创新的体制机制,加强产学研之间、部门之间、企业之间、地区之间的科技合作,促进全社会科技资源的高效配置,构筑资源共享、综合集成、运作高效的科技创新体系。

提高自主创新能力。组织实施原始创新、集成创新、引进消化吸收再创新等多层面的创新行动计划,优先开发能源、资源、环境、农业、信息等关键领域的重大技术,重点提升电子信息、石油化工、汽车、软件、生物医药、新材料、民用船舶、装备工业、电力设施、智能交通等优势产业和战略产业领域的自主创新能力,形成一批拥有核心技术和自主知识产权的成果,推动更多的"南京制造"转为"南京创造"。把引进跨国公司的研发机构和先进技术作为促进自主创新能力加快提升的重要途径,鼓励和扶持本土企业与国外企业开展多种形式的技术合作,加强对先进技术的消化、吸收与再创新,培育具有自主知识产权的技术、标准和品牌,增强产业核心竞争力。

创新高新技术产业化机制。深化科技体制改革,整合全市科技资源,促进高等院校、科研院所、企业研发机构等各类技术资源的有效配置,对重大科技项目实行合作攻关、利益共享,降低企业和科研机构的科技创新成本,实现发展需求和技术供给的紧密对接。积极改善科技成果转化的综合服务环境,构建以中介服务机构为纽带的创新服务体系,加强技术咨询与转让、专利信息开发利用、孵化基地的公共服务平台建设,提高技术创新的综合组织程度。完善政策支持体系,建立实体与虚拟相结合的技术交易市场和成果转化平台,形成以产业化为目标,以企业为实施主体,以市场机制为保障的成果转化新机制,加速科技成果向现实生产力的转化。

强化企业在科技创新中的主体地位。鼓励各种企业依托高等院校、科研机构,不断完善企业技术创新体系。加强大企业、大集团研发中心建设,有效提高技术创新能力,带动企业技术进步和行业技术水平的提升。运用财政、税收、考核评价等手段,鼓励企业加大技术改造与技术创新投入,不断提高创新能力。积极推进企业孵化器、科技创业园区建设,为民营高科技中小企业的发展创造条件。到2010年,力争企业研发投入占全社会的比重达到50%以上。

完善科技创新投入机制。积极发挥政府投入的引导作用,强化企业投入主体地位,建立风险投资配套机制,通过银行贷款、上市融资、利用外资等多种渠道扩大资金来源,形成多层次、多元化的科技创新投入机制。改革政府对科技的投入方式,实行支持创新的财税、金融和政府采购政策,改善对中小科技企业和高新技术产业的信贷服务和融资环境。完善科技风险投资和融资担保体系,为自主创新及高新技术产业发展提供有效的资金支持。

第二节　加快建设人才高地

牢固树立人才资源是第一资源的理念,全面实施人才强市战略,努力形成良好的人才管理体制、运行机制和社会环境,为经济社会发展提供强有力的人才保证和智力支持。

加大人才开发力度。围绕经济社会发展需要,促进人才规模、结构、素质的全面提升,努力培养一支适应经济社会发展需要的高素质人才队伍。重点培养一批政治觉悟高、能力素质强的党政人才队伍,具有战略眼光、熟悉国际惯例、市场管理能力强的企业经营人才队伍,专业化程度高、具有较强自主创新能力的专业技术人才队伍,技术能力强、能够适应产业结构调整需要的高技能人才队伍,创业精神强、能够带头致富并能带领广大农民勤劳致富的农村实用人才队伍。进一步整合政府、高校、科研院所及社会培训机构的资源优势,加快构建终身化、网络化、开放化、自主化的人才终身教育体系。结合重点产业发展和重大工程建设的人才需求,加快软件和电子信息、石油化工、汽车、生物医药、新材料、新型光电、基础建设等领域人才的培养,为产业发展、城市建设提供充足的人才保障。

创新人才工作机制。建立健全以品德、能力和业绩为重点的人才评价和选拔任用机制,加强人才资源开发制度设计,完善人才工作目标和考评体系,为人才脱颖而出创造条件。深化干部人事制度改革,形成依法管理、有效激励、严格监督、竞争择优、充满活力的党政人才选拔任用机制。加快事业单位用人制度改革,建立以岗位为基础,按岗竞聘、双向选择的用人制度。深化国有企业人事制度改革,建立以绩效目标为核心、以能力和业绩为导向的人才考核评价机制。加快职称和技术等级制度改革,完善评聘分开、以聘代评的企事业自主聘任的科学的专业技术职务和技能等级管理体系。围绕先进制造业、现代服务业、都市型农业建设,加快重点产业领域人才引进步伐,积极参与和推动人才国际化、长三角人才一体化,打造中国国际人才南京市场、中国南京留学人员创业园、博士后工作站三大科技人才创业平台,为海外人才回国创新、创业创造条件。完善人才评价指标体系,加快推进职业资格准入制度。注重人才结构的调整,引导人才合理流动,鼓励跨部门、跨系统、跨领域人才交流,促进人才在区域、产业、行业间的合理分布。建立健全人才表彰和奖励制度,加大对有突出绩效与贡献的优秀人才的奖励力度。改革和完善"以绩效为基础,以考核为依据"的收入分配机制,逐步完善科研成果、知识产权、管理技术和品牌作价入股、参与分配等相关政策,促进收入分配向关键岗位和优秀人才倾斜。

构建人才工作保障体系。完善人才工作领导协调机制,努力形成各司其职、密切配合的人才工作新格局。建立健全人才工作责任制,大力推行各级党委、政府和市直单位一把手抓人才工作的目标责任制,不断创新党管人才的方式与方法。建立党委、政府与高级专家、优秀企业家联系制度,提高人才工作咨询决策水平。发挥政府导向作用,充分调动社会各界在人才资源开发等领域的投入力度,形成多元化的人才投入机制。加快人才公共服务平台和信息服务平台建设,逐步健全人才市场管理体系,基本建成人才市场、技术市场和劳动力市场联网贯通的信息服务网络。在国家法律法规的整体框架内,加快推进人事人才立法步伐,为人才的成长与发展创造条件。

第十二章　增创体制机制新优势

深化改革,扩大开放,消除阻碍发展的体制机制障碍,增强在扩大开放条件下促进发展的能力,努力形成更具活力更加开放的体制环境。

第一节　加速体制机制创新

弘扬"创业、创新、创优"精神,整体推进思想观念、体制机制创新,切实深化和综合配套推进各领域的改革,加快完善具有竞争优势的市场经济体制,健全促进增长方式转变、实现全面协调可持续发展的制度保障。

建设公共服务型政府。全面推进依法行政,加快行政管理体制改革,切实转变政府职能。继续推进政企分开、政资分开、政事分开、政府与中介组织分开,减少和规范行政审批。完善政府公共服务职能,调整和优化公共服务结构,逐步增加政府公共服务支出,将财政支出的重点转向公共教育、社会保障、公共卫生、公共安全和公共基础设施建设等方面。强化政府社会管理职能,建立政府调控机制同社会协调机制互动、政府行政功能同社会自治功能互补的社会管理网络,努力实现社会管理的全覆盖。加快推广电子政务,提高行政效能,降低行政成本。健全科学民主决策机制,完善重大事项集体决策、专家咨询、社会公示和听证以及决策失误追究制度。建立和完善政府部门绩效评价指标体系,推动绩效评估制度化、法制化及绩效考核结果公开化。

构建多种所有制和谐共生的经济架构。完善社会主义基本经济制度,形成公有制为主体、多种所有制经济共同发展的格局。继续加速国有经济布局的战略性调整,推进国有资本向重点行业、关键领域集中。巩固提升国有企业改革成效,进一步深化国有企业股份制改革,改善股本结构,发展混合所有制经济。鼓励已改制企业按照现代企业制度要求,优化组织结构和法人治理结构。健全符合市场经济要求的国有资产监管和运营体系,加快建立国有资本经营预算制度,实现国有资产保值增值。鼓励非公有制经济发展,进一步消除影响发展的体制性障碍和政策性因素,大力发展私营、个体经济。完善扶持和鼓励政策,放宽市场准入条件和经营范围,维护非公有制企业的合法权益,健全政策、信息、金融、人才保障等社会化服务体系,有效促进非公有制经济的快速发展。

积极推进社会事业改革。加大教育体制改革力度,形成以政府办学为主体、社会各界积极参与的多元化办学格局,建立管理者、出资者权责明确、办学者行为规范、利益相关者多方参与管理的教育管理体制,进一步完善教育价格机制。加快推进医疗卫生体制改革,坚持政事分开、管办分离、医药分开、营利性和非营利性分开的原则,重点改革公立医院管理体制和运作模式,同时积极鼓励外资、民资投资兴办医疗机构。深化医疗保障制度改革,逐步解决困难家庭看病难的问题。加快公益性文化事业单位和经营性文化产业单位改革,加大政府对公益性文化事业的支持力度,促进经营性文化产业多元化发展,建立起党委领导、政府管理、行业自律、企事业单位依法运营的文化管理体制和富有活力的文化产品生产经营机制。积极推进体育事业改革,制定和完善体育产业政策,探索体育场馆市场化运作的有效途径,健全竞技体育发展机制。

健全现代市场体系。以完善市场功能为重点,进一步推进商品市场和产权、资本、技术等各类要素市场建设,努力形成制度完善、竞争开放、辐射区域的市场体系。加强产品交易市场建设,形成一批与生产基地衔接配套的一级批发市场。加大整顿和规范市场经济秩序力度,完善行政执法、行业自律、舆论监督、群众参与相结合的商品市场监管体系。进一步培育和发展产权交易市场,引导企业兼并重组、股权转让、租赁、资产出售等进入产权交易市场。大力发展资本市场,完善市场结构,丰富市场品种。适时开办证券柜台交易,积极拓展企业债券和政府债券市场。推动金融改革,完善保险市场,鼓励依法开展混合经营,鼓励开发新型的金融工具和产品。有序发展中介组织和社会服务机构,推进行业协会和市场中介发展改革,进一步开放中介服务领域,形成功能完备、行为规范、责任明确的社会中介组织体系。

第二节 提高对外开放水平

积极创新开放型经济发展模式,促进由规模扩张主导型向规模扩张与质量提升并重型的转变,形成开放型经济新体系。到2010年,全市外贸出口达到250亿美元,五年实际利用外资实现翻番。

调整提升外资结构与质量。注重引进先进技术、现代管理经验和高素质人才,做好引进技术的消化吸收和创新提高,引导本地企业在为外资配套过程中形成自主创新能力,提高技术和管理水平。转变利用外资模式,积极采取增资扩股、收购兼并、产业链招商等引资新方式,围绕支柱产业发展,着力引进龙头型、基地型外资大项目,积极推进本地企业与外资产业链的融合。拓宽利用外资渠道,探索BOT、TOT等融资方式,鼓励有条件的企业到境外融资,积极争取国外政府贷款和优惠的国际金融组织贷款。继续把跨国公司作为吸引外资的重点,促进国际知名企业在宁设立地区总部、高附加值的制造基地、研发中心、采购中心和服务外包基地。抢抓国际服务业加速向国内转移的机遇,大力推进服务业对外开放,以生产性服务业和优势服务业为主体,加快引进国际服务业大公司和知名品牌。积极稳妥地扩大基础设施领域对外开放,提升城市综合服务功能。拓宽农业利用外资渠道,促进优质农业、创汇农业和观光农业规模与水平的提升。

扩大开发区集聚效应。以集约开发、特色发展为导向,构筑以四大开发区为重点、省级开发区和地方工业园区相互融合、各具特色、优势互补的发展格局,把开发区建设成为先进制造业基地、循环经济示范区和自主创新的重要载体。强化开发区体制机制创新,引导开发区实现由形态开发向功能开发转变,由一般性项目开发向培育主导产业和特色产业转变,由扩张式开发向集约化开发和机制外延、联动周边开发转变。到2010年,形成销售收入规模超500亿元的园区7个以上,南京高新技术产业开发区、南京经济技术开发区、南京化学工业园、南京江宁经济开发区达到超千亿元的规模;省级以上开发区实现增加值达到1 200亿元,年均增长15%以上。

转变对外贸易增长方式。深化外贸体制改革,大力实施科技兴贸战略、以质取胜战略和出口品牌战略,促进加工贸易转型升级,提高出口产品质量、档次和附加值,扩大高新技术产品和机电产品出口。积极开拓多元化出口市场,逐步建立应对外贸争端的服务机制和工作机制。办好出口加工区和保税物流中心,带动地区经济联动发展。到2010年,机电产品、高新技术产品出口占全市出口比重分别提高到60%和40%以上。

实施“走出去”战略。鼓励和支持有条件的企业“走出去”,积极开发利用国外资源和国际市场,建立健全对外投资的服务体系和监管体系,培育一批有国际竞争力的本土跨国公司和自主品牌,提高参与国际经济合作与竞争的层次和水平。不断拓宽对外经济合作的领域和市场,鼓励发展技术性和管理型劳务输出。

第十三章 建设和谐南京

坚持以人为本,加强社会建设,完善社会管理体系,以解决好群众最关心、最直接、最现实的利益问题为着力点,加快构建民主法制、公平正义、诚信友爱、充满活力、安定有序的和谐社会,确保和谐南京建设取得阶段性成效。

第一节 全力促进充分就业

把扩大就业摆在经济社会发展更加突出的位置,统筹城乡就业,实施积极的就业政策,建立市场主导就业、政府推进就业、个人自谋职业相结合的就业长效机制。进一步优化创业环境,降低创业门槛,完善鼓励创业的相关政策,健全创业信用担保体系,充分发挥创业基金促进就业的功能,营造良好的发展创业氛围。

落实政府就业责任制,优先安排促进就业所需资金,实施新增就业岗位计划,建立多渠道的岗位开发与就业引导机制,开发一批公益性岗位,重点解决困难人员就业问题。整合社会培训资源,加强技能培训和职业教育。建设公共实训基地,注重高技能人才培养,实施职业技能振兴计划,重点实施新技师培养倍增计划。

建立健全培训网络,提高农村适龄劳动力、城镇就业困难人员的就业适应性和竞争力。积极促进民营经济、服务业和微小型企业、非正规劳动组织、劳动密集型产业发展,鼓励和规范有条件的企业推行小时工、季节工、劳务工等灵活多样的用工方式,挖掘就业潜力,扩充就业方式。健全就业服务体系,努力提高就业质量。完善就业服务平台,加快建立城乡统一的劳动力市场和就业、失业登记管理制度,建立覆盖全市、连接社区的综合信息网络,积极鼓励劳务输出,形成人才市场和劳动力市场统一、城乡劳动力统一的就业指导网络体系。

第二节　建立健全多层次的社会保障体系

增加财政的社会保障投入,多渠道筹措社会保障资金,进一步完善社会保障制度,初步建立起覆盖城乡所有人员的社会保障体系。完善城镇社会保障制度,进一步提高养老保险、失业保险、医疗保险覆盖面和保障水平。加快实现市级养老保险统筹,退休养老金待遇水平逐步实现市县并轨。改革养老金计发办法,逐步做实个人账户。鼓励企业建立补充保险,支持发展各类商业保险,全面推广和规范企业年金。完善农村社会保障体系,基本建立农村养老、合作医疗保险制度和最低生活保障制度,逐步提高保障标准。实施困难群体帮扶救助制度,建立以最低生活保障和"五保"供养制度为基础、以困难群众大病医疗救助、灾害救助和教育、住房、司法等专项救助为辅助,以政府救济为主导,以慈善救助和社会互助为补充的社会救助体系,有效保障困难群体的基本生活和平等享受公共服务的权利。建立有效的住房保障机制,扩大经济适用住房、廉租住房受益面,对最低收入困难家庭做到廉租住房"应保尽保",经济适用住房、中低价商品房、廉租房年供应量不低于100万平方米,积极发展房屋租赁市场,稳定居住成本。积极应对人口老龄化问题,建立健全老龄化社会配套保障机制,建设金陵老年大学等适应老年人需求的各类机构与设施,大力推进养老服务事业的发展,实现"老有所养、老有所医、老有所教、老有所学、老有所为、老有所乐"。

第三节　合理调节收入分配关系

完善按劳分配为主体、多种分配方式并存的分配制度,坚持各种生产要素按贡献参与分配;注重社会公平,加强对收入分配的调节力度,努力缓解收入分配差距扩大的趋势。着力提高低收入者收入水平,逐步扩大中等收入者比重,有效调节过高收入,规范收入分配秩序,加大依法征缴所得税的力度。健全企业工资增长机制、农民从集体资产和土地使用权中受益机制,完善市场化的劳动力价格决定机制,逐步提高并确保执行最低生活保障和最低工资标准,并按照社会经济发展的实际情况适时调整。优化财政支出结构,以完善社会保障体制为主要途径,促进公共财力的使用向低收入者适当倾斜。进一步加大财政转移支付力度,有效减轻农民负担,探索建立促进农民增收的长效机制。

第四节　科学实施社会人口管理

以提高人口素质、优化人口结构为重点,加快建立人口和计划生育工作新机制,加强和改善社会人口管理。坚持计划生育基本国策,稳定人口低生育水平,积极推行优生优育,全面实施农村部分计划生育家庭奖励扶助制度。科学调控人口规模,引导人口有序迁移和合理分布;积极优化人口结构,加大对各类高素质人才的引进,形成健康有序的人口增长格局。建立健全外来人口管理与服务体系,切实维护其合法权益。积极完善对老年人、妇女、儿童、残疾人等群体的社会服务。

第五节　加强和谐社区与和谐乡镇建设

推进社区自治,提高居民对社区事务的参与度,大力推行社区党组织、社区居委会、业主委员会和物业管理机构各司其职发挥作用、共同协商社区事务、共同开展社区服务的"多位一体"社区管理新模式。研究出台全市社区建设与管理规范,进一步完善社区功能,逐步形成成熟的社区管理制度。在旧城改造、新区开发中,将社区建设纳入统一规划,进一步推进社区行政事务受理中心、社区服务中心的建设。加强社区组织建设,加快培育能够承担事务性工作,提供公益性服务、调节民间纠纷、发展慈善事业的社区群众组织和中介服务组织,积极开展社区志愿者服务活动,培育一批具有示范效应的"和谐社区"和"亮点社区"。以村民自治为基础,引入城市社区服务和社区民间组织管理机制,推进村镇管理的科学化、制度化,提高村民自治组织解决基层事务的能力和水平,打造和谐农村建设的坚实基层载体。到2010年,90%以上的社区成为制度完善、管理规范的新型社区。

第六节　构建统一规范的诚信体系

以政府信用、企业信用和个人信用为重点,建立健全征信及信用监管平台,打造诚信南京。围绕信用信息的征集、管理和使用,完善有关法律法规,依法加强政府监管和市场监管,加大失信惩戒力度。以完善信贷、纳税、合同履约、产品质量、收入资信等信用记录为重点,加快建设企业与个人信用服务体系。加强金融、工商、税务、市政公用、社会保障等信用信息平台的互联互通和资源共享,建立联合征信平台,着力消除诚信记录的信息障碍。以行业协会为主体,积极推行信用档案记录和管理,加强行业自律,建立行业违信惩戒制度。加强全社会诚信道德教育,树立并弘扬诚信的文化和价值理念。

第七节　推进平安南京建设

建立涵盖自然灾害、事故灾难、突发公共卫生事件、突发社会安全事件等多层面的城市防灾减灾与公共危机预防、应急体系和保障机制,打造平安南京。进一步完善防空、消防、防震体系和沿江沿河防洪圈,加强农村防洪、防旱设施建设,提高城乡综合防灾减灾能力。高度重视安全生产和事故预防,落实安全生产责任制,形成较为完善的监管体系、应急救援体系、技术支撑体系和教育培训体系,各类事故得到有效控制,确保安全生产各类伤亡人数、道路交通事故死亡人数及重特大事故死亡人数明显下降。加强现代社会治安防控体系建设,有效控制犯罪率,提高刑事案件破案率。正确处理人民内部矛盾,完善社会矛盾调处机制,妥善协调社会各方面利益关系,有效维护社会稳定大局,创建全国最安全城市。加强交通安全监管,减少交通事故。强化对食品、药品、餐饮卫生等的监管,进一步改善食品、药品市场秩序,保障人民群众健康安全。

第八节　加强精神文明与民主法制建设

大力弘扬民族精神和时代精神,着力塑造具有南京特色的新时期市民精神和城市精神。进一步加强思想政治工作,突出未成年人思想道德建设和大中学生思想政治教育,有针对性地解决不同社会群体的思想问题。全力推进创建全国文明城市工作,广泛开展群众性精神文明和公民道德建设活动,加强市民行为规范和礼仪教育，营造诚信友爱、谅解宽容、祥和文明的氛围，丰富和展示城市文明新形象。加强民主法制建设。巩固和壮大最广泛的爱国统一战线，充分发挥各民主党派、社会团体和社会各阶层在民主政治建设与构建和谐南京中的作用。进一步创新和完善政治文明建设工作目标体系，健全考核机制。进一步加强基层政权机关和群众性自治组织的民主制度建设，巩固和扩大基层民主。支持工会、共青团、妇联和工商联等人民团体依照法律和各自章程开展工作，加强妇女儿童工作，保护妇女儿童合法权益。切实做好民族、宗教和侨务工作，加强宗教活动场所建设和管理。加强现代国防教育，进一步做好双拥工作。坚持依法治市，强化法制机构和队伍建设，推进综合执法体制改革；加强和改进地方立法工作，提高公众参与程度，完善城市管理、市场监管及可持续发展等方面的立法，逐步形成比较健全的地方法规和规章，提高地方立法质量。认真做好普法工作，全面实施公务员和行政执法人员依法行政知识岗位培训，进一步增强各级领导干部和机关工作人员的法制观念和依法行政能力；完善学校、家庭、社会三位一体的青少年法制教育网络，推动对企业经营管理人员、农民、外来经商务工人员及流动人员的法制教育，增强知法守法的自觉性，提高防范意识、维权意识。

第四篇　规划实施

保证“十一五”规划得到有效实施，必须紧密结合新的时代背景和南京发展的阶段要求，提高政府在新形势下驾驭经济工作的能力和水平，建立起有效的规划实施保障机制。

第十四章　建立健全科学发展的评价与考核体系

落实科学发展观，全面完成“十一五”规划确定的各项目标和任务，必须从思想上、组织上、作风上和制度上形成更为有力的保障。坚持以人为本，更加关注民生，切实把促进人的全面发展作为根本出发点和落脚点，把统筹城乡发展、统筹区域发展、统筹经济社会发展、统筹人与自然和谐发展、统筹国内发展和对外开放的要求结合到南京发展的实际中，贯彻到各级政府、各部门促进发展的思路里，落实到建设的各项任务和调控的具体措施上。要深化对科学发展观基本内涵和精神实质的认识，建立健全符合科学发展观要求的经济社会发展综合评价体系、各领域的配套政策体系及干部考核体系，切实形成促进科学发展的激励与约束机制。根据市域空间主体功能分区，制定并实施空间开发规划，建立健全分类指导的土地、财政政策和考核评价体系，引导区县形成主导功能，形成特色优势。要坚持一切从实际出发，尊重群众的首创精神，自觉按客观规律办事，扎扎实实推进改革开放和城市现代化建设。

第十五章　着力改善经济调节

围绕保障规划实施，加强和改进对经济社会发展的综合协调。要充分发挥市场机制配置资源的基础性作用，进一步减少政府对微观事务的直接干预，打破地方保护、地区封锁和行业垄断，维护公平竞争的市场秩序，保证市场调节机制有效发挥应有的作用。要改善政府对公共资源的配置，根据发展需要，进一步理顺政府部门关系，合理调整部门职能分工，建立重要资源的高效配置综合机制，显著提高资源配置的组织程度，促进重要公共资源向重大工程、重点项目、重点区域、重要领域倾斜。要大力推进投资体制改革，科学界定政府投资职能和范围，规范政府投资行为，确立企业的投资主体地位，积极发展新型投资运营方式，引导社会资本投向公用事业、基础设施等领域。要有效优化投资结构，促进基础设施建设投入合理增长，科学调控房地产投资，积极扩大企业更新改造投资。要加强公共政策的研究设计，根据规划确定的重点领域和主要任务，相关部门各司其职、协调统一，在发展民营经济、建设差异化主体功能区、支持科技创新、发展循环经济、促进节约资源、鼓励消费、改善人口调控、加强职业培训、完善社会救助等方面，制定完善保障规划实施的配套政策与推进计划，确保各项任务得到有效落实。

第十六章　认真组织重大工程实施

重大工程是“十一五”规划重点任务的具体落实，保证规划有效实施，必须集中精力抓好重大工程建设。

建立分类指导的项目实施机制。针对不同项目类型，实行重大项目建设的分类指导。对主要依靠市场配置资源，由市场主体自主实施的项目，政府部门重点履行好明确发展导向、加强市场监管和做好项目服务的职能，维护公平竞争，不得干预市场机制正常运行；对政府提出、社会资金参与建设的项目，政府要明确项目要求，创新投融资体制，营造良好的制度与政策环境，充分激发市场主体参与项目建设的积极性；对需要政府切实履行职责、主要由政府投入建设的项目，包括义务教育、公共卫生、社会保障、促进就业、公共安全等方面的重点工程，需要政府有效配置资源，切实落实责任，提供资金保障，确保规划提出的建设任务落到实处、按期完成；对规划明确的主体功能区划、环境治理、生态保护等方面的重点工程，除以政府投入为主进行建设外，还要通过建立健全法律法规，加大执法力度，从法律手段上保障落实。

加强和改善重大项目的建设管理。进一步完善重大项目储备机制，除了对市场机制主导领域的项目建设加强指导外，着重强化基础设施、教育卫生、环境保护、公共安全等公共服务领域的项目储备，按照规划确定的发展方向，不断研究和提出新的建设项目，形成动态有序的项目储备；进一步提高项目建设的服务水平，建立起城市规划、土地利用规划及各类相关规划在重大项目建设上的衔接配套机制，保证重大项目的有效实施。进一步加强建设项目的跟踪管理，完善项目法人招投标制度，加强质量管理，按照项目建设时序，分阶段落实节点任务，保证项目建设有序推进；建立起重大项目的后评估机制，不断提高重大项目的组织建设水平。加强对政府投资项目的审计监督，提高政府投资项目资金的使用效益。

提高公共服务领域重大项目建设的财政保障程度。根据规划确定的重点，建立经济社会发展规划与同级财政预算相挂钩的制度，编制实施好年度财政预算，并形成在公共服务领域总体上根据需要逐年递增的投入机制。整合专项资金，规范使用管理，确保专项财政资金投向关键领域和薄弱环节，最大限度地发挥财政资金的使用效益，并结合面向农村的项目建设，促进财政资金向农村倾斜，加大对发展滞后地区财政转移支付的力度。合理使用各类政府投资资金，建立依据规划审核政府投资项目的制度，对于规划建设的项目中属于公共产品、无法由市场供给的，纳入财政预算。根据公共财政服务于公共政策的原则，财政预算安排的优先领域是：农村义务教育和公共卫生、农村交通基础设施、农村科技推广、职业教育、农村劳动力培训、促进就业、社会保障、扶贫减贫、防灾减灾、公共安全、公共文化、污染防治、生态保护等。重点支持的区域是：限制开发区域和禁止开发区域,革命老区,贫困地区等。区县财政也要结合实际,参照上述要求统筹安排。

第十七章　科学建立规划工作保障机制

建立有效的规划工作保障机制,是规划实施的重要环节。要进一步增强规划的整体协同性,增强规划执行的稳定性与严肃性。明确经济社会发展规划在各类规划中的主导地位,加强规划衔接,做深做实专项规划。妥善处理经济社会发展规划与城市规划、土地利用规划之间的关系,加强衔接配合,确保在总体要求上指向一致,在空间配置上相互协调,在时序安排上科学有序。各有关部门要依据本规划纲要,编制实施好专项规划,明确专项领域的发展方向、发展目标、工作重点和政策措施安排。市投资主管部门要会同相关职能部门制订好具体建设项目计划,合理安排项目实施进度,促进规划有效落实。市财政和投资主管部门要将规划作为项目审核的重要依据,组织安排好财政预算和政府投资。要加强中长期规划与年度计划目标考核体系的紧密衔接,根据规划逐年分解主要目标和重点建设任务,形成中长期规划逐年落实、动态实施的机制。市政府各部门要按照职责分工,将规划纲要确定的相关任务纳入本部门年度计划,落实责任,明确进度,抓好落实,并及时将进展情况向市政府报告。要进一步加强和改进规划宣传。面向全社会,积极广泛地组织好规划宣传,及时披露相关政策和信息,给市场主体以合理预期和正确导向,形成全社会关心规划、参与实施和共同监督的良好氛围。发挥媒体的桥梁作用,健全政府与企业、与市民的信息沟通与反馈机制,促进规划实施。要科学建立规划实施的评估机制。健全规划中期和后期评估制度,全面评估规划编制质量和实施效果,提出评估报告,需要修订规划内容的,及时按照有关程序报批、公布或备案和调整规划实施。

(注:目录、前言、专栏图表略)

南京玄武区兰园

苏州市国民经济和社会发展第十一个五年规划纲要

（“发展基础和发展目标”部分）

（苏州市第十三届人民代表大会第四次会议批准）

“十一五”是苏州市在巩固小康建设成果、提高小康水平，继而逐步向基本实现现代化目标迈进的关键时期。《苏州市国民经济和社会发展第十一个五年规划纲要》根据中共苏州市委《关于制定苏州市国民经济和社会发展第十一个五年规划的建议》和国家规划体制改革试点要求编制，是“十一五”时期（2006年~2010年）苏州市国民经济和社会发展的行动纲领和中远期（2011年~2020年）的发展蓝图。

第二章 指导思想与发展目标

第一节 指导思想

今后五年以及更长一段时期内，我市国民经济和社会发展的指导思想是：以邓小平理论和“三个代表”重要思想为指导，以科学发展观统领全局，以实现又快又好发展为主题，以富民强市和构建“和谐苏州”为目标，以优化经济结构和转变增长方式为主线，以提高自主创新能力为核心，以深化改革为动力，坚持实施科教兴市、经济国际化、城市化、可持续发展四大战略，统筹城乡发展，优先发展高新技术产业和现代服务业，在更高层次上构建产业、体制、人才三大平台，把经济社会发展切实转入以人为本、全面协调可持续发展的轨道，使苏州经济更加繁荣、科教更加发达、生活更加富裕、环境更加优美、法制更加健全、社会更加文明。

第二节 发展目标

按照率先发展的要求，结合考虑苏州未来发展的趋势和条件，“十一五”期间，全市经济社会发展的主要预期目标是：

——经济发展。经济保持持续快速健康发展。地区生产总值年均增长12%左右，人均地区生产总值比2000年翻两番，服务业增加值占地区生产总值比重每年提高1个百分点，高新技术产品产值占规模以上工业产值的比重达35%以上，城市化水平达到70%左右，城镇登记失业率保持较低水平。

——改革开放。社会主义市场经济体制比较完善，形成高效的行政管理体制、合理的所有制结构和完善的现代市场体系。经济国际化水平明显提高，基本建成全方位开放的先行区。

——社会进步。社会事业全面进步，社会保障体系更加完善，公共服务体系更加健全；民主法制、精神文明建设全面加强，构建和谐社会走在全国前列。全社会研发经费支出占地区生产总值比重达到2%，高等教育毛入学率55%，城镇养老、医疗、失业保险覆盖率99%，卫生服务体系健全率99%，常住人口总规模控制在1 000万人左右。

——人民生活。人民生活整体比较富裕，收入差距逐步缩小，价格总水平基本稳定。城镇居民人均可支配收入和农民人均纯收入分别达到24 000元和13 000元，恩格尔系数小于35%。

——资源环境。生态环境明显改善，资源利用效率显著提高。单位地区生产总值能源消耗比“十五”期末降低20%左右，基本农田保护面积不少于21万公顷，COD、氨氮等主要水污染物年排放总量在2005年基础上减少8%以上，二氧化硫年排放总量在2005年基础上减少5%以上，城市生活污水集中处理率达85%以上，市区建成区绿化覆盖率达到42%，环境质量综合指数达到90。

到2010年，全市经济社会发展总体达到省基本实现现代化目标要求。在此基础上，再经过十年奋斗，到2020年，全市主要经济指标达到当时上中等收入国家和地区的较高水平。高新技术产业和现代服务业进一步发展，科技创新能力不断增强，全社会研发经费支出占地区生产总值比重达3%左右，全面实现高等教育普及化，城乡居民收入比“十一五”期末增长1倍以上，人口总规模保持稳定，资源利用效率明显提高，生态环境质量进一步改善。

表1 苏州市“十一五”经济社会发展主要指标

	指标	2005年预计	2010年目标	目标属性
经济发展	1. 地区生产总值增长速度（%）	15.3	12左右	预期性
	2. 人均地区生产总值（2005年价，元）	>66 000	比2000年翻两番	预期性
	3. 服务业增加值占地区生产总值比重（%）	31.2	每年提高1个百分点	预期性
	4. 高新技术产品产值占规模以上工业产值比重（%）	30.5	35以上	预期性
	5. 城市化水平（%）	63.5	70左右	预期性

续表

	指　　标	2005 年预计	2010 年目标	目标属性
社会进步	6. 全社会研发经费支出占地区生产总值比重(%)	1.5	2	预期性
	7. 高等教育毛入学率(%)	51.5	55	预期性
	8. 城镇养老、医疗、失业保险覆盖率(%)	98.3	99	约束性
	9. 卫生服务体系健全率(%)	97.3	99	约束性
	10. 常住人口总规模(万人)	825	1 000 左右	预期性
人民生活	11. 城镇居民人均可支配收入(元)	16 267	24 000	预期性
	12. 农民人均纯收入(元)	8 300	13 000	预期性
	13. 恩格尔系数(%)	37.4	35	预期性
资源环境	14. 单位地区生产总值能源消耗(吨标准煤)	1.15	比"十五"期末降低 20% 左右	约束性
	15. COD、氨氮等水污染物年排放总量(万吨)	11.8	在 2005 年基础上减少 8% 以上	约束性
	16. 二氧化硫年排放总量(万吨)	22.8	在 2005 年基础上减少 5% 以上	约束性
	17. 基本农田保护面积(万公顷)	21	21	约束性
	18. 城市生活污水集中处理率(%)	60.8	85	约束性
	19. 市区建成区绿化覆盖率(%)	40.2	42	预期性
	20. 环境质量综合指数(分)	84.5	90	约束性

第三节　主要任务

"十一五"期间，我市国民经济和社会发展的主要任务是：牢牢把握重要战略机遇期，坚持立足于快、服从于好、着眼于新、致力于本，增强率先发展、科学发展、和谐发展的责任感和紧迫感，按照科学发展观要求，转变发展理念，创新发展思路，提高发展质量，努力开创改革开放和现代化建设的新局面。

1. 实现经济又快又好发展。坚持以经济建设为中心，积极推动速度质量并举的高效发展，进一步做强经济综合实力。加快经济结构战略性调整，在优化结构、提高效益、降低消耗的基础上，实现经济持续快速健康发展。

2. 努力增强自主创新能力。深入实施科教兴市战略和人才强市战略，把增强自主创新能力作为科学技术发展的战略基点和调整产业结构、转变增长方式的中心环节，着力提高自主创新能力，积极开发自主核心技术，大力培育拥有自主知识产权的品牌产品。营造有利于人才成长和创新创业的良好环境，构筑人才高地。

3. 加快转变经济增长方式。坚持把推动形成资源节约型的增长模式和消费方式作为经济增长方式转变的核心，大力发展循环经济，全面节约资源，提高资源利用效率。加大生态环境保护力度，建成生态市和生态园林城市群，实现经济效益、社会效益与生态效益相统一。

4. 大力实施富民工程。把提高人民生活水平和质量作为经济社会发展的根本出发点和落脚点，以民富、民享为方向，努力扩大就业，积极鼓励创业，多渠道增加群众收入，不断改善生活环境，使人民群众的生活水平有根本性提高，让广大人民群众充分享受经济社会发展成果。

5. 促进社会全面进步。加快建设社会主义新农村，大力发展农村公共事业，积极探索以城带乡的发展机制和农民增收的长效机制，实现城乡协调发展。重视发展教育、卫生、文化、体育等社会事业，不断增强社会公共服务能力。加强社会主义精神文明和民主法制建设，努力建设社会主义和谐社会的示范区。

6. 实现改革开放新突破。把深化改革、推进体制机制创新放在突出位置，不断完善社会主义市场经济体制，增强经济社会发展的体制活力和内生动力。进一步加快经济国际化进程，积极扩大对内开放，继续保持开放型经济的领先优势。

第三章　空间开发

第一节　空间开发格局

根据要素集聚、土地集约、区域协调、城乡统筹的空间开发原则，调整优化市域空间格局，实现空间集约与协调发展。

表 2　空间开发基本原则

要素集中发展	积极推进人口向城镇集中、工业向园区集中、居住向社区集中
土地集约发展	通过资源空间配置，提高土地集约利用效率
区域协调发展	充分发挥沪宁轴线、环太湖、跨江辐射等多向应力作用，实现"六大板块"联动发展
城乡统筹发展	统筹考虑中心城市、县级市城区、中心镇的发展和布局

市域开发格局。以集约利用空间为目标，突破行政区划限制，按照横联纵展发展模式，引导市域空间开发。强化中心城市辐射能力，继续做强沪宁横向发展轴，加快培育苏嘉杭纵向发展轴，促进区域一体化发展。充分发挥紧邻上海的区位优势，依托不断优化的交通条件和良好的城镇基础，实现与上海紧密对接，使苏州成为上海的首位交融区。强化城市集约发展，确保乡村空间开敞，形成组团式都市区结构，把苏州建设成为高度城市化的集约增长区。在保持苏州地方特色的基础上，不断提升城市发展功能，努力打造人居天堂，建设精致和谐的景观复合区。

中心城市开发格局。拓展中心城市空间，进一步增强"承启转合"的区域核心组织功能。中心城市未来空间的发展方向是：向东接轨上海，提升发展层次，做优沿沪宁发展轴；向北呼应沿江开发，拓展发展腹地，建设商贸物流副中心；严格保护西部生态区域，努力维护"四角山水"城市空间格局；以生态旅游、科技教育为主要功能，调整优化南部空间。

第二节 空间开发分区与引导

根据空间单元的自然生态保护价值和发展潜力，按照禁止开发、限制开发、调整优化和重点开发等不同要求，明确不同区域的功能定位，逐步形成主体功能清晰、发展导向明确、开发秩序规范，经济发展与资源环境相协调的区域开发格局。

禁止开发区域：具有极高的自然生态保护价值和历史文化保护价值区域，主要包括水源地、湿地、湖泊水面、山地、森林和自然保护区、文物古迹等。这类区域，要依据法律法规规定实行强制性保护，严禁不符合功能定位的开发活动。

表3 主要禁止开发区域

区域名称	保护范围	保护措施
水源地	市域所有饮用水取水口	设立一级保护区、二级保护区和准保护区，严禁一切与水质保护不符的活动
湿地	沿长江生态保护岸段湿地，太湖、阳澄湖、淀山湖等沿岸现存湿地	太湖沿岸1公里以及阳澄湖和淀山湖沿岸约500米区域纵深、尚湖和昆承湖等中小湖面沿岸约200米区域，保留和恢复湿地，禁止有损湿地保护的建设行为
山地	山体资源	禁止开山采石，禁止从事其他一切与山体和植被保护不符的开发建设活动
湖泊水面	全市现有所有水面	维持面积基本不变，严禁围湖造田等侵占湖泊水面的任何建设行为
森林	上方山国家森林公园、常熟虞山森林公园、太湖西山森林公园、东吴国家森林公园等森林公园	禁止与保护森林不符的任何开发建设活动
自然保护区	光福自然保护区、东山湖羊资源保护区、东太湖湿地保护区	禁止与保持生态平衡不符的任何开发建设活动，保护生物多样性
文物古迹	各级文物保护单位539处	文物保护单位主体范围内，严禁一切危害文物安全及有碍观瞻、破坏风貌的活动

限制开发区域：具有较高的自然生态保护价值和历史文化保护价值区域，主要包括历史文化名城名镇、其他生态敏感区、具有一定的生态敏感性和历史保护价值需要适度保护的区域。这类区域，要实行优先保护、限制开发，加强生态环境整治，因地制宜地发展本区域可承载的特色产业。

表4 主要限制开发区域

区域名称	保护范围	保护措施
历史文化名城名镇	苏州历史文化名城"一城、二线、三片"、常熟历史文化名城以及周庄、同里、甪直、木渎、东山、西山、光福、震泽、千灯、沙溪等国家、省级历史文化名镇的核心保护区	不再新增工业、仓储用地，不得新建大型建筑，只允许发展不影响古城古镇风貌、对环境没有污染的服务业。历史文化保护区内的建设项目要从严控制
其他生态敏感区	沿太湖（太湖旅游度假区除外）、阳澄湖纵深1公里、高速公路两侧各200米及城市规划生态走廊	进一步加大植树造林力度，严格限制进行新的建设
	非水源地的沿湖纵深1公里地区，森林、山体周边区域、太湖沿岸1～5公里的附近区域以及望虞河、大运河等河道两侧	以限制开发为主，不宜进行有损生态环境的开发建设活动
具有一定的生态敏感性和历史保护价值需要适度保护的地区	历史文化名城名镇非核心保护区以及沿太湖其它地区和吴江东南部的河网湖荡密集区	限制工业开发，有限度地开发旅游、休闲等服务业以及生态农业。合理控制人口和用地规模，避免工业和人口的大量集聚，限制发展废气、污水或固体废弃物排放较多的服务行业

调整优化区域:具有较高的经济社会开发需求和开发价值、但有一定的生态易损可能及保护价值的区域,主要包括沪宁和苏嘉杭高速公路、苏虞张公路沿线非生态敏感地区以及沿江部分乡镇。应根据该区域现有的开发规模、开发强度以及未来的发展潜力,确定各地区的管制要求和开发时序。苏州工业园区、苏州高新区、张家港市区及西南部、昆山市区及西南部等建设用地比重较高的区域,要重点调整优化用地结构,主要发展高新技术产业和现代服务业,着力提升产业发展层次。

重点开发区域:具有极高的经济社会开发需求、环境容量较大、生态环境约束较低、适宜进行大规模产业开发和城镇建设的区域,主要包括临长江部分区域以及沿江高速公路的沿线区域。该区域建设用地比重较低,具有一定的拓展空间,是未来产业和城镇发展的重点区域。

第三节　产业布局引导

完善"四沿"生产力布局,构建"两轴三带"产业发展新格局。沪宁东西发展轴和苏嘉杭南北发展轴是苏州未来经济集聚成长、快速提升的主轴线和中枢系统;沿江、沿湖和沿沪浙三条产业带是发展基础产业、现代服务业和农业,接轨上海、对接浙江的主要区域。

沪宁东西发展轴:主要包括中心城市和昆山市。积极推进苏州工业园区、苏州高新区、昆山经济技术开发区的产业提升,重点发展高新技术产业,建设成为我国引进、消化、吸收国外先进技术的重要基地。优化城市功能,规划建设城市中央商务区,加快建设江苏花桥国际商务城,打造现代服务业集聚区。

苏嘉杭南北发展轴:主要包括中心城市、吴江市和常熟市。加强轴线内区域之间的经济社会联系,重点发展优势传统产业和现代物流业,建设成为苏州南北向重要的物流轴线,以及连接沿江基础原材料与腹地制成品加工产业链的通道。

沿江产业带:以长江岸线资源开发为重点,以苏州港为支撑,以张家港、常熟、太仓等市为依托,重点发展基础产业和现代物流业,促进沿江港口、城市建设和产业发展的统筹协调及资源共享,打造临江基础产业集聚带。

沿湖产业带:以严格的生态容量为约束前提,重点发展旅游度假休闲、研发设计、文化、传统工艺和现代农业等产业,力争山水相依、人与自然和谐共处。

沿沪浙产业带:以太仓、昆山、吴江等市为重点,加快推进沿沪浙产业空间整合,重点发展汽车零部件、精密机械、电缆光缆、丝绸纺织和环境保护产业,发展成为承接上海辐射、吸纳浙江资本的前沿阵地。

第四节　城镇体系

坚持以科学规划引导城市发展,按照全市一盘棋的要求,构筑由中心城市、5个县级市城区、10个左右重点中心镇组成的功能互补、特色鲜明的现代化城市群,努力把苏州建设成为长江三角洲地区最重要的副中心城市、国际先进制造业基地和国际新兴科技城市、适宜人居和创业的城市、世界著名的历史文化名城和风景旅游胜地。

提升发展中心城市。充分发挥中心城市的辐射带动作用,强化社会公共服务,完善城市功能,提高现代化水平和市域中心地位,把中心城市建设成为布局合理、经济繁荣、社会文明、环境优美,富有传统韵味和时代气息的都市区。全面保护古城风貌,严格控制古城人口,重点发展商贸、旅游、文化、科技咨询等服务业,促进古城繁荣。加快苏州工业园区和苏州高新区开发建设,进一步提升功能,重点发展高新技术产业、现代服务业,把"两区"建设成为现代化、园林化的高科技园区。充分发挥吴中区和相城区的区位优势、资源优势,提高城区功能配套水平,重点发展生态旅游、现代物流业,加快新型工业化步伐,全面融入中心城市。高标准规划建设平江、沧浪、金阊新城,强化交通枢纽、商务商贸、生态居住、物流配送等功能,构筑中心城市新的发展载体。到2010年末,中心城市常住人口规模为300万人。

加快发展县级市城区。增强县级市城区枢纽功能,加强县级市之间的分工与协作,加快建设要素集聚明显、基础设施良好、城市管理到位、服务体系健全、发展特色鲜明的中等城市。到2010年末,每个县级市城区常住人口规模为30万~60万人。

张家港:以杨舍和金港为依托,以张家港保税区为龙头,做大做强以国际物流为主的现代服务业和高端加工制造业,建设沿江现代花园式绿色城市和港口工业城市。

常熟:依托国家历史文化名城,充分发挥滨江新区的港口优势,培育壮大临港工业,促进主城区与港区整体联动、分工合作,建设现代化商贸城市和风景旅游城市。

太仓:充分发挥紧靠上海、长江岸线的优势,全面接轨上海,加快港口开发和国际性先进装备制造业基地建设,努力构建现代化港口工业城市和离上海最近的滨江卫星城市。

昆山:充分发挥产业优势,进一步增强对上海辐射力的吸纳与传递,建设长三角地区开放型经济发达、以高新技术产业为主导的现代化工商城市。

吴江:加强与中心城市的紧密对接,加快高新技术产业发展和传统产业提升,保护水乡生态文化环境,建设国家级IT制造业基地和商贸旅游中心。

扶持发展重点中心镇。把中心镇作为生产要素集中发展和承载农村人口转移的直接区域,加大基础设施和社会服务设施建设力度,加强市镇发展区特别是跨行政区的规划协调,实现基础设施和社会服务设施共建共享,把中心镇建设成为既具有相应人口规模和经济实力,又具有各自风貌和特色的小城市。每个县级市规划建设2个左右的重点中心镇。到2010年末,每个重点中心镇常住人口规模为5万~10万人。

第四章　经济发展

第一节　农业

深化农业结构战略性调整,大力发展以"特优、高效、生态"为主要标准的现代农业。按照相对连片、规模集约的原则,优化农业区域布局,保持优质粮油、蔬菜园艺、生态林地、特色水产等主导产业的适度规模。

巩固发展水稻种植业。不断增加投入,提高种植技术,逐步建成以沿太湖、阳澄淀茆等优势区域为依托的高产稳产粮区。认真落实扶持粮食生产的各项政策,切实保障粮食供应安全。到2010年,全市以优质水稻为主的特色粮油生产面积稳定在10万公顷(150万亩)左右。

高标准发展蔬菜园艺业。大力发展蔬菜设施栽培,打造沿江蔬菜地域品牌,培育发展水生蔬菜基地,沿太湖周边丘陵山区重点发展碧螺春茶、枇杷、杨梅等特色果茶。到2010年,全市蔬菜园艺总面积达5.3万公顷(80万亩),无公害蔬菜、绿色食品以及有机食品超过80%。

鼓励发展生态林地。加快"绿色苏州"建设,提高森林覆盖率和造林绿化质量。开发建设观光农业和休闲农业，建设一批以森林公园、生态农庄为特色的生态休闲农业基地。到2010年，全市建成6.7万公顷(100万亩)左右的生态林地。

提高发展特色水产业。稳定水产养殖规模，重点培育太湖和阳澄湖两大水产地域品牌，加快形成以长江名贵鱼类养殖为主的沿江特色产业带、以河蟹养殖为主的沿湖特色产业圈和以虾、鳖养殖为主的淀茆特色产业区。到2010年，全市特色水产养殖面积稳定在7.3万公顷(110万亩)。

提高农业产业化经营水平。扶持一批有规模、上水平、带动能力强的农业龙头企业，加快推进农业企业化管理。加强科技对农业的支撑作用，推进农业基地化、标准化、品牌化、集约化、机械化生产，增强农产品市场竞争能力。

第二节 工业

以新型工业化为方向，立足现有优势产业和特色产业，加快产业结构优化升级，保持工业规模优势，形成以高新技术产业为主导、以先进制造业和基础产业为支撑的现代工业经济结构，建设现代制造业基地。

加快提升支柱产业。加大产业政策引导力度，按照集约化发展思路，提高产业发展水平，增强核心竞争力。电子信息产业：加强对微电子技术、光电子技术和计算机技术的研究开发，重点发展微型计算机、新型计算机外部设备、大规模集成电路、现代通信设备、数字视听产品、新型电子元器件等产品。生物医药产业：研究开发生物芯片、医药生物工程等技术，重点发展重大疾病治疗新药、生物芯片、现代中药、新型制剂等产品。精密机械产业：引进开发数控技术、激光技术，重点发展激光加工设备、数控机床、智能仪器仪表、高速智能电梯、自动化办公设备、数码照相机等产品。汽车及零部件产业：重点发展绿色环保公交汽车和高档旅游客车，加快发展汽车发动机、变速箱、底盘、尾气过滤装置等汽车零部件。冶金产业：研究开发先进节能环保技术、冶金过程自动化控制技术，推动复合材料、镁(铝、钛)合金材料等新型材料的产业化，继续发展冷轧薄板、涂镀层板、不锈钢板等高附加值产品。精细化工产业：进一步改进生产工艺，提高加工深度，重点发展新型环保染料、高档专用涂料、新型表面活性剂、食品添加剂等产品。新型纺织产业：研究推广纺织新材料及先进加工技术，提高棉、毛、丝绸、麻纺等生产工艺水平，重点发展品牌服装、装饰和产业用纺织品等产品。

积极培育新兴产业。加强跟踪，滚动培育，增强产业发展后劲。环境保护产业：研究开发生态环境保护、大气污染防治、新能源利用开发等技术，重点发展固体废物处理设备、空气和水污染治理设备、噪声和振动控制设备、环境保护药剂与材料、绿色能源技术及产品，积极探索太阳能、生物质能的利用，大力开发新型能源。生物技术产业：积极推进中药生物技术、核医学生物技术、经济作物快繁脱毒产业化，重点发展介入式治疗材料、基因工程药物、发酵工程药物等产品。新材料产业：研究开发电子信息材料、纳米材料及改性产品、新型复合材料、新型工程材料、单晶硅和化合物半导体材料、高温超导线材，逐步做大新材料产业。

提高制造业技术水平。坚持以信息化带动工业化，加速发展先进制造业，积极运用高新技术和先进适用技术改造提高传统产业，主动承接国际产业特别是产业链高端环节的转移，培育壮大一批产业基地，重点建设国家电子信息产业基地、国家软件基地、中国纺织产业基地，提升制造业竞争优势。继续实施IT产业翻番计划，提高高新技术产业在制造业中的比重。实施培育规模企业“220”计划，做强一批大企业大集团，带动中小企业成长。

第三节 服务业

突破占领生产性服务业，开放发展新兴服务业，繁荣提升传统服务业，重点发展软件及研发、现代物流、金融、商务服务、旅游会展、文化、房地产、商贸和社区服务等服务业，构筑以现代服务业为主导的新型服务业体系，推动服务业与制造业互动并进。到2010年，力争服务业总量实现翻番。

软件及研发产业：依托制造业优势，大力发展嵌入式软件、信息化软件和应用软件，研究开发集成电路设计、测试及制造工艺。加快建设苏州软件园，提高软件技术公共服务平台水平，扩大软件外包业务。

现代物流业：加大苏州港开发建设力度，以太仓港区集装箱码头建设为重点，促进港口物流发展。打造区域性现代物流基地，完善苏州工业园区、苏州高新区等保税物流园区功能，加快建设白洋湾综合物流园，规划建设常熟招商城和东方丝绸市场物流储运中心。积极整合物流资源，大力培育第三方物流企业。

金融业：加快金融机构扩容步伐，吸引国内外金融保险机构来苏设立分支机构。支持地方金融机构发展，不断增强竞争实力和抗风险能力。突破发展非银行金融机构，培育多元化金融要素市场，增强金融服务功能。加强金融领域征信体系建设，继续建设金融安全区。

商务服务业：大力发展财务法律、资产评估、决策咨询、经纪代理等各类商务服务业，积极吸引国内外知名的商务服务机构落户苏州。鼓励和引导商务服务机构联合重组，向规模化、规范化方向发展。

旅游会展业：整合优化旅游资源，合理配置旅游要素，提升综合服务功能，加快建设都市综合旅游区、环太湖生态旅游区、水乡古镇及湖荡游览区和沿江旅游风光带。扩大苏州园林品牌优势，积极开发山水生态旅游，做强休闲度假旅游，逐步形成以观光旅游为基础，文化、商务、休闲旅游为重点，社会旅游为补充的旅游新格局，努力建成旅游强市。以中国苏州电子信息博览会和苏州国际旅游节为重点，培育知名品牌会展。加快苏州国际博览中心、苏州高新区国际会展中心等会展设施建设，完善会展服务体系，增加会展频次，提升节庆水平，培育壮大会展产业。

文化产业：调整优化文化产业结构，大力发展文化旅游、演艺、印刷包装、艺术品和民族民间工艺品等优势文化产业，鼓励发展动漫、创意、传媒、广告、出版、光存贮、版权贸易等新型文化产业，加快建设苏州工业园区动漫产业园，培育一批具有较强实力和竞争力的文化产业主体。

房地产业：以市场需求为导向，优化完善房地产开发和供应结构，增加普通商品房供应，发展各类租赁性住房，适当控制高档房地产项目。加强市场调控，规范市场交易行为，延伸发展房地产服务，保持房地产业稳步健康发展。

商贸业：合理布局商业网点，提高观前、石路、南门商业中心的发展水平，建设苏州工业园区、苏州高新区中心商贸区。积极发展连锁经营、仓储式超市和电子商务等新型流通业态，改造提升常熟招商城、东方丝绸市场等大型区域性专业市场。健全农村骨干商品流通体系，拓展农村消费市场。

社区服务业:完善社区服务设施,健全服务网络,拓展服务领域,形成广覆盖、多层次、社会化的社区服务体系。加快发展养老托幼、家庭医疗、清洁卫生等家政服务,围绕社区卫生保健、绿色回收、保洁保安等服务领域,积极推进公益性服务的市场化,培育新的社区服务增长点。

第四节 信息化

加快实施国民经济信息化,满足经济社会发展需要,初步实现经济社会活动数字化和网络化。

大力推进政府信息化。充分利用现有基础网络,建设全市标准统一、功能完善、互联互通、安全可靠的电子政务网络平台。加快建设人口、法人、城市地理空间等基础数据库,建立信息交换体系和目录体系。有效整合政务信息资源,实现政府部门间的信息共享和业务协同,提高工作效率。加快构建面向社会的综合服务与管理体系,形成"一站式受理、多部门协同"的行政服务模式,逐步实现政府的网络化管理与服务向社区延伸。加快建设城市综合管理信息系统和突发公共事件应急联动指挥系统,提高综合管理水平,增强处置突发事件能力。

积极推进社会信息化。完善教育信息网络,丰富网上教学资源,提高教育信息化水平。开发文化(文物)资源管理信息系统,加快推进苏州历史文化遗产、文物、图书、文献、档案等文化资源的数字化进程。进一步完善苏州卫生城域网,实现区域卫生信息的数据交换和共享。加快数字认证、网上支付、社会诚信体系和公共物流平台等电子商务支撑环境建设,促进电子商务在制造业、生产性服务业、商贸业、旅游业和社区服务业中的应用。

加快推进企业信息化。以企业为主体,逐步实现信息及网络技术在产品研发、生产、营销和管理等环节的应用,提高信息化装备、产品和人才的比重。加快应用信息技术改造传统产业,推进生产自动化、产品智能化、经营管理网络化和商务电子化。按照政府引导、市场化运作方式,建设一批企业信息化公共服务平台,努力提高企业信息化水平。

第五节 民营经济

继续大力发展民营经济,落实扶持措施,提供优质服务,营造良好环境,推动民营经济加速腾飞。

优化发展环境。按照"非禁即入"原则,允许有条件的民营企业参与电力、交通、水利、金融等行业改革,参与供水、供气、公交、环境保护等城市公用事业的建设和运营,兴办教育科技、文化体育、医疗保健和福利事业。积极引导民间资本兴办服务性项目,重点培育发展连锁经营、交通旅游、汽车租赁、中介服务等各类服务业。

加大扶持力度。整合各类社会资源,为民营企业发展提供信息咨询、技术创新、信用评估、人才培训等全方位的优质服务。重点支持一批民营企业集团和民营科技企业做强做大,发展一批"专、精、特、新"的中小企业,提高民营经济核心竞争力。推动民营企业加强产学研结合,积极引进优秀人才、先进技术和装备,增强技术创新能力,加大新产品开发力度,加快向科技型企业转变。支持和帮助民营企业与外资企业进行合资合作,积极参与国际分工,鼓励有比较优势的民营企业跨国发展。大力发展龙头型民营企业,支持民营企业通过兼并、联合、重组、境内外上市等形式,建立多元开放的产权结构,不断做大规模、增强实力。

第五章 科技教育

第一节 科技

以掌握核心技术、发展自主知识产权为宗旨,加快科技创新体系建设,加大研发攻关力度,促进科技成果产业化,把苏州建设成为国际新兴科技城市。

增强自主创新能力。充分发挥企业的创新主体作用,增强大企业的集成创新能力、科技型中小企业的原始创新能力和技术引进企业的消化吸收再创新能力。重点鼓励企业从技术引进向自主创新过渡,使企业成为共性技术和关键技术研发的重要载体。加强企业为主体、市场为导向、产学研结合的技术创新体系建设,促进企业与科研机构、高等院校开展合作,培育一批自主创新型规模企业。实施"名牌带动"战略,支持知名品牌依托市场优势和产品优势自主创新,推动企业在工艺设计、产品开发、质量管理等方面与国际认证体系接轨,形成一批拥有自主产权和较强市场竞争力的名牌产品。到2010年,力争全市拥有自主知识产权的品牌产品销售比重达到30%。

加强科技创新载体和平台建设。加快推进国际科技园、苏州科技城和苏南工业技术研究院等重点载体建设,培植扩大科技创新技术源。依托创业服务中心、国际企业孵化器、留学人员创业园等创业平台,加快创新成果的商品化和产业化。以高新技术产业和特色产业的发展需求为重点,建设嵌入式系统与软件、网络技术与设备、环保设备等工程技术研究中心,高标准建设集成电路设计、生物医药、软件测试、动物实验等公共技术服务平台。

健全科技服务体系。深化科技体制改革,整合科技资源,完善社会化科技服务网络。重点发展技术经纪、专利事务、技术推广等中介服务机构,发展技术产权交易市场,促进科技成果转化。加强知识产权保护,建成全社会共享的知识产权公共服务体系。

加大科技投入力度。建立和完善以政府投入为引导、企业投入为主体、市场融资为支撑、社会投资和境外投资为补充的多元化科技投入体系,逐步提高全社会研发经费支出占地区生产总值的比重。鼓励发展风险投资,组建一批专业性、综合性的风险投资公司,吸引境外风险投资机构来苏参与风险投资。

第二节 教育

坚持教育优先,统筹发展各级各类教育,大力推进教育现代化,加快建设教育强市,力争到2007年率先基本实现教育现代化。

完善现代国民教育体系。实施免费义务教育,高标准、高质量普及15年教育。加快义务教育优质均衡发展,提高办学整体水平。积极推进素质教育,促使学生全面、健康发展。推进职业教育创新,建成一批高质量的职业院校和实训基地。重视和支持高等教育发展,抓紧建设苏州学院,全面完成独墅湖高等教育区和国际教育园建设,进一步巩固提高高等教育普及化水平。

构建终身教育体系。加强上岗前就业培训和职后教育,构建以就业培训和职业培训为主的社会教育网络;大力推动现代农民教育工程,重视发展成人高等教育和老年教育,建设全民学习、终生学习的学习型城市。

深化教育体制改革。在坚持义务教育政府办学为主、社会力量办学为补充的同时,积极推动非义务教育阶段的民办教育和中外合作办学,努力形成公办、民办、中外合作办学协调发展的新格局。根据城市化进程和学龄人口分布趋势,合理调整各类教育布局，提高优质资源覆盖率。

第三节 人才

牢固树立人才是第一资源的观念，加强党政人才、企业经营管理人才和专业技术人才三支队伍建设，满足经济社会发展对人才的需要。

实施人才培养工程。坚持党管人才原则，加强党政人才队伍建设。以提高战略开拓能力和现代化经营管理水平为核心，加快培养和造就一批具有创新理念和先进管理经验的优秀企业家。以提高自主创新能力为重点，大力培养和引进高科技创新型、高技能实用型人才。以推进社会事业全面发展为出发点，着力培养造就社会事业各类高级专业人才。围绕优先发展高新技术产业和现代服务业，加快电子信息、精密机械、软件和现代物流等专业人才的培养。

实施人才工作体制机制创新工程。健全人才公共信息、优势教育资源共享和人才中介服务三大平台，建立覆盖全社会的人才基础信息库和人才资源公共服务体系。制定完善人才培养和流动政策，强化人才创新创业载体建设，营造有利于优秀人才特别是创新型人才脱颖而出、人尽其才的良好环境。加快人才国际化进程，拓宽留学和培训渠道，大力吸引国内外高层次人才，为自主创新提供智力支持。

第六章 和谐社会建设

第一节 社会主义新农村建设

把加快建设社会主义新农村作为基本实现现代化的重要目标内涵，建立工业反哺农业、城市带动农村的统筹发展机制，促进城乡良性互动，建设“生产发展、生活宽裕、乡风文明、村容整洁、管理民主”的社会主义新农村。

积极推进城乡统筹发展。完善镇村规划，统筹城乡产业布局、基础设施体系和社会事业，着力推动城市基础设施向农村延伸、城市社会事业向农村覆盖、城市功能向农村辐射，做到农村现代化与城市现代化协同并进。积极发展新型农村社区，有计划、有步骤地建设住房实用美观、设施配套完备、环境整洁优美的农民集中居住区。大力发展农村公共事业，全面推进现代农民教育工程，完善城乡文化体育设施，提高农村公共卫生服务水平，完成“改水、改厕、改路”工程、“清洁家园、清洁田园、清洁水源”工程和“绿色基地、绿色通道、绿色家园”工程，改善农村生产生活生态环境。

激发农村发展活力。稳定和完善农村基本经营制度，根据依法、自愿、有偿的原则流转土地承包权，发展多种形式的农业规模经营。重视发展农村集体经济，创新农村集体资产管理体制，深入推进以农村社区股份合作制、农村承包土地股份合作制和农村专业合作经济组织建设为重点的改革，发展农民富民合作经济组织，提高农业的组织化程度。巩固农村税费改革成果，基本完成乡镇机构和县乡财政管理体制等改革。深化农村流通体制改革，发展农村服务业和农业社会化服务体系，创新农业保险机制，提高农业抵御风险能力。

构建农民持续增收的长效机制。广辟农民增收渠道，发展城乡第二、三产业，积极引导农民向非农产业转移，千方百计增加农民特别是纯农户的收入。统筹城乡就业，加快建立农民就业培训服务体系。鼓励农民自主创业、合伙创业、联合创业，扶持发展各级各类农民专业(股份)合作经济组织，引导农民出资入股组建物业合作社，提高投资性收益比重。创新农村集体土地流转和使用制度，健全完善农村征地制度，切实保障被征地农民的基本生活。健全农民负担监督管理机制，全面落实减轻农民负担的各项政策措施。

第二节 人民生活和社会保障

始终把提高人民福祉摆上优先位置，完善富民机制，使人民群众生活水平提高与经济增长更趋一致。

促进充分就业。不断完善劳动者自主择业、市场调节就业、政府促进就业机制，开发就业岗位，拓宽就业渠道，切实帮助有劳动愿望和劳动能力的人实现就业。健全就业服务体系，加强各类职业技能培训，完善就业援助政策，提高城乡劳动力特别是失业人员的就业能力，努力使失业率控制在较低水平。

增加群众收入。优化创业环境，鼓励和支持广大民众自主创业、自办企业，保护投资者合法权益，提高居民经营性、资产性收入比重。建立健全企事业单位职工收入分配规则和监管机制，全面推进企业工资集体协商制度，严格执行最低工资制度，完善与经济增长相适应的工资增长机制，增加从业人员的工资性收入。更加注重社会公平，规范初次分配，调节二次分配，缩小贫富差距，扩大中等收入者比重。

完善保障体系。巩固发展城镇社会保险。统一养老保险覆盖范围，依法扩大养老保险覆盖面；鼓励和引导企业实行企业年金制度，加快建立多层次的养老保险体系。探索发展社会医疗保险，进一步完善基本医疗保险、大额医疗费用社会共济、地方补充医疗保险和社会医疗救助“四位一体”的医疗保险体系。巩固完善失业保险、工伤保险和生育保险制度，理顺保险体制，不断提高保障水平。扩大农村基本养老覆盖面，完善城镇与农村养老保险转移衔接机制；健全农村基本医疗制度，实现农村合作医疗保险向农村基本医疗保险过渡。

健全救助体系。进一步巩固城乡最低生活保障制度，适时提高保障水平。完善就业、教育、医疗、住房等专项救助，加强社会帮扶、社会优抚、临时救助、慈善互助工作，积极发展社会福利事业，保障妇女、未成年人、老年人、残疾人和现役军人家属的合法权益，加强妇女儿童、老年福利设施的建设和管理。

提高生活质量。进一步完善与人民生活密切相关的村镇基础设施、社会事业设施和社区服务设施，推进古城、古镇生活设施和老住宅小区改造，努力改善生活和居住条件。适应居民收入水平提高和消费结构升级的要求，完善消费服务体系，创造良好消费环境，引导居民消费需求向实物消费和服务消费并重转变，提高居民消费层次。依法加强对医疗、教育、住房等方面的价格监控，规范涉及人民生活的价格听证和收费公示制度。积极实施食品药品放心工程，强化对食品、药品、餐饮卫生等监管，保障人民群众健康安全。倡导科学文明的现代婚育文化，实施出生缺陷干预、优生优育、生殖健康等“世代服务”工程，稳定人口低生育水平，提高出生人口素质。

第三节 文化卫生体育

加大投入力度，加快建设文化强市，丰富人民群众精神文化生活；更加注重卫生、体育事业发展，努力提高人民群众健康水平。

大力发展文化事业。深化文化体制改革，繁荣文化事业，发展文化产业，推进文化创新，打响“文化苏州”城市品牌。建设一批先进适用的文化设施和青少年活动场所，重点建设苏州科技文化艺术中心、文化馆新馆，逐步形成与经济社会发展水平相适应的布局合理、惠及民众的公共文化服务体系。实施精品文化工程，繁荣文艺创作，推动史志档案发展，精心打造一批具有国家级水平和体现地域文化特色的优秀作品。进一步加强对历史文化名城、名镇、古村落和古典园林、文物古迹的保护工作,积极抢救和保护物质和非物质的文化遗产,继承和弘扬昆曲、评弹、苏剧、苏绣、古琴、桃花坞木刻年画等民族民间文化。切实加强版权保护工作,大力发展广播、电视、报纸、互联网等新闻媒体和出版业。兴办丰富多彩的群众性文化艺术活动,满足人民群众日益增长的精神文化需求。

完善公共卫生和医疗服务体系。围绕健康城市建设,深化医疗卫生体制改革,合理配置卫生资源,满足不同人群多层次的医疗卫生服务需求。强化疾病预防控制体系,全面建成区预防保健中心、镇公共卫生服务中心,实施苏州市传染病医院改扩建工程,提高控制艾滋病等重大传染疾病、职业病的预防和救治能力。高度重视社区卫生服务,根据区划调整和人口聚集规模,科学配置社区卫生服务机构,完善医疗、预防、保健、康复、健康教育、计生指导等“六位一体”功能,形成“15分钟健康服务圈”。进一步办好公立医疗机构,推行所有权、经营权“两权分离”改革,建立现代医院管理制度。扶持发展合资、民营医疗机构,形成多元化投资、公平有序竞争的医疗服务体系。

积极发展体育事业。推进群众体育、竞技体育和体育产业全面发展,满足城乡居民日益增长的健身需求。加快建设公共体育设施,加强住宅小区、社区体育娱乐设施配套。开展全民健身活动,增强市民体质。加快训、科、医一体化进程,培养引进高水平竞技体育人才,保持体育强项优势,建设市体育运动学校新校。鼓励社会力量参与体育市场开发,发展体育产业。

第四节　精神文明

加强社会主义精神文明建设,进一步提高思想道德素质,加快形成具有时代特征、苏州特色的市民道德规范和行为准则。

塑造新时期的苏州精神。坚持以人为本,以建设“和谐苏州”为目标,全面推进社会主义精神文明建设,大力弘扬“创业创新创优”精神,培育、倡导以“张家港精神”、“昆山之路”和“园区经验”为主要内涵的苏州城市精神。用充满时代特色的城市精神鼓舞市民,确立与时俱进、加快发展的观念,增强自主、公平、竞争、效率的现代意识,凸现昂扬向上、奋发有为的时代风貌。

加强思想道德建设。认真贯彻执行《公民道德建设实施纲要》,在全社会倡导“爱国守法、明礼诚信、团结友善、勤俭自强、敬业奉献”的基本道德规范。深入持久地开展爱国主义、社会主义、集体主义教育,增强民族凝聚力。强化未成年人思想道德建设和大学生思想政治工作,进一步净化青少年成长的社会环境。加强诚信教育,建设以道德为支撑、产权为基础、法律为保障的社会信用制度,形成政府诚信、企业诚信、个人诚信三位一体的信用体系。加强科普教育,弘扬科学精神。

提高社会文明程度。以创建全国文明城市为龙头,深入开展群众性精神文明创建活动,提高市民文明素质。充分挖掘苏州优秀传统文化,大力发展社会主义先进文化;加强对外文化交流,促进本地文化和外来文化的融合,构建包容开放的新苏州文化。加强国防后备力量建设,深入开展国防教育,推动“双拥”工作,增强全民国防意识。提高公众的生态和环境保护意识,推动社会风气、公共秩序、生活环境和社会服务全面改善。充分调动社会积极性,支持和鼓励志愿者队伍建设,进一步提高市民的文明素质和整个城市的文明程度,争创全国文明城市。

第五节　民主法制

以建设平安苏州、法治苏州为重点,加快依法治市进程,不断提高民主化、法制化水平,为和谐社会建设奠定基础。

加强民主政治建设。坚持和完善人民代表大会制度、中国共产党领导的多党合作、政治协商制度,支持人民代表大会及其常委会依法履行职能,充分发挥人民政协政治协商、民主监督和参政议政的职能作用。巩固和发展新时期的爱国统一战线,加强同民主党派、工商联、无党派人士的合作共事,做好民族、宗教、对台、侨务工作,充分发挥工会、共青团、妇联等人民团体的桥梁纽带作用。加强基层民主建设,实行民主选举、民主决策、民主管理和民主监督。依法完善村民自治、社区居民自治和企业民主管理制度,推进政务、厂务、村务和社区事务公开。

加强法治城市建设。加强法制宣传教育,提高全民法律素质。加强和改进地方立法工作,推进政府工作依法行政,完善公共权力有效制约机制,构建高水平的法律秩序和法治政府。以实现公正和效率为目标,注重法律效用,拓展和规范法律服务,积极开展法律援助,构建现代法律服务体系。深化司法体制改革,实施司法公开,强化司法监督,维护司法公正。健全人民调解与司法调解、行政调解相结合的社会矛盾纠纷“大调解”机制,把矛盾纠纷化解在基层和萌芽状态。加强社会治安综合治理,依法严厉打击各种犯罪活动,预防青少年犯罪。高度重视安全生产,有效预防和遏止重特大安全生产事故,保障人民群众生命财产安全。加强社会管理,抓好公共安全体系建设,建立健全长效机制,保持长期和谐稳定的社会环境。

第七章　资源节约和环境保护

第一节　集约利用资源

加快促进集约发展,建设资源节约型城市。坚持开源节流并举,把节约放在首位,大力推进节地、节水、节能、节材,努力增强可持续发展能力。

提高土地集约利用水平。强化基本农田保护,严格执行建设项目用地预审和土地审批制度,完善耕地保护的监管手段,实行耕地保有量、基本农田面积和建设用地规模总量控制。加强对土地经济产出强度的监控,提高单位土地面积的经济产出效益。引导工业、人口、住宅集中发展,实现土地的集约高效利用。强化土地利用规划和年度计划管理,实施土地利用的用途管制和空间管制。加大对土地资源的开发、整理和复垦力度,促进土地资源的永续利用。加强山体资源保护,依法加大开山宕口和裸露山体的复绿、还绿工作力度。

加强水资源综合利用。强化水资源与水环境的区域统一管理,建立一体化的资源利用和调控系统。加强饮用水水源地保护和水质监控,建立饮用水安全预警系统,禁止一切影响饮用水水源水质的活动。及时掌握饮用水水源水质状况,到2010年,全市80%以上的地表水水域功能区达到规定标准。推进节水型城市建设。发展节水产业,推广应用节水技术、工艺、设备和器具,提倡循环用水、一水多用和污水处理回用。增加雨水资源供应渠道,鼓励使用“中水”。建立合理的价格形成和调整机制,实行阶梯式计量水价制度,拉大各级水量间的差价,促进节约用水。

大力推进节能降耗。严格控制高耗能项目,强制淘汰耗能高的技术、工艺和设备。优化能源结构,积极使用沼气、太阳能等可再生能源,增加天然气使用比重,到2010年,天然气在能源消费结构中的比重达到7%。抓好重点耗能行业和年能耗5 000吨标准煤以上企业的节能降耗工作,加强节能技术改造,降低产品的单位生产能耗。加快城市照明节能等工程改造,推进企业节能与余热、余压、副产煤气的利用。推广高性能、低耗材、可再生循环利用的建筑材料,建设节能节材住宅和公共建筑。

第二节 发展循环经济

按照减量化、再利用、资源化的原则,重点从企业、区域、社会三个层面推进循环经济建设。

鼓励企业循环型生产。用循环经济理念促进企业内部原料、能源、资源的循环利用。运用生态学观念改造现行企业系统,加快发展生态企业。调整优化工业区域布局和产业结构,实施绿色供应链管理,形成企业间工业代谢和共生关系的生态产业链。积极开发和推广资源节约、替代和循环利用技术,加快绿色产品研制开发,全面推广清洁生产,加快建设重点行业清洁生产示范工程,努力形成“低消耗、低排放、高效率”的生产模式。

构建区域循环经济。加强企业之间、产业之间的循环链建设,实现资源在不同企业和不同产业之间的最充分利用。搞好生态农业园区示范工程建设,开发、引进和推广面源污染治理技术和节水灌溉技术,进一步改善农业生态环境。重点建设苏州工业园区、苏州高新区等5个生态工业园区,带动全市开发区的生态化建设。

建设循环型社会。从社会整体循环的角度构建社会生活和废弃物回收与再利用模式,实现消费过程与消费后物质和能量的循环使用,最大限度降低自然资源的消耗。建设生态学校、生态社区和绿色政府,在全社会弘扬生态文化,倡导绿色消费。完善可持续发展的法律法规和政策体系,增强全社会环境保护意识和资源节约意识,提高循环社会建设的公众参与度。

第三节 生态保护与建设

贯彻生态和环境保护优先原则,改善生态环境,建设环境友好型城市,促进经济社会与生态环境相协调。

加大自然保护区的保护力度。坚持保护优先、开发有序,控制不合理的资源开发活动,强化自然资源的生态保护。统筹考虑自然保护区间的联系与组合,完善自然保护区间的网络和通道,进一步提升自然保护区的功能和价值。依托太湖、淀山湖湿地资源,规划建设东太湖——淀山湖流域国家级湿地保护区。到2010年,全市受保护地区占国土面积的比例达到12%以上。

加强生态功能区建设。重视生态廊道建设,保障生态安全,提高生态承载能力。规划建设环太湖生态林带、沿江生态林带、沿苏州市域重要河道的生态林网和沿路生态林带等生态林工程,到2010年,全市陆地森林覆盖率达到23%以上。切实保护长江、太湖及其他河湖的湿地,建设太湖、阳澄湖、澄湖湖泊湿地生态保护区。以保护长江白鳍豚和中华鲟,以及其他洄游性鱼类资源为目的,在长江常熟段建立洄游通道保护区。依托漕湖、阳澄湖和澄湖,构建环苏州城区的生态缓冲隔离带;在张家港、常熟和太仓市区与港区之间,建设沿江生态缓冲隔离带;在中心城市与吴江市之间、昆山市与太仓市之间,建设城市间的生态缓冲隔离带。

第四节 污染防治

坚持预防为主、综合治理,加大污染防治,全面改善环境综合质量。

水污染防治。继续抓好重点行业、重点污染源的污染综合治理,确保污染源达标排放。加快污水处理厂建设,完善区域污水管网,实施污水截流工程,实现雨污分流。发展节水、节肥、节药的农产品种植,加强水产养殖和饲养场的污染防治,减少农业面源污染。实施城乡结合部城区河道综合整治工程,改善河网水质。

大气污染防治。淘汰不符合环境保护要求的小火电机组,实施燃煤电厂脱硫工程。加强城市集中供热设施建设,有效控制和削减二氧化硫排放总量。积极推广净化技术,严格控制机动车污染排放,大力发展燃气公共交通,减少交通工具的废气释放量。完善环境空气质量监测网络系统,加大噪声污染控制力度,全市建成区环境噪声达标区覆盖率达到95%以上。

固体废物污染防治。加大工业固体废物处置力度,开展生活垃圾分类收集,建立废物回收利用调配管理网络和废品收购、转运、处置机构,集中处置固体废物。加快固体废物减量化、无害化、资源化处理工程建设,建设一批垃圾焚烧发电厂,扩建七子山垃圾填埋场二期工程。到2010年,工业固体废物综合利用率和危险废物处置率均达到100%。

辐射安全监督管理。强化对辐射涉源单位从进口、生产、销售、贮存、报废、处置的全过程管理,确保放射源安全,防止放射污染。依法加强对辐射环境的安全监督管理,控制和降低城市电磁辐射污染水平。建立辐射事故应急响应机制,保障公共环境安全。

第八章 基础设施建设

第一节 综合交通体系

以有效支撑经济社会协调发展为目标,统筹规划、合理布局,做好各种运输方式相互衔接,完善运输网络,优化运输结构,形成便捷通畅高效的市域现代化综合交通体系。

构建一体化交通网络。开工建设市区轨道交通,做好市域轨道交通网与长三角周边城市轨道交通网、城际快速客运铁路的对接,实现中心城市与县级市城区、长三角周边城市的快速互达。进一步完善市域公路网,实现各层次路网快捷、高效转换。全面完成“一纵三横一环二射三联”的市域高速公路网建设,实现全市所有乡镇15分钟内就近上高速公路,市域内高速公路60分钟内互达。加快苏通长江大桥建设,抓好与周边地区高速公路网的连接线建设,构建长三角区域2小时高速公路交通圈。加快建设城市快速公共交通系统和农村客运网络,形成市区、城乡、镇村的三级公交网络,力争中心城市各组团之间半小时互达、远郊镇45分钟可达中心城市。

加强港口与航道建设。推进港口综合开发,启动白茆小沙治理工程,鼓励建设公用码头,限制货主码头建设。以统筹协调、发挥优势、体现特色、错位发展为目标,进一步整合港区功能,重点加快太仓港区集装箱码头和口岸配套设施建设,巩固和提升苏州港作为上海国际航运中心北翼副中心和江苏沿江集装箱干线港的地位,努力把苏州港建设成为国家级重要港口和长三角地区江海联运重要枢纽。到2010年,苏州港集装箱吞吐量达到400万标箱。规划建设三级、四级骨干航道,提高航道等级,增强干线通航能力,实现苏州市域航道网络化。

整合多元交通方式。重视交通换乘衔接枢纽建设,加快建设京沪高速铁路苏州站集散系统,实现铁路、公路、轻轨、公交的快速换乘。优化公路、铁路货运站和沿江沿河港口以及各类货运枢纽的集疏运系统功能,提高货运效能。继续加强公路、水路客运场站建设,形成各种出行方式密切衔接、便捷换乘的客运网络。优先发展公共交通,提高公交出行的便捷性和舒适性。

第二节 水利设施和防灾减灾体系

加强水利设施和防洪工程建设,增强防洪保安能力;高标准构建气象、地震监测预报预警和应急救援系统,有效防御各种灾害和突发事件。

完善高标准防洪保安体系。加强长江河势的整治与控制，保持干流河势、重点险工岸段和节点基本稳定。完善长江主江堤达标配套工程，提高长江堤防防洪标准。启动实施环太湖、望虞河、太浦河后续工程，积极实施东太湖退渔还湖工程，使太湖流域防洪达到抗御不同降雨典型的50年一遇防洪标准。加大区域防洪体系建设，重点实施白茆塘、七浦塘等入江河道拓浚工程，理顺内部水系，确保各水利分区全面达到防御20年一遇洪水标准。完成苏州城市中心区防洪工程建设，形成防洪包围圈，提高中心城市防洪标准。

加快区域供水工程建设。整合全市供水资源，提高供水效率和效益，保障供水安全。加快区域管网设施建设，减少供水设施的重复建设，提高供水资源和设施的共享程度和利用率。到2010年，全市区域日供水总规模达到560万吨左右。

加强水系维护和农村水利建设。以提高引排能力、改善水环境为重点，加大河道疏浚和水系维护、调整理顺工程的实施力度。以提高农村防洪抗灾能力为重点，进一步搞好圩区综合治理。以提高粮食综合生产能力为重点，加快恢复和建设高标准农田灌排设施。以节本增效和农村现代化建设为重点，大力推进节水灌溉工程建设。

建设灾害防治和应急系统。巩固地下水禁采成果，科学合理开采浅层地下水，全面限制开采深层地下水；对已产生地面沉降和可能产生沉降的地区，设立地裂缝和地面塌陷等地面形变的监测系统。高标准建设地震预报、监测系统和防震工程；完成苏州气象灾害监测、预报、预警现代化工程；抓好人防转民防工作，推进应急救援和指挥系统建设，提高各类突发事件和灾害的应急处理能力。

第三节　能源保障体系

立足多元发展，加大能源基础设施投资，优化能源结构，构筑稳定经济清洁的能源保障体系。

建立多元化能源供应体系。规划建设海上清洁能源接收配套工程，努力将太仓港区建设成为长三角地区海上清洁能源的重要接收基地。扩大燃气管网覆盖范围，增加清洁能源使用量。建设金嘉湖成品油运输管道苏州支线和苏锡常地区最大的成品油中心库，增强成品油储备能力。严格按照环境保护标准和环境承载能力，改扩建骨干电厂，满足经济社会发展对电力的需求。到2010年，全市形成1 500万千瓦左右的发电能力。

加强输配电主网架建设。规划建设500千伏苏州西等一批输变电工程以及张家港至徐行等一批高压输电线路工程，加快建设苏通过江电缆，不断完善输变电设施布局，保障电力供应。

第四节　信息基础设施

提升信息基础设施的支撑能力，宽带通信网、下一代互联网和数字电视网建设走在全国前列。

加快公共基础网络建设。实施宽带城域网的大规模网络扩容和升级，提高城市主干网络的容量和传输速率。整合现有各网络运营商资源，实现网络互联互通。加强农村地区信息基础设施建设。完成对现有通信网进行下一代网络改造，建成骨干智能光网传输网、移动通信网，构建下一代网络设施结构，增强通信网功能和服务能力。到2010年，全市互联网用户普及率和家庭宽带接入率分别达到60%和50%。

加快有线电视网的数字化建设。加快双向光纤/同轴电缆混合网建设，基本完成中心城区有线电视网双向改造，完成有线模拟电视向数字电视整体平移，扩大数字电视用户规模。

第九章　改革开放

第一节　改革

坚持以改革总揽全局，把深化改革和制度创新作为经济社会发展的主要动力，消除制约经济社会发展的体制性障碍，营造体制机制新优势。

进一步推进行政管理体制改革。加强政府社会管理与公共服务职能，创新政府管理模式和管理手段。把法治政府、效能政府、诚信政府、廉洁政府和服务型政府建设有机结合起来，实现政府职能的根本转变，形成行为规范、运转协调、公正透明、廉洁高效的行政管理体制。规范行政许可和其他行政性审批行为，减少审批环节，简化审批手续，强化审批监督。继续拓展政务公开渠道，完善政务公开制度、听证会制度和重大决策前的专家论证、群众评议制度。进一步加强相对集中的行政处罚权工作。

深化企事业单位和国有资产管理体制改革。巩固国有集体企业改革成果，促进和帮助改制企业优化股权结构，完善法人治理结构，建立健全现代企业制度。明确国有资本的投资方向和领域，加快国有经济布局和结构的战略性调整。完善国有资产管理体制，落实国有资产监督管理责任主体，加强国有资产监管。深入推进社会事业领域企事业单位和社团改革，积极发展独立公正、运作规范的专业化市场中介机构，培育和发展一批跨部门、跨所有制、跨地区的各类行业协会、商会。

加快投融资体制改革。确立企业的投资主体地位，合理调整和界定政府和企业的投资范围，完善投资核准和备案制度，加快形成企业自主决策、自担风险，银行独立审贷，政府宏观调控的新型投融资体制。建立政府投资项目公示制度、责任追究制度、建设监督制度和风险约束机制，提高政府投资决策的科学化、民主化水平。对非经营性政府投资项目全面实行“代建制”，对政府投资项目进行全过程监管。放宽投资领域，引导和鼓励社会投资。

加强现代市场体系建设。发展资本市场，培育壮大上市公司，扩大证券市场融资比例；积极拓展债券融资，推进期货市场规范化发展和产品创新。活跃产权市场，积极发展资产证券化和非证券股权的交易方式，提高存量资产的流动性，形成存量资产市场化配置机制。规范土地市场，全面推行经营性土地招标拍卖制度，采取公开、透明方式出让非经营性土地。继续发展完善技术、人才、劳动力市场和商品市场，提高集聚辐射能力。整顿规范市场经济秩序，加强市场规则和法规建设，理顺市场监管体制。

推进社会管理体制改革。创新社会建设和管理体制，健全党委领导、政府负责、社会协同、公众参与的社会管理格局。完善“二级政府、三级管理、四级网络”的城市管理体制，下移管理工作重心，创新管理方式，推进城市管理现代化。增加公共服务投入，加快构建与经济发展和群众需求相适应的公共服务体系，着力解决社会建设和管理中的薄弱环节和突出问题，提高政府依法管理社会的能力。加强社区(村)自治组织建设，培育民间组织。抓好社区环境和治安管理工作，创建“绿色社区”、“平安社区”、“和谐社区”。理顺部门工作进社区的体制机制，推进街道(镇)、社区(村)管理体制改革，优化社会事务管理职能。

第二节　开放

充分利用国际国内两个市场、两种资源，积极推进全方位、多层次、宽领域、高水平的对外开放，大力促进外资、外贸、外经、转型升级，增创开放型经济新优势。

提高引资水平和质量。按照“保持规模、提高质量、优化结构、完善配套”的发展方针，不断提高利用外资效率和可持续发展能力。进一步优化外资产业结构，加强产业引导，以资源节约利用、投资强度和产出效应为评价标准，重点引进科技含量高、资源消耗少、符合环境保护要求、对地方经济贡献大的项目，着力引进跨国公司的研发中心、地区总部、采购中心、维修中心和营销中心，延伸产业链、做大产业群，推动招商引资向择商选资转变。拓展利用外资领域，加大金融、旅游、物流、教育等服务业和农业的招商引资力度。加快引进先进技术和管理经验，充分发挥外资在促进产业升级、技术外溢、管理现代化和体制创新等方面的作用。鼓励现有外资企业增资扩股，做优做强。

调整优化外贸结构。坚持科技兴贸、以质取胜和市场多元化发展战略，构筑市场分布合理、产品结构优化、各类主体共同发展的对外贸易新格局。着力提高一般贸易出口中高新技术产品、具有自主知识产权产品和名牌产品的出口比重，提高出口商品的竞争力和经济效益。提升加工贸易产业层次，延长增值链，提高附加值。加快构建国际市场营销体系，加大市场开拓力度，形成以亚洲、欧盟、北美为重点，以周边国家为支撑，发达国家与发展中国家合理分布的市场格局。

加快“走出去”步伐。拓展境外投资领域和方式，引导有比较优势的企业到境外投资创业，加快资源开发和技术开发，建设海外生产基地。积极发展技术型、管理型和智能型的对外劳务合作，提高总承包项目在工程承包中的比重。营造企业“走出去”的良好投资环境，加大政策扶持力度，加强金融信贷支持，建立专项扶持基金。建立健全中介咨询、信息发布、人才培养等方面服务体系，为企业“走出去”提供全方位服务。

增强开发区的集聚、辐射和带动作用。以国家级和省级开发区为载体，强化基础设施建设，加强资源整合，推进开发区产业集聚、企业集群。在开发区中加快建设高新技术专业园区和特色专业园区，提高资源集约利用程度，增强企业科技创新能力，提高开发区的投入产出率。把苏州工业园区的开发建设作为全市对外开放的重中之重，大力吸引世界著名跨国公司到园区投资设立高新技术项目和研发机构，积极引进高层次服务业，加快建成具有国际竞争力的高科技园区。充分发挥国家级和省级开发区优势，加快推进出口加工区和保税物流中心建设，集中优质资源，加快发展重点产业和特色产业，不断提高竞争能力。加强各级各类开发区的统一规划，促进相互间的联合联动，做到合理定位、集约发展、共同繁荣。

大力推进对内开放。主动融入长三角经济一体化进程，搞好区域协调与合作，实现优势互补、共同发展。坚持学习上海、依托上海、服务上海、接轨上海，全面接受上海辐射。主动承接上海的产业转移，加快推进高速铁路、港口航道、信息网络等基础设施与上海的全面对接。继续吸引国内著名企业、上市公司、国家级大企业集团来苏投资兴业。加强与中西部、东北地区以及苏北地区的经济技术协作与交流。

建立健全与国际接轨的涉外经济管理体制。完善符合世贸规则和市场经济要求的规章政策，营造开放透明、规范高效的投资环境。推进“大通关”建设，提高口岸的整体功效，降低商务成本与运作风险。加强政府、行业协会、企业的协调配合，健全进出口风险预警机制，加强反倾销应对工作，促进公平贸易，保障企业跨国经营的合法权益。加大执法力度，切实保护涉外知识产权。

第十章　规划实施

实现本纲要的目标和任务，必须充分发挥市场配置资源的基础性作用，激发各类市场主体的积极性和创造性。本纲要提出的产业布局、发展方向和重点，是对市场主体的指导性意见，政府将积极加以引导；在社会事业、基础设施、资源环境等领域提出的任务，是政府向全市人民作出的承诺，政府将切实履行职责，确保落到实处。

一、加强规划的法律地位。本纲要是全市国民经济和社会发展的总纲领，是编制其他各类规划的依据。经市人民代表大会讨论通过后，将具有等同于地方性法规的法律地位，规划内容的调整和修改，同样必须经过市人民代表大会讨论通过方可进行实施。

二、完善产业导向政策。严格执行环境影响评价制度和能耗、技术、质量、安全等标准，规范行业准入，鼓励发展科技含量高、资源消耗低、环境污染少、经济效益好的产业和产品，调整转移影响城市化建设、占地多和税收贡献少、劳动密集型的劣势产业，依法淘汰浪费资源、污染环境的落后生产能力和工艺。根据经济运行和产业发展过程中出现的新变化、新情况和新问题，及时调整产业导向，引导社会投资结构和方向。

三、落实空间调控政策。根据市域空间主体功能分区，实行土地政策分类指导，对调整优化区域实行严格的用地增量控制，提高建设用地的集约化水平；对重点开发区域在确保基本农田不减少的前提下适当实行建设用地倾斜；对禁止和限制开发区域实行严格的土地用途管制；对市域主体功能分区中禁止和限制开发的主要内容保持50年或更长时间不变。建立以投入产出效益和生态效益等为主要考核标准的用地规模审核制度，提高土地投资强度。严格按照国家法律法规要求，全面引入市场机制，规范各级各类土地征用与出让制度。制定科学合理、公开透明的政绩考核体系，保护限制和禁止开发地区干部的工作积极性。根据功能需要，条件成熟时，对市域行政区划进行调整，进一步增强城市整体综合竞争力。

四、健全公共财政政策。按照建立公共财政体系的要求，加大支出结构调整力度，保证科技、教育、文化、农业、基础设施、社会保障、社会治安、环境保护、精神文明建设等关系发展、改革和稳定大局的重点支出。按照全市统筹的原则，探索建立对禁止开发区域、限制开发区域的财政转移支付和生态环境补偿，重点用于公共服务设施和生态环境建设，保障该区域城乡居民生活水平随着全市财力的增长而提高。

五、实施人口调控政策。高度关注区域人口安全，严格控制人口数量，全面提高人口素质，促进人口与经济社会协调发展。发挥产业政策对人口的调控作用，引导企业减少对低技能劳动力的需求。建立外来人口调控机制，加强人口和计划生育现居地管理，做好流动人口的计划生育服务工作。稳定现行生育政策，完善计划生育奖励扶助制度，严格控制违反政策生育。

六、强化公众参与和民主监督。完善规划编制程序，增强规划编制过程的透明度和公开性，保障全体市民参与规划编制与实施的权利。加强对各项规划的协调以及实施的监督检查，协调解决发展过程中出现的问题。实行重大项目和事项的公示、听证制度，进一步完善民主决策程序。

无锡市国民经济和社会发展第十一个五年规划纲要

(“发展基础和发展目标”部分)

(无锡市第十三届人民代表大会第四次会议批准)

第一节 “十五”回顾

“十五”以来,全市人民在市委、市政府的正确领导下,坚持以邓小平理论和“三个代表”重要思想为指导,以率先发展统揽全局,以转变增长方式为着力点,以改革开放为动力,以统筹协调为基本原则,以富民为根本立足点,解放思想,开拓创新,主动适应宏观经济环境的变化,抢抓发展机遇,破解发展难题,增创发展优势,坚定不移地推进“两个率先”先导区和示范区建设进程,全市改革开放和现代化建设取得了令人瞩目的成就。

综合实力再上新台阶。2005年全市地区生产总值达到2 805亿元,在2000年的基础上翻番有余,实现了争先进位,“十五”期间年均增长14.4%,2005年人均地区生产总值(按户籍人口和现行汇率计算)达到7 724美元。2005年财政总收入达到421.8亿元,占地区生产总值的比重为15%,比“九五”期末提高5.7个百分点,其中地方财政一般预算收入达到181.68亿元;全社会固定资产投资五年累计4 286亿元,年均增长30.7%。城市影响力扩大,入围中国内地城市综合竞争力十强和十大活力城市、品牌经济城市、最佳商业城市。

产业提升再显新成效。坚持走集约发展之路,积极转变经济增长方式,把高新技术产业和现代服务业的发展放上先导位置,实施制造业和服务业“双轮驱动”战略,打造国际先进制造业基地和区域性服务业高地。“十五”期末,第二、三次产业增加值占地区生产总值比重达到98.2%。积极发展生态农业、休闲农业和设施农业等新兴产业,通过培育重点龙头企业。农业产业化程度逐步提高。工业向集群化和高端化发展,以电子信息为主导的高新技术产业发展迅速,2005年高新技术产业增加值占规模以上工业增加值比重达到33.4%,比“九五”期末提升13.4个百分点。服务业发展层次不断提升,商贸物流业、旅游业、信息服务业、创意产业、房地产业发展迅猛,国家级无锡工业设计园、无锡国家动画产业基地启动建设。“十五”期间服务业增加值年均增长13.6%。改革开放再获新突破。着眼全球经济一体化的背景,大力实施经济国际化战略,协议外资、到位外资和进出口总额三项指标跻身全国大中城市前列,开放型经济实现历史性跨越。“十五”期间,累计分别完成协议注册外资和到位注册外资252.6亿和99.0亿美元,比“九五”分别增长近4倍和2.1倍;五年引进超亿美元项目48个,海力士——意法半导体项目为全省最大外资项目。2005年,全市进出口总额达到291.91亿美元,首次跻身全国十强,其中出口总额达到155.46亿美元,“十五”期间年均增幅分别为37.3%和35.8%。境外投资步伐不断加快,2005年新批境外投资项目51个,民营企业成为“走出去”的生力军。2005年我市与德刚勒沃库森市和意大利维琴察市正式结为友好城市。体制机制活力得到进一步释放,国有企业改革任务基本完成,国有资产管理体制基本建立,完成了一般竞争性领域654家市属国有(集体)企业的产权制度改革,完成了312家自收自支事业单位经营类事业单位改革。全面推行财政预算制度改革,343家行政事业全部编制部门预算。社会事业领域“管办分离”改革取得初步成效,市医院、学校、文化艺术、体育场馆与训练4个管理中心正式运行,全市71家行业协会完成“政会脱钩”。资本经营取得新进展,尚德太阳能实现海外上市,上市公司数从“九五”末的13家增加到32家。民营经济发展水平明显提高,22家企业跻身全国民营企业500强,“十五”期末,民营经济增加值占地区生产总值比重达到51.2%。

城乡建设再创新面貌。按照统筹城乡发展的要求,进一步完善市域城镇体系。构筑“一体两翼、七区一体”的发展格局。实施“工业北移、城市南进”战略,适时调整了行政区划,有序推进城市建设三年行动计划,市区建成区面积由2000年的101.5平方公里扩大到2005年的193平方公里。积极推进蠡湖新城、惠山新城、锡东新城等重点地区的开发建设,建成一批重大基础设施项目和环境工程项目,城市功能进一步提升。积极推进现代化新农村建设八项重点工作,农村生产生活条件进一步改善,“十五”期间,488个自然村并入城镇和农村新型社区,农村公路建设完成480公里,农村自来水普及受益率超过95%。到“十五”期末,城市化水平达到67%,城市绿化覆盖率达到40%,环境质量综合指数达到80.4,获得国家园林城市、国家环保模范城市称号。

人民生活再上新水平。大力推进富民工程,人民生活质量明显提高,达到小康目标要求。到“十五”期末,城市居民人均可支配收入和农民人均纯收入分别达到16 005元和8 004元,年均分别增长13.2%和18.8%,是城乡居民收入增长最快的五年;居民文教娱乐服务支出占家庭消费支出比重达到14.4%,恩格尔系数降到37.5%。社会保障水平不断提高,2005年城镇职工基本养老、基本医疗和失业三大社会保险覆盖面分别达到98%、97.4%、97.9%,新型农村合作医疗覆盖面达到98.8%,城镇登记失业率控制在3.27%左右。

社会事业再有新进步。各项社会事业稳步发展,社会发展指数连续保持全省首位。科技创新工作成效明显,以企业为主体、产学研结合的技术创新体系初步形成。2005年全市研究与开发经费占地区生产总值比重达1.5%。新增省级高新技术企业108家,专利申请量达到5 621件。财政用于社会事业投入持续增长。相继建成市图书馆、体育中心等一批公共设施项目。全面普及高中段教育,2005年适龄人口接受高等教育比重达到48%。深入挖掘保护历史文化遗产。鸿山遗址被列为全国十大考古新发现,无锡成为江苏省历史文化名城,文化产业加快发展。全面强化公共卫生功能。大力发展社区卫生服务中心,禽流感防治工作取得阶段性成效。安全生产工作得到有效加强,亿元GDP生产安全事故死亡率低于全省平均水平。全力推进"活力无锡、富裕无锡、绿色无锡、文明无锡、法治无锡和平安无锡"建设,党的建设、神文明建设和民主法制建设都取得显著成效。审计、外事、侨务、对台、接待、人事、人武、双拥、民族宗教、气象、防震减灾等工作取得新成绩,史志、档案、新闻出版、广电、民政、妇女、儿童、老龄、残疾人等事业有了新的发展。

"十五"时期,是无锡发展史上又一个综合实力提升最快、城乡面貌变化最大、人民群众得到实惠最多的时期,全市总体上建成了全面小康社会,基本实现了"第一个率先"的目标。这五年,无锡经济和社会生活发生的变化是极为显著的,有些是根本性的转变,有些是阶段性的提升。这些历史性的变化,为无锡率先基本实现现代化奠定了坚实的基础。但同时,一些深层次矛盾和问题还没有得到根本解决,出现了一些新的问题。主要表现在:经济增长方式转变步伐不快,产业结构不够合理,现代服务业发展水平还不高;自主创新能力还不强,创新体系和创新机制还不完善;资源和环境对经济社会发展的制约更为明显;城乡之间、经济社会之间发展还不够协调;体制机制还不能较好地适应加快发展、科学发展的要求。这些问题和矛盾,需要在今后一段时期的发展中重点加以解决。

表1　无锡市"十五"计划主要指标完成情况

序　号	指　标　名　称	单　位	"十五"计划	"十五"完成情况
1	地区生产总值增幅	%	年均10%以上	年均14.4
2	人均地区生产总值(户籍人口)	美元	5 000	7 724
3	财政收入(口径调整)	亿元	年均增长2%	—
4	全社会固定资产投资累计	亿元	2 000	4 286
5	服务业从业人员比重	%	34	33.1
6	规模以上工业销售收入增幅	%	年均增长10%	年均增长27%
7	高新技术产业增加值占规模以上工业增加值的比重	%	35	33.4
8	R & D经费占GDP比重	所	1.50	1.5
9	到位注册外资(口径调整)	亿美万	累计75	99.0
10	进出口总额	亿美元	100	291.91
11	出口总额	亿美元	70	155.46
12	高新技术产品出口比重	%	45%以上	40.9
13	城市化水平	%	60%以上	67
14	家庭电脑普及率	%	30	47.6
15	城镇居民人均住房建筑面积	平方米	(指标内容调整)	30.3
16	城市生活污水集中处理率	%	75	70
17	城市绿化覆盖率	%	40	40
18	城市居民人均可支配收入增幅	%	年均增长10	年均增长13.2
19	农民人均纯收入增幅	%	年均增长6	年均增长8.8
20	人口自然增长率	‰	2	0.67
21	城镇登记失业率	%	5%以内	3.27
22	恩格尔系数	%	40%以内	37.5
23	高中阶段入学率	%	95	96.86
24	适龄人口接受高等教育比重	%	45	48

第二节　面临形势

“十一五”时期,我们面临的将是一个机遇与挑战并存、机遇大于挑战的发展环境。从国际看,经济全球化将向纵深推进,国际生产要素流动和产业转移加快,新一轮的技术革命正在酝酿,使无锡在更深层次和更广领域上加快经济国际化步伐;从国内看,经济社会进入了新的发展阶段,社会主义市场经济体制不断完善,长三角区域一体化加速推进,上海加快国际性中心城市建设,举办2010年世界博览会,浦东新区实施综合配套改革试点,这些为无锡经济社会发展提供了极为有利的宏观环境;从我市看,将通过经济增长方式的转变、体制机制的转型、消费结构的升级、社会保障水平的提高,为我市在全省率先基本实现现代化提供有力支撑。同时也必须看到,我们在前进道路上还面临不少严峻挑战和突出问题。随着我国加人WTO过渡期结束和世界经济中的不稳定、不确定因素增多,我们将在全面加入国际分工、参与国际竞争方面面临新局面;国内先进城市竞相加快发展,我们将在创新发展模式、提升城市综合竞争力方面面临新形势;在经济又快又好、可持续发展方面将面临资源和环境约束的新挑战;在社会和谐发展方面将面临统筹各种因素、兼顾各方利益的新要求。今后一个时期,我们将站在新的历史起点上,牢牢抓住难得的战略机遇期,把握好工业化与城市化、国际化、市场化互动关系,正确有效应对各种挑战,抓紧解决经济社会发展中的突出矛盾和问题,努力实现“六个走在全省前列”,建成全省“两个率先”先导区示范区。

第三节　指导思想

要以邓小平理论和“三个代表”重要思想为指导,以科学发展观统领全局,切实贯彻党的十六届五中全会和省委十届九次全会精神,在更高起点上实施科教兴市、经济国际化、城市化、可持续发展四大战略,坚持富民强市、能快则快、又快又好发展,把创新发展模式、建设创新型城市作为主抓手,把富民优先、科教优先、环保优先、节约优先和市场导向、创新导向、规划导向、法治导向作为主要方针,突出转变增长方式、构建和谐社会、提高执政能力三大任务,大力增强自主创新能力、体制机制活力和可持续发展能力,确保到2010年率先基本实现现代化,确保经济社会转入全面协调可持续发展的轨道,加快建设国际先进制造技术中心和区域性商贸物流中心、创意设计中心、职业教育中心、旅游度假中心。努力打造最适宜投资创业的工商名城、最适宜创新创造的设计名城、最适宜生活居住的山水名城、最适宜旅游度假的休闲名城和最富有人文特质的文化名城。

第四节　总体要求

“十一五”期间,要高起点、高标准地全面建设“五个中心”、全力打造“五个名城”。确保取得实质性突破和阶段性成效。构建“五个中心”:国际先进制造技术中心。加快科技创新体系建设,建成一批企业技术中心和研发机构,提升自主创新能力,在若干领域形成具有自主知识产权的关键技术、核心技术和专利产品,增强高新技术的集散能力,推进国际先进制造技术中心的形成。区域性商贸物流中心。利用地处长三角几何中心的地理优势,加强与区域内其他城市发达和便捷的交通和信息联系,构造集聚和辐射功能强、程度高、范围广的区域性商贸与物流中心。区域性创意设计中心。优化整合设计、动漫和影视等优势资源,加强与国内外先进城市的合作与交流,努力建成以设计产业为主导、以软件产业和动漫产业为依托的具有独特优势和竞争力的长三角地区创意设计中心。区域性职业教育中心。优化整合职业教育资源,大力提升职业学校规模化、集约化、品牌化发展水平,积极拓展职业学校教育与培训的特色和能力,建立面向全社会开放的职业技能公共实训基地,努力建成区域性的职业教育中心。区域性旅游度假中心。利用得天独厚的旅游资源,加快发展度假休闲产业,争创中国最佳旅游城市,实现由华东旅游目的地到国内外著名旅游度假胜地的跨越。

打造“五个名城”:最适宜投资创业的工商名城。依托雄厚的工商业基础,继承无锡工商文化精髓,延续和发展工商产业,营造投资创业的良好氛围。打造最适宜投资创业的工商名城。最适宜创新创造的设计名城。弘扬创新创造精神,强化自主创新能力的培育,大力发展工业设计、动漫等创意产业,创新发展民间艺术,建设最适宜创新创造的设计名城。最适宜生活居住的山水名城。充分发挥濒临太湖的独特优势。以靓山、亲水、扬名、筑城为重点,完善基础设施,改善生态环境,提升人居生活品质,建成最适宜生活居住的山水名城。最适宜旅游度假的休闲名城。充分利用山水、人文等资源,加快旅游休闲区建设,实现传统观光旅游向现代休闲度假旅游转变,努力建成最适宜旅游度假的休闲名城。最富有人文特质的文化名城。继承和弘扬无锡的历史文化,凸显吴文化和古运河文化特色,大力发展文化产业,培育文化底蕴和文化氛围,建成最富有人文特质的文化名城。

第五节　发展目标

“十一五”期间,无锡市国民经济和社会发展的总体目标是:围绕建成全省“两个率先”先导区、示范区的要求,实现省委、省政府提出的“六个走在全省前列”的目标。继续保持经济社会发展的良好态势,巩固提升无锡的综合竞争力,在省内率先基本实现现代化,努力建成经济繁荣、生活富裕、科教发达、环境优美、法制健全、社会文明的和谐宜人新无锡。

增长方式不断转变,经济水平明显提升。到2010年,地区生产总值在2005年基础上实现翻番,人均地区生产总值超过10 000美元(按常住人口和现行汇率测算);主要污染物排放量和万元地区生产总值能耗比2005年下降20%;全社会研究与开发经费支出占地区生产总值比例达到2.5%;高新技术产业增加值占规模以上工业增加值比重提高10个百分点以上;服务业增加值占地区生产总值比重提高5个百分点以上。“十一五”期间,到位注册外资和进出口总额年均分别增长15%。

城乡区域协调发展,基本实现城乡现代化。强化区域功能开发建设,健全现代化的基础设施体系,中心城市的辐射、带动、服务和资源配置功能不断增强,社会主义新农村建设取得显著成效,城乡现代化水平明显提高。到2010年,城市化水平达到75%;城镇人均拥有道路面积达到21平方米,城市公共交通分担率达到24%;80%左右村(镇)建成社会主义现代化新农村示范村(镇)。

资源得到持续利用,生态环境显著改善。人口总规模得到适度控制,人口结构和空间分布不断优化,资源得到循环利用、集约利用和合理利用,可持续发展能力进一步增强,力争建成国家生态城市群。至2010年,全市常住人口控制在670万左右;耕地保有量保持在215万亩;城市生活污水集中处理率达到90%;全市森林覆盖率达24%,城市绿化覆盖率达45%,环境质量综合指数达到90%。

社会事业全面进步,人民生活比较富裕。坚持以人为本、富民优先,城乡居民收入稳步增长,生活质量显著提高,到2010年,城市居民人均可支配收入和农民人均纯收入年均分别增长13%和10%。社会保障体系更加完善,公共服务体系更加健全。到2010年,普通高等学校和职业学校在校生规模比2005年翻一番;每万人拥有人才数1 900人,大专以上人口占总人口比重达到8%;三大社会保险覆盖面和新型农村合作医疗覆盖面分别达到99%和100%;恩格尔系数降到35%以内,每万人拥有执业(助理)医生数达到22人;人均预期寿命达到77.5岁。

"三个文明"协调发展,初步构建和谐社会。进一步推进"活力无锡、富裕无锡、绿色无锡、文明无锡、法治无锡和平安无锡"建设,精神文明建设和民主法制全面加强,经济社会管理全面走上法制化轨道,构建和谐社会走在全国前列,争创全国文明城市。到2010年,每万人刑事案件发案率控制在万分之75以内;人民群众对社会治安的满意率达到90%以上;亿元GDP生产安全事故死亡率比2005年下降20%。(注:六个走在全省前列:市委十届九次全会提出要努力实现省委、省政府对无锡提出的"六个走在全省前列"的要求,即在产业结构调整、加快发展先进制造业和现代服务业方面走在全省前列,在优化经济结构、发展民营经济、股份制经济方面走在全省前列,在加快应用科技创新、建设创新型城市方面走在全省前列,在节约利用能源、集约利用土地方面走在全省前列,在保护环境、建设生态城市方面走在全省前列。在加强"五个统筹"、建设和谐社会方面走在全省前列。)

(2006年2月18日无锡市第十三届人民代表大会第四次会议批准)

表2 "十一五"经济社会发展主要指标

序号	指标名称	单位	指标属性	2005年完成	2010年目标	"十一五"年均增长(%)
1	地区生产总值	亿元	预期性	2 805	5 610	
2	人均GDP(常住人口)	美元	预期性	—	10 000	
3	第三产业增加值占GDP比重	%	预期性	37.8	45	5年提高5个百分点以上
4	三次产业就业人员比重	%	预期性	11.8:55.1:33.1	7:55:38	
5	高新技术产业增加值占规模以上工业增加值比重	%	预期性	33.4	44	
6	全社会固定资产投资	亿元	预期性	1 336.04		20
7	地方财政一般预算收入	亿元	预期性	181.68		12
8	到位注册外资(商务部口径)	亿美元	预期性	20.07		15
9	进出口总额	亿美元	预期性	291.91		15
	其中出口总额	亿美元	预期性	155.46		15
10	社会消费品零售总额	亿元	预期性	82 411		16
11	民营经济增加值占全市GDP比重	%	预期性	51.2	70	
12	R&D支出占GDP比例	%	预期性	1.5	2.5	
13	发明专利申请数占专利申请总数比重	%	预期性	12.9	20	
14	高等教育毛入学率	%	预期性	51.4	58	
15	大专以上人口占总人口比重	%	预期性	—	8	
16	每万人拥有人才数	人	预期性	1 318	1 900	
17	每万人拥有执业(助理)医生数	人	预期性	20.8	22	
18	人口自然增长率(户籍人口)	‰	约束性	0.67	<1	
19	城镇登记失业率	%	预期性	3.27	<4	
20	人均预期寿命	岁	预期性	76.5	77.5	
21	城市居民人均可支配收入	元	预期性	16 005	29 500	13
22	农民人均纯收入	元	预期性	8 004	13 000	10
23	恩格尔系数	%	预期性	37.5	<35	
24	城镇人均住房建筑面积	平方米	预期性	30.3	32	

续表

序号	指标名称	单位	指标属性	2005年完成	2010年目标	"十一五"年均增长(%)
25	农村人均住房建筑面积	平方米	预期性	56.4	40	
26	城镇人均拥有道路面积	平方米	预期性	20.64	21	
27	城市公共交通分担率	%	预期性	16	24	
28	主城区高峰时段平均车速	公里/小时	预期性	15	20	
29	城市化率	%	预期性	67	75	
30	社会保险综合参保率	%	约束性	>97.5	>99	
31	新型农民基本养老保险覆盖面	%	约束性	72	≥95	
32	新型农村合作医疗覆盖面	%	约束性	98.8	100	
33	基尼系数					
	(1)城市居民		预期性	0.316	<04	
	(2)农村居民		预期性	0.305	<04	
34	人民群众对社会治安的满意率	%	约束性	94	>90	
35	每万人刑事案件发案率	万分之	预期性	74	75	
36	耕地保有量	万亩	约束性	229.12	215	
37	亿元GDP生产安全事故死亡率	人/亿元	预期性	0.3	0.324	
38	城市绿化覆盖率	%	约束性	40	45	
39	森林覆盖率	%	约束性	17.3	24	
40	万元GDP能耗(吨标准煤)	吨标准煤/万元	约束性			5年下降20%
41	主要污染物排放量减少	%	约束性		20	
42	城市生活污水集中处理率	%	约束性	70	90	
43	环境质量综合指数	分	约束性	80.4	90	

表3 无锡市基本实现现代化指标体系修订表

类别	序号	指标名称	单位	参照值	2005年实绩	2010年目标
经济发展	1	人均GDP(常住人口)	美元	>10 000	6 315 *	10 000
	2	万元GDP能耗	吨标准煤/万元	<088	109 *	下降20%
	3	服务业增加值占GDP比重	%	≥45	378 *	45
	4	财政总收入占GDP比重	%	>15	15	16
	5	高新技术产业增加值占规模以上工业增加值比重	%	>30	33.4	44
	6	R&D支出占GDP比例	%	>2	1.5	2.5
	7	高新技术产品出口额占出口总额比重	%	>40	40.9	45
	8	发明专利申请数占专利申请总数比重	%	>18	12.9	20
国民素质	9	高等教育毛入学率	%	>50	51.4	58
	10	每万人拥有人才数	人	>1 500	1 318	1 900
	11	每万人拥有执业(助理)医生数	人	>20	20.8	22
	12	人均预期寿命	岁	>75	76.54	77.5
	13	家用电脑普及率	%	>60	47.6	60

续表

类别	序号	指 标 名 称	单 位	参照值	2005 年实绩	2010 年目标
城市功能	14	空港旅客吞吐量	万人次	>200	61.91	200
	15	港口集装箱吞吐量	万标箱	>200	5.7	200
	16	城镇人均道路面积	平方米	>20	20.64	21
	17	城市公共交通分担率	%	>24	16	24
	18	主城区高峰时段平均车速	公里/小时	>20	15	20
	19	城市化率	%	>70	67	75
生活质量	20	城市居民人均可支配收入	元	>26 000	16 005	29 500
	21	农民人均纯收入	元	>13 000	8 004	16 000
	22	恩格尔系数	%	<35	37.5	35
	23	城市绿化覆盖率	%	>40	40	45
	24	环境质量综合指数	分	≥90	80.4	90
生活质量	25	社会保险综合参保率	%	≥99	97.25	≥99
	26	每万人刑事案件发案率	万分之	<75	74	75
	27	基尼系数				
	<0.4	(1)	城市居民		<0.4	0.316
	<0.4	(2)	农村居民		<0.4	0.305

说明:带 * 的数据为预计数,核算数及确定后以核算数为准。

无锡鼋头渚

常州市国民经济和社会发展第十一个五年规划纲要(摘要)

(常州市第十三届人民代表大会第五次会议批准)

从“十一五”开始,在我国延续了50多年的中长期发展“计划”首次改为“规划”,反映了将更加注重发挥市场对资源配置的基础性作用,更加注重对国民经济和社会发展的宏观把握和调控。政府职能转变将迈出新步伐。

现实基础与发展环境

“十五”时期是常州发展经历挑战、经受重大考验的时期,也是经济社会发展快、改革开放成效好、城乡建设面貌变化大、老百姓得到实惠多、社会事业取得长足发展的时期,为我市“十一五”和今后一个时期经济社会的发展奠定了良好基础。

“十五”期间,全市经济总量跃过了千亿新台阶;第二、三产业所占比重接近96%,制造业基地建设初显成效;五年累计完成基础设施投资950亿元;成功创建国家卫生城市、国家环保模范城市和省级园林城市;全市进出口总额突破80亿美元,出口超过60亿美元,实际到账注册外资接近9亿美元;城镇居民人均可支配收入接近14 600元,农民人均纯收入接近7 000元;各项社会事业全面发展,扎实推进了诚信常州、法治常州、平安常州、学习型城市建设。

虽然我市在“十五”期间取得了令人瞩目的成就,但仍然存在一些深层次、根本性的矛盾和问题。“十一五”时期是我市科学发展、跨越发展的关键期;是我市实现“两个率先”、建设和谐社会的关键期;是我市加快融入全球化、直面外部挑战的关键期;是我市强化特色、优化功能的关键期。

要在加快推进对内对外开放中,进一步强化现代制造业、临江开发开放、地理区位、基础科教、山水资源等特色优势,要在初步拉开城市框架、明确功能分区的基础上,促进城市发展战略重点向南北两翼转移,进一步提高综合竞争力。

总体思路与发展目标

“十一五”期间我市经济社会发展的总体思路是:以邓小平理论和“三个代表”重要思想为指导,以科学发展观统领经济社会发展全局,坚持力争“两个率先”、实现富民强市的目标和实现又快又好发展的主题,落实富民优先、科教优先、环保优先、节约优先的方针,加快提升产业竞争力、科技竞争力、环境竞争力、国际竞争力,在更高起点上实施四大战略,增创现代制造业、现代服务业、现代农业新优势,率先发展、科学发展、和谐发展,加快建设区域中心城市、现代制造业基地和文化旅游名城,早日把常州建设成为经济繁荣、生活富裕、科教发达、环境优美、法制健全、社会文明的城市。

在战略重点上要坚持继承、创新、提高、发展,进一步转变发展观念,创新发展模式,提高发展质量,增强发展动力,加快全面创新、产业升级、对外开放、城乡统筹、和谐社会建设和节约型社会建设。

总体目标是:着眼于增强服务功能,创新发展模式,大力推进经济增长方式集约化、公共服务均衡化、城乡发展一体化、资源配置市场化,保持全市经济既快又好发展;基本建成现代制造业基地,推进社会事业全面进步,构建和谐社会走在全省前列;在全省率先建成具有较高水平的全面小康社会,为在全省率先基本实现现代化奠定坚实基础。

具体目标是:到2010年,地区生产总值年均增长12%以上,人均地区生产总值在2000年基础上翻两番,地方一般预算收入年均增长15%左右;城镇居民人均可支配收入超过25 000元,年均增长10%左右,农村居民人均纯收入超过10 000元,年均增长8%左右,每年新增就业岗位10万个,城镇登记失业率控制在5%左右;第二、三产业比重达到97%以上,农业从业人员占全社会从业人员比重下降到10%左右,民营经济比重达到70%左右;城市化水平达到65%,基本构筑一体化发展格局;全社会研发投入占全市地区生产总值的比重提高到2%左右,高新技术产业产值占全市工业总产值的比重达到45%左右,形成一批拥有自主知识产权和知名品牌、国际竞争力较强的优势企业;形成健全的现代市场体系、合理的所有制结构、有效的行政管理体制,建立健全社会信用体系;实际利用外资年增长30%以上,进出口总额力争达到200亿美元;单位地区生产总值综合能耗力争下降20%左右,主要污染物排放量在2005年基础上减少5%;建成区人均公共绿地超过10平方米,城市绿化覆盖率超过40%,森林覆盖率超过20%,全市污水处理率达到90%以上,环境质量综合指数超过80,建成国家园林城市和生态示范区;高中教育普及率达96%以上,高等教育毛入学率达65%以上,卫生服务体系健全率超过90%,城镇基本养老、基本医疗和失业三大保险覆盖率达98%,新型农村合作医疗覆盖率达90%;继续推进平安常州、法治常州和学习型城市建设,人民群众对社会治安满意率达到90%以上,争创全国文明城市。

产业发展与结构调整

到“十一五”期末,基本建成现代制造业基地,形成以现代制造业为主体、现代服务业为支撑、现代高效农业为基础的产业发展新格局。

制造业要坚持以自主创新推动产业优化升级,用信息化、国际化促进优化升级。提升轨道交通车辆及部件、输变电设备、专用机械等具有比较优势的装备制造产业规模和水平；培育壮大电子信息、生物医药、新型材料等新兴产业；引导现代制造业基地化、集群化发展；加快形成产业集聚优势，全市培育形成5～6个超百亿元的产业集群。

服务业要按照建设现代制造业基地和区域中心城市的要求，重点发展生产服务业，大力培育新兴服务业，全面提升传统服务业，加快优化发展布局，加快服务业核心功能区、专业集聚区和特色街区建设，壮大服务业规模，优化产业结构，增强经济活力。

农业要围绕农业增效、农民增收的总目标，注重产业内涵发展和功能拓展，坚持结构特色化，经营产业化，布局基地化，形成“优质、高产、高效、生态、安全”的现代农业，推进农业产业化经营，加快基地化布局。

城乡发展与功能建设

坚持以城市现代化、农村城镇化为指导，深入实施城市化战略，加快城乡一体化进程，全面提高城市规划、建设、经营和管理水平，拓展城市框架，优化形态布局，完善服务功能，改善人居环境。

在社会主义新农村建设上，加快推进农村“工业向园区集中、人口向城镇集中、居住向社区集中”发展步伐，扎实推进社会主义新农村建设。实现城乡规划全覆盖；建设新型农村社区；加快农村社会事业发展。

按照城市现代化、农村城镇化、城乡一体化的思路，做优市区、做强县城、做大重点中心镇，基本形成中心城市、中等城市、重点中心镇、一般建制镇为基础的四级城镇体系。空间布局要实现城市开发建设重点的战略转移，注重产业、人口、资源环境三大要素在空间上的合理布局和均衡发展。中心城市坚持“优化中心、拓展南北、完善东西、重点向南”的发展方向，拓展城市框架，加快南北两翼建设，优先建设南部新城核心区。

综合交通体系上，建设以高等级公路、轨道交通、航空、水运、城市道路互相协调的大交通网络，畅通交通节点，协调运输方式，提高综合管理水平，形成交通框架复合化、运输网络开放化、运输结构合理化、技术装备现代化的综合交通运输体系。

城市公共设施上，进一步加快城市公用设施建设，继续做好信息基础设施的规划和规范管理，积极推进宽带通信网、数字电视网、下一代互联网“三网融合”。加强防洪、防震和人防、气象设施建设，以经营城市土地资源为重点，拓宽城市空间资源经营和利用的渠道，提高经营城市的整体水平。

生态建设方面，围绕创建“全国生态示范区”和“国家园林城市”目标，进一步做好城市净化、美化和绿化工作，加大公共绿地建设和主要道路和出入口绿色景观工程。

园区建设与开放开发

以园区建设和沿江开发为重点，着力提高利用外资的质量和水平，转变外贸增长方式，全面提升对外开放水平。

坚持把开发园区建设作为对外开放的重中之重，增强龙头拉动和辐射带动作用。国家级高新区和省级开发区要合理利用和整合资源，着力增强创新、集聚和产出能力，到2010年力争常州高新区进入全省前6位，武进高新区进入全省前15位；重点工业集中区要着力营造环境、提升功能，努力成为调整传统产业和积蓄发展后劲的新阵地。

采取多种途径吸引各类资本，高标准建设园区基础设施，整体规划，成片开发，滚动发展。提高开发园区土地利用率，凡进入省级以上开发区的项目投入强度必须达到250万元/亩，积极推进“大通关”建设，继续强化常州高新区和武进高新区“零收费”，其他省级以上开发区实行“扎口收费、一站式服务”；加快园区整合，进一步明确各开发园区产业发展定位，支持园区产业向特色化、专业化发展，鼓励和支持园区之间、园区与周边乡镇之间组合发展。

推进我市沿江开发，把沿江地区建设成为加工制造、物流、贸易的重要基地。重点发展优质钢材、重化工、能源、装备制造和现代物流等产业基地，开发建设录安洲北侧深水港区，完善圩塘港区，依托常州港发展港口物流，科学配置18公里长江岸线资源。

拓展利用外资领域，把招商引资与培育优势产业有机结合起来。把集聚主导产业、形成项目集群作为招商引资的主攻方向，加强与跨国公司特别是世界500强企业的合资合作；扩大服务业利用外资规模水平，争取在现代物流、金融保险、新型商贸、旅游发展等领域取得新突破；进一步改善投资环境，强化服务，进一步提高利用外资的质量。

坚持“三外”联动发展，进一步加大国际市场开拓力度，积极开拓国际市场，转变外贸增长方式，加快“走出去”步伐，建立应对经济全球化的协调机制。同时主动在产业分工、基础设施建设、体制机制等方面全方位与上海对接，引导企业加速向苏北、皖南、浙北等地区拓展空间，鼓励纺织服装、机械冶金、塑料包装、化工医药、房地产等企业以及品牌连锁企业加强与东北、中西部地区合作。

综合改革与机制创新

充分发挥市场在资源配置中的基础性作用，切实提高公共管理和公共服务水平，争取到“十一五”期末，形成有利于转变经济增长方式、促进全面协调可持续发展的机制。

深入推进市场开放，放开经营性基础设施建设和经营市场，鼓励外资民资参与，推进行业协会与中介机构改革，建立社会信用体系，完善市场监督；激发市场主体活力，提高国有资产运营效率，大力发展非公经济，分类推进事业单位改革，全面推进农村“三大合作”改革；依法规范政府行为，加强法制政府、透明政府建设，全面实施投资体制改革，加快形成政府投资项目“建设、监管、使用”三分开的建设管理体系；完善经济调节机制，强化土地调控功能，积极拓展融资渠道，加强综合调控，促进经济平稳较快增长和社会和谐发展。

和谐社会与富民进程

坚持以人为本，富民优先，全面提高居民生活质量，使经济发展成果惠及更多人民群众。

加快富民进程，坚持把促进就业放在优先位置，继续实施积极的就业政策；大力弘扬“创业创新创优”精神，建立政府鼓励创业、民众自主创业、社会支持创业的机制；进一步建立健全多层次、富有活力、覆盖全社会的城乡保障体系，基本实现养老、医疗、失业、工伤和生育保险“五保合一”；加大“以城带乡、以工促农、反哺农业、回报农民”的力度，实现农民持续增收。

按照“调整存量、优化增量、提高质量”的原则，加大全市特别是市区社会事业合理布局和资源整合力度,突出抓好文化、教育、卫生、体育等领域增量投入的合理配置和存量资源的统筹整合;加快完善以企业为主体、科技平台为支撑、风险投资为保障、产学研相结合的创新体系建设,力争到"十一五"期末,全市拥有国家级工程中心和工程技术研究中心5家,各类省级研究中心40家,每年申报博士后工作站2~3家,全社会研发投入占地区生产总值的比重提高到2%;构建"高质量的基础教育、高水平的职业教育、有特色的高等教育、有成效的社会教育"格局;适应公众医疗需求,突出解决群众"看病难、看病贵"问题,着重完善农村和社区医疗卫生服务体系;适应居民文体生活需求,建立覆盖城乡的文化服务网络;适应居民生活社区化需求,促进全市各类服务资源的优化配置,为居民创造亲和、方便、自主的生活环境;稳定人口低生育水平,适度发展人口规模,常住人口规模年均增长率控制在8‰左右;确立人才资源是第一资源的理念,以产业结构优化升级为导向,扩大人才总量、提高人才素质、调整人才结构。

推进可持续发展。以创建一流的生活质量作为建设和谐人居环境的出发点,打造有常州特色的居住环境品牌,把常州建成环境优美、生态友好的宜居城市,在新龙、青龙、飞龙、湖塘、薛家、新港、东方、武南等新居住区打造生态社区示范工程;按照"减量化、再利用、再循环"原则,建立政府大力推进、市场有效驱动、公众自觉参与的循环发展机制,建设环境友好型社会;坚持资源开发与节约并重,把节约放在首位的方针,以节能、节水、节材、节地为重点,制定差别化政策,降低资源消耗,尽快建立健全促进节约型社会建设的体制和机制;率先建设最安全地区,建立健全社会预警体系和应急救援、社会动员机制,提高突发公共事件应急处理能力;大力弘扬爱国主义精神和新时期常州市民精神,积极培育具有共同理想、科学精神、良好道德、文明言行、健康身心的现代合格公民。

规划实施与保障措施

"十一五"规划纲要经市人民代表大会审议通过后,是具有法律效力的全市国民经济和社会发展行动纲领。各级各部门要以高度的责任感切实加强对规划实施工作的领导,提高执行规划、履行职责的能力和水平。

根据发展的实际需要,把握重点领域和关键环节,有效运用政府掌握的公共资源配置手段,制定实施好公共政策,加强和改善经济调节,给市场主体以正确导向,促进发展目标的实现。要积极引导市场需求,合理安排财政预算;充实完善规划体系,针对发展的特定领域编制实施专项规划和行动纲要,加强各规划间的相互衔接,为规划纲要的顺利实施提供有力支撑,配套编制专项规划,制定三年行动纲要,加强规划衔接协调。

实施重大项目,推进重大工程。"十一五"期间,政府将突出重点,组织实施160个关系全局和长远发展的重大项目,预计总投资2 000亿元左右。包括现代制造业基地建设项目33个,总投资525亿元;现代服务业建设项目119个,总投资1 445亿元,其中基础设施建设项目54个,总投资970亿元,社会发展项目20个,总投资92亿元;现代农业建设项目8个,总投资45亿元。

进一步健全责任制,加强监测评估和民主监督,动员和引导社会广泛参与,确保规划分阶段有效落实。分解目标任务,建立完善"发展战略、五年规划、三年行动纲要、年度计划、目标管理"体系,把纲要执行情况纳入年度考核目标;加强对规划纲要实施的监督检查,对规划实施情况及时进行跟踪分析,着重加强对经济增长率、失业率、人民生活、现代化进程等宏观调控目标的监测预警;动员社会力量,保障人民群众了解和参与规划实施的知情权、监督权。

钟楼经济开发区

镇江市国民经济和社会发展第十一个五年规划纲要

（镇江市第五届人民代表大会第四次会议批准）

前 言

"十一五"时期（2006～2010年），是镇江把握重要战略机遇，实现"两个率先"目标承前启后的关键时期。《镇江市国民经济和社会发展第十一个五年规划纲要》按照《中共镇江市委关于制定镇江市国民经济和社会发展第十一个五年规划的建议》编制。本规划是指导这一时期我市国民经济和社会事业更快更好发展的行动纲领，是政府履行经济调节、市场监管、社会管理和公共服务的重要依据。

第一篇 发展基础和发展环境

第一章 发展基础

"十五"期间，我市积极贯彻落实国家一系列重大方针和政策，大力实施科教兴市、港口型经济、城市化、双轮驱动和沿江开发等发展战略，坚持走集聚吸纳、富民优先、改革创新和特色发展之路，解放思想，更新理念，合力奋进，成功应对"非典"疫情、洪涝灾害以及集资兑付等一系列新挑战，主动适应加入WTO和宏观调控等新形势，提前完成了"十五"计划确定的主要目标，全市经济和社会发展迈上了新台阶。"十五"是镇江历史上经济和社会发展最快最好的时期之一。

经济总量成倍扩大。地区生产总值和人均地区生产总值分别由2000年423.3亿元和15 887元增长到2005年的871.7亿元和32 597元（按常住人口为29 534元），年均增长13.4%和13.1%，均实现五年翻番。财政总收入由32.4亿元增长到118.4亿元，增长2.6倍。全社会固定资产投资由141亿元增长到404.8亿元，增长近2倍，五年累计完成投资1 300亿元。

经济结构明显优化。第二、三产业增加值占地区生产总值比重由92%提高到95.6%。规模工业增加值占地区生产总值比重由33.8%提高到41.3%，形成了机械、化工、造纸等主导产业。高新技术产业加快发展，增加值占规模以上工业增加值比重由18%提高到25.8%。社会消费品零售总额由124.5亿元增加到241.4亿元，年均增长12.2%；现代物流、旅游等新型服务业发展势头良好。特色农业、生态农业和高效农业加快发展，农业产业化水平不断提升，全市有市级以上农业龙头企业52家，其中国家级2家、省级13家。

经济活力进一步增强。改革向纵深推进，基本完成国有控股中小企业和国有大中型企业改制；农村税费改革进一步深化；行政管理体制改革取得初步成果；事业单位改革全面展开。对内对外开放不断深化，2005年，自营出口约20.3亿美元，增长2.1倍；五年累计实际利用外资37.8亿美元（原口径），超过此前历年总和。对外交流更加广泛深入。民营经济活力进一步释放，2005年，民营经济增加值占地区生产总值比重达到50.6%。

城乡面貌显著改观。五年累计投入城市建设资金超过310亿元，加快了城市道路建设、旧城改造和环境整治步伐，实施了南徐生态大道、长江路、广场绿地、铁路三线搬迁和国家"863"水环境治理等一大批重点工程，先后荣获"国家卫生城市"、"国家环保模范城市"、"国家园林城市"等称号。城市化水平由50.4%提高到59.1%。大力实施农村"五件实事"工程，基本完成草危房改造任务，按照等级化标准新建和改建了1 870公里农村公路，农村人口饮用卫生水覆盖面提高到95%以上，农村居住、交通、供水等条件明显改善。加快区域重大基础设施建设，建成了润扬长江大桥、沪宁高速公路和312国道镇江段拓宽改造、镇江电厂二、三期、谏壁电厂"以大代小"机组改造等一批重大工程，开工建设大港三期工程。

社会事业全面进步。大力实施"科教兴市"战略，连续五次荣获"全国科技兴市先进城市"称号。教育现代化进程加快，适龄青年接受高等教育的比率达47%。改建和扩建了镇江博物馆、新四军纪念馆，镇江烈士纪念馆等文化设施，积极开展社区文化活动，创作了一批文艺精品。深化医疗、卫生体制改革，卫生服务网络覆盖范围不断扩大；医疗服务条件明显改善，新建了市一院门急诊大楼、四院妇幼保健大楼等；医疗技术水平进一步提高，开展了"非亲缘性异基因骨髓移植"、"肝肾联合移植"等一批新项目。改善体育基础设施，联合承办了第14届世界女篮锦标赛、第十届全运会等一系列体坛重要赛事，镇江和丹阳分别连续荣获"全国乒乓球重点单位"和"全国篮球城市"称号，积极推进全民健身活动，新增健身活动场地60万平方米。民主法制建设得到加强，积极打造"平安镇江"、"法治镇江"，被评选为"全国社会治安综合治理优秀地市"。精神文明建设得到加强。城乡居民素质进一步提高，连续四次荣获"全国双拥模范城"称号。"创业创新、开放文明、务实诚信"的新时期镇江精神得到弘扬。

人民生活持续改善。城镇居民人均可支配收入、农民人均纯收入分别由7 170元和4 042元增加到12 394元和5 916元，年均增长11.6%和7.9%。社会保障水平进一步提高，城镇职工基本养老、医疗和失业保险覆盖面分别达到96.4%、98.3%、98.8%，城镇登记失业率控制在3.5%，新型农村合作医疗覆盖面达91.6%，城乡低保基本上实现"应保尽保"。成立了各级慈善机构，促进社会慈善事业发展。

"十五"期间，我市经济和社会发展还存在一些不容忽视的问题：一是人民群众总体上还不够富裕。居民收入一直滞后于经济增长速度,农民持续增收的难度加大,城乡居民的收入差距继续拉大。二是经济增长方式仍较粗放。产业结构调整步伐还不够快,自主创新能力不强,先进制造业比重还不高,服务业特别是现代服务业发展相对滞后;资源环境压力明显加大。三是内生经济实力较弱。本地居民创业意识还不够强,本地企业整体实力偏弱,影响了税源经济发展。四是社会事业发展相对滞后,经济社会结构加速转型带来的社会矛盾和问题开始显现。

表1 “十五”计划主要目标完成情况

指标		单位	2000 年实绩	十五计划	2005 年实绩	年均增幅(%)
经济增长	地区生产总值	亿元	423.3	786	871.7	13.4
	人均地区生产总值	元	15 887	28 000	32 597	13.1
	财政总收入	亿元	32.4	70	118.4	29.6
	全社会固定资产投资	亿元	141	255	404.8	23.5
	社会消费品零售总额	亿元	124.5	175	241.4	12.2
结构效益	第二、三产业增加值占 GDP 比重	%	92	94.7	95.6	
	高新技术产业增加值/规模工业增加值	%	18	30	25.8	
	城市化水平	%	50.4	55	59.1	
人民生活	城镇居民人均可支配收入	元	7 170	10 700	12 394	11.6
	农民人均纯收入	元	4 042	5 550	5 916	7.9
	恩格尔系数	%	42.6	42	43.5	
	城镇登记失业率	%	3.1	3.5	3.5	
	城镇人均住房建筑面积	平方米	20.3		25.7	
	农村人均钢筋、砖木结构住房面积	平方米	40		43.9	
社会发展	高中阶段教育普及率	%	90	95	95	
	每万人拥有卫技人员数	人	40	46.5	50.4	
	人口	人	266.67	272	267.6	
资源环境	城市建成区绿化覆盖率	%	34.7	36	38.7	
	环境质量综合指数		68	80	83.8	
改革开放	实际利用外资	亿美元	2.9	8	9.2(5.96)	
	自营出口	亿美元	6.6	11.5	20.3	25.2
科技创新	R&D 经费支出占 GDP 比重	%	0.79		1.26	
	人才总量占全市人口比重	%	7.08	10	10.1	

注:1. 按常住人口计算2005 年人均地区生产总值为29 534元;2. 2005 年常住人口 296.2 万人;3. 实际利用外资括号内为新口径

第二章 发展环境

“十一五”时期既是黄金发展期,又是矛盾凸显期,机遇与挑战并存,机遇大于挑战。

国际环境。全球经济将进入新一轮平稳增长期,经济全球化深入发展,科技进步日新月异,生产要素流动和产业转移加快。总体趋好的国际形势有利于我市加快国际产业和资本的引进,扩大对外贸易,加强国际合作,提高经济国际化水平。但日趋激烈的国际竞争、贸易摩擦、汇率政策调整以及入世过渡期结束,也给我市扩大对外开放带来新挑战。

国内环境。建设全面小康社会、鼓励东部地区率先发展等重大战略的实施,举办奥运会和世博会等利好因素,为我市带来了新的发展机遇和空间。科学发展观、构建和谐社会等战略思想的贯彻落实,将加快我市经济结构调整和经济增长方式转变。中国经济整体进入重化工时期,有利于我市凭借区位、交通优势和现有的产业基础,深入推进沿江开发,进一步提升基础产业发展层次和水平。

区域环境。长三角区域规划的实施、上海“四大中心”的建设、我省“四沿”战略深入推进以及城际轨道等一批重大区域基础设施建设,将加快区域经济一体化进程,增强对我市发展的带动力。同时,也要求我市在主动争取上海、南京等城市辐射的同时,更要注重立足比较优势,坚持差别竞争和特色发展,提升综合竞争力,更快更好地融入长三角。

体制环境。国家继续深化行政、财税、金融等改革,不断完善社会主义市场经济体制,发展的活力和动力将明显增强。但处于攻坚阶段的改革将涉及利益格局的深度调整，增加了改革复杂性和艰巨性，要求我市在深化改革和机制创新过程中，必须稳妥地处理好改革、发展、稳定的关系，确保以改革促发展，让发展成果惠及全市居民，赢得群众对改革的支持。

第二篇　指导思想和总体目标

第三章　指导思想

高举邓小平理论和“三个代表”重要思想伟大旗帜，认真贯彻落实党的十六届五中全会和省委十届九次全会精神，紧紧围绕“两个率先、两步走”的奋斗目标，以科学发展观统领经济社会发展全局，以转变增长方式、统筹城乡发展、构建和谐镇江为战略重点，以深化改革、扩大开放和自主创新为基本动力，坚定不移地走富民优先、集聚吸纳、改革创新、特色发展、和谐文明之路，全力打造以人为本、全面协调可持续发展的新镇江。

按照上述指导思想，必须切实贯彻以下基本原则：

突出更快更好。坚持率先发展、科学发展不动摇，大力调整经济结构，推动产业升级，转变增长方式，发展循环经济，保护生态环境，建设资源节约型、环境友好型社会。

突出自主创新。切实把自主创新作为科技发展的战略基点和调整产业结构、转变增长方式的中心环节，大力提高原始创新能力、集成创新能力和引进消化吸收再创新能力，推进创新型企业、创新型城市、创新型社会建设。

突出改革开放。进一步解放思想、更新观念，继续大力度、全方位地深化改革开放，推进体制机制创新，增强发展活力。

突出城乡统筹。坚持工业反哺农业、城市支持农村、基础好的区域带动基础弱的区域，加快城市化进程，增强中心城市对全市域发展和社会主义新农村建设的辐射带动能力。

突出以人为本。坚持发展为了人民、发展依靠人民、发展成果由人民共享，不断提高城乡居民收入和生活质量，依法保护群众的合法权益，充分调动人的积极性与创造性。

突出和谐发展。更加注重社会建设与管理，加快社会事业发展，切实维护社会公平，进一步加强精神文明建设和法治镇江建设，保持社会安定团结。

第四章　总体目标

“十一五”期间，镇江国民经济和社会发展的总体目标是：实现国民经济持续快速协调健康发展和社会全面进步，到2007年全市总体上达到江苏省全面小康指标体系的目标值，到2010年取得基本实现现代化的阶段性重要成果，努力实现综合实力、发展活力、城市形象和社会和谐“四个提升”。

经济增长。2010年，地区生产总值力争翻一番，年均增长13.5%以上；人均地区生产总值突破60 000元；财政总收入翻一番，其中地方一般预算收入超过100亿元，年均增长17%；规模以上工业销售收入翻一番以上，突破3 000亿元，占全市工业总量的80%以上；全社会固定资产投资五年累计3 400亿元，年均增长18%；社会消费品零售总额达到430亿元左右，年均增长14%。

结构效益。服务业增加值占地区生产总值40%以上；服务从业人员占全部从业人员比重40%左右；高新技术产业增加值占规模工业增加值比重达到40%左右；城市化水平达到65%左右。

人民生活。城镇居民人均可支配收入、农民人均纯收入分别达到22 000元和10 000元，年均增长12%和11%；恩格尔系数低于38%；城镇登记失业率控制在4%以内，新增城镇就业13万人，五年转移农村劳动力16万人；城镇人均住房建筑面积超过30平方米；农村人均钢筋、砖木结构住房面积巩固在42平方米以上；文教娱乐及服务支出占家庭消费支出比重达到18%。

社会发展。高中阶段教育毛入学率巩固在95%以上，人均预期受教育年限达14.5年；卫生服务体系健全率超过95%；建立覆盖城乡的比较完备的公共文化服务体系；城镇养老、医疗、失业保险覆盖率均保持98%以上；新型农村合作医疗保险覆盖面达到97%以上；人口自然增长率控制在3‰以内。

资源环境。万元地区生产总值综合能耗下降20%左右；耕地保有量保持在220万亩以上（最终数据以省下达指标为准）；主要污染物排放总量有所下降，其中二氧化硫和化学需氧量分别削减20%和10.9%；环境质量综合指数超过85；城市建成区绿化覆盖率达到40%以上；森林覆盖率达到20%。

改革开放。建立比较完善的社会主义市场经济体制；实际利用外资五年累计超过50亿美元（新口径），年均增长20%；自营出口达到45亿美元，年均增长18%；民营经济增加值超过1 000亿元，占地区生产总值比重达到60%左右。

科技创新。R&D（研究与开发）经费支出占地区生产总值比重达到2%；专利申请量超过3 000件，其中发明专利超过500件；全市人才总量增加到39万人左右；高等教育毛入学率达到60%。

民主法制和精神文明。政府依法行政水平明显提高。司法公正进一步强化。保护公民权利与制约公共权利的监督机制不断完善。社会治安和安全生产状况进一步好转。创建全国文明城市，精神文明建设和法治镇江建设全面加强，构建和谐镇江走在全省乃至全国前列。

表2　“十一五”经济社会发展主要指标

指标		单位	2005年实绩	2010年目标	年均增幅（%）	指标性质
经济增长	地区生产总值	亿元	871.7	>1700	>13.5	预期性
	人均地区生产总值	元	29534	>60000	>13	预期性
	规模以上工业销售收入	亿元	1245.6	3000	>19.6	预期性
	一般预算收入	亿元	47.1	>100	17	预期性
	全社会固定资产投资	亿元	404.8	920	18	预期性
	社会消费品零售总额	亿元	220.6	430	14.3	预期性

续表

	指　　标	单位	2005 年实绩	2010 年目标	年均增幅(%)	指标性质
结构效益	服务业增加值占地区生产总值比重	%	35	>40		预期性
	服务业从业人员占全部从业人员比重	%	30.1	40		预期性
	高新技术产业增加值/规模工业增加值	%	25.8	40		预期性
	城市化水平	%	59.1	65		预期性
人民生活	城镇居民人均可支配收入	元	12 394	22 000	12	预期性
	农民人均纯收入	元	5 916	10 000	11	预期性
	恩格尔系数	%	43.5	<38		预期性
	城镇登记失业率	%	3.5	<4		预期性
	五年新增城镇就业	万人		(13)		预期性
	五年转移农村劳动力	万人		(16)		预期性
	城镇人均住房建筑面积	平方米	25.7	33		预期性
	农村人均钢筋、砖木结构住房面积	平方米	43.9	44		预期性
	文教娱乐及服务支出占家庭消费支出比重	%	15.4	18		预期性
社会发展	人均预期受教育年限	年	13.4	14.5		预期性
	高中阶段教育毛入学率	%	96.3	>95		预期性
	卫生服务体系健全率	%	90.2	>95		约束性
	城乡社会劳动保障覆盖面					
	城镇养老保险	%	96.4	>98		约束性
	城镇医疗保险	%	98.8	>98		约束性
	城镇失业保险	%	98.3	>98		约束性
	新型农村合作医疗	%	91.6	>97		约束性
	人口自然增长率	‰	2.08	<3		约束性
资源环境	城市建成区绿化覆盖率	%	38.7	>40		约束性
	森林覆盖率	%	11.8	20		约束性
	环境质量综合指数		83.8	>85		约束性
	万元地区生产总值综合能耗下降	%		(下降 20%)		约束性
	主要污染物排放总量削减					约束性
	二氧化硫削减	%		(消减 20%)		约束性
	化学需氧量削减	%		(消减 10.9%)		约束性
	耕地保有量 *	万亩	228.8	>220		约束性
改革开放	实际利用外资	亿美元	5.96	14	20	预期性
	自营出口	亿美元	20.3	45	18	预期性
	民营经济增加值占地区生产总值比重	%	50.6	>60		预期性
科技创新	R&D 经费支出占地区生产总值比重	%	1.26	2		预期性
	全市人才总量	万人	27	39		预期性
	高等教育毛入学率	%	47	60		预期性
	专利申请量	件	2 066	>3 000		预期性

注:括号内数据均为五年累计数,耕地保有量最终数据以省下达指标为准。

第三篇　主要任务和政策取向

第五章　坚持全面发展建设社会主义新农村

按照生产发展、生活宽裕、乡风文明、村容整洁、管理民主的要求,因地制宜,尊重农民意愿,扎实稳步地推进社会主义新农村建设。坚持"以城带乡、以工促农"的方针,积极实施统筹城乡发展战略,加快推进城乡就业、城乡市场、城乡社会保障、城乡规划一体化进程,形成城乡协调发展新机制。

第一节　提高农民收入

坚持多予、少取、放活,坚持增加收入和减少农民并举,加快农村劳动力转移,着力构建农民增收的长效机制,大力提高农民收入。

着力构建农民增收长效机制。大力开展农村劳动力职业技能培训,培训农村劳动力8万人以上。加快发展现代农业,增加农民经营性收入。继续完善和落实各项扶农、支农政策,促进农民直接受益,增加农民政策性收入。加大财政转移支付力度,提高农村社会保障水平,降低公共教育和医疗成本,提高转移性收入。切实落实好相关政策,进一步加大茅山老区等扶贫开发力度,提高扶贫开发效率,增强自身发展能力。对丧失劳动能力的贫困人口建立救助制度。

推进农村人口城市化。根据农村劳动力就业能力、城市综合承载能力和体制保障情况,分类指导、合理有序的促进农村人口城市化。继续引导农村劳动力向非农产业转移,五年间力争转移农村劳动力16万人。

第二节　发展现代农业

以规模化、高效化为重点,提高农业综合生产能力,巩固和加强农业的基础地位。

增强农业综合生产能力。在保障粮食自给的前提下,保持必要的耕地保有量。加强农业科技推广队伍建设,加快先进农业技术应用和优质品种引进、培育和推广,提高优质农产品比重。加快发展优质粮油、优质肉奶、特色水产、高效园艺、生态经济林和观光休闲农业6大类特色农业。全面提升农业机械化水平,到2010年全市实现主要农作物生产机械化。开展农村河道塘坝疏浚清淤、小型灌排泵站改造、灌区配套与节水改造和圩区综合治理等农田水利基础设施建设,改善农业生产条件,提高农业防灾抗灾能力。注重农业标准化和品牌建设,进一步完善与国家标准、行业标准相配套的市级地方特色农产品检测质量标准和生产技术规程。

提高农业产业化水平。加快农业龙头企业发展,重点发展一批带动能力强、技术水平高的农产品加工企业,到2010年全市市级以上农业龙头企业达到100家,带动全市农田面积50%以上。其中加工型市级以上农业龙头企业发展到60家以上。加强农村商贸流通体系建设,在进一步发挥基层供销合作机构作用的基础上,加快发展现代物流、连锁经营、配送专卖等现代营销业态。鼓励农民在生产、流通、储运、加工、销售等环节,组建形式多样的合作经济组织,提高农业组织化程度。

加快丘陵资源综合开发。加大丘陵山区基础设施投入,重点加强水源、交通和通信工程建设,改善丘陵地区的生产生活条件。加快丘陵地区农业结构调整,建设应时鲜果、草食畜禽等10大特色农产品基地、20个农业科技示范园、20处观光农业和一批生态农业工程。

第三节　发展农村公共事业

围绕"农村新五件实事工程"实施,不断增加对农村公共事业投入,提高农村公共设施的供给水平,改善农村居民的生活条件。

改善农村教育条件。加强农村中小学资源整合,建立健全农村教师定期培训制度,发展以网络为载体的远程教育,提高农村教育水平和质量。逐步减免相关费用,2006年免除农村"低保"家庭在校生杂费等6项费用;2007年免除农村在校生杂费、信息技术费;2010年前实行九年免费义务教育,进城务工农民子女入学享受市民待遇;

健全农村卫生服务体系。不断提高基层卫技人员业务水平,加强农村社区(行政村)卫生服务中心(站)建设,注重人畜共患疾病的防治,全面推行新型农村合作医疗制度和医疗救助制度,到2010年,新型农村合作医疗覆盖面提高到97%以上。

提高农村社会保障水平。逐步建立城乡一体化的社会保障体系,建立与城镇养老保险制度相衔接的农保制度,将村镇企业职工按城镇企业职工基本养老保险办法参保,其余农村居民纳入新型农村养老保险范围。全面落实农村居民最低生活保障制度,增加对纯农业人口和农村弱势群体养老保险的财政补贴。完善被征地农民基本生活保障制度,加快建立以土地换社保的社会补偿机制,解决失地农民社会保障问题。健全以农村计划生育家庭奖励扶助制度为核心的人口与计划生育利益导向机制,缓解农村计划生育家庭在生产、生活和养老方面的特殊困难。加快镇、村敬老院建设,农村"五保老人"集中供养率提高到80%以上。到2010年,农村养老保险覆盖面提高到60%以上。

加快新型农村社区建设。依据《镇村布局规划》,因地制宜建设各具特色的中心村,有序引导农民集中居住。加大农村基础设施的投入,实施第二轮农村公路建设,建设改造1 070公里农村道路,到2010年,农村公路基本形成网络,优先保障符合规划的农村居民点通公路。扩大通信、有线电视网络对农村的覆盖范围。积极开展农村小康环保行动,以"六清六建"为主要内容,继续深入开展"双清双美"活动,加强农村环境综合治理,改善农村卫生状况和村容村貌。实施区域供水,确保农村居民饮用水安全。到2010年,大部分农村地区基本建成公共服务设施完善、人居环境良好的新型农村社区。

加强农村精神文明建设。广泛开展以遵纪守法、移风易俗为主要内容的思想道德教育,着力提升农村居民的思想道德水平;加强农村基层文化建设,丰富农村业余文化生活,深入开展"除陋习、树新风"活动和"三下乡"活动,大力推进"文明村镇"创建工作,倡导健康向上、科学文明的生活方式。

文化建设:加强乡镇综合文化站建设,对经济薄弱乡镇综合文化站建设给予扶持,推进农村有线电视村村通,改善基层文化设施条件。

第四节　增强农村发展活力

积极推进乡镇机构、县乡财政管理体制和农技农经服务体系建设等农村综合改革,建立农村基层管理、公共产品供给和社会化服务体系新机制。稳定并完善农村基本经营制度,发展多种形式的规模经营,探索农村社区股份合作制、承包土地股份合作制和各类专业合作组织建设的新路子。巩固农村税费改革成果,加强农民负担监管和农村财务管理,积极化解镇村债务。规范发展适合农村特点的金融组织,改善农村金融、保险服务。加强农村党组织和基层政权建设,健全村党组织领导的充满活力的村民自治机制。

第六章 强化空间引导优化生产力布局

按照产业集中、城镇集聚、注重生态原则,结合开发条件和开发基础,将全市域划分为三类空间:产业发展空间、城镇发展空间、生态保护空间,逐步实现经济布局、人口分布、资源环境三位一体的空间均衡,进一步规范空间开发秩序。

第一节 产业发展空间

进一步优化产业发展空间,重点打造沿江、沿沪宁高速公路的"两带"布局主构架。围绕主构架,建设"六大制造业组团"、"四大服务业集聚区"和"三大农业板块"。

六大制造业组团。依托国家级出口加工区、省级开发区及部分重点工业集中区,明确产业定位,构建六大组团。以镇江经济开发区大港片区和出口加工区为核心,形成以化工、造纸及出口加工型产品为主的制造业组团,其中,化工、造纸严格限制在大港片区。以镇江经济开发区丁卯片区、京口工业园、丹徒新区工业集中区为核心,形成以电子信息,汽车零部件及机电产品为主的制造业组团。以丹徒经济开发区和润州工业园为核心,形成以石化、能源、工程机械为主的制造业组团,其中,石化、能源严格限制在丹徒经济开发区。以丹阳经济开发区和丹阳沿江工业集中区为核心,形成以汽车零部件、木业、眼镜、五金工具为主的制造业组团。以句容经济开发区为核心,形成以电子、自行车为主的制造业组团。以扬中经济开发区为核心,形成以机电仪一体化为方向的工程电器制造业组团。

四大服务业集聚区。依托镇江中心城区、丹阳、扬中和句容三个辖市城区,积极培育现代服务业,形成四大集聚区。镇江中心城区发展成服务全市域的服务业集聚区:大市口地区集中发展购物、餐饮、休闲娱乐和旅游服务,形成中心商贸区;南徐新城发展信息、商务、金融、办公等现代服务业,形成中央商务区;丁卯地区发挥科研教育资源集聚优势,发展研发设计、科技咨询等服务,形成技术服务密集区;在镇荣路、312 国道和润扬大桥南接线形成的"双十字"区域,布局建设大型产品交易市场集聚区,形成城市产品主要集散地。丹阳、扬中和句容三个辖市城区发展成重点为本区生产生活配套服务集聚区。

三大农业板块。依托平原圩区、丘陵地带和部分沿江地区,重点发展生态农业和高效农业,打造三大板块。平原圩区重点发展优质稻米和小麦。丘陵地带重点发展畜禽养殖、花卉苗木、优质林桑果茶等。沿江地区重点发展特色水产业。

第二节 城镇发展空间

按照镇江中心城市、三个次中心城市和若干重点中心镇互相配套、互相对接的三级联动体系,重点构建沿江、沿沪宁高速公路两大城镇密集带。沿江城镇带主要覆盖句容沿江城镇、镇江中心城区、扬中市、丹阳滨江四镇。沿路城镇带主要覆盖以句容城区为核心的句容中部镇片区、以丹阳城区为核心的丹阳西部、东部城镇片区。此外,沿镇溧高速公路、312 国道等主要干道,建设丹阳南部城镇片区、句容南部城镇片区、丹徒南部城镇片区。围绕沿江、沿路城镇密集带建设,合理引导人口向镇江城区、三个辖市城区和重点中心镇集聚。

第三节 生态保护空间

规划两类生态空间:生态保护区和基本农田保护区。

生态保护区。主要包括四个部分:沿江生态廊道,由沿江山体相连形成的生态绿地;生态洲,包括世业洲、江心洲、高桥、新民洲和扬中等;"四沿"绿带,包括沿江、沿河、沿路(公路与铁路)、沿高压走廊的绿化带;其他生态保护区,包括山体、水域、湿地、豚类自然保护区等。

基本农田保护区。结合新一轮土地利用总体规划修编,整合耕地资源,适当调整基本农田保护区规模和布局,使基本农田保护区相对集中。调整高速公路等主要干道两侧基本农田,提高农产品安全。

第四节 空间开发格局

根据空间发展定位、资源环境承载力和潜力,在上述三类空间布局基础上,全市域明确四类功能区:优化开发区、重点开发区、控制开发区和禁止开发区,形成合理的空间开发格局,进一步规范空间开发秩序。

优化开发区,指土地开发利用密度较高、资源环境承载力开始减弱的区域。镇江中心城区、三个辖市城区为优化开发区。以集约发展、提升产业层次为主,优先发展服务业,降低工业比重,减少污染物排放,改善人居环境。

重点开发区,指资源环境承载能力较强、集聚生产要素条件较好且用地空间较大的区域。出口加工区、省级开发区及部分重点工业集中区为重点开发区。以加快发展、壮大规模为主,重点发展工业,促进产业集聚,增强支撑能力。

限制开发区,指生态环境相对脆弱、基础配套设施不完善、开发强度不宜太大的区域。风景名胜区、生态洲、基本农田保护区等为限制开发区。风景名胜区以保护为主,适度开发利用;生态洲可因地制宜发展生态环境可承载的特色产业;基本农田、自然水域等也要注重开发强度,增强可持续利用能力。

禁止开发区,指依法设立的各类保护区。水源保护区、生态隔离带、风景名胜区核心区、长江豚类自然保护区、开山采石禁采区和禁采带等为禁止开发区。严格按照法律法规和相关规划实现强制保护,禁止不符合功能定位的开发建设活动。

第五节 完善区域联动发展机制

以实施《长三角区域规划》为契机,加快"对接沪宁,融入长三角"步伐,实现与长三角城市特别是周边城市间的交通互联、市场互通、产业互补、机制互动、资源互享、环境互保,更好的参与上海经济圈、南京都市圈的联动开发,进一步拓展城市发展空间。加速交通基础设施建设,构筑快捷的对外交通运输网络。积极参与区域共同市场建设,促进生产要素合理配置。加强与上海、南京及周边其他城市的产业合作,建设上海产业转移基地和制造业配套基地,引导企业参与和服务上海世博会经济。借助上海、南京等城市的科技力量和接轨国际的平台功能,提升科技创新和经济国际化水平。加快生态市建设,促进区域环境的共同治理和保护。深入推进对口支援工作。

第七章 优化产业结构提升经济增长质量

以掌握核心技术、拥有自主知识产权为重点,强化自主科技创新,加快推进产业结构优化升级,全面提升经济增长质量。

第一节 制造业发展

坚持走新型工业化道路,大力发展先进制造业,增强产业竞争力,努力将我市打造成长三角重要的先进制造业基地。

壮大主导产业。在加快技术升级基础上,进一步壮大机械、化工、造纸三大主导产业。到 2010 年,三大主导产业销售收入突破1 200亿元,在 2005 年基础上实现翻番。

机械,重点发展电气机械及器材、金属制品、专用设备和通用设备四大类产品,电气机械及器材重点发展工程电器;金属制品重点发展五金工具、金属容器等；专用设备重点发展工程机械、农林及园艺机械等；通用设备重点发展液压驱动、精密轴承等产品。到2010年，机械产业实现销售收入600亿元左右。

化工，重点发展精细化工和煤化工，扩大工程塑料、醋酸及衍生产品、固体草甘膦、钛白粉、ADC发泡剂和有机硅等产品规模，提高深度加工水平，延伸产业链，打造亚洲重要的工程塑料生产基地和醋酸生产基地。积极开发盐化工、建材化工、医药化工等产品，并向多品种、系列化方向发展。到2010年，化工产业实现销售收入420亿元左右。

造纸，围绕铜版纸、包装纸及纸制品等，抓好产品延伸开发，形成从浆—造纸—纸品加工—纸品市场的产业链，加强专业协作配套，带动相关产业发展，形成亚洲重要的造纸基地。限制化学制浆，利用江滩、坡地等适当发展造纸用林。到2010年，造纸产业实现销售收入250亿元左右。

培育优势产业。加快培育电子信息、新材料、电力、交通设备、食品五大优势产业。

电子信息，重点突破e通高清信息液晶电视技术、数字音视频技术、家庭信息网络平台技术，开发新型电子产品和升级换代产品，同时大力发展汽车电子、通信设备产品。到2010年，电子信息产业实现销售收入200亿元左右。

新材料，重点发展高性能金属材料、新型化工材料和特种功能材料。高性能金属材料主要发展特种钢铁合金材料、高强高韧特种轻合金材料、高性能轻金属材料、高性能金属—非金属复合材料；新型化工材料主要发展纳米表面覆盖改性无机非金属材料、节能环保型建筑材料、特种防腐材料等；特种功能材料主要发展电子信息功能材料、光伏材料、光电显示材料等。到2010年，新材料产业实现销售收入160亿元左右。

交通运输设备，以载重汽车及汽车零部件、船舶及船用设备、自行车等为重点，提高产品与技术的创新能力，扩大生产规模和提高市场占有率。到2010年，交通运输设备产业实现销售收入350亿元左右。

电力，扩建谏壁电厂、镇江电厂，积极推进新电力项目建设，适度扩大火力发电装机容量。加快发展生物质能、抽水蓄能电站等清洁能源，加强太阳能研究和应用。加强电网建设，新建和扩建一批输变电项目，逐步实现电网接线规范化和设施标准化。到2010年，电力产业实现销售收入300亿元左右。

食品，在大力发展优质稻米、优质面粉和高品质食用油基础上，加快发展高技术和高附加值的粮油深加工产品；充分利用恒顺品牌优势，延伸开发醋系列产品。到2010年，食品产业实现销售收入170亿元左右。

提升传统产业。加大对建材、轻纺等传统产业技术改造，重点解决传统产业升级面临的重大共性和关键技术难点，到2010年，力争使传统产业应用高新技术覆盖面达到90%以上。控制水泥等传统建材发展，加快淘汰小水泥企业和落后生产工艺，积极发展新型建材。设置较高的环保技术和投资门槛，促使采石、小化工、小印染、小电镀、小钢铁等能耗高、污染大的企业关停并转。

发展规模经济。培育骨干企业。重点培育和引进规模大、带动性强并拥有自主知识产权的骨干企业，创建一批在国内有影响的品牌产品。引导“50强”企业在不断增强核心竞争力基础上，进一步做大规模，形成一批销售收入超百亿的龙头企业。加快国内外知名企业和跨国公司引进，争取在我市建立生产制造基地。壮大产业集群。立足现有产业基础，按照专业配套强、协作关系紧思路，促进产业集聚发展。重点培育壮大化工、电子信息、造纸、五金工具、工程电器、汽摩零部件、船舶及船用设备、眼镜、醋业、木业10个产业集群。到2010年，力争10个产业集群销售收入占全市规模以上工业销售收入65%以上。另外，积极培育工程机械、自行车等一批产业集群。

发展县域经济。坚持工业化第一方略，进一步发挥特色产业优势，壮大特色产业规模，不断培育新的经济增长点，提升县域经济发展水平。按照“统一规划、共同建设、税收分成、利益共享”的总体思路，逐步突破行政区划的束缚，建立有利于产业统一布局、资源合理利用和效益最大发挥的利益分成机制和考核机制，促进中心城市和各辖市区之间形成利益共同体，不断增强辖市区经济的整体实力和竞争力。鼓励沿江地区和基础条件好的镇率先发展。

第二节 服务业发展

实施“服务业倍增计划”，重点发展生产性服务业，大力培育新兴服务业，全面提升传统服务业。到2010年，全市服务业增加值在2005年的基础上翻一番以上，占地区生产总值达到40%以上，生产性服务业、新兴服务业增加值占服务业增加值比重高于全省平均水平，重点发展十大领域服务业。

现代物流业。发挥综合交通、区位优势，加快物流基地建设。港口物流，依托镇江港，建设集仓储、分拨、配送为一体的综合物流中心；公路物流，重点建设镇江南部物流基地和丹阳联运物流中心，形成集生产资料、生活资料物流为一体的区域物流配送中心；保税物流，争取国家批准赋予出口加工区保税物流功能；依托南京禄口机场，推进句容郭庄空港物流园区建设。构建以物流信息库、物流信息共用平台、企业e化平台和物流应用平台为主要载体的现代物流信息系统。完善以港口、公路、铁路、空港等多种运输方式相配套的现代物流综合运输网络。引进和培育现代物流企业，发展第三方物流。到2010年，基本形成现代物流产业的框架体系，现代物流业增加值占地区生产总值的比重达到10%左右，使镇江成为长三角物流体系的重要节点。

旅游业。整合旅游资源，提高景区规划设计水平，建设一批具有镇江特色的旅游景区，打造旅游精品体系。集中力量打好“三山”牌，加快北部滨水区、北固山景区和西津古渡街区建设；围绕红色旅游和宗教文化两条主线，做大做强茅山、宝华山风景区；贯穿现代旅游理念，加快建设世业洲旅游度假区，积极推进扬中雷公岛开发；深化城市山林系列景观内涵，开发建设南山自然与文化风景区、句容九龙山风景区、十里长山旅游休闲区。建设一批绿色生态旅游产品、文化旅游产品、农业旅游产品和工业旅游产品。延长旅游产业链，打造扬子江鲜美食之旅品牌，研发生产一批具有镇江特色的旅游纪念品，加快四星、五星级酒店建设。抓好旅游区域合作，积极融入长三角、珠三角旅游开发。加强与国内外旅游机构特别是大型连锁企业的合作，培育和壮大旅游品牌企业。改革旅游景区管理运行机制，组建镇江旅游集团公司。至2010年，实现“旅游大市”向“旅游强市”的跨越，旅游业增加值占地区生产总值的比重确保达到9%力争10%。

商贸流通业。依托特色产业和便捷交通网络，发展大型专业批发和零售市场，重点建设丹阳眼镜城、润扬国际工业品物流中心和镇江农副产品批发市场等。到2010年，培育1～2家年交易额超100亿元、2~3家年交易额超50亿元的大型专业市场。拓展商贸流通新业态,吸引知名批发、零售贸易企业和商业连锁巨头,来我市开设直销连锁网点或大型购物中心,大力推广连锁经营、电子商务等现代流通组织形式和经营方式。根据城市功能区和人口分布,优化商业布局结构,形成大型超市、精品购物中心和便利购物点等多层次商业网点。加快农村商业网点布局和建设,进一步开拓农村市场。到2010年,商贸流通业增加值占地区生产总值比重达到10%以上。

信息服务业。加快高速宽带网、电子政务网络平台、电子商务综合平台等基础设施建设。大力推进三网合一,建立覆盖全市的宽带城域网络。加快有线电视数字化进程,实施有线电视双向网改造,到2010年,全市有线电视数字化普及率达到50%以上。集约开发政务、商务、公益等各种信息资源。加快建设镇江软件园,大力发展拥有自主知识产权的软件产品。到2010年,城市信息化程度和信息服务能力有突破性提高,确保镇江信息化水平达到苏南平均水平,力求实现信息服务业收入80亿元,软件业收入50亿元。

科技服务业。建立健全社会化的科技服务体系,推动自主创新,促进科技成果的转化和产业化,到2010年,实现技术合同金额达到8亿元以上。

商务服务业。扩大对外开放,加快与国际惯例衔接,逐步建立市场化运作、规范化管理的商务服务体系,到2010年,商务服务业收入达到10亿元以上。

金融服务业。引进股份制金融机构和外资金融机构,加快地方金融机构改革,规范发展典当、租赁、担保等金融服务业,到2010年,实现增加值占地区生产总值比重不低于6%。

房地产业。根据城市公共设施和交通配置,合理规划居住区,鼓励建设普通住宅,适度发展高档住宅,提高物业管理水平,完善生活配套设施,加快建设工业标准厂房,到2010年,房地产增加值占全市地区生产总值比重达到4%左右。

大文化产业。加快社会事业的改革和发展,在合理界定社会事业性质的基础上,实行分类指导,加大政府对公益性社会事业投入,加快经营性事业产业化和社会化进程。

居民服务业。从提高社区居民生活舒适度和方便程度出发,按照社区建设实体化、社区管理网络化要求,完善社区服务基础配套设施,建设管理有序、服务完善的新型社区,满足居民日常生活所需服务。

第三节 加快信息化步伐

继续坚持以信息化带动工业化,深入实施制造业信息化科技示范工程,大力推广应用现代信息技术,提升集成化、自动化水平;推广流程智能化控制技术,实行产品生产各工序及全过程的智能自动控制,提升连续生产工艺线过程控制水平。到2010年,90%以上规模工业企业实现信息化管理。

积极推进数字化城市建设,以推广应用网络技术为核心,加强通信服务、现代金融、现代物流、电子商务、电子政务、智能交通、远程教育、电子媒体和旅游等重点领域的技术集成和开发应用,用信息化提升现代服务业科技水平和服务能力。在公共服务领域,重点开发城乡规划、公共安全、市政管网、水利、公共交通等数字化应用技术,推广应用管理信息系统、办公自动化系统、决策支持系统、专家系统等,推动管理信息化。

第八章 注重功能完善加快城市现代化进程

继续完善城乡规划综合体系,实现城乡规划全覆盖,走布局合理、城镇集聚、土地集约、功能完善的城市化道路,促进镇江中心城区、辖市城区和重点中心镇协调发展。

第一节 增强中心城市功能

围绕“国家历史文化名城、长江三角洲重要的港口、风景旅游城市和区域中心城市之一”的城市定位,实施新一轮《镇江市城市总体规划》,立足功能完善,加快新城区建设,稳步推进老城区改造,提升中心城市地位。到2010年,镇江市区建成区面积突破100平方公里,常住人口达到100万左右。

加强重点城区建设。围绕中心城区“一城两翼”格局,重点加快“三区”建设,到2010年,南徐新城初具规模,城市北部滨水区基本建成,世业洲旅游度假区初现雏形。南徐新城,围绕融历史文化、自然山水与现代文明为一体新镇江标志区的目标,加快城市主次干道、市政公用配套基础设施、绿化和体育文化等公共设施建设,注重向谷阳新城区辐射、延伸,促进联动发展。北部滨水区,依托“三山”风景区,按照“一核四区六条风光带”的结构,着重打造独具魅力和最具活力的城市滨水区,加快实施长江防洪体系、滨江道路、退渔还湖和清淤造景等工程。世业洲旅游度假区,围绕“一轴”、“两湖”、“三环”、“四岛”、“六区”的总体布局结构,以水系为基本载体,突出长江生态旅游岛形象,加快岛内交通干道以及燃气供应和供水等市政基础设施。同时,围绕功能定位,加强与主城区衔接,积极推进大港、谷阳新城区建设。

加强城市基础设施建设。按照“三横九纵,十字双环”路网骨架,加快构筑主城区内部及城市组团之间的便捷交通网络,促进城区之间的有机联系和均衡发展。结合路网建设和车流量,建设9万平方米的停车场。加强雨水管道铺设和雨水泵站建设,提高给排水能力。新建、扩建大港、谏壁、丁卯、高资、世业洲等一批污水处理厂,配套建设污水收集系统,确保市区生活污水集中处理率达到80%以上。加快供水管网和增压站等供水设施建设,扩大市域供水范围,使主城区供水基本覆盖镇江市区。继续实施国家“西气东输”工程,以天然气逐步替代人工煤气,同时,以焦化集团为后备气源,加强配套设施建设,保证用气安全。积极推进城市防洪、消防、人防、地质灾害、防震减灾等领域重点工程建设。

加强城市服务功能建设。大力推进商贸、科技、教育、卫生、文化、金融等公共服务设施和服务体系的建设。提升城市信息化水平,以地理信息、应急联动指挥、智能交通和气象信息等系统为基础,建立城市智能化管理平台,提升城市管理水平。优先发展城市公共交通,并向农村延伸服务,注重公交枢纽站与长途汽车站、火车站、轨道交通站衔接。提升中心城市经济实力,加快主城区服务业发展,依托大港和高资,建设东西两翼临港工业基地。

加强城市人居环境建设。在保持老城区历史文化风貌基础上,逐步改造老城区,重点加强老住宅小区综合整治、街巷改造和城中村改造,落实“三位一体”卫生保洁制度,改善老城区居民的生活环境。注重城市绿化,着重在沿江、沿山、沿路、沿河和城市居住区兴建绿地,到2010年建成区绿化覆盖率提高到40%以上。实施城市内河的生态修复工程,重点改善古运河、运粮河水质,打造沿河风光带。切实保护好城市山体,加强山体滑坡治理,规划控制山体周边建筑物的高度。全面搬迁主城区内污染企业,并加强迁建企业的环保改造。淘汰城区燃煤锅炉,逐步提高并严格执行机动车尾气污染物排放标准。进一步加强噪声达标区、烟尘控制区建设和管理,重点改善谏壁、高资大气污染状况。

加强历史文化遗产保护和利用。保护利用好文物古迹、历史街区等历史文化遗产,彰显历史文化名城特色。文物古迹重点保护好三国铁瓮城遗址、焦山古炮台、古树名木等。历史文化街区重点修复西津渡古街、伯先路、新河路一条街和大龙王巷片区等。加强《白蛇传》、《三国演义》、《文心雕龙》等非物质文化遗产的研究与开发。

第二节 加快城镇建设

加快中小城市和小城镇建设,增强服务功能,更好地发挥其在农村地域性的经济文化中心作用,带动农村的发展。

加快发展中小城市。根据丹阳、扬中和句容新一轮城市总体规划,进一步完善辖市城区功能,加强公共配套设施建设;注重协调与中心城市和小城镇关系,加强重大基础设施、产业及生态等方面的协作,充分发挥接受和传递中心城市辐射、带动县域发展的联结点和中继站作用。逐步将丹阳发展成以化工、机械和轻纺为主导的现代化工贸城市,将扬中发展成以电器制造业为基础、生态环境优良的水上花园城市,将句容发展成以轻工业为基础、旅游服务业为特色的现代化城市。

集约建设小城镇。加快乡镇总体规划的修编,在规划指导下实现集中、统一、连片开发,推进人口向城镇集中、工业向园区集中、居住向社区集中。加强小城镇配套设施建设,合理规划建设交通、通信、供电、供水、医院和学校等公共服务设施,提高资源利用效率。繁荣小城镇经济,结合各自优势,促进生产要素向小城镇特别是重点中心镇集聚,培植一批工业主导型、商品流通型、特色农业型以及旅游等特色资源开发型城镇。注重小城镇生态建设,加快区域性污水处理设施建设,加强乡镇工业集中区环保监管,建立"村收集、镇转运、辖市和中心城市处理"的垃圾集中处理机制。创建3~5个现代化示范镇,30—50个康居示范村,以点带面,全面推动我市镇村建设发展。

第三节 完善综合交通体系

加强交通干道和站场建设,注重各种运输方式之间的有机转换,使内部交通更为便捷,外部交通更为畅通。

公路。实施三大工程,重点建设和改造13条干线公路:高速公路联网工程,建成镇溧、宁常镇江段、宁杭镇江段以及镇泰过江通道接线4条高速公路。国省干线升级工程,建设改造镇江至禄口机场高等级公路等6条国省道。地方干线扩容工程,建设沿江高等级公路等3条道路。到2010年,区域间实现至南京都市圈城市1小时、至上海2小时、至杭州2个半小时车程,区域内实现辖市区至镇江主城区半小时、行政村至辖市区半小时车程。合理调整站场布局,建设以中心城市为依托、与路网布局相协调、符合专业化分工和协作的站场体系。

港口和航道。全力打造镇江港的品牌,拓展大港港区的服务功能,启动高桥港区和新民洲作业区的建设,完善高资港区的公用服务功能、谏壁港区的商贸功能,加快龙门港区、扬中港区、港口公用锚地、电子口岸的建设。建设以大港三期为重点的一批万吨级码头,提高港口泊位等级、装备水平、管理水平和对外运输能力,特别要注重引进国际性航运、港口企业及战略投资者参与镇江港建设、经营和管理,建设多功能、综合性、集疏运网络畅通的江海河转运枢纽港,跨入亿吨大港行列,集装箱吞吐量超70万标箱;全面实施大运河"四改三"工程,整治丹金溧漕河等内河航道。

过江通道。力争建成镇泰过江通道,加快推进五峰山过江通道前期工作,争取早日开工建设。

铁路。建成京沪高速铁路、沪宁城际轨道,完成京沪铁路(沪宁段)电气化改造,开工建设宁杭城际轨道,加快推进镇江至南翔铁路的前期工作,启动宁镇扬城际轨道交通规划。

第九章 扩大对外开放提升经济国际化水平

随着加入WTO过渡期结束,我国经济与世界经济的联系将更加紧密,我市必须深入实施经济国际化战略,积极参与国际竞争和合作,进一步提高经济国际化水平。

第一节 加快开发区建设

举全市之力,在资金、用地、人才等方面,全方位向重点开发园区倾斜,进一步提高国家级出口加工区和省级开发区建设水平,增创开发区制度创新和科学发展的新优势,增强开发区在全市经济中的龙头地位和带动作用,力争将镇江经济开发区建成国家级开发区。到2010年,主要开发区实际到位外资、出口、财政收入占全市比重分别提高到65%、50%和40%。

提升开发区规划水平。根据国家清理整顿开发区的新要求,高起点、高水平开展新一轮开发区规划修编工作,以专业化为方向,合理确定开发区的主体功能,发展专业特色开发区。推进出口加工区和保税物流园区的联动建设。围绕开发区主导产业,以产业链整合为主线,强化分工协作,加快产业集聚。坚持集约开发,明确进区项目投资强度、环保标准和产出水平等,增强开发区可持续发展能力。

优化开发区服务环境。按照"市场化运作、企业化管理、标准化建设、社会化服务"的原则,深化开发区管理体制改革,提高行政效率和服务能力,加快形成与国际接轨的高效管理方式和良好投资环境。创新激励机制,建设高素质园区管理队伍、专业招商队伍和综合服务队伍。打造公共服务平台,完善园区通关、物流、税收、项目审批、法律咨询、培训等综合服务功能。进一步营造良好的法制环境和诚信环境,增强投资者信心。

强化开发区开发力度。进一步创新投资机制,拓宽融资渠道,加大园区基础设施建设力度,完善园区配套设施。加快标准厂房建设,提高开发区的土地集约利用能力。大力改善对外交通运输条件。加强沿江开发区与港口联动发展,促进以港兴区。加快扩建镇江经济开发区、丹徒经济开发区污水处理厂,新建丹阳开发区污水处理厂。保护建设好开发区周边的生态隔离带。

第二节 提高利用外资水平

进一步扩大引资规模,在继续加大对港台招商引资力度的同时,加快扩大欧盟、日本和北美等发达国家和地区的投资规模。着力提高利用外资质量,强化产业招商。将引资与发展规模经济结合起来,有选择地引进一批容量大、带动性强的大企业、大集团特别是世界500强企业落户镇江;将引资与促进产业结构升级结合起来,引导外资从生产制造领域向研发、服务业、现代农业等领域拓展,其中,服务业利用外资比重达到20%;将引资与带动本地企业发展结合起来,引导本地企业与外来企业的配套合作,加快产业集聚,延长产业链;将引资与引智、引技结合起来,积极引进先进技术、管理经验和高层次人才。

第三节 增强"走出去"实力

在优化出口产品结构的基础上,进一步扩大出口规模。坚持“科技兴贸”,扩大技术含量和附加值较高的商品出口,2010年高新技术产品出口值占商品出口总值的比重达到30%以上;以创名优品牌和国际质量标准认证为重点,形成一批有竞争优势的品牌出口商品,力争创国家级出口名牌3~5家,省级出口名牌8~10家。继续实施市场多元化战略,在不断挖掘日本、欧盟、美国和中国香港等传统市场潜力的同时,着力拓展新兴出口市场。加快出口信息和交易平台建设,建立镇江出口企业和出口商品数据库。加强财政、税务、海关、金融、检验检疫等方面的沟通协作,建立贸易摩擦预警和快速反应机制,提高企业规避和防范风险能力;加强对出口企业的监管和调控,防止地方特色产品出口中的恶性竞争。加快发展服务贸易。

扩大境外投资,鼓励电子、化工、工具等优势行业的骨干企业,开展多种形式的境外投资和营销。2010年,境外企业达到80家,总投资超过8 000万美元。壮大外经主体,促进我市对外承包业务由土木工程为主向更多领域发展,2010年,全市对外承包劳务营业额达到3亿美元左右。

第十章 深化体制改革完善市场运行机制

继续深化体制改革,不断突破影响生产力发展的体制机制性障碍,进一步增强发展生机和活力。

第一节 深化政府管理体制改革

进一步加快转变政府职能,积极推进政企分开、政事分开、政府与中介组织分开,在抓好经济调节和市场监管的同时,更加注重社会管理和公共服务,努力建设服务型政府。深化行政审批制度改革,减少行政事项,简化审批程序,推广电子政务,加强行政效能监察,提高行政效率。建立重大事项公示、听证和专家咨询制度,完善决策机制,提高决策水平。提高公共政策和行政行为的透明度,规范政府行为,坚持依法行政,健全政府信用责任机制和监督制约机制。逐步精简政府机构编制和人员,压缩行政规模,完善公共财政和招标采购制度,提高运用市场机制提供社会公共产品和公共服务的比重,降低行政成本。深化投资管理体制改革,完善投资核准和备案制度,突出企业的投资主体地位,规划政府投资行为,健全政府投资决策责任制度和监督管理制度,提高政府投资效益。分类推进事业单位体制改革,全面完成生产经营类事业单位的转企改制,按照“清理、归并、精简、规范”的原则,实施行政管理类事业单位改革,调整社会公益类事业单位结构布局,优化资源配置,提高服务水平。加强规划体制改革,建立层次分明、功能清晰、责任明确、分类实施、相互衔接的规划体系和实施机制,规范规划编制和实施行为,强化规划在政府管理公共事务中的指导作用。

第二节 着力构建现代市场体系

在加快建设商品市场的同时,大力发展各类要素市场。吸引全国性股份制商业银行和外资金融机构设立分支机构,探索建立地区性民营中小融资机构,支持国有商业银行和农村信用社改革;鼓励优质企业在境内外上市,扩大直接融资规模。创新人力资源管理,加强人才信息整合,实现区域人才资源信息共享。深入推进土地市场化进程,健全土地储备制度,增强土地市场宏观调控能力,提高土地资源配置效率,加快建立长江岸线资源有偿使用机制。培育产权市场,探索发展资产证券化和非证券股权交易方式,提高存量资产的流动性,形成存量资产市场化配置。坚持“政会分离”,积极推进各类资产经营公司向行业协会转变,鼓励企业联合建立各种行业协会,加大行业自律。健全市场中介组织,规范市场中介服务,促进技术和信息市场发展。加强市场监管,严厉打击制假售假、商业欺诈、偷税漏税和侵犯知识产权等违法违规行为,营造有利于各类投资主体公平、有序竞争的市场环境,促进生产要素的合理流动和有效配置。

第三节 加快发展民营经济

把加快发展民营经济作为培植税源经济和惠民经济的重点,创造宽松的发展环境,全面落实加快发展民营经济的各项政策,放宽市场准入,支持民间资本进入金融服务、基础设施、公用事业和社会事业等领域,消除政策歧视和体制障碍,保护合法私有财产,构建公平竞争环境。健全服务体系,优化融资环境,鼓励金融机构开发适合民营企业的融资服务项目,扩大中小企业信用担保规模,引导民营企业依法开展互助性融资担保;以镇江民营经济网为基础,建立全市民营经济综合信息服务平台,为民营企业提供充分的信息服务;引导组建各类为民间投资者服务的行业协会、商会,充分发挥其在组织业务培训、传递政策和市场信息、交流经营管理经验、组织社会公益活动、维护企业合法权益等方面的积极作用。提升民营经济层次,引导民营企业家不断提高自身素质、经营能力和决策水平,支持民营企业技术创新,促进产业升级;重点实施民营企业“30强计划”,鼓励民营企业做优做强。到2010年,民营经济增加值占全市地区生产总值的比重达到60%左右,新安置就业人员占全市新安置就业人员的比重达到70%左右。

第十一章 加快科教兴市和人才强市增强科技创新能力

大力推进科教兴市和人才强市战略,促进科技与经济、教育和人才的紧密结合,提高我市原始创新、集成创新和引进消化吸收再创新的能力,建设创新型城市。

第一节 加强科技创新体系建设

建立以企业为主体、市场为导向、产学研相结合的科技创新体系,提高科技创新能力,提升产业发展层次,增强经济核心竞争力。

提高企业自主创新能力。深入开展“百企创新工程”,引导企业大力开发具有自主知识产权的产品和关键技术。注重先进技术引进消化吸收和再创新,实现技术跨越。加强科技创新平台建设,新建8~10家市级以上企业研发中心(博士后科研工作站)。有针对性地开展科技攻关,组织实施各类科技计划3 000项,其中国家级、省级以上计划项目500项,在部分关键技术和重点产业领域取得突破性科技成果。

积极促进产学研结合。引导企业广泛开展与国内外高等院校、科研院所、大企业集团的科技合作,特别加强与“三院两校”和驻镇高校的科技合作,开展关键技术联合攻关、共建联合实体,积极推进驻镇高校科技产业园建设,进一步拓展国际科技合作的渠道、领域和形式,广泛集聚吸纳国内外科技资源,建立产学研合作新的模式和运行机制,提高我市科技创新的能力和水平,加速科技成果在我市的转化。

构建全社会科技创新服务体系。重点加强生产力促进中心、知识产权事务所等各类科技服务、中介机构建设,加快建设国家级科技企业“孵化器”,支持和鼓励科技人员创建民营科技型服务机构,开展科技咨询、产品认证、专利代理、知识产权评估、工程监理、技术培训等全方位生产技术服务;进一步改建扩建镇江科技信息网,建立大型科学仪器设备、科技文献和科学数据公共服务平台,提高区域科技资源的共享度和利用率,构建社会化、网络化、功能化、专业化、资源节约型的科技创新服务体系。

实施知识产权战略。加强全社会知识产权保护体系建设,加大保护知识产权的执法力度,构建有利于自主创新和公平竞争的发展环境。引导企业增强自主知识产权意识,加强专利、商标、标准等知识产权的相互衔接和配套。高度重视专利申请,提高发明专利比重,加快专利成果产业化。到2010年,年专利申请量达到3 000件、其中发明专利500件,专利授权量达到2 000件。鼓励有实力的企业积极参与行业技术标准的制定。

建立多元化科技投入机制。加大政府科技投入,逐年增加财政科技引导和扶持资金,2010年,市、辖市(区)财政科技投入占本级财政支出分别达到4%和3%。突出企业科技投入主体地位,通过政府科技创新活动的组织、财政政策的引导,增强企业特别是大中型企业加大科技投入的主动性,高新技术企业技术开发费占销售额比重达到5%以上。引导社会资本投资科技,探索建立高技术风险投资基金,引导金融机构加大对科技型中小企业的贷款投入,鼓励企业、个人以股份制形式参与科技投入,尝试建立多种形式的信用担保方式,逐步形成以市场运作为主的多元化科技投入机制,培养一批成长型科技企业,直接进入资本市场融资。

第二节 加快教育现代化进程

以培养高素质劳动者和创新人才为目标,加快教育现代化进程。重点抓好基础教育,实现均衡化和现代化发展,到2010年,全市范围内实现九年免费义务教育,高中阶段毛入学率巩固在95%以上。大力发展职业教育,整合教育资源,扩大办学规模,提高办学水平,打造长三角高素质实用型人才培养基地,到2010年,职业教育在校生占高中阶段学生比重达到50%。大力支持江苏大学、江苏科技大学等驻镇高校建设发展,增强高校服务功能,引导高校人才培养与科研成果能更好地适应地方需求。完善社会教育网络,利用现代信息和网络技术,大力发展继续教育,构筑终身教育体系,建设学习型社会。深化教育体制改革,鼓励社会办学,发展一批高质量的民办学校。

第三节 实施人才高地战略

围绕经济和社会发展需要,按照用好现有人才、引进急需人才、培养后备人才的思路,壮大人才队伍。到2010年,全市人才总量达到39万左右,其中,大学本科以上学历人才占人才总量的18%以上,高级技工占技术工人比例达到20%以上。

加强人才培养。重点培养企业经营管理人才和专业技术人才队伍,加快培养专业化高技能人才和农村实用人才。实施公务员素质提升计划,提高公务员特别是领导干部的政治素质、知识层次、思维层次和业务水平。

注重人才使用。完善人才评价机制、激励机制、服务机制和选拔制度,营造"人尽其才"用人环境。健全以能力和业绩为导向的人才评价机制,建立并完善党政人才社会选拔制度和竞争上岗制度、企业经营管理人才市场选拔任用制度和专业技术人才职业资格制度。加大对优秀人才的奖励力度,提高人才劳动报酬。积极搭建高层次人才创新创业平台,营造有利于人才工作、学习和生活的良好环境和氛围,以高质量的人文环境和社会服务留住人才。合理分布人才资源,引导人才向民营企业、中小企业和社会急需领域转移。

引进急需人才。重点引进机械、化工、电子信息、新材料等领域的工程技术人才,同时,加强社会科学人才引进。完善柔性人才工作机制,重点实现与沪宁高层次人才资源共享,注重吸纳上海、南京等地高端人才和退休专业技术人才。

第十二章 突出以人为本构建和谐镇江

第一节 加快富民步伐

按照"扩大就业,激励创业、政策调节、制度保障"的富民思路,加快提高居民收入,缩小收入差距。

扩大就业岗位。大力发展服务业,服务业从业人员占全社会从业人员的比重提高到40%以上。鼓励在乡镇工业集中区发展劳动密集型产业,适应农村富余劳动力就业需求。加大财政投入,创造更多公益性岗位,帮助弱势群体就业。促进产业分工和社会分工进一步细化,创造多样化就业方式。加强政府就业服务平台建设,完善劳动力市场。"十一五"期间,全市新增城镇就业13万人以上。

提高就业质量。加强就业和再就业培训,重点提高农村劳动力和城镇就业困难群体的劳动技能。加大劳动保障监督,全面实施劳动合同制,规范企业工资支付行为,严格执行最低工资标准和基本福利制度,强化对职工、雇员利益的保护。高度重视工会和职代会建设,切实发挥其应尽责任,真正代表并维护职工根本利益。

鼓励自主创业。加强政策引导,营造创业氛围。放宽投资领域,降低准入门槛。完善金融服务,拓宽融资渠道。打造宽松、平等的创业环境,激发全民创业热情,不断增强创业本领,加快提高居民经营性收入。

完善分配制度。着力提高低收入者收入水平,逐步扩大中等收入者比重,合理调节高收入者收入水平。建立与经济增长相适应的收入增长机制,全面推行企业职工工资集体协商制度和政府指导线制度,建立职工工资与企业利润挂钩增长机制、机关事业单位职工收入与财政收入同步增长机制,全面推行"阳光工资"政策,实行同地、同级公务员的工资和福利待遇水平统一标准。

第二节 提高社会保障水平

加快建立城乡一体化的社会保障体系,进一步扩大社会保障覆盖范围,将非公有制企业、灵活就业人员和失地农民纳入社会保障覆盖范围。逐年提升保障标准,重点提高企业和农村社会保障标准。加大公共财政对社会保障的投入,重点用于减小养老金收支缺口,逐步做实个人账户。通过经济适用房、廉租房以及购房直补等形式,解决中低收入家庭住房问题。加快发展"红十字"、残疾人、慈善福利等事业,进一步完善社会救助体系,加强对困难群体的帮扶和权益保障。严格劳动保障监察,创新维权机制,依法保护好劳动者的劳动、教育、休息、社保等各项权利。以加强信访工作为重点,畅通群众诉求渠道。积极培育各类合法的社会组织,发挥其协调、减压社会矛盾的作用。

第三节 构筑安定有序的社会环境

强化民主法制建设,创新社会管理机制,妥善处理和协调好各利益阶层的关系,构筑安定有序、团结互助、诚实守信的社会环境,确保人民群众安居乐业。

建设法治镇江。广泛深入地开展普法工作,增强市民的法治观念和法律素养,加快形成人人知法和依法办事的良好社会环境。进一步完善反腐倡廉机制,加大反腐力度。积极做好预防犯罪工作,依法惩治各种犯罪活动,严厉打击各种非法组织,坚决扫除黄、赌、毒等社会丑恶现象。严格依法行政,强化司法公正,维护社会公平和正义。加强对弱势群体的法律援助工作。妥善处理好农村土地征用、城市拆迁和企业改制等工作中的利益关系,切实维护好群众合法权益,减少社会矛盾。

建设平安镇江。加强社会治安综合治理,完善社会治安防控体系,健全长效管理机制,深入持久地开展平安创建活动。实施安全生产长效管理和监督,重点加强对中小企业、重大危险源和城市公共安全的监管控制。到2010年,全市亿元地区生产总值死亡率控制在0.4人以下。建立并完善以"110"为龙头的反恐防暴、防震减灾等应急体系,加强灾害性天气监测预警,制定处理各类紧急事件的应急预案,健全应对重大紧急突发事件的联动机制,增强对重大突发事件和群众紧急求助的处理和救助能力。重点加强危险化学品从业单位全程监管,完善特勤消防站点等配套设施建设。强化对农产品、食品、药品、餐饮卫生等监管,保障群众健康安全。

建设诚信镇江。建立社会信用评估、公示、个人资信档案登记、信用监管和失信惩罚等一系列制度,完善政府、市场和公共舆论等三位一体的信用监督体系,构建诚信友爱的社会环境。利用信息技术,加快建立企业、个人的信用调查、信用评价、信用档案管理体系。积极参与长三角"信用一体化"推进和实施。

建设文明镇江。加强社会主义精神文明建设,深入开展爱国主义、集体主义、社会主义教育,大力普及社会公德、职业道德、家庭美德教育和诚信教育、法制教育,继续弘扬新时期镇江精神,提高全民思想道德素质和科学文化素质。大力加强和改进未成年人思想道德建设工作,加快改善青少年活动场馆条件。认真开展第二轮地方志编纂工作。进一步加大双拥创建工作力度。继续开展文明行业、文明单位、文明社区、文明家庭等创建活动,加快创建全国文明城市。

第四节　提升公共服务水平

深入推进社会事业管理体制改革,逐步建立"政府主导、社会参与、责任明确、调控有力、运转高效"的社会管理模式和运行机制,不断提升教育、文化、卫生、体育等公共服务水平,促进经济与社会协调发展。

加快发展文化事业。大力发展公益性文化事业,加快发展文化产业,满足人民群众对精神文化生活的多样化需求。加强文化基础设施建设,按照《全国文明城市测评体系》要求,达标建设基层文化设施,重点建设集文艺、科技、展示等为一体的综合性场馆以及镇江广电中心、数字图书馆、档案馆等一批工程。加快组建市文化发展公司等大型文化产业集团,提升文化产业竞争力。加强文化市场管理,重点加强网络文化监管,净化群众文化生活空间。坚持积极向上的舆论导向,繁荣广播、电视、报纸等新闻事业。制作一批优秀文艺节目和作品。加快开发利用历史文化资源,做响历史文化名城品牌。

加快发展卫生事业。深化医疗保险制度、医院运行机制和药品流通体制改革,合理配置医疗卫生资源,加大政府对卫生事业投入,构建以高水平综合性医疗机构为龙头、特色专科医疗机构为骨干、社区卫生服务机构为基础的新型医疗服务体系。加快解决群众看病难、看病贵的问题,全面提高城乡居民健康素质,到2010年,全市平均期望寿命达到76岁,并延长居民健康生活时间。优先发展基层卫生服务机构,加强社区、乡镇和村卫生服务机构建设,完善设施和设备,提高医务人员素质,扩大并延伸卫生服务覆盖范围,到2010年,全市社区卫生服务普及率达到100%。提高综合性医疗机构和特色专科医疗机构服务水平,到2010年,建成1~2个省级临床重点学科、5~6个省级临床重点专科,市一院、市妇幼保健院完成三级甲等医院创建,市中医院建成三级中医院,改进江大附院设施条件,加强惠民医院建设。提高公共卫生服务水平和突发公共卫生事件应急处理能力,完成市传染病院、疾病预防控制中心、卫生监督所、急救中心、中心血站等迁建工程,建立公共卫生信息网络平台,严格控制艾滋病等重大传染病。

加快发展体育事业。以提高全民健康素质为根本目标,坚持群众体育优先发展,竞技体育加快发展,全面提升我市体育事业水平。加强体育基础设施规划建设,建成镇江新体育中心,增加社区体育活动场所,到2010年,人均体育场地面积达1平方米以上。广泛开展群众性体育活动,经常参加体育锻炼的人数占全市人口的50%以上,建设健康城市。加强乒乓球重点城市建设,大力发展体育优势项目,注重体育人才培养。积极推进体育产业化进程。

进一步提高人口素质。加强人口与计划生育工作,重点做好城市社区流动人口和农村人口计划生育服务管理工作,稳定人口总量。提高妇幼卫生保健水平,鼓励婚前体检,推行出生缺陷干预工程,到2010年,全市一级出生缺陷干预措施的人群覆盖率达85%以上,二、三级出生缺陷干预措施落实率达60%以上。重视妇女儿童事业发展,加大对妇女儿童事业投入,有效地保障妇女、儿童的合法权益。加强老龄公共服务设施建设,发展多形式、多层次的老年服务业,提高养老服务水平。

第十三章　增强支撑能力建设资源节约型环境友好型社会

加快转变粗放型的经济增长方式和消费方式,高效利用资源,加强生态保护与建设,控制环境污染,努力建设资源节约型、环境友好型社会。

第一节　建设资源节约型社会

编制并实施《镇江市建设节约型社会"十一五"规划纲要》,通过加强管理、节约利用与挖潜增效,提高土地、岸线、水及能源等资源的承载能力,促进可持续发展。

节约土地。根据新一轮土地利用总体规划,引导和推动工业向园区集中、人口向城镇集中、住宅向社区集中;加大土地复垦开发、整理力度,盘活存量闲置土地;强化建设项目投资强度和用地定额指标管理,大力发展集约型产业,省级开发园区工业项目投资强度不低于200万元/亩,其他工业集中区不得低于100万元/亩;积极开展"无地招商",鼓励企业增资扩股;清理整治以粘土为主要原料的砖瓦窑企业,到2010年,全市禁产禁用实心粘土砖。

节约岸线。加强岸线利用管理,鼓励发展公用码头,限制货主码头建设,加大对存量岸线整合,提高岸线利用效率,其中,工业项目占用深水岸线、中深水岸投资强度分别不低于120万元/米、80万元/米,实现岸线效益最大化。

节约用水。实施农业节水灌溉,推广喷灌、滴灌等先进技术和设备,使农业灌溉用水有效利用系数提高到0.58;加快高耗水产业技术改造,鼓励企业提高用水的重复利用率;推广住宅用水中水回用,普及节水设备和器具;实施一批节水型农业、节水型工业示范工程,到2010年,万元地区生产总值水耗下降到200立方米左右。

节约能源。限制高能耗产业发展,强制淘汰耗能高的技术、工艺和设备,做好电力、造纸、建材等重点耗能行业和企业的节能降耗工作;开发并推广节能技术,大力实施半导体照明工程,尽快使节能、可靠、长寿命的绿色照明技术产业化;鼓励发展节能建筑;鼓励使用节能型交通工具;在工业园区推广热电联产和余热利用。

节约材料。引导企业采用节约材料的生产工艺,建立健全质量管理、标准化、计量检测技术体系,提高原材料的利用率;鼓励开发和推广使用新型材料替代高耗、易污染的传统材料,并在政府采购中优先购买环保型替代产品;遏制产品过度包装,规范并减少一次性用品生产和使用。

第二节 加快生态市建设

按照"预防为主,防治结合"的原则,严格环保预审制度,完善环保基础设施,健全环保监测、监察体系,加大环保执法力度,确保到2010年环境质量综合指数超过85。

主要污染物控制。加强环保审查,严格控制新污染源增加;加大环保监管力度,确保企业达标排放;完善区域环境容量的分配、考核和管理制度,全面推行排污许可证管理,严格控制主要污染物排放总量,确保经济较快增长的同时,主要污染物排放总量逐年下降。到2010年,二氧化硫和化学需氧量分别削减20%和10.9%。

环保设施建设。重点加强污水处理、固体废弃物处理等基础设施建设,到2010年,城市生活污水集中处理率超过80%,乡镇污水集中处理率进一步提高,城市生活垃圾无害化处理率超过95%、工业危险废物安全处置率100%。

生态资源保护。保护好山体、水体和湿地等生态敏感区,逐步禁止开山采石,对宝华山国家森林公园等4个山石禁采区和沪宁高速公路沿线等14条禁采带,确保在三年内关停所有采石企业。加快采石宕口整治,对全市265.3万平方米的废弃宕口进行生态复绿、景观再造或整理成农用地和建设用地。加强水环境保护和综合治理,重点保护好长江水环境,主要入江控制面达标排放,使长江干流水质基本符合地表水Ⅱ类水质标准。切实做好饮用水水源保护工作,建立饮用水水源安全预警系统,确保饮用水安全。加大自然保护区的建设和管理力度。

第三节 大力发展循环经济

按照"减量化、再利用、资源化"的原则,以推进资源节约、资源综合利用和清洁生产为重点,从生产、流通、消费等各个环节,提高资源利用效率,形成低投入、低消耗、低排放和高效率的节约型增长方式。加强政府引导,综合运用财税、投资、信贷等政策手段,鼓励资源循环利用。重点加强工业领域循环经济的规划与建设,鼓励企业内部注重废弃物回收利用,减少最终排放量;企业与企业之间加强产品耦合,实现资源在相关企业间的循环利用,促进产品生命周期全过程的资源利用和生态影响最小化。扩大电力、化工、建材、造纸等重点行业循环经济试点范围,提高废渣、废水、废气的综合利用率,更好地发挥带动和示范作用。到2010年,工业用水重复利用率提高到80%以上,工业固体废物综合利用率提高到95%左右。推行城市垃圾分类试点,建立交投、分拣、回收的网络,逐步实现垃圾资源化利用。

第四篇 规划保障和规划实施

"十一五"规划纲要是编制其他各类规划、年度计划以及制定产业导向等经济政策的重要依据,也是未来五年我市各地、各部门安排经济和社会事业的工作指南,各地各部门必须严格执行。

第十四章 加强组织协调

优化发展环境。进一步转变政府职能,增强服务意识,规范服务行为,提高服务质量。合理界定政府与市场的分工,减少政府对市场主体生产经营和投资活动的直接干预,为企业、投资者、劳动者的创业、创新提供宽松的条件和环境。健全市场机制,强化市场管理,完善市场信用体系建设,营造公平、开放的竞争环境。

强化政策引导。通过税费、金融、用地等政策,引导市场主体理解和领会政府的战略意图,使全市经济社会发展战略与企业发展战略结合起来,使全市的规划目标与企业行为结合起来,共同推进规划的有效实施。财政资源重点投向全市公共服务领域,包括促进社会就业,加快教育发展,健全社会保障体系,提高医疗服务水平,完善公共基础设施,发展公益性事业,推进新农村建设,加强基础研究和重大应用研究等。深化社会事业单位改革和转企改制,加快经营性社会事业的社会化、产业化进程,减少公共财政的支付领域,形成公共财政保证基本需要和一般公平,社会投入满足多样化需求的社会事业良性发展局面。

拓展融资渠道。在稳定现有资金供给的基础上,拓宽融资渠道,扩大金融机构投入,继续加快外资引进,鼓励企业和社会投资,推进企业上市融资,"十一五"期间,全社会固定资产累计投入将达到3400亿元左右。

第十五章 健全实施机制

完善规划体系。"十一五"规划纲要是综合性、纲领性规划,纲要的内容必须由专项规划来细化和充实,提出的目标任务必须由专项规划来支撑,为此,要积极完善和组织实施配套的重点专项规划,保证重点领域规划目标的顺利实现。

强化社会监督。广泛进行规划宣传,公开展示我市"十一五"发展规划,使全社会了解规划、关心规划、自觉地参与规划实施,并监督规划执行和实施。

分解目标任务。将"十一五"规划纲要确定的目标任务逐条分解到年度,落实到部门,强化规划实施的跟踪分析,以年度计划的执行来推动五年规划的实施,以部门任务的完成来保证规划的推进。

加强中期评估。根据中期评估的结果,及时总结经验,发现问题,当国内外环境发生影响经济运行的重大变化时,及时地向人大常委会报告,提出阶段性目标调整,确保长远目标的实现。

第十六章 实施重点工程

强化项目支撑,充分发挥重点项目导向带动作用,按照"政府履行职责的领域、有较大调控能力并能发挥主导作用的领域、有利于优化产业结构的重大产业项目"三个原则,"十一五"期间初步安排了170个重大项目,构筑高层次、多元化、强带动的重大项目建设体系,努力促进生产力布局的优化,促进投资结构的调整,促进经济增长方式的根本性转变。主要包括:重大制造业项目、重大能源工程、重大服务业项目、重大综合交通工程、重大城市建设工程、重大水利工程、重大科技创新工程、重大公共服务工程等,预计"十一五"期间完成投资约1 300亿元,占同期全社会固定资产总投资的40%左右。

(注:图表、专题略)

扬州市国民经济和社会发展第十一个五年规划纲要

(扬州市第五届人民代表大会第四次会议批准)

序　言

"十一五"时期(2006~2010年)是扬州围绕"富民强市、建设名城"和"两个率先"目标,全面建成小康社会的关键时期。《扬州市国民经济和社会发展第十一个五年规划纲要》依据《中共扬州市委关于制定扬州市国民经济和社会发展第十一个五年规划的建议》编制,共分十章,主要阐述"十一五"期间扬州经济和社会发展战略、主要目标、发展重点和政策措施,描绘了扬州今后五年经济社会发展的蓝图,是指导未来五年全市经济社会发展的行动指南。

第一章　发展基础与发展目标

1. 发展基础。"十五"期间,全市人民在市委、市政府的正确领导下,坚持以邓小平理论和"三个代表"重要思想为指导,认真贯彻落实科学发展观,正确应对我国加入WTO后的新形势,成功战胜"非典"疫情和洪涝灾害的挑战,主动顺应宏观经济环境的新变化,始终坚持以经济建设为中心,坚持加快发展不动摇,进一步解放思想、真抓实干,聚精会神搞建设,一心一意谋发展,全市经济和社会发展取得了重大成就,"十五"计划确定的主要发展目标全面完成和超额完成。

国民经济迈上新台阶。预计到"十五"期末,全市地区生产总值达到922亿元,可比价年均增长12.4%,人均地区生产总值达到20 260元,三次产业结构达到9.3:56.2:34.5。财政收入达到117亿元,年均增长28.1%。固定资产投资达到410亿元,年均增长26%,"十五"累计完成投资1 311亿元,是"九五"的2.2倍。

改革开放取得新突破。沿江沿河开发顺利启动实施,园区建设取得显著成效,招商引资取得重大突破,五年全市注册外资实际到账累计29亿美元,是"九五"时期的8.3倍。2005年全市进出口总额28亿美元,其中出口19亿美元,年均增长27.4%。国有集体企业和生产经营性事业单位改制重组取得实质性进展,全民创业得到大力推进,五年全市实现民资投入700多亿元,新增民资注册资本398亿元。农村改革、行政审批制度改革、投融资体制改革、国有资产管理体制改革、财税金融体制改革、市场体系建设等各项改革取得明显成效,政府职能进一步转变,投资环境明显改善。

城乡面貌得到大改善。建成宁启铁路扬州段、润扬长江公路大桥、扬州西北绕城高速公路、扬州港扩容工程等一批区域性重大交通基础设施工程,沿江高等级公路扬州段全线贯通,完成南水北调东线工程三阳河潼河宝应站工程、淮河流域灾后重建应急工程、城市防洪沿山河综合整治工程等一批水利重点项目。城市建设和环境综合整治、古城保护和改造取得重要进展,启动了数字城管平台建设,五年新建和改扩建城市道路300多公里,新增绿化面积710万平方米,建成瘦西湖活水工程和一批城市公园、城市绿化风光带,先后创成国家卫生城市、国家环保模范城市、国家园林城市、中国人居环境奖城市,城市形象明显提升。村镇建设逐步加快,农村面貌初步改善。预计2005年全市城市化水平达48%,城市绿化覆盖率36.9%,全市森林覆盖率14.5%,环境质量综合指数78.5。

统筹发展有了新进步。全市科教文卫体等社会事业五年投入100多亿元,扬州大剧院、双博馆、体育公园一期、扬子津科教园区一期、扬州职业大学、苏北人民医院门急诊大楼等一批功能性项目建成投入使用,全市高中阶段教育毛入学率82.2%。全面实施农村"八件实事"工程,建成农村公路3 800多公里,疏浚河道640多条、清淤3 000多万方,农村学校上网工程基本实现校校通,全面完成3 300多户草危房改造任务,农村新型合作医疗覆盖率88.6%,农村自来水普及率96.6%,农村计划生育家庭奖励扶助制度稳步推开。全市复垦开发整理土地26.4万亩,净增耕地9万亩,基本农田得到有效保护。以沿江开发带动和促进沿河开发,区域协调发展的局面初步形成。

人民生活实现新提升。城乡居民收入不断增长,预计2005年全市城市居民人均可支配收入达到11 379元,年均增长11.1%,农民人均纯收入5 200元,年均增长8.5%。就业人员总量达到236万人,比"九五"末净增14万人,其中非农就业净增44万人左右,城镇登记失业率始终控制在4.5%以内。社会保障体系基本建立,职工基本养老、基本医疗和失业保险等覆盖面不断扩大,社会保险水平不断提高。社会救助体系初步建立,城乡低保实现了应保尽保,农村低保从"五保户"、贫困群体扩大到困难群众,"五保户"集中供养率不断提高。被征地农民基本生活保障全面启动。初步建立多层次住房保障体系,基本解决"831"贫困户住房困难。城乡居民消费水平不断提高,2005年实现社会消费品零售总额263.5亿元,年均增长12.5%。人均储蓄存款由2000年的6 100元增加到1.34万元。

总体来看,"十五"计划实施情况良好,为"十一五"及长远发展奠定了较好的基础。但对照科学发展观和加快发展的要求,一些深层次的矛盾和问题还没有得到根本解决,发展中又出现了一些新的问题。主要表现在:经济总量还相对较小,工业规模企业、龙头带动项目少,产业集聚度不够高,经济增长和持续发展的基础还不牢固;科技进步对经济发展的推动作用不够明显，经济增长方式粗放的状况尚未根本改变；农村公共设施不配套，农民持续增收的难度加大；区域发展还不平衡，高邮、宝应沿河地区与沿江地区的发展存在较大差距；就业形势依然严峻，居民总体收入水平不高，收入结构不够合理，因利益调整引发的社会矛盾增多；社会保障水平还不高，保障能力不强；环境污染问题还比较突出，资源环境承载能力还不够强。这些矛盾和问题需要在今后一段时期的发展中逐步加以解决。

2. 发展阶段。"十一五"期间，扬州处于人均地区生产总值从2 500美元向5 000美元过渡的时期，总体上处于工业化加快发展期、城市化快速推进期和经济国际化发展提升期，实现经济集聚发展，增强发展内生动力是"十一五"的重要任务。同时，我们又面临着国际贸易摩擦加剧、低端产品市场竞争日趋激烈、国际原油价格高位波动、人民币升值压力不断加大的挑战，面临国内加速经济增长方式转变、资源环境矛盾压力日益加剧和转型期社会矛盾逐渐增多的挑战，面临长三角区域城市竞争加剧、商务成本抬升和我市区位优势削弱引致外资分流的挑战。经济社会发展的阶段性特征决定了这一时期既是"黄金发展期"，又是"矛盾凸显期"。综合国内外环境和扬州自身的发展条件，"十一五"时期我市将主要迈入"六个阶段"。

一是跨越发展、科学发展、和谐发展，全面建成小康社会的新阶段。世界经济保持稳定增长，经济全球化向纵深推进，科技进步日新月异，世界范围内的产业转移、经济融合将会长期持续。我国经济正处于人均 GDP 从1 000美元向3 000美元过渡的工业化中期，全面建设小康社会、加快推进现代化进程的战略机遇期的宏观环境没有改变，工业化、城市化、经济国际化全面推进和居民消费水平的提升将为我们提供更为广阔的发展空间。我们必须抓住机遇，按照"两个率先"的要求，力争更快更好的发展。既要不断扩大经济总量，提升经济发展水平，又要以人为本，推动各项社会事业协调快速发展，努力建成全面小康社会。

二是经济结构加快调整、经济增长方式全面转型的新阶段。国内经济发展正由资源约束为主向市场约束和资源约束共同主导转变，国内外市场竞争将更为激烈和直接，经济发展进入新的成长阶段。我们必须坚持工业化第一方略，以信息化带动工业化，大力推进经济结构的战略性调整，使经济发展的空间布局结构、产业、产品结构、要素投入结构趋于合理，使经济发展切实转移到依靠科技进步和提高劳动者素质的轨道上来，全面增强持续发展能力和综合竞争能力。

三是市场经济体制逐步完善、改革开放向深层次推进的新阶段。社会主义市场经济体制将进一步完善，经济运行规则将进一步与国际并轨，市场化取向的改革重点将由商品市场向要素市场推进，由竞争性领域向垄断性领域推进，由微观管理体制向政府管理体制推进。我们必须顺应改革开放的需要，加快现代产权制度、社会信用体系、社会保障体系、政府管理体制等方面的改革与完善步伐，全方位地推进体制、机制创新，搭建投资、创业平台，优化政府服务环境，为产业要素集聚创造良好的投资环境，进一步激发经济社会发展的内在动力和活力，为我市经济社会持续快速发展提供更为有利的制度环境。

四是城乡统筹加快发展、城市功能全面提升的新阶段。统筹城乡发展、推进城乡一体化是新时期新阶段解决"三农"问题的根本途径，也是加快建设全面小康社会的必然要求。统筹城乡的主导在城市，重点在农村。我们必须进一步加强区域性基础设施建设，增强城市的集聚发展能力，不断提升完善城市的集散功能、服务功能、创新功能和资源整合功能，不断彰显城市特色，提升城市整体形象和市域城市化水平。坚持以工促农，以城带乡，把城乡作为一个整体，统筹规划建设、统筹生产力布局、统筹公共服务产品供给，通过为农民办实事，全力推进小康村建设，促进城市的基础设施向农村延伸，城市公共服务向农村覆盖，城市现代文明向农村辐射。

五是创业富民加快进程、社会财富积累水平不断提高的新阶段。富民是关系全面建设小康社会全局的突出任务，也是构建和谐社会的重要基础。富民的前提是就业，必须坚持以人为本，在全社会形成"尊重劳动、尊重知识、尊重人才、尊重创造"的强烈氛围，通过创业来富民，通过创业来促进就业，使有才能的人多创业，有劳动技能的人就好业，有劳动能力的人充分就业，充分调动各方面的积极性，让一切创造社会财富的源泉充分涌流，使全社会的财富积累水平不断提高。必须主动顺应社会结构发展变迁和生活方式的转型升级，满足人民群众从"温饱型"到"小康型"的发展需求，重视全面提高人的素质，大力加强精神文明和社会文明建设。同时，统筹兼顾好各方面的利益关系，让社会最广大的成员共享发展的机会和成果。

六是政府职能加快转换、公共服务能力不断增强的新阶段。随着经济社会全面转型和人民群众对公共产品、公共服务需求的快速增长，加快建设公共服务型政府已成为各级政府的一项紧迫而又艰巨的任务。必须围绕执政为民的要求和建设法治政府、公共服务型政府的目标，突出科学执政、民主执政、依法执政准则，按照"经济调节、市场监管、社会管理和公共服务"的职能要求，积极稳妥地推进行政管理体制改革，加强政府公共服务能力建设，使各级政府真正成为优质公共产品的提供者、良好经济社会环境的创造者和广大人民群众权利的维护者。

3. 指导思想。"十一五"期间扬州经济社会发展总的指导思想是：以邓小平理论和"三个代表"重要思想为指导，认真贯彻落实十六届五中全会精神，坚持以科学发展观为统领，以全面建成小康社会为目标，以更快更好发展为主题，以改革开放为动力，全面实施开放开发、新型工业化、城市化、富民优先、科教兴市五大战略，加快建设更加富裕、文明、秀美的新扬州。

4. 发展原则。"十一五"时期的经济社会发展，必须以科学发展观统领经济社会发展全局，转变发展观念，创新发展模式，提高发展质量，推动经济社会发展转入以人为本、全面协调可持续发展的轨道。

——坚持以经济建设为中心，加快发展不动摇，积极应对新挑战，抢抓新机遇，跨越发展，加速扩大经济总量，提升综合竞争力。

——坚持加快转变经济增长方式，走新型工业化道路，以信息化带动工业化，加快经济结构的战略性调整，大力发展先进制造业，加快发展现代服务业，不断提高发展的效益和质量。

——坚持创新驱动，不断深化改革，扩大开发开放，创新体制机制，提高自主创新能力，增强发展的内生动力。

——坚持统筹发展，不断提升城乡统筹、区域统筹、经济与社会统筹发展的水平。

——坚持以人为本，注重发展成果惠及于民、致富于民，全面提高人民群众的生活水平。

——坚持构建和谐社会，努力实现人与社会、人与自然的和谐统一,创造良好的发展环境。

5. 发展目标。“十一五”时期全市经济社会发展的主要目标是:保持经济快速协调健康发展,全市人均地区生产总值力争2010年比2000年增加2.5倍左右;经济结构明显优化,经济增长方式实现较大转变,资源利用效率显著提高;环境污染得到有效防治,生态市建设取得阶段性成果,人居和生态特色进一步彰显;人民群众生活水平和生活质量普遍提高,就业相对充分,社会保障体系基本完善,公共服务体系更加健全,基本实现教育现代化;社会主义市场经济体制更加完善,社会诚信体系平台基本搭建,开放开发水平全面提升;民主法治、精神文明建设全面加强,安全生产状况进一步好转,信息化程度、社会治安和投资环境居于全省先进水平。到“十一五”期末,全市总体上全面建成小康社会,“富民强市、建设名城”和“两个率先”取得重大进展,综合实力明显增强,名城形象明显提升,人民生活更加富裕,社会更加和谐文明,人居环境更加秀美,为2020年全市基本实现现代化打下坚实基础。

经济发展指标。全市地区生产总值达1 700亿元左右,年均增长13%以上,人均达37 000元以上,第二、三产业增加值占GDP比重达到94%左右,财政总收入年均增长15%以上,全社会固定资产投资年均增长18%左右,注册外资实际到账累计60亿美元,新增民资注册资本累计1 200亿元。劳动生产率达到68 000元/人左右,农业从业人员比重降至15%以下,城镇登记失业率控制在4.5%以内,城市化水平达到55%以上。

社会发展指标。全市R&D经费占地区生产总值比重达到2%以上,专利授权量五年累计达到3 300件左右,高新技术产业产值占规模工业总产值的比重达到23%左右。高中阶段教育毛入学率稳定达到90%以上。卫生服务体系健全率达到90%以上。城镇职工基本养老、失业、医疗保险覆盖率达到95%以上,新型农村合作医疗覆盖率达到95%以上。人民群众对社会治安满意率、城镇社区居委会依法自治达标率、农村村委会依法自治达标率稳定在现有水平以上。

人民生活指标。全市城市居民人均可支配收入达16 000元以上,农民人均纯收入达8 000元。农村人均钢筋砖木结构住房面积达到40平方米以上。百户家庭电脑拥有量达到40台以上。居民文教娱乐服务支出占家庭消费支出比重达到18%以上。恩格尔系数下降到40%以下。

生态环境和资源利用指标。全市人口自然增长率控制在4‰左右。耕地保有量470万亩。万元GDP综合能耗下降20%左右。环境质量综合指数达到80以上。森林覆盖率和城市绿化覆盖率分别达到20%和40%。

第二章　推进经济跨越发展

发展思路与目标架构:立足做大工业、做优服务业、做强农业,进一步调整优化产业结构和产业布局,着力推进重要产业、重大项目、重点企业建设,强化产业集聚和产业技术升级,促进三次产业协调发展、集约发展、可持续发展,加快形成以先进制造业为主导、高效农业为基础、现代服务业为支撑的产业发展新格局,提升区域经济综合实力和产业竞争力。

发展重点:

1. 大力发展先进制造业。坚持“区域集中、产业集聚、开发集约”的原则,强势推进沿江开发和园区建设,全力打造产业集群和企业集团,加快构建以高新技术产业为先导、以优势产业和特色产业为支撑的区域性先进制造业中心,提升制造业的品牌、技术和管理竞争力。

(1)推进支柱产业集群化发展。以推进“双创”和“三重”工作为抓手,集中力量、集中资源,着力引进大项目、培育大企业、构建大产业、建立大基地。重点发展石油化工、汽车及零部件、电子信息、化纤纺织、电工电缆、金属板材加工设备制造、医药及医疗器械、船舶制造八大产业。“十一五”期间全市工业增加值年均增长15%以上,到2010年全市列统工业产值达到3 500亿元左右。

石油化工产业。重点加快扬州化学工业园建设,按照“集聚下游、挺进中游、突破上游”的思路,积极拓展以乙烯为龙头,基础石化原料、合成材料、精细化工、石化物流相互衔接的化工产业链,与南京化工产业相呼应,建设国家级石化产业密集区。同时优化发展沿江东部的农用化工、生物化工、化工新材料等产业。到2010年全市石化产业总产值达到1 000亿元。

汽车及零部件产业。整车按照轿车、客车与特种车同步推进,零部件立足省内、面向国内外发展的思路,重点推进上汽仪征基地、亚星集团、中集通华、扬柴等企业的发展,大力发展汽车发动机、汽车油箱、车桥、车用空调、汽车电子、启动电机、汽车转向泵等汽车关键零部件生产,提高零部件技术水平和总成化率,做大整车规模。到2010年全市汽车整车产销量力争达到30万辆,汽车工业销售收入达到450亿元以上。

电子信息产业。重点发展新型电子元器件,做大做强军工电子和通信电子整机,发展电子材料、电子计算机相关产品及专业软件产业等,建成扬州软件园。到2010年全市电子信息产业总产值达到250亿元以上。

化纤纺织产业。重点依托仪征化纤,开发生产聚酯专用料及聚酯下游产品。以纺织工业园为载体,发展新型纺纱、高档高仿真面料,提高印染后整理水平,做大做强产业用布。依托虎豹、琴曼、沙龙等服装企业,建设扬州服装生产基地。到2010年全市纺织服装产业总产值达到300亿元以上。

电工电缆产业。以宝胜工业园为载体,大力发展高压和超高压交联电力电缆、中低压电缆以及光通信接入网带状光缆、核级电缆、高温电缆等特种电缆和专用电缆。大力发展各类电工电器产业,重点发展热保护器、高压开关、配电变压器、输变电成套设备和新型配套产品;发展系列电动工具、高效节能电机、大功率高效节能灯等系列产品;发展高、低压电器、电工材料、蓄电池、电工仪器仪表、电站配套设备等产品。到2010年全市电工电缆产业总产值达到600亿元以上。

金属板材加工设备及制品业。以国家级金属板材数控加工设备产业基地为依托,以扬力、金方圆、亚威等机床企业和牧羊、诚德、中油钢管、中集通运集装箱等金属制品企业为重点,大力发展板材加工设备制造、金属制品、集装箱、钢管生产等产业,加强关键技术研究开发,尽快形成折、剪、冲、锻、旋等多品种、多规格、大规模的生产能力。到2010年全市金属板材加工设备及制品产业总产值达到260亿元以上。

医药及医疗器械产业。重点发展心血管药物系列、抗过敏药系列、激素类药系列、植物提取药、基因工程疫苗等医药产业;开发生产中能医用直线加速器、彩色B超、植入性记忆合金骨科器械、微创手术冷热刀、静脉输液控制器、卤化银激光刀、诊断试剂盒等医疗器械产品。到2010年全市医药及医疗器械产业总产值达到80亿元以上。

船舶制造产业。重点发展高技术含量、高附加值的远洋和特种船舶以及江河联运船舶，在批量生产散货船、集装箱船和油船基础上，主攻化学品船、海洋工程船等出口船舶，实现船舶制造的规模化和产品系列化。同时以造船为龙头，加快发展船用钢板、装饰材料和船用辅机等船舶配套产业。2010 年各类船舶生产能力达到 340 万吨，造船量 300 万吨，实现产值 130 亿元。

(2)培植高新技术产业。重点培育壮大以太阳能光伏产业和半导体照明等为代表的新能源产业，以光电显示设备、高性能电子元器件、光通信光纤电缆为主导的电子信息产业，以汽车关键零部件、数控锻压机床等为主导的机电一体化产业，以微电子材料、光电子材料、敏感材料、新一代纺织材料、高分子复合材料为代表的新材料产业、"三药"及医疗器械和环保领域的一批高科技产品为代表的新兴高技术产业。以企业为主体集中力量开发引进一批高、精、尖产品，加强跟踪，滚动培育，形成一批具有较强竞争力的骨干企业和优势产品，构筑新兴产业群。

(3)提升发展传统特色产业。重点发展扬州玉器、漆器、珠宝等地方工艺产业。以三笑高露洁、完美日化等企业为龙头，发展日化旅游用品产业。以五亭龙玩具城为龙头，发展玩具产业。依托高邮天山和临泽工业集中区，发展箱包鞋产业。加快江都武坚体育器材、宝应曹甸文教具、小官庄玻璃(水晶)工艺产业基地建设。到 2010 年全市传统特色产业总产值力争达到 300 亿元。

(4)推进企业规模化、品牌化发展。积极吸引战略投资者，鼓励和支持重点企业通过强强联合和兼并重组实现规模扩张，形成一批主业突出、核心竞争力强、带动作用大、拥有自主知识产权的大企业、大集团。加快培育发展一批规模效益型、科技创新型、外向接轨型、持续成长型"小巨人"企业。建立大企业与中小企业相互协作的战略联盟，发挥大企业、大集团配置资源的作用，促进中小企业做专做精，提高专业化水平和协作能力，实现共同发展。到 2010 年争取销售过 10 亿元的企业达到 60 家，过 50 亿元的企业达到 10 家，过百亿元的企业达到 3 家。大力实施企业和产品品牌战略，鼓励和扶持企业争创中国名牌，加强技术创新和营销创新，提高经营能力和水平。到 2010 年争取拥有国家、省、市名牌产品数分别达到 20 个、100 个和 400 个，拥有驰名、著名、知名商标数分别达到 10 个、100 个和 400 个。

(5)加快信息化带动工业化。积极运用信息技术改造提升传统产业，大力提高企业的生产自动化、产品数字化、管理网络化以及商务电子化水平，加强系统集成。加强企业基础管理，综合运用现代信息技术，整合企业内部资源，再造企业管理流程，实现企业物流、资金流、信息流的有效统一，提升企业管理竞争力。

(6)加快发展建筑业。进一步推进产权制度改革和建筑资源整合，大力实施品牌战略，培育壮大江苏华建、江都建设等重点企业集团。"十一五"期间培植产值超百亿元企业 1～2 个，超 50 亿元企业 3～4 个。加大市场开拓力度，巩固好珠三角、长三角和环渤海湾三大基地市场，大力拓展西部市场和东北市场。实施大建筑业发展战略，以土建为基础，努力拉长产业链，实施差别化竞争。推进建筑业科技进步，加大人才开发力度，建设好企业经营者、优秀项目经理和各类技术人员队伍，到 2010 年，关键岗位和特殊工种持证上岗率达到 100%。

2. 加快发展服务业。坚持发展现代服务业与提升传统服务业并举，做强生活性服务业，突出生产性服务业，加强品牌培育，推进产业集聚，加快形成城乡一体、功能完善、结构合理、重点突出的现代服务业体系。到 2010 年，全市服务业增加值在 2005 年基础上实现倍增。

现代物流业。加快物流枢纽建设，建成以集装箱物流和保税物流为主的扬州港物流基地、以铁公水转运为主的扬州火车货运站物流基地和以石油中转储运为主的仪征石化物流等现代物流基地。加强物流资源整合，建立现代物流运输与物流信息平台，强化各种运输方式的衔接、配套和功能分工，促进物流信息网络互通互联、资源共享，提高物流产业的增值水平。建立和完善物流支撑服务体系，加快各类综合物流中心、专业物流中心和配送分拨中心建设，着力发展都市配送型、产业基地型、专业市场型等物流形式。积极引进一批国内外知名现代物流企业，推动第三方、第四方物流发展，培育一批具有先进物流经营理念、掌握现代物流技术的大型现代物流企业集团。加快物流标准化建设，鼓励采用国际和全国物流标准体系，提高供应链过程管理效率。

现代旅游业。立足把扬州打造成为在国内外有较高知名度的旅游城市和休闲度假城市，整合旅游资源，开发旅游新品，拓展旅游市场，优化旅游发展环境。到 2010 年争取实现旅游接待人次 1700 万，旅游业总收入达到 160 亿元。充分整合和发挥文化、园林、生态、休闲等特色优势资源，以"两古(古城、古运河)一湖(瘦西湖景区)"建设为重点，引导发展农业旅游、工业旅游、商贸旅游和会议旅游，加快形成"一城(扬州城区)三带(运河旅游带、长江旅游带、丘陵旅游带)八大景区(蜀冈—瘦西湖风景名胜区、扬州古城历史文化旅游区、瓜洲—润扬大桥观光休闲区、环邵伯湖生态旅游度假区、高邮邮文化旅游区、宝应生态观光旅游区、仪征山林水石休闲度假区、南水北调源头观光旅游区)的旅游发展格局，力争"十一五"期间开通古运河游览线，建成瘦西湖新区，进一步完善"双东(东圈门、东关街)"游览线、古城游览线。坚持区域联动，加强旅游发展协作，开展现代城市营销，着力塑造和展示扬州生态城、文化城、人居城的现代旅游城市形象。发挥"淮扬菜之乡"和"扬州三把刀"优势，放大"扬州师傅"品牌效应，做强品牌餐饮业和休闲沐浴业，大力发展文化娱乐、宾馆服务、旅游商品等配套产业，提升旅游业整体竞争力。

商贸流通业。以打造现代商贸中心城市为目标，合理规划建设城市商业网点，优化商贸发展业态，构筑城区现代商圈和城郊市场集聚区。继续打造文昌商业中心，加快构建京华城中城、广陵新城、蜀岗和瓜洲等商业副中心。培植发展文昌中路精品服饰、盐阜路美术工艺、四望亭路休闲美食、毓贤街民俗风情、国庆路老字号等一批特色商业街区，优化大型综合购物中心、居住区商业中心布局，提升城市商贸集聚服务功能。推进专业市场带建设，建成五亭龙国际玩具城、国际珠宝城、高力汽配城、金盛国际家居等一批现代大型批发市场，扩建做大扬州商城、联谊农副产品批发市场、曲江商品城。深化商贸体制改革，积极引进现代商业发展模式，培育做强地方特色商贸连锁企业，提升传统商贸服务业水平。加快实施"万村千乡"市场工程，构建农村生产资料、生活资料、烟花爆竹、废旧物资回收利用四大连锁经营服务体系，推动农村商贸服务业健康稳定发展。

信息服务业。加快以扬州软件及信息服务业创业中心为载体的信息服务集聚区建设,使其成为城市信息化技术开发、成果转化和运营的重要基地。加大信息资源整合和综合利用的力度,切实推进信息技术向第一、二、三产业全面渗透,着力打造面向国内国际市场的特色行业电子商务平台和区域综合信息服务平台,重点加快面向城市生活的信息化系统以及为企业设计、开发、交易服务的信息系统建设。加快信息技术关联产业的发展,建成并大力推广应用扬州城市信息化新模式。到2010年全市信息服务业销售收入达到110亿元,软件业及信息内容服务业销售收入争取达到40亿元。

文化博览与创意产业。加快文化博览城建设,继续开辟一批专业馆所,大力发展文化博览产业。提高广播电视、报刊杂志、演艺娱乐等文化产业的发展水平,振兴扬剧、扬州评话、扬州弹词、扬州清曲和扬州木偶戏,繁荣地方文艺创作和表演。加快发展具有比较优势的创意产业,规划建设新城西区工业设计和文化创意产业园,创办工业设计节等各类创意节庆载体,整合发展漆器、玉器、玩具等创意产业和以游戏软件、数字内容软件等为主的数字产业。

现代房地产业。放大"中国人居环境奖"城市的品牌优势,加强对房地产市场的引导和调控,保持房地产业稳步健康发展。优化房地产供应体系,形成层次多样、比例合理的房屋供应结构。积极发展工业、商务及为其他行业服务的房地产,形成多层次、宽领域的房地产市场。适度开发建设度假型、旅游型、保健休闲型房地产业,大力开发银发房地产市场。鼓励有实力的房地产企业通过兼并、收购等方式做大做强。培育和规范房地产市场,放活住房交易,搞活住房二、三级市场。积极发展物业管理,稳步提高物业管理覆盖面。

金融服务业。加快金融服务体系建设,积极争取股份制商业银行和外资银行来扬设立分支机构,引进先进的管理经验和经营机制,推动金融产品创新,切实提升金融服务功能。加快推进地方金融资源整合,支持城市商业银行联合重组,做大做强农村信用社,创造条件加快组建农村合作银行或商业银行。加大有效信贷投入,发挥信贷导向作用,以信贷结构调整推动和促进经济结构调整、产业升级换代。加快金融电子化,完善银行结算体系。

商务服务业。积极引进国内外著名的会展、会计、法律、咨询、评估等商务中介企业,加快构建种类齐全、分布合理、运作规范、接轨国际的现代商务服务业体系。重点发展会展业,以承办各类国际国内会议为目标,进一步完善场馆建设,打造会展品牌,提升运作水平。积极引导发展企业管理、法律、会计、税务、咨询、评估、广告、策划、就业和劳务中介、经纪代理等商务服务业,培育一批企业化经营、规范化管理、社会化服务的商务服务机构,推动商务服务产品和方式创新,提高扬州商务服务的整体竞争能力。

社区服务业。加快建立政府扶持、市场运作的现代社区服务发展机制,完善社区服务设施,健全服务网络,创办服务企业,拓展服务领域,增强服务功能,形成广覆盖、多层次、社会化的服务体系。重点发展养老托幼、家庭医疗、家庭教育、清洁卫生、保养维护等便民利民的家政服务,围绕社区卫生保健、公共餐饮、文化教育体育、绿色回收、保洁保安等服务领域,积极推进公益性服务的市场化,培育新的社区服务增长点。

3. 加快建设现代高效农业。以富裕农民、改善生态、服务城市为宗旨,以提高农业综合竞争力为核心,进一步整合农业优势资源,加大农业结构调整力度,大力发展高产、优质、高效、生态、安全、外向、品牌农业,推进农业经营体制和增长方式的根本性转变,加快建立竞争力强、效益高、可持续发展的现代高效农业产业体系,推动农业资源优势向竞争优势、农业大市向农业强市的转变。

推进农业结构集约式调整。加快建设农业优势产业。立足稳定粮食生产能力、保障粮食安全,因地制宜,加快农业区域化生产和规模化经营,重点抓好优质稻米、专用小麦、优质油菜、林业、花卉苗木、禽业、特色渔业、蔬菜业八大农业优势产业建设。沿江地区重点发展优质弱筋小麦、花卉苗木、无公害蔬菜和长江特色水产业,沿河地区重点发展优质水稻、水禽、特种水产和水生蔬菜业,丘陵地区重点发展草食畜禽、经济林茶果等现代农业产业,到2010年,全市粮食种植面积稳定在400万亩左右,油菜种植面积稳定在80万亩左右,花卉苗木生产面积扩大到20万亩以上,经济林茶果面积20万亩左右,特种家禽、山羊和奶牛饲养量分别达到1.3亿只、150万头和1万头,水产养殖面积发展到110万亩,蔬菜播种面积稳定在135万亩左右。适度推进土地规模化经营,通过土地使用权转让、入股和土地整理,形成一批专业经营户和小农场,提高农业劳动生产率。

实施农业"三品三创"工程。以品种创新为基础,品质创优为保证,品牌创响为带动,进一步培育农业特色,壮大规模,提高农业竞争力。大力实施科教兴农战略,发挥我市农业科技优势,实行农科教、产学研相结合,加强资源整合和技术集成,加大新品种、新技术的研究和示范、推广力度。重点抓好大宗农作物优质、高产、多抗性品种、新组合和畜禽良种的引进、培育、示范、推广。全面推进农业标准化生产,完善农产品质量安全及标准化体系,发展高效农业、生态农业、设施农业。重点建设好宝应湖有机农业开发区、高邮鸭产业园、江都万亩高效苗木花卉产业园、邗江万亩蔬菜产业园、仪征经济林果示范园等现代农业产业园区,建立一批农业科技示范先导基地。到2010年,全市无公害农产品标准化生产基地覆盖面达80%左右,无公害农产品、绿色食品、有机食品品牌达到250个,创立"高邮鸭"等优质农产品集体品牌4~5个,创立"双兔"、"馋神"驰名商标1~2个,创立"红太阳"等省著名商标10个。

大力推进农业产业化经营。大力发展农产品加工业,积极引进、研发、利用新技术、新工艺、新设备,提高农产品加工深度和附加值。重点抓好优质稻米、专用面粉、优质油菜、高邮鸭、扬州鹅、宝应荷藕、仪征茶叶等农产品的深度开发和产业化。加大制度创新和市场开拓力度,做大做强龙头企业,到2010年全市规模龙头企业达到250家左右。积极发展培育农民专业合作经济组织和优势农产品行业协会,建立健全行业协会、龙头企业、专业合作社、专业农户"四位一体"的农业经营体制,到2010年全市农民专业合作经济组织达到500个左右。大力发展出口创汇农业,稳步发展土畜产品、藕制品、木业等具有出口创汇基础和优势产业,大力培育优质稻米、特种水产、高邮鸭蛋、扬州鹅、花木、扬州包子、观赏鱼等具有比较优势和潜力的新兴出口创汇产业,出口额年均增长20%以上。

大力发展生态观光农业。加大绿化造林力度,建设沿长江、运河的纵横生态林骨架,打造丘陵地区生态经济林片和沿江花木生产片，构建标准道路林网、水系林网、农田林网，形成“两带、两片、三网、多点”的林业发展总体布局，改善农业生态环境。充分利用现代农业的自然生态景观，配套建设一批旅游服务设施，发展集观光休闲、文化科普、体验参与、旅游度假等功能于一体的农业观光休闲基地，到2010年，全市开发建设建成森林公园、生态农庄、农(渔)家乐等以田园风光为主，寓休闲、健身、教育于一体的生态观光农业基地50个以上。

加大农业扶持力度，全面提高农业综合生产能力。加快建立政府投入、社会资本投入和农民投入相结合、城乡统筹的农业投入新机制。加强农业综合开发，推进优质粮工程建设，积极实施“沃土工程”、沿运与通南灌区改造、丘陵山区水源建设等工程，改善农田水利设施条件，“十一五”期间改造中低产田55万亩。加快提高农业机械化水平，大力推广麦套稻、机插秧为主的稻作轻简栽培技术，基本告别手插秧。到2010年全市主要农作物生产综合机械化水平达到85%，并向农业生产全面机械化发展。建立农产品现代流通方式和新型营销体系，引导种子种苗、化肥、农药等农资连锁经营，培育壮大种子种苗企业。加快培育多元化的社会农技农经服务组织，支持科研单位、专业服务组织通过代收、代种、代管或委托经营等多种形式开展农业生产管理服务，健全农业技术推广、农业信息、农产品质量安全和动植物病虫害防控等农业服务体系。强化和完善农业补贴政策，保持农产品和农资价格的合理水平，促进农民直接受益。

第三章　促进城乡协调发展

发展思路与目标架构：按照城乡统筹发展的要求，积极推进城市化、城市现代化和城乡一体化进程，完善城镇体系布局，大力发展中心城市，加快建设社会主义新农村，促进城市产业向农村辐射、城市基础设施向农村延伸、城市公共服务向农村覆盖、城市现代文明向农村传播，建立“以工促农、以城带乡”的长效机制，促进城乡协调发展。

发展重点：

1. 进一步优化城镇体系。按照重点发展中心城市、积极发展副中心城市、择优培育新兴卫星城镇的思路，积极稳妥地推进行政区划调整，优化城镇发展格局，加快形成1个中心城市组团(扬州、江都、仪征)，2个中等城市(高邮、宝应)和大仪、公道、邵伯、大桥、小纪、范水、曹甸、射阳湖、三垛、菱塘、临泽等一批重点中心镇组成的城镇体系。加快扬州中心城市发展，到2010年扬州中心城区建成区面积达到100平方公里以上，人口达到80万人以上。加强扬州中心城市与江都、仪征的规划对接、基础设施对接和产业对接，加快形成同城效应，初步建成“一体两翼、组团发展”的现代滨江城市群格局。以京杭运河、京沪高速公路和安大公路为开发主轴，优化高邮、宝应两个中等城市的功能定位，培育形成沿河城镇带。加快重点中心镇、中心村的规划布局和建设，促进工业向园区集中、人口向城镇集中、居住向社区集中。

2. 大力发展中心城市。立足做精、做优、做美扬州中心城市，不断完善城市功能，提升城市形象，彰显城市特色，努力打造古代文化与现代文明交相辉映的名城。

加强城市规划和建设。高起点开展城市总体规划的深化和完善工作，按照“文化内涵看古城街区、生态环境看瘦西湖景区、城市繁荣看新城西区、经济实力看沿江地区”的总体格局和“古城要古得经典，新区要新得现代”的思路，切实优化古城街区、新城西区、河东分区、沿江地区和瘦西湖景区的功能配置，合理规划人口、产业和基础设施布局。加快新城西区和广陵新城建设，建成京华城中城、香格里拉五星级酒店等一批标志性设施，启动蒋王片区的开发与改造，推进港口分区、扬子津分区和瓜洲城市副中心建设，加快杭集、北洲、槐泗、甘泉等城镇组团开发建设。加强城市公共配套设施、教育、文化、卫生、体育和公共安全等方面的建设，全面提升城市功能。完善城区主干路网，重点加快三环路建设和东西主干线、运河大桥规划建设，构建连接江都、仪征的快速通道。加快发展城市公交，新辟公交线路20条，新增公交车辆600辆，建成东、西、北三个客运配送中心和12个停车场或回车场。加强城区绿化和生态环境建设，建成古运河、京杭大运河和蜀冈三条绿化风光带。提高城市设计水平，注重打造城市水环境、文化环境、生态环境，塑造城市个性特色，优化人居环境，提升城市建设品位。

推进古城保护与复兴。按照“护其貌、美其颜、扬其韵、铸其魂”的思路，对老城区实施“整体控制，积极保护，合理保留，全面改善”，加强古城历史街区、城市建筑风貌、人文景观、名园古宅和非物质形态文化的保护，充分体现扬州悠久的历史文化和独特的地域文化，充分展现古城风貌和韵味，充分展示人文景观与自然景观整体环境的协调。着力整理一批古街古巷，建设一批遗址公园(广场)，开放一批名人故居，恢复一批历史遗迹，修缮一批名园古宅，弘扬一批名店名食，精心打造一批特色街区。重点建设好古运河风光带，整治国庆路—渡江路、广陵路—甘泉路街景风貌，整治“双东”历史街区、康山—南河下历史街区、教场商贸民俗文化区。

创新城市管理和发展机制。坚持以科学规划引导城市发展，强化规划意识，切实维护规划的权威性和严肃性。积极引入先进理念，拓展规划深度，加快形成经济社会发展规划、城市总体规划、城市详细规划和城市设计系统的规划体系。理顺城市管理体制，推动城市管理重心下移，健全“两级政府、三级管理、四级网络”的城市管理网络。创新城市管理方式，以建设数字化城管平台为抓手，深入开展城管创优活动，建立健全长效管理机制，推进城市管理现代化。用创新的理念经营城市，把握城市建设和经营规律，全面提升城市科学经营水平。进一步完善城建投融资体系，加快市政公用事业改革，放开经营性市政公用设施建设和运营。

3. 加快社会主义新农村建设。按照“生产发展、生活宽裕、乡风文明、村容整洁、管理民主”的要求，坚持“多予少取放活”，加大对农业和农村投入的力度，扩大公共财政覆盖农村的范围，大力推进农村工业化、城镇化和农业产业化进程，全面改善农村生产、生态和生活环境，提高农村社会事业发展水平、农民基本保障水平和农民科学文化素质，扎实稳步推进社会主义新农村建设。

加快农村新型社区规划和建设。加快推进市域规划全覆盖，按照“田园村镇、生态社区”的理念，加强镇村规划和设计，注重城市总体规划和镇村规划在基础设施、产业、人居、生态等方面的衔接协调。加快新型农村社区建设，实施新农村居住示范点工程，因地制宜、积极稳妥地推进农民住宅集中布局，鼓励和引导农民建设和居住多层公寓，完善社区公用配套设施和生活服务设施。实施“千村整治、百村示范”工程，推进农村环境综合整治，着力清洁田园、清洁水源、清洁家园，绿化、净化、美化、香化相结合,切实改善村容村貌。大力推广农村沼气,积极发展适合农村特点的清洁能源。

加快农村公共服务体系建设。加快农村信息基础设施建设,实施有线电视入户、远程教育进村工程。加强农村基层文化建设,大力开展“文明村镇”、“文明农户”创建工作,构建农村文化服务体系,实现乡镇宣传文化站全面达标。实施农民健康工程,深入开展卫生镇村创建活动,加强农村社区卫生服务中心和卫生服务站建设,健全农村公共卫生和基本医疗服务体系。实施农村饮水安全工程,推进农村二次改水和区域集中供水。加强农村卫生厕所改造建设,到2010年农村无害化卫生厕所覆盖率达到50%左右。继续深入开展文化、科技、卫生三下乡活动。进一步巩固农村九年义务教育,对农村学生实行免费义务教育,对贫困家庭学生提供寄宿生活费补助。大力推进农村职业教育和农民就业技能培训,建立和完善农民技术培训机制,组织开展“双千双万”活动,加强各种专业技能培训和“订单”培训,造就一大批有文化、懂技术、会经营的新型农民。

推进农村人口城镇化。深化城乡户籍管理制度、土地管理制度、劳动就业制度和社会保障制度等各项改革,进一步放宽农民进城落户的条件,解决好进城农民就业、居住、子女就学等方面的问题,促进农村人口平稳有序地向城镇转移。加快发展农村第二、三产业,推进乡镇工业集中区专业化、特色化发展,鼓励和支持农村民营经济发展,促进农村劳动力就地转移。加大劳务输出力度,提高劳务输出组织程度。“十一五”期间全市新增转移输出农村劳动力15万人以上。

加大农村扶贫力度。坚持以政府为主导、全社会共同参与的原则,完善扶贫开发机制,整合扶贫开发资源,实行整村推进、项目扶贫、劳动力转移培训扶贫和产业化带动扶贫的方式,提高扶贫开发效率。全面完成第二轮三年“帮村扶户”的各项目标任务,继续开展2008~2010年新一轮农村扶贫活动。

推进农村综合配套改革。加快推进乡镇机构、农村义务教育、农村医疗卫生体制、县乡财政管理体制等配套改革,积极开展“乡财县管乡用”试点,完善财政转移支付办法,大力化解乡村债务,确保农村基层机构正常运转,确保农村社会事业稳步发展。深化农村产权制度改革,积极稳妥推进农村土地股份合作制和农村集体资产社区股份合作制改革,大力发展农村专业合作经济组织,引导农民实行劳动联合、土地联合和资本联合,提高农民组织化程度。深化农村金融体制改革,积极、稳妥地开展农业担保、农业保险业务和农业信贷业务。深化农村流通体制和供销合作社改革。进一步完善农村土地流转、土地征用、耕地保护制度,切实保护农民利益。

4. 推进区域基础设施建设。适应经济社会发展的要求,保持适度超前态势,加快建立以交通、水利、电力和通信为骨架的现代化基础设施体系。

交通建设。立足发展大交通,构建主枢纽,大力推进高速公路联网工程、干线公路畅通工程、农村公路富民工程建设,加快构建和完善公铁水联运、江河海直达的综合运输体系。重点实施宁通高速公路扬州段改造工程、江海高速扬泰段新建工程,力争完成京沪高速公路淮安至江都段扩容工程。全力争取淮扬镇铁路、京沪高速南延及过江通道、宁扬城际轨道交通、苏中机场等项目立项建设。加大国、省和地方干线公路建设力度,“十一五”期内升级改造国省干线公路202公里,新建和改造地方干线公路240公里,建成安大路,形成市域快速环路。继续大力推进县—乡、乡—乡、乡—村公路建设,“十一五”期间改造农村公路2 600公里。统筹长江和内河港口发展,加快扬州港“一港两区”建设,新建或改造长江万吨级以上泊位7座以上,到2010年吞吐量达到5 000万吨以上。完成京杭运河“三改二”工程,实施高东线“五改三”工程和京杭运河邵伯、施桥三线船闸工程,加快建设高邮、宝应等沿运港口枢纽。

水利建设。加强淮河流域治理,启动新民滩、邵伯湖切滩、金湾河拓浚工程,力争完成高邮运河西堤及湖西大堤加固工程,提高淮河入江水道安全行洪保障能力。继续实施长江干流防洪及河势控制工程,加固长江堤防扬州临城段、京杭运河河口段、胥浦河闸下段等险工患段,改建治理穿堤涵闸65座,分步实施镇扬河段三期整治、扬中河段二期整治工程,使长江干流安全防御1954年型洪水,扬州城市防洪圈及沿江开发区岸段提高到100年一遇水位加抗10级风浪标准。加快南水北调东线一期工程建设,完善骨干调水供水网络。加快构建城市防洪体系,实施京杭运河城区段东堤加固、城北分洪工程、城西排水调向工程和三湾南古运河堤防加固工程,综合整治扬州城区沙施河、七里河、新城河、赵家支沟等主要河道,加快乌塔沟、仪扬河节制闸和瓜洲泵站建设和改造,提升城市防洪能力,2010年扬州城区达到100年一遇防洪标准。加快大中型灌区改造与节水步伐,积极推进农村碧水工程建设。加强区域治理,全面完成月塘水库以及59座小型水库除险加固,实施里下河、宝应湖洼地治理工程和通南地区、丘陵地区水源建设工程。

能源建设。重点抓好电力能源开发,完成扬州二电厂二期工程和扬州电厂扩建扫尾工程,规划建设扬州二电厂三期工程、高邮秸秆发电项目,做好泗源发电厂(扬州三电厂)、江都燃气电厂等发电厂项目前期工作。建立能源运输绿色通道和煤炭储运基地,完善沿江沿河区域输变电体系,“十一五”期间扬州电网共增加220KV变电容量180万千伏安,110KV变电容量200万千伏安,新建500KV线路80公里,220KV线路400公里,110KV线路500公里。

信息网建设。重点加快宽带通信网、数字电视网和下一代互联网建设,形成高效、安全、可靠的现代信息基础设施网络。推进三网融合,促进信息资源整合和综合利用。完善人口、企业法人、城市规划、房产、土地利用等各类基础数据库建设,建成依托城区GIS基础平台的电子政务网络系统、政府应急指挥系统、社区信息化系统。到2010年全市因特网用户数达到60万户,政府部门网站建成率达到100%。

第四章 促进区域协调发展

发展思路与目标架构:注重和加强产业、人口、资源环境三大要素在空间上的合理分布和均衡发展,按照主体功能清晰、发展导向明确、开发秩序规范、各类要素协调的空间开发要求,深度推进沿江开发,加快推进沿河开发,不断提升县域经济发展水平,形成区域之间协调发展的新格局。

发展重点:

1. 强势推进沿江开发。深化完善沿江开发规划,统筹沿江产业、城镇、基础设施和生态环境建设。着力打造沿江产业带,发展化工、汽车及零部件、机械制造、电子信息、物流等重点产业,加快建设沿江现代高效农业、生态休闲农业基地。大力推进沿江地区基础设施的完善和功能性设施的配套,进一步完善区内路网,加快港口、供电供热、防洪等项目建设。合理开发利用和保护长江岸线资源,加强对重点岸线及后方陆域的开发管理。

2. 大力推进沿河地区开发。以沿河地区现有省级开发区和乡镇工业集中区为载体,以安大路建设、运河“三改二”整治、运河港口码头建设等为契机,加快沿河地区开放开发,提高沿河地区工业化、城镇化水平。重点培育以电工电器、汽车配件、纺织服装鞋帽、机械制造、轻工工艺等产业为特色的块状经济,打造国家级优质农副产品生产、加工、集散基地,加快构建区域性内河物流中心,做强沿河地区以人文旅游、生态旅游为特色的现代旅游业,力争到2010年,使沿河地区达到工业化中后期水平。

3. 大力发展县域经济。坚持工业化、城市化和农业产业化并举,提升县域经济整体发展水平。加快发展县域工业,着力培育特色产业和优势产品,做大做强一批关联度大、科技含量高、市场前景好的规模企业,做特做优一批配套能力强、专业化、水平高的中小企业,以工业集中区为主要依托,形成簇群化发展。加快培植杭集、郭集、武坚、曹甸等一批产业特色明显、基础设施配套、竞争力较强的乡镇工业集中区,形成一批“一镇一品”、“多镇一品”的特色经济板块。大力开发发展高邮的邮经济、宝应的荷藕经济、江都的花卉经济、仪征的丘陵经济,培育壮大县域特色经济。加快县域城镇化进程,推进各县(市)城镇现代化建设,加快重点中心镇的集聚发展,提高城乡一体化建设水平。

4. 优化空间功能区划。将全市空间区域按照优化开发、重点开发、限制开发和禁止开发四类主体功能区进行区划,对不同区域在土地、人口、财税及资源配置等方面实施差别化政策,促进市域资源充分和有效配置,逐步形成主体功能清晰、发展导向明确、开发秩序规范,经济发展与人口、资源环境相协调的区域开发格局。

优化开发区域主要包括扬州和各县(市)城区以及开发基础较好、已经基本融入城镇建设区的城郊地区、开发园区、乡镇工业集中区,发展重点主要是优化基础设施和配套功能设施建设,加强制造业整合和转移,提升土地利用效益和载体支撑服务能力。

重点开发区域主要包括重要城镇组团、各类开发园区和乡镇工业集中区以及京沪高速、宁通高速、安大路、扬州港等重要通道沿线区域,发展重点主要是加快基础设施建设,加速产业和人口集聚,加快培育成为全市经济新的增长点。

限制开发区域主要包括各类自然保护区、国家级风景名胜区、文化保护区、南水北调输水走廊沿线区域、里下河地势低洼地区、仪邗丘陵地区和高宝邵湖泊湿地区域,发展重点主要是按照保护优先、适度开发的方针,切实加强生态环境整治,因地制宜地发展本地可承载的生态农业、旅游等特色产业。

禁止开发区域主要包括各类水源保护区和沿江易坍塌岸线区域,严格划定保护范围,实行强制性保护,严禁不符合功能定位的开发活动。

第五章 加强科技和教育创新

发展思路与目标架构:牢固树立“科技是第一生产力”、“人才是第一资源”的理念,深入实施科教兴市和人才强市战略,把科技创新、人才建设、教育发展摆到突出位置,不断优化科教创新机制,增强自主创新能力和创新服务能力,推动人才集聚和人力资源开发,加快教育现代化进程,把我市率先建设成为苏中地区科技创新型城市。

发展重点:

1. 推进科技创新。充分发挥企业在科技创新体系中的主体作用,着力构建以企业为主体、产学研结合的技术创新体系,以中介服务机构为纽带的创新服务体系,以公共财政投入为引导的创新投入体系。

推进科技创新重点跨越。按照“有限目标、突出重点”的原则,开发创新、集成创新和引进消化吸收再创新并举,重点加强电子信息技术、机电一体化技术、新材料技术、生物医药技术四类重点关键技术的研究和开发,努力在农药、医药、电线电缆、光电一体化、聚酯及新材料等方面开发一批拥有自主知识产权的新产品,在现代农业、人口与健康、资源与环境、公共安全、减灾防灾等领域攻克一批重大关键技术。

构建技术创新体系。加快建立以企业为主体的技术创新体系,完善自主创新激励机制和动力机制,激发企业超前研究和自主开发能力,鼓励具有自主知识产权的技术创新,鼓励企业建立研究开发机构,尤其鼓励大企业大集团建设国家和省级企业技术中心、工程技术研究中心、博士后工作站,支持技术创新试点企业、示范企业建设,培育核心技术和专有技术,不断开发高新技术产品,增强企业技术竞争力。积极开展群众性技术创新和职业技能练兵活动。充分发挥民营科技企业在科技创新中的生力军作用。以市场为导向,促进产学研融合,加强扬州大学、723研究所、江苏油田、曙光仪器厂、里下河农科所、家禽研究所等驻扬单位与我市地方企业的技术合作,支持大企业和国内外科研机构、跨国公司共建研发机构和成果转化基地。到2010年全市新建成市级以上技术中心和工程技术研究中心200个。

加快科技成果转化平台建设。组织和吸纳高等院校和科研院所的科技力量进入高新区从事技术创新活动,通过共建实体和技术入股等多种形式筹建中试基地和技术工程中心,形成多层次、多类型的科技成果孵化、转化和创业基地。重点培育以开发区创业服务中心等为重点的综合性企业孵化器、以软件园等为重点的专业性企业孵化器和以留学生创业园等为重点的面向特定创业群体的孵化器,完善公共服务设施和配套政策,促进中小科技企业的孵化。按照“利益共享、风险共担”的原则,加快建立符合现代企业制度要求的科技创新项目公司,吸引风险投资公司加盟,联合开发关键性、战略性技术,形成协同研发关键技术的机制。

大力培育科技创新服务体系。积极发展工业设计、研发服务、技术开发、技术交易与技术转移、质量鉴定、技术标准、技术评估与咨询、知识产权服务等各类科技创新服务机构,加快培育科技中介服务市场,完善公共服务平台和网络系统,为高新技术产业的发展提供包括信息、数据、检测、标准等系列化服务。建立一批行业生产力促进中心,为企业特别是广大中小企业提供经营管理、技术、人才、法律等方面的特色服务。加强知识产权保护,建设社会化的知识产权信息服务网络体系,发展专利、商标、版权转让与代理、无形资产评估等知识产权服务,为自主创新和知识产权保护提供有效的信息和法律支撑。

加大科技投入力度。积极探索多元化的科技创新投融资渠道,健全技术创新投入机制。积极争取国家和省资金扶持,实施一批具有自主知识产权和核心竞争力的重大科技项目。

市本级财政安排科技发展资金重点支持重大科技成果转化、科技成果产业化、科技公共服务平台和科技孵化器建设。到2010年,市、县科学事业费和科技三项经费占同级财政支出的比例分别达到2.5%、2.0%以上。

2. 推进教育现代化。坚持"以人为本、优先发展教育、办人民满意的教育"的理念,进一步深化教育改革,调整优化教育结构和布局,全面实施素质教育,提高教育质量,加快建设教育强市,培养社会急需的人才,到2010年基本建立起比较完善的现代国民教育体系和终身教育体系,基本实现教育现代化。

巩固提高基础教育。强化政府对义务教育的保障责任,统筹城乡教育规划布局、学校建设和师资配置,加快薄弱学校改造步伐,推进义务教育均衡化、优质化。到2010年在省实验小学和市素质教育先进学校学习的学生达70%以上,在省示范初中学习的学生达80%以上。加快发展幼儿教育和特殊教育,幼儿学前三年入园率保持在90%以上,残疾儿童、残疾少年义务教育入学率稳定在97%以上。普及高中阶段教育,通过联合、合并,培育和扩大优质高中资源,整体提高高中办学水平,到2010年全市80%以上的普通高中达省三星级以上标准。

大力发展职业技术教育。以就业创业为导向,推进各类职教资源的整合,扩大职业教育规模,保持中等职业教育与普通高中教育比例相近,加快构建灵活开放、特色鲜明、结构合理、自主发展的职业教育体系。重点加快扬子津高等职业教育园区建设,提升地方中等职业学校的办学规模和办学水平。到2010年全市建成8~10所国家级示范中等职业学校和2~3所高级技工学校,做强机电一体化、电工电子、汽车制造、化工、烹饪等一批骨干和特色专业,建成4个国家级、10个省级公共实训基地,高等职业教育在校生规模达6万人左右,中等职业教育在校生规模达10万人左右,把扬州建成为全国特色服务业和长三角现代制造业人才培养培训基地。

积极发展高等教育。以学科建设为重点,进一步优化市属高校资源配置,优化高等教育结构,推进高等教育大众化。支持扬州大学做强做大,推进扬州职业大学和扬州教育学院的整合升格,扩大高等职业教育的办学规模。以引进优质教育资源为重点,进一步推进中外合作办学,拓展国际交流与合作,争取国内外著名院校在扬州设立分校、分院或重点学科实验室。

进一步深化教育改革。全面实施素质教育,积极推进教育课程改革,逐步建立以就业、创业和技术创新能力为核心的素质教育培训体系。全面创新教育教学模式,大力开展远程教育、社区教育、职业资格培训等,形成全民教育和终身教育体系。坚持依法治教,提高教育法治化水平。改革和调整教育管理体制,严格各级办学职责。加快推进办学体制改革,完善以公共财政为主体的多渠道教育投入机制,鼓励社会力量参与兴办教育,积极支持江海学院、鉴真学院、扬州中学西校区等民办学校加快建设和健康发展。充分发挥党校作为干部培训主阵地的作用。加强教育科研投入和师资力量建设,深入实施"青蓝工程"、"名师工程"、职业教育"双师型工程"和"名校长工程",严格教育督导制度和职业道德建设,提高教师专业素养和教书育人能力。

3. 优化人力资源开发。坚持人才强市发展方针,加强党政人才、企业经营管理人才和专业技术人才三支队伍建设,不断扩大人才总量,提升人才素质,逐步把我市打造成为苏中苏北地区的人才高地。到2010年,全市人才总量达到42.6万左右,建成规模为10万人左右的基本能够适应我市经济发展所需的工程技术人才队伍,规模为1万人左右的高级经营管理人才队伍以及政府公共管理人才队伍。

加大人才培养和引进力度。实施省"三个五"企业家培养工程,加强企业高级经营管理人才的培养引进,切实增强企业家素质。实施"333工程",加快高级中青年专家队伍建设,提高科技研发创新能力。全面推进星火科技培训专项行动,实施"六大人才高峰"计划,大力培养和引进农业、现代制造业、教育、医药卫生、建筑、环保、城市管理、社会服务等方面的各类专业技术人才和管理人才。实施"技能振兴行动",加大高级技工、技师的培养力度。培养积极利用国外优质教育资源,建立与国际接轨的人才开发机制,加快培养和引进国际化人才。

创新人才使用机制,优化人才发展环境。深化人事制度改革,建立科学的人才评价机制,完善公开平等、竞争择优的人才使用机制。加快人才市场整合和发展,设立扬州市人才储备中心,健全人才市场功能,建立有利于人才合理开发、配置和使用的市场供求机制,积极推进人才合理流动。按照"不求所有,但求所用"人才服务理念,倡导人才柔性流动,探索建立自由职业制度。推进收入分配制度改革,建立高端人才引进政府补贴机制,健全激励机制。

第六章 进一步深化改革

发展思路与目标架构:以完善社会主义市场经济体制为目标,坚持市场化取向的改革,全面推进制度创新,加快政府职能转变,建立统一开放竞争有序的现代市场体系,促进民营经济和各类市场主体、社会中介组织快速发展,加快形成更具活力、更加开放的制度体系。

发展重点:

1. 加快行政管理体制改革。推进政府管理体制改革。完善行政管理决策机制,坚持实行民主集中制,健全对涉及经济社会发展全局的重大事项决策的协商和协调机制,健全对专业性、技术性较强的重大事项决策的专家论证、技术咨询、决策评估制度,健全对与群众利益密切相关的重大事项决策的公示、听证制度,推进行政管理决策科学化、民主化。加强法制建设,加快建立权责明确、行为规范的行政执法体制,完善对行政管理权力的监督机制。建立体现科学发展观和正确政绩观要求的干部实绩考核评价制度。完善政府机构设置,实现机构职能、编制、工作程序的法定化,优化组织结构,理顺职责分工,提高行政效率,降低行政成本。

推进投资体制改革。加快建立规划引导、市场主导、企业自主决策的新型投资体制,确立企业投资主体地位,健全并规范核准制和备案制,简化行政审批程序。规范政府投资行为,合理界定政府投资职能,管好用好政府投资,积极推行政府投资非经营性项目代建制,提高项目投资效率。加强投资监管,建立有效的政府投资责任追究制度和社会监督机制。

推进财税金融体制改革。按照财权与事权对应的原则,推进财政体制改革,明确各级政府的财政支出责任,规范财政支出行为。深化部门预算、国库集中收付、政府采购制度改革,推进财政资金使用绩效评估,加强审计监督。实行有利于经济增长方式转变、科技创新、资源能源节约的财税制度,正确、充分地行使地方税政管理权,加强税收征管。按照国家统一部署,完善增值税制度，推进统一内资企业所得税改革。加快商业银行改革步伐，鼓励社会资金参与重组改造，完善公司治理结构，建立科学的决策体系、健全的内控制度体系和完善的风险管理体系，全面提高风险管理能力。

推进事业单位改革。对现有事业单位按照不同的社会功能进行科学分类，实施分类改革。全面完成生产经营类事业单位的转企改制，使之成为企业法人实体和市场竞争主体。全面清理行政管理类和社会公益类事业单位，实行政事分开、事企分开，调整布局结构。大力支持并积极引导社会资金以多种形式进入社会化程度较高、市场接轨能力较强的公益型事业领域，为社会提供更多的公共产品。加快推进事业单位机构、财务、人事、分配、社会保障等配套改革。

2. 深化国有企业和国有资产管理体制改革。推进国有企业布局调整，全面完成国有企业股份制改造。鼓励企业战略性改制重组，促进国有资本向涉及国计民生、具有社会公益性和产业引领作用的行业集中，向具有国际竞争力的大型优势企业集中，实现投资主体多元化，培植竞争优势。推进企业完善股权结构和法人治理结构，建立健全现代企业制度，促进企业转换经营机制，鼓励企业积极利用资本市场，拓宽融资渠道，增强资本运作的能力。完善国有资产监管体制，规范授权经营，确保国有资产保值增值。加快建立健全国有资产管理体制，完善经营业绩考核、薪酬分配和企业领导人员管理体系，实现管资产和管人、管事相结合。

3. 加快完善现代市场体系。推进要素市场建设。加快建立多层次、多元化的资本市场体系，积极发展地方产权交易、企业债券等资本市场，引导和支持各类企业在境内外资本市场上市，推进企业股权融资和债券融资，到2010年全市新增境内外上市公司5家以上，培育后备上市公司20家以上，鼓励上市公司通过再融资募集资金8亿元以上。建立统一、规范的土地市场体系，完善政府土地储备制度，增强政府对土地一级市场的调控能力。完善经营性用地招标拍卖挂牌出让制度，加快集体建设用地使用权流转改革，提高土地经营水平和利用效益。加快发展技术市场，健全技术商品交易规则。大力发展人才和劳动力市场，全面构建机制健全、运行规范、形式多样、服务周到、指导监督有力的人力资源市场体系。

培育发展行业协会(商会)和市场中介服务机构。按照“政会分开”原则，改革行业协会(商会)管理体制，优化发展布局，完善行业协会(商会)在推动政府职能转变、促进行业健康发展、规范市场经济秩序等方面的职能，加快建立与我市产业结构和社会发展特点相适应的行业协会(商会)体系。按照“依法、公平、平等、竞争”的原则，推进中介组织市场化进程，重点发展一批市场化、专业化、品牌化的律师、会计师、审计师事务所和资信评估与公证、咨询、市场开拓、设计、策划、代理和资质认证等中介机构。

加强市场管理。继续整顿和规范市场经济秩序，加强市场监管，打击经济领域违法犯罪活动。整顿和规范食品、药品生产和流通秩序。加强价格执法检查，有效控制直接关系群众生活的商品价格过快增长，切实解决医疗卫生和教育等服务领域收费不合理现象。

建设诚信扬州。建设以道德为支撑、产权为基础、法律为保障的社会信用制度，形成政府诚信、企业诚信、个人诚信三位一体的信用体系，重点建设和完善信用记录、信用评估、信用公示和信用监管制度。加大对违信行为的惩戒力度，提高违信者的失信成本。积极培育信用文化，大力营造社会诚信守信氛围，增强全社会诚信意识。

4. 促进民营经济快速发展。积极扶持民营企业做强做大。进一步放开投资领域，放宽投资政策，吸引市外民资来扬投资创业，鼓励本地民资扩大投入。加大对民营企业发展的投入，建立民营企业发展专项资金，鼓励和支持民营企业开展技术创新和制度创新，建立现代企业制度，走科技型、外向型发展道路。支持和鼓励民营企业通过招商引资、引智和挂靠大企业、大集团等途径，实现多元化发展，提升市场竞争力。

加强和改善对民营企业的服务和管理。建立和完善民营企业的融资担保服务、人才培训服务、信用服务、信息网络服务、创业辅导服务、技术支持服务、法律政策服务、管理咨询服务等综合服务体系，切实帮助民营企业协调解决用地、融资等方面的问题，为民营经济发展创造平等竞争的法制环境、政策环境和市场环境。依法加强对民营企业经营管理、缴纳税费、安全生产、职业卫生、产品质量、环境保护、劳动保障、职工权益维护等方面的监督和管理，规范民营企业行为，促进民营经济健康发展。

第七章　进一步扩大开放

发展思路与目标架构：树立“市外即是外”的观念，加强沿江开发和园区建设力度，加快先进制造业、现代服务业、现代农业、基础设施、社会事业等领域对外开放步伐，大力吸引市外各类优质产业资本向我市集聚和发展，切实提升经济国际化、资本全球化和产业现代化水平。

发展重点：

1. 提升园区发展水平。按照建设制度创新和科学发展先导区的要求，进一步提高开发园区的规划、建设和管理水平，推进开发区从“形态开发”向“功能开发”的根本性转变，加快打造专业化、品牌化、生态化的现代工业园区。

促进开发园区集聚集约发展。优化各级各类开发园区的功能，以产业链整合生产和服务，强化企业间的专业化分工与协作，发展专业特色园区。扬州经济开发区重点发展汽车及零部件、机械制造、电子、高端纺织产业，扬州化学工业园区重点发展石油化工、精细化工、石化物流产业，邗江工业园重点发展金属板材加工设备、生物医药、服装产业，广陵产业园重点发展汽车零部件、电子、机械、食品加工产业，江阳工业园重点发展机电、轻纺产业，江都开发区重点发展机械冶金、汽车及零部件、船舶、精细化工产业，高邮开发区重点发展机电、医药化工、电线电缆产业，宝应开发区重点发展电线电缆、电工电器、机械制造、药品产业，仪征开发区重点发展汽车及零部件、高新技术、船舶制造等产业。加快扬州开发区出口加工区和沿江石化保税物流中心等特殊功能园区建设，争取扬州开发区升格为国家级开发区。按照建设生态型、循环型园区的要求，加强园区规划和建设，强化园区间的功能互补和配套开发，实现园区基础设施共建共享。

加强开发园区管理体制创新。鼓励各开发园区创新管理体制，提高行政效率和服务能力，形成与国际接轨的管理方式和良好的投资环境，增强生产要素集聚功能。积极打造开发园区公共服务平台，提供完善的招商引资、审批代理、法律咨询、信息、培训等服务，降低交易成本，提升管理水平。

2. 提高招商引资质量和水平。以沿江开发为平台,以各类专业园区为载体,按照量质并重、引资选资并重、第一二三产业并重、推介产业与推介城市并重的思路,进一步强化招商引资,在更高层次、更宽领域、更大范围推进产业向我市集聚。

拓展利用外资领域。招商领域重点向中高端领域发展,确立技术创新导向,引进跨国公司采购中心、研发中心,发展总部经济,提升参与国际分工的要素质量和层次,增强贸易竞争优势。在继续扩大化工、汽车及零部件等制造业招商的同时,大力拓展现代服务业、现代农业对外引资步伐,推动物流服务、管理咨询、进出口服务等生产性服务业和生态观光型农业领域利用外资取得较大突破。

突出招商引资重点。实施产业链和基地化的引资策略,积极承接国际制造业和现代服务业转移,大力引进基地型、龙头型项目,促进化工、汽车、电子信息、电工电器等的产业链、供应链延伸和完善,推动产业水平从中低端向中高端发展,推动利用外资从数量型向功能型转变,努力提高引资质量。注重引进先进技术、管理经验和高层次人才,促进技术引进与消化、吸收、创新相结合,推动自主创新和产业升级。

探索利用外资新途径。通过协议并购、股权转让、资产重组、借壳上市等方式吸引外资,鼓励有实力、具备产业发展优势的外资企业入股我市的上市公司。探索利用国外各种基金,吸引风险投资基金,拓展基础设施项目 BOT、TOT 等利用外资形式。

3. 大力发展对外贸易和对外经营。加快外贸增长方式转变,推动外贸企业依靠技术、质量、服务等方式参与国际竞争,实现从单纯追求出口数量增长型向效益型转变。

优化外贸结构。努力扩大高新技术产品、机电产品、轻纺产品和农产品的出口,提高出口产品的技术含量和附加值。鼓励企业开展境外商标注册,积极拓展国际市场,支持企业开展国际质量体系、环保体系、国际标准体系的认可认证工作。强化进出口商品结构的有机协调,注重引进高、新、尖技术设备和关键材料件,改造和提升本地企业的技术装备,不断提高国际分工地位。

强化出口企业能力建设。加大对出口企业的政策扶持力度,积极培植重点出口企业,扩大出口规模,培育出口品牌。加快外贸企业、外贸生产企业的联合、兼并、重组,鼓励外贸公司走工贸结合的道路,实现工贸优势互补,积极扩大代理出口规模。鼓励有条件的企业与外商投资企业实行资本融合、配套协作,加快融入全球生产配套体系和跨国公司采购供应体系。提高加工贸易企业自主创新能力,实现由代加工(OEM)向代设计(ODM)和自创品牌(OBM)转变,增强制造业的活力和发展的动力。

加快"走出去"步伐。大力培育和发展外经重点产业和大型企业集团,推动有条件、有实力的企业获得外经经营权,鼓励有条件的企业开展跨国经营。规范对外劳务合作市场管理,鼓励有经营权的公司拓展境外劳务合作领域,发展对外工程承包业务。

4. 加强区域合作。坚持政府引导、市场运作、企业主体、社会参与的原则,积极参与长三角、长江流域乃至全国的区域合作和联动发展,提升区域竞争力。

接轨上海,融入长三角和长江经济带发展。以上海建设国际经济、金融、贸易和航运四个中心和举办世博会为契机,充分利用上海在金融、贸易、技术、人才、信息等方面的优势,主动接受上海的辐射,承接上海的产业转移,积极参与共同办博,提升我市沿江开发和经济社会发展水平。加快我市融入长三角城市群进程,加强我市与各中心城市间的经济联系,深化区域内在交通、信息网络、生态环境治理、旅游、人力资源开发、信用体系建设等各个领域的专题合作。发挥我市江海河联动的优势,加强与长江中上游地区的区域合作,共同开发建设长江产业带,提升我市的物流枢纽地位和产业分工地位。

推进南京都市圈建设。以润扬大桥开通为契机,加强与南京和南京都市圈各成员市的经济联系和交流合作。进一步推进宁镇扬三市在化工、汽车等制造业,物流、旅游、信息等服务业以及轨道交通、港口等基础设施建设领域的合作,加快三市"同城化"进程。

促进与西部地区合作与交流。继续做好对口支援西藏曲水、新疆伊犁、陕西汉中和三峡库区工作,完善区域协调互动互助机制。充分利用西部地区资源丰富、生产要素成本低的比较优势,进行产业空间转移和建立起新的产业化基地与市场,促进我市产业结构的战略调整与升级。

第八章　建设资源节约型、环境友好型社会

发展思路与目标架构:深入实施可持续发展战略,以创建生态市为目标,大力发展循环经济,推动资源循环利用、集约利用和合理利用,建立自觉节约资源和保护环境的机制,努力形成节约型的生产模式、消费模式和城市建设模式,实现经济社会的可持续发展。

发展重点:

1. 建设资源节约型社会。节约能源。加快实施热电联产、集中供热、余热利用、建筑节能、绿色照明等重点节能工程,抓好重点耗能行业和企业的节能。鼓励发展节能型交通工具和太阳能产品。建设和推广节能建筑和太阳能建筑,推动新建住宅、公共建筑节能和现有建筑节能改造。推广节能环保型空调、冰箱、照明电器等家电产品。积极开发利用太阳能、生物质能、地热等清洁能源和可再生能源。大力开发节煤、节电、节油等各项节能技术和材料,努力降低能源消耗。

节约用水。实施农业节水灌溉,加强灌区节水改造,推广节水灌溉技术和喷灌、滴灌,2010 年全市灌溉水渠系利用系数由 0.5 提高到 0.6,生活供水保证率达到 98% 以上。加强污水再生利用,建立中水回用体系,提高工业用水重复利用率,2010 年污水回收利用率达 50%,工业用水重复利用率达到 88%。限制高耗水产业发展,加强高耗水行业节水技术改造,推广节水设备和器具使用。加强地下水资源管理。到 2010 年,全市万元 GDP 水耗降到 250 吨。

节约和集约利用国土资源。实行最严格的耕地保护制度,修编全市土地利用总体规划,强化土地利用年度计划管理。完善耕地保护目标责任制,严格土地用途管制。认真执行国家和省制定的行业用地定额标准和投资强度控制标准,提高土地利用效率。加大土地复垦整理力度,搞好农村庄台和农地整理,提高耕地质量,确保耕地占补平衡。规范矿产资源管理,提高矿产资源利用效率,加强地质灾害的防治和矿山环境的恢复整治。2010 年全市基本农田稳定在 420 万亩。五年复垦开发整理土地面积 30 万亩,新增耕地 8 万亩以上,新增建设用地控制在 12 万亩左右。

节约原材料。鼓励使用新材料、再生材料,加强金属材料、木材、水泥等材料的节约代用,减少一次性用品使用。加强重点行业原材料消耗管理,推行产品生态设计,推广节约材料的技术工艺。研究实施节约包装的政策措施,有效遏制产品的过度包装。积极采用新型建筑材料,推广应用高性能、低材耗、可再生循环利用的建筑材料。

推进资源综合利用。以粉煤灰、有机废水为重点,推进工业废物综合利用。以再生金属、废旧轮胎、废旧农膜、废旧家电及电子产品为重点,推进再生资源回收利用,建立废旧电子电器收集网络,建设废旧电子电器回收利用中心,到2010年废旧电子电器收集率达到70%,废旧电子电器资源化率达到50%以上。积极开展生活垃圾资源化利用,鼓励利用垃圾发电。

2. 建设环境友好型社会。加强生态建设和环境保护,积极发展生态农业、生态工业、生态旅游和环保产业,促进生态经济、生态环境、生态文化的全面发展。

加强生态规划和建设。全面推进生态市建设,确保“十一五”期间我市建成全国生态示范市,所有县级市创成环保模范城市,50%的乡镇基本建成生态乡镇,全市一半以上的村庄建成生态村。继续实施“绿杨城郭新扬州”工程,充分发挥林业在生态环境建设中的主体作用,在主要交通干道、河道、城市广场公园、工业园区外围等区域营造生态绿地系统,完善小城镇、村庄、厂矿、庭园绿化。推进瘦西湖新区和扬子津风景区、凤凰岛风景区、白羊山森林公园、润扬森林公园五大绿块建设,构建城市近郊森林体系。加强区域湿地和自然保护区建设,保护好长江、邵伯湖、高邮湖、宝应湖、里下河浅滩等湿地资源。

加强水污染防治。加快污水处理设施建设,建成六圩(开发区)、汤汪、仪征、江都、高邮、宝应污水处理厂二期工程,完善管网配套工程。加强重点区域、流域水污染综合整治,完成南水北调新通扬运河、北澄子河单元治污工程,完善瘦西湖“活水工程”,改善漕河、新城河等城乡河道水环境质量。严格入江入河排污口管理,逐步实施主要河道两岸截污整改工程,推进城区工业“退二进三”、“退城进园”,加快扬州农药厂、磷肥厂等沿河污染企业的搬迁整治。到2010年,全市主要河流、湖泊水体水质均达到规划功能标准,我省市控制断面水质达标率达85%,地面水水质达标率达65%以上,COD排放强度小于3.4千克/万元GDP。

加强大气污染防治。实施集中供热工程、电厂烟气脱硫工程、“西气东输”城市供气工程,加强城区供热锅炉专项治理。严格控制机动车尾气污染、粉尘污染,推广新型节能燃料机动车,搬迁扬州水泥厂、焦化厂,提高各工业企业粉尘治理效果,减少粉尘排放量。提高大型化工企业工业危险废物处置水平,完善仪征福昌、江都长青集团危废处置系统,确保废气达标排放。到2010年二氧化硫排放强度小于5千克/万元GDP。

加强声环境污染防治。调整城市噪声功能区划,加快建设噪声达标区。加强文化娱乐业、餐饮服务业和商业经营活动中的噪声污染整治,逐步消除商住楼高噪声振动污染源对住宅的影响。加强工业噪声综合防治,推进各类工业企业向园区聚集,改进生产技术和工艺设备。加强交通运输噪声综合防治,扩大城市禁鸣路段范围,加强对敏感区域交通噪声的监测和管理。严格建筑噪声排污申报制度,强化夜间施工管理。

加强固体废弃物污染防治。完成赵庄垃圾填埋场扩建工程,建成市区500吨/日生活垃圾焚烧厂1座,完成江都垃圾处理厂搬迁工程。推广使用生活垃圾分类收集,逐步形成完善的废弃物回收利用体系,2010年城市生活垃圾分类收集率达60%。逐步改善城市、农村集镇燃料结构,提高天然气、石油液化气、城市管道煤气的使用率。逐步淘汰各类塑料包装物、方便袋,消除白色污染。建设船舶垃圾收集处置体制,严防船舶固体废物污染长江和内河水体。建立健全工业粉煤灰、炉渣及脱硫石膏综合利用体系。健全医疗废物收集处置管理体系,建成扬州危险废物处置中心,确保国家规定的五类医疗废物均能得到有效处置。

完善环境管理体制。健全环境与发展综合决策机制,强化从源头上防治污染,严格污染物总量控制。加强政策引导,积极推进污染治理产业化运作。建设全市重点区域、重点水域环境风险防范体系,严格实行环境影响评价制度。积极推进规划的环境影响评价,坚持环境信息公开,加大环境执法力度,完善产业环保准入制度。加大政府对生态环境保护的投入,加强环境保护能力建设,“十一五”期间每年全市环保投入占GDP比重保持在2%以上。

3. 大力发展循环经济。按照“减量化、再利用、资源化”的原则,发展生态工业、生态农业、生态服务业,建成一批循环经济生态工业园区和现代都市生态农业、生态服务业体系,逐步形成区域生态经济核和生态经济产业带。

循环型工业建设。推广建立企业内部循环系统,全面推行企业清洁生产,建立清洁生产技术咨询中心和清洁生产交易中心,“十一五”期末全市列统企业清洁生产审计率达20%,20%以上规模化企业按ISO14000标准管理。加快构建生态工业园区,促进企业间的循环,扬州经济开发区、扬州化学工业园建成循环经济园区。2010年全市工业固体废弃物综合利用率达到94%。

循环型农业建设。加快沿江、沿河和丘陵地区三大循环农业区域建设,构建农、林、牧、渔等产业的循环生态链。大力推广绿色配套生产技术,积极推进耕地质量建设、畜禽生态养殖小区和水产生态健康养殖建设,科学使用肥料、农药,实施清洁化生产,有效控制农业面源污染,促进农业可持续发展。大力推广生态农业技术,积极防除外来有害生物,建立起农业生产监控与监测体系。“十一五”期间重点建成1个农业面源污染综合整治工程,建立10~20个废弃物回收与资源化利用中心。推进畜禽粪便和农业废弃物的综合利用,建成2~3个有机肥加工企业,推广有机肥的广泛施用。以扩大和更新农田防护林、速生丰产林、果木经济林和花卉苗木为重点,建成1个农林复合系统工程。加快培育种植业、蔬菜业、渔业、畜牧业、奶业、食品加工业六个循环型主导产业,2010年初步形成农业循环体系。建设循环型农业发展集聚区,推广有机共生共作技术,整合宝应运西、东荡湿地、中部平原三大有机产业园,将宝应县建设成全省最大的有机农业示范园。大力推广秸秆全量还田、秸秆青贮氨化养畜、食用菌生产等综合利用技术,禁止露天焚烧,禁止抛入河塘,到2010年,全市秸秆综合利用率达到90%以上。

循环型社会建设。综合运用财税、投资、信贷、价格等政策手段,调节和影响企业、居民和政府等主体的行为。制定并完善阶梯式水价、峰谷电价等,鼓励使用绿色产品、能效标识产品、节能节水认证产品和环境标志产品等。加快建设生态物流示范工程、绿色CBD示范工程、绿色饭店创建工程和生态旅游工程。

第九章 加快构建和谐社会

发展思路与目标架构:坚持以人为本、富民优先,注重社会公平,认真解决好人民群众最关心、最直接、最现实的利益问题,着力构建促进就业社会责任体系和城乡社会保障体系,加快发展社会事业,加强社会主义民主法治和精神文明建设,不断提高人民生活质量和水平,在苏中地区率先建立和谐社会发展框架。

发展重点:

1. 构建就业促进体系。把扩大就业摆在经济社会发展更加突出的位置,进一步贯彻落实"劳动者自主择业、市场调节就业、政府促进就业"的方针,围绕经济发展多渠道开发就业岗位,鼓励劳动者通过多种形式实现就业,努力实现促进经济增长与扩大就业的良性互动。

积极鼓励创业。大力弘扬创业精神,积极推动全民创业、自主创业、艰苦创业,提高经营性、资产性收入在城乡居民收入中的比重。大力宣传、引导和组织落实非公经济发展政策和全民创业政策,营造更加浓厚的创业氛围,激发民众创业热情。实施万名青年创业成才行动工程,鼓励国有企业、科研院所、高等院校、事业单位的工作人员依法创业,留学人员回国创业,农民进城或返乡创业,大学毕业生以智力创业,下岗失业人员自谋职业和自主创业。加大金融财税政策扶持力度,引导金融机构发放创业贷款,发展创业投资机构。建设创业园区和创业基地,建立健全创业指导服务体系,实施创业辅导工程,开展创业培训,提高创业成功率。"十一五"期间全市各开发区、工业小区创业基地每年提供30万平方米标准化厂房。加强对创业者劳动成果和合法权益的保护,提高创业者的社会地位和安全感。

努力扩大就业。健全政府促进就业目标体系,巩固和强化就业再就业工作目标责任制。落实就业再就业各项政策,加快建立促进就业专项资金,鼓励自谋职业和自主创业,鼓励企业吸纳就业,提高灵活就业人员的稳定性。推进城乡统筹就业,健全覆盖城乡的就业管理服务体系,统筹做好失业人员再就业与城镇新成长劳动者的就业工作,认真落实高校毕业生和复员转业退役军人就业的有关政策,完善农村劳动者进城务工和跨地区就业合法权益保障的政策措施,实现人人有公平的就业机会。注重发展具有比较优势的劳动密集型行业和中小企业,增加就业容量。积极开展失业调控,建立失业预警机制,加强就业管理,合理引导和规范企业裁员。"十一五"期间全市新增城镇就业岗位13万个以上。

大力开展劳动力技能培训。建立政府引导、社会参与、灵活有效、覆盖城乡的职业培训网络。整合培训资源,优化专业设置,适当向新兴职业项目、高端技术工种覆盖,增强劳动者就业、再就业和自主创业的实际能力。创新培训模式,建立政府、劳动者、用人单位等多方共同分担,多渠道增加职业培训经费投入的新机制。加强对农村劳动力培训基地和城镇各类再就业培训定点单位的管理,完善培训单位资质管理制度和劳动者职业资格证书制度,健全企业职工内部培训制度。实施"两后双百"工程,确保未能继续升学的初高中毕业生100%接受职业技能培训,适龄人员100%推荐就业。

健全就业服务体系。加快培育发展城乡统一的劳动力市场,建立和完善市、县(市、区)、乡镇、村四级就业服务网络。加强城市社区和乡镇劳动所等公共就业服务机构建设,促进和规范就业中介组织的发展,切实加强职业中介经纪人队伍的建设,完善公共就业服务制度。建立城乡联网的就业管理信息系统,为劳动者提供政策和就业信息咨询。规范劳动力市场秩序,建立健全劳动合同和集体合同制度,加强劳动执法监察和劳动争议处理力度,健全维权服务制度,保护劳动者特别是进城务工人员的合法权益。

2. 健全社会保障体系。以扩大社会保障覆盖面和提高保障能力为重点,加强社会保障公共服务体系建设,提高财政的社会保障支出比重,多渠道筹措社会保障基金,加快健全城镇社会保障体系,把养老、医疗、失业、工伤和生育保险覆盖到城镇各类企业职工、个体工商户和灵活就业人员等广大劳动者。

完善基本养老保险制度。按照"成建制、全覆盖"的要求,推进城镇养老保险扩面续保工作,实现各类就业人员应保尽保。推进机关事业单位养老保险制度改革试点工作。改革基本养老金计发办法,调整企业职工个人养老金账户规模,实现市区统筹,提高基本养老保险社会统筹层次,逐步做实个人账户。扩大工伤保险覆盖面,合理拓展失业保险基金使用范围。加强对特殊群体和困难群体的社会保障,逐步把失地农民和进城务工人员纳入城镇社会保障体系。进一步完善城乡最低生活保障制度。

完善基本医疗保险制度。着力构筑以城镇职工基本医疗保险制度为主体,以补充医疗保险、单位医疗补助、职工医疗互助和社会医疗救助等为补充的多层次的医疗保险体系。健全农村新型合作医疗制度,加大政府投入力度,建立稳定有效的筹资机制。

建立新型的社会救助体系。整合政府、社会资源,加大扶贫帮困力度,加强对特殊群体和困难群体的社会保障,加快建立完善包括生活救助、医疗救助、教育救助、灾害救助等一体化的社会救助体系。建立老年农民救助制度,继续完善多种形式的"五保"供养体系。进一步加大对特困群体的再就业援助力度,充分发挥社团在促进就业和再就业方面的作用,努力实现有就业能力的特困群体再就业。加大城镇限价商品房、解困房、廉租房的建设力度,加快改造农村危房,做好住房解危解困工作。加大教育帮扶力度,建立以"政府主导、学校联动、社会参与"为主要模式的扶贫助学长效机制,对低保子女、特困家庭子女按规定减免义务教育和高中阶段的学杂费、住宿费、簿本费等,继续广泛开展"爱心助成才"、"希望工程"、"春蕾计划"等助学活动。积极发展慈善事业,健全慈济网络和平台,完善慈济医院和慈济窗口建设,不断提高慈善事业公信力,为社会困难群体提供可靠的救助服务。加强对社会流浪乞讨人员的救助管理,积极开展法律援助和心理疏导咨询。

加快发展社会福利事业。重视老龄问题研究,加强老龄工作,加速推进老年事业。进一步完善以老年人福利服务为重点,基层福利服务体系为依托的社会福利服务体系。积极鼓励社会力量创办福利机构,推进社会福利社会化进程。

3. 完善利益分配和协调机制。改革工资收入分配制度。完善按劳分配为主体、多种分配方式并存的分配制度,坚持各种生产要素按贡献参与分配的政策。按照"市场机制调节、企业自主分配、职工民主参与、国家监控指导"的原则,加快建立以工资集体协商为重要形式的企业工资决定机制、工资监督机制和正常的工资增长机制，稳步提高职工工资收入在总收入中的比重，维护劳动者的合法权益。完善企业工资总额宏观调控的方法，由工资总额调控转向工资水平调控，完善工资指导线、劳动力市场工资指导价位和人工成本预测预警三项制度，确保企业执行最低工资标准。加快建立公务员收入与经济增长速度同步增长、离退休人员离退休费（养老金）按在职职工收入一定比例同步增长的长效机制。

进一步调整完善收入分配政策。加大财政向扩大就业、完善社会保障体系、保障低收入群体基本生活等方面倾斜力度，着力提高低收入者收入水平，逐年提高最低工资和城镇最低生活保障标准，提高困难人群的生活补贴。加强收入监管和税收征管力度，依法调节过高收入。

4. 加快发展社会事业。发展文化事业。以“五个一工程”、国家和省舞台艺术精品工程为龙头，设立文学艺术政府奖，努力繁荣艺术创作。加强地方文化文献的整理出版工作。大力发展群众文化，建成扬州文化艺术中心、职工活动中心、青少年（科技）活动中心、妇女儿童活动中心等一批城乡文化基础设施，办好全市少儿艺术节、老年艺术节、社区艺术节和农民艺术节，不断丰富城乡居民文化生活。“十一五”期间各县（市、区）均建成省级群众文化工作先进县（市、区），市文化馆达到国家一级馆标准，市图书馆基本建成数字化图书馆，市、县、乡三级图书馆藏书量达到人均0.7册，社区公益文化活动用房建筑面积达到人均0.04平方米。加强文物文博资源的挖掘保护和整合利用，加大非物质形态的文化产品开发，继续实施历史文化名城解读工程，积极申报联合国人居奖和世界文化遗产。加强对外文化交流与合作，通过艺术表演、举办展览、合作出版等形式，大力拓展扬州木偶、古筝、书画、文物的国际影响。加快发展广播电视事业，完成城区数字电视整体平移，2010年全市有线电视入户率达到80%。推进档案方志事业发展，做好并完成全市第二轮《地方志》编纂工作，市和各县（市、区）档案馆馆库建设全面达标，市档案馆初步建成数字化档案馆。

发展卫生事业。加大政府对公共卫生服务的投入，加快建立较为完善的疾病预防控制、医疗救治、卫生监督执法和卫生信息体系，健全公共卫生应急机制，推进健康促进行动。坚持政事分开、管办分离、营利性与非营利性分开的原则，不断深化卫生改革，完善区域卫生规划和医疗机构布局，优化资源配置。鼓励多元化社会资金进入医疗行业，加快形成公立医疗机构为主导、多种所有制医疗机构共同发展的医疗卫生服务体系。完善城乡社区卫生服务网络，完成苏北人民医院改造工程，完成市妇幼保健院门、急诊楼和病房楼的建设，完成市中医院病房楼建设及扩建工程，完成南方协和医院建设，完成市传染病医院搬迁扩建工程，完成市急救中心建设工程，完成县（市、区）人民医院及传染病规范化病区改造。加强城乡社区卫生服务机构建设，完善城乡社区卫生服务网络，增强社区卫生服务功能。到2010年，居民平均期望寿命达到74岁，婴儿死亡率控制在12‰以下，每万人拥有医护人员数达到25人以上，每万人拥有病床数达到25张以上。

发展体育事业。全面实施全民健身计划，健全全民健身体系，以社区为重点加强公共体育设施建设，适时启动体育公园二期、东区体育中心等工程建设，鼓励各类单位有序开放体育活动场所。推进体育事业的社会化、产业化进程，鼓励社会资本投资体育产业，积极承接和举办好重大体育赛事，积极推进竞技体育项目的职业化进程。加快体育场馆管理机制改革，推动市场化、多元化经营。

5. 加快发展人口事业。坚持计划生育基本国策。稳定人口低生育水平，重点控制农村地区的人口出生率。深入开展“婚育新风进万家”活动和关爱女孩行动，在全社会形成新型婚育观念。加强人口性别比综合治理，完善计划生育家庭奖励扶助政策，有效控制出生人口性别比失衡。建立对生育过程的全程监控管理服务机制，加强出生缺陷干预，提高出生人口素质。加强县乡两级计划生育服务站建设，提高计划生育服务网络化和信息化水平。

保障妇女儿童和残疾人权利。贯彻男女平等基本国策，保障妇女平等获得就学、就业、社会保障和参与社会事务管理的权利，加强妇女卫生保健和劳动保护。坚持儿童优先原则，依法保护儿童生存权、发展权、受保护权和参与权，改善少年儿童成长环境，促进儿童身心健康发展。做好青少年青春期教育和生殖健康教育，形成政府部门、家庭、社区、青少年共同参与的青少年生殖健康促进长效机制。加快推进残疾人事业发展，兴建市残疾人综合服务中心，建设各类无障碍设施，切实帮助解决残疾人教育、培训、就业、康复、文体等方面的需求，增强残疾人自立自强意识和自我发展能力。

加强人口流动管理。以优化人口分布、开展人口信息预报、实施人口安全监测为重点，加强人口发展战略研究，建立标准化的信息体系，为社会经济的重大决策提供人口依据。以社区为主体，强化流动人口属地管理，积极探索为进城务工人员提供服务的新机制，逐步完善居住证制度和房屋租赁管理制度，制定社会保障、子女义务教育、就业培训、计划生育管理等综合配套政策。

6. 不断提高人民生活质量。多渠道增加城乡居民收入，努力使人民群众的收入水平随着经济发展水平的提高而提高。加强城乡居民社区建设，增强社区综合服务功能。改善和创造良好的消费环境，积极推动居民消费。注重引导农民转变生产方式、生活方式、消费方式，增加即期消费。大力培育信息服务、旅游、文化娱乐、非义务教育、保健等新的消费热点，推行带薪休假，扩大服务性消费的比重。强化食品、药品安全监管，实施放心食品、药品工程，切实保护消费者合法权益，保持居民生活必需品价格的基本稳定，建立低收入群体价格上涨动态补贴机制。深化住房制度改革，落实以货币补贴为主的各项房改政策，完善住房公积金制度，提高居民购房能力。鼓励发展节能、环保型住宅，到2010年生态小区覆盖率达50%以上。

7. 加强社会主义民主法治建设。坚持完善和发展人民代表大会制度、中国共产党领导的多党合作和政治协商制度。进一步深化以民主选举、民主决策、民主管理、民主监督和村（居）务公开、财务公开为核心的基层依法治理，扩大基层民主，保障人民群众对社会事务的知情权、参与权、监督权和选择权，加强城乡基层政权机关和群众性自治组织建设，建立健全村（居）民民主议事的决策制度和议事规则，坚持和完善职工代表大会制度和其他形式的企事业民主管理制度，推进政务、企务和村务公开。全面实施《法治扬州建设纲要》，推进依法治市进程。加快政府工作法治化，进一步改革司法体制，规范执法行为，完善法律服务体系，强化司法监督。积极开展法律援助，促进社会公平正义。加强法制宣传教育，全面实施“五五”普法规划,创新普法教育的方式方法,增强法制宣传教育的针对性和有效性。切实做好民族、外事和侨务工作,规范发展各类民间组织,依法加强宗教事务管理。加强民兵、预备役部队和国防后备力量建设,做好国防动员、优抚安置和国家安全工作,继续开展创建双拥模范城(县)活动,提高全民国防意识。

8. 加强社会主义精神文明建设。坚持用邓小平理论和“三个代表”重要思想武装全党、教育全民,大力弘扬“创业、创新、创优”的新时期扬州精神,继续抓好党的基本理论、基本路线、基本纲领教育和爱国主义、社会主义、集体主义教育,增强全社会爱国建国强国意识,树立共同理想和精神支柱。深入贯彻《公民道德建设实施纲要》,强化爱国主义、集体主义、社会主义思想教育和社会公德、职业道德、家庭美德建设,加强和改进未成年人思想道德建设,重视职工思想政治工作,发挥好工会、共青团、妇联等人民团体的桥梁纽带作用。继续深入开展“现代市民教育工程”和“现代农民教育工程”。大力开展以创建全国文明城市为龙头的各类创建活动,不断提升市民素质和城市文明程度。以“市民日”、“社区艺术节”、“农民艺术节”等活动为载体,活跃人民群众的文化生活。加快学习型单位、企业、社区和城市建设,努力构建学习型社会。加强科普宣传,反对封建迷信,倡导科学文明健康的生活方式。加强思想文化阵地建设,组织开展重大社会科学课题研究,大力发展和繁荣哲学社会科学事业和新闻出版业。

9. 加强廉政建设。坚持标本兼治、综合治理、惩防并举、注重预防的方针,加大从源头上预防和治理腐败的力度,推进反腐倡廉体制、机制和制度创新,建立健全教育、制度、监督并重的惩治和预防腐败体系。加强对权力运行的监督和制约,推行和完善领导干部经济责任审计制度。坚决纠正损害群众利益的不正之风。

10. 建立健全社会安全体系。推进平安扬州建设。健全社会管理体系,加快和谐社区、和谐村镇、和谐家庭、和谐企业建设,增强社会和谐基础。完善市、县、乡三级信访接待网络,健全社会预警体系和“大调处”工作机制,积极预防、排查、掌握、化解各类社会隐患,妥善调解社会纠纷和劳动关系矛盾,及时处置群体性事件。加强公安派出所、人民法庭、司法所等基层政法组织建设和保安、联防队伍建设,健全乡镇(街道)和村(社区)综治网络,深入开展企业、学校、社区平安创建活动,完善社会治安防控体系,建立以110报警服务台为基础的城市应急联动指挥中心,提高政府应急处置水平和创安维稳能力。发挥人民调解职能,构筑社会治安综合治理第一道防线。加强对流动人口、刑释解教人员、社区服刑人员的管理,预防和减少青少年犯罪。探索建立网络舆情引导机制和危机处理机制,积极预防和打击互联网违法犯罪活动。

建立健全安全生产长效机制。完善以责任制为核心的安全生产监管体系和应急联动体系,切实提高安监装备能力,减少各类事故的发生。建立重大危险源档案和监控网络,有效遏制重特大事故。加强重要区域、物种、物品、疾病的监控,建立完善生态安全监测报告体系,切实维护人民群众生命和财产安全。“十一五”期间全市各类安全生产事故死亡人数每年下降2.5%以上。

建立健全公共危机应急救援体系。坚持以防为主,防御、治理和救助相结合的方针,加强消防、气象、地震、人防等各类公共基础设施建设,改善装备条件,提高防洪防灾减灾监测预警预报服务能力。整合应急救援力量,完善应急救援机制,改善应急救援条件,逐步建立严密、快捷、高效的公共安全社会应急救援体系,提升城市公共危机应急防护能力。

第十章　实施机制与实施保障

“十一五”总体规划纲要是编制其他各类规划、年度计划以及制定产业导向等经济政策的重要依据,也是未来五年我市各地、各部门安排经济和社会事业的工作指南,《纲要》经市人代会审议通过后,各地各部门必须严格执行。

1. 完善规划实施机制。健全规划体系。市政府将加快推进规划体制改革,建立统一有效、层次分明、功能清晰、责任明确、分类实施、相互衔接的规划体系和实施机制。组织实施科技、人才、产业、城市、交通、生态等四十多个重点专项规划,保证重点领域规划目标的顺利实现,为规划纲要目标任务的全面完成奠定基础。各县(市、区)规划要在约束性目标、空间功能定位和重大基础设施建设等方面加强与本规划纲要的对接。城市规划和土地利用总体规划要以本规划纲要为依据,将本规划纲要确定的目标、任务和要求进行具体落实,突出建设性和控制性。

加强目标管理。完善政府目标管理制度,将“十一五”总体规划纲要确定的各项目标和任务纳入政府重点工作目标内容,逐条分解到年度,落实到部门。建立重大项目责任制,对规划纲要中确定的重大工程和重大项目进行分解落实,由市领导挂帅,相关部门和地方各负其责,明确责任、明确进度、明确要求,确保重大工程和重大项目的实施。

优化政策引导。政府将合理通过税费、金融、用地等政策,引导各类市场主体投资行为,优化市域资源配置,吸引各类要素集聚,使全市经济社会发展战略和目标与企业行为结合起来,共同推进规划的有效实施。

强化资金筹措。在稳定现有资金供给的基础上,政府将积极开拓创新,探索和拓宽融资渠道,扩大金融机构投入,不断引进外资民资,鼓励企业和社会投资,推进企业上市融资,争取国家和省各类资金扶持,“十一五”期间,全社会固定资产累计投入超过3 450亿元。

优化财政投入。政府将进一步完善财政收支制度,强化财政支出管理。坚持以人为本,合理配置财政资源,优先发展公益性社会事业,加强对基础研究和重大应用研究的扶持。深化社会事业单位改革,加快经营性社会事业的社会化、产业化进程,减少公共财政的支付领域,提高使用效果。

2. 健全规划实施的监督评估机制。认真开展规划纲要的宣传工作。通过广泛开展规划纲要的宣传活动,使全社会了解规划、关心规划,自觉地参与规划实施,提高规划纲要的社会知晓度,并监督规划执行和实施。

加强规划实施的中期评估。2008年市发展改革主管部门将组织力量,对“十一五”规划的实施情况进行中期评估,检查规划落实情况,分析规划实施效果,找出规划实施中的问题,提出解决问题的对策建议,上报市政府。经中期评估需要对本规划进行修订时,市政府提出修订方案,报请市人民代表大会常务委员会批准实施。

3. 推进重大工程项目建设。强化项目支撑,充分发挥重点项目导向带动作用,按照“政府履行职责的领域、有较大调控能力并能发挥主导作用的领域、有利于改善投资环境的重大基础设施项目、有利于优化产业结构的重大产业项目"等原则,"十一五"期间初步在以下十大工程领域实施360个左右重大项目,计划投资2 450亿元左右,占全社会固定资产投资总量的70%左右。主要是:

现代综合运输体系工程。主要构建和完善综合快速交通网,建成一批港站枢纽,提升对外通达能力。包括新建扩容宁通高速公路、新建江海高速扬泰段、安丰至大桥公路、完善沿江高等级公路扬州段、加快扬州港"一港两区"建设、推进运河"三改二"整治、扩容改造京沪高速淮安至江都段、规划淮扬镇铁路、苏中机场、宁扬城际轨道交通等项目,"十一五"期间预计投资114亿元左右。

能源建设和保障工程。主要续建和规划新建一批电源点,完善电网改造,提高能源供给能力。包括扬州二电厂二期工程、江苏油田勘探开发、扬州电网改造、秸秆发电等项目,"十一五"期间预计投资130亿元左右。

水资源供给和水利防洪工程。主要改善水资源供给条件,提升流域防洪、城市防洪能力,保障城乡饮用水安全。包括长江治理、淮河治理、病险水库加固、重点洼地治理、城市防洪、水资源调配、水土保持、农村水利、水利血防、水源保障等项目,"十一五"期间预计投资50亿元左右。

城镇功能提升工程。主要加快城镇基础设施建设,提升城镇的集聚、辐射和带动功能。包括"数字城市"建设、城市道路改造和河道整治、燃气、集中供热、古城保护和改造、房地产开发、小城镇建设、新农村居住示范点建设等项目,"十一五"期间预计投资650亿元左右。

现代农业推进工程。主要改善农业生产环境,提高农业综合生产能力和产出效率,增强农业的综合服务功能。包括农业综合开发、商品粮基地及优质粮产业工程、农业重点产业一体化工程建设、现代农业产业园区建设、"菜篮子"工程建设,农业"三品三创"工程、宝应县有机农业开发园区建设工程、土地复垦整理等项目,"十一五"期间预计投资25亿元左右。

现代制造业振兴工程。主要壮大支柱产业,培植高新技术产业,加快发展传统特色产业,提升制造业整体竞争力。包括石油化工、汽车及零部件、纺织服装、医药及医疗器械、金属板材设备、电工电缆、船舶、电子信息八大工业支柱产业亿元以上项目等,"十一五"期间预计投资1 150亿元左右。

现代商贸物流工程。主要构建区域物流平台,优化城市商业网点布局,提升中心城市物流集散能力。包括扬州港口综合物流、仪征石化专业物流、文昌商圈改造、五亭龙玩具城、国际珠宝城、高邮服装城等项目建设,"十一五"期间预计投资106亿元左右。

文化大市建设工程。主要加快教育、文化、旅游等事业和产业发展,提升城市以文化为核心的软竞争力。包括文化博览城、文化艺术中心、扬子津科教园、体育公园、瘦西湖新区、古运河游览线等重大项目建设,"十一五"期间预计投资140亿元左右。

生态市建设工程。主要推进城乡环境综合整治,加强生态绿化建设和湿地保护,建设资源节约型、环境友好型社会,增强资源环境的可持续发展能力。包括污水处理设施建设、污水管网完善、垃圾处理、污染企业搬迁、生态林网建设、湿地保护等项目,"十一五"期间预计投资65亿元左右。

公共卫生与安全体系建设工程。主要加强医疗卫生服务体系和防灾减灾应急体系建设,构建社会安全网,提高政府公共服务水平和应急保障能力。包括重点医院改造、农村卫生服务体系建设、农村改水改厕、公安消防设施建设、气象与地震监测预报网络建设、安全生产监测监管能力建设、民政福利服务设施建设等项目,"十一五"期间投资计划20亿元左右。

附表1 扬州市"十五"经济社会发展主要指标完成情况表

指　　标	2000年	2004年	2005年预计	5年年均增幅	"十五"计划
地区生产总值(亿元)	472.12	788.13	922	12.4	10~11
其中:第一产业(亿元)	63.02	79.80	86	5.2	5.0
第二产业(亿元)	231.36	419.90	518	14.5	12以上
工业(亿元)	206.2	366.6	450	14.7	12以上
第三产业(亿元)	177.7	288.5	318	11.8	11~12
人均地区生产总值(元)	10 515	17 180	20 260	12.2	9.5~10.8
财政总收入(亿元)	33.99	93.89	117	28.1	12以上
全社会固定资产投资(亿元)	128.25	330.05	410	26	10以上
注册外资实际到账(亿美元、老口径)	0.67	8.14	12.5	累计29亿美元	累计10亿美元
自营出口(亿美元)	6.06	13.51	19	27.4	16以上
社会消费品零售总额(亿元)	152.04	228.0	263.5	12.5	10以上
城市居民人均可支配收入(元)	6 734	9 851	11 379	11.1	8.0
农民人均纯收入(元)	3 464	4 677	5 200	8.5	7.0
城市化水平(%)	41.0	46.6	48		45以上

附表 2 扬州市"十一五"经济社会发展主要指标

	指 标	2005 年预计	2010 年目标	年均增幅
一、经济增长	* 地区生产总值(2005 年价,亿元)	922	1 700	13%
	人均地区生产总值(2005 年价,元)	20 260	37 000	12.8%
	第二、三产业增加值占 GDP 比重(%)	90.7	94	
	* 财政总收入(亿元)	117	235	15%
	* 全社会固定资产投资(亿元)	410	900	18%
	* 注册外资实际到账(亿美元、新口径)	5.15	18	30%
	* 新增民资注册资本(亿元)	165.1	330	15%
	* 劳动生产率(元/人)	39 000	68 000	
	* 农业从业人员比重(%)	21	15	
	城镇登记失业率(%)	3.8	4.5	
	城市化水平(%)	48	55 以上	
二、社会发展	全社会研发投入占 GDP 比重(%)	1.48	2	
	* 专利授权量(件)	累计 2 553	累计 3 300	
	* 高新技术产业产值占规模工业总产值比例(%)	18.7	23	
	高中阶段教育毛入学率(%)	82.2	90	
	卫生服务体系健全率(%)	86.6	90	
	城镇养老、医疗、失业三大保险覆盖率(%)	92	95	
	农村新型合作医疗保险参保率(%)	88.6	95	
	人民群众对社会治安满意率(%)	98	98 以上	
	城镇社区居委会依法自治达标率(%)	95	95 以上	
	农村村委会依法自治达标率(%)	97	97 以上	
三、人民生活	城市居民人均可支配收入(元)	11 379	16 000	7%
	农民人均纯收入(元)	5 200	8 000	9%
	农村人均钢筋砖木结构住房面积(平方米)	39	40 以上	
	百户家庭电脑拥有量(台)	26	40	
	居民文化娱乐服务支出占家庭消费支出比重(%)	14.5	18	
	恩格尔系数(%)	42.4	40	
四、人口资源环境	* 人口自然增长率(‰)	7	4	
	* 耕地保有量(万亩)	470	470	
	* 万元地区生产总值能源消耗(吨标准煤)			五年下降 20%
	环境质量综合指数(分)	78.5	80 以上	
	城市绿化覆盖率(%)	36.9	40	
	森林覆盖率(%)	14.5	20	

注:1. 标 * 号者指在原小康指标体系基础上新增加的指标。2. 原小康指标体系中的城镇人均住房建筑面积、农村行政村通灰黑公路(或航道)比重、城镇人均拥有道路面积、百户家庭电话拥有量等指标由于到 2005 年已达到目标值要求,不再列入"十一五"指标体系。

南通市国民经济和社会发展第十一个五年规划纲要

（南通市第十二届人民代表大会第四次会议批准）

第一章　发展基础与环境

第一节　发展基础

"十五"时期，在省委、省政府和市委、市政府的正确领导下，全市上下高举邓小平理论伟大旗帜，全面贯彻"三个代表"重要思想，紧紧抓住重要战略机遇期，积极应对各种挑战和考验，按照"依托江海、崛起苏中、融入苏南、接轨上海、走向世界、全面小康"的总体发展思路，猛攻投入，强攻改革，扩大开放，优化环境，提前完成了"十五"计划提出的主要发展目标和任务，为"十一五"发展奠定了坚实基础。这一时期是南通经济增长驶入快车道、运行质量显著改善的时期，是改革开放取得重大进展、发展活力极大激发、各类要素空前集聚的时期，是发展载体全面构建、城市形象和综合竞争力迅速提升的时期，是"三个文明"建设同步推进、经济社会协调发展、人民生活水平明显提高的时期。

经济实力跃上新台阶。"十五"时期，全市地区生产总值按可比价年递增13.1%，2005年达到1 472.08亿元，人均地区生产总值达到19 060元，两项主要指标均在"九五"末的基础上实现翻番。财政总收入年递增21.7%，2005年达到171.19亿元，占地区生产总值的比重达到11.6%，比"九五"末提高了4.3个百分点；地方一般预算收入达到71.99亿元。工业化进程加快，2005年三次产业结构为11.02:55.97:33.01。

发展后劲显著增强。"十五"时期，苏通长江公路大桥开工建设，为全市经济社会发展创造了历史性机遇；通启高速、沿海高速、海防公路、新长铁路南通段、宁启铁路南通段建成通车，现代化综合交通运输体系框架初步形成，区位优势更为凸显。沿江开发向纵深推进，造船、精细化工等临港产业发展加速，港口建设步伐加快，南通港万吨级以上泊位达到38座，2005年港口吞吐量达到8 327万吨，是"九五"末的3倍。沿海港口建设取得突破，洋口港区、吕四港区开发取得了实质性进展，开始了"江河时代"向"江海时代"的历史性跨越。全市全社会固定资产投资五年累计达到2 437亿元，是"九五"的2.2倍；共实施市级重点项目199个，总投资约1 000亿元，竣工投入运营的项目132个。

市场化改革不断深入。国有经济布局战略性调整和国有企业战略性改组目标基本实现，多种所有制经济共同发展的格局基本确立，市场配置资源的基础性作用不断增强。争创江苏民营经济第一大市取得重要进展，民营经济发展主要指标增幅连续两年保持全省领先，2005年民营经济增加值占地区生产总值的比重达到43.1%，比"九五"末提高了15个百分点。要素市场发展加快，行业组织和中介机构作用增强。农村改革不断深化，农业税及附加费全面免征。政府职能转变加快，行政审批方式得到改进，审批事项大幅削减，政府服务质量指数跃居全国前列；事业单位分类改革成效显著。

国际化水平加速提升。开放型经济重返全省第一方阵。利用外资领域进一步拓宽，实现撑杆跳，"十五"时期，全市实际利用外资按原口径五年累计达到48.5亿美元，是"九五"的2.3倍。进出口贸易加快发展，出口商品结构进一步优化，全市进出口总额年递增22%，2005年达到85.20亿美元，是"九五"末的2.7倍，其中出口总额达到57.93亿美元，是"九五"末的2.8倍。"走出去"步伐加快，对外承包劳务营业额继续保持省内领先，五年累计达到23.6亿美元，是"九五"的3.3倍。开发区建设加速发展，成为全市开放型经济发展密集区。连续举办了五届港口经济洽谈会和两届世界大城市带高层论坛等一系列重大活动，国际间城市交往和合作进一步加强，南通的国际影响力和对外吸引力不断增强。

城镇化进程明显加快。"十五"时期，农村人口加快向城镇流动，2005年全市城市化水平达到45.8%，比"九五"末提高了12个百分点。市区旧城改造面貌一新，新区建设框架全面拉开，城市道路等市政设施建设步伐加快，建成了一批城市绿化亮化重点工程，绿化覆盖率达到41.5%；濠河、狼山景区被评为国家4A级风景区。县城和重点镇建设步伐加快，城镇规模不断扩大，功能进一步增强。挖掘并不断提升"中国近代第一城"城市品牌，"五城同创"取得阶段性成效，城市知名度和美誉度进一步提升。成功获得2007年省第五届园艺博览会承办权。

社会事业全面发展。国民教育体系进一步完善，南通大学组建成立，基础教育不断巩固，基本普及高中阶段教育，职业教育、成人继续教育进一步发展；新增劳动力人均受教育年限达到13年。技术创新体系构架初步形成，高新技术产业化步伐加快，2005年全市高新技术产业产值达到426.15亿元，占规模以上工业总产值的比重达到19.9%。自主创新能力不断增强，连续两次荣获"全国科技进步先进市"称号。群众文化生活日益丰富，实施了群众文化"百千万"工程；南通博物苑新展馆、城市博物馆等一批文化设施相继建成开放，环濠河博物馆群基本形成。全民健身体系进一步健全，成功获得2006年省"十六运"承办权，南通体育会展中心建设进展顺利。公共卫生体系建设全面启动，公共卫生突发事件处置能力明显增强。人口和计划生育工作进一步加强，人口自然增长率为-1.08‰。广播、电视、出版、统计、档案、气象与防灾减灾等各项社会事业都取得长足发展。

人民生活质量不断提高。就业再就业工作成效显著,城乡一体化的就业体制初步建立,五年累计提供就业岗位70万个,实现再就业19万人次,城镇登记失业率控制在3.5%以内。城镇职工基本养老、基本医疗、失业、生育和工伤保险参保人数分别达到72.8万人、91.0万人、67.9万人、50.4万人、58.4万人,农村新型合作医疗覆盖面达到87%,困难群体基本生活保障水平提高。城乡居民收入实现较快增长,2005年城镇居民人均可支配收入、农民人均纯收入分别达到12 384元和5 501元,是"九五"末的1.6倍和1.5倍。城乡居民储蓄存款余额达到1 190.74亿元,是"九五"末的2.2倍。居民消费价格指数涨幅控制在规定范围以内。居民文化、教育、娱乐消费支出明显增加。城镇、农村人均住房建筑面积分别达到29.14和49.62平方米。市区人均公共绿地面积达到8.76平方米;完成了城乡电网建设改造工程和通如区域供水工程,城乡居民用电水平明显提高,农村自来水普及率达到98%。老龄、社会福利等事业进一步发展,人民群众对社会治安的满意率跃居全国前列,环境质量位居"全国污染控制较好城市"前列。

"十五"时期,全市经济社会发展取得了令人瞩目的成就,但还存在许多不足,前进中还面临不少困难:资源对经济发展制约加大,经济运行中的结构性矛盾依然存在,转变经济增长方式的任务还很繁重;区域之间、城乡之间差距拉大趋势虽逐步缓解,但不平衡性仍然较大;部分群众收入增长不快,生产生活还有不少实际困难;与经济快速发展比较,社会事业发展某些方面还存在相对滞后的现象;社会稳定面临着一些新的情况。对此,我们高度重视,认真加以应对和解决。

第二节 发展环境

综观"十一五"时期国内外发展的宏观环境,机遇与挑战并存,动力与压力同在。从国际上看,和平、发展、合作成为当今时代的潮流,经济全球化进程加快,科技进步日新月异,全球经济发展呈平稳增长态势,以重化工为主的新一轮国际产业和资本加速向中国东部沿海转移。同时,影响和平与发展的不稳定和不确定因素依然存在,围绕资源、市场、技术、人才的竞争更加激烈,我国入世过渡期即将结束,这对南通经济社会发展提出新的挑战。从国内来看,我国正处于新一轮经济快速增长的"黄金机遇期"和"矛盾突显期",居民消费结构逐步升级,产业结构调整和城市化进程加快,社会主义市场经济体制进一步完善,长三角区域一体化进程加快,北京奥运会和上海世博会的举办等都将为南通带来新的发展机遇;同时,在提高经济增长质量和竞争力、统筹城乡与区域发展、促进社会和谐、缓解资源"瓶颈"制约等方面都将面临新的挑战。

从南通自身条件看,"十一五"时期,南通期盼多年的、能够促成比较优势实现质态提升的重大机遇纷至沓来。全省沿海开发战略的实施,洋口、吕四深水大港的开发建设,将使南通形成沿江优势进一步放大,沿海优势强劲突破的区域发展新格局。苏通长江大桥、沪通铁路及沪崇启、沪崇海等过江大通道的建成,将使南通全面融入上海一小时都市圈,构筑起承南启北、西进东出、江海河联运、水陆空互通的"黄金十字通道",为南通带来新的发展机遇。进入新世纪以来,特别是"十五"后三年,南通发展呈现出连年提速、持续跨越的腾飞态势,很多领域呈现突破性、跳跃式甚至是爆发式的发展,全市利用外资、民资和固定资产投资持续强劲增长,已形成社会生产力诸要素特别是资本持续大规模集结态势。同时,全市上下思富思进、心齐气顺,"三个文明"与和谐社会建设互动并进,形成多年未有的既快又好的发展局面,经济社会呈现出科学发展、和谐发展的态势,成为江苏、长三角乃至国内最具发展活力的地区之一。展望"十一五",正是南通实现全面小康的决胜期、持续跨越发展的黄金期、提升在全省和长三角城市地位的赶超期、经济社会发展进入全面腾飞的关键期。南通必将在新的历史起点上大步跨越发展,实现全面腾飞。

第二章 发展定位与目标

第一节 发展定位

"十一五"时期,南通经济社会发展的总体思路是:以邓小平理论和"三个代表"重要思想为指导,根据省委、省政府作出的"新发优势在苏中"的科学判断,紧紧围绕经济社会全面腾飞的战略定位,继续按照"依托江海、崛起苏中、融入苏南、接轨上海、走向世界、全面小康"的发展思路,以科学发展观统领经济社会发展全局,坚持跨越发展、科学发展、和谐发展,加快建设经济发达、文化繁荣、政治清明、社会和谐、人民安康的新南通,为在下个十年内基本实现现代化奠定坚实的基础。

"十一五"时期,南通经济社会发展的总体定位是:经济增长速度继续处于江苏和长三角城市前列,经济总量在全国城市排名中进入前30位。科学发展走在江苏前列,产业全面优化升级,经济增长方式实现较大转变,资源利用效率不断提高。社会事业全面发展,科技、教育、人才的支撑作用明显增强,生态和人居环境有较大改善。和谐社会建设走在江苏乃至全国前列,城乡之间、区域之间、社会群体之间收入分配差距扩大趋势逐步缓解,就业相对充分,社会保障体系和公共服务体系更加健全,民主法制建设和精神文明建设全面加强,社会治安居于全国先进水平。确保2010年、力争2009年,全面达到江苏省制定的全面建设小康社会指标体系的目标值,在全省江北率先全面建成小康社会,全面融入苏南板块,加快推动形成长三角核心区沪苏通"金三角"和沿海沪甬通"一体两翼"发展新格局,加速把南通建设成为江苏江海交汇的现代化国际港口城市、长三角北翼的经济中心和国内一流的宜居创业城市。

第二节 指导原则

坚持以科学发展观统领经济社会发展全局,结合南通实际,把握好以下基本原则:

——始终突出跨越发展主题。牢牢把握发展第一要务,努力拉长跨越发展的上升周期,在全省、长三角和东部沿海城市中争先进位,力促全市综合经济实力跃上新台阶,社会发展进入新阶段,人民生活提高到新水平。

——加快转变经济增长方式。坚持节约发展、清洁发展、安全发展,着力调整经济结构,更加注重速度、结构、质量和后劲的统一,注重经济效益、社会效益和生态效益的同步提高,全面提升经济综合竞争力和可持续发展能力。

——全面激发全社会的创造活力。坚持把创新作为全面腾飞的最强动力,着力推进观念、体制、科技、文化、管理等创新,牢牢把握增强自主创新能力这个中心环节,加快建设创新型社会。

——充分整合发挥南通的优势。坚持扬长补短、错位竞争,注重挖掘、整合、放大和利用好南通的区位、资源、产业、体制、开放、人文等各种优势,积极发展集约型、集群型、开放型、内生型、港口型、都市型等经济战略形态，全力构筑大通道、大港口、大物流、大能源、大市区、大企业、大项目、大县(市)等经济腾飞的战略支点，加快潜在优势向现实优势、比较优势向竞争与发展优势的转化。

——统筹城乡和区域发展。加快建设社会主义新农村，坚持工业反哺农业，城市支持农村，逐步缩小城乡和区域差距，实现共同发展，全面建设惠及所有地区、全体人民的小康社会。

第三节 发展目标

经济增长。全市地区生产总值(可比价)年递增14%左右，2010年地区生产总值和人均地区生产总值在2005年基础上翻一番。一般预算收入年递增20%以上，2010年力争超过200亿元，占地区生产总值的比重超过6.5%。全社会固定资产投资五年累计超过6 000亿元。2010年全社会消费品零售总额超过860亿元。

结构效益。第二、三产业增加值占地区生产总值比重为94%左右，第二、三产业从业人数占全社会从业人数比重提高到74%。总增加值率提高到35%左右。城市化水平超过55%。市区与县(市)及县(市)之间互补共进的区域经济发展格局基本形成。工业全员劳动生产率达到20万元/人。

改革开放。建立比较完善的社会主义市场经济体制，所有制结构进一步优化，现代企业制度、产权制度和市场体系不断完善，政府职能进一步转变，社会管理体制更加健全，形成有利于激发全社会创新活力的制度保障。2010年民营经济占地区生产总值的比重达60%，"江苏民营经济第一大市"地位初步确立。对外开放进一步深化，注册外资实际到账五年累计力争超100亿美元，2010年外贸出口超过100亿美元，对外承包劳务营业额超过10亿美元。

科技创新。2010年全社会研发经费支出占地区生产总值的比重达到1.65%，市区达到2%左右，企业研发投入占全社会研发经费支出的比重显著提高。"十一五"期间新增申请专利15 000件，授权专利4 000件以上。高新技术产业产值占全市规模以上工业产值比重力争超过25%。

人口资源环境。人口自然增长率努力实现零增长。万元地区生产总值能耗比"十五"末降低20%左右。耕地保有量达到45.87万公顷。化学耗氧量、氨氮等主要污染物排放总量在2005年基础上削减5%，环境质量综合指数达到85%。森林覆盖率、绿化覆盖率分别达到18%和42%。

公共服务。现代化教育体系进一步完善，高中阶段与高等教育毛入学率分别达到95%和50%。卫生服务体系健全率达到96%，建立覆盖城乡的比较完备的公共文化服务体系。城镇养老、医疗、失业保险和新型农村合作医疗基本实现全覆盖，低收入群体社会保障水平进一步提高，社会救助体系比较完备。社会预警应急体系健全，防灾减灾能力增强，安全生产形势进一步好转，人民群众对社会治安满意率保持全省领先。

人民生活。城镇登记失业率控制在4%以内。城镇居民人均可支配收入、农民人均纯收入分别超过20 000元和8 500元。居民文教娱乐服务支出占家庭消费支出比重超过20%，恩格尔系数低于40%。居民消费价格总水平涨幅控制在3%以内。基本实现城镇每户家庭居住成套住房，农民居住向社区集中度明显提高。

第三章 新型工业化

走新型工业化道路，大力发展集约型、集群型经济，推进产业结构优化升级，提升产业整体技术水平，构筑长三角北翼先进制造业和基础产业基地，现代服务业比重逐步提高，建筑业实力进一步增强。

第一节 建设长三角北翼先进制造业和基础产业基地

深入实施以工兴市第一方略，通过政策引导、资源整合、技术升级，促进优势产业做大做强，努力提高支柱产业增加值率和基础产业支撑力。"十一五"末，全市规模以上工业增加值超过1 300亿元，年递增18%以上，工业增加值率达30%左右。

促进优势产业做大做强。依托现有产业基础，瞄准未来产业发展方向，以增量投入、存量优化和延伸产业链为突破口，加快产业升级。

建设亚洲一流的船舶修造基地。重点发展技术含量和附加值高的大型油轮、大型集装箱船、化学品船、液化石油气船、汽车滚装船等超大型远洋船舶及内河运输标准化船舶，不断提升船舶制造业竞争力；完成中远川崎二期工程，推进熔盛造船、吉宝造船和惠港造船等项目建设。开拓船舶改装、高附加值的船舶修理和海洋工程设备市场，创建船舶改装和海洋工程设备修理品牌。大力发展船舶配套产业，努力延伸船舶制造产业链；加快推进南通、如皋、启东船舶配套工业园建设，促进配件本土化，并辐射周边，打入国际市场。2010年，全市造船能力达到600万载重吨以上。

建设国内具有较强竞争优势的现代纺织服装基地。紧紧抓住原料、面料和终端产品等环节，构筑特色产品群，优化产业结构。内外并举，开拓市场，做大棉纺等特色传统产品规模，加强高科技含量、高附加值的纺织原料和服装面料以及化学纤维的开发生产，巩固提升家用纺织品等优势产业，着力发展装饰用纺织品，积极开发产业用纺织品。培育龙头企业，打造知名品牌，实现由服装大市向服装强市跨越。拓展产品系列，提高档次和品质，开发适应时代潮流的新产品；着重提高计算机辅助设计及制造等先进技术的应用水平；调整优化纺织服装企业布局，提升现代纺织服装业竞争优势。

建设技术质量国内先进的机械电子基地。突出改造提升基础机械、零部件等机械制造业。扩大生产数控机床、农业机械、电气机械、冷冻设备机械、工程机械等；积极发展重大技术装备及关键配套件和机电一体化装备，重点建设特种集装箱制造、农用车总装、风力发电机组、汽车零部件等生产基地。努力引进大型冶金项目，大力发展特种钢、高性能高精度铜铝材、轮胎子午线、航空钢丝绳等产品生产。按照"扩大总量、提高质量、提升档次"的总体目标，大力发展集成电路及新型元器件、现代通信、计算机及网络、数字视听、电子材料5大类重点产品，突出抓好集成电路生产基地、多媒体光盘工业园等电子信息产业基地建设。

建设全国重要的精细化工和新兴石油化工基地。精细化工和新型医药，重点突破超高效低毒新农药、合成和高分子材料、食品和饲料添加剂三大领域，提升发展醋酸、醋纤、甲醛、吡啶、精细石墨、光气和萘、中成药、新型医药制剂八大系列优势产品群；依托海洋资源优势和化工基础，建设新型海洋药物、生命科学研发及大型生物制药基地。石油化工，全力推进沿海重大项目建设，通过石化产品的应用延伸和深度开发，与沿江化工产业形成上下游一体化、优势互补的产业群。积极推进1 000万吨/年炼油、100万吨/年乙烯大型炼化工程一体化联合项目,建设以乙烯为龙头的大型石油化工生产基地;依托液化天然气进口接收站,发展以碳一化学为起点、与乙烯和芳烃相配套的大型基础化工;建设以35万吨/年大型烧碱装置为龙头的氯碱生产基地。

建设国内特色鲜明的轻工食品基地。运用高新技术和先进适用技术,加快粮油加工、饮料酒制造、工艺美术及造纸等行业的改造、提升,进一步扩大国内外市场份额。加速做大做强粮油加工业,拉长产业链,建成亚洲重要的粮油加工基地。调整啤酒生产规模和结构,加强与国际名牌啤酒企业的合作。整合民间工艺美术研发和生产资源,创新发展蓝印花布、红木雕刻、工艺鞋帽等特色产品。以王子纸业为依托,形成铜板纸、白板纸等高档纸品的规模化生产,扩大干式复写纸等特种纸品的生产能力,初步形成造纸产业基地。

建设长三角重要的电力能源基地。加快形成以火电为主体、热电为补充、风电和生物质能为后续的电力供应体系。优化能源结构,大力发展风能、太阳能、潮汐能、秸秆发电、城市垃圾发电等各种自然能源、清洁能源和可再生能源。以建设全国最大的风力发电基地为目标,尽快建成如东风电二、三期工程,加快推进启东风电项目建设;在如东、海安等县(市)积极发展秸秆发电;力争2009年建成洋口港区液化天然气电厂一期工程;加快建设如东"绿色能源示范县"。全力推进大唐吕四电厂一期项目、华能南通三期扩建项目和海门国电项目,做好天生港发电有限公司技改工程等重大电力项目的前期和实施工作。2010年全市发电能力力争达到1 000万千瓦,绿色能源比重达到20%左右。

加快产业集群化发展。围绕优势资源、优势产业、优势企业,优化产业布局,通过重大项目、龙头企业和专业市场带动,做大已有集群规模,培育新兴产业板块,重点推动船舶配套、新材料、集成电路元器件、精密机械、家用纺织品、服装面料、化工、电动工具等产业的集群化发展,形成一批融入国内外产业链的知名产品群和一批产业规模、市场份额、盈利能力国内领先的产业集群。力争"十一五"末产业集群的规模以上工业增加值占全市规模以上工业增加值的比重达到35%以上。加速推进产业向"三沿"(沿江、沿海、沿线)地区、省级以上开发区和重点工业集中区集聚,强化开发区和工业集中区的经济载体功能,促进集中发展和集约发展,充分发挥对全市经济的先行示范、龙头带动作用。"十一五"期间,全市省级以上开发区经济增速年均20%以上。

培育龙头优势企业群。培育大企业,形成一批具有自主知识产权和知名品牌,在国内外市场具有较强竞争力的旗舰型企业。鼓励高成长性重点企业通过加大投入、上市融资、并购重组等途径,实现规模扩张,加快形成一批主业突出、带动作用大的骨干龙头企业群;引进、吸收先进技术,提高自主创新能力,逐步掌握关键技术和核心技术,形成自主知识产权,着重培育一批科技含量高、竞争能力强的优势企业群。鼓励中小企业做专做精,提高专业化水平,加强与大型龙头企业之间的分工协作。"十一五"末,全市拥有销售收入超50亿元的企业10家,其中超100亿元的企业(集团)2家。

大力实施品牌战略。以提高企业核心竞争力和产品市场影响力为目标,引导企业不断提高产品的设计、工艺、质量、安全水平,加大宣传和扶持力度,积极创建名牌产品和著名商标。"十一五"期间,全市力争每年成功创建20件以上"江苏名牌产品"或"江苏著名商标",3~5件"中国名牌产品"或"中国驰名商标"。

限制和淘汰落后生产能力。根据国家产业政策,运用经济、法律和必要的行政手段,限制不符合行业准入条件和产业政策的生产能力、工艺技术、装备和产品。淘汰不符合有关法律法规规定,严重浪费资源,污染环境,不具备安全生产条件的工艺技术、装备和产品。压缩过剩生产能力,推进技术改造。

第二节 推进服务业加速发展

推动服务业和制造业的互动发展,大力发展现代服务业,积极发展需求潜力大的产业,改造提升传统服务业,全面提升服务业的比重和水平。2010年,服务业增加值在2005年基础上翻一番以上,占地区生产总值的比重力争比"十五"末提高5个百分点,生产服务业与新兴服务业比重明显提高,营业额超100亿元的企业(集团)达到8家以上。

现代物流业。依托江海深水大港口和现代化综合交通体系,加快建设服务长三角及苏北、辐射长江中下游、沟通南北和连接海内外的长三角北翼现代物流中心。着力推进以"一园区、五中心"为重点的物流园区(中心)建设,完善园区配套服务功能,推动物流专业设施的整合与配套,建设物流公共信息平台,加快形成大型港口综合物流园区、火车站物流中心、开发区物流中心、叠石桥·志浩物流中心、海安物流中心和航空物流中心,努力扩大物流吞吐总量。围绕提高物流附加值,不断优化货种结构,增加化工原料、油品、钢材等货种运量。建立和完善大通关制度,努力降低运输成本,大力提高集装箱运输竞争力,千方百计扩大集装箱运输量。培育一批以信息技术为核心、功能配套、技术装备先进的第三方物流企业,引进航空货运、国际货代和船代、物流咨询管理等大型物流企业。拓展物流服务功能,形成以信息服务为支撑的集运输、仓储、加工、包装、配送、贸易于一体的物流产业链,提高物流增加值。

金融保险业。加快现代金融服务体系建设,完善金融服务功能,优化金融发展环境,推进金融生态建设,进一步提高地方金融保险机构的发展水平,鼓励股份制商业银行来通建立分支机构,加快农村信用社向为农村社区服务的地方性金融机构的转变。鼓励成立民间小额贷款机构,建立融资性公司,增加中小企业融资渠道,健全中小企业担保体系。建立种类齐全、竞争有序、资信优良、手续简便的个人消费信贷体系。推进金融保险机构改革和业务创新,积极开发金融衍生产品。健全地方金融风险防范机制,促进金融业健康快速发展。

商务服务业。加快发展法律、咨询、评估、策划、经纪代理等商务服务业。扩大与上海、苏南等地相关行业的合作,引进和培育一批高资质的事务所、会展公司及中介机构等,增强商务服务功能。加快发展以国际化、专业化、贸易型为主导的会展经济,改造提升会展业设施水准,积极争取举办省级、国家级乃至国际性的大型会展。

信息服务业。着重发展软件服务业、电信服务业和网络服务业。扶持开发具有自主知识产权的软件产品,积极承接软件外包业务。以多媒体信息服务为重点,积极拓展移动通信业务,扩大电信服务业发展空间。重视网络数字内容服务业,积极发展电子商务、在线信息、远程医疗、远程教育、数字地图、视频点播等信息增值业务,大力扶持发展网上中介服务群体。

旅游业。挖掘自然旅游资源的文化内涵和人文旅游资源的哲理性魅力，加快建设沿江、沿海旅游带，着力发展集江风海韵与文化底蕴于一体的特色旅游，提升旅游业核心竞争力。建设城市旅游核心区，进一步开发、提升濠河风景区，打造环濠河博物馆群旅游品牌，加强五山整体开发，启动苏通大桥旅游区建设。继续推进如皋长青沙生态园、通州开沙岛、启东圆陀角、海门蛎蚜山、如东海上迪斯科等景区建设，加快开发海安青墩文化遗址、苏中七战七捷纪念馆等旅游项目。加快旅游管理体制改革和资源整合，探索景点景区所有权与经营权分离，盘活旅游资源，搞活经营机制，开放旅游市场，推进企业联合，组建旅游产业集团。完善旅游配套设施建设，加快建设一批星级旅游饭店，旅游饭店客房数超过1.4万间，大力培育一批具有国际资质的旅行社，提高南通旅游接待和服务水平。以2006年举办中国旅游文学论坛暨首届“徐霞客旅游文学奖”颁奖典礼、2007年承办省园艺博览会为契机，加强对外宣传推介，进一步提升“中国近代第一城”旅游品牌。加强与江、浙、沪各城市在旅游线路、旅游项目等方面的合作，加速融入长三角一体化旅游体系。2010年，全市建成4A级旅游区或百万人次景区超过10个，力争建成5A级旅游区1~2个，争取进入全国最佳旅游城市行列。

大文化产业。大力发展广播影视、出版发行、报刊书画、演艺娱乐、工艺美术、文博、创意动漫、教育培训、健身休闲等产业，积极培育报业、广电等文化产业集团。集中力量建设一批文化服务基础工程和文化产业重点工程。加快文化与科技的结合，提高文化设施、文化产品的科技含量。形成多元化投入机制，进一步扩大产业规模。

房地产业。引导房地产业稳定发展，增加有效供给，建立和完善以普通商品住房为主体，以少量高档商品住房为补充，以廉租住房、经济适用房货币补贴和低价位商品房为保障的多层次的住宅供应体系。以大规模居住区为突破口，着力提高住宅规划设计质量、工程建设质量和配套设施水平。加快商业用房、工业用房的开发建设。以优良的房地产中介服务为依托，活跃房地产二级市场，落实加强房地产市场调控监管的各项措施，保持房地产市场的持续健康发展。培育和规范物业管理市场，提高物业管理水平。继续鼓励房地产开发企业做大做强。

社区服务业。建立政府扶持、社会参与、市场运作的现代化社区服务业发展机制，进一步完善社区服务设施，健全社区服务网络，建立现代化的社区服务体系。积极拓展服务功能，加快发展养老托幼、家庭医疗、家庭教育、清洁卫生等家政服务业。在社区卫生保健、文化体育等领域积极推进公益性服务市场化，鼓励创办社区服务企业，培育新的社区服务增长点。2010年，全市所有街道及建制镇均建有综合性、多功能的社区服务中心。

现代商贸业。运用现代服务技术和经营方式优化提升传统商贸业，建设改造农贸市场，积极发展连锁经营，大力培育文峰集团、时代超市等连锁流通企业，鼓励网点向社区、小城镇和农村市场延伸，从连锁经营向加盟连锁等多种方式并举发展。优化各种商业业态布局，形成市级商业中心为主、县级商业中心为辅、特色商业街为亮点的三级商业网络布局。注重市、县、镇的百货店、超市、便利店、专卖店等多业态分布，强化各种便民、利民的社区商业网点发展。加快建设新区中央商务区，打造新的商业中心。做大做强专业市场，提高市场建设层次和水平。繁荣娱乐餐饮业。2010年，全市社会消费品零售总额超过860亿元。

第三节 提升建筑业核心竞争力

培育大企业，占领大市场，承揽大项目，着力提高工程建设技术水平和服务水平，全面提升建筑业的核心竞争力，进一步打造“南通铁军”品牌，实现由建筑大市向建筑强市的跨越。增强建筑企业设计、采购、融资和运营管理能力，提高装备和施工技术水平，转变经营模式，培育工程总承包大型建筑企业集团；引导中小企业向“专、精、特、新”方向发展，形成工程总承包、专业分包和劳务分包等多层次的协作体系。大力拓宽经营领域，向勘察、设计、安装、装饰等关联行业延伸。增强市场竞争能力，巩固传统重点市场，拓展国内、国际新市场，抢占高端市场，提高建筑市场占有率。“十一五”时期，培育组建特级资质企业3家以上，年产值超100亿元的企业达2家；2010年，建筑业总产值、增加值力争在2005年基础上翻一番。

第四节 加速国民经济和社会信息化

加快信息技术在经济社会各个领域的应用渗透，加强信息资源整合和共享，全面提升信息化水平。力争2010年进入省内信息化先进城市行列。

加强信息基础设施建设。推进宽带通信网、数字电视网和下一代互联网“三网融合”。建设和完善以光纤通信为主的基础传输网，力争实现全覆盖；全面加快宽带接入网的建设，实施“光纤到楼”、“光纤入户”，新建小区全部实现百兆桌面接入，旧小区宽带覆盖率达到95%。继续扩充和完善固定电话网，推动电话网向综合化、宽带化和智能化发展；大力发展移动通信，推进第三代移动通信系统建设。加快有线电视数字化整体转换，完善无线广电传输网络，建成数字化、交互式、多功能的广播电视综合网。到2010年，全市百户家庭电话拥有量超过200部，百户家庭电脑拥有量超过40台，有线电视门楦入户率超过80%。

加快推进企业信息化。坚持以信息化带动工业化，以重点企业、重点行业信息化为示范，积极推动企业在技术创新、产品设计、生产自动化、市场营销、内部管理、人力资源开发等方面的全面信息化，提高企业的核心竞争力。支持企业运用现代信息技术，促进传统产品升级、换代，提高产品的技术水平和附加值。积极发展电子商务，加强电子商务交易平台建设，逐步建立和完善数字认证、在线支付、物流配送等支撑服务体系，降低交易成本。

加快推进政务信息化。实施电子政务工程，以信息技术提高政府的服务效率。优化整合“中国南通”政府门户网站，建设政务信息资源中心元数据库、基础数据库、办公网数据库和公众网数据库，形成全市政务信息资源中心，实现政务信息依法共享和政务流程网上联动；建成并不断完善电子政务网络基础平台和应用支撑平台，形成市、县级机关电子政务网络体系；完成网上公文流转、行政审批等应用系统的建设，基本建成全市数字认证中心，形成电子政务网络安全体系，全市机关实现网上交互式办公。着重推进和完善基础地理、城市规划、劳动保障、财税、公安、金融、教育、档案、农业、水利等重点信息应用系统和社会诚信、应急管理两大系统的建设，推动全市信息化的全面发展。

加快推进社会信息化。发展城市信息化，重点开发和整合信息资源，积极推进政府、企业、社会公众信息资源的开发和利用,实现信息共享,推进公共服务领域的信息化应用,全面提高城市管理效率与水平。推进社区信息化,制定南通数字社区标准,开展社区公众信息服务试点,逐步扩大数量和范围,使社区居民通过网络满足教育、医疗保健、商务等生活需要,形成智能化的人居环境。全面推动数字电视发展。加强信息安全保障工作。

第四章　新农村建设

按照生产发展、生活宽裕、乡风文明、村容整洁、管理民主的要求,通过工业化致富农民,城市化带动农村,产业化提升农业,从各地实际和农民意愿出发,扎实稳步建设"民富、村美、风气好"的社会主义新农村,通过农民辛勤劳动和国家政策扶持,明显改善广大农村的生产生活条件和整体面貌。

第一节　千方百计增加农民收入

把富裕农民摆在突出位置,继续实施农民收入倍增工程。2010年农民人均纯收入超过8 500元。拓宽农民增收渠道。增加农民家庭生产性收入,充分挖掘农业内部增收潜力,不断提高产业化水平、农产品附加值和农业效益。增加农民劳务收入,做好农村劳务输出工作,加快发展农村第二、三产业,积极推进农村富余劳动力向非农产业和城镇有序转移。增加农民工资性收入,加快农村工业化和城镇化步伐,扩大农民就业空间。增加农民的资产性收入和经营性收入,大力鼓励农民投资创业,把发展特色产业、加工业和服务业作为自主创业的主阵地。

落实农民增收的保障措施。全面落实减轻农民负担的各项政策措施,千方百计增加农民特别是纯农户的收入。加大财政转移支付力度,增加对农业、农村的投入。鼓励引导城市企业、资金和人才下农村,通过促进城市与农村生产要素的优化配置,不断繁荣农村经济,提高农民收入。

第二节　统筹城乡发展

按照统筹城乡发展的要求,依据城镇体系规划和镇村布局规划,强化规划的引导和调控作用,促进村镇建设水平不断提高;坚持"多予少取放活",加大对农村和农业的投入力度,实施好农村新五件实事,扩大公共财政覆盖农村的范围,实行公共服务建设重点向农村倾斜,建立以工促农、以城带乡的长效机制。

大力发展农村公共事业。优化社会事业布局,财政新增社会事业投入主要投向农村。推进优质教育资源向农村地区延伸,努力缩小城乡教育差距。实施农民健康工程,完善农村计划生育家庭奖励、扶助、救助机制;普及新型农村合作医疗制度,形成较为完善的农民医疗大病救助体系与农村医疗保险制度,2010年全市农村居民参加新型农村合作医疗基本实现全覆盖。强化农村社会保障体系建设,逐步建立与经济发展相协调的"低门槛、多层次、广覆盖"的养老保险、医疗保险、最低生活保障等农村社会保障体系。加快建立城乡统一的劳动就业、社会保障体系,依法保障进城务工人员的权益。加强农村教育、文化、体育设施建设,实施远程教育进村、有线电视入户工程,丰富农民的文化生活。

加快农村基础设施建设。实现"路网"、"水网"、"电网"、"信息网"基本覆盖城乡。建设农村公路3 567公里,新建改造农村公路大中桥梁400座,2010年农村行政村通灰黑公路比例达到100%,实现30分钟从县(市)城到达乡镇、40分钟在县域内任何乡镇间互通、15分钟从行政村节点上县道网;疏浚全市所有二、三级河道,加强以农田水利工程为重点的农业基础设施建设;以土地治理和高沙土地区专项治理为重点,加快中低产田改造,实施里下河圩区治理和灌区改造,治理水土流失面积18.6万亩。以中心村为单位,加强以改善农村最迫切的基本生活条件为重点的生活配套设施建设,推进农村环卫体系建设,继续实施农村改水、改厕等实事工程,启动二次改水,农村自来水普及率达到98%以上,农村卫生厕所普及率达到80%。

建设新型农村社区。按照"布局优化、村庄绿化、河道净化、道路硬化、建筑美化、卫生洁化、管理长效化"的要求,推进"百村示范、千村整治"工程,以点带面加快新型农村社区建设。严格实施镇村布局规划和村庄建设规划,积极稳妥地推进农民集中居住。

提高农民整体素质。加强农村精神文明建设,大力开展农村科普教育,引导农民学科学、讲科学、用科学,着力提高农民思想文化素质。加强对农民的职业技术和就业技能培训,积极培养有文化、讲道德、懂技术、会经营的新型农民,倡导健康向上的新型农村生活方式。

第三节　推进现代农业建设

加快农业科技进步,调整农业产业结构,转变农业增长方式,提高农业综合生产能力。

加速农业结构战略性调整。稳定发展粮食生产,积极实施优质粮食产业工程。以市场和效益为导向,以项目农业为抓手,加大农业产业结构调整力度,积极发展都市型农业、创汇型农业、生态型农业等。以直接服务城市为目的,以提高农业综合生产能力和市场竞争力为核心,大力发展附加值高、经济效益好的都市型农业。打造外向型农业龙头企业,培育农产品出口品牌,重点建设桑茧丝、特色蔬菜、优质畜禽、鲜切花、水产品五大外向型农产品出口创汇基地。开发、引进生物有机肥料加工、生物防治与绿色控害技术以及高效、低毒、无残留生物农药,加强农业生态环境质量监控,建设高效、生态、安全农业示范区,大力发展无公害农产品、绿色食品和有机食品。促进优势农产品和特色农产品向优势产区集中,加快形成特色农产品产业带,培大做强优质粮油、蔬菜、园艺果品、花卉苗木、茧丝绸、优质畜禽、水产品等主导产业,建设无公害优质弱筋小麦、"双低"油菜、条斑紫菜等一批优质农产品专业化生产基地。2010年,全市亩产3 000元以上的中、高效田占全市耕地面积的50%以上,无公害农产品和绿色食品基地面积占60%以上,创汇农业基地面积占20%以上。

提高农业产业化水平。引导发展农村专业合作组织、农业中介组织和经纪人队伍,提高农民组织化程度,实现规模效益。集中建设和引进一批农业项目,培育壮大一批成长型龙头企业,促进农产品加工转化增值。积极发展"订单农业"。2010年,全市拥有销售收入超10亿元的农业龙头企业5家以上,参加农村专业合作组织的农户达到40%以上,参与产业完善农业发展支撑体系。健全农业生产服务网络,完善农业信息服务、科技推广网络和农业生产资料连锁配送网络。推进农业科技创新和普及,加强农业高新技术开发与集成,推广应用农业生物、信息等先进技术,"十一五"末良种覆盖率达到98%以上。建立市、县、乡三级农业信息网络互联中心,形成现代化农业信息收集、加工、传输及发布系统。加快农业机械化建设,切实改善农业生产条件和装备水平，大力推广机耕、机电灌溉、三麦机播、水稻机插和机收、机械防治病虫害等，2010年全市农机总动力达到300万千瓦。加快农业标准化建设，健全农业技术推广、农产品市场、农产品质量安全和动植物病虫害防控体系。积极采用国际标准和国家标准组织生产无公害农产品、绿色食品、有机食品；加快制定优势特色农产品和原产地农产品地方标准，争取上升为国家标准、国际标准；创建农业标准化示范县（市）、示范乡镇。进一步建立健全市、县、企业和市场的"二级四层"农产品质量检测网络体系，实现对农产品质量的全过程、全方位监测。积极组建乡村为农综合服务社，建立和完善农产品市场流通体系。

第四节 全面深化农村改革

加快农村改革，统筹城乡经济社会协调发展，增强农村发展活力，为推进社会主义新农村建设提供持续的制度动力。

稳定并完善农村基本经营制度。进一步完善农村土地流转制度，根据依法、自愿、有偿的原则流转土地承包经营权，探索土地使用权有偿转让、出租和入股，发展多种形式的适度规模经营。积极推进农村专业经济合作、土地股份合作和村级集体经济股份合作。

积极推进农村综合改革。巩固农村税费改革成果，加强农民负担监管。积极稳妥地做好乡镇机构、农村义务教育和县乡（镇）财政管理体制等农村综合改革。建立和完善农村金融支持体系，争取将农村信用联社改组为农村合作银行，扩大农户小额信用贷款。坚持最严格的耕地保护制度，完善被征地农民基本生活保障制度，健全对被征地农民的合理补偿机制，切实保护农民利益。发展多种形式的农村集体经济，增强村级集体经济组织的服务功能，控制和化解村级债务，杜绝新的不良债务发生。

第五章 江海联动开发和区域共同发展

依托"黄金水道"、"黄金海岸"和"黄金港湾"，深入实施江海联动开发战略，着力发展港口型经济，通过大项目带动，加快建设沿江沿海产业带，积极拓展经济发展新空间，实现从"江河时代"向"江海时代"的新跨越，促进区域经济共同发展。

第一节 开发江海大港口

把港口开发特别是沿海大港建设作为江海开发的突破口，构筑要素承载新平台，形成多组式江海港群分布格局。2010年，全市建成万吨级以上泊位58座，其中5万吨级以上泊位35座，10万吨级以上泊位2座，力争港口吞吐量达到2亿吨、集装箱吞吐量达到90万标箱以上，努力把南通建设成为我国发展综合运输的沿海主枢纽港、上海国际航运中心北翼重要组合大港。

整合开发沿江港口。以建设结构合理、功能完善、服务优质、便捷高效的现代化港口体系为目标，以长江深水泊位的开发建设为重点，加快沿江港口、岸线等资源的整合、整治和开发。按照深水深用、浅水浅用的原则，整合沿江港区泊位码头布局和江海港区等部分岸线的使用功能，提升岸线使用效率。建成狼山港区三期工程、南通港区改扩建三期工程、华能南通电厂三期煤码头、如皋港区公用码头（包括泓北沙海轮中转泊位）以及通海港区公用码头等。抓紧开展新通海沙围垦并岸整治、开发，进一步研究开发横港沙外侧深水岸线，通过沿江岸线资源的整治，新辟10公里左右的深水岸线。优化提升沿江港口功能，加快推进港口支持保障系统建设。

加快开发沿海大港。打造洋口港区、吕四港区两大深水海港，高起点规划，分阶段推进，构建江海共兴新格局。加速开发洋口港区，加快建设人工岛和陆岛通道及码头工程，建设10万吨级专用码头和10万吨级通用散货泊位等项目，2008年实现洋口港区码头竣工投产。积极开发吕四港区，在围垦6平方公里基础上，开工建设两座3.5万吨级泊位，抓紧开展规模开发前期工作。

第二节 构筑临港产业新高地

依托深水良港，大力发展港口型经济，以产业集聚为核心，重、特大项目为带动，引领临港大产业，加快构筑富有南通特色、与长三角各市错位竞争的沿江沿海支柱产业带，把南通建设成为全省沿海开发的主力军和我国重要的临港型工业基地。

优化提升沿江产业带。进一步打造"一核两翼"沿江产业带，积极开展与上海和苏南城市的跨江合作，形成全市产业集聚度和开放度最高、接纳上海和苏南辐射最快、可持续发展能力最强、特色鲜明的产业密集区。核心区以南通经济技术开发区、崇川、港闸、通州、海门经济开发区为空间载体，重点发展船舶修造、精细化工、电力能源、造纸、冶金、新型材料、食品饲料和现代纺织等产业，形成国际资本和基础产业集聚的高地。东翼以启东经济开发区和滨江新城为空间载体，重点发展服务上海的城郊型工业和生物医药、电子等高新技术产业，成为服务上海、接受上海产业梯度转移和国际资本转移的制造业基地。西翼以如皋港开发区和长江镇为空间载体，重点发展船舶修造、冶金、精细化工等港口型大吞吐工业及中转物资的后道加工业，成为接受苏南、上海产业梯度转移或扩张转移的制造业基地和国际资本、民间资本的集聚地。2010年沿江前沿区域地区生产总值年递增17%左右。

加快建设沿海产业带。充分开发利用海洋资源，大力发展海洋经济，以港口、产业、城镇三位一体联动开发为主，构建新兴的基础产业基地和海洋产业集聚区，形成以洋口港区、吕四港区为中心、沿海中心镇为基础的沿海产业带，成为全市经济发展的重要增长极。洋口港区、吕四港区重点发展电力能源、石油化工、冶金等基础产业和石油、煤炭、天然气储备，成为江苏沿海地区重要的制造业、基础产业和能源储备基地。积极推进滩涂和浅海的综合开发利用。沿海各中心镇在稳定海洋捕捞业、积极发展滩涂养殖业的同时，加快发展设施渔业，重点发展水产品深加工、海洋保健食品、海洋医药和滨海旅游业，形成上海北翼和江苏沿海地区重要的海洋开发基地和旅游胜地。"十一五"末，沿海地区生产总值达到2 500亿元，沿海五县（市）规模以上工业新增产值2 500亿元，海洋经济总量达到2 500亿元。

第三节 促进区域共同发展

充分发挥资源禀赋优势，加强分类指导，合理引导要素流向，形成市区与县（市）、南三市与北三县（市）互补共进的区域经济协调发展格局。

做强做大市区经济。依托都市独特的社会资源，以都市工业园区、楼宇经济、社区经济等为载体，坚持"兴三优二调一"的方针，大力发展现代服务业，优化发展以高新技术为核心的都市型工业，积极发展以生态观光为重点的都市型农业，努力形成产业特色鲜明、规模效益显著、竞争优势突出的都市型经济发展新格局，实现城市化与工业化的互动发展，增强市区对全市经济的辐射带动力。崇川区,积极引进各类先进生产要素,大力发展现代服务业,优化发展高附加值、高就业、低消耗的都市型工业,当好都市型经济的排头兵。港闸区,大力发展先进制造业,巩固振兴唐闸、天生港等老工业基地,加快开发区建设步伐,以现代物流业、大型专业市场建设为重点积极发展现代服务业,因地制宜发展都市型农业。市经济技术开发区以对外开放为第一动力,以工业发展为核心,在吸纳资本投入的同时,大力引进先进技术和人才,迅速扩大经济总量,提升发展能级。2010年市区服务业占地区生产总值的比重比“十五”末提高6个百分点以上,农业占比下降到1%以下。

推动县域经济快速发展。以建设大县(市)为目标,积极推动各县(市)依托自身优势加快发展,努力形成县(市)之间竞相跨越、共同发展的良好局面。南三市重点借助临近上海、产业基础较好的优势,放大大桥效应,主动接受上海辐射,扩大招商引资,率先承接外部资本和产业转移,大力发展高新技术产业、临港产业及后道延伸的新型加工业,积极开展多种形式的合作分工与交流。北三县(市)重点依托沿江、沿海、沿路的优势,鼎力实施如东洋口港区和如皋港区开发,充分发挥海安苏中交通枢纽的效应,着力推进基础设施和重大产业项目建设,加快工业化和城市化步伐。“十一五”期间,力争县(市)地区生产总值增幅高于全市平均水平,财政收入增幅高于全省县(市)区平均水平。2010年绝大多数县(市)财政收入超过40亿元,努力形成2~3个财政收入超60亿元的经济强县,所有县(市)区均跻身全省、全国强县(市)区行列,部分地区跻身前列。

促进区域协调互动。鼓励和支持南北之间、县区与市区之间开展多种形式的经济协作和技术、人才合作,整合资源,优势互补,形成互通互融,相互促进,协调发展的新局面。加强分类指导,按照各县(市)的不同发展阶段和发展条件,制订差别化的目标任务和鼓励政策,激发县(市)跨越发展、创新发展的内在活力,推动各县(市)各展所长、错位发展、争先进位。加大对欠发达地区的扶持力度,努力缩小区域发展差距。

第四节　调整优化空间布局

统筹考虑全市人口分布、经济布局与资源环境的承载能力,综合评价各地区经济开发前景和生态保护价值,合理定位不同地区的空间开发功能,规范空间开发秩序,逐步实现人口、经济与资源环境在空间上的协调均衡发展。综合自然生态保护价值和经济社会发展开发需求,将市域分为四类空间开发适宜性及管制区域。

优化开发区域。即国土开发密度已经较高、资源环境承载能力减弱且建设用地比重较高的区域。主要是城市区域和沿通吕运河、沿江部分地区。这些地区以集约发展为主,优化基础设施结构,着力提升产业技术水平,降低资源消耗,提高环境准入标准,提升参与全球分工与竞争的层次,继续发挥带动全市经济社会发展的龙头作用。

重点开发区域。即资源环境承载能力较强,集聚经济和人口条件较好的区域。主要是沿江开发前沿区中的开发区和重点工业集中区、以洋口港区和吕四港区为核心的沿海地区以及主要公路、铁路等沿线大部分地区。这些地区作为未来南通经济发展的主要成长区,以加快发展、壮大规模为主,加快基础设施建设,合理布局产业,促进产业集群发展,提高资源利用效率,推进城市化,增强集聚和辐射功能。

限制开发区域。即生态环境脆弱、灾害频发且威胁较大、水资源供给严重不足、环境容量较小的区域和重要生态功能保护区。主要是生态环境较为脆弱的区域。这些地区实行保护优先、科学有序开发,加强生态环境整治,适度发展特色经济,引导人口有序外迁。

禁止开发区域。即依法设立的各种自然保护区域。主要是各级自然保护区、风景名胜区、地质遗迹保护区以及区域饮用水源等。这些地区依据法律法规和相关规划规定实行强制性保护,严禁不符合区域功能定位的开发建设活动。

第六章　城镇发展

实施积极的城市化战略,大力推进南通中心城市建设,加快发展中小城市,择优培育重点中心镇,形成层级分明、功能互补的城镇体系。2010年全市城市化水平超过55%。

第一节　加快城镇化进程

着力提升城市规划水平,加快城镇建设步伐,优化城镇空间布局,形成以南通市区为中心的沿江城镇都市区和沿海、沿线城镇组群。

提升城市规划水平。按照经济社会发展规划、城市总体规划及分区规划、城市控制性详细规划的体系,着力提高各项规划成果的质量,全方位推行规划公示制度,利用现代信息技术提供优质高效的规划服务,增强发展规划的战略指导功能,健全城市总体规划的指导功能,完善城镇详细规划的控制功能,形成城市设计的美化功能。推进城乡规划一体化,用三年时间实现城乡空间布局规划、城镇控制性详细规划和重大专项规划的全覆盖。

突出发展中心城市。建设大市区,突出南通市区作为区域性中心城市的地位,按照“拓展规模、完善功能、雕琢个性、提升形象”的总体要求,把市区建设成为在地域、人口、经济总量等规模上与苏南几个主要城市相接近,同时具有滨江与山水园林特色和丰厚文化底蕴的现代化大城市。坚持规划和建设并重,在形态建设上进一步拉开百万人口大城市框架。加快新区建设步伐,进一步呼应主城、辐射周边,基本建成功能齐全、商业繁荣、环境优美的新的城市中心;保护性开发老城区,形成浓厚历史文化底蕴和现代文明气息交相辉映的独特城市风貌;进一步加强对唐闸、天生港镇的改造和建设,提升郊区城市化水平。加强市政基础设施和公共设施建设,完善城市功能,改善人居环境。完善市区道路体系,形成以“五环十四射”快速路系统为框架的城市主、次干道与支路各类道路等级配套完善、路网密度科学合理的市区道路体系;贯彻公交优先的原则,扩大公交线网覆盖面,加快公共停车场建设;研究规划城市轨道交通;改造、完善城市燃气输配管网,逐步实施原有燃气转换为天然气;适度超前建设供水设施,城市排水实行雨污分流制;扩建垃圾填埋场二期工程,建成垃圾焚烧厂;大力提高城市绿化覆盖率和人均公共绿地水平,形成“三纵、四横、四域”的结构。

加快发展中等城市。加快县城建设步伐,合理吸聚人口,扩充功能,进入中等城市行列。加快发展汇龙、海门、金沙、掘港、如城、海安等城镇,依托江海联动开发、交通轴线推进,强化产业支撑,以完善的城市公共设施吸引人口集聚。2010年,县(市)城城市人口规模超过20万人,更好地接受和传递中心城市辐射,带动小城镇和广大农村协调发展。

择优培育重点中心镇。合理确定重点中心镇的空间分布、发展规模和功能定位。以重点中心镇作为农村信息、技术、加工、流通的依托,加快发展特色经济,引导乡镇企业集聚,完善农村市场体系,发展农业产业化经营和社会化服务。一般乡镇的发展定位以农产品加工、无污染工业、涉农服务和社会事业服务为主,成为适度规模的人口居住中心。

第二节 提高城市管理水平

提升城市管理水平,理顺城市管理体制,积极探索依法管理、长效管理机制,推进城市管理现代化。

完善城市管理体制和机制。积极探索依法、科学管理城市的长效机制。坚持管理城市与经营城市并重,建立市、区政府分工合理、权责明确、整体联动、规范高效的管理格局,推动城市管理重心下移,加强社区管理;适应创建工作和长效管理的要求,进一步完善城市管理体制,切实提高城市管理效能。创新城市管理方式,推进网络化、信息化管理,实现精确、高效管理。改革创新市政公用事业的投资、管理和运营体制;通过城建招商等手段,加速集聚各类资本投入城市建设。创新城镇化发展的体制机制,建立和完善与城镇化健康发展相适应的财税、征地、行政管理和公共服务等制度。深化户籍、土地使用等制度改革,促进人口向城镇集中。

积极开展城市创建活动。积极开展各种塑造形象、改善环境的城市创建活动,深入推进创建全国文明城市、国家卫生城市、国家环保模范城市、国家园林城市和全国历史文化名城"五城同创"工作。

第三节 完善现代化基础设施体系

以建设面向长三角、开放式、网络化的基础设施为总体目标,按照科学规划、适度超前的要求,加强以交通、能源、水利等为重点的基础设施建设,完善与新型工业化、城市化发展需要相适应的现代化基础设施体系。

着力建设大通道。加快过江大通道建设,确立连接上海、承南启北、西进东出、公铁水空配套的对外交通枢纽地位。确保苏通大桥2008年建成通车,崇启、崇海大桥与沪崇过江通道同步建成。开工建设沪通铁路,力争"十一五"末建成通车,构筑以新长铁路、宁启铁路和沪通铁路为干线,以五条港区专用铁路为支线,联通陇海、京沪、沿海、沿江的铁路大动脉;开展城际轨道交通规划,做好南京—南通—上海、南通—苏州城际轨道工程建设的前期工作。2007年完成沿江高等级公路建设,加快实施扬启高速公路等工程,与宁启高速、沿海高速、204国道、335省道和223省道等组成放射状骨架公路网。积极推进南通机场与其他航空公司的合作重组,按照4E级机场规划控制,争取加入上海国际航空枢纽网,与上海航空港构建枢纽航线网络。"十一五"末,全面进入上海1小时交通圈、长三角3小时交通圈。完善市域对内交通。基本实现公路交通现代化,基本实现县通高速公路,市县干线公路、一级公路快速化,县乡二级公路、三级公路联网化。2010年全市公路总里程超过10 000公里,其中二级以上公路占30%。建设洋口港区、江海港区、狼山港区、如皋港区和吕四港区铁路专用线,把南通站建成区域性铁路客运中心、南通东站建成现代铁路物流中心,"十一五"期间,争取新建铁路里程达到160公里。逐步构建畅通有序的内河航运体系,整治通扬运河和通吕运河等主骨干河,"十一五"期间整治航道里程达到500公里。

积极发展大能源。大力发展风电、气电、火电和热电等能源,形成充足、可靠、安全、高效、清洁的电力能源体系。根据电力送出的需要,积极筹划电力过江通道的建设。在南通东部地区新建500千伏变电站,建设市区及各县(市)220千伏变电站。搞好城乡电网建设与改造,增强供电能力和可靠性。加快建设如东液化天然气输送管道和南京至南通市区及市域各中等城市的运输管网,规划铺设南通—南京金陵石化的输油管道。

加快建设其它各类基础设施。完善水利工程体系。整治长江,稳定河势,消除长江防洪隐患,重点进行澄通河段河势控导和崩岸守护建设,北支河段综合整治开发。以城市防洪为主,与流域防洪相结合,2010年,全市长江堤防重点堤段达到防御100年一遇洪潮水位加10级风浪的标准,黄海堤防基本达到防御50年一遇高潮水位加10级风浪的标准,市区及县(市)中心城区排涝达到20年一遇暴雨,其他地区10年一遇暴雨,雨后一昼夜排出的标准。加大九圩港、通吕河等一级河道的疏浚整治力度,研究建设如东滨海平原水库、沿江二案、九圩港等提水泵站。集中建设水源地和区域水厂,2010年,实现市区、启海区、通如区和西北片的全面集中供水,全市供水能力力争达到200万立方米/日。提高防灾减灾水平。加强消防基础设施建设,强化对易燃易爆、化学危险品的控制和管理,全面提高消防快速反应能力和整体消防水平;合理规划建设人防工程,提高城市总体防护能力;加强地震数字化监测台网系统、城市抗震设防基础和地震应急指挥体系建设,提高地震监测预报、震害预防水平和快速反应能力,具备抗御6级左右地震的能力;建设气象综合防灾减灾系统和气象灾害应急服务体系,加强对灾害性天气的监测和预报,有效抗御自然灾害对经济社会的破坏。

第七章 改革开放

全面深化体制改革,进一步扩大对外开放,大力发展开放型经济和内生型经济,全方位推进区域合作和交流,为经济社会既快又好发展提供强劲的动力和活力。

第一节 深化体制改革和机制创新

切实转变政府职能,深化企事业单位改革,推进财税和投资体制改革,进一步健全现代市场体系,形成有利于转变经济增长方式,促进全面协调可持续发展的机制体制。

加快推进行政管理体制改革。进一步转变政府职能,构建行为规范、运转协调、公正透明、廉洁高效的新型政府行政管理体制。深化政府机构改革,推进政务公开,加强电子政务建设,提高行政效能,降低行政成本;继续深化行政审批制度改革,减少行政审批事项,规范行政许可行为;加强改进社会管理和公共服务,提高政府提供公共产品和服务的质量与效率;完善民主化、科学化、规范化的决策机制,提高科学决策水平;完善行政监督机制,加强对政府部门的内部约束和外部监督;加强对行政性资产的管理,完善政府采购制度,探索政府购买公共服务的改革。

推进财税、价格和投资体制改革。健全市、县(市)区公共财政体制,调整财政支出结构,逐步提高公共服务支出占比。继续完善部门预算管理、国库集中支付、政府采购和收支两条线制度,建立财政资金使用绩效评估体系,强化审计监督。发挥税收杠杆作用,促进科技创新、资源能源节约和经济增长方式转变。进一步完善市区财政体制,合理界定市与区政府间的事权和财权。建立反映市场供求状况和资源稀缺程度的价格形成机制,更大程度地发挥价格杠杆在市场资源配置中的调节作用。加快投资体制改革,确立企业的投资主体地位,合理界定政府和企业的投资范围;加强投资监管,建立政府投资项目公示制度、责任追究制度、建设监督制度和风险约束机制;深化垄断行业改革,放宽市场准入,实行投资主体和产权多元化,引导和鼓励民资、外资等全面参与经济社会各项事业发展。

深化国有企业改革。继续做好国有企业改制扫尾工作和改制企业的后续完善工作,引导企业建立、健全现代产权制度和现代企业制度。继续探索技术要素、管理要素参与企业收益分配的多种途径。进一步优化国有经济布局,建立健全市级国有资产管理、营运、监督体系,加快建立国有资本经营预算制度,形成有效的国有资产经营运行机制。

深化社会事业改革。以构建现代公共服务体系为目标,改革管理体制,完善运行机制。加快调整事业单位布局结构,根据公益性事业和经营性产业的不同要求,实施政事分开、事企分开、管办分离、多元投入,基本完成科技、教育、文化、卫生、城乡建设等领域事业单位分类改革,不断优化社会事业资源配置。建立有效的事业单位监管体制,改进政府提供公共产品和公共服务的方式,改革事业单位经费支持、保障制度和内部管理体制,鼓励外资和民资参与竞争。

加快现代市场体系建设。以培育要素市场为重点,加快形成统一开放、竞争有序的市场体系。着力培育和发展资本市场,拓展企业国内外证券市场直接融资渠道,建立和引进风险投资基金和产业投资基金。建立健全产权交易监管体系,逐步形成区域性产权交易市场。加快发展技术市场,健全技术商品交易活动规则,建立完善技术经纪人机构,切实保护知识产权。加强人才和劳动力市场建设,建立统一互联的多层次、专业化的人才和劳动力市场。完善土地市场,全面推行经营性用地招标拍卖制度,规范一级市场,搞活二级市场,完善城市土地收购储备制度。加强市场监管,进一步规范市场秩序。

第二节　大力发展民营经济

围绕争创"江苏民营经济第一大市"目标,以打造"名企·名品·名人"为抓手,做大做强民营经济,努力实现民营经济在高起点上的新跨越。2010年,全市民营经济增加值力争达到1 900亿元,民营经济固定资产投资占全社会固定资产投资的比重达到70%左右,民营经济对地方财政的贡献率达到60%左右。

扩大民营经济发展规模。按照"思想彻底解放、政策彻底放宽、服务彻底到位"的要求,进一步推动全民创业,充分释放市内民众的投资潜力,广泛吸纳市外投资者来通投资兴业。推动高成长性、发展快、潜力大的骨干民营企业做大做强;支持企业开展资产重组、资本运作、上市融资等,加快资本集聚,造就大企业、大集团。2010年,全市私营企业数达到10.8万家;销售收入超100亿元的民营企业(集团)7家,超50亿元的15家。

提升民营经济发展层次。积极打造"名企·名品·名人",进一步加快民营企业做大做强步伐,推动民营企业加快制度创新、科技创新、管理创新和品牌经营,促进民营经济结构优化升级,不断提升民营经济发展质态。鼓励民营企业全面进入高技术高附加值的先进制造业、基础产业和新兴服务业等领域;积极依照国际标准组织生产;充分利用市内市外两种资源、两个市场,积极开展跨区域、跨国经营;加快转变经营方式,提高企业信誉和产品质量。培植骨干龙头企业,带动配套企业发展,在培育做大民营经济特色板块的基础上,逐步实现集群化发展,提高民营经济的集约化、规模化水平。建立健全民营企业高级人才培训体系,培养高素质民营企业家及中高层管理人员队伍。

优化民营经济发展环境。依法保障民营企业在市场准入、投资核准、融资服务、财税政策、规费收取、土地使用、对外贸易和经济技术合作等方面享有与其他所有制企业同等待遇,严格保护民营企业合法权益,营造平等竞争的发展环境。建立和完善中小企业信用担保制度,鼓励商业银行积极为中小企业服务,创造条件支持民营企业股票上市、发行债券等,全面拓宽民营企业融资渠道。充分发挥民营经济发展专项资金的扶持作用,重点支持科技型、外向型、吸纳下岗职工再就业型、农产品加工型企业发展。优化民营企业人才政策。规范和发展各类行业协会、商会等自律性组织,强化技术、信息、咨询、法律等各类中介服务。

第三节　全面提升对外开放水平

推进产品、产业、资本和人才的国际化,在更大范围内和更高层次上参与国际经济合作与竞争,开放型经济发展实现总量攀升、质量提升、贡献增加、位次前移,率先全面融入苏南。积极加强国际间城市交往与合作,进一步提升城市的国际影响力和对外吸引力。"十一五"期间,力争全市注册外资实际到账累计超100亿美元,外贸出口年递增16%,2010年达到100亿美元以上,对外承包劳务营业额超过10亿美元。

转变对外贸易增长方式。全面调整和优化出口商品结构,扩大具有自主知识产权、自主品牌的商品出口,增加高技术、高附加值和深加工产品出口比重。2010年,机电产品出口比重达到50%,高新技术产品出口比重达到15%。巩固扩大和深度开发四大出口主体市场,积极开拓新兴市场,不断扩大我市产品的国际市场占有率;支持企业营销方式、营销网络、产品标准等与国际全面接轨,积极培育国际品牌,提高国际竞争力。发挥骨干企业带动作用,强化民营企业出口,鼓励中小企业联合和强强合作,优化外贸主体结构。继续发挥传统产品出口和加工贸易优势,引导加工贸易企业进一步延伸产业链,促进加工贸易转型升级,提高贸易附加值;大力发展技术贸易和服务贸易。加强对国外反倾销等案件应诉的组织和服务工作。扩大口岸开放,积极推动"大通关"建设,提高通关效率,不断优化口岸发展环境。

提高利用外资水平和效益。创新招商方式和机制,由政府主导转向企业主导、政府推动,持续推进产业链招商,突出临港产业招商,带动重点产业集群的发展。大力吸引跨国公司来通设立生产基地、地区性总部、研发中心、采购中心、培训中心;扩大现代服务业、现代农业和环保产业等领域利用外资,鼓励外资参与基础产业和社会公益事业重大项目建设;积极探索选资引强,重点引进高科技含量、高附加值的优质项目,注意引进无污染项目等,鼓励引进稀缺资源、关键设备、技术和管理经验,促进产业升级。促进产业资本与金融资本的结合,发展项目融资、股权融资、企业并购,探索投资基金、证券基金等利用外资的新方式。推进本土企业国际化和外资企业本土化,强化本土企业与跨国企业的配套,提升本土企业国际竞争力。注重利用外资,实现招商与招才同步推进。

加快"走出去"步伐。进一步拓宽对外承包和劳务合作领域,逐步扩大对外承包工程和高层次劳务合作比重,提高外经发展质量。以纺织服装、轻工、机械等优势行业为重点,鼓励具有国际竞争力的大企业和具有产业优势的中小企业群体输出资本、技术、管理和品牌,采取并购、参股、新建等方式,到境外建厂,进行跨国经营。支持企业在海外建立资源、能源供应基地,特别是在国外生产初级产品到国内进行深度加工等。积极争取国家援外基金,承揽援外工程。加强对外投资、境外资源开发、对外承包工程以及对外劳务合作管理。

构建对外合作平台。继续构筑和利用世界大城市带发展高层论坛等重要平台,加强与国际友好城市的经济、技术、文化交流与合作,全面提升南通对外开放和国际化水平。营造功能全面、环境优良、成本更低的商务环境。通过对外交往与合作,力争引进一批战略投资者落户南通。

大力推进开发区建设。按照"区域集中、产业集聚、开发集约、要素集合"的原则,引导各级各类开发区和工业集中区积极承接国际产业资本转移,提升产业能级,使之成为外商投资的密集区、新兴产业的集聚区、科技创新和体制机制创新的先行区。全力提升南通出口加工区发展层次和水平,积极申报南通市保税物流中心,打造外贸发展新平台。加强开发区功能创新和管理体制创新,形成与国际接轨的管理方式和良好的投资环境,增强整体竞争力和辐射力。到"十一五"末,全市开发区协议注册外资和注册外资实际到账占全市的比重达60%左右;南通经济技术开发区经济总量在"十五"末基础上翻两番以上,在全国国家级开发区中确保进入前30名,力争进入前20名,在全省省级以上开发区中确保进入前10名。

第四节 加快全面接轨上海进程

以产业接轨为核心,以基础设施的全面对接为平台,加快实现与以上海为龙头的长三角城市间的资源融通、交通互联、市场互通、信息共享、产业互补、环境共保、机制互动。加强与上海、苏南城市的产业合作,积极融入长三角产业链,建设上海和长三角核心区的产业转移基地和制造业配套基地。发挥南通特色农产品、生态和旅游资源等优势,建设农副产品生产供应基地、旅游休闲基地。借助上海等城市的科技力量和接轨国际的平台、窗口功能,不断提升科技创新和经济国际化水平。积极争取参与上海世博会场馆、交通、城建等设施建设,分享世博经济的"溢出效应"。加快思想观念、政策措施、体制机制的"柔性接轨",进一步办好沪通合作论坛及专题洽谈等系列活动,加快基础设施的全面对接,推进港航、信息、金融、会展等方面的一体化共建共享。选派优秀人才赴上海挂职锻炼,加强两地人才交流。

第八章 科教兴市与人才强市

坚持科学技术是第一生产力,以人才资源为第一资源,大力实施科教兴市和人才强市战略,提高科教竞争力,形成科技教育与经济社会发展紧密结合的机制,为南通全面腾飞提供强有力的科教人才支撑。

第一节 着力提高自主创新能力

认真贯彻《科技进步法》和《江苏省科学技术进步条例》,培育科技创新主体,加大科技投入,大力提高科技创新能力和产业技术水平,促进企业和产业核心竞争力的全面提升,加快"南通制造"向"南通创造"转变。2010年全市全社会研发经费支出占地区生产总值的比重达到1.65%,市区达到2%左右,力争建成全国科技进步示范市和国家知识产权示范城市。

培育科技创新主体。建立和完善企业自主创新动力机制,形成以企业为主体的技术创新体系。健全科技创新投入机制和风险投资机制,鼓励企业设立研发基金,增加科技投入。发挥重点企业(集团)技术进步的主导作用,支持企业原始创新,加强集成创新和引进、消化、吸收基础上的再创新,努力创建自主技术。加强企业科技创新载体建设,积极支持有条件的企业、行业建立工程技术研究中心和重点实验室,以农药新剂型及新助剂等工程技术研究中心和实验室为重点,创建国家级研究中心和重点实验室,支持企业创建博士后科研工作站。加强产学研合作,积极推进高新技术成果的产业化。加大知识产权保护力度,优化自主创新的体制和政策环境。2010年全市省级以上高新技术企业达到300家,每年开发国家重点新产品和省级高新技术产品100个;建成市级以上工程技术研究中心和重点实验室120家;"十一五"期间新增申请专利15 000件,授权专利4 000件以上。

加快科技创新重点跨越。加强关键技术创新和系统集成,着力突破制约产业发展的关键技术"瓶颈",组织一批重点科技攻关项目,抓好一批重大科技成果转化项目。全面提升各领域的技术水平,着重在电子信息和软件、光机电一体化、新材料、生物医药、新能源、环保等领域研究攻克一批重大关键技术,力争在电子信息和软件技术、光机电一体化技术、新材料技术、新能源和生物技术、环境保护和生态技术、重大疾病防治技术等方面取得新突破,部分技术达到全省乃至国家领先水平。繁荣和发展哲学社会科学,积极推动理论创新,进一步发挥其对经济社会发展的指导和促进作用。

建设科技创新载体。以南通高新技术产业开发园区和5个国家火炬计划产业基地为依托,构筑科技创新高地,高标准建设南通科技创业社区,加快自主创新、高新技术产业等基地建设,增强集聚、孵化、扩散、示范等功能,着力打造一批拥有核心技术的高新技术产业集群。积极推进科技企业孵化器建设工程,加强电子信息机电一体化专业园、生物医药化工新材料专业园、软件园等建设,促进高新技术的孵化和产业的加速发展。"十一五"期间,新建4~5个市级以上高新技术特色产业基地。

完善科技创新服务体系。建设和完善以各类中介服务机构和科技基础设施为载体的社会化服务体系。重点建设大中型科学仪器设备、科技文献信息、科学数据、产业共性技术服务、科技创业服务等开放性共享公用服务平台;进一步加强骨干科技服务机构的建设,增强社会化科技服务能力;加快发展技术产权、科技咨询等科技中介服务机构,推进专业化服务;实行支持技术创新的财政、税收、金融和政府采购政策,完善科技创新的激励机制。

第二节 优先发展教育

优先发展教育,围绕率先基本实现教育现代化的目标,重视发展义务教育、高等教育,加速发展职业教育,推动教育均衡发展,增强教育服务社会的能力,逐步建立开放式、多层次的终身教育体系。2010年人均预期受教育年限达14年。

巩固提高基础教育。巩固提高义务教育,大力推进教育均衡化。强化政府对义务教育的保障责任,免收义务教育阶段学杂费,对贫困家庭学生提供免费课本和寄宿生活费补助,切实保障农村进城务工人员子女和社会弱势群体享受义务教育的权利,义务教育入学率保持100%。普及学前教育,加快普及高中阶段教育,"十一五"末高中阶段教育毛入学率达到95%。全面普及特殊教育,市区和县(市)均建有省特殊教育现代化示范学校,有学习能力的三类适龄残疾儿童义务教育入学率达100%。全面实施基础教育课程改革,大力推进素质教育,基础教育质量保持全省乃至全国领先水平。加快推进教育现代化,2010年全市基本实现教育现代化。

大力发展职业教育。建设与经济社会发展相配套的职业教育体系,扩大职业教育招生规模,大力培养技能型人才和高级专门人才。基本完成全市职业学校布局调整,中等职业学校调整至30所左右,重点建设好16所主体职业中学,将南通中专和各县(市)的职教中心建成示范性中等职业学校;统筹发展高等职业教育,重点建设2所国家级示范性高职院校;不断开发新专业,加快培养经济建设所需的实用型人才;加强职业教育实训基地建设。"十一五"期间,全市高中阶段教育职普比例保持大体相当,80%以上的职业学校达到国家重点建设标准。

加快发展高等教育。积极支持南通大学建成高水平、有特色的综合性大学,2010年前力争成为博士学位授予权单位,博士点争取达到3~5个,硕士点达到60个左右;拓展国际交流与合作,创新教学模式,学科和教学科研基地建设取得新的突破。适当调整高等教育学科专业结构,加快发展为地方经济建设服务的重点学科。鼓励县(市)与国内知名高校联合办学。2010年,高等教育毛入学率达到50%,全市力争发展1所本科高职院校,高等教育在校学生总规模达15万人左右。

构建终身教育体系。发展成人高等教育,加强在职培训和继续教育,积极推进远程教育、社区教育和老年教育,继续推进自学考试健康发展,充分利用全市各级教育培训资源,逐步形成职前教育和继续教育相衔接、学历教育和专业技能培训相结合的终身教育体系,建设学习型社会。

第三节　深入实施人才强市战略

大力培养和引进创新型人才,努力建设一支规模宏大、结构合理、素质优良的人才队伍,构筑人才高地。2010年全市人才资源总量达到72万人,专业技术人员达到45万人。

加强人才培养和引进。以能力建设为核心,加快人才三支队伍建设,造就一批跨越发展急需的领导人才和拔尖人才。认真贯彻《公务员法》,建设一支德才兼备的高素质的公务员队伍;以提升现代经营管理能力为重点,不断培养和扩大企业家队伍,推进职业经理人的市场化;加强高技能人才基地建设,着力培养技能型实用人才和农村优秀乡土人才。利用和整合各类教育培训资源,构筑多元化的人才教育培养机制,以高层次、紧缺型、导向性人才为重点,积极拓宽人才引进渠道,鼓励各类人才向经济发展一线集聚。健全柔性引进人才机制,采取聘用、兼职、技术合作与入股等灵活多样的方式吸引人才。积极引进海内外专家和智力,促进人才国际化;鼓励海外留学人员来通创新创业,支持其与国内企业联合进行技术研究开发。促进重点园区、优势企业和高校、科研院所的建设和发展,大力培育人才吸纳载体。

优化人才队伍结构。努力提高专业技术人才、技能人才和高层次人才的比重,2010年高级职称人才在人才总量中的比例达到6.5%以上,高级工以上技能人才新增3.7万人,在技术性从业人员中占比达20%以上,高层次人才占比达到5%以上。优化人才分布结构,努力提高电子信息、船舶修造、机械装备、精细化工、生物医药、纺织服装、港口物流、建筑业等产业领域科技研发人才和技能型、复合型人才的比重。优化人才的年龄结构,2010年45周岁以下人才比重达到85%。

营造人才发展环境。积极推进省级人才特区试点,完善人才政策体系,形成具有南通特色的引进、培养、选拔任用、奖励、流动、保障等整体配套的人才工作机制,营造有利于优秀人才脱颖而出、充分施展才能的良好环境。落实人才引进优惠政策;加快建立以能力和业绩为导向的综合考核评价体系;深化职称制度改革,进一步完善专业技术职务任职资格评聘分开和社会化评审机制;改进各类专家和拔尖人才选拔制度,建立专家和拔尖人才动态信息库,实行跟踪管理;强化各类激励措施,建立奖优惩劣的人才激励机制。加强人才市场及人才信息网络与数据库建设,鼓励发展人事代理、猎头服务、人才租赁等新型人才中介服务。

第九章　人口资源环境

全面做好人口工作,落实计划生育、节约资源和保护环境基本国策,大力推动资源节约利用和高效利用,建立循环经济发展体系,加强生态建设和环境保护,建设资源节约型和环境友好型社会,实现经济社会可持续发展。2010年基本形成循环经济发展框架,环境质量综合指数达到85%。

第一节　加强人口工作

控制人口总量,改善人口素质和结构;重视老龄问题,发展老龄事业和产业;保障妇女儿童和残疾人权益,保证各类群体平等参与社会生活。

加强人口和计划生育工作。继续稳定低生育水平,提高出生人口素质,优化人口结构,关注人口安全,统筹解决人口问题。进一步完善农村计划生育家庭奖励、扶助、救助机制;继续实施出生缺陷干预工程,努力降低出生缺陷发病率;巩固完善流动人口计划生育管理服务体系。稳步推进人口计生"世代服务"计划,保证人人享有优质生殖保健服务。"十一五"期间,全市人口自然增长率努力实现零增长,人口出生率稳定在9‰左右。

发展老龄事业和产业。进一步完善农村养老保障体系,重点落实特困老人救助制度;整合社区养老服务资源,完善社区养老服务体系。加快老年活动中心等基础设施建设,全市公园、体育场馆、文化娱乐场所和旅游景点等逐步向老年人优惠或免费开放。积极鼓励非公有资本投资兴办养老机构等老龄产业。

保障妇女儿童权益。贯彻男女平等基本国策,保障妇女平等获得就学、就业、社会保障和参与社会事务管理的权利,加强妇女卫生保健、劳动保护等方面的工作。坚持儿童优先原则,依法保护儿童生存权、发展权、受保护权和参与权,改善少年儿童成长环境,促进儿童身心健康发展。建设青少年、妇女儿童活动中心。

保障残疾人权益。将残疾工作纳入公共服务,推进无障碍设施建设,加强残疾人康复服务、贫困残疾人脱贫、残疾儿童及少年义务教育、残疾人就业服务和社会保障等工作,创造残疾人平等参与社会生活的条件。建设市残疾人综合服务中心。

第二节　发展循环经济

大力推行"减量化、再利用、资源化"的循环发展模式,建立政府推进、市场驱动、公众参与的循环经济发展机制,重点推进企业、园区、社会三个层面的循环经济发展。

推进企业内部小循环。以化工、电力、冶金、造纸、印染等行业为重点，推广清洁生产技术，建设一批"零排放"试点工程；大力推进循环经济试点项目，形成废弃物和副产品循环利用的工业生态链；支持企业加快产品绿色升级换代，努力实现产品生命周期全过程的资源利用和生态影响最小化；引导企业开展绿色认证；形成一批循环经济示范企业。

推进产业园区中循环。加快产业园区生态化转向，推进零排放工业示范区建设；推进企业间、产业间的横向耦合、纵向闭合和区域整合，实现资源在不同企业和不同产业之间的充分利用；逐步建立以二次资源的再利用和再循环为重要组成部分的循环经济机制；建成一批生态工业园区。

推进社会大循环。实施市区污水处理厂污泥处理中心、如皋垃圾发电等一批重点项目；建设一批绿色社区、生态村以及循环城镇；培育再生资源回收产业，建立和完善社会化的废物回收利用系统；基本建立循环社会的组织管理体制、运行机制及政策体系。2010 年全市工业固体废弃物综合利用率保持98%以上。

第三节　推进资源集约利用

坚持开发与节约并重、节约优先，以节约型机关建设为表率，推进资源节约和综合利用，全力建设节约型社会，加快形成低消耗、低排放、高效率的节约型生产、生活和城市建设模式。

节约用地。严格保护基本农田；严格实行行业用地定额标准和投资强度控制标准，积极推进工业向园区集中、人口向城镇集中、农民向社区集中，促进土地资源集约高效利用。"十一五"期间，耕地保有量 45.87 万公顷，消化空闲闲置土地1 000公顷。

节约能源。强制淘汰耗能高的技术、工艺和设备，积极开发和推广节能技术和产品，推进重点耗能行业和企业的节能技术改造；建设和推广节能建筑和太阳能建筑；鼓励使用节能型交通工具、家用电器等。2010 年每万元地区生产总值能耗比"十五"末降低 20% 左右。

节约用水。继续抓好农业节水灌溉和旱作节水农业，推广使用工程灌溉技术和喷灌、滴灌等设备；加强公共建筑、生活小区节水和中水回用设施建设，推进污水处理及中水回用；加快重点耗水行业和企业的节水技术改造，推广使用节水设备和器具；严格控制地下水开采。"十一五"期间每万元地区生产总值水耗年均下降 5%。

节约原材料。严格技术标准和材料消耗核算制度，推行产品生态设计，推广节约材料的技术、工艺。鼓励使用再生材料及高强度、耐腐蚀、寿命长的新材料，加强金属、木材、水泥等材料的节约代用，减少一次性用品的使用；推广应用高性能、低材耗、可再生循环利用的新型建筑材料；禁止产品过度包装。

加强资源开发与保护。充分挖掘独特的资源优势，优先开发可再生资源、可循环利用资源和可综合利用资源；健全资源有偿使用和合理补偿机制。加强沿海岸线、滩涂及渔业等资源的开发与保护，科学合理地开发海岸线，积极整治陆源污染，促进海域环境质量改善，积极保护海洋生物资源。合理开展滩涂围垦，"十一五"期间围垦滩涂 17 万亩，新增生产面积 13 万亩左右。

第四节　加强生态环境建设

坚持保护与建设并举，源头控制与末端治理并重，执行环境影响评价和"三同时"制度，严格控制污染物排放总量，加强环境治理和生态建设，不断改善环境质量。"十一五"期间，建成国家环保模范城市群，积极开展生态市建设。

加强水环境综合治理。建立控源、截留、治污、回用、导排一体的水环境安全保障体系。全面整治主要航道、河道及骨干排水沟；开展废水总量控制和分布调整，严格限制新增污染源；完善污水处理系统，提高尾水排放集中度和达标率。强化对海上污染的监督管理，实施海洋生态系统恢复工程。减少和合理使用农药化肥，有效防治农业面源和畜禽养殖污染。加强饮用水源保护。2010 年，城镇地表水水质达标率达到 100%，饮用水源水质达标率达到 98% 以上，工业废水排放达标率达到100%，城市生活污水集中处理率达到 75%，化学耗氧量、氨氮排放总量在 2005 年的基础上削减 5%。

加强大气环境综合整治。限制高污染燃料使用，控制二氧化硫和颗粒物排放总量，逐步改善城市大气环境质量。重点加大电力行业二氧化硫污染控制力度，新上项目均需配套建设脱硫设施；加快燃煤锅炉气化改造，大力发展城市气化工程、集中供热、热电联产等；实施餐饮业油烟净化工程；积极开展秸秆综合利用。2010 年，全市烟尘、二氧化硫排放量控制在 2005 年水平；全年空气质量达到二级标准的天数大于 329 天。

加强声环境综合整治。加强交通干线噪声整治；强化工业噪声长效管理和监督检查，鼓励使用低噪声的设备和工艺；加强社会生活噪声、建筑施工噪声整治。2010 年，城市环境噪声达标区覆盖率达到 70%，城市区域环境噪声低于 56 分贝。

加大生态建设与保护力度。全面推进沿江、沿海生态防护林建设，完善农田防护林网，实施道路两侧绿色通道工程和河堤护岸造林工程，加强城镇绿化建设；建立外来物种监测和预警体系，控制外来物种的过度蔓延；建立农业与生态气象监测和预警体系，开展气候对生态系统的影响评价研究；加强水生态和滩涂湿地保护，建设一批生态示范工程。2010 年，森林覆盖率达到 18%，绿化覆盖率达到 42%。

第十章　和谐社会建设

关注民生，维护民权，以扩大就业、完善社会保障体系、理顺分配关系和繁荣各项社会事业为着力点，妥善处理不同利益群体关系，构建民主法治、公平正义、诚信友爱、充满活力、安定有序的和谐南通，和谐社会建设走在江苏乃至全国前列。

第一节　努力扩大就业

把扩大就业放在经济社会发展的突出位置，实施积极的就业政策，建立完善市场主导就业、政府促进就业、个人自主择业相结合的长效机制，鼓励创业，努力扩大就业容量，确保"十一五"末城镇登记失业率控制在 4% 以内。

创造就业岗位和机会。注重发展就业容量大的劳动密集型产业，鼓励发展社区服务、餐饮、商贸流通、旅游等行业；积极鼓励中小企业发展；鼓励劳动者自主创业、自谋职业；积极发展非正规就业和弹性就业，鼓励多种形式就业。

健全就业服务体系。着力构建覆盖全市的劳动力市场网络；完善社区、乡村与劳动保障部门、公共职介机构联网的劳动保障信息系统；鼓励、规范发展各类职业中介服务机构和职业培训机构；多渠道筹措再就业援助专项资金，开辟小额担保贷款发放的快速通道，切实为下岗失业人员创业提供资金支持；加快建立政府扶助、社会参与的职业技能培训机制，全面推进再就业培训和创业培训,积极开展“订单培训”。“十一五”时期,每年培训失业人员3.5万人,培训后再就业率达60%以上。

强化政府促进就业职能。统筹城乡就业,将农村劳动力转移纳入就业和再就业工作体系,实行城乡统一的就业登记和就业服务;开发公益性岗位,解决困难群体的就业;实施政府购买就业岗位和培训成果,增加低技能人员的就业,提高城乡劳动者的职业技能;进一步制订和落实扩大就业的优惠政策,鼓励企业吸纳失业人员。

第二节　合理调节收入分配和完善社会保障体系

完善分配制度,努力缓解收入差距扩大的趋势。围绕人人享有社会保障的目标,加快建立与经济发展水平相适应的城乡统筹、覆盖绝大多数劳动者的多层次的社会保障体系。

合理调节收入分配。鼓励劳动者通过资本、技术、管理等要素参与分配,通过自主创业等方式提高收入水平。构建和谐劳动关系,合理调整收入分配,普遍实行工资集体协商制度,建立工资合理增长机制,完善工资指导线制度,进一步规范企业工资分配和工资支付行为,着力提高中低收入者收入水平;在经济发展的基础上逐步提高最低工资标准和城镇最低生活保障标准,提高困难人群的生活补助;加强收入监管和税收征管力度,依法调节过高收入。加强个人收入信息体系建设。

提高社会保障水平。坚持应保尽保,着力提高非公经济组织从业人员、灵活就业人员的参保面。完善失业、工伤和生育保险制度,规范进城务工人员参加社会保险的办法,着力做好进城务工人员参加工伤保险工作。建立完善机关事业单位养老保险制度,加快发展农村社会养老保险。进一步完善以基本医疗保险为主,大病统筹、住院保险以及社会医疗救助为辅的“基本保障、多种层次、广泛覆盖”的医疗保险体系,推进困难企业职工和破产、改制企业退休人员参加医保,推进城市居民、学生的医疗保险工作,使城镇职工医疗保险进一步延伸,不断完善全民社会医疗保险体系。增加财政的社会保障投入,多渠道筹措社会保障基金,加强社保基金的征收与监管;逐步提高基本养老保险社会统筹层次,增强统筹调剂的能力,逐步做实城镇基本养老保险个人账户。大力发展企业年金和补充医疗保险,鼓励城乡居民参加各种类型的商业保险。进一步完善企业退休人员管理服务体系。2010年全市城镇基本养老保险、基本医疗保险和失业保险基本实现全覆盖。

注重帮扶弱势群体。加快建立新型社会救助、优抚安置、社会福利等帮扶社会弱势群体的公共事务管理体系;完善就业、教育、医疗、住房、法律等专项救助,建立社会慈善、社会捐赠、群众互助等各种形式的社会救助;进一步完善城市、农村、专业渔民三大最低生活保障体系;积极筹集资金,着力解决低收入群众的住房、医疗和子女就学等困难;按新的运行机制进一步做好高校国家助学贷款工作,保证困难家庭大学生不因贫失学;积极发展“红十字”、福利慈善等事业;继续开展扶贫工作,切实减少贫困人口。

第三节　提高医疗卫生水平

以提高全民健康水平为根本出发点,加快构建和完善新型公共卫生体系和医疗服务体系,逐步解决群众“看病难、看病贵”问题,以人人享有初级卫生保健为目标,提升卫生服务整体水平,为人民群众提供服务优质、费用合理的多层次、多样化的医疗服务。

健全新型公共卫生体系。建立健全突发性公共卫生事件应急机制,完善疾病预防控制、卫生监督执法、公共卫生信息和应急医疗救治四大体系,加强公共卫生机构的能力建设。提高疾病预防控制能力,进一步加强以艾滋病、结核病、血吸虫病和霍乱、乙型肝炎等传染病为重点的重大疾病以及职业病、地方病的防治,儿童计划免疫覆盖率以乡镇为单位稳定在95%以上,法定传染病发病率比“十五”期末下降3~5个百分点。强化卫生监督体系效能建设,食品卫生合格率达到90%,食物中毒发生率小于5/10万。加强妇幼保健体系建设,促进优生优育,婴幼儿和孕产妇死亡率分别控制在10‰和20/10万以下。

完善医疗服务体系。整合资源,优化布局,合理确定政府举办医疗机构的规模和数量。积极发展社区卫生服务,鼓励综合医院向社区延伸,建立医疗卫生中心和社区卫生服务机构合理分工、双向转诊的两级新型城市卫生服务体系;积极将社区卫生服务机构纳入城镇职工基本医疗保险定点机构范围;加快完善农村卫生服务体系,着力办好县级医疗中心、预防中心和乡镇(街道)卫生服务中心以及村(社区)卫生服务站,提高医疗装备水平和医务人员技术水平,引导和鼓励医学院校毕业生和高水平医务人员充实农村医疗队伍,依法管理乡村医生队伍,切实改善农村医疗卫生状况;实施新一轮初级卫生保健,2010年全市80%的县(市)力争达到农村初级卫生保健基本现代化标准。积极发展中医等医疗保健服务。

提升医疗服务水平。加强医疗服务管理,进一步强化对基本医疗保险定点机构和定点药店的管理,完善医疗机构经费补偿机制和药品价格管理机制,严格控制医疗费用的过快增长,确保城乡居民享有价格合理、质量优良的医疗服务;全面加强医疗质量和行风监管,建立健全各级各类医疗机构监控体系,强化医疗质量控制措施。着力推进医院基本现代化建设,加强医学重点学科和人才队伍建设,加速医学科技成果转化和适宜技术推广应用,“十一五”末全市40%二级以上医院力争建成基本现代化医院。

第四节　加快文化大市和体育强市建设

沿着先进文化的前进方向,使江海传统文化、中国近代第一城等资源优势得到充分发挥,不断增强文化竞争力,加快建设文化大市和体育强市。

建设文化大市。大力推进文化南通建设,积极推进文化创新。加大政府对文化事业的投入,加强基层特别是农村群众文化活动阵地和文化设施建设,逐步形成覆盖全社会的比较完备的公共文化服务体系。积极发展社区、校园、企业和家庭文化,建设市图书馆新馆、文化艺术交流中心。大力加强科普教育,着力提高公众科学文化素质。繁荣文学艺术、新闻出版、广播影视,精心组织精神文明产品的生产,努力创作群众喜闻乐见的优秀文化、文艺产品。加强历史文化遗产的保护利用和地方史志工作,建成国内外有影响的全国历史文化名城;挖掘文博资源,建成一批博物馆、纪念馆、艺术馆。繁荣文化市场,加强文化市场管理。

建设体育强市。加速群众体育生活化、竞技体育精英化和体育设施现代化。按照“办赛创一流水平,参赛争优异成绩”的总体目标,把省十六运办成历史上最出色的一届省运会,提高承办重大体育赛事的组织水平。大力实施《全民健身计划纲要》,以社区为重点加强公共体育设施及体育场馆设施建设,健全和完善城乡全民健身体系。2010年经常参加体育活动的人数占全市人口的比重超过46%。努力创建国家级奥运后备人才训练基地和省级高水平后备人才单项训练基地，加强各级业余体校建设。

第五节　加强社会主义精神文明和民主法制建设

大力培育和弘扬“包容会通、敢为人先”的新时期南通精神，进一步加强精神文明建设，着力提高城乡居民整体素质和文明程度。加强社会主义民主法制建设，切实保障人民群众的民主权利，营造安定团结的社会环境。

加强社会主义精神文明建设。加强社会主义思想道德建设，大力培育和弘扬新时期“南通精神”。继续弘扬以社会公德建设为核心的精神文明“南通现象”，广泛开展社会公德、职业道德、家庭美德教育，大力倡导“爱国守法、明礼诚信、团结友善、勤俭自强、敬业奉献”的基本道德规范，在全社会构建团结互助、扶贫济困、平等友爱、融洽和谐的人际环境。全面推进以城市、行业、社区、“窗口”和村镇为重点的文明创建活动。加强未成年人的思想道德建设和青年思想政治教育，培育品德优良、素质全面、充满活力和创造力的新一代南通人。

加强社会主义民主建设。坚持人民代表大会制度、中国共产党领导的多党合作和政治协商制度。完善社会公示、重大决策听证和专家咨询等制度，提高决策的民主化、科学化、规范化水平。进一步扩大基层民主，完善村民自治、社区居民自治和企业民主管理制度，推进政务、厂务、村务和社区事务公开，保障人民群众依法行使选举权、知情权、参与权和监督权。2010年基本实现城乡村(居)民依法自治。切实做好民族、宗教和侨务、对台等工作，加强人防建设、民兵预备役部队建设和国防动员建设。深入开展“双拥”活动，巩固和发展军政军民团结。

加强社会主义法治建设。深化普法教育，推进依法治市，形成崇尚宪法、法律权威，严格依法办事的社会环境和舆论氛围，加快法治南通建设进程。坚持依法行政，加快建设法治政府，健全科学民主决策机制，完善行政执法体制，强化行政监察和审计监督，确保行政管理和公共服务规范、高效、廉洁。认真落实维护稳定的各项措施，加强社会治安综合治理，继续推进社会治安防控体系建设，依法严厉打击各种违法犯罪活动，力争成为全省乃至全国最安全城市，人民群众对社会治安满意率达到90%以上；重视做好新形势下的信访工作，进一步完善社会矛盾纠纷大调解机制，及时化解各种矛盾纠纷和不稳定因素；认真执行《安全生产法》，强化生产经营单位安全生产主体责任，健全安全生产监管体制和安全生产长效机制，道路交通、海洋渔业、建筑、危险化学品等行业领域安全基础条件明显改善，有效遏制重大事故；强化对食品、药品、餐饮卫生等的监管，保障人民群众健康安全；加强动物疫病预警和控制体系建设，完善动物免疫预防保障体系；加快建设重大突发事件预警应急体系，全面构建公共安全屏障。

加强诚信体系建设。依托电子政务平台，整合数据资源，构建全市统一的互联互通的企业、个人和政府三位一体的信用体系及运行机制。着力推进信用评估、信用公示、个人资信档案登记和信用监管制度建设，大力培育信用市场和信用中介机构。加快建立失信惩戒和守信受益机制。创建守法诚信、行为规范的企业与市场品牌，建设“放心消费城市”。

第十一章　规划实施

建立健全规划实施机制是确保“十一五”规划目标顺利实现的重要条件。要从建立体系、完善机制、分类指导、组织落实、监督检查等方面，形成“十一五”规划实施的有效机制。

第一节　建立完备的规划体系

“十一五”规划包括总体规划、区域规划、专项规划和县(市)、区发展规划。总体规划是统领全市经济社会发展全局的发展规划，是编制其他各类规划的依据。区域规划是总体规划在特定区域的落实，是总体规划在区域上的延伸和细化。专项规划是总体规划在特定领域的落实，是总体规划在领域上的延伸和细化。县(市)、区发展规划是以行政单元为中心地域编制的发展规划，是总体规划在县(市)、区行政区域的延伸、细化和落实。根据本规划，修编各级土地利用和城市总体规划。

第二节　完善衔接协调机制

规划衔接的主要内容。下级总体规划要在约束性目标、空间功能定位和重大基础设施建设等方面与上级总体规划进行对接；区域规划和专项规划要在发展目标、空间布局、重大项目建设等方面与总体规划进行对接；同级总体规划要在空间布局和基础设施建设等方面与周边地区的总体规划进行衔接；同级区域规划和专项规划要在发展目标、空间布局、重大项目建设等方面进行协调。

加强发展规划与其他规划的衔接。加强发展规划与城市规划和土地利用规划之间的衔接配合，城市规划和土地利用规划以发展规划为依据，要将发展规划确定的目标、任务和要求进行具体落实，突出建设性、控制性；发展规划要加强与城市总体规划和土地利用总体规划衔接协调。确保在总体要求上方向一致，在空间配置上相互协调，在时序安排上科学合理，提高规划的管理水平和行政效率，确保规划目标的顺利实现。

第三节　形成分类实施机制

按照社会主义市场经济体制的要求，充分发挥市场配置资源的基础性作用，正确履行政府职责，调动社会各界和广大人民群众的积极性，形成有效的分类实施机制。

——本规划提出的产业发展的方向和任务，以及利用外资、对外贸易等领域的发展重点，主要依靠市场配置资源，引导市场主体行为实现，政府的工作重点是强化市场监管，维护公平竞争，确保市场机制正常发挥作用。

——本规划确定的转变经济增长方式、调整优化经济结构、增强自主创新能力、建设社会主义新农村、推进信息化、促进城乡和区域发展、提高居民收入、建设人才强市、建设资源节约型社会等重点任务，主要通过完善市场调节机制和政策导向机制实现。政府的工作重点是营造良好的制度环境和政策环境，激发市场主体的活力和动力。

——本规划确定的社会事业、社会保障、促进就业、防灾减灾、公共安全等公共服务领域的目标和任务，是政府做出的承诺，政府要切实履行职责，运用公共资源和调动社会力量努力完成。

——本规划确定的空间功能区划、环境保护、生态保护、资源管理、加强社会公共管理、规范市场秩序、精神文明和民主政治建设等方面的任务，主要依靠建立健全法律法规，加大行政执法力度，并辅之以一定的经济手段予以实施。

——本规划确定的各项体制改革任务是政府的重要职责，政府要积极推进行政管理体制改革，把改革任务分解落实到有关部门，按进度安排抓紧推进，确保改革任务如期完成。

第四节 强化组织落实

围绕构建确保南通经济既快又好发展的六大战略形态，突破对全面腾飞起着重要作用的八大战略支点，市各部门要按照职责分工，将规划纲要确定的相关任务纳入本部门年度计划，明确责任人和进度要求，并及时将进展情况向市政府报告。本规划提出的约束性指标，市政府分解落实到市各有关部门和地区，特别是耕地保有量、单位地区生产总值能耗、污染物减排3项指标，要定期检查，强化落实，重要的预期性指标也要分解落实。建立重大项目责任制，对规划纲要中确定的重大项目和重大工程进行分解落实，明确进度，明确要求，明确责任，由市政府分管领导挂帅，相关部门和地方各负其责，确保重大项目和重大工程的实施。要按照科学发展观和正确政绩观的要求，强化规划实施的战略保障措施，进一步改进考核评价机制，着重考核规划纲要中提出的约束性指标，确保约束性指标的落实。

第五节 健全监督评估机制

健全规划实施报告制度。通过制定和实施国民经济和社会发展年度计划，每年将规划目标和主要任务的进展情况向市人大报告，并向市政协通报。推进规划实施的信息公开，健全政府与企业、公众的沟通机制，加强社会对规划实施的监督。

健全规划实施中期评估制度。2008年，市发展改革主管部门将组织力量，对"十一五"规划的实施情况进行中期评估，检查规划落实情况，分析规划实施效果，找出规划实施中的问题，提出解决问题的对策建议，形成中期评估报告，上报市政府。经中期评估，若需要对本规划进行修订，市政府提出修订方案，报请市人民代表大会常务委员会批准实施。

健全规划调整制度。"十一五"规划实施期间，如遇国内外环境发生重大变化或其他重要原因导致实际运行与规划目标发生重大偏离时，市政府将适时提出调整方案，报市人民代表大会常务委员会审议批准。

第六节 加强政府调控引导

引导市场主体行为方向。市相关部门要根据产业、行业发展方向、发展重点和发展目标，针对经济运行中的突出矛盾和问题，深入研究制定产业导向政策和能效指导政策，正确引导企业、金融机构和社会资本投资方向，促进产业结构优化升级；鼓励企业加快技术创新和技术改造，促进增长方式转变和质量效益提高；支持具有比较优势的企业到原材料产地、销售地区、资源丰富和低成本地区开展跨国、跨地区经营，推进企业发展模式的转变。

落实公共财政合理投向。遵循公共财政服务于公共政策的要求，加大财政支出结构调整力度，保证财政支出重点转移到满足社会公共需要方面。财政的配置优先投向公共服务领域。整合各项专项资金，确保投向关键领域和薄弱环节，最大限度地发挥财政资金的引导作用和使用效益。进一步加大对人力资本和研发的投入，运用税收杠杆促进产业政策落实，减少政府补贴范围。

明确空间利用调控导向。根据市域空间开发适宜性分区，制定相应的空间管制政策和配套措施，引导城市和产业的主导发展方向，并作为城镇主导发展方向和项目布局选址管理的重要依据，促进空间科学发展。认真执行我市加强土地管理和提高投资强度的有关规定，完善项目投资强度的用地政策，建立以投入、产出效益和生态效益等为主要考核标准的用地规模审核制度，进一步提高空间集约利用水平。

（注：目录、前言、专栏图表略）

南通狼山

泰州市国民经济和社会发展第十一个五年规划纲要

（泰州市第二届人民代表大会第四次会议批准）

第一章 发展基础与目标

第一节 发展基础

“十五”期间，在市委的正确领导和全市人民的共同努力下，全市“十五”计划得到了较好的实施，确定的发展战略、基本方针和政策措施得到了贯彻落实，提出的主要目标和任务得到完成或超额完成，国民经济和社会发展取得了巨大成就。

经济综合实力迈上新台阶。2005 年，地区生产总值达 822.26 亿元，年均增长 13.3%。人均地区生产总值达17 474元。财政总收入达 113.95 亿元，占地区生产总值的比重达 13.9%，年均增长 29.1%。全社会固定资产投资累计完成 1 273.24亿元，年均增长 23.8%。社会消费品零售总额达 233.8 亿元，年均增长 12.8%。

改革开放实现新跨越。率先完成以“三置换一保障”为重点的市（区）属工贸企业改革，构筑了全新的体制机制平台。行政审批制度改革和经营性服务类事业单位改革成效明显。民营经济占全市经济总量的比重达 46.7%。开放型经济发展势头强劲。2005 年，自营出口额达 13.41 亿美元，年均增长 32.6%。五年累计实际利用外资 15.13 亿美元。

重大项目取得新突破。坚持“项目为王，融资为本”，大力推进重大项目建设。宁启铁路及其泰州站建成营运，6 条“黄金始发线”正式开通。泰州电厂一期工程获批并正式开工，泰州过江通道工可报告编制完成。沿江开发取得突破性进展，陵光燃料油、扬子江药业城项目顺利建成，新扬子造船、德桥仓储、新浦化工等一批超亿美元项目加快实施。LG 冰箱、扬子江药业国家二类新药生产线等一批技改项目建成投产。

城乡面貌发生新变化。按照建设大城市的要求，深入开展“五城同创”，大力推进新区建设和旧城改造，中心城市五年累计完成投资 220 亿元，建成区面积扩大到 50 平方公里。整体推进各市城区和重点中心镇建设，城市化进程不断加快，2005 年底，城市化水平达 45.3%，比“九五”末上升 5.9 个百分点。城乡基础设施建设取得重大进展，宁靖盐高速公路泰州段建成通车，沿江高等级公路加快建设，一批水利、电力和信息等基础设施相继建成。

社会事业取得新进展。科技对经济增长的贡献份额进一步提升。基础教育水平不断提高，高等教育发展取得突破。公共卫生体系逐步健全，新型农村合作医疗加快发展。文体设施建设不断加强，群众性文体活动丰富活跃。环境保护和生态建设力度加大，环境质量综合指数在全省名列前茅。妇女儿童、人口与计划生育、民政等各项社会事业工作都取得新进展。

人民生活水平实现新提高。2005 年，城镇居民人均可支配收入和农民人均纯收入分别达11 122元和5 102元，年均分别增长 10.7% 和 8%。城乡居民人均储蓄达10 662元。城镇登记失业率 3.4%，控制在计划以内。城镇养老、失业、医疗保险覆盖面达 95.9%。

总体上，全市“十五”计划实施顺利，为“十一五”时期的发展奠定了良好基础。同时，进入新的发展阶段，经济社会发展中还存在着不少矛盾和问题，主要表现在：解决“三农”问题的任务仍然很重；经济结构性矛盾依然存在，经济增长方式有待进一步转变；利用外资规模总体还不大，经济国际化程度有待提高；经济社会、城乡、区域发展还不够协调；中心城市辐射带动力需要进一步增强；就业和社会保障压力还较大，不同利益群体之间矛盾需要协调，构建和谐社会的任务还很重。着力解决以上矛盾和问题将成为泰州“十一五”时期的重大任务。

第二节 发展环境

“十一五”期间，泰州发展的机遇与挑战并存，但总体上处于加快发展的重大机遇期。经济全球化不断向纵深推进，全球范围内生产要素流动和大规模产业转移加快，国际资本和产业继续向长三角地区加快集聚；我国已进入新的发展阶段，工业化和城市化进程加快，消费结构、产业结构全面升级，社会主义市场经济体制不断完善；长三角一体化进程不断推进，产业梯度转移加快，这些都为泰州加快发展提供了广阔的空间和难得的机遇。从所处发展阶段看，泰州已经进入了工业化、城市化和国际化加速发展的重要阶段，经济增长的基础和内在动力进一步增强。沿江开发战略的全面实施，两岸联动开发的加快推进，一批具有较强自主创新能力和自有品牌的支柱产业、本土优势企业实力的不断增强，使泰州成为承接国际产业转移、加快融入苏南、接轨上海的前沿阵地，这将有利于泰州的产业、岸线资源优势加快向现实竞争优势的转化，实现跨越式发展。此外，泰州还可以充分吸取有关发达地区在快速发展期间生产力和镇村布局不合理造成重复拆建、环境承载能力下降的教训，形成后发优势，努力扬长避短，走出一条资源消耗低、产业集聚度高、环境污染少、经济效益好的新型发展道路。

与此同时，泰州经济社会发展也面临一些较为严峻的挑战：一是随着润扬长江大桥的建成通车和苏通长江大桥的即将建成，宁镇扬之间、沪苏通之间的经济联系将越来越紧密，泰州如果不加快融入苏南，在区域合作与竞争中就有被周边城市边缘化的危险；二是在长三角一体化进程中，基础相对薄弱的泰州面临着资本、人才等生产要素被长三角强势城市吸引的巨大挑战；三是在接纳产业项目转移过程中，面临总量与质量的两难选择，加重了资源消耗和环境保护的压力；四是市域内部南北差距、沿江与腹地差距扩大的趋势,对推进区域共同发展、全面建设小康社会带来较大压力;五是由于城市载体相对较小,泰州大批吸引高层次人才还受到一定限制。

第三节　发展思路

"十一五"期间全市国民经济和社会发展的总体思路是:以邓小平理论、"三个代表"重要思想为指导,全面贯彻落实科学发展观,围绕"把泰州建设得更加美好"的总体要求,以建成全面小康社会为总目标,以加快发展为主题,以提升经济科学发展水平、城乡统筹发展水平、区域协调发展水平、社会和谐发展水平为战略重点,以增强改革推动力、开放带动力、自主创新力、资源环境承载力为战略支撑,加快新型工业化、经济国际化、城市化、农业产业化进程,构筑大交通、大产业、大开放、大联动、大城市的发展格局,努力建设经济繁荣、社会文明、生活安康、环境友好的和谐新泰州。

大交通。进一步完善交通基础设施网络,加快构建"1223"现代化大交通格局:一条黄金水道(长江)、两条铁路线(宁启、新长铁路)、两座大桥(江阴长江公路大桥、泰州长江公路大桥)、三条高速公路(宁通、宁靖盐、江海高速公路)。

大产业。充分发挥现有产业和规模企业优势,加快发展优势产业,提升发展水平,全力打造医药、机电、化工、船舶"四大产业基地"。

大开放。抢抓国际资本和产业转移的机遇,强力推进大开放、大开发,加快形成对外开放与对内开放并重、第一二三产业开放并举、三外齐抓、三外齐上的大开放格局。

大联动。以沿江开发为突破口,以产业发展为纽带,在靖江与江阴联动开发的基础上,加快形成泰州与苏南城市的全方位联动,泰州沿江地区与腹地的全方位联动,经济、社会领域全方位联动的发展格局。

大城市。积极创造条件,实施区划调整,扩大中心城市规模,加快中心城市建设与发展,凸现中心城市首位度,努力构建"一城三区"组团发展格局。

第四节　发展原则

1. 坚持抢抓机遇,加快发展。泰州正面临重要战略机遇期,正处在关键的发展阶段,必须牢固确立抢抓机遇的意识和奋力赶超的理念,坚持以发展为第一要务,不断增强发展动力,进一步扩大全市经济总量,提高综合竞争力,努力实现"快速崛起、后来居上"。

2. 坚持转变经济增长方式,科学发展。加快结构调整步伐,增强自主创新能力,走新型工业化道路。在继续大力集聚生产要素的同时,更加注重依靠科技进步和人力资源开发,不断提高经济增长的质量和效益,实现又快又好地发展。

3. 坚持改革开放,创新发展。以解放思想为先导,大力弘扬创业、创新、创优精神,探索具有泰州特色的发展之路。更大程度地发挥市场机制的作用,更广领域、更高层次上参与国际合作与竞争,增创改革开放新优势,为加快发展、科学发展、和谐发展提供体制保障和动力源泉。

4. 坚持统筹兼顾,协调发展。着眼全局,注重城乡、区域、经济和社会统筹发展。贯彻"以城带乡、以工促农、反哺农业、回报农民"的方针,探索社会主义新农村建设的新路子。加强对区域发展的统筹规划和分类指导,促进沿江地区和腹部地区协调发展。重视公共事业建设,促进社会全面进步。

5. 坚持富民优先,和谐发展。以增加城乡居民收入为重点,推进全面建设小康社会进程。围绕人的全面发展,注重发展惠及于民、致富于民,加快解决关系人民群众切身利益的实际问题。着力提高低收入群体的收入水平,扩大中等收入群体比重,不断提高城乡居民的生活水平和生活质量,使全体人民共享改革发展成果。更加注重社会公平,维护社会稳定。

第五节　发展目标

通过"十一五"期间的发展,努力将泰州建成:以规模经济和自主创新企业为主体的现代制造业基地,沟通江苏南北、服务长江流域的区域物流中心,接轨上海、融入苏南、快速崛起的苏中重要板块,环境友好、生态健康的可持续发展区域。将泰州中心城市建成:长三角工贸滨江城市,锡常泰城市群的重要一极,水城一体、古今交融的现代化宜居城市。到2010年,以泰州市为单位,达到全面小康4大类18项25个指标的目标值,总体上全面建成小康社会。到2020年,全市基本实现现代化。"十一五"期间主要发展目标是:

经济发展目标。经济持续快速协调健康发展,内生发展动力不断增强,产业结构不断优化,经济增长方式加快转变,经济增长质量和效益明显提高。地区生产总值年均可比增长12%,力争比"十五"期末翻一番。人均地区生产总值达到4 000美元左右。第二、三产业增加值占地区生产总值比重达到93%左右。财政总收入达到250亿元。全社会固定资产投资累计3 000亿元,工业技改投入累计1 700亿元,实际利用外资累计40亿美元。自营出口额达到30亿美元。社会消费品零售总额达到450亿元。城市化水平达到55%。

人民生活目标。人民群众富裕程度和生活质量明显提高,城乡之间、区域之间、社会成员之间收入分配差距扩大的趋势逐步缓解,社会文明程度明显提高。城镇居民人均可支配收入达到18 000元,农民人均纯收入达到8 000元。城镇人均住房建筑面积达到38平方米,农村人均钢筋、砖木结构住房面积达到43平方米。农村行政村通灰黑公路或航道比重100%,城镇人均拥有道路面积20平方米。百户家庭电话拥有量220部,百户家庭电脑拥有量40台。居民文教娱乐服务支出占家庭消费支出比重达到18%。恩格尔系数40%以下。

社会发展目标。就业相对充分,社会保障体系基本完善,公共服务体系更加健全,社会主义民主政治和精神文明建设全面加强,社会治安和安全生产状况进一步改善,构建和谐社会取得明显成效。研发经费支出占地区生产总值比重达1.5%以上。高中阶段教育毛入学率达到90%。卫生服务体系健全率90%以上。城镇职工基本养老、失业、医疗保险覆盖面99%以上。新型农村合作医疗覆盖面90%。城镇登记失业率控制在4%以内。人民群众对社会治安的满意率97.5%。城镇社区居委会依法自治达标率95%,农村村委会依法自治达标率98%。计划生育率98%以上,人口自然增长率控制在4‰以内。

生态环境和资源利用目标。资源利用效率显著提高,环境污染得到有效遏制,生态和人居环境有较大改善,人与自然和谐相处。城市绿化覆盖率达到40%,森林覆盖率达到20%。环境质量综合指数82,主要污染物排放总量减少5%左右。耕地保有量30.6万公顷。万元地区生产总值能耗比"十五"期末下降20%左右,万元地区生产总值水耗下降到170立方米。

第二章　推进社会主义新农村建设

按照"生产发展、生活宽裕、乡风文明、村容整洁、管理民主”的要求，坚持从实际出发，以工业化致富农民，以城市化带动农村，以产业化提升农业，加快推进社会主义新农村建设。坚持多予、少取、放活，切实加大各级政府对农业和农村的投入，扩大公共财政覆盖农村的范围，逐步形成规划建设、基础设施、产业布局、市场流通、劳动就业、社会事业和社会保障等方面城乡统筹发展机制。

第一节　统筹城乡建设

（一）推进城乡规划一体化。深化规划管理体制改革，统筹考虑泰州市域空间和环境容量，按照城乡一元模式编制城乡一体化规划，合理安排城乡产业布局、镇村居民布点、基础设施建设和社会事业发展。镇村建设规划编制、审批实行市、县（市）统筹，改变城乡规划分治造成的乡村建设无序的局面。加快编制城镇及新型农民社区控制性详规，使城乡总体规划落到实处。强化规划的日常管理，泰州组团城区规划控制范围内的城乡建设实行规划扎口管理。

（二）推进沿江和城市郊区城乡一体化。按照“企业向园区集中，农民向城镇集中，住宅向社区集中”的要求，建立健全城乡一体化引导、激励机制，率先在沿江和城市郊区推进城乡一体化，引导农民到城镇就业、居住。靖江市，按照“一城四片区”模式先行试点，重点推进新港片区建设，力争五年基本拉开框架，完善城市基础设施和服务功能，片区集聚人口5万人。泰兴市，配合沿江开发区的发展，重点培育蒋华—七圩片区，片区集聚人口5万人以上。高港区，重点推进沿江拆迁农民向高港城区集中，建成区人口总量15万人以上。对沿江城乡一体化示范区，按照“优先增加建设用地指标，优先安排基础设施投入，优先配置社会事业资源，优先减免收费项目”的原则，加快建设一批规模较大、设施完善、配套齐全、环境优良的以公寓为主体的现代农民社区。坚持以现代城市文明教育农民，加快实施“城中村”、“城边村”改造，有计划地集中拆迁，将农民转为市民。强化对城市郊区的规划控制，鼓励郊区农民进入城市小区居住或依据规划建设多层农民公寓。

（三）推进农村腹地田园镇村建设。完善小城镇建设规划，形成相对独立的工业、商贸、文教和居住功能分区，塑造新型小城镇特色和风貌。推进小城镇社区建设，努力营造居住宽敞、文化丰富、生态良好的社区环境，吸引农村人口向小城镇转移。按照“田园村庄、生态社区”的理念和“保护、利用、改造、发展”的原则，编制、实施镇村布局和建设规划，重点支持中心村建设，逐步调减零散过小的自然村，加快发展布局合理、设施配套、风格协调、环境优美、特色鲜明的新型农村社区。注重对一批原生态村庄进行保护和改造，重点建设配套设施，整治村庄环境，提升生态品位。加强农村建房管理，将新建农房建在规划点上。开展镇村建设示范创建活动，到2010年全市创建成10个省级、20个市级示范镇，50个省级、100个市级示范中心村。

第二节　加快发展现代农业

坚持用现代产业的理念经营农业，培植壮大一批优势特色产业、农业园区、龙头企业、特色基地，不断提高农业发展水平。“十一五”期间，农业增加值年均增长4%。

（一）培育农业优势特色产业。坚持以市场为导向、规模农业为方向、效益为核心，加大农业结构调整力度，重点培育壮大优质小麦、优质稻米、优质油料、优质畜禽、无公害蔬菜、生态林业、特种水产等七大优势特色产业。优质小麦，重点建设100万亩以上弱筋小麦、100万亩中筋小麦。优质稻米，重点建设100万亩中粳稻及籼稻、100万亩早熟晚粳稻。优质油料，到2010年种植面积达100万亩。优质畜禽，重点做大苏姜猪产业，做强瘦肉型猪和优质地方家禽产业，推进规模化养殖小区建设。无公害蔬菜，到2010年种植面积达100万亩。生态林业，重点建设50万亩银杏、40万亩意杨和3万亩花卉苗木。特种水产，重点发展河蟹、青虾、长江鱼等特水产品，形成沿江和里下河两大养殖带。加大农田水利建设力度，提高农业机械化水平。加快农业标准化建设，健全农业信息服务、农产品市场、农产品质量安全和植物病虫害防控体系，到2010年全市无公害、绿色、有机农产品分别达到200个、100个和30个。坚持科技兴农，实施农业科技三项更新工程，加强农村科技队伍建设，健全农业科技推广体系。

（二）培植品牌农业龙头企业。加大政策支持力度，鼓励和引导工商资本、民间资本和外商资本投资农业，促进农产品加工、流通企业发展。“十一五”期间，农业利用“三资”120亿元。重点围绕优势特色产业，推进农业龙头企业与外资嫁接，与一流科研院所衔接，与品牌流通企业对接，加快培育一批骨干型、出口型、成长型龙头企业，努力形成带动优势特色产业发展的龙头企业集群。鼓励龙头企业采取多种联结形式，与农户建立合理的利益机制，增强对基地、农户的带动作用。到2010年，销售收入过10亿元的龙头企业达到5家、过亿元的达到50家，龙头企业带动农产品基地面积达到100万亩。

（三）大力发展农民专业合作经济组织。加强政策扶持，规范运作机制，扩大经营规模，大力发展一批“有组织制度、有合作手段、有较大规模、有明显效益”的农民专业合作经济组织，提高农业组织化程度。强化示范引导，重点培育壮大“30强”农民专业合作经济组织，发挥典型带动作用。到2010年，全市农民专业合作经济组织力争带动农户40%以上。

（四）建设现代农业示范载体。按照“产业特色化、科技含量高、运行机制活、辐射带动强、经济效益好”的要求，加快现代农业示范园区建设，使之成为全市高效、外向农业的示范区和集聚区。“十一五”期间，重点打造市农业开发区、河横现代农业示范园区等10个市级以上现代农业园区，规划建设100个县（市）、乡两级农业科技示范载体。

第三节　促进农民增收和农村全面发展

（一）着力构建农民增收长效机制。坚持以农民增收为中心任务不动摇，努力构建增收长效机制。挖掘农业内部增收潜力，调整优化农业结构，加快推进高效农业规模化经营。大力发展经济，增加农民就业岗位。提高农民技能水平，加强农民职业教育、技能培训和创业培训，构建和完善农民培训体系。加大内转与外输力度，加快农村劳动力向第二、三产业转移。营造良好创业环境，鼓励和支持农村民营经济发展，增加农民的工资性、资产性和经营性收入。认真落实农业补贴政策，促进农民直接受益。

（二）增强农村发展活力。坚持“自愿、有偿”的原则，鼓励和引导农户有序流转土地承包权，发展多种形式的农业适度规模经营。制定实施宅基地流转政策，保证村庄布局、建设规划的实施。推进农村专业经济合作、土地股份合作和村级集体经济股份合作。巩固农村税费改革成果，加强农民负担监管。积极推进乡镇机构、农村义务教育、县乡财政管理体制等农村综合改革。重视并逐步解决乡村债务问题。深化农村金融体制改革,扩大农民小额信用贷款和联保贷款,规范发展适合农村特点的金融组织,推广新型农业保险制度。深化农产品流通体制改革。落实和完善被征地农民基本生活保障制度。增强村级集体经济组织服务功能。

(三)大力发展农村公共事业。全面落实"以县为主"的农村义务教育管理体制,提高农村义务教育的水平和质量。落实对农村学生免收杂费、对贫困家庭学生提供免费课本和寄宿生活费补助的政策,实现农村地区免费义务教育。推进农村广播电视"组组通"工程。实施农民健康工程,加强农村社区卫生服务中心和卫生服务站建设,完善新型农村合作医疗制度和医疗救助制度。改革和完善畜牧兽医管理体制,健全动物疫病防控体系,加强人畜共患疾病防治。加强乡镇文化中心标准化建设,完善农村文化设施,推广农村数字化文化信息服务,开展多种形式的群众文化活动。创新人口和计划生育工作机制,全面实施农村计划生育家庭奖励扶助制度。加强农村社会保障体系建设,建立农村"低保"标准和农村"五保"供养标准自然增长机制。按照镇村布局规划,加强和完善农村水、电、路、通信和垃圾处理等设施建设,基本完成农村"二次改水",让农民喝上安全放心水。推进城镇服务网点向农村延伸,发展一批质优价廉的连锁超市。深入实施农村新"5+1"实事和"221"扶贫工程,启动实施"全面小康村建设"工程。

第三章　提升产业竞争力

按照科学发展观的要求,加快转变经济增长方式,全面提升产业的整体素质和综合竞争力。

第一节　走新型工业化道路

坚持以工业经济为"第一方略",走新型工业化道路,加快制造业由比较优势向竞争优势的转变,把泰州建设成为以规模经济和自主创新企业为主体的现代制造业基地。"十一五"期间,工业增加值年均增长14%。

(一)打造四大产业基地。以规模企业为龙头,以开发园区和企业主题园区为载体,加快优势产业发展,大力提升发展水平,全力打造医药、机电、化工、船舶等"四大产业基地",到2010年四大产业基地营业收入达到2 000亿元左右。医药产业基地,以扬子江药业、济川药业、苏中药业、江山药业等骨干企业为龙头,以增强自主创制新药能力为方向,大力发展现代生物技术,加强功能性蛋白、人源性抗体、人用疫苗等基因工程新药的研究开发,力争开发出针对恶性肿瘤、艾滋病、糖尿病、心脑血管疾病的生物疫苗、诊断试剂和新型药物;加强提取、分离、纯化技术攻关,加快推进中药现代化、产业化、国际化;以建设泰州医药高新技术产业园为重点,加快构筑研发、物流、信息、交易、培训平台,全力打响"中国(泰州)医药城"品牌,到2010年医药产业基地营业收入达到550亿元。机电产业基地,以春兰、乐金、林海、绝缘、兴达、曙光等企业为龙头,全力攻克和应用先进的设计与制造、机电一体化、信息化等关键和共性技术,积极采用数字、网络、节能、环保等新技术和新工艺,加快提升产业层次,到2010年机电产业基地营业收入达到800亿元。化工产业基地,以陵光、梅兰、新浦、中丹、埃力生等为龙头,重点发展石油化工、基础化工、精细化工和支农化工,加快产品延伸和产业集聚,到2010年化工产业基地营业收入达到400亿元。船舶产业基地,以新世纪造船、新时代造船、新扬子造船、东方公司、口岸船舶和三泰船舶等企业为龙头,大力发展高新技术、高附加值船舶和绿色安全船舶,优化现有常规热销船型,提高研发能力和规模优势,到2010年船舶产业基地营业收入达到250亿元。坚持以信息化带动工业化,加快发展新医药、新材料、新能源、电子信息、生物工程等高新技术产业,积极发展新兴产业,注重运用高技术和先进适用技术特别是信息技术改造提升纺织服装、冶金、食品、建材等传统产业,到2010年全市高新技术产业产值占规模以上工业总产值的比重达到40%左右,建成运用信息技术改造传统产业的重点示范企业50家。

(二)提高"50强"规模企业核心竞争力。鼓励和支持企业加大研发投入,加强自主创新,加快发展拥有自主知识产权的核心技术和专利,努力培育壮大一批具有核心竞争力的规模骨干企业,把泰州建成规模经济的集聚高地。"十一五"期间,申请专利达10 000项,授权专利4 000项以上。到2010年,形成"50强"规模企业:营业收入过100亿元的5家,过50亿元的10家,过10亿元的35家。支持中小企业发展壮大,到2010年销售收入过亿元的成长性企业400家以上。大力实施名牌战略,围绕重点行业、重点企业、重点产品,鼓励企业争创名牌产品和名牌商标,推动现有名牌升级。到2010年,中国名牌产品和驰名商标达10个,省级以上名牌产品达180个,名牌产品销售收入占规模以上工业的比重达20%。

(三)开发实施一批优质大项目。坚持对外招商引进与本土企业开发并举,组织实施一批重大工业基本建设、重大技术改造、重大高技术成果产业化项目,加快形成支撑现代制造业基地建设、具有较强竞争力的优质项目群和产品群。"十一五"期间,实施投入亿元以上的重大技改项目200个以上,投入5亿元以上的重大工业基本建设项目50个,重大高技术成果产业化项目50个。开发市级以上新产品3 000个以上,其中形成销售额过1 000万元的1 500个以上。新认定市级以上高新技术产品500个,其中省级以上380个。

(四)培育县域经济十大特色产业集群。围绕区域特色产业或产品,加强规划引导,强化政策扶持,规范竞争秩序,积极发展一批服务型、配套型、错位经营型企业,推动产业集群化发展,带动县域经济加快发展。"十一五"期间,重点培育县域经济十大特色产业集群:中国戴南不锈钢产业集群、姜堰五金产业集群、靖江微特电机产业集群、靖江游艇及船用配件产业集群、泰兴减速机产业集群、泰兴溪桥小提琴产业集群、海陵数控机床产业集群、以姜堰为主体的汽摩配件产业集群、以兴化为主体的农产品加工产业集群、高港电子新材料产业集群。到2010年,十大特色产业集群营业收入达到1 000亿元。

第二节　加快发展现代服务业

以发展大物流、大市场、大商贸和大旅游为重点,以打造服务业"30强"规模企业为着力点,加快发展生产性服务业,大力发展新兴服务业,全面提升传统服务业,不断增强服务业对制造业、农业的支撑能力和对就业的吸纳能力,把泰州初步建成"两中心一基地":区域性物流中心、商贸中心和长三角新兴的休闲度假旅游基地。"十一五"期间,服务业增加值年均增长12.5%。

(一)以物流业为重点,加快发展生产性服务业。依托制造业优势、区位优势和交通优势,重点建设泰州港综合物流园区和市区火车站物流、姜堰五金物流、靖江粮食物流和泰兴精细化工物流等专业物流中心,形成"一综四专"的发展格局,努力把泰州建成沟通江苏南北、服务长江流域的区域性物流中心。加强物流资源整合，推进现有企业联合重组，鼓励工业规模企业剥离物流业务，积极引进国内外知名物流公司，努力培育一批现代物流企业。加强物流平台建设，重点完善物流基础设施平台，构筑公共物流信息平台。到2010年，全社会物流总费用占地区生产总值的比重比“十五”期末下降2~3个百分点。加强金融保险等其他生产性服务业的发展。支持现有商业银行壮大规模和实力，发挥其金融主渠道作用。加快金融改革开放步伐，力争引进外资银行，积极争取股份制商业银行来泰设立分支机构，力争大部分农村信用合作社改组成农村商业银行或农村合作银行。积极创办民间信贷机构。加快金融创新步伐，拓展金融产品和服务创新的领域。加强金融合作，放大与国家开发银行的合作效应。到2010年，金融系统各项存款余额达到1 500亿元，贷款余额达到950亿元。加快发展保险业，充分发挥保险的功能。大力发展和利用资本市场，到2010年在境内外上市企业达到10家。以中小企业、民营企业为重点服务对象，加快发展科技信息及咨询、知识产权及论证、技术交易等科技服务业和法律、会计、审计、咨询、评估、策划、调查、经纪代理等商务服务业。

（二）以旅游业为重点，大力发展新兴服务业。全面提升旅游的产业地位，把旅游业培育成全市服务业的支柱产业，到2010年接待国内外游客1 000万人次，旅游总收入达到100亿元，泰州创建成中国优秀旅游城市。围绕“生态、水乡、文化”主题，充分挖掘和整合资源，鼓励民间资本和外商资本投资，大力发展生态休闲、滨水休闲、文化休闲等休闲度假旅游，加快发展红色旅游，积极构筑沿江风光带、泰州文化古城旅游区、姜堰溱湖溱潼旅游区、兴化人文水乡旅游区和泰兴红色旅游区“一带四区”的发展格局，努力把泰州建成长三角新兴的休闲度假旅游基地。加强与新闻媒体联姻，与国内知名旅行社联合，与长三角旅游城市联动，与铁路沿线城市联手，加大宣传促销力度，着力打造“祥泰之州，花园水城”的泰州旅游形象。大力发展信息服务业、大文化产业、房地产业。加强信息技术和资源的开发应用，促进信息服务业加快发展。积极发展软件业，重点发展专业工具软件和嵌入式软件，规划建设“泰州软件园”，努力把泰州建成具有一定影响的软件加工基地。加快推进经济与文化的融合，积极发展广播影视、新闻出版、报业、广告、演艺、娱乐、动漫、创意等产业，努力培育壮大一批具有规模优势和竞争实力的文化产业集团。深化文化体制改革，完善文化产业政策，加快形成以公有制为主体、多种所有制共同发展的文化产业格局。优化房地产开发结构，加强房地产市场调控，扩大房地产有效需求，促进房地产业健康有序发展。加快工业标准厂房建设，积极发展“楼宇经济”，培育新兴房地产市场。

（三）以商贸业为重点，全面提升传统服务业。大力引进新型流通业态、现代经营方式和现代服务技术，积极提升商贸业发展水平。“十一五”期间，重点加快中心城市商贸业发展，不断增强集聚和辐射能力，把泰州建成区域性商贸中心。海陵城区，加快培育中心商圈，重点建设坡子街商业中心和济川路商业区，发展壮大人民路、五一路购物街区、海陵路商贸街区、青年路金融商务街区等特色街区。高港城区，加快大型商贸设施、连锁超市和特色街区的布点及建设，方便港区群众生活。姜堰城区，重点打造步行街品牌，培育特色商贸中心。加快社区商业发展，重点加强社区连锁商业网点、便利店建设，形成集购物、餐饮、休闲等功能为一体的社区商业群落。积极提升市场流通业、居民服务业的发展水平。引导现有重点市场和专业特色市场做大做强，重点发展和壮大中国（泰州）医药城、华东五金城、中国戴南不锈钢交易城、靖江粮油批发城、苏源汽车交易城和戴窑粮食批发市场等六大产品交易市场，培育做大海陵城区东部市场群。依托优势产业、特色产业和区位优势，规划新建一批大型产品交易市场。鼓励和引导社会主体投资一批、新建小区配套一批、相关企业转型一批，兴办社区服务业，重点发展养老、托幼、家教、清洁卫生、医疗保健、维修、保安七大类服务，形成广覆盖、多层次、社会化的服务体系。

第三节 建设建筑业强市

充分发挥“建筑之乡”的优势，进一步壮大规模，提升发展水平，实现建筑业大市向建筑业强市的跨越。“十一五”期间，建筑业总产值年均增长14%。

（一）引导各类要素向龙头企业集中。推进建筑企业联合重组，引导龙头企业与中小企业结成战略联盟，整合各类优质资源和要素，向龙头企业集中，促进做大做强。到2010年，力争形成产值100亿元左右的大型建筑企业集团3家、建筑业施工产值超100亿元的市（区）2个。鼓励企业实施品牌战略，不断增强核心竞争力，打响“泰州建筑”品牌。“十一五”期间，力争获得鲁班奖等国优工程奖5项、省优工程奖20项左右。

（二）发展专业施工企业集群。在巩固土建优势的基础上，引导中小建筑企业向设备安装、装饰装潢、幕墙、净化、钢结构等专业施工工程扩展，向能源、交通、水利、环保、房地产等领域延伸，加快形成一批有泰州特色和一定规模的专业施工企业集群。

（三）促进建筑劳务企业集聚。加强组织、培训和信息指导，集聚和壮大一批建筑劳务企业，不断扩大建筑劳务输出规模。鼓励骨干企业实施国内外一体化战略，积极开拓国际市场，带动建筑劳务企业“走出去”。鼓励劳务企业与省内外大企业开展劳务协作。

第四章 加快城市化和基础设施建设

按照“要素集聚、土地集约、区域协调、城乡统筹”的总体要求，加快城市化步伐，形成城市化与工业化、现代化互动并进的发展格局。

第一节 构建合理的城镇体系

以集聚发展大城市为主导、协调发展中小城市为支撑、择优发展重点中心镇和促进发展镇为依托、加快构建组团城市片区为方向，走城市化集中发展的道路，加快形成“一大三中两小多片”的市域城镇体系。

（一）提高城市规划和经营水平。坚持以科学规划指导城市发展，引入先进的规划理念和技术，拓展规划编制深度，提高规划的前瞻性和科学性。健全城市规划与区域、土地利用、地下空间开发、重大基础设施建设等规划的衔接机制。切实增强规划的法定性和权威性，强化规划实施的管理和监督。把握城市建设和经营的规律，坚持先规划后建设，先征地后配套，先储备后开发，先做环境后出让，先做地下后做地上，全面提升城市科学经营水平。

（二）加快中心城市发展。积极创造条件，实施市区行政区划调整，将姜堰纳入市区总体规划范围，拓展中心城市发展空间，加快构建中心城市“一城三区”组团发展格局。加强海陵、高港和姜堰城区规划的衔接,合理协调三个城区的功能定位、分工和发展方向。海陵城区,重点发展机电产业、高新技术产业和现代服务业,强化市域政治、经济、文化和居住主体集聚区的地位,向南、向东并举发展。高港城区,重点发展沿江基础产业和生产性服务业,强化沿江开发的极核地位,主要向北、向东南沿江方向紧凑发展。姜堰城区,重点发展五金、旅游等特色产业和生态产业,塑造全面协调发展的泰州东大门形象,成为沟通南北、接受苏南递进辐射的重要节点和门户,主要向西、向南发展。推进三个城区交通通道建设和重大基础设施共建共享,加强三个城区之间乡镇的空间协调与规划管制,将其用地纳入城市建设总体规划。推进"一城三区"控制性详规修编,按规划控制和保留城区之间生态开敞空间和"森林绿肺"用地。

立足于做大、做强、做优、做美中心城市,全面提升中心城市的综合服务功能,凸现中心城市首位度,彰显历史文化名城的城市内涵。加快城市基础设施和公共服务设施的建设,重点推进城市道路、桥梁、公共交通、公共停车场、集中供水、供气、农贸市场、垃圾及污水处理、消防、人防等设施建设。"十一五"期间,新建公共停车场20个以上,每万人拥有公交车在全省平均水平以上,城区管道天然气普及率达到50%。以建设国家园林城市为目标,加快城市绿地系统和城市水系建设,建成泰州环城河风景区、铁塔广场、高港公园等一批公园和绿地景观。坚持新区建设与旧城改造同步,继续充实和完善各大功能分区,形成较为完整的城市空间形态。海陵城区重点推进府南居住区、高教园区配套区、周山河街区、火车站街区、开发区居住区建设,改造海陵南路街区和下坝地区,加快东风北路、江州北路、海陵北路和东进路沿线的综合开发,促进城区南北部协调发展。高港城区重点建设"一城三街"商业区。姜堰城区重点建设"两条城市主轴线、五大商业区、四大居住区"。提高城市管理水平。理顺城市管理体制,推动城市管理重心下移,加强社区建设和管理,将公共服务延伸到社区。创新城市管理方式,建立城市管理长效机制,推进城市管理现代化。

(三)大力发展中小城市。坚持扩大规模与完善功能并举,进一步优化城镇发展布局,推进靖江、泰兴、兴化三个中等城市加快发展,建设各具特色的县域中心城市。靖江城,进一步协调与江阴经济开发区靖江园区、靖江经济开发区的功能定位与空间关系,积极承接苏南产业转移,加快发展制造业、商贸物流和休闲旅游业,建成沿江现代化、综合性工贸港口城市。泰兴城,进一步优化沿江开发区和城镇集聚区的产业和空间关系,积极发展临江精细化工和城区劳动密集型产业,建成沿江现代化综合制造业基地。兴化城,大力发展特色农产品深度加工、大型农产品交易市场,发展轻纺、机械、多种农用工业及相关服务业,发展其他对生态环境基本没有影响的制造业,建成里下河地区富有水乡风貌的旅游工贸城市、历史文化名城、商品集散基地。

注重发展小城市。按照成熟一个、培育一个的原则,对黄桥、戴南—张郭两个规模较大、发展前景较好的重点区域,以城市的标准和理念进行规划、建设与管理,加快向小城市方向培育。

(四)提高小城镇发展水平。在经济发展较快的地区,按照地域相近的原则,采取小城镇组团方式发展城市片区,科学有序调整片区内部镇村布局、居民布点和园区建设方案,统筹安排片区内部基础设施建设,促进人口和产业向城市片区集聚。"十一五"期间,重点构建以安丰、白米、蒋华、新港等为核心的城市片区。

第二节 统筹建设基础设施

按照统筹规划、突出重点、适度超前的原则,加快推进重大基础设施建设,逐步建立系统化、网络化、现代化的基础设施体系。

(一)加快构建大交通发展格局。实施宁通高速公路泰州段拓宽、泰州互通立交改造和江海高速公路泰州段建设工程,建成沿江高等级公路及其纵向支线路网。实施兴泰公路拓宽和北延工程,推进省道233、332、333兴化段和省道229、334泰兴段等干线公路的建设与改造。依据镇村建设规划,继续实施农村路网工程。"十一五"期间,全面形成"三纵八横"干线公路网,新增公路里程1 000公里,高速公路里程达到260公里。开工建设泰州过江通道。规划建设宁启、新长铁路泰州区域支线,促进铁路与港口、重点开发园区的连接。推进沿江港口建设和资源整合,继续实施泰州港高港港区和杨湾港区扩能改造,重点加快永安洲、八圩、过船和新港四个港区的建设。到2010年,力争拥有万吨级以上码头泊位37个,港口吞吐量达到6 800万吨、33万标箱。推进"四纵四横"干线航道整治、疏浚,重点实施新通扬运河、泰东河、南官河、如泰运河、靖盐河拓浚整治和泰州、口岸船闸大修工程。推进苏中机场的规划论证工作,争取将泰州纳入长三角城市群轨道交通网。推进运输资源整合和各类运输方式的衔接,努力形成外通内达、顺畅便捷、公路铁路航道联营联运的现代化大交通格局。

(二)加强水利基础设施建设。完善高标准防洪除涝减灾体系。长江防洪,重点实施长江节点治理,巩固提高江堤防洪标准。城市防洪,重点实施泰州城区骨干河道水系综合整治和辖市城区防洪排涝控制性工程。到2010年,长江堤防重点路段和泰州城区防洪标准达100年一遇,泰兴、靖江、姜堰和兴化城区防洪标准达50年一遇。区域防洪,按照100年一遇防洪标准,重点实施长江、淮河流域控制沿线涵闸站的除险加固工程;按照20年一遇排涝标准,重点实施通南地区引排骨干河道的拓浚、护坡工程。南水北调工程,重点实施水源调整项目卤汀河、泰东河和里下河圩区治理工程,力争实施引江河二期工程。

(三)加强能源基础设施建设。电源项目,重点建成国电泰州电厂一期工程,力争开工建设国信靖江电厂一期工程和国电泰州电厂二期工程。电网项目,重点实施500千伏泰北输变电、江都—泰兴线路、东二通道线路和长江大跨越工程,适时实施一批220千伏输变电和线路工程。西气东输工程,完成苏中支线泰州段及市域天然气管网工程。建成泰州区域成品油管线。

(四)加快信息化基础设施建设。通信网和互联网,重点建设本地交换机扩容和移动通信网3G工程,完善数据基础网、ATM城域网、SDH环网和传输网。广电网,重点建设有线数字电视网。无线网,重点建设苏中无线电监测区域中心站和800M无线集群通信系统。推进通信网、互联网和广电网"三网融合"。

第五章 促进区域协调发展

以优化空间开发格局为基础,加强分类调控,积极提升沿江开发水平，加快黄桥老区及里下河地区奔小康步伐，健全区域协调互动的合作机制，努力把泰州建成全省区域协调发展的示范区。

第一节 实施空间分类调控

统筹考虑区域资源环境承载能力、人口分布与经济布局，根据对各区域的自然生态保护价值和经济社会开发需求等要素的空间分析，综合比较各区域发展的收益与资源成本、环境代价，将全市域划分为重点开发区域、适度开发区域、限制开发区域和禁止开发区域四类功能区。"十一五"期间，根据空间功能分区，制定差别化的目标考核体系，实施差别化的政策，规划和调整城镇体系布局、基础设施建设、资源跨区域调动，逐步形成主体功能清晰、发展导向明确、开发秩序规范、经济发展与人口、资源环境相协调的空间开发格局。

(一)重点开发区域。主要包括沿江地区、泰州市区、姜堰、兴化城区以及"三沿"产业带中适宜发展工业的若干城镇。该区域工业开发需求较高，经济开发效益较好，生态环境约束较低，建设空间较大，一部分适宜大规模的工业开发，另一部分适合以现代服务业和居住为主的城镇建设。发展导向：加强产业、城镇和基础设施建设，放宽人口进入的限制，增强产业和人口集聚能力；适当扩大用地和环境容量指标。

(二)适度开发区域。主要包括兴化中部、姜堰南部和泰兴北部的高沙土地区。该区域的工业开发需求一般，有一定的灾害影响风险或生态环境保护要求。发展导向：重点发展对生态环境基本没有影响的制造业，发展农业、旅游、休闲等产业；完善基础设施配套和防灾能力建设，增强发展的可持续性；控制土地增量，重视生态环境保护。

(三)限制开发区域。主要包括兴化西北部地区和溱潼等生态旅游资源丰富的地区。该区域湿地资源丰富，地势低洼，工程地质条件较差，开发成本较高。发展导向：注意保持生态环境质量，维持生物群落的多样化，引导绿色空间相融相通，主要发展生态农业、休闲观光旅游，严格控制土地，鼓励人口外迁，增加财政支持，严禁发展环境污染项目。

(四)禁止开发区域。主要包括市域所有饮用水取水口及其一、二级保护区、长江生态保护段的湿地、里下河地区湿地、引江河、新通扬运河、卤汀河、泰东河两侧生态缓冲带和各级各类文物保护单位的主体范围。发展导向：尽可能维持自然原生态，完全避免城镇建设和工业开发。

第二节 优化生产力布局

坚持把优化生产力布局作为促进区域协调发展的关键举措。根据集中和集约发展、工业化与城市化互动、沿江与腹地联动的原则，实施沿江、沿靖盐路、沿兴泰线"三沿"发展战略，进一步优化生产力布局，形成分工协作、各具特色的产业格局。

(一)沿江产业带。主要是发挥沿江港口和岸线资源的优势，重点发展医药、化工、机械装备、船舶、新材料等产业，发展物流产业和旅游业，努力把沿江地带建成具有较强竞争力的现代制造业走廊和全市经济增长的主要推动力量。

(二)沿靖盐路产业带。主要是依托宁靖盐高速公路沿线姜堰城区及季市、黄桥、溱潼、戴南、安丰等节点城镇，重点发展五金、不锈钢制品、纺织服装、旅游、物流以及与上海、苏南等地产业配套的产业，努力把沿靖盐路地带建成全市经济发展的重要增长极和黄桥老区及里下河地区奔小康的先导区。

(三)沿兴泰线产业带。主要是依托海陵工业园、兴泰公路沿线兴化市区及周庄镇等节点城镇，重点发展机电、高新技术、汽车摩托车零部件、农副产品加工、生态农业、生态旅游等产业，发展其他对生态环境基本没有影响的制造业。

第三节 又快又好地推进沿江开发

坚持加快开发、集约开发、可持续开发、联动开发的原则，进一步加快沿江开发步伐，提升沿江开发水平，努力把沿江地区建成高水平的基础产业带、城镇密集带和生态风光带。

(一)推进重大项目建设。加快产业项目的推进力度，重点建设埃力生大化工、新时代造船、靖江粮食物流、新浦化工二期、江苏海企化工仓储等一批重大产业项目，促进早日投产达效。抢抓国际资本和产业转移的机遇，发挥沿江开发的品牌效应，进一步加大招商引资的力度，力争引进1亿美元或10亿元人民币以上的项目30个。

(二)集约利用长江岸线。坚持集约利用岸线资源，注重提高使用岸线的投资强度，确保每500米深水岸线投资额在1亿美元或10亿元人民币以上。加强岸线资源的整合，引导产业纵深布局，提高岸线使用的集约程度。

(三)提高生态环境质量。坚持生态建设与环境保护并举，加强水、大气、固体废弃物污染的整治，大力发展循环经济，推行清洁生产，努力把沿江地区建成绿色工业走廊。加强生态工程建设，加快构筑沿江地区生态空间，努力打造沿江生态风光带。发展沿江生态产业，重点形成以靖江万亩竹林、泰兴银杏林和高港滨江绿地为主体的生态板块。

(四)深入推进联动开发。放大靖江与江阴联动开发效应，拓宽联动领域，提高联动层次。支持和促进沿江地区整体与苏南联动。加快推进沿江与腹地的联动开发，鼓励沿江的产业链向腹地延伸，引导腹地劳动力向沿江地区转移，放大泰州沿江开发的招商品牌效应。

第四节 加快黄桥老区及里下河地区奔小康步伐

实行全市范围内的统筹，以沿江地区工业化和城市化带动黄桥老区及里下河地区加快发展，实现30个经济薄弱乡镇人均地区生产总值、财政总收入、农民人均纯收入增长速度高于全市平均水平。

(一)以劳动力转移带动家庭人口迁移。强化技能培训，提高劳动力就业的竞争力，加快劳动力转移，以此带动劳动力家庭向外迁移，重点向市外发达地区迁移，向泰州沿江地区中心城市、城市片区、城镇迁移，向本区域城镇迁移，逐步减轻经济薄弱地区的人口负荷。

(二)增强内生发展活力。依托资源和环境优势，因地制宜，大力发展生态农业、生态旅游业等生态产业。有条件的地区，依托城镇和工业集中区，实行集中布局，鼓励全民创业，积极发展生态制造业以及其他对生态环境基本没有影响的制造业。加大招商引资力度，实施鼓励政策，促进产业项目布点到各类开发区或工业集中区，实行税收分成，实现异地集聚式发展。

(三)加大财政支持力度。建立生态补偿机制，整合现有相关补助资金和财政投入，设立生态补偿专项资金，加大对生态保护要求较高地区的生态补偿。统筹安排各项专项资金，加强对生态功能区的倾斜。加大公共财政支持力度，加强基础设施和公共服务设施建设，进一步改善生产生活条件，提高人均公共产品和公共服务水平。

(四)加强政策和制度创新。根据空间功能分区，对不同功能区的乡镇实行差别化的财税征收考核政策。调整政绩考核方法,对生态功能保护要求较高的区域,制定和实施“飞地”政策。逐步改革和创新户籍、土地、社会保障制度和就业、教育政策。

第五节　加强长三角区域合作与交流

积极参加长三角区域合作与交流,大力推进与长三角城市信息、规划、科技、产权、旅游、交通、人才等方面的合作,加快长三角一体化进程。

(一)接轨上海。充分借助国际大都市的优势,重点组织实施产业、资本、金融、商贸、物流、人才、教育、技术的引入,更加主动地争取上海的产业转移、服务辐射和科技成果转化。充分发挥泰州的比较优势,把泰州建成上海的制造业协作基地、农产品生产基地、商品物流的集散基地、建筑大军供应基地和休闲度假基地。

(二)融入苏南。围绕把泰州中心城市建成锡常泰城市群的重要一极的目标,按照优势互补、错位竞争、实现双赢的原则,加强与苏南的基础设施连接、产业分工对接和城市功能衔接,加强对苏南的项目、技术、资金、人才的引进,加快形成与苏南以经济融合为主体、人员流动为重点、机制接轨为关键、观念融合为根本的格局。

(三)吸纳浙商。放大“浙商最佳投资城市”效应,以优势产业吸纳规模实力型浙商,以新兴产业吸纳知识资本复合型浙商,以传统产业吸纳家庭创业型浙商,不断扩大浙商在泰投资规模,提升投资层次。

第六章　深化体制改革和提高对外开放水平

以完善社会主义市场经济体制为目标,深化各项改革,不断增强经济发展的动力与活力。以提升经济国际化水平为重点,进一步扩大对外开放,以开放促改革、促发展。

第一节　增强改革推动力

(一)深化经济体制改革。进一步调整所有制结构,加快形成多种所有制经济共同发展的格局。深化企业改革,重点推进已改制企业的内部配套改革,完善法人治理结构。深化国有资产管理制度改革,健全国有资产监管和经营制度。进一步确立民营经济主体地位,全面落实各项鼓励政策,优化发展环境。完善中小企业信用担保体系,支持有条件的民营企业上市融资,加强信息、技术、人才培训服务,推进创业载体建设,健全民营经济社会化服务体系。支持和引导民营企业加快制度创新、壮大发展规模、提升发展水平,不断创大业。“十一五”期间,年均新增注册民营企业2 000家以上,民营经济注册资本年均增长20%以上。

(二)深化政府管理体制改革。推进政企分开、政资分开、政事分开、政府与中介组织分开,深化行政审批制度改革,加强行政服务中心建设与管理,强化政府社会管理和公共服务职能。继续推进机构改革,优化政府组织结构,降低行政成本,提高行政效率。健全政府科学民主决策机制,实行重大决策社会公示、听证、专家咨询和责任追究等制度。推进政务公开,强化政府部门内部约束和外部监督。加强管理体制改革,建立以经济社会发展规划为依据的绩效考核制度,形成落实科学发展观的体制机制。

(三)加强现代市场体系建设。加快发展土地、技术、劳动力、人才等要素市场,着力发展资本市场,规范发展各类行业协会、商会、市场中介组织,完善商品和要素价格形成机制。加强各类中介组织的监管,并与政府机关实际脱钩。进一步整顿和规范市场秩序,加强公共产品、社会服务和重要生产生活资料的价格监管,依法打击制假售假、商业欺诈、逃避金融债务、偷逃骗税等违法行为。加快社会信用体系建设,完善信用记录,建立健全守信激励和失信惩戒机制。

(四)大力推进事业单位改革。按照“分类改革、分开管理”的原则,推进事业单位改革。对社会公益类事业单位,调整结构布局,优化资源配置,建立社会评价、监督机制,提高服务水平。对行政管理类事业单位,按照“清理、归并、精简、规范”的原则进行改革。对生产经营类事业单位,全面完成产权制度改革,改制成为独立的企业法人实体和市场竞争主体。深化事业单位用人、分配、社会保障制度改革,建立有效的内部约束机制和竞争激励机制。

(五)加快财政和投资体制改革。建立健全公共财政体制,明确界定各级政府的事权和财权。注重增强市本级财政的保障能力。深化部门预算、国库集中收付、政府采购和收支两条线管理制度改革,完善预算决策和绩效评价机制。规范政府投资行为,健全政府投资决策和项目法人约束机制,完善政府投资工程管理体制。确立企业投资主体地位,健全、规范投资核准和备案制度,加快建立规划引导、市场主导、企业自主决策的新型投资体制。

第二节　增强开放带动力

抢抓国际资本和产业转移的机遇,以沿江开发和重点园区为平台,切实加快对外开放步伐,进一步提高经济国际化水平,着力构建大开放的发展格局。

(一)大力推进招商引资。坚持量质并举、内资外资共引、三次产业齐招、项目招商与城市推介并重,进一步加大招商力度,努力提升外资在固定资产投资中的比重。注重招商选资,积极引进高新技术、高附加值等高层次产业,引进研发中心、采购中心、营销网络等高增值环节,提升泰州参与国际产业分工的水平。加强与国外大企业、大集团的对接招商,着力引进龙头型、基地型大项目。加快现代服务业和农业利用外资步伐,到2010年全市服务业利用外资比重达到25%左右。

(二)提升开发区发展水平。创新开发区管理体制和运作机制,提升开发区规划、建设和管理水平,增强开发区整体竞争力和辐射带动作用。坚持集中开发、集约发展,推进开发区资源整合,着重形成开发区的产业特色和比较优势,努力打造专业化、品牌化的现代开发园区。加大政策支持,重点推进省级经济开发区、医药高新技术产业园、沿江开发重点园区、市农业开发区和重点企业主题园区的建设与发展。引导、支持产业发展较好、开发程度较高、功能比较完善的开发区向国家级开发区迈进。“十一五”期间,省级经济开发区实际利用外资年均增长30%。

(三)增强企业和产品的国际市场竞争力。实施科技兴贸和品牌战略,优化出口商品结构,重点扩大家电、船舶、汽车零部件、化工、纺织服装出口,推进医药产品出口基地建设,鼓励优势农产品出口。引导企业根据国际市场变化调整生产和经营,优化出口市场结构,提高适应国际市场变化和抗击市场波动的能力。鼓励企业采用国际标准组织生产,充分发挥行业协会、商会的作用,提高应对贸易争端、规避贸易风险的能力。加强人才队伍建设,培养和引进一批熟悉开放型经济的专门人才。鼓励、支持非公企业和中小企业出口。大力培植具有较强跨国经营能力和国际市场竞争力的大型企业集团，力争培育3－5家年出口额超亿美元的企业集团。扩大泰州口岸对外开放规模，完善口岸查验机构功能和设施，加强口岸整体功能的协调，努力建成大通关监管服务体系。

（四）加快实施"走出去"战略。鼓励和引导有条件的企业参与国际投资与合作，到境外设立生产基地、销售网络和研发中心。发挥泰州建筑业优势，拓展海外工程承包市场，开展对外劳务合作。"十一五"期间，力争兴办境外生产企业10～15家，新签外经合同额10亿美元。

第七章 加强自主创新

放大泰州企业自主创新优势，加快构筑自主创新体系，集聚创新人才，完善创新机制，努力把泰州建成医药、机电、化工、新材料行业的自主创新高地，建成"工艺创新明星城市"和"工业设计新型城市"。

第一节 构筑自主创新体系

围绕优势产业和特色产业，坚持原始创新与引进消化吸收再创新并举，重视集成创新，加快构筑以企业为主体的创新主导体系，以中介服务为纽带的创新服务体系，以公共财政投入为引导的创新投入体系。

（一）建设自主创新特色基地。依托龙头企业，重点建设新医药、家电、动力机械、动力电池、汽车关键零部件、精细化工、微特电机及控制、新材料、特种合金材料、特色农副产品加工十大自主创新特色基地，加快高新技术产业化和传统产业高新技术化步伐。

（二）培育自主创新主体。支持企业建立博士后工作站、工程研究中心和技术中心。鼓励规模骨干企业在大中城市设立研发机构，到国外参股研发机构。大力引进国内外研发机构来泰设立分支机构或虚拟研发机构。大力扶持发展民营科技型企业、中小科技企业和高新技术企业。到2010年，"一站两中心"企业180家以上，市级以上高新技术企业达到300家。

（三）建立自主创新服务平台。加快建设研发与技术、设备共享和技术咨询三大服务平台。研发与技术服务平台，重点建设泰州研发中心和工业设计园；设备共享平台，重点建设泰州大型、贵重科学仪器设备共享服务中心，为企业提供实验、试验、测试和检验服务；技术咨询服务平台，重点建设以生产力促进中心为骨干的技术咨询服务体系。

（四）加大自主创新投入。加大财政投入力度，稳步提高科技三项费用和科技事业费占财政支出比重。建立高新技术产业化发展引导基金、中小企业创新基金。鼓励企业加大研发投入。引导金融机构增加科技贷款。到2010年，大中型企业研发经费占销售收入的比重3%以上，高新技术企业研发经费占销售收入比重5%以上。

（五）加强关键及共性技术攻关。围绕优势产业和特色产业，加强与院校合作，集中力量攻关，重点组织实施模具技术、精密锻造技术、船体模块化建造技术、高效焊接技术、智能化测量设备技术五类关键特色技术和制造业信息化技术、机电一体化技术、服务业电子商务技术、农产品加工储运四类共性技术的攻关，力争取得重要突破，努力实现技术跨越，增强自主创新的技术基础。

第二节 大力开发人力资源

牢固树立"人才是第一资源"的理念，发挥市场在人才配置中的作用，完善人才评价、激励、分配和保障机制，着力加强人才引进、培养和使用，提高人才队伍的组织化程度，努力构筑区域性人才集聚地。到2010年，全市人才资源总量达到53万人。

（一）建设职业企业家队伍。依托国内外高校、大型企业集团，加强现有企业家培训，不断增强全球化战略眼光，提高现代化经营管理水平。加大民营企业家队伍建设。注重企业家后备队伍建设，加强对民营企业家子女、重点企业高级经营管理者的培养。到2010年，基本形成与现代制造业基地建设相适应的职业企业家群体。

（二）建设企业经营管理人才队伍。有计划地选派企业经营管理人才到国内外培训。支持和引导民营企业加强对经营管理人才的培训。鼓励企业面向全省、全国乃至全球公开选拔高级经营管理人才。到2010年，每万名职工经营管理人才1 400人以上。

（三）建设专业技术人才队伍。大力加强中青年创新人才培养，重点组织实施"十百千"工程。加强高层次技术人才的引进，重点引进重点学科负责人、学术带头人、博士生等领军人才，引进电子信息、机械制造、生物工程、现代物流、医药、化工等产业紧缺人才。加强农业技术人才队伍建设。

（四）建设技工人才队伍。创新技工人才评价体系，提高待遇水平，加快技工人才队伍的建设，重点加强高、中级技能人才的培养，努力建设一支以高、中级技能人才为骨干的业务精、素质高、技术硬的技工人才队伍。"十一五"期间，新增高级以上技能人才1万人。

（五）建设党政人才队伍。加快建立和完善学习教育制度，不断提高理论素养和业务知识水平。加大挂职锻炼力度，有计划地选派公务员到发达地区、基层企业、贫困地区挂职。进一步深化党政干部选拔任用制度改革。大力培养选拔优秀年轻干部。

第三节 完善自主创新机制

以企业为主体，加快建立和完善自主创新机制，努力提高持续创新的能力。

（一）完善创新资源集聚机制。鼓励企业加大人力资源投入，努力引进和培养一批科技领军人物、科技骨干和创新人才团队。鼓励和支持重点骨干企业高投入集聚国际一流科技人才。坚持柔性引才策略，注重发挥泰州籍院士和高层次人才的作用。进一步加强与中科院、国防科工委、重点科研院校的合作。坚持引资与引技相结合，加强对国内外先进技术的引进、消化吸收和再创新。

（二）完善创新行为激励机制。建立以技术资本化为核心的分配制度，实行技术、专利等知识产权入股制度和技术创新人员控股实验室制度。鼓励企业对有突出贡献的科技创新人才重奖重酬。进一步完善财政、金融和政府采购政策，加大对企业自主创新的支持。

（三）完善创新成果保护机制。加强知识产权法律法规的宣传教育，增强全社会对知识产权的认知度和保护意识。加大知识产权执法力度，严厉打击侵犯、假冒知识产权的违法行为。进一步加强科普工作，加快形成理解、支持和保护创新成果的社会氛围。

（四）完善创新成果转化机制。鼓励和支持企业扩大与科研院校的合作，建立健全合作机制，促进产学研之间的知识流动和技术转移。完善科技成果转化的中介服务体系,重点加强各级创业服务中心、各类科技孵化器的建设。加强对科技成果转化的资金支持。

(五)完善风险投资机制。进一步扩大高新技术风险投资资金规模,推进风险投资资金的企业化运作,完善和健全风险投资机制。鼓励和引导企业、个人、外资等以股份制的形式,组建风险投资公司。鼓励和支持各类科技企业进入境内外资本市场直接融资。

第八章　增强资源环境承载力

大力实施可持续发展战略,走低消耗、低排放、高产出、高效率的节约型增长道路,努力提高资源环境承载能力。

第一节　构建资源节约型社会

坚持节约优先原则,强化资源优化配置,推进资源节约集约利用,提高资源利用效率,保障资源有效供给。

(一)推进节约用地。实施最严格的耕地保护制度。组织新一轮土地利用总体规划修编,严格规划的编制、审批和实施管理,促进依法用地。按照“三集中”的要求实行集约用地,强化产业用地引导,逐步提高并严格执行园区(产业)用地定额标准和投资强度控制标准。加大土地开发复垦力度,探索增加城镇建设用地与减少农村建设用地相挂钩的政策,加强农村非农建设用地流转管理,推进土地资源整合和合理利用。

(二)推进节约能源。优化能源使用结构,降低煤炭消费比重,扩大天然气等清洁能源使用范围,推广应用太阳能、沼气、秸秆气化等新能源和可再生能源。开发和推广节能技术、替代技术,加快高耗能企业技术改造,逐步淘汰能耗高、污染重、技术落后的工艺和产品。鼓励使用高效节能产品,推广使用节能型交通工具和农业机械,推进热电联产、集中供热和余热利用。

(三)推进节约用水。实施农业节水灌溉,推进农业节约用水。提高工业用水重复利用率,推广住宅用水中水回用,推进尾水资源化利用。加快企业节水技术改造,推广节水设备和器具使用。完善取水许可和水资源有偿使用制度,建立有利于促进节约用水和水资源合理利用的水价形成机制。加强水资源的统一管理,推进区域供水,合理调配和使用水资源。

(四)推进节约用材。推进电子政务、无纸化办公和政府绿色采购,发挥政府节俭办公的表率作用,加强节约型机关建设。严格技术标准和消耗预算制度,加强原材料的消耗管理。推行产品生态设计,鼓励使用新材料、再生材料及代用材料,减少一次性用品使用。研究制定节约包装材料的政策措施,限制产品过度包装。推广新型墙体材料,建设节能省地型绿色建筑。

第二节　建设环境友好型社会

牢固确立人与自然和谐相处的理念,以建设环保模范城市、生态市为目标,进一步加大污染防治、环境整治和生态建设力度,有效改善生态环境,提高环境承载力。

(一)加大污染防治力度。完善环境与发展综合决策机制,从源头防治污染和保护生态。建立健全不同区域、不同产业环境准入制度,全面实施污染物排放总量控制、排放许可和环境影响评价制度。加快建设污染源监控、生态环境监测和污染事故预警应急系统。建立环保治理市场化运作机制,推行排污权交易制度。建立多元化环保投融资机制,发展环保产业。到2010年,工业“三废”均实现达标排放,大气环境质量基本达到国家二级标准,地表水环境质量基本达到各类水功能区划标准。

(二)加大环境整治力度。开展区域水环境综合整治,建设通南和里下河地区清水通道,促进水体循环和交换。实施饮用水安全工程,加强长江、骨干河道重要饮水水源地保护。以推进清洁能源区建设为重点,加强大气环境综合整治,改善大气环境质量。加强城市环境综合治理,推进城市生活污水处理、垃圾处理和危险废弃物安全处置工程建设,实施城市河道综合整治和生态修复。到2010年,城镇生活污水集中处理率达到80%,城镇生活垃圾无害化处理率达到100%。以清洁田园、水源、家园为目标,开展农村环境综合整治。推进农村改水、改厕、改厨与河道清淤,加强生活污水、垃圾和生产废弃物治理,实施畜禽粪便、秸秆资源无害化处理与综合利用,推进科学施肥和合理使用农药,严格控制面源污染。“十一五”期间,力争创建市级以上环境优美乡镇18个、生态村40个。

(三)加大生态建设力度。实施生态市建设规划,加强生态区划管理,加快建立自然保护区、风景名胜区、生态功能保护区、森林公园、湿地等不同类型的保护区,加大对里下河湖荡洼地、沿江滩涂、引水水源和清水通道的保护。加快建设“生态泰州”,推进沿江等地生态防护林、工业园区周围生态隔离带、公路铁路航道两侧绿色通道、高标准农田林网、绿色城镇和绿色村庄建设,加强生态工业、生态农业、生态养殖、生态林业、生态旅游等生态示范园区和基地工程建设。按照“谁开发、谁保护,谁受益、谁补偿”的原则,加快建立生态补偿机制。到2010年,全市生态保护区达到国土面积的15%。

第三节　大力发展循环经济

以新型工业化为导向,重点从企业、园区、社会三个层面,大力推行“减量化、再利用、资源化”的循环发展模式,加快建立循环经济机制,基本形成循环型经济体系框架。

(一)加快推进企业层面小循环。大力推行清洁生产审核,加大企业清洁生产实施力度,支持企业加强生态设计和研发,加快产品的绿色升级换代,努力形成“低消耗、低排放、高产出、高效率”的生产模式。依托龙头企业,重点建设10个清洁生产示范基地、10个循环型农业龙头企业,到2010年全市化工、印染、电镀、食品加工等重点污染行业清洁生产普及率达到90%,重点企业通过清洁生产审核和ISO14000认证的比例达到80%。

(二)重点推进园区层面中循环。加快产业园区的生态化改造,引导产业延伸和耦合,推行补链招商,实现资源在不同企业之间和不同产业之间的充分利用。依托省级经济开发区、沿江重点园区和重点农业开发园区,重点建设10个生态工业园区、10个循环型农业示范园区,到2010年全市工业用水重复利用率70%以上,工业固体废弃物综合利用率达到98%。

(三)着力推进社会层面大循环。大力培育再生资源回收产业,重点建设精细化工再生资源生产基地,规划建设废旧塑料、废油等再生资源回收集散加工基地和规范化的再生资源交易市场,到2010年城市垃圾分类收集率达到50%,废旧物资回收与资源化再生率达到80%。大力推行环保模范城市建设,建成国家环保模范城市群。加强生态社区和生态城镇建设。

(四)构筑循环经济支撑体系。制定出台促进循环经济发展的政策措施，支持和促进循环经济建设。引进和推广发展循环经济的清洁生产技术、环境污染治理技术和资源综合利用技术，增强技术支撑能力。广泛开展社会宣传、教育和培训，倡导绿色消费理念和生态文化理念，形成全社会支持循环经济发展的氛围。

第九章 积极构建和谐社会

按照"民主法治、公平正义、诚信友爱、充满活力、安定有序、人与自然和谐相处"的总要求，认真解决人民群众最关心、最直接、最现实的利益问题，努力构建和谐泰州。

第一节 加快富民步伐

努力扩大就业，积极鼓励创业，加快富民进程，进一步提高城乡居民的生活水平和质量。

(一)以充分就业为目标，增加就业岗位。继续实施积极的就业政策，加快建立城乡统一的就业制度、劳动力市场和服务体系，适度发展具有市场前景的劳动密集型产业，大力发展就业容量大的服务业和中小企业，努力增加更多就业岗位。加大政策扶持力度，促进进城务工人员、失业人员、残疾人等特殊群体及大中专毕业生的就业。"十一五"期间，年均增加就业岗位6万个。

(二)以增收为导向，调整就业结构。坚持异地劳务输出与自主创业相结合、向大中城市转移与向本地城镇转移相结合，促进农民从纯务农向商品劳务转化。"十一五"期间，力争新转移农村劳动力25万人以上。推进就业结构高级化，鼓励商品劳务型向技术技能型转化，技术技能型向投资创业型转化，努力实现从低收入群体向中高收入群体的过渡。

(三)以增强技能为核心，大力发展职业教育和技能培训。坚持把职业教育和技能培训作为富民奔小康的核心，作为增强政府公共服务职能、为民办实事的关键，确保取得实效。坚持政府投入为主、社会共同参与的原则，加大资源整合力度，大力发展职业教育，建设一批高水平的职教基地和实训基地，加快形成以省级以上重点职技类学校为主体、城乡社区教育、职业培训机构、企业自主培训为补充的职业教育培训体系。推行"订单式"培养模式，注重培养学生的实用技能和技术。加强重点专业的开发与建设，努力形成机电一体化、数控技术、计算机应用与软件技术、市场营销、新兴服务行业等一批优势特色专业。全面实施职业资格证书和技能等级证书制度，逐步实现职业教育学历证书与职业资格证书相衔接，完善技术岗位就业准入制度。加强在职和转岗培训，以技能的不断提升支撑就业岗位升级。"十一五"期间，年培训城镇职工和农村劳动力达到10万人次。到2010年，新增就业人员都拥有一个或多个资格、技能证书，职技类学校在校生规模达到9万人。

(四)以优化创业环境为关键，鼓励全民创业。落实鼓励创业的政策，降低创业准入门槛，激发民众创业热情，营造创业氛围。实施创业辅导工程，加强创业培训和服务，扩大创业群体。鼓励企事业单位职工、高校毕业生、失业人员依法创业，支持农民进城或返乡创业，增加城乡居民的经营性、投资性收入。"十一五"期间，新增就业人口中自主创业的比重达到20%。

第二节 加快社会公共服务体系建设

以提供更多公共产品为目标，加快社会公共服务体系建设，促进经济与社会协调发展。

(一)加快发展公共教育。完善和规范以政府投入为主、多渠道筹措经费的投入机制，强化政府对义务教育的保障责任，持续增加政府对教育事业尤其是农村和经济薄弱地区教育的投入。以教育公平为目标，加强教育资源整合和协调配置。巩固和强化义务教育，普及学前教育和高中阶段教育，将学前教育纳入国民教育体系。积极发展高等教育，支持泰州职业技术学院、泰州高等师范专科学校的发展，推进南理工泰州科技学院、南师大泰州学院和江苏省畜牧兽医职业技术学院新校区建设，建成泰州高教园区，为创建泰州大学奠定基础。推进教育信息化，加快发展多种形式的继续教育和远程教育，努力构建终身学习体系。以培养学生的理想情操、创新精神和实践能力为核心，全面推进素质教育。加强教师队伍建设，切实稳定农村教师队伍。鼓励发展民办教育，依法加强对民办教育的管理。到2010年，全市义务教育巩固率达到99%，人均预期受教育年限达到13年，实现教育大市向教育强市的转变，基本实现教育现代化。

(二)加强公共卫生建设。深化医疗卫生体制改革，加大投入力度，合理配置医疗卫生资源，建立层次分明的综合性医院、特色专科医院和社区卫生机构等各级医疗服务体系。加强疾病预防控制、卫生监督、妇幼保健、血液中心、急救体系建设，提高公共卫生服务水平。建成市人民医院南院和市传染病医院，市人民医院争创三级甲等医院，不断提高市中医院区域知名度。鼓励社会力量兴办民营医疗机构，满足群众多层次的健康需求。整顿药品生产流通秩序，规范医疗卫生收费，降低群众就医费用。到2010年，全市医疗卫生保健水平和主要健康指标均达省内中上水平，居民平均期望寿命达到75岁。

(三)加快建设文化泰州。加大政府对文化事业的投入，调整文化资源配置，逐步构建覆盖全社会的公共文化服务体系。建设市文化中心、市图书馆新馆等一批重点文化设施，加快实施乔园、梅兰芳纪念馆改扩建、光孝寺、扬郡试院、都天行宫和五巷、涵西街等古民居保护区修复修缮工程。积极创作更多更好适应人民群众需求、体现泰州特色的优秀文艺作品。大力开展群众性文化活动，办好梅兰芳艺术节、溱湖会船节、泰兴银杏节、兴化板桥艺术节、靖江文艺节等节庆活动，打造地方特色文化品牌。加强历史文化名城保护，加快历史文化资源的研究、保护和开发利用，扩大对外文化交流，提高城市文化品位。加强文化市场管理，加快培育现代文化市场体系。到2010年，各市(区)均建成省级文化先进县(市)，力争2个市(区)建成全国文化先进县(市)。大力开展全民健身活动，力争全市体育锻炼人口比重42%以上。加强国家和省级体育后备人才基地建设，提高竞技体育水平。以社区为重点，加强公共体育设施建设，推进体育场馆多元化经营。积极承办大型文艺演出或国际性大型体育赛事，丰富群众文化生活。

(四)加强人口和计划生育工作。完善计划生育保障机制，实施幸福健康工程。推进基层计生队伍和服务网络建设，加强外资、民资等企业和流动人口相对集中地区的计生管理与服务，稳定低生育水平，提高出生人口素质，优化人口结构。"十一五"期间，出生人口性别比稳定在基本正常值范围内。

(五)推进生命健康工程建设。实施食品放心工程，建立健全食品安全监管和农产品安全保障体系，加大种植养殖、生产加工、市场流通、餐饮消费等环节的监管力度，加强农产品农药残留检测，建设一批"绿色放心市场"，保证食品质量安全。加强生殖健康服务，促进优生优育。以开展亿万农民健康行动为重点,加强健康知识宣传教育,普及健康知识。

第三节　加强社会保障、救助和应急体系建设

(一)加强社会保障体系建设。按照"基本保障体现公平、补充保障体现效率、充分保障依托市场"的要求,加快构建与经济发展水平相适应的多层次社会保障体系。以乡镇民营企业职工、外地来泰务工人员、进城务工农民、城镇私营个体从业人员、灵活就业人员、自由职业者为重点,扩大城镇职工基本养老保险的覆盖面,努力构建覆盖城镇所有劳动者的养老保险体系。加大财政投入,多渠道筹措社会保障资金,做实个人账户,提高保障水平和统筹层次,实现基本养老保险市级统筹。按照制度统一、逐步接轨的原则,探索城镇和农村养老保险制度之间的关系转移接续办法。完善城镇职工基本医疗保险制度,着力构筑以基本医疗保险制度为主体,以补充医疗保险、职工医疗互助及社会医疗救助等为补充的多层次医疗保险体系。完善城镇职工失业、工伤和生育保险制度,力争覆盖城镇所有劳动者。完善城镇住房公积金制度,构建多层次住房保障体系。积极发展商业养老、健康等补充保险,鼓励实施企业年金制度,发展多层次社会保险。积极发展各项社会福利事业,保障未成年人、妇女、老年人、残疾人合法权益。

(二)加强社会救助体系建设。整合各类资源,加快建立覆盖城乡的以最低生活保障为基础,以各类专项救助为辅助,以其他救助、救济和社会帮扶为补充的新型社会救助体系。进一步完善"低保"制度,建立"低保"标准自然增长机制。加大就业援助力度,重点帮助"4050"失业人员、家庭双失业人员以及特殊困难群体实现就业。开展医疗救助,设立困难群众医疗救助基金,建立和完善困难群众大病医疗救助制度,逐步解决贫困家庭"看病难"和群众"看病贵"的问题。加强教育救助,制定减免学杂费和设立奖学金制度,保证每个经济困难家庭子女都有接受义务教育的机会,保证每个考上大学的学生不因贫失学。实施住房救助,增加中低价位、中小套型商品房供应,积极落实拆迁安置房,稳步推进廉租房制度,加快解决中低收入家庭、拆迁户、特困家庭的"住房难"问题。实施司法救助和法律援助,使困难群众能够正常参加诉讼活动。大力发展慈善事业,鼓励社会团体和个人参与扶贫济困。

(三)加强社会应急体系建设。坚持以预防为主,防御、处置和救助相结合的方针,加快构建重大灾害、重大疫病和重大突发事件等社会应急体系,努力形成统一指挥、功能齐全、反应灵敏、运转高效的应急救援机制。防震减灾,重点完成数字化测震台网、地震前兆台网、地震监测预报和信息化通信系统建设。气象减灾,重点推进气象综合探测、新型气象信息网络、精细化气象预报预警、农业与生态气象服务、数字化气象信息服务、重大事件应急气象保障六大系统建设。人防应急,重点加强组织指挥、重点工程、通信警报报知、专业队伍、重要经济目标防护、战时防空平时防灾一体化等系统建设。加强防洪重点工程、消防重点设施和疾病防控体系建设。加强公安、消防、安监、卫生、环保、防震、气象、人防、水利、农业、民政等部门基础数据库的信息互通和资源共享,建立综合性应急救援队伍。加强宣传和教育,深入开展"减灾进社区"活动,普及防灾减灾和应急救援知识。

第四节　加强社会主义民主政治和精神文明建设

(一)加强社会主义民主政治建设。坚持和完善人民代表大会制度、中国共产党领导的多党合作和政治协商制度。做好民族、宗教、对台、外事、侨务等工作。充分发挥工会、共青团、妇联等人民团体的作用。加强民主选举、民主决策、民主管理和民主监督,进一步扩大基层民主。加强城乡基层政权机关和群众性自治组织建设,建立健全村(居)民民主议事的决策制度和议事规则,推进政务、厂务、村务公开。全面落实《建设法治泰州实施纲要》,推进依法治市。配合推进司法改革,强化司法监督,保证司法公开公正。深入开展以"五五"普法为重点的法制教育,争创普法工作先进市。加强民兵、预备役部队建设和国防动员工作,支持军队建设,做好双拥、优抚和安置工作,提高全民国家安全和国防意识。

(二)加强社会主义精神文明建设。大力弘扬开拓创新、不断进取、勇攀高峰、艰苦创业、团结拼搏、自强争先、心系群众、埋头苦干、无私奉献的精神。加强社会公德、职业道德、家庭美德建设,特别是加强和改进未成年人思想政治、道德品质、心理健康和法制教育,营造有利于未成年人成长的社会环境。弘扬科学精神,普及科学知识,抵制封建迷信。深入开展群众性精神文明创建活动,在新的起点上继续推进"五城同创"、"四市联创"和"城乡共创"。推进和谐社区建设。开展重大社会科学课题研究,促进哲学社会科学的繁荣。基本完成全市社会主义时期党史编写和新一轮地方志修志工作。

(三)加强廉政建设。坚持标本兼治、综合治理、惩防并举、注重预防的方针,加大从源头预防和治理腐败的力度,推进反腐倡廉体制、机制创新,贯彻落实惩防体系《实施办法》,初步建立惩治和预防腐败体系工作格局和运行机制,充分发挥教育的基础作用、制度的保证作用、监督的关键作用,推进全市反腐倡廉工作与经济社会发展协调并进。到2010年,建成惩治和预防腐败体系基本框架,腐败现象多发易发势头得到有效遏制,不断开创党风廉政建设和反腐败工作的新局面。

第五节　加快建立社会稳定长效机制

(一)加强收入分配调节。完善收入分配政策,加快建立以工资集体协商为重要形式的企业工资决定机制和正常工资增长机制,健全最低工资保障制度,保证劳动者收入随经济增长而提高。构建多元化分配方式,建立完善技术、管理和专利等生产要素按贡献参与分配的机制,努力扩大中等收入群体的比重。着力提高低收入群体的收入水平,有效缓解社会成员收入分配差距扩大的趋势。完善劳动关系协调机制,维护职工合法权益。

(二)健全社会矛盾大调解机制。完善信访工作机制,构建大信访工作格局,不断深化领导信访接待日、党政干部下访、律师参与信访接待工作制度,依法处理群众来信来访。统筹处理好新时期人民内部矛盾,依法保护人民群众的劳动、教育、休息和社会保障等合法权益。规范发展各类基层民调组织,积极预防、妥善处置群体性事件,维护社会稳定。

(三)打造"平安泰州"。深入开展平安地区和平安单位建设,进一步完善社会治安防控体系,加强社会治安综合治理,依法严厉打击各种违法犯罪活动,切实保障社会安全。加强安全监管体制和队伍建设,健全安全生产监管机制,严格安全执法,提高安全本质度。切实加强危险化学品、建筑施工等高危行业的安全生产,有效遏制重特大事故的发生。

第十章　规划组织实施

本规划是指导全市国民经济和社会发展的行动纲领,是制

定其他规划和年度计划的基本依据，是政府制定就业、保障、财政、投资、产业等经济社会政策的重要依据。本规划经市人民代表大会审议通过后，各地区、各部门必须严格执行，切实维护规划的严肃性和权威性。

（一）完善规划体系。本规划是综合性、纲领性规划，规划明确的内容必须由专项规划和各市（区）规划来细化和充实，提出的目标和任务必须由专项规划和各市（区）规划来支撑。为此，各地区、各部门要完善各市（区）规划和科技、教育、卫生、产业、交通、环保等重点专项规划，加强与本规划的衔接，形成功能清晰、衔接协调、统一完整的规划体系。

（二）做好规划宣传。本规划一经批准，将及时向社会公布。市发展和改革部门要面向社会、面向大众，充分利用各种媒体，多形式、多角度地宣传"十一五"规划，充分展示规划的内容，使本规划提出的发展思路和奋斗目标深入人心，在全社会形成关心规划、自觉参与和监督规划实施的浓厚氛围。

（三）落实规划内容。市政府将把"十一五"规划确定的目标任务逐条分解到年度，落实到部门，以年度计划的执行来推动五年规划的实施，以部门任务的完成来保证总体规划的推进。市政府每年将向社会及时公布规划执行情况，接受群众监督。

（四）加强跟踪监测。市发展和改革部门要对规划实施情况和各部门承担任务的完成情况进行监督，特别要加强对重要发展目标和难点目标进行监测，对战略重点实施情况进行分析，对重大项目进展情况进行跟踪，并定期向市政府汇报，必要时由市政府向市人大常委会报告。当国内外环境发生重大变化或其他重要原因，使实际经济运行、社会发展与规划目标发生较大偏离时，市政府将提出调整方案，报市人大常委会审议批准。

（五）实施中期评估。市政府将于"十一五"中期组织对规划实施情况的中期评估，主要评估重要目标的完成情况、战略重点的实施情况、重大项目的进展情况。根据评估结果，及时总结经验，发现问题，研究提出对策措施，确保规划顺利实施。

（注：目录、前言、专题图表略）

泰州一瞥

杭州市国民经济和社会发展第十一个五年规划纲要

(杭州市第十届人民代表大会第六次会议批准)

一、总体要求和主要目标

(一)"十一五"时期经济社会发展的基础和背景

"十五"以来,我市经济社会持续快速发展,"十五"计划确定的主要发展目标提前实现。2005 年,全市生产总值达到 2 918.61亿元,按当年汇率折算,人均生产总值达5 431美元(按户籍人口计算);城市综合竞争力居全国大中城市前列。经济体制改革向纵深推进,多种所有制经济共同发展,我市已成为民营经济大市。对外开放不断扩大,2005 年,全市外贸出口总额达到 198 亿美元,年均增长 23.2%(不含省公司为 138.73 亿美元,年均增长 36.2%);五年中,累计实际利用外资 51.57 亿美元,比"九五"同期累计增长 1.4 倍。城乡和区域发展取得重大进展,城市化步伐明显加快,"一主三副六组团"的大都市框架拉开。五年累计完成全社会固定资产投资 4 996.38亿元,是"九五"累计的 2.7 倍。相继建成一批重大项目,城市发展由规模扩张向品质提升转变,中心城市的集聚力、辐射力、带动力进一步增强。文化名城建设全面推进,科技、教育、卫生、体育、人才等各项社会事业加快发展,民主法制建设取得显著成效,社会保障体系逐步健全,人民生活质量明显提高。"十五"时期,是我市经济社会发展最好、质量效益最高、城乡面貌改变最大、人民得到实惠最多的时期之一。

同时,也要清醒地认识到,我市经济社会发展仍然存在一些突出矛盾和问题。社会主义市场经济体制还不完善,生产力发展还面临许多体制性、机制性障碍;经济结构不够合理,粗放型经济增长方式没有根本转变,自主创新能力不强,经济社会发展与资源要素、生态环境和人才科技的"瓶颈"制约矛盾日益突出;城乡、区域发展不够平衡,经济与社会发展不够协调,社会结构转型相对滞后,城乡居民收入差距仍呈扩大趋势;因社会转型和利益调整引发的社会矛盾增多,保持社会稳定的压力加大;政府管理和公共服务能力有待增强。

"十一五"时期,我市经济社会发展将进入一个新的阶段,人均生产总值将从5 000美元迈向8 000美元,这既是"黄金发展期",也是"矛盾凸显期"。从国际环境看,经济全球化和区域经济一体化趋势深入发展,和平、发展、合作已成为当今时代的潮流,科技进步日新月异,生产要素流动和产业转移加快,我国与世界经济的相互联系和影响日益加深,国际环境总体上对我国、我市发展有利。同时,国际环境复杂多变,影响和平与发展的不稳定、不确定因素增多,围绕资源、市场、技术、人才的竞争更加激烈,贸易保护主义有新的表现,也对我市经济社会发展和安全提出了新的挑战。从国内发展看,我国正处于工业化、城镇化、市场化、国际化加速期,产业结构和消费结构加速升级,人口向城镇加速集聚,经济体制加速转轨,社会结构加速转型。加快发展面临着资源、环境、市场的制约,社会利益主体多元化与发展不平衡状态并存,社会转型引发的矛盾增多,这对我市实现既快又好发展,继续走在全国和全省前列提出了新的更高要求。

(二)"十一五"时期经济社会发展的总体要求

"十一五"时期经济社会发展的指导思想是:高举邓小平理论和"三个代表"重要思想伟大旗帜,以科学发展观统领经济社会发展全局,以"解放思想、干在实处、走在前列"为要求,以提高人民群众生活品质为重点,坚持"发展、创新、节约、稳定、为民",推进"五大战略",破解"七大问题",打造"平安杭州",引领"和谐创业",构建"和谐杭州",打响经济强市、文化名城、旅游胜地、天堂硅谷"四张金名片",全面建成小康社会,加快率先基本实现现代化步伐。

"十一五"时期我市经济社会发展要坚持以下原则:

——坚持发展,加快建设强市名城。又快又好发展是科学发展观的实质。牢牢抓住发展这个党执政兴国的第一要务,切实把科学发展观落实到经济社会发展的各个环节,建设"经济强市"和"文化名城",落实"五个统筹",实施"五化联动",推进"五大战略",建设新一轮"十大工程",实现我市加快发展、率先发展、协调发展,发挥全省的龙头、领跑、示范、带头作用。

——坚持创新,着力提升核心竞争力。以先进制造业和现代服务业为支撑,坚持走新型工业化道路,推进体制、机制、管理、科技、文化的创新,激发创造活力,增强自主创新能力,努力建设创新型城市,做到在和谐中创新创业,以创新创业赢得和谐,不断提升城市核心竞争力。

——坚持节约,加快转变经济增长方式。坚持节约资源的基本国策,坚定不移地走节约、集约发展之路,实施"环境立市"战略,推进生态市建设,大力发展循环经济,提高资源利用效率,努力打造节约型产业、节约型政府、节约型社会,促进经济与人口、资源、环境协调发展,实现节约发展、清洁发展、安全发展和可持续发展。

——坚持稳定,努力打造"平安杭州"。把改革的力度、发展的速度和社会可承受的程度统一起来,在社会稳定中推进改革发展,通过改革发展促进社会稳定。正确处理公平与效率的关系,更加注重社会公平,逐步建立社会公平保障体系。正确处理新形势下的人民内部矛盾,完善社会利益协调和社会纠纷调处机制。

——坚持为民,促进人的全面发展。坚持发展为了人民、发展依靠人民、发展成果由人民共享,做到以人为本、以民为先,着力解决人民群众最关心、最直接、最现实的“七大问题”,不断满足人民群众对物质文化的需求,切实保障和发展人民群众的经济、政治和文化权益,维护最广大人民的根本利益。把人的现代化作为现代化的重要目标,树立人才资源是第一资源的观念,提高人的素质,激发人的潜能,保护好、发挥好、引导好全市人民建设杭州的主动性、积极性、创造性。

(三)“十一五”时期经济社会发展的主要目标

努力建设经济、政治、文化、社会全面发展,城乡区域协调互动,人与人诚信友爱,人与自然和谐相处,经济实力强、体制机制活、城市品位高、人文气息浓、生态环境美、社会秩序好、生活品质优的“和谐杭州”。主要是:

——经济发展上新台阶。在优化结构、提高质量、降低消耗的基础上,全市生产总值年均增长11%,到2010年,以2005年价格计算达到4 900亿元,综合经济实力在国内大中城市中保持领先;人均生产总值按户籍人口计算,达到68 500元(按现行汇率折算超过8 400美元),按常住人口计算接近60 000元(达到7 400美元);地方财政收入达到500亿元,年均增长15%;产业结构明显优化,全市三次产业比重预期为4:49:47左右;自主创新能力明显增强,规模以上工业中高技术产业增加值比重达到25%以上,科技进步对经济发展的贡献率不断提高。力争成为发展后劲足、经济实力强的“和谐杭州”。

——城市功能显著提升。市域网络化大都市建设构架基本形成,基础设施现代化水平大幅度提高,中心城市综合功能特别是要素集聚和经济辐射功能明显增强,城乡一体化进程加快,城市化水平达到70%,社会就业人员中非农就业的比重达到85%。力争成为服务功能强,城市品位高的“和谐杭州”。

——改革开放深入推进。社会主义市场经济体制进一步完善,政府职能进一步转变,多种所有制经济进一步发展,全社会创造活力进一步激发;外贸出口保持稳定增长,利用外资质量明显提高,全方位、多层次、宽领域的对外对内开放格局进一步形成。力争成为开放水平高、体制机制活的“和谐杭州”。

——社会事业更加繁荣。积极推进“一名城五强市”建设,文化软实力显著增强,以人为本的社会发展意识全面确立,科技、文化、教育、卫生、体育、人才事业有较大发展。全面普及“十五年教育”,人人享有卫生保健服务,人均预期寿命接近80岁;市民的思想道德、科学文化和健康素质有较大提高。力争成为市民素质高、人文气息浓的“和谐杭州”。

——社会管理明显加强。社会主义民主政治建设进一步推进,法制不断健全完善,精神文明和政治文明跨上新台阶,社会治安和公共安全进一步改善,公共危机应急处理机制较为健全,社会秩序良好,人民安居乐业。力争成为法治程度高、社会秩序好的“和谐杭州”。

——生态环境持续改善。可持续发展能力不断增强,资源利用效率有较大提高,单位生产总值能耗比“十五”期末下降16%;生态市建设成效显著,城乡生态环境明显改善,初步建立资源节约型、环境友好型城市;市区和临安、富阳等县(市)基本达到生态市标准。力争成为资源消耗少、生态环境美的“和谐杭州”。

——人民生活更加殷实。全市户籍人口715万人左右,人口自然增长率控制在4.6‰以内;社会就业比较充分,五年累计新增城镇就业岗位80万个,转移农村劳动力25万人,城镇登记失业率控制在4.5%以内;城乡居民收入水平和生活质量进一步提高,城镇居民人均可支配收入达到25 000元左右,全市农村居民人均纯收入达到11 000元左右;“住房难”问题有效缓解,“两个房等人”基本落实到位;努力缓解社会收入分配差距扩大的趋势,基尼系数控制在0.3以内;新型城乡统筹的社会保障体系初步建立,企业职工基本养老保险参保人数达到210万人,困难群众生产生活有保障。力争成为幸福程度高、生活品质优的“和谐杭州”。

二、统筹城乡发展加快推进新农村建设

进一步落实“三农”工作重中之重的地位,实施城乡统筹发展方针,建立“以工促农、以城带乡”长效机制,以建设都市农业为主题,增强农业综合功能;以“九件实事”为抓手,发展农村公共事业;以深化体制改革为动力,促进农村和谐发展。大力实施“新农村建设”工程,加快农业农村现代化步伐,全面建成小康社会。

(一)加快发展都市农业,增强农业综合功能

继续实施都市农业发展战略,形成农业区域化布局、产业化经营和社会化服务的都市农业新格局,力争农业增加值年均增长4%以上,农民收入明显增加,农业现代化水平迈上新台阶。

优化农业区域布局。发展高效生态农业,在保持粮食综合生产能力的基础上,继续调整优化产业布局和品种结构,完善“城市、平原、山区”三大农业圈层,建设一批农业产业带,促进优势产业和特色产业进一步集聚。大力发展生态农业、休闲农业、设施农业和精品农业,开发农业多样化功能,提高资源利用率,形成以设施化、科技化为特征的都市农业区域,促进农业增效、农民增收。

创新农业经营体制。在稳定土地承包权的基础上,继续搞活土地使用权流转,优化农业资源配置,推进适度规模经营,提高农业劳动生产率。用现代工业的理念谋划农业发展,引导工商资本投入农业领域,鼓励发展专业经营户和龙头企业,扶持培育农业专业合作组织。加快建立专业合作组织、专业经营户、龙头企业和专业市场有机结合的贸工农一体化经济组织体系,提高农民的组织化程度。大力发展农产品精深加工,延长产业链,提高农业综合效益。

增强农业综合生产能力。以政府投入为主导,建立多元化的农业投入机制,扩大公共财政覆盖农村的范围。加强农业基础设施建设和农业资源保护,全面推行生态农业建设,实现经济与生态的良性循环。继续加强土地整理和标准农田建设、中低粮田改造,提高地力和产出能力,严格保护耕地,保障粮食生产能力。

强化农业科技创新。健全农业科技信息网络,加强科技信息服务,完善农业科技推广体系,促进农业科技成果转化。组织实施一批高效生态农业技术项目,大力发展无公害、绿色、有机农产品,形成一批具有杭州特色、享誉盛名的优质农产品品牌。建立健全动植物疫病防控体系,确保人畜安全。加快农业标准化建设,建设具有国内一流水平的国家水产品及加工食品质量监督检验中心,健全农产品质量安全体系,强化从生产到消费的农产品质量安全全程管理,力争率先成为全国无公害农产品城市。

(二)继续办好“九件实事”,推进农村全面发展

继续以“九件实事”为抓手,加强农业和农村基础设施建设,推进中心镇、中心村、示范村建设,维护农民权益,提高农民

生活质量,促进乡风文明、村容整洁、管理民主。

加快农村基础设施建设。以“百村示范、千村整治”和“乡村通达”工程为载体,完善以农民饮用水工程、路网、电网、通信网、污水和垃圾收集、处理为主的农村基础设施。调整城乡发展政策,在财政、金融政策上更多向农村地区倾斜。支持农村地区全面开展环境整治和村庄改造,改善农村生产条件和农民生活环境。完善村庄布局规划,实施农居点集中建设,加大农村宅基地整治力度;在中心城区继续推进撤村建居和城中村改造,积极推广农转居多层公寓和鼓励高层、小高层住宅建设,全面改变村容村貌。

统筹城乡劳动就业。培养有文化、懂技术、会经营的新型农民,提高农民素质。健全城乡统一、开放、规范的劳动力市场,消除农村劳动力进城就业的政策歧视和障碍,完善失地农民就业扶持政策,加强对农村富余劳动力的就业培训和就业服务;加大劳动保障执法力度,切实维护外来务工人员合法权益,改善农村劳动力进城就业的环境。

提高农村社会保障水平。积极探索建立新型农村社会养老保险制度,完善新型农村合作医疗制度,逐步提高新型农村合作医疗的保障水平和覆盖率,健全征地农转非人员社会保障制度,不断提高保障水平。落实并逐步提高财政和农村集体经济组织对农村社会保障的补贴,逐步缩小城乡社会保障制度之间的差别。进一步健全县(市、区)、乡(镇、街道)、村(社区)三级救助网,完善分级救助机制和救助政策,切实解决农民的后顾之忧。

(三)深化城乡配套改革,激发农业农村发展活力

强化农村的公共服务建设。加大政府对农村公共事业的资金投入,逐步改善农村教育、医疗卫生、广播电视、文化设施等条件,使农村居民享受更多的公共产品服务。加快发展和培育城乡一体化的商品市场和要素市场,建立健全城乡统一的市场网络,引导土地、资本、劳动力、技术、人才等生产要素合理流动,实现资源的优化配置。

深化农村各项改革。深化农村土地使用制度改革,健全对征地农民合理补偿机制和失地农民社会保障机制。加强农村民主法治建设,在村级组织的选举中落实好农民的民主选举权,在村级事务中维护好农民的知情权、管理权、决策权和监督权,在村级集体经济中落实好农民的收益权。积极推进农民新社区股份制改革,创新集体经济经营机制。落实“多予少取”的富民政策,巩固税费改革成果,完善农民负担监督管理机制。

三、优化产业结构走新型工业化道路

深入实施“工业兴市”战略,坚持走新型工业化道路,以提高国际竞争力为核心,以科技创新为动力,以信息化带动工业化,推进工业结构优化升级和增长方式转变。大力发展高技术产业,适度发展重化工业,提升发展传统产业,加快工业功能区和产业集群建设,努力打造环杭州湾产业带的产业核心区和“长三角”重要的先进制造业基地。

(一)强化自主创新,大力发展高技术产业

充分发挥比较优势,按照“自主创新、做大做强、产业集聚、规模发展、国际合作、整合资源、抓大促小、协同并举”的指导方针,大力发展电子信息、生物医药、新能源、新材料、环保设备制造等产业;营造良好的高技术创业环境,提高技术创新能力,增强杭州作为国家高技术产业重要基地和试点城市之一的地位;到2010年,高技术产业整体实力位于全国大城市前列。

形成一批具有明显优势的高技术产业集群。加强杭州国家软件产业基地、国家集成电路设计产业化基地、国家电子信息产业基地建设;基本建成杭州数字电视产业园、杭州动漫游戏产业园、杭州生物产业基地;形成若干个技术水平突出,产业特色明显,具有相当规模经济效益的高技术产业集群。

建成一批具有较强自主创新能力的支撑平台。建立以企业为主体的技术创新体系,推动产学研联合,鼓励企业自主创新,加强引进技术的消化吸收再创新;完善促进高技术产业创新的财税、金融、政府采购等政策,鼓励企业提高研发投入,大力实施自主知识产权和品牌战略;加强工程研究中心、企业技术中心、高新技术研发中心、重点实验室建设,到2010年,使我市国家和省级企业研发机构的总量在2005年基础上翻一番。

培育一批具有国际竞争力的高技术企业。形成若干年销售收入100亿以上,具有较强研究开发能力和核心竞争力,在国内具有龙头地位、跨国经营的高技术企业或产业集团,涌现一大批具有生机和活力的民营中小型高技术企业。

(二)突出重点领域,适度发展重化工业

坚持技术引进与自主创新相结合,优选重化工业的发展重点,推动产学研攻关,提升集成配套能力,着力发展运输设备、成套设备、机床等装备制造业,适度发展化学工业,积极探索发展海洋产业,提升制造业整体竞争力。

汽车及运输设备制造业。汽车制造业,重点发展大中型高档豪华客车系列,带动普通型客车、SUV越野车的发展,加快发展专用车,推进电动汽车产业化进程,加强自主开发和品牌打造,提高核心竞争力和市场经营能力;做大做强汽车零部件制造,加强与汽车跨国公司的配套协作,提高国际竞争力;推动叉车、物流设备主导产品的升级换代,完善产品系列。船舶及零部件制造业,重点开发出口特种船和中高级游艇、游船、赛艇以及游艇变速箱、控制设备等技术含量和附加值高的船舶产品。以杭州地铁工程建设为契机,积极开展地铁工程所需机械、设备的开发和生产前期工作。

成套设备制造业。开发新一代汽轮机、新型锅炉、燃气与蒸气联合循环机组、抽水蓄能机组和发电机组、输变电配电等电力设备、大型乙烯装备及下游合成产品所需的重大装备;推进大中型空分设备产品更新换代,使其生产技术水平接近或达到同期国际先进水平;完善客梯、货梯和自动扶梯系列产品,开发新型电梯。

机床、仪器仪表制造业。加快调整机床产品结构,磨床产品向数控化、高精密、高效率、成型专用和成套成线方向发展,开发精密磨加工设备。发展控制系统装置以及数字化、智能化的特种、专用自动化仪表,提升电度表等传统仪表产品生产技术水平;发展现代光学仪器,开发光、机、电一体产品,积极发展科学测试仪器、环保监测仪器、现代农业仪器、轻工业仪器等。

化学工业。利用靠近上海、宁波、舟山石油化工基地和东海油气资源的优势,在临江等工业功能区,采用先进生产工艺和技术,适度发展精细化工、日用化工和石化工业。发展无污染、高附加值的石化下游产品,延伸杭州湾石化工业的产业链;做优新型环保染(颜)料、涂料、特色农用化工产品,做大氟硅系列、高档专项精细化学用品,做强高等级子午线轮胎、橡胶加工产业;培育有机硅、电子化学品、纳米新化工材料等高科技精细化工产品。综合运用经济、法律、行政手段,坚决淘汰污染严

重、工艺落后、物耗能耗高的产业。

海洋产业。发挥在杭高等院校和科研院所的集聚优势，积极建设陆海并举经济强市。加强开发利用海洋资源，重点发展船舶和船机制造、临港工业配套设备、海洋生物医药与保健品、海洋信息技术与设备、海水淡化等产业，积极争取在杭州建立国家海水利用产业化南方基地。

（三）坚持扶优扶强，提升发展传统产业

纺织服装、食品饮料、建材、都市工业等是我市传统优势产业，要推动由模仿创新、贴牌生产为主向自主创新、自创品牌为主的转变，由“杭州制造”向“杭州创造”的提升；培育一批大企业、大集团，打造一批知名品牌、著名商标。

纺织服装化纤业。发挥产业综合优势，拓展两头，拉长做强产业链；以丝绸、服装尤其是女装产业为龙头，以化纤产业为基础，加强技术和装备改造，着力开发新型中高档面料，提高装饰、产业用纺织品比例，全面提升产品质量和档次；引进和开发先进技术，减少丝绸印染、化纤生产过程中对外部环境的污染，改善生产作业环境；充分利用“丝绸之府”、“女装之都”和“中国家纺名城”等公共品牌，推动产业集群发展；鼓励和引导纺织、服装和化纤企业，通过重组、兼并、股份制改造等多种形式，组建具有较强竞争力的大型、特大型企业集团。

食品饮料业。以市场为导向，大力发展方便食品、绿色食品、新型特色食品、水产品精深加工和海洋生物食品，努力增加果汁、蔬菜汁、含乳汁、植物蛋白汁、茶汁、营养保健汁等饮料产量和品种，发展牛奶制品，开发豆乳制品；培育食品饮料龙头企业，推进质量保证体系建设，加强食品饮料产品安全监测，提高食品饮料精加工程度，扩大食品饮料出口。

新型建材工业。加快产业结构调整和产业技术升级，发展环保、绿色、节能的新型建筑材料；积极推行清洁生产，促进资源综合利用，重点发展钢结构产品，积极发展新型工艺水泥、建筑陶瓷、玻璃和新型墙体材料。

都市型工业。以都市生活消费市场为导向，重点发展印刷包装、旅游纪念品设计与制造、音像制品业、眼镜、钟表、首饰加工业、时尚服饰（尤其是小批量定制女装）、都市农产品深加工等；加强对优秀传统工艺美术的保护和开发，扶持织锦、刺绣、剪刀、绸伞、扇艺、铜雕等工艺美术产品的发展。

（四）优化产业布局，发挥集聚效应

进一步推动工业企业向开发区、工业功能区集中，市区重点发展高技术产业和都市型工业、面向工业的生产性服务业，形成“以块为主、点块结合”的布局。依托杭州经济技术开发区、萧山经济技术开发区和江东、临江、临平、钱江四大工业区，建设我市东部先进制造业基地，构建环杭州湾产业带核心区。

打造支撑先进制造业基地建设的三大科技创新集聚区。一是依托浙江大学紫金港、玉泉校区、浙大国家级大学科技园和杭州高新区江北区块，形成以高新技术研发、设计和孵化为主的城西科技创新区；二是依托下沙高教园区与经济技术开发区、中国—新加坡科技园，形成下沙科技创新区；三是依托高新开发区与浙江大学等高等院校、科研院所，形成滨江科技创新区，努力构建环杭州湾产业带和我省的科技创新核心区。

加强五县（市）省级开发区和特色城镇工业功能区建设。结合修编城镇规划和土地利用规划，制定和完善工业功能区发展规划，加快基础设施及配套服务设施建设，重点发展优势产业和块状经济，形成具有特色和较强竞争力的工业功能区，引领和支撑县（市）工业经济发展。

发展都市型工业功能区。绕城公路以内的老城区工业区块，根据城市规划，因地制宜调整生产布局，利用原有搬迁企业厂房，建设若干无污染、有特色的都市工业功能区，使之成为推进设计创意产业和新型都市工业集聚发展的平台。

（五）提高整体水平，积极发展建筑业

推进建筑业的机制创新、技术创新和管理创新，积极应用新技术、新材料、新工艺、新设备，提高建筑业的设计、施工和技术装备水平，提高从业人员素质，推进建筑经济增长方式的转变；培育一批优势规模企业和专业施工队伍，提高行业的整体竞争力；健全监管和服务体系，严格工程质量和建筑生产安全管理，完善工程监理制，加快建筑、装饰行业工厂化生产进程；加强与国内外一流建筑企业的交流与合作，积极发展国际劳务合作，大力拓展国内外建筑市场。

四、发展现代服务业增强城市服务功能

围绕建设服务业大市的目标，坚持传统服务业与新兴服务业、生产性服务业与生活性服务业并举，以市场化做大服务业规模、以信息化提高服务业水平，以国际化提升服务业能级、以法制化优化服务业环境，构筑高增值、强辐射、广就业的现代服务业体系。

（一）以旅游国际化为突破口，加快发展大旅游产业

围绕建设国际风景旅游城市和“东方休闲之都”，深入实施“旅游西进”战略，积极保护和有效开发旅游资源，大力整合以“三江四湖一山一河一溪三址”为重点的旅游资源，形成大杭州、大旅游、大发展格局。整合杭州独具特色的、丰富的历史文化资源，发展旅游特色项目。以西博会、休博会为载体，打造以“东方休闲之都”为主题的观光休闲产品，提高会展、休闲的国际知名度，加快旅游业从观光游“一枝独秀”向观光、会展、休闲“三位一体”转变。加快旅游国际化进程，强化“吃、住、行、游、购、娱”六要素的联动，完善旅游饭店业，提升旅游交通业，做大做强旅游产业，发挥其龙头作用，带动相关产业的全面发展。

（二）完善金融市场体系，推进金融服务业发展

积极引进知名的跨国金融机构，大力发展地方金融机构，整合地方金融资源，壮大地方金融企业，形成多层次、多领域、多主体的金融市场体系。鼓励支持金融创新，加快推进金融电子网络建设，不断完善信用卡、网上银行等新型金融服务的消费环境，积极发展银行卡产业。大力发展保险业务，使之成为金融发展的新增长点。加快金融数据平台建设，完善信用担保机制，畅通融资渠道，全面提升金融服务的辐射力，努力把杭州建设成金融机构齐全、金融市场发达、金融辐射功能强劲的“长三角”区域性金融中心。

（三）促进商贸与物流业升级，打造物流中心、购物天堂

加快现代流通方式的发展，鼓励企业以资本运作、管理技术或品牌效应为纽带，以特许、加盟经营等方式，推进连锁经营；以信息平台建设为重点，大力发展电子商务；推进第三方、工商合一、商商合一的新型物流业态，培育物流基地，鼓励物流企业兼并和集聚，构筑物流基础平台、信息平台，重点培育发展空港、保税物流中心（B型）、富阳口岸三大国际物流中心，加快都市配送型、产业基地型、行业分拨型三大物流体系建设，形成“长三角”南翼物流中心的基本框架。运用网络信息技术和现代经营理念、现代流通方式，改造、提升传统商贸流通业，优

化专业商品市场布局,提升档次,推动现代大型综合购物中心等商贸新兴业态发展;加强商业特色街区建设,使其成为凸现杭州历史、文化、产业特色的有效载体和重要窗口,打造"游憩购物天堂"。

(四)扩大自身优势,着力拓展信息服务与软件业

加快电子政务网络平台、数字认证平台和网络监控预警平台建设,建立信息共享和安全保障机制。鼓励软件企业加快发展拥有自主知识产权的软件产品。整合传输技术、宽带网络和显示设备制造等优势资源,以发展网络增值业务为重点,加快电信服务、计算机应用服务、广播电视在线(传输)服务和信息咨询服务等新兴行业的发展。加快信息网络建设,大力支持、培育无线宽带和光纤到户(FTTH)接入,完善网络基础设施,加快建设互联网本地交换平台,加速互联互通,实现信息资源共享,抓好"数字杭州"的网络基础,进一步打响"天堂硅谷"品牌。

(五)以市场化、专业化为导向,大力培育中介服务业

着力培育发展创意产业、经济鉴证、信息服务、法律服务等知识型、科技型服务业,扶持一批有实力、有品牌、有信誉的中介机构加快发展。采取独资、合资、合作等形式,大力引进国际著名的会计、咨询、评估等中介服务企业。加强对中介服务业的规范管理和信用建设,建立信用监管和惩戒制度,健全风险防范机制;完善中介服务业的法律法规体系,规范中介服务企业的执业行为,提高竞争能力和服务质量;推进中介机构与挂靠的政府部门脱钩改制。

(六)以持续健康为基调,稳步发展房地产业

优化房地产发展结构,建立和完善房地产产业体系、市场体系和政府调控体系,形成供需基本平衡、结构基本合理、价格基本稳定的房地产发展格局。以"居者有其屋"为目标,加快经济适用房、廉租房等住房的建设步伐,切实解决群众"住房难"问题;培育和规范房地产市场,加快发展房地产中介服务业,完善房地产金融信贷服务,完善房地产市场信用体系,建立房地产市场预警机制;推进房地产开发和物业管理的分业经营,健全物业管理体制;引进国内外著名的房地产咨询、设计、物业管理公司,培育本地房地产企业,争创房地产全国品牌。

实施主城区危旧房改造工程。把危旧房改善作为解决老百姓住房难问题的重要内容,坚持把危旧房改善与背街小巷整治工程、历史文化街区和历史建筑保护工程相结合,按照"市区联动,以区为主"的原则,通过多种途径加快改造危旧房,力争到"十一五"末基本消除危房,逐步改善危旧房住户的居住条件。

(七)满足居民生活需求,大力发展社区服务业

拓展社区服务领域,加强服务设施建设,增强服务功能,提高服务水平,满足居民生活多样化需求。发展社区公益性服务,健全帮扶救助和劳动保障服务组织体系,完善四级社区服务网络,建立针对老年人、儿童、残疾人、社会贫困户、优抚对象的政府投入保证为主的福利服务制度,发展形式多样、科学文明、健康向上的文教体卫服务;推进社区经营性服务,实行政府扶持、自主经营、自负盈亏,努力实现投资主体多元化,形成社区服务机构多种形式共同发展的新格局。

五、构筑网络化大都市统筹区域协调发展

坚持"城市化"战略,按照循序渐进、节约土地、集约发展、合理布局的原则,加快构筑以中心城市为核心、县(市)城为依托、中心镇为基础、高等级公路为发展轴的市域网络化大都市,增强中心城市的综合竞争力和辐射带动能力,加快五县(市)发展,促进区域经济协调发展。

(一)优化空间发展框架,构建合理的区域开发格局

开展区域主体功能区划,形成"一域一圈两轴两带"的空间发展格局。"一域"就是全面融入长三角经济区;"一圈"就是构建杭州都市经济圈;"两轴"就是沿杭新景(杭千)高速公路和杭徽高速公路的城市(中心镇)发展轴;"两带"就是沿钱塘江流域和苕溪流域的两条生态保护带。根据区域资源环境承载能力,发展基础与潜力,合理划分优化开发、重点开发、限制开发和禁止开发的主体功能区。

——优化开发区域主要是主城区。要按照"两疏散、三集中"的总体要求,实行"退二进三",推进工业向江东工业区、临江工业区、临平工业区、钱江经济开发区集中,人口适度向新居住区和副城、组团转移;加强历史文化名城保护,重现杭州古城风貌;加强环境保护和生态建设,提升城市品味。

——重点开发区域主要包括钱江新城、江南副城、临平副城、下沙副城和江东工业区、临江工业区、临平工业区、钱江经济开发区以及省级开发区、工业功能区块等。主要任务是高起点规划与建设,承接国际先进制造业和现代服务业的转移,发展前景广阔的新兴产业,加快人口集聚,形成新兴城区。

——限制开发区域主要包括森林资源密集地区、江河水系源头地区、生态环境脆弱地区等。主要任务是强化生态保护与整治,引导人口向重点开发区和优化开发区转移,选择条件好的中心镇进行集约开发。

——禁止开发区域主要包括西湖国家风景名胜区、千岛湖国家风景名胜区核心保护区、各类国家级和省级自然保护区、国家地质公园、森林公园、历史文化遗迹核心保护区、饮用水源保护区。主要任务是依据法律、法规实行强制性保护,严禁各类不符合功能定位的开发活动。

建立和完善主体功能区划的管理机制,逐步形成以主体功能区划为基础的差别化区域开发政策,建立和完善财政转移支付和生态补偿机制,使主体功能区划成为提高空间资源配置总体效率的重要依据。

(二)强化中心城市功能,增强辐射带动作用

按照"东动西静南新北秀中兴"城市新格局要求,着力推进"一主三副六组团"建设,加快"构筑大都市,建设新天堂",增强中心城市的辐射带动作用。

优化提升主城功能。依托主城各个区块的特色优势,发展和培育城市的主导功能,重点建设以钱江新城为主体的中央商务区,启动钱江世纪城基础设施建设;建设以武林商圈为核心的商业商务区,以湖滨、吴山、南山路区块为核心的旅游休闲商务区;建设以浙江大学及大学科技园、高新开发区、老文教区为主体的城西创新创业带。加快发展现代服务业,提升中心城市的服务功能;构筑区域创新体系,提升创新创业功能;发展省会经济、总部经济和面向企业的各类咨询机构,提升管理决策功能;推进旅游业国际化,积极发展休闲产业,提升旅游休闲功能。

健全适应大都市特点的高效管理体制和机制。坚持"两级政府、三级管理、四级网络"城市管理体制,构建"节点创新、层面互动、纵横联接、网状运行"城市管理运行机制,推进依法管理、长效管理、标准化管理和无缝隙管理。以"洁化、绿化、

亮化、序化”为目标,坚持注重细节、注重特色、注重品位,建设“清洁杭州”。积极吸纳各类资本参与城市基础设施建设、维护和公共服务行业经营,提高城市公共服务水平,努力形成政府、企业与市民共同参与的城市管理新格局,实现城市运行效能、城市形象和城市品位的同步提升。推进撤村建居,加快实施“城中村”改造和多层民居建设,进一步改善城市发展环境。

合力推进副城建设。实施以大都市新中心为核心、以“三副六组团”建设为重点的“新城区建设”工程。以现代科技城和远景商务中心为目标,建设江南副城;以现代加工制造业为主的综合性工业城为目标,建设临平副城;以国际先进制造业基地、新世纪大学城和花园式生态型城市副中心为目标,建设下沙副城。加快三个副城的市政、公共中心、居住区、商业街、医院、中小学校、文化、体育等配套设施建设,改善城市环境,成为集先进制造业基地、高教功能区、物流园区、生活居住区为一体的现代化城市副中心。

加快六个组团建设。义蓬、瓜沥、临浦、塘栖、余杭和良渚六个组团,要按照生产、生活、生态相对独立、功能互补、互为支撑的组团式布局要求,深化发展规划,加快城市配套设施建设,加速形成与主城、副城之间的快速交通联系;创新六大组团管理体制,合理调整组团内镇乡行政区划,扩大组团内中心镇的经济、社会和城镇建设的管理权限,使六个组团逐步发展成为生活功能较为齐全、产业发展较有特色、生态环境较为优美的城市新区。

推进萧山、余杭融入大都市。坚持规划共绘、政策共享、设施共建、产业共兴、环境共保原则,制定合力共建的政策措施,强化规划协调,加快基础设施对接,实现资源共享和合理布局。积极探索消除体制障碍,逐步使中心城区与萧山、余杭两区政策趋于统一。

(三)加强统筹协调,加快五县(市)发展步伐

以“旅游西进”为先导,以完善“交通西进”为载体,依托高速公路,实现产业、资金、人口集聚,“顺藤结瓜”,促进中心城市产业梯度转移,发展“高速公路经济”和“黄金水道经济”;积极创造条件,推动五县(市)尤其是富阳、临安从郊县(市)向郊区转变。进一步优化五县(市)城镇区域布局,积极发展中小城市,择优培育中心镇,形成以县(市)城为骨干,中心镇和一般建制镇为基础,布局合理、功能互补、相互促进的城镇体系。五县(市)城要以建设中等城市为目标,合理配置城市基础设施,改善市容环境,提升人居文化氛围,在功能上起承接中心城市的辐射和带动周边乡镇、农村发展的枢纽作用。积极探索完善中心镇管理体制,促进资源要素加快向中心镇集聚,便利流动人口居住,便利农民进城发展,着力为中心镇的发展创造良好的条件,使其成为沿江、沿路发展带的人口和经济集聚区。把加快城镇化与工业化结合起来,坚持低能耗、无污染原则,大力发展块状特色经济。县与县之间、镇与镇之间在产业上要适当错位发展,壮大主导产业,加快形成区域特色工业的比较优势、规模优势和效益优势,推动县域经济协调发展。

(四)构建杭州都市经济圈,推进区域经济共同发展

根据省政府提出建设杭州都市经济圈的总体要求,在进一步推进中心城市与五县(市)经济社会统筹发展的基础上,加强我市与湖州、嘉兴、绍兴等相邻县(市)的合作发展,将我市“一个半小时经济圈”由市域扩展到“都市经济圈”。加强与邻近县(市)的交流和合作,开展规划、产业布局、基础设施建设等前期研究工作;主动适应周边城市对发展旅游业、都市农业、制造业和基础设施等接轨大都市的需求,构建合作平台,积极做好服务,有效推进杭州都市经济圈的整体发展。积极开展与我市地域相连的我省金华、衢州和安徽黄山、宣城、江西上饶、景德镇等地的产业合作、环境保护,在跨地区经济互利合作上有新突破。

(五)完善城市基础设施建设,强化资源要素支撑

贯彻实施“大项目带动”战略,按照高起点规划、高标准建设的要求,加快推进城乡基础设施建设,全面完善以交通、市政、信息、能源、环保、防灾等为重点的基础设施网络,为我市的新发展提供强有力支撑。

完善综合交通网络,增强交通枢纽功能。以“长三角”综合运输网络规划和“长三角”区域规划为导向,以提高区内外的通达度和优化运力为中心,进一步改善市域综合运输网络结构。外部重点建设与上海、江苏、安徽、江西和我省重要城市快速对接的交通网络;市域重点加快“东网加密”和“交通西进”项目建设,高标准建设市域一小时半交通圈,构建通畅的城乡一体化交通网络,形成以市区公共交通为主,道路、铁路(轨道交通)、水运和航空等多种运输方式相互协调、有机衔接、互为配套的现代化综合交通体系;主城区道路重点完善城市综合交通建设,到2010年基本建成城市快速骨架路网,进一步完善城市主、次干道、支路网和人行过街设施;基本建成轨道交通一期工程;加快中心城区至副城、组团和江东、临江等大型工业功能区块辐射状的快速通道建设,形成以绕城高速环线为外围框架、方格网为基础,功能明确、级配合理的城市道路网络系统。

加快信息网络建设,提高全社会信息化水平。建设覆盖城乡的光缆干线网络,应用多种宽带接入网技术,建立互联网网络交换平台,加快建设宽带通信网、数字电视网和下一代互联网等信息基础设施建设,大力促进“三网融合”;加强信息资源开发和共享,加快建设资源整合、数据共享、业务协同、安全高效的信息网络平台,以信息工程建设推动政府、企业、社区、服务的全面信息化,建立并不断完善信息资源开发利用的有效体系和机制,健全信息安全保障体系;推进信息技术的普及和应用,以信息化带动传统产业的升级改造,促进经济结构调整和经济增长方式的根本转变。

加强水资源能源等设施建设,提供强有力要素保障。合理开发利用水资源,严格保护钱塘江流域、苕溪流域等主要饮用水源地,创建合格饮用水源保护区;加强电源和电网建设,优化能源结构,逐步形成以天然气为主的城市燃气系统;加快中心城市、五县(市)城和中心镇供水、供电、供气、污水处理等基础设施建设,并向广大农村地区覆盖,形成区域一体的输配网络,促进网络化大都市对要素资源的共建共享。

加强城市防灾体系建设,提高防御灾害的能力。进一步加强和改善消防、气象、人防、地质灾害、地震等防灾体系设施建设,大力提高我市的防灾减灾能力。认真实施“千库保安工程”,继续建设和完善钱塘江流域、苕溪流域江河堤防工程以及上游拦蓄工程,完成西险大塘土桥湾铁路桥扩孔工程、萧围东线治江围涂工程、双溪口水利枢纽工程、分水江流域整治及防洪工程等重点项目建设;认真做好全市尤其是城镇、交通道路、村民聚居区附近的地质灾害防治及其工程建设;加强气象事业建设,增强城市防御气象灾害的能力。

六、发展循环经济建设生态城市

大力发展循环经济,建设资源节约型和环境友好型社会,是落实科学发展观的重要举措,也是实现杭州可持续发展的根本大计。以建设生态市为目标,以节约和提高资源利用率为核心,加快构建循环经济发展模式,努力把杭州建设成为经济与环境协调发展、人与自然和谐共生的生态城市。

(一)构建循环发展模式,推行节约型生产方式和消费方式

按照"减量化、再利用、资源化"的要求,在企业、产业和社会各个层面,落实循环经济理念,在生产、流通、消费、回收等各个环节,开展循环经济实践。

加快发展循环型工业。加大企业清洁生产的力度,加快工业园区的生态化改造,促进工业企业能源、水资源、原材料等消耗的减量化,"三废"排放的减量化和再资源化,提高资源利用效率。

大力发展循环型农业。推进生态农业园区建设,大力推广生态型种养,努力开发、使用有机肥和生物农药,积极实施"沃土工程",继续抓好配方施肥和秸秆还田;大力开展养殖业污染物的生态化处理,强化对农业生态环境的监管,有效控制和治理农业面源污染,实现农业废弃物的资源化利用。

积极发展循环型服务业。鼓励发展绿色宾馆、饭店、商场,努力降低服务行业的物耗、能耗、水耗;建立废旧物品回收处理的网络体系,倡导垃圾分拣,通过流通促进废旧物资循环利用;在全社会推广使用节能节水产品、用具,大力倡导绿色消费。

组织实施循环经济"770"工程。建设7个一批示范工程,实施70个左右具有一定代表性和推动作用的重点项目;加大投资强度和政策扶持力度,制定年度计划,建立运行机制,认真组织实施。

(二)节约集约利用资源,促进资源的保护开发与合理利用

按照国家和省的总体部署,以节能、节水、节材、节地和资源综合利用为重点,抓好节约型社会建设。

大力推进节能工作,加速新能源开发。重点抓好钢铁、有色金属、电力、化工、建材等重点耗能行业的节能,提高能源利用率;推动新建住宅和公共建筑节能,到2008年,率先实施新建建筑节能达到65%的标准;引导商业和民用节能,促进高效节能、节水、环保产品的研发和推广,加快淘汰落后产品;大力开发利用可再生能源,推进小水电项目建设。在农村大力发展户用沼气和大中型畜禽养殖场沼气工程,积极开发利用太阳能,到2010年,全市农村清洁能源利用率达到65%以上。

大力推进节水工作,提高水资源利用效率。积极推进水权制度建设,提高水资源配置效率;加快城市供水管网改造,降低管网漏失率;推进污水处理、再生利用和分质供水;全面开展农业节水工程建设,推进节水灌溉;做好工业企业节水工作,推广节水新工艺、新技术和节水器具,提高工业用水重复利用率。

大力推进节地工作,提高土地集约利用水平。建立可持续的科学用地机制,严格保护耕地;完善和落实节约、集约用地的政策措施,严格执行建设项目用地控制标准,引导工业项目向开发区和标准厂房集中,积极盘活存量土地,节约利用土地资源,努力提高土地使用效率。

大力推进节约用材,减少原材料消耗。加强原材料消耗管理,严格设计规范、生产规程、施工工艺等技术标准和材料消耗核算制度,推行产品生态设计和使用再生材料,提高原材料利用率;制定实施节约包装政策措施,重点解决过度包装问题,落实生产者包装回收义务;推广使用新型材料,鼓励使用可替代材料,减少使用一次性用品。

加强资源综合利用,提高废弃物回收和再生利用水平。推进工业废物综合利用,到2010年,全市工业固体废物综合利用率达到95%以上;规模以上工业企业用水重复利用率达到68%。以再生金属、废旧轮胎、废旧家电及电子产品回收利用为重点,推进再生资源循环和回收利用;推进生活垃圾和污泥资源化利用,扶持垃圾焚烧发电、再生纸造纸行业等资源再生利用产业的有序发展;推广秸秆还田技术及秸秆气化、固化成型、发电、养畜技术;鼓励并推广农膜回收利用。

规范矿产资源开发秩序,实行合理开采和综合利用。健全采矿权有偿出让制度,优化矿业布局,加强重要矿产资源的地质勘查,强化矿产资源储量管理,推行现代化开采工艺。

(三)加大环境保护力度,改善生态环境质量

坚持预防为主、综合治理,加快生态市建设步伐,以污染物总量控制制度为主线,加大环境污染整治力度,建立多样化、高品质的生态环境系统,实现人与自然和谐相处。力争到2010年,市区和富阳、临安市基本达到生态市(县)建设要求。全市污染物排放总量削减率达到或超过全省平均水平,流域和城市环境质量显著改善,农村环境质量保持稳定,生态恶化的趋势得到遏止,基本实现"让人民群众喝上干净的水、呼吸清洁的空气、在良好的环境中生活"的总体目标。

加强生态保护和建设。加强自然保护区、自然保护小区、各级森林公园的建设和管理,建设重要生态功能保护区,保护野生动植物资源。以废弃矿山治理为重点,加大矿山生态保护和环境治理力度,有序进行复垦还绿;大力建设生态公益林,加大退耕还林和生态移民力度,加快生态脆弱区的植被恢复和景观林带建设,使全市森林覆盖率稳定保持在65%以上。开展生态村、镇建设,提高农村生态环境质量,到2010年,约60%的乡镇(街道)达到生态乡镇(街道)或环境优美乡镇建设的要求。

加强环境污染整治,改善区域环境质量。调整和改善能源结构,发展集中供热,提高清洁能源比重,减少大气污染物排放;控制机动车尾气排放,控制市区扬尘污染源,净化大气环境;加强对钱塘江、富春江、新安江、千岛湖、西湖、苕溪、运河以及城市内河水系的保护和治理,重点保护城乡生活饮用水源地,建设备用水源,确保城乡饮水安全;建设和完善城市、县城、中心镇生活污水处理厂和污水收集管网,加强农村生活污水的收集和处理,提高城乡生活污水处理率;推动工业结构调整,强化省、市控工业点源污染治理;治理和控制各类噪声污染,营造清静的生活环境;全面加强辐射环境管理,防止放射性环境污染,消除安全隐患。

适应社会经济发展需要,增强环境监管能力。加强环境保护工作的统一监督和管理,严格执法,全面形成政府负责、部门联动、企业主体、公众参与、环保统一监管的工作体制和机制。

(四)建立资源节约型、环境友好型社会的体制机制

建立健全促进节约型社会建设的技术体系,加大关键共性技术攻关力度,组织开发和推广有重大意义的资源节约和替代技术,为建设节约型社会提供技术支撑。建立和完善促进节约型社会建设的政策体系,制定促进生产、使用节能、节水产品和发展节能、节地型建筑的投资和消费政策。理顺资源性产品价格,积极稳妥地推进供水、供气、排污等资源性产品价格体制改

革。完善环境评价、环境淘汰和排污许可等生态、环境管理制度,加大对环境违法行为的惩罚力度;建立和完善生态补偿机制,强化生态市建设目标管理责任制,增强各级政府、企事业单位和全市人民生态、环保的意识。

七、加快建设文化名城促进社会全面进步

发挥杭州人文优势,弘扬"精致和谐、大气开放"人文精神,加快建设文化名城和科技强市、教育强市、卫生强市、体育强市,实施人才强市战略,不断提升城市"软实力",推进和谐创业,促进社会全面进步和人的全面发展。

(一)发展文化事业和文化产业,建设文化名城

坚持先进文化的前进方向,以满足市民精神文化需求为目标,以实施"文化名城建设"工程为载体,不断增强城市的文化创造力、凝聚力和感召力,建设历史文化与现代文化同城辉映、休闲文化与创业文化和谐交融、文化事业与文化产业共同发展,文化发展综合实力居全国同类城市前列的文化名城。

弘扬先进文化,增强城市文化凝聚力。坚持以先进理论为指导,弘扬以爱国主义为核心的民族精神和以改革开放为核心的时代精神,发展和繁荣哲学社会科学,为改革开放和现代化建设提供精神动力。发扬优秀历史文化传统,推进文化创新,弘扬"精致和谐、大气开放"的人文精神,深入探索"和谐创业"杭州发展模式,彰显杭州城市文化个性。加强思想道德建设,深入开展群众性精神文明创建活动,努力在全社会形成健康向上的道德风尚。加强基层文化阵地建设,培育一批文化示范村和示范社区,推进企业文化、校园文化、社区文化、村落文化、广场文化建设,组织公益性文化活动,发挥先进文化的凝聚作用,满足社会群体多层次、多样化精神文化需求,推进人的文明素质与城市文明程度同步提高。

发展文化事业,提高公共文化服务力。加大文化投入,加快文化队伍和设施建设,建设好杭州广电中心、杭州图书馆、杭州科技馆等一批标志性文化设施。营造宽松的文化创作氛围,吸引一批在国内外具有重要影响的文化名人。实施精品战略,加强理论研究,提升精品生产的原创能力,创办重大文化节庆活动和文化赛事,推出一批展示时代风貌,体现地域特色,具有国家水准的文艺精品。提升公共文化活动水平,丰富公共文化产品与服务,完善公共文化设施,加强公共图书馆、博物馆、文化馆及基层文化阵地建设,逐步形成覆盖全社会的比较完备的公共文化服务体系,增强公共文化服务能力,保障群众文化权益。启动一批文化遗址保护工程,抢救一批非物质文化遗产项目,建设一批文化名区、县(市)、文化名镇、文化名园和文化名品,恢复一批历史文化品牌,展示杭州悠长的历史文脉,加快艺术之乡建设。

做强文化产业,提升城市文化竞争力。进一步深化文化体制改革,完善政府管理体制,推进文化创新,加强文化市场监管,营造良好的文化发展环境。完善文化产业发展政策,发展文化中介机构,鼓励非公有资本进入文化产业,扶持一批龙头文化企业,组建一批重点文化企业集团,培育一批重点文化产业功能区,发展现代传媒、动漫游戏、网络文化、文化创意、出版发行、现代印刷、演艺娱乐、工艺美术、文化旅游、数字视听等优势产业门类,建立与社会主义市场经济体制相适应的文化产业发展机制,基本建成与经济社会发展水平相适应、具有杭州特色的文化产业体系,形成以公有制为主体、多种所有制文化企业有序竞争、共同发展的文化产业发展格局。

(二)增强自主创新能力,建设科技强市

坚持"科教兴国"战略,按照自主创新、重点跨越、支撑发展、引领未来的方针,实施以"天堂硅谷"建设为核心,以企业自主创新为基础,以科技强市、人才强市为支撑的"科技创新能力提升"工程。不断增强城市自主创新能力,建设科技强市。

构筑创新体系,建设创新城市。进一步实践"和谐创业"杭州发展模式,努力营造"鼓励成功、宽容失败"的社会氛围,确立制度重于技术、环境重于政策的理念,以体制创新推进机制创新、技术创新和管理创新。增加财政对研究与开发(R&D)的资金投入,加强产学研合作,加快建立各类科技创新平台。依托在杭高等院校和科研院所,建设并开放一批国家和省级重点实验室、试验基地,引进国内外著名大学、科研机构和跨国公司来杭设立分支机构和研发中心。发挥高新区(滨江)、经济开发区和各类科技园区在科技创新中的平台作用,办好一批孵化器。发展一批科技创新服务中心和科技中介组织,建立科技数据信息共享服务平台。加强知识产权的保护,加大对侵权违法案件的查处,完善技术市场。大力开展科普活动,传播科学思想,弘扬科学精神,提高全民科学文化素质。

强化企业创新主体地位,优化科技创新机制。强化企业的创新主体地位,建立健全自主创新机制。加大对大企业和骨干企业的扶持力度,引导和帮助高新技术企业、大中型企业建立高层次的研发中心或技术开发中心,鼓励企业与高等院校、科研院所联合开发。建立和完善创业与风险投资机制,设立创业投资企业的引导资金,培育一批创业投资企业,发展一批科技型中小企业。坚持自主创新、集成创新与引进吸收消化再创新相结合,组织实施一批重大项目,提高重点领域和关键技术的自主创新能力,形成一批具有自主知识产权的科技成果,促进科技成果产业化。建立绩效优先、鼓励创新、竞争向上、协同发展、创新增值的分配机制和评价机制,努力建设一支高素质的科技创新领军人才队伍。

(三)推进优质教育均衡发展,建设教育强市

坚持教育优先发展,全面推进素质教育,优化教育结构,扩大教育开放,提高教育质量,促进各级各类教育协调发展。

统筹发展城乡教育,努力实现公平教育。加强农村基础教育,加大对欠发达乡镇的教育经费投入,加快农村中小学校的建设和改造,实施农村中小学现代远程教育工程、农村小学教师素质提升工程,全面提高农村教育水平,促进城乡和区域之间基础教育均衡发展。加大扶贫助学力度,切实解决城市弱势群体和外来人口子女"好上学"、"上好学"问题,推进教育公平化。

发展现代教育体系。巩固基础教育,高标准、高质量普及从学前教育、义务教育到高中教育的十五年教育。积极发展高等教育,加快高教园区建设,启动仓前、江东高教功能区建设,到2010年,在杭高校全日制在校学生40万人以上,全市高等教育毛入学率达到55%;优化高等教育结构,加强重点学科建设,提高教育质量和办学水平。积极支持浙江大学和中国美术学院创建世界一流大学;积极扶持杭州师范学院建设成为省内外知名的综合性大学,浙江大学城市学院达到全国同类学院一流水平,杭州职业技术学院、杭州广播电视大学达到全省同类院校的一流水平。在市属高等院校中建成市级重点学科20个,重点实验室10个。大力发展职业技术教育,引导民办职校

扩大办学规模,鼓励民间资本以各种形式参与职业教育;构建中等与高等职业教育纵向衔接、普教与职教横向沟通,适应杭州经济社会发展的现代职业教育体系;培养多层次的技能型实用人才,建立技能培训公共实训基地,不断提高职业教育为经济社会发展服务的能力和水平。到2010年,全市80%的中等职业技术学校要达到国家、省规定的重点职校办学标准,创建30个国家、省级示范专业和20个省级先进制造业与现代服务业人才培养基地。扶持特殊教育,努力改善办学条件。积极发展成人教育和继续教育,形成多层次、开放式的终身教育网络,推动建立学习型社会。

深化教育体制改革。改革学校教育模式和考试评价制度,全面推进素质教育。实施名校集团化战略,整合优质基础教育资源,实现优质教育的均衡化、普及化。坚持办学准入条件,积极引入社会力量参与办学,支持民办教育,提升民办教育水平。加大教育国际化和对外开放交流力度,引进优质高等教育资源,促进与国内、国际名校联合办学。严格规范各类学校招生和收费制度。

(四)优化卫生资源配置,建设卫生强市

以"四改联动"为抓手,突出重点,统筹城乡,创新体制,切实解决群众"看病难"、"看病贵"问题,不断满足人民群众日益增长的健康需求,建设卫生强市。

加强公共卫生体系建设。加大对卫生事业的投入,健全功能完善、设施配套的四级公共卫生服务网络,每个乡镇由政府办好一所卫生院。建立健全突发公共卫生事件应急处置机制,提高公共卫生保障能力,加强艾滋病、结核病、肝炎等重大传染病和地方病、职业病的防治工作,加强妇幼卫生保健、精神心理卫生工作。加强爱国卫生工作,改善环境卫生面貌。坚持以农村为重点,实施"农民健康工程",完善新型农村合作医疗制度,乡村覆盖率达100%,逐步提高农民医疗保障水平。建设一批卫生强区、强县(市),切实提高基层卫生综合服务能力。

提升医疗卫生服务水平。加强医疗卫生基础设施建设,迁扩建一批市、县级医院,新建一批与城乡区域调整配套的医疗机构,完成卫生院标准化建设。调整医疗资源布局,发展城乡社区卫生服务,城区社区卫生服务机构规范化率达85%,农村乡镇卫生院、村卫生室功能转型为社区卫生服务机构比例达80%。实施"强院名医工程",打造一批代表区域医疗水平的现代化综合性医院,做精做强一批特色专科医院,培育一批示范型民营医院。加强中医药工作,提高中医药技术水平。加强卫生人员特别是基层人员技能培训,提升卫生队伍整体素质。

全面推进"四改联动"。深化医疗体制改革,推进市级医疗机构管理体制改革,建立符合市场经济要求的出资人制度,强化政府公共管理和社会服务职能。探索公立医疗机构"收支两条线管理"试点,推进运行机制改革。各县(市)都要建立惠民医院,市属医疗机构及各区社区卫生服务中心都要设立"爱心门诊",开设一定数量的"惠民病床",进一步完善医疗救助网络。深化药品流通体制改革,完善药品监督管理体制,加快药品检验检测基础设施和药物不良反应监测中心建设,强化药品市场监管。完善城镇基本医疗保险办法,重点解决企业在职职工门诊医疗统筹和企业职工子女医疗保险。降低医疗救助门槛,探索对困难人员实行即时救助的途径和方法,解决困难人员无力垫付医疗费的难题,提高医疗救助水平。

(五)坚持群众体育与竞技体育同步发展,建设体育强市

以开展全民健身和竞技体育活动为载体,实施健身工程,加强全民健身活动。加快社区、农村基层健身设施建设,开展城乡群众体育健身活动。实施"奥运争光"工程,坚持体教结合、科技兴体,培养一批竞技体育后备人才,做大做强一批竞技优势项目,打造一批体育人才培训基地、体育名校集团或体育运动学院。积极申办或配合申办高水平国际赛事、全国综合性运动会,培育有影响力、有杭州特色的赛事品牌和体育市场,提高竞技体育综合竞争力。加快各类体育场馆、设施建设,重点建设市奥林匹克体育中心、城北体育公园等一批标志性项目,有条件的区、县(市)要按照"四个一"要求(即:一个体育场、一座体育馆、一个游泳池、一座健身中心),建设综合性体育中心,到2010年,全市人均公共体育场地(含标准、非标准、水域)面积达到2平方米以上。实施公共体育设施向社会公众开放,实现群众体育与竞技体育的共同提高。确保杭州体育处于全省领先、全国先进的地位。到2010年全市体育人口达到50%以上,国民体质测试合格率达到85%以上,有50%以上的区、县(市)达到体育强县的标准,创建一批体育强镇(乡)和体育先进社区。

(六)实施人才强市战略,构筑人才高地

全面落实尊重知识、尊重人才、尊重劳动、尊重创造的方针,营造"凭劳动赢得尊重、让知识成为财富、为人才搭建舞台、以创造带来辉煌"的社会氛围。加强行政人才、企业经营管理人才和专业技术人才三支队伍建设,营造人才辈出、人尽其才的良好环境。

培养和引进并举,壮大人才队伍。以高层次人才和高技能人才为重点,切实加强各类人才的培养,全面提高人才队伍素质,着力培养创新型、复合型、专业型人才。加强干部队伍特别是县处级以上领导干部队伍建设,培养造就一支廉洁勤政、务实高效的公务员队伍。继续实施"企业高级经营管理人才培训356工程",培养造就一支优秀企业家和高素质职业经理人队伍。实施新一轮"131"优秀中青年人才培训计划,培养造就一支一流的专业人才队伍。围绕发展高效生态农业,培养一批农业技术专家和农村实用人才;围绕建设先进制造业基地,培养一批技艺精湛的高级技能人才;围绕发展现代服务业大市,培养一批物流、信息、法律、中介、咨询等急需人才。充分利用我市优越的人文、地理以及区位环境,创造宽松的政策环境,建立开放型、市场化、高效有序的人才吸引、培养与使用机制,加快引进我市经济社会发展急需的各类高级人才。

创新人才工作机制,优化人才创业环境。加快建设大学城、留学生创业园区、企业研发基地、博士后科研工作站、技能人才公共实训基地五大人才载体,搭建人才培养与创业的基础平台。进一步健全各类人才的选拔任用制度,为优秀人才的脱颖而出开辟"快车道";完善人才市场体系,推进人才资源配置市场化进程;完善人才政策体系,推进公平竞争、优胜劣汰、绩效优先、体现价值的人才竞争机制,努力把杭州建设成为"长三角"的人才高地和全省的人才培养、集聚和交流中心。

八、扩大开放提高经济国际化水平

坚持实施"开放带动"战略,充分利用"两个市场"、"两种资源",加快转变对外贸易增长方式,积极有效利用外资,在更大范围、更广领域和更高层次上参与国际经济合作与竞争,努力实现对外开放的新突破。

（一）加快转变贸易增长方式，提高对外贸易效益

优化出口商品结构。在继续保持纺织服装、轻工工艺、五金工具等传统产品出口稳定增长的同时，扩大机械设备、软件、微电子等高新技术产品的出口，创立和培育具有自主知识产权的品牌、产品，促进从数量增长为主向以质取胜转变。大力发展国际旅游、服务外包、软件出口等国际服务贸易，提升在国际价值链分工中的地位和层次，提高国际市场占有率。积极发展加工贸易，加快加工贸易从低端的贴牌生产、简单组装向中高端延伸和发展，促进加工贸易转型升级，完善出口加工区功能。

深入实施“多元化”战略。鼓励生产企业扩大自营出口，推进外贸流通企业从收购制向代理制转变。积极稳妥地扩大现代服务业的对外开放水平，按照 WTO 规则，推进企业生产、销售、环境和社会责任的国际标准认证工作，增强企业的国际竞争力。继续实施市场多元化战略，在巩固美、日、欧等重要市场的同时，积极开拓俄罗斯、东盟、南美、非洲等新兴市场。加强与边境省、自治区的合作和交流，发展边境贸易，扩大外贸市场空间。

健全维护贸易公平应对机制。加大知识产权保护力度，加强行业协调和自律，建立对外贸易预警机制、产业损害预警机制和反技术壁垒工作机制，做好反倾销、反补贴等的起诉和应诉工作，健全外贸监控体系，提高处置国际贸易争端的能力。

（二）强化投资引导，提高利用外资质量和水平

强化利用外资的产业导向。在保障经济安全的前提下，坚持利用外资与打造先进制造业基地相结合，坚持扩大引进先进技术和增强自主创新能力相结合，大力引进对我市产业结构升级具有重大带动作用的大项目、大企业，着力引进跨国公司的高科技含量、高附加值、高产业关联度的投资项目。拓宽招商引资领域，扩大金融、保险、商贸、物流、旅游、中介服务等领域的外资引进，积极承接国际现代服务业的转移。

创新外资引进模式。实施“大项目引进”、“重点区域”、“开发区主战场”、“领域多元化”、“以民引外”、“以外引外”六大策略，推动招商引资向招商选资转变，推进具有品牌、管理、网络、技术优势的外资企业与民营企业开展多种形式的合资合作，推动优势企业与跨国公司建立战略联盟，形成“以民引外、以外促民、民外合璧、优势互补、内外互动”的发展格局。鼓励企业通过境外上市、国际风险投资、国际融资等方式，加大对国际金融资本的利用。

加强开发区建设。以国家级、省级开发区为重点，建设一批特色明显、外资密集，知名度较高的开发区，鼓励国家经济开发区向综合性多功能产业区发展；吸引跨国公司、外国政府和民间组织参与开发区建设，实现高水平、集约化开发，使之成为我市利用外资的主阵地。

（三）利用“两个市场”“两种资源”，实施“走出去”战略

推动企业开展对外投资和跨国经营。充分发挥我市纺织、轻工、服装、家电、汽配、中医药等行业的竞争优势，大力推动有实力的企业采取投资办厂、控股参股等方式到境外投资，鼓励企业在欧美等发达国家设立研发机构和企业，鼓励有实力的企业到俄罗斯、中亚、大洋洲、非洲、拉美等地区合作开发能源、森林、矿产等资源，多渠道建立海外重要物资开发和供应基地，提高我市利用国际资源的能力和水平。加强国际劳务合作，大力发展对外工程承包和劳务输出。加强外贸“大通关”建设，加快推进对外投资便利化，保障境外投资的合法权益。

（四）加强区域经济合作，拓展发展空间

按照“规划共绘、设施共建、市场共享、产业共兴、环境共保”的原则，加速接轨上海、融入“长三角”的步伐，充分利用上海的信息、人才、资本、市场和国际形象等资源，带动杭州发展。发挥省会城市资源和区位优势，以引进企业的决策、研发、财务、营销四大中心为重点，培育总部经济，发展省会经济。继续推进“山海协作工程”和“双对口”工作，积极参与西部大开发、中部崛起和东北老工业基地振兴，拓宽杭州发展的战略空间。突破行政区划局限，发挥中心城市对周边地区带动和辐射作用，建立杭州与周边地区互补联动、平等共赢的区域经济一体化发展机制，形成区域间良性互动、竞争合作、共同发展的格局。

九、深化改革为加快发展提供强大动力

以综合配套改革为抓手，全面推进改革，使关系经济社会发展全局的重大体制改革取得突破性进展，加快形成有利于转变经济增长方式、维持社会利益平衡的机制，为全面落实科学发展观提供体制保障。

（一）坚持市场化改革取向，完善基本经济制度

深化国企改革，完善国资监管。加快国有经济布局和结构调整，推动国有资本向公用行业、优势产业和基础领域集聚，更好地发挥国有资本在关键领域和基础行业的主导作用，重点推进市属授权经营企业集团和国有独资公司产权多元化改制。构建和完善“两级管理、三个层次、八大体系”的国有资产监管和运营体系，建立以预算管理为中心的国有资产综合管理平台。加大对授权经营主体的监督、考核力度，建立责权利配套、激励与约束相对应的制度，确保国有资产的保值增值。建立完善国有企业法人治理结构，深化企业经营者年薪制、期权（股）制和管理要素参与分配改革。健全国有资产管理机构，探索对社会事业国有资产管理的办法。

改善民营经济体制环境，推动民营经济新飞跃。进一步改善民营经济发展的体制环境，推动非公有制经济发展，形成国资、民资互融共进的混合所有制经济发展新格局，构建富有活力和竞争力的微观经济基础，实现民营经济大市向民营经济强市迈进。坚持“非禁即入”原则，鼓励非公经济进入城市基础设施、现代服务业、文化、教育、体育、卫生等领域；积极创造民资、外资“国民待遇”体制空间，赋予均等的资源分配和平等的市场准入机会。实施中小企业成长计划，进一步改善民营科技企业成长环境。引导民营经济建立现代企业制度。推进以民引外、民外合璧，实现二次创业。

加快公用垄断行业改革。本着效能统一、权责一致和政企分开、政事分开、管办分开的原则，有效整合公用行业优质资源，逐步建立水务源水、制水、排水和垃圾收集、运输、处置科学高效的管理体制。制定兼顾社会、企业、职工三者利益的改制政策，加快公用行业产权多元化改革。积极推进水务、公交、燃气等城市公用行业改革，进一步开放道路、绿化、河道、环卫等公用设施养护作业市场，建立政府“花钱买服务”、“养事不养人”的市场化运作机制。制定《杭州市政公用行业特许经营条例》，开展水务、燃气、供热、公交及地铁、垃圾处理等行业的特许经营制度试点。

（二）创新公共财政体系，深化事业单位体制改革

强化公共财政职能。按照公共财政的要求，强化财政公共服务职能，科学界定财政支出范围，调整财力分配结构，新增财

力主要投向社会保障、义务教育、公共安全等领域。提高社会公益事业的财政支出比重,加大社会保障的财政资助力度。推进部门预算改革,深化部门预算。继续深化“收支两条线”管理改革,完善政府采购和国库集中支付制度。建立财政资金绩效评价制度。接受各级人民代表大会及其常委会对本级财政预算的审查和监督,提高财政资金使用效益,改革公共服务供给模式,逐步推行政府购买公共服务。完善市、区财政管理体制,推进税收属地征管,合理调整市区分成比例,实现事权与财力相统一。

改革事业单位管理体制。分类推进事业单位改革,调整机构布局,整合优化资源,控制总体规模,强化公共服务体系建设。加快生产经营类事业单位的转企改制,改革运行方式,提升服务能力。鼓励社会资本进入公共服务领域,降低公共服务成本,提高公共服务质量。

(三)健全现代市场体系,优化资源要素配置

加快要素市场化改革,进一步培育资本、土地、技术、人才等要素市场,健全市场结构,提升市场功能,在更大程度上发挥市场基础性配置作用。

建立和完善地方金融市场。整合地方金融资源,鼓励社会资金投资地方金融机构,引进战略投资伙伴,加快地方金融机构股权多元化改革。提升地方金融机构能级,促进金融与经济发展的良性互动。深化农村金融改革,引导有条件的县(市)组建股份制的农村金融组织。拓宽直接融资渠道,积极扶持符合条件的企业到境内外上市融资。加强中小企业信用担保体系建设,开展中小企业创业投资、风险投资试点,扩大发行企业债券,积极开拓期货、保险、租赁市场,大力培育和发展各类证券中介机构。

创新资源配置方式。合理运用市场机制,发挥价格机制对资源要素配置的调节作用。建立阶梯式水价和差别电价制度。继续扩大国有土地有偿使用范围,稳步推进工业用地招标、拍卖、挂牌供应,探索土地年租金制度。建立排污收费和排污权交易制度,探索紧缺要素配置市场化交易机制。规范公共资源交易,健全公共资源招标投标管理体制,规范工程建设招投标、土地使用权出让、产权交易、政府采购等制度,实行公平准入、公平交易原则,强化招标投标监督机制。

加强信用体系建设。加快建立和完善社会信用体系,提升企业信用,建立个人信用,巩固政府信用,健全信用法规。搭建杭州市社会信用信息平台,建设企业社会征信系统,在信用信息共享机制下,提升政府监管能力、行政效能。推进企业和个人征信服务的市场化运作,加强信用监督和失信惩戒制度建设,形成以诚信为本、操守为重的良好社会风尚,切实提高社会诚信水平,营造良好市场环境,建设“信用杭州”。

(四)深化行政管理体制改革,进一步转变政府职能

深化政府机构改革。按照精简、统一、效能相结合和决策、执行、监督相协调的原则,深化政府机构改革。推进政府组织创新,简化行政管理层级,进一步理顺职责分工,加强部门间的协调、配合,有效整合行政资源,控制和降低行政成本。创新行政管理机制,积极采用个案管理、行政规则、行政指导、行政合同等方式,建立间接管理、动态管理和事后监管相结合的行政管理模式,提高行政效能。推行公务员分类管理,建立完善政府雇员制度,探索职务消费货币化,深化公务用车制度改革试点。加快市、区(县、市)政府综合门户网站建设,整合电子政务网络平台,推进政府信息公开。完善公务员绩效考核和政府机关目标管理责任制,建立科学有效的政府及部门政绩考核体系。

推进政府职能转变。积极推进政企分开、政资分开、政事分开、政府与市场中介组织分开,明确政府在市场经济中的定位与职责,切实履行社会管理和公共服务职能。按照科学发展观的要求,设置调节目标,主要运用规划、法规和产业政策、价格政策、公共资源配置等手段管理国民经济活动。强化政府在非市场领域或市场难以发挥作用的公共服务职责,制定和完善市场规则,打破行政性垄断,消除所有制歧视,创造有利于微观经济主体平等竞争的体制环境,减少对市场主体的直接干预。调整完善土地、价格、公共财政支出、产业等政策,提高重要资源要素的支撑保障能力,促进增长方式转变和产业结构调整。加强经济社会运行的监测、评估和预警,提高驾驭经济社会运行的能力。

深化行政审批和投资体制改革。全面实施《行政许可法》,严格规范行政许可项目设定和行政许可审批行为,进一步减少行政许可项目,深化行政审批制度改革,完善行政许可监督机制。健全各级行政服务机构建设,实现市、区、县(市)联动,建立并联集中、高效便捷、公开透明、协调顺畅的行政许可事项网上审批系统,提高办事效率。

按照“政府投资管住、管好,民间投资放开、搞活”的要求,进一步深化投资体制改革,规范政府投资行为,保障企业投资主体地位。全面实施《浙江省政府投资项目管理办法》,制定出台《杭州市政府投资项目管理条例》,规范政府投资项目管理,完善政府投资项目科学决策机制,健全政府投资项目储备制、公示制、招投标制、后评价制和责任追究制度,加快推行代建制。完善企业投资项目核准和备案制度,按照“谁投资、谁决策,谁收益、谁承担风险”的原则,进一步改善投资环境,简化审批手续,使企业的投资自主权真正落实到位。建立健全运用产业、环保、财税政策、城市规划等手段,引导和制约投资主体行为的调控机制,促进投资结构优化,提高投资效益。

十、坚持以人为本构建和谐社会

按照民主法治、公平正义、诚信友爱、充满活力、安定有序、人与自然和谐相处的要求,建设社会主义和谐社会。坚持就业优先方针,加大收入分配调节力度,完善社会保障体系,切实解决好人民群众最关心、最直接、最现实的利益问题。坚持依法治国方略,加快法治杭州建设,努力创造安定有序的社会环境。

(一)完善社会保障,切实改善民生

实施积极的就业政策。把扩大就业作为推动经济社会协调发展、构建和谐社会的重要调控目标,积极发展就业容量大的劳动密集型产业、服务业和各类所有制的中小企业,促进多形式、多途径就业。强化政府促进就业的公共服务职能,健全就业服务体系,完善政府扶助、社会参与的职业技能培训机制,提高劳动者的就业竞争能力。加大对就业困难群体再就业优惠政策推进力度,完善“动态管理、职业培训、就业帮扶、社会共建、帮扶保障”五大机制,构筑具有杭州特色的解决困难群众生产生活问题的长效机制。完善新型劳动关系调节机制,加大劳动保障执法力度,建立和谐稳定的劳动关系。进一步开放劳动力市场,建立城乡统筹的就业服务体系。

健全多层次社会保障体系。加大公共财政对社会保障的资金支持力度,进一步扩大养老、医疗、失业、工伤、生育等基本

社会保险覆盖面,初步建立与经济发展水平相适应,满足不同收入水平保障需求的保障性社会保险、企业福利性补充保险和个人商业性保险多层次的社会保障体系。积极探索"低门槛准入,低标准享受"社保制度,扩大进城务工人员及其他低收入人群的参保率。加大农村社保扶持力度,推进新型农村合作医疗制度,积极探索农村社会养老保险制度,稳步提高农村社会保障水平。

完善社会帮扶救助体制。继续以"春风行动"为载体,进一步完善市、县(区)、乡镇(街道)、村(社区)"四级救助圈",形成统一的救助网络。推行分层分类救助,发展医疗、就业、教育、住房、司法救助等专项救助,扩大救助范围,提高救助效率。建立农村"五保"和城镇"三无"对象集中供养长效机制。加大对欠发达地区的帮扶工程力度。倡导扶危济困的社会风尚,鼓励发展公益慈善事业,发展老龄事业、残疾人事业和民政优扶等事业,保护老人、妇女、儿童、残疾人的合法权益。完善最低生活保障制度,建立最低生活保障线与经济发展水平联动的机制,逐年提高城镇与农村最低生活保障标准。

完善收入分配制度。完善按劳分配为主体、多种分配方式并存的分配制度,坚持各种生产要素按贡献参与分配。深化分配制度改革,保护合法收入,清理灰色收入,取缔非法收入,调节过高收入,扩大中等收入者比重,提高低收入者收入水平,努力缓解收入差距扩大的趋势。深化企业分配制度改革,建立最低工资合理增长机制,切实保护劳动者合法权益。加强对垄断性行业收入分配的监管,实行工资总额和工资水平双重调控。加大财政转移支付力度,完善个人所得税征收办法,强化财政、税收在调节收入分配差距、公平配置公共资源和公共服务上的功能。建立解决低收入群体住房、医疗和子女就学等困难的长效机制。

(二)加强民主法制建设,打造"法治杭州"

发展社会主义民主政治。坚持人民代表大会制度,认真落实人大及其常委会的各项决议、决定;拓宽人民代表同人民群众的联系渠道,进一步发挥人民代表的作用。坚持共产党领导的多党合作和政治协商制度,重视发挥人民政协政治协商、民主监督、参政议政的重要作用。

巩固和发展爱国统一战线,充分发挥民主党派、工商联和无党派人士的作用。加强和改善民族、宗教、侨务、台务等方面的工作,支持工会、共青团、妇联等人民团体开展工作。完善重大决策的规则和程序,建立决策失误责任追究制度,健全纠错改正机制,推进社会公开化机制建设,形成反映社情民意的决策机制。

加强和改善行政执法。实施"三无"依法治市规划,推进"法治杭州"建设。全面推进依法行政,努力建设法治政府,进一步完善行政决策机制,加强立法和规范性文件制定工作,建立健全权责明确、行为规范、监督有效、保障有力的行政执法体制。加强执法队伍建设,提高行政执法水平。加强司法队伍建设,规范司法行为,加强司法监督,防止和惩戒司法腐败行为,维护司法权威;完善包括律师、公证、司法鉴定等在内的法律服务体系,扩大法律服务范围,加强司法救助和法律援助制度建设;以实施"五五"普法规划为重点,加强法制宣传教育,提高全民法律素质。

(三)创新社会管理体制,提高社会运行效率

优化人口结构。坚持计划生育的基本国策,促进人口数量与质量的有机统一。以提高市民素质为核心,建立低生育、高素质的人口结构系统。推进主城区人口逐步向副城、组团疏散,农村人口向城镇转移。加强农村和流动人口计生工作,建立城乡计划生育激励保障机制,稳定低生育水平,积极推行优生优育。重视人口老龄化问题,积极发展老龄事业和产业,努力实现城市老龄化社会的高保障率。重视弱势群体和外来流动人口的素质教育、技能培训,不断提高人口综合素质。

创新社会管理体系。完善社会管理体系和政策法规,整合社会管理资源,努力建设与社会主义政治、经济、文化体制相适应的社会体制,健全党委领导、政府负责、社会协同、公众参与的社会管理格局。推进社会管理模式创新,建立政府调控机制同社会协调机制互联、政府行政功能同社会自治功能互补、政府管理力量同社会调节力量互动的社会管理网络,整合各方资源,促进社会各种力量良性互动,形成社会管理的整体合力。

有序推进非政府组织体系建设。积极培育各类健康、规范的社会组织,重点发展行业协会、公益性团体和社区民间组织,积极培育志愿服务组织,引导基层自治组织、社会团体、行业组织及其他非政府组织利用各自优势,积极提供公共服务、反映利益诉求、规范行为规则、化解纠纷矛盾的作用,赋予各类民间组织代言正常利益诉求的地位,使各类社会组织成为政府联系公众的重要桥梁和纽带。深入推进基层民主自治,健全民主选举、民主决策、民主管理、民主监督等各项制度,保障城市社区居委会和村民委员会依法行使自治权利。完善社会组织管理体制,依法加强和改善对社会组织的管理。

建立社会利益协调机制。畅通信访渠道,健全处理信访突出问题及群体性事件联席会议制度,落实信访和"12345"工作目标责任制。完善处理人民内部矛盾的方式方法,建立健全社会矛盾纠纷调处机制,把人民调解、司法调解、行政调解结合起来,依法及时合理地处理群众反映的问题,及时妥善化解社会各阶层之间的矛盾。建立尊老爱幼、睦邻相处、济贫帮困、和谐共济的人际关系。

(四)增强公共安全,建设"平安杭州"

强化应急体系建设。坚持"安全第一、预防为主"的方针,加强突发公共危机和安全事件预警体系建设,形成覆盖城乡、反应灵敏、统一指挥、功能齐全、运转高效的应对管理机制,有效防范和及时处置自然灾害、事故灾难、公共卫生和社会安全等各类突发公共事件。

加强社会治安工作。创新发展"枫桥经验",继续加强社会治安综合治理,着力构建组织严密、网络健全、反应迅速的犯罪打击体系、治安防范体系和社会控制体系,努力形成打防控一体化社会治安长效机制,依法打击各种犯罪活动,防范和打击非法宗教活动和各类恐怖活动。强化科技强警,加快电子监控系统建设,使我市科技强警工作继续走在全国前列,确保我市成为社会治安的"首善之区"。加强国家安全工作,严密防范和严厉打击各种敌对势力的渗透和破坏活动。积极支持国防和军队建设,做好国防动员和民兵预备役工作,积极开展"双拥"军民共建活动。

提高公共安全水平。严格落实安全生产责任制,加强对建筑、交通、矿山、危险化学品等重点领域、重点行业的生产监督管理,坚决防止重大安全事故。强化对食品、药品、餐饮、饮用水等安全的监督管理,切实保障人民群众生命健康和安全。

十一、规划实施

围绕本规划确定的奋斗目标和主要任务,建立健全责任分明、推进有效的规划实施机制。发挥国民经济和社会发展规划的统领作用,通过专项规划、区域规划、城市规划、土地利用规划和年度发展计划的系统联动、分解落实,形成层次分明、定位清晰、功能互补、统一衔接的规划体系。

(一)统一认识,加强宣传。充分利用各种媒体,采取多种形式,广泛宣传杭州市"十一五"规划纲要,引导社会各界关心和积极参与杭州市的现代化建设。

(二)细化目标,明确责任。本规划纲要确定的约束性指标和禁止性、限制性行为,各区、县(市)政府和市各有关部门都要在各自的职责范围内,建立严格的工作责任制,认真贯彻落实规划纲要提出的发展目标和任务,并作为政府目标考核的重要内容,切实加强监督管理。

(三)分解任务,逐年推进。各区、县(市)和市有关部门要按照规划纲要,编制国民经济和社会发展年度计划、年度财政预算,配套编制和实施重点专项规划、行业规划和地区规划,提出具体、明确的年度或分期实施计划。按照"先编规划、后定项目"的原则,逐步实现投资调控由项目审批向"以规划带项目"审批的转变,高起点抓好重点工程建设。

(四)强化评估,适时调整。市发改委要加强对规划纲要实施情况的跟踪分析,各有关部门要跟踪分析相关专项规划的实施情况,及时发现问题,认真分析产生问题的原因,提出有针对性的对策建议,向市政府报告。在规划纲要实施的中期,要对实施情况进行评估,中期评估报告提交市人民代表大会常务委员会审议;经中期评估需要对本规划纲要修订时,报市人民代表大会常务委员会批准。

"十一五"时期,是我市全面建设小康社会,加快社会主义现代化建设的关键时期。本规划纲要描绘了我市"十一五"时期经济社会发展的蓝图,明确了市委、市政府的战略意图,体现了全市人民的共同心愿。我们要坚持以科学发展观统领经济社会发展全局,进一步解放思想,奋力拼搏,积极进取,开拓创新,为顺利完成规划纲要提出的奋斗目标和各项任务、提前基本实现现代化而努力奋斗!

杭州西湖

宁波市国民经济和社会发展第十一个五年规划纲要

（"发展基础和发展目标"部分）

（宁波市第十二届人民代表大会第四次会议批准）

《宁波市国民经济和社会发展第十一个五年（2006—2010）总体规划纲要》重点阐明"十一五"时期发展战略意图，明确政府工作重点，引导市场行为方向，是今后五年我市经济社会发展的宏伟蓝图，是全市人民共同的行动纲领，是编制各级各类规划和年度计划的重要依据，是政府履行经济调节、市场监管、社会管理和公共服务职责的重要依据。

一、指导原则和发展目标

（一）"十一五"面临的形势

"十一五"时期是我市率先全面建设小康社会，为提前基本实现现代化奠定基础的关键时期，既存在难得机遇，也面临严峻挑战。

从国际看，和平、发展、合作已成为时代的潮流，世界经济将保持持续增长态势。我国国内市场与国际市场、国内经济与国际经济的互动明显增强。总体上有利于我市利用国际资源、吸纳高端要素、承接产业转移、参与国际分工与合作。

从国内看，综合国力和人民生活水平不断提高，社会保持长期稳定，经济保持平稳较快增长，工业化、城市化、信息化、市场化、国际化加快推进，消费结构加速升级，进入了全面建设小康社会的新时期，经济发展正处于新一轮周期的上升阶段。

我市经过改革开放20多年的积累，综合实力明显增强，具有加快经济发展和社会和谐进步的基础条件。但依然面临着深层次的矛盾和问题，如粗放型增长方式尚未得到根本转变，资源与环境容量约束趋紧；社会发展不平衡问题仍然比较突出；城乡收入分配差距拉大等。需要我们一定要有高度的历史责任感和强烈的忧患意识，紧紧抓住并充分运用重要战略机遇期和良好发展条件，积极应对挑战，认真解决各种矛盾和问题，实现经济社会又快又好发展，努力在全面建设小康社会、提前基本实现现代化的进程中继续走在全国、全省前列。

（二）"十一五"规划指导原则

"十一五"时期促进国民经济持续快速协调健康发展和社会全面进步，要以邓小平理论和"三个代表"重要思想为指导，全面贯彻落实科学发展观，紧紧围绕建设现代化国际港口城市的奋斗目标，认真贯彻省委"八八战略"，深入实施"六大联动"，全面建设"平安宁波"，加快建设文化大市，推进发展模式转换、经济体制转轨、社会结构转型，确保在提升综合竞争力、构建和谐社会、创新体制机制、提高人民生活水平和质量等方面继续走在全国、全省前列。

以科学发展观统领经济社会发展全局，就必须坚持发展是硬道理，坚持转变经济增长方式，坚持提高自主创新能力，坚持统筹城乡和区域发展，坚持深化改革开放，坚持以人为本。

（三）发展目标

1. 总体目标：力争到2010年全面建成小康社会，为率先基本实现现代化打下坚实基础。

2. 具体目标（以下每点均需进行背景制作）：——经济持续快速协调发展。在优化结构、提高效益和降低消耗的基础上，到2010年，地区生产总值达到4 300亿元，年均递增11%，人均生产总值超过6万元。五年城镇新增就业60万人，五年转移农业劳动力30万人，城镇登记失业率控制在4.5%以内。

——产业结构优化升级。产业、产品和企业组织结构更趋合理，三次产业结构比例调整为3.5∶53.5∶43，自主创新能力增强，研究与试验发展经费支出占地区生产总值比重提高到1.5%，形成一批拥有自主知识产权和知名品牌、国际竞争力较强的优势企业。

——港口地位进一步提升。力争到2010年，货物吞吐量达到3.6亿吨，跻身世界港口前三位。集装箱吞吐量超过1 000万标箱。上海国际航运中心重要组成部分、东北亚国际物流枢纽、华东地区重要对外贸易口岸和浙江省重要的综合物流中心城市地位基本确立。

——城乡区域发展基本协调。城乡二元结构向城乡一体化转变取得积极进展，社会主义新农村建设取得明显成效，东部新区核心区、北仑新区、东钱湖旅游度假区和科技园区等重点区域的开发建设初具规模。到2010年，城市化水平达到65%，中心城区人口达到220万人，建成区面积达到220平方公里。城乡居民公共服务、人均收入和生活水平差距和区域发展差距扩大趋势得到控制。

——文化大市建设取得明显成效。先进文化凝聚力、公共文化服务力、文化产业竞争力明显增强，人才资源更加丰富，争取蝉联全国文明城市称号。到2010年，文化产业增加值占GDP的比重达到7%。全日制在校大学生数达到14万人。各级各类人才资源总量达到80万人。社会主义法治城市建设成效显著，社区（村）依法自治达标率达到90%。

——市场经济体制比较完善。公共服务型政府建设和要素配置市场化取得突破性进展，民营经济发展继续保持全国领先地位，多种所有制经济更加繁荣。率先形成与国际惯例衔接的更加完善的市场经济运行机制，开放型经济达到新水平。

——可持续发展能力持续增强。生态质量明显改善，资源利用效率显著提高，到2010年，全市单位生产总值能耗比"十五"期末下降20%左右，SO_2排放强度控制在3.1千克/万元

GDP以下,城镇污水处理率达到70%以上,森林覆盖率稳定在50%,市区人均公共绿地面积达到12平方米。

——人民生活水平和质量继续提高。市区城镇居民人均可支配收入达到24 000元,农村居民人均纯收入达到11 000元,社会保障水平明显提高,新型农村合作医疗覆盖率超过92%。城乡居民生活质量普遍提高,居住、交通、教育、文化、卫生和环境等方面的条件进一步得到改善。民主法制建设和精神文明建设取得新进展。

二、加快推进城市化,促进区域协调发展

按照统筹区域协调发展的要求,进一步完善区域功能区划,合理引导生产力布局和要素流动,形成功能定位清晰、发展导向明确、城区和县域经济协同发展的格局。

(一)明确区域总体功能区

根据资源环境承载能力、开发现状和发展潜力,将市域空间划分为优化开发、重点开发、限制开发和禁止开发四大主体功能区。按照主体功能定位,完善区域开发政策,规范空间开发秩序。

(配宁波市"十一五"及2020年远景规划功能区划规划图(略))

1. 优化开发区:主要指开发强度已经较高、环境容量接近饱和、不宜大规模开发的区域,包括中心城区,镇海北仑和余慈地区的局部区域。功能定位是宁波大都市区的核心功能区,承担全市的集聚功能、辐射功能、创新功能、服务功能和管理功能。重点培育现代服务业、高科技产业和都市型产业,发展成为宁波都市区的核心功能区和最佳宜居宜商区。

2. 重点开发区:主要指资源环境承载能力较大、经济开发需求较高、适宜进行较大规模工业开发和城市建设的区域,主要集中在沿海、沿湾、沿路区域的"13+1"个省级以上开发区,以及科技园区、东部新城、鄞州中心区、江北部分区域。功能定位是长三角具有国际竞争力的特色产业集群区,宁波市打造先进制造业基地的主要载体,也是宁波市推进城市化的融合发展区。在保护环境、提高效益的前提下,加大空间拓展和开发力度,引导人口和产业向新区集聚,逐步发展成为支撑全市经济发展和人口集聚的重要载体。

(背景体现特色产业集群区,打造先进制造业基地(略))

3. 限制开发区:主要指资源环境承载力较弱、经济开发条件不够好的区域,包括森林覆盖地区、江河水源地区、农田水网地区、穿山以南近海地区等区域。功能定位是重要的生态功能区,承担着景观服务、水土保持、调节气候等功能。因地制宜发展生态型工业,鼓励发展生态旅游业;加强生态环境保护,进行生态修复和养护,引导人口向重点和优先开发区域转移。可在条件较好的地区进行点状开发。

4. 禁止开发区:具有极高生态保护价值和历史文化保护价值的区域,包括水源地及其汇水的水源涵养区域、自然保护区、森林公园、滩涂湿地、生态廊道等。这类区域要依法进行强制性保护,坚决禁止任何有损生态环境的建设活动。地区要加强森林生态系统的保护,增强生物群落的多样性,防止饮用水水源地及其汇水区域的污染;沿海地区要严格控制围垦,强化保护生态湿地,维护海域生态系统的稳定。

梅湖水库、邵岙水库、上林湖水库、白洋湖和外杜湖水库、英雄水库、灵湖和窖湖、凤浦湖、十字路水库和三圣殿水库、皎口水库、亭下水库、三溪浦水库、新路水库、城湾水库、珠溪水库14个水源地及其上游小流域的水源涵养区,总面积为176.3平方公里。

东钱湖及其主要汇水区为自然保护区,总面积46.2平方公里。(配东钱湖图略)

瑞岩寺、双峰、南溪及其周边保护区为森林公园保护区。(配森林公园图(略))

"十一五"重点开发和保护区域

在科学划分主体功能区的基础上,按照功能建设的要求,确定一批"十一五"时期必须重点开发、保护和提升的功能区域。

三江口区域。以三江汇合处向外呈环状延伸的区域,是三江片的核心功能区块。重点发展金融保险、商贸流通、中介服务、现代居住等现代服务业,转换第二产业和低密度的生活居住,完善城市功能,提升城市形象,建设成为市级商务区(CBD)。(配规划图、配三江口照片、天一广场照片、和义路休闲服务区规划、江东区服务业发展规划、江北老外滩图片(略))

东部新城区。重点发展商务会展、行政办公、金融保险等现代服务业,进一步完善港口城市的国际贸易服务功能,打造长三角国际贸易服务和先进制造业供应支撑平台,发展成为全面展示宁波都市形象的标志性区域。(配规划图和其他代表性的图片及部分大工程的图片(略))

宁波科技产业区。包括宁波市科技园区、宁波中心城市工业区块等产业园区,是我市现代化、高水准的智力密集区和知识型服务区。重点发展电子通信、新材料、机电等,严格禁止三类工业和部分二类工业的进入,同时在投资、产出密度上严格把关。(配规划图和部分科技园区的照片或效果图(略))

鄞州中心区。是鄞州区的经济、文化、行政中心和中心城区的有机组成部分。扩大总体规模,优化功能布局,在空间上和功能上积极融入中心城区。重点发展商贸流通、旅游休闲、房地产等现代服务业,打造现代化生态城区和旅游度假区。(配规划图和中心区效果图和万达广场等部分的效果图(略))

东钱湖旅游度假区。以山明水秀、水乡泽国为特色,重点发展度假休闲、会议展览、旅游观光、水上娱乐等项目,到2010年初步建成"生态之湖、文化之湖、休闲之湖",把东钱湖打造成为生态型国家级旅游度假区和上海国际大都市的"后花园"。(东钱湖管委会提供经典照片或效果图(略))

北仑临港产业区。是宁波市临港大工业基地、上海国际航运中心重要组成部分。推进经济技术开发区、保税区、大榭开发区等重点区域建设,大力发展石化、能源、钢铁等临港大工业和现代物流业,鼓励发展软件、电子信息、新材料等高新技术产业。"十一五"时期要优化区域功能布局,控制城区规模,优化行政中心的空间布局。(配规划图和部分临港大工业的照片和效果图(略))

宁波化工区。是宁波具有世界级水准的石化产业基地。含宁波市化学工业产业园区、镇海经济开发区和慈东产业区块。以大乙烯建设为契机,形成较完整的石化产业链。发展港口液体化工物流,基本建成镇海物流园区。适时推进镇海行政中心的迁建。(配规划图和部分石化企业的照片或效果图、乙烯项目效果图、宁波化工园区规划图、镇海物流园区规划图和效果图(略))

余慈杭州湾新区。是现代化产业园区和生态型都市新区,含余姚经济开发区、慈溪经济开发区。整合提升各功能区块,完善基础设施网络,提高综合配套服务。推进区域一体化发展,注重生态环境保护。新增开发面积40平方公里。(配规划图和姚北工业开发区规划图、杭州湾新区规划图、部分入驻新区的大企业的照片(略))

鄞奉产业集聚区。是高新技术产业基地和中心城区的重要组成部分,含望春工业园区、明州工业园区、奉化经济开发区。整合提升现有产业园区,提高产业准入标准,促进电子信息、新材料、生物工程等空间集聚。

象山港区域。我国著名的生态经济型港湾和海洋产业基地。坚持"在保护中开发,在开发中保护",挖掘和保护海洋资源,鼓励发展生态旅游、海洋渔业、现代物流等特色产业,适度发展清洁工业和生态型人居。严格产业准入标准,禁止污染项目建设。(配规划图和海洋产业基地、旅游、象山港大桥规划图(略))

(二)优化区域发展格局

按照区域主体功能区划的要求,实施"东扩、北联、南统筹、中提升"区域发展战略,开发蓝色国土,支持欠发达地区加快发展,实现空间集约和协调发展。

1. 统筹区域协调发展:以宁波杭州湾跨海大桥、象山港大桥建设为契机,建设"大桥经济圈"。北部以杭州湾新区建设为重点,统筹规划、整合资源、协同发展,改造提升塑料、模具、家电等特色优势产业,大力发展现代物流业,培育发展后续产业,初步形成宁波都市区北部中心。南部以象山港区域保护和利用为契机,发挥生态资源和海洋资源优势,完善基础设施,提高可持续发展能力,积极培育特色产业和生态经济,发展成为循环经济先导区、重要生态功能区。

2. 建设海洋经济强市:加强海洋资源的综合开发利用,加大海洋资源和环境保护力度。到2010年,海洋经济增加值占全市地区生产总值比重超过25%,率先实现由海洋经济大市向海洋经济强市的转变。重点发展临港工业、港口服务业、滨海旅游业、修造船业、海洋渔业等支柱产业。实施"科技兴海"战略,培育10家以上海洋高科技企业。加大海洋资源和环境保护力度。严格实施海洋功能区划和海域使用管理制度。保护和合理开发滩涂、岸线资源与无居民海岛。加强海上污染源管理。开展重点海域污染治理。统筹海洋基础设施建设。完善"接陆联海"的交通网架。加强标准海塘和防洪工程建设。

3. 支持欠发达地区加快发展:坚持政府推动、市场运作,缩小区域生活质量差距。鼓励革命老区、山区、海岛等欠发达地区因地制宜发展特色产业和生态经济,发展一批特色产业基地。促进下山移民、海岛移民和农村富余劳动力转移,走自我积累和借力发展相结合的道路。加大财政对欠发达地区的转移支付力度,加强人员技能培训,完善公共服务设施,健全社会救助体系。

4. 建立区域协调发展的长效机制:完善市场机制,打破行政分割,充分发挥市场在区域协调发展中的基础性作用。政府要发挥主导作用,健全财政转移支付制度,加大对欠发达地区的支持力度。建立生态补偿机制,加大对南部生态功能区的利益补偿。健全帮扶机制,做好扶贫开发和结对帮扶工作,动员全社会力量采取多种方式支持欠发达区域发展。

(三)推进城市化进程

按照"一个中心、五大组团"城市空间布局结构,扩大规模,优化布局,完善体系,大力推进城市化进程,城市化率达到65%以上,初步形成现代化国际港口城市的基本框架。(体现经济发展、上海港、舟山港和宁波港、能源工业和临港工物流和历史文化名城,并选取几张中央、省委领导视察宁波的照片)

1. 提升中心城区功能:认真实施修编批准后的《宁波市城市总体规划》,扩大中心城区规模,完善提升城市功能,丰富城市内涵,提高城市品位,发挥对县(市)的辐射带动作用。到2010年,建成区面积220平方公里,常住人口220万人。

三江片,要加快旧城更新步伐,基本消灭"城中村"。推进三江文化长廊建设,加强历史街区保护,初步形成中心商贸商务区和历史文化名城核心区。按照打造"世纪精品"的要求,全面推进东部新城开发,构筑中央商务区和行政中心区基本框架,形成展示现代化国际港口城市形象的标志性区域。

加快推进鄞州新城区、东钱湖旅游度假区、镇海新城等重点区域建设,推动其与城市核心区融为一体。统筹江北和镇海的基础设施建设。稳步推进行政区划调整工作。

加快城市管理信息系统建设,理顺城市管理体制,引入市场化运作机制,增强服务意识,全面提高城市管理的现代化水平。

2. 优化城镇空间布局:统筹规划,积极推进镇海、北仑、余慈、象山—宁海、奉化—鄞南五大组团建设。

镇海组团,以宁波化工区和镇海新城建设为重点,引导人口、产业集聚。到2010年,常住人口30万以上,建成区面积25平方公里。

北仑组团,以临港工业和港口建设为重点,合理布局产业集聚区与居住区。到2010年常住人口65万以上,建成区面积35平方公里。

余慈组团,依托强有力的经济实力优势,继续夯实特色制造、区域性物流等功能,强化宁波大都市区北部中心的作用,到2010年常住人口265万以上,建成区面积80平方公里。

象山—宁海组团,完善基础设施建设,加快发展特色产业,增强生态涵养功能,形成区域特色产业带。到2010年常住人口110万以上,建成区面积50平方公里。

奉化—鄞南组团,依托毗邻中心城区优势,建设特色制造业基地。到2010年常住人口70万以上,建成区面积30平方公里。

3. 加强城市基础设施建设:根据适度超前的原则,建成比较完善的交通、通信、供排水、供电、供气和污染治理、防灾减灾现代化城市基础设施网络。

推进轨道交通和区间快速通道建设,构建顺畅、便捷的交通网络体系。建成南外环路、北外环路、通途路、滨江大道等项目,构筑"四连六快十八干"系统。开工建设轨道交通一号线工程。建成以公交为主导的客运系统,每年建设1~2条公交专用道,每年更新、增添车辆各200辆;建设面积4 000~6 000平方米的市中心换乘枢纽及首末站和停车场;到2010年常规公交出行比例提高到30%。加快公共停车场的建设,新增泊位4 000个。建设以公交客运枢纽、物流中心为主的多式联运的交通衔接系统。

加快信息传输网络的改造和升级,完成"一网、七系统"工程。推进电信、移动、移通、网通等信息系统基础设施建设,初步形成数字化、宽带化、智能化的电子信息网。规划建设与东海天然气相配套的天然气管网,推进城市燃气管道工程及天然气首站、气体处理站等配套设施建设。高标准规划建设一批管网系统,高起点建设一批城乡污水处理厂和垃圾处理设施。到2010年市区污水处理率达到80%。

三、建设现代化国际枢纽港

(一)推进港口综合开发

优化岸线布局,推进综合开发,发展多式联运,拓展港口腹地,推进宁波—舟山港口一体化发展。

1. 加快港口基础设施建设:推进集装箱码头的重点项目建设,完成宁波港北仑四期、五期及大榭港区集装箱码头工程,建成大型专业化泊位13个。到2010年全港集装箱处理能力超过1 100万标箱。

2. 推进宁波—舟山港口一体化:按照"统一品牌、统一规划、统一开发、统一管理"的要求,积极推进舟山连岛工程,开工建设金塘港区码头工程。

(配宁波—舟山港口一体化规划图和两省市推进此项目的部分照片略)

(二)完善集疏运网络

加快完善港口集疏运网络,形成以港口为龙头,公路、水路、铁路、航空等多种运输方式高效衔接、协调发展的现代化立体综合交通运输网络。(配宁波市"十一五"对外交通系统规划图略)

1. 公路:推进"一环五射"高速公路网及区域干线公路建设,实现以市区为中心的"213"高速交通圈。到2010年,公路网密度达到93.3公里/百平方公里,高速公路通车里程达到503公里。

构筑"八横五纵三沿海"的干线公路主骨架格局,实现高速公路连接线、各县(市)、区至中心镇及重要连网线基本达到一级公路标准。

2. 铁路:建成甬台温铁路宁波段项目,完成萧甬铁路电气化改造。争取建成宁波铁路环城线、大榭岛铁路支线。完成搬迁铁路北站,建设庄桥货场及配套设施,修建北仑支线复线。争取建设长三角沪杭甬城际快速铁路宁波段。规划建设甬金铁路宁波段。依托铁路运输网络的不断完善,建设宁波铁路集装箱中转站,形成100万标箱/年的能力。

3. 内河:开工建设杭甬运河宁波段二、三期,全线达到四级航道标准。完成杭甬运河余姚东港区、北仑王家洋海河联运港区工程。开通内河集装箱运输,开展江海联运、海铁联运,推进宁波港与长江"黄金水道"的联动发展。

4. 机场:扩建栎社机场,拓展国际航线,建成华东地区重要的干线机场,2010年航空旅客吞吐量达到370万人次,航空货邮吞吐量达到10万吨。推进江北庄桥机场迁建工作。

(三)拓展港口腹地,发展国际物流

以现代货代业为重点,以国际物流业为方向,有效拓展港口腹地,增强港口竞争力。启动建设北仑主物流园区、镇海物流园区、空港物流中心,规划建设宁波明州物流中心、杭州湾物流中心、宁海物流中心。

1. 做大做强现代货代业:加大国际货代业的招商引资力度,引进先进管理技术。出台扶持政策,培育壮大本地民营货代企业。规范各类货代企业的经营行为,提高防范风险的能力。统一规范各县(市)、区货代业的管理政策,创造良好的发展环境;引进、培养货代和报关等专门人才。

2. 开展多式联运,推进货代业向物流业发展:完善基础设施体系,构建以港口为龙头、以立体交通为通道的多式联运体系。积极开展海铁联运、江海联运,建立集装箱中转站,促进宁波港与长江"黄金水道"的联动发展。在完善设施、多式联运的基础上,引导货运企业向物流企业转型,实现货代企业的物流化、信息化和国际化。

3. 积极开拓货代市场:在继续抓好义乌、金华等"无水港"建设、巩固传统腹地的同时,以国家开发长江"黄金水道"为契机,加快建立和完善长江沿岸城市揽货体系,重点拓展苏南、浙北腹地资源。大力开拓海相腹地,在巩固与欧美传统市场的基础上,增大对台湾的集装箱运量,大力发展与欧洲的海空联运,积极培育集装箱运输新的增长点。

4. 完善港口发展环境:进一步优化港口发展软环境,以高效、优质服务吸纳货源、拓展腹地。建立完善港口信息平台,继续深化实施"大通关"工程。完善口岸服务功能,加快口岸通关速度,改善口岸服务环境。完善港口经营管理体制,深化港口管理体制改革,强化政府服务功能。

四、建设社会主义新农村

按照生产发展、生活宽裕、乡风文明、村容整洁、管理民主的要求,推进农业现代化进程,整治改善农村面貌,推进农业农村体制改革,努力建设社会主义新农村。

(一)推进农业现代化

把加快发展农业生产力作为建设社会主义新农村的首要任务,继续巩固和加强农业基础地位,提高农业现代化水平。

1. 稳定农业综合生产能力:严格保护基本农田,保障80万吨/年的生产能力。强化农田水利基础设施建设。实施滩涂围垦工程和土地整理开发利用工程,争取围垦面积14万亩、新建标准农田40万亩。继续推进姚江综合整治工程、鄞东南甬新排水工程和姚江东排工程。加强防洪防涝体系建设,完成市区"三江六岸"及宁海、奉化、余姚城关和鄞县中心区的防洪工程。

2. 推进农业产业化经营:加快实施"强龙工程",重点扶持一批效益好、潜力大、带动力强的农业龙头企业。到2010年,销售超亿元加工型农业龙头企业达到50家以上。继续推进农产品精深加工,到2010年实现农产品加工率50%以上。积极发展连锁经营、电子商务、"订单农业"等现代农产品营销方式,形成"市场牵龙头、龙头带基地、基地连农户"的产业化经营机制。

3. 优化农业结构和布局:大力发展都市型高效生态农业,积极发掘农业的生产、生活和生态功能,形成依托城市、服务城市的现代生态农业发展新格局。大力发展蔬菜、水果、水产、竹笋、茶叶、花卉六大优势产业和蔺草、贝母、草食畜禽三大特色产业,重点培育粮食生产及特色农业产业带、创汇蔬菜产业带、浅海滩涂养殖产业带、林特花卉产业带和草食畜禽产业带五大农业产业带。

(二)改善农村面貌

按照统筹城乡发展的要求,以农村基础设施建设和农村新社区建设为重点,全面改善农村面貌,努力形成城乡一体、联动发展的新型城乡关系。

1. 加强农村基础设施建设:深入实施"百村示范、千村整治"工程,全面开展村庄整理和环境整治,着力优化农村生产生活环境。到2010年,建成150个全面小康示范村,完成1 500个村的全面整治。

推进乡村康庄道路建设,在全省率先实现"三百"目标,即行政村通等级公路率达 100%，通行政村公路硬化率达 100%，农村公路建设合格率达 100%。

推进千里清水河道整治、百万农民引用水等工程，基本形成城乡联网供水格局，城乡联网供水率 80% 以上，农村安全饮用水普及率超过 95%。

推进城市电网和农村电网改造与建设，新建甬东变、观城变、市北变，扩建宁海变等一批项目，形成城乡一体的电网和服务体系。

改善农村生活环境，到 2010 年，卫生厕所普及率 85% 以上；宽带网络基本覆盖全市农村，全市互联网普及率超过 65%。

2. 推进农村新社区建设：搞好农村新社区和新居民点规划，合理引导农民居住向新社区集中。重点推进城市近郊农村的社区化改造，构建规范的农村新社区管理体制。逐步构建"设施完备、功能齐全、信息共享"的县、镇、社区三级网络，形成以社会福利服务、便民利民服务、卫生文化服务等为重点的"农村十五分钟生活服务圈"、"十五分钟文化活动圈"、"十五分钟卫生服务圈"。

(三)增加农民收入

把增加农民收入作为解决"三农"问题的中心环节，提高农民的整体素质，完善稳定的财政支农体系，进一步提高农民增收能力。

1. 提高农民增收能力：深入实施"百万农民培训工程"，2010 年前，每年完成 20 万人次的农业技术培训或转岗转业培训。重点开展对被征地农民、转产渔民、下山移民等的转岗转业培训。继续抓好绿色证书和农业实用技术培训，充分发挥大企业、大项目对农民转产就业的带动作用，建立有效的培训带动机制。

2. 建立和完善稳定的财政支农体系：建立完善公共财政对农业农村投入的稳定增长机制，加快公共财政向农村覆盖。落实新增教育、卫生、文化等事业经费主要用于农村的政策，确保财政对农村投入的增长幅度高于财政收入增长幅度。发展农村公共事业和社会事业。

(四)深化农村改革

以稳定土地制度为主体，完善农村基本经济制度，推进农村综合配套改革，进一步破除城乡二元体制，逐步建立一体化的城乡体制框架。

1. 完善农村基本经济制度：按照"依法、自愿、有偿"原则，改革土地征用、农村宅基地使用等制度，建立健全集体土地流转制度，促进和规范土地合理流转。通过社区股份合作制等多种方式，积极推进农村集体资产管理体制改革，发展壮大农村集体经济。巩固农村税费改革成果，规范涉农收费行为。

2. 加快农村综合配套改革：逐步统一城乡居民户籍登记管理制度，消除户籍管理制度差异。统筹城乡劳动就业，巩固并完善新型农村合作医疗制度，建立农民医疗门诊统筹和合作医疗小病受惠制度。按照"低门槛、多层次、广覆盖"的原则，建立新型农村养老保险制度。重点确保被征地人员养老保障全面覆盖，做到失地必保、即征即保。建立健全农村最低生活保障制度，缩小城乡低保享受标准差距。推进农村基层民主建设，进一步完善村务公开和民主管理制度。

五、全面提升工业竞争力

坚持走新型工业化道路，进一步优化提升工业经济结构，增强工业自主创新能力和国际竞争力，努力建设华东地区重要的能源、原材料和先进制造业基地。

(一)推进产业集群化发展

以环杭州湾产业带建设为载体，实行新建企业必须进园入区，引导老企业进园区，特定产业进特定园区，努力提高工业入园率和园区产出率。到 2010 年，工业园区化率争取超过 75%，"沿海"、"沿湾"、"沿路"为主体的产业带发展初具规模。

1."沿海"产业带：依托深水良港，以宁波经济技术开发区、宁波大榭开发区、宁波保税区、宁波化工区等国家级和省级开发区为载体，以临港大工业为发展重点，力争形成能源、石化、造纸、钢铁、修造船、电子信息等工业基地和现代物流业基地，带动宁波产业升级。

2."沿湾"产业带：以余慈地区良好的加工工业为基础，以杭州湾大桥建设为契机，以慈溪经济开发区、姚北新区等省市级开发区为载体，积极接受上海的产业辐射和国际产业转移，建成纺织、家电、模具、塑料制品、普通机械等传统优势制造业升级基地，现代物流基地、现代旅游基地和科教文化业基地和农产品深加工生产基地。

3."沿路"产业带：依托中心城区人才集聚高地和完善的服务体系，以市科技园区等重点园区为载体，以 IT、新材料、光机电一体化等高新技术产业为重点发展方向，加大用高新技术改造服装、纺织、家电、普通机械等传统优势产业的力度，建成 IT、电子、服装、纺织、家电、新材料、光机电一体化等为主的先进制造业基地。

(二)优化工业结构

坚持走新型工业化道路，以科技进步和信息化带动工业结构升级，发展壮大临港大工业，培育发展高新技术产业，全面提升传统优势产业。到 2010 年，基本建成石化、能源、钢铁、造纸、汽车、修造船六大临港型工业基地，基本形成电子信息、装备制造、汽车及零部件、新材料、纺织服装、家用电器、精密仪器仪表、精细化工与生物医药、模具、文具十大特色优势产业群。

1. 发展壮大临港大工业：充分发挥港口和区位优势，重点发展资金、技术密集型的临港大工业及其后续产业。到 2010 年，临港大工业的增加值在整个工业增加值的比重提高到 40%。

石化产业，以炼油和乙烯为重点，发展合成材料、基础化工原料、精细化工产品。建成镇海炼化 100 万吨大乙烯、三菱 PTA、逸盛 PTA、台塑一期、烟台万华 MIDI 等大项目。形成具有较大规模的石化产业群，构建国家级石化产业基地。到 2010 年，炼油能力达到3 000万吨/年，乙烯加工能力力争达到 220 万吨/年。

能源工业，在环境承载力允许限度内，推进电源点建设。建成国华宁海电厂、大唐乌沙山电厂、鹰龙山电厂、LNG 接收站及发电厂等项目。到 2010 年，发电能力达到1 600万千瓦以上，天然气 54 亿方，原油转输运能力达到5 000万吨。

钢铁工业，建成投产宁波钢铁项目，形成 600 万吨的生产规模。推进宝新不锈钢扩建工程，不锈钢生产能力达到 60 万吨。基本确立东南沿海新兴钢铁工业基地地位。

造纸工业，依托大项目，延伸造纸产业链，发展包装制品、印刷制品等纸制品产业。推进白板纸三期工程，形成 300 万吨以上的造纸生产能力，建成中国最大的白板纸生产基地。

修造船业，推进三星修造船、恒富造船等项目建设，争取布点大型修造船项目,形成长三角南翼的修造船基地。

2. 培育发展高新技术产业:重点在电子信息、光机电一体化、新材料、生物技术与现代医药、新能源与节能环保等领域形成产业优势,并成为宁波经济发展新的增长点和重要动力。到2010年,高新技术产业增加值占工业增加值比重(规模以上)力争达到35%。积极推进宁波光机电、中纬积体芯片、波导公司TD-SCDMA手机、宁波立立电子8英寸硅片等重大项目建设。

3. 全面提升传统优势产业:运用信息化技术和先进适用技术改造提升传统产业,提高产品的科技含量和知识含量。推动一批传统支柱行业的信息化改造升级。充分利用现有产业基础,提升纺织服装、家用电器、装备制造、汽车及零部件、模具和文具等传统特色优势制造业,力争形成一批具有国内影响、拥有核心竞争力的产业集群和产业链。

(三)提高工业竞争力

通过市场推动和政策引导,培育一批知名度高、品牌响、竞争力强的大企业、大集团。到2010年,力争形成年销售额超过500亿元以上的特大型企业2~3家,超100亿元的大型企业10家,超50亿元的大企业30家。引导中小企业为大企业专业化配套和服务,促进大中小企业共生共荣,提高生产的专业化和社会化水平。

六、加快发展服务业

把加快服务业发展作为转变经济增长方式,完善提升城市功能的重要内容,大力发展生产性服务业,充实提升生活性服务业,进一步调整创新服务业发展的政策措施和体制机制,努力提高服务业的经济比重和发展水平。

(一)大力发展生产性服务业

适应港口开发和制造业发展的需要,加快发展以国际贸易、物流、会展、金融等为重点的生产性服务业,促进服务业与港口和制造业发展良性互动。

现代物流业:依托港口优势,构建口岸物流、制造业物流和城市配送物流相结合的现代物流体系,把我市建设成浙江省重要综合物流中心和东北亚国际物流枢纽。有序推进北仑主物流中心、空港物流中心、江北物流中心、宁海物流中心等物流中心建设。建立健全物流公共信息平台和物流集疏运网络。

国际贸易业:以实现"大口岸,大贸易,大市场"为目标,建设一批国际采购中心、境内外贸易中心和国际国内贸易的交易平台,大力拓展国际中转、国际配送、国际采购、国际贸易四大功能。

信息服务业:加快建设电子政务,实现政府部门之间的联网与信息共享。鼓励发展电子商务,引导企业进行信息化改造。积极推进公共领域信息化,促进信息服务"进社区、进家庭"。加强以"信息港"为重点的基础设施建设。推进电信、数字电视和计算机的三网联合。

金融保险业:健全完善金融组织体系,鼓励发展民间金融机构。规范发展保险业,拓宽服务领域和范围。吸引国内外金融机构来甬设立分支机构。

现代会展业:抓住2006年杭州西博会和2010年上海世博会机遇,以中国世界消费品博览会和宁波国际服装节等为重点,培育知名品牌会展,整合会展资源,完善服务体系,把宁波打造成为长江三角洲南翼会展中心。

中介服务业:大力发展决策咨询、投资论证、资产评估、会计审计、经纪代理、市场调查、公证鉴证、法律服务等各类中介服务业。引进境内外知名中介机构。鼓励和引导中介服务机构联合重组,向规模化、规范化方向发展。

(二)充实提升生活性服务业

围绕方便群众生活和提高生活质量,改造提升商贸流通、旅游休闲、社区服务等生活消费性服务业,更好地满足人民群众日益增长的消费需求。

1. 商贸流通业:积极发展连锁经营、物流配送、电子商务等新型业态。按照便民利民原则,进一步完善落实商贸网点规划布局。加快社区、集镇商贸中心和专业特色街建设,发展人性化消费服务。培育提升各类市场,形成比较完备的市场体系。

2. 房地产业:加强市场调控,规范市场交易行为,扩大房地产有效需求。以市场需求为导向,合理调整房地产结构,推进经济适用房、限价房和廉租房建设,实施"安居工程",适当控制高档房地产项目,建立合理的住房供应体系,引导房地产市场健康有序发展。

3. 旅游休闲业:高起点、高品位开发旅游资源,完善"一圈四带"旅游格局。开发建设一批海洋、生态、江南水乡、古镇古村等特色旅游项目,完善提升一批文化品位高、影响力大的名胜景区和旅游度假区,努力打造"东方商埠、时尚水都"的宁波旅游新形象。力争2010年接待过夜国际旅游者人数达到89万人。

4. 文化传媒业:大力发展新闻出版、广播影视、文化演艺娱乐、音像电子、体育健身、广告印刷等产业群。科学保护、合理利用民间文化遗产和民族民间艺术。培育一批具有较强实力和竞争力的文化产业主体。

5. 社区服务业:整合社区服务资源,拓展社区服务领域,创新社区服务形式。鼓励发展设施维修、家庭保洁、病老护理、社区卫生、健康美容和健身娱乐等社区服务。加强社区服务中心建设,以"81890"社会服务平台为基础,积极构建覆盖全市、反应快速的社会服务网络。

七、建设资源节约型和环境友好型社会

以节约利用资源和提高资源利用效率为核心,推动资源节约,发展循环经济,保护生态环境,加快建设资源节约型和环境友好型社会。

(一)加强资源节约

坚持节约优先,以节能、节材、节水、节地等为重点,开展全社会资源节约活动,推进资源高效利用和循环利用。

1. 节能:认真贯彻《节能中长期专项规划》,重点抓好化工、冶金、电力、建材等重点耗能行业和企业的节能工作。合理控制高能耗产业发展,限制和淘汰能耗高、污染大的落后工艺和设备。执行公共建筑夏季空调室内温度最低标准。推广节能型空调、冰箱等家电产品。加快先进成熟节能技的推广应用。扶持节能技术开发和技改项目,组织实施重大节能工程。到2010年,万元生产总值能耗降到0.62吨标准煤左右。

选取重点项目配图。新能源:溪口抽水蓄能电站二期扩建、宁海(双峰)抽水蓄能电站、慈溪杭州湾风电场、宁海风电项目、象山风电开发项目等。热电联产工程:宁波众茂杭州湾热电二期扩建工程、久丰热电一期扩建工程、科技园区集中供热热电厂搬迁扩容、台塑宁波厂区自备热电厂、宁波明耀环保热电工程、宁波开发区热电公司原1期系统改造等。机动车节油与燃油替代工程:在城市公共汽车和出租车行业逐步推广燃气汽车,实现油改气。绿色建筑节能工程:建筑节能达到50%的典型小区。

2. 节水:推行农业节水灌溉,实现农业灌溉用水降低20%以上。制定重点行业和企业取水定额标准。逐步推行项目用水核准制。实施高耗水行业节水技术改造。建设节水型城市,强制推广节水设备和器具。改造城市供水管网,降低管网漏损率。建立完善水资源统一管理体制,实施更科学的供水计划和更严格的用水管理。推进分质供水、优水优用、"中水"回用。适时实施海水淡化工程。到2010年,万元GDP水耗降到60立方米以下。

配图:象山城区污水处理及中水回用工程、宁波化工区污水厂中水回用等项目略。

3. 节地:严格实行建设用地投资强度和容积率"双控"标准,单位土地投资强度超过220万元/亩。实行项目供地准入制。标准厂房建设容积率控制在1.2以上。引导产业、人口、住宅集中发展。强化土地利用规划和年度计划管理,实施土地利用的用途管制和空间管制。开展农村土地整理,盘活各类闲置用地,有序开展滩涂围垦。五年建设用地总规模控制在25万亩左右。

4. 节约利用原材料:加强原材料消耗管理,严格设计规范、生产流程、施工工艺等技术标准和材料消耗核算制度,推行产品生态设计和使用再生材料。推广使用新型材料,鼓励使用可替代材料,延长材料使用寿命。引导和推行简易包装,减少使用一次性用品。推广高性能、低耗材、可循环的建筑材料,建设节材型住宅和公共建筑。

5. 加强资源综合利用:积极推进废弃物回收和循环利用,完善再生资源回收、加工和利用体系。建设宁波市再生资源回收利用系统工程,新建一个可再生资源交易市场和近200个可再生资源回收站。推进汽车、轮胎、家电等大件废弃物的资源化利用,提高工业废渣、电厂脱硫灰渣和废弃混凝土的综合利用能力。推行生活垃圾分类收集,提高资源化利用水平。

(二)加快发展循环经济

按照"减量化、再使用、再资源化"要求,从企业、产业和园区三个层面,从生产、流通、消费等多个环节,加快推进循环经济发展。

1. 发展循环型工业:推进清洁生产和工业园区的生态化改造,建设符合新型工业化要求的生态工业体系。发展有利或无害于生态环境的产业。培育一批企业内资源循环利用和企业间资源循环利用的生态工业园区,建立产业与产业、生产与消费之间资源循环利用实验区。到2010年,创建50家左右循环经济示范企业。

(配图:宁海强蛟循环示范园区略)

2. 发展循环型农业:推广生态农业模式,建设若干高产、优质、低耗的生态农业示范园区。加强农业生态环境治理,有效控制和治理农业面源污染。建立名特优新产品基地,发展有机农业、绿色农业。促进畜禽粪便利用资源化。推广秸杆还田技术,实现农业废弃物的资源化利用。

3. 发展循环型服务业:倡导绿色文化,发展生态旅游业,创建一批生态旅游环境达标区。发展生态物流业,加快综合生态物流园区建设。推进生态交通建设。倡导绿色消费,推行政府绿色采购,积极培育绿色市场,开展绿色系列创建活动,形成有利于节约资源的生活方式和生产方式。

4. 实施循环经济"十项行动计划":循序渐进,突出重点,全面推进循环经济"十项行动计划",重点抓好清洁生产、资源综合利用、工业园区生态化改造、技术开发和推广应用、政策法规建设等十大领域。在重点行业、领域、产业园区开展循环经济试点。

(三)加强环境治理和生态保护

全面实施《宁波生态市建设规划纲要》,加快推进"蓝天、碧水、绿色、洁静"四大工程,加大环境治理和生态保护力度,促进人与自然和谐。

1. 碧水——加强水污染的综合治理:全面推进"千里清水河道"整治工程,推动东钱湖、四明湖等重点区域水环境整治,做好象山港、甬江口和近岸海域的生态恢复,维护陆域和近岸海域水体功能。

完成饮用水源地上游及周边村庄垃圾的集中处理,试点开展生活污水治理工程,到2010年集中式饮用水源水质达标率为100%,城市水功能区水质达标率为60%。

巩固和深化工业废水污染源达标排放成果,抓好重点领域、重点行业的污染综合整治。到2010年,全市化学需氧量、氨氮等主要水污染物排放总量控制在3.9万吨和1.87万吨左右。工业废水排放达标率超过70%。

规划新建一批污水处理工程,中心城区新建、扩建江东南区、镇海、大榭、鄞东、鄞西等10座污水处理厂,新增污水日处理能力71万吨。各县(市)至少新建一到两个污水处理厂。

2. 蓝天——加强大气污染防治:优化能源结构,控制SO_2和粉尘的排放量,改善大气质量。到2010年,环境质量指数达到90%以上,城市空气质量优良率超过90%,全市平均酸雨率降到80%以下。实施二氧化硫排放总量控制。新建电厂必须安装脱硫装置。加强化工、钢铁、冶金、建材等行业二氧化硫综合治理。(配镇海电厂油改气、北仑电厂脱硫工程效果图或建设实景略)

推广使用清洁能源,严格控制燃料含硫量。建成区内禁止使用燃煤、重油燃油锅炉。实施更严格的机动车排放管理,减少尾气排放。加强烟尘污染控制,适当延伸烟控区。强化城市交通运输和工程施工中的防尘、抑尘管理。控制餐饮业油烟污染。

3. 洁净——加强固体废弃物污染控制:建设全市固体废弃物管理网络,完善回收利用和交换系统,加快实现资源化、减量化、无害化。加强工业固体废弃物的监管,强化对危险化学品的管理,加强重金属污染治理。新(扩)建危险废弃物(医疗废弃物)处理设施3个。

推进垃圾处理设施建设,新建枫林垃圾处理厂,形成3 000吨的日处理能力。各县(市)、区要建成1~2个垃圾处理场,形成村保洁、镇收集、县处理的垃圾处理网络系统。到2010年生活垃圾无害化处理率超过95%。

4. 绿色——加强生态保护:营造绿色秀美山川。以城区绿化、农村绿化和林业建设为重点,加大生态示范县和自然保护区建设力度,搞好市区绿化工程、生态公益林保护建设工程建设。

抓好生态修复工作。按照保护优先原则,建设一批生态功能保护区、自然保护区、湿地保护区和海岛保护区,积极开展原生态区域保护。完成生态公益林建设面积210万亩,退化土地恢复治理率50%,治理水土流失面积200平方公里。

八、推进科教强市,建设文化大市

深入实施科教兴市和人才强市战略,全面建设文化大市,促进社会全面进步。

(一)建设科技强市

按照自主创新、重点跨越、支撑发展、引领未来的要求,继续实施"一号"工程,建立区域创新体系,提高自主创新能力,加快建设科技强市。力争到2010年,研究和试验发展经费支出占地区生产总值的比重达到1.5%以上。

1. 建立区域创新体系:鼓励大企业建立研究开发机构,构筑企业主体、市场导向、政府推动、产学研紧密结合的开放型区域创新体系,形成宁波科技园区、科研机构组成的研发支撑体系,企业、园区技术中心的应用技术支撑体系,为全市的产业升级和增长方式转变提供支撑。

2. 加强创新能力建设:建设一批国内一流、国际先进的研究中心和实验室,强化创新平台作用。创建宁波国家高新技术产业开发区,设立宁波研发园区。建设好60家国家、省、市级企业工程技术中心,20家高校和科研院所重点实验室,新建科研开发机构20家。

3. 实施重大科技专项:围绕产业结构升级和社会公益领域的关键技术难题,组织实施"重大科技攻关项目",努力在生物、信息、新材料、海洋等领域掌握一批核心技术,形成一批自主知识产权。加快推进"双十双百"工程,组织实施"春苗计划"和"科技创业之星计划"。

4. 完善科技服务体系:发展各类科技型企业孵化器。建设科技交流与信息服务平台。创建一批面向社会的技术创新服务中心。实施技术标准化战略,积极培育技术市场,活跃技术交易。保护知识产权,创建国家知识产权保护示范城市。深化科技体制创新,充分发挥市场在科技资源配置中的基础性作用,激发科技自主创新动力和活力。

(二)优先发展教育事业

以提高教育质量为核心,促进基础教育均衡化、高等教育普及化、公民教育终身化。构建具有宁波特点、充满时代活力的现代教育体系。

1. 提高基础教育质量:高标准、高质量普及十五年教育。实行九年制义务教育全免费。完成新一轮中小学校布局调整。促进优质教育资源共享,推进基础教育均衡发展。改善外来务工人员子女的就学条件,创造公平的就学环境。到2010年,实施托幼一体化,学前三年幼儿净入园率保持在99%以上,九年义务教育覆盖率和三类残疾儿童入学率均保持在100%,高中段教育入学率达到98%,完成中小学校舍标准化改造。

2. 优化发展高等教育:适度扩大高等教育规模,调整优化结构,提高办学质量。基本完成高教园区北区建设,实施宁波工程学院迁建工程。集中力量把宁波大学办成国内一流的地方综合大学,把宁波诺丁汉大学建成中外合作办学的示范点。有选择地扶持发展一批适应经济发展需要和城市功能定位的特色高校、特色学科和特色专业,积极发展研究生教育。到2010年建成硕士点25个,实现博士点零的突破,全日制在校大学生数超过14万人。(配高教园区北区和南区规划图略)

3. 大力发展职业教育和继续教育:把职业教育放在突出重要的位置,重点发展中等职业教育,培养服务当地经济发展需要的多层次的实用型人才。扶持建设省级以上重点职业学校30所,建设30个重点专业,10大职业实习习训基地。引进国际成人教育资源,形成全省成人教育高地。推动建立和拓宽远程教育、成人教育和自考途径,进一步完善成人教育网络,积极发展社区教育,满足广大市民的素质提升需求。(配中泰职校、宁波九中、宁波第二技工学校等中等职业技术学校建设规划略)

4. 深化教育综合改革:坚持政府办学为主导,鼓励和支持民办教育发展,形成多元化的办学体制。建立健全多种教育投入体制,加大政府对基础教育的投入力度,鼓励社会资本进入高等教育和职业教育领域。加快城乡教育一体化发展。创新教育模式,完善学校考试评价制度,注重学生创新精神和实践能力的培养。继续推进教育科研体制改革。

(三)构筑人才高地

牢固树立人才是第一资源观念,积极实施人才强市战略,全面推进人才开放港、自由港和创业港建设,加快构筑"长三角"南翼人才高地。

实施党政人才培养工程、企业家培训工程,实施"百千万涉外人才培训工程"、"高技能人才培训工程",培养造就一批适应现代服务业发展需求的人才。进一步加大人才引进力度,建立人才绿色通道,力争今后五年引进人才20万人,其中高层次人才7 000人以上,人才总量达到80万人。创新人才工作机制,逐步形成"能者上、平者让、庸者下"的选人用人机制,营造有利于优秀人才脱颖而出、人尽其才、才尽其用的环境。

(四)繁荣文化事业

按照建设文化大市的要求,努力挖掘宁波历史文化精髓,积极借鉴外来优秀文化成果,全面繁荣文化事业,加快发展文化产业。

1. 繁荣文化事业:积极实施文化精品、文化品牌、文化阵地、文化保护四大工程,扩大公共文化产品的供给。创作一批思想深邃、艺术精湛、制作精美、效益良好的精品力作。兴办丰富多彩的群众性文化艺术活动。挖掘和整理河姆渡文化、浙东学术文化、商帮文化、藏书文化和梁祝爱情文化。加强历史遗存、历史建筑、历史文化街区及名镇名村的保护。积极做好"海上丝绸之路"遗存申报世界文化遗产工作。(项目配图中华儒商园、天一阁书库、宁波(镇海)商帮博物馆略)

2. 发展文化产业:积极扶持传统文化产业,做大做强优势文化产业,着力发展新兴文化产业,大力发展印刷出版发行、广播影视、文化休闲、网络信息、旅游会展、艺术品创作交易、体育服务、文体用品制造销售等文化产业,使文化产业成为我市新的经济增长点。形成一批发展前景好、产业规模大、竞争能力强的文化产业群和文化产业集团。积极引进现代文化项目,培育国内外文化交流融合的载体。

3. 强化文化设施建设:以三江文化长廊为主线、大型文化设施为重点,建设一批高水平的标志性现代文化设施和一批高档次、特色性群众文化设施。以"东海明珠工程"、村级"六个一"文化阵地和15分钟文体服务圈建设为重点,加强基层文化设施建设,努力形成布局合理、功能完备、公益性与经营性设施合理分工、优势互补的文化设施网络。

(五)推进卫生事业发展

以提高人民健康水平为中心,加快城乡卫生事业发展,妥善解决"就医难"问题,确保人人享受公平、便捷的医疗卫生服务。

1. 健全公共卫生体系:以完善乡镇卫生院和社区卫生服

务的"六位一体"功能为重点，建立健全疾病监测和预警体系、突发公共卫生事件医疗救治体系。建设市公共卫生应急指挥中心、市疾控中心信息平台及网络系统，确保在应急医疗救治事件中能15分钟到达现场。完善突发性传染病的监测和报告机制。继续做好艾滋病、结核病、肝炎、血吸虫病等重大传染病、地方病的防治工作，到2010年，力争传染病报告发病率降到400/10万以下。

2. 加强城市社区和农村卫生建设：合理配置社区医疗卫生资源，强化社区医疗保健功能。建立城市两级医疗卫生服务体系，逐步形成"小病在社区、大病去医院"的格局。加强农村社区卫生工作，全面实施"农民健康工程"，改善农村医疗卫生条件。巩固和健全县、乡、村三级农村卫生服务体系和网络。进一步完善新型农村合作医疗制度和医疗救助制度。

3. 强化医疗卫生基础设施建设：加大投入力度，新建一批医疗卫生设施，新增医疗病床位6 400张。完成市第一医院东部新城院区、第五医院新建，市中医院迁建，市第二医院、妇儿医院、第六医院扩建等十大工程建设，到2010年每千人拥有医生数达到2.85人，基本满足群众不同层次的就医需求。

4. 深化医疗卫生体制改革：按照政事分开、医药分离的方向，加快推进医疗卫生体制改革。强化政府在公共卫生和基本医疗中的主体作用，加大投入力度，提高服务质量。放宽市场准入，推进公立医疗机构改革，规范服务方式和行为。加强药品市场监管，实现"医药分离"，切实把药品价格降下来，妥善解决好人民群众"看病难"、"看病贵"的问题。

（六）大力发展体育事业

推进群众体育、竞技体育和体育产业全面发展，满足城乡居民日益增长的健身需求。继续推进"市民健身工程"和"农民小康体育工程"。实施奥运争光计划，培养优秀体育人才。加强重大体育赛事的运作、管理、宣传，培育有影响力、有宁波特色的体育赛事品牌。加快发展体育竞赛表演、体育培训、体育健身休闲等产业，大力开发体育无形资产，积极引导并促进体育消费。建设一批公益性、群众性体育设施，形成市级、区级和社区级三级体育设施体系。

九、深化体制改革，提高开放水平

（一）推进政府自身改革

1. 转变政府职能。着力打造"法治政府"、"阳光政府"、"服务政府"、"效能政府"，把工作重点放在制定公共政策、完善公共服务、强化市场监管、维护社会公平、保障公共安全等上来。减少和规范行政审批，各级政府不得直接干预企业经营活动。

2. 健全政府决策机制。完善重大事项集体决策、专家咨询、社会公示制度。建立健全政府决策追究制度，推行政府问责制。

3. 深化投融资体制改革。全面推行企业投资核准和备案制度，加快实施特许经营权制度。进一步规范政府投资行为，完善政府投资项目决策机制，推行招标制、后评价制和代建制。建立健全政府投资管理制度，加强对政府投资项目的审计监督和社会监督。

政府投资支持的重点领域

新农村建设：普及和巩固农村义务教育，公共卫生和基本医疗服务体系，饮水安全，农村公路，电力设施，生活垃圾和污水处理，风能、太阳能等可再生能源和新能源，远程教育和通广播电话工程，优质粮食产业工程，动物防疫体系和种养业良种工程等。

公共服务：义务教育、中等职业教育和劳动力技能培训，重大疾病防治体系，基层公共卫生、文化和体育设施，公检法司基础设施，社区服务，食品药品安全监督设施，安全生产监管及应急体系，气象、地震、防洪等防灾减灾体系，生态移民地区发展等。

资源环境：生态环境保护与修复，环境污染治理，节能节水节地，循环经济示范等。

自主创新：知识创新工程，重大科学工程，高技术产业化，资源节约技术研发和推广等的示范。

基础设施：铁路，机场和空管设施，水运，境外引水工程，信息化和信息安全基础设施，战略物资储备，县城和重点镇供水设施，城市供水管网，燃气和集中供热设施，城镇污水和垃圾处理设施等。

4. 建全公共财政体制。建立健全有利于转变增长方式和资源节约的财税政策机制，继续深化部门预算、国库集中支付、财政采购和收支两条线管理制度改革。

5. 分类推进事业单位改革。将一部分专业行政管理部门和事业单位转为提供公共服务的社会组织，提高管理和服务能力。

（二）发展混合所有制经济

1. 推动民营经济新飞跃。进一步优化民营经济发展环境，构建比较完善的政策支持体系和社会服务体系。积极引导民营企业加快制度创新、技术创新和管理创新，推进民营企业向高端化、品牌化、国际化发展。进一步拓宽非公有资本进入基础设施、公用事业以及文化产业等领域，建立市场准入、税收管理、规费标准、金融贷款、部门服务"五个平等"的新机制，建立现代企业制度。实施企业家素质工程。

2. 深化国企国资改革。促进国有资产向基础领域、公共领域转移，建立健全国有资产营运体系，增强国有经济的控制力和竞争力，实现国有资产保值增值。完善国有资产授权经营和监管制度体系。

3. 加快垄断行业改革。以供水、供气、公交、治污等行业和企业为重点，通过管办分离、网站分离等多种形式吸纳非公有资本，推进政企分开，强化竞争机制，实现规模经营。

（三）完善现代市场体系

培育建立资本、土地、技术、人才等要素市场，健全市场结构，提升市场功能。形成全市统一联网的产权交易市场体系。推进宁波商业银行增资扩股。稳步推进农村合作银行改革试点工作，加强中小企业信用担保体系建设。逐步建立反映市场供求状况和资源稀缺程度的价格形成机制。推行超计划超定额用水加价和阶梯式水价；开征污水处理费，推行垃圾处理收费制度。加快推进电价改革。扩大市场化方式形成土地价格的范围。以政府信用、企业信用、社会中介信用和个人信用等为重点，积极推进"信用宁波"建设。

（四）提高开放水平

1. 建立起与国际经济接轨的开放型经济体制和运行机制：实行内外贸管理的统一，统一内外资税收制度。加强公平贸易组织体系建设，建立倾销与反倾销预警体系、产业损害预警体系和贸易壁垒应对体系；建立加入世贸组织的长期应对机制，对可能受到冲击的重点行业，制定和完善相应的对策；按国际惯例和市场经济规则，取消歧视性政策，完善经贸政策体系；

建立和完善外经贸工作各项规章制度。

2. 充分发挥重点区域在对外开放中的龙头示范作用:以经济技术开放区、保税区、大榭开发区和出口加工区为重点,尽快形成产业集群;保税区按照"区港联动"的要求,尽快实现国际中转、国际配送、国际采购、国际贸易的功能;大榭开发区在现有产业布局的基础上,进一步提升功能,发展成为港口物流、原油储存中转、国际贸易为一体的综合型区域;出口加工区充分利用区位条件和机制优势,尽快形成加工贸易出口基地。

3. 坚持"引进来"与"走出去"战略,提高"三外"水平:力争到2010年,自营进出口达到630亿美元,年均递增15%;口岸进出口达到1 250亿美元,年均递增15%。

外贸的重点,要加快转变外贸增长方式,实施外贸多元化战略,提高国际竞争力。使宁波发展成为全球服务业外包的重要基地。

外资的重点,要按照宁波产业结构调整方向,有重点地引进一批起点高、带动力强和技术、附加值高的临港工业外资项目;

外经的重点,是要大胆的实施"走出去"战略,积极支持鼓励纺织、服装、机械等我市一些有实力的企业走向国际经济大舞台,拓展国际市场,承包海外工程,开展国际劳务合作。

(五)推进区域合作

1. 接轨大上海,融入"长三角":实现与以上海为龙头的"长三角"城市的资源融通、交通互联、市场互通、信息共享、产业互补、环境共保、机制互动。进一步推进宁波、舟山港口一体化,积极参与上海国际航运中心建设。发挥我市特色农产品和旅游资源等优势,引导企业主动参与并做大世博经济,形成浙东南区域合作新格局。

2. 瞄准"东中西",寻求大平台:鼓励企业在中西部地区和东北地区建立粮食、能源、原材料和制造加工基地。全面推进"山海协作工程"。深化与东部沿海省市和港澳台地区的合作与交流。

十、提高人民生活水平与质量

把提高人民生活水平和质量作为经济社会发展的出发点。切实关心人民群众的生产生活,扩大社会就业,增加居民收入,完善社会保障,让广大人民群众享受到发展的成果。

(一)积极扩大就业

就业是民生之本。把扩大就业作为经济社会发展的优先目标,统筹城乡就业,实行积极的就业政策。

大力发展就业容量大的服务企业和中小企业,广开就业门路,拓宽就业渠道。统筹城乡就业,着力构建覆盖城乡的劳动力市场网络。重点做好被征地农村劳动力、大中专毕业生和失业职工的就业工作。妥善解决困难人群的就业问题。规范发展劳动就业中介服务组织,进一步完善就业服务体系。

五年城镇新增就业60万人,城镇登记失业率控制在4.5%以内。

(二)健全社会保障

按照城乡统筹、因地制宜、保障标准与承受能力相适应、权利与义务相匹配的原则,加快发展社会保障事业。力争到2010年,基本建立老有所养、病有所医、弱有所助、贫有所济、覆盖城乡的社会保障体系。

1. 逐步提高保障覆盖面和标准:扩大范围,提高标准,稳定并强化城镇双低覆盖率,力争到2010年,城乡劳动年龄段居民基本养老保险、医疗保险、失业保险参保人数分别从2005年的150万人、104万人和75.5万人提高到180万人、120万人和85万人。

2. 完善社会救助体系:进一步完善最低生活保障制度,确保低保对象应保尽保,应补尽补。全面推行农村"五保"和城镇"三无"对象的集中供养,集中供养率保持在90%以上。加快敬老院、福利院等社会福利设施建设,扩建、建设福利院、恩美儿童福利院、农村敬老院、残疾人综合服务大楼等。加强自然灾害救助工作。进一步搞好弱势群体的社会救助工作。

3. 做好老龄人的社会保障:适应社会老龄化趋势,积极推广以家庭服务保障为基础,以社区照顾为依托,以机构供养为补充的新型养老模式。针对困难老人,探索建立"政府购买养老服务"的机制。进一步加大社会养老服务设施建设力度,到2010年,每百名老年人拥有养老床位数3张。

(三)合理调节收入分配

完善收入分配制度。坚持按劳分配为主体、多种分配方式并存的分配制度,进一步理顺分配关系,依法保障合法收入和合法所得。

优化居民收入分配。加强政府调节收入分配的作用,注重向弱势群体和低收入群体倾斜。完善公共财政和社会救济制度,使得城乡居民公平地享受到公共服务。

大力发展社会福利和慈善事业,营造"人人为我、我为人人"的良好氛围。做好优抚安置工作,解决重点优扶对象的生活、就业、住房等困难。

(四)扩大城乡居民消费

增加有效供给,引导消费预期,改善消费环境。重点改善城乡居民居住和出行条件。健全以普通商品住房为主、社会保障性住房为辅的城镇住房供应体系,基本实现户均一套住房。继续推进计算机、通信等的普及,鼓励节能环保型汽车进入家庭,促进旅游、娱乐、康体等消费,满足人民多样化、个性化的消费需求。进一步健全公共服务,扩大社会保障覆盖面。提高城市整体消费规模。到2010年,市区居民服务性消费支出占消费性支出比重超过32%。保持价格总水平基本稳定。强化对教育、医疗、住房等与人民生活密切相关的商品和服务价格的监管,遏制价格过快上涨。

到2010年,城镇和农村恩格尔系数分别下降到32%和35%,市区居民人均住房使用面积达到22平方米,互联网普及率达到65%以上,每千人拥有载客汽车数超过100辆,人均生活用电量500kWh,平均预期寿命达到76年。

(五)创建最佳人居环境

继续做好城镇绿化、美化、净化工作。全面开展城镇绿化系统建设。集中力量,重点突破,建设一批城镇绿化骨干工程和精品工程。

大力推广生态城镇建设,着力塑造富有特色的生态城镇。按照布局合理、设计科学、风格独特的要求,全面启动农村生态型村庄建设。

有效保护和充分利用水、土地、森林和旅游等自然资源,最大限度地实现"三废"的无害化处理,使城乡居民"喝上干净的水、呼吸清洁的空气、吃上放心的食物,在良好的环境中生产生活"。

十一、建设"平安宁波",促进社会和谐

高度重视公共安全,着力化解经济社会发展中的各种矛盾和问题,以"平安宁波"建设为重点,建设法治城市,构建和谐

社会。

（一）维护公共安全

加快建立生产安全及其应急体系。对能源、化工类的重大工程项目和重点区域实行即时的监控管理。加强粮食、石油等事关国计民生的重大战略物资的储备保障。加强水、电、土地等重大生产要素的保障管理。加强交通运输的安全管理，特别是要强化对易燃易爆的危险品运输的管理。

进一步完善社会安全体系和生态安全应急机制。按照政府主导、全民参与的要求，加强重大社会冲突和公共卫生安全等方面的安全体系建设，建立健全生态安全应急体系。

防洪减灾。建成市区和县级防洪工程、甬新河、标准海塘维修加固工程，山区地质灾害防治工程。

安全生产。建立市县两级安全生产应急救助指挥中心，完善火灾扑救、道路交通、化工及危险化学品、矿山、建筑、海难搜救、海上重大溢油等特大事故急救预案体系。

重大危险源和事故隐患管理。建立化学罐、锅炉、化工企业等重大危险源和事故隐患动态数据库，建立市、县（区）重大危险源动态监管、监测、监控预警系统。

（二）加强社会建设

加强政府社会管理职能，完善社会管理体系，建立健全党委领导、政府负责、社会协同、公众参与的社会管理格局。加强基层公共服务，健全基层管理机制，着力构建和谐社区、和谐村镇、和谐人际关系，打造和谐社会的细胞，为人民群众安居乐业创造良好环境。

坚持“打防结合、预防为主”的方针，落实社会治安各项措施。建立群防群控、群防群治的社会动员体系和应急救援队伍。

继续推进优生优育工作，加强计划生育管理，稳定低生育水平。高度关注并认真做好外来人口工作。大力发展老龄事业和产业，实现“老有所养、老有所医、老有所教、老有所学、老有所为、老有所乐”。

（三）建设法治宁波

坚持和完善人民代表大会制度，中国共产党领导的多党合作和政治协商制度。巩固和发展与民主党派、工商联和无党派人士的联系与沟通，继续选拔和推荐优秀党外人士担任领导职务。积极稳妥地推进基层民主政治建设，完善政务公开、厂务公开、村务公开等制度，保证基层群众依法行使选举权、知情权、参与权、监督权等民主权利。

制定和完善一批反映时代特征、体现地方特色的法律法规。改革和完善政府决策机制，推进决策的科学化、民主化、法治化。建立和完善重大事项集体决策制度、专家咨询评估制度、决策听证和公示制度。强化对权利运行的制约和监督。

（四）加强精神文明建设

大力倡导和弘扬“诚信、务实、开放、创新”的宁波精神，使全市人民始终保持昂扬向上的精神状态。

深入学习贯彻科学发展观。繁荣发展哲学社会科学。大力弘扬以爱国主义为核心的民族精神和以改革创新为核心的时代精神。在全市上下倡导爱国守法、明礼诚信、团结友善、勤俭自强、敬业奉献的基本道德规范。全面推进社会公德、职业道德和家庭美德建设。巩固文明城市创建成果，深入开展文明创建和群众性文化活动。

十二、保障规划实施

（一）要素保障

按照“适度超前，留有余地”的原则，进一步强化水资源、土地、电力、资金、人才等要素资源供给，满足经济社会快速发展的需要。

1. 水资源：2010年市域供水能力达到25.67亿方，其中城市供水区域由13.26亿方提高到14.99亿方。加强给排水管网建设，加强节约用水，实现供水总量和结构平衡。

2. 电力：新增500千伏变电容量550万千伏安（建设甬东变、观城变、市北变，扩建宁海变等），总容量达到1 000万千伏安；新增220千伏变电容量648万千伏安（其中新建变电站18座），总容量达到1 110万千伏安；新增110千伏变电容量554千伏安，总容量达到1 120千伏安。电网总受电能力新增380万千瓦，达到800万千瓦。

3. 土地：严格保护和节约利用土地，到2010年全市建设用地控制在25万亩左右。

4. 人才：预计2010年我市对人才的需求总量将至少为80万人，平均每年需要从市外引进人才2.6万人。加快发展高等教育和中等职业技术教育，培育一大批高级技工人才。

（二）组织保障

政府的各种行政行为都必须以法律为准绳，以国民经济和社会发展总体规划为依据，并相应完善各级政府的考核制度；市级和各县（市）、区人民政府都必须进一步强化规划意识，确保认识到位、组织到位、措施到位。

（三）法制保障

制定和出台《宁波市规划管理条例》。研究和制定《宁波市生态环境功能区划保护条例》、《宁波市海洋功能区划保护条例》等法规，强化空间的指导和约束功能。进一步完善人民代表大会对规划实施的审议、监督机制。

（四）政策保障

财政资金安排上优先向农村义务教育和公共卫生、农业科技推广、农村劳动力培训、城乡就业、社会保障、扶贫、防灾减灾、公共安全、公共文化、科技创新、污染防治、生态保护等方面倾斜。制定和完善促进循环经济发展、鼓励节能及建立节约型社会、促进就业、促进科技发展和增强自主创新能力，以及有利于其他产业健康发展的税收政策。加强对高新技术产业薄弱环节的扶持；通过严格技术标准、排放标准和建立生态环境补偿机制等措施，控制高耗能产业生产能力的盲目扩张。

（五）机制保障

综合运用经济、行政、财政等手段，将“十一五”规划落实到经济社会发展年度计划和财政预算，确保规划目标实现；实施好重点专项规划和区域规划，引导产业结构升级和区域全面协调可持续发展；加强规划实施的监督检查，实行中期评估和动态监测，及时发现问题并提出修编、调整建议。

结束语

“十一五”规划是“十一五”期间乃至更长时期宁波市经济社会发展的行动纲领，是我市全面建设小康社会、提前基本实现现代化的行动指南。我们要履行对人民的承诺，努力实现规划提出的奋斗目标。

全市人民要奋发图强，开拓进取，为顺利完成“十一五”规划提出的各项任务，开创经济社会发展新局面，率先全面建成小康社会、率先提前基本实现现代化而努力奋斗！

（注：目录、图表略）

嘉兴市国民经济和社会发展第十一个五年规划纲要

（嘉兴市第五届人民代表大会第四次会议批准）

一、承接良好发展势头，紧紧抓住发展机遇

（一）“十五”时期经济社会发展成就

“十五”时期，全市人民在党的十六大和十六届三中、四中全会精神指引下，牢固树立和认真落实科学发展观，紧紧围绕“十五”计划确定的目标任务，积极增创发展新优势，努力实现发展新跨越，经济总量、地区综合实力和人民生活水平跃上新台阶，“十五”计划确定的主要发展目标提前实现，为“十一五”发展奠定了良好的基础。

综合竞争力进一步增强，结构优化取得新进展。全市综合竞争力排名进入全国200个地级以上城市前50强，各县（市）全部进入全国百强县前30强，全市经济总量在全省位置前移。2005年全市地区生产总值达到1 155.7亿元，五年年均增长14.5%，人均地区生产总值达到3.5万元，是2000年的2.1倍。财政一般预算总收入达到135.1亿元，其中地方财政一般预算收入66.8亿元，分别是2000年的3.4倍和3.5倍。工业化进程继续加快，三次产业结构比例从2000年的11.2∶55.3∶33.5调整为2005年的7.1∶58.9∶34，轻重工业产值比例从68.5∶31.5转变为59∶41，都市型农业发展加快，先进制造业基地建设取得进展，现代服务业发展欣欣向荣。

各项改革继续深入，对外开放水平不断提升。国有经济战略性调整取得成效，构筑了新的国有资产监管体系，国有企业逐步从一般性竞争领域退出，民营经济比重达到70%以上。政府职能转变加快，市级行政审批、核准事项减少68.3%，市场体系进一步健全。开放型经济发展良好，2005全市进出口总额99.22亿美元，其中出口70.44亿美元，分别是2000年的3.6倍和3.7倍，五年累计实际利用外资36.9亿美元，是“九五”时期的5.5倍。

城乡一体化进程加快，基础设施建设进一步完善。城乡一体化的推进体系和推进机制初步形成，“百村示范、千村整治”活动深入开展，2005年全市城市化水平达到50%，城乡公交一体化初步形成，行政村公交通达率达到85%。交通条件继续改善，基本形成市域“半小时交通圈”和市区城市道路骨架网，全市通村公路实现“双百”，乍嘉苏高速公路建成通车，杭州湾跨海大桥及北岸连接线、杭浦高速和申嘉湖高速等重大交通项目开工建设，嘉兴港建设步伐加快，内河航道改造进展顺利。城乡基础设施进一步完善，一批电网和信息化设施相继建成，城市天然气管网工程基本建成，嘉兴联合污水处理厂一期等一批污水处理设施和市区垃圾焚烧发电厂投入运行。全社会固定资产投资额五年累计达到2 578亿元，是“九五”时期的2.8倍。

社会事业全面进步，人民生活水平继续提高。科技综合实力不断增强，浙江清华长三角研究院和中科院嘉兴应用技术与转化中心落户我市，市及各县（市）连续两轮进入全国科技进步先进行列。教育水平不断提高，建成高中园区，初中毕业生升入高中段比例达到94.1%，嘉兴学院实现专升本，高等教育毛入学率达到30%。文化、体育事业发展较快，以江南文化节为载体，群众性文化节庆活动开展有声有色，成功举办了第十二届中国金鸡百花电影节，新体育中心开工建设。市公共卫生中心建成，疾病预防控制和医疗救治能力进一步提高，每千人拥有医生和床位数分别达到1.8人和3.3张。社会保障体系进一步完善，五年新增就业岗位24.5万个，企业职工参加养老保险和城镇居民基本医疗保险人数分别达到66.5万人和61.6万人，农村新型合作医疗保险参保率达到90%。居民生活水平继续改善，2005年全市城镇居民人均可支配收入达到16 189元，全市农村居民人均纯收入8 007元，均为2000年的1.8倍。物价基本稳定，居民消费价格指数年均控制在103以下。生态市建设成效明显，五县（市）通过国家级生态示范区验收，城市环境空气质量达到二级标准，水质进一步恶化的趋势得到初步遏制。

“十五”期间，我市经济社会发展取得了令人瞩目的成绩，但是也存在着一些不容忽视的问题和矛盾。主要是：经济运行的结构性、素质性矛盾仍较突出，经济增长方式仍显粗放，产业层次整体水平不高，创新能力有待加强。体制机制还不能完全适应经济社会快速发展的要求，政府职能转变仍需深化，改革的任务依然艰巨。城市化水平偏低，中心城市的集聚辐射带动效应还不够强，在网络型大城市中的首位度有待进一步提升。社会保障体系尚需进一步完善，就业的结构性矛盾仍然突出，部分群众生活较为困难，社会治安、市场秩序、公共安全等方面还存在不少问题。资源要素和环境容量制约加剧，对经济增长和社会发展的压力进一步加大。这些问题需要我们在“十一五”期间努力加以解决。

（二）“十一五”时期宏观发展环境

“十一五”时期是我市全面建设小康社会的关键时期。这一时期既是黄金发展期，又是矛盾凸显期。我市将面临着机遇与挑战并存、机遇大于挑战的发展环境，重点要把握五大发展机遇，努力化解四大挑战。

一是转变经济增长方式，再创体制机制新优势的机遇。中央提出了落实科学发展观的总体要求，为我市加快经济增长方式转型，加快制度创新步伐，在更高的起点上实现既快又好的发展，明确了更进一步的奋斗目标。

二是承接国际产业转移，促进我市开放型经济新飞跃的机遇。国际产业转移将进入升级期，经济全球化趋势加快，有利于我市提高利用外资水平，为我市优化经济结构，建设先进制造业基地、发展现代服务业提供了历史性机遇。

三是加快自主创新步伐，促进产业升级的机遇。世界范围内的新技术革命方兴未艾，国家提出把自主创新作为转变经济增长方式的中心环节来抓，为我市发挥国家级科研院所优势，推进高新技术产业化和产业结构调整提供了契机。

四是统筹城乡发展，推进城乡一体化的机遇。"十一五"期间国家统筹城乡发展的力度将进一步加大，社会主义新农村建设的任务更加明确，为我市加快建设现代化网络型大城市和社会主义新农村，打造城乡一体化先行之地提供了机遇。

五是交通条件进一步改善，区位优势进一步提升的机遇。随着长三角区域规划的编制实施，长三角各城市间的互动合作将更加密切，尤其是随着长三角城际轨道交通的建设，杭州湾跨海大桥、嘉绍跨江通道的规划建设和高速公路网的形成，为我市进一步提升长三角中心的区位优势，深入接轨上海、加快滨海开发带来了机遇。

我们在必须紧紧抓住机遇的同时，更要认识到面临的新挑战：一是经济发展中的不确定因素增加，国际贸易摩擦和保护主义盛行，石油等资源价格和货币汇率起伏不定。二是经济增长方式转变任重而道远，"十一五"时期我市资源环境约束压力依然较大，而人才、技术、知识等创新要素相对供给不足，转变增长方式需要我们付出更加艰辛的努力。三是经济社会发展仍然面临诸多体制性障碍，政府管理体制改革、社会管理方式改革、垄断行业改革、投融资体制改革仍要进一步完善。四是公共安全、社会稳定面临新的挑战，社会群体间的利益冲突、矛盾增多，由征地、环境污染引发的社会不稳定因素可能增加，疾病预防等公共安全问题需更加重视。

总的来看，"十一五"期间宏观环境总体有利于经济社会发展，但不利因素可能增多，我市将进入一个新的发展阶段和全面转型时期。我们要站在新的历史起点，充分发挥临沪的区位优势、滨海的空间优势和城乡统筹发展的均衡优势三大特色优势，把握机遇，化解矛盾，以高度的历史责任感、强烈的发展意识和奋发有为的精神面貌，坚持走在前列、干在实处，努力实现经济社会持续快速、健康协调发展，全面提升我市综合实力和竞争力，切实改善城乡居民生活水平，基本实现全面小康社会的目标。

二、认真落实科学发展观，全面建设小康社会

（一）"十一五"时期经济社会发展总体要求

"十一五"时期我市国民经济和社会发展的指导思想是：以邓小平理论和"三个代表"重要思想为指导，以科学发展观统领经济社会发展全局，按照"干在实处、走在前列"的要求，坚持以经济建设为中心，坚持以人为本，以加快发展为主题，以转变经济增长方式和产业结构优化升级为主线，以改革开放创新为动力，深入实施接轨上海扩大开放、滨海开发、新型工业化、城乡一体化、科教兴市、和谐发展六大战略，建设长三角经济强市、杭州湾滨海新市、江南水乡文化大市，加快推进富民强市，努力构建和谐社会，基本实现全面小康社会目标，为提前基本实现现代化打下坚实基础。

——长三角经济强市。地区生产总值增速和人均地区生产总值位于长三角前列，综合经济实力位置前移。产业结构合理，特色明显，产业层次进一步提升，部分产业具有较大的比较优势。创新成为经济发展的重要力量，三次产业协调、融合发展，基本形成经济与人口、资源、环境相协调、可持续的发展格局。

——杭州湾滨海新市。现代化网络型大城市的框架基本形成，中心城市能级日益突出，功能不断完善。区域整体联动发展，城乡基础设施布局合理、配套完善。港口对城市发展的带动作用得到进一步发挥，临港型产业成为经济发展的重要增长极，滨海新区成为现代化网络型大城市的重要功能区，滨海新市特色更加鲜明。

——江南水乡文化大市。文化基础设施体系和公共文化服务体系比较完善，文化的社会公共服务能力不断增强，文化事业繁荣，文化产业发达，文化生活丰富，文化地方特色鲜明。科技、教育、卫生、体育等事业有长足发展，公民素质优良。嘉兴人文精神进一步弘扬，历史文化底蕴充分显现，水乡民俗文化传承发展，现代文化特色彰显，形成具有时代特征的江南水乡文化。

（二）"十一五"时期经济社会发展目标

根据上述指导思想和城市定位，我市"十一五"经济社会发展的目标是：加快推进富民强市，基本实现全面小康。

主要目标：

——综合实力显著增强。在优化结构、降低消耗、提高效益的基础上，全市生产总值年均增长12%，到2010年达到2 000亿元左右，人均生产总值达到6万元左右（按户籍人口计算）；产业结构进一步调整，服务业增加值比重达到40%左右；财政实力进一步增强，地方财政收入年均增长13%左右；投资消费更趋合理，全社会固定资产投资五年累计突破5 000亿元，年均增长12%左右，社会消费品零售总额年均增长12%左右，到2010年，达到660亿元。

——自主创新能力进一步提高。科技综合实力明显提升，形成一批拥有自主知识产权的产品和知名品牌，建成一批企业科技研发中心，区域科技创新体系进一步完善，到2010年，科技研发经费支出占地区生产总值比重达1.5%以上，高技术产业增加值占工业增加值比重达到10%左右。

——改革开放更具活力。社会中介服务体系更加健全，政府职能转变和要素配置市场化取得明显进展，民营经济、外资经济蓬勃发展，初步建立落实科学发展观的体制保障。开放型经济达到新水平，到2010年，进出口总额达到200亿美元左右，年均增长15%，五年累计实际利用外资65亿美元，基本形成比较完善的社会主义市场经济体制和全方位、宽领域、多层次对外开放格局。

——城乡一体化形成新格局。社会主义新农村建设取得新进展，非农从业人员比重达到88%左右；中心城市能级进一步提升，中等城市和中心镇协调发展，基本形成布局合理、功能互补的现代化网络型大城市，城市化水平达到60%左右。城乡二元结构从根本上得到破解，基本建成覆盖全市域的基础设施和社会事业共享体系，基本形成城乡一体、互促共进、协调发展的新格局。

——文化大市建设取得重大进展。市民的思想道德素质、科学文化素质和健康素质进一步提高，现代国民教育体系、人才支撑体系、医疗卫生体系和全民健身体系更加健全，文明城市创建取得新突破。到2010年，文化产业增加值占地区生产总值比重达7%以上,高等教育毛入学率达到50%,公民平均受教育年限达到10年,每千人医生数达到2人,人才总量年均增长10%以上。

——可持续发展能力明显提高。生态市建设取得明显进展,环境恶化趋势得到有效遏制,地表水主要监测断面水质四类及优于四类比例提高十个百分点,城市污水集中处理率达到80%,继续实施污染物排放总量控制,河道水质有明显改善。循环经济发展成效明显,资源利用效率有较大提高,单位生产总值综合能耗下降15%以上。

——社会保障体系进一步健全。社会保障体系比较健全,基本形成覆盖城乡居民的基本养老和医疗保障体系,新增22.5万个就业岗位,城镇居民登记失业率控制在4.5%以下。城乡居民收入和家庭财产普遍增加,城镇居民人均可支配收入和农村居民人均纯收入年均增长8%。人民生活更加殷实,居住、交通、工作、休闲等方面环境有较大改善,公共安全体系建设进一步完善。

——公共服务能力明显加强。"法治嘉兴"建设成效明显,经济社会生活的法制环境不断改善,人民群众的政治、经济和文化权益得到切实尊重和保障,基层民主更加健全,社会秩序良好。政府决策的科学化、民主化水平进一步提高,防灾减灾和应急避险能力进一步加强。按照公共服务均等化的要求,逐步缩小城乡公共服务差距。

(三)"十一五"时期经济社会发展战略

实现"十一五"的奋斗目标,必须深入实施接轨上海扩大开放、滨海开发、新型工业化、城乡一体化、科教兴市、和谐发展六大战略。

实施接轨上海扩大开放战略。积极接受上海辐射,全方位参与周边城市合作,主动发挥在长三角中的独特作用。拓展开放领域,优化开放环境,提高开放水平,促进内外资联动,全面提升经济国际化水平。以开放促改革、促发展,为经济社会发展创造新的活力。

实施滨海开发战略。充分发挥滨海资源优势,加快滨海开发,以滨海新区开发建设为重点,建立统筹开发建设机制,统筹规划、统筹政策、统筹协调、统筹建设,形成滨海新区开发合力。合理利用岸线资源,加快港口开发建设。大力发展以临港工业、港口现代物流业和滨海旅游业等为代表的临港型产业。加快滨海新区基础设施建设,强化配套功能,促进要素集聚,争创开发优势。

实施新型工业化战略。加快转变经济增长方式,大力发展高新技术产业,积极应用先进适用技术改造提升传统产业,加快推进产业结构调整。鼓励和推进技术创新,扶持和培育拥有自主知识产权的技术和知名品牌。加快发展现代农业和现代服务业,促进三次产业融合发展。

实施城乡一体化战略。统筹城乡功能布局,统筹城乡经济和社会事业发展,充分发挥城乡各自特色和优势,加快推进现代化大城市和社会主义新农村建设,推进以城带乡、功能互补、特色鲜明的一体化发展格局的形成。

实施科教兴市战略。推进科技强市建设,充分发挥科技"第一生产力"作用,着力提高自主创新能力,尽快形成具有区域特色的自主创新体系。加大人才强市建设力度,充分发挥人才"第一资源"作用,缓解人才结构性矛盾。加快教育事业发展,完善终身教育体系,创建学习型城市,全面提升城乡居民的综合素质。

实施和谐发展战略。更加注重发展各项社会事业,更加注重社会建设与管理,更加注重推进充分就业,更加注重人的全面发展,完善社会保障,维护社会安定,促进经济发展与社会进步的和谐。大力发展循环经济,加强生态保护和环境治理,促进可持续发展,形成尊重自然、爱护自然,人与自然和谐相处的格局。

全面实现"十一五"各项目标,我们要着力构建活力嘉兴、人文嘉兴、生态嘉兴、法治嘉兴、平安嘉兴,进一步树立以人为本的发展理念,将全面协调可持续的科学发展内涵渗透到经济社会发展的各个环节,创立集约发展的新模式,重点抓好以下八个方面的任务:提高自主创新能力,推动产业结构优化升级;全力推进滨海开发,促进海洋经济发展;加快现代化大城市和新农村建设,推进城乡一体化进程;积极推进改革开放,增强体制机制活力;发展循环经济,建设资源节约型和环境友好型社会;加强基础设施建设,改善区域发展环境;加快建设文化大市,全面发展社会事业;完善各项社会保障,努力促进社会和谐。

三、加强区域空间引导,优化空间布局框架

积极推进生产要素和社会资源的高效利用,促进生产力布局调整和区域经济一体化协调发展,进一步优化市域空间布局,形成"一主五副三带两翼"市域空间架构。

(一)加强空间分区引导

以市域空间开发管制理念为指导,将市域空间划分为重点开发区域、优化开发区域、限制开发区域、禁止开发区域四大类型,有针对性地制定不同的开发引导措施。

重点开发区域:具有较高的工业开发需求,适合大规模工业开发和城镇建设的区域,主要集中在省级以上开发区(工业园区)、滨海地区和重点工业功能区,是市域产业发展最精华的部分,是现在及未来的城市建成区和先进的制造业基地。主要任务是实现高起点的规划与建设,承接国际先进制造业转移,发展前景广阔的新兴产业,加快人口的有效集聚,力争形成若干新的产业高地和新兴城市。

优化开发区域:开发密度已经较大,环境容量已近饱和,不宜大规模开发建设的区域,主要包括市、县城市的中心发展区域。今后发展方向是调整优化现状用地结构,逐步减少工业用地,增加服务业用地,提升城市服务功能,着力打造现代服务业和高新技术产业集聚区。

限制开发区域:该区域具有较高生态保护和历史文化保存价值,生态条件较为脆弱,不适宜大规模开发建设。包括湿地、湖泊水面、丘陵、生态绿地等生态保护区、景区等,主要任务是强化生态环境保护与整治。

——景区。处理好开发与保护的关系,遵循适度开发原则,确保项目建设对景区及文物不会产生环境污染和景观破坏。主要包括南湖风景名胜区、湘家荡旅游度假区、九龙山旅游度假区、南北湖风景区和乌镇、西塘、盐官等古镇旅游区。

——湿地水网保护区。重点保护秀洲区、嘉善县北部水网密集地带,杭州湾河口及海域湿地,杜绝新的污染源出现。严格控制开发类型和强度。

——杭州湾孤山丘陵保护区。严格保护平湖、海盐、海宁沿海山地丘陵资源,严格控制开发与建设活动,合理发展生态旅游业。

——河流湖泊。保持水域面积总量平衡，严格控制建设活动。

禁止开发区域：有极高的生态保护价值和安全保护作用，不宜进行开发建设活动。主要包括水源地、地下水开采、基础设施廊道、基本农田保护区等法律、法规明确不允许开发区域。

——饮用水源保护区。严格执行水源保护区污染防治有关规定，所有水厂取水口都必须严格分类保护，严禁从事任何可能污染水体的建设活动。

——基础设施廊道。廊道两侧按相关规定，禁止从事与廊道建设无关的开发活动。

（二）优化空间布局

根据我市地理空间分布和城市发展趋势，今后我市将实施"一主五副三带两翼"市域空间框架。

1. 建设"一主五副"网络型大城市。形成以中心城市为核心，五个县（市）级城市为依托的"一主五副"的现代化网络型大城市。

——中心城市，不但是市域的行政服务中心，而且是区域经济增长的重心、人口集聚和科教文卫的中心，体现城市综合竞争力的核心，到2010年，市区非农人口100万左右。同时依托乍浦，充分发挥港口和出口加工区优势，打造杭州湾临港产业基地、保税仓储物流中心、出口加工贸易基地及高技术产业基地。

——嘉善，充分发挥无缝接轨上海的优势，力争成为江、浙、沪交界的制造业重地、外向型经济发展的集聚地和旅游休闲基地。

——平湖，充分发挥临沪滨海的优势，努力打造临港工业基地、高技术产业基地和港口物流中心。

——海盐，充分发挥"双桥"经济带优势，做足滨海文章，大力建设临港工业和滨海旅游基地。

——海宁，充分发挥接杭临江优势，努力打造轻工制造业基地和观潮旅游、休闲购物基地。

——桐乡，充分发挥市场和旅游优势，打造临杭特色产业基地和全国著名的古镇旅游景区。

2. 构筑南部滨海城镇产业发展带、中部沿路城镇产业密集带、北部特色农业和古镇旅游带三大各具特色的功能带。

——南部滨海城镇产业发展带。位于杭浦高速公路以南至杭州湾沿岸的狭长地带区域。依托国家一类对外开放口岸——嘉兴港和国家级嘉兴出口加工区，充分发挥乍浦经济开发区、海盐经济开发区的作用，以滨海新区、海盐黄沙坞围区、海宁尖山新区、海宁对外农业综合开发区以及乍浦镇、武原镇、澉浦镇、盐官镇等"四区四镇"为载体，突出滨海新区开发，重点发展临港工业、港口物流和滨海旅游。

——中部沿路城镇产业密集带。位于杭浦高速公路以北和申嘉湖高速公路以南之间，是嘉兴市域产业和城市发展的主轴线。以嘉兴经济开发区、嘉兴工业园区、秀洲工业园区、嘉善经济开发区、平湖经济开发区、海宁经济开发区和桐乡经济开发区为重点，整合一批邻近的乡镇工业功能区，重点发展高技术产业、装备制造业和特色优势产业等先进制造业和现代服务业。加快推进中心城市和嘉善、平湖、海宁、桐乡城区建设，提升城市发展能级。

——北部特色农业和古镇旅游带。位于申嘉湖高速公路以北至市域西北边界，该带靠近太湖，河网发达，是典型的水网地带。主要以原生态为特色，大力发展非工产业，重点发展蚕桑、水产、蔬菜等特色农产品和休闲观光农业以及乌镇、西塘的水乡古镇旅游，形成一个人口低密度、生态高标准、环境高质量的水乡特色产业带。

3. 保护和合理开发南北生态两翼。

——北翼主要由市域北部边界河网、林地的绿色生态组成，是我市北部的主要绿色屏障，对于我市环境治理和水质提升有着极其重要的作用。要进一步加强林地建设和湿地保护，严格控制环境污染。

——南翼由我市沿海海域蓝色生态组成，是我市海洋资源和海洋生态环境的蓝色屏障。要严格控制入海污染物排放总量，加强河口港湾和近岸海域的生态环境修复，合理利用深水岸线和滩涂资源，加快港口建设和临港工业发展，大力发展海洋经济。

四、提高自主创新能力，推动产业结构优化升级

坚持走新型工业化道路，突出三次产业融合、互动，把提高自主创新能力作为产业结构调整和经济增长方式转变的中心环节，推进农业从传统农业向都市型农业转型，工业由低层次加工向高新技术应用转型，服务业由市域小服务向区域大服务转型，进一步提升我市产业竞争力。

（一）加快自主创新步伐

进一步完善自主创新的体制机制，提高区域自主创新能力，增强科技创新对经济发展的推动作用，努力打造省内重要的科技创新基地和科技成果转化基地。

积极推进技术创新。提升原始创新、集成创新和引进消化吸收再创新的能力。针对都市型农业、先进制造业、现代服务业、海洋经济、循环经济等发展重点，组织实施一批影响面广、关联度大的科技攻关项目，抓住优势产业中的关键技术和共性技术进行重点突破，重点研究开发和推广应用网络通信技术、微电子技术、新能源技术、现代装备技术等先进生产技术，积极支持企业多形式、多渠道引进吸收实用技术。

加强品牌培育。引导企业由贴牌生产向创牌生产转变，提升产品附加值，提高各类企业和产业核心竞争力。加大知名品牌、"老字号"品牌的扶持力度，形成一批市场占有率和技术含量高，具有相当竞争优势的品牌产品，鼓励企业和产品争创中国驰名商标和中国名牌，到2010年，拥有省级著名商标和名牌产品各100个以上，中国驰名商标和中国名牌15个以上。

加强创新载体培育。积极推进浙江清华长三角研究院、中科院嘉兴应用技术研究与转化中心、乌克兰国家科学院国际技术转移（嘉兴）中心等科技创新载体建设，发挥嘉兴学院、嘉兴职业技术学院、南洋职业技术学院、36研究所、市农科院等科技研发力量，逐步构建由国内外高校科研院所与嘉兴本地科研院校重点学科、品牌专业、尖端人才相结合的创新支撑体系，嘉兴科技城、科创中心、公共技术平台形成的研发支撑体系，企业、园区技术研发中心为主的应用技术支撑体系三个互动互补的层次，形成比较完善的区域科技创新体系。建成市科创中心二、三期工程，加强各孵化器间的资源共享与交流，增强向企业提供技术、成果转化等功能。到2010年，建成省级企业研发中心100家，区域（行业）技术服务中心30家。

完善自主创新机制。加强自有知识产权培育，建立健全研究开发和申报知识产权的激励机制和服务体系。完善社会化科技服务体系，发展无形资产评估、技术经纪、专利事务、技术推广等中介服务机构,促进科技成果转化。大力扶持科技型中小企业发展,培育壮大民营科技队伍,积极落实技术、管理要素参与收益分配的政策。加快培育风险投资机构,对风险投资机构投资的高新技术产业化项目,优先安排扶持资金和贷款贴息。

(二)建设先进制造业基地

工业经济是我市国民经济发展的支柱产业和主要推动力量,"十一五"期间工业发展仍将是经济发展的重中之重。要努力实现推进新型工业化进程与转变经济增长方式的有机结合,把我市建成为环杭州湾结构优、水平高、效益好的先进制造业基地之一,工业增加值年均增长13%左右。

加快产业集群化发展。大力实施环杭州湾产业带嘉兴产业区规划,积极贯彻先进制造业导向目录,实施工业产业集聚提升战略,重点发展临港工业、高技术产业、装备制造业和特色优势产业四大产业集群产业。临港工业以化工新材料、能源、造纸、新型建材、船舶修造业为主,高技术产业以电子信息、新材料、生物医药为主,装备制造业以汽车零部件、机械标准件、电器成套设备为主,特色优势产业以纺织服装、皮革制品、化纤、经编、家纺、家用电器和木业家具等为主。努力建成全国性的化纤、皮革、纺织、出口服装、经编、家纺、特种纸等行业制造中心和长三角的电子、石化、汽车配件、新型建材、船舶修造、木业家具等产业重要基地。

大力推进高技术产业化和信息化进程。依托国家(嘉兴)机电元件产业园,集中力量重点发展电子元器件、光机电一体化产业,抓住机遇发展软件、生物医药、新材料、新能源、环保和资源综合利用产业,大力实施制造业信息化工程、新材料工程和产品升级工程,加快运用高新技术和先进适用技术改造提升传统产业。以信息化带动工业化,广泛应用信息技术,不断提高企业信息化水平,推进机械、纺织、轻工、电子、化工、医药等产业信息化改造。到2010年,高技术产业增加值比重达到10%左右,主要行业骨干企业的工艺技术及装备达到国际先进水平。

加强工业发展载体建设。抓住各种有利时机,推动省级开发区(工业园区)的提升扩容,增强研发、信息、标准、培训、营销等服务功能,构筑有较强竞争力的工业发展平台。充分发挥嘉兴经济开发区的龙头和引领作用,加快东北工业新区、西南工业新区等功能区块的开发建设,积极申报国家级经济技术开发区和出口加工区,努力成为我市集约发展的示范区和先进制造业的主导区。坚持集约集聚发展,科学制定开发区项目准入标准和投资强度、建筑容积率、产出效益的评定标准,不断提高开发区建设的质量和水平。到2010年,全市省及省以上开发区(工业园区)力争实现工业增加值400亿元,占全部工业增加值的比重达到40%以上。

支持企业做大做强。继续加大企业技术改造投入,突出抓好一批投资亿元以上的重大工业生产性投资项目建设,确保工业生产性投入年均增长12%以上。努力创造条件,扶持中小企业发展,加快引导和培育一批能代表我市现代工业水平、主业突出、核心竞争力强的大企业、大集团,到2010年,形成年销售收入超10亿元的大企业70家,其中超100亿元的2家。

(三)大力发展现代服务业

把服务业作为产业结构优化升级的战略重点,积极推进现代服务业发展。重点突破生产性服务业,繁荣振兴传统服务业,努力提高服务业的规模和水平,服务业增加值年均增长13%左右。

大力发展现代物流业。重点建设以嘉兴港和内河集装箱港为主的海河联运物流基地、以沪杭高速和乍嘉苏高速沿线为主的物流走廊,加快发展第三方物流,努力形成长三角重要的现代物流枢纽,到2010年,物流业增加值突破100亿元。

加强大型专业市场建设。大力提升一批影响大、带动作用强的大型专业市场功能,努力建成茧丝绸、皮革、羊毛衫、家纺等行业全国性的交易中心和丝织、汽车、农产品、副食品等区域性的交易中心,加快开展一批新市场的筹建工作。大力发展会展经济,积极采用"农改超"等多种形式改造、提升传统农贸市场,到2010年市场成交额突破1 000亿元。

大力发展休闲旅游业。进一步完善乌镇、西塘、盐官、九龙山、南北湖、南湖、湘家荡、市区环城河等重点景区设施建设,加快建设北部古镇湿地、中部都市休闲、南部滨海风光三大旅游区,打响"红色之旅"品牌,着力发展富有江南水乡特色的"农家乐"休闲旅游,到2010年全市接待游客达到2 600万人次,旅游收入突破200亿元。

加快发展职业技术教育。通过东西部合作、校企合作等方式,加快长三角职业教育基地建设,重点培养一批适应长三角产业升级和生活服务需求提高的专业技术人才。到2010年,建成3所高等职业技术学院和市职业教育园。

健康稳妥地发展房地产业。继续扩大经济适用房、拆迁安置房等面向大众的低成本住房建设规模,有序发展中高档住宅,满足居民不同层次的消费需求,积极发展标准厂房、总部经济、养老公寓等新型房产。

全面推进各类服务业发展。进一步提高商业服务活力,调整优化商业布局,推进市区特色街区和大型商贸设施建设。重视中介服务业发展,大力引进国内外知名机构,深化中介组织改制,拓展中介专业服务领域。进一步繁荣金融保险业、信息服务业、社区服务业和公共服务业。

加速服务业领域的改革开放。贯彻实施加快发展服务业的各项政策意见,打破行业垄断,消除政策性歧视。积极实施服务产业品牌战略,做大做强企业规模,提高现代服务业发展的层次和整体竞争力。加快服务业招商引资,争取在"十一五"期间,服务业引资占全部引资的比重达到25%。

(四)积极发展都市型农业

以农业增效、农民增收和农村繁荣为目标,积极发展以高效、生态、外向为主要标志的都市型农业,重点发展名特优、生态和高附加值的种养业和农产品加工业,展现我市鱼米之乡特色和绿色家园环境,农业增加值年均增长4%以上。

加强农业优势主导产业建设。进一步组织实施农产品优势品牌战略,改造提升优质稻米、"双低"油菜、畜禽和蚕桑等传统农产品品质,巩固发展蔬菜、特色瓜果、特种水产等特色产业,培育壮大种源种业、花卉苗木、生态林业等新兴产业,大力发展农业休闲观光项目和农村民俗文化旅游,拓展农业旅游和文化功能。到2010年,全市蔬菜瓜类、晚稻和"双低"油菜基地面积分别稳定在180万亩、185万亩和80万亩左右,农业休闲观光旅游收入超亿元。

大力推进农业产业化经营。积极发展农产品加工流通业,重点加强粮油、畜禽、水产、果蔬四大特色农产品加工体系建设,加快形成辐射能力强、覆盖面广、交易成本低的农产品流通体系。加快农业经营组织创新体系建设，推广各类产业经营新模式，努力形成"公司＋专业合作社＋农户"的产业经营新格局，增强农业抵御市场风险能力。

完善农业保障体系。加强农业基础设施建设，新建标准农田25万亩，改造中低产田100万亩，新建、改建标准化圩区140万亩，确保我市粮食生产能力。创新农技推广模式，加强农资管理和农技队伍建设，培育农业科技创新主体，积极扶持农业科技产业化，加快嘉兴国家农业科技示范园等一批科技园区建设，培育一批有较强竞争力的农业科技企业，建成长三角重要的农业科技和种子种苗中心。完善农产品质量安全和检测体系，探索建立农业保险体系。加快农产品产地环境认证、生产技术规范和产品质量安全标准的制定，进一步推进农业标准化生产，大力发展绿色农业农产品和有机农产品。

五、全力推进滨海开发，促进海洋经济发展

杭州湾北岸滨海地区是我市极具开发潜力和开发价值的区域，是我市发展海洋经济的主要载体。要合理利用滨海岸线和陆域资源，统筹谋划区域发展，加快制定滨海开发战略实施方案，积极推进滨海地区的开发建设，逐步建成长三角临港工业的新兴区和区域物流的中心区，真正成为我市"十一五"发展的新增长极。

统筹开发建设滨海新区。开发滨海新区是实施滨海开发战略的重中之重，要按照"四统两分"的原则，统筹编制滨海新区港口、产业、城镇和基础设施的空间布局规划，研究制订区域内拆迁安置补偿、项目准入、企业用地、水电收费等各项开发政策，合理安排道路、供水、供电、通信、围堤等重大基础设施项目布点建设。

加快港口建设。基本建成乍浦港区，全面开发独山港区，加快启动海盐港区建设，加强各项基础设施配套建设。鼓励各类公用码头和货主码头的建设，进一步拓展现有码头功能，发展集装箱运输。到2010年，拥有万吨级以上深水码头泊位37个，千吨级泊位13个，年货物吞吐能力4 000万吨，其中集装箱吞吐能力达到26万标箱/年，旅客吞吐能力10万人次/年，使嘉兴港建设成为上海国际航运中心的重要组成部分。

大力发展临港工业。重点发展化工新材料、能源、新型建材、造纸、船舶修造业，积极做好PTA、PX等一批项目前期工作，力争开工建设。突出引进产业拉动力强、成长性好、投入产出高的大型临港"龙头"项目，不断优化临港工业结构，延伸产业链，推动临港工业向规模化、集群化、高端化发展，把临港工业打造成为我市发展最好的"龙头"产业之一，成为我省环杭州湾临港型产业的重要组成部分。

充分发挥出口加工区作用。重点引进电子、机电、精密器械、汽车配件等高新技术产业，形成光机电、电子等技术密集型企业的出口加工基地。尽早完成3平方公里开发建设，打响出口加工区品牌，成为我市开放型经济的金字招牌，建设成为我市高新技术产业的先导区和提升外资利用水平的重点区。到2010年，力争出口加工区单位平方公里产值达到10亿美元。

加快港口物流发展。充分利用海河联运优势，加快发展港口物流业，尽早开通嘉兴港到洋山港区的支线航线和到其他港口的定期航线。到2010年，建成港口仓储、液体化工、粮食和煤炭物流中心。加快建设以嘉兴内河港国际集装箱港区为核心、各县（市、区）内河码头相配套的内河港口群，建成具有一定规模的以集装箱中转为主的物流中心。在继续抓好主干公路及铁路建设的同时，重点推进高等级航道网的建设，努力实现嘉兴内河港与嘉兴港、上海洋山港、宁波—舟山港的海河联运。

推进滨海旅游。重点加强平湖九龙山旅游度假区、海盐南北湖风景名胜区、海宁盐官观潮胜地等著名景区建设，加快大桥观光、海宁"百里观潮旅游长廊"、海盐白塔山海岛等新兴景区的开发，逐步形成观潮旅游、休闲观光旅游等具有特色的滨海黄金旅游线。

六、加快现代化大城市和新农村建设，推进城乡一体化进程

深入实施城乡一体化战略，以《嘉兴市城乡一体化发展规划纲要》为指导，以深化城乡配套改革为动力，加快建设现代化网络型大城市和社会主义新农村，进一步优化生产力布局，努力破解城乡二元结构，基本形成城乡协调发展的体制和机制，到2010年，城市化水平达到60%。

（一）加快现代化网络型大城市建设

城市化是我市当前推动城乡一体化发展的重点工作。加快推进城市化进程，努力构筑以中心城市为核心，以高速公路、城际快速通道、互联网等现代交通信息网络为纽带，联接各副中心城市和乍浦的现代化网络型大城市，形成以城带乡、以乡促城的发展新格局，整体提升城市竞争力。

突出发展中心城市。进一步完善市区"一体两翼"发展格局，优化提升中心城区100平方公里功能布局，逐步形成商贸金融区、文体会展区、高教区、市场物流区、旅游区、高技术产业区。商贸金融区以老环城河以内区域为主，主要进行"三街六片区"改造，文体会展区以会展中心、文化中心和体育中心为主，高教区以嘉兴学院和嘉兴职业技术学院为主，市场物流区以市农产品交易中心、汽车商贸园、王店物流中心和内河集装箱港为主，旅游区以南湖名胜区和湘家荡旅游度假区为主，高技术产业区以高新技术产业园为主，逐步形成以大三产为主，以高技术产业为支撑的中心城区产业发展格局。同时，加快南湖区、秀洲区商贸副中心和运河新区建设。

加快发展副中心城市及中心镇。大力发展嘉善、平湖、海宁、海盐、桐乡等副中心城市和乍浦，加大城市配套设施建设，加强与中心城市联系的快速通道建设，实现中心城市与各副中心的密切联系。要以错位发展和挖掘特色为原则，使中心城市与各副中心间形成功能完善、分工明确、联系密切的有机整体。有序发展中心镇和特色镇，大力提高小城镇集聚程度和建设水平，强化工业和居住功能区的建设，形成一批有各自产业支撑的工业镇、商贸镇、港口城镇、旅游古镇和卫星镇。

加强城市管理。深化城市管理体制改革，创新城市管理方式，加快建设"数字城管"，建立健全规范高效的城市管理体制和运行机制，提高城市综合执法能力，逐步解决城市管理中的热点、难点问题，形成城市管理的长效机制，努力为城市居民营造更好的创业、居住环境。市区深入推进"五城联创"活动，在2006年底前全面实施"数字城管"，进一步加大市容环境综合整治力度，加快园林绿化和河道整治，建设"水都、绿城"，提升城市品位，改善城市环境，到2010年，城市人均公共绿地达到11.5平方米以上。

（二）大力推进社会主义新农村建设

建设社会主义新农村是我市城乡一体化进程中的重大历史任务，按照生产发展、生活富裕、乡风文明、村容整洁、管理民主的要求，切实加大城市反哺农村、工业反哺农业的力度，扎实稳步推进社会主义新农村建设。

深化城乡配套改革。进一步完善农村居民社会救助、优抚安置、计划生育等方面的制度措施,继续深化户籍管理制度改革,建立按居住地登记的居民户籍管理制度。完善农村土地制度,按照依法自愿、有偿的原则,稳步推进农村土地承包经营权有序流转,探索建立农村居民宅基地有序转让机制,完善统一的土地征用补偿机制。加快城乡劳动就业和社会保障等各项制度改革,完善农村社会养老保险办法,切实保障被征地农民合法权益。多渠道筹措资金,逐步实施城乡居民合作医疗保险与城镇职工基本医疗保险、城镇职工基本养老保险与农村社会养老保险的接轨。完善财政转移支付制度,增强各级财政对农村各项事业的支持力度。

建设新型农村社区。深入实施"百村示范、千村整治"工程,加快村庄整理和环境整治,实现农村生活垃圾收集处理全覆盖。以规划建设中心村为载体,进一步整合自然村和农村居民点,统一规划和集中建设农村居民住宅,按照经济实用、安全美观的原则,加强对农民建房指导。继续推进农村康庄工程建设,合理规划路网布局,新建、改建农村公路2 000公里,实现城乡公交一体化。加快城镇供水、供气等公用设施向农村社区延伸,改善农村公用设施条件,基本形成城乡供水一体化格局。加强农村社区信息化建设,加快城市信息网络体系、信息应用体系和信息资源体系向农村社区辐射和延伸,扩大"农业信息网"和"农民信箱"应用覆盖面。实施百镇连锁超市和千村放心店工程,推进农村现代流通网、群众监督网和监管责任网建设,努力营造安全放心的农村消费环境。加强基层卫生工作,全面完成乡镇卫生院、村卫生室向社区卫生服务中心、社区卫生服务站转型,完善县、镇、村三级预防保健网络。丰富和活跃城乡群众文化生活,认真开展农村"十、百、千"文化阵地建设和文化示范村创建活动,完成全市行政村文化活动中心建设,让农民充分享受先进文化成果。

全面提升农民素质。把提升农民素质作为推进城乡一体化的基础工程,深入实施"百万农民培训工程",加快农村劳动力向第二、三产业转移。加强农村劳动力技能培训和对农业专业户、农业企业经营者、农业科技推广人员的专业培训,加强被征地农民就业岗位的培训工作,提高被征地农民的劳动技能,培育一支适应现代农业生产经营需要的农业生产经营人才队伍。积极开展农村成人教育,全面提高农村后备劳动力的文化水平和专业技能,进一步提高农民整体素质。"十一五"期间全市培训农村新增和富余劳动力80万人次。

七、积极推进改革开放,增强体制机制活力

(一)继续深化改革

把深化改革和制度创新作为经济社会发展的主要动力,积极突破影响生产力发展的体制性障碍,营造体制机制新优势,提高综合竞争力。

进一步深化行政管理体制改革。以精简、统一、效能为原则,把加快建设法治政府的各项改革举措有机结合起来,实现政府职能的根本转变。按照《行政许可法》要求,进一步减少和规范行政许可和非行政许可审批行为,加快构建行为规范、运转协调、公正透明、廉洁高效的行政管理体制。推进依法行政,强化对审批行为、审批后续等的监督失责行为的追究,继续完善审批服务中心功能,深化招投标平台建设。建立健全公共财政体制,优化财政支出结构,不断深化部门预算、国库集中支付、政府采购和收支两条线管理制度改革,进一步降低行政成本,规范政府性债务管理。推进政务公开,完善各种类别的听证会制度和重大决策前的专家咨询、论证、群众评议制度。推进"政事分开、管办分离",加快生产经营型、社会中介型事业单位的转企改制,进一步深化监督管理类、社会公益类事业单位的改革,提升管理和服务能力。加强电子政务建设,基本建成面向政府、企业和个人的电子政务应用体系,提高政府监管能力、工作效率和公共服务水平。

加快投融资体制改革。确立企业的投资主体地位,实行谁投资、谁决策、谁受益、谁承担风险。放宽投资领域,打破行业垄断,引导和鼓励社会投资,实行企业投资登记核准、备案制。深化政府投资项目管理,完善政府投资管理办法,全面推行政府投资项目公示制、招投标制、后评价制和责任追究制度。加大国有经济布局和结构调整力度,深化国有企业改革,进一步完善国有资产监督管理,提高国有资产经营公司的运营能力,防止国有资产流失,确保国有资产保值增值。拓宽企业融资渠道,加大直接融资力度,推进企业上市和债券发行,加大与境内外金融机构合作力度。加快金融体制改革,吸引民资、外资参与我市金融企业的改造,推进地方金融企业的产权流动和重组,加快引进一批境内外金融机构,切实提高银行业资产质量和盈利水平,维护金融业稳定和安全。加强中小企业信用担保体系建设,建立小企业贷款风险补偿制度。

扎实推进社会管理体制改革。适应户籍制度改革、企事业单位改革、城市化、国际化程度提高的新形势,加快社会管理体制从单位管理为主的模式向属地管理为主的模式转变,从行政控制的模式向政府社会共同管理模式转变。加强社区自治组织建设,不断丰富社区服务内涵,突出抓好劳动就业、社会保障、民政事业等事项的属地化管理工作和法律援助工作。推进行业协会、商会管理体制改革,大力加强社会团体、民办非企业单位等中介机构的培育,积极发挥民间组织在社会管理中的地位和作用,到2010年,全市各类行业协会达到100家。

推进规划体制改革。加强国民经济和社会发展规划的战略性和宏观性,确立其在各类规划中的统领地位。切实强化空间规划功能,进一步明确专项规划定位,增强区域规划在特定区域的指导性,统筹做好区域规划、城市总体规划和土地利用规划。完善规划综合协调管理机制,整合规范资源,注重衔接协调,扩大公众参与,健全专家论证,完善审批发布,强化组织实施。坚持以规划带项目,进一步发挥配置资源的导向作用,有效增强规划对于开发建设活动的指导性和约束性。

大力推动民营经济新飞跃。进一步优化民营经济发展环境,加快制度创新、技术创新、管理创新,推进民营企业向高端化、品牌化、国际化发展,提高竞争力。遵循"非禁即入"的原则,鼓励和支持非公有资本进入基础设施、公用事业及文化产业等领域,建立市场准入、税收管理、规费标准、金融贷款、部门服务"五个平等"新机制。引导有条件的民营企业以资本为纽带,打破封闭式股权结构,创新管理机制,建立现代企业制度。鼓励和支持民营企业积极参与国内外经济技术合作和竞争,实现内源式发展与开放发展良性互动。到2010年,民营经济比重达到80%。

健全现代市场体系。积极推进资源要素市场化,重点推进工业用地市场化配置改革,试行土地出让年租金制度。进一步提升市场的信息、结算等服务功能,促进商品市场整体素质的提高。规范发展产权交易市场，大力培育土地、技术、人力资源等要素市场，积极拓展债券、信托、租赁和保险市场，为我市经济社会发展提供要素支撑。继续整顿和规范市场经济秩序，打击制假售假、商业欺诈行为，加强食品药品安全监管，重点整治损害人民群众生命安全和身体健康、给经济社会发展造成重大危害、给人民群众造成重大经济损失三类问题。加快社会信用体系建设，充分发挥企业信息发布查询系统的功能，积极建立健全个人信用征信系统，健全失信惩罚制度，形成以道德为支撑、产权为基础、法律为保障的社会信用制度。

(二)坚持扩大开放

积极实施接轨上海扩大开放战略，全力打造浙江省接轨上海扩大开放的前沿阵地，不断优化开放环境、拓展开放领域、丰富开放内涵，力求在更大范围、更广领域、更高层次上融入国内区域合作和世界经济体系，进一步增强我市综合竞争力。

提高利用外资水平。全面实施"招商选资、量质并举"的招商策略，努力引进技术含量高、产业链长、带动能力强、环境污染小的大项目。积极引导外资投向高技术产业、优势特色产业、农业及农产品深加工等领域，进一步加快现代物流、大型超市、基础设施、科技教育、卫生旅游和中介咨询等服务行业利用外资的步伐，积极引进国外大公司、大集团。鼓励外资通过参股、合作、兼并等多种形式参与国有和民营企业的改组、改造，引导有条件的外商投资企业增资扩股。继续优化投资环境，降低企业投资商务成本，增强服务和接待能力。五年累计实际利用外资65亿美元。

加快外贸增长方式转变。实施出口商品名牌战略，优化出口商品结构，进一步提高高新技术、机电产品出口比重，扶持高档面料、汽车零部件、仪器仪表、机械设备、标准件等产品出口，建成全国重要的纺织服装、皮革出口产品基地建设。坚持多元化发展战略，在巩固拓展亚洲、欧盟、北美市场的同时，加快开发东盟市场、中东、非洲等新兴市场。扶持地方特色产品利用广交会、华交会等国内出口交易平台开拓国际市场。逐步建立"两反一保"预警机制，加大对企业开展国际标准体系认证和各种反倾销、反补贴调查应诉工作的指导力度。加快大通关建设步伐，提升口岸服务水平和效率。加大能源、矿产资源、原材料的进口，积极鼓励引进先进技术和关键设备，到2010年，进出口总额达到200亿美元，年均增长15%，其中出口141亿美元，年均增长15%。

完善"走出去"促进体系。加大境外投资促进和政策扶持力度，积极引导已具备一定实力的企业向外投资拓展。大力推进境外实业型生产性投资，重点推动我市有比较优势的皮革、纺织、服装、羊毛衫、木业等民营企业采用多种方式开发利用境外资源，积极探索采用收购兼并境外有品牌、有市场、有技术的企业，提高跨国并购的能力。

加强国内经济合作与交流。深化接轨上海战略，发挥独特优势，在服务中找准定位，在融入中把握机遇，在发展中壮大优势，加大全方位接轨上海的力度，在接轨中实现借力发展。大力推进长三角区域一体化进程，主动参与区域经济的分工与协作，提升特色产业的竞争优势，抓住上海世博会、杭州休博会的契机，搞好配套服务。加强内资引进工作，积极吸引国内大企业、大集团和高新技术企业来我市投资兴业，"十一五"期间力争引进内资580亿元。积极参与西部大开发和东北老工业基地振兴，利用资金、技术、管理等优势，加强与中西部、东北地区的经济技术合作与交流，要跳出嘉兴发展嘉兴，鼓励和引导资源消耗大、劳动密集型的项目向中西部转移，提高资源要素的整合与利用能力，继续做好对口支援等工作。

八、发展循环经济，建设资源节约型和环境友好型社会

以人与自然和谐发展为目标，按照建设"生态嘉兴"的要求，坚持开源与节流并举，坚持"减量化、再利用、资源化、无害化"原则，大力发展循环经济，加强生态建设和环境保护，努力建设资源节约型和环境友好型社会。

(一)加强资源节约与有效利用

大力推进资源节约和综合利用，着力抓好重点领域、重点行业和企业的节能、节水、节地、节材工作，建设一批"四节"示范工程。

合理利用和开发土地资源。认真贯彻国家、省市各项土地政策，进一步完善建设项目用地控制指标，严格执行投资强度和容积率"双控"指标。加大"腾笼换鸟"和闲置土地处置力度，进一步盘活土地存量，提高土地使用效率。合理开发土地资源，积极开展以农村宅基地整理为主的建设用地复垦，复垦面积力争达到5万亩，完成平湖白沙湾、海盐黄沙坞、海盐港区等围垦工程，争取实施海宁尖山围垦三期工程，新增滩涂围垦面积6万亩左右。

节约利用水资源。加强水资源的综合利用，合理确定用水定额，努力降低节水成本，推进中水回用设施建设，大力发展节水型产业，鼓励农业节水灌溉，推广各类节水器具，认真落实绿化养护、道路清扫用水的替代措施，强化全社会的节水意识，全面促进各项节水工作。到2010年，全社会力争节约用水1.7亿立方米，规模以上工业企业用水重复利用率达到70%以上。

加强能源开发和利用。将节约能源放在能源战略的首位，加大核电、太阳能和生物质能等再生能源的开发建设力度，"十一五"期间市区90%以上新建小区安装使用太阳能利用设备，努力建成长三角综合能源基地。严格实施新建建筑节能50%的设计标准，积极推广节电技术，引导商业和民用节能，在公用设施、宾馆商厦、居民住宅中推广使用高效节电照明产品，提高用电效率。突出抓好电力、钢铁、化工、建材等重点耗能行业和年耗能万吨标准煤以上企业节能工作，到2010年，单位生产总值综合能耗比2005年下降15%以上。

积极推进原材料节约。加强重点行业原材料消耗管理，严格设计规范、生产规程、施工工艺等技术标准和材料消耗核算制度。延长材料使用寿命，努力节约木材和包装材料，进一步加大散装水泥推广力度，到2010年，我市水泥散装量达到1 200万吨，散装率达到75%，继续保持全国先进。

加强资源综合利用。继续做好工业废渣、煤矸石、粉煤灰综合利用于建材、新型墙材等方面的工作，加快发展垃圾发电、废电池等新的资源综合利用项目。积极发展农村户用沼气和牲畜养殖场沼气工程。以再生金属、废旧轮胎、废旧家电及电子产品回收利用为重点，规范健全再生资源回收利用体系。

建立加强资源有效利用的体制机制。认真贯彻清洁生产促进法、循环经济促进法、节约能源法等有关法律法规，健全有利于建设资源节约型和环境友好型社会的地方性政策法规，完善我市鼓励资源节约和综合利用、循环经济发展的财政、金融政策。形成真实反映市场供求状况和资源稀缺程度的价格体系，健全能源、资源使用差别化价格、阶梯式价格形成机制。完善环境资源的有偿使用和补偿机制，建立水权、排污权交易制度和再生资源回收处理收费制度。探索建立以绿色生产总值为主要内容的国民经济统计核算体系和包括资源环境保护指标在内的政绩考核制度。

(二)大力发展循环经济

大力实施"991"行动计划,遵循政府引导、科技指导、企业主导、分步实施、典型示范的策略,以我市循环经济百项重点工程建设为载体,推进循环经济从生产到消费、从企业到生态园区再到整个城市社区等层面展开。

积极推进企业清洁生产。加快改造资源消耗高、环境污染重的行业,淘汰一批落后工艺、技术和产品,加大化工、钢铁、建材、皮革、纺织、造纸、木业等重点行业企业清洁生产的实施力度,建立健全清洁生产审核制度,推进企业环境管理体系认证,到2010年,省控重点高污染、高消耗企业全部强制实施清洁生产,工业园区内推行清洁生产企业比例不低于50%,创建30家绿色企业。

加快园区生态化改造。整合各类要素,引进与现有企业配套互补的企业和项目,加强产业、企业间的协调合作,努力构建装备制造、化工、造纸、新型材料等生态产业链,推进全市工业生态园区改造,重点抓好嘉兴经济开发区和乍浦经济开发区的生态工业园示范工程,建成20家循环经济产业园。加强农业生态园区建设,建成250个无公害农产品基地、60个绿色食品基地和8个有机食品基地。

推进循环型城市建设。积极倡导绿色消费和理性消费,坚决抵制"白色污染",大力推广使用节水、节能的可循环使用产品、可再生产品和绿色产品,积极发展节能环保型的公共交通。逐步建立废弃物分类回收体系,实现废旧资源处理和再生的产业化。加强循环型乡镇、社区的创建工作,力争到2010年,创建20个循环型乡镇(街道)。

(三)加强环境治理和保护

深入实施生态市建设规划,坚持把加强生态建设作为和谐发展的战略重点,积极治理和保护好南北两翼生态屏障,努力实现生态效益、经济效益和社会效益的有机统一,逐步建成长三角宜居城市。

加强水环境治理。强化工业污染防治,严格企业"三废"总量限额达标排放,重点监控污染负荷大的企业,加强电镀、印染、制革、废塑料加工、喷水丝织业和蔬菜加工业等重点污染行业的治理,严格控制新的污染源,切实做到增产不增污。加强农业面源污染治理,实施化肥、农药减量增效工程,引导畜禽集中规模养殖,积极推广沼气利用、秸秆处理、畜粪制肥,有效削减氨氮污染负荷。加强城乡生活面源污染治理,大力推进"城中村"改造,严格控制生活污水直排水体,加快污水入网。加强城镇污水处理厂和管网建设,重点抓好市联合污水处理厂二期工程、平湖东片污水处理工程、桐乡第二城市污水处理厂、海宁尖山污水处理厂、嘉善姚庄污水处理厂(二期)等项目建设,严格做到达标排放,力争到"十一五"末全市污水处理能力达到100万吨。加强河道整治,大力实施"万里清水河道工程",进一步优化水网系统,确保我市出境水断面质量不低于入境水断面质量,全市主要地表水监测断面水质四类及优于四类比例提高十个百分点,河道水质有明显改善。

努力改善大气和噪声环境。推广使用清洁能源,严格控制燃料含硫量,建成区禁止使用燃煤、重油燃油锅炉,"十一五"期间嘉兴电厂完成脱硫改造。加强烟尘污染控制,烟控区覆盖率保持在100%,进一步减少粉尘污染,确保大气环境的清晰度。严格控制机动车污染排放,减少废气释放量。有效控制噪声污染,到2010年,环境噪声达标区覆盖率达到100%。

加强固体废物污染控制。积极提倡清洁生产和绿色消费,减少生产生活废弃物产生量,建立有毒有害和危险废物的专业收运、处理系统。加快垃圾减量化、无害化、资源化处理工程建设,建成桐乡、海宁、嘉善、平湖垃圾焚烧发电厂。到2010年,一般工业固体废弃物综合利用率在95%以上,城市生活垃圾无害化处置率达到100%。

加强环境保护。进一步加强对饮用水源保护区、山地生态保护区、河流水域生态保护区、湿地水网生态保护区和风景名胜区的管理与保护,严格控制污染物排放,建设市区北片湿地公园。改善生态系统质量,全面实现高标准平原绿化,不断提高森林覆盖率,加快水生态系统的修复改善,开展绿化模范城市创建活动,为人居嘉兴提供适宜环境。到2010年,全市森林覆盖率达到28%,绿化率达到35%。

九、加强基础设施建设,改善区域发展环境

按照"统一规划、适度超前、优化网络、共建共享"原则,突出基础设施的全局效果、网络效应和社会效益,进一步发挥基础设施体系的综合效能和服务水平,形成布局合理、设施先进、功能齐全的交通、能源、信息和水资源综合利用基础设施体系。

(一)完善综合交通体系

围绕"接轨大上海、畅达长三角"的目标,完善以快速交通设施为骨干的现代化交通运输网络,形成以高速公路、沪杭高速铁路、港口建设为主体,以铁路和水运为补充,多种运输方式有机衔接的高效区域交通体系,建成长三角主要交通枢纽。

加快高速公路网络建设。建成杭州湾跨海大桥北岸连接线、杭浦、申嘉湖(杭)高速公路,建设南通嘉兴宁波、苏州嘉兴绍兴、苏州嘉兴萧山高速公路,基本形成"三纵三横三连"的高速公路网络,高速公路通车里程达到500公里左右。

加快市域内城市间主要路网建设。建成嘉兴至桐乡公路、湖盐线(海宁段)、嘉兴至南北湖公路、嘉兴至乍浦公路(07省道新线)、嘉兴至盛泽公路(拓宽),与原有道路构成中心城区至各副中心城以及各副中心城之间的快速联系通道,加快形成全市"一环四横五纵八射四连"的干线公路网。

加强轨道交通建设。配合长三角轨道交通网络一体化工程,建成沪杭城际快速轨道交通工程,继续做好沪杭城际轻轨、沪乍嘉湖铁路建设的前期工作,逐步实现嘉兴与周边邻近城市之间的客运交通公交化。

加快内河港航工程建设。继续实施水运强市战略,重点建设"五干三支两港"工程,加快京杭运河、杭申线、乍嘉苏线、湖嘉申线和杭平申线五条干线航道改造,嘉于硖线、东宗线、何家桥线三条支线航道改造,开工建设嘉兴内河港国际集装箱港区和独山海河联运互通枢纽港,加快形成"三横二纵三连二延伸"的高等级航道网络,建成全国重要的内河航运枢纽。

(二)加强能源设施建设

统筹市域能源设施建设,以优化电网结构和经济运行为重点,加强电网建设和改造,完善高压变电站布点,继续抓好大电厂建设,进一步优化能源结构。

加快电网建设。继续完善电网布局,增强受电能力,建成500千伏嘉善变、海宁变2座变电站、9座220千伏变电站和37

座110千伏变电站等输变电项目,新增500千伏降压容量250万千伏安,220千伏变电容量348万千伏安,110千伏变电容量410万千伏安。建设一批电力备用应急系统和调峰系统,提高供电质量和供电可靠性。

改善能源结构。适度增加热电联产项目,建成一批热电厂。加强能源基地建设,扩建秦山核电二期。充分利用国家西气东输工程和东海气田开发,全面推进天然气工程建设,使城镇居民普遍用上天然气。抓紧建设煤炭码头、石油码头、管道运输和油库等项目,切实保障我市能源安全。

(三)加快信息化设施建设

积极促进通信、广播电视、计算机信息三网融合,打造连接国内外、高效便捷、大容量、智能化的信息网络平台,全面推进国民经济和社会信息化。

加快数字嘉兴建设。建立以市区为主枢纽,与各县(市)和重点产业园区相配套、服务全市、沟通全省乃至全国的信息通信网络,建成覆盖全市的光纤化、数字化、宽带化和智能化的信息网络构架和综合信息交换平台。

加快宽带网接入和扩容工程建设。大力发展第二代宽带IP城域网,主干数据速率达到120Gbps。推进城乡光纤接入网建设,努力实现光纤到户、光纤到农村。

加快广播电视网和移动、固定话网建设。进一步加强和完善地下管线网络,积极发展有线电视网络,加快数字电视业务的开展。发展和优化移动通信网,适时开展第三代移动通信技术网络建设。进一步优化、升级固定话网,逐步实现宽带、智能、开放的下一代综合业务网络。

继续抓好公共事务信息系统建设。加快城市基础地理信息系统、城市安全电子监控系统和环境实时监测预警系统建设,提高城市管理水平。进一步完善公共事务管理平台,力争实现社会保障"多保合一",提高社会管理效率。

(四)加强水利及防灾设施建设

坚持人水和谐的科学治水理念,着力提高水利工程防洪减灾能力、水环境的改善和保护能力、水利事业的可持续发展能力。

完善高标准防洪保障体系。继续实施分片包围和抬高地面相结合的防洪方案,启动二轮治太工程,提高南台头和长山闸工程的排水能力和红旗塘、上海塘的泄洪能力,逐步建成嘉兴主城区百年一遇、副城区50~100年一遇和中心镇及一般建制镇20~50年一遇的防洪体系,杭州湾北岸新建海塘防潮标准50年一遇以上,重要海堤达到100年一遇。

加快城乡供水工程建设。实施城乡一体化供水工程,扩大供水范围,加快供水管网向乡镇社区延伸,提高供水资源和设施的共享程度和利用率。抓紧新建、改建市区贯泾港及桐乡、嘉善、海宁、平湖、海盐等一批地面水厂,开工建设一批乡村膜处理水厂。积极推进分质供水和区域引水工程前期工作。到2010年,全市日供水总规模达到194万吨。

加强地质、气象等灾害防治系统建设。强化地下水开采管理,逐步禁止开采深层地下水,对已产生地面沉降和可能产生沉降的地区加强监测。高标准做好地震预报和防震工程建设,完善气象灾害预报、预警的现代化业务体系,建设新一代气象灾害综合观测工程。继续完善人防指挥、通信、预警体系,合理规划建设各类人防(民防)工程,建成市人防中心,形成防空防灾相结合民防体制。

十、加快建设文化大市,全面发展社会事业

发挥我市人文优势,发展先进文化,进一步发挥文化的影响力,弘扬"红船"精神和嘉兴人文精神,加快建设文化大市和科技强市、教育强市、人才强市、卫生强市、体育强市,基本建立与经济社会发展要求相适应的文化发展格局和与人民群众日益增长的文化需求相适应的文化服务体系。

(一)建设文化大市

加大人文嘉兴建设力度,全面实施文明素质提升工程、文化阵地建设工程、文化产业促进工程、文化生活繁荣工程、文化遗存保护工程和文化研究工程,加快文化"四个一批"建设,努力营造有利于出精品、出人才、出效益的文化发展环境。

加强思想道德建设。以先进文化为导向,积极开展爱国主义教育、社会主义思想道德教育和形势政策教育,加强哲学和社会科学研究,大力弘扬以爱国主义为核心的民族精神、以改革创新为核心的时代精神,在全社会倡导爱国守法、明礼诚信、团结友善、勤俭自强、敬业奉献的基本道德规范。深入开展创建文明城市、文明社区和文明家庭等城乡系列文明创建活动,不断提高创建水平。积极开展文明礼仪宣传教育和诚信教育活动,培育和形成良好的社会礼仪、生活礼仪和职业礼仪,全面落实加强和改进青少年思想道德建设的各项任务,促进青少年健康成长,支持志愿者事业发展,全面提升城乡居民的文明素质。

努力推进文化事业和文化产业发展。积极开发保护嘉兴历史文化遗产,筹划"嘉兴历代名人长廊",开展世界文化遗产申报工作,构建多层次保护体系,全面提升我市历史文物、档案的保护水平。加强民族民间艺术保护和开发工作,进一步打响江南文化、漫画、合唱、农民画等一批特色文化品牌。努力发展特色文化,沿海启动海洋艺术节,沿河加快京杭大运河开发,进一步提升红色文化、水文化、潮文化、古镇文化、名人文化在国内外的影响力。加强文化阵地建设,扩建南湖革命纪念馆,新建马家浜文化遗址公园等一批特色文化项目建设,所有乡镇(街道)均建成省市级"东海文化明珠",加强青少年校外活动场所建设,进一步提高图书馆、博物馆、档案馆的规模和水平,建成数字档案馆,高质量完成第二轮市志修编工作,形成一批具有国家级水准,体现嘉兴特色的标志性文化设施。深化文化体制改革,鼓励发展文化民营企业,发展壮大报业、广电等文化事业,争取成立市级出版机构。进一步加强文化市场管理,规范文化市场秩序。到2010年,培育形成一批在全省具有竞争优势的文化产业门类和文化产品,文化产业增加值占地区生产总值7%以上。

积极繁荣文化生活。做强"江南文化节"等文化活动品牌,弘扬优秀传统文化,进一步增添文化亮点。大力推进文化内容创新,繁荣文艺创作,每年推出一批思想性、艺术性、观赏性俱佳的作品,继续保持小说、美术、音乐、摄影等项目在省内外的较大影响和地位。抓好基层特色文化建设,发展壮大基层文艺团队,积极推进电影放映等大众文化进农村、进社区,满足人民群众尤其是老年人、外来人员的精神文化需求。

(二)建设科技强市

坚定不移地把科技进步和自主创新作为经济社会发展的重要推动力,进一步优化科技资源配置,加强区域创新体系建设,全面提升我市科技综合实力,到2010年,全市科技综合实力进入全省第5位,各县(市、区)建成科技强县(市、区)。

提高科技综合实力。贯彻"自主创新、重点跨越、支撑发展、引领未来”的指导方针,建立企业主体、市场导向、政府推动、产学研相结合的区域创新体系。提升高等院校和科研院所的科研开发和技术服务能力,引导和扶持有条件的企业建立高层次研发机构,鼓励国内外著名大学、科研机构和跨国公司来我市设立研发中心和分支机构,组建一批公共科技基础平台、行业创新平台和区域创新平台。加快网上技术市场建设,加速科技成果转化和产业化。进一步提高公众科学素养,实施全民科学素质行动计划,促进科普工作社会化,加快科普设施建设,迁建市科技馆。

完善科技发展机制。进一步完善科技创新、科技服务、科技成果转化、科技进步考核、科技投入等各项科技发展机制,形成全社会重视科技、应用科技的良好氛围,到2010年,全社会科技经费投入达到60亿元,规模以上工业企业技术研发经费占销售收入比重达到2%以上,其中高新技术企业达到5%。

加大科技专项组织实施力度。围绕国家制定的高新技术产业、传统制造业、装备制造业、高效生态农业、环境资源、海洋开发、健康与安全、服务业信息化八个重点领域,大力组织实施20个高技术专项,加快我市科技进步。

(三)建设教育强市

继续优先发展教育,构建开放、公平、优质的现代国民教育体系和终身教育体系,努力使我市教育发展实力明显增强,教育水平与经济社会发展相适应。率先在全省建成“教育强市”,率先在全省实现城乡教育一体化。

深化教育体制改革。全面落实“以县为主”的基础教育管理体制,积极鼓励社会力量办学,依法加大教育投入力度,逐步形成政府为主和各种社会力量共同参与相结合、公办学校和民办学校共同发展的办学新格局,到2010年,全市民办高中段学校占高中段学校总数的30%。加快城乡教育一体化发展,重点扶持农村和弱势群体的义务教育,着力提高农村教育质量,切实保障贫困家庭子女和外来务工人员子女受教育的权利。加强和改进德育教育,全面推进素质教育,加强学生创新精神和实践能力的培养,推进学校人事制度改革,建立现代学校制度。

加快完善现代教育体系。高标准、高质量普及15年教育。全市学前三年幼儿入园率达97%以上,义务教育适龄儿童少年入学率达到100%。提高高中教育办学水平,全市初中毕业生升入高中段比例达到95%以上。大力发展职业教育,进一步扩大高等教育规模、提高教育档次,支持嘉兴学院创建嘉兴大学,嘉兴职业技术学院和南洋职业技术学院通过合格评估,形成办学特色。到2010年,全市高校在校生规模达到6万人左右。加强在职培训和继续教育,积极推进社区教育和远程教育,继续办好嘉兴教育学院、城市大学,推进高等教育自学考试发展,为市民提供多层次、多样化的教育服务。到2010年,城乡居民人均受教育年限达到10年。

(四)建设人才强市

进一步确立人才是第一资源的观念,加大人才资源开发力度,调整人才资源结构,完善人才政策,形成人才培养、引进、使用的新机制,造就一支数量充足、素质优良、结构合理、门类齐全的人才队伍。到2010年,万人人才拥有量达1 100人以上,人才总量年增长率保持在8%以上。

创新培养机制。充分发挥各级院校、行政学院(校)、培训基地的作用,大力培养和造就优秀党政领导人才和后备干部队伍。加快培养和造就优秀企业经营管理和技术专业人才,到2010年,争取使规模以上企业90%以上的中高管理层人员具有大专以上学历。加快高技能人才培养基地建设,构建适应我市产业发展方向和区域特色的高技能人才培养体系,力争到2010年使我市高级技工及以上等级技能人才占技术工人总量的15%以上。

创新引才机制。建立和完善以引进人才智力为中心的绿色通道,加强人才选聘的中介组织建设,构建有利于高级人才和紧缺急需人才引进的政策平台。重点引进国家级或省级有突出贡献的中青年专家、博士、硕士等高层次人才,突出引进我市产业急需的各类人才。深入贯彻执行《外来人才聘用证》和《嘉兴市引进人才居住证》制度,确保柔性流动的高层次人才享受同等待遇。积极参与长三角人才开发一体化,吸引周边地区尤其是上海的人才和智力资源为我市所用,进一步加强海外人才和智力的引进工作。

创新用人机制和人才流动机制。进一步形成尊重人才的氛围,认真落实各项人才队伍建设的优惠政策,建立以“人才测评”为主要手段的科学公正和社会化的人才评价体系。进一步健全包括人才流动、人事关系、就业促进、职业培训、收入分配、社会保险、劳动保护、争议仲裁等内容的政策法规体系,鼓励、吸引科技人员到基层去。

(五)建设卫生强市

以全面提高人民群众的健康水平为宗旨,加快医疗卫生体制创新,促进卫生资源的科学合理配置,提高公共卫生管理能力和服务效能,使全市人民获得更趋公平和更为良好的医疗、预防保健服务,卫生综合实力居全省前列。

加快公共卫生体系建设。建立和完善应对突发公共卫生事件的应急指挥、疾病预防控制、卫生监督执法、医疗救治、动物疫病防控等公共卫生体系,各县(市)建立公共卫生中心。加强结核病、艾滋病、人禽流感、霍乱、血吸虫病等重大传染病和地方病的防治工作,完成市传染病医院建设,完善妇幼保健、急救、采供血机构建设。

全面提升医疗水平和服务质量。做精做强2~3所代表区域医疗水平的现代化医疗机构,市区完成市第一医院、浙江省荣军医院迁建和市第二医院扩建、新安国际医院等项目建设。合理调整现有乡镇卫生院的布局,每个乡镇政府重点办好1所公立卫生院,完善城乡社区卫生服务体系。加快医学科技创新和人才队伍建设,加传传统中医药现代化步伐。加大卫生监管力度,依法打击各类无证行医和非法药品营销行为,保护消费者权益和生命安全。

推进卫生体制改革。强化政府在提供公共卫生服务、保障基本医疗和实施行业监管职能,规范和引导社会资本进入医疗卫生服务领域,逐步形成以公有制为主体、多元化、适度开放的医疗卫生新格局。力争到“十一五”末市区有2所社会力量新办的三级综合性医院。加强卫生行风和职业道德建设,努力降低药品价格,加强医疗收费检查,合理解决看病贵和看病难问题,完善全民健康教育与健康促进工作机制。

(六)建设体育强市

以增强人民体质为根本目标,大力发展群众体育、竞技体育和体育产业,努力构建全民健身服务体系,到2010年,全市体育综合实力基本达到浙江省体育强市标准。

广泛开展全民健身活动。以学校体育、社区体育和乡镇体育为阵地,以青少年体育和老年体育为重点,争取全市经常参加体育活动的人数占总人口的45%以上,全民健身各项工作的成绩进入全省先进行列。

全面提升体育综合实力。进一步增强竞技体育综合实力,培养各类体育人才,建设一批国家和省体育后备人才基地,竞技体育水平继续保持全省第二集团,力争位次前移,争取嘉兴籍运动员在奥运会、亚运会和全运会上的成绩有所突破。

加大体育产业发展力度。积极培育体育市场,发展体育产业,扩大和引导体育消费,重点发展体育健身休闲、竞赛表演、健身服务、体育培训和体育彩票市场等产业。

加快体育设施建设。完成嘉兴市体育中心、新体育馆、嘉兴市游泳馆、体育公园等一批高标准的体育设施建设,积极创造条件承办全省、全国性体育竞赛活动。

十一、完善各项社会保障,努力促进社会和谐

着力解决人民群众最关心、最直接、最现实的利益问题,大力提高居民生活质量,切实加强社会公共安全和社会保障体系建设,努力构建民主法制、公平正义、诚信友爱、充满活力、安定有序、人与自然和谐相处的社会主义和谐社会,使全市人民共享现代文明成果。

(一)切实抓好公共安全

加强"平安嘉兴"建设,继续推进依法治市,进一步建立健全社会建设和管理的长效机制,切实维护社会稳定,确保人民生命财产安全。

健全公共安全体系。制定和完善全方位、多层次的各类预警系统和应急预案,构建快速反应系统,形成对全社会有效覆盖和全面管理的体系。不断完善防灾组织指挥体系,加强自然灾害预警预测,提高防灾减灾能力。加强食品安全、食品卫生监管和动植物疫病防控体系建设,全面实施"无公害食品行动计划"。全面加强社会治安"打防控"一体化体系建设,依法重点打击严重暴力犯罪、黑恶势力犯罪、毒品犯罪以及抢劫、抢夺、盗窃等犯罪,不断提高社会治安防范水平,努力营造良好的治安环境。

抓好安全生产工作。坚持依法监管,不断完善监管机制,落实安全生产责任制,杜绝重特大安全生产事故的发生,减少一般事故,实现各类安全生产事故数、伤亡人数和直接经济损失三项控制指标零增长。切实加强对事故隐患的综合治理及重大危险源的监控管理,扎实开展道路交通、人员密集场所的消防、建筑施工和危险化学品等方面的安全生产专项整治。加强宣传教育和培训,提高全社会安全生产法制意识、责任意识和防范意识。

完善社会利益协调机制。把注重社会公平放在更加突出的位置,加强社会主体间的利益协调。完善与社会主义经济、政治、文化相适应的社会体制,建立健全党委领导、政府负责、社会协同、公众参与的社会利益协调机制,广泛听取民声、了解民意,畅通民意表达渠道,依法及时合理地处理群众反映的问题。充分发挥群团组织在表达群众意志、整合社会利益、协调社会关系中的积极作用。落实对流浪乞讨人员、归正人员和吸毒人员的教育、管理,深化"四新"工作机制,预防和减少青少年违法犯罪。

(二)完善社会保障体系

确立"就业优先"方针。深化就业体制改革,继续实施和完善鼓励企业增加就业岗位、加强就业培训的各项优惠政策,改善创业和就业环境,重点做好失业人员、城镇新增劳动力和农村转移劳动力的就业工作,保持就业局势稳定。大力发展就业容量较大的各类中小企业和服务业,创造更多的就业岗位。建立健全公共就业服务的组织网络和信息网络,将农村劳动力纳入统一管理范围,加快推进城乡就业一体化的就业服务体系建设,建立促进扩大就业的长效机制和就业预警机制。加强劳动执法监督,进一步规范企业用工和工资支付行为,维护劳动者合法权益。"十一五"全市累计新增就业岗位22.5万个,城镇登记失业率控制在4.5%以内。

完善社会保障体系。加大公共财政对社会保障的资金支持力度,进一步扩大养老、医疗、失业、工伤、生育、住房公积金等基本社会保险覆盖面,建立健全与我市经济发展水平相适应的社会保障体系。全面推进企业养老保险,稳步改革事业单位养老保险制度,逐步形成职工基本养老保险、企业年金、个人储蓄性养老保险相结合的养老保障制度。不断深化医疗保险制度改革,健全城镇职工基本医疗保险和城乡发展合作医疗保险制度。进一步完善以住房公积金制度为主要途径的城镇职工基本住房保障体系。到2010年,企业从业人员养老保险和城镇居民基本医疗保险参保人数分别达到80万人和75万人,农村新型合作医疗参保率达到90%以上,全市城镇企事业单位普遍建立住房公积金制度。

积极发展社会福利和各类民政事业。完善保障老年人、残疾人合法权益的各项政策措施,进一步提高保障水平。大力推进社会福利事业社会化,建成市社会福利中心,迁建老年活动中心,更加重视社会老龄化问题,在全社会形成敬老、爱老的良好风气。积极发展残疾人事业,推进残疾人就业、康复和教育,营造残疾人无障碍参与社会的环境,办好残疾人自强创业园,建成嘉兴市残疾人奥林匹克中心。扎实做好优抚安置工作,深入开展"双拥"活动,巩固军政军民团结,建成市国防训练基地。

(三)大力提高人民生活质量

努力增加城乡居民收入。拓宽创业渠道,积极推进各类创业载体建设,完善促进和鼓励创业的各项政策,努力缩小贫富差距和城乡差距,扩大中等收入者比重。全面落实减轻农民负担的各项政策措施,积极引导农民向非农业产业转移,增加农民特别是纯农户收入。

提高人民生活质量。进一步完善与人民生活密切相关的城乡基础设施、社会事业设施和社区(镇、村)服务设施,改善城乡居民的生活环境。继续抓好经济适用房、廉租房建设,改善居民住房条件,城镇居民人均住房建筑面积达到35平方米,农村居民按现代化标准提高住房质量。依法加强对医疗、教育、住房等方面的价格监控,规范涉及人民生活的价格听证和收费公示制度。正确引导消费,改善居民消费结构。

健全社会救助体系。进一步完善城乡最低生活保障制度,逐步提高最低生活保障标准,以保障基本生活为原则,建立与经济增长相适应的城乡贫困人口救济补助机制。整合社会救助资源,对城乡困难群体和社会特殊人群,实施医疗、住房等分类救助,降低救助门槛,提高救助标准,完善各领域对困难群体的收费减免制度。鼓励社会互助和对各种公益事业的赞助,大力发展慈善事业。

加强人口和计划生育工作。建立以人为本、寓管理于服务之中的人口和计划生育管理服务体系,形成稳定低生育水平的长效机制,提高出生人口素质。完善流动人口计划生育以现居住地管理为主的工作机制,优化对外来流动人口的综合服务与管理,推行属地化管理,市民化服务。认真保障妇女儿童权益,加强对妇女儿童设施的建设和管理,进一步完善妇女儿童中心功能。“十一五”期间,人口自然增长率控制在1.5‰以内。

(四)加强民主与法制建设

加强民主政治建设。认真贯彻人民代表大会制度和共产党领导的多党合作、政治协商制度,密切人大代表与人民群众的联系,充分发挥市各民主党派、工商联和无党派人士的作用,积极做好民族、宗教、对台、侨务等方面工作,支持工会、共青团、妇联等人民团体依照法律和各自章程开展工作。加强政治文明建设,进一步发展基层民主,依法完善村民自治、社区居民自治和企业民主管理制度,推进政务、厂务、村务和社区事务公开,充分发挥职代会、居委会、村民委员会的作用,切实保障人民群众参与基层政治和经济、文化、社会事务民主管理、民主监督的权利。

加强民主法制建设。以法治嘉兴建设为载体,努力建设民主健全、法治完备、公共权力运行规范、公民权利切实保障的法治社会。重点建立和完善适应社会主义市场经济体制的法规体系,强化依法行政,不断提高行政执法水平,深化司法改革,保证司法公正。积极运用与国际惯例接轨的仲裁手段,解决经济纠纷。以实施“五五”普法为重点,继续深入开展普法教育,分类指导、分层施教,提高全民的法律意识。依法加强社会管理,全面推进各项事业向依法规范、依法管理和依法运行转变,不断提高社会管理水平。

十二、加强和改善政策调控,确保规划实施到位

要实现规划纲要的目标和任务,必须充分发挥市场配置资源的基础性作用,激发各类市场主体的积极性和创造性。规划纲要提出的产业布局、发展方向和重点,是对市场主体的指导性意见,政府将积极加以引导;在社会事业、基础设施、资源环境等领域提出的任务,是政府向全市人民作出的承诺,政府将切实履行职责,确保落到实处。

(一)强化规划的法律地位

经市人代会讨论通过的规划纲要,是嘉兴市国民经济和社会发展的纲领性规划,在本级各类规划中具有统领地位,是编制空间规划、区域规划、专项规划以及制定有关政策和年度计划的依据。为进一步落实本纲要的目标和任务,市政府将同时组织编制一批重点专项规划,以及各县(市、区)经济社会发展规划,形成统一完整的规划体系。要加强各专项规划、县(市、区)规划与总体规划纲要的衔接,使总体规划目标任务通过各专业规划得到实施。

(二)公共财政政策

按照建立公共财政体制的要求,优化财政支出结构,提高社会公共需要的保障水平。转变财政支持经济的方式,财政资金重点用于科技、教育、文化、卫生等社会公益事业,以及农业、城乡基础设施建设、社会保障、社会安全和生态环境等关系到发展、改革和稳定大局的重点支出,确保财政资金的高效运行,全面提高财政资金使用效益。

(三)产业导向政策

紧密结合经济运行中的突出矛盾和问题,不断修订完善已实施的产业鼓励和限制政策,引导企业、金融机构、社会资金投向高新技术、高附加值、高税收、低能耗和无污染的产业,促进产业结构优化升级。加强对产业布局的空间分类指导,根据《环杭州湾产业带嘉兴产业区发展规划》要求,在充分发挥现有产业功能优势的基础上,注重同类企业的空间集聚和产品链的延伸,加快四大产业集群发展。

(四)投资导向政策

对政府投资的交通、自来水、燃气、污水处理、垃圾处理等经营性项目引入竞争机制,打破行业垄断;对政府投资的非经营性项目,逐步实施“代建制”,积极探索项目经营的市场化运作;对非政府投资但使用土地等政府垄断资源的项目,逐步采用市场运作方式;对非政府投资且不使用土地等政府垄断资源的项目,逐步取消行政审批。加强对市场的引导和信息服务,加强招投标法制建设,改革工程定额编制方式。进一步加大固定资产投入力度,集中力量抓好“十一五”重大项目工程建设。

(五)空间布局调控政策

认真执行我市供地和提高投资强度的有关规定,进一步提高空间集约利用水平。根据市域空间开发适宜性分区,实施空间分区管治,强化差异化的空间准入政策和不同的建设引导要求,并作为项目选址管理的重要依据。在城镇体系规划、城市总体规划、详细规划等规划的基础上,根据经济社会发展实际和与国际充分接轨的要求,积极创新规划体系,引导城市和工业的主导发展方向,促进空间合理开发。继续完善项目投资强度的用地政策,建立以投入产出效益和生态效益等为主要考核标准的用地规模审核制度。

(六)人口调控政策

围绕不断提高人口素质,努力享受公平待遇的总要求,建立和完善人口调控政策。完善人口老龄化的应对措施和政策,推进农村计划生育奖励制度,提高农村、城镇困难独生子女户的养老保障水平。探索建立科学、合理、公平的外来人口调控政策。通过促进产业结构升级、加快劳动密集型企业转型和转移,控制和调整建设用地总量与结构等综合调控措施,实现对人口总量的调控。

(七)完善民主监督

进一步完善规划的公众参与和民主监督机制,完善规划的编制程序,增强规划编制过程的公开性,保障全体市民参与规划编制与实施的权利。加强对各项规划的协调以及实施的监督检查,协调解决发展过程中出现的问题。实行重大项目和事项的公示、听证制度,进一步完善民主决策程序。

“十一五”时期,是嘉兴“干在实处、走在前列”的关键时期,也是我市把握战略机遇,实现经济增长方式转变的关键时期。我们要坚持以科学发展观统领经济社会发展全局,践行“红船精神”和嘉兴人文精神,倡导敢闯敢试、争优争先的精神风貌,营造鼓励创新创业的社会氛围,形成海纳百川、兼容并蓄的发展环境,积极进取、奋力拼搏、勇于开拓、大胆创新,为完成“十一五”规划的各项任务,为全面建设小康社会、提前基本实现现代化而努力奋斗!　(注:前言、目录、专栏图表略)

湖州市国民经济和社会发展第十一个五年规划纲要

(“发展基础和发展目标”部分)

(湖州市第五届人民代表大会第四次会议批准)

一、以科学发展观统领全局,基本实现全面小康社会目标

(一)立足湖州发展新起点

“十五”时期,市委、市政府团结带领全市人民,坚持以邓小平理论和“三个代表”重要思想为指导,认真贯彻落实科学发展观,紧紧围绕“建设大城市,实现新跨越”的战略目标,创新体制、调整结构、优化环境、全面发展,圆满完成了“十五”计划确定的目标任务,全市经济、政治、文化、社会建设的各个领域,改革、发展、稳定的各个方面都取得了巨大成就。2005 年地区生产总值达到640.05 亿元,人均地区生产总值达到3 036 美元,财政总收入达到74.24 亿元,城市综合实力列全国百强城市第77位。城乡统筹建设取得扎实成效,基础设施和环境面貌明显改善,城市化进程加快推进。市区行政区划实现重大调整,政府职能初步得到转变,企业的市场主体作用进一步发挥,市场经济体制框架初步形成。利用外资取得新的进展,对外贸易连年大幅攀升,开放型经济快速发展。社会事业全面进步,平安创建深入推进,人民生活水平切实提高。

过去的五年,是湖州历史上发展最快、最好的时期之一,在湖州现代化进程中迈出了重要一步,为全面建设小康社会奠定了良好基础。面向未来,湖州将进入一个加速崛起的发展阶段,步入全面、协调、可持续发展的轨道。

“十五”计划主要发展目标完成情况

指　　标	“十五”计划目标		2005 年实际	“十五”年均增长(%)	备　注
	绝对值	年均增长(%)			
地区生产总值(亿元)	650	11.5	640.05	13.1	按可比价格计算
人均生产总值(元)	25 000	—	24 866	12.9	按可比价格计算
三次产业结构	8:57:35		9.8:55:35.2	—	
社会消费品零售总额(%)	—	11	14.3	12.3	按可比价格计算
全社会固定资产投资(亿元)	[700]	10	[1 416.0]	31.5	未考虑价格因素
进出口总额(亿美元)	—	16	22.71	26.8	未考虑价格因素
出口(亿美元)	—	16	19.96	34	未考虑价格因素
财政总收入(亿元)	—	14	74.24	29.7	按可比口径计算
地方财政收入(亿元)	—	15	39.73	38.9	按可比口径计算
城市化水平(%)	>43	—	48.4	2.38 个百分点	
高等教育毛入学率(%)	20	—	32.5	—	
人口自然增长率(‰)	<3	—	0.86	1.4	
城镇居民人均可支配收入(元)	11 000	5	15 375	12.1	未考虑价格因素
农村居民人均纯收入(元)	5 300	5.3	7 288	10.9	未考虑价格因素
城镇登记失业率(%)	<5	—	3.8	3.95	

注:地区生产总值和人均生产总值指标按第一次经济普查2004 年地区生产总值由590.69 亿元调减为550.49 亿元后计算,如不考虑经济普查因素,“十五”计划目标能超额完成。带[ ]的为五年累计数。

(二)抢抓湖州发展新机遇

随着“十五”计划的顺利完成,湖州进入“十一五”新的发展时期,这是湖州增强“三力”、率先崛起的关键时期。省委十一届九次全会通过的省委关于制定“十一五”规划的《建议》,

提出“促进杭湖宁沿线经济加快发展”,明确了湖州发展的前进方向,充分体现省委对湖州在全省发展中地位和作用的高度重视,是对湖州发展的极大关心、支持和期望,指导我们立足新起点,抢抓新机遇,落实新举措,实现新跨越。

今后五年,是必须紧紧抓住的重要战略机遇期,是全面建设小康社会的攻坚阶段。从国际发展环境看,经济全球化深入发展,科技进步日新月异,生产要素流动和产业转移加快,为我市充分发挥比较优势,在更大范围、更高层次参与国际合作提供了机遇。在国内,国家坚持以科学发展观统领发展全局,加强和谐社会建设,坚持深化改革、扩大开放,加快社会主义新农村建设,提高自主创新能力等战略、方针和政策,有利于我市加快科学发展,转变经济增长方式,扩展社会公共服务,继续加快基础设施建设,改善生态环境,加快农村经济社会发展。长三角区域经济一体化进程加快,上海“四大国际中心”的建设、“世博会”的承办、洋山港的开港、浦东新区列为国家金融改革试点等,都将对湖州产生更为强劲的辐射和带动作用。当前,“加快杭湖宁发展带的形成”已纳入国家长三角区域发展规划(征求意见稿)和省“十一五”发展规划,全市人民加快发展的愿望更加强烈,发展思路更加清晰,解决经济社会发展中的突出矛盾和问题的能力不断增强,将有利于我们进一步凝聚全社会的智慧和力量加速崛起。

进入“十一五”,全市人均生产总值已经突破3 000美元,处于工业化中期和城市化加速阶段,黄金发展期和矛盾凸显期并存,机遇不容错过,挑战十分严峻。突出表现在国际环境中的不稳定不确定因素增加,国内外市场竞争、长三角城市之间的竞争加剧,土地、资金、能源、生态对传统工业化和传统城市化的制约加大,协调发展任务艰巨,各种社会问题和矛盾不断增多并趋于复杂。尤其是湖州经济总量偏小,结构不够合理,自主创新能力还不强,提高开放型经济水平,转变经济增长方式,改造提升传统产业的任务仍十分艰巨;城市化水平偏低,中心城市的首位度不高,促进要素集聚、产业集聚、人口集聚,缩小与周边城市差距的任务仍十分迫切;人口、资源和环境的压力明显加大,能耗物耗水平仍然偏高;社会不稳定因素依然存在,统筹城乡发展、建设和谐社会的任务仍十分繁重。我们既要认清形势、居安思危,更要抢抓机遇、乘势而上,进一步加快全面建设小康社会的步伐,努力开创我市改革开放和现代化建设的新局面。

(三)确立湖州发展新理念

高举邓小平理论和“三个代表”重要思想伟大旗帜,坚持以科学发展观统领全局,全面推进社会主义经济、政治、文化、社会建设,全力实施在杭湖宁发展带中间率先崛起战略,通过工业强市、开放活市、科教兴市、生态优市,加快推进工业化、城市化、国际化、市场化,进一步增强实力、激发活力、彰显魅力,努力打造“实力湖州、法治湖州、人文湖州、和谐湖州”,为把湖州建设成为长三角地区生态环境最佳、产业特色明显、城市功能完备、城乡协调发展、文化特色鲜明、社会安定和谐、最宜人居住和创业的现代化生态型滨湖大城市打下坚实的基础。

按照“加快科学发展、构建和谐社会、建设全面小康、实现率先崛起”的总体要求,做好“十一五”时期的各项工作必须切实做到:

坚持加快科学发展。紧紧抓住发展机遇期,坚持以经济建设为中心,做大经济总量,提升发展质量,增强综合实力。坚持“加快发展是前提,协调发展是关键,持续发展是目的”的工作方针,通过加快发展,缩短同先发城市的差距;通过协调发展,实现经济社会全面进步;通过持续发展,尽快实现全面小康社会和率先崛起的奋斗目标。

坚持改革创新。围绕影响发展的重点领域,改革和完善体制机制,解决经济社会发展中的深层次矛盾和问题。突出推进自主创新,抓住调整经济结构和转变经济增长方式两个关键,转变发展观念,创新发展模式,提高发展质量,建设创新型城市。

坚持协调发展。突出促进城乡协调发展,加强新农村建设,增强城市集聚辐射能力,推进城乡一体化进程。把经济增长与社会发展、生态保护有机结合起来,不断强化科技教育、生态环境和社会保障等支撑体系建设,促进经济建设与人口、资源、环境相协调,努力建设资源节约型和环境友好型社会。

坚持以人为本。把提高人民生活水平和质量作为经济社会发展的根本出发点和落脚点,以民富为方向,努力扩大就业,积极鼓励创业,多渠道增加收入,完善社会保障体系,不断改善生活环境,使人民群众的生活水平有根本性的提高,让广大人民群众充分享受经济社会发展成果。

坚持和谐稳定。围绕构建和谐社会,全面推进依法治市,加强民主法制建设,努力建设“法治湖州”;加快文化大市建设,不断增强公共服务能力,有效提升人文素质和综合竞争力;加强社会建设和管理,更加注重社会公平和正义,更加注重基层基础工作,积极推进公共服务体系和公共安全体系建设,努力建设“平安湖州”,促进经济、政治、文化和社会建设协调共进。

(四)选准湖州发展新路径

未来五年,全市经济社会发展要紧紧围绕“增强三力,率先崛起”的战略要求,从实际出发,把握规律,把握国际国内大势,找准着力点,选准战略路径:

工业强市。坚定不移地走新型工业化道路,以信息化带动工业化,加快调整结构,转变增长方式。以科技进步和创新为依托,全力打造先进制造业基地,改造提升传统支柱产业,做大做强特色优势产业,培育发展高新技术产业,淘汰落后生产能力。逐步形成传统产业高新化、高新技术产业化、块状经济集群化、技术装备现代化的工业发展格局。

开放活市。充分利用国际国内两个市场、两种资源,大力发展开放型经济,着力引进“大、高、优”项目和战略投资者,加快转变外贸增长方式,积极实施“走出去”战略。充分发挥区位、生态、人文等优势,加快接轨大上海、融入长三角。以开放促改革、促发展,逐步形成企业重开放合作、重互利共赢,社会讲诚信、讲规范,政府强服务、强效率的新机制,不断提高经济国际化水平。

科教兴市。充分发挥企业的主体作用,以科研院所为依托,加强技术改造和科技研发,着力增强自主创新能力。坚持优先发展教育,深化教育体制改革,全面实施素质教育,基本实现教育现代化。尊重劳动、尊重知识、尊重人才、尊重创造,切实加强人力资源能力建设,建立一支以高级人才为龙头,初、中级人才为主体的数量充足、结构合理、素质较高的人才队伍。

生态优市。把生态建设摆在更加重要的战略地位,正确处理经济发展与环境保护、生态建设的关系,切实加强环境保护和生态建设,努力构建资源节约型和环境友好型社会。大力发展循环经济，积极打造生态农业、生态工业、生态旅游以及软件、研发、创意等产业，促进生态与经济互相融合、生态与社会互相协调，进一步打响“山水清远、生态湖州”品牌。

（五）实现湖州发展新目标

紧紧围绕“增强三力，率先崛起”的战略要求，转变发展理念，创新发展思路，提高发展质量。到2010年，全市地区生产总值和人均地区生产总值比2004年翻一番，财政总收入和地方财政收入力争比2005年翻一番；城镇居民人均可支配收入突破2万元，农村居民人均纯收入突破1万元。全市基本实现全面小康社会，为提前基本实现现代化和在杭湖宁发展带中间率先崛起奠定基础。

经济社会发展的主要目标是：

实力更加雄厚。在优化结构、提高效益和降低消耗的基础上，地区生产总值年均增长12%以上，2010年超过1 100亿元，人均突破4万元；财政总收入和地方财政收入年均分别增长14%和16%，2010年突破140亿元和80亿元；全社会固定资产投资年均增长15%，五年累计突破3 000亿元；社会消费品零售总额年均增长12%。

结构更加优化。产业层次明显提升，培育形成产业链较长、创新和配套能力较强的先进制造业集群，形成一批拥有自主知识产权和知名品牌、具有核心竞争力的优势企业；旅游、现代物流、文化产业、信息服务、商务服务等持续发展提升；高效生态农业发展富有特色。三次产业比例调整到7∶53∶40，高新技术产业产值占规模以上工业总产值30%以上。

体制更加完善。行政管理、投资、财政、规划、企业、农村、社会事业等改革和制度建设取得新突破，形成比较完善的社会主义市场经济体制。开放型经济达到新水平，利用外资规模不断扩大，五年累计实际利用外资45亿美元以上，外贸进出口总额200亿美元，其中出口180亿美元，力争建成国家级出口加工区。

城乡更加协调。建成现代化基础设施网络，城市建设和管理机制更加完善，环太湖带状组团式现代化生态型滨湖大城市框架基本形成，中心城市集聚和辐射功能进一步增强，中心城市总人口达到73万人，建成区面积达到80平方公里，全市城市化水平达到58%。社会主义新农村建设加快推进，农村生产生活条件和整体面貌明显改善，以城带乡、城乡互动的发展格局基本形成。

社会更加和谐。基本建立覆盖城乡、多层次的社会保障体系。困难群众居住、教育、医疗等方面得到基本保障。就业形势保持稳定，新增城镇就业岗位18万个，城镇登记失业率控制在4.5%以内。防灾减灾、社会应急机制更加健全。“平安湖州”、“法治湖州”建设不断深入，成为全省乃至全国最和谐安定的地区之一。生态环境明显改善，资源利用效率显著提高，万元生产总值综合能耗降低16%以上，在生产、流通和消费领域初步建成资源高效节约利用体系，建成和巩固国家园林城市、国家环保模范城市，加快建设生态市。

文化更加繁荣。文化大市“八项工程”扎实推进，公民的思想道德素质、科学文化素质和健康素质明显提高，现代国民教育体系、人才支撑体系、医疗卫生体系和全民健身体系更加健全。到2010年，文化产业增加值占GDP比重达到8%，高等教育毛入学率达到45%，每千人医生数达到2.5人，公民平均受教育年限达到7.6年，努力建成全国文明城市。

生活更加富裕。城乡居民收入持续增长，生活质量进一步提高。到2010年，城镇居民人均可支配收入年均增长8%，农村居民人均纯收入年均增长7%。居住环境明显改善，人口自然增长率控制在2.5‰以内。

二、统筹城乡发展，建设社会主义新农村

按照生产发展、生活宽裕、乡风文明、村容整洁、管理民主的要求，发挥优势，创新举措，争显特色，努力实现农村产业大发展、生活质量大提高、文明素质大提升、社区环境大改善、民主管理大推进、公共服务大覆盖，全面推进社会主义新农村建设。

（一）建设长三角都市圈优质农副产品供应中心

发展高效生态农业。按照“两带五区”（见下页图、专栏）布局要求，深化农业结构战略性调整，突出抓好特色农业、设施农业、生态农业、休闲观光农业和农产品加工业，2010年，农林牧渔业总产值突破130亿元，年均增长4%以上。大力发展有区位优势、适应市场需要的优质高效农业，着力建设在长三角地区有影响的水产苗种、特种水产、优质蚕茧、名优茶、畜禽、干鲜果、蔬菜、竹笋、花卉苗木等特色优势农产品生产基地，建设生态高效农产品生产基地100万亩，建成重点生态公益林104万亩；鼓励发展休闲农业和观光农业，建设一批以现代生态农庄、森林公园为特色的生态休闲农业基地。

提高农业综合生产能力。加强农业科技推广与创新、良种、动植物疫病防控、农业气象和农业信息化等服务能力建设，农业科技进步率达到95%以上。建立农业标准化生产、加工体系及质量监测、技术保障体系，积极开展农产品原产地标志认定、产品认证和标识管理，60%以上的农产品达到无公害农产品标准。加强农田水利建设。落实最严格的耕地保护制度，确保基本农田总量，稳定粮食综合生产能力，确保粮食安全。进一步推进土地整理和标准农田建设，实施沃土工程，提高土壤肥力和农业劳动生产率。

推动三次产业联动发展。加快推进农业产业化经营，大力培育壮大农业企业，支持工商企业和个人投资发展农业规模生产，培育发展一批农民专业合作经济组织，提高农民组织化程度。积极发展农产品加工业，延长农产品深加工产业链，培育年销售额千万元以上的重点农业龙头企业100家，创建一批国内有影响的名牌产品和著名商标，加快全国农产品加工示范基地吴兴食品工业园建设。加快农产品批发市场、城乡集贸市场和农产品物流配送中心建设，重点建设年交易额10亿元以上的农产品批发市场。积极推进“农家乐”、“渔家乐”等生态休闲旅游健康发展。抓好劳务经济，促进农民加速向第二、三产业转移就业和向城镇迁移落户。

（二）建设农村新社区

深入实施“百村示范、千村整治”工程。按照规模适度、合理集聚、梯度缩并和有利于生产生活的原则，撤并小型村，拆除空心村，缩减自然村，有计划、有步骤地建设一批规划科学、环境优美、设施健全、服务配套、管理民主、社会和谐的农村新社区，建成144个全面小康示范村，示范村数量达到200个，基本完成村庄整治任务。按照规划引导和基础设施先行、镇村开发和产业配套协调同步的要求，积极探索城乡统筹发展的新途径，加快推进工业向园区集中、人口向城镇集中、居住向社区集中。大力推行“户集、村收、乡镇运、县区处理”的垃圾集中收集处理模式，加快农村生活污水处理步伐，改善农村环境，加快推进生态村建设。加快城镇社区服务向农村新社区延伸，形成以便民利民服务、社会福利服务、卫生文化服务为重点的农村生活服务圈、文化活动圈和卫生服务圈。

加强农村公共设施建设。扩大政府资金对农村的投入，加强农村重点基础设施建设，加快城市基础设施向农村延伸，让农民更多地分享公共资源和公共产品。规划实施一批较大的农村基础设施项目，投资500亿元以上。加快通镇公路和通村公路的建设与改造，推进以农村联网公路为重点的农村交通设施建设，新建农村等级公路1 070公里，总里程突破2 900公里，提高农村公路网的通达深度和服务水平。加快实施城乡供水联网系统建设，努力实现城乡供水同网同质，提高农村饮用水质量。以湖州中心城市和三县首位镇为核心，以中心镇、中心村为基本连接点，完善覆盖城乡的公交、电力、邮政、通信、广播电视等基础设施网络。

完善农村公共服务。高度重视农村公共服务建设，加快城市现代文明向农村辐射、城市社会服务向农村覆盖，逐步形成城乡一体的公共服务体系。加快农村社会保障制度建设，巩固完善新型农村合作医疗制度，建立健全以县级医疗机构为指导、社区卫生服务中心为重点、社区卫生服务站为基础的新型农村卫生服务网络体系。高标准、高质量普及15年教育，优化调整农村中小学布局，提高办学条件，加强农村师资培训，切实推进农村中小学“四项工程”。加快农村科普、文化、体育事业发展，积极开展农村普法教育，深入开展群众文化活动“十百千万工程”，广泛开展文化、科技、卫生“三下乡”活动，继续实施广播电视村村通工程和农业信息入户工程，加强农村文化体育基础设施建设。推进文明村镇和文明家庭创建，倡导健康、文明、科学的生活方式。

培育新型农民。深入实施“百万农村劳动力技能培训工程”，加强对农村劳动力技能培训、岗位培训和转业培训。充分发挥大企业、大项目对农民转产就业的带动作用，大力支持涉农职教，培养有文化、懂技术、会经营的新型农民，提高农民的整体素质，增强农民的就业竞争力和创业能力。“十一五”期间完成农村劳动力技能培训50万人次，转移农民20万人。广泛开展文化、法律、科普进农家活动，提高农民思想道德素质。

(三)深化农村配套改革

坚持把解决好“三农”问题放到重中之重的位置，把握“两个趋向”，加快建立工业反哺农业、城市支持农村的机制。稳定和完善农村基本经营制度，根据自愿、有偿的原则，依法流转土地使用权，发展多种形式的适度规模经营。加大惠农政策实施力度，建立稳定增长的支农资金渠道，建立保障农民利益和农村发展的长效机制。加快推进城乡统一的户籍登记管理制度。加快征地制度改革，完善征地程序，健全对被征地农民的合理补偿机制。完善城乡统筹就业制度，实现劳动力的自由流动和平等竞争。深化农村集体资产管理体制改革，积极稳妥推进农村集体经济股份制改造，努力实现集体资产保值增值。深化农村流通体制改革，发展农村服务业和农业社会化服务体系，探索发展农业保险，提高农业抵御风险能力。巩固农村税费改革成果，进一步减轻农民负担。深化乡镇行政管理体制改革，推进乡镇公共财政管理体制改革，着力化解乡镇债务。加强农村基层组织建设，健全基层民主，完善村民自治机制。

三、增强自主创新能力，推动产业结构优化升级

以新型工业化为方向，立足现有优势产业和特色产业，坚持整合现有资源和引进战略投资者相结合，推进工业和服务业重大项目建设，增大产业能量，提升产业档次，实现先进制造业和现代服务业“双轮齐转”，加快形成以高新技术产业为先导、支柱产业为支撑、服务业快速协调发展的产业发展格局，构筑湖州率先崛起的战略支撑点。

(一)引导产业合理布局

优化制造业布局。完善市域制造业布局，构筑“一核两带”(见示意图)先进制造业发展新格局。突出开发区、工业园区，加快建设层次分明、产业互补、分工协作的发展平台体系。在布局上围绕湖州经济开发区、吴兴工业园区和南浔经济开发区，打造中心城市产业“极核”。以“极核”为基础，拓展西、南两翼，加大布局调控引导力度，提升开发区、工业园区。向西抓好长兴经济开发区，促进煤山工业园区和高禹工业园区建设，形成南太湖产业带。向南抓好德清经济开发区和安吉经济开发区，促进新市工业园区建设，形成临杭产业带。同时，在有一定基础的重点城镇，建设若干专业化、特色化的工业功能区。

优化旅游业布局。以城镇为核心、以交通干线为轴线、以产业发展为纽带，形成各具特色、分工合作的环太湖风情旅游带、西部自然生态旅游带、东部水乡民俗旅游带三大旅游带和南浔古镇旅游区、南太湖旅游度假区、湖州历史文化名城、湖州南郊风景名胜区、莫干山风景名胜区、下渚湖湿地、天荒坪风景旅游区、龙王山黄浦江源旅游区、长兴古生态旅游区、顾渚山茶文化旅游区等十个重点区域(见示意图)，加快构筑长三角休闲度假旅游中心。

优化商贸流通业布局。以调整、提升、创新、发展为主线，积极发展有特色的现代化商贸流通业，在建立和完善市级商贸中心的基础上，形成全市商业网点整体适当分散、社区商贸中心局部相对集中，以新兴业态为发展重点的商贸网络结构，促进形成布局合理、结构优化、管理规范、服务优质的商贸流通体系(见商贸布局图)。

(二)打造长三角重要先进制造业基地

推动工业结构优化升级。发挥比较优势，坚持用增量体现战略性调整，以增量投入带动存量优化，实施“六大工程”，推进工业经济战略性结构调整。加快改造提升纺织、建材两大传统支柱产业，加快运用信息、清洁生产、节能降耗等现代技术改造生产设备、工艺流程和管理流程，抓好产品的结构调整和技术创新，发展特种纤维生产、高档面料织造，扩大产业用纺织品、丝绸产品的开发利用，延伸产业链，提高国际竞争力。做大做强金属材料、机电制造、现代轻工三大特色优势产业，坚持国内领先标准，进一步提高优势产业集中度，延伸产业链，培育产业集群，更好地发挥特色优势产业的支撑和带动作用。大力发展电子信息、生物医药、环保节能三大高新技术产业，按照产业化、集聚化、国际化的方向，选择一批重大项目、关键技术和重点产品，加大投入，重点突破，形成高新技术产业集群，使之尽快成为支撑湖州工业增长的主导性、战略性产业。到2010年，规模以上工业总产值突破2 500亿元，基本建成生物医药、新型建材、新型纺织、特色机电四大先进制造业基地和生物化学品、建筑新材、光电器件及材料等十个全国先进制造中心，培育形成一批重点企业技术中心、行业技术服务中心和校企共建研发平台，省级以上高新技术企业达到200家，高新技术产业产值达到800亿元,占规模以上工业总产值的30%以上。

推进产业集群化发展。加快集约园区、产业基地、工业强镇和专业市场建设,优化资源配置,促进土地、基础设施的集约和高效利用,进一步增强产业集聚和辐射效应。有计划地预留必要的发展空间,积极创造条件承接"大、高、优"项目落户,发挥辐射带动作用。整合产业集群内企业资源,培育发展大企业、大集团,推进大企业与中小企业的资本联结和技术合作,构建以大企业为主导、中小企业专业化分工、产业化协作的产业组织体系。到2010年,形成年销售收入超50亿元企业7家以上,超20亿元企业10家以上,全国行业排头兵企业30家以上。加快高新技术和先进适用技术的运用,加快建设信息、检测、设计、市场、培训五大公共服务平台,提高纺织、建材、医药化工、机电制造、现代轻工等产业集中度,形成一批具有较强核心竞争力和产业特色的大企业、大集团,推进现有块状经济向创新型集群化发展。到2010年,培育销售收入50亿元以上的产业集群16个,其中100亿元以上10个。

增强企业自主创新能力。围绕培育壮大骨干企业,着力开发拥有自主知识产权的关键技术和配套技术,形成一批竞争力较强的企业、品牌和产品。加强企业技术中心建设,鼓励应用技术研发机构进入企业。围绕产业共性关键技术攻关,突破一批重大技术创新项目。围绕发展壮大特色优势产业和重点产业,整合科技优势资源,在若干产业领域努力形成一批核心技术。围绕先进制造技术和工艺推广运用,加快科技成果转化,提高重大技术装备的系统设计、研发、制造和成套能力。淘汰落后工艺技术,关闭破坏资源、污染环境和不具备安全生产条件的企业。实施名牌带动战略,支持知名品牌依托市场优势和产品优势自主创新,推动企业在工艺设计、产品开发、质量管理等方面与国际认证体系接轨,形成一批拥有自主产权和较强市场竞争力的名牌产品。到2010年,新创中国名牌5只、驰名商标5件,拥有国家免检产品50只,开发市级以上新产品2 500项,其中省级以上2 000项。

(三)加快发展和提升服务业

打造长三角生态旅游强市。充分发挥"太湖、山水、生态、文化"的资源优势和近沪旅游区位优势,突出发展休闲度假旅游、观光旅游、商务旅游和专项旅游(见产品体系图),有效整合旅游资源,推进旅游项目开发,加强骨干旅游企业的培育和建设,加大旅游产品开发力度,延伸旅游产业链,壮大旅游产业经济。按照打造长三角国际"中央公园"定位,统筹开发建设结构合理、功能齐全的"三带十区"旅游景区景点,建设并形成融商务会议、休闲度假、生态观光为一体的旅游度假目的地。加强旅游区域合作,加大旅游市场促销力度,形成多层次、全方位的旅游市场格局。到2010年,力争建成五星级宾馆5家以上,入境旅游达到30万人次,国内旅游达到1 600万人次,旅游总收入达到120亿元。

改造和提升传统商贸业。积极扶持10大主业突出、辐射广、竞争力强的现代商贸旗舰和50家商贸流通骨干企业。鼓励商贸龙头企业采取新型现代商业业态,发展连锁经营,并向中小城镇和广大农村地区拓展,改善农村商品质量,稳步提高农村消费比重。深入实施"乡镇连锁超市"、"农村放心店"工程,支持和鼓励配送龙头企业,加快发展城市社区连锁店、便利店和便民服务店。加快商品交易市场现代化建设,做大做强南浔建材市场、织里童装市场、市区西南市场群、长兴农副产品综合批发市场、杭嘉湖家居大市场、安吉转椅市场等一批专业市场,形成年成交额超100亿元的现代化专业市场2家,超10亿元的专业市场20家。加快城市商贸中心和区域商贸区建设和培育,加快特色专业街和步行街区建设。

加快发展生产性服务业。发挥铁公水一体化的优势,全力建设湖州港和铁路湖州站,加快建设湖州中心城市物流园区和南浔、长兴、安吉、德清四个物流中心,建成连接长三角内外区域的物流中心。重点培育6家市场竞争力较强、经营规模合理、技术装备先进、管理水平较高的第三方物流企业。整合利用货物、运输、信息等物流资源,加强物流标准化建设,优化工商企业物流管理,规范物流市场秩序。推进企业信用担保体系建设,为企业提供融资服务。推进科技创新体系建设和人才服务体系建设。

积极培育信息、商务等新兴服务业。积极发展信息服务业,加快推进政务信息化、产业信息化、公共领域信息化,整体推进"数字湖州"建设。大力发展企业管理、财务法律、研发设计、资产评估、决策咨询、经纪代理等各类商务服务业,积极培育企业化经营、规范化管理、社会化服务的商务服务机构,提高服务质量。积极鼓励支持社会力量投资发展商务服务业,吸引国内外知名的商务服务机构落户湖州,为产业发展提供完善的配套服务。创新发展金融保险业,强化金融支持,推进金融创新,期末各项存款余额力争达到1 200亿元,各项贷款余额达到900亿元。

提升发展居民服务、房地产等生活服务业。完善社区服务设施,拓展服务领域,健全服务网络,大力发展家政、养老、托儿、医疗、保健、保安、物业等居民服务业,为人民群众提供安全、便利、舒适的生活环境,社区服务的覆盖面达到居住人口的50%以上。加强房地产一级市场调控,培育和完善二、三级市场,积极发展经济适用房、廉租房和普通商品住房,逐步形成"供需平衡、结构合理、价格稳定、调控有效"的房地产发展格局。

四、加快建设大城市,提高中心城市集聚辐射能力

坚持以科学规划引导城市发展,按照合理布局,优化结构,增强功能,组团发展和适度超前的要求,打破城乡分割,整合空间资源,优化产业布局,加快建设环太湖带状组团式现代化生态型滨湖大城市,推动湖州成为长三角区域节点城市、枢纽城市和中心城市。

(一)优化空间布局

按照"中心集聚、轴线拓展"的发展策略,围绕大城市—中小城市—中心镇—一般建制镇—中心村五个层面,构筑"一带一圈层四轴线"(见示意图)的网络化空间布局结构,推进长兴—湖州(织里)—南浔环太湖南岸城市带建设,形成市域发展的极核;依托市域南部高等级环线通道,构筑武康、递铺、练市、新市、泗安等城镇圈层;依托主要交通干线,重点培育市域西部、西南部、中部、东南部四条放射状城镇发展轴线,基本形成以城带乡、城乡互动的发展格局。

(二)加快中心城市建设(专栏9:略)

(三)加快中小城市和中心镇建设

强化各县首位镇的工业、服务业和居住功能建设,加大配套设施建设,加强与中心城市联系的快速通道建设,积极建设县区首位镇到湖州中心城区"半小时交通圈",加快建设成为要素集聚明显、基础设施良好、服务体系健全、发展特色鲜明的

中等城市。把中心镇作为生产要素集中发展和承载农村人口转移的直接区域,加大基础设施和社会服务设施建设力度,形成一批既具有相应人口规模和经济实力,又具有各自风貌和特色的中心镇。

(四)建设最宜人居住和创业的生态城市

完善便民利民的市政公共设施。完善路、桥、水、电、通信设施,实现交通出行便捷通畅,供水供电保障有力,充分满足居民基本生活需求。加大老城区旧城改造力度,加快重点拓展区道路建设,抓好重点路段的人车分流。坚持和落实公交优先的原则,努力提升公共交通的运输能力、覆盖范围和便捷程度。健全规划管理体制,严格规划审批,完善公示制度,强化规划监察,加大规划执法力度,加强规划实施的监督管理。健全完善城市管理体制,加强交通、市政、环卫、绿化管理,实现城市净化美化、规范有序。

建设服务功能完备的新社区。以建设以人为本、以服务为基础、以认同感为纽带的新社区为目标,充分挖掘社区服务资源,抓好社区服务机构建设,大力发展面向社区贫困家庭、优抚对象的社会保障和救助服务,面向失业者的就业中介服务,面向社区居民的家政、养老、托幼、医疗等便民利民服务,面向属地单位、社团的社会化服务,积极探索社区服务新方式,推进电子社区(见上页示意图)建设,增强社区的凝聚力和居民对社区的归属感。

营造舒适优美的人居环境。在适度发展高档住房、扩大普通住房投放量的同时,建成经济适用房50万平方米,完善廉租房制度,着力解决人均住房面积不足15平方米困难家庭的住房问题。加强城市出入口、城郊结合部的管理,加强市容市貌整治,同步落实地名标准,推进城市净化、绿化、亮化、美化。规范城市管理和执法行为,建立城市管理长效机制,深化巩固创建"四张城市名片"和"四城联创"成果。

建设最宜创业发展的城市。建立健全鼓励创业的政策机制,营造激励创新创业的发展氛围,形成兼收并蓄、开放包容的人文环境,最大程度地释放湖州的发展潜能。努力降低创业成本。加强基础设施的综合配套,保持既有直接成本比较优势,依靠优质服务切实降低隐性成本,把湖州建成拥有成本效益优势的投资创业洼地。

五、优化基础设施建设,为率先崛起提供良好的基础保障

按照"适度超前、综合提升"的要求,以交通、能源、水利、信息等基础设施建设为重点,构建布局合理、结构优化、功能完善、适度超前、城乡共享的基础设施体系,为实现湖州率先崛起提供强有力的基础设施支撑和保障。

(一)建设快速便捷的综合交通体系

超前谋划、优先布局对经济社会发展有重大影响的交通运输通道,加快建设高速公路、城际快速、干线公路、乡村道路、高等级航道、铁路、城轨和浙北公路客运总站、湖州火车站以及湖州港"七网二站一港"的现代化综合交通运输网络,全面提高综合运输能力和服务水平,把湖州建设成为连接长三角内外区域的交通枢纽。

公路网。以高速公路网络化、城市公路快速化、干线公路通畅化、场站社会化为目标,完善高速公路网与大中城市节点的连接,加快现有干线网改造升级,加快通村公路建设,扩大网络覆盖面,提高通达深度。到2010年,力争建成"三纵两横"高速公路网(见示意图),实现所有县区通高速;通村等级公路总里程力争突破2 900公里。

航道网。以集约化经营为目标,整合港口资源,大力推进湖州港建设,重点建设形成"五干五支一港六区"的内河航运格局。改造湖嘉申线、京杭运河、长湖申线三条主干航道和武新线(武康至新市)、梅湖线(梅溪至湖州)、东苕溪线、泗湖线(泗安至湖州)、李湖线(李家巷至湖州)五条主要支线航道。建设吴兴港区、南浔港区、太湖旅游港区、长兴港区、德清港区、安吉港区,实现湖州港口的一体化。

铁路和城际轨道网。全力推进"三线一枢纽"工程(见示意图),为湖州市增强"三力"、率先崛起奠定扎实的基础。力争建成杭湖宁城际轨道,启动建设湖嘉(乍)沪铁路,开展湖苏沪城际轨道的前期工作,争取列入相关规划,并按照"以人为本"和"零距离换乘"的理念,建设新湖州火车站综合枢纽。

(二)建设安全可靠的能源保障体系

以保障电网安全运行为重点,加大能源基础设施投资,满足经济社会发展和城乡居民生活需求。

电源建设。有序发展热电联产项目。尽早开工建设天荒坪二抽水蓄能电站,力争启动长兴华能电厂扩建2 600MW燃煤机组项目建设。

电网建设。实施1 000千伏特高压输变电工程,完善500千伏超高压网架,进一步加强220千伏、110千伏电网网架,提高电网供电能力和安全稳定水平。新建500千伏项目1个,完成220千伏项目12个,新增110千伏变电所29座。加快实施新农村电网规划与建设。

天然气推广。加快天然气基础设施建设,提高天然气管网覆盖率。完成德清德能天然气发电扩建工程。努力拓展民用市场,提高居民用气普及率。改造现有气化站,整合现有液化石油气罐场,作为城市辅助气源及备用气源。

新能源建设。积极推进垃圾焚烧发电等项目建设,争取建成南太湖、德清三狮枫样、长兴和安吉等垃圾焚烧综合利用工程,实现垃圾资源化、减量化和无害化处理。积极稳妥地开展太阳能、农村沼气综合利用、风能发电等方面的研究和开发利用。

(三)建设调控有力的水利保障体系

着力构建全市水利防灾减灾保障体系、水资源供给保障体系和水环境与生态保护体系。

完善高标准防洪保安体系。重点完成环湖大堤后续工程建设,拓浚平原入湖溇港,实施长兴平原防洪工程,提高环湖大堤防洪标准和平原引排水能力;启动东西苕溪防洪后续工程和与南排工程相配套的长山河延伸扩大,提高南排和区域水资源配置能力,改善区域水环境;建设老虎潭水库和合溪水库,提高城乡居民饮水质量,促进城乡供水一体化。推进和完善湖州、武康、雉城、递铺4座城市防洪工程建设,逐步实施双林、练市、新市等10座中心城镇的防洪工程建设,进一步完善城镇防洪排涝体系,确保湖州中心城区防御标准100年一遇以上,中小城市防御50年一遇以上,中心镇防御20年一遇以上。

加强水系维护和农村水利建设。以提高引排能力、改善水环境为重点,加大河道整治、堤防加固建设和水系维护。以提高城乡防洪抗灾能力为重点,加快水库标准化建设,进一步搞好圩区整治。以加快城乡供水一体化为重点,逐步加大农村和城镇的饮用水工程建设力度。以节水增效和农村现代化建设为重点,加快灌区节水改造步伐。

（四）建设比较完善的信息化网络

深入开发利用空间信息资源，健全服务于城市规划、建设和管理，服务于政府、企业和公众，服务于人口、资源环境和经济社会可持续发展的信息基础设施和应用体系。重点建设电子政务系统、电子商务系统、信息资源库、程控电话扩容及配套、移动通信、联通扩容、广电网络数字平台、双向网络改造及主干网等工程，基本形成覆盖全市的宽带化、智能化、个性化的信息网络，逐步实现"三网融合"。

六、深化改革扩大开放，推进经济的市场化和国际化

加大改革攻坚力度，加快推进政府职能和管理方式的转变，创新湖州率先崛起的制度环境；发挥开放活市对湖州经济社会发展的重要带动作用，拓宽湖州率先崛起更大的空间。

（一）建设公共服务型政府

加快政府职能转变。加强政府社会管理与公共服务职能，创新政府管理模式和管理手段。全面实施行政许可法，严格按照设定的行政许可项目和权限，规范行政许可行为。深化行政审批制度改革，增强行政服务中心的综合服务功能。完善政务公开制度，加强专家咨询、信息披露、社会公示、决策责任追究等各项制度建设，提高决策的科学化、民主化水平。健全政府为民办实事长效机制。建立健全公共安全应急管理体制和机制，建立统一的社会应急指挥系统，提高政府应对突发事件和抵御风险的能力。

深化规划体制和投资体制改革。强化国民经济和社会发展规划纲要的战略性和导向性功能，建立统一衔接的规划体系和以规划带项目的项目决策机制，进一步发挥规划配置资源的导向作用，有效增强规划对开发建设活动的约束性。全面实施政府投资项目管理办法，建立政府投资项目公示制、招投标制、后评价制和责任追究制度，加快推行代建制。全面实施企业投资项目管理办法，落实企业投资自主权，建立企业投资项目核准制、备案制以及相关行政许可配套联动机制。

深化国有资产管理体制和公共事业管理体制改革。明确国有资本的投资方向和领域，大力推进国有经济布局和结构的战略性调整，加大资源整合和资产重组力度。建立健全国有资产管理、监督和营运体系，确保国有资产安全有效营运，努力实现国有资产保值增值。加快事业单位改革步伐，完成生产经营型、社会中介服务型事业单位的转企改制，加大监督管理类、社会公益类事业单位的优化重组力度，改革运行方式，提升服务能力。

完善经济调节机制。健全公共财政体系，优化财政支出结构，保障新农村建设、社会保障和环境保护等重点领域支出。进一步深化部门预算、国库集中支付、收支两条线和政府采购制度改革，提高资金使用效益。加快推进资源价格改革，建立阶梯式水价和差别电价制度。全面推行城市污水和生活垃圾处理收费制度，探索建立完善水权、排污权等交易制度。加强价格监督检查，维护水、电、气、热、粮食等市场价格秩序，创造良好市场环境。健全价格监测制度，发挥预警和调控作用，合理引导市场和消费。继续规范行政事业性收费，减轻企业和群众负担。加强对煤、电、油、运等方面的供求调节，健全互动协调机制，实现经济运行由应急调节向制度调节转变。

服务民营经济实现新飞跃。优化发展环境，鼓励、引导、支持非公有资本进入法律法规未禁入的基础设施、公用事业及其他行业和领域，努力营造民营经济与国有、外资经济平等进入、公平竞争、共同发展的环境。加大扶持力度，发挥政府职能部门、人民团体、行业组织对民营经济的推动作用，推动民营企业进行体制和管理创新，为民营企业提供融通资金、技术创新、信息咨询、信用评估、人才培训等方面的优质服务；支持和帮助民营企业与外资企业进行合资合作，积极参与国际分工，鼓励有比较优势的民营企业跨国发展；积极引导民营企业通过兼并、联合、重组、境内外上市等形式，建立多元开放的产权结构，不断做大规模、增强实力。

（二）建设现代市场体系

培育要素市场。积极培育上市后备资源，鼓励和支持企业上市，实现在国内主板、中小企业板、买壳上市或境外上市挂牌的公司达到10家以上，融资额20亿元以上。鼓励和支持符合条件的企业发行企业债券，积极发展期货、保险、租赁市场。规范发展产权交易市场，大力培育土地、技术、人才、劳动力等要素市场，提高集聚辐射能力。

发展和规范中介组织。支持中介服务机构整合、重组，拓展综合服务功能，提高专业化服务水平。积极探索促进行业协会发展的有效机制，推进行业协会、同业商会等自律性组织发展。

规范市场秩序。加强政府市场监管职能，完善行政执法、行业自律、舆论监督、群众参与相结合的市场监管体系，严厉打击制售假劣、商业欺诈、偷逃骗税和侵犯知识产权等违法行为。

建设"信用湖州"。以制度建设和有效应用为重点，建立和完善企业、个人信用征信系统，以此为基础，从完善信贷、纳税、合同履约、产品质量的信用记录入手，建立信用评价体系。加强信用监督，建立健全守信受益、失信惩戒等信用管理制度，加快建设社会信用体系。加强中小企业信用担保体系建设，建立小企业贷款风险补偿制度。

（三）加快融入长三角

落实发展定位。根据县区区位特点、交通条件和自身优势，明确发展定位，加快融入长三角。德清、安吉要发挥独特的区位优势，继续接轨上海、融入杭州；长兴要发挥长三角省际枢纽优势，强化集聚功能和辐射效应；南浔要发挥接轨上海的桥头堡作用，在依托上海、服务上海、接轨上海方面取得新进展；吴兴要加快吴兴工业园区建设，着力打造先进制造业的集聚区和对外开放的先行区；湖州经济开发区要努力建设成为高新技术产业的高地，充分发挥在对外开放中的示范带动作用。

全面接轨上海。以国家实施长三角区域规划为契机，按照"发展同谋、规划同绘、产业同兴、交通同构"的思路，加快以交通为先导的基础设施建设，尽早打通与长三角各城市特别是与上海的交通便捷通道。加快以产业为核心的接轨步伐，积极推进科教人才、信息资源、环境生态等全方位、宽领域、多层次的交流与合作。到2010年，全年供沪农产品总量达到50亿元以上，上海来湖旅游人数达到650万人次，引进上海高新技术项目20个以上。探索与长三角各城市政府、民间等各个层面的有效合作交流机制，加强政府发展战略、产业政策导向的规划沟通，努力实现合理分工、错位发展，鼓励本地企业与外地大企业、大集团开展各种方式的经济技术合作。

加强区域经济合作交流。积极拓展国内合作与交流的领域和空间，鼓励和引导各类市场主体加强与经济发达地区和资源富集地区的开发合作，积极参与西部大开发。到2010年，全市参与西部开发企业达到30家。鼓励企业参与中部崛起和振兴东北老工业基地建设。深入实施"山海协作工程",鼓励向欠发达地区进行合理的产业转移,开展来料加工,建立出口货源基地。

(四)大力发展开放型经济

健全机制。加强公平贸易机制建设,建立和完善"政府引导下的以行业协会为中枢、企业为主体"的反倾销联动系统,强化反倾销、产业损害、技术壁垒和绿色壁垒等预警应对机制,提高出口企业应对反倾销能力。适应人民币浮动汇率管理制度的新要求,提高出口企业抗风险能力。加快大通关建设步伐,优化通关环境。大力发展涉外经济中介服务机构,健全招商网络,建设引资载体,创新引资方式,逐步建立起与国际规则接轨的开放型经济运行机制。

做强外资。坚持外资有效利用与产业优化升级相结合,强化利用外资的产业导向,突出工业项目,引导外资重点投向先进制造业、高新技术产业、现代服务业、现代农业。拓宽招商引资领域,在交通运输、电子通信、商贸旅游、金融保险、科技教育、医疗卫生等领域的外资利用上实现新突破。创新招商引资方式,推行产业招商、嫁接合作、"以外引外"、跨国并购、海外上市,重点引进产业关联度大、技术含量高、带动力强的项目,推动招商引资向招商选资转变。推进民营企业与外资企业互动发展,引导中小企业与跨国公司建立配套协作关系,推动优势企业与跨国公司建立战略联盟,提升重点骨干企业的国际竞争力。五年实际利用外资达到45亿美元以上,年均增长11%以上(见示意图)。

做优外贸。在继续保持纺织服装、轻工工艺等传统产品出口稳定增长的同时,增强机电设备、生物医药等高新技术产品出口竞争力,鼓励自主品牌和科技含量、附加值高的产品出口,力争拥有5个全国出口名牌、15个省出口名牌。积极发展加工贸易,鼓励和扶持生产环节由中低端向中高端延伸发展,促进加工贸易转型升级,力争建成国家级出口加工区。积极培育优势出口主体,鼓励生产企业扩大自营出口,推进外贸流通企业从收购制向代理制转变,发展并购、参股等多种形式的工贸结合,形成出口超亿美元企业5家,千万美元以上企业100家以上。引导企业从注重出口向进出口相结合转变,重点进口能源、原材料和先进技术、关键设备。五年外贸进出口总额达到200亿美元,年均增长20%(见示意图)。

做大外经。充分发挥行业比较优势,推动有实力的企业采取投资办厂、控股参股、收购兼并、股权置换等方式开展对外投资和跨国经营。发掘境外资源,拓展国际交流合作,以"友好城市"和各种境外交流合作平台等为载体,鼓励有实力的企业到境外合作开发能源、森林等资源,提高利用国际资源的能力和水平。累计新批境外投资企业或办事处达到80家。完善对外工程承包促进措施,支持企业直接参与国际工程招投标、境外工程分包。积极开展国际劳务合作,强化外派劳务人员的业务培训。

做好平台。按照"适度超前、成片规划、基础先行、有序推进"的原则,统筹开发区、园区发展政策,整合开发区、园区发展资源,促进开发区、园区错位发展,成为各具特色优势、有机一体的发展板块。完善开发区、园区内基础设施和生活配套设施建设;提高开发区、园区单位面积项目投资强度和产出水平,促进经济集约化增长;提高开发区、园区的产业配套水平,积极承接外来企业联动转移配套,引导民营经济自主创业配套,因地制宜建设产业配套协作区。

七、建设文化大市,提高率先崛起的持续创新能力

坚持以提高人的素质为核心,大力发展社会主义先进文化,不断满足人民群众日益增长的精神文化需求。发挥湖州人文优势,按照市委五届八次全会决定,全面推进"八大工程"建设,加快建设科技强市、教育强市、卫生强市、体育强市,促进文化与经济融合,提高率先崛起的持续创新能力。

(一)加强文化建设

提高社会文明程度。深入开展革命传统教育、形势任务教育,大力培育和弘扬以爱国主义为核心的民族精神,全面塑造"开放、务实、创新、和谐"的当代湖州精神。认真贯彻落实《公民道德建设实施纲要》和《浙江省公民道德规范》,大力开展从政道德、廉政文化、诚实守信、礼仪等多种形式教育,全面推进社会公德、职业道德、家庭美德建设。改进学校德育工作,建立完善学校、家庭、社会相结合的未成年人思想道德教育体系。进一步加强和改进大学生思想政治工作。提高来湖务工经商人员的文明素质。广泛深入地开展以全国文明城市创建为龙头的"四城联创"工作,推动文明城市、文明城区、文明社区、文明村镇、文明行业、文明单位、文明家庭等各项群众性精神文明创建活动。加快学习型单位、社区、机关和家庭建设,努力构建学习型城市。

大力发展文化事业。深化文化行政体制改革,繁荣文化事业,发展文化产业,推进文化创新,打响"人文湖州"品牌。精心打造一批在国内产生重大影响的思想性、艺术性、观赏性、地域性相统一的文化精品。统筹安排县、区标准"三馆"(文化馆、图书馆、博物馆)和综合性文化中心等文化基础设施建设,充分发挥标志性文化场馆的公共服务功能。以基层文化服务阵地、先进文化传播阵地、历史文化展示阵地建设为重点,加快构建完善的公共文化服务体系。稳步推进文化信息共享工程,基本建成基层二级中心,形成覆盖城市大部分社区和村镇、企业、学校的基层文化信息网络。大力开展基层业余文化团队建设,发展民间文化示范家庭。全市60%的县区达到全国文化先进县(区)标准,80%以上的县(区)达到省级文化先进县(区)标准。注重历史文化遗产保护和民族民间艺术传承,加强不可移动文物、重要历史建筑和历史文化名城、街区、村镇保护。

加快发展文化产业。树立文化经济观念,完善文化产业政策,推动文化与经济的融合,将文化资源优势转换为产品优势、产业优势、竞争优势,形成一批竞争力强、规模效益较好的文化产业集团,使文化产业成为我市新的重要经济增长点。积极发展各类文化产业,重点培育和发展文化娱乐业、文化旅游业、体育健身业、文化产品制造业、传媒业和文化产品经营业等文化支柱产业。加快报业、广电、文化三大产业集团的组建步伐,着力培育一批专、精、特、新中小型文化企业,成为具有较强实力、活力和竞争力的文化产业主体,形成以大型文化集团为龙头、中小型文化企业相结合的组织体系。文化产业增加值占地区生产总值的比重达到8%,文化产业整体水平和综合实力达到全省平均水平以上。

加强文化市场管理。建立健全党委领导、政府管理、行业自律、企事业单位依法运营的文化管理体制和富有活力的文化产品生产经营机制。加强文化市场管理和法制建设,加大知识产权保护力度,整顿和规范文化市场经营秩序,健全文化市场

体系，繁荣文化市场。健全市场准入和退出机制。严厉打击非法盗版、非法出版、非法营销等不法活动。

加强文化交流与合作。充分发挥我市文化资源优势，积极开展多层次、多渠道、多形式、全方位文化交流。积极推动富有地方特色的民间艺术、民间文化和有一定影响力的文化交流项目开展交流。充分利用湖州国际湖笔文化节品牌，扩大与重点国家和地区间文化交流，结合各类外事活动，主动推介湖州文化艺术产品，拓展文化市场。

(二)建设科技强市

培育技术创新主体。坚持自主创新、重点跨越、支撑发展、引领未来的方针，把增强自主创新能力作为科技发展的核心，建立以企业为主体、以市场为导向、产学研相结合的开放型区域科技创新体系，着力推进创新型城市建设。深化科技体制改革，加快建立现代科研院所制度，鼓励高校、研究院所与企业的合作和联盟，建立市场化导向的研发体制。完善科技管理体制和运行机制。把跨国公司研发机构的研发活动纳入到创新体系的建设之中，促进技术合作。鼓励企业建立各种类型的研究开发机构，大力扶持科技型中小企业的技术创新活动。加大博士后工作站建设力度，重点建设高新技术产业、支柱产业、新兴产业等领域的技术研发团队。加强对经济、科技政策的协调，加大对提高自主创新能力的政策扶持，鼓励技术、管理等要素参与分配。

加强科技创新平台建设。加快建设湖州高新技术产业园区、南太湖科技创新中心、中科院湖州应用技术研究与产业化中心、浙江太极信息技术研究院、省级湖州科技创业服务中心、国家级湖州淡水渔业生产力促进中心，培植扩大科技创新技术源。着力引进10家以大院名校为依托的科技创新载体，充分发挥省级以上高新技术企业研发(技术)中心的作用，培育发展200家科技中介服务机构。依托开发区、工业园区，加快科技孵化器建设，为产业发展提供公共技术服务平台，增强产业集群的核心竞争力。积极引导和支持专业镇加强技术创新中心建设，逐步形成社会化、网络化的科技服务体系，为乡镇产业集群的发展与升级提供动力。

加强创新服务体系建设。建立以政府投入为引导、市场投入为主体的多元化科技投融资体系，加强党政领导科技进步目标责任制考核。“十一五”期间，市、县(区)财政科技投入占本级财政支出的比重力争分别达到4.5%和3.5%。探索建立服务于中小企业创新的投融资体系，积极培育和发展风险投资市场，吸引民间资本进入创新投资领域，拓宽风险资本来源渠道。加大对研究与开发、产业化、技术改造等工作的支持力度，加强各类科技中介服务机构的建设，加速科技成果的转化和扩散，重点扶持中介服务机构的发展，逐步形成以市场为导向、以产学研为依托，网络化、多功能、专业化的科技中介服务体系，推进高新技术产业发展。

加强知识产权保护。完善知识产权管理体制，建立完善专利信息平台和专利预警、维权援助机制，加大知识产权保护和执法力度，营造有利于自主创新、招商引资和产业发展的市场环境。加强对拥有自主知识产权的企业或项目的扶持。增强全社会知识产权保护意识，鼓励支持高校、科研院所、企业和科技人员积极开发和申请发明专利技术。“十一五”期间，专利申请量争取达到10 000件以上，专利授权量达到4 500件以上(见示意图)。加强科普工作，提高公众的科学素养。

组织实施重大科技专项。围绕高新技术产业、传统制造业、装备制造业、高效生态农业、环境资源、健康与安全、服务业信息化等重点领域，组织实施一批重大专项，加快技术进步。

(三)建设教育强市

巩固提高普及十五年基础教育水平。继续高标准高质量普及九年制义务教育，加快推进城乡基础教育均衡化，使基础教育的整体水平和综合实力位于全省前列。完善农村中小学、幼儿园布局，实施农村中小学“四项工程”，全面完成“校校通”工程，提高农村教育信息化水平，推进全市所有学校通过城域教育网共享优质教育资源，初中升高中比例达到95%，其中农村达到90%以上。不断提高普通高中教育质量，推进所有公办高中达到省级以上重点高中的办学标准。普及学前三年教育，提高农村学前教育保教保育水平，学前三年幼儿入园率达到95%以上，其中农村达到90%以上。进一步发展特殊教育，使残疾儿童少年受到良好教育。适学的三类残疾儿童少年都能入学。

大力发展职业教育和终身教育。以适应先进制造业基地建设需求为重点，以就业需求为导向，实施职工技能素质工程，扩大职业教育招生规模，提升职业教育整体水平。进一步加强国家级、省级重点职业技术学校及专业建设，培养与发展先进制造业、现代农业、现代服务业相匹配的高素质劳动者和实用型技术人才，努力把湖州职业技术学院建设成为国家优秀职业技术学院。广泛开展各类人才培训，积极发展多种形式的成人教育、继续教育、社区教育和现代远程教育，努力构建终身教育体系，加快建设学习型社会。

提高地方高等教育质量。积极发展地方高等教育，逐步形成研究生教育、本科教育、高职教育相结合，学科门类多样、特色鲜明、服务地方经济社会发展、具有一定规模与层次的高等教育体系。推进高校东扩工程，力争把湖州师范学院建设成综合性大学。

加强师资队伍建设。完善现代教师教育体系，创新教师教育模式与机制，全面提升教师素质。加快实施高校“高层次人才培养工程”和“中小学名师名校长培养工程”，完成“农村中小学教师素质提升工程”，实施“百校结对千师支教工程”，改善农村教师的生活和工作待遇。

深化教育体制改革。注重培养学生的创新精神和实践能力，改革和完善考试评价制度，全面推进素质教育。积极引入社会力量参与办学，推进教育投资体制与办学模式创新，形成多元化办学格局。逐步构建布局结构合理、城乡区域各类教育相对均衡发展的现代国民教育体系与终身教育体系，基本建成教育强市。

(四)建设卫生强市

发展公共卫生事业。坚持政府主导支持发展公益性医疗卫生改革方向，确保财政对公共卫生和基本医疗服务的投入，卫生事业经费投入占同级财政支出的比例达到5%以上。完善公共卫生体系，提高应对突发性公共卫生事件的能力，有效预防和控制艾滋病、结核病、血吸虫病、乙肝等传染病和慢性非传染性疾病。到2010年，建成达到省内中上水平的市级疾病预防控制中心，县级疾病预防控制中心达到规范化建设标准。加强妇幼卫生保健工作。大力发展社区卫生服务，科学配置社区卫生服务机构，认真落实社区公共卫生服务项目，完善医疗、预防、保健、康复、健康教育、计生指导等功能。

深化医疗卫生体制改革。优化卫生资源配置,合理确定公立医疗机构的规模和数量,政府重点办好代表区域水平的综合医院、专科医院、乡镇卫生院、社区卫生服务中心以及公共卫生机构。规范和引导社会资本进入医疗卫生服务领域,逐步形成以公有制为主体、多元化、适度开放的医疗卫生体系。规范医疗收费和药品价格,完善药品价格管理机制,加快推进"惠民医院"建设,建立适应经济社会发展和人民健康需求的卫生服务体系,有效解决群众看病难、看病贵等问题,提高医疗卫生保障水平。支持中医药事业发展,培育现代中药产业。

加强行业监督和管理。加强对全社会医疗机构的有效监督,规范和完善医疗服务行业的市场准入和行业监管标准。强化医疗市场监督执法,打击非法行医。全面推行和规范药品招标采购,调整和规范医疗服务价格,降低医药费用。继续加强医德医风建设,切实纠正医药购销和医疗服务中的不正之风。

(五)建设体育强市

认真组织实施《全民健身计划纲要》,建立健全全民健身服务体系,建设方便城乡居民开展健身活动的体育设施,每万人体育场地数达到10个,人均体育场地面积2平方米。广泛开展群众性体育活动,提高全市人民的健康素质,体育人口达到45%左右,国民体质合格率达到85%以上。加快公共体育设施建设,加强住宅小区、社区体育娱乐设施建设,建成市体育中心、市民健身中心,加快推进县区标志性体育设施建设。加强竞技体育人才培养和训练基地建设,积极承办全国乃至国际高水准的单项体育赛事,提升"中国极限运动之都"的知名度和品位。大力发展环太湖体育休闲、竞赛表演业市场,鼓励社会力量参与体育市场开发,发展体育产业。力争1~2个县区建成省级体育强县(区),10个乡镇达到省级体育强镇标准。

(六)构筑人才高地

壮大人才队伍。抓住培养、引进、使用三个环节,加强党政人才、企业经营管理人才和专业技术人才三支队伍建设,重点培养高层次、创新型、外向型、复合型和高级技工人才。以高层次人才为重点,培养造就一支优秀企业家和高素质职业经理人队伍。加快建设与先进制造业和现代服务业发展相适应的专业技术人才队伍。抓紧培养高技能人才和农村实用人才。加强公务员队伍建设,提高服务基层、服务群众的能力和水平。实施"大学生回乡创业计划",鼓励和吸引本地籍大学毕业生回乡创业。到2010年,人才总量净增10万名以上,技术工人总量达到18万人左右,高技能人才占比达到15%以上。

完善人才工作机制。加强人才市场建设,完善人才引进政策,大力营造适合不同层次人才需求的"引得进、干得好、留得住"的保障环境。深化干部人事制度改革,进一步健全和完善党政干部监督约束机制、考核评价机制和激励保障机制。改进人才引进模式,建立柔性引才机制。建立以业绩为核心,由品德、知识、能力等要素构成的人才评价指标体系。深化专业技术职务评审制度改革。探索有效的分配和奖励制度,鼓励企业实行股权、期权激励,鼓励和规范专业技术人才、高技能人才兼职兼薪。

八、创建生态市,构建资源节约型和环境友好型社会

坚持节约资源和保护环境的基本方针,科学区分不同类型区域的主体功能,推行有利于节约资源和环境保护的生产模式、消费模式和城乡建设模式,加强生态建设,改善生态环境,发展生态产业,培育生态文化,建设资源节约型、环境友好型社会和最适宜居住、创业的生态城市。

(一)明确主体功能区划

根据自然资源禀赋、环境承载能力和开发需求,结合现有发展水平,确定"十一五"期间全市划分优化开发、重点开发、限制开发、禁止开发四大主体功能区域,促进人口、经济、资源、环境相协调。

优化开发区域。目前经济和人口密集的湖州中心城区、三县城区和重点镇已开发范围,要限制高消耗、高污染、高排放产业的发展,鼓励高技术含量、高附加值产业的发展,提升经济结构的层次。科学规划城镇群的发展布局,提高吸纳现有流动人口和其他区域转移人口的能力。

重点开发区域。对各级开发区(工业园区)和重点工业功能区,要实行重点开发,加快培育新的经济增长点,发挥比较优势,合理引导产业发展和布局,提高城镇扩大就业和吸纳人口的能力,同时重视生态环境保护。

限制开发区域。对资源环境承载能力较弱、经济开发条件不够好的区域,要实行保护优先、限制开发,加强生态环境整治等工程性措施,因地制宜地发展可承载的特色经济,引导人口自愿平稳有序转移到重点开发区域和优化开发区域。

禁止开发区域。对具有较高生态保护价值和历史文化保护价值的区域,包括水源涵养区域、湿地等,要依据法律法规实行强制性保护,严禁不符合功能定位的开发活动,加强生态的修复和保护。

(二)加强资源节约

加强节地。坚持十分珍惜和合理利用土地的基本国策,充分挖掘各类粗放利用和闲置土地的潜力,推进土地开发整理和建设用地复垦,力争新增耕地1.5万公顷,实现占补平衡。加强土地用途管制,严格建设项目用地预审和监管,逐步提高投资强度和土地利用率,最大限度地保障关键领域和重点项目的用地需求。

加强节水。加快推进城市节约用水工作,创建节水型城市。积极探索城市污水区域控制与河道水体更新回用相结合的综合模式。加强水资源管理,推广节水技术和设备。实施高耗水行业节水技术改造,提高企业内部及企业之间水资源重复利用率。加快灌区节水改造,做好农业节水工作。

加强节材。加强重点行业原材料消耗管理,减少浪费,提高利用率。推行产品生态设计和鼓励采用小型、轻型、再生材料,加强木材、金属、水泥等材料的节约代用。完善废旧物资回收网络体系,加强综合利用和循环利用,提高回收加工利用再资源化水平。推广使用散装水泥和新型墙体材料。

加强节能。组织实施节能工程,突出抓好重点耗能行业和企业的节能工作,严格限制高能耗项目,逐步淘汰明显高于同行业能耗标准的企业和产品。加强建筑节能,新建建筑严格实施节能65%的标准。积极引导民用和商用节能。到2010年,能源综合利用效率达到40%。

(三)强化环境综合整治

加强水环境防治。继续抓好重点行业、重点污染源的污染综合治理,确保污染源达标排放。加快城镇截污工程建设,建立区域污水收集、处理和排放系统,湖州中心城区生活污水集中处理率达到80%,全市中心城镇生活污水集中处理率达到70%。深入实施"万里清水河道"工程,开展河道淤泥疏浚清理,加强小流域治理,改善河网水质。建设滨湖生态防护带,加强东、西苕溪两大水系环境保护,加强饮用水源地保护,城市主要供水水源地水质达标率达到95%以上。发展节水、节肥、节药的农产品种植,加强水产养殖和饲养场的污染防治,减少农业面源污染。

加强大气环境防治。全面抓好湖州中心城市和三县中心城市的环境空气在线自动监测系统建设。加快城市供热工程、城市燃气工程、大企业脱硫工程和粉尘减排工程建设,在热电联产、集中供热区域范围内逐步拆除现有锅炉并停止新建,控制和减少烟尘和二氧化硫排放量。控制机动车尾气,有效抑制建筑施工扬尘和道路交通扬尘。

加强声环境防治。完善声功能等级划分,扩大环境噪声达标区,综合整治交通噪声、社会生活噪声、施工噪声,湖州中心城区以及县城的环境噪声达标区覆盖率为80%左右。

加强固废和辐射污染防治。积极采用无渣、少渣生产工艺,从源头上减少工业固废物的产生量,建成工业和医疗废物处置中心。加快中心城市生活垃圾集中焚烧处理中心、各县(区)垃圾收集处理系统建设,全市城乡生活垃圾基本实现分类收集和无害化处理。建立医疗废弃物、化学废弃物等有毒有害固废申报制度,加强全程监管和安全处置,实现危险固废物零排放。加强放射源与辐射的管理,做好废弃放射源的回收和妥善处置工作。

(四)加强生态保护与建设

保护重要生态功能区。优化生态环境资源,形成以西部山区、东部平原区两大生态环境保护区为主体,以滨湖生态廊道为骨架,以杭宁高速、104国道、318国道、湖盐线、鹿塘线、宣杭铁路、东西苕溪、运河等主要道路、河流沿线绿色通道为脉络与森林生态等保护区相呼应的生态系统。坚持"强化资源保护、积极繁育发展、合理开发利用"的方针,建设和保护安吉龙王山自然保护区、长兴尹家边扬子鳄自然繁育基地、德清莫干山风景名胜区以及各类自然保护小区,加强下渚湖、西山漾等重要湿地的保护。

加强生态建设。加大植树造林和绿化力度。立足于生物多样性保护、重点水源地保护以及主干水系的保护,实施安吉、长兴、德清、吴兴等县(区)生态公益林建设工程。加强城镇森林生态景观建设,重点建设以建成区为中心的城市核心绿地,南郊风景区的道场山、金盖山区域和太湖度假区的弁山区域两大连接远郊森林的生态缓冲区,以旄儿港及东西苕溪和頔塘、连接太湖的溇港为重点的河流护岸林。结合小城镇建设和"千村整治、百村示范"工程,加快小城镇和村庄绿化建设步伐,加快东部平原农田林网建设。完善全市所有可绿化的公路、铁路、河渠的道路林网,构建城镇组团间的"绿带",形成带、网、片、点相结合,层次多样,结构合理的绿色通道网络。加快废弃矿山治理,建立和完善矿山用地复垦、复绿等保护管理制度。加强水土流失治理。

(五)大力发展循环经济

发展生态型环保型产业。严格按照产业发展指导目录要求,大力发展低投入、低排放和高效率的资源节约型产业,完善产业生态链,实施绿色供应链管理,加快绿色产品研制开发,形成企业间工业代谢和共生关系的生态产业链。大力发展生态农业,减少化肥、农药、地膜的使用,推进作物秸杆和畜禽类便的综合利用,扩大商品有机肥使用面积。开发、引进和推广面源污染治理技术,进一步改善农业生态环境,推进生态农业园区建设。积极发展低消耗、低排放服务业和新兴产业。

积极推进企业清洁生产。按照发展循环经济的要求,调整优化产品产业结构,加快改造能耗高、资源利用效率低、污染环境的行业,淘汰一批落后工艺、技术和产品,积极推广资源消耗低、资源利用率高的新技术、新工艺。在建材、纺织、化工等重点行业、重点领域和企业,加大清洁生产的实施力度,强化全过程治理,提高物料的循环利用率和废弃物的综合利用率。积极推进企业环境管理体系认证,促进生产资源消费的节约和综合利用。重视农业和服务业的清洁生产推广。建立企业为主、政府支持的循环经济体系,提高全市循环经济技术创新和支撑能力。

加快园区生态化改造。运用循环经济发展理念规划工业园区建设,统筹考虑园区产业、资源、基础设施的合理利用和共享。完善园区环保设施,实现排污集中控制和集中处理,高标准构筑园区生态环保体系。统一规划建设公用服务设施,逐步实施基础设施集中供应、废弃物集中回收、污染物集中处理。通过强化技术改造、延伸产业链等途径,有效推进产业集聚和产业集群发展,切实提高资源使用效率,提升工业集聚区生态化水平。

大力倡导绿色消费。大力倡导绿色消费,坚决抵制"白色污染",大力推广使用节水、节能的可循环使用产品、可再生产品和绿色产品。加快生态旅游示范景区建设,发展生态旅游业,倡导绿色消费。

九、建设"平安湖州",促进社会和谐平安

按照以人为本的要求,更加注重民主法治建设和社会管理,更加注重社会公平,突出解决人民群众最关心、最直接、最现实的切身利益问题,全面建设"平安湖州"、"法治湖州",努力形成民主法制、公平正义、诚信友爱、充满活力、安定有序、人与自然和谐相处的社会主义和谐社会。

(一)建设法治湖州

加强民主政治建设。坚持和完善人民代表大会制度,支持和保证人大及其常委会依法行使各项权力,拓宽人民代表同人民群众的联系渠道。坚持中国共产党领导的多党合作及政治协商制度,推动政协工作制度化、规范化、程序化建设。巩固和发展最广泛的爱国统一战线,充分发挥民主党派、工商联和无党派人士的作用。认真做好民族、宗教、侨务工作,支持工会、共青团、妇联等人民团体依照法律和各自章程开展工作。以"四民主、三公开"为重点,不断加强和扩大基层民主。进一步健全村党组织领导的村民自治机制,推进农村基层民主建设。加强社区党建,完善社区居民自治。坚持和完善企业职工代表大会制度,加强非公有制企业工会组织建设,切实保障职工的合法权益。

全面推进依法治市。围绕建设办事有法可依、公民知法守法、各方依法办事的法治城市,加大法制宣传教育力度,实施"五五普法",提高全民法律素质。切实做好政府法制工作,推进政府工作依法行政,完善公共权利有效制约机制。以实现公正和效率为目标,注重法律效用,大力发展法律中介组织,拓展和规范法律服务,积极开展法律援助,构建现代法律服务体系。规范司法行为,加强司法监督,促进司法公正,维护司法权威。坚持标本兼治、综合治理、惩防并举、注重预防,加大从源头上预防和治理腐败的力度,推进反腐倡廉体制和机制创新,建立健全教育、制度、监督并重的惩治和预防腐败的体系。加强对

权力运行的监督和制约,强化社会监督,保障公民的检举权、控告权、申诉权。严肃查处违纪违法的大案要案,坚决纠正损害群众利益的不正之风。依法加强审计、统计、档案、外事、地震、侨台等工作。

(二)完善社会管理体系

完善社会管理体系。完善社会管理的领导体制和工作机制,形成党委领导、政府负责、社会协同、公众参与的社会管理格局。加强政府社会管理职能,加快建立政府调控机制同社会协调机制互联、政府行政功能同社会自治功能互补、政府管理力量同社会调节力量互动的社会管理网络,形成对全社会进行有效覆盖和全面管理的体系。整合社会管理资源,加强城乡基层自治组织建设,充分发挥城乡社区自我管理、自我服务的功能。

加强社会协调与管理。积极培育各类健康、规范的社会组织,引导基层自治组织、社团、行业和社会中介组织利用各自优势,积极提供公共服务、反映利益诉求、规范行为规则、化解纠纷矛盾的作用,使其成为政府联系公众的重要桥梁和纽带。认真贯彻《信访条例》,完善处理人民内部矛盾的方式方法,深化人民内部矛盾排查调处、疏导化解机制以及群体性事件应急处置机制建设,把人民调解、司法调解、行政调解结合起来,依法及时合理地处理群众反映的问题,及时妥善化解社会各阶层之间的矛盾。建立健全畅通的民情沟通机制、群众利益表达与诉求渠道,完善领导下访、约访和政府热线电话及市长、局长接听日制度,规范依法信访秩序。

(三)保障公共安全

建立健全公共安全预警救援体系。建立健全分类管理、分级负责、条块结合、属地管理为主的应急管理体制,建立健全社会公共安全预警体系和统一指挥、功能齐全、反应灵敏、运转高效的危机处置机制,不断完善应急救援物资、装备储备和社会动员机制,提高对社会治安突发事件、自然灾害、公共卫生事件、生态环境等社会公共安全问题的处置能力,减少各种社会安全事件的发生率及其造成的损失,保障公众生命财产安全和维护社会稳定。进一步完善地震、地质、气象等灾害的监测、预测、预警系统,提高综合防灾减灾能力。加大公共安全科技和基础设施的投入,提高防范和处置公共安全和重大突发性事件的能力和水平。抓好面向全社会的预防、避险、减灾等方面的宣传教育,增强公众的忧患意识、社会责任意识,提高自救、互救能力。

加强社会治安综合治理。深化打防并举、专群结合的治安防控机制,落实社会治安综合治理的各项措施,构筑预防违法犯罪活动的社会网络。始终保持高压态势,严厉打击各类犯罪行为,坚决遏制刑事犯罪高发势头。加强国家安全工作。加强国防教育和"双拥"共建工作,做好国防动员和民兵预备役工作。

保障公共安全。坚持安全第一、预防为主、综合治理的方针,全面落实安全生产责任制,健全安全生产监管体制,加强安全生产设施建设,严格安全执法,强化对建筑矿山、危化品、特种设备、学校、公共聚集场所等重点领域和行业的监管,严防重特大事故发生。强化交通安全意识,严格交通执法,减少交通事故。提高消防安全水平。强化对食品、药品、餐饮卫生等行业的监管,开展专项整治,全面实施食品质量安全市场准入制度。建设信息安全监控平台,保障信息安全。做好人民防空工作。

(四)合理调节收入分配

规范社会分配秩序,加大收入分配调节力度,加强分配监管。完善按劳分配为主体、多种分配方式并存的分配制度,坚持各种生产要素按贡献参与分配。发挥市场的基础性调节作用,鼓励诚实劳动、合法经营致富,保护私有财产。更加注重社会公平,积极运用财政、税收等杠杆加大收入调节力度,着力提高低收入者收入水平,扩大中等收入者比重,有效调节过高收入,逐步解决部分社会成员之间收入差距过大问题。完善公务员工资制度,建立健全具有激励作用的事业单位工资制度;完善劳动力市场指导价位制度、最低工资保障制度、工资增长指导线制度,合理调节社会工资水平。加大对行业和企业工资分配的调节和监管力度,强化个人所得税征管。建立农民工工资按时支付制度。

(五)促进人口健康发展

加强人口和计划生育工作。坚持和完善现行生育政策,深化人口和计划生育综合改革,加强对流动人口计划生育的服务和管理,全面推行农村部分计划生育家庭奖励扶助制度,全市计划生育率达到96%以上。推进优生优育工作,加强对出生人口缺陷的干预,增加免费婚检、优生监测和基本生殖健康检查项目,提高出生人口素质。

积极应对人口老龄化。高度关注人口老龄化,创新养老服务模式,加强养老设施建设,完善老年健康服务体系,提升老年人生活品质。

推动妇女儿童事业全面发展。深入贯彻男女平等基本国策,积极推进妇女参与国家和社会事务管理及决策的进程,维护妇女利益,消除性别歧视,促进妇女平等就业。坚持儿童优先原则,创造有利于儿童健康成长的良好社会环境。

积极发展残疾人事业。做好残疾人教育、培训和就业工作,加强残疾人的生活和医疗保障,提高康复服务水平。加强城镇无障碍设施建设,切实保障残疾人权益。

十、完善富民机制,加快推进富民进程

按照以人为本的要求,促进就业,鼓励创业,支持置业,完善保障,扩大消费,努力形成全体人民各尽其能、各展所长、各得其所的氛围,确保城乡居民收入稳步增长,生活水平和质量明显提高。

(一)鼓励和推动全民创业

着力营造创业环境。坚持尊重劳动、尊重知识、尊重人才、尊重创造,鼓励创新、激励创造、支持创业、推动创优,充分发挥社会各阶层、各方面的积极性、主动性和创造性,不断增强全社会的创造力。加强创业宣传,在大中专院校开设创业课程和开展创业实践活动,在城市社区和农村开设创业宣传阵地。发挥广播、电视、网络、图书、报刊等多种传媒作用,在全社会形成和谐创业、服务创业的良好氛围,把全社会的创造活力凝聚到经济社会发展的各项事业中来。

激活创业主体。鼓励支持社会各阶层、各类人才自主创业和各种经济实体二次创业,努力造就一支以创办企业、合资入股、知识技术入股等多种方式为切入点的创业队伍。鼓励失业人员、大中专毕业生、转业退伍军人自主创业。支持专业技术人员兼职兼薪,鼓励科技人才以技术、科研成果入股民营企业。鼓励民营企业在现有基础上拓展业务,进行二次创业。坚持引资和引智并举,实施"引进来"创业,吸引市外人才和归国留学人员来湖创业,鼓励外出务工经商人员回乡投资创业。鼓励各

类企业和个人采取各种形式"走出去"创业，到市外、境外投资办厂，利用国际资本市场在境外上市，承包省外、境外工程和开展劳务合作。着力教育激励各级干部立足本职，在组织、领导、服务全民创业的实践中发挥积极作用。

拓宽创业领域。围绕加快工业化进程，鼓励和引导社会资源和创业者进入工业领域，开发新产品、开辟新产业。围绕发展现代农业，引导农民积极调整农业结构，发展多种经营，开辟农村创业新领域。围绕发展现代服务业，鼓励民间投资和有志者在参与物流、信息、中介、旅游、社区服务等领域的建设和经营中实现创业。大力培育创业载体，依托特色优势产业，积极发展创业社区、创业园区。把创新与创业结合起来，以创新提升创业水平，以创业实现创新成果向现实生产力转化。

加快创业服务体系建设。强化各级政府在政策支持、信息引导、提供服务、营造环境等方面的职能作用，在行政审批、市场准入、劳动用工、信用管理等方面制定鼓励措施。加快完善以信息服务、技术服务、市场服务、资金服务、人才服务、政策服务为主要内容的创业支持和服务体系。加大金融支持力度，重点加强对中小创业企业和新兴领域创业的信贷扶持。加强政府对创业培训的投入和支持，促进创业培训与再就业培训、农民技能培训有机结合。鼓励创业者参与政府投资项目建设。依法保护创业者的权益，不断提高经营性、资产性收入在居民收入中的比重。

（二）促进就业与再就业

千方百计扩大就业。坚持劳动者自主择业、市场调节就业和政府促进就业的方针，实施积极的就业政策，改善创业、就业环境。大力发展就业容量大的产业和各类所有制的中小企业，积极扶持自谋职业和自主创业，促进多种形式就业。大力开发公益性岗位，广开就业门路，拓宽就业渠道。建立健全市场导向的就业机制，完善企业用工激励机制。认真落实和完善扶持再就业的政策，促进下岗失业人员再就业。五年全市新增城镇就业岗位18万个。

完善就业服务体系。强化政府促进就业的公共服务职能，规范劳动力市场，健全就业服务体系，完善城乡一体的劳动力市场，推进劳动力市场制度化、专业化、社会化建设，逐步形成连通城乡、覆盖全市的就业服务网络。加强就业基本数据库和岗位供求信息采集、发布系统建设，培训设施、设备及培训信息发布系统建设，职业介绍、就业指导系统建设。加强职业培训，提高转岗能力、创业能力和再就业能力。加强劳动保护、劳动力市场监管和劳动执法监察，依法维护劳动者合法权益。重点做好城镇"4050"人员、被征地农村劳动力和大中专毕业生的就业服务工作。对困难人员实施就业援助。

（三）完善社会保障和社会救助体系

完善社会保障体系。深化社会保障制度改革，建立与经济发展水平相适应的、覆盖城乡、功能完善、多层次的社会保障体系。进一步完善基本养老保险制度，逐步做实企业职工基本养老保险个人账户，鼓励有条件的企业建立企业年金，逐步建成基本养老保险、企业年金、个人储蓄保险相结合的多层次养老保险体系。全市企业养老保险参保人数达到50万人。进一步扩大城镇医疗保险、失业保险、工伤保险和生育保险覆盖面，不断提高保障水平，全市基本医疗保险参保人数达到45万人，失业保险和工伤保险参保人数均达到40万人（见参保人数图）。积极探索和完善农村社会养老保险制度和被征地农民基本生活保障制度。坚持以农村为重点的卫生工作方针，加快整合农村医疗卫生资源，加强农村医疗卫生网络建设，发展城乡社区卫生服务。

增强社会救助能力。建立覆盖城乡的社会救助体系，完善以城乡低保为基础、专项救济为辅助的最低生活保障制度，保障困难群众的基本生活。进一步规范医疗、教育、住房、养老等救助制度，健全农村"新五保"和城镇"三无"对象集中供养长效机制。

提高社会福利水平。加快推进社会福利事业发展，加快社会福利中心、社区服务中心和集养育与康复于一体的儿童福利服务机构建设，全市综合社会福利床位数年均递增16%以上（见示意图）。大力发展慈善事业，支持社会慈善、社会捐赠、群众互助等社会扶助活动，加强对捐助资金使用的监管。加强优抚安置工作，建立健全优抚安置保障体系。保障外来务工人员的合法权利。

（四）改善城乡消费环境

拓展消费领域。引导居民改变传统的消费观念，鼓励节能环保轿车进入家庭，促进教育、健身、文化、旅游等服务消费和休闲消费。鼓励消费产品和服务创新，不断培育新的消费热点，满足多层次、个性化的消费需求，促进居民消费支出结构日趋优化。加快发展信用消费，拓宽消费信贷领域，创新消费信贷的金融工具，推动消费方式由自我积累型向信用支持型转变。培育良好的消费意识，提倡健康消费、安全消费、绿色消费、环保消费和科学消费。

改善城乡消费环境。大力开拓消费市场特别是农村消费市场，加强农村商业网点等消费市场设施建设，拓宽消费品进入农村的渠道，改善农村消费条件，不断填补城市居民消费升级留下的市场空间。完善消费政策，引导消费预期，增强即期消费，通过健全公共服务、扩大社会保障覆盖面、发展商业保险等措施，努力解除居民扩大消费的后顾之忧。通过促进进城务工人员逐步在城镇定居落户，壮大城市消费群体规模。健全市场价格预警机制，加强对教育、医疗、住房等产品和服务的价格监管，依法打击价格欺诈行为，保护消费者合法权益。整顿和规范市场秩序，努力创造健康安全、诚信有序的市场环境，使消费者放心消费，乐于消费。

（五）健全为民办实事的长效机制

健全为民办实事机制。按照"充分体现大多数群众的愿望，考虑中低收入群众的切身利益，充分体现新时期下人民群众生活需求变化"的要求，坚持公开透明原则，畅通民情反映渠道，采取社会公示、公众听证、专家咨询等形式，广泛听取群众意见，统筹兼顾，科学决策，选好实事项目。立足于能让群众在当年内或在短期内直接得到实惠、从中受益，健全工作运行机制、督查考核机制，抓紧推进，保证质量，切实把实事办好。把制度建设贯穿于为民办实事的各个环节，进一步完善党员干部联户和结对帮扶等制度，及时帮助群众解决具体问题和实际困难，增强党组织的向心力和凝聚力。

积极推进民生工程建设。围绕建立城乡一体的社会保障、社会救助、公共安全、治安防控等体系，切实解决与群众切身利益密切相关的就业难、就医难、住房难、办事难、保护环境难等问题，完善就业再就业、社会保障、医疗卫生、教育文化、环境保护、社会治安和公共服务等方面的便民利民政策。积极引导企事业单位和个人参与实事项目建设，鼓励社会各界参加各类公益活动,捐赠兴办公益事业。建立责任落实机制,将办实事目标层层分解、落实责任、严格奖惩,从人力、物力、财力上真正把为民办实事落到实处。

坚定不移地实施新一轮发展的战略部署。按照"加快科学发展、构建和谐社会、建设全面小康、实现率先崛起"的总体要求,认真贯彻落实《国务院关于加强国民经济和社会发展规划编制工作的若干意见》和《浙江省人民政府关于加强和改进规划工作的意见》,建立健全规划编制审批、组织实施和评估检查长效工作机制和规范化工作程序,创新规划实施机制(见示意图),强化规划的约束力,充分发挥规划组织动员全社会力量推进经济社会发展的积极作用,确保"十一五"规划的顺利实施。

本规划纲要描绘了全市"十一五"时期经济社会发展的蓝图。全市人民要以邓小平理论和"三个代表"重要思想为指导,在市委的正确领导下,万众一心,团结拼搏,攻坚克难,锐意进取,为圆满完成全市国民经济和社会发展第十一个五年规划的宏伟目标,加快实现在杭湖宁发展带中间率先崛起而努力奋斗!

(注:目录、前言、专栏图表略)

湖州南巡

绍兴市国民经济和社会发展第十一个五年规划纲要

(“发展基础和发展目标”部分)

(绍兴市第五届人民代表大会第四次会议批准)

一、立足科学发展,实现全面小康社会目标

“十一五”时期是绍兴发展的重要战略机遇期,更是率先全面建设小康社会、加快现代化进程的关键时期。站在过去五年全市经济社会取得巨大成就新的历史起点上,准确把握国内外形势,坚持以科学发展观统领经济社会发展全局,全面贯彻省委“八八战略”,立足科学发展,着力自主创新,完善体制机制,促进社会和谐,为率先实现全面小康社会、率先基本实现社会主义现代化、率先走出区域全面协调可持续发展新路子奠定坚实基础。

(一)经济社会发展的现实基础和宏观环境

“十一五”时期具备良好的发展基础。过去五年是绍兴综合实力提高较快、改革开放进展较大、城乡面貌和人民生活变化显著的时期。第十个五年计划的主要指标提前完成,经济实力迈上新台阶,经济发展总体水平处在全省前列;效益农业成效显著,先进制造业基地建设加快,新型服务业态加速兴起,结构调整取得较大进展;中心城市建设全面展开,统筹城乡发展力度加大,城市化步伐加快;经济体制改革深入推进,经济国际化水平明显提高;文化强市建设扎实推进,科技教育等社会事业进步明显,劳动就业不断增加,社会保障面不断扩大,人民生活水平不断提高;民主法制建设扎实推进,社会更加协调和谐。市委、市政府坚持继承和创新相统一,全面落实科学发展观和省委“八八战略”,审时度势,作出了推进率先发展,实现富民强市的战略部署,制定实施了建设经济强市、文化强市、生态绍兴、和谐绍兴的重大战略举措。这些成就和决策举措,进一步强化了绍兴的区位优势、改革先发优势、企业规模优势、块状经济优势、专业市场优势、外贸出口优势、文化名城优势、人居环境优势、城市组团发展独特优势等,从而为绍兴新一轮发展打下了较好基础。

“十一五”时期面临的国内外环境。从国际环境看,和平、发展、合作成为当今时代的潮流,但世界政治经济发展中的不稳定因素依然存在。经济全球化深入发展,科技进步日新月异,生产要素流动和产业转移加快;但贸易保护主义抬头,贸易壁垒和贸易摩擦增多,国际竞争更加激烈。从国内环境看,我国经济社会发展进入了一个新的时期,产业结构调整和消费结构升级加速,城市化进程加快,资源环境制约加剧,市场波动影响加大,转变经济增长方式任务艰巨,体制机制创新难度加大。随着西部大开发、东北振兴、中部崛起和东部率先的国家区域发展战略全面实施,长三角地区经济一体化进程不断加快,区域合作交流和要素流动加强,优化发展环境、拓展发展空间要求更高。所有这些,都将对绍兴今后一个时期经济社会发展产生重大而深远的影响。

同时,也要清醒地认识到绍兴经济社会发展中存在的矛盾和问题。粗放型经济增长方式尚未完全转变,结构性、素质性矛盾日益显现;城市化滞后于工业化,城市区域功能不强,带动作用发挥不够,城乡差距仍然较大;自主创新能力不强,土地、人才等要素资源紧缺;社会保障和公共服务有待加强,文化对经济的推动作用尚不明显;环境污染、征地拆迁、利益分配等引发的各种社会矛盾较多,维护社会和谐稳定的压力增大。这些问题都将在改革和发展的进程中逐步加以解决。

(二)经济社会发展的总体要求和基本原则

“十一五”时期全市经济社会发展的总体要求是:坚持以邓小平理论和“三个代表”重要思想为指导,按照科学发展观和构建和谐社会的要求,深入贯彻省委“八八战略”和建设“平安浙江”、“文化大省”、“法治浙江”的战略部署,以率先发展、富民强市为主题,大力推进产业高级化、经济国际化、城乡一体化、体制市场化、社会和谐化,加快把绍兴建设成为经济强市、文化强市、生态绍兴、和谐绍兴,力争在落实科学发展观、全面建设小康社会、推进现代化进程中走在前列。

“十一五”时期经济社会发展必须把握以下基本原则:

——突出主题,率先发展。发展是党执政兴国的第一要务,也是解决所有问题的关键。坚持发展是硬道理,坚持以经济建设为中心,坚持率先发展意识,抢抓发展机遇,把握发展大势,营造发展合力,推进经济社会持续快速协调发展。

——推进转型,集约发展。加快转变经济增长方式是新一轮发展的根本出路。以科学发展观统领经济社会发展全局,进一步转变发展理念,创新发展模式,加快经济结构战略性调整和社会结构转型,促进节约发展、清洁发展、安全发展,实现又快又好发展。

——强化动力,创新发展。改革开放和科技进步是创新发展的强大动力。进一步深化市场经济体制改革,着力增强经济社会发展活力。不断提高对外开放水平,着力增强以开放促发展的能力。大力推进自主创新,着力增强科技支撑力。

——统筹兼顾,协调发展。统筹兼顾是科学发展观的内在要求。正确把握两个趋向,按照“五个统筹”的要求,总揽全局,兼顾各方,促进城乡和区域协调发展,物质文明、政治文明和精神文明协调发展,经济与人口、资源、环境的协调发展。

——以人为本,和谐发展。以人为本是经济社会发展工作的出发点和落脚点。坚持发展为了人民,发展依靠人民,发展

成果由全体人民共享。正确处理改革、发展和稳定的关系,更加注重社会公平,促进社会和谐和人的全面发展。

(三)经济社会发展的主要目标

总体目标:2010年前率先实现全面小康社会目标,为率先基本实现社会主义现代化打下坚实基础。

主要目标:

——建设经济强市。在优化结构、提高质量、降低消耗的基础上,经济实现又快又好发展。人均地区生产总值年均增长11%左右,到2010年地区生产总值达到2 400亿元左右,人均地区生产总值达到55 000元左右,保持经济总量和人均生产总值全省前列;城市化水平达到60%左右,中心城市综合竞争力明显增强;经济结构调整和增长方式转变走在前列,形成一批有较强竞争力的知名品牌和优势骨干企业;改革开放深入推进,率先建立完善的区域性社会主义市场经济体制,经济市场化和国际化水平显著提高。

——培育文化强市。加强文化"软实力"建设,全面培育文化强市。历史文化名城的保护和利用水平走在全国前列,教育、科技、卫生和体育强市建设取得重大进展,到2010年,人均受教育年限达到10.5年,各类人才资源总量达到60.9万人,城镇居民家庭计算机普及率达到35%,每千人拥有医生数达到2.6人。社会事业综合发展水平保持全省前列;人的素质和城乡文明程度不断提升,创建成为全国文明城市;形成一批有较高知名度的文化特色品牌和有较强竞争优势的文化产业。

——打造生态绍兴。基本形成比较完善的生态经济、生态环境、生态景观和生态文化体系。优化绿化结构,提高绿化水平,到2010年,建成区人均绿地面积超过13平方米,建成区绿化覆盖率达到40%,全市森林覆盖率逐步提高,环境质量综合指数达到90%。生态建设和环境保护走在全国、全省前列;局部地区环境污染和生态恶化趋势得到明显改善,污染排放强度逐步下降,生态环境质量处在全国先进水平;争创国家生态园林城市和国家生态市;资源利用效率显著提高,万元生产总值综合能耗争取下降15%以上;初步形成资源节约型、环境友好型社会。

——构建和谐绍兴。社会就业比较充分,社会保障体系比较健全,价格总水平基本稳定,城乡居民收入水平和生活质量稳步提高,人民生活更加殷实。到2010年,城镇居民人均可支配收入、农村居民家庭人均纯收入分别达到23 000元、10 000元以上,年均增长6%以上;城镇登记失业率控制在4%以下;人口自然增长率控制在2.71‰以内。城乡统筹发展网基本建成,生产生活环境进一步改善,城乡一体化格局基本形成;"枫桥经验"创新发展,基本实现平安市、县创建目标;法治绍兴建设成效明显,法制环境不断完善,社会治安和安全生产状况良好,人民安居乐业,社会更加稳定和谐。

二、着力自主创新,促进产业升级集约发展

自主创新是调整产业结构、转变经济增长方式的中心环节。全面实施自主创新战略,采取原始创新、集成创新、引进消化吸收再创新等多种自主创新形式,组织实施一批关键技术、共性技术及重点项目,加快创新成果运用,促进产业结构调整和增长方式转变,加快"绍兴制造"向"绍兴创造"迈进。按照"优化一产、提升二产、做大三产"的要求,优化产业结构,不断增强区域产业的综合竞争力;大力推进技术和管理创新,发展一批具有核心竞争力的优势产业;积极实施品牌战略,打造品牌经济大市,着力建设创新型城市;切实提高经济整体素质和增长质量,走出一条互动互补、集聚集约、创新创优、高质高效的产业发展之路。

(一)优化一产,发展高效生态农业

全面实施《绍兴市现代农业发展规划》,以农业产业化为核心,发展高效生态农业,推进现代农业建设。"十一五"期间农业增加值年均增长2%左右,到2010年基本实现农业现代化。

优化农业布局,打造农业特色优势。构筑"一心二层三带四区"的农业空间布局,争取到2010年全市初步形成10条跨区域特色农业产业带。培育一批规模较大、设施先进的无公害农产品、绿色食品和有机食品基地,重点扶持茶叶、水产、畜禽、香榧、蔬菜、花卉、笋竹、优质稻米、干鲜果等特色优势农产品,打造"绿色茶都"、构建"花卉强市"、提升"珍珠之乡"、创建"蔬菜大市",重视发展休闲观光农业。依托特色产业,大力发展种子种苗产业,努力建成全国和全省重要的特色种子种苗繁育基地和供应中心。

提高农业组织化程度,推进农业产业化经营。加快农业规模经营,扶持一批农产品加工园区和农业龙头企业,培育一批农业专业合作经济组织和专业大户,"十一五"期末力争农产品销售收入超亿元的企业50家以上。大力实施农业"走出去"战略,加大外建基地、外引资源、外拓市场、外向创汇力度,重点培育30家外向型骨干龙头企业,争取到2010年农产品自营出口达到7.5亿美元,外建基地面积700万亩左右。

强化农业科技创新,提高农产品质量和生产水平。坚持科技兴农,构建农业科技创新开发平台,全面提升农民的科技素质,提高农产品科技含量。加大品牌培育,建立健全农产品市场物流体系、农产品质量标准体系、检验检测体系和原产地保护体系,提高农产品市场竞争力。加强基本农田保护和建设,完成省下达的标准农田建设任务,制止弃耕抛荒,切实提高粮食综合生产能力,保证全市年生产粮食85万吨以上;推进粮食市场体系和储备体系建设,确保粮食安全。

(二)提升二产,建设先进制造业基地

坚持走新型工业化道路,以杭州湾绍兴产业带为重点,以现代纺织、精细化工、机械装备、新型材料、电子信息、生物医药、节能环保、食品加工、汽车零部件、金属加工十大产业工程重大项目为载体,加快形成"一区多园"的产业集聚平台,推进产业集约发展,基本建成"一大中心、二大基地、十大主产区"的先进制造业基地。"十一五"期间工业增加值年均增长12%左右。

改造提升传统优势产业。用高新技术和先进适用技术改造传统优势产业,构筑研发、营销、人才、物流等功能性平台,提高传统产业的技术含量和附加值,推动传统块状经济向现代产业集群转型,全力打造现代纺织、精细化工、机械装备等传统优势产业为主的三大标志性产业集群。现代纺织产业集群按照"服饰提质增量、印染提质减量、化纤提质稳量、织造提质控量"的提升原则,引导原料规模化、化纤差别化、织造印染品质化、面料服装品牌化,进一步发挥纺织业的独特优势,构筑高度协同的产业组织,打造先进纺织制造业基地。精细化工产业集群坚持提质控量原则,以多样化、环保化、系列化、高性能化为方向,实现纵向提升延伸和横向拓展壮大,重点采用新工艺、新技术和现代环保技术,发展新型染料、助剂、有机硅等产品,加快发展纺织原料化学、塑料化学和日用化学。机械装备产业集

群重点发展先进的纺织机械、医药机械、仪器仪表、高精度数控机床、节能机电产品等。在此基础上,加快发展新型材料、食品加工、金属加工、汽车零部件等比较优势产业。

培育发展高新技术产业。充分发挥科技优势,加快发展低能耗、少污染、高效益的高新技术产业。重点培育电子信息、生物医药、节能环保三大成长性产业。电子信息产业做强做大集成电路、显示器件、电声器材和电子节能灯等产业,积极扶持纺织、化工、机械等行业的各种应用软件产业化开发,重点培育光电子产业、计算机及网络产业、新型电子元器件、汽车电子产品及信息家电产品制造业;建成国内重要的显示器件和电光源产品集聚区。生物医药产业主要发展运用现代生物技术研制的药物、新型特效安全化学原料药、新型抗肿瘤药、心脑血管病药物及符合 GAP 标准的中药材提取的中药新产品等,建成全国新型医药制造业基地。节能环保产业主要发展高效节能装置、节能电子产品与环保设备产品,支持污水、垃圾、除尘、脱硫等新型环保设备制造,开发利用太阳能、风能、农村沼气等开发利用的节能技术装置。"十一五"期间,规模以上高新技术产值占工业总产值比重快速提高,使高新技术产业成为绍兴新的经济增长点。

大力发展建筑业。积极实施"建筑业带动建材业"、"建筑业与房地产互动"战略,不断拓展施工领域,实现以房屋建筑为主向市政、交通、水利、装饰装潢、园林绿化、地基基础等专业施工领域拓展,形成大建筑业格局。以设计咨询为龙头,全面推进住宅产业化试点。完善建筑工程质量、安全生产体系,打响绍兴建筑业品牌,形成一批具有国际竞争力的规模建筑企业,基本实现建筑强市目标。

着力实施"培大育强"工程。加快企业结构转变,推进各类要素向优势企业、优质产品、优秀企业家集中,形成一批大企业大集团。争取到 2010 年,至少 5 家企业销售收入超 100 亿元,25 家企业 50 亿~100 亿元。实施中小企业行动计划,推动已具有一定优势的中小企业向"专、精、特、新"发展,形成大中小企业协调发展的企业组织体系。加快大项目建设,重点建成远东化纤集团的聚酯、雄盛集团的精密纺等纺织产业项目,浙江华联三鑫 PTA 扩建、浙江欧亚薄膜二期等化工产业项目,浙江日发控股集团纺纱装备、卧龙控股集团卧龙电机等装备产业项目,浙江玻璃股份有限公司液晶玻璃、中成集团有机硅等新型材料项目,海亮集团铜管基地、浙江龙盛薄板等金属深加工项目,阳光控股集团显示器件生产线、浙江欣成达公司集成电路芯片等电子信息项目,京新制药的中药材、浙江医药的抗肿瘤新药等生物医药项目,浙江菲达的大气污染及水处理、浙江德创脱硫环保设备生产线等节能环保项目。通过重大项目建设,促进产品升级换代和企业快速发展。坚持创新发展,发挥产业集群优势,注重品牌培育和经营,变仿制为创造,变贴牌为创牌,推动产品向高附加值和最终产品发展,重点培育 50 只左右的优势名牌产品,新增 20 个左右的品牌和产品进入中国驰名商标和中国名牌产品行列。

(三)做大三产,培育现代服务业

把发展现代服务业作为新的经济增长点和产业结构调整的战略重点来抓,引导服务业向产业化、社会化、信息化、品牌化方向发展,提高服务业的整体实力,力争"十一五"期间服务业增加值占生产总值的比重平均每年提高 1 个百分点,年均增长 13% 左右,服务业从业人员占全社会从业人员比重超过 30%。

加快发展旅游业。完善《绍兴市旅游发展总体规划》,做深做好历史名城和江南水乡文章,着力打造鲁迅故里、柯岩、大佛寺、五泄、会稽山等一批核心景区,开发建设镜湖国家城市湿地公园,新扩建会稽山旅游度假区、越王城、兰亭、东湖、大香林、西施故里、祝家庄、王羲之故居、新昌地质公园等旅游项目,加快形成"一心两带七区"的大旅游格局。转换旅游投入机制,加大旅游业投入,鼓励多种经济主体参与旅游产业的开发建设和经营管理,打造一批大型旅游企业集团。拓展旅游市场,进一步打响"江南风情看绍兴、江南古城看绍兴、江南文化看绍兴"品牌,重点培育休闲度假旅游,大力发展水上观光游、商务游、修学游、产业游等特色旅游,形成一批绍兴特色旅游精品。优化旅游环境,加强区域联动,加大宣传促销,强化要素配套,提升旅游整体实力。争取到 2010 年全市实现国内旅游总收入 200 亿元,旅游外汇收入 1 亿美元,基本建成旅游经济强市。

做大做强商贸业。全面实施《绍兴大城市商贸业发展规划纲要》,构筑"一主一副两圈"的大城市商贸服务业布局。以迪荡新城建设为抓手,以商贸居住项目为载体,提升中心城市商贸业服务功能。积极发展连锁经营、物流配送、电子商务等新型商贸业态。培育区域性现代商贸集团,引进国内外著名大型商贸连锁企业,提高商贸业的规模和档次。加大中国轻纺城改造升级力度,降低商务成本,运用现代市场运作模式,提升中国轻纺城在国内国际地位,努力形成国内外轻纺产品的集散中心、物流中心、信息中心和价格形成中心。完善诸暨大唐袜业、嵊州领带、新昌茶叶等专业市场现代功能,提高档次品位。加快迪荡商贸商务区、上虞时代广场、诸暨城西工业新城商务区、嵊州商会大厦、新昌七星新区中心商贸区等项目建设,推进全市商贸业快速发展。加强农村现代流通网建设,实现村村有放心店。争取到 2010 年全市社会消费品零售总额达到 600 亿元。

努力提升房地产为主的生活性服务业。按照城镇体系框架和交通网络,引导房地产业合理布局,形成合理的房价梯度;优化住房供应结构,科学调节廉租房、经济适用房和商品房的供应比例;健全政府房地产调控体系,规范房地产市场行为;推动绍兴房地产业步入一个供求总量平衡、结构基本合理、价格基本稳定的健康发展轨道。全面建立住房保障体系,扩大住房公积金覆盖面,继续改善住房条件。出台服务业扶持政策,拓展服务业领域,努力扩大消费需求,发展家政、餐饮、托幼、养老、保健、维修等服务业,满足居民生活需求。

大力发展为制造业配套的生产性服务业。充分发挥现有运输、仓储、配送网络等优势,发展具有特色的专业化第三方物流企业,培育中国轻纺城物流中心、浙江天波物流有限公司、绍兴市国际物流中心等较具规模的综合性现代物流企业,依托产业集聚和嘉绍高速公路的实施,建设杭州湾物流中心等一批物流企业。按照市场化要求,支持外资银行和保险来绍开办分支机构,鼓励民间采取各种方式筹办地方金融机构。继续发展证券、通信等行业,提高银行、保险等金融服务水平,规范发展法律、审计、科技、信息咨询等服务组织。放宽市场准入条件,引进国际中介服务先进理念,扩大服务品种,提升服务层次。重视以中小企业为服务对象的社会化服务体系建设,促进生产性服务业发展。

三、加快城镇发展,推进社会主义新农村建设

全面实施《绍兴市统筹城乡发展、推进城乡一体化纲要》,以城市化为载体,以新农村建设为重点,建立以城带乡、以乡促城、城乡互动、协调发展的新型城乡关系,努力形成城市支持农村、工业反哺农业的发展新格局,全面建设“生产发展、生活宽裕、乡风文明、村容整洁、管理民主”的社会主义新农村。

(一)全面推进社会主义新农村建设

深化农村综合改革。加快建立以工促农、以城带乡的发展机制,推动城乡资源要素合理流动,全面推进社会主义新农村建设。加快户籍制度改革,放宽城镇准入条件,逐步实行城乡统一的户籍制度。继续推进农村教育、卫生、就业、社会保障等配套改革,有效消除城乡二元结构。稳定并完善以家庭承包经营为基础、统分结合的双层经营体制,按照依法、自愿、有偿的原则,积极引导农村承包地流转,探索集体土地流转办法。加快推进土地征用制度改革,进一步完善征地程序和补偿机制,继续推进和完善被征地农民的基本生活保障制度,做到即征即保,维护和保障被征地农民权益。积极推进以社区股份合作制为主要形式的农村集体资产管理体制改革,探索发展壮大村级集体经济的新路子。健全农村社会服务和支持保护体系,巩固农村税费改革成果,探索乡镇行政管理体制改革,深化小城镇综合改革。

完善农村公共服务。制定和完善村庄布局规划,根据实际需要和群众意愿,撤并小型村、拆除空心村、缩减自然村、建设中心村,调整优化村庄布局。深入实施“百村示范、千村整治”工程,全面开展村庄整理和环境整治,平原村庄基本建成为农村新社区,边远山区村庄基本完成村庄搬迁和环境整治任务。加快发展农村文化教育事业,重点巩固农村九年义务教育,对贫困家庭学生提供免费课本和寄宿生活费补助。加强农村公共卫生和基本医疗服务体系建设,建立起基本覆盖农村的新型农村合作医疗制度。加强农村文化阵地、队伍建设。增加政府对农村基础设施建设投入,加快“农民饮用水工程”、“乡村康庄工程”等建设。全面构建城乡一体的交通、信息、燃气、现代流通、健康保障、社会保障、文化教育、金融和平安网等,推进城镇公共服务功能向农村延伸,实现农村生产生活和生态环境的优化提升。争取到2010年,农村公路通村率达到100%,新型农村合作医疗覆盖面达到农村人口的90%以上,农村安全卫生饮用水普及率和农村垃圾无害化处理率分别达90%以上。

切实增加农民收入。采取综合措施,广泛开辟农民增收渠道。充分挖掘农业内部增收潜力,扩大珍珠、茶叶、水产、畜产、花卉、蔬菜等劳动密集型产品和绿色食品的生产,努力开拓农产品市场。规范发展农庄经济,提高农产品附加值,增加农民收入。继续实施“农民培训转移工程”,建立和完善农民培训体系,重点抓好被征地农民、下山移民和农村剩余劳动力的培训,提升农民素质,推进农民分工分业,加快农村劳动力向第二、三产业转移,“十一五”期间争取转移农村人口25万人左右。

(二)加快推进绍兴大城市建设

全面贯彻绍兴大城市发展战略纲要,修编和实施新一轮绍兴城市总体规划,坚持大城市统一规划,完善大城市行政区划。坚持合力建市的方针,全面推进越城、柯桥、袍江、江滨组团建设,稳步推进镜湖新区建设。越城组团建成为绍兴市政治、文化、教育、科技、信息、金融和商贸中心;柯桥组团建成为以轻纺为特色的现代化工贸新城区;袍江组团建成为以高新技术产业为主导的现代化工业新城区;江滨组团建设成为以先进制造业为基础的新兴工业新城区;镜湖新区建成为生态功能调节区、城市休闲旅游观光区;迪荡新城建成为越城组团的现代商贸商务中心、现代水乡景观区。加快绍兴市老城区7个历史街区的保护,建设迪荡新城基础设施工程、中心城市城南片基础设施、绍兴县滨海工业区二期基础设施配套工程等城市基础设施,加强组团间城市路桥、供排水、居住区等配套基础设施的对接,推进组团之间的融合,到2010年形成100平方公里、100万人口现代化生态型城市格局。深入实施《绍兴历史文化名城保护规划》,保护建设鲁迅故里等一批历史文化保护区。加强城郊结合部的规划建设,稳步推进城中村(园中村、城郊村)改造,整合建设成为城市新社区。加强城市环境整治,强化城市社区管理,不断提升城市品位。

(三)继续推进县域中小城市建设

编制和实施新一轮市域城镇体系规划,加快形成“一个中心、三大组群、三条轴线”的城镇体系布局。优化城市形态,强化产业依托,建设独具特色的县域中心城市和中心镇。上虞中心城市建成为以先进制造业基地为依托的滨江生态型现代城市,诸暨中心城市建成为以工贸为主体、旅游为特色的山水园林城市,嵊州中心城市建成为以机电、服饰领带等轻工为特色的工贸城市,新昌中心城市建成为先进制造业、旅游休闲、绿色农产品为特色的生态型山水城市。提升城市集聚和辐射功能,发挥其在区域经济社会发展中的龙头作用。支持各县(市)争先创优,力争在全国、全省的位次前移。加快皋埠、钱清、杨汛桥、平水、丰惠、崧厦、店口、枫桥、大唐、长乐、三界、崇仁、儒岙、大市聚、镜岭等一批产业、区位和人文特色的中心镇建设。鼓励有条件的中心镇发展成为小城市,使之成为连接城乡的节点和繁荣农村、服务农业、集聚农民的重要载体。启动实施新一轮欠发达乡村结对帮扶工程,加大对山区、地质灾害区移民帮扶力度,力争使相对欠发达山区乡镇经济增长高于全市平均水平。

四、优化空间布局,统筹区域协调发展

空间和基础设施优化布局是政府调控经济社会发展、实现区域协调的重要抓手。坚持城镇带动、生态优先、网络构架的原则,确定合理的空间开发秩序,完善重大基础设施网络,形成优势互补、相互促进的区域协调发展格局。

(一)构筑区域空间发展框架,确立合理开发秩序

构筑“三群三带五区”空间框架。以绍兴大城市为龙头,沿杭州湾区域为主体,大力推进基础设施、重要产业、生态环境一体化进程,全面融入长三角经济区。强化绍兴大城市、县域中心城市和中心镇的集聚和辐射功能,培育三大组群:即绍虞城镇组群、诸暨城镇组群和嵊新城镇组群。强化绍虞城镇组群重大基础设施的统一规划,推动嵊新城镇组群在绍兴南部的崛起,努力使三大组群成为杭州湾南岸都市经济圈的重要组成部分。依托区位条件、产业基础和环境容量,构筑三大产业带:即以纺织、精细化工、都市农业、现代服务业为主的沿杭州湾产业带,以环保设备、铜加工、服装服饰、出口农业、旅游服务业为主的沿杭金衢高速公路产业带,以生物医药、汽车配件、纺机轴承、领带服饰、加工农业、商贸旅游服务业为主的沿曹娥江产业带。合理区划森林资源、水源涵养林、风景名胜保护区,保护五大生态功能区:即会稽山、龙门山、天姥山、四明山和沿杭州湾生态功能区。基本形成城镇、产业、生态协调发展的空间布局。

明确区域主体功能定位。根据环境承载能力、发展潜力，合理划分优化开发、重点开发、限制开发和禁止开发的四大主体功能区。优化开发区域主要指绍兴中心城区、各县(市)域中心城区的建成区及杨汛桥、钱清、丰惠、店口、长乐等重点镇。加快产业和人口合理分布，构建城镇间合理的生态廊道和绿色空间；重点发展现代服务业和高新技术产业。严格限制低水平开发和空间扩张。形成功能互补、产业优化、设施超前、环境优美的城镇群。重点开发区域主要指袍江工业区、绍兴市生态园区、绍兴县滨海开发区、上虞新区、诸暨经济开发区、嵊州经济开发区、新昌省级高新技术产业园区十二个开发区(园区)。围绕嘉绍高速公路建设，发挥交通枢纽作用，充分利用滩涂资源，大力发展大桥经济，重点开发绍兴县滨海开发区、上虞新区为主的沿杭州湾产业带，促进绍兴杭州湾区域经济在长三角的快速发展。重点开发区域全面承接国际先进制造业和现代服务业的转移，发展前景广阔、技术含量较高的新兴产业，严格限制高污染、高能耗、技术水平低的产业布局，加快人口集聚，形成现代产业新高地。限制开发区域主要包括针叶林、阔叶林和针阔混交林为主的森林覆盖区、新昌江等江河上游地区、镜湖国家城市湿地公园等沿江沿海滩涂湿地生态系统、生态环境脆弱地区等。限制开发区域以生态优先为原则，发展生态农业、生态旅游，限制污染产业发展。禁止开发区域主要是省级以上自然保护区、生态公益林保护区、汤浦水库等水源保护区、五泄等风景名胜区、绍兴古城、安昌等历史文化保护区等，该区域限制不符合功能定位的开发活动，适度发展生态环境可承载的生态型产业。

建立主体功能区的管理机制。加强国民经济和社会发展规划、城市总体规划、土地利用总体规划三大规划的衔接。重视基础测绘工作，创新空间规划手段。建立刚性的空间和主体功能区管制秩序，按照符合区域空间布局和主体功能区划的要求，编制和实施各类空间控制性规划。出台以主体功能区为基础的差别化开发政策，完善资源环境价格机制和配置机制，实施生态补偿政策，加大财政转移支付力度，使空间布局成为政府提高资源配置效率、加强宏观调控的重要手段。

(二)完善基础设施建设布局，强化资源要素保障

按照适度超前、分步实施的要求，围绕提升基础设施现代化水平，以能源、交通、信息、农林水利、防灾减灾、社会发展、商贸旅游、生态建设、安居工程、城市基础设施十大基础工程重大项目为载体，加大建设力度，形成结构优化、城乡共享的"水利、能源、交通、信息"等基础设施网络化布局，促进经济社会可持续发展。

建设安全水利设施网。着力构筑防洪、供水和水生态三大保障体系。统筹考虑水源地、供水管网、排水设施规划和建设，形成配置合理、利用高效的区域给排水体系。"十一五"期间，农村水利及污水处理等生态建设工程安排重大项目共43项，总投资290亿元左右。加强水源地保护和建设力度，优化配置和保护好曹娥江、浦阳江和鉴湖水源；重点加快曹娥江大闸枢纽、钦寸水库、隐潭水库等重大水利基础设施的建设；加强水资源分类循环供用网络建设，重点建设小舜江供水二期、杭州湾新区工业水厂等；争取"十一五"期间全市新增年供水能力5亿立方米以上。完善防洪抗灾体系建设，实施重要江河堤岸加固工程。完成绍兴中心城市、各县(市、区)中心城市防洪和千库保安工程，建设曹娥江、浦阳江、澄潭江、新昌江河道整治及标准堤岸工程、杭州湾标准海塘工程等，使绍兴中心城市防洪标准达到100年一遇，各县(市、区)防洪标准达到50～100年一遇，重要城镇防洪标准达到20～50年一遇，平原排涝标准达到20年一遇。

构筑可靠能源保障网。优化能源结构，加强能源基础设施建设，提高清洁能源比重，形成结构合理、安全可靠的区域能源保障体系。"十一五"期间，能源工程安排重大项目15项，总投资150亿元左右。加大电网建设力度，优化电网结构，消除能源"瓶颈"，新建舜江、绍北、苍岩50万伏变电所3座、22万伏变电所12座、11万伏变电所40座，基本形成以五座50万伏变电所为中心、22万伏跨区环网为骨干、11万伏区域电网为补充的主体网架。加快天然气工程建设步伐，完成绍兴环杭州湾天然气主干管网和市区天然气管网，争取尽早供气。充分利用天然气清洁能源，加快城市加气站等设施的布局建设，满足市场需求。结合水能分布现状，规划建设嵊州丰潭水库总装机容量10万千瓦的蓄能电站。按照"以热定电"原则建设滨海4台30万组等热电项目。争取到2010年全市总供电量308亿千瓦时，最大负荷450万千瓦，电力总供需基本平衡，略有盈余。

完善便捷交通物流网。以高等级公路建设为核心，统筹公路、铁路、水运、航空发展，形成网络效率高、辐射能力强、交易成本低的区域交通物流网。"十一五"期间，交通工程安排重大项目33项，投资339亿元左右。加快对外高速公路和三大组群间快速通道建设，建成嘉绍高速公路重大标志性工程，完成诸永高速、绍诸高速、杭绍甬高速(杭甬高速复线)建设，改扩建杭金衢高速绍兴段、杭甬高速绍兴段、329国道上虞过境段、104国道嵊州段等，到2010年高速公路总里程达480余公里，国道公路基本达到一级公路标准，省道公路90%以上达到二级以上公路标准。完成萧甬铁路电气化改造和绍兴铁路东站搬迁，加快杭绍甬轨道交通项目建设。加强航道和港口建设，重点建设杭甬运河、曹娥江、浦阳江跨区域航道，建设绍兴港，启动上虞新港建设，初步形成以"一河二江"为主动脉的水运网络，完善物流集疏运方式。

发展高速信息网。以信息化基础设施建设为重点，形成功能社会化、结构网络化、技术现代化的信息基础设施网络，加快"数字绍兴"建设。"十一五"期间信息工程重大项目安排投资25亿元左右。建设完善大容量、高速率、广覆盖的宽带主干网，统筹推进城乡宽带接入网，争取到2010年，全市城乡固定电话主线普及率达到60号线/百人以上，城乡移动电话普及率达到60部/百人以上，互联网用户普及率30%以上，实现"村村通宽带"。加快有线数字电视网络建设，促进有线电视数字化，建成包括数字广播电视平台、传输平台、服务平台、监管平台等有线数字广播电视新体系，市区及县(市)城区基本完成有线电视用户从模拟向数字的整体转换，并逐步向农村延伸，实现"有线电视村村通"、"广播村村响"。积极推进通信、广电、计算机三网融合，逐步实现网络间的互联互通、资源共享。加快地理信息系统和数字档案馆、图书馆等建设，提高国民经济和社会发展信息化水平。

五、创建生态绍兴，建设资源节约型和环境友好型社会

统筹人与自然协调发展，全面实施《绍兴生态市建设规划》，以建设资源节约型和环境友好型社会为目标，以生态市建设为重点，构筑生态经济、生态环境、生态景观和生态文化四大体系。大力发展循环经济,逐步形成可持续的生产方式和消费方式,努力实现城乡经济社会和生态环境的协调发展。

(一)大力发展循环经济

按照"减量化、再利用、资源化、无害化"的要求,在企业、产业和社会各个层面,落实循环经济理念,在生产、流通、消费、回收等各个环节,开展循环经济实践。制定并实施循环经济发展规划,建立资源价格市场形成机制和环境资源有偿使用机制,推进资源消耗减量化、企业生产清洁化、资源利用循环化。完善生态市建设规划,大力实施十大生态示范工程,加快形成生态产业体系,促进经济增长方式转变。建立有利于循环经济发展的政策激励机制,全面实施循环经济"850 工程",推进垃圾发电、印染中水回用、生态循环农业、废弃物综合利用、节能节电技改项目等一批循环经济重点工程,每年重点抓好 50 家循环示范企业,推广普及 30 项先进适用技术,切实提高纺织、化工、印染、医药等行业的资源利用效率,推进清洁生产、园区生态化改造和再生资源回收基地建设,促进企业内部的循环、生产空间的循环和社会整体的循环,推动经济发展从线性增长向循环增长转变。

(二)积极创建资源节约型社会

按照国家和浙江省的总体部署,以节能、节水、节材、节地和资源综合利用为重点,切实抓好建设资源节约型社会各项工作的落实。

大力推进能源节约。认真实施国家《节能中长期专项规划》,健全能源预测预警机制,加强对电、煤、油等重要能源的市场监控力度。重点抓好织造、印染、化工、建材等重点耗能行业的节能,推广浙江南方控股集团的变频调速节电降耗项目、浙江洁丽雅纺织集团的电机变频调速技改项目等一批节能技改项目,提高能源利用率。推动新建住宅和公共建筑节能,严格执行新建建筑节能设计标准,推广节能型建筑材料的应用,促进现有住宅、公共建筑的节能改造,到 2010 年新建商品住宅和公共建筑实施节能 65% 的标准。引导商业和民用节能,组织实施冰箱、空调能效标识制度,促进高效节能产品的研发和推广。

深入开展节约用水。制定并实施《绍兴市水资源综合规划》,优化水资源配置,提高水资源配置效率。加快城市供水管网改造,降低管网漏失率。实施"千万亩十亿方"节水灌溉工程,提高渠系水利用系数。切实做好工业企业的节水工作,完善热电、印染、酿酒等重点用水行业的取水定额标准,逐步推广梯度水价,鼓励企业采用节水新工艺、新技术和节水器具,提高工业用水重复利用率,到 2010 年工业用水重复利用率达到 80% 以上。加强地下水资源管理,严格控制超采、滥采地下水。

积极推进节约用材。加强原材料管理,严格执行设计规范、生产规程、施工工艺等技术标准和材料消耗核算制度,推行产品生态设计和使用再生材料,提高原材料利用率。制定实施节约包装的政策措施,重点解决过度包装问题,落实生产者的包装回收义务;推广使用新型材料,鼓励使用可替代材料,减少使用一次性用品;加大散装水泥的推广力度。

提高土地节约和集约利用水平。切实抓好土地利用总体规划修编。积极开展滩涂围垦、低丘缓坡开发,大力推进土地整理和建设用地复垦,"十一五"期间上虞市和绍兴县海涂围垦 5 万亩左右,千方百计增加用地总量。加强土地宏观调控,完善和落实节约集约用地的政策措施,加快用地规划调整,强化土地用途管制,严格土地执法,执行建设用地投资强度和容积率"双控"标准,引导工业项目向开发区(园区)和标准厂房集中,推进农村居民点向城镇与中心村集中,积极盘活存量土地,节约利用土地资源,努力提高土地使用效率。

(三)加强环境治理和保护

全面实施《绍兴市环境污染整治行动方案》,深入开展水环境整治、工业污染整治、农业污染整治和城镇污染整治四大整治行动。加强曹娥江、浦阳江、鉴湖等重点流域和化工、医药等重点行业的污染整治,探索建立曹娥江流域开发和保护的综合协调机制。实施千里清水河道工程,重点保护汤浦水库等城乡生活饮用水源地,到 2010 年全市水功能区水质达标率达到 65% 左右。加强农村环境整治,重点防治规模化畜禽养殖场污染物,减少农业面源污染。加强城市污水收集和处理系统建设,加大生活垃圾资源化利用力度,推进绍兴污水处理厂三期、嵊新污水处理厂、上虞新区污水处理二期工程、绍兴市污泥及垃圾处理综合利用工程建设,提高城市生活污水、生活垃圾、医疗垃圾的集中处理率和无害化处理率。到 2010 年,城市生活垃圾无害化处理率达到 100%,城市污水集中处理率达到 65% 以上。加强城市大气污染防治,防治酸雨污染。加大矿山生态恢复力度,做好水土保持工作,规划保护镜湖国家城市湿地公园,创建生态镇、村,推进生态公益林和绿色林带建设。严格执行建设项目环境影响评价制度,建设环境质量数字化监控网络,提升环境监管能力。

(四)做好人口和计划生育工作

坚持人口与经济社会发展相协调,深化人口和计划生育综合改革,积极创建计划生育优质服务先进县(市),实施新型生育文化工程,完善计划生育社会保障和利益导向机制,加大计划生育后进镇转化力度,稳定低生育水平,提高人口素质,综合治理出生人口性别比偏高问题,改善人口结构,建设人与自然和谐的人口生态体系。到 2010 年力争全市户籍人口控制在 440 万人以内。高度关注和重视解决人口老龄化带来的问题,积极发展老龄事业和产业,加强老龄人口社会保障,丰富老龄人口的精神文化生活。健全外来人员管理和服务体制,不断优化外来人口的发展环境。

六、建设文化强市,提高社会事业发展水平

统筹经济与社会协调发展,把社会事业放到更加突出的位置。深入实施建设文化强市实施意见,大力发展社会主义先进文化,加快科技强市、教育强市、卫生强市、体育强市和人才队伍建设,保护历史文化名城,建设文化强市。

(一)繁荣文化事业和产业

按照城市文化抓提升、农村文化强基础的要求,统筹城乡文化发展。积极实施文化强市建设十大工程。文化精品生产工程,突出抓好工艺美术、书法、摄影、戏曲(越剧、绍剧)、莲花落等创作,打造一批体现较高创作水准、具有全国影响的文化精品。文化阵地扩建工程,市本级重点建设市国家综合档案馆、现代化文化中心、中国绍兴黄酒城、绍兴美术馆等一批标志性文化设施;各县(市)重点建设图书馆、档案馆、艺术中心、文化馆(站)等基层文化阵地,形成比较完备的基层公共文化服务体系和网络。群众文化繁荣工程,扎实开展"东海明珠工程"和"文化示范乡镇"等创建活动,整合各类文化节会,打响鲁迅文化艺术节、兰亭国际书法节、祭祀大禹陵等文化艺术节品牌,继续开展境内外"绍兴文化周活动",扩大绍兴知名度。

文化研究工程，加强黄酒文化、中医文化等绍兴历史文化专题研究，编撰绍兴文化通论，深化绍兴名人群体研究，开展绍兴历史文献的整理，繁荣和发展哲学和社会科学。现代传媒做强工程，做大绍兴广播电视和报刊事业，增强主流媒体的竞争力和影响力。文化保护工程，继承历史文化遗产和民族民间艺术，保护绍兴古城和历史文化村镇。文化产业发展工程，加快文化体制改革步伐，优化文化产业结构，培育特色文化产业和文化骨干企业，鼓励发展民办文化产业，支持发展文化市场，形成现代媒体、文化旅游、艺术培训、演艺影视等一批文化品牌和特色文化产业群体。争取到2010年文化产业占GDP比重达到7%以上。

（二）大力建设科技强市

深入实施以企业为主体的技术创新工程，加强科技进步"八个一批"工作，巩固全国科技进步先进城市，争创一批县级科技强市（县），全面提升绍兴科技综合实力。围绕区域特色产业集群，加强纺织、化工、生物医药、环保装备、信息产业等共性技术和关键技术的联合攻关，掌握和拥有自主知识产权的核心技术，形成5个以上国家级生产力促进中心，努力抢占技术制高点。深化科技体制改革，扶持500家区域科技创新服务中心和企业技术研发中心，深化与浙江大学、中国纺织科学研究院等大院名校、科研单位的产学研合作，加快建设孵化器等各类科技创新平台，构筑区域科技创新体系，提高技术吸收和技术创新能力。以高新技术产业园区和产业基地为载体，每年组织实施一批重大科技攻关项目，促进传统产业高新化和高新技术产业化。推进科技型企业培育工程建设，提升科技型示范企业、培育科技型中小企业、孵化科技型苗子企业，重点培育1 000家科技型企业。探索高新技术产业投资机制，健全科技投融资体系，争创国内一流的科技创新环境。加快建设市科技馆等一批基础设施项目，加强科普工作，争创一批全国科普示范县（市、区），提高全社会的科技意识和科学素养。争取到2010年全市财政科技投入占财政支出比例达到5%以上。

（三）加快建设教育强市

全面实施教育现代化工程，加快教育改革，优化教育结构和学校布局，建立现代国民教育体系，推进各类教育全面协调均衡可持续发展。构建0至5周岁学前教育体系，巩固和发展"普九"成果，高标准办好义务教育，高质量普及高中段教育，到2010年初中毕业生升入高中段比例达到95%以上。深入开展教育基本现代化乡镇创建活动，全面实施农村教育"四项工程"，推动城乡基础教育向均衡和优质转变。加大职业教育投入，加快发展职业技术教育，扩大职业教育规模，着力培养多层次适应绍兴产业发展需要的技能型实用人才，不断提高职业教育为经济社会发展服务的能力和水平。继续办好各类高等教育，扩建越秀外国语学院、浙江工业职业技术学院、浙江省邮电职业学院、托普职业技术学院等；支持国内外知名高校来绍交流合作，尽早把绍兴文理学院发展为绍兴大学，争取越秀外国语学院升格为民办本科学院。大力发展电大、函大、自大、现代远程教育等各类成人教育和社区教育，积极培育学习型家庭、学习型组织和学习型社会，努力构建终身教育体系。实施教育信息化，全面推进素质教育，不断提高教育质量，打响绍兴教育品牌。争取到2010年，全日制普通高校在校学生数5万人，成人高校在职生3万人，高标准高质量普及十五年教育，在全省率先基本实现教育现代化。

（四）积极建设卫生强市和体育强市

深化卫生体制改革，实施公共卫生建设工程，完善突发公共卫生事件应急指挥、疾病预防控制、卫生监督执法、医疗救治和公共卫生信息预警监测报告等公共卫生体系。健全重大疾病防治预警长效机制，加强霍乱、艾滋病、禽流感等重大疾病防治工作。实施"科技兴卫工程"和"强院工程"，建设上虞市人民医院、诸暨市人民医院、嵊州市人民医院、新昌中医院等一批现代化医院。合理配置医疗卫生资源，建立平价医院，实施农民健康工程，完善发展城乡社区卫生服务网络，形成市县综合医院、乡镇（街道）社区卫生服务中心和村卫生室三级现代医疗服务体系，逐步解决群众看病难、看病贵的问题。建立全民健康教育体系，开展爱国卫生运动，引导全社会形成健康文明的卫生习惯和生活方式，争创卫生强市和全国农村中医工作先进市。实施食品药品放心工程建设，加强食品药品安全监管，保障食品药品安全。贯彻《全民健身计划纲要》，大力开展群众性体育活动，提高群众体质。加快群众体育组织网络和多层次健身设施建设，建成绍兴市公共游泳健身中心、绍兴市水上运动训练中心、上虞市体育中心等现代化体育设施。积极实施"奥运争光工程"，培育皮划艇、游泳等绍兴优势竞技项目，积极发展体育事业和体育产业。建成一批省级体育强县和强镇，创建一批全国体育先进社区和市级体育特色村，逐步建立群众体育普及、竞技体育领先、体育市场繁荣、体育设施先进的体育事业新格局。

（五）切实加强人才队伍建设

牢固树立人才资源是第一资源的观念，坚持党管人才原则，深入实施人才强市战略，创新人才培养使用机制，加大对党政人才、企业经营管理人才、专业技术人才、高技能人才、农村实用人才五支队伍的培养力度，建设一支廉洁勤政、务实高效、专业化的公务员队伍；依托各类开发区（园区），结合绍兴产业结构优化的需要，重点引进和造就纺织、医药化工、机械、电子信息、节能环保、现代服务等产业的高级经营管理和高技能人才；加快培养一批农村经营能人、能工巧匠和乡村科技人员。继续深化干部人事制度改革，创新人才管理方式，健全人才引进流动、评价激励和服务保障机制；推进市本级人才公寓和科技阅览馆、电子信息馆、公共实验室、人才科研交流中心的建设，不断优化人才创业创新环境。加大人才投入，"十一五"期间人才专项资金逐年增加，用于高层次人才、紧缺人才的培养、引进、奖励和培训。初步形成"体制顺畅、机制灵活、素质优良、结构合理、产出高效"的区域人才集聚地。

七、打造平安绍兴，积极构建和谐社会

坚持以人为本，推进"平安绍兴"建设，从解决关系人民群众切身利益的现实问题入手，积极探索和谐发展之路，不断改善人民生活，着力提高社会和谐水平，构建和谐绍兴。

（一）完善就业和社会保障体系

完善城乡统筹的劳动力市场体系，强化政府促进就业的服务职能，发展就业容量大的劳动密集型产业特别是服务业，鼓励发展民营经济和中小企业，努力创造更多的就业岗位。争取"十一五"时期全市新增城镇就业25万人以上。推进城乡一体的职业培训体系建设，形成困难群体就业援助长效机制，加大对失业人员特别是就业困难人员培训力度，加强农村富余劳动力的转移就业培训。争取"十一五"时期全市培训农村富余劳动力40万人以上。巩固和扩大养老保险覆盖面，整体推进医疗保险制度改革。积极开展企业退休人员社会化管理服务工作,努力改善企业退休人员生活质量。加强失业、工伤和生育保险扩面工作,全面实施被征地农民养老保障制度,积极推行新型农村合作医疗制度,探索建立新型农村养老保险,到2010年全市参加社会养老保险人数占总人口比重达到50%以上。完善城乡最低生活保障制度,建设社会救助和优抚安置体系,健全农村"五保"和城镇"三五"对象集中供养制度,发展社会福利和慈善事业,深入开展多种形式的扶贫帮困活动,切实保障人民的基本生活权益。贯彻落实妇女、儿童发展规划,维护妇女儿童权益。积极发展残疾人事业,推进残疾人康复和就业。建立为民办实事长效机制,坚持每年组织实施一批为民实事工程。按照按劳分配为主体、多种分配方式并存的分配制度,坚持各种生产要素按贡献参与分配。在经济发展的基础上,逐年提高最低工资和最低生活保障水平。努力提高低收入者收入水平,逐步扩大中等收入者比重,有效调节过高收入。实施规范的公务员工资制度,完善国有企业收入分配规则和监督机制。

(二)推进民主法制建设

坚持科学执政、民主执政、依法执政,推进法治绍兴建设。坚持人民代表大会制度,自觉接受人大的监督,保证人大及其常委会依法行使各项权力,进一步发挥人民代表的作用。支持人民政协履行政治协商、民主监督、参政议政职能。巩固和发展最广泛的爱国统一战线,充分发挥各民主党派、工商联和无党派人士的作用。认真贯彻民族、宗教、侨务等方面的政策,支持工会、共青团、妇联等人民团体依照法律和各自章程开展工作。完善民主选举、民主决策、民主管理和民主监督制度,深化政务、厂务、村务公开,进一步扩大基层民主。全面推行依法行政,加强城市综合执法,健全科学合理的行政执法体制和机制,努力建设法治政府。稳步推进司法体制改革,加强司法队伍建设,完善法律服务体系,强化司法监督,维护司法公正。完善审判机关与检察机关依法独立行使职权制度,切实解决执行难问题。做好"五五普法"工作,不断提高全市人民的法律素质。

(三)提高城乡群众文明素质

实施文明素质提升工程,提高公民的思想道德和文明素质。全面落实邓小平理论和"三个代表"重要思想武装全党、教育人民的战略任务,不断巩固共同思想基础。大力弘扬新时期"胆剑精神",不断丰富绍兴人文精神。认真贯彻《公民道德建设实施纲要》,建立健全学校、家庭、社会"三位一体"的德育工作网络,切实加强不同群体的思想道德建设,全面推进社会公德、职业道德和家庭美德建设。深入开展"争做文明绍兴人、争创全国文明城"活动,创建成全国文明城市,扎实推进学习型城市建设。继续广泛开展文明行业、社区、村镇、单位、家庭等各类群众性精神文明创建活动,深化"双建设、双整治"活动,扎实推进基层精神文明建设。

(四)加强社会建设和管理

完善社会管理体制,整合社会管理资源,建立健全党委领导、政府负责、社会协同、公众参与的社会管理格局。创新社会管理方式,有效动员政府组织、非政府组织、社会力量投入社会建设和管理,形成对全社会进行有效覆盖和全面管理的体系。推进农村基层和城市社区建设,加强对各类社团和新经济组织的管理,充分发挥人民调解组织和城乡基层自治组织协调利益、缓解矛盾、排忧解难的作用和各类社会组织提供服务、反映诉求、规范行为的作用。坚持教育、管理、服务、维权并重,切实保护外来人口的利益。切实抓好安全生产,严格安全执法,有效遏制重特大安全事故的发生。加强人民防空建设,建成市民防指挥中心。做好地质、气象等自然灾害的预测预报工作,提高防灾减灾能力。强化对食品、药品、餐饮卫生等的监管,保障人民群众生命财产安全。

(五)全力维护社会稳定

创新发展"枫桥经验",深入开展"平安县(市、区)、平安乡镇(街道)"创建活动,推广"八创建"、"八进社区(村)"等基层系列创安活动,努力把各类矛盾问题解决在基层和萌芽状态,确保全面达到省"平安市"创建标准。坚持社会治安综合治理,开展社会治安、规范市场经济秩序等专项整治,依法打击各类犯罪活动,维护社会稳定。建立健全社会舆情汇集和分析机制,规范依法信访秩序,完善领导下访约访制度,积极预防和妥善处置各类群体性事件。建立健全公共安全应对机制,及时处理各种突发性事件。切实加强国防后备力量建设,广泛开展"双拥"工作和军民共建活动,积极支持部队的改革、建设和发展,充分发挥部队在推进绍兴现代化建设和维护社会稳定中的积极作用。

八、促进对外开放,提升经济国际化水平

深入实施"开放兴市"战略,加快融入全球产业链,充分利用国际国内两个市场、两种资源,进一步提高对外开放的层次和水平,全面提升绍兴经济的国际竞争力。

(一)转变外贸增长方式

加快转变外贸增长方式,不断优化出口产品和出口市场结构,拓宽贸易领域,推动出口贸易转型,努力争创外贸强市。争取2010年,全市自营进出口总额达到200亿美元,其中自营出口额达到160亿美元。优化外贸出口队伍,积极培育一批5 000万美元以上的出口企业,在继续保持纺织、机械、化工、特色农产品等传统产品出口稳步增长的同时,扩大生物医药和电子信息产品出口数量,提高高技术产品和高附加值产品的出口比重,鼓励企业自主品牌出口。积极拓展境外市场,巩固扩大美日欧等传统市场,开拓拉美、非洲和东欧等新兴市场。推进加工贸易优化升级,完善加工贸易体系,重点做好纺织品深加工结转,健全加工贸易联网监管模式,加强外贸大通关建设,争取设立出口加工区。重视进口贸易,引导企业进口先进技术、关键设备和紧缺材料,实现进口扩张和出口升级的良性互动。加快反倾销和产业损害预警体系建设,建立健全国际贸易壁垒应对机制,加强行业协调和自律,避免恶性竞争,巩固提升自身的竞争优势。

(二)加大招商引资力度

坚持"巩固港台、主攻日韩、拓展欧美"的招商方针。拓宽招商领域,加大纺织服装、轻工机械等传统产业和电子信息、生物医药、节能环保等高新技术产业的招商引资,推进农业和服务领域的引资力度,推介一批有绍兴特色的现代农业、商贸流通、旅游休闲、现代物流、金融保险、医疗卫生、文化教育等项目。鼓励"以民引外"、"以外引外",引进具有品牌、管理、网络、技术优势的外资企业与民营企业开展多种形式的合作,加大与跨国公司的战略合作,引进一批技术先进、带动力强的大项目和大公司的研发机构。充分发挥开发区(园区)在招商引资中的龙头作用,推进集约招商,提高外资项目的技术含量和投资密度，实现高水平、集约化开发，使之成为外资的主要载体。积极探索投资基金、BOT、项目融资、证券化融资等利用外资新方式。争取“十一五”期间全市实际利用外资累计超过40亿美元。

（三）加快“走出去”步伐

支持和引导有条件的企业开展对外投资和跨国经营。鼓励有比较优势的企业到境外投资设厂或窗口，支持资源消耗大、市场又在外的企业转移到境外投资发展，促进产业梯度转移。积极拓展境外工程和劳务市场，发挥建筑大市优势，支持骨干建筑企业承包境外工程。鼓励企业通过境外投资参与矿产、土地、森林资源等重要海外资源的开发利用。着力开展国际劳务合作，强化外派人员的业务培训。通过拓展工程承包、境外投资和资源开发，培育发展一批具有国际竞争力的跨国经营企业，争取到2010年全市对外承包劳务营业额达到2亿美元。

（四）加强国内合作交流

深入实施接轨上海战略，积极推进空间接轨、市场接轨、产业接轨和要素接轨，进一步依托上海，服务上海，促进错位发展。积极参与长三角合作与交流，推动浙东经济合作，努力在规划、交通、旅游、信息、物流、科技、人才和环境保护等重点领域推进专题合作，促进互动发展。加强经济技术协作和交流，扩大与中西部和东北地区在粮食生产、能源、原材料等领域的长期合作，做好与四川广元、重庆涪陵、浙江衢州等对口地区的结对帮扶和山海协作，鼓励和引导有条件的企业到中西部和省内欠发达地区投资兴业，实现市场拓展、产业梯度转移和企业跨地区扩张，促进共同发展。鼓励跳出绍兴发展绍兴，支持绍商回乡投资创业，积极引进国内先进企业，实现走出去与引进来的良性互动。积极推进与港澳在金融、物流、贸易、旅游、咨询、教育、科技等领域的深入合作；大力吸引台资，加强与台湾的经贸技术交流。

九、深化各项改革，争创体制机制新优势

坚持社会主义市场经济改革方向，以政府管理体制改革为先导，以深化要素市场化改革和创造良好发展环境为重点，加快推进从初级市场经济向现代市场经济转变，为全面落实科学发展观、转变经济增长方式提供体制机制保障。

（一）坚持和完善基本经济制度

加快经济结构战略性调整，大力推进现代产权制度和现代企业制度建设，进一步完善多种所有制经济共同发展的格局。继续加大国有、集体资本从竞争性行业退出的力度，积极引导企业完善内部机制，基本完成新一轮国有企业改革。完善国有资产管理方式和监管机制，探索和加强对非经营性国有资产的管理和监督，确保国有资产保值增值。鼓励民营企业加快制度创新、技术创新和管理创新，推进民营经济增长方式的全面转型。进一步改善民营经济和个私经济的发展环境，放宽市场准入和投资领域。支持民营企业通过相互参股、外资嫁接等多种途径加速发展，大力推进民营经济新飞跃。

（二）加快行政管理体制改革

建设公共服务型政府。按照政企分开、政资分开、政事分开、政府与市场中介组织分开的原则，切实贯彻行政许可法，深化行政审批制度改革，完善审批办法，进一步优化政府服务。推进财政管理体制改革，调整优化财政支出结构，加大公共事业发展和社会保障投入，积极构建公共财政体系框架。加快投资体制改革，全面推行政府投资项目代建制，建立政府投资项目绩效评价制度，健全社会投资监管机制，管好政府投资，激活民间投资。加强行政审批服务中心、市长热线电话受理中心、招投标中心、财务结算中心、外商投资促进中心建设，提升政府服务能力。建立健全科学民主决策机制，加快电子政务建设，推进政务公开。分类推进事业单位改革，增强市场机制在社会事业资源配置中的作用。完善统计体系，加强经济社会运行的监测、评估和预警，促进政府部门功能互补和信息共享，提高经济社会管理调节能力。建立科学有效的地方政府政绩考核体系，落实正确的政绩观。

（三）健全现代市场体系

支持专业市场的体制创新和转型改造，加快提升传统专业市场的档次和水平，推进专业市场国际化。大力发展现代流通方式，着力构筑区域性物流中心。加快资本市场建设，积极培育上市后备梯队，鼓励和推动优质企业到境内外上市，推进股权分置改革，做大做强证券市场“绍兴板块”。规范发展产权交易市场，探索发展地方金融市场，深化农村合作金融机构改革，积极拓展债券、信托、租赁、期货和保险市场。培育民间风险投资机构，加强中小企业信用担保体系建设，加快发展土地、技术、人力资源等要素市场，努力保障要素供给。规范发展行业协会和市场中介组织，健全社会中介服务体系。加快信用绍兴建设，完善社会信用体系。完善产品质量监管机制，整顿规范市场秩序。

（四）强化政府公共服务职能

推进资源要素市场化配置改革，降低要素成本。坚持按投资密度和经济密度确定不同的供地方式和价格，确定合理的土地成本，对投资规模大、投资密度高的重点外资项目实行倾斜。建设良好金融生态环境，促进经济金融良性互动和可持续发展。推进公用事业市场化改革，通过完善价格听证制度、推行特许经营、放宽市场准入等途径，探索建立重要商品（物资）储备制度和与之相配套的价格调节基金或风险基金，加强价格调控，保持水、电、气、热、燃料等价格的合理水平和粮食价格的基本稳定。加大普通商品住宅和经济适用住宅的建设力度，完善廉租住宅供应体系，形成合理的住房梯次消费结构，降低住房成本。落实高层次人才来绍的优惠政策；进一步规范义务教育和医疗的收费行为，严格收费项目和收费标准，降低教育和医疗的额外负担。通过政府调控和市场化改革，保持合理的商务成本和较低的生活成本，进一步提高区域经济竞争力。

实现“十一五”时期又快又好发展，必须抓住事关绍兴经济和社会发展的重大问题，积极推进一批重大建设。全面实施绍兴大城市发展战略，推进绍兴大城市建设；全面实施统筹城乡“十网”建设计划，推进社会主义新农村建设；全面实施十大产业工程，推进先进制造业基地建设；全面实施十大基础工程，推进重大基础设施建设；全面实施开发区（园区）发展规划，推进开发区（园区）建设；全面实施自主创新规划，推进创新型城市建设；全面实施十大生态示范工程，推进生态市建设；全面实施十大文化建设工程，推进文化强市建设；全面实施“双创”规划，推进“平安绍兴”建设；全面实施一批为民实事工程，推进民生保障建设。

实现“十一五”规划纲要确定的目标和任务，需要建立行之有效的规划实施保障机制。按照“十一五”规划纲要的要求，认真制定、执行国民经济和社会发展年度计划与预算，分年度落实好纲要提出的目标和任务。市政府各有关部门根据自身职责,对所负责领域的任务,制定针对性的具体实施方案,贯彻落实规划纲要的内容。各县(市、区)政府贯彻本纲要精神,制定和实施本地区的经济和社会发展规划。依据本纲要和各领域专项发展规划,根据区域功能定位,合理引导生产力布局和要素流向,全面实施以一桥(嘉绍高速)、一闸(曹娥江口门大闸)、一路(绍诸高速)等为重点的重大项目,为纲要的顺利实施提供有力支撑。广泛动员全社会参与,通过深入宣传纲要,促使各类市场主体和广大人民群众了解政府意图与政策导向,引导其自觉参与规划实施。加强规划的实施监测和监督检查,及时跟踪分析规划执行情况,提高规划实施水平。进一步改进和完善考核评价机制,特别是加强对关系全局和长远发展的重大战略任务落实情况的考评,保证纲要的整体执行效果。

本纲要是经济社会发展的指导性规划,其主要指标是预期性和导向性的。规划实施期间遇到国内外环境发生重大变化或其他重要原因,可以对规划进行调整,由市政府提出调整方案,报市人民代表大会常务委员会批准。

面向未来,我们站在一个新的历史起点上。全面实现"十一五"规划确定的目标和任务,是时代赋予我们的重任。我们要紧密团结在以胡锦涛同志为总书记的党中央周围,在中共绍兴市委领导下,同心同德,励精图治,埋头苦干,开拓进取,为率先建成全面小康社会、率先基本实现现代化而努力奋斗!

(注:目录、前言、专题图表略)

绍兴鲁迅故里

舟山市国民经济和社会发展第十一个五年规划纲要

（“发展基础和发展目标”部分）

（舟山市第四届人民代表大会第六次会议批准）

“十一五”及今后更长一段时间，是我市必须紧紧抓住并且大有作为的重要战略机遇期，是我市全面建设小康社会、率先基本实现现代化的关键时期，是建设海洋经济强市、海洋文化名城和海上花园城市的重要时期，也是争领先、打头阵、创特色、求实效的奋进时期。以前瞻的眼光、战略的思维、科学的精神、务实的态度编制我市国民经济和社会发展第十一个五年规划及2020年远景目标，对于贯彻落实省委“八八战略”和市委“六六决策”，实现舟山经济社会发展的新跨越具有十分重要的意义。

“十一五”规划是在党的十六大提出全面建设小康社会宏伟目标，党的十六届三中全会提出科学发展观、党的十六届四中全会提出构建和谐社会、党的十六届五中全会提出“坚持以人为本、转变发展观念、创新发展模式、提高发展质量”之后编制的第一个中长期发展规划；也是在世界经济全球化趋势继续加强，国际区域经济合作更加活跃，产业整合转移更趋明显的前提下编制的中长期规划；更是在我国社会主义市场经济体制初步建立和完善，长三角区域经济一体化步伐进一步加快，实现经济增长方式和社会结构转型任务更加紧迫的背景下编制的中长期规划；就我市来看，是在经济社会已跃上新的发展平台，港口等战略性资源优势进一步凸现，大陆连岛工程等重大基础设施建设取得历史性突破，“3×3”产业发展思路更加明晰的形势下编制的中长期发展规划。

综上所述，研究规划我市“十一五”经济社会发展，必须顺势应时、与时俱进，牢固树立科学发展观，充分体现以人为本、转变方式、统筹兼顾、可持续发展的规划理念，努力从以物为中心转到以人为中心，从偏重局部发展转到重视空间整体布局，从重经济轻社会转到经济社会生态统筹协调，突出战略性、针对性和可持续性，使规划成为指导和组织我市“十一五”及今后一段时间经济社会发展的纲领性文件和主要依据。

本规划基期年为2005年，规划期为2006～2010年，远期展望到2020年。

一、“十五”回顾和存在问题

（一）“十五”回顾

“十五”以来，在市委、市政府的坚强领导下，全市上下坚决贯彻实施“六六决策”，按照打造“海洋经济强市、海洋文化名城、海上花园城市”的要求，明确“一个花园、四大基地”的发展定位，增强机遇意识、经济意识、统筹意识和生态意识，倾力实施特色产业战略、城乡联动发展战略和环境优化战略，全市综合实力显著增强、社会事业全面进步、生态建设成效明显、基础设施日益改善、城乡统筹稳步推进、民主法制不断加强，是舟山历史上最快最好的发展时期之一，为全面建设小康社会，率先基本实现现代化打下了扎实的基础。

1. 综合实力显著增强

经过五年来的发展，经济社会发展主要指标全面超额完成“十五”计划调控目标。到“十五”期末，全市实现地区生产总值272亿元，“十五”期间年均增长14.6%，完成“十五”计划的136%；人均生产总值26 931元，居全省第5位；工业总产值403.6亿元，年均增长25.8%，完成“十五”计划的134%，其中临港工业总产值达到250.8亿元；财政总收入28.5亿元，年均增长21.5%，完成“十五”计划的142%；港口吞吐量9 052万吨，是“九五”末的2.8倍，完成“十五”计划的151%，稳居全国第9位；全市海运运力达到193万载重吨；旅游接待人数1 001.7万人次，是“九五”末的2.2倍，完成“十五”计划的143%，位居全国重点地级城市前列；“十五”期间累计完成固定资产投资510亿元，是“九五”期间的2.8倍，完成“十五”计划的192%；地方外贸进出口总值12.1亿美元；通过调优调强，增收增效，渔农业稳步发展。

2. 社会事业全面进步

按照“五个统筹”要求，围绕建设和谐社会目标，“十五”以来，全市上下加快推进城乡一体化进程，各项社会事业取得全面进步，社会发展综合水平位居全省第5位。文化事业规模扩大，以文化旅游业、现代传媒业、文娱业等为主的文化产业体系正在不断发展，群众文化活动日益丰富，基层文化建设成效显著，体育事业蓬勃兴起。浙江海洋学院扩大办学规模，浙江国际海运职业技术学院、南海实验学校顺利组建，教育资源得到整合优化，全市基础教育、高等教育、职业教育、成人教育向现代化目标迈进。卫生基础设施有了新的改善，渔农村新型合作医疗体系初步建立，组建了舟山群岛渔农民流动医院，人口计划生育和主要健康指标全省领先，巩固和发展了省级卫生城市。科技综合实力稳步增强，科研成果转化成效比较显著，为区域经济带来强大活力。覆盖城乡的就业再就业政策体系和市场导向就业机制正在加快形成，社会保障覆盖面进一步扩大。深入实施“暖促”工程，扎实开展“千村示范、万村整治”工程，“平安舟山”建设取得显著成效。人民生活水平进一步提高，城镇居民可支配收入达到15 524元，渔农村居民人均纯收入7 190元，年均实际增长11.5%和10.9%。荣获了全国双拥模范城市、全国优秀旅游城市、省级文明城市称号。

3. 生态建设成效明显

围绕建设生态市目标,制订出台了《舟山生态市建设规划》及实施和责任考核办法,组织实施一批具有海岛特色的生态重点工程项目。切实开展环境整治行动,大力推进村庄整治工程、“大岛建、小岛迁”生态移民工程、“万里清水河道”整治工程和水土流失治理工程。加强城乡环保设施建设,推行企业清洁生产,开展农村生态住宅示范村建设,全市城市生活垃圾无害化处理率达到90%,工业废水排放达标率保持在90%以上,主要污染物排放总量达到控制目标要求。嵊泗县达到国家生态示范区建设要求。

4. 基础设施日益改善

“十五”以来,按照适度超前原则,大力推进以登陆工程为核心的海岛基础设施建设,全市共完成基础设施投资230亿元,为海洋经济持续快速发展提供强劲支撑。大陆连岛一期工程全面完成,二期工程抓紧推进,三期工程进入前期工作。新城大桥建成通车,鲁家峙大桥加紧建设,完成329国道舟山段等一批等级公路建设,岛际交通高速化。建成各类生产性泊位38个,其中万吨级以上深水泊位6个;民航航班不断增加,开通至香港旅游包机航线。建成舟山发电厂2×13.5万千瓦机组、本岛电网与大陆110KV联网工程,大陆与嵊泗电力联网工程。完成舟山大陆引水应急工程和“四库两道”重点蓄供水工程,展茅平地水库等新建蓄水工程进展顺利,海水淡化和水资源循环利用试点工作取得明显成效,基本满足了经济和社会发展的用水要求。海涂围垦成为我市缓解用地矛盾的重要途径,已在实施的围垦工程25处,围垦施工面积4万多亩。

5、城乡统筹稳步推进

按照城乡统筹发展的原则,“十五”以来,全市上下围绕“中心城市现代化、本岛城乡一体化、主要大岛城镇化”的发展思路,加快海岛城市化进程。加快临城新区建设,完善定海、沈家门城区功能,增强岱山、嵊泗两县城的城市集聚功能,全市城市化水平达到60%。以新社区建设为载体,通过“暖促”工程,加大财政对渔农村的转移支付力度,渔农村富裕劳动力转移初见成效,渔农村基础设施明显改善,渔农民收入增长明显加快。统筹城乡社会保障体系建设,开展新型社会救助体系建设试点,完善各地农民基本生活保障制度,渔民基本生活养老保障制度建设有实质性启动。村庄示范整治、基础设施建设进展良好,全市有23个村通过了市级验收,其中有15个村获省级全面小康示范村称号,全市共有74个整治村已通过县区及市级验收,城乡一体化进程明显加快。

6、民主法制不断加强

普法教育深入开展,依法行政水平进一步提高。基层民主进一步扩大,全市渔农村广泛开展了“三培养”工作,形成了市、县(区)、乡镇、村四级联动的为民办事网络。“平安舟山”建设成效明显,公共应急体系逐步健全。全力维护社会稳定,精心实施“铁桶工程”,积极开展创建“平安渔场”活动。妥善处理各类突出性、群发性事件,抓好信访调解工作,把矛盾化解在基层,解决在萌芽。重视抓好安全生产工作,重视国防和民兵、预备役部队建设,“双拥”工作、国防动员体系建设得到加强。

(二)“十五”经验

回顾过去,总结经验,“十五”期间之所以取得了较好的成绩,关键在于坚持以下几点:

一是坚持从战略高度谋划舟山大局,抢抓发展机遇,不断深化经济社会发展思路。“十五”以来,面对国际国内发展环境的重大变化,市委、市政府审时度势,站在战略高度,立足舟山实际,对舟山发展进行了一系列重大战略决策,清晰地勾画了舟山发展的战略框架:在总体战略方面,作出了旨在发挥优势、实现快速协调发展的“六六决策”,明确了下步发展的战略主攻方向;在经济结构方面,作出了进一步落实“二、三、一”产业架构,突出“3×3”产业发展重点的决策,明确了经济结构调整和产业发展的目标和任务;在城市定位方面,作出了建设海洋经济强市、海洋文化名城、海上花园城市的决策,明确了舟山城市统筹发展的核心内涵。由上述决策形成的系统、清晰的发展战略,为加快舟山发展奠定了强有力的思想基础。

二是坚持从自身优势出发,大力发展海洋经济,不断推进结构优化和产业转型。面对客观形势变化和资源优势更迭,全市上下把发展重点从“渔、港、景”转变到“港、景、渔”,倾力实施产业结构调整、优化、整合、升级,取得了明显成效。大力发展特色产业,按照做大成长性产业,做强传统性产业,做优基础性产业的思路,大力发展临港产业,船舶、港口物流、海洋休闲旅游等新兴产业成为新的支柱产业。倾力实施重大项目,积极引进一批科技含量高、产业关联度强、产业拉动效应明显的大项目,提高舟山产业集聚和辐射能力,拉长产业链,拓宽了舟山产业发展的路子。同时,积极扶持家庭工业、个私经济,增加社会就业,培育新的发展潜力。积极开发重点区块,优先发展“三大岛”,大力开发本岛北部区块,加快工业园区建设,重点区块成为支撑舟山经济发展的主力军。

三是坚持突出重点领域和重大项目,致力增强发展后劲,不断优化发展环境。通过深化改革、加快建设、向外推介,我市的整体发展环境持续优化,综合发展条件不断完善,区域地位逐渐提升。资源优势日益突出,借助独特的区位、深水岸线、海洋旅游资源优势,我市日益成为长三角区域生产力布局的特色区域,港口等重大项目布局的重要区域。特别是上海国际航运中心洋山深水港、马迹山矿砂中转码头、册子原油中转基地等一大批大型港口项目建设,提高了舟山港知名度。基础设施条件显著改善,“十五”以来,全力实施“登陆战略”,基本形成了陆岛互动的交通、能源、供水、通信网络,特别是正在加速推进的舟山大陆连岛工程,将从根本上改变舟山的发展条件。发展软环境不断优化,通过推进行政审批制度改革、国有资产管理体制改革、企业改制、机关效能建设等工作,转变政府职能,简化办事程序,提高管理效率和服务水平,发展环境不断优化,发展活力进一步激发,形成了人心思进、加快发展的社会合力。

四是坚持以人为本,立足海岛实际,不断推进有舟山特色的和谐社会建设。“十五”期间,舟山渔农民转产转业、生态环境保护、社会事业发展等都面临着许多挑战和考验。我们按照“五个统筹”的要求,增强统筹发展意识,从舟山实际出发,着重做好城乡统筹、经济社会统筹、人与自然统筹等文章。走生态型工业道路,加快推进经济生态化,生态质量持续好转;实施城乡一体化发展战略,帮助渔农民转产转业,渔农村居民收入有了较大提高;建设海洋文化名城,为经济社会发展提供智力和精神支撑;加大社会事业投入,建设健全医疗、教育、社保、救助等社会事业体系,使广大群众得到更大实惠。

(三)存在问题

“十五”以来我们也面临一些紧迫的矛盾和急需解决的问题,其中比较突出的有:一是基础性要素资源制约。土地、岸线、电力、水等要素资源的供给存在着不同程度的压力，重大项目落户及建设易受制约。二是产业结构还比较落后。现代临港产业发展仍处初创阶段，规模不大，档次不高，经济整体竞争力仍然比较薄弱。三是城乡就业压力大。基本解决渔农民转产转业，实现城乡较充分就业面临着政策调整、创造就业岗位、就业培训、建立城乡一体化就业机制等许多具体问题。四是社会事业发展存在诸多薄弱环节。教育方面的城乡教育不平衡问题，科技方面的技术创新能力低下，社会保障基金经费压力问题，还有各类人才紧缺、劳动力就业结构性矛盾、渔农村医疗卫生设施薄弱等，成为制约经济社会协调快速发展的重要因素。

解决上述矛盾和问题，有赖于我们在“十一五”期间切实贯彻落实科学发展观，转变经济增长方式，深化经济体制改革，推进城乡一体化，走统筹、协调、可持续发展的道路。

二、指导思想、基本原则和奋斗目标

（一）指导思想

“十一五”期间，全市经济社会发展的指导思想是：以邓小平理论和“三个代表”重要思想为指导，以科学发展观统领经济社会发展全局，深入贯彻落实省委“八八战略”，按照“争领先、打头阵、创特色、求实效”的要求，全面实施以港兴市战略，落实“3×3”产业发展思路，主攻临港产业，加快海洋经济发展，实现由传统海岛经济向现代海洋经济的转型，统筹城乡发展，创建小康社区，构建和谐社会，努力打造海洋经济强市、海洋文化名城和海上花园城市。

（二）基本原则

一要坚持加快发展。发展是全面正确落实科学发展观的首要任务，是我们作为沿海欠发达地区追赶先进发达地区的唯一途径，更是落实“干在实处，走在前列”要求的集中体现。“十一五”期间，我市国民经济和社会发展的各项奋斗目标都必须体现到加快发展这条主线上来，不能有丝毫偏离。

二要坚持转变增长方式。速度要加快，方式要转变，从舟山实际出发，主攻方向就是发展海洋经济。我市发展海洋经济具有成本低、效益好等独特优势，更是缓解土地等要素制约的治本之策，同样符合打造节约型社会要求和循环经济发展规律。因此，“十一五”期间，要以更大的气魄，更宽的视野，更高的标准来发展海洋经济，增加自主创新能力，用高新技术发展海洋优势产业，改造海洋传统产业，培育海洋经济新的增长点。

三要坚持统筹发展。围绕可持续发展目标，重点抓好统筹城乡发展、区域发展、经济社会发展、人与自然和谐发展。大力促进就业，将扩大城乡居民就业作为优先发展目标，基本完成渔农民“双转”任务。加快发展农村教育和卫生事业，完善扶贫助学办法，推进城乡教育均衡发展；加快渔农村医疗设施建设，缓解渔农民看病难和费用高等困难。加快生态市建设步伐，营造山海秀美的生态环境。

四要坚持以人为本。把人民利益作为一切工作的出发点和落脚点，重点要突出健全社会保障和合理收入分配问题。健全社会保障，主要是建立城乡统筹的综合性社会保障体系，让人民群众共享经济发展和改革开放的成果。合理收入分配问题，主要是注重公平和正义，着力提高低收入者特别是渔农村居民收入，扩大中等收入比重，有效调节过高收入，规范个人收入分配秩序，确保社会稳定。

（三）奋斗目标

根据指导思想和基本原则，我市“十一五”和更长一段时期经济社会发展的总体目标是：根据“一体两翼”的空间布局，打响“海洋经济强市、海洋文化名城、海上花园城市”三张名片，建设“临港工业、港口物流、海洋旅游、现代渔业”四大基地，到2010年，基本实现全面小康社会。到2020年，基本实现现代化。具体目标是：

1. *经济增长速度争领先*。“十一五”期间，要抓住机遇，集聚优势，自加压力，拼搏奋进，在经济发展的速度上力争全省领先，发展质量得到不断提升。地区生产总值确保年均递增13%，到2010年达到550亿元，力争年均递增15%，到2010年达到600亿元。人均GDP超过全省平均水平。工业总产值年均递增20%，到2010年达到1 000亿元；财政总收入年均递增12%，到2010年达到50亿元；固定资产投资年均递增15%，五年累计完成投资1 200亿元；地方外贸进出口总值年均递增16%，到2010年达到25亿美元；万元GDP能耗低于全省平均水平；经济发展水平总体达到全省中上水平。

2. *发展海洋经济打头阵*。“十一五”期间，海洋经济要作为战略重点和主攻方向，在全省争上游、打头阵，发挥主力军作用。到2010年，全市海洋经济总产出超过1 000亿元，海洋经济增加值占全市GDP比重达到70%以上。临港工业总产值达到800亿元，年均递增26%；港口吞吐量2亿吨，年均递增17%；游客接待量达到1 700万人次，年均递增11%，旅游经济收入达到120亿元，年均递增15%。初步形成上海国际航运中心重要的深水组合港，环杭州湾重要的临港工业基地，全国重要的能源及大宗物资储运基地；基本建成全国重要的佛教文化、海洋休闲度假旅游、现代渔业基地。

3. *构建和谐社会创特色*。“十一五”期间，社会发展总体水平确保全省前5位，力争向前移位。到2010年，新增城乡就业人数6.5万人（其中渔农村4万人，城镇2.5万人）；城镇居民人均可支配收入达到25 000元，年均递增10%；渔农村居民人均纯收入12 100元，年均递增11%；基尼系数控制在0.35以内。基本建立起城乡统筹、多层次、广覆盖、有实效的社会保障体系。全市城市化水平达到65%以上，人口自然增长率控制在1‰以下，全面普及十五年教育，科技对经济的贡献率提高到50%以上，每千人拥有医生数提高到2.3人，拥有医院床位数达到3.5张。建设海洋文化名城，实施加快建设教育、科技、卫生、体育四个强市战略，保持双拥共建工作继续走在全国先进行列，实现创建全国文明城市和国家卫生城市的目标。全面组织实施具有海洋海岛特色的《生态市建设规划》，实现生态市建设阶段性目标，基本形成亚热带群岛型海上花园城市的生态格局，生态水平居全省前茅，大气质量等主要环境质量指标居全国前列。到2010年，舟山市（含定海、普陀二区）基本完成国家环保模范城市建设，普陀山风景名胜区建成国家级生态旅游示范区，岱山县、嵊泗县基本达到全国生态县建设标准。

4. 提高执政能力求实效。以改革和创新的精神，求真务实，提高执政能力和水平。坚持执政为民，大力推进体制和机制创新，认真贯彻《行政许可法》，建设务实型、服务型、廉洁型、法治型政府。结合舟山实际，建设一支人民满意的公务员队伍，培育良好政风，全面提高以经济建设为中心、加快舟山发展的能力，统筹兼顾、促进协调发展的能力，推进社会管理、搞好公共服务的能力，维护稳定、应对复杂局面和处理突发事件的能力。

提要:“十一五”规划主要预期目标

	指标名称	单位	绝对值	“十一五”期间年均增长(%)	备注
经济发展	地区生产总值	亿元	550(力争600)	13(力争15)	可比价格
	工业总产值	亿元	1 000	20	
	财政总收入	亿元	50	12	
	固定资产投资	亿元	1 200	15	五年累计
	地方外贸 进出口总值	亿美元	25	16	
	万元GDP能耗	低于全省平均水平			
	海洋经济总产出	1 000亿元,海洋经济增加值占全市GDP比重达到70%以上			
	临港工业总产值	亿元	800	26	
	港口吞吐量	亿吨	2.0	17	
	旅游接待人数	万人次	1 700	11	
	旅游经济收入	亿元	120	15	
社会发展	社会发展总体水平	确保全省前5位,力争向前移位			
	新增城乡就业	6.5万人(渔农村4万人,城镇2.5万人)			
	城镇登记失业率	控制在5%以下			
	城镇居民人均可支配收入	元	25 000	10	
	渔农村居民人均纯收入	元	12 100	11	
	基尼系数	控制在0.35以内			
	城市化水平	达到65%以上			
	人口自然增长率	控制在1‰以下			
	科技对经济贡献率	提高到50%以上			
	每千人拥有医生、医院床位数	每千人拥有医生数2.3人 拥有医院床位数3.5张			
生态建设	舟山市(含定海、普陀二区)基本完成国家环保模范城市建设;普陀山风景名胜区建成国家级生态旅游示范区;岱山县、嵊泗县基本达到全国生态县建设标准				

三、实施“以港兴市”战略,推进经济结构转型

全面组织实施“以港兴市”的经济发展战略,拓宽视野,切实把握国际产业转移和国内产业转型的重大战略机遇,充分利用长三角区域经济一体化趋势,特别是杭州湾大桥、舟山大陆连岛工程等的巨大效应,深度发挥我市区位和深水岸线的战略优势,坚持陆岛有别、错位发展,陆岛互动、优势互补,进一步强化“3×3”产业发展思路,突出重点,主攻临港产业,大力推动经济结构的根本性变化和产业竞争力的明显提高,实现由传统海岛经济向现代海洋经济的转型,为建设海洋经济强市奠定坚实的基础。

(一)集聚比较优势,建设先进的临港工业基地

1.大力发展临港大工业

紧紧抓住国内外重化工产业向沿海地区转移集聚的战略机遇,加强规划布局、要素配置和基础配套,狠抓招商引资,大力引进发展石化、船舶、大宗物资加工为重点的临港大工业项目,促进临港工业做大做强,形成舟山工业核心增长极和特色竞争力。船舶工业。狠抓大项目引进建设和投产运营,完善布局,做大规模,做强产业,提高国际竞争力。重点支持和发展重大船舶工业项目,大力推进产业链建设,组建船舶工业技术研发机构,拓展船舶配件产业,办好船用商品交易市场和船舶交易市场。加大对船舶工业的扶持力度,抢占发展先机,尽快形成大项目支撑的船舶工业发展格局和船舶产业集群。到“十一五”末,年造船能力达到500万载重吨以上,造船产量达到350万载重吨以上,产值达到180亿元以上;修船坞容量350万载重吨,产值100亿元;船舶配件产值20亿元;船舶工业总产值达到300亿元左右,成为全省最大、全国重要的船舶修造基地。临港石化。以临港大型石化项目为主攻方向,抓好项目选址规划布局,做深做好项目前期,重点解决要素配置问题,加大招商引资力度,全力争取大型石化项目落户建设。积极创造条件,按集约发展的原则,支持一批中型石化项目加快开工建设,争取“十一五”期间石化产业零的突破。中长期,要借鉴国外成功经验,研究规划产业高度集聚的石化产业岛,建设深水岸线为依托的岛屿型石化产业基地。能源工业。发挥能源物资储运优势,引进发展大型电力项目,重点争取建设煤电一体化项目和舟山发电厂扩建工程,加快推进220KV大陆联网工程。同时,利用海岛地区丰富的风能资源,积极发展风力发电项目,鼓励发展潮汐能、太阳能等其他新能源项目,建设有特色的海

上能源基地。大宗物资加工业。重点布局粮油、煤炭、木材等项目,发展大进大出的大宗货物加工配送产业,“十一五”期间重点推进建设国际粮油集散加工中心和煤炭配送中心等项目。到“十一五”末,形成辐射长三角的粮油产业集群和煤炭配送产业。

2. 着力提升传统优势产业

以技术、品牌、资本为主要抓手,整合优化传统产业的行业组织结构,提升传统产业发展水平和市场竞争力。水产品加工业。按照建设全国一流海水产品精深加工及贸易基地的目标,重点建设原料供应、生产加工、贸易流通三大体系,突出舟山水产品加工行业技术精、质量优的特色。通过水产品保税库建设,大力发展进料加工,有效利用国际资源,实现水产品加工两头在外,大进大出。优化资源和要素配置,重组舟山水产品加工业竞争优势,形成以精深加工为导向、企业集聚、产业集群的发展格局。培育若干具备较强国际市场竞争力的集团化企业,实现若干精深加工技术的突破和主要产品的更新换代,建立若干国家级水产品加工技术标准,打造若干省级以上水产品知名品牌,具备全国领先的产业竞争力。举办海水产品加工国际博览会。到“十一五”末,水产品加工业年产值达到250亿元以上。机械与纺织业。重点扶持船舶配件、纺织机械、塑料机械、汽车零配件、纺织服装等产业,积极推进企业技术创新和管理创新,形成一批有特色、有效益、有竞争力的重点骨干企业,支持与国内龙头企业的联姻结盟,进一步提升我市机械及纺织行业的市场竞争力。重视支持块状工业、民营经济、渔农村家庭工业发展,营造工业发展的广泛基础。

3. 积极发展高技术产业

坚持从舟山实际出发,通过人才、技术、项目引进,积极推进高技术产业发展,努力培育工业经济新的增长点,提升工业经济发展层次。重点支持发展海洋生物医药、海洋精细化工、光机电一体化、电子信息等产业。海洋生物医药产业要结合水产品精深加工业发展,引进和自主研发相结合,开发海洋生物医药产品,力争“十一五”期间一批新产品进入市场化生产。海洋精细化工重点要结合海水淡化发展,积极开展海水化学元素综合利用,力争产业化。光机电一体化要结合船舶、机械工业发展,研发制造光机电一体化设备及仪器仪表,鼓励支持企业发展独立的光机电一体化产业项目。电子信息产业要加快运用先进电子信息技术改造提升传统产业,积极创造条件,营造环境,引进电子信息产业项目,为长远把电子信息产业培育成我市新的成长性产业打好基础。

(二)突出港口和旅游,加快发展现代服务业

坚持从舟山实际出发,以建设国际国内贸易物流平台、先进制造业物流支持平台和海洋旅游服务平台为导向,发挥优势,突出重点,加快推进服务业发展。

1. 大力发展港口物流业

把港口物流业作为服务业发展的重中之重,依托深水港口优势,积极参与上海国际航运中心建设,推进宁波—舟山港口一体化发展,加快专业泊位和通用泊位规划建设,不断完善集疏运体系和信息支撑体系,打造全国重要能源物资储运中转基地、长三角重要对外贸易物流基地、市域临港工业物流支撑基地。到“十一五”末,形成以深水港口为特色的港口物流中心。加快港口物流设施建设。高起点规划、引进、建设一批港口物流项目,配套建设完善的港航基础设施,形成港口物流业的主体运作平台。完善港口物流支撑体系。按照适度超前原则,加快推进以集疏运和信息网络为重点的支撑体系建设。加快连岛工程、环岛快速通道、疏港道路、水水及水陆交通节点规划建设,加大深水航道整治力度和锚地建设,进一步拓展海运和空运航线,构筑以港口为中心、海陆空管四位一体的综合交通运输网络,提高物流集疏运能力。加强物流信息网络建设,构筑开放式物流公共信息平台,促进物流业与国内外市场的同步运作与即时沟通。加强口岸建设和港口综合管理服务体系建设,扩大开放领域,重点是“大通关”建设和后勤补给体系建设,提高综合管理服务的能力和效率。培育扶持现代物流业。重点扶持海运业发展,引导和支持海运企业在做大规模的同时,调整优化运力结构,大力发展特种运输、水水中转、江海联运、二程航运等,“十一五”末海运运力达到300万载重吨。大力发展一批现代物流企业,加快发展运输、仓储、货代、流通等企业,吸引现代物流企业特别是著名航运和船务公司进驻舟山,推动舟山以港口物流为重点的现代物流业融入国际物流体系,加快与先进水平接轨。

2. 加快发展海洋旅游业

把海洋旅游业作为我市服务业发展的先导型支柱产业,抓住机遇,发挥优势,营造特色,打造精品,充分发挥普陀山龙头作用,建设集礼佛朝拜、游览观光、休闲度假、健康养生、商务会展于一体的国际性亚热带群岛型海洋旅游基地。优化旅游发展格局。整合以十大旅游区为依托的旅游资源,实施特色加品牌的旅游开发战略,建设精品景区、景点和旅游产品,巩固佛教文化旅游优势,重点打造礼佛养生、滨海休闲、海鲜美食三大品牌,大力发展沙雕、邮轮、游艇、海钓、海景房产、休闲渔业、港桥旅游、特色小岛开发等长时段、多消费旅游产业。“十一五”期间引进建设一批项目,开发关联旅游产品,形成特色集聚效应和品牌推介效应。加快旅游产业扩散。大力促进旅游业与临港产业、渔农业、大桥建设等的融合互动,积极发展休闲、观光、生态、体验为主题的产业旅游,重点开发渔家乐、大港游、大桥游等产品。结合景区建设和旅游产品开发,整合推出若干条覆盖全市的精品特色旅游线路,利用好品牌景区吸纳的客源,扩大游客在市域内的逗留消费空间和时间。加强旅游配套建设。迎接大桥经济到来的旅游机遇,提升和完善旅游集散服务中心功能,建设一批适应人流、车流增加的配套项目,包括高星级酒店、停车场、交通换乘节点、休闲购物娱乐设施等,提高旅游服务业的综合效益。加大对外推介合作。全力以赴办好首届世界佛教论坛,利用这一极其难得的机遇,借力造势,进一步提升“海天佛国、渔都港城——中国舟山群岛”在国内外的品牌形象。加强和京、沪、杭、宁等重点中心城市的旅游合作,吸纳奥运会、世博会、休博会分流客源。进一步办好三大节庆活动,提升水平,扩大影响,提高效益。

3. 积极发展各类服务业

充分发挥社会分工和市场机制的作用,综合运用各种资源,突出舟山特色,拓展各类服务业发展的新空间。突出发展海岛饮食业。紧紧围绕和依托“舟山海鲜”这一独特优势和响亮品牌,深度开发海鲜美食,大力发展富有特色的海岛饮食业。加强海鲜原产地包装宣传,突出舟山海鲜的优良品质,争取国家有关部门对舟山海鲜予以原产地标志认可,实质性提升舟山海鲜的市场价值。深入挖掘地域饮食文化特色,精心打造以海鲜美食为特色和卖点的海岛饮食品牌,进一步办好海鲜美食节等饮食文化推介活动,以食引客,打响“中国海鲜、吃在舟山”美誉。引导支持海岛饮食业走出去,通过海鲜美食文化推介、海鲜美食连锁餐饮、海鲜美食食品配送等途径,把富有舟山特色的海岛饮食业逐步推向全国,走向世界。完善提升商贸流通业。建设以市场机制为基础、以现代流通为手段的商品流通体系,大力培育水产品市场、船用商品市场等为重点的特色市场和要素市场,积极引进国内外知名商贸企业,利用港口优势加快发展口岸贸易,到“十一五”末,社会消费品零售总额达到180亿元。发展壮大金融服务业。壮大本地金融机构实力,加快组建股份制商业银行,积极引进外地金融机构,扩大金融总量和信贷规模,正确引导社会资金和民间资金流向。规范发展保险业、证券业,开展征信管理工作,加强信用系统建设,提高金融服务经济社会发展的能力和水平。规范发展中介服务业。按照社会化、市场化的发展方向,积极发展会计、法律、信息、咨询、评估等中介服务业,支持发展行会、商会、协会等行业自律性组织,引进和培育各类研发、设计中心。不断拓展中介服务领域,规范运作,提高质量。稳步推进房地产业。建设规范有序的房地产业和住宅服务业体系,鼓励开发建设适应当地发展水平、面向多数消费者的住房产品,加强农村住宅建设管理,规范房地产开发和物业管理,促进房地产业健康发展。结合休闲度假旅游,大力发展海景房产。全面提升公共服务业。重点发展社会保障、医疗保健、市政公用、环境保护、社会治安、社区服务等,强化政府公共服务职能,促进人民生活质量提高和和谐社会建设。

(三)大力发展渔农村经济,切实解决“三农”问题

围绕渔农民就业增收这一核心问题,统筹城乡经济社会协调发展,按照“以城带乡、以工促农”的思路谋划渔农业发展,切实解决“三农”问题。

1. 加快发展现代渔业

按照建成全国一流现代化渔业基地的目标,加快渔业结构战略性调整。以舟山中心渔港、沈家门渔港等为依托,建设全国最大的现代化渔港经济区,提高渔港综合经济效益;以国内捕捞和远洋船队二支船队为支撑,建设全国最大的海洋捕捞和远洋渔业基地;以水产品交易市场和水产品加工龙头企业为平台,建设全国最大的水产品加工贸易基地;以优质高效生态为主攻目标,建设全国一流的特色海水养殖基地;以渔家乐为主打品牌,建设全国一流的海岛型休闲渔业基地;以建设新渔村为抓手,建设全国一流的渔区城镇示范基地;以近海资源养护为重点,建设全国一流的海洋生态修复示范基地。经过“十一五”期间的发展,基本形成全市现代渔业发展格局。

2. 大力发展高效生态农业

从海岛实际出发,继续推进农业产业结构调整,着力挖掘农业的生产、生活和生态功能,引导和鼓励发展节水、高效、特色、生态农业,重点发展水果、花卉、绿色蔬菜种植和特色高效畜牧产品养殖,培育和引进一批优良种养业品种,大力发展有舟山特色的名特优产品,支持建设一批现代农业园区和高效生态农业基地。结合交通路网规划建设和清水河道整治,建设“沿路沿河林果经济带”。

3. 加快渔农业产业化进程

推进渔农业规模化经营,大力促进第一产业和第二产业、第三产业的联动发展,积极发展渔农业专业合作经济组织,扶持壮大龙头企业,提高渔农业产业化发展水平,带动城乡产业结构整合调整,促进城乡经济一体化。

四、优化空间布局,加快重点区块开发

加强空间整合和区域功能定位,是“十一五”规划的一项重要特征,也是具有战略和战术双重意义的调控发展手段,有利于优化空间布局,集约资源配置,改善要素供给,推进协调发展。从我市的自然地理特征、现有城市和产业布局、面临机遇和发展趋势出发,我市产业发展空间整合的方向是:构筑背靠大陆、面向大海、“一个发展主体、南北两翼展开”的开放式大空间布局框架。

(一)总体框架

1. 发展主体

由连岛工程连接的金塘岛—舟山本岛—朱家尖岛为全市经济社会发展主体区域。本区域陆域面积约732平方公里,在全市占绝对优势,是全市城市化水平最高、产业实力最强、发展条件最优的区域。规划作为“十一五”期间全市经济社会发展主体区域,在区域自身快速发展的同时,发挥强劲的集聚辐射作用,影响和带动南北两翼的加快发展。

2. 南北两翼

由岱山和嵊泗诸岛构成北翼,陆域面积约323平方公里,作为南接本岛、北通上海的舟山北部发展翼。由定海南部诸岛及普陀六横、桃花、虾峙等岛屿构成南翼,陆域面积约306平方公里,作为北接本岛、西通宁波的舟山南部发展翼。

按照“一个发展主体、南北两翼展开”的空间整合框架,规划建设以连岛工程为重点的跨岛基础设施,提供空间整合布局的强劲支持,构筑一体两翼间畅通的人流、物流、信息流通道,形成市域集约布局、与大陆接轨互动、面向太平洋西岸国际产业转移和贸易物流通道的开放式空间发展格局。

(二)重点产业布局

1. 临港工业

按照“产业集群、要素集聚、配套集中、管理集成”的原则和“一体两翼”的产业空间布局框架,“十一五”期间要集中力量,加大投入,着重开发一批重点临港工业区块,建设一批大型产业项目,培育海洋经济的核心支撑点和主力增长源。

本岛北部工业区块。位于本岛北部马岙、白泉、北蝉一带,“十一五”期间规划开发面积16平方公里。依托现有及围垦形成的深水岸线资源和土地资源,重点发展临港石化、船舶配件、机械电气等产业。今后五年基本形成船舶配件产业集群,力争大型石化项目开工建设,“十一五”末区域工业年产值达到160亿元。

本岛西部工业区块。位于本岛西部双桥、岑港一带,“十一五”期间规划开发面积8.2平方公里。依托老塘山港区和本岛西北部丰富的岸线资源和连岛工程大桥登陆点的有利区位,着眼国际国内两种资源、两个市场,利用北粮南调、粮油进口海运价格优势,重点发展粮油加工配送、临港化工等产业,主攻国际粮油集散加工中心建设,形成长三角乃至全国重要的临港大型粮油物流、加工、贸易基地和环杭州湾重要的海洋化工基地。到2010年,粮油吞吐量达到1 200万吨,粮油加工产值达到100亿元,海洋化工产值达到80亿元左右。同时,合理规划布局,积极发展木材等大宗物资加工产业。

金塘区块。包括金塘岛及周边的大鹏山、鱼龙山、横档山等岛屿。全面实施港、桥、岛一体化战略,全力推进深水岸线开

发，重点发展大型集装箱运输为主的现代港口物流业和临港产业，建设成为上海国际航运中心重要组成港，西太平洋地区国际集装箱转运中心之一，环杭州湾产业带重要的港口物流基地和先进制造业基地。“十一五”期间，重点规划建设金塘港区国际集装箱中转基地，建成6个7～10万吨级集装箱泊位和1个3万吨级通用泊位，形成年吞吐270万TEU的能力。同时，积极推进大浦口、木岙临港工业区和山潭塑机螺杆工业区建设，发展集装箱拆解、船舶、塑机等特色临港工业。

六横区块。包括六横岛及周边的佛渡、元山等岛屿。依托深水岸线和陆域腹地较为宽阔的优势，通过规划建设六横—宁波连岛大桥，改善基础设施，主攻船舶修造、大型电厂和煤炭配送，发展成为环杭州湾产业带以临港重化工和港口物流为特色的临港产业基地。“十一五”期间重点发展以中远船舶项目、鑫亚船舶修造基地等为核心的船舶工业城，形成坞容量近200万载重吨的大型船坞带，建成全国知名的船舶工业岛；建设煤炭配送基地、矿砂中转基地，力争配套发展煤电一体化项目，成为华东地区重要的海上能源岛；发展海水淡化产业，支撑重大临港工业发展。

衢山区块。包括衢山岛及周边的小衢山、黄泽山、鼠浪湖等岛屿。依托蛇移门港、衢黄港等港口资源优势，发展矿砂、原油等大宗物资储运、中转、集散综合物流基地，成为海进江重要门户。“十一五”期间重点规划建设大型船舶修造基地、大吨位散货泊位或通用泊位，建设上海国际航运中心后勤保障基地。

2.港口物流

建设定海、老塘山、金塘、马岙、沈家门、六横、高亭、衢山、泗礁、绿华山、洋山十一大港区。

以金塘港区、洋山港区、六横港区为主要依托，建设为长三角及更广阔腹地服务的集装箱物流基地；以岙山作业区、册子作业区、外钓作业区为主要依托，建设为长三角和长江流域等腹地服务的石油、天然气中转储运基地和国家石油战略储备基地；以马迹山作业区、衢山港区、六横凉潭作业区为主要依托，建设为长三角及长江沿线服务的矿砂中转配送基地；以六横双塘作业区和衢山港区为主要依托，建设为华东沿海电厂服务的煤炭加工配送基地；以马岙港区为重点，建设为东北亚化工品中转服务的化工品中转基地；以老塘山港区为重点，建设为长三角地区粮食工贸服务的粮食中转加工基地。

3.海洋旅游

建设十大旅游区：

海天佛国——普陀山旅游区，以普陀山为中心，建成集礼佛朝圣、游览观光、修身养性为一体的国际佛教圣地；碧海金沙——朱家尖旅游区，以朱家尖为中心，建成集国际沙雕和游览观光、休闲度假、海上竞技、游艇海钓、商务会展、高尔夫运动于一体的国际性海滨休闲度假基地；渔港海鲜——沈家门旅游区，以沈家门渔港为中心，建成世界第一大渔港和中国海鲜城；桃花传奇——桃花岛旅游区，以桃花岛为中心，建成以金庸武侠文化为特色，融游览观光、渔家风情、海上运动、休闲度假于一体的海岛影视拍摄基地和配套的海岛度假旅游区；列岛风光——嵊泗旅游区，以泗礁海滨休闲区为中心，建成集休闲度假、海上竞技、渔家风情、游艇海钓、海鲜美食、海景房产为一体的国际性海岛休闲旅游区；蓬莱仙岛——岱山旅游区，建成全国海洋文化博物馆基地和长三角城市群居民海上度假基地；古城要塞——定海旅游区，以定海城区为中心，建成以战争与和平为主题，以近代鸦片战争定海保卫战和军事博物馆为主体，集军事观赏性、实战体验性、科普学习性、休闲娱乐性，融古城文化、生态度假、商务旅游于一体的特色旅游区；群岛之都——新城旅游区，建成以健康、美丽为主题的长峙岛国际旅游城和集商务会展、海洋博览于一体的新城旅游区；东极之光——东极旅游区，充分挖掘“里斯本丸”号军舰沉船事件的历史内涵，策划包装“东极之光”品牌；整合东部海域海钓资源，建造国际一流海钓基地；东方大港——港桥旅游区，整合舟山港、桥、景旅游资源，开辟港桥旅游专线，建成洋山国际海员俱乐部、豪华邮轮停泊基地和集游览观光、休闲度假于一体的港桥综合旅游区。

五、加快城市化进程，建设群岛型特色城市

突出群岛特色，围绕建设海上花园城市目标，优化城市空间组织结构，完善强化城市功能，提高城市管理水平，提升城市品位。到2010年，城市化水平达到65%以上，中心城区建成区面积达到41.2平方公里，人口达到45万人。

(一)加快中心城市现代化步伐

按照“中心城市现代化、本岛城乡一体化、主要大岛城镇化”的原则，建立以中心城市为核心，中心城市、中心镇、一般镇相结合，设施完善、布局合理的城镇发展格局。“十一五”末，临城新区、定海城区、普陀城区组成的中心城市基本形成，高亭、菜园、金塘、白泉、六横、衢山、洋山等中心镇得到加强。

“十一五”期间，是我市继续大力实施“大岛建、小岛迁”战略和积极推进城市化时期，集中精力建设以临城新区为主城区的中心城市，促进其形成规模、完善功能、集聚人气，培育舟山城市的主城区，远景人口40万以上。初步建成舟山市的政治、文化、教育中心和现代化海岛生态新城框架，一批市级行政、文化、体育、教育、医疗、旅游服务设施竣工使用。定海城区要继续完善功能，努力保持其繁荣，配套市政公用基础设施和公共设施，特别是公共停车场和防潮排涝工程建设，适当控制旧城开发强度，适度疏散城区人口。普陀城区重点加强东港地区的开发建设，疏散沈家门老城区的人口，建设完善雨污分流的排污设施、对外道路工程及公共停车场，配套完善鲁家峙岛各类设施。

(二)加大规划建设力度，进一步完善城市功能

加强规划，接轨大陆连岛工程通车，以临城新区为重点，加快城市基础设施建设，提高城市承载能力。完善城市交通，着重规划建设贯通各城区的快速通道、城区主干道，规划建设一批公共停车场库、多式联运交通换乘和衔接系统，优先发展公共交通，迎接大桥通车后的人流、车流，密切内外交通联系。加快供排水管网、电网、燃气管网、通信管网、污水和垃圾处理设施建设，着重抓好管网布局和路由资源集约利用。

整治本岛南部滨海区域，对老塘山至半升洞海岸带及附近海域岛屿进行规划，逐段启动海岸带及相临小岛整治建设，构筑舟山作为海上城市的标志性景观带和特色功能带，营造“城在海中，海在城中”的海上城市形象。

(三)推行综合管治，提高城市现代化管理水平

明晰市和县(区)城建城管职责，理顺条块关系，完善城建管理机制，推行综合管治，逐步建立市政、绿化、环卫等市场化运作机制，全面提高城市管理的现代化水平，提升城市品位。

六、以新社区为载体,加快建设社会主义新渔农村

以建立、完善渔农村新社区为载体,以发展渔农村经济为中心,以构建和谐社会、实现渔农村全面小康为目标,全面开展创建渔农村小康社区工作,加快建设社会主义新渔农村。

(一)加快渔农村小康社区建设,推进城乡一体化进程

把加快渔农村小康社区建设作为缩小城乡差距、推进城乡一体化发展、建设社会主义新渔农村的战略举措和主要平台,进一步深化完善新社区建设工作。实施"创业工程"、"增收工程"、"文明创建"工程、"平安社区"工程、"环境整治"工程、"体制创新"工程六大工程,到2010年,力争全市182个新社区建设成为小康社区。创新管理体制,深化户籍制度改革,打破城乡分割的二元结构,培养和充实一批素质高、能力强的新社区干部,逐步在渔农村新社区实行城市社区管理模式,推动城乡社区管理一体化。加大资金投入,继续加大各级财政对渔农村新社区建设的转移支付力度和城市、工业对渔农村、渔农业的反哺力度,加快推进政策性渔农业产业保险,完善渔农村新社区"以奖代保"制度,促进城乡就业、社会保障并轨。完善渔农村新社区功能,重点建设道路、供水、用电、通信、垃圾处理等社区民生基础设施,改善渔农村生产生活条件。加快城乡基础设施联网互动,逐步实现城乡公交网络化、供水一体化、供电同网同价和信息资源共享,提高渔农村垃圾集中处理率和道路亮化、硬化、绿化比重。强化新社区为民服务职能,重点通过发展服务门类齐全、设施配套、功能完善、服务质量和管理水平较高的社区服务业,实实在在为社区居民排忧解难,提供各类便利服务。到"十一五"期末,基本形成经济发展、生活富裕、乡风文明、环境优美、社会和谐、体制创新的新渔农村。

(二)完善渔农村公共服务体系,加快发展渔农村社会事业

加强渔农村公共信息体系建设,为渔农民提供政策宣传、农技推广、信息发布、农产品质量安全检验检测等服务。加强渔农村公共卫生服务,构建县、乡、村三级联动,面向渔农村的基本卫生医疗服务体系,积极推进渔农村新社区卫生服务工作,不断完善新型农村合作医疗制度,全面启动城乡医疗救助制度。加强渔农村公共文化体育服务,大力开展渔农村社区文化工程建设,积极引导城市文化体育资源向渔农村有序流动。加强渔农村公共法律服务,推进基层司法所建设,向渔农民提供普法教育和法律援助。

(三)加大渔农民培训转移力度,增加渔农民收入

狠抓渔农民转产转业,通过"暖人心、促发展"等工作,基本完成"双转"任务,力争使全市渔农村具有就业能力的劳动力实现较充分就业。深入实施"千万农村劳动力素质培训工程",加强对渔农村富裕劳动力的技能培训、岗位培训和专业培训,大力发展渔农村职业教育,全面提高渔农村后备劳动力的就业技能和整体素质。结合"大岛建、小岛迁"战略的实施,有序推进生态移民、致富移民、教育移民、医疗移民等工程,提高渔农村生活质量。采取综合措施,建立健全渔农民增收的长效机制,广泛开辟渔农民增收渠道。扩大特色渔农产品的生产,努力开拓国内外市场,积极扶持家庭工业、个私经济,切实增加渔农民收入。

七、坚持统筹发展,大力推进和谐社会建设

坚定不移地贯彻落实科学发展观的要求,统筹经济社会发展,以提供良好教育、扩大城乡就业、健全社会保障、调节收入分配、深化户籍改革、保障公共安全等人民群众最关心、最直接、最现实的民生利益问题为着力点,以改革城乡二元结构、统筹城乡一体化发展为切入点,"十一五"期间要在构建和谐社会进程中取得明显进展。

(一)优先发展科教事业

继续实施"科教兴市"战略,加快人才培养、技术创新步伐,全面提高全体居民的科学文化素质。加快科技进步,建设科技强市。围绕经济建设,突出海洋特色,加快海洋科技开发和研究,以本地院校、科研院所、企业技术中心、市级拔尖人才为主体,加大对外科技交流、合作,建立科技创新体系和技术研发应用支撑体系,把科技创新作为转变经济增长方式、调整优化经济结构的中心环节。结合产业结构优化转型,重点建设一批省内或国内一流的特色研发机构和技术中心。加大政府对科技的投入力度,完善科技成果转化、应用、推广的机制,积极培育技术市场,保护知识产权,增强企业的自主创新能力。加快推进全社会科普工作。到2010年,全市科技人才总量达到12万人以上,全社会研究开发经费(R&D)占地区生产总值的比重达到1.5%以上,科技进步对经济增长的贡献率达到50%以上。统筹城乡教育,建设教育强市。加大教育投入,财政性教育经费逐年提高,增强教育发展的经费支撑能力。以基础教育均衡化水平全省领先为目标,统筹城乡教育发展,重点发展农村教育,完善家庭经济困难学生资助体系,促进教育平等,到2010年,3~5周岁幼儿入园率达到95%,九年制义务教育入学率巩固率接近100%,初中升高中段率达到95%以上,各县(区)全部建成省级教育强县(区)。以提高对产业和经济社会发展贡献度为导向,优化职业教育结构,激活发展机制,创新技能人才培养模式,到2010年,中等职业教育与普通高中教育保持1:1的比例,从业人员平均受教育年限超过10年,建成特色鲜明的职业教育基地和专业技能人才培养输送基地。以提高高等教育大众化水平为目标,支持办好浙江海洋学院和浙江国际海运职业技术学院,大力发展各类高等成人教育,到2010年,高等教育毛入学率达到45%以上,达到或超过全省平均水平。

(二)突出抓好城乡就业

就业是民生之本,是经济社会发展的优先指标,"十一五"期间,要按照城乡统筹、充分就业的要求,扎实抓好就业工作。全方位创造就业岗位。在经济发展和产业转型中,适度发展劳动密集型产业,大力开发公益性岗位,为各种各类失业人员提供就业机会。持续抓好渔农民"双转","十一五"期间基本实现渔农民"双转"任务,其中渔民"双转"18 000人。新增城乡就业人数6.5万人,其中渔农村4万名富余劳动力实现就业,城镇新增就业2.5万人。进一步加强就业培训。不断增加财政用于就业培训的经费,继续实施"政府买单培训"制度,通过各种培训途径,使进入社会的新增劳动力全面得到良好的职业培训和就业培训,提高就业能力。多层次开展就业服务。加强城乡统筹的就业服务平台建设,重点发展劳动力市场和中介就业机构,完善就业信息发布渠道,引导劳动者转变就业观念,支持到中小企业、民营企业就业。积极开展就业援助,促进城乡劳动力充分就业。加强对外来务工人员的管理和服务。"十一五"期间,消除有就业能力家庭的"零就业"现象,城镇登记失业率控制在5%以内。努力调节收入分配。逐步增加财政

对低收入群体的转移支付,加强对高收入群体的税收管理,深化渔农村税费改革,增源节流,减轻负担,增加渔农民收入。“十一五”期间,居民收入力争保持二位数增长,到2010年,城镇居民可支配收入达到25 000元,渔农村居民人均纯收入达到12 100元,达到或超过全省平均水平,基本解决有就业能力家庭无固定收入问题。

(三)健全社会保障体系

按照建立健全与经济社会发展水平相适应的社会保障体系的要求,进一步增加政府投入,积极吸纳社会力量,适当发挥市场作用,扎实推进社会保障工作。统筹城乡社会保障。按照依法扩面征缴、完善政策措施、加强基础管理、健全服务体系的要求,完善城镇职工基本养老、医疗、失业、工伤、生育保险制度,探索建立与城镇职工基本养老保险既有区别又相衔接的渔农村社会保险制度,建立并实施捕捞渔民养老保障制度、被征地农民基本养老保险制度,实现应保尽保。完善社会救助体系。完善城乡低保、“五保”供养、结对帮扶、医疗救助、慈善救助、法律援助等制度,建成覆盖城乡的新型社会救助体系。“十一五”期末,基本建立分层分类救助体系,低保家庭实现动态管理下的应保尽保,对困难家庭、弱势群体、残疾人群、老龄人群,分别采取助困、助弱、助残、助老、助学、助居、助医等措施,保障基本生活需要。

(四)大力发展文化、体育与卫生事业

着眼于建设海洋文化名城,推进和谐社会建设,加快文化、体育与卫生事业的发展。

繁荣特色文化,建设海洋文化名城。一是大力实施海洋文化名城“六大工程”。以提升市民的思想道德素质、科学文化素质和健康素质为目标,大力开展群众性精神文明创建活动,实施市民文明素质工程,到2010年,县(区)级以上文明社区建成率达80%以上,市本级创建全国文明城市。以积极提炼一批具有海洋特色和海岛特质、具有传承和创新意义的优秀文化艺术成果为重点,实施海洋文化精品名品工程。以挖掘创新历史传统文化为重点,进一步梳理舟山海洋文化历史脉络,挖掘深层内涵,实施海洋文化保护传承工程,重点培育舟山渔民画、舟山锣鼓等具有海岛特色的民间艺术项目,充分展示地域文化特色。依托舟山海洋文化特色,做活做强各类节庆会展,实施海洋文化节庆会展工程,大力发展节庆会展文化产业,培育一批具有海洋文化特色和市场竞争优势的旅游观光型文化产业区块,到2010年建成3个重点文化产业区块。以扩大覆盖面、提高影响力为重点,加强报纸、广播、电视、互联网等文化传播媒体的建设和发展,实施海洋文化传播工程,扩大海洋文化的覆盖面和影响力。按照文化设施完整、活动内容丰富、组织机构健全、服务对象基层的文化建设新格局,实施海洋文化阵地工程,文化阵地覆盖面、文化资源利用率、文化科技含量、文化服务能力等重要指标达到浙江省建设文化大省要求。二是加快海洋文化基础设施建设。以临城新区海洋文化公园、新城博物馆、图书馆、舟山科技馆、岱山海洋文化特色博物馆系列工程、中国佛学院教育学院等项目为重点,加快推进海洋文化基础设施建设,形成一批布局合理、功能完备、全省一流的标志性海洋文化设施和公共文化平台,夯实海洋文化名城建设的物质基础。三是加快发展海岛群众文化。以“东海明珠”和“海岛百花”工程为抓手,建设面向全市各乡镇(街道)的群众性文化活动场所。到2010年,全市45%以上乡镇(街道)达到“东海明珠”工程标准,65%以上乡镇(街道)达到“海岛百花”工程标准。

加快体育事业发展,建设体育强市。以全民健身为基础工程,以竞技体育为工作重点,以体育产业为新的经济增长点,促进群众体育、竞技体育和体育产业协调可持续发展。一是继续抓好《全民健身计划纲要》的贯彻实施,到2010年,全市体育人口达到总人口的45%以上,50%以上县(区)、60%以上乡镇分别达到省级体育强县(区)、乡镇标准。建成新城体育中心、定海健身中心,并向社会开放。二是以省运会、全运会夺牌为目标,重点加大运动员培养和输送投入,逐步扩大竞技体育规模,努力建设以沙滩排球、沙滩足球为重点的滨海体育运动基地,提高全面参与竞争的综合实力。三是加大对体育产业的扶持力度,充分利用海岛资源优势,培育以海钓、沙滩运动等为主的体育休闲旅游市场,促进体育市场有序健康发展。

加快卫生和人口事业发展,建设卫生强市。一是加快医疗卫生基础设施建设。加强规划,调整优化卫生资源配置,建设一批公共医疗卫生设施,改变我市特别是渔农村医疗卫生资源不足的状况,开展城乡爱国卫生运动,创建国家卫生城市。二是深化医疗卫生体制改革,实施卫生强市六大工程。坚持以社会效益为主要目标,深化改革,增加投入,调整布局,完善医疗设施和现代化医疗卫生服务体系,大力发展社区卫生服务,不断满足日益增长的不同层次的医疗需求。继续办好舟山群岛渔农民流动医院(海岛巡回医疗队)和系列惠民医院。全面实施渔农民健康工程,完善新型渔农村合作医疗制度,逐年提高筹资水平,扩大群众受益面,“十一五”期末,人均筹资达150元以上。“十一五”期间基本解决渔农村群众看病就医难、城乡群众就医成本高、医疗服务质量有待提高等关系群众切身利益的医疗卫生问题。三是健全公共卫生监督预防应急体系。加强卫生监督、疾病预防控制、农村初级卫生保健,提高公共卫生安全应急反应能力。四是加强人口与计划生育工作。深化计划生育综合改革,加强计划生育服务网络建设,使育龄群众普遍获得计划生育、生殖健康、优生优育服务。

(五)建设公共服务与安全体系

推进“平安舟山”建设,高度重视并切实加强平安社区、平安海区、安全生产和食品安全工作,切实解决民生问题,构建和谐社会的坚实基础。消防。以城区、三大岛和重点产业区块为重点,加快公共消防设施建设,重视完善乡镇消防工作,提高全社会抗御火灾的能力。气象。重点建设海洋气象预警中心,满足海洋经济发展对气象保障的需求。安全生产。重点突出海上安全运输、安全作业,陆上安全交通和船舶、油品、化工等产业发展所带来的新问题,严格规范操作程序,消除事故隐患,加强各类预案编制,提高应急处理能力。食品安全。重点通过整顿和规范市场秩序,建立健全现代流通网、群众监督网、监管责任网,让群众吃上放心食品。生态监测。重点加强海洋生态和大气质量监测,防止赤潮、油污、废气等对生态环境的破坏。防灾。完成全市106座小(二)型以上病险水库、120座一线水闸除险加固,建设50公里重点非标准海塘,进一步发挥水利工程兴利除弊的综合效益,基本解除1 200多座山塘的安全隐患。防患未然,加强地震监测预警工作,提高居民住宅和公共建筑抗震能力。加强森林防火工作,保护森林资源。治安。加强社会治安综合治理,继续推进社会治安防控体系建设,深入开展平安创建活动,依法严厉打击各种犯罪活动,维护国家安全和社会稳定,保障人民群众安居乐业,建成全国科技强警标准化城市。

在此基础上,建立起高效便捷的公共服务体系、惠及群众的公共卫生体系、严密可靠的公共安全体系、完善有效的防灾减灾体系、开放透明的公共信息体系、新型实惠的社会救助体系,努力实现居住更宽敞、出行更便捷、就医更方便、购物更放心、治安更稳定、环境更优美、文化生活更丰富、民主参与公共事务渠道更畅通,建设繁荣富裕、舒适安定、健康文明的和谐社会。

八、加强生态建设,打造山海秀美的绿色家园

大力发展海洋经济是我市发展循环经济,打造资源节约型、环境友好型社会的主要途径。要以发展循环经济和生态市建设为抓手,建设人与自然和谐相处的秀美家园、可持续发展的海上花园城市。

(一)发展循环经济,建设资源节约型社会

采取有力措施抓好节能、节水、节材、节地和资源综合利用工作,力争在缓解资源供需矛盾方面取得明显成效。发展资源节约型产业。运用先进技术改造传统产业,大力支持发展节能、节水、节地等资源节约型的海洋现代服务业和临港先进制造业。积极发展高效生态农业。全面推进清洁生产。认真贯彻实施《清洁生产促进法》,努力从生产、服务的全过程实现污染物的减量化、资源化、无害化。加强资源综合利用。推进废旧物资回收、加工和再生利用,开发利用新型建材,强化产业危险废物、医疗废物等集中处理和回收,支持垃圾发电。大力倡导绿色消费。在全社会倡导健康、适度、环保的绿色消费理念和消费方式,反对奢侈浪费,鼓励节俭。政府机构要带头推行绿色消费,率先采购绿色产品,带头厉行节约,认真组织实施节电、节水、节油及节约办公用品工作。组织实施一批重点项目。主要包括节能工程、节水工程、资源综合利用工程等,重点建设海水淡化、人工鱼礁、风力发电等列入省重点的循环经济项目。

(二)加强生态建设,营造海上绿色家园

建设山海秀美的生态环境。全面组织实施生态市建设规划,创建具有海洋生态和海岛特色的国家级生态城市。改善生态环境,新建一批城乡生态工程。依法加强对水、土地、森林等各类资源的保护和合理开发利用,划定并保护建设一批生态小岛、生态敏感区和自然保护区,促进群岛特有的自然环境丰富性和生物多样性。抓好国土开发与整治,搞好水土保持,防治水土流失。加大投入,完善环保基础设施,加强对各类污染的综合治理,加强渔农村环境综合整治,争取环境质量明显改善。通过全面推进生态市建设,促进市域生态环境向净化、绿化、美化和充分体现地域特色的生态景观演变。

建设优美舒适的人居环境。把建设海岛特色、优美舒适的人居环境作为我市生态市建设的主要特色和战略重点来抓。立足于我市岛屿众多、丘陵绵延,海域辽阔、气候宜人,景观丰富、风光旖旎的地理特征和自然生态特色,充分利用山体、坡地、森林、海岸、港湾、沙滩、小岛、海洋等独特的环境生态资源和佛教文化、海洋文化等人文资源,加强规划建设,营造环境友好、生态优美、社会和谐、特色浓郁的人居环境,把舟山建设成为最适宜工作和生活的宜居城市。

建设生态环境的四大工程。“蓝天工程”,重点控制二氧化硫和粉尘排放量,保持舟山大气质量全国领先的水平。“碧水工程”,重点加强城乡工业和生活污水处理,水体和海域环境治理,清水河道综合整治等,不断改善水域环境质量。“洁静工程”,重点抓好城乡生产生活垃圾处理和噪声治理,创造洁静宜人的工作生活环境。“绿色工程”,重点抓好市区绿化工程、生态公益林工程、绿色通道工程、绿色农业生产工程等,建设绿色群岛、花园城市。

九、支撑条件和战略保障

(一)提高要素供给能力

以交通、水利、土地、能源四大基础网络为支撑,建设布局合理、功能齐全、适度超前、全面接轨大陆的综合基础设施一体化网络,实现陆岛互连,整体联动,资源共享,全面提高要素供给能力,进一步改变要素“瓶颈”制约,优化投资、发展、人居环境。

交通。按照“港、桥、岛、海、陆、空”一体化原则,把交通建设作为融入环杭州湾和长三角区域经济一体化的战略工程,超前规划,加快建设。以舟山本岛为中心,通过连岛工程、陆岛滚装运输线、环岛公路、海上航线、民航航线,建立全方位、多层次、与大陆相衔接的交通集疏运网络,最终建立起覆盖各岛屿的综合、立体、多层次的陆岛交通运输体系,全面提高交通对经济社会发展的支撑能力。公路建设。对外交通,重点建成舟山大陆连岛工程,使舟山公路网络与大陆高速公路网相连接。加快建设六横—宁波连岛工程、定海—岱山连岛工程,提高主要大岛经济发展的交通保障能力。对内交通,重点考虑接续连岛工程建设,完善舟山本岛公路路网,抓紧实施为提高港口集疏运能力、提升舟山港综合竞争力的环岛沿海大通道,打通快速主干道和城市、农村道路的节点接口,建设覆盖全岛的交通路网,充分衔接和发挥连岛大桥的效应。提高主要经济大岛干线公路等级,对有条件的海岛建设岛屿连接桥,提高海岛公路的整体品味,强化和优化公路路网结构,提高陆岛码头接线公路等级,并纳入公路路网,增强综合运输能力。继续加快建设康庄公路、通村公路。水路交通。对外,重点加强深水港群规划与开发建设,大幅度提高吞吐接卸能力,延伸港口辐射的内地腹地,使舟山深水港口成为长三角综合运输网络的重要组成部分和海洋运输枢纽。对内,改善各类岛屿出岛交通条件,完成住人岛屿码头建设,完成3 000人以上岛屿一岛二码头建设,完成5 000人以上岛屿车渡码头建设,打造安全、舒适、快捷、方便的岛际交通。民航建设。加强与航空公司合作,增加至上海、厦门等枢纽机场航班密集度。大力开发好舟山北经上海、南由厦门至全国各地机场及境外联程中转航班,全面提升舟山机场航班网络的覆盖面和通达度。在舟山—香港旅游包机航线的基础上,积极争取向国家有关部门申报正式口岸开放工作。

水利。围绕建设安全可靠的供水保障体系和水利防灾减灾体系,有序推进水资源开发利用、城乡供水、防洪排涝、水库及海塘建设、海水淡化工程和滩涂围垦。新建黄金湾水库、新狭门水库等8座水库及城北、临城2个水厂,重点建设大陆引水二期工程、岱山引水工程、泗礁引水工程。新建本岛北部输水工程等水源工程。积极抓好长江古河道水资源保护与开发利用工作。加快建设本岛北部、六横、岱山、衢山、嵊泗等地的海水淡化工程,基本解决和改善全市饮用水困难问题。推进舟山本岛城乡供水一体化,确保水资源科学调度和高效利用,提高居民饮用水质量,城市自来水普及率达到100%,农村达到80%。

（二）大力发展外向型经济

提高“三外”水平。按照“做优外贸，做强外资，做大外经”的原则，大力发展外向型经济，全面提高外经贸对全市经济社会发展的贡献。外贸。优化调整出口商品结构和出口市场结构，实施外贸多元化战略，提高国际竞争力。加大对重点出口企业的政策扶持力度，打造一批具有较强竞争优势的出口企业和品牌。外资。进一步优化外资结构，提高外资质量。根据舟山产业结构调整优化升级导向，充分考虑要素支撑能力和环境容量，重点引进临港工业外资项目，加大港口物流、海洋旅游业、船舶修造、大型石化等领域的招商力度。外经。继续积极推动劳务输出，努力促进纺织、塑料机械等优势产业到海外投资办厂、设点，以投资换资源换市场，规避贸易壁垒，减少贸易摩擦，以海外销售网络带动市内产品出口，形成外贸、外经良性互动；继续大力开发境外渔业合作项目；鼓励开展外籍船舶修理业务。

加强招商引资。关注全球化背景下国际资本和产业转移动向。进一步加强招商引资力度，加快招商载体建设，建立便利、快捷的招商服务体系。实施国内外招商，全方位引资战略，主攻大集团、大企业、大产业、大项目，扩大引资规模，提高引资质量。加强区域合作。充分发挥舟山独特的区位和资源优势，坚持“双赢”原则，重点加强和周边地区的经济互动合作，实现优势互补，错位发展。上海方向，要抓住上海国际航运中心洋山深水港开港契机，打通舟山北部连接上海的通道，加快航修、供油、物资补给等产业对接。要积极利用上海产业、金融、人才、技术、信息等方面的优势，主动融入以上海为龙头的长三角经济互动整合，彰显特色，合理分工，加快发展。环杭州湾地区，重点推进宁波—舟山港口一体化，按照统一品牌、统一规划、有序开发的原则，共同组建港口开发公司，加快金塘港区开发，推进六横大桥、引水工程建设，实现基础设施互连，临港产业互动。大力拓展市场。着眼国际、国内两个市场、两种资源，重点组织实施原料、产品大进大出战略，不断提升舟山经济发展的市场化和国际化水平。巩固水产品出口和来料加工优势，大力扶持船舶等机电产品出口。抓好先进技术设备、战略性能源物资及与临港加工业配套的大宗原料进口。拓展国内外市场，建立舟山产品营销配送中心，打通舟山企业和产品通向国内外市场的商路，扩大舟山产品国内外市场覆盖率。

扩大口岸开放。进一步扩大口岸开放，重点争取舟山本岛北部岸段、六横岛、桃花岛、长白岛、长峙岛、虾峙岛、徐公岛等相关区域开放；争取扩大马峙锚地、岙山锚地开放范围，新增开放金塘岛东锚地、老塘山西锚地等锚地；在开通香港旅游包机航线基础上，积极争取开通至日本、韩国等国包机航线，争取普陀山机场成为开放口岸；依托宁波—舟山港口一体化，争取开放启用金塘岛大浦口集装箱码头、六横煤电一体化和中远船务二三期工程等项目，在金塘、六横港区设置海关、边检、出入境检验检疫等口岸涉外机构；进一步增加外籍船舶定点修造企业数量。

（三）加强人才队伍建设

着眼于我市经济和各项社会事业长远发展对人才的总体需求，以人才资源能力建设为主题，以调整和优化人才结构为主线，加紧培育和造就一支能满足海洋经济发展需要的高素质专业技术人才、高技能实用技术人才和能致富的渔农村生产经营能手队伍。“十一五”期间，全市人才队伍达到16万人，其中专业技术人才达到6万人，技能型人才达到8万人，渔农村生产经营能手2万人。要进一步提高人才队伍素质，合理人才产业分布结构，加快全市企业人才队伍集聚。要加快引进急需紧缺人才和智力，营造招才引智有效载体，创新人才流动机制，优化人才工作环境。要进一步改革人才管理体制、评价机制和选拔任用机制，全面建立人才发展保障体系，完善人才市场建设和行为规范，努力营造人尽其才、才尽其用的社会氛围。

（四）以信息化促进现代化

充分提高信息化在促进城市现代化进程中的作用，以建设“数字舟山”为目标，以网络建设为基础，以信息资源开发利用为核心，以信息产业发展为支撑，以信息化软环境建设为保障，不断提高全市国民经济和社会各领域信息化水平。加强信息基础设施建设，重点建设岱山—嵊泗—上海通信光缆项目，形成覆盖全市的共享型集约化信息管线网络。加强信息技术及资源开发利用，重点建设全市基础性资源数据库和公共信息资源库。“十一五”期末，建立起较完善的企业研发、制造、供应等协同管理体系和电子商务运行服务保障体系，规模以上企业产品设计信息化率达到90%以上，设备自动化率达到30%以上。推进国民经济和社会信息化，重点抓好信息化带动工业化和电子政府建设工作，实现市、县（区）和乡镇三级政府联网办公，建立三级联网办证服务系统，达到“外网受理—内网办理—外网公布”要求，逐步推进社区管理信息化。

（五）深化体制和机制改革

进一步深化改革，完善社会主义市场经济体制，建设低成本、高效能、服务型的行政体系和适应国际化竞争的体制政策环境。

深化改革，为发展提供体制保障。一是加快推进行政管理体制改革，减少审批环节，提高审批效率，重点抓好投资体制改革的各项实施工作，强化对项目的管理，逐步推行政府投资项目代建制、决策责任制、投资咨询制。推进公共财政体制改革，强化财政公共服务职能，优化财政支出结构，增加政府对公共服务领域的投入，提高财政资源配置效率。二是积极推进城乡一体化改革，制订统筹城乡发展、推进城乡一体化的综合评估指标体系，深化户籍制度改革，增加财政扶持农村基础设施建设的力度，抓好全国小城镇发展改革试点和乡镇综合配套改革。三是深化社会事业体制改革，重点是深化卫生、教育、文化改革，医疗改革要让老百姓看得起病，教育改革要让老百姓念得起书。鼓励和引导社会资源发展社会事业，加快渔农村社会事业建设步伐。四是完善现代市场体系建设，大力培育资本市场，鼓励和支持我市骨干企业改制上市，进行资本运作。推进土地等要素资源市场化配置，提高集约利用率。

加强社会信用体系建设。按照“加强整治、完善制度、创造环境、提高信用”的原则，以政府信用、企业信用、社会中介信用和个人信用为重点，加快建立信用记录制度、信用警示制度、信用评估制度、信用公示制度等信用制度体系，形成以道德为支撑，产权为基础，法律为保障的社会信用制度，积极打造“信用舟山”。

建设法治政府和服务型政府。以建设廉洁高效、运转协调、行为规范的行政体系为目标，加强民主法制建设，全面推进依法行政，加强决策的民主化、科学化和透明化，高度重视问政于民，认真贯彻实施《行政许可法》。实行政府有限管理，强化政府的社会公共服务职能，确保社会政治稳定和经济运行稳健,确保人民安居乐业。建设法治社会,完善优化社会主义市场经济体制环境,打造“平安舟山”。加快推进公共财政建设,加强公共预算支出管理,调整和优化支出结构,严肃财政纪律,确保公共财政稳固和平衡。切实加强和改进政府工作,提高行政办事效率。坚持“标本兼治、综合治理、惩防并举、注重预防”的方针,加强政府廉政建设,实施和完善惩治和预防腐败体系,保持公务员队伍的纯洁性和战斗力。

(六)加强精神文明建设

推进民主法制建设。坚持在人民代表大会制度之下依法行政,服从人大及其常委会依照法定职权作出的各项决定,进一步发挥人民代表作用,自觉接受监督。支持人民政协履行政治协商、民主监督、参政议政职能,加强和政协工作之间的沟通,充分吸收社会各界智慧,发挥各民主党派、工商联和无党派人士的作用。完善民主选举、民主决策、民主管理和民主监督制度,进一步扩大基层民主。大力开展“法治舟山”工作,提高科学执政、民主执政、依法执政的能力,加强基层依法治理,提高基层法治水平,加强执法监督,维护司法公正。深入开展普法教育和法律援助工作,不断提高全民法制素质。

广泛开展思想道德教育。加强社会公德、职业道德、家庭美德和未成年人思想道德教育,实施市民文明素质工程,提高市民思想道德素质和社会文明程度,完善未成年人校外活动场所,深入推进城乡精神文明创建活动。

凝聚促进舟山发展的合力。加强与工会、共青团、妇联等人民团体的联系,认真做好民族、宗教、外事、侨务、台湾事务、统计、审计、档案、气象和史志等工作,凝聚合力,加快舟山发展。

推进军民共建工作。从政治高度全面做好“双拥”工作,开创军民共建的新局面。大力支持国防和军队建设,适应社会主义市场经济体制,推进一批军地结合的重大基础设施项目,培育一支军地两用的技能实用人才,完善一套寓战于民的国防动员体系。认真做好预备役工作,建设巩固海防。

(注:目录、重点提要略)

舟山港口

台州市国民经济和社会发展第十一个五年规划纲要

（台州市第三届人民代表大会第二次会议批准）

“十一五”时期，是台州加快现代化建设新进程、争取在全面建设小康社会与构建和谐社会中走在全省前列的重要时期。《台州市国民经济和社会发展第十一个五年（2006～2010年）规划纲要》，根据《中共台州市委关于制定台州市国民经济和社会发展第十一个五年规划的建议》编制。本纲要是贯彻党的十六届五中全会精神、全面落实科学发展观的总体规划，是政府履行经济调节、市场监管、社会管理和公共服务职责的重要依据，是引领台州人民抓住发展机遇，共同战胜困难和挑战，协力建设美好未来的行动纲领。

一、全面建设小康社会的重要战略机遇期

（一）全面建设小康社会的坚实基础

“十五”时期，台州人民在邓小平理论和“三个代表”重要思想指引下，以科学发展观统领各项工作，紧紧围绕台州“二次腾飞”的目标，抓住机遇、勇于创新、开拓进取，战胜了严重自然灾害和要素制约等困难，国民经济和社会发展取得新的巨大成就，“十五”计划确定的主要目标任务提前完成。

——综合实力显著增强，经济结构不断优化。2005年，全市生产总值达到1 247.43亿元，人均生产总值达到22 360元，分别年均增长13.5%和13%。财政总收入达到147.45亿元，其中地方财政收入72.33亿元。全市生产总值构成由2000年的13.6∶52.0∶34.4演变为8.0∶52.6∶39.4，第一产业增加值比重下降5.6个百分点，第二产业增加值比重保持稳定，第三产业增加值比重提高5个百分点，产业结构趋于优化。

——城市化加快推进，城乡面貌明显改善。中心城市框架进一步拉大，市区建成区面积扩大到70平方公里，城市功能逐步完善。县域城市、中心镇和中心村建设步伐加快，城乡面貌变化明显，城乡布局更趋合理，全市人口城市化率达到58.2%（全国第五次人口普查口径）。城市管理和环境保护得到加强，“百村示范、千村整治”工程深入实施，生态市建设初见成效。一批事关台州长远发展的能源、交通、水利、供水、供气、通信、环保等重大基础设施项目顺利建设或建成投用。

——改革取得新突破，开放呈现新格局。一批企业建立了现代企业制度，全市共有7家企业上市。行政管理体制改革和审批制度改革力度加大，行政效能不断提高。农村税费改革全面开展，二轮土地承包基本完成。多领域的对外交流与合作不断拓展，外贸、外经和利用外资快速发展，实施“走出去”战略取得积极成效。主动接轨上海，正式成为长三角城市经济协调会成员。山海协作、南北协作和回归工程启动实施，对口支援成绩显著，全方位、宽领域、多层次的开放格局基本形成。

——城乡居民收入持续增长，人民生活水平不断提高。城镇居民人均可支配收入达到17 394元，农村居民人均纯收入6 689元，年均分别实际增长13.1%和8%。居民消费结构加快升级，全市城镇和农村恩格尔系数分别下降到32.6%和36.2%。实施农村劳动力素质培训工程，农村劳动力非农化率从52.9%提高到65.3%。城乡居民住房条件继续改善，城镇和农村人均住房使用面积分别达到28.3平方米和49.6平方米。市区居民户均汽车拥有量名列全省前茅。

——精神文明成果丰硕，社会事业日趋繁荣。科教兴市战略深入实施，素质教育积极推进，十五年基础教育提前基本普及，高等教育体系初步形成，大学园区启动建设，科技综合实力不断增强。文化、体育、广电、新闻、出版、档案等各项社会事业全面进步，精神文明创建活动深入开展，群众文化生活日益丰富。城乡医疗卫生条件继续改善，疾病预防控制能力明显提高。年均人口自然增长率为6.41‰，略为超过6‰的预期。社会保障覆盖面迅速扩大，妇女、儿童、残疾人等社会事业迅速发展。

——坚持可持续发展战略，生态环境趋于好转。依法关停了一批严重污染企业，建成一批城市污水处理、工业废弃物和生活垃圾处理工程。清水河道工程、“百万亩阔叶林工程”深入实施。市区累计创建噪声达标区42.06平方公里，覆盖率为73.8%。全市共新造阔叶林24.5万亩，市区建成区绿化覆盖率达到38.8%。

——民主法制不断加强，“平安台州”建设成效明显。依法治市稳步推进，基层民主进一步扩大，“民主恳谈”等创新做法受到全国关注。普法教育深入开展，依法行政水平进一步提高。公共应急体系逐步健全，社会治安防控体系基本形成，群防群治队伍不断壮大，群众信访工作得到加强。安全生产事故明显减少，食品药品“放心工程”建设取得成效。重视国防和民兵、预备役部队建设，拥军优属、优抚安置、征兵和人民防空工作得到加强。

（二）新阶段、新挑战、新机遇

从国际看，和平、发展、合作是当今时代的潮流。经济全球化、新科技革命促进了要素流动和产业转移，国内与国际市场联系加深、互动增强，外部环境总体上有利于我们发展。同时，围绕资源、技术、人才、市场的国际竞争进一步加剧，贸易保护主义有新的表现，不稳定不确定因素继续增多，对台州经济社会发展和安全提出了新的挑战。

从国内看，经过20多年的改革开放，我国人均国内生产总值跨过1 000美元大关，经济社会发展进入新的阶段，经济基础更加厚实，居民消费结构逐步升级，产业结构调整和城市化进程加快，社会事业更加繁荣，为经济社会持续发展创造了有利

条件。以上海为龙头的长江三角洲地区迅速崛起,周边城市迅猛发展,既为台州提供了重要的发展机遇,同时也提出了更高的发展要求。

从台州看,"十一五"时期全市将进入人均生产总值3 000~5 000美元的发展阶段,工业化、城市化、市场化、国际化仍将快速推进,经济结构调整和社会结构转型的任务十分繁重。同时,必须正视存在的问题,主要是中心城市首位度不高、服务功能不够,产业升级不快,自主创新能力不强,体制机制优势弱化,增长方式粗放,资源环境压力加大,高成本约束加重,高端要素制约明显,经济社会发展不够协调,城乡和地区发展不够平衡等。面对新的形势,必须要牢牢把握重要战略机遇期的关键时段,突破各种制约和障碍,不断增强综合竞争力和抗风险能力,努力保持经济社会又快又好发展。

二、指导思想、主要目标、布局导向

(一)指导思想

坚持以科学发展观统领经济社会发展全局,立足创新,加快转型,统筹发展,争先进位,力争在产业优化升级、提升自主创新能力、推进台州一体化、社会主义新农村建设、深化改革开放、重大基础设施建设、建设文化大市、构建和谐社会等方面取得重大进展,努力建设长三角地区先进制造业基地、东南沿海现代化港口大城市、中国民营经济创新示范区,加快推进台州现代化新进程,为我市全面建设小康社会与和谐社会走在全省前列奠定基础。

"十一五"时期,按照"立足科学发展、着力自主创新、争取走在前列、促进社会和谐"的总体要求,把握好以下战略重点:

——推动经济增长方式转变。坚持工业立市和品牌兴市,走新型工业化道路,合理开发和有效保护资源环境,大力发展循环经济,加快建设高效益、低消耗、少排放、可持续的经济体系和资源节约型、环境友好型社会。依靠科技进步和制度创新,提高资源综合利用率和产品附加值,促进产业结构优化升级,形成相互促进、协调发展的现代产业体系。

——强化基础设施支撑。推进大交通建设,加快铁路建设步伐,努力构建高速公路网架,积极寻求港口建设的突破。推动重大电力工程建设,加快打造电力能源基地。科学筹划水资源调配,大力推进水利工程和节水工程建设,积极建设海水淡化工程。按照适度超前的原则,加快区域重大基础设施的网络化、一体化和现代化。

——推进一体化。着力推进城乡一体化,建立以工促农、以城带乡的长效机制,建设社会主义新农村;着力推进市区一体化,加快中心城市发展,进一步提升首位度,强化中心城市的龙头地位;着力推进区域一体化,实现"三大板块"协调发展。不断增进文化融合,理顺体制机制,促进区域协调发展。

——提升软实力。着力构建以创新为核心、科教为基础、文化为支撑、人才为关键、制度为保证的软实力体系。积极推进文化体制改革,加快发展文化事业和文化产业,大力发展文化生产力,着力构建教育强市、科技强市、卫生强市、体育强市,努力建设文化大市。处理好经济建设、人口增长和环境保护的关系,不断增强可持续发展能力。

——深化改革开放。建立规范、公正、有效的现代市场经济体制和运行机制,引导企业完善法人治理结构,推进现代企业制度建设,在更高层次上保持以民营为特色的体制和机制在全国的领先地位。加快行政体制和投融资体制改革,不断推进市场化、国际化,创造公平、有序的竞争环境,激发民营经济活力。进一步扩大开放,加快融入世界经济体系,充分利用两个市场、两种资源,全面提升开放型经济发展水平。

——建设和谐社会。坚持以人为本,切实关心人民群众的生产生活,积极扩大就业,增加居民收入,健全公共服务,完善社会保障,让广大人民群众共享经济发展和改革开放的成果。推动物质文明、精神文明和政治文明的协调发展,努力建设民主法治、公平正义、诚信友爱、充满活力、安定有序、人与自然和谐相处的和谐社会。

(二)主要目标

从经济发展、社会发展、协调发展、可持续发展和人民生活五个方面分预期性、约束性两类设定目标。预期性目标是体现了政府战略意图、通过努力争取实现的目标;约束性目标是体现了政府公共职责和工作要求并确保实现的目标。

1. 经济发展目标。

——预期性:全市生产总值年均增长12%,其中市区增长12.5%。2010年全市人均生产总值达到3.85万元,年均增长11.5%,其中市区达到5.56万元。第三产业增加值比重达到42%以上。2010年外贸自营进出口超过130亿美元,年均增长15%以上,五年累计实际利用外资超过25亿美元。第二、三产业从业人员比例提高到78%以上。五年全社会固定资产投资累计达到4 200亿元左右。2010年地方财政收入达到125亿元,其中市区达到61亿元,年均分别增长12%以上和12.5%左右。

——约束性:城镇登记失业率控制在4.3%以内。

2. 社会发展目标。

——预期性:"十一五"末,全市人均受教育年限达到9.5年;高等教育毛入学率45%;宽带用户数达到50万户。2010年,全社会科技经费支出占生产总值比重提高到3%,其中市区达到3.2%。"十一五"期间,全市累计获专利授权数超过1万件。全市农村安全饮用水普及率达到92%。

——约束性:全市平均每千人医生数达到2人,全市企业养老保险参保人数达到76万人,医疗保险参保人数达到57万人,新型农村合作医疗覆盖率达到85%以上。

3. 协调发展目标。

——预期性:城镇人口比重平均每年提高0.5个百分点。按全国第五次人口普查口径,"十一五"末全市人口城市化率达到60%以上。基尼系数控制在0.4以内。全市五年新增城镇就业岗位20万个,平均每年转移农业劳动力达到5万人。

4. 可持续发展目标。

——预期性:"十一五"末,工业用水重复利用率和城市生活污水集中处理率分别达到60%、65%。工业固体废弃物综合利用率达到98%以上。

——约束性:全市基本农田保护面积保持在261.6万亩。"十一五"期间,全市规模以上工业万元工业产值综合能耗降低15%,2010年降低到0.17吨标煤/万元以下。全年城市空气质量达到二级标准以上天数超过330天。2010年,全市城市生活垃圾处理率达到95%,水域功能区水质达标率达到65%。

5. 人民生活目标。

——预期性:"十一五"末,全市低收入家庭恩格尔系数下降到38%以内;人均期望寿命达到76岁以上。2010年,全市城镇居民人均可支配收入达到2.56万元,农村居民人均纯收入9 400元。

——约束性:人口自然增长率控制在6‰以下。

(三)布局导向

台州依山面海,几千年的农业社会主要是"沿山"发展;改革开放以后积极发展"沿路"经济,使我市跨入工业化中期;进入新世纪,随着全球化的加速和国际产业大转移,在市场机制的驱动下,我市沿海地区经济发展进一步显现了相对优势,全市人口重心和经济重心逐步东移,进入沿海发展的新时代。今后亟须充分发挥沿海地区的综合优势,创新体制机制,强化要素支撑,促进资源集约利用,进一步优化空间布局,大力拓展工业化和城市化的空间,加速中心城市崛起,加快形成南北联动的发展格局。要积极营造椒江中上游沿江地区新的发展优势,加强布局引导,重点依托各主要河谷平原和重点城镇,加快产业与人口集聚,带动山区脱贫致富,促进我市东西部的协调发展。

1. 加快构建沿海经济带。发挥沿海区位和空间优势,借助港口等优势资源,在滨海地带积极发展临港基础产业、装备制造业、航运业、海洋渔业和休闲旅游业,努力打造长三角南翼先进制造业基地,建设海洋经济强市。加强市区和沿海南北两翼的分工协作与互动发展,形成以市区为龙头、两翼齐飞的发展格局。

沿海经济带中部,以市区为中心、温黄平原和临海东部为主体,是台州市域的产业集聚中心、服务中心和创新中心,是工业化、城市化的主要平台。功能上以重点开发和优化开发为主,重点发展先进制造业、装备制造业、临港产业、现代服务业和现代农业,承担带动全市、服务周边的功能。

沿海经济带南部,以玉环本岛和楚门半岛为主体,功能上以优化开发和重点开发为主,重点是适时调整产业发展方向,强化水资源保障,加快开发大麦屿港,大力发展先进制造业、现代服务业、休闲旅游业和临港产业。

沿海经济带北部,三门湾沿岸的台州北部是甬台两市联动发展的前沿区域,具有很大的发展潜力。重大能源项目的定点建设和交通优势的逐步形成,为争取实现跨越式发展提供了基础条件。在加快构建重要能源基地的同时,积极发展先进制造业,争取成为全市经济发展的重要增长点。

2. 着力强化沿江发展轴。临海大田平原、天台始丰溪和仙居永安溪河谷平原是我市沿江地区人口、城镇和产业布局的主要空间,是带动山区脱贫致富、共奔小康的重要依托。该区域开发历史悠久,文化积淀深厚,陆路交通优势明显,旅游资源和绿色农产品资源丰富,基础设施条件迅速改善,社会事业加快发展,具备再创发展新优势的基础条件。加强城市化与工业化的有机结合,在生态环境保护和水资源开发利用等方面积极处理好上下游地区关系,在城镇和平原地区优先发展清洁制造业、商贸流通业,优化发展高附加值制造业、特色农业,在优势功能区重点发展旅游休闲业和生态农业。

三、着力自主创新,打造先进制造业基地

紧紧抓住长三角加速崛起、温台沿海产业带加快建设的有利时机,充分发挥民营经济发达、产业基础扎实、滨海区位优越等有利条件,把握机遇、强化创新,积极吸纳国际国内先进生产要素,大力提升产业层次和积极调整优化布局,加强与长三角地区的联动发展。扎实推进实施"先进制造业百亿工程"和"5431计划",进一步强化汽摩及配件、缝制设备、家用电器、塑料模具、医药化工五大主导产业发展优势,努力改造提升水泵阀门、食品饮料、服装鞋帽、工艺品家具等传统支柱产业,积极发展电子信息、装备制造业、新材料等新兴产业。构建科技、金融、人才三大服务体系,积极实施"112"品牌发展计划和名牌"825工程",着力培育一批拥有自主知识产权和知名品牌、具有较强国际竞争力的优势企业。精心打造"十大之都",努力打响"台州制造",把台州建设成为具有国际影响的长三角南翼先进制造业基地。

(一)加强布局引导,推进产业有效集聚

按照相对集中原则进一步优化布局,形成区域特色明显、生态环境优良、与城市融合发展的工业新格局。规范发展开发区和工业园区,完善功能区设定,以台州经济开发区、黄岩经济开发区、临海经济开发区、温岭经济开发区、玉环大麦屿经济开发区和浙江省化学原料药基地、台州市滨海工业区块等为主要平台,积极争取扩容、努力拓展发展空间。依托重要城镇建设产业集聚区,把工业化、城市化和农村现代化有机结合起来,整治农村工业"低、小、散",提高基础设施、资源、人才和信息的共享程度。加强沿海地区岸线和空间等资源的统筹管理,为造船、石化工业、金属材料等新兴产业预留发展空间,创造条件努力争取一批国家重大基础产业项目落户台州。

优化资源配置机制,提高资源配置市场化水平,实现有限资源向技术先进、效率较高的区域、产业和企业倾斜,优化提升产业结构。制定完善产业发展导向目录,鼓励发展资源节约型、环境友好型的产业和产品。严格执行投资强度、行业准入等相关规定,着力提高土地、水、能源和基础原材料的使用效率。加强分工协作和公共配套体系建设,不断提升优势产业集群竞争力,逐步淘汰落后制造。

(二)加强自主创新,优化提升产业层次

整合完善扶持工业的政策,充分发挥政策对工业发展的引导作用,推进大企业加强规模经济和国际竞争力,积极向生产的上游和下游拓展,延伸产业链,进行创新投资,提升工业增长质量;优化中小企业发展环境,从传统轻工业品生产、零配件组装加工为主,向开发新产品、新技术、新工艺转变;优化产业组织结构,向以专业化为基础、多元化发展和扁平化、网络式形态转变;加快企业管理制度和管理方式的变革,积极导入先进管理方式,促进企业从生产经营型向品牌经营型、资本经营型转变。加强创新与创牌的联动,加大名牌产品培育力度,推动企业从"无牌、贴牌"向"有牌、名牌"跨越,提高产品的附加值,提高企业、行业和区域的知名度、美誉度。

(三)发挥特色优势,做大做强集群产业

顺应产业集聚发展趋势,培育若干具有国际竞争力和区域竞争优势的产业集群,提升档次培育品牌。着力加快汽车摩托车及其配件产业等高成长行业发展,发展成为经济型轿车及汽车、摩托车配件的制造基地;积极发展医药化工等优势行业,努力扩大和保持其在全国市场上的领先优势和较大份额;鼓励和支持缝制设备产业加大技术升级力度,扩大品牌优势,进一步增强其在全国和全球的竞争优势;加快引进国际先进制模设备和技术,重点发展工程塑料、机电零配件及医用包装等塑料产品,建成国内一流的塑料原料及制成品交易中心和全国较有影响力的塑料研发中心;重点发展具有特色优势的家电产品,提高产品的技术含量和附加值,形成具有核心竞争力的家用电器产业体系;强化形成传统产业和先进适宜技术并重发展的多层次产业结构。继续争取和保持阀门水泵、工艺美术、食品饮料等传统优势产业在全国和全球市场上的较高份额。加快提高传统产业工艺技术水平和产品档次质量。

扶持建筑业集群发展,鼓励强强联合,促进建筑业规模化、产业化。推进建筑业科技创新,大力拓展钢结构、智能化等建筑业新领域,积极发挥古建筑、石建筑等特色优势,提高建筑业的综合竞争力和市场占有率。培育发展一批建筑业优势企业,“十一五”末全市建筑业上市企业争取达到2家。

(四)发挥沿海优势,发展临港新兴工业

临港能源产业。依托沿海优良厂址,扎实推进三门核电一期、玉环华能电厂、台电五期等重大电源项目建设,争取海洋风力发电基地的定点建设,加快建成以火电、核电为主体,风能、潮汐能等新能源比重较高的综合能源基地,积极争取进口低温液化气在台州接入,为华东及周边地区提供重要的能源保障。

基础原材料产业。充分利用市区、三门、临海、玉环等临港区位,创造条件争取国家支持,积极利用境外资源发展石化、特种钢铁、有色金属等附加值高、带动和支撑能力强、环境污染能得到有效控制的临港型原材料工业。依托塑料大市的市场优势和临港区位优势,争取建设百万吨乙烯工程及玉环大麦屿石油储运加工等大型石化项目。按照循环经济发展要求,在沿海选择合适区位集聚发展清洁拆解业,形成以高品位高附加值原料为主导的产业链,争取成为国内重要的金属再生示范基地。

船舶制造。牢牢把握国际船舶制造业加快转移的有利时机,强化既有产业优势,提高造船装备和管理水平,培育具有企业集聚效应的有特色的船舶配套业、船舶产品交易市场,形成具有综合优势的船舶工业体系,建成以吸砂船、杂货船、集装箱船、危险品船(油轮)为主体的特种船舶和出口船舶的修造基地。

四、加强城乡统筹,建设社会主义新农村

按照“生产发展、生活宽裕、乡风文明、村容整洁、管理民主”的要求,加大对农业和农村的反哺力度,加快建立以工促农、以城带乡的长效机制,完善支农保障机制,重点抓好农村现代产业体系、农村新社区、农村公共服务体系、现代农民素质、农村民主政治和城乡协调发展机制建设,努力在高效生态的现代农业、繁荣兴旺的农村经济、整洁优美的农村社区、城乡一体的公共服务、文明健康的生活方式、丰富多彩的文化生活、奋发向上的精神风貌、民主和谐的社会管理、全面发展的新型农民、城乡协调的发展体制等方面不断取得新进展,不断提高社会主义新农村建设的整体水平。

(一)大力发展现代高效生态农业

1. 优化农业布局,提高综合生产能力。坚持最严格的耕地保护制度,加强对平原地区工业化、城市化的规划引导,提高建设用地的节约和集约利用水平,为农业发展留出更大的空间。高标准推进商品粮生产基地建设,全面完成省政府下达的标准农田建设任务,其中标准化吨粮田保有量要在保持60万亩的基础上逐步扩大,确保全市166万吨粮食生产能力。充分利用山区空间广阔、生态多样的优势,积极发展特色优势农产品。发挥海洋大市优势,优化渔业生产结构,适当压缩近海捕捞,积极拓展海水养殖空间,稳妥发展远洋渔业,着力培育休闲渔业,促进渔业资源的可持续利用。建设好椒江、石塘、坎门、红脚岩、健跳、大陈、金清等渔港,积极发展渔港经济。

2. 扎实推进产业化,不断提高农业竞争力。加强农产品加工基地建设,大力发展农产品精深加工,提高农产品附加值。鼓励工商企业加大对农业的投入,着力培育和壮大农业龙头企业,增强龙头企业带动能力、科技创新能力和市场竞争能力。加快农民专业合作社规范化建设,探索发展农村新型合作组织,创新农业经营机制。着力培育农业种养大户,提高农业规模效益。“十一五”末,全市农业产业化经营组织争取达到1 500家,销售收入达到300亿元,其中,农业龙头企业发展到500家,销售收入达到200亿元,合作社发展到600家,销售收入达到40亿元。发展亿元农业龙头企业40家,培育销售产值5 000万元以上的合作社30家。大力发展规模高效生态农业,形成10个特色农业产业带,建设100个规模特色农业基地。培育10大农业名牌产品,农产品出口超过5亿美元。实施农业“走出去”发展战略,再造一个“陆上台州”。

3. 加强标准化建设,打造台州农业名牌。建立健全农产品质量标准、检验检测和绿色认证三大体系,扩大安全农产品基地规模,强化动植物防检疫工作。积极推进农业标准化示范项目建设,标准化覆盖率从2005年的50%提升至90%以上。

划定区域保护特色优势农产品,进一步做大做强黄岩蜜橘、黄岩东魁杨梅、路桥枇杷、临海无核蜜橘、临海西兰花、温岭大棚西瓜、温岭高橙、温岭果蔗、温岭大棚葡萄、玉环文旦、仙居杨梅、仙居有机茶、三门青蟹13个中国农产品特色之乡和仙居三黄鸡、温岭草鸡、椒江大陈黄鱼、天台高山蔬菜等特色农产品。

积极培育特色优势农产品的整体形象,提升“台州水产”、“台州水果”、“台州家禽”的知名度和美誉度。扩大农产品产地编码的应用范围,建立农产品质量可追溯制度,实施主要农产品市场准入,打造绿色诚信农业。

(二)全力推进农村新社区建设

抓好村镇建设规划及其实施管理,以小城镇改革与发展为载体,推进村镇格局调整和优化,促进人口集聚和产业集聚。以“百村示范、千村整治”工程、“万户农民康居工程”、“乡村康庄工程”和“下山移民”等为载体,大力实施“社会主义新农村百亿工程”。加快建立基础设施建设向农村倾斜的投资机制,推进城镇公共设施向农村延伸。“十一五”期间,全市再建设100个示范村和1 000个整治村;2010年农村自来水普及率达到88%左右,厕所改造完成90%,卫生厕所普及率达到70%以上。

(三)培育新型农民提高农民收入

继续实施“百万农民素质培训工程”,培养有文化、懂技术、会经营的新型农民。建立城乡统一的劳动力市场和公平竞争的就业制度,加快农村劳动力向城镇和非农产业转移。“十一五”期间,培训农村劳动力80万人,农业劳动力从115万人下降到90万人。以农村劳动力就业结构调整带动农村经济结构调整,促进传统农业向现代农业转变、传统村落向农村新社区转变,增加农民非农收入。积极发展“农家乐”等休闲观光农业,充分挖掘农业内部增收潜力。加大扶贫开发力度,改善贫困地区和贫困居民的基本生产生活条件,采取综合措施减少低收入人口的数量。重视和加强教育扶贫、知识扶贫,着力提高贫困地区人口素质,开辟增收途径。

(四)全面推进农村综合改革

全面推进以乡镇机构、农村义务教育和县乡财政管理体制改革为主要内容的农村综合改革，强化农民负担监督管理，巩固农村税费改革成果。稳定并完善以家庭承包经营为基础、统分结合的双层经营体制，深化土地使用权流转制度、户籍制度等配套改革，建立有利于节约土地、提高土地利用效率和农民共享土地增值的机制。深化农村集体资产管理体制改革，发展壮大村级集体经济。稳步推进农村社区股份合作制，探索建立农村集体财产增值与公平分配机制。加快推进农村金融改革，稳步发展农业政策性保险，积极发展信用担保，切实解决农民贷款难。

五、加大扶持力度，加快发展现代服务业

把服务业作为重要增长点加以培育，以"7+5"框架为重点，启动实施"现代服务业百亿工程"，优先发展为先进制造业和现代农业服务的生产性服务业，积极发展为城乡居民生活服务的消费性服务业，大力发展知识型新兴服务业，加快改造提升传统服务业，不断优化服务业态，促进服务业总量扩大、质量提升、结构优化。2010年争取全市服务业增加值突破1 000亿元，实现翻一番目标，不断提高其占生产总值的比重。

（一）大力扶持现代物流业

坚持以市场为导向，以企业为主体，以现代信息技术为支撑，建设和完善现代物流服务体系，大力引进和培养物流人才，重点扶持一批综合性物流企业，努力建成长三角南翼重要的区域性物流中心。利用交通便捷或制造业集聚的有利区位，特别是有两种以上运输方式相衔接的港口、铁路场站、机场或高速公路出入口等特殊区位，分层次规划一批重要物流节点或现代物流集聚区，尽快划定优先功能区块，分别制定控制性详细规划，适时有序启动建设。发挥台州农产品品种多规模大的优势，建设一批农产品物流配送中心。

（二）整合提升商贸流通业

积极发展连锁经营、物流配送、电子商务等现代商贸经营方式，加快电子信息技术在流通领域的应用，培育若干个大型现代商贸流通企业。加强商贸区和多种新型业态的合理布局，形成多层次、多渠道、多功能、能满足不同消费需求的商贸服务网络。在市区建立集购物、休闲、餐饮和娱乐等功能于一体的中心商务区，重点发展多业态连锁门店和中介服务行业，开发一批中高档写字楼。以市区和县城为依托，发展市级和县（市、区）级商业中心。突出路桥商贸中心地位，依托骨干市场，促进产业发展和市场体系的联动升级。依托社区和中心集镇，培育地方性商业中心，在主要社区建设功能齐全、能满足居民日常生活需要的社区商业服务中心或商贸服务中心。在居民小区结合电子购物和配送服务，积极发展便利店和连锁超市。以发展乡镇连锁超市为重点，加快农村现代流通网络建设。在交通便捷的城郊地区布局一批大卖场。

（三）优化发展交通运输业

加快传统运输组织的整合提升，推进交通运输业现代化。不断改善我市港口和通航条件，完善与集装箱运输特别是外贸集装箱运输相配套的服务设施，加快运输船舶向大型化、标准化方向发展，建立以专业化船队和码头为基础的专业化运输系统。充分发挥海运业发展、公路运输网络完善和台州铁路开通的综合优势，拓展台州港口腹地，实现多式联运，满足"即时、可靠、灵活、便捷"的运输要求。加强与上海、宁波～舟山和温州等港口的协调配合，积极参与航运业的竞争，扩大航运业的市场份额。

（四）积极发展旅游休闲业

发挥山海旅游资源兼备、自然人文景观交融的综合优势，在继续大力发展观光旅游的同时，着力完善旅游设施，积极发展休闲旅游和专项旅游等，把台州建设成为长三角重要的旅游休闲胜地，把旅游业作为优先发展的重要产业加以培育。以营造"绿心"优质旅游环境为重点，配合城市景观建设，打造中心城市休闲旅游区。以"新天仙配"黄金游线为基础，整合提升天台、临海和仙居优势旅游资源，着力构筑台州山水文化旅游"金三角"。以桃渚、温岭东部滨海旅游区、大陈岛、蛇蟠岛、大鹿岛等景点景区为依托，大力拓展沿海、海岛和海洋旅游发展空间。把握日益增长的度假休闲需求，以永宁江、永安溪、始丰溪沿岸和沿海、海岛地区山水兼备、景观优美、生态优良、交通便捷的合适空间为重点，积极协调城市建设和旅游景区建设的关系，有选择地开发建设若干以度假为重点的休闲旅游基地，逐步营造我市休闲旅游产业优势。结合优势产业，积极发展工业和农业旅游项目。加强资源整合，打造一批精品旅游线。强化特色旅游商品开发和旅游促销，不断提高旅游产业效益。

（五）鼓励发展金融保险业

发展多样化的金融机构，通过增资扩股、调整股权结构，引导民间资本投入金融行业。进一步完善地方小法人金融机构的公司治理结构，增强自主发展能力，成为地方微小企业和农村经济发展的伙伴银行。发挥台州市商业银行和泰隆城市信用社发展走在全国前列的优势，争取成为全国民营和合作制中小型金融机构发展实验区。支持商业银行通过股份制改造，进一步贴近民营经济，为打造先进制造业基地构建优良的金融服务体系。建立完善农村金融新体系，健全面向"三农"的金融服务网络，推动农业政策性保险试点和农业信用担保体系建设。加强金融生态环境建设，引进全国性、区域性及外资金融保险机构来台州设立分支机构。支持企业通过股票、债券、基金、贷款公司和产权市场进行直接融资。大力发展保险业，培育发展信托、证券等金融业务。

（六）加快发展信息服务业

加快信息技术向经济发展和社会事业各领域的渗透，积极支持和发展基于网络的信息服务业，大力发展网络信息传输服务、网络增值服务和软件与系统集成服务。优化信息服务业结构，促进信息资源拥有者、信息内容制作者、网络服务提供者、销售代理者的合理分工，推进普通服务市场主体多元化。加强数据库建设和信息资源开发，鼓励社会资金进入信息服务领域，增加信息供给能力，提高信息产品和服务质量。积极发展电子政务、电子商务，推动网络服务业、信息内容服务业和信息咨询服务业的发展，加快数字台州建设。

（七）有序发展房地产业

积极调控房地产开发节奏和住房供应结构，促进房地产业健康发展。扶持发展健康住宅，着力提高住房品质和科技含量，"十一五"期间全市建成10个市级康居示范工程，重点扶持3个国家级康居示范工程。加快经济适用房和廉租房建设，强化住房保障，不断改善中低收入家庭、拆迁居民的居住条件。

（八）积极发展新兴服务行业

积极培育发展职业培训、中介咨询、文化娱乐、会展经济、社区服务等新兴服务行业，依靠科技进步和技术创新，促进服务业的快速发展和经济结构的调整升级。建立完善职业培训体系，大力发展农村劳动力转移培训、职工在岗培训和转岗培训、劳动技能培训等,促进职业培训向终身教育延伸。大力发展中介咨询业,积极发展市场中介组织和各类综合性、专业性信息咨询企业。注重发挥市场机制的作用,建立健全增加文化娱乐业投入的激励机制和自我发展机制。社区服务企业要以社会化、市场化为导向,强化便民利民服务和加强社会福利服务。

六、加强区域统筹,构建现代化港口大城市

加快台州一体化进程,努力构建大台州。以"710"工程为抓手,积极推进市区一体化;以新农村建设为抓手,着力推进城乡一体化;以"南北协作"工程为抓手,全面促进区域一体化。强化基础设施建设的配套与衔接,加快基础设施网络化、一体化和现代化。丰富城市文化内涵,增强城市凝聚力和创新力。

(一)强化市区功能,提高中心城市首位度

认真实施台州市城市总体规划,完善城市功能,提升城市品位,优化人居环境。以"710工程"为主要载体,启动"城市建设百亿工程",进一步加快中心城市功能区块和基础设施建设。以产业集聚带动人口集聚,加快滨海产业区块的开发进度,大力发展城市产业,积极发展楼宇经济,加快提高中心城市的经济首位度和人口首位度。大力拓展社区服务,繁荣社区文化,推进文明社区建设。到2010年中心城市建成区争取发展到110平方公里、常住人口100万人。以争创全国文明城市、国家卫生城市、国家园林城市、中国优秀旅游城市和国家环保模范城市等为载体,加快中心城市发展,提高首位度,增强辐射力和凝聚力,全力打造东南沿海现代化港口大城市。

(二)优化城镇体系,推进城乡结构调整

保持组合式城市特色,不断完善交通等基础设施条件,增进台州市区与临海、温岭等城市的分工协作,加强重大基础设施的共建共享,形成以中心城市为龙头,临海为副中心城市,各县域城市、中心镇、建制镇优化发展,交通发达、特色明显、功能完善的"1+X"城镇体系。强化临海、温岭、玉环和天台、仙居、三门等县域中心城市的功能,提高集聚辐射能力。重点扶持以中心镇为代表的经济重镇,争取发展为小城市。培育完善集镇功能,推进城市基础设施建设向农村延伸,带动广大农村的发展。以城乡一体化规划为基础,加快推进城乡供水、环卫、公交一体化步伐。进一步加快城市产业发展,提高城市吸纳能力,保持较快的城市化推进速度,全市人口城市化水平争取平均每年提高1个百分点以上。

(三)协调发展"三大板块",提升区域综合实力

中心城市板块要加快构建区域政治、经济、文化中心;临海、温岭、玉环构成的经济强县板块要建设特色鲜明的中等城市;天台、仙居、三门要继续推进南北协作,促进产业和劳动力转移,努力实现跨越式发展。加快黄岩西部等山区开发,鼓励和引导区域间要素流动,努力实现南北"双赢"发展。继续实施高山移民、生态移民,建立生态补偿机制,以生态补偿和产业扶持,加大扶贫力度,大力实施"欠发达乡镇奔小康"工程,加快欠发达地区发展,促进社会公平。

(四)增加有效投入,加快基础设施现代化

按照"统筹规划、建管并举、效率优先、注重配套"的原则,推动基础设施建设从基本适应向适度超前转变,从数量扩张向量质并重转变,从为经济发展配套服务向引导促进经济社会发展转变。大力实施"水资源开发利用、电源电网、交通港口、信息化"等基础设施建设百亿工程,切实提高全市水资源和电力能源保障、港口开发利用和信息化发展水平,为加快基础设施现代化打下坚实基础。强化基础设施建设的配套与衔接,加快基础设施体系的网络化和一体化,进一步发挥现代基础设施的综合效能和服务水平。

七、深化改革开放,创建民营经济创新示范区

坚定不移地深化经济体制改革,进一步破除体制性机制性障碍,更大程度地发挥市场在资源配置中的基础性作用。加快创建中国民营创新试验区,为创建全国民营经济创新示范区打下基础,全面提升发展活力。不断扩大开放领域,促进内外互动发展,实现我市经济在更大范围、更宽领域、更高层次上融入国内国外区域合作体系,不断提高经济国际化水平。

(一)强化民营机制优势,推进企业主体创新

引导民营企业加强制度创新、技术创新、管理创新,以申报和创建中国民营经济试验区为切入点,全力推进中国民营经济创新示范区建设。推动民营企业制度创新,加快现代企业制度建设,建立现代法人治理结构。鼓励民营企业组织创新,通过联合兼并重组等形式,提高民营经济的组织化程度。放宽民营经济的市场准入范围,加速国有资产在竞争性领域的退出步伐,推动基础设施、社会事业和公共服务的市场化进程。探索建立以民间资本为主体的风险投资基金和中小企业投资公司,规范发展中小企业担保体系。积极推动商业银行转换经营机制,创新金融服务,大力发展金融产品。鼓励优质民营企业上市融资或开拓债券市场,拓宽融资渠道。加大上规模企业的股份制改造,积极利用资本市场平台,走上市融资之路。全面改善民营经济的创业环境、发展环境,争创民营机制新优势。引导和鼓励民营资本参与新农村建设,支持民营资本参与小城镇建设和城中村改造,投资农村基础设施、公用事业和社会事业。

(二)大力发展要素市场,完善现代市场体系

大力发展要素市场,破解要素"瓶颈"制约。积极运用电子商务等手段改造传统商品市场,大力发展各类要素市场,构建完善的现代市场体系。加快发展区域性资本(产权)市场,整合现有物权、股权、知识产权等各类产权交易资源,促进资本要素的合理流动,为民间资本进入投资领域搭建平台。积极推动商业银行转换经营机制,创新金融服务,大力发展金融产品,增强企业融资能力。鼓励优质民营企业上市融资或开拓债券市场,拓宽融资渠道。完善土地征收制度,规范土地交易和征地行为,完善土地收购储备制度。加强网上技术市场和人力资源市场建设。积极探索要素价格形成机制,充分发挥市场配置资源的基础性作用,提高要素利用效率。进一步整顿和规范市场秩序,坚决打击制假售假、商业欺诈、偷逃骗税和侵犯知识产权行为。加快"信用台州"建设,完善以信贷、纳税、合同履约、产品质量为重点的信用记录,健全失信惩戒制度。

(三)深化政府改革,加快政府转型

强化政府经济调控、市场监管、社会管理和公共服务职能,打造法治政府、责任政府、有限政府、服务政府,切实提高行政能力。深化政府自身改革,创新政府经济管理方式,加快政府职能转变,为创建中国民营经济创新示范区提供公共服务。继续推进政企分开、政资分开、政事分开、政社分开。加强国有资产经营管理,建立健全国有资产运营机制和监管机制,促进国有资产保值增值。分类推进事业单位改革,改革公共服务供给模式,规范发展中介行业组织。进一步深化行政审批制度改革,减少和规范行政审批事项。推进投资体制改革,完善投资核准制和备案制,按照"非禁即入"和"有需则让"原则,拓宽民

营经济市场准入范围。积极探索公共财政体制改革,调整优化财政支出结构,有效控制各级政府债务,优先保障公共事业发展。提高政府决策的科学化、民主化水平,推行政务公开,完善集体领导决策制度和专家咨询制度、社会公示和听证制度、投资决策责任和追究制度。完善符合科学发展观的政府绩效评估体系和考核机制。

(四)优化外贸结构,促进外贸稳定增长

进一步推进外贸经营主体、出口市场、出口商品和贸易方式多元化战略,努力保持外贸出口的稳定快速增长。2010年全市外贸进出口总额争取超过130亿美元,其中自营出口争取超过110亿美元,分别年均增长15%以上。着力巩固传统市场,推进深度开发和横向发展,进一步扩大市场份额;积极开辟欧盟、中东、东盟等新兴市场,开发新的市场空间。加快转变外贸增长方式,优化一般贸易结构,鼓励发展加工贸易,扶持企业转向创立自主品牌,支持企业参加商务部和浙江省"重点培育和发展的出口品牌"评选,支持企业利用广交会、华交会等平台拓展市场。调整出口产品结构,继续扩大机电、医化产品出口,着力提高高技术产品和高附加值产品的出口比重。遏制低价无序竞争,规避国际市场风险,积极应对国际贸易壁垒和国际贸易争端。以引进先进设备和技术为重点,努力提高进口质量和数量。

(五)大力引进外资,提升"走出去"水平

坚持把招商引资作为发展开放型经济的重中之重,"十一五"期间,全市实际利用外资累计争取超过25亿美元。拓宽外商投资领域,创新利用外资方式,重点引导外资投向高新技术产业、现代服务业、城市基础设施、五大主导产业和三大新兴行业等领域。推进产业招商和品牌招商,把引进外资与优化结构、产业升级结合起来,带动资金、技术、人才、管理和市场营销网络引进。大力引进世界500强企业、国内大企业大集团落户台州。加强与跨国公司、高端企业的合作,引进一批技术先进、带动力强的大项目和研发机构。积极运用BOT、TOT、并购、参股、股权置换等利用外资形式。鼓励"以贸引外"和"以民引外",调动企业主体的招商积极性,充分利用和发挥侨务资源的纽带和桥梁作用,努力争取更多外来投资。提高外资项目的投资强度和产出率,把开发区、园区作为外资经济布局的核心载体。鼓励民营企业通过境外并购、海外上市、直接投资、工程承包、劳务输出等方式加快"走出去"步伐,支持企业利用境外资源等开展国际化经营。对外经济合作年均增长15% ~20%左右,到2010年外经合作营业额累计突破1.5亿美元,五年累计兴办境外企业达到400家。走出去与请进来相结合,积极开展友好交流,形成多领域、多层次的对外开放新格局。

(六)加强区域合作,发展"台州人"经济

以企业为主体,以市场为导向,打好"台州牌",齐心协力开拓国内大市场。加快融入以上海为龙头的长三角经济圈,积极推进空间接轨、产业接轨、市场接轨和要素接轨。依托上海的开放平台和窗口,加快我市对外开放和国际化进程。把握长三角城市群发展态势,培育差别化优势,加快我市城市化进程。加强与温州、金衢丽、海峡经济区、珠三角等地区的经济技术合作与交流,促进联动发展。以大麦屿港区为重点,加强开放口岸建设。积极参与西部大开发、中部崛起和东北老工业基地振兴,推进资源优化配置,促进优势互补。实施"回归工程",发展"青藤经济",鼓励台州商人回乡投资创业,实现走出去和引进来的良性互动。

八、发展循环经济,增进资源节约环境友好

实施"生态与安全百亿工程",加快生态市建设步伐,积极构建高效的生态产业、和谐的人居环境、良好的生态系统和繁荣的生态文化,切实保护和改善全市人民赖以生存的生态环境,有效控制环境污染和生态破坏,进一步提高资源开发利用效率。

(一)推进"511行动计划",建设节约型社会

按照"减量化、再利用、资源化、无害化"的要求,从企业、园区和社会三个层面入手,加强示范推广,突出抓好"节能降耗、综合利用、清洁生产、绿色消费、生态建设"5大重点领域,在高效生态农业示范园区、循环型工业示范企业、生态工业示范园区、资源综合利用企业、绿色建筑、绿色饭店、循环经济基础设施、绿色学校、生态型示范村居、节约型机关等方面落实10个一批100个载体,依靠社会各界的联合行动,促进清洁生产、干净消费、资源循环、环境净化、人与自然和谐。

发挥政策的导向作用,扶持发展绿色产业,促进资源节约和循环利用。强化准入管理,限制或禁止污染型和消耗型产业发展,从源头上降低消耗、减轻污染、减少破坏。推广清洁高效的交通运输方式,统筹提高物流效率,实现运输能力的合理配置及优化组合。把科学规划作为发展循环经济创建节约型社会的重要方面,激励和促进新技术、新材料、新工艺的应用,促进能耗、物耗的降低和土地、水等要素的节约。倡导健康文明、有利于节约和环保的生活方式,鼓励使用能效标识产品、节能节水认证产品和环境标志产品、绿色标志食品和有机标志食品,减少过度包装和一次性用品的使用,形成节约型消费模式。发挥政府的示范表率作用,加强电子政务建设,节约使用纸张等办公用品,推广使用再生纸、节能灯、低排量汽车等环保产品,推进政府采购"绿色化"。

(二)切实保护环境,建设优良生态

加大生态环境保护力度,扎实推进生态市建设。坚持经济建设、城乡建设与环境建设同步规划、同步实施、同步发展,调控、引导经济布局和人口分布,有效控制生态破坏和环境质量下降的趋势。加大环境保护和治理力度,强化城市水环境整治、大气污染防治、固体废弃物处置、噪声治理,继续抓好重点流域、区域、海域污染治理,使城乡环境质量得到明显改善。重视农业农村面源污染治理,重点抓好规模化畜禽养殖污染治理、农业废弃物综合利用、农村生活污水和生活垃圾处理,杜绝生活污水和各类养殖污水直接排放。按照全国环保模范城市和生态县(市、区)的标准,加强生态保护、治理与恢复力度,大力开展河道综合整治、近岸海域生态恢复、青山白化整治、生态公益林建设、水土流失防治等工作,维护区域生态安全,努力使我市的森林、海洋、湿地等生态系统恢复良好的生态功能,建成若干个经济强劲发展、环境清洁优美、生态稳定健康的生态示范城镇与示范区,为实现生态环境的良性循环和区域经济社会可持续发展打下基础。

1. 水环境整治。全面建成市区和各县市城区污水处理系统,加快各中心镇污水处理工程建设,创造条件在农村集镇建设污水处理设施,全市城市生活污水集中处理率在"十一五"末达到65%以上。研究推广农村居民点生活污水净化处理技术,积极开展流域水环境综合整治工作,深入实施清水河道工程,加强内河综合整治,落实分区域水环境质量目标,有效改善

椒江水系、金清水系等河道的水环境。加强排污申报工作,建立和强化排污许可制度、排污口在线监控、监测系统管理,完善陆地和海洋水环境监测体系,确保入海污染物不增加、海域环境不恶化。针对运输、储存和生产等环节,重视做好流域和水源地环境保护应急预案工作。

2. 大气污染防治。巩固和扩大烟尘控制区建设成果,强化医化行业废气污染防治,严格限制能耗高、烟(粉)尘污染严重的产业发展。同步建设新建火电厂脱硫工程,配套建设台电五期脱硫工程,加快原有机组改造,减少二氧化硫排放,遏制酸雨污染。严格控制机动车污染物排放,适当控制市区、城区燃油机动车的增量,鼓励使用混合动力机动车、小排量机动车。优先发展公共交通,鼓励和引导使用公共交通工具。

3. 固体废弃物处置。在实现垃圾卫生填埋的基础上,多形式推广建设垃圾资源化、无害化处理工程。完善固废申报转移制度,加强危险固废和特殊垃圾处理中心的运营管理,继续加强矿山尾矿渣安全处置工作,实现危险固废无害化。做好固体废弃物综合利用工作,实现固废的减量化;依法加强对医化、拆解业的规范整治,有效防止垃圾焚烧、拆解的二次污染。改革城镇垃圾收集系统,建立完善乡村垃圾收集办法,从源头上加强生产和生活垃圾的分捡与回收,推进垃圾综合利用。

4. 噪声治理。与改善生产条件、加强劳动保护相结合,抓好工业噪声源的治理。与调整工业布局、巩固和扩大噪声达标区相结合,加强居住区、混合区噪声达标工作。以城市道路交通的噪声防治和建筑施工等社会噪声管理为重点,有效解决噪声扰民问题。

5. 核与辐射安全管理。全面摸清全市放射源情况,加强核与辐射安全管理能力建设,强化对放射性项目的管理和污染控制,大力普及核与辐射安全基础知识,确保辐射环境安全。

6. 生态保护。深入实施《台州生态市建设规划》,启动"百亿生态与安全工程"建设,基本完成重点流域、重点区域、重点行业和重点企业的环境污染整治。突出市区"山海江城"新形象,建成一批生态县(市、区)、生态乡镇和生态村居。扩大我市受保护国土面积,建设一批自然保护区、饮用水源保护区、重要生态功能保护风景名胜区、森林公园、地质公园、湿地公园,维护区域生态安全。到2010年,新增治理水土流失面积215平方公里,重点生态公益林建设面积295万亩,森林覆盖率达到64%,新发展阔叶林105万亩,新造沿海骨干防护林带100公里,建成绿化示范村40个。

(三)加强资源管理,提高开发利用效率

坚持"在保护中开发,在开发中保护"的总原则,按照"开发与节约并举,把节约放在首位"的要求,实行有限开发、有序开发和有偿开发,努力提高开发利用效率,防止破坏与浪费,实现基础资源的可持续利用。

优化土地资源配置,科学修编土地利用总体规划,优先保障经济社会发展关键领域和重点项目用地。通过海涂围垦、坡地开发、盐田改造、园地整治、农村建设用地复垦等途径,调整土地利用结构与布局,充分挖掘用地潜力,积极盘活存量土地。强化用地效率考核,着力提高投资强度,进一步提高土地利用集约化水平。正确处理农业生产与非农业建设的关系,严格控制耕地转为非耕地。科学修编矿产资源总体规划,进一步完善矿山生态环境恢复补偿制度。严格限制毁田烧砖,到2010年全市新型墙体材料生产量和使用量占墙体材料总产量和使用量的比重均达55%以上。加强土地后备资源开发,努力保持耕地总量动态平衡。"十一五"期间规划开工海涂围垦18万亩,完成14万亩,新增耕地10万亩。

强化全民海洋国土意识和海洋环境意识,科学修编海洋功能区划,有序开展海洋资源开发活动,不断提高海洋经济比重,打造海洋经济大市。加强海岸带综合管理,科学集约开发利用海岸带资源。加强涉海工程前期工作,避免给海洋生态和海洋水文造成负面影响。严格控制向海洋排放污染物,保持海洋良好的自净能力。加强对海洋作业的有效监管,保持海洋生态平衡和海洋资源的永续利用。加强海洋环境监测体系建设,不断完善提升台州海洋监测预报台站。抓好国家食盐定点企业、区域食盐配送中心和食盐储备基地建设,维护食盐安全。

实施水资源开发利用总体规划,优化水资源配置。积极有效开发陆域水资源,应时开发空中水资源,合理调配用水结构,提高水资源的利用效率和经济价值。科学处理水资源保护与开发的关系,提高本地区水生态系统质量,保障水生态安全。加强综合治污改善水质,示范建设海水淡化和中水回用工程,增加水资源供给。强化全民节水意识,增加节水器具和节水技术推广应用的财政性投入,推广居民生活用水阶梯式和非居民用水超定额加价制度,加强建设节水型社会。

加强电力需求侧管理,推进节约用电、有序用电。加强风能、太阳能、潮汐能、沼气等可再生能源的开发利用,提高清洁能源比重。积极实施天然气利用规划,与相关地区协调推进管网建设,逐步接收西气、东气和进口液化天然气等气源,提高城市燃气普及率。大力推进工业结构调整,加强技术创新和技术改造,降低能源消耗,提高能源效率。

有序发展拆解业,通过调整布局和技术改造,促使企业集中进基地和实现"三废"集中治理,从根本上解决拆解回收业的负面影响。着力提高资源再生行业的科技含量,积极发展深加工,延长产业链提升附加值。

加强资源开发利用规划实施与相关政策的配套,增强政府调控能力。扩大土地有偿使用范围,建立和完善采矿权取得与转让制度,不断完善海洋资源和水资源的有偿使用制度,运用税费、价格等经济杠杆健全资源管理体制。进一步加强散装水泥、新型墙体材料和农作物秸秆气化技术、节能节材技术、清洁拆解技术的推广应用,实现经济效益与生态环境效益的相互统一。

九、建设文化大市,全面提升软实力

以实现经济和社会协调发展为目标,实施"社会事业百亿工程",加快提高我市社会发展水平。以增加区域竞争软实力为核心,以满足人民群众日益增长的精神文化需求为目的,建设文化大市、科技强市、教育强市、卫生强市、体育强市,大力弘扬台州精神,全力打造"人文台州"。

(一)加强科技创新能力建设

认真贯彻实施《国家中长期科学和技术发展规划纲要》和全国科技大会精神,加快构筑区域科技创新体系,着力提高原始创新能力、集成创新能力和引进消化再创新能力,努力建设创新型城市。加大科技创新投入,全社会科技经费支出占生产总值比重提高到3%,其中R&D经费占生产总值比重提高到1%左右。完善科技创新激励机制,鼓励科技要素参与收益分配。引导和扶持创立民营科研机构和科技型企业,增强自主创新能力。加速技术要素市场化进程,培育、扶持、规范和完善科技中介服务,建立技术交易平台,促进科技人才的合理流动和科技成果的转化。完善科技服务体系,建立科技投资信用担保机制,鼓励发展创业投资。依法保护知识产权,吸引和激励高层次科技人才。以企业、高校、研究院所和区域科技创新服务中心等为载体,扶持发展一批创新主体。继续抓好上海台州科技园前期工作,争取近期开工建设。

大力发展高新技术产业。以高新技术园区和产学研基地为重点,优先发展产业基础雄厚、成长性较好的医药产业和新材料产业,大力培育和扶持高成长的电子信息产业和环保产业。与区域特色经济发展相结合,因势利导,兴建一批高新技术特色产业基地,形成高新技术产品群体。围绕市委市政府提出的"3141"发展目标,建设具有台州特色的高新技术产业化基地。

依靠高新技术改造传统产业。推广计算机辅助设计和计算机辅助制造技术,进一步提高机电一体化层次,促使我市机械、电器、汽车摩托车、模具、纺织服装、制鞋等行业的制造工艺升级。鼓励传统产业、传统企业使用系统管理软件,提高经营管理的科学化和现代化程度。

(二)加快发展教育事业

牢固确立教育优先发展的战略地位,加快教育改革,优化教育结构,提高教育质量,促进各级各类教育全面、协调、健康发展,着力打造教育强市。加大教育投入,进一步提高财政性教育投入占生产总值的比重。稳步推进0~2周岁幼儿早期教育,高标准高质量普及十五年基础教育,不断扩大优质教育资源,优质学校在校生达到85%以上,教育综合水平达到全省中上水平。

树立教育公平观念,促进基础教育均衡发展。切实加强农村教育发展,基本实现城乡教育一体化,特别要加强农村教育扶持力度,增加投入,不断改善办学条件。抓好新一轮以县市区为单位的校网布局调整,优化教育结构,促进教育均衡发展。盘活存量校产,明晰教育产权。继续实施"食宿改造工程"和"学校标准化工程"。建立健全社会资助体系和帮困体系,建立市级聋哑学校,保障贫困学生、残疾儿童、外来民工子女等弱势群体享有公平的受教育机会。

大力发展多层次、多形式的高等教育,调整学校布局,优化专业结构;强化重点学科建设,稳步提高高等教育的大众化水平。做好台州学院升格为台州大学的基础工作;台州职业技术学院要建设成为省内一流的高职院校;台州电大要办成全国一流的市地电大。重点建设台州科技职业学院新校园、台州学院椒江校区和浙江大学台州研究院。

大力发展职业教育和成人教育。紧密结合地方经济社会发展需要,把发展职业教育放在突出重要的位置加以扶持与发展。重点扶持一批职业技术学校和高职院校。"十一五"期间,进一步扩大中等职业教育资源,使中职与普通中学招生量保持在1∶1。全市创建10个以上省市级先进制造业人才培养基地,10个以上省级重点专业,10个以上的跨行业、跨地域、跨学校的以校企合作为核心的职教集团,初步构建完成适应产业需求、校企紧密合作的现代职业教育体系。优化整合社会各种教学资源,建立广覆盖、多层次、多形式的终身教育体系,大力发展成人教育、远程教育、社区教育、继续教育和地方企业培训,创建1~2个国家级社区教育示范区和5个省级教育示范区,充分发挥四级社区教育网络的作用,以"双证教育"、"双百工程"为载体,加强对职工和农民的技能培训,年培训劳动人口20万人以上。

(三)加强人才队伍建设

牢固树立人才是第一资源的观念,深入实施人才强市战略,建立公开、平等、竞争、择优的用人机制,努力营造"爱才、聚才、育才、用才、留才"的良好环境,到2010年全市人才总量达到58万人,其中高层次人才达到2万人,人才占总人口比例达到10%。坚持以高层次人才为重点,以提高自主创新能力为核心,围绕培养、吸引、使用三个环节,加大人力资本投入,造就适应台州经济社会发展需要的党政人才、企业经营管理人才、专业技术人才、高技能人才和农村实用人才队伍。建立科学的人才评价体系,搭建人才公共服务平台,充分发挥人才市场在人才资源配置中的基础性作用,促进人才合理流动。

(四)积极发展文化事业和产业

切实加强文化基础设施建设。坚持统一规划,合理布局,分步实施,加强重点文化设施、青少年校外活动阵地、妇女儿童场所和城乡社区公共文体设施建设,提高文化设置覆盖率,加快建设一批标志性文化设施,强化中心城市文化集聚和辐射功能。积极推广"百分之一文化计划",在城市各主要建设项目中拿出1%的投资额度用于文化建设。在"十一五"期间建成100家浙江东海明珠乡镇(或文化明星乡镇),50%以上的村居建成有标准的基础文化俱乐部,并建设好100家示范基层文化俱乐部。加强档案和地方志工作,全面推进数字档案馆建设。基本形成布局合理、功能完善、城乡协调的现代化公共文化设施和服务网络体系。

广泛开展群众性文化活动,继续加大群众文化活动经费投入,积极举办或承办重大文化节会,丰富城乡群众的文化生活,进一步提高城乡居民文化消费水平。初步形成组织机构网络化、服务对象社会化、阵地建设规范化、活动形式多样化的基础文化发展格局。探索建立面向群众、面向市场的精神文化产品生产激励机制,重点扶持一批体现浙江和台州创作水准、具有较大影响的作品,一批在文化产业发展中具有良好社会效益、市场发展潜质和积极导向作用的项目,一批深受基础群众欢迎的公益性文化服务项目,一批弘扬台州优秀传统文化、具有传承和创新意识的文化艺术成果,一批围绕中心和大局、研究理论和现实问题、具有突出贡献的文化项目。

积极稳妥推进文化体制改革,促进文化产业发展。按照意识形态工作和文化发展规律的特殊要求,探索文化领域国有资产改革新模式,充分发挥国有文化单位的主体力量,鼓励民办文化,支持民营企业进入文化领域。大力开发具有台州特色的文化产品。积极培育和发展广播影视、新闻、书报业、艺术品、演出等文化市场以及各类文化中介机构,大力发展与高新技术相结合的现代传媒业,发展与大众文化、体育、健康消费相结合的健身娱乐、文化会展、文化体育培训等产业。加强文化市场培育,建立文化市场综合监管体制,净化社会文化环境,促进文化市场健康发展。

依托丰富的历史文化资源,构建多层次保护体系,全面提升文化遗存保护水平。加强对具有历史文化价值的物质遗存的保护工作,制定历史建筑、古迹遗址的保护目录,进一步做好古城、古镇、古街和名人故居、历史遗址等的保护和利用。加强非物质遗存的保护工作,坚持"保护为主、充分利用"的原则,构建台州民族民间艺术资源保护、艺术展示、宣传推广体系,重视以台州乱弹、"一绣三雕"为代表的特色文化的抢救、传承和开发。深入开展历史文化专题研究、历史文献整理,梳理民族民间文化发展脉络,制定并实施保护规划,完成我市民族民间艺术资料的整理编制工作。

(五)积极发展医疗卫生事业

加强公共卫生服务体系建设,全面提高卫生服务能力水平。建立健全公共卫生应急指挥体系,全面提高公共卫生事件应急指挥水平。建立健全疾病预防控制体系,加强疾控机构建设,增强重大疾病的预防控制能力。建立健全医疗救治体系,构建多层次医疗救治网络,突出传染病医院(区)和急救中心机构建设。建立健全卫生监督执法体系,切实加大卫生监督力度,卫生监测合格综合指数达到90%以上。建立健全公共卫生信息体系,实现公共卫生信息统一管理。大力实施以新型农民合作医疗和农村公共卫生项目为主要内容的"农民健康工程",新型农村合作医疗覆盖率达到85%以上。大力推进城乡社区卫生服务体系、妇幼卫生保健体系建设,全市社区卫生服务覆盖率达到80%以上,孕产妇死亡率控制在20/10万以下,婴儿死亡率控制在15‰以下。重视精神卫生、老年保健事业的发展。

加强医疗卫生服务体系建设,建立适应台州经济社会发展、满足人民多层次多形式医疗需求的医疗卫生服务体系。建设一批有代表性的现代化医院和专科医院,基本建成与中心城市相配套的具有综合功能的区域性医疗卫生服务中心。积极推进中医药现代化建设,振兴台州中医药事业。

实施区域卫生规划,优化卫生资源配置,合理调整卫生布局,实现卫生资源的最大效用。深化卫生改革,推进医疗机构经营模式和运行机制改革,探索部分公立医疗机构实行兼并、重组、托管等多种形式管理,鼓励和吸引社会资本投入卫生事业,形成多元化投资办医的模式。改善人才环境,加快卫生队伍建设,全面实施科教兴医,建设一批省、市级重点学科,促进医学科技创新能力的提高,推动我市医学水平再上新台阶。加大对卫生事业的投入和补偿。

深入开展以"创卫"为载体的爱国卫生运动,实现国家卫生城市目标。促进城乡环境卫生改造,开展农民健康教育,形成良好的卫生习惯和健康理念,提高居民的生命质量和生活质量,人均期望寿命达到76岁以上。

(六)大力发展体育事业

进一步贯彻实施《全民健身计划纲要》,加快建设体育强市步伐。广泛开展群众性体育活动,不断增强人民体质。2010年,全市体育人口争取达到45%以上,国民体制合格率争取达到85%以上;有3个县(市、区)要达到体育强县标准、30个镇(乡)要达到体育强镇(乡)标准。推进实施"小康健身工程",加强社会体育指导员队伍建设,不断完善全民健身组织网络,加快体育场馆和社区健身场所建设,逐步完善城乡健身设施,力争全市公共体育场地面积达到1平方米/人。积极发展竞技体育,充实市级运动员队伍和后备人才队伍,培育一批优势项目,增强竞技体育的综合竞争力,力争在国内外大赛中取得好成绩,承办好省第十三届运动会。加快发展健身休闲、竞技表演、技术培训和体育中介为主的体育市场体系,构建多元化的体育产业投资格局,培育市级体育龙头企业,积极引导并促进体育消费。

(七)加强思想道德建设

深入学习宣传贯彻邓小平理论和"三个代表"重要思想,进一步用科学发展观武装各级领导干部的头脑。大力弘扬以爱国主义为核心的民族精神和以改革创新为核心的时代精神,弘扬"敢冒险、有硬气、善创造、不张扬"的台州精神,加强学校、家庭、社会三结合的思想道德网络建设,形成合力,打造人文台州。加强和改进未成年人思想道德建设,加强大学生思想政治教育,引导广大青少年树立正确的世界观、人生观、价值观。加强社会公德、职业道德、家庭美德建设,增强人民群众民主与科学的时代精神,在全社会形成良好的思想道德风尚。积极推进文明礼仪教育,倡导科学、健康、文明的生活方式,深入开展文明城市、文明行业、文明村镇创建活动,全面提高台州人文素质。

十、切实关注民生,努力构建和谐社会

按照构建社会主义和谐社会的要求,增加就业岗位、扩大就业机会、完善城乡社会保障体系、健全应急系统、提高抗灾防灾能力,打造"平安台州"。认真解决人民群众最关心、最直接、最现实的利益问题,保障人民群众安居乐业。发展社会主义民主政治,深入贯彻依法治市战略,努力建设"法治台州"。

(一)积极促进就业和再就业

加强经济发展与扩大就业的有机结合,实施积极的就业政策,千方百计增加就业岗位。建设制度化、专业化、社会化的就业服务体系,到"十一五"末基本建立规范化的劳动力市场,进一步建立与市场经济体制相适应的促进就业机制,确立稳定的政府投入促进就业制度,形成长效的再就业援助制度,促进劳动力的有序流动和合理配置,实现较为充分的社会就业。推进就业服务向农村延伸,为农村劳动力转移创造良好的就业环境,促进城乡就业协调发展。创造环境、改善条件,支持外地职工融入台州共同建设台州。"十一五"期间,努力把城镇登记失业率控制在4.2%以内,全市累计实现新增城镇就业岗位20万个,每年转移农村劳动力5万人,"十一五"期末把第一产业从业人员比例降到22%以内。

(二)进一步完善社会保障体系

深化社会保障制度改革,建立健全与经济发展水平相适应的社会保险体系。按照依法扩面征缴、完善政策措施、加强基础管理、健全服务体系的要求,加快建立健全社会保险、社会救助、社会福利和慈善事业相衔接的社会保障体系。

加快促进养老保险全覆盖的到位工作,逐步做实个人账户,形成基本养老保险、企业年金和个人储蓄性养老保险相结合的多层次养老保险制度,2010年全市企业养老保险参保人数达到76万人。积极扩大基本医疗保险覆盖面,不断完善医疗保险政策,稳步提高参保人员医疗保障水平。统筹建设城乡医疗保障制度,努力满足不同层次的医疗保障需求,2010年全市基本医疗保险参保人数达到57万人。在保障失业人员基本生活和改善就业环境上下工夫,进一步提高失业保险水平。积极把高风险行业和企业纳入工伤保险参保范围,努力扩大工伤保险覆盖范围。总结推行生育保险与医疗保险协同推进的扩面新模式,扎实推进生育保险扩面工作。深入推进被征地农民基本生活保障制度建设,切实保障被征地农民利益。

切实加强妇女儿童工作,保障妇女和儿童的合法权益。大力发展老龄事业和老龄产业,抓紧制定实施适应人口老龄化的社会保障政策和措施,加大公共财政转移支付力度,引导、扶持、激励社会资金投入,积极应对人口老龄化。积极探索民政事业发展的新模式、新途径,全面构建覆盖城乡的新型社会救助体

系。鼓励社会募捐,多渠道筹集资金,促进救灾救济、社会福利、优抚安置以及慈善、残疾人等社会互助与福利事业的发展。

(三)加强人口与计划生育工作

稳定人口低生育水平,人口自然增长率控制在6‰以内。优化人口结构,提高出生人口素质,综合治理出生人口性别比偏高问题。继续推进优生优育,不断降低出生缺陷发生率。依法加强流动人口管理,继续改善流动人口服务。合理引导人口迁移,促进人口空间布局合理化。

(四)建立健全公共突发事件应急体系

探索建立社会管理新格局,提高对社会治安局势的控制力,切实维护社会稳定。加强隐蔽战线斗争和保密工作,维护国家安全。继续保持严打高压态势,依法严厉打击各种犯罪活动。深入开展专项整治活动,完善社会治安防控体系,进一步落实社会治安综合治理措施,逐步提升打防管控科技含量,全面提高社会治安防范水平。深入研究新形势下人民内部矛盾的规律和特点,健全社情民意收集机制,进一步畅通民意,尽可能把各种社会矛盾化解在基层和萌芽状态。依法积极调整劳资关系,维护和保障职工合法权益。做好信访工作,妥善处置群体性事件。抓好社区校正、归正人员安置帮教和青少年法制教育。重视建立健全公共安全应对机制,加强各类社会安全基础设施建设。加强公安民警队伍建设,进一步提高每万人公安民警数。坚持安全第一、预防为主、综合治理,落实安全生产责任制,健全监督管理体制,强化企业主体责任,夯实安全生产基础,增加安全生产投入,建立和完善应急救援体系,确保人民群众生命财产安全。加强粮食流通基础设施和粮食储备体系建设,密切与粮食主产区的合作,完善粮食安全预案,确保粮食安全。强化市场价格监管和对食品、药品、餐饮卫生的监管,加快城乡消费安全网络建设。

积极增加基础性投入,提高全市防灾减灾能力。加强新一代天气雷达、中尺度自动站等气象监测网络和预报系统建设,开展海洋气象实时预报、城市大气污染潜势预报、极端气候事件预警服务等新业务。完善水文监测与预报系统,增强防汛预报预警能力。提高对水利工程的综合调度水平,充分发挥水利工程的兴利除害作用。加强电子与网络技术在水利、气象事业中的应用,提高监测和预警预报系统的现代化水平。建设地质灾害群测群防体系,加强对山体滑坡危险点的重点防范和隐患点的跟踪监测,健全预警预案机制,分期分批对重点隐患点实施搬迁避让和工程治理,确保人民群众的生命财产安全。做好重点矿区尾矿坝的汛期监测,防止泥石流等次生气象灾害的发生。加强对地面沉降区的监测,采取有效措施加以治理和控制。加强病危山塘水库的除险加固工作。进一步提高沿海地区的防洪御潮能力,维护沿海城市、沿海产业和沿海居民的生命财产安全。加强公共消防基础设施和多形式的消防队伍建设,提升城乡防范火灾的能力。

(五)加强民主法治建设

发展社会主义民主政治,坚持和完善人民代表大会制度,认真贯彻人大及其常委会作出的决议和决定,拓展人民代表同人民群众的联系渠道,进一步发挥人民代表的作用。坚持中国共产党领导的多党合作和政治协商制度,巩固和发展最广泛的爱国统一战线,充分发挥民主党派、工商联和无党派人士的作用。认真贯彻民族、宗教、侨务等方面的政策,支持工会、共青团、妇联、科协等人民团体依照法律和各自章程开展工作。

积极稳妥有序推进基层民主政治建设,进一步扩大基层民主,健全民主选举、民主决策、民主管理、民主监督制度,保障城市社区居委会和村民委员会依法行使自治权利。深化"民主恳谈",建立"恳谈对话"机制,进一步丰富基层民主实现形式。

全面推进依法行政,着力构建法治政府。加快建立权责明确、行为规范、监督有效、保障有力的行政执法体制,规范行政执法行为,重点解决执法不严和多头执法等问题。加强执法队伍建设,完善行政执法责任制,提高依法行政水平。

实施"五五普法"规划,不断提高全民法律素质。以领导干部、公职人员和青少年为重点,深化开展法治宣传教育。扩大法律服务领域,加强对弱势群体的法律援助,积极疏导和化解各类社会矛盾。

(六)积极支持国防建设

坚持国防建设与经济建设协调发展的方针,全面支持驻台解放军和武警部队各项建设,切实做好国防动员、民兵预备役和人民防空工作。建立战时防空抗毁与平时防空防灾一体化的民防体制,促进人防向民防转变。深入开展国防教育,增强全民国防意识。深入开展"双拥"活动,认真落实优抚政策。争取建立台州市军供站,提高国防备战服务能力。充分发挥驻台部队在台州改革开放和现代化建设中的积极作用,深入开展军警民共建活动,巩固和发展军民团结,巩固全国双拥模范城创建成果。

十一、十大百亿工程

"十一五"期间,我市将建设一批对全市国民经济和社会发展具有战略影响、项目前期工作比较扎实、建设条件基本具备的重点工程,主要涉及电源电网、交通港口、水资源开发利用与节水、先进制造业、农业农村、现代服务业、城市建设、信息化、社会事业、生态与安全等十大领域,每个领域重点工程的合计投资均在百亿元以上,规划总投资2 500亿元。

(一)电源电网工程

规划投资420亿元。电源建设方面:全力推进天台桐柏抽水蓄能电站、玉环华能电厂、台电五期、三门核电一期等重大电源项目建设。加快仙居抽水蓄能电站前期工作,争取在"十一五"期间开工建设。继续做好天台九龙抽水蓄能电站等重大项目前期工作,为争取适时建设创造条件。加大清洁能源和可再生能源的开发力度,逐步提高清洁能源比重。加快沿海、海岛和山区各风电场的前期可研工作,争取在"十一五"期间开工建设10万~40万千瓦风力电站。规划到2010年全市发电总装机容量达到1 000万千瓦,比2004年增长4倍,打造华东重要的电力能源基地。电网建设方面:建成以500千伏为主网架,以220千伏为主骨干、110千伏为主配电网的网架体系,保证电力运行安全,到2010年,建成500千伏台东变和回浦变工程,全市500千伏变电所达到3座变电容量达到425万千伏安,220千伏变电所达到25座变电容量达到780万千伏安,110千伏变电所97座变电容量达到770万千伏安,全面实现电网建设"三个翻番"的目标。

(二)交通港口工程

规划投资335亿元。统筹公路、铁路、水运、航空、管道等多种运输方式,构建高、快速道路、铁路、航空、内河水运构成的网络化、高效率交通运输体系。全力推进甬台温铁路以及配套场站工程建设,继续推进金台铁路前期工作,积极创造条件,争取早日上马建设。加快完善高速公路网架,大力改造国省道区域干线,大力推进农村公路建设,形成以高速公路为主骨架、国省道区域干线为主干线、农村公路为支线的四通八达公路网,全面实现"3115"交通圈计划,全市公路密度从"十五"末的44.9公里/百平方公里提高到56.3公里/百平方公里。确保"十一五"时期全面建成台金高速公路和诸永高速公路。抓紧做好前期工作,争取在"十一五"期间基本建成甬台温高速公路复线和乐清湾跨海大桥。创造条件争取开工建设天仙、珠六高速公路和天台至亭旁连接线。加快沿海港口开发,以大麦屿港区开发为重点,积极推进一港六区建设。积极推进前期工作,抓紧开发头门港区。积极开展大陈岛30万吨级石油中转码头等项目的前期工作,力争尽早取得实质性进展。抓紧开展铁路连接大麦屿港等项目前期工作,继续做好海门港整治工作,努力拓展港口开发腹地,形成"一城一港一政"新的港口发展格局。继续做好民航机场建设的相关前期工作,创造条件改造老机场。

(三)水资源开发利用与节水工程

规划投资110亿元。加快水源建设,推进北水南调工程实施,加快仙居盂溪水库、三门佃石水库、海水淡化试验等工程建设;完成台州供水二期、牛头山水库向沿海地区引水工程、黄岩新水厂建设等主要工程。继续做好仙居朱溪、临海方溪、温岭梅溪水库等建设的前期工作。在完成玉环华能电厂4.5万吨/日海水淡化工程的基础上,争取启动玉环1.5万吨/日亚海水淡化和温岭10万吨/日海水淡化等工程建设。积极推进全市自来水管网改造,使全市自来水漏损率下降到12%以下。实施百万农民饮用水工程和百万亩农业节水灌溉工程。强化节水、污水处理和中水回用工程建设,2010年城市污水集中处理率达到65%以上。进一步完善抗台御潮和防洪排涝系统,综合整治河道1 200公里,提高水利工程的抗灾能力。进一步提高城乡防洪标准,启动临海城防二期等工程建设,台州市区城防要逐步达到100年一遇,副中心城市和县域中心城市要达到50年一遇,重要城镇要达到20年或50年一遇,平原排涝标准要逐步达到10年或20年一遇。

(四)先进制造业工程

规划投资600亿元。通过实施先进制造业工程建设,到2010年全市制造业的结构优化升级取得重大进展,进一步构建以高新技术产业为先导、以先进技术改造传统产业为支撑,具有较强竞争力的产业特色优势。全市汽摩及配件行业总产值达到600亿元,汽车整车年产量达到70万辆;缝制设备行业总产值达到250亿元,年产各种缝制设备600万套;医药化工行业总产值500亿元,出口创汇40亿美元,初步建成具有较强国际竞争力的亚太"药谷";家用电器行业销售收入超600亿元,其中出口交货值超150亿元;塑料模具行业总产值达到720亿元,建成全国有影响的塑料研发中心、质量检测中心和模具设计研发中心、制造中心,全面提升塑料制品和模具的档次,力争达到世界水平;加快船舶工业发展,建设具有综合优势的船舶工业体系,力争把我市打造成国内知名的特种船舶和出口船舶的修造基地。加快台州滨海工业区块建设,打造工业新城、城市新区。建设国家级汽车及零配件出口基地,打造经济轿车之都,形成特色优势明显、具有核心竞争力的区域汽车制造体系。争取台州百万吨大乙烯项目建设。

(五)社会主义新农村工程

规划投资130亿元。围绕"打造沿海发达农业,建设全面小康新农村,加快城乡一体化"为主题,大力发展现代农业,进一步繁荣农村经济。通过实施社会主义新农村工程,建立一批现代农业示范工程,再建设100个示范村、1 000个整治村;完成"千里绿色通道"、"千里清水河道"、"乡村康庄工程"建设,农村居民安全饮用水普及率达到70%,厕所改造完成90%,通村公路硬化率达到100%;农村劳动力素质培训人数达到100万人,培养万名专业农民;建成40个移民小区,下山移民5万人;转产转业捕捞渔民7 600人,农业劳动力从115万人下降到90万人;特色农业、农业产业结构得到进一步调整和优化,生态农业、绿色农业得到发展;城乡统筹发展,一体化建设的科学发展理念得到具体的体现。

(六)现代服务业工程

规划投资200亿元。加快全市物流项目如台州物流中心、台州国际物流中心、台州中心粮库、供销华联仓储中心、农产品物流配送中心等项目建设,把我市建成长三角南翼重要物流枢纽。推进旅游资源开发、保护、利用及配套项目建设,创建中国优秀旅游城市,重点开发市区绿心、临海桃渚国家地质公园、神仙居旅游度假区、神秀天台旅游度假区、温岭锦屏公园等项目。运用现代信息技术和现代流通经营方式改造商贸、交通运输等传统服务业,建设民营经济论坛、世贸中心、沃尔玛购物广场台州南分店等项目,继续推进电子数码城、路桥建筑装饰市场等工程建设,启动路桥生产资料市场迁建工程。加快市区商务区建设,完善城市功能。

(七)城市建设工程

规划投资350亿元。组织实施中心城市建设"710"工程,即建设10大重点区块、10条城市主干道、10项环境工程、10个文化工程、10大住宅小区、10个公园绿地、10大建筑7类项目。抓紧全市天然气管网工程前期工作,其中市区管网争取"十一五"期间开工建设。扎实推进温岭生活垃圾焚烧发电、玉环城市垃圾处理、天台生活污水处理、仙居生活污水处理和临海灵湖等城市基础设施工程建设。全市城市生活垃圾无害化处理率提高到90%。完善以社区服务中心为基础的社区服务体系,居民的服务需求得到较好满足,居民的居住水平和生活质量明显提高。

(八)信息化工程

规划投资105亿元。继续推进信息基础设施建设,建设电信交换接入网、无线市话网、宽带接入扩容、宽带IP城域网、第三代移动通信网、移动话务网、传输基础网络等工程。充分整合网络资源,统筹规划电信网、互联网、广播电视网等基础网络资源,推动网络融合。大力发展宽带用户接入网,在有条件的区域争取实现光纤到户。推广多形式、多终端的低成本实用信息技术,在实现村村通电话和电视的基础上,努力推进农村和边远地区宽带信息网络的覆盖和使用。建设和整合全市电子政务网络,形成统一的电子政务网络平台,加强政府门户网站体系建设和管理,实现政务信息化基础设施的合理布局和优化配置。建设全市基础地理信息数据库,完善数据库管理系统,建立基础地理信息应用服务平台。建设信用服务、安全认证、在线支付、现代物流、标准规范等电子商务支撑体系。积极推进企业信息化建设,鼓励重点骨干企业改进业务流程优化资源配置。支持基于互联网的行业电子商务应用,重点建设第三方电子商务平台,带动中小企业电子商务应用。

(九)社会事业工程

规划投资120亿元。大力发展各类国家级、省级技术研发中心和重点实验室,积极创办企业博士后科研工作站,大力引进各类科研院所落户台州,使台州成为科技创新和成果转化的基地。特别要重视抓好浙江大学台州研究院和台州科技创业服务中心建设。继续加大对教育的投入,完善校网布局,特别是中心城区的中小学建设和农村校舍改造,完成台州学院椒江校区、台州科技职业学院新校区、温岭职业中等学校、仙居中学扩建、天台中学迁建等工程建设,建设市级聋哑学校等特殊教育设施。加强城乡文化设施建设,巩固和提高基层文化俱乐部创建成果,适时建设图书馆、博物馆等标志性城市文化设施,建成青少年妇女儿童活动中心。加紧省第十三届运动会配套项目建设。加快卫生事业发展,以公共卫生体系建设为重点,推进卫生疾病防控体系和突发公共卫生医疗救治体系项目建设,加快恩泽医疗中心等综合性医院、温岭妇幼保健院和老年、妇婴等专科医院建设,市区的医院规模达到4床/千人,医疗设施得以进一步改善。实施地名公共服务工程。加快老年公寓、老年福利院和残疾人服务中心等社会福利设施建设。建成城市生活无着的流浪乞讨人员救助管理站、流浪儿童救助保障中心。推行园林化生态公墓建设,有效整治青山白化。积极整合各类资源,提高设施利用效率。

(十)生态与安全工程

规划投资130亿元。城乡环境基础设施建设领域,在各县域中心城市、重点工业园区、经济发达的中心镇全部建成集中式污水处理厂;在每个县市区各建设一批垃圾无害化处理设施;在每个乡镇分别建设一座以上垃圾中转站,每个村建成垃圾收集系统;建成台州危险固废处理中心和两个医疗废物处置中心;各规模化畜禽养殖场均建成经污染治理的配套设施,村镇生活污水处理设施建设全面推开,建立市病死畜禽集中处理中心,农业农村面源污染治理初见成效。生态恢复与保护领域,建成一批自然保护区、生态化风景名胜区、重要生态功能区、饮用水源保护区、森林公园、湿地公园、地质公园。环境污染治理领域,建成一批水污染治理、气污染治理(包括脱硫、脱氮)、噪声污染治理、固体废弃物污染治理工程,解决重点区域、重点行业和重点企业的环境污染问题。公共安全基础设施建设领域,重点是建立健全环境和生态安全应急机制、防灾减灾预警和应急机制,落实安全生产责任,进一步提高消防应急能力,进一步加强人防设施建设等,确保人民群众生命财产安全。

十二、规划实施保障

(一)推进规划体制改革,强化规划法制保障

在社会主义市场经济条件下,政府职能正逐步从项目管理转向规划引导、从微观管理转向宏观管理、从直接调控转向间接调控。扎实推进规划体制改革,规范规划管理,提高规划编制质量,强化规划的衔接和协调,进一步确立国民经济和社会发展总体规划的权威地位,使规划成为政府依法行政的重要准则,成为确定政府性投资项目、安排财政性资金、提供公共服务的重要依据。

(二)加强年度计划衔接,落实规划机制保障

在规划正式颁布后,提出年度实施任务并依此编制年度计划,把对政府具有约束力的事项分解落实到各县(市、区)和相关部门,增强可操作性。创新规划的实施机制,综合运用经济、行政、财政、价格等手段,确保规划目标实现。加强宣传,在全市上下形成关心规划、熟悉规划、支持规划、监督规划的良好氛围。

(三)加强规划项目衔接,强化规划资源保障

“十一五”时期,规划统筹安排了一批关系全市发展大局、能够支撑经济社会快速发展的重大工程项目。对于这些项目,要在政策、土地、资金上予以支持。需要政府投资的项目,要论证合理的建设规模,按轻重缓急确定建设时序,确保政府资金及时到位。要根据国家产业发展导向,积极向上争取更多政策性投资项目,尽可能使更多项目进入国家和省市规划笼子,得到更多支持。形成规划指导项目的工作机制,努力以项目充实规划,增强规划的实效性和可操作性。

(四)加强规划评估检查,强化规划组织保障

建立规划协调管理机制,以国民经济和社会发展总体规划为指导,统筹协调各级各类规划的编制和实施。加强规划实施的监督检查和跟踪分析,实行中期评估和动态监测,及时发现问题并提出修编、调整建议。更好接受人大、政协对规划实施的审议、监督,适时开展对规划执行情况的检查,对不符合规划要求的项目布点,要建立报告、质询制度。

加快推进台州现代化新进程,全面建设小康社会与和谐社会的历史重任,是全市558万人民的共同使命。我们要切实增强责任意识、前列意识和忧患意识,始终保持昂扬向上、开拓进取的精神状态,在以胡锦涛同志为总书记的党中央领导下,高举邓小平理论和“三个代表”重要思想伟大旗帜,万众一心,奋发进取,开拓创新,埋头苦干,为完成“十一五”规划各项任务,为在全面建设小康社会与和谐社会中走在全省前列而努力奋斗!

(注:目录、前言、专题图表略)

台州神仙居景区

马鞍山市国民经济和社会发展第十一个五年规划纲要

(马鞍山市第十三届人民代表大会第五次会议批准)

第一章 “十五”回顾

“十五”期间,面对经济转轨、社会转型带来的各种挑战,面对宏观经济环境变化,面对非典、禽流感疫情等重大灾害,全市人民在市委市政府的坚强领导下,紧紧围绕富民强市、“两个率先”的奋斗目标,正确贯彻国家宏观调控政策,积极抢抓发展机遇,锐意进取,攻坚克难,提前并全面超额完成“十五”计划各项预期目标。

综合经济实力跃上新台阶。全市经济实现跨越式发展,其中2003~2005年3年地区生产总值翻了一番多,接连突破200亿元、300亿元,期末达到371.4亿元,5年年均增长15.6%,较长三角平均水平高出2.2个百分点,总量由“九五”末全省的第12位跃居第4位;人均GDP突破3 500美元,达到3 667美元,高出全省平均水平2 600美元,继续位居全省首位。固定资产投资5年累计540.1亿元,是“九五”时期的3.6倍,年均增长44.3%。工业投入占总投入的59%,年均增长56.7%,马钢冷热轧薄板、星马专汽、华菱重卡、山鹰纸业等一批重大项目相继建成,有力地拉动了即期增长,积蓄了发展后劲。财政收入2002年以后实现加速增长,每年净增10亿元以上,期末达到61.1亿元,年均增长27.1%,自2003年以后,总量在全省位次由“九五”末的第5位上升到第3位。

结构调整取得重大进展。期末工业增加值占全市生产总值比重达到59.5%,占全省工业增加值的1/7。期末规模以上工业企业达到341家,较“九五”末净增221家,年营业收入超亿元的企业达30家,较“九五”末净增22家;超10亿元的企业8家,较“九五”末净增7家。企业规模与核心竞争力明显扩大和增强,马钢一举跨入千万吨钢铁企业行列,销售收入在全省率先突破300亿元大关,华菱销售收入突破20亿元,山鹰、长钢突破10亿元,全市工业加快成长、梯次跟进的格局已见雏形。农业结构明显优化,经济作物和渔业比重、种养业优质品率明显上升,黄池食品、雪润肉食品等农业产业化龙头企业得到发展壮大。通过资源整合,天润发、海外海汽车城、梦都、鸿泰等一批商贸流通和餐饮企业迅速做大做强,带动了全市服务业体量的扩张。民营经济不断壮大,增加值年均增长24.6%,对全市经济增长的贡献率达41.9%。

体制改革取得重大突破。以“三个置换、两个结合、一个保障”为主要内容,通过全市各系统高强度推进,并与招商引资、发展民营经济相结合,全面、规范地完成了404户国有、集体中小企业产权制度改革和9.2万名职工的身份置换,同步完成了乡镇企业的改制,企业经营机制得到根本转变,发展活力全面迸发,所有改制企业基本取得了生产增长、利税增加、职工增资的明显成效。骨干企业山鹰、星马两公司成功改制上市。马钢、十七冶主辅分离取得重要进展,企业办社会职能得到剥离。矿院、冶金设计院成功实施了企业化改制。事业单位改革在破题中整体推进。行政管理体制改革继续深入,引导、促进、服务经济社会发展的职能得到强化。乡镇和村区划布局得到调整,为资源的优化配置创造了体制基础。

对外开放开创全新局面。大开放主战略深入实施,市县区开发区、工业园和乡镇工业集中区建设全面拉开,建成区面积达到8平方公里,对承接产业转移、推动企业改制搬迁、优化城市和产业空间布局起到了重要作用,成为拉动经济增长的有力支撑。外向型经济全面拓展,5年累计实际利用外资3.9亿美元、内资123.4亿元,分别是“九五”时期的5.4倍和6.2倍。对外贸易增长加快,外贸进出口总额达34.6亿美元,连续3年居全省第2位,年均增长37.9%。区域经济合作扎实推进,以南京为重点,与长三角城市在交通、教育、人才交流等方面的合作多层次展开并取得实质性进展。对外交流与合作进一步扩大,在巩固发展国内外友好城市关系的同时,与西班牙阿尔冈达·德雷伊市和澳大利亚科克拉市结为友好城市。

城乡面貌发生巨大变化。基础设施建设全面推进,5年完成城建投资146.6亿元,是“九五”时期的3.1倍。马芜高速公路建成通车,“村村通”等县乡公路建设有效地改善了农村交通条件。5年新增城市道路总里程81公里,相当于建市以来城市道路的一倍多,先后建成了江东大道、慈湖河路、霍里山大道、太白大道、湖东南路等一批城市道路,并打通了市区与当涂县城的快捷通道,推动市县建成区面积扩大到80平方公里,“双百”城市构架初步拉开,全市城市化率达到58%。小城镇建设快速推进,5年累计完成投资21.3亿元,是“九五”时期的5.3倍。市政公用配套设施逐年完善,承载能力不断增强。扩建和新建了第一污水处理厂、第二污水处理厂、开发区污水处理厂,城市生活污水处理率达到73%。第四水厂一期工程建成,农村饮用水工程加紧建设。成功实施天然气置换,城市居民全部用上了清洁燃气。先后实施雨山湖综合整治、向山垃圾处理场和佳山、雨山公园等46项重大环境建设工程。生态市建设全面启动,环境保护和生态建设得到加强,被列为全省惟一的国家清洁生产试点城市。在巩固国家卫生城市、国家园林城市、中国优秀旅游城市的基础上,又荣获国家环保模范城市称号。

各项社会事业全面进步。科教兴市战略扎实实施。再次获得全国科技进步先进市称号。国家863新材料成果产业化基地和高新技术创业服务中心后续项目加快建设，产学研合作领域加速拓展，先后与清华大学、南京大学等几十所知名高校、科研单位建立了密切联系和合作关系。教育投入不断加大，安工大东校区、中加双语学校等一批大型教育建设工程相继竣工，农村中小学D类危房改造完成，有效改善了办学条件。普通高中发展得到提升，二中、红星中学等一批市县中学成为省和市示范高中。高等教育规模迅速扩大，安徽冶金科技职业学院、安徽工贸技师学院、马鞍山师专、马鞍山网络大学等高等院校相继成立。突发性公共卫生应急体系初步形成，市疾控中心、紧急救援中心等相继建成。公共卫生设施得到逐步完善，重大疾病的防控成效显著。文化、体育、广播电视事业蓬勃发展。民政、信访、民族宗教、档案、地方志、防震减灾、人防等工作得到加强。人口出生率控制在省下达指标范围内。

人民生活水平明显提高。5年新增就业岗位9.7万个，4.7万名下岗失业人员实现再就业，新增农村劳务输出7万人。经济发展和就业扩大带动城乡居民收入的快速增长，期末城市居民人均可支配收入和农民人均纯收入分别增长17.1%、13.2%，达到11 935元和4 511元，均继续稳居全省第一。城乡居民人均储蓄在全省率先突破万元，期末达1.38万元，是"九五"末的2.4倍。居民生活质量不断提高，城镇人均住房建筑面积净增3.8平方米，汽车进入部分居民家庭。城乡市场繁荣，期末全市社会消费品零售总额达到64.3亿元，年均增长12.6%，较"九五"年均增速加快2.7个百分点。以养老、失业、医疗、工伤、生育和最低生活保障为重点的多层次社会保障体系不断完善，被征地农民养老保险、新型农村合作医疗和城乡特困群体医疗救助以及廉租房制度全面实施，基本实现老有所养、病有所医、失业有助的社会保障目标。围绕群众关注的热点、难点，5年为民办实事49件，解决了包括背街小巷整治、农村人居草房消除等一大批贴近群众生活的现实难题。

精神文明和民主法制建设全面加强。全国文明城市创建活动稳步推进，文明单位、文明社区等基层创建工作取得新成效。学习型城市建设多层次展开，与清华大学共建学习型城市示范工程扎实推进。双拥创建工作全面开展，全市国防建设和经济建设协调推进。依法行政取得新进展，率先推行现行文件公开查阅制度，先后4次清理行政审批项目，简化审批程序，积极推进了行政审批"一站式"服务。成功实施社区直选试点，社区建设得到加强。社会治安防控体系不断完善，安全生产形势持续保持稳定。

"十五"时期是马鞍山市经济发展速度最快、改革开放程度最深、城乡面貌变化最大、群众得到实惠最多的时期。面向"十一五"，全市发展进入了一个新阶段，站在了一个新起点。

第二章　发展环境及指导思想和主要目标

第一节　发展环境展望

"十一五"时期，我市加快发展具备很多有利条件。从宏观环境看：区域经济合作不断深入，长三角等发达地区受资源等要素制约和成本影响，部分产业将加速向发展中地区转移，由此带来的资金、技术、产业和管理的加速溢出，将提升我市区位和产业比较优势，为我市有效承接产业梯度转移、扩张产业规模、提升产业层次、提高技术水平创造了空间。经济发展的外在推力也将进一步加强，随着"中部崛起"、"东向发展"等战略和政策从概念层面进入实质性实施阶段，我市可能在政策、资金、重大项目布局等方面争取到更多的支持，政策环境趋好。从微观基础看：全市产业发展基础不断强化。通过"十五"的建设，马钢及华菱、山鹰、中橡、圣戈班等企业一批重大工业项目的建成扩张了产能，蒙牛乳业、格力电工、丰原生化、海螺水泥等一批新的经济增长点加速兴起，近几年培育的一大批中小企业正处于成长期，未来将进一步释放潜能，全市产业整体竞争力将得到显著提升。交通的先导性和基础性作用将更加显现，马鞍山长江大桥及接线高速公路、沿江城际客运铁路、沿江高速、芜申运河等一批重大交通基础设施将相继建成，为我市在更大范围上整合资源、配置要素提供了更为有利的支撑平台。体制的促进作用也将格外明显，通过推动深层次改革，市县区协同发展的机制将进一步完善，把握机遇、推动发展的能力将不断提高。

与此同时，在发展进程中也客观存在着一些矛盾和问题：一是由于国家仍将实施最严格的土地管理制度和较紧的信贷政策，以及石油、铁矿石等资源价格的波动，将给我市经济发展增加不确定因素。二是由于我市主导产业基本同类，大多属于投资中间品，处于一个经济循环周期中，受宏观经济影响较大，产业抗风险能力不强。三是由于全市工业经济增长还主要依靠资源的消耗和外延的扩张，节能降耗、治理污染亟待我们付出更大的努力。四是由于城乡居民收入差距较大，破解"三农"问题，加快建设社会主义新农村，统筹城乡发展等还需要创新思路，加力推进。

第二节　指导思想

"十一五"时期我市经济社会发展的指导思想是：坚持以邓小平理论和"三个代表"重要思想为指导，认真贯彻党的十六大和十六届三中、四中、五中全会精神，以科学发展观统领经济社会发展全局，积极贯彻东向发展战略，大力推进工业化、城市化、市场化、国际化进程，全面融入长江三角洲发达地区，加速调整经济结构，转变经济增长方式，提高自主创新能力，推动经济超常规、跨越式发展，加快建设现代加工制造业基地、绿色食品基地、休闲旅游基地，促进社会主义经济、政治、文化和社会建设协调发展，全力推进富民强市，加速实现"两个率先"，努力构建和谐社会，为实现安徽奋力崛起做出新的更大贡献。

——坚持不断解放思想，勇于开拓创新。以大力推进思想解放为先导，弘扬创新创优创业精神，坚决冲破一切妨碍发展的思想观念和体制性障碍，自觉破除封闭保守、骄傲自满、小富即安、不思进取、求稳怕乱等错误观念，牢固树立率先意识、市场意识、开放意识和创新意识，把思想解放贯穿于发展的全过程，在加快发展的实践中解放思想，在解放思想中统一思想，以思想上的率先保证发展上的率先，以思想的大解放促进经济的大发展，以勇于创新、敢为人先、奋发进取的精神状态，不断开创改革开放和现代化建设的新局面。

——坚持调整优化经济结构，切实转变增长方式。按照扩大总量、提升质量的要求，以增量带动存量调整，在加快发展中促进经济结构不断优化升级。深入实施科教兴市战略和人才强市战略，把增强自主创新能力作为科技发展的战略基点，作为调整优化结构、转变增长方式的中心环节，大力提高原始创新能力、集成创新能力和引进消化吸收再创新能力，努力建设创新型城市。切实走新型工业化之路，以信息化带动工业化，加快建设资源节约型、环境友好型社会，促进经济发展与人口、资源、环境相协调。

——坚持深化改革,扩大开放。按照社会主义市场经济的改革方向,以更大的决心推进改革攻坚和体制创新,切实转变政府职能,为经济社会发展提供强大动力和体制保证。树立全球战略意识,实施互利共赢大开放主战略,在更大范围、更宽领域、更高层次上参与国际国内经济技术合作和竞争,充分利用国际国内两种资源、两个市场,全面提升我市对外开放水平。

——坚持统筹城乡发展,推进城乡良性互动。坚持工业反哺农业、城市支持农村的方针,以工业化致富农民,城市化带动农村,产业化提升农业。坚持多予少取放活政策,强化农村公共服务,建立以工补农、城乡互动、协调发展的新型城乡关系,促进城乡协调发展,形成以工促农、以城带乡的长效机制。

——坚持以人为本、富民为先,促进社会和谐稳定。始终把维护和实现最广大人民的根本利益作为一切工作的出发点和落脚点,在坚持跨越式发展、坚持效率优先、坚持改革攻坚的同时,更加注重经济社会协调发展,加快发展社会事业,促进人的全面发展;更加注重社会公平,努力增加城乡居民收入,认真解决人民群众最关心、最直接、最现实的利益问题,使广大人民群众共享改革发展成果;更加注重民主法制建设,正确处理改革发展稳定的关系,保持社会安定团结。

第三节　发展目标

通过5年的努力,使我市主要总量指标进入全省最前列,占全省份额进一步提升,人均主要经济指标以较大的优势在全省领先,达到长三角城市中等发展水平,成为与长三角互动发展的特色产业强市、配套产业基地,带动皖江提速的龙头、促进全省崛起的先锋,适宜创业和居住的繁荣富裕优美和谐的现代化城市。

经济发展。在优化结构、提高效益和降低消耗的基础上,5年投入1 000亿元以上,实现经济总量比"十五"末翻一番,人均生产总值比2000年翻两番。财政收入在规划期末达到140亿元。改革开放取得新的重大突破,社会主义市场经济体制逐步健全和完善,率先融入长三角,加速实现国际化,开放型经济水平迈上新台阶。经济增长方式转变取得进展,产业、产品结构得到优化,形成一批拥有自主知识产权和知名品牌、具有较强竞争力的优势企业和产业集群;高新技术产业增加值占工业增加值比重达到25%以上。城乡统筹发展的大格局基本形成,二元结构继续得到改善,社会主义新农村建设取得积极进展,城市化率达到66%。

人民生活。城乡居民收入大幅增加,城市居民人均可支配收入达到1.7万元以上,农民人均纯收入达到7 100元以上,年均增幅分别达到7.3%和9.5%;5年新增就业岗位10万人以上,城镇登记失业率控制在4.5%以内。5年转移农村劳动力8万人以上。多层次的社会保障体系更加健全,期末城镇职工养老、失业、医疗保险参保率均达到98%,工伤、生育保险覆盖率达到85%;农村养老保险、城乡最低生活保障、新型农村合作医疗制度进一步完善,社会救助体系基本形成。城镇居民文化、娱乐、教育服务支出占家庭消费支出比重达到16%;城镇居民人均住房建筑面积28平方米,农村居民36平方米。农村安全饮用水达标率100%。

社会发展。科技教育发展水平进一步提高。大中型工业企业技术开发经费内部支出占销售收入比重达到5%,科技服务体系基本形成,信息化运用在各领域全面展开。巩固和发展城乡中小学教育成果,基本普及高中阶段教育。文化体育事业在形成特色中加快发展,文化体育产业成为经济增长点。卫生事业水平不断提高,每万人拥有医生数25人,人口平均预期寿命80岁。城镇社区居委会直选率和农村村委会民主选举率达到100%。人民群众对社会治安满意率高于90%。

可持续发展。循环经济在各领域全面展开,节约型社会建设机制基本形成。资源利用效率显著提高,单位生产总值能耗持续下降,保持全国同类城市先进水平,到2010年单位生产总值能耗比"十五"末降低18%,力争20%。全市工业废水实现100%达标排放,城市生活污水处理率达到80%。城市垃圾无害化处理率达到98%。建成区绿化覆盖率达到43.5%,人均公共绿地面积12平方米。空气质量优良率90%以上。出生人口政策符合率96%以上。

第三章　发展方向和主要任务

第一节　全力打造现代加工制造业基地

推进新型工业化进程,加快形成以现代加工制造业为支撑、高新技术产业为先导、大中小企业合理布局的工业体系。

依托交通条件展开工业布局。打造205国道沿江工业带。北部,优化整合慈湖经济开发区、花山工业集中区,并控制预留好马钢等大企业建设用地。继续整合沿江企业用地,提高沿江岸线资源利用效率。中部,经济技术开发区在完成北区6.8平方公里开发建设的同时,推进南区3.2平方公里的开发建设。当涂经济开发区抓好一期10平方公里开发建设并拓展新区建设。高起点规划长江大桥产业园区。南部,积极推进205国道的市政化改造,启动新桥工业城建设,高水准规划建设太白工业集中区。通过中部拓展、南北延伸,使205国道工业带北接江宁滨江开发区,南连芜湖桥北工业区,形成集聚优质大项目的沿江产业带。打造314省道工业走廊,利用薛丹博地区平缓的丘岗地条件,高起点规划建设博望、丹阳两个工业集中区,带动东部地区开发。以围乌路和乌黄路为轴线,重点规划建设石桥、乌溪、黄池3个特色工业集中区,带动大公圩地区的工业化进程。

通过有效的资源整合和重点支持,推动马钢到"十一五"末销售收入达到600亿元以上。经济技术开发区工业销售收入达到400亿元。慈湖经济开发区达到160亿元,当涂经济开发区工业销售收入超百亿元。花山工业集中区销售收入超20亿元,当涂6个乡镇工业集中区销售收入超150亿元。园区外规模以上企业销售收入达到100亿元。

根据面向未来的产业布局,修编土地利用总体规划,在保证基本农田面积不减、质量不降的前提下,使土地性质的确定与城乡建设、产业布局相适应,使土地利用规划、城乡建设规划、产业布局规划做到科学有机地统一,真正体现规划对经济社会发展的指导性、约束性和促进作用。

推进现代加工制造业优化升级。提升主导产业,培育潜力产业,壮大优势产业,以优质增量提升存量,推进结构调整。

提升主导产业。进一步提升钢铁、汽车两大主导产业的竞争力。支持马钢加快新区建设,大力发展高附加值产品,做强钢铁主业,形成1 500万吨钢产能,板带比达到60%以上,迈入具有国际竞争力的现代化企业集团行列。支持马钢发展非钢产业,开发关联产品,延伸产业链条。支持长江钢厂推进技改、优化结构,与马钢错位发展。坚持引进技术与自主创新相结合,培育星马专用汽车核心技术竞争力,重点发展华菱重型卡车，带动零部件加工业，建成知名的重卡和专用车生产基地。

培育潜力产业。突出抓好新材料、精细化工、生物医药、电子电器四大潜力产业的技术应用与开发能力，抢占产业发展制高点。在新材料领域，支持以天源和鑫洋磁材为代表的磁性材料、华骐公司生物滤料、南京众弘公司胶凝材料、休普公司牙科正畸陶瓷托槽，以及稀土制品等一批新材料产业的发展，形成有马鞍山特色的新材料产业。在精细化工领域，支持中橡公司炭黑扩建、丰原公司柠檬酸技改、金星集团系列钛白粉技改项目，推动产品向系列化、高端化发展。在生物医药领域，支持桂龙药业公司中药制剂、红太阳集团生物肥等项目。在电子电器及软件产业，支持开发区软件园、迪嘉特平板电视和朗科软件等企业发展，扩大高新数字产业规模。

壮大优势产业。用先进适用技术和信息化手段改造传统产业，进一步扩大金属制品、机械制造、造纸、电力、纺织服装和食品加工六大优势产业体量，创建和提升自主品牌，拓展市场空间。金属制品产业，重点支持圣戈班公司管件、玉龙公司异型钢丝和卷钉开发、奥盛公司低松驰预应力钢绞线项目，以及相关企业的钢构、钢板开平等项目。机械制造产业，重点支持方圆公司回转支承、万马公司数控机床、惊天公司大型液压锤、博宇公司锻压机械、友邦大型龙门铣等重大项目。造纸产业，重点支持山鹰公司牛皮箱板纸、胶印书刊纸项目。电力产业，支持万能达新机组建设，合理规划、积极争取新电源点项目，把马鞍山打造成皖电东送前沿基地。纺织服装产业，重点支持天成公司高档面料、金姿公司高档台布等新项目，促进天平、海狮、日本大同、上海桐枫等纺织服装企业的技术改造，帮助企业提高自主品牌知名度。食品加工业，重点实施蒙牛乳业液态奶、雨润公司肉食品、黄池公司农产品、安康公司食用菌等加工项目，延伸农副产品深加工，创建特色食品加工基地。

依托重点企业和优势产业加强产业集群建设。按照“系统整合、配套完善、错位发展、形成特色”的思路，整合上下游资源，实施产业链招商，推动配套产业集聚。依托马钢延伸钢铁产业链，建设钢铁深加工产业集群；依托华菱重卡集团等企业，发展汽车及零部件产业集群；依托天源、蒙牛、丰原、中橡、黄池、天成以及博望刃具等企业群体培育磁性材料、乳制品及食品加工、生物医药、服装、刃模具、新材料应用等系列产业集群。发挥临江和区位优势，在招商中主攻能形成产业集群的大项目，形成一批核心企业牵动、关联企业集中、分工协作紧密、规模效应显著的特色产业集群。积极实施中小企业“万千百十”工程，培育一批生产专业化、技术高新化、产品特色化，在行业中具有领先水平和较强市场竞争力的中小企业群体。力争到2010年，全市中小企业发展到1.5万户，其中规模以上工业企业1 000户，年销售收入超亿元的企业100户以上，新创省级以上名牌产品10个以上。

抓好岸线整合开发和港口建设。坚持“统一规划、有序开发、深水深用、浅水浅用”的原则，按功能合理利用港口码头岸线、过江通道岸线、取水口岸线、旅游岸线等。对已开发利用的岸线进行整合，鼓励建设公用码头，从严控制货主码头，集约开发港口、工业、仓储等生产岸线，引导产业向陆域纵深布局，提高岸线开发的投资强度和利用效率。加强对航道的疏浚、整治，稳定河势，保障通航能力。完成小黄洲锚地和适时启动江心洲锚地建设，推进滨江大道、幸福路北延等集疏港道路建设，有效释放港口吞吐能力。加强与南京(江宁区)、巢湖(和县)协作，联动开发岸线资源。做好口岸工作，实现对外籍轮开放。

改善支撑工业发展的要素条件。加强工业经济运行预警预测，对煤电油运等重要生产要素供应做好综合协调服务，完善物流配送等配套服务体系，保障工业经济正常有序运行。推广徽商银行市支行“雏鹰行动计划”成功经验，鼓励各金融机构建立和完善与企业的沟通协作机制，促进银企合作。支持有条件的企业在境内外上市融资，力争5年新增上市公司3家以上。积极推进产学研结合，为企业提供完善的技术支撑体系。加强企业经营管理和高技能人才队伍建设，为企业发展提供智力支持。加大对企业信息化建设的政策引导与资金扶持，开创信息化带动工业化的新局面。

第二节　全面深入实施大开放主战略

加速全面融入长三角。按照率先融入、接受辐射、错位发展、形成特色的思路，坚持市场主导、政府推动、企业运作，全方位、多层次地推进与长三角地区的对接。同时与芜湖、巢湖等皖江城市在规划、交通、产业配套等方面开展实质性的合作。进一步完善对外交通体系，加速推进马鞍山长江大桥及接线公路建设，建设沿江城际客运铁路，争取宁芜复线改造，筹划宁马轻轨建设，与芜湖联手推进芜申运河建设，加强长江及内河港口建设。进一步拓展产业对接，搞好产业协作和产品配套服务，吸纳承接长三角劳动密集、资源加工型产业向我市转移。大力发展城郊型、生态型、效益型农业，大幅度提高我市农副产品在长三角市场的占有率和知名度。提高建设企业在长三角建筑市场的占有份额，积极吸引长三角优质资源来拓展我市文化、医疗、体育等事业和产业。全面开展与长三角城市在市场、科技、人才、资本、旅游、信息等方面的对接，实现互利互赢。

不断提高招商引资水平和质量。创新招商方式，优化投资环境，5年实际利用外资10亿美元、内资300亿元。加强招商引资的组织协调，完善招商引资的激励机制，切实提高招商引资效果。建立驻长三角机构、外商代表信息库，调整驻外机构布局，整合县区招商力量，在组织好大规模招商的同时，积极采取委托、驻点招商等灵活形式。提高招商引资层次和项目质量，向技术含量高、产品附加值大、关联度强项目转变，向先进制造业、现代农业、现代服务业项目转变。强化“亲商、富商、安商”意识，加强对外来投资企业的服务，促进以外引外，以老引新，推动更多的客商到马鞍山投资兴业。

强力推进以市开发区为龙头的园区建设。继续举全市之力推进经济技术开发区和各类园区建设，完善功能开发，促进体制创新，转变运行方式。从总投资、单位面积投入和产出、容积率、绿地率等多方面对各开发园区进行控制，提高土地利用效率和产出率。各类园区要高标准建设、高强度招商和高效率服务，增强发展、创新、集聚和辐射能力。按照合理布局、资源整合、集中连片的原则，进一步调整和优化区县工业集中区布局。加快重点乡镇工业集中区建设步伐。

扩大对外贸易和经济技术合作。充分利用国内国外两种资源、两个市场，坚持外资、外经、外贸、外运“四外齐上”，加速构建全方位、多层次、宽领域的对外开放体系，外贸进出口总额年均增长15%。大力促进外贸企业发展，积极支持有条件的企业申报外贸经营权。坚持以质取胜，完善出口商品质量保障体系和安全检测检验体系，培育出口名牌。建立主要出口产品贸易壁垒预警、反应机制，增强处置贸易争端能力。在现有钢铁、纺织服装等出口产品的基础上，进一步扩大重型卡车、磁性材料、精细化工等产品的出口贸易额。加快优势企业“走出去”步伐,支持马钢等企业到国外勘测和开采矿产资源,获取资源权益。大力发展技术贸易和服务贸易,着力推进劳务经济从工程承包、劳务合作向境外投资承包、设计监理等多元化经营转变。

第三节　优化与构建新型城镇体系

按照城市、卫星城、重点镇展开全市城镇体系布局。

市县一体建设现代化城市。按照城市总体规划加快建设和形成“十八横八纵”路网格局,推进城市“东扩、南进、北接、西延”。完成霍里山大道北段、葛羊路东段以及新城东区的骨干道路建设,进一步拉开城市“东扩”框架,向山要建设成为带动城市东部发展的近郊城市组团。推进城市主干道向南延伸,重点建设副城区超山路、横山路、大金山路、银塘路、黄山路、太白路、提署路、凌云路等一批道路建设,推动城市“南进”,促进主副城区的对接。抓好慈湖地区北部道路整治与延伸,使城市北部与江宁滨江开发区“北接”为一体。加强与巢湖的合作,积极促进城市功能的互动“西延”。同步推进城市供排水、供气、供电、公交等公用设施建设。通过全方位的城市形态拓展与功能开发,优化城市空间布局,增强城市承载服务功能。

重点建设博望、石桥两个卫星城。发挥博望地区良好的地理条件和产业特色优势,将其建设成全国刃模具制造与集散基地、皖苏边境工业重镇、区域性中心小城市。发挥石桥镇地处大公圩几何中心的地理优势和经济社会发展的辐射作用,将其建设成以服装和机械加工为特色,服务大公圩地区的经济文化和商贸中心。

突出建设丹阳、太白、黄池、乌溪、霍里五个重点镇。利用丹阳镇的工贸传统和毗邻南京小丹阳的有利条件,将其建设成以机械加工和冶金压延为特色的工贸型集镇,与博望镇共同带动当涂北部的发展。依托太白镇的产业基础,将其建设成以冶金压延为特色的,服务工业和旅游发展的综合型集镇。发挥黄池镇产业优势,将其建成以食品加工为特色的,带动大公圩、辐射周边的区域性集镇。利用乌溪镇紧邻高淳的有利条件,将其建设成以仪表及相关特色产品加工为基础,接受高淳辐射、带动周边发展的集镇。利用霍里镇毗邻禄口国际机场、江宁开发区、京沪高速铁路南京枢纽站的区位和优良的生态条件,对濮塘地区进行规划和改造,建设成旅游服务型集镇和生态居住社区。支持塘南、大陇、湖阳等乡镇重点朝着服务生态农业的方向发展。合理确定卫星城与重点镇近期、中期、远期的用地面积,高起点、开放式规划好未来发展。

依托被撤并乡镇发展基础和交通条件,建设一批服务农村生产生活的中心社区;依托村委会所在地,规划建设一批重点社区;依托较大的自然村落为基础,建设一批一般社区。通过完善路、水、电、信等基础设施,引导农民向城镇集中,居住向社区集中。

第四节　加快建设社会主义新农村

按照“生产发展、生活宽裕、乡风文明、村容整洁、管理民主”的要求,扎实推进社会主义新农村建设。

加快现代农业建设。着力打造面向长三角的绿色食品基地。全面展开水产品、畜禽产品、优质粮油、蔬菜、苗木花卉、速生林木等6种优势农产品生产布局。推进农业产业化和适度规模经营,把“三资”大力度导入农业,积极探索农村土地承包经营权流转新机制,鼓励和引导农民发展各类专业合作经济组织。积极扶持加工型产业化龙头企业发展,促进农产品加工增值和农民增收,力争到“十一五”末,超5亿元和超10亿元龙头企业分别新增1~2户以上。加快农业科技进步,健全农业技术推广、农产品市场、农产品质量安全和动植物病虫害防控体系。进一步加大对农业的投入,加快以水利为重点的农业基础设施建设。不断提高农业机械化水平,加快农业标准化建设,提升农业综合生产能力。

推进农村城镇化。坚持用城市理念规划农村建设,高标准、高起点做好新一轮村镇规划,2006年基本完成城镇总体规划修编、居民点布局和建设规划编制,明确城镇功能定位。按照工业向园区集中、人口向城镇集中、居住向社区集中的思路,统筹规划全市农村的交通体系、产业结构、人口分布、基础设施建设,以城带乡,以乡促城,城乡互动,统筹城乡资源的流向、流量和配置,实现生产要素向城镇集中,现代文明向农村延伸。积极可为、量力而行地开展农村治脏、治污、治乱工作,逐步改善村容村貌。试点引导,政策支持,推进小康村建设。同时探索农民向城镇转移的具体政策与途径。

大力发展农村公共事业。加强对农村的公共服务,扩大公共财政覆盖农村的范围。加快发展农村教育事业,进一步巩固提高农村九年制义务教育,在免收义务教育阶段学费的基础上,逐步免收义务教育阶段杂费,继续对贫困家庭学生提供免费课本和寄宿生活费补助。加强农村体育、广播电视等领域的硬件建设。

推进城乡交通一体化。创造条件实施“314”省道丹阳段南迁和博望段北移,为两镇的镇区拓展和产业布局打开空间。建设当高大桥连接乌溪的道路,形成大公圩南部至江苏高淳直达宁高高速的快速干道。和芜湖联手建设黄池大桥,贯通至芜宣高速,畅通大公圩的南向快速出口。积极实施大陇至湖阳的路桥建设和博望至江宁开发区核心区的道路建设,加密东向通道。改造新黄等重点镇之间的公路,完善大公圩路网结构。发展农村公共交通,全面完善农村道路“村村通”工程。

推进公共设施一体化。突出抓好产业园区、重点镇的供水、供电、供气、水利、电信和消防等公共设施的建设和改造,加快向乡村拓展延伸。实施防洪保安工程,搞好农村小水利建设。组织实施大公圩等重要水系的“水环境整治”,系统推进安全饮用水工程。抓紧农村公共卫生和基本医疗服务体系建设。积极实施农村改厕、造林绿化和垃圾集中处理,发展适合农村特点的清洁能源。

推进城乡市场一体化。实施安民农贸市场扩建和塘南水产品市场建设,积极建设大型特色农产品批发市场,以及农产品贮藏、运输、保鲜、配送中心等设施。实施农产品进超市工程。配合“万村千乡”农村市场工程建设,鼓励和引导大型商贸流通企业向农村延伸和发展。

推进城乡就业和社会保障制度有机衔接。在卫星城和重点镇设立职教分校,大力实施农村劳动力转移培训“阳光工程”,重点加强农村初中毕业生的职业教育。提高农民的科技文化素质和致富能力。利用“信息入村”工程,建设全市统一平台的就业信息服务网络,提高劳务输出的组织化程度。进一步完善被征地农民养老保险制度和新型农村合作医疗制度,逐步将养老制度和最低生活保障制度扩大到全部农村地区,积极探索实施工伤和生育保险,继续实施农村计划生育奖励补助制度。

培育文明乡风。以先进文化为支撑倡导文明乡风，深入开展农民思想道德教育工作，结合学习型城市创建，精心设计载体，深入开展“文明村镇”创建活动，在农村逐步形成尊老爱幼、男女平等、家庭和睦、邻里亲和的文明新风尚。建设和完善农村文化设施，加强农村图书室、阅报栏、电影放映点及农民夜校等建设，逐步形成覆盖农村各个层面的文化网络，丰富群众文化生活。开展“文明家庭”评比活动，促进文明乡风的形成。

建立健全县区发展促进机制。整合各类支农资金，分步投入，不断解决“三农”发展的薄弱环节。深入推进农村综合改革，切实转变乡镇政府职能，建立农村基层管理新机制、农村公共产品供给新机制和“三农”社会化服务新体系。继续按照责权一致、财事配套的原则，进一步深化对县区的放权，理顺财税体制，增强县区发展活力。建立健全社会主义新农村规划实施的考核制度，加大考核力度。改进农村工作考核评价办法，分类指导各乡镇发展特色经济。通过市、县区共同努力，到2010年，当涂县经济总量达到150亿元以上，财政收入突破18亿元以上，3个区财政收入均超5亿元。

第五节 推进服务业跨越式发展

完善服务业发展政策，拓展生产型服务业，提升生活型服务业。

培植物流产业。加快物流基地建设。依托宁芜铁路、马鞍山港、马钢铁路专用线、公路集运枢纽及大型货场，在慈湖构建一个重化工物流园区，即皖江地区化工产品、钢材、板材等的物流配送中心。在经济技术开发区，加紧建设一处综合工业产品物流园区，满足大中型工业企业物流需要。根据马鞍山周边农业发达、城镇众多的特点，构建农副产品物流配送中心。整合商贸流通、交通运输、邮政通信等服务行业物流信息资源，构筑和完善公共物流信息平台。

完善物流运输网络。利用南京国际空港、马鞍山长江大桥以及长江黄金水道、芜申运河等拓展辐射范围，构筑物流服务圈和物流服务通道，提供快速、准时、多样化服务的市域和市际配送体系。发展多式联运业务，不断提高公路、铁路货运配载的信息管理水平。整合公路、铁路、水运等部门物流服务资源，加强综合协调，进行科学规划，形成综合性物流服务体系。

引进和培育知名物流企业。对第三方物流企业给予政策扶持，积极引导企业和其他社会组织剥离物流部门和设施，推动物流市场化。鼓励多元化投资主体进入物流领域，积极引进国际性物流公司和采购集团，实现规模化经营。加快传统交通仓储企业产权制度改革，组建跨地区、跨行业的大型物流企业集团。

调整和提升商贸服务业。加强规划和建设，争取用5年左右的时间，基本形成运行机制灵活、服务功能齐备、信息网络畅通、与国际国内市场对接、具有地方特色的区域性商贸中心。社会消费品零售总额年均增长10%以上。优化商业网点布局。建成布局合理、结构优化、管理规范、服务优质的商业体系，逐步形成大中小型结合、高中低档并举、综合与专业配套、集中与分散协调发展的商业服务网络。重点构建“一主、两副、五区”的市区两级商业中心格局，在主城区湖南路、湖西路、九华路及湖东路围合而成的带状区域建设一个集文化、购物、游览、休闲、餐饮于一体的多功能综合性商业街区，成为我市最繁华的商业集散地；在湖北路与慈湖河路交叉口附近、当涂太白路与振兴路交叉口附近建设两个市级商业副中心；建设金家庄、慈湖、解放路、印山、银黄5个区级商业中心。进一步完善业态结构，扩大专业经营的容量和水平，形成花山商贸旅游园、解放路商业街、大华国际广场、花山路建材商业街、唐贤商业街、金字塘步行商业街、提署路综合商业街等一批多功能、多业态的商业集合体。因地制宜规划建设若干档次高、辐射广的大型农副产品市场、工业品市场。按照城市人口分布、发展规模规划建设一批大中型零售商店、集贸市场。

大力发展旅游业。发挥旅游资源优势，开发旅游产品，注重特色培育，做响旅游品牌，建设面向长三角的休闲旅游基地，2010年旅游业总收入达到29亿元，年均增长20%以上。

整合开发全市旅游资源。全面完善沿江旅游带、中心城区旅游片区、城市东部旅游片区、青山旅游片区等“一带三区”四大重点旅游功能区建设。沿江旅游带作为旅游核心区，整体运作土地资产，推动“三山”（翠螺山、荷包山、小九华山）和采石镇旅游区的整体开发；加快小黄洲、江心洲等生态休闲、农业观光旅游项目建设；规划建设长江大桥风景区。中心城区旅游片区以主城区为依托，引导和规划建设特色鲜明的文化、娱乐、餐饮和休闲街区。城市东部旅游片区，以推进濮塘风景区、花山旅游园区开发为重点，将其建设成为集生态旅游、会务旅游、运动休闲为特色的展示城市魅力和品位的旅游度假区。青山旅游片区，深度开发青山文化旅游片区的李白诗歌文化资源，做响李白诗歌文化品牌。有序推进横山、石臼湖等潜力风景区的开发建设。

推进旅游创新。制定加快旅游产业发展的政策，引导社会力量参与旅游资源的开发和经营。引进和扶持旅游企业，培育规模化、集约化发展的大型旅游集团。加强旅游、会展等专业人才的引进与储备。发展大型旅游娱乐休闲项目，开发特色旅游纪念品。整合和提升旅游度假设施，加快中高档酒店建设，提升马鞍山的旅游接待能力和水平。做精做新“吃、住、行、游、购、娱”，致力于旅游产业链中餐饮、洗浴、购物、娱乐等环节的发展，打造马鞍山休闲旅游品牌。健全游客投诉、旅游咨询等旅游服务机制。深化与南京都市圈城市的旅游合作，联合开展旅游促销，形成整体促销效应。

规范和引导房地产业持续健康发展。强化规划调控，合理安排开发用地，改善住房供应结构，建立健全房地产产业体系、房地产市场体系和政府宏观调控体系，全面促进以住宅为主的房地产业成为全市支柱产业。重点发展普通商品房，适度开发经济适用房，适当发展高档商品房，5年房地产新建成面积达到750万平方米，其中住宅建筑面积600万平方米。积极引进房地产咨询、设计、物业管理公司，培育发展房地产企业，增加住宅建设的科技含量，大力推进节能型、环保型房地产项目建设。积极推进房地产开发和物业管理的分业经营，引入市场竞争机制，提高物业管理水平，加快住宅产业现代化进程。完善房地产一级市场，培育二、三级市场，加快发展房地产中介服务业，完善房地产金融信贷服务，建立房地产市场信用体系。加大房地产市场管理力度，加强房地产价格监管，进一步规范交易秩序。继续推进老旧小区改造，妥善解决城市化进程中拆迁户的安置问题。

大力发展金融服务和中介服务业。加快地方金融机构改革和发展，完善金融体系，扩大金融体量。支持徽商银行、农村合作银行和各商业银行加快内部体制改革步伐；通过制定金融业发展扶持政策，优化金融业发展环境，整合地方金融资源，加强区域金融合作,扩大金融开放,不断增强地方金融实力;大力引进股份制商业银行、外资银行来我市建立分支机构,初步形成股份制商业银行、国有商业银行、地方性金融机构三个层次的金融服务体系;积极发展贷款担保、证券、信托投资、财务公司、典当等金融服务业,培育和发展保险市场。充分利用债券、股票市场融资,扩大直接融资比重。按照企业化经营、规范化管理、社会化服务的要求,促进中介服务业健康发展。积极实施企事业单位的中介服务业剥离。加快发展会计和审计、资产评估、工程咨询、科技咨询、管理咨询、法律咨询、市场调查等咨询服务业。积极发展代理、评估、拍卖等商品市场中介服务业。

第六节　促进民营经济加速发展

营造鼓励全民创业的社会氛围。全社会动员,以多种形式宣传创业理念,弘扬创业文化,激发创业热情。破除求全责备的观念,树立助人创业的思想;破除本位主义的观念,树立服务创业的思想;破除保守僵化的观念,树立放手创业的思想。把解放思想与培育创业文化相结合,坚决消除影响创业的体制障碍和不利于创业的规章制度,放手让劳动、知识、技术、管理和资本的活力竞相迸发。大力弘扬敢想敢干的创业精神,积极宣传当代创业典型,大力鼓励和支持创业者变守摊为开拓、变过得去为过得硬、变小业为大业,把企业的市场主体地位充分显现出来,真正形成政府鼓励创业、社会支持创业、群众自主创业的生动局面。

创造激励创业的宽松环境。全面落实加快民营经济发展的政策措施,清理并取消各种不适应民营经济发展的歧视性、限制性和不合理规定,继续清理各种行政事业性收费项目。探索建立全民创业基金,按人员性质分别给予一定的支持。适当增加对中小企业贷款担保基金的资本金注入,向民营企业提供信用担保。积极支持民营企业申报各类项目,向上争取项目贴息和扶持资金。全方位放宽准入领域,拓展全民创业新空间。通过统筹安排民营经济发展用地、加快整合各类园区资源、建立创业扶持奖励基金、加大金融和人才支持力度等措施,构建全民创业新平台,放手支持民营经济加快发展。依法管理,进一步规范市场经济条件下的财产关系、信用关系和契约关系。

健全支持创业的服务体系。以中介服务组织为载体,逐步健全民营经济发展和全民创业过程中急需的融资担保、信息咨询、创业辅导、人才培育、市场开拓、技术对接、项目开发、法律咨询等方面的社会化服务体系。重点培育和发展要素市场,建立民营中小企业绿色融资通道,完善民营中小企业信用担保体系和社会化服务体系,鼓励和引导通过多种方式进行融资创新,扩展民营企业的张力。同时整合社会创业扶持资源,形成联动机制,扩大服务功能。

积极培育各类创业主体。制定扶持创业的政策措施,鼓励各类专业技术人员和大中专毕业生大胆创业、企业富余人员和下岗职工自主创业、广大农民参与创业、民营业主"二次创业",全力打造全民创业新团队。引导一批能人大户自主创业,通过引导让他们实现由就业到创业的转移。壮大一批支撑大局的骨干企业领航创业。着力扶持一批具有发展前途和潜力的小企业。进一步引导民营企业进行理念、制度创新,充分发挥民营经济的潜力。

第七节　大力发展循环经济

深入开展资源的循环利用。积极推进矿山研究院金属矿资源高效循环利用国家工程研究中心建设。建设马钢循环经济园区,将循环经济的理念贯穿于钢铁生产的全过程。严格要求各单元进行技术改进和产业转型,不断延伸钢铁工业产品链,使资源利用效率发挥到最大限度。建设市经济技术开发区循环经济园,优化整合开发区企业,重点培育冶金与机械产业链、纺织服装产业链、生化医药产业链等,实现对上游产业废物的循环利用。建设重化工基地循环经济工业园区,以慈湖经济开发区为依托,优先发展精细化工、生物化工和新材料循环经济产业链,实现上下游产业链间的接续利用及不同产业链间的交叉利用。加强对三大循环经济园区内重点行业的管理,充分发挥各行业废弃物消纳功能,降低废弃物最终处置量,着力提高"三废"综合利用率。综合利用各种建筑废弃物及农业废弃物,积极发展生物质能源,推广沼气工程;大力推广无公害种植、生态渔业养殖和零污染饲养模式,发展生态农业。

努力实现资源的高效利用。大力发展绿色产业,优先选用高效利用资源、无污染或少污染的技术工艺和设备;积极运用先进技术改造传统产业,加快淘汰高耗能高排放的技术工艺和设备,逐步建立起促进节约降耗、有效提高资源利用效率的产业体系。加强对钢铁、电力、化工等重点行业的能源、原材料、水等资源消耗管理,实现能量的梯级利用、资源的高效利用和循环利用,努力提高资源的产出效益。鼓励企业从产品设计入手,尽可能采用小型或重量轻、可再生的材料及零部件,大力压缩无实用性材料消耗,实现资源利用的减量化。加快推进国家清洁生产试点城市建设,引导和鼓励马钢、山鹰、丰原、热电等企业推行清洁生产、开展ISO14000环境管理体系认证,实现污染治理由末端向源头全过程控制的转变。

积极开展废旧资源的回收利用。以实现生产—产品—再生资源的循环利用为导向,积极推进废钢铁、废机电产品、废纸等的回收,加快转化运用,有效提高产业生态效益。建立和完善垃圾分类收集和分选系统,加快向山生活垃圾无害化处理场后续工程建设,进一步培育壮大垃圾焚烧发电产业,有效建立起集垃圾回收、加工、利用为一体的综合性体系。大力建设工业固体废弃物综合处置利用示范工程,开展废旧电子产品的回收循环再利用工程;建立全市废物交换机制,建设废弃物回收利用、废旧物资回收系统、固废集中处理系统、污水集中处理和中水回用系统等,形成以分类回收和集中加工为主体的再生资源回收利用体系;发展再生资源产业,实现资源循环利用。

加强矿山资源的综合利用。统筹规划全市矿产资源开发,加强马钢及向山地区矿产资源开采管理,全力整顿开采秩序,改进资源开发利用方式,实现资源的规范化、保护性开发。积极推进矿产资源深加工技术和研发,提高产品附加值,实现矿业的优化与升级。开发并完善适合我市矿产资源特点的采、选、冶工艺,提高矿产资源的回采率和回收率。加强共生、伴生矿产资源的综合开发和利用,加快尾矿、废弃土等矿业副产品向新型建材产品转化生产,有效实现矿产资源循环高效利用。

在全社会倡导绿色消费。加强宣传引导,提高全市上下对循环经济及绿色消费重要性的认识,牢固树立可持续的消费观,实现健康文明、有利于节约资源和保护环境的生活方式与消费方式。鼓励使用有能效标识、节能节水认证或环境标志的绿色产品,抵制过度包装等浪费资源的行为,把节能、节水、节地、节材、节粮,减少一次性用品的使用逐步变为每个市民的自觉行动。

第八节 继续强力推进改革攻坚

继续深化企业改革。巩固完善国有、集体企业改革成果，抓好企业改革收尾工作。继续支持马钢实施主辅分离和辅业改制。积极鼓励和支持中央和省驻马单位改革。深化国有资产管理体制改革，完善国有资本有进有退、合理流动的机制和国有资产监督管理体系。加快国有经济结构和布局的战略性调整。积极探索资本运作的新模式，推动国有控股、参股企业的股份从已改制的民营企业中加快退出，通过对退出或转让的国有资本的运作，促进国有资产的保值增值。

推进事业单位体制改革。全面推进生产经营类事业单位转企改制，逐步实现社会化投资、市场化运营、产业化发展。社会公益类事业单位实施资源重组，提高运行效益。行政执行类事业单位实现政事分开、事企分开。积极稳妥地推进科教文卫体等社会事业管理体制改革，完善公共服务体系。鼓励社会资金和民间资本兴办医疗机构。探索建立政事、政企分开和管、办分离的新型文化管理体制。按照管、养分离的原则，进行水利工程管理体制和交通航道、公路管理体制、城市维护管理体制改革。理顺旅游发展领域行政管理、社会服务与市场开发等关系。

深化财税体制和投资体制改革。全面深化公共财政支出改革，深化部门预算、国库集中支付制度、政府采购制度改革，积极探索一般消费性支出、福利待遇货币化改革，进一步理顺和规范市与区（县）的财政分配关系和管理体制。建立非税收入征管、财政风险管理和财政社会保障机制。积极应对增值税转型、个人所得税、消费税、内外资企业所得税合并等新一轮税制改革。加快投资体制改革，管好政府投资，激活民间投资。建立政府投资项目绩效评价制度，健全政府投资项目代建制度、咨询评估论证制度、专家评议和公示制度，严格执行政府投资项目决策程序。健全协调配套的企业投资行为监管体系，进一步完善项目核准、备案管理办法。

强化市场体系和信用体系建设。整治市场秩序，规范市场行为，严厉打击假冒伪劣行为，保护消费者的合法权益。加强价格监管，反对垄断和不正当竞争，建立合理的价格形成机制。大力发展和完善产权、资本、技术、人才、劳动力、土地等要素市场，促进要素的有序流动。发展技术市场，建立各类人才市场，特别是职业经理人市场，为中小企业特别是非公有制企业提供良好的人才服务。加强土地市场管理，深入推进土地市场化进程，调节土地市场供给，提高土地使用效率。规范中介组织和各类行业协会、商会等自律性组织，增强自我管理、自我服务功能。推进“信用马鞍山”建设，确立政府信用，规范行业、个人和社会的信用行为，建立守信激励和失信惩戒机制，努力构筑诚实守信的信用环境。

继续深化行政管理体制改革。加快建设公共服务型政府，改革体制、转变职能、提高效能、优化环境，切实履行经济调节、市场监管、社会管理、公共服务职能。理顺市区两级管理体制，深化乡镇机构改革，建立健全与市、县（区）事权相匹配的财税体制，推进部门预算改革。加强效能建设，提高行政效率和服务水平。发展电子政务，降低行政成本。探索实施“政府雇员制”，满足政府公共管理对高端人才的需求。严格依法行政，建立健全行政管理公示制度，严格执法责任制，推进全市综合行政执法体制改革。继续完善城市管理相对集中处罚权制度，建立健全科学合理的城市管理考评、监督体系。推进政府信息公开。不断增强反腐倡廉的能力，基本建立符合我市实际的惩治和预防腐败体系。

第九节 大力发展科技教育促进人才强市

推进区域创新体系建设。建立高新技术产业公共创新、研发、服务平台，加快高新技术创业服务中心后续工程建设，重点建设固废处理、高性能磁材、专用汽车和冶金与资源综合利用四个国家级和省级工程技术研究中心与重点实验室，再新建三个国家级和六个省级工程技术研究中心与重点实验室。重点扶持掌握核心技术的骨干企业，积极支持马钢、华菱等重点企业的自主创新项目进入省部共建。完善和落实创新政策，引入风险投资，鼓励企业自主创新、合作创新和引进消化吸收再创新。促进国家级生产力促进中心建设，增强科技创新服务能力。鼓励技术革新、发明创造和专利技术申报，努力形成拥有自主知识产权的知名品牌。到2010年，建立起较为完善的以市场为导向、企业为主体、公共研发体系为平台的具有地方特色的区域创新体系。

突出抓好科技成果的转化和应用。以新材料产业园区为载体，重点推进“863”新材料基地建设，形成特色优势产业。以优势企业为依托，全面增强自主创新能力，应用高技术和先进适用技术改造提升传统制造业，推进制造业的信息化改造。鼓励企业与科研院校建立稳定的技术协作关系，形成较高水平的产学研合作格局。在农业和社会发展的各个领域大力推广新技术的运用。积极培育高新技术产业，实施电子信息、机电一体化和生物医药3个专项，重点发展软件产业、环保产业、LED半导体发光材料、液压设备、智能仪表和微粉中药。加快创业投资，抓好开发区创业服务中心、花山区民营科技园建设运营，提高现有孵化器的服务功能与服务水平。2010年，高新技术产业技工贸总收入达到350亿元以上，增加值占工业比重达到25%以上。

全面推进“数字马鞍山”建设。按照先进、实用、经济、高效的要求，将建网、联网、用网三者有机结合起来，在全市范围内实现资源共享，打造“数字马鞍山”。在政府信息化领域，以政府门户网站为龙头，集成各部门网站的信息发布与互动平台、党政网内部交换平台及网上公文流转服务系统，建成内外网逻辑隔离的公务信息网，构筑覆盖全市的电子政务网络平台。在企业信息化领域，通过现代信息技术在企业生产经营管理中的广泛应用，实现生产和营销的全过程信息化，以信息化提高企业的核心竞争力。在社会信息化领域，重点推进重大业务系统与基础数据库的建设，逐步形成面向城乡的信息资源集成、应用与共享系统。积极推动劳动就业、技能培训、子女教育、医疗卫生及档案资源利用等方面的信息化建设。继续推进农村信息化建设，开展农村党员干部现代远程教育工作。

优先发展教育事业。建设具有马鞍山特点的全民终身教育体系。到2010年，全市教育发展的主要指标及中小学办学条件达到长三角中等偏上的水平。结合新一轮布局调整，力争五年内义务教育阶段标准化学校比例达到85%。通过扩大优质资源、合作办学等多种途径，推动教育均衡发展。以课改为重点，全面推进素质教育。对家庭经济困难学生进行援助，保障流动人口子女受教育权利。抓好资源整合，大力发展职业教育，建立规模化的职教载体，其中中等职业教育与普通高中在校生比例至2010年力争达到1:1。以新城东区建设为重点，积极发展高等教育，到2010年，争取新城东区入驻高校达4所以上,推动全市高校在校生规模达4万人左右。

发挥人力资源优势建设高素质人才队伍。抓住培养、吸引、用好人才三个关键环节,努力培养一批高层次人才、高技能人才和农村实用人才。整合各类人才培训资源,建立人才培养教育体系,重点实施"党政领导干部培养工程"、"企业家培养工程"、"优秀中青年专家培养工程"、"高技能实用型人才培养工程",完善职业经理人的评选考核机制。将城乡劳动力培训纳入年度计划逐年实施,满足城乡经济发展对紧缺应用型人才的需求,打造面向长三角的技术工人培养、输出基地。引导全社会树立全民学习、终身学习的理念,在推动"学习型城市"中,形成良好的成才氛围。实施人才柔性流动政策,建设好博士后流动站、工作站及留学生创业园,重点在工业、农业、资源和环境领域,积极引进国内外高层次、紧缺专业人才。力争"十一五"期间,通过引智渠道引进国外各类技术、管理专家100人(次)。进一步健全人才的激励、流动、选拔、评价机制,完善人才市场体系,促进人才合理流动和人尽其才。

第十节　着力构建和谐社会

推进就业增收和社会保障,构建安康富裕的生活环境。大力实施更加积极的就业政策,建立健全城乡居民收入稳定增长机制,更加注重社会公平特别是就业机会和分配过程的公平,着力保护和扶助救济困难群体,逐步提高低收入者收入水平,不断扩大中等收入人群比重。支持劳动密集型产业和中小企业发展,拓展就业领域;完善就业服务、就业援助制度和创业扶持体系,加强就业管理和失业调控,帮助困难群体通过非全日制等多种形式实现就业;加强失业人员、被征地农民、务工农民、新生劳动力职业技能培训,建立大中专毕业生就业见习基地和见习制度,不断提高各类劳动者的就业技能;发展民办职业介绍、培训机构,健全覆盖城乡的就业服务、信息、培训网络。协调和规范劳资关系,保障劳动者合法权益。适应城镇化、人口老龄化和就业形式多样化的趋势,继续完善城镇养老、失业、医疗、工伤、生育保险,加快吸纳非公有制经济从业人员和灵活就业者参保,扩大覆盖面,积极发展补充养老、医疗保险,提高保障水平;完善事业单位养老保险政策,逐步把事业单位人员、城镇非职工居民和农民纳入保障范围;加强社会保险服务机构、基金监管和信息化建设,逐步做实养老保险个人账户。完善退休人员社会化管理。继续推进以最低生活保障和灾民救助制度为基础,以医疗、就学、住房、法律援助等专项救助为辅助,以优惠政策为配套,以慈善救助和社会互助为补充的多层次、广覆盖、管理规范的城乡社会救助和保障体系。加强老年大学、老年公寓等老年设施建设,改善老年人的物质文化生活和参与社会发展的条件。积极发展社会福利,改革和规范优抚安置工作,大力发展慈善事业,重视残疾人事业发展。

推进"平安马鞍山"建设,构建安定有序的社会环境。围绕实现全国社会治安最佳城市之一的目标,深入开展"平安马鞍山"创建活动。全面加强社会治安综合治理,扎实推进社会治安防控体系建设,严厉打击各类犯罪活动,打击邪教、黑社会组织和各种黑恶势力,坚决扫除黄、赌、毒等社会丑恶现象,全力维护社会稳定,保障人民群众安居乐业。加强民族宗教工作。建立化解人民内部矛盾工作机制,加强群众来信来访处理、人民调解和法制宣传工作,引导群众以理性合法形式表达利益诉求。加强利益协调机制建设,构建兼顾不同群体的利益协调机制。在更高层面和更宽领域构筑城市公共安全的制度和技术平台,建立统一的社会应急指挥机制和应急救援、社会动员机制系统,完善公共安全预案,妥善处理重大社会突发事件,维护正常的社会秩序。强化安全生产监督管理,落实安全生产责任制,建立安全生产长效机制,切实做好消防、"三防"、森林防火工作,杜绝重特大安全事故发生。高度重视城市基础设施的安全功能和防灾减灾功能建设,继续完善水、电、气、电信等服务设施的安全保障,加强地震、火灾、风灾、洪水等灾害的防灾减灾设施和系统建设。重视粮食安全。把水利建设摆在突出位置,完成河堤达标建设和病险涵闸、泵站的除险加固,继续实施沿江排涝站工程,提高城乡防洪排涝能力。

推进"生态马鞍山"建设,构建安心舒适的生态环境。加强"三废"治理和综合利用,续建新建慈湖、开发区、王家山、江边等污水处理厂,提高污水处理率。实施河湖整治工程,逐步恢复和提高城区水系质量和生态功能。全面实施城区高污染燃料禁燃计划,加快电厂脱硫装置改造,加强市区扬尘控制和机动车尾气治理,不断提高空气质量。建设危险固体废弃物处置中心,有效提高全市危险废物安全处置能力。围绕增加绿量、改善景观、保护生态,以城市水系和道路为载体,推进绿化、美化,完善绿地系统,建设生态屏障。依托自然条件,建成一批分布合理、具有生态功能的城市公园和城郊森林公园。以建设绿色食品供应基地为依托,推进综合利用,有效控制农药化肥污染、规模化畜禽养殖污染、秸秆和农膜污染、水产养殖污染、农村生活污染。重视矿区生态恢复与重建,整体提高生态水平。

推进精神文明和民主法制建设,构建安定文明的社会政治环境。以文明城市建设为载体,积极推进文明单位、文明社区、文明村镇建设,加强理想信念教育和思想政治工作,加强思想道德建设,不断提高市民文明素质,丰富人民群众的精神文化生活,促进形成团结奋进的精神风貌。从理顺城市管理体制入手,强化区级职能作用,解决城市管理的薄弱时段和薄弱环节,积极探索现代城市城建服务管理模式的创新,按照标准规范的要求,稳步推动城市管理数字化。加强社区建设,打造良好的城市基层社会管理平台。保障各级人民代表大会及其常委会依法履行职责,畅通人民群众依法对经济和社会事务管理与监督的渠道。充分发挥人民政协政治协商、民主监督、参政议政的作用,进一步促进和完善重大事项的协商和通报制度。加强司法建设,坚持依法行政,保证司法公平与正义。完善民主决策机制,扩大公民有序的政治参与。加强城乡基层政权和群众自治组织建设,进一步扩大基层民主。发挥工会、共青团、妇联等群众团体民主参与和民主监督作用。做好对台和侨务工作,巩固和发展爱国统一战线。

推进社会事业建设,构建百姓安居乐业的人文环境。建设大剧院、博物馆、图书馆、广电中心、科技馆、综合档案馆、奥林匹克体育中心、美术馆、全市职工文化活动中心、妇女儿童活动中心等重大文体设施,形成布局合理、设施先进、功能齐全和特色鲜明的文化设施网络。支持文艺创作,繁荣文化市场。大力提高人民群众健康水平。加强公共卫生体系建设,提高重大疾病的预防控制和和医疗救治服务能力,做好艾滋病、血吸虫、结核病等重点传染病的防治工作。完善突发公共卫生事件的应急处置机制。合理配置卫生资源,建立起功能完备的社区卫生服务网络。加快推进农村卫生建设,建立和完善农民基本医疗和健康保障体系。推进广播电视和综合档案的数字化进程,多层次丰富群众精神生活。努力推进全民健身运动,大力发展竞技体育，提高体育事业发展水平，"十一五"期间举办市第九届运动会。加强气象建设，建立马鞍山城乡公共气象服务体系。继续加强地方志、人防、科普、地震、仲裁等各项工作。稳定低生育水平，控制人口性别比，着力提高人口素质，人口出生率控制在12‰以内。

第四章 实施规划的保障措施

建立落实目标任务的有效机制。把五年的奋斗目标任务作为制定年度目标的依据，落实到每一个年度的工作中。强化发展的目标责任，将发展目标、工作任务逐级分解，落实责任，严格考核。各部门要各司其职、各负其责，对所负责领域应承办的目标任务，细化指标，量化任务，硬化措施，层层分解，抓好工作落实；要精心谋划，制定出具体实施方案和推进计划，将实现规划纲要确定的目标作为推动部门工作的重要抓手。企业特别是支柱企业和骨干企业要正确认识和领会政府战略意图，把规划目标与企业行为结合起来，把追求企业经济利益与社会效益结合起来，积极主动地参与规划实施。面向社会、面向群众，广泛宣传规划纲要，在全市形成人人关心规划、自觉参与规划实施的良好局面。

强力推进重大项目建设。在公共服务领域，集中力量办大事，在关系全局的关键领域和薄弱环节，组织推动或直接投资建设一批重大工程。在产业发展领域，按照"政府促进、企业为主、市场运作"的思路，推进产业发展项目的实施。强化项目前期工作，密切跟踪国家产业政策导向，努力使项目与国家产业政策对接，与市场需求对接，与地方特色对接，以争取国家和省支持。建立和强化重大项目储备机制。实行严格的项目管理制度，积极推行政府投资项目代建制。广泛开辟重大项目建设投融资渠道。紧紧抓住中部崛起政策机遇，积极争取国家和省里的资金支持。坚持以项目为载体，加大招商引资力度，争取更多的外来资金。大力推进银政、银企合作。进一步拓展市场融资功能。

着力提高规划实施的能力和水平。"十一五"规划是今后五年全市经济社会发展的总纲领，各部门要根据总体规划制定相应的专项规划，形成切实可行的规划实施体系，并认真加以实施。要加强规划之间的协调，做到总体规划与专项规划相协调，专项规划之间相协调，上级规划与下级规划相协调，增强规划对经济社会发展的指导性和约束性。要加强对规划实施的预警监测和监督检查，规划主管部门要全程跟踪规划实施情况，特别要加强对经济增长速度、就业、收入分配等重要规划目标的预测预警。要定期对规划的各项指标进展进行分析评估，并将结果向社会公布。规划实施期间，当遇到国内外环境发生重大变化，使实际经济运行和社会发展严重偏离规划目标时，要及时提出对策建议，促进经济社会持续快速健康发展。（注：目录、专栏图表略）

合肥市国民经济和社会发展第十一个五年规划纲要

(经济社会发展的总体思路和奋斗目标)

一、总体思路

"十一五"时期,我市将按照"立足科学发展、着力自主创新、完善体制机制、促进社会和谐"的总体要求,围绕"两个率先"的目标,努力推进全市经济增长、城市建设、社会发展实现新跨越、迈上新台阶的总体思路。以邓小平理论和"三个代表"重要思想为指导,全面贯彻落实科学发展观,以做大经济总量、增强综合实力、不断提高人民生活水平为主线,以壮大工业经济、县域经济为突破口,大力实施工业立市、县域突破、创新推动、东向发展和可持续发展战略;积极促进经济增长方式转变、经济体制转轨和社会结构转型;努力推动全市经济社会实现跨越式发展,全面提升在全省经济、文化中心地位,整体推进现代化大城市建设;在安徽崛起中勇当先锋、中部崛起中争先进位,为在全省率先实现全面建设小康社会、率先基本实现现代化奠定坚实基础。

二、基本思路

——全力推进跨越式发展,实现区域经济中心地位的大提升。以跨越式发展为目标,充分发挥后发优势,加快经济发展,经济总量迈上新台阶,在全省的经济中心地位明显提升。到2010年,经济总量确保占全省的19%,力争占到21%;在中部省会城市中争先进位,力争主要指标在中部乃至全国省会城市位次前移。

——加快推进工业立市战略,实现工业经济发展的大突破。在统筹的基础上,集中优势资源,培育产业集群,做大、做强工业经济。到2010年,全市工业增加值确保800亿元,力争达到850亿元,年均增长24%~26%。

——全面推进科技创新型城市建设,实现城市核心竞争力的大提高。积极推进知识创新、技术创新、产业创新和体制机制创新,促进科技成果转化;将高新技术产业培育成重要的支柱产业,到2010年,高新技术产业增加值占全市生产总值的20%左右;以科技创新推动城市创新,把合肥建成为全国重要的创新城市。

——积极实施县域突破战略,实现农村面貌的大改观。加快推进县域经济跨越式发展,到"十一五"末,三县生产总值确保550亿元,力争达到600亿元,占全市的28%以上,年均增长25%~27%。三县综合实力均居全省10强,力争1个县进入全国百强。全市社会主义新农村建设初显成效。

——坚持以人为本,实现构建和谐社会的大进步。按照以人为本的要求,从解决关系人民群众切身利益的现实问题入手,更加注重经济社会协调发展、社会公平和民主法制建设,努力实现政治昌明廉洁、居民生活富裕、社会治安良好、市民综合素质和社会文明程度大幅提升,城乡就业和社会保障水平显著提高。

三、总体目标

在优化结构、提高效益和降低消耗的基础上,实现2010年全市人均地区生产总值比2000年翻两番以上;资源利用效率显著提高,万元生产总值能源消耗比"十五"期末降低20%左右。通过"十一五"及更长时期的努力,逐步把合肥打造成为全国重要的先进制造业基地、高新技术产业基地和现代服务业基地;区域性的商贸物流中心、旅游会展中心和金融中心;"引领皖中、辐射全省、联动中部、接轨长三角"的区域性中心城市和全国重要的科技创新型城市。加快"两个率先"进程,逐步建成经济更加发展、民主更加健全、科教更加进步、文化更加繁荣、社会更加和谐、生态更加良好、人民生活更加殷实和独具魅力的现代化滨湖城市。

四、分类目标

——经济发展目标。"十一五"末,全市地区生产总值确保1 900亿元,年均增长15.5%,力争达到2 100亿元,年均增长18%;三次产业结构比例调整为4:49:47;全市人均生产总值达到5 000美元;财政收入达到260亿元,年均增长15%左右;全社会固定资产投资五年累计超过4 500亿元,年均增长22%以上;社会消费品零售总额达到650亿元,年均增长15%;居民消费价格指数控制在年均上涨2%左右;非公有经济占经济总量80%以上。

——社会发展目标。"十一五"末,合肥市区人口达到300万人,城市建成区面积达到300平方公里;全市城镇化率达到60%左右;人口自然增长率年均控制在7‰以内;高标准普及九年制义务教育,大专及以上教育程度人口占总人口的15%左右;社会保障体系基本健全,贫困人口不断减少;就业服务体系比较健全,五年累计新增城镇就业岗位超过30万个以上;城镇登记失业率控制在4.5%以内;城镇居民最低生活保障率达到100%。

——人民生活目标。"十一五"末,城镇居民人均可支配收入确保16 000元、年均增长11%,力争达到18 000元、年均增长13%;农民人均纯收入确保5 500元、年均增长11.5%,力争达到6 000元、年均增长13.5%;城镇居民人均居住面积达到30平方米,农村人均住房面积达到40平方米;农村安全饮用水达标率为100%;城乡居民恩格尔系数分别降到35%和42%以下。

——可持续发展目标。"十一五"末,全市万元生产总值综合能耗比"十五"末降低20%左右;城市建成区绿化覆盖率达到40%以上,城市人均公共绿地面积达到11平方米;全市林木覆盖率达到18%；基本农田得到有效保护；工业废水达标排放率大于95%；城市生活污水集中处理率达到80%以上；工业固体废物处置利用率达到98%以上；城市垃圾无害化处理率达到95%以上。

五、2006年工作目标和工作重点

1. 工作目标：全面落实科学发展观，紧扣“大发展、大建设、大环境”这个主题，采取强力措施，突出工作重点，努力在推动跨越式发展上实现新突破。2006年经济社会发展的主要预测指标为：地区生产总值增长16%；财政收入增长15%；固定资产投资增长25%；实际利用外资增长23%；城镇居民人均可支配收入和农民人均纯收入分别增长11%和10%；城镇登记失业率控制在4.5%；人口出生率控制在12‰。

2. 工作重点：要着重抓好十个方面工作：(1)全面实施“工业立市”战略，加快发展工业经济；(2)大力实施县域经济突破，推进社会主义新农村建设；(3)加快国家科技创新型试点市建设，增强自主创新能力；(4)加强城市规划建设和管理，进一步完善城市功能；(5)加快传统商业改造升级，大力发展现代服务业；(6)深入推进体制改革，进一步提高对外开放水平；(7)切实做好投资和财税金融工作，千方百计扩大融资渠道；(8)高度关注民生问题，完善就业和社会保障体系；(9)加强精神文明建设，统筹发展社会事业；(10)加强民主法制建设，维护城乡社会稳定。

上海市医疗卫生

【概况】 上海卫生系统"十五"期间重点完成的工作有:⑴进一步规范和完善妇女儿童保健服务的管理体系,制定和颁布了《上海市妇女儿童保健管理工作方案(试行)》和《上海市妇女儿童保健主要工作项目和内容(试行)》,并以此为依据整理、修订和制定了各项相关业务工作方案和技术规范,建立起全市妇幼保健服务的可持续、长效的管理机制,实现服务对象从"以个体为主"向"以群体为主"的转变,建立了以社区为基础的"条抓块管,条块结合"的妇女儿童保健工作模式。⑵组织开展《提高上海市出生人口素质行动计划》的研究,提出了"初步形成与上海经济发展相适应、覆盖主要育龄人群和影响人口素质各个环节的技术服务体系和管理体系"的总体目标,明确了在干预出生缺陷方面的重大优生行动,制定了对"聋哑、智力、畸形"的三大干预工程并逐步开始实施。"十五"期间,分别制定了《上海市新生儿听力筛查和诊治工作方案》、《上海市新生儿遗传代谢性疾病筛查工作方案》等,为患有先天性听力障碍和遗传代谢性疾病的新生儿开展了全面筛查实施卫生部下发的《产前诊断技术管理办法》,结合上海实际,制定了《关于本市实施(产前诊断技术管理办法)的意见》以对产前诊断技术从管理、机构设置、产前诊断技术服务的范围、产前诊断技术服务的条件等方面作了具体的规划,使提高出生人口素质的工作向更高标准、更高质量迈进。⑶配合实施《上海市城镇生育保险办法》,为妇女生存健康权和妇女生育期间的基本生活和医疗需求提供了保障;紧紧围绕降低两个死亡率的目标,探索建立和完善产科质量管理工作体系,建立了产科质量管理中心;根据《上海市助产服务技术》标准和产科诊疗常规,制定全市统一的工作方案和质控标准,加强了重点人群和重点环节的产科质量管理;建立危重孕产妇抢救绿色通道,在10个郊区县建立了10家外来孕产妇平产分娩点。⑷联合市妇联、市总工会、市经委、市个体工商协会等8个部门制定了《关于规范和落实女职工两年一次妇科检查工作的意见的通知》,推出"妇女健康实事工程",为郊区县配备妇女觉疾病普查流动专用车,取得了良好的社会效应。⑸为提高儿童健康水平,针对儿童肥胖问题,开展了儿童体格发育和肥胖儿童发生率等营养与保健状况调查,开展了儿童单纯性肥胖干预的课题研究,为达到规划目标起到积极作用。

"十五"期间,妇幼保健工作各项监测指标执行良好,各项保健服务的质量均有不同程度的提高,其中与生命质量密切相关的有三项数值均创佳绩。到2005年,全市人口平均期望寿命80.13岁,女性为82.36岁;婴儿死亡率3.78‰,5岁以下儿童死亡率为4.58‰;孕产妇死亡率1.40/10万,均分别低于目标值的要求。妇女儿童主要健康持续稳定在世界发展国家的平均水平以上,健康水平有了显著的提高。

【完成郊区24所社区卫生服务中心标准化建设】 2004年,"本市郊区24所乡镇卫生院转制为社区卫生服务中心,实施标准化建设"工程被列为上海市政府与市民密切相关的实事项目。根据上海卫生局《2002~2005年本市镇村医疗机构建设实施办法》和《上海郊区卫生服务中心服务站(中心村卫生室)建设标准》的精神,按照上海市重大工程建设办公室《2005年市政府实事项目计划进度和考核目标》的要求,2005年12月20~26日,市重大工程建设办公室、市卫生局和市农业委员会联合组织对实施标准建设的24所乡镇卫生院进行全面验收。验收内容包括组织管理、拓展服务项目、完善运行机制、参与合作医疗管理、社区卫生服务点和基础设施6个方面。24所各乡镇卫生院转制为社区卫生服务中心、实施标准化建设任务基本完成。至此,历时6年、总投入高达14.3亿元、连续6年被列入市政府与市民密切相关的实事项目——上海227所社区卫生服务中心标准化建设重大工程全面完成。

南京市医疗卫生

【概况】 2005年,南京有各级各类卫生机构1 612个(不含驻宁部队、武警系统),床位2.61万张,卫生人员4.38万人,其中卫技人员3.40万人,内含执业(助理)医生1.43万人,注册护士1.19万人。全市和市区平均每千人口床位数分别为4.39张和4.74张。全市平均每千人口卫技人员、执业(助理)医师和注册护士数分别为5.71万人、2.40万人和2万人。

全市计划免疫四苗覆盖率99.33%,传染病和肺结核、淋病、痢疾和肝炎年(总)发病率各为226.68/10^2、68.46/10^2、50.09/10^2、37.16/10^2和28.87/10^2,后四项仍为重点防治的传染病。强化艾滋病、结核病和血吸虫病防治工作,加强"五大"卫生特别是食品卫生监督监测,保障第十届全国运动会等重大活动的举办。

继续持久开展爱国卫生运动,巩固创建国家卫生城市成果。

农村合作医疗。在农村,推行新型合作医疗制度成效明显,农民参保率进一步提高,城市社区卫生服务网络建设规范管理得到加强。继续加强妇幼保健各项工作。

全市医院(含社区卫生院)年门诊量2 115.99万人次,年急诊量213.42万人次,年入院量46.34万人次,强化医疗行业和医疗机构监督管理,努力提升医疗服务质量。

全市市属医疗卫生单位接收安置应届大中专毕业生122人。其中博士和硕士各15人和55人,本专科和中专毕业生各49人、1人和2人;基本建设讯息工期面积27.66万平方米,竣工面积4.57万平方米。全市无偿献血6.22万人次、16.40吨。

【国际医疗合作与交流】 据不完全统计,全年有18个国家和地区外宾、学者143批应邀来宁参观考察和作专题学术报告,全市有221人次分别到29个国家和地区考察和参加深坑交流。

【疾病预防与控制】 2005年,南京有各级疾病预防控制中心21个(不含驻宁部队系统)、床位410张,卫生监督所15个,防治专业机构8个、床位390张,中心、所和专业机构分别有专业技术人员1 075人、459人和120人。

全市居民平均预期寿命77.20岁,其中男性75.126岁、女性79.19岁。

【爱国卫生运动】 2005年,南京爱国卫生系统人员总编制60人,有专职人员64人。全市爱国卫生工作以科学发展观为指导,围绕迎接全国第十届运动会和创建全国文明城市这一主线展开,发挥各级爱国卫生委员会部门的职能作用,强化监督执法检查,推进农村卫生镇(村)工作,开展除四害活动和社区健康教育及农村改水、改厕工作,稳步提升南京的整体环境卫生水平。

苏州市医疗卫生

【概况】 2005年,全市卫生事业取得新进展。全市拥有卫生机构1 945个,其中医院卫生院197个,专业卫生技术人员3.13万人,其中医生1.26万人,卫生机构医疗床位2.56万张。

健康城市建设步伐加快。健康城市联盟中国分部的工作有序开展,张家港、常熟市加入健康城市联盟;举办"苏港澳健康城市论坛";开展建设健康城市"12+7"主题活动,推行健康教育"五进"工程,编印5套健康教育"五进"读本;苏州市健康教育园建成启用,;张家港市加大健康城市投入力度,并开展健康镇村试点建设工作。

公共卫生工作进一步深化。市疾病预防控制中心通过国家实验室认可,建立了符合国际标准要求的质量体系和运行体系;各区相继开工建设预防保健中心,吴江、常熟等市正在兴建新的公共卫生中心。在30个中心镇设立卫生监督分所。加强食品安全卫生、职业卫生和打击非法行医工作,在十运会、电博会等重大活动中发挥健康保障作用。摸清全市职业危害基本情况,对其实行分级监督管理,加强职业健康监护工作,对重大建设项目包括医院建设项目积极开展卫生学评价。传染性肺结核病人的发现率和治愈率均列全省前茅。开展中英合作《中国慢性病前瞻性研究》项目。

卫生实事项目扎实开展。8项实事项目惠及新苏州人、弱势人群。开展了计划免疫全覆盖,为7.4万名外来流动儿童免费接种;实施外来孕产妇定点限价分娩,为446例产妇限价接产,为82例外来孕产妇产前检查;构建乙肝免疫屏障,为20万名市民注射乙肝疫苗;实施艾滋病"四免一关怀",出台艾滋病医疗救助政策;加强对结核病等重点传染病的预防控制,全市传染性肺结核病人发现完成省交给的任务,结核病治愈率达

85%;市区进一步加大对困难人群医疗救助力度,适度扩大了医疗救助范围,提高医疗救助标准;积极实施健康教育"五进"计划,市健康教育园正式启用;城区新建社区卫生服务中心12家,社区卫生服务普及率达100%。

医疗改革稳步推进。加快引进优质医疗增量资源。园区九龙医院、美莱美容医院等上规模医疗机构投入使用。市属公立医院全面实行"管办分离"改革,各医院管理中心以医疗费用控制为目标基本完成管办分离合同内容,完成了政府指令性工作任务和各项卫生公益性职能;各医院人事分配制度改革稳步推进。苏大附属医院加强优势辐射,带动周边医院发展。各地完善医疗服务体制。张家港市、太仓市稳步探索撤并乡镇卫生院的产权制度改革,常熟市、吴江市、吴中区等地积极开展托管等管理体制改革试点,昆山市进一步深化以人事分配制度为核心的医疗卫生单位运行机制改革。

农村卫生全面提高。深入开展"九亿农民健康教育"工作,继续开展创建国家卫生镇工作,结合城市化和集镇化建设,提高农村居民健康意识,努力改善农村环境卫生;加强乡镇卫生院建设,确保建制镇建设好一所镇卫生院,加强农村基层卫生监督和预防保健工作,加强对乡村医生的培训;完善农村合作医疗保险制度。全市农村居民合作医疗保险人均筹资达126元,人口覆盖率达96.01%。继昆山之后,张家港市也完成了全市合作医疗管理信息化建设,建立个人账户,使用IC卡就诊支付,实现即时结报。开展合作医疗住院费用单病种结算试点的前期调研工作,继续实施农村特困人群医疗救助。

社区卫生跨越发展。加快发展社区卫生服务体系建设,社区卫生服务普及率达到96.2%,实现跨越式发展,获2005年十大"民心"工程称号。修订《苏州市社区卫生服务建设规划(2005~2010)》;加快建设一批社区卫生服务中心,已建社区卫生服务站886个,社区卫生中心110个;出台《苏州市加快社区卫生服务建设的意见》,全市人均8元的社区卫生服务经费基本到位;采用政府购买公共卫生产品机制,计划免疫覆盖经费全部由政府投入;加快社区卫生人才培养,举办各种培训班10余次,3 000多人次参加培训。各市(县)启动全科医生培养计划。各地开展省社区卫生服务先进区(市)工作,平江区建成省社区卫生服务先进区。

卫生人才、科技工作进一步提升。召开全市卫生人才与科技工作会议,制定《苏州市"科教兴卫、人才强卫"战略实施意见》、《苏州市医疗卫生重点人才培养办法》、《苏州市引进高层次和紧缺卫生人才的实施办法》和《苏州市卫生人才与科技发展规划》等,一次性投入扶持及奖励经费300万元;科技工作取得新突破,苏大附一院骨科"脊柱后路颈椎弓根内固定的基础与临床研究"项目荣获国家科技进步二等奖;苏州市中心血站建成高分辨HLA实验室,提高了血液病防治水平;注重中医发展工作,开展中医文化建设,市中医院开设"中医调养中心";注重人才结构调整,引进与培养并重,重视实用型人才培养;努力调整医护比例;重视边缘学科的发展。

行风建设取得新进展。一是开展第15届白求恩杯竞赛活动和创建文明单位工作。二是开展廉洁文化进单位工作。编印《苏州市卫生思想政治研究论文集》、《苏州市卫生系统惩防体系建设论文集》和《苏州中医文化书画集》,开展廉政格言征集活动,加强文化体育建设。三是集中开展系统内重点评议行风活动,推进重点评议单位的行风建设。市卫生工会被评为全国科技文卫系统先进工会组织。

【创建卫生镇和"三清"工作】 2005年,全市各地开展以"清洁村庄、清洁家园、清洁河道"为主题、以创建卫生镇村为载体的农村大环境综合整治活动。全市建成国家卫生镇3个,省卫生村62个。

【改水改厕】 2005年,全市加快区域供水步伐。全市农村改水受益人口新增3.95万人,累计达469.6万人,受益率达99.1%。同时全面加强现有农村水厂规范管理,全市又有2个镇自来水厂被命名为"江苏省农村先进自来水厂"。全市农村无害化卫生户厕新增9.52万户,累计已达137.18万户,普及率达90.89%。

【医疗救助】 苏州市区加大对困难人群医疗救助力度。低保病人的门诊药费减免额度达70%,减免额度提高到600元,门诊的其他费用减免额度达70%,低保病人住院费用减免80%;尿毒症病人门诊透析减免95%,恶性肿瘤、白血病病人门诊化疗费用减免90%。市区已有1.2万余名困难人群办理了医疗救助卡,全年累计18 875门诊人次、1 260住院人次在就医时获得了医疗减免,救助金额达1 000多万元,占这一人群医疗费用支出的56.21%;市区250名特困尿毒症患者得到95%的血透费用补助,精神病特困人员得到100%的救助。配合红十字会,建立"德善"基金,已筹集社会资金120多万元,主要用于救助贫困尿毒症病人,在社会上引起极大反响。继续实施农村特困人群医疗救助,筹集农村特困人群医疗救助基金达2 233万元,资助5.5万特困人群免费参加农村合作医疗保险,同时对12 920名救助对象及时进行大病医疗救助再补偿,再补偿资金达1 477.6万元,人均大病救助再补偿数额1 143元。

【医疗保险】 2005年全市创新医保制度,扩大医疗保险覆盖面。在实现城镇职工医疗保险基本覆盖的基础上,积极探索,大胆进行制度创新,逐步将城镇各类人员从制度上全部纳入医疗保险范围。主要举措有:①进一步完善灵活就业人员的医疗保险办法,将个体工商户、钟点工、自谋职业人员等全面纳入城镇职工医疗保险的范围。至年末,全市灵活就业人员参保人数达16.4万人,其中市区为3.6万人。②2004年底出台《苏州市征地保养人员基本医疗保险实施办法》,于2005年4月1日起正式实施,已有3 000多名征地保养人员纳入医疗保险。③出台60年代精减退职人员医疗保险办法,妥善解决历史遗留问题。④出台并实施苏州市外籍员工参加医疗保险办法。⑤制定出台《苏州市少年儿童住院大病医疗保险办法》,于2006年1月1日起正式施行。《办法》规定,凡苏州市区中小学校(含高中、中专、技校、职校、特殊学校)和托幼机构在册的所有学生少年儿童,以及本市户籍的婴幼儿和18周岁以下不在校的散居少年儿童,原则上都应参加市区少年儿童住院及门诊大病医疗保险。至年末,市区已有229家代办单位、15万多名少年儿童申报参保,并缴纳了医疗保险费。出台少年儿童住院大病医疗保险试行办法被评为2005年苏州市十大民心工程之一。⑥制定出台《苏州市市区居民医疗保险试行办法》,将于2006年4月1日起正式施行。《办法》规定,凡具有苏州市区户籍但无用人单位,无社会医疗保险,年龄在男60周岁、女50周岁以上的居民,以及持有《中华人民共和国残疾人证》已完全丧失或大部丧失劳动能力的重症残疾人员,都应该按本办法参加居民医疗保险。至此,苏州市医疗保险已从政策制度上覆盖到全体社会成员,全市城镇各类人员均可参加社会医疗保险,一个全覆盖、多层次的医疗保障体系已初步形成,从而使苏州市成为全国率先在制度上达到“医疗保障覆盖所有人群”的地区。

调整医保政策,提高参保职工的医保待遇。为进一步降低参保人员医疗费用负担,年初对市区2005医保年度的医疗保险有关政策作了调整。增加退休人员个人账户金额,另行增加企业退休劳动模范的个人账户;扩大医疗保险药品目录,降低药品自费比例;降低医疗保险诊疗项目自费比例;将单纯性老年白内障超声乳化人工晶体植入手术列为门诊特定项目,并列入医疗保险统筹基金结付范围;将健康体检项目列入医疗保险门诊结付范围。年末,又对市区2006年医保年度的医疗保险有关政策作了调整。同时,进一步完善社会医疗救助办法,对弱势群体和低收入人群,特别是最低生活保障对象提供必要的医疗救助,并逐步扩大救助范围、提高救助标准。

加强对定点单位的监管,提升管理服务水平。对市区286家定点单位进行2004年度医疗保险工作考核检查;表彰2004年度全市70家定点医疗机构和定点零售药店;加强日常监管工作。此外,市劳动和社会保障局还首次实施了参保人员大病医疗救助工作。

年末,全市医疗保险参保人员(包括退休人员)达240.32万人(在职197.30万人,退休43.02万人),其中市区参保人数71.8万人(在职51.9万人,退休19.9万人)。1~12月,实收基金26.29亿元,收缴率达98.6%。

无锡市医疗卫生

【概况】 2005年,无锡市卫生系统以改革突破口,开拓创新,奋力拼搏,各项工作均取得明显成效。

医疗卫生事业进一步改善。全市拥有卫生医疗机构1 655个,其中,综合医院38个,专科医院18个,中医院、中西医结合医院6个,乡镇卫生院113个,疗养院5个。年末全市共有卫生技术人员2.3万人,其中医生1万人;拥有医疗床位1.9万张。全市每万人拥有卫生技术人员50人,其中医生22人、护士17人,医疗床位43张。

【医疗卫生体制改革】 无锡市卫生局是市政府主管全市卫生工作的职能部门,依法承担对全市医疗机构的监管职能,履行公共卫生机构等职能,负责对市(县)区卫生工作和医院管理中心工作进行业务指导和行业监管。重点强化强化宏观调控功能、公共卫生功能、指导监管功能、开放市场功能。

【无锡市医院管理中心挂牌成立】 2005年9月29日,无锡市医院管理中心正式成立。新组建的医院管理中心为市政府直属正处(县级行政管理类事业单位,依照国家公务员制度管理,代表市政府履行国有资产出资人职责,承担举办市属国有医院的职能,是政府办医职能的责任主体和所属国有资产管理的责任主体。

2005年无锡市卫生事业基本情况表

		数 量			数 量
	卫生机构改革(个)	1 815		卫生人员(人)	27 576
	医院(个)	59		卫生技术人员(人)	23 188
	卫生院(个)	98		执业(助理)医师(人)	10 167
	医疗床位(张)	20 285		注册护士(人)	7 845
	平均每千人口医疗床位(张)	4.48		平均千人口卫生技术人员(人)	5.12
人口	总数(万人)	452.84	医疗服务	诊疗总人次(人)	1 910
	出生率(%)	7.36		出院总人数(万人)	54.6
	死亡率(%)	6.69		出院者占用总床日(万日)	535.70
	自然增长率(‰)	0.67		住院病人手术人次(万人)	14.08
卫生费用	卫生事业费(万元)				30258
	卫生事业费与上年比增长率(%)				16.45
	卫生事业占财政总支出率(%)				1.74
	卫生系统资产(万元)				617 413.97
	卫生系统基建投资(万元)				7 825.64
	平均第每一门诊人次医疗费用(元)				131.14
	平均每一出院人医疗费用(元)				4 690.48

常州市医疗卫生

【概况】 常州市卫生条件不断改善，医疗资源合理配置。2005年，全市共有卫生机构(包括企事业单位卫生所、医务室和门诊部)618个，其中医院32所，门诊部(所)、医务室459个。拥有卫生技术人员1.7万人，其中医生8 000人，护师、护士5 849人；每千人拥有卫生技术人员5人，拥有医生2.3人。

【疫病防治】 推进公共卫生体系和健康城市建设，全年婴儿死亡率为6.1‰，孕产妇死亡率为5.0/10万，全市儿童计划免疫“五苗”覆盖率(以乡镇为单位)达98%。继续做好重大传染病的防治工作，年末拥有社区卫生服务中心(站)52个、省级卫生镇40个、省级卫生村161个。

【城镇医保】 城镇职工医疗保险覆盖面进一步拓展，全年净增参保人数9.8万人，累计达79.7万人，比上年增长14.0%。年末拥有定点医院及社区卫生服务机构167家，定点医务室(所、站)180家，定点零售药店208家。

镇江市医疗卫生

【医疗机构】 2005年全市各级各类卫生机构920个(不包括由医院创办的社区卫生服务中心)，其中隶属于卫生部门的有139个，医院33所，卫生院71所，比上年减少1所，妇幼保健院(站、所)6个，疾病控制中心7个，卫生监督(检验)机构8个，其他卫生单位14个，其他部门诊所、医务室、卫生所和社区卫生服务站781个，比上年减少20个。

全市实有病床8 320张，比上年增加144张，其中医院病床5 607张，比上年增加90张，占全市病床总数的67.39%。综合医院、中医院和卫生院分别有病床3 847张、554张和2 492张，分别占病床总数的46.24%、6.66%和29.95%。每千人拥有床位3.11张。

全市有卫生人员16 393人，比上年增加240人。其中卫生技术人员13 485人，占人员总数的82.26%，每千人拥有卫生技术人员5.04人。全市有执业(助理)医师5 437人，注册护士4 001人，每千人拥有执业(助理)医师和注册护士分别为2.03人和1.50人。隶属于卫生部门的139个卫生机构有卫生人员13 938人，比上年增加188人，占人员总数的85.02%。其中卫生技术人员、其他技术人员、管理人员和工勤人员分别为11 030人、603人、1 156人、1 149人，分别占人员总数的79.14%、4.33%、8.29%、8.24%。

【城市医疗保险】 社会医疗保险基金保障能力和抗风险能力增强。2005年，全市各项医疗保险基金总收入7.75亿元，其中当年各项基金收入6.41亿元，清欠、补缴、预缴基金1.34亿元。市直三区各项基金总收入4.62亿元，其中当年各项基金收入3.73亿元，清欠、补缴、预缴基金0.89亿元。2005年末，全市基本医疗保险基金结余4.84亿元(个人医疗账户沉淀4.72亿元，社会统筹基金结存1 259万元)，非基本医疗保险基金结余6 100万元。建立风险调节基金1.92亿元。市直三区基本医疗保险基金累计结存28 005万元，其中个人医疗账户沉淀27 843万元，社会统筹基金结存162万元；非基本医疗保险基金结余1 282万元。建立风险调节基金1亿元。

离休人员医疗待遇有保障。镇江市加强离休人员医疗统筹经费管理，对二等乙级及以上革命伤残军人医疗统筹费也实行单独核算管理；对列入政府解困企业的离休人员、军队转地方离休人员由财政足额代缴，动员单位按规定一次性缴清十年统筹费用，实行社会化管理。适当提高离休人员医疗待遇，对离休人员用于抢救的非目录药品报销40%，床位费最高报销标准提高到50元/床/日。对离休人员每年4 000元个人账户结余部分，既可全部转入下年个人账户结余，专门用于支付本人自付、自费费用。如本人要求也可按老办法将结余部分的25%奖励给本人，其余转入统筹基金。将离休人员年医疗费用超过个人账户4 000元以后部分费用回单位报销，调整为由离休人员所在单位定期与定点医院结算，为离休人员提供更多便利。

做好破产改制企业职工医保关系接续工作。根据《关于企业在破产、改制时医疗费用的测算办法》，镇江市明确基金清算项目和测算方法，规定企业破产时，必须将变现资产优先清偿和缴纳医疗保险费，并一次性为在职职工预缴1~2年医保费，为离退休人员缴纳10年医保费，实现社会化管理。2005年末，全市共有249家破产、改制企业按规定进行医保费测算，有170家通过资产变现清偿、补缴、预缴医疗保险费，近6万名破产、改制企业职工和离退休人员接续了医保关系，其中1.53万名离退休人员进入社会化管理，医疗保障问题得到有效解决。

【城市社区卫生服务卫生经济政策发展实现新突破】 市政府出台《镇江市人民政府关于加快发展社区卫生服务的意见》和《镇江市社区卫生服务机构设置规划(2005~2007年)》。明确规定：2005年至2007年，市、区两级财政按市辖区非农业人口年人均5元、7元、9元的标准设立社区卫生服务专项资金。同时，市财政对辖区每个新批准设立的街道社区卫生服务中心给予20万元的启动建设资金,区财政对政府举办的社区卫生服务机构启动建设、房屋设施、设备更新、人才培养等予以专项补助。2005年,仅市财政共下达社区卫生服务专项资金220万元。在全省率先制定《镇江市社区卫生服务机构医保结算办法》,规定凡经卫生行政部门审批合格的社区卫生服务中心(站)100%纳入医保定点医疗机构;在社区卫生服务机构就诊门诊医疗费用个人仅支付20%,分别比二、三级低15%和25%;建立定点社区卫生服务机构对参保病人的慢病管理机制,将社区卫生服务机构的医保费用结算与电子健康档案的建立使用相联系,提高健康档案的使用效率。同时引导病人向社区合理分流,实现"小病进社区,大病进医院"。

【捐献骨髓工作仍处在全省之首】 为支持中华骨髓库建设,给白血病患者带来生的希望,在2003年、2004年开展"点燃生命的希望,镇江青年骨髓捐献志愿者行动"的基础上,继续开展这项活动。经宣传发动和精心组织,2005年3月26日,2 000多名骨髓捐献志愿者,冒雨从四面八方赶到市民广场,接受造血干细胞血样标本的采集。活动从上午8时30分到下午4时结束,共采集造血干细胞血样标本1 878人份。本次活动得到有关领导的高度重视和社会各界的关心与支持,市卫生局、团市委、市红十字会领导来到采集现场看望工作人员和志愿者。江滨红十字医院、市红十字医院、市红十字中心血站等10家医疗卫生单位的50多位医务人员以及来自江苏大学、镇江菜菜鸟活动中心等单位60多名志愿工作者,参与骨髓血样标本采集现场的服务工作。同期丹徒区、扬中市红会也开展这一活动。镇江市共累计采集造血干细胞血样标本7 200余人份,列全省地级市之首。2005年我市又有两位志愿者成功实现捐髓,丹阳市方伟同志和中国药科大学镇江校区孙磊同学分别为苏州19岁的白血病女孩和香港市民俞小波成功捐献骨髓造血干细胞。这是我市首例在校大学生实现捐髓,至此我市已有7位骨髓志愿者成功捐髓。我市开展造血干细胞捐献工作被省红十字会评为先进单位。

【创建文明卫生城市】 强化创卫长效管理,创建成果不断提升。2005年初根据省爱卫办对我市创卫巩固工作的整改意见,及时向市政府作专题汇报,并积极全面落实整改。市政府下发《关于对创卫工作存在问题限期整改的通知》(镇政办发[2005]61号),召开四次推进会议,市领导亲自部署落实整改工作。爱卫办根据整改要求,分京口、润州两个组,坚持每天对市容环境卫生进行督查。各区、各部门对照要求,全面排查,全面整改,整改工作取得显著成效。圆满通过省灭蟑先进城市复查。将除害防病工作作为国家卫生城市长效管理的一项重要工作来抓,坚持以滋生地治理,完善防治设施为重点,辅之必要的、科学的药物消杀,将"四害"密度控制在国家规定的范围内。制定除四害工作计划,编制《镇江市除四害防制手册》;开展以灭鼠、灭蟑为重点的春秋季除四害活动,有效降低市区四害密度,10月市区以优异的成绩通过省灭蟑先进城市复查。同时扬中、丹阳两市也顺利通过灭蟑先进城市复查。

农村创建国家卫生城市工作稳步推进。扬中市新坝镇建成我市第一个国家卫生镇,使我市国家卫生镇创建工作实现零的突破,建成省级卫生镇2个,市级卫生镇3个,省级卫生村7个,市级卫生村29个;市爱卫会组织职能部门多次对句容、扬中、丹阳等市创建国家卫生城市工作进行调研和指导,句容市创建工作扎实有效,11月份通过省级考核;扬中市创建工作也取得长足进展,目前已通过市级考核,省爱卫办组织两次调研指导。实施农村改厕扩大试点工作。以开展农村"双清双美"活动为抓手,以创建卫生镇村为载体,稳步推进农村改厕试点工作,市政府印发《镇江市农村改厕工作实施意见》,全市农村新增无害化户厕10.8万户,建成无害化户厕普及村18个,无害化户厕普及率43%,较上年提高11个百分点,全面完成省爱卫会下达我市的年度改厕任务,通过省考核验收。

全面完成省市下达的农村改水任务。全市农村改水任务68.35万人,超额完成省下达我市60万人的农村改水任务,全面完成我市自定67万人的农村改水任务,全市农村自来水普及率达98.3%。全市新建(扩建)乡镇自来水厂14座,深水井2座,主管网延伸846处,覆盖63个乡镇,536个行政村。全市累计投入改水资金15 018万元,其中省财政配套资金1 135万元,市财政配套资金426万元,辖市(区)财政配套资金1 385万元,乡镇集体筹资2 067万元,群众自筹3 677万元,社会各渠道筹资6 328万元;2005年9月,省改水办对我市农村改水工作进行全面检查验收,结果表明:镇江对农村改水工作高度重视,每年将农村改水工作列入各级政府为民办实事项目和年度政府目标考核内容,坚持政府组织引导,部门协调配合,社会各方参与的工作方针,大力组织实施农村改水攻坚工程,农村改水工作取得显著成绩,实现市政府提出的"三年任务两年完成"的目标要求,提前、超额完成省政府下达给镇江市三年新增农村自来水受益人口60万人的目标任务。省考核组认为我市三年农村改水工作,无论是改水任务完成情况,还是地方财政配套资金到位、改水工程质量和农村水厂管理等方面,均达到《江苏省农村改水工作考核验收标准》的要求,顺利通过考核验收。

扬州市医疗卫生

【概况】 2005年,全市各类卫生机构总数2 209个,实有床位总数12 385张,卫生人员总数22 124人(其中卫生技术人员18 702人);医院、卫生院198所(医院54所、卫生院144所);全市执业医师和执业助理医师7 043人,注册护师(士)4 765人;全市平均每千人口拥有床位2.71张、执业(助理)医士1.54人、注册护师(士)1.04人。全市卫生技术人员、其他技术人员、管理人员中被聘为中级以上技术职称5 452人(高级卫技职称996人、中级4 456人),占38.85%。

全市有农村县(市、区)综合医院6所,平均每所医院实有床位数312张,执业医师、执业助理医师146人,注册护士148人。全市农村卫生院144所,实有床位4 137张、人员5 877人、卫生技术人员5 127人;平均每千乡村人口乡卫生院床位1.78张、卫生人员2.52人、卫生技术人员2.20人。

全市医疗机构总诊疗人次数为856.74万人次(其中:门、急诊832.12万人次);入院人数25.06万人,每百总诊疗人次的入院人次为2.92人,每百门诊、急诊人次的入院人次为3.01人。

【卫生改革】 进一步转换职能,强化卫生全行业管理,积极争取政府对公共卫生的投入,加快公共卫生体系建设,积极支持和引导社会资本进入卫生服务领域,促进卫生事业健康有序地发展。进一步加大资源整合和优化配置力度。邗江区对改制后乡镇卫生机构加强监督管理,全面推行"乡村一体化"管理,实行"五室"建设,优化就医环境。高邮、宝应等地以开展社区卫生服务试点为抓手,积极探索"乡村一体化"管理,健全农村卫生服务网络。市中医院成功兼并市轻工学校,做大做强中医优势资源,为推进中医院长远发展奠定坚实基础。市卫生学校整体并入扬州环境资源职业技术学院,强化专业建设,深化职业教育,为提升办学层次创造了有利条件。南方协和医疗集团资源整合后,集团优势进一步显现。市二院实行托管后,医疗业务呈快速增长势头。市中心血站实行采供血资源统一管理后,采供血网络进一步完善,全市198所医疗机构临床供血得到有效保证。进一步完善公立医疗机构内部运行机制改革。市妇保院和苏北医院按照"两权分离"和"病人选医生"方案,对干部竞争上岗和按绩效考核分配机制作进一步完善。仪征市乡镇卫生院"两权分离"改革全面推行,法人经营管理责任等要求进一步明确,经济效益和社会效益成效明显。全市各地内部运行机制改革不断深化,宝应、江都等地结合实际对"两权分离"改革方案实施调整和完善,干部职工的积极性得到进一步调动。

【社区卫生】 市政府把加快发展社区卫生服务列入为民办实事工程,大力加强城乡社区卫生服务体系建设。市卫生部门着重从研究社区卫生发展规划、制定社区卫生服务中心(站)建设标准、明确社区卫生服务机构职能及相关配套政策等方面入手,组织人员先后赴无锡、南京、天津等地进行全方位考察,对全市社区卫生服务的机构、人员、投入、服务等进行全面分析,制定了全市社区卫生服务规划、建设标准。11月17日,市政府召开全市社区卫生工作会议,出台《关于进一步加快发展社区卫生服务的意见》,明确社区卫生服务建设的总体目标、服务体系、基本功能、保障措施和补助投入政策。市卫生局出台社区卫生服务中心(站)"建设标准"、"管理制度"等一系列相关配套文件,促进社区卫生服务中心(站)的建设。年内,市区建成社区卫生服务中心8个,服务覆盖范围38万人,诊疗病人19万人次,建立健康档案5 900多份,开设家庭病床628张,社区卫生服务覆盖率达83.3%。

【疾病预防控制】 继续坚持预防为主的工作方针,认真组织血吸虫病、结核病和艾滋病等重大传染病防治工作。血防工作全面超额完成目标任务,查螺17 037万平方米,超额完成目标任务的43.8%;完成灭螺2 563万平方米,完成省、市灭螺重点工程19项,有螺面积控制在815.7万平方米以内,阳性钉螺面积降至26.1万平方米以内。完成查病104 043人,查出病人114人,全部进行免费规范治疗。仪征市探索沿江开发与血吸虫病防治双赢做法实现了"急感"零病例,得到国务院督查组和省政府领导的充分肯定,并在全省推广。结核病防治工作取得突破性进展,年内共报告传染性肺结核病人2 160例,肺结核病人追踪到位率达86.9%,治管率达98.3%,治愈率达85.9%,一举进入省内先进行列。全面启动艾滋病免费咨询检测门诊,共接待1 383人的咨询和检测工作。开展了艾滋病高危人群疾病防治干预,完成了既往有偿供血人群HIV抗体筛查7 589人次。广泛开展艾滋病防治知识宣传教育活动,对4名艾滋病患者免费提供抗病毒药品。全市孕产妇和婴儿死亡率分别为8.86/10万和5.56‰,位居全省前列;孕产妇保健管理率达93.8%、住院分娩率达99.5%,新生儿疾病筛查率达60%,7岁以下儿童保健覆盖率达90.1%。

【卫生执法】 加大医疗市场整治力度,先后对医疗机构无证执业、擅自扩大执业范围、聘用非卫技人员行医、从业人员违规执业、科室承包、"院中院"等违法活动进行专项检查,开展打击非法行医专项整治活动,全市共组织卫生执法人员5 375人次,检查医疗机构1 473所(次),查处违法违规医疗机构298所,查处违法行医案件288件,取缔非法行医活动194起,清理"院中院"28个。组建了医疗市场监督执法队伍,强化医疗市场日常监管,积极探索医疗市场长效管理机制,其做法受到省卫生厅和上级有关部门的肯定,并在全省卫生工作会上作经验交流。

继续大力实施食品放心工程,进一步推进食品卫生监督量化分级管理,不断提升食品卫生规范管理水平。全市单位食堂和餐饮业通过食品卫生信誉度A级评审54家、B级81家、C级35家。开展食品糕点卫生、餐饮业、学校食堂、乳制品等食品卫生专项整治22次,组织学校周围流动食品摊点、月饼作坊、熟食加工场等突击检查10多次,监督抽检食品3 500多份。食品、公共场所等卫生行政许可(复核)受理率、现场审查率、核证率、卫生监督覆盖率均达100%。切实加强重要活动、重要会议和重要接待任务的医疗保障与食品卫生监督检查力度,高质量高标准地完成烟花三月经贸旅游节、润扬长江大桥自助冷餐会、"十运会"、全省城乡建设现场会等重要活动、重要会议的医疗与食品卫生保障任务60多次,保证了各项活动的安全。市卫生局获"十运会"组织奖,市卫生监督所被评为"十运会卫生保障先进单位"、扬州市"食品放心工程"工作先进单位等称号。贯彻落实国务院《麻醉药品和第一类精神药品管理条例》,建立健全"麻醉和第一类精神药品管理网络"制度。继续认真贯彻《献血法》,大力提倡公民无偿献血,全市完成无偿献血47 472人次,成分输血率达92.8%,达到省先进水平。

【医疗综合服务】 全市各地紧紧围绕"以病人为中心、以提高医疗服务质量"为主题,结合开展第十八届"白杯赛",建立医院管理评价体系和考核评价标准,制定《扬州市抗菌药物、抗肿瘤药物、生物制剂临床监控管理办法》,组织开展了医院管理年活动，抓医院基础质量管理，抓“三基三严”训练，抓服务流程改进，抓完善医患沟通制度，抓服务行为规范，进一步提高了各级医疗机构的服务质量和综合服务能力。市一院和苏北人民医院分别获得“全国文明单位”和“省文明单位标兵”称号。

全市卫生科技人才建设进一步重视和加强，年内获省厅级科研立项课题19项，获省厅医学新技术引进奖10项、市政府科技进步奖41项，近3年科研课题结题率达70%，创历史最好水平。全市已建成国家重点学科建设单位1个、省重点学科2个、省重点专科6个。苏北人民医院顺利通过部、省临床药物验证基地考核评估，该院骨科和消化内科进入省级临床重点专科，市中医院肿瘤专科通过国家中医药管理局专家组考核。继续实施“创名院、建名科、树名医”战略，加快人才引进培养步伐，医疗技术水平得到全面提升。全市已拥有博士46名、硕士156名，心脏直视手术、脏器移植、介入治疗和影像诊断等多项技术已步入省先进行列。

【行风建设】 全市医疗卫生单位本着解决群众最关注的问题，把控制医疗费用、规范服务行为作为加强行风建设的目标，落实4个方面的13条措施，取得阶段性成效。一是药品费用控制和管理进一步加强。全市二级以上医院“药占比”控制指标全部实现，合理用药、合理检查、合理施治“三合理”制度进一步推进和落实；药品及耗材集中招标采购程序不断完善和规范，招标范围进一步扩大，投标品种全部实行网上公开集中招标，开展高值耗材集中招标试点，药品招标采购量达4亿元，给群众让利6 000万元以上。二是执业行为和纪律约束进一步加强。继续严格执行医疗服务“八项制度”、“六不准规定”、《关于收受红包、回扣问题的责任追究办法》，公布全市二级以上医院14个常见病种的医疗信息。三是弱势群体救助力度进一步加大。全市各级医院“慈济窗口”服务质量不断提高，诊治病人26 000多人，减免费用80.6万元。市慈济医院共诊治低保对象4 500多人次，减免费用110多万元，减免比例达43.9%。四是治本措施进一步落实。结合开展保持党员先进性教育和“争做四个表率、争创人民满意卫生行业”主题实践活动，在高邮市人民医院和苏北人民医院开展了“双纠”试点工作，广大医务人员全心全意为人民服务意识不断增强，医院服务行为得到规范，医疗费用过快增长的势头得到初步遏制。全市15所二级以上医院平均门诊人次医疗费用基本实现零增长，平均住院费用同比上升幅度为3.7%，低于2002～2004年年平均增幅16.32%的12.6个百分点，成为全省控制费用最好的地区之一。

【卫生基本建设】 市区全面启动医疗卫生单位改造和建设工程。苏北人民医院建成并启用25 000平方米门急诊楼之后，完成医技楼建设工程，开工建设病房大楼。扬州南方协和医院土建工程基本结束，125 000平方米病房大楼及其医技楼全面封顶。市妇幼保健院建成门诊楼并投入使用，病房楼全面进行装修。市传染病医院搬迁工程已经开工建设。

【中医事业】 农村中医工作先进县（市）成果进一步巩固，乡镇卫生机构中医科、中药房覆盖率达90%以上。全市中医药事业得到继承和发展，建成并开放“扬州中医博物馆”“扬州名医馆”。中医药参与新型农村合作医疗试点工作，得到国家中医管理局肯定。

南通市医疗卫生

【概况】 2005年，全市共有卫生机构1 810个，其中：医院、卫生所、医务室319个，门诊部、诊所1 451个，妇幼保健专科疾病防治所10个，疾病预防控制、卫生监督机构15个，医学教育科研培训机构8个。各级卫生机构共有卫生人员3.08万人，其中卫生技术人员2.44万人；拥有床位2.12万张。市区共建成11个社区卫生服务中心，以街道（镇）为单位建成率达73.33%。

【农村医疗卫生】 农村卫生工作体系进一步完善，累计建成农村社区卫生服务站1 825个，行政村覆盖率达95.67%。创建国家卫生城市进展顺利，通过省级验收复核。新型农村合作医疗制度全面建立，全市参合率达86.98%。农村改水任务提前完成，新增农村自来水受益人口31.75万人，自来水普及率达97.99%。农村改厕工作取得较大进展，全市新增无害化户厕4万余座，完成改厕试点村20个。

泰州市医疗卫生

【城市卫生】 泰州市卫生系统共有医院167个，其中三级医院2所，二级医院13所，市直专科医院2所，乡镇卫生院147所，民营医院3所，万人拥有病床数25.99张/万人。公共卫生体系逐步健全，已建成泰州市疾病预防控制中心、泰州市卫生监督所、泰州市急救中心、泰州市中心血站。建成三级乙等综合医院泰州市人民医院，三级甲等中医院泰州市中医医院，中外合资医院普济医院,初步形成中西医并存,公立、民营共同发展的良好局面。

【城市医疗保障】 到2005年底,覆盖范围广泛、筹资方式多元、保障水平适度的多层次医疗保障体系基本建立。全市参保人数达61万人,城镇职工医疗保险实现全覆盖。在参保总人数中,退休人员172 682人,城镇低保人员8 200人。全市所有参保人员都实行了“基本医疗保险+大病救助”的模式,17万参保退休人员实行了统账结合的参保形式,全面实施了公务员医疗补助政策和企事业单位补充医疗保险政策。完善医疗保险扩面机制,把扩面重点放在未参加社会保险的企业、灵活就业人员和破产、困难企业退休人员上,2005年新增灵活就业人员参保1.5万人。积极探索破产、困难企业退休人员参保长效机制,截至2005年底,全市17万多名退休人员参加医疗保险。随着医疗保险扩面机制的形成和完善,2005年全市医疗保险新增扩面人数8万人,增长15%。促进医保管理上水平,2005年医保管理工作改进结算、考核制度,实行“总量控制,按月预结与定期考核相结合”办法。新办法实施6个月,市区三大医院人均住院费用降低9%左右。同时,完善考核监督,强化基金管理,对基金运行跟踪统计、动态监测,实行病人跟踪管理和大额费用跟踪监控。切实加强医保服务,面向全体参保人员,突出帮扶弱势群体,在全市建立起“以经办机构为龙头,以定点医疗机构、定点零售药店为依托、以街道社区为载体”的医疗保险服务网络,同时在全市街道社区组织开展了医保服务“十进社区”活动,将参保登记、健康体检、送药上门等十项服务工作向社区延伸,其中7.8万名企业退休人员免费体检。

杭州市医疗卫生

【卫生事业不断发展】 至2005年末,全市已拥有各类医疗机构2 196个(其中医院127家,疾病预防控制中心15所)、拥有卫生技术人员4.24万人、执业医师1.78万人、各类医疗病床3.33万张。群众“看病难”问题得到缓解。社区卫生服务网覆盖全市,市区已建立社区卫生服务中心45所、卫生服务站191个;农村建立社区服务中心105个,服务站168个。继续深化农村改水改厕工作,提高供水水质和粪便无害化处理率。全市自来水普及率达96.2%;农村卫生厕所普及率为91.2%。

【居民健康水平稳步提高】 2005年,孕产妇死亡率由上年的10.54/10万下降为9.89/10万;婴儿死亡率为6.62‰。

【医疗卫生基础设施水平提高】 至年末,全市共有各类卫生机构1 990个,其中医院115个;拥有床位3.2万张,其中医院床位2.5万张。有各类专业卫生技术人员3.99万人,其中执业医师(含助理医师)1.69万人,注册护士1.35万人。农村卫生服务条件改善。2005年农村自来水普及率96.2%,自来水受益人数432.12万人,比上年增长2.1%。全市参加新型农村合作医疗的人数达350.61万人,参保率为89.6%,乡镇覆盖率达100%。

宁波市医疗卫生

【概况】 2005年,启动十大医疗基础设施工程建设,健全城乡社区卫生服务功能,全市各类卫生机构开放病床达1.8万张,拥有专业卫生人员3.2万人,建成社区卫生服务中心(站)150个,平均每1.5万居民拥有一家社区卫生服务机构,基本实现城市社区卫生服务“十分钟服务圈”。

【农村医疗卫生】 全面启动新型农村合作医疗,全市参保乡镇109个,参保人数达351.4万人,参保率达92.2%;被征地村失地农民保障措施覆盖率达到83.6%,参保人员46.4万人。

湖州市医疗卫生

【概况】 全市175家医疗卫生单位实行疫情预警监测网络直报，建制乡镇以上医疗卫生机构网络直报报告率达100%。在充分发挥市急救中心主体急救功能的基础上，德清县、安吉县、南浔区分别建立了急救分中心。无偿献血工作逐步实现"三转变一延伸"，全市无偿献血达到26 481人次，无偿献血占临床用血比例100%。全市常规免疫接种及时上报率达到100%，"五种"接种率达97%以上。全市孕产妇系统管理率达91.37%，住院分娩率和非住院分娩新法接生率分别达到99.98%和100%。

【农村医疗卫生】 全市有175.07万农民参加了新型农村合作医疗，参加率达到92.89%，列浙江省第一。吴兴区、南浔区人均筹资水平达到50元，德清、长兴、安吉三县达到30元。2005年，全市有17.84万户享受了"三条医疗保障线"报销，受益率由2004年的1.3%上升到10.9%，户受益率达36%。到2005年底，全市已建立社区卫生服务中心62个、社区卫生服务站357个，并通过以奖代补的政策加以支持。积极实施"百名城市医务人员下农村活动"，有19家县级以上医院与25家乡镇卫生院签订帮扶协议，有320名医务人员下农村工作。有20多万农民改善了饮用水质，全市自来水累计受益率达到87.8%。

嘉兴市医疗卫生

2005年，市公共卫生中心建成，疾病预防控制和医疗救治能力进一步提高，每千人拥有医生和床位数分别达到1.8人和3.3张。

全市医疗保险参保保人数61.6万人，失业保险参保37.9万人，工伤保险参保41万人，生育保险参保24.6万人。

绍兴市医疗卫生

2005年，卫生事业全面加强，全市进一步强化职能，夯实基础，积极推进疾病预防控制体系、卫生监督执法体系、医疗救治体系、突发公共卫生事件预警监测和报告信息网络体系、突发公共卫生事件应急指挥体系等"五大体系"建设，全市市、县(市区)、乡镇、村四级预防保健网络初步形成，传染病总发病率300.2/10万，低于全省平均水平；以食品卫生安全监管、职业病防治、非法行医整治为重点，切实加大卫生监督执法力度。

医疗卫生服务体系。医疗卫生服务体系不断完善，年末全市共有医疗卫生机构1 088个，医疗床位12 158张，卫生技术人员16 660人，每万人拥有医院床位20张，每万人拥有医生18人。市人民医院成功晋级为三级甲等综合性医院。各项建设工程进展顺利，市公共卫生中心和民办华宇医院、博爱医院等建成使用。城乡社区卫生服务发展迅速，全市已建成社区卫生服务中心107个，社区卫生服务站576个；新型农村合作医疗制在所有县(市)全面推行，全市参加新型农村合作医疗的人员达300.55万人，参保率为86.9%。

舟山市医疗卫生

在“十五”期间,全市卫生基础设施有了新的改善,渔农村新型合作医疗体系初步建立,组建了舟山群岛渔农民流动医院,人口计划生育和主要健康指标全省领先,巩固和发展了省级卫生城市。2005年,卫生事业继续加强。年末全市共有医疗卫生机构395个(不包括村卫生室),医疗开放床位3 501张,卫生技术人员4 610人。

医疗卫生服务体系。基本上建立了新型渔农村合作医疗制度,合作医疗实际参加人数43.66万人,参加率78.2%,共筹集资金2 249.76万元。成立了舟山群岛渔农民流动医院,组建系列惠民医院,困难群众和偏远岛屿的渔农民得到医疗救助。

台州市医疗卫生

【概况】　台州市不断完善公共卫生体系,2005年,全市有各类医疗卫生机构1 285家,床位12 634张,各类卫生技术人员20 806人,其中执业医生和执业助理医生9 066人。年末每千人拥有卫生技术人员3.7人。全市有卫生防疫机构20家,卫生防疫技术人员689人,社区卫生服务机构510家。农村卫生条件不断改善,农村自来水普及率88.3%,卫生户厕普及率69.5%。全年有6.17万人参加无偿献血。

【农村医疗卫生】　2005年,全市有37.52万人参加了城镇医疗保险,其中在职职工28.29万人,离退休人员9.22万人;工伤、生育保险年末参保人数分别达到29.01万人和13.59万人。年末全市参加失业保险职工34.7万人,全年共发放失业保险金1 924万元农村社保面不断扩大,年末全市有7.32万被征地农民参加农村养老保险,比上年增加2.39万人,有388.43万人参加农村新型合作医疗。

马鞍山市医疗卫生

【概况】　2005年,马鞍山市按照全面、协调、可持续发展的要求,大力开展疾病防治工作,全面实施公共卫生基础设施建设,切实履行卫生行政执法职责,狠抓医疗质量管理,各项工作取得明显成效。全市爱国卫生工作在省爱卫办开展的同类地市考核评比中获优秀等次。

【深化卫生改革】　稳步推进公立医疗机构体制改革。积极稳妥、循序渐进,大胆探索符合马鞍山实际的医疗卫生改革发展新路子。一是认真学习借鉴江苏宿迁市经验,进一步完善对公立医疗机构的财政投入补偿机制,纠正公立医疗机构片面追求经济得益最大化错误倾向,保障整个社会群体享受合理的基本医疗服务。二是积极推进国有医院改革。2005年马钢医院已成功完成改制,组建成立为股份制马鞍山市中心医院,揭开了公立医疗机构产权制度改革的序幕。三是积极鼓励和扶持社会力量举办医疗服务机构。2005年,充分发挥市场机制在资源配置中的重要作用,进一步解放思想,制定积极优惠的政策、、引导鼓励社会力量举办有特色、高起点民营医疗机构,如华霆医院、协和医院等,以满足不同社会群体对医疗保健服务的多层次需求,促进多元化办医格局的形成。

大力开展公共卫生体系建设。总投资4 400万元、总面积10 646平方米的市疾控中心、市紧急救援中心于2005年5月正式投入使用。上述两个项目的落成并投入使用,标志着马鞍山市公共卫生体系和紧急救援体系基础设施建设在全省率先达到国家规定的标准要求。2005年7月份,全省卫生应急和公共卫生体系建设现场会在马鞍山市召开,省卫生厅对马鞍山市的公共卫生体系建设情况给予了高度评价。

为合理整合卫生资源,充分发挥国债资金的扶持作用,将当涂县疾控中心项目与县血防站业务用房扩建项目合署移址新建。总建设规模为3 395平方米,到2005年底,项目进入装修阶段。

市传染病医院于2004年底在原市精神康复医院的地址上着手进行改扩建工作。经省卫生厅批准,马鞍山市改扩建的传染病医院床位150张,建筑面积9 820平方米,其中住院楼5 160平方米,门急诊及辅助工程4 660平方米。一期工程预计在2006

年投入使用。

当涂县传染病区建在当涂县医院院内，建设规模1 200平方米，总投资140万元，含国债资金90万元。该项目于2004年12月底正式开工建设，2005年4月主体工程完工，项目内部装修9月下旬完工，10月初正式投入使用。

【加强医疗机构监管】 加强医疗服务的准入管理，依法规范执业行为。市卫生局严把医疗机构和医技人员准入关，2005年经严格把关，审批发证医疗机构20户。为加强全市卫生资源的宏观管理，合理配置乙类大型医用设备，制定了《马鞍山市乙类大型医用设备配置规划》。对全市医疗机构医护人员的执业资格进行全面的清理整顿，同时做好医务人员的登记备案、资格审查和注册工作。对外地来马鞍山市工作及变更执业地点、执业范围或调离马鞍山市的医务人员及时办理变更注册或注销注册，使从事医疗活动的执业医师均做到人手二证，持证上岗，规范了医师的执业行为。

做好护士执业管理工作，严把准入和注册关，加强护理质量管理工作，重视护理人才的培养。

为保证通信调度工作顺畅，对原120指挥调度软硬件进行了升级改造，设置了7个急救分站。全年共出车8 401次，救护6 569人次。多次参与执行全市重大突发事件中的医疗保障工作，及时、成功地完成了市内多起重大和突发事故的救治工作，提高了马鞍山市医疗急救的成功率。

积极做好血液管理工作。2005年，马鞍山市的无偿献血工作继续保持"两个百分之百"。先后投资140余万元配置了全自动酶免分析系统、血型工作站等一系列设备。进一步完善了血液质量管理网络，全过程的质量管理更趋规范。实行严格血液的初复检制度，常规开展实验室的室内质控。大力开展农村无偿献血宣传。成分输血比例稳定在98%以上，临床输血各项技术指标位居全省前列。

进一步贯彻《中华人民共和国中医药条例》和《安徽省发展中医条例》，中医事业不断发展。全市19所乡镇卫生院中设有中医科、中药房的为13所，占68.42%，村卫生室能开展中医药服务的达80%以上。

【发展社区卫生服务】 2005年6月份，马鞍山市政府办公室转发了《关于加快发展马鞍山市城市社区卫生服务的意见》，并成立了由市政府分管市长为组长的马鞍山市社区卫生领导小组，召开了联席会议。各有关部门也加强了对社区卫生服务工作的支持。为了适应马鞍山市社会经济发展、城市建设规模扩大和社区建制变化的需要，2005年7月，市卫生局对全市社区卫生服务规划再次进行了调整，努力打造"15分钟健康服务圈"，共建成社区卫生服务中心20个，站25个，创建了雨东、大治社区卫生服务站2个省级社区卫生服务站，覆盖居委会人口达96.05%，为广大人民群众提供方便、快捷、低廉、高效的基本医疗服务。同时制定了《马鞍山市社区卫生服务发展规划(2005～2010年)》。

雨山区参加了创建全国社区卫生服务示范区活动，被卫生部、民政部和中医药管理局命名为"全国社区卫生服务示范区"。

【开展卫生科教工作】 规范开展重点专科建设。市卫生部门高度重视临床医学重点学科的建设工作，根据各重点专科的特色，制定了详细的专科建设计划，确定各专科主攻专业技术项目及应用研究方向，督促各单位制定相应的倾斜政策和具体扶持措施，强化重点专科的管理，提供完备的保障措施。

认真实施继续医学教育。全年共举办1项国家级继续医学教育项目、5个省级继续医学教育项目、43个市级继续医学教育项目，参加学习达11 102人次，并申报了2006年国家级继教项目1项、省级继教项目9项。组织开展了市级继教项目的申报工作。

切实加强科研管理。根据《马鞍山市卫生局医学科技进步奖奖励办法》，对申报局2004年度科技进步奖的23个项目进行评审，共有10个项目分获一、二、三等奖及鼓励奖，并进行了表彰。组织推荐市科技立项项目的申报，共有12个项目被市科技局批准立项。

【落实重大传染病防治措施】 初步构建应急处理的机制框架。建立突发公共卫生事件应急指挥体系。设立了公共卫生应急处理办公室，负责制订突发公共卫生事件应急预案，组织协调和实施突发公共卫生事件应急处理工作。为有效应对各种突发公共卫生事件，先后牵头制定了《马鞍山市突发公共卫生事件应急预案》等。根据突发公共卫生事件主要类型，分别组建应急卫生救治队伍，定期开展不同类型突发公共卫生事件的应急演练，储备适当数量和品种的应急救治设备、药品、器械，重点应对传染病、食物中毒、职业中毒、重大创伤事故、不明原因疾病等事件的发生。

妥善处理突发公共卫生事件。2005年初，马鞍山市发生流脑疫情后，市政府立即召开了流脑防治工作紧急会议，各医疗卫生单位切实落实预防控制措施，进行了及时、果断地处理，积极开展流脑防治工作。

对出现禽流感疫情，市卫生部门积极配合市农委做好禽流感防控各项工作，对接触病死禽人员采取预防控制措施。特别在我省出现人禽流感病例后，立即召开防控工作会议，开展多次专项督查。全面启动人禽流感监测体系，95120值班电话24小时开通，疫情小分队随时待命，并做好个人防护、现场消杀药品和器械、转运车辆、医疗救治等准备工作。各有关医疗卫生单位均制定了相应的预案。组织开展4次实战演练，1次综合性演练。举办禽流感防治培训班12次，培训1 500人次。各相关医疗机构也成立相应领导组织，规范工作程序，在全市上下共同努力下，马鞍山市未出现人禽流感疫情和病例，防治工作取得明显成效。

认真开展艾滋病防治。开展12月1日的艾滋病日活动宣传，进一步发动全社会宣传艾滋病防治知识。明确全市医护、公安等高危职业艾滋病病毒职业暴露后防护工作的处理程序，设置艾滋病预防用药药品储备库。全市组建38人的预防艾滋病高危行为干预工作队，深入娱乐场所开展安全套推广和暗娼综合监测活动。

切实加强结核病防治。为进一步做好结核病防治工作，每季度召开全市结核病防治工作形势分析会。进一步健全结核病防治网络，1/3的乡镇卫生院设立痰检点。加强抗结核药品管理工作。实施了结核病控制日本援助项目、第一轮和第四轮全球基金项目、中央财政转移支付项目。全年发现涂阳病人566例，治愈率达86.7%，出色完成了省厅下达的结核病病人

发现任务。

大力开展血吸虫病防治。2005年血防工作是实施综合治理规划的第一年,马鞍山市认真组织实施血防项目。制定了《马鞍山市2005年血吸虫病防治工作计划》,强化了重点易感环境的查灭螺、疫区易感人群和流动人群的查治病工作。2005年全市急感发病率为4.9/10万,流行区人群感染率1.56%,比2000年下降49.4%。

全面提升计划免疫工作水平。以消灭脊灰和加强乙肝疫苗接种为重点,完成2004~2005年度和2005~2006年度脊髓灰质炎疫苗"强化免疫和查漏补种"工作。开展了15岁以下儿童麻疹疫苗"强化免疫"活动,全市接种率99.94%。全市"四苗"接种率为96.36%,乙肝疫苗首针及时接种率达94.4%。

【推行新型农村合作医疗制度建设】 马鞍山市在全省率先建立起覆盖全市农民的新型农村合作医疗制度。经过共同努力,圆满完成了2005年和2006年两年合作医疗农户资金筹集工作任务,2005年全市共计564 031位农民(当涂县454 185人,市辖区109 846人)参加了新型农村合作医疗制度,农民参保率达85.65%(当涂县83.77%,市辖区94.44%),2006年全市有609 520位农民(当涂县499 674人,市辖区109 846人)参加了新型农村合作医疗制度,农民参保率达92.84%(当涂县92.5%,市辖区94.44%),乡村覆盖率均达100%。其中全市12 221位农村特困户和五保户农民全部免费参加了新型农村合作医疗制度。

2005 年长江三角洲各城市主要经济指标一览表(1)

城市＼项目	土地面积(平方公里)	总人口数(万人)	国内生产总值(亿元)	财政收入(亿元)	社会消费品零售总额(亿元)	全社会固定资产投资总额(亿元)	对外经济贸易					
							外贸出口总额(亿美元)	利用外资合同项目(项)	合资经营(项)	合资经营额(亿美元)	合作经营(项)	合作经营额(亿美元)
上海市	6 340.50	2 360.26	9 143.85	2 222.30	2 972.97	3 542.55	1 863.65	4 091		138.33		
南京市	6 582.31	595.80	2 411.11	510.17	1 005.00	1 402.72	142.45	728	160	9.29	17	0.93
苏州市	8 488.42	607.31	4 026.52	316.78	950.07	1 870.14	727.25	2 181	335	11.84	11	2.14
无锡市	4 787.61	452.84	2 805.00	200.9	824.11	1 335.08	155.46	78.39	236	15.00	15	0.10
常州市	11 375.00	351.65	1 303.36	220.45	444.08	769.80	61.24	509		7.31		
镇江市	3 847.48	267.61	871.67	118.42	241.39	404.75	20.34	471				
扬州市	6 634.00	456.31	922.02	117.03	306.89	410.28	19.05					
南通市	8 001.00	770.80	1 472.08	171.19	536.40	815.41	57.93	998				
泰州市	5 793.00	502.10	822.30	114.00	233.80	403.00	13.40	253	—	—	—	—
杭州市	16 596	660.45	2 942.65	520.79	975.43	1 277.80	198.04	756		40.05		
宁波市	9 365.00	556.70	2 449.31	466.50	759.83	1 336.30	222.33	873	344	12.44	8	0.64
嘉兴市	3 915.00	334.33	1 159.66	66.79	374.44	703.46	70.44	440	121	26 042	5	0.455
湖州市	5 818	257.58	644.25	74.2	237.75	433.08	19.97	475	—	—	—	—
绍兴市	8 256	435.09	1 447.47	150.56	381.63	676.13	81.42	416	183	7.23	7	0.43
舟山市	1 440	96.73	280.16	18.21	100.14	161.12	9.95	—	—	—	—	—
台州市	9 411	559.85	1247.43	147.45	439.92	537.62	51.96	117				
马鞍山市	1 686	125.64	371.35	61.14	64.29	191.38	3.10	31	8	1.30		

2005 年长江三角洲各城市国民经济主要指标情况表(2)

城市	国内生产总值							人均生产总值（按户口计算）（元）	利用外资			金融存贷款		居民生活	
	国内生产总值（亿元）	第一产业（亿元）	同比增长 %	第二产业（亿元）	同比增长 %	第三产业（亿元）	同比增长 %		签订合同数（个）	利用外资合同金额（亿美元）	利用外资到位金额（亿美元）	存款余额（亿元）	贷款余额（亿元）	城镇居民人均可支配收入（元）	居民人均住房建筑面积(m²)
上海市	9 143.95	79.65	-9.7	4 475.92	12.1	4 588.38	10.5	67400	4 091	138.33	68.50	23 320.86	16 798.12	18 645	21.3
南京市	2 411	8 024	2.7	1 200.28	17.9	1 130.79	13.4	40 887	728	542 327	141 778	5 263.25	4 659.81	14 997	24.30
苏州市	4 026.52	88.66	0.2	2 681.54	15.3	1 256.32	16.7	66 766	2 181	153.4 注册	51.16	4 730.05	3 478.34	16 276	31.8
无锡市	2 805.00	50.00	11.94	1 695.00	-0.96	1 060.00	11.79	62 331		78.39	20.07	3 222.39	2 183.41	16 005	27.1
常州市	1 303.36	56.56		796.12		450.68		31 997.00			201	1 375.25	966.86	14 589	21.04
镇江市	871.67	38.69	3.10	528.16	15.10	304.82	16.60	29 534.00	471	321 651	59 590	803.96	560.50	12 394	25.70
扬州市	922.02	89.29	6.00	519.17	17.20	313.56	14.30	20 389.00	371	24.30	12.5	952.69	515.33	11 379	23.34
南通市	1 472.08	162.19	3.00	823.99	19.10	485.90	14.40		998	48.44	15.32	1 847.98	1 024.45	12 384	29.14
泰州市	822.00	89.90	4.40	476.60	17.00	255.7	15.40	17 474	253	11.20	7.22	824.90	446.80	11 122	36.90
杭州市	2 942.65	148.21	3.4	1 496.94	11.1	1 297.50	16.4	44 853	756	40.05	17.13	6 748.72	5 545.3	16 601	20.7
宁波市	2 449.31	132.26	1.90	1 341.46	10.80	975.59	16.30	44 156	873	421 000	231 100	3 791.94	2 959.78	17 408	17.75
嘉兴市	1 159.66	84.45	4.10	681.93	13.70	393.28	14.50	34 706	440	250 049	115 666	1 341.75	960.51	16 189	31.75
湖州市	644.25	63	4.1	353.27	14.8	227.98	16.1	24 866	475	16.92	6.51	608.43	461.39	15 355	30.9
绍兴市	1 447.47	93.07	2.5	873.00	15.0	481.40	13.7	33 283	416	202 139	90 095	1 864.89	1 381.68	17 516	24.89
舟山市	280.16	39.84	0.2	111.26	24.1	129.05	19.1	28 936	21	6 940	3 120	363.49	284.70	15 524	21.99
台州市	1 247.43	99.69	0.1	656.52	14.6	491.22	14.8	22 360	117	39 893	33 780	1 384.98	1 058.04	18 313	28.08
马鞍山市	371.35	17.36	1.6	240.69	23.8	113.3	13.5	29 704	31	18 549	15 062	318.33	195.47	11 935	23.69

注:上海市金融存贷款为中外资金融机构累计数。

2005 年长江三角洲各城市国民经济主要指标比例关系(3)

城市	从业人员数(万人)						国内生产总值							固定资产投资总额			
	第一产业		第二产业		第三产业		第一产业			第二产业		第三产业		其中			
	从业人员（万人）	同比增长 %	从业人员（万人）	同比增长 %	从业人员（万人）	同比增长 %	种植业（万元）	林业（万元）	牧业（万元）	轻工业（万元）	重工业（万元）	服务业（万元）	旅游业（万元）	基本建设（万元）	扩建改造（万元）	房地产开发（万元）	全社会固定资产投资总额(万元)
上海市		-0.7		14.2		11.7	1 088.4	111.25	602.8	10 817.5	2 912.93		1 604.26	885.74	1 984.61	1 246.86	35 425.5
南京市	42.62	-5.2	131.56	6.0	142.51	3.5	457 495	9 835	126 874					22 761 812		2 961 400	14 027 200
苏州市	43.38	-10.76	231.68	9.74	118.66	19.74	577 417	63 554	217 068	3 333.48	6 575.11	1 256.3	432.11	9 973 530	41 148.25	4 143 333	1 870.14
无锡市	34.18	-0.97	159.43	10.59	95.59	10.73						1 060	301.6				
常州市	32.70	5.14	128.94	12.59	79.82	16.83										114 273	76 980.21
镇江市	35.37	-3.75	68.41	8.19	44.68	-0.84	252 756	8 884	48 433					1 146 103	852 567	604 805	4 047 505
扬州市	50.16	-5.40	103.21	8.70	81.08	3.30	71.35	4.8	39.09	584.72	864.10		104.6	—	—	73.4	410.07
南通市	133.93		178.30		132.17		128.7		77.85	278.33	286.2	4 862 000	76.20			536.41	815.26
泰州市	69.40	-5.4	100.60	8.80	84.50	8.70								476 000	4 030 000		
杭州市	91.63		222.16		167.31		1 103 981	233 039	495 900	24 059 690	30 351 581	12 975 013		3 715 525		4 105 706	1 277 972
宁波市	76.4	-3.90	213.20	5.90	125.50	9.50	18 056 296	30 853 374	911 400	53 100	329 300	8 386 984	4 549 463	2 594 964	13 363 043		

续表

城市	从业人员数(万人)						国内生产总值							固定资产投资总额			
	第一产业		第二产业		第三产业		第一产业			第二产业		第三产业		其中			
	从业人员(万人)	同比增长%	从业人员(万人)	同比增长%	从业人员(万人)	同比增长%	种植业(万元)	林业(万元)	牧业(万元)	轻工业(万元)	重工业(万元)	服务业(万元)	旅游业(万元)	基本建设(万元)	更新改造(万元)	房地产开发(万元)	全社会固定资产投资总额(万元)
嘉兴市	42.40	-4.00	144.45	47.20	53.98	-10.0	—	—	—	—	—	—	—	1 234 034	7 034 577		
湖州市	41.11	-0.74	66.39	—	50.22	17.5											
绍兴市	64.52	-14.3	147.65	5.4	72.66	3.9	—	—	—	—	—	—	—	1 033 309	6 761 274		
舟山市	13.86	-10.8	20.33	6.7	21.63	1.5	—	—	—	—	—	—	—			276 720	1 611 191
台州市	103.83	-2.2	140.06	2.3	124.78	3.1								1 161 255	5 376 194		
马鞍山市	18.3	-10.3	24.0	4.3	17.9	9.1	45 827	1 440	16 830				—	477 800	—	264 100	1 913 800

2005 年长江三角洲各城市工业基本情况(4)

城市	工业企业单位数(个)			工业总产值(当年价)									
	国有工业企业(个)	集体工业企业(个)	其他形式工业企业(个)	轻工业(亿元)	重工业(亿元)	纱(万吨)	布(亿米)	化学纤维(万吨)	服装(万件)	发电量(亿千瓦时)	钢(万吨)	成品钢材(万吨)	汽车(城市客车)
上海市				4 299.31	12 577.48		1.08	49.78		728.74	1 927.96	1 964.16	
南京市	102	155	2 087	597.63	3 465.85		0.23	3.61		180.74	723.22	864.85	173 195
苏州市	33	247	85 301	3 333.48	6 575.12	80.50	6.84	134.74	65 263	262.70	1 358.33	1 336.64	21 743
无锡市	52.81	162.11	77.36	376.51	976.62	48.15	84 433	197.16	48 286.16	220.58	594.56	1 470.53	—
常州市	33	150	2 803	1 185.99	2 214.11	22.81	17.98	13.38	42 183	61.93	341.50	253.35	586
镇江市	68	181	1 524	409.21	922.35	3.46	1.25	0.51	9 326	215.11	1.39	58.19	
扬州市	23	244	1 778	584.72	864.10	10.72	2.70	68.43	8 880	152	11.61		
南通市	23	125	3 325	278.33	286.2	38.37	17.58	28.57	519 000	162.11	65.89	106.74	
泰州市													
杭州市	124	169	7 066	2 405.97	3 035.16	26.92	26.23	251.40	29 910	113.88	675.92	370.77	6 515
宁波市	38	236	8 514	1 805.63	3 085.34	16.82	32 612		99 171	348.29		82.69	25 032
嘉兴市	19	77	4 400	249.82	929.14	9.39	14.95	—	42 324	398.19	6.75	60.57	—
湖州市	16	70	1 809	493.71	577.08	13 013	34 202	42 371	8 924	1 087 254	8.04	5.39	—
绍兴市	20	113	3 543	2 038.66	1 176.41	21.89	29.36	184.73	49 220.27	66.92	—	81.40	0.19
舟山市	15	184	9 657	233.28	170.36	1.57	0.16	5.03	1 840	22.14	—	—	—
台州市	44	29	3 872	726.23	1 011.47	0.87	2.14		1 490	111.267 8	2.64		112 726
马鞍山市	10	22	201	32.80	504.85	0.998 2	0.38	—	966	75.65	1 022.79	950.64	—

2005 年长江三角洲各城市农业基本情况(5)

城市	乡村组织		从业人员(万人)					其他		
	乡镇(个)	村民委员会(个)	农业(万人)	工业(万人)	运输电业(万人)	建筑业(万人)	商业、饮食服务业(万人)	耕地面积(千公顷)	水田面积(千公顷)	旱地面积(千公顷)
上海市	111	2 139	59.05	116.42	8.46	11.99	10.21	23.73	22.34	1.39
南京市	49	933	41.67	27.47	6.78	20.99	2.29	245.60		
苏州市	64	1 273	43.38	231.68	11.53	18.25	12.03	247.80	214.32	
无锡市	59	943	34.18	159.43				151.2	122.14	29.06
常州市	64	1 092	0.18	17.23	1.75	0.854	0.655	176.32		
镇江市	41	607	99.58	55.98	5.95	12.43	12.81	152.54		
扬州市	77	1 200	50.16	72.98		32.23		307.7		
南通市	125	1 840						472.8	281.76	
泰州市										
杭州市	149	3 681	88.82	85.50	11.22	16.51	18 103	182.95	156.27	26.68
宁波市	91	3 075	61.6	147.23	12.19	19.89	27.20	209.86	142.79	67.17
嘉兴市	53	954	42.4	132.98	6.95	10.29	4.09	211.03	176.49	34.54
湖州市	60	1 046	40.04	41.36	6.34	7.09	9.75	143 924	127 605	16 318.8
绍兴市	97	4 077	64.47	80.21	8.34	24.28	17.31	167.16	130.11	37.05
舟山市	35	424	13.8	7.06	2.63	3.36	3.74	16.73	9.99	6.74
台州市	93	5 037	107.23	88.98	10.68	19.19	83.36	146 835	120 239	26 596
马鞍山市	19	240	18.3	17.0	3.7	7.0	7.9	49.13	43.23	

2005 年长江三角洲各城市农业基本情况(续表 5)

城市	农业总产值(当年价)				农产品产量						
	种植业产值(亿元)	林业产值(亿元)	牧业产值(亿元)	渔业产值(亿元)	粮食(万吨)	棉花(吨)	油料(吨)	生猪年末存栏(圈)量(万头)	猪肉(吨)	牛奶(吨)	家禽出栏量(万只)
上海市	111.25	11.11	54.34	51.64	105.36	0.18	6.51	153.16	18.02	23.76	7 461
南京市	85.45	1.96	33.87	29.63	96.54	5 920	200 728	90.38	120 039	138 034	4 309.91
苏州市	57.74	6.36	21.71	59.41	110.76	4 605	69 593	73.85	86 274	94 651	3 815.16
无锡市	46.50		28.6	43.5	79.53		33 794	136.78	92 840	91 936	2 879.83
常州市	22.97	0.45	0.931	15.80	98.06	298	83 455	68.51	73 260	13 743	2 559.22
镇江市	40.80	1.76	11.78	10.94	90.68	1 833	81 994	64.17			944.64
扬州市	71.36	4.84	39.09	47.75	226.43	6 897	122 751	105.69	125 690	11 048	4 650.22
南通市	128.7		77.85	74.27	294.19	5.11 万	40.67 万	289.83	183 264	11 000	9 901.04
泰州市											
杭州市	110.40	23.30	49.59	27.08	103.50	1 038	78 681	165.28	229 145	50 436	4 812.35
宁波市	91.14	5.31	32.93	75.31	80.12	7 200	24 292	85.86	112 906	28 029	3 763.77
嘉兴市	64.03	0.60	50.46	19.99	119.40	1 940	139 664	320.81	257 652	10 400	4 059
湖州市	42.23	14.36	24.48	24.14	82.21	—	8.98	83.98	16.39	—	4 628.31
绍兴市	84.18	11.38	26.93	18.27	96.39	3 448	31 364	99.9	114 408	3 597	2 729.48
舟山市	5.66	0.18	2.70	78.40	5.2	78	3 795	12.45	15 379	1 527	139.84
台州市	65.87	2.84	18.27	96.16	82.48	602	6 461	100.10	108 590	13 461	1 601.57
马鞍山市	112 085	3 091	38 659	101 099	38.81	3 506	7.68	18.07	27 300	1 952	855.18

2005年长江三角洲各城市运输邮电基本情况(6)

城市	运输量情况										
	货运量(万吨)	铁路(万吨)	公路(万吨)	水运(万吨)	航空(万吨)	货物周转量(亿吨·公里)	铁路(亿吨·公里)	公路(亿吨·公里)	水运(亿吨·公里)	航空(亿吨·公里)	港口货物吞吐量(万吨)
上海市	71 304										44 317
南京市	18 083	1 056	10 530	6 483	14	1 455.31	129.17	62.43	1 263.13	0.58	11 610
苏州市	10 393	145.92	7 762	2 631	—	68.42	—	51.52	16.90	—	15 743
无锡市	8 430	205	7 008				254.3	59.03			4 277.8
常州市	6 032.3	296	4 950	786	0.47	31.23		22.015	9.21		3 824.5
镇江市	5 231	264	4 574	393		29.81		20.89	8.92		6 001
扬州市	5 855	49	4 433	1 373		61.57		26.39	35.17		4 634
南通市		23	641		1.64		23	641		1 640.84	8 326.9
泰州市											
杭州市	19 909	525	13 539	5 833	12	132.22	—	54.93	77.29	—	—
宁波市	17 664	1 207.05	10 480	5 618.6	2.35	747.89		64.48	680.62		26 881
嘉兴市	6 881	75	2 596	4 210	—	97.91	—	16.66	81.25	—	8 625
湖州市	13 811	—	5 385	8 426	—	152.49	—	23.07	129.42	—	—
绍兴市	9 559	—	8 406	1 153	—	41.38	—	26.24	15.14	—	1 196
舟山市	6 717	—	1 806	4 911	0.24	505.18	—	3.67	501.51	—	9.52
台州市	10 247		5 948	4 299	0	457.69		50.68	407.01		2 819
马鞍山市		445	1 439		—			8.84			2 687.45

2005年长江三角洲各城市运输邮电基本情况(续表6)

城市	邮电通信				客运情况				
	邮电及投递线路(万公里)	长途电话电路(万户)	邮电业务总量(亿元)	邮政储蓄期末余额(万元)	旅客发送量(万人次)	铁路(万人·公里)	公路(万人·公里)	水运(万人·公里)	航空(万人·公里)
上海市	21.31	996.7	414.26	510.90	9 487	4 313	2 468	626	2 080
南京市	5.04		71.78	907 520	20 537				
苏州市	1.60	76.65	96.68	133.25	31 851.45	—	1 918 713	425	—
无锡市		308.48	62.45		20 466	1 047.3	19 372	—	95 000
常州市	1.01		34.87		15 235	715	14 505		15
镇江市	0.49	2.46	21.42						
扬州市	0.42		23.90						
南通市		400.8			4 507.17	87.8	4 411		8.37
泰州市									
杭州市			90.93	805 244	24 124	2 011	21 431	304	378
宁波市			76.32	1 082 708		607.24	27 570	113.0	
嘉兴市	1.39	1.81	38.3	—	16 218	466	15 747	5	—
湖州市			31.89		7 563		7 555	8	—
绍兴市	1.45	221.39	243.91	47.29	—	14 604.25	402.25	14 200	2
舟山市	0.15	—	9.61	—	8 832.41	—	6 914	1 880	38.41
台州市			88.93	542 784	15 675		15 590	73	12
马鞍山市	0.062 9	0.017 4	13.71	143 700	—	—	106 928	—	—

2005 年长江三角洲各城市全社会固定资产投资总额(7)

城　市	项目指标											
	投资总额（亿元）	按计划类划分		其他投资			按经济类型分					
		基本建设（亿元）	更新改造（亿元）	房地产投　资（亿元）	城镇集体投资（亿元）	农村集体投资（亿元）	国有经济（亿元）	集体经济（亿元）	私营经济（亿元）	股份经济（亿元）	外商、港澳台商经济（亿元）	其他经济（亿元）
上海市	3 542.55	885.74	1 984.61	1 246.86			1 240.27	131.07	565.24	916.27	640.31	2 302.28
南京市	1 402.72	849.14	21.40	296.14	820.30	265.39	751.14	70.93	172.38	92.61	391.32	
苏州市	1 870.14	—	—	414.33	819.43	629.19	380.90	60.02	581.41	21.04	579.13	14.78
无锡市	1 336.04						195.48				298.48	842.08
常州市	769.8			137.19	534.70	235.10	192.59	43.59	168.25	35.1	97.33	
镇江市	404.75	115.31	86.98	60.48	260.35	140.01	97.69	8.78	165.23			
扬州市	410.07			73.14			104.63	12.15		1.65	16.09	145.35
南通市	815.26			80.05	370.69	301.39						586.56
泰州市	403			47.6	171	143						
杭州市	1 277.80	371.55		410.57			340.44	20.91	163.76	6.53	118.91	18.35
宁波市	1 336.3			259.5			322.87	0.35		125	208.58	59.72
嘉兴市	703.46	—	—	123.4	—	236.8	117.66	—	—	—	—	178.27
湖州市	416.05			69.05	2.12	23.22	86.22	7.61	37.82	7.71	34.58	—
绍兴市	676.13	626.67	49.46(限额)		418.59	257.54	103.18	13.18	166.01	265.96	73.03	54.77
舟山市	161.12	—	—	27.67	—	—	98.46	—	—	—	2.56	—
台州市	537.62	—	—	116.13	171.80	249.69	88.01	7.96	32.92	35.49	54.74	318.5
马鞍山市	191.38	—	—	26.41	—	—	126.46	2.43	—	—	—	—

2005 年长江三角洲各城市公用事业情况(8)

城　市	城市设施投资额（亿元）	煤　气液化气（吨）	天然气年销售量（亿立方米）	其中：生活用水（亿立方米）	全年城镇居民生活用电（亿千瓦时）	全年供水量（亿吨）	其中：生活用水（亿吨）	年末供水管线长度（公里）	城市绿化覆盖面积（公顷）	市区人均公共绿地面积（平方米）
上海市	885.74		19.97	17.88	109.20	22.81	13.54	23 700	28 865	11.01
南京市		6 200m³	126.55	9 281.00	30.22	11.89	5.49		710 203 000	11.96
苏州市	487.85	24.22 万吨	11 931 吨	1 474 吨	17.43	3.73	1.23	3 848	9 490	9.8
无锡市		8 623 万 m³	11 931	3 784		23 990	15 118		0.65/覆盖率	9.8
常州市		8 030	80 800		6.87	3.24	1.36	5 180.52	5 529	7.10
镇江市									5 110	10.49
扬州市	65	28 126	2 460	2 007	5.87	2.11				
南通市		3 580							41.5	
泰州市	22.1	56 600		5.13	4.3	1.48	0.65	2 030	6 070	8.63
杭州市		152 800		0.32	27.98	7.33	3.52	2 945	11 734	10.19
宁波市	92.73	38.54				5.32	1.69	36 914	7 758.4	10.76
嘉兴市	55.78	98 494	—	58 494	12.16	2.21	0.16	2 113.9	6 769	11.74
湖州市	—	3.78	—	—	7.89	12 361	0.49	—	5 161	8.42
绍兴市	—	65 154	—	61 522(家用)	6.25	2.31	0.69	3 710	11 957.4	13.51
舟山市	—	30 048	0.078	4 581 100	—	0.47	0.17	922	26 090 000	27
台州市	—	138 248			7.816	2.2135	0.9484	3 159.7		3.52
马鞍山市	43.11	—	0.287 0	0.175 1	2.25	5.50	0.42	426.48	4 591	12

2005 年长江三角洲各城市居民农村居民家庭生活基本情况(9)

城市	城市居民							农村居民						
	调查户数(户)	平均每户家庭成员(人)	每户从业人员(人)	每一从业人员赡养人口(人)	人均可支配收入(元)	人均借贷收入(元)	人均消费支出(元)	调查户数(户)	平均每户人口(人)	平均每户劳动力(人)	平均每一劳动力赡养人口(人)	人均可支配收入(元)	人均生活支出(元)	人均住房面积(m²)
上海市	1 000	3.01	1.55	1.94	18 645	4 126	13 773	600	3.21	2.19	1.47	18 645	13 773	56.56
南京市	800	2.86	1.37	2.09	14 997	1 340.00	10 704.34	540	3.48	2.55	1.42	6 225	4 375.85	42.90
苏州市	300	2.81	1.33	2.11	16 275.90	2 335.07	11 163.28	750	3.80	2.80	1.36	8 393.49	6 142.85	64.14
无锡市					16 005							8 004		55.5
常州市	300	2.89	1.51	1.91	14 589	6 276.28	10 717.63	510	3.37	2.37	1.42	6 495	5 711.9	56.2
镇江市	200	2.9	1.4	2.1	12 394	2 618	8 335	400				5 916	4 374	43.8
扬州市	200	2.94	1.43	2.06	11 378	1 586	7 387	500	3.86	2.72	1.42	5 215	5 296	34.7
南通市					12 384		8 573					5 501	3 858	49.6
泰州市	200	2.79	1.5	1.86	11 122	1 435	7 556	500	3.63	1.68	2.16	5 102	3 396	41.2
杭州市	600	2.84	1.42	2.0	16 601	4 289.05	13 438	1 100	3.34	2.34	1.43	7 655	6 004	66.0
宁波市	100	2.74	1.52	1.80	17 408.08		11 757.96	800	2.76	1.99	1.81	17 393.96	11 818.14	23.48
嘉兴市	620	2.76	1.56	—	16 189	—	10 754	2 000	3.9	2.77	1.42	8 007	5 736	61.51
湖州市	200	2.61	1.26	2.07	15 561	3 696	11 108	500	3.91	2.74	1.42	6 882	4 821	49.82
绍兴市	650	2.78	1.68	1.65	17 516	5 035	12 027	1 920	3.46	—	—	7 418	5 765	59.3
舟山市	200	2.68	1.46	1.84	15 524	5 892	10 950	—	—	—	—	7 190	5 264	44.34
台州市	150	2.78	1.45	1.92	18 313	6 642	14 423	540	3.49	2.59	1.43	7 101	5 882	50.48
马鞍山市	200	3	1	2	11 935	—	8 222	380	4	3	1	4 511	3 281	30.5

2005 年长江三角洲各城市可持续发展水平(10)

城市	经济效益			经济结构			经济发展能力		资源利用效率		环境保护支持度		
	工业全员劳动生产率(元/人)	百元固定资产实现产值(%)	资金利税率(%)	二、三产业增加值占GDP比重(%)	高新技术产业产值与GDP比重(%)	规模工业企业产值与GDP比重(%)	人均财政收入(元)	全社会固定资产投资总额/GDP(%)	万元产值耗能(千瓦时/万元)	单位土地面积GDP(万元/公顷)	环境保护投资占GDP比重(%)	"三废"处理率(%)	城市污染集中处理率(%)
上海市	186 475.44		13.8	99.82	52.98		26 558	41.40	4 252.15	115.85	1.85		
南京市				96.7			8 651.33	58.18			3.00		
苏州市	118 245	—	8.73	97.8	76.6	146.1	11 907	46.45	0.50	47.44	—	—	—
无锡市	62 331			98.2									
常州市						1.92	6 264	59.1	1.07	29.76			
镇江市	102 766												75.9
扬州市	600 000			90.7	29.2	157	2 565	44.4	401	13.89	1.8	80.99	
南通市	103 635			89.1	28.9		2 220						98
泰州市	11.6			89.1	40.7		2 268	49		14.2	1.75	98.6	
杭州市				95.0	13.7		7 938	43.42	0.89			97.85	76.93
宁波市				94.6				54.6					
嘉兴市	60 370	—	9.62	92.7	6.7	188	1 997	60.7	564	29.6	—	—	—
湖州市	93 837	3.13	12.74	90.2	40.2	166.2	2 884	64.6	—	—	—		100
绍兴市	84 227	304.96	10.48	93.6	—	222.1	3 460	46.7	0.29	17.53	—		98
舟山市	84 556.96	147.58	6 067	85.8	—	1.1	1 883	57.5		19.45	—	—	18.65
台州市	60 114	—		92.0		139.3	2 643	43.1	—	—	—	—	—
马鞍山市	171 067	125.71	13.61	95.3	35.3	53.2	4 890	51.5	—	22.0	1.8	795	75.99

2005 年长江三角洲各城市可持续发展能力(1)

城　市	社会保障			环境质量			科技支持能力		社会发展能力		
	城镇登记失业率(%)	城市贫困人口比例(%)	万人拥有病床数(床/万人)	环境综合指数	建成区绿化覆盖率(%)	市区人口密度(人/平方公里)	万人专利授权量(件/万人)	R&D 经费支出占 GDP 比重(%)	社会保障覆盖率(%)	每 10 万人交通死亡人数(人)	高等教育毛入学率(%)
上海市	4.4		37.5	85	36.0	2 103.0	56	213.53	99.4		
南京市	3.35		42		44.94			2.4	100		
苏州市	3.28	—	43.1	84.45	40.2	1 364	5.46	1.13	99	22.4	51.53
无锡市	3.92										
常州市	3.58		35.47		38.8	1184	3.53	1.6	92.7	20.5	54
镇江市	3.50		0.31		38.7						
扬州市	3.7		26	79.7	40.19	1 180					86.9
南通市	3.39		2.12	83.1	41.5						40.87
泰州市	3.4		23.3	82.3	39.9		1.26	1.0	95.9	9.1	71
杭州市	3.71		50.42		37.31	1 335	6.17	1.4			47
宁波市	42 182		33.2		36.06	594	3 985			938	
嘉兴市	3.8		31.6	—	33.2	1 079	4.4	1.2	100	13.1	—
湖州市	3.8	—	3.4	—	37.2	—	482	2.03	—	19	32.5
绍兴市	3.7		27.94	—	39.09	1 825	2.20	1.2	96	17	—
舟山市	3.9		36	—	31.74	—	0.62	0.74	—	5	40.83
台州市	3.8		22.1	—	22.03	—	3.8	—	—	12	35.1
马鞍山市	3.7		27		42.1	—	11.59	0.70	>95	8.4	66.03

创意产业促进城市发展

厉无畏　于雪梅

城市既是创意产业的发源地，也是创意产业的集聚地。综观全球，有影响力的世界级城市，无一不是创意产业最集中、最发达的地区。创意产业不仅在这里得到了巨大的发展机遇和空间，而且大大增强了城市的竞争力和辐射功能，造就了世界级城市。在中国，虽然创意产业的兴起和发展只有短短几年的时间，但在北京、上海、深圳、广州、成都、长沙等大城市，创意产业不仅迅速崛起，而且获得了积极的发展，成为城市经济发展中的一个亮点，也是未来城市发展的一个重点。创意产业与城市发展的互动、互融与互促成为当今城市发展的一个重要特征，可以说，在知识经济社会中，没有任何一个产业像创意产业这样依赖城市的空间和资源，也没有任何一个产业像创意产业这样能够为城市经济的发展带来如此强大的推动，创意产业对城市的促进体现在城市文脉的延续、城市产业的升级、城市资源的转化和城市环境的优化等多方面。

一、创意产业兴起的背景——城市经济转型

创意产业这几年在我国的迅速发展，总体上说是得益于城市的经济结构转型。从国际上看，创意产业的往往是在经济结构转型中起步的，并从中获得了良好的发展机遇和空间。这主要体现在以下四个方面：第一，由于城市土地和劳动力成本的不断上升，经济增长的动力发生了变化。按照美国经济学家麦克·波特的理论，早期经济增长是要素驱动，之后转向投资驱动，当投资边际效益逐步下降的时候又会转向创新驱动。创新驱动包括科技创新和文化创意两方面，而创意产业作为文化创意与高科技的有机结合体无疑是城市经济发展的首选。第二，经济水平提高以后，引导了消费结构的变化。当人们的物质需求被满足时，就会有更高的精神文化层面的需求。美国著名未来学家约翰·奈斯比特曾说，在现代社会中，人除了温饱和安全之外，更迫切地要寻找人生的意义，要追求更高、更深、更远的东西。而创意产业正是可以提供丰富的文化产品，来满足人们日益增多、日益迫切的文化需求和精神需求。因此，城市为创意产业的发展提供了巨大的市场空间。第三，受资源环境的约束，城市需要可持续发展。创意产业的概念，本身就是老工业城市为克服落后制造业能耗大、污染大、附加值低而提出的。随着都市经济的发展，商务成本的提高，都市产业结构不断调整，导致一些传统工业的衰退和外移。而大都市往往土地资源有限，客观条件决定不能再发展低端制造业，城市发展必须以高附加值的制造业和现代服务业为主要方向，这为创意产业的发展提供了空间。当我们受到客体资源、自然资源约束的时候，我们需要开发主体资源。而创意产业正是在开发我们的主体资源，也就是大脑。因此，它对于减少污染、可持续发展，有非常重要的作用。第四，科学技术发展为创意产业拓展了发展空间。科学技术，特别是信息技术的迅速发展在一定程度上冲击了传统的文化产业，但却使得创意产业获得了强大的、多方位的技术支持；科学技术创造了大量崭新的艺术形式，开拓了新型创意产业领域；信息化形成了虚拟空间，它改变了城市居民的交往方式、活动方式和消费方式，为创意产业的发展创造了前提条件；互联网和数字化的发展拓展了创意产业的外延，促进了产业融合，不同行业的界限开始模糊起来，它们在信息化的平台上互相交融，从而延长了创意产业的产业链。

二、创意产业促进城市经济可持续发展

创意产业是知识密集型产业,具有无污染的特点,与对土地、资源有巨大需求的传统制造业相比,能够不受土地、资源相对稀缺的限制,以较低的投入获得较高的回报。它主要利用我们的大脑,即智力资源,只消耗很少的物质资源,而取得更大的效益。在环境日益恶化的今天,创意产业对协调经济发展和环境保护来说具有独特的优势,十分有利于城市的可持续发展。

创意产业不仅不掠夺越来越宝贵和稀缺的自然资源,而且还能够保护现存的文化资源,发展创意产业与旧城改造的有机互动,有利于历史文化遗产的保护和提升城市文化品位。创意产业界是新兴的业界,创业者大多年纪较轻,经济实力较弱,因此他们往往把城市中的逐渐被废弃的旧区作为创业的基地,将其改造成充满性格的创意园区,进而形成创意产业的集聚地,为城市的旧区带来了新的生命力。国际上很多重要的创意产业区都和旧区重建有关,如英国泰晤士河南岸,柏林的哈克欣区,温哥华的兰桂岛,日本北海道小樽运河,纽约的苏荷等地区都是在19世纪制造业大发展时建造的厂房、仓库,如伦敦著名的泰德艺术馆就是由原本可能被拆除的火力发电厂改造而成。

文化创意园区与城市旧区的有机结合,可以避免城市的文脉的中断,不仅保留了具有历史文化价值的建筑,而且通过历史与未来、传统与现代、东方与西洋、经典与流行在这里的交叉融汇,为城市增添了历史与现代交融的文化景观,对城市经济的发展产生了巨大的推动作用。创意产业正是这种对旧城进行科学更新的动力,是城市健康发展的新的激励因素。创意产业无须占用更多的土地和资源,仅仅依靠人才的创造力和集聚效应,就使面临废弃的老城区焕发了青春,不仅提升了该地区的文化品位,而且体现了区域经济协调发展的要求。

从经济上看,利用老厂房、旧仓库发展创意产业,改造成本低,产生的附加值高,不仅为城市增添了历史与现代交融的文化景观,而且对城市经济发展产生了巨大的推动作用。将文化创意融入城市规划中,可创造新的城市文化氛围,塑造城市标志、城市雕塑,提升城市的形象;把保护历史文化遗产与发展创意产业结合起来将使城市更具魅力,给人以城市的繁华感、文化底蕴的厚重感和时代的生机感。同时,好的城市形象对于人才和资金都有很大的吸引力,这反过来又会促进创意产业的发展,促进创意产业在空间上的集聚。

创意产业的集聚对城市环境的作用主要体现在两个方面:一是强化城市外在影响,提升它的吸引力,从而重塑城市形象和品牌。人们通常说打造一个品牌往往是针对一个企业或者是一种商品,但城市也有一个品牌,而且城市品牌非常重要,它使市里大多数企业受益。如20世纪80年代很多在上海的企业也许未必很知名,但冠以“上海”这两个字,就能畅销全国。二是催生城市内在布局优化的牵引力,从而重绘城市地图,使城市形成有各种特色城区。对于前者来说,创意产业在塑造城市整体形象、增加城市文化含量以及提升城市文化品位方面具有显著的强化作用,从而使整个城市增值,促进城市流量经济扩展。对于后者来说,创意产业不断促进城市“中心　边缘”空间结构布局不断趋于优化。一方面,城市中心区的文化地位更趋凸显,大博物馆、著名歌剧院、芭蕾舞院、大小电影院、大图书馆、音乐厅等向城市中心区不断集中,城市中心区成为文化和艺术创造力的焦点和中心;另一方面,不同类型的创意产业又在不同城市区位中集聚,形成了不同的文化氛围。尽管城市空间布局中“中心　边缘”的区位差别,在地价杠杆作用下产生具有高低之别的空间层级性差异,但是,创意产业巨大的附加值却在为不同区位的土地增值,并不断调整地价杠杆的作用,使整个城市社会空间形成类型之异,而非层级之别。创意产业正是以其独特的形态保护了现有的环境,保护了历史,是城市经济可持续发展的重要推动力。

三、创意产业促进城市产业升级

创意产业具有高增值,强辐射,广融合的特性,因此可以促进城市整个产业的升级。

首先,创意产业具有高增值力,这主要表现为创意赋予商品观念价值,而经济发展的状况证明,商品市场价值中观念价值所占比重越来越大。一般而言,商品的市场价值可分解为使用价值和观念价值两部分。随着经济的发展,物质生活的丰裕,消费需求出现个性化、高级化的趋势,表现在人们购买商品已不再单纯追求其使用功能,而是日益注重商品与服务背后的观念价值。观念价值,是指商品或服务所包含的能与一些社会群体的精神追求或文化崇尚,产生“共鸣”的无形附加物,譬如品位、意味、情趣等。使用价值表现为客观的具有一定使用功能的商品特性,观念价值是主观的可以体会和感受的无形附加物。使用价值由科技创造而成,是商品的物质基础;观念价值因创意渗透而生,是蕴涵的文化观念。随着经济的发展,构成商品市场价值的这两部分的比重会发生变化。在经济发展水平低下,技术比较落后,物质还比较短缺的时代,人们重视的是商品的使用价值,因此商品的市场价值主要取决于使用价值。但当人们摆脱了短缺经济,从温饱走向小康和富裕小康时,便越来越重视商品所包含的观念价值。于是商品的市场价值便越来越取决于其观念价值。当我们在走向知识经济时代时,技术交流与扩散的速度大大加快,商品日益丰富并趋向同质化,于是商品中“精神性”的观念价值所占比重就越来越大。因此,当创意产业向传统的制造业渗透时,便有利于推动传统制造业向高增值产业升级。例如,服装行业是一个传统产业,但当我们把许多创意加进去以后,服装行业又是一个高增值行业,它具有知识密集的特点,能够有效克服城市土地资源“瓶颈”的约束,保持持续快速的发展。

其次,创意产业具有强辐射性,这是由创意产业的文化底蕴所具有的辐射性来决定的。在知识经济社会,产品竞争的实质是通过产品所倡导或体现的文化来影响或迎合公众的意识形态、价值观念、生活习惯等,从而使公众乐于接受某种产品。具体而言,就是通过商品的文化内涵、文化附加值与文化特色来增加商品的竞争力,其中包括商品的构思、设计、造型、款式、装潢、包装、商标、广告等。它们凝结着一定的文化素养、文化个性和审美意识,展示着一定的文明水平。放眼市场,任何一种有价值的产品,都凝聚着一定的、丰富的文化内涵。当人们对文化内涵的追求趋于强烈,文化的传播和影响就会有力推动富含文化内涵的产品在市场上的扩张,这也就是创意产业辐射力的重要体现。换句话说,正是由于产品所包含的文化个性、文化精神,才促使这一产品在一定的消费区域和消费层次里增值、走俏、辐射。到了21世纪,人们进入到一个体验经济时代,开始消费更多的文化。这种消费方式的转变和消费结构的升级带动了城市产业的升级。

最后，创意产业具有广融合性，即它能与各行各业相互融合、渗透。这种融合性就把技术、文化、制造和服务融为一体，有利于产业的延伸，大大的拓展了城市产业的发展空间。

具体而言，一方面，新型创意产业与传统文化产业在互动中渗透。高新技术，特别是信息化催生的新型创意产业表现出了极大的生命力，这一生命力不仅表现在它的高度成长，而且表现为对传统文化产业的高度渗透。创意产业是个巨大的产业群，从创意产业的基础层到创意产业的核心产业层，再延伸到衍生产业层，都可以发现，新型的产业形态与传统的产业形态总是互相渗透、互相交织、互为补充，向消费者提供大量的各具形态的文化创意产品和服务。另一方面，创意产业各个部门之间互相渗透。由于信息技术的广泛应用及其生产方式的根本转变，传统的各个文化部门之间的界限被逐渐打破，导致了各部门之间更多的渗透和融合，并使与买卖双方密切相关的市场区域概念已转变为市场空间概念。传统厂商观念中的“有明确范围的竞争”也将被一个纵横相交的更加广泛的概念所替代。这些相关活动的协调，既有竞争，又有合作，既在传统市场之内，又在传统市场之外。除此之外，创意产业还对传统制造业进行渗透。创意产业是繁衍于知识经济体系的经济部门，是开放性与兼容性的共同体。创意产业的发展将可能迅速地带动相关产业的发展，通过将创意产品融合到其他产业产品中去的方式可以有效地延长产品生命周期，也因此改变相关产业的生命周期。总之，创意产业的融合性，能将技术、文化、制造、服务融为一体，有利于产业链的延伸，大大拓展了城市产业的发展空间。

显然，大力发展创意产业对优化产业结构、促进产业升级、转变城市经济增长方式具有广泛而重要的意义。

四、创意产业促进城市各种资源转化为经营资本

创意产业通过创意策划和市场运作能够将各类资源转化为经营资源，能够为城市发展带来建设资金。当城市发展受到自然资源和资本约束时，发展创意产业有利于开发利用历史文化资源、社会资源和人力资源，并将它们转化为经营资源和资本，从而突破资源、资本的瓶颈。

在城市经济的发展过程中，往往会面临资金短缺的问题。这就要求我们通过创意策划和市场运作，把各种资源转化为经营资源，为城市发展聚集大量建设资金。在转化为经营资源的各种资源当中，文化资源无疑是十分重要的。文化资源主要是靠历史积累，但也要靠我们的创造和发展。海南三亚市南山佛教文化苑的发展，就是一个很好的例子。三亚市的南山区，本来是一个比较荒凉的渔区，其发展的难题就是没有资本。要开发它怎么办？南山文化旅游开发公司利用传统文化中“南海观音”和“福如东海、寿比南山”的传说，将该区打造成了一个文化旅游区。南山区的开发理念是“大生态、大文化、大教育、大旅游”，即以生态建设为基础，以文化建设为核心，将南山建成具有中国特色和国际水准的生态文化旅游示范基地。他们以文化为魂，用根深叶茂的文化之树来支撑，规划实施了数个主题景区，传统文化和生态文化深深植根于每个项目、每个景观之中；并运用现代技术来提高其文化层次和品位，使其成为国内外独具一格的佛教文化中心。绝妙的创意和精细的策划引来了大量投资。目前，南山佛教文化苑已建成“一寺一佛一谷一湾”的主体景观群，主要标志性建筑群有：南山寺、108 米南山海上观音、佛苑大门景观不二法门、吉祥如意园、观音文化苑、梵钟苑、福寿街，等等。8 年来，南山获得了社会效益和经济效益双丰收：1999 年游客量便达 60.4 万人，营业收入3 600万元；近几年增长迅速，年均游客量 200 万人，平均营业收入 1.4 亿元，成为海南省的纳税大户。可以说，每一个到三亚的游客，南山几乎是必去之地。

由此可见，创意还是开发各类资源的金钥匙，文化资源也可成为重要的经营资源，并带来巨额建设资本。在城市发展的过程中，这样的资源转化至关重要。四川广安是是邓小平的家乡，当地利用这一文化资源，策划了“我为小平家乡种棵树”的活动。结果全国各地机构、企业乃至个人，都纷纷解囊投资，只用了四五年的工夫，广安就发展成为我国最漂亮的中小城市之一了。因此，城市可以通过文化资源、通过创意产业来为自身造血，完成城市建设，振兴城市经济。

五、创意产业促进城市经济实力提升

高收益性是创意产业的基本特性，创意产业能够以多种盈利模式促进城市经济实力的提升。

要想获得创意产业的高收益，就是要对创意产业进行产业化的运营，以实现它的价值。而要实现创意产业的价值，就要研究它的价值链。创意产业的价值链可简要地分解为：内容创造→生产制作→媒体推动→传播渠道→消费（需求）者。每个环节都有增值，都能为我们带来利润。发展创意产业就是要从实际出发，把握高增值环节才能获得高收益。

创意产业的主要增值部分就是在原创知识含量当中，因此，内容对于创意产业的发展至关重要。以英国的哈利·波特为例，以这一人物形象为中心的产品包括书、电影、动漫、游戏和其他众多的衍生品，包括服装、鞋帽、文具、玩具，等等。从价值链来看，最前面的就是小说，经过出版商到了书店，拍成电影又到了院线，之后变成了动漫、游戏、VCD、海报、玩具等，通过消费渠道到达消费者。在这里，我们可以看出，内容是创意产品的核心，内容创造是构成企业核心竞争力的重要部分，也是产业链的高利润区。哈利·波特成功的关键是在于小说（即内容）。所以在传媒、娱乐、艺术等行业当中，内容原创能力和内容资源的创新，才是提升价值的核心环节。为 2008 年北京奥运我们设计了五个福娃，与迪斯尼的米老鼠相比，我们的福娃虽有美好形象，但缺乏内容（故事）。而迪斯尼的米老鼠经过近 80 年的悉心呵护，持续的动画故事使之具备了丰富的内容，形象也日益立体丰满，其价值也随之不断提高。今天，亲切憨厚的米老鼠不仅是美国文化的标志性招牌，更为美国带来了数万亿美元的利润。如果我们动员社会力量为福娃编故事，持续下去，使福娃的形象灵动起来，那么即使奥运会结束以后，福娃还是有价值的。如果缺少内容的支撑，奥运会结束后，福娃的价值也就结束了。回想过去我们曾有过不少吉祥物和动漫形象，往往是热一阵子就结束了，其主要原因就是缺乏吸引人的故事内容。

除了内容之外，传播渠道也是为创意产业带来盈利的一个重要因素。传播渠道是创意产业价值中重要的环节，如果没有畅通的传播渠道，再好的创意内容也无法转化成产品，更谈不上盈利。以分众传媒为例，当我们等电梯的时候，一直抱怨等电梯的时间太长，有专家建议在旁边挂一面镜子，使等候的人整理一下形象而不觉得时间长。分众传媒看中这样一个传播

渠道,沿此思路进一步演化创意,在大楼电梯口播放录影广告,解决了人们的抱怨。分众传媒掌握了上海所有办公大楼电梯口的传播渠道,创造了一个大产业,获得了巨大的利润。

媒体的推动作用对创意产业的盈利来说也不容忽视。传统消费是直接面对面的交流,不需要策划人、中介等中间环节,现在我们把这个价值链延长以后,需要更多的策划,需要更多的设计,因此很多设计出来、策划出来的创意产品就可能被淹没于泛滥的信息当中,媒体是人们获得信息的主要方式,媒体的运作就能够发现创意产品价值,并且推动价值的实现。2005年风靡全国的“超级女声”项目就在媒体的推动下创造了盈利奇迹。围绕“超级女声”这一富有创意的真人竞技电视娱乐节目,湖南卫视和上海天娱传媒有限公司通过电视、图书出版、演唱会、商品代言、网络、手机短信等传播媒体,吸引了上亿观众。规模庞大的注意力被迅速转换为数目可观的商业价值,2006年1月中国社会社科院发布的“文化蓝皮书”估算出这个节目各利益方直接总收益约7.66亿元。按照上、下游产业链间倍乘的经济规律分析,“超女”对社会经济的总贡献至少达几十亿元。

最后,创意产业的盈利需要挖掘新的需求。某种产业的价值链之所以能够形成或者发生变化,完全是为了提供满足消费者某种需要的效用系统,而消费者的需求是产业价值链存在的基础。消费者新的需求产生过程也就是价值的创造过程。挖掘和满足消费者的需求越多,创造的价值和盈利也越多。实际上不管哈利·波特搞了多少花样,最后总是要消费者乐意掏钱。因此发展创意产业就要充分考虑消费者需要什么,通过全面满足客户多方面、多层次的需求来增加盈利。上海的新天地如今是著名的休闲文化旅游场所。从本质上来说,新天地是上海的石库门建筑文化。但是,如果单纯的依靠石库门建筑,是不可能吸引那么多游客的。因此,考虑到各种各样消费者需要,新天地被打造成了历史与现代、东方与西洋的结合体。在新天地,老年人可以在那里怀旧,年轻人可以感受一种时尚,中国人可以体验一下西洋的生活方式,外国人可以体会中国的文化。正是因为新天地满足了各种各样的消费者的需求,因此才获得了成功。

在全球化趋势不断加强、国际间竞争日益激烈的今天,以文化和创意为核心的创意产业的发展规模,已经成为衡量一个城市综合竞争力高低的一个重要标志。城市的发展为创意产业的兴起提供了良好的环境和契机,创意产业作为21世纪的朝阳产业,也会凭借其自身的优势和特点,为城市经济的发展带来朝阳和明天。 (作者厉无畏上海市人大副主任)

参考文献:

1. 陈立旭:《都市文化与都市精神——中外城市文化比较》,东南大学出版社,2002
2. 厉无畏、王如忠:《创意产业——城市发展的新引擎》,上海社会科学院出版社,2005
3. 厉无畏、王振:《科学发展观与新一轮经济增长》,学林出版社,2005
4. 林拓:《世界文化产业与城市竞争力》,载于林拓、李惠斌、薛晓源《世界文化产业发展前沿报告》,社会科学文献出版社,2004
5. [美]约翰·奈斯比特(等):《高科技高思维》,尹萍译,新华出版社,2000

干在实处 开好新局

黄坤明

2005年,我们坚持以邓小平理论和“三个代表”重要思想为指导,深入贯彻党的十六大、十六届四中、五中全会精神和省委实施“八八战略”、建设“平安浙江”、“文化大省”的部署,牢固树立和认真落实科学发展观,按照市委五届六次全会确定的加快“三地一和谐”建设和加强党的先进性建设的总体要求,团结带领全市人民群众在挑战中抢抓发展机遇,在压力中破解发展难题,在改革中创新发展模式,在竞争中提高发展质量,改革开放迈出新步伐,产业结构有了新优化,城乡发展步入新阶段,各项事业取得新发展,党的建设新的伟大工程得到新加强,社会主义物质文明、政治文明、精神文明、和谐社会建设和党的建设全面推进,经济社会发展跃上了一个新台阶。2005年,全市生产总值1 150亿元,增长14%;财政总收入135亿元,增长19%,其中地方财政收入66亿元,增长20%;城镇居民人均可支配收入16 000元,增长10%;农村居民人均纯收入8 000元,增长12%,确保了“十五”各项目标任务的顺利完成。

在充分肯定成绩的同时,我们还需要清醒地看到,我市经济社会发展中还存在一些突出的矛盾和问题,我们的工作也还存在着一些不足和薄弱环节。一是经济运行的结构性、素质性矛盾仍较突出,经济增长方式总体上仍显粗放,产业层次整体水平不高,自主创新能力不强。二是资源要素和环境容量制约加剧,特别是水环境问题比较突出,对经济增长和社会发展的压力进一步加大。三是中心城市发展相对滞后,集聚辐射带动效应不够强,首位度有待进一步提高。四是就业的结构性矛盾仍然突出,社会保障体系尚需进一步完善,部分城镇居民生活较为困难。全市农民人均收入增幅虽然有了新提高,但总体上农民增收的渠道还要进一步拓宽。五是社会稳定的压力加大,社会治安、市场秩序、公共安全等方面还存在一些不尽人意的地方,社会管理工作有待进一步加强。六是党的建设特别是基层组织建设和干部的作风建设还存在一些薄弱环节,各级领导班子的执政能力还存在不少与新形势新任务和人民群众新要求"不符合"、"不适应"的问题,等等。所有这些,都需要我们在今后的工作中引起高度重视,切实加以改进。

一、2006年工作的总体要求和奋斗目标

2006年是全面实施"十一五"规划的开局之年,也是我市加快推进富民强市、基本实现全面小康的重要一年。做好2006年的工作,影响五年,意义重大。

从国内外看,做好2006年工作的有利因素很多。和平、发展、合作依然是当今时代的主流,世界经济继续保持增长态势,世界多极化和经济全球化趋势深入发展。国内社会政治稳定,"十五"计划主要指标的顺利实现,为我国新一轮发展奠定了良好的物质和体制基础。特别是最近两年,中央加强和改善宏观调控,有效抑制了经济运行中的不稳定、不健康因素。2006年中央宏观经济政策的主基调是保持政策的连续性和稳定性,同时强调坚持扩大内需方针,继续实行稳健的财政政策和货币政策,继续加强和改善宏观调控。这些都为我们实现又快又好发展创造了良好的条件。

从嘉兴看,经过"十五"全市上下的共同努力,积累了较强的综合经济实力,人均生产总值超过4 000美元。基础设施、区位条件、体制机制、人文环境等构成的比较优势正在显现。城市化提速、产业升级、消费转型产生的内生动力进一步释放,经济社会发展已步入稳定较快增长期。随着改革开放的不断深入,广大干部群众的思想观念发生了很大的变化,干部了解经济、熟悉经济、服务经济的意识和本领进一步增强,百姓自主创业、企业注重创新、干部争先创优的氛围逐步形成,全市上下心齐、气顺、劲足、实干。这些都为我们开好"十一五"新局打下了坚实基础。

同时,我们也要清醒地看到,2006年经济社会发展的宏观环境仍存在一些不稳定、不确定因素。如全球石油市场形势依然严峻,国际石油价格可能继续高位徘徊;国际经贸摩擦不断增加,贸易争端所涉及的产品和产业增多;人民币汇率压力加大,对外贸出口带来较大影响;禽流感等疫情可能蔓延,防控工作形势严峻,等等。这些不稳定、不确定因素与我市长期积累的结构性、素质性矛盾等情况交织在一起,显得更加错综复杂。特别是对生产要素供给问题,需要引起高度重视。通过这几年大力建设新电源,电力供给将有所缓解;资金供给较2005年将略有宽松,但不可能完全松动;水质性缺水问题比较突出,若不重视解决,可能成为更大的瓶颈制约;土地问题始终是硬约束,国家将继续从紧控制耕地转为建设用地。我们必须正视所面临的挑战和困难,充分估量这些问题可能带来的影响,宁可把问题想得多一些,困难想得大一些,把政策举措制定得更周全一些,始终保持清醒头脑,做到心中有数、未雨绸缪。

总的看,2006年经济社会发展面临的国内外环境是机遇与挑战并存,机遇大于挑战,关键看我们的工作。我们一定要善于在纷繁复杂的形势中把握主流,善于在不断变化的形势中把握趋势,进一步增强抓住机遇、用好机遇的紧迫感和责任感,进一步增强加快发展的信心和决心,聚精会神搞建设,一心一意谋发展,始终保持昂扬向上、奋发有为的斗志和干劲。

基于上述对形势的分析和把握,按照中央、省委的部署,结合我市实际,2006年全市工作的总体要求是:以邓小平理论和"三个代表"重要思想为指导,坚持以科学发展观统领经济社会发展全局,认真贯彻党的十六大和十六届五中全会精神,按照省委"八八战略"和建设"平安浙江"、"文化大省"的要求,全面实施"六大战略",继续推进"三地"建设,以项目和创新为载体,推动经济社会又快又好发展;加强精神文明、民主法制建设,促进社会和谐稳定;加强党的先进性建设,切实提高党的执政能力,全力推进长三角经济强市、杭州湾滨海新市、江南水乡文化大市建设,以干在实处、开好新局的实际行动和优异成绩迎接建党85周年。

2006年全市经济社会发展的主要预期目标为:生产总值增长12%。全社会固定资产投资增长12%,其中工业生产性投入增长12%。社会消费品零售总额增长12%。进出口总额增长15%,其中出口增长15%。合同利用外资25亿美元,实际利用外资10亿美元。地方财政收入增长13%。城镇居民人均可支配收入增长8%,农村居民人均纯收入增长8%。居民消费价格指数控制在104以内。城镇登记失业率控制在4.3%之内。

实现上述总体要求和奋斗目标,任务光荣而艰巨,需要全市各级党组织和广大党员干部进一步增强信心,振奋精神,干在实处,开好新局。在总体把握上,要坚持以下"四个必须":

*干在实处、开好新局,必须坚持中心、加快发展。*以经济建设为中心是党的基本路线的核心内容。只有千方百计把经济搞上去,才能为政治、文化、社会全面发展提供坚实的物质基础,才能更好地解决我们面临的矛盾和问题。在新的一年里,我们必须旗帜鲜明地坚持以经济建设为中心,坚持发展是硬道理,坚持抓好发展这个党执政兴国的第一要务,把推进富民强市、全面建设小康社会作为努力奋斗的目标,不管面前有多大的困难,加快发展的信心不能动摇,加快发展的精力不能分散,加快发展的步子不能放慢。

*干在实处、开好新局,必须坚持创新、激发活力。*创新是发展永恒的动力。贯彻落实科学发展观需要我们转变发展理念,创新发展模式,提高发展质量,更加注重创新经济结构,提升发展层次;更加注重科技创新,增添发展动力;更加注重创新体制机制,增强发展活力;更加注重创新人才结构,提供发展支撑;更加注重创新要素配置,强化发展保障;更加注重创新政府服务,优化发展环境。我们各级领导都要努力做到以思路创新开辟发展空间,以机制创新释放发展潜能,以工作创新加快发展步伐。

*干在实处、开好新局,必须统筹兼顾、协调发展。*全面建设小康社会,必须统筹好各方面的发展,兼顾好各方面的利益。要坚持以统筹促发展,以协调求进步,在努力保持经济较快发展的同时,着力保护环境、建设生态,注重经济发展与生态环境相互和谐;在努力推进经济建设的同时,着力发展社会事业,注重经济发展与社会发展的相互协调;在努力繁荣城市的同时,着力建设社会主义新农村,注重城市发展和农村发展的相互统筹;在努力抓好物质文明建设的同时,着力推进政治文明和精神文明建设,注重改革发展稳定的相互统一,努力使发展的各个环节、各种要素,相互融合、相互促进,整体推进、协调发展。

干在实处、开好新局,必须狠抓落实、务实为民。"十一五"发展的大政方针已定,2005年的奋斗目标和主要任务也将明确,开局之年要有抓工作的韧劲、抓落实的力度。要细化目标、量化指标,把已经明确的目标、任务,按节点推进、按责任落实。狠抓落实的重要原则是为民谋利,替民解难。要把响应群众的要求作为我们抓落实的出发点,把倾听群众的呼声贯穿于

抓落实的全过程,把群众的评价作为衡量抓落实工作的基本标准。坚持发展为了人民、发展依靠人民、发展成果由人民共享,切实解决人民群众最关心、最直接、最现实的问题,千方百计为群众做好事、办实事,努力实现好、维护好、发展好最广大人民的根本利益。

二、突出重点抓关键,全力推进经济又快又好发展

开好"十一五"新局,首先是要开好经济发展之局。2006年经济工作要在"四个突出"上下工夫。

1. 突出有效投入,进一步增强经济发展的后劲。投资仍是现阶段拉动嘉兴经济发展的主动力,要把增加有效投入作为2006年经济工作的重中之重,确保全年完成全社会固定资产投资800亿元以上,努力形成一批对全市经济社会发展具有带动和支撑作用的新增长点。

一要全力主攻外资。外资是我市有效投入的重要来源。要认真研究新形势新情况,抢抓国际国内资本加速流动的新机遇,咬定目标,强力推进,力争在引进重大外资项目上取得新突破。要坚持第一、二、三产业并重、大中小项目并举、内外资齐抓、引智引才齐上,全方位宽领域地推进招商引资。突出招商选资,自觉把招商引资与调整产业结构、改造传统产业、提升产业层次结合起来,推进区域特色产业与外资嫁接,着力引进一批符合产业发展导向,规模较大、产业链长、主业突出的大企业、大集团,尤其是高新技术项目。全年力争引进总投资1 000万美元以上项目150个,其中5 000万美元以上项目20个,1亿美元以上项目9个。重视引进内资,进一步加大引进市外资金力度。同时,要转变外贸增长方式,优化一般贸易结构,推动加工型贸易转型,促进贸易方式和市场的多元化,着力做优外贸。抓住上海大小洋山港开港、浦东综合改革试验、即将举办世博会等机遇,做好深化接轨上海文章。积极鼓励有竞争优势的企业到境外投资,在"走出去"中加快推进嘉兴经济的国际化。

二要充分激活民资。民资是有效投入的主体,是我市加快发展、富民强市的最强动力。要深入贯彻国家扩大内需的方针,大力营造全民创业的良好氛围,本着"非禁即入"的原则,创新体制机制,完善和落实各项扶持政策,吸引市内外各类民间资本落户嘉兴。积极支持和引导民营经济加快发展,推进民营企业的制度创新、科技创新、管理创新,增强核心竞争力和持续发展力。积极引导民营企业与国外资本、管理和技术的嫁接,推进民营经济国际化。重视民营企业家队伍建设,加强教育培训,提高素质能力,增强广大企业家的责任意识、创业意识和扩张意识,进一步把企业做大、做强、做优。

三要狠抓重大项目。项目是有效投入的具体体现。要坚持项目推进与调整产业结构、转变经济增长方式相结合,全力推进一批带动力强的重大项目,不断优化投资结构,提高投资效益,以项目投入来促进产业结构的优化升级。要着眼于建设先进制造业基地,狠抓工业项目推进。2006年全市工业生产性投入要在2005年实现一天一个亿的基础上,向更高的目标迈进,重点推进一批、开工建设一批、建成投产一批重大工业项目,全年确保完成投入400亿元以上;鼓励企业加快运用高新技术和先进适用技术改造提升传统产业,重点抓好125项投资亿元以上的重大技改项目;运用多种手段,有序推进产能过剩行业的结构调整;推动生产要素向优势产业和企业集中,积极培育大企业、大集团。要着眼于打造服务业特色高地,狠抓三产项目推进。加快建设国际中港城,引导江南摩尔等大型商业业态健康运行;重点抓好中国茧丝绸市场三期等项目建设,建成嘉兴汽车商贸园二期,改造提升传统专业市场;全面推进粮食、煤炭码头和内河集装箱港建设,加快嘉兴港物流基地建设;加大旅游资源开发力度,全面完成桐乡乌镇二期等景区景点建设,鼓励发展农村休闲观光旅游。要着眼于发展都市型农业,狠抓农业项目推进。加快推进现代农业种养示范项目、标准化无公害项目和农副产品深加工项目,扶持骨干农业龙头企业,培育农民专业合作组织。

四要加快载体建设。各类开发区、工业功能区是我们招商引资的主阵地,在全市开放开发中起着举足轻重的作用。要以国家重新认定省级开发区、工业区为契机,加快做好各类开发区的扩容升级工作,完善功能配套,提升园区的承载力。突出重点开发区建设,嘉兴经济开发区要加快升格步伐,嘉兴出口加工区要提高运作水平,切实提升承载大项目的能力。探索建立省级开发区与乡镇工业功能区联动开发机制,提升乡镇工业功能区能级,形成一批产值超30亿元的功能区。各乡镇工业功能区要重视考虑空间承载力和中小企业资本承受力,规划建设一批标准厂房及辅助设施,鼓励各投资主体参与创业园和标准厂房建设。

2. 突出城乡建设,进一步增强经济发展的承载力。统筹城乡发展,加快建设大城市,加快建设社会主义新农村,逐步推进城乡一体化,是我们必须始终坚持的重要战略。2006年要深入实施《嘉兴市城乡一体化发展规划纲要》,重点工作要有新的突破。

一要加快中心城市发展。要突出规划龙头。认真实施新一轮城市总体规划,抓紧编制近期建设规划和中心城区控制性详规,进一步深化、细化城市详规和城市设计。要拓展城市规模。加快南湖新区、秀洲新区和中心城区建设步伐,启动建设运河新城、世茂新城,加快城市道路、供水、供气等基础设施建设,基本建成100平方公里城市路网框架。要完善中心城区功能。加快老城区"退二进三"步伐,着力增强技术研发、金融信息、文化娱乐等功能;大力推进"三街六区块"改造,完善特色街区建设,积极引进国际、国内知名品牌,打造中高档消费区。要提升城市品位。全面完成梅湾街、芦席汇和月河历史街区修缮改造任务,充分挖掘城市的历史文化内涵,塑造城市特色;把城市建设与旅游、文化发展有机结合起来,进一步加大城市环境整治力度,提高城市的竞争力、影响力和美誉度,促进要素集聚、产业集聚、人口集聚。各县(市)也要加快县域中心城市建设步伐,推进一批基础设施建设,进一步提升城市的产业功能和社会服务功能。

二要加快滨海新区建设。2006年是新时期实施开发乍浦20周年,也是全面实施滨海开发战略的第一年。要围绕"一年打基础,三年出形象,五年见成效,十五年再造一个新嘉兴"的目标要求,举全市之力,抓好开局之年的各项工作,为今后发展打好基础、起好步。2006年着重要在"四抓"上下工夫。一是抓规划。根据省政府建设环杭州湾产业带规划和我市市域总体规划,加快编制滨海新区总体规划,统一编制岸线开发、港口建设、产业发展、城镇布局、重大基础设施规划,建立滨海开发规划体系,优化生产力布局,科学规划滨海地区的空间结构和功能定位。二是抓建设。加快港口建设,全面推进海盐、独山港区等围堤工程,启动乍浦港区待泊锚地改建工程,加快各专

用码头建设;加大滨海新城中心城区建设力度,加快基础设施建设和商业开发,尽快完善城区道路框架,提升功能。三是抓产业。发挥国家级出口加工区、乍浦开发区、独山港区和大桥新区的作用,加大招商引资力度,重点发展电子、机电、精密器械、汽车配件等高新技术产业,大力发展临港工业,积极发展滨海旅游业,加快港口物流业发展,稳步发展海洋渔业,使滨海地区真正成为我市新的经济增长极。四是抓机制。加强组织领导,建立健全平湖、海盐、嘉兴港区联合开发机制,统筹利用岸线资源,提高岸线利用水平;探索建立其他各县(市、区)和市场主体参与开发建设、利益分享等机制,加大行政推动力度,集中土地等有限资源要素向滨海地区倾斜,确保要素保障。

三要加快推进新农村建设。在新的一年里,要在继续加快推进城乡一体化的总框架下,按照"发展新产业、建设新社区、培育新农民、构建新体制、营造新风尚"的要求,更好地发挥"以工促农,以城带乡"的优势,努力开创新农村建设的新局面。2006 年我市新农村建设的重点是,突出一个中心、改善两个条件、提高三个水平。突出一个中心,就是要广开渠道,千方百计增加农民收入。当前,增加农民收入的任务很重,压力也很大。我们要通过提升农业产业化经营、提高农民素质、转移农民、加快发展非农产业等途径,进一步加快农民增收步伐,确保全年农民人均收入增长 8%。改善两个条件,就是要着力改善农村生产、农民生活条件。要重视中心镇作为连接城乡节点的作用,把加快中心镇发展和农村新社区建设紧密结合起来,加大投入和扶持力度,强化产业支撑,加快人口集聚;积极推进城市供水、供气、污水处理等基础设施向农村延伸,继续实施"百村示范、千村整治"工程,加大连村到组达户道路建设,加快改造农村危桥,整合城乡公交资源,不断提高公交通村率,不断改善农民吃、住、行条件。提高三个水平,就是要着力提高农村社会事业发展、农民基本保障、农民科学文化水平。要加快推进农村教育事业和基层文化建设,逐步缩小农村社会事业与城市的发展差距;改善农村卫生医疗水平,完善新型合作医疗制度,进一步扩大新型合作医疗覆盖面;注重解决失地农民保障和低收入家庭的生活保障。

四要加快城乡基础设施建设。以完善高速公路网为重点,加快推进杭州湾大桥北岸连接线、杭浦、申嘉湖(杭)高速公路建设,开工建设嘉绍高速公路,积极做好苏嘉萧高速公路前期工作。完善市域路网体系,加快桐乡大道、南北湖大道建设,完成 07 省道及 320 国道嘉兴段改造工程。抓好东宗线延伸段改造和南郊河工程,开工建设申嘉湖、杭平申等航线。新建市区汽运西客站和嘉善、海宁客运中心,进一步完善城市组团公共交通系统。实施烟雨、善南等一批 220 千伏以上输变电项目,全年新增输变电容量 144 万千伏安。

3. 突出集约节约,进一步增强可持续发展能力。2006 年我市经济社会发展受土地、资金、能源等要素制约的影响依然明显,我们必须从长远和战略高度出发,加快推动资源节约型、集约化的经济社会体系建设,切实增强可持续发展能力。

一要抓集约经营。按照建设节约型社会的要求,坚持推进工业向园区、人口向城镇集中,制定出台鼓励资源综合利用与节能降耗措施,加大对资源节约和循环利用关键技术的攻关力度,推广应用节约资源的新技术、新工艺、新设备和新材料,大力发展集约节约型的工业、农业、服务业,着力建设节约型经济体系,推进节能降耗,2006 年力争万元生产总值能耗下降 3%。认真做好新一轮土地利用总体规划修编工作,严格用地"双控"指标,建立集约用地机制,鼓励建设多层厂房,发展立体工厂和楼宇经济,提高土地资源利用效益。积极开展节地、节水、节能、节材等活动,树立集约节约的良好风尚,加快形成集约节约的生产、消费方式。

二要抓循环经济。坚持以规划为龙头,依靠科技进步和制度创新,加快建立有嘉兴特色的循环经济发展模式。按照"减量化、再利用、资源化、无害化"的要求,从企业、产业和社会三个层面,大力发展循环经济。抓好循环经济的重点领域、重点行业和重点项目,形成一批循环经济示范企业、园区和城镇。全面推行清洁生产,加强对工业"三废"的综合回收利用,最大限度地减少资源消耗和废弃物排放。支持发展废弃资源和废旧材料回收加工业,完善再生资源回收、加工和利用体系。大力推动垃圾分类拾拣、污水入网处理和中水回用,实施一批太阳能利用、农村沼气和节水灌溉等项目。

三要抓环境保护。按照建设环境友好型社会的要求,深入实施生态市建设规划,切实增强生态环境承载力。加强环境保护基础设施建设,开工建设平湖东片污水处理厂、市联合污水处理二期工程等项目。强化工业污染防治,严把建设项目准入关。加大对重点行业、重点企业、重点区域的污染治理力度,实施污染物排放总量控制,严格企业达标排放。突出开展水环境整治,加强饮用水水源地保护工作,确保水质安全。加大农业面源污染治理,切实整治畜禽养殖污染。加强对大气、固体废弃物、噪音等污染的控制和综合治理。加强城乡绿化建设,深入实施河道整治疏浚规划,切实改善生态环境。

4. 突出改革创新,进一步增强经济发展的活力。深化改革,着力创新,是十六届五中全会提出的一项战略举措,也是我市 2006 年发展的动力所在。要紧紧围绕解决影响发展全局的深层次矛盾和问题,积极推进,重点突破。

一要着力推进科技自主创新。加快科技创新平台建设,基本建成浙江清华长三角研究院综合大楼、中科院嘉兴中心一期,充分发挥科技城的作用,全面构建以产业为龙头、企业为主体、市场为导向、产学研相结合的区域创新体系。鼓励引导企业增加科技投入,建立各类研发机构,在加大引进的同时重视消化吸收再创新工作,努力形成一批拥有自主知识产权和核心技术的产品。大力发展电子信息、光机电、生物医药、新材料等高新技术产业,积极实施"名牌战略",打造知名品牌,2006 年力争新增市级以上高新企业 20 家、省高新产品 12 个、中国驰名商标 1 个、中国名牌产品 2 个。深化科技体制改革,鼓励发展民营科技机构,培育壮大民营科技企业。全面实施《关于进一步加强高层次人才和智力开发工作的若干规定》等 7 个人才工作配套政策,建立完善有利于创新人才脱颖而出、充分发挥作用的引进、使用、培养和管理制度,突出引进和培养各类急需人才、高层次人才,特别是制造业企业研发人才,为自主创新提供强有力的人才保障。

二要着力推进体制机制创新。要加快经济体制创新。引导企业加快建立现代企业制度,加大企业股改力度,争取完成股改企业 7 家,过会或上市 2 家以上。健全国有资产管理、监督、营运体系和机制,确保国有资产保值增值。建立健全公共财政制度,调整和优化财政支出结构,加大对农业、生态环境、公共安全、社会保障等的投入力度。要加快社会管理体制改革。创新管理方式,完善社会管理体系,整合社会资源,形成社会管理和社会服务的合力。深化事业单位改革,引导和推动现有社会中介组织改革,加快培育市场化的中介组织。强化城乡社区服务功能,加强社区自治组织建设。要加快现代市场体系建设。大力培育土地、技术、人力资源等要素市场,为经济社会发展提供要素支撑。加快构建"信用嘉兴",完善市场交易规则,规范市场秩序,健全以道德为支撑、产权为基础、法律为保障的社会信用制度。

三要着力推进发展环境创新。把服务创新作为重要环节来抓,全面提升工作水平和层次。以贯彻实施《行政许可法》和《公务员法》为契机,大力推进行政审批制度改革和行政执法体制改革,减少审批环节,提高审批效率,深化行政管理体制改革,加快政府职能转变,努力建设服务型政府。要加强对有关有权部门关键中层岗位的教育管理,从制度上解决部分"中梗阻"现象。进一步规范招投标行为,强化服务标准化建设,营造公开、公平、公正和诚信的发展环境。继续落实群众评议、明查暗访、行风热线、责任追究等长效管理举措,更好地发挥行政效能监察中心、外商投资服务中心的积极作用。

三、切实加强民主法制和精神文明建设,积极构建社会主义和谐社会

和谐社会是人们孜孜以求的目标。我们要通过经济建设来不断增强社会和谐的物质基础,通过法制建设来不断提供社会和谐的法制保障,通过文化建设来不断构筑社会和谐的精神支撑,加快构建社会主义和谐社会。

1. 加强民主政治建设。研究部署"法治嘉兴"建设,把坚持党的领导、人民当家做主和依法治国有机统一起来,坚持和完善人民代表大会制度、共产党领导的多党合作与政治协商制度。进一步密切各级人大代表同人民群众的联系,更好地发挥人大代表的作用,不断促进各级人大及其常委会工作的制度化、法制化、规范化;充分发挥政协在推进决策的民主化、科学化中的重要作用,建立健全重大问题决策前在政协进行协商的制度,积极推进政协履行职能的制度化、规范化和程序化建设,把全市人大、政协工作提高到新水平。巩固和发展新时期的爱国统一战线,全面贯彻党的民族、宗教和侨务政策,进一步做好对台港澳工作,发挥工会、共青团、妇联等组织在联系群众、维护权益方面的作用,拓宽社情民意的反映渠道。切实加强基层民主政治建设,完善村民自治和社区居民自治,保障群众依法进行民主选举、民主决策、民主管理和民主监督的权力,进一步扩大基层民主。支持国防建设,积极创建全国双拥模范城,进一步巩固军政军民团结。

2. 加快建设文化大市。制定实施《建设文化大市2006年行动纲领》,创新区域文化,进一步增强综合竞争软实力。一要扎实推进精神文明建设。加强和改进未成年人思想道德建设和大学生思想政治教育工作,大力弘扬民族精神、"浙江精神"和"崇文厚德、求实创新"的嘉兴人文精神,深入开展群众性精神文明创建活动,力争2006年成为全国文明城市创建先进单位、国家环境保护模范城市,进一步增强全市人民的凝聚力和创造力。二要大力发展文化事业和文化产业。深入实施文化发展"六项工程",为人民群众提供更多更好的公共文化服务。扶持和推动文化产品的创作、生产和传播,精心打造一批文化精品。深化文化体制改革,推进文化企事业单位体制机制创新,鼓励民间资本投资文化领域,大力培育文化中介组织。加快文化产业发展,积极培育报业、广电、旅游等产业。加强文化市场管理,规范文化市场秩序。强化基层文化阵地建设,积极构建比较完备的基层公共文化服务体系,丰富和活跃群众文化生活。加快文化设施建设步伐,开工建设马家浜文化遗址公园,做好美术馆建设前期工作。三要大力发展各项社会事业。全面推动第三轮全国科技进步先进城市创建工作,力争市本级进入全国科技进步示范市行列,五县(市)再次实现"满堂红"。全面实施教育强市建设,推进城乡基础教育和中等教育的均衡协调发展;扩建嘉兴学院梁林校区,启动嘉兴教育学院迁建工程,积极引进国内著名高校来嘉兴办学;开工建设嘉兴中职园,努力打造长三角职业教育基地。加快卫生事业发展,加强疫情预防,推进市第一医院、第二医院等一批重点医院的新建、扩建,完善公共卫生设施和网络,实现社区卫生服务机构全覆盖。深入开展全民健身运动,提高全民健康素质。切实抓好人口和计划生育工作。加快发展哲学社会科学、档案、老龄和残疾人等社会事业。

3. 全力维护社会稳定。深入推进"平安嘉兴"建设,全力维护社会稳定。大力推进社会治安防控体系建设,依法打击各类刑事犯罪和经济犯罪,提高群众对社会治安的满意度。加强维稳工作平台建设,进一步充实基层维稳力量,创新维稳工作机制。重视群体性事件和各种突发事件的处置,完善公共突发事件预警和应急处理机制。扎实推进"五五"普法,深入开展法治宣传教育,不断提高全民法律素质。深入研究新形势下人民内部矛盾及由此引发的群体性事件的特点、规律,既要维护群众合法权益,又要依法办事,重视排查,重视信访,重视苗头,立足于早,化解于小,着力于解,努力把各类矛盾和问题解决在基层,解决在萌芽状态。强化安全生产责任制,重点做好危险化学品、交通运输、娱乐场所、食品药品、企业生产等安全工作,认真排查各类事故隐患,预防和减少重特大事故发生,确保人民群众生命财产安全。

4. 高度关注民生。以促进充分就业、完善社会保障体系、逐步理顺分配关系为着力点,认真解决人民群众最关心、最直接、最现实的利益问题。要千方百计扩大就业,实行更加积极的就业政策,建立更加完善的就业服务体系,培育更加统一的城乡劳动力市场,不断挖掘就业潜力。通过大力发展劳动密集型产业、开发新的就业岗位、加强就业技能培训等多种途径,重点做好就业困难人员的就业援助、大中专毕业生就业和推动农村劳动力转移就业,努力促进充分就业。要强化社会保障体系建设,加强新型合作医疗建设,深化社会养老保险制度改革,基本实现城镇职工医疗保障全覆盖。要关心弱势群体的生产生活,积极发展各项社会福利事业,加大对城乡困难居民的帮扶力度,全面开展生活、就业、就医、就学、住房、法律六项援助,探索建立与经济社会发展和人民生活水平相适应的社会救助长效机制。充分发挥慈善总会的作用,积极发展"慈善超市"等新型救助方式,促进慈善事业发展。

四、加强和改进党的建设,为干在实处、开好新局提供坚强保障

开好"十一五"新局,关键在党,关键在人。2006年是建党85周年,各级党组织一定要按照加强党的执政能力建设和先进性建设走在前列的要求,充分发挥党的诞生地的政治优势,大力弘扬"红船精神",全力推进党的思想、组织、作风、制度建设，不断增强党组织的创造力、凝聚力和战斗力。

1. 着眼于用先进理论武装头脑，切实加强思想政治建设。思想是行动的先导。对领导干部来说，首要的是要打牢理论功底，提高理论思维和战略思维的水平。要深入学习贯彻党的十六大和十六届三中、四中、五中全会精神，坚持不懈地用邓小平理论、"三个代表"重要思想和科学发展观武装头脑，指导实践。要积极推进学习型干部建设，探索和完善领导干部任职资格理论水平测评、理论中心组学习、理论学习讲座等制度，深化重大课题研讨、重要课题调研等工作，努力改进学风，真正做到学以致用、用以促学、学用相长。要深入开展大规模干部培训，按照"统一规划、分级负责、分类培训、提高质量"的要求，创新培训模式，提高培训实效，落实每年五分之一在职干部轮训的任务。要按照中央和省委的总体部署，扎实开展保持共产党员先进性教育活动，达到"提高党员素质、加强基层组织、服务人民群众、促进各项工作"的目的。

2. 着眼于提高解决问题的能力，切实加强领导班子和干部队伍建设。解决问题就是能力，解决问题就是水平，解决问题就是职责。加强领导班子和干部队伍建设，关键在于提高解决问题的能力。要配强配优各级领导班子。认真贯彻《干部任用条例》和"5+1"等法规文件，坚持正确的用人导向，大胆启用优秀干部；加强后备干部队伍建设，加大选拔年轻干部、女干部和党外干部的工作力度，注重使用好各个年龄段的干部。要深化干部人事制度改革。严格执行各项干部工作制度，完善任用干部全委会票决、领导干部民主推荐、全委会成员民主推荐提名等制度；加大干部交流力度，积极探索市级机关中层干部跨部门交流；探索建立领导干部职务和职级相结合的管理办法，加大调整不胜任、不称职领导干部的力度，建立健全干部退出机制；完善党政领导班子和领导干部政绩考核体系。要坚持党管人才原则。着力建设党政人才、企业经营管理人才、专业技术人才三支队伍和高技能人才、农村适用人才二批队伍，提高人才整体水平。要坚持民主集中制。按照总揽全局、协调各方的原则，完善"一个核心"、"三个党组"、"几个口子"的领导体制和工作机制，提高科学执政、民主执政、依法执政的能力和水平。重视老干部工作，注重发挥老干部的作用。

3. 着眼于巩固执政基础，切实加强基层组织建设。"基础不牢，地动山摇"。要按照围绕中心、服务大局、拓宽领域、强化功能的要求，深入实施镇、村组织工作规程，推进基层组织建设，夯实执政基础。结合开展第三批先进性教育活动，围绕建设社会主义新农村的目标，切实加强农村基层组织建设。积极推进乡镇机关运行机制改革，探索调整乡镇机构设置，提高乡镇机关运行效率。完善农村工作指导员制度，积极探索乡镇干部到村任职的机制和办法，为农村工作注入新的活力。积极探索发挥非公有制企业党组织作用的途径和方法，加快在新社会组织中建立党组织的步伐，结合城市基层管理体制改革，同步调整、设置社区党组织，加强机关基层党组织建设，不断巩固效能建设和先进性教育活动成果。继续贯彻"三真"要求，关心爱护基层干部，帮助解决实际困难，为他们开展工作创造良好条件，充分调动广大基层干部的积极性和创造性。重视做好发展党员工作，认真做好流动党员、下岗职工党员等的教育管理工作。

4. 着眼于从源头抓起，切实加强党风廉政建设。抓源头就是抓要害、抓预防、抓根本。要坚持标本兼治、综合治理，惩防并举、注重预防，不断建立健全惩治和预防腐败体系，加大预防腐败工作力度。认真落实党风廉政建设责任制，切实抓好领导干部廉洁自律工作，树立领导干部"干净干事"的良好形象。坚持有贪必反、有腐必惩、有案必查，加大违纪违法案件查处力度。要健全权力规范机制，巩固政府审批制度改革成果，加强对政府性投资项目和中介机构的监管。切实纠正部门和行业的不正之风，促进执法部门严格执法、公正执法、文明执法。推进廉政文化建设，努力形成全社会反腐倡廉的良好氛围。

5. 着眼于密切党同人民群众的血肉联系，切实加强作风建设。党风关系人心向背。要大兴求真务实之风，坚持为民办实事，重视解决基层工作中面临的难点问题和突出矛盾，提倡领导干部到现场解决问题，尤其要到困难群众、困难企业去解决实际问题；减少各种评比检查活动，精简会议和文件，改进会风和文风。要建立健全联系群众、服务群众的制度，坚持和完善领导干部下基层调研、领导下访、信访接待等制度，建立和完善为人民群众办实事的工作机制，促使党员干部为人民群众诚心诚意办实事，尽心竭力解难事，坚持不懈做好事。要加强机关作风建设，推进服务型机关建设。元旦、春节将至，各级要切实把人民群众的安危冷暖挂在心上，广泛开展送温暖活动，特别要关心下岗失业职工、贫困农户、低收入群体，满腔热情地为民排忧解难。

（作者系中共嘉兴市委书记、市人大常委会主任）

构筑城乡统筹网 推进城乡一体化

王永昌

今年5月份以来，我花了20多天时间，先后到绍兴的六个县（市、区）进行蹲点调研，实地考察了50个乡镇、38个村、近百个点，加上以前的调查研究，基本跑遍了全市所有乡镇。从这次蹲点调研情况看，在调研对象上，突出基层乡村，特别是欠发达的山区乡镇；在调研方式上，注重点面结合，既深入乡村实地考察，又全面了解面上情况；在调研重心上，重在总结经验，在了解实情、深化思路的基础上，发现了各地在实践中形成的发展经验和做法。这次蹲点调研，感触很深，启发很多，收获很大,对推进城乡统筹发展的认识、思路和举措都得到了进一步的深化。

一、认清发展新阶段:绍兴正进入城乡一体化的加速发展期

通过这次蹲点调研,我们深深感到,绍兴的经济社会发展已进入工业化的中后期、城市化的加速期、城乡一体化的融合期,统筹发展显得更有条件,也更加迫切。从农村经济社会发展的变化看,主要有以下几方面的特点:

一是农村经济结构正处于重大调研时期。从三次产业结构看,农业为主的格局已得到根本改变,全市三类产业比重为7:60:33,农村极大部分乡镇第一产业比重降至50%以下,一、二、三产业联动发展的局面初步形成。从产业布局看,一批区域特色块状经济正在向各类园区集聚提升,部分传统产业向欠发达农村地区梯度转移,农村家庭个私工业蓬勃发展,发达地区搞工业、欠发达地区搞农业的传统格局正在改变。从农业结构看,特色农业、休闲观光农业和加工农业迅速发展,农业产业化水平大大提高,全市已有各类农业特色基地195万亩,农业龙头企业1 200余家。可以说,调整经济结构,发展特色产业,推进产业集聚和升级,已成为当前绍兴农村经济发展的基本主题。

二是农村社会结构正处于加速变动时期。在人口结构上,农村青壮年劳动力有相当部分外出经商务工,许多农村除了春节期间,平时只有老人、妇女和儿童。在生活方式上,新农村建设和城中村改造方兴未艾,农村居住环境不断改善,农村交通更加方便,城乡空间距离进一步拉近,改变了千百年来小农社会的生活方式。在生产方式上,农村劳动力非农就业比例已经超过了68%,许多农民成为第二、三产业从业人员,自给自足的传统小农经营模式受到了较大冲击,农民进入新一轮的分化分业阶段。可以说,人口由农村向城镇集聚,劳动力由农业向非农产业转移,农村生产、生活方式加速变动,这是今后一个时期绍兴农村社会结构变化的基本态势。

三是农村公共服务水平正处于加速提升时期。在教育方面,全面实现了高标准普及九年制义务教育,城乡教育均衡发展有新推进。在卫生方面,市、县(市)二级初步建起了公共卫生应急指挥、疾病预防控制、卫生监督执法、医疗救治、监测预警和报告信息网络体系,社区卫生服务中心创建面达到81%。在文化生活方面,以社区、村落和企业、校园为基础的群众自娱自乐活动有序进行。极大部分村兴建了老年活动室、图书室等文化活动场所,成为农村利用率最高的文化设施。在社会保障方面,城乡一体的劳动力市场已基本形成,实施了被征地农民养老保险,建立了新型农村合作医疗制度,最低生活保障制度进一步完善,农村五保对象集中供养达93.4%。农村公共服务水平的提高,符合市场经济发展规律,符合农民群众的需求,但也对政府职能转变提出了新的要求,给公共财政带来一定压力。可以说,城市公共服务功能不断向农村延伸,逐步使城乡居民享受同等的公共服务,是缩小城乡差别、最终实现城乡经济社会一体化的基本趋势。

四是农村社会矛盾正处于进一步凸现时期。随着工业化、城市化和市场化的快速推进,一些长期积累的问题和矛盾日益凸现。特别是部分先发乡镇,由于较早地进行政策和利益格局调整,问题和矛盾暴露较早,信访工作量比后发乡镇要大,维护社会稳定的压力较重。同时,随着生活水平的提高,人民对生活质量和生态环境的要求日益提高,民主法制意识不断增强,对基层组织建设和各级领导水平提出了新的更高的要求。调研中许多村干部反映"村官"难当,过去是村民办事求村干部,现在常是村干部办事求村民。即使是诚心诚意兴办集体公益事业,也往往会引发许多矛盾,"好事难办"、"大事难办"的现象比较普遍。可以说,统筹兼顾和协调各方面利益,努力做到科学执政、民主执政、依法执政,加速建设和谐社会,是今后一个时期加强基层基础和提高各级执政能力的基本要求。

二、抓实工作新载体:构筑十大城乡统筹网

推进城乡统筹,关键要构筑起一张由大到小、由粗到细、惠及千家万户的网络,重点是构筑十大城乡统筹网。

1. 构筑村镇布局网。构筑城乡一体化的村镇布局网,是推进城乡统筹发展的基本骨架。这几年,我们按照"人口向城镇集中、工业向园区集中、土地向规模经营集中"的原则,从四个方面入手,加快农村城镇化步伐。一是完善城镇体系规划。确立了"一个中心、三条轴线、三大组群"的市域城镇体系规划,确定了22个中心镇、304个中心村,基本形成了中心城　中心镇　中心村　一般行政村　自然村的框架体系,大部分中心镇和中心村都制订了详细的功能性规划和建设规划。二是适度撤并行政村。绍兴县在2003年将738个行政村撤并成359个,取得了优化要素配置的良好效果。三是积极稳妥地推进城中村、园中村改造。这几年,仅市区范围内,我们已对99个城中村、园中村进行了改造。四是积极推进移民下山。像绍兴县王坛镇、嵊州市黄泽镇、新昌县回山镇等一些山区已开始积极推进移民下山工程。

2. 构筑城乡交通网。构筑覆盖城乡的交通网,是推进城乡一体化的重要基础。这几年,我们在完善重大交通路网建设的同时,以乡村康庄工程和城乡公交一体化为载体,加快了城乡交通网的建设。2003年至今,共投入9.6亿元,实施乡村康庄工程2 743公里。到目前为止,全市4 706个行政村等级公路通车率已达851%,道路硬化率达78.1%,客车通达率达83.9%,特别是绍兴县已实现了村村通公交。

3. 构筑城乡信息网。在现代社会,必须让农民群众享受与城市同样的信息网络。从总体上看,现在全市已初步建立起了覆盖城乡的信息化基础网络设施和服务体系。全市已实现"村村通电话",电话入户率已达122.4%;有线电视已覆盖99.2%的村,入户率已达68.5%;无线电话信号已基本覆盖全市城乡;更为可喜的是,全市宽带覆盖率已达94.7%,到今年底,除个别偏远村外,可基本完成村村通宽带。

4. 构筑城乡生态网。这次调研,一个深切的感受是,农村特别是山区的生态状况有了明显改善,以前的"穷山恶水"变成了如今的"青山绿水"。推进城乡生态环境一体化,关键是抓好三项工作:一是积极构建自然生态体系。2002年以来,我市扎实推进生态公益林建设工程、退耕还林工程和千里绿色林带工程,形成了200万亩生态公益林,退耕还林4.85万亩,新建绿色通道810公里,建立了国家、省、市级自然保护区(小区)21个和国家级森林公园8个。二是加强污水防治工作。建立农村污水处理系统,逐步建立区域污水处理厂和污水收集管网,推广生态型无害化处理公厕。要加大对重点流域、重点区域、重点企业污染源的治理,开展农业农村面源污染专项整治,加快新建和扩建污水处理厂,严格实行污染总量排放控制。

三是加快燃气建设。现在全市煤气供应普及率已达90%以上,主要问题是管理服务不够健全。因此,要加快构筑瓶装煤气供应管理网络,加快实施总投资6.4亿元的天然气利用工程。

5. 构筑城乡现代超市网。我们制定出台了《关于进一步推进农村消费安全建设的若干意见》,以“百镇连锁超市、千村放心店”工程为载体,着力建设现代流通网、监管责任网、群众监督网和商品准入制度等“三网一制度”,切实保障农民消费安全。目前,全市75%的乡镇建立了连锁超市,23.7%的行政村建立了放心店。从走访的超市情况看,业主和群众普遍反映较好,营业额少则增长40%~50%,多则增长1倍以上,群众放心、业主高兴。因此,必须顺势应时,继续以“百镇连锁超市、千村放心店”工程为载体,全面推进农村超市网建设。

6. 构筑城乡健康保障网。构筑城乡健康保障网,关键要解决以下三个问题:一是确保农民群众有水喝、喝干净水。现在,绍兴农村基本形成了水库水、自来水和自取水三种类型相结合的供水网络,全市自来水普及率已达80%,其中农村自来水普及率达67.1%。但是仍有部分农村地区存在饮用水水质差、供水保障率低等问题,全市尚有72万人口饮水达不到标准,14万人口存在饮用水困难。我们要以“百万农民饮用水工程”为载体,到2007年,基本解决近100万人的饮水问题。二是确保农民群众在清洁的环境中生活。全力抓好以垃圾处理为重点的农村环境整治,健全“户集、村收、镇运、县处理”的运行机制,实行垃圾区域集中处理,有序推进农村垃圾无害化处理和综合利用。三是确保农民群众少生病、有地方看病、看得起病、看得好病。近年来,我市着力构筑农村医疗卫生体系,建成了社区服务中心96个、站501个,农民群众反响很好。要进一步建立健全以市(县)中心医院为龙头、镇街卫生服务中心为枢纽、村(社区)卫生室(站)为基础的城乡一体化卫生服务网络,进一步控制和降低群众看病费用。

7. 构筑城乡社会保障网。构筑社会保障网,要立足系统化,着眼整体性,不断健全社区就业、社会保险、社会救助、社会优抚、社会帮困五位一体的保障体系。一是统筹城乡社会就业。这几年,我们共建立了农村劳动力转移就业培训基地75个。去年以来,共组织农村劳动力转移就业培训15.7万人次,70%以上的受训农民和被征地农民实现了转移就业。二是统筹城乡社会保险。近年来,我们在全面提高养老、医疗、失业、工伤、计划生育五大社会保险覆盖面的同时,实施了被征地农民养老保险,总参保人数已达31.55万人。三是统筹城乡社会救助。这几年,我市全面落实最低生活保险制度,实现了动态管理下的应保尽保;全面落实农村五保和城镇“三无”对象集中供养制度,集中供养率达到了97.5%;全面推行新型合作医疗制度和大病医疗补助制度,合作医疗参保率已达84.4%。四是统筹城乡社会优抚。义务兵家属优抚全面实现了城乡一体化,农村退伍兵基本实现了安置补偿金制度。五是统筹城乡社会帮困。广泛开展扶贫帮困送温暖活动,建立了长效帮困机制,使城乡困难群众难有所帮、困有所助、病有所医。

8. 构筑城乡文化教育网。重点要抓三项工作:一是统筹城乡教育均衡发展。要大力实施《绍兴市教育现代化建设纲要》,积极开展教育基本现代化乡镇创建活动,进一步优化教育网点,按照“高中向城区集聚、初中一镇一所、小学兼顾方便适当兼并”的原则,调整优化教育资源;着力改善办学条件,建立健全长效助学机制,拓宽教育券发放范围,落实农村中小学爱心营养餐工程,确保广大农村孩子都能“念上书、念好书”;加强农村师资队伍建设,把优秀教师向农村配置。二是加强农民培训体系建设。以“百万农民培训工程”为抓手,建立健全以成人职业教育中心为主体、乡镇和部门配合的农民培训体系,按照“企业出订单、培训机构出菜单、政府来买单”的办法,确保每年培训农民10万人。三是加强基层文化设施建设,着力丰富农村文化生活。要深入开展“百场演出进广场、千场戏曲进社区、万场电影进农村”活动,广泛开展创建科技特色村、文化特色村、体育特色村活动,打响“鲁迅文化艺术节”品牌,调整优化电影放映网结构,不断繁荣广场、社区、村落、企业和校园文化。

9. 构筑城乡金融网。构筑城乡金融网,当前尤其要解决好两个问题:一是合理布局银行城乡服务网点。要调整网点结构,鼓励向城郊结合部和农村集镇迁移,保证山区必要的经营网点,支持商业银行到辖内集镇设立网点,推动金融服务网点向农村延伸。二是创新金融服务机制。建立符合小企业贷款特点的信用评级、业务流程和风险控制等制度,探索多种担保方式,推广农户小额信用贷款和自报公议、联保贷款等业务品种。目前绍兴已有5家农业担保机构,贷款余额已达1.29亿元。诸暨市采用“联户担保”的办法,取得较好的实际效果。

10. 构筑城乡平安网。这几年,我市积极创新枫桥经验,着力打造平安绍兴,取得了较好效果,人民群众安全感满意率达92.5%,去年被评为全国综合治理工作优秀市。一是着力构筑基层维稳工作平台。各乡镇普遍建立了维稳中心,把综治、司法、信访、公安、法庭等职能有效整合。村(居)、企业、专业市场也建立健全以调解委、治保委为依托的工作组,有些村还组建了护村队等组织,有效保障了农村基层稳定。二是积极构筑打防控一体化的工作体系。加大了严打斗争力度,基本形成了社区治安防控网络、社会面治安防控网络、单位内部治安防控网络和各种边防地区治安防控网络。三是广泛开展平安基层创建活动,形成“条块结合、上下联动,横向到边、纵向到底”的平安创建工作格局。四是完善预防处置群体性事件工作机制。建立健全了预防预警、调处化解、应急处置、责任追究等机制,全面落实信访工作责任制,确保“发现得早、化解得了、控制得住、处置得好”。

三、落实保障措施:强化统筹城乡发展的物质、体制、组织保障

构筑城乡统筹网,推进城乡一体化,必须加强组织领导,重点落实以下四方面的保障措施。

1. 加快农村经济发展。一要积极发展区域特色农业。现在,绍兴已基本形成了以茶叶、珍珠、香榧、水产等为重点的区域特色农业,特别是许多山区乡镇“靠山吃山”,形成了一批区域特色农业,成为农民增收致富的重要保障。要推进区域特色农业进一步向特色化、品牌化、科技化、外向化发展,提高农业产业化和农民组织化程度。二要大力发展家庭个私工业。农村家庭个私工业再度兴起,是当前农村经济发展的一大特点。无论是工业相对发达的绍兴县、诸暨市,还是在嵊州、新昌,所到之处家庭工业生机勃勃,势头迅猛。嵊州市近4年来平均每年新发展个私企业3 000家,平均每年新发展8家。该市最南端的贵门乡上坞山村虽受地形所限,但也在半山腰一个前不着村、后不着店、地势相对平坦的地方,建了个私纺织小区,发展了20台高档剑杆织机。诸暨安华镇蔡家畈村则有132家个私企业,有高档电脑织袜机1 500多台,形成了工业集聚区,村人均纯收入超过了3.5万元。总体上看,千家万户的家庭工业,是发展农村、富裕农民的希望所在,许多在城市、在大企业无竞争力的产业,在农村仍有一定的发展空间。特别是在当前土地要素制约严重的情况下,发展家庭工业不失为一个行之有效的发展途径。三要鼓励发展生态旅游业。这几年,绍兴的休闲观光农业蓬勃发展,全市已有137家。绍兴县稽东镇的山娃子农庄,去年接待游客5 000多人,收入达60余万元。发展休闲观光农业,不仅满足人民新的消费需求,也促进了资源要素的有效整合,要大力扶持,积极引导,搞好布点规划,注重区域特色,把休闲观光农业做大、做精、做强。

2. 发展壮大村级集体经济。必须积极探索发展壮大村级集体经济的有效途径,努力提高村级集体服务农民和带动农民脱贫致富的能力。从各地实践看,可以总结推广以下几种形式:一是自然资源开发型。特别是一些山区可利用当地的矿产、水资源,积极招商引资,增加集体收入。二是土地整理型。就是通过土地和宅基地整理,获取土地整理折抵建设用地指标,进行有序调剂,增加集体经济收入。三是物业经营型。就是利用闲置资产或集体积累资金,通过兴办市场、开发商住楼或标准厂房等,形成物业资产,每年获得稳定的物业经营收益。四是返租倒包型。就是把农民不愿种、无力种的土地,依照依法、自愿、有偿的原则进行土地承包经营权流转,集中调出连片土地招商引资,集体收取租金。五是股份合作型。就是对村办企业实行股份制改造,村集体参股,每年获得稳定的收入来源。

3. 深化农村综合改革。一是深化投资体制改革。要按照建立公共财政体制的要求,调整优化财政支出结构,不断加大城乡一体化建设的投入,逐步实现公共财政城乡全覆盖。加快城乡投融资体制改革,引导社会资本投向农村基础设施建设、生态环境建设、公用事业和农村社区服务业发展。加大对山区欠发达地区的扶持力度,出台扶持政策,帮助欠发达地区脱贫致富。二要积极引导土地承包经营权流转,促进土地集约化经营。探索农村集体建设用地和宅基地有序流转办法,切实保护农民合法利益。三要逐步建立有利于消除城乡二元结构的经济和社会体制,特别要推进城乡户籍制度改革,培育城乡统一的金融、产权、土地和劳动力市场。四要深化农村税费改革,坚持落实"多予、少取、放活"的政策,同时积极推进乡镇机构配套改革。五要深化小城镇综合改革。总结嵊州市长乐镇赋予县级管理权限的试点成果,积极探索有利于中心镇发展的管理体制。

4. 强化基层基础建设。一要改革乡镇运行机制。探索完善"一办几中心"或"几办几中心"等模式,强化镇村建设、公共服务、社会保障、社会稳定等职能,理顺条块关系,提高办事效率,努力创建"服务型"乡镇。树立正确用人导向,稳定乡镇干部队伍特别是乡镇主要领导,让优秀的干部在基层安心工作,把优秀的人才吸引到基层,把经过基层锻炼的优秀干部选拔到领导岗位上。二要加强乡、村干部的教育培训。现在村"两委会"班子已顺利换届,要做好新一轮的教育培训工作,扎实开展先进性教育活动,切实提高基层干部队伍素质。要积极探索农村基层组织建设的有效途径。嵊州市黄泽镇以"五比"竞赛活动为抓手,加强村级主职干部政绩考核管理,与报酬密切挂钩,具有很大的激励作用;新昌县儒岙镇推行石磁村"乡村典章"的做法,以制度促进了村级组织的规范化运作,都值得总结推广。三要切实关心基层干部,特别关爱乡(镇)、村干部,逐步改善基层干部的工作和生活条件,努力为基层干部创造良好的工作环境。

(作者系中共绍兴市委书记)

设计有效载体　建立长效机制
大力推进社会主义新农村建设

张家盟

舟山是我国惟一以群岛设立的地级市,共有大小岛屿1 390个,总面积2.22万平方公里,其中海域面积2.08万平方公里,辖定海、普陀两区和岱山、嵊泗两县,总人口97万人。近些年来,我市依托港、景、渔等海洋资源优势,海洋经济呈现出快速发展的良好态势。但是,在经济快速发展的同时,市委、市政府也看到渔农村一些不容忽视的问题,城乡差别大,渔农村传统的管理体制不适应,渔农村不稳定因素增多,渔农村党员干部素质与经济社会发展的要求仍有较大差距,特别是我市作为海岛地区,渔民失海失业、转产转业的问题非常突出。

针对这些问题,市委、市政府认为必须从我市实际出发,把中央、省委的精神与我市实际有机结合起来,着眼于创新机制,突破渔农村工作的传统思维、传统模式,积极探索具有舟山特色的渔农村建设管理新模式,建立起为民服务的长效机制。2003年起,我们在全市渔农村全面实施"暖人心、促发展"工程;2004年,我们从体制、机制入手,开始建立渔农村新社区;在2005年底,市委、市政府在认真学习中央和省委决策精神后认为,这几年实施"暖人心、促发展"工程、建立渔农村新社区等工作是完全符合中央、省委决策部署的,要发扬成绩,进一步完善渔农村建设管理新模式。为此,市委、市政府作出了在"十一五"期间创建渔农村小康社区、建设社会主义新渔农村的决策部署,争取到2010年,把全市182个渔农村新社区分期分批建设成为"经济发展、生活富裕、乡风文明、环境优美、社会和谐、体制创新”的渔农村小康社区。经过近几年的努力，渔农村工作取得了显著成效，渔农民收入有了大幅提升。2005年，全市渔农民人均纯收入7 190元，比上年增长15.4%，高出城镇居民收入增幅2.5个百分点。城乡收入差距由2003年的2.36∶1缩小到2005年的2.16∶1，低于全省平均水平。

（一）实施“暖促”工程。2003年底，市委、市政府号召在全市渔农村全面实施“暖人心、促发展”工程，提出举全市之力，奋战三年，使渔农村剩余劳力就业难的矛盾得到明显缓解，渔农村贫困群体的生活基本得到保障，渔农村生产生活环境明显改善。我们从精力上向渔农村倾斜，建立了强有力的领导机制，还在全省率先建立驻村指导员制度。从财力上向渔农村倾斜，每年有一亿资金专项用于“暖促”工程。从工作上向渔农村倾斜，建立了县（区）、职能部门和指导员三个目标责任制，按照条块结合、以块为主的原则，将工程各项任务层层分解落实。两年多来，我们在渔农村全力实施了开展帮民就业大行动、提高实用技能大培训、构建就业服务大网络、健全社会救助大体系、改善生产生活大环境五大工作机制，取得了阶段性成效。至2005年底，已经建立了市、县（区）、乡镇（街道）、村（社区）四级渔农民就业援助组织和渔农村劳动力信息管理网络，渔农村新增就业人数28 824人，新增培训人数48 834人，初步打响了“舟山海员”在境内外劳务市场上的优质品牌。我们把实现每户渔农村家庭至少要有1人就业挣钱、因病因残不能就业挣钱的家庭至少要有1人拿救济钱的“两个至少”作为重要工作目标，真正把对渔农村困难家庭的帮扶政策落到了实处。目前，全市已有4 555户渔农村困难家庭得到了各级机关干部的结对帮扶。开办的千荷学校和“暖促班”，使困难家庭子女接受全免费教育。五保老人集中供养率已达到94%，走在了全省前列。全面推行了渔农村新型合作医疗制度，市、县两级分别成立了“惠民医院”，定期下小岛免费为渔农民提供医疗服务。大力推进村庄示范整治工作，2003年以来累计投入建设资金3.6亿元。“暖促”工程得到了广大老百姓的拥护，老百姓深有感触地说：“有急事拨打110，有难事找暖促工程”。

（二）建立渔农村新社区。破解“三渔”“三农”问题，不但要有好的载体，更重要的是要有良好的机制。2004年6月，我们提出了引入城市社区管理服务模式、建设渔农村新社区的构想，即以一个或数个村为单位建立渔农村社区，创新渔农村社区管理体制和社会养老保障体制，把改革发展成果与渔农民得实惠相结合，把渔农民得实惠与遵纪守法、开展文明创建活动相结合，从体制、机制上推进渔农村工作。我们通过联建、并建和单建的形式，建立了182个渔农村新社区。把原来村一级行政管理服务职能上收到社区，还村委会自治组织本来面目。把乡镇政府职能适度下移到社区，由社区管委会负责对辖区社会事务、公益活动等进行管理和服务。社区工作经费和人员工资待遇由各级财政负担，取消村干部拿集体经济固定报酬制度。仅此一项，全市每年可减轻渔农民负担1 950万元。同时，加强对社区干部的管理，建立社区干部能进能出、优胜劣汰的用人机制。加强渔农村党建工作，在渔农村全面推行党员联系群众制度，全市1.4万名渔农村党员联系15.7万户49万渔农村群众，通过党员联户、党群联心、组织联动，使党的工作触角延伸到每一户基层群众，巩固党在渔农村基层的执政基础。同时，在渔农村社区定期开展文明守法户及好媳妇、好公婆评选，并将文明守法与以奖代保结合起来，对评为文明守法户的60周岁以上老年人发放以奖代保金每人每月30元，今年奖励标准提高到每人每月33元。目前，全市渔农村共有10万多名60周岁以上老年人享受了这一政策，初步建立了以奖代保障的渔农民养老保障制度，改变了几千年来渔农村老人单靠子女赡养的历史，也大大促进了渔农村文明建设。

（三）开展小康社区创建活动。根据党的十六届五中全会精神，我市在已实施“暖促”工程、建立渔农村新社区的基础上，作出了在“十一五”期间全面创建渔农村小康社区的部署，把创建渔农村小康社区作为建设社会主义新农村在舟山的具体实践。市委、市政府领导深入基层开展调查研究，确定了目标、指标体系、工作抓手、保障机制四大体系。我们确立了“经济发展、生活富裕、乡风文明、环境优美、社会和谐、体制创新”24字创建目标。在具体创建中，又将目标体系分三个层次，其中经济发展和生活富裕为核心层次。确定了120项创建工作指标体系，指标体系从舟山实际出发，涵盖了新农村建设的各个方面和渔农民急需解决的实际问题。建立了四大保障机制：一是组织领导机制。市及各县（区）均成立了建设社会主义新渔农村工作指导委员会及其办公室，选配了1 000多名农村工作指导员驻社区指导创建工作。市、县（区）都建立了领导联系社区工作制度，市里还组建了社会主义新渔农村建设办公室。二是考核奖励机制。由相关职能部门专门制订了创建小康社区120项指标验收标准和考核办法。具体分三类实施考核，A类为必达指标，实行一票否决；B类为单项否决指标，未达要求不给分；C类按实际完成情况折算得分。对达到创建标准的社区，以市委市政府名义予以表彰。把创建小康社区的实绩与干部奖惩和提拔使用挂钩。三是经费保障机制。市财政在“暖促”工程经费外，还专门安排了3 000多万元创建经费。采取以奖代补的政策按照创建工作的进展和完成质量，作为给各县（区）创建小康社区的配套资金。各县（区）也安排了相应的经费。四是合力共建机制。在市县（区）两级部门和单位开展了“我为创建小康社区做什么”活动，在企业开展了与社区结对活动，形成全社会合力推进新农村建设的良好氛围。半年来，创建工作开局良好，进展顺利。今年上半年渔农民收入又有了大幅提升，全市渔农民人均现金收入5 110元，同比增长18%，高于全省平均7.4个百分点。

回顾总结近几年来我市渔农村工作实践，我们深刻体会到，从实施“暖人心、促发展”工程、建立渔农村新型社区，到创建渔农村小康社区，这是一条城乡统筹发展的探索之路，也是从根本上解决“三渔”、“三农”问题的求实奋进之路。我们要紧紧抓住当前建设社会主义新农村的大好机遇，大力创建渔农村小康社区，为把舟山建设成为海洋经济强市、海洋文化名城和海上花园城市而努力奋斗。

（作者系中共舟山市委书记、市人大主任）

上海市旅游

【概况】 2005年,上海继续保持稳步发展的态势,全面实现了“十五”发展规划所确定各项经济指标。旅游总收入1 604.26亿元,同比增长9.0%;增加值约占全市GDP比重为6.4%;接待入境游客571.35万人次,同比增长16.1%;其中:在沪过夜入境游客444.54万人次,增长15.3%;旅游外汇收入36.08亿美元,增长16.8%;出游人数51万人次,增长3%;接待国内游客9 011.94万人次,增长6.0%;旅游收入1 308.41亿元,增长7.6%;旅游饭店营业收入增长10%;旅行社营业收入20%;全市星级饭店354家、国际旅行社52家、国内旅行社711家、旅游集散线路增至150条。

【推进红色旅游】 上海市旅游委编制完成了《上海市发展红色旅游规划纲要》,确定培育“开天辟地”、“英烈丰碑”、“文化先驱”、“伟人风范”、“走向未来”五大经典景区和形成红色纪念馆、名人故居、烈士陵园、遗址遗迹四大系列景点及“红色追忆”、“红色成果”、“红色连线”三大系列精品线路的发展目标,对列入重点景区的项目进行投资规划;出版了《上海市红色旅游景点导读》;利用长江三角洲地区的红色旅游资源,与浙江旅游部门联手推出“共同走红色路,同游江浙沪”系列主题产品;组织参加了“2005中国红色旅游博览会”。

【发展专项旅游产品】 上海加快了旅游与工业、农业、教育、科技、文化、体育等的结合,利用都市资源,发展都市旅游。上海市旅游委会同市农委确定农业旅游发展目标并落实相关的扶持政策,初步形成了14个农业旅游基地,促进了农业产业结构调整,扩大就业和增收;协同市经委指导建立上海工业促进中心,整合推出了5条工业主题线路,举行了“百年工业回眸”旅游活动;与市科委合作完成了市政博物馆等8个科普基地改造项目的评审;制定了《上海市浏览船服务质量标准》参与黄浦江十六铺水上旅游中心项目的规划和建设工作。

【打造节庆、会展、赛事旅游产品】 上海市旅游委联合上海国际艺术节组委会、世界田径黄金大赛上海组委会和上海新闻文化传媒集团等单位,积极推介节庆、赛事旅游产品,吸引国内外游客;建立了全市会展信息数据库,加大了会展促销的力度。全年3个旅游黄金周实现旅游收入比上年增长9.3%。2005年上海旅游节,吸引了800余万名国内外游客和市民参加。

【提升市场管理和旅游服务水平】 上海构建了“加强市场管理、提升服务水平与开展旅游行风建设相结合”的工作机制。进一步完善了旅游执法、质量监督的工作体制,有关部门联合打击无照非法经营旅游业的行为,加大以诚信经营为核心的监管力度,对旅游示范的情况进行检查,加强对出境旅游团的审查,查处一批违规旅行社;开展以旅游规范服务为核心的全面提升服务水平的工作,启动旅馆服务标准化的制订工作,开展规范服务达标活动和“旅行社满意测评”工作;成功办了首届全市导游大赛。

南京市旅游

【概况】 2005年,南京市旅游业发展实现新的突破,各项旅游经济指标均创新高。全市旅游总收入完成379亿元,同比增长18.4%;旅游创汇5.76美元,增长13.4%;接待入境旅游者87.6万人次,增长21.8%;接待国内旅游者3 220万人次,增长15%,为"十一五"旅游业高平台、高起点发展奠定了坚实的基础。黄金周旅游效益凸显,全年3个黄金周共来宁旅游者625万人次,实现旅游收入42.97亿元。"五一"黄金周适逢中国民党主席连战和亲民党主席宋楚瑜为首的台湾代表团先后造访南京。"连宋效应"让南京"五一"黄金周呈现出繁荣火暴的景象;"十一"黄金周正逢十运会首届绿博会召开,客流倍增,旅游人次和收入创下历届周的纪录。全市新旅行社38家,新评星级饭店12家,2 060人通过导游考试。截至年末,全市旅行社达395家,星级饭店123家,导游员10 360余人。

【特色旅游】 特色旅游庆不断。2005年,迎接新年听钟声活动首次将民俗宗教活动与旅游节庆和文化相结合,拉开了全市人民宣传运会、参与十运会的序幕。

2005年中国南京梅花节。3月4日由南京市人民政府主办的第十届中国南京梅花节江苏展览馆开幕。2005年是梅花节10年庆典。为了扩大影响,推动南京旅游的全面繁荣和发展,进一步树立和宣传"博爱之都"良好形象,2005年梅花节结合南京"喜迎纪念郑和下西洋600周年"和"喜迎十运"两大主题,开展形式多样的旅游、商贸、文化、娱乐等系列活动。举办梅花节中日文化交流活动、"南京的、世界的"老外看梅花主题活动、长江三角南京旅游交易会、梅花节大型综艺晚会、"博爱之花"音乐诗画展演、梅花山主会场展演活动等。

第七届中国·南京雨花石艺术节。9月23日,以"生态雨花,和谐发展"为主题、喜迎十运会为主线的"2005年中国·南京雨花石艺术节"开幕。以弘扬雨花石文化、迎"十运"为主线;以招商引资,推动红色之旅为抓手;以区域联动,景区互动的优势,共同打造文化旅游品牌特色。主会场雨花台风景名胜区以及举办"落花如雨"寻宝活动、"雨花之声"民乐表演、书画展览及表演、"雨花社区文化"文艺调演、"雨花石"征文比赛、"美在雨花"摄影展、雨花石工艺品展销会、"秋在将军山"主题活动、金秋花卉盆景展、"九二九"步行日活动、南郊风景区秋季游、雨花厚积薄发精品展等12项趣味性活动。同时,雨花台区将军山风景区作为"十运会"的场地之一,在雨花石艺术节期间还开展了"秋风韵动"主题活动,通过举办雨花石艺术节让更多的市民参与,达到以石会友、以石促游、以石感知天下的目的,使第七届雨花石艺术节更具有广泛的参与性、互动性。

第七届江心洲葡萄节。7月23日,"葡萄熟了——同游新建邺·走近十运会"为主题的第七届江心洲葡萄节开幕,葡萄节立足江心洲民俗、民风特点,开展集旅游、经济、文化、娱乐为一体的系列节庆活动,展示河西两岸新城和首批全国农业旅游示范点风采,为期1个多月的节庆活动中开展了全国著名书画专家程上岛写生活动、成功人士回故乡参加葡萄节活动各种学生夏令营活动、葡萄乐园活动、葡萄状元大赛、"江岛会所"杯·五彩江心洲摄影大赛。品尝农家土菜江鲜、采摘葡萄、捉鱼钓虾、民俗表演、农家花车巡游等十几项精彩活动。

中国南京市第四届八卦洲芦蒿节。10月30日,以"今年芦蒿分外香"为主题的中国南京第四届八卦洲芦蒿节在长江二桥东服务区开幕。芦蒿节立足八卦洲民俗、民风特点,开展集旅游、经济、文化、娱乐为一体的毓节庆活动,展示八卦洲独特的农家美食风采。在芦蒿节其间举行中国南京第四届八卦洲芦蒿节新闻发布会,有100多种芦蒿产品参与的南京八卦洲芦蒿毓产品展销会、"金秋栖霞"艺术节、"香韵丽岛"大型文艺演出,同江苏电视台《旅行宝典》栏目组联合举办首场"芦蒿美食烹饪大赛"等系列精彩活动。芦蒿节期间八卦接待游客25万人,实现旅游收入2 000万元。

还有第五届中国·南京固城湖螃蟹节、第五届春牛首踏青节、第四届六合茉莉花旅游文化节等。

苏州市旅游

【综述】 2005年,全市旅游系统围绕建设旅游强市的目标,创新理念,抢抓机遇,精心塑造"天堂苏州、东方水城"的城市旅游新形象,加快整合资源,强化旅游促销,完善功能服务,培育旅游精品,使全市旅游业呈现出持续、快速、健康发展的良好态势。全市旅游业在2004年实现"三个突破"的较高平台上又有了新的增长和明显的提高。全年接待境外游客156万人次,比上年增长20%;旅游创汇6.4亿美元,增长31.5%;国内游客3 657万人次,增长16%;国内旅游收入380亿元,增长28.6%;旅游总收入432亿元,增长28.6%。全市新增国家A级景区(点)6家,旅游星级饭店16家,旅行社22家,全国工农业示范点8家。在全国大中旅游城市排位中,苏州市接待入境旅游人数位居全国第7位,接待国内旅游人数位居第6位,旅游总收入位居第6位,排位又有新的提升。

2005年,全市旅游工作也有了新的突破。一是整体发展水平有了新的跃升。张家港、太仓两市高分进入中国优秀旅游城市行列,苏州在全国率先建成中国优秀旅游城市群,实现了中国优秀旅游城市"满堂红"。旅游设施、服务功能和综合游览环境明显改善,促进了旅游经济快速增长,全市旅游总收入占地区生产总值的比重首次突破10%,旅游业的支柱产业地位愈加突出。二是行政管理得到新的加强。各级政府高度重视旅游业的发展,相城区专门成立旅游管理机构,平江、沧浪、金阊等区进一步明确旅游主管部门,旅游业的政府主导作用普遍增强。三是标准化建设取得新的进展。市人大修订颁布《苏州市旅游条例》,为苏州旅游业新一轮发展提供了法律支撑。在全省率先制定出台《苏州市农家乐旅游管理办法》,推动了乡村旅游发展。四是服务质量又有新的提高。建立了旅游短信服务平台;苏州旅游目的地营销系统(DMS)正式开通。创建文明行业和创建诚信企业"双创"工作取得可喜成果,旅游行业诚信承诺单位覆盖率达到100%,市级诚信考核达标率超过80%,76家旅行社被评为"江苏省诚信旅行社"。

【2005年度苏州旅游8项大奖得主】 最佳旅游景区奖——吴江同里古镇景区。同里古镇景区以优美的水乡风情和深厚的人文气息,让旅游者充分领略了"小桥、流水、人家"的韵味。

旅游饭店最佳管理奖——吴宫喜来登大酒店。酒店特色鲜明,设施完备,开业至今,在经营管理过程中始终坚持"关爱员工,关爱宾客",以优质的服务,先进的管理,使经济效益连续多年在苏州酒店业中保持领先地位,赢得海内外宾客的一致好评。

旅行社最佳服务奖——苏州中国国际旅行社有限责任公司。苏州中国国际旅行社有限责任公司是苏州最早的国际旅游接待社,多年来始终把质量管理、诚信经营作为企业的管理重点,2005年全年没有旅游投诉,并连续7年入选全国百强国际旅行社、连续3年获得江苏省诚信旅行社,累计接待海内外旅游者300多万人次。

特色旅游发展奖——金阊区山塘旅游特色街。这是一条古老而著名,风雅而喧闹的天堂里的街市。大文豪白居易给了她优雅的仪态,苏州的今天又给了她风雅的灵魂。开街以来,通过开展各种丰富多彩的主题活动和文化展示,弘扬了苏州传统文化,使山塘街成为"吴文化的窗口、老苏州的缩影"。

最佳节庆活动奖——常熟尚湖牡丹花会。尚湖牡丹花会自1992年以来已经连续举办了14届,通过与洛阳、菏泽、彭州联手策划"中国牡丹行",大大提升了常熟尚湖旅游品牌的知名度,成为常熟旅游的新名片。

最佳宣传推广奖——江苏水乡周庄旅游股份有限公司。从中国到世界,到处都有周庄的身影,电视、报刊、广播、网络都在传播古镇的美景,文化人、旅游人、中国人、外国人,不管是白天还是夜晚都纷至沓来。

最佳投资奖——园区金鸡湖景区。金鸡湖景区历年来累计投资近30亿元,其中金鸡湖水质改善投资10多亿元,其国际水平的环保品质,最佳的生态环境,开放式的景区,成为苏州现代休闲旅游的一大品牌。

优秀旅游城市特别奖——张家港、太仓市。张家港、太仓两市于2005年创优成功,实现了苏州大市范围内的创优满堂红,也完成了苏州中国优秀旅游城市群的构建。

【旅游宣传促销】 2005年,根据客源市场的现状,全市旅游行业开展目标明确、形式多样的宣传促销活动,着力宣传"天堂苏州、东方水城"的城市旅游新形象。一是强化宣传促销,推进两大市场。国际市场方面,坚持城市形象宣传与旅游产品推介、专题推介与公众推广、走出去与请进来相结合的促销方式。针对日本市场发展明显放缓的趋势,及时调整目标市场结构和促销策略,在继续巩固日本市场的同时,大力开拓韩国市场、欧洲市场,使本市入境旅游仍然保持较高的增长速度。一年来,仅在韩国汉城和日本东京、名古屋、大阪等城市采用快乐大转盘、礼品大派送、市民抽大奖等形式,开展了4场"世博在上海、旅游到苏州"的宣传促销活动,举办了2场专业推广会和2场公众推广会,发放了11万份海报和宣传资料以及1万多份纪念品。在大阪JR广场举办了具有浓郁苏州地方特色的戏曲歌舞表演,吸引了10多万人参加。两次赴新加坡、马来西亚参加国际旅游交易会和郑和下西洋庆典活动,有效开拓了东南亚市场。2005年接待日韩、欧洲(英、法、德、意、西)和东南亚(新、马、泰)过夜入境游客分别达到42.4万人次、11.8万人次和9.5万人次,其中接待日本游客23.6万人次,占全省的60%,接待美国游客9.01万人次,同比增长47.3%。国内市场方面,积极拓展以"长三角"、"珠三角"、环渤海湾为重点的沿海发达地区的旅游市场,多次组织参加了长春、新疆、南京、无锡、上海旅游交易会,强化了"长三角"区域的旅游合作。二是巧借平台唱戏,宣传苏州形象。市旅游系统注重发挥国内外旅行商、旅游媒体的综合效应,邀请了西班牙旅行商和旅游记者、加拿大新时代电视台、美国国家电视网、英国旅行社和新闻媒体代表团等13批次114人次境外新闻媒体记者和旅行商来苏踩线考察;利用国内媒体优势,相继在《中国旅游报》、《人民日报·海外版》、《旅行者》、香港《中国日报》等20多家报刊杂志刊登和发表了大量的苏州旅游信息;还利用十运会、电博会等会展、重大会议在苏召开的契机,全方位宣传苏州古典园林的造园艺术、千年古城的文化内涵、古镇居民悠闲的生活方式、金鸡湖畔的现代休闲和风景秀美的太湖风光,提升了苏州旅游产品的影响力。三是精心策划特色节庆,全力打造旅游节庆品牌。坚持政府主导、市场运作、市县联动、区域合作、企业和市民广泛参与的办节原则,各地、各部门将文化旅游节、江南美食节、亲水文化节等20多个旅游节庆活动整合起来,形成"月月有节庆、季季有高潮"。同时,以国际化、市场化为目标,培育节庆知名品牌。2005年成功举办了"东方水城"第8届中国苏州国际旅游节和第27届寒山寺除夕听钟声活动。此两项活动双双被国家旅游局列入了《中国旅游节庆指南》。

【旅游市场监管】 2005年,市旅游局围绕提升行业管理水平这一目标,坚持依法治旅原则,加强了《行政许可法》的学习,探索新的管理模式,提出了由行业管理向产业管理转变的设想,进一步拓展行业管理外延,以适应旅游大管理的需要。一是旅游标准化管理建设。在上年对旅游商店实行推荐制的基础上,在全省率先制订出台了《苏州市农家乐旅游服务暂行规定》和《苏州市农家乐旅游管理办法》,农家乐旅游试点取示范效应,推动了全市乡村旅游的发展。二是加大旅行社管理力度。按照《领队管理办法》和《出境旅游服务标准》强化了出境游组团社的管理，严厉查处削价竞争、服务质量差等不规范行为。加强了对旅行社门市部的管理，研究制订了《苏州市旅行社门市部暂行管理办法》。旅游业主体建设有了较快的发展，截至2005年底，全市共有145家旅行社，其中当年新增加18家，增长7.87%；国际社增加1家，国内社增加17家；注销5家国内社。三是突出重点，专项整治赌博违法行为。根据国家、省关于集中打击赌博违法行为专项行动工作的总体要求，市旅游、公安、城管等16个部门联手，制定下发了《苏州市组织开展集中打击赌博违法专项行动工作方案》，加大宣传力度，建立禁赌工作实效机制，切实提高防范，提高打击赌博违法犯罪活动的能力；要求全市各旅行社坚决制止在组织出境游活动中发生的赌博违法犯罪行为；开展"远离赌博"的教育活动，增强旅游从业人员抵制赌博恶习的自觉性，严厉打击有涉赌行为的人和事，有效遏制了利用出境游活动在境外进行赌博等违法违规行为。四是坚持整顿和规范旅游市场秩序。年内全市共组织7次较大的联合专项整治行动，执法检查1 184人天，整治规范了景区（点）宗教烧香活动，打击了"黑社"、"黑导"和"黑车"等不法行为；查处旅游星级饭店5家、旅行社门市部5家、违规导游48人次，整顿旅游购物商店2家，取缔"黑社"2家，全市旅游市场秩序明显好转。

【旅游投诉】 2005年，苏州市旅游质量监督管理所受理旅游投诉55件，比上年下降38%。其中，涉及旅行社25件、景区（点）7件、交通4件、娱乐3件、旅游购物1件和社会餐饮15件。共计挽回游客损失31 850.50元，结案率100%。旅游投诉下降的主要原因是，全市旅游行业积极开展行业创文明、企业创诚信"双创"活动，企业自律意识进一步增强，企业自身化解矛盾能力不断提高，基本能做到在事前解决问题；整顿规范旅游市场秩序措施得力，效果明显；游客的消费理念趋理性，旅游消费和自我保护意识逐步向理性化方向发展。

【星级饭店管理】 2005年，旅游星级饭店管理工作继续贯彻《旅游星级饭店的划分与评定》新标准，对5年以上的星级饭店进行了复评，重点对设施、设备陈旧，更新不及时、配套功能不完善的饭店进行整改；对一些老牌星级饭店侧重于服务质量提高，进一步提升旅游星级饭店的整体水平。组织了全市旅游星级饭店餐饮摆台观摩比赛和张家港市、常熟市、吴江市服务技能大赛，以此促进全市星级饭店服务质量、服务技能的提高。严格按照星级饭店评定程序，强化星级饭店的评定工作，一年来，全市新增旅游星级饭店16家，升星饭店5家，涉及总建筑面积168.2万平方米，总占地面积280.1公顷，床位总数28 784张，餐位总数62 071个。

【旅游培训】 2005年，针对旅游行业发展出现的新情况、新问题，着力抓好旅游行业专业技术人员的在职培训和岗位培训。导游年审培训首次采用高、中、初级导游分开培训的方式。根据韩语导游紧缺的状况，完成了两期韩语导游培训，共有83人获得了省旅游局颁发的导游资格证书，取得上岗资格。饭店管理培训主要组织了饭店总经理、部门经理的岗位培训和饭店英语等级培训，还举办了两期较高水平的饭店高级管理人员讲座，邀请国家旅游局和国际知名酒店集团人力资源管理专家来苏讲课。市人事考试中心进行了饭店工程技术专业人员资格考试工作。全年共举办各类培训20多期（班次），完成培训、考试近9 000人次，其中：培训人数4 200多人次，考试人数4 500多人次。

【旅游法治建设】 2005年，市人大重新修订了《苏州市旅游条例》，经江苏省第十届人民代表大会常务委员会第十八次会议批准，于2006年1月1日起施行。《苏州市旅游条例》对旅游产业的管理体制和职能、旅游规划和资源利用、旅游管理方式以及旅游促进与发展进行了规范和创新，为苏州旅游在新的发展阶段，实现新的发展思路，提供了法律支撑。市旅游局探索转变管理职能，逐步推进管理职能向有限型、责任型、管理服务型转变，探索对部分社会资源管理和公共服务事项由事前审批向事后管理转变，逐步开展告知承诺制、登记备案制、标准化评定和推荐制的试点工作。下发了《市旅游局全面推进依法行政工作意见》，明确了到2010年建设法治旅游的目标和任务。着手推进旅游局机关行政执法、职权岗位责任制工作，完善行政执法监督机制，梳理完成了全机关行政处罚事项76项、行政强制3项、行政征收1项和其他行政行为12项。同时，在规范法定程序、加强对自由裁量权的控制，减少行政执法的随意性，实现权责统一和提高行政处罚案卷质量等方面取得了初步成效。同时，强化了旅游安全工作，市旅游局与各市（区）旅游行政管理部门、市区各旅游企业签订了《2005年度苏州市旅游行业安全生产责任书》，要求做好"人防、技防和物防"三防工作。同时与公安、交通、卫生、技监、消防等部门出动百余人次，联合对市区近百家旅游企业进行安全检查，确保了旅游节、黄金周和全市重大活动期间安全无事故。参与全国第4个"安全生产月"公众宣传咨询现场活动，参与编写了《市民日常安全手册》"旅游安全小常识"章节。

【旅游规划建设】 2005年，遵循旅游建设以规划为先导的发展理念，根据苏州旅游总体规划和"四沿"旅游空间布局要求，市旅游部门邀请江苏省城市规划设计研究院编制了《苏州阳澄湖地区旅游发展概念规划》、南京大学编制了《苏州沿江旅游发展规划》、苏州大学编制了《苏州水上旅游开发策划》、深圳锦绣时代设计公司编制了《苏州太湖国家旅游度假区旅游战略策划》，并2005年11月通过了专家咨询论证。与此同时，市旅游部门与苏州大学联合编制了《苏州市"十一五"旅游发展规划》。还邀请同济大学组织编制了《苏州古城旅游发展规划》，将于2006年上半年完成初稿。

【旅游项目建设】 ①新景区（点）建设。随着休闲旅游兴起，各地、各部门开发"休闲旅游"新产品，主动适应旅游发展需求。2005年全市新开发景区有：度假区环太湖湿地生态景观大道、太湖新天地、西山乡村牛仔俱乐部、新区白马涧公园等。古镇旅游又新发展了千灯古镇。同时，古镇旅游品质也在不断提高，其中同里古镇的珍珠塔景点、文物陈列物馆等正式对外开放。

②红色旅游建设。作为苏州惟一、全国百家红色旅游经典景区的常熟沙家浜景区走"红色游带动绿色旅游，绿色旅游丰富红色旅游"的旅游发展新路，依托央视、东方卫视、扬子晚报等主流媒体，制作强档专题节目，高平台、高起点地进行沙家浜旅游形象宣传。通过一系列形式多样的主题活动，进一步提升

和扩大了沙家浜旅游在江、浙、沪地区乃至全国的知名度和影响力。2005年,该景区实现旅游自营收入2 450万元,比上年增长75%;接待游客55.2万人次,增长59%。

③A级景区建设。2005年,A级景区创建工作有了新进展。新增A级旅游景区(点)6家,其中,常熟沙家浜、吴江静思园被评为4级景区,张家港东渡苑、太仓公园和南园被评为3级旅游景区(点),张家港公园被评为2级景区。昆山的锦溪、亭林园景区由3级被评定为4级。至2005年底,全市共有A级旅游景区(点)24家,其中4级旅游景区(点)17家,3级3家,2级4家。正在创建4级过程中的寒山寺和西园寺已通过省旅游局的初评。

④基础设施建设和招商引资。2005年,市旅游部门强化旅游项目基础工作,探索建设旅游项目库新路子,深入调研,掌握了"十五"期间在建、拟建旅游项目126个,投资金额214亿元以及"十一五"期间的旅游项目等基本情况,为下一步旅游项目库建设奠定了基础。从全市100多个旅游项目中精选了开发条件成熟且对未来旅游业发展有较大带动作用的51个、投资累计120亿元的旅游项目,进行梳理分类,编制了中英文《苏州旅游项目投资指南》。先后参加了吉林长春的东北亚贸易洽谈会和浙江宁波的中国旅游投资洽谈会,共计发放各类项目招商书2 000余本,与150多位投资商进行了项目洽谈,取得了一定的成效。

市服务业引导资金和省专项旅游引导资金申报工作启动。根据全市服务业引导资金申报要求和旅游项目建设情况,市相关部门和建设单位研究筛选,向市政府申报了太湖农家乐、灵岩山整治等14个引导项目,争取到服务业引导资金项目5个,经费300万元。其中农家乐100万元,灵岩山整治3期20万元,太湖度假区规划100万元,太湖新天地40万元,度假区景观大道水风车园40万元。同时,向省财政厅和省旅游局申报西山明月湾古村落旅游建设、常熟尚湖荷香洲主入口及牡丹园改扩建等7个旅游项目,经省财政厅和旅游局评定,争取到第1批旅游引导资金190万元,其中明月湾60万元,常熟尚湖60万元,锦溪70万元。

【创建中国优秀旅游城市工作】 2005年11月,张家港、太仓两市创建中国优秀旅游城市通过国家级验收,获得中国优秀旅游城市的荣誉称号。两市自开展创建"中国优秀旅游城市"活动以来,坚持以规划为龙头,先后制订了《旅游发展总体规划》,广筹资金,加大投入,加快旅游基础设施的完善建设。张家港市先后修建了体育场、体育馆、游泳馆、高尔夫球场,扩建了沙洲公园、改建了张家港公园、新建了敞开式城市客厅世纪广场;借建设沿江高速公路,采用集中取土,开挖了暨阳湖生态园,完成了1 795万元的绿化、音乐喷泉、水幕电影和假日广场等建设;创建以来直接用于景区景点规划和建设资金超过5亿元;造出了"三山"(香山、双山、凤凰山)、"三园(苑)"(东渡苑、暨阳湖生态园、梁丰生态园)、"一带"(沿江观光带)的景区板块。太仓投资近亿元对太仓公园、张溥故居进行扩建;对太仓公园、郑和公园、梅花草堂、橄榄岛、南园、张溥故居进行了提档改造;开发了西庐、蔽园、顺风等一批农业生态观光旅游点;结合郑和下西洋600周年纪念活动,对郑和纪念馆进行改造并重新布馆。两市在较短的时间内,分别完成了两家国家A级景区的申报评定,顺利获得国家3级景区的资格。在旅游服务设施方面,新建了一批旅游饭店、旅游商店、旅游卫生以及道路指示、旅游标识等设施。通过"创优",全市旅游业形成了国际国内旅游同步增长,市县联动、共同发展的良好局面。中国优秀旅游城市密度最大的地级市已在苏州形成,必将进一步推动了整个苏州旅游经济持续、快速、健康发展。

【旅游文明行业建设】 2005年,是全市旅游行业创建文明行业工作承上启下关键的一年,在2004年全市161家单位规范服务达标的基础上,通过制订详尽工作计划,召开现场交流会,请文明办专门指导等方式进一步推动创建工作的开展,截至2005年底,全市共有282家单位获得规范服务达标单位称号,向3年建成市级文明行业的目标又迈进了一步。同时通过与团市委、市妇联联合开展"青年文明号"、"巾帼示范岗"争创活动,在全市旅游行业掀起了行业创文明、企业讲诚信"双创"活动高潮,使行业内的青年和妇女职工在各自的岗位上发挥更好的文明示范作用。2005年底,全市旅游行业组织了一次文艺会演,共有29个节目参加汇演,展示了旅游行业的文明风貌。

【旅游诚信体系建设】 2005年,全市旅游行业根据市政府提出的创建"全国消费放心城市"实事工程的总体部署,推进旅游诚信体系建设。一是将国内旅行社行业列为市创建消费放心先行行业,开展形式多样的创建活动,经市创建指挥部考核验收,国内旅行社行业荣膺市先行达标行业。二是组织85家国际、国内旅行社参加"2004~2005年度江苏省诚信旅行社"创建活动,占全市旅行社总量的58.62%。经省旅游协会、省消费者协会评定,76家旅行社被评为"省诚信旅行社",其中国际旅行社16家,国内旅行社60家。三是开展"2005年度苏州市旅游诚信单位"创建活动,经市旅游协会、消费者协会评定,全市旅游行业共有249家旅游企业被评为"苏州市旅游诚信单位"。其中旅行社111家,旅游饭店87家,景(区)点42家,商店6家,旅游车船公司3家。

【全国工农业旅游示范点建设】 2005年,创建全国工农业旅游示范点工作取得明显成效。全市新增8个国家级工农业旅游示范点。其中,5家工业旅游示范点是苏州第一丝厂有限公司、苏州市刺绣研究所有限公司、江苏梦兰集团、常熟波司登股份有限公司、捷安特(中国)有限公司;3家农业旅游示范点是常熟支塘镇蒋巷村、吴江绿乐生态园、苏州西山国家现代农业示范园区。这些示范点是传统型工业企业、品牌型民营企业、外向型台资企业、生态型农业村落和科技型农林企业的典型代表。至2005年底,苏州创建全国工农业旅游示范点总数达11家,位居全省第一。

【苏州旅游目的地营销系统建设】 国家旅游局于2003年将苏州市确定为第二批旅游目的地营销系统(DMS)的推广城市。苏州市于2003年8月正式启动了建设苏州旅游目的地营销系统建设项目,该系统是由国家旅游局组建、苏州市旅游局主办的苏州旅游官方网站,主要体现形象宣传、信息发布、行业沟通、商务营销4方面的功能,经过3年努力,于2005年12月正式投入运营。随着苏州旅游目的地营销系统的建成和不断完善,进一步加强了旅游业内信息交流,增强了面向旅游者的信息通达性,基本达到了资源信息共享、形象宣传推广、立体整合营销等目标,体现了"网上苏州"的旅游形象,有力地推动苏州旅游信息化建设。

【旅游咨询服务体系建设】 2005年,苏州旅游咨询中心在拓展十全街和集散中心两个旅游咨询服务点的基础上,首次与江苏移动通信有限责任公司苏州分公司合作,于9月27日(世界旅游日)开通了苏州移动综合咨讯平台旅游频道,为来苏旅游者提供包括苏州旅游"吃、住、行、游、购、娱"6要素信息、苏州旅游经典线路和相关图片等移动短信服务。与市信息亭公司合作,在市区250个信息亭上加置了代表旅游咨询的"i"标识,定期更新苏州旅游信息,为市民、游客提供及时、准确的旅游信息。《苏州旅游咨询服务体系建设方案》编制完成,旨在通过2~3年的努力,初步建成以苏州市旅游咨询服务中心为核心,各市(县)、区旅游咨询服务分中心、市区各景区旅游咨询服务点和旅游咨询服务信息亭四位一体,快速、便捷的旅游咨询服务体系。

无锡市旅游

【风景名胜】 无锡以山水秀美、人文景观众多而著称,被誉为"太湖明珠"。无锡南濒烟波浩渺的太湖,有因范蠡而得名的蠡湖,穿越市区的京杭古运河,称为"江南第一山"的惠山,象征无锡古老历史的锡山。太湖之滨,有鼋渚、蠡园、梅园、锦园、万顷堂、马山诸景等以自然景观著称的梅梁胜迹,惠山之麓,有锡惠公园、寄畅园、天下第二泉、惠山街、吟苑、东大池等以山、泉、亭、桥、祠庙等体现江南特色的锡惠胜迹;城区有古运河、城中公园、学宫、书馆、试馆、名人宅第、旧街等以古迹见长的城区胜迹;有革命遗址、古遗址、冢墓及湮废古迹遗址;还有泰伯庙、泰伯墓、吴文化公园等以吴文化为特色的人文景观;江阴市有黄山炮台遗址、徐霞客故居、兴国寺塔、顾山红豆树院、鹅鼻嘴公园等以要塞、林海、名胜、野趣为特色的风景游览区;宜兴市有国内外驰名的陶的故乡、洞的世界、竹的海洋、茶的绿洲等胜景。近年来,新开辟了唐城、三国城、水浒城、统一喜园、灵山大佛胜景等一批旅游新景区和新景点。无锡已集(长)江、(古运)河、(太)湖、(天下第二)泉、(善卷、张公、灵谷、慕蠡)洞、(惠)山于一体,构成江南水乡的犄角风貌。国家4A级景区7个,3A级景区6个,2A级景区8个。年末全市星级宾馆已达72个,其中五星级宾馆4个,四星级宾馆17个。

【旅游经济】 2005年,旅游设施完善,旅游人数和收入双双增长。全年共接待参观、访问及从事各项活动的海外游客65.87万人次,增长22.1%;接待国内外旅客2 637.5万人次,增长19.8%。旅游总收入达301.6亿元,增长31.3%,其中国际旅游外汇收入2.63亿美元。全市年接待游客10万人以上的景区26个。

常州市旅游

【概况】 常州是一座已有2 500年文字记载历史的文化古城,也是一座新兴的工业城市,素以物华天宝、人杰地灵而著称。自西晋起,迄今的1 700余年间,常州始终是郡治或府治的所在地,为苏南地区政治、经济、文化中心之一,向有"三吴重镇、八邑名都"之誉。历代人文荟萃,先后出了15位皇帝,9名状元、1 331名进士,历史上这里曾形成"阳湖文派"、"恽南田画派"、"常州词派"、"孟河医派",近代又涌现出一批政治、经济和文化界的杰出人物,例如我党早期领导人、常州三杰瞿秋白、恽代英、张太雷,画家刘海粟、数学家华罗庚等。几千年的文明史为常州留下了众多的名胜古迹,常州市范围内现有132处市级以上文物保护单位(全国重点文物保护单位2处,省级24处,市级106处)。也吸引了帝王将相和文人墨客来此观光旅游,特别是清代康熙、乾隆二帝六次南巡必游常州,北宋大文豪苏东坡更是11次回游常州并终老于此。

【风景名胜】 常州是华东线旅游的必经之地,1986年被列位全国重点旅游发展城市,经过多年的发展,2001年9月20日被国家旅游局正式授予"中国优秀旅游城市"的光荣称号。常州名胜古迹和人文景观甚多。市内有唐代古刹"东南第一丛林——天宁寺";有南朝古塔——文笔塔;有北宋大文豪苏东坡泊舟处——舣舟亭;有仿古一条街——篦箕巷等。以上景点以古运河为轴线连成一串成为常州天宁风景名胜区,吸引了无数中外游客。市区还有瞿秋白纪念馆、张太雷故居、刘海粟美术馆等名人故居;位于常州新区的常州中华恐龙园是常州旅游的一匹黑马,它是一座将博物、高科技声光电、影视特效与多媒体网络等完美结合的融展示、科普、娱乐、休闲及参与性表演于一体的国内最大的以恐龙为主题的综合性主题乐园。位于溧阳的天目湖旅游度假区,山清水秀、鱼鲜果香、空气洁净,酷似人间"绿色仙境",天目湖的特色佳肴"沙锅鱼头"更是闻名中外。位于金坛境内的茅山风景名胜区是全国著名的道教圣地之一。在武进市境内的淹城距今已经有近3 000年的历史,是我国目前保存最完整的地面古城遗址,国家稀世文物"独木舟"就从这里出土。这些名胜古迹和人文景观都有着很高的历史价值和观赏价值,所有这些景点组成了常州的四大溧阳精品线路,也就是"好水好水好地方"、"龙城龙园龙文化"、"古寺古塔古运河"和"名人名馆名建筑"。

【发展与规划】 "十五"以来常州旅游经济增势强劲。全市旅游业各项主要经济指标的增幅在全省名列前茅,2004 年全市接待国内外旅游者和实现旅游总收入就已分别突破1 000万人次和100 亿元大关,总量位居全省第四,为常州旅游业进一步加快发展奠定了坚实的基础。二旅游开发如火如荼,六大重点景区均已完成规划编制,其中太湖湾、天目湖、恐龙园3 大景区规划通过国际招标完成。各辖市、区高度重视旅游项目开发,外资、民资投资旅游的热情高涨,近两年已完成旅游开发投资近 20 亿元,"十一五"期间计划投资将超过 120 亿元。产业优势不断积聚,拥有 5 家国家 4A 级旅游区(点),7 家全国工农业旅游示范点,2 个国内旅游"百强"旅行社, 10 家五星、四星的高星级酒店,旅游交通不断完善,旅游商品开发全面提速,旅游餐饮彰显特色,六大要素协调配套。城市旅游日新月异,文明城市、环保模范城市、园林城市和生态城市的创建,极大地改善和优化了城市旅游环境,城市化进程的加快,旅游咨询服务中心、旅游集散中心等一批基础设施的完善,现代城市旅游功能进一步加强,观光旅游、商务旅游、休闲旅游已经成为城市旅游新亮点,"中华龙城"的旅游目的地形象日益突出。工农业旅游方兴未艾。依托制造业基地的建设和现代农业的发展,旅游业利用自身市场优势,加速产业渗透和融合,新兴发展起来的工农业旅游正成为旅游和相关产业的新增长点。

2005 年常州旅游经济进一步加快发展,产业规模不断壮大。全年接待入境旅游者 18. 2 万人次,同比增长 27. 07%;旅游创汇 1. 43 亿美元,增长 27. 75%;接待国内游客1 282. 78万人次,增长 23. 27%;市民出境旅游人数达9 461 人,增长 54. 3%。国内旅游收入 114. 42 亿元,增长 24. 15%;旅游总收入 126. 18 亿元,增长 24. 32%;旅游增加值 51. 53 亿元,增长 24. 42%。旅游增加值占全市 GDP 的比重由 2000 年的 2. 71% 提高到 3. 96%。

镇江市旅游

【风景名胜】 镇江为中国优秀旅游城市,具有"城市山林"和"真山真水"的独特风貌,以"天下第一江山"闻名于世。市区北部"珍珠项链"长江路自西向东串联起金山、北固山和焦山,组成风景各异的"三山"风景区。"寺裹山"的金山以绮丽著称,"山裹寺"的焦山以雄秀闻名,"寺冠山"的北固山以险峻称雄。城南有南山国家森林公园,这里青山连绵,古木幽深,昭明太子读书台、文苑、增华阁和赵伯先墓等点缀其中。东部有宝塔山公园和山上矗立"万里长江第一塔"——报恩塔的圌山风景名胜区。中部有伯先公园、河滨公园、西津渡古街、梦溪园、赛珍珠旧居和长达 5 公里的古运河风光带,有保存完好的三国东吴铁瓮城遗址。句容市有以佛教"律宗第一山"之称的隆昌寺和"宝华玉兰"著称的宝华山国家森林公园,有集江南名山、道教胜地、革命根据地于一体的茅山风景名胜区。镇江的宗教活动在全国乃至东亚及东南亚有广泛影响。金山江天禅寺、焦山定慧寺、宝华山隆昌寺、茅山道院均为全国重点寺庙道观。

镇江是国家历史文化名城,有着深厚的文化积淀。焦山碑林、丹阳南朝陵墓石刻、镇江英国领事馆旧址为全国重点文物保护单位。焦山碑林中有"大字之祖"瘗鹤铭以及苏轼、黄庭坚、米芾、陆游等书法大家的墨迹碑刻和摩崖石刻;南朝陵墓石刻存有齐梁两代帝王归葬丹阳故里的陵墓 11 处 26 件,葬于句容的 1 处 4 件,是南朝石刻瑰宝。有省级重点文物保护单位 19 处,其中有焦山古炮台遗址、昭关石塔、相传为孔子所书的延陵季子碑(唐拓本)、被誉为"江南第一钟"的唐中和铜钟、古代建筑奇葩隆昌寺无梁殿和铜殿、宋抗金名将宗泽墓、圌山炮台遗址等。还有市级(包括辖市)重点文物保护单位 153 处。

2005 年镇江市接待海外旅游者分国别(地区)人数

合　计	外国人	香港同胞	澳门同胞	台湾同胞	住居民家中
306 500	229 451	24 801	15 657	25 890	10 701

国家(地区)	接待人数	与上年比增幅	国家(地区)	接待人数	与上年比增幅
总　计	229 451	+34%	法国	7 990	-16%
亚洲小计	132 856	+45%	德国	5 837	-13%
日本	17 776	-44%	意大利	6 553	+27%
韩国	18 199	+25%	瑞士	4 991	+60%

续表

国家(地区)	接待人数	与上年比增幅	国家(地区)	接待人数	与上年比增幅
蒙古	11 034	+211%	瑞典	4 753	+62%
印度尼西亚	9 161	+61%	俄罗斯	5 160	+3%
马来西亚	9 864	+90%	西班牙	5 104	+110%
菲律宾	11 232	+105%	其它	5 853	+85%
新加坡	8 825	-5%	美洲小计	17 791	+15%
泰国	7 809	+109%	美国	6 537	-20%
印度	7 067	+254%	加拿大	6 526	+25%
越南	7 704		其它	4 728	+115%
缅甸	6 686		大洋洲小计	13 677	+16%
朝鲜	6 449		澳大利亚	3 785	-37%
巴基斯坦	5 257		新西兰	5 118	+30%
其它	5 793		其它	4 774	+151%
欧洲小计	56 686	+21%	非洲小计	3 053	+34%
英国	10 445	+15%	其它小计	5 388	+126%

备注：2005年有关数据：入境旅游人数30.65万人次，同比增长21%，旅游创汇收入17 900万美元，同比增长46%，国内旅游人数1 166.97万人次，同比增长21%，国内旅游收入103.48亿元，同比增长20%，旅游总收入118.15亿元，同比增长22.9%。

扬州市旅游

【风景名胜】 扬州，是一座古老的历史文化名城，位于苏北平原南端，长江与京杭大运河的交汇点上。扬州城区始建于春秋末期，至今已有二千四百多年的历史。扬州濒江近海，交通发达，物产丰盛，素有鱼米之乡之称。

扬州历史悠久、文化昌盛。历史上，凭借独特的区位和交通优势，曾经铸就了两汉、隋唐、清康乾年间三次辉煌。扬州文化独树一帜，扬剧和扬州评话、清曲、剪纸、漆艺、玉雕、雕版印刷已被列入中国首批非物质文化遗产。扬州旅游资源丰富，园林、老宅、街巷散发出迷人的魅力，全市有各类文物保护单位293处，中国十大风景名胜区之一的蜀冈—瘦西湖风景区、中国四大名园之一的个园、晚清第一名园的何园等景点闻名遐迩。

【景区建设】 近几年来，先后投入200多亿元，加大城市基础设施建设和环境综合整治的力度。实施了瘦西湖活水、古运河城区段整治等水环境治理工程。新建了新区中央公园、润扬森林公园、蜀冈西峰生态公园、曲江公园及200多个小游园，新增绿地1 000万平方米以上，市区累计绿化覆盖面积2 319公顷，绿化覆盖率达36.9%，人均公共绿地面积为9.15平方米。先后获得“国家卫生城市”、“国家环保模范城市”、“国家园林城市”、长三角地区第二个获得“中国人居环境奖”的城市。扬州是座“城在林中、居在园中、路在绿中、人在景中”精致秀美的宜居城市。

【旅游经济】 2005年，全年接待入境旅游者23.86万人次，旅游创汇1.52亿美元，接待国内旅游者1 113万人次，国内旅游收入92.36亿元，旅游总收入105亿元，旅游增加值40亿元。

2005年长三角城市入境旅游主要客源国情况

国　别	来市人数(人)	比上年增加(%)
日　本	31 596	41.31
美　国	27 155	32.08

2005 年长三角城市主要旅游经济指标完成情况

城 市	入境旅游人数		旅游外汇收入		国内旅游人数		国内旅游收入		旅游总收入	
	人数（万人）	增减 %	收入（万美元）	增减 %	人数（万人次）	增减 %	收入（亿元）	增减 %	收入（亿元）	增减 %
扬州市	23.86	26.9	15 176	39.6	1 113	23.2	92.36	36.8	104.6	36.1

南通市旅游

【概况】 南通市“据江海之会、扼南北之喉”,隔江与中国经济最发达的上海及苏南地区相依;北接广袤的苏北大平原;从长江口出海可通达中国沿海和世界各港;溯江而上,可通苏、皖、赣、鄂、湘、川6省及云、贵、陕、豫等地。素有“江海明珠”、“ 扬子第一窗口”之美誉。

【特色旅游】 南通集“黄金海岸”与“黄金水道”优势于一身,拥有长江岸线226公里,其中可建万吨级深水泊位的岸线30多公里;拥有海岸线210公里,其中可建5万吨级以上深水泊位的岸线40多公里。全市海岸带面积1.3万平方公里,沿海滩涂21万公顷,是中国沿海地区土地资源最丰富的地区之一。已探明的矿产资源主要有铁矿、石油、天然气、煤、大理石等。全市耕地总面积46.67万公顷,土壤肥沃,适种范围广,盛产水稻、蚕茧、棉花、油料等作物。水产资源十分丰富,是全国文蛤、紫菜、河鳗、沙蚕、对虾的出口创汇基地。吕四渔场是全国四大渔场、世界九大渔场之一。

南通的传统名特,誉满天下。“三香斋”白蒲茶干被乾隆皇帝品尝后御笔亲题“只此一家”。嵌桃麻糕、西亭脆饼营养丰富、脆香甜美。南通风筝工艺精美、音响独特,与北京、天津、潍坊齐名。南通盆景以“两弯半”为特色自成一派。被誉为“东方珍品”的彩锦绣和丝绸绣衣、勾针衣、蓝印花布、红木雕刻等工艺美术品在海内外享有盛名。薄荷脑、王氏保赤丸、季德胜蛇药是南通地区独特的医药良方。

【旅游经济】 2005年,南通市积极融入“苏浙沪”旅游圈,实现旅游业跨越发展,成功举办全国首届航空运动会、空中婚礼等大型活动。全市有旅游星级饭店44家,旅行社75家,A级旅游区点12家,旅游直接从业人员5万人。全年接待海内外旅游者758.21万人次,增长18.5%,其中接待入境旅游人数15.13万人次,增长37.6%;接待国内旅游人数743.08万人次,增长18.2%。实现旅游总收入76.20亿元,增长33.2%。

杭州市旅游

【旅游产业】 杭州是全国重点风景旅游和休闲度假胜地。2005年接待境外旅游者151.36万人次,旅游外汇收入7.58亿美元,分别比上年增长22.6%和26.8%。全年接待国内旅游者3 265.96万人次,国内旅游收入404亿元,分别比上年增长8.3%和11.9%。

【旅游资源】 杭州拥有两个国家级风景名胜区—西湖风景名胜区、“两江一湖”(富春江—新安江—千岛湖)风景名胜区;两个国家级自然保护区—天目山、清凉峰自然保护区;五个国家森林公园—千岛湖、大奇山、午潮山、富春江和青山湖森林公园;一个国家级旅游度假区—之江国家旅游度假区;全国首个国家级湿地—西溪国家湿地公园。杭州还有全国重点文物保护单位14个、国家级博物馆5个。全市拥有年接待1万人次以上的各类旅游景区、景点120余处。目前杭州正在以“三江四湖一山一河一溪三址”为重点发展观光游,以把西博会打造成世界级会展品牌为目标发展会展游,以举办2006年世界休闲博览会为契机发展休闲游,形成观光游、会展游、休闲游“三位一体”的新格局,合力打响“游在杭州”品牌。

【西湖风景名胜区】 以西湖为中心的西湖风景名胜区总面积近60平方千米。西湖融名胜古迹、园林山水为一体,环湖四周绿荫环抱,山色葱茏,溪涧幽深,一年四季各具秀色。西湖“双十景”交相辉映,灵隐禅寺、岳王庙、六和塔、虎跑等著名景点世人瞩目。西湖南线和雷峰塔、万松书院、杨公堤景区、新湖滨景区、梅家坞茶文化村等一批精品旅游景点建成开放,受到国内外游客和广大市民的普遍赞誉。2005年荣获首批“全国文明风景旅游区”的称号。

西湖综合保护工程:西湖综合保护工程的目标是通过五年努力,在充分展现西湖原有风貌和特色的基础上,形成“东热南旺西幽北雅中靓”的西湖新格局,把西湖风景名胜区打造成为自然景观优美、人文景观丰富、服务设施一流、交通便捷通畅、环境整洁卫生、管理先进科学的世界级旅游景区。自2002年开始,实施了西湖南线景区整合、雷峰塔重建、杨公堤景区、湖滨新景区、梅家坞茶文化以及北山街历史文化街区保护等工程并对外开放,极大地改善了西湖周边环境,进一步丰富了西湖的旅游文化内涵。西湖湖西综合保护工程还荣获全国十大建设科技成就奖。

【“两江一湖”风景名胜区】 以清澈的流水为主景、“山美、水清、境幽、史悠”为特色的富春江—新安江—千岛湖国家级风景名胜区,具有独特的平湖、峡川、群岛、奇山、溶洞、泉瀑。著名景点有鹳山、新沙岛农家乐、桐君山、瑶琳仙境、严子陵钓台、天目溪漂流、大慈岩、灵栖洞、九姓渔民婚礼、双塔凌云、七里扬帆、千岛湖等景点。千岛湖上游为安徽屯溪,“两江一湖”旅游线连接着西湖风景名胜区和黄山风景区,是中国江南著名的一条“黄金旅游线”。

【西溪湿地公园】 杭州西溪国家湿地公园是中国首个国家湿地公园。公园生态资源丰富、自然景观质朴、文化积淀深厚,与西湖、西泠并称杭州“三西”,是目前国内惟一的集城市湿地、农耕湿地、文化湿地于一体的国家湿地公园。

【钱江涌潮】 钱塘江穿杭州境而入东海,钱江涌潮与亚马逊河涌潮齐名。钱江观潮已有千余年的历史,久盛不衰。每年农历八月十八都要举办盛大的观潮节,中外观潮者达数十万人,届时江潮奔腾,人潮涌动,蔚为壮观。杭州的萧山和八堡地区,都是观潮的佳地。

【之江国家旅游度假区】 杭州之江国家旅游度假区是国务院批准建立的十二个国家级旅游度假区之一,批准规划面积50.68平方千米。娱乐服务、旅游、房地产是其支柱产业。区内有展现中国南宋文化的“宋城”、高科技主题公园“未来世界”、国际标准高尔夫球场和五星级度假酒店“云栖假日酒店”等旅游项目,已成为国内外游客来杭旅游的新热点。

【旅游服务】 杭州市现有各类旅行社343家,其中国际旅行社34家,配有15个语种的翻译导游。全市拥有宾馆、饭店、旅馆、疗养院、招待所2 500余家,床位18.2万张;星级饭店229家,其中五星级饭店9家、四星级饭店26家、三星级饭店79家。拥有AAA级以上旅游景区(点)17个。完成了AAA以上旅游景点、商贸特色街区、三星级以上宾馆标识系统的中、英、日、韩多语标识;完善了旅游集散、咨询服务两个中心。

【旅游节庆】 杭州有影响的旅游节庆活动,主要有“西博之旅”、西湖国际烟花大会、西湖国际桂花节、中国(杭州)西湖龙井开茶节、中国国际(萧山)观潮节、杭州径山旅游文化节、淳安千岛湖秀水节、新安江之夏旅游节、富春江水上风筝艺术节等。

【中国杭州西湖博览会】 每年十月金秋,由国家旅游局、国家广电总局、中国贸促会等国家有关部委和浙江省人民政府联合主办,杭州市人民政府承办的“中国杭州西湖博览会”在杭州举行。西湖博览会分活动、展览、会议三大板块,把展示、交流、贸易、研讨、旅游和文化活动有机地结合在一起。2005年第七届西博会以“和谐生活、和谐创业”为主题,共安排了53个展览、会议、文体和商旅活动。参加第七届西博会项目活动的观众总数达672.37万人次、实现贸易成交额80.84亿元,协议利用外资7.27亿美元,引进内资87.28亿元。第七届西博会直接拉动杭州GDP增长0.39个百分点。 (陈 茜)

宁波市旅游

宁波位于中国大陆海岸线中段、经济发达的长江三角洲南翼,毗邻上海、杭州。宁波是中国对外开放城市,是全国历史文化名城。全市总面积9 365平方公里,总人口556.7万人。全市辖海曙、江东、江北、镇海、北仑、鄞州六个区,余姚、慈溪、奉化三个县级市和象山、宁海二个县。

宁波古称明州。宁波历史悠久,拥有7 000年灿烂的文明史,离宁波西20公里的“河姆渡文化遗址”是我国最古老的新石器遗址之一。

从“河姆渡文化遗址”发掘的大量遗存文物证明宁波是世界上水稻种植的最早发源地之一。

宁波具有发展经济的良好条件,改革开放以来,全市经济和社会得到了快速发展。全市有11家餐饮企业成为等级酒家酒店,其中老板娘餐饮城被评为国家特级酒家。旅游业大幅增长,2005年旅游总收入258.2亿元,比上年增长25.8%。其中,国内旅游收入238.4亿元,增长23.8%;入境旅游外汇收入2.5亿美元,增长62.1%。

2005年长三角城市入境旅游主要客源国情况

城 市	国 别	来市人数	比上年增长%
宁波市	日 本	70 403	27.5
	美 国	30 257	33.1
	韩 国	29666	44.8
	德 国	11274	41.2
	英 国	10352	48.6

2005 年长三角城市主要旅游经济指标完成情况

城　市	入境旅游人数		旅游外汇收入		国内旅游人数		国内旅游收入		旅游总收入	
	人数(次)	增减%	收入(万美元)	增减%	人数(万人次)	增长%	收入(万元)	增减%	收入(亿元)	增减%
宁波市	438 320	36.0	24 800	61.9	2 352	17.0	2 384 000	23.8	258.2	25.8

湖州市旅游

湖州地处浙江省北部,东邻上海,南接杭州,西依天目山,北濒太湖,是环太湖地区惟一因湖而得名的城市。湖州素有“丝绸之府、鱼米之乡、文物之邦”之称。自战国时期(公元前333 年)楚春申君筑菰城至今,湖州已有2 300多年的历史。市内名胜众多,古迹遍布。湖州是世界丝绸文化发祥地之一。在市郊钱山漾遗址出土的蚕丝织物,是迄今为止发现的世界上最悠久的蚕丝织物之一,有4 700多年历史。湖州丝绸不仅早已“冠绝海内”,而且经丝绸之路获“湖丝衣天下”的美誉。历代被列为“文房四宝”之首的湖笔也产于湖州。

湖州为典型的江南亚热带季风气候。气候温和,四季分明,雨量充沛。全年平均温度为摄氏 16.9 度,年降水总量为1 023.3毫米。

湖州是山水清运、景色秀美的城市,并傍太湖浩渺烟波,西倚天目苍山竹海,市内楼厦林立、风貌清新,乡间小桥流水、景色如画。湖州是市民文明、环境整洁、秩序优良的城市。近年来获得“全国双拥模范城”等称号。

2005 年,休闲观光农业发展势头良好。各地依托生态和人文资源优势,大力发展农家乐。2005 年,全市新增“农家乐”、“渔家乐”375 家,观光休闲农业景区 25 个,全年“农家乐”、“渔家乐”共接待游客 233 万人次,成为农民增收的一个新增长点。

全年共接待国内游客1 078万人次,同比增长 25.9%;接待入境旅游者 10.21 万人次,同比增长 44.8%。实现旅游总收入65.65 亿元,同比增长 30.9%。年末拥有星级酒店 53 家,其中三星级以上酒店 16 家,拥有旅行社 37 家,其中 1 家入选全国百强旅行社。

嘉兴市旅游

嘉兴市位于长江三角洲南翼的杭嘉湖平原,东接上海,南濒杭州湾,西连杭州,北邻苏州,是马家洪文化(距今7 000年)的发祥地之一,唐宋以来一直是我国东南沿海重要的对外贸易口岸,被誉之为“鱼米之乡、丝绸之府”。如今的嘉兴是国务院批准的第一批沿海经济开放区和浙江省重要的工贸城市。还有众多的文化名胜,省、市、县级文物保护单位130 处,旅游资源丰富,潮、湖、河、海自然风光极为优美,荣膺省级历史文化名城称号。在新世纪的征程中,勤劳智慧的嘉兴人民坚定信心,与难而进,奋发有为,实现新的跨越。我们坚信,嘉兴的明天一定会更美好,一座长江三角洲的经济重镇、上海南翼的港口新市,江南水乡的文化名城正在杭州湾北央求迅速崛起。

2005 年,嘉兴旅游业以加快发展为主题,以湘家荡旅游度假区建设工作为重点,以新一轮产品建设为抓手,紧紧围绕年初提出的各项工作目标,强化市场治理整顿,狠抓市场宣传促销,全面推进旅游产业化进程,旅游经济发展保持良好态势,各项工作实现了新的突破。全年嘉兴共接待海内外游客1 406.7万人次,旅游总收入 115.8 亿元,其中国内游客1 362.5万人次,同比增长 22%,国内旅游收入 104.6 亿元,同比增长33.8%,接待海外游客 44.2 万人次,同比增长 30.8%,创汇 13亿美元,同比增长 35.94%,接待海外游客总量继续保持全省第二名。

绍兴市旅游

绍兴市位于中国东南沿海，东接宁波，西临杭州，距上海232公里。是首批中国24座历史文化名城之一，长江三角洲南翼以酿酒、轻纺、电子为特色的区域中心城市，以历史文化和山水风光为特色的国内外著名旅游城市。

绍兴的民俗风情独特，每年农历三月初三是国际性的书法节，还有黄酒节、葡萄节、石城文化节、越乡文化节等。越剧是绍兴特有的剧种。

绍兴是鲁迅的故乡，周恩来的祖居所在。历史上，绍兴曾涌现出许多杰出的政治家、思想家、教育家、军事家、科学家、诗人、文学家、艺术家等，如勾践、西施、王羲之、贺知章、陆游、徐渭、秋瑾、徐锡麟、陶成章、蔡元培等。

绍兴绿水晶莹，青山如书，石桥参差，乌帖帽、乌篷船，藕成了绍兴特有的水乡景色。访稽山，荡舟鉴湖，犹置身于世外桃源。令人乐而忘归。绍兴旅游资源丰富，全市有国家级重点文保单位三处，省级文保单位三十三处，省级风景名胜区六处，一个省级旅游度假区。著名的风景区和游览地有越都城、曾稽山和鉴湖风景名胜区，还有东湖、香炉峰、兰亭、鲁迅故居、沈园等。绍兴市的古迹保护和修缮工作极为出色，大部份文物古迹都保持着原有的风貌，整个城市给人以一种古朴肃雅的美感，旅游接待设施完善。

绍兴旅游努力做深做透“最佳中国魅力城市”的文章，确定2005年为“魅力绍兴旅游年”，创新载体，精心组织实施系列活动，打造魅力绍兴旅游品牌，旅游业又有新的发展。全年实现旅游总收入115.99亿元，比上年增长21.8%；全年接待国内游客1 503万人次，国内旅游收入110.58亿元，分别比上年增长24.1%和21.9%；接待入境游客20万人次，旅游外汇收入6 679万美元，分别比上年增长31.6%%和24.7%。年末共有星级饭店82家，其中五星级3家，四星级5家，三星级30家，当年新增五星级1家，三星级1家；新增旅行社19家，旅行社总数达82家。

【第八届“心手相连”浙台旅游业高峰论坛在绍举行】 浙台旅游业高峰论坛旨在创设两地旅游业交流平台，促进两地旅游企业合作，推进两地旅游业共同发展。此次“心手相连”浙台旅游业高峰论坛由省旅游局和绍兴市人民政府主办，绍兴市旅游局、市文旅集团、会稽山旅游度假区及新昌县人民政府等承办。副省长钟山、省政府副秘书长楼小东、省旅游局巡视员姚升厚、副局长朱红炜及市领导张金如、黄秋芳、史济锡、谢卫星、陈伯怀等参加开幕式。论坛期间，台湾客人参观考察了柯岩鲁镇、兰亭、鲁迅故里、大禹陵和新昌大佛寺等景区，并与我市旅游业人士进行了深入的交流和实质性的洽谈。

【绍兴旅游主题歌《乌篷船儿轻轻摇》喜获三项大奖】 我市“魅力绍兴”旅游主题歌《乌篷船儿轻轻摇》在2005年中央电视台“太白诗仙杯”形象歌曲音乐电视评选活动中荣获最佳旅游形象歌曲、最佳作曲和最佳演唱三大奖项。这是全国60余首旅游形象歌曲入围的六首最佳旅游形象歌曲之一，也是同首歌曲获得奖项最多的一首之一。

2005年绍兴市入境游客人数前10名情况

指标 国别	2005年人次	2004年人次	增减(%)
日　本	38 806	25 922	49.70
韩　国	14 779	13 480	9.64
德　国	12 413	8 115	52.96
印　度	8 436	6 866	22.87
美　国	7 442	5 577	33.44
新加坡	5 742	5 789	-0.81
英　国	3 435	2 532	35.66
马来西亚	3 031	2 460	23.21
意大利	2 697	1 976	36.49
法　国	2 405	2 072	16.07

舟山市旅游

舟山历来被誉为“海天佛国”，海洋文化、佛教文化浓厚，自然环境、气候宜人，是旅游度假胜地。“东海蓬莱”岱山岛，岛海相依，水天相连，星罗棋布的岛屿点缀在碧波浩瀚的东海之中，自唐以来，就有蓬莱仙岛之称，是省级风景旅游区。蒲门晓日、石壁残照、燕窝石笋、双龙戏珠、观音驾雾、竹屿怒涛、白峰积雪等风景点构成“蓬莱十景”。

“海外仙境”桃花岛，1993年被定为省级风景旅游区。相传前秦隐士安期生在此修道炼丹，“尝以醉，墨洒于山石上，遂成桃花纹”而得名。岛上群峰伏起,岗峦密布,山海景色绝佳,有“海上胜景”和“海岛植物园”之称。有射雕影视城、桃花寨、对峙山、著名的大佛头等景点,仿似金庸武侠小说《射雕英雄传》中的桃花岛。

以海洋文化为载体,旅游节庆活动得到进一步拓展和创新,以旅游项目开发为重点,海洋旅游精品工程建设进一步推进,“海天佛国,渔都港城——中国舟山群岛”旅游品牌进一步打响。成功举办了第七届中国舟山国际沙雕节、第三届中国海鲜美食文化节、第三届普陀山南海观音文化节等。2005 年全市共接待国内外游客1 001.71万人次,实现旅游收入 61.4 亿元,分别增长 19.7% 和 20.0%。其中入境游客 14 万人次,外汇收入7 532万美元,分别增长 20.2% 和 26.1%。普陀山、桃花、朱家尖等主要景点旅游人次分别增长 7.5%、35.7% 和 5.1%。旅游集散服务中心投入运行,旅游公共服务设施不断完善。2005 年末全市有旅行社 84 家,旅游星级饭店 61 家。

台州市旅游

台州位于浙江省沿海中部,市中心处北纬 28 度,东经 122 度,属亚热带季风气候型。全市陆地面积9 411平方千米,浅海面积 8 万平方千米,人口 546.62 万人。市区由椒江、黄岩、路桥 3 个区组成,辖临海、温岭 2 个县级市和玉环、天台、仙居、三门 4 个县。大陆海岸线 745 千米,占浙江省的 28%。有 6 个县市区濒临东海。“台州地阔海溟溟,云水长和岛屿青”,这是唐代大诗人杜甫对台州的描绘。

这是一座历史悠久、文化深厚的城市。她是五千多年前新石器时代下汤文化的发祥地,自唐代设台州,至今有1 380多年历史。她是佛教天台宗和道教南宗的发祥地,素有“佛宗道源”之称。她的区域文化特点鲜明,曾被鲁迅先生称为“台州式的硬气”。

这是一座兼得山之神韵与海之灵气的城市。她历史上就有“海上名山”之美称,城市由三个城区组合而成,中间环抱 60 平方公里的“绿心”,城中有山、江穿城过、城临东海,城市景观多姿多彩,山水型生态特色鲜明,2005 年被评为中国十佳宜居城市。

旅游经济发展较快。2005 年,共接待游客1 615.03万人次,比上年增长 29.8%,其中入境旅游人数 7.53 万人次,增长 19.7%;接待国内游客1 607.5万人次,增长 29.9%。实现旅游总收入 139.09 亿元,比上年增长 38.5%。其中旅游外汇收入5 304万美元,增长 35.2%。

马鞍山市旅游

【概况】 马鞍山旅游业伴随着改革开放的步伐,经历了从小到大,从最初单纯的观光旅游,到现在形成的以文化揽胜、生态休闲、沐浴健身、工业旅游为主要特色的旅游发展格局。

2005 年,马鞍山市围绕建设“休闲旅游基地”的目标,以创新的精神,加大工作力度,取得了旅游经济快速增长的良好业绩。各项经济指标创历史最新纪录:接待国内旅游者 216.09 万人次,同比增长 15%;接待海外旅游者12 452人次,同比增长 36%;旅游外汇收入1 077.6万美元,同比增长 43%;旅游总收入 12.1 亿元人民币,同比增长 11%。

【打造旅游城市品牌】 为实现旅游经济的快速增长,继续加大城市旅游形象促销力度,在 2004 年初步树立“李白钟爱的山水都”这一旅游城市品牌的基础上,加大了对中、远程旅游市场的宣传促销力度,旅游城市形象宣传工作取得了重要进展。

中国国际广播电台、中国国际广播网的长达 45 分钟的大型现场访谈节目采访了市旅游局负责同志,全面介绍马鞍山市旅游资源和人文历史。先后组织全市主要旅游企业参加了“2005 长三角南京旅游交易会”、“2005 中国国内旅游交易会(桂林)”、南京八城市联合促销宣传会(南京)、“2005 中国北方旅游交易会(长春)”、“2005 中国无锡长三角国际旅交会”、首届“长三角—珠三角”旅游合作交流会(镇江)、济南国际友好城市旅游博览会、中国中东部地区旅游协作年会暨旅游博览会(安庆)、“2005 安徽省旅游全接触”赴东北三省旅游促销会、2005 中国旅游投资洽谈会(宁波)等一大批旅游交易会、博览会,取得了良好的宣传效果。

【推进区域旅游合作】 重新改版设计了马鞍山旅游网站,积极与长三角旅游城市旅游网站相互链接,扩大马鞍山旅游网的覆盖率,为广大外地游客提供服务,让旅游网站成为马鞍山市旅游对外宣传的又一重要窗口。

经过积极协调和沟通,马鞍山市旅游业与苏浙沪地区的区域旅游合作逐步深化。

2005 年初宁、镇、扬、马四城市旅游部门就区域旅游合作达成一致,组建“宁镇扬马”旅游联合体,打破省域界限,按照一个“大城市”的理念,对四市旅游资源进行整合,实行五统一,即统一旅游品牌、统一线路产品、统一编制导游词、统一印制宣传册和宣传片等宣传品、统一组织宣传推介。6月8日至14日,宁镇扬马4个市的分管市长带领120余人前往东北三省的哈尔滨、长春、沈阳、大连四市,进行旅游宣传推介。这种跨区域特别是跨省域的合作模式,引起国内旅游业界和新闻媒体的广泛关注,这段时间东北三省的报纸、电视、互联网以及新浪网、新华网、人民网、中国新闻网等著名网站,都能看到“游走宁镇扬马”旅游推介的报道。通过捆绑促销把马鞍山的城市品牌放到南京、镇江、扬州同一个平台上,借势把马鞍山市优势产品搭载到名牌旅游线路中去。

做好与长三角重点旅游城市多方位点对点的交流与合作。市旅游局先后与南京、扬州、镇江、无锡、南通、连云港、绍兴等城市旅游局签订“互送客源,互为目的地”的合作协议,争取各城市间旅游产品准入,逐步开通各城市之间的旅游直通车和旅游专线车,开创资源共享、客源互动、市场共建的旅游新格局。每年与上述几个城市旅游行业都要举行互动活动,组织旅游企业进行不定期互访。9月参加由江苏省旅游协会和镇江市人民政府主办的首届“长三角　珠三角”旅游合作交流会,与来自长江三角洲和珠江三角洲地区的24个旅游城市旅游管理部门的代表共同签署了旅游城市合作框架协议,达成了一系列旅游区域合作共识。

2005年10月底,举行的中东部地区旅游协作年会中,市旅游局和湖北、湖南、江西、江苏及本省沿江17个城市旅游局签订了《长江黄金水道旅游合作协议》,全力打造和推介长江黄金水道旅游;成为从南京进出的大华东游览线路的延伸,这一点已经有所成效;以李白诗歌文化为主线,连接李白出生地江油和李白一生中的重要活动地的“诗仙游踪”国际旅游线路。

【全面谋划全市“十一五”大旅游发展】 市旅游局组织全局骨干力量,用了10个多月的时间,对马鞍山市旅游业发展进行了深入地调研。全年先后邀请20多位国内知名旅游专家和旅游策划机构策划师来马鞍山考察,高起点策划大型旅游项目。经过摸排、整理,市旅游局编制了旅游业“十一五”规划重点项目库,共计50多个项目,总投资80多亿元。编制了《马鞍山市旅游业三年行动计划》、《关于加快马鞍山市旅游业发展的决定》(初稿),为实现旅游业“十一五”跳跃式发展打下坚实的基础。

整合旅游资源,加快旅游精品项目建设。完成采石锁溪河环境综合整治一期工程,极大的改善了采石镇的综合环境,进一步提升了采石风景区的品位,成为2005年旅游业内的一大亮点。采石风景区唐贤村文化休闲园也正式开工建设,预计2006年5月完工,届时风景区北部区域将以崭新的面貌展现在游人面前,同时将进一步延长游客的游览时间。

积极招商引资,广开投资渠道,吸引外资投入旅游业。全年接待和引荐了20多批次国内外客商,并参加省、市政府和省旅游局组织的各类招商团进行旅游招商和旅游推介。采石风景区采用BLT(营造、租赁、转让)方式,由上海迪信娜信息科技发展有限公司投资2 000万元,建设唐贤村文化休闲园。濮塘风景区分别与浙江康大实业有限公司和南京龙山生态科技开发有限公司签订合作协议,分别投资3亿元和1.5亿元,深度开发剑湖景区和幽谷景区。由香港裕隆投资有限公司投资1.25亿元的小九华综合开发项目完成了一期工程规划设计。当涂佳达生态农业休闲度假村、牧牛悍生态渔业即将开工。市旅游局引荐的上海农工商超市当涂项目完成选址工作。当涂友邦国际大酒店总投资2 800万元,目前已封顶,总投资1.8亿元皇冠假日酒店2005年完成投资3 450万元。向省计委和省旅游局申报了10多个旅游项目,申请省红色旅游项目专项资金和省旅游发展资金。和省旅游集团建立合作关系,联合上报采石风景区综合开发等10多个旅游项目,并积极申报国家开行贷款资金。

旅游圣地

——太湖西山包山寺

贯　澈

你到苏州旅游,进入太湖西山,当你沿着优雅、林荫蔽日的古代官道“长三路”漫步,悠悠自在地来到包山寺,只见红墙掩映,古色古香。寺前一座花岗石单拱桥,跨越山溪,小巧玲珑,雕琢精细,名为香花桥。漫步超过桥梁,有如进入另一个天地。

碧绿的西山岛烟波浩渺太湖中的一颗明珠,包山寺就坐落在这秀丽的西山岛上。经过重修后的包山寺改南北向为东西向,背山面湖,占地近百亩,寺内建有:大雄宝殿、天王殿、山门殿、藏经楼、念佛堂、接待室、综合楼、茶室、法师寮、大厨房、餐厅、关房、牌楼、居士一村、居士二村、居士三村、如意寮、御墨亭、花岗石佛塔、凝香小筑、仓库等,面积11 000余平方米,常住僧人40多名,众僧人每日晚都做功课、念佛;来此旅游者众多,使包山寺呈现一派繁荣景象。

进入包山寺景区,迎面便看到:连接着香花桥的山门殿为单檐歇山式,圆拱门,颇有气势,建筑面积108平方米。山门中央悬挂赵朴初老先生所写的"包山禅寺"横额,字体遒劲浑厚。殿内供弥勒菩萨像。行过山门,就来到雕梁画栋、金钉朱户的天王殿。天王殿碧云重檐、顶篷塑造着西游记唐僧师徒四人足踏龟脊乘风破浪西天取经的雕像,十二生肖分布在檐脊上。天王殿后面是一片宽广的天井,北边一棵银杏古树,枝干挺拔,形如宝塔,冲霄凌云,天井后是大雄宝殿,为一重檐庑殿式建筑,面积580多平方米,内供奉着高达10.8米的香樟木雕释迦牟尼、药师佛、阿弥陀佛,以及如来、文殊、普贤、海岛观音、十八罗汉像,为江苏省内著名佛像雕塑艺术家集体创作。宏大而精细,栩栩如生,堪称艺术佳作。大殿后即是依山崖而建的藏经楼,从大殿到藏经楼有104级台阶。拾阶而上,登楼凭栏远眺太湖,蓝天共湖水一色,太湖水清色白,远岫孤峰,滴翠浮青,乍隐乍现于银波雪浪之中,令人心旷神怡,壮哉太湖、美哉西山、秀哉包山寺。

步入藏经楼,仿佛置身于佛经之海,藏经楼上收藏供奉十二部大藏经及一套丛刊,《频伽藏》正续藏二套、《乾隆藏》、《佛光大藏经》、《永乐北藏》、《洪武南藏》、《高丽藏》、《普慧藏》、《碛砂藏》、《佛光大藏经》、《中华禅藏》及《现代佛学丛刊》各一套,其它书籍约3 000多册。位于天井边、钟楼右侧是天香楼,楼上有可容纳200余人的会议厅,楼下有可容200余人的餐厅。御墨亭是包山寺的最高处,安置清代顺治皇帝于1660年御赐包山寺住持山晓禅师"敬佛"二字而记刻的石碑,古碑早已湮灭,现在的石碑重刻于公元2000年9月。位于天井南边、鼓楼右侧的方丈院,为一四合院建筑。正中为仿古楼房五间双层、约200余平方米,右边一间为书房,左边一间为侍者寮。二楼中间为方丈念经拜佛以及收藏物品的地方,右边为书房,左边为卧室。方丈院内栽种有杜鹃、牡丹、紫荆、海棠、玉兰、腊梅诸花,右边有三间向南的小房,幽雅清净。

为提高僧人素质,将佛教文化发扬光大,包山寺非常重视僧人文化素质修养,包山寺常住做了几件较为突出的事:

一是,1999年正月十九日成立了香海书画院,包山寺历代僧人书法家、画家不泛其人,为继承优良传统,包山寺在每年正月十八举办观音庙会时,同时举办书画展,组织苏沪书画界来寺举行笔会。2003年秋季中国书法家协会主席沈鹏先生来参观包山寺时,欣然提笔留下"禅寺包山山包寺,太湖浴佛佛浴湖"自撰对联,"方丈"和"香海书画院"墨宝。此外,包山寺还编辑出版了《贯彻法师书法集》。

二是,1999年起,寺内成立僧加培训班,由起初的5、6人到11、12人,最多时有20多人,课程有梵呗、佛教知识、佛教历史、古汉语、现代文学、中国历史、书法和时政。经过几年的艰辛努力,经包山寺培训班培训的有十位考取了全国七、八个省的佛教学院,有几个还升本科就读。包山寺从2006年下半年起设立"佛教史学"大专班,二年学制,招僧人40名,课程设有:必修课(包括法学概论、宗教政策法规、汉传佛教、藏传佛教概论、历史学通述、南传佛教概述、佛经选读、中国汉传佛教史籍概论、寺院管理)和自选课程(电脑、英语、书法、绘画、梵呗,沙弥律仪、音乐等)。由扬州大学派教授授课,学僧由包山寺统一安排管理,采用学修一体化,生活丛林化的办学模式,学僧除刻苦学习外,每天必须上殿、过堂、念佛、半月通械,过如律如法的出家人生活。

三是,2000年月12月28日,成立包山寺诗社。历史上出家人吟诗赋词的为数不少,这个好传统,要把它继承下来。经过几年的努力,包山寺创办了《玉毫》诗刊,现在已出版到第七期了,计有1 000多首诗词,2003年秋又将700多首诗词汇编成一、二两册,名为《包山诗抄》,收录了贯彻方丈和监院心培法师的诗词集以及14位学员的诗词集,同年秋还出版了心培法师的诗词集——《指归集》。

今日的包山寺有道风、佛教文化气氛,这是与其他寺院不同之处,从旅游文化角度看,包山禅寺已成为西山旅游黄金线上的亮点,以崭新的姿态,迎接各方来宾的光临。

(注:配发苏州风景照片及山寺照片)

苏州定园

曲桥、天下第一壶

苏州定园位于苏州虎丘茶花村，相传原为明代开国重臣刘伯温准备为远避政敌、退隐定居、派人暗中修建的私家园林。

定园总占地100多亩，有目前苏州最大的园中湖"塔影湖"26亩，亭台楼阁映画其中、曲廊流水浑然天成，古迹遗址、大小景点三十多处，既有苏州古典园林之精、又有江南水乡之秀。为丰富内容、增加游兴，园内还常年增设了一些富有江南特色的表演项目……

十二属肖廊

盆景苑

翠竹轩

红花山集团

安徽芜湖马仁奇峰森林旅游有限公司

被游人称为“江滨小黄山，皖南张家界”的马仁奇峰景区，位于安徽省繁昌县孙村镇。它地处繁昌县、南陵县、铜陵县三县交界。皖江明珠城市铜陵市和芜湖市互动的必经地带。新建的沿江高速公路在此南来北往；省道321、216至此交汇畅通；便利的交通网络，构成了华东和大长三角旅游圈的核心区域。更是安徽黄山、九华山、太平湖这“两山一湖”黄金旅游线路的“风向标”。故有“品黄山拜九华，不游马仁会遗憾”之说。

景区动物繁多：有雕、环颈雉、獐、鹿、金钱豹、大鲵、白面狐、穿山甲、松鼠等珍稀动物几十种。植物资源丰富：共有68科600余种，天然木本花卉数十种，森林覆盖率达95%，以天然阔叶林为主，包括楠木、楮树、合欢、银杏、豹皮樟等。

2006年6月1日，“人字洞”被国家列为重点保护景点。为了更好地将古人类遗址“人字洞”与马仁奇峰的“人字天”等周边丰厚的人文化和自然景观融和晋升，景区管委会重力推出三大亮点：一是熔铸“天下第一香炉”。为祭奠迄今发现最早的欧亚地区“人字洞”250万年的文化发展历史，最近在中国古都南京，启动“同一祖先，同一个欧亚——祈福天下第一香炉”的系列文化活动。香炉安放的环境和配套已由著名的设计师、英国皇家建筑师学会会士将匡文先生亲自到场定址。二是打造“千年石屋”。奇峰顶上有一石屋。屋内石桌、石凳和石床自然天成。中间一根擎天柱犹如是孙悟空的金箍棒。传说这里是八仙前往东海小憩之地。三是“原始楠木林”。石屋下有一片约15公顷茂密的原始森林。形态各异，枝繁叶茂，四季常荫。其中还有一棵酷似黄山的“迎客松”，是最新发现的稀有名贵树种，国家一级保护植物，世界罕见的大面积自然森林奇观。

2007年“五一”黄金周前，一个融旅游、住宿、购物、休闲、度假、娱乐、土特产、商务会议、为一体的多功能现代化高标准的新型旅游景区将向游人开放！

楠木林

人字天

灵芝石

常州天目湖

龙兴岛

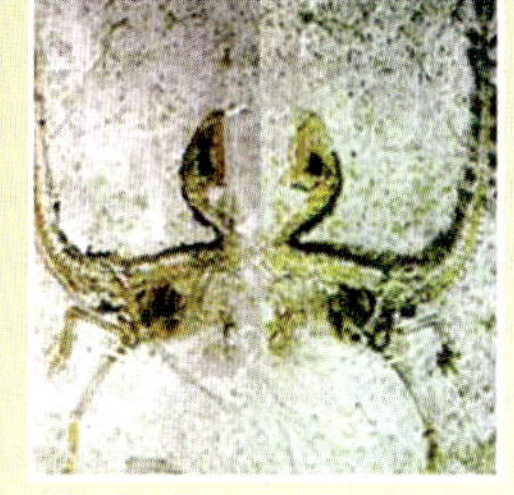

中华龙鸟厅

平石桥

溶洞厅

天目湖集团公司

2006 年 2 月 21 日上午，天目湖集团公司在公司三楼会议室召开座谈会，公司副总以上成员参加了会议。

会议汇报了镇（区）动员大会精神贯彻落实情况及近期工作安排：调整了规划建设部，土地管理部职能及人员，合并成征地拆迁部；成立了政府旅游管理服务中心，以 5A 级标准来设置，建立旅游诚信系统；将今年各项重点工作任务分解到每个科室，和每个科室签订责任状，任务分解落实到责任人；讨论通过了旅游节活动方案，领导小组成员、办公室人员已加快落实到位，全面开展工作；成立全国 5A 级旅游度假区创建办公室，抽调精干成员，组织实施。

会议还就区内项目进展过程中存在的问题进行了协调，确保：中欧论坛资金到帐，高尔夫球场环保评估过关，娱乐城方案评审通过后和市规划局及早衔接，茶文化城在加紧督促资金到帐后，土地问题及早和农民见面落实，经济型酒店结合 241 省道、牌楼改造，及早做好规划。

徐书记就今年集团公司在全年工作面广量大、任务重、压力大、人手少的情况下，如何合理安排、明确职责，提出了以下建议：做好规划准备工作；认真研究创全国 5A 级旅游度假区标准，区内服务设施、标识牌等方案的改造，必须严格按 5A 级标准实施；针对建设资金缺额状况，财务部必须采取措施，保证建设施工的资金链不能断缺。希望与会人员一定要明晰目标任务，了解 06-08 年三年发展时期的状况及重要性，要明确品牌推广和基础设施建设同样重要，要积极主动，创造性发挥自身能力，在工作中有前瞻性、超前控制性，充分体现出团队的战斗力、执行力，高效、快速完成各项工作。

中山陵

世界文化遗产——南京明孝陵神道石象路

南京中山陵

NANJING ZHONGSHANLING

古都南京是名胜古迹荟萃之地。区内山水城林浑然一体，自然人文景观优美，历史文化内涵深厚，拥有历史古迹遗址200多处，国家级文物保护单位8处，省、市级文物保护单位19处，是驰名中外的旅游胜地。中山陵、明孝陵、灵谷景区、头陀岭、白马公园等五大景区各具特色和魅力。景区得天独厚的风景资源，优美秀丽的景观环境，使其成为向世人展示南京、江苏乃至全国现代城市形象的重要“窗口”，在1991年被国家旅游局评为“中国旅游胜地四十佳”，1997年被中宣部授予“全国爱国主义教育示范基地”，1999年被国家建设部授予“国家文明风景名胜区”称号，次年进入国家首批“AAAA级旅游区”行列，2002年又成功创建风景名胜区ISO14000国家示范区，2003年7月3日明孝陵成功列入世界遗产名录，实现了古都南京世界文化遗产零的突破，2003年底，被国家林业局授予“国家级森林公园”称号。根据国家建设部的要求，景区于2004年开始实施“中山陵园风景区环境综合整治”，将通过4年的整治，充分发挥景区在南京城市形象、城市特色、城市历史方面的龙头作用，把中山陵园风景区建设成为反映和展现南京历史文化名城特色的“扛鼎之作”。

中山陵园风景名胜区，这颗古都南京的璀璨明珠在现代旅游发展中，正朝着“国内一流、世界著名”的目标大踏步地前进。

南京中山陵园管理局
地址：南京市中山门外石象路七号　邮编：210014　电话：025-84446111

南京中山陵园风景名胜区——中山陵

长江三角洲区域省辖城市领导人名录

中共上海市委领导人名录

韩　正　中共上海市委代理书记
刘云耕　中共上海市委副书记
罗世谦　中共上海市委副书记
殷一璀(女)　中共上海市委副书记
王安顺　中共上海市委副书记
王文惠　中共上海市委常委
吴志明　中共上海市委常委
冯国勤　中共上海市委常委
周禹鹏　中共上海市委常委
范德官　中共上海市委常委
王仲伟　中共上海市委常委
姜斯宪　中共上海市委常委(2004.4～)
沈红光　中共上海市委常委
杜家毫　中共上海市委常委(～2004.4)

上海市人民政府领导人名录

韩　正　上海市人民政府市长
冯国勤　上海市人民政府副市长
周禹鹏　上海市人民政府副市长
杨晓渡　上海市人民政府副市长
严隽琪(女)　上海市人民政府副市长
姜斯宪　上海市人民政府副市长(～2004.4)
杨　雄　上海市人民政府副市长
周太彤　上海市人民政府副市长
唐登杰　上海市人民政府副市长
胡延照　上海市人民政府副市长(2004.5～)

中共南京市委领导人名录

罗志军　中共南京市委书记
蒋宏坤　中共南京市委副书记(3月2日免)
王浩良　中共南京市委副书记(3月2日免)
陈家宝　中共南京市委副书记
缪合林　中共南京市委副书记
杨　植　中共南京市委副书记
陈绍泽　中共南京市委副书记(3月2日任)
尹祖文　中共南京市委常委(12月13日免)
王建华　中共南京市委常委(6月13日免)
靳道强　中共南京市委常委
刘捍东　中共南京市委常委
叶　皓　中共南京市委常委
沈　健　中共南京市委常委
钱继红　中共南京市委常委
王　奇　中共南京市委常委(7月12日任)
林　超　中共南京市委常委(12月13日任)

南京市人民政府领导人名录

蒋宏坤　南京市人民政府市长
陈家宝　南京市人民政府副市长
靳道强　南京市人民政府副市长
盛金隆　南京市人民政府副市长
蒋裕德　南京市人民政府副市长
许慧玲　南京市人民政府副市长
戴永宁　南京市人民政府副市长
奚永明　南京市人民政府副市长
许仲梓　南京市人民政府副市长

陈维健　南京市人民政府副市长

中共苏州市委领导人名录

王　荣　中共苏州市委书记
阎　立　中共苏州市委副书记
杜国玲　中共苏州市委副书记
徐建明　中共苏州市委副书记
沈荣法　中共苏州市委副书记
王金华　中共苏州市委副书记
徐国强　中共苏州市委副书记

苏州市人民政府领导人名录

阎　立　苏州市人民政府市长
曹福龙　苏州市人民政府副市长
周伟强　苏州市人民政府副市长
朱永新　苏州市人民政府副市长
谭　颖　苏州市人民政府副市长
朱建胜　苏州市人民政府副市长
程惠明　苏州市人民政府副市长
梅正荣(兼)　苏州市人民政府副市长

中共无锡市委领导人名录

杨卫泽　中共无锡市委书记
毛小平　中共无锡市委副书记
樊金龙　中共无锡市委副书记
王咏红(女)　中共无锡市委副书记
张锦贤　中共无锡市委副书记
周解清　中共无锡市委副书记
贡培兴　中共无锡市委常委
周令根　中共无锡市委常委
戴解平　中共无锡市委常委
王立人　中共无锡市委常委
盛克勤　中共无锡市委常委
王伟成　中共无锡市委常委
丁卜人　中共无锡市委常委
徐吉力　中共无锡市委常委
宗晨阳　中共无锡市委常委
孙建华　中共无锡市委常委

无锡市人民政府领导人名录

毛小平　无锡市人民政府市长
贡培兴　无锡市人民政府副市长
王咏红(女)　无锡市人民政府副市长
谈学明　无锡市人民政府副市长
麻建国　无锡市人民政府副市长
王国中　无锡市人民政府副市长
黄继鹏　无锡市人民政府副市长
吴建选　无锡市人民政府副市长

中共常州市委领导人名录

范燕青　中共常州市委书记
王伟成　中共常州市委副书记
于　超　中共常州市委副书记
邹宏国　中共常州市委副书记
邹宏国　中共常州市委常委
张晓霞(女)　中共常州市委常委
杭天珑(女)　中共常州市委常委
朱龙虎　中共常州市委常委
俞志平　中共常州市委常委
戴　源　中共常州市委常委
路　浩　中共常州市委常委
沈瑞卿　中共常州市委常委

常州市人民政府领导人名录

王伟成　常州市人民政府市长
俞志平　常州市人民政府副市长
王正平　常州市人民政府副市长
蒋新光　常州市人民政府副市长
张力航　常州市人民政府副市长
孙国建　常州市人民政府副市长
居丽琴(女)　常州市人民政府副市长
韩九云　常州市人民政府副市长
王成斌(挂职)　常州市人民政府市长助理
陈　阳(挂职)　常州市人民政府市长助理

中共镇江市委领导人名录

史和平　中共镇江市委书记
许津荣(女)　中共镇江市委副书记
吴树南　中共镇江市委副书记
郭礼荣　中共镇江市委副书记
张庆生　中共镇江市委副书记
江里程　中共镇江市委常委
陈主志　中共镇江市委常委
戴　源　中共镇江市委常委(2005.8 免)
徐郭平　中共镇江市委常委(2005.12 任)
李国忠　中共镇江市委常委
张甫雄　中共镇江市委常委
杨根林　中共镇江市委常委

镇江市人民政府领导人名录

许津荣(女)　镇江市人民政府市长
江里程　镇江市人民政府副市长
张学东　镇江市人民政府副市长(2005.2 免)
黄宝荣　镇江市人民政府副市长
陈建设　镇江市人民政府副市长
徐郭平　镇江市人民政府副市长(2005.12 免)
陈　杰　镇江市人民政府副市长(2005.6 免)
李茂川　镇江市人民政府副市长
王　萍(女)　镇江市人民政府副市长
冯士超　镇江市人民政府副市长(2005.12 任)

中共南通市委领导人名录

罗一民　中共南通市委书记
丁大卫　中共南通市委副书记

曹能新　中共南通市委副书记
袁静波　中共南通市委副书记(2月4日免)
王德忠　中共南通市委副书记
黄利金　中共南通市委副书记

南通市人民政府领导人名录

丁大卫　南通市人民政府市长
袁静波　南通市人民政府副市长(5月27日辞)
蓝绍敏　南通市人民政府副市长
季金虎　南通市人民政府副市长
袁瑞良　南通市人民政府副市长
张庆平　南通市人民政府副市长
宋　飞　南通市人民政府副市长
吴晓春　南通市人民政府副市长
朱　晋　南通市人民政府副市长(12月24日任)

中共扬州市委领导人名录

季建业　中共扬州市委书记
王燕文　中共扬州市委副书记、扬州市市长
洪锦华　中共扬州市委副书记(援疆)
洪　军　中共扬州市委副书记、扬州市纪委书记
王　军　中共扬州市委副书记、组织部部长
冀仁贵　中共扬州市委常委、政法委书记
赵昌智　中共扬州市委常委、宣传部部长
陈　明　中共扬州市委常委、市委秘书长
冯树云　中共扬州市委常委、扬州军分区政委
王荣平　中共扬州市委常委、常务副市长
张京霞　中共扬州市委常委
桑光裕　中共扬州市委常委、副市长

扬州市人民政府领导人名录

王燕文　扬州市人民政府市长
王荣平　扬州市人民政府常务副市长
桑光裕　扬州市人民政府副市长
陈卫庆　扬州市人民政府副市长
孙永如　扬州市人民政府副市长
张厚宝　扬州市人民政府副市长
纪春明　扬州市人民政府副市长
卜　宇　扬州市人民政府副市长
孙玉坤　扬州市人民政府副市长
张瑞忠　扬州市人民政府市长助理

中共泰州市委领导人名录

朱龙生　中共泰州市委书记
毛伟民　中共泰州市委副书记(2005.12.30免)
姚建华　中共泰州市委副书记(2005.12.30任)
张文国　中共泰州市委副书记(2005.12.30免)
万门祖　中共泰州市委副书记
朱逸民　中共泰州市委常委
刘大旺　中共泰州市委常委
周　琪　中共泰州市委常委(2005.12.30免)
李国华　中共泰州市委常委(2005.12.30任)
王守法　中共泰州市委常委
李春江　中共泰州市委常委
陈国华　中共泰州市委常委
周家新　中共泰州市委常委
刘建国　中共泰州市委常委
高纪明　中共泰州市委常委(2005.12.30任)

泰州市人民政府领导人名录

毛伟民　泰州市人民政府市长(2006.01.06免)
姚建华　泰州市人民政府市长(2006.01.06代,01.12任)
姚建华　泰州市人民政府副市长(常务2006.01.06免)
李春江　泰州市人民政府副市长(常务2006.05.31任)
陶幸蓉　泰州市人民政府副市长
方　伟　泰州市人民政府副市长(2006.03.23免)
周乃翔　泰州市人民政府副市长
丁士宏　泰州市人民政府副市长
刘　励　泰州市人民政府副市长
王振南　泰州市人民政府副市长
张奎杰　泰州市人民政府副市长(挂职2005.11.25任)
胡　刚　泰州市人民政府副市长(挂职2006.05.31任)
何　榕　泰州市人民政府市长助理(2006.04.17任)

中共杭州市委领导人名录

王国平　中共浙江省委常委、中共杭州市委书记
孙忠焕　中共杭州市委副书记
于达辉　中共杭州市委副书记
朱报春　中共杭州市委副书记
叶　明　中共杭州市委副书记、纪委书记
顾树森　中共杭州市委常委、秘书长
盛继芳　中共杭州市委常委、常务副市长
王金财　中共杭州市委常委、萧山区委书记
于跃敏　中共杭州市委常委、组织部长
张鸿建　中共杭州市委常委、宣传部长
齐毓春　中共杭州市委常委、警备区政委
吴鹏飞　中共杭州市委常委、公安局长

杭州市人民政府领导人名录

孙忠焕　杭州市人民政府市长
盛继芳　杭州市人民政府常务副市长
陈重华　杭州市人民政府副市长
金胜山　杭州市人民政府副市长
项　勤　杭州市人民政府副市长
杨戌标　杭州市人民政府副市长
孙景淼　杭州市人民政府副市长
沈　坚　杭州市人民政府副市长

中共宁波市委领导人名录

巴音朝鲁　中共宁波市委书记
毛光烈　中共宁波市委副书记
葛慧君(女)　中共宁波市委副书记(2005.3免)
陈　群　中共宁波市委副书记(2005.3免)
邵占维　中共宁波市委副书记

郭正伟　中共宁波市委副书记
郁义康　中共宁波市委副书记(2005.2 任)
唐一军　中共宁波市委副书记(2005.5 任)
巫波伦　中共宁波市委常委
程　刚　中共宁波市委常委
卓祥脉　中共宁波市委常委
王　勇　中共宁波市委常委
陈凤姣(女)　中共宁波市委常委
沈颂贤　中共宁波市委常委
姚志文　中共宁波市委常委(2005.3 任)

宁波市人民政府领导人名录

毛光烈　宁波市人民政府市长(2005.1)
邵占维　宁波市人民政府副市长
邬和民　宁波市人民政府
何剑敏　宁波市人民政府
成岳冲　宁波市人民政府
姚　力　宁波市人民政府
余红艺(女)　宁波市人民政府
陈炳水　宁波市人民政府

中共嘉兴市委领导人名录

黄坤明　中共嘉兴市委书记
陈德荣　中共嘉兴市委副书记
徐士珍　中共嘉兴市委副书记
寿剑刚　中共嘉兴市委副书记
刘冬生　中共嘉兴市委副书记
王洪涛　中共嘉兴市委常委
朱　伟　中共嘉兴市委常委
蒋唯民　中共嘉兴市委常委
王惠敏　中共嘉兴市委常委
杜忠良　中共嘉兴市委常委
冯水华　中共嘉兴市委常委
裘东耀　中共嘉兴市委常委
李　锋　中共嘉兴市委常委

嘉兴市人民政府领导人名录

陈德荣　嘉兴市人民政府市长
王洪涛　嘉兴市人民政府常务副市长
李　锋　嘉兴市人民政府副市长
沈雪康　嘉兴市人民政府副市长
王新民　嘉兴市人民政府副市长
钱满程　嘉兴市人民政府副市长
蒋仁欢　嘉兴市人民政府副市长
王　淳　嘉兴市人民政府副市长
张志伟　嘉兴市人民政府副市长

中共湖州市委领导人名录

*徐福宁　中共湖州市委书记
孙文友　中共湖州市委书记
黄　萌　中共湖州市委副书记
王金根　中共湖州市委副书记
蔡圣初　中共湖州市委副书记
朱坤民　中共湖州市委副书记
沙铁勇　中共湖州市委常委
谈月明　中共湖州市委常委
王文序(女)　中共湖州市委常委
吴水霖　中共湖州市委常委
宋秀杰　中共湖州市委常委
叶寒冰　中共湖州市委常委

湖州市人民政府领导人名录

黄　萌　湖州市人民政府市长
谈月明　湖州市人民政府常务副市长
丁文贲　湖州市人民政府副市长
唐根耀　湖州市人民政府副市长
周　杰　湖州市人民政府副市长
倪玲妹(女)　湖州市人民政府副市长
方新旗　湖州市人民政府副市长
蒲　淳　湖州市人民政府副市长

注:2005 年内担任以下所列职务的领导人全部开列在内。姓名前有*注号者,表明在 2005 年内因退休、调职、免职、辞职等原因而去职;没有注号者,表明 2005 年底仍在职。

中共绍兴市委领导人名录

王永昌　中共绍兴市委书记
张金如　中共绍兴市委副书记
顾秋麟　中共绍兴市委副书记
史济锡　中共绍兴市委副书记
修晓波　中共绍兴市委副书记
王海仁　中共绍兴市委常委
仇金楼　中共绍兴市委常委
谭志桂　中共绍兴市委常委
方建平　中共绍兴市委常委
钱建民　中共绍兴市委常委
徐焕明　中共绍兴市委常委
陈长兴　中共绍兴市委常委

绍兴市人民政府领导人名录

张金如　绍兴市人民政府市长
钱建民　绍兴市人民政府常务副市长
李露儿　绍兴市人民政府副市长
俞永谷　绍兴市人民政府副市长
谢卫星　绍兴市人民政府副市长
廖卷清　绍兴市人民政府副市长
尹永杰　绍兴市人民政府副市长
郑继伟　绍兴市人民政府副市长

中共舟山市委领导人名录

张家盟　中共舟山市委书记
郭剑彪　中共舟山市委副书记
周益扬　中共舟山市委副书记
梁黎明(女)　中共舟山市委副书记
刘爱世　中共舟山市委常委

张　兵　中共舟山市委常委
钟　达　中共舟山市委常委
江建国　中共舟山市委常委
施中苏　中共舟山市委常委
蔡步雄　中共舟山市委常委
忻海平　中共舟山市委常委

舟山市人民政府领导人名录

郭剑彪　舟山市人民政府市长
刘爱世　舟山市人民政府常务副市长
冯淑仙(女)　舟山市人民政府副市长
马国华　舟山市人民政府副市长
虞洁夫　舟山市人民政府副市长
周伟江　舟山市人民政府副市长
竺　园　舟山市人民政府副市长
马万里　舟山市人民政府副市长

中共台州市委领导人名录

蔡　奇　中共台州市委书记
张鸿铭　中共台州市委副书记
陈聪道　中共台州市委副书记、纪委书记
周国辉　中共台州市委副书记
朱贤良　中共台州市委副书记、政法委书记
王文娟　中共台州市委常委、宣传部长
元茂荣　中共台州市委常委
李良福　中共台州市委常委(援藏)
黄志平　中共台州市委常委、黄岩区委书记
肖培生　中共台州市委常委、组织部长
陈棉权　中共台州市委常委、公安局长
卢子跃　中共台州市委常委、临海市委书记

台州市人民政府领导人名录

张鸿铭　台州市人民政府市长
元茂荣　台州市人民政府常务副市长
徐仁鹤　台州市人民政府副市长
胡斯球　台州市人民政府副市长
叶阿东　台州市人民政府副市长
金长征　台州市人民政府副市长
李跃程　台州市人民政府副市长

中共马鞍山市委领导人名录

丁海中　中共马鞍山市委书记
姚玉舟　中共马鞍山市委副书记
刘志祥　中共马鞍山市委副书记
靳林春　中共马鞍山市委常委
聂庆义　中共马鞍山市委常委
陈颖书　中共马鞍山市委常委
魏　尧　中共马鞍山市委常委
李　群　中共马鞍山市委常委
汪永年　中共马鞍山市委常委
盛厚林　中共马鞍山市委常委
毛长江　中共马鞍山市委常委

马鞍山市人民政府领导人名录

姚玉舟　马鞍山市人民政府市长
聂庆义　马鞍山市人民政府常务副市长
刘荣华　马鞍山市人民政府副市长
龙李海　马鞍山市人民政府副市长
吕金宝　马鞍山市人民政府副市长
陈苏汉　马鞍山市人民政府副市长
刘卓军　马鞍山市人民政府副市长
陈国凯　马鞍山市人民政府副市长

吕四港镇

吕四港镇地处黄海之滨,北枕全国四大渔场之一的吕四渔场,吕四港是全国六大中心渔港之一,属国家二类开放口岸,辖区所属的江苏省吕四海洋经济开发区是全省三个省级海洋开发区之一,镇域面积66.08平方公里,总人口10.1万人,下辖21个行政村,5个居委会,中心镇区规划面积20平方公里,已连续多年被评为江苏省苏中农村综合实力百强镇,并已跨入全国重点镇、江苏省首批示范型小城镇、江苏省卫生镇行列。

吕四港镇是一个历史悠久的文化古镇,吕四有浓郁的"吕祖文化"氛围,八仙之一吕纯阳四次来此故得名吕四,相传吕四又是仙鹤驻足的地方故又名鹤城。具有1 300多年历史,有建于明朝的集庆庵,建于元末的三清殿、天主教堂宗教场所;具有启东最古老的500多年的银杏树、吕四古井、清代进士李氏父子故居等文物古迹;是著名建筑大师陶桂林的故乡;吕四的渔歌号子享誉全国。

吕四港镇是一个海洋重镇,拥有20公里长的海岸线和10多万亩滩涂养殖面积,吕四渔场目前是资源相对比较丰富的海域,是我国条斑紫菜、对虾、文蛤的重要养殖和出口基地,经济鱼类的年捕捞量在20万吨以上,海产品产量占江苏省的四分之一。吕四港有着丰富的岸线资源,可建5-10万吨级深水港码头十多个。

吕四港镇是一个产业特色明显的工业大镇,全镇拥有各类工业企业1 076家,2005年全镇完成工业总产值75亿元,实现财政收入8 000多万元,初步形成了由水产品加工、海洋医药化工、船舶修造、服装色织、电动工具等行业为主导的工业体系,规划建设了六个各具特色的工业园区。

吕四港镇是一个具有巨大扩容潜力的中心镇,随着目前在建的投资250亿元人民币大唐电厂的开工建设和沪崇启大通道、吕四港深水港码头的建设在即,吕四港的城镇建设面临着重大发展机遇,一批以滩涂资源为基础的大型能源类项目也将相继入住,一批新型的人文小区、星级宾馆、旅游休闲设施也正在建设之中。

目前吕四港镇的城镇建设的基础类招商项目主要有:以滩涂围垦为基础的风力发电项目,建成与大唐吕四电厂相连贯的新型电能基地;以港口开发为呼应的海洋风情旅游项目,建成海洋娱乐、休闲、饮食为一体的新型旅游带;以城镇扩容为配套的天燃气供应建设项目,建成新的居民生活能耗站。

通州市石港镇

石港镇是南通市的经济重镇,通州北部地区的经济、文化和商贸中心。全镇面积108平方公里,人口7.8万,辖25个行政村和3个居委会。

一千多年前的石港是一片海边渔湾,先人在开发滩涂时从泥沙中挖出一方石碣,“凤凰所栖,乃是宝地,石港新开,幸福万代”的吉祥偈语便成了石港地名的由来。

所年来,石港人民在这片土地上春耕、夏播、秋收、冬藏、年复一年地耕耘着希望,和着时代的旋律,伴着改革的春风,石港人在宝地上写下新的历史篇章。全镇从经济建设、社会事业到精神文明建设,从镇村面貌到群众的物质文化、生活水平都发生了翻天覆地的变化,曾获得全国创建文明村镇、工作先进单位、全国科普工作先进单位、中国民间艺术之乡和江苏省文明单位、江苏省卫生镇、江苏省群众文化先进镇、江苏省新型示范小城镇等殊荣,2005年荣获全国文明镇称号,充分展示了千年古镇时代风貌。

如果说,过去的石港以她的神奇色彩吸引过历代的文人墨客;现在的石港正以她的蓬勃生机集聚着四海宾朋,那么未来的石港则以她的无限魅力期待着您的加入。

地址:通州市石港镇米市桥西路27号

电话:0513—86827008　86827009

传真:0513—86827007

泰兴市溪桥镇南殷村

泰兴市溪桥镇南殷村现有人口2 010人,占地面积1.8平方公里2005年完成实现社会总产值12.3亿元,村集体经济收入150万元。农民人均收入达8 200元。在社会主义新农村建设中,坚持高起点规划,投入50万元,对全村住宅、配套设施、绿地进行了详细规划、取得了较大成就。

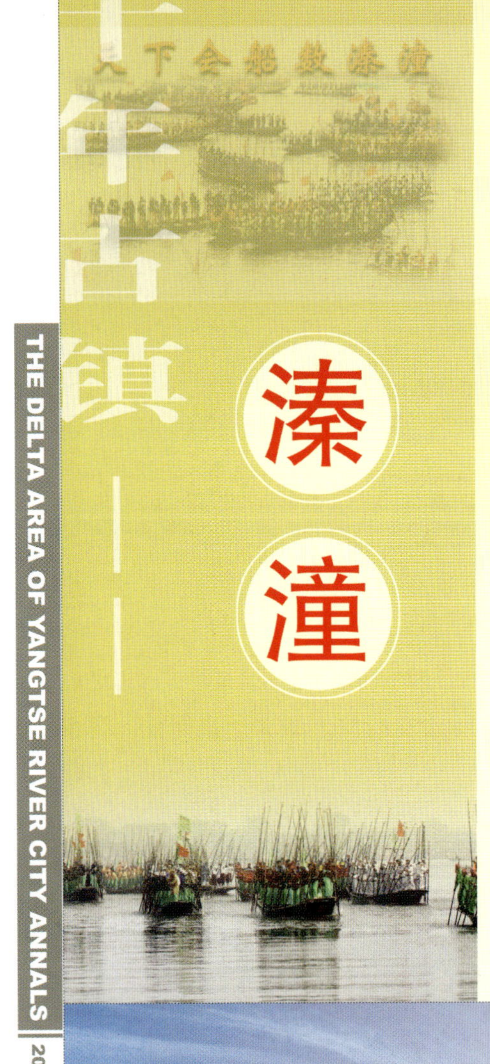

犹如一颗璀璨的明珠镶嵌在苏中里下河腹部。溱潼镇地处苏中南通、盐城、泰州三市交界处。全镇总面积 40.5 平方公里(含溱湖风景区),人口 3.6 万人,镇区面积 2 平方公里,人口2.1万人,其中古镇区面积0.54平方公里,居民8000多人。溱潼历来是周边地区的政治、经济、文化和商贸中心,先后被评为中国历史文化名镇、全国重点镇、全国小城镇建设示范镇、江苏省新型示范小城镇、江苏省百家名镇、江苏省民间艺术之乡。

溱潼有着悠久的历史资源。溱潼有文字记载的历史已有 1 千多年,留下了众多的古景古迹。目前,镇区拥有2万多平方米保存完好的明清古建筑群,随处可见老井当院、麻石铺街。镇内古树名木众多,有唐代国槐、宋代万朵古山茶、明代黄杨、皂荚、清代木槿,无不印证了古镇悠久的历史,尤其是位于镇区一古民居内的万朵古山茶,经国际、国内茶花专家论证,该古山茶始植于宋代末期,为名贵的松子品种,花开万朵,全国罕见,世界少有,堪称“神州茶花王”。

溱潼有着独特的自然资源。小镇四面环水,风光秀丽,具有浓郁的水乡风情,犹如东方威尼斯。镇南 5000 亩的喜鹊湖水质优良,物产丰富,溱湖风景区为泰州市唯一的省级名胜风景区,拥有湿地生态保护区、地热温泉、国家级珍稀动物麋鹿保护区等自然资源。溱潼地处长江水系与淮河水系交汇处,独特的水系条件,加之境内湿地的过滤、交换功能,从而使溱湖水质优于周边地区,所产水产品营养丰富、味道鲜美,以溱湖簖蟹、溱湖青虾、银鱼、甲鱼、水蔬等水产品为主的“溱湖八鲜”更是名闻遐尔,吸引了众多外地游客纷纷前来品尝,赞不绝口。

“莫道江南花似锦,溱潼水国胜江南”。千年古镇溱潼,沐浴着新世纪的曙光,正焕发着越来越迷人的风采。

扬州市望直港镇

YANG ZHOU SHI
Wang Zhi Gang Zhen

党委书记　何刚

望直港镇,地处宝应县城东郊,京沪高速公路穿境而过,镇区面积 90.8 平方公里,辖 19 个行政村,2 个社区,3 个金融单位,6 个县派驻单位,镇直属单位 18 个,14394 户,6.08 万人口。其中集镇面积 2 平方公里,5100 户,1.6 万人口,拥有耕地 6 万亩,水面积 2 万亩。该镇境内水陆交通便捷,自然资源丰富,生态环境优美,文化底蕴深厚;经济社会事业长足发展,先后获得江苏省教育现代化先进乡镇、科技先进乡镇、群众文化先进乡镇、体育先进乡镇等称号,被扬州市、宝应县命名为文明乡镇。2005 年实现国内生产总值 5.18 亿元,工业产值 9.02 亿元,农业产值 2.94 亿元,财政收入 1635 万元,农民人均纯收入 5128 元,比“九五”期末分别增长 85.1%、69.3%、31.8%、27.3% 和 57.8%。

花木盆景之都
——吴窑镇

三星级宾馆一江中集团宾馆

江中集团投资建设的农民集中小区

农民集中居住小区

便捷的交通条件

吴窑镇位于素有“长江明珠、长绿宝地、长寿古邑”之称的世界长寿养生福地、中国花木盆景之都、江苏历史文化名城的如皋市中部，是一个充满生机的江苏省重点小城镇。全镇总面积64平方公里，常住人口68000人，是闻名遐迩的“长寿之乡”、“银杏之乡”、“建筑之乡”、“山羊之乡”、“优质蚕茧之乡”。

近年来，吴窑人又不失时机地实施“大发展大平台”战略，在做优做强民营经济区的同时，大力实施外商投资区的开发，积极整合资源，为新一轮发展创造巨大的空间。实行“对内对外双向开放、民资外资双轮驱动”招商引资，形成强劲的跨越发展态势。该镇去年投入1500万元、今年投入2000万元加强基础设施建设，以营造更好的开放载体和更高的发展平台。目前，民营经济区和外商投资区的基础设施和配套功能已较为完善。区内水、电、汽等均能满足大规模开发建设的需要，区内“三纵三横”道路主骨架已经形成。南工业集中区已储备土地近2000亩，现有20000多万平方米的标准厂房亟待有识之士投资兴业，共谋发展。

目前，全镇拥有各类企业200多家，已形成纺织、服装、化工、机械、食品、冶金、电子、橡胶等特色产业板块，民营经济区开发近600亩，拥有企业25家，总投资超5亿元，成为如皋民营经济最为集中和最佳成长的地区之一。

吴窑镇素有栽种银杏的传统习俗，有古银杏树4000多棵。全镇现有定植银杏58万多株，建有5条银杏林带总长50华里和一个百亩银杏母本园。江海银杏市场是全国三个最大的银杏集散地，年成交干果1100余吨，占全国总产的九分之一。吴窑素有“山羊之乡”美誉，吴窑山羊市场交易城经过20多年的开拓发展，年成交的山羊量130万只，成交额亿元以上。

吴窑经江阴长江大桥、苏通大桥、南通兴东机场，一个半小时可到达上海。南有如皋、南通两个长江深水港，通过南通港口办理各类进出口业务。吴窑镇是享受江苏省黄桥老区特殊优惠政策的镇，镇党委、政府制订了对财政扶持、用地、招商引资的优惠政策，创造宽松的投资兴业发展经济的环境。进入新的历史发展阶段，面对新的形势及巨大投资商机，提出建设“开放吴窑、实力吴窑、富裕吴窑、文明吴窑、城市化吴窑”的战略目标，力争通过5-6年的努力，把吴窑建设成为沿江重镇。为实现这一战略目标和美好蓝图，吴窑人将以更加积极的姿态、更加灵活的政策、更加优质的服务、更加优美的环境、更加广阔的平台，开展全方位、多层次、宽领域的合作和发展。

吴窑人坚持“政府创造环境、企业创造财富、居民创造文化”的发展理念，以诚会友、以信聚友，敞开友谊和合作的大门，不断优化投资环境，进一步提高配套能力和服务水平，为每一个到吴窑投资兴业的朋友提供最优质的服务。

安亭市民广场

安亭老街

上海嘉定安亭镇新貌

安亭 F1 赛车场

安亭国际汽车城

安亭镇政府

如皋市

DING YAN ZHEN

丁堰镇

中共丁堰镇党委书记　宋　健

丁堰镇是江苏省重点中心镇，是长寿之乡如皋的东大门，面积 70.48 平方公里，现有镇区面积 2.3 平方公里，耕地面积 4178.8 公顷，辖 11 个行政村、3 个居委会，总人口 5.54 万人，其中农村人口 4.71 万人。

丁堰镇有着得天独厚的地理条件和区位优势，省道 334 线横穿东西，通扬公路纵贯南北，沿海大通道的出口位于镇工业园区中心，如泰运河、丁堡河、通扬运河交汇于该镇，新长铁路缘镇而过，距南通港及南通机场仅 40 余公里，交通运输四通八达，十分便利，素有上海后花园之称。

丁堰镇的工业发展起步较早，工业门类齐全，现已建立纺织、化工、皮革、服饰四大行业商会。2004 年，全年实现工业总产值 217641 万元，增长 70%；销售收入 216499 万元，增长 88.1%；工业利润 2581 万元，增长 126%；工业项目投入 46034 万元，增长 30%；合同利用外资 2000.5 万美元，增长 53.6%，实际到帐外资 1395 万美元，增长 28%；引进市外资金 24068 万元，增长 148%；全年新增个体工商户 2323 户；私营企业 195 家，全年共引进、投入开工项目 24 个，其中外资项目 2 个。

2004 年，丁堰镇在如皋市综合经济实力考核排名第二，被市委、市政府评为招商引资红旗单位、文明镇、土地管理先进镇、环境保护工作先进单位、社会治安综合治理先进集体、通达工程建设先进镇、人武工作先进单位等。

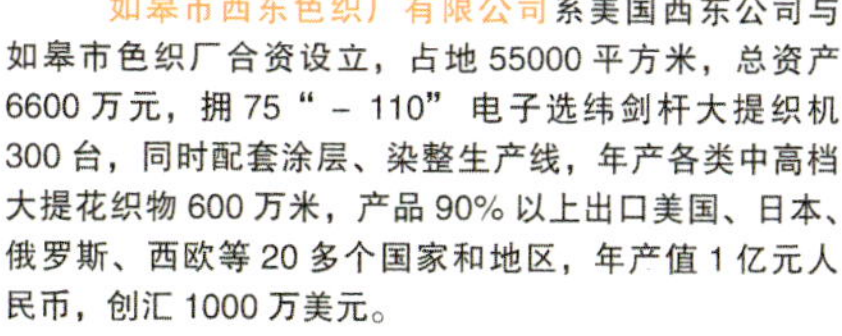

丁堰镇人民政府镇长　程　宏

如皋市西东色织厂有限公司系美国西东公司与如皋市色织厂合资设立，占地 55000 平方米，总资产 6600 万元，拥 75 " – 110" 电子选纬剑杆大提织机 300 台，同时配套涂层、染整生产线，年产各类中高档大提花织物 600 万米，产品 90% 以上出口美国、日本、俄罗斯、西欧等 20 多个国家和地区，年产值 1 亿元人民币，创汇 1000 万美元。

默特克电源（如皋）有限公司系英维尔京群岛默特克控股公司于 2003 年 7 月在中国投资设立的外商企业，总投资 2588 万美元，注册资本 2200 万美元，主产品为无汞碱镍电池、动力镍氢电池，锂离子可充电电池，年产各类电池 2800 万组，年产值 2.6 亿元。

郑州商品交易所 10 万吨棉花定点分割仓库正在规划建设中，总投资 1.05 亿元，建筑面积 20000 平方米。

南通宜雅纺织品有限公司系美国第一亚洲公司与南通达服饰有限公司合资设立的中外合资企业，占地面积 20000 平方米，500 多台（套）缝制及配套设备齐全，年产各类中高档服装、家用纺织装饰品 200 万件（套）年 500 产值万元，创汇 400 万美元。

雄伟的骏升公司厂房

扬州市

范水镇

范水镇是黄金水道京杭大运河畔的明星古镇，始名“氾水”，唐代集镇初具规模，自古就有“金范水”美誉。范水地理条件优越，京沪高速、淮江公路穿境而过。全镇行政区划面积172平方公里，其中集镇建成区面积4平方公里，总人口10万人，辖21个行政村、7个居委会，是全国千强镇、全国绿化造林百佳乡镇、江苏省重点中心镇、省百家名镇、省文明镇、省新型小城镇建设试点镇、省卫生镇、省无公害农业科技示范区。近年来，范水镇坚持科学发展观，农工商贸并举，科教文卫并进，各项事业得到了蓬勃发展。

骏升公司现代化的生产车间

范水工业经济势头强劲。全镇拥有各类企业386家，形成了纺织业和电子电器业两大支柱产业，以银宝集团、骏升科技为龙头的企业集群。优越的区越条件、良好的产业基础、完善的政务服务，吸引了骏升科技、亚洛公司、峰泉公司、宁丰公司、维尔公司、拜洛克公司等一批高大外企业相继落户范水，特别是与众多国际著名品牌合作的骏升科技公司的落户，使范水一跃成为全球最大的遥控器生产基地。

县重点企业江苏银宝生产车间一角

范水农业资源丰富，水产品众多，绿色农业、生态农业、有机农业得到了长足发展，有机农业走在了全省的前列。中宝德园有机食品基地被国家环保总局批准为全国33家国家级有机食品示范基地之一，是扬州地区仅有的一家，其自有品牌“地作”牌有机大米畅销大江南北。

范水集镇市场繁荣，商铺林立，人气旺盛，设施齐全，占地面积35亩的人民广场是里下河地区乡镇最大的人民广场。范水尊师重教氛围浓厚，教育成绩斐然，多年来一直位居全县前列，范水高级中学为省三星级高中，中心小学为省实验小学，中心幼儿园为市一类幼儿园。

热情好客的范水人民热诚期望更多的海内外朋友来范水洽谈合作、投资兴业。让我们携起手来，共展鸿图大业，共创美好明天。

银宝公司生产车间

晨练广场

镇政府办公大楼

千年古镇——嘉兴西塘

生活着的千年古镇——西塘

冯骥才做客畅谈古村落保护访谈

西塘春色

西塘，古名斜塘。明代建市镇，界永安、迁善两乡，初名斜塘，后称西塘。相传春秋时期，伍子胥屯兵本县，开凿伍子塘一以兴水利，引胥山之水直抵境内，故亦称胥塘。西塘镇位于嘉善县境北部，处于江浙沪三省市交界处，地理位置优越，有吴根越角之称。东距上海 90 公里，西距杭州 110 公里，北距苏州 85 公里，南距嘉善县城 9 公里。城镇中心地理位置东经 120° 53′，北纬 30° 56′。水陆交通十分便捷，南接 320 国道和沪杭甬高速公路，北连 318 国道，杭申甲级航道穿境而过，善江一级公路横穿西塘镇。

西塘镇是一个具有深厚文化底蕴的千年历史古镇，是“浙江省中心镇”、“浙江省教育强镇”、“浙江省首批村镇建设现代示范镇试点镇”、“浙江省文化市场示范镇”、“省级生态镇”、“国家级 AAAA 景区”、“全国文明镇”、“浙江省社会经济最发达 100 名镇之一”，被列入首批中国历史文化名镇，被联合国教科文组织列入世界文化遗产预备清单，并被联合国授予历史文化保护杰出成就奖。全镇总面积 83.61 平方公里，建成区面积为 3.3 平方公里，总人口 5.87 万人，外来人口 12720 人。辖 26 个行政村、1 个水产养殖场、4 个社区。2005 年全镇实现国内生产总值 13.64 亿元，财政总收入 1.76 亿元，农民人均纯收入 8044 元，旅游公司门票收入 1278 万元，全社会固定资产总投入 4 亿元，同比增长 32.5%，外贸出口交货值 1.8 亿元。

国际旅游小姐走进新农村

西塘镇社会主义新农村

太仓市沙溪镇太星村

江苏省委书记李源潮在视察太星农民新村时与柳国豪亲切握手

省、市领导视察太星新农村

太星村是太仓市的一颗明星。早在五十年代，太仓县委在此搞土地改革、互助组、合作社、人民公社，太星村是一个典型。今天的太星村经过五十多年全村党员干部、群众的艰苦奋斗，变得更加辉煌灿烂。太星村现有耕地面积1860亩，在册农业人口758人，240大户、14个村民小组。村党委有74名党员，分为三个支部；村委会由五人组成。

太仓市太星村二00五年被评为“中国（东部）小康建设十佳村”，先后获得江苏省文明村、卫生村、安全文明村、百佳生态示范村和省、市先进基层党组织、苏州市示范村等荣誉称号，二00四年加入全国农村奔小康专业委员会理事单位。江苏省委书记李源潮十一月到太星农民新村视察及原中组部部长张全景于二00六年一月来村视察，领导的关怀、激励和鞭策，使太星村有了进一步的发展和提高。

二00五年太星村经济有了新的发展，新投人固定资产1500万元。目前，全村固定资产突破了5000万元，销售收人有了明显的增长，上交利税年年增加，村级可支配收入突破了200万元。太星社区股份合作社、太

星土地股份合作社于2003年5月8日经市政府批准以来，农民增收凸现，年均增收超2000元，农民改变了传统的种田模式，已经名副其实地成为了工人，二00五年农民人均收入10327元。

二00五年三月十八日起动的太星农民新村建设已经初具规模，通过近一年来的建设，已经建造了57幢连体别墅、3幢18户公寓房，20幢连体别墅又已开工建设，目前已完成了总体规划的70%，预计今年年底可以完成规划的90%。新村规划原准备五年实施，现准备三年内完成，至二00七年底，150户农户可以入住环境优美、居住宽敞、安全的新村。新村采取小区管理模式，真正体现“生产发展、生活宽裕、乡风文明、村容整洁、管理民主”的社会主义新农村。现在全村已有70%的农户交付了定金，第一批农户今年6月底可以入住新村。现在水、电、气、污水处理及电信、广电等配套设施正在抓紧实施；集生活、生产、休闲、卫生、服务于一体的公共会所将于今年四月动工，总建筑面积3300平方米；小区内2000多米的河道石驳岸已经完工，道路绿化正在设计，下半年开始实施。到目前为止，新农村建设资金已投入3000万元，接近完成总投资的50%。

太星村党委通过先进性教育活动，遵循十六届五中全会二十字方针，积极组织实施，加强招商引资力度，今年已经引进三个合作项目，总投资3个亿，太星土地股份合作社出租土地160亩，为太星村经济总量和效益的提增打下了坚实的基础。

太星农民新村会所

常州市钟楼区

区委书记徐缨（左二）

钟楼区因南唐时期所建古钟楼而得名，位于中国城市综合实力50强、投资环境40优的明星城市——常州市的中心区域，是常州市的政治、经济、文化、金融、商贸中心。东距上海160公里，西距南京120公里，南距杭州150公里，是长三角的中心地带，上海经济协作区的中心。区域面积73平方公里，人口35万，下辖一镇九街道和一个省级经济开发区。

在加快实现"两个率先"的征途上，勤劳睿智的钟楼人以"三个代表"重要思想为指导，高扬科学发展观的旗帜，擂响了实施区域经济发展、区域城市化推进、区域文化建设三大战略的战鼓，全力推进开发区加工制造业、主城区商贸服务业、环城区市场物流业三大板块建设，力争把钟楼建设成现代工业新兴区、商贸服务中心区、生态环境居住区、社会发展文明区。

钟楼区委、区政府始终坚持以人为本，密切党和政府与人民群众的联系，依法行政，高效服务，切实加强经济调节、市场监管、社会管理、公共服务和生态保护的职能，近年来，先后被评为首批"全国社区建设示范区"、"全国志愿者工作先进单位"、"全国残疾人工作示范区"和"全国老龄工作先进区"、"省社区教育实验区"、"省社区卫生服务示范区"、"省社会治安安全区"。2005年，全区主要经济和社会发展指标达到全面基本小康水平。

江阴市华士镇东升村

经济文明两手抓 科学发展结硕果

东升村在1989年前是个众所周知的薄弱村，全村纯收入不足5万元，负债超过40万元。当时在华士镇计划生育办公室任主任的赵积娣同志放弃镇机关工作，来到贫困的东升村担任支部书记，组建了新的领导班子，从此为东升村的脱贫致富描绘了一副美好的蓝图。用好改革开放政策、加上科学决策，在东升2.2平方公里的土地上经济快速发展，两年就脱掉贫困帽子，五年时间就积累了资金超百万，先后办起气球厂、制衣厂等村办骨干企业。从2000年东升工业园建立，3年中引进资金超3亿，办起了18家企业，到目前东升村以日用化工、有色金属、轻纺、建材为主导的产品销往全国各地及东南亚、欧美等国家和地区。2005年工业销售7.8亿元，集体积累超过2500万元，随着经济的不断壮大，富民政策逐步落实，投资300多万元铺设了村级水泥道路和自来水工程，符合退休年龄的老年人每月能领到150元生活补贴。实行了土地股份合作经营、失地农民保障、征地经济补贴。目前的东升村，道路宽畅，灯光明亮，绿树成荫，四季花香，环境整洁优美，先后被评为“江阴市文明村”、“无锡市文明村”、“江苏省卫生村”、“江苏省文明村”、“江阴市明星村”等荣誉称号，东升村“两委”班子继续实践“三个代表”重要思想，全面落实十六大精神，牢固树立社会主义荣辱观，创造一个生产发展、生活宽裕、乡风文明、村容整洁、管理民主的社会主义新农村，朝着经济更加繁荣、村民更加幸福安康、精神高度文明、生活环境安定、安居乐业的东升村未来而努力奋斗。

完善协调机制 深化长江三角洲城市专题合作

长江三角洲城市经济协调办公室主任　陈荣堂

(一)长三角区域合作协调机制

一、长江三角洲经济协调机制发展历史

1. 1983年,国务院组建了"上海经济区规划协调办",是长三角区域经济一体化的第一次试验。

2. 1992年由长江三角洲14个城市协作部门发起建立了主任联席会议,是"长江三角洲城市经济协调会"的起源。

3. 1997年正式成立由分管市长参加的"长江三角洲城市经济协调会"。

4. 2004年第五次会议以后,协调会工作重点转向更加务实。

二、目前长三角区域的合作机制

目前长三角区域合作机制主要分有以下几个层次:

1. 三省市省(市)委书记、省(市)长参加的三省领导座谈会。

2. 三省市常务副省(市)长参加的"沪苏浙经济发展座谈"。

3. 长6城市市长参加的"长江三角洲经济协调会"。

4. 长三角各城市政府部门之间的联席会议。

(二)加强长三角区域的专题合作

加强区域交流合作的一个有效手段是开展区域和城市之间的专题合作。

一、沪苏浙三省市区域专题合作

2005年12月25日三省市主要领导杭州会议上,确定了能源(浙江省牵头),环境保护(江苏省牵头)、大交通、科技(上海牵头)四个专题,重点做好四个工作,一是加强内部研究,深化细化实施方案。在实际操作过程要正确处理好远和近、虚和实、宾和主"三个关系",明重点,摆正位置,有的放矢,务实推进。二是按照总体方案要求,坚持以项目为抓手,扎实推进。市有关闸门要做好分工,各司其职。加强与苏、浙两省的沟通协调,立相关领导小组,构建合作机制,落实组织、制度、法规、标准四个保证。三是加强对接,做好衔接,形成方案实现早起步,要重点抓好方案的研究制订,明确时间节点,尽早与苏、浙两省相关部门达成共识。四是突出重点,实现突破,加速推进长感触一体化进程。各专题牵头部门要进一步明确工作重点,力争年内实现阶段性突破。

二、长三角16城市专题合作

2004年,在上海召开的长江三角洲城市经济协调会第五次会议上确定了六个合作专题,后又增补二个专题。

1. 信息专题:组织开展调研,完成了《长三角区域物流信息一体化调研报告》;组织召开了长三角物流信息一体化论坛;5月与南通签订了开展物流信息一体化合作协议,合作建设"南通港航EDI中心系统项目"。9月底,完成项目一期应用程序的开发、安装和对技术人员培训。10月,在南通召开的长三角协调会第六次会议上举行了开通仪式,实现了EDI信息系统互通。

2. 规划专题:联合苏浙沪三省市规划厅(局)在16成员城市的共同参与下,完成了《长江三角洲城市间综合交通规划研究》,提出了"十六枢纽、六廊、五圈"区域交通发展框架,成为长三角区域公路、轨道交通、内河航道的第一个综合规划方案。

3. 科技专题:制定了《2005年长三角区域科学研发仪器设施共用服务平台建设专题实施方案》、《各城市仪器网络建设方案》以及《网站系统建设方案》。根据拟定的专题实施方案,初步完成了长三角区域科学研发仪器设施共用服务平台网络环境与信息资源的建设工作。与无锡、徐州、南通等11个城市签订合作协议,根据各城市的不同情况,确定了各城市的建设模式。目前,入库仪器设施资源达1 200台以上,在线和备案服务达1万余次,遍及全国各省市,其中为长三角区域900家以上的单位提供了测试服务,成为长三角科技创新体系建设的村志性成果,中央电视台对此进行了专题报道。

4. 产权专题:通过对长三角14个产权交易机构进行调研、出台了《长三角区域产权市场交易规则》;选择上海、南京、苏州、嘉兴、扬州、无锡、南通等8个城市条件比较熟悉的城市进行试点,通过无偿提供接口软件,完成了上述城市产权交易机构信息系统的安装调试和业务培训,实现了信息平台对接。

5. 旅游专题:成功地与16城市的旅游、公安等部门组成了联合工作组,组织联合专家组对典型路况进行实地调研和反复论证,完成了《长江三角洲地区旅游景点道路交通指引标志设置技术细则(试行)》,得到了长三角各城市的普遍认可和好评,其中宁波等城市将此件作为政府文件专门转发。试点城市按照《细则》在城市中心区和城市郊区的主要旅游景点完成了示范性设置,共新设、增设和改设了2 224块(套)。

6. 协作专题:成立了"长三角城市经济协调会办公室",增强了推进长三角区域合作的核心力量;与国家发改委、民政部和协调会成员城市有关部门联合推进区域性行业协会的筹建工作,形成了工作推进机制;制定了投资信息交流指标体系,与杭州、嘉兴、台州等城市实现了投资合作统计信息互换;拟定了长三角城市参与办博工作大纲。

7. 教育专题:形成用人单位和毕业生源资源的标准化体系,完成2006年高校毕业生专业情况汇编,构建和完善了沪苏浙三地就业信息网络平台,为毕业生提供需求信息,推动三地网络就业市场的发展和建设。筹划建立职业发展教育高校硕士点,推进长三角地区职业咨询师项目的示范和推广,并编制职业发展教育大纲。

形成了高校大学生就业指导教师队伍配备情况及培训需求调研报告和长三角地区就业指导教材、课程设置情况及需求报告,并筹建教材编委会,拟定了教材大纲。

8. 人才专题:召开了组织人事、劳动保障等到有关工作会议12次,印发了8 000份调查表格,完成了"长江三角洲人才开发一体化调查报告",第一次对长三角地区的人才开发资源和需求进行了摸底调研;组织人事部门推进落实《关于开展人事争议仲裁业务协助和工作交流协议》、《关于引进国外智力资源共享协议》、《长三角继续教育资源共享协议》、《关于建立长江三角洲紧缺人才培训中心合作协议》、《"东三省"与"长三角"人才开发合作协议》等协议,与江苏、浙江省人事厅联合举办了大型网人才交流会,推出5万多个职位。

2005年,在南通召开的长江三角洲城市经济协调会第六次会议上,又确立了以下3个专题、4个课题。

1. 港口专题(建立合作机制、促进港口联动发展)

①发起建立长三角港口管理部门联席会议制度

落实交通部制定的《长三角港口建设规划》、《长三角公路水路发展规划纲要》、《长三角高等级航道网规划》等规划,对长三角各个港口发展规划的制定和实施过程进行沟通协调建立长三角港口建设和发展协商协调机制。

2006年上半年召开第一次会议、并建立轮值会议制度。

②开展"长三角地区内河集装箱港口布局方案研究"

落实交通部关于建设长三角高等级航道内河航道网的规划要求,研究确定长三角各港口沿内河集装箱码头、堆场及各类枢纽设施的规划布局、建设时间表。

2006年第一季度开题,10月底前形成研究报告。

③研究成立长三角区域港口行业协会

利用中国港口协会设在上海的优势,在两省一市港口协会联谊会的基础上,研究成立长三角港口联合协会等区域性行业协会的可行性方案。

2006年第一季度启动研究,10月前完成工作方案和有关报告。

2. 海关专题(发挥洋山保税港优势、加快长三角物流业发展)

①进行以"规范和简化转关运输监督"为核心内容的业务改革

在上海、南京、杭州、宁波四个海关同步实施"规范和简化转关运输监督"。

2006年6月前完成有关业务改革。

②实现跨关区"属地申报,口岸验放"通关新模式

由上海、南京、杭州、宁波四个海关分别选取6家、6家、8家和5家试点企业进行试点。

第一步,以上海、宁波海关为口岸海关,南京、杭州海关为属地海关开展结对试点,为期1个月;

第二步,在第一步试点工作取得成功的基础上,结对海关互为属地和口岸海关开展双向试点,为期3个月;

第三步,召开长三角地区通关改革试点工作小组会议小结试点工作开展情况提出下一步工作计划;

第四步2006年上半年召开长三角地区海关改革试点领导小组会议,全面总结半年试点工作情况。第五步扩大试点关区和试点企业范围,推广实施"属地申报,口岸验收"区域通关模式。

3. 人才专题(编制长三角区域人才规划\实现专业技术职务任职资格互认)

①编制长三角区域人才发展规划

根据国家"十一五"人才规划纲要的要求,与苏浙沪三省市"十一五"人才规划衔接,在去年完成长三角人力资源情况调查的基础上,分析长三角地区社会、经济发展对人才的需要,编制长三角人才发展规划。

2006年第一季度开题,6月完成规划编制。

②推进实现专业技术资格互认

对长三角人才标准政策适用范围等进行调研、梳理,提出可行性措施,实现高、中、初级专业技术职务任职资格在区域内互认。

2006年4月启动调研工作,7月提出对策措施,9月试行

资格下互认。

4. "一卡通"课题(实行"一卡通"系统互通,促进长三角交通一体化)

对长三角区域以及各城市交通"一卡通"建设和使用现状、互通思路进行调研。研究确定技术规范、管理模式、使用范围、互通方式、资金监管等实施方案。

2006年第一季度拟定课题调研提纲;第二季度开展调研;9月底前完成成果课题报告。

5. 诚信课题(加强城市信用制度建设,共同构建区域信用体系)

调研长三角区域、沪苏浙三省市社会信用体系建设合作现状,提出区域及各城市社会信用体系建设的内容、目标、模式,有关政策、措施的建议等的方案。

2006年第一季度完成调研提纲;第二季度完成调研;10月前完成调研报告。

6. 教育课题(加强区域合作,进一步整合长三角教育资源)

①研究区域内高等教育领域的合作与资源共享

按照长三角社会经济发展要求,调整区域和各城市高校专业设置布局结构,招生计划,巩固完善高校毕业生就业工作的协调与合作,形成长三角地区高等教育资源共享的指导意见。

②研究区域内职业教育的合作与资源共享

调研确定长三角职业技术教育重点发展学科,研究区域内职业教育师资的流动保障机制、职业教育人才的培养机制和长三角地区职业教育资源共建、共享机制。

2006年第一季度启动课题,开展调研;第二季度进行课题的研讨;10月份形成课题报告。

7. 协作课题(完善长三角协调会功能,提升服务协调能力)

借鉴世界五大城市群有关区域合作组织的组织机构,功能和合作情况研究制订长三角协调会制度(会议制度、财务制度、新闻发布制度、专题工作制度等),提出长三角协调会组织机构建设方案,研究确立长三角协调会议文件的法律、行政效力。

2006年第一季度课题启动;第二季度开展调研;8月完成初稿;10月完成报告。

三、专题合作的具体运作

1. 通过前期调研、评审,完成合作专题选题工作。

2. 通过16城市领导签署《长江三角洲区域城市合作协议》中确定合作专题。

3. 协调会筹集对各合作项目资助资金。

4. 年初制定计划任务,由各城市的相关政府部门组建专题工作组,负责项目实施。

5. 每季度召开工作会议,评估、协调推进有关专题工作。

6. 年底对项目成果进行验收,并视专题完成情况进行资金资助。

7. 以召开新闻发布会的形式对外发布专题成果。

(三)长三角区域合作中需要进一步探讨的问题

1. 长江三角洲经济协调会的扩容问题

2. 合作专题选题工作的规范(长三角规划\在调研课题的基础上的确题\其他共同关心的问题等)。

3. 区域内几个合作机制的整合

4. 怎样建立以市场为主体的紧密协调机制

5. 如何正确看待二省一市在发展中的关系,以及上海和区域主要城市之间的关系? 正确看待上海和江、浙两省以及15个城市存在的合作和互补,存在的差异和矛盾。

6. 未来的区域发展战略,有哪些层次? 在这样的战略指导下,如何看待这些不同层次和上海之间的相互关系。

在长江三角洲城市经济协调会第六次会议上的欢迎辞

中共南通市委书记　罗一民

金秋十月,硕果满枝。在这象征着收获的季节,我们非常高兴地迎来了长江三角洲城市经济协调会第六次会议的召开。长三角及周边兄弟城市的朋友们相聚在美丽的濠河之畔,互诉友情,共话未来。本次协调会在南通召开,是南通的荣幸,为我们更好地学习兄弟城市的发展经验提供了难得的机遇,必将对南通持续跨越发展、加快融入长三角经济圈起到巨大的推动作用。在此,我谨代表中共南通市委、南通市人民政府和全市人民,对各位领导、各位来宾的光临表示热烈的欢迎! 对你们多年来关心和支持南通的发展表示最衷心的感谢!

处于中国"黄金水道"长江与"黄金海岸"太平洋西岸交汇处的长江三角洲,历来是中国经济、社会、文化的发达地区之一,同时也被世界看好,被誉为世界第六大城市群、经济圈。这个地区具有独特优势,综合实力雄厚,辐射能力强劲,发展潜力巨大,在全国经济社会发展中起着举足轻重的作用。长三角各城市之间地缘相近、人缘相亲,近年来,基于共同的理念、共同的利益和共同的目标,在长江三角洲城市经济协调会的积极推动下,各城市之间合作与交流的步伐越来越快,领域越来越广,机制越来越活,感情越来越亲,区域经济呈现出良好的联动发展态势。

作为长三角城市中的一员,南通在长三角的地理位置独特,发展前景广阔。南通既滨江又临海,享有发展港口经济、参与国际和区际分工的特殊禀赋条件。全市总面积8 100平方公里，人口778万人，下辖6县（市）2区和1个国家经济技术开发区，是长三角的人口大市，区域大市，也是著名的纺织之乡、建筑之乡、教育之乡、体育之乡和长寿之乡。近年来，南通积极贯彻落实江苏省委、省政府关于加强沪苏合作、加快推进长三角经济一体化、努力实现“两个率先”的要求，按照“依托江海、崛起苏中、融入苏南、接轨上海、走向世界、全面小康”的总体思路，把主动融入长三角经济圈作为南通经济社会发展的重要战略，从思想观念、体制机制、产业发展、要素融合、城市功能、政策措施等方面实施与以上海为中心的长三角各城市全方位、多层次、宽领域的交流与合作。正是得益于长三角一体化的推进，得益于长三角兄弟城市的支持和合作，近年来南通步入了经济总量增长最快、质量效益最好、人民生活改善最显著的时期。2004年全市实现GDP 1 226.06亿元，财政收人138.72亿元，经济总量列全省第四。今年的发展速度一直保持全省和长三角各市之首。并先后荣获“全国创建文明城市工作先进市”、“全国科技工作先进市”、“全国优秀旅游城市”、“全国社会治安综合治理先进市”等多项殊荣。随着苏通大桥和洋口大港建设的突破，南通正在历史性地由江河时代迈向江海时代，以更优的区位优势、跨越的发展态势，进一步融入长三角经济圈和国际经济大循环。

当前，南通和长三角各城市一样，正处在冲刺“十五”、谋划“十一五”的重要发展节点上。回顾历史，南通曾经有过两次腾飞。第一次是在上世纪初，在近代著名实业家、教育家张謇的大力推动下，南通创造了“中国近代第一城”的辉煌，实现了首次“惊世崛起”，一跃成为当时全国1 700多个县中著名的“模范县”。第二次是在改革开放之初，南通作为我国首批十四个沿海开放城市之一，一跃成为中国改革开放的先行区，跻身“全国明星城市”行列。展望未来，伴随着长三角整体发展步伐的进一步加快，南通人民有志气、有信心重铸新的辉煌，实现经济社会发展的第三次全面腾飞。“十一五”期间，南通将抢抓新一轮国际资本和产业继续大举登陆长三角、江苏实施新一轮沿江沿海开发和南通进入新的全面腾飞期的重大机遇，高起点上推进经济社会发展的新跨越，全面融入上海一小时都市圈，努力建成江苏江海交汇的现代化国际港口城市、长三角北翼的经济中心、国内一流的宜居创业城市，在江苏重返苏南板块，在长三角发展中实现更大的作为。

优势在叠加中才会放大，机遇常常在合作中诞生。长三角城市经济协调会市长会议，是促进地区之间经济交流和合作的重要方式。我们将借本次会议的东风，按照“促进区域物流一体化，提升长三角综合竞争力”的要求，因地制宜，科学定位，以更加开放的姿态、更加务实的措施、更加稳健的步伐，积极参与长三角区域合作与交流，与各兄弟城市一起携手共进，比肩齐飞，加快推进长三角区域经济的联动发展和共同繁荣。

作为东道主，我们将竭尽全力为本次会议的成功举行提供良好的服务和便利，使之结出更加丰硕的成果，为进一步推动长三角各城市的交流与合作作出应尽的贡献。同时，由于我们是第一次承办长三角协调会，在服务和工作上可能存在的不到之处还请各位领导和来宾多多包涵。

在长江三角洲城市经济协调会第六次会议上的致辞

江苏省副省长　王　湛

今天，长江三角洲城市经济协调会第六次会议在南通美丽的濠河之畔举行，在此，我谨代表江苏省人民政府向出席会议的各位领导和全体与会代表表示热烈的欢迎，对长期以来支持江苏发展的国家部委和上海市、浙江省的同志们、朋友们表示衷心的感谢。

长江三角洲地区地处我国经济发展的前沿地带，是全国经济发展快、开放程度高、发展活力强的地区之一，也是目前世界公认的第六大经济圈。2004年，长三角地区GDP达到28 775亿元，占全国的比重高达21.1%，长三角地区的增长速度达到15.6%，高于全国平均水平6.1个百分点，为拉动全国经济的增长做出了重要的贡献。随着社会主义市场经济的建立完善和改革开放的逐步深入，这一地区的发展环境将不断优化，经济活力进一步增强。

长三角城市经济协调会自成立以来，在办公室和各成员城市共同努力下，积极推动交通、旅游、信息、人才、能源、科技、教育等诸多领域的合作，取得了显著成果，有力促进了区域城市间经济和社会事业的合作交流和协调发展。本次会议将提出一系列新的合作课题，审议通过长江三角洲城市经济协调会章程修正案，切实加强协调会自身建设。我们相信：以本次会议为契机，长三角城市经济协调会将运行更趋规范，合作更趋务实，必将在协调区域经济发展、促进区域经济一体化方面发挥更大的作用。

在长三角十六个城市中，江苏城市占了八席。江苏的发展和长三角的繁荣和发展息息相关。近年来，江苏和东部沿海省一样，认真落实中央关于率先发展要求，经济和社会发展保持了又快又好的势头。去年生产总值在连续十三年保持两位数增长的基础上，主要经济指标创近年来最高水平，实现生产总值15 512亿元，比上年增长14.9%，占全国的九分之一，人均生产总值突破2 500美元，城镇居民人均可支配收入10 482元，农村居民人均纯收入4 754元，分别增长13.2%和12.1%，全年实际到账注册外资121亿美元,增长14.5%,占全国的1/5,继续保持全国领先地位,累计实际利用外资超过1 000亿美元;进出口总额1 708亿美元,其中出口总额875亿美元,分别增长50.3%和48.1%,均占全国的七分之一。今年,全省经济继续保持快速、稳定增长的良好态势,上半年实现生产总值8 212亿元,增长14.5%,预计全年实现生产总值18 000亿元左右,增长14%以上,人均生产总值达到3 000美元左右。

处于江海交汇处的南通市,近年来大力实施江海联动战略,依托大江大海,构筑大桥大港。随着大桥大港建设的突破,南通正实现新的跨越式发展,在江苏的发展中,起到越来越重要的作用,同时也在更高层次、更广平台上,融入长三角经济圈和国际经济大循环。

党的十六届五中全会指出,"十一五"时期,东部地区要率先发展,增强国际竞争力和可持续发展能力,同时明确要求,长江三角洲等地区要加强区域内城市的分工协作和优势互补,增强城市群的整体竞争力。这对江苏和长江三角洲地区的发展提出了新的更高的要求,也为长三角经济协调会的下一步工作重点指明了方向。贯彻落实中央的要求,今后一个时期,江苏将全面树立和落实科学发展观,率先全面建成小康社会,率先基本实现现代化,进一步加强与长三角地区各兄弟省市的密切联系,继续坚定不移地支持沿江八市积极参与长三角的合作与交流,积极推动苏北各市加快融入长三角,在服务长三角发展中,加快江苏自身的发展,为长三角和全国的发展做出更大的贡献。

在长江三角洲城市经济协调会第六次会议上的致辞

国务院发展研究中心副主任　李剑阁

金秋十月,很高兴回到家乡南通出席长江三角洲城市经济协调会第六次会议。在此,我谨代表国务院发展研究中心并以我个人的名义对大会的召开表示热烈的祝贺!

以大江大海之地利,得改革开放之先机,长江三角洲地区业已成为中国经济最发达的地区之一,长三角城市群成为中国最发达的城市群落。长三角城市经济协调会作为一个区域经济合作组织,以其规范的运作、务实的工作,促进沟通,增进共识,通过历次会议推动了长三角城市在众多的领域的广泛合作,有力地促进了长三角区域经济的共同发展。

本次会议确定的"促进区域物流一体化,提升长三角综合竞争力"的主题,充分反映了长三角城市对区域经济发展规律的高度敏感和对区域物流一体化的高度关切。发达国家的发展历史证明,物流是经济发展的动力和利润源泉,物流一体化是区域经济一体化的动力保障。加快建成统一的、综合的、全方位的、多层次的、快捷高效的物流系统,是推动长三角区域经济一体化的必然要求。我相信,通过本次大会的深入探讨和多边沟通,必将进一步增进共识,推进长三角区域物流规划对接、通关对接、信息对接和政策法规对接,推动区域内生产要素合理流动、资源互补共享,构建统一、规范、开放、高效的现代物流体系,打造中国东部物流大通道,增强长三角地区的综合实力和国际竞争力,促进区域经济全面、协调、可持续发展。

同志们,朋友们,刚刚召开的党的十六届五中全会审议通过了《中共中央关于制定国民经济和社会发展第十一个五年规划的建议》。规划首次把以经济区域发展为主要内容的区域规划放在突出位置,并将长三角地区率先列入中央级区域规划,这对加快长三角经济一体化步伐,促进长三角经济社会协调发展具有重要的指导意义。在这样的关键时刻召开的长江三角洲城市经济协调会第六次会议,一定会成为长三角城市合作与发展中一次具有历史性意义的盛会,推动本地区合作发展的不断深化。

在长江三角洲城市经济协调会第六次会议上的致辞

国家发改委地区司副司长　沈叙健

很高兴有机会参加长江三角洲城市经济协调会第六次会议，首先我代表国家发展改革委对这次会议的召开表示热烈的祝贺。近年来，随着我国区域经济的快速发展，区域之间经济交流与合作日益加强，尤其可喜的是，一些有助于推动区域互动发展、优势互补的机制初步形成，对促进区域经济的协调发展发挥了十分重要的作用。由于区域经济关系联系密切，长江三角洲地区较早探索了区域经济联合协作机制，并已经形成了多种行之有效的协调形式，由长江三角洲十六个城市共同组成的长江三角洲城市经济协调会就是其中一种。我们认为，经过多年的工作实践，长江三角洲城市经济协调会取得了很多很好的经验，对其他一些地区的区域经济合作也有一定的指导和借鉴意义。这次会议的主要议题是推进长江三角洲物流一体化，会上还举行南通与上海港航 EDI 系统开通仪式。实现物流一体化，是整合长江三角洲区域优势资源的重要组成部分，也是整体提升长江三角洲竞争力的必然选择。在这一过程中，各有关方面要互相理解、互相支持、良性互动、实现共赢，不断丰富区域协作的内容，推动体制、机制的创新。我们相信，随着各方面条件的进一步成熟，区域协调机制将在统筹区域发展方面发挥更大的作用。

根据会议安排，下面我主要向大家介绍“十一五”区域规划的有关情况，“十一五”规划是我国全面建设小康社会目标提出后的第一个五年规划，是党和国家在新的发展历史阶段对国民经济和社会发展所作的宏观性、战略性、方向性的安排。根据国务院领导同志对规划工作的重要批示和我委开展规划工作的总体安排，去年以来，我们正式启动了区域规划的研究和制定工作。作为“十一五”规划的重要组成部分，编制区域规划既是落实国家促进区域协调发展宏观政策的需要，也是我国区域经济在新的发展阶段的客观要求。

一方面，编制区域规划是落实国家区域发展战略和政策的重要途径。进入新世纪，区域协调发展已经成为我国国民经济和社会发展的重要方面。党和国家十分重视区域经济发展，党的十六大就提出了加强东中西部经济交流和合作，实现优势互补和共同发展，促进区域经济协调发展的要求。十六届三中全会出台的《中共中央关于完善社会主义市场经济体制若干问题的决定》，进一步在科学发展观的指导下，按照五个统筹的要求，提出形成促进区域经济协调发展机制。刚刚闭幕的十六届五中全会，又提出健全和完善区域经济协调发展的体制和机制。目前中央已经确定了实施西部大开发，振兴东北老工业基地，促进中部地区崛起，鼓励东部地区率先发展，实现相互促进、共同发展的区域经济发展总体战略部署。贯彻落实党和国家区域发展战略，需要从总体和全局的角度出发，编制科学可行的区域发展规划，切实发挥对区域经济发展的宏观调控功能。

另一方面，编制区域规划也是我国区域经济发展的客观需要。近年来，我国各地区按照中央的统一部署，根据自身客观条件，采取有力措施，加快发展，地区经济总量显著增加，区域经济呈现出持续、快速、健康发展的良好态势。尤其引人注目的是在东部沿海地区已经形成了长江三角洲、珠江三角洲和京、津、冀都市圈为代表的三大经济圈。这也是近年来我国区域经济发展中的最大亮点。2005 年上半年，三大都市圈的 GDP 约占全国的 37% 左右，已成为拉动我国经济持续快速发展的巨大引擎，成为提高我国综合国力、国际竞争力的核心区以及世界最具发展潜力的制造业基地。但是，与发达国家同类都市经济圈相比，我国三大都市圈还有较大的差距。根据有关资料，美国的大纽约区、大芝加哥区和大洛杉矶区三大组团式城市群对美国经济的整体贡献率达到了 67% 左右。而日本的大东京区、坂神区、名古屋区对日本的 GDP 整体贡献率也超过了 70%。这说明我国经济发展的制高点与国际先进水平相比仍有较大的差距。就长江三角洲而言，虽然是我国经济社会最发达、人口和产业最密集、发展最具活力的地区之一。但目前区域发展中也暴露了一些突出问题，如基础设施建设缺少统筹规划，区域性空港、海港、河港布局不尽合理，与快速交通干道不衔接，产业结构趋同、过度竞争、盲目投资、低水平重复建设严重，水土矿产资源瓶颈制约作用明显，耕地锐减、能源紧缺、生态环境局部恶化，这些问题的存在，也严重制约了长江三角洲的进一步发展。为此，迫切需要在现有的基础上，通过研究制定区域规划，在确保市场配置资源的基础性作用的前提下，对三大都市圈经济社会发展进行统一规划和统筹协调，不断提升其创新能力和国际竞争力，为区域经济的发展注入新的活力和动力，使其真正成为支持我国经济持续增长、提高国家综合竞争力的重要依托。

正是基于上述原因，国家决定在“十一五”期间正式启动区域规划的研究和制定工作，通过统筹安排重点区域的发展，发挥其带动和示范作用，促进形成全国经济协调发展的新局面。考虑到区域规划编制工作涉及面广，比较复杂，“十一五”期间先在长江三角洲和京、津、冀都市圈两个地区进行区域规划研究和编制试点。

开展这两个区域规划试点，主要目的有三个：一是从全球经济及我国长远发展的角度，明确区域的整体定位，确定区域的总体发展战略、目标及区域内分工；二是协调规划区内各地区共同关注，但任何一方都难以自行解决的重大问题；三是研究提出促进区域整体发展的政策措施,同时也为其他区域规划的编制工作全面展开积累经验。

为做好试点工作,发改委对两个区域规划研究和编制进行了周密地部署和精心安排。早在2003年9月全国"十一五"规划编制工作电视电话会议上,马凯主任就提出,"十一五"期间要把区域规划的编制放在突出重要的地位。2004年4月,马凯主任又在主持召开"十一五"规划编制领导小组第一次会议上,要求认真总结区域规划编制的历史经验,尽快组织开展有关工作,并决定先在京、津、冀都市圈和长江三角洲地区进行区域规划工作试点。2004年8月中旬,发改委在北京主持召开了长江三角洲区域规划前期座谈会,听取了两省一市发改委负责同志对开展长江三角洲区域规划前期工作的意见和建议。2004年11月,发改委在北京又召开了两个区域规划的工作座谈会,正式启动区域规划工作。2005年4月,在反复研究和修改的基础上,发改委印发了长江三角洲地区区域规划工作方案和京、津、冀都市圈区域规划工作方案。按照进度安排,整个区域规划工作分为两个阶段,其中从2004年10月到2005年的8月为前期研究阶段,2005年9月以后是规划编制阶段,全部工作将于2006年3月前完成并报批。目前,在国务院有关部门和规划区域内相关省市政府的大力支持和参与下,长江三角洲地区和京、津、冀都市圈区域规划的各项工作,正按着规划工作方案整体安排有条不紊地展开。

作为两个试点之一,长江三角洲地区区域规划的范围包括上海市、江苏省的八个城市、浙江省的七个城市,共十六个城市,规划区国土面积10.96万平方公里,人口8 200多万人。按照工作方案的安排,发改委会同国务院有关部门和长江三角洲两省一市共同成立了长江三角洲地区区域规划领导小组,下设了办公室,并组建了综合研究组、若干专题研究组、地方研究组、专家咨询组,形成了强有力的工作队伍。按照与"十一五"国民经济和社会发展规划相衔接的原则要求,区域规划的基本规划期为2006年到2010年,展望到2015年,对重大问题将展望到更长期限。本次区域规划坚持突出重点,不求面面俱到,着重研究解决长江三角洲地区发展中所面临的综合交通、能源、土地利用、生态环境建设与保护、城镇空间格局、产业发展、人力资源开发、创新能力建设和区域国际竞争力9个方面的主要问题。截止目前,前期研究阶段工作已基本结束,正在积极启动规划文本的编制。

建立健全合理的区域综合交通网,是长江三角洲地区经济和社会发展的现实需要,也是本次区域规划的重点之一。长江三角洲地区是我国交通运输最繁忙的地区之一,区域铁路、公路、石油天然气管道网络比较发达,内河航道纵横交错,港口和机场密布,综合交通网的建设和发展具有良好的基础。但是,站在参与国际经济一体化的高度,三省市区域交通发展水平目前的线位资源、深水岸线资源、桥位资源等交通资源逐步减少,环境压力日益加大,交通设施建设与发展还存在一些不合理和互相衔接不畅的问题,不能满足运力增长相运输质量提高的要求,在很大程度上制约和延缓了现在制造业基地和物流中心的建设过程。基于这种情况,本次长江三角洲地区区域规划将综合交通网的建设和发展列为九大专题研究内容之一,从战略高度统筹规划区域交通发展,实现交通运输的可持续发展。根据工作方案的安排,规划将在分析综合交通基础设施建设与瓶颈及重大基础设施供求预测的基础上,对该区域包括港口、机场、轨道交通、高速公路等大型基础设施功能地位和布局进行科学研究相统筹规划,整合各种交通资源,明确综合物流网络,快速综合交通网与通道,港口群职能定位与分工,充分发挥区域整体交通和各种运输方式协调发展的优势,实现综合运输体系效率整体结构层次的提高。

总的来说,在新的历史时期,编制区域规划,对促进我国区域经济协调发展具有重大而深远的意义,区域规划的编制与实施,需要社会各界的共同关注和努力,我们希望,长江三角洲城市经济协调会能够一如既往地发挥在区域协调中的重要作用,为区域规划的编制和规划的顺利实施贡献自己的力量。

在长江三角洲城市经济协调会第六次会议上的致辞

交通部水运司巡视员　彭翠红

受徐祖远副部长的委托,我非常高兴在金秋时分来到美丽的江海城市——南通,参加长江三角洲城市经济协调会第六次会议。首先,请允许我转达徐祖远副部长对会议的召开表示热烈的祝贺!对长期以来关心支持我国交通事业的地方政府和领导表示衷心感谢!

经济一体化是市场经济发展的必然阶段要求,体现了当代世界经济发展的潮流。随着我国经济体制改革和对外开放程度的不断加深,长三角地区以其通江达海的交通便利,良好的工业基础和丰厚的人文底蕴,经济社会得到了巨大的发展,区域经济一体化的要求越来越迫切。

长三角地区是我国经济社会发展最具有活力的地区,面临着难得的历史发展机遇。加快长三角区域经济一体化,提升本地区经济国际竞争力,应对挑战是摆在我们面前的一项重要和紧迫的任务。交通现代化和物流一体化是本地区经济一体化重要组成部分,是实现经济一体化的先决条件。要实现经济一体化必须先实现交通现代化和物流一体化。没有交通现代化和物流一体化就没有经济一体化。党中央、国务院十分重视长三角地区交通现代化建设，中央领导同志多次视察长三角地区交通现代化建设和经济社会发展，做出了许多具有战略性的重要指示。为贯彻落实中央的战略部署，交通部和长三角各级地方政府采取一系列措施，着力加强本地区交通现代化建设，全面提升长三角综合竞争能力。

从总体上看，与经济社会发展要求相比，目前长三角地区的交通基础设施条件还有很大的差距，还不能满足和适应经济社会发展的需要，必须要从长三角独特的区位特征和今后发展需要角度，瞄准世界先进水平，坚持高起点、高标准，建设一个各种运输方式相互协调、布局合理、相互衔接顺畅的高智能化、高信息化的现代交通运输体系。

——长三角地区是承接国际产业转移的首要地区，也是中国实施"走出去"战略的主要地区，2004年外商直接投资和出口分别占到全国的50%和33%，加快以上海为中心，以苏浙为两翼的上海国际航运中心建设步伐。

——长三角地区已经形成大省小城市首尾相连、连绵不断的城市经济带，必须要加强都市综合交通运输网络建设。

——从充分挖掘长三角地区交通资源角度上看，我们必须要做好本地区交通基础设施建设相互协调和均衡发展。

长三角地区发展潜力巨大。交通部将一如既往地加强对这一地区港口、公路、航道等交通基础设施建设的规划指导力度，支持长三角地区物流一体化建设。衷心希望长三角地区的综合竞争能力越来越强，为中华民族的伟大振兴做出新的更大的贡献！

在长江三角洲城市经济协调会第六次会议上的致辞

上海市政府副秘书长　刘红薇

秋天成就收获。在这金秋送爽、丹桂飘香的收获季节，我们相聚在黄海之滨的濠河畔，举行长江三角洲城市经济协调会的第六次会议，共同交流合作成果、探讨合作思路、展望合作未来。在此，我代表协调会第五次会议执行主席方上海市政府，向第六次会议执行主席方南通市，向出席会议的各城市、中央有关部委的领导同志和全体与会代表表示诚挚的敬意！对长期以来关心支持上海发展的江苏省、浙江省和长江三角洲各城市表示衷心的感谢！

长三角城区地域相邻、人缘相亲、经济相融、文化相通，是中国经济、社会、文化的发达地区之一，区域内各城市间有着长期友好的合作交流历史。长江三角洲城市经济协调会自1997年成立以来，已经分别在扬州、杭州、绍兴、南京、上海等市召开了五次会议。协调会运作8年时间，在三省市各级领导和各部门的共同努力下，初步建立了多层次的对话交流机制，全面拓展了区域间经贸合作领域；逐步形成了多领域社会事业合作局面，全面启动了网络型大交通体系建设；基本构建了综合型服务平台框架；至今，上海与长三角区域合作专题已经涉及38个领域，特别是在去年第五次会议上签订的《长江三角洲地区城市合作协议》中确定的信息、规划、科技、产权、旅游、协作六个专题更是取得了实质性突破；有效地推动了协调会各成员城市的政府、企业和社会各界的友好交流，促进了经济、社会、文化等多个领域的密切合作，为实现长江三角洲区域的持续、协调发展奠定了扎实的基础。

去年，胡锦涛总书记视察上海时，要求上海加快"四个中心"建设，加强"三个服务"，做到"两个率先"，坚持在经济、社会、文化等方面继续全面地走在前列。上海按照中央部署要求，立足全国现代化建设大局，坚持"学各地之长、补上海之短，取全国之经、创上海之新"，扎扎实实做好加快自身发展与主动服务全国两篇大文章，积极发挥中心城市功能。上海将一如既往地积极参加长三角城市经济协调会工作，努力促进区域协调联动发展。

党的十六届五中全会闭幕不久，长江三角洲各城市的市长、有关方面的代表欢聚在南通，共同学习、贯彻五中全会精神，共同领会、落实中央"十一五"规划建议，共商合作大计，共图发展未来。这是长江三角洲区域内的一件大事。本次会议，以"促进区域物流一体化，提升长三角综合竞争力"为主题，共同商议促进长三角地区港口合作，加快落实交通部提出的以上海港等为核心的集装箱运输体系，以宁波、舟山等港为核心的矿石、原油等大宗散货中转体系和长江南京以下港口组成的海进江转运体系的建设。我们将以这次经济协调会的召开为契机，更加紧密地联合起来，共同致力于优化长江三角洲地区港口物流发展的大环境，共同提升长江三角洲区域的综合竞争力。

本次会议得到了中央有关部委及江苏省、浙江省政府领导的关心和支持，全国政协副主席张怀西亲临会场，国家发改委、国务院发展研究中心、交通部、国土资源部、国家民航总局等国家有关部委、江苏省领导出席了会议。

本次会议还特别邀请了盐城、淮安、连云港、徐州、金华、衢州、合肥、马鞍山、芜湖等城市的市领导和代表参加。

对于他们的莅临指导，我们表示热烈的欢迎和衷心的感谢！

长三角城市交流合作的新发展

【沪杭联动推进长三角发展】 4月12日,由中共浙江省委常委、杭州市委书记、市人大常委会主任王国平,杭州市委副书记、市长孙忠焕率领的杭州市党政代表团昨天抵沪考察。上午,中共中央政治局委员、上海市委书记陈良宇,上海市委副书记、市长韩正在西郊宾馆与代表团进行了座谈。陈良宇表示,上海要同杭州进一步加强联动发展,特别要在推进长三角经济一体化进程中,实现优势互补,各展所长,不断提升长三角城市群的整体竞争力,为推动长三角一体化发展作出更大贡献。

【沪杭签订百亿大单合作协议】 4月12日,举行的2006杭州—上海经济合作项目和杭州世界休闲博览会推介会上,沪杭两市共签订了总计约一百多亿元的合作协议。浙江省委常委、杭州市委书记、市人大常委会主任王国平,杭州市市长孙忠焕,杭州市政协主席虞荣仁等参加了推介会,上海市委常委、常务副市长冯国勤出席会议并致辞。

在此次推介会上,沪杭集中签署了47个项目的合作协议。据了解,签约项目主要呈现两大特点:一是大项目较多,15个外资项目中,1 000万美元以上的有10个;32个内资项目中,1亿元以上的有25个。二是项目覆盖领域较宽,涉及电子信息、汽车配件、建筑材料、商贸旅游、电力能源等多个领域。

【博鳌论坛医药产业大会开幕】 博鳌论坛与江苏省政府于2005年4月26~27日,在泰州联合举办"博鳌亚洲论坛国际医药产业大会"。近年来,泰州医药产业产销规模年均增长35%以上,江苏医药行业四分天下泰州有其一,全国制药行业百强企业泰州有其四,泰州扬子江药业集团更是连续两年在全国6 300多家医药企业中,一举夺得销售第一名、利税第一名、综合竞争力第一名三项桂冠。

【上海合作组织欧亚经济共同体签约合作】 上海合作组织与欧亚经济共同体5月8日在京签署谅解备忘录,双方将在贸易、能源、环境保护、交通、投资、旅游等经贸领域和教育、卫生、体育、劳务、科学、文化等社会人文领域加强合作。

上海合作组织秘书长张德广和欧亚经济共同体秘书长拉波塔签署了谅解备忘录。

张德广在签字仪式后举行的记者招待会上说,能源合作是双方共同关注的问题,对地区发展也有重大意义。双方同意把能源列为合作的重点领域,并提出了一些具体的建议,如在中亚的塔吉克斯坦等。

拉波塔表示,在发展欧亚运输走廊等交通领域,欧亚经济共同体将与上海合作组织共同建设集装箱运输示范项目。这一项目将首先在欧亚经济共同体成员国之间启动,以发现并解决可能存在的问题。

欧亚经济共同体成员国包括俄罗斯、白俄罗斯、哈萨克斯坦、吉尔吉斯斯坦、塔吉克斯坦和乌兹别克斯坦。成立于2001年6月的上海合作组织包括中国、俄罗斯、哈萨克斯坦、吉尔吉斯斯坦、塔吉克斯坦和乌兹别克斯坦六国。

【长三角5年将建14条轨交】 为缓解市内拥堵的交通状况,目前,长三角一些城市正在加紧制定并实施各自的城市轨道交通规划。未来5年内,以上海、南京、杭州、苏州等为主的长三角城市将建设14条以上的城市轨道交通线路。

按照各自城市轨道交通规划,未来5年内,已经拥有5条城市轨道线路的上海市近期将开建8条线路,到2010年世博会召开前,将建成11条城市轨道线路;作为长三角第二个拥有地铁的城市,南京目前也开始建设第二条城市轨道线路,同时,南京市还修建地铁南延线,以期缓解老城特别是中心区的交通紧张矛盾。

依据国家有关部委规定,GDP总量达到600亿元至1 000亿元、地方财政一般预算收入60亿元至100亿元、远期高峰小时单向客流量达到1万人次至3万人次时,城区人口在150万人以上的大城市可以考虑修建轻轨交通系统,人口在300万人以上的大城市可以考虑修建地铁系统。因此,基本符合条件的长三角地区的杭州、苏州、宁波、无锡等城市也在规划着自己的城市轨道"梦"。其中,杭州将在5年内建设2条城市轨道线路,总长度将达80公里以上;苏州市的轨道交通规划已通过专家组审查,如果进展顺利,其轻轨1号线、2号线有望在2010年通车。此外,无锡和宁波也期望能在2010年之前开始建设自己的城市轨道交通线路。有关专家估计,未来10年至15年的时间内,长三角地区将至少需要2000辆左右的城轨车。

【长三角行业协会集聚市北】 长三角首个国际行业协会总部集聚地,4月24日正式在申城市北地区建成。日前,专门为海内外行业协会营运办公场所打造平台的"半岛国际中心"在上海市北工业新区落成。

早在20世纪初叶,长三角最早的行业性商业协会组织——湖州会馆,就坐落在申城市北地区。一个世纪后的今天,申城市北地区又接续了国际行业协会总部经济效应。此次申城市北地区构建的长三角最大的国际行业协会总部集聚地,具有延续海派工商文明、交通商务支撑、现代物流保障、制造业服务业互动、都市生活氛围浓郁等七大优势。

【杭州融入长三角步伐不断加快 沪杭实现全面对接】 自2003年8月沪杭两市签署了《关于进一步推进沪杭经济合作与交流的协议》以来,杭州市接轨上海、融入长三角步伐不断加快,形成了领导力抓、舆论聚焦、公众关注、成效显著的局面。在规划、交通、经济、文化、教育、科技、人才等领域的合作都取得了令人满意的成绩。

【规划对接】 杭州市注重与上海市"十一五"规划和国家长三

角地区区域规划相衔接,使沪杭两市在发展目标、政策目标与手段、重大基础设施布局、产业结构调整、区域发展方向的规划上更加协调;并积极配合国家发改委、浙江省发改委做好《长三角地区区域规划》编制工作,配合浙江省发改委和上海市发改委做好沪杭城际快速轨道交通、杭浦高速公路等基础设施的前期工作。

组织编制发展世博经济的规划。杭州市委、市政府把参与发展世博经济作为推动杭州新一轮发展的重要契机,市有关部门和浙江大学联合编制了《杭州市对接上海世博会,发展世博经济规划》,进一步明确了参与世博经济的目的、原则、重点和举措,提出了具体工作要求。

【交通对接】 杭州市扎实推进"东网加密"工程。"东网加密"工程是接轨大上海,融入长三角的基础性、标志性工程。由"六线一通道"组成。六线分别是新建申嘉湖杭高速公路、杭浦高速公路、拓宽沪杭高速公路、拓宽杭甬高速公路,改建余杭区320国道一级公路、新建萧山区萧山大道一级公路;一通道是指新建钱江十桥及杭州湾萧山通道。二是实施"交通西进"工程。以杭千高速公路、杭徽高速公路、05省道一级公路这"三线"为标志的杭州交通西进工程进展顺利。由沪杭共投合建的杭千高速公路一期工程杭州至建德洋溪段于去年年底建成通车,杭千高速公路是杭州市里程最长、投资最大的交通基础设施重点项目,也是沪杭两地企业合资共建的成功典范。三是实施杭甬运河杭州段航道建设工程。杭甬运河杭州段航道工程于2003年9月正式开工建设,按计划于2007年底完工。

【深化沪杭合作内涵】 杭州市坚持"政府引导、企业主体、市场运作、合作共赢"的原则,积极推动与上海在经贸、旅游、人才、教育、科技、文化等方面的合作与交流。两市合作项目逐年增加,2003年以来杭州企业到上海投资和上海企业来杭投资的每年都在100家以上。

扎实推进旅游合作。杭州市旅游部门积极实施"旅游西进"和"联动发展"战略,进一步整合大杭州旅游资源,与上海、江苏、黄山等签署了旅游合作协议,建立旅游资源、网络、信息、市场等的共享机制,联手打造黄金旅游线,拓宽旅游市场空间,发挥杭州旅游区域性中心的作用,有力推动长江三角洲区域旅游业的协调发展。

人才合作不断深化。杭州加快了长三角紧缺人才培训三级网络体系构建,先后建立了长三角紧缺人才培训服务中心9个分中心,形成了上海、杭州和各区、县(市)及周边地区的长三角紧缺人才培训的三级网络体系。目前,长三角紧缺人才培训服务杭州中心运作顺利。

教育合作不断推进。教育部门创新工作思路,积极接轨上海,参与长三角合作与交流。沪杭两市基础教育交流有了实质性的进展,上海寄宿制高中在浙江省招收初中毕业生数量逐年递增;师资队伍培训的合作不断推进。

科技合作日益密切。如加强与中科院上海分院的沟通联系,建成了中科院杭州科技园,成立了中科院上海国家技术转移中心杭州分中心、上海技术产权交易中心杭州分中心、中国机械科学院研究院浙江分院等等。

【政府全面对接】 沪杭两市高层互访推动了两市各个层面的互动,形成了多层次对接的工作机制。两市高层领导互访,推动了区、县(市)党委、政府之间的交流,杭州市各区、县(市)分别与上海各区建立了友好合作关系,加强了工作交流。杭州市主要领导表示,今后杭州市将以积极抢抓"世博"契机,参与发展"世博"经济为重点,加大接轨上海融入长三角的工作力度,为实现新一轮快速发展和推动长三角区域的联动发展发挥积极作用。

【沪杭磁浮预热两地楼市 业内人士指出需冷静看待】 风驰电掣的沪杭磁浮线,给长三角楼市注入了兴奋剂。在4月14日上海静安区举办的"西湖区(之江度假区)赴沪经贸洽谈会"上,杭州房地产企业负责人说:"几分钟里,就有20多位市民拿了杭州的楼书,还打听沪杭磁浮的杭州站点位置。"写字楼、商务中心、出让地块、大学科技园、旅游度假区,杭州西湖区带着这些重量级的房地产等项目,率先来沪抢占商机。

【"同城效应"影响房价】 沪杭磁浮带来的交通便利性,将使杭、嘉、沪形成一个0.5至1小时的出行圈,产生三地间的"同城效应"。业内人士预测,届时上海和杭州两地在居住、就业等方面的吸引力将增大,对楼市发展明显利好,而介于两地之间的嘉兴,房价上升幅度则会更大些。

杭州市西湖区区长许迈永表示,沪杭磁浮2008年建成后将大大缩短两地的时空距离,使"同城效应"成为现实,作为杭州商务、住宅区形象的代表,西湖区将投入百亿元,打造成上海的"城南商务住宅区"。如果说沪杭高速使杭州成为上海的"后花园",那么沪杭磁浮将促使"沪杭联动",在杭州投资产业就如同在上海家门口投资一样。

【两地人看好"磁浮房"】 在杭州,某商住楼已俨然将磁浮写上宣传横幅大肆促销,尽管该楼盘距离初定的磁浮站点杭州铁路东站尚有15分钟车程,但是他们对磁浮通车后的房价走势相当乐观。

在上海,龙阳路附近的两个楼盘,早已在上海磁浮线运营前,就大打磁浮概念,而今其二手房市场报价已过每平方米1.2万元。而南站等站点周围由于地铁已经运营,加之生活配套设施完善等因素,之前的房价已相对利好。

未来沪杭磁浮中点的嘉兴,在长三角16城市中,房价几乎最低,均价几近沪杭两地的一半。如今借磁浮题材,嘉兴开发商纷纷打出"上海人居嘉兴",预计磁浮嘉兴站点选址确定后,附近区域的房价也会有较大提升。

一项调查显示,沪杭两地市民普遍看好磁浮商机,高达91%的被访者持肯定态度。由于上海"地铁房"的投资价值已深入人心,超过半数的被访者看好"磁浮房",有愿望投资磁浮沿线房产。

不过,就目前看,磁浮列车的票价可能不会低于百元,即便像业内猜测的可能会出现1 000元一张的月票,价格也比较昂贵。不少上海市民认为,乘坐磁浮上下班可能成本过高,更愿意在嘉兴、杭州买房,周末去度假。

【短期不宜盲目投资】 不过,业内人士也指出,由于磁浮项目建成还需几年时间,目前只是停留在概念阶段,对上海、嘉兴、杭州房价的影响还要看后市情况,以及房地产业政策的出台情况。因此,要冷静看待磁浮项目对楼市的推动作用,切莫盲目造势、盲目投资。

一些杭州开发商也表示,磁浮对当地休闲度假旅游地产、高档别墅地产的带动将会比较明显,但是对于普通住宅的带动目前仍难预料。相对于上海楼市的价格和环境来说,杭州楼市仍有一定上升空间,磁浮项目对其后市将会起到一定促进作用,但短期内效果尚不明显。

【绿地集团挺进长三角 无锡“绿地世纪城”动工】 4月17日,由绿地集团投资建设的无锡“绿地世纪城”破土动工。这是绿地集团在长三角地区涉足的第7个城市。“绿地世纪城”位于无锡市北、惠山新城行政中心东南,占地面积约760亩,总建筑面积约78万平方米。建成之后,将形成由别墅、情景洋房、小高层、高层公寓以及配套设施为一体的综合型住宅社区。据绿地集团董事长、总裁张玉良透露,绿地集团目前在全国17个城市开发项目,在建面积超过500万平方米。除上海以外,绿地集团在长三角地区进入的另6个城市分别是:苏州、昆山、无锡、诸暨、南京、徐州,总投资额超过300亿元。

绿地集团近三年连续位居上海市房地产开发企业50强首位,目前资产规模达200亿元。上海市人大常委会副主任刘伦贤、无锡市委书记杨卫泽出席开工典礼。

南京市交流与合作

【经济协作】 2005年,全市协议引进市外资金307.77亿元,实际到位资金161.67亿元。7郊县协议吸纳城区资金216.37亿元,实际到位资金104.28亿元。参与组办“重洽会”,邀请553名客商来宁参会。协助都市圈城市推介项目368个,签署合作项目88个,投资总额245亿元。筹措对口支援资金1 698万元,其中社会资金980万元;实施援助项目58个,其中重点项目10个。吸引外地企业来宁设立办事机构538家,年审1 386家。帮助溧水县和凤镇引进项目7个,实际引资1.45亿元。全力以赴抓招商,全市内资引进实现新突破。组织和引导区县走出去招商。先后组织和协助江宁、雨花台、六合、高淳、溧水等区县赴宁波、台州、深圳、厦门、温州等市举办招商会9场,邀请客商500余人参会洽谈,推介项目150多个,签订合作协议50多亿元;引导区县和有关部门实施城区和郊县对接、存量和增量对接、技术和产业对接,走要素配置最优化、成本效率最大化、资源利用集约化的发展之路。先后协助浦口、六合、高淳等区县组织富有实效的城乡资源对接活动,邀请200多名客商参会洽谈,签订合作项目40多个,投资总额20多亿元。引导外地驻宁机构、外地在宁商会在南京发展“楼宇经济”和“总部经济”。以建邺、鼓楼、白下、玄武、下关等城区作为重点,组织一系列楼宇招商活动,先后推介和发布数10万平方米的楼宇招租信息,引导浙江浪莎集团、珠海格力集团、宁波新世纪公司等国内知名大企业到城区考察和项目洽谈。发挥优势抓合作,中心城市功能有新提升。会同上海市合作交流办完成长三角信息、规划、科技、产权交易、旅游等6个合作专题组的组织、推进、验收工作。组织参加南京都市圈汽车暨装备制造业互动发展论坛,就都市圈城市汽车制造业发展及合作方向进行研讨,并形成整合资源、促进科学、高效发展的共识。多次前往马鞍山市协调宁马IC卡互通工程,此举将实现两市公交卡异地互通。协助苏宁、苏果、中央商场、太平商场等大型商贸企业向周边开拓市场。“重洽会”期间,邀请镇江、淮安、淮南、芜湖、滁州、马鞍山、宣城等市联办“重洽会”,有效地促进区域城市间要素流动和资源共享,提升南京区域在国内外的影响力。支持苏宁电器、苏果超市、太平商场等名优企业分别在郑州、西宁、巢湖、滁州、铜陵等市成功实施扩张计划,不断扩大市场覆盖面。分别与镇江和巢湖市签订经济与社会发展全面合作框架协议,从而使南京市与周边城市签订全面合作协议增至8个。设身处地抓帮扶,对口支援工作再上新台阶。帮助重庆市万州区32名农村致富带头人来宁进行水产养殖、经济作物栽培等技能培训;启动帮助商洛市招收40名家庭贫困学生到南京进行就业培训工程。通过与市发改委和财政局等有关部门的协调,使财政预算资金比上年多安排50万元;筹措社会资金420万元,解决援助资金缺口。与市宁淮办一起,组织第八次宁淮挂钩合作项目签约大会,签订合作项目20个,南京企业投入资金总额7.3亿元,淮安市协议输出劳务2万人。与市科技局联合,组织省农科院4名专家赴商洛市开展“科技西部行”活动。帮助陕西省政府邀请南京斯威特集团、南钢集团等50余家著名企业参加该省在南京举办的第九届“西洽会”陕西省重点项目推介会。在省政府召开的全省对口支援工作会议上,市政府及市经济协作办公室分别被评为“对口支援拉萨”、“对口支援三峡”、“苏陕挂钩协作”先进集体。履行职能抓服务,外地驻宁机构管理取得新成效。分别与13个区县、250家外地驻宁机构结成联系对子,分片负责,责任到人,定期上门服务。先后帮助大庆、连云港、大屯煤电等办事处协调解决职工户口、子女入学、房屋改建等问题。狠抓《服务外地驻宁机构十项承诺》等一系列意见措施的落实工作。建成外地驻宁机构服务大厅,简化办证手续,优化服务程序,推行人性化服务理念,先后为200多名驻宁机构工作人员提供社保、医保等项代理服务。

(王达鸿)

镇江市交流与合作

【民营经济招商凸现新亮点】 2005年3月开始，全市组织“百日百团”民营经济招商活动，赴苏锡常宁、沪、浙江等地，开展一系列灵活务实的招商引资活动，取得明显效果。截至5月底，全市民营经济招商签约项目397个，总投资215.1亿元，协议利用民资188.6亿元。民营经济招商呈现出新特点：一是招商方式多样。既有全市统一组织的大型招商活动，也有以辖市区为单位的小型专题招商活动，更有以乡镇、街道、园区为主体的小分队活跃在各类招商活动中。广泛采取“敲门招商”、代理招商、网上招商等新的方式开展招商引资，并多次召开招商项目发布会，集中优势项目扩大招商声势。至5月底，全市小型专题招商活动37场次，组织小分队招商354批次。二是规模项目增多。在签约的项目中，总投资超过1亿元的项目49个，亿元以上项目总投资占全部项目总投资的比重达55.9%。总投资在10亿元以上的有3个，其中飞汛电子(昆山)有限公司在丹徒开发区投资的台湾中小企业工业园项目总投资达12亿元。三是投向园区、物流领域的项目比重增加。随着润扬大桥的通车，镇江区位优势更加凸现。“工业向园区集中”战略的实施，使外地民资加大对镇江工业集中区基础设施的投入。在49个总投资1亿元以上的项目中，有10个项目投资到工业园区及配套设施建设和物流业。四是项目的可行性明显提高。在397个项目中，签订正式合同的项目达192个，占全部项目的48.4%，合同利用民资占全部项目利用民资的63.2%。特别是在49个总投资1亿元以上的项目中，签订正式合同的项目38个，占亿元以上项目总数的77.6%。

【南京都市圈合作初显成效】 镇江与南京、扬州联手整合三市旅游资源，共建宁镇扬旅游圈，在海内外打响“宁镇扬金三角旅游牌”，形成区域旅游产业的整体优势。2005年3月，三市12家景点联合发布《2005宁镇扬区域旅游景区合作宣言》，12月，三市共同签署旅游区域联合合作意向书。

2005年5月28日，镇江以联办城市的身份，参加了2005中国南京重大项目投资洽谈会。会上镇江推出172个项目，总投资达58.61亿美元，单个项目平均规模3 408万美元。其中制造业项目67个，突出镇江化工、电子、船舶、造纸等支柱产业及产业链配套项目。基础设施项目37个，涉及城市建设、港口、桥梁、自来水厂和污水处理。南徐新城区开发建设工程是此次推出的规模最大的基础设施项目，此外还有一批卫生、教育、旅游服务业项目。会议期间，57个项目得到不同程度的推进，其中内资项目36个，总投资25.98亿元，协议利用内资24.24亿元，外资项目21个，总投资7.47亿美元，合同利用外资2.06亿美元。

【金秋经贸洽谈会成果丰硕】 2005年9月25日至27日，镇江举办2005中国镇江金秋经贸洽谈会。会议期间，共组织7场专题招商活动，即服务业重大项目洽谈会、跨国公司长三角(镇江)投资论坛、农业招商会、863科技成果转化合作项目集中签约暨院士报告会、“宁镇扬”旅游纪念品展示交易会、“长三角”—“珠三角”旅游合作镇江交流会、产业集群发展论坛。集中性活动主要有“同一首歌走进镇江”大型广场演出、重大项目集中签约和成果发布会等。本次洽谈会共发布项目185个，总投资38.48亿美元，发布科技需求信息项目30个。洽谈会期间，共签订正式合同项目246个。其中，外资项目78个，合同利用外资5.83亿美元；内资项目168个，可引进内资56.36亿元。签订科技合作正式合同65个。邀请港澳台、日韩、欧美等地客商和国内重要客商及来宾1 239人，其中外商618人，内商621人。有7家外国领事馆总领事、领事应邀参会。8位院士和一批专家学者、国家部委、省有关领导和省内兄弟城市代表也应邀参加这一盛会。新华社、人民日报、中央电视台、中国日报、中国新闻社，香港大公报、商报、文汇报以及省市主要媒体记者与会采访。

【参与西部大开发稳步推进】 积极参与西部大开发，做好对口支援西藏达孜县、陕西渭南市、湖北秭归县工作，进一步拓展与西部地区的经济合作。参加4月份在西安召开的第九届东西部投资贸易洽谈会，达成各类合作项目28个，协议项目资金总额3.93亿元。其中有两个项目参加苏陕对口支援集中签约，分别是：江苏恒顺集团与渭南市经贸委的煤焦项目，首期总投资为2 000万元；江苏丹化集团销售总公司与西安市雷丹特工贸公司的板材贸易项目，贸易额为3 000万元。全年镇江无偿援助西藏达孜县、陕西渭南市、湖北秭归县资金555.5万元，实施西藏达孜县政府大院改造项目、达孜县工业园区句容路、邦堆乡完小学生宿舍楼、卫生院、渭南市金山路(一期)、蒲城大孔乡中心小学教学楼、秭归县江苏二路一期工程等项目，市公安、科技、卫生、计生委等部门还分别出资援助达孜县公安局规范化建设项目、农村奶牛养殖项目、医疗器材购置项目等。举办两期为期一个月的渭南经济干部培训班，培训干部人数达78人。辖市(区)教育部门共捐资11万元，实施“东部地区学校对口支援西部贫困学校”工程项目，救助渭南市1 100名特困生。帮助受援地区果农销售1 000余吨价值450多万元的水果，为贫困果农脱贫增收服务。

宁波市交流与合作

【接轨上海,加快区域经济合作步伐】 2005年,宁波市以接轨上海为重点,积极参与长三角、长江沿岸、浙东经济合作区三大区域组织的合作交流,进一步促进区域经济协调发展。下发《宁波市接轨上海参与长三角合作工作职责分解》(甬党办[2005]4号),在全市形成长效推进机制。担任长三角城市协调会办公室副主任。组团参加浙东经济合作区第十五次市长联席会议,四市就继续打好"浙东牌",不断拓展合作领域,着力提升合作层次,促进四市经济社会全面发展,进一步增强合作区综合竞争力达成共识。组团参加长三角协调会第六次市长联席会议,与长三角各城市在加强区域内港口功能体系建设,促进港口、交通、信息平台等物流基础设施协调建设,配合海关实施区域通关改革、提高物流效率,推进港航企业合作等方面达成广泛的共识。江东区加强与上海在现代服务业方面的合作;慈溪市把大桥和开发区建设与接轨上海有机结合起来;象山县在上海的城市建设和水产供应方面打响品牌。全年共与上海签订合作项目29个,投资总额33亿余元,其中引进上海方资金达20亿元。

【深入实施"山海协作工程"】 2005年,宁波市根据协作地区的经济基础、资源状况和产业特点,以项目合作为中心,生产要素合理配置为主线,切实加强与舟山、丽水、衢州三市的合作交流,取得重大成果。全市新增山海协作项目105项,其中经济技术合作项目80项,协议资金80.11亿元,宁波方投入67.77亿元;帮扶项目15项,捐助资金1 327万元;劳务合作协议10项,三市通过山海协作劳务平台向宁波劳务输出近5 000人。6月,宁波市与丽水市签署《宁波丽水两市进一步加强合作会议纪要》,立足各自优势,积极推进以生态、效益农业合作,以"山海游"为品牌的旅游合作,以职教为支撑的劳务合作,以国际贸易为内容、各大会展节庆为平台的外向型经济合作以及科技教育卫生等五大重点领域合作,并就合力推进滩坑水库移民安置工作达成一致意见。7月27~28日,宁波市经贸代表团赴舟山考察访问,并在舟山举行"宁波—舟山'山海协作工程'项目对接洽谈会",两市相关部门、县(市)区及有关企业负责人共300余人参加会议;本次项目对接洽谈会宁波组织60余家企业参加,共推出合作项目意向69个,主要涉及船舶修造、旅游、海产品加工、农业、劳务合作和部分对口帮扶项目,达成一批合作意向。11月,宁波市与衢州市签订合作协议,支持衢州市利用宁波口岸优势,为衢州企业在宁波开发区、保税区、出口加工区建立外向型"窗口"企业,以及在宁波国际贸易服务平台设立"窗口"提供优质服务何优惠条件,并捐助300万元支持建设衢州山海协作工程促进中心。12月16日,舟山市委副书记、市长郭剑彪率党政代表团来宁波考察。两市就继续推进和深化在港口、基础设施、区域联动发展等方面合作达成共识,毛光烈市长和郭剑彪市长代表两市政府签署《宁波—舟山两市进一步加强合作会商纪要》。

舟山市交流与合作

【概况】 主动接轨上海、加强区域经济合作,全面融入长三角经济一体化,是舟山市贯彻省委"八八战略",发挥资源优势,大力发展海洋经济的战略选择。2005年,舟山市在各成员单位的参与、支持和共同努力下,在接轨上海参与长三角合作与交流方面做了大量工作,取得了一定成效。

【对口考察】 组织有关部门对上海及长三角地区进行考察调研,通过上海合作办的介绍联系,舟山市咨询委对上海有关部门进行了调研。定海区政府组织的企业代表团考察了泰州、南通、常州等地的船舶、船用配件企业,为舟山的船配产业和船配市场发展起到推动作用。

【参与区域合作交流】 积极参与以上海为龙头的长江三角洲城市经济协调会活动。长三角城市经济协调会第六次会议于2005年10月在南通举行。舟山市副市长陈宗尧代表舟山签署了《长江三角洲地区城市合作(南通)协议》,确定2006年设立港口、通关、人才三个新的合作专题。

【合作项目】 2005年,在继续加强在经贸、人才交流、招商引资、旅游开发等方面的合作,同时还在下述方面开展交流与合作:

——在工业方面:重点突出船舶配套产业、临港重化工业的合作,吸纳上海市适应我市的产业特点和生态要求的产业转移。

——在港口方面:积极配合上海国际航运中心洋山深水港建设,洋山深水港一期工程正式投入运行。加快完成老塘山三期码头的扩建工程，进一步开发中转资源，在“海进江”以及“江出海”的物资转运上，力争成为长三角地区的重要港口，不断提高码头的通航能力，为接轨上海参与长三角合作提供有力保障。

——在口岸管理和开放工作方面：加大口岸开放工作力度，启动了上海宝钢马迹山矿砂中转码头二期工程的开放申报论证勘察工作，启动了上海乐惠房地产公司投资合作舟山口岸联检大楼和国际海员俱乐部项目建设，争取在2006年底前竣工使用。

——在科技合作交流方面：借“舟山国际海洋生物论坛”之际，邀请上海知名专家到我市讲学座谈，开拓舟山企业家的思维，发展新的高科技企业。在浙江省举行“山海协作工程”会议期间，举办了科技兴海成果展览，邀请上海科研机构来我市展示高新科技成果，促进舟山企业合作开发项目或共同组建高新技术企业研发中心。充分利用上海在人才、信息、成果和科研设施等方面的优势，着力培养拥有自主知识产权的高新技术企业和高新技术产业。利用网上技术市场，发挥科技中介服务机构的作用，使之成为与上海进行科技合作的主渠道。

——在教育合作方面：积极加强与上海有关学校的合作，在师资培训、学术交流、师生互访、合作办学等方面进行全面接触，签订接轨协议。2005年选派了6名学校干部到上海学校挂职锻炼，组织2期培训班30名左右的学校校长及后备干部到上海培训学习。举办各类大型研讨会，邀请上海名师来我市讲学，交流经验。邀请到了上海专家来我市对学校发展性教育督导评估工作进行实地指导。举办了第一届“舟山国际少儿沙雕夏令营活动”。

——在文化体育合作交流方面：组织参加长三角地区的各种群众文化论坛与交流，开展舟山渔民画作品在长三角地区的展示与交流，扩大舟山锣鼓在长三角地区的影响和作用，传授技艺。做好长三角地区体育圈的全民健身工作。同时，邀请到了上海市参加举办“全国沿海城市渔歌大赛”。

——在卫生医疗合作方面：在继续巩固原有合作的基础上，开辟新的合作项目，2005年舟山市精神病医院与上海心理咨询中心签约成立舟山市心理咨询中心，由上海专家定期到舟山坐诊，开展重大学术讲座、科研课题指导等。

——在旅游合作领域：舟山紧紧抓住接轨上海融入长三角的历史机遇，充分发挥海洋旅游的优势和特色，广泛开展与上海等长三角城市在入境旅游、旅游促销、旅游线路开发等发面的合作，携手开发和建设一批跨行政区域的具有核心竞争力的国际旅游精品线路，推动长三角旅游城市无障碍旅游区建设，完善城市旅游服务体系，共享旅游信息。同时积极开展招商引资工作，已经有一批上海等长三角地区的高档旅游项目落户我市。组织旅游系统单位赴上海及长三角地区开展旅游宣传，旅游促销等活动，使我市旅游业的发展更上新的台阶。

上海市城乡建设与环境保护

【概况】 2005年,上海市全面推进枢纽型、功能性、网络化重大基础设施建设。上海国际化航运中心建设实现重大突破,洋山深水港一期顺利建成,港口年集装箱吞吐量稳居世界第三,货物吞吐量跃升全球首位。上海航空枢纽港建设取得新进展,浦东机场扩建全面启动,第二跑道投入使用。铁路枢纽加快建设,上海南站基本建成,浦东铁路一期开始发挥作用。高速公路网络框架基本形成。轨道交通基本网络建设加快,前期工作取得重大进展。中心城快速路网进一步完善,中环北段和西段向社会开放通车。

【城市管理和公共服务】 顺利完成第二轮环境保护三年行动计划,中心城河道基本消除黑臭,生活垃圾无害化处置率继续提高。住房保障受益面继续扩大。开展城市运行安全隐患整治,积极应对油价上涨影响,有序组织防汛抗台和"迎峰度夏",保证了城市平稳运行。正式开通"12319"城建服务热线,方便市民投诉、咨询、报修。加强应急管理,开展东海搜救演习、洋山开港保安演习、禽流感防控工作。强化安全监管,有效防止重特大事件的发生,邮政网点、公交服务、郊区集约化供水等公共服务和建筑农民工权益保障实现新的延伸。

【重大工程建设】 2005年,上海市重大工程建设完成投资607亿元,有9个项目开工,在建项目推进平稳,25个项目建成或基本建成。

一批枢纽型、功能性、网络化重大基础设施建设取得进展。①航运中心构架基本形成;②枢纽型项目加快,综合型陆上枢纽的"南大门"上海铁路南站及配套工程基本完成、浦东国际机场第二跑道投入运行、浦东铁路南段工程和芦潮港铁路集装箱中心站同期建成、洋山深水港货物到港后,通过芦潮港铁路集装箱中心站直接往全国发送,有效满足了快速增长客货流量的需求。③网络交通项目建设初见成效,高速公路建设"153060"目标基本实现,A30南环、A6新卫高速、A7亭枫高速等项目建成通车。轨道交通网环状运营格局初步建立,7号线按期开工建设,4号线与3号线实现"C"字形共线通车。交通排堵项目建设加速,中心城快速道路系统更加完善,翔殷路越江工程按期建成通车,上海长江隧道工程全面展开,上中路越江工程有21公里实现通车。④环境、能源项目建设节点达标,产品更新加快。

【环境保护】 2005年,上海环境保护工作以全面推进第二轮环境保护三年行动计划顺利完成和编制"十一五"环境保护规划及第三轮环境保护三年行动计划为重点,进一步加大了环境保护和建设力度。上海的环境质量明显改善。空气质量二级或优于二级天数88.2%,吴淞工业区烟尘排放量比整治前减少70%,中心城区绿化覆盖率37%,人均公共绿地11平方米,环境保护投入资金281亿元,占同期全市GDP比例3.07%。

【编制《上海市"十一五"环境保护规划》和《长江三角洲区域环境保护规划》】 《上海市"十一五"环境保护规划》围绕上海基本形成"四个中心"框架目标,确定到2010年基本建成生态城市框架体系,形成较为完善的环境基础设施基本格局,全市污染物排放总量与环境承载力相匹配,绿化布局和结构合理,自然生态系统健康发展,环境质量明显改善,环境舒适安全。到2020年,全市环境质量达到同类国际化大城市的水平。使上海成为天更蓝、地更绿、水更清的舒适城市,污染全面控制的环境友好型城市,全民共同努力的资源节约型城市,人与自然和谐的生态城市。

《长江三角洲区域环境保护规划》明确了工作重点是对江浙沪省(市)界附近地区相互矛盾的水、大气环境功能区进行调研分析,组织协调、并提出环境功能区调整方案;通过规划编制和实施,建立长江三角洲区域环境质量简报,以定期发布长江三角洲区域环境质量简报及省(市)界断面环境质量数据,并构筑区域环境信息交流平台。

南京市城乡建设与环境保护

【概况】 2005年,南京市确定"一围绕、三强化、五突出"的城建工作总体思路。即全年工作围绕"迎接十运会,建设新南京"为主题,强化责任意识、质量意识、奉献意识,突出做好环境整治、百姓工程、新区建设、十运项目和城建管理工作,实现"设施优良完善、交通畅通有序、环境优美怡人、文化特色显现、市容市貌清洁、管理服务一流"的目标,以崭新的城市面貌迎接十运会召开,全年城市建设总投资301亿元。

【老城30片绿地建设全面完成】 为迎接十运会,逐步实现老城区"居民出行300米,步行5分钟即有绿地"的目标,全市按照老城绿地统筹规划,结合城建项目、地块改造和老城拆迁、拆破、拆旧,开展老城范围内的绿地建设。2005年,全市全面完成"绿色南京"重点工程及老城范围内21片绿地建设任务。此外,还超额完成明故宫广场、鼓楼广场多媒体通信楼周边地块、鼓楼广场西北角地块、通宇门前地块、金碧小游园等9片绿地建设任务,占地面积达22万平方米。

【明城墙风光带环境整治工作年度目标全面完成】 实施明城墙风光带建设六大重点项目,投资约7亿元,整治长度超过4公里。主要任务:解放门至武门段城墙内侧环境综合整治,拆除影响景观建筑,综合整治环境,美化亮化玄武门;月牙湖光华门至友谊村段综合整治城墙外侧环境,全长870米;汉中门景区,实施汉中门地区主要节点景观整治等。至9月底,六大重点项目拆迁安置工作基本结束。

【完成十运会房屋整治】 围绕南京奥体中心、五台山体育场馆等十运主要场馆,金陵饭店、玄武饭店等交通主干道迎街两侧的房屋实施整治出新。整治工作总量为1 310幢(市计划安排982幢,区计划安排328幢),集中在内外秦淮河、太平北路、中山南路、虎踞路沿线、赛虹桥立交、双桥门立交、五台山体育场、月牙湖周边范围,使6万户居民直接受益。整治资金1.8亿元,其中市政府筹资1.3亿元,各区政府按照分解项目自筹乘余资金。

【地铁建设】 2005年,南京地铁一号线经过4年多的建设,一次性通过工程初步验收,9月3日通车试运营。作为十运会的配套工程,地铁一号线在十运会的客流疏散中发挥了重要作用,并在开通不久经受住国庆"黄金周"的大客流考验,创造32万人次的单日最高客流纪录和1小时成功疏散3.5万客流的佳绩。年内,地铁一号线采购的20列列车到货17列,其中12列上线运营,高峰时段行车间隔6分钟。地铁一号线资源开发在一号线开通后4个月内取得约2 500万元收益。地铁二号线(试验段)12月开工建设,工程可行性研究报告已经完成,开展以讯息工期图进行招投标的工作,征地拆迁调查工作基本完成。一号线南延线的筹融资模式和工程实施模式基本确定,工程2006年开工建设。

【城市发展规划】 10月,南京市召开全市城市规划工作会议。规划编制工作取得长足进步。全年完成和基本完成规划编制任务70项,市政规划项目39项。控制性规划全覆盖的目标基本实现。市规划局全年基本完成21个控制性规划的编制,规划覆盖面达325平方公里,加上往年覆盖量,控制性规划覆盖面接近800平方公里,基本实现近期建设地区规划初步覆盖。改变过去无详细规划蓝图指导建设发展和管理的被动局面,实现规划管理从"依据经验为主"向"依据法规规定+规划成果为主"的转变。

【侵华日军南京大屠杀遇难同胞纪念馆扩建工程方案征集】 纪念馆整个基地东西狭长型,根据规划扩建工程现有纪念馆的东西两侧进行,扩建后纪念馆总用地面积达7.4万平方米,其中新增用地5.2万平方米;扩建后总建筑面积达2.25万平方米,其中新增面积2万平方米。江苏省、南京市政府成立扩建改造领导小组,明确建设设计要突出"历史、和平、开放、未来"主题,建成侵华日军南京大屠杀的重要遗址、爱国主义教育的重要基地和世界著名的战争灾难纪念馆,同时应满足纪念馆功能要求。

南京市规划负责扩建工程概念方案国际征集的组织工作,选定12家专业水平和学术声誉一流的设计单位参与,其中境外3家,分别是美国Stevn Holl Ar-chitecs、英国AS建筑工作室;境内9家分别是清华大学建筑学院、天津大学建筑学院、同济大学建筑与城规学院、东南大学建筑学院、华南理工大学建筑学院、重庆大学建筑城规学院、哈尔滨工业大学建筑学院、南京大学建筑研究所以及深圳市建筑设计研究总院。6月,南京规划委员会评选出前三名的方案,第一名是华南理工大学方案,第二名是英国方案,第三名是清华大学方案,经综合考虑,华南理工大学方案被确定为实施方案。

【园林绿化】 2005年,南京新增绿地100多公顷,其中公共绿地700公顷,全市新增乔灌木1 386.78万株、绿篱29万米、垂植绿化43.6万株,草坪地被247.45万平方米、草花149.42万盆、大树14.69万株。成功举办首届中国绿化博览会。

【环境保护】 2005年,南京环境保护工作以全面完成"十五"环境保护计划、以优良的环境质量迎接十运盛会为主线,推动各项工作取得新的进展和成效。

深入推进工业污染防治和新型工业化的建设,基本保持增产不增污染的态势。全市投资约4亿多元,完成梅山冶金公司、南钢集团等一批重点工业的废水循环利用和工业废水废气与粉尘治理和升级改造工程,完成南京第二钢铁厂等14家企业的污染限期治理。全年审批工业建设项目535个,其中环境保护投资占项目投资的近10%。城市环境综合治理取得新成效。以新修订的《南京市大气污染防治条例》为法律依据,以控制城市扬尘为重点,在市政府城市扬尘综合治理监督工作领导协调小组的统一部署下,对城市的各类建设工地、渣土运输等重点尘源,采取密目、覆盖围挡、湿法作业、封闭运输等拔火罐措施,控制扬尘的污染。在城市建设规模空前大,建设工地达到近3 000处的状况下,工地扬尘得到最大限度的控制,新规定"禁燃区"内,完成101台燃煤锅炉使用污渍能源的改造。严格按国家颁布的新车环境保护达标名录同步实施新车上牌许可制,投资25亿元的外秦淮河综合整治一期工程基本完成,特别是污水截流工程、引水补水工程、生态水位调节工程、沿岸工业污染源治理提升改造工程相继完成,使秦淮河环境得到明显的改观。

苏州市城乡建设与环境保护

【城市重点项目建设】 2005年苏州基础设施建设继续得到加强,城市功能进一步增强和完善,全市电力、交通、市政公用等基础设施投资487.85亿元,占全社会投资的26.1%。根据2005年初确定的重点项目计划目标,各相关部门加强对重点项目的组织、管理和指导,努力为项目的顺利实施创造条件。全市111项重点建设项目完成投资403亿元,超额完成年初确定的投资计划目标。70项重点基本建设项目,作为重点考核项目共完成投资303亿元。其中:26项建成项目完成投资155亿元,超额完成年度计划工作量;22项续建项目完成投资107亿元;22项新开工项目完成投资41亿元。

2005年实施的发电和输配电等重点能源项目18项,完成投资157.4亿元。随着常熟华润电力、张家港华兴电厂以及500千伏太仓环境保护电厂送出工程、500千伏张家港至徐行线等工程竣工并投入使用,到2005年底,全市发电机装机设备容量达到1 277万千瓦,拥有110千伏及以上的变电站187座,变电容量3 010万千伏安。

2005年列入市重点项目的交通项目有绕城公路西北段、苏沪高速公路、苏昆太高速公路等12项,完成投资81.7亿元,随着沪宁高速公路改扩建、苏沪高速公路、苏昆太高速公路、绕城高速公路西北段、312国道苏州段拓宽、锡太一级公路、东环路快速干道北延和227省道分流线二期工程的建成,全市年末高速公路总里程达432公里,"一纵二横、一环二射"高速公路网基本建成;全市公路网总里程达6 992公里,建成高速公路枢纽9个、互通43个,大交通瓶颈基本消除。苏州港建设投资完成投资15.8亿元,新增万吨级码头泊位16个。

市政建设加快,城市环境园林化。2005年苏州市实施的重点城建项目24项,实际完成投资37.6亿元。一批污水处理和垃圾无害化处理项目的建设,以及环太湖休闲旅游工程的建设,使苏州真正成为园林生态城市。

2005年,全市实施重点社会事业项目16项,完成投资26.4亿元。包括苏州工业园区独墅湖高等教育区、苏州市国际教育园、相城区城区配套中学、常熟市职教中心、吴江市图书馆与档案业务用房等。

【城市房屋拆迁】 2005年市区批准拆迁项目43个,批准拆除面积58.16万平方米,批准拆迁户数3 025户,均比上年有较大幅度下降。完成拆迁中长期规划和年度拆迁计划的编制工作。出台《苏州市城市房屋拆迁许可听证办法》,全年市区共开展拆迁听证5次、裁决前听证86次、行政强拆听证40次。

【工程款清欠工作】 截至2005年10月底,苏州市提前完成省政府下达的1 037个项目152 971.85万元拖欠工程款的清欠任务,其中政府投资项目完成清欠75 112.46万元,房地产开发项目完成清欠14 725.53万元,其他项目完成清欠63 133.86万元。全市推行建筑业企业工资支付担保办法;规范建筑业企业用工行为,要求建筑业企业编制"劳务作业人员工资结算表",建立劳务作业人员名册,向劳务作业人员发放"建筑劳务作业人员工作卡"。明确工资发放要做到"三个确保",即:确保已获得的工程款优先偿付民工工资、确保民工工资真正发放到民工手中、确保不发生因民工工资问题而引发集访事件。城区共受理民工上访投诉事件81起,涉及民工1 420人,清欠工资额601万元。

【环境保护】 2005年,全市环境保护工作围绕环境保护"十五"计划和实现小康社会环境质量综合指数的目标,狠抓污染的综合防治,积极开展生态市建设,大力发展循环经济,解决群众身边的突出环境问题。

2005年,全市环境质量不断改善,环境质量综合指数达到84.45。污水处理能力达到185.57万吨/日,12个集中式饮用水源地水质达到Ⅲ类水质以上标准,全市二氧化硫、二氧化氮浓度均达到国家环境空气质量二级标准,二氧化硫年均浓度下降11.1%;城市声环境进一步改善,噪声达标区覆盖率达100%,4类区夜间等效声级年均值从64.2分贝下降到52.4分贝;固体废弃物处置及监管工作进一步加强,工业固体废物综合利用率达到96.88%;核与辐射环境安全得到巩固和提高,初步建立放射源的监督管理体系;城市总体布局和产业结构得到进一步调整。

【生态市建设】 2005年,《苏州生态市建设规划纲要》得到进一步修订和完善,并于2005年10月21日经市人大常委会审议批准实施。同时完善生态市建设的技术支撑体系,编制了《苏州生态市建设规划纲要行动计划(2005~2007年)》、《苏州生态市建设规划纲要实施方案》和生态市建设指标测算结果等,将生态市建设任务具体化、项目化、时限化。全年加大生态市宣传力度,举办"苏州生态市建设巡视展",每月编制印发《苏州生态市建设工作简报》。9月下旬,张家港、常熟、昆山3个市创建全国生态市通过省级调研。

2005年全市有23个镇创建全国环境优美镇工作通过省级调研考核,有15个镇的环境规划通过省环保厅组织的专家评审,116个村创建省级生态村通过市级调研考核。常熟市海虞镇创建全国环境优美镇通过国家环保总局的复核。

【循环经济】 2005年江苏省环保厅对全省第一批108家循环经济建设试点单位总结评估,苏州市报送的28家全部顺利通过。苏州市有3家单位为江苏省循环经济建设示范单位,有3家单位为江苏省循环经济推进先进单位。全市共有4个省级以上开发区完成生态工业园建设规划编制。其中,苏州高新区、张家港冶金工业园被国家6部委列入全国试点单位。江苏省循环经济第2批试点128个单位中,苏州列入28个。苏州市循环经济推广中心成立,构筑信息平台,积极开展国际和国内交流合作。

【城市环境综合整治】 2005年,苏州市加强城市环境综合整治工作。

1. 水环境综合整治。苏州市太湖水污染防治工程项目的十大类71项工程项目,已完成67项,在建4项,完成和动工率为100%,实际完成投资额60.57亿元。其中污水处理厂建设项目41项,已完成40项污水处理厂建设项目,完成率97.6%,新增污水处理能力92.8万吨/日,未完成的1个污水处理厂也已开工建设。太湖水污染防治"十五"计划中的30个断面水质达标率为79.3%,与上年同期相比,提高近43个百分点。继续扩大支管到户的污水截流区域,到2005年底工程已敷设458公里排水管道,其中污水管道348公里、雨水管道110公里,分别完成计划量的87%和69%。同时,接纳300多家企事业单位、110座公厕的污水。城市日污水处理量达到22万吨,年处理总量超过6 000万吨。

苏州市阳澄湖水污染防治2005年行动计划实施方案中列入实施方案的十大类37项工程,已完成35项,基本完成1项,在建1项。

强化畜禽养殖、渔业生产污染治理和农业面源污染控制,全市已有150多个规模养殖场开展污染治理,其中112个通过验收,关停35家,搬迁8家。进一步压缩太湖、阳澄湖网围养殖,清理网围230只、非法笼梢685条,拆除非法私放网围1起。开展阳澄湖船餐整治,昆山市106条餐饮船集中迁入市场,统一敷设污水管道,实行污水集中处理。

积极开展工业污染防治,认真落实《环境影响评价法》和《清洁生产促进法》,将太湖水污染防治纳入国民经济和社会发展的总体规划,在产业结构、布局、产品结构调整中,着力解决结构性污染问题,促进经济增长方式的转变,并以此作为推进全市太湖水污染防治工作的重要手段。同时,继续进行纺织、印染、化工、电镀行业专项整治,积极推进重点污染行业采用先进生产工艺的技术改造。

全力做好盛泽镇的水环境综合整治工作,采取严格控制排污总量、积极争取环境容量、加强环境保护执法、完善应急预案、调优产业结构、全面整治控制污染等手段,有效改善交界断面水质,提高环境质量。

进一步加大太湖、阳澄湖、长江主要饮用水源地水质保护力度,对水源地保护开展专项执法大检查,确保达到或优于三类水,确保全市饮用水水质安全。认真实施《苏州沿江地区综合开发生态环境保护规划》,科学安排沿江各类开发活动,对各类开发区建设和各个建设项目逐一落实环境保护治理措施,严格控制污染物向长江排放。

经过水环境整治,12个集中式饮用水源地水质达到Ⅲ类水质以上标准,市区主要河流水质综合污染指数均有不同程度下降,污染程度有所减轻;全市30个点位水质达标率为82%,比上年同期提高45个百分点。

2. 大气污染控制。全面实施控制酸雨和二氧化硫"十五"计划,建立了两控区脱硫重点项目进展月报制度。采取多种方式督促、协助企业共同做好脱硫项目的建设工作。国家和省两控区"十五"计划中,已建成15家,占总数的60%,在建10家,占总数的40%,在建项目主体工程也已完成。积极做好淘汰高污染燃煤锅炉工作,2005年列入市政府实事的淘汰30台高污染燃煤锅炉完成35台。按照欧Ⅱ标准控制汽车尾气污染物排放,市区全部禁止燃油助动力车行驶。加强餐饮油烟污染的治理,加强地面扬尘和车辆废气污染的防治、管理等措施。经过整治,2005年,全市空气质量良好以上天数比上年增加14天,达到320天。

3. 固体废弃物处置。固体废弃物填埋场建设正式启动,固体废弃物处置及监管工作进一步加强,工业固体废物综合利用率达到96.88%。

4. 噪声污染控制。强化建筑施工、道路交通等噪声污染治理,市区环境噪声达标区覆盖率达到100%。

【完善环境保护执法责任制】 2005年,全市进一步加大环境保护执法力度,维护群众环境权益。全市共开展现场监察42 000厂次,确定挂牌督办环境违法案件130件,立案查处各类环境违法行为98件。环境保护热线电话"12369"坚持365天天天接警,24小时时时处警。严格执行环境保护法律法规和相关产业政策,不断加强建设项目的审批和"三同时"管理,从源头上控制污染物排放。全市完成1 600个"三同时"项目竣工环境保护验收工作,拒批、劝退373个污染重、不符合政策以及选址不当建设项目。

【城市绿化】 2005年,市园林和绿化管理局根据市委、市政府确定的创建国家生态园林城市的目标,研究制定《苏州市创建国家生态园林城市实施方案》,以修编的《苏州城市绿地系统规划》为依据,积极适应城市化发展进程和启动创建国家生态园林城市工作,切实抓好绿线的控制管理,实现新增绿地480.3公顷,完成年度计划任务450公顷的106.7%。至年底,市区绿地率、绿化覆盖率、人均公共绿地分别达到34.6%、40.2%、9.8平方米,超额完成了苏州市"两个率先"中小康社会绿地指标的目标。

2005年初,市政府提出到2008年苏州市区创建国家生态园林城市的目标,为此,市政府下达当年新增绿地450公顷的实事工程任务。至年底,市区新增绿地480.3公顷,完成计划的106.7%。主要建成友新路高架,玲珑湾,风之国,东沙湖公园(二期),金鸡湖A、B岛,马涧生态园和太湖大道等绿化景观工程。从而使市内建成区绿地率达到34.6%,绿化覆盖率达到40.2%,人均公共绿地达到9.8平方米,超额完成苏州市"两个率先"中小康社会的绿化指标要求。

【"姑苏园"获中国绿博会金奖】 由全国绿化委员会与江苏省人民政府联合主办的首届中国国际绿化博览会,于9月26日至10月16日在南京市新辟的"绿博园"举行,国内以各省、市、自治区为参展单位。苏州市作为惟一的地级市被特邀参展,并由园林和绿化管理局负责室外景点的设计和施工,参展景点为"姑苏园"。"姑苏园"占地1 560平方米,采用苏州古典园林的造园手法,以植物造景为主,营造自然、典雅、具有江南水乡特色的生态园。经评定,"姑苏园"获室外景点金奖。

无锡市城乡建设与环境保护

【概况】 2005年,无锡市实施"打造山水名城、共建美好家园"新三年城市建设行动纲要的开局之年,全市城市建设工作按照科学发展观和城乡统筹发展的要求,以科学规划为指导,突出道路基础设施和环境建设,改善人居环境,加强城市管理,使城市建设在国家宏观调控的大背景下保持健康发展的势头,圆满完成了全年各项建设任务。各类规划超前编制,城乡布局体系更趋合理,围绕新三年城市建设发展行动纲要及"九大工程"目标,加快编制近期实施项目的规划,推进城市资源要素的集约优化利用。包括综合交通规划、惠山保护建设规划、青龙山保护建设规划、太湖新城核心区概念规划、藕塘职教园区规划以及清名桥历史街区保护建设规划、太湖广场及周边地区城市设计等在内的各类建设规划和城市设计基本完成,保证了一批重点项目的启动实施。工业布局调整规划和现代服务业规划等重点专项规划也相继完成。重点功能片区规划进一步深化,为推进城区重点开发建设,优化配置城区土地资源,整合城区功能指明了方向。农村规划编制及管理有所加强,全市范围半数以上村庄的控制性详细规划均已完成,为农村现代化建设和发展提供了科学的依据。

【城市道路建设】 城市道路建设成效明显,路网结构进一步完善。大交通建设积极推进,区域性交通枢纽地位日益凸显。无锡机场扩建工程全面推进,新辟航线5条,年进出口港旅客人数超过60万人次,货邮吞吐量比上年增长69.9%,312国道改建扩建工程建成通车,沪宁高速公路扩建工程无锡段南半幅率先在全线建成通车。高速公路密度和等级公路在省内领先水平。芜申运河宜兴绕城段建成通航,锡溧漕河、锡十一圩线的航道整治工程按计划推进,内河通航能力得到明显提高。

【环境保护】 环境保护和建设协同并进,城市面貌和环境质量取得明显成效。太湖饮用水源地保护取得明显成效,贡湖、小湾里等集中式饮用水水源地水质达标率100%;滨湖新城污水处理厂一期工程基本完成。蠡湖综合整治工程全部完成,梅梁湖和直湖港、小溪港等出入湖河流整治深入实施,古运河一期工程完成截污、清淤、河床整理和驳岸整修、城市河道和小河浜综合整治分批实施,市区河道水环境明显好转;推进城市烟尘控制区、环境噪声达标和清洁能源区建设,加快淘汰城区摩托车、助力车,提高生活垃圾处理能力和工业固体废弃物处置能力。"绿色无锡"建设加快推进,蠡湖新城中央森林公园启动段、十八湾景观工程初步完成,梁溪河整治工程全面开工建设,沿河一半以上驳岸建设—环境绿化已经完成,隐秀苑、新梁溪人家、金色江南二期等小区的沿河景观基本建成。至年底,全市环境质量综合指数达到80.4,空气良好天数占总天数的比例达到88.5%,全市森林覆盖率升至20.3%,城市绿化覆盖率升至40%,人均公共绿地面积增加到10.1平方米。

(夕　阳)

常州市城乡建设与环境保护

【城乡建设】 城市设施建设。重点项目进展迅速,基础设施日趋完善。沪宁高速常州段扩建、312国道和239省道改扩建工程建成通车,录安洲夹江大桥主桥合龙,常宁高速、扬溧高速和新运河建设进展顺利,常州民航机场改造工程加快实施。境内高速公路通车里程达到117公里,每百平方公里密度达到了2.7公里。城市基础设施建设取得新成绩,外环路、青洋路等改扩建工程顺利完成,长江路、常焦路等骨干道路建设按计划推进,常州—金坛供水工程、城市生活垃圾卫生填埋厂二期、江边污水处理厂一期等公用设施建成投运,生活垃圾焚烧发电项目动工兴建,武宜运河武进段拓浚、藻港河南段整治等城市防洪工程全面完成。老住宅小区整治成效明显，全年整治15个老小区120万平方米，改造拆迁危旧房1 500户。公用事业快速发展，服务水平不断提升。全年新辟公交线路4条，调整延伸13条，新增公交车231辆，新增出租车200辆。至年末，全市公交线路达到71条，公交运营车辆2 105辆，运营出租车1 842辆。全年市内公共交通客运量2.2亿人次，比上年增长20.7%。公用事业综合服务水平不断提高，全年完成自来水“一户一表”改造2.8万户，市区管道燃气用户达17万户，新增3万户，城市供气气化率为92%，上升1.2个百分点。全年市区供水总量3.2亿立方米，其中居民生活用水1.4亿立方米，自来水普及率达92.7%。全市生活污水年处理能力为36.5万吨，比上年增长37.7%，污水处理率达66.2%。城区照明亮化工程稳步推进，年底城市路灯总数达8.6万盏，比上年增长7.7%。全社会用电量182.7亿千瓦时，增长20%，其中城乡居民生活用电14.9亿千瓦时，增长16%。

【垃圾产业化处理】 切实加强了对固体废物的管理，按照减量化、资源化和无害化的原则，进一步加大固体废物综合利用和处理、处置力度，工业固体废物综合利用率继续保持较高水平，生活垃圾无害化处理和危险废物处置均得到加强。市区工业固体废物年产生量为267.6万吨，年综合利用量261.8万吨，工业固体废物综合利用率为97.8%。市区工业危险废物年产生量为5.9万吨，综合利用量3.6万吨，处置量为2.3万吨，其中集中处置量为4 900吨，无危险废物排放。市区生活垃圾年产生量为45.6万吨，生活垃圾经卫生填埋、焚烧、堆肥处理量为42万吨，无害化处理率为92.1%。年末全市拥有居民生活垃圾压缩收集站处理和综合处理站35座，生活垃圾清运量31.4万吨，生活垃圾无害化处理率达100%。年内完成危险废物经营许可证单位的年审，办理危险废物交接转移申请235件；生活垃圾无害化处理系统日臻完善，夹山生活垃圾卫生填埋场二期工程竣工投运，垃圾焚烧发电项目已开工实施。

【村镇建设】 农村经济进入高速发展期。总收入超过2 800亿元，增幅连年稳定在20%以上。农业产业化进程进入全面收获期。“十一五”以来，建立国家级、省级农业示范基地9个；规模经营农业园区130个；各类农产品龙头企业1 000余家；年成交额超亿元市场20个；346家农民专业经济合作组织带动18.2万农户走上致富路。农民收入进入持续增长期。人均年纯收入年均增长超过10%。农民生活质量进入稳定提高期。茅山革命老区3 500多农户的草危房改成新瓦房；93.4%的农民享有医疗保险；农村孩子全部得到义务教育；村村通上公路和电视电话，农民足不出镇就可享受各种文化娱乐活动。

【设施建设】 农村公共设施日臻完善。农村自来水普及率达98%；农村公路改造1 407公里，总投资11.8亿元，乡村道路建设和改造任务两年完成；59个建制镇城市化率达56.1%，建成省级示范小城镇12个，建成农民住宅12 212万平方米，供水管道3 604公里。

【农村住宅建设】 按照适度集聚、节约用地、有利生产、方便生活的原则，积极稳妥地推进农民住宅集中布局，实施农民居住示范点建设工程。五一村、新华村、狄坂村等一批现代化农村居民点迅速崛起，新北、钟楼、戚区、横山桥镇及20个市级现代化先行示范村的“城乡一体化建设”试点工作进展顺利。卜弋镇殷村专门邀请省内建筑设计专家，规划设计了380栋农民公寓和农民别墅，使村民全部入住现代化住宅小区。

【农村劳动力转移】 在促进农村劳动力转移工作中，常州初步形成了“政府推动、部门服务、社会关爱、农民受益”的机制，尤其是在拓展培训渠道和创优就业环境两方面的工作，走在了全省前列。围绕发展一方经济、实现农民增收，积极实施“五件实事”，着力加快农村劳动力转移步伐，不断加大农村劳动力转移培训和农民实用技术培训工作，增强农村自身的“造血”能力。2005年，全市农村的小学、初中入学率达到100%，教育部门实施的“5112”教育富民工程确保了农村从业人员的年培训率在45%以上，每年有4万农民经过培训实现就业转移。紧密结合劳动力市场的实际需要，坚持以技能培训为抓手，创新培训方式，拓宽培训渠道，以5种培训方式全面提高农村劳动力的就业创业能力和岗位竞争能力。市妇联利用新巾帼培训基地，开展适合妇女工作的服装、印染、家政、烹饪等培训班，几年来实现培训3万多人次；常州市文化宫业余科技学校、常州兰生数控职业培训学校等社会培训机构，主动为企业送教上门；江苏建设高等职业技术学校面向全省建设行业，开展以农民工为主的职业技能、就业准入、上岗资格和紧缺人才培训，2005年有3 000多名建筑行业的农民工接受了上岗资格培训，有4 000多人接受了各类技能培训。

每年，8所技工学校面向苏北地区招生均在千人以上，采取各种模式进行合作办学。常州大学城高职基地在校生6.2万人，其中40%为苏北生源；常州轻工职业技术学院三年来在苏北招生4 500人。2005年常州、盐城两市搭建合作培训模式，由盐城培训机构与我市企业签订委托培训协议，实行“订单式”、“定向式”培训，并定向往常州输送。截至2005年末，我市已向盐城市提供了105万元，实施“付费式”培训1.5万人。培训机构紧紧抓住新办企业的用工需求，在茅山老区组织劳动力培训。如金坛市茅麓镇通过培训，一次性与该镇有关企业达成了2 000多人的劳务用工协议。薛埠镇为常州市一家企业两次定向培训输送农民工1 600余人。

近年来，常州积极营造进城务工人员和谐的生存、就业环境，保障他们的市民待遇。政治上一视同仁，常州有30.2万名外来务工人员参加了工会组织，占全市工会会员总数的57.9%。一大批外来务工人员被评为各级劳动模范、职工技术状元，还有不少人走上了企业的管理岗位。就业上公平对待，建立了城乡一体的就业管理制度，彻底取消了对农村劳动力和外来务工人员进城就业的限制性政策规定，实现了进城务工人员的“零收费”，并可享受公共职介机构提供的求职登记、进场应聘、信息查询等全程免费服务。生活上排忧解难，武进高新区、青龙、北港等地建造了新市民公寓及各种配套生活文化娱乐设施，入住进城务工人员已近万人。市总工会在全省率先成立了进城务工人员服务中心，推出免费为进城务工人员办理二年、送一年人身意外伤害保险，对进城务工人员重大工伤者上门慰问救助等5大服务举措。学业上同等关心，全市公立学校义务教育阶段都必须向外来务工人员子女开放，截至2005年底，全市各类公办学校吸纳流动儿童6万余人，占在常流动儿童总数的69%；并设立了8所公办蓝天学校让流动儿童集中上学。市总工会专门出资40万元在天宁、钟楼合作开办两所"五一"蓝天小学。权益上同等保障,2005年帮助追讨民工工资925.3万元,清退风险抵押金187.2万元,补签劳动合同3.16万份;同时,将外来民工纳入社会保险范畴,使他们能享受与城镇职工相同的社会保险待遇。市区两级职工困难援助中心援助对象扩展到外来务工人员,工会设立的十大会员基地全面向外来务工人员开放。

【房地产业】 2005年,在国家连续出台宏观调控措施的作用下,我市房地产市场逐步降温,开发投资得到有效控制,增长速度明显回落。与此同时,市场供求关系逐步趋向平衡,商品房价格涨势明显回落,房地产业发展更加理性健康。投资总量再创新高,增长幅度逐步回落。全年房地产开发完成投资首次突破百亿元大关,达到114.3亿元,同比增长16.7%,但增幅比上年大幅回落68.8个百分点。年底全市在建商品房施工面积为1 246.1万平方米,达到历史上最高水平,比上年增长25.7%。由于前两年开工建设的商品房逐步进入交付期,全市房屋竣工面积开始出现大幅上升,全年商品房竣工面积达520.7万平方米,比上年增长108.0%。值得一提的是,虽然商品房施工和竣工面积都快速增长,但商品房屋新开工面积却有所下降,全年达483.2万平方米,比上年下降15.7%。全年商品房屋销售面积达302.0万平方米,比上年增长27.7%。在国家一系列宏观调控措施的作用下,房价迅猛上涨的势头在下半年得到有效遏制,全年商品房平均预售价格为3 661元/平方米,比上年增长16.3%,其中住宅预售价格达3 523元/平方米,比上年增长20.4%,增幅分别比第一季度、上半年回落14个和9.5个百分点。随着竣工房屋规模的迅速扩大,房地产市场供应量明显放大,商品房供不应求的局面得到扭转,楼市买方市场逐步形成。全年房屋竣工面积比销售面积高出218.7万平方米,其中住宅多出140.2万平方米。至年末,全市商品房空置面积为55.3万平方米,比上年增长2倍,其中住宅为23.5万平方米,比上年增长4倍。同时,房地产二级市场中心城区共销售二手住房8 659套,比上年下降21.4%,成交面积约64.2万平方米,比上年下降21.4%。

【房地产投资】 投资总量再创新高,增长幅度逐步回落。2005年,全市房地产开发完成投资首次突破百亿元大关,达到114.3亿元,同比增长16.7%,但增幅比上年大幅回落68.8个百分点。其中,住宅建设完成投资78.6亿元,比上年增长9.1%;办公楼完成投资5.3亿元,增长47.7%;商业营业用房完成投资16.8亿元,增长6.4%;其他完成投资13.6亿元,增长109.1%。

【商品开发建设】 施工规模不断扩大,新开工面积有所下降。年底全市在建商品房施工面积为1 246.1万平方米,达到历史上最高水平,比上年增长25.7%,其中住宅施工面积为953.8万平方米,增长28.0%;办公楼施工面积62.9万平方米,增长47.7%;商业营业用房施工面积149.1万平方米,增长6.1%;其他施工面积80.4万平方米,增长35.2%。由于前两年开工建设的商品房逐步进入交付期,全市房屋竣工面积开始出现大幅上升,全年商品房竣工面积达520.7万平方米,比上年增长108.0%,其中住宅竣工面积为397.8万平方米,增长111.9%。值得一提的是,虽然商品房施工和竣工面积都快速增长,但商品房屋新开工面积却有所下降,全年达483.2万平方米,比上年下降15.7%。

【环境保护】 2005年,我市环境保护工作在市委、市政府的高度重视和正确领导下,认真开展清查整顿不法排污企业,大力推进城市环境综合整治和"生态常州"建设,城市环境保护工作取得了明显成效,圆满完成了"十五"环境保护目标任务,获得省环保厅"江苏省环境保护重大贡献奖"。在市区经济和社会快速发展、城市建设和改造相对集中的同时,污染物排放总量得到基本控制,市区环境质量也得到了改善,但运河支流水环境污染和环境空气中的可吸入颗粒物污染的影响仍然比较突出。

【地方性重要政策、法规】 编制完成了《常州市城市总体规划生态环境保护专项规划》、《常州市生态环境保护"十一五"规划》、《常州市小康社会环境质量综合指数水域功能区水质达标方案》,组织完成了《常州市城市环境质量全面达标规划》的修改和上报工作,启动了《常州市生态市建设规划》的编制工作。

【环境管理】 严格执行《常州市环境保护行政处罚实施办法》,对所有处罚案件,从调查取证的完整性到处罚的适度性,都经过认真预审及集体会审;对全市82家单位的违法行为立案处理,有力地打击了各类环境违法行为。严格建设项目环境管理,共审办建设项目683个,其中立项预审304个,"三同时"验收项目122个,退批15个涉及选址不当、不符合国家产业政策、缺乏有效污染防治技术的建设项目。以"铁石心肠、铁的手段、铁的法规"为要求,开展了整治违法排污企业,保障群众健康,确保饮用水安全专项行动。全市共出动执法人员17 108人次,检查企业7 109厂次。对藻江河、漕桥河等12条河道实施了重点监督和整治,对53家违法排污企业实施了挂牌督办。建立全市企业开展清洁生产、循环经济的促进机制,编制了《常州市环境保护及相关产业基本情况调查报告》,100多家单位通过了ISO14000环境管理体系的认证。我市作为全国第八批生态示范区建设试点地区,溧阳市和金坛市均已通过国家级生态示范区考核验收,市区绿地面积达3 536公顷,滆湖、竺山湖等一批自然保护区、风景名胜区、森林公园均已具备良好的基础。中德《常州市生态城市规划与管理》合作项目进展顺利。大力开展了环境保护进学校、进社区、进乡镇、进企业的"环保四进"工作。全年市区环境保护投资达到24.32亿元,占国内生产总值的2.4%。

镇江市城乡建设与环境保护

【城乡建设】 重点工程强力推进。建成中山北路、万古一人路,基本建成黄山北路(南段),开工建设黄山中路、塔山西路。健康广场竣工开放,地下人防工程及停车场同步建成。焦南泵站和丹徒污水处理厂一期工程建成试运行。推进西津渡历史街区保护,改造市政管线,建设2 000平方米的古玩市场,完成拆迁面积1.1万平方米。跃进路等11项城建重点工程按时或提前竣工,第一楼步行街等9项跨年度工程完成了年度投资计划。

实事项目赢得民心。改造市区街巷道路97条、面积3.15万平方米。治理江滨新村村民九组等8处内涝。完成市区10个老住宅片区改造,总面积达55万平方米。对征润洲水源口实施保护。提前完成市区12万户民用户的天然气置换任务。加快发展公共交通,与江天集团联合开通镇扬城际公交旅游专线。新增环境保护节能公交车63辆,改造公交站棚37座。

建设管理日趋规范。全年建筑业总产值突破150亿元大关。努力提高工程质量,创建省优"扬子杯"工程17个,评出市优工程97个,创省级文明工地35个、市级文明工地和文明工地片区85个。推进建筑业企业诚信建设,市区核发《信用管理手册》179家。深入推行工程量清单计价。强化新建工程抗震设防审查,依法查处违章拆改墙体行为。认真履行城市建设领导小组办公室职能,完成12项城建重点工程的预算审批和6项重点工程的竣工综合验收。

房地产开发健康有序。市区完成房地产开发投资46.79亿元,住宅施工面积346.2万平方米,住宅竣工面积155.4万平方米,商品住宅销售面积110.5万平方米。强化监管,建立房地产企业信用档案管理系统,13家企业被注销开发资质。市区新建住宅小区基本实现先验收后交付目标,共验收21个住宅小区及组团,面积92.1万平方米,一批规划设计水平高、施工质量好、环境优美、物业管理到位的开发小区竣工投入使用。组织全市首届房地产综合实力10强和优秀企业评选。加快拆迁定建房建设,学府路和王家湾三期拆迁定建房主体竣工。

【城市设施建设】 2005年城市建设重点工程共34项,总投资46亿元。各建设主体克服各种矛盾和困难,加快重点工程建设进程,取得较好进展。完成金桥大道(润扬大桥至润州路)、镇荣公路北延、中山北路、万古一人路、宗泽路、沪宁高速公路拓宽、润扬大桥及接线、312国道拓宽等道路建设,总长110.9公里,建成健康广场、滨江旅游风光带一期,新增绿化面积6.49万平方米,完成大西路商业特色街建设。实施黄山北路、新河西岸路南段、黄山中路一期、第一楼步行街、塔山西路、第一楼街道路、西津渡小码头一条街、江鲜特色美食街、山巷传统特色街、花山东路、镇溧高速及宁常高速公路镇江段等跨年度工程。这些城建重点工程的建设,进一步拉开城市框架,完善路网结构。

【村镇建设】 2005年底,镇江进行行政区划调整,由原来的66个乡镇调整为41个,调减率38%,调整后镇的平均面积由55.46平方公里提高到89.27平方公里,人口由3.23万人提高到5.21万人。

加强镇村规划编制工作,规划的调控和指导作用增强。根据省委省政府的要求,全市共编制61个镇村布局规划,将现状7 379个自然村规划撤并为1 816个居民点,撤并率达到75.4%,规划实施后可节约建设用土19 400.91公顷。其中300人以下的自然村由6 128个调整为674个居民点,占居民点总数的37.1%,301~800人的自然村由1 089个调整为1 014个居民点,占总数的55.9%,801~2 000人的村庄148个调整为115个居民点,占总数的6.3%,2 000人以上的居民点13个,占总数的0.7%。全市村镇共办理村镇建设工程规划许可证297项,面积达97.68万平方米;办理建设用地规划许可证416项,用地面积531万平方米。加大建设投入,农村基础设施建设取得明显成效。全市村镇基础设施建设投入资金4亿元,新增道路面积205万平方米,新增绿化面积80万平方米,新增排水管网101公里。农村"通达"工程基本完成。全市所有行政村通上水泥路,三年共完成农村公路1 822公里。农村改水工作力度进一步加大,区域供水逐步实施。全年全市新增农村受益人口4万多人,农村供水普及率达97%。

规范村镇房地产开发行为,村镇房地产业健康有序发展。2005年全市38家村镇房地产开发公司参加年检,当年开工面积26万平方米,竣工面积17万平方米,近三年竣工面积达64万平方米。

【我市镇村布局规划通过省级抽查验收】 10月26日,江苏省建设厅对我市镇村布局规划组织抽查验收,原则同意我市镇村布局规划。我市共有61个镇编制了镇村布局规划,现状共有自然村7 454个,人口139.8万人,规划后将撤并成961个居民点,撤并率达到87.1%,可节约建设用地土地20 711公顷。规划后的村庄与之前相比,与上位规划的衔接得以加强,居民点规模更加适度,基础设施和公共服务设施配套更加齐备、完善,更加注重农村环境面貌的改善和生态环境的建设,居民点选址更为科学、安全、可靠,并且注重对历史文化遗存和特色村庄的保护。

【房地产业】 2005年,全市房地产开发工作抓住城市建设大发展的机遇,通过完善制度,加强管理,加大房地产开发市场的整顿力度,规范房地产市场秩序,鼓励开发企业横向联合,扩大企业的资本运作实力,市区完成房地产开发投资46.79亿元,住宅施工面积346.2万平方米,住宅竣工面积155.4万平方米,商品住宅销售面积110.5万平方米。

全面实施商品住宅小区先验收后交付制度。组织甘露苑、神龙花苑、我家山水等18个住宅小区或组团的综合验收,计246幢、5 868户、75.8万平方米,新建小区的先验收后交付制度较好地解决长期以来住宅小区先入住后配套、边入住边配套引发的群众投诉居高不下的问题。与丹徒区、镇江新区协调住宅小区竣工验收管理事宜,明确市区两级管理部门的职责。

市建设局结合房地产企业资质年检工作,加强开发资质的管理,将资质管理与企业行为规范有机结合。全市有 23 家企业资质年检为基本合格,有 10 家企业资质年检为降级,有 13 家企业资质年检为不合格,被注销开发企业资质。对全市房地产开发企业和房屋销售代理机构进行重点抽查,重点抽查全市 42 家开发企业,其中市区 35 家、辖市 7 家,针对检查的情况,下发检查通报。

拟定拆迁定建房销售管理新办法,做好新老办法的衔接工作。组织召开拆迁定建房联席会议,讨论第六批申购对象并完成拆迁定建房选房工作,组织第五批拆迁定建房选房认购工作,完成丁卯王家湾镇建四公司厂房拆除,抓好学府路拆迁定建房和丁卯王家湾拆迁定建房开工建设。

【市房地产开发协会成立】 2005 年 6 月 23 日,镇江市房地产开发协会第一届会员大会在碧榆园召开,141 家会员单位的代表出席会议。大会审议通过协会章程及理事会、常务理事、名誉理事长、理事长、副理事长、秘书长成员名录。协会的宗旨是促进房地产业健康有序发展,规范房地产开发市场行为,协助行政主管部门搞好房地产开发行业管理,发挥政府与行业之间的桥梁和纽带作用。

【举办 2005 镇江精品楼盘(南京)推介会】 由市政府主办、房管局承办的 2005 镇江精品楼盘(南京)推介会于 2005 年 6 月 16~18 日在南京举行。主题是"魅力人境",汇集香江花城、我家山水、驸马山庄、恒美嘉园等十家精品楼盘,展现镇江真山真水、风光秀美的城市特色和历史文化名城深厚的人文底蕴以及镇江房屋价格优势,赢得南京市民的广泛关注,2 000多人次现场参观,百余人次随看房直通车赴镇江实地看房。《新华日报》、《扬子晚报》、《南京晨报》等江苏省、南京市主流媒体对此进行连续报道,为镇江全面融入南京都市圈起到积极推动作用。

【困难家庭住房保障实现全覆盖】 困难家庭住房保障工作是市政府为民办实事项目之一,房管局按照"扩大收益面,实现全覆盖"工作要求,经市政府批准,将住房保障面积标准由原来 8 平方米调整为 10 平方米,新增丹徒区,实现市区全覆盖,使更多低收入家庭享受到住房保障。全年新确定住房保障 181 户,加上往年确认 172 户中的 156 户(有 16 户因家庭条件发生变化被取消),2005 年实际享受住房保障的困难家庭共 337 户,计 877 人。其中,无房户 221 户、502 人;居住自有私房和租用公房 107 户、349 人;拆迁补偿 9 户、26 人。

【房地产行政管理】 2005 年,全市房产管理工作在科学发展观统领下,以经济建设为中心,坚持率先发展,开拓创新,全面提高管理水平。贯彻落实国家房地产宏观调控政策,市房管局会同相关部门制定出台镇江市《关于稳定住房价格促进房地产业健康发展的意见》,并配套制定商品房建筑面积公示和建筑面积计算规则等规定。全年办理各类房产交易 1.79 万户,成交面积 204.4 万平方米,金额 39.69 亿元;登记发放房产证 1.85 万户,面积 264.78 万平方米;租赁管理共完成4 658户,面积 101 万平方米;核发商品房销售许可证面积 197.25 万平方米。住房保障实现全覆盖,累计确认 337 户困难户为住房保障家庭,其中新增 181 户,做到应保尽保。审批发放一次性购房补贴3 175人次,金额5 661.8万元。新建住宅小区物业管理全面实行招投标,37 个项目通过招投标选聘物业管理企业,指导 21 个小区召开业主大会,建立业主委员会,全市共有 7 个物业项目被评为省优,19 个物业项目被评为市优。旧城改造工程全力推进。黄山北路(北段)拓宽改造工程全面展开,完成该路段房屋拆迁任务,拆除各类房屋 352 户,面积 1.6 万平方米,路面施工进入最后阶段。房产经营成效显著。租金中居住房收缴率达 90% 以上,经营用房收缴率达 80% 以上,租金收缴金额1 600万元。便民维修不断改进,做到 24 小时接待报修,确保全市未发生倒房伤人事故。完成维修工程量 400 万元,危房治理与改造完成 45 处,面积 1.05 万平方米,使 235 户、650 人的居住条件得到改善。房屋安全鉴定完成 127 处、6.43 万平方米。白蚁防治完成新建预防 172.6 万平方米。改制工作顺利推进,完成物资供应处国有产权转让,其他单位改制工作稳步推进。

【物业管理】 在 2005 年度江苏省城市物业管理优秀住宅小区(大厦、工业区)评比活动中,镇江市推荐参评的我家山水·新月苑、镇江电信指挥中心大楼、江苏中彩印务有限公司厂区等 7 个物业管理项目,经省考核组依据省优标准现场检查打分、考核评比,一致同意授予其江苏省城市物业管理优秀住宅小区(大厦、工业区)光荣称号。至此,全市共有 27 个物业管理项目获此殊荣。(蒋 荣)

【规范房地产业市场】 市房管局会同发改委、财政局等 9 个部门根据国家、省稳定住房价格工作的意见,制定出台《关于稳定住房价格促进房地产业健康发展的意见》,并于 2005 年 6 月 1 日实施。《意见》从完善住房供应结构,严格土地管理,引导合理住房建设和消费等 7 个方面提出具体要求,并对购买商品住房在信贷、税收等方面给予的优惠政策,作了调整。规定享受优惠政策的住房应同时满足下列条件:住宅小区建筑容积率在 1.0 以上的,单套建筑面积在 144 平方米以下的,实际成交价格在同级别土地住房平均交易价格 1.44 倍以内的。凡不符合上述三个条件之一的住房,不得享受优惠政策。《意见》还对个人购买的住房在房屋权属登记核准之日起两年内转手交易的,销售时按其所得的售房收入金额征收营业税。《意见》的出台有利于解决当时房地产市场存在的突出问题,稳定住房价格,促进房地产业健康稳定发展。

为维护商品房买卖当事人的合法权益,杜绝商品房买卖过程中欺诈行为的发生,规范房地产开发企业销售行为,2005 年房管局规定,凡取得商品房预售许可的楼盘,房地产开发企业应及时将《商品房预售许可证》、《镇江市预售商品房建筑面积公示表》在售楼处予以明示,以便购房人查阅。房地产开发企业在公示预售商品房时,应将房屋坐落、分层分户平面图、建筑面积预测成果以及分摊说明等内容作出详细公示。

2005 年,为加强房屋租赁市场的管理,维护好租赁双方的权益,房管局启用《房屋租赁合同示范文本》。文本明确和规范出租方和承租方的各项权利和义务,对过去房屋租赁中存在的约定不明确,一方毁约,承租方利用租赁房屋从事非法活动等问题,通过签订示范文本起到约束作用,也为相关单位处理双方纠纷提供依据。在签订租房合同时,双方当事人必须带上身份证明,房屋产权证明或其他合法的房屋来源证明以及真实有效的房屋租赁协议到房屋租赁管理办公室办理登记备案手续。

【环境保护】《镇江市环境保护"十一五"规划》编制完成。环境质量有新提高,通过加强执法和严控新污染源,市区空气质量优良天数占全年总天数的88%,比上年增加18%,列全省第二位,大气污染物浓度年均值优于国家二级标准。管理工作有新进展,年初确定的5件实事基本完成,出台《镇江市生态市建设规划》、《烟尘控制区管理办法》等文件。对35家企业实施清洁生产审核,实现节煤12.3万吨,节电2 447千瓦时,节油1.3吨,节水4 042万吨。排污收费规范操作,征收额创历史新高,全年征收6 640万元。

【地方性重要政策、法规】 2005年镇江市出台和制定的主要环境保护政策和行政措施有:1. 镇江市纪律检查委员会、环保局、监察局(镇纪发[2005]30号)《镇江市关于环境违法违纪案件移送暂行办法》;2. 镇江市人民政府(镇政发[2005]75号)《关于加强征润州饮用水水源地保护的通告》;3. 镇江市人民政府(镇政发[2005]76号)《关于加强黄岗饮用水水源地保护的通告》;4. 镇江市人民政府(镇政发[2005]78号)《镇江市烟尘控制区管理办法》;5. 镇江市人民政府办公室(镇政办发[2005]167号)《关于开展镇江市高污染燃料禁燃区专项整治工作的实施意见》。

【工业污染防治】 严格执行环境准入制度。认真执行《环境影响评价法》,从严把好新建项目环境保护审批关,坚决从源头控制新的污染和生态破坏。全市环境保护部门预审建设项目4 000余件,否决或建议放弃项目80多个。对建设项目的环境保护审批以及"三同时"执行情况进行全面清查,对未批先建、未履行环境保护竣工验收的项目,下达限期整改任务。全市环境保护部门加强对列入"十五"环境保护计划的重点工程进行监督检查,列入《镇江市"十五"太湖流域水污染防治计划》的7项重点工程全面完成,每年可削减化学需氧量1万吨以上。列入镇江市"十五"二氧化硫污染综合治理计划的9项内容基本完成,谏壁电厂脱硫改造工程提前竣工,每年可削减二氧化硫排放量约7 000吨。丹阳市位于太湖流域内的10家印染企业,全部完成印染废水排放标准"二升一"工作。对全市75个集中式饮用水源地工业、农业、生活污染源进行全面调查和取样监测,为各级政府出台相关文件奠定基础,提请各级政府关停搬迁位于水源地保护范围内的企业15家。

【统筹城乡环境建设】 生态市创建方面:镇江市"生态市建设规划"文本通过省厅专家评审;"镇江市生态市建设规划纲要"通过市长常务会专题研究并经市人大常委会审议批准;镇江市生态市创建领导小组成立,起草生态市创建工作职责分工、创建指标责任分解及重点建设工程分解等有关文件;再次对"镇江市生态市建设规划纲要"文本(报告、重点工程、图集)进行修定。生态示范区创建方面:丹徒区生态示范区建设规划获区人大批准,创建工作基本完成,已通过省厅考核,待国家总局验收;丹阳市生态示范区建设规划获丹阳市人大批准,创建工作正在进行之中;扬中市生态示范区做好迎接国家环保总局复查准备;积极开展县级生态市规划编制工作,句容、扬中明年上半年、丹阳明年底完成编制生态县规划编制任务。环境优美乡镇和生态村创建方面:召开两创工作现场推进会,出台激励政策,对2004年完成的环境优美乡镇和省级生态村授牌并兑现奖励;句容市3个乡镇(茅山、后白、二圣)和丹阳市4个乡镇(新桥、界牌、后巷、吕城)通过市级环境优美乡镇考核验收,京口区象山镇通过省厅组织的省级环境优美乡镇考核验收;全市生态村创建工作有较大进展,已有14个村通过市级及省级考核验收。农村环境综合整治方面:根据省厅等6部门的部署积极开展农村环境综合整治工作,初步确定1个省级(扬中市邻丰村)、72个镇江市级农村环境综合整治示范点。重要生态功能保护区方面:部署并指导各市、区对辖区范围内重要生态功能保护区进行划分;完成市区重要生态功能保护区的划分工作;汇总合并全市功能区划分,经过省专家审查、县市修改等过程后,按时向省厅提交文字说明(信息表)、划分图。全市共划出十种类型、38块区域总面积848.86平方公里的重要生态功能保护区,占我市面积的22.0%(超过15%的标准)。

【整治排污企业专项工作】 2005年是整治排污企业专项工作的第三年,市环境保护专项行动领导小组确定的22件影响较大的市级挂牌督办重点案件,均得到有力查处。在清理整顿环境保护专项行动中,共检查企业3 000多家,挂牌督办46件,立案44件,解决一批重点、难点环境问题。句容市检查各类排污企业480家,立案查处违法企业7家。扬中市借助专项行动执法态势,有效解决多年难以解决的小电镀污染环境问题。2004年以来全市还加大对采石厂整治工作,关闭无证非法开采矿山企业19家、采石宕口32个,通过注销采矿许可证、断电断路、拆除机械加工设备、设立警示牌等有力措施,实现关停、关实、关死的目标。

扬州市城乡建设与环境保护

【城乡建设】 扬州市区城市建设在巩固前三年城市环境综合整治整治成果的基础上,进一步加大工作力度,累计完成投资投资78亿元,其中基础设施投入32亿元。共实施"二十一路三桥"的建设,累计改造道路21条,43公里、108万平方米,改造给排水管网97公里,杆线迁移下地28公里。实施河道整治5条,17公里,完成疏浚18万立方米,驳岸6.6公里。全年累计新增绿化171万平方米,新建了润扬森林公园这一大型生态公园。完成25条道路沿线的市容整治,对78幢楼宇实施亮化改造。完成"双东"街区观巷和东关街二期整治工程,建成宋大城东门遗址公园,修缮吴道台宅第并对外开放,完成62处文物古迹的解读任务,收集古建材料2万多件,先后建成开放了扬州中医博物馆、工业博物馆、淮扬菜系博物馆、城市水环境展览馆、民间收藏展览馆等一批富有特色内涵的博物馆和展示馆。

城市客运管理以营运中巴车退出主城区为契机,启动了对市区公共交通资源重新整合的系列工作。至2005年12月底,吸收社会资本投入公交发展达5 000多万元,完成中巴车下线252辆,新增投入大型公交车223辆,扬州市区实际开通运营公交线路47条,其中新辟公交线路9条,整合改造10条,城市公交运营线路总长863.9公里,实际运营公交车676辆。基本建成连接城乡,密度合理,布局科学的适应城市化进程的公交线网,满足市民出行安全、舒适的乘车需求。

【村镇建设】 全年完成小城镇建设投资37.61亿元,其中:住宅建筑完成投资11.9亿元,小城镇基础设施建设投资9.95亿元。全市共有1.61万户村镇居民新、翻建了住宅,建筑面积192.30万平方米,砖混结构楼房已占新建住宅的83.28%;小城镇人均住宅建筑面积已达26平方米,村庄人均住宅建筑面积已达34平方米;新建公共建筑27.15万平方米,生产性建筑176.86万平方米;新建、扩建村镇道路256公里,面积71.75万平方米;新增自来水受益人口2.7万人,至年底村镇自来水收益人口达313.1万人,自来水普及率达94.3%,比2004年提高5个百分点;新增桥梁65座,新装路灯4194盏,新增排水管长度86公里,公共厕所19座。全年植树132公顷,小城镇人均公共绿地面积已近5平方米。广大村镇的生产环境、投资环境和生活环境得到进一步改善。

着眼于正确贯彻落实国家宏观调控、稳定房价的一系列政策,因地制宜,积极采取针对性措施,重点遏制投机性炒房、控制投资性购房,合理引导住房消费,加强房地产市场监测、监管,增强房地产市场活力,保持了房地产业稳定、健康、持续发展。

*开发投资增幅减缓。*2005年全市完成房地产开发投资73.14亿元,同比增长14.31%,增幅下降31.69个百分点。占固定资产投资的比重为17.83%,同比下降1.55个百分点。其中住宅投资54.61亿元,同比增长12.83%,增幅回落47.64个百分点。

*房源充足结构合理。*2005年全市施工商品房706.54万平方米,同比增长20.72%,增幅下降17.06个百分点;竣工商品房280.14万平方米,同比增长1.81%,增幅下降37.74个百分点。在全市竣工商品房中,住宅221.5万平方米,占79.06%,其中高档住宅18.5万平方米,占8.35%;中档普通住宅164.5万平方米,占74.27%;低档住宅38.5万平方米,占17.38%。初步形成了以中档普通住房为主体、高低档住房为补充的多层次住房供应结构。

*市场交易基本平稳。*2005年全市商品房合同销售面积为241.72万平方米,成交额69.26亿元,同比增长8.8%;存量房交易151.01万平方米,成交额43.46亿元,同比下降1.6%。基本实现增量房市场与存量房市场的良性互动。

*房屋均价涨幅趋缓。*2005年市区普通商品住宅房平均价格3 243元/平方米,同比增长9.44%;营业用房平均价格6 284.65元/平方米,同比增长37.6%;办公用房平均价格3 493.93元/平方米,同比下降4.8%。

*居住水平稳步提高。*出台了《扬州市区最低收入家庭住房保障办法》,完善保障政策,放宽保障条件,扩大保障范围,提高保障标准。在联谊花园、鸿福家园和文昌北苑开工建设限价房30万平方米,在联谊花园、鸿福家园建设竣工1万平方米解困定销房和3万平方米解危安置房。2005年底市区人均住房面积达到28.1平方米。

【环境保护】 围绕《扬州生态市建设规划》,全面构建环境友好型社会。扬州市顺利通过生态示范市考核验收。编制完成了《扬州"十一五"环境保护规划》、《南水北调东线水源地国家级生态功能保护区规划》和《江苏省仪征市废弃矿区生态修复规划》。加强环境管理,全市审批报告书类项目12个,环评表类项目357个,登记表类项目3 506个。加大环境执法力度,全年共出动9 641人次,监察3 815厂家次,对344个三同时项目进行了2 135次检查,对8件环境违法行为予以行政处罚,对3件违反环境保护"三同时"行为依法提出整改要求。加大对淮河流域和南水北调治污工程建设的督查力度,工程建设达到序时进度。扬州市医疗废物集中处理中心工程初步建成。大力推行清洁生产和发展循环经济,编制完成了《全市循环经济规划》,将实施清洁生产审核的企业数增加到132家;积极引导企业参加ISO14000认证,全市30多家单位获得证书。积极推进全市环境友好企业和生态工业园区的创建工作,创建成省级环境友好企业2家。积极推进有机食品和生态农业基地建设。严格控制污染排放总量,市区拆除100台(套)小型燃煤设施。努力做好"12369"环境投诉热线和环境保护"行风热线"广播节目,全年共受理各类信访2 805件,处理、反馈率达100%。全年投入建设资金200万元,先后完成瓜洲、三江营水质自动监测站、噪声显示屏等监测设备的升级改造工作;购置更新了一系列先进仪器设备。继续认真开展"三表合一"试点工作,GIS环境信息软件一期研发工作全面完成,全市有五个县(市、区)

建成省环境信息规范化建设单位。中德技术合作项目进展顺利,在老城保护、城市河流治理、生态工业园规划、公众参与和清洁生产审核等方面取得突破性的合作成果。建立了国内首家直接面向公众的生态信息交流中心。全年创成省级“绿色社区”3个,市级“绿色人居环境社区”6个;创成省级绿色学校11个,市级绿色学校29个,省级环境教育基地4个。

南通市城乡建设与环境保护

【城市建设】 2005年,市区新增道路面积212万平方米,人均拥有道路面积达12.36平方米。人居环境明显改善,建成区新增绿地180公顷,绿化覆盖率为41.5%。公用事业功能日益增强,公交客运量为7 441.77万人次;市区燃气供应量为5 072吨,燃气新发展用户4 840户;污水处理能力为15.5万立方米/日,污水处理率达到73%;新增路灯1.79万盏,亮灯率为99.28%。“精品濠河”建设有序推进,南通博物苑新馆及周边景观建设等九大工程相继竣工,建成大型特色水景工程,北濠河外环陆路全面贯通,濠河周边亮化全面集控。

【环境保护】 2005年,全面实施“蓝天工程”,天生港电厂等5家企业的大中型锅炉先后实施烟气脱硫,全市关停供热网内小型锅炉80多台,增加集中供热用户100多家,市区和6县(市)政府所在地城镇烟尘控制区覆盖率达100%。全市固体废物综合利用率达98%以上,市垃圾无害化处理中心和清源固体废弃物处置中心扩建工程投入运行。市区环境质量保持稳定,环境空气主要污染物年平均值二氧化硫为0.050毫克/立方米,二氧化氮为0.035毫克/立方米,可吸入颗粒物为0.095毫克/立方米,符合国家环境空气质量二级标准,环境质量综合指数为84.5%;长江南通段主流水质符合国家地表水环境质量Ⅱ类水质标准,饮用水源地水质达标率为100%。区域环境噪声平均值为55.7分贝,交通干线噪声平均值为67.9分贝。

泰州市城乡建设与环境保护

【城乡建设】 根据“统筹城乡发展,打造城市特色,改善人居环境”的思路,2005年泰州中心城市完成建设投入62亿元,建成泰州火车站等一批重点形象工程,实施了城市污水管网工程等一批基础设施项目,建成区面积扩大到50平方公里,人口增加到47.2万人,市区绿地率达33.9%,绿化覆盖率达38.5%,人均公共绿地达8.63平方米。

【城市基础设施建设】 污水管网工程,泰州市区老城区10公里污水收集管网工程于国庆前竣工,老城区环玉带河范围内和新区污水全部集中处理的目标按期实现,市区污水集中处理实现零的突破,城市污水集中处理率达70%以上。道路桥梁工程,通过BT方式,年内新建迎春大桥工程,年底完成主体结构施工。积极解决群众身边的出行问题,对市区75条后街背巷进行了改造。借助创建国家卫生城活动,用40多天的时间,完成了相当于过去10年工作量的道路出新、小区整治等工作。全面完成了市区23条主次干道路面及两侧道板、路牙、绿化等整治出新任务;组织力量实施了人民西路、海陵北路、海阳路、海陵南路、东风北路五条道路路面整体沥青摊铺出新工程;实施完成了海陵路等14个交叉道口沥青面层摊铺出新工程;对30多个小区的道路、下水、绿化进行了全面整治。燃气管网工程,大力推进管道燃气工程,完成了《泰州市燃气利用规划》和天然气线路规划,新建管网28公里,主城区形成三纵三横的环网供气体系。城市用水工程,全力保障市民用水,全年供水量达3 954万吨,出厂水水质综合合格率达99.9%。同时结合省级园林城市创建工作,相继实施了动物园新建、盆景园改扩建、人民广场二期改造等工程,对东城河实施了600年来的首次清淤,环城河一期和泰山公园项目于5月1日正式对外开放,实施了10多条道路的一路一景改造和7个各具历史文化主题的小游园建设。

【村镇建设】 2005年全市小城镇建设继续保持健康快速发展,小城镇建设投入总量209.4亿元,其中县城镇完成116.9亿元,16个市级重点中心镇完成24.3亿元。全市现有91个乡镇,其中全国重点镇5个(戴南、溱潼、娄庄、黄桥、新桥),江苏省重点中心镇7个(戴南、安丰、溱潼、娄庄、黄桥、蒋华、新桥),市级重点中心镇16个(戴南、安丰、张郭、周庄、戴窑、溱潼、娄庄、白米、苏陈、黄桥、蒋华、宣堡、广陵、新桥、季市、西来)。黄桥镇、溱潼镇被命名为国家历史文化名镇。到2005年底全市城市化率达到45.3%。

【村镇规划】 全市完成镇村布局规划编制工作,全市原1 536个行政村、10 963个自然村庄,现规划为2 837个规划点,规划人口192.19万人,规划村庄建设用地16 718公顷。完成了姜堰市溱潼镇、兴化市安丰镇总体规划编制审批工作,有重点地选择部分村庄开展村庄建设规划编制试点工作。积极开展“十百千”创建活动,经过检查验收,命名兴化市戴南镇等7个镇为泰州市城市化示范镇,姜堰市沈高镇河横村等9个村为泰州市康居示范村,泰兴市泰兴镇南殷村等11村为泰州市整治合格村。

【房地产业】 2005年度,泰州市累计完成房地产开发投资47.6亿元,其中市区累计完成投资22.02亿元,同比增长23.09%。市区商品房在建施工面积171.62万平方米,其中住宅施工面积141.58万平方米,商业营业用房施工面积24.08万平方米,其他用房施工面积5.96万平方米。市区商品房新开工面积60.9万平方米,竣工面积35.27万平方米,其中住宅竣工面积33.3万平方米,商业营业用房竣工面积1.82万平方米。

【规范房地产市场】 坚决贯彻“国八条”精神,连续出台了《关于进一步加强和规范市区房地产市场管理的通知》、《关于加强市区商品房预售管理的通知》、《关于规范市区商品房买卖合同登记备案的通知》等三个规范性文件,重点就资质管理、房屋交付、虚假广告、中介市场、恶意炒房和会员卡等一些比较敏感的问题进行规范,严格控制投资性购房,坚决打击投机性炒房;同时出台《转发市建设局等部门关于加强宏观调控切实稳定住房价格的意见的通知》,通过税收和金融等手段,抑制住房价格快速上涨。完善商品房预售合同网上即时备案制度,及时准确地采集各类市场成交数据,做到商品房销售合同一经签订,立即上网登记备案,对未经网上登记备案的合同,不予办理产权转移及相关手续。2005年,共完成网上备案2 890份,备案面积37.34万平方米。组织开展房地产市场秩序专项检查活动,通报检查结果,公示处罚情况。

【住房保障体系】 加快机关事业单位住房补贴发放的进度,重点解决离休人员和工龄满25年的老同志的住房补贴,发放机关事业单位老职工一次性住房补贴262人,补贴金额570.9万元,补贴面积14 210平方米。积极推进企业住房分配货币化进程,对经济效益好的企事业单位、不具备发放住房补贴条件的企事业单位、国有部属企业及垂直部门,采取针对性的措施,积极主动开展工作,共核批老职工一次性住房补贴323人,补贴金额540.5万元,补贴面积13 453平方米。研定出台廉租住房政策,下发并执行《泰州市市区城镇最低收入家庭廉租住房管理办法》。

【物业管理】 截至2005年底,全市物业管理企业已发展到80多家,从业人员突破5 600多人,形成了包括房屋及相关设施设备维修养护、小区保安、环境保洁、绿化养护、便民服务、物业中介等系列的配套服务,物业管理不仅在新旧住宅小区全面推广,而且已被部分企业、学校、部队、医院、商场、办公楼等各类物业采用。据统计,全市住宅小区总量达2 200多万平方米,已纳入物业管理的达900多万平方米,物业管理覆盖率已占房屋总量的40%以上。物业管理企业整体素质增强,行业自律意识有很大提高。2005年市区3家物业管理企业通过ISO9000国际质量认证,7家物业管理企业正在申请。

【环境保护】 认真落实科学发展观,贯彻环境保护优先方针,全面加强生态环境保护和建设,不断加大环境执法管理力度,促进了全市经济社会的可持续发展。2005年全市生态环境质量评价指数和城市环境综合整治定量考核排名均位居全省前列,下辖四市全部建成国家级生态示范区,在全国率先开展环境信访听证处理工作实践,全市环境保护系统被江苏省委、省政府表彰为“省级文明行业”和“十五”期间“全省环境保护系统先进集体”。

【地方性重要政策、法规】 2005年全市着力完善环境保护政策、法规,制定出台了一系列规范性文件,如:《关于切实加强开发区和工业园区环境保护管理工作的意见》,对开发区和工业园区环境保护管理工作进行了规范;制定了《泰州市畜禽规模养殖污染防治管理办法》,对规模化畜禽养殖污染防治工作作出了规定;为防治城市扬尘污染,改善城市空气环境质量,解决建筑施工噪声扰民问题,制定了《泰州市城市扬尘污染防治管理办法》和《泰州市建筑施工环境噪声管理规定》,等等。

【统筹城乡环境建设】 创建国家环境保护模范城市取得重大进展,全市先后完成或投运城市生活污水处理厂7座、生活垃圾卫生填埋场2个、环境保护热电厂4座、危险废物处理中心2个,市区城市生活污水集中处理率达到了70%以上,垃圾无害化处理达到了100%,危险废物无害化处理率达到了100%。2005年3月份创模工作通过了省级调研、7月份通过了省级考核、10月份通过了国家技术评估。与此同时,加快推进了各县级市创模工作,泰兴市、靖江市、兴化市创模规划均通过专家评审。

生态市建设步伐明显加快。生态示范区创建工作取得新的突破,在全省第三个形成了辖市生态示范区创建工作“一片绿”,姜堰市国家生态环境监察试点和国家生态示范区复查工作通过验收,兴化市国家生态示范区复查工作通过验收。加强重要生态功能区划和自然保护区建设工作,全市共划分生态功能保护区55处899.47平方公里,占国土面积的15.5%,自然保护区覆盖率达到6.19%。认真组织实施农村小康社会环境保护行动,全市69个村参加了试点。

【整治企业违法排污专项行动】 2005年,泰州市开展了企业违法排污“百日整治”专项行动,建立了“党委领导、政府实施、纪委挂帅、部门联动、群众参与、全面推进”的工作机制,组织“百日整治”。在专项行动中,泰州市纪委牵头组织,各相关部门密切配合,共出动检查人员11 788人次,检查企业2 481家,关停取缔污染单位582家,立案查处环境违法行为1 023件,对十大环境违法案件实行挂牌督办,71件两级挂牌督办单位完成整治任务,全市共投入治污资金2.2亿元,年削减COD排放量2 800吨,以戴南镇酸洗废水污染为代表的区域性环境问题得到初步解决,以泰兴经济开发区化工废水污染为代表的行业性环境问题得到有效控制,以靖江钢厂烟尘污染为代表的群众反映强烈的环境问题得到彻底根治。

杭州市城乡建设与环境保护

【基础设施建设】 道路交通日趋改善。杭千高速一期袁浦至建德洋溪段顺利通车;富阳富春江大桥拼宽工程竣工,淳安千岛湖大桥建成通车。市区"一纵三横"道路综合整治一期工程基本完成;市区背街小巷改善363条,改善街巷总长度127公里,改善面积120.2万平方米。运河水上巴士二期艮山门站和大关停靠点基本建成;钱江九桥(江东大桥)已开工建设。年末,市区道路总长度达1 595公里,比上年增长2.4%。

【公用事业】 公用事业综合服务水平不断提高。杭州电网新增35千伏及以上输变电项目271.35万千伏安,110千伏及以上线路251.5公里。全市供电量达到320.76亿千瓦小时,比上年增长18.2%,其中城乡居民生活用电35.08亿千瓦小时,增长20.4%。市区完成自来水"一户一表"改造户外预置83 044户,完成进户安装67 011户。全年供水量63 500亿立方米,增长2%。年末市区管道煤气家庭用户达到25.31万户,比上年增长12.9%;液化气用户86.59万户,增长21.3%。开通、延长了公交线路51条,完成公交车辆更新449辆及20个公交车站港湾式改造。市区营运汽电车4 500辆,增长7.5%。城区新增公园8个,年末实有公园99个,公园面积达1 076公顷,比上年增长53.4%。

【环境保护】 2005年,杭州市区空气质量优良天数达到301天,比上年增加9天,优良比例为82.5%。全市关停污染企业107家,比上年增加1.1倍。工业废气二氧化硫排放达标率、工业废水综合排放达标率由上年的97.1%、97%分别提高到97.5%、98%,七格污水处理厂二期工程已基本完成。城市污水集中处理率达到72%,比上年提高1.8个百分点。主要水系监测断面水质三类以上比例达到54.8%,较上年提高9.2个百分点。第一批通过了国家环保总局的"创模"复检验收。

【城市绿化】 全年新建绿地770.1公顷,其中市区新增公共绿地258.4公顷。至年末,市区绿化覆盖率达到36.83%;人均公共绿地面积达到10.25平方米。

宁波市城乡建设与环境保护

2005年,宁波市颁布并实施《宁波生态市建设规划》,积极推进生态市建设,生态市建设项目投资达100多亿元,其中重点项目26个,总投资48.3亿元。北仑脱硫工程完成投资的14.2%,镇海电厂油改气项目总投资23.1%,江东南区污水处理厂完成的工程量。全面实施环境污染整治,下发《关于印发〈宁波市治理环境污染维护社会稳定专项整治工作实施意见〉的通知》,成立环境污染整治工作领导小组。市财政投入1 500万元作为节能与清洁生产专项资金,完成清洁生产审核企业30家。全市有105家单位通过ISO14001环境质量管理体系认证,宁波保税区通过省级ISO14001示范区验收。各地相继编制完成区域污水处理规划,建设或建成总投资32.93亿元的各地污水处理厂;逐步完善城市排水设施,排水管道总长已超过2 100公里;完成废弃矿山生态环境治理68家,累计治理率达到30.64%;完成水土流失治理面积153.95平方公里,"千里清水河道"建设800.15公里,"青山白化"治理率达到87%,农村清洁能源利用率达到61%。加强环境应急能力建设,筹集资金100万元建设市环境应急监测系统,编制完成宁波市环保局突发性重大环境污染事件应急预案,建立四级污染事故应急处置方案。宁波市区及各县(市)的城市环境空气质量年均值达到国家二级标准,年内市区达到二级以上天数为330天,占全年总天数的90.4%,城市区域环境噪声52.6分贝,交通干线噪声68.2分贝。余姚江断面水质优于地表水Ⅲ类水质比例达到71.4%,其它地表水环境功能区水质达标率达到63.6%。

(谢敏依)

嘉兴市城乡建设与环境保护

2005年,嘉兴市规划与建设部门认真贯彻落实科学发展观,按照统筹城乡建设,推进城市化和城乡一体化,加快改善人居环境的要求,突出抓规划,重点抓整治,全力抓创建,集中抓管理,建设事业呈现持续快速健康发展的良好态势。

城乡规划编制管理全面加强。2005年,市规划测绘部门积极实施城乡一体化战略,从建设现代化网络型大城市的理念出发,启动城乡一体化规划方案的编制工作,至年底牵头编制完成《嘉兴市总体规划》,对市域3 915平方公里范围规划首次实行全覆盖。依据批准实施新一轮《嘉兴市城市总体规划》,加大各层次规划编制力度,市区城乡规划体系得到进一步完善。积极推进"阳光规划"工程,建立规划审批公示制度,加强城乡规划的管理与监督。结合"数字嘉兴"建设,以建设地理空间框架为重点,建立一系列数字空间地理信息应用项目,出版嘉兴电子地图,保障基础测绘满足经济社会发展的需要。深入实施"百村示范、千村整治"工程,加强对村镇建设指导,不断完善村镇规划,加快农村新社区建设。

城市功能建设扎实推进。2005年,市建设部门主动适应国家宏观调控,积极采取应对措施,加快城市基础设施建设,不断完善城市功能。全年完成道路桥梁建设投资3.24亿元,新建、改建道路总里程16.5公里,人均道路面积增加到21平方米。危旧房改造拆迁扫尾工作全面完成,梅湾街、月河、芦席汇历史街区保护开发建设进展顺利。石臼漾水厂扩容工程竣工通水,南郊水厂一期工程开工建设,新增供水主管网42.8公里,区域供水进程加快。新铺设燃气管道31公里,市区燃气管网进一步完善,压缩式天然气供应站建成投入使用。城市道路临时占用、挖掘管理和维修保养工作不断加强,户外广告行为逐步规范。积极推进市区环卫保洁体制改革,城市道路保洁力度加大。编制完成《城乡环境卫生专业规划》,城乡垃圾收集处理一体化步伐加快。编制完成《嘉兴市区城市节约用水规划》,推动节水型城市创建活动深入开展。

城市环境得到进一步改善。2005年,市建设部门以创建国家园林城市为载体,加强城市环境建设,加速改善市区城市环境。年内,完成东片、南片楔形绿地的苗木补种和养护管理,实施人民公园、越秀公园和部分主干道路绿带改造,加快街心绿地广场和居住区、单位绿化建设,新增市城园林绿化面积602.9公顷,绿色渗透到城市每个角落、贴近每位市民,基本形成"城在林中,居在绿中"城市绿色空间。同时,积极实施"围工地、绿空地、硬踏地"专项整治工程,集中开展"公园绿地大整治、市政设施大整修、环境卫生大治理、沿街道路大美化"行动,其中,对市城144条小街小巷进行全面整修,进一步优化城市环境。

建筑业保持平稳较快发展。2005年,全市建筑业总产值达到140.59亿元,比上年增长10.7%;施工面积2 307.4万平方米,同比增长19.7%;勘察设计产业保持稳定发展。建筑市场规范有序,招投标、施工许可制度以及建筑业企业资质和人员从业资格管理得到加强,继续实现应招标工程招标率和应公开招标工程公开招标率两个100%。建设工程安全管理体系的进一步健全,"安全生产月"和专项整治活动的深入开展,安全生产基础工作的不断加强,有效地推进全市建筑安全生产稳定好转和建筑施工现场安全文明施工水平的提高,全市有13个工程项目获得浙江省建筑安全文明施工标准化工地称号。建设工程质量监督管理的不断加强,推动工程质量的进一步提高,全市共创"钱江杯"优质工程12项,"钱江杯"优秀勘察设计8项。继续加大建设领域工程款清欠力度,全市共完成清欠金额5.38亿元,清欠率为95%。制定出台《嘉兴市建筑节能管理办法》,落实各项节能措施,促进建筑节能工作全面深入开展。

住房保障工作进一步加强。2005年,房地产投资增幅趋向合理,全市完成房地产开发投资120.95亿元,比上年增长5.9%;新开工商品房面积400.8万平方米,同比下降42.8%。商品房竣工和销售面积仍然大幅度上升。全市商品房竣工面积达到473.5万平方米,同比增长76.8%;销售各类商品房282.8万平方米,同比增长76.8%。房价稳中有降,市区第四季度商品房平均售价4 250元,比去年同期每平方米下降126元。经济适用住房建设力度加大,年内市区建设经济适用住房16.9万平方米,其中建成交付使用4.15万平方米,发放住房租金补贴69户,全年累计发放租金补贴20.2万元,中低收入和特困家庭的住房条件得到进一步改善。加强对房地产市场的监管,房地产二、三级市场和家居装修市场逐步趋向规范;加强对物业管理企业的资质管理,开展市级物业管理优秀小区的评审,物业管理水平明显提高;依法实施拆迁管理,严格控制拆迁规模,认真履行房屋拆迁行政裁决职能,并从3月份开始,实行城市房屋申请行政强制拆迁前听证制度,以维护当事人的合法权益。

湖州市城乡建设与环境保护

【城市建设】 2005年,围绕"在杭湖宁发展带中间率先崛起"的战略目标,全面加快城市建设和推进城乡一体化建设,着力实施十大工程,城市框架不断拉大、城市功能不断完善、城市品位不断提升。规划工作。按照规划全覆盖的要求,着重做好新一轮城市总体规划的深化和完善工作。年内已经完成12个分区规划、11个控制性详规和21项各类专项规划，城市综合交通规划、中心城区步行街区、南太湖发展战略规划咨询等审查通过。全面启动湖州自然风光开发利用规划，组织"3579"湖州自然景观规划研究。加强规划监管力度，建立完善A、B岗制，加强审批管理。制定《工程综合验收管理办法》，形成严格执行规划合力，做到审批"一张图"、管理"一盘棋"。加快规划管理的法规体系建设，修改完善了1998年制定的《湖州市规划管理办法》，同时完成了《湖州市规划管理技术规定》和《阳光规划管理办法》二个规范性文件。城市建设重点工程。按照"东扩西拓、南控北进、中间完善"的城市发展战略，继续加快基础设施建设，进一步拉开城市框架，"一城两区"组团式城市初具规模。全面完成"五路十桥"重点工程。包括南太湖大桥、三环北路、苕溪东路、红旗路西延二期、南街北延等。着力改善城市市政公用设施。城市给排水系统、湖浔供水干管工程和城北水厂扩建全面启动，市区污水截流工程基本完成，市北污水厂扩建工程投入使用，南浔、小梅口污水处理工程相继建成，中心城市污水处理率达到65%。仁皇山新区建设继续推进。三环北路西延进展顺利，图书馆已竣工移交，湖州大剧院建设快速推进。统筹城乡。以"百千工程"为抓手，全面建设社会主义新农村。全市示范村规划全部完成，整治村建设规划覆盖率已接近70%，示范村创建已达到66个（其中2005年完成31个）。累计整治自然村达到6 105个，受益人口124万人，约占全市农村总人口的66.6%，农村垃圾集中处理率达到40%以上。中低层阶层住房问题得到有力解决。2005年，按照加快建立"4+1"住房保障体系的要求，碧浪湖20万平方米经济适用房和7万平方米拆迁房建设全面推进。同时，出台了《湖州市经济适用房管理办法》和《实施细则》。

【城市环境质量】 2005年，湖州市以生态市建设为重点，以创建国家级环境保护模范城市为抓手，以省"811"环境污染整治等为载体，加大环境保护基础设施投入，全面完成生态市建设和环境保护工作。生态市建设。按照《湖州市2005年度各县、区生态市建设工作任务书》要求，建立了生态市建设考核机制和奖励办法。年内各生态乡镇及103个生态村的规划编制基本结束，生态市建设规划体系全面完成。为落实生态建设专项资金，市政府颁布了《湖州生态市建设专项资金管理暂行办法》，32个生态示范乡镇建设工作取得明显成效。其中德清县新市镇等5个乡镇被命名为全国环境优美乡镇，安吉县报福镇等10个乡镇通过省级生态乡镇验收。全市696个自然村完成村庄整治任务，新增受益人口16.66万人。2005年，全市共办理环境保护"三同时"审批项目2 276个，项目总投资452.17亿元，环境保护投资8.07亿元，环评和环境保护"三同时"执行率达到100%。环境质量。2005年，湖州城市环境空气质量达到国家二级标准。主要污染指标浓度值与2004年相比基本持平或略有下降。其中二氧化硫年日平均浓度为0.023毫克/立方米，二氧化氮年日平均浓度为0.037毫克/立方米，总悬浮颗粒年日平均浓度为0.168毫克/立方米，在有效监测中，优良率比2004年提高了1.3个百分点，达到90.4%。酸雨污染依然严重。据2005年降水监测结果显示，全市酸雨总频率为86.8%，较2004年微降0.4个百分点，pH均值为4.13，比2004年有所下降。地表水水质状况总体上有所好转，但东部河网地区污染状况仍然突出。声环境污染状况得到改善，"禁放"、"禁鸣"环境保护措施实施较好。环境污染整治。2005年是"811"环境污染整治首战之年。年初，市政府成立了湖州市"811"环境污染整治工作领导小组，召开了全市"811"环境污染整治工作动员大会，下发了《湖州市"811"环境污染整治工作方案》，明确了各县区、市级机关各部门工作目标和任务，并与干部政绩挂钩，建立考评奖励机制。全年共对283家企业下达了限期治理限期整改任务，较好地完成了省政府下达的"811"环境整治任务。一是以四大专项整治为抓手，全力推进环境污染整治行动。四大专项行动是指重点污染源整治、农业农村面源污染整治、区域环境污染整治和饮用水源地整治。二是坚持末端治理与源头治理相结合。开展了百日环境污染大整治活动。严把建设项目审批关，实行环境保护审批一票否决制，从源头上控制高能耗、高污染项目建设。出台了《湖州城区"六小行业"管理办法》，对餐饮、娱乐、加工等行业实施集中办公、联合会审制度，在源头上解决环境污染扰民问题。三是坚持专项整治与长效管理相结合。四是坚持部门执法与群众监督相结合。设立了面向全社会的12369环境投诉热线和2399866"创模"工作热线，进一步畅通了群众环境投诉渠道。五是着力提高环境保护工作水平。加快推进重点污染源在线监测工作，对全市重点污染企业和污水处理厂安装了在线监控监测设施46台套。完成了省下达的水质自动监测站和空气质量监测站建设任务。出台了《湖州市环境污染和生态破坏突发事件应急预案》，配备了毒性因子快速测报仪等应急设备，环境应急能力得到大大提高。

绍兴市城乡建设与环境保护

【城市基础设施建设】 重点工程建设有新推进。全长1 300多米，总投资1 000多万元的市区四路改造建设全面完工；南起火车站综合楼，通过下穿铁路，跨越大滩，由南向北最后与104国道北复线相接，全长1.15公里，总投资1.71亿元的解放北路延伸工程建成通车；市区内河整治工程完工，新埋管线1 800多米，整修道路1.3万余平方米、桥梁8座、民宅1.3万余平方米，建筑立面改造4.5万余平方米，改造沿河绿地2 600余平方米。

万余只窨井盖更换。投资210万元,对老城区及城南150余条主次干道的10 350只雨水窨井盖进行更换,更换采取高强度纤维复合材料替代铸铁制作窨井盖,从源头上解决窨井盖"防盗"、"防跳"现象。

公路建设不断推进。全年新建公路102.81公里,改建公路490.03公里,新增公路绿化150.04公里。年末全市公路通车里程达4 397.52公里;公路密度达53.26公里/百平方公里;高级次高级路面86.6%;公路铺装率为86.6%;公路通村率为99.7%。全年公路客运量1.42亿人,客运周转量47.56亿人公里,分别比上年增长3.4%和3.7%;公路货运量8 406万吨,货运周转量26.24亿吨公里,分别比上年增长3.4%和4.0%。

【房地产业开发】 年末全市房地产开发企业达214家,全年实现商品房销售额85.13亿元,同比增长12.4%;房地产开发施工面积1 111万平方米,同比增长1.4%,其中新开工面积332万平方米;竣工面积355万平方米,同比下降13.1%;年末商品房空置面积136.8万平方米,同比增长45.1%。

【市区商品房预销售全面实行网上备案制度】 "绍兴市商品房预销售网上备案系统"是一个面向购房群体、开发商、房地产市场管理部门、金融机构、房地产权属登记部门的综合性系统。系统集信息发布、网上预售许可、销售网络平台(网上合同签订、网上合同备案)、房产按揭信息登记、房产权属登记等功能为一体。为切实维护商品房交易双方的合法权益,规范商品房开发、经营和管理行为,从7月1日起,市区商品房预销售全面实行网上备案制度。

【村镇建设】 农村环境面貌变化显著。以推进城乡统筹"十网"建设为载体,围绕改善农民生产生活条件,加快基础设施、公共服务向农村延伸辐射。"百村小康示范、千村环境整治"工程全面实施。完成城中村(园中村、城郊村)改造78个,启动建设市级小康示范村138个,建成65个,其中省级46个村,启动环境整治村1 248个,完成629个。乡村康庄工程、千里清水河道工程、千里绿色林带工程、百万农民饮水工程、"百镇连锁超市、千村放心店"工程建设进展良好。行政村等级公路通车率达85.1%,道路硬化率达78.1%,客车通达率达83%,自来水普及率达80%,新增清水河道421公里,建设绿色林带450公里,新增绿化面积664万平方米,全市所有乡镇建立了超市,85.5%的村建起了放心店。农村生态环境建设成效明显。创建省级生态乡镇9个,市级生态乡镇11个,绿色生态村400个。

【加快农民培训转移】 围绕"提高农民、转移农民、保障农民、富裕农民",大力推进农民培训和转移工作。全年全市投入培训资金5 800多万元,培训农民达26.31万人,培训后转移就业6.9万人。启动实施下山移民工程,全市已有7 508人迁移到山下安居。

【环境保护】 绍兴名城保护受到全国推崇。绍兴名城保护工作经验在广东肇庆召开的国家历史文化名城2005年年会暨第12次学术研讨上,得到了全国许多兄弟名城领导的肯定和国内外名城保护专家的推崇,特别是绍兴历史街区的保护模式(体现历史的真实性、风貌的完整性、生活的延续性)在全国具有借鉴意义。国家名城委张富春秘书长在年会的报告中多次提到绍兴名城保护工作成绩斐然。国家名城保护专家委员会秘书长王景慧和同济大学阮仪三教授在会上也多次引用绍兴的名城保护做法。

【市区部分道路临时占道停车实行"咪表"管理】 为规范停车管理,市区部分道路临时占道停车自6月1日起实行计费仪计时收费管理(简称"咪表"管理)。实行停车"咪表"管理的区域包括老城区及城南等17个路段,共设置泊位414个,安装咪表207只。同时,招聘了63名值勤人员进行现场管理。

【生态市建设扎实推进】 巩固国家环境保护模范城市工作通过了初步复查。袍江工业区、绍兴市生态产业园和绍兴县滨海工业区都列入了省级生态工业示范园区创建。全市累计有63个乡镇完成生态镇建设规划编制,占全市乡镇总数的64.3%。年末全市省级绿色企业达到19家,ISO14000认证企业209家,国家级绿色学校4所,省级绿色学校24所,市级绿色学校79所,省级绿色社区18个,市级绿色社区35个,省级绿色家庭40个,省级绿色医院4个。

【环境保护基础工程建设不断加强】 绍兴污水处理厂三期扩建工程、诸暨市污水处理厂二期工程、嵊新污水处理厂、上虞市杭州湾精细化工园区工业固废焚烧中心(一期),均按照预定目标在积极有序的推进之中。全市重点工业园区已建立比较完善的污水收集和集中供热系统。全市新建地表水水质自动监测站2个,新建空气自动监测站3个。

【环境保护成果显著】 全市工业废水排放达标率96%,工业废气排放达标率98%,工业固体废物综合利用率94%,生活垃圾无害化处理率100%,生活污水集中处理率74%。全市集中式污水处理能力达71.5万吨/日,截污管网达到600多公里。年末全市共有自然保护区24个,自然保护区面积达13 499公顷,污水处理厂3个,烟尘控制区面积320平方公里,环境噪声达标区面积135平方公里。全市环境空气质量基本达到国家二级标准,全年空气质量达到优良天数有312天。顺利通过国家环境保护模范城市、国家卫生城市和全国节水型城市的复检验收,在国家环保总局公布的500城市环境综合整治定量考核中名列全省第一。　　(李月娟)

舟山市城乡建设与环境保护

【城市建设】 城市建设继续加快。2005年，全市城市维护建设资金支出9.3亿元。年末建成区面积59.2平方公里，年末实有城市道路面积499万平方米；排水管道长度391公里；全年供水总量4 404万吨，日供水综合生产能力34.2万立方米；液化石油气供气总量3.05万吨，用气户数6.13万户；年末实有公共汽车营运车辆数350辆；城市绿化环境进一步改善，全市园林绿地面积2 799公顷，其中公共绿地面积262公顷，建成区绿化覆盖率为30.5%。

【城市环境质量】 全面开展生态市建设，积极实施青山绿水、蓝天碧海工程，城市环境质量明显改善。2005年，全市环境污染治理投资额2.3亿元。城市空气质量均好于或等于二级标准，其中符合国家一级标准的天数占69.8%，连续两年生态环境质量被评为全省第一。全市6个A级以上旅游区环境达标率达到90%以上，普陀山景区获得联合国"全球优秀生态旅游区"荣誉称号。城市集中式饮用水源水质达标率100%，水环境功能区水质达标率70%。全年完成清水河道整治97公里。年末全市有污水处理厂1座，污水集中处理率为35%。环境噪声达标区总面积23.5平方公里，烟尘控制区总面积38.5平方公里，工业烟尘排放达标率52.7%。2005年完成生态公益林建设面积68万亩，累计生态公益林建成面积9万亩。城市绿化环境进一步改善，全市园林绿地面积2 799公顷，其中公共绿地面积262公顷，建成区绿化覆盖率为30.5%。全市近岸海域25个海水水质监测点中，达到国家一、二类海水水质标准的比例为20%，三类海水占5%，均比上年略有下降；四类和劣四类海水比例占75%，比上年提高15个百分点。近岸海域环境功能区达标率为6.73%，比上年提高2.12个百分点。

【渔农村建设】 近年来，舟山市认真贯彻落实科学发展观，把握"两个趋向"，始终坚持统筹城乡发展这条主线，精心设计实施"暖人心、促发展"工程和建立渔农村新社区二大载体，紧紧围绕提高渔农民收入和生活质量、提高渔农民素质、保障渔农民权益三大中心，着力抓好渔农村工作，构建渔农村和谐社会，全市渔农村各项社会事业取得了可喜的成绩。渔农民收入呈现快速增长的良好势头。2005年全市渔农民人均纯收入7 190元，比上年增长15.4%。其中渔民增长14.4%，农民增长15.7%。增长幅度高于我市城镇居民收入2.5个百分点，继续在全省领先。实施"暖促"工程取得明显成效。自2003年实施"暖促"工程以来，渔农民就业培训保障工作全面推进，初步建立起渔农民就业援助组织和渔农村劳动力信息管理网络。两年来，新增就业人数27 116人，新增培训人数46 954人，初步打响了"舟山海员"的劳动力品牌。全市乡镇敬老院三年改造任务提前一年基本完成，五保老人集中供养率已达到94%，超过全省确定的80%目标，走在全省前列。建立渔农村新社区取得明显成效。2004年以来，我市全面开展建立渔农村新社区工作，共组建新社区182个，缩减行政村108个，减幅20%，减少村干部405人，减幅41%。对遵纪守法的老年渔农民按每人每月30元的标准给予奖励，初步建立了渔农民养老保障制度，改变了几千年来渔农村老人单靠子女赡养的历史。渔农村群众负担大为减轻，创新了渔农村管理服务机制，基层组织的公共服务职能得到明显加强，逐步还村自治组织以本来面目，基层干部队伍得到精简优化，社会风气更加文明和谐。与此同时，我们创新社区党建工作，开展渔农村新社区党员联系群众制度，全市44个乡镇13 898名党员联系了15.65万户、49万普通群众，进一步巩固了党在渔农村基层的执政基础。2005年底，根据党的十六届五中全会精神，在已实施"暖促"工程、建立渔农村新社区的基础上，作出了在"十一五"期间创建渔农村小康社区、建设社会主义新渔农村的重大决策部署，争取到2010年，把全市182个渔农村新社区分期分批建设成为"经济发展、生活富裕、乡风文明、环境优美、社会和谐、体制创新"的渔农村小康社区。

台州市城乡建设与环境保护

【城市建设】 新一轮《台州市城市总体规划》已经省政府批准，分区规划、专业规划修编基本完成；市区"710城市建设工程"全面启动实施；白云山隧道及接线工程椒江段与开发区段完成招投标，市府大道东延开发区段完成路面工程、西延完成报批供地手续，中心大道建设加快进度；拟订《推进城乡环卫一体化实施意见》，全面启动城乡环卫一体化；继续深入实施"年增百万绿"行动计划，白云山整治全面启动，椒江九条路道路、黄岩区府广场、路桥104复线、台州经济开发区吴子熊玻璃艺术馆等一大批绿地相继建成，单位绿化达标率为73.1%。市区建成区绿地率达到33.5%，绿化覆盖率达到38.8%，人均公共绿地达到9.1平方米。创建省级园林城市通过验收；成功举办2005中国·台州城市雕塑设计大赛，开展了市区建筑风格和建筑色彩规划研究;章安古街保护工作启动,葭芷古街保护紧步跟进,临海紫阳古街完成修缮并开放,天台济公故居、孔庙复建工程完工,张文郁故居、妙山古建筑群、老县堂等加大保护和修缮力度;万户农民康居示范工程和十大市级康居工程建设,加快小康型示范村建设,"景元花园"和临海"云水山庄"住宅项目顺利通过国家康居示范工程验收,路桥"吉利嘉苑"住宅项目着手国家康居示范工程申报,路桥"水天一色"和玉环"欧洲花园"住宅项目列入市级康居名录。

【环境质量·污染治理】 环境质量明显改善。全市工业废水排放达标率为90.0%,工业固体废物综合利用率为95.0%,已建成规范化合格饮用水源保护区33个,烟尘控制区476.1平方公里,城市环境噪声达标区面积为120.4平方公里,生活污水处理率49.3%。市区工业废水排放达标率为85.0%,工业固体废物综合利用率为96.0%,生活污水处理率为65.0%,空气质量二级以上天数达到90%。

污染治理进一步加强。积极开展"811环境污染整治行动",临海水洋化工区污染整治在全省率先"摘帽",黄岩王西、外东浦医化企业基本关停,椒江外沙、岩头化工区废气达标治理基本完成。路桥1 309家小冶炼厂全部取缔,天台坡塘化工区通过市级验收。市区新建污水管网28公里,截污管网覆盖率85%以上,日污水处理量提高到13.2万吨。临海、温岭、玉环城市污水处理厂建成运行,天台城市污水处理厂基本建成。农村水源污染治理、海洋生态环境保护不断加强。100个生态示范点和45项生态市建设重点工程进展顺利。温岭市通过国家级生态示范区验收。制定"511循环经济行动计划",开展资源节约型社会建设,30多家企业通过环境管理认证,78家企业通过清洁生产审核。重点耗能工业企业万元产值平均综合能耗下降6.2%。

马鞍山市城乡建设与环境保护

【城乡建设概况】 2005年全年实际完成城市建设投资43.11亿元,占年计划的106.3%。全市城市基础设施水平指标进一步提高,城市人均拥有城市维护建设资金2 018元,用水普及率100%,燃气普及率100%,每万人拥有公共交通车辆13.6标台,人均道路面积14平方米,路网密度2.12公里/平方公里,排水管道密度6.79公里/平方公里,人均公共绿地面积12平方米,建成区绿化覆盖率42.05%,水冲公厕比率100%。

城市基础设施各重点建设工程按计划全面完成,2005年累计完成建设投资10.61亿元。强力推进道路建设,拉开了"西延北接"的构架。原205国道改造快车道国庆节前通车,长江路、三台路、雨山路西段、葛羊路东段改造、九华路三期、慈湖河路二期、康乐路、军民路新建基本完工,城区39条主次干道维修改造按计划完成。大力抓好城市环境建设,提升了城市的形象。雨山路、葛羊路两个入口广场绿化改造基本完成。金秋花展共布展12大景区、48处美化景点,烘托了国庆和诗歌节的气氛。加快市政公用设施建设,完善了城市综合服务功能。天然气工程加快实施,9.3公里高压管线及霍里高中压调压站建设全面完工,完成中低压干管敷设11公里,压缩天然气工程按计划推进。公交车辆更新步伐加快,全年购置新车57台,进一步提高了公交服务水平。

【房地产开发】 全年完成房地产开发投资26.4亿元,占年计划的110%,房地产施工面积412万平方米,新开工面积229万平方米,竣工面积128万平方米,分别占年计划的130%、127%、128%;办理房地产权属登记26 467起,交易面积403.44万平方米。

【招商引资】 全年实际利用内资9 200万元、为年度目标的115%,引进外资837万美元、为年度目标的837%,全面超额完成了市政府下达的目标任务,进一步拓宽了建设融资渠道。

【建筑业】 全年完成建筑业产值69亿元,比上年增长16%;施工面积450万平方米,竣工面积252万平方米,实现利润6 200万元、税金21 000万元。

【住房制度改革】 继续深化住房制度改革,住房社会保障工作得到加强。稳步实施住房分配货币化。全年共发放住房补贴2 085人,补贴金额2 193.4万元。核定落实全市改制企事业单位的住房货币化补贴和公积金提留,为全市6家改制企业3 259名职工提留住房补贴3 214余万元。配合市政府做好经营类事业单位转企改制工作,出台了《关于生产经营类事业单位转企改制中住房公积金缴存和住房补贴发放操作办法》,切实维护改制单位职工的合法权益。稳步实施廉租住房制度。按季度发放廉租住房补贴,加强动态管理,全年共新增加廉租户35户,退出保障100户,发放廉租住房补贴24.7万元,补贴人数1 223人。进一步提高标准,明确从2006年元月起保障范围从人均住房面积由12平方米放宽到13平方米,补贴标准由4元/平方米提高到5元/平方米。廉租住房建设工作进展顺利。

【房地产市场管理】 全面贯彻落实宏观调控政策,房地产市场健康有序发展。积极贯彻落实国家宏观调控政策。市政府出台实施了《关于做好稳定住房价格工作的通知》,明确了相应措施,确定了普通商品住房标准和相应的税收政策。全年共办理房屋租赁登记备案4 486起,租赁面积33余万元。通过一系列措施的实施,有效保障了房地产市场的健康发展,全年办理房地产权属登记26 147起,面积403.44万平方米,其中商品房交易9 082起,交易面积101万平方米,交易平均价格2 530

元/平方米,二手房交易4 748起,交易面积 38 万平方米,交易平均价格1 665元/平方米,代收契税6 767万元。

【环境保护】 2005 年,马鞍山市落实科学的发展观,围绕扎实推进"创模"工作,加大投入,加强监管,扩大宣传,积极开展生态市建设,着力开展旨在维护群众环境权益的专项整治活动,各项工作进展良好。马鞍山市国家环境保护模范城市创建工作通过国家环保总局考核验收,成为安徽省、中部地区 6 省、全国钢铁工业城市中首座国家环境保护模范城市。

生态市建设进展顺利。《马鞍山生态市建设总体规划》通过专家评审,并通过市政府常务会议、市人大常委会审议批准实施。经积极争取,马鞍山市有 7 项生态工程被列入生态省示范基地建设项目。在当涂县开展了农村水环境整治及生物修复技术试验研究。深入开展了各项创建活动,建成了 7 个"绿色社区",8 个"生态示范户",11 所市级"绿色学校",3 所省级"绿色学校"。南山矿、姑山矿生态复垦成果继续得到巩固。

环境监管能力得到加强。全年共审批建设项目 307 项,总投资 384 亿元,其中大中型建设项目 73 项。马钢"十五"后期和"十一五"技术改造与结构调整总体规划环境影响评价报告通过国家环保总局正式批复实施,圣戈班管道公司、第三发电厂、联合电厂等项目环评审批和"三同时"验收进展顺利,开发区环评通过省局评估中心技术审查,慈湖工业园、花山工业集中区建设项目环境保护管理得到加强。加强了突发环境事件应急能力建设。完善了《马鞍山市环境突发事件应急预案》,对全市环境污染隐患进行全面排查,对 93 枚放射源逐枚进行了监测,对 6 家危险化学品涉及单位和 7 个重点污染源污水处理设施运行情况进行检查,并组织开展了突发环境事件应急演练。

环境科研工作有了新进展。由市环保局环境科学研究所编写的《马鞍山市水环境容量研究技术报告》通过省环保局技术审核并受到高度评价,有关论文被收入国家环境保护优秀论文集。组织开展了长江流域水污染防治规划,绿色 GDP 核算环境污染损失调查统计与技术报告的编制工作。市环保局会同国家环保总局环境规划院举办了全国第一个绿色 GDP 核算培训活动。

环境保护队伍自身建设得到加强。市环保局连续六届被省委、省政府授予"省级文明单位"称号,连续两年被市委、市政府授予"目标考核优秀单位"并被记集体三等功,主要领导被记二等功。

【高污染燃料禁燃区第一阶段炉窑整治工作结束】 在全省率先实行市场化有偿使用环境资源制度,将 170 多万元的二氧化硫补偿费用于城区禁燃区炉窑改造。第一阶段工作结束后,全市高污染燃料禁燃区共有 26 家单位完成炉窑整治工作,拆除和改造锅炉 43 台,共在主城区拔掉 30 根烟囱,禁燃区内冒烟锅炉得到彻底解决,城市形象明显改观。

【《马鞍山生态市建设总体规划》通过评审审议】 1 月 16 日,《马鞍山生态市建设总体规划》(2004 - 2018 年)通过有关专家评审。评审组由以中科院院士刘昌明为组长、中国工程院院士金涌、王文兴等 8 位专家组成,认为该《总体规划》是全国同类型规划中高水平的规划,可以作为我市生态市建设的依据。3 月 14 日,市长姚玉舟主持召开市政府常务会议,审议通过了《马鞍山生态市建设总体规划》。7 月 29 日,市第十三届人大常委会第 24 次会议审议批准了《马鞍山生态市建设总体规划》。

【全市一批工程被列入生态省建设示范基地建设项目】 2005 年,马鞍山市 7 项生态工程被列入生态省示范基地建设项目,具体是:当涂县渔业养殖有限公司的生态养殖项目、市剧团环境文化建设项目、锁溪河环境综合整治项目、农村水环境生态修复技术实验研究项目、云龙实业公司小黄洲生态林工程、东郊绿野科技公司东郊山地特种蔬菜生态种植项目和金石新材料开发项目。省生态办将从生态省建设引导资金中安排部分资金对上述项目给予支持。

【命名一批绿色社区、生态村和生态示范户】 通过考评,授予当涂县博望镇三杨村、塘南镇大高村、金家庄区慈湖乡太来村 3 个行政村"马鞍山市生态村"称号,授予陈长江等 8 个农户"马鞍山市生态示范户"称号,授予安工大社区、平山社区、东苑社区、人民社区、钟村社区、新工房社区、山南社区等 7 个社区"马鞍山市绿色社区"称号。

【全市环境质量状况有所好转】 长江马鞍山段、饮用水源地水质良好,保持稳定。采石河、慈湖河水质城考监测指标均达到相应功能区划标准要求,雨山湖经过综合整治,水质彻底改观,完全达到了Ⅴ类功能区划标准兵,噪声环境质量稳中有升。

【全年空气质量保持较好水平】 监测数据表明:我市全年空气质量良好,达二级和好于二级天数为 339 天,占全年总天数的 92.9%。空气首要污染物可吸入颗粒物浓度年均值为 0.092 毫克/立方米,与去年同期相比,下降了 1.08%,达到国家环境空气质量标准(GB3095—1996)二级标准。二氧化硫和二氧化氮浓度年均值分别为 0.022、0.027 毫克/立方米,均达到国家环境空气质量一级标准。

【水环境质量保持良好水平】 长江马鞍山段水质保持良好,基本达到水域功能区划(GB3838—2002)Ⅱ类标准,与去年同期相比,变化不大,保持稳定。饮用水源地水质状况良好,各项监测指标均达到国家标准要求。采石河、慈湖河水质城考监测指标分别达到相应Ⅳ类、Ⅴ类功能区划标准要求。雨山湖水质完全达到了Ⅴ类功能区划标准要求。

【环境综合指数】 环境保护投资指数为 2.03%,生活垃圾无害化处理率达到 100%,生活污水处理率达到了 75.99%,工业固体废物处置利用率为 91.50%,工业废水排放达标率为 97.98%,工业烟尘排放达标率为 98.12%,建成区绿化覆盖率为 43.38%。

长三角区域旅游发展的战略思路与目标

厉无畏 · 王慧敏

长三角是中国经济增长的引擎,对整个国家经济社会带动作用非常明显,这一地位至少30年内不会动摇。同样,长三角区域旅游在"中国旅游成为世界强国"之路上担当着不可推卸的重任,长三角如何率先实现旅游强区?未来长三角区域旅游发展的重点在哪里?其对国家旅游发展的龙头作用主要体现在哪几个方面?这都是值得我们深入研究和达成共识的战略问题。国家旅游局、江浙沪两省一市的旅游局十分重视长三角区域旅游的发展,国家旅游局把"长三角区域旅游规划"列入国家旅游"十一五"的重点规划,江、浙、沪旅游局则在全国率先启动了"长三角区域旅游规划"的研究工作,本文就"长三角区域旅游发展的战略思路与目标"谈几点认识。

一、长三角区域旅游规划的战略思路

长三角区域旅游规划的战略意义体现在两个层面上:一是国家旅游的战略部署层面,长三角区域旅游既是代表中国旅游参与国际竞争的主体力量,同时又是中国旅游强国的重要支撑。二是长三角区域自身的发展战略层面,旅游产业是长三角区域经济社会可持续发展的优势产业,长三角区域旅游规划直接关系到长三角区域从制造经济向现代服务经济的成功转型,关系到长三角区域经济增长方式转变的实现。

因此,对长三角区域旅游的战略研究应该立足于中国旅游强国目标的实现,与其他重点旅游区(如珠三角旅游区、京津冀旅游区、香格里拉旅游区等)形成错位竞争,同时要结合长三角区域社会和经济的发展战略,确定长三角区域旅游的功能、定位和发展战略。具体而言,长三角区域旅游规划的战略思路是两个立足点,四个相匹配。

两个立足点:

建设具有国际竞争力的旅游目的地:把长三角作为一个整体旅游目的地进行规划;

按照旅游业的发展规律和区域社会经济发展的要求,打破行政区的界限,对旅游生产要素进行合理配置,营造区域性具有核心竞争力的竞合旅游产品,形成1+1>2(15+1>16)的共赢格局。

四个相匹配:

与国家旅游战略相匹配:成为世界旅游强国的重要支撑;

与长三角经济社会、文化发展相匹配:与长三角区域的工业化、城市化和自主创新、文化产业、小康社会、新农村建设的进程相协调、相促进,并相互融入;

与世界旅游市场的发展相匹配:旅游是一个开放的产业,面对的是国际市场,其发展要与全球化、国际化进程相一致;

与旅游者消费需求的变化相匹配:旅游是为旅游者提供服务的产业,旅游规划不仅要满足旅游者的需求,更要通过旅游产品和服务的创新激发旅游者的潜在的消费需求,扩大旅游市场,创造新的消费市场,提高旅游附加值。例如,创新性开发邮轮、邮艇、游船、高尔夫、自驾车等高端旅游市场;发掘女性、儿童、银发等潜在旅游市场;重点培养亚健康旅游市场等新兴旅游市场的发展。

二、旅游在长三角区域发展中的功能与地位

旅游规划是对未来旅游发展的一种谋划,这种谋划需要

前瞻性,也需要正确把握其在区域社会经济发展中的功能与地位,长三角区域在新一轮的发展中面临着经济增长方式的转变,面临着产业结构的调整,面临着区域一体化的突破,为此,国家发改委正在编制长三角区域规划,制定相关的战略。那么,旅游业如何在长三角区域发展的转变、调整和突破中发挥优势,正确定位?这里我们提出旅游业在长三角区域发展中的四大效应:先导效应、示范效应、关联效应和辐射效应。

1. 先导效应

旅游业在长三角区域一体化中的具有先导效应。长三角区域一体化是一项复杂的系统工程,它的推进和实施也是一个循序渐进的过程,选择已经形成共识,有一定合作基础的领域作为整个区域一体化重点推进的突破口,有着重要的现实指导意义。与其他产业相比,旅游业的合作比较成熟,具有显著的先导效应。

由于市场与资源的互补性,跨区域的旅游业合作具有利益共同点,容易形成共识。

在长三角区域经济合作实践中,旅游业领域的合作最成功,认同度高,区域旅游一体化的推进具有可操作性。

2. 示范效应

旅游业是我国具有国际竞争力的产业之一,长三角区域旅游是我国旅游业的"重镇",在全国占据举足轻重的地位,是中国实现"旅游强国"目标的重要组成部分,其健康发展对于我国旅游品牌的形成,旅游产品的升级,旅游管理机制的创新等有着示范效应。同时,"十一五"期间是长三角区域从"制造经济"向"服务经济"的转型期,第三产业将进入一个上升发展期,并逐渐成为经济发展中的"主角",作为现代服务业重要组成部分的旅游业,对于区域服务业的发展有示范意义。

3. 关联效应

旅游业是一个关联度极高的产业,涉及国民经济的各个部门,区域旅游的发展和规划的推进有利于整个区域相关产业的发展和整合。

对相关产业的拉动作用:旅游业是一个产业群概念,涉及到交通业、住宿业、娱乐业、商业、餐饮业、金融服务业等多个为旅游者提供消费服务的产业,同时旅游业具有较强的渗透性,易于与其他产业融合,形成新型产业,如旅游会展业、旅游房产业等,关联带动作用明显。

对就业的拉动作用:旅游业的乘数效应还体现在拉动就业方面。据世界旅游组织的权威统计显示,一个旅游就业者可以间接提供3.5个工作机会。在倡导"以人为本"科学发展观的今天,高就业的产业是区域发展的优先选择。

对城市功能提升的拉动作用:长三角是世界公认的第六大城市群,其发展遵循着大都市的一般发展模式。著名学者霍尔认为旅游是世界大都市的四大功能之一,对长三角区域旅游进行整体规划,有利于完善其城市功能,提升区域竞争力和知名度。

4. 辐射效应

旅游业是跨区域的经济活动,它通过组织旅游者的跨区域流动,为区域的发展带来人流、资金流以及相应的物流和信息流,这种对外交流促进了要素流通的功能,强化了旅游业的辐射效应。长三角区域旅游的发展,既能加强区内生产要素的互动发展,又能对周边的皖、赣、湘等地区产生辐射和带动作用,发挥长三角服务全国的功能。

2010上海世博会是长三角地区"十一五"期间最大的发展机遇,旅游业是其中得益最多的产业,7 000万人次将使上海和长三角地区成为旅游"辐射源"。

上海国际航运中心的建设,使得上海口岸功能进一步提升,客源输出也随之增加,同时,由航运中心带动发展起来的游轮经济也将丰富旅游产品、延伸旅游线路等,这些将进一步加强以上海为中心的长三角旅游产业对全国的辐射和服务功能。

除了旅游圈本身的开放性与其他区域之间的开放对接之外,长三角区域旅游的对外辐射还体现在旅游品牌的输出、旅游人才的流通、旅游管理的输出。

三、对旅游及长三角区域旅游优势的基本认识

1. 什么是旅游?旅游产业的内涵和外延是什么

对上面的问题学术界至今都没有一个公认的、统一的界定。

在理论上,旅游是一个动态的概念、立体的概念。从经济学最基本的供求关系来看,旅游需求是经济增长、收入、文化程度等的函数;旅游供给是旅游产品、旅游设施、旅游服务等的函数,这里形成一个二维结构,同时需求与供给又是时间的函数,不同的时间段旅游供给与旅游需求是不同的,这里构成一个三维结构(详见图)。因此,对旅游发展战略的研究要有立体思维,从三个维度加以考虑。

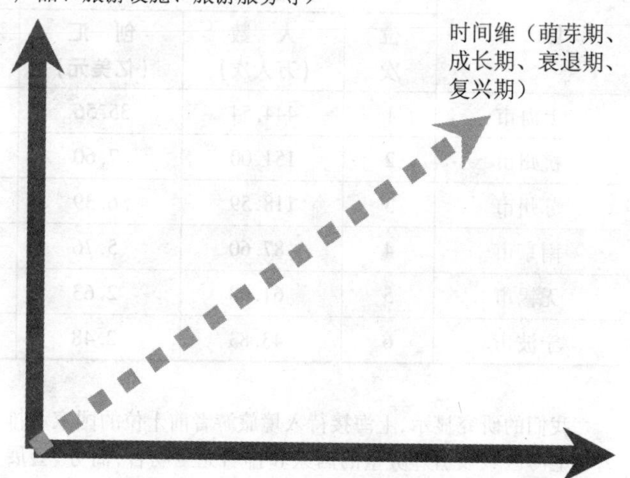

旅游的复杂性在于三个维度都包含若干变量,这些变量本身有一个动态的变化与演进,相互之间既促进又制约。旅游业的动态发展和立体架构,也使得我们对旅游业的战略制定必须跳出传统的旅游部门,从现代旅游者的新需求中,从区域的社会经济文化发展脉络中寻求新思路和发展的切入点。

事实上,旅游业一直处于动态发展中,传统意义上旅游是六大要素:旅游景点、旅游饭店、旅游交通、旅游餐饮、旅游购物、旅游娱乐;传统意义上的旅游资源主要是自然与人文景观;

旅游产品主要是观光产品。如今,现代旅游业的内涵大大丰富,旅游信息等成为新的旅游要素;各种社会资源,包括城市建设、文化教育卫生活动、市民生活等均扩大成为可开发利用的旅游资源;工业旅游、农业旅游、太空旅游、商务旅游、会展旅游、文化旅游、节庆旅游、健康旅游、度假旅游、科教旅游、旅游房产等新产品层出不穷。

我们认为,现代旅游需求在不断升级,现代旅游业的内涵和外延大大扩大,已经突破传统的旅游范畴,与人的全面发展和区域经济社会发展更加紧密联系在一起,因而,对于长三角区域旅游战略的研究我们不能够就旅游谈旅游,应该从旅游与长三角区域社会经济发展的互融、互动发展的视角审视旅游业的发展,并制定相应的战略。

2. 长三角区域发展旅游的优势在哪里

综观长三角区域旅游的发展,我们不难发现这样一个现象:相对长三角区域所拥有的旅游资源的质量和数量在全国的地位而言,长三角区域的旅游经济规模的比重明显偏高。

从传统旅游资源,即自然山水和文物古迹来看,长三角区域在全国并无明显优势。以世界级旅游资源——世界遗产的数量为例,中国的世界遗产有31处,其中文化遗产有22个,自然遗产有4个,文化和自然遗产双重有4个,文化景观遗产1个,长三角区域只有苏州古典园林1处被列入世界文化遗产,占3.2%。

从旅游景点(区)来看,国家4A级旅游景区全国共671家,长三角区域有107家,占全国的15.9%。

长三角区域(15+1城市)国家4A级旅游景区分布表

类型	长三角	江苏	浙江	上海
自然风光	24	8	16	
人文景观	27	14	7	6
园林	15	11	2	2
休闲度假	10	3	5	2
古镇	9	5	3	1
主题公园	22	6	10	6
总计	107	47	43	17
比例	100	43.9	40.2	15.9

从接待人次来看,长三角区域接待入境旅游者占全国四分之一,接待国内旅游者占全国三分之一。

从整体区域来看,长三角区域在中国首批优秀旅游城市中占有四分之一的比例。

从旅游企业来看,2005年在全国旅行社100强排名中,长三角的国内旅行社占据了64个席位,达到64%,国际旅行社占据了24个,近四分之一。

从下表可见,无论是接待人次,还是旅游收入,上海在长三角区域占有绝对的龙头地位,尽管上海4A级旅游景区的数量仅占长三角区域总量的15.9%。

2005年长三角区域主要旅游城市接待指标一览

城市	国际			国内			位次	旅游总收入(亿元)
	位次	人数(万人次)	创汇(亿美元)	位次	人数(万人次)	收入(亿元)		
上海市	1	444.54	35.56	1	9 011.94	1 308.41	1	1 600.00
杭州市	2	151.00	7.60	3	3 265.00	404.00	2	465.00
苏州市	3	118.59	6.39	2	3 656.87	380.28	3	432.11
南京市	4	87.60	5.76	4	3 189.66	328.20	4	379.00
无锡市	5	61.68	2.63	5	2 637.50	280.07	5	301.60
宁波市	6	43.83	2.48	6	2 352.00	238.40	6	258.20

我们的研究显示,上海接待入境旅游者前十位的国家和排名与上海区域吸引外资量的国家和排名完全吻合;商务、会展旅游与长三角发达的制造业生产、销售、服务、以及研发活动密切相关;节庆旅游、文化旅游、休闲度假旅游等则与城市功能的提升密切相关。

显然,长三角区域发展旅游的优势并不是传统的自然山水和文物古迹旅游资源,长三角区域旅游能够成为中国旅游的发达区,关键在于其发达的经济、完善的旅游设施和优质的旅游服务。

放眼全球,长三角区域的核心优势是制造业,是世界上最大的制造业集聚区。从旅游的角度来看,长三角区域旅游发展的核心优势是城市群,是城市群中可以开发为旅游产品的各类城市资源:自然资源、经济资源和社会资源。

长三角区域是世界第六大都市圈,几乎包含了各种类型的城市:国际大都市、六朝古都、山水城市、古镇、现代化新城镇、文化名城等;其最具特色的是江、湖、河、海等水体将城市群中的各个城市有机地串联起来,长江、太湖、运河和东海是长三角区域旅游的精华资源。

以上是我们对长三角区域旅游优势的认识。

四、长三角区域旅游发展的战略思考

长三角区域的人均GDP已经超过4 000美元,步入中等经济发达国家的行列,因此,长三角区域旅游的发展模式是经济发达地区的旅游模式,即旅游业的发展要从资源、技术和资金驱动型向创新驱动和文化驱动型转变。旅游国际竞争力的提升要从依靠硬性的资源要素转向依靠文化、高级人力资本、品牌、制度、环境等软性要素。长三角区域旅游应在全国率先实现发展方式的转变,率先成为世界旅游强区,率先成为具有国际竞争力的旅游目的地。

1. 战略目标——四个率先实现

(1)率先实现区域旅游一体化

在长三角区域一体化的进程中,旅游业是率先实现一体化的产业部门;

在多个中国旅游跨行政区目的地的建设中,长三角区域是率先实现一体化的旅游区域。

(2)率先实现旅游产业现代化

旅游管理现代化:管理理念、管理方式、管理制度等;

旅游产品现代化:设计并提供满足现代旅游者需求的旅游产品(休闲度假产品、产业旅游产品、文化体验产品、商务会展产品、特色旅游产品等);

旅游营销现代化:营销观念、营销手段、营销渠道、营销效率等的现代化;

旅游环境现代化:自然生态环境、人文生态环境(社会和谐友好、市民素质、文化完整性、进入的便捷性和舒适性)。

(3)率先实现旅游服务国际化

国际化是世界经济发展的重要趋势和特征,中国正在全面走向国际化,不断地融入世界产业的分工体系之中。旅游业是一个提供各种服务的产业,也是我国最早与国际接轨的产业,长三角区域旅游的服务标准、服务质量、服务水平应率先在全国实现国际化。

(4)率先实现旅游品牌自主化

作为一个国际旅游目的地,长三角区域应通过创新,培育若干旅游品牌参与国际竞争,包括旅游线路品牌、旅游产品品牌、旅游城市品牌、旅游酒店品牌、旅行社品牌,旅游服务品牌等。

2. 具体战略设想

目的地体系战略

长三角区域作为一个整体目的地,其内部是非均质的,存在着不同的差异,需要对区域内不同城市进行功能定位,构建富有层次的旅游目的地体系,有重点地逐渐推进。结合长三角城市化进程和社会主义新农村的建设,依托现有的城镇体系和布局,在长三角区域内形成若干个有特色的旅游区(点)、主题旅游城镇和最佳旅游城市,彼此形成互补与互动,延长游客的逗留时间。

融合战略

长三角区域旅游与区域的社会经济发展紧密相联,实施融合发展战略是长三角区域旅游功能提升的有效选择。长三角区域旅游融合战略主要在两个方面展开:一是产业融合。长三角区域产业发展正面临转型,资源、环境、成本的约束,使得产业寻求新的增长点,新的推动要素,而文化成为新一轮产业增长和竞争的第一要素,旅游则是传播文化、展示文化的窗口和平台,结合长三角区域丰富的产业资源,大力推进工业旅游、农业旅游、商务旅游等新型旅游产品,一方面提升产业竞争力,另一方面能够满足现代旅游者的体验、学习、参与等新需求。二是城市融合。长三角区域有众多不同特色城市,其丰富的人文社会资源、城市建设成就、城市文化生活等可以进行整合,打造成若干有国际竞争力的旅游吸引物。

集群战略

依托长三角区域内的自然空间,打造若干个有竞争力的旅游集群,形成合理的空间布局。如长江下游旅游带、环太湖旅游带、大运河旅游带、东海沿海旅游带等跨行政区旅游集群。

平台战略

建立三个层次的旅游平台,加快区域旅游一体化的发展。一是政府层面的旅游决策平台、政策保障平台、资源配套平台;二是企业层面的旅游经营网络平台、交通集散平台等;三是非营利组织层面的研发、培训、咨询平台。

(作者厉无畏原上海市人大副主任)

城乡联动促进可持续发展

杨重光

可持续发展的实质是资源、经济、人口和环境的协调与和谐。城市与农村是两大平行的生产、生活系统,是人类社会的两大聚落形态。城乡的和谐及协调是资源、经济、人口和环境可持续发展的基础。

一、城乡两大系统的区别和特点

自从城市产生和发展以来,人类社会形成生产和生活两大系统,即城市系统和生活系统。这两大系统无论从生产力发展或生产方式来说,即从人与自然的关系和人与人之间的关系来说,都形成自己固有的特点,存在本质的差异。从可持续发展来说,其主要差异或特点表现为:

1. 生产对象不同

农村的核心产业是农业,而农业无论是种植业还是养殖业都是以生命或生物为对象,是生命的延续和物种的保持,所以是生物型的生产;而城市的核心产业是工业,是以天然的无机物和有机物或农业生的产品,如矿石、煤炭、棉花等为生产对象,是对它们的理化加工,所以农业是生长型的产业,而工业是再造型的产业。

2.与自然界关系不同

农村和农业的资源主要是土地、阳光、水和大气等,都是自然生成的、天赐的,这些既是农业生产的发展条件和环境,同时又是人类自身的生存条件和环境,具有共享性、共生性及同命运。人与自然具有天生的亲近感。几千年仍没有完全改变“靠天吃饭”的现实和观念。

而城市及工业则不同,是对天然物质和农产品进行加工,生产出人们所需要的产品,人似乎是在超越自然、驾驭自然、操纵自然和征服自然,容易产生“人定胜天”的观念,渐渐降低了对自然的依赖。没有阳光用电照明,天气热用空调、太冷烧暖气等。所以,在城市与农村,人与自然的关系产生了巨大的差别。

3. 循环系统不同

任何的生产生活都是一个系统,农村,特别是小农经济形成一个完整的,甚至是封闭的循环系统。农村生产生活系统似乎完美无缺。几乎没有废物,草木灰和人畜粪是最好的农家肥,日常生活垃圾在地里得到降解。只有少数经过工业加工的日用品才变成废品。而城市及工业自身已经难以形成循环系统,一个工厂在再生产系统中只是一个生产环节,是整个工业生产链中的一节,所以,对一个工厂乃至一个城市已经不是一个循环系统。如果说,农业是一循环型的生产系统,而工业则是一个开放型的生产系统,农业生产是一个圆,工业只是一条线。

4. 主体与客体关系不同

农业社会、农村和农业,主体与客体是和谐和友好的。每个客体自身和各个环节也是协调的,如土地的植物生长消耗了地力,而秸杆还田,施农家肥又恢复了地力,每年可周而复始地耕种,土地状态是可逆的;而工业则不同,煤炭和汽油燃烧了,再也无法重现,所以,工业是不可逆的。

5. 人的情感与文化不同

农业或农村的生产对象都是有生命的,某些生产手段也都有生命,如耕地的牛、拉车的马、看门的狗等,所以在长期的生产生活中,人们与有生命的植物和动物的接触中,养成对生命的关爱,产生一定的亲近感,同时形成相应的文化,创造出丰富多彩的农耕文化,如对动物或植物的崇拜等。

而工业和城市,生产的对象、生活的接触等大都是无生命的物质,是冷冰冰的机器,因此容易形成冷漠的文化。所以,工业文化缺少血和肉。马克思经典作家在对工业文明的先进性和进步性作了充分肯定的同时,也对工业文明的冷漠作了许多批判。特别是在工业鼎盛时期,由于工业和城市长期的冷漠关系,缺少对农耕文明的关爱之情,所以,发展到后来,人们注意城市绿化,种植花草树木,饲养宠物,向往农村的田园生活。

上述说明,由于种种原因,城市与农村从生产力、到生产方式,从生活到文化,从可持续发展的视角分析存在诸多不同。今天在讨论城市的可持续发展时,必须考虑到城市与农村的这种差别,并积极促进联动。

二、可持续发展中城乡矛盾和问题

城市从农村分离出来的第一天起,城乡就充满矛盾,甚至对立,特别表现在可持续发展上:

1. 土地利用的矛盾

农业用地(农地、牧场、草地、水面、林地等)的特点是,都置身于大的自然生态循环之中,农地即使不耕种也会长草长树,维持它的原生态,除了特殊的自然灾害外,一般是不会被毁灭的,可以永续使用。也就是说,农地具有自身保护机能。所以,对农村出现自然抛荒现象并不可怕,需要时很容易复耕。可是城市及工业却不同,工业对土地的使用是对土地本性的毁灭,彻底破坏了土地的自然生产力,成为一种水泥覆盖的大地,是有地无土的水泥板,其实不应该再称“土地”,一般是不可逆的。有人说城市是水泥森林。所以,从生态和环境的角度说,农村土地或农用地转化成为城市土地是越少越好。农村土地的比例是一个国家和地区生态环境的一个重要标志。可是城市强大的经济实力,总是对农村土地进行掠夺和侵蚀,造成城乡之间突出的土地矛盾。这种矛盾不仅是对农民利益的侵害,使失地农民产生生计问题,而且出现更为严重的生态问题,是对可持续发展的挑战。

2. 水资源的矛盾

水的矛盾主要表现在两个方面,一是水源的争夺。农村用水从总的方面来说也是实现自循环。农村和农业一方面消耗水,另一方面已经使用的水经过自然的深透和过滤,可以再次利用,同时农业生产使用的水经过蒸发又有利于降雨,还有森林和草地都可以涵养水分。如果对大范围的生态不破坏,水是持续不断的,真正的水源都在农村。可是城市与工业却不同,城市的用水,还难回收利用,大都是一次性的消耗,而且其消耗量愈来愈大,造成水资源的严重短缺。因此,城市与农村争夺水源的矛盾是始终存在,而且是愈演愈烈。有的地区为了保证供水,放弃了农业。二是水体质量矛盾。工业的发展和城市的兴起,不仅对水的消耗量愈来愈大,而且对水体的污染越来越严重。这种污染不仅影响到城市自身,而且严重地影响农村和整个社会,甚至为了城市的安全和居民的健康而转嫁给农村和农业,例如,将城市的工业污水不经处理直接排放河道,放入农田,造成重金属或有毒物质的污染,致使农村粮食不能吃、水不能喝等严重后果,饮用水和食品的安全受到严重威胁。

当然,由于农村乡镇企业的发展和消费物品的变化,农村的污水量增加,同时固体废物的增加,部分农村也直接污染农村水源,将固体废物直接倾倒在河道,或在河道洗涤污物等。也使城市居民水安全受到损害。成为农村与城市相互污染,造成恶性循环。这种矛盾已经越来越突出和严重。

3. 能源消耗的矛盾

农村的能源消耗原来是非常有限的,主要是生物能源和天然能源,如秸杆、柴草等,现在比较富裕地区的农村也开始使用与城市一样的能源,如煤、电、液化气、汽油等。造成城市与农村之间的矛盾。例如,前一两年,电力供应紧张时,为保障城市的电力供应,在浙江的小城市、城镇和农村经常停电,严重地影响农民止常的生产和生活。

按照专家的测算,一个城市人口比一个农村人口的能源消耗量要高出三倍,随着城市化进程的加快,城市人口不断增加,加上农村能源消耗也日益扩大,在国家能源紧张的情况下,城乡能源矛盾将会愈来愈突出和尖锐。

农村富裕之后,包括农民家用轿车在内的农村汽车越来越多,汽油消耗增加而导致的城乡矛盾也将表现出来。

4. 垃圾处理的矛盾

城市不仅生产产品,而且生产和排放废弃物,这对城市是一个非常突出的问题。城市不仅需要庞大的环卫队伍,而且需要规模惊人的垃圾项埋场,一方面占用农村大量土地,另一方面形成垃圾围城的局面。这既成为城市的一个头痛问题,更是农村的一个沉重的包袱。城市即使建设垃圾处理厂,同样还会有许多污泥渣土。何况城市建设过程中的大量建筑垃圾是不能用垃圾处理厂来处理的。城市固体垃圾的生产和处理是城乡之间可持续发展的一个长期存在的问题。

中国的一个特殊的问题是城市中一支人数可观的收拾废品的大军,据说北京的拾荒大军就达10万人。他们收购废品,从资源的利用、可持续发展、废品减量化等方面来说,都起到重要的作用,但也带来一系列的社会问题,是城乡之间的一个问题和矛盾。

5.环境恶化的矛盾

从某种意义上说,环境的污染是没有界限的,城市的污染严重地影响农村,农村的环境恶化同样影响城市。北京的沙尘暴既是农村的问题,亦是城市的问题,其起因之复杂和影响范围之广是空前的,必须进行综合治理。光靠城市或农村都是很难收效的。

总之,资源利用、循环经济、协调发展、环境整治、生态保护等,都已经超越了城市或农村的界限,而必须统筹研究和综合考虑。

三、城乡联动是可持续发展的必然选择

1.统筹城乡土地利用

除了大气提供的资源外,一切资源都来之于土地,土地是财富之母,亦可解读为土地是资源之母。人类生存和发展所需要的生活、生产资料,绝大部分是从土地生长、生产出来的,人们所利用的资源和财富绝大部分是埋藏于地下,是人们不断开采和挖掘出来的,所以对土地的珍惜、对土地的保护、对土地的合理使用和对地下矿藏的合理开采是可持续发展的根本问题。如果对土地的滥用和对地下矿藏的乱采,就根本谈不上可持续发展。城市发展需要土地,但必须集约节约用地,理性地、合理地、科学地和持续地开发土地,建立城市用地与农村用地的合理比例,城市要发挥每一寸土地的作用,切不可宽打宽用,更不可滥用土地,最大限度地压缩对农村土地,特别是耕地的征用。江苏省是土地资源十分紧张的省份,但在节约集约、利用城市土地方面创造了许多经验:一是建设工业集中区;二是整合工业园区;三是严格用地标准;四是建立集约用地机制;五是整合农村居民点;六是提高土地利用效率;七是引导居民消费;八是利用城市煤粉灰、煤渣烧砖制瓦,减轻对农村土地的压力。通过这些途径和方法,在保证城市各项功能和城市居民生活质量的前提下,尽可减少城市用地数量和面积,发挥城市土地的最大效用。

2.城乡联动实现循环经济

由城乡的经济和产业特点决定,城乡联动可以使资源和物质得到最充分的利用,有利于建立和扩大循环经济。如城市建设污水处理厂,生产出的水可以用于灌溉,而污泥可作为肥料。

改革城市污水处理方式,由"集中综合处理"向"集中分类处理"转变,将有"肥源"要素的城市人粪便,经处理后成为肥料供应给农村,既促进环境的改善,又有利于农村的可持续发展。开展农村秸杆掺烧发电,如江苏省南通市如东县秸杆发电一期工程正开工建设,海安县秸杆发电、南通城区生活垃圾焚烧发电前期工作正加速进行。

3.综合利用城乡能源

农村要尽量利用就地可利用的能源,如柴火、沼气、太阳能、风能等,以缓减城乡争夺能源的矛盾。如,西双版纳有一种叫黑心树,生长很快,每家在房前屋后种上几棵,就可以解决一家煮饭的燃料问题。农村现代化不等于都使用城市同样的能源。江苏省东台市南沈灶镇金星村按照"整体、协调、循环、再生"的原则,初步建立了"鸡—猪—沼气—蔬菜"的循环农业模式,产生了较好的经济效益,全村节电8 000余度,节约石油液化气1 000余公斤,同时有效地解决了畜禽烘粪便的污染问题。

4.城乡联合扩大水源

水是流体,具有流动性,绝大部分河流既流经城市,也流经农村,对水环境的治理必须城乡协力,才能保证水的清洁,不被污染。

同时扩大水源主要依靠农村,在有条件的地方封山育林,大量种树,保持水土,扩大水源。

5.城乡联体改善基础设施

在经济发达地区,由于农村经济的发展和农民生活方式的变化,以及社会主义新农村建设,农村对基础设施和市政设施的需要愈来愈迫切。而基础设施建设不仅投资量大,建设周期长,而且系统性强,因此在城乡一体化建设中,要对城乡基础设施和市政设施统一规划,统筹安排,城市基础设施向农村,特别是城市周边地区农村延伸,一方面加强基础设施和市政设施的整体性,有利于提高基础设施的使用效率,另一方面可以节约成本和费用。

农村富裕后,购买力迅速提高,许多农民大量购买家用小轿车,华西村有小轿车600多辆,最少的人家1辆,最多的人家3辆;在广州增城市的大敦村,村民7 000多人,外来人口10万多人,成天车水马龙,仅奔驰车就30多辆。当然这表明了农村的富裕,但是仍然要考虑农村的交通基础设施等条件,以及国家的能源,特别是汽油的供应问题。所以,随着新农村的建设,同样需要发展城乡连接的公共交通。

所有这些问题的实施最重要的是体制和政策问题,必须制定城乡联动促进可持续发展的体制和政策。从一个地区和一个城市来说必须城乡统筹,加强城市对农村的支持和扶植。

(作者系中国社会科学院研究员
中国城市经济学会副会长)

积极推进长三角区域协调发展

张　锋

明确区域功能定位,促进区域协调发展是我国"十一五"时期的重大战略任务之一。积极推进长三角区域协调发展有着极为重要的意义。长江三角洲区域(以下简称长三角)是走在中国经济前列、正在崛起的世界第六大城市群。它位于我国东部沿海开放城市带和沿长江产业密集城市带的结合部,具有得天独厚的江海交汇、南北居中的区位条件。它是我国对内、对外联系的主要节点,是我国走向世界的重要窗口。历来为我国经济发展的中心地带,是全国发展速度最快、投资环境最佳、经济内在素质最好、创新能力最强的地区之一。它的发展对我国经济的发展一直起着举足轻重的作用,将打造成中国生产力发展的主引擎。而实现它的经济社会协调发展,构筑一体化有序整体是其必然选择和必经之路。

随着经济全球化和区域一体化的深入推进,我国区域经济社会协调发展步伐加快,长三角、泛珠三角、京津冀等区域联合体初显雏形。从东到西、从南到北,正在发生比以前更密切和更频繁的合作与互动。与此相伴随,人们更加关注区域合作的理论与实践。其中强调城市、区域之间联系与合作,以及全球化和区域化融合的新区域主义受到青睐。它与旧区域主义最大的不同,就在后者强调的是民族主义和贸易自由化。新区域主义的核心理念是从旧区域主义强调区域之间的竞争到强调区域之间的合作;目的是实现区域经济协调发展和区域经济一体化。旧区域主义倾向于区域内部整合,对外具有封闭性,新区域主义框架下,城市在全球化、区域化浪潮中成为经济系统网络的节点,其集聚中心地位不断增强,城市、区域的合作突破了行政区划的界限,在更大范围内有效地配置资源和促进要素流动。国外区域经济实践证明,区域经济一体化是经济全球化的表现形式和必经的发展阶段,是现阶段实现经济全球化的一种较优途径,区域一体化虽与经济全球化的推动力与实施途径不同,但最终都将推动世界经济的发展和各个地区经济之间的相互融合,逐步实现经济全球化,从而达到殊途同归。

国际竞争是区域一体化发展的动力。发展中国家在区域一体化浪潮中既有机遇也有挑战。一体化使区域内部壁垒取消、效率提高,从而带来共同体经济的繁荣并增加对发展中国家产品的需求;市场的统一有利于发展中国家对大市场的整体开拓,打入一国市场即进入多国市场;统一的技术标准与规格便于实行批量生产出口;等等。这些都是发展中国家应当抓住的机遇,但另一方面又必须应对严峻挑战:一是经济一体化组织内部贸易的自由化程度不断提高,但对区域之外的国家来说,贸易壁垒将越来越高,从而加剧了不公平竞争;二是区域集团数量越来越多,全球化贸易保护主义升温,使发展中国家外资市场缩小;三是国际资本流向发展中国家遇到多种障碍;四是区域一体化的趋势,进一步加剧地区经济的不平衡,充分反映了区域一体化既对发展中国家有积极影响也有消极影响。

国内外区域经济社会协调发展已有很多值得认真总结的理论与实践经验。从国际经验看,不论处于何种层次的区域一体化,都应妥善处理和解决好排他性与开放性、主导权与非主导权、制度化与非制度化、多数与少数、国家利益与区域利益、经济因素与非经济因素等方面的矛盾和问题。区域一体化成功的必要条件是在一体化组织成员之间要有三高:即制造业内部水平分工程度较高、技术和劳动生产率水平较高、供级弹性和需求弹性比较高。发达国家一般都具备这些条件,而发展中国家却很难具备这些条件。因此,世界发达国家参与的区域一体化组织一般都较成功,而发展中国家组建的一体化组织却几乎找不到成功实例,原因就在这里。这深刻启示我们,不应忽视自身条件及特点而盲目照搬发达国家的成功经验。从国内经验看,以多中心、交叠与嵌套和自主治理为特点的"复合行政"是实现区域经济社会协调发展的重要组织保证,而产业融合则是区域经济发展的重要推动力量。改革开放以来珠江三角洲区域经济社会协调发展取得了可喜的进展,依托改革先行和特区优势快速发展,放胆进行制度、结构、技术和管理创新,参与港澳的区域经济一体化,参与经济全球化的国际大循环,成为我国市场化及国际化程度最高的地区,作为我国改革开放的先行区,对我国经济社会发展发挥了独特作用。丰富的国内外区域经济社会协调发展的实践经验,可以总结出国内外区域经济社会协调发展的几条一般规律:一是区域一体化是国际和地区经济社会发展中竞争与合作的重要表现形式;二是建立统一市场是实现区域一体化的必然路径;三是生产要素流动是区域一体化形成的重要条件;四是国际大都市的推动作用和城市群的协调发展是区域一体化发展的重要支撑;五是区域一体化遵循着由低级到高级、由部门一体化到全盘一体化的发展轨迹。

长三角经济社会的未来发展,面临着良好的机遇和严峻的挑战。长三角经济实力雄厚,发展态势良好,经济总量规模大、发展速度快、发展水平高、综合实力强,城乡居民人均收入水平高,居民购买力强。长三角竞争优势突出,具有比珠三角更为有利的战略优势,形成了具有一定规模和特色的产业集群区,以特色高新技术产业为基础的新型制造业基地正在崛起,城市化的整体水平较高,都市圈的集聚效应明显,地区交通运输基础设施建设增强,人力资源优势十分明显,具有较好的商业习惯和竞争意识,在坚持可持续发展方面取得重要进展,在国际、国内的形象提高,国际竞争力显著增强,政府引导和服务的能力和水平提高。全国宏观经济形势发展良好,长三角经济实现理性调整,正成为跨国公司继续扩大对华投资的首选地,产品结构差异性大、同构率低,结构调整优化的空间大。世博经济、奥运经济、CEPA、世界科技浪潮产生联动、共荣效应。但与此同时,长三角也面临发展中出现的许多困难和来自多方面的挑战:一是经济增长方式改变不快带来的压力增大;二是能源、原材料和土地等资源紧缺，环境污染严重；三是企业经营压力加大，成本上升、经济效益不高；四是就业压力大，农民收入持续增长的困难大；五是国内的投资动力不足，固定资产投资回落过快；六是对国际资本的依赖性过强，而外资进入的热情有所减退；七是区域一体化进程中障碍较多，制度、体制深化改革难度加大。

总体上看，“十一五”期间，长三角经济社会发展既面临着国际环境总体稳定，和平、发展、合作成为潮流，经济全球化、区域一体化趋势深入发展，我国与世界经济的相互联系和影响加深；国内发展进入新阶段，居民消费结构和产业结构逐步升级，区域协调发展逐步深入，城市发展进入新时期，集团化、规模化、一体化成为重要趋势；国家首先进行长三角区域规划，长三角作为第六大城市群正加快崛起的良好机遇，同时也面临着国际竞争更加激烈，资源、环境安全形势严峻，城乡差距、地区差距、社会成员收入差距扩大，处理区域经济社会协调发展的难度加大等重大挑战。

《中共中央关于制定国民经济和社会发展第十一个五年规划的建议》（以下简称“建议”）指出：“十一五”是承前启后的重要时期，必须紧紧抓住机遇，应对各种挑战，认真解决长期积累的突出矛盾和问题，突破发展的“瓶颈”制约和体制障碍，全面贯彻落实科学发展观，建设社会主义新农村，推进产业结构优化升级，促进区域协调发展，建设资源节约型、环境友好型社会，深入体制改革和提高对外开放水平，深入实施科教兴国战略和人才强国战略，推进社会主义和谐社会建设，开创社会主义建设的新局面。“十一五”期间长三角围绕区域经济社会发展，抓住机遇应对挑战的基本目标任务是根据中央“建议”要求，健全区域协调互动机制，形成合理的区域发展格局，积极推进区域经济一体化，提高区域竞争力，促进区域经济社会协调发展，实现区域可持续发展。应采取切实的对策措施：认清当前形势和发展态势，紧紧抓住机遇，积极应对挑战，趋利避害，把握主动，不断增创发展新优势。

首先，应立足科学发展，担起战略重任。一要推动长三角高新技术产业化，二要加快发展现代服务业，三要提高产业集中度。第二，应明确功能定位，创新发展机制。一要提高长三角外资进入的门槛，二要建立外贸争端应对机制，三要不断创新招商引资的方式和载体，提高招商引资的实效。第三，应增强忧患意识，建设生态区域。一要加大科技投入，二要构建区域科技创新体系，三要完善人才流动机制，促进面向全球的人才集聚。第四，应坚持科教兴区，实现人才强区。一要规划先行，规划引导，二要推动各种资源整合，三要建立市场一体化机制。第五，应深入改革开放，提高综合实力。一要健全协调制度，扩大领域、范围，二要建立省、市际政府职能部门的协调、协商机制，三要发挥民间组织、行业协会的作用。第六，应抢抓战略机遇，推进协调发展。一要建立资源与环境污染预警体系，二要大力发展循环经济，三要节约与开发并举，四要实施“蓝天碧水”工程，消解“跨界污染”，五要试行建立“绿色 GDP 考核体系”。应当以高度的历史责任感，强烈的机遇、危机意识和宽广的世界眼光，自觉地按照客观规律办事，扎扎实实推进长三角经济社会的协调发展。

（作者系江苏省城市发展研究院）

长江三角洲城市旅游联合营销策略研究

王苏洁　吴园一　卞显红

长江三角洲包括上海市的全部，江苏省的南京、苏州、无锡、常州、镇江、扬州、南通、泰州，以及浙江省的杭州、宁波、嘉兴、湖州、绍兴、舟山，共计 15 个地级以上旅游城市，面积近 10 万 km^2，占全国国土面积约 1%。长江三角洲城市旅游联合营销，是指长江三角洲城市旅游相关利益群体之间通过建立城市旅游营销联盟合作机制，共同分担城市旅游营销费用，协同进行城市旅游营销传播、城市旅游品牌建设、城市旅游产品促销等方面的营销活动，以达到增强城市旅游市场开拓能力、共享城市旅游营销资源、巩固城市旅游营销网络目标的一种新型的城市旅游营销理念和营销实践。本文借鉴国内外旅游联合营销的研究成果从树立联合营销的“共赢”思想、建立健全联合营销的机制等九个方面对长江三角洲城市旅游联合营销策略进行了探讨。

树立联合营销的“共赢”思想

郭康（1995）对北方旅游协作区进行了研究，提出了“联合促销，宣传大旅游，制造规模效应，共浇大树，大家乘凉”的观点。长江三角洲区域具有城市旅游联合营销的独特优势与条件。从协同学的观点来看，长江三角洲城市旅游联合营销较分散孤立的单个营销，能降低营销成本，产生规模效益与“整体大于部分之和”的综合优势。从长江三角洲区域旅游背景来看，15 个旅游城市文化同源、人文相亲、地理相近、交通相连、自然环境相似。如何同中求异，避免恶性竞争，寻求共同发展，是长江三角洲城市旅游各相关利益群体在联合营销过程中应该着重考虑的问题。长江三角洲城市旅游各相关利益群体应树立，并培养“城市旅游联合营销是实现部分与整体共同发展的必然途径”的“共赢”思想，分析目前国际国内旅游市场竞争环境的发展变化趋势，从战略的高度来认识联合营销的重要性，提高进行联合营销的主动性和积极性。树立长江三角洲城市旅游联合营销的“共赢”思想至关重要。只有观念上得到统一的共识，长江三角洲城市旅游联合营销才会有更好的前景。

建立健全联合营销的机制

史灵歌(2004)认为,为维护合作营销活动的正常运行,旅游企业合作各方应设置专人或专门的机构,建立长效合作的机制。长江三角洲城市旅游联合营销可以通过组建一定的组织机构来实现,如长江三角洲城市旅游各相关利益群体在协商的基础上共同出资设立专业的长江三角洲城市旅游联合营销公司,实现统一的、专业化的联合营销。长江三角洲各旅游城市可联合建立长江三角洲城市旅游联合营销委员会,对城市旅游联合营销过程中出现的利益冲突、相关矛盾、利益分配进行协商与管理;对各城市的旅游相关政策法规进行完善,修改那些不利于城市旅游联合营销的条款,制定有利于城市旅游联合营销的相关政策法规。总而言之,参与长江三角洲城市旅游联合营销的各相关利益群体可以通过设置专门的城市旅游联合协作机构,建立长期合作的机制,规避和控制长江三角洲城市旅游联合营销过程中的风险,将城市旅游联合营销作为实现长江三角洲区域旅游联合发展的一个重要手段。

共同打造旅游品牌

在区域旅游合作中,联合推销、总体宣传是完全必要的。城市旅游品牌是赢得旅游市场的重要武器。在旅游竞争激烈的今天,针对旅游消费呈现越来越多样化的趋势,长江三角洲城市旅游联合营销中的各相关利益群体应齐心协力,整合自身资源优势,共同打造长江三角洲城市旅游品牌。可以利用各种大型的公关宣传活动、新闻报道、媒体广告等,推广长江三角洲城市旅游品牌,促进城市旅游联合营销体中各相关利益群体的共同发展。可以定期召开长江三角洲地区旅游联合营销协调会,共同研究长江三角洲城市旅游市场宣传和营销策略、城市旅游互补性产品的组合搭配、城市旅游联合营销活动中的整体形象设计和塑造问题,并就联合组织客源的相关问题进行探讨。

建立信任机制

城市旅游各相关利益群体的相互信任是长江三角洲城市旅游联合营销的重要基础。因为参与长江三角洲城市旅游联合营销的各相关利益群体彼此之间存在差异性,而且任何城市旅游联合营销的行为都不能保证参与各相关利益群体得到公平的利益回报,所以在开展城市旅游联合营销的过程中要特别注意加强各相关利益群体的相互信任。要使彼此都相信对方是可以信赖的伙伴,能够进行通力合作,必须要采取一系列赢得对方信任的措施,通过诚信赢得对方信任。参与长江三角洲城市旅游联合营销的各利益相关群体之间逐步建立相互信任的关系,能够降低旅游联合营销的协调成本,提高旅游联合营销的效率。

重视政府主导作用

长江三角洲城市旅游区域是由上海市、江苏省8座城市、浙江省6座城市等共15座地级以上城市组成。对涉及不同行政区域的长江三角洲城市旅游联合营销,其城市旅游联合营销的模式、组织机构、实现机制的构建;相关城市旅游联合营销政策的制定、联合营销策略的组织与协调等方面都离不开长江三角洲各旅游城市的相关政府行政管理机关,尤其是旅游行政管理机关的领导、参与与推动。因此,政府主导是长江三角洲城市旅游联合营销的关键因素之一。

培育联合营销竞争优势

长江三角洲各城市独特的区位条件,使各城市旅游空间经济联系非常紧密。长江三角洲城市旅游经济联系是指各旅游城市之间在旅游资源与旅游产品的联合开发、旅游市场的联合开发与促销、旅游企业的相互投融资、旅游基础设施的共建等旅游经济活动中形成的相互联系。随着长江三角洲城市旅游空间一体化发展的程度加深、城市间旅游合作的进一步深化和多方位横向联合的高层次发展,城市间旅游经济联系日益增强。例如上海与苏州之间,无锡与苏州之间都存在很高的经济联系度。在此基础上,可以建立长江三角洲都市旅游圈,让区域内的每一个相关城市都被包含在相应的旅游圈层中,发挥旅游中心城市的带动作用,培育长江三角洲城市旅游联合营销竞争优势,避免区域内的不良竞争。卞显红(2005)对长江三角洲都市旅游圈的构建进行了系统研究。

把握时机适时营销

2010年上海将举行世博会,这是一件全球瞩目的大事。世博会对于长江三角洲城市旅游而言,更是一个绝好的发展机会。以世博会为契机,长江三角洲城市旅游各相关利益群体联合起来,共同对外宣传,充分开展国际和国内营销,特别是加强国际营销,充分扩大长江三角洲城市旅游的影响力,以达到吸引大量旅游者的目标。同时,长江三角洲城市旅游各相关利益群体可以联合参加多种国际旅游展销活动,重点在邻近的主要客源国。例如可以在日本、韩国等国家建立长江三角洲城市旅游对口联系机构,同时加强与国家驻外旅游办事处的联系合作。刘春济、朱海森(2003)对长江三角洲区域会展业的联合营销策略进行了研究。石忆邵(2004)对世博会与长江三角洲的经济一体化进行了分析。

培养联合营销人才

城市旅游联合营销是一种有别于一般旅游营销模式的新型的城市旅游营销模式,因此,特别需要城市旅游联合营销专业人才来制定长江三角洲城市旅游联合营销策略、构建城市旅游联合营销共同体、运作具体的城市旅游联合营销事务、协调与沟通长江三角洲城市旅游联合营销过程中的各种问题、评估或核算长江三角洲城市旅游联合营销的成本与收益,并对长江三角洲城市旅游联合营销的影响进行评价。长江三角洲城市旅游联合营销专门人才,不仅需要熟悉旅游联合营销的相关知识,而且需要能从宏观上把握长江三角洲城市旅游的发展态势,并有能力对长江三角洲城市旅游各相关利益群体进行协调与沟通,从而使长江三角洲城市旅游联合营销各项事务得以开展。旅游人才是长江三角洲城市旅游发展的内在动力。只有注重长江三角洲城市旅游联合营销人才的培养,才能使长江三角洲城市旅游走上可持续发展的道路。

运用现代网络营销技术

在未来旅游业的发展过程中,科技含量将越来越高。冯学钢、王慧敏等(2001)认为长江三角洲地区应加强信息网络建设,构筑以上海、南京、杭州等各主要城市为信息枢纽及扩散源的覆盖长江三角洲的综合旅游信息网,实现信息一体化服务;各城市的旅游市场信息、资源开发信息、节庆活动信息以及各种会议信息等实现统一的联网或专题归类,然后相互通报,共同享用。长江三角洲城市旅游联合营销,应该充分利用现有优势,有计划的引进国际先进信息技术,建立长江三角洲城市旅游营销信息系统,依托该系统搭建长江三角洲城市旅游联合营销信息平台,从而打造城市旅游联合营销共同体。基于计算机网络的城市旅游营销信息系统,特别是旅游目的地信息系统和旅游信息咨询系统,让旅游者可以方便快捷的获取全面的旅游信息,从而促进长江三角洲城市旅游网络经济的发展。目前,长江三角洲城市旅游已具备一定的国际旅游竞争力,但以网络为代表的现代营销技术提供了与国外游客沟通的重要渠道,有机会拓展国际市场,才有望吸引越来越多的国外游客,这对于长江三角洲旅游市场未来的发展至关重要。

参考文献:

1. 郭康. 构建我国最大的区域旅游协作系统——北方旅游协作区[J]. 地理学与国土研究,1995
2. 史灵歌. 合作营销:旅游企业的取胜之道[J]. 企业活力,2004
3. 张慰冰. 合作开发环太湖旅游圈探求区域旅游发展的新思路[J]. 旅游学刊,1997
4. 王苏洁,卞显红. 长江三角洲城市旅游经济联系度测度与评价研究[J]. 商业经济文荟,2005
5. 卞显红. 城市旅游空间分析及其发展透视[M]. 北京:中国物资出版社,2005
6. 刘春济,朱海森. 长江三角洲区域会展业联合营销策略探讨[J]. 华东经济管理,2003
7. 石忆邵. 世博会与长江三角洲经济一体化的发展和对策[J]. 同济大学学报(社会科学版),2004
8. 冯学钢,王慧敏等. 上海拓展长江三角洲旅游圈研究[J]. 上海经济研究, 2001

期盼世博会 共建“世博圈”

——长江三角洲城市瞩目中国申博

作为年货物吞吐量仅次于上海的中国第二大港,浙江省宁波市现在正积极筹备跨越宽阔的杭州湾,兴建一座不经杭州、直达上海的跨海大桥,将以宁波为代表的浙江东北沿海地区至上海的陆路时间,由4小时缩短至2小时以内。

这座跨海大桥长达40公里,投资近百亿元人民币。宁波市政府办公厅副主任陈国强对记者说:“我们有把握在2010年世界博览会举行前两年建成。如果中国申博成功,我预计,经济发展迅速的长江三角洲,未来将因上海世博会结成一个联系更为紧密的‘世博圈’。”

眼下,国际展览局考察团正在上海及周边地区对中国申办2010年上海世博会情况进行实地考察。记者走出上海,采访浙江、江苏两省,亲身感受到长江三角洲地区的各个城市人民同上海市民一样,对世博会来到中国充满了渴望和期盼。虽然此届世博会举办权今年底才能最终见分晓,但这些城市早已开始思考自身与上海世博会的关系,不约而同地提出了共建“世博圈”的美好设想。

江苏省无锡市经济贸易委员会副主任强明威说:“从中国申博伊始,我们就没有把世博会仅看做上海一家的事。申博,是全中国,特别是长江三角洲人民共同的心愿和责任,如果获得举办权,也是我们共同的资源和发展良机。我相信,凭中国的综合国力、上海出众的会展举办能力和全中国人民的齐心合力,申博一定会成功。”

世博会被称为“经济、文化、科技领域的奥林匹克”,而占中国国土总面积1%的长江三角洲经济带,汇聚了中国6%的人口和近20%的国内生产总值,堪称中国经济、科技、文化最发达地区之一。理所当然,长江三角洲城市共建“世博圈”的设想,首先围绕旅游、会展、物流、建筑、商贸、城市规划和建设等领域开展经济合作,探求共同发展。

去年,来上海的近6 500万人次外地游客中,55%来自江苏、浙江两省;而江浙两省的国内游客中,超过四分之一来自上海,两省的海外游客也大多从上海入境。上海的现代都市游和周边秀美的江南风光游,已水乳交融,谁也离不开谁。因此,两省一市旅游界人士提出了借世博会共建江浙沪旅游区的建议:成立长江三角洲城市世博会旅游联络组,让持有世博会门票的海内外游客同时到三角洲城市旅游。这一方面可以扩展和丰富世博会的内涵,另一方面让上海周边城市更多地接受世博会的辐射。

68岁的杭州市民郑继英老先生对记者说:“我梦想着到上海世博会上把世界各国的文明成果看个够,也欢迎世博会的海外游客来我们西湖看看。希望世博会的先进理念和科技成果,能在中外交流中得到更广泛的扩散和传播。”

除了旅游,长江三角洲城市更迫切地希望借世博会这一世界最高水平的博览盛会,通过高起点的国际合作,大力发展新兴的会展业。面对这一中国最密集的城市群和最富经济活力的产业带,中国国际贸易促进委员会南京市分会副会长李虹大胆预计,以上海、南京、杭州、宁波、苏州为代表的长江三角洲城市群,将会和德国的慕尼黑、法兰克福、杜塞尔多夫和科隆等城市一样,成为亚洲最大的会展城市群;上海将因举办世博会建成亚洲最大的展览馆群,成为中国会展经济的中心。

去年,江苏省省会南京借举办世界华商大会之机,建成了国际展览中心,继而提出长期举办全国性的品牌展会,带动第三产业加速发展;浙江省从2000年起恢复了源于1929年的杭州西湖博览会,并计划今明两年新竣工4家会展场馆,总面积达22万平方米。南京师范大学旅游系主任黄震方认为,会展经济具有消费能力高、停留时间长、团队规模大、综合盈利好、行业互动强的综合优势,今后5~10年,已具备较强经济基础的长江三角洲城市,完全可将会展业定为动力产业,提高科技含量,加强区域合作,实现江浙沪经济向更高层次整体推进。

诞生150年,但举办权一直是发达国家"专利"的世博会,正在成为世界上最大发展中国家人民的热门话题。2010年上海世博会申办工作领导小组秘书长朱晓明认为,长江三角洲城市提出的共建"世博圈"的美好设想,无疑反映出世博会正在中国这片广袤的土地找到旺盛的生命活力,如果中国获得举办权,世博会"欢聚、沟通、展示、合作"的理念一定可以得以全面实现。同时,"世博圈"的设想也是全中国人民全力支持申博的具体表现,上海世博会拥有最可靠的人力、财力和物力保障。

江南三月,虽然还有些春寒料峭,但草长莺飞,生命的旺季已在萌芽。在江苏省苏州市的三香广场、在浙江省绍兴市的府山广场,记者看到中国申博的醒目招牌,许多偶然相逢的市民都情不自禁地聚在一起,在招牌前合影留念。曾当过丝绸女工的尹水英对记者说:"我们盼望在中国举办世博会,因为我们希望通过世博会,让世界看到中国的发展和强大。"

(吴 宇 石永红 章 苒)

构建合作机制推进长三角城市的合作与发展

长江三角洲区域无论在经济总量上,还是在发展速度上,已经成为中国经济巨轮的领航者,甚至被认为是未来世界经济增长的"发动机"。作为中国经济版图最大"闪光点","长三角"正在吸引着越来越多的"全球眼光"。面对跨越式发展的重任,面对人们对"长三角"寄予的厚望,以上海为龙头、以江苏中南部和浙江东北部为两翼组成的长江三角洲16个城市,急需在统一的政策法律的框架下,统一认识,构建多方合作机制,不断加强相互间的协调合作,以利形成更大的发展优势。

一、长江三角洲城市合作与发展的重大战略意义

长江三角洲地区的城市间,虽然分属不同的行政区域,但由于地域相近,人缘相亲,文化相通,经济相融,存在着广泛的共同利益,所以长期以来相互之间一直保持着良好的人际往来和密切的经济合作与交流。上海作为"长三角"地区的中心城市,经济发展的辐射效应对周边地区的经济发展起到了一定的促进作用,同时,"长三角"地区的城市也为上海的建设发展作出了积极的支持和帮助,这种友好的关系为今后彼此间的进一步合作打下了坚实的基础。

从20世纪90年代中后期开始,我国的社会主义市场经济体制日趋完善,经济体制改革不断向纵深发展,以往的自上而下的资源分配体制发生变化,生产要素跨地区流动,优化组合更为便利,城市间的进一步加强经济合作的条件已经具备。我国加入世界贸易组织后,机遇与挑战并存的局面逐渐明朗。在这样的情况下,长江三角洲地区城市通过紧密合作,整合区域优势,加快经济互动发展,进一步做大做强已成为需要从国家发展战略的高度来认识的问题。

其一,长江三角洲地区城市的合作与发展,是促使长江三角洲地区率先基本实现现代化的需要。党的十六大报告明确提出:"有条件的地方可以发展得更快一些,在全面建设小康社会的基础上,率先基本实现现代化。"建设以上海为龙头的长江三角洲及沿江地区经济带,是党和国家深入实施分区域基本实现现代化战略的重大举措。主动接轨上海,加强长江三角洲城市的合作与发展,积极推进长江三角洲地区经济一体化,必将推动长江三角洲地区加快发展,促使该地区率先基本实现现代化,为全国基本实现现代化做出贡献。

其二,长江三角洲地区城市的合作与发展,是构筑中国经济腾飞所需的世界级大都市的需要。中国经济要进一步扩大总量、提升质量,急需若干个区域发挥重要的带动和支撑作用。长江三角洲所属沪、苏、浙三省市的16个城市,相互联系十分密切,是我国东部沿海的经济发达地区,是我国最具活力与竞争力的经济区域之一,也是世界上公认的第六大城市群。主动接轨上海,加强长江三角洲城市的合作与发展,积极推进长江三角洲地区的经济一体化,必将促进沪、苏、浙三地资源共享、优势互补、互利共赢、共同发展,保持长江三角洲经济持续高速增长的发展态势,加快打造世界级的城市带,从而牵引和推动长江三角洲地区、沿海地区乃至全国经济的持续快速健康发展。

其三,长江三角洲地区城市的合作与发展,是应对经济全球化挑战、提高长江三角洲地区乃至中国经济国际竞争力的需要。随着浦东的开发开放、经济全球化浪潮的掀起、中国加入世贸组织和上海成功申办2010年世博会,上海越来越成为外商和国内 资本蜂拥而至的热土,成为国际商业组织和机构进入中国的"桥头堡",成为周边地区乃至中国经济通向世界的重要窗口。主动接轨上海,加强长江三角洲城市的合作与发展,积极推进长江三角洲地区的经济一体化,必将进一步拓展长江三角洲地区经济发展的国际空间,形成长江三角洲地区新的国际竞争优势,提高长江三角洲地区乃至中国经济的国际竞争力,使长江三角洲在未来激烈的国际竞争中始终立于不败之

地。

二、当前制约长江三角洲地区城市合作与发展的主要问题

长江三角洲城市的合作与发展,有利于全面提升整个“长三角”的国际竞争力。正是基于这样的共识,长江三角洲地区各城市对加强相互间经济合作的主观愿望更加强烈,加快推动长江三角洲地区经济合作与交流已成为主流呼声。但是,由于各种因素的限制,目前长江三角洲地区16个城市的经济合作与交流尚不尽如人意,主要的问题是:

(一)各自为政的问题。长江三角洲地区16个城市分属二省一市,行政隶属关系非常复杂,许多方面政策不统一,执法不一致,各自为政,各行其是,缺乏整体开发与发展的思路,地区之间、城市之间谁也不服谁,因此相互之间的协调难度很大,不仅不同的省市之间如此,甚至同一省的不同城市之间也是如此。比如招商引资中土地价格和税收标准,行政执法中的稽查范围和处罚力度等在16个城市各不相同。由于行政区域的限制,必然存在各种体制和机制方面的问题,市场分割、恶性竞争和地方保护等现象不可避免,严重阻碍了经济资源的自由流动和跨地区的经济合作,一些区域性交通基础设施和环境治理工程,也因各地政府之间缺乏协调而进展缓慢。更为严重的是,还干扰和制约了“长三角”区域内企业之间的正常运作,形成了所谓的条条经济和块块经济。一位来自民营企业的全国人大代表讲了这样一桩事:在江苏免检的产品到了外省市还要再检,甚至在同一省内,这个城市的免检商品进入其他城市还要再从上到下“跑一趟”。这实在让许多企业吃不消,“时间成本、入市成本太大了”。

(二)产业结构趋同的问题。以两省一市为统计口径,根据联合国工业发展组织国际工业研究中心提出的相似系数计算公式,计算出来上海与江苏的产业结构相似系数为0.82,上海与浙江的相似系数为0.76,而浙江与江苏的相似系数竟高达0.97,表明三地的产业结构趋同现象十分严重,特别是江苏与浙江的产业结构更是高度趋同。城市间的产业趋同问题更为严重,除上海外,长江三角洲地区各城市三次产业结构相似,均是第二产业占主导地位,第三产业居中,各城市的特点不鲜明。以苏、锡、常为例,三市的主导产业基本上都是机械、纺织、化工、冶金、食品,各行业的比重也十分接近。在产品层次上,纺织业的纺、织、染能力大体相当,纱、布、服装品种和产量不相上下。轻工、机电产品齐头并进,电视机、自行车、电风扇、洗衣机等各铺一摊。更值得注意的是,在相距不远的16个城市的远景规划中,有11个城市选择汽车零配件制造业,有8个城市选择石化产业,有12个城市选择通信产业。产业结构趋同使得各地区不能发挥自己的比较优势,同时也使得投资和生产分散,降低了地区的整体经济效益。“长三角”如果想大发展,必须解决地区的产业格局问题。

(三)基础设施重复建设的问题。由于长江三角洲分属三省市,基础设施建设缺乏统一规划和协调。这方面问题集中反映在港口等重大交通设施方面。长江岸线的开发利用缺乏综合规划,区域内凡有港口资源的城市,都把水陆运输枢纽和临港重化工业作为自身发展的支撑,竞相建设集装箱港口,在几个重要的沿海港口城市之间,更是相互争夺国际主枢纽港地位,港口建设战线过长,导致资源浪费。国家虽然已经确立了上海作为国际航运中心的地位,但在整个长江三角洲地区内,与之相关的交通设施还缺乏综合协调。据统计,目前南京以下的长江段,已建、在建和待建的万吨以上码头泊位共有100多个。此外,在长江口越江通道和国际机场建设等问题上,也同样存在着相互争夺的现象。整个区内机场多达10个,但除上海、南京、杭州、宁波等机场外,其他机场年旅客吞吐量均不超过10万人,最少的只有数千人。还有,长江三角洲区域内共有国家级开发区19个,省市级开发区不下上百个,等等,这些都是属于重复建设的问题。

(四)区域环境污染的问题。近年来,随着工业化和城市化的迅猛发展,长江三角洲地区城市工业污水和生活污水的排放量急剧增加,加之乡镇工业布局分散,使污染从城市扩散到农村,恶化了本区的生态环境,使可持续发展受到严重威胁。特别是太湖地区,流域面积仅占全国的0.38%,各种污水排放量却高达32亿吨/年,为全国的10%,大大超过了环境的承载能力,严重污染了水环境,使得本来水资源十分丰富的太湖流域普遍出现了“水质性缺水”现象,如湖州市农村中60%的饮用水不合格,严重影响了人民生活和工农业生产。此外,以煤为主的能源结构以及火电站沿江集中分布是造成沿江地区酸雨和烟尘污染的主要原因,乱砍滥伐、乱开滥采导致了植被的破坏和防灾减灾能力的减弱,等等。长江三角洲地区生态破坏和环境污染的问题,既不是某一个城市的问题,也不是短时期一下子就能马上消除的问题,而是需要整个长江三角洲地区各个城市长期的包括联合执法、联合整治在内的共同努力和协作才能解决。

(五)民营经济相互不合作的问题。民营经济是长江三角洲地区经济发展的坚实基础,但也正是因为民营经济的强大,导致此地区民营经济的合作意识非常薄弱——单打独斗都是高手,合作起来就很麻烦。曾任宁波市副市长、现任国家计委宏观经济研究院副院长的刘福垣就说到过这样两件事,一件是他在宁波时曾经主持过一个大桥项目,有四家企业参与,但谁都想当董事长,谁都不愿意让,最后谈了半年也没谈出结果。另一个是他讲到宁波地区民营经济与台商展开的合作,台商来了一年后,就会出现这种情况:要么你收购我,要么我收购你,合作很难维持下去了。上述类似的情况,实际上不仅会在宁波地区存在,只要稍作了解,就会发现这其实就是一个普遍现象。原因就是“长三角”地区的许多民营经济还停留在家族化管理阶段,缺乏全局的合作眼光。

三、推进长江三角洲城市合作与发展的对策建议

长江三角洲16城市互为一体,共同参与国内和全球市场竞争,将进一步强化市场竞争优势,在全球市场竞争中居于更有利的地位。为了更好地构筑和促进长江三角洲16个城市在竞争基础上的合作关系,当务之急是各城市需要在统一的政策法律的框架下,统一认识,构建多方合作机制,采取积极的行动。

(一)形成推进合作的战略共识。这一战略共识应该包含三个要点:一是形成区域城市关系的新认识,淡化行政区域色彩,强化经济区域意识,不计眼前蝇头小利,主动克服狭隘的地方观念,一切为了长远的共同发展,重新审视现代化、市场化、信息化和全球化背景下的城市经济关系,形成新形势下推进合作的基本共识;二是以互惠互利、共同发展为基础,构筑多层次

的城市合作机制,取长补短,既相互竞争,又相互合作、相互学习、相互促进,充分发挥上海的大都市优势,江苏的工业优势,浙江的体制领先优势,使长江三角洲16城市各自原有的优势尽可能成为"长三角"地区的共同优势;三是形成共同的发展战略目标。在将来的发展中,江浙的制造业和上海的服务业都是全球性和现代化的,而江浙两地的经济规模远大于上海,且服务业也只有紧紧贴住现代化的制造业才能更好地发展壮大,因此,制造业比重较高将是长江三角洲地区中近期的基本产业特征,营造全球性的先进制造业基地,是江浙沪一个共同的发展战略目标。

(二)统一有关的区域性政策法规。长江三角洲地区要求得进一步的共同发展和可持续发展,统一有关的区域性政策法规是一个至关重要的问题。各城市政府要在统一认识和严格执行有关国家方针政策和法律法规的前提下,及时加强相互之间政策法规的协调和沟通,整合区域政策法规,清理各种违规操作,建立统一可行的区域性政策法规,提升区域性政策法规的法律品质,改善区域性政策法制环境。在这个方面,当前的重点是:第一,在区域内统一政府审批办证的程序和条件,实行一体化的产品检验和评定制度,推行联动电子政务;第二,在区域内统一土地价格和税收水平,实行相同的优惠政策,营造无差异的政策法制环境;第三,在区域内统一信用评价标准,建立和完善区域共享的政府、企业和个人的征信体系;第四,在区域内统一如规费收缴、生态环境保护、工商企业监管等地方性法规和规章,切实防止和反对地方保护主义,实行区域环境的联合治理和综合治理,维护经济社会发展秩序。

(三)建立多层次的合作组织。协商、对话、制定共同行为准则,无疑是全面推进长江三角洲地区经济一体化进程的必要要素。为了推进长江三角洲地区的合作与发展,必须要有一定的组织保证,要建立多层次的合作组织。第一,为了从国家战略的高度来谋划新一轮长江三角洲区域经济互动,建议国家成立一个有权威的、能统揽全局的长江三角洲地区发展领导小组,主要负责研究、协调和筹划长江三角洲地区跨省市的有关经济社会发展的重大问题,例如制定区域发展战略和政策法规,协调解决基础设施建设、城市规划和环境治理中的重大问题,等等。第二,还可以在已有的沪苏浙政府间不定期联席会议的基础上,由上海牵头成立一个主要由三省市16个城市政府有关人士组成的常设机构,通过该机构经常性地研究、协调经济合作事项,负责解决经济运行中生产要素自由流动及生产、销售中的合作与互利问题,负责解决科研、教育、文化和旅游资源的共同开发和利用等问题。第三,建立各种专家委员会,为解决全区域内各种高层次的合作问题提供经过科学论证的决策方案,为全区域共同发展中的双赢问题提供互惠可行的利益分配建议与政策设想。第四,组建地区性的行业协会、联合商会和其他社会中介组织,负责解决产业整合中的各项经济、财务和法律等问题,引导民营经济加强合作,增加沟通,提高企业管理水平。第五,建立全区域性的合作与发展论坛,组织区域内甚至国内外有关政、学、商界的代表人物和专家学者为区域经济一体化及长江三角洲城市的合作与发展献计献策,提供思路,为在各种重大问题上形成共识奠定理念基础。

(四)联合编制规划。长江三角洲城市的合作与发展,必须要克服的一个重大问题是基础设施的重复建设或不配套的问题,为此一定要实行高起点的联合规划。在近期,需要实行联合编制的项目主要集中在五个方面:一是区域大交通。做好区域内公路、航道、港口等交通基础设施项目规划、建设的协调与衔接,推进区域大交通体系规划,做好长江三角洲城市间快速轨道交通网规划的研究工作,尽快实现3小时都市圈的建立。二是区域信息资源共享。研究提出三省市电子政务信息资源和信息体系资源的共享规划,制订三省市电子地图的建设方案,统一规划与协调通信网络基础设施的建设与维护工作,建立长江三角洲公共信息平台,及时发布各类经济和市场信息,实现信息资源共享。三是区域旅游合作。进一步规划和营造良好的旅游交通环境,共同推进中心城市旅游集散中心建设,联手共建长江三角洲大旅游圈,合作开发建设旅游基础设施、旅游度假区,建设一批符合现代休闲、娱乐需要的休闲游乐景点,共同探索跨地区旅游连锁经营。四是区域生态环境治理。联手进行生态环境的保护与整治,规划建立三省市生态建设与环境保护的合作框架。共同实施区域环境治理工程的建设。建立三省市环境违法行为的联防机制,抓好联合执法检查。五是区域内天然气管道网络的建设。

(五)科学定位城市目标与产业布局。根据长江三角洲各城市经济发展态势,区域内上海的核心地位不容置疑,它应成为一个国际化的大都市。为此,上海应联合江浙的力量,加快建设国际经济、金融、贸易与航运中心,大力发展附加值高、关联带动大的信息、金融、商贸、汽车、成套设备、房地产六大支柱产业,使之成为经济持续增长的重要支撑;积极培育生物医药、新材料、环境保护、现代物流四大新兴产业;优化发展石化、钢铁两大基础产业,严格限制高能耗和有污染的产业。浦东开发区继续加快以陆家嘴为中心的金融贸易区的整体功能开发,吸引国内外金融保险、商贸流通、信息服务、会展旅游、中介服务等高层次服务业向该区域集中,吸引大公司总部和融资、营销、管理中心的集聚。江浙其余15个城市,它们的定位主要是接轨上海、配套上海、接受上海的辐射,有效吸收上海溢出的能量,在落差中找到各自发展的利益最大化,使其真正成为上海这个龙头的"两翼"。为此,江浙两地各城市应加快产业结构的优化和调整,因地制宜地配合区域整体发展的需要,着力发展优势产业及特色产品,防止重复建设和过度竞争。其中,苏中南地区应集中力量发展高新技术产业,优先发展具有比较优势的电子信息、生物工程和新医药、新材料产业,建设沿江微电子产业基地,高度重视用高新技术和先进适用技术改造传统产业,保持制造业在全国的领先地位。浙东北地区重点应做大做强纺织、服装、机械、石化等具有一定规模和优势的产业。纺织业要重点发展高档面料、名牌服装及服饰用品、产业和装饰用纺织品:机械工业要着重发展摩托车、汽车零部件、出口船舶、新型纺织机、工业缝纫机、数控机床、智能化低压电器、环保机电产品等;石化工业要积极发展石油化工,大力发展精细化工,加快发展氟化工、稳定发展农用化工。

(六)积极促进区域统一市场的建设。为优化经济要素的组合,尽可能减少对市场运作的障碍,逐步消除区域内的非市场壁垒,必须积极促进区域内统一市场的建设,建立大流通与大统一的市场框架。为此,长江三角洲15个城市的政府应积极推进政府管理体制的改革与创新,要根据发挥优势和共同发展的指导思想,逐步打破行政区划界限和城乡分割、地区封锁格局,统一市场规则和经济政策,特别是要统一利用外资的政策和商品进出口政策,以防止对外商的恶性竞争,导致肥水外流。各城市还要加大市场开放力度,促进区域内统一市场的形成、完善和发展。各主要城市之间可以实行工商联手,互设商场、市场、连锁店、专营店,定期或不定期召开各种类型的交易会和定货会,加大商品交流的广度和深度。进一步改善长江三角洲城市商贸流通体系,共同培育、建设并开放面向本区和全国的大型商品和物资市场,在此基础上,各主要城市应进一步加大对构建统一人才市场、金融市场、产权市场、技术市场、教育市场等的探索,以促进各城市之间生产要素的自由合理流动,实现生产要素的优化配置和功能互补,形成一体化的统一市场网络。

2006 中国城市可持续发展高层论坛无锡共识

2006 年 7 月 23 日

在太湖明珠无锡,中国城市经济学会、江苏省发展与改革委员会、无锡市人民政府、江苏省城市经济学会、江苏省城市发展研究院联合举办了《2006 中国城市可持续发展高层论坛暨第七届江苏城市发展论坛》。参会的有国家有关部委和沪、苏、浙三省市及有关部门领导同志、长江三角洲(以下简称"长三角")部分城市市长与企业家、国内专家学者,共 120 多人。与会代表围绕城市可持续发展的目标与途径等问题,从理论与实践的结合上,进行了广泛深入的研讨,形成了以下共识:

1. 实现可持续发展战略,是我国经济社会发展的必然选择。城市是经济发展的重要载体,必然为实现可持续发展作出应有的历史贡献。正在崛起为世界第六大城市群的长三角城市群,具备成为实现可持续发展的先行区、示范区、综合实验区的现实基础和客观要求。

2. 长三角地区,已成为我国发展速度最快、投资环境最佳、经济素质最好、创新能力最强的地区之一。同时,能源、原材料、土地资源和环境治理等方面面临严峻挑战。因此,这一地区实施可持续发展战略任务尤为紧迫而繁重,意义极其深远。

3. 长三角城市可持续发展战略的总体目标是,切实解决城市规划、建设、管理和投入等方面与城市可持续发展不相适应的问题,实现城市生态、经济、社会三者的和谐、协调、持续发展。经济持续发展是基础,生态持续发展是条件,社会持续发展是保障,人的生存、生活质量的提高是根本出发点和落脚点,必须积极探索建设和谐城市、生态城市、数字城市、创新型城市的具体目标和实现途径。

4. 长三角城市群应带头实施可持续发展战略。首先必须牢固确立科学的城市发展观,不断强化可持续发展战略意识,加大实施可持续发展的工作力度,编制和完善实施可持续发展的总体规划,加强宏观指导,提高组织程度,增加必要投入,制定配套政策和措施。

5. 着力建设和谐城市。坚持以人为本,努力改善人的生存、生活和工作环境质量,促进城市人与自然之间、人与人之间、社会结构之间、当代与后代之间的和谐发展,建设和谐社会。通过制度创新,实现制度变迁,调整利益关系格局,规范社会成员行为,维护社会公平,消除城市贫困,促进城市社会经济文化进入良好的可持续发展状态,争创"最佳人居环境城市"。同时,强化城乡统筹、区域协调和法制道德建设,积极建设诚信长三角、和谐长三角。

6. 努力建设生态城市。按照自然和谐、社会公平、经济高效、人与自然双赢的理想城市发展模式,保持和促进长三角城市群经济发达、社会繁荣、生态良好三者的高度和谐,技术与自然的充分融合,最大限度发挥人的创造力,提高生产力。推动城市发展从规模、速度、数量型转向结构优化、效益提高、功能增强的内涵式、集约化发展方式,建设集约型、节约型生态城市。

7. 积极建设数字城市。坚定不移地走新型工业化道路,大力推进城市信息化网络建设。制定长三角数字城市建设地长远规划,按照"统筹规划,国家主导,统一标准,联合建设、互联互通、资源共享"的要求,加快长三角数字城市建设,逐步把信息化、网络化、智能化深入到城市的各行各业、各个领域,促进城市可持续发展。

8. 奋力建设创新型城市。积极创新城市发展模式,坚持走自主创新发展道路,建设"特色优势明显,引领作用突出,人才名品汇集,创新氛围浓厚"的创新型城市。发挥城市群企业的创新主体地位,强化科技资源整合。完善创新机制,努力提高城市创新能力,不断增强长三角城市群自主创新总体能力和竞争力。

9. 建议建立国家长三角城市可持续发展综合实验区。经国家批准,通过深化改革,建立和完善适合长三角地区特点和可持续发展需要、城乡统筹的耕地保护政策,土地利用政策和土地市场机制,科学合理利用土地,提高土地资源利用效率;以科学发展观统领长三角经济,加速产业结构调整,大力发展节能、节地、节材和节水的新技术产业和现代化服务业,推进信息化、网络化、数字化建设,提供必要的财政支持和税收优惠,促进长三角城市的经济、社会、生态可持续发展,努力使长三角城市群成为全国城市可持续发展的重要示范区,为我国实施可持续发展战略作出积极贡献。

上海市教育与人才开发

【概况】 上海市从2005年起,连续三年,每年从教育经费附加中安排3亿元专项资金,通过转移支付和专项拨款,用于崇明、南汇、金山等远郊区县和财政相对困难的区的义务教育,着力推进城乡义务教育的一体化发展。改善郊区义务教育的教学设施。10个郊区县的20所初中(含九年一贯制学校),添置和更新了教学仪器、课桌椅、多媒体、专用教室等设施设备,改善了办学条件。

被列为"初中工程"督导验收的547所公办学校(其中193所初中为重点加强的学校),除了中心城区6所初中学校(教育技师高,在社区有较好的知名度)仅占地面积一项尚未达标外,其他初中学校全部达到二类以上标准,其中一类学校占全市学校总数的64.24%。已全部消灭了三类和四类标准的学校。初中学校班级学额减少,为学生个体接受充分教育提供了条件。

【编修《幼儿园建设标准》】 为充分发挥幼儿资源使用的综合效益和社会效益,经市政府批准,决定对幼托教育机构实行一体管理。为此对幼托教育的规划选址、园舍设计和建设管理实行统一规划、统一设计、统一建造、统一使用、统一管理。1995年曾颁布《幼儿园建设标准》,2004年8月启动幼儿(含托儿所)建设标准修编工作。2005年3月15日通过了由上海市教委科技委组织的专家组评审,并于2005年8月1日正式颁布实施。

【高等教育教学成果显著】 2005年,上海市教委组织开展了高等教育上海市级教学成果奖励和国家级教学成果推荐工作。市级教学成果奖励活动从2004年9月开始,历时1年。共收到学校和社会团体教学成果申报888项(比上届增加400项),涉及申报人3 500余人。

经专家评审、评委会审议、成果公示、向教育部推荐和审核批准,上海获第五届高等教育国家级教学成果奖共49项,比上年增加3项,为历年之最,在国家教学成果评奖评比中继续保持全国第二的领先水平。

【曙光计划实施10周年】 曙光计划的实施始于1995年春季。共推助了445名高校优秀青年教师,其中17名得到了跟踪资助。被推助为青年人才,不断成为高校的主力,在高校也逐渐形成一个学术梯队和骨干。曙光学者从原来的"高学历、高职称、高起点",演绎成"高素质的教师队伍、高水平的研究队伍、高能量的管理队伍"的新"三高"。曙光计划(1995~2005年)学者人数445人,在高校工作人数412人,具有正高级职称人数373人,占90.53%,获得重要科研成果225项。

2005年,曙光团队出现了"大面积"获奖的局面,与1998年相比,净增2.73倍,达到了平均每年20%的增长速度。在2004年度上海市科技进步奖316项获奖项目中,曙光学者有41人参与完成了38项的工作,获奖率占了全市12.03%;曙光学者中自然科学学者334人,7年来,获上海市科技进步奖人数达到153人,获奖率45.81%;同时曙光学者还获得了1项国家自然科学奖,13人获得了12项国家科技进步奖、1人获得国家社科奖;21人获得教育部一、二等科技进步奖;6人获得军队和国防科技进步奖;6人获得上海市社科类一、二等奖。

【普通高校扩大招生】 2005年,上海新增的5所本科学院开始招收本科新生,即升格为本科学院的上海商学院、上海电机学院、上海政法学院3所院校,以及新建立的复旦大学上海视觉艺术学院、上海师范大学天华学院2所独立设置的二级学院。本科阶段上海生源招生人数比上年增加0.2万人,增幅42%。但部属高校本科招生减少0.02万人,减幅1.7%,市属本科院校增加0.21万人,增幅6.5%。

本科院校、专科学校、成人高校附设高职班的高职(专科)招生人数得到了有效的控制。地方本科院校高职(专科)招生人数与上年相比下降了6.42%,成人高校高职附设班高职(专科)(扣除上海工会管理干部职业学院招生数)招生人数下降了34.21%。由于采取了积极稳妥、分类指导的高职(专科)计划调整原则,在市属高校高职(专科)招生规模人数比上年减少了3.66%情况,保证了民办高职学院招生人数增长5.54%。

【教育与科研计算机网建立10周年】 上海教科网建立始于1995年,并于1996年1月建成开通,为双环网状拓扑结构;主干通信信道主要采用邮电的DDN线路,宽带达64K;主干节点高校为复旦大学、上海交通大学、同济大学等8所高校,网管中心设在上海交通大学。

2005年1月15日,新一代上海教科网(N-SHERNET)正式开通。这是上海市教育系统在上海教育网10年发展的基础上建立的全国最大规模IPV4/IPV6双栈城域网,标志着上海教科网进入了新的历史阶段。N-SHERNET覆盖全市各级奥教育单位,共享IPV4和IPV6资源,在下一代互联网的研究、建设与应用中将发挥巨大作用。

上海教科网10年建设始终贯彻"技术到顶,应用到底"的原则,除了提供网络基本服务外,通过尖端技术的研究,分别建立起了远程教育、远程医学、网络图书馆、上海终身教育系统公共平台等特色应用;同时这些都不仅是一个单位的研究行为,而是走向集团化的实际应用,成为全市教育系统共享的资源,并向全市辐射,服务全国。

南京市教育与人才开发

【普通高等教育】 2005年,南京地区有普通高等院校38所(不含部队院校),其中中央部委所属高等院校8所,省所院校28所(含民办普通高校6所),市属院校2所。本科层次高校23所,专科层次高校15所。高等教育保持稳步发展。全年招收普通本专科生和研究生164 798人,比上年增加16 653人,其中本科生86 981人,专科生57 426人,研究生2 039人,在校生561 102人,比上年增加69 699人。占全省在校生45.29%,其中本科在校生308 456人,专科在校生195 194人,在校研究生57 452人。本专科毕业生105 808人,其中本科毕业生60 336人,专科毕业生45 472人;毕业研究生11 435人。有教职工47 818人,其中专任教师28 961人,比上年增加2 910人,专任教师中具有正高级职称3 996人,副高级职称8 118人,中级职称9 167人,初级职称及以下7 688人。

【基础教育】 2005年,南京有幼儿园481所,比上年增加2所,在园儿童106 640人,比上年增加2.0%。

义务教育阶段,有小学419所,比上年减少31所;初中156所,比上年减少1所。小学招生43 246人,在校生305 134人,分别比上年同期减少4.1%和5.8%。小学毕业生63 804人毕业率99.92%,升入初中62 827人,升学率98.54%。

初中毕业生62 872人,在校生216 596人,分别比上年同期减少15.7%和10.0%。初中毕业生83 024人,毕业率99.05%,升入高一级学校79 035人,升学率95.20%。

高中阶段有普通高中(完中及独立高中)78所,比上年减少5所;普通中专校29所,比上年减少3所;职业高中19所,比上年减少3所,技工学校42所,比上年增加1所。

普通高中招生36 557人,比上年同期减少0.75%。普通高中在校生1 067 017人,比上年同期增加7 352人,增长7.5%。全市高中阶段职技类招生42 478人,比上年增加4 172人,增长10.9%,普职比为4 613:53.7。

【特殊教育】 2005年,南京有特殊教育学校13所,其中盲人学校1所、聋人学校3所,兼收听障儿童和智障儿童的特殊教育学校3所、培智学校6所、普通学校附设的辅导班2个。在特殊教育学校(班)学习的残疾儿童、少年1 538人,其中视障碍学生168人,听力障碍学生679人,智力障碍学生691人。在普通学校随班就读的残疾学生2 728人。全市适龄残疾儿童、少年入学率99%以上。有特教教师468人,专职教师368人,其中特级教师3人,省学科带头人4人,市学科带头人11人、市优秀青年教师27人。

【职业技术教育】 2005年,南京有独立设置的普通中专党校9所(国家级重点中专校2所、部省级重点中专校2所),其中部省属9所、市属20所、毕业生14 453人,招生28 737人,在校生87 555人。有教职工3 909人,其中专任教师2 587人。专任教师中,有正高级职称15人,副高级职称864人,无职称153人。

职业中学。2005年,南京有独立设置的职业专、职业高中19所,招生4 826人,在校学生14 693人。贯彻全国职业教育工作会议精神,围绕"提高职业教育的办学质量,扩大职业培训的规模层次"的年度工作目标,推进改革取得了长足发展。

技工教育。2005年,南京有技工学校42所,其中国家级重点技工学校5所、省(部)级重点技工学校8所、市级重点技工学校3所、市级技工学校4所、技师学院2所,开设电工、机械、通信电子、交通、建筑工程、化工、纺织、印刷、计算机、商贸服务、烹饪、财会、物业管理13大类110多个专业。当年毕业学生4 160人,其中高级技工班328人、中级技工班3 832人,就业安置4 098人,安置率98.3%。当年招生14 162人,其中技师班306人,高级技工班4 025人,中级技工班9 622人,其中高级技工班学生10 624人,有教职工1 885人,其中文化技术理论教师1 044人、生产实习指导教师311人。文化技术理论教师中有高级讲师146人、讲师326人,分别占教师总数的14%、31.2%;大学本科以上学历857人,占82.1%。生产实习指导教师中高级实习指导教师14人、一级实习指导教师45人,分别占教师总数的4.5%、14.5%;技师113人,占36.3%。一体化教师151人,占教师总数的11.1%。兼职教师503人,其中文化技术理论教师365人,生产实习指导教师138人。

成人教育。2005年,南京市有150余万人次参加各级各类文化教育培训和岗位技术培训。其中农村各类成人教育培训49.65万人次,农村各类成人学历教育培训7 632人次;高等教育自学成才考试报名28.4万人次,其中专、本科学历证书报考2.13万人次,比上年增加6 541人次;各类成人高校招生报名3.266万人次,经全国统考,有21 314万人次被全国各类高校录取,其中本科8 360人、专科14 780人;组织城区干部、工人、市民 开展岗位技术、业务培训及其他培训70余万人次。

苏州市教育与人才开发

【概况】 苏州市基本形成终身教育体系,教育国际合作迈上新台阶。全市初中毕业生升学率为97.08%,高等教育普及化程度提高,高考录取率为88.23%,高等教育毛入学率达51.53%。新增劳动力人均受教育年限达14.5年。全市小学在校学生35.99万人,初中在校学生22.07万人,普通高中在校学生11.76万人。职业教育实现优质化、规模化,职业中学在校学生2.09万人,技工学校在校学生2.72万人,毕业生0.7万人。中等专业学校在校学生9.46万人,毕业生1.42万人;普通高等学校在校学生11.3万人,毕业生2.25万人;成人高等学校在校学生3.21万人,毕业生1.15万人。全市中外合作办学项目达到20个,双语教育实验学校达到120所。独墅湖高等教育区和国际教育园入驻师生超过6万人。

【未成年人思想道德建设工作创新案例评选】 为进一步贯彻落实《苏州市加强和改进未成年人思想道德建设行动计划》,2005年3月起,市文明办面向全市开展了征集未成年人思想道德建设工作创新案例活动。活动得到了各地各部门的积极参与,近百份案例由专家认真评审,最终评选出"苏州少先队形象大使"等3个一等奖案例,"创建'好孩子小书房'活动"等5个二等奖案例,"五老一小"活动室等8个三等奖案例,"公民道德少年漫画比赛"等15个鼓励奖案例。

【苏州市网上家长学校】 为充分发挥家庭教育在未成年人思想道德建设中的重要作用,市教育局、市妇联建立了一个通过网络信息技术,把学校教师、教育专家与广大学生家长紧密联系起来的互动平台——"苏州市网上家长学校"。成立9个月来,网站浏览量达176万人次;参与学生家庭50万户;通过"林老师"热线电话、视频在线、手机短信、面对面等多种形式为家长提供咨询服务4.9万人次;深入学校、社区为家长作家庭教育报告86场,听众达39万人次。"网上家长学校"真正把家庭教育知识送到了千家万户。

无锡市教育与人才开发

【概况】 2005年,无锡市教育系统以"三个代表"重要思想和党的十六届四中全会、五中全会精神为指导,坚持全面发展,不断提高教育事业整体发展水平。推进幼托一体化进程,开展0~3岁婴幼儿早期教育的比例达55%,3~5周岁幼儿入园率达到98%。进一步巩固义务教育成果,小学适龄儿童入学率巩固率分别达到100%;实践入学率和巩固率分别达到100%和99.5%。高度关注弱势群体子女的受教育问题,残疾儿童教育问题,残疾儿童接受义务教育普及率达到99%以上,近12万名进城务工人员子女在锡接受义务教育,其中困难学生"实施两免一补"政策(免杂费、免书本费、补助寄宿生活费),全年减免、补助金额达1 060万元。高中阶段教育全面普及,高中(含职业学校)在校生达到23.4万人,毛入学率达106%,在全省领先。

年末拥有各级种类学校644所,在校学生82.28万人,增加2.26万人。其中,普通高校7.97万人,增加1.84万人;中等专业学校7.93万人,增加1.55万人;技工学校3.84万人,增加0.65万人;职业中学1.96万人,增加0.05万人;普通中学28.68万人,减少1.34万人;小学31.77万人,减少0.5万人。小学和初中的普及率均达100%,巩固率分别为100%和99.2%以上;盲聋弱智儿童入学率为99.86%;高考万人本科进线人数19.7人/万人,高考录取率达87%,高等教育毛入学率达到51.42%。全市中心小学以上的学校100%宽带接入教育城域网。年内全市共新建校园网39个义务教育阶段学校"校校通"工程达标率领85%,高中阶段学校"校园网"建有率达95%,全市新增计算机8 300多台,生机比例达到10:1。积极建设、发展优质教育覆盖面,年内全市分别新增省实验幼儿园13所、省实验小学12所、市实验小学18所、省示范初中13所、省二星级高中4所、三星级高中4所、四星级高中1所,另有15所幼儿园、12所小学、19所初中和3所高中分别接受了省级实验幼儿园、小学、示范初中以及省三星级、四星级普通高中的评估验收。全市各类中等职业学校招生超过5.15万人,较上年增长33%;全市中等职业学校在校生规模达13.7万人,较上年增加2.3万人,增长20%。

教育质量进一步提高,2005年高考万人本科进线率达到19.7人/万人,高校率达87%,继续在省内名列前茅。职业教育加快发展,年内中等职业学校招生超过5万人,比上年增长33%。全市有8个中职专业、2个高职专业被确定为省示范专业,5所学校被确定为国家或省级职业学校实训基地。高等教育资源进一步扩大,启动北京大学软件与微电子学院无锡产学研基地建设,筹建中国青年政治学院江南学院,高等教育规模不断扩大,普通高校在校生近10万人,毛入学率达51%,实现了高等教育从大众化到普及化的历史性顺、跨越。社会培训取得新成绩,全年社会教育培训总量超过40万人次,完成农村劳动力培训超过11万人次,其中农村劳动转移培训7万人次,实现农村富余劳动就业近5万人,青壮年接受职业技能培训覆盖率达70%以上。优质教育资源进一步扩大,年内共撤并小学40所、初中8所,超额实现了"十五计划目标"。

【基础教育阶段学校划归各区管理】 根据无锡市政府《关于义务教育阶段学校划归各区管理的实施意见》(锡政发[2005]355号)文件精神,从2006年起,市教育局所属义务教育阶段的学校原则上按所在区域划归到各区管理。市属义务阶段学校划归区管理后,市财政拨款按2005年的基数足额划转,全部用于划转学校。从2006年起,连续三年给予一定补贴,教育费附加的分配比例适当向义务教育倾斜,在扣除省、市定额支出和30%职业教育专项资金后,60%用于义务教育。按义务教育阶段学生数测算划到各区。

【教育国际化取得新成绩】 2005年,无锡市涉外教育定点学校30所,其中无锡新区有5所,约占全市总数17%;全市共接收境外学生520名,新区约占33%,成为全市境外学生最多的一个区。"十一五"期间,新区将努力建成全市教育国际的示范区。

常州市教育与人才开发

【概况】 教育事业扎实推进,办学条件继续改善。年末全市共有各类全日制学校499所,在校学生64.9万人,其中普通高校9.5万人,普通中专(含职业中专)4.9万人,技工学校2.7万人,职业高中1.1万人,普通中学22.1万人,小学24.5万人,特殊教育554人;教职工达4.0万人,其中专任教师3.2万人;另有在园幼儿7.4万人,成人高校及成人中专1.6万人。教育现代化步伐加快,新建校园网55个,累计达369个,中小学100%实现宽带上网。大学城东区实训基地建设全面开工,年内完成12万平方米建筑。基础教育水平稳步提高,适龄儿童少年小学、初中入学率均达100%,初中毕业生升学率6.5%,比上年提高1.3个百分点,高考万人进线率、本科录取率继续在全省名列前茅。职业教育继续快速发展,刘国钧职教中心升格为高等职业技术学校,常州卫生学校通过国家级重点中等职业学校评估;职校生一次就业率在96%以上,中级职业资格考核达标率在98%以上。高等教育建设成效显著,江苏工业学院新增硕士点12个,全市高等教育毛入学率达54%,高校毕业生就业率达到90%以上。社会教育体系更加完备,新增国家级社区教育实验区2个、省级社区培训学院和"农科教"结合示范基地各1个,完成"5112"教育富民工程各项培训40余万人次,组织12万人次参加学历和非学历证书考试。

镇江市教育与人才开发

【概况】 基础工作扎实推进。义务教育继续巩固提高。全市幼儿入园率达95%;小学适龄儿童入学率99.98%,巩固率99.92%,毕业率99.99%;初中入学率99.97%,巩固率99.8%,毕业率97.48%。高中阶段教育保持高速发展态势。初中毕业生升学率95.5%,市区初中毕业生升学率保持在98.6%以上。各类中等职业学校招生占高中阶段招生数的54.6%。高考质量取得新突破。全省达线人数比上年增长2.9%,镇江市增长12.03%,高于全省9.1个百分点。总体高考水平仍保持在全省前列。高等教育从大众化趋向普及化,适龄青年接受高等教育的比例47%。职业、成人教育加速发展。镇江职教中心升格为镇江机电高等职业技术学校,6个专业成为省级示范专业;职校对口单招录取人数2 109人,其中本科672人,录取率列全省第二;毕业生专业技术等级考核合格率及双证(毕业证、技术等级证)率达90%以上,一次就业率达到95%以上;创建社区学习中心6个,创建市示范村成人文化学校33所,农村劳动力受教育年限达到10.3年,人均预期受教育年限达到13.4年。令人瞩目的市旅游学校易地新建工程获准立项,进入前期筹备。市教育局被国家发改委、教育部评为职业教育先进单位。教育现代化顺利推进。到11月底,全市67个乡镇中有61个分别通过省、市组织的实施江苏省教育现代化工程示范(先进)乡镇的评估验收,达全市乡镇总数的91.04%。丹阳、扬中的教育现代化工作正在向内涵、深层发展推进。窗口学校建设成绩斐然。大港中学通过四星级学校现场评估验收,镇江市第九中学获批为省三星级高中。全市普通高中有四星级学校5所、三星级学校14所,占高中总数的65%;中等职业学校有国家级重点学校5所、省重点学校6所,占学校总数的55%;省实施教育现代化示范初中54所、省实验小学61所,分别占学校总数的57%和26%。加强教师队伍建设。各层次教师学历达标率、提高率位居全省第三,拔尖教师梯队日益壮大,全市有在职特级教师36人、市级学科带头人177人、市级中青年骨干教师742人,成为支撑镇江教育现代化的中坚力量。

2005年,镇江市把职业教育放在优先发展的位置,坚持以服务为宗旨、以就业为导向的办学思想,成人教育坚持以创建学习型城市和学习型组织为切入点,构建终身教育体系。全年各类职业学校年招生量占高中阶段学生总数的55%,全市各类职业学校有中职在校生5.5万人,高职在校生1.8万人,75%以上的职业学校学生在优质职业学校就学。职校毕业生就业率连续五年超过95%,且有30%以上的毕业生高位就业。新创省级社区教育实验区2个。各级成人学校开展各类从业人员培训,城镇企事业单位职工全员培训率达47.5%以上,为镇江的“三个文明”建设做出新的贡献。在2005年国务院召开的全国职业教育工作会议上,镇江市职业教育受到国家七部委的表彰。

大力发展现代人才服务业。2005年,人才市场举办招聘活动70多场,进场单位3 100多家,提供就业岗位5.7万个,进场求职12万人次,进场单位数、人数超过上年同期45%以上,人才配置大市场格局初具规模;成立人才派遣有限公司,与21所学校、25家企业、15个中介机构和部门签订人才培养、输送与合作协议,成功派遣各类专业人才2 040人,人才流动大通道建设初见成效;举办MPA、MBA、工程硕士、法学硕士、特色自考等培训班50多个,与北京时代光华公司建立合作关系,上海交大MPA教学基地在镇江挂牌,中国人事人才培训网卫星远程培训学院在镇江成立分院,人事人才大培训格局初步形成。“镇江市大力发展现代人才服务业”被评为全省人事系统亮点工作,在全省30项亮点中排名第四。

实施农村实用人才开发工程,指导辖市、区制定农村实用人才开发规划和实施办法,在不增加农民负担的前提下,筹集资金为农村各业人才提供继续教育服务,提高农民的农业生产技能和科学文化素质。探索建立农村人才培训、评价和激励政策,将应用农业技术和农业科技成果的成绩和效益作为评审专业技术资格的主要依据。对从事园林、农产品生产与加工、养殖等农村急需的实用人才,进行从业资格和生产技能与管理的培训,全年共举办水产、林业、家禽、稻鸭共作、葡萄栽培等培训班200多个,培训人员8 000多人次。

扬州市教育与人才开发

【基础教育】 九年义务教育迈入高水平、均衡发展的轨道。全市小学适龄儿童入学率、巩固率均为100%;初中学龄人口入学率99.73%,巩固率99.26%,毕业生升学率达93.9%,义务教育普及指标皆位列全省前列。基础教育创建合格学校和省级实验、示范、星级学校的步伐加快。本年度全市所有城镇中小学和农村中心小学、中心初中全部达到市合格学校的要求,合格学校在校生占小学、初中生总数的90%以上;全市省实验小学已达43所,省示范初中62所,省三星级以上高中21所,在省实验小学学习的学生比例已达26.6%,在省示范初中学习的学生比例已达44.9%,在省三星级以上高中学习的学生比例已达55.6%。

高中阶段教育质量大幅提高。普通高校招生考试中,全市考生考分达线人数比上年净增1 307人,增幅超过25%;职业学校考生参加省高校单招考试,达线率为88.5%,比上年提升10.7%。

职业教育进一步发展。全市中等职业教育招生总数达32 135人,比上年增加4 029人,增长14.3%,占全市高中阶段招生总数的52.4%;职业教育品牌优势初步形成,全市已建成了20个省级示范专业和47个市级示范专业,建成国家级技能型紧缺人才培养基地2个,省级技能型紧缺人才培养基地5个。

高等教育实现了跨越式发展。全市高校已由2000年的4所增加到2005年的7所;在校生总数比2000年增加139%,达7.59万人;全市高等教育的毛入学率由2000年的8.9%提高到35.3%,迈入高等教育大众化阶段。高校布局调整和资源整合促进了学校办学条件的改善和办学效益的提高。占地1 473亩,总投资15亿元的扬子津科教园建设一期工程顺利竣工,3所高等职业技术院校1.3万名学生已入住园区新校区。

教育信息化水平进一步提高。全市已建成校园网357个,配备各类计算机56 100台,中小学学生数与用机比例达13:1。面向全社会开放,具有现代远程教育功能、高宽带传输的市、县、校三级教育信息网已初具规模,全市中小学实现了“校校通”。

构建多种助学帮扶形式,保障弱势群体受教育权利。市教育局加快构建集群式帮扶体系,全市所有县(市、区)在16所城乡中小学开设了面向贫困生的“宏志班”,并为“宏志生”提供多种助学奖励政策;义务教育阶段贫困生全面实施“两免一补”的政策,全市受益学生达10万人次。

【人才资源开发管理】 *广泛开展市场交流活动。*市人才市场将每周一次的例市、每月一次的专场招聘、每年春夏两季的大型人才集市结合起来,为用人单位和求职交流人才提供全方位服务。全年共举办人才集市49场,提供就业岗位3.5万个,累计进场招聘单位2 900多家,求职交流人才达10万人次,发挥了政府所属人才市场在人才就业流动中的主渠道作用。赴外招聘成效明显,全年引进各类外地高校人才4 000名以上。

*推进高层次人才载体建设。*规范博士后进出站管理,强化博士后在站期间的管理考核以及出站的成果评价,保证博士后管理工作有序进行。积极推动留学生创业园加强内部建设,完善管理制度,组织创业园参加了赴澳大利亚、新西兰招聘留学人员活动;协助指导成立了邗江留学人员创业园。

*继续拓展和深化各类人才培训。*为全市专业技术人员举办8个专业知识和业务理论培训班,培训人数800余人;专题组织了机关部门和单位赴香港进行"招商与投资管理"培训。

*加强公务员队伍建设。*组织开展公务员学法活动,全面完成了省、市公务员"四五"普法工作。组织公务员初任培训班和公务员在职攻读公共管理硕士(MPA)专业学位报名推荐工作;配合市委组织部门抽调了34名市级机关初任公务员到7个实践基地进行为期一年的锻炼。在市公安机关试行专业技术职位任职制度工作,设计了若干专业技术职位和等级,进行符合资格人员的评审推荐工作。

南通市教育与人才开发

【教育概况】 全市拥有普通高校6所,在校学生6.1万人;成人高校2所,在校学生1.58万人;普通中等专业学校7所,在校学生6.18万人;普通中学318所,在校学生44.13万人;小学529所,在校学生43.53万人;各级各类幼儿园452所,在园儿童12.19万人;特殊教育学校10所,在校学生1 016人;技工学校5所,在校学生1.17万人。全市小学学龄儿童入学率100%;初中入学率100%;高中阶段毛入学率71.67%;高等教育毛入学率40.87%。2005年职普招生比例达到1.08:1,职教招生人数多年来首次超过普高招生人数。2005年,南通市素质教育经验全国关注,中央电视台、《人民日报》等30多家媒体予以宣传报道。

泰州市教育与人才开发

【教育概况】 2005年,泰州市教育质量水平进一步提高。基础教育水平不断提高,高等教育发展取得突破。全市九年义务教育普及率达100%,初中毕业生升学率达93.1%,高中阶段教育毛入学率达71.1%,比上年提高1.4个百分点。高等教育加速发展,高教园区一期工程进展顺利,年末全市共有普通高校5所,在校学生2.01万人,增长46.8%。

杭州市教育与人才开发

【高等教育】 优化高等教育的资源配置,进一步推进高校重点学科建设。至2005年末,全市拥有普通高等院校36所,在校学生35.19万人,其中在校研究生2.34万人,分别比上年末增长12.1%和13.3%;全市高等教育毛入学率达47.0%,比上年提高1.7个百分点。

【普通教育】 全面推进素质教育,不断提高基础教育的整体质量。至2005年末,全市拥有小学791所,在校学生45.89万人;普通中学369所,在校学生36.23万人;职业中学68所,在校学生12.30万人。全市九年义务教育入学率达到99.99%,初中毕业升入各类高中学校达到95.0%。民工子女学校34所,解决外来务工人员子女就学9.95万人。

宁波市教育与人才开发

【教育概况】2005年,宁波市基础教育保持全省领先水平,九年义务教育人口覆盖率达100%;拥有各级各类全日制学校2 544所,在校学生122.7万人;初中毕业生升入高中段的比例达到94.2%,比上年提高2.4个百分点;全国高校统考报名录取率达80.7%,位于全省前列;高等教育毛入学率达42%,比上年提高6个百分点。11个县(市)区有9个被评为省级教育强县,省教育强镇达到129个。

湖州市教育与人才开发

【教育概况】 2005年底,全市共有高等学校4所,普通中学(初、高中)141所,中等职业学校29所,小学教育单位325个,幼儿园163所,特殊教育学校2所。全市所有乡(镇)全部实现了高标准高质量普及九年制义务教育,并跨入省教育强镇行例;三县二区全部跨入教育强县(区)行例;省示范性初中、小学达到58所。全市义务教育的主要指标达到和超过省均水平,总体水准处于全省领先地位。高中段教育发展步伐不断加快,全市初中毕业生升入高中段学校的比例达到89.04%,同比提高了2.03个百分点。全市建成国家、省级重点高中段学校27所,其中省一级重点普通中学7所。优质高中招生比例达到80%。中等职业技术教育与普通高中保持协调发展,职业类学校招生人数占高中段招生总数的50.45%。高中段教育质量又跃新水平,全市普通高校招生考试前五批上线人数达到13 705人,文理科上线率达到86.91%,高出省均(77.98%)水平8.93个百分点,名列全省第二。至此已连续7年保持居省前例。

【高等教育】 高等教育发展步伐继续加快,中心城区高教园区东扩工程开工建设,湖州师范和湖州职业技术学院、湖州广播电视大学的全日制普通高校在校生达到16 406人。全市高等教育自考毕业生达到798人。全市18~22周岁人口接受高等教育比例达到32.5%,进入高等教育大众化阶段。全市农村成人教育取得新成就,培训总量达到44.39万人次,其中学历培训7 072人。

嘉兴市教育与人才开发

2005年,嘉兴市教育事业持续快速健康发展。桐乡、海盐、平湖三县(市)通过省级教育强县复评。全市省级教育强乡镇指标达标率超过93%。全市有各级各类学校(含幼儿园)995所,在校学生64.52万名;全年招收新生16.9万名,有毕业生16.66万名;有教职工37 560名,其中专任教师31 669名。

*编制教育发展规划,学校布局日趋合理。*2005年,市教育局以强均衡、强投入、强管理、强师资、强质量、强服务为重点,研究编制全市教育"十一五"发展规划和"教育强市"规划,并指导各县(市、区)根据当地实际编制和实施教育发展规划。编制全市职业教育十一五发展规划,建立和完善结构合理、灵活开放、特色鲜明、自主发展的现代职业教育体系。根据城市总体规划和分区规划,完成市本级968平方公里中小学的布局规划,以及全市九年义务教育阶段标准化学校建设规划的编制工作。明确近期(至2007年)、中期(至2010年)和远期(至2020年),市区968平方公里学校建设数及建设规模和标准。并 坚持并完善小学升初中就近免试入学制度。

*整合教育资源,推进城乡教育一体化。*制定《关于进一步推进我市城乡教育一体化的若干意见》,加大农村教育的投入力度,制定市本级农村义务教育实施"四项工程"财政转移支付办法,从2005年起至2007年,市级财政从教育经费增量中每年安排500万元,专项用于补助市本级农村基础教育。整合城乡教育资源,撤并农村6班以下小学(教学点)74所、12班以下初中3所,小学校均规模达到676人,初中校均规模达到1 114人,规模学校占比居全省前列。实施"城乡百校结对活动",开展城乡现代教育技术一体化的实践与研究,完善农村中小学现代教育技术的实践与应用,教育网站资源库实现城乡共享。发挥优质教育资源的作用,在市本级组建3个教育集团。

保障教育投入,加快学校基础建设。2005年,全市教育经费总投入(含部门和社会力量办学)达到33亿元,比上年增长10.7%,其中财政预算内教育投入14.3亿元,增长10%,教育经费占财政支出的比例达到24.9%。实施"浙江省万校达标工程",全市101所中小学通过省学校标准化建设验收,占标准化学校规划数的28%。全市中小学新增校舍面积12.9万平方米。列入市政府重点项目的嘉兴职业技术学院二期、南洋职业学院三期、秀州中学新疆高中班建设进展顺利,三水湾二小等项目竣工并交付使用,中职园、市实验小学本部等项目立项或在建。

加强教师队伍建设。制定《关于进一步加强和改进师德建设的实施意见》、《关于中小学在职教师从事有偿家教的若干规定》、《嘉兴市属中小学机构编制管理暂行规定》、《嘉兴市直属学校教职工聘用制试行办法》等文件,加强师德教育,规范教师家教行为,推进教职工人事制度、用工制度改革。推进学前教育规范化管理,推进新幼儿园课程改革。研究制定《2006年初中毕业生考试与高中招生制度改革实施意见》。市电大及五所县(市)电大学院通过省教育厅组织的"中央广播电视大学人才培养模式改革和开放教育试点"项目评估。全市各级教师的学历合格率均比上年有所提高。继续组织举办课题协作会议、学术研讨会、高中校长论坛、教学成果展示活动及新课程教学展示活动。继续实施"名师工程",制定《嘉兴市农村中小学教师素质提升的实施办法》,启动农村教师素质提升的全员培训工作,选拔省级农村中小学骨干教师和校长。

提高办学质量,巩固提高教育水平。继续开展省级示范学校创建工程,26所中小学开展创建活动,至年底累计有省级示范学校63所。继续提高全市省级重点高中办学层次,目前全市公办普通高中28所,其中省级重点19所,占68%。重点普通高中在校生数已占普通高中学生数的70%以上。全市教育各项指标位居全省前列。幼儿学前三年入园率达95%,超过全省平均9个百分点;义务教育入学率为99.99%,小学升初中比例为100%;小学、初中巩固率分别为100%和99.96%。残疾儿童少年入学率为98%,其中"三类残疾"儿童少年入学率达到99%。全市初升高比例达到94.1%,超过全省平均4个百分点。初升高普职比保持在1:1的规模。2005年全市高考上线人数为20 200人,上线率为90.65%,上线人数占全省上线总数的8.1%,增幅列全省第一。文科重点线以上学生占全省的10%,列全省第四;理科重点线以上学生占全省的7.7%。整体教育质量在全省处于领先地位,文科平均分高出全省平均27分,理科平均分高出全省平均10分。会考质量连续多年保持全省领先。2005年高一、高二会考10个学科,按平均分、A等率、合格率三类30项指标指标统计,有26项列全省第一,其余4项列全省第二。

绍兴市教育与人才开发

【教育概况】 2005年,绍兴市教育事业健康发展。全市各类教育协调较快发展,比全省早3年基本普及从学前三年到高中段的十五年教育。2005年,全市乡镇中心幼儿园建园率达100%,幼儿学前三年入园率达97.74%;小学、初中入学率达100%和99.21%,"三残"少儿义务教育入学率达99.37%,小学升初中比例达100%;初中毕业生升入高中段比例达95.5%,连续六年保持全省第一;全市高考成绩喜人,文、理科上线率分别达87.4%和94.8%,高出全省平均11.8个和6.1个百分点,有17人和22人分别进入全省文、理科前100名。

【高等教育】 高等教育综合实力有新增强,全市普通高校新增专业12个,招收全日制本专科新生11 634人,本专科在校生突破3万人。教师队伍整体素质有新提升,全市幼儿园、小学、初中、普高、中等职校专任教师学历合格率分别提高到97.3%、99.8%、99.1%、97.4%和86.1%,小学教师大专学历、初中教师本科学历分别占67.8%和60.3%,比上年提高12个和9.5个百分点。教育投入力度加大,全市预算内教育事业费拨款15.97亿元,比上年增长10.4%;征收教育费附加5.5亿元,增长14.7%。

舟山市教育与人才开发

【教育概况】 2005年,舟山市教育事业加快发展。年末全市有普通高等院校3所,在校学生13 481人;普通中学55所,在校学生48 081人;中等职业学校15所,在校学生16 314人;普通小学82所,在校学生50 096人。全市有10 478名外来流动人口子女在各类学校就读。2005年,全市初中升高中段比例为94.32%,高考上线率为85.96%,全市高等教育毛入学率40.83%。

台州市教育与人才开发

【教育概况】 2005年,台州市教育水平继续提高。全市小学入学率和巩固率达到100%,初中入学率和巩固率分别达到99.20%和99.89%;全市高中段在校生19.7万人,初升高比例达到93.89%;特殊教育招生218人,在校生1 824人;全市有幼儿园1 319所,在园幼儿17.22万人。师资队伍建设不断加强,教师学历合格率稳步提高。全市小学、初中、普通高中和职业高中专任教师学历合格率分别达到98.9%、98.0%、93.0%和82.3%。

【高等教育】 高等教育体系进一步完善,全市全日制普通高校招生数达到6957人,在校生数达到18069人,成人高校学生总数达到16 332人。台州学院椒江校区医学院和机电学院新校园交付使用,浙江大学研究院项目进展顺利。

马鞍山市教育与人才开发

【人才开发】 2005年,马鞍山市人事人才工作以科学发展观为指导,紧紧围绕全市加快发展、加速实现"两个率先",抓住机遇,接受挑战,创新思路,化解难题,狠抓重点,统筹推进,人事人才各项工作取得新成效。

市场化配置力度进一步加强。根据用人单位需求,全年举办各类人才招聘会84场,特色化专场招聘会13场,全市1 053家次用人单位通过市场觅得各类人才3 120人次。网上市场功能不断完善,招聘企业达到561家,人才库容1.6万余人,访问量突破460万人次,成为皖南地区最具影响力的人才网站。

毕业生就业服务工作成效显著。完善相关措施和办法,毕业生"一站式"就业服务平台顺利组建。夏季毕业生双选会、高校毕业生就业服务周、毕业生专场招聘会如期举行,各项就业服务活动取得明显成效。公益性就业服务力度加大,全年免费为3 000余名毕业生办理了求职登记,免费为安工大等3 000余名毕业生举办就业指导讲座10场。开展特困家庭毕业生就业援助,特困毕业生就业率达到100%。成功举办毕业生职业见习洽谈会2场,提供见习岗位207个。

人才引进质量稳步提高。立足人才队伍结构的优化,为全市部分事业单位公开招聘紧缺急需专业技术人才150余名。充分运用市场机制,引荐(进)本科及以上学历或中级及以上职称各类人才835人。主动服务全市用人单位,先后为蒙牛集团、港华公司等用人单位专项推荐紧缺急需人才509人,为圣戈班管道、韩国浦项、马钢—比西欧等企业成功猎头19人,推荐中高级人才63人。

区域人才合作不断拓展。立足互利共赢,芜马铜区域人才合作内涵不断充实;与上海静安区签署了人才合作协议;市人才中心成功加入长三角城际人才服务合作联盟,为东向发展注入了新的活力;马芜铜齐(齐齐哈尔)市"春季人才大集市网上人才交流会"和马芜铜合(合肥)市"中高级人才网上交流会"成功举办,全市科技人才、技工人才、毕业生活动周和毕业生夏季网上招聘会顺利举行,全市808家次用人单位通过网上市场觅得各类人才300余名。

高层次人才队伍建设取得实效。高层次人才培养喜结硕果,与南京大学合作举办的工商管理第一期研修班圆满结业,软件工程硕士班顺利开班。高层次人才载体建设步伐加快,通过调查摸底,全市留学回国人员数据库正式组建;主动与开发区、科技等部门联系,正式启动留学人员马鞍山创业园工作;马钢博士后科研工作站评估审核工作如期完成,承担的国家863科研项目取得明显成效;对全市初步具有建站条件的企业进行了摸排,确立了重点扶持帮助对象。

引进国外智力水平全面提升。25个项目获得国家和省批准立项,一个项目被省批准为重点引智项目。围绕马钢、华菱集团等重点骨干企业引智需求,实施引智项目15项,引进外国专家15人次。华菱集团在国外专家持续技术指导下,重卡技术指标稳步提高,生产能力快速提升。引智范围不断拓展,为"三农"服务比重得到提升;引智项目实施水平进一步提高,2名引进的外国专家分别被国务院、省政府授予"国家友谊奖"和"黄山友谊奖";引智工作的地位得到明显提升,拟定的《"十一五"引智工作实施意见》被市政府转发。外出培训力度加大,12名管理和技术人员分别被推荐赴香港、美国、德国、澳大利亚参加国(境)外培训。

启东中学

——打造品牌学校的实践与思考

王　生

江苏省启东中学认为创品牌学校就是创特色学校,创名校。品牌学校首先要有先进的教育理念,品牌学校同时要具有很高的教学质量,品牌学校还必须有鲜明的办学特色,品牌学校更应有一批品牌教师。

教育理念是打造品牌学校的灵魂。多年的学校管理实践证明,教育理念是学校管理的灵魂,也是打造品牌学校的灵魂,正如苏霍姆林斯基所说:学校的管理首先是教育思想的管理。一所学校,从普通学校走向品牌学校,是一个艰辛的创业过程,同时也是形成教育理念和实现教育理念的过程。应该说,学校的每一步发展,都是而且应该是教育理念指导下的发展。校长没有教育理念,没有持之以恒地为教育理念奋斗,就不可能有学校的持续发展,更不可能有品牌学校的形成。

学校教育理念的形成和实现也有一个艰难的过程,在上世纪八十年代乃至九十年代初,全校都以学生考试成绩,特别是高考成绩为唯一目标,只要学生高考成绩好,只要班级高考平均分高,学校就满足,就自豪。但随着素质教育的推进和深入人心,从大量成功和失误的实例中惊醒,应该有更符合时代要求的教育理念,要从应试教育中跳出来,要向素质教育迈进,只有这样,才能不愧为省级重点中学,不愧为国家级示范中学。

近年来,学校的一切管理工作,都围绕着让每一个学生得到最充分最全面的发展这一教育理念进行。实践证明教育质量必须在每一个学生的发展创造条件,没有让每一个学生得到最充分的发展,那么,这样的教育就不是最优的教育,不是一流的教育,这样的学校也就不是最优的学校,不是一流的学校。

在启东,启东中学的生源是最优秀的,但是,即使如此,在每一个班级,学生的学习差异也是明显地存在,何况学生还有智力差异和性格差异。面对每一个有个性的学生,要有明确的教育思想,就是让他们都得到发展,采取教育措施也很明确,就是因材施教,也就是目前有教育研究者提出的个案教育。正式在这样的教育理念指引下,启东中学的管理才有切合实际的有效方法。

(江苏省启东中学校长)

张家港市旭东学校

旭东学校位于张家港市政府所在地——杨舍镇,是一所专门招收外来务工人员的子女的民办学校。

学校创办于2004年2月,现有四个校区,教职工185人,教学班级60个,在校学生近3 000人。学校开设幼儿园、小学和初中,校内专用教室齐全,活动场地宽敞,师资力量雄厚,现代化教育施舍完备。计划投资1 200万元,占地15 000平方米,建筑面积1 1000平方米,标准教室68间,设施一流的新校区——旭东学校北校区正在兴建之中,今年8月份将正式投入使用。

建校两年来,学校始终坚持以学校发展和学生素质的全面提高为目标;以课程管理和教学改革为中心;以树品牌、创特色为灵魂;以班子建设和师资管理为关键,不断变化"创造性教育"研究,不断推进"科学化教育"进程,不断完善"开放性教育"体系,取得令人满意的办学实绩。在短短的两年中,学校成功地承办了1次市教育局组织的班主任交流会;有2位教师分别获得了镇"十佳教师"和市"先进个人"荣誉称号;有10多人次在市政府举办的运动会、书面、征文等各项比赛中获奖;先后20多次接待了省、市及其他地方领导的来访与视察工作,得到了学生、家长、上级领导及社会各界广泛的赞誉。

走有"旭东"特色的发展之路,让"旭东"品牌响彻祖国大地,让所有进城务工人员的子女都能有一个理想的入学场所,得到良好的教育,让所有务工人员都能解除后顾之忧,全身心地投入到城市建设中去,一直是全体旭东人不变的理想与追求!

如今,年轻的旭东学校在年轻的总校长徐旭东的率领下,正以他蓬勃的生命力阔步前行!

黄国桢董事长在中国管理大会论坛上领奖

同欣学校与社区同庆“三八”妇女节

欣欣向荣的同欣

上海杨浦区同

上海杨浦区同欣进修学校，是有50年教龄的原复旦大学生命科学院实验师，现任民办教育家联谊会常务理事、中国教育家大会副理事长、中国国际行业组织研究会高级研究员、本校董事长黄国桢创办的一所非学历教育培训机构。地处复旦大学园区，总建筑面积10203平方米 拥有91个教室，6个多媒体教室，1个语音室，4个计算机房配置150台品牌机。室内均装有空调，教学环境优良。

学校办学理念是“以质量求生存，以服务求发展”。学校有一套严格的教学质量监控体系，完善的教学服务保障体系。培训项目涵盖面广，设有经济管理类、高复、外语、计算机、财务会计、少儿培训等六大培训系列。合作培训项目有ILT物流职业资格认证、CIPS注册采购与供应经理认证、中小企业管理（董事长、总经理）研修，朝日日语、HSK、童心艺术、LINUX网络技术及饭店管理大专班等。学校充分依托周边名牌大学、重点中学及各行业服务机构，由教授、高级教师、行业专家执教，教学效果显著。在竞争如云的复旦园区培训机构中脱颖而出，得到社会普遍认可。2003年被评为上海市办学水平A级学校，2004年被评为全国“民办教育百强学校”，获上海市价格协会“诚信建设单位”称号，2005年又摘得“‘十运之星’十佳民办学校”桂冠。学校董事长黄国桢、校长谢敏奇均获得优秀民办教育家称号，董事长黄国桢还获得“中国百名行业创新杰出人物金像奖”等多项荣誉。

学校注重社会效益，在办学的同时开展公益活动，如邀请医疗专家为社区中老年人讲解保健知识。聘请残疾人为社区居民作“身残志不残”的精神文明教育，并经常与社区居民进行联谊活动，丰富社区居民文娱生活，捐助安徽希望小学办学资金和教学设备等等。我校还承担市府实事工程“百万家庭网上行”培训。对3千多名社区居民普及电脑知识，因而我校又获得了“社区十佳好事单位”称号和人民日报“时代潮”优胜奖。

2006年暑期 "同欣少儿之星" 集体合影

2006年暑期 "同欣少儿之星" 集体合影

黄国桢董事长在 "同欣少儿之星" 颁奖大会上

欣进修学校

黄国桢董事长向贫困山区群众捐款

同欣学校赠送给社区的礼品

高复班部分老师在武夷山留影

同欣学校全体领导班子合影

》》》以教育回报祖国

——记民办教育家上海同欣进修学校董事长黄国桢

教育 改写了她的人生

黄国桢是上海同欣进修学校的董事长，也是上海东亚进修学校素质教育中心和上海成人教育进修学院教培中心的主任，还是中国国际跨国公司研究会的理事、高级研究员、中国教育家大会副理事长…… 今年已 71 岁的黄国桢拥有的 “头衔” 足有 10 个之多。她还凭着 “同欣” 的良好业绩，先后获得了 “优秀民办教育家”“中国百名行业创新杰出人物” 等诸多荣誉称号。然而，这些令人羡慕的成绩和荣誉的取得，在她的心中，都已归功于教育。她说，是教育改变了她的人生。

黄国桢回忆说：“我出生在一个佃农家庭，读书已经是很奢侈的愿望了。解放后，13 岁读的书，6 年读完了小学到初中的全部课程。” 有一年暑假期间，她到复旦大学勤工俭学，并成为生物系吴定良教授的助手。“老先生真是好人啊！从来没苛求我什么，反而不断鼓励我一边工作，一边攻读高中课程。” 黄国桢对吴定良教授心怀感激。待到 1962 年，她已顺利读完了复旦大学高中和复旦大学生物系人类学本科专业的全部课程。1963 年，她已在本科生（实习）。10 年后，她又担起了上海体育学院和复旦大学生物系人类学专业 X 光解剖学研究生课程的实习指导工作。到了 1974 年，她在本科生毕业论文（实习）和多次参加少数民族考察和科研活动，并先后成为中国人类学会、中国解剖学会的成员。

这样的经历让她明白了一个道理——教书是为了育人，培养人比传授知识更重要。她动情地说：“我的今天，其实在给吴教授做助手时就已定的愿望。”

经历 使得她情有独钟

有人曾开玩笑地对黄国桢说：“‘同欣’就像您的孩子，您对它看得很重。” 黄国桢长笑着说：“说对了，有经历就会有感情。” 说起 “同欣”，那还得从 1986 年说起——

那时，黄国桢利用业余时间，和曹恒义老师组织了 “复旦高复班”。当时复习班中只有 7 名学生，其中一个就是黄国桢的儿子。一年以后，7 个孩子都考进了重点大学。“高复班” 由此吸引一批又一批 “望子成龙” 的家长，报读的学生迅速增加。

1992 年，在教育战线工作了 38 年的黄国桢退休了。可对教育已产生深厚感情的她，决定继续投身教育事业。很快，她和复旦大学退管会共同组建了 “复旦大学教工子弟学习方法指导班。” 她说，当时对民办教育的政策规定并不明确，办学有很多阻力。现在说起来有些好笑，当初申请创立的是 “同欣装潢公司”，一直是挂靠其它学校办学，直到 2001 年，才正式创立了一所非学历教育的培训机构——“上海市同欣进修学校”、“上海雪鸟科技发展有限公司”、“上海现代物流科技培训服务中心”。

目前，“同欣” 已有 4 个校区，总面积达 10203 平方米；拥有 91 个多媒体教室、6 个多媒体教室、1 个语音室、4 个计算机房…… 室内均有空调，教学环境优良。“同欣” 还先后与复旦大学国际经营技术讲习所、朝日商务培训中心、上海旅游专科学校、上海市东亚进修学院、上海成人教育进修学院等知名院校和培训机构实行强强联合，共同开发出一批合作培训项目，如 ILT 物流职业资格认证、CIPS 注册采购与供应经理认证、中小企业管理（董事长、总经理）研修和朝日日语、HSK 等等。

目标 让更多的人受益

时至今日，“同欣” 已为社会输送各类人才 10000 多人。如 2003 年，业余高复班 92% 考入一本，7.17% 考入二本，0.83% 进入大学，其中一名获上海市高考第二名，还有数学满分者 1 名，物理满分者三名；2004 年有 262 人考入一本（其中 121 人分数在 500 分以上），2005 年业余制高复班 266 人，有 206 人总分在 500 分以上，其余也均在 480 分以上，都考入了重点大专，其中全市高考第一名理科状元 583 分，考入清华大学 3 名、北京大学 2 名、复旦大学 40 多名。

黄国桢对此深感自豪。现在 “同欣” 有 61 名教师，都是通过学校领导班子选择、选拔出来的优秀教育人才，正在为 “同欣” 的发展施展着自己的才华。“同欣” 虽是民办的 “非学历教育”，但这里所有的教职工愿意帮助学生实现 “大学梦”，相对来说，那样更系统，更正规，对他们自己的人生发展更有好处。黄国桢说：“这是我自己人生经历的一些体会，也是我们学校一个很重要的教学目标。” 现在，顺应市场需求的 “同欣”，已开设了 “经济管理类”、“会计类”、“外语类”、“少儿培训”、“高复班”、“计算机” 六大系列课程。

黄国桢曾说，教育事业本质上应该是 “功在当代，利在千秋” 的公益事业。因此，多年来，“同欣” 还积极配合市政府开展 “百万家庭网上行” 培训工作、资助民工子弟学校、为少数民族贫困地区捐款、为社区开展公益活动……；“‘同欣’要发展好，这是我们对老师们的责任；孩子们更要发展好，这是我们对社会的责任。听起来有点像 ‘讲大道理’ 其实，成全别人就是成全自己！” 黄国桢如是说。

苏州大学城市科学学院

揭牌仪式

城市科学学院是苏州大学为适应21世纪中国城市发展实际需要，专门培养城市规划、建设和管理人才的新兴学院。现设有城市规划、城市管理、园林、园艺四个本科专业和经济学（城市经济）本科专业方向。各专业教育以培养社会急需、基础扎实、专业口径宽广、实践能力和创新能力强的复合型、应用型人才为基本目标，教学的内容和方法重在培养和提高学生综合运用所学专业理论知识研究、分析和解决专业实际问题的能力。学院建有设备齐全、管理规范的专业实验室，与地方实际部门共建了10个稳定的教学实习和毕业实习基地，聘请了一批具有较高理论素养和丰富实践经验的城市管理者和城市规划与建筑设计方面的专业技术人员为兼职教师。

学院拥有一支结构合理、专兼结合的高水平师资队伍。现有专业任课教师59名，其中教授11名，副教授22名；博士25名，硕士17名，海外留学归国人员6名。学院聘请了中国城市研究会副理事长朱铁臻教授、前美国纽约市规划局长、美国龙安建筑规划设计顾问有限公司总裁饶及人先生为兼职教授。学院还建立了“城市发展高层论坛”，不定期地邀请知名专家、学者作报告，为师生们提供了及时掌握、了解、交流学科发展前沿信息的平台。

城市科学学院为更好地服务于地方经济建设，经建设部中国房地产业协会全国房地产营销员/师双认证办公室授权，负责苏州市及临近地区房地产营销员/师的培训任务，积极为建立行业执业资格教育体系作出应有的贡献。

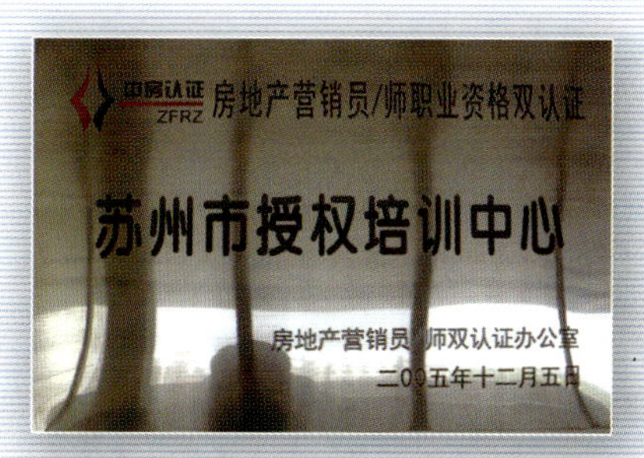

常州纺织服装职业技术学院是一所全日制普通高等院校，隶属于江苏省教育厅，学院位于长江三角洲区域中心城市——常州（距上海、南京均 100 余公里），座落在全国高职教育教学改革实验区——常州大学城。学院始建于 1958 年，经过近半个世纪的不懈努力，现已发展成为集文、理、工、艺术类专业于一体的有着丰富办学经验和鲜明办学特色的一所多科性高等职业院校。学院校区占地 825 亩，建筑面积 27.8 万平方米，是一座园林式、数字化、生态型、可发展的现代化绿色校园，为学生的成长和成才提供了优越的环境。现有在校学生 11000 余人，“十一・五”发展规模 12000 人。

学院以“进德、立业、敏学、笃行”为校训，秉承“办学有特点、专业的特色，学生有特长”的办学宗旨。现设有纺织化学工程系、艺术设计系、服装系、经济贸易系、外语系、机电工程系、信息技术系、基础部和继续教育部等七系二部四十八个专业（方向），其中染整技术、服装设计是教育部重点专业。

学院师资力量雄厚，现有教职工近 530 人，其中院内专职教师 465 人，具有高级职称的教师 115 名，“双师型”教师 200 余人，有享受国务院津贴的教育专家、全国十佳服装设计师、省市级优秀教师 30 多名。此外，学院还聘有客座教授 40 名，外籍教师 8 名。学院教学设备先进，拥有价值 4000 多万元的各种先进的教学仪器设备，科研阵容强大，尤其在纤维与织物的物理、机械性能测试及工艺试验；染料、助剂的分析与检测；新型纺织品设计、服装设计等方面实力超群；教育教学成绩突出，学生作品和创新成果屡屡在全国以及省市比赛中获大奖，每年都有多名时装表演专业学生在各类全国大赛中获奖。学院培养的学生深受企业欢迎，每年的毕业生一次就业率均保持在 98% 以上，毕业生中涌现出大量优秀人才：全国十佳服装设计师胡继华、曹阳；北京市十佳青年印柏林（一个年薪超过百万的服装设计师，被报刊称为“中国年薪最高的服装设计师”，北京“杰西卡”服装有限公司总设计师）；江苏省十佳服装设计师卞嘉伟、向文君；全国劳动模范吴长美；南京大学博士陶永春；演艺明星张茜（被日本媒体誉为“亚洲第一气质女星）等等。

学院先后与法国欧亚管理学院、意大利多明尼哥费奥雷多技术学院以及新加坡莱佛士学院签定了合作办学的协议。成立了常州纺院—莱佛士国际学院。双方共同投资，合作开办时装设计、室内设计、平面设计、多媒体设计、时装营销与管理、工商管理等六个专业，采用学分制实行双语教学，学生完成学业后获得双方颁发的相应文凭与证书。

多年来学院办学成果得到社会好评，曾先后获全国职业技术教育先进单位、江苏省文明校园、常州市文明单位标兵等 100 多个荣誉称号。中国教育电视台、江苏教育电视台、《中国教育报》、《新华日报》等新闻媒体也都先后报道过学校办学成果和办学经验。

常州纺织服装职业技

校景鸟瞰

学院地址：常州大学城常州市武进区滆湖中路 5 号
邮 编：213164 电 话：0519-6336007
传 真：0519-6336008 网 址：http://www.cztgi.edu.cn
电子信箱：mailto:cztgi@cztgi.edu.c

术学院

设计充分体现高等学府稳重、和谐和开放、创新的教学理念的新校区 5 号教学楼

从日本引进具有国内先进水平的染整小样机为产学研提供良好条件

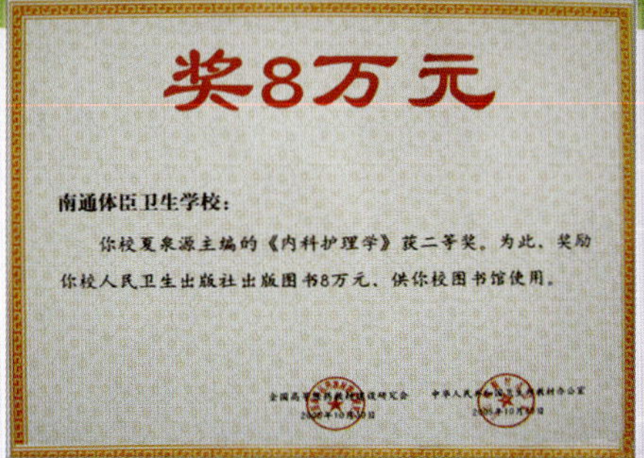

奖8万元

南通体臣卫生学校：

你校夏东源主编的《内科护理学》获二等奖。为此，奖励你校人民卫生出版社出版图书8万元，供你校图书馆使用。

为提高学校教学和科研水平，推动学校教育教学改革，今年学校建立学术委员会，制订了《南通体臣卫校学术委员会章程》，在学术委员会指导下，制订了《南通体臣卫校教育科研工作管理办法（试行）》，修订了《南通体臣卫校教科研成果奖励办法》，完善了学校教育科研工作的组织建设和制度建设，填补了学校教科研组织与制度建设的空白，使学校教科研工作有章可循，为实现学校教科研管理科学化、规范化、制度化奠定了基础，有力推动了学校教科研成果的不断结累。年初，根据省卫生厅教研室“关于报送2005年度卫生职业技术教育研究课题的通知”精神，及时传达组织个人申报，经筛选后向省卫生厅教研室申报科研课题3项，其中《卫校校园文化与医院文化对接的研究》被批准立项。全年在省级以上刊物发表的论文为43篇，在省级以上各类行业学会交流获奖的学术论文为46篇，由我校34名教师参编的教材和辅导教材11本，其中主编教材2本，参编教材6本，参编辅导教材3本；校本教材《护理物理》已由人民卫生出版社正式出版；《内科护理学》被卫生部评为优秀教材二等奖，学校获奖价值8万元的科技图书，该教材被列入卫生部十一・五出版规划。其中，《外宾病房护理操作・双语版》、《护理物理学基础》、《临床新药》等校本教材，具有鲜明的职业教育特色，教学效果明显。电子教案、多媒体教学课件在各级各类行业学术团体比赛中获奖21件。学校还提供优惠条件，为在职教师积极创造深造学习的机会，目前已有18名教师在外深造学习，其中，3名教师已获得硕士学位，1名教师脱产读博，3名教师脱产读研，11名教师在职读研。年底，学校首次组织召开了教科研年会，通过教科研工作总结、专家讲座，科研课题报告、论文交流、教科研成果颁奖等形式，提升学校教科研工作层次，推动学校教科研工作的健康发展。本次年会共颁发2005年度教科研成果奖60450元，大大调动了广大教师对学校教科研工作的积极性和创造性。

加快专业建设发展步伐 推动第三次创业进程

——泰州机电高等职业技术学校专业建设发展纪实

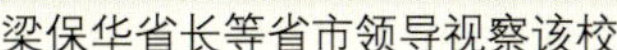
梁保华省长等省市领导视察该校

学校办公楼

泰州机电高等职业技术学校位于泰州市区东城河畔的教育区内，占地143亩，建筑面积4.5万平方米，现有师生员工近4000人。学校坚持坚持内涵与外延共同发展，中职与高职共同发展，坚持“德育为首，学生为主体，能力为本位，就业为导向”的办学思想，推行“全程跟踪管理教育模式”，树立“让每个学生得到发展”、“让每一位家长得到满意”的办学理念，真正使升学者有其学，就业者有其路，创业者有其能，为地方经济建设培养了一大批“品优、业精、体健、技高”的人才。

学校历来高度重视专业建设，大投入构筑实训“高地”。近三年来，学校建成了PLC实验室、微控编程室等30个实验、实习室；拥有五大实习中心，即计算机实习中心、机电一体化实习中心、电工电子实习中心、计算机模拟实习中心、化工实习中心；三大实习基地：餐饮实习基地、宾馆服务实习基地、焊接培训基地；建成千兆校园网。学校设备总值从700万元增加到了1390万元。三年中计算机网络技术、机电技术应用和电子技术应用三专业成为江苏省省中职示范专业，数控技术应用成为泰州市中职示范专业。2004年该校被国家六部委确认为计算机网络专业国家技能型紧缺人才培养培训基地，也是国家发改委资助的数控技术应用实训基地，学校拥有国家职业技能鉴定所。学校还将于今明两年投资1500万元建设一万平方米的实训中心大楼，争创国家、省级数控实训基地。2005年，该校新引进神州数码、印度NIIT的课程体系及教学模式。五年来，该校办学规模翻一番，办学层次不断提高。在经历了2000年8月建成国家级重点职业中学、省合格职业教育中心校，2005年经省教育厅批准升格为泰州机电高等职业技术学校、江苏省联合技术学院泰州机电分院，成为泰州地区具有五年制高职独立办学资格的第一所职业学校。今年年初，学校制定了“十一五”发展规划，确立了学校新的发展战略，全面启动学校的第三次创业：率先创建成全国示范性中等职业学校和江苏省高水平示范性职业学校。学校将坚持“一体两翼”的办学方针，形成以高职为主体，高职与中职并存，学历教育与非学历教育共同发展的办学格局。按照泰州市教育局的要求，至2010年该校将建成全省上游、全市龙头的职业教育学校。

校址：泰州市迎春东路3号
网址：http://www.tzvec.com
电话：0523-6669309
传真：0523-6669309
邮编：225300

泰州机电高职校揭牌仪式

校企合作：陵光集团职工轮训班开学典礼

盐城师范学院

盐城师范学院是江苏省属高等师范本科院校。学校现有全日制学生 13300 人，成人学历教育学生 6500 余人。全日制教育设有等 15 个系（院）及民办二级学院黄海学院。现有 48 个本科专业，其中师范类 17 个，非师范类 31 个。有动物学、外国文学与比较文学两个省级重点建设学科和数学与应用数学一个省级特色专业建设点。

学校现有教职工 1200 人，其中专任教师 720 人，教授等正高职 48 人，副教授等副高职 245 人，博士研究生 62 人，硕士研究生 330 人。有 26 名教师应聘担任南京大学、华东师大、同济大学、河海大学、苏州大学等高校的博士和硕士研究生导师。外语等专业长期聘请外籍教师任教。学校与韩国、英国、俄国等 4 所大学建立了友好校际关系，与英国安格利亚大学合作培养本科生，并在全省同类高校中较早地开展了留学生教育。

学校占地 1500 多亩，校舍建筑面积 30 万平方米。全校现有教学仪器设备总值 6000 多万元，建有各类实验室 54 个，滩涂生物资源与环境保护实验室为江苏省重点建设实验室，并建成两个省级实验示范中心，环境测试中心正常承担南京大学硕士、博士课题实验任务。学校还建有双语教学调频台、多媒体教学网络、多媒体课件制作系统、多功能教室、校园微机管理网络等现代化教育设施。建有 37 个教育实习基地和 23 个专业实习基地。图书馆藏书 125 万册，订阅中外报刊 1500 多种，为国家光盘中心授予的中国学术期刊文献检索站一级站。学校还建立了教育科学、唐宋文学、理论物理和环境工程等 10 个研究所和美国过程研究中心盐城师院分部。

学校重视加强教育教学改革，坚持质量立校，多项成果获国家和江苏省优秀教育成果奖。学生在全国、全省大学生有关技能竞赛中先后获得 70 多项奖励。毕业生就业率达 99% 以上，2004 年就业率名列全省第五。

自 1999 年合并建校以来，学校先后获得江苏省文明单位、江苏省安全文明单位、江苏省爱国卫生星级单位、全国大学生社会实践活动先进单位、江苏省优秀校风建设单位、江苏省就业工作先进单位、江苏省高校思想政治工作先进单位等荣誉称号。

江苏省启东中学

校 长：王 生

江苏省启东中学创办于 1928 年 10 月，现占地 350 亩，建筑面积 10. 5 万平方米，99 个教学班，教职工 450 多人，在校学生 5600 多人。1998 年 4 月，学校通过了“国家级示范性普通高中”的评估验收，2003 年 12 月成为江苏省首批四星学校。

师资力量雄厚。在职教师中，有博士 1 人，硕士 3 人；特级教师 5 人，省中青年专家 2 人，高级教师 120 多人。校园环境优美，曾被评为南通市十佳校园、南通市“建国 50 周年十大新景观”之一。学校办学条件优良，一流的实验室、图书馆、体育馆、艺术馆和多媒体教学网络，能满足师生教学训练和个性发展的需要。学校把“面向全体学生，促进全面发展，培养特色人才，为学生的终身发展奠基”作为学校的办学理念。多年来，高考成绩一直稳居全省前茅，重点大学上线率稳定在 90% 以上，每年都有 10 多名学生考入清华、北大。1995 年至今我校在国际中学生奥林匹克竞赛中获得“十二金两银”。朱力同学继以第一名的优异成绩获得第 7 届亚洲中学生物理奥林匹克竞赛金牌，7 月在第 37 届国际中学生物理奥林匹克竞赛中再夺金牌。体育、文艺、小发明等方面也培养了不少特长学生，陈骏马、张天鹭的小发明获国际中学生小发明金奖，秦章原同学获第五届宋庆龄少年儿童发明奖，蔡洁炜同学荣获国家田径一级运动员称号，成为南通市普通中学中第一个获此称号的中学生。学校被誉为“人才培养的沃土，奥赛金牌的摇篮”，学校重视开展综合治理，创建和谐校园工作，为师生创造了良好的工作环境，先后获得全国精神文明建设先进单位、江苏省文明单位标兵、江苏省先进基层党组织、江苏省模范学校、江苏省德育先进学校、江苏省中小学党建工作先进集体、全国卫生体育工作先进单位、江苏省先进职工之家、江苏省五四红旗团委标兵、省市综合治理先进单位等荣誉称号。

欢迎第 37 届国际中学生物理奥赛金牌得主朱力与校领导合影

藝術搖籃——江阴市天华艺术学校

在维也纳“金色大厅”

江阴市天华艺术学校位于美丽富饶的长江南岸江阴市区，是一所面向全国招生的民办全日制寄宿学校。自1985年创办以来，已形成幼儿园、小学、初中、高中以及大专学科的办学规模。20多年来，有数百名学生考取了中央音乐学院、中国音乐学院、中央美术学院、中国美术学院、上海音乐学院、南京艺术学院等著名高校或附中，同时还有不少学生则以优秀的文化成绩和显著的艺术特长分别录取于清华、北大、人民大学……

学校坚持以“教育科研为先导、文化教学为中心、艺术教育为特色”的办学思路，努力营造“和谐、愉悦、合作、探究”的教学氛围，让学生“高高兴兴学、开开心心会”，并教会学生“闻一知十”、“触类旁通”、“举一反三”乃至“一通百通”的智慧策略，以达到事半功倍的学习效果。

学校设有“民族乐团”、“西洋管乐团”和“艺术团”以及“半农文学社”、“北茂音乐社”。校民族乐团曾八上中央电视台，六次晋京演出，还出访新加坡、香港、澳门、法、德、奥、日、台等国家和地区，并于二00三年二月十八日登陆维也纳“金色大厅”，成功举办《天华之声》中国民族交响音乐会，从而创下了三个“全国第一”。此外，学生的书画作品曾三次赴日参展；上千人次在全国各类艺术大赛中分获金、银、铜奖；二00六年春，又在“上海之春国际艺术节”上喜获三项大奖……

继与中国音乐学院附中合作成为联合音乐学校以后，又与中央美术学院设计学院合作成为生源基地；与扬州大学艺术学院合作成为实验基地；与南京艺术学院附中合作成为联合办学基地；与南京艺术学院成教学院合作，成为高等教育教学点。

学校分别被评为“江阴市先进学校”、“江苏省先进集体”。

校　址：江阴市君山路105号
招生热线：0510--86836787、86765676

在法国
在奥地利

在日本

在台湾

政府工作报告

(2006年2月6日)

上海市市长　韩　正

一、关于《建议》起草的总体把握

《建议》是在市委常委会直接领导下研究制定的。市委常委会多次研究讨论《建议》起草工作。《建议》还广泛征求了各区县、各部门党委(党组)的意见,认真听取了人大、政协以及社会各界的意见。《建议》形成的过程,是充分发扬民主、广泛集中民智的过程,是统一思想、形成合力的过程。《建议》经这次全会审议通过后,市政府将据此编制"十一五"规划《纲要(草案)》,提请明年市人代会审议批准后颁布实施。在《建议》起草过程中,我们始终注意把握三点:

一是中央精神、发展形势与上海实际相结合。党的十六大以来,以胡锦涛同志为总书记的党中央对上海发展提出了一系列新的要求。特别是胡锦涛同志在上海视察时,要求上海加快"四个中心"建设,做到"两个率先"。前不久召开的党的十六届五中全会,对上海等东部地区全面落实科学发展观、加快发展,又提出了新的要求。这些重要精神,必须结合发展形势和上海实际,在上海市"十一五"规划中充分体现。这就要求我们把上海未来五年发展放在经济全球化的大趋势下,放在全国发展的大背景下,放在中央定位上海发展的大战略下,来思考、来谋划。

二是突出思想性、把握方向性与体现指导性相结合。"十一五"规划要统一思想、凝聚人心,必须充分体现思想性、方向性与指导性。关键是要突出以科学发展观统领"十一五"发展这个主题,突出深入实施科教兴市主战略这个重点,突出建设"四个中心"这个目标,突出增强城市国际竞争力这个主线,引导全市各方面把思想统一到"十一五"发展的指导方针和奋斗目标上来,把行动统一到落实"十一五"发展的各项任务上来。

三是立足当前与谋划长远相结合。我们坚持不懈的奋斗目标是建成"四个中心"。"十一五"是承前启后的重要时期。制定"十一五"规划,必须从长远着眼,从近期着手。从长远着眼,就是各方面工作都要紧紧围绕建成"四个中心"这个总体目标,明确发展方向,提出发展思路。从近期着手,就是各方面工作都要按照发展方向,把握阶段特征,明确阶段目标,提出具体措施。

二、关于"十五"发展的总结

过去的五年,是不平凡的五年,经历了很多大事、难事。我们坚决贯彻中央宏观调控决策,积极应对我国加入世贸组织后的新变化,成功战胜非典疫情等重大灾害的挑战,主动化解发展中的困难和问题,全面完成了"十五"计划确定的目标和任务,保持了经济社会发展的良好势头。突出表现在五个方面:一是综合经济实力再上新台阶,预计2005年全市生产总值比2000年翻了近一番,五年平均增长约11.5%。二是城市建设和管理取得新突破,枢纽型、功能性、网络化重大基础设施建设全面推进,上海国际航运中心建设实现重大突破,城市管理和环境保护力度进一步加大。三是改革开放取得新进展,政府、企业、市场、社会四位一体综合配套改革深入推进,对外开放进一步扩大。四是社会事业取得新进步,加大了社会事业投入,集中建设了一大批功能性项目和公益性设施,教育、文化、卫生等领域的改革不断推进。五是人民生活水平有了新提高,城乡居民家庭人均可支配收入预计分别是五年前的1.6倍和1.4倍。特别是我们成功申办了中国2010年上海世博会,这已成为推动上海经济社会发展的重大契机。

五年来,我们始终坚持抓好发展这个党执政兴国的第一要务,积极探索中国特色、时代特征、上海特点的发展新路;始终坚持连续性、稳定性、开拓性的有机统一,始终坚持开创性、坚韧性、操作性的有机统一,不断突破瓶颈、破解难题;始终坚持发挥浦东新区先行先试的示范带动作用,不断推进改革、扩大开放;始终坚持正确处理改革发展稳定的关系,把广大人民的根本利益作为一切工作的出发点和落脚点。

所有这些,是过去五年上海取得新成就的集中体现,也是未来上海再创新辉煌的宝贵财富。

三、关于"十一五"发展的指导思想和主线

"十一五"时期是上海加快建设"四个中心"的关键时期。《建议》明确提出了"十一五"发展的指导思想和原则,即:以邓小平理论和"三个代表"重要思想为指导,全面贯彻落实科学发展观,努力构建社会主义和谐社会,围绕形成"四个中心"基本框架的发展目标,以增强城市国际竞争力为发展主线,深入实施科教兴市主战略,走可持续发展之路。要坚持遵循科学发展规律,保持经济平稳较快发展;坚持以科技进步为发展动力,提高自主创新能力;坚持转变城市发展模式,提升产业竞争力;坚持惠及广大群众的发展理念,促进城市和谐安康;坚持发挥浦东新区先行先试的作用,创新发展体制机制;坚持以办好世博会为载体,完善城市服务功能和文明发展环境。

这一指导思想和原则,力求体现两方面要求:一是以科学发展观统领上海经济社会发展全局。科学发展观是对经济社会发展一般规律认识的深化,是指导发展的世界观和方法论的集中体现,是推进社会主义经济建设、政治建设、文化建设、社会建设全面发展的指导方针。我们必须深化对科学发展观基本内涵和精神实质的认识,必须自觉运用科学发展观指导上海未来改革发展实践,把科学发展观贯穿到上海"四个中心"建设的全过程。二是以增强城市国际竞争力为"十一五"发展主线。增强城市国际竞争力,是上海贯彻落实科学发展观的具体体现,也是深入实施科教兴市主战略、提高自主创新能力的必然要求。建设"四个中心"的过程,就是上海城市国际竞争力不断增强的过程。把增强城市国际竞争力作为"十一五"发展主线,有利于凝聚人心、鼓舞斗志,指导全市各方面的工作。

四、关于"十一五"发展目标

《建议》提出了"十一五"发展的宏伟目标,就是要形成"四个中心"基本框架,办好一届成功、精彩、难忘的世博会,实现经济社会又快又好地发展。其中的核心是形成"四个中心"基本框架。这是上海建设"四个中心"、"三步走"战略的第二步,是承上启下的关键一步。重点有两个:一是国际航运中心建设,要基本确立东北亚国际航运中心地位,成为世界上集装箱吞吐量最大的港口之一;二是国际金融中心建设,要在进一步巩固国内金融中心地位的基础上,成为具有重要国际影响的金融中心之一。

同时,《建议》提出了反映经济社会发展水平的主要目标和指标。这些目标和指标,突出了继续保持经济平稳较快发展,突出了转变经济增长方式、提高自主创新能力,突出了社会全面进步,突出了提高人民生活水平。这里就几个重要指标作一些说明。

一是"十一五"期间全市生产总值年均增长9%以上。这个目标是积极稳妥、留有余地的,体现了在优化结构、提高效益、降低消耗的基础上实现经济平稳较快发展的要求,保持速度与质量、效益相统一,这有利于引导各方面把更多的精力放到调整优化结构、转变经济增长方式上来。

二是"十一五"期末万元生产总值综合能耗比"十五"期末降低20%左右。这是针对资源环境约束日益加大的问题提出的。由于目前上海综合能耗水平在全国居于领先,在这个基础上实现这一目标并不容易,需要各方面共同努力。

三是民生方面的指标。比如,城镇登记失业率要控制在4.5%左右,这与最近两年相当,考虑到"十一五"期间就业压力仍然很大,这个目标是合适的。又如,完成中心城区400万平方米成片二级旧里以下房屋改造任务,占到现有总量800万平方米的50%左右;轨道交通运营里程要达到400公里,这是现有运营里程123公里的3.3倍。同时,《建议》还提出了一些其他主要指标。比如,全社会研究与开发经费支出相当于生产总值的比例要达到2.8%以上,按国际可比口径,这相当于中等发达国家的平均水平。

五、关于"十一五"时期的主要任务

《建议》明确提出了今后五年的主要任务,包括有序推进产业结构优化升级,深入实施科教兴市主战略,全面推进城市建设和管理,加快建设资源节约型、环境友好型城市,加快建设现代化新郊区,着力促进区域互动协调发展,全力办好中国2010年上海世博会,继续深化体制改革和扩大对内对外开放,推进社会主义和谐城市建设等。这里我对关系"十一五"发展全局的五个重要问题作进一步说明。

第一,关于产业结构调整的问题。《建议》提出的"十一五"的产业方针是,"两个坚持"、"两个优先",逐步形成服务经济为主的产业结构。这是改革开放以来特别是"十五"时期产业结构调整的探索实践和经验总结,也是在新形势下推进产业结构调整必须准确把握的重要方针和基本原则。要全面认识、正确把握这一产业方针。

首先,发展服务经济,形成服务经济为主的产业结构,是上海未来发展的方向,也是"四个中心"建设的必然要求。这一方向和要求,符合中央要求,符合世界潮流,符合上海实际,从中央对上海发展的要求看,党的十六届五中全会明确指出:"大城市要把发展服务业放在优先位置,有条件的要逐步形成服务经济为主的产业结构。"这一要求对上海的针对性尤其强,为上海今后产业结构调整指明了方向、明确了要求。从世界产业发展的规律看,发达国家已经形成了以服务经济为主的产业结构,服务业增加值和服务业就业的比重都在70%以上,现代服务业发达程度已成为衡量一个国家、一个地区、一个城市竞争力和产业发展水平的重要标志。从上海实际看,建设

“四个中心”的过程,也是现代服务业不断发展、不断提升的过程。上海在“八五”计划提出三二一产业方针,经历了三个五年计划,实践证明是完全符合上海发展实际的。特别是中心城区通过实施“退二进三”,大力发展现代服务业,服务业比重已高达70%以上。因此,从长远来看,形成服务经济为主的产业结构,是上海的必然选择。我们一定要坚持这一方向不动摇。但我们也要认识到,这是一个长期的过程,是一个渐进的过程。“十一五”期间,我们要把发展现代服务业放到更加突出的位置,以信息化为基础,以金融业、现代物流业为重点,以现代服务业集聚区为突破口,抓住企业、人才两个关键,提升上海现代服务业的层次、规模和能级,加快生产型经济向服务型经济转变。

其次,制造业是上海的独特优势,也是“四个中心”建设的重要支撑。这是历史形成的,也是符合现阶段实际的。一方面,上海制造业在全国经济发展中具有非常重要的地位,是全国重要的制造业基地,拥有完整的制造业体系和雄厚的制造业实力,这个特点是其他国外的国际大都市所没有的,是上海的独特优势,我们决不能丢掉这个优势。另一方面,上海较之于国外的国际大都市,地域范围大,特别是郊区面积近6 000平方公里。没有强大的制造业,不可能支撑郊区乃至整个城市的发展。因此,当前和今后相当长时期,上海的制造业不是要不要发展的问题,而是如何进一步提升制造业发展的水平、质量、竞争力的问题。“十一五”期间,我们要依托大产业、大项目、大基地建设,大力实施品牌战略,增强自主创新能力,形成一批拥有自主知识产权的大企业、大品牌,尽快提升制造业的国际竞争力。同时,要把制造业发展的重点转到郊区,使郊区成为先进制造业的重要基地。同时,上海农业虽然所占比重比较低,也不可能成为农业大市,但如果做得好,可以成为农业强市。方向就是发展都市现代农业,重点是生态农业、安全农业、种源农业等。

第二,关于增强自主创新能力问题。上海发展到现在这个阶段,要继续加快发展,没有自主创新是不行的;要提升城市国际竞争力,没有自主创新更是不行的。加强自主创新,首先要找准问题所在。现在大家比较一致的认识是,目前制约上海自主创新能力的主要问题,就是创新动力不足、机制不完善,从而影响上海整体自主创新能力的发挥。“十一五”时期,必须把完善创新机制、激发创新动力放在十分突出的位置,切实增强自主创新能力。

增强自主创新能力,必须坚持原始创新、集成创新和引进消化吸收再创新并举。在中央经济工作会议上,胡锦涛同志进一步对如何加强原始创新、集成创新和引进消化吸收再创新作了重要论述。目前,我们与国外先进水平在技术基础、创新机制和环境上都有比较明显的差距。要在坚持原始创新、集成创新和引进消化吸收再创新并举的前提下,突出重点,区别对待,有限目标,取得突破。对事关国计民生和战略产业的关键技术,要配合“国家队”,发挥上海自身优势,立足于原始创新;对具有较强产业带动性和高度技术关联性的产业领域,要鼓励集成创新;对一些目前与国外差距较大,又有可能引进先进技术的产业领域,要加大二次创新的力度,重点是消化吸收。

增强自主创新能力,关键要强化企业在自主创新中的主体地位。创新要依靠企业来落实。必须把大幅度提升企业自主创新能力放在更加突出的位置,建立以企业为主体、市场为导向、产学研相结合的技术创新体系。对国有大中型企业,要完善管理体制、考核机制,增强内在创新动力,比如,上海汽车目前正在加大研发投入,抓自主研发,争取拿出具有自主知识产权的产品;对科技型民营企业,要着力营造公平的政策环境,支持他们开展创新活动。同时,要坚持研究围绕应用、技术围绕产业,加快推进以企业为主导的产学研合作。

第三,关于民生问题。“十一五”规划是高度重视民生问题的规划。“十一五”期间,我们要把解决民生问题放在第一位,抓住安居、就业、有保障三个重点,切实解决市民百姓最关心、最直接、最现实的利益问题。

安居,就是要让市民百姓都能各居其所。既要保持房地产市场持续健康稳定发展,又要切实解决好困难群众的住房问题。重点是要加快构筑“两大体系”:一是要加快构筑诚信、规范、透明、法治的房地产市场体系;二是要加快完善面向困难群众的住房保障和政策支持体系,分层次、多渠道地解决好困难群众的住房问题。就业,就是要让有劳动能力和劳动愿望的市民百姓都能找到合适的岗位,通过自己的劳动改善生活。“十一五”期间,上海的就业形势不容乐观。必须继续加大促进就业的力度,基本方针就是深化积极的就业政策,进一步把政策的着力点放在“积极”上,重点是两个方面:一是以创业带动就业,进一步加大扶持创业的力度,在全社会形成自主创业的氛围。二是完善就业援助机制,对少数有就业能力的困难群众,要让他们积极去就业。

有保障,就是坚持保障水平同经济社会发展水平相适应,按照要分类、有梯次、保基本、广覆盖的要求,进一步完善社会保障体系。要分类,就是不能用一套制度解决所有人的保障,不同的人群不能混在一个“锅”里;有梯次,就是要多层次,既要完善基本保险,也要加快发展补充保险、商业保险,满足不同层次的保障需求;保基本,就是可能与需要相结合,尽力而为,量力而行,与现阶段发展水平相适应;广覆盖,就是尽可能做到应保尽保,特别是对少数没有保障的困难群众,要通过各种形式给予基本保障,让生活在上海的各类人群都有相应的保障制度。

第四,关于社会事业发展。“十一五”规划,是充分体现经济社会协调发展、加快社会事业全面发展的规划。要把社会事业发展放到更加重要的位置,立足于确保公益、促进均衡、激发活力,更加注重社会事业的内涵发展,实现发展重点从量的增长切实转向质的提升。

全面提升社会事业发展水平,根本动力在改革,要坚持以改革促发展。总的要求,是区分公益性和产业性的两块,采取不同的政策体系。对公益性的一块,要体现公共意识,强调公共资源、公共服务、公共产品;对产业性的一块,要面向市场,满足社会多层次需求。

教育领域。要通过教育综合改革,着力解决三个问题:一是促进城乡教育事业均衡发展,重点要促进义务教育均衡化。特别是要加大对郊区农村教育的扶持力度,让每个农村孩子都能接受公平的教育。温家宝同志在中央经济工作会议上提出,从明年开始,用两年时间,对农村义务教育阶段学生全免学杂费,上海要坚决做到。二是提升教育的质量和内涵,特别是高等教育在大规模的布局调整基本完成后,要抓住机遇把高校发展的重点转到内涵建设上来。职业教育要面向市场,面向就业,不断增强劳动力的技能。三是全面推进素质教育。要切实减轻中小学生过重的课业负担,促进学生全面发展。

卫生领域。要通过“三医联动”改革,完善医疗服务体系,把工作的重心转向基本、转向社区、转向郊区,加强基本医疗服务,加强社区卫生服务,加强郊区医疗卫生,着力解决群众看病贵、看病难问题。

文化领域。要通过文化体制改革试点,促进文化事业和文化产业加快发展。政府主要是健全公共文化服务体系,同时为文化产业的发展创造良好环境。

第五,关于城市建设和管理。“十一五”时期,必须继续坚持“建管并举、重在管理”方针,这是由我们所处的发展阶段所决定的。一方面,城市建设任务仍然很重。枢纽型、功能性、网络化基础设施体系还没有完全建成,今后五年仍要大力推进。另一方面,城市管理越来越重要,任务更加繁重。目前城市管理相对比较薄弱,而且管理跟不上,硬件设施的作用得不到充分发挥,也会影响城市功能的提升。

城市建设方面。有两大任务:一是要尽快建成现代化城市基础设施体系,重点仍然是“三港两网”。二是要集中力量改造成片二级旧里以下房屋,要完成中心城区400万平方米成片二级旧里以下房屋改造任务,占总量的50%左右,这是帮助居住困难的市民百姓解决居住困难的实事工程。这一目标经反复测算,通过努力是可以完成的。

城市管理方面。关键是要推进城市管理网格化,加强城市管理创新,将城市管理涉及的所有方面都纳入到网格化管理中来,形成全覆盖的城市管理长效机制。网格化的基础是信息化。管理的全覆盖依托的是信息全覆盖。要继续实施信息化领先发展战略,保持上海信息化整体水平在国内的领先地位。

同时,要坚持公交优先。既要在建设上也要在管理上落实好公交优先,切实解决好市民百姓的出行问题。一方面,要加快轨道交通基本网络建设,整体提高公交出行比重特别是轨道交通出行比重。另一方面,要加大对公交的政策扶持力度。

“十一五”时期,上海既面临难得机遇,也面临新的挑战。让我们紧密团结在以胡锦涛同志为总书记的党中央周围,以邓小平理论和“三个代表”重要思想为指导,全面贯彻落实科学发展观,在市委的领导下,锐意进取,开拓创新,扎实工作,为实现“十一五”发展目标而努力奋斗!

(注原标题为:关于《中共上海市委关于制定上海市国民经济和社会发展第十一个五年规划的建议(讨论稿)》的说明)

政府工作报告

(2006年1月16)

南京市市长　蒋宏坤

一、2005年和“十五”期间的工作回顾

2005年是极不平凡的一年,在中共南京市委的领导下,市政府团结、依靠全市人民,以科学发展观为统领,紧紧围绕“两个率先”战略目标,坚持统筹协调发展,着力推进富民进程,加快构建和谐南京,经济社会发展继续保持良好势头,市十三届人大三次会议确定的各项目标全面完成。特别是我们紧紧抓住“十运会”的重大机遇,乘势而上,取得了市容市貌、组织接待、精神风貌三块“金牌”,提升了南京形象,扩大了城市影响,促进了经济发展,提高了文明程度,赢得了中央领导同志和全国人民的赞许,为推动南京又快又好发展,奠定了坚实的基础。

保持经济平稳健康发展,产业结构进一步优化。预计实现地区生产总值2 413亿元,增长15.2%,实现财政收入510.2亿元,同口径增长19.5%。围绕产业强市,坚持工业第一方略,着力提升支柱产业发展水平。坚持走新型工业化道路,高新技术产业占全市规模以上工业销售收入的32%。加快软件产业发展步伐,全市软件及系统集成销售收入达166亿元,增长52%。工业经济运行质量稳步提高,工业企业效益综合指数超过200,继续保持全省第一。以服务业集聚区为抓手,大力发展现代服务业,加快传统服务业提档升级,社会消费品零售总额突破1 000亿元。着力打造“博爱之都”,旅游会展业进一步活跃。

更加重视“三农”问题,统筹城乡发展步伐进一步加快。制定并实施《关于加快我市统筹城乡发展的意见》及若干配套政策,统筹城乡发展的工作机制进一步完善。以工业园区为重点,加大郊县资源整合力度,加速主城产业和要素向郊县转移。以推进国家“万村千乡”市场工程为抓手,加快农村流通体系建设。加大“三城九镇”建设力度,郊县城镇化水平进一步提高。以产业化经营推进农业结构调整,农业的集约经营程度不断提高。对“一区两县”的帮促工作初见成效,全面完成农村八件实事,启动农村新五件实事,促进了农村的繁荣、稳定和发展。深入推进改革开放,经济发展活力进一步增强。积极创新招商思路,进一步健全大项目协调推进机制,着力引进一批龙头型基地项目,“福特汽车”等一批大项目落户南京,“扬巴一体化”等项目建成投产,利用外资结构和质量进一步优化,全年实际使用外资同口径增长22.7%。对外贸易保持高速增长,实现地方出口85亿美元,增长45%。开发区功能建设取得新进展,建成国家级南京龙潭保税物流中心。国内招商引资工作进展顺利,全年引进市外资金162亿元。继续推进各项改革,全面完成工业、商贸、城建、农口等系统的国有企业和经营性事业单位产权制度改革。建立国有资产监督管理机构,进一步健全了国有资产管理体制。贯彻落实中央和省有关鼓励非公有制经济发展的意见,进一步优化发展环境,非公有制经济占全市经济的比重提高到37%。

“十运会”圆满成功,城市形象进一步提升。以“建设新南京,迎接十运会”为动力,全面提升城市建设和管理水平。高标准推进“一城三区”建设。河西新城核心区初步建成,滨江大道一期全线贯通,绿博园建成开放,成功举办首届中国绿化博览会。老城历史文化内涵进一步彰显,外秦淮河环境综合整治一期工程基本完成,开通了水上观光游览线路,龙江宝船遗址公园、天妃宫—静海寺景区建成开放,明城墙综合整治进展顺利。对外交通建设加速推进,长江三桥建成通车,开工建设过江隧道,绕城公路和沪宁高速公路南京段改造完成,铁路新客站建成使用。推进立体公交网络建设,地铁一号线建成通车,开工建设地铁二号线试验段,初步建成城市快速内环,城区道路出新90公里。铁路沿线环境治理、出租车升级、房屋出新等十项环境整治完成预期目标。在中央、省政府的关心指导下,“十运会”南京赛区各项工作取得了很大的成功,参赛办赛圆满顺利,安全保卫周密细致,群众体育充分展现,场馆设施建设一流,完成了预期的目标和任务。

扎实开展生态市建设,人居环境进一步改善。完成生态市建设规划编制工作,生态县建设开始启动,新创建了21个绿色人居环境社区。建立“循环经济清洁生产技术推广中心”,在扬子石化、金陵石化、南钢集团等一批企业开展了循环经济试点工作。“绿色南京”建设成效显著,中山陵风景区环境综合整治进展顺利,幕府山植被恢复等绿化工程不断推进,城市绿化覆盖率达45%,重点工业污染源达标排放率达95%,空气质量良好以上天数超过300天,人居环境进一步优化。

坚持统筹协调,各项社会事业进一步发展。加强区域创新体系建设,成功举办首届中国(南京)国际软件产品博览会,建成大型科学仪器共享服务平台。进一步提高科学普及水平,青少年科技活动中心建成开放。坚持实施素质教育,推进义务教育均衡发展,农村办学条件显著改善,基本解决进城务工人员子女入学问题。食品药品监督管理力度不断加大,市场秩序进一步规范。城市社区卫生服务网络基本形成,建成市突发公共卫生事件应急处置中心,有效控制了禽流感等重大疫情。深入推进文化南京建设,开展“郑和下西洋600周年”纪念活动,推出大型音舞诗画《神韵金陵》。平安南京建设成效显著。社区建设和村民自治工作深入开展,以优抚安置为重点的双拥工作扎实推进,人口与计划生育、民族宗教、侨务、妇女、儿童、老龄、

残疾人等各项事业健康发展。

加快实施富民工程，人民生活进一步改善。多渠道增加城乡居民收入，城市居民人均可支配收入达14 997元，农民人均纯收入达6 250元。继续实施“温暖工程”，扎实开展对困难群体的帮扶救助工作，城镇和农村最低生活保障标准进一步提高。不断完善就业帮扶政策和服务，城镇登记失业率创6年来新低，新增转移农村劳动力6.87万人。全市养老、失业、医疗、工伤、生育参保人数实现“五个过百万”。1.85万被征地农民进入基本生活保障体系。16.1万困难企业职工参加基本医疗保险，基本解决了困难企业职工的医疗保障问题。制定并实施廉租住房管理细则，建成经济适用住房120万平方米，建设中低价商品房50万平方米。

强化政府自身建设，民主法制进程进一步加快。结合保持共产党员先进性教育，制定和完善市政府重大事项决策程序和议事制度。加强对南京经济社会发展重大问题的研究，完成“十一五”规划纲要编制工作，建立市级民意调查中心，不断提高决策的科学性和民主性。贯彻落实《行政许可法》，启动实施《南京市全面推进依法行政三年行动计划》。加大决策执行和督查力度，加强了对公共财政支付资金的审计监督。努力营造清正廉洁的政务环境，建立了规范权力运行的13项规章制度。各级政府认真执行同级人大及其常委会决议，支持各级政协履行政治协商、民主监督和参政议政的职能，人大代表议案和建议724件、政协委员提案585件全部办结。

各位代表，经过全市人民的艰苦努力，我们顺利完成了“十五”计划的既定目标，经济和社会发展取得了令人瞩目的成就，在全国城市综合实力排名位居第七。这五年，是南京经济实力极大增强的五年，是改革开放取得突破性进展的五年，是城乡面貌变化最大的五年，是“三个文明”协调发展的五年，是人民生活显著改善的五年。

五年来，我们坚持发展第一要务。紧紧抓住重要战略机遇期，不断解放思想，主动适应宏观形势的变化，实现了经济平稳较快发展。预计“十五”期间全市地区生产总值按可比价年均增幅达14.2%，五年翻了一番，人均地区生产总值突破4万元。

五年来，我们按照科学发展观的要求，加快经济结构的战略性调整。实施工业第一方略，推进“三个倍增、一个扩张”计划，支柱产业的发展有了重大突破，经济增长的质量显著提高。

五年来，我们以承办第六届世界华商大会和“十运会”为契机，不断提升城市功能。实施“三个集中、一个疏散”的空间布局调整，推进“沿江开发”，调整行政区划，加快“一城三区”和“三城九镇”建设，实施“绿色南京”工程，城乡面貌显著改观。

五年来，我们坚持深化改革，努力扩大开放。全面完成市属企业产权制度改革和经营性事业单位改革，多元市场主体竞争格局基本形成，经济国际化程度不断提高，为经济社会发展提供了强大的内生动力。

五年来，我们不断探索有南京特色的“三个文明”协调发展之路。深入推进依法治市，努力建设公共服务型政府，扎实创建平安南京，大力实施科教兴市战略，各项社会事业全面发展，社会文明程度进一步提高。

五年来，我们坚持富民优先。稳步推进就业与再就业工作，不断完善社会保障体系，城乡居民收入稳定提高，人民群众的居住水平、生活环境、文化教育和医疗卫生条件明显改善，为建设和谐南京奠定了坚实基础。

“十五”期间经济社会发展所取得的成就，是全市人民在中共南京市委的领导下，团结奋斗，开拓进取，创造性工作的结果，是社会各界通力合作、大力支持的结果。在此，我代表南京市人民政府，向在各个领域和岗位上辛勤劳动、作出贡献的全市人民，向给予政府工作支持和监督的人大代表、政协委员，向各民主党派、工商联、各人民团体和各界人士，向驻宁人民解放军、武警官兵和公安干警，向中央和省各驻宁单位，向所有关心、支持南京发展的海内外朋友们，表示衷心的感谢，并致以崇高的敬意！

回顾过去的五年，我们也清醒地看到，全市经济社会发展中还存在很多困难和问题。主要是：影响发展的体制机制障碍尚未根本消除，发展的内生动力和活力还不够；粗放型经济增长方式没有根本转变，科教优势发挥不充分，自主创新能力还不强；城乡发展不平衡的问题还比较突出，农民持续增收的压力还比较大；一些关系百姓切身利益的工作还不到位，社会管理和公共服务的能力有待进一步提高。这些问题和矛盾，需要我们高度重视，在今后工作中重点加以解决。

二、“十一五”发展的总体思路和目标要求

各位代表，未来的五年，是南京全面建成小康社会和率先基本实现现代化的关键阶段，我们站在新的历史起点上，面临着新的机遇、新的挑战。综观国际国内，经济全球化趋势深入发展，我国经济社会发展进入了新阶段，长江三角洲地区的发展呈现强劲势头，这些都为南京经济社会发展提供了更为广阔的空间。经过“十五”期间的奋斗，南京发展的优势进一步显现，为实现又快又好发展奠定了坚实的基础。但我们也要看到，国际环境复杂多变，国内区域竞争更趋激烈。同时，我市资源与环境、就业与保障、城乡发展不平衡等内部压力也日益凸显。我们必须在科学发展观的指导下，紧紧抓住发展机遇，突破发展“瓶颈”，转变发展观念，创新发展模式，提高发展质量，走出具有南京特色的发展之路。

“十一五”期间全市国民经济和社会发展总的指导思想是：以科学发展观统领经济社会发展全局，突出又快又好的发展主题，坚持富裕、和谐的发展导向，增强创新、改革、开放的发展动力，围绕经济充满活力、富有文化特色、人居环境优良、社会安定和谐的发展定位，在更高层次上实施富民强市、依法治市、科教兴市、文化南京、绿色南京五大发展战略，努力开创改革开放与现代化建设新局面。

“十一五”时期，经济社会发展的主要预期目标和要求是：

——城市综合实力再上新台阶。坚持发展第一要务，用发展的办法解决前进中的问题。继续保持国民经济平稳较快发展，力争经济总量五年翻一番，人均地区生产总值比2000年增长2倍以上。

——经济增长方式实现新转变。坚持走新型工业化道路，推进产业结构战略性调整和升级。凸显科技型、集约型产业特征，重点发展具有核心竞争力的产业集群，合理配置要素资源，加快建设节约型社会，增强经济整体素质和竞争力。

——自主创新实现新跨越。坚持科教兴市战略，提升自主创新能力。建设国内重要的科技研发和高新技术产业基地，推进南京的科教人才资源优势转化为自主创新的优势，依靠科技

进步和劳动力素质的提高促进经济社会可持续发展。

——改革开放实现新突破。坚持经济市场化、国际化发展方向,显著提升经济发展活力。打造国资、民资、外资和谐共生的机制架构,促进内外资本融合、内外管理合作、内外技术交流、内外市场衔接,提高开放条件下的自主发展能力。

——城市功能实现新提升。坚持规划的科学性和先导性,初步构建经济、社会、生态和谐发展的现代化国际性城市框架。凸显区域中心城市综合功能,重点建设长江国际航运物流中心、长三角先进制造业中心、全省现代服务业中心、全国重要的科教中心、东部城市绿化中心,形成更加合理的生产、生态、生活布局。

——统筹城乡发展取得新进展。加快建立以工促农、以城带乡的新机制,积极推进工业向园区集中、农民向城镇集中、土地向规模经营集中,努力建设“生产发展、生活宽裕、乡风文明、村容整洁、管理民主”的社会主义新农村。

——和谐南京建设取得新进步。坚持以人为本,推进“三个文明”协调发展。以增加居民收入、改善生活环境、提高文化品位为重点,缩小城乡发展差距,促进充分就业,完善社会保障体系,加强城市安全,努力实现共同富裕,构筑稳定和谐的社会发展新格局。

三、2006年的工作目标和主要任务

今年是“十一五”开局之年。我们要认真贯彻党的十六大和十六届五中全会精神,按照市委第十一届十三次全体扩大会议的要求,以创新发展、富裕和谐为主线,扎实推进各项工作,为率先全面建成小康社会和率先基本实现现代化奠定坚实基础。我们要咬定发展不放松,用发展的主题凝聚人心,用发展的办法破解难题,用发展的成果富裕人民。我们要不断解放思想,用创新的意识超越自我,用创新的举措打开局面,用创新的机制增创优势。我们要集中全市人民的力量和智慧,激发创新与活力,维护公平与正义,弘扬诚信与博爱,真正把南京打造成“创业者致富、创新者圆梦、创优者光荣”的活力城市。

建议全市经济社会发展的主要预期目标是:地区生产总值增长13%;财政收入同口径增长13%;全社会固定资产投资增长15%;社会消费品零售总额增长13%;地方外贸出口增长18%,实际利用外资增长18%;城市居民人均可支配收入增长11%,农民人均纯收入增长10%;城镇登记失业率控制在4%左右;万元生产总值综合能耗比上年下降4%左右。

按照今年经济社会发展的总体要求,着重做好以下八个方面的工作:

(一)着力推进自主创新,切实转变经济增长方式

把增强自主创新能力作为调整产业结构、转变增长方式的中心环节,大力发展先进制造业和现代服务业,构筑战略性优势产业体系。

增强自主创新能力。建立以企业为主体、市场为导向、产学研相结合的技术创新体系。实施科技品牌带动工程,加强对知识产权的保护力度,鼓励大企业大集团根据自身特点和优势,加快新品开发和技术改造,扶持一批拥有自主知识产权、自有品牌和核心竞争力的企业。实施科技成果转化工程,发挥行政推动和市场引导作用,加快制定科技资源共享政策,规范科技中介市场,有效整合企业与高校、科研院所资源,加快科技成果转化。实施科技服务体系建设工程,启动基础条件、科技创业、新兴产业、技术转移、科技合作服务和科技人才支撑六大平台建设,优化科技孵化器布局,强化各类大学科技园、工程技术中心等区域创新载体建设。实施科技外向发展工程,推进国际科技交流与合作,继续吸引跨国公司和国内知名企业来宁设立研发中心,在引进、消化、再创新上迈出新步伐。繁荣和发展哲学社会科学,积极推动理论创新,进一步发挥对经济社会发展的重要促进作用。

加快发展先进制造业。坚持工业第一方略,进一步提升电子信息、石油化工、汽车、钢铁等支柱产业,大力发展软件、生物医药、新材料、新型光电等新兴产业。加快工业布局调整,积极推进新型显示器等先进制造业基地建设,推进产业集聚。优化投资结构,加速企业技术装备更新改造,提高投资效率。以信息化带动工业化,加快推进制造业信息化、智能交通等高新技术产业化专项工程,积极鼓励运用信息技术改造传统产业,逐步形成一批具有自主知识产权、自我创新能力的战略性优势产业。

提升服务业发展水平。坚持现代服务业与先进制造业互动发展。大力发展现代服务业,积极推进工业设计园等服务业十大项目建设,加快形成布局合理的新型现代服务业体系。依托南京港、禄口机场和过江通道建设的有利条件,大力发展第三方物流,加快建设长江国际航运物流中心。加强会展基础设施建设,抓紧规划建设河西国际博览中心,积极筹备2008年世界城市论坛。着力培育品牌展会,办好首届亚洲户外用品展等重大展会。有效整合金融资源,高水平规划建设河西金融集中区,积极引进外资金融保险机构。加快传统服务业提档升级,发展连锁经营、电子商务等现代商业新型业态,加快建设新街口商贸商务中心。加大旅游资源整合与促销力度,举办长三角南京旅游交易会,办好国际梅花节。坚持培育与监管并重,推动房地产业持续健康发展。

加快建设中国软件名城。充分发挥国家级软件园示范带动作用,重点推进江苏软件园徐庄基地、南京软件园二期工程建设,加速形成“两园多基地”的产业布局,软件产业销售收入达到230亿元以上。实施“骨干软件企业”年度计划,鼓励支持软件企业做大做强。大力扶持电力自动化、游戏动漫等产品的攻关和产业化,逐步培育软件国家级品牌,形成优势产品群。完善多元化投入机制,引导和吸引社会资本增加对软件产业投入。加快建设软件出口服务体系,开拓软件出口和外包市场,提升软件产业外向度。

建设节约型城市。大力发展循环经济,在石油化工、钢铁冶炼、电力能源等行业,按照减量化、再利用、资源化的原则,推行清洁生产,构建产业生态链。落实资源节约的工作责任制,大力开发、引进和推广节能降耗的各种技术,鼓励生产和使用节能、节材产品。全面落实保护耕地的各项措施,制订行业用地定额标准和投资强度控制标准,提高土地集约利用效率。创建“江苏省节水型城市”。以节约型机关建设为示范,广泛开展多种形式的资源节约活动,倡导节约生活方式和绿色消费理念,努力营造建设节约型社会的良好氛围。

(二)统筹城乡发展,加快建设社会主义新农村

以社会进步、经济协调、生态和谐、民生殷实为目标,建立以工促农、以城带乡、反哺农业、回报农民的长效机制,扎实推进有南京特色的社会主义新农村建设。

大力发展农村生产力。坚持以产业发展带动新农村建设,

为建设新农村打好物质基础。千方百计抓项目,依托重点园区,做大区域特色产业。培育各具特色的工业功能区,支持与支柱产业相配套的项目落户郊县。鼓励各类科技人才到郊县转化科技成果,进行科技创业。大力实施“万村千乡”市场工程,提升农村服务业发展水平。加速发展都市型现代农业,推进土地向适度规模经营集中,不断提高农业的集约经营程度。以农业科技示范园区建设为抓手,调整优化农业生产布局,推进十大名牌农业建设,提高农业产业化程度。加快发展农民专业合作经济组织,不断提高农民进入市场的组织程度。

抓好村镇规划建设。坚持规划先导,加强农村规划编制工作。以“一城三区”带动“三城九镇”建设,形成科学的城镇布局体系,加快郊县城市化进程。着力构建城乡一体的道路交通网络,畅通城乡间的人流、物流、信息流。积极稳妥推进郊县镇街行政区划调整,分级建设新型农村社区和农民集中居住点。积极推进以“清洁水源、清洁田园、清洁家园”为主要内容的村容村貌整治工程,显著改善农村生产生活环境。

加快发展农村公共事业。积极发展农村文化教育卫生等公共事业,全面提升农村公共设施配套水平。加大财政对农村社会事业的支持力度,更多地把农村公益事业和公共设施纳入财政支出范围。实施农村教育提升工程,鼓励和吸引优秀教师到农村学校任教,改善一批农村中小学教育设施,农村中小学全部实现信息网络“校校通”。改善农村医疗卫生状况,启动江宁、六合、浦口、溧水、高淳等区县级医院的现代化改造工作,加强农村社区卫生和医疗服务中心建设,继续加强村卫生室建设,健全公共卫生、医疗救治网络。实施农村二次改水工程,完成51座抗排泵站改造,完成150座小农桥改造,农村有线电视入户率达到70%以上。开展文明家园示范村创建和城乡结对创建活动,建设一批文明示范中心户,创建30个卫生村、5个环境优美乡镇和8个生态村。

千方百计致富农民。积极推进村级集体经济股份合作制改革,让农民“持股进城、按股分红”,努力增加农民资产性收入。推进“百名专家进百村”精品工程,新增40名专家与40个行政村结对帮扶,切实提高农民科技致富水平。加大农村劳动力转移培训力度,完成农村劳动力转移5万人,培训3万人。继续推进干部“双带”工程,带动群众创业致富。巩固农村税费改革成果,增加各级财政对农民的转移支付,落实各类直补政策,扩大直补范围,让农民得到更多实惠。

加大对“一区两县”帮促力度。继续组织城区157家单位,对六合、溧水、高淳开展全方位、大范围、多层次的结对帮促,重点在项目、技术、人才、信息、资金、招商和劳务协作等方面进行合作,实现优势互补,共同发展。筹措专项资金,用于帮促8个经济欠发达镇,市级部门结对帮促工作延续3年,突出培育“造血”功能,不断创新帮促形式,提高薄弱镇村的经济和社会事业发展水平。

(三)深化体制改革和机制创新,营造良好发展环境

大力弘扬“创业、创新、创优”精神,充分调动一切积极因素,为“两个率先”广开活力之源。

创新政府管理体制和机制。不断深化公共服务型政府建设,加快政府职能转变,强化社会管理和公共服务,完善科学的经济社会发展综合评价体系。抓紧制定“十一五”专项规划,建立健全促进集约发展的政策规章体系,完善政策分析评估机制。进一步推进财政改革,完善公共财政管理体系。提高依法行政水平,积极推进行政许可方式改革,全面落实行政执法责任制,全面落实减轻企业负担的各项政策措施。以电子政务为主要载体,推进政务公开,不断优化经济发展的软环境。

深化经济体制改革。贯彻落实国家和省关于投资体制改革的有关决定,进一步增强企业利用资本市场的能力,增强上市公司再融资能力,拓宽社会投融资渠道。充分发挥投融资平台作用,引导社会增加有效投入。构建市属国有独资企业考核评价体系和风险防范体系,提高国有资本运行效率,进一步增强国有经济的带动力和影响力。以提高自主创新能力和完善创新体系为目标,积极推动科技体制改革。统筹兼顾,协调好改革过程中各种利益关系,分类推进事业单位改革。创新市场体系建设,规范发展各类中介组织,促进社会管理和社会服务整体水平的上升。加快建设社会信用体系,建立守信激励和失信惩戒机制,营造诚实守信的信用环境。

进一步壮大非公有制经济。以实施新《公司法》为契机,进一步放宽经营领域,降低市场准入门槛,为非公有制经济发展创造良好环境。进一步加强中小企业信用担保体系建设,明确财政资金补贴和税收政策优惠的办事程序、服务时效,增强导向作用和运行效率。通过改制上市、引进战略投资者等多种形式,加快培育一批在同行业具有领先地位、品牌竞争力强、科技含量高的大型龙头民营企业。鼓励民营企业通过与外资企业嫁接进入跨国公司的产业链、供应链,提升民营经济竞争力。

构筑施展才华的创业舞台。积极引进高层次人才与智力,继续实施人才服务计划,为各类人才提供便捷服务。继续完善和发挥金陵海外学子科技园等各类创业载体作用,着力打造全市创业投资基地。重视高级技工队伍的建设,鼓励发明创造。深化以创业创新为核心的市民精神宣传实践活动,开展多种形式的创业培训,进一步放宽对毕业生、下岗失业人员自主创业的贷款发放条件,营造尊重劳动、尊重知识、崇尚创新、宽容失败的创业氛围和机制。

(四)进一步扩大开放,提高经济国际化水平

实施互利共赢的开放战略,继续积极有效利用外资,提高对外开放水平,全面提升南京的综合竞争力。

提高招商引资水平。创新招商方式和手段,突出制造业领域龙头型、基地型项目招商,围绕新型显示器、汽车制造、精细化工等行业,推进产业链招商,带动上下游产业的延伸和集聚,切实提高利用外资的质量。加强项目策划工作,力争在基础设施和市政公用领域利用外资上取得新突破。进一步完善重大利用外资项目协调推进机制,及时协调解决项目推进过程中遇到的问题。挖掘金融、物流、中介服务等领域引资潜力,加快服务业利用外资步伐。

加快开放型经济载体建设。全力打造国家级、省级开发区和重点镇街工业功能区协调发展格局,构筑高效的产业发展空间平台。进一步明确开发区产业定位,强化产业特色。拓展开发区发展空间,加快高新区、经济技术开发区、出口加工区扩容升级,积极申报新的国家级保税物流中心。加快开发区向多功能综合性产业区转变,吸引跨国公司地区总部、研发中心、销售中心落户开发区,提高开发区配套能力,努力降低商务成本。

优化对外经贸结构。提高高新技术产品和机电产品出口比重,扩大具有自主知识产权、自主品牌的商品出口。实施科技兴贸战略,培育一批拥有较强出口竞争力的重点企业,提高企业国际竞争力,保持对外经贸稳定发展。鼓励有条件的企业

“走出去”,发展境外非贸易投资,扩大技术型和管理型劳务输出,积极引导和扶持企业承揽工程总承包,培育具有国际市场开拓能力的企业。

加强区域经济合作。深入推进南京经济区和长江三角洲区域经济合作,衔接和落实城市间交通、旅游、商贸、信息等规划要点的实施。进一步加强南京都市圈城市交流,探讨建立跨区域物流信息交换数据库,筹建区域性人才、科技市场,探索建立区域性行业协会,实现优势资源共享。加强与珠江三角洲地区的经贸合作,支持承办全国第二届“潮商大会”。

(五)推进城市化和城市现代化,开创城市建设和管理新局面

突出规划先导,注重历史文化与现代文明的有机结合,继续加大城市建设力度,提升管理水平,努力建设人与自然和谐相处的宜居城市。

坚持规划引领发展和建设。建立健全城乡规划编制体系、管理体制和监督机制,进一步增强规划的科学性、前瞻性、集约性和统筹性。完成城市总体规划和土地利用总体规划修订工作,制定近期建设规划,努力实现规划全覆盖。加强规划管理,严格规划控制,加强规划执法,规范建设行为。继续完善规划公示制度,全面提高公众参与度和程序透明度。

进一步优化城市空间布局。推动以“一城三区”为重点的都市发展区建设,加快构筑“多心、开敞、轴向”生态化城市发展总体格局。倾力打造河西中心商务区,加快新城科技园等经济载体建设,完善河西中部地区基础设施,启动河西南部地区建设。完善仙林新市区城市功能,加快交通、商业、住宅、医疗等配套设施建设,基本形成大学城中心城区发展建设雏形。加快东山、江北新市区道路等设施建设,提高新区公交、水、电、气等公用设施保障水平,启动大校场地区基础设施建设,进一步拉开区域中心城市发展框架。

全面彰显历史文化名城形象。推动城市现代化建设与历史文化保护开发相协调,完善历史文化保护规划,完成历史文化资源普查建库工作,充分挖掘和保护历史文化资源。基本完成明城墙外侧保护与建设任务,初步建成沿明城墙环城绿化带。继续实施中山陵环境综合整治工程,完善内部道路和景点景观建设。开工建设江宁织造府,启动朝天宫、南捕厅、梅园新村片区的保护与建设,精心再现一批具有国际影响的历史文化遗迹,全方位提升老城历史文化品位。

加强基础设施建设。加快推进南京铁路枢纽中心建设,开工建设铁路南站和宁合城际铁路,加快建设过江隧道以及宁淮、绕越等高速公路,力争开工建设长江四桥,继续建设龙潭港区二期、三期工程。全面开工建设地铁二号线,启动地铁一号线南延工程,开工建设纬七路东进工程和城市快速内环东线二期工程,继续增密城市路网,优化路网结构,新、改建城市道路100公里,打造高效便捷的城市立体交通网络。坚持公交优先,大力推进城市快速公交系统建设,进一步优化公交线路,完善城市公用设施保障体系。

扎实推进生态市建设。以建设东部城市绿化中心为目标,深入实施“绿色南京”战略,全年完成10万亩绿化任务,规划建设10大郊野公园和湿地公园,建设老城绿地20块,完成30个绿色居住小区创建工作,完成40公里雨污分流管网铺设。继续推进主城三年水环境综合治理工程,启动秦淮河环境综合整治二期工程,实施南河两岸污水截流和引水冲洗工程,续建内秦淮河环境综合整治工程。继续实施金川河水系污水管网建设工程,开工建设城东污水处理厂二期项目,城市综合污水处理率提高到80%以上。加快实施主城区企业环保搬迁,逐步将化工等污染排放量大的企业搬出主城区。开展空气污染环境综合治理,严格控制城市二次扬尘和环境噪声,妥善处理生活垃圾和危险废弃物。

提升城市管理水平。巩固城市环境整治成果,继续加大拆违拆破、占道经营、背街小巷等市容市貌专项整治力度,完成500幢房屋整治出新改造。进一步加强道路交通管理,保障城市道路畅通。深化城市管理体制机制改革,全面提高城市综合执法水平,构建“两级政府、三级管理”、“条块联动”的工作格局,完善城管配套规章,落实长效管理。创新城市管理手段,大力推进现代化城市管理方式,运用数字化等先进技术,维护城市建设和管理成果。全面规划和启动绕城公路以内的71个“城中村”改造工作,基本完成50%以上“城中村”基础设施配套和环境整治任务。

(六)发展各项社会事业,全面提高市民素质

以经济社会协调发展和人的全面发展为目标,发展各项社会事业,提高全民的科学文化素质、思想道德素质和健康水平。

坚持教育优先发展。围绕“建一流教育、创教育名城”的目标,增加教育投入,切实提高教师待遇,逐步实施免费义务教育,加快推进教育现代化和教育均衡化。实施素质教育深化工程,全面推进新一轮基础教育课程改革,创新教育教学内容和方法,培养学生的创新精神和实践能力。进一步优化教育资源配置,提高学校办学水平。做好外来务工人员子女义务教育工作,扩大公办学校接收比例。实施职业教育提优工程,建设一批先进制造业和现代服务业实训基地,加快培育高素质技能型人才。大力发展社区教育,为居民提供多样的教育服务。积极推进办学体制多元化改革,在非义务教育阶段实行更加灵活、开放的办学体制,促进民办教育健康发展。

努力提高居民健康水平。加强公共卫生体系建设,健全突发公共卫生事件应急处置机制,加强对禽流感等各类传染病的疫情监测,做到早发现、早预防、早控制。优化配置医疗卫生资源,加快发展城乡社区卫生服务机构,逐步解决困难家庭看病难问题。规范医疗服务行为,合理调整医疗服务价格,切实减轻患者的经济负担。建立健全食品药品监管机制,进一步整顿和规范食品药品生产和流通秩序,保障人民群众健康安全。落实农村计划生育家庭奖励扶助制度,加强生育文化建设,做好稳定低生育水平的基础工作。发挥各类优质体育设施功效,积极推进全民健身,发展体育产业。

繁荣文化事业。进一步加快重大文化设施建设,推进侵华日军南京大屠杀遇难同胞纪念馆扩建工程,完成金陵图书馆新馆主体工程。加强历史文化保护和利用,进一步做好南朝陵墓石刻保护工作,实施民间文化保护工程,做好非物质文化遗产的申报工作,举办第二届世界历史文化名城博览会。深化文化体制改革,继续实施创新文化工程,制定文化产业发展规划,建立健全文化市场体系,鼓励和支持社会资本投资文化产业。举办奥地利“中国南京文化周”活动,进一步推动文化对外交流。

提高社会文明程度。弘扬新时期市民精神,广泛实施公民道德建设工程,激发广大市民“建文明南京城,做文明南京人”的热情。大力宣传公民基本道德规范,加强未成年人思想道德建设,培养良好的道德品质和文明风尚。建立和完善

文明创建长效机制，弘扬博爱诚信，提倡谅解宽容，提高市民综合素质。

（七）提高社会保障水平，努力改善人民生活

扎实推进富民进程，加快建立和完善社会保障体系，维护社会公平和正义，使全市人民共享改革发展成果。

切实提高居民收入。改善收入分配调节机制，拓宽收入渠道。加强对企业工资分配的指导和监督，完善最低工资保障制度。对个人通过技术服务、成果转让等途径获得的合法收入予以鼓励，保护居民合法获得房租、红利等资产性收入。再就业优惠政策的期限再延长3年，鼓励用人单位创造就业机会，吸纳劳动力。大力实施政府购岗，扎实援助六类就业困难人员再就业。积极做好高校毕业生就业服务，确保特困家庭毕业生就业率达到100%。建立面向城乡的职业技能培训鉴定体系，统一城乡劳动力市场，逐步实行统一的就业登记和就业管理服务。

健全社会保障体系。完善低保对象准入和退出机制，提高保障标准，进一步探索农村低保家庭收入测算办法，确保“应保尽保”。提高临时救助、医疗救助、法律援助等专项救助水平。强化社会保险扩面征缴，医疗保险基本实现企业职工全覆盖，逐步将进城务工人员、灵活就业人员和有雇工的个体工商户纳入工伤保险。完善“五险合一”基金征缴模式，社会保险费征收额比上年增长10%。逐步实行全市企业职工基本养老保险和失业保险市级统筹。制定被征地农民参加医疗保险政策。探索建立农村新型养老保险制度，覆盖农村各类人员，并与城镇养老保险制度灵活转接。确保新型农村合作医疗做到全覆盖，进一步提高农村医疗保障水平。

继续为民办好实事。新增就业岗位15万个，援助困难人员就业1万人。为城乡低保家庭义务教育阶段子女免除杂费等6项费用。建成120万平方米经济适用房，建成30万平方米中低价商品房，完成20万平方米危旧房改造任务。新建6个社区卫生服务中心和200个社区卫生服务站。新增福利机构床位1 500张，新增农村敬老院供养床位600张。建设公众服务信息平台，推进社区管理和服务信息系统。创建市级绿色市场20家，国家级绿色市场4～5家；新改建农家店400个，新建为农综合服务社30家，新建农资连锁网点50家。新辟公交线路10条，优化调整公交线路20条；实现98%以上村通达农村班车，通达农村班车的镇村设站牌率达到100%。新认证无公害农产品基地10个，新认证无公害农产品、绿色产品、有机食品20个，定期公布一批质量信得过农产品。

（八）加强民主法制建设，努力实现社会和谐稳定

坚持和完善社会主义民主制度，加快建设法治南京，巩固和发展安定团结的政治局面，积极构建社会主义和谐社会。

推进民主政治建设。坚决贯彻人大及其常委会决议，自觉接受监督。坚持重大事项报告制度和政情通报制度，市政府组成人员要认真做好述职，虚心听取评议，及时改进工作。积极支持政协履行政治协商、民主监督、参政议政职能，广泛听取并充分吸纳各界人士的意见建议，促进决策的民主化和科学化。认真负责地办理人大代表议案、建议和政协委员提案，提高质量和效率。加快建设“和谐社区”，形成以民主自治为重点的社区工作体系，建设完善社区服务和活动设施，增强社区的服务功能。全面推进“和谐村镇”建设，建立健全村级民主管理机制和工作推动机制。

加快平安南京建设。深化社会治安综合治理，强化基层基础建设，完善城市治安防控体系，不断提高驾驭社会治安局势的能力。健全城市综合应急管理体系，不断提高预防和处置突发公共事件的能力。完善应急管理指挥体系，以公安指挥中心为基础，筹建城市应急管理指挥中心。继续实施科技强警战略，改进和完善应急装备、设施和手段，做好综合演练，健全快速反应联动体系。扎扎实实地做好安全生产工作，把各项部署和措施落实到每个单位、每个人和每个环节。重点加强对化工企业的安全防范，着力抓好危险化学品、建筑工地、人员密集场所消防等专项整治工作，坚决消除安全隐患，全力遏制重特大火灾和交通事故的发生。改进和完善粮食储备制度，确保粮食安全。广泛开展国防教育，加强国防动员和后备力量建设，强化人防设施的建设和管理。加快构建以优抚安置为重点的双拥工作体系，力争实现全国双拥模范城“六连冠”。

切实保障人民群众合法权益。深入开展“五五”普法教育，培养市民现代法治观念，提高依法保护自身权益的能力。深入开展专项治理，切实解决在征地拆迁中侵害群众利益、在企业重组改制和破产清算中侵害职工合法权益、拖欠进城务工人员工资等问题，维护人民群众切身利益。贯彻落实《信访条例》，推进信访事项的处理和落实。创新协调劳动关系的手段和劳资对话沟通的机制，支持工会依法开展保护职工权益工作，加强劳动执法监督，维护劳动者的知情权、参与权、监督权。

强化公务员队伍建设。贯彻实施《公务员法》，加强配套法规建设，进一步优化公务员队伍结构，提高公务员队伍素质。改进干部政绩评价和考核办法，制定体现科学发展观和正确政绩观要求的领导干部实绩考核评价实施意见。以全面落实领导干部廉洁自律各项规定为重点，建立健全惩治和预防腐败体系，加强行政监察、财政监管和审计监督，坚决纠正损害人民群众利益的不正之风，促进公务员廉洁从政。建立机关作风建设长效机制，强化机关处室和直属单位作风建设，进一步提高服务发展、服务基层和服务群众的水平。

各位代表，“十五”已经过去，我们肩负着更加光荣而艰巨的使命，踏上了新的历史征程。让我们紧密团结在以胡锦涛同志为总书记的党中央周围，高举邓小平理论和“三个代表”重要思想伟大旗帜，全面贯彻落实科学发展观，在中共南京市委的领导下，紧紧依靠全市人民，锐意进取，开拓创新，扎实工作，为顺利实现“十一五”发展目标，书写南京率先发展、科学发展、创新发展、和谐发展的新篇章而努力奋斗！

（注：在南京市第十三届人民代表大会第四次会议上）

政府工作报告(摘要)

(2006年1月9日)

苏州市市长　阎　立

一、"十五"回顾和2005年工作情况

"十五"时期,工作力度全面加大,现代化建设取得重大成就。面对宏观经济环境的新变化,面对中国加入世界贸易组织后的新形势,面对非典疫情等严重灾害的新挑战,我们在中共苏州市委的正确领导下,始终以邓小平理论和"三个代表"重要思想为指导,牢固树立和认真落实科学发展观,紧紧围绕富民强市、"两个率先"的目标,坚持上级精神、发展形势、苏州实际、市民利益的有机统一,坚持连续性、操作性、创造性、实效性的有机统一,不断探索中国特色、时代特征、苏州特点的发展新路。坚决贯彻中央宏观调控政策,注重用发展和改革的办法解决前进中的问题,认真实施科教兴市、经济国际化、城市化和可持续发展战略,励精图治,奋发进取,物质文明、政治文明、精神文明共同进步,"十五"计划确定的奋斗目标顺利实现,在全省率先完成全面小康指标任务,一个充满生机、蓬勃向上的新苏州已呈现在我们面前。

"十五"时期,经济持续快速发展,综合实力迈上新的台阶。牢牢抓住发展这个第一要务,加快构建具有自主知识产权的规模经济、民营经济和开放型经济"三足鼎立"格局,努力增强中心城市和5个县级市"六大经济板块"的整体实力,经济总量快速增长,产业结构不断优化。五年来,地区生产总值翻一番,按可比价计算年均增长15.5%,分别于2002年、2004年、2005年实现2 000亿元、3 000亿元、4 000亿元的跨越;财政总收入以平均每年100多亿元的幅度递增,年均增长35%,"十五"期末是"九五"期末的4.5倍,占地区生产总值的比重由10.3%提高到17.8%。实施农业结构战略性调整,主导产业基本形成;推进农业产业化、标准化、机械化、外向化进程,传统农业加快向现代农业转变。坚持走新型工业化道路,优化布局和结构,制造业规模迅速扩大,工业总产值年均增长27.3%,高新技术产品产值占规模以上工业产值的比重由"九五"期末的25.1%提高到30.5%。着力培育现代服务业,巩固提高传统服务业,推动了服务业较快发展,增加值年均增长14.8%。"大旅游"格局加快构建,旅游总收入年均增长23%。现代商业业态实现零售额占社会消费品零售总额的比重达到9.8%,比"九五"期末提高2.8个百分点。区域经济共同繁荣,5个县级市全部进入"全国综合实力百强县(市)"前列,其中昆山市名列全国第一位。

"十五"时期,体制改革取得重要突破,对外开放形成领先优势。坚定不移地深化各项改革,经济社会发展的体制活力和内生动力不断增强。加快国有资本从一般竞争性领域和中小企业退出步伐,国有(集体)企业和生产经营性事业单位产权制度改革全面完成,赢得了发展先机。在全省率先推行部门预算和国库集中支付制度改革,实施综合预算和以国库单一账户管理体系为基础的集中支付。建立土地收购储备制度,除工业以外的经营性用地全部实行公开交易。农村税费改革取得实效,以社区股份合作制、承包土地股份合作制和专业合作经济组织为重点的"三大合作"改革全面推进。放宽准入领域,加强政策支持,促进了民营经济发展壮大。私营企业和个体工商户注册总资本达到2 044.6亿元,比"九五"期末增长8.9倍;上缴税收占全市的比重比"九五"期末提高15.5个百分点。推动行政体制创新,机构改革顺利实施,政府职能明显转变,市和县级市、区两级行政服务中心全部建立,昆山市建成镇级便民服务中心,市级机关行政许可项目和非行政许可审批项目累计削减72.3%。大力推进多层次、宽领域、全方位的对外开放,以积极主动的姿态抢抓机遇、迎接挑战,经济国际化程度不断提高。进出口总额年均增长47.5%,"十五"期末是"九五"期末的6.5倍;五年累计注册外资570亿美元、实际利用外资198亿美元,分别为"九五"时期的5倍和2.6倍。境外投资积极开展,中方投资额1.4亿美元,是"九五"时期的14.8倍;外经规模逐步扩大,外派劳务实现从低收入国家向高收入国家的转变。接受华侨、华人、港澳同胞捐赠1.3亿元,位居全省首位。

"十五"时期,城市化步伐明显加快,城乡面貌发生巨大变化。统筹城乡规划、产业布局和基础设施建设,调整镇村设置,区域城市框架基本形成,城市化率达到63.5%。基础设施建设五年累计投入1 560.6亿元,是"九五"时期的3.2倍,一批重大项目和实事项目如期完成。新增高等级公路通车里程1 778公里,其中高速公路362公里,是"九五"时期的5.2倍,高速公路密度达到发达国家水平;农村实现村村通公路并全部达到灰黑化;市区人均道路面积由"九五"期末的10.9平方米增加到15.3平方米。苏通长江大桥开工建设。新增电力装机容量620万千瓦,累计达到1 000万千瓦,用电需求得到保障。市区自来水日供水量由"九五"期末的97.5万吨增加到105万吨;农村自来水普及率达到99%,比"九五"期末提高4.2个百分点。建成覆盖全市的宽带信息网,网络光纤通达所有行政村。生态建设步伐加快,水资源、山体资源和湿地得到保护。关闭采石企业112家,对部分宕口进行了整理复绿。环境质量有所改善,本市建成国家环境保护模范城市群、国家园林城市群、中国优秀旅游城市群,市区和常熟市、张家港市获得国际花园城市称号,5个县级市和吴中区率先成为全国生态示范区。

"十五"时期,社会事业繁荣进步,文明程度显著提高。围

绕建设国际新兴科技城市的目标，积极构建区域创新体系，一大批科技项目研发成功并得到转化应用，苏州进入全国科技进步先进城市行列，常熟市被确定为全国科技进步示范市，5个县级市获得全国科普示范市称号，沧浪区成为全国科普示范城区。教育事业全面发展，在全省率先高水平高质量普及九年义务教育，率先基本普及十五年教育，高等教育进入普及化阶段，劳动力人均受教育年限达到14.5年。优秀传统文化得到继承和弘扬，成功承办第28届世界遗产委员会会议，本市被确定为中国民族民间文化保护工程综合性试点城市。文艺创作精品迭出，多部作品荣获"国家舞台艺术精品工程剧目"和"五个一工程"奖。广电事业快速发展，有线电视用户超过150万户。健康城市建设进展顺利，疾病预防控制体系逐步健全，医疗卫生条件不断改善，张家港市、常熟市成为世界卫生组织健康城市联盟成员。强化计划生育管理与服务，人口自然增长率控制在1‰左右。全民健身活动蓬勃开展，竞技体育成果喜人。市区成为全国无障碍设施建设示范城。"张家港精神"、"昆山之路"、"园区经验"发扬光大，民主法制建设和精神文明建设持续加强。

"十五"时期，富民工程扎实推进，人民生活迈向小康。坚持富民优先，落实富民政策，支持群众勤劳致富、创业致富、投资致富，城镇居民人均可支配收入、农民人均纯收入年均分别增长13.9%和8.7%。城镇、农村家庭恩格尔系数分别比"九五"期末下降5.3个和2.7个百分点。市区人均住房建筑面积达到30.5平方米，比"九五"期末增加6.6平方米，修缮改造危旧住房74.7万平方米；农村居民居住条件有了较大改善。全市家用汽车拥有量达到30万辆，比"九五"期末增长5.6倍。人口平均预期寿命达到78岁，比"九五"期末增加0.5岁。统筹发展社会保障事业，以养老、医疗、失业、工伤、生育保险和最低生活保障制度为主体的城镇社会保障体系基本建立，企业退休人员基本养老金稳步增加；以养老保险、最低生活保障和合作医疗保险为主要内容的农村社会保障制度加快建设，城乡保障水平逐年提高。

2005年，在宏观经济环境偏紧，各方面矛盾和困难较多的情况下，我们坚持"立足于快、服从于好、着眼于新、致力于本"的原则，理清发展思路，加大工作力度，迎难而上，奋力拼搏，夺得了改革开放和现代化建设的新成绩，较好地完成了市十三届人大三次会议确定的目标任务，为"十五"发展画上了圆满的句号。

（一）经济又快又好发展

全市完成地区生产总值4 026.5亿元，按可比价计算比上年增长15.3%；地方财政一般预算收入316.8亿元，增长26.4%；全社会固定资产投资1 870亿元，增长20.3%。农业生产稳步发展，农产品质量建设和农业龙头企业建设不断加强，新增无公害农产品26个、绿色食品236个、有机食品36个，规模以上农业龙头企业销售收入增长15.6%。阳澄湖大闸蟹原产地产品保护开始实施。粮食储备购销体系继续完善。禽流感等重大动物疫病得到有效防控。工业经济量增质升，总产值达到1.2万亿元，增长26.6%，规模以上工业企业实现利税增长20.7%。"IT产业双倍增计划"提前两年完成。7家企业年销售收入超过100亿元。常熟电气机械、张家港精细化工、苏州汽车零部件等国家火炬计划产业基地相继建成。新增中国驰名商标2件、中国名牌产品14个。实施服务业跨越发展计划，实现服务业增加值1 256.3亿元，增长16.9%。消费品市场繁荣活跃，社会消费品零售总额增长17.6%。旅游业快速发展，总收入增长18%。张家港市、太仓市建成中国优秀旅游城市，常熟沙家浜、昆山锦溪古镇和亭林园跻身国家4A级景区行列，沙家浜还入选全国百家红色旅游经典景区，8个单位被确定为全国工业、农业旅游示范点。中国苏州国际旅游节和寒山寺听钟声活动被录入中国旅游节庆指南。物流业规模迅速扩大，苏州港货物吞吐量达1.2亿吨。金融机构本外币存贷款余额分别比年初增加885亿元和615亿元，全年保费收入增长4.9%。邮政通信、社区服务和各类商务服务业都有较快发展。

（二）体制改革向纵深推进

积极帮助改制企业优化股权结构，认真解决企业改制后的遗留问题。建立新的国有资产监督管理体制，促进了国有资产保值增值。深化事业单位综合配套改革，初步建立起形式多样、自主灵活的用人制度和分配制度。社团改革稳步实施，经济类行业协会与主管部门人员、经费、办公场所"三脱钩"工作取得进展。非经营类政府投资项目代建制和市政公用行业特许经营积极推行。农村改革力度加大，新建社区股份合作社117家、土地股份合作社27家、农民专业（股份）合作经济组织80家。提前一年完成"民营经济腾飞计划"注册资本三年翻番目标，私营企业和个体工商户上缴税收、完成投资分别占全市的29.5%和30.4%，比上年分别提高2.2个和1.5个百分点。

（三）开放水平进一步提高

全市完成进出口总额1 405.9亿美元，其中出口727.7亿美元，分别增长36.2%和43.3%；高新技术产品出口所占比重达到59%，比上年提高1.8个百分点。新增注册外资153.4亿美元，实际利用外资60亿美元（按原口径统计），增长19.4%；投资苏州的世界500强企业累计达到107家；服务业、农业利用外资规模明显扩大，新认定外资研发机构38家。赴欧美、日韩招商和日本爱知县世博会"苏州周"活动取得圆满成功。新批境外投资项目42个，其中中方投资额达到8 211万美元，占全省的40%；新签对外承包工程劳务合同额增长35.2%，完成营业额增长46.4%。苏州工业园区保税物流中心（B型）和张家港保税物流园区封关运作。对内开放步伐加快，引进外地注册资本205亿元，对口帮扶、经济协作的领域进一步拓宽。第28次国际科联大会、第四届中国苏州电子信息博览会、人口与发展国际援助研讨会、欧洲国际友城日等重大活动成功举办。苏州与马达加斯加塔那那利佛市结为友好城市。市华侨活动中心建成启用。

（四）城乡规划建设管理继续加强

苏州市城市总体规划修编纲要、紫线规划、重点湖区控制规划以及一批专项规划、重大工程规划编制完成。苏州绕城、苏沪、苏昆太高速公路和锡太一级公路全面建成，沪宁高速公路苏州段扩建、312国道苏州段改造工程提前竣工，新建改建农村公路900公里。太仓港区二期码头水工工程、常熟兴华港区三期工程完工，苏州港新增万吨级以上泊位16个。市区新辟公交线路20条，新增公交车301辆。全市增加发电装机容量482万千瓦，新投运变电容量460万千伏安。苏州天然气高压管网二期工程建成。市区北部供水工程顺利完工，区域供水覆盖面超过90%。长江堤防达标工程、城市中心区防洪青龙桥枢纽工程如期建成，太湖治理工程基本结束。苏州工业园区二期、三期开发大力推进，苏州高新区、吴中区、相城区和平江、沧浪、金阊新城的功能建设高标准实施,各县级市城区建设积极有序进行。设立公共信息亭200座。苏州市再度获得全国人民防空先进城市称号。"两级政府、三级管理、四级网络"城市管理体制基本建立,综合管理和综合执法水平继续提高,街道在城市管理中的基础性作用进一步发挥,市容市貌明显改观。苏州市和金阊区、沧浪区、平江区被评为全国社区建设示范市(区),5个县级市均成为全省社区建设示范市。

(五)生态环境不断优化

太湖水污染防治"十五"计划及阳澄湖水污染防治行动计划全面完成,重点水源和湖泊保护得到加强。市区水资源综合治理工程加快建设,敷设污水支管84.5公里、雨水支管33公里;农村疏浚整治各级河道1 791公里。地下水禁采封井目标提前实现。市固体废物管理中心和医疗废物收集处置网络建立,新建改建市区公共厕所50座,苏州垃圾焚烧发电厂主体工程完工,固体废物填埋场建设正式启动。国家和省下达的二氧化硫污染防治"十五"计划顺利完成。市区燃油助力车全面禁行,淘汰高污染燃料锅炉35台,烟尘控制区和环境噪声达标区覆盖率均达到100%。整治违法排污企业工作和保障群众健康环保专项行动深入开展。张家港、常熟、昆山生态市建设通过省级调研,24个镇创建全国环境优美乡镇通过国家环保总局技术审核,苏州高新区被列为国家级循环经济试点区。启动创建国家生态园林城市工作,市区新增绿地480.3公顷,绿化覆盖率为40.2%,比上年提高1个百分点,人均公共绿地达到9.8平方米;农村新增绿地林地7 867公顷。环境质量综合指数比上年提高10.8。

(六)社会事业全面进步

龙芯产业化基地、清华紫光产学研基地相继建立。中国科技大学与香港城市大学合建的研究中心落户本市。苏州软件园成为"中国软件欧美出口工程试点基地"。10项科技成果分获国家级、省级科技进步奖,专利申请量、授权量分别增长28%和20.4%。引进各类人才9万余人、大中专毕业生3万余人。中小学布局调整基本完成,优质教育资源覆盖率超过70%,高中段教育毛入学率达到95.4%。高等教育和职业教育快速发展,高等教育毛入学率达到51.5%,独墅湖高等教育区和苏州国际教育园建设进展顺利,入驻学生分别达到1.2万人和5万人。全年培训农村各类人员115万人次、农村致富带头人2.4万名。苏州博物馆新馆抓紧建设,桃花坞木刻年画博物馆如期建成,山塘历史文化保护区保护性修复二期工程竣工。昆曲保护工程获得文化部首届创新奖特等奖。苏州古典园林保护管理走上科学化规范化轨道。古城古镇申报世界遗产基础性工作扎实开展,沙溪镇、木渎镇列入第二批中国历史文化名镇。中国非物质文化遗产保护·苏州论坛、纪念郑和下西洋600周年及第五届全国儿童剧优秀剧目展演等活动获得成功。苏州图书馆被评为全国公共图书馆一级馆。苏州工业园区科技园成为国家级动画产业基地。苏州市被授予健康城市联盟中国分部,成功举办苏港澳健康城市论坛,"母婴健康保护"和"关爱弱势、健康公平"项目获得世界卫生组织健康城市优秀实践奖。加大社区卫生服务中心建设力度,社区卫生服务普及率达到96.1%。增加20万人次乙肝疫苗接种,8万多名外来儿童接受计划免疫接种。"医院管理年"活动深入推进,市属医疗机构管办分离稳步实施。建成市疾病预防控制中心国家级实验室和国内首创的健康教育园。精神卫生工疗站全面改善。食品、药品安全监督管理得到加强。人口和计划生育综合改革不断深化,近2万名农民领到政府发放的计划生育奖励扶助金,人口出生缺陷社会化干预工程全面启动。新建全民健身工程3个、全民健身点444个,市全民健身活动中心被评为"全国十佳优秀全民健身活动中心"。成功承办十运会7个项目、世界速度轮滑锦标赛等重大比赛,苏州籍运动员在国内外大赛中屡创佳绩。市妇女儿童活动中心成为全国青少年校外活动示范基地。苏州市在全国全省率先成立网上家长学校,并被评为江苏省第九届精神文明建设新人新事。新闻出版、广播电视、民族宗教、统计、档案、地方志等工作都取得新的进步。

(七)人民生活持续改善

城镇居民人均可支配收入16 276元,增长12.6%;农民人均纯收入8 300元,增长10.6%。市场物价保持基本稳定。新增就业岗位30万个,其中面向本地城镇劳动力的就业岗位14万个,城镇登记失业率降至3.4%。开展对困难群体的再就业援助,接受援助者达到1.9万人。完成再就业免费技能培训3.3万人,创业培训4 000人,培训外地来苏劳动力11.4万人。城镇职工五大保险参保人数均超过140万人,各项社会保险基金收缴率超过98%。农村十项实事取得新成效。完善新型农村合作医疗保险制度,人均筹资125元,参保率达到95%。农村基本养老保险、老年居民养老补贴覆盖率分别达到84%和91%。城镇居民最低生活保障标准由260元提高到300元,农村居民最低生活保障指导标准由130元提高到180元。市区改造危旧住房21.7万平方米,对3个老住宅小区进行了综合整治,供应1 000户中低收入家庭住房,低保家庭人均住房保障标准放宽到建筑面积14平方米,全市净增参加住房公积金制度的职工11.6万人。在市区全面启动少年儿童大病医疗保险,全市公办学校中小学生全部纳入在校意外伤害事故保险。覆盖城乡的社会救助体系基本形成。扩大困难人群医疗救助规模,救助水平不断提高。市养老护理员培训基地建成使用,养老服务社会化、产业化进程加快。残疾人助听、助明、助行和免费送药行动计划开始实施。市十三届人大三次会议确定的实事项目,除2个子项实施进度有所延迟,其余全部完成或超额完成年度任务。

(八)民主法制建设、精神文明建设和政府自身建设普遍加强

加快建设"法治苏州",大力推进依法治市。广泛普及法律知识,扎实做好"法律进社区"和社区矫正试点工作,积极推行村民委员会和社区居委会专职人员直选,涌现出一批全国全省"民主法治示范村"和"民主法治示范社区"。持续开展"平安苏州"创建活动,苏州市被命名为全国社会治安综合治理优秀地区,并被授予"长安杯"。加大安全生产监管力度,有效防止了重特大事故发生。高度重视信访工作,妥善处理新型社会矛盾,维护了社会稳定。纪念中国人民抗日战争暨世界反法西斯战争胜利60周年等活动成功举办。苏州再次成为创建全国文明城市工作先进市,张家港市荣膺首批全国文明城市。双拥模范城创建活动成效明显,军转干部安置任务全面完成。国防教育、国防后备力量建设取得新进展,驻苏部队在支持地方建设方面发挥了重要作用。以开展保持共产党员先进性教育活动为契机,加强政府自身建设,高度重视党风廉政建设,切实加强反腐倡廉工作,组织纳税人评议政风行风,群众对政府部门的综合满意率达到98.1%。市行政服务中心的作用进一步发

挥,86%的行政审批事项在中心集中办理,网上申报审批率达到92%,并建成行政审批电子监察系统,实行事前、事中、事后全过程监察。市便民服务中心投入运行。政务、厂务、村务公开积极推进,效能建设成效明显。审计监督不断加强,重点基本建设项目竣工决算审计全面开展。在全省率先建立政府采购有形市场,财政性资金使用效益逐步提高。改进政府立法工作,对政府规章草案及重要的规范性文件草案通过政府网站和新闻媒体公开征求意见,全年提请市人大常委会审议通过地方性法规5件,颁布政府规章8件。推行行政执法责任制,启动规范性文件备案审查机制,开展行政复议和应诉工作,依法行政水平有所提高。市政府认真执行市人大及其常委会的决议,坚持重大事项向市人大常委会报告、向市政协通报制度,注重发挥各民主党派、工商联、无党派人士和人民团体的参政议政作用,共办复人大代表建议216件、政协委员提案481件。对市十三届人大三次会议确定的"进一步加快农民增收"、"加快老新村改造步伐,切实改善居民生活条件"两项议案,市政府高度重视,认真办理,并将各项措施落实到位。

各位代表,"十五"时期,我们在率先发展、科学发展、和谐发展的道路上迈出了坚实的步伐,铸就了崭新的业绩。发展的历程令人难忘,发展的速度令人振奋,发展的成就令人瞩目。所有这一切,无不凝聚着全市人民的智慧和汗水,无不体现了方方面面的帮助和支持。在此,我代表市人民政府向全市人民,向人大代表、政协委员,向离退休老同志,向各民主党派、工商联和无党派人士,向各人民团体,向驻苏解放军和武警官兵,向国家和省驻苏单位,向所有参与、支持和关心苏州现代化建设的海内外朋友,表示衷心的感谢和崇高的敬意!

回顾过去,我们也看到,发展之中有艰辛和坎坷,有困难和矛盾,也有问题和不足,主要是:产业结构不够合理,现代服务业发展相对滞后;民营经济活力仍显不足;自主创新能力偏弱;城市规划建设管理水平有待提高;人口资源环境压力加大,经济增长方式需要加快转变;城乡居民收入增加与经济增长不尽协调,社会事业发展还不能满足人民群众日益增长的精神文化需求;社会矛盾和问题较多,维护稳定的任务繁重;外来人员管理存在薄弱环节;政府社会管理和公共服务职能仍需进一步加强。等等。对此,我们将采取切实措施,认真加以解决。

二、"十一五"规划纲要草案的主要内容及简要说明

根据中共苏州市委《关于制定苏州市国民经济和社会发展第十一个五年规划的建议》,市人民政府组织编制了《苏州市国民经济和社会发展第十一个五年规划纲要(草案)》(以下简称《纲要草案》)。《纲要(草案)》从酝酿到形成历时两年。在此期间,市有关部门做了大量工作,深入进行调查研究,广泛听取各方面意见,多次邀请国内外专家学者开展研讨、咨询和论证。《纲要(草案)》的形成过程是一个认真总结经验、认清发展阶段、科学谋划未来的过程,也是一个发扬民主、集思广益、达成共识的过程。

经过"十五"的发展,苏州已经站在新的历史起点上,进入工业化转型、城市化加速、经济国际化提升的新阶段。"十一五"是本市在巩固小康建设成果、提高小康水平,继而逐步向基本实现现代化目标迈进的关键时期,是提升综合竞争力的黄金发展期,也是深层次问题日益显现的矛盾凸现期。《纲要(草案)》认真贯彻党的十六届五中全会、省委十届九次全会和市委九届十次全会精神,客观分析形势,综合考虑现实条件和未来趋势,提出了今后五年及更长一段时期全市经济社会发展的指导思想,这就是:以邓小平理论和"三个代表"重要思想为指导,以科学发展观统领全局,以实现又快又好发展为主题,以富民强市和构建和谐苏州为目标,以优化经济结构和转变增长方式为主线,以提高自主创新能力为核心,以深化改革为动力,坚持实施科教兴市、经济国际化、城市化、可持续发展四大战略,统筹城乡发展,优先发展高新技术产业和现代服务业,在更高层次上构建产业、体制、人才三大平台,把经济社会发展切实转入以人为本、全面协调可持续发展的轨道,使苏州经济更加繁荣、科教更加发达、生活更加富裕、环境更加优美、法制更加健全、社会更加文明。"十一五"时期的奋斗目标是,总体达到省基本实现现代化的要求,具体包括经济发展、改革开放、社会进步、人民生活、资源环境等预期指标。《纲要(草案)》的主要内容可以概括为注重七个方面的建设。

(一)注重产业发展新格局建设

产业布局合理与否直接关系资源配置和利用效率的高低。根据不同地域的开发现状、资源条件、环境承载力和发展潜力,《纲要(草案)》将市域空间划分为禁止开发区域、限制开发区域、调整优化区域和重点开发区域四类主体功能区。同时要求加快形成"两轴三带"产业布局,就是以"沪宁东西发展轴"和"苏嘉杭南北发展轴"作为未来经济集聚成长、快速提升的主轴线,以"沿江、沿沪浙和沿湖"三条产业带作为接轨上海、对接浙江,发展基础产业、现代服务业和农业的主要区域,在产业分布上做到各具特色、优势互补、相得益彰。产业发展格局不仅反映在布局上,而且体现在结构上。对于进一步优化产业结构,提升产业层次,《纲要(草案)》提出三项主要任务。一是提高农业发展水平。按照相对连片、规模集约的原则,调优农业布局,壮大优质粮油、蔬菜园艺、生态林地、特色水产等主导产业,发展特优、高效、生态的现代都市农业。二是建设现代制造业基地。大力发展先进制造业,促进高新技术与传统产业对接,推动制造业优化升级,形成以高新技术产业为主导、以基础产业为支撑的现代工业结构,保持规模优势。三是增创服务业发展新优势。优先发展物流、金融、会展、信息咨询、软件及研发等生产性服务业,加快发展旅游、商贸业,构筑以现代服务业为主导的新型服务业体系。

(二)注重创新型城市建设

增强自主创新能力是转变经济增长方式的中心环节,是实现科学发展的关键所在。本市经济总量较大,但关键技术自给率较低,必须把加强自主创新摆上极其重要的位置。要以掌握核心技术、发展自主知识产权为宗旨,增加科技投入,建立创新载体,健全服务体系,强化企业的主体地位,将原始创新、集成创新和引进技术基础上的消化吸收再创新结合起来,力争在技术水平领先、产业关联度大、市场前景好、经济效益高的关键领域和关键环节取得突破,把苏州建成国际新兴科技城市。推动企业在工艺设计、产品开发、质量管理等方面与国际认证体系接轨,形成一批具有自主知识产权和较强市场竞争力的名牌产品。坚持教育优先,统筹发展各级各类教育,构建开放、公平、优质的现代国民教育体系和终身教育体系,大力推进教育现代化,加快建设教育强市。牢固树立人才资源是第一资源的观念,实施人才培养工程和人才工作体制机制创新工程,着力培养和引进高科技创新型、高技能实用型人才,建设人才强市,为

自主创新提供有力的支撑。体制创新是建设创新型城市的重要内容。《纲要(草案)》强调,要把深化改革作为经济社会发展的主要动力,不断完善社会主义市场经济体制,营造体制机制新优势。进一步转变政府职能,创新管理模式和管理手段,积极构建行为规范、运转协调、公正透明、廉洁高效的行政管理体制。落实扶持措施,提供优质服务,营造良好环境,重点支持一批民营企业集团和民营科技企业做强做大,发展一批"专、精、特、新"的中小企业,推动民营经济加速腾飞。优化企业股权结构,完善法人治理结构,建立现代企业制度。建设资本市场,活跃产权市场,发展土地、技术、人才、劳动力市场和各类商品市场,建立现代市场体系。同时,努力形成市场引导投资、企业自主决策、银行独立审贷、融资方式多样、中介服务规范、宏观调控有效的新型投资体制。

(三)注重现代化中心城市和城市群建设

为了扩大城市的规模效应,实现区域一体、城乡互动,《纲要(草案)》提出,要树立"大苏州"的观念,通过科学规划,引导城市发展,构筑由中心城市、5个县级市城区、10个左右中心镇组成的功能互补、特色鲜明的现代化城市群。按照"组团式带状城市"的模式,把中心城市建成布局合理、经济繁荣、社会文明、环境优美,富有传统韵味和时代气息的都市区。加快中小城市建设步伐,把县级市城区建成要素集聚明显、基础设施良好、城市管理到位、服务体系健全、发展特色鲜明的中等城市;把中心镇建成既具有相应人口规模和经济实力,又具有各自风貌和特色的小城市。高水准的基础设施是构建城市群必不可少的条件。为此,《纲要(草案)》作出如下规划:一是建立综合交通体系。加快高速公路建设,完善道路交通网络,实现各层次道路的有机衔接、联网畅通。发展轨道交通,坚持公交优先,推进城乡公交一体化。以太仓港区为重点,加大港口开发力度,把苏州港建成国家级的重要港口和长江三角洲地区江海联运的重要枢纽。二是建立防灾减灾体系。加强水利设施和防洪工程建设,增强防洪保安能力。高标准构建气象、地震监测预报预警和应急救援系统,有效防御自然灾害。三是建立能源保障体系。完善电力设施,保障电力供应。扩大燃气管网覆盖范围,增加清洁能源使用量。建设成品油中心油库,加强战略储备。四是建立信息基础设施体系。在宽带通信网、下一代互联网和数字电视网建设方面走在全国前列,大力提高用户普及率和信息传输速率。

(四)注重社会主义新农村建设

建设"生产发展、生活宽裕、乡风文明、村容整洁、管理民主"的社会主义新农村是本市基本实现现代化的重要任务。《纲要(草案)》提出,"十一五"时期要着重做好三个方面的工作:一是积极推进城乡统筹发展。通盘制定城乡规划,大力推动城市基础设施向农村延伸、城市社会事业向农村覆盖、城市功能向农村辐射。建立工业反哺农业、城市带动农村的统筹发展机制,促进城乡发展良性互动,做到农村现代化与城市现代化协同并进。坚持"多予少取放活",加大对农业和农村投入的力度,不断改善农村生产生活条件。二是激发农村发展活力。稳定和完善农村基本经营制度,根据依法、自愿、有偿的原则流转土地承包权,发展多种形式的农业规模经营。深化农村各项改革,发展富民合作经济组织,建立健全农业社会化服务体系,提高农业组织化程度,促进农村经济繁荣发展。三是构建农民持续增收的长效机制。广辟农民增收渠道,发展城乡第二、三产业,积极稳妥地引导农民向非农产业转移,千方百计增加农民特别是纯农户的收入。统筹城乡就业,积极鼓励和支持农民创业。切实保障被征地农民的基本生活。完善农民负担监督管理机制,全面落实减轻农民负担的各项政策措施。

(五)注重全方位开放先行区建设

开放型经济是苏州的第一性经济,已形成一定的领先优势,正由外向带动向经济国际化迈进。《纲要(草案)》认为,"十一五"时期要充分利用国际国内两个市场、两种资源,突出抓好四个重点:一是大力促进外资外贸外经转型升级。着力引进科技含量高、资源消耗少、符合环保要求、对地方经济贡献大的项目,集聚一批跨国公司的研发中心、营销中心乃至地区总部,延伸产业链,做大产业群。加大服务业、农业引资力度,拓展利用外资领域。坚持科技兴贸、以质取胜和市场多元化,构建市场分布合理、产品结构优化、各类主体共同发展的对外贸易新格局。加快"走出去"步伐,支持具有比较优势的企业设立海外生产基地,实行跨国经营。二是充分发挥开发区的集聚辐射带动作用。以国家级、省级开发区为载体,整合各类资源,创新体制机制,建设专业园区和特色基地,推动产业集聚、企业集群。加强对各级各类开发区的统一规划,促进相互间的联合联动,做到合理定位、集约发展、共同繁荣。三是建立与国际接轨的涉外经济管理体制。完善符合世贸规则和市场经济要求的规章政策,营造开放透明、规范高效的投资环境。推进"大通关"建设,提高口岸整体功效,降低商务成本和运作风险。加强政府、行业协会、企业的协调配合,健全进出口风险预警机制,促进公平贸易。四是进一步扩大对内开放。坚持学习上海、依托上海、服务上海、接轨上海;全面接受上海辐射,主动融入长江三角洲区域经济一体化进程。加强同全国各地的联系与合作,吸引国内企业来苏投资兴业。

(六)注重和谐社会建设

实现又快又好发展离不开和谐的社会环境,构建和谐社会本身也是今后五年的重要任务。一是建设资源节约型和环境友好型城市。坚持开源与节流并举,把节约放在首位,做好节地节水节能节材工作。实行耕地保有量、基本农田面积和建设用地规模总量控制。采用低投入、低消耗、低排放、高效率的经济运行模式,增加可再生能源使用量,推广清洁生产,发展循环经济。贯彻生态环境保护优先原则,加大污染防治力度,严格控制污染物总量,大力实施固体废弃物减量化、无害化、资源化处理,切实加强环境安全监督管理。持续开展"绿色苏州"行动,加强自然保护区、湿地生态保护区、风景名胜区和森林公园建设,建成生态市和生态园林城市群,努力实现人与自然的和谐。二是丰富人民群众精神文化生活。繁荣文化事业,发展文化产业,建设文化强市。实施文化精品工程,创作一批具有国家级水准、体现地域文化特色的优秀作品。抓紧建设先进适用的文化设施,逐步形成与经济社会发展水平相适应的公共文化服务体系。抢救、保护物质和非物质文化遗产,在传承中推动民族民间文化的创新与发展。坚持以人为本,着力塑造以创新创业创优为核心的新时期苏州城市精神,全面提高市民文明素质。三是加快"法治苏州"、"平安苏州"建设步伐。深入实施《法治苏州建设纲要》,加快政治、经济、文化和社会领域的法治化进程。继续深化平安创建工作,完善社会治安防控体系。加强基层基础工作,健全人民调解与司法调解、行政调解相结合的社会矛盾纠纷"大调解"机制,把矛盾纠纷化解在基层和萌芽状态。高度重视安全生产,遏止重特大事故发生。

(七)注重富民工程建设

如何让群众更快地富裕起来,使生活水平提高与经济增长更趋一致,是必须优先考虑的一个重大问题。对此,《纲要(草案)》提出五项任务。一是促进充分就业。把就业作为民生之本,完善就业机制,开发就业岗位,切实帮助有劳动愿望和劳动能力的人实现就业。二是增加群众收入。优化创业环境,支持自主创业,保护投资者合法权益,让越来越多的人获得更多的经营性收入、资产性收入。完善与经济增长相适应的工资增长机制,增加从业人员的工资性收入。更加注重社会公平,规范初次分配,调节二次分配,缩小贫富差距,让改革发展的成果惠及全市人民。三是健全保障体系。巩固发展城镇社会保险,扩大农村基本养老保险覆盖面,健全农民医疗保障制度,逐步提高城乡最低生活保障水平,发展社会福利、社会救济和慈善事业。四是改善生活条件。完善基础设施、社会事业设施和社区服务设施,方便城乡居民生活。创造良好的消费环境,保持物价总水平基本稳定。推动旅游、信息服务、文化娱乐、非义务教育等进入城乡居民家庭,普遍提升消费层次。五是提高健康水平。围绕建设健康城市的目标,深化卫生体制改革,合理配置卫生资源,完善公共卫生和医疗服务体系,重点加强农村卫生和社区卫生工作,努力满足不同人群多层次的医疗卫生服务需求。推动竞技体育和群众性健身活动相结合,发展体育事业和体育产业,增强市民体质。稳定人口低生育水平,严格控制人口数量,全面提高人口素质。

三、2006年的工作任务

2006年,是"十一五"规划的开局之年。做好这一年的工作,对于顺利完成"十一五"的目标任务具有十分重要的意义。按照科学发展观的要求,综合分析宏观形势及苏州自身的条件,全年全市经济社会发展的主要预期目标是:地区生产总值增长12%以上,地方财政一般预算收入增长15%,社会消费品零售总额增长15%,进出口总额和出口总额均增长20%,城镇居民人均可支配收入增长10%,农民人均纯收入增长10%,城镇登记失业率控制在4%以内,单位地区生产总值能源消耗下降5%,研究与开发经费支出占地区生产总值的比重达到1.6%,环境质量综合指数超过80。同时,着力抓好与人民群众生活密切相关的18项实事。新的一年里,将努力在以下8个方面迈出新步伐:

(一)在转变经济增长方式上迈出新步伐。

推进科研开发与成果转化。(下略)

提升制造业水平。(下略)

发展现代服务业。(下略)

(二)在建设新农村上迈出新步伐。

推动农业现代化。(下略)

深化农村改革。(下略)

发展农村公共事业。(下略)

(三)在体制改革与对外开放上迈出新步伐

增强体制机制活力。(下略)

推进经济国际化。(下略)

(四)在提升城市发展水平上迈出新步伐

强化规划调控与引导。(下略)

加快建设进程。(下略)

加强城市管理。(下略)

(五)在推动可持续发展上迈出新步伐

节约利用资源。(下略)

加大生态建设力度。(下略)

加强人口与计划生育工作。(下略)

(六)在改善人民生活和提高人的素质上迈出新步伐

增加城乡居民收入。(下略)

促进就业再就业。(下略)

构建社会保障安全网。(下略)

增进市民健康。(下略)

加快教育现代化步伐。(下略)

(七)在促进社会和谐上迈出新步伐

发展文化事业和文化产业。(下略)

提高文明程度。(下略)

加强民主法制建设。(下略)

保持社会稳定。(下略)

(八)在加强政府自身建设上迈出新步伐

增强法治能力。(下略)

增强服务能力。(下略)

增强防腐能力。(下略)

各位代表,回顾过去,信心倍增;展望未来,豪情满怀。让我们高举邓小平理论和"三个代表"重要思想伟大旗帜,紧密团结在以胡锦涛同志为总书记的党中央周围,以科学发展观统领经济社会发展全局,在中共苏州市委的领导下,同心协力、奋发进取,为顺利完成苏州国民经济和社会发展第十一个五年规划任务,为率先基本实现现代化,为构建社会主义和谐社会而努力奋斗!

(注:在苏州市第十三届人民代表大会第四次会议上)

政府工作报告

(2006年2月15日)

无锡市市长　毛小平

2005年工作回顾

2005年,全市人民在中共无锡市委领导下,以科学发展观统揽全局,进一步转变发展观念,创新发展模式,提升发展质量,全面完成了市十三届人大三次会议确定的各项任务,在全省率先基本建成全面小康社会。预计实现地区生产总值2 805亿元,可比价增长15.1%;财政总收入421.8亿元,同口径增长19%;一般预算收入181.7亿元,同口径增长24.2%;全社会固定资产投资完成1 335.1亿元,增长19.8%;城镇登记失业率3.27%;居民消费价格涨幅2%。

2005年,市政府重点抓了以下工作:

(一)优化产业结构,积极提升经济运行质量

推动工业集群发展、高端延伸。国家(无锡)液晶显示产业园等先进制造业基地加快发展,集成电路、液晶显示、生物医药、新材料等产业集群初具规模,博世、TCL、清华同方、柯尼卡、美能达等一批项目建成投产,新增国家级高新技术企业19家。30家企业入选全省百强高新技术企业,居全省首位。规模工业增加值完成1 353.1亿元,增长22%。营业收入超百亿元企业新增5家,累计达到11家。新增中国名牌产品7个,国家免检产品企业14家。推动服务业规模扩张、层次提升。完成服务业增加值1 060亿元,增长14.8%;社会消费品零售总额824.1亿元,同口径增长16.3%。现代服务业快速成长,无锡(国家)工业设计园、无锡(国家)动画产业基地发展态势良好,保税物流园开工建设。大力构建现代市场体系,崇安寺步行街开业,国际招商城、新世界国际纺织服装城等初具规模,新增百亿元大市场2家,累计达到8家。接待入境旅游者65.9万人,旅游总收入301.6亿元。灵山景区服务标准被列为省级标准进行推广。金融态势良好,信贷结构优化,年末各项本外币存贷款余额分别为3 343.6亿元和2 264亿元,比年初增加579.7亿元和384.8亿元。推动现代农业调整结构、优化布局。阳山万亩水蜜桃、绿羊生态园等5个市级重点园区全面建成,无公害农产品基地扩大到107.3万亩,市级以上农业龙头企业增加到51家,农业适度规模经营集中度43.9%,农机化综合水平88.7%。推动资源节约、要素集约。积极推进循环经济发展,编制实施循环经济发展规划、工业能效指南等政策意见。严格保护耕地,加大复垦开发力度,开发整理新增耕地1.8万亩,建成多层标准厂房1 095万平方米。

(二)坚持开拓创新,着力增创体制机制优势

开放型经济全面拓展。利用外资质量提升,完成到位注册外资(商务部确认口径)20.1亿美元,新批注册资本超亿美元项目3个,新批项目单体规模767.6万美元。服务业协议注册外资15.3亿美元,日本瑞穗实业银行获批落户,外资投资公司、贸易公司和人力资源服务机构首次成功引进。外贸结构转型升级,进出口总额291.9亿美元,增长33.6%,其中出口155.5亿美元,增长41%,高新技术产品出口占比升至40.9%。新批境外投资项目51个,总投资3 402.6万美元,项目数保持全省领先。民营经济素质提高。销售超亿元企业达到550家,22家企业进入全国民企500强,尚德太阳能公司成为中国内地首家在纽约证券交易所上市的民营企业。中小企业担保体系进一步加强,担保公司注册资本金、贷款担保余额继续列全省首位。社会事业改革取得突破。市医院、学校、文化艺术、体育场馆与训练4个管理中心正式运行,市属义务教育阶段学校实行属地管理,71家行业协会完成“政会脱钩”。投融资体制改革稳步实施。投资渠道拓宽,投资结构改善,外资、民资投入占全部投资的70.1%,服务业投资占全部投资的40.6%。着力扩展基础设施、农业农村、重大项目融资渠道,完善政府投资项目建设管理机制,积极推行项目“代建制”。全市有形建筑市场、土地市场、产权交易市场及部分市政设施建设实行市场化运作。

(三)加快城乡建设,切实提高区域现代化水平

突出规划龙头作用。不断完善规划体系,推进城乡资源要素集约利用。编制完成市域农村规划、现代服务业规划和轨道交通线网及建设规划等一批重大基础设施规划。加快建成区功能调整和工业企业“退城入园”,城区4个重点片区启动开发,蠡湖新城骨架路网基本形成。强化基础设施建设。五爱路、梁溪路、钱荣路、惠山大道、江阴澄南大道、宜兴教育路及金城公铁立交等重点道桥竣工投用,新建城市道路83公里。312国道和沪宁高速无锡段改拓建完成,芜申运河宜兴绕城段通航。落实房地产市场调控措施,全市竣工经济适用房23万平方米、拆迁安置房541.6万平方米,商品房销售面积398.7万平方米,老新村整治60万平方米。市区整修背街小巷100条,改造供水管网31.2公里,新增天然气用户近11万户,新辟、调整公交线路31条。区域供水工程全面完成,市区日供水能力达到145.6万吨,江阴和宜兴城区分别为70万吨和20万吨。本地网固定电话号码升至八位。不断完善口岸功能。无锡机场新辟航线5条,获准开通香港临时客运包机,全年进出港旅客62万人次,货邮吞吐量增长69.9%。无锡港江阴港区和夏港第二公共型港区建设力度加大,全市港口吞吐量达到5 046万吨。加快建设绿色无锡。加强资源保护和环境综合整治,环境质量综合指数达到80.4。空气良好天数占比88.5%,城市

水域功能区水质达标率升至59.5%，城市生活污水集中处理率超过70%，省内第一个工业固体废弃物安全填埋场投入运行。大力植树造林，加快惠山青龙山整治，积极推进绿色通道和城市绿地建设，蠡湖及十八湾景区成为全省最大的开放式绿地，宜兴成为国家园林城市，江阴建成国家生态示范区。全市森林覆盖率升至20.3%，城市绿化覆盖率升至40%，人均公共绿地面积增加到10.1平方米。

（四）统筹经济社会，有效增强城市综合功能

城市影响力有了新提升。入选中国品牌经济城市和福布斯内地最佳商业城市。成功举办第三届太湖博览会和世界粮油大会、世界城市服务业大会。与德国勒沃库森市、意大利维琴察市结为友好城市。科教发展再上新台阶。列入国家“火炬创新试验城市”行列，通过国家技术标准试点城市验收，太湖国际科技园、藕塘职教园加快建设。预计全社会研究与开发费用投入占生产总值比重为1.56%，专利申请量达到5 621件。大力发展各类教育，全市高等教育毛入学率达到51.4%，普通高校在校生近8万人。残疾儿童义务教育普及率超过99%，11.5万适龄常住流动人口子女在锡接受义务教育，其中九成以上在公办学校就读。公共管理实现新进步。强化公共卫生职能，市区建成社区卫生服务中心24个，禽流感防治工作取得阶段性成效。落实副食品市场蔬菜残留农药速检措施，药品市场抽验合格率96%。承办“十运会”6大项目办赛任务，乒乓球等3个赛区被评为最佳赛区，无锡籍运动员夺得金牌6枚。继续保持低生育水平，人口自然增长率0.67‰。全面实施农村计划生育家庭奖励扶助制度，发放奖扶金近600万元。文明城市建设迈出新步伐。连续第三次获选全国创建文明城市工作先进市，荣获全国城市畅通工程模范管理城市称号，华西村、官林镇成为全国文明村镇，东港镇成为国家卫生镇，全市注册志愿者人数增加到22万。深入挖掘和保护历史文化遗产，鸿山遗址被列为全国十大考古新发现，无锡成为江苏省历史文化名城。积极打造文化品牌，民族舞剧《红河谷》被评为全国十大舞台精品剧目，市博物馆、钱钟书故居、秦邦宪故居等免费开放。深入开展市容环境专项治理，重点整治改造城乡结合部，加大违法、临时建筑拆除力度，城管创优考评名列全省第一。

（五）关注民生民富，促进市民共享发展成果

社会就业态势良好。鼓励群众自主创业，推进建立城乡统筹的就业机制，开展农村劳动力转移就业培训。城镇新增就业14.5万人，下岗失业人员再就业1.9万人，本地农村劳动力转移就业近5万人，吸纳苏北地区劳动力9.5万人。居民收入稳步增长。企业工资集体协商制建制面71.8%，企业最低工资标准进一步提高，各项惠农政策全面落实。城市居民人均可支配收入16 005元，增长17.8%；农民人均纯收入8 004元，增长12.5%；年末居民本外币储蓄存款人均3.2万元，比年初增加近5 000元。社会保障统筹推进。国家“金保工程”试点——社会保障卡工程主体项目基本建成。全市企业养老、医疗、失业、工伤、生育等保险参保人数分别增加19.2万人、23.4万人、7.6万人、14.8万人和12.5万人，城镇养老、医疗、失业等保险综合覆盖率均超过96%。新型农民养老保险参保人数43.8万人，覆盖面72%，各级财政对新型农村合作医疗的筹资额达到人均73元，被征地农民基本生活保障率100%。城乡低保对象应保尽保，共发放低保金7 900多万元、各项慈善救助金1 600多万元。实事项目全面完成。主城区开工建设公共停车场4个。向694户低保家庭提供廉租房。从2006年元旦起，70岁以上老人可持公交卡免费乘坐市区75条线路的公交车。为100名贫困残疾人免费安装义肢，为400名贫困精神病患者提供免费药物，为40名残疾孤儿实施康复手术。百村奔小康工程成效显现，新增脱贫转化村39个，完成农村公路建设483公里，各镇自来水入户率95%，农村卫生户厕普及率86.4%。平安无锡创建深入开展。全力推进“大防控”，加大严打整治力度，严惩“搬霸”等违法犯罪行为，我市成为全省首批“社会治安安全市”。巩固提高“大调解”，进一步做好信访工作，及时妥善处理各类矛盾。加大安全隐患整治和事故查处力度，事故起数和死亡人数实现“双下降”。

（六）转变政府职能，努力提高行政执行能力

严格依法行政。贯彻执行市人大及其常委会的各项决议，扎实办理人大代表的建议、批评、意见和政协委员的提案及建议案。进一步加强政府法制工作，保持规章、规范性文件的合法性、严肃性。修订完善了《无锡市人民政府工作规则》，进一步健全集体领导和集体决策制度，完善决策程序和规则。深化行政审批制度改革，全面清理行政许可事项，审批事项再削减31%，审批集中度提高到81.7%。完善管理机制。提高政府快速反应能力，妥善处理各类突发公共事件。健全价格调控体系，稳定市场物价水平。认真履行统计职能，完成全国经济普查工作任务。完善预算管理制度，深化非税收入改革，全面推行市级国库集中支付，扩大政府采购范围。进一步优化支出结构，市本级财政支农支出增长25.6%，科技支出增长19.3%，教育支出增长22%。提高行政效能。推进“阳光政府”建设，成立市效能投诉中心，开展机关效能监察。推广电子政务，公文传输实现无纸化。建立政府新闻发言人制度，完善市长公开电话和市长信箱工作机制，畅通民声民情反映渠道，努力帮助基层和群众解决实际困难。全面履行职责。审计、外事、侨务、对台、接待、人事、人武、人防、双拥、民族宗教、气象、防震减灾等工作取得新成绩，史志、档案、广电、新闻出版、妇女、儿童、老龄、残疾人等事业有了新发展。

2005年无锡率先基本建成全面小康社会所取得的成绩，是全体无锡市民务实奋进、开拓创新的结果。这里，我代表无锡市人民政府，向辛勤工作、积极奉献的无锡市民，向忠实履行职责的各界人士，向中央及省在锡部门，向驻锡人民解放军和武警官兵、全市公安干警，向在锡的外来建设者和所有关心支持无锡发展的海内外友人，表示衷心感谢并致以崇高敬意！

回顾去年工作，我市经济社会发展取得了令人鼓舞的成绩，但对照科学发展观的要求，促进经济社会全面协调可持续发展任务依然艰巨、工作依然繁重。人口、资源、环境矛盾仍然突出，促进可持续发展的要求更加迫切；城乡之间、经济社会之间发展不够协调的问题仍较明显，全面推进统筹发展的要求更加迫切；现代服务业发展相对滞后，先进制造业整体竞争力有待提高，加快产业结构优化升级的要求更加迫切；自主创新能力不强，企业的创新主体地位还未能完全确立，完善创新机制的要求更加迫切；群众对医疗、教育、住房等问题反映较多，社会保障体系还不够完善，加强社会管理和公共服务的要求更加迫切；影响城市安全的因素增加，因利益调整而引发的社会矛盾时有发生，维护社会和谐的要求更加迫切。同时，政府工作中还存在着不足和薄弱环节，政府职能转变和自身建设还需要不懈努力。这些都要求政府进一步增强责任意识，不断提升工

作的预见性、开创性和主动性,努力把各项工作做得更好。

"十五"主要成就和"十一五"奋斗目标

刚刚过去的"十五"时期,是我市发展史上综合实力提升很快、城乡面貌变化巨大、人民群众得到实惠较多的黄金发展期之一。这五年,我们以率先发展统揽全局,全面推进区域现代化。按照争创全省"两个率先"先导区示范区的目标定位,努力推动经济发展进入新一轮快速上升期,经济运行稳定性明显提高,经济发展协同性不断改善,地区生产总值年均增长14.5%左右,五年翻一番有余,实现了争先进位。财政总收入五年增长3.7倍多,年均增长31.3%,占地区生产总值比重由"九五"末的9.3%提高到"十五期"末的15%,发展质量和效益显著提升。更加注重推进社会发展,不断加大社会事业投入,集中建设了一批社会事业项目和公益性设施,科教文卫体等各项事业发展活力增强、水平明显提升,社会发展指数跃居并保持全省第一。这五年,我们以对外开放为主线,全面推进经济国际化。坚持"引进来"与"走出去"相结合,不断提高利用外资水平,积极放大开放园区示范带动效应,有效发挥外贸拉动作用,开放型经济对经济社会发展的促进作用日益显现,成为无锡经济发展新优势。五年共计批准外资项目3 800多个,累计引进超亿美元项目48个,到位注册外资超过115亿美元,出口总额突破420亿美元。这五年,我们以转变增长方式为着力点,全面推进产业高度化。实施制造业和服务业"双轮驱动"战略,积极推进产业升级,推进布局集中、用地集约、产业集聚,推进技术创新与进步,打造国际先进制造业基地和区域性服务业高地。工业经济综合实力保持领先,高新产业增加值占规模工业比重升至33.4%,比"九五"期末提高13.4个百分点。商贸物流业、旅游业、房地产业等发展迅猛,消费升级趋势明显,增长动力结构日益优化。这五年,我们以改革创新为动力,全面推进经济体制市场化。以国有企业产权制度改革为中心环节,推进各项配套改革,加快转变政府职能,初步形成与市场经济要求相适应的微观主体基础与经济运行机制。国有企业改革任务基本完成,国有资产管理体制基本建立。大力激发民间创业潜能,不断推动民营经济快发展、上规模、提素质,使民营经济成为增量经济、富民经济、支柱经济。民营经济占全市经济的比重上升到51.2%。这五年,我们以统筹协调为基本原则,全面推进城乡一体化。以完善城乡布局为基础,以基础设施、公共设施建设为抓手,以推进城乡制度接轨为重点,突出完善市域城市体系,突出实施"城市南进、工业北移"的中心城市发展战略,突出改善农村生产生活条件,突出构筑人与自然和谐的生态环境。市域三级城市体系规划确定、形态初现,城市化率预计达到67%。这五年,我们以安民富民为立足点,全面推进群众生活宽裕化。从促进就业、鼓励创业入手,强化居民收入稳定增长机制,强化社会保障体系建设,强化社会救助措施,促进城乡居民共同迈进小康社会。城市居民人均可支配收入和农民人均纯收入年均分别增长13.2%和8.8%,五年新增城镇就业岗位60万个,农村劳动力转移就业22万多人。

进入"十一五",我们面临着机遇与挑战并存、机遇大于挑战的发展环境。随着人民币汇率变化出现新情况,国际能源市场变化带来新压力,外贸出口环境变化形成新挑战,经济运行中的不稳定不确定因素趋于增多。我国入世过渡期结束,围绕资源、市场、技术、人才等要素的国际竞争将更加激烈,无锡将日益感受到来自国内外的竞争压力。然而应该看到,经济全球化加快推进的趋势没有改变,世界经济结构调整和产业转移的走势没有改变,我国经济保持平稳较快增长的态势没有改变,无锡实现持续快速发展具备很多有利条件。近年来,区域经济合作密切,将为下一轮发展提供新的机遇;经济结构调整和城市化进程加快,将为提升发展水平开辟新的空间;社会主义市场经济体制进一步完善,将为加快发展注入新的活力;工业化进程加速、产业升级提速、民营经济和现代服务业发展增速,将为率先发展增添新的动力。只要我们充分利用国内外各种有利条件,创新思路,科学谋划,扎实工作,未来五年的发展完全可以大有作为。

根据《中共无锡市委关于制定无锡市国民经济和社会发展第十一个五年规划的建议》,紧紧围绕争创全省"两个率先"先导区示范区总目标和全面落实科学发展观总要求,突出社会主义市场经济条件下发展规划的宏观性、战略性、政策性和指导性,市政府组织编制了《无锡市国民经济和社会发展第十一个五年规划纲要(草案)》(以下简称《纲要》),提请大会审议。

《纲要》提出:"十一五"乃至以后一个时期,无锡发展的基本定位是由全面小康向基本实现现代化目标迈进,加快建设国际先进制造技术中心和区域性商贸物流中心、创意设计中心、职业教育中心、旅游度假中心,努力把无锡打造成为最适宜投资创业的工商名城、最适宜创新创造的设计名城、最适宜生活居住的山水名城、最适宜旅游度假的休闲名城、最富有人文特质的文化名城。到2010年,确保在省内率先基本实现现代化,确保经济社会转入全面协调可持续发展轨道,把无锡建设成为经济繁荣、生活富裕、科教发达、环境优美、法制健全、社会文明的和谐宜人新无锡。主要发展目标是:地区生产总值在2005年基础上实现翻番,人均地区生产总值预期超过1万美元(按照常住人口测算);主要污染物排放量和万元地区生产总值能耗分别比"十五"期末降低20%;森林覆盖率和城市绿化覆盖率分别达到27%和45%,环境综合指数达到90,力争建成国家生态城市群;全社会研发费用投入占生产总值比重达到2.5%;城市居民人均可支配收入和农民人均纯收入年均增长10%以上。

根据以上基本定位和总体目标,"十一五"期间必须进一步明晰战略思路,牢牢把握工作主动权。坚持又快又好发展,是"十一五"发展的主题。始终不渝地加快发展、率先发展,这一条任何时候任何情况下决不能有任何动摇。我们所要的率先发展,是立足于快、着眼于好的率先发展。快,就是经济发展比全国、全省平均速度快,努力保持经济总量在全国大中城市中的领先地位;好,就是要切实转变经济增长方式,加快科技进步、体制创新,着力推进节约和集约发展,不断提高经济增长的质量和效益。加快富民步伐,是"十一五"发展的出发点和归宿点。实现好最广大人民群众的根本利益,是落实科学发展观的根本要求,也是经济工作的首要任务。必须坚持富民优先不动摇,以更大力度、更实举措,积极鼓励民众创业致富,努力扩大城乡就业,千方百计增加居民收入,加快完善社会保障体系,不断提高人民生活质量,让群众真正过上富裕生活。深化改革、扩大开放,是"十一五"发展的动力源泉。必须坚持以解放思想为先导,进一步完善所有制结构,建立健全现代市场体系,深入推进政府管理体制改革,为科学发展提供体制保障。必须坚持全方位扩大开放，在更广领域、更高层次上参与国际经济合作与竞争，全面提高对外开放水平和城市国际化程度，实现市场化、国际化与工业化、城市化、信息化的互动并进。建设创新型城市，是“十一五”发展的战略基点。必须从增强城市创新能力和解决现实紧迫需要出发，加快建立以企业为主体、市场为导向、产学研结合的技术创新体系，加强原始创新、集成创新和引进消化吸收再创新，大力开发具有自主知识产权的关键技术、核心技术和知名品牌，促进产业升级，推动“无锡制造”向“无锡创造”提升，支撑经济社会持续快速发展。强化统筹协调，是“十一五”发展的重要方针。必须更加注重统筹兼顾，采取有力措施，加强薄弱环节，突破难点问题，着力形成统筹发展的有效机制。进一步提高经济社会协调发展水平，强调经济发展与人口、资源、环境相协调，努力建设资源节约型、环境友好型社会。探索城乡统筹发展路子，推进社会主义现代化新城乡建设，提升区域城市化水平，积极参与以上海为龙头的长三角经济一体化进程。构建和谐社会，是“十一五”发展的基本任务。必须按照以人为本原则，把构建和谐社会纳入“两个率先”目标内涵，认真解决人民群众最关心、最直接、最现实的利益问题，妥善处理各方面利益关系，维护和促进社会公平。进一步加强精神文明建设和民主法制建设，充分激发全社会的创造活力，促进社会全面进步和人的全面发展。

2006年工作任务

今年是“十一五”发展开局之年，也是“科教兴市、人才强市促进年”，做好今年各项工作，将为率先基本实现现代化奠定基础。政府工作要以邓小平理论和“三个代表”重要思想为指导，认真落实党的十六届五中全会和市委十届九次全会精神，按照“立足科学发展，着力自主创新，完善体制机制，促进社会和谐”的要求，围绕又快又好发展主题，实行富民优先、科教优先、环保优先、节约优先和规划导向、法治导向、创新导向、市场导向的方针，努力推动经济社会转入科学发展轨道。

综合考虑各方面因素，今年经济社会发展主要调控指标是：地区生产总值同比增长13%；万元生产总值能耗降低4.4%；主要污染物排放量下降4%；财政一般预算收入增长15%；城市居民人均可支配收入增长13%；农民人均纯收入增长10%；城镇登记失业率控制在3.5%以内；居民消费价格涨幅控制在3%左右。

根据上述目标和工作要求，必须重点抓好以下工作：

（一）致力统筹城乡发展，进一步加速区域城市化进程

优化市域功能布局。构筑“一体两翼”和“三沿”发展格局，实施跨区域统筹规划，构建以中心城市为主体、江阴和宜兴城区为两翼、新城镇为纽带的三级城市体系。坚持片区开发与城市功能完善相结合，推进太湖新城行政商务区规划深化和前期启动，推进太湖新城科教区、蠡湖新城休闲商务区、新区高新产业中心和广益片区、古运河片区、凤翔片区、河埒片区等重点片区建设进度。修编土地利用总体规划，实现土地利用、生产力布局、基础设施建设、生态建设和环境保护等专项规划与城镇总体规划有机协调。

提高城市现代化水平。推进空港、水港、信息港等枢纽工程建设，提升口岸综合服务能力，强化网络资源整合和功能开发。完善城市路网体系，加快江海路、金城东路、运河西路、江阴澄西大道、宜兴东九大道等城市道路建设，整治改造一批城市次干道、支路和背街小巷。推进高速公路、干线公路、干线航道建设，实施硕放枢纽、锡张高速无锡段和锡苏连接线工程。强化市政设施和公共安全设施建设，启动市区长江水源取水工程，完成江尖、仙蠡桥水利枢纽工程，启动桃花山垃圾填埋场扩建工程，主城区新建社会停车场6个。深化行政处罚权相对集中改革，完善综合执法与行业执法统筹机制。提高城市管理信息化应用水平，充分发挥基层组织在城乡管理中的作用，进一步推动管理重心下移，继续推进各类专项整治，建立发现及时、处置快速、解决有效、监督有力的长效管理机制。

推进现代化新农村建设。坚持以工业化致富农民，以城市化带动农村，以产业化提升农业。开展“学习华西，争创社会主义现代化新农村建设示范镇村”活动，创建全省城市化示范县（市）、城市化示范镇和康居示范村。加快农业机械化发展步伐，提高农业综合生产能力，大力发展现代农业，打造环太湖都市农业示范带。深入推进农村八项重点工作，加速农村“三集中”，开展土地整理，实施“清洁水源、清洁田园、清洁家园和绿化造林”工程，全市村庄河道清淤800万立方米，农村造林绿化9万亩。进一步加强农村道路、水利、供水、供电、卫生等设施建设，提高配套服务能力。大力丰富农村文化生活，年内乡镇文化站活动面积达标率超过90%。

改善人居生态环境。启动国家生态城市群和国家生态园林城市创建工作。继续以太湖水污染防治、蠡湖周边环境整治、饮用水源地保护和城乡河塘综合整治为重点，切实加强水环境治理。加快城镇污水处理厂建设，铺设污水管网100公里，提高生活污水和工业废水集中处理率。启动实施走马塘拓浚工程，开辟清水通道和尾水通道。加强植被、水系、湿地等生态敏感区域保护，推进沿路、沿河、沿山地区的绿色屏障建设，继续实施矿山关闭复绿整治，新增城市绿地500万平方米。加快城市清洁能源区建设，主城区内环范围改用清洁能源或集中供热，继续控制摩托车、助力车保有量，改善城乡大气环境。大力推进循环经济，加强重点行业资源消耗管理，综合利用工业固体废物，集中处理危险废物和医疗废物。年内力争环境质量综合指数达到82，万元规模工业增加值能耗降低4.5%。

（二）致力转变增长方式，进一步拓展经济发展空间

强化制造业支撑作用。明晰产业发展导向，大力推进产业结构调整升级，鼓励发展电子信息、新材料、机械装备、汽车及零部件、高档纺织五大支柱产业，积极培育环保、新能源、生物医药三大先导产业，进一步壮大产业基地、产业集群。以布局调整为抓手，落实政策措施，加快市区企业“退城进园”、乡镇工业向工业集中区集聚和“五小企业”淘汰步伐。鼓励企业通过搬迁改造实施技改扩能，通过集聚发展和资产重组实施规模扩张，通过产业升级实现做强做大。抓好年净增销售收入超亿元的新增长点企业，确保达产达效。引导大企业强化市场开拓，加快进入国际采购系统，组织企业参加国内外零部件采购和产品配套活动。

强化现代服务业驱动作用。以制造业上下游延伸和服务分离为突破，提升现代服务业层次、规模和能级。重点发展研发设计、现代物流、金融保险等生产性服务业，大力发展软件开发、信息咨询、高端商务服务等新兴服务业。全面构筑综合交通、信息通信、配套服务三大平台，大力建设无锡综合物流园区、江阴长江港口物流园区和无锡口岸物流中心。加快培育服务业集聚地、重点功能片区、特色街区和现代市场群，提高服务

业辐射扩张能力。运用现代信息技术和现代经营方式改造提升传统服务业,积极发展社区服务业。

强化消费拉动作用。完善消费政策,培育住房、汽车、信息服务、文化娱乐、健身体育等消费热点,规范发展消费信贷,稳定和改善居民消费预期。进一步优化城市消费环境,更新商贸流通业态,发展大型商贸流通集团,培育一批销售超十亿元的商贸企业,加快现代化农产品大市场建设。实施"百、千、万放心连锁工程",重点扶持5家连锁企业。加大农村现代流通体系建设力度,引导骨干连锁企业向农村延伸经营网点,开拓农村消费市场。优化旅游要素配置,强化旅游公共服务,建设一批旅游休闲要素集聚区,深度开发夜间旅游和水上旅游,提升旅游对扩大消费、促进增长的贡献份额。确保社会消费品零售总额增长14%。

强化增量经济带动作用。加大自主创新研究开发、技术改造和资源综合利用投入,加大基础设施、社会事业和人力资源开发投入,加大高新产业、现代服务业、都市农业投入,新、续建一批关系全局和长远发展的重大项目,全社会固定资产投资确保增长16%。重点推进无锡机场改扩建、城市快速路网、宜兴抽水蓄能电站、500千伏锡西南变电站及220千伏配套工程、海力士集成电路、中基复合包装材料、灵山三期等项目建设。加强政府建设资金管理,发挥投融资平台功能,强化政府投资导向作用,推动民资、外资参与社会公用事业建设。加强产业政策和信贷政策的协调配合,加大对重大产业、重要项目、重点企业的信贷支持。

(三)致力加快改革开放,进一步激发经济发展动力

提升开放型经济承载力。积极借鉴国际先进城市的规划、建设和经营理念,建立健全经济国际化服务体系,完善外商居住、教育、医疗和休闲等生活配套设施,营造城市国际化政务环境、社会环境与人居环境。突出提升园区功能,加强园区品牌建设,促进先进开放园区提升发展,促进薄弱开放园区加快发展,促进专业工业园区特色化发展。重点推进太湖国际科技园、江阴临港新城、宜兴环科新城等园区基础建设和功能开发,培育产业和城市发展新的增长极。大力实施产业链招商,全面融入国际产业分工体系,加强与跨国公司的合资合作,着力引进基地型、龙头型、旗舰型项目,培育园区产业链,发展集群经济。

提升经济国际化程度。开拓国际并购、风险投资、基金投资、财团投资等利用外资新途径,努力在增资扩股上有新的突破,在高新技术项目上有新的突破,在服务业利用外资上有新的突破,提高招商引资实效。加快推进在谈在批重大项目落户,精心组织好重点国别和地区招商引资活动。全年到位注册外资确保增长15%。加快推进出口产品结构调整,加大科技兴贸力度,确保出口总额增长20%以上。推动内资加工贸易企业与外资企业配套协作,放大技术溢出效应。加快建立境外投资、境外承包、境外劳务等三大促进体系,以输出技术、管理、设备为重点,发展境外加工贸易。

提升民营经济活力。以争创最佳成长区为目标,积极鼓励民间营商创业,扶持一批具有较强竞争力的民营企业,不断提高民营经济产业层次和企业素质。建立公共服务平台,继续抓好"招商月"、"民高会"等活动,拓展发展空间。完善金融担保体系,扶持发展信用担保机构,做大授信签约盘子,拓宽金融服务内容,为企业融资提供更好服务。沟通上下游企业联系,促进民营企业与外资企业配套、与大企业大集团对接、与科研机构挂钩,培育专业化中小企业群体,壮大民营企业技术经济实力。

提升企业竞争能力。深化国有企业、国有资产监管体制改革。进一步调整和优化国有经济结构与布局,推动国有资本向重点领域和关键行业集聚,向大企业大集团集聚,提高国有资本集中度,增强国有资本对社会资本的引导能力。以股份制、股份合作制为主要组织形式,推进企业产权结构调整,鼓励国资、外资、民资等各类资本多形式多渠道相互参股、相互融合。支持有条件的企业拓展资本经营,加快境内外上市步伐,进一步扩大"无锡板块"。

(四)致力建设创新型城市,进一步增强城市核心竞争力

建设国家火炬创新试验城市。坚持把自主创新能力培育和知识产权创造作为实施创新试验的中心环节,建立创新试验与经济社会发展紧密结合的机制,实施一批具有自主知识产权和核心竞争力的重大创新项目。完善工作考核,建立健全政策支持体系、人才保障体系和公共服务体系,加大知识产权保护力度,营造鼓励创新试验的社会环境。实施"科技创新百佳企业"培育计划,抢占产业链高端增值环节。依托开放型经济比较优势,在更广领域加强国际科技交流与合作,鼓励引进、消化、吸收,实现更高起点上的自主创新。全社会研发费用投入占生产总值比重力争达到1.7%以上。

推动科技向现实生产力转化。加快各类孵化器、留学生创业园、国际科技合作园、大学科技园、公共科技信息平台等载体建设步伐。深化与知名院校的产学研合作,发挥在锡院校和科研院所作用,推进中科院无锡创新基地、清华同方无锡科技创业园等合作项目,开展重大关键技术和共性技术攻关,组织实施重点技术创新和新产品试产项目200项。推进企业采用国际标准和国外先进标准,确保重点企业主导产品采标率达到90%以上。加快企业名牌工程建设,增创一批国家级及省级名牌产品和商标。办好中国无锡工业设计博览会、长三角高新技术项目合作洽谈会等活动。

坚持教育优先发展。完善义务教育"政府负责、县区为主"体制,全市农村义务教育阶段学生免收杂费,对贫困家庭学生提供免费课本和寄宿生活费补助,确保没有一个贫困学生因经济困难而辍学。促进基础教育高水平、高质量发展。做大做强职业教育,加快建设藕塘职教园区和公共实训基地,鼓励和支持企业为职业院校提供生产与实训相结合的校外实训基地。加快建设高教园区,推动现有高校壮大规模、提高水平。大力引进国内外优质教育资源,建成国际文凭组织认证的国际学校,推进教育现代化、国际化。统筹院校和社会教育资源,加大学校和社区双向开放力度,实现资源共享,努力构建学习型社会。

加强人力资源开发。实施"人才强市"战略,坚持在创新实践中发现人才,在创新活动中培育人才,在创新事业中凝聚人才。着力引进高科技企业和研发机构,降低人才落户准入门槛,实现人才培养和引进主体多元化,吸引海内外人才来锡创业发展。创新人才管理体制机制,促进人才柔性流动。改革分配激励政策,建立技术、专利等知识产权入股制度和技术创新人员持股制度,推进智力资本市场化运作。依托各类研发机构和高校,大力培养领军型人才,培养紧缺型人才,培养与重点产业相适应的技能型人才。

(五)致力构建和谐社会,进一步提高群众生活质量

增加居民收入。继续实行积极的就业政策,加快建立市场

指导就业、政府促进就业、个人自谋职业相结合的长效机制。认真解决国有集体企业下岗失业人员再就业、城镇新增劳动力和农村富裕劳动力就业问题，深入推动再就业培训、创业培训和农村劳动力就业技能培训。发挥失业保险制度促进就业的功能，逐步建立失业预警机制、城乡就业和失业统计制度。全年城镇新增就业10万人以上，促进本地农村劳动力就业4万人以上。加强劳动保障监察，切实维护劳动者合法权益，企业工资集体协商制建制面扩大到80%。切实提高城乡居民财产性、经营性收入，推进建立各种形式的土地股份合作社，大力发展制度健全、效益明显的专业经济合作组织。

健全社会保障。以城镇非公经济从业人员、灵活就业人员和农村各类企业及非农化产业工人为重点，加快推进各类社会保险扩面工作。年内全市企业养老保险扩面12万人以上，其中乡镇范围内各类企业职工参保覆盖面扩大到80%。落实工商、税务、社保扩面联动工作机制，完善社会保险稽核制度。调整企业职工基本养老保险缴费比例，改革基本养老金计发办法，更好地体现公平与效率。积极落实纯农民养老保险筹资机制，参保覆盖面扩大到80%。逐步提高医疗保险待遇，扩大医疗保险个人账户支付范围。进一步规范各项社会救助制度，完善社会救助体系。加强社会福利事业建设，积极发展老龄事业和残疾人事业。

完善公共服务。整合社会事业资源，加快建设博物馆、科技馆、档案馆、老干部活动中心、青少年活动中心等一批标志性公共服务设施。实施食品放心工程，加大流通领域食品监管力度，全市50家重点农贸市场、批发市场建立食品安全监控网络系统，10家农贸市场实施商场化改造。全面加强人口和计划生育管理，提高出生人口素质。重视科学普及，积极繁荣和发展哲学社会科学。全面启动新一轮地方志编纂工作。积极支持艺术精品工程，大力发展先进文化。加大对文物古迹、优秀历史建筑的保护修缮力度，建成开放中国民族工商业博物馆、锡剧博物馆，实施惠山古街、古运河历史文化街区、“三泰一址”等文化保护工程，创建国家历史文化名城。完成体育中心二期建设，新建全民健身工程5个，全民健身点80个。积极备战和参加十六届省运会，力争取得好成绩。加强军地、军民共建，争创“全国双拥模范城”五连冠。

促进安居乐业。合理确定房地产开发指导性计划，保持房地产市场稳定健康发展。改善住房供给结构，确保普通商品房建设比例不低于当年住宅建设总量的70%，市区确保经济适用住房交付使用40万平方米，征地折迁安置房竣工400万平方米，提供廉租住房800户，完成老新村整治60万平方米。加快医疗中心建设，积极优化卫生资源配置，基本建成公共卫生体系，完善社区和农村卫生服务网络，市疾病预防控制中心、急救中心建成投用。加强医药市场监管，减轻群众就医负担。贯彻公交优先，加强公交基础设施建设，改善公交服务质量。深入持久开展平安创建活动，完善“打控防一体化”机制，有效遏制抢劫抢夺盗窃等违法犯罪行为。健全社会矛盾纠纷调解机制，处理好涉及群众利益的各类矛盾。做好信访工作，坚决纠正损害群众利益行为。落实安全生产责任制，加大对化工、交通等重点行业的监管力度，努力保障公共安全。

（六）致力加强自身建设，进一步践行执政为民宗旨

建设服务型政府。继续推进政企分开、政资分开、政事分开、政府与市场中介组织分开，深化社会事业、市政公用事业领域“管办分离”、“管养分开”改革，更好发挥商会、行业协会作用。继续深化行政审批制度改革，简化行政审批环节，规范行政许可事项。继续完善财政管理体制，深化部门预算、国库集中收付、政府采购和非税收入“收支两条线”管理制度改革。健全政府投资决策机制，规范政府投资行为，强化政府性投资监管，积极培育“代建制”市场。

建设法治政府。加强政府法制工作，加快建立权责明确、行为规范的行政执法体制，保证各级行政管理机关及其工作人员严格按照法定权限和程序行使职权、履行职责。大力推进“阳光工程”，健全行政管理权限监督机制，强化对决策和执行等环节的监督，完善各类监督机制。贯彻实施《公务员法》，提高公务人员法律素养，做到依法决策、依法行政、依法管理，不断提高为人民服务水平。

建设高效政府。进一步创新政府管理体制，理顺职责分工，合理划分事权、财权，减少行政层次，降低行政成本，提高各级政府执行力和公信力。积极推进乡镇机构改革，实现机构、职能、编制工作程序法定化。建立健全民主化、科学化决策机制，加强绩效管理和目标管理，提高政府工作效能。增强政府调控能力，完善处置突发公共事件的快速反应机制。认真推行政务公开制度，扩大公开范围，规范公开内容，丰富公开形式。加快发展电子政务，进一步提高政府工作透明度，保障人民群众的知情权、参与权和监督权。

建设廉洁政府。全面落实廉政建设责任制，坚持廉洁从政、从严治政、依法行政。以制度建设为重点，规范行政行为，切实做到用制度管人、管事、管钱，从根本上预防和治理腐败。推进学习型机关建设，加强公务员队伍教育、培训和管理，提高各级干部整体素质，完善考核体系和奖惩机制，切实增强服务基层、服务群众的意识，努力形成“为民、务实、清廉”的良好政风。

我们正站在新的历史起点，率先基本实现现代化，建设和谐宜人新无锡，是全市人民的共同追求。让我们紧密团结在以胡锦涛同志为总书记的党中央周围，高举邓小平理论和“三个代表”重要思想伟大旗帜，在中共无锡市委领导下，开拓进取，求真务实，同心同德，艰苦创业，为夺取国民经济和社会发展的更大胜利而努力奋斗！

（注：在无锡市第十三届人民代表大会第四次会议上）

政府工作报告

(2006 年 1 月 11 日)

常州市代市长　王伟成

一、2005 年工作回顾

2005 年是"十五"最后一年,也是奋发有为的一年。市政府在中共常州市委的正确领导下,在市人大和政协的监督支持下,紧密依靠全市人民,坚持以邓小平理论和"三个代表"重要思想为指导,深入贯彻科学发展观,紧紧围绕"两个率先",聚精会神抓经济,真抓实干促发展,以民为本办实事,锐意进取,团结奋战,全面完成了市十三届人大四次会议确定的各项目标任务。

——国民经济平稳较快增长,人民生活水平稳步提高。预计,全年完成生产总值1 302.2亿元,按现行价增长 18.1%;人均生产总值超过4 500美元;财政总收入达到 220 亿元,增长 25.9%,其中地方一般预算收入 95 亿元,增长 27.4%。农业综合生产能力明显提升,预计实现农业增加值 56.5 亿元;农业产业化经营步伐进一步加快,形成花卉苗木等优势产业带(区)80 多万亩,25 家市级以上重点农业龙头企业经营收入突破 100 亿元;农村集体经济股份合作制改革等"三大改革"稳步推进。工业经济持续增长,预计全部工业总产值突破3 000亿元,规模以上工业实现增加值 600 亿元,按可比价增长 23%;新增省级高新技术企业 39 家、高新技术产品 156 只,高新技术产业产值占工业产值的比重达 32.3%;中天钢铁销售收入达到 108 亿元,成为我市首家销售超百亿元的企业集团;新增境外上市企业 3 家、中国驰名商标 1 只、中国名牌产品 8 只,入选"中国品牌经济城市"。服务业发展呈现良好势头,增加值达到 450.4 亿元,增长 16.6%;预计全社会消费品零售总额 420 亿元,增长 16.3%;旅游业游客和收入分别增长 23% 和 23.5%。在经济增长的同时,全市人民生活水平得到新的提高,城镇居民人均可支配收入达到14 589元,增长 13.4%;农民人均纯收入达到6 900元左右,增长 10% 左右;全市城乡居民储蓄余额达到 865.4 亿元,增长 19.5%。

——"三加"工程顺利推进,经济结构进一步优化。组织实施以"加快利用外资、加大民资投入、加速园区建设"为主要内容的"三加"工程。全年完成全社会固定资产投资 770 亿元左右,增长 30% 以上,其中工业投入 450 亿元以上,增长 32% 以上;投资结构明显优化,高新技术产业投入增长三成左右,高能耗、高污染行业投资得到有效控制,全市单位生产总值能耗同比下降 2%。利用外资取得重要突破,扭转了年初负增长的不利局面,全年协议利用外资 28.5 亿美元,增长 30% 以上,注册外资实际到账 8.7 亿美元,同比增长 50% 以上;新批项目单体规模达到 570 万美元,新批1 000万美元以上项目 145 个,引进总投资超亿美元项目 7 个,新批服务业外资项目 84 个,又有 5 家世界 500 强企业投资我市。成功举办了中国常州科技·经贸洽谈会和对台招商恳谈会。开发园区建设加快推进,出口加工区获得批准并启动建设,武进海关办事处获准设立。外贸外经稳步增长,完成进出口总额 80 亿美元以上,增长 20%,其中出口超过 60 亿美元,增长 30% 左右;实现外经营业额 1.9 亿美元,增长 30% 以上,又有 10 家企业到境外投资。民营经济加速发展,私营企业新增7 200户,总数超过 4.5 万户,注册资本新增 110 亿元,总额达到 580 亿元以上;民营经济对全市经济增长的贡献份额进一步提高,实现增加值占全市总量的 65% 左右。

——城市建设步伐加快,城乡统筹协调发展。编制了新的三年城市建设实施纲要,基本完成新一轮城市总体规划中的 23 个专项规划和镇村布局规划。交通建设加快推进,沪宁高速常州段扩建、312 国道和 239 省道改扩建工程建成通车,录安洲夹江大桥主桥合龙,常宁高速、扬溧高速和新运河建设进展顺利,常州民航机场改造工程开始实施。城市基础设施建设取得新成绩,外环路、青洋路等改扩建工程顺利完成,长江路、常焦路等骨干道路建设按计划推进,常州—金坛供水工程、城市生活垃圾卫生填埋厂二期、江边污水处理厂一期等公用设施建成投运,生活垃圾焚烧发电项目动工兴建,武宜运河武进段拓浚、藻港河南段整治等城市防洪工程全面完成。老住宅小区整治成效明显,全年整治 15 个老小区 120 万平方米,改造拆迁危旧房1 500户。国家康居示范工程陈渡新苑小区开工建设。城市环境进一步改善,新增城市绿地 319 公顷,完成荆川公园敞开改造和青枫公园一期工程,建成东方绿地等一批公共绿地和道路景观,启动实施"八路八口"绿化工程、红梅公园敞开扩建等工程。城市管理得到加强,开展了以"限摩"为重点的城市道路交通秩序专项整治,新辟、调整和延伸公交线路 17 条。村镇建设进一步加快,农村清洁田园、清洁水源、清洁家园的"三清"工程取得初步成效。

——社会事业和各项改革全面推进,和谐社会建设成效显著。坚持富民优先原则,全市新增就业 6.9 万人,城镇登记失业率控制在 3.58%;社会保险覆盖面进一步扩大,全市净增参加养老保险 8.2 万人、医疗保险 8 万人。提高了城乡低保、农村"五保"和城镇"三无"对象生活补贴标准,建立了以城市低保对象为重点的医疗救助制度,全市 93% 以上的农民参加了新型农村合作医疗保险。创新慈善劝募活动,慈善创始基金近 2 亿元,总量名列全省第一。坚持为民办好实事,除因规划调整的河道整治项目外,年初确定的实事项目全部完成。科教兴市战略深入实施，新增市级以上工程技术研究中心6家、企业技术中心18家，获得授权专利达1 200件。高质量普及学前三年教育和十二年教育，全市高考万人进线率和单招录取率继续名列全省第一，高等教育毛入学率达到54%；大学城二期建设进展顺利，在常高校学生达到9.5万人，比上年增长22%。全年引进各类人才1.56万名。新闻、文体卫生事业取得新进步，成功举办了第二届中国国际（常州）卡通数码艺术周，20家动画企业入驻常州国家动画产业基地；常州博物馆、前后北岸历史文化街区建设积极推进；市妇幼保健院病房楼、市残疾人康复服务中心建成投运，全市乡镇提前三年达到省农村初保先进地区标准；成功承办全国十运会常州赛区赛事，常州籍运动员取得了6.5枚金牌的好成绩，第九次获得全国全民健身先进城市称号；实施农村部分计划生育家庭奖扶制度，继续保持人口低生育水平。人防、国防和民兵预备役建设得到加强，常州“国防园”建成并投入使用。各项改革取得新进展，国有资产管理体系和公共财政体系进一步健全，企业改革和行政管理体制改革进一步深化，市属生产经营性事业单位改制转企工作基本完成。精神文明和民主法制建设进一步加强，创建成全国文明城市工作先进市，涌现出英雄教师殷雪梅、新时代产业工人代表邓建军等先进人物；积极深化学习型城市建设，公民道德建设和未成年人思想道德建设扎实推进；“法制常州”建设全面启动，圆满完成“四五”普法各项任务；“平安常州”建设取得新成效，大调解机制、社会治安防控体系进一步完善，被评为全国社会治安综合治理优秀市。坚持不懈地抓好安全生产、食品安全、打假治劣和整顿规范市场秩序工作。与此同时，外事、侨务、台湾事务、老龄、地方志、妇女儿童、关心下一代、民族和宗教等工作都取得了新成绩。

——政府自身建设得到加强，投资创业环境明显改善。把开展保持共产党员先进性教育活动与加强政府自身建设有机结合起来，强化党的意识、民本意识、法制意识、效率意识、创新意识和廉洁意识，进一步精简会议文件、加快工作节奏、深化政务公开、加强督查落实、树立诚信形象，提升了政府的行政能力和工作水平。按照“法制、诚信、效率、双赢”的要求，着力抓好软环境建设，在“放、减、控、改”等方面取得了突破，把外资审批权等14项市级审批权下放给辖市区；减轻企业负担，常州高新区和武进高新区实行市级行政事业性“零收费”；控制和规范对企业的检查，推行“宁静生产（经营）日”制度；改进工作作风，全面推行企业联合年检、申办告知承诺、建设项目联合审批和收费一卡制等四项制度，对乱收费等行为进行了通报批评。同时，进一步加强廉政建设，自觉接受市人大及其常委会的法律监督和工作监督，支持市政协履行政治协商、民主监督、参政议政的职能，514件市人大、政协议案、建议和提案全部办结。

回顾一年来的政府工作，我们的主要体会是“六个坚持”：坚持突出中心抓经济，把更多的精力投入到抓经济、促发展上来，做到一心一意谋发展，专心致志搞建设；坚持扬长避短抓突破，着力解决经济社会发展中的薄弱环节，努力创造自身特色优势，确保常州在区域经济发展中的应有地位；坚持与时俱进抓创新，用新的办法破解发展中出现的各种难题，及时化解经济运行中的矛盾和问题，保持经济社会平稳较快发展；坚持有效推进抓落实，对事关发展全局的重大事项、重大问题，上下同心，全力以赴，狠抓推进，确保各项工作落到实处，取得实效；坚持以人为本抓富民，把发展经济与造福人民统一起来，扎扎实实地为全市人民多办实事好事，让人民群众共享更多的改革发展成果；坚持统筹兼顾抓和谐，积极解决发展中不够协调、不够全面的问题，推动城市与农村、经济与社会、物质文明与精神文明建设协调发展。

我们所取得的成绩，是全市人民在中共常州市委的正确领导下，团结奋斗、开拓创新的结果，是市人大、政协监督支持的结果。在此，我代表市人民政府，向全市人民，向人大代表、政协委员、各民主党派、工商联、各人民团体、离退休老同志、无党派及各界人士，向驻常部队指战员、武警官兵和部、省驻常单位，向所有关心、支持常州建设和发展的海内外朋友们，表示衷心的感谢！

在肯定成绩的同时，我们也清醒地看到工作中存在的问题和不足。主要表现在：一是经济转型面临考验。虽然我市经济一直保持平稳较快的增长势头，但从总体上看，产业层次还不高，特别是制造业竞争能力还不够强，如何走出一条具有常州特色的新型工业化道路，对我们是一个考验。二是薄弱环节依然薄弱。虽然去年利用外资走出了低谷，并有较大幅度增长，但外资规模和质量与先进地区相比仍然存在较大差距。三是富民工程任务艰巨。虽然去年全市城乡居民收入有了新的增长，但增幅还不够高，与今年要全面实现小康指标的要求看，还有一定距离。四是和谐稳定任重道远。就业再就业和社会保障形势不容乐观，水污染和大气污染状况在一些地方还比较严重，环境治理的任务依然艰巨。同时，随着改革的深入，一些历史遗留问题和新的矛盾交织，群访事件时有发生，维护社会稳定的任务十分繁重。五是自身建设亟待加强。对照新的形势和科学发展的新要求，政府组成人员还有很多不适应的地方，转变政府职能、改进工作作风、提高工作效率还有大量的工作要做。这些问题都有待于我们在今后的工作中，采取切实有效的措施，认真加以解决。

二、2006年工作安排

2005年各项任务的全面完成，标志着我市“十五”发展取得圆满结果，“两个率先”迈入新的阶段。“十五”时期是常州发展经历挑战、经受考验最多的时期，也是经济社会发展最快、改革开放成效最好、城乡面貌变化最大、老百姓得到实惠最多的时期之一。面向未来，我们已经站在一个新的历史起点上。根据市委九届十四次全会精神，市政府组织编制了《常州市国民经济和社会发展第十一个五年规划纲要》，现已发给各位代表，提请大会审议。“十一五”是常州加快“两个率先”的关键时期，也是承前启后、为后十年常州经济社会发展打基础、增后劲的重要时期。未来的五年，我市将建成具有较高水平的全面小康社会，为基本实现现代化，建设区域中心城市、现代制造业基地和文化旅游名城奠定坚实基础。

蓝图已经绘就，五年看三年，三年看头年。今年是实施“十一五”规划的开局之年，是建设全面小康社会的决战之年，做好今年的经济社会发展工作至关重要。今年政府工作的总体要求是：以邓小平理论和“三个代表”重要思想为指导，认真贯彻党的十六大和十六届五中全会精神，按照市委九届十四次全会提出的要求，坚持以科学发展观统领经济社会发展全局，紧紧围绕“两个率先”、富民强市总目标，推进全面创新，加快有效投入，促进城乡统筹，实现全面小康，推动经济社会全面协调可持续发展，开创我市又快又好发展的新局面。

我市经济社会发展的主要预期目标是：

——全市生产总值增长13%(可比价)；

——地方一般预算收入增长15%以上；

——单位生产总值能源消耗降低4%；

——全社会固定资产投资增长30%；

——社会消费品零售总额增长14%；

——进出口总额超过100亿美元，出口总额增长20%以上；

——实际到账外资同比增长25%以上；

——城镇居民人均可支配收入增长12%，农民人均纯收入增长10%以上；

——城镇登记失业率控制在4%左右；

——人口自然增长率控制在1‰以内。

为实现上述目标，我们将重点抓好以下八项工作：

(一)加大有效投入，调整产业结构

有效投入是调整经济结构、提升产业层次和壮大新兴产业的重要途径和关键环节。今年我市将深入开展“加快有效投入年”活动，通过有效投入，带动结构调整，促进产业升级。

优化投资方向和结构。按照新型工业化要求，根据国家产业政策和我市产业规划，加大对高新技术产业投入，大力扶持电子信息、生物医药和精细化工、新材料等新兴产业，着力推进朗生微电子、天合光能等高新技术重点项目，不断提高高新技术产业投入在全部投入中的比重。加大对传统产业的技改投入，抓好信息产品和信息技术的推广应用，着力推进新型环保制冷剂、数控加工中心等38项重点工业技改项目。加大对循环经济的投入，实施一批节能降耗项目，淘汰一批能耗高、污染重、技术落后的工艺和产品，鼓励企业实施循环式生产，推动产业循环式组合。

突出抓好重大项目。项目是有效投入的直接载体。大项目催生大企业，大企业造就大产业。把实施大项目作为有效投入的重中之重，积极推进168个重大项目的实施，力争开工20个总投资超亿美元的项目。进一步加大工业项目的组织力度，重点推进中天钢铁等50个投入规模大、产业层次高、带动能力强的重大项目，加快实施晋美光电等50个发展前景好、产业链长的制造业升级项目。重点实施常州港物流园区等50个现代服务业大项目，确保年内新开工建设22个，投资规模达到112亿元。同时，抓好10个重点城建项目和武南河拓浚等8个重点农林水利建设项目。

精心组织“加快有效投入年”活动。按照发动广、规模大、项目多、投向优、成效好的要求，进一步激发全市上下投资创业热情，掀起新一轮加大有效投入的高潮，确保全社会固定资产投资规模突破1 000亿元。坚持大中小项目、一二三产业和各种经济成分一起上，通过“创星争先”等激励措施，深入实施民营经济三年跃升计划，促进广大民营企业争创后劲、做优做强，真正成为我市增加有效投入的主力军。全年新增私营企业6 000户、个体工商户12 000户，新增注册资本60亿元。搞好协调服务，创新考核机制，加强督查落实，不断破解项目推进中遇到的用地、拆迁和融资等难题，为加大有效投入创造良好环境。

(二)统筹城乡发展，建设新型农村

贯彻工业反哺农业、城市支持农村的方针，以农民增收为重点，进一步加强“三农”工作，实现城乡统筹协调发展。

以提高效益为中心，强力推进现代农业发展。优化农业结构和布局，稳定粮食生产，加快经济林果等高效产业带(区)建设，扶持发展规模养殖示范基地和农业科技示范园区，着力推进高效农业规模化。实施一批农业产业化经营项目，做大做强立华畜禽等一批农业龙头企业，扶持发展农产品加工业，提高农产品附加值。依托农业资源特色，以生态和农耕文化为主题，大力发展观光休闲农业，拓展农业增值增效空间。积极开拓国际国内市场，扩大特色农产品出口规模，培育和扶持凌家塘等一批农产品批发市场，拓宽农产品销售渠道。加快农业标准化建设和农产品品牌建设，健全农技农机推广、农产品质量安全和动植物病虫害防控体系，促进农业安全、优质、高效。

以城乡一体化为方向，强力推进社会主义新农村建设。按照生产发展、生活宽裕、乡风文明、村容整洁、管理民主的总体要求，进一步完善城乡发展规划和城镇体系规划，加强重点镇、农民居住区布局规划管理，实现城乡规划全覆盖。加快推进农村“三集中”。统筹城乡基础设施和公共事业建设，加大对农村道路、水利、供水、文化、卫生、环保等公共设施投入，努力实现城镇功能互动共享；组织开展对农村河道、厕所、垃圾、道路、家前屋后等环境综合整治，推进生态防护林等六大现代林业工程建设，改善农村生产生活环境和整体面貌。

以“多予、少取、放活”为方针，增强农村发展活力。巩固农村税费改革成果，加强农民负担监管和农村财务管理，推进乡镇机构、农村义务教育改革，进一步减轻农民负担。加大农业投入，完善和强化农业补贴政策，加快茅山老区的扶贫开发，扩大公共财政覆盖农村的范围，建立以工促农、以城带乡的长效机制。放开搞活农村第二、三产业，积极改善农村金融服务，鼓励农民自主创业。改革劳动力管理制度，加强城乡统一的劳动力市场和农村劳动力资源信息服务体系建设，加大农民就业培训力度，推动农村劳动力向非农产业和城镇有序转移。大力发展各类农民专业合作经济组织，积极探索农村土地股份合作制改革，有条件的村全面完成集体经济股份合作制改革，进一步激活农村经营机制。

(三)加强科技创新，促进产业升级

加快产业结构优化升级，关键在于科技创新。通过原始创新、集成创新和引进消化吸收再创新，全面增强科技创新能力，提升产业层次和水平。

改造传统产业，提升产业层次。坚持以信息化带动工业化，组织实施30个重点技术创新项目，提升纺织、机械、化工等行业的管理信息化、生产自动化、产品数字化、系统集成化水平。强化政策支持，整合科技资源，提高工程机械、输变电和动力机械等装备制造业研发设计、核心器件配套和生产制造的整体水平。全年力争新增省级高新技术企业30家、高新技术产品120只，力争新增中国名牌产品5只、中国驰名商标3只。

加强科技创新，增强竞争能力。切实加强企业为主体、市场为导向、产学研相结合的技术创新体系建设，以重点骨干企业为龙头，组织实施一批关键技术、共性技术及重要装备开发项目，进一步提升自主创新能力，推动高新技术产业向自主研发制造转变。促进轨道交通产业技术引进与自主创新相结合，增强轻轨整车研发能力，提高生产制造和系统集成的整体水平；鼓励“三药”产业研发和创制新药，推进成果转化，加快形成产业规模；以软件外包为突破口，提升自主设计和自主创新能力；大力培育数字化音视频、高性能计算机及网络设备等信息产业，加快形成1万台以上的国产网络计算机生产和应用规模。

加快技术创新平台建设，提高服务水平。大力推进公共技术创新服务平台建设，新增5个市级以上工程技术研究中心和10个企业技术中心。加强与高校院所的科技对接，大力引进名校名院的研发机构和力量，推进企业与中科院、清华大学等院所的产学研合作，力争建成5个以上中试基地和合作示范企业。以常州大学城和其他在常高校为依托，建设服务全市的公共科技研发和教育培训平台，引进国内外科技创新资源，发展研发经济、总部经济。加大知识产权保护力度，扶持发展创业服务和科技中介组织，加快科技创业孵化基地建设。加大高新技术产业和现代服务业人才的引进和培养力度，着力增强我市自主创新的原动力。

(四)突破利用外资，提高开放水平

继续把突破利用外资作为经济工作的重点之一，高质量、大规模地引进外资，并以此为龙头带动我市开放型经济健康发展。

创新对外招商。把招商引资与招商选资结合起来，实现利用外资规模与质量的双突破。按照我市产业发展方向，依托优势和特色产业，推进产业链招商。重点对欧美、日韩、港台等国家和地区开展专题招商，大力引进世界500强企业和跨国公司的基地型项目。做好对现有外资企业的服务工作，促进外资企业增资扩股、延伸发展。调动民营企业家引进外资的积极性，支持民营企业境外上市和境外招商。加强招商队伍建设，聘请海外招商代理，创新招商机制，确保完成全年实际利用外资11亿美元。

加快园区建设。积极实施开发区三年发展纲要，着力提升国家级高新区、省级开发区和乡镇工业集中区的功能规划和产业发展水平。进一步整合各类园区的土地资源，盘活土地存量，科学用好增量，着力提高投入强度和集约开发水平。加快成片土地开发、标准厂房等基础设施建设，不断增强项目承载能力。深入推进沿江开发，加快录安洲开发进程，增强常州港一类口岸功能。高标准建设出口加工区，力争6月底实现封关运作。加快海关、国检武进办事处建设。抓紧常州保税物流中心的申报工作，积极推进“大通关”建设。深化开发园区体制机制创新，进一步提高办事效率。

提升外贸外经。坚持以质取胜、科技兴贸，积极应对外贸形势变化，主动适应出口退税率调整，切实转变外贸增长方式，稳定发展一般贸易，扩大提升加工贸易，积极探索技术贸易。着力优化出口结构，进一步提高机电设备和高新技术产品的出口比重。积极开拓国际市场，支持企业境外参展、国际认证和反倾销应诉，形成多元化出口市场格局。支持有条件的企业“走出去”，实现互利互惠和共同发展。同时，进一步巩固和发展国际友城关系，加强对外交流与合作，努力提高常州在国际上的知名度。

(五)加快城建步伐，建设现代城市

坚持“科学规划、强化功能、注重生态、统筹城乡、创新管理、集约发展”的原则，科学配置城市资源，加大城市建设力度，实现城市建设的新跨越。

拉开城市骨架。适应市区面积扩大和现代化特大城市发展的要求，迅速拉开城市骨架特别是大交通骨架，加快形成现代化综合交通体系。着力推进高速公路网建设，建成沪宁高速扩容配套工程，加快建设宁常高速、扬溧高速；加快高等级干线公路建设，推进104国道等5条干线公路常州段改扩建和续建工程；加快常州民航机场改扩建步伐。以打通南北通道为重点，推进城市快速交通系统建设，建成龙江路等5条贯穿南北的主通道，启动实施南北高架一期工程，积极做好城市轻轨的前期工作。

突破南北两翼。在增强中心城区功能的同时，大力推进南北两翼建设。武进区重点围绕“三城一中心”，建设以高等职业教育为特色的常州科教城、旅游休闲为主要功能的太湖湾旅游城、宜人居住的西太湖生态城和5.6平方公里的中心区，把武进区建成全市的现代制造业基地，科教、文化的集聚区，具有生态特色的现代化新城区；新北区重点建设国家级高新区和航空港、长江港“一区两港”以及新龙等组团，使新北区成为全市高新技术产业示范区、现代物流集聚区和现代化新城区，从而形成南北两翼与中心城区互相呼应、相得益彰的城市发展新格局。

提升城市功能。加快基础设施建设，加速推进运河南移工程，开工建设石化码头二期扩建工程、录安洲通用和石化码头一期工程，建成录安洲夹江大桥；加快完善城市路网，建设太湖路、竹林北路延伸段、勤业路西段、聚湖路、黄河西路等一批城市干道；加快公用设施建设，推进博物馆及规划展览馆、体育中心及会展中心、大剧院和西瀛里地区及前后北岸改造等项目，开工建设天然气利用二期、魏村水厂二期和武进区客运中心，建成新北区客运中心和一批公共停车场。加快中华恐龙园等六大景区建设，推进旅游业与城市建设一体化发展，年接待游客突破1 500万人次。加快绿化工程建设，全面完成“八路八口”绿化任务，新增城乡绿地1 600公顷；实施“两纵一横”景观道路建设，启动老运河的景观改造，建设马公桥绿地等绿化工程。与此同时，着力推进中心城区污染企业搬迁，努力改善城市水环境和大气质量，抓好西太湖、长荡湖、天目湖的环境保护，积极创建全国生态示范区和国家园林城市。提高管理水平。完善“大城管”机制，强化辖区、街道的基础作用，综合运用法律、行政、市场和数字化等手段，推进城市管理现代化。建立健全社会预警体系和应急救援机制，加快建设城市应急中心。继续开展交通秩序、市容环境综合整治，加大对城郊地带的治理力度，切实改变城郊结合部的环境面貌。深化完善土地收储和经营机制，积极采用股权转让、BOT等方式吸引外资、民资参与建设，加快形成多元化的城市建设投融资机制。深化和完善市场化取向的市政公用事业改革，加快推进市区公交一体化，深化公交行业改革，提高城市资源的运行质量和整体效益。

统筹城镇发展。充分发挥常州中心城市的辐射作用，按照现代化中等城市的目标要求，加快金坛和溧阳两市城镇建设，强化规划，拉开框架，增强功能，优化人居环境，提升管理水平。积极开展新型示范小城镇创建工作，集中力量抓好一批在区位、经济、人口、集聚与辐射力上有明显优势的重点中心镇建设，逐步形成区域中心城市、县域中等城市、小城镇与中心村布局合理、相互衔接、功能互补的现代化城镇新格局。

(六)贯彻富民优先，共享发展成果

坚持以人为本，始终把提高城乡居民生活水平作为政府工作的出发点和落脚点，让全市人民实实在在地享受到改革发展的成果，得到更多的实惠。

增加人民收入，提高生活水平。积极推进就业致富，全面落实促进就业的各项扶持政策，强化就业援助和劳动力就业技能培训，加快发展就业容量大的服务业和中小企业，鼓励企业创造更多就业岗位。积极推进创业致富,把创业作为促进城乡居民收入增长的重要途径,大力发展个体私营经济,充分发挥各类要素资本对城乡居民收入增长的重要作用,努力提高资产性、经营性收入占居民收入的比重。积极推进改革致富,继续深化企业改革,建立与企业发展相适应的职工收入增长机制。

完善社会保障,关心弱势群体。把建立完善的社会保障体系作为政府的重要职责。进一步扩大社会保险覆盖面,改进养老保险转移办法,逐步做实养老保险个人账户,推进机关事业单位养老保险制度改革,探索建立新型农村养老保险制度;建立城镇居民医疗保障制度,完善新型农村合作医疗制度,逐步提高城乡居民医疗保障水平,将困难、破产、关闭的国有集体企业退休人员全部纳入医疗保险覆盖范围;妥善解决失地农民的基本生活保障问题,把失地农民纳入社会保障体系;健全城乡最低生活保障制度,不断提高城乡低保、城镇"三无"和农村"五保"对象的供养标准和集中供养水平;进一步推进社会救助体系和社会福利体系建设,更好地发挥慈善基金在助医、助学、助残等方面的作用。立足人民得益,为民多办实事。把更多的精力和财力放到提高人民生活水平上,多做让全市人民得益的事情。今年将全力办好与群众利益密切相关的十件实事:(1)努力扩大就业。新增城镇就业4万人,农村劳动力转移就业4万人,援助困难人员就业2 000人,下岗失业人员再就业1.5万人。(2)建立规范的城乡救助体系,为困难群众排忧解难。在市、辖市(区)两级现有投入4 000万元的基础上,再增加4 000万元,用于城乡10万特困及困难群众的救助救济。从今年开始,城乡低保标准每人每月提高20元,年终再增发一个月标准的补贴;对处于低保边缘的市区困难群众年底给予一次性救济;对当年患有癌症、白血病或尿毒症的市区特困群众、困难群众和个人支付医疗费用超过家庭年收入3倍以上的一般群众,年终给予一次性大病补助。(3)提高农村新型合作医疗保险水平,参保率达到95%以上,市、辖市(区)财政的补贴标准在原来的基础上每人每年再提高20元。(4)实施老年关爱工程。启动实施老年大学搬迁;完成33所敬老院的新建、置换改建和扩建改造任务,新增床位2 360张,确保"五保"老人集中供养率达到70%以上。(5)改善城市居民居住条件。加快经济适用房和定销房建设,年供应量由原来的30万平方米增加到50万平方米,今年提供经济适用房和廉租房2 000套,提供住房公积金个人贷款13亿元。(6)建设"五园一场",全部免费开放。年内完成红梅公园敞开扩建、新区中心公园敞开改造以及青枫公园二期、蔷薇生态湿地公园、椿桂园和市民广场建设。(7)实施"清水工程"。年内完成市中心区23条河道的专项整治,确保市区主要河道的水环境得到明显改善。(8)加快推进市区公交一体化。年内完成覆盖市区的公交发展规划,调整和延伸公交线路15条,新辟5条,新增和更新公交车150辆,完成43个行政村通公交。(9)切实减轻城乡居民在子女教育上的负担。从今年秋季开始,全市城乡义务教育阶段的学杂费实行免收,由各级政府承担。(10)继续实施"蓝天计划"。确保70%以上的进城务工人员子弟能进公办学校就读;民办进城务工人员子弟学校的生均公用经费,按市定标准由市、区两级财政解决。

(七)坚持协调发展,构建和谐常州

更加注重经济社会协调发展,大力推进精神文明和民主法制建设,加快和谐社会建设进程。

促进社会公平,实现共同富裕。认真解决好人民群众最关心、最直接、最现实的利益问题,妥善处理好社会各方面特别是不同群体的利益关系,确保人民群众的既有利益不受侵害、改革发展的新增利益公平分配、弱势群体的基本利益得到保障。合理调节收入分配,严格执行最低工资保障制度和企业工资集体协商制度,着力提高低收入者收入水平,逐步扩大中等收入者比重,依法调节过高收入。给弱势群体以更多的关爱,确保每个困难家庭有饭吃、有衣穿、有房住,遇到特殊困难有人帮。

大力发展社会事业,提高统筹协调发展水平。坚持教育优先发展战略,进一步提高基础教育水平;积极实施教育现代化工程,全面启动数字校园工程;大力发展高等教育和职业教育,进一步完善大学城二期,启动三期工程建设,形成科教集聚优势。深化文化体制改革,大力发展文化影视产业,促进优秀文化产品生产;扩大广电覆盖,活跃基层文化,加强乡镇文化设施建设;推进淹城保护利用步伐,加快"中国历史文化名城"建设。全面构建新型公共卫生体系,加强重大传染病预防控制和农村卫生工作,推进市疾病控制中心等医疗卫生设施建设,完善社区卫生服务体系。积极迎战第16届省运会,全力申办第17届省运会,努力提高竞技体育水平,广泛开展全民健身活动。加强流动人口计划生育管理和服务,继续稳定低生育水平。同时,继续做好外事、侨务、台湾事务、地方志、民族宗教、关心下一代等工作,支持发展妇女儿童、老龄和残疾人事业。

加强精神文明和民主法制建设,保持社会和谐稳定。深入开展争创全国文明城市活动,深化学习型城市建设,倡导和弘扬新时期常州市民精神。进一步做好民兵预备役、国防动员和"双拥"工作。坚持依法治市,深入开展"法制常州"建设,全面加强社会治安综合治理,依法严厉打击各类犯罪活动,提升"大防控"水平,保障人民群众安居乐业。加强"信用常州"建设,规范市场经济秩序,营造良好的金融环境。强化食品药品安全监管,高度重视安全生产,防止重特大事故发生。积极构建"大信访"工作机制,依法处理好土地征用、房屋拆迁等涉及群众利益的问题,努力维护社会稳定。大力加强民主建设和社会管理,进一步完善村民自治、社区自治和企业职工代表大会制度。自觉接受市人大的法律监督、工作监督和市政协的民主监督,加强与各民主党派、工商联、无党派人士和人民团体的联系和沟通。高度重视并认真办理人大代表、政协委员的议案、建议和提案。

(八)转变政府职能,打造服务型政府

政府工作是落实人民代表大会制度的重要载体。做好今年各项工作,实现全年发展目标,必须加强和改进政府工作。

创新行政理念。坚持与时俱进,不断强化"五个理念"。一是科学发展的理念,把加快发展和科学发展统一起来,把经济和社会、农村和城市、当前和长远统一起来,努力保持经济又快又好发展;二是以人为本的理念,把人民群众满意不满意、赞成不赞成、拥护不拥护、答应不答应作为政府工作的根本标准,实现好、维护好、发展好最广大人民群众的利益;三是依法行政的理念,坚持法律至上,认真学法、守法、用法,严格按照法律规范办事;四是改革创新的理念,勇于创新,敢于突破,深入推进各项改革,只要对常州科学发展有利、对人民致富有益,就要敢试、敢闯、敢为;五是勤政廉政的理念,在其位,谋其政,尽其责,堂堂正正做人,踏踏实实做事,清清白白做官。

改进工作作风。按照“诚信、透明、简化、明确、高效”的要求，加强行政效能建设，不断提高办事效率和工作水平。诚信，就是树立诚信形象，推行服务承诺制，做到一诺千金，凡是承诺了的事情，一定确保做到。能够做到十分，先承诺七分，承诺了七分，争取做到十分。透明，就是扩大政务公开，实行“阳光操作”，不断提高政府工作透明度。简化，就是善于把复杂问题简单化，简化办事程序，提高办事效率。明确，就是推行各级领导责任制和首问负责制，对群众和企业提出的问题，有明确的态度、明确的答复，决不模棱两可，更不敷衍推诿。高效，就是做各项工作都要雷厉风行，按照“马上办”的要求，以最快的速度“办上马”。

优化服务环境。政府就是服务，服务就是环境。各级政府机关要强化为基层、企业和人民群众服务的意识。我们的服务要做到“四个一”：第一，满怀一腔热情，企业创造物质财富，人民是我们的衣食父母，我们要带着真切的感情为他们服务，帮他们办事；第二，把握一个重点，企业发展中的难点就是政府服务的重点，我们要急企业所急，想企业所想，千方百计帮助他们化解发展中的难题；第三，坚持一条标准，我们的服务好不好，检验的标准只有一条：企业发展中遇到的困难和问题帮助他们解决了，我们的服务才算到位了；第四，恪守一项原则，就是我们的服务只能无私无偿，任何个人不能回收回报，更不能索取。

2006年是充满希望、大有作为的一年。我们正站在新的起点，开启新的征程。让我们高举邓小平理论和“三个代表”重要思想伟大旗帜，全面落实科学发展观，在中共常州市委领导下，同心同德，励精图治，开拓创新，扎实工作，为“十一五”发展开好局、起好步，为建设常州美好的今天和灿烂的明天而努力奋斗！

（注：在常州市第十三届人民代表大会第五次会议上）

政府工作报告

(2006年1月11)

镇江市市长　许津荣

一、2005年和"十五"回顾

2005年,在中共镇江市委的领导下,全市上下深入贯彻科学发展观,按照"全面提升、全力争先"的总体要求,创新克难,锐意进取,全面完成市五届人大三次会议确定的各项目标任务,为"十五"发展画上了圆满句号。

(一)国民经济健康发展

完成地区生产总值905亿元,增长15%,人均达到4 150美元。财政总收入118.4亿元,增长26.6%,地方财政一般预算收入47.1亿元,增长26.4%。全社会固定资产投资400.1亿元,增长25%。城镇居民人均可支配收入12 394元,农民人均纯收入6 020元,分别增长14.1%和13.5%。社会消费品零售总额220.6亿元,增长15.2%。

农业基础地位加强。粮食生产克服灾害影响,实现总产90.7万吨。实施"放心粮(油)、放心肉、放心菜"工程,新增无公害农产品产地面积25万亩。"三资"开发农业项目440个,总投资33亿元。全力抓好禽流感等重大动植物疫病防控。新建、改造塘坝994座,疏浚县乡河道78条,治理水土流失面积11.3平方公里。新增耕地近1.6万亩,完成中低产田改造5.75万亩,成片造林3.1万亩。

工业运行平稳。规模以上工业增加值完成358.4亿元,增长23.5%。实现销售收入1 231亿元、利税95.9亿元,分别增长25.3%和24.9%。完成工业性投入235.1亿元,增长30.3%。积极培育规模企业,索普集团、大亚科技、大全集团、中电电气、鼎胜铝业等企业增势强劲。新增销售超亿元企业40家。积极推进名牌战略,新增全国驰名商标1个、中国名牌2个、国家免检产品5个。

服务业发展迅速。完成增加值322.3亿元,增长16.6%。旅游市场持续升温,旅游业增加值占GDP的比重提高到6.5%。新型商贸业态不断涌现,天润发、沃尔玛等知名企业相继落户,长江新天地、农副产品批发市场、润扬国际工业物流中心、金太阳家居广场等一批重点项目开工建设。金融机构新增人民币贷款88.94亿元。金融资产质量明显提高,对经济的支持力度进一步加大。商品房销售面积154.8万平方米。

(二)群众生活继续改善

为民办15件实事全面完成。新增城镇就业2.55万人,转移农村劳动力6.52万人。城镇登记失业率3.5%,处于全省最低控制线以下。发放《再就业优惠证》10 500本,近8 000人实现再就业。完善工资宏观指导机制,最低月工资标准由500元提高到550元。城镇职工平均工资增长13.8%,农民工资性收入增长18.7%。社会保障不断完善。养老保险基金连续三年实现收支硬平衡,离退休人员养老金继续保持100%社会化发放。全市社会医疗保险参保人数超过210万人,城镇职工参保率99%以上;城乡居民合作医疗保险覆盖率达91.6%。4万多名被征地农民进入基本生活保障体系。成立市慈善总会,募集资金3 385万元。城市低保标准由200元提高到230元,初步建立城乡一体的医疗救助制度,已有5 000名城乡困难人员进入医疗救助体系。扩大市区住房保障覆盖面,新增住房保障家庭181户。茅山老区扶贫工作取得新成绩。

(三)改革开放不断深入

体制改革稳步推进。国有资产管理体制改革继续完善。市属中小企业改制基本完成,索普集团等大型企业改制顺利实施。生产经营性事业单位改革稳步推进。市直国库集中收付制度改革全面推开。新一轮乡镇行政区划调整基本完成。土地市场健康发展,完成市区土地级别更新,出让经营性用地2 207亩,土地成交金额14.92亿元。

民营经济加快发展。全市新增私营企业3 000家、个体工商户1.5万户,新增注册资本40亿元,实际吸纳民资122亿元。规模以上工业民营企业完成增加值147.5亿元,增长24.3%,占全市规模以上工业比重为41%。

对外开放态势良好。完成合同利用外资32.4亿美元,实际到位外资9.2亿美元(原口径),分别增长20.9%和51.8%。完成进出口总额39.1亿美元,增长12.5%,其中出口20.3亿美元,增长33.6%。外经完成营业额1.62亿美元,新批境外投资企业9家。全市开发园区基础设施投入26.8亿元,增长21%,园区产业集聚效应进一步显现。以大港三期工程为重点,加强港口建设,开工建设泊位13个,其中万吨级5个。完成外贸运量1 000万吨、港口吞吐量5 800万吨,分别增长25%和20%。外事、侨务、对台工作取得新进展,与德国曼海姆市结为国际友好城市。

(四)城市建设全力推进

城市功能提升。润扬大桥建成通车,沪宁高速、312国道镇江段拓宽改造完成。建成金桥大道、中山北路、纬六路、宗泽路、通港北路等城市干道。改造市区10个老住宅片区,总面积55万平方米;改造街巷道路80条;治理危房1万平方米。解决部分积水区内涝问题,完成市区4座山体滑坡综合治理。加快天然气工程建设,12万户居民用上天然气。新增环保节能公交车63辆,新辟、调整优化公交线路9条;三年投资10多亿元,全面完成农村公路工程,行政村班车通车率达96%。

生态建设加强。生态示范区创建工作扎实推进。句容、扬中创建国家卫生城市、国家环保模范城市取得实质性进展。市区新增绿地120万平方米,成功创建为国家园林城市。高度重视饮用水安全,颁布并实施征润洲和黄岗饮用水水源地保护方案。加快建设城东垃圾填埋场和无害化粪便处理场,完成丹徒新区污水处理厂一期主体工程。开展循环经济试点工作,30家企业通过清洁生产审核。企业环境行为信息公开化制度继续走在全国前列。关闭违法排污企业25家;对钛白粉厂实施搬迁,上铁水泥厂停产拆除;关闭非法开采矿山企业19家、采石宕口32个。全年空气质量良好以上天数达322天。

城管水平提高。新一轮城市总体规划在省内率先编制完成并开始实施。加强主次干道20小时保洁和街巷居民小区"三位一体"保洁,18条新建城市道路保洁权实行市场化运作,城市长效管理机制初步形成。坚持以人为本、有情操作,成功开展"三小车"整治,一举解决这一困扰城市管理多年的难题,市容环境和交通秩序明显改观。

(五)社会事业加快发展

大力推进"双倍增"计划,高新技术产业增加值占规模以上工业增加值的25.8%,比上年提高1.8个百分点;新认定省级以上高新技术企业26家、省级高新技术产品68项。重大科技成果转化成效显著,7个项目被列入省专项,获拨款资助超亿元,居全省第一。专利申请量超过1 800件。被国家知识产权局列为"全国知识产权试点城市"。"水环境质量改善与生态修复技术研究及示范"项目按序时进度推进。引进培养高层次人才1 574人。初中毕业生升学率连续三年保持在95%以上,高中阶段毛入学率达到85.3%,适龄青年接受高等教育比例达47%。92%的乡镇通过"实施江苏省教育现代化工程示范(先进)乡镇"评估验收。区域卫生发展规划顺利实施,城区80%以上街道、辖市所有街道和85%以上乡镇建成社区卫生服务中心。市疾控中心和卫生监督所综合业务大楼、市传染病医院一期工程按计划实施,市儿童医院落成。农村自来水普及率达98%以上。建成全民健身工程(点)226个。镇江博物馆新馆开馆,并被国家旅游局批准为4A级风景旅游区;苏南抗战胜利纪念碑二期工程竣工。成功承办十运会女排和男篮部分比赛,镇江籍运动员在十运会上获6金2银1铜的佳绩。完成第一次全国经济普查、人口抽样调查任务。落实双拥政策,完成军地互办20件实事。发放农村部分计划生育家庭奖励扶助金315万元。

(六)民主法制和政府自身建设得到加强

社区居委会和新一届村委会换届工作基本完成。"平安镇江"创建活动不断深入,"打防控"格局基本形成,城乡治安良好、社会稳定。出台反恐怖袭击及突发事件处置意见和重特大生产安全事故应急救援预案,安全生产形势总体平稳,工矿商贸企业未发生重大安全事故。坚持和完善领导干部信访接待日制度,建立健全社会矛盾纠纷调处网络,加大处理信访突出问题的力度。自觉接受市人大及其常委会和市政协监督,办理人大代表建议232件、政协提案467件,代表、委员的满意和基本满意率分别为98%、96.6%。不断加强依法行政工作,加快"法治政府"建设。行政审批制度改革进一步深化,再次取消审批事项105项。市政府门户网站"中国镇江"服务功能在全省13个辖市综合测评中名列第三,各组成部门全面开通电子政务网站。加强廉政建设。成立市行政效能监察中心,加大行政监察和责任追究力度。开设"行风热线",妥善解决群众反映的各类问题。市行政服务中心建设继续加强,34个部门基本完成"两集中、两到位",即办件占中心日均办件量的54%,承诺件的平均承诺时限压缩56%。推进节约型机关建设,机关事务后勤保障有力。

"十五"时期是我市发展历程上十分重要、很不平凡的时期。经过全市上下的共同努力,镇江发生了巨大变化!

过去的五年,是率先发展的五年,镇江综合实力显著增强。地区生产总值及人均数均实现翻番,年均分别增长13.3%和13.1%。财政总收入增长2.6倍。累计完成投资1 300亿元,其中电力、港口等基础产业投入80亿元。农业产业化水平明显提升,旅游、物流等新型服务业蓬勃发展。工业产业集中度显著提高,机械、化工、造纸主导产业的地位进一步确立,涌现出一批新兴产业集群。

过去的五年,是开拓创新的五年,镇江经济活力显著提高。基本完成国有企业改制和农村税费改革,事业单位改革全面展开。累计实际到位外资37.7亿美元,超过此前历年总和。"十五"期末外贸出口是"九五"期末的3倍,镇江口岸与全球近一半的国家和地区开通贸易往来。民营经济占到全市经济总量的"半壁江山"。

过去的五年,是加快建设的五年,镇江城乡面貌显著变化。对外交通和城市建设投入累计超过310亿元,拉开了城市框架,扩大了城市规模。新增道路面积590万平方米,新增公共绿地面积300万平方米,城市化水平达58%。荣获国家卫生城市、国家环保模范城市等称号。辖市(区)主城区和中心镇建设加强,农村"五件实事"圆满完成。

过去的五年,是富民优先的五年,镇江人民生活显著改善。城镇居民人均可支配收入和农民人均纯收入年均分别增长11.6%和8.3%。2005年,居民储蓄存款余额458.5亿元,比"九五"期末增加254.5亿元。遍及城乡的社会保障体系初步建立。市区城镇居民人均住房建筑面积23.9平方米。

过去的五年,是协调推进的五年,镇江社会事业显著进步。连续五届荣获"全国科技进步先进市"称号,教育现代化步伐加快,涌现出一批文化创作精品。全民健身工程遍布城乡,医疗卫生条件明显改善。"平安镇江"、"法治镇江"创建活动深入开展,成为"全国社会治安综合治理优秀地市"。精神文明建设不断加强,新时期"镇江精神"得到弘扬,市民素质和城市文明程度进一步提高。

镇江"十五"时期取得的巨大成绩,来之不易,令人鼓舞。在困难和矛盾面前,全市人民振奋精神、锐意拼搏,积极应对宏观调控,成功战胜"非典"疫情,完成集资兑付30亿元,镇江获得了稳健发展!在竞争和挑战面前,全市人民争创一流、奋发作为,认真贯彻科学发展观,抢抓跻身苏南板块新机遇,咬定"两个率先"新目标,镇江的发展充满活力!对全市广大干部群众和各界人士在这五年中所付出的辛劳和智慧,我和市政府全体成员都深切感到,仅用"感谢"二字远远不能表达我们的敬意。镇江人民和所有支持镇江发展的人士在"两个率先"征程中所作出的努力,必将载入史册,并成为我们进一步做好政府工作的强大动力!

奋斗的历程难以忘怀,发展的经验弥足珍贵。在工作中,我们真切体会到:坚持以人为本、富民优先,任何时候都不能忘记;坚持率先发展、科学发展,任何时候都不能动摇;坚持开拓奋进、创新克难,任何时候都不能削弱;坚持求真务实、真抓实干,任何时候都不能懈怠。在肯定成绩、总结经验的同时,我们也清醒看到,镇江在前进的过程中还存在一些矛盾和问题。主要是:经济增长方式还比较粗放,产业层次还不够高,经济结构性矛盾没有得到根本解决;城乡居民就业压力较大,富裕程度还不高,农民增收的长效机制尚未形成;征地拆迁、企业改制、转岗就业还存在一些矛盾,社会不稳定因素还比较多;政府职能转变还不能完全适应市场经济的要求,发展环境有待进一步优化。对这些问题,我们将高度重视,务实解决。

二、"十一五"发展展望

未来五年,是我市实现"两个率先"的关键五年。编制好"十一五"规划,谋划好"十一五"发展,全市关注,责任重大。根据市委四届十二次全会审议通过的《关于制定镇江市国民经济和社会发展第十一个五年规划的建议》,市政府编制了《镇江市国民经济和社会发展第十一个五年规划纲要(草案)》,提请大会审议。

"十一五"期间,镇江发展的总体要求是:高举邓小平理论和"三个代表"重要思想伟大旗帜,以科学发展观统领经济社会发展全局,紧紧围绕"两率先、两步走"的奋斗目标,以转变增长方式、统筹城乡发展、构建和谐社会为战略重点,以深化改革、扩大开放和自主创新为基本动力,坚定不移地走富民优先、集聚吸纳、改革创新、特色发展、和谐文明之路,全力打造以人为本、全面协调可持续发展的新镇江。

经过五年的奋斗,努力实现以下几个方面的目标:

经济发展跃上新台阶。到2010年,地区生产总值力争翻一番,年均增长13.5%以上;财政总收入翻一番,地方财政一般预算收入突破100亿元;规模以上工业销售收入翻一番,突破2 500亿元;全社会固定资产投资五年累计3 400亿元,年均增长18%;工商注册实际到位外资年均增长20%,五年累计达50亿美元,自营出口年均增长18%,期末达到45亿美元;民营经济增加值占地区生产总值比重超过60%;社会消费品零售总额年均增长14%;单位地区生产总值能耗比"十五"期末降低20%左右。

人民生活得到新提高。到2010年,力争城镇居民人均可支配收入、农民人均纯收入分别达到22 000元和10 000元。消费结构升级,文教娱乐及服务支出占家庭消费支出比重达到18%,恩格尔系数低于38%。社会保障体系比较健全,城镇养老、医疗、失业保险覆盖率均达98%以上,新型农村合作医疗和农村养老保险覆盖面分别达95%和80%以上。城镇登记失业率控制在4%以内。

城市建设再上新水平。南徐新城初具规模,北部滨水区初展风采,世业洲旅游度假区初见雏形。在充分保持历史街区风貌的基础上,对老城区进行保护性改造。城市功能不断完善,城市现代化水平明显提高。到2010年,城市化率达到65%左右,城市建成区绿化覆盖率达40%以上,全市环境质量综合指数达到90。

社会发展开创新局面。到2010年,全社会R&D(研发)投入占到GDP的2%,高新技术产品销售收入超1 000亿元。全面推进素质教育,率先基本实现教育现代化。卫生服务体系健全率达到95%,城乡公共文体服务设施明显改善。努力建设学习型城市、创新型社会,争创全国文明城市。民主法制建设更加完善,政府依法行政水平明显提高,市民法律意识显著增强,基本形成具有较高和谐程度的社会发展体系。

未来五年,将是镇江大发展、大变化、大提升的五年。一个崭新的镇江,将在经济社会发展的各个领域发生可喜变化:

——"南山北水、一体两翼"的城市新格局基本形成,镇江山水灵气充分释放,人文底蕴充分发掘,现代气息充分彰显,成为长三角独具特色的历史文化名城、港口型经济城市和滨江山林城市。

——镇泰过江通道、高速公路联网、城际轨道交通等重大桥梁、道路工程开工建设,镇江对外交通更加便捷、畅达。

——机械、化工、造纸等主导产业规模和质量进一步提升,电子信息、新材料、电力、交通设备、食品五大优势产业发展迅猛,汽摩零部件等十大产业集群特色明显,一批大企业、大集团在国内外市场崭露头角。

——沿江开发取得全面突破,通过加大投入、加快整合,到2010年,镇江港将成为亿吨大港。

——城乡统筹步伐加快,社会更加和谐,九年制义务教育实行免费,城乡教育均衡发展,文化体育会展中心等重要文体设施建成,社会主义新农村建设初见成效。

放眼未来,审时度势,我们仍将面临更多挑战和更多考验,必须始终把握好以下战略要点:

一是必须牢牢坚持"率先发展、科学发展、和谐发展、特色发展"的战略导向。更加自觉地全面贯彻落实科学发展观,认清发展形势,研究发展规律,把握发展要求,实现更快更好发展。坚定不移地做强工业经济,做强开放型经济,做强港口型经济,做强县区经济,做强主导产业。

二是必须始终咬定"两率先、两步走"的战略目标。面对苏南强市快速发展的压力和苏中沿江城市奋力赶超的挑战,要增强忧患意识、危机意识、责任意识,高扬"两个率先"的旗帜,按照既定的序时进度,狠抓落实,狠抓推进。

三是必须认真落实"富民优先、科教优先、环保优先、节约优先"的战略方针。坚持以富民的水平检验经济发展的水平,以科技教育的先进程度来衡量社会发展的程度,以环境保护的高水准确保发展的高质量,以节约发展的效率提升科学发展的效能,着力使镇江的发展经得起人民的检验、时代的考验和后人的评价。

四是必须全力狠抓"自主创新、结构调整、集聚吸纳、城乡统筹"等战略举措。推进"十一五"发展,要突出抓大事、抓重点、抓关键。在自主创新上,着眼于"高",抢占制高点,实现高新化;在结构调整上,着眼于"优",培育优势产业、优势企业、优势产品;在集聚吸纳上,着眼于"大",吸引优质大项目,实施有效大投入;在城乡统筹上,着眼于"统",统一规划,统筹兼顾。

五是必须着力构筑"沿江、沿路"两大战略载体。按照"三集中"原则,科学规划好产业发展空间、城镇发展空间、群众居住生活空间和生态保护空间。重点构筑好沿江基础产业带和沿沪宁高速公路高新技术产业带,提高产业集中度,使镇江制造业实现组团式发展、规模化推进、特色性提升。

三、奋力做好2006年工作

2006年是"十一五"发展的起始之年,做好今年的政府工作至关重要。必须认真落实市委四届十二次全会的要求,坚持以率先为基调,以统筹为原则,以富民为目标,以创新为动力,以和谐为追求，确保更快更好发展。

全市国民经济和社会发展的主要预期目标为：地区生产总值增长13.5%，单位生产总值能耗下降4%；全社会固定资产投资增长20%；财政总收入增长15%，地方财政一般预算收入增长15%；工商注册实际到位外资增长20%，外贸出口增长18%；社会消费品零售总额增长14%；城镇居民人均可支配收入增长12%，农民人均纯收入增长9%；城镇登记失业率控制在4%以内。工作中，我们将力争做得更好。

实现上述目标，我们要突出抓好六个方面工作：

（一）加快富民惠民步伐

积极扶持创业。全面落实有关奖励减免、小额贷款等促进政策，改善创业环境，降低创业门槛，鼓励自主创业。提高资产性、经营性收入占居民收入的比重，壮大中等收入群体。今年全市财政共安排农民创业担保基金2 000万元。

努力扩大就业。建立城乡统筹的就业服务和培训网络，加强职业技能培训。全市财政共安排专项资金600万元，支持农村劳动力培训。鼓励非公有制经济创造更多就业岗位，大力开发社区就业和公益性就业岗位。完善企业工资指导线制度，严格执行最低工资标准，建立企业工资增长的内生机制。妥善分流安置改组改制和破产企业的职工。严禁拖欠农民工工资，保障农民工合法权益。

健全保障体系。建立扩面征缴长效机制，提高个体私营等非公有制企业的社会保险参保率。完善灵活就业人员的参保办法，妥善解决关闭破产企业退休人员的医疗保障问题。健全城乡最低生活保障制度，形成低保标准随经济发展适时增长的机制，完善和落实被征地农民基本生活保障制度。以市慈善总会为依托，健全社会救助体系，广泛开展扶贫帮困活动。对困难群体实施分类救助。加强法律援助，维护弱势群体合法权益。

（二）加快建设社会主义新农村

按照中央建设社会主义新农村的“二十字”目标，围绕“先行试点、典型引导、重点突破、初见成效”的要求，努力做好农村工作。今年，各辖市（区）都要明确1～2个新农村建设的试点。

加快农业结构调整。优化农业生产布局，推进农业产业化经营。按照规模、高效的原则，全年实施农业结构调整项目100个。加快推进农业标准化和信息化建设，健全农业技术推广、农产品市场、农产品质量安全和动植物病虫害防控体系，提高农业机械化水平。加大农业龙头企业的培育和扶持力度，新增农业龙头企业10个以上。大力发展农民专业合作社和农民经纪人队伍。加大信贷支农力度，鼓励“三资”开发农业。全市财政共安排2 000万元，推进丘陵山区农业综合开发和茅山老区开发。

改善为农服务。鼓励连锁经营等新型商贸业态往农村发展，开拓农村市场，完善农村流通体系，提高农村消费水平。引导社会中介服务组织进村入乡，使农民享受到更多的生活便利。

推进农村基础设施建设。启动新一轮农村道路规划建设，推进农村供水、环保、电力、通信、水利等基础设施建设。继续实施农村“双清双美”，疏浚县乡河道42条，改善农村卫生状况和村容村貌。

促进乡风文明、管理民主。加强乡镇文体活动场所建设，大力开展移风易俗活动和“三下乡”活动，丰富农村业余文化生活。倡导用村规民约实施自我约束、自我管理，强化村务公开，体现群众意志。

（三）加快经济结构调整

提升工业发展层次。着力调高工业结构，推进工业向高端化、高层次发展。一是推进自主创新。企业是自主创新的主体，政府要加大引导和扶持力度，激活企业自主创新的内在动力。今年市财政安排科技成果转化专项扶持资金1 000万元，辖市（区）财政共安排4 000万元。结合镇江实际，把增强引进消化吸收再创新的能力，作为自主创新的重点，努力使镇江的自主创新能够走在前列。抓好生产力促进中心、镇江新区留学生创业园等平台建设，建立以市场为导向、产学研结合的企业技术创新体系。全年新增企业技术中心10家，新培育省级以上高新技术企业超过20家，认定省级高新技术产品60项以上。二是努力壮大规模。围绕主导产业、优势产业，做大核心企业，做强主导产品。努力使销售超亿元企业达到240家，10亿元企业达到20家，力争培育1家百亿元企业。继续实施大项目战略，重点抓好索普甲醇、大亚木业二期、鼎胜铝制品等一批在手在建的大项目。全年完成工业性投入280亿元以上。三是实施品牌发展战略。引导企业以技术和效益为核心，培育在国内外有较高知名度的名牌产品。全年新增全国驰名商标1个、中国名牌2～3个、国家免检产品2～3个。

提升服务业发展水平。优先发展旅游业。实施旅游业发展三年行动计划，继续推进“三山”、南山风景区和世业洲旅游度假区建设，加快开发九龙山、西津渡古街区等旅游文化资源。进一步提升商贸流通业发展水平。加强重点市场、大型超市和特色街区建设，发展连锁经营、物流配送、电子商务等新型业态，依托港口、重点开发园区和大型商贸市场，加快综合物流园区和专业物流中心建设。重点打造以大港三期为依托的口岸物流、以润扬国际工业物流中心为依托的第三方物流、以特色产业集群为依托的大型专业市场。促进房地产业健康发展，活跃住房二级市场和租赁市场。继续推进保险、信息、中介服务业和文体产业加快发展，鼓励社会消费多元化。

深化体制机制改革。完善国有资产监管体制改革和产权制度改革，加快建立现代企业制度，健全法人治理结构。营造公平竞争环境，鼓励民营企业做优做强。探索组建服务于民营中小企业的金融、技术、管理类组织，努力解决好制约民营经济发展的瓶颈。稳健推进生产经营性事业单位转企改制工作。深化财政改革，巩固和完善预算编制、执行、监督三分离的运行机制，进一步理顺市、区财政运行体制。加强金融改革与创新，支持地方经济发展。

（四）加快提高对外开放水平

全力推进招商引资。全年争取引进超亿美元项目8个。重点引进机电、化工、新材料等产业项目，优先引进科技含量高、吸纳就业多、环境污染少的项目，鼓励“零土地”招商和外商增资扩股。抢抓服务业扩大对外开放新机遇，力求服务业引资取得新突破。改进招商方式，降低招商成本，强化招商队伍建设，提高项目服务水平。

突出沿江开发和园区建设。镇江新区争取成为国家级开发区，筹建公共型保税仓库。引导各省级经济开发区进一步明确发展方向，提高规划水平，加大资源整合力度，加快基础设施建设，增强承载能力，提升县区利用外资在全省的位次。加快

"大通关"建设,提高服务开放型经济的水平。加大港口投入,新建泊位11个,其中万吨级7个;竣工泊位11个,其中万吨级3个。完成港口吞吐量6 000万吨、口岸外贸运量1 200万吨、集装箱运量20万标箱。

努力扩大外贸外经。推动特色工业品和农副产品采用国际标准,进入国际市场,扩大出口总量。继续实施"走出去"战略,支持资源开发类企业到境外开展合资合作,鼓励企业开展境外加工贸易;做好"窗口型"外经公司注册登记和外经经营权申报工作,扩大对外工程承包,以境外工程带动劳务输出,提升劳务经济层次。进一步做好外事、侨务和对台工作。

(五)加快城市建设步伐

推进南徐新城建设,重点做好起步区基础设施建设,启动文化体育会展中心和市行政服务中心前期工作,开工建设市规划展示中心。推进北部滨水区建设,重点抓好引航道节制闸、金山湖退渔还湖、清淤造景等基础工程建设。

继续完善城市基础设施。在对外交通体系上,建设镇溧、宁常高速公路和宁杭高速公路镇江段二期工程,实施大港至丹阳、镇江至禄口机场通道等干线工程,做好镇泰过江通道建设准备工作。在市内交通网络上,完成花山东路、天桥路拓宽等一批主次干道建设。优先发展城市公交,提升智能化管理水平,增强节点通行能力。继续加大公共领域投入力度,实施大港、高资供水工程和市区排涝系统改造。加快停车设施的规划、改造和建设。加大电网建设力度,建成500千伏、220千伏等一批输变电工程。抓好城市环境综合整治,严禁违法用地和非法建设行为。

提升生态建设水平。建成市级以上环境优美乡镇4个、生态村10个。加快城市森林生态体系规划建设,实施山体保护和美化绿化工程,继续开展限制开山采石专项整治,加大采石宕口整治复绿力度。推进沪宁高速、312国道两侧绿化景观工程和街头小游园建设。抓好水环境综合治理和污水处理系统主干网工程建设。严格控制污染物排放总量,实现工业污染源稳定达标排放,强化城市噪音、扬尘治理和汽车尾气控制。积极推行清洁生产,加强资源综合利用,发展循环经济,提倡绿色消费,建设资源节约型、环境友好型社会。

(六)加快建设和谐社会

高度重视精神文明建设。以争创全国文明城市为龙头,整体推进文明行业、文明机关、文明社区、文明村镇创建活动。从建立个人和企业信用入手,加快构建社会信用体系。军民共建和谐镇江,争创全国双拥模范城"五连冠"。全面推进"现代文明市民教育工程",大力弘扬新时期"镇江精神",让"创业、创新、创优"成为镇江人的自觉追求。

协调发展社会事业。抓好"火炬"、"星火"计划等各类科技计划项目的落实。完善农村义务教育管理体制,促进义务教育优质化、均衡化发展,推进区域教育现代化。建设市十一中新校区和丁卯片区配套初中。努力办好地方高等学校。加大高层次和紧缺专业人才的引进培养力度,新增高层次人才1 500人。积极发展职业技术教育,新增高级技工2 500人、技师500人。强化政府公共卫生管理职能,加大对医疗秩序、医疗市场和违法行医、违规药品广告的治理力度,规范医疗机构服务行为,着力解决群众看病难、看病贵的问题。加强农村卫生服务体系建设,新型农村合作医疗覆盖率继续保持在90%以上。进一步完善疾病防控体系,做好重大传染病防治工作,保障公共卫生安全。切实做好防震减灾工作。加快人口与计划生育新机制建设。加大政府对公益性文化事业的投入,以纪念镇江成为国家历史文化名城20周年为契机,进一步做好历史文化遗产的保护和利用工作。活跃广场文化、社区文化和村镇文化,繁荣文艺创作。扩大群众性体育普及面,提高竞技体育水平,力争十六届省运会上金牌总数、团体总分双超上届。注重发挥工会作用,依法维护企业职工和进城务工人员的合法权益。支持共青团、妇联等群众团体的工作。

切实维护社会稳定。坚决纠正各种损害群众合法利益的行为,促进社会利益关系的和谐。加强社会治安综合治理,依法严厉打击各类犯罪活动,巩固"平安镇江"创建成果,建设"法治镇江"。建立健全公共突发事件应急机制,完善指挥和救援体系,提高维护公共安全和社会稳定能力。严格落实安全生产责任制和责任追究制,预防和减少重大事故的发生。深入开展法制宣传教育。进一步加强信访工作,健全"大调解"机制,及时处置各类群体事件,确保社会安定、环境安全、百姓安宁。

今年,我们将为人民群众办好15件实事:(1)新增城镇就业3万人,转移农村劳动力5万人;(2)加强市行政服务中心建设,设立行政服务便民窗口,建立市、辖市、乡镇(街道)便民服务网络;(3)完成市区40万平方米老住宅小区和2万平方米街巷道路改造,继续整治城区低洼积水区,对部分老住宅小区和街巷进行绿化配套;(4)新建定建房5万平方米,改造危房1万平方米;(5)按计划实施京岘山路和花山湾二区两处山体滑坡综合治理;(6)市区新增50辆环保节能公交车,新辟和调整优化5~6条公交线路;(7)淘汰4蒸吨以下燃煤锅炉及生活大灶100台左右;(8)建成镇江农副产品批发市场一期工程;(9)建立全市农业信息化支撑体系,为农村居民提供网上服务;(10)新建农村敬老院5所,改、扩建23所;(11)新建社区卫生服务中心(站)16个,街道(乡镇)社区卫生服务中心规划建设率达到100%,实施"人人享有医疗保障"工程;(12)新增农村无害化户厕7.25万户,全市农村无害化户厕普及率达50%以上;(13)新建全民健身工程(点)50个;(14)免除城乡低保家庭在校生义务教育杂费等6项费用;(15)易地新建市旅游学校,建成市青少年校外活动中心。

新形势、新任务对政府工作提出了更高要求,我们将进一步围绕"创新、服务、高效、规范、清廉"的目标,精心打造顺应发展形势、体现人民意志的现代政府。

努力建设责任政府。只有负责任的政府,才是人民群众最信赖的政府。要建立和严格执行行政问责制、责任追究制,重点对政府部门行政首长在决策失误、执行不力、不认真履行职责、内部监管不到位等方面进行问责。做到有权必有责、有责必问责、有错必追究,提高政府执行力和公信力。

努力建设法治政府。法律,是政府一切工作的准绳。要严格依法执政,确保政府各部门及其工作人员按照法定权限和程序行使职权、履行职责。依法完善行政管理决策机制。对涉及经济社会发展全局的重大事项,健全协商和协调机制;对专业性、技术性较强的重大事项,健全专家论证、技术咨询、决策评估机制;对与群众利益密切相关的重大事项,健全公示、听证制度。

努力建设高效政府。要视效率为政府的生命。进一步减少和规范行政审批,确保市行政服务中心"两集中、两到位"全部推进到位，并切实提高办结时效。每一名政府工作人员都要强化服务意识，放宽视野谋发展，埋头苦干抓落实，努力以政府的高效运作，促进镇江的快速发展。

努力建设廉洁政府。深入推进反腐倡廉工作，建立健全有利于从源头上防范腐败的体制机制。加强经济责任审计和行政监察工作。继续推行政务公开，今年起实施政府新闻发布制度。自觉接受市人大及其常委会的监督，接受人民政协的民主监督，接受新闻舆论和社会公众监督。努力建设一支政治坚定、勤于学习、业务精通、清正廉洁、作风优良的公务员队伍。

形势催人奋进，镇江前程似锦！让我们在中共镇江市委的坚强领导下，紧紧依靠全市人民，为建设一个生机勃勃、充满希望的新镇江而努力奋斗！

（注：在镇江市第五届人民代表大会第四次会议上）

政府工作报告

(2006年1月12日)

扬州市市长　王燕文

2005年和"十五"时期工作回顾

过去的一年,我们在中共扬州市委的领导下,依靠和带领全市人民,坚持邓小平理论和"三个代表"重要思想,以科学发展观为统领,以经济建设为中心,求真务实,开拓创新,突出重点,克难求进,全市经济社会保持良好的发展势头,顺利完成了市五届人大三次会议确定的任务。

1. 经济实力跨上新台阶

预计全市实现地区生产总值922亿元,比上年增长15%;人均地区生产总值20 260元。全社会固定资产投资410亿元,增长24.2%。财政总收入117亿元,同口径增长26%。城市居民人均可支配收入11 379元,农民人均纯收入5 200元,分别增长15.5%和11.2%。

着力抓好"双创"和"三重",工业第一方略强势推进。实现全部工业总产值2 100亿元,规模以上工业企业超过2 000家,销售收入过亿元的企业超过200家。规模以上工业实现增加值388亿元、利税101亿元,分别增长23.1%、21%。完成工业技术改造投入252亿元,增长40%。新培育省级以上高新技术企业30家、产品138个。高新技术产业产值270亿元,增长43.5%。新增中国名牌产品5个。全市建筑企业完成施工总产值420亿元,增加值92亿元,分别增长14%和18%。

以增加农民收入为中心,农村经济稳步发展。实现农业增加值86亿元,增长6%。全市粮食总产量226万吨。新增市级以上龙头企业12家,累计达47家。新增农业外资项目47个,利用外资5 100万美元。"菜篮子工程"建设完成预定任务。新增无公害农产品基地70万亩,新增"三品"品牌48个。宝应县建成全国有机食品基地示范县。启动全面小康村建设,首批30个先行村基本达标。土地复垦整理力度加大,实现了耕地占补动态平衡。农业综合开发、水利工程建设、农技推广、农业机械化、气象服务等工作取得新成绩。

制定发展纲要和扶持政策,服务业持续发展。实现服务业增加值318亿元,增长14.3%。社会消费品零售总额263.5亿元,增长15.6%。接待境内外游客1 100万人次,实现旅游总收入102亿元,分别增长20%和32%。全年房地产投资73亿元,商品房施工面积700万平方米。全社会货物运输量稳步增长,其中港口货物吞吐量达4 596万吨。信息服务业实现销售收入35.7亿元,增长10.7%。物流、中介、会展等行业发展势头良好。金融生态环境得到改善,年末存贷款余额分别比年初增加109亿元和70亿元。

2. 开发开放实现新突破

沿江开发和园区基础设施完成投入85亿元。润扬长江公路大桥建成通车,沿江高等级公路全线基本贯通。扬州港3号泊位对外开放,4号泊位建成投产。扬州出口加工区经国务院批准设立,相关基础设施初步建成。二电厂二期工程建设进展顺利,扬州发电厂扩建工程投入运行。化工、汽车及零部件、电子信息等产业集聚初具规模。沿河开发重点基础设施建设启动,安大公路先导段开工建设。南水北调东线一期工程建成,淮河流域灾后重建应急工程投入使用。成功举办了"烟花三月"国际经贸旅游节及各类招商推介活动。全年协议注册外资24.2亿美元,增长47.4%。注册外资实际到账老口径12.5亿美元,增长53.6%;新口径5.3亿美元。新批1 000万美元以上项目106个。新增民资注册资本165亿元、民资总投入402亿元,分别增长61.9%和57%。实现外贸出口19亿美元,外经营业额1.03亿美元,分别增长40.6%和20%。

3. 体制机制改革取得新进展

国有企业改制重组不断推进,企业上市工作得到加强,宝胜科创、琼花高科股权分置改革顺利完成。着手进行市区公用事业单位改革。112家市直生产经营型事业单位改革完成人员身份置换和社保接续工作。成立市国有资产监督管理委员会。调整了市区财政体制,完善了部门预算、国库集中支付和政府采购制度。农村税费改革取得明显成效,全面免征农业税及其附加。农村土地使用权流转率达13.9%。农民专业合作经济组织已有320家。

4. 城乡面貌呈现新变化

全年市区完成城市建设投资65亿元。先后拓宽改造史可法北路、渡江南路、润扬南路等19条城区和出入口道路,整治了沿山河、新城河等4条河道。实施了邗沟河、漕河、二道河绿化风光带建设和汶河路等道路街景美化亮化改造,初步建成润扬森林公园。市区新增绿地面积134万平方米。新增、改造路灯近2万盏。翻建街巷43条。新辟公交线路10条。汤汪污水处理厂二期、开发区污水处理厂一期和城市医疗废物处理中心等工程按计划推进。村镇建设步伐加快。完成了全市镇村布局规划编制工作。80个村庄实施了环境综合整治,新建成生态村18个。农村新增改水受益人数15.6万人,改厕4万座。建成农村公路1 107公里。城市管理进一步加强,基层管理责任网络逐步健全,"数字城管"启动建设。成功承办了首届城市水景观建设和水环境治理国际研讨会、全省城乡建设工作会议。城市化率达48%,比上年提高1.4个百分点。

5. 社会事业取得新进步

全年实施省级以上各类科技项目385项,其中国家级科技项目124项,争取省级以上科技项目拨款1.07亿元。我市被评为全国科技进步先进市,江都、仪征、邗江被评为全国科技进步先进县(市、区)。刘秀梵、程顺和当选为中国工程院院士。义务教育全面普及,高中阶段毛入学率达82.2%。完成农村中小学"六有"工程和教育信息化工程。实施了市三中、市特殊教育学校改扩建工程,开工建设扬州中学西区校。扬子津科教园区一期工程顺利完成。全市有16所学校开办了宏志班。城乡社区卫生服务机构建设步伐加快。重点医院建设项目顺利推进。建成市区新体育馆。成功承办了全国十运会相关赛事,扬州籍参赛运动员获金牌9.75枚,金牌贡献率列全省第3位。重视人口与计划生育工作,全市近1.3万名农村计划生育群众领取奖励扶助金。实施了市级以上文物保护单位和一批古迹的解读工程,吴道台宅第基本修复开放,"双博馆"建成开馆。承办了第四届全国"四进社区"文艺展演,举办了首届"市民日"、市第五届少儿艺术节等活动。创作了一批文艺精品。城乡有线电视入户率达69%,数字电视实现试开通。全市第二轮修志工作开始启动,市档案馆被评为国家一级档案馆。

6. 关注民生收到新成效

多渠道、多形式开发就业岗位,积极为下岗失业人员提供税费减免、职业介绍、培训补贴、小额贷款担保等扶持,全年采集就业岗位7.5万个,推荐就业3.5万人,新增城镇就业4.6人,年末城镇登记失业率为3.8%。全年新增转移输出农村劳动力5.5万人。城镇职工养老保险扩面工作力度加大,参保人数达51万人。农村养老保险平稳运行,参保人数达31.2万人。全面提高征地补偿标准,近万名被征地农民领到了基本生活保障卡。全市城镇职工基本医疗保险参保人数达59万人。新型农村合作医疗覆盖率达88.6%。城乡6.3万人纳入低保,农村1.6万名五保对象得到妥善供养。全年"慈济医院"和"慈济窗口"为3.4万人次减免、报销医药费208万元。市区1 800多户低收入和"双困"家庭的住房困难得到解决,农村三年草危房改造和扶贫建房任务全面完成。新一轮帮扶经济薄弱村和贫困户工作全面展开。残疾人事业得到加强。

7. 精神文明和民主法制建设取得新成绩

深入开展文明城市、文明村镇、文明社区和文明行业等群众性精神文明创建活动。市第一人民医院等3家单位被命名为全国文明单位,江都市丁伙镇、维扬区平山村被命名为全国文明镇和文明村。高邮市菱塘回族乡被评为全国民族团结先进单位。老龄和关心下一代工作取得新进展。和谐社区创建扎实推进,基层民主管理和村民自治得到加强,政务和村务公开不断深入。双拥工作和国防教育进一步深化,国防动员支前演练取得成功。完成市人防指挥中心主体工程建设。

认真执行市人大及其常委会决议和决定,主动接受市人大及其常委会的法律监督、工作监督。接受市政协的民主监督,积极听取各民主党派、工商联和社会各界的意见和建议。办理市人大代表建议、批评、意见311件,办理市政协提案363件。广泛开展法制宣传教育,"四五"普法目标全面完成。高度重视人民群众来信来访工作,妥善处理涉及群众利益的重点问题,疏导化解社会矛盾。强化"平安扬州"创建和弱势群体的法律援助工作,深入推进社会治安综合治理,严厉打击各种犯罪,全市社会保持稳定。健全安全生产责任制,加大安全隐患整治力度,事故发生数和死亡人数实现双下降。外事、侨务、台湾事务和民族宗教等工作取得新进展。

8. 公共服务型政府建设迈出新步伐

加快推进行政管理体制改革,清理并初步确认了362项市级实施的行政许可事项,又有98项行政许可事项进入市行政办事服务中心办理。努力畅通与人民群众联系的渠道,建立健全了政府信息公开制度,开通了中国扬州政务网和"12345"政府公开电话。对城市规划、物价等与人民群众紧密相关的重要事项实行听证、公示等制度。公文交换、网上审批等电子政务投入应用。市区为民办实事和农村"八件实事"工程完成预定目标。坚持依法行政,规范行政行为,成立了市发展软环境投诉中心。加强经济社会发展的规划引导,制定了我市"十一五"发展规划和相关专项规划。

2005年各项工作任务的完成,标志着"十五"计划目标的实现。五年来,我们坚持加快发展不动摇,积极适应宏观经济环境的新变化,战胜"非典"和洪涝等灾害,全力做好改革、发展和稳定的各项工作,全市经济社会发展步入了新阶段。过去的五年,是扬州经济综合实力迅速增强的五年。地区生产总值五年累计3 422亿元,是"九五"的1.7倍,可比价年均增长12.4%。财政总收入累计380亿元,是"九五"的2.9倍,年均增长28%。过去的五年,是改革开放取得突破性进展的五年。全市国有、集体企业和生产经营型事业单位改革取得了实质性进展,政府职能加快转变,招商引资、沿江开发、园区建设取得了重大突破,沿河开发启动实施。注册外资实际到账五年累计29亿美元,是"九五"的8.4倍,年均增长79.8%。新增民资注册资本累计398亿元,是"九五"的7.4倍,年均增长51%。过去的五年,是着力提升城市功能和品位、城乡面貌有较大变化的五年。全社会固定资产投资五年累计1 311亿元,是"九五"的2.2倍,其中城市建设投入265亿元,是"九五"的5.2倍。建成润扬长江公路大桥、宁启铁路扬州段、环城高速公路等一批重大交通工程。先后创成国家卫生城市、国家环保模范城市、国家园林城市、中国人居环境奖城市。过去的五年,是城乡人民生活水平加快提高的五年。城市居民人均可支配收入年均增长11.1%,农民人均纯收入年均增长8.5%。城市居民和农民人均住房使用面积五年累计分别增加7平方米和5.6平方米。城镇登记失业率始终控制在4.5%以内。

回顾"十五"时期改革开放和经济社会发展的实践,我们有以下几点体会:一是坚持以经济建设为中心,牢固树立和认真落实科学发展观,狠抓发展第一要务,推进经济社会快速发展。二是坚持解放思想、更新观念,用改革的思路突破体制机制上的束缚,用创新的办法破解发展中的难题。三是坚持开放开发,推进沿江沿河开发和园区建设,强化招商引资,汇聚生产要素,加快产业集聚。四是坚持基础设施建设先行,大力推进城乡建设,全面提升综合竞争力。五是坚持以人为本、关注民生,着力改善人民群众生活条件,统筹城乡、人与自然、经济与社会发展,促进发展良性互动和社会安定和谐。

"十五"时期,我市改革开放和现代化建设取得的成就,是我们坚决贯彻落实党的路线、方针、政策的结果,是全市人民开拓进取、团结奋斗的结果,也是各方面大力支持和帮助的结果。在此,我谨代表扬州市人民政府,向付出辛勤劳动的全市人民,向关心、支持和参与扬州建设的各界人士致以崇高的敬意和衷心的感谢!

在肯定成绩的同时,我们也清醒地认识到,我市经济和社会发展还存在一些不可忽视的矛盾和问题,主要表现在:重要产业、重点企业、重大项目的支撑带动作用不够明显,经济增长方式粗放的状况尚未根本扭转,持续稳定发展的基础还不牢固;城乡居民收入水平提高不快,一些与群众利益密切相关的热点、难点问题仍未得到妥善解决;统筹发展、协调发展的任务还比较艰巨,城乡基础设施和公用设施建设、环境保护、社会稳定等方面还有许多事情要做;政府机关作风还有待改进,在服务水平、办事效率等方面还存在基层和群众不够满意的地方。这些矛盾和问题,我们将在今后的工作中努力克服并认真加以解决。

"十一五"时期的发展构想

未来的五年,我们面临着新的形势、新的机遇、新的挑战,做好今后五年的工作责任十分重大。根据市委四届九次全会的精神,我市"十一五"时期经济社会发展的总体要求是,以邓小平理论和"三个代表"重要思想为指导,以科学发展观为统领,以全面建成小康社会为目标,以跨越发展、科学发展、和谐发展为主题,以改革开放为动力,全面实施开放开发、新型工业化、城市化、富民优先、科教兴市五大战略,建设更加富裕文明秀美的新扬州。

按照这一总体要求,我市今后五年经济社会发展的主要预期目标为:地区生产总值年均增长13%以上,工业增加值年均增长15%以上。财政总收入年均增长15%以上。全社会固定资产投资年均增长18%。注册外资实际到账五年累计60亿美元,新增民资注册资本五年累计1 200亿元。到2010年,全市地区生产总值达1 700亿元,人均地区生产总值37 000元以上。城市居民人均可支配收入16 000元以上,农民人均纯收入达8 000元。城市化率55%以上。城镇登记失业率控制在4.5%以内。单位地区生产总值能耗比"十五"期末降低20%左右。到"十一五"期末,全市全面建成小康社会,为2020年基本实现现代化打下坚实基础。

实现"十一五"预期目标,我们必须以科学发展观统领全局,着力调整产业结构、转变增长方式,增强自主创新能力,建设资源节约型、环境友好型社会,推动经济社会持续、快速、协调发展。为此,必须把握好以下几点:

更加注重加快发展。始终坚持以经济建设为中心,切实增强加快发展的危机意识、责任意识和创新意识,倍加珍惜机遇,倍加开拓进取,倍加努力工作,保持较快的经济增长速度,提升综合实力,实现跨越发展。

更加注重深化改革、扩大开放。加大经济体制和行政管理体制改革的力度,加大推进沿江沿河开发的力度,加大招商引资、园区建设的力度,进一步整合资源、集聚优势,不断增强发展的动力和活力。

更加注重提高城市化和城市现代化水平。进一步完善提升城市综合功能,做精、做优、做美中心城市,彰显城市个性和特色。进一步增强中心城市的辐射带动作用,促进城乡资源合理流动,形成城乡统筹发展的新格局。更加注重关注民生。坚持发展为了人民,发展依靠人民,发展成果由人民共享,千方百计提高城乡居民收入,千方百计增加公共产品和公共服务,切实解决人民群众最关心、最直接、最现实的利益问题,不断提高人民群众的满意度,努力构建和谐社会。

2006年政府工作任务

2006年是实施"十一五"规划的开局之年,开好头、起好步至关重要。全市经济和社会发展主要预期目标是:地区生产总值增长13%以上,其中第一产增长5%,第二产增长15%,第三产增长14%。财政收入增长15%,其中一般预算收入增长16%。全社会固定资产投资增长20%。注册外资实际到账增长30%,新增民资注册资本增长30%。外贸出口增长20%。社会消费品零售总额增长14%。城市居民人均可支配收入增长10%,农民人均纯收入增长9%。城镇登记失业率控制在4%左右。单位地区生产总值能耗下降5%。

为完成今年的预期目标,着重做好十个方面的工作:

1. 着力实施工业第一方略

加快推进"三重"工作。强化规划导向和政策激励扶持作用,力争重要产业、重点企业和重大项目建设实现新突破。积极发展石油化工、汽车及零部件、电子信息、电工电缆等八大产业,提高重要产业的集聚度和贡献份额。加快中集通华罐式车、大连化工三期工程、大洋造船和顺大多晶硅等重大项目的建设,培育新的经济增长点。积极引进战略合作伙伴,加快资源的优化配置,培植大企业、大集团。进一步健全落实领导干部与"三重"挂钩联系制度,协调解决"三重"发展过程中的突出问题。力争全年规模以上工业增加值增长16%以上,销售收入10亿元以上的企业达20家。加快工业结构调整和优化,推动企业技术改造和技术进步,全年工业技术改造投入322亿元,增长28%,实施亿元以上重点技改项目96个。

加快实施名牌带动战略。鼓励企业增强名牌意识,积极实施争创名牌发展规划,支持企业做大做强主导产品和拳头产品,支持企业推行与国际接轨的质量、环保认证体系,以优质产品和服务不断扩大产品知名度和市场占有率,提升"扬州制造"形象。全年新创中国名牌和国家驰名商标5个,省名牌和著名商标40个。

加快建设高素质的企业家队伍。通过多渠道、多形式的教育培训,着力提升企业管理人才的素质和能力。指导各类企业建立健全激励机制,完善与现代企业制度相适应的经营管理人员的薪酬制度。培养和引进适应经济发展需要的现代化企业管理人才,推进企业家队伍职业化、市场化,营造有利于企业家健康成长的社会环境。

加快发展建筑业。积极开拓市场,提高装备水平,扩大产业规模,壮大骨干企业,提升市场竞争能力和企业形象。加大建筑业改革力度,全面完成市、县重点建筑企业的改制任务。全年建筑企业实现施工总产值、增加值均增长15%以上。

2. 全面推进社会主义新农村建设

按照统筹城乡发展的要求,制定出台《社会主义新农村建设实施意见》,着力提高农业综合生产能力,提升农村内生发展动力,加快农民致富步伐。

持续较快增加农民收入。继续推进农业结构调整,加快发展现代高效农业。稳定粮食种植面积,新增蔬菜、花木、经济林茶果20万亩。进一步实施"三品三创"工程,新建无公害农产品基地60万亩。推广新型实用技术,超高茬麦套稻扩大到40万亩以上。提升农业产业化水平,新增市级以上龙头企业3家,培植销售收入10亿元以上龙头企业2家。促进发展农产品深度加工,提高农产品附加值和市场占有率。推进乡镇工业集中区建设,引导乡镇工业集聚化发展。加大农业招商引资力度,全年利用"三资"22亿元以上。加强农村劳动力专业技能培训和劳务市场建设,全年培训农村劳动力5.5万人以上,新增劳务输出3万人以上。

积极改善农村生产生活条件。修编镇村总体规划,加强重点中心镇建设,逐步调整缩减自然村,引导农民集中居住。加大对农业和农村的投入,健全农业技术推广、农业信息服务、农产品质量安全和动植物病虫害防控体系。加快农田水利工程建设,完善农村水利设施。抓好农业综合开发。提高农业机械化水平。大力推进县乡村道路建设,改善农村道路通行条件。以创建卫生村镇为抓手,以清洁河道、清理垃圾为重点,开展农村环境综合整治。继续推进农村改水和改厕工作,全市农村自来水普及率96%以上,卫生厕所覆盖率68%以上。发挥小康先行村典型示范带动作用,推进120个全面小康村创建达标。

加强农村社会保障体系建设。完善以县为主的农村义务教育管理体制,实行农村义务教育免收杂费,继续对贫困家庭学生提供免费课本和寄宿生活费补助。健全新型农村合作医疗制度,覆盖率稳定在85%以上。完善农村最低生活保障制度,努力做到分类施保、应保尽保。实施五保户"关爱工程",集中供养率45%以上。加快推进被征地农民基本生活保障工作,做到"即征即保"。切实做好经济薄弱村和贫困户的帮扶工作。

深化农村综合改革。稳妥推进乡镇机构改革,优化整合事业单位。加强县乡财政体制和管理方式改革,提高自我保障能力。建立健全财政支农资金的稳定增长机制。大力发展农民经济合作组织,积极扶持农村社区股份合作制,稳妥发展土地合作组织。深化农村金融体制改革,鼓励有条件的信用联社组建农村合作银行。认真搞好第二次全国农业普查工作。

3. 大力发展现代服务业

突出发展现代物流业。完成扬州港、扬州火车货运站和仪征石化等特色物流园区规划的编制,加大物流项目包装和招商引资力度。推进物流园区基础设施和信息公共平台建设。落实现代物流业发展的扶持政策,改造提升传统物流业,引进和培育一批现代物流企业。

发展壮大旅游业。科学开发、合理保护扬州古城、古运河和蜀冈－瘦西湖风景区的旅游资源,创响文化、休闲、生态特色旅游品牌。整合旅游资源,促进市与县、扬州与周边城市的旅游联动发展。加强对江浙沪地区、火车开通沿线城市及海外旅游市场的宣传促销和扬州城市的整体推介,不断提高知名度,吸引更多客源。加快旅游业与娱乐、餐饮、购物、交通等相关行业的融合。开工建设1~2家五星级饭店。全年接待境内外游客超过1 200万人次,实现旅游总收入120亿元。

做优做特商贸服务业。改造提升传统商贸业,规划建设国庆路老字号一条街,打造名品名店集聚区。鼓励老字号企业发展特许经营、连锁经营、加盟经营等新型业态,放大品牌效应。通过开展"扬州师傅"评选等活动,提升服务的质量和水平,增强特色传统服务业的市场竞争力。合理优化大型连锁超市、专业市场的空间布局。加强农村商业网点建设,开拓农村市场,扩大农村消费。

拓宽服务业发展领域。加快发展信息服务业,启动扬州软件与信息服务业创业中心建设,积极申报省级软件产业基地。加强对房地产市场的引导和调控,促进房地产业健康持续发展,形成商品房、经济适用房、拆迁和解危安置房、廉租房等多层次的住房供给体系。放手发展养老托幼、体育健身、物业管理等便民利民的社区服务业。积极发展金融、保险、审计、科技服务、法律服务、会展等行业和创意产业。

4. 继续推进开放开发

大力发展开放型经济。精心组织2006"烟花三月"国际经贸旅游节,有针对性地开展各类招商引资活动,加强对千万美元以上、重点产业链、增资扩股等项目的引进,努力实现重大引资项目的新突破。拓宽招商引资领域,引导外资投向现代服务业、高新技术产业、现代农业和环保产业。建立项目推进制度,强化跟踪服务,进一步优化投资软环境,提高项目签约率、外资到账率和开工投产率。全年新批千万美元以上项目120个。优化出口商品结构,扩大高新技术产品、机电产品、轻纺产品和农产品的出口。促进外贸企业的联合、兼并和重组,形成综合优势。鼓励有条件的企业"走出去",全力推进对外承包合作,提高总承包在工程承包中的比重。规范境外劳务合作市场管理,扩大劳务输出规模。

加快沿江开发和园区建设步伐。全面建成沿江高等级公路,逐步完善沿江地区路网,加快港口、供电供热、污水处理等基础设施建设和生态环境建设。继续着力推进5家省级开发区和扬州化学工业园等重点园区建设,加大扬州出口加工区、市开发区光电产业园、仪征汽车工业园和邗江国家级数控金属板材加工基地等载体的招商引资力度,推动优势产业和企业向园区集聚,提高单位土地面积的投资强度,提升沿江开发、园区建设的水平。全年沿江地区工业产值、注册外资实际到账等主要经济指标占全市总量的比重保持在80%以上。

促进区域统筹发展。推动工业化、城镇化和农业产业化互动发展,增强县域经济发展活力。出台沿河开发总体规划。继续推进安大公路和京杭运河"三改二"航道整治等工程建设,改善沿河地区基础设施条件。培植块状经济优势,打造电工电器、纺织服装、机械制造、轻工工艺等特色产业集聚区。扩大与长三角及南京都市圈城市的区域合作,加快制造业、服务业、基础设施等方面的对接,促进优势互补,资源共享。

5. 深化体制机制改革

继续推进国有集体企业改革。加快扬柴、亚星、扬农等一批企业的战略重组和增量改制,增强骨干企业的活力和竞争优势。深化产权制度改革,完善法人治理结构,做好市属企业改革扫尾工作。加快企业的股份有限公司改造,落实企业上市扶持政策,鼓励优势企业在境内外上市融资,完成联环药业、扬农化工股权分置改革。建立并完善国有资产监督管理体制,维护出资人和职工的合法权益。

发展壮大民营经济。大力推进全民创业,进一步降低投资门槛,放宽投资政策,确保各项扶持政策落实到位。引导民营企业加强制度、管理、技术和品牌创新,提升发展层次和水平,不断做大做强。支持民营企业参与国有企业改革改制,鼓励民营资本进入基础设施、公用事业、社会事业等领域。加强和改善对民营经济的服务,协调解决用地、用水、用电、融资等方面的困难,建立健全中小企业信息咨询、人才培训、技术支持等社会化服务体系,为民营经济发展创造平等竞争的环境。全年新增民资注册资本200亿元,民资投入450亿元。

深化财税、金融和投融资体制改革。调整财政支出结构,完善公共财政管理体制。稳步实施财税改革,积极培育壮大财源,大力组织财政收入。进一步规范投资项目核准权限,简化投资备案程序。推行多种形式的基础设施项目经营权和收益权的有偿转让,试行政府投资项目决策责任制度和项目代建制度。加强信用体系建设,进一步改善金融生态环境。大力支持地方法人金融机构改革,积极引进市外银行来扬设立分支机构,稳步发展融资担保主体。

继续搞好事业单位改革。在完成生产经营型事业单位转企改制扫尾工作的基础上,稳步推行以规范机构职能为重点的行政管理型事业单位改革,有序推进以完善人事、分配制度为重点的社会公益类事业单位改革。

6. 不断增强科技创新能力

逐步建立并完善科技创新体系。加强以企业为主体、市场为导向、产学研结合的创新体系建设,新培育省级以上高新技术企业40家、产品120个,组织实施省级以上各类科技计划项目350项。鼓励有条件的企业与国内外高等院校、科研院所共建技术创新联合体,搞好引进技术的消化吸收和再创新,推动各类科技资源向骨干企业集聚,新建企业技术中心、工程技术研究中心40家。加快科技成果向现实生产力转化,推进太阳能光伏和半导体照明等高科技产业基地建设,实现高新技术产业产值320亿元。发挥扬州国家级创业服务中心、留学生创业园等科技孵化器的作用,吸引一批高新技术人才入园创业。充分利用驻扬高校、科研院所和博士后工作站的优势,提高自主创新能力。

加大科技政策支持力度。认真贯彻落实全国科学技术大会精神,制定鼓励扶持政策,在全社会形成尊重科学、尊重知识、尊重人才、鼓励创新的浓厚氛围。积极争取国家和省资金支持,稳步增加各级财政对科技进步的投入,全年预算内科技三项费用增长20%左右。

加强创新人才队伍建设。制定和实施相关政策,引进和培养一批掌握核心技术、拥有发明成果的拔尖人才,引进和培养一批善于组织科技研发团队、能够统筹科技资源与生产要素配置的领军人才。突出抓好专业技术、企业管理和实用人才队伍建设,充分发挥现有人才的创新潜能。建立健全人才资源管理和开发体制,实行人力资本作价入股,加快形成鼓励各类人才提高创新能力和创新效率的收入分配机制。

7. 努力提升城市建设水平

提高城市规划水平。加快调整和完善"一体两翼"城市发展结构规划,编制扬州主城区城市总体设计、重点地段和近期建设地段控制性详细规划,完成土地利用总体规划修编,高起点、高质量推进规划全覆盖。加强与境内外高水平规划设计机构的合作,促进城乡规划设计水平的提升。强化规划集中统一管理,确保规划的权威性和严肃性。

加大古城保护力度。制定完善古城保护办法,出台老城区街坊整治等政策意见。按照老城区控制性详细规划,具体制定"三线"、"三片"保护利用详细规划。精心实施"双东"街区、教场、康山园等古城修复项目。结合保护历史建筑,推进"博物馆之城"建设,修缮重宁寺,启动天宁寺博物馆和淮扬菜博物馆建设。挖掘和利用历史、民居、宗教、工艺、休闲等文化资源,进一步展示名城魅力。

加强城市建设和综合整治。建设新扬圩路、润扬北路,延伸文昌东路、平山堂西路,整治联谊路,改造皮市街,建设三湾大桥、文昌大桥,新建城东、城北公交客运中心。完善古运河沿线等绿化风光带,新增城市绿地100万平方米以上。分片区改造老城区综合管网,翻建街巷40条。拆除市燃气总公司焦化厂,建设天然气门站。继续抓好新城西区基础设施建设;稳步推进蜀冈—瘦西湖风景区基础设施和项目建设;高起点编制城市东区规划,启动重点项目建设。

提升城市管理水平。强化区级城管职能,充实加强城市基层管理力量,落实街道、社区管理责任制,实现城市管理属地化。启动运行数字化城管新体制,完善城管行政执法和监督体系,深入开展城管创优活动,综合运用行政、法律、科技、市场等手段,提高城管处置能力和长效管理水平。

搞好生态环境保护。大力发展循环经济和生态工业园,万元GDP污染物排放量下降10%。督促指导30家重点企业实施清洁生产并通过审核,创建1~2家省级以上环境友好企业、3个省级绿色社区。进一步加强南水北调东线源头和集中式饮用水源地水质保护,防范重点区域、水域环境风险。强化环境执法监督,实施排放总量控制、排放许可和环境影响评价制度。实施最严格的耕地保护制度,切实提高土地集约利用水平。加大土地复垦开发和整理力度,保持全市耕地占补动态平衡。全年植树造林10万亩,森林覆盖率提高1个百分点。

8. 协调发展各项社会事业

坚持教育优先发展。努力办好人民满意的基础教育。高水平、高质量普及九年义务教育,加快普及高中阶段教育和学前教育。全面实施素质教育,积极推进新课程改革,不断提高教学质量。优化教育布局,提升办学质态,放大优质教育资源,提高教育均衡发展水平。进一步落实"两免一补"政策,扩大宏志班办学规模。加大财政对义务教育的投入,严格规范教育收费行为,鼓励社会投资办学。大力发展以就业创业为导向的职业教育。加快培养高素质技能型人才,努力打造全国特色服务业和长三角制造业的职业技术教育基地。抓好扬子津科教园二期、市职业高中新校区建设。积极支持扬州大学和地方高校建设。

进一步完善公共卫生体制和卫生设施条件。建立并完善疾病预防控制、医疗救治、卫生监督和公共卫生信息网络体系。改善卫生基础设施条件,加快建设市急救中心综合楼、扬州南方协和医院主楼、苏北医院病房楼、妇幼保健院医技楼等一批医疗设施项目,建设市传染病医院,启动中医院改造工程。基本建成城乡社区卫生服务体系。做好重点传染病防治和城乡爱国卫生工作。围绕人民群众关注的看病难、看病贵问题,整顿和规范医疗服务秩序,加强医德医风建设和药品价格管理,提高医疗服务质量。

积极发展文化体育等事业。加强市、县公共图书馆和基层文化设施建设。办好省第四届扬剧节、市第三届农民艺术节、"市民日"等活动,创作一批群众喜闻乐见的文艺精品。加强文化市场管理、文物保护和民俗民间文化保护工作。办好国际竞走挑战赛、全国举重锦标赛和市第五届全民健身节。建设体育公园国家级全民健身活动中心。发展广播电视事业和产业,城乡有线电视入户率达73%。加强人口与计划生育工作,进一步落实计划生育奖励扶助政策,人口出生率控制在7‰以内。继续做好社科研究、档案、方志、气象和防震等工作。

9. 进一步提高人民群众的生活水平和质量

积极扩大就业和再就业。实施积极的就业政策,千方百计增加就业岗位,鼓励企业吸纳就业、创业带动就业、职工自谋职业,全年采集就业岗位8万个,新增城镇就业2.7万人,帮助下岗失业人员实现再就业1.5万人。健全再就业援助机制,重点帮助"4050"人员和特困家庭新增劳动力实现就业再就业。重视做好失地无业农民的再就业工作。合理引导和规范企业裁员,严格控制失业率。建设覆盖城乡的就业管理服务体系,统筹管理城乡劳动力资源和就业工作。充分发挥劳动密集型企业、中小企业和社区服务业在促进就业再就业方面的作用。加强职业技能培训,全年培训3万人。

健全完善多层次的社会保障体系。继续推进社会保险对城镇各类企业职工、个体工商户和灵活就业人员的全覆盖,全年养老保险净增缴费人数4万人以上。调整企业职工养老金个人账户规模。实行市区社会保险统筹。扩大医疗保险覆盖面。继续做好城市低保工作。加快推进市职介中心、社保中心、信息中心建设项目和“金保工程”建设。建立城镇最低收入家庭廉租房保障制度,继续搞好危房改造。加大医疗救助力度,进一步办好“慈济医院”和“慈济窗口”。健全教育帮扶制度,建立扶贫助学长效机制。重视退伍士兵安置和优抚对象的抚恤、优待工作。加强社会保障公共服务体系建设,多渠道筹措社会保障基金,提高社会保障能力。积极发展社会慈善事业,继续开展社会捐赠、互助活动。加强法律援助,依法维护弱势群体的合法权益。重视做好助残工作。

努力改善城乡居民生活。建立健全收入增长机制,使职工工资随着企业效益提高而提高。普遍推行工资集体协商,严格执行最低工资标准,逐步建立企业欠薪保障制度。强化政府对收入分配的调节,完善利益分配和协调机制,千方百计增加城乡居民特别是中低收入者的收入,切实维护广大职工和外来务工人员的合法权益,促进人民群众安居乐业。

维护人民生命财产安全。全面落实安全生产责任制,建立和完善防范重特大安全生产事故的责任与追究机制,加大重大安全隐患的治理力度。抓好安全标准化示范工作,增加公共安全设施投入。制定全市突发公共事件应急预案,提高保障公共安全、处置突发事件和抗击灾害事故的能力。切实加强食品、药品及公共场所卫生监督管理工作。

10. 加强精神文明和民主法制建设

抓好精神文明建设。广泛深入开展文明城市、文明村镇、文明社区和文明行业创建活动。大力推进公民道德建设,继续实施现代市民和现代农民两大教育工程,提升社会公德、职业道德和家庭美德水平。大力培育和弘扬创业、创新、创优精神,为经济社会发展提供强大的精神动力。深化爱国主义、集体主义、社会主义教育。完善未成年人思想道德建设长效机制,关心下一代健康成长。重视做好老龄工作。推进全社会诚信建设。加强双拥和国防动员工作,争创省和国家“双拥模范城”。

推进民主法制建设。认真落实市人大及其常委会的各项决议、决定,及时报告工作。支持人民政协更好地履行政治协商、民主监督和参政议政职能。提高人大代表议案、建议和政协提案的办理质量。重视社会各界提出的要求和批评建议。开展“五五”普法教育和“法治扬州”建设,积极营造良好的法制环境。进一步贯彻国务院《全面推进依法行政实施纲要》,落实行政执法责任制,强化层级监督和专项监督,不断提高依法行政水平。加强基层民主建设,健全基层民主自治制度,推进村务和社区事务公开。重视做好民族宗教工作。

切实维护社会稳定。深入开展“平安扬州”创建活动,严密社会治安防控体系,严厉打击各种犯罪,全面落实综合治理各项措施,维护良好的社会治安环境。切实做好人民来信来访工作,加强社会稳定预警以及矛盾纠纷的排查调处、应急处置、责任追究等机制建设,预防和妥善处置各类群体性事件,努力化解人民内部矛盾。

推进公共服务型政府建设

“十一五”时期,扬州实现跨越发展、科学发展、和谐发展,要求各级政府切实解放思想,转变职能,创新工作,不断提高公共管理和公共服务能力,为经济社会的持续健康协调发展提供重要保证。

1. 进一步转变政府职能

深入贯彻《行政许可法》,按照政企分开、政资分开、政事分开和政府与中介组织分开的原则,加快转变政府职能。继续推进行政审批制度改革,依法减少和规范行政审批,加强行政办事服务中心建设,做到行政审批职能集中到窗口,授权到窗口,办结在窗口。增加财政对公共领域的投入,强化政府提供公共产品和服务的职能,提高财政性资金的使用效率。依法加强市场监管,切实维护好公平竞争的市场秩序。协调整合社会资源,积极构建各类产业项目落户平台、银企信息交流沟通平台、人力资源服务平台等,推进各类资源加速向扬州集聚。进一步规范发展社会中介组织,积极发挥行业协会、商会的作用。

2. 切实改进作风

大兴求真务实之风,把加强调查研究作为提升能力的重要环节,深入实际研究全市经济社会发展中的重大问题,提高政府工作的效率。推进行政管理决策的科学化、民主化,健全对涉及经济社会发展全局重大事项决策的协商和协调机制,健全对专业性、技术性较强重大事项决策的专家论证、技术咨询、决策评估制度,健全对与人民群众利益密切相关重大事项决策的公示、听证制度。狠抓各项工作的落实,围绕全面建成小康社会的目标任务,形成一级抓一级、层层抓落实的工作机制,提高政府机关的执行力。加强行政效能建设,办好发展软环境投诉中心和政府公开电话、“寄语市长”等,受理和解决好市民与投资者对经济社会发展等方面的诉求。加强便民服务中心建设,年内市区所有街道都建立便民服务中心。

3. 加强公务员队伍建设

教育引导广大公务员不断解放思想,开阔眼界,开阔胸襟,开阔思路,创造性地开展工作、搞好服务。结合《公务员法》实施,深入开展学习型机关、学习型干部队伍创建活动,引导广大公务员不断学习,创新思维,增长才干。以全面落实领导干部廉洁自律各项规定为重点,健全完善惩治和预防腐败的各项制度规定,加强行政监察、财政监督和审计监督,堵塞可能发生腐败的漏洞。加强行风建设,推进从严治政,加大违纪违法案件查处力度。加强对土地征用、房屋拆迁、企业改制重组和破产中侵害群众利益行为以及教育乱收费、医药购销、食品安全等问题的专项整治,坚决纠正损害群众利益的不正之风。牢记“两个务必”,带头厉行节约,制止铺张浪费,以节约型政府建设推动节约型社会建设。牢固树立执政为民的理念,坚持把人民群众关心的热点、难点问题作为政府工作的重点,把群众需求作为政府工作的第一信号,把亲民、为民、惠民、富民作为政府工作的基本准则,努力实现好、维护好、发展好人民群众的根本利益。

我们已经迈上“十一五”发展的新征程。让我们在中共扬州市委的领导下,高举邓小平理论和“三个代表”重要思想伟大旗帜,以科学发展观统领经济社会发展全局,团结和带领全市人民,开拓创新,锐意进取,真抓实干,奋发有为,为加快实现全面建成小康社会的宏伟目标而努力奋斗!

(注:在扬州市第五届人民代表大会第四次会议上)

政府工作报告

(2006年2月21日)

南通市市长　丁大卫

一、2005年工作情况和"十五"主要成就

2005年,在省委、省政府和市委的正确领导下,全市上下认真落实科学发展观,开拓创新,扎实工作,市十二届人大三次会议确定的各项目标任务全面完成。

(一)经济增长速度全省领先,发展质态进一步优化。

全市实现地区生产总值1 472.08亿元,按可比价计算增长15.4%,增幅居全省首位。完成财政总收入171.19亿元,增长26.3%;地方一般预算收入71.99亿元,增长26.7%,高于全省平均增幅0.3个百分点。农业实现增加值162.19亿元,增长3%;工业实现增加值672.66亿元,增长19.6%,增幅位居全省第二;建筑业实现增加值151.33亿元,增长17%;服务业实现增加值485.9亿元,增长14.4%。县域经济加速发展,在全市地区生产总值中的占比较上年提高1个百分点,南三县(市)保持良好发展态势,北三县(市)工业增加值、注册外资实际到账等多项经济指标增幅高于全市平均水平。发展质态继续提升。规模以上工业实现利税增长36.4%,高于产值增幅13.6个百分点;工业经济效益综合指数达187%,为历史最好水平。高新技术产业产值比计划提前两年实现翻两番的目标,在规模以上工业产值中的占比较上年提高3.1个百分点。单位生产总值能耗预计为0.95吨标准煤,低于全国、全省平均水平。环境保护工作继续位于"全国污染控制较好城市"前列。

(二)江海联动开发取得重大突破,重大项目建设力度进一步加大。

江海联动开发20项重点工作任务基本完成。沿江开发向纵深推进。现代纺织服装、船舶制造与配套、电子信息、精细化工、机械制造等优势特色产业发展态势强劲。有效盘活深水岸线资源,建成万吨级以上泊位5个,其中5万吨级以上泊位3个;全市港口货物吞吐量达8 326.9万吨,增长15.4%。各口岸查验单位整体联动,"大通关"功能进一步完善。沿海开发实质性启动。洋口港锚地成功进行加载作业,临港工业区一期围堰工程完成,陆岛跨海通道和洋口大道开工建设;启东滨海工业集中区开工建设,吕四港大唐电厂一期围堰吹填工程竣工,两个5万吨级泊位岸线使用获交通部批准。一批重大产业及基础设施项目进展顺利。全市实施重大项目101个,比上年增加30个;项目单体规模超过9亿元,比上年增加1亿元。江苏LNG项目获国家发改委批准开展前期工作,中远川崎二期扩建、熔盛造船等48个重点项目开工建设,醋纤四期扩建工程丝束部分、天生港电厂技改工程等44个重点项目相继完工。苏通大桥顺利转入主桥索塔和上部结构施工,北接线高速路基桥梁贯通;崇启大桥完成工程可行性研究报告;皋张汽渡通渡。沿海高速南通段建成通车,沿江高等级公路全线开工。铁路"一线三中心"建设方案开始实施,沪通铁路着手开展建设前期工作。通过继续猛攻有效投入,完成全社会固定资产投资815.26亿元,增长34.7%;完成规模以上投资672.08亿元,占全社会固定资产投资比重超过80%,增幅居全省第一;完成工业投入617.72亿元,增长54.3%,总量位列全省第三。

(三)开放型经济与民营经济比翼齐飞,发展活力进一步增强。

全年新批协议外资突破50亿美元,同比增长34.2%;新增工商注册登记外资31.1亿美元,列全省第二位;注册外资实际到帐17.48亿美元,列全省第三位,跻身全国大中城市利用外资15强行列。利用外资质量进一步提高,新批总投资超千万美元的大项目198个,比上年增加49个;服务业实际利用外资增长84%。完成进出口总额85.2亿美元,增长25.4%。对外劳务完成营业额6.62亿美元,增长42.7%。全民创业势头强劲,私营企业、个体工商户新增数等六项指标列全省第一,民营经济增加值占全市地区生产总值的比重达43.1%,比上年提高2个百分点。先后在珠三角、长三角和浙东等地举行大型民资招商活动,正式签约项目287个,当年开工172个,总投资86亿元。争创"名企名品名人"工程取得成效,11家企业入围全省民营企业销售收入50强;新增中国驰名商标1个、中国名牌产品5个。以民营为主体的建筑业主要经济指标继续保持全省第一位,新增特级资质企业3家,占全省新增数的四分之三,8家企业跻身全省建筑业综合实力20强,获全省建筑强市称号。国企改革继续深化,国有资产管理体制进一步完善。市属社会公益型事业单位改革全面启动,首批16家改革基本到位,第二批187家正在推进。新增上市公司1家,2家上市企业完成股权分置改革。乡镇综合配套改革试点工作初见成效。各类行业协会、商会进一步发展。接轨上海工作取得新成效,与长三角城市在港口、产业、科技、旅游等方面的合作得到加强。

(四)"三农"工作扎实推进,农村面貌进一步改善。

按照城乡统筹的要求,抓好"三农"工作。在稳定粮食综合生产能力的前提下,农业结构不断优化,瓜果蔬菜、花卉苗木、家禽养殖、海洋渔业等主导产业优势更加突出。农业产业化进程加快,项目农业建设取得新成效,高效农业规模化水平进一步提高,四分之一的耕地亩产出超过3 000元,市级以上龙头企业实现销售收入超百亿元,获国家认证的无公害农产品435个、绿色食品129个、有机食品14个,建成"四有"农民专

业合作组织57个。通过加强技能培训和劳务中介服务，新转移农村劳动力6.26万人。加大财政支农力度，“一免三补”政策全面落实。“民富、村美、风气好”的新农村建设开始起步。高度重视村镇规划编制工作，稳步推进农民集居区建设；以农村环境整治为重点的“百村示范、千村整治”工程进展顺利，小康示范村建设起步良好；新建和改造农村公路里程是历史上最多的一年。

（五）城市建设保持大推进态势，城市知名度和影响力进一步扩大

以“五城同创”和举办“五大活动”为推动，全面提升中心城市建设和管理水平。中心城市建设强势推进，发展框架进一步拉开，通宁大道等18项城建重点工程相继完工，崇川路东延等15项跨年度重点工程完成年度任务，新增道路面积212万平方米。新区建设加速推进，体育会展中心建设进展顺利，中央商务区开工建设。积极推进商品房规模开发，市区商品房竣工面积163.25万平方米，比上年净增66.57万平方米；依法做好拆迁工作，城市房屋拆迁量比上年增加45.28万平方米。城市公用设施建设力度加大，市区污水日处理能力达到15.5万吨，污水处理率达73%；新增公交站点82个；电话号码升至8位。重点实施城市环境整治“3410”工程和“精品濠河”工程，市区10个重要节点环境明显改观，濠河亮化工程获全国市政工程“金杯奖”；新增绿地180公顷，绿化覆盖率达41.5%；整治河道23条；着力推进“五小”行业整治；启动姚港化工区三类企业搬迁工程。创建国家环保模范城市通过验收；创建国家园林城市通过省级考核验收，荣获“江苏省园林城市”称号，并获得省第五届园艺博览会举办权；创建国家卫生城市通过省级验收和复核。成功举办第二届世界大城市带发展高层论坛、2005中国南通港口经济洽谈会、南通博物苑一百年暨中国博物馆事业发展百年庆典、2005全国航空运动会、长三角城市经济协调会第六次会议，城市形象进一步提升。

（六）各项社会事业加快发展，精神文明和民主法制建设进一步加强

科技工作成果显著，市及各县（市）区均通过国家科技进步考核，市及海门、通州、启东、海安4县（市）获全国科技进步先进市（县）称号。列入国家科技成果重点推广计划数、省科技进步奖获奖数、省农业科技攻关项目数等列全省第一；新增国家级高新技术企业11家、重点新产品31项。人才人事工作跻身全国先进行列。教育现代化工程稳步推进，“六有”和“校校通”工程全面完成，58%的乡镇成为省级教育现代化乡镇；基础教育保持优势，我市素质教育、未成年人思想道德建设成为全国典型，高考生均总分等十项主要指标继续保持全省第一，职业教育、高等教育、成人教育进一步发展。加快发展文化事业，建成南通博物苑新馆、城市博物馆等一批文化设施，环濠河博物馆群基本形成。广播电视事业发展加快，当年有线电视用户发展数位居全省第一。成功承办全国十运会击剑比赛，南通籍运动员在十运会上获得14枚金牌，积极筹备省十六运，全民健身工程向农村延伸。加大公共卫生事业建设力度，健全疾病预防控制体系，重大疾病防治工作取得新进展；加强医院管理，医疗服务水平有了新的提高；综合卫生监督进一步加强，乡镇卫生所规范化建设全面推进。计划生育率达99.6%。广泛开展“南通精神”大讨论活动，群众性精神文明创建活动成效显著。法治南通建设向纵深推进。制定加快法治政府和法治南通建设实施意见，出台相关配套措施，在全省较早建立行政首长出庭应诉制度。切实帮助群众解决实际问题，信访总量明显下降。平安南通建设和全省最安全城市创建工作取得新成效，社会矛盾纠纷大调解机制和社会治安大防控体系进一步完善，市及通州市分别获得全国社会治安综合治理优秀市和先进县（市）称号。南通刑警被国务院授予“特别能战斗刑警队”称号，我市进入全国首批“科技强警示范城市”行列。安全生产工作得到强化。广泛开展双拥共建活动，国防教育、征兵、民兵预备役、人民防空、国家安全工作均取得新成绩。统计、外事、侨务、气象、民族、宗教、防震、无线电管理、档案、保密、地方志等工作进一步加强。

（七）城乡居民生活质量继续改善，社会和谐程度进一步提高

全年新增城镇就业5.5万人，年末城镇登记失业率为3.4%。社会保障覆盖面继续扩大，市区养老保险基金收支基本平衡。农民人均纯收入5 501元，增长11.6%；市区居民人均可支配收入12 384元，增长13.2%。居民消费价格指数为101.2%。被拆迁群众和被征地农民补偿款全部发放到位，基本生活得到保障。老龄事业和产业得到发展。妇女、儿童、青少年、残疾人、关心下一代、见义勇为、红十字和慈善工作取得新成绩。认真履行承诺，10件14项实事项目完成情况良好。其中，提前或超额完成的10项：（1）全年实现5.7万名城镇失业人员就业，超过计划的62.9%；（2）全市新型农村合作医疗覆盖面达87%，高出计划7个百分点；（3）全市建成社区卫生服务中心117个、社区卫生服务站1 828个，覆盖率达95.7%；（4）完成农村改水攻坚任务，农村自来水普及率达98%，高出计划3个百分点；（5）市区新建低价位商品房81.17万平方米，超过计划的35.3%；（6）改造农村危桥360座；新建和改造农村公路2 248.71公里，超过计划的72.9%；（7）疏浚县级河道25条、乡级河道154条；（8）城市低保提标10%，农村低保提标10%左右；（9）市区安排100万元用于送温暖工程，同时为符合条件的定补（保养）职工增发生活补助金616万元；（10）全面推行农村部分计划生育家庭奖励扶助制度，对44889名农村居民按标准发放了奖励扶助金。按计划如期完成的3项：（1）市污水处理厂二期、江海港区污水处理厂建设工程竣工，观音山污水处理厂一期工程开始建设；（2）市区端平桥、新桥等4个农贸市场改建工程按计划完成；（3）在落实企业离退休省级以上劳模待遇的同时，提高了企业离退休市级劳模的待遇。已完成年度工作计划，需继续跨年度实施的1项：西北片区域供水工程、启海区域供水工程正式开工建设。

（八）政府自身建设得到加强，行政效能进一步提升

2005年是规划编制年，也是项目突破年。围绕科学规划、项目推进等重大问题，有针对性地组织开展89个专项和系列调研，80%的调研成果得到转化。集思广益，精心编制《南通市国民经济和社会发展第十一个五年规划纲要（草案）》和51项专项发展规划；制定了《南通市生产力（工业产业）空间布局与工业集中区规划》等3个空间布局规划，基本完成市级土地利用总体规划大纲编制工作；启动城市总体规划修编，完成城市公共交通等6个专项规划及市区22平方公里控制性详规等12个修建性详规的编制；编制完成125个乡镇布局规划和13个市级小康示范村规划。进一步加强政府目标责任管理，健全政府常务会议督查制度，强化重大项目推进制度和领导挂钩、

督查制度,化解土地、电力、资金等要素"瓶颈"制约,完善经济工作推进机制,112项重点工作完成情况良好。注重政府法制建设,行政执法监督得到加强。全面推进政务公开,政府采购、工程招投标全面实行阳光操作,进一步加强市、县两级行政审批中心建设,完善行政效能监察机制,机关行政效率明显提高。自觉接受市人大及其常委会的法律监督、工作监督和市政协的民主监督,认真执行人大及其常委会决议,支持政协履行职能,切实抓好人大议案和人大代表建议、批评、意见以及政协委员提案的办理工作,市人大代表和政协委员满意基本满意率分别达95.9%、98.8%。主动听取、充分吸纳市人大、市政协意见和社会各界的意见和建议,提高了政府科学决策、民主决策水平。认真落实党风廉政建设责任制,领导干部廉洁从政自觉性进一步提高,审计监督进一步加强。

过去的一年为"十五"发展画上了圆满的句号。五年来,全市人民紧紧围绕争当全省江北"两个率先"排头兵的目标,按照市委确定的"依托江海、崛起苏中、融入苏南、接轨上海、走向世界、全面小康"的总体思路,以跨越发展为主题,解放思想、奋力拼搏、真抓实干、争创一流,经济社会发展取得了令人瞩目的成就,市十一届人大四次会议通过的《南通市国民经济和社会发展第十个五年计划纲要》确定的主要发展目标全面超额完成。

——经济总量五年翻番,跨越发展态势强劲。全市地区生产总值按可比价年递增13.1%,财政总收入年递增21.7%。在多年蓄势的基础上,三年迈出三大步:2003年地区生产总值超千亿、财政收入超百亿;2004年地区生产总值增速超全省平均水平;2005年经济增长速度全省领先,地区生产总值、人均地区生产总值均比"九五"末翻了一番,财政总收入为"九五"末的3.2倍。农业综合生产能力稳步提高;第二、三产业增加值占全市地区生产总值比重达89%,比"九五"末提高了6.9个百分点;2005年工业经济效益综合指数比"九五"末提高68个点。综合实力显著增强,在长三角城市中的位次不断前移。

——改革保持领先地位,开放型经济重返全省第一方阵。国有经济布局战略性调整和国有企业战略性改组目标基本实现,多种所有制经济竞相发展格局基本形成,市场化改革走在全省前列。争创江苏民营经济第一大市成效显著,主要指标增幅连续两年保持全省领先。行政审批事项大幅削减,政府服务效率明显提高;事业单位分类改革取得实效。实际利用外资持续实现"撑杆跳",按原口径五年累计达到48.5亿美元,是"九五"末的2.3倍;2005年进出口总额是"九五"末的2.7倍;外经合作保持省内领先。

——发展优势更加凸显,城市综合竞争力和影响力迅速提升。以苏通大桥开工建设、高速公路纵向横向贯通、铁路客货运通车、国道省道全面网化为标志的大交通格局初步形成。沿江开发强势推进,一批重大项目在沿江地区集聚落户,优势特色支柱产业快速扩张升级,沿江先进制造业和基础工业走廊基本形成;港口建设步伐加快,五年新增5万吨级以上泊位14座,2005年港口吞吐量是"九五"末的3倍。沿海开发实现重大突破,洋口、吕四海港开发建设实质性启动,南通开始从江河时代向江海时代跨越。发展后劲显著增强,全社会固定资产投资五年累计达2 437亿元,是"九五"的2.2倍。连续14年实现耕地占补平衡。中心城市面貌变化巨大,"中国近代第一城"品牌彰显魅力;各县(市)城及重点镇面貌显著改观,城镇化进程明显加快,全市城市化水平比"九五"末提高了12个百分点。争创全省最佳办事环境,获中国城市管理进步奖,被评为最具台商投资价值城市。

——三个文明建设同步推进,经济社会协调发展。精神文明"南通现象"发扬光大,全国文明单位总数在全省名列前茅,建成江苏江北第一个文明城市群。民主法制建设进一步加强,依法治市五年规划目标和"四五"普法任务全面完成,政府工作法制化进程加快,基层民主法治示范村(社区)建设走在全省前列;人民群众对社会治安的满意率不断提高,被省委、省政府命名为2003~2005年度社会治安安全市,成为全省首批平安城市。社会事业全面发展,国民教育体系进一步完善,南通大学组建成立。群众文化生活不断丰富。全民健身体系加快健全。人口和计划生育工作进一步加强,人口连续8年负增长。老龄工作、社会福利等事业有较大发展。各类事故死亡人数连续5年下降。

——生活质量显著改善,人民群众得到更多实惠。城乡一体化的就业体制初步建立,五年累计提供就业岗位70万个,实现再就业19万人次,城镇登记失业率低于全国、全省平均水平。农村劳动力转移总量达到202.01万人,在全省领先。城镇社会保障体系基本形成。城乡居民收入实现较快增长,2005年市区居民人均可支配收入、农民人均纯收入分别是"九五"末的1.6倍和1.5倍。2005年末城乡居民储蓄存款余额1 190.74亿元,是"九五"末的2.2倍。2005年城镇、农村人均住房建筑面积分别达到29.14平方米和49.62平方米,比"九五"末分别增加12.3平方米和8.17平方米。完成了城乡电网改造和通如区域供水工程,农村自来水基本普及。

过去的五年,是我市发展史上不平凡的五年。在这五年中,我们主动适应宏观经济环境的新变化,积极应对加入世贸组织后的新形势,成功战胜"非典"和重大自然灾害的新挑战,不断把南通跨越发展大业推向前进。发展历程令人难忘,发展成就令人振奋。所有这一切,是省委、省政府和市委正确领导的结果,是市人大、市政协监督支持的结果,是全市人民团结拼搏、艰苦奋斗的结果,也是与历届领导创下的基础分不开的。在此,我谨代表市政府向广大干部群众,向人大代表、政协委员和离退休老同志,向人民解放军、武警驻通部队官兵和公安干警,向各民主党派、工商联、各人民团体和各界人士,向支持南通现代化建设的部、省驻通单位,向所有关心南通发展的港澳台同胞、海外侨胞和国际友人,表示崇高的敬意和衷心的感谢!

回顾过去,我们也清醒看到,全市经济社会发展中还存在很多矛盾和问题,主要是:与先进地区相比,在经济总量和均量指标上的差距还比较大;经济增长方式由粗放型向集约型转变的任务还很艰巨;自主创新能力不强,产业层次和集中度不高,重点企业支撑作用不够;消费需求对经济增长的拉动不足;城乡居民收入增加与经济增长不尽协调,农民持续增收、就业持续增加的难度加大,社会弱势群体生活困难还较多;统筹城乡、区域、经济社会协调发展和维护社会稳定的任务还很繁重;政府工作还存在缺点和不足,政府社会管理和公共服务职能仍需进一步加强;等等。对此,我们将采取切实措施,认真加以解决。

二、坚持以科学发展观统领"十一五"经济社会发展全局

经过"十五"的发展,南通已经站在新的历史起点上。展

望未来,"十一五"时期正是我市全面建设小康社会的决胜期,持续跨越发展的黄金期,提升在全省和长三角城市中地位的赶超期,经济社会发展进入全面腾飞的关键期。基于对发展态势的分析,市政府根据市委九届七次全会通过的《关于制定南通市国民经济和社会发展第十一个五年规划的建议》,在深入调查研究、广泛听取意见、集中各方智慧的基础上,编制了《南通市国民经济和社会发展第十一个五年规划纲要(草案)》(以下简称《纲要》),提出了"十一五"期间全市经济社会发展的总体思路、总体定位和主要目标任务。

《纲要》明确,"十一五"期间,要以邓小平理论和"三个代表"重要思想为指导,以科学发展观统领发展全局,根据省委、省政府作出的"新发优势在苏中"的科学判断,紧紧围绕经济社会全面腾飞的战略定位,继续按照"依托江海、崛起苏中、融入苏南、接轨上海、走向世界、全面小康"的发展思路,以建设"经济发达、文化繁荣、政治清明、社会和谐、人民安康"的新南通为战略目标取向,确保2010年、力争2009年在江苏江北率先全面建成小康社会,全面融入苏南板块,为在下个十年内基本实现现代化奠定坚实的基础,加快推动形成长三角核心区沪苏通"金三角"和沿海沪甬通"一体两翼"发展新格局,加速把我市建设成为江苏江海交汇的现代化国际港口城市、长三角北翼的经济中心和国内一流的宜居创业城市。

《纲要》提出,通过"十一五"的努力,做到:

——经济增长走在江苏前列。全市地区生产总值(可比价)年递增14%左右,2010年地区生产总值总量和均量比2005年翻一番。地方一般预算收入年递增20%以上,2010年力争超过200亿元。全社会固定资产投资累计超过6 000亿元。注册外资实际到帐累计力争超100亿美元。2010年民营经济增加值占地区生产总值的比重达到60%。全市经济总量在全国城市排名中进入前30位。

——科学发展走在江苏前列。产业结构全面优化,经济增长方式实现较大转变,资源利用效率不断提高。2010年,第二、三产业增加值占地区生产总值比重达到94%左右;单位生产总值能耗比"十五"末降低20%左右;全社会研发经费支出占地区生产总值的比重达到1.65%,市区达到2%左右;高新技术产业产值占规模以上工业产值比重力争超过25%。社会事业全面发展,科技、教育、人才的支撑作用明显增强,生态和人居环境有较大改善。

——和谐社会建设走在江苏前列。城乡、区域、社会群体之间收入分配差距扩大趋势逐步缓解。2010年,城镇居民人均可支配收入、农民人均纯收入分别超过20 000元和8 500元,居民文教娱乐服务支出占家庭消费支出比重超过20%,恩格尔系数小于40%;就业相对充分,城镇登记失业率控制在4%以内;社会保障体系和公共服务体系更加健全,卫生服务体系健全率达到96%,城镇养老、医疗、失业保险和新型农村合作医疗基本实现全覆盖,社会救助体系比较完备。民主法制建设和精神文明建设全面加强,社会治安居于全国先进水平。

为实现上述目标,《纲要》提出了"十一五"期间的八大发展任务,其核心是"三个坚持":

(一)坚持跨越发展。围绕全面建设小康社会目标,始终把跨越发展作为主题,实现又快又好发展

牢牢抓住机遇。"十一五"时期,将是南通期盼多年的诸多历史机遇集中迸发的时期。全省沿江沿海开发战略的实施,将使南通沿江优势进一步放大、沿海优势强劲凸显。苏通大桥及崇启、崇海大通道的建成,沪通铁路大动脉的建设,将使南通全面融入上海一小时都市圈,构筑起承南启北、西进东出,江海河联运、水陆空互通的"黄金十字通道",在长三角经济一体化进程中获得发展先机。新一轮国际产业和资本加速向中国东部沿海转移,南通的生产要素比较优势也将在新一轮竞争中成为新发之机。为此,必须抢抓机遇、乘势而上,使"十一五"发展更有作为。

整合发挥优势。南通具有得天独厚的江海资源优势,具有紧邻上海、连通苏北的区位优势,具有特色鲜明的产业基础优势,具有政通人和、心齐气顺、崇尚创业、勇争一流的环境人文优势,只要我们注重挖掘、整合放大、深度利用,必将转化为巨大的综合竞争优势和推动跨越发展的现实生产力。

增强发展动力。始终坚持经济市场化、国际化发展方向,更大程度地发挥市场机制的作用,进一步提高对外开放水平,进一步激发全社会创造活力,为科学发展提供体制保障,为跨越发展提供强劲动力。

强化战略支撑。按市委九届七次全会要求,重点发展集约型、集群型、开放型、内生型、港口型和都市型等六大经济战略形态,抓好大通道、大港口、大物流、大能源、大市区、大企业、大项目、大县(市)八大战略支点,为全面腾飞提供强力支撑。

(二)坚持科学发展。以集约、统筹、创新、节约为着力点,推动经济社会发展切实转入科学发展的轨道

加快推进新型工业化。调整优化产业结构,加快形成以高新技术产业和优势产业为主导、先进制造业和基础产业为主体、现代服务业为支撑的新型产业格局。深入实施以工兴市第一方略,重点发展船舶制造与配套、现代纺织服装、机械电子、精细化工及新兴石油化工、轻工食品、电力能源等产业,加快培育行业领军企业,带动形成优势企业群,将南通建设成为长三角北翼先进制造业和基础产业基地。大力发展现代物流、金融保险、商务服务、信息服务、旅游等现代服务业,改造提升传统服务业,促进服务业发展的全面提速,实现服务业和制造业的互动发展。进一步打造"南通铁军"品牌,向全国一流建筑强市跨越。

加快新农村建设和城镇化进程。按照"生产发展、生活宽裕、乡风文明、村容整洁、管理民主"的要求,以工业化致富农民,以城市化带动农村,以产业化提升农业,千方百计增加农民收入,扩大公共财政覆盖农村的范围,扎实建设"民富、村美、风气好"的社会主义新农村。实施积极的城市化战略,大力推进中心城市建设,加快发展中小城市,培育重点中心镇,构建层级分明、功能互补的城镇体系,城市化水平超过55%,形成市区经济与县(市)经济互补共进的发展格局。

加快建设创新型城市。坚持科教兴市、人才强市战略,为建设创新型城市提供强有力的科教人才支撑。着力提高自主创新能力,加大科技投入,培育科技创新主体,促进企业和产业核心竞争力的全面提升,力争建成全国科技进步示范市和国家知识产权示范城市。优先发展教育,重视发展义务教育、高等教育,加速发展职业教育,推动教育均衡发展,逐步建立开放式、多层次的终身教育体系。营造人才发展环境,构筑南通人才高地。

加快建设资源节约型和环境友好型社会。积极发展循环经济,提高资源循环利用水平。以建设节约型机关推动节约型

社会建设。坚持保护与建设并举,源头控制与末端治理并重,实行最严格的环境保护制度,有效规避产业转移带来的环境风险,建成国家环保模范城市群。以积极的环境建设改善自然生态。

(三)坚持和谐发展。关注民生,维护民权,妥善处理不同利益群体关系,使全市人民共享改革发展成果,构建和谐南通

坚持富民优先。学习昆山经验,大力倡导和支持全民创业、自主创业,提高资产性、经营性收入的比重,多渠道增加城乡居民收入。强化政府就业服务,完善市场调节就业机制,千方百计实现相对充分就业。围绕人人享有社会保障的目标,构筑广覆盖的社会保障安全网,提高养老、医疗、失业等社会保障水平。全面建立被征地农民基本生活保障制度。

注重维护公平。综合运用多种手段,保障和促进社会公平。构建和谐劳动关系,合理调节收入分配,着力提高低收入者收入水平,逐步扩大中等收入者比重,努力缓解收入差距扩大的趋势。注重帮扶弱势群体,建立新型社会救助、优抚安置、社会福利等帮扶社会弱势群体的公共事务管理体系。加快构建以权利公平、机会公平、规则公平、分配公平为主要内容的社会公平保障机制,使人民群众平等享有政治、经济、社会、文化权利。

加强社会建设和管理。完善社会管理和公共服务体系。加快发展文化事业和产业,努力建设文化大市、体育强市。健全新型公共卫生和医疗服务体系。加强人口和计划生育工作。大力发展老龄事业和产业,强化妇女、儿童、青少年、残疾人等工作。加强精神文明建设和民主法制建设,大力弘扬"包容会通、敢为人先"的新时期南通精神。深入推进法治南通、平安南通、诚信南通建设,全面落实安全生产、社会治安各项措施,努力形成安定、安全、安宁的良好局面。

三、为"十一五"发展起好步开好局

2006年是"十一五"的开局年。政府各项工作必须在高平台上实现高起步、新起点上实现新突破,全面开创跨越发展、科学发展、和谐发展新局面,确保"十一五"首战必胜。

今年全市经济社会发展的主要预期目标是:地区生产总值增长14%以上,单位生产总值能耗下降4%,全社会固定资产投资增长25%以上,注册外资实际到帐额增长30%,社会消费品零售总额增长15%,地方一般预算收入增长18%以上,城镇居民人均可支配收入、农民人均纯收入分别增长11%、10%,城镇登记失业率控制在4%以内,居民消费价格指数涨幅控制在3%左右,人口自然增长率控制在零以下。

实现上述目标,将在以下十个方面取得新突破:

(一)着力争先进位,实现工业经济发展新突破

坚持以工兴市第一方略,确保规模工业增加值增长18%以上。全力做强做大企业。支持大企业加快资本扩张和技术创新,力争全市销售收入超亿元工业企业达500家,其中超10亿元企业达30家。全面实施"微小企业上规模"工程,培育新进规模工业企业1 000家,总数超过4 000家。健全国有资产监管体系,进一步做好企业改制的后续完善工作,加快上市公司股权分置改革。持续加大有效投入。着力抓好总投资超千万元的574个结转项目和520个新上项目,确保工业投入超720亿元。加速转变增长方式。用先进技术改造传统产业,更新落后工艺和装备,提高资源利用率和原材料转化率。加快发展高新技术产业,力争产值超过500亿元;实施自主创新能力提升"112"工程、知识产权"315"工程、产学研合作"百千万"工程,重点推进100个自主创新和产学研项目。启动实施循环经济"1668行动计划",大力推进资源节约和综合利用。加快土地等后备资源和风能等可再生能源开发。按照"集合要素、集约开发、集中布局、集聚发展"的要求,引导工业加速向省级以上开发区、重点工业集中区集中,提高土地利用率、建筑容积率和投入产出率。按计划推进市区三类企业搬迁改造和"三镇两行业"污染治理、"四镇两流域"水系治理工作,制定实施污染物总量控制和削减计划,全面推行排污许可制。

(二)坚持城乡、区域协调发展,实现新农村建设新突破

以"民富、村美、风气好"为目标,学习华西等先进典型,扎实推进社会主义新农村建设。以农民收入倍增工程为抓手,构筑农村新产业。稳定粮食生产。面向市场调整结构,继续采取项目推进的办法,大力发展高效型、外向型、都市型农业,力争农业增加值增长4%。加快构建优势农产品特色产业带,促进高效农业规模化,力争中高效农田面积占比提高5个百分点。搞好国土整理、复垦、开发,继续实现耕地占补平衡。切实改善农业生产条件,提高农业机械化水平。鼓励、支持村干部、农村能人创业致富,带富一方。大力发展劳务经济,增加农民非农收入。积极发展各种新型社会化服务组织。开展村级集体资产股份合作制改革试点,加强农民负担监管和农村财务管理,积极化解镇村不良债务,规范村级"一事一议"筹资筹劳。以科学规划为龙头,打造农村新环境。坚持"规划先行、分步实施、建管并举",推进农村空间布局规划全覆盖,初步完成县(市)级土地利用总体规划修编工作。深入实施"百村示范、千村整治"工程,大力开展以建立健全农村环卫体系为重点的农村环境整治活动。继续加快交通、水利、管网等基础设施和基础教育、基层文化、基本医疗设施建设,扎实稳步开展农民集居区建设。加快发展循环农业。着力推进沿江、沿海生态防护林和农田林网等工程建设,确保森林覆盖率增加0.8个百分点。以基层组织建设为支撑,培养造就新农民。关心广大基层干部,以先进性教育为契机,提高基层执政能力和管理服务水平。继续推进村务公开、民主理财,完善基层民主选举制度。广泛开展农村精神文明创建活动,建立健全村规民约,加强从业技能培训,提高农民整体素质。促进区域经济竞相发展,构建区域协调发展新格局。切实加强分类指导,巩固提升区域均衡发展良好态势,推动县(市)区在全省位次前移,促进北三县(市)继续保持强劲发展势头,南三县(市)争当率先融入苏南排头兵,三区增强对全市经济发展的辐射带动力。

(三)加快发展现代服务业,实现服务业发展新突破

继续把服务业放在优先发展的位置,力争提高服务业在地区生产总值中的比重。突出发展现代物流业。重点推进大型港口物流园区、铁路东站物流中心和海安物流中心等"一园区、五中心"建设,重点培育南通港口集团等10家现代物流企业,大力推进空港建设,注重培育第三方、第四方物流。加快发展商务服务业。吸引外地金融机构来通设立分支机构,积极引导民间金融和地方金融机构发展。大力发展资本、产权、技术等要素市场和法律、会计、设计、咨询、会展等服务组织。不断拓展信息、软件、网络服务业,力争"南通软件园"建设有新突破。提升发展现代商贸业。在提升市区老城区商贸业发展层次的同时,加快新区商务区建设,打造新的都市商圈。创新商

贸形态,优化网点布局。做大做强专业市场,确保年成交额超10亿元的市场达9个。保持房地产业健康发展。加快工业、商业房产开发建设,继续推动商品住宅规模开发、成片改造,搞活房地产二级市场。大力发展特色旅游业。启动"旅游项目建设三年行动计划",加快建设沿江、沿海旅游带和大桥景区等一批旅游项目,力争旅游总收入突破90亿元。举办中国旅游文学论坛暨首届"徐霞客旅游文学奖"颁奖活动。完善旅游基础设施,规划建设一批高档旅游饭店。

(四)巩固提升全省第一方阵位次和水平,实现开放型经济发展新突破

坚持量质并举,推动利用外资新跨越。大力引进船舶制造与配套、石油化工、物流仓储等临港产业项目,纺织服装、机械制造、轻工食品等优势产业项目,电子信息、生物医药等高新技术产业项目。重点跟踪推动王子制纸增资等10个单体投资规模超亿美元的重特大项目。积极引导外资投向现代服务业。强化招商攻势,精心组织好港口经济洽谈会等重大活动和产业专题招商,加强与外国使领馆和跨国公司的联系。完善招商引资推进机制,提高外资到账率、项目落地率、开工投产率。加快结构调整,拓展外贸发展新空间。优化出口商品结构,扩大自主知识产权、自主品牌产品出口。积极探索贸易方式多元化,大力发展技术贸易和服务贸易。积极应对贸易磨擦。提高"大通关"效率。力争出口总额增长20%。提升合作层次,促进外经跃上新台阶。支持优势企业参与国际工程承包,完善外经合作预警、自律、协调机制和纠纷处理快速反应机制,确保对外承包劳务营业额增长10%以上。鼓励有条件的企业充分利用国(境)外资源、市场,加快"走出去"步伐。加强载体建设,营造开发区发展新优势。发挥好国家级开发区龙头作用,大力提升南通出口加工区功能,推动全市省级以上开发区争先进位,国家级开发区在全省省级以上开发区中的位次力争前移两位。

(五)大力实施"三名"工程,实现民营经济发展新突破

继续围绕争创江苏民营经济第一大市的目标定位,以推进"名企名品名人"工程为抓手,着力培育规模优势、质量优势和竞争优势。继续推动全民创业。大力弘扬"三名"典型的创业创新创优精神,进一步在全社会营造浓烈的创业氛围,激发更多民众投身创业,保持全民创业强劲势头。大力提升发展层次。制定并实施"十一五"争创名品、名企规划,力争今年每县(市)区创建1件以上中国名牌产品或驰名商标、3件以上江苏名牌产品或著名商标。加强对重点民营企业争创名牌、信贷担保、人才培训、境内外上市等全方位服务,促进重点企业快速扩张。加速做大特色产业。重点培育22个特色经济板块。着力发挥重点龙头企业的辐射带动作用,促进产品前延后伸,拉长产业链,推动区域特色产业发展壮大,每个特色产业重点培育3家以上亿元龙头企业。以大企业(集团)为核心,推进专业化分工,培植一批中小企业群。围绕提高核心竞争力,制定并实施建设全国一流建筑强市的政策意见,切实强化引导扶持,力争完成建筑业施工产值900亿元。

(六)猛攻重特大项目,实现江海联动开发新突破

纵深推进沿江开发,抓紧研究并组织实施加速推进沿海开发的举措,以项目带动开发,增创江海联动发展新优势。全力突破产业大项目。着力抓好中远川崎二期、熔盛造船、醋酸纤维、江苏LNG等100个重点项目建设,重点跟踪推进单体投资规模超5亿元的44个重特大项目,抓紧做好50个重大产业储备项目的前期工作,确保全社会固定资产投资突破1 000亿元,其中规模以上投资占比达85%。重点建设江海大港口。深入推进沿江岸线整合、整治、开发,继续做好新通海沙、新开沙夹槽、横港沙、泓北沙和长江北支等整治开发前期工作。加速推进洋口港陆岛通道、洋口大道、人工岛等工程建设,启动吕四港规模开发前期论证工作。提升沿江沿海港区功能,实现亿吨大港目标。加快构筑立体大交通。进一步加强苏通大桥建设服务工作,开工建设崇启大桥,力争崇海大桥年内动工。加快沿江高等级公路建设,做好扬启高速海安段开工准备,推进204国道、334省道改造工程。开工建设铁路南通站、南通站至南通东铁路和狼山港铁路支线,力争开工建设沪通铁路,积极做好洋口港铁路和江海港区、如皋港区铁路支线前期工作。积极参与区域大合作。加快与上海全面接轨。组织推进长三角城市合作专题,加速融入长三角经济一体化进程。

(七)以承办省十六运为契机,实现城市建设新突破

进一步加大城市建设力度,为省十六运等重大活动创造一流环境条件。进一步提升城市形象。按照"江海特色的现代版、文化浓缩的精品区"的新区定位和快出形象的要求,按期建成体育会展中心,加快推进中央商务区建设;以启动园博园建设为契机,全面加快五山景区和周边区域整体开发建设步伐。推动老城区改造提升,继续做优做精濠河景区,加快八仙城二期等环濠河改造重点工程的拆迁和建设进程。启动火车站站前区开发,建成城闸大桥,搞好唐闸、天生港等4个片区规划建设,在港闸区加快建设区域性商贸中心。进一步完善城市功能。突出解决市区交通难问题,继续优化城市路网结构,新建和改造20条城市主次干道、20条重要支路和滨江大桥、通吕四号桥,基本形成"三环六射"道路网络;抓紧解决南大街商圈交通拥堵问题,提高市区核心区域通行能力。继续加强城区污水排放、处理和绿化、停车、公交、电力等基础设施建设。积极探索城市中水回收利用。完善县(市)城建设规划,强化产业支撑功能,促进人口集聚,加快向中等城市发展。进一步推进"五城同创"。强化城市综合执法,完善城市长效管理机制,提升城市管理水平。继续推动老小区封闭管理试点。巩固国家环保模范城市创建成果,推进环保模范城市群建设,启动生态市建设;争取成为国家卫生城市;完成国家园林城市创建申报准备工作;积极申报省级历史文化名城。

(八)加快科教兴市、人才强市进程,实现社会事业发展新突破

大力发展科技事业。继续加强科技孵化器建设,启动南通科技创业社区建设。加快发展技术产权、科技咨询等科技服务组织,提高科技社会化服务水平。进一步完善科技进步考核体系。加强科普宣传,提高全民科学素质。优先发展教育事业。巩固义务教育"双高普九"成果,确保农村中小学创建合格学校工作通过省级验收。加强学前教育和成人教育,大力发展职业教育,继续支持南通大学加快发展。强化人才队伍建设。积极推进省级人才特区试点,加强人才载体和环境建设,突出创新型、技能型、应用型人才的培养和引进,完善人才激励机制,促进人尽其才、才尽其用。提高全民健康水平。完善新型公共卫生体系,健全城乡社区卫生服务网络。启动"农民健康工程",完善城乡全民健身体系。继续稳定低生育水平,提高出生人口素质。精心承办好省十六运。集中各方力量,整合各

类资源,制订各种预案,高标准做好参赛准备,高水平抓好竞赛组织,从严从细做好开幕式等重大活动的筹备工作,以成功承办省十六运充分展示新时期南通形象。加强精神文明建设,加快建设文化大市。全面推进各类群众性精神文明创建活动,大力弘扬南通精神。加强未成年人思想道德建设。继续光大精神文明"南通现象"。积极推进"诚信南通"建设。加强"中国近代第一城"文化遗产保护利用,打造"青墩遗址"文化品牌。强化基层文化阵地建设。加快发展文化产业。积极发展广播电视和新闻出版事业。繁荣哲学社会科学。进一步加强国防后备力量建设,支持驻通部队建设,继续创建全国双拥模范城。继续加强统计、人防、档案、地方志、保密、气象、防震减灾、无线电管理等工作,做好民族、宗教和侨务、对台工作。

(九)切实解决人民群众最关心、最直接、最现实的利益问题,实现和谐社会建设新突破

着力做好就业再就业工作。进一步落实就业和再就业政策,健全完善就业服务体系,加强就业再就业援助工作,支持自主创业、灵活就业、自谋职业。加强对用工单位工资收入分配的指导和调节,积极推进企业工资协商机制建设,维护广大职工和农民工合法权益。不断完善社会保障体系。切实推进城镇企业职工社会保险全覆盖。加快推进城乡养老保险一体化,健全多层次的医疗保障体系,提高工伤、失业、生育保险覆盖面。完善农村五保户制度和被征地农民基本生活保障制度。切实帮助城乡低收入群众解决住房、医疗、子女就学等困难。加强救灾救济和社会福利、社会救助等工作。积极发展老年人和残疾人事业,切实保障妇女儿童合法权益,加强青少年保护。继续做好扶贫和老区开发工作。全力维护社会稳定。加强法制宣传教育和基层民主法治基础工作,开展法治合格县(市)区、乡镇和单位创建活动。健全大信访工作体系,完善处置群体性事件工作机制。巩固社会矛盾纠纷大调解机制和社会治安大防控格局,建立严打整治长效机制,提升平安南通建设水平。严格执行《安全生产法》,增加安全生产投入,加强职工安全知识培训,落实安全生产责任制,加大安全生产监管力度,坚决遏制重特大事故发生。进一步整顿和规范市场经济秩序,严厉打击商业欺诈,切实抓好食品安全、药品市场、农资打假、非法采供血等专项整治。继续办好惠及群众的实事工程。(1)统筹城乡就业,提供就业岗位12万个,其中市区4万个;免费开展农村劳动力转移培训6万人、农业实用技术培训1万人、创业培训4 000人。(2)巩固新型农村合作医疗,覆盖面达85%。(3)对农村义务教育阶段学生免收杂费,对城乡义务教育阶段贫困家庭学生实行"两免一补"。(4)围绕2007年建成的目标,加快西北片区域供水建设进度,完成启海片区域供水一期工程。(5)加强农村环境综合整治,全面实施"三清"工程,疏浚市级河道2条段、县级河道18条段、乡级河道180条,清淤土方2 200万方;集中整治市区河道12条段。(6)改、扩建农村桥梁500座,新建和改造农村公路350公里,实现村村通水泥路、沥青路。(7)建设市区老年活动中心,改善市老年大学办学条件,市区新增社区老年活动场所10个。(8)建设市区残疾人综合服务中心,向3 000名盲人捐赠盲杖,向1 000名下肢残疾人捐赠轮椅车。(9)市区优化公交线路10条,新增和改造公交站台(点)50个,切实改善城市公交乘车候车条件。(10)对市区3个老住宅片区实施以雨污分流、水系贯通为重点的综合改造;市区新建低价位商品房60万平方米;安排3 000万元为市区住房困难家庭提供政策性住房保障。(11)市区新建农贸市场2个,改造提升4个。(12)市区人民公园、文峰公园、唐闸公园、滨江公园免费向市民开放。

(十)努力构建服务型政府,实现发展软环境建设新突破。按照"为民、务实、清廉"的要求,加快建设服务型政府、责任政府、法治政府和廉洁政府。推进管理创新。更加注重履行社会管理和公共服务职能,建立健全自然灾害、事故灾难、公共卫生、社会安全等突发公共事件预警和应急处理机制,认真抓好重大动物疫病防治工作;更加注重体制机制创新,进一步推进政企、政资、政事、政府与中介组织分开,基本完成市属社会公益型事业单位改革,加快县乡财政管理体制和乡镇机构改革;更加注重提高服务效能,继续以"争创全省最佳办事环境"为目标,加强行政效能建设,激励多干事、干成事,惩戒乱作为、不作为,为人民群众和投资者创造良好的服务环境,为企业创造公平的竞争环境。提高落实成效。把"十一五"发展的目标任务落实到具体部门、具体项目和具体工作上;把"十一五"首战必胜的要求落实在调查研究、基础工作的加强上,落实在要素等"瓶颈"制约、拆迁等难点问题的化解上,落实在重大项目、重点工作的突破上。完善决策机制。认真开展决策调研,完善社会公示、重大决策听证和专家咨询制度,提高决策的民主化、科学化、规范化水平。对与群众利益密切相关的重大决策,认真听取人大代表、政协委员的意见,通过多种渠道、多种形式,广泛征询社会各界人士的建议。坚持依法行政。把依法行政作为政府工作的基本准则,全面启动法治南通建设工程。推进综合执法改革,规范行政执法行为,继续做好行政复议工作,严格实施行政执法责任制和过错追究制。认真贯彻人大及其常委会的决议、决定,及时主动报告工作,自觉接受法律监督和工作监督;自觉接受政协的民主监督,加强与各民主党派、工商联和各人民团体的联系与沟通。高度重视办好人大议案和代表建议、批评、意见及政协委员提案。强化行政监督。进一步拓宽政府信息公开范围,依法保障公民的知情权、参与权和监督权。加大执法监察、效能监察、廉政监察和财政资金使用监管的力度,强化重点领域、重点部门、重点项目审计。加强队伍建设。全面落实党风廉政建设责任制,建立健全教育、制度、监督并重的惩治和预防腐败体系,严肃查处损害群众利益的突出问题和违纪违法案件。认真贯彻落实《公务员法》,建设一支善于学习、忠于职守、清正廉洁、作风优良的公务员队伍。

南通全面腾飞的序幕已经拉开,新的形势催人奋进,新的任务光荣艰巨。让我们在省委、省政府和市委的正确领导下,高举邓小平理论和"三个代表"重要思想伟大旗帜,全面落实科学发展观,解放思想、开拓创新、求真务实,为实现跨越发展、科学发展、和谐发展宏伟大业而努力奋斗!

(在南通市第十二届人民代表大会第四次会议上)

政府工作报告

（2006年1月8日）

泰州市市长　姚建华

一、2005年工作和“十五”发展回顾

过去的一年，我们在中共泰州市委领导下，认真贯彻党的十六大和十六届四中、五中全会精神，紧紧围绕力争“五年总量翻番、八年全面小康”奋斗目标，全面落实科学发展观，努力走加快发展、科学发展、和谐发展之路，扎实推进全市经济、政治、文化与社会建设，较好地完成了市二届人大三次会议确定的各项目标任务。

坚持加快发展，经济总量迈上新台阶。预计全年地区生产总值突破100亿美元，达到820亿元，人均地区生产总值突破2 000美元，达到16 300元，可比分别增长15%和15.1%，增速创建市以来最高水平。其中，第一产业增加值89.9亿元，增长4.4%；第二产业增加值480.1亿元，增长17.9%；第三产业增加值250亿元，增长13.8%。农业生产稳步发展。弱筋小麦、优质稻米、加工型蔬菜等优势产业不断壮大，产业化龙头企业带动作用进一步增强，农业利用“三资”22亿元。市县两级农产品检测体系初步形成，畜禽高致病性传染病、水稻病虫害等防治工作得到加强。市农业开发区启动建设。供销、粮食、气象和林业绿化工作取得新成绩。工业经济快速增长。预计规模以上工业企业实现销售收入1 150亿元、利税102亿元、利润53亿元，同比分别增长30%、20%和24%。积极推进“2211”工程，规模企业进一步发挥支撑作用。实施投入亿元以上重大项目40个，工业技改投入208亿元，增长35%。新创“中国名牌”产品1个、“江苏名牌”产品18个。国家医药出口基地获批，医药高新技术产业园筹建工作启动。建筑业发展势头强劲。预计全年完成建筑业总产值386亿元，增长27.7%。服务业发展速度加快。预计全年完成社会消费品零售总额233亿元，增长16.1%。社区服务、旅游业成为新的增长点。华东五金城、戴南不锈钢交易城等20个重点项目建设进展顺利，溱湖风景区被评为国家AAAA级风景区。财税金融工作取得新成绩。财政总收入突破百亿元，预计达110亿元以上，其中地方一般预算收入45亿元以上，分别增长25.8%和28.8%。年末各项存款余额836.6亿元，各项贷款余额454亿元，分别比年初增长17.2%和18.1%。

坚持科学发展，增长动力得到新提升。工贸企业改革进一步深化，交通、建筑等行业企业改制步伐加快，经营性服务类事业单位改革任务基本完成。双登集团在海外成功上市。落实促进非公经济发展的政策措施，民营经济快速发展。全市新增私营企业4 000户，新增个体工商户3.68万户，新增注册资本105亿元。民营经济完成增加值385亿元，税收收入48亿元，分别增长16.3%和23.7%。开放型经济实现新跨越。预计全年协议利用外资11.2亿美元，增长41.4%；实际利用外资7.22亿美元(商务部新统计口径确认数为4.5亿美元)，增长73.3%。各类开发园区成为全市利用外资主阵地，海陵工业园、高港开发区进入省级经济开发区行列。外贸出口在结构优化中实现高速增长，预计完成自营出口额13亿美元，增长36.2%。对外经济技术合作进一步扩大，预计新签对外承包劳务额1.6亿美元，完成营业额1.5亿美元。境外投资项目数和投资额均列苏中第一。泰州边检站筹建工作基本完成，海关、国检、海事等口岸查验机构为开放型经济发展作出了积极贡献。沿江开发取得新突破。泰州电厂一期工程获批并开工建设，扬子江药业城项目基本完工，新扬子造船、德桥仓储、新浦化工等一批超亿美元项目进展顺利，埃力生科技工业园、嘉里粮油等项目相继落户。沿江高等级公路靖江段一期和泰兴、高港段路基桥梁工程建成，泰州过江通道工程可行性报告完成。江阴开发区靖江园区基础设施和产业项目建设全面展开。扎实推进科技进步，成功举办了第五届科技经贸洽谈会，火炬和星火计划实施、国家级高新技术企业和新产品认定、国家火炬计划特色产业基地建设等工作均在全省名列前茅，国际专利受理、国家科技进步奖获奖实现零的突破，“国家科技进步先进市”创建成功。推动工业向园区集中、人口向城镇集中、居住向社区集中，以集中布局实现集约发展。根据不同地区和产业确定土地最低投资和产出标准，促进了投资强度和产出效益的提高。

坚持统筹发展，城乡面貌发生新变化。扎实推进十大重点工程，中心城市建设总投资达62亿元。迎春桥主体、扬子江路综合改造一期等工程竣工，垃圾卫生填埋场建成投运，坡子街改造等工程加快实施，老城区污水管网一期工程全面完成，75条后街背巷改造和10个小区环境综合整治成效明显，泰山公园、环城河风景区一期等工程相继建成，东进小区定向销售房续建等工程如期竣工。强力推进“五城同创”，“创卫”通过省级调研，“创模”通过国家技术评估，“创园”通过技术验收和考核。辖市城区建设投入普遍加大，城市形象进一步提升。镇村布局规划编制完成，省、市级示范小城镇创建工作扎实推进。城乡基础设施建设取得新成绩。宁启铁路泰州站建成运营，泰高路扩建改造工程竣工，333省道兴化南绕城段建成通车；城区河道清淤整治工程竣工，“一片九河”等城市防洪工程有序推进，农村水利建设年度任务完成；220千伏双墩变、110千伏广陵变建成投运，邮电、通信等基础设施建设进一步加快。以农村“5+1”实事为抓手，进一步改善农村生产生活条件。农

村自来水受益人口新增46.8万人,农村新型合作医疗参保率提高到82.2%,草危房改造任务全面完成,农村公路新建、改造1 302公里,以"一免三补"为重点的农村税费改革政策提前落实到位,农村低保惠及51 659人。以强化扶持为着力点,组织实施"221工程",促进区域共同发展,黄桥老区和里下河地区30个经济薄弱乡镇主要经济指标增速可望超过全市平均水平。

坚持和谐发展,人民生活有了新改善。预计城镇居民人均可支配收入11 150元,农民人均纯收入5 030元,分别增长15%和10%。重视就业再就业工作,全市城镇新增就业人员3.56万人,登记失业率为3.5%。全市新转移农村劳动力7.5万人。推进"社会保险促进年"活动,养老保险、基本医疗保险覆盖面进一步扩大。组织开展失地农民社会保障试点。高度重视维护进城务工人员的合法权益。在全省率先成立市劳动争议仲裁院。注重经济社会协调发展,推动社会全面进步。高中阶段教育普及程度明显提高,初中毕业生升学率达93.1%。城乡办学条件继续改善,农村中小学"六有"和"校校通"工程建设全面完成。学校布局调整有序推进,教育资源配置得到优化。高等教育加速发展,高教园区一期工程进展顺利。乡镇文化中心标准化建设试点工作扎实推进。城隍庙修复工程完成,学政试院修缮工程开工。市佛教协会成立。光孝寺新藏经楼落成。市人民医院新病房大楼开工。市中医院进入三级甲等中医医院行列,泰兴、靖江建成国家农村中医工作先进市。市疾病预防控制中心通过国家实验室认证。普济医院建成运营。农村集镇卫生监督覆盖率达到80%。成功承办十运会泰州赛区男子篮球比赛。全市有线电视通村率达100%,城乡综合入户率60%。农村部分计划生育家庭奖励扶助和社会保障工作全面实施,人口出生率继续稳定在较低水平。整治企业违法排污成效明显,市区全年空气质量良好以上天数占比达83.3%,辖市全部创建成国家级生态示范区。外事、侨务、对台、旅游工作和新闻、统计、史志档案、社科研究、妇女儿童、老龄、残疾人事业取得新成绩。

坚持全面发展,精神文明和民主法制建设得到新加强。深入开展保持共产党员先进性教育活动,引导政府机关工作人员学习全国先进典型张云泉,争做人民群众的贴心人。大力弘扬"三创"精神,扎实开展群众性精神文明创建活动。张郭镇、黄桥镇、春兰集团、泰州中学进入全国精神文明建设先进单位行列。泰兴市通过省级文明城市复查,姜堰市、靖江市创建成省级文明城市,兴化市成为创建省级文明城市工作先进市。加强民主法制建设。认真执行市人大及其常委会的决议,及时向市政协通报情况,自觉接受人大的法律监督、工作监督和政协的民主监督。重视人大代表建议和政协委员提案工作,全年共办理人大代表建议144件,办理政协委员提案265件。推进"法治泰州"建设。基层民主法制建设继续加强,社区自治管理、"民主法制示范村"建设不断推进。"四五"普法任务完成。"平安泰州"创建活动取得成效,"大防控"体系、"大调解"机制逐步完善。贯彻信访条例,强化信访工作,落实领导下访制度,各类矛盾纠纷和信访案件得到妥善处置。推进企业、行业诚信建设,打造"诚信泰州"。工商、质量监督、安全监督、食品药品监督等部门在整顿和规范市场秩序、保障群众生产生活安全方面发挥了积极作用。成功举办首届中国泰州"战舰与城市"论坛。市人防指挥所主体工程封顶,市人防办被表彰为"全国人防建设先进单位"。政府自身建设进一步加强。认真贯彻依法行政实施纲要,行政执法水平进一步提高。继续深化行政审批制度改革,加强行政服务中心建设。推行政府信息公开,办好市长公开电话和市长信箱。强化行政效能监察,促进工作落实。廉政建设和反腐败力度加大,纠正部门和行业不正之风成效明显。

过去一年,全市经济和社会发展中还存在不少问题。一是受政策效应递减、农资价格上涨等多种因素影响,农民持续增收难度较大;二是生产性服务业发展相对滞后,服务业在国民经济中的比重仍然偏低;三是实际利用外资和民营经济总量不大,层次有待进一步提升;四是社会不安定因素依然存在,维护稳定的压力仍然较大;五是政府自身建设还存在一些薄弱环节,行政能力和服务水平需要进一步提高;等等。我们一定高度重视这些问题,采取有效措施,努力加以解决。

刚刚过去的2005年是实施"十五"计划的最后一年。在全市人民的共同努力下,"十五"期间全市经济社会发展取得巨大成就,既定的主要发展目标圆满实现。

过去五年,是经济实力大提升的五年。预计2005年全市地区生产总值比2000年翻一番,年均可比增长13.1%,比"九五"期间年均增速提高3.6个百分点;财政总收入增长246%,其中地方一般预算收入增长173%,年均增幅分别为28.1%和22.2%;全社会固定资产投资增长188.3%,年均增长23.6%。

过去五年,是改革开放大突破的五年。工贸企业"三置换一保障"改革在全省率先推进、率先突破、率先到位,民营经济蓬勃发展,行政审批制度改革、经营性服务类事业单位改革和以农村税费改革为主要内容的农村改革成效明显。开放型经济发展势头强劲,沿江开发持续升温,一批重大产业项目相继落户。预计"十五"期间累计实际利用外资16亿美元,为"九五"期间的3.3倍,其中2005年实际利用外资比2000年增长4.83倍,年均增长42.3%;自营出口额增长295.1%,年均增长31.6%。

过去五年,是城乡建设大推进的五年。"十五"期间中心城市建设累计完成投资220亿元,比"九五"期间增加100多亿元;建成区面积由"九五"期末的37.5平方公里扩大到50平方公里,城市人口达到46.5万人,城市功能和形象得到进一步提升。辖市城区和重点中心镇面貌大变,全市城镇化进程不断加快,预计"十五"期末城市化率达46%,比"九五"期末提高6.6个百分点。城乡基础设施建设取得重大进展,宁靖盐高速公路、新长铁路、宁启铁路泰州段建成通车,一批水利、电力和信息基础设施相继建成。泰州电厂等一批重大项目相继落户,为今后发展打下了基础。

过去五年,是社会事业大发展的五年。科技对经济增长的贡献份额进一步提高,人才工作得到加强;基础教育水平不断提高,职业教育发展加快,高等教育发展取得突破,2所本科层次的院校建成招生;各类文体设施建设投入力度加大,城乡卫生体系进一步健全,抗击"非典"取得重大胜利;妇女儿童、人口与计划生育、民政福利、社会救助等社会事业发展取得新进展。环境质量综合指数在全省名列前茅,可持续发展能力进一步增强。

过去五年,是人民生活大提高的五年。与2000年相比,城镇居民人均可支配收入增加4 145元,农民人均纯收入增加1 481元;城镇居民人均住房建筑面积、农村住户人均住房使用面积分别增加7.8平方米和6.7平方米；年末全市城乡居民人均储蓄余额增加5 368元。城镇养老、失业、医疗三大保险基本全覆盖，城市低保和农村低保实现应保尽保。挂钩帮扶黄桥老区和里下河地区经济薄弱乡镇、促进“4050”人员就业、帮助困难家庭子女入学、救助特困家庭等工作都取得了新成效。

总之，过去五年是我市综合实力提升快速、城乡面貌变化明显、人民群众得到实惠较多的五年。这些成绩的取得，是全市人民在中共泰州市委的领导下，团结一致，开拓进取，创造性工作的结果，与市人大、市政协的监督、支持也是分不开的。在此，我代表市人民政府，向辛勤工作在全市各行各业的广大干部群众，向给予政府工作热情支持和有力监督的全体人大代表、政协委员，向各民主党派、工商联、无党派爱国人士、各人民团体和广大离退休老同志，向中央和省驻泰机构以及驻泰部队指战员、武警官兵和公安干警，向所有关心支持泰州发展的海内外朋友们表示衷心的感谢！

二、“十一五”发展的目标任务

“十一五”期间是我市全面建成小康社会的关键阶段。认真谋划好“十一五”发展，意义重大，影响深远。2004年以来，市政府组织专门力量开展了“十一五”规划的编制工作。党的十六届五中全会以后，按照中央和省委的要求，根据市委二届十次全会通过的《中共泰州市委关于制定泰州市国民经济和社会发展第十一个五年规划的建议》，市政府制定了《泰州市国民经济和社会发展第十一个五年规划纲要（草案）》，提请这次大会审议。

“十一五”期间，我市经济和社会发展的总要求是：以邓小平理论、“三个代表”重要思想为指导，全面贯彻落实科学发展观，围绕“把泰州建设得更加美好”的总体要求，以建成全面小康社会为总目标，以加快发展为主题，以提升经济科学发展水平、城乡统筹发展水平、区域协调发展水平、社会和谐发展水平为战略重点，以增强改革推动力、开放带动力、自主创新力、资源环境承载力为战略支撑，加快新型工业化、经济国际化、城市化、农业产业化进程，构筑大交通、大产业、大开放、大联动、大城市的发展格局，努力建设经济繁荣、社会文明、生活安康、环境友好的和谐新泰州。

“十一五”期间，我市经济和社会发展的主要目标是：经济持续快速协调健康发展，地区生产总值年均可比增长12%，力争比“十五”期末翻一番，人均地区生产总值达到4 000美元左右；经济综合竞争能力明显增强，自主创新能力显著提升，形成一批拥有自主知识产权和知名品牌、核心竞争力较强的优势企业；人民群众富裕程度和生活质量明显提高，城乡之间、区域之间、社会成员之间收入分配差距扩大的趋势逐步缓解；就业相对充分，社会保障体系基本完善，公共服务体系更加健全，基本实现教育现代化，民主法制、精神文明建设全面加强，社会治安和安全生产状况进一步改善，构建和谐社会取得明显成效；经济增长方式实现较大转变，科技进步、人力资源对经济增长的支撑作用明显增强，资源利用效率显著提高，单位生产总值能源消耗比“十五”期末下降20%左右，生态市建设取得阶段性重要成果，环境污染得到有效治理，生态和人居环境有较大改善；社会主义市场经济体制比较完善，开放型经济水平全面提升。到2010年，总体上全面建成小康社会。

贯彻上述总体要求，实现主要发展目标，必须重点在推进新型工业化、经济国际化、城市化、农业产业化上下工夫，着力构建大交通，培育大产业，推进大开放，实施大联动，建设大城市。

在工作重点上，一是推进新型工业化进程。更加注重速度和结构、质量、效益相统一，促进产业结构优化升级，努力把泰州建设成为长三角现代制造业基地；更加注重依靠科技进步和人力资源开发，完善自主创新机制，不断增强科技创新能力；更加注重经济发展与人口、资源、环境相协调，大力发展循环经济，建设资源节约型、环境友好型社会。二是推进经济国际化进程。进一步提升我市经济国际化水平，在更高层次、更广领域参与国际竞争与合作。大力实施产业链和基地化引资策略，进一步加强省级经济开发区、医药高新技术产业园、沿江重点园区、重点企业主题园区的建设和发展，加快沿江开发步伐。加快转变外贸增长方式，优化出口市场和产品结构，增强企业和产品的国际竞争力，提升对外贸易的质量和效益。实施“走出去”战略，鼓励和引导企业到境外投资、开展工程承包和对外劳务合作。三是推进城市化进程。加强城乡规划的统一管理，实现城乡规划全覆盖。立足于做大、做强、做优、做美中心城市，坚持新区建设与旧城改造并举，加快基础设施、公共服务设施和商业街区、社会事业项目的规划与建设。推进辖市城区建设，构建各具特色和优势的中等城市。对黄桥、戴南—张郭两个规模较大、发展前景较好的重点区域，加快向小城市方向培育。按照地域相近原则，采取小城镇组团方式发展城市片区，全面提升小城镇整体功能。到2010年，城市化水平达55%。四是推进农业产业化进程。坚持用现代产业的理念经营农业，用现代科技武装农业，培植一批具有区域特色和市场优势的农业主导产业。推进农业龙头企业与外资嫁接，与一流科研院所合作，与品牌流通企业联手，加快培育一批骨干型、出口型、成长型重点龙头企业。大力发展农民专业合作组织、规模种养大户、农民经纪人队伍，进一步提高农民参与市场竞争的组织化程度。

在发展指向上，一是构建大交通格局。按照“1223”现代化大交通格局（一条长江黄金水道，宁启、新长两条铁路线，江阴、泰州两座长江公路大桥，宁通、宁靖盐、江海三条高速公路），建成江（都）海（安）高速泰州段、沿江高等级公路，开工建设泰州公路过江通道和宁通高速泰州段扩容工程，规划建设宁启、新长铁路泰州区域支线，推进沿江港口建设和资源整合。到2010年，高速公路里程达260公里，港口拥有万吨级以上码头泊位37个。二是构建大产业格局。全力打造医药、机电、化工、船舶等四大产业基地，2010年四大产业基地营业收入达到2 000亿元；加大十大特色产业集群培育力度，2010年十大特色产业集群营业收入达到1 000亿元；重点抓好“50强”工业规模企业，力争2010年营业收入过100亿元的企业5家，过50亿元的10家，过10亿元的35家；发展大物流、大市场、大商贸，打造第三产业“30强”规模企业，把泰州初步建成区域性物流中心、商贸中心和长三角新兴的休闲度假旅游基地。三是构建大联动格局。放大靖江与江阴联动开发效应，促进和形成沿江地区与苏南的整体联动、全面联动；大力推进与长三角城市在信息、规划、科技、产权、旅游、交通、人才等方面的合作，加快我市融入长三角一体化进程；推进沿江与腹地的产业、人流、资本和园区的联动开发，带动黄桥老区及里下河地区加快发展。四是构建大开放格局。坚持对外开放与对内开放并重，坚持一、二、三产业开放并举，坚持三外齐抓、三外齐上，“十一五”期间,力争引进1亿美元或10亿元人民币以上的项目30个,实际利用外资累计40亿美元,民营经济注册资本年均增长20%以上,2010年自营出口额达到30亿美元。五是构建大城市格局。坚持走布局集中、城镇集聚、土地集约的城市化发展道路,加快形成"一大三中两小多片"的城镇体系框架。积极创造条件,实施市区行政区划调整,将姜堰纳入市区总体规划范围,拓展中心城市发展空间,构筑布局合理、交通便捷、功能完善、竞争力强的组团城区发展格局。

关于今后五年的国民经济和社会发展,中央的大政方针已定,我市的宏伟蓝图已经绘出。我们坚信,经过全市人民的不懈努力,泰州必将发展得更快更好,"十一五"奋斗目标一定能够圆满实现!

三、2006年工作安排

今年是全面贯彻落实十六届五中全会精神的重要之年,是实施"十一五"规划的起步之年,是地级泰州市组建十周年。做好今年的政府工作,具有极其重要的意义。

今年政府工作的总体要求是:深入贯彻党的十六大和十六届五中全会精神,认真落实市委二届十次全会的决策部署,以科学发展观统揽经济社会发展全局,坚持富民优先、科教优先、环保优先、节约优先,推进城乡统筹、结构调整、开放开发、环境建设、社会进步,提升三个文明建设水平,促进全市经济社会全面协调可持续发展,努力实现"十一五"发展的良好开局。

今年全市国民经济和社会发展主要调控目标初步安排为:地区生产总值增长12%,其中第一产业、第二产业、服务业增加值分别增长4%、15%和11.5%;财政收入增长18%,其中地方一般预算收入增长18%;全社会固定资产投资增长20%;社会消费品零售总额增长13%;自营出口额增长23%;实际利用外资增长30%;城镇居民人均可支配收入增长9%,农民人均纯收入增长8%;居民消费价格涨幅控制在4%以内;城镇登记失业率控制在4%以内;万元地区生产总值能耗下降4%。

今年,我们将着重做好六个方面的工作:

1. 以建设社会主义新农村为方向,抓好"三农"工作

按照"生产发展、生活宽裕、乡风文明、村容整洁、管理民主"的要求,紧紧抓住促进农民增收这一中心任务,积极推进新农村建设。

大力发展现代农业。继续培大扶强农业产业化龙头企业,开展农民专业合作组织和行业协会"四有"创建活动;组织实施"三高"工程,加快建设200万亩优质水稻基地、100万亩弱筋小麦基地和"大佛指"银杏、里下河闸蟹等优势农产品产区;大力发展畜禽规模养殖,完善防疫体系;加强良种繁育推广体系、农产品标准化体系建设,培育一批具有竞争优势的农产品品牌;拓宽农业投入渠道,大力推进农业利用"三资"工作,积极探索政府与农发行之间的政策性金融合作模式;培育新型农业科技园区和农产品加工贸易区,抓好市农业开发区建设。完成林业绿化面积10万亩。完善基层农技服务体系,不断强化公益性服务职能。加强农资市场监管,维护农民合法权益。积极稳步引导土地流转,提高农业集约、规模经营水平。做好第二次全国农业普查年度工作。

积极塑造新型农民。大力实施素质教育、技能培训和创业扶助"三大工程",积极培育有文化、懂技术、会经营的新型农民。制定农民素质教育行动计划,广泛开展星级文明户创建活动。建立健全培训网络体系,全年培训农村初高中毕业青年和农民20万人次以上。鼓励和扶持务工经商农民返乡创业,农村党员干部带头创业,种养大户和个体经营者二次创业,培育一批农民创业领头人、农民企业家。

规划建设康居村庄。按照"布局合理、设施配套、环境整洁、村容美化"的要求,坚持规划先行、因地制宜、尊重民意、注重实效,推进村庄建设和管理。科学编制村庄建设规划,引导沿江地区和中心城市城郊村庄成为城市新片区,黄桥老区和里下河地区村庄成为新社区;突出抓好"康居示范村"创建工作,逐步完善卫生、文化、商贸、环保等配套设施,建成一批道路硬化、庭院净化、村庄绿化、功能优化的新村庄示范点;扎实推进农村环境综合整治,全面开展"清洁田园、清洁水源、清洁家园"活动;探索建立村庄环境长效管理机制,启动农村社区服务和管理社会化试点。

2. 以转变经济增长方式为重点,提升产业发展水平

加快新型工业化进程。坚持以信息化带动工业化,抓好10家企业信息化示范工程,引导企业在研发、制造、营销、管理等领域应用信息技术;加快发展新材料、新能源、新医药、生物工程、电子信息等高新技术产业,积极运用高新技术和先进适用技术改造提升纺织、冶金、食品、建材等传统产业,尤其是大力推广节能、节地、节材、节水技术;鼓励和支持企业开发拥有自主知识产权的核心技术,突出抓好一批省级以上高新技术产品开发和亿元以上重大技改项目实施,确保工业技改投入占固定资产投资的比重达50%以上;扎实推进医药高新技术产业园启动区建设,支持规模企业发展主题园区,做大规模、做强实力;引导企业家加快知识更新,创新发展理念和管理体制,增强企业发展内动力。

大力发展现代服务业。积极培育现代物流、旅游休闲业,做大做强传统商贸、金融保险、社区服务业,努力提高服务业占地区生产总值的比重。规划泰州港综合物流园区,加快物流信息平台建设。积极发展连锁、代理、配送等现代营销方式,规划建设区域性商贸中心和重点市场。推进金融体制和机制创新,加快组建地方商业银行和农业合作银行,吸引国内外金融机构来泰设立分支机构。重视发展证券、信托、保险、典当等行业。整合旅游资源,强化市场促销,培育旅游品牌。继续推进环城河风景区和溱湖风景区建设。加强新型社区建设,筹建社区服务网络中心。扶持发展信息服务业。规范和发展各类中介机构。培育房地产市场,促进房地产业发展。

做大做强建筑业。发挥比较优势,做大重点市场,重点拓展北京、深圳、上海、重庆四大建筑市场;做强龙头企业,推动优质资源向江苏一建、江苏中兴、江苏正太三家特级资质企业和"十强"企业集中;做优经营结构,引导企业主攻规模特色项目;做响企业品牌,进一步扩大"建筑之乡"影响。

3. 以增强经济发展动力为核心,进一步推进改革开放

力争招商引资新突破。继续"推进大招商、主攻大项目、建设大园区",力争在引资规模、项目层次和载体建设上取得新突破。充分发挥沿江优势、产业优势和企业优势,重点招引全球500强和国内100强等领军企业,力争新增3~5个单体超亿美元的重大项目;以特色化、外向化、规模化为方向,重点建设省级开发区,加快形成功能更加完善、特色更趋鲜明、带动更为有力的园区发展新格局。紧紧抓住世界贸易持续增长的机遇,加快转变外贸增长方式,保持外贸出口快速增长。继续

实施“走出去”战略，大力拓展对外工程承包和劳务合作市场，积极发展境外加工贸易。

开创沿江开发新局面。推进项目开发、功能提升、资源整合、两岸联动和生态建设，打造沿江产业带、城镇带、风光带。加快实施泰州电厂等一批在建重大项目，开工建设埃力生科技工业园等一批已批重大项目，争取签约一批新的重大项目；继续完善沿江基础设施，推进沿江高等级公路建设，抓紧做好泰州公路过江通道开工准备，确保泰州港永安港区一期工程竣工营运，加快泰州口岸远程监控系统建设和新建码头对外开放；加快岸线资源整合，优化岸线布局结构，促进腹地产业发展；继续推进跨江联动开发，江阴开发区靖江园区基础设施和产业投入取得新突破；规划建设沿江防护林，启动建设江心洲湿地生态区，尽快实现沿江地区污水集中达标排放，打造沿江绿色工业走廊和生态景观走廊。

推动各项改革新进展。以建立现代企业制度为方向，进一步深化工贸企业改革，加快建筑企业改制步伐，基本完成外贸、交通企业改制任务。稳步推进投融资体制改革，完善企业投资项目核准和备案制度。抓好公益类事业单位改革。稳步推进乡镇机构改革，整合乡镇事业站(所)。继续深化行政审批制度改革，精简审批事项，加强市行政服务中心建设和管理。

促进民营经济新发展。继续弘扬“三创”精神，强化典型引导和创业辅导，进一步做好全民创业促进工作。引导民营企业加快机制创新、技术创新、管理创新，重点支持100家民营企业建设技术中心，打造知名品牌，参与“W3100”上市工程，尽快发展壮大。以放宽准入、公平竞争、公平待遇为重点，落实鼓励非公经济发展的政策意见，进一步改善民营经济发展环境。健全民营经济社会化服务体系，中小企业担保机构新增注册资本8 000万元以上，建立泰州民营经济服务网。

4. 以强化统筹为着力点，促进区域、人与自然协调发展。牢固确立统筹发展理念，构建城乡一体发展、区域共同发展、人与自然和谐发展的新格局

加快城市化进程。继续突出中心城市的龙头地位，协调推进城镇建设，全年中心城市建设投资力争完成75亿元，全市城市化水平比上年提高1.5个百分点。坚持以重大工程推进带动城市功能完善、以重点区域建设带动城市面貌改善、以重要路段改造带动城市形象提升，充分发挥市、区两级共同推进中心城市建设的积极性，明确责任，完善机制，力争完成中心城市建设三年实施纲要目标任务。加快编制城市分区建设规划和控制性详细规划，优先覆盖周山河街区、旧城改造区和城乡结合部。新城区建设重点向南推进、拉开框架、拓展空间，实施东风南路、鼓楼南路、海陵南路南延及三路联接线工程，并启动开发建设相应区域，推进高港城区金港南路改造、向阳路北延二期等重点工程建设；老城区建设继续改善环境、完善功能、提高品位，实施环城河二期、青年路改造等重点工程，完成东西城河贯通、迎春路、东大门等景观改造，加快坡子街商业中心建设和东风北路两侧地域、城北地区危旧房改造，基本完成后街背巷改造，启动迎春桥西北侧街区改造。坚持建设与管理并重，不断提高城市管理水平。继续引导辖市城区创新城建理念，重视新区建设、功能完善和环境营造。引导重点中心镇完善规划，科学定位，加快建设，彰显城镇特色和个性。

完善城乡基础设施。加强城乡路网建设，建成姜八公路泰兴段，启动兴泰公路新(扩)建、盐兴邮公路兴化段改造等一批干线网化工程，新建、改造农村公路1 000公里。加强城乡水利建设，继续实施中心城市新区防洪封闭工程，启动老城区东北片防洪工程，完成农村河道疏浚、圩区治理年度任务和城黄灌区五期改造工程。加强城乡电网建设，完成兴化唐子、姜堰王石等4项重点输变电工程，开工建设500千伏江都至泰兴(泰州段)线路工程。加强城乡信息基础设施建设，实施电信、移动、联通网络扩容工程，创建区域性无线电监测中心。完善市人防指挥所功能。

促进区域共同发展。从构建区域协调互动机制入手，推动黄桥老区和里下河地区经济薄弱乡镇加快发展。健全利益分配和业绩考核机制，鼓励和引导经济薄弱乡镇到重点园区和沿江地区“飞地”开发；健全合作机制，支持沿江地区和腹部地区开展多种形式的经济协作和技术、人才、劳务合作；健全扶持机制，按照公共服务均等化原则，落实扶持政策和扶持资金，强化部门挂钩帮扶，促进经济薄弱乡镇经济社会协调发展。

建设资源节约型、环境友好型社会。毫不动摇地坚持“三集中”的方针，大力发展技术、投资、劳动、效益密集的工业、农业和服务业，带动节约型经济体系建设。编制和实施循环经济建设规划，抓好循环经济示范企业、行业和工业园区试点，重点建设8个示范园区。组织修编全市第二轮土地利用总体规划，加大土地开发、复垦、整理力度，促进土地合理、集约和可持续利用。在全社会深入开展以节水、节地和节能为重点的节约活动，大力提倡绿色消费、文明消费。突出抓好中心城市环境综合整治，完成滨江工业园区污水处理厂及高港区污水管网建设，扩大老城区污水支管网覆盖面，继续加强清洁能源区、噪声达标区、烟尘控制区建设，开展打击企业违法排污和保护饮用水源地水环境专项行动，实施扩绿添景工程，年内新增绿化面积100万平方米。加快乡镇特别是重点中心镇污水处理设施建设，扎实开展农村小康社会环保行动，建成市级以上环境优美乡镇4个、生态村10个。

5. 以构建和谐社会为目标，推动社会全面进步。坚持以人为本的发展导向，更加注重社会事业发展，更加注重社会公平和稳定，更加注重民主法制建设，促进社会和谐

突出抓好就业再就业和社会保障工作。积极发展就业容量大的劳动密集型产业，开展“创业带动就业”行动，着手建立城乡统一的人力资源市场，完善“4050”人员再就业援助制度，认真落实促进就业的各项优惠政策，全年新增城镇就业人员2.5万人。完善养老保险制度，改革计算办法，着手做实个人帐户，逐步提高统筹层次。强化社会保险扩面征缴，全年新增参保人员10万人。推行劳动保障一卡通。强化劳保监察工作，维护企业职工和进城务工农民的合法权益。加大被征地农民社会保障制度推进力度，努力将城镇规划区、工业园区等用地集中区新征地农民纳入保障范围。巩固农村低保成果，完善农村新型合作医疗制度。继续做好城市贫困家庭帮困工作，逐步解决农村五保户供养标准和集中供养比例偏低的问题。进一步健全完善社会救助体系和灾害应急机制，支持社会慈善、社会捐赠、群众互助等社会扶助活动。

优先发展科技、教育事业。继续完善科技创新体系，加快市高新技术创业中心等孵化器建设，引导重点企业建好“一站两中心”；实施“百企三创”工程，推动百家高新技术企业创自主技术、创优质产品、创知名品牌；开展“企业院校行”活动，探索建立产学研相结合的有效机制。办好博鳌亚洲论坛国际医药产业大会和长三角城市经济协调会。加强科学普及。进一步巩固和完善"以县为主"的义务教育管理体制,不断加大教育投入。整合、放大优质教育资源,促进教育均衡协调发展。加快合格学校建设,推进教育现代化工程。重视和加强师资队伍建设,推进素质教育,减轻学生负担。完成高教园区一期工程,确保秋季新生入学。加大人才培养、引进和使用力度,改善人才创业环境,构建人才高地。

繁荣各项社会事业。实施泰州市民族民间文化保护工程,加强乡镇文化中心标准化建设。加快市文化中心建设,实施乔园修复扩建工程。继续推进有线广播电视进村入户,稳步发展数字电视。进一步完善公共卫生体系,强化农村卫生设施建设和基本医疗保健服务,大力推进城市社区卫生服务工作,加大艾滋病、结核病等重点传染病的防控力度。逐步调整优化农村水厂布局,推进区域联网供水。全面落实计划生育社会保障优惠政策,着力抓好流动人口和社区计划生育工作。深入实施全民健身计划纲要,进一步提高竞技体育水平。实施市体育中心二期工程。启动地方志续修工作。建立市域地名公共服务系统。重视民族宗教工作。积极发展新闻、气象、抗震等事业,继续做好妇女儿童、老龄、残疾人工作。

加强精神文明建设。继续抓好"五城同创"和"四市联创",制定、实施创建全国文明城市三年规划,力争中心城市通过国家卫生城市、国家环境保护模范城市考核验收。实施市民素质教育三年行动计划,加大文明村镇创建力度。进一步加强和改进未成年人思想道德建设和大学生思想政治教育,健全学校、家庭、社会"三位一体"工作机制。继续做好国防教育、民兵预备役、兵员征集工作。

扎实推进民主法制建设。自觉接受同级人大及其常委会的监督,落实有关决议、决定,支持人民政协履行职责,主动听取各民主党派、工商联、无党派人士以及工会、共青团、妇联等群众团体的意见和建议。加强与人大代表和政协委员的联系,认真办理人大代表建议和政协委员提案。以"四民主两公开"为主要内容,推进农村基层民主法治建设。抓好社区规范化建设,创建和谐社区。贯彻落实《建设法治泰州实施纲要》,推进依法治市。启动实施"五五"普法,提高法律援助和法律服务水平。继续推进"平安泰州"建设。发挥"大调解"机制作用,提高基层调处化解矛盾的能力。进一步落实信访工作领导责任制,构建大信访格局,妥善处置群体性、突发性事件。建立社会安全和社会治安分析预警机制,完善"大防控"体系。强化安全生产监督检查,防止重特大事故发生。实施食品、药品放心工程,保障人民群众生命健康安全。

6. 以提高行政水平和服务质量为主线,加强政府自身建设。按照"为民、务实、清廉"要求,进一步加强政府自身建设,不断提高施政能力和水平,更好地肩负起建设和谐美好新泰州的重任。

坚持施政为民,竭力办好实事。忠实执行党的群众路线,把为民、利民、便民作为全部工作的立足点和出发点,努力把代表最广大人民群众根本利益的要求体现在具体行动上。深入开展下访活动,了解百姓意愿,倾听百姓疾苦,化解百姓困难。坚持从群众最关心、最直接、最现实的问题入手,认真解决征地中侵害农民利益、拆迁中侵害居民利益、工程建设中拖欠、克扣农民工工资以及看病贵、上学难等热点问题。积极探索为民办实事的长效机制,继续为民办好10件实事,巩固提高农村"5+1"实事办理成果。

坚持与时俱进,提高施政水平。围绕提高科学发展能力,牢固树立正确的政绩观,进一步转变发展观念、创新发展路径、破解发展难题。围绕提高社会服务能力,在继续加强经济调节和市场监管的同时,集中精力抓好社会管理和公共服务;建立健全各种应急机制和体系,提高政府保障公共安全和应急处置能力;扩大政府信息公开,加快电子政务建设,办好市长信箱、市长公开电话。围绕提高科学决策能力,健全公众参与、专家论证和政府决策相结合的科学决策机制,适时邀请市民代表参加政府常务会议。围绕提高依法行政能力,认真贯彻《全面推进依法行政建设法治政府实施方案》,落实行政执法责任制,加快建立权责明确、行为规范、监督有效、保障有力的行政执法体制。围绕提高行政执行能力,坚持把"411工程"作为年度工作的大纲、总揽全局的抓手、部署落实的重点,进一步提高组织程度,强化效能监察,加大推进力度。

坚持从严治政,树立廉洁形象。贯彻落实《建立健全惩治和预防腐败体系的实施办法》,切实加强反腐倡廉工作。推进廉政文化建设,引导公务员强化廉洁从政意识,筑牢拒腐防变的思想防线。开展反腐倡廉制度建设推进年活动,进一步完善工程建设招投标、土地使用权出让、政府采购等制度,努力从源头上预防和治理腐败。坚持行政监督、法律监督并举,组织监督、社会监督并重,强化对权力运行的制约和监督。开展行风评议,加强经济责任审计,深化纠风和专项治理工作,着力解决群众反映强烈的突出问题,树立清正廉洁的良好形象。

新的征程已经开启,新的使命崇高神圣。让我们紧密团结在以胡锦涛同志为总书记的党中央周围,认真贯彻十六届五中全会精神,全面落实科学发展观,在中共泰州市委的领导下,紧紧依靠全市人民,与时俱进,开拓创新,团结拼搏,扎实工作,为完成全年各项目标任务,推进"五年总量翻番、八年全面小康"进程而努力奋斗!

(在泰州市第二届人民代表大会第四次会议上)

政府工作报告

（2006年2月16日）

杭州市市长 孙忠焕

一、“十五”期间经济社会发展情况和2005年政府工作回顾

“十五”期间，在省委、省政府和市委的正确领导下，在市人大及其常委会、市政协的监督支持下，我市以邓小平理论和“三个代表”重要思想为指导，深入贯彻落实党的十六大和十六届三中、四中、五中全会精神，认真学习贯彻科学发展观和中央一系列方针政策，坚持“四个突出”，推进“五大战略”，破解“七大问题”，打造“平安杭州”，引领“和谐创业”，胜利完成了“十五”计划确定的经济社会发展目标，取得了令人瞩目的成就。

综合实力显著增强。“十五”期间，全市实现生产总值10 911.39亿元，年均增长13.6%，比“九五”期间增长0.9倍（按当年价格计算），人均GDP（按户籍人口计算）实现了从3 000多美元到5 000多美元的跨越；财政总收入1 691.85亿元，年均增长29.5%，比“九五”期间增长2.6倍，每年跃上一个新台阶；三次产业结构由“九五”期末的7.5∶51.3∶41.2调整到“十五”期末的5.0∶51.2∶43.8，经济结构日趋合理；主要经济指标继续保持全国大中城市领先地位，提前一年完成“十五”计划。都市农业扎实推进，农业结构不断优化。六大优势产业和五大特色产业的产值占农林牧渔总产值的比重达67.8%，城市、平原、山区三大农业圈层的格局基本形成。严格保护基本农田，积极开展土地开发整理，连续九年实现耕地占补平衡。大力实施林业、水利“双十大”工程，水利建设总投资70亿元，森林覆盖率达到62.8%。全面开展农村土地二轮承包完善工作，全市村级完善率达98.7%。实施和深化九件为农民办实事项目，农村社会事业不断推进。大力实施“工业兴市”战略，加快建设“两港五区”。规模以上工业销售产值为16 760.78亿元，年均增长28.9%。全市规模以上工业中拥有高技术企业450家，实现的工业销售产值占全部规模以上工业产值15.1%。利用高技术和先进适用技术改造传统产业的力度加大。电子信息、机械制造、纺织服装、食品饮料、医药化工五大优势主导产业占规模以上工业总量的59.6%。商贸等传统服务业得到提升，旅游、金融、房地产、现代物流等成为新的经济增长点。第三产业增加值年均增长13.8%，消费拉动作用不断发挥。粮食市场稳定，各类市场秩序明显好转。

城市化步伐明显加快。“十五”期末，全市城市化率达62.1%，中心城市的集聚力、辐射力、带动力进一步增强，城乡一体化进程不断加快。萧山、余杭撤市设区，城区面积从683平方公里增加到3 068平方公里，发展空间进一步扩大。注重基础设施功能的延伸和拓展，大都市形象日趋呈现。投资297亿元，建成高等级公路974公里。市本级投入城建资金301.12亿元，主城区拓建、新建82条道路、9座桥梁、6条隧道，全面完成9个入城口等环境整治工程。开展截污纳管河道综合整治、西湖疏浚和配水等环境治理，改善了城市水环境。房地产市场发展健康有序，人居环境显著改善。钱江新城显露雏形。西湖综合保护等工程的实现，使西湖更美杭州更靓。西湖风景名胜区荣获“全国文明旅游区”荣誉称号。“两级政府、三级管理、四级服务”的城市管理新格局正在形成。

改革开放扎实推进。以产权制度和劳动用工制度改革为重点的国有企业改制基本完成。民营经济发展扶持力度加大，民营经济总量跃居全省第一位。非公有制经济占GDP比重为56.5%，比“九五”末提高19.7个百分点。行政管理体制改革稳步推进，调整并组建了工业、商业、城建、交通、旅游等领域的国资营运机构。开展行政审批制度改革，依法清理和公布行政许可事项。事业单位改制逐步展开，完成市属事业单位转企改制75家。资本、土地、劳动力等生产要素市场加快发展，现代市场体系正在建立。开放型经济发展加快，全方位、宽领域、多层次的对外开放格局基本形成。实现进口总额353.14亿美元、出口总额616.95亿美元，分别比“九五”期间增长2.6倍和1.6倍，与所有世贸组织成员建立了贸易关系。实际利用外资51.57亿美元，比“九五”期间增长1.4倍，利用外资结构不断优化，外资进入领域逐步从制造业向第三产业延伸。国内区域合作与交流不断深化，“省会经济”、“总部经济”不断发展。

社会事业协调发展。创新民营科技企业扶持、培育体系，实施“双百双十”创业计划。率先普及学前三年到高中段15年教育。高等教育实现跨跃式发展，毛入学率达47%。实施名校集团化办学，推进教育均衡化发展。杭州大剧院、红星文化大厦等一批文化设施相继建成，文艺、广播电视作品获国家级奖项204项。举办了五届西博会及萧山观潮节、千岛湖秀水节、新安江之夏旅游节、天目山森博会、富春江山水节等活动，并成功承办第七届中国艺术节、第五届国际民间艺术节等重大文化活动。积极实施“四改联动”，努力缓解群众“看病难”。加强公共卫生工作，基本建立疾病预防控制、卫生监督、医疗救治及突发公共卫生事件应急处置体系。抗击“非典”取得重大胜利，结核病等疾病得到有效控制。完善社区卫生服务体系，社区卫生服务中心、站分别达45家、220家，实现了市区街道全覆盖。建立新型农村合作医疗制度，乡镇覆盖率达100%，参保人数达350.61万人，参保率为89.6%。贯彻落实《杭州市爱国卫生条例》，爱国卫生工作得到加强。建立了食品安全综合监管机制。群众性体育运动蓬勃开展，竞技体育稳步发

展。低生育水平保持稳定,年均人口自然增长率控制在4‰以内,计划生育率保持在97%以上。

人民生活不断改善。“十五”期末,市区城镇居民年人均可支配收入和全市农民年人均纯收入比“九五”期末分别增长71.7%和56.4%,两者的恩格尔系数分别从2000年的42.4%和41%降低到2005年的34.8%和35.7%。多层次的住房供应保障体系基本健全,中低收入家庭住房保障体系逐步完善。2005年末,市区城镇居民人均使用住房面积达到20.7平方米,比2000年末增加5.8平方米。就业服务体系日益完善,五年来有78.41万名下岗失业人员实现再就业。多层次社会保障体系基本建立,2005年末,全市基本养老保险、基本医疗保险、失业保险、工伤保险、生育保险参保人数分别达到227.58万人、187.71万人、118.37万人、111.03万人和96.41万人,比“九五”末有较大幅度增长。全面落实征地农转非人员社会保障制度,19.36万被征地农转非人员纳入保障范围。开展“春风行动”,对困难群体的援助力度不断加大。社会治安稳定,市民有较高的安全感。市政府每年为民办成十件实事项目,人民生活质量不断提高。

2005年,是“十五”的最后一年,面对新的机遇和挑战,经过全市人民的共同努力,我们完成了市十届人大五次会议确定的目标任务。

(一)经济持续快速增长,综合实力明显提高

2005年,全市实现生产总值2 918.61亿元,比上年增长12.5%;财政总收入520.79亿元,增长17.6%;工业销售产值5 332.83亿元,增长22.1%;社会消费品零售总额975.43亿元,增长14%;全社会固定资产投资1 386.68亿元,增长15.3%;外贸出口总额198亿美元,增长30.5%。

农业综合生产能力不断提升。全市农林牧渔业总产值219.48亿元,比上年增长10.7%。积极推进农业结构调整和产业化经营,已培育市级以上农业龙头企业167家,农村专业合作组织316家。加大科技兴农力度,良种覆盖率达96%以上。提高农产品质量安全水平,新建无公害农产品基地32.16万亩。实施农村帮扶工程项目321个,总投资额2.1亿元,其中帮扶集团投入资金4 159.88万元。

工业产业结构继续优化。建立“两项制度”,开展“两项活动”,积极争取和筹措用地指标,强化要素和服务保障。开展新的园区申报工作,工业功能区建设水平不断提高。产业结构调整和企业技术创新步伐加快,高技术产业化进程加速。通信设备制造、集成电路设计、软件产业集聚和带动效应明显,新材料、光机电一体化产业保持良好发展势头。信息化带动工业化步伐加快,示范、试点企业逐步扩大。关停小水泥厂、小化肥厂、小煤矿工作取得成效。积极实施品牌战略,创中国名牌13个、浙江名牌56个。清洁生产和循环经济工作稳步推进。

现代服务业发展加快。召开全市现代服务业发展大会,出台政策、完善机制、制定规划,促进连锁经营、物流配送、电子商务等现代流通业发展,金融服务、中介服务、社区服务业健康兴起。数字电视发展迅速,动漫和网络游戏产业成为新的亮点。房地产市场平稳发展。“旅游西进”战略持续推进,旅游业态转型步伐加快。西湖博物馆等新景相继推出,西溪国家湿地公园一期建成并对外开放,“十大休闲基地”建设全面启动。2005年接待国内游客3 265.96万人次,入境游客151.36万人次,分别比上年增长8.3%和22.6%。

(二)城市化步伐加快,市域网络化进程扎实推进

城市各项规划加快编制。新一轮“杭州城市总体规划”报国务院审批,城市快速轨道交通建设规划经国务院审批通过,新一轮土地利用总体规划上报省政府。完成杭州市历史文化名城保护规划及“和谐杭州示范区”规划编制工作。加强萧山、余杭两区与主城区的规划协调。进一步推进阳光规划工作。

城建重点工程顺利推进。完成“一纵三横”道路整治一期等工程,复兴大桥建成并投入使用,七格污水处理厂二期工程建成试通水,启动德胜快速路项目。全面启动运河(杭州段)综合整治与保护开发工程。钱江新城建设项目不断推进。撤村建居和“城中村”改造工作进展顺利,违法建筑得到有效遏制。

城市管理成效明显。城市管理网络进一步完善,综合服务功能不断提升,主城区长效管理覆盖率达80%。精心组织实施城市序化专项整治,完成363条背街小巷改善工程。我市被列为全国首批10个数字城管试点城市之一。城市管理中主城区的相对集中行政处罚权试点和县(市)综合执法试点成效初步显现。

交通网络逐渐完善。“交通西进”、“东网加密”骨架性工程顺利推进,干线畅通工程建设加快,杭新景(杭千)高速公路一期工程建成通车,05省道、淳安千岛湖大桥全面竣工。杭徽、杭浦高速公路和杭甬运河建设进度加快,钱江九桥及接线工程开工建设。建成通村公路2 515公里,农村路网进一步完善。

生态市建设加快推进。在全国率先建立生态补偿机制,实施“1278”环境污染整治和“1250”生态示范工程。加强环保执法和环境管理,开展污染物总量控制试点工作。顺利通过国家环保总局的“创模”复查。

(三)对外开放领域不断扩大,全方位开放水平得到提升

对外贸易持续快速增长。2005年全市进口总额100.7亿美元,出口总额198亿美元,分别比上年增长8%和30.5%。企业开拓市场能力明显增强,出口商品结构进一步优化,外贸出口呈多元化发展。

招商引资成绩显著。全市实际利用外资17.13亿美元,比上年增长21.5%。金融、中介服务等领域引进外资有新的突破。开发区和功能园区招商引资作用得到提升,继续发挥示范、带动效应。

国内经济合作迈出新步伐。全市实际利用内资268.5亿元,比上年增长19%。接轨上海进一步推进,长三角区域合作不断深化,“双对口”和“山海协作工程”进一步推进。积极参与西部大开发、中部崛起和振兴东北老工业基地建设。

(四)社会事业全面发展,“三大文明”共同进步

科技事业创新发展。完善科技创新政策,加快科技企业孵化器建设,孵化器面积比上年增加19.1万平方米。推进企业研发中心、技术中心建设,全市新增企业研发中心44家。组建中国机械科学研究院浙江分院等一批创新载体,建成一批公共技术创新服务平台。组织实施国家火炬高技术产业化项目47项、国家重点新产品项目18项,新增省级高技术企业75家。推进国家专利试点城市建设,全市专利申请和授权量分别为9 486件和4 072件,分别比上年增长59.9%和53.3%。

教育事业健康发展。基础教育发展迅速,学前三年幼儿入

园率达96.1%，初中毕业生升入高中比例达95%。职业技术教育持续稳步发展，职普招生比保持在53:47。成人教育健康发展，社区教育全面推进。加强农村教育，实施对桐庐、建德、淳安三县(市)教育帮扶工程。教育资助券和人民助学金制度全面落实。近10万外来人员子女及29个国家的400多名外籍中小学生在杭入学。

文化事业蓬勃发展。建立文化产业发展专项资金，促进文化产业发展。成功举办首届中国国际动漫节等重大文化活动。组织实施民族民间艺术和非物质文化遗产保护工程。开工建设杭州图书馆新馆，开办全省首家少儿英文图书馆，启动数字图书馆工程，建成30个社区图书馆。建成8个省级和17个市级“东海明珠工程”，努力丰富活跃基层文化活动。加快推进数字电视整体平移和广播电视“村村通”工程。

卫生事业加快发展。出台社区卫生服务发展政策，完善基层医疗服务体系。健全医疗救助机制，进一步办好市惠民医院。实施检查检验结果互认等措施，控制医疗费用增长。进一步完善新型农村合作医疗制度，基本建立以区、县(市)为单位的统一筹资、统一管理制度。加强艾滋病、禽流感等防治工作，严密预防和控制疫情的发生。积极实施“安全放心水工程”，全市农村自来水普及率达96.2%，卫生厕所普及率达91.2%。

体育事业快速发展。广泛组织开展全民健身活动，全市体育锻炼人口达45%。成功举办市第十六届运动会等重要体育赛事。在第十届全运会上，杭州籍运动员获得8枚金牌、11枚银牌的好成绩。

人才事业协调发展。人才环境进一步优化，全年引进各类人才4万余人，其中高层次人才1 900余名。

法治政府加快建设。深入贯彻《行政许可法》和《全面推进依法行政实施纲要》，政府法制工作有效推进。加强社会主义民主政治建设，广泛开展民情民意调查和人民建议征集活动，认真办理人大代表、政协委员的建议、提案。坚持科学民主决策，实行重大事项公示制和听证制，落实人民群众对地方重大事务的选择权、参与权、知情权和监督权。推进基层民主政治建设，在村委会组织换届选举中成功试行“自荐海选”方式。建立健全公共事件应急机制，不断提高突发公共事件的应急处置能力。加强社会治安综合治理，提高预防和打击犯罪能力，积极推进“平安杭州”建设。开展食品安全等专项整治，进一步规范市场秩序。加强行政监察和审计监督，进一步健全领导干部经济责任审计制度。

(五)改革攻坚取得新突破，市场经济体制进一步完善

国有企事业单位改革不断深化。组建了新的市国资委，国有资产监督、管理和营运体系进一步完善。规范国有企业改制行为，妥善解决遗留问题。启动全市事业单位机构编制清理规范工作，用人制度和分配制度改革进一步深化。

行政管理体制改革稳步推进。组建了市发改委、市口岸办、市行政服务中心和公共资源交易中心。食品药品监管体制改革逐步推进。稳妥开展区、县(市)公车改革试点。因地制宜地调整部分县(市)、乡镇行政区划。积极申报国家综合配套改革试点。

社会领域改革逐步扩大。稳步推进公立医院产权制度改革。放开医疗市场，吸引民资、外资兴办医疗机构，新批准开设民营医疗机构121家。省市联动，全面实施药品集中招标采购。深化文化体制改革，重组市文化广电新闻出版局，成立市文化市场行政执法总队，组建市文广集团，在全省率先完成文化行政管理体制的调整。

(六)城乡居民收入稳步提高，社会保障体系更加完善

2005年，市区城镇居民人均可支配收入16 601元，全市农民人均纯收入7 655元，分别比上年增长14%和10.1%。

居民住房条件得到改善。市区开工建设经济适用住房111.8万平方米、拆迁安置房110.8万平方米，公开销售经济适用住房52万平方米，推出廉租住房配租249户。

就业再就业工作取得明显成效。全市新增就业岗位15.51万个，比上年增长10%，失业人员实现再就业13.09万人，其中安置就业困难人员4.95万人，城镇登记失业率为3.71%。取消外来人员就业登记证制度，劳动就业服务平台开始向农村行政村延伸。

社会保障体系进一步健全。社会基本保险覆盖面进一步扩大。扩大了企业退休人员门诊统筹约定医疗机构家数。基本医疗保险规定病种门诊医疗费结算方式得到调整。全市99%以上企业退休人员实现社会化管理。“五险合征”顺利开展。

通过全市上下的共同努力，2005年市政府为民办十件实事已全面完成。

开展文明城市创建活动。圆满完成第一次全国经济普查。人防、信访、统计、计生、档案、民族、宗教、侨务、对台、外事、口岸、气象、防震减灾等工作不断加强，工会、青年、妇女、科协、红十字会、老龄、关心下一代、残疾人事业等健康发展。

政府自身建设得到加强。认真开展保持共产党员先进性教育活动，自觉查找问题，采取有效措施，加强自身建设，机关效能进一步提高。政府职能转变力度加大，社会管理和公共服务职能进一步增强。电子政务建设取得较大进展，政务公开工作进一步深化。

“十五”期间和2005年我市取得的成绩来之不易。这些成绩的取得，是党中央、国务院和省委、省政府、市委正确领导的结果，是全市人民齐心协力、艰苦奋斗的结果。同时，市政府的工作也得到了市人大、政协及各位人大代表、政协委员的有效监督，得到了各民主党派、工商联、人民团体和人民解放军、武警驻杭部队、预备役部队，中央、省属和兄弟省市驻杭单位及广大海内外投资者的大力支持。在此，我代表市人民政府向大家表示衷心的感谢，并致以崇高的敬意！

“十五”时期的五年，是我市历史进程中极不平凡的五年，面对各种复杂局面和严峻形势的挑战，全市上下振奋精神，克难攻坚，积极应对，再创辉煌。这五年，是杭州经济社会发展最好的时期之一。经过五年的努力，我们硕果累累，一个更加充满生机和活力的杭州展示在我们面前。回顾“十五”期间的工作，我们主要有以下几点体会：

第一，必须坚持科学发展观，加快发展，率先发展，协调发展。发展是执政兴国的第一要务，全面协调可持续发展是科学发展观的基本内核。“十五”期间，我们始终坚持“发展是硬道理”，解放思想，真抓实干，把握机遇，抓住市场取向改革的先发性优势，保持经济快速健康发展。同时我们始终坚持发展必须是全面协调发展，统筹城乡协调发展，推动区域协调发展；十分关注经济发展与社会发展并举，大力发展社会事业，促进了经济社会全面发展。在发展中用宽阔的视野、改革的办法、发展的思路解决杭州前进中的各种问题，不断为先进生产力发展

开辟道路,以取得经济社会效益的最大化。

第二,必须坚持以人为本、以民为先,把实现好、维护好、发展好最广大人民的根本利益作为一切工作的出发点和落脚点。人民群众是纳税的主体,老百姓是我们的衣食父母,人民利益大于天,人民政府应该为人民。"十五"期间,我们在经济发展、社会进步、城市建设和管理等方面充分体现"以人为本"的原则,使人民群众真正获得改革与发展带来的实惠,努力实现发展为了人民,发展依靠人民,维护和激发社会主义事业坚实基础、人民的合法权益和积极性。

第三,必须坚持社会稳定,维护公共利益,为改革发展提供良好环境。维护社会稳定是发展的前提和基础。"十五"期间成就的取得,正是基于我们把社会稳定放在突出位置,抓住影响稳定的关键问题,冷静地面对改革发展中的种种复杂矛盾,努力从政策取向上维护大多数人的共同利益。只有把改革的力度、发展的速度和社会可以承受的程度统一起来,注重协调社会利益关系,健全利益纠纷调处机制,才能从源头化解各类社会矛盾,实现社会公平,促进经济发展和社会和谐。

第四,必须坚持依法行政,不断转变政府职能,推动政府转型。政府转型是贯彻落实科学发展观的关键。"十五"期间,我们围绕打造责任政府、法治政府和服务政府,着力解决政府职能缺位、越位和错位问题,在抓好经济调节和市场监管的同时,更加注重社会管理和公共服务,为市场机制有效发挥作用提供了有力保障。推进政企分开、政资分开、政事分开以及政府与中介组织分开,坚持依法行政,提高行政能力,使政府真正成为优质公共产品的提供者、良好经济社会环境的创造者、广大人民利益的维护者。

在回顾总结、肯定成绩的同时,我们也清醒地看到,在新形势下杭州经济社会发展面临新的挑战,存在着不容忽视的突出问题。主要表现在:粗放型经济增长方式没有根本转变,自主创新能力不强;资源要素和生态环境制约加剧;城乡之间、区域之间发展不平衡性依然存在;因社会转型和利益调整引发的社会矛盾较多,保持社会稳定的压力加大;社会保障难度加大,就业再就业形势严峻;城市国际化水平有待提高,城市品位有待进一步提升;政府职能尚未到位,工作作风、效率还不尽如人意。这些问题制约着我市的改革、发展和稳定,我们必须认真研究,千方百计加以克服和解决。

二、"十一五"时期经济社会发展的指导思想、目标和思路

"十一五"时期,是杭州全面建设小康社会、率先基本实现现代化的关键时期,也是杭州加快构建社会主义和谐社会的重要时期。

"十一五"时期,按照党的十六届五中全会和省委、省政府的部署及市委九届十次全会精神,杭州经济社会发展的指导思想是:高举邓小平理论和"三个代表"重要思想伟大旗帜,以科学发展观统领经济社会发展全局,以"解放思想、干在实处、走在前列"为要求,以提高人民群众生活品质为重点,坚持"发展、创新、节约、稳定、为民",推进"五大战略",破解"七大问题",打造"平安杭州",引领"和谐创业",构建"和谐杭州",打响经济强市、文化名城、旅游胜地、天堂硅谷"四张金名片",全面建成小康社会,加快率先基本实现现代化步伐。

杭州经济社会发展的目标是:努力建设经济、政治、文化、社会全面发展,城乡区域协调互动,人与人诚信友爱,人与自然和谐相处,经济实力强、体制机制活、城市品位高、人文气息浓、生态环境美、社会秩序好、生活品质优的"和谐杭州"。

主要预期目标建议为:全市生产总值年均增长11%,到2010年总量达到4 900亿元;地方财政收入年均增长15%,到2010年总额达到500亿元;高技术产业增加值占规模以上工业增加值的比重达到25%,单位生产总值的能耗比"十五"末下降16%;城镇居民人均可支配收入年均增长9%,农村居民人均纯收入年均增长8%,到2010年分别达到25 000元、11 000元;城镇登记失业率控制在4.5%以内,企业职工基本养老保险参保人数达到210万人;人口自然增长率控制在4.6‰以内,人均预期寿命接近80岁。

为此,我们在实际工作中将着重把握好以下几条:

(一)以科学发展观为统领,实现经济社会又快又好发展

科学发展观是推动杭州"十一五"经济社会发展、加快推进社会主义现代化的重要指导思想。只有牢固地树立科学发展观,我们才能坚持以人为本,统筹城乡、区域、社会加快发展,率先发展,协调发展,全面发展。要用科学发展观武装各级政府特别是领导干部的头脑,统一思想,形成共识,转变发展观念,创新发展模式,提高发展质量,实现杭州经济社会又快又好发展。

(二)以富民强市为目标,解放思想、奋发有为

全面建成小康社会、率先基本实现现代化是实现富民强市的根本需要和重要体现。这就要求我们把工作的着力点放在实现杭州人民的根本愿望和提高杭州综合实力上。要大胆创新、奋发有为、与时俱进,要齐心协力、真抓实干、注重实效,要艰苦工作、勤俭节约、勤政廉政,为实现富民强市、让改革发展成果惠及广大人民群众作不懈努力。

(三)以改革开放为动力,不断增强体制机制活力

"十一五"期间,杭州加快发展、率先发展、全面协调发展有坚实的基础和条件,但也面临着各种新的挑战和困难。我们要以高度的历史责任感、强烈的忧患意识和宽广的世界眼光,紧紧抓住机遇,深化改革,扩大开放,增强自主创新能力,激发活力、推动转型,再创体制新优势,拓展发展空间。要加快政府职能由经济建设向公共管理服务转型、经济增长方式由外延粗放向内涵集约转型、经济体制由初级市场经济向现代市场经济转型、社会结构由城乡二元逐步向城乡一体化转型,提升杭州中心城市功能,提升杭州区域综合实力,提升杭州国际化水平,从而提升杭州在全省、长三角地区以至全国的地位和层次。

(四)以循环经济为抓手,建设资源节约型、环境友好型社会

面对发展中遇到的环境和资源约束的压力,发展循环经济是杭州实施"环境立市"、建设节约型社会的重要抓手和有效途径。我们要坚持开源节流并举,市内市外并重,按照减量化、再利用、资源化的原则,采取法律法规、经济政策、技术手段、行政管理、宣传教育"五管"齐下,走节地、节能、节水、节材和资源综合利用的新路子,为杭州的发展提供较好的资源与环境空间。

(五)以关注民生为重点,促进和谐社会的构建

各级政府要切实把解决民生问题放在政府工作的突出位置,尊民为先、情为民系、利为民谋、力保民安。坚持效率与公平并重,以破解"七大问题"为抓手,着力解决人民群众最关心、最直接、最现实的利益问题。要适应新形势,研究新问题,善于化解人民内部矛盾,不断提高依法行政能力、处理实际问

题的能力,保持社会稳定,努力构建人民群众"和谐创业"与友好和善的社会环境。

三、二〇〇六年政府工作的主要目标任务

2006年是实施"十一五"规划的开局之年。做好今年经济社会发展工作,对全面完成"十一五"规划意义十分重大。

建议2006年全市国民经济和社会发展的主要预期目标为:生产总值增长11%,万元GDP能耗下降3%;市本级地方财政收入增长10%;全社会固定资产投资增长15%;社会消费品零售总额增长12%;市级外贸出口总额增长15%;城镇居民人均可支配收入增长9%,农村居民人均纯收入增长8%;城镇就业岗位新增13万个,城镇登记失业率控制在4.5%以内;价格总水平保持基本稳定。

围绕上述目标任务,我们要重点抓好以下九个方面的工作。

(一)围绕农业增效、农民增收,推进社会主义新农村建设

按照生产发展、生活宽裕、乡风文明、村容整洁、管理民主的总体要求,着力提升都市农业,加快农村人口向城镇集聚转移,农民就业从第一产业向第二、三产业转移,县域经济从乡村为依托向县域和中心镇为依托转移,扎实推进社会主义新农村建设。

大力提升都市农业。建设规模化、集约化的农业优势产业带,发展高效生态农业和休闲观光农业,新建市级都市农业示范园区50个。推进农业产业化经营,培育有品牌、上规模、连基地、带农户的加工型龙头企业,新培育年产值超亿元的农产品加工企业10家。发展农业专业合作组织,新培育农业专业合作组织50家。大力推进科技兴农,加快农业信息服务体系建设。加强农产品质量安全管理,提高农业竞争力。完善土地使用权流转制度,推进适度规模经营。稳定粮食生产。加强动植物疫病防控体系建设,狠抓防控措施落实。加快农业基础设施建设,提高农业综合生产能力。

促进农民转移就业。鼓励发展农村第二、三产业,加快农村劳动力向中心镇集聚和向非农产业转移。加大农村劳动力素质和技能的培训力度,全年完成农民培训20万人,增强农民致富能力。加强农村就业服务网络建设,为农村富余劳动力向城镇集聚创造条件。

推进农村全面进步。坚持"多予少取放活"的方针,完善各项支农政策,加大公共财政倾斜力度,加快建立以工促农、以城带乡的长效机制。继续办好"九件实事"。加快推进以"百村示范、千村整治"工程为载体的村庄整治工作。加快发展农村社会事业,推进农村公共卫生、科技文化信息和生态建设,改善农村生产生活条件。深化"49100"帮扶工程,坚持开发性帮扶和保障性帮扶相结合,大力推进下山移民脱贫,加快高山、库区和地质灾害频发区农户的转移。抓好水库除险加固、土地整理、危房改造、小流域治理等工程项目的实施。继续做好区划调整、乡村撤并工作,加快中心镇发展。深化农村改革,强化村务公开,维护农民合法权益。

(二)增强自主创新能力,加快转变经济增长方式

自主创新是科技发展的灵魂,是企业发展的不竭动力,是走新型工业化道路、促进经济增长方式转变的根本途径。

完善区域科技创新体系。深化科技体制改革,在调查研究的基础上,出台提高自主创新能力的政策意见。充分发挥企业创新主体的作用,推进以企业为主体、市场为导向、产学研相结合的技术创新体系建设。引导企业增加科技投入,重点支持一批行业龙头企业实施关键技术赶超计划。鼓励企业参与国际和国家标准化活动。探索中小企业集群创新机制,鼓励和帮助企业与科研院所、高等院校建立长期稳定的合作关系及项目开发渠道。建立政府组建与企业兴办并举、市场化运作、全社会共享的科技创新公共服务平台。新培育企业技术中心和行业技术服务中心60家以上,新认定企业信息化应用示范试点企业50家以上。

大力发展高技术产业。加快发展电子信息产业和软件产业,培育一批有影响、上规模企业。积极应用高技术和先进适用技术提升改造传统产业,扶持机械装备、医药化工、纺织服装、食品饮料与丝绸、女装、包装、工艺美术等优势和特色产业的技术创新。适度发展重化工业。大力实施品牌战略,积极鼓励企业争创名牌。

积极发展循环经济。制定循环经济发展规划,健全循环经济的法规体系,重点抓好"991"行动计划、"770"工程和"2632"工业循环经济示范工程,努力形成政府大力推进、市场有效驱动、企业发挥主体作用的新格局。大力推进土地节约集约利用,提高投资强度和土地利用率。完善有序用电方案,推广应用节电技术和产品。

推进工业功能区建设。加强省级开发区和城镇特色工业功能区的建设,坚持不懈地做好临江、江东工业区和钱江经济开发区的前期工作,加快启动杭州湾沿海工业集聚新平台和基础设施建设。充分发挥特色工业功能区集聚效应,不断提高档次和水平。加快企业搬迁步伐。积极争取用地指标,保障工业发展用地。

(三)提升产业与城市服务功能,推进服务业大市建设

认真落实扶持服务业发展的政策措施,大力发展现代服务业,进一步提升产业和城市的服务功能。

加快推进旅游国际化步伐。深入实施"旅游西进"战略,整合区、县(市)旅游资源,串珠成链。加快适应旅游国际化环境建设,加强文化与旅游的融合,提高旅游的文化层次,加大促销力度,打响"游在杭州"品牌,提升旅游国际化程度。深化保护和开发西湖、千岛湖、大运河等旅游资源。以茶博会和丝博会为载体,展现杭州"丝府茶都"魅力。启动西溪综合保护二期工程,实施灵隐景区、吴山景区综合整治工程。打造"名城名湖名山"世界级黄金旅游线,形成大杭州、大旅游、大产业格局。

大力发展生产性服务业。发展现代物流业,培育壮大一批第三方物流企业。进一步开放金融市场,壮大地方金融机构实力。积极引进银行及保险、信托、证券、基金等非银行金融机构,推动杭州联合银行引进战略投资者,鼓励兴办中小企业担保机构,深化农村信用社改革,发展会计、律师、咨询、评估、技术检测和认证等中介机构。完善电子商务环境,推进各类电子商务发展。

积极发展消费性服务业。提高商贸流通现代化水平,加快游憩购物天堂的建设。积极发展农村新型流通组织,进一步开拓农村消费市场。努力保持房地产市场平稳、健康发展。优先保证经济适用住房、拆迁安置房等的土地需要,积极稳妥实施经营性用地的出让。积极发展大文化和社区等服务业。

全力办好2006世界休闲博览会。精心组织实施,把休博

会真正办成一个有国际影响的盛会,带动我市休闲产业的发展,打响"东方休闲之都"品牌。同时,努力整合西博会与休博会资源,以休博会提升西博会的国际化程度。

(四)坚持城乡和区域统筹,加快构筑市域网络化大都市步伐

坚持规划共绘、基础共建、资源共享、产业共兴,大力推进市域网络化大都市建设,构筑杭州都市经济圈,促进区域协调发展。

优化功能布局,强化城市管理。完善调整中心区域产业布局规划,提升综合服务功能,发挥"溢出效应",扩大对市域及周边地区的辐射和带动作用。推进数字城管工作,完成数字城管一期建设。完善"块抓条保、公众参与"的城市管理工作机制,突出抓好背街小巷和城郊接合部管理。推进公交优先,优化公交线网布局,上半年建成大运量快速公交1号线,筹建2号线。加强区域交通整治,完成主城区318条背街小巷的改造、"一纵三横"二期、"南北向主干道路综合整治"和古墩路等道路整治。抓好沪杭高速、德胜互通工程建设,启动秋石、留石快速路建设,续建德胜快速路中东段。开工建设之蒲路、广济路等一批城市主、次干道。加快钱江新城建设步伐。大力推进城中村改造和撤村建居工作,加快现代新型农民多(高)层公寓建设,确保实现全年开工80万平方米和竣工50万平方米。继续清理和拆除违法建筑,建立长效管理机制。加大电网建设力度,推进电网抢建工程。争取抽水蓄能电站等项目落户建德。

加快萧山、余杭融入大都市步伐。加快工作机制、管理模式、协调方式的创新,完善政策,推进萧山、余杭融入大都市,特别是在城市总体规划和土地利用规划等方面的融合与管理,稳步推进公交一体化和社会保障并轨。加大"一主三副六组团"间的路网建设力度,加强地铁建设筹备工作,加快启动申嘉杭高速公路杭州段、杭长高速公路杭州段、钱江九桥、庆春路越江隧道、杭州湾钱江大通道、沿江景观大道的筹备和建设工作,开创主城与副城错位发展、相得益彰的发展新局面。

打造"高速公路经济"和"黄金水道经济"。推进"交通西进",推动五县(市)从郊县向郊区转变,促进各县城以及中心镇繁荣,带动县(市)域经济社会协调发展。加快杭新景(杭千)高速公路洋溪至寿昌段及龙游和千岛湖两条支线、杭徽高速留下至昌化段建设,力争今年全线通车,形成市域"1小时半交通圈"。完善五县(市)交通路网,继续抓好16省道乐平至於潜段、淳开线淳安段等项目建设,力争开工建设20省道桐庐与建德段、16省道桐庐段与320国道连接线等项目。加快县(市)客运场站建设,进一步完善农村客运网络。加快推进杭甬运河和大松树、东洲码头建设。以交通为先导,推进市区产业特别是制造业梯度转移,做好"吸纳、调整、提升、支撑"文章,带动腹地发展。

加快生态市建设。进一步实施"1278"、"1250"工程,增加对生态环境保护的投入。加大环境污染综合整治力度,加强环境管理和环境执法。抓好生态公益林建设和生态乡(镇)、村创建工作,巩固和扩大生态示范区创建成果。启动七格污水处理厂三期建设,相关区、县(市)开工和建成一批集中式污水处理厂。加快天子岭垃圾填埋场二期工程等一批生活垃圾无害化处置设施建设。做好工业固废的综合利用和危险废物的集中处置,全市工业固体废物综合利用率达到90%以上。加快完成区、县(市)界重点水域交接断面水质自动监测站、县(市)空气质量自动监测站等一批监测设施。

(五)深化改革,不断增强体制机制活力

以申报国家综合配套改革试点为契机,完善改革工作推进机制,在转变经济增长方式和构筑利益平衡机制方面寻求新的进展,不断增强体制机制活力。

完善国资监管体制。建立国有资本经营预算管理体系,构建透明规范的监督和约束机制。加大国有资产的优化重组力度,进一步深化国有企业改革。有效整合公用行业优质资源,为推进市场化改革创造条件。探索杭州水务一体化改革,开展水务、燃气、公交、垃圾处理等行业特许经营权试点。以产权制度改革为核心,加快市政公用事业引入市场机制的进程。

创新公共财政体系。创新机制,健全政府购买服务的公共财政支出制度,提高公共资源使用效率。探索公务员职务消费制度改革,继续积极稳妥推进机关公车改革。

深化投资体制改革。进一步确立企业投资主体地位,全面推行企业投资项目核准制和备案制,探索事后跟踪及监管的有效手段。加强政府投资项目管理,提高政府投资项目决策的科学性和实施的规范性,逐步推行代建制。

推进事业单位改革。加强事业单位分类管理,调整单位布局,减少机构数量,控制总体规模。加快推进自收自支、企业化管理的事业单位产权制度改革。

推进要素市场化改革。继续扩大国有土地有偿使用范围,积极推进工业用地市场化进程。探索用电负荷指标等紧缺要素市场化交易机制。探索支持企业搬迁的投入与收益对应激励约束机制。推进企业之间排污权交易的试点,进一步完善生态补偿机制。探索稀缺要素跨区域优化配置,扩大要素配置空间。

(六)坚持内外并举,推进开放型经济快速健康发展

充分利用国际国内两个市场、两种资源,发挥优势,提高参与国际国内经济技术合作水平,创新招商引资方式,拓宽对外开放领域。

转变招商引资方式。充分发挥我市环境优势,提升引资规模和质量,从招商引资向招商选资转变,盯住国内外500强和高科技企业,抓住大项目,积极主动"敲门招商",同时,积极引进科技含量高、成长性优的中小项目。从单一招商向多领域招商转变,从项目招商向产业集群招商转变,加大产业链招商。从重视制造业招商向先进制造业和现代服务业招商并举转变,加快第三产业及现代农业的招商引资。从优惠政策招商向优化环境招商转变,增强制度环境吸引力。

优化对外贸易结构。大力发展自主知识产权和品牌出口商品,扩大高技术产品出口比重,提高出口商品的质量、档次和附加值,增强出口产品竞争力,提升外贸出口效益。建立出口产品预警机制,积极帮助企业跨越技术壁垒,做好国际认证工作。提高反倾销应诉和应对汇率变动的能力。巩固和扩大优势市场,进一步拓展新兴市场。加快完善政策扶持体系,支持有条件企业"走出去"进行资源开采、跨国并购等境外投资经营活动。

广泛参与国内经济合作交流。积极推进接轨上海、接轨世博经济工作。进一步加强省内城市的交流与合作,密切与全国重点城市的联系。继续组织参加西部开发、东北振兴、中部崛起的区域合作交流活动。继续推进"双对口"工作和"山海协

作工程”。

（七）加快“名城强市”建设，推进社会事业全面发展

以“一名城五强市”建设为契机，发展文化生产力，增强文化凝聚力，积极发展各项社会事业。

建设文化名城。以农村文化建设为重点，积极推进公共文化服务体系建设。建设杭州图书馆新馆，推动区、县（市）文化设施建设。实施“精品战略”，办好新剧目会演。大力推进广播电视进村入户和电影放映“2131”工程。重视良渚遗址等保护。进一步规范文化市场秩序，深入开展“扫黄打非”专项整治。推进广播影视、新闻出版事业发展。积极开放文化市场，促进文化产业发展。办好第二届中国国际动漫节。

打造科技强市。贯彻落实全国科技大会精神，适时召开全市科技大会。完善科技发展的政策支持体系，促进公共科技资源的有效配置和集成，研究加大科技投入的力度和方法，选准重点攻关项目，提高自主创新能力。加强知识产权保护工作。

打造教育强市。坚持教育优先、协调、均衡原则，促进基础教育向均衡化、优质化发展。继续实施名校集团化办学，进一步优化教育资源配置。切实加强农村教育，提高农村教育整体水平。进一步提高市属高校办学水平，大力加强职业技术教育，积极发展成人教育，努力构建终身教育体系。深化教育教学改革，扎实推进素质教育。加强中小学生思想道德教育和大学生思想政治建设。

打造卫生强市。深化医疗卫生体制改革，努力实现“小病不出社区、大病确有保障”的目标。加强市惠民医院建设，各县（市）都要创建惠民医院，或在公立医院开设“爱心门诊”并推出一定数量惠民病床。调整卫生投入结构和医保政策，进一步推进社区卫生服务机构的发展。加强农村卫生工作，推进卫生院标准化建设，巩固和完善新型农村合作医疗制度。提高医疗机构质量和水平，重视医德医风建设，培育一批强院名医，满足人民群众日益增长的医疗卫生需求。以实施“农民健康工程”为抓手，深化爱国卫生运动。

打造体育强市。坚持普及与提高相结合，促进群众体育和竞技体育齐头并进。大力实施小康健身、人才兴体等工程，提升优势体育项目的竞争力，提高全民的身体素质。

打造“人才强市”。落实各项人才政策。滚动实施新世纪人才工程“131”培养计划，加强高技能人才和农村实用人才的培养。加大高层次人才和领军人才的培养和引进力度，加强博士后科研工作站的建设和管理，争取与人事部共建高新区留学生创业园，努力为各类人才的创业营造良好环境。

做好计生、统计等工作。以稳定低生育水平为重点，深化优质服务，做好人口和计划生育工作。改进地区 GDP 核算工作，改革城区统计管理体制，强化民情民意调查，开展第二次全国农业普查。

认真做好民族、宗教、外事、侨务、对台、妇女、残疾人、老龄、气象、关心下一代等工作。加强口岸、档案、地方志工作。

继续关心和支持人民解放军和武警驻杭部队建设。加强民兵、预备役部队和人民防空等方面的建设，开展国防教育，增强国防意识。开展军民共建活动，积极做好拥军优属和优抚安置工作。

（八）切实关注老百姓的切身利益问题，推进和谐杭州建设

从解决人民群众最关心、最直接、最现实的利益问题入手，实施“民生保障”工程，保护各类群体合法权益，建全社会利益平衡协调机制，坚持社会公平，促进社会和谐。

健全就业服务体系。完善就业再就业政策，对现有政策进行延续、扩展、调整和充实。以“4050”人员再就业为重点，进一步做好就业困难人员帮扶工作，关注大学生就业问题。完善职业培训机制。推进城乡统筹就业，基层劳动保障服务组织向农村延伸，建立农村劳动力资源动态管理机制和农村劳动力就业统计、失业登记制度，加大农村劳动力就业服务工作力度。

完善社会保障体系。制定在职职工门诊医疗统筹政策和中小学生医疗保障办法。分步实施征地农转非劳动年龄段以上人口人员生活补助办法，探索建立农村养老保险制度。完善进城务工人员在工伤保险、医疗保险、养老保险方面的社会保障政策。

继续实施“春风行动”。发展慈善事业，加大对社会困难群体帮扶力度。切实保护外来务工人员合法权益。

维护社会稳定。进一步完善和落实信访工作目标管理责任制，高度重视不稳定因素和信访突出问题的排查及处理工作。加强社会治安综合治理，坚持打防管控结合，依法打击各种违法犯罪活动，严密防范和打击各种敌对势力及“法轮功”等邪教组织的渗透破坏活动，促进“平安杭州”建设。

提高公共安全水平。严格落实安全生产责任制，加强安全生产基础工作和队伍建设，强化隐患治理、专项整治、执法查处。加强危险化学品、矿山、消防和交通安全等监管。继续开展以食品安全为重点的专项整治，进一步规范市场经济秩序，保障人民身体健康和安全。

今年市政府将着重抓好以下十件实事工程：

1. 完善公交网络，方便群众出行。加快老城区与萧山、余杭公交一体化步伐，增设老城区与萧山公交线路 2 条、余杭线路 1 条。新辟老城区公交线路 10 条，新建、改建候车亭 70 座，缓解下沙、小和山等地群众出行难。

2. 实施背街小巷改善工程，改善旧城居住环境。完成 318 条背街小巷改善工程。新改建公共厕所 40 座。完成 200 幢房屋的“平改坡”和 10 个旧小区的整治任务。

3. 关爱外来务工人员，营造和谐社会氛围。建立劳务合作基地 30 家。逐步完善外来务工人员工伤、养老等社会保障制度。完成 20 万农村劳动力技能培训。稳妥解决外来务工人员子女入学问题。

4. 强化食品安全监管，完善“放心”体系。加大对食品质量安全监督力度，形成食品安全共管机制。规范发布食品安全信息。加强对蔬菜批发市场和农贸市场蔬菜农药残留的检测工作。加强无公害农产品和副食品基地建设，确保市民吃得放心。

5. 建立企业在职职工门诊医疗费社会统筹办法，完善社会保障体系。将在职职工门诊医疗费纳入社会统筹范围，实行定点定额管理。萧山、余杭区工伤、失业、生育保险和企业退休人员门诊医疗与市本级基本接轨。

6. 加快经济适用住房建设步伐，进一步完善住房保障体系。开工经济适用住房 100 万平方米、拆迁安置用房 60 万平方米。完善经济适用住房准入制度和廉租住房管理工作。

7. 分步实施免费义务教育，努力破解“上学难”问题。今年春季，全市城乡实行义务教育免收杂费。

8. 深化村庄整治，提高农民生活质量。继续推进农民小康文体工程建设，实施 600 户农村贫困家庭危房改造工程。创

建全面小康示范村 20 个、重点整治村 200 个。建立农民信箱服务系统,注册农民 5 万户。新建健身点、篮球场、乒乓球室(场)各 100 个。

9. 加大环保设施建设,改善城市生态环境。实施引水入城工程。建设和开通半山地区污水泵站。推广绿能汽车,建设车用燃气加气站,扩大出租车燃气改装车使用率。

10. 推进有线电视数字化进程,丰富群众文化生活。完成萧山、余杭及五县(市)政府所在地有线电视"模转数"平移 20 万户。

(九)加强政府自身建设,推进政府职能转变

坚持依法行政,进一步健全科学民主决策制度,提高公共政策制定和实施水平,全面建设依法规范、开放创新、科学高效、廉洁自律的政府。

完善公共服务职能。全面履行经济调节、市场监管、社会管理、公共服务职能,完善公共财政体制,增强对社会管理和公共服务的保障能力,着力促进社会事业发展与和谐社会建设,提供更多更好的公共产品。完善公共资源交易体系,扩大交易范围,加强对公共资源交易、使用的管理监督。

全面推进依法行政。深入贯彻《行政许可法》,积极落实《杭州市人民政府 2005 ~ 2008 年依法行政实施方案》。进一步深化行政执法责任制和评议考核制,严格行政过错责任追究。依法接受人大的法律监督,政协及民主党派的民主监督,新闻舆论、市民群众的社会监督。加强审计监督,提高财政资金使用效率,逐步推行审计结果公开制度。

提高行政效率。规范行政许可事项,清理非行政许可项目。扩大窗口授权,积极推进并联审批。加快电子政务建设,推行网上审批、投诉、监督、一站式服务等,实现部门信息共享。加强监测预测工作,深入把握发展形势。深化机关效能建设,加强"12345"和"96666"投诉中心工作。完善机关目标管理工作,对市直单位实施综合考核评价。

加强应急机制建设。建立健全突发公共事件应急机制,提高政府应对公共危机的能力。整合应急资源,构建全市统一的应急指挥、协调机制。

建设节约型政府。牢记"两个务必",注重节约,坚决杜绝铺张浪费,实行政府机构资源使用定额管理,降低行政成本,在建设节约型社会中起带头作用。

提升自身素质。以贯彻落实《公务员法》为契机,加强公务员培训,提高领导干部"四种能力"和公务员综合能力,适应经济社会转型的需要。加强制度建设,全面落实廉政建设责任制,牢固树立宗旨观念,增强社会主义法制理念,从源头上铲除滋生腐败的土壤和条件。

站在新的历史起点上,我们肩负着光荣的使命,任重道远;要完成今年的各项目标,我们必须作艰苦的努力。让我们在中共杭州市委的领导下,高举邓小平理论和"三个代表"重要思想伟大旗帜,以科学发展观统领经济社会发展全局,以更加振奋的精神,更加昂扬的斗志,开拓创新,克难攻坚,扎实工作,为开创"十一五"时期我市经济社会发展新局面而努力奋斗!

(注:在杭州市第十届人民代表大会第四次会议上)

政府工作报告

（2006年2月16日）

宁波市市长 毛光烈

"十五"发展回顾

从2001年到2005年的第十个五年计划时期，是宁波经济社会发展跃上新台阶的重要历史时期。五年来，在中共宁波市委的领导下，在市人大及其常委会的监督、支持下，我们高举邓小平理论和"三个代表"重要思想伟大旗帜，以党的十五大和十六大精神为指导，树立和落实科学发展观，深入贯彻省委"八八战略"、市委"六大联动"和建设"平安宁波"战略部署，紧紧依靠全市人民，开拓创新，奋发有为，扎实工作，积极应对"非典"疫情、重大自然灾害、资源要素紧缺等严峻挑战，提前一年基本完成了"十五"计划确定的主要任务，荣获全国首批文明城市称号，为全面建设小康社会、率先基本实现现代化奠定了坚实基础。

国民经济持续快速健康发展，城市综合实力显著提升。全市生产总值从1 175.8亿元增加到2 446.4亿元，年均增长13.8%。人均生产总值从22 025元增加到38 733元，年均增长9.5%。财政一般预算收入从143.2亿元增加到466.5亿元，其中地方财政收入从64.4亿元增加到212.4亿元，年均分别增长26.7%和27%；累计完成固定资产投资4 381.7亿元，是前五年的2.7倍；宁波港区货物吞吐量达到2.7亿吨，集装箱吞吐量达到520.8万标箱，分别是"九五"末的2.3倍和5.8倍。三次产业比重由8.2∶56.0∶35.8调整到5.3∶55.3∶39.4，城市综合竞争力跻身全国十强。

产业联动发展取得成效，整体竞争力稳步增强。粮食生产和供应保持稳定，高效生态农业得到长足发展，农业产业化稳步推进，拥有市级以上农业龙头企业192家，无公害农产品基地236个。打造先进制造业基地迈出扎实步伐，一大批高素质工业项目建成投产。全市规模以上工业总产值从1 427.7亿元增加到4 721.4亿元，实现利税从163.3亿元增加到428.1亿元，年均分别增长27%和21.3%；高新技术产品产值占规模以上工业总产值的比重由"九五"末的20.8%提高到32.3%，并荣获中国品牌之都称号。第三产业发展加快，城市服务功能进一步增强，荣获中国优秀会展城市称号。第三产业增加值从421.1亿元增加到964.1亿元，年均增长14.3%；社会消费品零售总额从389.3亿元增加到759.8亿元，年均增长11.8%。

体制改革全面深化，对外开放向纵深推进。基本完成国有、城镇集体企业产权制度改革，加快投资、财政、规划、国土管理体制和行政审批制度改革，科技、教育、文化、卫生管理体制改革和事业单位改革有序推进，市场在资源配置中的基础性作用得到进一步发挥。开放型经济发展取得新突破，全市外贸进出口总额从75.4亿美元增加到334.9亿美元，其中出口总额从51.7亿美元增加到222.3亿美元，年均分别增长34.7%和33.9%，经济外向度比"九五"末提高56.5个百分点；累计实际利用外资82.6亿美元，是前五年的3.1倍；完成对外经济技术合作营业额20.5亿美元，年均增长26.7%。

城市化进程不断加快，城乡面貌发生深刻变化。修编完成了宁波城市总体规划，鄞州新城区、镇海新城区、北仑新城区、东钱湖旅游度假区、高新技术产业园区等重点区域规划建设扎实推进，副中心城市、城镇和新农村建设有序展开，中心城区建成区面积从"九五"末的134.7平方公里扩展到224平方公里，城市化率从45%提高到56%。全市财政支农资金年均增长20.9%，完成75个市级全面小康示范村建设，改造和建设通乡、通村等级公路2 364公里。杭州湾跨海大桥等一批重大基础设施项目开工建设，累计完成基础设施投入1 292.6亿元，城乡道路、供水、供电、公交、通信、污水和垃圾处理网络化体系初步形成。生态市建设全面启动，工业废水达标排放率、城镇污水处理率和垃圾无害化处理率分别比"九五"末提高3.5个、24.1个和6.8个百分点，森林覆盖率提高到50%，城市人均公绿面积由7平方米提高到11.5平方米，先后被评为首批中国优秀旅游城市、国家环保模范城市、国家卫生城市和国家园林城市。

统筹发展力度逐年加大，区域经济实力明显增强。中心城区发展层次不断提升，辐射带动功能进一步增强，余慈地区组团发展扎实起步，"大桥经济圈"加速形成，南部地区基础设施逐步完善，经济发展步伐不断加快，五县（市）全部跨入全国百强县行列。统筹区域协调发展体制逐步理顺，"共建共享"发展机制基本形成。欠发达地区帮扶力度加大，"双百工程"扎实推进，累计转移支付2.2亿元支持欠发达地区发展，下山搬迁农户6 020户、17 958人，老区、山区和海岛的自我发展能力进一步增强。

文化大市建设扎实起步，社会事业蓬勃发展。精神文明建设大力推进，累计完成教育文化科技投入211.8亿元。教育事业实现跨越式发展，率先实施欠发达乡镇免费义务教育，初中升高中比例和高等教育毛入学率达到94.2%和42%，分别比"九五"末提高11.8个和27.7个百分点。新增中高级人才近7万人，是前五年的2.2倍。城乡公共卫生体系建设不断加快，城区社区卫生服务实现全覆盖，农村医疗卫生条件进一步改善。一大批文化、体育基础设施建成投用，精品创作跨上新台阶，群众文化日益繁荣。人口与计划生育、老龄、残疾人和双拥等工作取得新进展。

人民生活水平稳步提高,和谐社会建设有序推进。“解难创优”系列工程全面实施,累计新增就业岗位60万个,帮助25.3万名失业人员实现再就业,城镇登记失业率控制在4.1%以内。全市用于社会保障的财政资金五年累计101亿元,年均增长30.4%。城镇企业职工基本养老保险、城镇职工医疗保险、失业保险、工伤保险和生育保险参保人数分别达到151.3万人、106万人、75.8万人、90.5万人和43.8万人,被征地人员养老保障重点参保对象参保率达到76.2%,农民新型农村合作医疗参保率达到92.2%。城乡低保实现应保尽保,农村“五保”、城镇“三无”人员集中供养率分别达到94%和98.9%。市区居民人均可支配收入从10 921元增加到17 408元,农民人均纯收入从5 069元增加到7 810元,年均实际增长分别为11.4%和8.5%。城乡居民本外币储蓄存款余额达到1 503.1亿元,比“九五”末增加1.4倍。城乡居民恩格尔系数分别由39.8%和45.2%下降到37.8%和41%,人均居住面积分别由19.8和41.6平方米提高到23.5和50.4平方米。

依法行政逐步推进,政府自身建设不断加强。认真执行市人大及其常委会的决议、决定,定期向市人大常委会报告工作,及时向市政协常委会通报政务情况,自觉接受市人大的法律监督、工作监督和市政协的民主监督,共办复市人大代表建议2 810件、政协委员提案2 523件。认真贯彻实施《行政许可法》和《依法行政纲要》,清理地方性法规和政府规章,制定实施政府工作规则和政务公开等一系列规定,建立政府新闻发言人制度,自觉接受人民监督。社会管理和公共服务职能逐步加强,生产安全、食品药品安全的监管体制基本形成,政府采购逐步推广,行政资源配置进一步优化,效能政府和廉洁政府建设取得了较大成效。

2005年是全面实现“十五”计划目标、认真谋划“十一五”发展的承前启后之年,也是深入实施市第十次党代会决策部署的重要一年。我们坚持以科学发展观统领经济社会发展全局,按照“干在实处、走在前列”和市委“三个突破”的总体要求,扎实推进“六大联动”战略和“平安宁波”建设,在巩固深化前四年发展成果的基础上,进一步完善发展思路,优化发展环境,增强发展活力,经济社会保持了平稳较快发展的好势头,市十二届人大三次会议确定的各项目标任务圆满完成。重点抓了以下五方面工作:

(一)强化要素和服务保障,着力保持经济平稳较快增长。面对市场环境、资源要素的“双重制约”,把防止经济出现大的起落作为经济发展的首要目标,大力加强要素和服务保障工作。坚持有保有压,调整完善产业准入政策,大力推进符合国家产业政策、事关国计民生的项目建设,加强对房地产市场调控,强化资金、水、电、土地、能源等方面的协调,组成专门工作小组深入基层,指导项目审报服务,促进投资在优化结构基础上保持合理增长。全年固定资产投资增长25.1%,其中设备和工器具购置投资增长63.5%。适应城乡消费升级,扩大公共服务,改善消费环境,多次举办国家级大型会展活动,促进相关产业发展,全社会消费品零售总额增长14%。同心协力抗击强台风袭击等自然灾害,及时部署灾后基础设施重建和生产恢复工作,努力推动经济平稳健康发展。

(二)加快转变经济增长方式,着力提高发展的质量和效益。围绕增强经济运行的协调性和可持续性,坚持三次产业联动发展,制定完善相关规划和政策体系,加快结构调整步伐,大力发展生态高效农业,推动工业结构优化升级,积极发展现代服务业,形成农业结构协调、工业结构改善、服务业升级加快的产业发展新格局。坚持把提高自主创新能力作为结构调整、增长方式转变的中心环节,促进科技与经济发展的紧密结合,构建服务型科教体系,加强国家高新技术产业开发区申报工作,推进区域创新体系和研发园区建设,大力实施品牌战略,企业自主创新能力逐步增强。全市新增国家级重点高新技术企业14家,规模以上企业高新技术产品年产值同比增长24.4%。大力发展循环经济,坚决淘汰重污染、高能耗项目,全市能源利用结构进一步优化,资源利用效率逐步提升,单位生产总值能耗、水耗明显下降。

(三)加大统筹联动力度,着力推动城乡区域协调发展。积极探索建立以工促农、以城带乡的长效机制,制定实施《宁波市统筹城乡发展纲要》,统筹规划市域范围内产业、资源利用保护、就业社会保障和重大基础设施建设,实现统一布局,共建共享。稳步推进农村配套改革,深入实施“百千工程”和“百万农民培训工程”,农村环境有效改善,农村劳动力培训和转移就业进程加快,全年培训农村劳动力25.3万人次。完善规划、国土、财税和投融资管理体制,建立健全统筹区域协调发展的体制保障。完成土地总体规划大纲修编,东部新城建设全面启动,鄞州新城区等重点区域建设继续加快,湾头地块开发有序推进。积极统筹余慈区域发展,把象山港区域保护与利用列入重要议事日程。探索建立生态补偿机制,健全财政转移支付制度,加大了对欠发达地区的帮扶力度。

(四)深入推进改革开放,着力增强发展活力和动力。围绕消除生产力发展的体制障碍、增强经济社会发展的动力,积极稳妥地深化改革和扩大开放,努力为发展拓展新的空间、注入新的活力。推进国有资产管理体制改革,完善非公有制经济发展的政策环境,促进多种所有制经济共同发展。深化行政审批制度改革,积极转变政府职能,进一步提高行政效能。推进生产经营服务型事业单位转企改制,着手探索供水、公交等公用、垄断性行业改革。适应对外开放新形势,扩大重点领域开发开放,建立慈溪出口加工区,实施区港联动,加强电子口岸建设,实现空港全面对外籍飞机开放。积极推动外贸增长方式转变,加大招商选资力度,加快企业“走出去”步伐,开放型经济取得新业绩。全市外贸出口增长33.5%,其中机电产品出口比重达到53.4%,加工贸易出口比重达到23.2%;实际利用外资增长10%,外资项目平均投资规模达到1 022万美元。加大区域经济合作力度,宁波、舟山港口一体化取得实质性进展。

(五)注重改善民生环境,着力构建和谐社会。坚持以人为本,以创建全国文明城市为契机,扎实推进文化、公益设施建设,深入开展“万场电影千场戏”活动,群众体育、竞技体育和体育产业协调发展。加大“解难创优”力度,切实解决关系群众切身利益的实际问题。做好就业再就业工作,完善养老、医疗、工伤和生育保险制度,加大被征地人员养老保险制度的实施力度。广泛开展爱心帮扶行动,深入实施安居工程,建成经济适用房50万平方米。大力开展以“三车”整治为重点的缓解中心城区出行难系列行动,促进交通秩序好转。大力推进农村中小学“四项工程”和学校标准化建设,加快职业教育结构调整,不断优化就学环境。启动十大医疗基础设施工程建设,扩大新型农村合作医疗制度覆盖面,城乡社区卫生服务功能不断健全。建立完善公共安全应急体系,强化社会治安综合治理,严厉打击各类犯罪活动,加强安全生产管理,大力整顿食品、药品市场,贯彻实施《信访条例》,妥善处置群体性事件,努力维护社会稳定。

过去五年我市经济社会发展所取得的每一个进步、每一项成绩,都是全市人民齐心协力、共同奋斗的结果,都是各驻甬部队、民主党派、工商联、人民团体和社会各方面密切配合、大力支持的结果,也是海内外朋友关心、帮助、支持的结果。在此,我谨代表市人民政府,向全市人民,向驻甬人民解放军、武警部队官兵,向所有参与宁波发展的投资者和建设者,向一切关心和支持宁波现代化建设的海内外朋友,致以崇高的敬意和衷心的感谢!

与此同时,我们清醒地看到,当前经济社会发展中还存在不少困难和问题,政府工作中也有许多不足,主要是:地区之间、城乡之间发展还不平衡,农业农村发展相对滞后,统筹区域和城乡发展的任务十分艰巨;经济结构性、素质性矛盾仍然比较突出,市场约束、资源要素供给和环境保护的压力不断加大,企业自主创新能力不强,转变经济增长方式和转换发展模式任务十分艰巨;经济社会联动发展的长效机制尚未建立,社会管理相对薄弱,治安形势比较严峻,构建和谐社会、建设"平安宁波"的任务十分艰巨;政府综合运用经济、法律、行政等手段统筹解决经济社会发展实际问题的能力亟须加强,考核评价体系尚不完善,工作效率、服务质量和行政执法能力有待进一步提高,加强政风建设、反腐倡廉的任务还十分艰巨。所有这些,都需要我们高度重视,在今后的工作中认真加以解决。

"十一五"奋斗目标和主要任务

"十一五"时期是我市经济和社会发展的关键时期,我市要基本建成华东地区重要的先进制造业基地和上海国际航运中心的重要组成部分,进一步确立长江三角洲南翼经济中心的战略地位。按照《中共宁波市委关于制定宁波市国民经济和社会发展第十一个五年规划的建议》,今后五年我市经济社会发展的奋斗目标是:力争到"十一五"末全面建成小康社会,为率先基本实现现代化打下坚实基础。经济持续快速协调发展,在优化结构、提高效益和降低消耗的基础上,到2010年,地区生产总值达到4 300亿元,年均递增11%,人均生产总值超过6万元,综合实力和竞争力显著增强;城市化加快推进,城市和小城镇功能进一步完善,建成生态环境美、人文气息浓、生活品质高、人与人融洽友爱的最佳人居环境城市,城乡和区域发展的协调性明显增强;文化大市建设加快,先进文化凝聚力、公共文化服务力、文化产业竞争力明显增强,科技创新能力有较大提高,人才资源更加丰富,市民文明素质提升,力争保持全国文明城市荣誉;改革开放深入推进,公共服务型政府建设和要素配置市场化取得突破性进展,率先形成比较完善的社会主义市场经济体制,开放型经济达到新水平;资源节约型和环境友好型社会建设取得全面进展,资源利用效率显著提高,生态质量明显改善,可持续发展能力不断增强;人民生活质量和水平继续提高,居民住房需求得到有效保障,教育、卫生、体育、社会保障等公共服务供给水平提高,城乡公共交通加快发展,居民就学、就医、就业、出行等方面条件明显改善,民主更加健全,人民群众的政治、经济和文化权益得到切实尊重和保障,社会治安、安全生产及公共安全状况良好,人民安居乐业。

实现上述奋斗目标,必须坚持以科学发展观统领经济社会发展全局,努力推动宁波经济社会切实转入全面协调可持续发展的轨道。《宁波市国民经济和社会发展第十一个五年规划纲要(草案)》提出了今后五年我市经济社会发展的目标任务和各项措施,主要是:

(一)加快发展模式转型,促进国民经济持续平稳健康发展。进一步加大支农政策力度,促进农业结构优化提升,把发展都市型高效生态农业作为现代农业建设的主攻方向,加快形成区域化布局、标准化生产、产业化经营、社会化服务的现代农业发展新格局。大力发展农业优势产业和特色产业,重点培育四大农业产业带,加强现代化农业示范园区建设。推进科技兴农,加强农业技术研究和推广应用,健全农业标准化体系、农产品质量安全体系、农产品市场物流体系和重大动物疫情防控体系。实施"强龙兴农"工程,积极发展以农民专业合作社为重点的农村合作经济组织,提高农业的市场化和组织化水平,销售超亿元加工型农业龙头企业达到50家以上。实施农业"走出去"战略,大力发展外向型农业。继续实施"百万农民培训工程",全面提高农民致富能力。

把增强自主创新能力作为科技发展的战略基点和调整经济结构、转变增长方式的中心环节,扎实推进创新型城市建设。强化企业在自主创新中的主体地位,采取合作开发、联合研发和自主研发等多种方式有效利用国内外科技资源。加快研发园区建设,完善服务型教育体系,充分发挥高等教育和职业教育在促进发展模式转换中的重要作用,努力形成科技创新与经济发展紧密结合的机制。把推进自主创新与实施知识产权战略、品牌战略和规模企业培育结合起来,形成一批知名品牌产品和知名企业。进一步加强先进制造业基地建设,大力发展优质临港工业,形成五大临港产业基地。积极发展电子信息、新材料、光机电一体化、生物医药等高新技术产业,高新技术产品产值占规模以上工业总产值的比重超过40%。坚持以信息化带动工业化,鼓励运用高新技术和先进适用技术改造传统优势制造业,不断提高纺织服装、家用电器、装备制造、汽车零部件、模具等产业的技术装备水平。加快工业园区集约化发展,整合提升产业集群,建设一批核心竞争力强,产业规模、市场份额、盈利能力居全国前列的重要产业基地。

把发展服务业作为结构调整、扩大消费和增强城市功能的战略重点,扩大总量,优化结构,三次产业比重调整到3.5:53.5:43。着力打造国际贸易平台,优先发展国际贸易、港口物流、金融、会展等生产性服务业,积极培育信息、中介、文化传媒等知识型服务业,促进服务业与制造业互动发展,增强港口城市的集聚、辐射和带动功能。适应消费升级的趋势,壮大商贸、房地产、社区服务、旅游休闲等生活消费性服务业,着力改善消费环境,全社会消费品零售总额年均递增12%。加快宁波、舟山港口一体化进程,完善港口集疏运网络,增强港口服务功能,力争宁波港区货物吞吐量达到3.6亿吨,集装箱吞吐量超过1 000万标箱。

加快完善基础设施和重要资源保障体系,保持投资合理增长。加强水资源的综合开发,推进标准海塘维修加固和流域治理等重点工程建设,加快实施区域外引水工程,提高供水能力。加强电网建设,优化电能结构,积极发展天然气、风能等新能源发电项目,确保电力供应。适度开发滩涂资源,加大农地整理和农村宅基地整理力度,优化土地资源配置,提高土地集约化程度和利用效益。建成杭州湾跨海大桥、甬台温铁路宁波段等一批重点基础设施项目,形成公、铁、水、空等协调发展的现代化立体交通网络体系。全社会固定资产投资累计超1万亿元。

(二)加大统筹协调力度,促进城乡区域联动发展。顺应城市化发展规律,在更大范围内实现土地、劳动力、资金等要素的优化配置,统筹城乡协调发展。认真组织实施市域城镇体系规划,促进城市集群式发展,完善城市功能,提升城市品位,中心城区规模达到267平方公里,城市化率超过65%。加快建设生产发展、生活宽裕、乡风文明、村容整洁、管理民主的社会主义新农村,深入实施《宁波市统筹城乡发展纲要》,逐步形成以工促农、以城带乡、城乡协调发展的格局。积极推进城乡户籍管理、土地流转、劳动就业、社会保障、农村经济合作社股份合作制等配套改革,着力打破城乡二元结构。搞好乡村建设规划,大力推进"百千工程"和农村新社区建设。进一步扩大公共财政覆盖农村的范围,加强农村重大基础设施和公共服务设施建设,推动城市公交、自来水、垃圾污水处理、广电通信及科教文卫体等社会事业向农村延伸,改善农村生产生活条件,增强农村发展能力。

充分发挥城市在区域经济发展中的带动作用,按照"东扩、北联、南统筹、中提升"的要求,完善区域发展功能区划,形成城区经济和县域经济协同发展的市域经济发展新格局。中心城区提升发展吸收就业多、附加值高的现代服务业,完善中心商贸商务区和历史文化名城核心区的功能。推进东部新城开发,构筑中央商务区和行政中心区基本框架,形成展示现代化国际港口城市形象的标志性区域。加快东钱湖旅游度假区建设,初步形成国家级旅游度假区、华东地区重要的国际会议中心和长三角著名的休闲胜地。加大余慈地区统筹发展力度,初步形成宁波都市区北部中心。继续加快鄞州新城区、镇海新城区、北仑新城区建设,统筹建设重大基础设施,促进与城市核心区融合。加快南部区域统筹发展,加大基础设施建设力度,积极培育特色产业和生态经济。把象山港区域作为宁波未来可持续发展的重要战略空间,加快建设生态经济型港湾。启动实施轨道交通和区间快速通道项目,加强城市各组团的功能整合和有机联系。加大区域统筹和调控力度,建立市域内财政转移支付体系,健全对欠发达地区的帮扶机制。把海洋资源和陆域经济优势结合起来,加快海洋经济强市建设。

(三)深入推进改革开放,努力构筑宁波发展新优势。着眼于消除影响科学发展的体制障碍,加大重点领域和关键环节的改革攻坚力度。加快垄断性行业和公用事业改革,实现投资主体和产权多元化。健全国有资产监管体制和营运体系,完善出资人制度和资产授权经营制度,规范国有产权转让行为,加强对非经营性国有资产的监管,确保经营性国有资产保值增值。引导民营企业加快制度、技术和管理创新,鼓励民营资本进入金融服务、社会事业、基础设施等领域,推动民营经济实现新飞跃。大力培育资本、人才、技术等要素市场和市场中介组织,健全社会信用体系和市场监管机制,建立比较完善的现代市场体系。加快政府职能转变,深化财政体制、投资体制和行政审批制度改革,健全政府决策机制,建设服务政府、责任政府和法治政府。积极推进农村综合改革。

深入实施外向带动战略,按照做优外贸、做强外资、做大外经的要求,进一步提高对外开放水平和层次。加快外贸增长方式转变,大力拓展市场,优化贸易结构,加快发展附加值高的服务贸易,扩大资源性产品、先进技术和关键设备的进口,全面建设国际贸易平台,着力打造华东地区大宗物资和战略资源的进口交易中心,进出口贸易年均递增15%。全面实施"选商选资,选优选强"的招商策略,大力引进对产业升级具有重大带动作用的项目和企业,加大现代服务业、基础设施和公用事业等领域引资力度,充分发挥开发区、保税区、出口加工区在利用外资中的带动辐射作用,累计实际利用外资115亿美元。加快"走出去"步伐,推动企业开展境外实业投资、跨国经营、工程承包和劳务合作,在更大范围、更广领域和更高层次上参与国际经济合作和竞争。

围绕建立互惠互利的区域合作机制,大力推进国内经济合作与交流。以接轨上海为重点,积极融入长三角经济一体化,加强港口、产业、科技、文化、教育、人才等方面的合作。积极参与中西部开发和东北等老工业基地振兴,加强与港澳台的经贸合作,推动"山海协作"工程和浙东经济合作区联动发展,扩大合作领域,拓展发展空间。

(四)坚持可持续发展,建设资源节约型和环境友好型社会。以节约利用资源和提高资源利用效率为核心,加强资源循环综合利用,走节约发展、清洁发展、可持续发展的道路。坚持开发与节约并举、节约优先,按照"减量化、再利用、资源化"的原则,大力发展低投入、低排放、高效率的资源节约型产业,力争单位生产总值能耗比"十五"期末降低20%左右。全面推行清洁生产,积极开发和推广资源节约、替代和循环利用技术,加快企业节能降耗的技术改造,培育一批清洁生产示范企业。积极发展循环经济,加快重点行业、重点企业和重点工业园区的生态化改造,形成一批示范企业、园区和村镇。提高工业用水重复利用率和生活污水回用率,推进城市生活垃圾分类收集和资源化处理,完善再生资源回收利用体系。加快墙体材料革新,推广节能建筑。鼓励使用节能节水产品和清洁能源,倡导健康文明的消费模式。

全面实施生态市建设规划,继续推进生态重点工程建设,加大环境污染治理力度,做好甬江口、奉化江流域和近岸海域的整治,推进城镇污水集中处理,减少农业面源污染,确保城镇污水处理率达到70%以上,城镇生活垃圾无害化处理率超过95%,水环境功能区水质达标率超过60%。积极推进自然保护区、生态经济林、生态公益林和沿海防护林建设,加强湿地保护和小流域综合治理,城市人均公绿面积达到12平方米。建立生态环境综合评价和绿色经济考核指标体系,加快环境质量、重点污染源自动监控监测和重大环境污染应急处理体系建设,实行生态环境补偿、公共环保工程设施有偿服务和排污权交易制度,保障人民群众的环境安全。继续做好人口与计划生育工作,提高人口综合素质。

(五)全面提高人民群众生活质量,促进社会和谐发展。按照统筹经济社会发展的要求,坚持以人为本,努力实现好、维护好、发展好最广大人民的根本利益。大力宣传和弘扬"诚信务实开放创新"的宁波精神,营造人人参与创造成果、共享发展成果的社会环境。大力促进文化事业繁荣和文化产业发展,加强城乡文化基础设施建设,构建公共文化服务体系,丰富群众文化生活。继续加大教育投入,优化教育资源配置,促进城乡基础教育均衡发展,实现城乡一体的免费义务教育,大力发展职业教育,积极发展成人教育、社区教育和远程教育,加快构建学习型社会,平均受教育年限达到10.5年。积极推进信息技术在社会公共领域的应用,逐步完善突发公共卫生事件应急指挥、疾病预防控制、卫生监督执法、医疗救治和公共卫生信息预警监测报告等公共卫生体系,加快卫生基础设施建设,健全城市两级和农村三级卫生服务体系,每千人拥有医生数2.68人、医院和卫生院床位数4.3张。加快建设体育强市,大力发展竞技体育优势项目,深入开展全民健身活动,增强人民健康素质。进一步加强双拥工作,巩固和发展军政军民团结。

着力改善民生,深入开展"解难创优"活动,努力促进社会和谐与稳定。实施积极的就业政策,大力发展劳动密集型产业和服务业,完善城乡统筹的劳动力市场和就业服务体系,加强就业和再就业工作,强化技能培训,城镇登记失业率控制在4.5%以内。加快建立与经济发展水平相适应、城乡统筹的社会保障体系,逐步提高社会保障覆盖面和保障水平,完善城乡最低生活保障制度和社会救助制度,城镇企业职工基本养老保险、城镇职工医疗保险、失业保险、工伤保险和生育保险参保人数分别达到180万人、120万人、85万人、120万人和60万人,探索建立新型农村养老保险制度,逐步提高新型农村合作医疗制度保障水平。合理调节收入分配,更加注重就业机会和分配过程的公平,提高低收入者的收入水平,发展社会福利、社会互助、社会慈善、老龄和残疾人事业,市区居民人均可支配收入超过2.4万元,农民人均纯收入达到1.1万元。健全社会主义民主法制,全面推进"法治宁波"建设。建立和完善新型社会管理体制,提高食品、药品监管水平,加强安全生产监督管理,强化社会治安综合治理,依法打击各类刑事犯罪活动。加强社会组织体系建设,健全社会利益协调机制和矛盾纠纷排查调处机制,促进干群政民关系和谐,夯实"平安宁波"建设基础。

2006年工作主要安排

今年是全面贯彻十六届五中全会精神、深入落实科学发展观的重要之年,是全面启动实施"十一五"规划的开局之年,也是巩固宏观调控成果、防止经济出现大的起落的关键之年。做好今年政府工作,意义十分重大。

综观国内外形势,我市经济发展面临较为有利的国际和国内环境。国际产业转移和生产要素流动加快,世界经济和贸易继续保持平稳增长的总体趋势不会有大的变化。我国新一轮经济增长的内在动力依然强劲,宏观调控取得积极成效,国民经济呈现增长较快、效益较好、价格平稳、活力增强的态势,经济运行的稳定性和协调性明显提高。但也要看到经济发展的大环境仍然存在一些不确定因素,国际贸易摩擦、非关税壁垒不断增加,国际石油价格高位波动,生产要素总体偏紧,禽流感等疫情和自然灾害也可能对我市造成一定影响。我们必须牢牢把握发展机遇,更加注重增长速度与质量相统一,更加注重城乡发展相统筹,更加注重区域发展相协调,更加注重技术创新与体制创新相结合,更加注重内源发展与外向拓展相融合,更加注重经济建设与环境保护相一致,更加注重经济与社会发展相促进,更加注重改革发展与和谐稳定相统一,为"十一五"发展开好局、起好步。

今年政府工作总的要求是:坚持以邓小平理论和"三个代表"重要思想为指导,认真贯彻十六届五中全会、中央经济工作会议和市委十届五次全会精神,以科学发展观统领经济社会发展全局,深入实施省委"八八战略"、市委"六大联动"战略和建设"平安宁波"的总体部署,着力增强自主创新能力,促进增长方式转变和发展模式转型,积极构建和谐社会,推动国民经济又快又好发展和社会全面进步,实现"十一五"时期发展的良好开局。主要调控预期目标是:生产总值增长12%,财政一般预算收入增长12%,市区居民人均可支配收入增长7%,农民人均纯收入增长7.5%,城镇新增就业岗位10万个以上,城镇登记失业率控制在4.5%以内,居民消费价格指数控制在103.5%以内。

围绕上述总体目标要求,着重做好以下十方面的工作:

一、建设社会主义新农村,提升农村经济社会发展水平

大力推进现代农业建设。稳定发展粮食生产,加强与粮食主产区产销协作,提高粮食流通调控能力,确保粮食安全。加大农业结构调整力度,积极发展高效生态农业。加快科技兴农步伐,推行农业标准化、机械化生产,继续抓好农业科技示范园区和种子种苗基地建设,启动建设特色农产品基地10个以上。实施"强龙兴农"工程,新培育市级农民专业合作组织50家和新型农业经营主体1万户。加大以工促农力度,鼓励各类企业参与新农村建设。进一步健全农产品质量安全体系,做好禽流感等重大动植物疫情防控工作。加快培育现代海洋渔业,提高林特产业发展水平。

千方百计增加农民收入。完善农业补贴政策,扩大公共财政覆盖农村的范围。深入实施"百万农民培训工程",有序引导农业剩余劳动力向二三产业转移、农村人口向城镇集聚,提高农民的非农收入,完成农村劳动力培训20万人次,转移农村劳动力5万人。切实保障农民工合法权益,不断增加农民务工收入。巩固农村税费改革成果,加强对农民减负工作的监管。加大对山区、老区、海岛的帮扶力度,逐步增加对欠发达地区的转移支付。

着力改善农村生产生活环境。坚持用城市社区建设的理念抓好村庄的规划和建设,深入推进"百千工程",大力发展农村公共事业,加快城中村、城郊村和园中村改造,推动传统村落向现代社区转变,建成示范村40个,整治村250个,改造城中村10个以上。继续加大对农村基础设施建设的投入,促进农村信息化,实施30万农民饮用水改造,完成清水河道整治250公里,全面实现通行政村公路硬化目标。加强标准农田建设和基本农田保护,加快小流域治理,强化水库、沉降海塘等水利设施的修复加固和维护管理,增强农业抵御自然灾害的能力。

全面实施农村综合改革。结合乡镇换届,合理界定乡镇职能,理顺权责关系,推进乡镇机构改革。明确财政收入和支出范围,加强乡镇债务管理和监督。深化中心镇行政管理体制改革,逐步做到事权、财权和管理权相一致。大力发展村级集体经济,培植村级集体经济稳固财源,推进农村经济合作社股份制改革。建立城乡一体的要素流转机制,规范农村土地使用权流转制度,探索实施农村集体非农建设用地进入市场的办法。

二、提高自主创新能力,加快建设先进制造业基地

增强自主创新能力。发挥企业在自主创新中的主体地位作用,支持企业研发机构建设,鼓励企业与国内外科研机构开展科技合作,促进产学研结合,加快研发具有自主知识产权的核心技术和共性技术。推进研发园区建设,创建宁波国家高新技术产业开发区,集聚创新资源,优化创新环境,加快科技创新服务平台和网上技术市场建设。全年新增国家级高新技术企业10家,引进共建研发机构25家,引进、开发高新技术项目330项,力争高新技术产品产值占规模以上工业总产值比重达到35%以上。提升临港工业素质。优化临港工业布局和结

构,重点发展市场前景好、资源消耗低、环境污染少、产出效益高的临港制造业。以新材料产业和集成装备业等为重点,积极推进临港工业后续产业发展,加快形成产业链。做好宁波光电产业基地、中金石化PX等项目的前期工作,争取镇海炼化大乙烯、大榭烟台万华MDI二期、白纸板三期二阶段等项目开工建设,加快北仑石化首期等项目建设进度,争取三菱PTA等项目建成投产。

扶持特色产业发展。继续培育和扶持纺织服装、家用电器、文具模具、电子信息和汽车零部件等优势特色产业,发展块状特色经济。建立健全面向中小企业的公共技术服务平台,进一步完善中小企业信用担保体系,推进创业孵化基地建设,充分发挥中小企业在特色产业中的重要载体作用。鼓励企业管理创新,推进企业技术改造和信息化建设,实施品牌战略和技术标准战略,培育一批具有自主知识产权和知名品牌的优势企业。

积极发展循环经济。抓紧编制循环经济发展总体规划和节水、节能、再生资源综合利用等专项规划,大力引导企业转变增长方式,集约利用资源,推广清洁生产技术。建立健全科学有效的考核和激励机制,实施土地闲置补偿制度。启动循环经济发展"十大行动计划",开展重点项目、试验园区等试点工作。积极推广适用技术和工艺,依法淘汰能耗大、污染重的产业和行业。争取万元生产总值能耗下降4%左右。

三、拓展港口城市功能,着力提升服务业发展水平

强化口岸服务功能。实施新一轮大通关建设,提高口岸工作效率,基本建成电子口岸平台。扩大对外贸易服务,推进国际贸易平台建设,宁波进出口常年展示交易中心投入运行。大力发展现代物流业,争取空港物流中心和明州现代物流园区开工建设,做好北仑主物流园区二期的前期工作,全面启动运输市场建设,积极引进第三方物流主体,推进区港联动、海港与空港联动,争取设立保税港区。加快推进宁波、舟山港口一体化,完善港口配套设施,拓展港口腹地,力争宁波港区货物吞吐量达到3亿吨,集装箱吞吐量达到630万标箱。

加快特色服务业发展。加快发展金融服务业,鼓励信贷适度增长,推进金融创新,提升金融服务水平,增强银行、保险等金融机构的实力,引进国际知名的银行、保险机构来甬设立分支机构,鼓励社会资金投资地方金融机构,提高金融结算效率等服务水平。综合开发利用信息资源,推进3G通信、数字电视等社会信息服务建设,促进社会公共领域信息化。进一步壮大会展服务业,开拓会展市场,继续办好浙洽会、消博会、服装节等重大会展活动。积极发展现代商贸服务业,加快和义路滨江商务区等重大服务业项目建设,大力提升各类专业市场。加快培育采购、营销机构,发展产权交易、管理咨询、会计审计、法律服务等知识型服务业。

积极发展旅游休闲业。整合陆海旅游资源,创新旅游产品体系,培育旅游市场主体,促进旅游集团公司组建、运行,加快形成旅游发展的规模优势和品牌优势,提升旅游经济核心竞争力。实施城市营销策略,加大旅游推介和宣传力度,完善旅游配套服务设施,加快宁波旅游中心建设,推进国家等级旅游区、全国工农业旅游示范点创建工作。

四、深入贯彻扩大内需方针,确保消费和投资平稳增长

努力扩大消费需求。以改善农村消费条件为抓手,不断扩大城乡居民消费需求,发挥消费对经济增长的拉动作用。积极探索扩大农村住房需求,加快公共基础设施向农村延伸,发展与农民收入和生活方式相适应的服务消费产品,支持城市流通企业经营网络向农村延伸,为农民增加消费提供便利。按照政府、企业、个人共同出资原则,扩大职业教育消费,积极举办各类培训讲座,引导文娱、休闲、保健消费,拓展社区服务和家政服务。加强消费服务,发展消费信贷,培育消费热点,完善消费政策,强化食品药品质量安全监管和教育、医疗价格监管,优化消费环境,努力为市外消费者服务。社会消费品零售总额增长12%。

促进投资合理增长。优化投资结构,提高投资效益,更好地发挥投资在经济社会发展中的重要作用。完成栎社机场飞行区跑道扩建工程,推进杭州湾跨海大桥及连接线、甬台温铁路宁波段、绕城高速西段及东段、杭甬高速宁波段改建、杭甬运河宁波段改建二期、城区"五路四桥"等项目建设,力争象山港大桥开工建设,推进北仑五期集装箱码头工程、穿山疏港高速公路等项目前期工作。加快500千伏城市电网和国华宁海电厂、大唐乌沙山电厂建设,推进甬东变、浙江LNG接收站及电厂、鄞州鹰龙山燃气电厂、北仑电厂和溪口抽水蓄能电站扩建等项目前期工作。加快甬新河、姚江东排、白溪水库引水、城市供水环网等基础设施项目建设,基本建成周公宅、西溪、力洋等水库,完成城市防洪、汤浦引水、慈溪淡水泓围垦等工程,实施标准海塘维护加固和镇海新泓口围垦等工程。改善投资环境,强化对重大项目的推进服务和监管工作,做好重大项目的申报、审批等前期服务,统筹安排和优化配置要素供给。全社会固定资产投资增长16%以上。

五、推进内外联动发展,进一步提升对外开放水平

调整优化外贸结构。坚持外贸出口多元化战略,巩固美、日、欧等主要市场,开拓东盟、非洲、中东等新兴市场。推进外贸孵化器建设,壮大出口队伍,增强企业国际竞争力。优化进出口商品结构,提升自主品牌商品、高新技术产品和高附加值产品的出口比重,继续促进加工贸易发展,扩大先进技术、关键设备和紧缺资源能源的进口,促进外贸平衡发展。建立健全出口预警、产业损害预警和反技术壁垒工作机制,提高企业应对贸易壁垒的能力。外贸进出口总额增长20%,其中出口增长20%。

提高利用外资质量和效益。深化"招大、选优、引强"活动,瞄准世界500强、跨国公司和国际行业龙头企业,大力引进产业带动强、科技含量高、投资密度大、资源消耗少的重大项目。努力做好"以外引外"、"以民引外"工作,加强高新技术产业招商,争取服务业和城建、交通等基础设施引资有突破性增长。高水平推进国家级开发区、出口加工区等重点开发区域的规划建设,做好省级开发区的整合、扩容和提升工作,不断增强集约集聚优势。继续开展外商投资企业服务月活动,优化投资环境。全年实际利用外资增长5%。

扩大经济技术交流与合作。引导企业到海外设立加工基地、重要资源开发和营销基地,提高利用国际资源的能力。推进对外承包工程和劳务合作,新增境外投资企业100家,对外工程承包劳务合作营业额增长20%。加强与长三角区域的协作,建立上海—宁波经贸推介平台。扩大对内开放,加大内资引进力度。加强和港、澳、台地区的经贸交流,扩大与国内外友好城市的交流合作,积极发挥"宁波帮"和帮宁波人士的作用。继续做好"山海协作"和对口帮扶工作,积极参与中西部开发和东北等老工业基地振兴,举办"2006沈阳宁波周"活动。

六、加大改革攻坚力度,健全落实科学发展的体制保障

加快发展各类中介组织。完善事业单位改制政策体系,稳

步推进生产经营服务型事业单位转企改制，加强指导和服务。大力推进行业协会社会化改革，充分发挥行业协会在行业服务、行业协调、行业自律等方面的作用。积极扶持各类经济组织和中介机构的发展，不断增强为市场主体配套服务的能力。

推进国有公共服务行业改革。花大力气推动供水、公交、环卫等垄断性行业和公用事业改革迈出新步伐。探索政府公共项目投资体制改革，积极推进"管办分离"、所有权与经营权分离，出台行业准入标准，健全特许经营制度。深化投资体制改革，完善政府投资项目公示、招投标、后评价和责任追究等制度，加强对政府投资项目的全程监管。推进天然气、电力、水等资源性产品价格改革，建立反映资源稀缺程度的价格形成机制。完善财政体制，探索建立财政资金绩效评价、国库统一收付制度，扩大政府服务采购范围。

培育民营经济发展优势。推动民营企业制度、技术和管理创新，积极引导民营企业参与内外资并购、重组和合作，鼓励引进职业经理人，推行所有权、经营权分离的管理模式，提升民营企业管理水平。加强和改进政府监督管理和服务，建立完善政府扶持民营企业发展的人才培训、技术支撑、金融支持、财政扶持等政策体系，依法保护民营企业和职工合法权益，消除影响民营经济发展的障碍，为民营经济发展创造良好环境。

建立健全现代市场体系。大力发展资本市场，采取多种途径促进企业境内外上市，支持有条件企业发行债券，改善企业融资结构，规范发展担保机构和创业投资公司，扩大金融机构对农业农村、中小企业和高新技术企业的融资服务。强化金融监管，防范和化解金融风险。探索建立产权交易平台，推进各级产权市场联动发展。加快发展土地、技术、人才等要素市场建设，加强"信用宁波"建设，整顿和规范市场秩序。

七、统筹区域协调发展，提升城市发展水平和品位

做好区域发展规划工作。编制市域总体规划和余慈地区、北仑分区、江北中心区、象山港区域规划，参与编制长三角区域规划，深化三江片、鄞州新城区、高新技术产业园区和湾头地块规划。完善城乡基础设施规划，统筹配置城乡空间资源，推进城乡一体的道路、公交、供水、排污等资源共建共享。深化县(市)村庄布局规划，加强农村城镇化建设。

加快重点区域建设步伐。加大东部新城建设力度，完成投资40亿元，建成"四横三纵"骨干道路、国际进出口交易中心等项目。完善中心城区基础设施，推进鄞奉路、箕漕街和湾头地块开发，加快"三江百里文化长廊"建设和慈城古县城保护与新城开发进度。促进余慈地区优势互补、资源共享、统筹发展，进一步加快鄞州新城区、镇海新城区、北仑新城区、东钱湖旅游度假区和高新技术产业园区建设步伐。扎实推进象山港生态经济型港湾建设，加快南部区域发展。

提高城市管理水平。理顺建设管理执法体制和机制，探索行政执法"县镇联管"模式，实现建设管理职能前移。培育城建项目代建主体企业，推行行政区域内城建项目建设属地化、跨行政区域城建项目代建制。优化交通组织，联通路网骨架，完成六区路网规划整合，适当调整城区金融、商贸布局，均衡新老城区交通流量，开展城市快速路网结构规划，提高道路通行效率。建立城市管理长效机制，强化常态管理，加强社区建设。加大公用设施改造和维护力度，加强城乡结合部环境治理。

深入推进生态市建设。加快实施生态市规划建设，抓好重点区域环境综合整治，继续实施北仑电厂机组脱硫、镇海电厂油改气等项目，做好国家环保模范城市复查工作，促进镇海区创建国家级生态示范区。在全社会倡导有利节约资源的生产和消费方式，推进能源、资源的集约与节约利用，启动建筑节能65%试点示范工程，加快饮用水源保护、水清地绿和污水处理设施等工程建设，抓好废弃矿山整治和复绿。深入开展创建节水型城市活动，推进陆海生态环保和同步监督管理，实行排污总量有价分配制度、排污许可证制度、排污交易权制度和污水处理按质收费制度。中心城区新增公绿100公顷。

八、加快文化大市建设，促进经济社会协调发展

推进文化事业和产业发展。大力弘扬宁波精神，加强社会公德建设，巩固文明城市创建成果。整合文化资源，推进"东海明珠工程"等基层文化建设，繁荣社区文化、广场文化和村落文化，完善公共文化服务体系。创造高雅文化发展环境，促进文化精品创作。坚持继承与创新并举，加大历史文化遗产和民族民间艺术的发掘保护力度，做好"海上丝绸之路"申遗工作。全面推进文化体制改革，大力发展广电、新闻出版、文化休闲等文化事业和文化产业，提高档案社会化服务水平。广泛开展群众性体育健身活动，不断提高竞技体育水平，继续办好重大体育赛事。加强国防教育，重视军事设施保护，加强民兵预备役建设，深入开展双拥共建活动。加强科普工作，不断提高公众科学素质。

启动教育强市建设。实施高标准普及十五年教育工程，全面推行素质教育，加强师资队伍建设，促进城乡基础教育均衡化。大力发展职业教育，整合资源，完善规划，启动10大实习实训基地建设。提升高等教育办学质量，加快服务型教育体系构建，健全覆盖城乡的文化知识学习和职业技能培训服务网络，促进和规范民办教育发展。实施城乡义务教育免收杂费制度，加大对贫困家庭子女的帮困助学力度。

实施人才强市战略。继续办好各类引才活动，拓宽人才资源开发与交流合作渠道，着力培育和引进各类创新人才。启动"千名海外留学人才集聚工程"，推进博士后工作站建设，加快高层次、高技能人才和紧缺性人才培养，完成1 000名中高级紧缺人才培训工作。优化高素质人才创业就业环境，规范人才市场监管，加快构筑区域性人才高地。

九、着力改善城乡居民生活，营造和谐稳定社会环境

进一步完善就业和社会保障体系。实施积极的就业政策，鼓励发展劳动密集型产业，做好大中专毕业生就业引导工作。整合城乡培训资源，完成城乡劳动力培训26万人次。全面落实就业再就业优惠政策，完善就业服务体系，创造公平、公正的就业环境，努力帮助就业困难的失业人员实现再就业。健全社会保障体系，积极推进职工低标准养老保险和灵活就业人员、低收入人员医疗保险，扩大被征地人员养老保障和新型农村合作医疗的覆盖面，实现鄞州区养老、医保制度和市级并轨，建立农村"五保"和城镇"三无"人员集中供养长效机制。合理调节收入分配，提高低收入者的收入水平。充分发挥外来务工人员的作用，认真研究落实并继续改善外来务工人员的生产生活条件。加强劳动用工监察和劳动争议调处，保障职工合法权益。发展慈善、老龄和残疾人事业，完善自然灾害救助应急预案和救灾工作响应制度。

着力改善住房和出行条件。引导房地产市场健康发展，优化住房结构布局，扩大普通商品房供给，加快城中村和非成套房改造，加大老小区整修力度。加快经济适用房建设，完善廉

租房制度,改善中低收入者的住房条件,新增普通商品房和经济适用房35万平方米。积极实行公交优先,加快公交场站和专用道建设,优化公交线路布局,延长公交车晚间运行时间,新增公交线路5条、晚间运行线路6条。疏解道路卡口20个,着力缓解出行难和停车难。

努力提高健康保障水平。完善公共卫生和医疗服务体系,提高疾病预防控制和医疗救治服务能力。加强突发公共卫生预警及应急体系建设,抓好职业病、重大传染病、人畜共患疫病防治和卫生保健工作。落实分级办医体制,抓紧实施市妇儿医院扩建和市中医院、市急救中心迁建,加快乡镇卫生院标准化改造。深化医疗服务体制改革,支持民营医疗机构发展,提高社区卫生服务水平,规范医疗服务行为,加强医疗市场监管,认真解决群众就医难、看病贵问题。强化流动人口计划生育服务与管理,争创全国婚育新风进万家活动示范市。

全面深化"平安宁波"建设。高度重视国家安全工作,严密防范和坚决打击各种敌对势力的渗透破坏活动。强化社会治安管理,严厉打击严重暴力犯罪和多发性侵财犯罪,妥善处理人民内部矛盾,健全社会治安防控网络,加强对外来人口的管理和服务。建立健全重大突发事件预警和应急机制,抓好危险化学品、道路交通和消防等重点领域的安全工作。严格落实征地、拆迁安置补偿政策,维护被征地人员和拆迁户的合法权益。加强基层基础建设,增强基层组织的自治功能。加强法制教育,引导群众依法表达利益诉求,做好信访和人民调解工作,确保社会稳定。

十、加强政府自身建设,不断提高行政能力和水平

转变政府职能。继续推进政企分开,强化政府社会管理和公共服务职能。深化第三轮行政审批制度改革,进一步规范行政行为。推行政务和信息公开,加快电子政务建设,健全政府新闻发言人制度。加强机关效能建设,精简会议和文件。完善行政管理体制,理顺县、镇、村三级管理关系,建立健全乡镇行政服务中心,建设系统、高效的公共管理体制和服务体系。

推进依法行政。坚决贯彻依法治市方针,积极配合人大做好地方立法工作,建立健全行政许可设定、实施、监督检查和行政许可事项评估等制度,不断提高依法行政水平。积极贯彻《公务员法》,增强公务员依法行政意识。强化对政府部门、行政执法机构行使权力、履行职责、执行程序的监督检查,严格行政执法责任制和评议考核制,完善行政复议和过错追究制度,切实规范行政执法行为。

建设民主政治。自觉接受中共宁波市委的领导,依法接受市人大及其常委会的监督,认真执行人大及其常委会的各项决议、决定,自觉接受人民政协民主监督,健全与民主党派、工商联、无党派人士的联系制度,认真做好人大代表建议和政协提案的办理工作。发挥工、青、妇等人民团体的作用,贯彻落实党的民族宗教和侨务政策,做好对台工作。加强调查研究,建立健全重大问题集体决策制度、专家咨询制度、社会公示和社会听证制度、决策效果评估和责任追究制度,推进决策民主化、科学化。

加强廉政建设。加强反腐倡廉教育,倡导求真务实、艰苦奋斗的优良作风。强化审计监督和行政监察,建立政府投资项目廉政责任制和绩效评估制,落实重大项目、重大决策、重点部门和大额度资金使用的保廉制度。完善领导干部廉洁自律制度,探索建立领导干部亲属从业回避制度和领导干部廉洁自律警示制度。完善公务员招考录用制度,健全绩效考核机制,提高公务员队伍整体素质。坚持从严治政,深入开展纠风工作,严肃查处各种腐败行为,坚决纠正损害群众利益的不正之风。

宁波未来五年的发展蓝图已经绘就,新的发展征程任重道远。让我们在邓小平理论和"三个代表"重要思想的指导下,按照十六届五中全会精神的要求,以科学发展观统领经济社会发展全局,紧密团结在以胡锦涛同志为总书记的党中央周围,在中共宁波市委的领导下,团结和依靠全市人民,开拓创新,与时俱进,继往开来,扎实工作,为宁波实现更快更好发展,全面建成小康社会、提前基本实现现代化而努力奋斗!

(注:在宁波市第十二届人民代表大会第四次会议上)

政府工作报告

（2006年1月10日）

嘉兴市市长　陈德荣

一、2005年工作回顾和“十五”计划执行基本情况

2005年是攻坚克难、锐意进取的一年。一年来，在中共嘉兴市委的正确领导下，全市上下认真落实科学发展观，主动适应国家宏观调控，深入开展“招商引资年”、“项目推进年”、“效能建设年”活动，努力克服要素制约、强台风连续侵袭等不利影响，开拓创新，扎实工作，较好地完成了市五届人大三次会议确定的年度目标任务。

1. 国民经济平稳较快增长。全年实现地区生产总值1 150亿元，增长14%，其中第一产业增长3%，第二产业增长15%，第三产业增长14%。完成财政总收入134.9亿元，增长18.7%，其中地方财政收入66.5亿元，增长21.2%。完成全社会固定资产投资729亿元，增长15%。

农业经济稳中有升。编制实施《都市农业发展规划》，推进农业转型增效，提高了农业综合生产能力。稳定粮食播种面积，全年实现粮食总产量119.5万吨。农业结构继续优化，畜牧、特种养殖、花卉、优质水果产量大幅增加，旅游观光和生态休闲农业发展加快，全市已建成各类观光休闲农业园区28个。稳步推进农业产业化经营，新增市级农业龙头企业22家，农民专业合作社41家。积极推进农业标准化生产，农产品质量得到提高，动植物疫病防控工作取得成效。成功举办名特优新农产品上海展销会。

工业经济较快增长。深入实施工业立市战略，出台了《先进制造业基地建设重点领域、关键技术和产品导向目录》，引导土地、资金等生产要素向优势产业集聚，工业结构不断优化。全市规模以上工业实现总产值2 100亿元、利税168亿元，分别增长25%和22%。工业用电量达123亿千瓦时，增长19%。重工业产值增长27.1%，在工业经济中的比重提高了2.3个百分点。电子信息等高技术产业增长26%，高于工业平均增速。注重发展循环经济，促进资源集约利用，工业企业万元产值综合能耗同比下降7.3%。品牌工程取得实效，新增中国名牌4个、浙江著名商标20个。

第三产业发展加快。认真实施《第三产业发展总体规划》，积极营造三产发展的良好氛围和环境，全年实现社会消费品零售总额370亿元，增长14%。嘉兴会展中心、综合物流园一期和海宁皮革城迁建一期建成使用，易初莲花、国美电器等著名连锁企业入驻嘉兴，江南摩尔、国际中港城等项目加快推进。南湖景区被列为全国红色旅游经典景区，桐乡乌镇被评为中国十大魅力名镇。全市旅游总收入达到106.7亿元，增长24.1%。

开放型经济继续发展。全年合同利用外资25亿美元，实际利用外资11.56亿美元，受国家宏观调控和要素市场变化的影响，实际利用外资未能完成年度目标任务。全年引进内资63亿元，增长21%。完成进出口总值98亿美元，增长23.7%，其中出口70亿美元，增长37.1%。新批境外企业36家。嘉兴出口加工区通过国家验收。区域合作交流取得成效，在云南、贵州等地建立蚕桑等农产品生产基地近300万亩。

2. 城乡建设扎实推进。沪杭高速公路拓宽工程全线贯通，杭浦、申嘉湖（杭）、杭州湾大桥北岸连接线等高速公路建设加快推进，嘉善大道、嘉湖大道建成通车，07省道市区段改建工程基本完成，建成乍浦港区3个万吨级以上码头，内河国际集装箱港建设开始启动，南郊河工程完成进度的65%。平湖、海盐、海宁治江围垦工程进展顺利。中心城市建设步伐加快，中环东路延伸段、三塔路改造等基本完成，小街小巷整治全面推进，完成危旧房拆迁3.5万平方米，新增城市绿地1 400亩，成功创建国家园林城市。理顺城市保洁管理体制，全面启动“数字城管”，市区“三乱”和无牌无证营运三轮车专项整治取得实效，城市管理水平进一步提高。电源电网建设力度加大，恒洋、协鑫等热电联产项目建成投产，220千伏桐乡青石变、嘉善变3号主变扩容工程等建成使用，新增110千伏以上变电容量162万千伏安。城乡交通、供水等一体化进程加快，新建连村到组公路1 502公里，全市已有827个行政村开通公交线路；开工建设南郊贯泾港水厂，加快供水管网建设，新增城市管网供水人口31.5万人。深入开展城乡环境综合整治，全年疏浚河道1 027.9公里，市区完成16家工业污染和危险源改造、整治任务。“百村示范、千村整治”工程扎实推进，农村生活垃圾集中收集率达到90%。

3. 各项改革不断深化。出台《深化完善政府机构改革方案》，完成了市级机关11个部门“三定”方案的调整工作。行政集中审批范围继续扩大，招投标统一平台功能得到提升。事业单位改革进展顺利，完成了87家市属事业单位的改制工作。强化行政监督，效能监察和经济责任审计进一步加强。农村乡镇综合改革试点工作扎实推进。国资监管力度加大，对13家市级国资营运公司进行了清产核资，纳入监管范围的国有经营性资产总量已达312.2亿元。企业改革继续深化，改组改造股份公司13家，新增上市企业1家。积极培育各类中介服务组织，全年新增中介组织21家。认真落实国务院稳定房价八项措施，建立房地产市场信息互通和政策协调机制，促进了房地产业规范健康发展。个人信贷征信、食品安全信用建设稳步推进，社会信用体系逐步完善，市场秩序进一步规范。

4. 科技教育较快发展。启动建设嘉兴科技城，中科院嘉兴中心微系统所等10个分中心入驻嘉兴，浙江清华长三角研究院启动15项国家和省、市级科研项目，全市新认定市级以上区域科技创新、创业服务中心15家，省级高新技术研发中心8家。市科创中心被评为国家级科技孵化器，海宁纺织新材料基地被新认定为国家级特色产业基地。企业自主创新能力得到增强，26个项目列入国家火炬计划，11个产品被认定为国家级新产品。科技合作领域进一步拓宽，成功举办了"乌克兰科技日在中国(嘉兴)"活动，与乌克兰国家科学院就共建国际技术转移中心签订了协议，达成合作意向88项。网上技术市场交易活跃，173个项目签约成交。教育强县创建成果得到巩固，平湖、海盐、桐乡通过省级教育强县复评，义务教育和高中段教育保持全省领先水平，全市初升高比例达到94.1%，普职比为1: 1，高考上线率达到90.7%。实施农村中小学校"四项工程"，积极创建省级示范学校，全市101所中小学通过省学校建设标准化验收，城乡办学条件继续改善。嘉兴学院综合实力得到提升，嘉兴职业技术学院新校区建成使用，嘉兴南洋职业技术学院三期开工建设，嘉兴城市大学正式成立，全市高校在校生规模达到3.6万人。教育体制改革步伐加快，全市新设各类民办学校55所。

5. 各项事业取得新成绩。深入开展以"双百、双千、双万"为主要内容的文化下农村进社区活动，成功举办江南文化节，群众文化生活丰富多彩。文艺创作成果丰硕，70件作品获省级以上奖项。海盐滚灯等7种民间艺术列入首批省非物质文化遗产代表作名录。市公共卫生中心建成使用，社区卫生服务扎实开展，卫生服务体系不断完善。积极防控高致病性禽流感，霍乱防治取得阶段性胜利，公共卫生应急处置能力进一步增强。医疗市场开放步伐加快，首家中外合资医院——浙江新安国际医院开工建设。积极开展体育强县、镇创建活动，群众体育和竞技体育协调发展，嘉兴籍运动员在第十届全运会上获得5枚金牌。市体育中心建设进展顺利，市民健身中心、残疾人奥林匹克体育中心动工兴建。全面完成经济普查登记工作，1%人口抽样调查开始启动。气象、档案、地方志、外事、侨务和对台工作取得新成绩。

6. 社会保持和谐稳定。落实就业优先政策，积极开展以"四送一落实"为主要内容的就业援助月活动，帮助8 584名就业困难人员实现再就业。健全政府清欠机制，强化企业用工管理和劳动监察，打造"无欠薪城市"。整合市人才和劳动力市场，人力资源中心市场服务功能得到提升。社会保障覆盖面继续扩大，全市养老、失业、生育保险参保人数分别新增5.4万人、1.9万人和4.1万人。医疗保险体系建设积极推进，职工基本医疗和城乡居民合作医疗保险参保人数分别达到61.6万人、227.5万人。成立了全市首家惠民医院。扶贫助学制度进一步完善，筹措资金1 375.6万元，资助贫困生2.8万名。围绕去年年初人代会确定的与人民群众生产、生活密切相关的10件实事，认真做好责任分解，强化督查，狠抓落实，确保了实事项目按时完成。重视民族宗教、人口和计划生育工作，支持发展残疾人事业、慈善事业和志愿服务事业。深入开展法制宣传教育，认真做好信访工作，妥善处理人民内部矛盾。高度重视安全生产，实现了省政府下达的"三个零增长"目标。加强社会治安综合治理，依法打击各类违法犯罪活动。国防后备力量建设取得新成绩，荣获全国人民防空先进城市称号。

去年是"十五"计划的最后一年。五年来，全市人民紧紧围绕全面建设小康社会、提前基本实现现代化目标，以加快发展为主题，解放思想，真抓实干，增创新优势，实现新跨越，"十五"计划确定的目标任务圆满完成。

——综合实力跃上新台阶。全市地区生产总值五年实现翻番，年均增长14.7%，经济总量列全国地级以上城市第41位，五县(市)全部进入全国百强县前30位。财政总收入为"九五"末的3.4倍，年均增长27.5%。五年累计完成全社会固定资产投资2 574亿元，是"九五"的2.8倍，年均增长22.5%。农业综合生产能力显著增强，传统农业向都市农业转型步伐加快，2005年农业增加值超过80亿元，粮经比由"九五"末的58: 42调整到52: 48。工业经济快速增长，产业层次不断提升，工业增加值达到600亿元，五年增长1.1倍。高技术产业实现产值75亿元，是"九五"末的1.6倍。第三产业加快发展，对经济发展的贡献度明显提高，2005年第三产税收收入在地方财政收入中的占比已达56.4%。三次产业比由"九五"末的11.2: 55.3: 33.5调整到7: 60: 33。

——城乡面貌发生显著变化。路网结构不断完善，新建改建高等级公路253公里，每百平方公里通车里程达到78.3公里，市域内基本形成"半小时交通圈"。港口开发和内河航道改造步伐加快，建成万吨级以上码头泊位6个，改造内河航道202公里。电源电网建设成效显著，新增装机容量544.1万千瓦、35千伏以上变电容量628.5万千伏安。自来水日供水能力达到82万吨，污水日处理能力达到63万吨。中心城市建设力度加大，初步形成"三横三纵三环十放射"的城市道路主体框架，建成区面积由"九五"末的32.6平方公里扩大到60.6平方公里。现代化网络型大城市初具雏形，城市化水平由"九五"末的38%提高到50%。

——经济市场化和国际化程度明显提高。经济体制改革向纵深推进，要素市场不断健全，国有经济布局的战略性调整基本完成。国资监管体系初步建立，按同口径比较，市级国有资产总量从"九五"末的194.4亿元增加到358亿元。民营经济实现新跨越，在国民经济中的占比达到70%以上。开放型经济加速发展，五年累计实际利用外资36.9亿美元，是前五年的5.5倍；完成进出口总值304亿美元，其中出口204.87亿美元，分别是"九五"的3.7倍和3.6倍。经济外向度从"九五"末的41.7%提高到66.3%。

——社会文明程度不断提高。深入实施公民道德建设纲要，文明城市创建活动扎实开展，市民素质和社会文明程度进一步提高，实现了省级文明城市"满堂红"。科技进步水平明显提高，市及各县(市)连续三轮进入全国科技进步先进行列。人才资源开发成效显著，每万人人才拥有量由"九五"末的396人提高到780人。各类教育蓬勃发展，基本普及15年教育。文化设施建设不断加快，"一院三馆"等一批标志性文化设施建成使用，文化事业全面繁荣。公共卫生服务体系逐步健全，全民健身运动深入开展，竞技体育取得新成绩，城乡居民健康水平逐年提高，人均期望寿命达到79.2岁。

——人民生活显著改善。2005年，城镇居民人均可支配收入16 000元，农村居民人均纯收入8 000元，均为"九五"末的1.7倍。城镇居民人均住房建筑面积达到29.6平方米，比"九五"末增加7平方米。以市场为导向的就业机制基本形成，"十五"期间累计增加城镇就业岗位24.5万个，帮助13.6

万名城镇下岗失业人员实现了再就业。养老、失业、医疗等社会保险覆盖面不断扩大，新型社会救助体系初步形成，多层次、广覆盖、可衔接的社会保障制度逐步建立。2005年末，居民人均储蓄达到2.2万元，五年增长1.3倍。教育文化、旅游休闲等支出大幅增加，汽车、电脑等正成为新消费热点，城乡居民恩格尔系数分别从2000年的37.9%和43.6%下降为36.3%和38%，城乡居民生活质量明显改善，总体向宽裕型小康迈进。

——民主法制建设得到加强。行政管理体制改革扎实推进，事业单位改革迈出步伐，政企、政事、政社关系进一步理顺，政府公共服务能力得到加强。坚持重大事项向人大报告制度，认真执行人大及其常委会的决议、决定，及时向政协通报情况，加强与各民主党派、工商联和人民团体的联系。完善基层民主自治，推进政务公开，强化行政监察和经济责任审计，政府工作的规范化水平不断提高。深入开展"四五"法制宣传教育，全面实施《行政许可法》，依法行政能力不断增强。

这些成绩的取得，是省委、省政府和中共嘉兴市委正确领导的结果，凝聚着全市人民的心血和汗水。在此，我代表市人民政府，向在各个领域和岗位上辛勤劳动、无私奉献的全体嘉兴市民，向给予政府工作热情支持的人大代表和政协委员，向各民主党派、工商联、各人民团体和社会各界人士，向驻嘉部队官兵、武警指战员以及所有关心、支持嘉兴建设发展的海内外朋友们，表示崇高的敬意和衷心的感谢！在肯定成绩的同时，我们也清醒地看到，经济社会发展过程中还存在着不少矛盾和问题，工作中还存在着很多薄弱环节。主要是：经济运行的结构性、素质性矛盾仍较突出，经济增长方式仍显粗放，产业层次整体水平不高。资源要素制约加剧，环境保护尤其是水环境问题突出，经济增长和社会发展的压力进一步加大。城市化水平偏低，中心城市的集聚辐射带动效应还不够强。就业的结构性矛盾仍然突出，社会保障体系尚需进一步完善，部分群众的生活还比较困难。社会治安、市场秩序、公共安全等方面还存在不少薄弱环节。医疗、教育等公共产品供给还不能满足人民群众的需求。行政管理体制改革有待进一步推进，形式主义、官僚主义作风和腐败现象还不同程度地存在，工作效率和服务质量需要进一步提高，工作方式和方法有待进一步改进，等等。对此，我们必须高度重视，切实采取有效措施，下大力气认真加以解决。

二、"十一五"发展目标和主要任务

"十一五"是我市加快发展的黄金期。我们面对的将是一个机遇与挑战并存，机遇大于挑战的环境，一个总体上有利于我们促进经济社会发展，但不利因素也在不断增多的环境。从国际看，经济全球化趋势深入发展，科技进步日新月异，生产要素流动加快，这为我市承接国际产业、资本转移，引进先进技术和管理方式创造了较为有利的条件。从国内看，经过本轮宏观调控，我国经济社会发展已进入新阶段，总体平稳增长的格局基本形成。从我市看，经过多年的改革与发展，已经积累了较强的综合经济实力，基础设施、区位条件、体制机制、人文环境等构成的比较优势正在凸显，城市化推进、产业升级、消费转型产生的内生动力将进一步释放，经济与社会已步入稳定较快发展期。同时，我们也清醒地看到，在前进道路上还面临不少困难和问题。世界各国围绕资源、市场、技术、人才的竞争更加激烈，贸易保护主义有新的表现。经济社会发展与资源环境的矛盾日益突出。社会发展滞后于经济发展的短腿效应正在显现，社会稳定面临较大压力。

面对新的形势，我们必须切实增强历史责任感和时代紧迫感，牢固树立忧患意识、机遇意识、发展意识和创新意识，按照"干在实处，走在前列"的要求，抓住机遇，应对挑战，推动嘉兴经济社会在新的起点上继续向前快速迈进。根据中共嘉兴市委五届八次全体(扩大)会议精神，"十一五"期间我市国民经济和社会发展的指导思想是：高举邓小平理论和"三个代表"重要思想伟大旗帜，以科学发展观统领经济社会发展全局，坚持以经济建设为中心，以加快发展为主题，以转变经济增长方式和产业结构优化升级为主线，以改革开放和创新为动力，深入实施接轨上海扩大开放、滨海开发、新型工业化、城乡一体化、科教兴市、和谐发展六大战略，加快建设长三角经济强市、杭州湾滨海新市、江南水乡文化大市，推进富民强市，努力构建和谐社会，基本实现全面小康社会目标，为提前基本实现现代化打下坚实基础。

"十一五"期间我市经济社会发展的奋斗目标是：经济增长速度位于长三角前列，地区生产总值达到2 000亿元左右，年均增长12%，人均地区生产总值达到6万元左右，实现综合实力位置前移。到2010年，形成比较完善的社会主义市场经济体制和全方位、宽领域、多层次的对外开放格局，基本实现由初级市场经济向现代市场经济转变；基本建成覆盖全市的基础设施和社会事业共享体系，初步形成城乡一体、互促共进、协调发展的新格局；循环经济发展初见成效，资源利用效率明显提高，生态环境整体改善；文化大市建设取得重大进展，民主政治建设进一步加强，人民生活水平和社会文明程度显著提高。

"十一五"期间我市经济社会发展的主要任务是：

(一)调整优化产业结构，增强产业竞争优势

坚持走新型工业化道路。重点发展临港、高技术、装备制造、特色优势四大产业集群，不断提升产业竞争力，工业增加值年均增长13%左右。确立服务业优先发展地位，提高服务业的规模和水平，服务业增加值年均增长13%左右。着力构筑都市型现代农业体系，大力推进农业产业化经营，促进农业增效、农民增收，农业增加值年均增长4%以上。

(二)加快现代化大城市和新农村建设，推进城乡一体化

加快城市化进程，构筑以中心城市为核心，以现代交通、信息网络等为纽带，连接各副中心城市和乍浦的多节点、组团式现代化网络型大城市。按照"生产发展、生活宽裕、乡风文明、村容整洁、管理民主"的要求，切实增加对农业农村的投入，发展新产业、建设新社区、培育新农民、构建新体制、营造新环境、树立新风尚，扎实推进社会主义新农村建设。到2010年，基本形成以城带乡、以乡促城、城乡一体的发展新格局。

(三)发展循环经济，建设资源节约型和环境友好型社会

加快推进资源节约与有效利用，着力抓好重点领域、行业和企业的节地、节能、节水、节材工作。严格土地管理，建立集约用地机制，提高土地使用效率。优化能源结构，注重开发利用核能、太阳能、生物质能等新能源和再生能源。加强水资源综合利用，积极调整用水结构，发展节水型产业。大力发展循环经济，有重点、分阶段推进循环产业体系建设。加强环境治理和保护，着力建设生态嘉兴。到2010年，单位生产总值综合能耗下降15%以上。

(四)全力推进滨海开发,促进海洋经济发展

有序开发乍浦、独山、海盐三大港区,打造现代化、多功能、综合性的嘉兴港。到2010年,全港拥有万吨级以上泊位37个,千吨级泊位13个,年货物吞吐能力达到4 000万吨,集装箱吞吐能力达到26万标箱。大力发展临港型工业和高技术产业,加快建设化工、煤炭、粮食等物流中心,积极推进滨海旅游开发,着力构建滨海产业新高地,滨海新区生产总值达到200亿元。

(五)加强基础设施建设,改善区域发展环境

推进嘉兴与周边城市的同城和市域一体化进程。加快高速公路建设,基本建成"三纵三横三连"的高速公路网,高速公路通车里程达到500公里。建设沪杭高速铁路。加快内河航道建设,基本完成"五干三支两港"的改造任务,切实提升水运能力。加快市域快速路网建设,形成"一环四横五纵八射四连"的干线公路网。加快以电源电网为重点的能源保障体系建设,新增500千伏降压容量250万千伏安、220千伏变电容量348万千伏安。实施信息现代化工程,建成覆盖全市的信息网络构架和综合信息交换平台,着力推进国民经济和社会信息化。

(六)加快自主创新,增强区域竞争力

实施"科教兴市"战略,积极构建结构合理、体制开放、机制完善的区域科创体系,不断提高科技创新能力。到2010年,全市科技综合实力进入全省前5位。完善人才资源开发与管理机制,造就一支数量充足、素质优良、结构合理、门类齐全的人才队伍。到2010年,每万人拥有人才数达到1 100人。深化教育体制改革,着力构建开放、公平、优质的现代国民教育和终身教育体系,率先在全省建成教育强市,实现城乡教育一体化。

(七)加快体制机制创新,努力扩大对外开放

深化行政管理、投融资和社会管理体制改革,着力构建公共服务型政府。进一步优化民营经济发展环境,促进民营企业向品牌化、国际化方向发展。推进资源要素配置市场化改革,健全现代市场体系。实施接轨上海开放带动战略,不断优化开放环境,拓展开放领域,在更大范围、更高层次上参与国内外经济合作。加快外贸增长方式转变,切实提高招商引资的质量和水平,五年累计完成进出口总值750亿美元,实际利用外资65亿美元。

(八)加快文化大市建设,提升社会文明程度

全面实施文化大市建设"六大工程",基本建立与经济社会发展要求相适应的文化发展格局和文化服务体系。到2010年,文化产业增加值占地区生产总值的7%以上。完善现代公共卫生服务体系,全面提升医疗水平和服务质量,使全市人民获得更趋公平和更为良好的医疗保健服务。大力发展群众体育、竞技体育和体育产业,努力构建全民健身服务体系。

(九)完善社会保障体系,提高人民生活水平

到2010年,城镇居民人均可支配收入达到2.3万元,农村居民人均纯收入达到1.2万元。实施就业优先政策,努力促进充分就业,"十一五"期间新增城镇就业岗位22.5万个,城镇登记失业率控制在4.5%以内。加大对各类基本社会保险的财政支持力度,基本建立与我市经济发展水平相适应的社会保障体系。到2010年,城乡居民养老保险覆盖率达到90%以上、医疗保险覆盖率达到100%。积极发展残疾人和社会福利事业,健全社会救助体系,加快建立健全与经济发展相适应的城乡贫困人口救济补助机制。

三、扎扎实实做好开局之年的工作

今年是"十一五"规划的起步之年。做好今年的工作,对实现今后五年的目标具有十分重要的意义。

2006年全市国民经济和社会发展的主要调控预期目标是:(1)地区生产总值增长12%。(2)进出口总值增长15%,实际利用外资12亿美元。(3)全社会固定资产投资增长12%。(4)社会消费品零售总额增长12%。(5)地方财政收入增长13%。(6)城镇居民人均可支配收入增长8%,农村居民人均纯收入增长8%。(7)新增就业岗位5万个,城镇登记失业率控制在4.3%以内。(8)人口自然增长率控制在2.0‰以内。为实现上述目标,我们必须始终高扬发展这一主题,正确处理好改革、发展与稳定的关系,以项目和创新为载体,继续推进"三地"建设,努力促进社会和谐,实现经济社会既快又好发展,力争提前一年基本完成本届政府确定的目标任务。

(一)推进项目建设,构筑产业新高地

转变经济增长方式,调整产业结构是实施新型工业化战略的主要内涵,而有效的项目投入则是主要载体和推动力。投资仍是现阶段推动嘉兴经济发展的主动力之一,今年经济工作要以项目推进为核心,努力形成一批对全市经济发展具有带动和支撑作用的新的增长点。

抓项目投入促结构调整。坚持走新型工业化道路,突出三次产业融合、互动,推动工业由低层次加工向高新技术应用转型,服务业由市域小服务向区域大服务转型,农业从传统农业向现代都市型转型,进一步提高产业竞争力。立足于建设先进制造业基地,重点抓好125项投资亿元以上的重大工业项目,发展四大产业集群。确保帝人公司二期、敏惠汽车零部件二期等一批项目建成投产,浙江玻璃、康龙纺织等一批项目开工建设,抓好东方钢帘线扩建、攀登电子基材等一批项目前期工作。鼓励企业运用高新技术和先进适用技术改造提升传统产业,确保罗卡芙家纺、景兴纸业等一批项目竣工投产。全年完成工业生产性投入400亿元。推动生产要素向优势产业和企业集中,积极培育大企业、大集团,新增销售收入10亿元以上企业7家。注重品牌培育,争创中国驰名商标1个、中国名牌2个,提高我市产品质量和市场竞争力。

立足于打造服务业特色高地,继续引进国际知名零售、采购企业,加快建设国际中港城,引导江南摩尔等大型商贸业态健康运行。重点抓好嘉兴汽车商贸园二期、王店中国小家电城、平湖国际服装贸易中心等项目建设,提升大型专业市场的功能,形成年交易额10亿元以上的大型专业市场12家,全市专业市场成交额达到700亿元。全面推进内河集装箱港和嘉兴港粮食、煤炭码头建设,做好华东国际工业原料城项目的前期工作。支持星级酒店建设,提升服务接待水平。加大旅游资源开发力度,完成桐乡乌镇二期、海盐白塔山等景区景点建设,积极开辟农村和水乡休闲游、南湖红色之旅、江南文化之旅等特色线路,全年旅游总收入达到126亿元。完善嘉兴会展中心功能,发展会展经济,市区重点抓好中国丝绸博览会、家居博览会、汽车博览会等大型会展活动。

立足于发展都市型农业,加大农产品加工园区开发建设力度,加快推进现代农业种养示范项目、标准化无公害项目和农副产品深加工项目,积极推广"公司+基地+农户"的产业化模式,扶持骨干农业龙头企业,培育农民专业合作组织,切实提

高农业生产组织化、标准化和市场化程度，全市新增市级以上农业龙头企业和农民专业合作社各15家。着力推进南方繁种基地建设，完善嘉兴国家农业科技示范园功能，不断增强农作物新品种开发能力。落实扶持粮食生产政策，稳定粮食播种面积。抓好农产品质量检测体系建设，提高农产品质量和市场竞争力。加强动植物疫病防治，保障农业生产安全。加强农业基础设施建设，新建标准农田13万亩。启动建设独山出海应急排涝工程，完成红旗塘、南排、北排扫尾工程。

创新项目投入机制。努力营造良好的创业环境，激发民营企业家的投资意愿，全方位吸纳市内外民间资金。创新招商方式，千方百计拓宽引资渠道，争取引进更多的大项目、好项目。及时了解国家产业政策和资金投向，积极向上争取国债、项目经费补助等政策性资金。加强银企沟通，搭建银企交流平台，引导信贷资金投向经济社会效益好、偿还能力强的项目。继续推进金融对外开放，发挥金融服务办的作用，吸引异地金融机构来我市开展业务。探索建立行业互保担保中心，健全中小企业信用担保体系，扩大规模，增强功能。

提高项目建设组织水平。全面落实项目推进责任制，实行重大项目建设领导联系和推进制度，健全重大项目定期汇总、分析制度，及时、准确地掌握项目进度，确保重大项目的顺利实施。简化审批程序，提高审批效率，为项目建设提供全程、优质、高效的服务。建立项目推进奖惩制度，实行项目绩效考核，营造人人关心项目建设的良好氛围。

（二）统筹城乡建设，优化区域发展环境

以城乡重大基础设施项目为抓手，加快推进城市化和城乡一体化，不断改善经济发展和人民生活环境。

推进网络型大城市建设。顺应长三角一体化进程加速的趋势，深入研究嘉兴在区域内的功能定位，重视市域内外重大基础设施建设的布局与衔接，积极构建"一主五副"网络型大城市，发挥嘉兴在长三角中的独特作用。重点推进杭浦、申嘉湖（杭）、杭州湾大桥北岸连接线高速公路建设，力争开工建设杭州湾二桥和嘉绍高速公路，积极做好苏嘉萧高速公路和杭州湾大桥北岸连接线二期等项目前期工作。加快桐乡大道、南北湖大道建设，完成07省道及320国道七号桥至濮院段改造工程。抓好南郊河工程建设和申嘉湖、杭平申、杭申、东宗线延伸段改造，建成四级以上航道40公里。新建市区汽运西客站和嘉善、海宁客运中心，建成农村客运场站14个，进一步完善城市组团公共交通系统。合理调整机动车路桥征费方案，逐步取消市域范围内本市汽车收费。支持秦山核电二期扩建项目，建成500千伏嘉善输变电工程，实施烟雨、善南、亚太等一批110千伏以上输变电项目，新增输变电容量300万千伏安。

完善中心城市功能。实施新一轮城市总体规划，抓紧编制近期建设规划和中心城区控制性详规，加快建设中心城区和南湖新区、秀洲新区，启动建设运河新区，拓展城市规模。新建中南路、兴平路等7条道路，续建三环路东南段等9条道路，基本建成100平方公里城市路网框架。注重解决市区部分路段拥堵问题，提高中心城区通畅率。大力推进"三街六片区"改造，完成梅湾街、芦席汇和月河历史街区修缮改造任务。加快推进南郊贯泾港水厂建设，新增日供水能力15万吨。启动建设市植物园、青少年公园。抓好南湖市民广场绿地园林小品建设，建成街心绿地43块，大力提升市区园林绿化品位。继续推进"数字城管"，全面加强市容环境综合治理，提高城市管理水平。

加快滨海新区开发。按照"四统两分"原则，编制实施滨海新区总体规划和各专项规划。开工建设富春、美福石化等5个万吨级码头，基本建成新世纪公用石化等2个万吨级码头、秦山一期散货等2个五千吨级专用码头，乍浦港区三期通用滚装泊位投入运营，嘉兴港货物吞吐量达到1 800万吨，集装箱运量达到3万标箱。开工建设独山港区220千伏新华输变电工程。全面推进海盐、独山港区围堤工程，启动乍浦港区待泊锚地改建工程。优化乍浦、海盐、独山港区产业布局，完善嘉兴出口加工区功能，切实增强滨海新区产业承载能力。推进滨海中心城区建设和商业、旅游开发，促进人口和生产要素向滨海地区集聚。

推进农村新社区建设。编制小城镇建设规划，把小城镇发展和农村新社区建设紧密结合起来，发挥小城镇的吸纳带动作用。继续实施"百村示范、千村整治"，全年完成25个示范村、200个整治村的建设任务。优化农村路网结构，建成连村公路223公里。整合城乡公交资源，扩大公交覆盖面，全市行政村公交通达率达到90%以上。加快推进城市供水、供气、污水处理等基础设施向农村延伸，完成50公里供水管网铺设任务，扩大膜处理技术试点，改善18.5万农村人口的饮水条件。抓好信息进村入户工程，促进城市信息网络和信息资源体系向农村辐射。

（三）提高对外开放水平，增强国际竞争力

把握国际资本和产业加快流动转移的趋势，咬定目标，强力推进，力争在引进重大外资项目上取得新突破，推动开放型经济发展再上新台阶。

加快平台建设。以国家重新认定省级开发区、工业区为契机，加大政策扶持力度，完善功能配套，着力增强园区的承载能力。充分发挥省级开发区的带动示范作用，探索建立省级开发区与乡镇工业功能区联动开发机制，提升乡镇工业功能区的能级，力争形成产值超30亿元的乡镇工业功能区23个。全力推进嘉兴出口加工区建设，加快水、电、管网等配套设施建设，实现封关运作，着力打造招商引资的"金字招牌"。鼓励各类投资主体积极参与创业园和标准厂房建设，全年新建标准厂房150万平方米。

加大招商引资力度。继续组织好市洽会、台洽会等重大招商活动，加大对外宣传推介力度，营造招商引资的良好氛围。调整完善利用外资工作思路，有针对性地包装重点招商项目，引导外资投向四大产业集群和农业、基础设施、现代服务业，着力引进一批产业关联度大、技术含量高、对产业升级促进作用明显的大项目，努力提高招商引资成效。切实改善对外商的服务，鼓励外资企业增资扩股。做好格峰电子等40项投资1 000万美元以上已签约项目的跟踪服务，切实提高项目履约率。重视引进内资，力争引进亿元以上项目50个，全年利用市外资金70亿元。

转变外贸增长方式。实施"科技兴贸"和"以质取胜"战略，支持出口企业重点开发高附加值、高效益产品，提高机电、高技术等产品的出口比重。继续鼓励出口，强化出口企业品牌意识，重点培育一批拥有自主知识产权和较强出口竞争力的企业，力争2～3个品牌进入省重点支持的出口品牌行列。健全进出口预警监测和服务机制，提高外贸出口主体应对国际贸易壁垒的能力。完善"大通关"联络协作机制，实现相关部门之间的电子联网，提高通关效率。加大国外先进装备和原材料的引进力度，优化进出口结构，全年进口增长15%。支持有条件的企业开拓海外市场,全年新增境外投资企业30家。

加强区域合作。加快推进与长三角城市的交通联网、旅游联手、信息联通、生态联保,主动融入长三角。积极参与“世博经济”,加强与上海在产业、市场、人才等方面的合作,全力做好接轨上海的文章。加强对口支援与“山海协作”,积极参与国内合作交流和西部大开发建设。

(四)深化各项改革,营造发展新优势

坚持市场化取向改革,突出重点,拓宽领域,着力突破制约生产力发展的体制性障碍,为经济社会发展注入新活力。

深化行政管理体制改革。加快政府职能转变,在继续抓好经济调节、市场监管的同时,更加注重社会管理和公共服务,将政府资源更多地投向公共服务领域,丰富公共产品供给。继续推进行政审批制度改革,完善审批责任制,扩大集中审批范围,力争办理面达到95%以上;启动建设网上审批服务平台二期工程,年内实现市、县行政审批服务中心联网。积极稳妥地推进事业单位改革。根据中央统一部署,推进乡镇机构改革,合理界定乡镇机构职能,精简机构和减少财政供养人员,巩固农村税费改革成果。全面启动农村综合改革和城乡户籍管理制度改革,积极探索农村集体非农建设用地进入市场的途径和方法。扩大和规范政务公开,推行电子政务,办好政府门户网站,增强政府工作透明度。建立社情民意调查中心,健全社会公示、听证等制度,让人民群众更广泛地参与公共事务管理。大力发展各类中介组织,政府通过采购方式将原由政府承担的技术性、服务性和部分协调性工作交给社会中介组织,充分发挥中介组织在政府与公民、企业、社会之间的沟通协调和桥梁纽带作用。全年新建行业协会27家。

推进公共财政体制改革。调整优化支出结构,在确保三项法定支出的基础上,重点向社会保障、公共服务等领域倾斜。推进预算和国库集中收付制度改革,在行政事业单位中全面推行项目经费绩效考评办法,切实提高财政资金的使用效益。充分发挥财政资金“四两拨千斤”的作用,合理使用科技、工业、第三产等专项发展资金,着力构筑财政扶持经济发展的平台。完善非税收入征缴管理制度改革,建立健全收费、基金审批和公示制度,加强土地出让金等国有资源收益管理。统一编制政府债务年度收支计划,建立政府债务监测指标体系和预警机制,加大举债建设项目的评审论证力度,强化审计监督,促进政府性债务管理的规范化、制度化。

加快企业制度创新。强化国资监管,理顺出资人资产管理和企业自主经营的关系,逐步形成出资人、董事会、监事会、经理层各负其责、协调运转、有效制衡的机制。加强国有资本经营预算,全面完成市级国资营运公司的清产核资和整合提升工作。引导企业建立现代企业制度,组建股份有限公司7家。加大企业股改上市工作力度,争取2家企业挂牌上市。引入市场机制,采取多元持股、特许经营权拍卖等方式,稳步推进城市公用事业等垄断行业改革。全面落实扶持民营经济发展的政策措施,改进对民营企业的服务和管理,促进民营经济发展。

加快现代市场体系建设。积极发展资本、技术、土地、人力资源和产权等要素市场,进一步提高要素资源的市场化配置程度。继续整顿和规范市场经济秩序,深入开展各类专项整治活动,打击制假售假、商业欺诈等行为。健全食品药品监管网络,加强药品监督和食品安全工作。加快社会信用体系建设,扩大信用监管范围,全面清理经济户口数据库,积极开展行业信用评价工作,建立信用监督和失信惩戒制度。

(五)注重科技创新,加快转变经济增长方式

始终把教育科技放在优先发展的位置,不断完善区域科技创新体系、现代教育体系和人才支撑体系,切实增强创新要素的供给能力,努力建设创新型城市,使科技创新成为推动经济的新增长点。

大力推进科技创新。以争创全国科技进步示范市为契机,进一步强化宣传,努力营造全社会重视科技进步的良好氛围。加快科技创新平台建设,开工建设市科创中心三期,推进浙江清华长三角研究院、中科院嘉兴中心和乌克兰国家科学院国际技术转移(嘉兴)中心建设,创建软件产业园。继续开展与北京、上海等地的科技对接活动,办好网上技术市场。加快形成以企业为主体、市场为导向的技术创新机制,支持重点行业、重点企业建立技术创新中心,鼓励企业增加研发投人,提高企业自主创新能力,年内新增市级以上高新技术企业20家。进一步优化创新环境,充分发挥政策性风险投资资金的作用,完善科技投融资体制。加强知识产权保护,建立知识产权申报激励机制,全年专利申请量达到2 000件。推进“数字嘉兴”建设,加快信息技术在各领域、各行业的应用,提高经济社会发展的信息化水平。

加快发展教育事业。科技创新,教育为本。全面启动教育强市建设,深入开展省级示范学校创建活动,加快学校标准化建设,义务教育阶段中小学校建设标准化率达到70%以上。继续调整优化中小学校布局,基本完成农村6班以下小学和12班以下初中撤并工作。从2006学年开始全面免除九年制义务教育段学杂费。深化素质教育,努力提高15年教育的标准和质量,初升高比例保持在94%以上。大力发展职业教育,开工建设嘉兴中职园,提高嘉兴职业技术学院、嘉兴南洋职业技术学院和城市大学的办学水平,努力建设长三角职业教育基地。扩建嘉兴学院梁林校区,积极创造条件,创建综合性嘉兴大学。大力发展继续教育,完善终身教育体系,启动嘉兴教育学院迁建工程。年内高校在校生突破4万人。深化教育体制改革,促进民办教育健康发展,推进办学主体多元化。

夯实人才基础。人才是创新的第一要素。扎实推进人才强市战略,认真实施《关于进一步加强高层次人才和智力开发工作的若干规定》等7个人才工作政策,积极营造尊重劳动、尊重知识、尊重人才、尊重创造的浓厚社会氛围。继续组织好各类人才招聘活动,大力引进高层次、高技能、实用型和紧缺型人才,全年引进各类人才1万名。办好留学人员创业园和博士后工作站,基本建成市人才公寓二期,全面启动县(市、区)人才公寓建设。提升人才市场服务功能,健全人才柔性流动机制,鼓励人才合理有序流动。重视人才使用,完善技术、知识、管理等要素参与分配的制度,努力营造有利于优秀人才脱颖而出、施展才华的良好环境。加大人才培养力度,着力打造一支高素质人才队伍,不断满足经济建设和社会发展需要。

(六)重视环境资源保护,促进可持续发展

坚持走人与自然和谐发展之路,促进经济发展与资源、环境相协调,构建资源节约型和环境友好型社会。

努力提高资源利用效率。加强土地管理,严格执行建设用地“双控”指标,在工业园区统一规划建设行政办公、生活服务设施和公共绿地,鼓励产业地产,建设多层厂房,发展立体工厂和楼宇经济。加快应用节电节水的工艺、技术和设备,推进节

能降耗,力争单位生产总值综合能耗下降3%。积极引导商业和民用节能,在公用设施、宾馆商厦、居民住宅推广使用高效节能产品。大力开发太阳能等新型能源,积极发展农村户用沼气、秸秆气化等生物能源,农村清洁能源利用率达到67%。

大力发展循环经济。编制工业循环经济发展规划,着力推进化工、纺织、造纸等重点行业企业的清洁生产,年内抓好22家省级清洁生产企业试点工作,完成5家省级绿色企业创建任务。继续加大落后生产工艺的强制淘汰力度,扎实推进砖瓦、小水泥等限制发展行业的依法关闭工作。加快园区生态化改造,积极推进工业循环经济产业园和农业生态产品基地建设。倡导绿色消费和理性消费,大力推广可循环使用产品,推进循环型城市建设。

高度重视生态环境保护。坚持治理与保护并重,加大环境建设力度。着力推进环保基础设施建设,开工建设市联合污水处理工程二期、平湖东片污水处理厂、桐乡第二污水处理厂和海宁垃圾焚烧发电厂。加快污水入网进度,全市收集管网范围内工业污水入网率达到100%,县城以上生活污水入网率达到70%。加大环保执法力度,加强重点污染区域、行业及企业的整治,从严查处违法排污行为。年内基本完成市区工业污染和危险源、秀洲区北片织机污染整治任务。采取综合措施,整治油烟、噪声污染,重视固体废弃物管理,突出抓好危险废弃物的监管。坚持减量化、资源化、无害化原则,以养殖业为重点,加大农业农村面源污染治理力度,建立健全农村垃圾集中收集处理长效管理机制,进一步改善农村生态环境。开展城乡绿化,新增绿化面积5 380亩,市区人均公共绿地达到12.6平方米,积极争创全国绿化模范城市。启动水源保护工程,提高饮用水水源标准。加快河道整治进度,全年疏浚河道2 000公里。

(七)加强精神文明建设,发展各项社会事业

把握先进文化的前进方向,加快发展各项社会事业,不断满足人民群众精神文化需求,促进人的全面发展。

扎实推进精神文明建设。弘扬"崇文厚德、求实创新"的嘉兴人文精神,加强社会公德、职业道德和家庭美德教育,在全社会倡导爱国守法、明礼诚信、团结友善、勤俭自强、敬业奉献的基本道德规范,不断提高公民素质和城市文明程度,争创全国文明城市。健全和完善学校、家庭、社区"三位一体"的德育教育网络,切实抓好青少年思想品德和心理素质教育,做好预防青少年违法犯罪工作,营造有利于青少年健康成长的良好环境。支持发展志愿服务事业,扩大志愿者队伍规模和服务领域。充分发挥广播、电视、报纸等新闻媒体的导向作用,为精神文明建设提供舆论保障。加强科普宣传,破除封建迷信思想,倡导科学、健康、文明的生活方式。

加快发展文化事业。强化基层文化阵地建设,组织开展省、市、县三级文化示范村(社区)创建活动,积极构建覆盖城乡的公共文化服务体系,进一步丰富和活跃群众文化生活。继续办好江南文化节。加强优秀民间艺术保护,对平湖钹子书、海宁皮影戏、海盐骚子戏等非物质文化遗产进行抢救性挖掘。推进文博事业发展,在全市范围内开展文化遗产普查和登录工作,年内完成朱生豪故居等修缮工作。加快文化设施建设步伐,开工建设新南湖革命纪念馆、马家浜文化遗址公园。加强文化市场执法力度,进一步整顿和规范演出、娱乐、出版、网络市场。做好档案、地方志等工作。

切实提高人民健康水平。全力推进"公共卫生建设工程",启动海盐、海宁等公共卫生中心建设,提高公共卫生服务水平和突发公共卫生事件应急处置能力。完善疫情监测和预警机制,切实做好高致病性禽流感、霍乱等传染疾病的防控工作。加强基层卫生工作,继续开展社区卫生服务先进县(市)示范区创建活动,着力完善城乡医疗服务体系。大力开展爱国卫生运动,切实改善城乡环境面貌,积极创建国家卫生城市。年内启动市第一医院、省荣军医院迁建和市第二医院扩建项目,市妇幼保健院新院建成使用。深入实施全民健身计划,进一步完善市、县、镇(乡)三级全民健身组织网络,促进群众体育蓬勃开展。精心举办第六届市运会,积极备战十三届省运会,全面提高竞技体育水平。开工建设市体育公园,加快推进残疾人奥林匹克体育中心、嘉善水上运动中心、平湖网球馆等体育设施建设,市体育中心、市民健身中心暨少体校一期建成使用。

重视人口工作。深化人口与计划生育综合改革,提高人口素质,优化人口结构。建立人口信息系统,定期向社会发布出生预报和人口综合信息。落实农村部分计划生育家庭奖励扶助政策,稳定低生育水平。认真实施妇女儿童发展规划,依法维护妇女儿童合法权益。适应老龄化趋势,逐步完善以生活照料、医疗保健、文化教育和体育健身等为主要内容的老年服务体系,满足老年人物质和精神文化生活需求。加强外来人员的服务与管理,着力改善外来人员的生产、生活条件,鼓励在我市落户兴业,推进外来人口本地化。全年市区新建民工公寓10万平方米。

(八)坚持以人为本,构建和谐社会

以增加群众收入、改善群众生活为着力点,统筹协调各方利益关系,认真解决涉及群众切身利益的矛盾和问题,注重社会公平与公正,促进社会和谐发展。

千方百计扩大就业。落实就业再就业扶持政策,强化就业服务体系建设,进一步完善劳动者自主就业、市场调节就业、政府促进就业的机制。优先安排再就业扶持资金,采取小额贷款担保等措施鼓励自谋职业、自主创业。努力增加就业岗位,继续发展劳动密集型产业,积极开发社区服务、家政协理等就业岗位。拓展人力资源市场功能,完善劳动力动态监测体系和就业用工信息预报制度,积极开展针对性强、有实效的就业再就业培训,全年帮助2.5万名城镇失业人员实现再就业,其中就业困难人员8 000名。组织农民参加非农技能培训,全年培训农民15万名,转移农村劳动力4.5万名。做好大中专毕业生就业指导和服务工作。

推进社会保障体系建设。深化社会养老保险制度改革,加强基金征管,逐步做实养老金个人账户,提高养老保险基金的支付能力。积极探索农村养老保险办法。着力推进基本医疗保险向自由职业、灵活就业人员的扩面工作,基本实现城镇居民医疗保障全覆盖。完善城乡居民新型合作医疗保险制度,农村居民合作医疗参保率达到90%以上,其中普及型参保率达到50%以上。加大失业、工伤、生育保险向混合所有制企业和城镇私营企业的扩覆力度,全市失业、工伤、生育保险参加人数分别达到38.1万人、41.3万人和25万人。

关心困难群众生活。进一步加大对城乡困难居民的帮扶力度,全面开展生活、就业、就医、就学、住房、法律六项援助。完善城乡低保制度,建立低保标准动态调整机制。健全医疗救

助制度,逐步将因病造成生活困难,且经济收入在低保标准150%以内的家庭纳入医疗救助范围。在继续提供廉租房、经济适用房的基础上,探索建立货币化补助机制,切实解决低收入群众住房难问题。加大对困难家庭子女就学帮扶力度,确保不让一名学生因贫辍学。支持发展慈善事业,建立经常性捐赠工作机制。积极发展残疾人事业,建成残疾人自强创业园二期,做好全国第二次残疾人抽样调查工作。

加强民主法制建设。认真执行人大及其常委会的各项决议和决定,自觉接受人大及其常委会的监督。支持人民政协行使政治协商、民主监督、参政议政的职能。认真办理人大代表议案、建议和政协提案。重视听取各民主党派、工商联和无党派人士的意见和建议。支持工会、共青团、妇联等人民团体依照章程开展工作。加强基层民主政治建设,依法保障人民群众的知情权、参与权、选择权和监督权。严格依法行政,深入实施《行政许可法》和《全面推进依法行政实施纲要》,把政府行为纳入法制化轨道。开展"五五"法制宣传教育,积极推进基层民主法治创建活动,民主法治村、社区创建面分别达到100%和70%。认真做好民族宗教、外事、侨务和对台工作。

切实维护社会稳定。推进"平安嘉兴"建设,完善突发公共事件应急预案体系,建立健全应对各类突发公共事件的工作机制,提高公共安全应急处置能力。积极推进乡镇(街道)司法所规范化建设,做好人民调解和归正人员安置帮教工作。重视做好信访工作,努力把问题解决在基层,把矛盾化解在萌芽状态。大力推进社会治安防控体系建设,依法打击各类违法犯罪活动。健全安全生产监管网络,全面落实安全生产责任制,杜绝重特大事故发生,确保人民群众生命财产安全。做好国家安全工作。广泛开展国防教育,支持驻嘉部队建设,做好人民防空、民兵预备役、征兵、拥军优属和优抚安置等工作,积极创建全国双拥模范城。

做好"十一五"开局之年的各项工作,对政府自身建设提出了新的要求。我们要以饱满的热情和优良的作风,努力克服前进道路上的各种困难,确保全年目标任务的完成。一要始终保持昂扬向上的精神状态。各级政府要牢固树立强烈的进取意识和机遇意识,坚持把发展作为第一要务、富民强市作为第一要事。不因成绩而停步,不因困难而退缩,不被矛盾所困惑,始终保持敢于争先的锐气、自加压力的勇气、负重奋进的志气,以更加开阔的思路、更加科学的决策、更加灵活的方法,潜心研究事关嘉兴改革、发展、稳定的重大问题,创造性地开展工作。二要不断改进政府工作作风。大力弘扬实干精神,努力形成求真务实的良好作风。坚持顶真碰硬抓落实,直面具体矛盾、解决具体问题,确保政策措施落实到位、工作一抓到底;坚持凝聚合力抓落实,加强部门之间的协调沟通,严肃政务纪律,努力形成政令畅通、协同推进的工作格局;坚持严格考评促落实,强化目标管理、效能监察、责任追究,确保目标分解到位、压力传递到位、工作落实到位。三要努力做到勤政为民。始终把最广大人民群众的根本利益作为政府工作的出发点和落脚点,强化公仆意识和宗旨观念,时刻关心群众的安危冷暖,全心全意为群众办实事、解难事、做好事。市区今年继续推出"建设市区中央公园、建立健全市民健康档案、健全农村现代流通网络"等10件实事。四要切实加强廉政建设。全面落实党风廉政建设责任制,建立健全教育、制度、监督并重的惩治和预防腐败体系。坚持从严治政,加强行政监察和审计监督,严厉查处违法违纪案件。切实加强政风建设,狠刹讲排场、比阔气、铺张浪费等奢靡之风。

嘉兴新一轮发展的宏伟蓝图鼓舞人心,催人奋进。让我们紧密团结在以胡锦涛同志为总书记的党中央周围,在中共嘉兴市委的正确领导下,充分调动一切积极因素,凝聚加快发展的强大动力,励精图治,开拓创新,扎实工作,乘势而上,为嘉兴经济社会的跨越式发展,全面建设小康社会而努力奋斗!

(注:在嘉兴市第五届人民代表大会第四次会议上)

政府工作报告

（2006年3月28日）

湖州市市长　黄　萌

一、“十五”发展和2005年工作回顾

过去五年，是不平凡的五年，是在迎接新挑战、经受新考验中夺取新胜利、谱写新篇章的五年。五年来，我们在中共湖州市委的领导下，坚持以邓小平理论和“三个代表”重要思想为指导，全面落实科学发展观，积极贯彻国家宏观调控政策，紧紧依靠全市人民团结拼搏、努力奋斗，实现了经济社会持续快速协调发展，开创了新世纪头五年的崭新局面，为“十一五”时期的发展打下了坚实基础。

——始终坚持加快科学发展，综合实力跃上新台阶。全力推进经济又快又好发展，经济结构逐步优化，产业竞争力进一步提升，“十五”计划目标全面完成，我市进位中国综合实力百强城市第77位，德清、长兴在全国百强县中的排名大幅前移。2005年，全市地区生产总值完成640亿元，五年年均增长13.1%，人均生产总值突破3 000美元；财政总收入达到74.2亿元，其中地方财政收入达到39.7亿元，按可比口径年均分别增长29.7%和38.9%。大力优化农业经济结构，高效生态农业发展势头良好，农产品加工业快速发展，农业总产值年均增长6.2%。扎实推进先进制造业基地建设，生物医药、新型建材、新型纺织、特色机电四大产业不断壮大。2005年规模以上工业总产值突破千亿元大关。高新技术产业快速发展，总产值年均增长33.5%，省级以上高新技术企业达到110家。加快发展第三产业，“太湖、竹乡、古镇、名山、湿地、古生态”六大旅游品牌优势显现，连锁经营和物流等新型商贸业态发展步伐加快，全社会消费品零售总额年均增长12.3%。品牌建设实现新突破，已拥有中国名牌2只、驰名商标4件、国家免检产品22种。加大知识产权保护力度，安吉竹产品专利保护取得成效。

——着力加快城市建设步伐，城乡统筹展现新面貌。坚持极化中心城市和统筹城乡发展两手抓，编制实施新一轮城市总体规划，“一城两区”带状组团式城市初具规模。仁皇山新区和吴兴东部新区建设、南浔古镇保护性修复加快推进，环城和骨干道路拉开框架、逐年拓展、推进完善、渐成体系，城市出入口改造和环城河沿岸开发步伐加快，南太湖大桥等一批标志性建筑相继建成。中心城市建成区面积达到65平方公里，德清、长兴、安吉县城新区建设亮点纷呈。全市城市化水平达到48.4%，比“九五”期末提高11.9个百分点。加快推进城乡统筹“六大工程”，“百村示范、千村整治”工程深入实施，农村基础设施条件得到显著改善，建成省级全面小康示范村56个，八里店农民社区成为农村新社区建设省示范点。乡村康庄、城乡公交一体化工程全面推进，公路和公交“村村通”目标基本实现。大面积开展土地整理，建成标准农田161万亩。在水利、交通、能源、城建、文化、教育、卫生、信息化等领域强势推进重点建设，杭宁高速公路湖州段、东苕溪防洪工程等一批项目相继建成运行，申苏浙皖、申嘉湖高速公路等一批工程加快建设。全社会固定资产投资累计完成1 416亿元，是“九五”的3倍。

——扎实推进体制机制转变，改革开放实现新突破。坚持改革推动和开放带动，着力突破体制机制性障碍，提升经济市场化和国际化水平。国有集体企业产权制度改革基本完成，民营经济蓬勃发展，增加值占比达到73.6%，企业股份制改造扎实推进，股票上市公司达到6家。深化农村改革，免征农业税，涉农收费和村级财务管理进一步规范，撤乡并镇进展顺利，土地流转机制不断完善。推进行政管理体制改革，市区行政区划作出重大调整，两区建设释放生机活力，呈现崭新面貌。深入推进行政审批制度改革，强化依法行政和政务公开。财税改革继续推进，公共财政构建步伐加快，财税职能作用得到充分发挥。国有资产经营管理体制改革取得新成效。事业单位转体改制取得新进展。加大政府管理创新力度，户籍制度改革、长兴县教育券制度分别荣获和入围中国地方政府创新奖。大力发展开放型经济，招商引资量质并举，成效明显，实际利用外资累计达到23.7亿美元，是“九五”的7.7倍，芬兰通力电梯、日本朝日啤酒等一批世界知名企业在湖投资。对外贸易迅速发展，出口累计达到57.4亿美元，是“九五”的4倍，在外贸反倾销中成功创造了“诺力”等经典案例。接轨上海取得新进展，区域经济协作力度加大。开发区和工业园区进一步整合、提升，有效承接国内外投资和创业的大平台加快形成。

——全面开展文明创建活动，社会事业取得新进步。推动经济社会协调发展，提高文明程度，提升软实力，精神文明创建和社会事业发展取得丰硕成果。在获得“四张城市名片”的基础上，全面开展新一轮“四城联创”，国家环保模范城市、国家园林城市创建工作通过国家验收，南浔镇成为“全国历史文化名镇”和“中国十大魅力名镇”，安吉县山川乡等6个乡镇成为全国“环境优美乡”。以“四铁”的精神，大力开展矿山整治和矿山复绿，生态环境建设成效明显。扎实推进科教兴市，我市成为全国科技进步先进城市。基本普及十五年基础教育，县区全部成为省级教育强县强区，湖州师院跨入“万人大学”行列，并通过教育部本科教学水平评估。实施人才强市战略，全市人才总量达到16.3万名，比“九五”期末增加7.5万名。加快发展文化体育事业，文化体制综合改革扎实推进，群众性文体活动蓬勃开展，长兴、德清成为“全国文化先进县”，百叶龙等具

有地方特色的民间民俗文化得到保护和弘扬。连续成功举办国际湖笔文化节和全国极限运动大赛,我市成为全国极限运动之都,周苏红等湖州籍运动员在世界和全国性重大比赛中屡创佳绩。全面加强公共卫生体系建设和人口与计划生育工作,农村卫生服务体系逐步健全,低生育水平保持稳定,殡葬制度改革全面推进。民族宗教、国防动员、人防、侨台、外事、广电、气象、档案等工作取得了新的进展。

——努力实施富民惠民政策,人民生活再上新水平。牢固树立以人为本、执政为民理念,人民生活水平和质量不断提高。城镇居民人均可支配收入达到15 375元,农村居民人均纯收入达到7 288元,年均分别增长 12.1% 和 10.9%;城乡居民人均居住面积分别达到 35.9 平方米和 49.8 平方米,均增加 10 平方米以上。落实和完善就业再就业政策,累计新增城镇就业岗位 19.6 万个,登记失业率控制在 4% 以内。实施"百万农村劳动力技能培训工程",累计有 22.1 万人次接受培训,加大了农村劳动力转移力度。加强社会保障体系建设,养老、医疗、失业、工伤、生育五大保险覆盖面明显扩大,实施"五费合征"制度,基金支付能力稳步提高,全市财政累计支出社会保障资金 27.9 亿元,年均增长 34%。积极推行新型农村合作医疗制度和被征地农民基本生活保障制度,分别有 176 万人和 7.8 万人参保。开展"双千万"结对帮扶工程,落实最低生活保障制度,强化农村"五保"和城镇"三无"对象的集中供养,集中供养率达到 94.9%。发展社会慈善和救助事业,形成了包括城乡医疗救助、困难家庭学生助学、经济适用房和廉租房保障、司法援助等在内的社会救助体系。三峡移民安置工作被评为全国先进。建立为民办实事长效机制,坚持每年办成一批为民办实事项目。住房公积金制度扩面工作扎实推进。妇女、儿童、老龄、残疾人等权益保障得到新的加强。

——切实加强"平安湖州"建设,民主法制取得新进展。全面实施行政许可法,政府法制工作进一步加强。坚持重大事项向市人大常委会报告、向市政协通报制度,注重发挥各民主党派、工商联、无党派人士和人民团体的参政议政作用,共办复人大代表建议意见 761 件、政协提案1 608件。深入开展"平安湖州"创建活动,落实维护稳定工作责任制,加强社会治安综合治理,"打防控"格局进一步巩固完善,城乡治安环境良好,社会保持和谐稳定,群众安全感受度位居全省前列。切实加强信访工作,妥善处置矛盾纠纷,群众利益得到有效维护。落实安全生产责任制,健全安全生产和食品药品安全监管的长效机制。加强公共安全领域预警系统和应急预案建设,着力提高预防和处置突发公共事件的能力,战胜了台风等自然灾害,成功抵御了"非典"、禽流感、急性肠道传染病等疫情,妥善处置了重大群体性事件和特大交通事故。

"十五"奋斗历程极其艰辛,发展成就鼓舞人心。这是全市人民在市委的正确领导下,认真贯彻党中央、国务院和省委、省政府一系列方针政策和决策部署,齐心协力、奋力拼搏的结果,是方方面面大力支持、共同参与、通力合作的结果。在此,我代表市人民政府向各位代表和委员,并通过你们向全市工人、农民、知识分子、干部、人民解放军驻湖部队和武警官兵,向各民主党派、工商联、人民团体和社会各界人士,向所有关心、支持湖州现代化建设事业的海内外朋友,表示衷心的感谢,并致以崇高的敬意!

五年来的实践,使我们更加深刻地感受到,只有始终坚持加快发展、科学发展的工作理念,始终牢记以人为本、执政为民的服务宗旨,始终把握统筹协调、重点突破的工作方针,始终发扬昂扬向上、创新破难的进取精神,始终保持求真务实、真抓实干的工作作风,始终维护心齐气顺、和谐稳定的社会局面,才能把湖州的各项事业推向前进,才能夺取改革开放和现代化建设的新胜利。

过去五年,是湖州历史上发展最快、最好的时期之一。我们成功迈出了世纪征程的第一步,步入了面向未来的新起点,但发展中还存在不少矛盾和问题。我市经济总量依然偏小,结构不够合理,与长三角周边发达地区相比还有很大差距;粗放型增长方式没有根本转变,资源、环境、人才"瓶颈"制约进一步加大,科技创新能力和产业核心竞争力还不强;农业产业化水平有待进一步提高,农业增效、农民增收的基础还不牢固;城市化低于省均水平,中心城市集聚力、辐射力不够明显;开放型经济整体实力不强,外资项目带动作用还不够突出;城乡和地区发展还不够协调,统筹发展还须加倍努力;处理好社会利益关系的难度加大,维护社会和谐稳定的任务十分艰巨;加快政府职能转变、加强依法行政、提高行政效能的任务还很繁重,官僚主义、形式主义、奢侈浪费和腐败现象在一些地方和单位还不同程度地存在。对此,我们必须牢固树立强烈的忧患意识、危机意识、责任意识、机遇意识、发展意识,坚定清醒有作为,奋力追赶求突破,义无反顾干崛起,努力在新的起点上实现新的跨越。

二、"十一五"发展目标和工作重点

"十一五"时期,是我市加快科学发展的重要战略机遇期,是全面建设小康社会的攻坚期,是增强"三力"、率先崛起的关键期。综观国内外形势,经济全球化纵深发展,科技进步日新月异,生产要素流动和产业转移步伐加快,我国与世界经济的相互联系和影响日益加深。长三角城市群迅速发展,区域交通一体化、通关一体化加快形成,上海启用洋山港、建设"四大国际中心"和举办"世博会"将为杭湖宁发展带带来历史性重大机遇。同时,国际环境中的不稳定不确定因素增多,贸易保护主义有新的表现。我国经济社会正处于转型期,区域发展竞争更趋激烈。"十一五"时期,我们面临的最大的问题是发展,最大的差距是发展,最大的压力是发展,最大的挑战是发展,最大的希望是发展。机遇和挑战面前,我们既耽误不得,又失误不起。必须与时俱进,奋发进取,切实增强综合竞争力,努力实现经济社会又快又好发展。"十一五"时期,湖州经济社会发展的指导思想是:高举邓小平理论和"三个代表"重要思想伟大旗帜,坚持以科学发展观统领全局,全面推进社会主义经济、政治、文化、社会建设,全力实施在杭湖宁发展带中间率先崛起战略,通过工业强市、开放活市、科教兴市、生态优市,加快推进工业化、城市化、国际化、市场化,进一步增强实力、激发活力、彰显魅力,努力打造"实力湖州、法治湖州、人文湖州、和谐湖州",为把湖州建设成为长三角地区生态环境最佳、产业特色明显、城市功能完备、城乡协调发展、文化特色鲜明、社会安定和谐、最宜人居住和创业的现代化生态型滨湖大城市打下坚实的基础。

按照加快科学发展、构建和谐社会、建设全面小康、实现率先崛起的总体要求,"十一五"时期经济社会发展要切实把握以下几点:

——必须坚持加快科学发展。更加自觉地全面贯彻落实科学发展观,紧紧抓住发展第一要务,把握发展趋势,抢抓发展机遇,突出发展重点,加快发展步伐。大力推进经济结构战略性调整,切实转变经济增长方式,坚定不移地走节约、清洁、安全的可持续发展道路,不断提高经济增长的质量和效益。

——必须坚持改革创新。更加积极地推进改革开放,在更深层次、更宽领域参与国际和地区的竞争与合作。大力弘扬新时代湖州精神,营造全社会创新创业创造的氛围,着力提高自主创新能力,加快创新型城市建设,为经济社会的快速健康发展提供强大的科技支撑和动力源泉。

——必须坚持协调发展。更加注重统筹兼顾,采取有力措施,加强薄弱环节,突破难点问题,着力形成统筹发展的有效机制。积极推进城乡统筹发展,提升城市化水平,加快城乡一体化进程。进一步提高经济社会协调发展水平,促进经济发展与人口、资源、环境相协调,努力建设资源节约型和环境友好型社会。

——必须坚持以人为本。坚持富民优先,切实维护群众的根本利益和长远利益,着力解决群众最关心、最直接、最现实的利益问题。以更大的力度、更有效的举措,积极鼓励创业致富,努力扩大社会充分就业,千方百计增加居民收入。加快完善社会保障体系,不断提高人民生活质量,让全体人民共享改革发展成果。

——必须坚持和谐稳定。全面推进依法治市,努力建设“法治湖州”。进一步加强精神文明建设,推进社会事业进步,充分激发全社会的创造活力,促进社会全面进步和人的全面发展。更加注重社会公平,妥善处理各方面利益关系。深化“平安湖州”创建,不断改善经济社会生活的法治环境,促进社会安定有序,人民安居乐业。

“十一五”时期经济社会发展的主要预期目标是:全市基本实现全面小康目标,为提前基本实现现代化,实现在杭湖宁发展带中间率先崛起奠定坚实基础。到2010年,实现地区生产总值和人均生产总值比2004年翻一番,财政总收入和地方财政收入力争比2005年翻一番;城镇居民人均可支配收入突破2万元,农村居民人均纯收入突破1万元;万元生产总值综合能耗降低16%以上。

——实力更加雄厚。在优化结构、提高效益和降低消耗的基础上,地区生产总值年均增长12%以上,2010年超过1 100亿元,人均突破4万元;财政总收入和地方财政收入年均分别增长14%和16%,突破140亿元和80亿元。全社会固定资产投资年均增长15%,累计突破3 000亿元,社会消费品零售总额年均增长12%。

——结构更加优化。三次产业比例调整到7:53:40,高新技术产业产值占规模以上工业总产值30%以上;培大育强取得重大突破,区域创新能力不断增强,形成一批拥有自主知识产权和知名品牌、竞争力较强的优势企业。高效生态农业加快发展。旅游、现代物流、文化产业、信息服务等持续发展提升。

——体制更加完善。经济市场化和国际化水平显著提高,形成更具活力、更加开放的社会主义市场经济体系。开放型经济在扩大总量的同时,质量不断提高,“走出去”战略迈出实质性步伐。累计实际利用外资45亿美元以上,外贸进出口总额200亿美元,其中出口180亿美元,力争建成国家级出口加工区。

——城乡更加协调。环太湖带状组团式大城市建设加速推进,城际快速通道加快形成,城市功能日趋完备。城市化水平达到58%,中心城市总人口达到73万人,建成区面积达到80平方公里。社会主义新农村建设加快推进,农村生产生活条件和整体面貌明显改善,以工促农、以城带乡、城乡互动的发展格局基本形成。

——社会更加和谐。各项社会事业全面发展,“平安湖州”、“法治湖州”建设不断深入,建成政治社会稳定、生活环境良好、社会充满活力、人民群众更加满意的平安城市和法治城市,成为全省乃至全国最和谐安定的地区之一。巩固和深化“四城联创”成果,加快建设生态市,生态质量明显提高。

——文化更加繁荣。加快文化大市建设,文明素质、文化精品、文化产业、文化阵地、文化人才、文化旅游、科教发展、健康保障“八项工程”扎实推进,公民的思想道德素质、科学文化素质和健康素质明显提高。社会文明程度不断提升,努力创建全国文明城市。

——生活更加富裕。城镇居民人均可支配收入年均增长8%,农村居民人均纯收入年均增长7%。新增城镇就业岗位18万个,城镇登记失业率控制在4.5%以内。建立健全保基本、多层次、全覆盖、相协调、高效率的新型社会保障体系。人口自然增长率控制在2.5‰以内。

按照“干在实处、走在前列”的要求,实施率先崛起战略,必须从湖州实际出发,始终坚持以经济建设为中心,切实把握好工业强市、开放活市、科教兴市、生态优市四个战略路径。工业崛起是实现率先崛起的核心之举,必须坚定不移地走新型工业化道路,以信息化带动工业化,调整工业结构,转变增长方式,努力保持快速发展的良好势头,进一步做大做强做优工业。对外开放是实现率先崛起的关键之策,必须充分利用两个市场、两种资源,积极参与国际国内的竞争与合作,加快接轨大上海、融入长三角步伐,最大限度地吸引外来要素,实现经济发展的新跨越。科教人才是实现率先崛起的智力支撑,必须牢牢抓住提高自主创新能力这个中心环节,加快发展教育事业,加强人才队伍建设,积极构建创新体系,不断推进科技进步。环境生态是实现率先崛起的基础条件,必须加强环境保护和生态建设,加快发展循环经济,着力提升生态产业发展水平。总之,在“十一五”时期,我们要更加突出科学发展,抢抓发展机遇,激发发展热情,鼓足发展干劲,谋求发展良策,提高发展水平,展现发展成效,着重做好以下六个方面的工作:

(一)扎实推进新农村建设,统筹城乡发展

建设全面小康社会,加快推进现代化,农业和农村始终是难点和重点。必须按照“生产发展、生活宽裕、乡风文明、村容整洁、管理民主”的要求,加快实施新农村建设“十大工程”,努力实现农村产业大发展,生活质量大提高,文明素质大提升,社区环境大改善,民主管理大推进,公共服务大覆盖,使我市新农村建设继续走在全省前列。一是加强农村现代产业体系建设,建立农民增收的长效机制。进一步增强农村综合生产能力,发展农村经济,增加农民收入。加快农业结构调整,大力发展高效生态农业,走一条经济高效、产品安全、技术密集、资源节约、环境友好、发挥人力资源优势的新型农业产业化路子。推进农业科技创新,建设特色优势农产品基地,培育农业龙头企业,规范发展各类专业合作经济组织,形成一批有湖州特色、有竞争优势的主导产业,提高农业产业化经营水平。依托经济强镇,引导企业向工业功能区集中,农村劳动力向非农产业和城镇转移,推动农村工业化和城镇化,促进农村市场繁荣和第三产业发展,不断开拓农民就业致富的门路。二是加大农村基础设施建设力度,建设农村新社区。深入实施"百村示范、千村整治"工程,基本完成村庄环境整治。科学规划村庄布局,加快建设中心村,推进农村社区化管理。加强农村基础设施建设,全面改善农村供水供电、垃圾污水处理、公共交通、广播电视、信息网络等公共服务的基础条件。加强农村基层文化阵地建设,扎实推进文明创建活动,提升农村精神文明水平,提高农民的思想道德素质。深入实施"百万农村劳动力技能培训工程",培育新型农民,提高农民的生产经营技能、创业就业能力和科学文化素质。三是深化农村综合改革,提高农村公共服务水平。坚持农村基本经营制度,按照自愿有偿的原则,依法流转土地使用权。坚持"多予、少取、放活"的方针,深化农村税费改革,进一步减轻农民负担。深化农村新型社会救助体系建设,进一步规范农村低保制度,完善被征地农民保障制度,巩固农村"五保"对象集中供养制度,加快发展农村教育、医疗、卫生、生育、养老等社会事业。继续推进农村信用社管理体制和产权制度改革,改善农村金融服务。推进乡镇公共财政管理体制改革,采取有效措施化解乡镇债务。加强农村民主政治建设,健全完善村务公开和民主管理制度。深入开展农村普法教育,增强农民依法维权意识和自觉履行义务的责任感。

(二)着力提高自主创新能力,转变增长方式

"十一五"时期,我市经济要实现又快又好发展,关键在于提高自主创新能力,转变经济增长方式。必须以加快工业化进程、提升工业化水平为重点,着力调整产业结构,进一步提高经济发展水平。一是建设创新型城市。围绕集聚创新要素、激活创新资源、转化创新成果,深化科技体制改革,优化科技资源配置,着力构建以企业为主体、市场为导向、产学研相结合的开放型区域科技创新体系。以科技园区、创新创业基地和产业化基地为载体,加快技术创新平台建设。组织和吸纳高等院校和科研院所的科技力量从事技术创新活动,筹建中试基地和技术工程中心。强化新产品开发,加快关键领域重点技术攻关,积极组织实施工业、农业、社会发展三大科技创新工程,大力发展高新技术产业。加快科技服务体系建设,加大知识产权的保护力度,切实做好科技成果的转化和产业化工作。二是打造工业强市。大力推进"二三三"工业结构调整,改造提升纺织、建材两大传统支柱产业,做大做强金属材料、机电制造、现代轻工三大优势产业,培育发展电子信息、生物医药、环保节能三大高新技术产业。扎实推进四大先进制造业基地建设,全力打造十个全国先进制造中心,构筑"一核两带"先进制造业布局,促进产业集群。继续实施培大育强工程,加快培育一批领跑型企业、一批追赶型企业、一批特色型企业、一批创新型企业。三是推动服务业大提升。做大做强旅游业,构筑"三带十区"旅游景区布局。建设城市商贸中心,进一步构建农村现代流通网络,抓好重点特色专业市场、商业特色街区和农贸市场的改造升级。加快物流运输网络、物流信息和物流园区建设。大力发展信息服务业,规范发展中介服务业,积极培育社区服务业。

(三)加快建设大城市,提升城市形象

城市化是工业化的必然结果,是现代化的必由之路。必须以做大做强中心城市为重点,以城乡一体化为核心,坚持高起点规划、高标准建设、高效能管理,切实加快现代化大城市建设步伐。一是完善规划体系。按照"中心集聚、轴线拓展"的思路,规划布局城镇网络群,建立以中心城市为龙头、中小城市为骨干、中心镇为依托的城镇发展体系,加快城镇化进程。健全规划管理体制,严格规划审批,强化规划监察。二是极化中心城市。围绕建设现代化生态型滨湖大城市的目标,加快推进以中心城区为核心的大城市发展。德清、长兴、安吉要按照形成湖州现代化大城市新组团的要求,加强规划建设,强化功能开发。加大城市建设和管理的改革创新力度,争取在投融资体制改革、拆迁制度改革、市政养护体制改革等方面有新的突破。进一步理顺城市管理体制,规范执法行为,建立城市管理长效机制。三是加强基础设施建设。构建布局合理、结构优化、功能完善、适度超前、城乡一体的现代化基础设施体系。加快建设高速公路、城市快速、干线公路、乡村道路、高等级航道、铁路、城轨和浙北公路客运总站、湖州火车站以及湖州港等"七网二站一港"现代化综合交通运输网络。加快水利、能源、环保、人防、绿化、信息化等公用设施建设,着力形成公共交通、供水供气、信息网络、垃圾处理、环境保护、防洪排涝等城乡一体化的公共服务格局。

(四)不断深化改革开放,增强发展动力

改革开放是发展的不竭动力和活力源泉。必须进一步深化改革、扩大开放,为经济发展和社会全面进步提供强大动力。一是深化体制改革。健全公共财政体制,优化财政支出结构。深入实施部门预算和国库集中支付制度改革,严格税收征管,加强对政府资金使用的绩效评价。全面实施政府和企业投资项目管理办法,规范投资行为。进一步加强招投标中心建设,完善并严格执行土地使用权出让、产权交易和政府采购等制度。认真实施行政许可法,深化行政审批制度改革,健全高效规范公正透明的审批体系。坚持"铺天盖地"和"顶天立地"并重,引导民营企业制度、技术和管理创新,推进民营企业发展模式转型。加快现代企业制度建设,继续鼓励和支持企业股票上市。加快建设"信用湖州",完善社会信用体系,加强中小企业信用担保体系建设。分类推进事业单位改革,加快公共事业体制转换。二是提高开放水平。做强外资,重点引进战略投资者和产业关联度大、技术含量高、带动力强的项目。做优外贸,调整出口产品结构,转变外贸增长方式,鼓励具有自主知识产权产品、名牌产品和高新技术产品出口。大力发展加工贸易,积极培育优势出口主体。探索建立贸易壁垒预警和应对机制。做大外经,鼓励有条件的企业到境内外投资和建立营销网络,力争在境外资源开发、收购兼并、上市融资上取得突破。促进区域经济合作,深化接轨沪杭,探索与长三角经济圈政府、民间等各个层面的有效合作交流机制。积极参与西部开发、中部崛起和东北老工业基地振兴,加强与资源富集地区的战略合作。三是加强平台建设。创新开发区和园区管理体制和运作机制,提升规划、建设和管理水平,加快开发区和园区由形态开发向功能开发的跃升。强化专业分工与协作,着重培育特色产业,形成比较优势,努力把开发区和园区打造成产业规模大、技术水平高、城市形象好、财政贡献多的标兵和龙头。

(五)大力推进生态市建设,强化竞争优势

生态环境是现实的竞争力,更是未来的生产力。必须牢固树立生态文明意识,在保持经济快速增长、社会全面进步的同时,切实保护好生态环境。一是建设节约型社会。坚持开发节约并重、节约优先,逐步建立适应节约型社会发展的经济管理

体系、政策法规体系,形成具有节约型社会特征的产业体系和消费体系,推进节约型城市建设。着力构建节约型产业结构,推进资源综合利用。珍惜和合理利用土地资源,提高土地集约利用水平。大力倡导节约用水,创新水资源管理体制和节约用水机制。组织实施节能工程,突出抓好重点耗能行业和企业的节能工作。二是发展循环经济。按照"减量化、再利用、资源化、无害化"的要求,加快发展循环经济。全面推行清洁生产,重点实施工业、农业、服务业领域的循环经济行动计划,逐步建立全社会的资源循环利用体系。三是保护生态环境。深入实施《湖州生态市建设规划》,强化产业带环境保护和生态功能区建设,加大对重点流域、重点区域、重点行业和重点企业的环境污染整治,加强水、气、声环境和固废物污染防治。加快生态公益林建设,推进高标准平原绿化,提高生活环境质量。

(六)全面推动协调发展,促进社会和谐

解决人民群众最关心、最直接、最现实的利益问题,是落实科学发展观的一项重要任务。必须着力解决教育、就业、医疗、保障、安全等方面存在的突出问题,推动社会的和谐稳定与全面进步。一是建设文化大市。贯彻落实市委关于加快文化大市建设的决定,全力抓好文明素质等"八项工程"。弘扬"开放、务实、创新、和谐"的新时代湖州精神,激励全市人民团结拼搏、负重奋进。整合城乡文化资源,加快文化基础设施建设和文化产业发展。坚持优先发展教育,加强以农村为重点的基础教育,高标准普及十五年教育,推进城乡基础教育均衡发展。大力发展职业与成人教育,积极发展地方高等教育。深入实施人才强市战略,创新人才工作机制。大力发展卫生事业,深化医疗卫生体制改革,切实解决群众看病难、看病贵的问题。加快发展体育事业,广泛开展群众性体育活动。加强以流动人口为重点的计划生育服务和管理工作,形成稳定低生育水平的长效机制。二是实施民生工程。继续实施积极的就业政策,完善城乡统筹的劳动力市场体系,重点做好困难群体、大中专毕业生和被征地农民就业三项工作。健全与经济发展水平相适应的城乡新型社会保障体系。巩固和健全农村合作医疗制度,完善"三条医疗保障线"。加强经济适用房建设,完善廉租房制度。加快推进社会福利和慈善事业发展,切实加强老年人和残疾人工作。三是建设"法治湖州"。全面推进依法治市,实施"五五普法",提高全民法律素质。认真贯彻信访条例,建立健全畅通的民情沟通机制、群众利益表达与诉求渠道,完善领导下访、约访和市长热线电话及市长、局长接听日制度。深化打防并举、专群结合的治安防控机制,落实社会治安综合治理的各项措施,构筑预防违法犯罪的社会网络。严厉打击各类犯罪活动,坚决遏制刑事犯罪高发势头。建立完善公共突发性事件预警系统和各类应急预案,加大公共安全科技和基础设施的投入,提高防范和处置公共安全和重大突发性事件的能力和水平。

三、实施"十一五"规划开局之年的主要工作

要实现湖州在杭湖宁发展带中间率先崛起,关键在"十一五",重要在起步年。2006年是实施"十一五"规划的开局之年,是推动经济社会转入科学发展轨道的重要一年。做好今年的各项工作,事关长远,事关全局。我们必须认真贯彻落实市委五届九次全会和全市经济工作会议精神,以科学发展观为统领,以增强"三力"、率先崛起为主线,着力做大、加快转变、扩大开放、突出创新、推进统筹,努力实现经济社会又快又好发展。建议2006年全市经济社会发展的主要预期目标为:地区生产总值增长12.5%;全社会固定资产投资增长15%左右,其中地方工业性投入增长12%;社会消费品零售总额增长12%以上;外贸出口增长20%;财政总收入增长14%,其中地方财政收入增长15%;城镇居民人均可支配收入和农村居民人均纯收入分别增长8%和7%;居民消费价格总水平涨幅控制在2%以内;城镇登记失业率控制在4.5%以内;人口自然增长率控制在2.5‰以内;万元生产总值综合能耗下降3%以上,其中规模以上工业万元产值能耗下降8%以上。为实现上述目标,重点围绕三个方面做好各项工作:

(一)加快科学发展,进一步增强实力

大力发展先进制造业。继续实施工业经济"六大工程",积极推进"二三三"结构调整,加快打造四大先进制造业基地和十个全国先进制造中心。深入开展"项目推进年"活动,重点抓好省市重点建设项目、100项先进制造业基地重点建设项目、投资3 000万元以上项目,确保工业性投入达到235亿元。加快高新技术产业发展和传统产业高新化,力争高新技术产业产值占规模以上工业总产值的比重超过25%。坚决淘汰落后生产能力,完成淘汰12条水泥机立窑、32座粘土砖瓦窑的年度目标任务。加强规划衔接,加快标准厂房建设,提升开发区、工业园区、工业功能区的产业集聚水平。延长产业链,加强配套建设,提升工业强镇的综合竞争力。加快主体工业园建设,着力培育一批大企业、大集团和明星企业,年销售收入超10亿元企业达到15家以上。大力发展块状经济,促进中小企业发展。加快行业技术检验监测、金融服务、信息共享和培训交流等公共服务平台建设。

大力发展高效生态农业。在稳定粮食生产,确保粮食安全的同时,以市场为导向,大力发展特色农业、设施农业、生态农业、休闲观光农业和农产品加工业。积极实施农业品牌战略,大力培育农业龙头企业,加快建设农产品基地,新增省级以上农产品名牌、著名商标、国家绿色食品15只以上,新增省以上无公害农产品基地25万亩,新增投资超千万元的农业龙头企业10家、"亿千"企业5家。全面推进农业标准化和农产品质量体系建设,建立健全农业社会化服务体系。积极吸收工商资本投资农业领域,鼓励农业企业、种养大户"走出去",拓展发展空间。充分挖掘农业内部增收潜力,扩大养殖、园艺等劳动密集型产品和绿色食品的生产。实施"种子种苗"工程,加强资源节约、绿色安全和加工增值技术的推广应用。

大力发展服务业。坚持加快工业化进程与发展服务业并举、生产服务业与生活服务业并举、提升传统服务业与培育现代服务业并举、政府引导与市场运作并举,重点发展生产性服务业,大力培育新兴服务业,不断提升传统服务业,努力实现服务业的大发展、大突破、大提升。进一步打响特色旅游品牌,提高湖州"中国优秀旅游城市"的知名度。加快景区景点建设,整合各类旅游资源,提升档次品位。进一步推进"现代农庄"、"农家乐"、"渔家乐"等生态休闲旅游业态健康发展。全年实现旅游总收入73亿元,增长15%以上。加快市县商贸中心建设,打造多业态、多功能、高品位的区域特色商贸区。重点培育50家商贸流通骨干企业,推动企业规模化、集团化发展。建设和培育专业市场,提升商品交易批发市场的经营管理水平。加快发展电子商务、连锁经营等新型业态。积极发展房地产业、金融保险业和社区、中介服务业,大力发展现代物流、信息、创

意等新兴服务业。

(二)着力改革创新,进一步激发活力

增强自主创新能力。加快产品创新、技术创新和产业创新,努力建设创新型城市,推动经济增长由要素驱动向创新驱动转变。积极引进"大院大所"和国内外研发机构,推进产学研合作,开展重大关键技术和共性技术攻关。着力做强科技创新平台,加快建设湖州高新技术产业园区、南太湖科技创新中心、中科院湖州应用技术研究与产业化中心、浙江太极信息技术研究院、省级湖州科技创业服务中心、国家级湖州淡水渔业生产力促进中心。牢固确立企业主体地位,积极运用财税、金融、政府采购等政策手段,支持重点行业、重点企业建立技术创新中心,鼓励企业增加研发投入。组织实施重点技术创新项目50项,开发省级以上新产品500项。大力支持企业申报专利、注册商标、争创名牌,新增省名牌、著名商标各10个。加大人才培养和引进力度,力争培养和引进人才各1万名,重点加强高新技术产业和现代服务业人才队伍建设。充分发挥政策性风险投资资金的作用,完善科技投融资体制,进一步优化创新环境。加强创新文化建设,在全社会营造敢于创新、勇于竞争、宽容失败的氛围。

创新体制机制。鼓励有条件的民营企业通过兼并、收购、联合等方式做大做强,发展成为主业突出、市场竞争力强的大公司大集团,培育一批"规模型、外向型、科技型、品牌型"民营企业。加快现代企业制度建设,力争企业股份制改造和上市有新进展。整顿和规范市场经济秩序,加强产品质量监管,依法打击经济领域违法犯罪活动。深入实施事业单位分类改革,做好生产经营类、中介服务类单位的转体改制工作。加快构建公共财政体系,进一步深化征管、部门预算和国库集中支付改革。深入推行政府采购制度,探索建立财政资金绩效评价制度,积极防范政府债务风险。加强国有资产基础性管理,进一步加大监管力度,确保国有资产保值增值。

实施开放带动战略。强化招商引资"一号工程"地位,突出招商重点,创新招商方式,优化招商环境,努力引进一批战略投资者和"大、高、优"项目。合同利用外资18亿美元以上,确保实到外资7亿美元,力争8亿美元。开展多种形式的源头招商、专业化招商和委托招商,进一步探索"以民引外"、"以外引外"举措。积极参与省里组织的美国、欧盟等浙江周活动,举办"南太湖—浙江湖州港澳经贸活动周"。不断健全重点外商投资项目绿色通道制度,建立和完善外商生活便利绿卡制度。坚持内外并举,加大对市外内资的招商力度。确保引进内资65亿元,力争70亿元。在巩固传统市场的基础上,努力开拓外贸新兴市场,重点开拓东盟、拉美、非洲市场。鼓励企业争创品牌,提高出口产品的技术含量和附加值。大力发展加工贸易,优化出口产品结构。外贸进出口力争突破30亿美元。积极实施"走出去"战略,鼓励更多的企业到境外投资办厂,支持企业参加各种贸易展览会、交易会,设立境外窗口和加工生产基地。全方位推进接轨大上海、融入长三角。加强沪杭区域合作,精心组织"2006接轨上海系列活动周",在承接产业转移、服务世博经济、引进急需人才等方面取得实质性进展。全面加强与长三角周边城市的合作,进一步加强与欠发达地区的经济技术交流合作。

(三)发挥特色优势,进一步彰显魅力

发挥城乡统筹优势,着力推进社会主义新农村建设。围绕实现农村产业新发展、生活质量新提高、社区环境新改善、文明素质新提升、民主管理新加强、公共服务新拓展的目标,突出做好新农村建设的重点工作。进一步完善村庄布局和中心镇、中心村建设规划,加快建设农村供水、供电、信息、排污、垃圾处理等基础设施,大力发展农村社会事业,促进城市基础设施向农村延伸,城市公共服务向农村覆盖,城市现代文明向农村辐射。加快推进中心村建设,建立农民宅基地流转机制,引导农居向新社区集中。稳定、完善、强化各项行之有效的惠农支农政策,防止农民负担反弹。积极推进老鱼塘改造,启动河道、溇港清淤工作。推进农村股份合作制改革,改善农村金融服务,发展农业信用担保公司,开展农业政策性保险试点工作。深入实施"百万农村劳动力技能培训工程",积极构建覆盖城乡的农村劳动力就业服务网络,促进农村劳动力加快转移。继续加强农村基层政权建设,增强村级集体经济组织的服务功能。

发挥区位优势,着力推进现代化大城市建设。根据我市高等级对外交通网络逐步形成的新格局,加强市县中心城市总体规划和专项规划的完善与衔接,制定分区规划和控制性详规,加强重点街区、地段、景观、建筑的城市设计。强势推进"六大百亿"工程,建成申苏浙皖高速公路浙江段,加快申嘉湖(杭)高速公路湖州段、二环东路、三环北路西延一期、老虎潭水库、合溪水库、南太湖垃圾焚烧发电厂、天然气管网等重点工程建设,确保完成基础设施投入150亿元。力争开工建设宁杭城际轨道,抓紧做好杭长高速公路二期、湖嘉乍沪铁路、申嘉湖航道、长湖申航道湖州段改造和天荒坪二抽水蓄能电站等重大项目前期工作。加快市县旧城改造,加大中心城区"中间整治"和绿化、洁化、美化、亮化的力度,推进中心城市仁皇山公园建设,启动人民路拓宽工程,积极开展"城中村"、城郊结合部的改造。大力推进市县城市园林绿化、人行道改造和社区环境整治等工作。完善城市管理体制,抓好城管执法队伍规范化建设,综合运用行政、法律、经济、技术等手段,切实提高城市管理效能。优先发展城市公共交通,完善城乡公交一体化。

发挥人文优势,着力推进文化大市建设。深化文化体制改革,完善保障机制,实施群众文化"十百千万"工程,发展文化产业,加强文化市场监管和公共文化服务体系建设。巩固和提升十五年教育整体水平,义务教育主要质量指标高于全省平均水平。抓紧实施中心城区第二轮高中段学校建设规划,全市高考上线率继续保持省内领先地位。开展全民健身活动,加快体育基础设施建设。统筹发展城乡卫生事业,建立健全新型公共卫生体系,形成"六位一体"的社区卫生服务格局。扎实开展爱国卫生运动,加强禽流感等重点传染病和职业病、地方病的防治工作,建成市传染病医院和市公共卫生中心。完善新型农村合作医疗制度,全市人均筹资水平达到50元以上。落实人口与计划生育目标管理责任制,计划生育率保持在96%以上。

发挥生态优势,着力推进资源节约型和环境友好型社会建设。组织实施一批重大节能工程,抓好重点耗能行业、企业的节能工作,推进清洁能源的开发与应用。认真做好节水、节地、节电、节材工作,大力实施土地整理开发"1036"工程,推进农村建设用地复垦,有计划地实施低丘缓坡开发,完成土地整理10万亩,土地开发和建设用地复垦3万亩,优质园地建设划归基本农田6万亩。推行清洁生产,扎实推进循环经济行动计划。落实环保责任制,依法实施环保规划,加大环境监管执法力度,深入开展"811"环境污染整治行动。加强公益林建设和湿地保护，开展绿色系列创建活动，安吉县力争成为全国首批生态县。

发挥和谐优势，着力推进“平安湖州”建设。更加关注就业问题，健全和完善就业服务体系，深入开展“千人就业岗位援助”活动。通过结对帮扶、政府购买公益性岗位、开发社区就业岗位、提供小额贷款担保、实施再就业“阳光工程”等措施，帮助“4050”等就业困难人员实现再就业。更加关注社保问题，扎实推进“五费合征”制度，强化基金征缴，推动失业、工伤、生育保险扩面。探索建立农村基本养老保险新机制，加强被征地农民基本生活保障工作，新增被征地农民基本生活保障实现全覆盖。健全完善残疾人救助体系和城乡医疗救助制度，全面落实城乡最低生活保障制度。积极推进住房公积金制度扩面工作。发展社会福利事业和慈善事业，推动妇女儿童事业健康发展。做好双拥、优抚安置工作，争创全国双拥模范城五连冠。更加关注居住、交通、市容、物价等问题，扎实推进和谐社区建设。加快社会建设与管理，形成党委领导、政府负责、社会协同、公众参与的社会管理格局。全面实施“五五普法”，着力营造良好的法治环境。大力推进“平安湖州”建设，全力构建社会治安群防群控体系，依法打击各类违法犯罪活动。重视做好信访工作，努力把问题解决在基层，把矛盾化解在萌芽状态。落实安全生产责任制，强化经常性宣传监督检查、重大事故隐患整治、专业队伍培训和演练。加强对重点领域和行业的监管，落实企业主体责任，保障公共安全。加强政府应急管理体系建设，提高应对突发公共事件的能力。加强国防动员、审计、统计、人防、气象、档案、外事、侨台等工作，促进社会全面进步。

新的形势、新的任务对政府工作提出了新的、更高的要求。全市各级政府必须按照“行为规范、运转协调、公正透明、廉洁高效”的要求，以“创效能机关、促率先崛起”为主题，围绕“三个转变”，强化“四个服务”，努力实现“五个突破”，进一步巩固和扩大先进性教育成果，切实改进机关作风，大力加强自身建设，为经济社会发展提供优良的政务环境。坚持解放思想，创新创业、创造。紧紧围绕增强“三力”、率先崛起的战略部署，不断解放思想，开拓进取，以创新的理念、创业的举措、创造的追求做好各项工作。尊重群众的首创精神，努力把握规律、创新办法，切实把解放思想体现到改革开放的力度、经济发展的速度、社会进步的程度上。坚持依法行政，推进民主法制建设。自觉接受人大及其常委会的法律监督、人民政协的民主监督，接受各民主党派及工商联、人民团体和社会各界的监督，坚持民主决策，依法履行政府各项职责。推行行政问责制，努力做到有权必有责、用权受监督、侵权要赔偿。认真贯彻实施公务员法，切实加强公务员队伍建设和管理。坚持求真务实，狠抓工作落实。发扬求实、务实、落实的工作作风，真抓实干，奋勇争先，不断提高政府的执行力、号召力、控制力和保障力，确保完成、力争超额完成各项目标任务。坚持廉洁奉公，增强反腐能力。学习、遵守、贯彻、维护党章，牢记“两个务必”，坚决反对形式主义、官僚主义。全面落实廉政建设责任制，采取更加坚决有力的措施，严肃查处违法违纪行为，惩治各类腐败分子，重点抓好治理商业贿赂专项工作。加强教育、制度、监督并重的惩治和预防腐败体系建设，努力从源头上预防和治理腐败。

发展依靠人民，发展为了人民。按照建立健全为民办实事长效机制的要求，努力为民办实事、解难事、做好事，今年在着力推动各项工作全面落实的同时，必须突出抓好十个方面的实事：一是城乡就业方面。新增就业岗位3.5万个，开发社区就业岗位3 000个，帮扶失业人员再就业1.5万人；完成城镇失业人员培训1万人、职业技能培训3万人；完成农村劳动力技能培训10万人。二是社会保障方面。新增企业职工养老保险参保人数3万人、失业保险参保人数2万人、基本医疗保险参保人数2万人、工伤保险参保人数2万人；提高城乡居民最低生活保障标准；完善对困难群众的医疗救助制度；为老年人发放优待证，全面落实老年人的各项优惠政策；市区建立并实施城镇非职工居民医疗保险制度。三是农村卫生方面。全市新型农村合作医疗农民参加率达到90%以上，农村社区卫生服务站布点建站率达到70%以上；全面推行农村部分计划生育家庭奖励扶助制度。四是居民住房方面。继续实施廉租房制度，全市改善250户“双困户”家庭住房条件；基本完成农村低保户危房改造；为12 500名非公有制企业职工建立住房公积金制度；市区确保1 000套经济适用房分配到户；启动“碧浪一号”地块28万平方米经济适用房和拆迁安置房建设。五是农村食品安全方面。继续推进“千镇连锁超市、万村放心店”工程，全市乡镇连锁超市和行政村放心店覆盖面分别达到100%和90%。六是老小区改造方面。湖州城区完成22幢共5万平方米住房“平改坡、旧包新”改造、8万平方米老小区综合改造、车站社区小吃一条街改造和10条以上背街小巷综合整治；加快路边、河边、桥边、城边环境整治；启动衣裳街保护性整治和步行街区建设；完成市中心城区100处电力杆线路面交通安全、市容整治；市区新增天然气用户15 000户。七是村庄整治方面。深入推进“百千工程”，全市新增市级以上示范村15个，村庄整治受益面达到72%以上；农村生活垃圾集中收集率达到60%。八是城乡基础建设方面。基本完成全市农村公路安保设施建设；推进城乡供水一体化建设，完成湖浔输水管道工程，启动城市供水管网改造工程；启动湖州城区环城河A地块和C地块建设。九是义务教育方面。从秋季开始全市义务教育阶段学生全部免收杂费，对困难家庭子女义务教育的课本费和生活费实行补助。十是生态建设方面。加快生态村建设，全市完成15个市级生态村创建；建成市危险固废处置中心并投入运行；规范企业排污口建设，完成20家重点企业阳光排污口创建工作；建成市环境监控中心，完成10个重点污染源在线监控；启动实施市区平原河道淤积疏浚工程；中心城市新增绿地160万平方米。

回顾过去，成绩来之不易；立足现在，任务光荣艰巨；展望未来，前景催人奋进。让我们高举邓小平理论和“三个代表”重要思想伟大旗帜，全面深入贯彻科学发展观，在中共湖州市委的领导下，团结和依靠全市人民，振奋精神，扎实工作，锐意进取，开拓创新，为增强“三力”、率先崛起，提前基本实现现代化而努力奋斗！

（注：湖州市第五届人民代表大会第四次会议上）

政府工作报告

（2006 年 2 月 15 日）

绍兴市市长　张金如

根据中共绍兴市委《关于制定绍兴市国民经济和社会发展第十一个五年规划的建议》,市政府认真听取各方面意见,制订了《绍兴市国民经济和社会发展第十一个五年规划纲要(草案)》。

“十五”计划执行情况和2005年政府工作回顾

过去五年,全市人民高举邓小平理论和“三个代表”重要思想伟大旗帜,牢固树立和落实科学发展观,认真贯彻省委“八八战略”,紧紧围绕市委“推进率先发展、实现富民强市”的战略部署,加快经济发展步伐,推动社会全面进步,胜利完成了“十五”计划纲要提出的各项主要目标任务。

综合实力迈上新台阶。2005年全市实现生产总值1 440亿元(不考虑经济普查调整因素为1 512亿元),比2000年翻一番,年均增长13.8%,人均生产总值达到3.3万元,超过4 000美元。实现财政总收入150.6亿元,其中地方财政收入76.1亿元,均为“九五”期末的3.1倍。金融系统人民币存贷款余额分别达到1 865亿元和1 382亿元,比“九五”期末增加1 209亿元和923亿元。产业结构调整取得新进展,三次产业比例由2000年的10.5:58.8:30.7调整为2005年的6.6:61:32.4。粮食生产保持稳定,农业产业化步伐加快,农业龙头企业超过1 000家,建成“万字号”特色农产品基地89个,外建农业基地650万亩。先进制造业基地建设扎实推进,工业性投资年均增长33.6%,累计达到1 487亿元,是“九五”期间的3倍,省级以上高新技术企业达到255家。新增中国驰名商标和中国名牌产品38个,荣获“中国品牌经济城市”称号。服务业发展态势良好,全社会消费品零售总额由“九五”期末的215亿元增加到382亿元,旅游总收入由56亿元增加到116亿元。专业市场建设继续推进,房地产业迅速发展,交通、通信、信息、物流业不断壮大。

城乡面貌呈现新气象。绍兴中心城市加快发展,越城、柯桥、袍江组团和镜湖城市绿心的规划建设全面推进。柯桥初显现代化新形象,袍江工业区基本实现“五年大变样”目标,镜湖新区“五路十桥”工程基本建成。鲁迅故里、书圣故里等历史文化街区保护、古城风貌整合、城中村改造、二环线建设、环城河整治等工程的实施,进一步改善了城市面貌。绍虞、诸暨、嵊新三大城镇组群初具规模。开发区在经济发展和城市建设中的作用更加明显。农村“千村改造整治、千里清水河道、千里绿色林带”工程建设顺利推进,累计完成村庄改造629个,整修河道630公里,建成绿色林带2 200公里。城乡基础设施建设步伐加快,五年累计投资达到490亿元,是“九五”期间的2倍。曹娥江大闸启动建设,嘉绍高速公路前期工作取得突破。完成了杭金衢高速、甬金高速、杭甬高速、104国道绍兴段等一批高速公路和国省道的建设改造,新增高等级公路469公里、乡村康庄公路4 075公里,在全省率先实现县县通高速公路。五年间,全市城市化水平由36.5%提高到55%。中心城市综合实力居全国第41位,4个县(市)成为全国百强县,农村全面小康实现程度居全省第2位。

改革开放实现新突破。企业改革不断深化,绍兴钢铁厂、绍兴丝织厂等特困企业实施改制解困,职工新型劳动关系普遍建立。民营经济实力增强,拥有全国500强民营企业41家,全省100强中占了37家。上市公司由8家增加到24家。资本、劳动力、技术、土地等要素市场建设步伐加快。投融资体制、国有资本监管体制和事业单位改革取得了新的进展。农村税费改革取得突破,第二轮土地承包责任制得到完善,农村综合改革试点进展顺利。行政机构改革和审批制度改革深入推进,招投标中心、机关财务集中结算中心、市长公开电话受理中心相继建立,权力运作更加规范透明。开放水平不断提高,2005年实现进出口总额105亿美元,其中自营出口81亿美元,年均增幅分别达到44.5%和44.8%,五年实际利用外资超过30亿美元,经济交流合作进一步深化。

环境建设得到新加强。在全省率先完成生态县(市)建设规划工作,被列为全国三个生态市建设试点市之一。污水日处理能力达到71.5万吨,人均公共绿地面积超过11平方米。“十五”期间,环保投入占生产总值的比重达到2.1%,成功创建国家环境保护模范城市、国家园林城市和国家节水型城市,镜湖国家城市湿地公园正式命名。要素资源保障和集约利用水平提高,耕地总量连年实现占补平衡,新增输变电容量659万千伏安,天然气利用工程一期完工。防灾抗灾能力显著增强,城市防洪工程和曹娥江、浦阳江、绍虞海涂标准堤塘基本建成。

社会事业取得新进展。区域科技创新和产学研合作不断加强,连年被评为全国科技进步先进城市。引进各类人才7.8万人。提前三年高标准普及九年制义务教育,基本普及十五年教育。高校从1所增加到5所,在校学生超过3万人,绍兴文理学院成为万人综合性高校。“争做文明绍兴人,争创全国文明城”活动深入推进。成功举办“七艺节”分会场、闭幕式和鲁迅文化艺术节等活动,建成绍兴大剧院等一批标志性文化设施。农村广播电视入户工程全面完成,在全省率先开通了有线数字电视。医疗卫生服务体系不断完善,市公共卫生中心和民办华宇医院、博爱医院等建成使用,城乡社区卫生服务发展迅速,“非典”、禽流感、霍乱等防控成效明显,新型农村合作医疗农民参保率达到87%,成功创建国家卫生城市。人口与计划生育综合改革不断深化,计划生育优质服务得到加强,人口自然增长率年均控制在2.34‰以内。全民健身运动广泛开展,竞技体育取得新的突破。民主法制建设不断加强,基层民主继续扩大,依法行政全面推进。“平安绍兴”建设取得成效,社会治安防控能力不断增强,安全生产监管体系进一步完善,突发公共事件应急体系逐步建立,人民群众的安全感普遍增强。国防动员、民兵预备役、征兵、人民防空、国家安全工作得到加强,双拥工作富有成效。金融、审计、统计、民族、宗教、外事、侨务、对台事务、档案、气象、新闻出版等工作取得新成绩,妇女、儿童、老龄、残疾人等事业进一步发展。

人民生活达到新水平。2005年全市城镇居民人均可支配收入17 516元,农村居民人均纯收入7 704元,年均分别增长13.2%和9.1%。城镇居民人均住房使用面积25平方米,农村居民人均生活用房面积59平方米,位居全省前列。城镇就业岗位累计新增25万个,城镇登记失业率控制在4%以内。新转移农村富余劳动力15万人。养老、医疗、失业、生育和工伤等社会保险覆盖面进一步扩大。城乡居民最低生活保障制度得到健全,被征地农民养老保障参保人数达到36.9万人,多层次的社会救助体系初步建立。农村安全卫生饮用水人口覆盖率超过90%。城乡居民住宅电话基本普及,移动电话和互联网用户大幅增加,汽车开始进入家庭,人民的物质和文化生活日益丰富多彩。

2005年是推进率先发展、实现富民强市的重要一年,经过全市人民的共同努力,市五届人大三次会议确定的主要目标基本实现,全市基础设施建设十大系列工程和市区十件实事基本完成,经济建设和社会事业保持了平稳健康发展的良好势头。一年来,市政府以市委确定的“七大系列”活动为载体,突出抓了四方面工作。

一是着力转变增长方式。坚定纺织业发展信心,鼓励和引导企业依靠科技创新改造升级,提升纺织专业市场,纺织业主要指标仍然保持较快增长。强化对产业优化升级的政策扶持,市区对符合条件的重点项目给予设备实际投资额1.5%的财政补助。出台发展循环经济的实施意见,深入开展节能降耗活动。编制商业网点规划,实施“百镇连锁超市、千村放心店”工程,着力改善城乡消费环境。确立“旅游富市”理念,加大政策扶持力度,加快旅游业发展步伐。制订现代农业发展规划,重点培育茶叶、珍珠等十大优势特色农产品,积极发展高效生态农业。精心组织招商引资攻坚年活动,鼓励企业开展加工贸易。出台政府投资项目管理办法,加强政府投资项目资金平衡工作。加快科技型企业培育,加强与浙江大学、中纺院的全面合作,强化科技人才支撑。

二是大力优化发展环境。积极争取重点项目用地指标,妥善处置违法用地,盘活存量土地,通过多种途径缓解用地紧张状况。着力推进企业上市融资,组织银企洽谈和对接,扶持民间担保机构发展,出台土地使用权证过渡性抵押贷款办法,缓解企业抵押、贷款困难。强化有序用电,对工业企业技改给予用电扶持,对企业自备电源和热电厂顶峰发电实行补贴。开展企业服务年活动,积极帮助企业解决实际困难。制订鼓励民营经济发展的新措施。深入开展食品药品安全专项整治和保护知识产权专项行动,进一步规范纺织印染行业税收征管,维护经济发展良好秩序。

三是努力提升统筹水平。实施《统筹城乡发展推进城乡一体化纲要》。加强中心城市组团之间的交通连接,柯袍快速通道、解放北路延伸等重点基础设施工程建成。启动迪荡新城建设。稳步实施城中村改造,市区建设安置房164万平方米。加强城市管理,开展违法建筑集中整治。继续加大对农业的政策扶持力度,财政预算内农业支出达到6.4亿元,同比增长21.3%。加快实施“百村示范、千村整治”和农民饮用水工程。制订扶持山区发展的政策意见,开展新一轮“结对帮扶”。深化文化广电体制改革,成功举办江浙沪越剧精典展演等重大文化节会活动,荣获创建全国文明城市工作先进城市称号。全面实施教育现代化工程,推动优质教育资源向农村延伸,98%的乡镇成为省教育强乡镇。加强农村卫生工作,设立市惠民医院,提高城乡居民的医疗保障水平。

四是致力构建和谐社会。深入开展“七助”行动,缓解“七难”问题,建立健全为民办实事长效机制。提高城乡居民最低生活保障水平,开展清理欠薪行动,加大对困难群众和弱势群体的帮扶力度。组织信访问题百日大排查大调处,开展第三轮信访积案专项治理。妥善处理新昌江环境污染纠纷、“绍汇”专项检查、欧亚薄膜联苯泄漏等突发事件。强化社会治安专项整治,严厉打击抢劫、抢夺、盗窃等犯罪活动。扎实做好防洪抗台救灾和疫病防控工作。认真落实安全生产责任制,健全安全生产监督管理机构,整治矿山、危化品、道路交通和重大火灾隐患,确保人民群众生命财产安全。

“十五”发展成就来之不易。五年来,面对突如其来的非典、禽流感疫情和各种自然灾害,面对资源要素和环境制约等困难,面对国际贸易摩擦和石油等原材料价格大幅上涨带来的影响,全市人民沉着应对、迎难而上,开创了改革开放和现代化建设的新局面。回顾过去五年,特别是2005年的工作,我们深深体会到,必须时刻保持清醒的头脑和良好的精神状态,团结奋进求发展;必须加快转变经济增长方式,优化结构求发展;必须走城乡互动之路,统筹协调求发展;必须深化改革开放,创新创业求发展;必须坚持务实为民,凝聚人心求发展。这些体会既是过去实践的总结,更是推动“十一五”发展的宝贵财富,我们将在今后工作中加以坚持和发扬。

“十五”各项发展成就的取得,得益于历届政府打下的坚实基础,是全市人民在市委的领导下,抢抓机遇、求实奋进的结果,是市人大、市政协监督支持的结果。在此,我代表市人民政府,向各位人大代表、政协委员,向所有参与、关心、支持绍兴建设和发展的同志们、朋友们,表示崇高的敬意和衷心的感谢!

过去五年取得的成绩令人鼓舞,但发展中的问题依然不少。长期积累的结构性、素质性矛盾没有根本解决;经济粗放增长的格局尚未明显改变,科技和人才的支撑作用还不够强,服务业和高新技术产业发展还不够快;城乡差距仍然较大,农民增收难度不小;社会不稳定因素和安全生产隐患仍然存在;机关服务效能和队伍素质有待提高,形式主义和消极腐败现象不同程度存在。对这些问题,我们将高度重视,努力克服和解决。

“十一五”时期的奋斗目标和主要任务

“十一五”时期是我市率先全面建设小康社会,加快现代化进程的关键时期。我们要以邓小平理论和“三个代表”重要思想为指导,按照科学发展观和构建和谐社会的要求,深入实施省委"八八战略",认真落实市委"推进率先发展、实现富民强市"的战略部署和"十一五"规划建议,坚持一个统领、推进十大建设,努力把绍兴建设成为经济强市、文化强市、生态绍兴、和谐绍兴,力争在2010年前率先实现全面建设小康社会的目标。

《绍兴市国民经济和社会发展第十一个五年规划纲要(草案)》提出了今后五年我市经济社会发展的主要目标和任务。这里重点报告四个方面。

(一)建设经济强市,提升区域竞争力

全市生产总值年均增长11%左右,到2010年总量达到2 400亿元,人均达到5.5万元;城市化水平达到60%;形成一批有较强竞争力的知名品牌和优势骨干企业;社会主义市场经济体制更加完善,经济市场化和国际化水平显著提高。

调整优化产业结构。坚持抓好粮食生产,确保年生产粮食85万吨以上。优化农业发展布局,初步形成10条跨区域的特色农业产业带,打造绿色茶都,构建花卉强市,提升珍珠之乡,创建蔬菜大市。鼓励工商企业投资高效生态农业,发展休闲观光农业。壮大开放型农业,外建农业基地稳定在700万亩左右。走新型工业化道路,改造提升纺织等传统优势产业,大力培育高新技术产业,重点发展现代纺织、机械装备、精细化工、生物医药、新型材料、光电显示、节能环保、金属加工、塑料薄膜、食品加工等制造业,基本实现先进制造业基地建设目标,工业增加值年均增长12%左右。支持成长性较强的中小企业迅速壮大,培育一批有较强核心竞争力的大企业大集团。拓展建筑市场,巩固建筑业在全国的领先地位。着力提升商贸流通、文化、旅游、房地产业,加快发展现代物流、信息、中介、金融、公共服务和社区服务业。积极拓展连锁配送、电子商务、现代会展等新型商贸流通业态,推进农村消费安全建设,到2010年社会消费品零售总额达到600亿元。整体规划、保护和建设绍兴古城旅游区,打造一批特色旅游精品,到2010年旅游总收入突破200亿元。

提高创新发展水平。制定自主创新规划,完善自主创新机制,鼓励原始创新,推进集成创新,支持消化吸收再创新。加快创新成果运用,重点培育50只左右优势名牌产品,新增中国驰名商标和中国名牌产品20只以上。扶持区域科技创新服务中心和企业技术研发中心,培育1 000家科技型企业,形成5个以上国家级生产力促进中心。注重产学研结合,组织纺织等产业关键技术攻关。加大科技投入,到2010年全市财政科技投入占财政支出比重达到5%以上。创新人才工作机制,加快高素质人才集聚,各类人才资源总量达到60万人以上。推进现代产权制度和现代企业制度建设,进一步壮大证券市场"绍兴板块"。推动要素资源市场化配置,完善产权交易市场,健全地方金融市场,分类推进事业单位改革,规范发展社会中介组织,增强经济社会发展活力。进一步放宽市场准入和投资领域,推进民营经济新飞跃。深化行政审批、财政管理、政府投资等行政管理体制改革。加快高附加值产品出口,大力发展加工贸易,加强外贸大通关建设,到2010年自营进出口总额突破200亿美元。强化优势产业和高新技术产业招商,加大农业和服务领域引资力度。支持企业对外投资和跨国经营。全面实施接轨上海战略,积极参与长三角合作交流,加强与粮食、能源、原材料产地的联系,做好结对帮扶和山海协作工作。重视引进国内先进企业,鼓励在外地发展的绍兴籍企业家回乡投资兴业。

加快大城市和基础设施建设。修编实施新一轮城市总体规划和土地利用规划。扎实推进越城、柯桥、袍江、江滨组团和镜湖新区建设,基本建成迪荡新城,加快组团间的对接和融合,到2010年形成100平方公里、100万人口的现代化生态型城市格局。加强县域中心城市和中心镇建设,巩固提升"一个中心、三大组群、三条轴线"的城镇体系和沿杭州湾、杭金衢高速公路、曹娥江三大产业带。坚持基础设施先行,实施183项总投资达1 400亿元的重大基础工程,重点推进嘉绍高速、曹娥江大闸、曹娥江流域整治、杭甬运河、绍诸高速、钱塘江围涂等项目建设。抓住嘉绍高速公路建设的机遇,加强曹娥江河口区域基础设施配套,发展大桥经济。加快内河和出海港口、码头的规划建设,提高航运能力。

(二)建设文化强市,提升发展软实力

文化发展与经济发展相互融合和促进,历史文化名城保护利用水平走在全国前列,形成一批特色品牌和优势文化产业,社会事业综合发展水平保持全省前列,争创全国文明城市。

加强文化资源的保护利用。注重历史文化遗产和民间艺术保护,加大绍兴古城和历史文化村镇的保护利用力度。加强历史文化专题研究,深化名人群体研究,开展历史文献整理。整合节会资源,重点办好公祭大禹陵典礼、中国绍兴国际轻纺博览会、鲁迅文化艺术节,开展绍兴建城2 500周年纪念活动,扩大绍兴文化的知名度和影响力。

繁荣发展现代文化事业。加强思想道德建设,大力弘扬新时期亮剑精神,深入开展各类文明创建活动,努力提高城乡群众文明素养。加强基层文化建设,建立健全公共文化服务体系。创作一批具有全国影响的文化精品,建成一批标志性文化设施,开展一批特色群众文化活动。深化文化体制改革,鼓励民间资本投资文化产业,发展现代传媒、文化旅游、艺术培训、演艺影视业,到2010年文化产业占生产总值比重达到7%以上。

加快建设教育、卫生、体育强市。高质量普及十五年教育,切实加强农村教育,促进教育均衡发展。提高职业教育办学规模和水平,加快培养技能型、实用型人才。大力发展高等教育,提升高等教育质量,绍兴文理学院加快建成绍兴大学,全日制普通高校在校生突破5万人。健全公共卫生体系和突发公共卫生事件应急机制,强化重大疾病预防控制。深化医疗卫生体制改革,加快现代医疗服务体系建设,健全农村医疗服务机构,积极创建全国农村中医工作先进市,城乡社区卫生服务人口基本实现全覆盖,每千人拥有医生数达到2.6人。积极应对人口老龄化问题,完善计划生育利益导向机制,稳定低生育水平,提高出生人口素质。推进全民健身运动,发展竞技体育,拓展体育产业。

(三)打造生态绍兴,提升环境承载力

形成比较完善的生态经济、生态环境、生态景观和生态文化体系,生态建设和环境保护工作走在全国前列,加快建设国家生态园林城市和国家生态市。

大力发展循环经济。推进资源配置市场化,建立环境资源有偿使用和生态补偿机制。大力发展生态农业、生态工业、生态旅游和环保产业,加快形成生态产业体系。全面实施循环经济"850工程",启动垃圾发电、废弃物综合利用等一批循环经济重点项目建设,重点扶持50家循环经济示范企业,通过技术改造提高纺织等行业的资源利用效率,加快生态化园区和再生资源回收基地建设。

创建资源节约型社会。合理围垦滩涂,开发低丘缓坡,引导工业项目向园区和标准厂房集中,提高土地集约利用水平。加强节能降耗工作,推广节能技术、节能材料和节能产品,单位生产总值能耗下降15%以上。提倡节约用水,工业废水重复利用率达到80%以上。推行产品生态设计,鼓励使用再生材料,有效解决过度包装问题。积极创建绿色社区、学校和企业。

加强环境治理和保护。深入开展环境污染整治行动,强化区域合作,保护好曹娥江、鉴湖、浦阳江、汤浦水库等重要水源,重点治理化工、医药、印染等行业的环境污染,加强大气、固体废物和噪声污染防治工作。严格实施污染物总量控制、排污许可证和环境影响评价等制度,加大环境监管力度。规划建设镜湖国家城市湿地公园,重点保护一批生态功能区,积极创建生态镇、生态村。加强植被保护,推进城市绿化和生态公益林、绿色林带建设,到2010年城市建成区人均绿地面积超过13平方米。

(四)打造和谐绍兴,提升社会凝聚力

基本建立比较健全的社会保障体系,初步形成城乡一体化发展格局,实现平安市、平安县创建目标。到2010年,城镇居民人均可支配收入、农村居民人均纯收入分别达到2.3万元和1万元以上,城镇登记失业率控制在4%以内,人口自然增长率控制在2.71‰以内。

重视解决民生问题。积极拓展就业岗位,健全就业服务体系,形成再就业援助长效机制,新增城镇就业岗位25万个以上。巩固和扩大养老、医疗、失业、工伤、生育保险覆盖面,全面实施被征地农民基本生活保障制度,完善新型农村合作医疗制度。健全农村"五保"和城镇"三无"对象集中供养制度,推进社会福利和慈善事业发展,深入开展多种形式的扶贫帮困活动。加强对困难群众的法律援助。完善房地产市场调控体系,促进房地产业稳健发展。合理调节收入分配,提高低收入者收入水平,扩大中等收入者比重,逐步提高最低工资和最低生活保障标准。

建设社会主义新农村。按照"生产发展、生活宽裕、乡风文明、村容整洁、管理民主"的要求,发展新产业,培育新农民,树立新风尚,积极推进新农村建设。坚持工业反哺农业、城市支持农村,加大财政对农村的转移支付力度,大力发展高效生态农业和农村第二、三产业,多渠道增加农民收入。调整优化村庄布局,全面开展村庄整理和环境整治。加强农民培训转移,培训农民40万人以上,转移25万人左右。加快农村基础设施和公共服务体系建设,公路通村率达到100%,垃圾无害化处理率达到90%以上。全面推进农村综合改革,创新农村户籍管理、土地征用等制度,加快转变城乡二元结构。

全力维护社会稳定。坚持依法行政,加强和改善行政执法,切实维护司法公正,全面实施"五五普法",推进"法治绍兴"建设。创新发展"枫桥经验",重视发挥人民调解组织作用,强化社会治安综合治理,依法严厉打击各类犯罪活动。完善基层民主制度,深化政务、厂务、村务公开。进一步加强对流动人口的管理和服务。规范信访秩序,预防和妥善处置各类群体性事件。健全突发公共事件应急管理机制,完善安全生产和食品药品监管体系,提高对气象、地质等自然灾害的监测预警和防御能力。积极发展老龄事业和产业,重视保护妇女儿童权益。加强民族和宗教工作。积极支持国防建设,切实做好国防动员、民兵预备役、征兵和人民防空工作,深入开展国防教育和双拥模范城创建活动,认真落实优抚安置政策,巩固和发展军政军民团结。

2006年政府工作的主要安排

2006年是实施"十一五"规划的开局之年,做好今年政府工作意义重大。综合分析发展环境和自身条件,建议2006年全市经济社会发展的主要预期目标为:生产总值增长12%,全社会固定资产投资增长10%以上,社会消费品零售总额增长12%,外贸出口总额增长15%,地方财政收入增长12%,城镇居民人均可支配收入增长7%,农村居民人均纯收入增长6%,新增城镇就业岗位5万个,城镇登记失业率控制在3.6%以内,人口自然增长率控制在3.12‰以内。

实现上述目标,必须认真贯彻市委五届六次全会精神,落实好市委"弘扬亮剑精神、确保良好开局、致力科学发展、促进社会和谐"的工作基调,开展好"八大提升"活动,保持经济社会发展的良好势头。

确保经济平稳较快发展。狠抓优化结构,努力扩大需求,拉动经济增长,促进质量、效益和速度的统一。一是优化投资结构。严格控制高消耗、高污染、低产出项目,建设100项符合产业导向、单体投资规模1亿元以上的重大工业项目,工业性投资增长12%以上。继续推进交通、水利、城市建设和公共服务领域的基础设施建设,加大对农业农村和社会事业的投入,合理控制政府性投资负债规模。激活民间投资,鼓励社会资本和外资进入基础设施、社会事业等领域。加强土地等生产要素的保障和集约利用,严格按标准限量供地,提高新批投资项目的供地率和开工率。二是推进外贸转型。着力提高纺织等传统出口产品的附加值,支持机电、化工和高新技术产品出口,加强出口品牌培育,自营出口95亿美元以上。争取设立出口加工区,鼓励企业建立自备型保税仓库,大力发展加工贸易。健全公平贸易预警机制,加强对纺织等重点出口产品和欧美等重要出口市场的监测分析。探索建立进出口商会,增强应对国际贸易争端的整体实力和市场竞争力。三是扩大消费需求。千方百计增加农民收入,提高企业职工养老金水平和城乡最低生活保障标准,落实困难群众生活补贴与价格指数挂钩制度,探索建立城镇职工薪酬稳定增长机制,改善群众消费预期。加强县(市)商业网点规划,在镇镇都有连锁超市的基础上,实现村村都有放心店,并逐步向学校、社区拓展,构筑全社会放心消费网。充分发挥旅游对消费和经济发展的带动作用,精心组织"休闲江南、古城绍兴"旅游年系列活动,接待游客争取突破1 800万人次,实现旅游总收入140亿元。扩大消费信贷,规范发展房地产市场,培育教育、信息、文化等新的消费热点。四是发展循环经济。在纺织、医药、化工等重点行业开展产业循环链建设试点,制定重点行业能耗标准和考核体系,探索工业用地市场化配置办法,开展创建生态工业示范园区活动。

着力增强自主创新能力。完善推进企业自主创新的政策措施,鼓励中小企业和传统产业领域的企业向科技型企业转化,充分发挥企业的创新主体作用。重点培育50家市级以上技术研发中心和科技创新服务中心,启动市生产力促进中心建设,袍江工业区争创国家级高新技术产业园区。建立政府、企业、院校协作机制,联合组织关键、共性技术攻关,重点实施100项产学研合作项目。抓好浙江省纺织研究院、中纺院江南分院和染整中心建设,充分发挥浙江大学绍兴技术转移中心作用,抢占纺织科技制高点。完善和落实技术要素参与分配等政策,建设人才公寓,优化人才生活和创业环境,降低企业使用高素质人才成本。深入实施品牌战略,加大自主品牌和知识产权保护力度。

加快中心城市和社会主义新农村建设。完善越城组团功能,加快迪荡新城开发建设。以中国轻纺城改造升级为契机,提升柯桥组团发展水平。推进袍江工业区二次飞跃。加强镜湖新区保护建设。全面建成小舜江二期和天然气利用二期工程,加快曹娥江大闸、诸永高速绍兴段、鲁迅故里二期、镜湖国家城市湿地公园、中国绍兴黄酒城和500千伏绍北输变电等工程建设,力争嘉绍高速、绍诸高速、越王城保护工程开工。加强城市道路的建设改造和中心城市组团间的交通连接。改造旧住宅小区,创新社区管理。加大城市管理行政执法力度,整治市容环境。坚持以城带乡,以乡促城。进一步加强对农业特别是粮食生产的政策扶持。新建特色农业基地20万亩,新增外建农业基地30万亩。积极实施"农民信箱工程",加强农业技术研究,改革农技推广体制,促进科技兴农。新发展农民专业合作经济组织30家,提高农民组织化程度。规范农村承包土地流转,发展壮大村级集体经济。改造提升块状经济,积极扶持家庭工业,促进农民自主创业、勤劳致富。继续实施农民转移培训工程,培训农民10万人次,转移6万人左右。加强政策扶持,鼓励移民下山,促进山区发展。编制全市村庄布局规划,适时实施行政村整合。新建全面小康示范村35个,完成300个村的环境整治。全面推进以乡镇机构改革为主要内容的农村综合改革。落实农村中小学"四项工程"和"农民健康工程"各项政策。加快推进城乡公交一体化,新建乡村康庄公路800公里以上,行政村客车通达率达到90%。继续实施农民饮用水工程,新增受益人口18万人左右。

不断深化改革和扩大开放。实施新一轮国有企业改革。健全国有资本经营预算制度和业绩考核体系,加快形成权责统一的国资监管新体制,进一步盘活国有资产。继续鼓励企业上市,加快上市公司股权分置改革。营造良好金融环境,切实防范金融风险。深化农村合作金融机构改革,建设区域性中小企业信用担保体系。拓展招投标中心产权交易功能。加快事业单位改革步伐。组织境内外对接招商活动,推出一批重点招商项目,促进外资与民资的互动发展,争取实到外资10亿美元。完善开发区功能,提升发展水平。鼓励出口企业境外投资、建筑企业境外承包工程,争取对外承包劳务营业额达到1.8亿美元。

全面发展文化教育卫生等社会事业。深入开展全国文明城市创建和各类基层文化创建活动。加快科技馆、综合档案馆等一批文化设施建设,改造鲁迅文化广场。精心组织祭禹、纺博会等重大节会,全力承办中国越剧艺术节有关活动。积极开展文化下乡等群众文化活动,进一步繁荣农村文化。规划建设兰亭书法艺术园等文化特色街区园区,培育一批成长性文化企业,争创国家和省级文化产业示范基地。以加强农村教育、职业教育和学前三年教育为重点,提高教育质量和水平。从今年秋季开始,全市义务教育阶段学生免交学杂费,对其中的困难家庭学生生活费和课本费实行补助。绍兴文理学院启动硕士授予权工程。加快绍兴中专、交通职校迁建等工程建设,力争越秀外国语学院升格为本科学院,邮电学院正式挂牌。推进市人民医院新院、市急救中心和传染病后备医院等医疗服务设施建设。广泛开展体育健身活动,加快市游泳健身中心等体育设施建设。举办市第六届运动会。深化人口和计划生育综合改革,加强流动人口计划生育管理服务,推进计生技术服务体系建设。

大力促进社会和谐稳定。一是加强社会保障。完善促进就业再就业政策,加强职业培训体系建设。逐步推进养老、医疗、失业、工伤、生育五大保险"五费合征"工作。探索建立新型农村养老保险制度,被征地农民养老保障做到即征即保。完善城乡分类救助办法。新建经济适用房12万平方米,增加廉租房供应量,扩大住房公积金覆盖面,提高公积金贷款额度,加快改善中低收入群体住房条件。二是整治环境污染。积极实施曹娥江、鉴湖、浦阳江流域及汤浦水库上游水污染防治规划,市区创建国家生态园林城市,绍兴县、诸暨市力争成为首批国家生态县(市)。加快建设绍兴污水处理厂三期和诸暨、上虞污水处理厂扩建工程,建成嵊新污水处理厂和市医疗废弃物处置中心。探索小舜江、曹娥江流域等重点生态功能区的生态补偿机制,强化环境保护的制度保障。加大环境执法力度,主动解决群众反映强烈、影响群众正常生产生活的环境问题。三是维护社会公共安全。建立健全公共突发事件预警和应急机制,重视解决群众信访反映的问题,妥善处置群体性事件和各种人民内部矛盾。落实安全生产责任制,重点抓好道路交通、危险化学品、消防、建筑等领域的安全生产工作,努力防止重特大事故发生。继续实施食品药品放心工程。加强高致病性禽流感等疫病防控。严厉打击各种犯罪活动和社会丑恶现象,重视归正人员的安置帮教工作,深化"八创建"、"八进社区"活动,确保全面达到"平安市"创建标准。建设外来民工公寓和学校,切实解决新时期的劳资纠纷和欠薪问题,改善外来人员的生活和工作环境。

切实加强政府自身建设。自觉接受人大依法监督、政协民主监督和社会监督,主动加强与各民主党派、工商联、人民团体及无党派人士的联系。全面贯彻实施《公务员法》,进一步落实依法行政实施纲要。加快政府职能转变,建设服务型政府,强化社会管理和公共服务职能。加强对经济社会运行的监测、评估和预警。调整财政支出结构,重点支持基础设施、社会保障、公共事业发展。改进政府投资管理,推行非经营性政府投资项目"代建制"。建立健全公众参与、专家论证和政府决定相结合的行政决策机制,提高科学决策水平。继续深化行政审批制度改革,加快电子政务建设,提高政府工作透明度和服务效能。巩固保持共产党员先进性教育活动成果,改进机关作风,狠抓工作落实。加强廉政教育、监督和制度建设,严格执行廉洁自律各项规定,强化行政效能监察和审计监督,促进勤政廉政。

率先实现建设全面小康社会目标,率先基本实现现代化,是历史赋予我们的重任,也是全市人民的共同使命。让我们紧密团结在以胡锦涛同志为总书记的党中央周围,高举邓小平理论和"三个代表"重要思想伟大旗帜,在中共绍兴市委的领导下,同心同德,扎实工作,为推进率先发展、实现富民强市而努力奋斗!

(注:原文为:"关于绍兴市国民经济和社会发展第十一个五年规划纲要的报告")

政府工作报告

（2006年2月21日）

舟山市市长　郭剑彪

根据中共舟山市委四届九次全会精神，市政府认真听取各方面意见，制定了《舟山市国民经济和社会发展第十一个五年规划纲要（草案）》。

一、“十五”发展情况和2005年工作回顾

过去五年，在省委、省政府和市委的正确领导下，在市人大、市政协的监督和支持下，我们团结和依靠全市人民，坚持以邓小平理论和“三个代表”重要思想为指导，牢固树立和全面落实科学发展观，深入贯彻省委“八八战略”，积极实施市委“六六决策”，理清思路，抢抓机遇，克难攻坚，开拓创新，全面超额完成了“十五”计划纲要提出的发展目标。“十五”末，全市实现地区生产总值272亿元，按可比价格计算，比“九五”末翻了一番，年均增长14.6%，增长速度全省第一；人均生产总值26 931元，在全省排名从第八位跃居第五位。财政总收入28.5亿元，其中地方财政收入18.2亿元，年均分别增长21.5%和23.9%。城镇居民人均可支配收入15 524元，渔农村居民人均纯收入7 190元，年均实际增长11.5%和10.9%。累计完成全社会固定资产投资510亿元，比“九五”时期增长1.8倍。城镇登记失业率控制在4%以内。全市综合实力显著增强，社会事业、人民生活水平、精神文明和民主法制建设跨上了一个新台阶。

海洋经济发展迅速。“十五”末，全市海洋经济总产出510亿元，年均增长20%。工业经济快速发展，实现工业总产值403.6亿元，其中临港工业产值250.8亿元，年均分别增长25.8%和38.2%。船舶工业已形成110.9万吨造船能力，年产值从“九五”末的5.6亿元增加到58.1亿元，正在成为全国重要的修造船基地；水产加工业年产值达到131亿元，年均增长31.2%；石化工业开始实质性启动。港口物流增势迅猛，建成各类生产性泊位38座，港口货物吞吐量从3 189万吨增加到9 052万吨，海运业运力从69.6万载重吨增加到193万载重吨。海洋旅游不断提升，国内外游客接待量从459.7万人次增加到1 001.7万人次，旅游收入从22.6亿元增加到61.4亿元。渔农产业稳步发展，实现渔农业总产值87.2亿元，年均增长3.2%，建成了特色农产品生产基地和省级无公害农产品基地各12个，累计新增海水养殖面积3.9万亩，报废拆解渔船1 703艘，引导渔民转产转业8 682人。全市三次产业比例从26.6∶29.6∶43.8调整到14.3∶39.5∶46.2，工业主导地位进一步突出，第三产业加快发展，产业结构更趋合理，临港工业、港口物流、海洋旅游和现代渔业四大基地雏形形成。

城乡建设成效明显。编制完成了《舟山群岛空间发展战略规划》、《环杭州湾产业带舟山产业区发展规划》等一批总体规划和产业发展规划。基础设施累计完成投资230亿元。大陆连岛工程获得国家正式立项，组建了省、甬、舟三方共同参与的投资公司，岑港、响礁门、桃夭门三座大桥建成通车，金塘、西堠门二座大桥正在抓紧建设。完成了大陆引水一期和标准海塘工程等一批水利设施，蓄水能力达到1.35亿立方米，海水淡化和水资源循环利用取得明显进展。完成了舟山发电厂一期2号机组建设、嵊泗与大陆电力联网工程。钓浪等一大批围垦项目正在加快推进，已新增土地1万亩。建成了本岛至各经济大岛的“两小时交通圈”，构筑了本岛、主要大岛公路主干道网络，新建改建公路732公里，其中通村公路352公里，在全省率先完成通村公路等级化率和路面硬化率100%目标。每百人拥有移动电话61部、固定电话50部、互联网用户17户。累计投入城市建设资金41.2亿元，加快了市政公用基础设施建设，市行政中心迁入新城，新城建设有序推进，定海、普陀城区功能日益完善，舟山本岛南生活、北生产的城市框架基本形成，岱山、嵊泗两县城集聚功能进一步增强，全市城市化水平从56%提高到60%。商贸、餐饮、房地产等服务业快速发展。渔农村工作不断加强，连续三年全面实施了“暖人心、促发展”工程，建立了182个渔农村新社区。财政支渔农力度持续加大，累计投入各类资金14.5亿元。“大岛建、小岛迁、陆岛连”战略深入实施，“千村示范、万村整治”、“万里清水河道”和“渔农民饮用水”等惠民工程稳步推进，渔农村生产生活环境明显改善。

改革开放不断深化。覆盖城乡的新型社会保障救助体系基本建立，制定完善了最低生活保障、贫困群体大病医疗救助、被征地农民养老保障和城镇经济适用房、廉租房等政策，全市参加基本养老保险18万人，参加被征地农民养老保障3.7万人，渔农村“五保”对象和城镇“三无”人员集中供养率分别达到93%和94.5%，城乡最低生活保障对象1.2万人，累计建设城镇经济适用房、廉租房3万平方米，帮扶城镇下岗失业人员实现再就业2.5万人次，渔农村富余劳动力实现就业2.5万人次。新一轮农村集体土地使用权承包流转机制得到完善，渔农村税费改革进一步深化，全面免征农业税。行政审批制度改革继续深化，建立了审批办证服务中心，行政审批项目大幅减少。政务公开全面推进，依法行政不断加强。深化了市属事业单位、渔农村卫生、城镇医疗机构、农村信用社等改革。制定完善了扶持金塘、六横、衢山发展有关政策，促进三大岛快速发展。开放型经济迅速发展，地方外贸进出口总值从4.7亿美元增加到12.1亿美元，其中出口从4.1亿美元增加到10亿美元，出口国家和地区从82个增加到119个。招商引资成效显著，引

进并建设了中远和常石船舶修造、马迹山矿砂和册子原油中转、金塘大浦口集装箱码头、岙山国家石油战略储备基地、六横煤电一体化等一批大项目,累计引进市外注册资本金54.4亿元,实际利用外资从5 766万美元增加到9 296万美元。口岸开放力度不断加大,开放面积从341平方公里增加到939平方公里。对外经济交流与合作不断加强,区域合作与交流扎实推进,全方位、宽领域、多层次的对外开放格局基本形成。

社会事业全面进步。社会发展综合水平居全省前5位。累计实施省级以上各类科技项目516项,其中国家"863"计划项目8项,国家重大科技攻关项目3项,科研成果转化成效显著。高标准普及了九年制义务教育,两县两区全部通过了省"教育强县"考核,基本普及了十五年教育,浙江海洋学院发展到万人规模,组建了浙江国际海运职业技术学院、南海实验学校、千荷实验学校,基本形成了基础教育、职业教育、高等教育、成人教育较为完备的教育体系。新建了市文化艺术中心等一批文化设施,基层文化建设成效显著,群众文化生活日益丰富。体育事业蓬勃发展,全民健身活动走在全国前列。新闻舆论工作不断加强。卫生基础设施有了新的改善,渔农村新型合作医疗制度全面实施,公共卫生体系建设进一步加强,主要健康指标全省领先。人口和计划生育工作名列全省前茅。资源和环境工作得到加强,生态市建设深入推进。组建了"平安支队",建立健全了公共应急体系,社会治安群众满意率居全省第二位,平安舟山建设扎实推进。认真开展了文明城市和卫生城市创建活动,支持国防建设,荣获了省级文明城市、中国优秀旅游城市和全国双拥模范城称号。宗教、民族、外事、侨务、对台、人防、审计、统计、法制、档案、气象、物价、史志、老龄、慈善等工作取得了新成绩,与工会、共青团、妇联、残联等群众团体的联系进一步加强。

2005年,市政府在前四年工作的基础上,认真落实市四届人大五次会议确定的目标任务,精心谋划,真抓实干,国民经济和社会事业继续保持快速发展的势头,地区生产总值、地方财政收入和全社会固定资产投资额的增长速度均居全省第一。

大力发展特色产业。积极推进重点修造船项目的引进和建设,进一步拉长船舶配套产业链,20多个大型船舶项目顺利实施,船舶配件生产基地动工兴建。研究出台水产品精深加工业发展扶持政策,培育水产品加工龙头企业,积极帮助企业克服原料紧缺、贸易摩擦等困难,促进了水产行业持续发展。成立市石化项目前期工作领导小组,加大对石化行业大公司、大集团招商力度,和邦化工等项目先后开工,中化公司将我市确定为大型炼油厂的第一选址。积极推进宁波舟山港的实质性工作,金塘大浦口集装箱码头建设项目启动,洋山深水港一期工程正式投入运营,册子原油中转项目建成,国家石油战略储备基地等项目进展顺利。积极实施港航联动,扩大运力规模,重点扶持大吨位散装船和特种船舶运输,加快舟山从海运大市向海运强市迈进的步伐。不断提升旅游发展水平,成功获得了首届世界佛教论坛承办权并积极做好筹备工作,加快推进旅游精品项目建设,加大旅游推介力度,办好旅游节庆活动,市旅游集散服务中心建成投入运行。大力推广效益农业、生态农业,进一步拓展远洋渔业作业区域,扎实推进现代渔业基地和渔港经济区建设。

积极推进创新开放。创建了区域科技创新服务体系,加大关键共性技术的研发力度,省船舶工业人才培训基地和省船舶设计研究中心正式挂牌;成功举办了国际海洋生物高科技论坛、海洋经济发展论坛,开展了"蓝色行动院士(专家)进舟山"等活动,建立了院士(专家)顾问团,积极利用市外智力为我市经济发展服务。制定实施政府投资项目管理办法和企业投资项目核准备案暂行办法,制定新一轮扶持三大岛政策。进一步加强了国有资产监督管理和地方政府性债务管理。加大了对国内外大企业、大项目的招商力度,成功主办了全省"山海协作工程"系列活动,积极参加浙东经济合作联席会议、赴韩日经贸招商、浙洽会和消博会等活动。舟山国际粮油集散加工中心项目被基本同意列入国家"十一五"粮食物流规划。口岸开放进一步扩大,开通了舟山至香港临时包机航线,金塘港区、沈家门港区等获准对外开放。继续深化效能建设,建立了招投标统一平台,机关行政效率和服务质量不断提高。

切实保障要素供给。加强国土资源管理,做好土地资源调查和土地利用总体规划修编工作,积极争取了废转盐田复耕享受建设用地复垦的优惠政策,16个项目被列入省级以上重点项目,滩涂围垦顺利推进,标准厂房和多层厂房逐步推广,土地集约利用率进一步提高,确保了重点项目建设用地。进一步加强了水资源优化配置,编制实施了本岛供水一体化规划,着力推进大陆引水和海水淡化工程,一批水利工程进展顺利。舟山电厂扩建工程230万千瓦项目和220千伏与大陆联网工程的前期准备工作抓紧推进。全力做好舟山大陆连岛工程的各项配套工作,城乡交通更加便捷。加强银企合作,进一步扩大了从市外融资的规模,强化了对成长型中小企业信用担保工作。

努力统筹城乡发展。城乡一体化进程加快推进,制定了舟山本岛及周边岛屿城乡一体化发展总体规划。新城建设步伐加快,各类基础设施日趋完善。渔农村新社区建设积极推进,渔农村面貌有较大改善。生态市建设扎实开展,环境质量综合指标保持全省前列。群众生活水平日益提高,新建成一批经济适用房、廉租房。积极探索了捕捞渔民养老保障政策。着力推进渔农民转产转业工作,加强了与国内外著名航运企业联系,努力打响"舟山海员"品牌。深入实施教育、科技、卫生、体育"四个强市"战略,文化、广电、人口计生等工作全面推进。制订突发公共事件总体应急预案,明确了信访工作责任,加强了安全生产监管和社会治安综合治理,实现安全生产三项主要指标零增长,切实维护了社会稳定。

回顾过去,总结经验,"十五"期间之所以取得良好成绩,关键在于坚持科学发展,跳出舟山看舟山,进一步理清发展思路;坚持发挥优势,抢抓发展机遇,大力发展海洋经济;坚持优化环境,加强招商引资,显著增强发展活力;坚持以人为本,加强统筹协调,努力建设和谐社会。这些经验是"十一五"加快发展的重要思想和工作基础,我们必须继续坚持和发扬。同时,我们也清醒地看到,我市经济社会发展中还存在着不少困难和问题。自主创新能力比较弱,要素制约日益突出,粗放型增长方式还没有根本改变;城乡、区域发展不够协调,部分低收入群众生活比较困难,新渔农村建设的任务还很重;官僚主义、形式主义、奢侈浪费和腐败现象在一些地方和单位还不同程度地存在,加快政府职能转变、加强依法行政、提高行政效能的任务还比较艰巨。所有这些,都要在今后的工作中努力加以解决。

过去的五年是很不平凡的五年。面对台风、干旱等自然灾害带来的严峻考验,面对非典、禽流感等疫情带来的严重冲击,面对发展中要素制约、国际贸易壁垒等新问题,全市人民同心同德,振奋精神,扎实工作,促进了我市经济持续快速协调发展与社会和谐稳定。在此,我代表市人民政府,向在各个领域和岗位上辛勤劳动、作出贡献的全市人民致以崇高的敬意!向驻舟人民解放军、武警部队,向在舟部省属单位,向各民主党派及工商联、各人民团体和其他社会各界人士,向所有关心和支持我市现代化建设的海内外朋友们,表示衷心的感谢!

二、"十一五"时期的奋斗目标和主要任务

"十一五"时期,经济全球化将不断加强,科技进步日新月异,国际资本和产业加速转移;国内经济社会正步入科学发展的轨道,海洋的地位和作用更加显著;长三角经济协作趋势日益明显,舟山的区位与优势将更加突出。综观发展形势,舟山正面临跨越式发展的新机遇,正站在赶超沿海发达地区的新起点,正处于全面建设小康社会的新时期,我们必须顺应大势,把握大局,奋发图强,争取更快更好的发展!

今后五年,我们要以邓小平理论和"三个代表"重要思想为指导,全面落实科学发展观,深入贯彻省委"八八战略"和市委"六六决策",按照"争领先、打头阵、创特色、求实效"的总体要求,全面实施"以港兴市"战略,着力打造四大基地,努力构建和谐社会,全力推进海洋经济强市、海洋文化名城和海上花园城市建设。

"十一五"时期,我市经济社会发展的总体目标是:发展速度力争全省领先,经济社会发展达到全省中上水平。到2010年,全面建成小康社会。主要预期指标建议为:经济方面,到2010年地区生产总值达到550亿元,年均递增13%,力争600亿元,年均递增15%;工业总产值1 000亿元,年均递增20%;财政总收入50亿元,年均递增12%;地方外贸进出口总值25亿美元,年均递增16%;海洋经济总产出超过1 000亿元;全社会固定资产投资累计完成1 200亿元,年均递增15%;万元GDP能耗低于全省平均水平。社会方面,到2010年,社会发展总体水平确保全省前5位,力争向前移位;全市城市化水平达到65%以上;城镇居民人均可支配收入达25 000元,年均递增10%,渔农村居民人均纯收入12 100元,年均递增11%;人口自然增长率控制在1‰以内,双拥共建工作继续走在全国先进行列,争创国家卫生城市和全国文明城市。

"十一五"时期,我市经济社会发展三大战略目标的重点内容是:

(一)打造海洋经济强市

海洋资源是舟山最大优势。"十一五"时期,要把海洋经济作为我市经济工作的战略重点和主攻方向,加快建设"四大基地"。

加快推进先进临港工业基地建设。紧紧抓住产业转移的战略机遇,规划产业布局,合理配置要素,加强招商引资,做大做强临港工业。船舶修造,促进形成以大企业为支撑的发展格局,努力延伸产业链,拓展船舶配件产业,办好船舶和船用商品交易市场,建成全国重要的船舶修造基地。水产品加工,进一步提高精深加工水平,着力打造省级以上知名品牌,创建若干个国家级水产品加工技术标准。加快水产品保税库建设,大力发展来(进)料加工,规避贸易壁垒,扩大出口市场,培育若干家具备较强国际市场竞争力的集团化企业。临港化工,抓好项目规划,全力争取大型项目落户建设,支持一批中型项目加快建设进度,实现石化工业重大突破。依托港口引进大型电力项目。继续扶持海洋生物、海洋医药、纺织机械、塑料机械、汽车配件等产业,推进技术创新和管理创新,形成一批有特色、有效益、有竞争力的重点企业。重视支持民营经济和渔农村家庭工业发展,营造工业发展的良好氛围。

加快推进现代港口物流基地建设。充分利用舟山独特的区位和港口优势,加快建设集装箱物流、能源中转储运、矿砂中转配送、煤炭加工配送、化工品储运、粮食储运等基地。积极参与上海国际航运中心建设,大力推进宁波舟山港一体化建设。加快港口物流设施建设,强化以集疏运和信息网络为重点的支撑体系。引导和支持海运企业做大规模,优化运力结构。加快发展运输、仓储、货代、流通等港口服务业,吸引国内外知名船公司,推动舟山物流业融入国际物流体系。加强航运人才的培养和引进。到"十一五"末,形成以深水港口为特色的世界级港口物流中心。

加快推进现代海洋休闲旅游基地建设。加强旅游资源开发,着力建设"十大旅游景区",打造"六大特色精品"。提升和完善旅游集散服务中心功能,加强高星级酒店等配套项目建设,整合推出若干条覆盖全市的精品特色旅游线路,加快发展海岛饮食、商贸流通等服务业,提高旅游业的综合效益。加大对外推介力度,不断扩大"舟山群岛"的品牌效应,加强与重点中心城市的旅游合作,吸纳奥运会、世博会、休博会客源。进一步办好旅游文化节庆活动,提升水平,扩大效应。强化旅游产业的带动功能,大力促进旅游业与临港产业、渔农业、大桥建设等的融合互动。

加快推进现代渔业基地建设。加快渔业结构战略性调整,稳定近海渔业捕捞,拓展远洋渔业,建设全国最大的海洋捕捞和远洋渔业基地。以国家级中心渔港为依托,建设全国最大的现代化渔港经济区。继续推进水产品养殖优势产业带建设,加快新品种、新技术的引进,建设全国一流的特色海水养殖基地和海岛型休闲渔业基地。不断挖掘海洋渔业内涵,以水产品精深加工和交易市场为平台,建设全国最大的水产品加工贸易基地。坚持海洋开发和保护并重,建设全国一流的海洋生态修复示范基地。大力发展高效生态农业,支持扩大名优特农产品的种养规模,加快农业产业化进程。

(二)打造海洋文化名城

海洋文化是舟山重要特色。舟山经济社会发展要保持竞争力,必须重视挖掘、继承和发展地方特色文化,加快建设海洋文化名城。

大力实施海洋文化工程。以"六大工程"为抓手,进一步繁荣舟山特色文化。实施市民文明素质工程,大力开展群众性精神文明创建活动,进一步提升市民思想道德素质、科学文化素质和健康素质。实施海洋文化精品名品工程,提炼、创造一批具有海洋海岛特色的优秀文化艺术成果。实施海洋文化保护传承工程,挖掘历史传统文化,培育具有海岛特色的民间艺术项目。实施海洋文化节庆会展工程,做活做精各类节庆活动,大力发展节庆会展文化产业,培育一批具有海洋文化特色和市场竞争优势的旅游观光型文化产业区块。实施海洋文化传播工程,加强报纸、广播、电视、互联网等文化传播媒体的建设和发展,扩大海洋文化的覆盖面和影响力。实施海洋文化阵地工程,努力增加文化阵地覆盖面、文化资源利用率和文化科技含量,增强文化服务能力。

大力发展科技和教育事业。加大政府对科技的投入力度,加快海洋科技开发和研究,增强企业的自主创新能力。加强对外科技交流与合作,积极培育技术市场,构建科技创新体系和技术研发应用支撑体系,促进科技成果转化、应用和推广。加快人才资源开发,抓紧培养和引进各类专业人才、实用技术人才。积极推进高新技术产业发展。加快推进科普工作。加强素质教育,加大教育投入,增强教育发展的支撑能力。统筹城乡教育发展,促进教育平等,争取基础教育均衡化水平全省领先。大力发展职业教育,争取中等职业教育与普通高中教育保持1:1的比例,建成特色鲜明的职业教育基地和专业技能人才培养输送基地。支持办好浙江海洋学院和浙江国际海运职业技术学院。

加快发展卫生和体育事业。调整优化卫生资源配置,建设一批公共医疗卫生设施,改善渔农村医疗卫生条件。深化医疗卫生体制改革,完善新型渔农村合作医疗制度,全面实施渔农民健康工程。基本解决群众看病难、看病贵等问题。健全公共卫生监督预防应急体系,加强卫生监督、疾病预防控制、渔农村初级卫生保健、社区卫生服务,提高公共卫生安全应急反应能力。积极创建国家卫生城市。推进全民健身工程,大力发展竞技体育,加大对体育产业的扶持力度,促进体育市场有序发展。重视人口计划生育工作,进一步提高人口素质。

加强精神文明建设。广泛开展思想道德建设。以先进的理论教育群众,加强爱国主义、集体主义、社会主义思想教育与社会公德、职业道德和家庭美德教育,努力培育有理想、有道德、有文化、有纪律的公民,全面提高市民素质。深入持久地开展群众性精神文明创建活动。以创建全国文明城市为目标,广泛开展文明城市、文明行业、文明社区和文明家庭创建活动,不断提高城乡文明程度。加大精神文明建设的投入,不断满足人民群众的精神文化需求。大力支持国防和军队建设,进一步做好“双拥”工作,开创军民共建新局面。

(三)打造海上花园城市

海上花园城市是和谐社会的有形载体。“十一五”期间,舟山要着力建设富饶、美丽、平安、可持续发展的海上花园城市。

推进新渔农村建设。扎实推进新渔农村建设这项重大历史任务,加快渔农村小康社区建设,大力实施六大工程,逐步在渔农村新社区实行城市社区管理模式,推动城乡社区管理一体化,促进城乡就业、社会保障并轨。公共财政向渔农村倾斜,确保每年投入增长高于上年财政支出增幅。加快渔农村道路、供水、用电、通信、垃圾处理等社区基础设施建设,改善渔农村生产生活条件。完善渔农村公共服务体系,加快发展渔农村社会事业。加强渔农民技术培训,提高劳动力素质,推进渔农民转产转业。采取综合措施,建立健全渔农民增收的长效机制。“十一五”末,基本形成经济发展、生活富裕、乡风文明、环境优美、社会和谐、体制创新的渔农村新面貌。

推进城镇化建设。全面实施“中心城区现代化、本岛城乡一体化、主要大岛城镇化”战略。以现代理念制定城市规划,以海岛特点塑造新城特色,加快新城建设,完善定海、普陀城区功能,尽快使新城、定海、普陀三组团形成联系紧密、各具特色的一体化中心城区。大力支持高亭、菜园两个县城和金塘、六横、衢山三大岛及万人以上经济大岛的集镇建设,增强集聚功能,提高城镇品位。打破城乡分割的传统体制,促进各种要素的合理流动和融合。以交通、水利、能源、信息四大基础网络为支撑,建设布局合理、功能齐全、适度超前、全面接轨大陆的综合基础设施一体化网络。

推进“平安舟山”建设。切实加强民主法制建设。完善民主选举、民主决策、民主管理和民主监督制度,进一步扩大基层民主。努力建设“法治舟山”,全面推进依法行政。深入开展普法教育,不断提高全民法律素养。严厉打击各种犯罪活动和社会丑恶现象,净化社会环境。加强执法监督,维护司法公正。切实加强信访工作,妥善处理人民内部矛盾。加强各类预案编制,完善灾害预警机制,提高应急处置能力。健全社会保障体系,完善城镇职工基本养老、医疗、失业、工伤、生育保险制度,完善社会救助机制,基本建成分层分类救助体系,维护社会稳定。

推进生态环境建设。全面组织实施生态市建设规划,创建具有海洋生态和海岛特色的国家级生态城市。改善生态环境,新建一批城乡生态工程。采取有力措施抓好节能、节水、节材、节地和资源综合利用工作,依法加强对水、土地、岸线等各类资源的保护和合理开发利用,提高资源利用效率。划定并保护建设一批生态小岛、生态敏感区和自然保护区,促进群岛特有的自然环境丰富性和生物多样性。抓好国土开发与整治,做好水土保持工作。加大环保基础设施投入,加强对各类污染的综合治理。通过全面推进生态市建设,促进市域生态环境向净化、绿化、美化和充分体现地域特色的生态景观演变,营造海上绿色家园。

“十一五”期间,加快建设海洋经济强市、海洋文化名城和海上花园城市,必须以科学发展观统领经济社会发展全局,着眼城乡统筹发展和经济社会协调发展,突出加快发展主题,加强体制保障,努力发展循环经济,建设资源节约型、环境友好型社会,不断增强可持续发展能力,促进舟山经济社会又快又好发展。必须依靠科技创新。把科技工作放在突出位置,把提高科技自主创新能力作为推进结构调整和提高区域竞争力的中心环节,加大“科技兴海”力度,加快技术创新步伐,构筑以企业为主体、市场为导向、产学研结合的开放型区域创新体系,全面提升科技综合实力。必须不断深化改革。加快推进行政管理体制改革,提高审批效率。推进公共财政体制改革,提高财政资源配置效率。积极推进城乡一体化改革,促进城乡协调发展。深化教育、文化、卫生等社会事业体制改革,鼓励和引导社会资源发展社会事业。完善现代市场体系建设,大力培育资本市场。完善就业服务、收入分配调节机制,促进社会和谐。必须加快扩大开放。继续争取扩大开放区域,进一步加强招商引资,主攻大集团、大企业、大产业、大项目,扩大引资规模,提高引资质量。加强和周边地区的经济互动合作,实现优势互补、错位发展。优化调整出口商品和出口市场结构,实施外贸多元化战略,打造一批具有较强竞争实力的出口企业和品牌。继续推动劳务输出,加强对外经济交流与合作。

三、2006年的主要工作

今年的工作要按照市委“抓根本、强基础、重创新、求实效”的总体要求,坚持以海洋经济发展为主线,培育特色产业,统筹城乡发展,推进改革创新,优化发展环境,确保经济持续快速增长、经济社会协调发展。建议2006年全市经济和社会发展的主要预期目标是:地区生产总值313亿元,增长13%以上;工业总产值500亿元,增长24%;渔农业总产值87.2亿元,与上年持平；地方外贸进出口总值15亿美元，增长24%；港口吞吐量1.1亿吨，增长21.5%；旅游接待人数1 120万人次，增长12%，旅游总收入70亿元，增长14%；全社会固定资产投资200亿元，增长22%；社会消费品零售总额110亿元，增长10%；地方财政收入21亿元，增长15%；新增城乡就业岗位1.6万个；城镇登记失业率控制在4%以内；城镇居民人均可支配收入增长10%；渔农村居民人均纯收入增长11%。

一是狠抓海洋产业发展。确保经济增长速度在全省保持领先水平，以项目为抓手，大力培育特色产业，加快扩张33重点产业规模。支持中远船舶修造等一批重点项目的建设和投产，实施《船舶生产企业生产条件基本要求》，制订出台促进船配业发展的政策措施，推动我市造船整体水平明显提高。积极促进水产品精深加工业发展，加大对产品研发和市场开发的支持力度，加快培育水产龙头企业，开展地理标志申请注册工作，打响舟山水产品牌，积极应对国际贸易摩擦和技术壁垒，提升舟山水产品出口竞争力。坚持科学论证，加快编制舟山石化工业园区规划；加强与中化公司联系，努力争取国家支持，积极推进和邦化工等项目建设，力促已达成投资意向的石化项目落户。继续加快粮油、木材等大宗货物加工业发展，支持机械、纺织、化纤、汽配、玩具等有较强竞争力的传统产业做大做强。加快推进宁波舟山港一体化实质性工作。充分发挥好现有港口生产能力，力促册子原油中转码头当年达到设计吞吐能力，进一步挖掘岙山石油中转、老塘山二期等主要作业点的潜力；力争舟山液体化工品中转、六横煤炭中转码头、中奥能源六横PX储运等大项目年内开工，加快国际粮油集散加工中心、国家石油战略储备基地、马迹山矿砂中转二期等项目建设进度；加快推进虾峙门航道疏浚、条帚门航道开发、佛渡锚地开辟、马岙港区航道整治等工作。继续实施海运业扶持政策，引导大企业对“小、散、弱”企业重组兼并合营，鼓励企业开拓新的运输市场，强化江海联运，提高竞争力。高起点编制全市海洋旅游产业总体规划及十大旅游区的概念性规划，整合十大旅游景区资源。办好首届世界佛教论坛，扩大旅游节庆活动的效应。加快推进高星级酒店、海钓游艇等精品项目建设；加大旅游促销力度，推动入境旅游发展。保护和合理利用海洋渔业资源，逐步优化国内捕捞，积极稳妥发展远洋渔业；以特色优势产品养殖产业带为重点，继续加快养殖塘标准化改造，推进水产养殖种苗工程；扶持休闲渔业示范基地和渔港经济区建设。以精细农业、休闲观光农业和品牌农业为重点，发展海岛特色农业。实施“彩化”工程，重点抓好生态公益林和重点区域绿化等工作。

二是推进新渔农村建设。大力推进渔农村小康社区建设，确定一批渔农村新社区作为试点，建成比较成熟的示范样本。进一步巩固“暖促”成果，建立长效机制。积极开展渔农民就业技能培训，努力完成培训渔农村富余劳动力1万名、帮助1万名渔农民实现就业的任务。完善“以奖代保”制度，进一步提高渔农村新型合作医疗制度的筹资额度和参保率。积极探索捕捞渔民基本养老保障政策，努力提高渔农民生活水平。认真落实最低生活保障制度，加大渔农村危房改造力度，进一步完善贫困群体医疗救助办法，提高渔农村“五保对象”集中供养质量，基本实现每一个困难家庭有单位或个人实施结对帮扶的目标，切实保障贫困群体的基本生活。加强村镇规划，加大渔农村的交通、水、电、通信等基础设施建设力度，实施道路硬化、渔农民饮用水、河道整治等工程，促进城市基础设施向渔农村延伸。加大村庄示范整治力度，对有条件的区域实行整岛环境整治。实施一批排污、改厕和垃圾集中处理工程，改善渔农民生产生活环境。

三是增强区域发展活力。加大扶持引导力度，发挥企业科技创新主体作用，加强技术引进、消化吸收和创新集成，提高自主创新能力。着力构建区域科技创新体系，加快组建省海洋科技开发研究院，抓好舟山海洋科技创业园、人才公寓、普陀海洋高科技园区博士后科研工作站和海洋生物工程实验室建设，加快培育水产品精深加工、水产养殖和船舶修造等省级科技创新服务中心。大力实施共性技术、关键技术的联合攻关，积极开发和推广渔农业种养实用新技术。加快建立科技人才培养机制，重点培养海洋经济类人才，加强高级技工队伍建设，逐步建立科技创新人才资助机制。全面实施政府投资项目审批管理办法，积极推进代建制，实行企业投资项目核准制、备案制；创新融资手段，积极推动企业上市，拓展市外融资渠道；加快人事、教育、文化、卫生等领域的社会事业体制改革；进一步深化城乡劳动就业制度和户籍制度改革、乡镇改革、渔农村集体资产产权制度改革等城乡管理体制配套改革。努力扩大对外开放，加大接轨上海、对接宁波、融入长三角的力度，积极推进以港口、产业对接为重点的区域合作；充分借助“海外浙江周”、“山海协作”工程等有效平台，深入开展经贸合作活动，不断拓展区域合作领域。扎实做好本岛北部部分区域等口岸开放工作。强化招商引资举措，注重招商选资，重点引进国内外大集团、大企业和大项目，抓好引进项目的资金到位率。高度重视发展开放型经济，继续大力实施出口产品结构优化战略和出口市场多元化战略，加快保税库、水产物流中心建设。

四是优化加快发展环境。加大基础设施建设力度，重点推进舟山大陆连岛工程建设，完成年度投资25亿元。积极做好六横至宁波、岱山至本岛大桥建设的前期工作。加强公路建设，完成长峙至岙山、临城至螺门公路70%的工程量，完成北部沿海大通道工程的前期工作。加强水源工程和城乡供水一体化建设，基本完成舟山大陆引水二期工程前期工作，全面完成展茅平地水库工程建设，建成新城水厂一期、虹桥水库至城北水厂输水管线工程，积极推进偏远岛屿海水淡化工程。支持六横煤电一体化项目开工建设，完成舟山电厂扩建项目立项预审工作，开工建设舟山至宁波220千伏联网工程，推进衢山风力发电项目建设。全面开展新一轮土地利用总体规划修编工作，推进土地开发整理，继续实施好钓浪等一批重点围垦项目。加大新城市政设施建设力度，加快服务业网络布点，完善新城教育、卫生等公共设施。大力发展城市公交事业。加大旧城改造力度，加强“马路市场”整治，完成定海沿港东路景观、沈家门海中洲隧道拓宽和高亭、菜园城区供水管网改造等工程。大力推进生态市建设，加快新城污水处理和城区生活垃圾处置工程建设，完成岱山、嵊泗污水处理工程年度建设任务，继续抓好重点污染企业、重要区域环境整治工作。推进企业实行清洁生产，广泛开展节能节水节地节材活动，努力创建资源节约型、环境友好型社会。

五是发展各项社会事业。大力推进家庭经济困难学生资助体系、城乡学校共同体及寄宿制学校建设，实施中小学教师素质提升工程。建立健全幼儿教育质量体系和管理监督体系。加强重点专业建设，筹建船舶修造实训基地。认真贯彻《舟山市加快海洋文化名城建设决定》，繁荣发展文化事业。加强基层文化体育设施建设,广泛开展基层群众性文化体育活动,推进舟山海洋文化艺术中心、舟山海洋体育健身中心和定海体育健身中心建设。推进卫生医疗体制改革,规范医疗服务行为,提高医疗服务质量。整合本岛医疗卫生资源,完善舟山群岛渔农民流动医院和惠民医院长效服务机制。实施社区健康促进工程和农民健康工程,全面推进渔农村社区卫生服务工作。完成市中医骨伤科联合医院大楼工程并投入使用,完成市残疾人康复指导中心建设项目主体工程。进一步深化计划生育优质服务,切实做好人口工作。深入开展城乡爱国卫生运动,不断提高国家卫生城市创建水平,完成创建国家卫生城市申报工作。全面推进全国文明城市创建工作,实施文明创建工程,广泛开展群众性精神文明活动。

六是维护社会和谐稳定。切实提高治安防控和预防犯罪能力,依法打击各类刑事犯罪和经济犯罪活动。加强对外来人口的服务和管理,推进信用体系建设,深化平安创建各项活动。加强监管调控,保持物价总水平基本稳定。高度重视信访工作,妥善处置群体性事件,改进征地工作,保障群众合法权益。切实维护社会公共安全,深入开展安全生产专项整治,高度重视渔业生产、海上交通运输和消防安全,加强食品、药品安全监督,全面落实安全生产管理目标责任制,努力防止重特大事故的发生。加强公共卫生体系建设,完成市疾病预防控制中心、舟山医院呼吸道传染病门诊建设,建立市急救指挥中心,提高应对突发公共卫生事件的能力。加强对高致病性禽流感、艾滋病等传染病的防治工作。切实做好"三防"工作,加强地质灾害防治,完善病险水库、海塘除险加固,完善各类应急预案和工作体系,引导全社会增强防灾救灾意识,确保人民群众生命财产安全。

七是加强政府自身建设。进一步贯彻落实依法行政实施纲要,自觉接受人大依法监督、政协民主监督和社会监督,健全科学民主决策,全面推行重大决策专家咨询制度、重大事项社会公示和听证制度。以"五五普法"为重点,深入开展法制宣传教育,全面贯彻实施《公务员法》,提高政府工作人员依法行政能力和全民法律素养。深化行政管理体制改革,创新行政管理方式,规范行政执法行为,落实行政执法责任制。加快转变政府职能,提高政府资源配置、社会管理和公共服务能力,认真抓好与群众生产生活密切相关的实事项目。完善部门预算等财政体制改革,切实抓好国有资产、国有企业和政府性投资项目监督管理。提高社会自治能力,充分发挥社会团体、行业协会和中介机构的作用。深化行政审批制度改革,规范行政许可,实行联合审批制,进一步简化程序、减少环节、提高效率。强化政务公开,积极推进电子政务建设。加强行政效能监督,巩固和扩大机关效能建设成果。加强招投标统一平台建设,进一步推进廉政建设,严肃查处各类违法违纪案件,纠正部门和行业不正之风,反对浪费,厉行节约,真正树立"为民、务实、清廉"的政府形象。

"十一五"规划的宏伟蓝图已经绘就,提前基本实现现代化的美好前景已经展现在我们面前。让我们紧密团结在以胡锦涛同志为总书记的党中央周围,高举邓小平理论和"三个代表"重要思想伟大旗帜,在中共舟山市委的领导下,认真落实科学发展观,依靠全市人民的智慧和力量,求真务实,诚信和谐,开放图强,为把我市建设成为海洋经济强市、海洋文化名城和海上花园城市而努力奋斗!

(注:原文为:"关于舟山市国民经济和社会发展第十一个五年规划纲要的报告")

政府工作报告

（2006年2月28日）

台州市市长　张鸿铭

2005年工作和"十五"发展的回顾

2005年是本届政府的开局之年。我们在市委的领导下，在市人大和市政协的监督支持下，坚持以邓小平理论和"三个代表"重要思想为指导，牢固树立和全面落实科学发展观，抢抓机遇，苦练内功，克难攻坚，全力推进"两个社会"建设，保持经济较快发展与社会和谐稳定，市三届人大一次会议确定的主要预期目标和十方面实事任务较好完成。全市实现生产总值1 247.43亿元，比上年增长13.4%；财政总收入147.45亿元，增长16.4%，其中地方财政收入72.33亿元，增长15.5%；全社会固定资产投资537.62亿元，增长16.6%；社会消费品零售总额439.9亿元，增长16.1%；自营进出口63.53亿美元，增长32.7%；城镇居民人均可支配收入和农村居民人均纯收入分别为17 394元和6 689元，实际增长7.4%和10.6%；城镇登记失业率控制在3.8%；人口自然增长率7.13‰。

致力于提高经济发展质量，产业发展水平得到提升。坚持工业立市战略，大力实施"5431工业发展计划"，先进制造业基地建设取得新成效。全市工业增加值598.45亿元，增长15.8%。五大主导行业发展势头良好，造船业迅速兴起。工业产值上亿元企业新增80家，其中超10亿元企业新增7家，省级以上高新技术企业新增43家。规模以上工业企业新增507家，规模以上工业销售收入增长28.2%，利润增长20.1%。我市被评为中国十二大品牌经济城市之一，4家企业被评为全国行业内最具竞争力自主品牌企业。建筑业稳步发展。坚持发展高效生态农业，大灾之年仍实现农林牧渔业增加值99.69亿元，增长0.1%。100家农民专业合作社完成规范化改造，农产品产地编码查询系统投入应用，农产品运输"绿色通道"全面开通。新增市级农业龙头企业43家。动植物疫病防控等工作得到加强。渔业结构调整不断深化，渔港经济区加快建设，海洋经济强市建设积极推进，海洋经济总产值402亿元，增长25.42%。坚持大力发展现代服务业，确立了"7+5服务业发展框架"，推动现代物流、金融、会展、旅游业加快发展。第三产业增加值491.22亿元，增长14.8%。我市被评为中国金融生态环境城市，交通银行台州分行批准成立。创建3 226家农村"放心店"。举办第二届台州旅游节，启动创建中国优秀旅游城市活动，全市国内外旅游人数1 615万人，旅游收入139.1亿元。

致力于统筹协调发展，一体化步伐加快。新一轮《台州市城市总体规划》已经省政府批准，分区规划、专业规划修编基本完成。市区"710城市建设工程"全面启动实施，新建成一批高层建筑、居民小区、城市雕塑和城市道路，城市功能不断完善。创建省级园林城市通过验收。县域城市规划建设和管理得到加强，全市完成小街小巷整治54条，完成城中村改造27个。天台、三门被评为省文明城市。积极推进新农村建设，"百千工程"深入开展，425个村完成环境整治，新建成64个省市级示范村，温岭市村庄整治成效明显。深入实施"百万农村劳动力素质培训工程"，培训农村劳动力20万人。下山移民7 488人。城乡环卫一体化启动实施，农村生活垃圾和生活污水集中处理开始试点。疏浚河道515公里，整治河道73公里，全面完成了五年河道疏浚整治任务。改善农村饮用水人口21.28万人，全市农村安全饮用水普及率59%，农村卫生户厕普及率69.5%，玉环完成全县农村改厕任务。加强县域经济分类指导，"南北协作"工程初见成效，北部地区主要经济指标增幅超过全市平均水平，区域协调发展呈现良好态势。

致力于加快重大项目建设，"两年"工作深入开展。优化建设、融资和服务环境，狠抓了项目报批率、供地率和开工率。市区滨海工业区块拉开框架，20家企业进园施工，县市区工业园区建设加快。建成标准厂房148.46万平方米。加快废弃盐田、溪滩地利用和海涂开发，盘活存量土地2万亩。全年供地5.56万亩，为近年来最多。着力破解资金制约，市政府相继与工商银行、建设银行签订了为期三年共250亿元的贷款合作意向书，与国家开发银行合作在全国率先启动可持续微小企业项目融资试点，银企合作得到加强，工业贷款增长27.4%。建成500千伏台南输变电工程、15个110千伏及以上输变电工程，工业用电增长23.2%，电力短缺矛盾得到缓解。百项重点工程投资129.65亿元，完成年度计划125.9%。甬台温铁路开工，台金高速、诸永高速加快建设，一批国、省道改扩建工程开工。大麦屿港区建设实质性启动。台州新机场选址已经民航总局批准。天台桐柏抽水蓄能电站一号机组并网发电，玉环华能电厂加快建设，台州供水二期工程全面开工，天台水厂建成。临海牛头山水库除险加固完成大坝主体工程，"百库保安工程"进展顺利。

致力于生态市建设，环境污染治理取得实效。积极开展"811环境污染整治行动"，临海水洋化工区污染整治在全省率先"摘帽"，黄岩王西、外东浦医化企业基本关停，椒江外沙、岩头化工区废气达标治理基本完成。路桥1 309家小冶炼全部取缔，天台坡塘化工区通过市级验收。市区空气质量二级以上天数达到90%，环境质量明显改善。市区新建污水管网28公里，截污管网覆盖率85%以上，日污水处理量提高到13.2万吨。临海、温岭、玉环城市污水处理厂建成运行，天台城市污水处理厂基本建成。农村面源污染治理、海洋生态环境保护不断加强。100个生态示范点和45项生态市建设重点工程进展顺利。温岭市通过国家级生态示范区验收。制定"511循环经济行动计划",开展资源节约型社会建设,30多家企业通过环境管理认证,78家企业通过清洁生产审核。重点耗能工业企业万元产值平均综合能耗下降6.2%。

致力于制度创新和区域合作,改革开放呈现新局面。区域创新体系建设加快,科技、金融、人才三大服务体系不断完善。积极扶持企业上市,新增股份有限公司5家。成立了五大主导行业协会。温岭大溪镇成为国家级发展改革综合试点镇。建成个人征信管理系统。着力改善外贸结构,扶持发展加工贸易,自营出口51.96亿美元,增长36.8%。积极拓宽引资渠道,组织参加"广交会"、浙洽会和香港、韩国、法国"浙江周"等重大活动,加强与世界500强企业联系,新批外资企业117家,实际利用外资3.4亿美元,增长11.5%。对外经济合作有新举措,新批境外投资企业48家。开展了"台州·拉美友好周"活动,与法国纳维尔市和智利伊基克市缔结为友好城市。台州港口岸开放实现新突破。我市被正式纳入长三角区域规划范围,与周边城市合作与交流得到加强。全市建立异地商会40余个。成功举办首届台州商人大会,"回归工程"取得新成果。

致力于增强区域软实力,社会事业加快发展。实施软实力战略,大力推进自主创新。新增省级以上高新技术研发中心和区域科技创新服务中心共13家,引进"大院名校"共建创新载体26家,新列入国家火炬计划项目33项。实施"211人才工程",新增各类人才4.7万人。十五年基础教育普及成果得到巩固,初升高比例93.9%。在农村学校全面开展"改水改厕"等五项工程建设,137所学校被认定为省级标准化学校。台州学院椒江校区启用,浙大台州研究院经省政府同意筹建。天台县成为省级教育强县。开展创建学习型城市活动,县(市、区)社区学院相继成立。大力推进文化大市建设,"百分之一文化计划"开始实施。台州乱弹和"一绣三雕"得到抢救,台州府城、天台国清寺等历史文化遗产得到进一步保护和开发。举办了纪念解放一江山岛50周年、首届中国(台州)网络音乐节、城市雕塑设计大赛等系列活动。市文化艺术中心建成,新建310家基层文化俱乐部。文明礼仪宣传教育实践活动广泛开展。参加全国十运会取得历史最好成绩,第十三届省运会筹备工作有序开展。卫生工作进一步加强。公共卫生疫情监测信息网络进一步完善,农村重点传染病和职业病的防控工作得到加强,市急救中心动工建设。低生育水平保持稳定。完成了经济普查、国民体质监测普查和1%人口抽样调查。民族、宗教、侨务和对台工作得到加强,气象、档案、地方志工作取得新的成绩,老干部、关心下一代工作取得进步,妇女儿童、老龄、残疾人事业有了新发展。

致力于建设"平安台州",和谐社会建设稳步推进。民主法制建设得到加强。自觉接受市人大和政协的监督,认真实施人大有关决定和决议,办理人大建议案291件、政协提案462件,基本满意以上比例分别达到99.7%和99.6%。重视民主党派和工商联参政议政,支持工会、共青团、妇联和科协、社联、文联、侨联等群众团体开展工作。加强社会治安综合治理,开展"百日维稳行动",推广网格化巡防和村级巡防制度,刑事发案率近年来首次下降,我市成为全国科技强警示范城市。编制了四大类26个专项应急预案,开展突发性事故应急预案演练。认真落实信访工作责任制,依法规范信访秩序,妥善处置群体性事件。基本完成村委会换届选举工作,普遍建立城市社区管理新体制。重视国防、人防和民兵、预备役部队建设,拥军优属、优抚安置和征兵工作得到加强,蝉联省双拥模范城。就业和社会保障工作得到加强。新增城镇就业岗位4.6万个,城镇职工养老、医疗、工伤参保人数分别增长5.4%、10.9%和23.4%。最低生活保障基本做到应保尽保,7.3万被征地农民参加养老保障,新型农村合作医疗参保率82%,"五保"和"三无"人员集中供养率分别达到94.4%和98.8%。外来务工人员合法权益保障和城市流浪乞讨人员救助管理得到加强。慈善事业健康发展。1 361户台灾倒房群众春节前全部入住新房。安全生产专项整治力度加大,三项安全生产指标下降。高度重视食品药品安全,15类食品实施质量安全市场准入制度,"菜篮子"放心工程继续推进,农村现代流通网和群众监督网建设全面开展。

致力于转变政府职能,政府自身建设得到加强。开展"十一五"规划编制工作。制定推进依法行政五年规划、市政府工作规则和重大行政决策事项公示办法,建立新闻发言人制度和为民办实事长效机制,成立市政府决策咨询委员会,开展市领导与网民对话活动。深化了国有资产、国土资源、文化体育、食品药品、安全监管体制等改革。深化机关效能建设,增强行政服务中心职能,成立市招投标中心,市级机关办事效率有新提高。认真开展保持共产党员先进性教育活动,加强和改进行政监察工作,深入开展反腐倡廉。

过去一年我市遭受五次台风的袭击,全市上下众志成城,发扬连续作战、顽强拼搏、团结奋斗的抗台精神,科学防台抗灾,把损失降到最低程度,全力重建家园,大灾之年仍然大发展。这种抗台精神是台州精神的集中体现,是台州人民引以自豪的宝贵财富,是加快台州发展的强大动力。我们要倍加珍惜,发扬光大。

2005年为"十五"画上了圆满的句号。回顾"十五"发展,在全市人民的共同努力下,我们提前完成了市二届人大二次会议确定的主要计划目标,全市国民经济和社会发展迈上新台阶。

综合实力明显增强。全市生产总值从616.62亿元增加到1 247.43亿元,年均增长13.5%;人均生产总值从11 318元增加到22 360元,年均增长13%。财政总收入从53.18亿元增加到147.45亿元,其中地方财政收入从26.15亿元增加到72.33亿元,均增长1.77倍。经济结构不断优化,三次产业比例由13.6:52:34.4转变为8:52.6:39.4。效益农业发展加快,市场竞争力大幅度提升。先进制造业基地建设进展较快,大工业建设取得明显成效。全部工业增加值年均增长14.6%,规模以上工业企业实现利税年均增长23%。获得中国名牌产品8个,国家驰名商标7个,国家免检产品31个。第三产业增加值年均增长16.3%,旅游、物流、金融、房地产、信息服务等产业成为新的经济增长点。

改革开放不断深入。增创民营经济新优势,非公有制经济发展环境进一步改善。行政审批制度改革不断深化,审批项目从1 252项削减到385项,减少了69.2%;投资、国资管理、粮食流通、盐业管理等体制改革取得明显进展。资本、劳动力和人才、技术、土地等要素市场建设步伐加快,市场经济体制基本建立。开放型经济发展较快,自营进出口年均增长41%。累计实际直接利用外资10.3亿美元,增加了4倍。对外经济交流与合作不断加强,全方位、宽领域、多层次的对外开放格局基本形成。

城市面貌显著变化。中心城市框架进一步拉大，建成区面积达到70平方公里，城市功能逐步增强，城市品位明显提升。副中心城市、县域城市、中心镇建设步伐加快，城乡布局日趋合理。全市城市化水平按“五普”口径达到58.2%。完成重点工程投资额391.28亿元，一批重大基础设施项目相继建成，大交通、大港口建设迈出新步伐。港口货物吞吐量从1 397万吨增加到2 820万吨。220千伏和500千伏输变电线路由647.4公里增加到1 032.8公里。基础设施严重滞后于经济社会发展的局面得到改变。

统筹发展加快推进。高度重视改善农村生产生活条件。全市财政支农资金25.8亿元，年均增长21.1%。近三年“百千”工程完成村庄整治851个，建成省市级示范村75个。“康庄工程”取得明显成效，建成通村等级公路2 650公里，路面硬化率80%。有线电视通村率87.5%。教育、科技、卫生、文化等社会事业加快发展。全市用于文教卫事业财政支出103.5亿元，年均增长21.43%。全社会科技投入占生产总值的比重由1.9%提高到2.4%。提前两年基本普及十五年基础教育，乡镇都建有一所中心幼儿园目标基本实现，初升高比例和高等教育毛入学率分别提高26.15个和22.57个百分点，有7个县（市、区）成为省级教育强县。医院上等级取得重大进展，公共卫生体系建设全面加强。文化产业加快发展，建成1 577家基层文化俱乐部，全民健身运动广泛开展。生态市建设深入推进，环境污染整治行动扎实开展，全市生活垃圾集中处理率和城市污水处理率分别提高18个和40个百分点。社会发展严重滞后于经济建设、落后于全省平均水平的局面开始扭转。

人民生活日益改善。城镇居民人均可支配收入从8 861元增加到17 394元，年均增长13.1%；农村居民人均纯收入从4 296元增加到6 689元，年均增长8%。连续四年实施为民办实事工程，群众关心的一批实际问题得到较好解决。覆盖城乡、不同层次、不同水平的社会保障体系初步建立，全市用于社会保障财政支出年均增长72.5%；城镇职工养老、医疗、失业、工伤、生育等社会保险覆盖面扩大，参保人数分别增长116.1%、193.5%、28.3%、137.6%和5.8%。建立和健全了城乡居民最低生活保障、被征地农民基本生活保障、新型农村合作医疗和城乡医疗救助、困难家庭学生助学、农村五保和城镇“三无”对象集中供养、廉租房等社会救助制度。居民人民币储蓄存款余额712亿元，增长1.5倍。城镇和农村居民人均住房面积分别达到28.3平方米和49.6平方米，市区每百户居民汽车拥有量12.7辆，居全省前列。

过去五年，是我市紧紧抓住战略机遇期，大力实施二次腾飞战略，改革创新、加快发展的五年；是战胜非典疫情、台风灾害和要素制约，克难奋进的五年；是认真贯彻落实科学发展观，速度与效益、经济与社会、城市与农村协调发展，人民群众得到更多实惠的五年。这是省委、省政府和市委坚强领导的结果，是全市人民贡献智慧、挥洒汗水、共同奋斗的结果。在此，我代表市人民政府，向各位代表并通过你们向全市人民、驻台部队和武警官兵，向各民主党派、工商联、人民团体和各界人士、离退休老同志，向中央和省驻台单位，向所有关心支持台州发展的海内外朋友们、外来务工人员，表示衷心的感谢！

“十五”的成就令人鼓舞，但我们必须清醒地看到，我市还面临许多亟待解决的矛盾和问题。区域自主创新能力还不强，粗放型的增长方式没有根本改变；基础设施建设相对滞后，要素制约仍然突出，经济发展后劲不足；市本级财力薄弱，中心城市辐射带动能力不强；环境承载压力加大，社会事业相对滞后，城乡、区域发展不够协调；社会转型期矛盾增多，维护稳定任务艰巨；政府职能转变仍不适应发展要求，依法行政能力和行政效率亟待提高；党风廉政建设和反腐败斗争仍需不断加强。对这些矛盾和问题，我们务必高度重视，认真解决，决不辜负全市人民的重托和期望。

“十一五”时期的奋斗目标和主要任务

“十一五”时期，台州将进入一个崭新的发展阶段，工业化、城市化、市场化和国际化将快速推进，经济结构和社会结构将加速转型。这一时期是台州全面建设小康社会与和谐社会的关键时期，是大转型、大投入、大调整、大发展的重要时期。根据党的十六届五中全会精神和市委关于“十一五”规划建议，今后五年全市经济和社会发展的主要目标是：

——基本实现全面建设小康社会目标，和谐社会建设取得重大进展。经济实力显著增强。全市生产总值年均增长12%以上，达到2 200亿元，力争人均生产总值5 000美元。地方财政收入125亿元，年均增长12%。社会发展综合水平达到全省中上水平。着力建设科技强市、教育强市、卫生强市和体育强市，大力推进文化大市建设。全市学前三年幼儿入园率和初升高比例均达到95%以上，高等教育毛入学率45%，全市平均受教育年限9.5年。全市人才总量达到58万人。每千人医院床位数3张、医生数2名。人口自然增长率控制在6‰以内，人均预期寿命76岁以上。社会就业比较充分，新增就业岗位20万个，城镇登记失业率控制在4.3%以内。社会保障体系和新型社会救助体系比较健全，城镇职工养老和医疗保险参保人数分别达到76万人和57万人，新型农村合作医疗覆盖率85%。可持续发展能力明显增强。主要污染物排放总量基本持平，重点流域、区域和重点行业、企业的环境污染治理基本完成，城市污水集中处理率、生活垃圾处理率分别达到65%和95%以上。循环经济发展取得明显成效，工业用水重复利用率提高到60%以上，规模以上工业万元产值综合能耗下降15%左右。“平安台州”、“法治台州”建设取得重大进展。基层民主更加健全，人民群众权益得到切实尊重和保障，安全生产基础扎实，社会秩序良好，人民安居乐业。人民生活水平明显提高，城镇居民人均可支配收入和农村居民人均纯收入分别达到25 570元和9 400元，年均分别增长8%和7%。

——建设长三角地区先进制造业基地，产业竞争力显著增强。积极融入世界制造业体系，主导行业形成国家级生产基地、研发基地、品牌基地和出口基地。产业集群优势进一步凸显，市场占有率不断提高。规模以上工业增加值占全部工业增加值比重超过65%。技术进步对制造业增长的贡献率超过50%。形成一批大企业大集团，争取有5家企业进入国内制造业500强。形成能够支撑先进制造业发展的现代服务业体系，服务业增加值占生产总值比重42%以上。初步建成华东地区能源生产基地、浙东休闲旅游胜地、长三角地区高效生态农业示范基地以及海洋经济强市。

——建设东南沿海现代化港口大城市，一体化水平显著提升。中心城市功能明显增强，成为区域政治、经济、文化中心，台州市建成区人口达到100万人，面积110平方公里。创建全国文明城市、国家卫生城市、国家园林城市、国家环境保护模范城市和中国优秀旅游城市,蝉联全国双拥模范城。副中心城市、县域城市和中心镇建设水平明显提高,城镇体系更加合理。全市城市化水平每年提高0.5个百分点以上。深水港区开发取得突破,主要港区优势功能形成互补,港口集疏运条件明显改善,港口吞吐量达到5 000万吨。城乡交通实现跨越式发展,建成甬台温铁路和台金、诸永高速公路,通车高速公路300公里,在建高速公路200公里,全市等级公路建成1万公里以上,公路通村率和通村公路硬化率均达到100%。新农村建设取得突破性进展。全面建设"生产发展、生活宽裕、乡风文明、村容整洁、管理民主"的社会主义新农村,农业产业化经营组织达到1 500家,建成省市级示范村200个、整治村2 500个。基本实现城乡供水、环卫、公交一体化,农村安全饮用水普及率92%,生活垃圾收集率90%以上。"三大板块"竞相发展,城乡、区域协调发展。

——建设中国民营经济创新示范区,区域创新能力和开放水平显著提高。民营企业自主创新、制度创新、管理创新水平明显提高,国际竞争力显著增强,产业领域进一步拓展,民营经济实现新的飞跃。形成比较健全的区域技术创新体系,国家级企业技术中心新增5家,省级高新技术企业研发中心新增25家以上,市级区域科技创新服务中心新增20家以上。形成比较完善具有区域特色的市场经济体制,市场秩序更加规范。形成更高水平的区域开放融合格局,经济外向度达到55%,利用外资25亿美元以上,对外经济合作有新突破,开放型经济达到新水平。政府决策科学化、民主化水平不断提高,公共服务型政府建设积极推进。

"十一五"发展目标体现了时代的新要求。我们要坚持以科学发展观统领经济社会发展全局,立足创新,加快转型,统筹发展,争先进位,加快台州现代化新进程,为全面建设小康社会与和谐社会走在全省前列奠定坚实基础。

坚定不移地实施工业立市战略,大力推进产业结构优化升级。坚持工业立市不动摇,就是按照现代化建设的客观规律,走新型工业化道路,力争在打造先进制造业基地建设上走在全省前列,"台州制造"在全国打响。深入实施"5431工业发展计划"。加快五大主导行业发展,大力发展电子信息、生物工程、新材料、环保等新兴产业,积极引进大陈石化项目,培育发展船舶修造等临港型工业;鼓励规模企业、高新技术企业、名牌企业、上市企业"四位一体"发展;构建科技、金融、人才三大服务体系;集中力量加快台州沿海产业带建设,开创台州工业发展新格局。充分利用海洋资源,大力发展海洋产业。大力推进质量兴市,建设品牌大市,以打造"汽车及零部件出口基地"为重点,争取形成若干总量规模、创新能力、装备水平、市场份额居全国前列的制造中心、特色产业基地和配送中心,培育具有国际竞争力的产业集群。大力发展建筑业。以现代大工业带动现代农业和现代服务业的发展,特别要顺应产业与消费升级的趋势,坚持先进制造业与现代服务业的互动。按照"7+5服务业发展框架",大力扶持现代物流业,整合提升商贸流通业,优先发展交通运输业,积极发展旅游休闲业,鼓励发展金融保险业,加快发展信息服务业,促进房地产业健康发展,积极培育中介咨询、文化娱乐、会展经济、社区服务等新兴服务行业,形成"高增值、强辐射、广就业"服务业体系,不断提高第三产业发展水平。

坚定不移地实施统筹城乡发展战略,大力推进社会主义新农村建设。统筹城乡发展,就是把建设社会主义新农村作为重要载体,把促进农业增效、农民增收作为农业和农村工作的中心任务,切实把握"两个趋向",发展新产业,构建新体制,建设新社区,培育新农民,树立新风尚,努力形成以城带乡、以工促农、城乡协调发展的格局。以发展高效生态农业为重点,促进农村生产力全面发展,努力形成区域化布局、产业化经营和社会化服务的现代农业发展新局面,全市确保166万吨粮食生产能力、建成145万亩标准农田,形成10个特色农业产业带,建设100个规模特色农产品基地,培育10大农业名牌产品。以加强农村规划和建设农村新社区为重点,深入实施"百千工程"。以全面提高农民就业技能和文明素养为重点,全面完成百万农村劳动力素质培训,转移农业劳动力25万人。以解决农民看病难、养老难等问题为重点,加快农村社会事业发展。以加快交通、教育、卫生、供水等城乡一体化的基础设施建设为重点,促进城市公共服务向农村延伸。以全面推进农村综合改革为重点,加快城乡配套改革,加强农村基层民主政治建设,全面增强农业和农村发展活力。以"南北协作工程"为重点,加快区域产业和劳动力转移,加大扶贫开发力度,加快北部地区和黄岩西部山区等新经济增长区块的崛起,推进区域协调发展。

坚定不移地加快中心城市建设,大力构建合理的城镇结构和基础设施体系。构建合理的城镇体系,就是要加强规划编制和管理,优化区域空间布局,合理划分优先开发、重点开发、限制开发和禁止开发四类主体功能区,形成科学合理的区域开发格局,构建以中心城市为龙头,副中心城市、县域城市、中心镇、中心村格局合理、交通发达、特色明显、功能完善的"1+X"城镇体系。在积极支持副中心城市、其他县域城市和中心镇加快建设的同时,突出加快中心城市建设,以实施"710城市建设工程"为重点,进一步完善城市功能,提升城市品位,力争今后几年大变样,使中心城市的首位度有较大幅度的提高。加快推进台州经济开发区和滨海工业区块建设,把开发区建设成为体制创新的先行区、科技创新的核心区、节约资源和生态建设的示范区。经济强县板块要努力建设特色鲜明的中等城市,北部三县要大力推进城镇基础设施建设,努力实现跨越式发展。大力实施"十大百亿工程",增强水资源、能源、土地等要素保障能力,不断提高综合运输、信息化应用效能,加快城乡、环境安全、社会事业等基础设施建设,切实增强发展后劲。

坚定不移地实施软实力战略,大力推进创新型社会建设。建设创新型社会,就是一切工作立足创新,再造台州发展新优势。高度重视自主创新,鼓励原始创新,增强集成创新能力,大力提升引进消化吸收再创新能力,积极推进校企创新合作,形成一批拥有自主知识产权和知名品牌、具有较强国际竞争力的优势企业。加强科普工作。调整优化人才结构,创新人才工作机制,培育壮大企业家队伍。努力提高人才整体素质,加快人力资源能力建设。加强思想道德建设,重视社会科学发展,大力弘扬台州人文精神。加快发展社会事业,深入实施软实力建设"八大载体"、文化产业"八大工程"和文化设施"八大项目"建设。优先发展教育事业,把农村教育作为重中之重,关注弱势群体教育问题,全面推进教育均衡发展和公平实施。高标准普及十五年基础教育,大力发展职业教育,积极发展成人教育、社区教育,着力发展高等教育。深化教育体制改革,全面推进素质教育,进一步提高教育质量。大力推进学习型城市建设,深化干部培训工作,建立完善的全民终身教育体系。深化文化体制改革,积极发展文化事业和文化产业,加强城乡文化设施建设,突出民办文化特色,不断提高文化产品的生产和服务能力。重视台州历史文化的挖掘、保护和开发利用。深化医疗卫生体制改革,健全现代医疗卫生服务体系,大力发展城乡社区卫生服务,全面实施农民健康工程,努力解决群众看病难、看病贵问题。发展中医药事业。加强职业卫生安全,提高疾病预防控制和医疗救治服务能力。重视加强精神健康和老年健康工作。广泛开展全民健身活动,加快体育产业发展,全面发展体育事业。

坚定不移地走内源型与外源型发展相结合的路子,大力推进改革开放。内源型与外源型增长相结合,就是在更好地发挥民营经济主体作用的同时,进一步扩大开放,充分利用国际国内两个市场、两种资源。以体制、科技、金融、主体、服务五个创新为主,全面提高民营经济的科技化、规模化、集约化和国际化水平,着力构建中国民营经济创新示范区。进一步完善现代市场体系,推进"信用台州"建设,整顿规范市场秩序。坚持"引进来"与"走出去"并举,推进"以民引外",引导民营企业加强与国际国内高端企业尤其是世界500强企业的联合嫁接,在引进外资数量和质量上有新突破。积极应对国际贸易壁垒,继续扩大外贸出口,切实转变对外贸易增长方式,开拓国际新市场。鼓励更多企业走出国门,开展对外投资和跨国经营,不断拓展发展空间。同时,积极扩大对内开放,提高区域开放融合水平。继续接轨上海,参与长三角地区经济分工与协作。积极发展"青藤经济",推进"回归工程"。

坚定不移地实施生态市战略,大力推进资源节约型和环境友好型社会建设。建设生态市,就是要求经济发展绝不能以牺牲环境为代价,必须与人口、资源、环境相协调。我们要把生态台州作为"两个社会"建设的重大任务,通过不懈努力,治理污染,保护好环境,为子孙后代留下蓝天碧水,努力让台州人民过上更富裕、更整洁、更健康、更和谐的小康生活。深入实施生态市建设规划纲要,继续推进"811环境污染整治行动",加大重点流域、区域和重点行业、企业的环境污染整治力度,抓好城市环境、工业污染、农村面源污染整治工作。加强生态保护和饮用水源保护,逐步建立生态补偿机制,建成生态公益林295万亩,森林覆盖率达到64%,建成一批生态县(市、区)、镇、村,使全市环境状况得到明显改善。用三年时间完成地质灾害重要隐患点群众搬迁避让和工程治理。大力开展节能、节水、节地、节材和资源综合利用活动,进一步提高能源资源利用效率。全面实施"511循环经济行动计划",力争在循环经济发展上走在全省前列。

坚定不移地关注改善民生,大力推进和谐社会建设。建设和谐社会,就是坚持以人为本,着眼于人民群众的根本利益,解决好就业、社会保障、公共安全等民生问题。实现较为充分的社会就业。按照依法扩面征缴、完善政策措施、加强基础管理、健全服务体系的要求,加快建立健全社会保险、社会救助、社会福利、慈善和残疾人事业相互衔接的社会保障体系。重视化解保障风险,提高社会保障和救助能力。充分地关注基层、关注农村,更多地关爱困难群体,更好地维护外来务工人员的合法权益。高度重视老龄工作,积极应对人口老龄化。加强民族、宗教工作。充分考虑各方面群众的切身利益和社会承受能力,加强各项改革的协调配套,高度重视信访工作,调整好各方面的利益关系,妥善化解各类社会矛盾。高度重视安全生产、食品安全、重大疫情防治工作。加强军民共建和国防、人防建设,加强国家安全工作。坚持依法治市,加强民主法制建设,积极打造"平安台州"、"法治台州"。全面构建全市治安大巡防体系,加大社会治安综合治理力度,保持和谐稳定的社会环境。

坚定不移地提高行政能力,大力推进有为政府建设。建设有为政府,就是以责任政府、法治政府、阳光政府、效率政府、服务政府建设为目标,切实转变政府职能,提高行政能力。提高公共管理能力。建立完善公共突发事件应急预案体系,增强政府应急能力,每年7月10日为防台风日;加快财政体制改革,构建公共财政体制;加强政府性投资项目管理,严格控制政府债务规模;推进国有资产管理体制改革,积极构建权利、责任和义务相统一的国资管理基本框架,提高国有资产的经济和社会效益。提高公共服务能力。推行网上审批,切实提高办事效率;降低行政成本,政府要身体力行成为建设节约型社会的模范。提高依法行政能力。落实行政执法责任制,界定执法职能;推进行政执法体制改革,积极开展综合执法试点。提高科学民主决策能力。建立完善集体决策、社会公示和听证制度,在重大规划、发展战略、重大项目等方面充分发挥专家咨询论证作用;健全投资决策责任制度和责任追究制度,增强科学决策的外在约束。提高廉政建设能力。建立和完善信息公开发布制度,全面推进政务公开;加强审计监督,切实做好领导干部经济责任审计工作;认真落实党风廉政建设责任制,加大对违法违纪行为的查处力度,完善从源头上预防和治理腐败的机制,树立治政从严、从政务实、勤政为民的良好作风。

2006年政府的主要工作

2006年是实施"十一五"规划的第一年,综合分析发展环境和自身条件,建议2006年全市经济和社会发展的主要预期指标为:生产总值增长12.5%以上;全社会固定资产投资增长15%以上;财政总收入和地方财政收入分别增长12.5%和12%以上;社会消费品零售总额增长13%以上;自营进出口和外商直接投资均增长20%以上;城镇登记失业率控制在4%以内;城镇居民人均可支配收入、农村居民人均纯收入分别增长8%和7%;人口自然增长率控制在7‰以内;规模以上工业万元产值综合能耗下降3%。

为实现上述目标,我们要认真按照中央、省委省政府和市委要求,以科学发展观统领全局,创新为先,增量推动,一体发展,又快又好,为"十一五"规划的实施起好步、开好局。

以优化经济结构为重点,着力提高经济发展质量。加快先进制造业基地建设。着力发展五大主导行业,力争成为国家汽车及配件出口基地。做好大陈石化项目前期工作。深入实施"513规模企业培育工程",引导企业走"四位一体"之路。扶持成长型企业加快发展。加大科技投入,加快台州省级高新技术产业开发区建设,新增省级以上高新技术企业20家。力争完成装备投入170亿元。实施品牌培育工程,新增中国名牌产品、国家驰名商标和国家免检产品6个以上。争取国家级产品质量检测中心落户台州。推进企业股份制改造,力争新增上市企业2家。加大工业园区建设力度,抓好省级经济开发区扩容和提升工作。加快市区滨海工业区块首期项目建设,部分企业建成投产,启动建设二期5平方公里区块。三门沿海工业区块、临海东部工业区块、温岭东部产业集聚区块、玉环沙门及漩门二期工业区块、天台工业园区、仙居永安工业园区都要加快开发,形成规模。建设标准厂房100万平方米。采取积极措施推动房地产业健康发展,加快建筑业发展。大力发展高效生态农业。提高农业基础设施和农业装备水平,加快特色农产品规模基地和产业带建设,大力发展农业龙头企业,提高农产品加工水平。继续实施"种子种苗工程",提升农民专业合作社建设水平,推进农业产业协会建设。积极创建台州农业品牌,加快农业"走出去"步伐。实施"十万农民信箱工程"。推动农业政策性保险试点,积极探索农民互保,建立农业信用担保体系。加强动植物疫病防御体系建设,争取建设全市病死畜禽无害化处理中心。加强粮食安全。积极做好农业普查工作。大力发展现代服务业。加快30个重点商贸设施和农村现代流通网建设,提升专业市场功能。大力发展连锁经营,引进国际国内知名品牌。做好国际集装箱物流中心、路桥公铁联运物流中心前期工作。积极发展会展业和"总部经济"。把旅游业作为新的支柱产业加以扶持,加快旅游景区、配套设施和服务网络建设,市区实现创建中国优秀旅游城市目标。加快海洋经济强市建设。加快港口建设,发展临港型工业,抓好海洋电力能源建设。大力扶持海运业发展,开展接轨大小洋山港论证工作。加快建设椒江和玉环坎门渔港经济区,加大渔业结构调整力度,加快建设渔业优势产业带、水产加工园区和海洋休闲渔业基地,着力建设海洋生态经济区。

以建设新农村和完善城市功能为重点,着力推进一体化发展。大力改善农村面貌。以"三个集中"为导向,编制台州社会主义新农村规划纲要。深入实施"百千工程",以推进城乡环卫一体化为抓手,下大决心,化大力气,重点解决农村垃圾问题,建立三级环卫队伍网络,基本形成村居收集、乡镇中转、区域集中处理的环卫体制,完成30个示范村和350个整治村的建设任务,使农村环境有较大改观。认真解决村民建房落地难问题,有效遏止农村乱建房现象。实施"农房平安工程",提高建筑质量和抗灾能力。加快"康庄工程"建设,全市等级公路通村率达90%。加快农村社会事业发展。加强基础教育工作,认真落实农村中小学"四项工程",促进教育均衡发展。加快实施"百万农村劳动力素质培训工程",培训农村劳动力16.56万人,组织下山移民7 500人。加强农村卫生队伍建设,认真实施"农民健康工程",对参加新型农村合作医疗的农民逐步提供免费健康体检。进一步做好农村改水改厕工作,改善农民饮用水人口19.9万人。加快城乡一体的社会保障体系建设,完善被征地农民养老保障制度和新型农村合作医疗制度。推进村级民主管理和村务公开工作。开展农村干部远程教育。加快城市建设步伐。统筹推进中心城市、副中心城市、县域城市和中心镇建设。市区要加快椒江解放南路复建和黄岩商业街区、路桥远东新区建设,加快东、西商务区建设,全线贯通中心大道、市府大道西延和白云山过山道路,加快建设疏港大道。加强古宅、古街、古镇的保护和开发,做好绿心雕塑主题公园前期工作,动工建设白云阁。实施"四城联创工程"。鼓励有条件的县市积极创建全国文明城市、国家卫生城市、国家园林城市和国家环保模范城市,市区要建立和完善"四城联创"工作机制,加强城市管理,提高城市品位,实现创建省级示范文明城市目标。开展"数字城管"试点,探索城市网格化管理。开展入城口和入城线的整治,加快城市停车泊位建设,开展市区大环线公交整治,提升城市亮化品质。加强城市社区特别是社区卫生工作,提高建设水平,增强服务功能。

以推进技术创新和招商引资为重点,着力提高自主创新能力和对外开放水平。加强区域创新体系建设。积极申报中国民营经济创新试验区和国家知识产权试点城市,营造有利于自主创新的区域环境。引进"大院名校"共建科技创新载体20家,鼓励企业申报博士后科研工作站。抓好浙大台州研究院和市高新技术创业服务中心扩容工程建设,加快上海(台州)科技园建设。推进区域创新服务中心建设。用好高新技术创新风险资金,积极培育"研发经济"。加快培养基础人才,积极引进高级人才。开展服务于制造业的人才培训和职业教育,培育职业经理人市场,办好中国民营经济论坛,努力打造"新台商"。积极推进金融创新,争取开办社区银行。深化国有集体企业改革。推动企业管理创新,鼓励中小企业联合兼并。大力发展外向型经济。实施招商引资"一号工程",营造亲商、安商、富商社会氛围,创新招商方式,落实招商载体,加大以民引外力度,努力吸引跨国公司尤其是世界500强企业落户台州,积极参加省政府组织的美国、德国"浙江周"和浙洽会等重大活动,实现合同利用外资8亿美元,实际利用外资4亿美元。培育和发展外贸经营主体,引导企业参加商务部和浙江省的"重点培育和发展的出口品牌"评选,积极帮助企业应对国际贸易壁垒和反倾销,实现自营进出口75亿美元。鼓励企业到境外投资办厂和经营农业,加快企业"走出去"步伐,境外投资项目55个。加强对外交流与合作。争取台州港大麦屿港区正式对外国籍船舶开放,继续开展大通关建设。启动台州国际友好村工程建设。举办台州—瑞士中小企业合作交流论坛,台州民营企业与台湾企业对接合作论坛。加强与"长三角"城市及周边城市的合作。鼓励异地商会建设,深化实施"回归工程",做好引进内资工作。推进"山海协作工程"和对口支援帮扶工作。深化"南北协作"工程,加快台州北部地区、黄岩西部山区和椒江大陈岛开发。

以加强基础设施建设和生产要素保障为重点,着力推进"两年"工作。加快交通、港口、电力、水利、通信等基础设施建设。建成台金高速公路东段,动工建设东延段,加快诸永高速公路和甬台温铁路建设,继续做好沿海高速公路、金台铁路、新机场、乐清湾跨海大桥、椒江二桥和天仙高速的前期工作。加快大麦屿港区码头建设,抓好临海头门港区前期工作,推进健跳及龙门港区的开发利用。玉环华能电厂一期投产,天台桐柏抽水蓄能电站全部竣工并网发电,加快三门核电建设,抓好仙居抽水蓄能电站和椒江大陈岛、三门蛇蟠岛、临海东矶列岛等风力发电项目前期工作。开工建设路桥台东等3个500千伏输变电工程,建成7个220千伏输变电工程和15个110千伏输变电工程。争取完成永宁江二期治理、临海城防一期工程,开工建设临海城防二期等工程,做好金清新闸二期前期工作。完成水库除险加固13座,新开工28座。启动小流域综合治理工程。全面启动第三代移动通信网络建设,加快邮政通信能力建设。不断完善全市电子政务网络,推进办公自动化。加强土地、供水、资金等要素保障能力。争取用地指标2万亩以上,供地2.5万亩以上,努力提高项目落地率。严格执行"双控"标准,加大土地整理力度,积极盘活存量土地,提高土地利用效率。续建滩涂围垦5万亩,新开工围垦10万亩。加快台州供水二期工程建设,争取明年夏季建成通水。建成黄岩新水厂。加快椒江、温岭、玉环配水厂建设。续建椒北引水牛头山隧道工程。完成天台黄龙水库建设,开工建设三门佃石水库,抓紧仙居盂溪、温岭梅溪、临海方溪、三门白溪等水库工程前期工作,加快北水南调工程论证工作。做好玉环、温岭海水淡化工程前期工作。加快金融保险业发展。支持国有银行股份制改革,做好市商业银行股权结构调整和泰隆、温岭城市信用社的股份制规范改造,完善农村合作金融的法人治理结构。强化政银、银企合作,协调解决政府性项目融资问题,努力化解政府性项目还贷风险。

以强化环境治理为重点,着力推进生态市建设。加大环境治理力度。全面完成椒江外沙、岩头化工区医化企业规范化整治,全面关停黄岩王西、外东浦医化企业,实现省级环保整治重点区域"摘帽",基本取缔路桥、温岭金属废物场外拆解。加快临海国家级化学原料药基地的污水处理和危险固废处理设施建设。把环境安全摆到突出位置,严防环境污染事故发生。加快建设椒江、黄岩垃圾无害化填埋场,启动建设临海、温岭、玉环垃圾焚烧中心。加快椒江、路桥污水处理厂扩建,动工建设仙居、三门城市污水处理厂。开展椒江和金清水系整治,实施水污染物排放许可证制度。加快截污工程建设,加大河道综合整治力度,完成河道疏浚220公里,切实改善河道水质。加强规模化畜禽养殖场污染治理工作。加强生态保护力度。推进100个生态示范点和生态市建设重大项目建设。高度重视饮用水源地的保护。治理水土流失50平方公里。加快资源节约型社会建设。抓好五大重点领域十类共100个建设项目,积极申报国家循环经济试点城市。组织实施"2525工程",积极推广清洁生产,在重点行业、重点企业分解节能降耗指标,扶持资源综合利用产业发展。

以建设文化大市为重点,着力提高社会发展水平。优先发展教育事业。巩固普及十五年基础教育成果,进一步提高基础教育质量。市政府承诺,从今年开始全面免除义务教育阶段学生杂费,加大对贫困家庭子女接受教育的资助力度,决不让一个中小学生因家庭贫困而失学。加快发展职业教育,建成3个市级制造业人才培训基地。完成台州学院椒江校区二期工程、台州职业技术学院扩建工程,动工建设台州电大路桥校区,台州科技职业学院争取实现筹转正。开工建设市白云学校、市外国语学校和市特殊教育学校。繁荣发展文化体育广电事业。加快文化体制改革试点工作,积极推行"百分之一文化计划",进一步加强文化设施建设,重视天台山等历史文化挖掘和发展。动工建设市图书馆,筹建市少体校。加强农村人口的文化服务,新建500家基层文化俱乐部。进一步加强文化市场管理。举全市之力办好省第十三届运动会,完成省委、省政府交办的光荣任务,力争取得好成绩,为台州人民争光鼓劲。大力实施"文明素质工程",推进学习型城市建设和文明礼仪"五进"活动。推进电视数字化,加强电视网络建设。加快发展卫生和计生事业。制定区域卫生规划和卫生强市规划纲要。加强公共卫生体系建设,建立健全农村卫生监督机构。深化城乡卫生体制改革,增强医疗机构活力,努力提高医疗服务质量。全面加强重点传染病防控。争取在每个县市都建立惠民医院。加强人口与计划生育工作,重点抓好外来人口计生管理和服务,稳定低生育水平,提高人口素质。

以建设法治台州为重点,着力构建和谐社会。加强法治台州建设。自觉接受人大依法监督、政协民主监督和社会监督,推进社会主义民主的制度化、规范化和程序化。认真办理人大代表议案、建议和政协提案。支持法院和检察院依法独立行使审判权和检察权,进一步加强执法队伍建设,努力维护司法公正。开展"五五普法"和法律援助工作,全面贯彻实施《公务员法》。完善村民自治和城市居民自治制度,深化"民主恳谈"等活动,创新基层民主实践形式。全力维护社会稳定。继续保持"严打"高压态势,完善社会治安防控体系,重点抓好对流动人口等重点人群管理。坚决打击黄赌毒尤其是"六合彩"等严重危害社会行为。打造"平安乡镇"、"平安社区"。实行基层信访联动制度,加强对信访突出问题和群体性事件的处置。切实加强国家安全和保密工作。深入开展全民国防教育,加强双拥工作,支持驻台部队做好军事斗争准备,积极为官兵排忧解难,力争蝉联全国双拥模范城。实施食品质量市场准入制度,加强食品药品安全工作。全面落实安全生产责任制,加强安全生产监管,实现各类事故起数、死亡人数和直接经济损失三个"零增长",力争有所下降。加快社会保障和社会救助体系建设。实现1.3万名城镇失业人员再就业。扩大五大保险的覆盖面,力争企业养老、医疗、工伤保险参保人数分别新增3万人、4.4万人和7万人。整合各类社会救助资源,建立完善分层分类救助制度。实现城乡最低生活保障动态管理下的应保尽保、应补尽补、应退尽退。扩大城乡困难居民医疗救助范围,提高救助水平。形成农村五保和城镇"三无"对象集中供养的长效机制。启动建设市救助管理站、市流浪儿童救助保护中心和市残疾人综合服务中心。实施城镇廉租房保障制度,加快经济适用房建设。加快社会保障和灾害救助平台建设。推广建设慈善"爱心超市",开展"慈善集体"和"慈善之星"评选,推进慈善事业发展。加强扶助贫困残疾人,重视优待老年人,保障外来人员合法权益。

以改善政府服务为重点,着力加强政府自身建设。深化行政审批制度改革,进一步削减审批项目、环节和收费,简化审批程序。加强行政服务中心、经济发展环境投诉中心和行政效能投诉中心建设,改善部门服务,提高办事效率。建立市级财政国库集中收付和统一核算制度。高度重视政府债务风险,着力解决乡镇债务问题。试行政府公共财政投资项目代建制,完善企业投资项目核准和备案制度。积极稳妥推进事业单位改革。加快组建应急管理指挥机构。加强招投标统一平台建设,规范交易行为。我们要以深化"两年"工作为载体,采取有力措施,切实转变机关作风,减少文山会海、迎来送往、奢侈浪费、活动评比等现象,建立工作项目制、项目责任制、责任通报制、现场办公制,多到一线指导督促工作,多到现场协调解决问题,重抓落实,务求变化,请人大代表、政协委员和社会各界人士加强监督。认真落实党风廉政建设责任制,着力从源头上预防和治理腐败,干净干事,亲民为民。今年围绕解决群众最关心、最直接、最现实的利益问题,办好就业保障、农村劳动力培训、农民健康工程、城镇廉租房、义务教育免收学生杂费、千镇连锁超市、农民饮用水、河道综合治理、环境污染治理、市区公交整治十方面的实事,努力把人民政府建设成为人民满意、人民信任的政府。

经过"十五"的努力,我们取得了辉煌的业绩,台州已站在一个新的历史起点上。"十一五"的目标令人鼓舞,催人奋进,我们深感责任重大,时不我待。让我们紧密团结在以胡锦涛同志为总书记的党中央周围,在中共台州市委的领导下,以只争朝夕的精神,团结拼搏,开拓创新,为实现全面建设小康社会与和谐社会目标而努力奋斗!

(注:在台州市第三届人民代表大会第二次议上)

政府工作报告

(2006年1月10日)

马鞍山市市长 姚玉舟

一、2005年工作回顾及“十五”主要成就

刚刚过去的2005年,是我市推进东向发展、加速“两个率先”、构建和谐社会取得显著成绩的一年。一年来,在省委省政府和市委的领导下,我们认真贯彻党的十六大和十六届四中、五中全会精神,全面落实科学发展观,积极创新工作思路,勇于破解各种难题,保持了经济社会发展的强劲势头,圆满完成了市十三届人大四次会议确定的目标任务。预计2005年全市实现生产总值371.35亿元,比上年增长18.6%,人均生产总值迈上3 000美元台阶,达3 667美元;完成全社会固定资产投资191.38亿元,增长31.6%;财政收入突破60亿元,增长42.4%;实现社会消费品零售总额64.29亿元,增长12.6%;城市居民人均可支配收入11 935元,农民人均纯收入4 511元,分别增长17.1%和13.2%;年末城镇登记失业率为3.7%;人口出生率控制在10.5‰。在过去一年中,我们成功承办了第一届中国诗歌节,顺利通过创建国家环保模范城市考核验收,获准建设国家金属矿产资源高效循环利用工程研究中心,再次获得“全国科技进步先进市”荣誉,被授予“全国民族团结进步模范市”、“全国按比例安排残疾人就业先进城市”称号,经济普查工作、人防工作分别受到国务院和国家国防动员委员会表彰,华菱集团进入中国自主创新品牌60家最具成长力企业行列,马钢牌热轧H型钢成为“中国名牌产品”,实现我市中国名牌零的突破。

一年来,市政府重点开展了八个方面的工作:

(一)以加快工业发展为重点,“三大基地”建设取得新突破

一是强力推进现代加工制造业基地建设。加大工业有效投入,全年完成工业投资首次突破100亿元。马钢500万吨薄板带项目快速推进,蒙牛冰淇淋一期、海螺水泥粉磨站等41个重点工业项目建成发挥效益,万能达二期扩建、山鹰造纸等53个项目正在加紧建设,工业经济发展后劲进一步增强。出台了促进中小企业发展的政策措施,启动实施“万千百十”工程,积极推动银政银企合作,省工商银行、农业银行、建设银行和市商业银行累计授信210亿元,其中支持中小企业发展的额度达80亿元。全面推进国家863新材料基地主体园区、慈湖新材料产业园及当涂新材料产业园建设,佳达软件园、华骐环保科技园、菲利特新型水处理环保设备等一批高科技项目入园发展,全市高新技术产业产值突破100亿元。深入开展质量兴市工作,积极实施名牌发展战略,海狮牌毛巾等6个产品跻身“安徽名牌产品”行列,洪滨丝画荣获第54届尤里卡世界发明博览会“特别金奖”。加强工业经济运行服务,千方百计化解能源、资金等要素制约,促进工业经济平稳较快增长。全年实现规模以上工业增加值198亿元,增长30.7%;工业经济综合效益指数达235;新增规模以上工业企业77户,总数达341户,销售收入超亿元企业达29户,其中超10亿元企业8户。马钢产能跃上1 000万吨新台阶,实现销售收入330亿元,向具有国际竞争力的现代化企业集团目标迈出坚实步伐。二是加快推进绿色食品基地建设。在稳定粮食种植面积基础上,不断扩大水产生态养殖和蔬菜园艺产品生产,品质和效益继续提升。支持农业产业化龙头企业加快发展,全年新增省级龙头企业2户,安民农副产品批发市场年交易额突破4亿元。推进农业标准化生产,17个农产品获得绿色食品认证,1户企业通过无公害农产品产地认证。实施“农产品进超市”工程,优质农产品销售渠道进一步拓宽。贤进牌河蟹行销东南亚和港澳台地区,实现我市农产品自营出口创汇零的突破。加大“三资”农业发展力度,全年新建、扩建“三资”农业项目172个,到位资金4.5亿元,蒙牛现代牧场开工建设。全年粮食总产量达38.5万吨,完成农业增加值17.5亿元,保持较好发展水平。三是扎实推进休闲旅游基地建设。以采石风景区建设为重点,完成锁溪河环境综合整治一期工程,开工建设翠螺山休闲文化园。坚持生态优先,着手制定实施濮塘地区总体规划,着力引进项目打造独具特色的旅游区。大力创新旅游宣传促销方式,深化区域旅游合作,全年实现旅游业总收入11.8亿元。继续加强商业网点规划和建设,建成市中心商业步行街,大华购物中心一期工程建设快速推进,新都商品批发市场、沃尔玛购物中心、海外海广场等项目启动实施,解放路等特色商业街进一步繁荣,全市商贸服务功能明显提升。金融业保持稳健运行态势,支持经济发展力度加大,年末本外币存贷款余额分别比年初增加44亿元和18亿元。

(二)抢抓机遇加快东向发展,对外开放水平全面提升

认真贯彻省委省政府东向发展重大决策,落实省委加快毗邻苏浙地区和沿江四市发展座谈会精神,制定强势推进东向发展、加速实现“两个率先”的意见,明确了当好安徽奋力崛起脊梁和东向发展排头兵的目标措施,在规划、交通、市场、人才等方面与南京都市圈和长三角城市开展了卓有成效的合作。密切跟踪国际国内产业和资本转移新动向,主动出击长三角等发达城市和日本、韩国、俄罗斯、西班牙等国家及地区,全方位开展招商引资。成功举办诗歌节经贸洽谈会,组团参加徽商大会、南京重洽会、杭州经济合作推介会、厦门投资贸易洽谈会、吉林·东北亚投资贸易博览会、日本爱知世博会等重点招商活

动,加入了"东北亚机械工业城市联合体",促成马钢BOC工业气体、中橡扩能、圣戈班配套、雨润肉制品等一批重大项目签约。切实加强招商引资调度,建立重点项目工作责任制,全年实际利用外资1.5亿美元、内资45亿元,分别增长36.4%和18.1%,呈现出总量快速增长、单个项目投资规模增大、投资领域不断拓宽的新特点。大力推进开发园区建设和发展。编制完成马鞍山经济开发区南区总体规划,污水处理厂一期工程建成投入运行,区内道路等基础设施进一步完善,当年实际利用外资9 000万美元,实现技工贸收入60亿元,财政收入突破2亿元,主要经济指标连续三年位居全省省级开发区首位,正式申报国家级开发区。慈湖经济开发区进入省级开发区行列,在建项目18个,完成固定资产投资15亿元,实际利用外资2 050万美元、内资7.5亿元,实现规模以上工业增加值6.4亿元。鼓励和引导企业积极开拓国际市场,共完成外贸进出口总额11.5亿美元,增长33.6%,其中出口2.5亿美元,增长43.7%,全市经济外向度提高到28.7%。加快"走出去"步伐,十七冶、中冶华天等企业对外工程承包和技术输出稳步发展,全市外经营业额达500万美元,增长86.1%。与芜湖市在规划、人才、科研等方面开展合作,推动皖江区域联动发展取得实质性进展。

(三)进一步深化各项改革,体制机制不断创新

深入推进企业改革工作,顺利完成金星化工、港口集团、纺织品总公司和马钢医院改制,引资盘活原市橡胶厂、皖通公司、合力公司闲置资产,全市工业企业改革全面完成;积极开展企业改制"回头看",突出抓好提留资产监管等工作,巩固和发展了中小企业改革成果。启动生产经营类事业单位改革,完成转企改制38户。积极推行聘用制和人事代理,教育、卫生系统人事制度改革迈出新步伐。实施新一轮市及县区政府机构改革,促进了政府职能转变。扎实开展农村综合改革试点,乡镇机构改革、县乡财政体制改革、农村义务教育管理体制改革和建立农村基层工作新机制有序推进。金融改革进一步深化,在全国地级市中率先组建农村合作银行,市商业银行成功参与徽商银行联合重组。认真贯彻国务院和省政府加快发展非公有制经济的政策措施,深入实施创业扶持工程,支持工会、共青团、妇联组织实施"职工经济技术创新工程"、"新世纪帮助青年创业行动"和"巾帼创业行动"。继续强化城区创业服务中心功能,改革企业和个体工商户登记管理办法,进一步优化了民营经济发展环境。成功举办第二届中国非公有制经济发展论坛马鞍山分会场活动,促进了与全国知名民营企业的交流和合作。全年新增个体工商户6 700多户,新增民营企业1 300多户,个体私营经济纳税额突破5亿元,占地方财政收入的比重达18%,有力地促进了全市经济社会发展。

(四)强化城市建设和管理,创建国家环保模范城市工作通过考核验收

大力推进城市规划、建设和管理工作。邀请国内外专家参与城市规划编制,着力提高城市规划水平。继续加快推进城市基础设施建设,全年完成城建投资41.2亿元。九华路三期、慈湖河路二期等10条新建道路基本建成,205国道一期、长江路等5条道路改造全面完工,新增城市道路总里程17.3公里。马芜高速公路建成通车,长江大桥项目前期工作取得重大进展。加强电力设施建设,江东变电所竣工投入使用,太白开关站等电力工程进展顺利。港口建设快速推进,马鞍山港成为全国内河主要港口之一,年货物吞吐量超过2 000万吨。加快发展公用事业,第四水厂建成试运行,向山生活垃圾无害化处理一期工程竣工投入使用,王家山污水处理厂改扩建工程开工建设。认真贯彻房地产宏观调控政策,推动房地产市场健康发展,全年完成房地产开发投资26亿元,竣工房屋面积104.5万平方米。归集住房公积金5.3亿元,促进了职工住房消费。加强城市绿化美化工作,葛羊路城市入口广场绿化改造基本完成,采石河综合整治一期工程按计划推进。依法加强城市管理,继续规范相对集中行政处罚权制度,加大城乡结合部环境整治力度,推行散装货物运输车辆密闭改装,进一步规范户外广告设置。制定实施《马鞍山生态市建设总体规划》,生态市建设迈出可喜步伐。积极发展循环经济,广泛推行清洁生产,节能降耗工作取得新进展,全市单位生产总值能耗达到全国同类城市先进水平,工业固废处置率和利用率分别达到80%和60%。扎实推进矿山整治,着力抓好炉窑烟尘治理,深入开展查处环境违法行为专项行动,全年空气质量优良率达90%以上。经过全市人民共同努力,创模工作在安徽省、中部地区及全国钢铁工业城市中第一个通过国家环保总局考核验收。

(五)加大扶持引导力度,县区发展活力明显增强

支持县区加快各类园区建设。当涂经济开发区被批准为省级开发区,累计入区项目44个,32个项目建成投产。雨山、金家庄两个工业园有20个项目建成发挥效益,花山工业集中区基础设施建设步伐加快,博望等一批乡镇工业集中区的集聚效应日益显现。按照统筹城乡发展的要求,启动新一轮村镇规划编制工作,乡镇总体规划修编结束,村庄布点规划基本完成。加快农村交通设施建设,围乌、新黄、澄湖等公路建设按计划推进,有200多公里的部省通达工程竣工通车,总投资2亿元的当涂县村村通水泥路工程进展顺利,市郊村村通工程开始实施。小城镇建设完成投资6.1亿元,中心镇服务功能明显增强。在落实免征农业税等惠农政策的基础上,制定出台了进一步支持"三农"的17条措施。按政策提高粮食补贴标准,兑现各类补贴资金近3 000万元,调动了广大农民的生产积极性。安排专项资金6 100多万元,支持农业产业化、水利交通基础设施和农村安全饮水工程建设,改善了农民生产生活条件。转移支付4 500多万元,保障了乡镇政权、村级组织的正常运转。统筹城乡就业培训,全年培训进城务工农民和被征地农民4 357人。强化农民劳务输出的组织和管理,全年新增劳务输出2.2万人。积极推进万亩以上圩堤加固达标和水系治理,建成黄池排涝二站和石臼湖堤防护坡应急工程。继续实施病险水库和涵闸除险加固,推进丘陵区当家塘建设,城乡防洪保安和抗旱减灾能力得到新提高。去年,当涂县财政收入突破5亿元,三区财政收入增幅均在35%以上,县区经济呈现蓬勃发展态势。与此同时,县区政府努力做好土地征迁和农民安置工作,为保障全市经济快速发展作出了积极贡献。

(六)努力解决事关群众切身利益的问题,人民生活继续改善

认真落实各项就业扶持政策,广泛开辟就业渠道,加大就业培训力度,实行"一对一"职业介绍服务,全年新增就业2.7万人,其中失业人员再就业1.8万人,"4050"人员再就业3 428人。继续完善社会保障制度。推行社会保险费统一登记、一票征收,城镇职工养老、失业、医疗、工伤、生育保险基金征缴率均在95%以上。马钢等企业成功实施年金制度,多层次的职工

养老保险体系正在形成。全面推行新型农村合作医疗制度,当涂县和市郊农民参保率分别达到92.5%和94.4%。进一步完善城镇低保制度,实施市郊农村低保提标扩面,启动当涂县农村低保试点。积极推进企业退休人员社会化管理,社区管理服务率提升至78%。实施建设领域农民工工资支付保障制度,切实维护劳动者合法权益。建立城乡特困群体医疗保障制度,启动实施城区低保对象重病救助和农村特困户、五保户大病救助,困难职工帮扶救助机制逐步完善。实施城乡特困家庭子女入学援助制度,对九年义务教育阶段特困生免除杂费,并对农村特困生免费提供教科书,对高中阶段特困生免除30%学费。出台了特困家庭大中专毕业生就业援助办法。切实保护被征地农民和城市拆迁户合法权益,各类征迁补偿款及时足额到位;全面实施被征地农民基本养老保障制度,8 808名参保农民开始领取养老保障金;被征地农民安置房加速建设并部分交付使用。雨山湖公园、朱然墓园免费向市民开放。农村安全饮水工程按计划推进,农村卫生厕所普及率提高到60%。2005年11件为民办实事项目,除2件跨年度实施外,其余均如期完成。

(七)协调发展科技教育和各项社会事业,城乡文明程度得到新的提高

加快科技创新和科技成果转化步伐。矿院联合马钢、安工大等单位组织申报国家金属矿产资源高效循环利用工程研究中心获准建设。天源科技公司被认定为国家火炬计划重点高新技术企业。科技创业服务中心在孵企业产值突破1亿元,后续工程正在加紧建设。深化产学研合作,成功举办国际高新技术转移合作研讨会,企业与高等院校和科研院所的合作迈上新台阶。全年专利申请量达265件,增长40%。大力发展教育事业。开展城市示范学校与农村薄弱中小学合作办学,实施第二轮中小学布局调整,促进了义务教育的均衡发展。放大优质教育资源效应,省、市示范高中招生规模进一步扩大。市工业学校被批准为国家级重点中等职业学校,市七中被命名为全省首批特色初中,安徽工贸技师学院竣工投入使用并通过省政府评估验收。启动建设留学人员创业园,加快构筑高层次人才创业载体。积极发展文化、卫生、体育事业。成功承办第一届中国诗歌节,进一步挖掘了马鞍山人文底蕴,全面展示了我市改革发展成果和对外开放的良好形象。城市语言文字工作达到国家二类城市标准。市疾病预防控制中心和紧急救援中心投入使用,市传染病医院加紧建设,公共卫生基础设施进一步完善,重大疾病预防工作取得显著成效。食品药品放心工程全面实施,食品质量安全市场准入制度正式建立。群众性体育活动蓬勃开展,成功举行第三届社区运动会,我市运动员在全国十运会上夺得3金2银1铜,为马鞍山和安徽省争得了荣誉。启动实施农村部分计划生育家庭奖励扶助制度,出生人口性别比综合治理工作扎实开展。数字电视节目平台正在加速建设,农村有线电视"村村通"工程稳步推进。基层民主政治建设得到加强,完成第六届村委会换届。高质量完成第一次经济普查工作,摸清了全市经济家底。其他各项社会事业都有新的发展。

全面启动"平安马鞍山"创建工作。积极构建"点线面"相结合的动态防控体系,重拳开展"打黑除恶"、侦破命案、扫除"黄赌毒"等专项行动,社会治安形势良好。建立信访联席会议制度,严格落实信访工作责任制、重点信访案件领导包案制,开展领导干部开门接访、带案下访活动,解决群众关心的热难点问题,有效化解社会不稳定因素。认真落实安全生产责任制,加大事故隐患清查整治力度,着力减少各类安全事故。高度重视社会预警体系建设,完善突发事件应急预案,政府防范和应对公共危机的能力明显增强。强化公民道德教育,深入推进"信用马鞍山"建设,积极开展文明城市创建活动,大力弘扬马钢创业精神,城市文明程度和市民文明素质得到新的提高。加强学习型城市建设,完成与清华大学共建学习型城市示范工程课题验收。广泛开展军地军民共建活动,海军"马鞍山舰"正式命名,创建全国双拥模范城市工作扎实推进,再次获得省"双拥模范城"称号。在2005年"8·2"火灾战斗中,公安消防官兵奋不顾身,全力扑救,最大程度地保障了人民群众生命财产安全。郑飞、管志彦、叶晓辉三名战士用青春和生命,书写了光辉的人生篇章,被推选为2005年度"中国骄傲"人物,在人民群众心目中树起一座永恒的丰碑!

(八)切实履行政府职责,行政能力建设进一步加强

全市各级政府扎实开展以实践"三个代表"重要思想为主要内容的保持共产党员先进性教育活动。市政府领导班子结合实际开展了"有理想、有责任、有能力,好作风、好业绩、好形象"主题实践活动,紧紧抓住取得实效这个关键,落实了9个整改专题、68项整改任务,取得了促进各项工作的明显成效。一年来,市政府坚持向市人大报告工作、向市政协通报情况制度,自觉接受市人大法律监督、工作监督和市政协民主监督。制定并实施了市政府领导领衔办理人大代表议案、政协提案制度,市政府领导班子成员定期约请和走访、看望市人大代表、市政协委员,听取对政府工作的意见和建议。政府系统承办的10件人大代表议案(并案为3件)、129件建议和383件政协提案如期办复。继续完善重大决策的规则和程序,广泛集中民智,推进决策的科学化、民主化。深入实施行政审批制度改革,进一步规范行政行为。完成"四五"普法扫尾任务,依法治市工作成效显著。按照教育、制度、监督并重的要求,加强政府系统廉政建设。制定了强化财政性投资项目管理的具体措施,开展政府性投资项目和农民安置房建设专项执法监察。强化本级预算执行审计,首次实行审计结果公告。出台加强行政机关效能建设的规定,积极发挥为民办实事义务监督员的监督作用,开通政风行风热线,深入推行政务公开,促进了"阳光政府"建设。

2005年全市经济社会发展取得的显著成绩,为"十五"计划的全面超额完成画上了圆满的句号。过去的五年,是新世纪新阶段新发展的五年,也是硕果累累令人自豪的五年。这期间,我们积极适应我国加入世贸组织和中央实施宏观调控带来的新变化,沉着应对要素资源约束加剧的严峻考验,妥善化解非典威胁、高致病性禽流感等重大疫情造成的不利影响,在抢抓机遇中加快发展,在整体推进中寻求突破,推动改革开放和现代化建设不断迈上新台阶,为"十一五"更快更好更全面发展奠定了坚实基础。

"十五"时期是全市经济实力提升最快的时期。与"九五"末相比,全市生产总值翻了一番多,年均增速高达14.8%,高出预期目标5.8个百分点,总量由全省第12位跃居前6位。规模以上工业增加值实现翻两番,总量由全省第3位跃居第2位,对全省的贡献率达19%,综合经济效益指数比"九五"末提高143个百分点。全市工业化水平提高15个百分点,达到66.2%。全社会固定资产投资累计完成539亿元,年均增速达

44.1%，投资额连续三年位居全省前3位。工业性投资比重过半，其中马钢投资150亿元实施了以冷热轧薄板为龙头的一批重大技改项目，有力促进了产品结构的优化升级和市场竞争力的提升。社会消费品零售总额累计完成247.9亿元，年均增速为12.6%。财政收入连跨20—60亿元五个台阶，年均增速达26.6%，总量由全省第7位跃升为第3位。县区经济发展实现新跨越，当涂县财政收入增长3.3倍，三个区财政收入全部翻了两番以上。全市经济实力大幅提升，跻身中国综合实力百强城市行列。在主要经济指标人均值继续以较大幅度保持全省领先的同时，多数主要经济指标增幅超过长三角城市平均水平。

"十五"时期是全市对外开放成效最大的时期。开发园区建设取得重大突破，项目建成区面积达8平方公里，成为拉动经济增长的重要力量。利用内外资总量大幅攀升，全市累计实际利用外资3.9亿美元、实际利用内资123.4亿元，分别是"九五"时期的5.4倍和6.2倍。外经外贸工作深入拓展，外贸进出口总额连续三年排名全省第二，五年累计完成34.7亿美元，年均增长36%，其中出口完成7.7亿美元，年均增长17.1%。对外友好交流与合作稳步推进，与西班牙阿尔冈达·德雷伊市、澳大利亚科克拉市和陕西省宝鸡市缔结为友好城市，并获得外事审批权。区域经济合作取得丰硕成果，融入长三角经济圈、参与南京都市圈建设和共同打造皖江现代化城市群工作取得实质性进展，全方位、多层次、宽领域的对外开放格局基本形成。

"十五"时期是全市改革创新力度最强的时期。按照"三个置换、两个结合、一个保障"的总要求，坚持因企制宜、规范操作，全市共完成国有、集体中小企业改革404户，涉及职工9.2万人，支付改革成本20.6亿元，其中通过债务重组收益10亿多元，提前两年完成省政府下达的中小企业改革任务。骨干企业上市融资实现新突破，山鹰、星马公司先后成功上市，山鹰公司两次实现再融资。马钢、十七冶等企业主辅分离工作取得重要进展，企业办社会职能实现平稳移交。矿院、设计院成功实行企业化改制，在参与地方经济建设中发挥了重要作用。城市公用事业单位改革成效显著，自来水、燃气、公交公司引进外资完成全面改制，生产经营类事业单位转企改制取得重要突破。农村改革稳步推进，在全省率先免征农业税及其附加，农村税费改革成果得到巩固。行政管理体制改革不断深入，调整优化行政区划布局，实施对区放权，建立了马鞍山经济开发区财政管理体制，激发了县区和马鞍山经济开发区自主创业发展的能力和活力。按照上级部署，两次完成市、县（区）政府机构改革任务。缩减行政审批项目，完善行政服务中心功能，强化行政效能建设，政府职能加快转变。民营经济发展势头强劲，增加值年均增长24.6%，对全市经济增长的贡献率达41.9%，其中民营企业近三年每年新增1 000户以上，纳税额年均增长45.4%。

"十五"时期是全市城乡面貌变化最显著的时期。确立了建设"双百"现代化城市的战略目标，完成新一轮城市总体规划和综合交通、商业网点等专项规划编制工作，城镇总体规划体系进一步完善。大规模展开城市建设，五年累计完成城建投资146.6亿元，是"九五"时期的3.1倍，市县建成区面积扩大到80平方公里，"双百"城市构架初步拉开。城市道路建设完成投资23.7亿元，先后建成江东大道等一批城市主干道，新增城市道路总里程81公里；扩建313、314省道和马濮旅游大道，开辟了至禄口机场的新通道，新增农村道路840公里，城乡交通条件得到显著改善。房地产开发投资完成76.9亿元，竣工房屋面积417.6万平方米，是"九五"时期的2.2倍。小城镇建设快速推进，累计完成投资21.3亿元。"数字马鞍山"建设取得新成果，公共信息服务水平不断提高。城市公用设施日趋完善，长江干堤加固达标等重点水利工程顺利实施。着力打造绿色马鞍山，建成区绿化覆盖率提高到42%，人均绿地面积达11.8平方米。雨山湖综合整治、南排工程和雨山、佳山公园建设等一批重点项目的实施，进一步改善了城区内的环境。基本农田保护措施得到加强，国土资源管理工作取得新成绩，可持续发展能力不断增强。

"十五"时期是全市人民群众得到实惠最多的时期。通过发展经济、落实政策、加强培训和扶持创业等措施，着力解决城乡居民的就业再就业问题，五年新增就业岗位9.7万个，4.7万名下岗失业人员实现再就业，新增农村劳务输出5万人。城乡居民生活水平大幅提高，期末城市居民人均可支配收入、农民人均纯收入分别比"九五"末净增5 096元和1 717元，年均增长11.7%和10.4%；城乡居民人均储蓄由"九五"末的5 673元增加到1.4万元；城镇职工住房公积金归集额由"九五"末的7.6亿元增加到25亿元；城镇居民住房建筑面积比"九五"末净增3.8平方米；汽车进入部分居民家庭。以养老、失业、医疗、工伤、生育五大保险和城市低保为主要内容的社会保障体系逐步完善，社会救助体系框架初步建立，基本实现老有所养、病有所医、困有所济、有房可住、有事可做、有学可上的社会保障目标。五年共实施为民办实事项目49件，解决了与群众生产生活密切相关的一批热点、难点问题。在最新公布的"中国城市生活质量指数"百强排行榜上，我市综合排名列第78位。与此同时，高度重视社会治安综合治理工作，积极推进"平安马鞍山"建设，妥善处理改革发展稳定的关系，统筹抓好民主法制建设、精神文明建设和社会事业发展，促进了经济、政治、文化和社会建设"四位一体"协调发展。

在过去五年的实践中，我们始终坚持发展为上，抢抓重要战略机遇期，把加快发展作为最大的政治、最硬的道理、最根本的任务，苦干实干，攻坚克难，奋力取得经济社会发展的重大突破；始终坚持从发展大局出发，保持政府工作的连续性和稳定性，全力组织实施招商引资、改革攻坚、重点建设、农村发展、就业和社会保障等重点工作，推动"十五"各项目标任务全面超额完成；始终坚持抓早抓实，超前谋划，做到早安排、早启动，努力把形势研究得更透，把政策领会得更深，把决策制定得更科学，争取工作的主动权；始终坚持以解放思想为先导，自觉破除一切不合时宜的落后观念，勇于面对困难，敢于承担责任，变挑战为机遇，变压力为动力，凝心聚力谋发展，逐步走上一条符合时代要求、具有自身特点的加快发展之路；始终坚持以人为本、富民为先，高度关注困难群体的生产生活，着力解决事关群众切身利益的突出问题，让改革发展的成果最大程度地惠及广大人民群众，努力实践全心全意为人民服务的根本宗旨。

"十五"成就来之不易，令人鼓舞。这是在中央路线方针政策的指引下，按照省委省政府的决策部署，在市委的坚强领导下，在市人大、市政协的监督帮助下，在社会各界的大力支持下，全市各级政府依靠广大人民群众共同奋斗的结果。在此，我代表市人民政府，向辛勤工作在全市各条战线上的广大干部群众,向市人大代表、市政协委员,向各民主党派、工商联、人民团体和社会各界人士,向中央和省驻马单位、来马投资企业,向驻马解放军、武警官兵和公安民警,表示衷心的感谢并致以崇高的敬意!

回顾过去的五年,我们清醒地看到,前进的道路上还存在不少困难和问题,主要表现在:一是经济结构性矛盾仍然比较突出,县区经济所占份额不大,民营经济实力较弱,服务业发展相对滞后,经济外向度不高。特别是规模以上企业数量少,产品结构较为单一,经济抗风险能力有待进一步增强。二是资源环境约束加剧,土地供应日趋紧张,能耗水耗仍然较高,实现可持续发展的压力较大;人才结构和分布不合理,高层次企业管理人才、高技能型人才明显不足,难以适应经济社会发展的要求。三是对照和谐社会的要求,就业压力依然较大,农村社会保障体系还不完善,农民持续增收的基础还不稳固,少数城乡群众生活还比较困难,维护社会稳定还有大量工作要做。四是城市管理水平有待提高,文明创建、社会治安综合治理的长效机制亟待健全。五是政府职能转变还不适应经济和社会转型的要求,政府一些工作人员特别是少数干部思想不解放、精力不集中、工作不落实、服务不到位的现象还不同程度存在。对这些问题和不足,我们已经并将继续通过加快发展和深化改革等措施逐步加以解决。

二、"十一五"发展的指导思想和目标任务

"十一五"时期,我市面临着新的发展机遇和挑战。从机遇看,经济全球化和区域经济一体化深入发展,产业升级和梯度转移步伐进一步加快,沿海发达地区特别是长三角地区产业和资本加速向周边及中西部转移,为我市发挥比较优势、承接产业和资本梯度转移,创造了有利的条件。特别是中央作出促进中部地区崛起的重大决策,省委省政府推进东向发展,把马芜铜宜列为第一方阵,要求当好安徽崛起的脊梁和排头兵,这些都为我市争取政策支持、加快结构调整、转变增长方式、实现更大发展,提供了难得的机遇。从挑战看,随着一些行业产能加速释放,部分产品供过于求的矛盾已经显现,尤其是钢材等重要投资品出现了全国性产能过剩问题。我市以加工制造业特别是钢铁工业为主的产业结构,正面临着市场竞争日趋激烈、资源和环境约束不断加剧、结构调整任务艰巨的严峻考验。同时,统筹经济社会协调发展的任务繁重。总之,"十一五"时期,我们面临的仍将是一个机遇和挑战并存、机遇大于挑战的环境,一个总体上有利于促进经济社会发展、但不利因素可能增多的环境。我们一定要进一步认清形势,增强忧患意识和责任感,未雨绸缪,趋利避害,努力开创改革开放和现代化建设新局面。

根据《中共马鞍山市委关于制定马鞍山市国民经济和社会发展第十一个五年规划的建议》,"十一五"时期全市经济社会发展的指导思想是:坚持以邓小平理论和"三个代表"重要思想为指导,认真贯彻中央和省委省政府各项决策部署,以科学发展观统领经济社会发展全局,积极贯彻东向发展战略,大力推进工业化、城市化、市场化、国际化进程,全面融入长三角发达地区,加速调整经济结构,转变经济增长方式,提高自主创新能力,推动经济超常规、跨越式发展,加快推进现代加工制造业基地、绿色食品基地、休闲旅游基地建设,促进社会主义经济、政治、文化和社会建设协调发展,全力推进全民创业、富民强市,加速实现"两个率先",努力构建和谐社会,为实现安徽奋力崛起作出新的更大贡献。

"十一五"时期全市经济社会发展的主要目标是:在优化结构、提高效益和降低消耗的基础上,到规划期末,实现经济总量比"十五"末翻一番,达650亿元,力争实现700亿元,人均生产总值比2000年翻两番,达6 000美元,力争达到6 500美元;财政收入与生产总值保持同步增长,达140亿元;城市居民人均可支配收入达到17 000元以上,农民人均纯收入达到7 100元以上,年均增幅分别达7.2%和10%;主要总量指标进入全省最前列,占全省份额进一步提升,人均主要经济指标以较大优势在全省领先,达到长三角城市中等发展水平;资源利用效率显著提高,单位生产总值能耗持续下降,保持全国同类城市先进水平,到2010年单位生产总值能耗比"十五"末降低18%,力争降低20%;改革开放取得新的重大突破,社会主义市场经济体制不断完善,率先融入长三角,加速实现国际化,开放型经济水平迈上新台阶;经济结构调整取得重要进展,形成一批拥有自主知识产权和知名品牌、具有较强竞争力的优势企业和产业集群;城乡统筹协调发展的大格局基本形成,城市化水平得到新提高,社会主义新农村建设取得积极进展;环境保护和生态城市建设取得新进步,资源节约型和环境友好型社会框架初步形成;城乡人民生活质量显著提高,城镇就业岗位持续增加,社会保障体系更加健全,基本普及高中阶段教育,基本医疗保障实现全覆盖,居住、交通、文化等方面条件进一步改善;精神文明建设和民主法制建设扎实向前推进,社会治安和安全生产状况进一步好转,构建和谐社会取得新进展。

"十一五"时期全市经济社会发展的主要任务是:

——全面深入实施大开放主战略。强力推进东向发展,重点开展与长三角的全方位对接,积极参与南京都市圈建设,加强与皖江城市的分工协作,在合作发展中实现互利共赢。继续举全市之力推进马鞍山经济开发区建设和发展,进入全省各类开发区前三强。加快慈湖经济开发区、当涂经济开发区和各类工业集中区发展步伐,规划建设大桥开发区,争取设立国家级高新技术开发区,构建开放型经济发展新载体。着力开展招商引资,不断优化投资环境,确保五年实际利用外资10亿美元以上、内资300亿元以上。实施对外贸易市场多元化、科技兴贸和出口商品品牌战略,力争外贸进出口总额年均增长15%。积极拓展对外经济技术合作的领域、途径和方式,全面提升对外开放水平。

——坚定不移地加快新型工业化进程。广泛应用高新技术和先进适用技术,改造提升传统产业,着力培育新兴产业,大力实施品牌战略,全力打造现代加工制造业基地。深入推进工业结构战略性调整。支持马钢做强钢铁主业,培育非钢支柱产业,早日成为具有国际竞争力的现代化企业集团;支持华菱集团增强产品研发和配套能力,加快建成全国重要的重卡和专用汽车生产基地;推动山鹰、长江钢厂、中橡、海螺、蒙牛等重点骨干企业快速发展。优化调整全市工业布局,突出发展特色产业集群,扩大优势产业规模效应。深入实施中小企业"万千百十"工程,促进"专精特新"企业结构优化升级,力争到2010年全市中小企业总数达1.5万户以上,其中规模以上工业企业1 000户以上,年销售收入超亿元企业100户以上,新创省级以上名牌产品和著名商标10个以上。

——着力提高城市化水平。按照全面接轨长三角和打造

皖江城市群的要求，进一步完善城市总体规划，加快编制城乡一体的城镇体系规划，切实发挥规划在城市建设和发展中的龙头作用。坚持以城市带动集镇，以集镇辐射农村，积极构建以市县主副城区为主、卫星镇和重点镇合理布局的城镇体系。推进主城区东扩、南进、西延、北接，市县建成区面积达到100平方公里左右。加快完善城市东部、南部路网和南接芜湖、北接江宁的基础设施，逐步形成畅通便捷的城市道路格局。适度超前建设城市公用设施，加强城市防洪保安体系建设，增强城市承载服务功能。建立健全城市长效管理机制，加大对突出问题的综合整治力度，不断提高城市管理水平。深化户籍、住房、就业、社会保障等制度改革，加速农村人口向城市转移，使城市化率每年提高2个百分点左右。

——扎实抓好社会主义新农村建设。按照“生产发展、生活宽裕、乡风文明、村容整洁、管理民主”的要求，高标准编制新一轮村镇规划，力争用5～10年时间完成村镇布点规划的实施，更好地促进工业向园区集中、人口向城镇集中、农业资源向能手集中。大力发展具有一定基础的乡镇特色产业集群和板块经济，整体提升农村工业化水平。加快现代农业建设，全面展开优势农产品生产布局，积极发展“三资”农业，推进农业产业化、标准化和规模化经营，打造面向长三角的绿色食品基地。强化政府对农村的公共服务，扩大公共财政覆盖农村的范围，统筹发展农村教育、文化、卫生等事业。加大农村基础设施和环境建设投入，高质量完成“村村通水泥路”、安全饮水等工程，全面展开大公圩等重要水系的综合治理。抓好城乡就业、社会保障等一体化建设，提高城乡统筹发展水平。扎实开展农村精神文明创建活动，培养有文化、懂技术、会经营的新型农民。

——推动服务业跨越式发展。加快服务业扩张和提升，力争2008年服务业增加值比2005年翻一番。积极培育发展物流产业，着力引进一批知名物流企业，加速构建多种运输方式相配套的物流运输网络。整合优质旅游资源，加快重点景区的深度开发建设，支持发展生态农业旅游和工业旅游，精心打造特色文化和休闲旅游品牌，初步建成与长三角互动发展的休闲旅游基地。继续保持房地产建设规模，改善供应结构，促进房地产业持续健康发展。努力提升金融生态环境建设水平，大力发展技术开发与服务、保险、会计、法律等现代服务业。同时，加快构建布局合理的市区两级商业服务网络，扩大钢材、装潢建材、绿色农产品等专业经营的容量，深入实施“万村千乡”农村市场工程建设，进一步提升传统服务业发展水平。

——大力推进重点项目建设。以大项目支撑大发展，突出抓好省“861”行动计划项目和市重点项目建设，为全市经济发展增添后劲。支持马钢、电厂、星马、山鹰等骨干企业加快实施扩建改造项目，促其尽快建成投产发挥效益。建成长江大桥及两端接线高速公路和城际客运轨道交通马鞍山段，改造宁芜铁路，加强长江及内河港口建设，积极推进芜申运河建设，进一步完善对外交通体系。密切跟踪国家产业政策导向，强化重大项目储备工作，建立项目储备机制，充实重大项目储备库。创新项目管理体制，推行政府投资项目代建制，确保项目建设的程序化、规范化、科学化。紧紧抓住中央促进中部地区崛起的重大机遇，积极争取国家和省里的政策及资金支持。加大资本运作力度，广泛开辟融资渠道，为重点项目建设提供资金保障。

——努力提升经济社会集约化发展程度。按照减量化、再利用、资源化原则，深入开展各类资源的循环利用，建设马钢、马鞍山经济开发区和慈湖经济开发区三大循环经济区，最大限度地提高资源利用效率。突出抓好重点耗能行业和重点企业的节能工作，千方百计降低资源消耗水平。推进国家清洁生产试点城市建设，建立节约型增长方式。积极开展废旧物资的回收利用，推进工业固体废弃物综合处置利用示范工程建设。加强矿山资源的综合利用和矿产资源的开采管理，实现规范化、保护性开采。强化全社会节约意识，倡导绿色消费，逐步形成与经济社会发展相适应的健康文明、节约资源的消费模式。认真落实生态市建设总体规划，扎实推进“生态马鞍山”建设，巩固和提高创建国家环保模范城市成果，努力建设资源节约型和环境友好型社会。

——坚持深化体制改革不动摇。深入推动思想解放，积极创新体制机制和政策措施，在全社会加快形成支持创新、扶持创业、激励创优的浓厚氛围。巩固完善企业改革成果，推动重点骨干企业深化改革，支持企业上市融资和上市公司再融资。基本完成事业单位改革任务，继续深化科技、教育、文化、卫生、体育等社会事业改革。推进财税管理体制改革，建立健全公共财政体系。深化投融资体制改革，规范政府投资行为。大力发展和完善产权、资本、技术、人才等要素市场，规范市场经济秩序，着力创造公开、公正、公平的市场环境。加快信用体系建设，建立健全守信激励与失信惩戒机制，建成全国信用最好的城市之一。强化政府社会管理和公共服务功能，继续扩大政务公开，加强行政效能建设，促进政府职能转变。深化城市基层管理体制改革，建设新型城市社区。

——加大科教兴市和人才强市战略实施力度。按照“自主创新、重点跨越、支撑发展、引领未来”的方针，大力推进国家“863”新材料基地建设，培育壮大高新技术产业。加快建设国家级和省级工程技术研究中心与重点实验室，支持马钢、华菱等企业自主创新项目进入省部共建范围，提升全市科技创新能力。突出抓好科技成果转化和应用，鼓励企业与高等院校和科研院所建立稳定的技术协作关系。全面推进“数字马鞍山”建设，初步形成覆盖全市的公共信息服务网络。加强科学技术普及，建设市科技馆。加快教育现代化步伐，全面实施素质教育，巩固提高义务教育水平，基本普及高中阶段教育，加快发展高等教育。大力发展职业教育、专业技能教育，努力建成全省和长三角地区职业教育基地。支持和引导民办教育持续健康发展，争取海内外资金投资、捐助教育事业。引导全社会树立全民学习、终身学习的理念，积极推进“学习型城市”建设。继续做好引进国外智力工作，加强高层次人才和紧缺急需人才队伍建设，优化人才发展环境，尽快形成人才辈出、人尽其才的生动局面。

——加快建设和谐马鞍山。继续实施积极的就业政策，以创业带动就业，以服务促进就业，突出抓好职业技能培训和就业创业服务，千方百计促进就业再就业。进一步完善城镇养老、失业、医疗、工伤、生育保险制度，推进农村最低生活保障制度和新型合作医疗制度建设，完善被征地农民养老保障制度，探索建立机关事业单位和农村基本养老保险制度，不断提高城乡社会保障水平。逐步推进全免费义务教育。积极发展慈善事业，扶助救济困难群体。完善城乡公共卫生和医疗服务体系，提高对重大疾病的预防控制和医疗救治能力。大力发展文化、体育事业，建成一批重大文体设施。进一步稳定低生育水平,提高出生人口素质,促进出生人口性别比趋向平衡。建立健全城乡居民收入稳定增长机制,扩大中等收入人群比重,提高低收入者收入水平。重视发展老龄事业,丰富老年人的精神文化生活。继续加强民族宗教工作。着力抓好安全生产各项措施落实,保持全市安全生产形势总体平稳。健全突发公共事件应急机制和社会动员机制,提高处置突发事件的能力。深入开展"平安马鞍山"建设,努力维护社会稳定。积极推进精神文明创建,继续加强民主法制建设,全面开展"五五"普法活动,提高依法治理工作水平。

三、扎实做好2006年各项工作,以更加优异的成绩迎接建市五十周年

2006年是实施"十一五"规划的开局之年,是我市加快实现"两个率先"第一个战略目标的关键之年,也是马鞍山建市五十周年的喜庆之年。在新的一年里,我们要以邓小平理论和"三个代表"重要思想为指导,认真贯彻党的十六大和十六届五中全会精神,坚持以科学发展观统领经济社会发展全局,积极应对经济运行中出现的矛盾和问题,突出抓好对外开放、全民创业、环境改善等重点工作,加快社会主义新农村建设,统筹发展社会事业,确保全面完成各项目标任务,为顺利实施"十一五"规划开好局、起好步。综合考虑各方面因素,今年全市经济社会发展的主要预期目标为:生产总值增长12%;财政收入增长12.5%;全社会固定资产投资增长22%以上;实际利用外资1.8亿美元,实际利用内资50亿元;外贸进出口增长14%,其中出口增长9%;社会消费品零售总额增长12%;城市居民人均可支配收入、农民人均纯收入分别增长10%;城镇登记失业率控制在4.5%以内;人口出生率控制在11‰以内;单位生产总值能耗下降4%左右。为此,我们将集中精力抓好以下九个方面的工作:

(一)着力实施大开放主战略,掀起招商引资新热潮

全力主攻招商引资。招商引资是现阶段推动经济加快发展的首要举措,也是抢占发展先机的重要途径。今年,要结合新一轮解放思想大讨论,在全市进行招商引资再发动、再聚力、再升温,掀起招商引资新热潮。围绕我市优势产业、优势资源、优势项目,充分发挥开发园区和重点骨干企业的主力军作用,着力引进科技含量高、产品附加值大、关联度强的大项目,提升引进外资的规模和质量。把长三角作为招商引资主阵地,建立覆盖苏浙沪地区的招商网络,加大力度组织小分队驻点招商,有针对性地组织策划重点招商活动,提高招商引资实效。进一步拓展招商引资领域,抓好现代服务业、农业的对外开放。强化对外来投资企业的跟踪服务,不断优化发展环境,吸引更多的外商来我市投资兴业。

强势推进开发园区建设。支持马鞍山经济开发区提速发展,确保全年实际利用外资1.2亿美元,工业产值增长50%以上。加快拓展马鞍山经济开发区发展空间,抓紧跨过采石河向南发展,基本完成南区"一纵三横"道路和配套基础设施建设,为项目入驻创造条件。着力完善慈湖经济开发区路网体系,加强与江宁滨江开发区基础设施衔接,大力发展循环经济,增强集聚辐射能力。积极推进新城东区基础设施建设,以高教园区为起步区,带动东部地区文化、生态旅游等相关产业发展。支持当涂经济开发区和各类工业集中区大发展,加强资源整合,促进功能提升,形成各类园区竞相发展的新态势。狠抓园区项目建设,节约、集约利用土地,提高土地产出效益。

扎实开展区域经济合作。以更加积极主动的姿态,全面加强与长三角和南京都市圈城市的联系与合作,主动对接,多边协作,互利共赢。积极借鉴沿海发达地区的成功经验,大胆实行"拿来主义",构建符合市场经济规律的政策平台。深入推进与长三角城市的规划衔接,努力实现互动发展。充分利用沿江综合优势,大力拓展与皖江城市的合作领域,在沿江第一方阵东向发展中走在前列。

进一步扩大对外经济贸易。培育壮大外贸主体,优化出口商品结构,鼓励先进技术、关键设备和重要原材料进口。积极开展境外工程承包,促进技术和劳务输出,全年境外劳务输出300人以上。支持有条件的企业在境外建立销售网络和生产加工基地,拓展外向型经济发展空间。加强口岸建设,完善口岸功能,提升外贸服务水平。

(二)充分调动全社会积极性,大力推动全民创业

积极营造全民创业的浓厚氛围。创业是财富之源,只有全民创业,才能全民致富。充分调动广大人民群众和社会各界的积极性和创造性,把蕴藏在民间的创业潜能充分释放出来,把企业的市场主体地位充分显现出来,形成百姓创家业、能人创企业、干部创事业的生动局面。积极倡导"创业有功,致富光荣"的观念,把人民群众奔小康的强烈愿望转变成创业致富的强大动力,在全社会奏响奋力争先、勤劳致富的最强音。引导广大干部树立奋发有为的理念,鼓励探索,宽容失败,努力成为敢想敢干、敢冒风险、敢有作为的创新型人才。

全方位推动全民创业。广泛发动城乡群众自主创业,确保全年新增民营企业1 000户以上。鼓励民营企业采取多种形式参与事业单位转企改制,围绕支柱产业和优势产业开展协作配套。发挥民营企业家生产管理有经验、市场开拓有门路、资本积累有基础的优势,当好创业表率,进行二次创业。支持工会、共青团、妇联等群团组织实施创新工程和创业行动,帮助困难群体、大中专毕业生、转业退伍军人在创业中谋发展。采取有效措施,吸引更多的外出务工能人返乡创业。鼓励农民创办经济实体,引导农民进城创业。

努力为全民创业提供优质高效服务。依托各类开发园区和工业集中区,发展各具特色的中小企业创业基地,构筑全民创业平台。充分利用社会职业教育资源,积极创新培训模式,加强对创业人员的创业培训,全年创业培训500人以上。面向失业人员、大中专毕业生及其他就业群体,开展灵活多样的创业指导,增强其创业能力和职业转换能力。进一步完善各类优惠政策整体联动的工作模式,加大对创业的政策支持力度。通过各方面共同努力,真正形成政府鼓励创业、社会支持创业、群众自主创业的良好发展环境。

(三)强势推进新型工业化,促进现代加工制造业加快发展

以大投入推动骨干企业优化升级。力争全年完成工业投资120亿元以上。支持马钢重点项目建设,建成车轮扩建项目,加快推进500万吨薄板带工程,启动实施40万吨硅钢片项目,确保2007年建成投产。突出抓好万能达二期扩建、山鹰造纸、雨润肉制品等一批重大项目建设,支持电厂、星马、圣戈班、中橡等企业加快扩建改造和产品升级,壮大骨干企业规模,增强工业发展优势。县区也要以加大投入为抓手,进一步做大做强工业,为全市工业发展提供有力支撑。

以优质服务促进中小企业加快发展。把2006年作为"企

业服务年”，全面改善企业发展环境。建立中小企业服务中心，健全信息服务体系，提高服务水平。支持发展多层次、多类型的信用担保机构，新增担保机构5家以上，引导金融机构加大对中小企业的信贷扶持力度。争取天源科技公司上市融资，扎实做好方圆回转支承公司上市准备工作。鼓励和支持“专精特新”中小企业采取资本运营、外资嫁接等手段，扩大规模，提升档次，加快发展。积极推进磁性材料、博望机械加工制造、纺织服装等产业集群建设，推动中小企业特色化和集群化发展。

以新型工业化提升工业整体实力。积极开展以节能降耗为重点的技术改造，加快圣戈班大口径管件、方圆回转支承、天成高档面料等的政策措施，坚持“多予、少取、放活”，不断增强农业和农村经济发展活力。全面完成当涂县农村综合改革试点工作，提高“三农”社会化服务水平。按照依法、自愿、有偿的原则，在稳定和完善家庭承包经营制度的基础上，积极探索建立农村土地承包经营权流转新机制，推进农业适度规模经营。严格基本农田保护，加强土地整理，提高耕地质量，改善种植条件。积极推进农业技术推广体系改革，认真组织实施测土配方施肥、河蟹振兴、农业科技人员进村入户等工程，加快先进适用技术在农村经济发展中的示范和应用。

积极发展农村公共事业。围绕提高农业综合生产能力和改善农民生产生活条件，继续增加农业基础设施投入。续建新黄、澄湖公路，建成围乌公路和部省通达工程，完成“村村通水泥路”工程年度建设任务，争取黄池大桥项目立项。继续抓好堤防加固达标、涵闸水库除险改造和沿江泵站工程建设，提高城乡防汛抗旱排涝能力。以完善基础设施、拉开发展框架为重点，全年完成小城镇建设投资10亿元，开工建设3~5个农民集中居住示范区。加大农村教育扶持力度，调整农村中小学布局，推进农村学校标准化建设。继续完善农村公共卫生、文化、通信等设施，加快实施20户以上的自然村“村村通有线电视”工程，提高农村公用设施保障水平。支持发展具有农村特点的循环经济，加强农村环境整治，清洁水源、清洁能源、清洁村庄，美化村容村貌。进一步完善新型农村合作医疗制度和特困家庭重病救助制度，加快推进农村安全饮水工程建设，扎实做好被征地农民的就业和社会保障工作。大力发展劳务经济，扎实推进“阳光工程”，全年新增劳务输出1.5万人以上。高度重视抓好高致病性禽流感等重大动物疫病和人畜共患疾病的防控，切实保障农业生产安全和农民生命健康。

（四）扎实做好“三农”工作，努力实现建设社会主义新农村良好开局

大力调整农业产业结构。按照“优质、高效、生态、安全”的要求，继续抓好苗木花卉、畜禽养殖、水产生态养殖、无公害蔬菜、优质粮油和经果林等优势农产品生产基地建设，促进农业规模化、品牌化、标准化和产业化发展。加快发展畜牧、水产、蔬菜、食用菌等主导产业，重点发展奶牛养殖和大规格河蟹生产，力争奶牛养殖规模达到1万头，大规格河蟹养殖比重扩大到35%。培育壮大骨干龙头企业，推动企业与基地、农户建立稳固的利益联结机制，力争新增年营销收入超2亿元企业1户、超亿元企业5户。扶持发展各类农民专业合作经济组织和农产品产业协会，提高农业生产组织化程度，增强抵御市场风险的能力。坚持把发展“三资”农业作为调整农业结构的重要举措，加大力度引导“三资”投入农业综合开发，确保全年引进农业项目资金4亿元以上，整体提升农业产业层次和发展水平，推进现代农业建设。

继续深化农村各项改革。认真落实中央和省市支持“三农”工作的政策措施，坚持“多予、少取、放活”，不断增强农业和农村经济发展活力。全面完成当涂县农村综合改革试点工作，提高“三农”社会化服务水平。按照依法、自愿、有偿的原则，在稳定和完善家庭承包经营制度的基础上，积极探索建立农村土地承包经营权流转新机制，推进农业适度规模经营。严格基本农田保护，加强土地整理，提高耕地质量，改善种植条件。积极推进农业技术推广体系改革，认真组织实施测土配方施肥、河蟹振兴、农业科技人员进村入户等工程，加快先进适用技术在农村经济发展中的示范和应用。

积极发展农村公共事业。围绕提高农业综合生产能力和改善农民生产生活条件，继续增加农业基础设施投入。续建新黄、澄湖公路，建成围乌公路和部省通达工程，完成“村村通水泥路”工程年度建设任务，争取黄池大桥项目立项。继续抓好堤防加固达标、涵闸水库除险改造和沿江泵站工程建设，提高城乡防汛抗旱排涝能力。以完善基础设施、拉开发展框架为重点，全年完成小城镇建设投资10亿元，开工建设3－5个农民集中居住示范区。加大农村教育扶持力度，调整农村中小学布局，推进农村学校标准化建设。继续完善农村公共卫生、文化、通讯等设施，加快实施20户以上的自然村“村村通有线电视”工程，提高农村公用设施保障水平。支持发展具有农村特点的循环经济，加强农村环境整治，清洁水源、清洁能源、清洁村庄，美化村容村貌。进一步完善新型农村合作医疗制度和特困家庭重病救助制度，加快推进农村安全饮水工程建设，扎实做好被征地农民的就业和社会保障工作。大力发展劳务经济，扎实推进“阳光工程”，全年新增劳务输出1.5万人以上。高度重视抓好高致病性禽流感等重大动物疫病和人畜共患疾病的防控，切实保障农业生产安全和农民生命健康。

（五）大力发展现代服务业，全面提升第三产业发展水平

推动生产服务业加速发展。鼓励外来资本、民间资本进入生产服务业领域，促进生产服务业规模化发展。重点建设工业产品要素市场，加快形成钢材等工业产品的仓储、加工和配送体系。积极建设大型特色农产品批发市场和配套设施，逐步完善面向长三角的农产品销售网络。加快发展信息服务业，抓好信息网络基础设施建设，推进电子商务和社会服务领域信息化。进一步完善金融服务体系，加强金融网点建设，力争引进1~2家股份制商业银行来我市设立分支机构，支持证券、保险业加快发展。重视发展各类行业协会，积极发展咨询、律师、会计等中介服务业。

提升消费服务业规模。加快采石风景区、濮塘生态旅游度假区、小九华综合开发等旅游项目建设，积极开发郊区和当涂“农家乐”休闲旅游。广泛开展旅游促销活动，加强区域旅游合作，力争全年旅游业总收入超过14亿元。大力发展文化产业，繁荣文艺演出和艺术培训市场，促进印刷、出版发行等行业规范发展。全面实施“十一五”商业网点规划，建成大华购物中心一期工程、新都商品批发市场一期工程等大型商业网点，促进特色商业街发展。启动当涂县“全省农村商品流通改革和市场建设试点县”工作，完善农村商品流通网络体系。继续加大房地产开发力度，抓好廉租房和拆迁安置房建设，全年完成投资30亿元，竣工房屋面积180万平方米以上。完善住房消费服务体系，带动建材、装潢、家电、信息等相关产业发展。

进一步完善加快服务业发展的政策措施。坚持规划先行，出台实施《马鞍山市服务业跨越式发展(2006～2008)行动计划》。制定优惠政策，加大资金投入，重点支持商贸、科技、旅游、物流等产业发展壮大。促进服务业资源在市场上的合理流动，形成各类服务业充分竞争的格局。加大服务业人才引进和职业培训力度，为服务业发展提供强有力的人才和智力支撑。

(六)切实加强城市管理建设，实现市容市貌大改观

认真开展"城市管理年"活动。加强各类规划编制，严格规划执法和管理，切实发挥规划的龙头指导作用。加快完善"两级政府、三级管理、四级网络"的城市管理体系，形成市政府统一领导、城区政府具体实施、各部门齐抓共管、社会各界和市民群众积极参与的城市管理新体制。不断完善相对集中行政处罚权制度，加大城市管理执法力度，坚决依法拆除城市规划区内违法建设。继续实施危旧房改造、老旧小区整治，开展旧房出新工程，综合整治城乡结合部和城市出入口，下大气力解决好占道经营、道路扬尘等影响市容环境的重难点问题。进一步加强和改进土地征迁工作，及时满足重点项目用地需求。完成高污染燃料禁燃区炉窑整改工作，强化工业污染源的治理和监管，推动城市环境治理工作制度化、长效化。组织实施生态市建设规划，加快生态省综合示范基地项目建设步伐，加强矿区生态系统恢复和重建，按计划推进采石河综合整治，巩固提高创模成果。

进一步提升城市承载服务功能。全年完成城市建设投资50亿元以上。以慈湖地区路网建设为重点，新建联合路、曙光路，实施205国道改造二期工程，打通慈湖经济开发区和城市北部地区物流快速通道。延伸九华路、葛羊路、采秣路，贯通花园路，推动新建小区道路与城市主干道路对接，加快完善城市道路交通网络。建成王家山污水处理厂改扩建主体工程，完善城市南部道路污水管网，筹划建设东部污水处理厂，继续推进天然气利用工程，规划建设一批城市停车场，增强市政设施配套功能。加大港口码头建设力度，争取早日开工建设长江大桥和两端接线高速公路。加强城乡电网建设和改造，完善主网和配网结构，提高电网供电能力和供电可靠性。加快市政公园建设步伐，综合整治雨山湖公园、霍里山公园，提升城市园林绿化水平。

(七)深入推进重点领域改革，不断增强经济社会发展活力

加大力度推进行政管理体制改革。理顺市区两级管理体制，强化区级发展经济和管理社会的职能，进一步激发城区发展活力。建立健全与市、县(区)事权相匹配的财税体制，推进部门预算改革，完善重点支出和应急支出保障机制。实施县乡财政振兴工程，促进县域经济加快发展。深化乡镇机构改革，加快转变乡镇职能。深入推进水利工程管理体制改革，促进水资源的优化配置。加强政府性投资项目管理，强化对社会投资活动的引导、调控和监管。

积极稳妥推进事业单位改革。继续抓好生产经营类事业单位改革，全面完成转企改制任务，实现社会化投资、市场化运营、产业化发展。进一步理顺行政管理与社会服务的关系，积极做好行政执行类和公益类事业单位改革准备工作。以机构、产权、人事、分配等制度改革为重点，统筹推进事业单位综合配套改革试点工作。稳妥推进市政、园林、环卫体制改革，提高管理服务水平。积极推进文化体制改革，加强文化事业建设，大力发展文化产业，不断满足人民群众的精神文化需求。

巩固和扩大企业改革成果。妥善解决已改制企业遗留问题，保护职工合法权益，促进企业健康发展。优化改革方案，按时完成马钢、山鹰、星马等上市公司股权分置改革任务。积极探索加强国有资产监管的有效措施，健全监事会管理考核机制，强化对国有及国有控股企业经营管理者的业绩考核，建立和完善经营激励与约束机制。健全国有资产产权交易规则和监管制度，确保国有资产安全有效运营。

(八)统筹发展各项社会事业，积极构建和谐马鞍山

扎实做好就业和社会保障工作。把促进就业摆在经济社会发展更加突出的位置，加快城乡创业服务中心建设，逐步建立市场主导就业、政府促进就业、个人自谋职业相结合的长效机制。全年城镇新增就业2.1万人，其中失业人员再就业1.1万人，"4050"人员再就业2 000人；实施职业技能培训1万人。继续完善多层次的社会保障体系，年末城镇职工养老、失业、医疗保险参保率达96%以上，工伤、生育保险参保率达75%。建立城镇非职工居民合作医疗保险制度，将城镇无业居民、灵活就业人员、大中小学学生及儿童逐步纳入医疗保障体系，积极探索外来务工人员医疗保障措施，在全省率先基本实现医疗保险全覆盖。进一步完善城乡居民最低生活保障制度，出台实施城市鳏寡孤独老人集中供养和城乡医疗救助政策。扎实开展"劳动保障执法监察年"活动，切实维护劳动者合法权益。继续集中力量办好10件左右为民办实事项目。

协调发展各项社会事业。全面推进义务教育均衡发展，加快普及高中阶段教育，推进职业教育现代化，鼓励发展民办职业教育。积极发展高等教育，继续支持安徽工业大学加快发展，力争在新城东区新办一所高校。创新办学体制，培育发展多种形式的民办教育。健全资助家庭困难学生就学制度，启动"关爱留守儿童"工程，切实保障困难家庭学生和流动人口子女受教育的权利。巩固扩大第一届中国诗歌节效应，营造更加浓厚的诗歌文化氛围。积极开展健康向上、群众喜闻乐见的文化活动，力争建成市博物馆、大剧院、图书馆主体工程，加大古文化遗址保护和发掘力度。探索建立市级卫生应急指挥信息平台，加快推进医疗卫生基础设施建设，大力发展社区卫生服务。加强对艾滋病、结核病、血吸虫病、狂犬病的防治，进一步提高对重大疾病的预防控制和医疗救治能力。深入开展全民健身运动，提高竞技体育水平。建设国家一级气象站，建立城乡公共气象、防震减灾服务体系。加大国防宣传和教育力度，继续稳妥做好军转干部和退伍士兵安置工作。加强人防设施建设，提高城市防空应急能力。积极推进档案管理模式改革，优化整合档案资源。推进广播电视数字化工程，认真做好第二次农业普查工作，积极开发利用第一次经济普查成果，完成《马鞍山市志》续志，加强软件应用管理，统筹发展其他社会事业。继续抓好文明城市创建工作。大力推进青少年活动阵地建设，突出抓好未成年人思想道德建设和大学生思想政治教育。加快联合征信网络平台建设，初步建立企业和涉信人群信用信息数据库，启动信用评价及发布系统。扎实开展"双拥"工作，力争进入"全国双拥模范城市"行列。完善社区管理体制，强化小区物业管理，增强服务居民的能力和水平。

深入推进"平安马鞍山"建设。完善和创新社会治安防控体系，建设城市报警和监控技术系统，大力整治校园周边、公共娱乐场所、居民小区治安秩序，严厉打击各种刑事犯罪活动，切实增强人民群众的安全感。进一步加强危机管理，积极预防、妥善处置群体性事件。正确处理新时期的人民内部矛盾，完善

信访工作责任制，健全社会利益协调和矛盾纠纷调处机制。认真落实安全生产责任制，严防重大安全事故发生，巩固和发展安定团结的政治局面。

（九）努力提高政府管理服务水平，建设人民满意政府

积极改进行政管理方式。加快转变政府职能，推进政企、政资、政事分开，更好地发挥政府经济调节、市场监管、社会管理、公共服务的职能。坚持依法行政，深入贯彻行政许可法，进一步减少和规范行政许可。继续加强和改善行政执法，严格行政执法责任制度和过错追究制度，提高行政执法水平。加强对涉及经济社会发展全局的战略性、前瞻性问题的调查研究，健全重大事项决策的协商和协调机制、专家咨询制度、社会公示和听证制度，推进决策的科学化、民主化。

着力强化行政效能建设。出台落实提高行政领导工作效能的具体规定，建立健全和严格执行效能问责制，切实提高政府机关特别是行政领导的工作效能。进一步完善和强化目标责任管理，加大考核奖惩力度，完善体现科学发展观和正确政绩观要求的干部实绩考核评价制度。加强对重大决策和重要工作部署的跟踪督查，深入推进效能监察，坚决改变极少数部门和工作人员推诿扯皮、办事效率不高的现象，提高政府执行力和公信力。主动接受市人大的法律监督和工作监督，接受市政协的民主监督，认真办好人大代表议案、建议和政协提案，广泛听取各民主党派、工商联、无党派人士和各人民团体的意见。继续办好“政风行风”热线，自觉接受群众和社会舆论的监督，不断改进政府工作。

全面优化服务环境。政府系统全体工作人员要进一步解放思想、更新观念，坚决冲破一切影响发展的思想束缚和体制障碍，牢固树立服务经济、发展为上、改革创新的理念，以思想大解放促进经济社会大发展。要始终保持奋发有为、奋力争先的精神状态和求真务实的工作作风，勤于思考，勇于开拓，敢于负责，快速落实，不断开创各项工作新局面。要把思想解放落到实处，紧紧围绕招商引资、全民创业等重点工作，千方百计为市场主体创造公平竞争环境，提供优质高效服务。要继续完善行政服务中心功能，加快电子政务建设步伐，积极推进政务公开。要以贯彻实施《公务员法》为契机，加强对公务员的教育、培训和管理，不断提高工作效率和服务水平。要认真贯彻中央和省、市惩治和预防腐败的有关规定，教育广大公务员特别是领导干部自觉廉洁从政，树立政府良好形象。

今年是马鞍山建市五十周年。回首往昔，我们豪情满怀；展望未来，我们信心倍增。让我们紧密团结在以胡锦涛同志为总书记的党中央周围，在省委省政府和市委的坚强领导下，依靠和组织全市人民，埋头苦干，奋发进取，出色完成今年各项目标任务，以优异成绩向建市五十周年献上一份厚礼，为加速实现“两个率先”、努力构建和谐社会而不懈奋斗！

（注：马鞍山第十三届人民代表大会第五次会议上）

政府工作报告

（2006年2月15日）

合肥市代市长　吴存荣

一、"十五"期间回顾和2005年的政府工作

"十五"是我市改革开放以来经济社会发展最好的时期。5年来,在省委、省政府和市委的正确领导下,全市人民抢抓机遇,开拓奋进,提前完成了预定的主要目标任务,改革开放、经济建设和社会发展取得了巨大成就。

——综合经济实力跃上新台阶。5年来,经济发展呈现逐年加快之势,地区生产总值年均增长16.5%,占全省比重由2000年的13.2%提高到15.9%,综合实力在全国百强城市中由39位提升到31位。人均生产总值达到2 315美元,比2000年翻一番多。财政收入年均增长25.4%。累计完成全社会固定资产投资1 424.6亿元,是"九五"的2.9倍。经济结构调整成效明显,三次产业比例由10∶44∶46调整为6.2∶44.8∶49;工业经济快速发展,增加值年均增长14.6%;建筑业发展势头强劲,总产值年均增长35.4%;县域经济超常发展,肥西、肥东和长丰县在全省位次分别前移14位、3位和8位,农业规模化、优质化、产业化趋势明显加强;现代服务业方兴未艾,旅游业迅速崛起,全省旅游中心地位初步确立。物流、会展经济和中介服务蓬勃兴起,金融、保险、邮政、电信等保持了良好发展势头。

——体制创新和对外开放取得重大进展。国有资产管理体制改革不断深入,国有资本运营体系基本建立。国有企业改革取得丰硕成果,一批重点骨干企业成功实施资产重组;国有大中型企业初步建立现代企业制度,新增上市公司3户;国有、集体中小企业"双退"改革以及企业剥离办社会职能等配套改革基本完成。投融资体制、财税体制改革稳步推进,公共财政框架体系逐步健全。扎实推进农村税费改革,全面取消了农业税,农民负担大大减轻。成功实施区划调整和城市管理体制改革,城区发展空间得到拓展,社区功能不断强化。科技、教育、文化、卫生体制改革继续深化。行政管理体制改革和事业单位改制稳步推进。对外开放成绩显著,累计利用外资13.11亿美元,比"九五"增加40%;引进境内资金459亿元。3大开发区建设迈出新步伐,综合实力显著增强。新建并壮大一批县区工业园区,成为县(区)域经济快速发展的重要载体。外经外贸持续快速增长,地区进出口总额年均增长17%。科技兴贸取得重要进展,在全国20个科技兴贸重点城市中的位次前移4位。

——城乡面貌发生显著变化。坚持科学规划,加快城乡建设步伐。组织编制了城市近期建设规划和城市战略发展规划,城市分区功能定位进一步明确。立足"改造提升老城区、加快建设新城区",老城区通过实施"打通断头路、整治小街巷、改造旧小区、开展大拆违",整体面貌大为改观;高标准、高起点建设政务文化新区,基础框架及部分主体工程基本建成。建成宁西铁路(合肥至西安段)和合安、合徐高速公路,实现对外交通快速对接。农村路网逐步完善,实现乡乡通柏油路、村村通砂石路。完成大房郢水库建设以及南淝河肥东段、巢湖大堤、瓦埠湖保庄圩综合治理等一批重点项目,中心城区百年一遇、农村20年一遇的防洪保安体系基本形成。城乡电网逐步完善,供水、供气、供热等保障能力不断提高。创建"国家卫生城市"、"国家环保模范城"活动深入推进,龙泉山垃圾处理场、望塘和朱砖井污水处理厂等一批环保设施相继建成,环境质量继续改善。新建包河大道、南淝河沿线绿化以及徽园、野生动物园等一批园林景观。完成退耕还林等绿化任务,新增成片造林面积51.4万亩,全市森林覆盖率提高到14.8%,城市建成区绿化覆盖率达37%。环城水系综合治理工程获得"中国人居环境范例奖"。土地管理不断强化,在全省率先建立土地储备交易制度、经营性用地"招拍挂"制度,土地利用效率明显提高。文明创建工作深入推进,实现稳定的良性循环。以实施"四把工程"为重点,加快江淮分水岭地区综合治理,农村薄弱地区的生产生活条件大为改善。村镇规划建设步伐加快,实施了草危房改造和村庄综合整治,村容村貌有了较大改观。

——社会事业实现跨越式发展。坚持经济社会协调发展,持续加大各项社会事业的政策支持和资金投入。科技事业取得长足进步。连续5年举办中国合肥高新技术项目—资本对接会,连续4次获得"全国科技进步先进市"称号,成为全国首个科技创新型试点市。成功加入世界科技城市联盟。科普教育成效显著,全民科学文化素养明显提高。信息技术应用领域逐步扩大。教育在改革中发展。义务教育阶段均衡发展进程加快,高中段普及率迅速提高,优质教育资源不断增加。职业教育、民办教育规模显著扩大。整合高教资源,成功组建合肥学院。确立了农村义务教育"地方负责、分级管理、以县为主"的管理体制。农村中小学危房改造成绩显著,办学条件不断改善。"文化强市"战略初显成效,文艺创作和演出成果丰硕,文化市场管理加强,文化产业蓬勃发展。市科技馆、图书馆等一批重点文化设施项目相继建成。农村广播电视覆盖率达到100%。竞技体育水平始终保持全省领先地位,群众体育社会化格局基本形成。城乡医疗救治体系、疾病预防控制体系和卫生监督体系逐步健全,肥西县新型农村合作医疗试点取得成功。人口增长得到有效控制,人口质量不断提高。国防教育、民兵预备役工作不断加强,实现争创全国双拥模范城"五连冠"。民族宗教工作扎实有效,人防、外事、侨务、对台、地震、

气象、统计、档案、保密、妇女儿童、未成年人保护、老龄、残疾人等事业迈上新台阶。

——人民生活水平显著提高。城镇居民人均可支配收入和农民人均纯收入年均分别增长9.8%和10.2%；城乡居民人均储蓄存款余额年均增长22%。社会消费品零售总额年均增长17%，居民消费价格指数年均增长0.7%。消费结构加快升级，住房、汽车等高档消费需求迅速扩大，文化、休闲、旅游等消费成为时尚。城镇居民人均居住面积和农村人均生活用房面积分别比2000年增加3.8平方米和4.6平方米。城乡劳动力就业领域得到拓展，农村劳动力外出务工大幅增加。下岗失业人员再就业工作成绩显著，受到国务院表彰。社会保险覆盖面不断扩大，城乡困难群体救助体系逐步建立。在全省率先建立“土地换保障”制度，维护被征地农民的合法权益。扶贫开发成效明显，农村贫困人口由7.4万人减少到3.7万人，低收入人口由16.5万人减少到4.55万人。广泛开展精神文明创建活动，市民综合素质和城市文明程度不断提高，蝉联“全国创建文明城市工作先进市”称号。

——民主法制建设得到加强。加快政府职能转变，政府宏观调控能力、统筹发展能力、公共服务能力和危机管理能力大大增强。坚持依法行政，自觉接受人大、政协和各民主党派、无党派人士及社会各界的监督。建立健全定期联系人大代表制度和政协议政会制度，充分尊重人大代表、政协委员的意见和建议，5年累计办结人大代表议案32件、建议897件，办理政协委员建议案6件、提案1 816件。完善与工会的联席会议制度，重视发挥共青团、妇联等群众团体的积极作用。加强基层民主政治建设，深入开展政务公开、企务公开、村务公开，成功进行了村民委员会换届选举和社居委调整工作。建立和完善了市长热线电话制度、人民建议征集制度、市长接待日制度、新闻发言人制度、社会听证制度、法律顾问制度，开通市长电子信箱，决策科学化和民主化不断增强。深化行政审批制度改革。组建行政服务中心，实行一个窗口对外、一条龙服务。分4批取消行政审批项目222项，合并下放审批191项。积极贯彻《行政许可法》，取消行政许可事项33项。完成“四五”普法教育各项任务。开展“平安合肥”创建活动，构建全方位的社会治安防控体系和安全生产监管体系。深入开展共产党员先进性教育活动，大力推进政府机关效能建设。建立健全政风评议和行风评议制度，综合运用审计、监察等监督手段，促进政风建设和廉政建设，投资发展环境明显改善。

2005年是“十五”最后一年，我们坚持以改革开放为动力，以加快发展为主题，全面落实科学发展观，实现经济社会快速健康发展，全市呈现出经济快速增长、社会和谐稳定、人民安居乐业的良好局面。

（一）国民经济快速增长

全年实现地区生产总值853.6亿元，增长16.9%；实现财政收入130.88亿元，增长24.2%，其中地方财政收入57.64亿元，增长28.3%；城镇居民可支配收入9 684元，增长12.5%，农民人均纯收入3 207元，增长11%。全社会固定资产投资495.3亿元，增长36.4%；社会消费品零售总额324.4亿元，增长15.1%。工业经济稳定增长，效益同步提高，规模以上工业企业实现总产值843亿元，工业增加值263.7亿元，增长23.5%；工业经济效益综合指数达207，提高近40个百分点。8大重点产业支撑作用进一步增强，实现产值占全市工业总量的78.2%。城郊型农业快速发展。种植业结构进一步优化，瓜菜果种植面积迅速扩展，无公害蔬菜基地面积达30万亩，无公害农产品发展到50个。在全国率先建立起职责明确、运转灵活、工作有效的动物防疫体系和畜禽产品质量安全监管体系，有效地防范了禽流感，养殖业规模继续扩大、效益持续增长，受到省委、省政府和国务院督查组充分肯定。农业产业化快速推进，龙头企业实力进一步提升，新增省级龙头企业7个，超亿元企业达到10家。成功举办了第3届中国合肥苗木交易大会。第三产业实现增加值418亿元，增长16%。全年实现旅游总收入35.8亿元，增长22.5%。

（二）改革开放全面推进

国有大中型企业资产重组取得新进展。荣事达与美的集团、美菱股份与长虹电子实行强强联合，合铝集团、芳草日化和神马电工等一批企业实现重组。合钢、氯碱、四方集团等企业主辅分离、辅业改制工作积极推进。生产经营类事业单位改革以及党政机关与所办经济实体和直接管理企业脱钩改制工作步伐加快。政府非税收入管理改革、上市公司股权分置改革、农村信用社改革试点开始启动。大力推进国有产权进场交易，全年实现交易额突破20亿元。深化土地有偿使用制度改革，全年入库土地出让金近15亿元。城市管理体制改革取得新突破，行政执法改革全面推开；农村综合改革试点顺利推进，乡镇清财工作全面完成。强化目标责任制，突出重点领域和重点地区，广泛开展形式多样的招商活动，招商引资成效明显。全年新批外商投资企业91户，合同利用外资3.45亿美元，增长29.7%；实际利用外资4.07亿美元，增长28.7%。引进境内资金172亿元，增长40.7%。3大开发区和县区工业园区共引进项目544个，完成固定资产投资200亿元。天威保变工业园、生命科技园、宝业住宅产业化基地、伊利乳业工业园等一批重大项目开工建设。对外贸易快速增长，完成海关进出口总额41.8亿美元，增长19.2%，其中出口总额27.94亿美元，增长27.6%。市属企业完成进出口总额17.85亿美元，增长35.5%，其中出口11.79亿美元，增长60.3%。完成国际经济技术合作营业额2.41亿美元，增长114%。

（三）城乡建设稳步推进

开展了新一轮城市总体规划、土地利用总体规划修编工作。合六、合淮阜高速公路建设及二环路改造按计划推进。芜湖路、飞龙路、铜陵路桥等工程竣工。城市供水、供电、供气、供热和公交等公用设施建设顺利推进。蔡田铺污水处理厂和二里河上游综合改造工程正式启动，环城水系中水回用基本实现全线贯通。城市环境综合整治继续深入，“创模”工作通过省级考核验收。环城公园和芜湖路灯饰亮化工程竣工。推进防洪保安工程和农田水利基本建设，完成了瓦埠湖蓄洪区一、二期工程和丰乐河18公里河段整治。新开工农村公路国债及通达项目16个，“村村通混凝土路工程”开始实施。城区改造小街巷106条，新增园林绿地213块，新建改建公厕37座，整治脏破建筑233幢。园林旅游项目建设步伐加快，完成“三园”改造升级工程，三国遗址公园建设进展较快，包公园、徽园被评为国家4A级旅游景区。开工建设经济适用住房50万平方米，改造危旧房60万平方米。小城镇建设步伐加快，肥东县撮镇镇跻身全国首批发展改革试点镇。

（四）科技和社会事业蓬勃发展

全面启动国家科技创新型试点市建设，出台并实施《试点市工作方案》,示范区已有7个项目开工建设。成功举办第5届高新技术项目—资本对接会暨中国专利20年成果展。高新技术产业快速发展,全年实现总产值、技工贸总收入分别增长31%、30%。大力推进科技兴农,组织实施粮食丰产科技工程和"农业科技专家大院"项目。"1124"信息化工程加快推进,建成全市统一电子政务专网,联合审批系统、视频会议系统等70多项电子政务项目顺利推进,农业信息网不断完善。各类教育协调发展。义务教育成果得到巩固,全市小学、初中入学率、升学率保持较高水平。进城务工农民子女义务教育阶段入学问题初步得到解决。普通高中和职业教育协调发展,普职比趋于合理。文化事业不断发展。成功举办第16届国际美术大会。专业文艺创作精彩纷呈,群众性文化活动蓬勃开展。长江剧院重建、城隍庙修复、李府东扩工程竣工,赖少其艺术馆建成开馆。繁荣和发展哲学社会科学,理论研究有所突破和创新。竞技体育和全民健身工作取得新成绩。动工兴建市体育中心、广电中心和文化艺术中心。市疾病控制中心等一批卫生建设项目基本建成。社区卫生服务网络建设加快推进,肥东和长丰县列入国家和省农村新型合作医疗试点县。开展出生人口性别比综合治理,全面实施农村部分计划生育家庭奖励扶助制度。认真落实优抚安置政策,"双拥"工作整体水平继续提高。国防教育、后备力量建设扎实有效。人防工程建设面积大幅度提高,市级人防指挥所工程投入使用,荣获全国"人民防空先进城市"称号。《合肥市志》续修工作进展顺利。防震减灾工作得到加强。

(五)文明创建扎实开展

加强社会主义精神文明建设,提炼和倡导"城市精神",公民道德教育、诚信建设、未成年人思想道德教育得到加强。实行任务分解和"双月推进计划",深入开展全国文明城市创建活动,在全省考评中名列第一。开展声势浩大的查处违法建设工作,共拆除各类违法建设1 000多万平方米,赢得了全市人民的积极拥护和社会各界的普遍赞誉。通过"大拆违",拓展了发展空间,改善了城市形象,锻炼了干部队伍,提升了政府的公信度。结合"大拆违",深入开展城市出入口、农贸市场等专项整治,重点区域的脏乱差现象明显改观。市、区、街道3级环卫督查网络初步建立,环境卫生管理工作进一步向城郊结合部、居民小区内部延伸。加强环卫基础设施建设,新建、改建生活垃圾转运站22座。

(六)城乡社会和谐稳定

积极推进就业再就业和社会保障工作,全年城镇新增就业岗位5.8万个,城镇登记失业率4.4%。大力拓展"组织起来就业"新模式,通过开发社区就业岗位、建立"百帮"创业基地、托底安置"4050"人员等多种措施,解决了一大批下岗失业人员的就业问题。调整完善社保政策,激发了各类职工参保的积极性,全市社会保险5项险种参保人数较上年末增加25万人,其中私营企业和个体工商户新参保人数超过历年总和。就业和社会保障工作服务平台进一步完善,全市所有街道、乡镇全部建立了企业退休人员管理服务所(站),"退管"服务率达80%。完善最低生活保障制度,初步实行"分类施保"。在全市范围内开展了困难群体大排查,实施教育、医疗、住房等多项救助措施,保障了低收入群体的基本生活。组织实施扶贫开发"整村推进"工程,加大重点贫困村的脱贫力度。加强社会治安综合治理,严厉打击各类刑事犯罪,加大消防、交通安全等专项整治力度,连续3届被评为"全国社会治安综合治理工作优秀城市",并获得首届"长安杯"。以贯彻新修订的《信访条例》为契机,依法整顿和规范信访秩序,在全省率先开展了党政领导干部开门接访、带案下访活动,有力化解了社会矛盾,密切了干群关系,全市信访稳定形势明显好转。强化安全生产管理,加大专项整治力度,安全生产形势保持稳定。全面加强城乡市场监管,坚决打击制假售假、非法行医等违法行为,强化文化市场、食品药品安全管理,维护良好的市场秩序。

回顾过去5年的工作,成绩来之不易。这是省委、省政府和市委正确领导的结果,是全市人民齐心协力、迎难而上、奋力拼搏的结果。在此,我谨代表市人民政府,向全市广大工人、农民、知识分子、干部、驻肥解放军指战员、武警官兵和政法干警,向各民主党派、工商联、人民团体和各界人士,致以崇高的敬意!向所有关心支持合肥改革开放与现代化建设的海内外朋友,表示衷心的感谢!

在总结"十五"取得的成绩同时,我们也清醒地认识到,当前经济社会发展中还存在一些突出问题和深层次矛盾:城市建设管理尚有很多亟待解决的问题;工业总量仍不够大,辐射带动能力不强;对外开放领域不宽、层次不高,招商引资总量不大;城乡二元结构矛盾仍然突出,农村经济发展相对滞后;就业和社会保障压力大,部分群众生活存在困难;政府效能建设、投资发展环境等方面还存在不少差距。"十一五"期间,必须采取有效措施,努力加以解决。

二、"十一五"期间经济社会发展的总体目标和主要思路

"十一五"时期既是十分难得的"黄金发展期",又是不可忽视的"矛盾凸显期"。从发展机遇看,世界经济将继续保持较快发展,国际产业资本转移的大趋势不会改变;我国经济仍处在新一轮上升周期,国家积极实施中部崛起战略,将在发展政策、重大项目布局等方面向中部地区倾斜;省委、省政府明确提出中心城市带动战略和打造省会经济圈,对合肥的支持力度越来越大;作为首个国家科技创新型试点城市,将更加有利于借助创新的动力发挥后发优势;经过多年的积累,我市已经基本具备了跨越式发展的基础和条件,全市上下奋力崛起、勇当先锋的氛围日渐浓厚,将为今后的发展提供强大动力。从面临挑战看,国际竞争、国内区域竞争和产业竞争压力加大;我市经济社会发展中存在的深层次矛盾和问题将相互交织,形成更加复杂的制约因素。因此,我们必须抢抓一切发展机遇,主动应对各种挑战,积极破解各种难题,奋力实现超常规发展。

"十一五"我市经济社会发展的指导思想是:以邓小平理论和"三个代表"重要思想为指导,深入贯彻落实党的十六大和十六届五中全会精神,按照省委、省政府的战略部署,以科学发展观统领城乡经济社会发展全局,以提升经济总量、增强经济实力、提高人民生活水平为主线,大力实施工业立市、县域突破、创新推动、东向发展和可持续发展战略,推进全市经济社会实现跨越式发展,在安徽崛起中勇当先锋,在中部崛起中争先进位,为在全省率先实现全面建设小康社会、率先基本实现现代化奠定坚实基础。

"十一五"我市经济社会发展的总体目标建议为:地区生产总值年均增长15.5%,力争18%;财政收入年均增长15%;城镇居民可支配收入和农民人均纯收入年均分别增长11%和11.5%;全市万元生产总值综合能耗比2005年降低20%。经

过5年奋斗，把我市基本建设成经济更加发达、科教更加进步、文化更加繁荣、社会更加和谐、生态更加良好、人民生活更加殷实的小康社会。

实现上述目标，在实施“十一五”规划中，必须把握好以下几个方面：

——优先发展先进制造业，强化现代服务业支撑力，全面提升重点产业竞争力。强化工业主导地位，集中优势资源，实施高强度投入，实现跨越式发展，基本形成技术高新化、产业集群化、信息化、标准化、资源集约化的现代制造业体系，建成国内重要的先进制造业基地和高新技术产业基地。立足现有产业基础和比较优势，增强支柱产业竞争优势，突出重点产业支撑作用，做大高新技术产业规模。调整优化产业布局，推动产业集聚。围绕龙头企业，培育中小企业集群。加快县域工业化进程，以工业园区为主要载体，围绕城市支柱产业、重点企业，加强协作，错位发展，培育和形成各具特色的配套产业。积极培育铺天盖地的民营企业，大力推进全民创业活动。强化现代服务业对工业的支撑作用，以发展区域性要素市场中心为突破口，大力发展金融、物流、会展以及文化、旅游、中介服务等现代服务业，促进服务业和制造业的互动发展。

——统筹城乡发展，加快县域经济突破，建设社会主义新农村。以发展为目标，以提高农民收入为核心，坚持以城带乡、以工促农，促进城市生产要素、基础设施向农村延伸，实现县域经济新突破。在强化县域工业的同时，推进农业产业化，发展特色经济、高效农业和无公害农产品，促进农业结构优化升级。培育综合性农产品批发市场及各类专业合作经济组织、行业协会，提高农村经济组织化、集约化、市场化程度。围绕改善农村生产生活条件，强化农村基础设施建设。分类梯次推进城镇化，提升城镇综合承载能力，逐步形成以城市为核心、县城为副中心、中心镇为骨干、中心村为基础的城镇体系。按照“生产发展、生活宽裕、乡风文明、村容整洁、管理民主”的要求，建设与现代化大城市相适应的社会主义新农村。

——以科技创新为先导，探索创新型城市发展道路，转变经济增长模式。以科技创新型试点市建设为契机，发挥科教资源优势，推进知识创新、技术创新、产业创新和制度创新，逐步把合肥建设成为全国著名的科技创新型城市。深入推进经济社会信息化，完善信息化网络基础设施建设，基本建成电子商务应用体系。以提高资源利用效率为核心，以节能、节水、节材、节地和资源、能源综合利用为重点，发展循环经济，建立健全节约型社会的体制和机制，形成节约型的增长方式。提倡清洁生产，倡导生态消费，保护自然环境，实现人口、资源、环境协调发展，可持续发展能力显著增强。

——实施“东向发展”战略，创新体制和机制，增强发展动力。立足“东向发展”，在思想观念、产业发展、要素流动、基础设施、体制机制等方面，实现与长三角等发达地区的对接和互动发展。构建社会化、市场化、现代化的招商机制，扩大招商引资；完善贸易促进体系和指导服务体系，优化贸易结构，支持和引导地方企业开拓国内外市场，形成全方位、宽领域、多层次的大开放格局。坚持以改革促发展，破除束缚发展的体制性障碍。推进行政管理体制改革，加快转变政府职能，提高行政效能。深化国有企业和国有资产管理体制改革，引导非公有制企业制度创新和产业升级。发展资本市场和产权市场，培育土地、技术和劳动力等要素市场，完善现代市场体系。

——加强城市规划建设与管理，提升形象，完善功能，增强城市辐射力。按照“世界眼光、国内一流、合肥特色”的总体思路，以更高的起点、更大的手笔推进城市规划和建设。优化城市功能分区，加快构筑“1个主城、4个副中心、1个滨湖新区”的现代化大城市框架，逐步实现城市形态由单中心、高集聚向多中心、组团式转变，由“环城时代”向滨湖、临江城市的演变，努力打造独具魅力的现代化滨湖城市。加强城市基础设施建设，完成合宁、合武高速铁路、合肥铁路枢纽改造和合淮阜、合六、环城高速公路建设，建成合肥新港集装箱码头，基本建成合肥新机场。构建城市快速通道，建设大运量的快速公共交通系统，形成立体通畅的交通网络体系。完善水、电、热、气等设施，提高城市保障能力。围绕创建国家生态型园林城市、国家环保模范城市和人居环境最佳城市，实施高品位绿化，控制污染物排放，强化生态保护，改善环境质量，构建环境友好型社会。

——坚持以人为本，加强社会建设，努力构建和谐社会。统筹发展各项社会事业，整合社会各类资源，全面加强社会建设。推进教育事业发展，巩固扩大义务教育成果，大力发展职业教育，逐步建立各级各类教育协调发展的国民教育体系。实施“文化强市”战略，建设区域性文化中心城市。健全疾病预防控制体系、医疗救治体系和卫生监督管理体系，建立比较完善的城市社区卫生服务网络和新型农村合作医疗制度。完善就业服务体系，建立促进扩大就业的有效机制。更加注重社会公平，完善收入分配制度。健全与经济发展水平相适应的社会保障体系和城乡特殊困难群体社会救助体系，逐步提高最低生活保障和最低工资标准，认真解决低收入群众的住房、医疗和子女就学等困难问题。完善社会管理体系，构建党委领导、政府负责、社会协同、公众参与的社会管理新格局。建立健全安全生产长效机制，强化政府预警与应急管理体系建设，保障人民群众生命财产安全。加强社会治安综合治理，深入推进“平安合肥”建设。正确处理新形势下的人民内部矛盾，完善社会利益协调和社会矛盾排查调处机制。推进政府、企业、个人信用建设，建设“信用合肥”。加强民族宗教工作。建设与经济发展相协调的国防后备力量。围绕创建全国文明城市，深入开展群众性精神文明活动，形成积极健康、奋发向上的社会风尚，为推进跨越式发展营造良好的社会环境。

三、2006年的主要工作

2006年是“十一五”开局之年，切实做好今年各项工作，对于顺利实施“十一五”规划具有十分重要的意义。我们要全面落实科学发展观，紧扣“大发展、大建设、大环境”这个主题，采取强力措施，突出工作重点，努力在推动跨越式发展上实现新突破。2006年经济社会发展的主要预测指标建议为：地区生产总值增长16%；财政收入增长15%；固定资产投资增长25%；实际利用外资增长23%；城镇居民人均可支配收入和农民人均纯收入分别增长11%和10%；城镇登记失业率控制在4.5%；人口出生率控制在12‰。围绕以上目标，着重抓好以下工作：

（一）全面实施“工业立市”战略，加快发展工业经济

认真落实《优先加快工业发展行动纲要》，出台《加快新型工业化发展若干政策》及目标考核奖惩办法，组织开展“加快工业发展年”活动。实施重点产业发展规划和专项规划，制定加快发展的政策和措施。支持支柱产业加速发展，突出发展汽

车、装备制造、家用电器、化工、新材料、电子信息及软件、生物医药、食品及农副产品加工8大重点产业,新增产值超百亿元工业企业1户、超50亿元2户。大力培育新的经济增长点,鼓励和引导各类资本投入工业,确保完成工业投资120亿元,力争完成140亿元,重点推进"121"工程,实施好化工企业搬迁改造、联合利华工业园、江汽轿车、美的、天威保变、乐凯工业园、佳通全钢子午胎等一批重大项目,提升工业整体竞争力。出台《工业产业空间布局导向目录》,统筹城乡产业布局,引导产业合理分工。加强中小企业、民营企业社会服务体系建设,扶持一大批"专、精、新、特"中小企业发展。坚持走新型工业化道路,以信息化带动工业化,依靠科技创新,不断提高企业核心竞争力。大力发展循环经济,广泛推广清洁生产模式,突出抓好钢铁、化工、建材等高能耗行业和重点企业的节能工作,加快节能省地型住宅产业、农作物秸秆综合利用等工程建设。

(二)大力实施县域经济突破,推进社会主义新农村建设

围绕中央建设社会主义新农村的总体要求,以规划示范、村镇建设、基础设施、信息网络、公用事业和文明创建为抓手,全面启动新农村建设。按照实施县域突破战略的要求,加快发展县域经济,不断壮大县域经济实力。坚持以工业化带动农业产业化,以先进制造业、城市配套工业、农副产品加工业为主攻方向,做精、做强城市配套服务业和特色经济,形成各具特色的主导产业,构建县域经济增长极。继续推进江淮分水岭地区综合治理。加快农业结构调整,优化农业布局,推进规模经营,加快发展优质、高效、设施农业。推进集约型养殖小区建设,组织实施"千场百区"工程,进一步提升养殖业在农业中的比重;坚持产业为先、生态并重,提升苗木花卉产业,打造全国重要的绿化苗木生产基地;推进设施栽培小区建设,扩大专业菜地、反季节和精细蔬菜基地面积,做大做强西甜瓜、草莓等产业。大力培育龙头企业,实施农产品"创牌工程",提高农产品竞争力和市场占有率。完善农村社会化服务体系,充分发挥农村致富带头人和农村经纪人的作用,提高农业和农村经济组织化程度。大力发展劳务经济,加强组织引导和职业教育培训,加快农村劳动力向第二、三产业转移,促进农民持续增收。加大扶贫开发工作力度,组织实施"整村脱贫"项目。推进城乡思想观念对接、体制机制对接、规划对接、设施对接、产业对接、市场对接和人才对接,加快城市道路、公交、供电、供水、供气、环保、信息、金融、商贸等服务设施向县域延伸。继续抓好农村水利建设,进一步强化防洪保安和节水灌溉能力。加快农村道路、饮水、电网、通信等基础设施建设,认真实施"村村通混凝土路"工程。加快村镇规划建设步伐,重点推进发展改革试点镇和中心镇、中心村建设,积极推进农村社区建设。

(三)加快国家科技创新型试点市建设,增强自主创新能力

全面贯彻全国科技大会精神,以增强自主创新能力为核心,积极探索建设创新型城市的新路子。认真分解落实科技创新型试点市工作方案,建立健全工作协调机制和服务机制,落实政策支持措施,出台目标考核奖励办法。大力支持企业技术创新体系建设,培育和发展25家科技创新型企业,新增3家省级以上工程(技术研究)中心,建立14家市级企业技术中心和10家省级制造业信息化示范企业;积极探索产学研有效结合的新机制,鼓励和支持科研人员领头创办企业,鼓励和支持科研单位走产业化发展的路子,努力形成以科技合作项目为主要内容的多层次、全方位合作形式;建立多元化的科技创新投融资体制,设立试点市发展专项资金和科技型中小企业技术创新基金;加快高新技术产业发展,力争全市高新技术产业产值达到600亿元,技工贸总收入达到570亿元,增幅达到27%以上;加快信息产业与其他制造业的融合,发展具有自主版权的应用软件,推进信息技术在各领域的广泛应用;继续办好中国合肥高新技术项目一资本对接会,扩大合肥高新技术产权交易市场;推进试点市示范区规划建设,加大项目引进和投资力度,争取新开工10个至15个项目,完成投资10亿元至15亿元,推动示范区尽快成规模、出形象。加大创新型试点市宣传和推介力度,加强科学普及和人才工作,形成浓厚的创新氛围。

(四)加强城市规划建设和管理,进一步完善城市功能

围绕建设现代化滨湖城市,按照"新区开发、老城提升、组团展开、整体推进"的思路,加快新一轮城市总体规划和土地利用总体规划修编,做好中心城区、副中心和各类专业规划、区域规划的编制,形成较为完善的城乡规划审批与管理体系,尽快扭转规划滞后及管理不到位的局面。积极争取将合肥纳入长三角发展规划,推进合肥与长三角地区的一体化发展,为打造省会经济圈创造良好条件。启动滨湖新区的规划与建设。以建设综合性的交通枢纽为重点,加快完善城市基础设施。积极推进合宁、合武高速铁路、合肥铁路枢纽改造和合淮阜、合六高速公路以及合肥新机场、合肥新港集装箱码头等一批重大工程建设,构建城市立体对外交通体系。城市规划区内要加快构筑快速交通网络,开工建设中心城区到3县的快速干道,尽快解决路网结构不合理、交通拥堵的问题。进一步加大老城区道路及成片改造的力度,重点向薄弱区域倾斜。提升改造城市主干道,打通一批"断头路",改造城市出入口;继续做好道路节点交通渠化工程,加快社会停车场建设;切实做好"城中村"、危旧房、棚户区、小街巷改造工程的规划和实施。加快经济适用房建设,抓好廉租住房工作,增加中低价位、中小户型普通商品房供给。推进政务文化新区建设,抓好文化艺术中心、广电中心、少儿活动中心等项目建设,完成体育中心工程。加快公用事业改革和发展,继续推进水、电、气、热等市政设施建设。规划建设生态型园林城市,抓好高压走廊绿化、拆违建绿及百块绿地建设。初步建成三国遗址公园和花冲儿童主题公园。继续深入开展"创模"活动,力争通过国家级考核验收。开工建设望塘污水处理厂二期,竣工蔡田铺污水处理厂一期工程及配套管网。开展十五里河、四里河、二十埠河、板桥河等综合治理。规划建设新殡仪馆。进一步加强城市管理,开展市容、交通、农贸市场等综合整治,着力解决脏乱差、行路难等突出问题。继续坚定不移地推进"大拆违",巩固成果,防止反弹,并以此为契机,建立健全城市精细管理、长效管理的新机制。加强土地管理和基本农田保护,开展农村宅基地整理,节约和集约利用土地,最大限度地发挥土地资源的基础作用。

(五)加快传统商业改造升级,大力发展现代服务业

推进商业结构战略性调整,培育主业突出、竞争力强的龙头企业,重点发展壮大百大集团等销售额超20亿元企业集团和专业批发市场。鼓励优势企业实施规模扩张,支持企业进行跨行业、跨地区、跨所有制资产重组,引导各种资本参与流通企业改组和新型商业服务业发展。积极支持以连锁经营、电子商务等为主要特征的现代流通方式,改造提升传统商业。加快中央商务区规划建设步伐,增强辐射带动能力。加快各类专业市

场、社区商业设施建设，深入推进“万村千乡”工程。大力发展新兴服务业，鼓励引导发展健身、娱乐等休闲服务和信息、咨询等中介服务。继续推进全省旅游中心城市建设。改造提升现有旅游景区，积极申报国家4A级景区。开工建设渡江战役纪念馆，修复刘铭传故居。大力发展会展经济，加大全国性会展的申办和具有地方优势和特色的品牌会展培育力度，不断提升展会规模和水平。建立健全房地产市场信息系统，保持房地产业健康有序发展。加大生产生活资料市场监管，推进食品、药品放心工程。

（六）深入推进体制改革，进一步提高对外开放水平

完善国有资产营运体系，提高国有资产营运效率和监管水平。加快以合钢集团等为重点的国有大中型企业战略性重组，完成公用事业、建筑安装等企业改革改制任务。按照分类指导原则，加快推进事业单位改革。全面完成生产经营类事业单位转企改革的扫尾工作。健全土地市场“招拍挂”、政府集中采购、产权交易、工程招投标等各项制度。积极开展“全民创业行动”，破除一切体制和机制障碍，完善创业激励机制，充分发挥各种创业潜能。全面落实促进民营经济发展的各项政策，引导民营企业加快制度创新、管理创新和技术创新，积极支持一批企业在优势产业和领域做大做强。推进农村综合改革，基本完成乡镇机构、农村义务教育和县乡财政管理体制改革任务。

加快实施东向发展战略，坚持资金、技术和人才一齐引，内资和外资一齐用，不断提升对外开放的层次、领域和水平。完善招商工作机制，改进招商方式，强化目标考核，扩大引资规模。建立一批专业招商队伍，对长三角等重点区域实行驻点招商。着力吸引大企业、大公司地区总部、研发机构落户合肥。进一步推进3大开发区体制和机制创新，不断增强吸引力，壮大企业规模。加快县区工业园区发展步伐，突出特色，完善功能，努力实现园区产业的提档升级。坚持科技兴贸，切实转变外贸增长方式，优化出口商品结构。继续加大合肥出口加工区的申报力度。加强对外经济技术合作，鼓励有比较优势的企业对外投资、承包工程和跨国经营。充分发挥外事、侨务等部门的纽带作用，扩大对外交往与合作。进一步做好对台工作，促进对台经贸往来与合作。加大外宣工作力度，不断提升合肥的对外形象。

（七）切实做好投资和财税金融工作，千方百计扩大融资渠道

完善财政增收机制，巩固壮大支柱财源，增强市级财政调控能力。坚持依法治税，强化税收征管。优化财政支出结构，重点支持“工业立市”、科技创新、公共服务、社会发展等方面的投资。坚持集中投入和重点扶持，逐步建立稳定的农业投入增长机制。深化财政改革，积极推行财政支出绩效评价，加快健全预算编制、执行与监督“三分离”的预算管理新模式。积极推进农村信用社改革，成立农村合作银行。进一步加大对银行信贷工作的支持，完善中小企业贷款担保制度，不断拓宽银政、银企合作领域。坚持“发展为上、投资为本”的理念，创新投资思路，逐级逐次细化责任，采取强力有效的措施与方法，积极争取各种可能的投入。围绕“十一五”发展规划，进一步加强投资项目的谋划和实施，细化项目责任与措施，做到储备一批、开工一批、在建一批。充分利用国内外资本市场和货币市场，更多地争取国外政府贷款、国债项目等各类资本和资金投入合肥的建设和发展。积极支持有条件的企业在境内外上市或发行企业债券，扩大直接融资规模。出台奖励政策，充分调动各类投资主体上项目、争资金、抓落实的积极性。

（八）高度关注民生问题，完善就业和社会保障体系

调整完善促进就业的优惠政策，建立城乡一体的劳动力市场，广开就业门路，挖掘就业岗位，新增就业5万人。鼓励劳动者自主创业和自谋职业，建立鼓励企业增加就业岗位的有效机制。继续推行“组织起来就业”模式，加强和规范百帮就业服务中心、劳务型公司建设管理，拓展百帮创业园的功能，使之成为就业创业基地、技能培训和实训基地。继续做好技能培训、创业培训与就业岗位的对接工作，分类做好高校毕业生、复转军人、被征地农民和进城务工人员的就业指导和服务工作。继续强化扩面征缴，完善社会保险“五险合一”征缴工作机制，基金征缴率保持在90%以上。加强市级统筹工作，完善社会保险政策。建立补充医疗保险制度，改进医保费用结算方式，实行网上结算和网上实时监控。完善街道社区“退管”工作平台建设，企业退休人员社区直管服务率达到90%以上。完成统一的社会保障卡发行工作，向社会提供方便快捷的信息查询服务。加大源头治理力度，健全工资支付和最低工资保障制度，落实农民工工资保障金制度，改善农民进城就业环境。以完善“分类施保”制度为重点，构建信息畅通、反应灵敏、运行高效的综合救助平台，切实保障困难群体的基本生活。

（九）加强精神文明建设，统筹发展社会事业

以全面提高人的现代素质和文明程度为目标，切实加强精神文明建设，努力在全社会形成共同的理想信念和精神支柱。继续推进全国文明城市创建活动，巩固扩大文明创建成果。认真做好中小学布局规划和建设工作，加大投入，积极改善薄弱学校、特殊教育、民族教育学校和进城务工人员子女定点学校的办学条件，落实农村义务教育杂费免收政策，促进义务教育均衡发展。加快职业教育发展，启动职业教育实训基地和技师学院建设项目，建立县区职业教育培训中心。积极做好危改资金管理工作，改善农村中小学整体办学条件。加大文化体制改革力度，促进文化产业发展。抓好精品文艺创作和演出，深入开展各种群众文化活动。加强文化市场和出版物市场管理，建设1至2个文化市场示范点。加大公共卫生服务网络建设力度，强化公共卫生安全体系。基本建成覆盖全市城区的社区卫生服务网络。优化农村卫生资源配置，加强乡镇中心卫生院建设。扩大新型农村合作医疗覆盖面，支持肥西县创建全国农村卫生工作示范县。积极申办全国第4届体育大会，参赛省第11届运动会，备战全国第6届城运会。继续实施农村部分计划生育家庭奖励扶助制度，强化出生人口性别比综合治理，全面启动关爱女孩示范市工作。加快国防动员指挥中心建设，大力推进全民国防教育、民兵预备役、国防动员和人防工作，不断提高双拥工作整体水平。完成全国农业普查工作。继续做好《合肥市志》的续修编纂工作，加强防震减灾综合能力建设，抓好民族、宗教、档案、保密、气象、广播电视、妇女儿童、未成年人保护、老龄等工作，积极发展残疾人事业。

（十）加强民主法制建设，维护城乡社会稳定

政府及各部门要坚决执行人大的各项决议、决定，认真负责地向人大报告工作，主动接受人大的法律监督；支持政协和各民主党派、工商联开展工作，主动接受其民主监督；关注社情民意，自觉接受广大人民群众和舆论的监督。认真办理人大代表议案、建议和政协委员提案，不断增强依法办事的能力。发

挥职工代表大会、村民委员会、社区居民委员会的作用,完善基层自治组织和企事业单位的民主制度,保证人民群众依法行使民主权利。支持工会、共青团、妇联等人民团体开展工作,培育非政府组织,增强社会自治能力。增强立法的科学性和公开性,进一步提高地方性法规草案和政府规章的质量。全面推进"五五"普法教育工作,深入开展行业和基层依法治理活动,提高全社会法制化管理水平。加快发展律师、公证、仲裁等法律服务,扩大法律援助覆盖面,健全法律服务体系。深入推进"平安合肥"建设,强化社会治安综合治理,依法严厉打击刑事犯罪活动和敌对势力的破坏活动,确保"两抢一盗"等刑事案件发案数明显下降,增强广大人民群众的安全感。认真做好信访和人民调解工作,完善矛盾纠纷排查调处机制,化解人民内部矛盾。严厉查禁黄赌毒等社会丑恶现象,净化社会风气。高度重视安全生产工作,严格落实安全生产责任制,切实加强安全监管机构体系、应急救援体系、重大危险源监控体系建设,强化城乡公共安全管理,严防重特大事故发生。

合肥正处于推进大发展、大建设、大环境,努力实现跨越式发展的关键时期,人民政府肩负着重大责任。我们要全面贯彻省委、省政府"两风"、"两情"建设的总体要求,坚决服从市委的统一领导,主动接受人大、政协的监督,深入开展"机关效能建设年"活动,大力推进"效能革命",努力建设高效、务实、诚信、法治的政府。一是要创新工作思路和方法。加强学习与调查研究,解放思想,开拓创新,改进工作方式,适应新形势,破解新难题,寻求新突破。二是要加强政府能力建设,在改进管理经济方式的同时,更加注重社会管理和公共服务,增强处置突发事件、应对公共危机和营造优良环境的能力,不断提高服务能力与水平。三是要创新管理体制与运行机制。深化行政审批制度改革,创新审批方式,推进行政许可的集中办理、联合办理。继续抓好现有行政收费项目的清理,坚决取消不合理的收费项目,严禁搞搭车收费、有偿服务和强制性服务。严格控制各类检查、评比和达标活动。倡导办事讲求"效率、效益、效果"、"新事新办、特事特办、急事急办"等效能理念,强力推行限时服务制、两次终结制和特事特办制,严处有令不行、办事拖拉、吃拿卡要和态度刁蛮等行为。细化考核责任制,严格推行问责制,促进行政机关服务质量和服务水平的根本改善,努力把合肥打造成中西部地区乃至国内审批环节最少、办事效率最高的地区。四是要始终坚持依法行政。完善政府决策规则和程序,进一步推进政务公开,促进政府决策的科学化、民主化。深入贯彻国务院《全面推进依法行政实施纲要》,加快建设法治政府。强化行政执法责任制,明确界定并合理分解执法职权,完善执法评议考核机制,不断提高执法水平。五是要大力加强廉政建设。认真贯彻预防和惩治腐败的各项措施,加快建立教育、制度、监督并重的惩防体系。坚持和完善领导干部重大事项报告、述职述廉、民主评议、谈话诫勉、经济责任审计等制度,切实加强对重点环节、重点部门权力监督。严肃查处贪污、受贿等违纪违法案件,维护政府的良好形象。六是要努力建设诚信务实的政府。牢固树立执政为民的理念,想民之所想,急民之所需,千方百计把人民群众的根本利益维护好、实现好。强化信用意识,取信于民,不断提高政府的公信力。大力弘扬求真务实的精神和昂扬向上的风气,坚决反对官僚主义,力戒形式主义,狠抓各项工作的落实,用实实在在的工作业绩,换来合肥实实在在的发展,给人民群众带来实实在在的利益。

实现合肥跨越式发展的目标宏伟,任务光荣而艰巨。让我们紧密团结在以胡锦涛同志为总书记的党中央周围,在省委、省政府和市委的坚强领导下,高举邓小平理论和"三个代表"重要思想伟大旗帜,深入贯彻党的十六大和十六届五中全会精神,坚定信心,抢抓机遇,奋力崛起,勇当先锋,为整体推进现代化大城市建设、实现全面小康社会的目标而努力奋斗!

(注:在合肥市第十三届人民代表大会第五次会议上)

濉溪县

濉溪县位于安徽省北部，地处淮北平原（地理坐标：东经116°25′—117°02′，北纬33°06′—34°14′），东近连云港，西连商丘、开封，南接宿州、蚌埠，北临徐州，为淮北市唯一的市辖县。全县辖11个乡镇，一个省级经济开发区，总面积2 053平方公里，人口105万。2005年实现国内生产总值48.3亿元，其中一产增加值17.7亿元，二产增加值13.5亿元，三产增加值17.1亿元。

濉溪县境内地势平坦，地形以平原为主，境内河渠纵横，湖泊密布，拥有丰富的地表水资源和地下水资源。土壤肥沃，全县耕地面积168万亩。矿产资源得天独厚。非金属矿产资源以煤为主，已探明储量60亿吨以上，是全国煤炭储量最丰富的县份之一。其次是石灰岩（储量3 500万吨）、优质大理石、木纹石、翡翠石等；金属矿产以铁为主，已探明储量9 700万吨，其次是铜、金、银、钴等。劳动力资源丰富，全县拥有劳动力60万人，年输出劳动力近20万人。

濉溪县属暖温带半湿润季风性气候，雨量充沛，土地肥沃，是华东地区粮、油、棉、麻、丝、水果、蔬菜、畜牧、水产生产基地之一。先后被列为全国粮棉生产百强县、全国平原绿化先进县、全国农业节本增效示范县、全国农村能源综合建设县和安徽省农机十强县。

地方工业形成了以能源工业为基础、以加工业为支撑、以高新技术产业为尖兵的综合工业体系。酿酒、制粉、冶金、建材、化工、轻纺、机械、电子等已形成规模产业。2005年全县规模以上工业企业完成不变价总产值15.7亿元，实现销售收入15.3亿元。

濉溪县教育、科技、文化、体育等社会事业发达。现有全日制各类学校579所，科研机构53个，医疗保健机构25个，先后被评为全国体育先进县、初级卫生保健达标县、全国科普示范县、全国科技工作先进县及全省农科教结合示范县、基础教育先进县、全国文化先进县。

濉溪县历史悠久，历代不乏俊才名士。著名历史人物有春秋时期政治家宋国大夫华元，秦相蹇叔，东汉哲学家桓潭，以及三国时期著名思想家、文学家、音乐理论家嵇康和东晋著名军事家、音乐大师桓伊。名胜古迹众多，拥有全国重点文物保护单位3处，即柳孜隋唐大运河码头遗址、临涣古城遗址、淮海战役总前委指挥部旧址。

濉溪投资环境优越，个体私营经济发展迅速。全县已形成公路、铁路、内河航运为主的交通网络。符夹、青阜、青芦铁路穿境而过，北接陇海线，东连京沪线，西入京九线。内河航运直通上海港。连霍、合徐高速公路横穿境内。周边有南京、合肥、徐州、阜阳机场，距徐州机场仅50公里。邮电通讯发达，步入全国先进行列。县城已实现热、电、气供应一体化，城市绿化覆盖率达40%以上。省级开发区——濉溪经济开发区毗邻县城，位于美丽的濉河西畔，建设面积8.6平方公里，千亩工业园区建设已基本完成，环境优美，功能完善，目前入园企业达10余家，投资规模3.6亿元，是海内外客商投资兴业的理想场所。

镇江市物价局以推进和谐社会建设为动力全面提升价格监管水平

2005年,镇江市物价局认真学习贯彻党的十六届三中、四中全会精神,以科学发展观为指导,积极转变工作职能,强化宏观调控,规范价格秩序,服务经济发展,为镇江和谐社会建设作出了积极贡献。

一、全面协调可持续发展为目标,价格杠杆作用进一步发挥

全面协调可持续发展,是科学的发展,是更加注重速度、结构、质量、效益相统一的发展。在这一目标指引下,镇江市物价局发挥价格的杠杆作用,建立资源价格机制,为节约资源、降低能耗、减少污染进行了有益的探索。

在水资源方面,适时、适度实施"十五"水价改革方案,协调污水处理费和水资源价格矛盾落实弱势群体补助措施,促进了城市节水和环保事业的发展。

在电力能源方面,对电解质、铁合金、电石、烧碱、水泥、钢铁等6个高耗能行业按照国家产业政策的要求,区分淘汰类、限制类、允许类和鼓励类企业试行差别电价,抑制高能耗行业盲目发展,提高电力资源的利用率。扩大峰谷分时电价实施范围,调整优化峰谷分时电价比,缓解高峰用电紧张状况。

在燃气资源方面,配合"西气东输"工程的实施,认真测算天然气输配气成本,科学合理核定工商服务业用气价格。目前,镇江市使用这一清洁能源的用户已达10万户,有效缓解了煤电油运紧张局面。

二、以维护群众根本利益为立足点,价格热点问题进一步解决

从解决关系人民群众切身利益的现实问题入手,切实维护和实现最广大人民的根本利益,是坚持以人为本,构建社会主义和谐社会的根本要求。镇江市价格部门创新思路、克难奋进,在解决教育、住房、医疗等群众最关心、最直接、最现实的热点问题上,取得了令人满意的成绩。

*加强教育收费治理力度。*结合镇江实际,确定了教育收费"一费制"标准,对"一费制"实施中暴露出来的问题,及时提出对策建议,加以完善。加强教育收费成本调查,从全市选择72所中小学作为调查对象,测算生均成本费用,为科学合理制定教育收费标准提供依据。

*积极稳定商品房价格。*严格核定经济适用房和拆迁定建房价格,保障低收入居民住户权益。根据国务院办公厅《关于切实稳定住房价格的通知》和国家七部委的有关文件精神,结合我市实际,提出了规范价格行为,稳定住房价格的六条措施,遏制了镇江市商品房价格的过快上涨。在全省率先出台了《镇江市物业服务收费管理暂行规定》,变物业服务"等级式"收费为"菜单式"收费,中央台七套"神州纵横"栏目对此进行了专题报道。

*深化医药价费管理工作。*按江苏省统一要求,实施医疗服务价格改革方案,对医疗服务项目进行归并和测算,降低大型设备检查项目费用。对困难群众免收普通门诊诊疗费,住院诊疗费、床位费减半收取,大型设备检查费减免30%,解决困难群体"看病难、看病贵"问题,落实药品降价政策,积极参与药品集中招收标价格管理,将作价办法由价格部门"倒扣作价"改为医疗机构直接"顺加作价",首次采用新的作价办法集中招标采购药品576个品种,平均降价20%,让利患者1 050万元。

三、以推进全市价格诚信为载体,价费运行环境进一步优化

诚信是市场经济持续健康发展的道德基础,也是和谐社会的基本特征。镇江市物价局作为较早启动价格诚信建设活动的单位之一,把价格诚信建设与优化经济发展的价费环境紧密结合,收到良好效果,迄今为止,已评选出价格和收费诚信标兵单位50家,其中7家单位获得江苏省价格诚信3A级先进单位称号。

*以群众需求为导向,抓好价格部门自身诚信。*政府诚信引导着人民诚信,直接影响着社会诚信。作为价格诚信的倡导者,镇江市价格部门以群众呼声为第一信号、以群众需要为第一考虑、以群众满意为第一标准,严格执行"两条控制线"政策,确保价格总水平基本稳定;积极实施农村价格致富工程,运用价格政策、成本信息,引导农村产业结构调整,帮助农民脱贫致富;开展价格服务进社区活动,先后投入10万元为109个社区制作公示栏,培训社区价格服务监督员。6月5日,江苏省物价局在该市召开了江苏价格服务进万家经验交流会,国家发改委价格检查司司长李镭、江苏省物价局局长赵耿毅对我市价格服务进社区活动给予了充分肯定。

*以服务为主要途径,推进企业价格诚信建设。*建立民营、外资企业重点挂钩联系服务制度,对17家外资和民营企业实行收费重点监测保护,清理、取消涉及镇江市30个部门79项行政审批收费,每年可减轻企业和群众负担1 000万元。免费为企业开展价格政策、法规培训,从源头上制止了价格违法行为。

以价格检查为手段,确保价格诚信建设效果。价格行政执法检查,是使群众利益免受价格违法行为侵害的有力工具,也是促进价格诚信建设取得实效的重要保障。镇江市价格部门通过开展反价格欺诈专项行动,整顿规范了技术监督、教育、房地产、农资和医药等方面的价费行为,为社会经济的健康发展创造了良好的市场环境。

创造竞争新优势　实现跨越大发展

——连云港新东方集装箱码头公司

截止到2005年12月31日,连云港新东方集装箱码头有限公司已累计完成集装箱吞吐量1 005 298TEU,当年实现翻一番的目标,创造了世界集装箱运输史上的奇迹,增幅位居沿海港口之首,连云港也由此跨入沿海港口十强、世界港口百强之列。

作为新亚欧大陆桥东端起点的连云港新东方集装箱码头有限公司,近年来认真贯彻落实国家“服务西部大开发”和江苏省委省政府“做大做强集装箱运输事业”的整体要求,不断强化硬件建设,完善服务功能,提高服务水平,在日益激烈的市场竞争中赢得了主动权,实现了集装箱的大跨越发展。

1. 加快集装箱码头硬件建设步伐,适应干线超大型船舶的作业需求。随着庙岭三期顺岸集装箱泊位的建成投产,公司已拥有4个集装箱专用泊位、50万平方米集装箱堆场、13台岸桥、29台场桥,年通过能力已达到200万TEU。此外,包括1个2万吨级泊位,2个7万吨级、2个10万吨级的庙三突堤集装箱码头工程也将于近期动工兴建,公司已经成为上海国际航运中心与环渤海港口群之间吞吐量最大、软硬件最优、规划与建设衔接最好的港口。

2. 不断完善航运服务功能,加速推进集装箱干线大港进程。目前,近远洋互补、内外贸并举的航运格局已初步形成,集装箱航班密度逼近200班/月,中远洋干线运输数量和规模均列沿海港口第9位,近洋基本港地位得到进一步强化和巩固,内贸中转港口优势日益显现。码头联合中远、中海、达飞、韩进、以星、阳明、万海、海丰、中外运、烟台海运等20余知名班轮公司,开通至北美、欧洲、地中海、中东、东南亚、日本、韩国和香港、台湾及大陆沿海港口航线多达30余条,公司已经成为东北亚地区新兴崛起的区域性集装箱干线大港。

3. 积极发展集装箱海铁联运业务,拓展中西部地区市场。近年来,公司发挥区位优势,“西部战略”稳步推进,相继开通了至成都、郑州、西安、乌鲁木齐和阿拉木图的集装箱“五定班列”。2005年,公司共实现海铁联运运量51 854TEU,同比递增50.4%。以陇海线为轴心、以“五定班列”为载体,公司已经成为中西部地区最经济、便捷的首选出海通道。

4. 打造集装箱装卸服务品牌。对港航企业而言,效率就是效益,服务才能创造价值。2005年,集装箱班轮准班率达到98%以上,公司生产接连创造了单桥装卸56.46自然箱/小时、单船作业5 349自然箱、单班作业4 226自然箱、昼夜作业10 000 TEU等四项纪录。继续2004年后,2005年公司再次被权威媒体评为“最佳集装箱码头”、“综合服务最佳港口”。

江苏中科置业有限公司
沭阳翔盛房地产开发有限公司

一、公司基本情况

江苏中科置业有限公司创建于2004年12月,注册资本6 000万元,位于江苏省沭阳,为房地产暂定三级资质企业,现总资产3.06亿元,储备用地805亩。下属公司有:沭阳翔盛房地产开发有限公司、沭阳中德窗业有限公司。

沭阳翔盛房地产开发有限公司创建于2004年4月,注册资本6 376万元,房地产开发三级资质企业,于2005年上半年被江苏中科置业有限公司全股并购。

沭阳中德窗业有限公司创建于2005年6月,注册资本900万元,位于沭阳经济技术开发区南区,占地50亩,专业从事节能窗(即塑钢玻璃+中空玻璃)生产经营,具有年产20万平方米的生产能力,为本行业超大规模企业之一。

公司秉承“以人为本、追求卓越、诚信经营、服务社会”的经营理念,开发了“书香名邸”“春风沂水”“巴黎新城”三个项目。近期,公司计划对储备土地进行大面积开发,届时整体建筑规模将达到60万平方米,势将本公司打造为本地区房地产龙头企业。

二、公司管理模式及组织机构

公司最高权利机构为股东会,管理机构实行股东会领导下的总经理负责制。设立总经理一名,副总经理三名,总经理助理一名。公司还设立了工程部、营销部、设计策划部、财务部、综合管理部等八个部门。共有员工59人,其中技术人员15人,管理人员14人,职员30人。

三、公司领导人

陈玉,江苏中科置业有限公司董事长、法定代表人,同时担任天津双源科技有限公司总经理。曾多次获得天津市优秀企业家、天津市明星企业家、天津市劳动模范等多种称号,2006年4月获得江苏省宿迁市劳动模范称号。

四、公司秉承项目

春风沂水项目　该占地面积48 417.91平方米,总建筑面积92 000平方米,春风沂水一期建筑面积49 500平方米,即将交付业主使用。商业区裙房建筑面积2 800平方米,正在施工。

该项目位于沭阳城区东部,距离规划中的政府大楼仅一路之隔,是新城市中央。与沭阳商贸区南京路、上海路、人民路咫尺相邻,仁慈医院、修远中学、虞姬生态园、青少年广场围绕四周。

该项目临近沭阳客运站、京沪高速路出入口,城内公交在小区北门设有站牌,为该项目提供了一个长途客运、城内公交皆具的便捷交通。

该项目是集商贸、住宅于一体的中高档住宅小区,小区内业主会馆、中心水景、绿地广场、车库等配套设施齐全,采用智能化物管控制,是一个生态与人文环境并重、极具人性化的现代化小区。

书香名邸项目　书香名邸项目占地面积126 333.33平方米,总建筑面积:172 000平方米,一期建筑面积:65 845平方米,二期建筑面积:83 922平方米。目前,一期已交付业主使用,二期已于五月底开盘。

该项目紧邻江苏省重点中学——沭阳高级中学,项目周边500米半径内共有6所学校环绕,形成了浓郁的学府氛围。学府环绕的特殊地理位置,加之沭阳家长重视孩子教育,使得书香名邸成为包括周围学校老师及学生家长的首选,销售明显优于同类定位的都市阳光、学府花苑。

巴黎新城项目　该占地面积:181 910.39平方米(合272.86亩,)总建筑面积:252 500平方米(其中,住宅建筑面积:217 500平方米,商铺建筑面积:35 000平方米),一期建筑面积35 000平方米,一期于5月底开盘,现已全部售完;二期图纸正在设计中。该项目位于沭阳主干道迎宾大道南侧,与修远中学、新仁慈医院、浙江商城相邻,为新老城区结合部的钻石地段。

该项目临近沭阳新客运站,城内公交在小区附近设有站牌,长途、市内交通皆便捷:紧邻新街口商业区、虞姬生态园,生活极其便利。

巴黎新城建筑设计以现代法国派为主格调,是集住宅、休闲、娱乐、商务通为一体的高档住宅小区,此小区在沭阳开拓性地采用地下温泉水双水供应系统,并采用高智能化物管系统。从设计风格、小区配置、房型结构、地理位置到建筑规模皆是沭阳顶尖级的小区,深得沭阳中高收入居民的追捧,一期销售呈现数人争抢一套的火热场面。

随着政府大楼和其它行政职能部门迁移此地块附近,该地块已大副升值,待建商铺及住宅的销售前景极其乐观。

在董事长陈玉的带领下,公司将继续坚持"以人为本、追求卓越、诚信经营、服务社会"的理念,建好每一栋楼房、服务好每一个客户,为沭阳的城市化建设和经济建设作出更多贡献。

苏州陈氏建设工程有限公司

苏州陈氏建设工程有限公司是在原盐城市东泰建筑安装工程公司、太仓市陈氏搬运有限公司的基础上;于2005年1月28日新组建的专业经营市政建设、绿化工程的综合性公司。

公司原有固定资产1 108万元,有各种型号的挖掘机9台,14C、14A、14T等各种型号的压路机5台,70－165型推土机5台,各种货物运输车30辆;以及与工程配套和各种型号的大件运输低平板汽车10辆。有与市政建设、公路建设相配套的各种机械设备30余台套。新增注册资金508万元。

公司现有职工280多人,其中高级职称5人,中、初级职称50人,专业技术人员近100人。

公司在太仓市境内参加了"204"国道建设工程,及改线段工程;璜历立交桥分段工程,浏太一级公路、通港公路、新港公路、沪浮璜一级公路以及沪宁高速公路的附属工程建设,并参加太仓市区东昌路、城北路、郑和西路等分项工程施工,以及长江提防工程、太仓市浏河水闸配套工程建设均受到建设单位、业主的好评。

公司曾参加太仓市区的老城区改造、市政道路及市区园林绿化等项目的建设。公司在上级领导和有关同仁的关心帮助下,并参加了太仓港区和开发的分段项目建设。在太仓外资投资建设项目中,本公司参加有神明电子、和路雪、新海康热电公司、兴和电子、华能电厂、中远码头、长江石化、美浮以及长富不锈刚、老虎粉末冶金、舍弗勒的市政、道路、厂房及填土等工程建设。公司成立以来,连年得到国家、省、市有关部门表彰和奖励,公司曾被评为国家级AAA诚信单位、服务信誉AAA信得过单位、施工质量信得过企业、江苏省施工信得过单位、省优秀施工企业、省安全文明施工单位,年产值均在千万元以上。

苏州陈氏建设工程有限公司允诺慎重,信誉第一,履约见速,见质量,讲效率,精管理,愿与同行及社会各界坦诚交往,友好合作,以最佳的服务为繁荣建筑事业,携手共进共创美好未来。

公司办公通讯地址:江苏省太仓市南园公园47号
邮编:215400
电话:0512－53537912
传真:0512－53540854

南京

南京钢铁联合有限公司（以下简称南钢联）是由改制后的南京钢铁集团有限公司与上海复星高科技集团下属三家公司于2003年合资成立的。2005年7月，上海广信科技发展有限公司将其持有的股份转让给上海复星工业发展有限公司。南钢联现已具备500万吨钢的年综合生产能力。2004年南钢集团销售收入在中国企业500强中名列第92位。

公司地处南京市江北沿江工业开发区，西由南京长江大桥、东由南京长江二桥与主城区相通，北靠宁扬、宁连高速公路，南临长江黄金水道，厂区内设铁路专用线与京沪铁路相连，拥有5000吨级自备长江货运码头，交通运输十分便捷。

公司生产区域分为新区和老区两个部分。老区现有一长一短两条流程生产线。“一长”是指从焦化、烧结、球团开始，经炼铁、转炉炼钢再到各轧钢厂的长流程生产线。“一短”是指从意大利引进的电炉到高速线材轧机的短流程生产线。新区已建成一条现代化“宽中厚板（卷）”生产线及其配套项目，主要设备包括两座55孔焦炉、一台180平方米烧结机、一座2000立方米高炉、两座120吨转炉、一台宽板坯连铸机和一套宽中厚板（卷）轧机，该生产线的装备水平和产品档次均达到当今国际先进水平。在建项目有一座60孔焦炉、一台360平方米烧结机、一座2550立方米高炉。另外，下属子公司无锡金鑫轧钢有限公司还拥有一条船用球扁钢生产线。

钢铁联合有限公司

NANJING GANGTIE LIANHE YOUXIAN GONGSI

棒材产品

大高炉夜景

卷板产品

高线生产线

公司十分重视科技进步，大量引进国内外先进技术和装备，不断开发新品种，现已形成中厚板（卷）、中板、棒材、高速线材、钢带等五大类，100 多个钢种、近万个规格的产品系列。公司拥有完整的质量保证体系，并通过 ISO9001:2000 标准质量体系认证。主要产品中板、螺纹钢、带钢、高线等均获得全国冶金产品实物质量“金杯奖”，并被评为省、市名牌产品。船用中板在全国率先通过 9 个国家船级社认证。新区主要产品是高端中厚板卷，产品具有很强的竞争力。公司十分重视环境保护，目前正在积极进行 ISO14001 环境管理体系的认证工作。南钢倡导优质服务，先后被评为“全国质量效益型企业”和“全国用户满意企业”。

当前，公司正严格按照国家钢铁产业发展政策的要求，进一步加大产品结构调整力度，并取得阶段性成果，企业的产品结构和工艺装备已得到全面升级。今后，公司还将通过进一步加大投入、加快发展，参与其他钢厂的资产重组，不断扩大产业规模，不断增强企业的核心竞争力，使企业不断攀上更高的发展平台。展望不远的将来，南钢联将成为具有很强竞争力和赢利能力、管理一流、环境优美、国内先进、国际知名的钢铁企业。

13.3 万平方米大型特材设备设计、制造基地

高新技术企业认定证书

企业名称：南京宝色钛业有限公司

统一编号：9732001A0029

（有效期二年）

江苏省科学技术厅

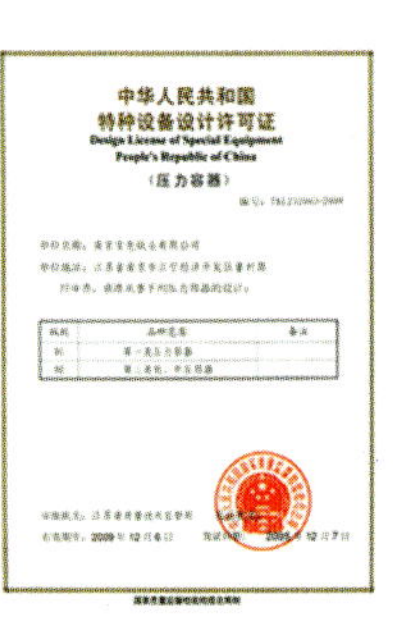
中华人民共和国
特种设备制造许可证
（压力容器）

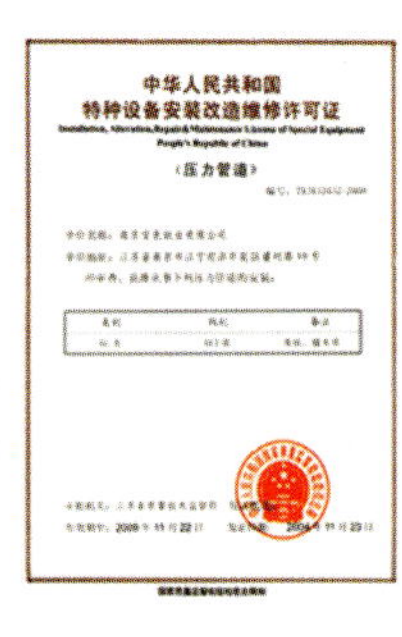
中华人民共和国
特种设备设计许可证
（压力容器）

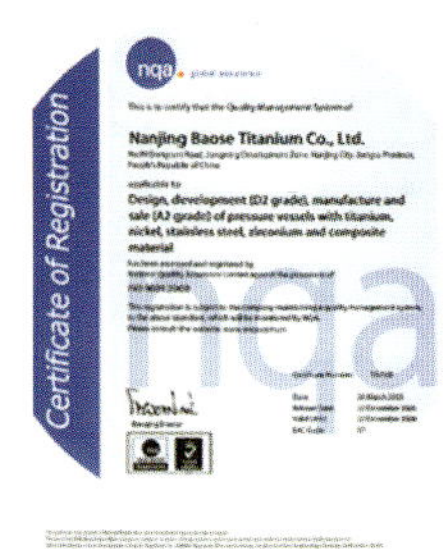

南京宝色钛业有限公司是由以钛为主导产品的大型稀有金属科研、生产基地——宝钛集团控股的有限责任公司。是国内专业从事有色金属（钛、镍、锆等）及其复合材料非标设备设计、制造、研发、现场安装及管道制作、安装的省级高新技术企业。

公司具有 A2 级压力容器制造许可证、D2 级压力容器设计许可证及美国 “ASME” 规范 “U” 钢印证书，业内率先通过 ISO9001 质量体系认证，具有自营进出口权。产品广泛应用于石油、化工、氯碱、制盐、制药、冶金、电子、航空航天等领域。产品远销美国、英国、比利时、加拿大、印尼、泰国、日本、缅甸等国。

公司拥有先进的有色金属加工制造和检测设备，可靠、快捷的质量保证、售后服务体系和高效的管理体系。多次承担并完成 “火炬计划”、“重大装备国产化计划”、“重点技术创新计划” 等国家级科研开发项目，填补了国内近 40 项技术、装备空白，为国内外 400 多家用户提供了 3000 余台、套钛、镍等各类有色金属设备并取得多项专利技术，其中泰坦牌钛制换热器获得市政府颁发的 “南京名牌产品证书”。并连续八年被评为江苏省 AAA 级资信企业。2005 年公司被南京市政府认定为（首批）30 家成长型科技工业企业之一。每年在创造企业经济效益的同时也替国家节约了大量的外汇。

公司以科技创新为根本，把发展做为第一要务，2006 年由宝钛集团控股对南京宝色钛业有限公司实施资本重组，增资扩股。

为不断满足国内化工项目逐步走向规模化、大型化、国产化的需要，全面提升公司的综合实力和国际竞争力，形成化工成套设备的高端产品产业链，公司在南京江宁滨江环保生态形现代化工业新城投资 3.2 亿元人民币，占地 13.3 万平方米建立了一座大型特材成套设备基地。倾力打造国际知名品牌的大型化工成套设备和耐蚀设备设计、制造及安装一体化的科技先导型强势企业。

地址：南京江宁经济技术开发区董村路 99 号
电话：025-52107869　52104438
传真：025-52106095　52104401
邮编：211100
国内项目部：sales@baose.com
国际项目部：foreignsales@baose.com
Http://www.baose.com

热氯化反应器（出口印度）Incone1600

反应器 Gr.11

江苏九洲投资集团

JIANGSU JIUZHOU TOUZI JITUAN

董事长　刘灿放

江苏九洲投资集团是江苏知名的民营企业集团，曾荣获“江苏省优秀民营企业”、“常州市四星级明星企业”等多项荣誉，公司创始人、董事长兼总裁刘灿放先生被评为江苏省优秀民营企业家。公司现有员工 1000 余人，房地产开发企业 8 个，商业物业经营企业和购物中心 5 个，是一个从事房产开发经营、商业物业经营，贸易流通经营，并进入了新能源、金融等领域，集产品、资产、资本运营为一体的多元化企业集团。

公司成立于 1988 年，创建初期主要以贸易经营为主，1993 年开始涉足房地产，先后投资建设常州丽华三村、常州兰陵公寓、常州九洲服装城、常州九洲大润发、常州丽景花园、常州都市桃源、常州九洲环宇商务广场、镇江九洲广场（镇江天润发）、扬州名都华庭小区、芜湖新时代商业街及江岸明珠住宅区、常州香树湾 · 福园住宅区、常州桃源春晓等有品位的房产项目，取得了令人瞩目的成绩，赢得了社会、市场和消费者的好评。其中，丽景花园住宅小区被常州市政府评为优秀住宅小区；都市桃源一、二期名列“2005 常州十大优秀楼盘”之首；九洲服装城连续多年被评为江苏省样板市场；九洲环宇商务广场以其宏大、高档、国际化、现代化列国内写字楼前十位，成为常州的一张城市名片。

公司秉持“服务大众，科学发展”的理念，始终遵循市场经济规律，视质量为生命、服务为根本，不断进行技术创新和管理创新，集团公司所属企业年销售 20 多亿元，年上缴税收超亿元，经过多年的市场磨练，公司形成了一批在开发、建设、销售、管理、服务等方面训练有素的房地产专业化队伍。

九洲的创始人、董事长刘灿放，有着扎实的基层工作体会和丰富的经济工作经验，富有创新精神，创造了常州诸多“第一”：第一家迪斯科舞厅，第一家大型招商市场九洲服装城、九洲食品城，第一家与国际接轨的大型超市大润发，第一个高档住宅小区丽景花园，第一幢国际 5A 级商务楼。坚持学习，坚持实事求是，坚持正确的世界观，坚持依法经营、规范运作、市场导向、正确定位、打造精品的开发理念，坚持经济效益与社会效益的统一。通过创办房地产公司、创办九洲服装城招商市场以及创办中天物业管理公司、喝彩娱乐公司等企业，创造了近 6000 个就业机会，为国家经济建设和社会发展做出了卓越贡献，实现着他实业报国的夙愿。

常州九洲环宇商务广场

上海港凯净化制

》》》以质量和服务使顾客满意

》》》提供最新的和高质量的产品

工人加班场景

定期安排工人体检

支援台湾同胞救援物资

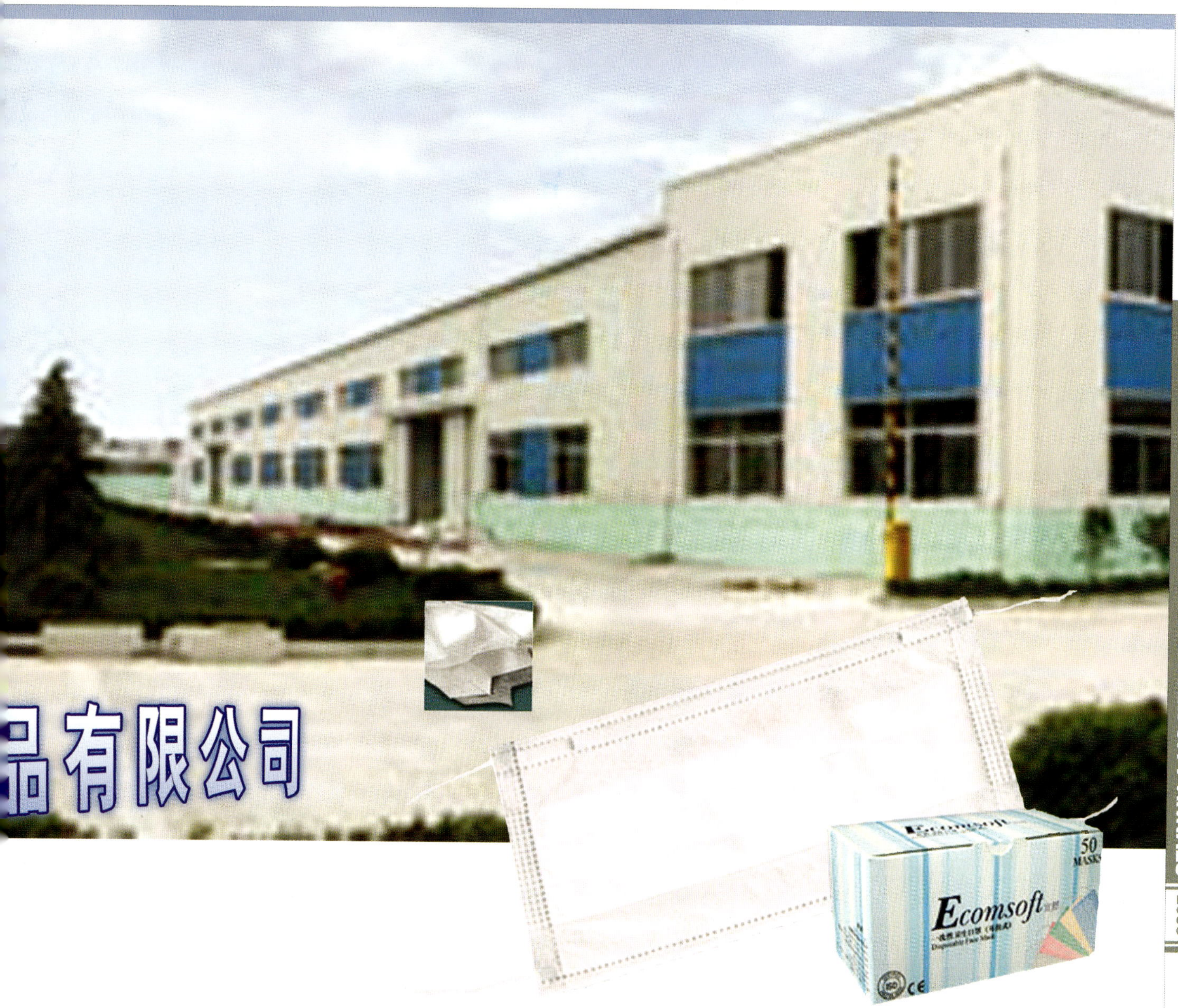

品有限公司

上海港凯净化制品有限公司是中国知名的生产并出口一次性口罩的外商投资企业。位于上海市松江地区的工厂使用超声设备专业生产以无纺布为材料的一次性口罩，竭力于以优良的品质和合理的价格满足全世界客户的需要。配套生产或来样订购公司同样欢迎。

这些年来，依赖本地客户的信赖和支持，公司的业务一直保持稳定的增长，产品经常出口日本、美国、欧洲和非洲国家，丰富的品种满足各种需要。如医院、电子工厂、食品行业、美容院、装修工程、五金、清洁以及日常生活。

公司与内地和海外的公司都建立了良好的关系；另外，还代理其他的一次性无纺布产品，如一次性服装、软帽和鞋擦等。

“提供最新的和高质量的产品”是港凯员工共同奋斗的目标。“以质量和服务使顾客满意”是员工的追求。

一直以来，公司不断革新制造工艺和开发新产品。自信有能力满足不断增长的迫切的市场需求或环境的变化并应付任何未来可能面对的挑战。

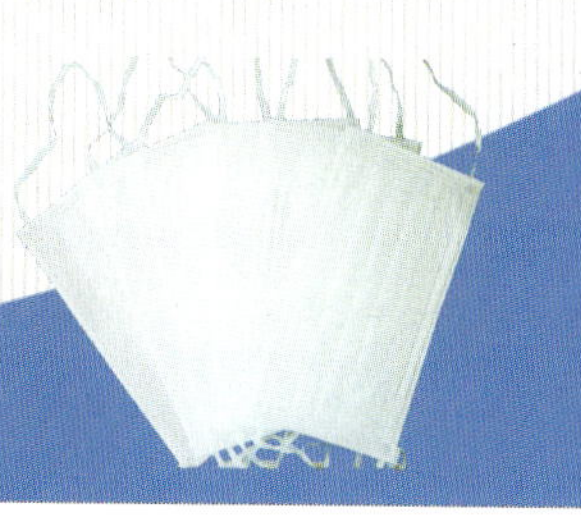

滨海县国土资源局

BIN HAI XIAN GUO TU ZI YUAN JU

局党委书记、局长　祖道林

滨海县国土资源局位于县城向阳大道1号，1986年10月成立滨海县农村土寺管理办公室，1988年3月成立滨海县土地管理局，1997年更名为滨海县国土管理局，2001年10月更名为滨海县国土资源局。

该局是主管全县土地、矿产等自然资源的规划、管理、保护与合理利用以及测绘的政府工作部门。内设办公室、工会、财计科、地籍科、用地科、监察科、监察室7个科室，下辖土地执法大队、土地储备中心、矿产站、土地开发利用事务所及15个乡镇国土资源所下属事业单位，一个开发区分局。全系统总人数247人，在职干部、职工179人。

近年来，该局在局党委书记、局长祖道林同志的带领下，坚持以邓小平理论和“三个代表”重要思想为指导，树立和落实科学的发展观，全面贯彻落实土地基本国策，积极响应县委、县政府提出的“聚焦工业突破、聚集招商引资”两个聚焦，以省级以下国土资源管理体制改革为契机，提出“规矩立局，规范管理”的全新管理模式，内强素质，外树形象，与时俱进，开拓进取，以保护耕地为中心，狠抓基本农田保护；以实现耕地总量动态平衡为目标，大搞土地开发整理；以深化土地使用制度改革为动力，积极盘活存量土地；以土地市场清理整顿为突破口，强化土地执法监察；以思想政治工作为先导，狠抓精神文明建设；始终坚持集约、合理、科学、高效的资源管理原则，创新工作思路，改进工作方法，提升服务水平，实现了资源保护和服务经济发展“双赢”。

2005年，该局国土资源管理工作被市政府表彰为先进单位，被县委、县政府表彰为招商引资项目推进、协税护税、扶贫工作先进单位，并授予机关创评“五星级”服务单位，被市国土资源局表彰为年度工作综合二等奖、执法监察队伍建设、拆窑复垦、地籍管理规范化先进集体和政务信息工作一等奖，局用地科、服务大厅获市“青年文明号”称号，国土资源系统被县文明委表彰为文明行业。

通过在全系统深入开展“完善体制，提高素质”，全系统人员的综合素质明显提高，依法行政的能力明显增强；土地执法监察工作有了新的起色，保障用地的能力明显增强；服务地方经济发展的水平有了新的提高，服务大局的能力明显增强。在新的形势下，该局将进一步探索思想政治工作的新思路、新方法，造就一批政治强、业务精、作风硬的高素质的国土资源管理干部队伍，为全县经济的快速发展做出积极的贡献。

团结奋进的局领导班子

深入企业开展保姆式的零距离服务

江苏宿豫经济开发区

江苏宿豫经济开发区位于古老的京杭大运河东畔，宿豫新区南部，总体控制面积40平方公里，于2001年3月正式启动建设，目前已开发建设面积20平方公里，已建成面积10平方公里。

开发区紧紧围绕打造宿迁工业园区的奋斗目标，按照"加快建设、科学发展、强化服务、推动创新"的要求和精简、统一、效能的原则，坚持以招商引资为抓手，以项目建设为核心，以设施建设为基础，以作风建设为保障，一手抓项目建设，一手抓载体建设，负重拼搏、迎难而上，有力地促进开发区经济和社会各项事业快速发展。自启动建设以来，基础设施建设累计投入资金15.10亿元，建成道路71.12公里；铺设排水管道156公里；供水管道20.76公里，供水能力达4200吨/天；建设110KV变电站3座,35KV用户变电站2座，架设10KV线路66.32公里，供电能力达1.5亿千瓦时；安装路灯780盏；架设通信线路20公里，固定电话装机容量达5000门；绿化面积134.15万平方米，规划区内基本实现了"六通一平"。

随着园区基础设施的完善和配套，项目纷至沓来，由张家港长江村投资的长江润发（宿迁）集团有限公司、江苏秀强玻璃工艺有限公司、江苏瑞教集团、江苏福鑫木业有限公司，江苏文武包装有限公司、江苏绿陵生态肥有限公司、江苏中塑包装有限公司等一大批投资超亿元项目纷纷在这里落户。另外装机容量2×1.24万千瓦的热电厂、年吞吐量达500万吨的港口和日处理污水1.5万吨的污水处理厂正在建设。截至目前，园区共引进项目325个，其中投资规模在亿元以上项目11个，已建成投产项目254个。园区内已初步形成了玻璃建材、轻纺服装、食品加工、精细化工、机械制造和新能源等六大产业。

"十一五"是宿豫经济开发区实现后发快进、加快发展的关键时期。开发区将牢固树立率先发展、科学发展的观念，抢抓南北产业转移机遇，进一步优化投资环境，加快基础设施建设，加大招商引资力度，提高对外开放程度，创新机制和服务，大力推进绿色工业园区、新兴加工产业区和宿迁工业区的主导区建设，力争五年再造一个开发区，逐步形成技术先进、主导明显、运转高效的现代化经济开发区。

江苏省兴化经济开发区鸟瞰图

兴化经济开发区

兴化经济开发区是1993年11月经省政府批准设立的省级开发区，启动规划建设面积3.53平方公里，辖区总面积43平方公里，9个行政村，26个自然村，总人口21986人。2004年修编了13.13平方公里建设发展规划。2005年，实现地区生产总值7.2亿元，财政收入6538万元，同比上年增长38.5%和47.6%。

[招商引资]2005年，兴化经济开发区始终将招商引资作为全区重中之重工作，紧抓不放，强力推进。全年共招引项目57个，协议利用资金12.3亿元，实际到位资金3.7亿元。

[园区建设]2005年，兴化经济开发区共投入园区基础设施建设资金9850万元，其中投入7200万元拉开了新规划区8平方公里“四纵五横”道路框架；投入560万元完成了新规划区东侧部分所有建成道路绿化亮化配套；投入710万元实施新区水电配套。

[工业经济]2005年，兴化经济开发区实现工业总产值22.8亿元，销售22亿元，利税1.7亿元。完成工业投入50112万元，初步形成了农副产品加工产业、机械制造加工产业和精密铸造三大支柱产业特色，全区268家工业企业安排8000个就业人员。

[农副产品加工区]2005年，兴化经济开发区经省批准规划2.18平方公里建成了：江苏省农副产品加工区，年内新进6个3000万元以上项目，总投资7个多亿。即投资8000万元的兴野食品有限公司，投资8000万元的华龙日清食品，投资600万美元的海大生物饲料，投资1.5亿元的百穗行饲料，投资3000万元的麦芽和投资3.5亿元的千喜鹤食品项目。

兴化经济开发区以打造百亿品牌园区的热情，欢迎海内外人士前来考察投资，共创美好的未来！

江苏省兴化农副产品加工区授牌仪式

投资3.5亿元的千喜鹤项目洽谈会

投资1000万美元的顶级手套项目奠基仪式

江苏省兴化经济开发区外商别墅区一角

淮安副市长开发区管委会副主任 高雪坤

淮安经济开发区

HUAIAN JINGJI KAIFAQU

淮安经济开发区成立于1992年，1993年10月经江苏省人民政府批准成为省级开发区。现辖钵池、徐杨两个乡和东湖、广州路、新港三个办事处，行政管辖面积73平方公里，常住人口8万人。开发区紧依老市区东侧，位于淮安城区未来发展的中心区域。东接楚州区，西邻清河区，南与清浦区隔河相望，北与淮阴区接壤；京沪高速公路与京杭大运河把开发区相挟，同三高速、宁连高速在开发区内交汇；沿海交通大动脉新长铁路淮安站和淮安新港码头均在开发区境内。区内规划设有出口加工区、留学人员创业园、韩国工业园、民营工业园区、外商休闲度假区、物流园区、商贸综合功能区以及市区西郊8平方公里的盐化学工业园区。

近年来，开发区紧紧围绕建成全市重要经济增长极和现代化新城区的目标，抢抓机遇，苦创实干，全区经济社会保持快速、健康、协调发展的良好势头。目前，区内各项设施配套日臻完善，吸引了美国、澳大利亚、日本、韩国、新西兰、比利时、新加坡和香港、台湾等15个国家和地区的客商在区内投资兴业，建成了以韩泰轮胎为代表的日韩企业、以安特汽车为代表的欧美中小企业、以康师傅方便面为代表的港台企业和以美的威灵电机为代表的民营企业等一批规模企业。

淮安钵池山公园

党委书记、行长　陈明

邀请专家举行金融知识讲座

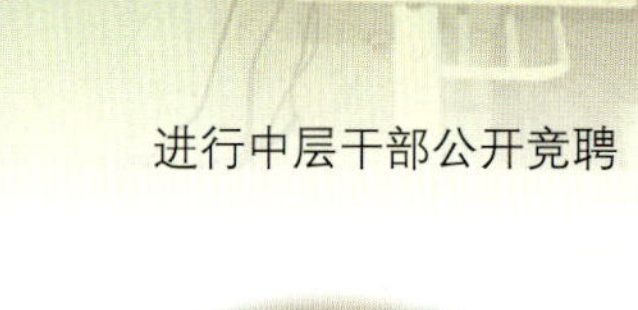

进行中层干部公开竞聘

中国银行盐城分行

向客户推介金融新品

中国银行盐城分行成立22年来，已发展成为业务品种齐全、比较优势明显、机构覆盖盐城、质量效益领先的现代化商业银行。

自成立以来，该行充分发挥资金实力雄厚、授信品种齐全、海内外行联动等优势，做好地方经济发展的引擎和助推器，有力支持了盐城市规模骨干企业特别是开放型经济的发展壮大，已成为盐城市经济建设和社会事业发展中的一支重要的金融服务力量。

2002年在苏北五市中行中率先跨入省中行“苏中发展板块”,2003年在盐城同业中利润率先超亿元,2005年在全国中行地市级分行大排名中位居27位，本外币资金实力现已跃居盐城四大行第二位。多年来一直是盐城涉外金融服务的主导银行。

借助于中行全球化、国际化经营优势，近年来持续开展金融创新，推出20多个金融新品，使众多个人客户实现追求卓越生活的理想；个人消费贷款市场份额名列各商业银行首位，有力促进了个人投资创业；倾力打造“中银理财”服务品牌，通过量身定做个性化设计，以及金融产品组合运作，使个人客户实现轻松理财、财富增值。

将“优质服务创精品银行、成为客户心中的银行”作为孜孜以求的行为目标，该行的文明优质服务已成为盐城亮丽的风景线，品牌效应不断显现，深得客户信赖，有力地推动了各项事业发展。在盐城市级机关行风民主测评中，连年名列各商业银行首位,2001—2004年被评为“江苏省文明单位”，在2006年盐城市消费者满意度评比中名列56家参评单位首位。

中国银行盐城分行坚持与时俱进、锐意改革、开拓进取，笃信“诚信经营、诚实做人、诚意做事”的企业文化，矢志不渝地追求“客户利益、银行效益、员工效益”的同增共赢！

中行大楼外景

中国农业银行

盐城分行

近年来，中国农业银行盐城市分行以良好的区域经济环境为依托，按照建立现代商业银行的总体思路，坚持以发展为要务，以市场为导向，以客户为中心，以效益为目标，自加压力，负重奋进，开拓创新，不断强化市场意识和营销理念，加快业务转型，转变增长方式，完善经营机制，着力做强负债业务、做优资产业务、做大中间业务、做实基础管理，在三个文明建设上不断取得新的成效。2005 年实现经营利润 1.68 亿元，人均创利 7.68 万元，创历史最好水平；实现中间业务收入 3688 万元，跻进全国农行二级分行 50 强，列第 47 位。至 2005 年末，全行各项存款余额达 178.90 亿元，当年新增 25.18 亿元。新增存款在全国农行二级分行排名上升到第 38 位。总量和增量在“四行一社”中市场份额均列第一；各项信用总额 113.31 亿元，当年新增 15.58 亿元，各项贷款余额 101 亿元，新增 11.56 亿元。不良资产余额占比双双下降；累计完成国际结算 3.94 亿美元，同比增加 1.2 亿美元。网上银行注册客户新增7139 户，交易额达 194 亿元。银行卡累计发卡 112 万张，卡存款 22.82 亿元，直接消费额 8.7 亿元，在全市均名列第一。实现代理保费收入 1.88 亿元，综合市场份额达 41%。现金管理系统、银关通、债市通、苏通卡等新产品营销均取得了历史性突破，推广进度名列全省前茅。与此同时，全行精神文明建设也取得丰硕成果，继获得市级“文明单位”、“文明行业”和省级“文明单位”以来，又获得农总行“五四红旗团委”和“行业作风建设”、“全市消费服务质量满意单位”、“社会治安安全单位”等称号。

展望未来，盐城农行将继续秉承以人为本、服务兴行的宗旨，围绕“发展、转型、提质、增效”的方针，加快有效发展，提升品牌知名度，增强产品创新能力，健全风险治理机制，提高员工队伍素质，在努力把盐城农行建设成为区域内富有价值创造力商业银行的同时，与 800 万盐阜人民携手共创美好明天，为支持盐城经济全面实现“两个率先”作出应有的贡献！

中国农业银行

ZHONG GUO NONG YE YING HANG

市分行党委书记、行长：王瑞华

党委书记、行长王瑞华到基层指导工作

美国加州州立大学专家学者对盐城农行外汇业务十分感兴趣

省分行党委书记、行长郭浩达同志考察网点建设和服务工作

奇香阁江鲜食府

奇香阁江鲜食府座落于美丽富饶的长江之滨——江苏省泰州市南大门永安洲镇。

奇香阁由江鲜食府（总部）和喜庆宴会楼（分部）两部分组成。在创业人丁建林先生的带领下，通过多年的打拼、发展、积累，现拥有资产上千万元，占地面积1000平方米。内部管理体系完整，所有人员均经过严格培训上岗，以美食江鲜为主体，各大菜系为点缀，在长江沿线餐饮业中自成一派，颇有名气。

创业人　丁建林

泰州市工商联副会长
泰州市青年商会理事
泰州市精神文明十佳青年

江鲜食府：奇香阁创业人丁建林先生，经过多年的实践、研究，独家推出"全鱼席宴"，曾多次接待中央、省、市各级领导和港、澳、台以及外国来宾，得到他们的一致好评，食府也因此而扬名。拥有设施豪华、装饰典雅的包厢若干，是您洽谈工作的好场所，招待客人的好去处。

喜庆宴会楼：宴会大厅装饰豪华，集多媒体、舞台、投影等为一体，可容纳四百余人同时聚会、就餐，是您举办各种喜庆宴席的理想场所。

热烈欢迎社会各界人士光临！

联系电话：0523—6927787　6927797

传真：6927777

上海齐鼎餐饮发展有限公司（味之都）

WISHDOING

上海齐鼎餐饮发展有限公司旗下“味之都”这一品牌主营中式快餐。于1998年在上海徐家汇开设第一家门店至今，已经快速发展近50家，遍布上海各区。04年拓展外地市场，成功开辟了常州市场。目前公司锁定了市场拓展计划，多市场的呈现“味之都”这一品牌。

我公司本着以中式快餐服务消费者，打造中式快餐航母，成为中国快餐的第一品牌是公司的经营定位。齐鼎公司成功的秘诀在于管理系统的健全、目标管理及执行力、氛围浓厚的人文管理。目前公司已被上海餐饮行业协会确认：“快餐行业《五常法》推广培训示范基地”。公司管理目标明确，认真贯彻“五常法”精髓，在各个门店及公司内部管理层全面推广，努力摸索出一条可以改变快餐管理不规范和提高工作效率及员工素质的新思路。确保每个工作流程的畅通及效率的提升。把“五常法”的常组织、常整顿、常清洁、常规范、常自律每个环节落实到细处，把这种管理模式落实到每一位员工，呈现了快速餐饮管理的新模式。

人文管理更是体现了齐鼎公司的管理特色。一个人成长离不开学习，一个公司的发展同样也离不开学习，公司在营运发展的同时也非常关注人员的培训和学习，努力打造一支学习型的队伍，学习论坛、知名培训师对管理层的培训，频频不断。公司拥有属于自己的理念～九大理念：“1.成功是因为态度。2.我是我认为的我。3.我是一切的根源。4.成功一定有办法。5.山不过来，我就过去。6.决心决定成功。7.天助自助者。8.每天进步一点点。9.太棒了。”形成了齐鼎人自己的、共同的价值观及齐鼎人做人的法则。

齐鼎人的使命就是把中式快餐文化传播到世界的每一个城市。最后让我们用齐鼎人的一句话呈现给您：“我是最棒的、我是最优秀的、我一定会成功。”

公司总部：上海市南京西路580号　　总部电话：021－62675511

董事长　陈嵩生

总经理　陈 雷

扬州美瑞华工艺礼品有限公司

YANG ZHOU MEI YUI HUA GONG YI LI PIN YOU XIAN GONG SI

扬州美瑞华工艺礼品有限公司系美国独资企业，现有职工 1000 多人，厂区占地面积 4 万平方米，位于中国荷藕之乡——宝应，交通十分便利。公司前身是中美合资“扬州美瑞华圣诞工艺礼品有限公司”，成立于 1995 年 11 月，独资于 2001 年 3 月。经过 10 年的不懈努力，公司不仅成为全国屈指可数的大型工艺礼品生产公司之一，而且扬名海外，仅在美国就有 20000 多家大型连锁店长期销售我们的产品。

公司主要生产玻璃工艺品、纺织毛绒工艺品、五金铁线工艺品，户外花园工艺品等四大系列数万种产品。“品质一流，价格低廉”是我们永恒的目标。

公司曾被评为“扬州市明星企业”、“外商投资双优企业”、“外贸出口先进单位”，2000 年 3 月在中国工业经济联合会的调查结果中名列同行业十大名牌产品，2001 年 9 月通过了 IS09001 质量体系认证。

董事长陈嵩生、总经理陈雷热忱欢迎国内外客户前来洽谈业务。

联系电话 :0514-8801188　传真 :0514-8801387
网址 :www.amerihuachina .com
电子信箱 :office@yzamerihua.com

淮安市西园烤点食品有限公司

淮安市西园烤点食品有限公司史创于八十年代初期，以手推车的方式沿街售卖，经过二十多年的市场历练，以其新鲜、热辣、款式多样、品质优良而赢得一致口碑，逐渐成为本地培烤业的知名企业。

公司一贯坚持“质量第一、顾客至上”的经营理念，以“食品企业、良心事业”为生产方针，致力于生产出让老百姓放心而又消费得起的优质、低价产品，九十年代中期，公司领导抓住市场机遇，适时投入资金，改造营业场所，引进先进生产设备及高档培烤人才使公司的产品品质、结构档次以及整体实力有了质的飞跃，特别是我们的月饼生产，因采用了新材料、新工艺、新设备，特别新保鲜技术的应用，极大的缩短产品生产周期，延长保鲜期限，以其规模化，自动化的生产方式，能够满足广大客户短期大量订货。

现如今公司是市质量诚信单位，放心食品企业，苏食早餐的指定供应商之一。

在未来的日子公司将继续以一流的品质，一流的服务，来回报广大消费者的支持与厚爱。

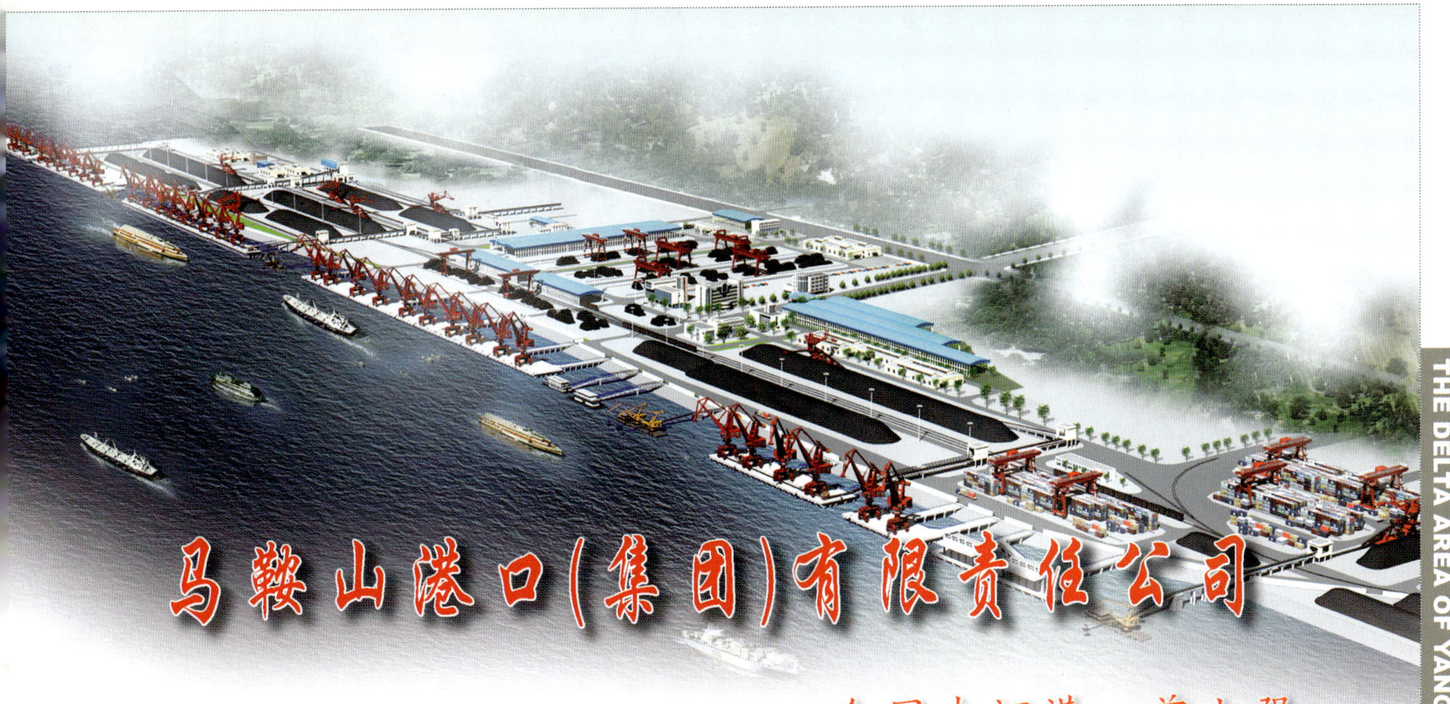

马鞍山港口(集团)有限责任公司

——全国内河港口前十强

马鞍山港位于长江下游南岸，东靠经济发达的长江三角洲，地理位置优越，经济腹地广阔，港区岸线顺直，港口货场开阔，地势平坦，交通条件发达。马鞍山港通江达海，系国家一类口岸。

马鞍山港口（集团）有限责任公司注册资本2.5亿元人民币，由马钢股份有限公司、马鞍山市国资办、中国长江航运（集团）总公司、安徽长江钢铁有限责任公司共同出资组建而成。

港口主营物资装卸，货物运输代理，仓储服务。水陆货物联运中转和集装箱拆、装业务，为内外贸船舶提供综合服务、港口工程机械修理及配件制造。控股公司有中国外轮理货总公司马鞍山公司、扬子江联运有限责任公司、长江船舶代理有限责任公司，与中国外轮代理公司合资成立了中国外轮代理公司马鞍山公司。

马鞍山港口集团现已开发中心港区及人头矶港区，利用岸线总长为2412米，拥有码头10座，生产性泊位14个（其中5000吨级海轮泊位4个），库场总面积21.2万平方米。2005年港口自然吨完成1030万吨，实现千万吨的历史性突破；集装箱完成37070TEU，是历史最好水平，居全国内河港口第8名。

马鞍山港口集团“十一五”发展的主要目标是：加快跨越式发展的步伐，建设节约型港口、效益港口、和谐港口，在“十一五”末港口通过能力突破3000万吨，经济指标达全国内河港口先进水平。

安徽马钢和菱包装材料有限公司

安徽马钢和菱包装材料有限公司，是马钢与香港和菱有限公司在马鞍山经济技术开发区共同投资兴建的一家中外合资企业，2003 年 12 月 28 日正式开业。

公司为马钢冷热轧薄板、彩涂板和外部包装市场提供金属、塑料、化工原料、纸木制品等包装材料生产、销售、代理；提供设计咨询、设备制造、运输和现场包装等服务。年设计生产各类包装材料及制品 260 多万套，冷板、镀锌板开平 8 万吨。

公司围绕实现企业价值最大化的目标，通过持续创业、奋发进取、自主创新、精确管理、品牌打造、循环经济、多元化发展，经济效益和社会效益得到成倍提升。2004 年实现销售收入 6426 万元；2005 年实现销售收入 21455 万元，人均年产值超百万元，成为全国冶金包装行业中最具竞争力的企业；成为华东众多冶金产品包装材料的供应基地和奇瑞、江淮汽车以及美的家电企业的薄板配送基地。公司通过了 ISO9001 质量管理标准、ISO14001 环境管理标准和 OHSAS18001 职业健康安全管理体系的认证注册；申报注册了 20 项专利，7 项获得国家授权；是安徽省外商投资经济效益先进企业、马鞍山市政府重点扶持的“专精特新”企业，马鞍山市工业发展的一匹“黑马”；已申报安徽省高新技术企业和高新技术产品。

2005 年 8 月，国务院总理温家宝视察马钢，在听取马钢股份公司董事长顾建国介绍公司利用废次材发展包装经济的汇报后称赞道：“这说明你们厉行节约，废旧资源循环利用好。”

通过二年的运行，公司充分利用自身在管理机制、技术、创新等方面的优势，积极拓展马钢业务以外的新项目，已形成“一个基础，两个方向”的多元化经营发展格局，即以包装为基础，以先进技术加工与钢铁相关的汽车关键零部件开发和薄板产品延伸的光机电一体化产品为两个方向的多元化经营格局，正朝着集团化方向发展。

作为中国未来朝阳产业的汽车电子和关键零部件项目已进入实质性阶段，由公司自主研发的整体车轴已通过了济南汽车检测中心（国家认证）的检测，各项技术性能指标均超过了国内同行业企业，具备批量生产的条件；具备高新技术的 AMT（手自一体变速器）项目，已正式以安徽奥马特汽车变速系统有限公司入驻马鞍山经济技术开发区。

同时，随公司主营业务渠道快速拓宽，钢铁产品深加工、银柜、高分子复合材料、冲压件等高新技术产业也进入了全面开发与实施阶段。

图为自行设计的现代化生产线

图为国内首创的包装产品集装化物流现场

图为质量一流，色彩美观大方的卷包装产品

图为环境优美的厂貌全景

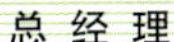

总 经 理

涟水县客运总公司

LIANSHUI XIAN KEYUN ZONGGONG SI

该公司是具备二级道路旅客运输经营资质，集长途、农公、公交、城市出租客运和旅游、商贸、汽车修理为一体的综合性企业。现有职工600名，固定资产4000多万元，客运车辆300多部，占地面积50000平方米，9个二级单位和7个职能科室。其中汽车修理厂拥有固定资产400万元，技术人才齐全，拥有国家修理二级资质；所属涟水汽车站是省厅授予的标准化二级客运站。

公司坚持科学发展观，突出以人为本的经营理念，大力弘扬“团结拼搏、开拓进取、服务社会、争创一流”的企业精神，崇尚‘安全第一、服务第一、旅客第一“的服务宗旨，全面提高单位整体素质，按照现代企业制度的要求规范企业工作，积极探索车辆公司化经营道路。目前已实现长途客运高速化，农公客运和公交客运网络化，城市出租集约化，经济效益稳步提高，三个文明建设均取得可喜成绩。公司连续多年被评为市、县先进单位。是淮安市委、市政府授予的“文明单位”和省政府授予的“AAA级重合同守信用企业”，被省窗口单位行风建设监督办公室评为行风建设先进单位。

在新世纪，公司将与时俱进、不断进取，为交通事业和地方经济的发展，做出更大贡献。

公司地址：涟水县城常青路77号

电话：0517-2661584（问询处）2661167（客运站）

2661117（旅行社）2660260（办公室）

宝应县汽车运输总公司

领导班子成员

宝应县汽车运输总公司是全县唯一一家从事县内外道路旅客运输服务的专业企业，现有职工762人，拥有资产5450万元，营运客车331辆，县际以上客运线路68条，县内公交线路16条，所属汽车站被交通部评为一级汽车客运站，旅客运输业务和经营范围已覆盖到北京、上海、广东、山东、甘肃、湖北、安徽、浙江等七省二市。

在过去的2005年，该公司坚持以“三个代表”重要思想统揽全局，认真贯彻党的十六届四中、五中全会精神，突出“企业稳定、效益提高、管理创新”方针，围绕“凝心聚力谋发展、争先创优树品牌、管理落实增效益、稳定生产求突破”的工作思路，坚持抢抓机遇、促进发展不动摇，取得了经济效益和社会效益的双丰收，文明创建工作有了新突破，2005年7月党总支被宝应县委评为“先进基层党组织”，2005年8月总公司连续四次被扬州市委市政府表彰为“双拥模范单位”，2005年12月分别被表彰为“劳动保障诚信单位”和“模范职工之家”，2005年3月首次进入省级“文明单位”行列。

苏州一光仪器有限公司（原苏州第一光学仪器厂）是以开发、生产、销售大地测量仪器为主的专业企业，江苏省高新技术企业。

企业拥有进口加工中心、车削中心、电火花成型机、三坐标测量机等先进的加工设备和检测设备。企业开发手段先进，采用美国EDS公司UGII CAD/CAM计算机辅助设计制造系统。“一光”牌产品在全国测绘仪器行业有较高知名度并以其卓越品质深受客户推崇。质量管理体系分别于1996年和2002年获DNV（挪威船级社）ISO9001:1994和ISO9001:2000认证。产品质量一直保持优良等级，曾多次被国家质量监督部门评为一等奖，荣获中国机械工业名牌产品称号。本公司在全国各地均设有经销网点。产品不但在国内市场占有率较高，而且还远销欧美、澳洲、非洲和东南亚等国。

近几年，企业依靠科技进步，以市场为导向，持续改进、加快机电一体化的高新技术产品的研发，新产品产值率达40%以上，企业规模迅速扩大，综合经济效益名列全国同行业前茅，多次被评为部、省、市先进企业，并于2004年被国家权威部门授予“中国机械工业企业核心竞争力优秀企业”。

公司的主要产品为GPS接收机、全站仪、电子经纬仪、光学经纬仪、水准仪、垂准仪、扫平仪和建筑装潢仪器等8大系列近百个型号。

苏州  

OTS600系列 全站仪是本公司最新推出的全中文数字健全站仪，内置大容量内存和各种应用测量程序，功能强大、性能稳定、使用方便。适用于建筑放样、道路放样、地形地籍测量及控制点测设等测量工作。OTS600采用可见激光测距技术，使用单棱镜可测到5000m，使用反光板可测到700m，即使在没有反光板和棱镜的情况下，也能测到60m。

RTS600系列 全站仪是本公司最新推出的全中文数字健全站仪，内置大容量内存和各种应用测量程序，功能强大、性能稳定、使用方便。适用于建筑放样、道路放样、地形地籍测量及控制点测设等测量工作。

DT300系列 绝对编码电子经纬仪可广泛应用于国家和城市的三、四等三角控控制测量，用于铁路、公路、桥梁、水利、矿山等方面的工程测量，也可用于建筑、大型设备的安装，应用于地籍测量、地形测量和多种工程测量。

RTS700系列 全站仪是本公司最新推出的高性能电脑型全站仪，它采用高性能的32位微处理器和Windows CE更简洁、更高效、更可靠的实时操作系统和图形用户界面它为测量人中提供了创新、完善、集成的野外测绘数字化的解决方案，可以极大地提高生产力。

公司宗旨：远见 决心 科研 领先

上海百峰环保工程有限公司

SHANG HAI BAI FENG HUAN BAO GONG CHENG YOU XIAN GONG SI

上海百峰环保工程有限公司，以维护自然生态环境治理环境污染，为排污企业提供优质服务达标排放，为目标的环境工程企业。公司致力于国内外机构诚意合作，进行新工艺、新技术、新产品的引进、开发和研究，形成了技术攻关、工程设计、高效专用设备的研发和制造，施工安装调试、验收、交付使用等一条龙服务体系。

公司拥有一整套治理高难度有机污水的处理技术，特别对麦草纸浆、造纸黑液、印染污水、食品加工、制药、以及畜禽粪便污水等有独特的处理方法，公司承接的各类污水处理工程达到国家的排放标准，多年来运行稳定，有良好的业绩，获得使用单位、环保监督部门和有关专家的一致好评、认同，公司也以此树立了良好的企业形象、提高市场知名度而得到不断的发展。

在开拓环境工程治理业务的同时，公司更加注重对大自然生态平衡和回归自然，从源头上改善人类环境，提高环境质量，创办绿色环保生态科研基地，为我国农村发展提供研究和生态示范窗口，为社会作出新贡献，向人类献上一颗爱心。

公司宗旨：远见 决心 科研 领先　　　经营理念：沟通 和谐 双赢 造福

山鹰纸业
Shanying Paper

走在前列 做大做强

山鹰纸业积极融入长三角经济圈

市人大常委 公司董事长 党委书记 王德贤

安徽山鹰纸业股份有限公司前身为马鞍山市造纸厂，始建于1957年，原系国有小型企业，1999年变更设立为安徽山鹰纸业股份有限公司。2001年在上交所成功发行6000万A股，2003年在上交所成功发行2.5亿元可转债，2004年在上交所成功增发近1亿A股。公司现为国家大型一档企业、全国30家重点造纸企业、省市明星企业、全省包装纸行业第一家上市公司。近几年来，企业先后荣获全省最佳经济效益单位、技改先进企业、质量最佳企业、管理示范企业、全省环保先进单位、省文明单位、国家火炬计划重点高新技术企业、全国先进基层党组织等几十种荣誉称号，2006年3月被列为安徽省第一批循环经济试点项目。公司占地50万平方米，总资产19亿元。主要生产经营包装纸及纸板，年生产能力50万吨，技术装备及工艺达到国内先进水平。主要产品为牛皮箱纸板、高中强瓦楞原纸，均系省名牌产品，产品质量优良，通过ISO 9001：2000版质量体系认证。为了扩大规模、延长产业链，进一步做大做强，近年来公司积极融入长三角经济圈，除努力提升包装纸及纸板在长三角地区的市场占有率外，还先后在苏州、扬州、杭州、常州等地共投资兴建了5家纸箱子公司，纸箱年总生产能力3亿平方米。

积极融入长三角经济圈使公司获得了快速发展。近年来，公司主要经济指标一路攀升。2005年完成产量48万吨，实现销售收入14.81亿元，利税突破1.5亿元。当前，公司发展势头强劲，年产30万吨纸板技改工程正在建设中。公司下一步的发展思路是：以科学发展观为指导，坚持走发展生态纸业和循环经济之路，以市场为导向，以提高经济效益为中心，以创新为手段，大力推进科技进步，加快发展高档包装纸板，大力发展纸箱等下游产品，进一步做大、做强、做优，建设现代化大型一流企业。

山鹰纸业二分厂为国债贴息重点项目，工程占地270亩，总投资近4亿元，年生产能力20万吨，以商品木浆和废纸为原料生产可替代进口的各类高档牛皮箱纸板。该项目制浆、造纸、污水处理关键设备及DCS集散控制系统均从美国、挪威、法国等地引进，技术装备起点高，纸板机幅宽4.8米，车速700米/分钟，达到同行业领先水平。

山鹰纸业自备电厂，占地110亩，总投资2.5亿元，年发电量超过3亿度，生产蒸汽72万吨，有效地保证了企业用电需要。

山鹰纸业坚持走发展生态纸业和循环经济之路，公司投资近6千万元建成的国债贴息项目——日处理4万吨污水及水封闭循环使用环保工程，保证了企业规模扩大后，污水废水处理的达标排放。

扬州山鹰纸业包装有限公司

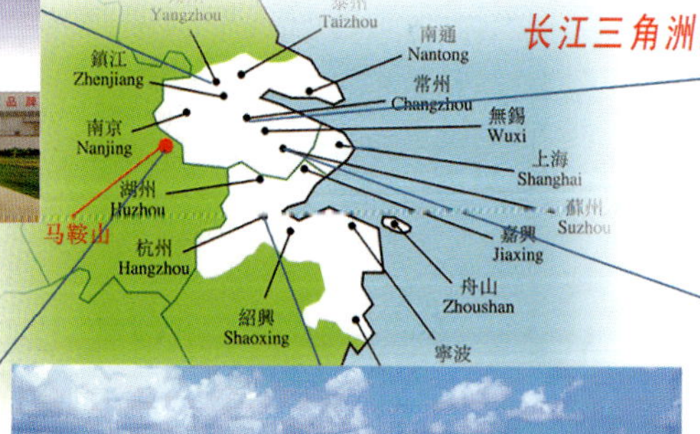

常州山鹰纸业纸品有限公司

马鞍山市天福纸箱纸品有限公司

杭州山鹰纸业纸品有限公司

苏州山鹰纸业纸品有限公司

安徽山鹰纸业股份有限公司

地址：安徽马鞍山市勤俭路3号 邮编：243021 电话：（0555）2826300 传真：0555-2810496 网址：http://www.shanyingpaper.com

国骅集团天波房地产开发有限公司

GUOHUA JITUAN TIANBO FANGDI CHAN KAI FA YOU XIAN GONG SI

天波房地产开发有限公司是宁波国骅集团在江苏丹阳投资的一家子公司。公司于2003年6月在丹阳市注册成立，位于丹阳市开发区，注册资金2100万人民币。具有房地产二级开发资质和独立法人资格，是一家以房地产开发为主业的综合性企业。

公司现拥有一支50多名高素质管理和专业技术人才组成的高效率开发团队，目前在丹阳开发的重点楼盘“天波城小区”，位于市门第一路西侧。总占地面积1600多亩，总建筑面积约70万平方米，总投资超过18亿人民币，拟建高标准多层、别墅、小高层、高层高档住宅公寓。区内环境优美，300多亩山水景观气势恢宏；大型超市、学校、幼儿园、会所、运动馆等配套设施一应俱全，并大量采用高科技、智能化物业管理手段，是被丹阳市政府列为重点工程的综合性超大型生态社区，先后被评为“中国（江苏）水岸山景地产成功开发典范”，“中国最佳人居环境示范小区”，并力创国家建设部示范小区及建成苏南板块内最好的住宅小区。

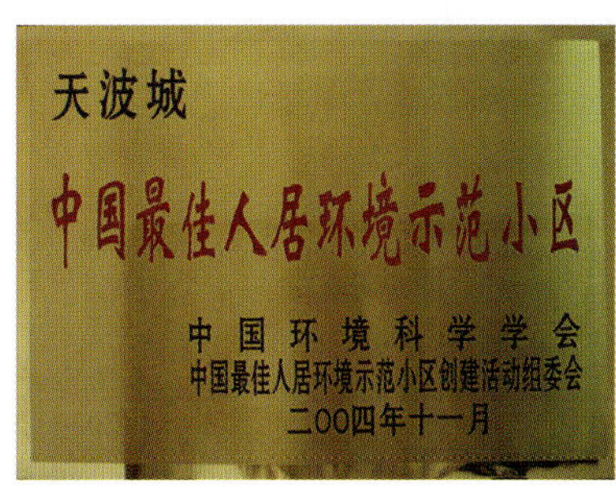

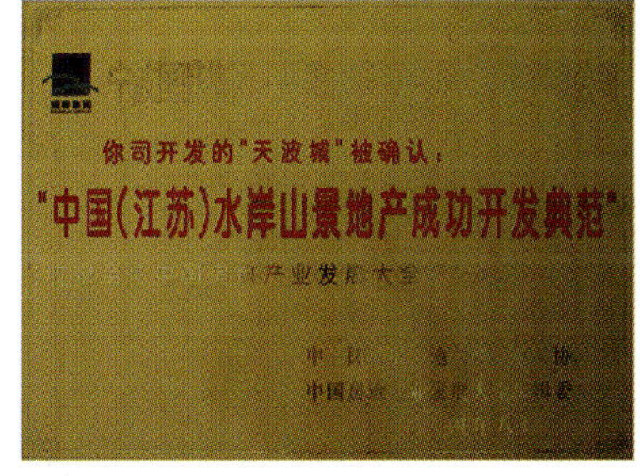

台湾长春集团
TAIWAN CHANG CHUN GROUP

- 长春化工(江苏)有限公司
  CHANG CHUN CHEMICAL (JIANGSU) CO., LTD
- 长春封塑料(常熟)有限公司
  CHANG CHUN SB (CHANGSHU) CO., LTD.
- 艾迪科精细化工(常熟)有限公司
  ADEKA FINE CHEMICAL (CHANGSHU) CO., LTD.
- 长春应化(常熟)有限公司
  CHANG CHUN TOK (CHANGSHU) CO., LTD.

主要产品
MAIN PRODUCTS

干膜光阻
Dry Film Photo Resist
聚醋酸乙烯乳化浆
Polyvinyl Acetate Emulsion
丁基化胺基树脂
Butylated Amino Resin
高固形份甲基化胺基树脂
High Solid Content Methylated Amino Resin
塑料桶
Hdpe Drum
电子级双氧水
EL Grade Hydrogen Peroxide
低溴化环氧树脂
Low Brominated Epoxy Resin
聚乙烯醇
Polyvinyl Alcohol
聚丁烯对苯二甲酸酯 Poly Butylene Terephthalate
正醋酸丁酯
N-Butyl Acetate
正醋酸丙酯
N-Propyl Acetate

江苏省常熟经济开发区沿江工业长春路
Changchun Rd., Riverside Industrial Park,
Changshu Economic Development Zone,
Jiangsu Province, 215537 China

TEL:86-512-52648000(REP)
Fax:86-512-526495556
WEB:www.ccp.com.tw

丙二醇甲醚醋酸酯
Propyl Glycol Monomethyl Ether Acetate
醋酸甲酯
Methyl Acetate
四氢呋喃
Tetrahydro Furan
清模剂
Mold Cleaner
环氧树脂塑封料
Epoxy Molding Compound

亚磷酸酯类抗氧化剂
Phosphite Antioxidants:

亚磷酸三壬基苯酯 (1178)
Trinonyl Phenyl Phosphite
亚磷酸二苯一异辛酯 (C)
Diphenyl Octyl Phosphite
亚磷酸二苯一异葵酯 (135A)
Diphenyl Isodecyl Phosphite
双十八烷基季戊四醇二亚磷酸酯
(PEP-8T)
亚磷酸三苯酯
(TPP) Triphenyl Phosphite Cyclic Neopentanetetrayl-Bis-Octadecyl Phosphite

磷酸酯类阻燃剂
Phosphate Flame Retardants:

双酚A对二苯磷酸酯 (BDP) Bisphenol-A Bis(Diphenyl Phosphate) Triphenyl Phosphate
磷酸三苯酯
(TPPO)

PVC 可塑剂，安定剂
PVC Plasticizer, Stablizer

环氧大豆油 (ESBO) Epoxidized Soy Bean Oil
电子级显影剂 EL Grade Developer
电子级剥离剂 EL Grade Stripper
电子级稀释剂 EL Grade Thinner

江苏隆力奇生物科技股份有限公司

江苏隆力奇生物科技股份有限公司是目前国内规模最大、技术力量最先进的日化产品、保健品的研究、开发和产销基地。公司拥有200多个营销公司，员工总数33000余名，其中大学生、研究生、高级工程师、专家比例超过30%；发展20年来平均每年以40%以上的增长速度高速、健康地向前发展，成为本土日化行业的领军品牌。

公司主要经营的有化妆品、家用洗涤品、保健品、酒类、皮革制品、家具、房地产、物流八大系列1000多个品种。1998年，隆力奇集团全面通过了ISO9001国际质量体系认证；2000年，隆力奇集团通过ISO14001国际环保体系的全面认证；2002年，“隆力奇”商标被国家工商行政管理总局认定为中国驰名商标；2003年，隆力奇系列化妆品被中华预防医学会正式列为中华预防医学会“健康金桥重点工程”；在中央电视台黄金资源竞标中，隆力奇连续三年夺得本土日化品牌竞标第一名；2004年，隆力奇化妆品荣获“国家免检产品”资格；在2004年“中国500最具价值品牌”排行榜中，隆力奇以鲜明的品牌定位、强大的品牌竞争力作为唯一进入前100位的日化品牌入选排行榜，位居48位，品牌价值95.52亿元人民币；在法国文化年活动中，隆力奇化妆品从众多著名的化妆品品牌中脱颖而出，被作为中国唯一指定的化妆品礼品送给法国贵宾；2005年，隆力奇被评为中国化工“十大最具国际竞争力品牌”，成为本土日化行业唯一获此殊荣的品牌；2005年，隆力奇荣获“中国十佳诚信单位”荣誉称号；在2005“中国（上海）国际美容化妆洗涤用品博览会”上，隆力奇荣获2005中国美容化妆品业杰出品牌奖；2005年，江苏隆力奇生物科技股份有限公司倾巨资赞助十运会，成为十运会组委会在日用化妆品、洗涤用品类行业的唯一的合作伙伴，在第三届中国民营企业峰会上，江苏隆力奇生物科技股份有限公司凭借良好的品牌形象与公众美誉度，荣膺“2005中国民营企业品牌竞争力50强”；2005年，清华·隆力奇生物科技研究所成立，标志着隆力奇产学研结合，提升民族日化品牌的发展动力，促进民族日化产业发展的进一步深化；2006年3月至7月，隆力奇巨资冠名第12届CCTV全国青年歌手电视大奖赛，成为历年来首家冠名的日化品牌。

隆力奇将继续抢抓机遇，全力做好、做强、做大、做壮，坚持服务无限的营销战略，加快隆力奇、阿庆嫂、浴之宝、龙美人、扁鹊、娅妃的品牌综合优势新突破，加速文化、品牌、知名度、信誉度跨越提升。

敬请关注

第12届 隆力奇杯 CCTV青年歌手大奖赛

蛇胆清凉

秀发清爽

隆力奇®

蛇胆清爽洗发水

影视歌巨星：

青年歌唱家：

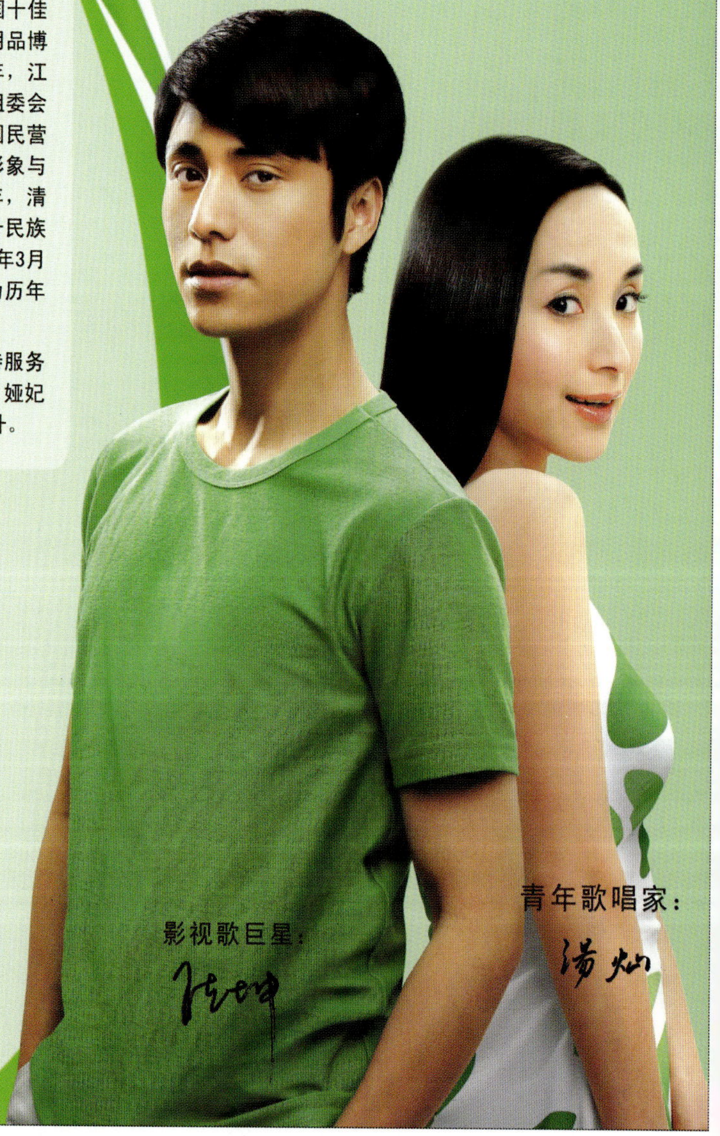

苏州中惠房地产开发有限公司

苏州中惠房地产开发有限公司成立于2004年8月，由苏州二建建筑集团有限公司与苏州孚地置业有限公司合资的股份公司，注册资本8000万元。

公司成立后，以科学发展观全面了解、分析房地产市场，以苏州二建建筑集团有限公司在建筑市场的知名度及资源多、品牌强的优势，以苏州孚地置业有限公司近年来开发了许多住宅和商业项目，在房地产开发方面积累了丰富经验，用二家的资源为互补。

公司建立了以董事会为核心决策层，以总经理负责制，职能机构管理方式设四个部（财务、工程、销售、综合），构筑了一个精简高效的组织框架。

目前开发的“中惠·晨曦印象”小区，位于苏州相城区，建筑面积1.47万平方米，分别有：别墅、多层、高层。自2005年7月开工以来，企划宣传以“高品质”为突破口，多层为层层退台，提出了“宽HOUSE”的主推点、高层紧紧抓住景观，提出了“景观是城市最美好的事物”的口号，发扬“进取、拼搏、务实”的企业精神，坚持“百年大计、质量第一”的经营理念，本着“向社会负责、向广大消费者负责”的宗旨，使该项目在销售和社会信誉得到双丰收。

中惠·晨曦印象　2005年被评为“苏州市热销楼盘”；

2005～2006年被评为“苏州市十大明星楼盘”；

2006年二季度苏州市房地产销售综合能力龙虎榜（相城区冠军）；

苏州中惠房地产开发有限公司将不懈努力、练内功、求发展，不断创造新的精品工程。

增强理念思路　抓好工程管理

吴江市八都建筑有限公司

坐落于鱼米之乡、太湖之滨的吴江市八都建筑有限公司，是一个江苏省房屋建筑工程总承包二级、市政公用工程总承包三级、建筑装修装饰专业承包三级和砼预制构件专业承包三级企业，并下设四个办事处：上海、苏州、浙江湖州和吴江。在工程技术、工程建设上通力配合，互为援助。

1974年1月公司成立至今，拥有总资产9210万元，固定资产1290万元，工程技术、经济管理人员170多人，有资质项目经理53人。多年来公司坚持以管理为核心，以市场为导向，以项目为基础，积极推广新材料、新工艺的应用，认真执行JGJ59-99标准进行现场管理，取得了一定的成效：先后获得了省优工程1个，省驻上海“扬子杯”1只，省文明工地2个，上海市“浦江杯”1只，上海市优质结构工程1个，上海市闵行区文明工地1个，苏州市优质工程“姑苏杯”11只，苏州市文明工地14个，2002年被苏州市建筑业协会授予《最佳企业》和《质量、安全管理先进集体》，连续八年被吴江市建设局授予先进集体，2005年被省资信评委会授予“AAA”资信企业及江苏省建筑协会会员。

与时俱进，立足创新，公司本着以人为本，增加理念思路，抓工程质量、安全生产和文明施工，坚持以新规范新标准营造企业形象，在管理意识和规范上更提高，更发展。

苏州市东山钣金有限公司的经营理念：以顾客的期望与需求为经营宗旨，追求企业持续发展。更将秉承精益求精的态度，以专业的技术、严谨的品质管理及完善的服务，积极经营国内市场、拓展海外业务。

苏州市东山钣金有限公司是一家具有二十多年钣金与冲压加工制造经验的民营独资企业。公司占地面积5.5万余平方米，建筑面积2.5万平方米，拥有固定资产7000余万元，在职员工250多人。

该公司以外向型钣金与冲压加工制造为主，拥有来自德国、瑞士、比利时、荷兰、瑞典、日本等国的先进的激光切割机、数控冲床、数控折弯机、压力机等专业加工设备和配套齐全的焊接设备，形成了自原材料开始至产品实现全过程的强大的钣金与冲压生产规模。

公司以先进的钣金与冲压加工工艺和专业的钣金与冲压加工技术，应用CAD辅助设计，通过企业局域网对CNC程序、图形数据进行处理加工；利用公司自有的ERP系统对生产过程、产品质量、用户服务等数据进行信息化管理，保证了产品的设计质量和生产效率。

公司拥有日本产的精密轮廓投影仪、三座标测量仪等先进的检测设备和工艺装备，为产品质量的监视和测量提供了可靠手段，为产品的质量提供了保障。

公司于2001年通过了ISO9002质量体系的认证，2003年通过了ISO9001:2000质量体系的转版认证。

公司以现代化的科学管理、专业的钣金与冲压加工技术、先进的加工工艺，一流的加工和检测设备、完善、及时的服务赢得了八方客户的青睐与信赖。公司现与多家外资企业合作，产品远销欧、美、日等国。

苏州市东山钣金有限责任公司

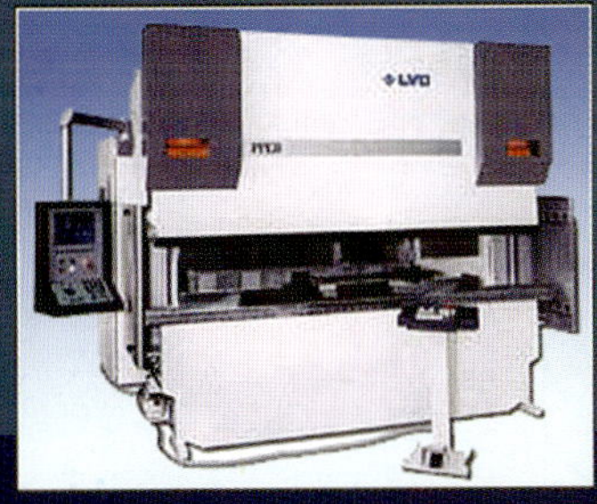

法人代表：袁富根
地址：苏州市吴中区东山镇杨湾村
电话：0512-66281215
传真：0512-66392293
电子信箱 E-mail: wyx@sz-dsbj.com

上海南晓消防工程设备有限公司

SHANGHAI NANXIAO XIAOFANG GONGCHENG SHEBEI YOUXIAN GONGSI

董事长兼总经理：李秋荣

司经营地址：上海市制造局路 877 号 A 座二楼

电话 :63135048 63140875

传真 :63152680 E-mail:shnx168@126.com

http://www. nx119.com

E-mail:shnanxiao@21cn.com

上海南晓消防工程设备有限公司成立于九十年代初，由从事消防工程和房地产开发的数家专业公司共同投资组建而成，是一家具有独立法人地位的有限责任公司。公司具有国家建设部颁发的消防设施工程专业施工承包壹级资质证书，公司拥有各类消防设施施工、调试开通、维修保养的雄厚技术力量；消防电子，新产品，新技术的推广应用，代理销售各类消防新产品新设备及技术咨询等业务。消防工程施工专业承包资质证编号为 :B1114031011402。

公司主要承揽各类建筑火灾自动报警与自动喷水、泡沫、干粉、灭火和气体自动灭火系统的消防工程及防火喷涂处理工程，公司积极实施消防工程的品牌战略，在工程质量上、服务意识上与国际同行并行。形成了用实力创造价值赢得市场，用质量保证建立南晓品牌的企业经营理念。用质量、技术和管理铸就经典工程，用信誉、服务和业绩打造南晓品牌。

公司以高科技和现代化管理为主要经营手段，引进各类专业和管理人才，形成一支能打硬仗的，能适应市场竞争需要的，且有高新技术能力的消防工程管理施工队伍。拥有一批长期从事消防工作、精通消防技术、熟悉消防规范、实践经验丰富的工程技术管理人员，并有一支能有效管理各种类型、各种规模的消防工程建设所必须的项目经理编队。公司倡导员工具有职业精神：踏踏实实做人 —— 实事求是、任劳任怨、尽职尽责；兢兢业业做事 —— 迅速反应、全力以赴、持之以恒。企业对员工的要求：要大胆创新，不要墨守陈规；要专业化，不要业余水平；要想办法，不要敷衍了事；要勇于承担责任，不要推过揽功；要超越自我，不要固步自封。在当今激烈的市场竞争中，南晓员工团结协作、荣辱与共、众志成城，形成了求实创新，开拓进取的企业精神。在南晓人的心里，工程质量永远是第一位的，并且始终坚守责任重于泰山，信誉就是生命的观念。南晓 —— 社会形象追求是正气凛然、纪律严明、朝气蓬勃、谦虚理性。

公司本着一流的管理、一流的技术、一流的质量、一流的服务为宗旨，以”高效、热情、完美”的服务精神。公司始终把”质量视作企业的生命，用户的信誉”，以黄金般的纯真，钻石般的珍贵，生命般的重要为质量承诺，是南晓人把握一流消防工程的质量理念。南晓人保持谦虚理性的思想作风，对所有的业绩只是对我们过去成绩的证明，所有的表彰只是对我们前期工作的肯定我们创造荣誉但绝不是为了荣誉我们珍惜荣誉是为了保护荣誉，我们保护荣誉是为了创造更大的荣誉但我们坚信，只要客户的满意，才是我们的最大荣誉。为客户提供可靠的质量保证。凡由本公司承办的消防项目质保两年，在质保期内，凡属施工质量问题，免费保修，即报即修。对工程竣工后的售后服务和运行可靠性提供快捷的技术支撑（人员培训、备品备件供应等）。

公司积极树立”南晓”良好形象；创立”南晓”优良品牌；实施”南晓”名牌战略。公司将与广大客户携手共创消防工作的平安未来！

公司外景图

瀚宇博德科技(江阴)有限公司

瀚宇博德科技(江阴)有限公司系台湾瀚宇博德股份有限公司在江阴市经济开发区投资成立的外商独资企业。主要产品为各类多层印刷电路板(Printed Circuit Board, 简称PCB),产品类型包括笔记型计算机、移动电话、工业控制计算器及PCMCIA专用印刷电路板等。生产设备主要从欧洲、日本、台湾、以色列和美国等地区引进,均为行业最先进机器设备。

公司于2002年2月规划筹建,于2002,2003,2004年先后建成三个分厂,工程投资总额为2.1亿美元,占地面积400亩。三个分帮合计月产量达350万平方米。瀚宇博德两岸三地三个厂的总产量已达到全世界notebook板的总量的25%以上,在全球每四台笔记本中就有一台是使用瀚宇博德生产的电路板。目前公司客户包括有惠普、戴尔、索尼、IBM等世界各大知名之计算机及手机制造公司。

随着公司规模不断发展壮大,在领导和同仁的共同努力下,先后获得:2003年2月通过ISO 9001:2000质量管理体系认证.2004年度全国外商投资“双优”企业;2004年度绿色环保企业,2004年2月通过TS 16949:2002质量管理体系认证、通过ISO14001:2004环境质量体系认证;2005年度四星级明星企业,2005年度十佳外商投资企业,2005年度获优秀厂长(经理)荣誉证书,在2006年10月6日公司通过香港证监会之严格审查,股票正式于香港证券市场挂牌交易,展示公司历年来经营成果再次受到肯定,也为公司未来发展奠下更为光明之前景。

由于市场需求强劲公司更决定进行第四期厂房兴建工程,第一期预计再投入资金1亿美元,在新的200亩厂区建厂,主要生产技术层次更高之手机用高密度多层板,及扩大原有之笔记型计算机用板产能,新厂预计将于2007年6月完工、9月开始投入生产,届时,公司员工总人数将超过8000人,生产能提高至notebook板每月410万平方米及手机用板每月20万平方米,每月营收可以成长至RMB 3.5亿,随着第四期一厂顺利投产之后,将陆续扩充投资二厂三厂等,预期2008年度营收达人民币100亿元,将稳坐世界龙头。

公司文化:正派经营、尊重个人、服务导向、团队协作、追求卓越

经营目标:对股东:追求最大的报酬率。对员工:提供员工安全干净的工作环境,良好的福利待遇及自我价值的肯定。对客户:提供满意的产品与服务,成为值得客户信赖且不可或缺之「生命共同体」的一环。

管理理念:标准化、纪律化、数字化。

人力资源策略:全员教育、终生学习:因应时代快速变迁,同仁必须以『勤工勤学、效法先贤』的精神,不断的充实新知识与技能,方能跟上时代的脚步。博德更将提供『全员教育、终生学习』的环境与制度,协助同仁开拓视野,激发潜能,并进一步提升工作热忱及工作效率。重用老人、培养新人:无论是老人或新人,公司都给予宽广的挥洒空间,让其在专业工作上获得尊重与成就,并且清楚的看见自己在博德的未来是充满希望,是值得骄傲的。

员工生活区

公司形象图

无锡协联热电有限公司

总经理：朱朝煌

无锡协联热电有限公司是为改善无锡市投资环境，由泰国协联集团、香港宝达机械有限公司和无锡市开发区联合热电公司合资兴建的热电联产企业。公司主要是向无锡市新区、南片工业区及市中心商业区提供集中供热。

本公司一、二期工程装备三台75t/h和一台100t/h次高压煤粉炉、两台15MW抽汽轮机组和一台15MW背压机组。随着供热用户的不断发展，为了满足广大用户的供热需要，公司又投资6.5亿人民币建设三期工程，建设两台220t/h高压煤粉炉和两台35MW抽汽汽轮机组。目前即将投产，预计投产后，公司将具有发电量10亿度/年和供汽量300多万吨/年的生产能力。

另外，到今年为止，公司已铺设热力主管网106公里，有5条热力主管线，分别向五个方向供汽，目前拥有供热用户170余家。

多年来，公司始终本着经济效益和社会效益、环境效益并举的原则为广大用户提供优质服务，使得供汽稳定、质量可靠、价格合理、操作方便，受到了用户好评，同时为锡城净化环境，节约能源，创建"蓝天绿地"工程和特大文明城市创造了有利条件，明显改善了市民的生活质量，受到市政府的好评。公司也多次获得市优秀企业、市工业百佳企业和市信得过企业、花园工厂等荣誉称号。

地址：无锡市城南路1号
邮编：214026
电话：0510—5219770

董事长　尹秀芝

总经理　刘同任

海乐康（南京）保健食品有限公司

香港海乐康国际集团投资有限公司是一家国际性的综合开发投资公司，总资产2.5亿港币。总部位于香港湾仔皇后东路182号顺风国际贸易中心。集团下设东马（泰国）国际集团公司、泰华（泰国）感恩慈善基金会、海乐康（南京）保健食品有限公司、上海华爱食品有限公司、南京莱碧芙妮生物工程有限公司、南京奥特丽日化有限公司、南京昊明生物工程有限公司、南京金陵国际美容中心。

海乐康（南京）保健食品有限公司于二00四年九月在南京挂牌营业，注册资本为一千万美元。公司拥有GMP工厂，中医、中药研究所；拥有一批高科技研发人才队伍，及一批高级管理及营销专业人才队伍。公司建立以市场为中心的业务经营机制；以培代管的管理机制；以人为本的人才激励机制；以产品为中心的管控机制；以客户为中心的品牌服务机制。不断完善教育培训系统，加强对全国专卖店的管理和新市场的开发。

海乐康以诚信为本，凭着勇于探索、勇于创新的理念和卓越的品质在激烈的市场竞争中脱颖而出。

公司总经理刘同任先生带领大批营销精英，联合社会各界人士，群策群略，本着解放思想、实事求是、与时俱进的精神，共同开创海乐康未来。

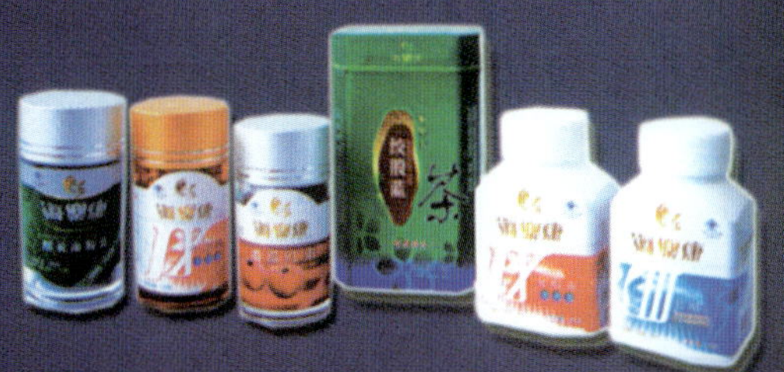

公司产品

车间一角

海乐康是通向健康的航空母舰；海乐康是通向财富的高速公路；
海乐康是通向美丽的人造卫星；海乐康是温暖人间的世纪珍宝。

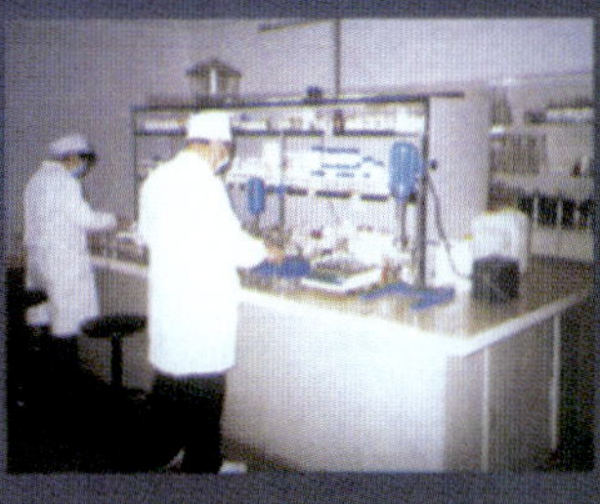

卢教授在实验室

【海乐康殊荣】

★海乐康软胶囊获98国家星火计划项目。
★海乐康软胶囊被科技部定为2004年国家重点推广计划。
★2004年成为英国绿色产业协会会员。
★1998年获得第二届加拿大国际食品博览会金奖。
★1997-2005年江苏省风采名优栏优秀保健品。
★1997-2005年江苏省3.15维权、无假货消费者信得过产品。
★2004第二届中国策划大会人民大会堂指定保健品。
★2004年中国市场质量过硬、消费者信得过十佳知名品牌。
★全国质量服务信誉AAA级示范单位。
★价格诚信展示单位。

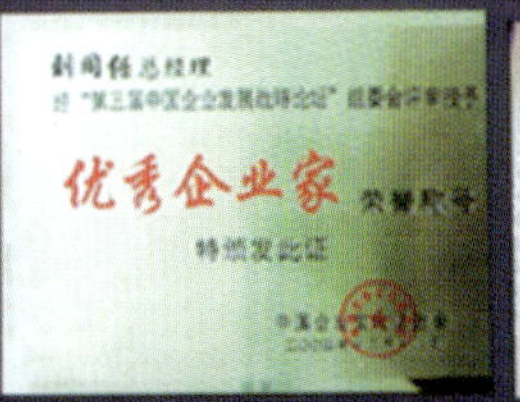

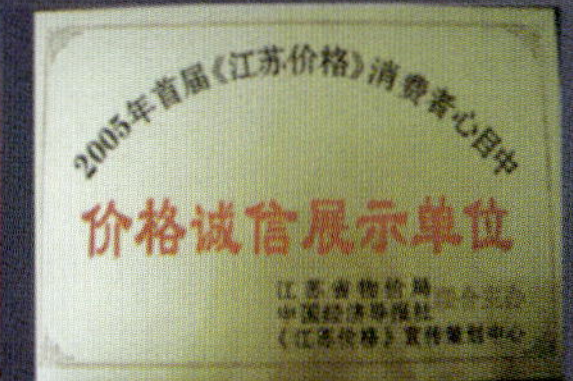

专家咨询热线：(0)13245886199　咨询电话：(025)52641325　总部地址：香港湾仔皇后东路182号顺风国际贸易中心　南京地址：中国南京江宁区双龙路185号

苏州腾泰鞋业有限公司

花园式厂区一瞥

公司创建于1994年，是一家专门从事制造和销售各类休闲、运动系列鞋及服装和配件的美商独资企业，产品全部外销欧美几十个国家和地区，且每年供不应求。

新颖时尚的产品

作为AVIA品牌运动鞋的生产基地－苏州腾泰鞋业有限公司始终秉承国际发展潮流，积极创新，狠抓AVIA品牌的研发设计、销样及生产的每一个环节，并一直以“高标准、严要求”来规范自己，因为我们始终相信我们的产品“没有最好，只有更好”。

不懈的追求

公司以拥有六条流水线的较大规模，和年产300万双AVIA品牌运动鞋的生产能力努力满足国际市场，2003年公司全年出口额达到3000万美元以上，先后荣获国家海关AA类企业、税务A类企业、企业资信等级AAA级、2003年度吴江市信用明星企业并连续多年被评为全国外商投资双优企业、江苏省侨资明星企业、首届全国双优民营企业、省级外资挂牌优秀企业等荣誉称号。

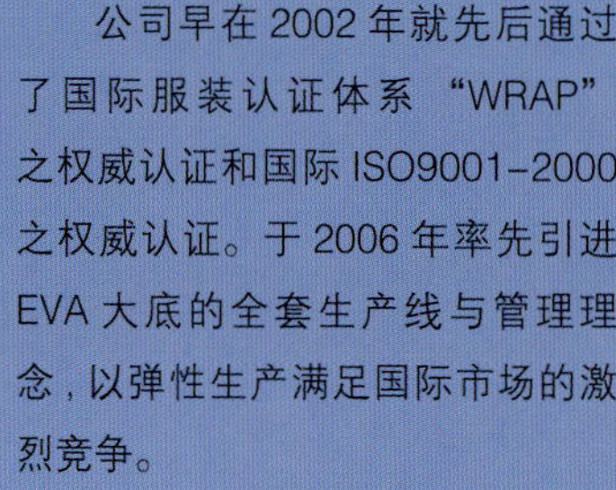

研发大楼局部

公司早在2002年就先后通过了国际服装认证体系“WRAP”之权威认证和国际ISO9001-2000之权威认证。于2006年率先引进EVA大底的全套生产线与管理理念，以弹性生产满足国际市场的激烈竞争。

董事长於振昌

於振昌，曾经历任：苏州市国营眼镜一厂生产副厂长、任中外合资苏州华京光学有限公司中方副总经理、苏州腾泰鞋业有限公司，由财务经理、总经理至今；现任“外商独资苏州腾泰鞋业有限公司”董事长兼总经理、法人代表。

公司的主打品牌为“AVIA”－爱威亚，因其独特的六大特点即“凹槽设计、脚床功能、FOM、S-UTPORT、气垫、立柱”以及三大功能系统“CTS、DCS、CES”，更使AVIA品牌运动鞋跻身于美国运动鞋前4强的畅销品牌。

骄傲和鞭笞

公司在发展的同时也不忘承担起社会责任，先后为第十届全国运动会赞助单位，并被运动会组委会评选为“十运之星”著名品牌，同时公司法人代表、董事长兼总经理於振昌先生被评选为“十佳先进个人”荣誉称号。

在新时期，一个充满激烈竞争的年代，苏州腾泰鞋业有限公司全体员工将一如既往、群策群力、抓紧机遇、深化公司内部改革，为将AVIA品牌打造成为国际一流品牌而创造新形式而继续努力奋斗。

处 长　姚登宝

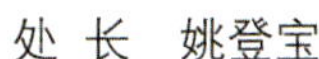

公司领导班子研究工作

泰兴中海轮渡公司

中港合资泰兴中海七圩轮渡设施经营有限公司前身为泰兴市七圩汽车轮渡管理处，2004年8月8日正式挂牌成立。该公司与常州港隔江相望，北接泰常一级公路与宁通公路相连，越江距沪宁高速公路仅9公里，是苏北、苏中地区沟通苏南经济发达城市的交通主通道，具有雷达导航、电视监控等现代化管理功能，日车辆通过能力逾5000辆次。

公司员工始终坚持把安全生产作为单位的头等大事来抓，不断落实防范措施，确保渡运安全畅通。牢固树立“客户至上、文明服务”宗旨，自觉使用“十字”规范用语，开展微笑服务，实施“您好”工程，兑现服务承诺，视旅客为亲人，努力为过往车辆驾驶员提供良好的通行环境。连续多年被泰兴、扬州、泰州及江苏省委省政府命名为“文明单位”。

泰兴中海轮渡公司将时刻遵循“安全、快捷、畅通”的原则，以优美的环境、优质的服务、优良的秩序，诚迎四方宾朋。

公司办公大楼

DALIAN HUAGONG (JIANGSU)
YOUXIAN GONGSI

大连化工（江苏）有限公司

大连化学工业股份有限公司(DCC)[www.dcc.com.tw]为一具世界领导地位之石化生产企业，成立于1979年，总公司设于台湾台北。二十多年来，凭借着全体员工以强大的自行研制能力以及发展良好的生产整合环境，集团已经先后于台湾及马来西亚完成了拥有世界级水准的生产基地年营业额达3亿美金，部分所生产的产品在世界上具有领先的地位。大连化工（江苏）有限公司(DCJ)由大连化学工业股份有限公司(DCC)独资经营及管理，于2003年5月成立，公司的注册资本额为3仟万美金，总投资额为7仟万美金。资本额：新台币13亿8仟7佰13万4仟元， 年营业额：约新台币75亿元(91年)。

该公司座落于江苏省仪征市经济开发区大连路一号，这崭新之公司在第一期投资计划中，将兴建以三个化工单元为主之生产工厂，预计今年年底试车投产。

经营理念：诚信立业、顾客至上、创意革新。

经营方针：勤勉务实同心协力、与顾客携手共成长、研究创新贡献社会。

品质环安卫政策：持续改善，信守承诺，提升品质，满足顾客。

品质政策声明：公司品质政策是提供给顾客满意的产品和服务，所有的员工必须诚信、了解品质政策，尽自己的工作责任。为达成公司目标和超越顾客期望，我们承诺：依据系统回馈的讯息，持续作改善，让所有的顾客和全体员工得到最大的利益。藉由不断内部沟通与教育训练，促进员工认知，并了解品质是每一个员工的责任。公司提供所需的资源、技术、人力和良好的工作环境，确保品质要求，以达成公司经营目标。公司与顾客和供应商一起成长，努力创新，改善品质。

本公司确保所有的品质活动，符合政府法令和产品相关法规要求。

建立良好的沟通管道，收集顾客和员工的建议，重视程序化改善与系统化管理，作为持续改善的依据。

环安卫政策声明：公司关怀员工、承揽商、客户及社区居民之安全和健康。基於责任照顾之精神，落实环安卫管理系统。本公司承诺：遵守政府安全卫生及环保法规。控制危害风险，防止意外事故发生，建立有效的紧急应变计画。改善制程以降低污染、节约能源，并力行减废、资源回收及再利用。提升员工及承揽商安全卫生环保知识。加强安全卫生环保绩效管理，并持续检讨改善。运用有效的技术和管理系统，保护员工安全健康及降低对环境之影响。提供适当管道以维持安全卫生环保讯息之沟通

董事长：林书鸿

总经理：陈显彰

总公司地址：104台北市松江路301号9F电话：(02)2502-0238(5线)电传：(02)2509-9619E-mail:tpservice@ms.dcc.com.tw高雄厂地址：815高雄县大社工业区兴工路1-3号电话：(07)351-4151(6线)电传：(07)351-4090,(07)352-0044E-mail:ksservice@ms.dcc.com.tw大发厂地址：831高雄县大发工业区华西路19-2号电话：(07)788-1165电传：(07)787-1710E-mail:tfservice@ms.dcc.com.tw麦寮厂地址：638云林县麦寮乡台塑工业园区25号电话：(05)681-2201电传：(05)681-2212 E-mail:mlservice@ms.dcc.com.tw

大连化学工业（马）有限公司地址：马来西亚柔佛州巴西古当81700丹绒浪沙工业区PLO 18.电话：60-7-2565800电传：60-7-2565799E-mail:myservice@ms.dcc.com.twa

宝应县水务局

BAO YING XIAN SHUI WU JU

局长　吕立新

2003-2004年度
江苏省文明单位
Civilized Unit in Jiangsu Province
江苏省精神文明建设指导委员会
JIANGSU PROVINCIAL STEERING COMMITTEE FOR IDEOLOGICAL AND ETHICAL ADVANCEMENT

2005年度
最佳服务部门
中共宝应县委员会
宝应县人民政府
二〇〇六年二月

宝应县水务局是县政府管理水务工作的职能部门，依法对县城和农村的防洪排涝、供水、排水、用水、节水、污水处理和回用、水资源保护等实施一体化管理。2005 年，宝应县水务局紧紧围绕全县经济社会发展大局，抢抓机遇，加快发展，水利工程建设取得突破性进展。全县共投入水利建设资金 6247 万元，完成水利土方 836 万方，在配合省、市做好南水北调三潼宝工程相关建设工作的同时，实施了灾后重建里下河洼地治理、宝射河上段区域治理、泄水河疏浚整治等工程，建成了安宜节水灌溉示范园区，以防洪圩堤加固、碧水工程为主要内容的面上农田水利建设呈现良好发展态势。通过科学调度，成功抗御了“麦莎”台风的袭击，防汛防旱夺取了全面胜利。大力推进水资源管理体制改革，实现了全县涉水事务一体化管理。加大水法宣传和执法力度，规范水行政审批，水政水资源管理跃上了新台阶。开展农业水费自收试点，圆满完成了水费征收任务。实现水利综合经营纯利 469 万元，行业实力得到切实增强。精心组织城市河道专项整治工作，加快城区供水工程建设，合资合作建设城区污水处理厂，城市水务开展良好。深入开展文明创建活动，各项工作取得了显著成绩。2005 年获得全省水利工作先进单位荣誉称号，被评为省级文明单位、省水利系统文明单位、市级文明行业，被县委、县政府评为县文明单位和最佳服务部门、县级机关目标管理一等奖。

南水北调影响工程丰收北干渠首

普集团第二届文化艺术节
送爽”企业文
爱
心

江苏索普(集团)有限公司

江苏索普(集团)有限公司是520家国家重点企业之一,江苏省高新技术企业。公司多次荣获省、市先进企业、精神文明单位、园林式企业、全国化工文明单位、全国质量管理先进企业、中国化工行业英雄等荣誉称号。2004年度位列中国石化行业百强(基础原料行业销售收入第11位,综合经济效益第6位)。2005年度公司位列中国石化行业百强(基础原料行业综合效益第3位),全国工业企业500强。

公司现有总资产35亿元,职工3500多人,专业技术人员1000多人,下辖全资公司4个,控股公司10个,涉及工业制造、科技开发、贸易、服务等经营领域,其中控股子公司——江苏索普化工股份有限公司于1996年9月18日在上海证券交易所成功上市。公司下属设计公司——镇江索普化工设计工程有限公司,具有乙级资质。

公司目前拥有50万吨冰醋酸、20万吨醋酸乙酯、12万吨氯碱、3.5万吨ADC发泡剂、1万吨漂粉精、2万吨橡胶硫化促进剂、2万吨聚氯乙烯树脂综合生产能力和过氧乙酸、含氯消毒剂系列产品,以及3000吨级*2码头泊位和铁路专用线配套,其中冰醋酸、醋酸乙酯、ADC发泡剂、漂粉精、橡胶硫化促进剂的生产规模位居国内同行业前列。冰醋酸、醋酸乙酯、ADC发泡剂、漂粉精、橡胶硫化促进剂等产品行销世界各地,享有良好的国际声誉。

2005年,公司共实现销售收入32.5亿元,利税7.36亿元,利润4.6亿元。2006年1-7月份,公司共实现销售收入19.52亿元,利税3.8亿元,利润2.45亿元。

公司"索普"牌商标是江苏省著名商标。主要产品醋酸、ADC发泡剂为省名牌产品,烧碱、漂粉精、橡胶硫化促进剂为市名牌产品。ADC发泡剂、漂粉精、橡胶硫化促进剂、醋酸已通过ISO9001:2000质量体系认证。

为进一步扩大规模优势,增强综合实力,加速做大做强,公司积极致力于以醋酸为核心的煤化工产业链和以氯碱为源头的氯碱产业链建设。公司计划在"十一五"期间投资建设多个大型项目,形成120万吨醋酸、50万吨甲醇、20万吨乙醇、20万吨醋酸乙烯、17.5万吨烧碱、10万吨双氧水、5万吨ADC发泡剂、5万吨醋酸丁酯、4万吨氯乙酸生产规模。随着两条产业链的逐步壮大,公司的核心竞争力将进一步增强。预计到2010年,公司的销售收入将超过80亿元。

南京紫光电器有限责任公司

法人代表兼总经理　薛士根

公司座落南京市郊高淳县淳溪镇，现有经营生产厂房建筑面积 4000 余平米，占地面积约 5000 平方米，是一个科技型民营企业。

公司全体员工解放思想，坚持自主创新，多年来开发生产了紫光灯、保健灯、新型高效紫外线杀菌灯、光化学灯、植物栽培灯、高效广谱型诱虫黑光灯、新一代彩色玻璃彩彩灯等七大系列共 20 多个品种的新颖特种光源产品。

金林牌新型同效紫外线杀菌灯达到了高效、节能，其灭菌效果在 1 分钟内即可杀灭金黄色葡萄球菌、大肠肝菌。其灭杀率均达到 99.9%，灯寿命长，30W 灯经 10000 次通断燃点试验不失效。多年来国家权威检测机构监督抽测无不合格产品。产品质量符合 GB15981-1995《消毒与灭菌效果评价方法与标准》中直管形石英紫外线低压汞消毒灯的各项物理学、生物学指标，达到国际先进水平。

“911” 事件后，美国佛罗里达州军用中心采用本公司产品杀灭炭疽菌试验获得良好效果。

抗击 “非典” 疫情中，公司产品经国家抗 “非典” 联合工作组抽检和试验对 “SARS” 病毒的杀灭效果良好，被指定为抗 “非典” 工作国家采购使用品牌，并赠锦旗以示表彰。

ZWD 型紫外线消毒器，可任意定位，定向使用，为饮料、食品、药品加工企业提供了良好的消毒杀菌工具。

今年来本公司研制超大功率 A_4UV170W 低压汞剂灯，其紫外线 254nm 波长辐射照度值≥ 38mW/cm^2。此产品不仅能大面积快捷杀灭各种细菌、病毒，而且可用于高新技术物体表面的光学清洗技术。目前已取代进口产品提供国内液晶显示器件 (LCD) 制造产业。利用大功率高能量的光辐射对吸附在物体表面的各种有害物质或油污达到既方便又彻底的清洁处理。

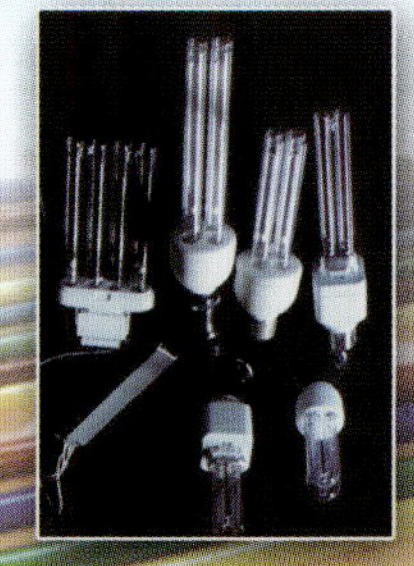

通讯地址：南京市江宁区北沿路 156-1 号　　邮编 :211100

公司网址： http://xxxbbbfff.cn.alibaba.com　　E-mail:xuefann@sohu.com

电话 :025-52891413　52196288　　传真 :025-52891413

联系人：薛士根 (法人代表兼总经理)

长江三角洲城市年鉴

THE DELTA AREA OF YANGTSE RIVER CITY ANNALS

祝贺单位

- 宜兴市坤兴农业养猪合作社
- 无锡董氏车业有限公司
- 江苏中江国际房地产公司
- 常熟市农业生产资料有限公司
- 苏州定园旅游服务有限公司
- 上海烟草集团崇明烟草糖酒有限公司
- 丹阳市华昌房屋开发有限公司
- 宣城市宣州区西林街道办事处

宝德强科技（苏州）有限公司为通讯行业生产塑料制件并提供装配，在时尚手机壳的表面特殊处理技术上处于市场领先地位。

2001 年合资成为宝德仕钦科技（苏州）有限公司，2006 年更名为宝德强科技（苏州）有限公司。主要生产通讯产品及其零配件，为世界著名的手机生产商提供配套服务。随着业务的不断扩大和发展，公司现在已拥有了制造工厂，模具中心和装配分厂。制造工厂和装配分厂可提供自注塑、喷漆移印至半成品装配的一条龙生产服务。模具中心可提供高质量的模具制造服务，其主要业务范围为模具设计、高速铣加工、电火花加工、线切割加工、模具装配及客户技术支持。

宝德仕钦科技（苏州）有限公司为通讯行业生产塑料制件并提供装配，在时尚手机壳的表面特殊处理技术上处于市场领先地位。2001 年合资成为宝德仕钦科技（苏州）有限公司，主要生产通讯产品及其零配件，为世界著名的手机生产商提供配套服务。

随着业务的不断扩大和发展，公司现在已拥有了制造工厂，模具中心和装配分厂。制造工厂和装配分厂可提供自注塑、喷漆移印至半成品装配的一条龙生产服务。模具中心可提供高质量的模具制造服务，其主要业务范围为模具设计、高速铣加工、电火花加工、线切割加工、模具装配及客户技术支持。

为了谋求永续发展，公司待具有创新意识和团队合作精神的专业人才加入。公司将为员工提供具有挑战性的薪资福利待遇、专业及和谐的工作环境、良好的职业发展空间及本地或海外培训机会。

公司联系电话：0512-67020102；网站：http://www.besu.com

宝德强科技(苏州)有限公司

南京市栖霞区地方志办公室

区委、区政府召开年鉴工作会议，省志办主任王建中（右四）、市志办主任金承平（左四），区委、区人大、区政府、区政协领导袁文荣（左五）、沙祥保（右三）、徐曙海（左三）、任捷（右二）、傅慰龄（左二）出席会议

中国地方志指导小组秘书长田嘉（左二）、办公室年鉴处处长王熹（左一）在省志办主任王建中（左三）、市志办主任金承平（左五）陪同下调研栖霞区志鉴工作

南京市栖霞区地方志办公室于1999年1月成立，迄今先后编纂完成《栖霞区志》、《栖霞诗珍》和《栖霞年鉴》2003～2006年卷，填补了栖霞区无志、无鉴的文化空白。

栖霞区志鉴编纂工作注重学习、注重创新、注重细节、注重质量，成绩骄人，被省、市志办领导誉为“创造了一流的工作体系，一流的工作方法，一流的工作精神，一流的工作质量”，其志鉴工作经验，先后五次被省、市志办通过简报和会议形式加以推介，受到各兄弟区县好评。期间，共接待各地到访交流30余批次。1999年至2001年，区志办连续三个年度获“南京市区县地志工作一等奖”；2001年1月，在南京市地方志工作表彰会上，被评为“全市地方志系统先进集体”，9名编纂人员被评为“全市地方志系统先进个人”；此后，区志办又连续四年被评为“全市区县地方志工作特等奖”。

《栖霞区志》、《栖霞年鉴》问世后，受到包括中国地方志指导小组秘书长田嘉、中指组办公室年鉴处处长王熹、著名方志学家仓修良、《江苏年鉴》主编方亚光以及省、市志办领导在内的各级领导和业内专家学者、社会各界人士的充分肯定。2004年，《栖霞年鉴（2003）》参加评奖活动，连中三元，一举获得第三届南京地区年鉴评奖“综合年鉴综合特等奖”、第三届全国版协系统地方年鉴质量评奖“中国年鉴奖”、首届中国地方志年鉴奖“区县年鉴特等奖”；2005年，《栖霞区志》参加江苏省第四次地方志系统优秀成果评奖活动，荣获全省“地方志优秀成果特等奖”。

著名方志学家、浙江大学教授仓修良（左四）到栖霞区指导志鉴工作

主 任：吴双林
地 址：南京市尧化门街189号　邮 编：210046
电 话：025-85664155　传 真：025-85664156

江苏梦

创新引领

实现“纺织梦兰”与

董事长：钱月宝

近几年来，江苏梦兰集团紧紧抓住自主创新和科技创业这条主线，一手推进主体产业品牌的提升，一手推进品牌经营的延伸，以龙芯产业化基地建设为里程碑，加快传统产业向高科技产业的跨越，朝着“十一五”期间创百亿企业的目标奋力冲刺，为实现“纺织梦兰”和“科技梦兰”的比翼双飞而努力奋斗。

一、突出自主创新，拓展产业发展新平台

梦兰与中科院联合组建梦兰龙芯产业化基地，这是梦兰加快产业结构调整、实现经济增长方式转变的成功开始。龙芯是国家863计划重点项目之一，龙芯课题组确定研发的高性能通用处理器是国内所有芯片中的珠穆朗玛峰。龙芯产业化从梦兰启动刚过一年，梦兰已经在主攻核心技术和关键技术、应用技术的结合上取得重大突破，成功研制开发了龙芯网络视频监控器、龙芯Soc专用芯片等新产品、新技术，第一台拥有中国自主知识产权的龙梦牌电脑已经在梦兰问世。基地生产制造企业中科梦兰应用龙芯技术开发的税控机、机顶盒已经批量投产。当前，集团正坚持以市场为导向，围绕实现税控机、机顶盒及其专用芯片、低成本电脑产品化与系列化的近期目标，拓展与南京新华科技、无锡永中Office的合作，以原始创新带动集成创新，形成完整的上、中、下游产业链，逐步推进国内外市场的开拓。尽管在前进中还有许多曲折和困难，但是，只要有不甘落后的骨气，有为国争光的志气，有敢于与跨国公司竞争的勇气，梦兰一定能在中国信息产业的发展中闯出一片新天地，中国芯一定能在常熟、在江苏扬起腾飞的翅膀。

二、突出自主创新，再攀品牌提升新高度

梦兰的传统产业床上用品从1972年8根绣花针起家，到如今创出位居全国家纺行业榜首的中国最具影响力和最具价值品牌，走过了30多年的奋斗历程。在实践中梦人深刻地认识到：梦兰名牌效应和增长优势的显现，只能成为开拓前进的基石，而决不能成为守业守成